OPERA OMNIA DESIDERII ERASMI

OPERA OMNIA

DESIDERII ERASMI ROTERODAMI

RECOGNITA ET ADNOTATIONE CRITICA INSTRVCTA
NOTISQVE ILLVSTRATA

ORDINIS QVARTI   TOMVS SEXTVS

BRILL

LEIDEN • BOSTON

2024

Sous le patronage de
L'UNION ACADÉMIQUE INTERNATIONALE
et de L'ACADÉMIE ROYALE NÉERLANDAISE DES SCIENCES
ET DES SCIENCES HUMAINES

Copyright 2024 by Koninklijke Brill BV, Leiden, The Netherlands. Koninklijke Brill BV incorporates the imprints Brill, Brill Nijhoff, Brill Schöningh, Brill Fink, Brill mentis, Brill Wageningen Academic, Vandenhoeck & Ruprecht, Böhlau and V&R unipress. All rights reserved. No part of this publication may be reproduced, translated, stored in a retrieval system, or transmitted in any form or by any means, electronic, mechanical, photocopying, recording or otherwise, without prior written permission from the publisher. Requests for re-use and/or translations must be addressed to Koninklijke Brill BV via brill.com or copyright.com.

Library of Congress Catalog Card Number: Library of Congress Cataloging-in-Publication data are available
Library of Congress Catalog Card Number: 71 89942

ISBN: – Tomus IV-6: 978-90-04-44832-2 (hardback)

CONSEIL INTERNATIONAL POUR L'ÉDITION DES ŒUVRES COMPLÈTES D'ÉRASME

Mme M.E.H.N. Mout, Warmond, *Président*; R. Faber, Waterloo, *Vice-président*; J. Trapman, Oegstgeest, *Secrétaire général*; A.A. den Hollander, Amsterdam, *Trésorier*; R. Bodenmann, Zürich; K.A.E. Enenkel, Münster; A.H. van der Laan, Groningue; Mme M.L. van Poll-van de Lisdonk, Voorhout; E. Rabbie, La Haye; Mme S. Seidel-Menchi, Florence; H. Vredeveld, Columbus OH

COMITÉ DE RÉDACTION

A.H. van der Laan, Groningue, *Président*; Mme M.L. van Poll-van de Lisdonk, Voorhout, *Secrétaire*; G.J.M. Bartelink, Nimègue; J. Bloemendal, Amsterdam et Bochum; H.-J. van Dam, Ilpendam; J. Domański, Varsovie; Mme A.W. Steenbeek, La Haye; L.H. Westra, Lollum.

SECRÉTARIAT DU CONSEIL
Huygens ING - KNAW
Boîte Postale 10855, 1001 EW Amsterdam, Pays-Bas

PRINTED BY DRUKKERIJ WILCO B.V. - AMERSFOORT, THE NETHERLANDS

IN HOC VOLVMINE CONTINENTVR
APOPHTHEGMATVM LIBRI VII–VIII

hrsg. von K.A.E. Enenkel (Münster)

APOPHTHEGMATVM LIBER SEPTIMVS   1
APOPHTHEGMATVM LIBER OCTAVVS   363
ABKÜRZUNGSVERZEICHNIS   641
KONKORDANZ   671
INDICES   674

INHALTSANGABE

ASD IV, 5 A

EINLEITUNG — 1

I Die Quellen von Erasmus' *Apophthegmata* — 5

    I.1 Die antike literarische Form des Apophthegmas und ihre Überschneidungen mit verwandten Kleinformen: Kurzdialog/Rede in der Historiographie, Gnome, Pamphlet/Apomnemoneuma/Enkomium — 6

    I.2 Apophthegmata-Sammlungen von Philosophen, Gnomologien, Apomnemoneumata, Exempla, Chreiai, Gymnasmata und Progymnasmata — 9

    I.3 Apophthegmata in den Philosophenbiographien des Diogenes Laertius und Lukians Biographie des Demonax — 20

    I.4 Witzesammlungen (*urbanitas, sales, facetiae*) in Rhetorikhandbüchern und die Theorie des Witzes: Cicero und Quintilian — 24

    I.5 Das Apophthegma als historisches *exemplum*: Valerius Maximus' Musterbuch für epideiktische Rhetorik — 30

    I.6 Strategema und Apophthegma zwischen Kriegstechnik und Rhetorikschule: Valerius Maximus, Iulius Frontinus und der Rhetoriker Ps.Frontinus (4. Buch) — 37

    I.7 Das Apophthegma als Quintessenz biographischer Charakterzeichnung: Plutarchs *Bioi paralleloi* und *Regum et imperatorum apophthegmata* — 41

    I.8 Moderne *Memorabilia* und ein König als neuer Sokrates: Antonio Beccadellis *De dictis et factis Alphonsi Regis Aragonum* — 49

    I.9 Ein Konkurrenzwerk von Erasmus' *Apophthegmata*: Brusonis Sammlung *Facetiarum exemplorumque libri VII* (1518) — 53

II Kompositionspläne, Zielsetzung und Genese von Erasmus' *Apophthegmata* — 61

    II.1 Der erste Plan (Buch I und II): die Edition einer als Fälschung entlarvten Schrift in lateinischer Übersetzung – „Apophthegmata Laconica secundum ordinem literarum Graecum" — 66

    II.2 Der zweite Plan: Die „Apophthegmata Socratica" als Fortsetzung der „Apophthegmata Laconica" — 77

II.3	Der dritte Plan, erste Phase: Die drei größten Spruch-Philosophen oder „Das Beste aus Diogenes Laertius"	81
II.4	Von der Sammlung „Die drei größten Spruch-Philosophen" zu den *Virorum illustrium (selectorum) apophthegmata* (Plan 3, zweite Phase)	83
II.5	Plan 3, zweite Phase: Zwei Bücher *Illustrium Graecorum apophthegmata* (III–IV)	87
II.6	Plan 3, dritte Phase, Buch IV: *Graecorum et Romanorum illustrium apophthegmata parallela* oder das Beste aus Plutarchs *Regum et imperatorum apophthegmata*	92
II.7	Der vierte Plan: *Apophthegmata* als *Institutio principum* oder das komplette Corpus der plutarchischen *Apophthegmata* (I–II, IV—V)	96
II.8	Der fünfte Plan: die umfassende *Apophthegmata*-Sammlung „*ex optimis quibusque vtriusque linguae autoribus ... excerpta*" mit dem abschliessenden Buch 6 „Apophthegmata varie mixta"	103
III	Erasmus' Begriff und Definition von „apophthegma" in der „Epistola nuncupatoria" und im Spiegel der konkreten Texterstellung	109
III.1	Die Profilierung des „apophthegma" in Richtung von *brevitas* und Witz	109
III.2	Erasmus' widersprüchliches Verhältnis zur Apophthegma-Definition Plutarchs	115
III.3	Das Problem der Dubletten und Mehrfachzuschreibungen in den *Apophthegmata*	118
III.4	Die Profilierung des Begriffs „apophthegma" in Richtung absoluter Historizität	123
III.5	Historische Personen und geschichtliche Wahrheit in Erasmus' *Apophthegmata*	128
III.6	Von Erasmus' textkritischer Ausgliederung der „strategemata" und „exempla" aus den plutarchischen *Regum et imperatorum Apophthegmata* zur Konzipierung der „ἄφωνα apophthegmata", „ἄφθογγα ἀποφθέγματα" bzw. „apophthegmata muta"	138
III.7	Der Titel als fester Bestandteil des Apophthegmas (*sententia*, Inhalt, Kategorie). Die Übernahme eines Strukturelementes aus den *Adagia* und aus Valerius Maximus	145
III.8	Die Nummerierung als fester Bestandteil des Apophthegmas: Markierung zum Zweck der Textedition und als Sammlungsobjekt	152
III.9	Kommentierende Erläuterungen als Bestandteil des Apophthegmas: (historische) Sachverhalte, Realien, altertumswissenschaftliche Philologie	158
III.10	Erasmus' philologische Leistung in den *Apophthegmata*	175

III.11	Überschneidungen von Erasmus' *Apophthegmata* und *Adagia* und die Adagisierung der *Apophthegmata*	182
III.12	*Erasmi Apophthegmata*: die Verwischung der Quellen, die autorschaftliche Zueignung der *Apophthegmata* und der Quellenkommentar der *ASD*-Ausgabe	190

Danksagung	203
Appendix 1 (zu Einleitung III.3): Liste der Dubletten in *Apophthegmata*, Bücher V–VIII	205
Appendix 2 (zu Einleitung III.11): Überschneidungen zwischen den *Apophthegmata* und den *Adagia*	211
CONSPECTVS SIGLORVM	226
LIBER V	227

ASD IV, 5 B

LIBER VI	1

ASD IV, 6

LIBER VII	1
LIBER VIII	363
ABKÜRZUNGSVERZEICHNIS	641
Konkordanz der *Apophthegmata* V–VIII *ASD* IV, 5 und 6 – *CWE* 38	671
Index der Titel (*Index sententiarum*) der *Apophthegmata* V–VIII	674
Index rerum et vocum selectarum	686
Index nominum	720

[*B*] ILLVSTRISSIMO PRINCIPI IVNIORI GVILIELMO
Duci Cliuensi, Iuliacensi, Montensi, Comiti Marchiae et in Rauenspurgo, etc.
Desiderius Erasmus Roterodamus S.D.

Apud priscos illos, illustrissime princeps, non Graecos modo, verum etiam Latinos, *actoribus* ac *patronis* causarum forensium certus aquae *modus per clepsydras infundebatur*, ne superuacanea verborum copia, quum iudicibus taedium adferret, tum ipsi etiam causae officeret, denique aliis agere volentibus aditum praecluderet. At non idem fieri solet in philosophicis orationibus, in quibus tam diu proferendus est sermo, quam diu auditor alacriter haurit ea, quae dicuntur, praesertim si, quae dicuntur, conferunt vel ad liberalem eruditionem vel ad bene beateque viuendum.

Er. leitete in der zweiten Ausgabe der *Apophthegmata* 1532 (*B*) das neue siebente und achte Buch mit einem separaten Widmungsbrief an Fürst Wilhelm V., Herzog von Kleve, Jülich, Berg, Graf von der Mark und zu Ravensberg (der „Reiche", 1516–1592) ein, der auch noch in der dritten Ausgabe (*C*) gedruckt wurde.

5–6 *actoribus … infundebatur* Dem antiken Gebrauch der Wasseruhr für Sprechzeiten vor Gericht widmete Er. *Adag.* 373 „Inaniter aquam consumis" (*ASD* II, 1, S. 458–459), S. 458: „… A prisco more iudiciorum sumptum, in quibus ad clepsydrae modum dicebatur. …".

5 *actoribus ac patronis* Mit „actoribus" sind die Ankläger, mit „patronis" die Verteidiger bei Prozessen in der Antike gemeint. Er. verkehrte offensichtlich in der Meinung, daß dem Ankläger, dem Verteidiger und den Richtern genau dieselbe Sprechzeit zugemessen wurde: *Adag.* 373 (*ASD* II, 1, S. 458): „Aeschines contra Demosthenem ostendit primam aquam infundi solere actoribus, alteram patronis, tertiam iudicibus ad poenam constituendam …"; tatsächlich erhielt die Anklage mehr, die Verteidigung weniger Zeit; für Zeugenaussagen und die Verlesung von Belegen u.a. wurde die Zeitmessung stillgelegt. Vgl. Aristot. *Ath. Pol.* 67, 2; G. Dohrn-van Rossum, *DNP* 12, 1 (2003), Sp. 974, s.v. „Uhr"; M.H.E. Meier und G.F. Schömann, *Der Attische Proceß*, Halle 1824, S. 713–714.

5 *clepsydras* Für die Wasseruhren der griechisch-römischen Antike vgl. M. Lewis, „Theoretical Hydraulics, Automata, and Water Clocks", in Ö. Wikander (Hrsg.), *Handbook of Ancient Water Technology*, vol. II *Technology and Change in History*, Leiden 2000, S. 343–369; Archimedes, *On the Construction of Water-Clocks*, hrsg. und übers. D.R. Hill, Paris 1976; G. Dohrn-van Rossum, *DNP* 12, 1 (2003), Sp. 974, s.v. „Uhr". Scipio Nasica soll der erste gewesen sein, der die griechische Wasseruhr in Rom eingeführt hat (Plin. *Nat.* VII, 215; Censorin. 23, 7); für die Verwendung der Klepshydra im römischen Gerichtswesen vgl. Cic. *De or.* III, 138 und Plin. min. *Ep.* II, 11, 14 („dixi horis pene quinque. Nam duodecim clepsydris, quas spatiosissimas acceperam, sunt additae quattuor") und VI, 2, 6 („paucioribus clepsydris praecipitamus causas …"). Er. kannte diese Stellen, vgl. *Adag.* 373 (*ASD* II, 1, S. 458).

Itaque perquam eleganter *Plato Anthisthenem prolixius disserentem admonuit his verbis: „Videris"*, inquit, *„ignorare, quod orationis modus non est is, qui dicit, sed is, qui audit"*. Sic et Carneades, quum esset in disserendo *vocalior, admonitus est a gymnasii principe*, vt vocem moderatius promeret; sed quum ille a gymnasiarcha peteret, vt sibi praescriberet *modum, sane* quam apposite *respondit*: „Isthuc, quod a me petis, rectius sumes ab auditoribus". Iam videmus quosdam non clepsydris, sed *clepsammidiis* metiri conuiuium. Hoc vt fatear ad frugalitatis disciplinam vtiliter fieri atque etiam necessario, duntaxat apud eos, qui nesciunt vnquam a mensa surgere, nisi hirudinum ritu sic distenti, vt tantum non crepent ac dissilant; ita non conueniret, opinor, ei, qui lautos et elegantes homines suauiter excipere vellet; sed hunc oporteret apparatus modum a conuiuarum orexi petere. At ego in hoc argumento conuiuatoris personam indui, ac posteaquam *coenae tot instructae* missibus, *quot actus permittuntur comoediae*, secundas mensas non omnino ieiunias adieceram, mihi videbar sic egisse partes meas, vt, si non Lucullus quispiam, certe mundus ac lautus ἑστιάτωρ videri possem,

---

11–13 *Plato ... audit* Stob. III, 36, 22 (Hense; Meineke II 40; Ps. Maxim. Conf., *Loci communes* 40, 27/ 35 Ihm; vgl. Arsen. *Violet.* S. 422): Πλάτων Ἀντισθένους ἐν τῇ διατριβῇ ποτὲ μακρολογήσαντος „ἀγνοεῖς", εἶπεν, „ὅτι τοῦ λόγου μέτρον ἐστὶν οὐχ ὁ λέγων, ἀλλ᾿ ὁ ἀκούων (S. Prince, *Antisthenes of Athens. Texts, Translations and Commentary*, University of Michigan Press 2015, 30C [S. 91–92]). Der Spruch Platons ist in einer leicht variierenden Form auch im *Gnom. Vat.* 437 Sternberg überliefert (= Vat. Gr. 1144, fol. 231ᵛ). Er wurde jedoch auch umgekehrt dem Kyniker Antisthenes zugeschrieben, der ihn an Platons Adresse gerichtet haben soll. Vgl. Prince, *Antisthenes of Athens*, 30A (S. 91): Ὁ αὐτὸς Πλάτωνος ἐν τῇ σχολῇ ποτὲ μακρολογήσαντος „ἀγνοεῖς", εἶπεν, „ὅτι τοῦ λόγου μέτρον ἐστὶν οὐχ ὁ λέγων, ἀλλ᾿ ὁ ἀκούων (*Gnomologium Vaticanum* 13). Er. bringt den Spruch nochmals unten *Apophth.* VII, 169 (Plato Atheniensis, 20): „Antisthenem, qui disserendo fuerat prolixior, sic admonuit: ‚Ignoras, quod orationis modus sit non is, qui dicit, sed qui audit'".

11 *Anthisthenem* Zu dem Sokrates-Schüler und Vater der kynischen Schule Antisthenes siehe Komm. unten zu *Apophth.* VII, 39. Er. teilte ihm im vorliegenden Buch eine bsd. umfängliche Sektion von Sprüchen zu (VII, 39–101). In den *Adagia* hingegen vermeldete er Antisthenes nur ein einziges Mal (*ASD* II, 1, S. 206: „cynicae sectae conditor").

13–16 *Sic et Carneades ... auditoribus* Paraphrasierende und gekürzte Wiedergabe von *Apophth.* VII, 118, das sicherlich vor dem Widmungsbrief verfasst wurde: „Carneades fertur admodum fuisse vocalis. Itaque quodam tempore gymnasiarchus, id est, scholae princeps, misit, qui diceret, ne tantopere clamaret. Cui respondit: ‚Da mihi vocis modum'. Ad quod rursus eleganter princeps: ‚Modum habes, nempe auditores'. Siquidem pro numero auditorum temperanda vox est". *Apophth.* VII, 218 seinerseits ist im einleitenden Teil eine variierende, im Spruchteil wörtliche Wiedergabe von Traversaris Übers. von Diog. Laert. IV, 63: „Erat autem illi et vox maxima et praecipue sonora, adeo vt gymnasii princeps ad illum mitteret ac, ne ita clamaret, admoneret. Ad quem ille ‚Da vocis modum', inquit. Et ille sapientissime sane congrueque respondit: ‚Nam modum (Nam modum *Curio*: Modum enim *Traversari, e.g. ed. Ven. 1490*) habes', ait, ‚auditores'" (ed. Curio, Basel 1524, S. 150). In VII, 218 hat Er. nebenher auch den griech. Text von Diog. Laert. IV, 63 benutzt (Ἦν δὲ καὶ μεγαλοφωνότατος, ὥστε τὸν γυμνασίαρχον προσπέμψαι αὐτῷ μὴ οὕτω βοᾶν· τὸν δὲ εἰπεῖν, „καὶ δὸς μέτρον φωνῆς". ἔνθεν [ὅθεν *ed. Froben. p. 210*] εὐστόχως ἐλόντα ἀμείψασθαι· φάναι γάρ, „μέτρον ἔχεις τοὺς ἀκούοντας"), nicht jedoch Plutarchs sehr ähnliche Darstellung der Anekdote in *De garrulitate, Mor.* 513C.

13 *vocalior* „vocalior" übernahm Er. von *Apophth.* VII, 218; „vocalior", „sehr klangvoll", ist eine poetische Interpretation für das prosaische μεγαλοφωνότατος des griech.

Quellentextes, das einfach „vox maxima" (vgl. Traversaris Übers. a.a.O.), „eine sehr laute Stimme besitzend", bedeutet; „vocalis" wurde im klassischen Latein v.a. in Bezug auf den Gesang und die Poesie verwendet, besonders von den Dichtern (vgl. *DNG* II, Sp. 5056, s.v.).

14 *gymnasiarcha* Er. verwendet hier diese neulateinische Form (vgl. Ramminger, *Neulateinische Wortliste*, s.v.; Hoven, S. 238), während im klassischen Latein „gymnasiarchus" maßgeblich war (vgl. *OLD* S. 779; Georges I, Sp. 2986; *DNG* I, Sp. 2300, jeweils s.v.). Wie sowohl die neulateinische Form „gymnasiarcha" als auch die erklärende Ergänzung in *Apophth.* VII, 218 – „gymnasiarchus, id est scholae princeps" – zeigt, fasste Er. den γυμνασίαρχος als Schulleiter bzw. Schulrektor im Sinn der Gymnasien seiner Zeit auf, als Funktion, wie sie etwa Alexander Hegius, der Rektor der Lateinschule von Deventer (in der Er. zur Schule gegangen war), bekleidet hatte, dessen Amt mit „gymnasiarcha" bezeichnet wurde (vgl. Ramminger, *Neulateinische Wortliste*, s.v.). Z.Z. des Karneades waren Gymnasien jedoch nicht Schulen in diesem Sinn, sondern Institutionen, in denen körperlich-sportliche Ertüchtigung nach wie vor eine wichtige Rolle spielte, die Sozialisation und Charakterbildung, körperliches Training, Vorbereitung zum Wehrdienst (Ephebie) mit öffentlichem Schulunterricht verbanden. Auch war der antike γυμνασίαρχος zu Zeiten des Karneades kein professioneller Lehrer oder Schulmann, sondern ein voranstehender, gut betuchter Bürger Athens, der ohne Entgelt ein prestigeträchtiges Ehrenamt bekleidete; er hatte für die finanzielle Administration und praktische Abwicklung des Gymnasiumbetriebes zu sorgen. In dem überschaubaren Rahmen des antiken Gymnasiums hatte er weitgehende Machtbefugnisse: So entschied er über die Zulassung von Gymnasiasten. Wenn der Gymnasiarch Karneades gemahnt hatte, nicht so laut zu deklamieren, so war die Mahnung bindend; er hatte offensichtlich festgestellt, dass das Geschrei des Karneades die anderen hinderte; sollte Karneades die Mahnung nicht befolgen, hatte der Gymnasiarch das Recht, den Schreihals hinauszuwerfen. Zum antiken Gymnasium, insbes. des Hellenismus, vgl. D. Kah und P. Scholz (Hrsg.), *Das hellenistische Gymnasion*, Berlin 2007, darin: D. Kah, „Militärische Ausbildung im hellenistischen Gymnasion" (47–90); J. Engels, „Das Training im Gymnasium …" (91–102); P. Scholz, „Elementarunterricht und intellektuelle Bildung im hellenistischen Gymnasion" (103–128); Ch. Schuler, „Die Gymnasiarchie in hellenistischer Zeit" (163–192); H.-J. Gehrke, „Stasis und Sozialisation. Überlegungen zur Funktion des Gymnastischen in der Polis", in: H. Börm, M. Mattheis und J. Wienand (Hrsg.), *Civil War in Ancient Greece and Rome*, Stuttgart 2016, S. 31–52.

16 *clepsammidiis* „clepsammidium", neulateinische Wortbildung des Er. für „Sanduhr", zusammengesetzt aus κλεπτ– („stehlen") (wie bei κλεψ-ύδρα) und ἄμμος („Sand"). „clepsammidium" nicht in *NDG*, *OLD*, Lewis-Short, Niermeyer; Ramminger, *Neulateinische Wortliste*, s.v. „clepsammidion"; die Form „clepsammidium" ist verzeichnet bei Hoven, S. 98, und Hadrianus Iunius, *Nomenclator*, S. 244, s.v.: „Clepsammidium ficto vocabulo ad imitationem clepsydrae, cuius hoc saeculo vsus exoleuit: machinula vitrea, quae defluxu arenae aut puluisculi e contusis ouorum testis comparati, statum temporis intervallum designat, κλεψαμμίδιον, ab arenae furto. Alemanice Ein Sanduhr". Die Sanduhr bzw. das Stundenglas stellte zu Er.' Zeit ein relativ neues Zeitmessgerät dar. Es war am Anfang des 14. Jh. erfunden worden; eine Abbildung einer frühen Sanduhr hat sich auf den Fresken des Palazzo Pubblico von Siena erhalten (von der Hand des Ambrogio Lorenzetti). Das Zeitmaß einer Sanduhr betrug meist ca. 30 Minuten. Er. führt die Sanduhr in *Adag.* 373 (*ASD* II, 1, S. 459) als neuzeitliches Äquivalent für die Klepshydra – und zwar neben der mechanischen Uhr – an: „[*B* = 1513] Nunc [*G* = 1528] pro clepsydris clepsammis et [*B*] αὐτομάτοις vtuntur horologiis"; jedoch verwendete er dort nicht die Form „clepsammidium", sondern „clapsammum" oder „clepsammus" (Abl. Pl. „clepsammis"). Vgl. Ch.K. Aked, „Kurze Geschichte der Sanduhr", in: *Alte Uhren. Zeitmeßgeräte, wissenschaftliche Instrumente und Automaten*, Bd. 3, München 1980, S. 22–37.

21 *orexi* Für das seltene, aus dem Griech. übernommene Wort „orexis" (ὄρεξις) vgl. Iuven. 6, 428 und 11, 127 („hinc surgit orexis"); *SHA*, Lampr. *Heliog.* 29, 9; *DNG* II, Sp. 3442, s.v.

21 *conuiuatoris* Für „conuiuator", „Gastgeber", vgl. Hor. *Serm.* II, 8, 73; Sen. *Dial.*, *De ira* III, 37, 4; *DNG* I, Sp. 1293.

22–23 *quot actus permittuntur comoediae* Eine Komödie durfte fünf Akte aufweisen, vgl. i.a. Hor. *Ars* 189–190.

atque adeo metuebam, ne apud frugalitatis amatores citius luxuriae quam sordium crimen incurrerem. Verum simulatque prodiit opus, tanta auiditate distractum est, vt protinus a typographo coeperit efflagitari denuo: siue hic est argumenti, siue – quod magis arbitror – tuus, ornatissime princeps, genius, quem confidimus non solum ditioni tuae, sed et studiis fore felicem. Itaque prioribus sex libris recognitis et auctis adiecimus duos, quos tu vel postcoenium vel pomenta siue ἐπιδορπίσματα, si libet, vocare poteris, ne a conuiuii metaphora recedamus. Vale.

27 *typographo* Die neulateinische Wortbildung „typographus" wurde von Er., Lefevre, Thomas More und Clenardus verwendet; vgl. Ramminger, *Neulateinische Wortliste*, s.v., und Hoven, S. 580.

30 *vel postcoenium* „postcoenium", „Nachtisch, Dessert" (nicht in *OLD, DNG*, Niermeyer, Ramminger, *Neulateinische Wortliste*), ein Neologismus des Er., der an vorl. Stelle ein lateinisches Äquivalent von ἐπιδορπίσματα (das er i.J. 1526 mit μεταδόρπια geleichgesetzt hatte) bildete; vgl. Hoven, S. 420.

30 *vel pomenta* „pomentum" (nicht in *OLD, DNG*, Niermeyer), ein Neologismus aus den Briefen Ermolao Barbaros d.J. aus d.J. 1484 (*Epistolae, Orationes et Carmina*, ed. Vittore Branca. 2 Bde., Florenz 1943, Bd. I, S. 161: „Propterea nos, qui bouillas edimus et suillas, quique pomenta nobis haec delicatos et ociosos homines suffurari facile passi sumus, congressum hunc in Aristotele quasi scopulum uitamus"); vgl. Ramminger, *Neulateinische Wortliste*, s.v.; Ermolao Barbaro meint damit wohl Früchte als Nachtisch, gleichbedeutend mit dem italienischen „frutta". Er. übernahm den Neologismus an vorl. Stelle zur Exemplifizierung von ἐπιδορπίσματα. Für „pomentum" vgl. such Hoven, S. 418.

30 *ἐπιδορπίσματα* Vgl. Athen. XIV 640C–E und XV 664E–F. Bei Athen. 640C–E bedeutet ἐπιδόρπισμα „Dessert", womit Süßspeisen und Obst gemeint sind; bei Athen. XV 664E–F bezeichnet ἐπιδόρπισμα jedoch die Speisen einer Art Afterparty, an der bereits betrunkene Gäste teilnehmen und bei der auch Fleischspeisen (u. a. Gänse) dargeboten werden. Er. hat hier wohl Athen. XIV 640C–E vor Augen, demnach fasst er ἐπιδορπίσματα als „Desserts" auf; ebenso i.J. 1526 in *Adag.* 3520 (*ASD* II, 8, S. 28): „[F = 1526] Qualia sunt in conuiuiis, quae Graeci vocant ἐπιδορπίσματα siue μεταδόρπια, quod coenis addantur; Latini, ni fallor, bellaria vocant".

APOPHTHEGMATVM LIBER SEPTIMVS

Im siebenten Buch kehrt Er. zu Diogenes Laertius' Schrift *Leben und Lehre der Philosophen* zurück, die er bereits im dritten Buch seiner *Apophthegmata* als Hauptquelle verwendet hatte. Dieses Buch hatte Er. Sokrates und seinen „Schülern" gewidmet. Er. hatte dort die Sprüche des Sokrates (III, 1–101, *ASD* IV, 4, S. 197–220, *CWE* 37, S.221–251) und zweier markanter, von ihm als solche bezeichneter „Sokratiker", des Aristippos (III, 102–163, *ASD* IV, 4, S. 220–236, *CWE* 37, S. 252–271) und Diogenes von Synope (III, 164–388, *ASD* IV, 4, S. 236–283, *CWE* 37, S. 271–334), des Gründers der kynischen Schule, behandelt. Die Aussprüche des Sokrates und des Aristippos bezog Er. zum grössten Teil aus Diog. Laert., Buch II (Kap. 18–47 bzw. 65–104), die des Diogenes von Synope aus ebd., Buch VI, Kap. 20–81.

Das siebente Buch der *Apophthegmata* ist nun wiederum zur Gänze Diog. Laert. *Leben und Lehre der Philosophen* gewidmet. In der Komposition dieses Buches richtet sich Er. nach seiner Hauptquelle: Im ersten Buch beschrieb Diog. Laert. die frühesten Philosophen, die Sieben griechischen Weisen. Dieser Anordnung folgend präsentiert Er. nun zunächst die Aussprüche jener vier Weisen, welche den Kern des Kanons bilden (VII, 1–38): Thales, Solon, Pittakos und Bias. In VII, 38 bringt Er. eine Zäsur an, indem er mitteilt, daß es, was die Sieben Weisen anbetrifft, genug sei, weil deren Sprüche ohnehin allgemein bekannt oder zu wenig spezifisch oder historisch nicht ausreichend belegt seien („Haec de septem Sapientum dictis arbitror esse satis, vel quia sunt omnibus obuia vel quia magna ex parte sunt fabulosa vel quia pleraque sunt eius generis, vt a quouis dici possint"). Tatsache ist, daß Er. jedoch bereits eine lange Sektion von Sprüchen des Weisen Chilon im zweiten Buch der *Apophthegmata* präsentiert hatte (II, 161–193, *ASD* IV, 4, S. 188–195; *CWE* 37, S. 208–220). Eine Chilon-Sektion hatte sich damit für das siebente Buch erübrigt. Da Er. später auch noch die Aussprüche des Anacharsis und des Myson folgen läßt, ergibt sich, daß Er. – trotz seiner scheinbar skeptisch-abwehrenden Bemerkung in VII, 38 – faktisch das gesamte erste Buch des Diogenes Laertius mit den Sprüchen der Sieben Weisen exzerpiert hat. Wie dem auch sei, nach dem abrupten Abbruch in VII, 38 lässt Er. einen langen Abschnitt folgen, der dem Sokrates-Schüler Antisthenes (um 445-um 365 v. Chr.), einem Zeitgenossen des Platon, gewidmet ist (VII, 39–100), womit er einen Sprung zum sechsten Buch des Diog. Laert. macht, welches den Kynikern gewidmet ist und mit Antisthenes anfängt (VI, 1–19). In *Apophth*. VII, 101 kehrt Er. jedoch etwas überaschend noch einmal zum ersten Buch des Diog. Laert. und den dort beschriebenen griechischen Weisen zurück, indem er dem Anacharsis (VII, 101–123) und dem Myson (VII, 124) je eine Sektion widmet. Anacharsis und Myson hatte Diog. Laert. je ein Kapitel im ersten Buch eingeräumt (I, 101–105 bzw. 106–108). Die übrigen von Diog. Laert. beschriebenen Weisen, Kleobulos (I, 89–93), Periander (I, 94–100), Epimenides (I, 109–115) und Pherekydes (I, 116–122) übergeht Er. wohl bewusst, jedenfalls wenn wir seine kritische Bemerkung von VII, 38 für bare Münze nehmen: Im Fall des Kleobulos, der wahrscheinlich stellvertretend auch für die übrigen nicht Aufgenommenen steht, bezweifelt Er., ob man ihn überhaupt als Weisen betrachten solle (Vgl. VII, 38: „Quid enim habet Cleobulus, quur inter sapientes numerari debeat?").

Mit *Apophth*. VII, 125, das Anaxagoras von Klazomenai gewidmet ist, wendet sich Er.

stattdessen sogleich dem zweiten Buch des Diog. Laert. zu, in dem dieser Sokrates und dessen Zeitgenossen beschrieben hatte. Von diesen behandelt Er. neben Anaxagoras (VII, 125–130; Diog. Laert. II, 6–15) Stilpon von Megara (VII, 131–139, Diog. Laert. II, 113–120), Simon von Athen (VII, 140; Diog. Laert. I, 122–124) und Menedemos von Eritreia (141–149; Diog. Laert. I, 125–144); die übrigen Sokrates-Zeitgenossen (Anaximander, Anaximenes, Archelaos, Phaidon, Glaukon, Simmias, Kebes und Eukleides) übergeht Er., zum Teil wegen Mangels an Aussprüchen, um sich sogleich dem berühmten Platon zuzuwenden (*Apophth.* VII, 150–171), dem Diog. Laert. das gesamte dritte Buch gewidmet hatte. Nach dem Platon-Buch beschreibt Diog. Laert. im vierten Buch die Philosophen der platonischen Akademie; Er. folgt dieser seiner Anordnung mit den den Akademikern gewidmeten *Apophthegmata*-Sektionen: Xenokrates (VII, 172–180; Diog. Laert. IV, 6–15), Krantor (VII, 181; Diog. Laert. IV, 24–27), Arkesilaos (VII, 182–187; Diog. Laert. IV, 28–45), Bion von Borysthenes (VII, 188–216; Diog. Laert. IV, 46–58), Lakydes von Kyrene (VII, 217; Diog. Laert. IV, 59–61) und Karneades (VII, 218–219; Diog. Laert. IV, 62–66). Die Platoniker Speusippos, Polemon, Krates und Kleitomachos hingegen übergeht Er., um sich Aristoteles und seiner Schule, dem Peripatos, zuzuwenden, dem Diog. Laert. das fünfte Buch gewidmet hatte. Dessen Anordnung folgend präsentiert Er. nunmehr die *Apophthegmata*-Sektionen des Aristoteles (VII, 220–251; Diog. Laert. IV, 1–35), Theophrastos (VII, 252–255; Diog. Laert. IV, 36–57) und Demetrios von Phaleron (VII, 256–265; Diog. Laert. IV, 75–85). Den Peripatetiker Straton übergeht Er. vorläufig, um ihm gegen Ende des siebenten Buches doch noch einen Spruch zu widmen (VII, 392). Die anderen Philosophen des Peripatos, Lykon und Herakleides, lässt Er. aus.

Sodann setzt Er. seinen Durchmarsch durch Diog. Laert. fort, indem er dessen sechstes Buch exzerpiert, das den Kynikern gewidmet ist. Die Aussprüche des Antisthenes (Diog. Laert. VI, 1–19) hatte Er. schon im Anfangsteil des siebenten Buches der *Apophthegmata* gebracht (VII, 39–100), jene des Diogenes von Sinope (Diog. Laert. VI, 20–81) im dritten Buch (III, 164–388, *ASD* IV, 4, S. 236–283, *CWE* 37, S. 271–334). Er. behandelt, der Anordnung des Diog. Laert. auf dem Fuß folgend, nunmehr Krates von Theben (VII, 266–285; Diog. Laert. VI, 85–93), Metrokles (VII, 289–290; Diog. Laert. VI, 94–95) und des Krates Ehegattin Hipparchia (VII, 291–292; Diog. Laert. VI, 96–98). Nach Krates von Theben macht Er. einen kuriosen Einschub, in dem er eine Sektion mit den Sprüchen des Epiktet bringt (VII, 286–288), den er versehentlich der kynischen Philosophenschule zuzählt (vgl. Komm. zu VII, 286), während er klar Stoiker war und die Stoiker von Diog. Laert. erst in Buch sieben, von Er. in der den Kynikern nächstfolgenden Sektion (VII, 293–355: Zenon von Kition, Kleanthes von Soloi, Sphairos von Borysthenes und Chrysippos von Soloi) behandelt werden. Zu den letzten Abschnitten des siebenten Buches der *Apophthegmata* (VII, 356–394), der Er. Buch 8 und 9 des Diog. Laert. zugrundelegte, siehe Komm. unten ad loc.

Im ersten Buch des Diog. Laert., aus dem Er. *Apophth.* VII, 1–38 und 101–124 bezog, werden nun die frühen griech. Weisen, insbes. die „Sieben Weisen", behandelt. Das Konzept der „Sieben Weisen" lässt sich seit Platon (*Prot.* 343A) belegen; es wurde seitdem in verschiedenen Variationen Teil kanonischer Überlieferung (vgl. O. Barkowski, *RE* II A, 2 [1923], Sp. 2242–2264, s.v. „Sieben Weise"; J. Christes, *DNP* 11 [2001], Sp. 526, s.v. „Sieben Weise"; B. Snell, *Leben und Meinungen der Sieben Weisen*, 4. Aufl., 1971; W. Rösler, „Die Sieben Weisen", in A. Assmann [Hrsg.], *Weisheit*, Bd. 3 [1991], S. 357–365). Im Vorwort (I, 13) führt Diogenes folgende elf Namen von Weisen an, die er im ersten Buch sukzessive abarbeitet: Thales (I, 22–44), Solon (I, 45–67), Chilon (I, 68–73), Pittakos (I, 74–81), Bias (I, 82–88), Cleobulos (I, 89–93), Periander (I, 94–100), Anacharsis (I, 101–105), Myson (I, 106–108), Epimenides (I, 109–115), Pherekydes (116–122). Zusätzlich nennt Diogenes im Vorwort Peisistratos, versagt ihm aber die Anerkennung als „Weiser". Weiter gibt Diogenes Laertius I, 41 an, daß die folgenden vier Weisen in allen Katalogen übernommen wurden, die somit den kanonischen Kern der „Sieben Weisen" bilden: Thales, Solon, Pittakos und Bias. Es sind diese vier allgemein akzeptierten Weisen, deren Sprüche Er. nunmehr darbietet.

⟨THALES MILESIVS⟩

VII, 1   Pavciloqvivm   (Thales Milesius, 1)

35 *Thaletis Milesii haec* praecipue celebrantur: „*Multa verba nequaquam arguunt sapientem opinionem*". Graecis carmen esse videtur:

οὔτι τὰ πολλὰ ἔπη φρονίμην ἀπεφήνατο δόξαν.

Sapiens enim non, nisi quum res postulat, ⟨loquitur⟩, nec pluribus vtitur verbis quam opus est. Quemadmodum Deus, omnium sapientissimus, sermonis est parcissimi.

35 Thaletis Milesii *B*: Milesii Thaletis *C*.
38 loquitur *suppleui cum Lycosthene (p. 966; 991; 620)*.

Thales von Milet (624–ca. 547 v. Chr.), Vorvater der Philosophie, Astronom und Mathematiker, angeblich Begründer der sog. Milesischen Schule. Während sein Geburtsjahr feststeht (39. Olympiade), besitzen wir über sein Leben und seine Lehre nur wenige zuverlässige Information. Diogenes Laertius setzt ihn an den Anfang seiner Philosophiegeschichte; eine ähnlich wichtige Rolle spricht ihm Aristoteles zu, der ihn als Begründer der Naturphilosophie betrachtete, da er als erster dem alten Götterglauben skeptisch gegenüberstanden und für alles Seiende ein materielles Prinzip angenommen habe. In der Antike und später wurde Thales zum Inbegriff des Weisen. Thales wirkte auf die nachfolgende griech. Philosophie v.a. aufgrund seiner grundsätzlichen Herangehensweise, Naturphänomene durch physikalische Ursachen zu erklären. Dieser Ansatz wurde für die Milesische Schule (Anaximandros und Anaximenes) bestimmend. Für Thales vgl. G. Betegh, *DNP* 12,1 (2002), Sp. 236–238, s.v. „Thales"; W. Nestle, *RE* V, A1 (1934), Sp. 1210–1212, s.v. „Thales", Nr. 1; N. Ch. Dührsen, „Thales", in H. Flashar et al. (Hrsg.), *Frühgriechische Philosophie* (= *Grundriss der Geschichte der Philosophie. Die Philosophie der Antike*, Bd. I), Halbband 1 (Basel 2013), S. 237–262; P. Mazzeo, *Talete, il primo filosofo*, Bari 2010; für seine Fragmente s. Diels *FdV*, Bd. I, 1, Thales; L. Gemelli Marciano (Hrsg.), *Die Vorsokratiker*, Bd. I, Düsseldorf 2007, S. 6–31; Vorsokratiker Mansfeld (Hrsg.), *Die Vorsokratiker*, I, S. 39–55; G. Wöhrle (Hrsg.), *Traditio Praesocratica. Zeugnisse frühgriechischer Philosophie und ihres Fortlebens*. Bd. I *Die Milesier: Thales*, Berlin 2009. Für seine Sprüche vgl. auch J. Althoff und D. Zeller (Hrsg.), *Die Worte der Sieben Weisen*, Griechisch/Deutsch, Darmstadt 2006; M. Tziatzi-Papagianni, *Die Sprüche der sieben Weisen: zwei byzantinische Sammlungen; Einleitung, Text, Testimonien und Kommentar* (Beiträge zur Altertumskunde 51), Stuttgart 1994.

Er. folgte in seiner Bewertung des Thales dem positiven Urteil des Diog. Laert. und der breiten Überlieferung von Thales als Erzphilosoph und Weiser schlechthin; zusätzlich verknüpfte er die Gedanken des Milesiers mit dem Christentum: In Bezug auf seine Ansicht, man solle mit Worten sparsam sein, verglich Er. Thales sogar mit Jesus Christus (*Apophth.* VII, 1); weiter setzte er Thales' Gottesbegriff mit dem christlichen gleich (VII, 3; 6), was sich besonders in *Apophth.* VII, 6 zeigt, wo Er., obwohl der griechische Text die olympichen Götter meint (Plural!), die Aussage des Thales monotheistisch auffasst: „*Gott ist allwissend*" – „*Deus omniscius*". In *Adag.* 1317 setzte Er. Thales' Ausspruch, daß die Zeit am weisesten sei, da sie alles zutage fördere, mit *Matth.* 10, 26 gleich: „Neque discrepat Euangelicum dictum apud Mattheum cap. x.: ... ,*Nihil opertum, quod non reuelabitur, et occultum, quod non scietur*'". Er. zitiert Aussprüche des Thales wiederholt in den *Adagia*: vgl. *Adag.* 152 (*ASD* II, 1, S. 268) „Vivorum oportet meminisse"; 568 (*ASD* II, 2, S. 94); 595 (*ASD* II, 2, S.118); 1317 (*ASD* II, 3, S. 330–332) „Tempus omnia reuelat"; 1950 (*ASD* II, 4, S. 308) und 2252 (*ASD* II, 5, S. 214): „Lucrum malum, aequale dispendio". Neben der vorliegenden Sektion figuriert Thales als Apophthegmata-Spender in *Apophth*. VIII, 154. Die meisten Sprüche des Thales, die Er. in *Apophth*. VII, 1–19 präsentierte, hatte bereits Brusoni (1518) in seine Sammlung aufgenommen.

33 *Thales Milesius* Die Überschrift, wie auch sonst im siebenten Buch im Nominativ, wurde hier hinzugefügt. In den Baseldrucken steht der Name des Philosophen im Genetiv und ist Bestandteil des ersten Satzes („Thaletis Milesii haec …"). Die Namensform entspricht *B* und dem Index personarum von *B* und *C*; bei der Drucklegung von *C* wurde die Reihenfolge der Namensteile irrtümlich vertauscht („Milesii Thaletis").

Apophth. VII, 1 ist ein Gegenstück zu *Adag*. 1950 (*ASD* II, 4, S. 306–308) „Laconismus", *Apophth*. I, 343 und VII, 305 (Zeno Cittieus, 13); vgl. *Adag*. 1950 (*ASD* II, 4, S. 308): „… Sunt autem haec inter se cognata, pauca loqui et probum esse virum. Huc spectabat Charillus, qui roganti, quur Lycurgus tam paucas leges prodidisset, ,Quoniam', inquit, ,pauciloquis non est opus multis legibus', notans obiter Athenienses, quorum loquacitati nullae leges sufficiebant. Celebratur et hoc dictum inter Thaletis sententias apud Laertium". Die Quelle für *Apophth*. I, 343 ist Plut. *Mor*. 232B–C. In *Apophth*. VII, 305 schreibt Er. das „Pauciloquium" Zenon von Kition zu: „Ad quendam dicentem breues esse philosophorum sententias, ,Vera praedicas', inquit (sc. Zeno), ,oportet enim et syllabas illorum, si fieri possit, esse breues'. Veritas multis verbis non eget, rectius meminimus, quae paucis verbis comprehensa sunt".

35–37 *Multa … δόξαν* Im Spruchteil wörtliche Übers. des Er. von Diog. Laert. I, 35: Τῶν τε αἰδομένων αὐτοῦ εἶναι τάδε. οὔτι τὰ πολλὰ ἔπη φρονίμην ἀπεφήνατο δόξαν. Er. hat in diesem Fall die latein. Übers. Traversaris nicht berücksichtigt (ed. Curio, Basel 1524, S. 12). Gleichsam um sein auf der Titelseite der zweiten Ausgabe gegebenes Versprechen einzulösen, daß er nunmehr den griech. Text des Diogenes heranziehen werde, zitiert Er. den Spruch hier auch auf Griechisch.

36 *Graecis carmen esse videtur* Es handelt sich um einen Hexameter.

37 *οὔτι … δόξαν Supplementum Hellenisticum*, edd. H. Lloyd-Jones und P. Parsons, Berlin 1983, Nr. 521.

VII, 2   Vnvm eximivm   (Thales Milesius, 2)

„*Vnum quiddam diuina* [i.e. pete] *egregium; vnum quiddam praeclarum elige.* Solues enim hominum loquacium linguas sine fine garrientes" (ἀπεραντολόγους quod interpres, miror quare, reddidit „*non paucorum*"). Satius est ad parandam honestam famam
45 vnum quiddam insigne praedicere [i.e. petere] quam diuinare de friuolis aut quibuslibet. Sapiens enim vates est optimus, et praestat vno opere aedito, sed egregio, parare famam eruditionis quam minus accurate scribere de singulis.

VII, 3A–F   Aenigmata   (Thales Milesius, 3)

A Rogatus, quid esset *omnium vetustissimum*, respondit: „*Deus*". „Quur ita?" – „ὅτι
50 ἀγένητος, hoc est, nunquam esse coepit";
B quid esset *pulcherrimum*, ait: „*Mundus. Est enim* opus dei, quo nihil est pulchrius";
C quid *maximum*: „*Locus. Capit enim omnia*";
D quid *velocissimum*: „*Mens. Discurrit enim per vniuersa* hominis cogitatio";
55 E quid *robustissimum*: „*Necessitas* (siue fatum). *Superat enim omnia*";

55 (siue fatum) *scripsi*: siue fatum *B C*, fatum Lycosthenes (p. 352).

42–43 *Vnum* ... ἀπεραντολόγους Insgesamt gründlich missverstandene Wiedergabe von Diog. Laert. I, 35: "Ἕν τι μάτευε σοφόν. Ἕν τι κεδνὸν αἱροῦ. Λύσεις (Diog. MS *B, P, F,* ed. Froben.: βύσεις *Cobet*: δήσεις *Diels*) γὰρ ἀνδρῶν κωτίλων γλώσσας ἀπεραντολόγους" (ed. Froben, S. 16). Er. kopierte in den ersten beiden Sätzen die Übers. Traversaris, der μάτευε falsch übersetzt hatte: „Vnum aliquid sapiens *diuina* [sic]. Vnum quippiam praeclarum elige" (Basel, ed. Curio, 1524, S. 12). Traversari hatte ματεύω („streben nach, zu erlangen suchen"; vgl. Passow II, 1, S. 135, s.v.) mit μαντεύομαι („wahrsagen, prophezeien"; vgl. Passow II, 1, S. 125, s.v.) verwechselt. Obwohl Er. auf der Titelseite der zweiten Ausgabe der *Apophthegmata* behauptete, er hätte für Diogenes Laertius nunmehr den griechischen Text herangezogen, übernahm er Traversaris Fehlübersetzung. Das Missverständnis setzt sich in Er.' Erklärung des Spruches fort: Man solle „lieber eine richtige Sache *vorhersagen* als viele verschiedene".

42 *solues* Er. gab das in den Handschriften überlieferte λύσεις mit „solues" wieder, wodurch er Curios Übers. verschlimmbesserte; „linguam(as) soluere" bedeutet „die Zunge lösen, zum Reden bringen" (vgl. Cic. *De or.* I, 144 „linguae solutio", „eine redefertige Zunge"; *Brut.* 202 „solute dicere" für „flüssig reden"). Das ergibt freilich einen konträren Sinn; gemeint muß hier sein: Wer nach *einer* einzigen richtigen und guten Sache strebt, wird Erfolg haben und wird so den endlos geschwätzigen Leuten „den Mund stopfen" (latein. „linguam praecludere" [e.g. Phaedr. I, 23, 5] oder „linguam obtundere", vgl. *DNG* II, Sp. 2893, s.v. „lingua", I. B 1). Curio hatte die Stelle richtig verstanden: „Obstrues enim os loquacium hominum ..." (a.a.O.). Vgl. Jürß („So wirst du den endlosen Redefluss geschwätziger Leute bremsen") und Hicks („Thou wilt check the tongues"). Wenn die Lesart λύσεις richtig ist, so muß der Sinn von λύω (γλώσσας) hier „töten, vernichten, zum Erschlaffen bringen, zum Schweigen bringen" sein (vgl. das bei Homer häufig vorkommende „Glieder lösen"). Die Lesart λύσεις wurde jedoch auch mehrfach für eine Korruptel angesehen: Vgl. die Emendationen von Cobet (βύσεις), Diels (δήσεις) und Bergk (παύσεις). Markovich druckt λύσεις, Hicks und Diels δήσεις.

43 *sine fine garrientes* Für „sine fine garrire" vgl. *Lingua, ASD* IV, 1, S. 157, Z. 350.

43–44 ἀπεραντολόγους ... *paucorum* Während Er. von Traversaris Übers. den irreführenden ersten Satz kopierte und den Anfang des dritten verschlimmbesserte, kritisierte er „den Übersetzer" („interpres"), den er zwar nicht namentlich nennt, jedoch sicherlich Traversari meint, scharf in Bezug auf „non paucorum" („Obstrues enim os loquacium hominum non paucorum", ed. Curio, a.a.O.). Er. kreidete dem „interpres" an, er habe ἀπεραντολόγους irrtümlich mit „non paucorum" übersetzt. Er. wusste anscheinend nicht, Traversari den Satz anders übersetzt hatte: „Solues enim loquacium infinitos sermones virorum" (e.g. *ed. Ven. 1490; ed. Paris. 1509, fol. VII r*). Curio hatte hier Traversaris Übers. zur Gänze geändert: Er verwarf „solues" und die metaphorische Interpretation von γλώσσας; weiter fügte er „non paucorum" hinzu, bei dem Versuch, die tautologische Formulierung des griech. Textes aufzuheben (κώτιλος bedeutet „geschwätzig", ἀπεραντόλογος „unendlich geschwätzig"). Traversari selbst hatte die Tautologie vermieden, indem er γλώσσας ἀπεραντολόγους mit „infinitos sermones" („endlose Reden") wiedergab. Er. hingegen gab dem griech. Text die Tautologie zurück, dadurch, daß er ἀπεραντόλογος wörtlich mit „sine fine garrientes" („unendlich geschwätzig") übersetzte.

48 *Aenigmata* Für die Serie der Rätselfragen vgl. Plut. *Conviv. septem sap.* 153C–D und *Gnom. Vat.* Sternbach 316. Die jeweiligen Kommentare gehen diesmal nicht auf das Konto des Er., sondern finden sich bereits in dem überlieferten Text des Diogenes Laertius.

49–53 *vetustissimum ... omnia* Heterogene Wiedergabe von Diog. Laert. I, 35, wobei Er. zum Teil den griechischen Text herangezog und sogar zitierte, zum Teil paraphrasierte, zum größeren Teil jedoch Traversaris Übers. kopierte: „Antiquissimum eorum omnium, quae sunt, (omnium, quae sunt *ed. Curio*: quae sunt, omnium *Traversari, e.g. ed. Ven. 1490, ed. Paris. 1509, fol. VII^r*) deus. Ingenitus (ingenitus *ed. Curio*: ingenitum *ed. Ven. 1490, ed. Paris. 1509*) enim. Pulcherrimum mundus. A deo enim factus est. Maximum locus. Capit enim omnia. Velocissimum mens. Nam per universa discurrit. Fortissimum necessitas. Cuncta enim superat. Sapientissimum tempus. Inuenit nanque omnia" (ed. Curio, Basel 1524, S. 12). In VII, 3A zitiert Er. den Spruch zum Teil auf Griechisch; in VII, 3A und B paraphrasiert er; in VII, 3C–F zitiert er wörtlich Traversaris Übers.; in VII, 3E fügt er zu Traversaris Übers. eine Alternative hinzu. Vgl. den griech. Text: „πρεσβύτατον τῶν ὄντων θεός· ἀγένητον γάρ. κάλλιστον κόσμος· ποίημα γὰρ θεοῦ. μέγιστον τόπος· ἅπαντα γὰρ χωρεῖ. τάχιστον νοῦς· διὰ παντὸς γὰρ τρέχει. ἰσχυρότατον ἀνάγκη· κρατεῖ γὰρ πάντων. σοφώτατον χρόνος· ἀνευρίσκει γὰρ πάντα" (ed. Froben, S. 16–17). Außerdem bildete Er. die Lehrsätze des Thales zu einem Frage- und Antwortspiel um, während der Text des Diog. Laert. nur lapidarische Statements enthält. Er. unternahm dies, weil er die Parallelstelle in Plut. *Septem sapientium convivium, Mor.* 153C–D, kannte: „,Τί πρεσβύτατον;' ,θεός,' ἔφη Θαλῆς· ,,ἀγέννητον γάρ ἐστι.' ,Τί μέγιστον;' ,τόπος· τἆλλα μὲν γὰρ ὁ κόσμος, τὸν δὲ κόσμον οὗτος περιέχει.' ,Τί κάλλιστον;' ,κόσμος· πᾶν γὰρ τὸ κατὰ τάξιν τούτου μέρος ἐστί.' ,Τί σοφώτατον;' ,χρόνος· τὰ μὲν γὰρ εὕρηκεν οὗτος ἤδη, τὰ δ᾽ εὑρήσει.' ,Τί κοινότατον;' ,ἐλπίς· καὶ γὰρ οἷς ἄλλο μηδέν, αὕτη πάρεστι.' ,Τί ὠφελιμώτατον;' ,ἀρετή· καὶ γὰρ τἆλλα τῷ χρῆσθαι καλῶς ὠφέλιμα ποιεῖ.' ,Τί βλαβερώτατον;' ,κακία· καὶ γὰρ τὰ πλεῖστα βλάπτει παραγενομένη.' ,Τί ἰσχυρότατον;' ,ἀνάγκη· μόνον γὰρ ἀνίκητον.' ,Τί ῥᾷστον;' ,τὸ κατὰ φύσιν, ἐπεὶ πρὸς ἡδονάς γε πολλάκις ἀπαγορεύουσιν'". Wie die Reihenfolge der Sprüche und einige Details zeigen, hat Er. aber trotz der Anregung, die er von Plut. *Mor.* 153C–D bezog, den Text von *Apophth.* VII, 3A–F nach Diog. Laert. I, 35 gestaltet.

55 *siue fatum* Er. hat mit „siue fatum" der korrekten Übers. Traversaris von ἀνάγκη mit „necessitas" eine Alternativübersetzung hinzugesetzt. Ein solche Alternativübersetzung ist grundsätzlich so zu verstehen, daß eine der beiden Alternativen gewählt werden soll. Auch Lycosthenes hat dies so verstanden: In seinem Druck von VII, 3E entschied er sich für „fatum": „Thales Milesius interrogatus, quid tota rerum natura esset robustissimum, respondit ,Fatum. Cuncta enim superat'" (S. 352). Dementsprechend brachte Lycosthenes den Spruch in der Kategorie „De fato" unter. Für Er.' Art, zuweilen Alternativübersetzungen hinzuzufügen, vgl. unten VII, 62 mit Komm.

F quid *sapientissimum: "Tempus. Nam inuenit omnia"*.
Haec aenigmatum instar habent.

VII, 4   Argvte   (Thales Milesius, 4)

Dicebat nihil interesse inter vitam et mortem, ob id opinor, quod vtraque res aeque esset secundum naturam, nec mortem malam esse magis quam natiuitatem. *Cuidam vero* obstrepenti *"Quur igitur"*, inquit, *"tu non moreris?"*, salse respondit: "Ob hoc ipsum, *quia nihil differt"*. Potius enim quod habetur, accersitur.

VII, 5   Salse   (Thales Milesius, 5)

Percontanti, vtrum fuisset prius, nox an dies? "Nox", inquit, *"vno die fuit prior"*. Elusit ineptum percontatorem. Si nox vno die praecessit diem, dies igitur fuit ante noctem. Nox enim finis est diei.

VII, 6   Devs omniscivs   (Thales Milesius, 6)

Rogatus, num lateret deos homo iniuste agens, respondit: *"Ne cogitans quidem"*, significans deo nihil omnino esse occultum. At vulgus putat, quae corde voluunt, latere deum.

VII, 7   Graviter   (Thales Milesius, 7)

Adultero sciscitanti, an abiuraturus *esset adulterium, "Non est"*, inquit, *"periurium adulterio peius"*, significans illum stulte dubitare de peierando, qui facinus periurio par non dubitasset committere. Eoque in atrocibus sceleribus nihil ponderis habet iusiurandum. Quisquis enim audet dare venenum, audebit et eum periurio inficiari.

---

62 differt *scripsi sec. Diog. textum Graec. et versionem fratris Ambrosii:* refert *B C.*
62 quod habetur *scripsi:* habetur quod *B C.*

56 Tempus … omnia Vgl. *Adag.* 1317 (*ASD* II, 3, S. 330–332) „Tempus omnia reuelat", S. 332: „Tertullianus … in Apologetico contra ethnicos ‚Bene autem', inquit, ‚quod omnia tempus reuelat, testibus etiam vestris prouerbiis atque sententiis' (Tert. *Apol.* 7, 13, Migne *PL* I, Sp. 310B–311A = *CCSL* I, S. 100). Aulus Gellius Noctium Atticarum libro duodecimo, cap. item duodecimo (= Gell. XII, 11, 6: Soph. fr. 280 N. = 301 *TrGF* (Radt)), citat in hanc sententiam hos Sophoclis versus … ‚Ob ista ne quid occulas. Siquidem intuens/ Cuncta audiensque, cuncta proferet dies'. Eodem in loco Gellius admonet quendam veterum poetarum veritatem *temporis filiam* vocasse, quod ea licet aliquando lateat, tamen temporis progressu in lucem emergat. Fertur in eandem sententiam hie quoque senarius prouerbialis (Menandr. Monost. 13 Jäkel): *At veritatem tempus in lucem eruit …*"; *Collect.* 31 „Dies omnia reuelat": „… Ex quibus Tertulliani verbis colligere licet, Sophocleos illos senarios in prouerbium olim transisse, quos Aulus Gellius in Noctibus refert: … ‚Hic nihil occulta, quando cuncta contuens/ Et cuncta audiens omnia reuelabit dies'"; Otto 1756.

56 inuenit Er. übernimmt die Übers. Traversaris („inuenit"), während er den Spruch in *Adag.*

1317 etwas anders verstanden hatte. Nach Traversaris Übers. ist mit dem dunklen Spruch gemeint, daß die Zeit – nämlich nach und nach und im Laufe der Zeit – alles (sc. Nützliche, Wissenswerte und Wahre) erfindet. So wurde der Spruch auch bei Plut. *Septem sapientium convivium, Mor.* 153C–D verstanden (vgl. F. Cole Babbitt a.a.O.: „Time; for it has discovered some things already, and shall discover the rest"). In *Adag.* 1317 „Tempus omnia reuelat" (a.a.O.) faßt Er. den Spruch in dem Sinn auf, daß man nichts verheimlichen soll („*Ob ista ne quid occulas*"), da ja die Zeit letzlich doch alles aufdecke: „*tempus omnium esse sapientissimum, vt quod cuncta reperiat eruatque*". Den nämlichen Ausspruch hatte bereits Brusoni in seine Sammlung aufgenommen (1518; VI, 26 „De tempore"), wobei auch er den Text nach Traversaris Übers. wiedergab: „Thales sapientissimum esse dicebat tempus, quod omnia inueniret".

58 *Argute* Lycosthenes druckt VII, 4, dem Thema gemäß, in der Kategorie „De morte" (S. 924).

59–62 *Dicebat ... differt* Diog. Laert. I, 35: „οὐδὲν ἔφη τὸν θάνατον διαφέρειν τοῦ ζῆν. ,σὺ οὖν', ἔφη τις, ,διὰ τί οὐκ ἀποθνήσκεις;' ,ὅτι', ἔφη, ,οὐδὲν διαφέρει'" (ed. Froben, S. 17). Vgl. die latein. Übers. Traversaris: „Nihil ait mortem a vita differre. ,Tu vero', aiebat (aiebat *ed. Curio*: ait *Traversari, e.g. ed. Ven. 1490, ed. Paris. 1509, fol. VII r*) quispiam, ,quare non moreris?' ,Quia nihil', inquit, ,differt'" (ed. Curio, Basel 1524, S. 12). Das Apophthegma hatte bereits Brusoni in seine Sammlung d.J. 1518 aufgenommen, wobei er sein Kap. „De vita" (VII, 14) damit eröffnete: „Thales dicebat mortem a vita nihil differre. Dicente illi quopiam ,Tu vero cur non moreris?' ,Quia nihil', inquit ,differt'".

59 *Dicebat* Er. ging von Curios Text aus (a.a. O.), der „aiebat" aufwies (er ging diesbezüglich auf Brognolis Edition zurück), während Traversari ursprünglich das Präsens benutzt hatte („ait" und „inquit").

62 *Differt* Das in den Baseldrucken einhellig überlieferte „refert" kann nicht stimmen: Die Erklärung des Er. „Potius enim quod habetur, accersitur" setzt „differt" voraus.

64 *Percontanti ... prior* Wörtliche Wiedergabe von Diog. Laert. I, 36, wobei Er. die Übers. Traversaris, in Curios Bearbeitung, leicht variierte: „Sciscitanti cuidam, vtrum (vtrum *ed. Curio*: quid *Traversari, e.g. ed. Ven. 1490, ed. Paris. 1509, fol. VII r*) prius factum esset, nox an dies, ,Nox', ait, ,vna prius die'" (ed. Curio, Basel 1524, S. 12). Vgl. den griech. Text: πρὸς τὸν πυθόμενον τί πρότερον γεγόνοι (ἐγεγόνει *ed. Froben. p. 17*), νὺξ ἢ ἡμέρα, „ἡ νύξ", ἔφη, „μιᾷ ἡμέρᾳ πρότερον". Davon, daß Er. auch den griech. Text heranzog, findet sich in vorl. *Apophth.* kein Beleg.

64 *vtrum* Er. benutzte Curios Ausgabe, der Traversaris „quid" durch „vtrum" ersetzt hatte.

64 *vno* „vno" stellt eine Verbesserung des Er. von Traversaris weiblicher Form „vna" dar.

68 *Rogatus ... quidem* Diog. Laert. I, 36. Er. gab die latein. Übers. Traversaris in Curios Bearbeitung wieder: „Interrogatus, lateretne deos homo male agens (agens *ed. Curio*: operans *Traversari, e.g. ed. Ven. 1490, ed. Paris. 1509, fol. VII r*), ,Ne cogitans quidem', inquit" (ed. Curio, Basel 1524, S. 12). Vgl. den griech. Text: ἠρώτησέ τις αὐτὸν εἰ λήθοι θεοὺς ἄνθρωπος ἀδικῶν· ,ἀλλ' οὐδὲ διανοούμενος', ἔφη (ed. Froben, S. 17). Auch in *Apophth.* VII, 6 gibt es keine Spur davon, daß Er. auch den griech. Text bearbeitet hätte. Wie die Verwendung von „male agens" ausweist, kopierte Er. Curios Bearbeitung (Traversari selbst hatte ἀδικῶν mit „male operans" übersetzt).

68 *iniuste agens* Er.' „iniuste agens" stellt eine Verbesserung von Curios „male agens" für ἀδικῶν dar.

71 *Grauiter* Aufgrund von Er.' Angabe ordnete Lycosthenes den Ausspruch im Kapitel „De grauiter dictis" (S. 437) ein.

72–73 *Adultero ... peius* Größteils wörtliche, leicht variierende Wiedergabe von Diog. Laert. I, 36, wobei sich nicht feststellen läßt, ob Er. Traversaris Übers. variierte oder selbst den griech. Text übersetzte: πρὸς τὸν μοιχὸν ἐρόμενον εἰ ὁμόσειε (ὁμόσει *ed. Froben. p. 17*) μὴ μεμοιχευκέναι, ,οὐ χεῖρον', ἔφη, ,μοιχείας ἐπιορκία'. Vgl. die Übers. Traversaris: „Percontanti adultero, an iuraret non commisisse se adulterium (non commisisse se adulterium *ed. Curio*: se minime adulterasse *Traversari, e.g. ed. Venet. 1490, ed. Paris. 1509, fol. VII r*), ,Non est', ait, ,periurium adulterio deterius'" (ed. Curio, Basel 1524, S. 12–13); vgl. *Gnom. Vat.* 317 Sternbach. Dasselbe Apophthegma findet sich bereits in der Sammlung des Brusoni (I, 4, „De adulterio"; 1518), der Traversaris Übers. kopierte.

| VII, 8 | SAPIENTER | (Thales Milesius, 8) |

Percontanti, quid esset difficile, „Seipsum", inquit, „nosse". Atqui hoc vulgus putat esse facillimum. Aliena rectius perspicimus quam nostra, et *sibi quisque adulator est.*

| VII, 9 | ADMONITIO FACILIS | (Thales Milesius, 9) |

80 *Rogatus, quid esset facile, „Alterum", ait, „admonere". Omnes, ⟨quum valemus⟩, recta consilia aegrotis damus.* Interpres perperam vertit „ab alio moneri", quum sit ἄλλῳ ὑποτίθεσθαι, hoc est „alteri dare consilium". Quis enim est tam stupidus, qui non admoneat alium? Sibi pauci consulunt.

| VII, 10 | POTIRI DVLCE | (Thales Milesius, 10) |

85 Sciscitanti, *quid esset dulcissimum, „Potiri",* inquit. Nam ea demum delectant, quae contingunt expetita. Quae vltro obiiciuntur, non perinde iuuant.

---

80 quum valemus *scripsi cum Lycosthene (p. 6; cf. Adag. 568 et Collect. 284).*

Apophth. VII, 8 enthält den Inbegriff philosophischer Weisheit, die sprichwörtlich gewordene Aufforderung „Erkenne dich selbst" („nosce te ipsum"); vgl. Cic. *Leg.* I, 58: „Haec (sc. philosophia) docuit, vt nosmet ipsos nosceremus"; Plat. *Charm.* 164D ff.; *Phaedr.* 229E; *Phil.* 48C; *Prot.* 343A–B; Macr. *Somn.* I, 9, 2; Plut. *Mor.* 116C; 164B; 385D; 408E; 511B; Diog. Laert. I, 40; Diogen. II, 10; Apost. 5, 56; Suid. 334; Otto 1236 (und Nachtr. S. 113). Der Weisheitssatz wurde auch anderen Spendern zugeschrieben, u.a. Chilon (Plin. *Nat.* VII, 119), Solon und dem delphischen Orakel/Apoll (Plat. *Charm.* 164D; *Phaedr.* 229E). Das Apophthegma bildet ein Gegenstück zu *Adag.* 595 (*ASD* II, 2, S.117–120) „Nosce teipsum". Vgl. ebd., S. 117–118: „Ad eandem sententiam pertinent tria illa inter omnia sapientum apophthegmata vel maxime celebrata, adeo vt, quemadmodum in Charmide testatur Plato, pro foribus templi Delphici ab Amphictyonibus inscripta veluti digna deo viserentur. Quorum primum est Γνῶθι σεαυτόν, ⟨id est⟩ *Nosce teipsum*. In quo modestiae mediocritatisque commendatio est, ne nobis vel maiora vel etiam indigna sequamur. Nam hinc omnis vitae pestis oritur, quod sibi quisque blanditur et quantum aliis praeter aequum detrahit, tantum sibi philautiae vitio praeter meritum tribuit … Platonicus Socrates ab Apolline profectam (sc. sententiam) arbitratur. … Diogenes Thaleti tribuit. Apud hunc Antisthenes Phemonoae asscribit, caeterum Chilonem vsurpasse (= Diog. Laert. I, 40)". In *Adag.* 595 zählt Er. – der Tradition bzw. Plat. *Charm.* 164D folgend – das Apophthegma „cognosce teipsum" zu den drei wichtigsten philosophischen Lehrsätzen: „cognosce teipsum" ist Nummer 1, Nr. 2 ist „Ne quid nimis" (*Adag.* 596, ebd., S. 120–122), Nr. 3 „Sponde, noxa praesto est" (*Adag.* 297, ebd. S. 122–124) bzw. „Sponsioni non deesse iacturam". Siehe auch *Coll.* 108 (*ASD* II, 9, S. 82) mit dem Titel „Tria Apollinis oracula". Lycosthenes bildete nach dem nämlichen Weisheitssatz die Kategorie „De cognitione sui" (S. 163–165), die er mit *Apophth.* VII, 8 eröffnet (S. 163). Von der philosophischen Selbsterkenntnis handelt weiter *Apophth.* VII, 164 (Plato, 15).

77 *Percontanti … nosse* Diog. Laert. I, 36: ἐρωτηθεὶς τί δύσκολον, ἔφη, „τὸ ἑαυτὸν γνῶναι" (ed. Froben, S. 17); Diels *FdV*, Bd. I, 1, Thales A 1. Er. war wohl, da er sie in einem Punkt verbesserte, von Traversaris latein. Übers. ausgegangen: „Interrogatus, quidnam esset difficile, ‚Se', inquit, ‚ipsum noscere'" (ed. Curio, Basel 1524, S. 13). In *Adag.* 595 (*ASD* II, 2, S.118) gab Er. den Spruch wie folgt wieder: „Thales autem

rogatus … ‚Quid est difficile?', respondit seipsum nosse".

77 *nosse* „nosse" stellt eine Verbesserung des Er. von Traversaris „noscere" dar. Er.' Korrektur findet sich auch in *Adag*. 595 (*ASD* II, 2, S.118).

78 *Aliena … nostra* Für diese Sentenz vgl. Ter. *Heaut*. 502–505: „(Menedemus:) ‚Di, vostram fidem,/ Ita comparatam esse hominum naturam omnium/, aliena vt melius videant et diiudicent/ quam sua!' "; Cic. *Off*. I, 146: „Fit enim nescio quomodo, vt magis in aliis cernamus quam in nobismet ipsis, si quid delinquitur"; *Tusc*. III, 73: „Est enim proprium stultitiae aliorum vitia cernere, obliuisci suorum"; Lactant. *Inst*. III, 4, 7; Otto 60, s.v. „alienus"; Walther 785 (nach Terenz 503): „Aliena homines melius vident et diiudicant quam sua"; Er., *Apophth*. VII, 164: „Nemo suam turpitudinem perspicit".

78 *sibi quisque adulator est* Die Sentenz „sibi quisque adulator est" stammt aus Plut. *Quomodo adulator ab amico internoscatur* 1, *Mor*. 48F–49A, einem Traktat, den Er. selbst übersetzt hatte: „… quippe cui (sc. adulatori) facilem et commodum in nos aditum aperit amor nostri, per quem, *quando sibi quisque adulator est* primus ac maximus, haud grauatim admittit et alium"; vgl. *Apophth*. VII, 164: „Nemo suam turpitudinem perspicit, sed sibi quisque assentator est".

Apophth. VII, 9 ist ein Gegenstück zu *Collect*. 284 „Facile, cum valemus, recta consilia aegrotis damus (= Ter. *Andr*. 309–310)" (*ASD* II, 9, S. 137) und zu *Adag*. 568 „Facile, cum valemus, recta consilia aegrotis damus" (*ASD* II, 2, S. 94–96). In *Adag*. 568 findet sich auch der nämliche Spruch des Thales (S. 94). Für den Titel und die Erklärung vgl. den Komm. des Er. a.a.O. S. 95–96: „Fertur et huic similis sententia prouerbialis: ‚… In admonendo sapimus omnes, verum vbi/ Peccamus ipsi, non videmus propria' (= Eur. *Frgm*. 1042 N = Menander, *Monost*. 57–58 Jäkel). Ducta est sententia a communibus hominum moribus. Omnes enim aegrotantibus recte praecipiunt, quid fugiendum, quid agendum et obiurgant nonnunquam, quod salutis causa non obtemperent bene monentibus. Ipsis posteaquam in morbum inciderint, non succurrunt illa praeclara monita, sed aliis item monitoribus et obiurgatoribus est opus. Porro cupiditas omnis animi morbus est, quo velut excaecatus aut non perspicit aut, si perspicit, sequi non potest ea, quae sunt ad salutem necessaria. Nam Phaedria Terentianus prudens et sciens in flammam manum mittit et viuus videns-

que perit (= Ter. *Eun*. 72–73). Item Horatius fugienda sequitur fugiens, quae profore credit. Perspicit auarus aliquando, quam prodigiosa res sit ambitio. Contra, ambitiosus auari morbum peruidet et vterque alteri in alieno malo recte consulit, neuter in suo sapit"; in *Coll*. 284 (*ASD* II, 9, S. 137) kommentiert Er. den Spruch wie folgt: „Quo significatum est longe procliuius esse aliis bene praecipere quam ipsum benefacere. Siquidem qui praecipiunt, facile, quod rectum sit, perspiciunt, quippe qui vacent affectibus, quibus illi praepediuntur". Für die sprichwörtliche Weisheit vgl. Otto 22, s.v. „aegrotus"; Walther 8684a; 8690; 36812.

80 *Rogatus … admonere* Diog. Laert. I, 36: „‚τί δὲ εὔκολον' – ‚τὸ ἄλλῳ ὑποθέσθαι' " (vgl. ed. Froben, S. 17). Er. wiederholt seine Übers. des Spruchs in *Adag*. 568 „Facile, cum valemus, recta consilia aegrotis damus" (*ASD* II, 2, S. 94–95): „… nata videtur ab oraculo Thaletis philosophi. Nam is, vt autor est Laertius, interrogatus, quidnam esset difficillimum, respondit γνῶναι σεαυτόν, id est *nosse seipsum*, quid facillimum, respondit ἄλλῳ ὑποθέσθαι, id est *alteri consilium dare*". Hingegen weist Er. die Übers. Traversaris zurück: „Quid contra facile? Ab alio (ab alio ed. Curio: aliis Traversari, e.g. ed. Ven. 1490, ed. Paris. 1509, fol. VII r) moneri, dixit" (ed. Curio, Basel 1524, S. 13).

80–81 *Omnes … damus* Nicht in Diog. Laert., sondern ein Kommentar des Er., der die Terenzstelle *Andr*. 309 zitiert („facile omnes quom valemu' recta consilia aegrotis damus"). Vgl. *Adag*. 568 „Facile, cum valemus, recta consilia aegrotis damus" (*ASD* II, 2, S. 94), wo Er. ebenfalls das Terenzzitat mit dem Thales-Spruch kombiniert („Ea [sc. sententia] nata videtur ab oraculo Thaletis philosophi").

80 ⟨*quum valemus*⟩ „cum valemus" ist für die Bedeutung und das Verständnis der sprichwörtlichen Weisheit unabdingbar und muß deshalb ergänzt werden.

81–82 *Interpres perperam … consilium* Er. kritisiert wiederum scharf einen Fehler in der ihm vorliegenden Übers. Traversaris (in Curios Ausgabe), wobei er den Übersetzer erneut nicht namentlich nennt, jedoch sicherlich Traversari meint; das von Er. beanstandete „ab alio moneri" findet sich in Curios Ausgabe, während Traversari selbst „aliis moneri" hatte.

85 *quid … potiri* Diog. Laert. I, 36: „‚τί ἥδιστον;' – ‚τὸ ἐπιτυγχάνειν' " (ed. Froben, S. 13). Er. hebt seine Übers. hier von jener Traversaris ab („‚Quid suauissimum?' – ‚Frui' ", ed. Curio, Basel 1524, S. 13); Traversaris „frui" ist

VII, 11   PATIENTIA   (Thales Milesius, 11)

Rogatus, quo pacto quis facillime ferret infortunium suum, „*Si quis*", inquit, „*videat hostes* maioribus malis obnoxios". Quidam enim ex contemplatione felicitatis alienae
90   suam calamitatem exasperant.

VII, 12   SAPIENTER   (Thales Milesius, 12)

Interrogatus, *quo pacto quis optime iustissimeque viueret,* „*Si*", inquit, „*quae in aliis reprehendit, ea ne faciat ipse*". In alienis enim erratis perspicaces sumus, ad sua quisque lusciosus est.

95   VII, 13   FELICITAS VERA   (Thales Milesius, 13)

Percontanti, *quis esset felix,* „*Qui corpore*", inquit, „*sanus est, animo eruditus*" (siue castigatus; cupiditates enim animorum morbi sunt).

---

in der Tat keine paßgenaue Übers. von ἐπιτυγχάνειν; Er.' „potiri" bringt das „Erlangen" zum Ausdruck, wobei jedoch die Betonung auf „bemeistern, bemächtigen, in den Besitz bekommen" liegt. Allerdings ist fraglich, ob Thales eben dies im Sinne hatte. Es geht bei dem Spruch wohl eher darum, daß man etwas erlangt oder bekommt, das man sich sehnlich wünschte oder nach dem man sehr verlangte (so verstand im Grunde auch Er. den Spruch, wie aus seinem Kommentar hervorgeht): Die relevanten Begriffe dafür sind jedoch eher „adipsci, nancisci, assequi" oder „impetrare". Lycosthenes hingegen verstand den Spruch, obwohl er von Er.' Version ausging, anders: daß man etwas *verlangt* oder erstrebt, das zu erstreben ehrbar bzw. moralisch einwandfrei ist: Im Hinblick auf diese abweichende Interpretation richtete er ein Kapitel „De petitione honesta" (S. 853–854) ein, das er mit *Apophth.* VII, 10 eröffnet.

87 *Patientia* Lycosthenes ordnete den Spruch jedoch der Kategorie „De fortunae inconstantia et mutatione" zu (S. 398).

88–89 *Quis … obnoxious* Teilweise wörtliche, teilweise paraphrasierende Wiedergabe von Diog. Laert. I, 36: „πῶς ἄν τις ἀτυχίαν ῥᾷστα φέροι, ,εἰ τοὺς ἐχθροὺς χεῖρον πράσσοντας βλέποι'" (ed. Froben, S. 13). Vgl. die latein. Übers. Traversaris: „,Quo pacto aduersae fortunae impetus (impetus *ed. Curio*: ictus *Traversari, e.g. ed. Ven. 1490*) quispiam ferat facillime?' ,Si inimicos', ait, ,videat deterius affectos'" (ed. Curio, Basel 1524, S. 13). Das *Apophth.* war bereits in der Sammlung des Brusoni (1518) vorhanden (III, 7), der damit die Kategorie „De invidia et odio" einleitete und wörtlich Traversaris Übers. wiedergab; vgl. Lycosthenes, S. 510, der Thales' Spruch zudem nach Maximus Tyrius zitiert: „Thales cum rogaretur, quemadmodum quis calamitatem optime ferre posset: ,Si', inquit, ,hostes videat in maiori versati (lege: versatos) miseria'. Maximus, *ser.* 18" (S. 398).

89–90 *Quidam enim … exasperant* Lycosthenes perspektiviert seine Erklärung anders als Er.: „Tanta enim est inuidiae vis, vt omne nobis malum extinguat, si inimicum peius habere intelligimus" (S. 510).

91 *Sapienter* So qualifizierte bereits Brusoni den Ausspruch (vgl. unten); Lycosthenes brachte dem Titel entsprechend den Spruch in der Kategorie „De sapienter dictis" (S. 968–975) unter.

92–93 *Quo pacto … ipse* Wörtliche Wiedergabe von Diog. Laert. I, 36, wobei Er. die latein. Übers. Traversaris leicht variierend bearbeitete: „,Quomodo optime ac iustissime viuemus?' ,Si, quae in aliis reprehendimus,', ait, ,ipsi non faciamus'" (ed. Curio, Basel 1524, S. 13). Vgl. den griech. Text: „πῶς ἂν ἄριστα καὶ δικαιότατα βιώσαιμεν; — ἐὰν ἃ τοῖς ἄλλοις ἐπιτιμῶμεν, αὐτοὶ μὴ δρῶμεν" (ed. Froben, S. 17). Für den Spruch vgl. Stob. III, 1, 172; Isocr.

Ad Demon. 17; *Nicocl.* 61. Das Apophth. war bereits in der Sammlung des Brusoni (1518) vorhanden (III, 8 „De iustitia"), der ebenfalls Traversaris Übers. wiedergab: „Thales Milesius rogatus, quomodo optime ac iustissime uiuatur, sapienter ait: ‚Si quae in aliis reprehendimus, ipsi non faciamus'". Da Brusoni die Qualifikation „sapienter" hinzusetzte, könnte die Tatsache, daß Er. dem Lemma genau diesen Titel gab, darauf hindeuten, daß ihm Brusoni's Vorlage bekannt war.

93–94 *In alienis … lusciosus est* Für den Kommentar des Er. vgl. Ter. *Heaut.* 502–505: „(Menedemus:) ‚Di, vostram fidem,/ Ita comparatam esse hominum naturam omnium,/ aliena vt melius videant et diiudicent/ quam sua!'"; Cic. *Tusc.* III, 73: „Est enim proprium stultitae aliorum vitia cernere, obliuisci suorum"; *Off.* I, 146: „Fit enim nescio quomodo, vt magis in aliis cernamus quam in nobismet ipsis, si quid delinquitur"; Lactant. *Inst.* III, 4, 7; Otto 60, s.v. „alienus"; Walther 785 (nach Terenz 503): „Aliena homines melius vident et diiudicant quam sua"; Er., *Apophth.* VII, 164: „Nemo suam turpitudinem perspicit, sed sibi quisque assentator est"; VII, 8: „Aliena rectius perspicimus quam nostra".

95 *Felicitas vera* Lycosthenes bildete nach Er.' Titel die Kategorie „De foelicitate", in der er *Apophth.* VII, 13 als erstes Lemma präsentierte (S. 368).

96–97 *Quis … castigatus* Diog. Laert. I, 37: „τίς εὐδαίμων;" – „ὁ τὸ μὲν σῶμα ὑγιής, τὴν δὲ ψυχὴν εὔπορος, τὴν δὲ φύσιν (εὔπορος, τὴν δὲ φύσιν *desunt in ed. Froben. p. 17*) εὐπαίδευτος". Er. versuchte hier Traversaris Übers. zu korrigieren. Allerdings lag Er. ein griech. Text vor, in dem εὔπορος, τὴν δὲ φύσιν fehlte (wie in Frobens Ausgabe). Thales hatte (in dem vollständigen Text) drei Komponenten des Menschen benannt: Körper, Geist/Seele und Charakter. In dem ihm vorliegenden lückenhaften Text las Er. τὴν δὲ ψυχὴν εὐπαίδευτος, was er mit „animo eruditus (siue castigatus)" übersetzte. Traversari muß ein griech. Text vorgelegen haben, der nicht an der Lücke litt, jedoch statt ψυχὴν die Lesart τυχὴν aufwies; vgl. Traversaris Übers.: „… quisnam felix sit, ‚qui corpore', inquit, ‚sanus, fortuna locuples, animo (animo *ed. Curius*: animoque *Traversari, e.g. ed. Ven. 1490*) non ignauus neque (neque *ed. Curio*: aut *Traversari, e.g. ed. Ven. 1490*) imperitus est'" (ed. Curio, Basel 1524, S. 13). Traversaris Version benennt folgende Komponenten: körperliche Gesundheit, Glücksgüter (Reichtum) und Bildung/ Intelligenz. Er.' „eruditus" stellt den gelungenen Versuch dar, für εὐπαίδευτος eine passgenauere Übers. zu finden als Traversaris schwammiges „non ignauus aut imperitus". Allerdings trübt Er. die Wirkung seiner Verbesserung unvermittelt, indem zu „eruditus" die alternative Übers. „siue castigatus" hinzufügt und diese mit zusätzlichen Erklärung erhärtet, sodaß er letzendedes den Spruch des Thales im Sinn der stoischen Affektbekämpfung und christlichen Askese umdeutet, was mit seiner ursprünglichen Bedeutung nichts zu tun hat. Er.' Umdeutung des Spruches war folgenschwer, da sie in die großen Wissenssammlungen des 16. und 17. Jh. übertragen wurde, u.a. in Beyerlinck's *Magnum theatrum vitae humanae …* (Lyon, Jean-Antoine Huguetan: 1656), Bd. II, 3, S. 29.

96–97 *siue castigatus* Mit „siue castigatus" fügte Er. wie schon in VII, 3E eine alternative Übers. hinzu; in diesem Fall ist bemerkenswert, daß die nachfolgende Erklärung des Er. ausschließlich der alternativen Übers. gewidmet ist. „Castigatus" bedeutet im Sinn der christlichen Askese „mäßig, maßvoll, bescheiden, enthaltsam" (vgl. Niermeyer I, S. 203, s.vv. „castigatio" und „castigatus"), eine Bedeutung, die sich nicht im klassischen Latein findet. Für alternative Übersetzungen gilt grundsätzlich, daß der Textbenutzer oder künftige Editor eine der beiden Alternativen auswählen soll. So hat auch der Editor Lycosthenes den Text von VII, 13 verstanden: In seiner Textwiedergabe entschied er sich für „eruditus" (S. 271 und 965) und tilgte sowohl „castigatus" als auch die sich darauf beziehende Erklärung „cupiditates enim animorum morbi sunt" bzw. ersetzte er „castigatus" durch „castus" (S. 28).

VII, 14   AMICITIA   (Thales Milesius, 14)

Dicebat amicorum absentium aeque ac praesentium oportere meminisse. Amicitia enim est animorum coniunctio, quos non dirimit locus. Multi non amant nisi tantisper, dum vident.

VII, 15   ANIMI CVLTVS   (Thales Milesius, 15)

⟨Dicebat⟩ *non esse fucandam faciem* [i.e. forma gloriandum], *sed animum honestis studiis* exornandum, quod haec forma veros conciliet ac perpetuos amicos.

VII, 16   LVCRVM DAMNOSVM   (Thales Milesius, 16)

Vetuit *per iniuriam ditescere,* quod *lucrum fraude partum* damnum sit, non lucrum.

VII, 17   ARCANA NVLLI COMMITTENDA   (Thales Milesius, 17)

Μὴ διαβαλλέτω σε λόγος πρὸς τοὺς πίστεως κεκοινωνηκότας. Id ita vertit interpres: „Ne te in ius vocet sermo contra coniunctos tibi ac socios dictus". Ego magis arbitror Thaletem admonere, ne quid amicis, quibus fidimus, committamus, quod, si effutiant, pariat nobis infamiam.

---

103 Dicebat *supplevi ut Lycosthenes (p. 68).*

Apophth. VII, 14 ist ein Gegenstück zu Er., *Adag.* 152 „Vivorum oportet meminisse" (*ASD* II, 1, S. 268): „At nunc vulgus ne beneficium quidem amicorum meminit, quum Thaletis dictum iure celebretur oportere non minus absentium amicorum quam praesentium memores esse".

99 Dicebat ... meminisse Interpretativ explizitierende Wiedergabe von Diog. Laert. I, 37, die Er. aus Traversaris Übers. bezog: „Amicorum praesentium et absentium aeque memores debere esse ait (ait Traversari, *e.g. ed. Ven. 1490, ed. Paris. 1509, fol. VV r*: ait *om. Curio*)" (ed. Curio, Basel 1524, S. 13). Vgl. den griech. Text: „φίλων παρόντων καὶ ἀπόντων μεμνῆσθαί φησι" (ed. Froben, S. 17). Im griech. Originaltext steht, daß man sich um seine Freunde kümmern soll, und zwar sowohl, wenn sie anwesend sind, als auch, wenn sie sich an einem anderen Ort aufhalten. Er. hatte Thales' Spruch auf ähnliche Weise in *Adag.* 152 explizitiert. Für den Spruch selbst vgl. Stob. III, 1; Arsen. *Violet.* S. 419.

100 quos non dirimit locus In seinem erklärenden Kommentar, daß geographische Entfernung die (wahre) Freundschaft nicht beeinträchtige, greift Er. einen Lieblingsgedanken des Humanismus auf, den bereits Petrarca gebildet hatte; vgl. ders., *Familiarium rerum* II, 6, 3: „Innumerabiles cause segregant amicos, amicitiam veram nulle; qua presente amicus absens esse non poterit. Quantum enim locorum interuallis ab amicorum conuersatione disiungimur, tantum absentie detrimentum assidua commemoratione discutimus".

103–104 non esse ... studiis Versuchte wörtliche, jedoch durch Übersetzungsfehler getrübte und mißverstandene Wiedergabe von Diog. Laert. I, 37, wobei Er. sich von Traversaris irriger Übers. anregen ließ: „Non componere faciem, sed bonarum artium studiis animum excolere praeclarum esse" (ed. Curio, Basel 1524, S. 13). Vgl. den griech. Text: „μὴ τὴν ὄψιν καλλωπίζεσθαι, ἀλλὰ τοῖς ἐπιτηδεύμασιν εἶναι καλόν" (vgl. ed. Froben. p. 17). Der griech. Originaltext des Spruches besagt, daß man sich nicht aufgrund seiner körperlichen Schönheit brüsten solle, sondern durch Bildung (wahrhaft) „schön" sein soll. Er. hat den Spruch in mehrfacher Hinsicht mißverstanden. Das mediale καλλωπίζεσθαι bedeutet „sich brüsten" (vgl. Passow I, 2, S. 1566); τὴν ὄψιν καλλωπίζεσθαι = „sich in Bezug/aufgrund seines Aussehens brüsten". Er. verwechselt dies aber mit der der aktiven Form zugehörigen Redewendung τὴν ὄψιν καλλωπίζειν = „das Gesicht schminken"; dieser Fehler war schon Traversari unterlaufen („non componere faciem"). Im zweiten Teil des Spruches geht es nicht um den Begriff des „Schmückens" bez. „Verzierens", sondern um die Grundlage wahrer Schönheit der Persönlichkeit (= Bildung): Er.' „exornandum" ist daher fehl am Platz.

104 *quod ... amicos* Durch seine Interpretation verknüpft Er. *Apophth.* VII, 15 mit VII, 14, d.h. mit dem Freundschaftsgedanken. Im griech. Originaltext findet sich jedoch keine Angabe, die darauf hinweist. Er. kam auf diese Interpretation durch seine Fehlübersetzung von μὴ τὴν ὄψιν καλλωπίζεσθαι mit „non esse fucandam faciem". Das identifizierte er mit dem topischen Gedanken, daß man sich Freunden gegenüber „ungeschminkt", d.h. wahrhaft und aufrichtig zeigen solle. Er.' falsche Wiedergabe des Spruches war folgenreich, da sie in die großen Wissenssammlungen des 16. und 17. Jh. Eingang fand, u.a. in Beyerlinck's *Magnum theatrum vitae humanae ...* (Lyon, Jean-Antoine Huguetan: 1656), Bd. I, S. 452, s.v. „animus", oder in Langius' *Florilegium magnum seu Polyanthea* (auf Grundlage des Mirabellius; Straßburg, Lazarus Zetzner: 1645), Bd. I, S. 235.

Apophth. VII, 16 bildet ein Gegenstück zu *Adag.* 2252 (*ASD* II, 5, S. 214): „Lucrum malum, aequale dispendio". Der Gedanke, daß ein Gewinn, der auf eine schändliche Weise erzielt worden sei, im Grunde ein Verlust ist, stellt eine sprichwörtliche Weisheit dar; vgl. Diogen. V, 42; Publil. Syr. 152: „Damnum appellandum est cum mala fama lucrum"; Otto 974; Walther 4923. Er.' Titel folgend druckte Lycosthenes *Apophth.* VII, 16 in dem Kap. „De lucro" (S. 634).

106 *per iniuriam ditescere* Diog. Laert. I, 37: „μὴ πλούτει", φησί, „κακῶς" (vgl. ed. Froben, S. 17). Traversaris Übers.: „‚Noli', inquit, ‚ditari nequiter'". Vgl. Tziatzi S. 193.

106 *quod ... lucrum* Vgl. *Adag.* 2252 (*ASD* II, 5, S. 214): ... „Celebratur Hesiodum dictum ‚Ne male lucreris, mala lucra aequalia damnis' (Hes. *Erg.* 352). Vtinam hanc senteniam cum mortales omnes tum praecipue negociatores non scriniis, sed pectori inscriberent suo ducerentque non esse lucrum, quod iactura bonae mentis comparetur, neque quicquam vtile esse, quod non idem sit honestum". Vgl. Stob. III, 10, 12 (S. 410 Hense).

106 *lucrum fraude partum* Menander, *Monost.* 422: Κέρδος πονηρὸν ζημίαν ἀεὶ φέρει, in Er.' latein. Übers.: „Dispendio vsque est fraude quaesitum lucrum" (vgl. *Adag.* 2252, *ASD* II, 5, S. 214).

107 *Arcana nulli committenda* Dieser sentenziöse Titel, den Er. *Apophth.* VII, 17 verlieh, leitet sich von seiner falschen Interpretation des Ausspruchs ab (vgl. unten). Lycosthenes übernahm Er.' Fehlinterpretation, richtete aufgrund des Titels eine eigene Kategorie „De arcanis non temere effutiendis" (S. 77–78) ein, die mit VII, 17 anfängt.

108 *Μὴ διαβαλλέτω ... κεκοινωνηκότας* Diog. Laert. I, 37 (ed. Froben, S. 17). Vgl. Tziatzi S. 195.

108 *interpres* „interpres", i.e. frater Ambrosius (Traversari): Er. zitiert hier wörtlich dessen Übers., während er seinen Namen verschweigt (ed. Curio, Basel 1524, S. 13).

109–111 *Ego magis ... infamiam* Er. hebt an dieser Stelle hervor, daß er seine eigene Übers. des griech. Textes präsentiert. Diese ist jedoch unrichtig. Im griech. Originaltext fordert Thales, daß man sich nicht durch Gerede und Klatsch gegen seine Vertrauten einnehmen lassen soll. Ein anständiger Mensch soll den ihm Nahestehenden Vertrauen entgegenbringen, dem Gerede und Klatsch fremder Leute hingegen keinen Glauben schenken (vgl. Übers. Jürß [1998], S. 52). Er.' fremder Interpretation scheint ein profundes Mißtrauen selbst Freunden gegenüber zugrunde zu liegen.

110 *committamus* Er.' „committamus" ist keine adäquate Übers. von διαβάλλειν, das „(mit Worten) täuschen, beschwatzen, betrügen" bedeutet; vgl. Passow I, 1, S. 629, s.v. διαβάλλω.

VII, 18 　　　　　　　Pietas in parentes　　　　　　(Thales Milesius, 18)

„Quale", inquit, „praemium rependeris *parentibus tuis, tale a liberis tuis expecta*".

VII, 19 　　　　　　　Providentia　　　　　　(Thales Milesius, 19)

115　Dixit *facillimum* esse philosopho *ditari*, si vellet, idque tali facto probauit: *omnem oleam, antequam florere coepisset, in agro Milesio coemit. Animaduerterat enim praescientia quadam olearum vbertatem fore*. Hoc pacto os obturauit, qui iactabant in philosophis paupertatem non esse virtutis, sed necessitatis. Huius meminit Cicero libro de Diuinatione primo.

---

112 *Pietas in parentes* Lycosthenes bildete nach Er.' Titel sein Kapitel „De filiorum pietate in parentes", in dem er VII, 18 als erstes Lemma unterbrachte (S. 363).

113 *Quale … expecta* Ungenaue Übers. des Er. von Diog. Laert. I, 37, wobei er die Übers. Traversaris übernahm und in einem Punkt verschlimmbesserte: „‚Quaecumque', ait, ‚stipendia parentibus intuleris, eadem ipse a filiis expecta'" (ed. Curio, Basel 1524, S. 13). Vgl. den griech. Text: „οὓς ἂν ἐράνους εἰσενέγκῃς", φησί, „τοῖς γονεῦσιν (γονεῦσι *ed. Froben. p. 17*), τοὺς αὐτοὺς προσδέχου καὶ παρὰ τῶν τέκνων".

113 *praemium* „praemium" ist keine passgenaue Übers. von ἔρανος, das Wohltaten, welche Kinder ihren Eltern aus Dank für ihre Fürsorge angedeihen lassen, bezeichnet; vgl. Passow I, 2, S. 1154, s.v.: „Liebesdienst, bes. mit dem Nebenbegriff der Vergeltung, Erwiderung"; „bes. von der Liebespflicht der Kinder gegen Eltern". Es geht somit nicht um „Belohnung" (was „praemium" zum Ausdruck bringt), sondern um die dankbare Erwiderung eines Liebesdienstes, auf Latein „gratia". „praemium" ist eine misslungene Verbesserung von Traversaris „stipendia".

115 *Dixit* Die von Er. benutzten Quellen überliefern diesbezüglich *keinen Spruch* des Thales; es handelt sich vielmehr um eine schlaue Geschäftsstrategie (*strategema*), die Er. an vorl. Stelle, obwohl er derartiges sonst als uneigentlich anmerkte, etwas krampfhaft zu einem Spruch ummodelte.

115–117 *Dixit … ubertatem fore* Er. stellte den Text von VII, 19 zusammen, indem er Cic. *Div*. I, 111 mit Diog. Laert. I, 26 kombinierte. Die beiden Stellen erzählten den Hergang auf unterschiedliche Weise; nach Cic. *Div*. kaufte Thales *alle Olivenbäume* bzw. Oli-

vengärten der Insel Milet auf, nach Diogenes Laertius *mietete er alle Ölmühlen* (ἐμισθώσατο τὰ ἐλαιουργεῖα); Er. reproduzierte in seinem Narrativ Cic. *Div*. I, 111: „… Milesium Thalem, qui, vt obiurgatores suos conuinceret ostenderetque etiam philosophum, si ei commodum esset, pecuniam facere posse, omnem oleam, antequam florere coepisset, in agro Milesio coemisse dicitur"; dem fügte er einen Satz hinzu, den er aus Traversaris Übers. von Diog. Laert. I, 26 bezog: „praecognita futura vbertate … pecunias … innumeras sibi comparasse" (ed. Curio, Basel 1524, S. 9). Diogenes Laertius hatte die Geschichte den Philosophenbiographien des Peripatetikers Hieronymos von Rhodos (3. Jh. v. Chr.) entnommen: φησὶ δὲ καὶ Ἱερώνυμος ὁ Ῥόδιος ἐν τῷ δευτέρῳ Τῶν σποράδην ὑπομνημάτων (Hieronym. Frgm. 39 Wehrli), ὅτι βουλόμενος δεῖξαι ῥᾴδιον εἶναι πλουτεῖν, φορᾶς μελλούσης ἐλαιῶν ἔσεσθαι, προνοήσας ἐμισθώσατο τὰ ἐλαιουργεῖα καὶ πάμπλειστα συνεῖλε χρήματα (ed. Froben, S. 17). Für die Anekdote vgl. Weiter Aristot. *Pol*. I, 4, 5–8, 1259A, und Thales, *Frg*. 10 Diels-Kranz. Während sich Er. für Ciceros Version entschied, bietet Diogenes Laertius die plausiblere an. Das ergibt sich aus der viel genaueren, detaillierteren und klarer umrissenen Wiedergabe der Geschichte bei Aristot. *Pol*. 1259A, der a.a.O. die günstige Wirkung des Monopols aufzeigt. Aristoteles teilt mit, daß Thales aufgrund seiner astronomischen Kenntnisse das saisonale Klima vorhersagen konnte. Es ging somit um die Olivenernte einer *einzigen* Saison. Um daraus Gewinn zu schlagen, war es natürlich nicht sinnvoll, alle Olivengärten aufzukaufen: Soviel Geld hätte Thales auch niemals zusammenbringen können. Es ging ihm vielmehr um das – zeitlich begrenzte – Monopol über die Ölpressen, die er nur für eine Saison, aber dann sämtlich pachtete. Sodann konnte er für die Benutzung der Ölpressen Beträge nach Belieben einfordern. Vgl. Aristot. *Pol.* I, 4, 5: πάντα γὰρ ὠφέλιμα ταῦτ' ἐστὶ τοῖς τιμῶσι τὴν χρηματιστικήν, οἷον καὶ τὸ Θάλεω τοῦ Μιλησίου· τοῦτο γάρ ἐστι κατανόημά τι χρηματιστικόν, ἀλλ' ἐκείνῳ μὲν διὰ τὴν σοφίαν προσάπτουσι, τυγχάνει δὲ καθόλου τι ὄν. ὀνειδιζόντων γὰρ αὐτῷ διὰ τὴν πενίαν ὡς ἀνωφελοῦς τῆς φιλοσοφίας οὔσης, κατανοήσαντά φασιν αὐτὸν ἐλαιῶν φορὰν ἐσομένην ἐκ τῆς ἀστρολογίας, ἔτι χειμῶνος ὄντος εὐπορήσαντα χρημάτων ὀλίγων ἀρραβῶνας διαδοῦναι τῶν ἐλαιουργίων τῶν τ' ἐν Μιλήτῳ καὶ Χίῳ πάντων, ὀλίγου μισθωσάμενον ἅτ' οὐθενὸς ἐπιβάλλοντος· ἐπειδὴ δ' ὁ καιρὸς ἧκε, πολλῶν ζητουμένων ἅμα καὶ ἐξαίφνης, ἐκμισθοῦντα ὃν τρόπον ἠβούλετο, πολλὰ χρήματα συλλέξαντα ἐπιδεῖξαι ὅτι ῥᾴδιόν ἐστι πλουτεῖν τοῖς φιλοσόφοις, ἂν βούλωνται, ἀλλ' οὐ τοῦτ' ἐστὶ περὶ ὃ σπουδάζουσιν.

SOLON SALAMINIVS [i.e. ATHENIENSIS]

VII, 20   Senectvs avdax   (Solon Salaminius, i.e. Atheniensis, 1)

Quum Pisistratus occuparet rempublicam resque *videretur ad manifestam spectare tyrannidem, neque quisquam auderet* illius conatibus obsistere, *ipse productis armis et ante aedes positis coepit inclamare ciues;* at vbi Pisistratus ad illum mitteret, qui

Solon (ca. 640–560 v. Chr.), bedeutender Staatsmann, Reformer und Gesetzgeber Athens, zudem Philosoph, Redner und Dichter; von Aristoteles und anderen als Wegbereiter zur Demokratie betrachtet. Solon betonte die Bedeutung der Gesetze als Grundlage der Staatsordnung und die Eigenverantwortung der Bürger; Leibeigenschaft durch Verschuldung bekämpfte er als Ungerechtigkeit, weswegen er eine allgemeine Schuldentilgung durchsetzte. Seine politische Karriere fing als Strategos der Athener im Krieg gegen Megara i.J. 595 an; seit 594 Archon mit umfassender Machtfülle, die er in ein umfassendes Gesetzes- und Reformwerk umsetzte. Nach Vollendung desselben begab er sich auf eine zehnjährige Reise, die ihn nach Ägypten zu Pharao Amasis II. und nach Zypern führte. Erst kurz vor seinem Lebensende kehrte er nach Athen zurück, wo er sich den Alleinherrschaftsbestrebungen des Tyrannen Peisistratos widersetzte (*Apophth.* VII, 20). Vgl. u.a. E.J. Lewis, *Solon the Thinker. Political Thought in Archaic* Athens, London 2006; Ch. Schubert, *Solon*. UTB Profile, Tübingen – Basel 2012; J. Blok und A. Lardinois (Hrsg.), *Solon of Athens: New Historical and Philological Approaches*, Leiden, 2006; Ph.V. Stanley, *The Economic Reforms of Solon*, St. Katharinen 1999; I. Tsigarida, *Solon. Begründer der Demokratie? Eine Untersuchung der sogenannten Mischverfassung Solons von Athen und deren demokratischer Bestandteile*, Bern u.a. 2006; E.M. Harris, „Did Solon Abolish Debt-Bondage?", *Classical Quarterly* 52 (2002), S. 415–430; W.-D. Gudopp-von Behm, *Solon von Athen und die Entdeckung des Rechts*, Würzburg 2009; C. Hignett, *A History of the Athenian Constitution to the End of the Fifth Century B.C.*, Oxford 1952; Ch. Mülke, *Solons politische Elegien und Iamben: (Fr. 1–13, 32–37 West)*, München 2002; E. Ruschenbusch, *Nomoi: Die Fragmente des Solonischen Gesetzeswerkes*, Wiesbaden 1966; M.L. West, *Iambi et elegi Graeci ante Alexandrum cantati*, Bd. II: *Callinus. Mimnermus. Semonides. Solon. Tyrtaeus. Minora adespota*, Oxford 1972, revised ed. 1992; Bowie, *DNP* 11 (2001), Sp. 705–710; W. Aly, *RE* III, A1 (1927), Sp. 946 978, beide s.v. „Solon", N1. 1. Für seine Sprüche vgl. auch J. Althoff und D. Zeller (Hrsg.), *Die Worte der Sieben Weisen*, Griechisch/Deutsch, Darmstadt 2006; B. Snell, *Leben und Meinungen der Sieben Weisen. Griechische und lateinische Quellen*, München 1952; M. Tziatzi-Papagianni, *Die Sprüche der sieben Weisen: zwei byzantinische Sammlungen; Einleitung, Text, Testimonien und Kommentar* (Beiträge zur Altertumskunde 51), Stuttgart 1994.

Die Bezeichnung „Solon Salaminius" übernahm Er. von Diogenes Laertius, der seine Vita auf diese Weise einleitete (I, 45); der Bericht, daß Solon auf Salamis geboren sei, stammt von Diogenes (I, 68), während Solon in Wirklichkeit aus einer alteingesessenen, edlen Familie Athens stammte. Er. betrachtete Solon (wie schon Thales) als Inbegriff des antiken Weisen (für Solon = Weiser vgl. *Adag.* 2431, *ASD* II, 5, S. 313: „qui sibi tamen Solones esse videantur") und benutzte ihn bereits in den *Adagia* als einen der wichtigsten Spruch-Spender: Solons weise Ratschläge finden sich an nicht weniger als fünfunddreißig Stellen. Vielen Sprüchen Solons verleiht Er. den Status einer Sprichwörterweisheit. Nach Er. besaßen diese eine besonders hohe, autoritative Qualität, die er mit „edel" („nobilis") umschrieb. Die Hauptquelle für Solons Sprüche ist auch in den *Adagia* Diogenes' Vita: vgl., *i.a.*, *ASD* II, 1, S. 94 „Ne cuius dexteram ieceris" („Conuenit cum illo Solonis apophthegmate, quod ... refert Diogenes

Laertius: ... *Amicos ne cito pares* ..."); *Adag.* 3 (*ASD* II, 1, S. 114) „Nemo bene imperat, nisi qui paruerit imperio" („Natum adagium a nobili illo Solonis apophthegmate, quod in eius vita refert Diogenes Laertius: ,... id est *Imperium gere, sed vbi prius imperium ferre didiceris'*. Itaque referri potest vel ad eos, qui prius alieno parendo imperio discunt imperium in alios gerere vel qui prius cupiditatibus imperant suis, quam in alios exerceant imperium. ..."); 81 (*ASD* II, 1, S. 190, Zeile 109–111: „... Huic adstipulatur illud Solonis dictum: ... *Satietatem nasci ex opulentia, ex satietate ferociam*"); 237 (ebd., S. 350) „*Finem vitae specta*"; 296 (ebd., S. 402); 550 (ebd., S. 76) „*Qualis vir, talis oratio*": „... quod inter Solonis apophthegmata commemorat Diogenes Laertius: ... *Orationem esse factorum simulachrum*"; 574 (ebd., S. 100): „Apud Graecos opulentia Croesi, Lydorum regis, in prouerbium abiit, nobilitata dicto Solonis"; 576 (ebd., S. 120) „Nequid nimis"; 602 (ebd., S. 129); 605 (ebd., S. 130): „*Specta finem longae vitae*"; 655 (ebd., S. 180, Z. 155–157) „Ante victoriam encomium canis"; 760 (ebd., S. 284–285) „Senesco semper multa addiscens", Solon, Frg. 22, 7 D = West Frg. 18 nachgebildet (vgl. auch *Collect.* 746); 761 (*ASD* II, 1, S. 286): „*Quid aliud*, inquit (sc. Plato), *est philosophari quam id facere, quod dixit Solon? Dixit autem ,Discenti assidue multa senecta venit'. At mihi quidem videtur semper aliquid discendum ei, qui in philosophum sit euasurus, siue iunior sit siue senior, vt quam plurima discat in vita*"; 934 (ebd., S. 440); 976 (ebd., S. 476); 1012 (*ASD* II, 3, S. 36); 1113 (ebd., S. 138); 1279 (ebd., S. 296) „pannus lacer"; 1689 (*ASD* II, 4, S. 140) „Magistratum gerens audi iuste et iniuste" (Solon, Frg. 27 D = frg. 30 West): „Admonet, vt qui in tractandis reipublicae muneribus versatur, patientissimis sit auribus aequoque animo et bene et male audire consuescat neque facile populi vel laudibus vel conuiciis a recto dimoueatur"; 1816 (ebd., S. 226–227); 2343 (*ASD* II, 5, S. 260); 2473 (ebd., S. 333); 2618 (*ASD* II, 6, S. 436).

Apophth. VII, 20 Die Anekdote datiert auf die Zeit um 561 v. Chr., unmittelbar nach dem Staatsstreich des Peisistratos, mit dem er sich zum Herren Athens machte, indem er mit einem Trupp bewaffneter Anhänger die Akropolis erstürmte. Solon befand sich damals im Alter von etwa 80 Jahren.

123–126 *Quum Pisistratus ... inquit* Leicht gekürzte, paraphrasierende, im Anfangsteil ungenaue Wiedergabe des Er. von Plut. *An seni respublica gerenda sit*, 21, *Mor.* 794F: ὁ δὲ Σόλων, τῆς Πεισιστράτου δημαγωγίας, ὅτι τυραννίδος ἦν μηχάνημα, φανερᾶς γενομένης, μηδενὸς ἀμύνεσθαι μηδὲ κωλύειν τολμῶντος, αὐτὸς ἐξενεγκάμενος τὰ ὅπλα καὶ πρὸ τῆς οἰκίας θέμενος ἠξίου βοηθεῖν τοὺς πολίτας· πέμψαντος δὲ τοῦ Πεισιστράτου πρὸς αὐτὸν καὶ πυνθανομένου τίνι πεποιθὼς ταῦτα πράττει „τῷ γήρᾳ᾽ εἶπεν". Das Apophthegma findet sich bereits in der Sammlung des Brusoni (1518), VI, 7: „Pisistrato tyranno quaerenti a Solone, qua spe fretus sibi tam audaciter obsisteret, respondisse dicitur: ,Senectute'".

123 *Pisistratus* Dem athenischen Tyrannen Peisistratos (600–527 v. Chr.), mit dem Solon entfernt verwandt war, hatte Er. bereits im fünften Buch eine Serie von Aussprüchen gewidmet (V, 212–216); zur Person des Peisistratos vgl. oben Komm. zu V, 212.

percontarentur, qua re fretus hoc auderet, "senectute", inquit. Alios senectus reddit formidolosiores, illi conciliauit audaciam, quod parum vitae superesset, etiamsi nullus occideret. Ita Plutarchus in commentario, *An seni sit gerenda respublica*. Diogenes Laertius rem aliquanto fusius narrat.

130   VII, 21   Pietas in patriam   (Solon Salaminius, i.e. Atheniensis, 2)

Postquam vidit *rerum* summam esse penes *Pisistratum, arma deposuit ante curiam, dicens "O patria, tibi et dictis et* factis *sum opitulatus"*. Hoc pacto testatus sibi non defuisse voluntatem consulendi reipublicae *in Aegyptum nauigauit*.

128–129 *Diogenes Laertius ... narrat* Diog. Laert. I, 49: Τοῦ δὴ λοιποῦ προσεῖχον αὐτῷ ὁ δῆμος καὶ ἡδέως κἂν (κἂν *Richards*: καὶ *ed. Froben. p. 22*) εὐπαίδευτος (κἂν εὐπαίδευτος om. *ed. Froben. p. 22*) τυραννεῖσθαι ἤθελον πρὸς (πρὸς *B, P, Markovich*: παρ *ed. Froben. p. 22*) αὐτοῦ· ὁ δ᾽ οὐχ εἵλετο, ἀλλὰ καὶ Πεισίστρατον τὸν συγγενῆ, καθά φησι Σωσικράτης, προαισθόμενος τὸ ἐφ᾽ ἑαυτῷ διεκώλυσεν. ἄξας (ἄξας *textus receptus*: ἄξας B, F, Φ: ἥξας P, *ed. Froben. p. 23*) γὰρ εἰς τὴν (τὴν *Faber*: τινα B, P, F, *ed. Froben. p. 23*) ἐκκλησίαν μετὰ δόρατος (δόρατος B, F: θώρακος *ed. Froben. p. 23*) καὶ ἀσπίδος προεῖπεν αὐτοῖς τὴν ἐπίθεσιν τοῦ Πεισιστράτου· καὶ οὐ μόνον, ἀλλὰ καὶ βοηθεῖν ἕτοιμος εἶναι, λέγων ταῦτα· "ἄνδρες Ἀθηναῖοι, τῶν μὲν σοφώτερος, τῶν δὲ ἀνδρειότερός εἰμι· σοφώτερος μὲν τῶν τὴν ἀπάτην τοῦ Πεισιστράτου μὴ συνιέντων, ἀνδρειότερος δὲ τῶν ἐπισταμένων μέν, διὰ δέος δὲ σιωπώντων" (*FHGr Sosicrates* 11). Vgl. die latein. Übers. Traversaris: "Ex eo iam tempore plebis in se animos ita conuerterat, vt sibi illum omnes vno animo (vno animo *ed. Curio*: percupide *Traversari, e.g. ed. Ven. 1490*) imperare cuperent. Eis vero ille in tantum abfuit, vt acquiesceret, vt auctore Sosicrate, Pisistratum quoque propinquum suum, cum sibi tyrannidem parare intelligeret, quantum in se fuit, prohibuerit. Nam euocata concione profectus in publicum, lorica armatus et clypeo, Pisistrati insidias, et improbos conatus asperuit. Neque id solum, verum et iuuare paratum, ac pro libertate sese pugnaturum asseuerauit. ,Viri', inquiens, ,Athenienses, aliis quidem sapientior, aliis vero fortior sum. Sapientior enim illis sum, qui Pisistrati conatus (Pisistrati conatus *ed. Curio*: Pisistratum *Traversari, e.g. ed. Ven. 1490*) non animaduertunt, fortior autem his, qui sciunt illum quidem, sed metu silent (silent *ed. Curio*: *Traversari, e.g. ed. Ven. 1490*)'" (ed. Curio, Basel 1524, S. 17).

132–134 *rerum ... nauigauit* Leicht gekürzte Wiedergabe von Diog. Laert. I, 50, wobei Er. die latein. Übers. Traversaris variierend bearbeitete: "Iam vero Pisistrato rerum potito minime obtemperans ante curiam arma deposuit, dicens illud: ,O patria, tibi equidem verbo et opere auxiliatus sum'. In Aegyptum nauigauit, atque inde Cyprum profectus postremo ad Croesum (Craesum *ed. Ven. 1490*) peruenit" (ed. Curio, Basel 1524, S. 18). Vgl. den griech. Text: Ἤδη δὲ αὐτοῦ κρατοῦντος οὐ πείθων ἔθηκε τὰ ὅπλα πρὸ τοῦ στρατηγείου καὶ εἰπών· "ὦ πατρίς, βεβοήθηκά σοι καὶ λόγῳ καὶ ἔργῳ", ἀπέπλευσεν εἰς Αἴγυπτον καὶ εἰς Κύπρον, καὶ πρὸς Κροῖσον ἦλθεν (ed. Froben, S. 23). Diogenes Laertius' Version der Geschichte ist, verglichen mit den parallelen Versionen bei Plut. *Sol*. 30, 5, *Vit*. 96 und Aristot. *Ath. pol*. 14, 2, die am wenigsten glaubwürdige: In Plutarchs Solon-Biographie wird plausibler erzählt, daß Solon, nachdem niemand seinem Aufruf, gegen Peisistratos die Waffen zu erheben, nachkam, nachhause ging, sodann seine Waffen vor *seinem Haus* hinlegte und sprach, daß er alles getan habe, um seinem Vaterland *und seinen Gesetzen* zu dienen, d.h. er legte seine Waffen demonstrativ nieder: οὐδενὸς δὲ προσέχοντος αὐτῷ διὰ τὸν φόβον ἀπῆλθεν εἰς τὴν οἰκίαν τὴν ἑαυτοῦ, καὶ λαβὼν τὰ ὅπλα καὶ πρὸ τῶν θυρῶν θέμενος εἰς τὸν στενωπόν, "ἐμοὶ μέν", εἶπεν, "ὡς δυνατὸν ἦν βεβοἤθηται τῇ πατρίδι καὶ τοῖς νόμοις". Weder bei Plutarch noch bei Aristoteles reiste Solon nach der Waffenablegung nach Ägypten. Die historische Ägyptenreise hatte vor dem Zusammenprall mit Peisistratos stattgefunden. Plutarch gibt explizite an, daß Solon nach der Waffenablegung zurückgezogen in seinem Haus lebte.

132 *ante curiam* Er. kopiert hier Traversaris Übers. von Diogenes Laertius' πρὸ τοῦ στρατηγείου. Dabei handelt es sich jedoch um eine irrtümliche Angabe: Solon legte die Waffen nicht vor dem „Rathaus", sondern vor seinem eigenen Haus nieder, wie aus den parallelen Berichten von Plut. *Sol.* 30, 5, *Vit.* 96 und Aristot. *Ath. pol.* 14, 2 hervorgeht.

135 VII, 22   ANTE MORTEM NEMO BEATVS   (Solon Salaminius, i.e.
                    (= Dublette von VII, 52)   Atheniensis, 3)

A Croeso interrogatus, an quem vidisset ipso beatiorem, Telum [i.e. Tellum] *nominauit Atheniensem, priuatum hominem*, sed qui relictis *liberis* ac nepotibus bene institutis feliciter obiisset diem. *Interrogatus dein, cui post illum* tribueret felicitatis elogium,

137 Telum *B C ut in versione fr. Ambrosii*: Tellum *sec. Diog. text. Graec. in ed. Froben.*

Apophth. VII, 22 ist ein Gegenstück zu *Adag*. 237 „Finem vitae specta" (*ASD* II, 1, S. 350–351) und *Apophth*. V, 242 (Epaminondas, 23; vgl. oben Komm. ad loc.), das den nahezu identischen Titel „Finis vitae spectandus" trägt, und eine Dublette von *Apophth*. VII, 52. Weiter weist es Ähnlichkeiten mit *Adag*. 605 „Nescis quid serus vesper vehat" (*ASD* II, 2, S. 130: „Quo salubriter admonemur, ne praesentium successuum prosperitate sublati futuri curam abiiciamus. ... Potest referri et ad illam Solonis sententiam: ... *Specta finem longae vitae*") und *Adag*. 655 „Ante victoriam encomium canis" (*ASD* II, 2, S. 180) auf. Er.' Titel von VII, 22 veranlasste Lycosthenes, ein Kap. „Ante mortem nemo beatus iudicandus" zu bilden, das er bezeichnenderweise mit *Apophth*. VII, 22 eröffnete (S. 118) und dem er auch *Apophth*. V, 242 zuordnete (S. 119). Den Text von V, 242, wo Epameinondas als Apophthegma-Spender auftritt, verband Lycosthenes mit Solons Spruch: „Indicare autem voluit (sc. Epaminondas) Solonis sententiam esse verissimam, qui neminem ante mortem beatum iudicabat. ...".

137–143 *A Croeso ... vitam* Er. beruft sich hier auf Herodot als Quelle („Refert Herodotus in primo", = Hdt. I, 30), wie schon in *Adag*. 237 (*ASD* II, 1, S. 350): „Extat apud Herodotum historia longe notissima, quemadmodum Solon Croeso responderit nemini competere nomen beati, nisi qui feliciter vitae cursum peregisset". Jedoch ging Er. in *Apophth*. VII, 22 – konträr zu seinem eigenen Quellenverweis – zunächst einerseits von Lapo da Castiglionchios Übers. von Plutarchs Solon-Biographie aus, von der er die einleitende Frage und manches mehr bezog, andererseits von Traversaris Übers. von Diog. Laert. I, 50, aus der er die falsche Namensform „Telus" übernahm („A quo [sc. Croeso] interrogatus, quisnam sibi felix uideretur, ‚Telus', inquit, ‚Atheniensis, et Cleobis et Bito, et caetera, quae sunt in ore omnium'", ed. Curio, Basel 1524, S. 18); vgl. den griech. Text des Diogenes: ὅτε καὶ ἐρωτηθεὶς ὑπ' αὐτοῦ· "τίς σοι δοκεῖ εὐδαίμων;" „Τέλλος", ἔφη, „Ἀθηναῖος καὶ Κλέοβις καὶ Βίτων, καὶ τὰ θρυλούμενα", ed. Froben, S. 23). Lapo da Castiglionchios Übers. von Plut. *Sol*. 27, 4–5, *Vit*. 93: „quum ... rogasset ... illum Croesus, *num quem alium hominem se beatiorem vidisset*, tum Solon se suum ciuem vidisse respondit. Vt vero exposuit illi Tellum optimum virum fuisse filiosque probatissimos habuisse ... pugnae gloria interisse ... Verumtamen ab eo (sc. Solone) rursus contendit (sc. Croesus), num post Tellum alium beatiorem nosset, iterum Cleobin et Bitonem dixit ... Deinde cum peractis sacrificiis epulati accubuissent post diem nunquam assurrexerunt amplius, sed defuncti vita visi sunt in tanta gloria ... ‚At nos', inquit Croesus *ira incensus*, ‚nullum in numerum beatorum reponis?' ..." (ed. Bade, Paris 1514, fol. XXXᵛ). Er. hat die Version aus der Solon-Biographie auch in *Adag*. 296 (*ASD* II, 1, S. 402) zitiert: „Item quod refert Plutarchus in Vita Solonis: is spretus est a Croeso, quod de felicitate nimium libere respondisset". Aus Herodots Darstellung hat Er. in *Apophth*. VII, 22 (während diese viel ausführlicher ist) eher wenig übernommen, abgesehen freilich von dem abschließenden Spruchteil („‚Verum tu mihi videris et diuitiis valde pollere et multorum hominum rex esse. Sed quo me interrogasti, nondum te appello, prius quam bene vita defunctum te audiero'"), wobei Er., wie auch meist sonst, Lorenzo Vallas Übers. benutzte: „Eo (sc. ad Croesum) quum peruenit (sc. Solon), hospitaliter in regiam a Croeso exceptus est; tertioque aut quarto quam venerate die, iussu Croesi, ministri circumduxerunt hominem circa thesauros, omniaque, quae illic inerant magna atque beata, ostentarunt. Contemplatum eum cuncta ... talibus percontatus est Croesus: ‚Hospes Atheniensis, quia multus ad nos rumor de te emanauit ob tuam sapientiam tuamque discursationem qui philosophando permulta videndi gratia es peregrinatus, ideo mihi tunc cupido incessit sciscitandi te, ecquem vidisti omnium beatissimum?'; sperans videlicet se inter homines beatissimum esse, ita sciscitabatur. Solon nihil admodum assentatus, sed, vt res erat, respondens, ,Ego vero', inquit, ,rex, vidi beatissimum Tellum Atheniensem'. Quod dictum admiratus Croesus instat interrogare: ,Qua de re Tellum iudicas esse beatissimum?'. ,Quia', inquit (sc. Solon), ,Tello in republica instituta filii erant honesti et boni, eorumque vidit singulis liberi, hiique omnes superstites; et quum hoc vitae, quantum in nobis situm est, bene traduxisset, obitus splendidissimus obtigit. Siquidem praelio, quod Athenienses cum finitimis gessere apud Eleusinem, hic quum auxilio venisset hostemque in fugam vertisset, pulcherrimam oppetiit mortem. Quem Athenienses, quo loco occubuerat, in eo loco publice humauerunt magnificeque honorarunt. Multa de Tello ac beata Solone referente excitatus Croesus interrogat, quemnam secundo ab illo vidisset?, putans haud dubie secundas se partes esse laturum.' ,Cleobin', inquit ille, ,et Bitonem'. Quippe his et genus Argiuum erat et victus suppetitabat; ad haec corporis robur tantum, vt in certaminibus ambo pariter victores exiterunt. Et de his ista memorentur: quum dies festus Iunonis apud Argiuos esset oporteretque omnino matrem horum ad templum ferri bobus iunctis, hique boues ex agro eis ad horam praesto non essent, tunc iuuenes … iugum subeuntes plaustrum pertraxerunt … Nam quum circumstantes Argiui laudibus tollerent, viri quidem consilium filiorum, feminae vero eorum matrem, quod talibus filii praedita esset, … Et his quidem Solon secundas beatitudinis partes tribuebat. Croesus autem conturbatus inquit: ,Hospes Atheniensis, adeone tibi pro nulla contemnitur nostra felicitas, vt ne *priuatis quidem viris* nos aequiparandos ducas?'. Cui ille, ,Me, Croese, gnarum omne numen inuidum esse et turbulentum de rebus humanis … In diuturno enim tempore multa videntur, quae nemo velit videre … Ita igitur, Croese, omnino calamitosus est homo. Verum tu mihi videris et diuitiis valde pollere et multorum hominum rex esse. Sed quo me interrogasti, nondum te appello, prius quam bene vita defunctum te audiero …'" (ed. Bade, Paris 1528, fol. III r). Bereits Brusoni hatte die Geschichte in seine Sammlung d.J. 1518 aufgenommen (II, 36), wobei er Vallas Herodot-Übers. in gekürzter Form wiedergab.

137 *Croeso* Für den sprichwörtlichen reichen und glücklichen lydischen König **Kroisos** vgl. oben Komm. zu VI, 395. Für Kroisos' Begegnung mit Solon, deren Historizität nicht verbürgt ist, vgl. *Adag.* 201 (*ASD* II, 1, S. 306): „Quid tandem cordis fuisse credis Croeso Lydorum regi, – si modo talis fuit, qualem depinxit Herodotus – qui gemmis et auro congesto fretus Soloni indignabatur, quod sibi felicis cognomen non tribuerit?; 237 (ebd., S. 350); 296 (ebd., S. 402); 574 (*ASD* II, 2, S. 100); 1725 (*ASD* II, 4, S. 166): „Narrant Croesum Lydorum regem aliquando percunctatum septem illos sapientes, cuinam primum felicitatis titulum tribuerent. At cum varie responderetur, aliis dicentibus feras indomitas sibi videri felicissimas, quod pro tuenda libertate mortem oppeterent, aliis ciconias, quod citra legem suapte natura ius piumque seruarent; Solone vero negante quenquam appellandum felicem, priusquam ex vita decesserit, assistens Phrygius ille fabulator Aesopus ,Tanto', inquit, ,rex, caeteros antecellis, quanto mare praestat fluuiis'". Ob die Begegnung zwischen Kroisos und Solon, die Er. als Tatsache betrachtete, je stattgefunden hat, ist wegen der Lebensdaten der beiden Männer zweifelhaft: Nach neueren Erkenntnissen fing die Regierungsperiode des Kroisos um 555 v. Chr. an, somit zu einem Zeitpunkt, an dem Solon bereits das Zeitliche gesegnet hatte.

137 *Telum* Tellos, ein Athener, den Solon als glücklichsten Menschen pries, da er eine gesunde und wohlerzogene Nachkommenschaft hinterliess, ihm ein Tod im Kampf für die Heimat und ein Ehrengrab zuteil wurden. Vgl. H. Beck und U. Walter, *DNP* 12.1 (2002), Sp. 100, s.v. „Tellos"; W. Schwahn, *RE* V, A1 (1934), Sp. 407, s.v. „Tellos".

137 *Telum* Die falsche Schreibweise des Namens rührt wohl daher, daß Er. sie aus Traversaris Übers. des Diogenes Laertius übernahm. Die übrigen lateinischen Quellen, die Er. benutzte, weisen sämtlich „Tellus" auf, die griechischen Τέλλος. Lycosthenes korrigierte bei seinem Druck des Apophthegmas die falsche Namensform „Telum" nicht (S. 118).

138–139 *qui relictis … diem* Die Elemente „qui relictis liberis … diem" entnahm Er. – frei paraphrasierend – Vallas Herodot-Übers.

Cleobin et Bitum [i.e. Bitonem] *Argiuos fratres* nominauit, qui cum summa pietatis laude *defuncti fuerant. Indignatus rex: „Nullo igitur loco me ponis?". „Ego",* inquit *Solon, „*facile confiteor *te regem opibus* et imperio florentem; beatum *non appellarim, priusquam* feliciter hanc vitam absolueris". Refert Herodotus in primo.

VII, 23   Svmptvs invtiles   (Solon Salaminius, i.e. Atheniensis, 4)

Praemia decreta his, *qui in Olympiis* aut Nemeis *vicissent,* contraxit *eaque* maiora decreuit *iis, qui in bello* pro patria fortiter *occubuissent,* dicens illos et, *dum exercentur,* magnis impendiis *exerceri, et, si vicerint, magis aduersus patriam quam aduersus hostes* [i.e. concertantes athletas] *coronari,* et, *quum senuerint,* ad nihil vtiles euadere, haud aliter quam *detrita pallia,* vt qui nec bello sint vtiles nec gerendae reipublicae accommodi.

140 Bitum *B C BAS LB*: scribendum erat Bitonem.

146 Nemeis *B C*: Nemaeis *LB*.

140 *Cleobin et Bitum* Kleobis und Biton, mythisches Brüderpaar aus Argos. Als ihre Mutter, die Priesterin Kydippe, zu einer Kulthandlung zum Heratempel von Argos fahren wollte und ihr die Zugtiere fehlten, ließen sich die Brüder vor den Wagen spannen und zogen ihn die 45 Stadien zum Tempel. Dort erflehte die Mutter für ihre Söhne zum Lohn das Beste, was den Menschen zuteil werden könne, worauf beide mit dem Tod belohnt wurden. Vgl. B. Schaffner, *DNP* 6 (1999), Sp. 575, s.v. „Kleobis und Biton"; J. Toepffer, *RE* III, 1 (1897), Sp. 544–545, s.v. „Biton", Nr. 1.

140 *Bitum* Er.' irrige Schreibweise des Namens ist kurios; in den von ihm verwendeten lateinischen Quellen wird für den Akkusativ jeweils das korrekte „Bitonem" benutzt, sowohl in Lapos Übersetzung der plutarchischen Solon-Biographie (a.a.O.) als auch in Vallas Herodot-Übersetzung (a.a.O.). In seiner Übers. von Plut. *Quomodo adulator ab amico internoscatur* 15, *Mor.* 58E hat Er. selbst die richtige Form „Bitonem" (*ASD* IV, 2, S. 137) verwendet. Lycosthenes reproduziert das inkorrekte „Bitum" bei seiner Wiedergabe von *Apophth.* VII, 22 (S. 118), ebenso Joahnnes Posselius in seiner Sammlung der *Apophthegmata Graecolatina*, Frankfurt a.M. 1595, S. 128. Der Fehler fand außerdem in die großen Wissenssammlungen des 16. und 17. Jh. Eingang, z. B. in Joseph Langs *Loci communes siue Florilegium*, Strassburg, Josias Rihel, 1598, fol. 103ʳ.

Apophth. VII, 23 ist, was den letzten Teil von Solons Spruch betrifft, ein Gegenstück zu *Adag.* 1279 „Pannus lacer" (*ASD* II, 3, S. 296), wo Er. die griechische Metapher ῥακός πολυσχιδές (id est *pannum vndique lacerum*) für einen wert- und nutzlosen Menschen erklärt. Der Transfer zwischen *Adagia* und *Apophthegmata* verlief in diesem Fall umgekehrt: Der Spruch Solons (mit Euripides-Zitat) erschien zuerst in der zweiten Ausgabe der *Apophthegmata* (1532), dann erst in der *Adagia*-Ausgabe d.J. 1533 (*H*).

146–147 *Praemia ... occubuissent* Frei paraphrasierende, ungenaue, zum Teil unrichtige Wiedergabe des Er. von Diog. Laert. I, 55, wo eine verwalterische Maßnahme Solons beschrieben wird: Solon kürzte die Prämien, die die Stadt Athen ihren Olympioniken und anderen Siegern bei panhellenischen Spielen auszahlte. Eine Erhöhung staatlicher Prämien könne nur für solche Leute in Frage kommen, meinte Solon, die bedürftig wären und sie tatsächlich verdienten. Dabei hatte Solon die Unterstützung der Familien gefallener Bürger vor Augen, ganz konkret ihrer Kinder: Für die Ernährung und Erziehung dieser Kinder erhielten die Familien staatliche Zuschüsse. Solon war der Meinung, daß diese Zuwendungen erhöht werden könnten, dies im Gegensatz zu den Prämien für Sporthelden. In Er.' Wiedergabe bleibt unklar, um was es genau ging. Er interessierte sich nicht sonderlich für die kulturhistorischen Fakten und Zusammenhänge. Bezeichnend dafür ist, daß Er. die konkreten Geldbeträge, die Solon als neue, aktuelle Prämien für Sporthelden festsetzte, wegließ: 500 Drachmen für Olympioniken und 100 Drachmen für die Sieger der Isthmischen Spiele. Ebenso ging Er. bei der Zitierung von Solons Apophthegma in *Adag*. 1279 (*ASD* II, 3, S. 296) vor. Er.' Wiedergabe ist an vorl. Stelle insofern unrichtig, als er behauptet, Solon habe *per Dekret bestimmt*, daß die Prämien für Gefallene erhöht würden. Das steht weder im griech. Originaltext noch in Traversaris Übersetzung: Es ging um die Kürzung der Prämien für Sportsieger – der Vergleich mit den Prämien Gefallener hat lediglich den Status eines Argumentes, das Solon einsetzte, um plausibel zu machen, daß die Prämien für Olympioniken gekürzt werden müßten.

146 *Nemeis* Diog. Laert. I, 55 nennt neben den Olympischen Spielen namentlich nur die Isthmischen; Er. variiert den Text des Diogenes, indem er statt der Isthmischen Spiele die Nemeischen anführt. Ebenso wie die Isthmischen und die Olympischen zählten auch die Nemeischen zu den Panhellenischen Spielen. Sie fanden zu Ehren des Zeus alle zwei Jahre, jeweils ein Jahr vor und nach den Olympischen Spielen, beim Zeus-Heiligtum von Nemea statt. Die Nemeischen Spiele sind seit 573 v. Chr. bezeugt und wurden damals von der Stadt Kleonai ausgerichtet, seit 450 v. Chr. von Argos, das Kleonai erobert hatte. Die Wettkampfdisziplinen umfaßten Wettlauf in voller Waffenrüstung, Boxen, Bogenschießen, Ringen, Diskuswerfen, Speerwerfen und Wagenrennen. Er. nennt die „Nemea" ebenso in *Adag*. 3265 (*ASD* II, 7, S. 168): „Demylus … postea bis vicit Pythia, octies Nemea, item octies Isthmia, autor Pausanias".

147–150 *dicens … pallia* Leicht gekürzte und variierende Wiedergabe von Traversaris Übers. von Diog. Laert. I, 56: „Hi vero, dum exercentur, nimium preciosi sumptuosique athletae et, dum vincunt, reipublicae detrimento sunt, et contra patriam magis quam adversus hostes (hostes *ed. Curio*: prouocatores *Traversari, e.g. ed. Ven. 1490*) coronantur, ac iuxta Euripidem, quum senuerint, Τρίβωνες ἐκλιπόντες οἴχονται κρόκας, Tramis relicta deteruntur pallia'. Id praeuidens Solon eos parcius accepit" (ed. Curio, Basel 1524, S. 20). Vgl. den griech. Text: ἀθληταὶ δὲ καὶ ἀσκούμενοι πολυδάπανοι, καὶ νικῶντες ἐπιζήμιοι καὶ στεφανοῦνται κατὰ τῆς πατρίδος μᾶλλον ἢ κατὰ τῶν ἀνταγωνιστῶν· γέροντές τε γενόμενοι κατὰ τὸν Εὐριπίδην τρίβω-νες ἐκλιπόντες οἴχονται κρόκας. ὅπερ συνιδὼν ὁ Σόλων μετρίως αὐτοὺς ἀπεδέξατο. Daß Er. hier von Curios Version ausging, geht daraus hervor, daß er dessen Fehlübersetzung „hostes" übernahm (Traversari selbst hatte mit „prouocatores" übersetzt). In *Apophth*. VII, 23 bleibt der Spruch des Solon, daß Sportler den Kranz eher als Zeichen des Sieges über ihr Vaterland denn über ihre Wettkampfgegner erhielten, dunkel. Bei der Zitierung desselben Spruches in *Adag*. 1279 (*ASD* II, 3, S. 296) erklärt Er. dies wie folgt: „Solon eos, qui exercerentur ad Olympiaca certamina, primum dicebat esse sumptuosos et ob id reipublicae graues; vbi vicissent, ob fastum esse detrimento ciuitati; postremo quum senuissent, iam prorsus esse inutiles".

149 *hostes* „hostes" ist eine Fehlübersetzung des Curio von κατὰ τῶν ἀνταγωνιστῶν, die Gegner im sportlichen Wettkampf; es ging um Sport, nicht um Krieg. Traversari selbst hatte ἀνταγωνισταί zwar nicht paßgenau (jedoch dem Sinn nach nicht unrichtig) mit „prouocatores" (= „Herausforderer im Kampf") übersetzt. ἀνταγωνισταί bezeichnet jedoch einfach den „Gegner im Wettkampf", nicht spezifisch den „Herausforderer". Das griech. Wort ἀνταγωνισταί war, jedenfalls in der Spätantike, bereits latinisiert worden (vgl. *DNG* I, Sp. 352, s.v. „antagonista") und als solches vorrätig; Er. übernahm jedoch Curios Verschlimmbesserung.

150 *haud aliter … pallia* Er. streicht an dieser Stelle die Angabe des Diogenes Laertius, daß Solon für die Metapher einen Vers des Euripides (*Frg*. 282, 12 N.) zitierte; zudem kürzte er das Verszitat und gab es in Prosa wieder. „detrita pallia" ist eine passgenaue Übersetzung von τρίβωνες (für τρίβων „abgetragener, abgeriebener Mantel", „abgetragenes Kleid" vgl. Passow II, 2, S. 1961, s.v.). Jedoch brachte Er. das komplette Zitat, „Die abgetragenen Kleider vergehen, während ihre Fäden sich lösen", in *Adag*. 1279 (*ASD* II, 3, S. 296): „Solon eos, qui exercerentur ad Olympiaca certamina, … dicebat … postremo quum senuissent, iam prorsus esse inutiles. Ad id exprimendum Laertius citat versiculum Euripidis: Τρίβωνες ἐκλιπόντες οἴχονται κρόκας, id est *Filis solutis lacera pereunt pallia*". An dieser Stelle verbesserte Er. die Übers. Traversaris („tramis relicta deteruntur pallia", a.a.O.).

150 *detrita pallia* Die metaphorische Bezeichnung „abgenutzter Fetzen" für einen wertlosen Menschen hatte Er. zu einem Adagium erhoben: *Adag*. 1279 „Pannus lacer" (*ASD* II, 3, S. 296): „Hominem iam fastiditum et reiec-

VII, 24   Leges   (Solon Salaminius, i.e.
            (= Dublette von VII, 122)   Atheniensis, 5)

Huic attribuunt et illud longe celebratissimum: *leges aranearum telis esse similes*.
155 Quanquam idem et aliis asscribitur, nominatim *Anacharsidi*.

VII, 25   Amicitia principvm   (Solon Salaminius, i.e.
                                                                   Atheniensis, 6)

Illud argutissime *dixit tyrannorum* amicos *calculis* supputatoriis *esse simillimos: qui*
vt arbitrio supputantis ponuntur, *interdum valent* multa milia, *interdum* minimum,
160 interdum nihil.

tum appellant Graeci ῥάκος πολυσχιδές, id est *pannum vndique lacerum*, sumpta metaphora a veste longo vsu detrita atque ob id reiecta, cum noua fuerit in precio".
Apophth. VII, 24 – Für dasselbe Apophthegma vgl. unten VII, 122, welches dort dem Anacharsis als Apophthegma-Spender zugeschrieben wird und denselben Titel trägt.
154 *Huic attribuunt* Die Zuschreibung des Spruchs an Solon ist sicherlich unrichtig. Da der Spruch besagt, daß Gesetzgebung ursächlich schwach und nutzlos ist, konnte der große Gesetzgeber Solon unmöglich dessen Urheber sein. Die falsche Zuschreibung kam durch einen Irrtum des Diogenes Laertius zustande, der Plutarchs Solon-Biographie auswertete und den dort zitierten Spruch (bzw. Vergleich) irrtümlich Solon zuteilte statt Anacharsis, der die nämlichen Worte gerade zu Solon sprach. Die Kontextualisierung, die Plutarch in *Sol.* 5 gibt, belegt, daß der richtige Spruchspender Anacharsis sein muß. Es handelte sich um eine ironisch-abschätzige Bemerkung des skythischen Weisen, der Solon in Athen besucht haben und sich über dessen Versuch, die athenische Gesellschaft über Gesetzgebung zu regieren, lustig gemacht haben soll: τὸν οὖν Ἀνάχαρσιν πυθόμενον καταγελᾶν τῆς πραγματείας τοῦ Σόλωνος, οἰόμενον γράμμασιν ἐφέξειν τὰς ἀδικίας καὶ πλεονεξίας τῶν πολιτῶν, ἃ μηδὲν τῶν ἀραχνίων διαφέρειν, ἀλλ᾽ ὡς ἐκεῖνα τοὺς μὲν ἀσθενεῖς καὶ λεπτοὺς τῶν ἁλισκομένων καθέξειν, ὑπὸ δὲ τῶν δυνατῶν καὶ πλουσίων διαρραγήσεσθαι. Er. war diese Stelle aus Plutarchs Solon-Biographie bekannt, wie aus seinem Quellenhinweis in *Adag.* 2473 *ASD* II, 5, S. 333 hervorgeht. I.J. 1526 war Er. offensichtlich davon überzeugt, daß der richtige Spruchspender Anacharsis sei, wie seine Korrektur a.a.O. belegt (vgl. Komm. unten). Im J. 1500 war Er. unschlüssig, wer der Urheber des Spruches sei („irgendein Philosoph"; *Coll.* 149 [*ASD* II, 9, S. 96]: „A philosophi cuiusdam apophtegmate tracta sententia, qui dixit ciuitatum leges aranearum telis esse persimiles, quibus imbecilles modo irretirentur, potentiores vero perrumperent"), ebenso i.J. 1508, bei der Erstfassung der *Adagia* (1508), vgl. *Adag.* 347 (*ASD* II, 1, S. 446): „Et alius quispiam leges cum aranearum textis comparabat, quae cum a magnis auibus facile discinderentur, muscas duntaxat irretirent". Z.Z. der Abfassung der zweiten Ausgabe der *Apophthegmata* erinnerte sich Er. an seine frühere Zuschreibung des Spruchs an Anacharsis. Das führte zu einer kurzen Anmerkung, jedoch traf Er. keine Entscheidung. Die von Diogenes Laertius ausgehende Fehlzuschreibung des Apophthegmas an Solon fand in der Renaissance zahlreiche Nachfolger, i.a. Giannantonio Campano, *De regendo magistratu*, in: idem, *Opera omnia*, Rom 1495, fol. d iiii[r]: „Solitum dicere aiunt Solonem, quod quidam ascribunt Anacarsi [sic]: Leges aranearum telae similes videri"; vgl. Komm. zu *Collect.* 149 (*ASD* II, 9, S. 97).
154 *Leges ... similes* Wörtliche Wiedergabe von Diog. Laert. I, 58, wobei Er. allerdings die Erklärung des Spruches ausläßt: τοὺς δὲ νόμους τοῖς ἀραχνίοις ὁμοίους· καὶ γὰρ ἐκεῖνα, ἐὰν μὲν ἐμπέσῃ τι κοῦφον καὶ ἀσθενές, στέγει· ἐὰν δὲ μεῖζον, διακόψαν οἴχεσθαι (ed. Froben, S. 27). Vgl. die latein. Übers. Traversaris: „Leges aranearum telis esse simillimas. Illis quippe, si

quid leue et imbecillum inciderit, inuolui ab eis atque contegi; si quid maius aut grauius, perrumpi ac perire" (ed. Curio, Basel 1524, S. 21); Er. zitiert den Spruch des Solon weiter in *Adag.* 2473 *ASD* II, 5, S. 333 (mit Erklärung) und, ohne Erklärung, in *Adag.* 2618 (*ASD* II, 6, S. 436): „Nam leges etiam Solon aranearum textis similes esse dixit". In der usprünglichen Fassung von *Adag.* 2473 (1508) schrieb Er. den Spruch ebenfalls Solon zu, wobei er den griech. Text von Diog. Laert. I, 58 und die latein. Übers. Traversaris zitierte, die er leicht variierte. In der Ausgabe d.J. 1526 (F) korrigierte er die Quellenzuschreibung mit dem Vermerk, daß der Spruch von Anacharsis stamme und daß die Quelle Plut. *Sol.* 5 sei. Die tatsächliche Quelle des Apophthegmas bleibt in *Adag.* 2473 jedoch Diog. Laert. I, 58 (vgl. Komm. *ASD* II, 5, S. 333).

155 *Anacharsidi* Vgl. *Apophth.* VII, 122, wo Er. den Spruch richtig dem Skythen Anacharsis zuschrieb. Während ihm für die Anacharsis-Zuschreibung Plut. *Sol.* 5 geläufig war, benutzte er dort dennoch Valerius Maximus als Quelle: „Huic illud quoque tribuitur multo vulgatissimum, Leges aranearum telis esse similes, in quibus infirmiora animalia haererent, valentiora perrumperent. Ita leges humiles ac tenues constringunt, a potentibus impune violantur. Meminit Valerius"; Val. Max. VII, 2 (ext.), 14: „Quam porro subtiliter Anacharsis leges araneorum telis conparabat! Nam vt illas infirmiora animalia retinere, valentiora transmittere, ita his humiles et pauperes constringi, diuites et praepotentes non alligari"; Brusoni, der das Apophthegma in seine Sammlung d.J. 1518 aufgenommen hatte (III, 34), reproduzierte dort ebenfalls den Text des Valerius: „Anacharsis non magis festiue quam vere leges aranearum telas vocabat: vtpote qui infirmiores muscas detinerent, maiores aues transmitterent: hoc est, quia inopes tantum a legibus puniuntur, diuitibus potentioribusque pecuniarum vi elabentibus".

156 *Amicitia principum* In Bezug auf den Inhalt ähnelt dieser Spruch *Apophth.* V, 31 (Orontes) „Fauor regum temperarius". Der Titel von VII, 25 „Amicitia principum" veranlasste Lycosthenes, ein Kapitel „De amicitia regum ac principum" zu konstruieren, in welchem *Apophth.* VII, 25 als erstes Lemma aufscheint (S. 51).

158–160 *Illud ... nihil* Frei paraphrasierende und gekürzte, jedoch auch durch eine Erklärung angereicherte Wiedergabe von Diog. Laert. I, 59: ἔλεγε δὲ τοὺς παρὰ τοῖς τυράννοις δυναμένους παραπλησίους εἶναι ταῖς ψήφοις ταῖς ἐπὶ τῶν λογισμῶν. καὶ γὰρ ἐκείνων ἑκάστην ποτὲ μὲν πλείω σημαίνειν, ποτὲ δὲ ἧττω· καὶ τούτων τοὺς τυράννους ποτὲ μὲν ἕκαστον μέγαν ἄγειν καὶ λαμπρόν, ποτὲ δὲ ἄτιμον (ed. Froben, S. 27). Von Traversari übernahm Er. den richtigen Begriff für „Zählsteine" („calculis"); dabei ersetzte er Traversaris etwas umständliche Umschreibung „calculis, quibus in componendis rationibus vtimur" durch den spätlatein. Begriff „supputatorius" (dafür vgl. *DNG* II, Sp. 4625, s.v.; „supputatorius" wird von Tertullian verwendet, „supputatio" von Augustinus, Arnobius und Martianus Capella, „supputator" von Firmicus Maternus). Traversaris Übers. ist genauer als die Wiedergabe des Er.: „Qui apud tyrannos autoritate valerent (*valerent ed. Curio:* possent *Traversari, e.g. ed. Ven. 1490*) eos calculis, quibus in componendis rationibus vtimur, comparare consueuerat. Vt enim illi interdum maiorem numerum, interdum minorem significant, ita et tyrannos horum quenque, prout libitum fuerit, aliquando illustrem et inclytum, aliquando obscurum habere et ignobilem" (ed. Curio, Basel 1524, S. 21). Der Spruch findet sich auch in *Gnom. Vat.* 505 Sternbach. Vgl. weiter das inhaltlich ähnliche *Apophth.* V, 31, wobei ebenfalls ein Vergleich von Höflingen mit einer arithmetischen Zählmethode angestellt wird: „Orontes Artoxerxis regis gener, quum ab irato rege reiectus et condemnatus esset, ‚Quemadmodum', inquit, ‚supputatorum digiti nunc infinitum numerum, nunc vnum tantum possunt ponere, sic regum amici nunc quiduis pollent nunc quam minimum'. Olim digitis subducebatur ratio, quemadmodum nunc calculis" (nach Plut. *Regum et Imperatorum Apophthegmata*, *Mor.* 174 B).

159 *vt ... ponuntur* „vt arbitrio supputantis ponuntur" stellt einen erklärenden Zusatz des Er. dar.

159 *valent* Er. übernahm „valent" aus Curios Version; Traversari selbst hatte „possent".

VII, 26   GRAVITER   (Solon Salaminius, i.e.
                                                    Atheniensis, 7)

Rogatus, quamobrem nullam legem tulisset in parricidas, „Non expectabam", inquit, „*hoc scelus* vnquam in hac ciuitate posse committi", quod illa immania non existant,
165   *nisi vbi luxus* regnat nec vlla est legum reuerentia. [*C*] Refert hoc M. Tullius in oratione pro Sex. Roscio Amerino.

VII, 27   [*B*] ΣΥΜΠΑΘΕΙΑ   (Solon Salaminius, i.e.
                                                    Atheniensis, 8)

Interrogatus, *qui fieri posset, vt quam minimum iniuriarum existeret inter homines,*
170   „*Si*", inquit, „*qui iniuria affecti non sunt, aeque doleant atque hi, qui affecti sunt*". Quisquis enim violat leges, non vnum ciuem laedit, sed totam rempublicam, quod quidem in ipso est. At nunc, dum aliis laesis aut quiescimus aut gaudemus etiam, impunitas improborum audaciam in plurimos inuitat.

VII, 28   DIVITIAE   (Solon Salaminius, i.e.
175   Atheniensis, 9)

Dicebat opulentiam esse *matrem saturitatis, saturitatem ferociae* ac violentiae. Diuitias comitatur luxus, luxus exit in tyrannidem, dum *foenum* migrat *in cornua*.

165–166   Refert ... Amerino C: *desunt in B.*

161 *Grauiter* Aufgrund dieser Qualifizierung des Er. rangiert *Apophth.* VII, 26 bei Lycosthenes im Kap. „De grauiter dictis" (S. 437).

163–164 *Rogatus ... hoc* Diog. Laert. I, 59: ἐρωτηθεὶς διὰ τί κατὰ πατροκτόνου νόμον οὐκ ἔθηκε, „διὰ τὸ ἀπελπίσαι", ἔφη (ed. Froben, S. 27). Vgl. die latein. Übers. Traversari: „Interrogatus, quamobrem (quamobrem *ed. Curio:* cuius rei gratia *Traversari, e.g. ed. Ven. 1490*) contra parricidam legem non tulisset, ‚Quod desperasset', ait, ‚hoc scelus'" (ed. Curio, Basel 1524, S. 21); *Gnom. Vat.* 506 Sternbach. Dasselbe Apophthegma fügte Er. in *Adag.* 961 „Bonae leges ex malis moribus procreantur" (*ASD* II, 2, S. 462) in der Ausgabe d.J. 1533 hinzu: „[*H*] Huc pertinet, quod Solon ἐρωτηθεὶς διὰ τί κατὰ πατροκτόνου νόμον οὐκ ἔθηκε, ‚διὰ τὸ ἀπελπίσαι', εἶπεν, id est *rogatus quam ob causam non tulisset legem in parricidas, respondit, quod non sperasset futurum parricidam*".

163 *Quamobrem* Er. reproduzierte Curios „quamobrem"; Traversari hatte „cuius rei gratia".

163–164 *Non ... scelus* Durch „‚Non expectabam', inquit, ‚hoc scelus'" verbesserte Er. Traversaris dunkle Übers. „‚Quod desperasset', ait ‚hoc scelus'". Eine ähnliche Verbesserung findet sich in der Wiedergabe des Spruches in *Adag.* 961 „Bonae leges ex malis moribus procreantur" (*ASD* II, 2, S. 462).

165 *nisi vbi luxus ...* „nisi vbi luxus" – diesen Teil der Erklärung hat Er. aus Cic. *S. Rosc. Amerin.* 39 bezogen: „Luxuries igitur hominem nimirum et aeris alieni magnitudo et indomitae animi cupiditates ad hoc scelus impulerunt".

169–170 *qui fieri ... sunt* Eigenständige Übertragung des Er. von Diog. Laert. I, 59: πῶς τε ἥκιστ' ἂν ἀδικοῖεν οἱ ἄνθρωποι, „εἰ ὁμοίως", ἔφη, „ἄχθοιντο τοῖς ἀδικουμένοις οἱ μὴ ἀδικούμενοι" (ed. Froben, S. 27). In diesem Fall läßt sich nicht belegen, daß Er. Traversaris Übers. berücksichtigte: „‚Quo pacto item homines minime humana iura violarent?' – ‚Si sic doleant et afficiantur, qui iniuriis non lacessuntur, vt qui lacessuntur'" (ed. Curio, Basel 1524, S. 21).

Apophth. VII, 28 ist ein Gegenstück von VII, 359 (wo ein ähnlicher Spruch Pythagoras zugeschrieben wird: „Aiebat [sc. Pythagoras] in ciuitates primum irrepsisse delicias, mox saturitatem, deinde violentiam, postremo exitium") und *Adag.* 2653 „Satietas ferociam parit" (*ASD* II, 6, S.452), wo Er. Stobaios als Hauptquelle verwendete, diesem jedoch zu Unrecht den Vornamen Nicolaus gab (vgl. *ASD* II, 6, Komm. ad loc.); Stob. III, 3, 25 (S. 201 Hense; Aristot. Frgm. 57 Rose). Lycosthenes druckt *Apophth.* VII, 28 in seinem Kap. „De diuitiarum abusu" (S. 265).

176 *Dicebat ... violentiae* Eigenständige, paraphrasierende und mit weiteren sprichwörtlichen Elementen angereicherte Wiedergabe von Diog. Laert. I, 59: „τὸν μὲν κόρον ὑπὸ τοῦ πλούτου γεννᾶσθαι, τὴν δὲ ὕβριν ὑπὸ τοῦ κόρου" (ed. Froben, S. 27). Ders. Spruch findet sich in Diog. VIII, 22. In diesem Fall scheint Er. die. Übers. Traversaris nicht berücksichtigt zu haben: „Satietatem (sacietatem *ed. Curio*) ex diuitiis nasci, et ex satietate (sacietate *ed. Curio*) contumeliam (contumeliam *ed. Curio*: contumelias *Traversari, e.g. ed. Ven. 1490*) gigni" (ed. Curio, Basel 1524, S. 21). Stattdessen hat Er. in dem Text von *Apophth.* VII, 28 einige Elemente von *Adag.* 2653 „Satietas ferociam parit" (*ASD* II, 6, S. 452) eingearbeitet, u. a. die Verbindung mit der sprichwörtlichen Redensart „Faenum habet in cornu" und die eigenwillige Übersetzung von ὕβρις mit „ferocia". Für den Spruch vgl. weiter Solon, Frgm. 6, 3–4 West; Diog. Laert. VIII, 22; Er. *Adag.* 81 (*ASD* II, 1, S. 190): „Huic adstipulatur illud Solonis dictum apud Laertium: ‚... Satietatem nasci ex opulentia, ex satietate ferociam'".

176 *saturitatem ferociae* An dieser Stelle übersetzte Er. ὕβρις statt mit dem auf der Hand liegenden Begriff „arrogantia" idiosynkratisch mit „ferocia" (etwa „rücksichtslose Grausamkeit, tierische Wildheit, Zügellosigkeit, Unmenschlichkeit"). Das ist der Tatsache geschuldet, daß Er. den Spruch des Solon aus Diog. Laert. mit seinem *Adag.* 2653 „Satietas ferociam parit" (*ASD* II, 6, S. 452) kontaminierte. Das *Adagium* „Satietas ferociam parit" wiederum, das schon in der Erstausgabe d.J. 1508 vorhanden war, hatte Er. allerdings von Stobaios abgeleitet, dessen Begriff ὕβρις er dort mit „ferocia" übersetzt hatte: „Nicolaus [sic] Stobaeus in collectaneis suis hanc sententiam prouerbii titulo citat: Τίκτει κόρος μὲν ὕβριν, ἀπαιδευσία δὲ μετ' ἐξουσίας ἄνοιαν, id est, ‚Parit satietas ferociam, imperitia cum potestate coniuncta insaniam' ..." (a.a.O.). Weiter verwendete Er. statt wie Diog. Laert. γεννᾶσθαι bzw., wie Traversari, „nasci", die Formulierung „esse matrem": Auch dies stammt aus *Adag.* 2653, wo Er. sie aus einem Pindar-Zitat (*Olymp.* 13, 10) bezogen hat: „[F] Pindarus in Olympiis inuertit sententiam, dicens Ὕβριν κόρου μήτερα, id est *Ferociam matrem satietatis*".

177 *Foenum ... cornua* Die Verbindung des Adagium „Satietas ferociam parit" mit „Faenum habet in cornu" hatte Er. ebenfalls bereits in *Adag.* 2653 gelegt: „Concinit cum illo ‚Foenum habet in cornu'" (a.a.O.). Letzteres ist eine weitere sprichwörtliche Redensart, die auf Hor. *Serm.* I, 4, 34 zurückgeht: „Faenum habet in cornu, longe fuge"; Horaz gibt damit den Ratschlag, daß man einem Menschen, der „Heu auf den Hörnern trägt", aus dem Wege gehen soll (wie einem wilden Stier). Er. hatte sie als separate Redensart in seine *Collectanea* (1500) und *Adagia* (1508) aufgenommen: *Collect.* 241A „Foenum habet in cornu" (*ASD* II, 9, S. 123): „Adagium est, quo significamus cauendum esse a quopiam tanquam maledico atque improbo et feroci. Horatius de poeta mordaci: *Foenum habet in cornu, longe fuge ... Et ad idem alludens Plautus Cornutam*, inquit, *bestiam petis*, id est hominem, quem non impune lacessiueris iniuria. A tauro cornupeta translatum est, vel quia boues copiosius pasti ferociores esse soleant, vel quod cornupetis foenum in cornu pro signo consueuerit alligari, sicut canibus et equis mordacibus tintinnabulum, quemadmodum Acroni placet"; Er. wiederholt die beiden Erklärungen der sprichwörtlichen Redensart in *Adag.* 81 „Foenum habet in cornu" (*ASD* II, 1, S. 190–191). Zu der Redensart vgl. weiter Otto 438; Poliziano, *Praef. in Suet.*, S. 505 (ed. Basilea): „Vnde in prouerbium quoque adducta res est, vt cum cauendum a quoquam significare velimus, illum dicamus *foenum in cornu gerere*"; Polyd. Verg. 58; Ps.Acro: „dixit (sc. Horatius), quia, quando feriunt boues, horum in cornibus ligatur foenum". Es scheint fraglich, ob der Brauch, stössigen Rindern Strohballen auf die Hörner zu binden, lediglich symbolisch gemeint war: Er diente wohl auch dazu, die tatsächliche Verletzungsgefahr zu verringern. Er.' alternative Erklärung, daß gute, reichliche Fütterung die Rinder stössig mache, ist nicht plausibel. Wie aus *Adag.* 81 ersichtlich wird, hat er sie aus Plut. *Quaestiones Romanae* 71, *Mor.* 280F–281A, bezogen: „Διὰ τί τῶν κυριττόντων βοῶν ὑπὲρ τοῦ φυλάττεσθαι τὸν ἐντυγχάνοντα χόρτον τῷ κέρατι προσδοῦσιν;" Ἢ διὰ

PITTACVS MYTILENAEVS

VII, 29   Modvs   (Pittacus Mytilenaeus, 1)

180 Huic tribuitur illud decantatissimum „*dimidium plus toto*", de quo nobis satis dictum est in Chiliadibus.

VII, 30   Clementer   (Pittacus Mytilenaeus, 2)

De eodem memorant exemplum clementiae vix credibile. *Tyrrh⟨a⟩eum Pittaci filium Cumis in tonstrina sedentem* faber *quidam aerarius impacta securi occidit. Cumani*

---

178 MYTILENAEVS *B*: MITYLENAEVS *C*.

183 Tyrrhaeum *versio fr. Ambrosii ed. per Curionem (cf. LB)*: Tyrrheum *B C*.

κόρον καὶ πλησμονὴν ἐξυβρίζουσι καὶ βόες καὶ ἵπποι καὶ ὄνοι καὶ ἄνθρωποι; ὥς που καὶ Σοφοκλῆς πεποίηκε σὺ δὲ σφαδάζεις πῶλος ὡς εὐφορβίᾳ, γαστήρ τε γάρ σου καὶ γνάθος πλήρης πέλει. διὸ καὶ Μᾶρκον Κράσσον οἱ Ῥωμαῖοι χόρτον ἔχειν ἔφασαν· ἐφυλάττοντο γὰρ αὐτὸν οἱ ἄλλοι ἐν τῇ πολιτείᾳ σπαράττοντες ὡς ἀμυντικὸν καὶ δυσεπιχείρητον. οὐ μὴν ἀλλ' ὕστερον ἐλέχθη πάλιν, ὅτι Κράσσου Καῖσαρ ἀφῄρηκει τὸν χόρτον· ἀντέστη γὰρ αὐτῷ πρῶτος ἐν τῇ πολιτείᾳ καὶ κατεφρόνησε.

Pittakos von Mytilene (um 652/49–um 578/7 oder um 570 v. Chr.), militärischer Führer und Staatsmann auf Lesbos; führte i.J. 606/7 die lesbische Flotte gegen die athenische zum Sieg. Aufgrund seiner militärischen Leistungen und seines Ansehens wurde er vom Volk, das sich mit den Adelscliquen zerstritten hatte, auf zehn Jahre zum Schiedsrichter (Aisymnet) und Alleinherrscher von Mytilene gewählt. Ob Pittakos mit seinen Massnahmen als antiaristokratischer Reformer agierte, ist nicht geklärt. Klar ist soviel, daß er keine neue Verfassung für Mytilene entwarf, sondern lediglich einzelne Gesetze einbrachte, um Auswüchsen und Gewalt entgegenzuwirken, und dass seine Gerechtigkeit große Anerkennung fand. Der Überlieferung nach soll er die Alleinherrschaft nur in der vereinbarten Zeitspanne und zu dem Zweck ausgeübt haben, Frieden zu stiften. Danach soll er sich von der Politik zurückgezogen haben, mit den höchsten Ehren bedacht worden sein und noch weitere zehn Jahre friedlich gelebt haben. Die Stadt schenkte ihm zum Lohn ein riesiges Landgut (vgl. *Apophth.* VII, 29). Pittakos wurde schon früh in den Kanon der Sieben griechischen Weisen aufgenommen, was u.a. die von Herodot (I, 25) erfundenen und in die weitere Überlieferung eingeflossenen Geschichten über die Begegnung mit dem Lyderkönig Kroisos und Pittakos' Teilnahme an dessen „Philosophenkreis" bedingte: Zur Regierungszeit des Kroisos (555–um 541 v. Chr.) hatte Pittakos jedoch längst das Zeitliche gesegnet (vgl. unten Komm. zu VII, 32). J. Cobet, *DNP* 9 (2000), Sp. 1054–1056; F. Schachermeyr, *RE* XX, 2 (1950), Sp. 1862–1873, beide s.v. „Pittakos"; H. Berve, *Die Tyrannis bei den Griechen*, 1967, S. 91–95; K.-J. Hölkeskamp, *Schiedsrichter, Gesetzgeber und Gesetzgebung im archaischen Griechenland*, 1999, S. 219–226; L. de Libero, *Die archaische Tyrannis*, 1996, S. 28–30 und 314–328. Für seine Sprüche vgl. J. Althoff und D. Zeller (Hrsg.), *Die Worte der Sieben Weisen*, Griechisch/Deutsch, Darmstadt 2006; B. Snell, *Leben und Meinungen der Sieben Weisen. Griechische und lateinische Quellen*, München 1952; M. Tziatzi-Papagianni, *Die Sprüche der sieben Weisen: zwei byzantinische Sammlungen; Einleitung, Text, Testimonien und Kommentar*, Stuttgart 1994. Er. maß den Aussprüchen des Pittakos hohen Wert zu. Im Vorwort zu den *Adagia* stellt er ihn auf eine Stufe mit jenen Jesus Christus' (*ASD* II, 1, S. 58). Er. ehrt ihn u.a. dadurch, daß er die achte Zenturie der *Adagia* mit einem seiner Sprüche eröffnet (*Adag.* 701, „Aequalem tibi vxorem quaere", *ASD* II, 2, S. 229–231), einem Spruch, den er auch in der vorl. Sektion bringt (VII, 34), wie die Pittakos-Sektion der *Apophthegmata* auch sonst Überschneidungen mit den *Adagia* aufweist (vgl. Komm. unten).

178 *MYTILENAEVS* Im ersten Druck des siebenten Buches (1532, *B*) schrieb Er. der griechischen Form Μυτιλήνη entsprechend richtig „Mytilenaeus"; in *C* kam es jedoch zu dem Irrtum „Mitylenaeus", welcher sich auf *BAS*, die nachfolgenden Apophthegmata-Ausgaben, Lycosthenes usw. übertrug. Der Irrtum ist wohl beim Satz entstanden. Für die richtige Schreibweise „Mytilen-" vgl. *Adag.* 895 (*ASD* II, 2, S. 402, Z. 612–613) und 1012 (II, 3, S. 36, Z. 689 „Pittaco Mytilenaeo"), Vgl. jedoch auch die unrichtige Schreibart „Mitylenaei" in *Adag.* 976 in den Drucken *E-I*, wo ein Fehler der Drucke *A-D* („Mytelenaei") verschlimmbessert wurde (*ASD* II, 2, S. 476).

Apophth. VII, 29 Wie Er. in seinem Kommentar angibt, ist *Apophth.* VII, 29 das Gegenstück zu einem *Adagium*, i.e. *Adag.* 895 „Dimidium plus toto" (*ASD* II, 2, S. 402–407). Der Spruch datiert auf das Ende von Pittakos' Periode als Schiedsrichter und Alleinherrscher von Mytilene, als ihm die Stadt zum Dank ein grosses Grundstück schenkte (588/7 bzw. 580). Aufgrund von Er.' Titel konstruierte Lycosthenes die Kategorie „De modo et mediocritate" (S. 715–716), in welcher VII, 29 als erstes Apophthegma figuriert.

180 *decantatissimum* „decantatissimum" ist eine etwas kuriose Superlativbildung des Er. von „decantare", d.h. von einem Wort, das im Grunde keinen Superlativ verträgt („herunterleiern, immer wieder zitieren"; vgl. Cic. *Att.* XIII, 38 [34]: „haec decantata erat fabula"; Georges, I, Sp. 1898).

180–181 *dimidium ... Chiliadibus* Diog. Laert. I, 75: καὶ χώραν αὐτῶι ἀπένειμαν οἱ Μυτιληνῖοι ... Σωσικράτης δέ φησιν ὅτι ὀλίγον ἀποτεμόμενος (ἀποτυγχανόμενος *ed. Froben. p. 36*) ἔφη τὸ ἥμισυ τοῦ παντὸς πλεῖον εἶναι. Vgl. die Übers. Traversaris: „Agrum sibi a Mytilenais traditum ... Porro Sosicrates partem ipsius abscidisse dimidiumque plus toto dixisse testatur" (ed. Curio, Basel 1524, S. 27); Sosicrates *Frgm.* 13, *FHGr* IV, 502; Otto 558; Hes. *Erg.* 40: νήπιοι, οὐδὲ ἴσασιν ὅσῳ πλέον ἥμισυ παντός.

180–181 *de quo ... Chiliadibus* i.e. *Adag.* 895 (*ASD* II, 2, S. 402–407): „Dimidium plus toto", S. 402: „Πλέον ἥμισυ παντός, id est Dimidium plus toto, aenigma prouerbiale, quo commendatur aurea mediocritas ... . Pittacus apud Laertium, vbi se sponte abdicasset magistratu, agri sibi a Mytilenaeis relicti dimidium resecuit, autore Sosicrate, dicens dimidium praestabilius esse toto. Idem pecuniam a Croeso missam recusauit respondens sibi dimidio plus esse quam vellet";

182 *Clementer* Er.' Titel entsprechend ordnet Lycosthenes *Apophth.* VII, 30 in sein Kap. „De clementia" ein, das durch Pittakos' Spruch eröffnet wird (S. 150).

183 *memorant* Er. unterschlägt die bemerkenswerte, von Diogenes Laertius benannte Quelle der Geschichte, die historischen Aufzeichnungen (Ὑπομνήματα, latein. *commentarii*) der Pamphile aus der Zeit Neros, einer Tochter des Grammatikers Soterides. Pamphile ist die einzige Frau, von der belegt ist, daß sie ein derartiges Werk verfasst hat. Nach Photios stammte Pamphile aus Ägypten, nach der Suda aus Epidauros. Für Pamphila und die von Diogenes Laertius und Gellius überlieferten Fragmente der Ὑπομνήματα vgl. *FHGr* III, 520–522 und S. Cagnazzi, *Nicobule e Panfila: frammenti di storiche greche*, Bari 1997; M. Baumbach, *DNP* 9 (2000), Sp. 212–213; O. Regenbogen, *RE* 18, 3, Sp. 309–328, beide s.v. „Pamphila".

183–189 *Thyrr⟨a⟩eum ... punire* Diog. Laert. I, 76. Er. hat seinen Text nach der latein. Übers. Traversaris gebildet: „Pamphila autem in secundo commentariorum Tyrrhaeum refert ipsius filium, cum sederet in tonstrina Cumis, iniecta securi ab aerario fuisse necatum; a Cumanis vero vinctum homicidam ad Pittacum missum atque ab eo poena fuisse absolutum, dicente, ,cum rem cognouisset, indulgentiam poenitentiae esse praeferendam'" (ed. Curio, Basel 1524, S. 27). Vgl. den griech. Text: Παμφίλη δέ φησιν ἐν τῷ δευτέρῳ τῶν Ὑπομνημάτων, ὡς τὸν υἱὸν αὐτοῦ Τυρραῖον καθήμενον ἐπὶ κουρείου ἐν Κύμῃ χαλκεύς τις πέλεκυν ἐμβαλὼν ἀνέλοι. τῶν δὲ Κυμαίων πεμψάντων τὸν φονέα τῷ Πιττακῷ, μαθόντα καὶ ἀπολύσαντα εἰπεῖν: „συγγνώμη μετανοίας κρείσσων" (ed. Froben, S. 36); Pamphila *Frgm.* 3, *FHGr* III, 521.

183–189 *Pittaci ... punire* Die Geschichte ist sowohl insgesamt als auch in allen Einzelheiten unerklärlich und kaum nachvollziehbar: Wieso sitzt der Sohn des Herrschers von Lesbos in einer Stadt auf dem kleinasiatischen Festland in einem Barbierladen? Wieso trifft er dort auf einen Schmied? Weshalb hat der Schmied in einem Barbierladen eine zweischneidige Axt bei sich? Wieso erschlägt der Schmied damit ausgerechnet den Sohn des Herrschers von Lesbos? Wieso bestraft dieser den Mörder seines Sohnes nicht, während er ihm von der Obrigkeit Kymes ausgeliefert wurde?

185 *homicidam vinctum miserunt ad Pittacum*, vt de eo supplicium sumeret. *At ille cognita causa dimisit hominem dicens*, ignoscentiam *esse potiorem poenitentia*, sentiens vtilius esse condonare quam meminisse iniuriae et vlcisci. Sunt qui referant homicidam ab Alcaeo [i.e. Alcaeum a Pittaco] fuisse *dimissum cum* hoc *elogio*: „Melius est ignoscere quam punire".

190 VII, 31   Ebrietas   (Pittacus Mytilenaeus, 3)

Legem tulerat, vt, qui per temulentiam sceleris aliquid commisissent, duplo plecterentur. Solet enim vulgus hominum ebrietatis obtentu crimen extenuare. Id eo factum ferunt, quod *insula vino abundaret*.

---

184 *Cumis* die Stadt Kyme (Κύμη, latein. Cumae) in Aiolien (heute Türkei), gelegen an einer Meeresbucht südlich des Elaitischen Golfs (türk. *Çandarlı körfezi*); Aiolien, an der nördlichen Mittelmeerküste Kleinasiens, grenzte in der Antike im Süden an Ionien und im Norden an Mysien. Die Insel Lesbos, auf der Pittakos herrschte, war Aiolien vorgelagert. Vgl. J. Bouzek u.a. (Hrsg.), *Kyme*, Bd. 1, 1974, Bd. 2, 1980; H. Kaletsch, *DNP* 6 (1999), Sp. 967–968, s.v. „Kyme"; G.E. Bean, *Kleinasien*, Bd. 1. *Die ägäische Türkei von Pergamon bis Didyma*, 5. Aufl., Stuttgart 1987, S. 103–105.

185 *vt ... sumeret* „vt de eo supplicium sumeret" ist ein erklärender Zusatz des Er. zum Text des Diog. Laert.

186 *ignoscentiam* „ignoscentiam" stellt einen Versuch des Er. dar, den Spruch des Weisen Pittakos in christlichem Sinn zu interpretieren. Traversaris Übers. von συγγνώμη, „indulgentiam", ersetzte er durch das kirchenlateinische Wort „ignoscentia" (vgl. *DNG* II, Sp. 2422, s.v. mit einem Verweis auf Irenaeus, jedoch häufig verwendet von u.a. Tertullianus; Sleumer, *kirchenlateinisches Wörterbuch*, S. 408, s.v.; nicht in Ramminger, *Neulateinische Wortliste*). Von den Kirchenvätern wurde *ignoscentia* mit *misericordia* (Erbarmen) gleichgesetzt; Luther verwendete *ignoscentia* häufiger als theologischen Begriff für das Erbarmen Gottes (vgl. Ueding, *Historisches Wörterbuch der Rhetorik*, Bd. 4, Sp. 203, s.v. „Ignoscentia"). Er.' Wortwahl „ignoscentiam" veranlasste Lycosthenes, ein Kapitel „De ignoscentia" anzulegen (S. 477), das allerdings – was für die Seltenheit des Begriffes bezeichnend ist – ausschließlich *Apophth*. II, 30 enthält, während Lycosthenes zu „De clementia" ein sehr umfangreiches Kapitel zusammenstellen konnte (S. 150–162).

187–189 *Sunt ... punire* Aufgrund einer falschen grammatischen Zuordnung völlig missverstandene Wiedergabe von Traversaris Übers. von Diog. Laert. I, 76: „Heraclitus autem Alcaeum asserit habuisse captiuum liberumque dimisisse veniamque supplicio meliorem dixisse" (ed. Curio, Basel 1524, S. 28). Dort steht nicht, daß der Dichter Alkaios einen Mörder freigelassen habe, sondern dass Pittakos dem Dichter Alkaios, den er gefangengenommen hatte, die Freiheit schenkte, wobei er gesagt haben soll, daß es besser sei, Gnade vor Recht ergehen zu lassen. Diese Information stammt, wie Diogenes Laertius angibt, von Heraklit. Er. anonymisierte in seiner Textwiedergabe die Quelle Heraklit zu „sunt qui referant". Pittakos hätte allen Grund gehabt, sich an Alkaios zu rächen, da dieser ihn immer wieder in seinen Liedern angeschwärzt und beschimpft, ihn u.a. als „Spaltfuss", „Plattfuss", „Fettsack", „Dickwanst", „Feigling", „Dunkelfresser", „Grossmaul", „Schmutzfink" und „Schädling des Vaterlandes" (κακοπάτριδος) bezeichnet hatte (vgl. Diog. Laert. I, 81; E. Robbins, *DNP* 1 [1999], Sp. 494, s.v. „Alkaios", Nr. 4), und sich demonstrativ weigerte, ihn als Stadtherrn von Mytilene anzuerkennen. Den Demos, der Pittakos zum Stadtherren machte, bezeichnete Alkaios als „verblendet". Nachdem Alkaios verbannt worden war, beschimpfte er Pittakos weiter aus der Verbannung. Bei einem Versuch, gewaltsam auf die Insel zurückzukehren, wurde er ergriffen und Pittakos vorgeführt. Jedoch schenkte Pittakos dem aufständischen Aristokraten die Freiheit und gestattete ihm, in Mytilene zu bleiben, wenn er sich friedlich betrage.

188 *Alcaeo* **Alkaios**, streitbarer Aristokrat und lyrischer Dichter aus Mytilene auf Lesbos (um 630-um 580 v. Chr.). Alkaios war von Anfang an in die Partei- und Machtkämpfe Mytilenes verwickelt, die zum Sturz der Penthiliden führten; Alkaios und seine Brüder stürzten auch deren Nachfolger Melanchros. In seinen Kampf- und Streitliedern (*stasiotika*) bringt Alkaios seinen Hass gegenüber den Tyrannen Myrsilos und Pittakos zum Ausdruck. Wohl aufgrund seiner Anfeindungen wurde Alkaios aus Lesbos verbannt. Pittakos nahm ihn bei einem versuchten Gewaltstreich zunächst gefangen, schenkte ihm aber später die Freiheit und das Recht, sich auf Dauer wieder in Mytilene aufzuhalten. Alkaios verfasste neben Streitliedern Liebes- und Trinklieder, Götterhymnen und epische Poesie. Vgl. W. Rösler, *Dichter und Gruppe. Eine Untersuchung zu den Bedingungen und zur historischen Funktion früher griechischer Lyrik am Beispiel Alkaios*, München 1980; E. Robbins, *DNP* 1 (1996/9), Sp. 493–496, s.v. „Alkaios", Nr. 4; O. Crusius, *RE* I, 2 (1894), Sp. 1498–1505, s.v. „Alkaios", Nr. 9; A. Bagordo, „Alkaios", in B. Zimmermann (Hrsg.), *Handbuch der griechischen Literatur der Antike*, Bd. 1: *Die Literatur der archaischen und klassischen Zeit*, München 2011, S. 208–213. Für seine in Fragmenten überlieferten Dichtungen: E. Lobel und D.L. Page (Hrsg.), *Poetarum Lesbiorum Fragmenta*, Oxford 1955; Alkaios, Griechisch und deutsch, hrsg. von M. Treu, 3. Aufl., München 1980; D. Campbell (Hrsg.), *Greek Lyric*, Bd. 1, 2. Aufl. 1990 (Loeb 142).

188 *elogio* „elogio", hier im Sinn von „Ausspruch"; „apophthegmate", ist ein Zusatz des Er. zu Diogenes' Text.

Apophth. VII, 31 Es handelt sich nicht um einen Ausspruch im eigentlichen Sinn, sondern um ein Gesetz (vgl. Einleitung). Das Gesetz datiert auf Pittakos' zehnjährige Regierungsperiode als Schiedsrichter (Aisymnet) und Tyrann von Mytilene, 598/7–588/7 bzw. 590–580 v. Chr. Lycosthenes bildete in der Nachfolge von Er.' Titel seine Kategorie „De ebrietate, violentia et bibendi ratione" (S. 296), in der *Apophth.* VII, 31 als erstes Lemma figuriert.

191–193 *Legem ... abundaret* Diog. Laert. I, 76: Νόμους δὲ ἔθηκε: τῷ μεθύοντι, ἐὰν ἁμάρτῃ, διπλῆν εἶναι τὴν ζημίαν: ἵνα μὴ μεθύωσι, πολλοῦ κατὰ τὴν νῆσον οἴνου γινομένου (ed. Froben, S. 36); vgl. die Übers. Traversaris: „Ebrios, cum peccarent, duplici incommodo afficiendos per leges statuit, vt cauerent temulentiam. Abundat quippe vino insula" (ed. Curio, Basel 1524, S. 28); vgl. auch Plut. *Septem sapientium convivium* 13, *Mor.* 155F–156A: ὑποφθάσας δ' Ἀνάχαρσις „σὲ γάρ, ὦ Πιττακέ, καὶ τὸν σὸν ἐκεῖνον τὸν χαλεπὸν φοβεῖται νόμον, ἐν ᾧ γέγραφας ,Ἐάν τις ὁτιοῦν μεθύων ἁμάρτῃ, διπλασίαν ἢ τῷ νήφοντι τὴν ζημίαν εἶναι'".

192–193 *Id eo factum ferunt* Er. anonymisierte hiermit die Mitteilung des Diogenes Laertius, die er im Wortlaut der Übersetzung des Traversari zitierte. Das Gesetz des Pittakos scheint sich in erster Linie gegen Gewaltverbrechen zu richten, die unter Alkoholeinfluss begangen wurden. Es könnte der Fall sein, daß Pittakos damit am ehesten die Gewaltbereitschaft des Adels von Mytilene einzuschränken und zu verhindern versuchte, daß gewaltsame Übergriffe gegen das niedrige Volk schöngeredet wurden, indem man sich auf den Weingenuss berief. Für die Trinklieder des lesbischen Adels sehe man etwa die Gedichtfragmente des Alkaios. E. Robbins, *DNP* 1 (1996/9), Sp. 494, s.v. „Alkaios", Nr. 4: „Der Wein ist stets Thema und jeder Vorwand gut genug, zum Trinken einzuladen, sei es im Winter (338V), im Sommer (347V), in Stunden der Freude (332V ...) oder der Trauer (346V)".

VII, 32   Legvm avtoritas   (Pittacus Mytilenaeus, 4)

Croeso percontanti, quod esset maximum imperium, inquit „ποικίλου ξύλου", id est
„*varii ligni*", *leges innuens*. Nam olim in tabulis ligneis leges inscribebantur. Porro
vbi summa est legum autoritas, ibi est minimum tyrannidis.

VII, 33   Victoria incrventa   (Pittacus Mytilenaeus, 5)

Probabat *victorias citra sanguinem parta*. Nam magno ciuium cruore emptas, hoc est,
Cadmeas, vt vocant, *non existimabat esse victorias*.

VII, 34   Conivgivm par   (Pittacus Mytilenaeus, 6)

Huius est illud πολυθρύλλητον: „*Aequalem ducito*", quum ipse domi haberet opulen-
tiorem ac proinde morosam et imperiosam. Id latius explicuimus in Chiliadibus.

---

195 inquit, ποικίλου ξύλου *B C BAS*: ποικίλου,
inquit, ξύλου *LB*.

Apophth. VII, 32 Die Begegnung des Pittakos mit
König Kroisos von Lydien ist fiktiv und geht
insb. auf das Konto des Herodot. Schon aus
chronologischen Gründen kann die Begegnung nicht stattgefunden haben: Kroisos trat
seine Regierung als König um 555 v. Chr. an:
Zu diesem Zeitpunkt hatte Pittakos schon
seit etwa zwanzig Jahren das Zeitliche gesegnet. Durch die „Begegnung" von Pittakos und
Kroisos wird in der Popularphilosophie der
Gegensatz zwischen griechischer Weisheit und
orientalischer Prunksucht inszeniert. Beispielhaft für den realitätsfernen Konstruktcharak-
ter der Begegnung des Westens mit dem Osten
ist der fiktive Brief des Pittakos an König Kroisos bei Diog. Laert. I, 81 mit folgendem Inhalt:
„Du forderst mich auf, nach Lydien zu kommen, um dich in deinem Glück zu erleben.
Aber ich bin auch unbesehen davon überzeugt,
daß Alyattes' Sohn der reichste aller Könige
ist. Ich gewinne also nichts, wenn ich deshalb nach Sardes fahre; denn ich habe kein
Gold nötig, sondern genug davon für mich
und auch für meine Freunde. Dennoch werde
ich dich besuchen, um deine gesellige Gastfreundschaft zu geniessen" (Jürß, 1998, S. 71–
72).
195–196 *Croeso ... innuens* Diog. Laert. I, 77.
Er. gibt hier die. Übers. Traversaris wieder:
„A Croeso item rogatus, quodnam esset maximum imperium, ,Ligni', inquit, ,varii', legem
nimirum (nimirum ed. *Curio*: scilicet *Traversari, e.g. ed. Venet. 1490*) innuens" (ed. Curio,
Basel 1524, S. 28). Vgl. den griech. Text: καὶ
ὑπὸ Κροίσου τίς ἀρχὴ μεγίστη, „ἡ τοῦ ποικίλου",
ἔφη, „ξύλου", σημαίνων τὸν νόμον (ed. Froben,
S. 37).
198 *Victoria incruenta* Dem Titel des Er. folgend
konstruierte Lycosthenes ein Kapitel „De victoria incruenta" (S. 1070–1071), in dem der
bewusste Pittakos-Ausspruch an erster Stelle
rangiert.
199 *Victorias ... parta* Diog. Laert. I, 77: ἔλεγε
δὲ καὶ τὰς νίκας ἄνευ αἵματος ποιεῖσθαι (ed. Froben, S. 36). Vgl. die latein. Übers. Traversaris: „Dicebat autem et (et *Traversari, e.g. ed.
Ven. 1490*: om. *Curio*) victorias sine sanguine
acquiri" (ed. Curio, Basel 1524, S. 28).
200 *Cadmeas ... victorias* Er. nahm die Ausdrucksweise unter seine *Adagia* auf: *Adag.* 1734
(*ASD* II, 4, S. 170–172): „Cadmea victoria":
„Καδμεῖος νίκη, id est Cadmea victoria. Huius
adagii variam adducunt et sensum et originem.
Sunt qui putent inutilem victoriam Cadmeam
vocatam, propterea quod Eteocles et Poly-
nices Thebani, cum de regni vicibus disceptarent, singulari certamine congressi vtrique
perierint. [*G*] Cuiusmodi victoriae meminit
Herodotus libro i. de Phocensibus agens. [*A*]
Vel quod Cadmei deuicerint quidem Argiuos
cum Adrasto militantes, sed suo malo; posteris enim illorum poenas abunde magnas dede-

runt. Vel quod Oedipus soluto Sphingis aenigmate victoriam quidem a monstro magnificam reportauit, verum post imprudens suam ipsius matrem duxit vxorem, idque simulatque resciuit, oculos sibimet eruit. Itaque illius quoque victoriae parum felix exitus fuit". Vgl. *Adag. 2601, ASD* II, 6, S. 42; Zenob. 4, 45: „Καδμεία νίκη: περὶ ταύτης τῆς παροιμίας ἄλλοι ἄλλως λέγουσιν ..."; Plat. *Leg.* 641C; Plut. *Mor.* 10A; 488A.

Apophth. VII, 34 ist das Gegenstück zu *Adag.* 701 (*ASD* II, 2, S. 229–231) „Aequalem tibi vxorem quaere". In der Version des Diogenes Laertius handelt es sich nicht um einen Ausspruch im eigentlichen Sinn: Vielmehr enthält sich Pittakos einer Aussage und weist stattdessen den Gastfreund Atarnetes änigmatisch auf das Spiel der Knaben hin. Zur Zeit der Begebenheit befindet sich Pittakos bereits im hohen Alter bzw. ist so schwach auf den Beinen, daß er einen Stock benötigt. Die Anekdote datiert somit wohl am ehesten auf die letzten zehn Lebensjahre des Pittakos (588/7–578/7 bzw. 580–570 v. Chr.), d.h. auf die Periode, in der er sein Schiedsrichteramt niedergelegt hatte. Im Vorwort zu den *Adagia* stellt Er. Pittakos' weisen Rat auf eine Stufe mit dem des Heilands, vgl. „Prolegomena", *ASD* II, 1, S. 58: „Apud Graecos Pittacus philosophus consultorem suum ad pueros turbine ludentes mittit, a quibus de ducenda vxore prouerbio doceatur audiatque ... Christus puerorum citat paroemiam sic in foro ludentium: ..., id est *Cecinimus vobis tibiis et non saltastis, cecinimus lugubre et non plorastis* (Lc. 7, 32)". Zu Aussprüchen anderer Philosophen zum nämlichen Thema vgl. *Apophth.* VII, 42, 44 und 87 (alle Antisthenes von Athen); 141 (der Stilpon-Schüler Menedemos von Eritreia); 190 (der Kyniker Bion von Borysthenes) und VIII, 281 (Demonax).

202 πολυθρύλλητον Das Wort πολυθρύλλητον bezog Er. nicht aus der zitierten Diogenes-Laertius-Stelle; es findet sich z. B. in Plat. *Rep.* 566B; *Phaed.* 100B; Polyb. IX, 31, 4; Socr. *Hist. eccles.* II, 43. Vgl. Liddell-Scott-Jones II, S. 1438.

202 *Aequalem ducito* Diog. Laert. I, 80, in Traversaris Übersetzung: „Fertur autem sapiens ille (sc. Pittacus), quum ab Atarnete adolescente compelleretur, vt moneret, vtra sibi ducenda esset vxor ... Sicque factum esse adolescentemque illum puerorum vocibus monitum (monitum ed. *Curio*: admonitum *Traversari, e.g. ed. Ven. 1490*) aequalem sibi duxisse [i.e. ducere]". Er. fasst in *Apophth.* VII, 34 die längere Geschichte, die Diogenes Laertius (I, 80) erzählt, mit nur wenigen Worten zusammen, wohl auch, weil er den Gegenstand in den Adagien ausführlich behandelt hat. Der junge Mann Ἀταρνείτης fragt den betagten Weisen Pittakos um Rat, welche Frau er heiraten solle: Ihm ständen zwei Frauen zur Wahl, eine sehr reiche und edle Frau, und eine andere, die seiner eigenen sozialen Stellung entspräche. Pittakos gibt ihm keine direkte Antwort, sondern fordert den Atarnetes auf, er möge sich die Antwort bei den Kreisel spielenden Knaben holen. Da hörte Atarnetes den Ruf „Nimm den, der nahe bei dir ist", was er nunmehr nicht anders interpretieren konnte denn als Aufforderung, die ihm sozial gleichgestellte Frau zu heiraten. Vgl. Callim. *Epigr.* I, 12 und 16; *Epigr.* 1 Pfeiffer; *Anth. Pal.* VII, 89. Vgl. weiter *Suid.* 522; Apostolius 16, 55; Plut. *De lib. educ., Mor.* 13F, mit demselben Rat, daß eine Frau aus derselben sozialen Schicht gewählt werden soll. Das gleiche Apophthegma, in der Form γάμει ἐκ τῶν ὁμοίων („Vxorem ducito ex aequalibus") wird von Diog. Laert. I, 92 und Stob. III, 1, 172 (S. 113–114 Hense) dem Weisen Kleobulos zugeschrieben (vgl. Komm. zu *Adag.* 701 [*ASD* II, 2, S. 229]).

202–203 *quum ipse ... imperiosam* Diog. Laert. I, 80; vgl. Traversaris Übers.: „Videtur autem ex affectu ita dixisse. Nam nobiliorem ipse duxerat, Draconis, filii Penthili, sororem, quae illi immodice superba erat" (ed. Curio, Basel 1524, S. 29).

203 *Id latius ... Chiliadibus* i.e. *Adag.* 701 „Aequalem tibi uxorem quaere" (*ASD* II, 2, S.229–232): „Τὴν κατὰ σαυτὸν ἔλα, id est, *aequalem tibi vxorem ducito.* Adagium admonet, ne quis cupiditate aut ambitione allectus se potentiorem ducat vxorem; nam eiusmodi ferme connubia inauspicato cedere. Plutarchus in libello *De liberis educandis* parentes admonet, vt eiusmodi liberis suis vxores despondeant, quae non sint multo vel ditiores vel potentiores. Prudenter enim dici prouerbio: *Tuae sortis vxorem ducito.* Celebratur et hoc inter sapientum apophthegmata atque a nonnullis Pittaco asscribitur γάμει ἐκ τῶν ὁμοίων, id est *Vxorem ducito ex aequalibus.* Nam si duxeris ex potentioribus te prognatam, dominos tibi parabis, non affines".

BIAS PRIENAEVS

VII, 35   SALSE   (Bias Prienaeus, 1)

Quum ingenio suo *patriam suam obsidione liberasset*, rex Alyattes intellecta viri prudentia protinus eum ad se accersiuit. At *is respondit:* „Ἐγὼ Ἀλιάττῃ κελεύω κρόμυα ἐσθίειν", id est, „Ego Alyatten iubeo cepas edere"; quod perinde est, ac si dixisset „iubeo illum plorare", *extremum regis contemptum* professus. Attigimus et hoc in Chiliadibus.

VII, 36   LIBERE   (Bias Prienaeus, 2)

Euenit, vt cum scelerosis *quibusdam et impiis naui veheretur, qui, quum ob exortam tempestatem* periclitarentur, *deorum opem implorabant. Tum Bias* „Silete", inquit, „ne vos hic illi nauigare sentiant". Deus impiorum precibus irritatur magis ad vindictam quam ad opitulandum flectitur.

VII, 37   SALSE   (Bias Prienaeus, 3)

Impio cuidam sciscitanti, quid esset pietas, nihil respondit. Roganti, quur sileret, „Quoniam", inquit, „percontaris de rebus nihil ad te pertinentibus".

---

205 Salse *C*: Libere *B*.
207 Ἀλιάττῃ *scripsi*: ἀλιάττη *B C*, Ἀλιάττη *LB*.
208 cepas *B C (cf. Adag. 2138)*: caepas *LB*.

212 quum *BAS LB*: cum *B C*.
212 exortam *B*: extortam *C*.

Bias von Priene, redegewandter Staatsmann des 6. Jh. v. Chr.; um 550 v. Chr. führender Politiker in Priene und ganz Ionien. Er soll den Lyderkönig Alyattes zur Aufgabe der Belagerung von Priene veranlaßt haben, indem er ihn über die in der Stadt vorhandenen Vorräte täuschte. Wurde schon früh den Sieben Weisen zugezählt. Vgl. K.-J. Hölkeskamp, *DNP* 2 (1997/9), Sp. 617, s.v. „Bias", Nr. 2; O. Crusius, *RE* III, 1 (1987), Sp. 383–389, s.v. „Bias", Nr. 10. Priene ist eine Stadt an der ionischen Küste Kleinasiens, nördlich von Milet gelegen.

204 BIAS PRIENAEVS In dieser Form auch im Index personarum von *B* und *C*. Die Herkunftsangabe „Prienaeus", wie in Traversaris Übers. (ed. Curio, Basel 1524, S. 30); sonst verwendet Er. für die Einwohner Prienes „Prienenses"; vgl. *ASD* II, 3, S. 114 und 410, *Apophth*. VIII, 233.

Apophth. VII, 35 ist ein Gegenstück, textlich sogar teilweise eine Neuauflage von *Adag*. 2138 „Cepas edere aut olfacere" (*ASD* II, 5, S. 127–128), das Er. von dem Spruch des Bias ableitete: „Κρόμυα ἐσθίειν, id est *cepas edere*, dicebantur ioco prouerbiali, qui lachrymari viderentur. Natum a Biantis apophthegmate. Is enim Alyattae regi sibi per nuncium missum denuncianti, vt quam primum ad se veniret, respondit ad hunc modum: Ἐγὼ Ἀλιάττῃ κελεύω κρόμυα ἐσθίειν', id est ,Ego iubeo Alyattam cepas edere' …"; für das Sprichwort vgl. weiter *Suid*. 2464.

206–209 *patriam … professus* Im narrativen Teil stark gekürzte und zusammenfassende, im Spruchteil wörtliche Wiedergabe von Diog. Laert. I, 83, wobei Er. auch die griech. Version des Spruches präsentiert und im eigentlichen den Text von *Adag*. 2138 reproduziert. *Apophth*. VII, 35 zeigt, daß sich Er. kaum für die historische Komponente der Geschichte, sondern lediglich für die sprichwörtliche Redensart „Zwiebel essen" interessierte. Die historische List des Bias, die Er. in *Apophth*. VII, 35 ausläßt, bestand darin, daß er in der belagerten Stadt Priene zwei fettgemästete Maultiere schlachten und ins Lager des Königs bringen ließ, um diesem den Eindruck zu vermitteln, daß die Belagerung Prienes nutzlos sei, weil die Bewohner in Überfluß lebten. Als der König daraufhin einen Boten in die Stadt schickte, zeigte Bias diesem einen weiten Platz, auf dem er Getreide hatte ausschütten lassen. Daraufhin gab der König die Belagerung auf.

206 *rex Alyattes* **Alyattes** II. (ca. 600–561 v. Chr.), König Lydiens, der vierte aus der Dynastie der Mermnaden, Vater des Kroisos; er vertrieb die Kimmerier aus Kleinasien, unterwarf die Karier, dehnte das Lydische Reich nach Osten bis zum Halys aus, eroberte im Westen die griech. Städte Kolophon und Smyrna; dadurch verlieh er Lydien den Status einer Großmacht; mit dem benachbarten Mederreich führte Krieg, jedoch ohne nennenswerte Gebietsgewinne: Bei der Schlacht gegen den König Kyaxares i.J. 585 trat eine Sonnenfinsternis auf, wonach ein Friede geschlossen wurde. Alyattes' riesiger Grabhügel in der Königsstadt Sardes ist noch erhalten. Sein Sohn Kroisos setzte die lydische Grossmachtpolitik fort. Vgl. P. Högemann, *DNP* 1 (1996/9), Sp. 564, s.v. „Alyattes"; E. Meyer, *RE* I, 2 (1894), Sp. 1707–1708, s.v. „Alyattes". Für Kroisos vgl. oben Komm. zu. VI, 395.

207–209 *Respondit ... contemptum* Er. wiederholt hier wörtlich den Text von *Adag.* 2138 „Cepas edere aut olfacere" (*ASD* II, 5, S. 127–128): „... respondit (sc. Bias) ...: ‚Ἐγὼ Ἀλυάττῃ κελεύω κρόμμυα ἐσθίειν', id est ‚Ego iubeo Alyattam cepas edere', hoc est κλαίειν καὶ οἰμώζεσθαι, id est flere et eiulare. Quibus verbis extremum regis contemptum indicabat". Den Text von *Adag.* 2138 hatte Er. auf der Grundlage von Traversaris Übers. von Diog. Laert. I, 83 gebildet: „moxque regem Bianti, vt ad se venire, mandasse, illumque dixisse: ‚Equidem Alyattem cepas edere ac flere iubeo'" (ed. Curio, Basel 1524, S. 31); vgl. den griech. Text: θᾶττον δ' αὐτῷ πέμψαντι πρὸς τὸν Βίαντα ἵνα ἥκοι παρ' αὐτόν, ‚ἐγὼ δέ', φησίν, „Ἀλυάττῃ κελεύω κρόμμυα (κρόμυνα *ed. Froben. p. 40*) ἐσθίειν, [ἴσον τῷ κλαίειν]".

208–209 *quod perinde ... plorare* Eine Erklärung des Er., der dieser im Grunde aus einer in den Diogenes-Laertius-Text eingedrungenen Glosse kopierte: κρόμμυα ἐσθίειν, [ἴσον τῷ κλαίειν]" (a.a.O.); so schon in *Adag.* 2138, S.127: „cepas edere, hoc est κλαίειν καὶ οἰμώζεσθαι, id est flere et eiulare".

208–209 *Iubeo ... professus* Die Erklärung „iubeo illum plorare, *extremum regis contemptum* professus" wiederholte Er. wörtlich aus *Adag.* 2138, S.127; sie findet sich auch in einer marginalen Glosse zu Traversaris latein. Diogenes-Laertius-Übers.: „κρόμμυα ἐσθίειν prouerbiali figura, pro extremo contemptu" (ed. Curio, Basel 1524, S. 31).

209–210 *Attigimus et hoc in Chiliadibus* i.e. *Adag.* 2138 „Cepas edere aut olfacere" (a.a.O.).

211 *Libere* Dem Titel des Er. folgend druckt Lycosthenes VII, 36 im Kap. „De libere dictis et parrhesia loquendi" (S. 588), wo es als erstes Lemma figuriert.

212–214 *Evenit ... sentiant* Im narrativen Teil variierende, im Spruchteil wörtliche Wiedergabe von Diog. Laert. I, 86, wobei Er. im Spruchteil die Übers. Traversaris kopierte: „Nauigabat cum impiis aliquando et, cum tota tempestate nauis quateretur fluctibus illique deos inuocarent, ‚Silete', inquit, ‚ne vos hic illi nauigare sentiant'" (ed. Curio, Basel 1524, S. 31). Vgl. den griech. Text: συμπλέων ποτὲ ἀσεβέσι, χειμαζομένης τῆς νεὼς κἀκείνων τοὺς θεοὺς ἐπικαλουμένων, ‚σιγᾶτε', ἔφη, ‚μὴ αἴσθωνται ὑμᾶς ἐνθάδε πλέοντας' (ed. Froben, S. 42). Für den Spruch vgl. auch *Gnom. Vat.* 148 Sternbach; Arsen. *Violet.*, S. 148.

216 *Salse* Dem Titel des Er. folgend druckt Lycosthenes VII, 37 im Kap. „De salse dictis" (S. 955).

217–218 *Impio ... pertinentibus* Zum Teil wörtliche, zum Teil variierende Wiedergabe der Übers. Traversaris von Diog. Laert. I, 86: „Percontanti impio homini, quid esset (esset *add. Curio*) pietas, nihil respondit. Cumque ille silentii causam sciscitaretur, ‚Quia', inquit, ‚de rebus nihil ad te pertinentibus quaeris'" (ed. Curio, Basel 1524, S. 32). Vgl. den griech. Text: „ἐρωτηθεὶς ὑπὸ ἀσεβοῦς ἀνθρώπου τί ποτέ ἐστιν εὐσέβεια, ἐσίγα. τοῦ δὲ τὴν αἰτίαν τῆς σιγῆς πυθομένου, ‚σιωπῶ', ἔφη, ‚ὅτι περὶ τῶν οὐδέν σοι προσηκόντων πυνθάνῃ'" (ed. Froben, S. 42). Für den Spruch vgl. auch *Gnom. Vat.* 149 Sternbach.

VII, 38   Adulatio   (Bias Prienaeus, 4)

Interrogatus, quod esset animal omnium maxime noxium, „Si de feris", inquit, „percontaris, tyrannus; si de mitibus, adulator".

Haec de septem Sapientum dictis arbitror esse satis, vel quia sunt omnibus obuia vel quia magna ex parte sunt fabulosa vel quia pleraque sunt eius generis, vt a quouis dici possint. Quid enim habet Cleobulus, quur inter sapientes numerari debeat?

ANTISTHENES ATHENIENSIS

VII, 39   Salse   (Antisthenes Atheniensis, 1)

Antisthenes ridere solebat *Athenienses subinde gloriantes, quod essent* autochthones, hoc est, *indigenae*, eo quod non aliunde eo commigrassent nec patriam sedem mutassent vnquam, *dicens hoc laudis illis esse cum* testudinibus [i.e. brucis siue locustis] *cochleisque commune*. Nam et haec animantia nunquam mutant domicilium, in quo nascuntur.

227 solebat *LB*: solet *B C*.

Apophth. VII, 38 ist ein Gegenstück zu *Adag*. 1159 „Genuino mordere" (*ASD* II, 3, S. 173–175), wo Er. das nämliche Apophthegma zitiert, jedoch dort irrtümlich dem Diogenes von Sinope zuschreibt: „Diogenes apud Laertium rogatus, cuiusnam animantis morsus esset perniciosissimus, ‚Ex feris', inquit, ‚obtractatoris, ex cicuribus adulatoris'". Lycosthenes wiederum druckt in seinem Kap. „Adulatio" (S. 9) *Apophth*. VII, 38 fälschlich unter dem Namen des Akademikers Bion von Borysthenes (um 335-vor 252 v. Chr.).

220–221 *Interrogatus ... adulator* Plut. *Quomodo adulator ab amico internoscatur*, 19, *Mor*. 61C. Er., der den Traktat selbst ins Lateinische übertragen hatte, variiert an dieser Stelle seine eigene Übersetzung: „Proinde nec Bias recte dixisse videtur, quum interroganti, quod esset animal omnium maxime noxium, responderet: ‚inter immitia tyrannus, inter mitia adulator'" (*ASD* IV, 2, S. 141; ed. Cratander, Basel 1530, fol. 175B). Vgl. den griech. Text: ὅθεν οὐδ' ὁ Βίας ἀπεκρίνατο καλῶς τῷ πυθομένῳ τί τῶν ζῴων χαλεπώτατόν ἐστιν, ἀποκρινάμενος ὅτι τῶν μὲν ἀγρίων ὁ τύραννος, τῶν δ' ἡμέρων ὁ κόλαξ.

224 *Quid ... debeat* Er. bezieht sich hier auf Diog. Laert. I, 89–93, insbesondere auf die Allerweltsweisheiten, die Diogenes in I, 92 und 93 auflistet, z.B. den Rat, man solle seine Töchter verheiraten, wenn sie noch jung sind; daß man seinen Freunden Gutes tun solle; daß, wenn man sein Haus verläßt, zuvor bedenken solle, was man denn eigentlich beabsichtige, oder, daß man den Körper tüchtig trainieren solle.

224 *Cleobulus* Kleobulos, Tyrann von Lindos (auf Rhodos), 7./6. Jh. v. Chr., einer der Sieben Weisen. Vgl. M.G. Albiani, *DNP* 6 (1999), Sp. 576, s.v. „Kleobulos", Nr. 1; O. Barkowski, *RE* II A, 2 (1923), Sp. 2242–2264, s.v. „Sieben Weise".

Antisthenes (um 445–um 365 v. Chr.), der Begründer der Kynischen Philosophenschule. Er. hatte die Namensform ANTISTHENES ATHENIENSIS aus Curios Ausgabe der latein. Übers. des Diogenes Laertius kopiert (Basel 1524, S. 183), die auf die älteren Ausgaben der Traversari-Übersetzung zurückgeht. Diese Angabe täuscht darüber hinweg, daß Antisthenes' Status als Athener problematisch ist, da er der Sohn einer Mischehe, eines athenischen Bürgers und einer thrakischen Sklavin war, und außerdem nicht in Athen selbst wohnhaft war, sondern in dem 8 km entfernten Piraios. Charakteristisch ist weiter, daß er im Kynosarges unterrichtete, einer Schule für Ausländer, die außerhalb der Stadtmauern Athens lag. Antisthenes war (ab ca. 427) ein Schüler des Sokrates. Es ist unklar, wann genau er seine eigene Schule eröffnete. In der ersten Zeit nach dem Tod des Sokrates (399) galt Antisthenes als dessen wichtigster Schüler, nicht der jüngere Platon (428/7–348/7). Auf dem Gebiet der Erkenntnistheorie vertrat Antisthenes eine skeptische Richtung und war diesbezüglich ein entschiedener Gegner des Platon. Antisthenes hielt es für unmöglich, die Wahrheit zu erfassen, jedoch für realistisch, durch ein beschreibendes und vergleichendes Verfahren eine gewisse Annäherung an sie zustande zu bringen. Auf dem Gebiet der Ethik predigte er eine bis ins Extreme durchgeführte Bedürfnislosigkeit. Er war der Meinung, daß sich der Philosoph täglich in Askese üben müsse. Seine Fokussierung auf die Tugend als das einzige wahre Gut beruht auf einer Mischung von kognitiver Erkenntnis und sokratischer Intuition. Sein Lehrer Sokrates hingegen vertrat die Meinung, daß die Erkenntnis des Guten allein genüge, um gut zu handeln. Antisthenes hingegen sprach dem Willen eine wichtigere Rolle zu. Wem die Willenskraft abgehe, der sei trotz kognitiver Einsicht des Guten oft nicht imstande, seine Erkenntnis in richtiges Handeln umzusetzen. Antisthenes' wichtigster Schüler ist Diogenes von Sinope. Vgl. L.E. Navia, *Antisthenes of Athens. Setting the World Aright*, Westport 2001; A. Patzer, *Antisthenes der Sokratiker. Das literarische Werk und die Philosophie, dargestellt am Katalog der Schriften*, Heidelberg 1970; H.D. Rankin, *Anthisthenes* (sic) *Sokratiko*, Amsterdam 1986; K. Döring, „Antisthenes", in: H. Flashar (Hrsg.), *Grundriss der Geschichte der Philosophie. Die Philosophie der Antike*, Band 2/1, Basel 1998, S. 268–280; K. Döring, *DNP* I (1996/9), Sp. 793–794, s.v. „Antisthenes", Nr. 1; P.G. Natorp, *RE* I, 2 (1894), Sp. 2538–2545, s.v. „Antisthenes", Nr. 10; S. Prince, „Socrates, Antisthenes, and the Cynics", in: S. Ahbel-Rappe und R. Kamtekar (Hrsg.), *A Companion to Socrates*, Malden 2006, S. 75–92; S. Prince, *Antisthenes of Athens. Texts, Translations and Commentary*, Ann Arbor, MI 2015; *Antisthenis fragmenta*, ed. F. Decleva Caizzi, Mailand 1966; Luck *WdH*, S. 35–75.

Apophth. VII, 39–100 Mit Antisthenes wendet sich Er. unvermittelt dem sechsten Buch des Diogenes Laertius zu (VI, 1–18), in welchem dieser die kynischen Philosophen behandelt, um nach der Antisthenes-Sektion (VII, 39–100) ebenso unvermittelt noch einmal zum ersten Buch des Diog. Laert., den Sieben Weisen, zurückzukehren (vgl. oben Komm. zu VII, 1). Während Er. dem Antisthenes in den *Apophthegmata* eine ausserordentlich lange Sektion zumisst, hatte er ihn in den *Adagia* nur ein einziges Mal erwähnt (*Adag.* 97 „Virgula diuina", *ASD* II, 1, S. 206): „Adagium natum videri potest potissimum ab illa virga Homerica, quam ille Palladi tribuit, adeo celebri, vt de ea Antisthenes, Cynicae sectae conditor, librum conscripserit eam cum suo, vt coniicio, baculo conferens".

227–230 *Athenienses ... commune* Durch mehrere Erklärungen erweiterte, jedoch durch eine Fehlübersetzung im Tiervergleich getrübte Wiedergabe von Diog. Laert. VI, 1: καὶ αὐτὸς δὲ τοὺς Ἀθηναίους ἐπὶ τῷ γηγενεῖς εἶναι σεμνυνομένους ἐκφαυλίζων ἔλεγε μηδὲν εἶναι κοχλιῶν καὶ ἀττελέβων εὐγενεστέρους. Vgl. die latein. Übers. Traversaris: „Ipse quoque Atheniensibus, quod indigenae essent, gloriantibus exprobrans dicebat illos † brucis et cocleis (brucis et cocleis *ed. Curio*: cocleis *Traversari, e.g. ed. Ven. 1490*) nihilo nobiliores"; in margine: „† ἀττελέβων" (ed. Curio, Basel 1524, S. 183); Antisth. Frgm. 8 Giannantoni; 8 Prince (S. 40–41); Luck *WdH* 7 (S. 38).

229 *testudinibus* Er. übersetzte ἀττέλεβοι („Heuschrecken" bzw. „Lokusten"), das Traversari unübersetzt belassen hatte, fälschlich mit „testudinibus", „Schildkröten" (attisch ἀττέλεβος, ionisch ἀττέλαβος; Liddell-Scott-Jones I, S. 273, s.v. ἀττέλεβος: „locust"; von Hicks [Diog. Laert. VI, 1] mit „wingless locusts" wiedergegeben; Passow I, 1, S. 438 definiert ἀττέλεβοι irrtümlich als „eine ungeflügelte Heuschreckenart", während es sich nicht um eine Spezies, sondern um eine Entwicklungsstufe handelt), wodurch er den Witz des Antisthenes teilweise mißverstand. Bei dem Witz ging es zunächst um eine zynische Veräppelung der Athener als „Erdgeborene" (γηγενεῖς oder „Autochthone"). Das Konzept des „Erdgeborenseins" bzw. der Autochthonie spielte eine große Rolle im Selbstverständnis, in der Ideologie und politischen Rhetorik Athens im 5. und 4. Jh. v. Chr., woraus der Stadtstaat seine Superiorität und seinen Hegemonieanspruch in der griech. Welt ableitete. Die Athener hielten es sich zugute, niemals eingewandert zu sein, kein zusammengelaufener Haufen heterogener Herkunft zu

VII, 40   Modeste   (Antisthenes Atheniensis, 2)

Discipulos suos admonere solebat, vt sibi essent Socratis condiscipuli, declarans, quam esset alienus ab inani gloria.

VII, 41   Temperate   (Antisthenes Atheniensis, 3)

Voluptatem in tantum execrabatur, vt diceret *se malle insanire quam voluptate affici*: „μανείην ⟨μᾶλλον⟩ ἢ ἡσθείην", id est, „Insaniam potius quam delecter". Insaniam aufert medicus; voluptas, quum aeque mentem eripiat homini, vix sanabile malum est.

233 solebat *LB*: solet *B C*.   237 ἡσθείην *scripsi*: ἡσθείην *B C*.
237 μᾶλλον *supplevi*.

sein, die vaterländische Erde niemals verlassen zu haben und die ersten und ursprünglichen Bewohner Attikas sowie ‚reine' Griechen zu sein, die sich von Anfang an von den Barbaren unterschieden. Dieser Anspruch wurde durch mythologische Ursprungslegenden unterstützt, v.a. durch den Kult der Könige Kekrops und Erechtheus, die beide sowohl als Gründer Athens als auch als „Erdgeborene" galten. Kekrops wurde als Mischwesen, halb Mensch, halb Schlange, dargestellt, das aus dem Boden Athens entsprungen war. Ferner wurde der Ort (eine Felsenspalte), wo die mythische Schlange Athens aus dem Boden gekrochen sein soll, durch die Errichtung eines Tempels (Erechtheion) geheiligt. Ein anderes Symbol der athenischen Erdgeborenheit waren die Zikaden, von denen man sich vorstellte, daß sie aus dem Boden gekrochen kamen und – in der Tierwelt – die ursprünglichen Bewohner Attikas wären. Als Zeichen ihres Autochthonie-Stolzes trugen die Athener Zikaden aus Gold als Haarschmuck (Suid. τεττιγοφόροι 377; Thuc. I, 6). Zum athenischen Autochthoniemythos vgl. i.a. S. Stewart (ed.), *Born of the Earth: Myth and Politics in Athens*, Ithaca, 2000; V.J. Rosivach, „Autochthony and the Athenians", in: *The Classical Quarterly* 37.2, S. 294–306; J.H. Blok, „Gentrifying Genealogy: On the Genesis of the Athenian Autochthony Myth", in: U. Dill and Ch. Walde Page (Hrsg.). *Antike Mythen: Medien, Transformationen und Konstruktionen*, Berlin 2009, S. 251–274; vgl. auch Komm. *CWE* 38, S. 775. Antisthenes litt unter dem athenischen Nationalstolz des „Erdgeborenseins", da er von einer thrakischen Sklavin abstammte und wegen seiner Herkunft verhöhnt wurde.

Antisthenes' Tiervergleich liegt nun die in der Antike gängige Meinung zugrunde, daß Lokusten (die man auch oft mit den Zikaden über einen Kamm schor), ebenso wie Schnecken, „erdgeboren" seien, was man sowohl auf Formen der *generatio spontanea* als auch auf zoologische Beobachtungen zurückführte. Aristoteles, der die Fortpflanzung der Lokusten in *Hist. anim.* V, 28–29, 555B 28–556A 13 beschreibt, gibt diesbezüglich die empirisch-wissenschaftliche Version wieder: Die Lokustenweibchen sind mit einem Legestachel versehen, den sie ein gutes Stück in die Erde bohren können. Im Herbst legen sie damit ihre Eier unter die Erde, dort entstehen über den Winter die Larven und nach einem Reifeprozeß kommen im Frühjahr aus den Larven die jungen Lokusten hervor, die aus der Erde emporkriechen, auf diese Weise als „erdgeborene" erscheinen. Die noch jungen Lokusten (‚Nymphen'), die man beobachtete, waren schwarz und klein und sie besassen noch keine Flügel (vgl. Plin. *Nat.* XI, 101: „[sc. oua locustarum] e terra subsequenti anno exitu veris emittunt paruas, nigrantes et sine cruribus pinnisque reptantes"; ebd. XXIX, 92: „... locustarum minimae sine pinnis, quas ‚attelebos' vocant"). Er., der ἀττέλεβοι mit „Schildkröten" wiedergab, fasste den Sinn des Tiervergleichs etwas anders auf: Statt des wörtlich verstandenen Erdgeborenseins erklärte er den Vergleich in dem Sinn, daß sowohl Schildkröten als auch Schnecken niemals „umziehen", weil sie ihr Haus immer bei sich haben, dieses somit nie verlassen: „Nam et haec animantia nunquam mutant domicilium, in quo nascuntur". Er.' irrige Wiedergabe von ἀττέλεβοι = testudines ist umso kurioser, als Curio in seiner Ausgabe des Diog. Laert., die Er. vorlag, die Übersetzungslücke bei Traversari beseitigt hatte, und zwar mit dem zoologisch einschlägigen Begriff „brucus", der die flügellose Lokuste als Larve bezeichnet (*DNG* I, 1, Sp. 670, Georges I, Sp. 867, jeweils s.v. „bruchus"), eine latinisierte Form von βροῦκος (Liddell-Scott-Jones, I, S. 331, s.v.: „locust, or its wingless larva"; Passow I, 1, S. 525, s.v.: „eine ungeflügelte Heuschreckenart"). Er. hat entweder „brucus" nicht verstanden oder gemeint, es würde sich um eine fehlerhafte Übers. handeln. Auf „testudo" kam er wohl, weil er von der erstgenannten Tierart der Schnecken ausging und meinte, daß die zweite, damit verbundene Tierart eine starke Analogie aufweisen müsse: Diese erblickte er offensichtlich darin, daß beide „ihr Haus" mit sich herumtragen und dieses niemals verlassen können. Der Irrtum des Er. war folgenreich, weil die vermeintlichen Schildkröten in die großen Wissensammlungen des 16. und 17. Jh. wanderten, u.a. in Theodor Zwingers *Theatrum vitae humanae*, 1571, vol. XVIII, Buch IX, S. 3111.

Apophth. VII, 40 ist kein Ausspruch im eigentlichen Sinn (vgl. Einleitung). Das Lemma bezieht sich auf die Periode zwischen dem Zeitpunkt, an dem Antisthenes eine eigene Schule eröffnete (wohl nach 420/15 v. Chr.), und dem Tod des Sokrates (399 v. Chr.).

233 *Discipulos ... condiscipuli* Im einleitenden Teil gekürzte Wiedergabe von Diog. Laert. VI, 2, wobei Er. die Übers. Traversaris als Vorlage benutzte: „Postremo (postremo *ed. Curio*: postmodum *Traversari, e.g. ed. Venet. 1490*) Socrati sese addixit tantumque (tantumque *ed. Curio*: in tantumque *ed. Ven. 1490*) cum illo profecit, vt moneret discipulos, vt sui sub Socrate essent condiscipuli" (ed. Curio, Basel 1524, S. 183). Vgl. den griech. Text: Ὕστερον δὲ παρέβαλε Σωκράτει, καὶ τοσοῦτον ὤνατο αὐτοῦ, ὥστε παρῄνει τοῖς μαθηταῖς γενέσθαι αὐτῷ πρὸς Σωκράτην συμμαθητάς (ed. Froben, S. 262); Antisth. Frgm. 12 Giannantoni; 12A Prince (S. 45–46); Luck *WdH* 12 (S. 39).

Apophth. VII, 41 bezieht sich auf den Kern der Ethik des Antisthenes: extreme Bedürfnislosigkeit, Konzentration auf die Tugend, Antihedonismus. Prince S. 369 vermutet, daß mit Lust in dem Ausspruch spezifisch sexuelle Lust gemeint sei. Für Antisthenes als Anti-Hedonisten vgl. auch Antisthenes Frgm. 124, 126 und 127, Luck *WdH* 80–83, nach Stob. III, 6, 43; III, 18, 26; III, 29, 65 und Athen. XII, 513A.

236–237 *Se malle ... ἡσθείην* Diog. Laert. VI, 3: ἔλεγέ τε συνεχές: „μανείην μᾶλλον (μᾶλλον *deest in ed. Froben. p. 262*) ἢ ἡσθείην". Vgl. die latein. Übers. Traversaris: „Dicebat autem identidem (Dicebat autem identitem *ed. Curio*: Dicebatque iugiter *Traversari, e.g. ed. Ven. 1490*): ,Insania potius quam voluptate afficiar (afficiar *ed. Curio*: corripiar *Traversari, e.g. ed. Ven. 1490*)'" (ed. Curio, Basel 1524, S. 183); Antisthenes Frgm. 122 Giannantoni; 122A Prince (S. 168–169). Der Ausspruch findet sich auch in Gell. IX, 5, 3: „Antisthenes Socraticus (sc. voluptatem) summum malum dicit; eius namque hoc verbum est: μανείην μᾶλλον ἢ ἡσθείην" = Antisthenes Frgm. 122C Prince (S. 370–371), Luck *WdH* 78 (S. 68); auch Gellius sympathisierte mit den Antihedonisten (Prince, S. 371); zudem tauchte der Spruch in varianter Form auf einem Oxyrinchus-Papyrus auf, vgl. Frgm. 122B Prince.

237 ⟨μᾶλλον⟩ Er. zitiert den griech. Spruch unvollständig, während die lateinische Übers. Traversaris diese Lücke nicht aufweist. Jedoch litt die Handschrift, die Er. verwendete, ebenso wie die Edition Frobens, diesbezüglich an einer Lacuna. Gleichwohl darf μᾶλλον (das auch bei Gellius überliefert ist) nicht fehlen, nicht zuletzt, weil es Er. in seiner latein. Übers. bringt: „potius".

240 VII, 42　　　　　　　　　　Matrimonivm　　　(Antisthenes Atheniensis, 4)

Cum his mulieribus habendam consuetudinem dixit, quae beneficium *beneficio* pensent (αἳ χάριν εἴσονται, id est, „quae gratiam habiturae sint"), sentiens abstinendum ab his, quae precio vendunt inhonestam voluptatem nec pariunt nec amant mutuum, aut a valetudinariis, deformibus ac male moratis, quae gignunt foetus poenitendos.

245 VII, 43　　　　　　　　　　Docilitas　　　(Antisthenes Atheniensis, 5)

Quum adolescens quidam Ponticus genere se in numerum discipulorum illius recipi cuperet, patri quaerenti, *quibus rebus esset opus,* „Libro", inquit, „nouo, stilo nouo nouaque tabella", significans animum a vitiis vacuum, studium vigil et memoriam fidelem. Solent autem adolescentes voluptatibus ac deliciis occupatam mentem ad 250 praeceptorem adferre, quae res fere in causa est, vt minus proficiant. At philosophia totum animum sibi postulat.

246 Quum *C*: Cum *B*.

240 *Matrimonium* Der Titel „Matrimonium" ist nicht korrekt, da es Antisthenes selbst nicht um die Ehe ging, die übrigens in dem zitierten Text mit keinem Wort erwähnt wird, sondern um *freie, unbezahlte Liebe*. „Gunst (χάριν) erweisen" war ein Euphemismus für „einem Mann einen Liebesdienst erweisen"; vgl. den Komm. von Pince, S. 235 zu dem vorl. Spruch: „‚gratitude', which is an euphemism for sex … This description implies that Atisthenes' potential girlfriends are not paid as prostitutes but circulate in a world of free love". Der exzentrische Kyniker lehnte in dem Spruch keusche Frauen ab, die man zuerst heiraten mußte, bevor man mit ihnen Sex haben konnte, und wahrscheinlich auch Prostituierte, die man für Sex bezahlen mußte. Es ist im Übrigen nicht klar, wie ernst man den Spruch des Kynikers nehmen muß: Er könnte in der Absicht geäussert worden sein, durch Verletzung der gesellschaftlichen Normen zu provozieren. Aus den *Placita* de Antisthenes geht hervor, daß er befürwortete, daß der Philosoph heirate (vgl. unten *Apophth.* VII, 87). Auch sagt er dort, wohl wiederum, um anzuecken, daß der Philosoph möglichst schöne Frauen auswählen solle und daß nur er imstande sei, die Frauen richtig zu lieben. Während Er., wie seine Erklärung zeigt, meinte, daß Antisthenes die Prostitution ablehnte, ist auch dies keine Meinung des Kynikers, die er konsequent vertreten hätte: Aus *Apophth.* VII, 50 geht hervor, daß Antisthenes die Prostitution befürwortete („Für nur 1 Obolos kann man großes Unglück abwenden"). Er. hat die Exzentrizität des Antisthenes-Spruches von VI, 42 nicht recht verstanden, wohl weil er dem christlichen Matrimonium-Denken verhaftet war, dem z. B. seinen Traktat *Christiani matrimonii institutio* (*ASD* V, 6) gewidmet hatte.

241–242 *Cum … sint* Diog. Laert. VI, 3. Er. reproduziert hier Curios Version: „Cum eiusmodi mulieribus consuetudinem habendam (Cum eiusmodi mulieribus consuetudinem habendam *ed. Curio*: oportet eiusmodi appropinquare mulieribus *Traversari, e.g. ed. Ven. 1490*), quae beneficio beneficium retalient" (beneficio beneficium retalient *ed. Curio*: gratias habeant *Traversari, e.g. ed. Ven. 1490*) (ed. Curio, Basel 1524, S. 183), während er zusätzlich einen Teil des griech. Textes wiedergibt und diesen mit einer seiner Meinung genaueren Übers. versieht: αἳ χάριν εἴσονται, id est, „quae gratiam habiturae sint". So hatte im Übrigen Traversari selbst die Stelle übersetzt; es läßt sich jedoch nicht belegen, daß Er. die ursprüngliche Übers. Traversaris zur Hand hatte. Curios Version hebt sich in vorl. Spruch sehr stark von jener Traversaris ab. Vgl. den griech. Text: χρὴ τοιαύταις πλησιάζειν γυναιξὶν αἳ χάριν εἴσονται (ed. Froben. p. 262). Antisthenes Frgm. 56 Prince (S. 235–236), 56 Giannantoni.

243–244 *nec pariunt … poenitendos* Für seine Erklärung zieht Er. ein anderes *placitum* des Antisthenes aus Diog. Laert. VI, 11, heran (vgl. *Apophth* VII, 87), in Traversaris Übers.: „(Dicebat Antisthenes) ducturumque (sc. sapientem) vxorem procreandorum liberorum causa, formosissimis quibusque congressurum mulieribus atque amaturum. Solum quippe scire sapientem, quaenam sit amanda" (ed. Curio, Basel 1524, S. 186).

Apophth. VII, 43 setzt voraus, daß Antisthenes bereits eine eigene Schule eröffnet hatte (nach 420/15 v. Chr.). Der Wortwitz mit καινοῦ – καὶ νοῦ von Diog. Laert. VI, 13 stellt eine Dublette von Diog. Laert. II, 118 dar, wo er Stilpon von Megara zugeschrieben wird. Er. bringt diesen unten im selben Buch (VII, 138): „Videns (sc. Stilpo) Cratetem hibernis mensibus frigore rubentem, ‚δοκεῖς', inquit, ‚μοι χρείαν ἔχειν ἱματίου καινοῦ'. Lepos, qui est in vocis ambiguo, Latine reddi non potest. καινοῦ coniunctim sonat ‚nouo', καὶ νοῦ disiunctim sonat ‚et mente'. Discrimen auribus vix sentiri potest, scripto potest ostendi. ‚Videris', inquit, ‚egere pallio nouo', siue ‚pallio et mente'. Nouum requirebat gelu, mentem Cynici stultitia, qui vestem non accommodaret tempori". Allerdings ist Er. in *Apophth.* VII, 43 entgangen, daß es sich um eine Verdopplung handelt, weil er den griech. Wortwitz nicht erkannte – er arbeitete ausschließlich mit Traversaris Übers., vgl. Komm. unten.

246–248 *Quum … tabella* Im einleitend-narrativen Teil paraphrasierende, im Spruchteil wörtliche Wiedergabe von Traversaris Übers. von Diog. Laert. VI, 3.: „Pontico adolescenti (adolecenti *ed. Curio*: autem adolecenti *Traversari, e.g. ed. Ven. 1490*), cum se illi in disciplinam dare vellet, rogaretque, quanam re sibi opus esset, ‚Libro', inquit, ‚nouo et stilo nouo nouaque tabula, animum significans'" (ed. Curio, Basel 1524, S. 183–184). In Traversaris Übersetzung (auch in Curios Version) war allerdings das im griech. Text einen witzigen Doppelsinn erzeugende Wortspiel von καινοῦ = „eines neuen" und καὶ νοῦ = „und des Verstandes" untergegangen. Vgl. den griech. Text: πρός τε τὸ Ποντικὸν μειράκιον μέλλον φοιτᾶν αὐτῷ καὶ πυθόμενον τίνων αὐτῷ δεῖ, φησί, „βιβλαρίου καινοῦ καὶ γραφείου καινοῦ καὶ πινακιδίου καινοῦ", τὸν νοῦν παρεμφαίνων (ed. Froben, S. 262); Antisthenes Frgm. 171 Giannantoni, 171 Prince (S. 560–561); der Spruch findet sich auch in Arsen. *Violet.*, S. 171. Der Ausspruch konnte somit sowohl bedeuten „Du brauchst ein neues Büchlein, ein neues Schreibzeug und ein neues Täfelchen" als auch „Du brauchst ein Büchlein *und Verstand*, ein Schreibzeug *und Verstand*, und eine Schreibtafel *und Verstand*". Er. hat das Wortspiel hier nicht bemerkt, anders als in *Apophth.* VII, 137, wo er vom griechischen Text ausging; vgl. Komm. unten ad loc.; vgl. *CWE* 38, S. 776. Während Er. in *Apophth.* VII, 43 der griech. Wortwitz entging, erklärte er – wobei er sich wiederum von Traversaris Übers. „animum significans" anregen ließ – sowohl das Büchlein als den Schreibgriffel als auch das Täfelchen allegorisch: das Büchlein symbolisiere den „freien Geist", der Griffel das „eifrige Studium" und das Täfelchen das „gute Gedächtnis". Diese allegorische Erklärung stellt jedoch nichts anderes als ein freies Hineininterpretieren von Seiten des Er. dar.

246 *adolescens quidam Ponticus* Der nicht namentlich genannte Schüler *in spe* kam aus der Region der Schwarzmeerküste, zwischen der und Athen es im 5. und 4. Jh. v. Chr. einen regen ökonomischen und kulturellen Austausch gab. Z.B. stammte Antisthenes' berühmtester Schüler Diogenes aus Sinope an der Schwarzmeerküste; dazu gab es noch andere Leute aus diesem Gebiet, die sich für die Philosophie in Athen interessierten: Aus *Apophth.* VII, 73 geht hervor, daß junge Sokrates-Fans nach Athen gereist waren, um den Meister selbst zu sehen; aus VII, 74, daß Antisthenes einen Schüler aus der Schwarzmeerregion hatte, der ihn in Bezug auf die Bezahlung vertröstete, bis eine Schiffsladung vom Schwarzen Meer mit seinen Pekelfischen eintreffen würde. Prince, S. 560 nimmt an, daß der in dem Spruch figurierende Schüler Diogenes von Sinope sei, was jedoch lediglich eine Vermutung ist.

247 *patri quaerenti* In seiner Paraphrase von Traversaris Übers. hat Er. den Hergang des Geschehens unrichtig wiedergegeben. Bei Diogenes Laertius (auch in Traversaris Übers.) ist es der Jüngling selbst, der den Philosophen Antisthenes fragt, was er im Unterricht brauche. Er. scheint den Vater hinzuphantasiert zu haben. Er hat sich wohl vorgestellt, daß es der Vater ist, der zunächst mit einem Lehrer Kontakt aufnimmt.

VII, 44 CONIVGIVM (Antisthenes
(= Dublette zu VII, 191) Atheniensis, 6)

Adolescenti *consulenti, cuiusmodi vxorem ducere* expediret, „*Si formosam duxeris*", inquit, „*habebis communem; sin deformem, habebis poenam*", *iucundius* id eloquens *Graece*, quibus, quod ad *voces* attinet, minimum *interest inter* κοινὴν *et* ποινήν, quod ad rem attinet, plurimum. Suadebat itaque *media stataque*, vt vocant, *forma* ducendam, quae nec fastidium viro moueret ob *deformitatem* nec ob insignem formam peteretur ab adulteris. A. Gellius hoc dictum Bianti tribuit.

VII, 45 GENEROSE (Antisthenes
(= Dublette von IV, 67) Atheniensis, 7)

Quum accepisset Platonem de ipso male loqui, nihil commotus „*Regium est*", inquit, „*quum feceris bene, audire male*". Quanquam hoc idem aliis asscribitur. Excelsi animi est, ingratitudine hominum non deterreri a studio bene merendi de omnibus.

---

252 *Coniugium* Für weitere Sprüche des Antisthenes über die Ehe vgl. *Apophth.* VII, 42 („Matrimonium") und 87 („Coniugium"); zu jenen anderer Philosophen vgl. *Apophth.* VII, 34 (Pittakos), 142 (Menedemos von Eritreia), 191 (Bion von Borysthenes) und VIII, 281 (Epiktet und Demonax). Inhaltlich stellt VII, 44 ein Duplikat von VII, 191 dar.

254–255 *consulenti, cuiusmodi … poenam* Diog. Laert. VI, 3. Er. gab im Wesentlichen die latein. Übers. Traversaris wieder: „Interroganti, cuiusmodi uxorem duceret, ‚Si', inquit, ‚formosam duxeris, communem habiturus es, si deformem, poenam'" (ed. Curio, Basel 1524, S. 184). Vgl. den griech. Text: πρὸς δὲ τὸν ἐρόμενον ποδαπὴν γήμαι (γήμῃ ed. Froben. p. 262) ἔφη „ἂν μὲν καλήν, ἕξεις κοινήν, ἂν δὲ αἰσχράν, ἕξεις ποινήν". Antisthenes Frgm. 57 Giannantoni, 57A Prince (S. 236); der Spruch findet sich auch in *Gnom. Vat.* 4 Sternbach, ebenfalls mit der Zuschreibung an Antisthenes (= 57B Prince), sowie ebd. 5–6, mit Zuschreibungen an Aristippos, Solon und Theokritos; weiter in Diog. Laert. IV, 48, mit der Zuschreibung an den Kyniker Bion von Borysthenes: ἐρωτηθεὶς εἰ γήμαι – ἀναφέρεται γὰρ καὶ εἰς τοῦτον – ἔφη, „ἐὰν μὲν γήμῃς αἰσχράν, ἕξεις ποινήν· ἂν δὲ καλήν, ἕξεις κοινήν" (= Bion Frgm. 61A–B Kindstrand); In der Nachfolge des Diogenes Laertius bringt auch Er. den Spruch ein zweites Mal, unten in der Bion-Sektion (VII, 190: „Rogatus, esset ne ducenda vxor, ‚Si deformem', inquit, ‚duxeris, habebis poenam; sin formosam, habebis communem'. In Graecis vocibus plusculum est iucunditatis, ποινὴν et κοινήν. Hoc Antistheni asscribitur. A. Gel. tribuit Bianti lib. 5. cap. XI."). Gellius jedoch wies das Apophthegma dem Bias von Priene zu: „Gell. V, 11, 2: „… Nam cum rogatus esset a quodam Bias, deberetne uxorem ducere an vitam viuere caelibem, ῎Ητοι', inquit, ‚καλὴν ἄξεις ἢ αἰσχράν· καὶ εἰ καλήν, ἕξεις κοινήν, εἰ δὲ αἰσχράν, ἕξεις ποινήν· ἑκάτερον δὲ οὐ ληπτέον· οὐ γαμητέον ἄρα'".

255–257 *iucundius … plurimum* Vgl. *Apophth.* VII, 190: „In Graecis vocibus plusculum est iucunditatis, ποινὴν et κοινήν".

257–259 *Suadebat itaque … adulteris* Diese Schlussfolgerung, die Er. aus Antisthenes' Ausspruch zieht, ergibt sich nicht zwingend. Mit demselben Recht könnte man daraus schliessen, daß es besser sei, nicht zu heiraten (weil man ohnehin nur Nachteil erfahren werde). Zu diesem Schluss gelangte Bias von Priene bei Gell. V, 11, 2. Er. liess sich jedoch zu seiner Schlussfolgerung von der nämlichen Gellius-Stelle anregen, wo der Sophist Favorinus von Arles (um 80–um 160 n. Chr.) neben den Optionen heiraten/nicht heiraten eine dritte anbot, daß nämlich die Frau durchschnittlich gut aussehen soll, sodass sich die Probleme (Untreue oder Hässlichkeit ertragen) erübrigen, Gell. V, 11, 8–14: „… ‚Est autem', inquit (sc. Favorinus noster), ‚tertium quo-

que inter duo ista, quae diiunguntur, cuius rationem prospectumque Bias non habuit. Inter enim pulcherrimam feminam et deformissimam media forma quaedam est, quae et a nimiae pulchritudinis periculo et a summae deformitatis odio vacat; qualis a Quinto Ennio in *Melanippa* perquam eleganti vocabulo ‚stata' dicitur, ‚quae neque κοινή futura sit neque ποινή'. Quam formam modicam et modestam Favorinus non, mi hercule, inscite appellabat ‚vxoriam'. Ennius autem in ista, quam dixi, tragoedia, eas fere feminas ait incolumi pudicitia esse, quae stata forma forent". Im Grunde schreibt Er. also an der vorliegenden Stelle dem Antisthenes aus der Zeit des Sokrates die Meinung des kaiserzeitlichen Sophisten Favorinus zu. Für das die Aussprüche miteinbeziehende χρεία und die dazugehörige Syllogismus-Diskussion vgl. den Komm. in *CWE* 38, S. 777.

257 *Stataque ... forma* Ennius, *Melanippa* (Frgm. 253 Ribbeck), Gell. V, 11, 12: „media forma quaedam est, ... qualis a Quinto Ennio in *Melanippa* perquam eleganti vocabulo ‚stata' dicitur ... Favorinus non ... inscite appellabat ‚vxoriam'.".

259 *A. Gellius ... tribuit* Gell. V, 11, 1–2.

259 *Bianti* **Bias von Priene**, einer der Sieben Weisen. Ihm widmete Er. oben eine Sektion der *Apophthegmata* (VII, 35–38). In dieser Sektion kommt das bei Gellius zitierte Apophthegma jedoch nicht vor. Zur Person des Bias vgl. oben Komm. zu VII, 35.

260 *Generose* Für den Titel vgl. Er.' Bewertung des Spruches in *Apophth.* IV, 67 (*ASD* IV, 4, S. 302; *CWE* 37, S. 357): „Nihil hoc dicto generosius". *Apophth.* VII, 45 ist ein Gegenstück zu IV, 67 und zu *Adag.* 1689 „Magistratum gerens audi et iuste et iniuste" (*ASD* II, 4, S. 140–141): „[A] Admonet (sc. hoc adagium), vt qui in tractandis reipublicae muneribus versatur, patientissimis sit auribus aequoque animo et bene et male audire consuescat neque facile populi vel laudibus vel conuiciis a recto dimoueatur. ... [F] Huc Alexandri dictum pertinet, cui cum quidam renunciasset esse, qui de ipso male loqueretur, ‚Regium est', inquit, ‚male audire, quum bene feceris'". Er. hatte das dort Alexander d. Gr. zugeschriebene Apophthegma in die *Adagia*-Ausgabe d. J. 1526 eingefügt. In dem Spruch wird Antisthenes die ‚königliche' Haltung der Toleranz gegenüber Schmähungen zugeschrieben. Tatsächlich gab es zwischen Antisthenes und Platon eine Rivalität, in deren Rahmen sich beide nicht königlich betrugen. Antisthenes trieb immer wieder seinen Spott mit Platon (Diog. Laert. VI, 7), nannte ihn statt Platon abschätzig „Satho" („Schwanz", „Glied") und er scheint sogar „zu Ehren des Schwanzes" einen Dialog mit diesem Titel verfasst zu haben (vgl. Diog. Laert. VI, 16 und 11, 35). Er. müßte diese Stellen gekannt haben, erinnerte sich aber bei der Abfassung von *Apophth.* VI, 45 wohl nicht daran. Zum Verhältnis des Antisthenes mit Platon vgl. Luck *WdH*, S. 468–469.

262 *Quum ... male* Diog. Laert. VI, 3: ἀκούσας ποτὲ ὅτι Πλάτων αὐτὸν κακῶς λέγει, „βασιλικόν", ἔφη, „καλῶς ποιοῦντα κακῶς ἀκούειν" (ed. Froben, S. 262); Antisthenes Frgm. 28 Giannantoni, Prince 28 (S. 89), Luck *WdH* 21. Der Spruchteil ist fast identisch mit *Apophth.* IV, 67 (*ASD* IV, 4, S. 302; *CWE* 37, S. 357): „‚Regium est', inquit, ‚quum facias bene, audire male'". Es gibt im Fall von VII, 45 keinen Beleg dafür, daß Er. die Übers. Traversaris berücksichtigt hat („Cum audisset Platonem aliquando sibi maledicere, ‚Regium', inquit, ‚est male audire, cum bene feceris'", ed. Curio, Basel 1524, S. 184). Er. betrachtete das Apophthegma als eine Art Leibspruch, den er gerne und oft zitierte, besonders wenn er sich auf seine Kritiker bezog; z. B. *Ep.* 1578, Z. 30 (16. 5. 1525); *Ep.* 1797, Z. 17–22: „De quorundam ingratitudine vetus est querela. Regium est autem audire male, quum feceris bene. Posteritas magis agnoscet: quanquam nunc etiam agnoscunt optimi quique, Caesar, Ferdinandus, Pontifex, cardinales, reges, duces, episcopi, et literis honorificissime scriptis et muneribus optimis. Tenebriones modo quidam oblatrant, nihil profecturi ..."; *Ep.* 1819, Z. 113–115; 2379, Z. 235–242 (5. 9. 1530): „Atque hic commemoras celsitudinem meam summamque gloriam studiorum partam laboribus; demum prouocas ad imitationem Alexandri Magni, qui dixit ‚Regium esse male audire, quum benefeceris'; admones inimicitias mortales, amicitias immortales esse debere, aliisque multis argumentis mecum agis, vt contempta improborum petulantia recipiam memet ad animi tranquillitatem, posteaquam ista conquieuit tempestas ..."; *Ep.* 2421, Z. 48–49; *Lingua* (*ASD* IV, Ia, S. 165–166); *Eccles.* (*ASD* V, 4, S. 52). Vgl. Komm. zu *Apophth.* IV, 67 (*ASD* IV, 4, S. 302).

262 *nihil commotus* „nihil commotus" ist ein narrativ ausschmückender Zusatz des Er. zu Diogenes Laertius' Text.

263 *Quanquam hoc idem aliis asscribitur* Derselbe Ausspruch wurde von Plutarch Alexander d. Gr. zugeschrieben; Kaiser Mark Aurel

265　VII, 46　　　　　　　　　　Initiatio　　　　(Antisthenes Atheniensis, 8)
　　　　　　　　　　　　　(= Dublette von I, 238)

Quum Orphicis mysteriis initiaretur ac sacerdos diceret illum bonis plurimis fruiturum apud inferos post hanc vitam, „Quur", inquit, „ergo tu non abrumpis vitam?", significans non initiatis paratam esse beatam vitam a rogo, sed his, qui pie sancteque
270　*vixerint. Et hoc aut simillimum huic aliis tribuitur.*

267　Quum *C*: Cum *B*.

führt ihn als philosophische Sentenz in seinen Betrachtungen auf. Alexander soll diesen Satz gesprochen haben, nachdem sich seine Hetairoi über die ständigen strapaziösen militärischen Übungen beschwert hatten. Vgl. Plut. *Alexander*, 41, 2 (*Vit.* 688F): ὁ δὲ καὶ πάνυ πράως ἐν ἀρχῇ πρὸς ταῦτα διέκειτο, φάσκων βασιλικὸν εἶναι τὸ κακῶς ἀκούειν εὖ ποιοῦντα; M. Aur., *Ad se ipsum*, VII, 36: Βασιλικὸν εὖ μὲν πράττειν, κακῶς δὲ ἀκούειν. Er. *Apophth.* IV, 67 (*ASD* IV, 4, S. 302; *CWE* 37, S. 357): „Quum accepisset rem quandam, qui conuiciis ipsum impeteret, ‚Regium est', inquit, ‚quum facias bene, audire male'. Nihil hoc dicto generosius; quanquam idem aliis asscribitur".

265　*Initiatio*　Das gleichlautende *Apophth.* I, 238 (*ASD* IV, 4, S. 120; *CWE* 37, S. 112) trägt den Titel „Superstitio nulla". Lycosthenes druckte *Apophth.* VII, 46, angeregt von Er.' Kommentar („paratam esse beatam vitam"), in der Kategorie „De beatitudine vera" (S. 118), *Apophth.* I, 238, Er.' Titel folgend, in der Kategorie „De superstitione" (S. 1034).

Apophth. VII, 46 wird das zentrale Prinzip von Antisthenes' Ethik, die Fokussierung auf die Tugend als das einzige Gut, zum Ausdruck gebracht, wobei die Jenseitsmystik der Orphischen Riten als Kontrastfolie dient. Sehr interessant ist der im Lemma enthaltene Bericht, daß Antisthenes als Mitglied in die Orphische Sekte aufgenommen worden war. Möglicherweise hat dabei seine Abstammung mütterlicherseits eine Rolle gespielt (seine Mutter war eine Thrakerin; die Orphik soll in Thrakien, der mythischen Heimat des Sängers Orpheus, entstanden sein; für die trakische Abstammung des Antisthenes vgl. das nächstfolgende *Apophthegma*). Die Orphik war an der Schwarzmeerküste schon im 6., in Athen im 5. und 4. Jahrhundert weit verbreitet. Sie beschäftigte sich v.a. mit der Weltentstehungslehre (Kosmogonie) und der Metaphysik, besonders mit dem Gedanken des Fortlebens der Seele nach dem Tod. Letzterem waren die zahlreichen Reinigungsriten gewidmet. Es gab auch Überschneidungen mit den Pythagoräern, u.a. in Bezug auf die Lehre von der Seelenwanderung (Metempsychosis). Davon leitete sich das Verbot der Aufnahme ‚blutiger', d.h. tierischer Nahrung sowohl bei den Pythagoräern als auch bei den Orphikern ab. Hinzu tritt das Verbot von Tieropfern, wie sie in der traditionellen griechischen Religion gang und gäbe waren. Im Athen des 5. und 4. Jh. v. Chr. waren die Orphiker stark vertreten, die mit ihrem Versprechen, das Fortleben der potentiellen Mitglieder nach ihrem Tod zu gewährleisten, auf Seelenfang gingen. Im *Staat* beschreibt Platon ihr Auftreten polemisch (*Politeia* 364b–365a) als das Treiben von Scharlatanen, die die Leute mit einer Unmenge heiliger Bücher zu beeindrucken trachteten, die die mythischen Begründer ihrer Religion, Orpheus und Musaios, geschrieben haben sollen. Die orphischen Priester boten gegen Bezahlung den Reichen ihre Dienste an; jedoch gingen ihnen nicht nur diese auf den Leim – die Priester waren so durchtrieben, daß sie ganze Städte verrückt machten. Sie überzeugten die Menge, daß sie eine besondere Beziehung zu den Göttern hätten und übernatürliche Gaben besäßen; durch Entsühnungsriten, die sie auf Grundlage ihrer heiligen Bücher aufführten, garantierten sie ein Weiterleben nach dem Tode, ohne dass die Leute sich bezüglich der Bestrafung im Jenseits für ihre auf Erden verrichteten Missetaten zu sorgen bräuchten. Leuten, die sich weigerten, sich ihnen anzuschliessen, drohten die orphischen Priester mit den schlimmsten Strafen im Jenseits. Zur Orphik vgl. i.a. G. Edmonds III Radcliffe, *Redefining Ancient Orphism. A Study in Greek Religion*, Cambridge 2013; ders.,

Myths of the Underworld Journey, Cambridge 2004; L.J. Alderink, *Creation and Salvation in Ancient Orphism*, Chicago 1981; F. Graf und S.I. Johnston, *Ritual Texts for the Afterlife. Orpheus and the Bacchic Gold Tablets*, London 2007; M.L. West, *The Orphic Poems*, Oxford 1983; J.-M. Roessli, „Orpheus. Orphismus und Orphiker", in: M. Erler und A. Graeser (Hrsg.), *Philosophen des Altertums*, Darmstadt 2000, S. 10–35; zu den orphischen Jenseitsversprechungen: E. Bikerman, „The Orphic Blessing", in: *Journal of the Warburg and Courtauld Institutes* 2 (1938–1939), S. 368–374; zur Lehre der Seelenwanderung bei den Orphikern und Pythagoräern vgl. G. Casadio, „La metempsicosi tra Orfeo e Pitagora", in: Ph. Borgeaud (Hrsg.), *Orphisme et Orphée, en l'honneur de Jean Rudhardt*, Genf 1991, S. 119–155; zu den orphischen Initiationsriten: Ch. Riedweg, „Initiation – Tod – Unterwelt", in: F. Graf (Hrsg.): *Ansichten griechischer Rituale*, Stuttgart 1998, S. 359–398; zur Kritik an den Orphikern: R. Baumgarten, *Heiliges Wort und Heilige Schrift bei den Griechen. Hieroi Logoi und verwandte Erscheinungen*, Tübingen 1998, S. 73–80.

267–268 *Quum ... vitam* Er. gab, leicht variierend, Traversaris Übers. von Diog. Laert. VI, 4 wieder: „Cumque (cumque *ed. Curio*: cum *Traversari, e.g. ed. Ven. 1490*) aliquando Orphicis (Orphicis *ed. Curio*: Orpheicis *Traversari, e.g. ed. Ven. 1490*) mysteriis initiaretur diceretque sacerdos eiusmodi initiatos bonis plurimis apud inferos perfrui, ‚Cur igitur', ait, ‚ipse non moreris?'" (ed. Curio, Basel 1524, S. 184). Vgl. den griech. Text: Μυούμενός ποτε τὰ Ὀρφικά, τοῦ ἱερέως εἰπόντος ὅτι οἱ ταῦτα μυούμενοι πολλῶν ἀγαθῶν ἐν ᾅδου (ἀγαθῶν ἐν ᾅδου *ed. Marcovich; ed. Froben.* p. 262, B P Φ: ἐν ᾅδου ἀγαθῶν F) μετίσχουσι, „τί οὖν", ἔφη, „οὐκ ἀποθνῄσκεις?". Antisthenes Frgm. 178 Giannantoni,

178 Prince (S. 570–571). Der Spruch findet sich auch in Arsen. *Violet.* S. 107.

268–270 *Significans ... vixerint* Der Kommentar des Er. ähnelt jenem von *Apophth.* I, 238 (*ASD* IV, 4, S. 120; *CWE* 37, S. 112) und III, 218 (*ASD* IV, 4, S. 250; *CWE* 37, S. 288–289); I, 238: „Post hanc vitam felices erunt, qui hic pie iusteque vixerint, non qui fictis ceremoniis fuerit initiatus"; III, 218: „Grauiter taxauit (sc. Diogenes) sacerdotum (sc. mysteriorum) mores, qui quaestus gratia blandiebantur hominum imperitorum superstitioni, persuadentes initiationem conferre felicitatem post hanc vitam, quum ea parata sit his, qui piis et egregiis factis eam promeruerint, siue sint initiati siue non sint".

269 *a rogo* In seiner Erklärung verlässt Er. den historischen Rahmen der Orphik des 5. und 4. Jahrhunderts v. Chr. (Orphiker liessen sich nicht auf Scheiterhaufen verbrennen), um eine kritische Anmerkung im Hinblick auf den christlichen Märtyrerkult anzubringen: Aufnahme in den Himmel verdient man nicht durch den Märtyrertod, sondern nur durch ein gutes und frommes Leben auf Erden.

270 *aliis tribuitur* Ein gleichlautendes Apophthegma zur Verhöhnung des Orphischen Mysterienkultes wurde dem König Spartas Leontychidas II. (um 545–um 466 v. Chr., reg. seit 491) zugeschrieben (Plut. *Apophthegmata Laconica*, Mor. 224E–F). Vgl. Er. *Apophth.* I, 238 (*ASD* IV, 4, S. 120; *CWE* 37, S. 112): „Philippus quidam erat profitens Orphei mysteria et his alios initiare solitus. Is quum esset extremae paupertatis, tamen apud Leontychidam diceret eos, qui apud ipsum Orphei sacris initiati essent, post obitum fore beatos, ‚Quin igitur', inquit, ‚o demens, quam ocyssime vitam abrumpis, vt desinas infelicitatem tuam ac inopiam deplorare?' ...".

VII, 47   Genvs   (Antisthenes Atheniensis, 9)

Cuidam opprobranti, *quod esset* hybrida, hoc est, *non e duobus ingenuis natus*, sed ex patre Atheniensi, matre Phrygia, „*Nec e duobus*", inquit, „*luctatoribus natus, et tamen luctator sum*", sentiens non tam referre, vnde natus sis, sed qui sis. Is vere liber est, quem philosophia liberum facit; et is vere Graecus est, qui Graecorum disciplinis institutus est.

VII, 48   Salse   (Antisthenes Atheniensis, 10)

Interrogatus, cur paucos haberet discipulos, „*Quoniam* depello *illos*", inquit, „*virga argentea*", sentiens ideo paucos venire, quod magna mercede doceret. Vulgus autem pluris facit pecuniam quam sapientiam.

VII, 49   Severitas   (Antisthenes Atheniensis, 11)

Rogatus, quamobrem seuerus esset obiurgator erga discipulos, „*Et medici*", inquit, „*erga aegrotos*", significans se in vitia saeuire, non in homines, nec vitia sanari blandiendo.

VII, 50   Advlterivm   (Antisthenes Atheniensis, 12)

Conspicatus aliquando moechum fugientem insequentibus, qui illum comprehenderent, „*Infelix*", inquit, „*quantum periculum vnico obolo vitare poteras*", sentiens scorti congressu libidinem sedari potuisse, quum nunc de vita periclitaretur.

273   e *B C*: a *BAS LB*.

Apophth. VII, 47 ist ein Gegenstück zu dem sehr ähnlichen VII, 76: „Cuidam obiicienti, quod Antistheni mater esset Phrygia, ‚Et deorum', inquit, ‚mater', ridiculum arbitrans, cuiquam probro dari patriam, quum in damnatissimis regionibus interdum nascantur felicissima ingenia". In VII, 76 benutzte Er. Plut. *De exilio* 17, *Mor.* 607B als Quelle, in VII, 47 zunächst Diog. Laert., nebenher auch Plut. *Mor.* 607B. Der Spruch war ganz nach dem Sinn des Er., der sich zeit seines Lebens grosse Mühe gab, seine eigene fragwürdige Herkunft zu verschleiern, und immer wieder anmerkte, daß Abstammung und Adel irrelevante Grössen wären.

272–274 *opprobranti quod ... luctator sum* Er. gab, mit geringen Änderungen, die Übers. Traversaris von Diog. Laert. VI, 4 wieder: „Probro ei (ei *ed. Curio*: sibi *Traversari, e.g. ed. Ven. 1490*) dabatur aliquando, quod non esset ex duobus liberis genitus: ‚Neque', inquit, ‚ex duobus luctatoribus, et tamen luctator sum'" (ed. Curio, Basel 1524, S. 184); vgl. den griech. Text: ὀνειδιζόμενός ποτε ὡς οὐκ εἴη ἐκ δύο ἐλευθέρων, „οὐδὲ γὰρ ἐκ δύο", ἔφη, „παλαιστικῶν, ἀλλὰ παλαιστικός εἰμι" (ed. Froben, S. 262–263). Antisthenes Frgm. 3 Giannantoni, 3C Prince. Für ähnliche Aussprüche des Antisthenes zum Thema seiner Herkunft vgl. Prince 3A und B (S. 33).

272 *hybrida* Für „hibrida" in der Bedeutung von „Mischling" aus Bürger/ Freigeborenem und Sklavin bzw. Ausländerin s. *DNG* I, 1, Sp. 2346, s.v. „hibrida" b, z.B. Hor. *Serm.* I, 7, 2; Suet. *Aug.* 19, 1; Mart. VI, 39, 2.

272–273 *ex patre ... Phrygia* An dieser Stelle scheint eine Überschneidung mit VII, 76 vorzuliegen: „Cuidam obiicienti, quod *Antistheni* mater esset Phrygia, ‚Et deorum', inquit, ‚mater' …".

273 *matre Phrygia* Er. behauptet hier, daß die Mutter des Antisthenes aus Phrygien stammte, während der von Er. in vorl. Spruch zitierte Diog. Laert. (VI, 1) klar angibt, daß sie ein Trakerin gewesen sei: ἐλέγετο δ᾽ οὐκ εἶναι ἰθαγενής· ὅθεν καὶ πρὸς τὸν ὀνειδίζοντα εἰπεῖν, „καὶ ἡ μήτηρ τῶν θεῶν Φρυγία ἐστίν". ἐδόκει γὰρ εἶναι Θρᾴττης μητρός. Die thrakische Herkunft von Antisthenes' Mutter bestätigt auch Seneca, *Const. Sap.* 18, 6: „Antistheni mater barbara et Thraessa obiciebatur: respondit et deorum matrem Idaeam esse". Dies entspricht auch der *communis opinio*: vgl. K. Döring, *DNP* 1 (1996/9), Sp. 793, s.v. „Antisthenes", Nr. 1 und P.G. Natorp, *RE* I, 2 (1894), Sp. 2538–2539, s.v. „Antisthenes", Nr. 10. Das antike Phrygien deckt sich in etwa mit Anatolien, dem Kernland der heutigen Türkei, während Thrakien in Europa liegt, zwischen dem Bosporus (Osten) und Makedonien (Westen), Ägäis (Süden) und Donau (Norden). Die Annahme, daß Antisthenes' Mutter eine Phrygierin gewesen sei, hat Er. wahrscheinlich von Plutarch bezogen, vgl. *De exilio*, 17, *Mor.* 607B: τὸ δὲ τοῦ Ἀντισθένους οὐκ ἐπαινεῖς πρὸς τὸν εἰπόντα ὅτι Φρυγία σού ἐστιν ἡ μήτηρ, „καὶ γὰρ ἡ τῶν θεῶν". Plutarchs Angabe ist wohl dem Missverständnis von Antisthenes' Replik „Auch die Göttermutter stammt aus Phrygien" geschuldet, die in dem Sinn interpretiert werden konnte, daß die Mutter des Philosophen ebenfalls aus Phrygien stamme. Dasselbe Mißverständnis sollte aber bei der Lektüre von Diog. Laert. VI, 1 nicht auftreten, weil dieser im nachfolgenden Satz explizite feststellt, daß die Mutter des Antisthenes trakischer Abstammung gewesen sei. Für die phrygische Herkunft des Magna-Mater-Kultes vgl. unten, Komm. zu VII, 76.

278–279 *Interrogatus ... argentea* Diog. Laert. VI, 4. Er. gibt im Wesentlichen die latein. Übers. Traversaris wieder: „Interrogatus, cur paucos haberet discipulos, ‚Quod', inquit, ‚argentea illos virga eiicio'" (ed. Curio, Basel 1524, S. 184); vgl. den griech. Text: ἐρωτώμενος διὰ τί ὀλίγους ἔχει μαθητάς, ἔφη, „ὅτι ἀργυρέᾳ αὐτοὺς ἐκβάλλω ῥάβδῳ" (ed. Froben, S. 263). Antisthenes Frgm. 169 Giannantoni, 169 Prince (S. 554–555), Luck *WdH* 29 (S. 45). Der Spruch findet sich auch in Arsen. *Violet.*, S. 107.

278 *cur* Lycosthenes fügte in seinem Druck des Spruches hier „tam" hinzu: „cur tam ..." (S. 689).

278 *paucos haberet discipulos* Der einzige namentlich bekannte Schüler des Antisthenes ist der Kyniker Diogenes von Sinope (um 410– um 323 v. Chr.). Ihm widmet Diog. Laert. den auf Antisthenes folgenden Abschnitt des sechsten Buches (VI, 20–81). Er. hatte die ihm zugeschriebenen zahlreichen Apophthegmen bereits im dritten Buch behandelt (III, 164–388); im siebenten Buch fügt Er. lediglich noch zwei Aussprüche hinzu (VII, 229–230).

282–283 *Rogatus ... aegrotos* Wörtliche Übers. des Er. von Diog. Laert. VI, 4: ἐρωτηθεὶς διὰ τί πικρῶς τοῖς μαθηταῖς ἐπιπλήττει, „καὶ οἱ ἰατροί", φησί, „τοῖς κάμνουσιν" (ed. Froben, S. 263). Antisthenes Frgm. 169 Giannantoni, 169 Prince (S. 554–555), Luck *WdH* 29 (S. 45). Der Spruch findet sich auch in Arsen. *Violet.*, S. 107. Im Fall von VII, 49 scheint sich Er. nicht um die Übers. Traversaris gekümmert zu haben: „Rogatus item, cur in discipulos acriter inueheretur, ‚Et medici', inquit, ‚in languidos'" (ed. Curio, Basel 1524, S. 184).

282 *Et medici* Mit seiner Selbstdarstellung als Arzt nimmt Antisthenes die Rolle vorweg, die sich die Stoiker als Philosophen in der Folge zumassen.

284 *Adulterium* Durch den Titel des Er. angeregt, druckt Lycosthenes *Apophth.* VII, 50 in der Kategorie „De adulterii remedio" (S. 20).

285–286 *Conspicatus ... poteras* Diog. Laert. VI, 4. Er. bearbeitete die latein. Übers. Traversaris: „Cum vidisset aliquando fugientem moechum, ‚O', inquit, ‚infelix! Quantum periculi uno obolo vitare potuisti'" (ed. Curio, Basel 1524, S. 184); vgl. den griech. Text: ἰδὼν ποτε μοιχὸν φεύγοντα, „ὦ δυστυχής", εἶπε, „πηλίκον κίνδυνον ὀβολοῦ διαφυγεῖν ἴσχυες (διαφυγεῖν ἐδύνατο ed. Froben. p. 263; ἴσχυες *deest*)"; Antisthenes Frgm. 60 Giannantoni, 60 Prince (S. 240–241), Luck *WdH* 54; vgl. Athen. XIII, 568F. Bei Xenoph. *Mem.* II, 1, 5 bringt Socrates dasselbe Argument vor.

285–286 *moechum ... comprehenderent* Es wäre ein sehr unwahrscheinlicher Zufall, daß Antisthenes dabei gewesen war, wie ein Ehebrecher in flagranti ertappt wurde, davonrannte und von den Leuten, die ihn verfolgten, ergriffen wurde. Der griech. Text ἰδὼν ποτε μοιχὸν φεύγοντα hatte nicht diese Bedeutung, sondern, daß Antisthenes einer Gerichtsverhandlung beiwohnte, in der sich ein Angeklagter gegen den Vorwurf des Ehebruches verteidigte: μοιχὸν φεύγειν bedeutet in der athenischen Gerichtssprache „sich gegen die Anklage des Ehebruches verteidigen" (vgl. Prince, S. 241: „in Athenian legal terminology ... φεύγω means ‚flee a charge'"). Traversari hatte dies nicht verstanden und deshalb das Bild des fliehenden Ehebrechers skizziert (a.a.O.); Er. korrigierte dies nicht, sondern verschlimmerte den lateinischen Text,

VII, 51   Advlatio   (Antisthenes
            (= Dublette von III, 320)   Atheniensis, 13)

290 *Aiebat,* si ad alterutrum adigeret necessitas, *satius esse in coruos incidere quam in adulatores,* εἰς κόρακας ἢ εἰς κόλακας. *Nam corui* non *comedunt* nisi *mortuos, adulator etiam viuos deuorat.* Et hoc alteri tribuitur.

VII, 52   Felicitas vera   (Antisthenes
            (= Dublette von VII, 22)   Atheniensis, 14)

295 *Rogatus, quid esset mortalibus beatissimum, „Felicem", inquit, „mori". Haec sententia consentit cum illa Solonis: „Qui feliciter absoluit vitam". Huic nihil sinistri potest accidere, quod felicitatem aegritudine aliqua contaminet. At quibus res sunt secundae, ii nihil magis optant quam diuturnam vitam.*

indem er ihn mit „fugientem insequentibus, qui illum comprehenderent" narrativ ausschmückte und den slapstickartigen Moment schilderte, an dem der Davonrennende von dem ihm Nachlaufenden erwischt wurde.

Apophth. VII, 51 ist ein Gegenstück von *Adag.* 1096 „Ad corvos" (*ASD* II, 3, S. 120–122) und eine Dublette von *Apophth.* III, 320 (*ASD* IV, 4, S. 271; *CWE* 37, S. 319); *Adag.* 1096, S. 120: „[A] Βάλλ᾽ ἐς κόρακας, id est *Abi ad coruos,* perinde valet, quasi dicas ‚abi in malam rem atque in exitium'. … Eleganter dictum est a Diogene Cynico Κρεῖττον εἶναι ἐς κόρακας ἀπελθεῖν ἢ ἐς κόλακας, id est ‚Satius est ad coruos deuenire quam ad adulatores, quod hi et viuos et bonos etiam viros deuorarent'". Der Wortwitz des Spruches leitet sich von dem sprichwörtlichen griechischen Fluch εἰς κόρακας ab; für diesen vgl. *i.a.* Aristoph. *Nub.* 133; *Plut.* 394 und 604; Suid. ἐς κόρακας 3154; Zenob. Ald., Sp. 75; Otto 447. Er. zitiert den Fluch mehrfach, z.B. in *Moria* (*ASD* IV, 3, S. 179–180, Z. 911–912); *Adag.* 1968 (*ASD* II, 4, S. 318); 2070 (*ASD* II, 5, S. 78); 4034 (*ASD* II, 8, S. 284).

290–291 *Aiebat … κόλακας* Leicht variierende Wiedergabe von Traversaris teilweise irriger Übers. von Diog. Laert. VI, 4: „Praestare, dicebat, vt Hecaton ait, necessitate vrgente [i.e. in *Sententiis*] in coruos quam assentatores incidere. Illos quippe mortuos, istos viuentes deuorare" (ed. Curio, Basel 1524, S. 184); vgl. den griech. Text: κρεῖττον ἔλεγε, καθά φησιν Ἑκάτων ἐν ταῖς Χρείαις, εἰς κόρακας ἢ εἰς κόλακας ἐμπεσεῖν· οἱ μὲν γὰρ νεκρούς, οἱ δὲ ζῶντας ἐσθίουσιν (ed. Froben, S. 263); Antisthenes Frgm. 131 Giannantoni *SSR* IV B 425; 131A Prince (S. 385). Derselbe Spruch findet sich in Stob. III, 14, 17, mit der Zuschreibung an den nämlichen Antisthenes: Ἀντισθένης αἱρετώτερόν φησιν εἰς κόρακας ἐμπεσεῖν ἢ εἰς κόλακας· οἱ μὲν γὰρ ἀποθανόντος τὸ σῶμα, οἱ δὲ ζῶντος τὴν ψυχὴν λυμαίνονται; *Gnom. Vat.* 206 Sternbach (mit Demosthenes als Spruchspender) und Athen. VI, 254C (mit Diogenes von Sinope als Spruchspender); vgl. weiter Aristoph. *Vesp.* V, 42–51.

290 *si ad alterutrum adigeret necessitas* Diese kuriose, sinnentstellende Formulierung hat keine Entsprechung im griech. Text des Diogenes Laertius. Sie kam dadurch zustande, daß Er. in *Apophth.* VII, 51 nur von Traversaris Übers. ausging und dadurch dessen Übersetzungsfehler übernahm, der auf einem Missverständnis von ἐν ταῖς Χρείαις beruht. Traversari meinte, daß dies „Zwangslagen" der menschlichen Existenz bedeute, in denen man das geringere Übel wählen müsse, und er ordnete es syntaktisch dem Spruch des Diogenes zu. Diese Übersetzung ergibt jedoch keinen Sinn. Tatsächlich war mit ἐν ταῖς Χρείαις („in den Maximen"; latein. etwa: „in *Sententiis*") jenes Werk des Philosophen Hekaton von Rhodos gemeint, welchem Antisthenes den sentenziösen Spruch entnommen hatte, die Χρεῖαι (Hecato Rhodius Fr. 21 Gomoll). Er. ließ in seiner Wiedergabe den Quellenvermerk „vt Hecaton ait" aus und verschlimmbesserte Traversaris „necessitate vrgente" zu „si ad alterutrum adigeret necessitas". Hekaton (1. Jh. v.

Chr.) gehörte der stoischen Schule an und war ein Schüler des Rhodiers Panaitios. Von Hekatons *Χρεῖαι* sind nur Fragmente überliefert, wie auch von seinen übrigen Werken; für die Fragmente vgl. H. Gomoll, *Der stoische Philosoph Hekaton: seine Begriffswelt und Nachwirkung unter Beigabe seiner Fragmente*, Leipzig 1933.

291 *Nam corui ... mortuos* Durch seine Variation des erklärenden Spruchteiles „Nam corui non *comedunt* nisi *mortuos*" erzeugte Er. eine potentiell mißverständliche Aussage. In dem Spruch war gemeint, daß Raben – Allesfresser mit einem breiten tierischen und pflanzlichem Nahrungsspektrum, die sich nebenher zuweilen von Aas ernähren – *auch* an menschlichen Leichen picken; nicht gemeint war natürlich, daß Raben *ausschließlich* menschliche Leichen (oder ausschließlich Aas) fressen.

292 *alteri tribuitur* Der Ausspruch wurde auch Demosthenes (*Gnom. Vat.* 206 Sternbach) und dem Kyniker Diogenes von Sinope, Antisthenes' Schüler, zugeschrieben (Athen. VI, 254C: περὶ ἧς καλῶς ὁ Διογένης ἔλεγε πολὺ κρεῖττον εἶναι ἐς κόρακας ἀπελθεῖν ἢ ἐς κόλακας, οἳ ζῶντας ἔτι τοὺς ἀγαθοὺς τῶν ἀνδρῶν κατεσθίουσι). Er., der hier den Singular „alteri" verwendet, meint damit Diogenes von Sinope: Vgl. *Apophth.* III, 320 (*ASD* IV, 4, S. 271; *CWE* 37, S. 319): „Graeci cui precantur exitium, iubent abire ad coruos, ἐς κόρακας. At Diogenes dicere solet multo periculosius esse incidere in assentatores quam in coruos. Dicti iucunditas perit nobis, quae est in Graecarum vocum affinitate. Nam illi κόρακας appellant coruos et vnica litterula mutata κόλακας dicunt, adulatores. Hoc dictum tribuitur et Antistheni"; *Adag.* 1096 „Ad corvos" (*ASD* II, 3, S. 120–122, S. 120): „Eleganter dictum est a Diogene Cynico Κρεῖττον εἶναι ἐς κόρακας ἀπελθεῖν ἢ ἐς κόλακας, id est ,Satius est ad coruos deuenire quam ad adulatores', quod hi et viuos et bonos etiam viros deuorarent".

Apophth. VII, 52 ist ein Gegenstück zu *Adag.* 237 „Finem vitae specta" (*ASD* II, 1, S. 350–351) und *Apophth.* V, 242 (Epaminondas, 23; vgl. oben Komm. ad loc.) und eine Dublette von VII, 22 (Solon Salaminius, 3) mit dem fast identischen Titel „Finis vitae spectandus". Vgl. auch die verwandten *Adag.* 605 „Nescis quid serus vesper vehat" (*ASD* II, 2, S. 130) und 655 „Ante victoriam encomium canis" (*ASD* II, 2, S. 180). Dem Titel von VII, 52 entsprechend druckt Lycosthenes das Lemma in seinem Kap. „De foelicitate" (S. 369).

295 *Rogatus ... mori* Größtenteils wörtliche Wiedergabe von Curios latein. Ausgabe von Diog. Laert. VI, 5: „Rogatus, quidnam apud homines esset beatissimum (beatissimum *ed. Curio*: beatius Traversari, e.g. *ed. 1490*), ,Felicem', inquit, ,mori'" (ed. Curio, Basel 1524, S. 184); vgl. den griech. Text: Ἐρωτηθεὶς τί μακαριώτατον ἐν ἀνθρώποις, ἔφη, „τὸ εὐτυχοῦντα ἀποθανεῖν" (ed. Froben, S. 263); Antisthenes Frgm. 177 Giannantoni; 177 Prince (S. 569–570). Derselbe Spruch findet sich bei Arsen. *Violet.*, S. 171; Er. gab den Text von Curio wieder („beatissimum"); Traversari hatte „beatius". Bereits Brusoni hatte das Apophthegma in seine Sammlung d.J. 1518 aufgenommen, wobei er die Übers. Traversaris reproduzierte; vgl. II, 36 („De felicitate"): „Antisthenes rogatus, quidnam apud homines esset beatius, ,Felicem', inquit, ,mori'". *Gnom. Vat.* 21 Sternbach schreibt die Gnome dem Anacharsis zu. Zu der Spruchsentenz vgl. weiter Ov. *Met.* III, 135–137; Iuv. X, 274–275; Eur. *Tro.* 509–510 und *Heraclid.* 863–867; Hdt. I, 30; Diog. Laert. I, 50; Otto 1143.

295–296 *Haec sententia ... Solonis* Siehe oben *Apophth.* VII, 22 mit Komm.; *Adag.* 605 (*ASD* II, 2, S. 130) „Nescis quid serus vesper vehat": „Quo salubriter admonemur, ne praesentium successum prosperitate sublati futuri curam abiiciamus. ... Potest referri et ad illam Solonis sententiam: ... Specta finem longae vitae". Zur Person Solons vgl. oben Komm. zu VII, 20.

296 *Qui feliciter ... vitam* Vgl. *Adag.* 237 „Finem vitae specta" (*ASD* II, 1, S. 350): „Extat apud Herodotum historia longe notissima, quemadmodum Solon Croeso responderit nemini competere nomen beati, nisi qui feliciter vitae cursum peregisset. Quod referens Iuuenalis, ,Quem vox', inquit, ,facunda Solonis/ Respicere extremae iussit spatia vltima vitae'; *Apophth.* VII, 22: „beatum non appellarim, priusquam feliciter hanc vitam absolueris"; für die antiken Quellen des Spruches (u.a. Hdt. I, 29–33; Diog. Laert. I, 50; Iuv. X, 274–275) vgl. oben Komm. ad loc. und Komm. in *ASD* II, 1, S. 350.

296–297 *Huic nihil ... contaminet* „Huic nihil ... contaminet" ist eine kommentierende Erklärung des Er.; in *CWE* 38, S. 779 werden diese Worte zu Unrecht dem Spruch des Solon zugeordnet; sie finden sich, ebenso wie der Spruch des Solon als solcher, nicht in der dort angegebenen Quelle Plut. *Sol.* 27, 9; die relevanten, von Er. in *Apophtth.* VII, 22 verwendeten Quellen für Solons Spruch sind Hdt. I, 30 und Diog. Laert. I, 50.

VII, 53   MEMORIA   (Antisthenes Atheniensis, 15)

Amico cuidam deploranti, quod commentarios suos perdidisset, „Oportuit", inquit, „ista animo potius quam chartis inscribere". Librorum fiducia frequenter in causa est, vt minus exerceamus memoriam. In tuto est, quod animo impressum est. Licet enim circumferre, et semper in promptu est.

VII, 54   INVIDIA   (Antisthenes Atheniensis, 16)

Dicere solitus est *non aliter ac ferrum absumitur rubigine, ita inuidos suo ipsorum* vitio *contabescere*. Ferrum enim, etiam si nemo laedat, ex se gignit, vnde corrumpatur.

VII, 55   IMMORTALITAS NOMINIS   (Antisthenes Atheniensis, 17)

Vulgus hominum e structuris, statuis, trophaeis ac libris sibi promittit immortalitatem. Antisthenes *iis, qui appeterent immortalitatem,* vnicam viam ostendit, *vt iuste pieque viuerent.*

VII, 56   HONOS VIRTVTIS   (Antisthenes Atheniensis, 18)

Rogatus, quae res portenderet *ciuitatibus exitium, „Quum in his", inquit, „nullum* esse *potest bonorum ac malorum discrimen",* sentiens eam rempublicam non posse consistere, vbi nec esset honos virtuti, nec poena scelerosis. *Hoc apud Homerum stomachatur Achilles*: „ἐν δ' ἰῇ τιμῇ etc.".

---

313 Quum *BAS LB*: Cum *B C*.

316 etc. *suppleui*.

300–301 *Amico cuidam ... inscribere* Diog. Laert. VI, 5. Er. gab den Text wörtlich nach der latein. Übers. Traversaris wieder: „Familiari quodam apud se deplorante, quod perdidisset commentaria, ‚Oportebat', inquit, ‚ista animo potius quam chartis inscribere'" (ed. Curio, Basel 1524, S. 184); vgl. den griech. Text: γνωρίμου ποτὲ πρὸς αὐτὸν ἀποδυρομένου ὡς εἴη τὰ ὑπομνήματα ἀπολωλεκώς, „ἔδει γάρ", ἔφη, „ἐν τῇ ψυχῇ αὐτὰ καὶ μὴ ἐν τοῖς χαρτίοις καταγράφειν" (ed. Froben. p. 263); Antisthenes Frgm. 168 Giannantoni, 168 Prince (S. 553–554). Dieselbe Gnome findet sich auch bei Plat. *Phaedr.* 274C–275B bzw. 278A und Arsen. *Violet.* S. 171. Den Antisthenes zugeschriebenen Spruch hatte bereits Brusoni in seine Sammlung d.J. 1518 aufgenommen, wo er ebenfalls Traversaris Übers. reproduzierte

(III, 31): „Querenti apud Antisthenem familiari, quod commentaria perdidisset, ‚Oportebat', inquit, ‚ista potius animo quam chartis scribere [sic]'".

Apophth. VII, 54 liegt der topische Gedanke, daß Neid sich selbst verzehre, zugrunde. Vgl. dafür u. a. Ovid, *Met.* II, 760–832, der seiner der Personifikation der *Invidia* als äussere Merkmale bleiche Gesichtsfarbe, einen dürren Leib und „vom Rost gelbe Zähne" verleiht (ZZ. 775–777). Dem Titel des Lemmas entsprechend druckt Lycosthenes *Apophth.* VII, 54 in seinem Kap. „De invidia ..." (S. 510).

305–306 *non aliter ... contabescere* Diog. Laert. VI, 5: ὥσπερ ὑπὸ τοῦ ἰοῦ τὸν σίδηρον, οὕτως ἔλεγε τοὺς φθονεροὺς ὑπὸ τοῦ ἰδίου ἤθους κατεσθίεσθαι (ed. Froben, S. 263). Antisthenes Frgm. 129 Giannantoni; 129 Prince (S. 384–

385). Derselbe Spruch findet sich in Arsen. *Violet.*, S. 171. Vgl. die latein. Übers. Traversaris: „Sicuti rubigo ferrum, ita inuidiam inuidos consumere aiebat" (ed. Curio, Basel 1524, S. 184).

306 *Ferrum ... corrumpatur* Mit „Ferrum ... ex se gignit, vnde corrumpatur": liefert Er. hier eine von ihm als wahr präsentierte, jedoch naturwissenschaftlich nicht stichhaltige Erklärung für das Entstehen von Rost; Lycosthenes übernahm sie kritiklos und schrieb sie zudem dem Diogenes Laertius zu (S. 510).

Apophth. VII, 55 bezieht sich auf den zentralen Satz von Antisthenes' Ethik, daß die Tugend das einzige Gut sei und zugleich der einzige Weg, der zum Glück führe.

310–311 *iis ... viuerent* Weitgehend wörtliche, leicht erweiterte Wiedergabe von Diog. Laert. VI, 5: τοὺς βουλομένους ἀθανάτους εἶναι ἔφη δεῖν εὐσεβῶς καὶ δικαίως ζῆν (ζῆν εὐσεβῶς καὶ δικαίως *ed. Froben. p. 263*). Antisthenes Frgm. 176 Giannantoni; 176 Prince (S. 568–569). Der Spruch findet sich auch in Arsen. *Violet.*, S. 171 und Maximus Confessor, *Loci communes* = 71B Prince. Vgl. die latein. Übers. Traversaris: „Eos, qui cuperent immortales esse, oportere dicebat pie viuere ac iuste" (ed. Curio, Basel 1524, S. 184).

313–314 *ciuitatibus ... discrimen* Paraphrasierende, im Spruchteil ungelenke Übers. des Er. von Diog. Laert. VI, 5: τότ' ἔφη τὰς πόλεις ἀπόλλυσθαι, ὅταν μὴ δύνωνται τοὺς φαύλους ἀπὸ τῶν σπουδαίων διακρίνειν (ed. Froben, S. 263). Antisthenes Frgm. 71 Giannatoni; 71A Prince; der Spruch findet sich auch bei Arsen. *Violet.*, S. 171. Die latein. Übers. Traversaris, die sowohl bündiger und präziser als auch eleganter ist, scheint Er. im vorl. Fall nicht beachtet zu haben: „Ciuitates tunc interire aiebat, cum bonos discernere nequeunt a malis" (ed. Curio, Basel 1524, S. 184).

314–316 *sentiens ... τιμῇ* Vgl. den ausführlicheren erklärenden Kommentar des Er. in *Apophth.* I, 299 (*ASD* IV, 4, S. 137): „Ea sententia non solum habet locum in republica, verum etiam in priuatis familiis. Sunt enim haec duo praecipua ad conseruandam cuiuslibet gregis disciplinam. Honos enim non solum alit artes, vt habet prouerbium, verum etiam virtutem. Nec tam refert, monarchia sit an aristocratia an democratia an aliqua reipublicae forma ex his temperata, quam vt in quacunque gubernatione discrimen habeatur publicum inter viros vtiles reipublicae et suo viventes abdomini".

315–316 *Hoc ... τιμῇ* Hom. *Il.* IX, 319. Er. bringt an vorl. Stelle das Homer-Zitat nur in der Gestalt einer Anspielung, wobei er erwartete, daß der Leser die Anfangsworte des Verses aus dem Gedächtnis ergänze. Der Ausspruch des Achill lautet: ἐν δὲ ἰῇ τιμῇ ἠμὲν κακὸς ἠδὲ καὶ ἐσθλός. In vollständiger, jedoch variierter Form präsentierte ihn Er. in *Apophth.* I, 299 (*ASD* IV, 4, S. 137; *CWE* 37, S. 137), wo er ihn mit denselben Worten einleitete: „Nimirum hoc est, quod apud Homerum stomachatur Achilles, idem honoris haberi ignauis et fortibus". Der Zorn des Achilles entstand konkret dadurch, daß man ihm Briseis abnahm und König Agamemnon zuerkannte, obwohl sich dieser nicht durch Waffentaten ausgezeichnet hatte.

VII, 57   Laus a laudatis   (Antisthenes Atheniensis, 19)
(= Dublette von VII, 69)

Quum illi diceretur, quod *a* quibusdam *improbis laudatus esset, „Vereor"*, inquit, *„ne
quid* imprudens *fecerim mali"*, sentiens a talibus neminem laudari nisi ob malefacta.

320

VII, 58   Concordia   (Antisthenes Atheniensis, 20)

Fratrum inter se concordiam dixit quouis muro firmius munimentum. Id dictum et ad
ciuium concordiam accommodari potest.

VII, 59   Bona animi   (Antisthenes Atheniensis, 21)
(= Dublette von III, 162)

Admonebat *ea esse paranda viatica, quae simul cum naufrago enatarent*, sentiens bonas
artes vbique esse in precio nec posse a fortuna eripi. Idem asscribitur Aristippo.

Apophth. VII, 57 ist eine Dublette von VII, 69 („Cuidam dicenti ‚Plerique te laudant' ‚At quid', inquit, ‚mali feci?', significans, quae recta sunt, semper paucissimis placuisse"), was allerdings auf eine doppelte Vermeldung des Spruchs bei Diog. Laert. zurückzuführen ist. Der Titel „Laus a laudatis" veranlasste Lycosthenes, eine eigene Kategorie mit dem Titel „De laude a malis hominibus profecta" zu bilden, in der das betreffende Apophthegma an erster Stelle rangiert (S. 558).

319–320 *Quum ... mali* Weitgehend wörtliche Übers. des Er. von Diog. Laert. VI, 5: ἐπαινούμενός ποτε ὑπὸ πονηρῶν, ἔφη, „ἀγωνιῶ μή τι κακὸν εἴργασμαι" (ed. Froben, S. 263). Antisthenes Frgm. 88 Giannantoni; 88A Prince (S. 313–314); der Spruch findet sich weiter in *Gnom. Vat.* 9 Sternbach. Im Fall von VII, 57 gibt es keinen Beleg, daß Er. die Übers. Traversaris berücksichtigt hätte: „Cum aliquando a malis laudaretur, ‚Misere', inquit, ‚metuo (Misere, inquit, metuo ed. *Curio*: Magna, inquit, anxietudine maceror *Traversari, e.g. ed. 1490*), ne forte mali quippiam fecerim'" (ed. Curio, Basel 1524, S. 184). Bei Diog. Laert. tritt derselbe Spruch des Antisthenes zweifach auf, auch in VI, 8 (vgl. die latein. Übers. Traversaris: „Dicenti ipsi cuidam ‚Multi te laudant', ‚Quid enim', ait, ‚mali feci?' "): Er. bringt diese Dublette unten in *Apophth*. VII, 69, ohne die Verdopplung anzumerken. Bereits Brusoni hatte das Apophthegma in seine Sammlung

d.J. 1518 aufgenommen (III, 36 „De laudibus et gloria"), wobei er wohl Diog. Laert. VI, 8 als Vorlage benutzte: „Antisthenes, quum ei a quodam diceretur, quod a multis laudatus esset, ‚Quid', inquit, ‚mali feci?' ". Brusoni schrieb a.a.O. dasselbe Apophthegma auch dem athenischen Peripatetiker Demetrios von Phaleron zu: „Demetrius Phalereus dicenti cuidam ‚Multi te laudant' respondit id, quod Antisthenes supra"; in der Nachfolge Brusonis ging Lycosthenes ebenso vor (S. 559).

320 *imprudens* „imprudens" ist ein erklärender Zusatz des Er. zum Text des Diog. Laert.

320 *ob malefacta* Von Lycosthenes (S. 558) erweitert zu „ob insignia malefacta".

321 *Concordia* Dem Titelvermerk des Er. entsprechend konstruierte Lycosthenes ein Kapitel „De concordia", in dem VII, 58 als erstes Lemma rangiert (S. 169). Das Apophthegma hatte bereits Brusoni (1518) in seine Sammlung aufgenommen (II, 39).

322 *Fratrum ... munimentum* Paraphrasierende Wiedergabe von Diog. Laert. VI, 6: Ὁμονοούντων ἀδελφῶν συμβίωσιν παντὸς ἔφη τείχους ἰσχυροτέραν εἶναι (ed. Froben, S. 263). Antisthenes Frgm. 108 Giannantoni; 108 Prince (S. 347–348); der Spruch findet sich weiter in Arsen. *Violet*., S. 108; vgl. die latein. Übers. Traversaris: „Fratrum, qui essent concordes, conuictum omni muro (muro ed. *Curio*: pariete *Traversari, e.g. ed. 1490*) dixit esse fortiorem" (ed. Curio, Basel 1524, S. 184); bereits Brusoni hatte

den Spruch in seine Sammlung d. J. 1518 aufgenommen, wobei er Traversaris Übers. reproduzierte (II, 39): „Antisthenes dicebat fratres, qui essent concordes victu, omni pariete esse fortiores".

322 *muro* „muro" bezog Er. aus Curios Ausgabe der Übers. Traversaris; Traversari selbst hatte „pariete".

Apophth. VII, 59 ist eine Dublette von III, 162 (*ASD* IV, 4, S. 235; *CWE* 37, S. 270, Aristippos von Kyrene) mit dem fast identischen Titel „Vera bona animi" und ein Gegenstück zu *Apophth.* VI, 40 mit dem Titel „Ars alit vbique" (Nero) und *Adag.* 633 „Artem quaeuis alit terra" (*ASD* II, 2, S. 158–160, ebenfalls Aristippos): „Τὸ τέχνιον πᾶσα γαῖα τρέφει, id est ‚Artem quaeuis alit regio'. Prouerbialis sententia, qua significatum est certissimum viaticum esse eruditionem aut artificium aliquod …". Weiter ist *Apophth.* VII, 59 verwandt mit III, 128 mit dem Titel „Eruditio vtilis" (*ASD* IV, 4, S. 227; *CWE* 37, S. 260, wiederum Aristippos): „Percontanti, qua re differret sapiens ab indocto, ‚Mitte', inquit (sc. Aristippus), ‚ambos nudos ad homines ignotos, et videbis'. Significauit sapientem secum in pectore circumferre, quo se commendet quibuslibet. Proinde si doctum et indoctum pariter nudos mittas in regionem peregrinam, vbi ambo sint aeque ignoti, sapiens proferens opes suas protinus rem et amicos inueniet, nudus alter pro insano ridebitur et fame periclitabitur" (nach Diog. Laert. II, 73).

326 *Ea … enatarent* Er. übernahm die Übers. Traversaris von Diog. Laert. VI, 6 wörtlich: „Ea dicebat paranda viatica, quae cum naufragio (*sic, i.e.* naufrago, *cf. e.g. ed. Ven. 1490*) simul enatarent" (ed. Curio, Basel 1524, S. 184). Vgl. den griech. Text: τοιαῦτ' ἔφη δεῖν (τοιαῦτα δεῖν ἔφη δία ed. Froben.) ποιεῖσθαι ἐφόδια ἃ καὶ ναυαγήσαντι συγκολυμβήσει (ed. Froben, S. 263). Antisthenes Frgm. 167 Giannantoni; 167 Prince (S. 553); die Gnome findet sich auch in Arsen. *Violet.*, S. 108. Er. verbesserte den Druckfehler in der Ausgabe des Curio „naufragio"; zu lesen ist natürlich „naufrago". Vgl. den ähnlichen, Aristoteles zugeschriebenen Spruch in *Apophth.* VII, 246: „Eruditionem dicebat (sc. Aristoteles) optimum esse viaticum ad senectutem. Nam caetera senem aut destituunt, aut grauant etiam"; Maximus, *Serm.* 17.

326–327 *sentiens … eripi* Lycosthenes (S. 280) erweiterte die Erklärung des Er.: „sentiens bonas artes vbiuis gentium fore in magno precio nec posse vlla fortunae tempestate eripi".

327 *Idem asscribitur Aristippo* Galen, *Protrepticus* 5; Er. hatte den Spruch in *Apophth*. III, 162 in der Tat dem Aristippos zugeschrieben, wobei er den Text aus Galen, *Protrepticus* 5 bezogen hatte: „Quodam tempore cum ciuibus aliquot suis nauigans naufragio eiectus est. Quum in littore vidisset figuras mathematicas in harena depictas, ‚Salua', inquit, ‚res est, amici; hominum vestigia conspicio', et ingressus ciuitatem proximam inuestigauit, quinam essent illic disciplinarum studiosi. Cum his vbi congressus est, summa cum humanitate tractarunt non ipsum modo, verum et comites illius, atque etiam viaticum ad reditum subministrarunt. Tandem quum hii, qui cum Aristippo venerant, pararent reditum in patriam rogarentque illum, ecquid vellet suis ciuibus renunciari, ‚Vt', inquit, ‚studeant sibi huiusmodi parare opes, quae naufragio non pereunt, sed simul cum possidente enatant'. [C] Refert idem Vitruuius De architectura lib. 6, addens Aristippum tunc venisse Rhodum" (*ASD* IV, 4, S. 235). Er. war mit dem Galen-Text besonders gut vertraut, weil er ihn selbst übersetzt hatte. In der Ausgabe d. J. 1535 (*C*) setzte Er. noch den Querverweis auf Vitruv hinzu; vgl. Vitr. VI, *Praef*. 1: „Aristippus philosophus Socraticus, naufragio cum eiectus ad Rhodiensium litus animaduertisset geometrica schemata descripta, exclamauisse ad comites ita dicitur: ‚Bene speremus! Hominum enim vestigia video'. Statimque in oppidum Rhodum contendit et recta gymnasium deuenit, ibique de philosophia disputans muneribus est donatus, vt non tantum se ornaret, sed etiam eis, qui vna fuerunt, et vestitum et cetera, quae opus essent ad victum, praestaret. Cum autem eius comites in patriam reuerti voluissent interrogarentque eum, quidnam vellet domum renunciari, tunc ita mandauit dicere: *eiusmodi possessiones et viatica liberis oportere parari, quae etiam e naufragio vna possent enatare*". Die Versionen von Galen und Vitruv sind nahezu identisch, abgesehen von der Ortsangabe: Bei Galen strandete Aristippos auf Sizilien in der Nähe von Syrakus, bei Vitruv auf Rhodos in der Nähe der Hauptstadt. Mehrere Aufenthalte des Aristippos auf Sizilien (Syrakus) sind bezeugt. Vgl. auch Aristippos' ähnlichen Ausspruch in *Apophth*. III, 128.

327 *Aristippo* **Aristippos von Kyrene, der Ältere** (ca. 430–355 v. Chr), wie Antisthenes ein Schüler des Sokrates, Begründer der Kyrenaischen Schule. Statt, wie Antisthenes, der Tugend, schrieb Aristippos der Lust (Hedone) den

VII, 60   Solerter   (Antisthenes Atheniensis, 22)

Opprobranti, quod interdum cum improbis haberet consuetudinem, „Et medici", inquit, *„cum aegrotis versantur, nec tamen* aegrotant *ipsi"*, sentiens philosophum ideo versari cum improbis, vt eos reddat meliores.

VII, 61   Graviter   (Antisthenes Atheniensis, 23)

Absurdum esse dicebat triticum re*purgare a lolio, bellum ab inutili milite, sed a republica non secernere inuidos* [i.e. malos], significans inuidos tam esse inutiles ciuitati, quam lolium est tritico et ignauus bello.

VII, 62   Solitvdo   (Antisthenes Atheniensis, 24)

Rogatus, quid emolumenti cepisset ex philosophia, „Vt mecum", inquit, *„loqui* (siue viuere) *possim"*. Doctus, etiamsi solus sit, non sentit taedium solitudinis, sed multa praeclara suo cum animo versans, quasi secum loquitur: indoctis molestissima est solitudo atque etiam inutilis.

---

329 Et *B C*: At *versio fr. Ambrosii.*
333 sed *scripsi*: et *B C*.

337–338 loqui (siue viuere) possim *scripsi*: loqui siue viuere possim *B C BAS*: loqui, siue viuere possim *LB*.

grössten Wert zu. Hielt sich wiederholt längere Zeit am Tyrannenhof von Syrakus auf, wo er sich durch Klugheit und Weltgewandtheit auszeichnete. Vgl. K. Döring, *DNP* 1 (1996/9), Sp. 1103–1104, s.v. „Aristippos" Nr. 3; ders., *Der Sokratesschüler Aristipp und die Kyrenaiker*, 1988; P.G. Natorp, *RE* II, 1 (1895), Sp. 902–906, s.v. „Aristippos", Nr. 8;

328 *Solerter* Der Inhalt von *Apophth.* VII, 60 veranlasste Lycosthenes, eine separate Kategorie zum Thema „De eo quod conuictus malorum non semper obsit" (S. 201) einzurichten, in der Antisthenes' Spruch als erstes Lemma rangiert.

329–330 *Opprobranti … ipsi* Paraphrasierende Wiedergabe von Traversaris Übers. von Diog. Laert. VI, 6, nach Curios Edition: „Probro illi dabatur aliquando, quod congrederetur malis. ‚At medici', inquit, ‚inter aegrotos (aegrotos *ed. Curio*: infirmos *Traversari, e.g. ed. 1490*) versantur, neque tamen febricitant'" (ed. Curio, Basel 1524, S. 184); vgl. den griech. Text: ὀνειδιζόμενός ποτ᾽ ἐπὶ τῷ πονηροῖς συγγενέσθαι, „καὶ οἱ ἰατροί", φησί (φησί deest in ed. Froben.), „μετὰ τῶν νοσούντων (ἀσθενούντων *ed. Froben.*) εἰσίν, ἀλλ᾽ οὐ πυρέττουσιν" (ed. Froben, S. 263). Derselbe Spruch findet sich auch in *Gnom. Vat.* 37 Sternbach; ähnlich ist der Spruch des spartanischen Königs Pausanias II. in *Apophth.* I, 319 (*ASD* IV, 4, S. 142; *CWE* 37, S. 143).

330 *aegrotis* Aus der Verwendung von „aegrotis" geht hervor, daß Er. Curios Ausgabe von Traversaris Diogenes-Übers. benutzte; Traversari hatte „infirmos", das Curio zu „aegrotos" verbesserte, wobei er sich auf die Lesart νοσούντων stützte; die Diogenes Laertius-Handschrift, nach der Froben seine Ausgabe erstellte, hatte dort jedoch ἀσθενούντων, jene Lesart, die mit Sicherheit Traversari vorgelegen hatte und die höchstwahrscheinlich auch in der griechischen Handschrift stand, die Er. verwendete.

330 *aegrotant* Im griech. Text steht πυρέττουσιν, „Fieber haben, fiebrig sein", von Traversari richtig mit dem medizinischen t.t. „febricitant" (vgl. Celsus; *DNG* I, Sp. 2088, s.v. „febricito") übersetzt (so auch in Curios Ausgabe). Er. ersetzte diese richtige Übers. jedoch durch „aegrotant", wohl, weil er den Spruch kompakter gestalten wollte.

333–334 *Absurdum ... inuidos* Diog. Laert. VI, 6. Er. gab die latein. Übers. Traversaris wörtlich wieder: „Absurdum esse dicebat triticum purgare lolio bellumque inutili milite, rem vero publicam inuidis non exhaurire" (ed. Curio, Basel 1524, S. 184); vgl. den griech. Text: ἄτοπον ἔφη τοῦ μὲν σίτου τὰς αἴρας ἐκλέγειν καὶ ἐν τῷ πολέμῳ τοὺς ἀχρείους, ἐν δὲ πολιτείᾳ τοὺς πονηροὺς (φθονεροὺς *ed. Froben.*) μὴ παραιτεῖσθαι (ed. Froben, S. 264); Antisthenes Frgm. 73 Giannantoni; 73 Prince.

333 *triticum repurgare a lolio* Vgl. Enn. *var.* 31: „Vbi videt lolium crescere inter triticum". Lolium, der Lolch bzw. das Weidelgras wurde als Unkraut betrachtet, das besonders beim Getreideanbau schädlich war; Plinius nennt es „Verderben des Getreides" (Plin. *N.H.* XVIII, 153), eine Stelle, die Er. kannte, vgl. *Adag.* 1029 (*ASD* II, 3, S. 52): „Lolium autem Plinius inter frugum pestes commemorat vna cum carduis ac tribulis". Der Lolch zählt zu den Süssgräsern; er wächst unter dem Getreide, ist jedoch wertlos. Für „lolium" vgl. *OLD* I, S. 1041; Georges II, Sp. 696, jeweils s.v. „lolium".

333 *repurgare* Er. übernahm Traversaris „purgare", jedoch hinkt diese Übers. von ἐκλέγειν, weil „purgare" nicht zu „bellumque inutili milite" paßt; im griech. Text steht: „im Krieg die nutzlosen Soldaten auszusondern".

334 *secernere* Mit „a re publica non secernere" verbessert Er. Traversaris ungelenke Übers. „rem vero publicam inuidis non exhaurire" („jedoch den Staat nicht ausleeren von den Neidern"). πονηροὺς (φθονεροὺς) μὴ παραιτεῖσθαι bedeutet „die Schlechten (Neider) nicht auszuschliessen" (vgl. Passow II, 1, S. 683, s.v. παραιτέομαι), nämlich von Staatsämtern, von politischer Betätigung (vgl. Jürß a.a.O.: „von der Politik die Taugenichtse aber nicht fernzuhalten").

334 *inuidos* Er. gab hier Traversaris Übers. („inuidis") wieder (er kopiert auch sonst in VII, 61 Traversaris Übers.), dem die falsche Lesart des griech. Textes φθονεροὺς vorgelegen hatte; die richtige Lesart ist πονηροὺς.

336 *Solitudo* Er. identifizierte das Selbstgespräch des Philosophen automatisch mit der Einsamkeit, „solitudo", da ihm das mittelalterliche und humanistische *vita-solitaria*-Ideal der Mönche und Gelehrten in Fleisch und Blut überging. Weder im griech. Originaltext noch in Traversaris Übers. ist die Rede davon, daß sich Antisthenes in der Einsamkeit, im Eremos, aufhält. Genau auf dieselbe Weise assoziierte Petrarca, der Verfasser des Blaudrucks für die humanistische Lebensweise, *De vita solitaria*, das philosophische Selbstgespräch mit der *vita solitaria* bzw. dem Eremos. Vgl. K.A.E. Enenkel, *Francesco Petrarca, De vita solitaria, Buch 1. Kritische Textausgabe und ideengeschichtlicher Kommentar*, Leiden etc. 1990, S. 287–298. Er. selbst hatte als Mönch einen Traktat zur Verherrlichung des *vita-solitaria*-Ideals verfasst, *De contemptu mundi* (*ASD* V, 1). Auf dieselbe Weise identifizierte Er. das Selbstgespräch des Philosophen mit dem Aufenthalt in der *solitudo* in *Apophth.* VII, 344 (Cleanthes) und 384 (Pyrrho), wobei diese beiden Sprüche ebenfalls den Titel „Solitudo" tragen.

337–338 *Rogatus ... possim* Diog. Laert. VI, 6: ἐρωτηθεὶς τί αὐτῷ περιγέγονεν ἐκ φιλοσοφίας, ἔφη, „τὸ δύνασθαι ἑαυτῷ ὁμιλεῖν" (ed. Froben, S. 264). Vgl. die latein. Übers. Traversaris: „Rogatus, quidnam ex philosophia lucratus esset, ‚Mecum', ait, ‚colloqui posse'" (ed. Curio, Basel 1524, S. 184); Antisth. Frgm. 100 Giannantoni; 100A Prince (S. 334–335).

337 *Quid ... philosophia* „quid emolumenti cepisset ex philosophia" ist eine Standardfrage in Doxographien; vgl. u.a. Diog. Laert. II, 68 (Aristippos) und VI, 63 (Diogenes von Synope); *Gnom. Vat.* 430 Sternbach (Plato).

337–338 *loqui (siue viuere)* „(siue viuere)" muß durch Satzzeichen als gelehrte Alternativübersetzung bzw. Anmerkung separiert wiedergegeben werden. Das griech. ὁμιλεῖν kann sowohl „sprechen mit" („colloqui", „loqui cum ...") als auch „zusammenleben mit" („viuere cum ...") bedeuten. Traversari übersetzte mit „colloqui". Für die Art des Er., zuweilen Alternativübersetzungen anzugeben, vgl. oben Komm. zu VII, 3E. Nach Prince, S. 334, bringt der Spruch des Antisthenes vor allem sein Autarkie-Streben als Philosoph zum Ausdruck („Antisthenes' basic answer is self-sufficiency") und steht bei ὁμιλεῖν der Aspekt des Sprechens im Vordergrund.

339–340 *indoctis ... inutilis* Vgl. Er. *Apophth.* VII, 383: „Deprehensus aliquando solus ac secum loquens (sc. Pyrrho), rogatus, quid solus ageret, ‚Meditor', inquit, ‚esse probus', sentiens ad id vtilem esse solitudinem, inutilem turbam".

VII, 63   INDECORA   (Antisthenes Atheniensis, 25)

Quum in conuiuio quidam diceret „Cane tibiis", „Tu mihi eas infla", inquit. Non recusauit obsequium, si ille vicissim obsequeretur, sed interim indicauit non esse philosopho decorum tibiis canere.

VII, 64   FRVGALITAS   (Antisthenes Atheniensis, 26)

Quum Diogenes ab ipso peteret tunicam, iussit [sc. Antisthenes], *vt duplicaret pallium;* sic eum tunicae speciem praebiturum; admonens oportere paucissimis esse contentum.

VII, 65   DEDISCERE ⟨MALA⟩   (Antisthenes Atheniensis, 27)

Rogatus, quae disciplina cum primis esset necessaria, „Mala", inquit, „dediscere". Id enim non modo primum est, verum etiam difficillimum.

---

349 mala *suppleui sec. textum ipsius apophth. et versionem fr. Ambrosii (cf. etiam titulum apophth. VII, 70).*

341 *Indecora* Vgl. dazu die zahlreichen abschätzigen Bemerkungen des Er. gegen das Musizieren im fünften Buch der *Apophthegmata*. Lycosthenes druckt das Apophthegma irrtümlich im Kap. „De musica laudata" (S. 765). Zu Antisthenes' Verurteilung des Flötenspiels vgl. unten VII, 100 mit Komm.; *Apophth*. VII, 63 findet sich bereits in Brusonis Sammlung d.J. 1518 (IV, 17).

342 *Quum ... inquit* Weitgehend wörtliche, jedoch mißverstandene Wiedergabe von Traversaris Übers. von Diog. Laert. VI, 6: „Cuidam sibi in conuiuio dicenti ‚Cane!', ‚Tu mihi!', inquit, ‚tibias infla' " (ed. Curio, Basel 1524, S. 184). Vgl. den griech. Text: εἰπόντος αὐτῷ τινος παρὰ πότον, „ᾆσον", „σὺ δέ (δέ *deest in ed. Froben.*) μοι", φησίν, „αὔλησον" (ed. Froben, S. 264); Antisthenes Frgm. 101 Giannantoni; Prince 101B.

342 *Cane tibiis* Er., der von Traversaris Übers. ausging, versuchte sie zu verbessern, mißverstand dabei aber den Spruch: Der Witz liegt darin, daß Antithenes die Aufforderung eines anderen Symposionteilnehmers, ein Lied zu singen (was bei griechischen Symposien gebräuchlich war), mit der Antwort parierte „Dann begleite du mich auf dem Aulos", wobei vorausgesetzt wird, daß der andere keinen Aulos bei sich hatte (richtig übersetzt von Jürß und Hicks). Er. jedoch verformte den Kurzdialog zu dem kuriosen, nicht sehr witzigen Wortwechsel: „Spiel mir ein Lied auf dem Aulos!" – „Dann blas du mir in den Aulos!". Er. hat das Apophthegma so verstanden, daß sich der geistreiche Philosoph Antisthenes geweigert hätte, Aulos zu spielen, weil dieses das menschliche Gesicht verzerre und deshalb unschicklich sei – vgl. den Titel, den Er. der Anekdote gab: „Indecoram". In Wirklichkeit bezieht sich die Aufforderung ᾆσον nicht auf das Aulos-Spielen, sondern auf den Gesang der menschlichen Stimme. Bei einem Gelage ein Lied anzustimmen, galt jedoch keineswegs als unschicklich.

345 *Frugalitas* Das Thema des Spruches thematisiert die für die Kyniker charakteristische einfache Kleidung, konkret den als Allzweckgewand verwendeten, doppelt gefalteten, somit wie einen Chiton getragenen Mantel; Diogenes Laertius bezeichnet einmal den kynischen Erzphilosophen Antisthenes als Erfinder dieses Kleidungsstückes, ein anderes Mal Diogenes von Sinope: Vgl. Diog. Laert. VI, 13, in Curios Übers.: „Ac primus (sc. Antisthenes) pallium, vt ait Diocles, duplicauit, ipsoque solo vtebatur baculumque sumpsit ac peram.

Primus autem, vt Neanthes tradit, simplicis quoque pallii vsum habuit" (ed. Curio, Basel 1524, S. 186); Diog. Laert. VI, 22: τρίβωνα διπλώσας πρῶτος κατά τινας διὰ τὸ ἀνάγκην ἔχειν καὶ ἐνεύδειν αὐτῷ ... (ed. Froben, S. 271), in Traversaris Übers.: „Pallium, vt quidam volunt, primus duplicatum in vsu habuit (sc. Diogenes) ..." (ed. Curio, Basel 1524, S. 189). Lycosthenes druckte Apophthegma VI, 64 dem Titel des Er. folgend in der Kategorie „De frugalitate" (S. 409).

346–347 *Quum ... praebiturum* Diog. Laert. VI, 6: Διογένει χιτῶνα αἰτοῦντι πτύξαι προσέταξε θοιμάτιον (ed. Froben, S. 264); vgl. die latein. Übers. Traversaris: „Diogeni tunicam petenti pallium explicari (i.e. complicare) iussit" (ed. Curio, Basel 1524, S. 184); Diogenes Frgm. 23 Giannantoni.

346 *Diogenes* **Diogenes von Sinope** (um 410– um 323 v. Chr.), Schüler des Antisthenes, der wichtigste Vertreter der Kynischen Schule; Lehrer von u. a. Krates, Phokion und Stilpon von Megara. Vgl. P.G. Natorp, *RE* V, 1 (1903), Sp. 765–773, s.v. „Diogenes", Nr. 44; M. Goulet-Cazé, *DNP* 3 (1997/9), Sp. 598–600, s.v. „Diogenes", Nr. 14. Er. hatte den Aussprüchen des Diogenes bereits im dritten Buch eine Sektion von 226 Apophthegmen gewidmet (*ASD* IV, 4, S. 236–284; III, 164–388, *CWE* 38, S. 271–334). Im siebenten Buch setzte Er. drei ‚Nachzügler' (VII, 67, 229–230; 233) hinzu, im achten Buch einen weiteren (VIII, 104).

346 *vt duplicaret pallium* Mit „duplicaret" verbesserte Er. Traversaris unverständliche Übers. „explicari" („ausbreiten") für πτύξαι („doppelt zusammenfalten") in Diog. Laert. VI, 6; dazu mag Er. Traversaris gelungene Übers. von Diog. Laert. VI, 13 als Vorlage benutzt haben: „Ac primus (sc. Antisthenes) pallium, vt ait Diocles, duplicauit, ipsoque solo vtebatur ...".

347 *sic ... praebiturum* „sic ... praebiturum" stellt zwar syntaktisch einen Teil des Spruches des Antisthenes dar, ist jedoch nicht im griech. Originaltext bzw. in Traversaris Übers. vorhanden; vielmehr hat Er. den Worten des Antisthenes eine Erklärung hinzugesetzt, welche das Verständnis des Spruches erleichtern sollte. In diesem Fall ist Er.' archäologische Angabe richtig: Der Chiton (von Traversari adäquat mit „tunica" übersetzt) war in der Tat ein um den Leib doppelt gefaltetes Tuch.

Apophth. VII, 65 besitzt eine Variante in VII, 70, das denselben Titel „Dediscere mala" trägt (nach Diog. Laert. VI, 7). Bei Lycosthenes rangieren sowohl VII, 65 als auch VII, 70 im Kap. „De assuetudine" (S. 92). In der Er. vorliegenden Überlieferung sowohl des griech. Textes als auch von Traversaris lateinischer Übers. bedeutet die Sentenz, daß es das Wichtigste (und zugleich das Schwierigste) ist, sich üble Gewohnheiten abzugewöhnen. Wie seine Erklärung zeigt, hat Er. den Spruch auch so verstanden. In der alternativen Überlieferung des griech. Textes, mit dem Zusatz von τὸ περιαιρεῖν und unter Auslassung von τὰ κακά, bedeutet der Spruch, daß das Ziel des Lernens sei, zu jenem Status quo zu gelangen, in dem man nichts mehr zu verlernen braucht (so Decleva Caizzi, Antisthenes Frgm. 126 Caizzi [vgl. Prince, S. 313] und Hicks: „How to get rid of having anything to unlearn"). Jedoch sprechen die parallelen Überlieferungen in den Sentenzensammlungen des Stobaios und Arsenius dafür, daß die erstgenannte Textüberlieferung die richtige ist, dem auch der Text von Marcovich entspricht.

350 *Rogatus ... dediscere* Diog. Laert. VI, 7. Er. gab die latein. Übers. Traversaris wörtlich wieder: „Interrogatus, quaenam esset disciplina magis necessaria, ‚mala', inquit, ‚dediscere'" (ed. Curio, Basel 1524, S. 184). Vgl. den griech. Text: ἐρωτηθεὶς τί τῶν μαθημάτων ἀναγκαιότατον, [„τὸ περιαιρεῖν"], (τὸ περιαιρεῖν *seclusit Marcovich; deest in ed. Frob p. 264*) ἔφη, „τὸ ἀπομανθάνειν τὰ κακά (τὰ κακὰ *ed. Marcovich; ed. Frob.*: τὰ κακὰ *desunt in B, P1, F*)". Antisthenes Frgm. 87 Giannantoni; 87B Prince (S. 312–313). Derselbe Spruch findet sich auch, mit der nämlichen Zuschreibung an Antisthenes, bei Stob. II, 31, 34: Ὁ αὐτὸς ἐρωτηθεὶς τί ἀναγκαιότατον εἴη μάθημα, „τὸ ἀπομανθάνειν", ἔφη, „τὰ κακά". In Arsen. *Violet.*, S. 502 wurde die Gnome dem Perserkönig Kyros zugeschrieben, vgl. Antisthenes Frgm. 87A Prince (S. 312). Die Zuschreibung an Kyros könnte darauf zurückzuführen sein, daß die Sentenz Antisthenes' Schrift *Kyros* entnommen worden ist. Eine Variante des Spruchs findet sich unten *Apophth.* VII, 70: „Rogatus (sc. Antisthenes) a quodam, quid sibi faciendum suaderet, vt probus vir et honestus euaderet, ‚Si mala', inquit, ‚quae tibi adsunt, ab his, qui nouerunt, didiceris esse fugienda'. Sensit virtutis caput esse, caruisse vitiis. Id non a quolibet discendum, sed ab his duntaxat, qui norunt, quae sint vera mala, quae vera bona".

VII, 66   MODERATIO   (Antisthenes Atheniensis, 28)

Qui nos maledictis incesserent, eos magis tolerandos dicebat, quam qui nos lapidibus impeterent. Verba enim non laedunt, si quis contemnat. Vide vero, num forte hic sit sensus tolerantiores esse, qui conuitia patienter ferrent, quam si quis lapidibus impetitus ferat. Quorundam enim dicta grauius sauciant quam lapides. Quod si indecorum esset graui viro lapidibus repetere, a quo petitus fuerat, aeque indecorum sit in conuitiantem regerere conuitia.

VII, 67   FASTVS   (Antisthenes Atheniensis, 29)

Inuisens Platonem aduersa valetudine laborantem, vidit peluim, *in quam vomuerat: „Bilem", inquit, „Platonis video, fastum non video".* Solet enim, quemadmodum Diogenes, *Platonis arrogantiam notare. Itaque quum in pompa quadam equestri quidam equus* crebro hinnitu ferociaque spiritus excelsos testaretur *eoque vehementer a Platone laudaretur, versus ad Platonem „Videris", inquit, „et tu* bonus *equus* futurus".

VII, 68   ELECTIO MAGISTRATVVM   (Antisthenes
                                            Atheniensis, 30)

Admonuit Athenienses, vt asinos aeque atque *equos deligerent* ad agriculturam. *Quum illi dicerent* hoc animal *esse alienum ab aratione,* „Quid refert", inquit, „quum in vestra republica duces sint, qui nunquam didicerunt administrandi rationem, sed hoc satis

---

361 Solet *B C*: Solebat *LB Lycosthenes (p. 259)*.

353–354 *Qui ... impeterent* Diog. Laert. VI, 7. Er. gibt den Text in der Übers. Traversaris wieder: „Eos hortabatur, qui maledictis incesserentur, tolerare magis, quam si lapidibus se quispiam ageret" (ed. Curio, Basel 1524, S. 184–185). Vgl. den griech. Text: παρεκελεύετό τε κακῶς ἀκούοντας καρτερεῖν μᾶλλον ἢ εἰ λίθοις τις βάλλοιτο (ed. Froben, S. 264); Antisthenes Frgm. 90 Giannantoni; Prince 90A (S. 315).

354–356 *Vide ... lapides* Er. bietet hier eine alternative Interpretation an, die das Richtige trifft und besser ist als die erste, die er aus der von ihm übernommenen Übers. Traversaris ableitet. Vgl. den Komm. von Prince, S. 315: „Here no positive value is given to slander, but it is presented as a more important occasion for bravery than physical assault".

Apophth. VII, 67 vereint zwei Aussprüche des Antisthenes, die sich beide auf Platons Arroganz beziehen; beide stammen aus Diog. Laert. VI, 7, jedoch ändert Er. die Reihenfolge. Lycosthenes konstruierte, dem Titelvermerk folgend, ein Kap. „De fastu", das er mit *Apophth.* VII, 67 einleitet (S. 351–352).

360–361 *Inuisens ... video* Diog. Laert. VI, 7. Er. variierte die Übers. Traversaris: „Venerat aliquando (sc. Antisthenes) ad eum (sc. Platonem) mala valitudine affectum, et cum uas cerneret, vbi Plato vomuerat, ‚Bilem' (bilem *ed. Curio*: cholen *Traversari*), inquit, ,hic video, fastum vero non video'" (ed. Curio, Basel 1524, S. 185). Vgl. den griech. Text: καί ποτ᾽ ἐλθὼν πρὸς αὐτὸν νοσοῦντα καὶ θεασάμενος λεκάνην ἔνθα ὁ Πλάτων (λεκάνην ἔνθα ὁ Πλάτων *deest in ed. Froben.*; εἰς ἣν in ed. Froben.) ἐμημέκει ἔφη, „χολὴν μὲν ὁρῶ ἐνταῦθα, τῦφον δὲ οὐχ ὁρῶ" (ed. Froben, S. 264). Antisthenes Frgm. 27 Giannantoni; 27 Prince (S. 87–89); auch in Arsen. *Violet.*, S. 108.

360 *peluim* „peluim" („Schüssel") ist eine Korrektur des Er. von Traversaris sehr allgemeinem „vas" als Übers. von λεκάνη; die λεκάνη ist eine flache Schüssel bzw. Schale mit zwei Henkeln (vgl. A. Gorys, *Wörterbuch der Archäologie*, München 1997, S. 252); für das eher seltene „peluis" vgl. *DNG* II, S. 3556, s.v.; das gängige latein. Äquivalent von λεκάνη wäre „patera" gewesen. In Frobens griech. Diogenes-Ausgabe fehlte das Wort λεκάνη, jedoch hat es Curio in seiner Ausgabe der lateinischen Übers. Traversaris in einer Marginalnote hinzugesetzt (a.a.O.).

361–362 *Diogenes* Diog. Laert. VI, 26 ist zur Gänze der Weise gewidmet, in der Kyniker Diogenes von Sinope Platons „Aufgeblasenheit" („fastus") verspottete. Zu Diogenes von Sinope vgl. oben Komm. zu VII, 64.

362 *Platonis arrogantiam* Paraphrasierende, ausschmückende und durch eine phantasievolle Ergänzung angereicherte Wiedergabe von Diog. Laert. VI, 7 Ἔσκωπτε τε Πλάτωνα ὡς τετυφωμένον. Πομπῆς οὖν (οὖν *ed. Marcovich, ed. Frob. p. 264*: γοῦν *ed. Prince, Hicks, cod. F*) γινομένης ἵππον θεασάμενος φρυακτήν φησι πρὸς τὸν Πλάτωνα: „Δοκεῖς (Δοκεῖς *ed. Marcovich, ed. Frob. p. 264*: Ἐδόκεις *ed. Prince, Hicks*) μοι καὶ σὺ ἵππος ἂν εἶναι λαμπρυντής". Τοῦτο δὲ εἶπεν ἐπεὶ συνεχὲς ὁ Πλάτων ἵππον ἐπῄνει. Antisthenes Frgm. 27 Giannantoni; 27 Prince (S. 87–89); vgl. Arsen. *Violet.*, S. 108. Vgl. die Übers. Traveraris: „Platonem insimulabat vt fastu turgidum. Quum ergo fieret pompa, inspiciens hinnientem frementemque equum, ad Platonem conuersus, ‚Tu', inquit, ‚iudicio meo praeclarus fuisses equus'" (ed. Curio, Basel 1524, S. 185).

363 *crebro … testaretur* Er. hat hier die Anekdote in Bezug auf die Beschreibung des Pferdes narrativ ausgeschmückt: „crebro hinnitu ferociaque spiritus excelsos testaretur"; im griech. Original steht nur, daß das Pferd schnaubte (ἵππον φρυακτήν), von „Wiehern" bzw. „oftmaligem Wiehern" ist nicht die Rede; Er. hat sich hier offensichtlich von Traversari anregen lassen, bei dem das Pferd „wieherte und schnaubte" („hinnientem frementemque equum"), was Er. weiter ausgestaltete.

367–370 *Admonuit … delecti sunt* Diog. Laert. VI, 8. Er. verwendete in VII, 68 ausschließlich Curios Ausgabe von Traversaris latein. Übers. als Textvorlage, die jedoch einen Druckfehler aufwies, der dazu führte, daß Er. das Apophthegma zur Hälfte missverstand; Curio hat: „Atheniensibus consulebat, asinos vt equos deligerent. Quod cum illi ab aratione alienum (ab aratione alienum *ed. Curio*: irrationabile *Traversari, e.g. ed. Ven. 1490*) dicerent, ‚At', inquit, ‚apud vos duces erunt (duces apud vos fiunt *Traversari, e.g. ed. Ven. 1490*), qui nihil didicerunt solumque designati sunt'" (ed. Curio, Basel 1524, S. 185). Im griech. Text des Laertius steht ἄλογον δὲ ἡγουμένων (sc. Ἀθηναίων) – „als die Athener dies als unsinnig bezeichneten". Traversari hatte dies sinngemäß richtig übersetzt mit: „Quod cum illi irrationabile dicerent", was Curio stilistisch zu verbessern versuchte: „ab ratione alienum"; jedoch wurde dies durch einen Druckfehler zu „ab aratione alienum" verderbt. Er. hat diese Korruptel, ohne den griech. Text miteinzubeziehen, übernommen und diese durch eigene Ergänzungen verschlimmert: „*hoc animal* [sic] esse alienum ab aratione" – „dass *dieses Tier* (der Esel) sich für den Landbau nicht eigne". Wenn Er. einen Blick auf dem ihm ebenfalls vorliegenden griech. Text geworfen hätte, hätte er den Fehler vermeiden können.

Ein weiteres Problem ist, daß in der latein. Übers. Traversaris der erste Teil des Apophthegmas eine etwas schwierige Wortstellung aufwies: „Atheniensibus consulebat, asinos vt equos deligerent" (= „A. consulebat, vt asinos equos deligerent"). Die richtige Bedeutung ist: „Er gab den Athenern den Rat, Esel zu Pferden zu wählen". Er. missverstand jedoch das „vt" und fasste den Satz wie folgt auf: „Er gab den Athenern den Rat, Esel genauso wie Pferde zu wählen" („vt asinos *aeque atque* equos deligerent"). Diesen Verständnisfehler verschlimmerte Er. weiter durch den Zusatz „ad agriculturam": „vt asinos aeque atque equos deligerent *ad agriculturam*", wodurch er nunmehr den folgenden, kuriosen Sinn erzeugte: „Er gab den Athenern den Rat, Esel genau auf dieselbe Weise wie Pferde zum Einsatz im Landbau zu wählen". Im griech. Originaltext und in Traversaris ursprünglicher Übers. ist von einem Landbaueinsatz von Pferden und Eseln überhaupt nicht die Rede. Im Übrigen war das Pferd für die Athener ein edles Tier und ein Statussymbol, kein Nutztier für den Landbau. Vgl. den griech. Text: συνεβούλευεν Ἀθηναίοις τοὺς ὄνους ἵππους ψηφίσασθαι: ἄλογον δὲ ἡγουμένων, „ἀλλὰ μὴν καὶ στρατηγοί", φησί, „φαίνονται (γίνονται *in ed. Froben. p. 264*) παρ' ὑμῖν μηδὲν μαθόντες, μόνον δὲ χειροτονηθέντες"; Antisthenes Frgm. 72 Giannantoni; 72A Prince.

est, *quod a vobis delecti sunt?"*, sentiens multo absurdius esse ei commendare rempublicam, qui gubernandi artem non tenet, quam si asinum pro equo adhibeas aratro.

VII, 69   Vvlgi ivdicia   (Antisthenes
         (= Dublette von VII, 57)   Atheniensis, 31)

Cuidam dicenti „Plerique te laudant" – „At *quid"*, inquit, *„mali feci?"*, significans, quae recta sunt, semper paucissimis placuisse.

VII, 70   Dediscere mala   (Antisthenes
         (= Dublette von VII, 65)   Atheniensis, 32)

Rogatus a quodam, *quid sibi faciendum suaderet, vt probus vir et honestus euaderet, „Si mala"*, inquit, *„quae tibi adsunt, ab his, qui nouerunt, didiceris esse fugienda"*. Sensit *virtutis* caput esse, *caruisse vitiis*. Id non a quolibet discendum, sed ab his duntaxat, qui norunt, quae sint vera mala, quae vera bona.

VII, 71   Deliciae   (Antisthenes Atheniensis, 33)

Quodam praedicante delicias „Hostium", inquit, *„filiis contingat in deliciis viuere!"*, vt rem pestilentem detestans, quod plerique pro summo bono amplectuntur.

Apophth. VII, 69 ist eine Dublette von VII, 57: „Quum illi diceretur, quod a quibusdam improbis laudatus esset, ‚Vereor', inquit, ‚ne quid imprudens fecerim mali', sentiens a talibus neminem laudari nisi ob malefacta", nach Diog. Laert. VI, 5.

374 *Cuidam ... feci* Diog. Laert. VI, 8. Er. gab wörtlich die Übers. Traversaris wieder, die er jedoch in Bezug auf ein Wort korrigierte: „Dicenti sibi cuidam ‚Multi te laudant' ‚Quid enim (sic, i.e. Quidnam)', ait, ‚mali feci?'" (ed. Curio, Basel 1524, S. 185). Vgl. den griech. Text: πρὸς τὸν εἰπόντα, „πολλοί σε ἐπαινοῦσι", „τί γάρ", ἔφη, „κακὸν πεποίηκα" (ed. Froben. p. 264); Antisthenes Fragm. 89 Giannantoni; 89 Prince (S. 314–315); vgl. Aelian. *Var. Hist.* IX, 35. Der Spruch wird von Diog. Laert. ein zweites Mal angeführt (VI, 5). Bereits Brusoni hatte das Apophthegma in seine Sammlung d.J. 1518 aufgenommen (III, 36 „De laudibus et gloria"), wobei er Diog. Laert. VI, 8 als Vorlage benutzte: „Antisthenes, quum ei a quodam diceretur, quod a multis laudatus esset, ‚Quid', inquit, ‚mali feci?'". Dasselbe Apophthegma schrieb Brusoni a.a.O. – in der Nachfolge von Diog. Laert. II, 36 – auch dem athenischen Peripatetiker Demetrios von Phaleron zu: „Demetrius Phalereus dicenti cuidam ‚Multi te laudant' respondit id, quod Antisthenes supra"; in der Nachfolge Brusonis ging Lycosthenes ebenso vor (S. 559).

374 *At* Durch „at" korrigierte Er. das in Curios Edition der Traversari-Übers. überlieferte „Quid enim".

Apophth. VII, 70 ist eine Dublette von VII, 65 („Dediscere"): „Rogatus, quae disciplina cum primis esset necessaria, ‚Mala', inquit, ‚dediscere'". Vgl. dazu Komm. oben. Die Verdopplung bei Er. geht in diesem Fall, wie schon bei VII, 69 auf eine doppelte Darstellung bei Diogenes Laertius zurück: *Apophth.* VII, 65 stammt aus Diog. Laert. VI, 7, *Apophth.* VII, 70 aus ebd. VI, 8. Bei Lycosthenes rangieren sowohl VII, 70 als VII, 65 im Kap. „De assuetudine" (S. 92).

378–379 *Rogatus ... fugienda* Diog. Laert. VI, 8. Er. gab die latein. Übers. Traversaris wieder: „Interrogatus a quodam, vt ait Phanias in libro de Socraticis, quidnam faciendo bonus et honestus euaderet, ‚Si mala', inquit, ‚quae habes, ab iis, qui nouerunt (ab iis, qui nouerunt *ed. Curio*: a scientibus *Traversari, e.g. ed. Ven. 1490*), didiceris esse fugienda'" (ed. Curio, Basel 1524, S. 185); dabei verschwieg Er. allerdings die von Diogenes (und auch Traversari) angegebene Quelle Phanias oder Phainias, *De Socraticis* (Περὶ τῶν Σωκρατικῶν). Weiter hatte Traversari das griechische καλὸς κἀγαθός, das die äusserliche Erscheinungsform, das Soziale und Körperliche miteinschloss, auf die Ethik reduziert: „bonus et honestus" – Er. folgte ihm diesbezüglich, ohne sich um den griech. Text zu kümmern: *„probus vir et honestus"*. παρὰ τῶν εἰδότων, „von den Wissenden", von Traversari wörtlich mit „a scientibus" übersetzt, war von Curio zu dem nicht überzeugenden „qui nouerunt" abgeändert worden, das Er. übernahm. Traversaris ungelenke Übers. von ἃ ἔχεις mit „quae habes" versuchte Er. zu verbessern, kam aber nicht weiter als „quae tibi adsunt", was Lycosthenes dem Sinn nach überzeugend durch „quae per assuetudinem inhaerent" ersetzte. Vgl. den griech. Text: ἐρωτηθεὶς ὑπό του (του *ed. Froben., Menagius*: αὐτοῦ B, P, Q, H, F), καθά φησι Φανίας ἐν τῷ Περὶ τῶν Σωκρατικῶν, τί ποιῶν καλὸς κἀγαθὸς ἔσοιτο, ἔφη, „εἰ τὰ κακὰ ἃ ἔχεις ὅτι φευκτά ἐστι μάθοις παρὰ τῶν εἰδότων" (ed. Froben, S. 264–265); Antisthenes Frgm. 114 Giannantoni; 172 (a) Prince (S. 561–563); Luck *WdH* 31 (S. 45); Phanias Frgm. 30 Wehrli; auch in Arsen. *Violet.* S. 108. Phainias von Eresos (4. Jh. v. Chr.), Peripatetiker, Verfasser von u. a. Kommentaren zu den logischen und naturwissenschaftlichen Schriften des Aristoteles. Phainias hielt sich seit 322 in Athen auf, wo er sich dem Aristoteles-Schüler Theophrast anschloss. vgl. J.-P. Schneider, „Phainias d'Érèse", in: R. Goulet (Hrsg.), *Dictionnaire des philosophes antiques*, Bd. 5, Teil 1, Paris 2012, S. 266–273; O. Hellmann und D. Mirhady (Hrsg.), *Phaenias of Eresus. Text, Translation and Discussion*, New Brunswick 2015.

380 *virtutis ... vitiis* Mit „virtutis caput esse, caruisse vitiis" spielt Er. auf Quint. *Inst.* VIII, 3, 41 an: „nam prima virtus est vitio carere"; eine ähnliche Sentenz findet sich in Hor. *Epist.* I, 1, 41: „Virtus est vitium fugere"; vgl. Komm. *CWE* 38, S. 783.

In *Apophth.* VII, 71 kommt wieder einmal der Antihedonismus des Antisthenes zum Ausdruck.

383 *Quodam ... viuere* Diog. Laert. VI, 8: πρὸς τὸν ἐπαινοῦντα τρυφήν „ἐχθρῶν παῖδες", ἔφη, „τρυφήσειαν" (ed. Froben, S. 265). Vgl. die latein. Übers. Traversaris: „Cuidam delitias (delicias *Traversari, e.g. ed. Ven. 1490*) laudanti, ‚Inimici (i.e. hostium filii)', ait, ‚delicate viuant'" (ed. Curio, Basel 1524, S. 185); Antisthenes Frgm. 114 Giannantoni; 172 (b) Prince (S. 561–563); Luck *WdH* 31 (S. 45). Er. benutzte in diesem Fall sowohl den griech. Text als Traversaris Übers. zur Erstellung seines Textes: Traversaris Übers. entnahm er „deliciae" für τρυφή; weiter bereinigte Er. Traversaris Übersetzungsfehler „inimici". Jedoch verschlimmbesserte Er. Traversaris „delicate vivant" zu „contingat in deliciis viuere", sodaß eine stilistisch unschöne Wiederholung von „delicias ... deliciis" entstand. Lycosthenes beseitigte diese bei seinem Druck von VII, 71 durch die Variation mit „lautitias" (S. 561).

383 *Hostium ... filiis* Korrektur des Er. von Traversaris „inimici" durch eine wörtliche Übers. von ἐχθρῶν παῖδες. Curio hatte in seiner Ausgabe des latein. Textes auf das Problem hingewiesen, indem er den richtigen griech. Text in einer Marginalie anführte (a.a.O.). Daß Antisthenes nicht seinen Feinden (wie man an sich erwarten würde), sondern deren Söhnen ein der Lust hingegebenes Luxusleben wünscht, ist durchaus auffällig. Das könnte davon herrühren, daß der Kontext des Spruches ein Gegenstand gewesen sein, der eine Erbschaftsanglegenheit betraf, wie Prince, S. 562 vermutet.

385 VII, 72   Forma   (Antisthenes Atheniensis, 34)

Quidam adolescens curarat sese ex aere sculpendum, et ad eam imaginem *sese conformabat*. Huic Antisthenes „*Si aes posset vocem aedere, qua de re potissimum gloriaretur?*"; „*de pulchritudine*", inquit adolescens. „*Non igitur*", inquit [sc. Antisthenes], „*erubescis, qui cum inanimo gloriaris?*", significans magis gloriandum de bonis animi quam de
390 forma, quam haberet cum statua communem.

VII, 73   Solerter   (Antisthenes Atheniensis, 35)

Adolescentes quosdam Ponticos, qui videndi *Socratis* gratia se contulerant Athenas, *duxit ad Anyti domum, dicens illum Socrate* multo *sapientiorem*, vt qui Socratem accusasset. Hoc dicto renouatum est ciuibus extincti Socratis desiderium, et Anytum
395 expulerunt.

392 Adolescentes *B C*: Adolescens *L B*.

386–389 *Quidam … gloriaris* Diog. Laert. VI, 9. Er. benutzte hier als Textvorlage ausschließlich die Übers. Traversaris/Curios, die er im narrativen Teil teilweise mißverstand und im Spruchteil wörtlich kopierte: „Adolescenti, qui se fictori suo conformabat (conformabat *ed. Venet. 1490, ed. Curio*: confirmabat *ed. Paris. 1509, fol. LXVI r*), ‚Dic', ait, ‚si vocem aes acciperet, quanam in re gloriaretur?'. Illo dicente ‚In pulchritudine' ‚Non igitur (igitur *ed. Curio*: deest in vers. fratris Ambrosii, e.g. ed. Venet. 1490)', inquit, ‚erubescis, qui cum inanimi (inanimi *ed. Curio*: inanimis Traversari, e.g. ed. Venet. 1490, ed. Paris. 1509) gloriaris?'" (ed. Curio, Basel 1524, S. 185). Im Schlußteil des Spruches wiederholte Er. Traversaris nicht sehr klare Übertragung „qui cum inanimis gloriaris" („der du dich mit seelenlosen Dingen brüstest"); Der Sinn des Spruches ist jedoch: „der du am selben Gefallen findest wie ein unbeseeltes Ding" (Luck *WdH* 31; „aren't you ashamed of delighting in the same thing as an inanimate object", Prince, S. 562). Die unklare Übertragung Traversaris war einer Textlücke geschuldet, die die von ihm benutzte Diog.-Laert.-Handschrift im Schlussteil des Spruches aufwies, in der gerade τὰ ὅμοια ausgelassen war; dieselbe Lacuna tritt in dem Basler Diog.-Laert.-Manuskript auf, das Er. vorlag: Πρὸς τὸ παρασχηματίζον αὐτὸ (αὐτοῦ *ed. Froben. p. 265*) τῷ πλάστῃ μειράκιον, „εἰπέ μοι", φησίν, „εἰ φωνὴν λάβοι ὁ χαλκός, ἐπὶ τίνι ἂν ⟨οἴει⟩ σεμνυνθῆναι;" τοῦ δ᾿ εἰπόντος, „ἐπὶ κάλλει", „οὐκ αἰσχύνῃ οὖν", ἔφη, „τὰ ὅμοια (τὰ ὅμοια deest in ed. Froben.) γεγηθὼς ἀψύχῳ"; Antisthenes Frgm. 114 Giannantoni; 172 (c) Prince (S. 561–563); Luck *WdH* 31 (S. 45); οἴει ist eine überzeugende Emendation Casaubons.

386–387 *curarat … conformabat* Im narrativen Teil hat Er. den Sinn des Diogenes-Laertius-Textes missverstanden. Gemeint ist nicht, daß der Jüngling eine Porträtstatue seiner selbst in Auftrag gegeben hatte („curarat sese ex aere sculpendum"), die er nunmehr eitel nachahmte („et ad eam imaginem sese *conformabat*"), sondern dass er für einen Bildhauer posierte (vgl. Hicks „who was posing fantastically as an artist's model"), der offensichtlich dabei war, ein *Tonmodell* für die Bronzestatue eines (beliebigen) *Athleten* anzufertigen. Es handelte sich sicherlich nicht um eine Porträtstatue, wie aus dem Wort für posieren, παρασχηματίζον αὐτὸ, hervorgeht, das „eine uneigentliche und unnatürliche, künstliche Gestalt annehmen" bedeutet (vgl. Passow II, 1, s.v. παρασχηματίζω, „von der rechten, wahren oder eigentlichen Gestalt abändern"). Somit mußte der für die Bronzestatue eines Athleten posierende Jüngling eine schwierige Körperhaltung einnehmen, wie etwa Myrons Diskuswerfer. Er., der hier nach der von Curio edierten latein. Übers. arbeitete, ohne sich um den griech. Text zu kümmern, kopierte „se conformare" aus Traversaris nicht ganz leicht verständlicher Übers. „se fictori suo conformabat" (etwa „für seinen

Schöpfer/Bildner eine/die erwünschte Körperhaltung/Gestalt einnahm"), vergaß jedoch, den Bildhauer zu vermelden, wodurch der Sinn noch trüber wurde. Traversaris „se conformare" stellt einen kreativen Versuch dar, einen lateinischen Ausdruck für „posieren" herzustellen, wobei er sich vielleicht durch Ciceros Ausdruck „se conformare ad voluntatem alicuius" (*Fam.* I, 8; vgl. *DNG* I, Sp. 1128, s.v. „conformo") inspirieren ließ. Für παρασχηματίζον ist im Lateinischen kein Äquivalent vorhanden, die Formulierung des Diog. Laert. müsste etwa mit „qui statuario in parum naturalem formam componebat" wiedergegeben werden. Luck *WdH* 31 (S. 45) scheint παρασχηματίζον nicht recht verstanden zu haben („Jüngling, der sich für einen Bildhauer schön machte").

389 *inanimo* Mit „inanimo" variiert Er. Curios „inanimi", womit dieser Traversaris irreführenden Plural „inanimis" korrigiert hatte.

Apophth. VII, 73 datiert auf die Zeit nach Sokrates' Hinrichtung i.J. 399 n. Chr.; nach Diog. Laert. VI, 9–10 wurde Anytos auf Betreiben des Antisthenes aus Athen verbannt. I.J. 396 v. Chr. war Anytos noch in Athen politisch tätig (vgl. Prince, S. 75). Prince vermutet, daß sich hinter der Anekdote ein literarisches Werk (des Antisthenes) verbirgt (S. 74).

392–395 *Adolescentes ... expulerunt* Freie, paraphrasierende, mit Erklärungen angereicherte Wiedergabe des Er. von Diog. Laert. VI, 10: Ποντικοῖς γὰρ νεανίσκοις κατὰ κλέος τοῦ (τοῦ *ed. Froben., F: deest in ed. Markovich, codd.*) Σωκράτους ἀφιγμένοις περιτυχὼν ἀπήγαγεν αὐτοὺς πρὸς τὸν Ἄνυτον, εἰπὼν ἐν ἤθει σοφώτερον εἶναι τοῦ Σωκράτους· ἐφ' ᾧ διαγανακτήσαντας τοὺς περιεστῶτας ἐκδιῶξαι αὐτόν (ed. Froben, S. 265); Antisthenes Frgm. 21 Giannantoni; 21 Prince (S. 74–75). Im Schlußsatz stimmt mit dem griech. Text nur mehr die Wiedergabe von ἐκδιώκω überein. Die Übers. Traversaris hat Er. anscheinend nicht berücksichtigt: „Nanque Ponticis iuuenibus ob Socratis gloriam sollicitatis cum incidisset (sollicitatis cum incidisset *ed. Curio*: aduentientibus congressus *Traversari, e.g. ed. Ven. 1490*), eos ad Anytum abduxit, dicens illum moribus sapientiorem esse quam Socratem. Qua ex re indignatos circumstantes effugasse (effugasse *ed. Curio*: efugasse *ed. Ven. 1490*) illum" (ed. Curio, Basel 1524, S. 185).

392 *Athenas* „Athenas" ist ein erklärender Zusatz des Er.

393 *duxit ad Anyti domum* Der Anekdote zugrundeliegende Sachverhalt ist, daß die philosophiebegeisterten Griechen, die ca. 396 v. Chr. von der Küste des Schwarzen Meeres nach Athen kamen, um den berühmten Sokrates einmal zu sehen, keine Ahnung davon hatten, daß dieser bereits einige Jahre zuvor (399) hingerichtet worden war. Dass Antisthenes, ein Schüler und Anhänger des Sokrates, die Sokrates-Fans zu Anytos hinführte, tat er natürlich in der Absicht, um den Ankläger Anytos dadurch anzuprangern und Hass gegen ihn zu schüren. Anytos, ein Lederfabrikant und einflussreicher Vertreter der athenischen Demokratie, war als Hauptankläger im Prozess gegen Sokrates aufgetreten, und war somit der Hauptverantwortliche für die Verurteilung und Hinrichtung des Philosophen. Für Anytos vgl. M. Meier, *DNP* I (1999), Sp. 820, s.v. „Anytos"; W. Judeich, *RE* I, 2 (1884), Sp. 2656, s.v. „Anytos", Nr. 3.

393 *multo* „multo" ist ein ausschmückender narrativer Zusatz des Er. zum griech. Text.

393–394 *vt ... accusasset* „vt qui Socratem accusasset" ist ein die historische Situation erläuternder Zusatz des Er.

VII, 74   Pollicitatio   (Antisthenes Atheniensis, 36)

Adolescens quidam Ponticus pollicebatur se rationem Antisthenis *habiturum, si nauis ipsius, quae salsamenta vehebat, appulisset.* Antisthenes arrepto *nouo* [i.e. vacuo] *vase* vna cum *adolescente ibat ad mulierem, quae vendebat farinam, et* impleto vase coepit onustus discedere. Mulieri vero poscenti farinae precium commonstrato adolescente „Hic", inquit, „dabit, si nauis cum salsamentis appulerit", significans inanes esse in diem pollicitationes, quum farina quotidie sit praesenti pecunia emenda.

VII, 75   Argvte   (Antisthenes Atheniensis, 37)

Quum Antisthenes ipse salsamenta per forum gestaret, id quibusdam *admirantibus,* quod philosophus officio tam sordido fungeretur, idque in publico, ac non potius seruo delegasset, „Quid", inquit, „admiramini? Haec mihi porto, non aliis", sentiens nullum esse sordidum obsequium, quod sibi quis impenderet; dein non esse indecorum, eum portare salsamenta, qui salsamentis vesceretur.

VII, 76   Solerter   (Antisthenes Atheniensis, 38)

Cuidam obiicienti, quod Antistheni mater esset Phrygia, „Et deorum", inquit, „mater", ridiculum arbitrans, cuiquam probro dari patriam, quum in damnatissimis regionibus interdum nascantur felicissima ingenia.

---

398 arrepto *correxi*: accepto B C.   404 id B C: delevit Lycosthenes (p. 79).
404 Quum C: Cum B.

397–401 *Adolescens ... appulerit* Diog. Laert. VI, 9. Er. hat die durch einen Fehler getrübte Übers. Traversaris bearbeitet: „Pontico adolescente pollicente illum sibi fore curae, si nauis applicaret, qua salsamenta (salsamenta *ed. Curio*: salsa Traversari, e.g. *ed. Ven. 1490*) vehebantur, sumpto illo et vase nouo abiit ad eam, quae farinam venumdabat, et oneratus (oneratus *ed. Curio*: onerans *ed. Ven. 1490, ed. Paris. 1509, fol. LXVI r*) abibat (abibat *ed. Curio*: proficebatur Traversari). Illa vero pretium petente ‚Hic', inquit, ‚adolescens dabit, si salsamentorum (salsamentorum *ed. Curio*: salsorum Traversari), ipsius nauis applicuerit (applicuerit *ed. Curio*: applicauerit *ed. Ven. 1490, ed. Paris. 1509*)'" (ed. Curio, Basel 1524, S. 185). Während im griech. Originaltext steht, daß Antisthenes ein „leeres Gefäss" (θύλακον κενόν) zu der Mehlverkäuferin mitnahm, hatte die Übers. Traversaris ein „neues Gefäss" („vase nouo" statt „vacuo"), das Er. übernahm, ohne sich um den griech. Text zu kümmern: Ποντι-κοῦ νεανίσκου πολυωρήσειν αὐτοῦ ἐπαγγελλομένου, εἰ τὸ πλοῖον ἀφίκοιτο τῶν ταρίχων, λαβὼν αὐτὸν καὶ θύλακον κενόν (κενὸν *ed. Froben., text. recept., ed. Marcovich*: καινόν *codd.* P1, Q B Φ) πρὸς ἀλφιτόπωλιν ἧκε καὶ σαξάμενος ἀπῄει· τῆς δὲ αἰτούσης τὸ διάφορον, „ὁ νεανίσκος", ἔφη, „δώσει ἐὰν τὸ πλοῖον αὐτοῦ τῶν ταρίχων ἀφίκηται" (ed. Froben, S. 265); Traversari hatte einen Text mit καινὸν statt κενόν vor sich. Antisthenes Frgm. 114 Giannantoni; 172 (d) Prince (S. 561–563); Luck *WdH* 31 (S. 45).

397 *Ponticus* Ein Mann, der aus einer der griech. Kolonien an der Küste des Schwarzen Meeres stammte, wohl ein Schüler des Antisthenes, der säumig mit der Entrichtung des Schulgeldes war. Prince, S. 563, vermutet, daß es sich um Diogenes von Sinope handelt.

398 *salsamenta* τὰ τάριχα, die generische Bezeichnung für Gepökeltes (latein. „salsa"; vgl. Passow II, 2, S. 1825, s.v. τάριχος); da es sich um eine Schiffsladung mit Gepökeltem geht, die

vom Schwarzen Meer herkommt, muß es sich um Pökelfisch handeln. Traversari übersetzte τὰ τάριχα mit dem generischen „salsa", Curio verbesserte dies zu dem spezifischen „salsamenta", „Salzfische" (vgl. DNG II, Sp. 4244, s.v. „salsamentum" II). Er. übernahm Curios Text.

398 *arrepto* Das von den Baseldrucken einhellig überlieferte „accepto" liefert keinen brauchbaren Sinn; es handelt sich m.E. um eine Korruptel von „arrepto" (= Übers. von λαβών).

404–406 *Quum ... aliis* Freie, paraphrasierende, mit Erklärungen angereicherte Wiedergabe von Plut. *Praec. ger. reip.* 15, *Mor.* 811B–C: ... τὸ τοῦ Ἀντισθένους μνημονευόμενον· θαυμάσαντος γάρ τινος, εἰ δι' ἀγορᾶς αὐτὸς φέρει τάριχος, „ἐμαυτῷ γ'", εἶπεν. Antisthenes Frgm. 100B Prince (S. 335). Aus dem Schlußteil des Spruches („non aliis") geht hervor, daß Er. auch ein Element aus Sagundinos Übersetzung übernommen hat, das im griech. Originaltext keine Entsprechung hat: „Admiratione quidam summopere teneri videbatur, quod Antisthenes ipse per forum obsonii et salsamenti nescio quid deferebat. Ad quem Antisthenes, ‚Desine', inquit, ‚mirari. Mihi ipsi enim haec, non aliis fero'" (ed. Cratander, Basel 1524, fol. 8A).

404 *quibusdam admirantibus* Nach Plut. *Mor.* 811B war es eine einzige Person, die sich über das Verhalten des Antisthenes wunderte; Er. pluralisierte sie in seiner Paraphrase.

405–406 *quod ... delegasset* „quod ... delegasset" sind zwischengeschobene Erklärungen des Er.

406–408 *Sentiens ... vesceretur* Obwohl die Erklärung des Er. auf den ersten Blick plausibel klingen mag, ist sie kulturhistorisch nicht stimmig. Im klassischen Athen galt es für sozial unwürdig, wenn reiche Leute oder Patrizier die Hausarbeit, wie etwa Putzen, Kochen, Auf-den-Markt-Gehen usw., selbst verrichteten. Die Antwort des Antisthenes ist zynisch gemeint: „Gaff nicht so, ich verdinge mich ja nicht als Laufbursche für andere Leute". Typisch für die Kyniker ist die Gleichgültigkeit, die sie in Bezug auf soziales Decorum an den Tag legten.

Apophth. VII, 76 ist ein Gegenstück zu VII, 47, wobei es in beiden Fällen um Antisthenes' ausländische Herkunft mütterlicherseits geht. Vgl. Komm. oben ad VII, 47.

410 *Cuidam ... mater* Wörtliche Übers. des Er. von Plut. *De exilio* 17, *Mor.* 607B: τὸ δὲ τοῦ Ἀντισθένους οὐκ ἐπαινεῖς πρὸς τὸν εἰπόντα ὅτι Φρυγία σού ἐστιν ἡ μήτηρ, „καὶ γὰρ ἡ τῶν θεῶν"; Antisthenes, Frgm. 2B Prince (S. 31–32). Er. scheint im Fall von *Apophth.* VII, 76 nicht von Angelo Barbatos Übers. ausgegangen zu sein: „Nam quis non Antisthenem laudet, qui dicenti ‚Phrygia mater tua est', ‚Et deorum eadem mater', inquit" (ed. Cratander, Basel 1530, fol. 118B). Er. benutzte die Stelle bereits oben in VII, 47, wo er sonst von Diog. Laert. ausgeht. Allerdings schrieb dieser der Mutter des Antisthenes keineswegs eine phrygische Herkunft zu, sondern bezeichnet sie als Trakerin: ἐλέγετο δ' οὐκ εἶναι ἰθαγενής· ὅθεν καὶ πρὸς τὸν ὀνειδίζοντα εἰπεῖν, „καὶ ἡ μήτηρ τῶν θεῶν Φρυγία ἐστίν". ἐδόκει γὰρ εἶναι Θρᾴττης μητρός (Diog. Laert. VI, 1; Antisthenes Frgm. 1A Prince, S. 27). Der nämliche Spruch wird auch von Sen. *Const. sap.* 18, 6 überliefert, der ebenfalls die *thrakische* Abstammung attestiert: „Antistheni mater barbara et Thraessa obiciebatur: respondit et deorum matrem Idaeam esse" (Antisthenes Frgm. 2A Prince, S. 30–31). Daß Antisthenes' Mutter eine Thrakerin war, wird allgemein als historisch korrekt eingestuft (vgl. i.a. K. Döring, *DNP* 1 [1996/9], Sp. 793, s.v. „Antisthenes", Nr. 1 und P.G. Natorp, *RE* I, 2 [1894], Sp. 2538–2539, s.v. „Antisthenes", Nr. 10, sowie Komm. oben zu VII, 47). Plutarchs Version von der phrygischen Abstammung beruht wohl auf einer Verwechslung, die bei der Wiedergabe der Anekdote entstanden ist, kaum auf einem bewussten Versuch Plutarchs, Antisthenes' soziale Herkunft noch abjekter und greller zu gestalten, wie Hense behauptete, vgl. *Rheinisches Museum* 45 (1890), S. 545.

410 *Deorum mater* Der Kult der „Großen Göttin" oder „Großen Mutter", Kybele, stammt aus Phrygien (Anatolien). Die Göttin hiess im Anatolischen Matar Kubaba/ Kubil(e)ya (Mutter Kybele). Sie wurde als Herrin der Tiere (*Potnia theron*), Naturgöttin und Erdenmutter verehrt, insbesondere als Mutter des Berges Ida. Ihr Heiligtum befand sich in Pessinus, das ca. 150 km südwestlich des heutigen Ankara lag. Ihr Kult wurde von den griechischen Kolonisten in Kleinasien übernommen und seit dem 6. Jh. v. Chr. auch auf das griechische Kernland übertragen. In den griechischen Kulten wurde Kybele mit der Erdmutter Gaia und der Fruchtbarkeitsgöttin Demeter identifiziert. In Athen erhielt sie von öffentlicher Hand um 500 v. Chr. ihren Tempel (Metroion auf der Agora).

VII, 77   FORTITVDO   (Antisthenes Atheniensis, 39)

Dicere solet *hostibus a diis omnia optanda esse bona, excepta fortitudine, quod illa omnia aliquando futura sint eorum, qui fortitudine praecellerent, non eorum, qui possiderent,* quod ob ignauiam ea tueri non possint. Sensit frustra parari bona, si, qui parauit, tueri nesciat.

VII, 78   FORTITVDO   (Antisthenes Atheniensis, 40)

Si quam vidisset mulierem egregie *cultam, adibat aedes illius iubebatque virum proferre arma et equum; quae si placuissent, patiebatur mulierem indulgere deliciis,* quod esset, qui defenderet: *sin minus,* suadebat, vt *eum ornatum deponeret,* ne praeda fieret aliis.

414 solet *B C*: solebat *LB Lycosthenes.*

413 *Fortitudo* Lycosthenes druckt das *Apophthegma* VII, 77 ebenso wie das folgende, das denselben Titel trägt, in seinem Kap. „De fortitudine heroica et militari" (S. 380). Aus dem Spruch geht hervor, daß Antisthenes ἀνδρεία anscheinend als zentrale Haupttugend betrachtete, vgl. Prince, S. 272, während er diese Rolle in einem anderen Fragment der σωφροσύνη zuwies.

414–415 *Dicere ... possiderent* Plut. *De Alexandri magni fortuna aut virtute* II, 3, *Mor.* 336A. Er. bearbeitete die latein. Übers. Budés, wobei er den ersten Teil des Spruches wörtlich kopierte: „Praeclare enim Antisthenes hostibus optanda omnia a diis esse bona dicebat, praeter fortitudinem. Etenim illa tandem armis praestantium fore, non illa possidentium". Vgl. den griech. Text: ὀρθῶς γὰρ Ἀντισθένης ἔλεγεν ὅτι πάντα δεῖ τοῖς πολεμίοις εὔχεσθαι τἀγαθὰ πλὴν ἀνδρείας· γίγνεται γὰρ οὕτως οὐ τῶν ἐχόντων, ἀλλὰ τῶν κρατούντων. Antisthenes Frgm. 77 Gainnantoni; 77A Prince (S. 271–272), Luck *WdH* 42 (S. 47); Vgl. Stob. IV, 13, 41 (Περὶ τῶν στρατηγῶν καὶ περὶ τῶν κατὰ τῶν πολέμων χρειῶν ὑποθῆκαι): Ἀντισθένης ἔλεγεν, ὅτι πάντα (πάντα deest in ed. Trincavelli fol. ⟨XVII⟩ʳ) δεῖ τοῖς πολεμίοις εὔχεσθαι τἀγαθὰ παρεῖναι χωρὶς ἀνδρείας· γίγνεται γὰρ (γὰρ *deest in ed. Trincavelli*) οὕτως οὐ τῶν ἐχόντων ἀλλὰ κρατούντων (τῶν κρατούντων *ed. Trincavelli*), Antisthenes Frgm. 77B Prince (S. 271–272).

414 *a diis* Das im griech. Originaltext nicht vorhandene „a diis" wurde von Budé hinzugefügt, was wiederum Er. gleichsam automatisch mitübernahm.

Apophth. VII, 78 ist kein Apophthegma im eigentlichen Sinn, sondern ein Exemplum mit der Darstellung einer demonstrativen Handlung (vgl. Einleitung). Lycosthenes druckt VII, 78 ebenso wie das vorhergehende Lemma, das denselben Titel trägt, in seinem Kap. „De fortitudine heroica et militari" (S. 380).

419–421 *Si ... deponeret* Nahezu wörtliche Übernahme von Traversaris Übers. von Diog. Laert. VI, 10: „Sicubi vero ornatam offendisset mulierem, ad domum illius proficiscebatur iubebatque virum eius equum proferre et arma; vt siquidem haec illi essent, delitiis vacare sineret (sc. mulierem). His enim iniurias propelleret (iniurias propelleret *ed. Curio*: vlcisci *Traversari, e.g. ed. Ven. 1490*); sin alias, cultum illum (illum *suppleuit Curio, deest in versione fratris Ambrosii, e.g. in ed. Ven. 1490*) amoueret" (ed. Curio, Basel 1524, S. 185). Vgl. den griech. Text: εἰ δέ ποθι θεάσαιτο γύναιον κεκοσμημένον, ἀπῄει ἐπὶ τὴν οἰκίαν αὐτῆς καὶ ἐκέλευε τὸν ἄνδρα ἐξαγαγεῖν (διαγαγεῖν ed. Froben. p. 265) ἵππον καὶ ὅπλα, ὥστ᾿ εἰ μὲν ἔχοι ταῦτα, ἐᾶν τρυφᾶν· ἀμυνεῖσθαι γὰρ τούτοις· εἰ δὲ μή, περιαιρεῖν τὸν κόσμον. Antisthenes Frgm. 61 Giannantoni; 61 Prince, S. 241–242, Luck *WdH* 55 (S. 62).

419 *egregie cultam* „egregie cultam" ist eine Variation des Er. von Traversaris punktgenauer Übers. von κεκοσμημένον, „ornatam", allerdings eine Variation, die den Sinn vager gestaltet; mit κεκοσμημένον waren zweifellos die Schmuckstücke gemeint, die die betreffende Frau trug (Ohrringe, Halsketten etc.), da Antisthenes in betimmten Fällen forderte, daß sie den Schmuck „ablege, abnehme" (περι-

αἱρεῖν, Passow II, 1, S. 828, s.v. περιαιρέω); vgl. richtig Luck *WdH* 55 (S. 62) „Dame mit viel Schmuck ... andernfalls müsse sie auf ihren Schmuck verzichten" und Hicks „a woman ... decked out with ornaments ... he would bid him strip off the finery"; Prince, S. 241 interpretiert κεκοσμημένον weniger überzeugend mit „Makeup": „a woman beautiful with makeup ... he (the husband) should destroy her adornment".

421 *ne ... aliis* „ne praeda fieret aliis", das keine Entsprechung im griech. Originaltext hat, stellte eine erklärende Ergänzung des Er. dar.

VII, 79   Loqvacitas   (Antisthenes Atheniensis, 41, i.e. Timon Phliasius)

425 Antisthenem, *quoniam multa conscripsit* volumina, *Timon appellare* solet παντοφυῆ φλέδονα, id est, *ingeniosum nugatorem*. Non tamen dixit εὐφυῆ, sed παντοφυῆ, quod ingenio ad quiduis versatili varia tractaret argumenta, et in his quaedam parum digna philosopho.

ANTISTHENIS PLACITA

VII, 80   Stvdivm   (Antisthenes Atheniensis, 42, placitum 1)
430

Huius placita non indigna sunt, quae commemorentur. Dicebat τὴν ἀρετὴν εἶναι διδακτικήν, id est, *virtutem disci posse*, aduersus eos, qui putant nasci cum homine, aut naturae affectus studio vinci non posse.

---

424 solet *B C*: solebat *LB Lycosthenes (p. 621).*   425 φλέδονα scripsi: φλέδωνα *B C BAS LB.*

Apophth. VII, 79 stellt weder einen Spruch dar noch ist der Urheber der zitierten Wörter Antisthenes. Dieser ist vielmehr die Zielscheibe einer satirischen Kritik, die sich in einem dichterischen Werk aus der Kategorie der *Spudaiogeloia* findet. Er. verkehrte jedoch in der irrigen Meinung, daß Diogenes Laertius einen Ausspruch zitiere. Die Art der Darstellung („Timon pflegt zu sagen …") zeigt, daß Er. davon ausging, daß es um abschätzige Äußerungen eines Zeitgenossen des Antisthenes ging. Lycosthenes übernahm Er.' irrige Annahme, daß es um einen Spruch ging; er druckte ihn, dem Titel „Loquacitas" entsprechend, in seiner Kategorie „De lingua, garrulitate et loquacitate nimia" (S. 621).

424-425 *Quoniam … φλέδωνα* Variierende Wiedergabe von Traversaris Übers. von Diog. Laert. VI, 18: „Timon autem ob multitudinem eorum, quae scripsit, increpans illum, ingeniosum nugatorem eum dixit" (ed. Curio, Basel 1524, S. 188). Vgl. den griech. Text: Ὧι Τίμων (Τίμων δὲ *in ed. Froben p. 269*) διὰ τὸ πλῆθος ἐπιτιμῶν παντοφυῆ (αὐτῷ παντοφυῆ *in ed. Froben p. 269*) φλέδονά φησιν αὐτόν; *PPF* Timon B 37; *Suppl. Hell.* 811.

424-425 *Timon … nugatorem* Es handelt sich um eine satirische Stellungnahme eines Philosophenkollegen über das Werk des Antis-thenes; dieser stammt von dem Pyrrhonisten **Timon aus Phleius** (ca. 320–230 v. Chr.), dem skeptischen Philosophen und Dichter, der ein satirisches hexametrisches Gedicht in drei Büchern mit dem Titel *Silloi* verfasste, in dem er *die Schriften aller Philosophen* vor ihm verspottete (mit Ausnahme des Xenophanes und seines Lehrers Pyrrhon, der allerdings keine schriftlichen Werke hinterließ). Von dem um 250 verfassten Werk haben sich nur Fragmente, insgesamt etwa 135 Verse erhalten. Satire war eine Lieblingsgattung der Skeptiker. Die Angelpunkte von Timons Kritik an Antisthenes waren „nutzlose Geschwätzigkeit" und der Umfang seiner Werke. Die bei Diogenes überlieferten charakterisierenden Wörter παντοφυῆ φλέδονα passen in das metrische Schema des Hexameters, in der korrekten Form (nicht in der in den Baseldrucken überlieferten fehlerhaften Form φλέδωνα). Timons Vaterstadt Phleius liegt in der nordöstlichen Peloponnes, ca. 20 km von Korinth entfernt. Zu seiner Person und seinem Werk vgl. *i.a.* M. Di Marco, *DNP* 12.1 (2002), Sp. 592–593, s.v. „Timon", Nr. 2; W. Nestle, *RE* VI, A2 (1937), Sp. 1301–1303, s.v. „Timon", Nr. 13; A.A. Long, „Timon of Phleius. Pyrrhonist and satirist", in: *Proceedings of the Cambridge Philological Society*, N.F. 24 (1978), S. 69–91; F. Ricken,

Antike Skeptiker, München 1994, S. 18–28, sowie unten Komm. zu VII, 387. Für die Fragmente Timons von Phleius vgl. H. Lloyd-Jones und P.J. Parsons (Hrsg.), *Supplementum Hellenisticum*, Berlin 1983, S. 368–395. In den *Apophthegmata* bringt Er. drei Sprüche des Timon von Phleius (VII, 387–389), wobei er ihn allerdings unter dem irrtümlichen Namen Timon Nicaeus führt und der Spruchspender von VII, 387 in Wirklichkeit der Peripatetiker Hieronymos ist. Er. war nicht klar, daß es sich bei dem von Diog. Laert. genannten Timon um Timon von Phleius (bzw. „Timon Nicaeus", wie er in der Tradition des Diog. Laert.-Textes genannt wurde) handelt. Aufgrund der Tatsache, daß er das Zitat als wiederholten Spruch eines Zeitgenossen des Antisthenes betrachtete, läßt sich ausschliessen, daß Er. an den von Diog. Laert. IX, 109–116 beschriebenen Timon von Phleius dachte, der ein Jahrhundert später als Antisthenes lebte. Höchstwahrscheinlich meinte Er., daß der Spruch dem bekannten athenischen Misanthropen Timon zugehöre, ebenso, wie er in *Adag.* 2521 „Pistillo retusius" (*ASD* II, 6, S. 356), ein Zitat des Timon, wohl ebenfalls aus den *Silloi*, dem Misanthropen zuschrieb: „[H] Timon Misanthropus Cleanthem ob ingenii tarditatem appellat ὅλμον ἄτολμον, id est *pistillum siue mortarium ignauum*" (Timon Fr. 41 Diels). Aufgrund derselben Verwechslung bezeichnet Er. in *Apophth.* VI, 543 und 544 Timon den Misanthropen fälschlich als „Philosophen".

424 *appellare solet* Diese Formulierung zeigt, daß Er. nicht ahnte, daß die zitierten Wörter aus einem literarischen Werk stammten.

425 *ingeniosum nugatorem* Die Übers. des vermeintlichen Spruches, „ingeniosum nugatorem", kopierte Er. wörtlich von Traversari (a.a.O.); diese Übers. ist gleichwohl nicht ganz gelungen: während zwar „nugator" paßgenau φλέδων, „nutzloser Schwätzer", wiedergibt, bedeutet die (seltene) Wortbildung παντοφυής nicht „ingeniosus", sondern „alles hervorbringend/ erzeugend/ gebärend", auf Latein etwa „omniparens".

425–427 *Non tamen ... philosopho* Die Erklärung des Er., mit der er ein Pfauenrad als Gräzist und Kenner von Antisthenes' Werken schlägt, ist im Grunde reiner Bluff. Tatsächlich hatte Er. keine Ahnung von Antisthenes' Schriften, von denen sich nur wenige Fragmente erhalten haben. Das Zitieren des griech. Wortes εὐφυής ist zum Verständnis des Apophthegmas nicht hilfreich. εὐφυής bedeutet „talentvoll, von guten natürlichen Anlagen" (Passow I, 2, S. 1271, s.v., Nr. 2); da es somit ein Äquivalent von „ingeniosus" ist, erzeugt es einen konträren Sinn; dasselbe ergibt sich aufgrund der Tatsache, daß εὐφυής in der Zeit der athenischen Klassik als Schimpfwort für „geistreiche Schwätzer" verwendet wurde (vgl. ebd., S. 1272). Daß der Inhalt von einigen Werken des Antisthenes „kaum eines Philosophen würdig" („quaedam parum digna philosopho") gewesen sei, ist eine bloße Behauptung des Er.: Aus den Titeln der ca. 50 Einzelschriften, die Diog. Laert. VI, 15–19 auflistet, läßt sich dies nicht ausmachen.

Apophth. VII, 80–98 geben die Lehrmeinungen (Latein. *placita, sententiae*) des Antisthenes wieder und bilden insofern keine Apophthegmata im eigentlichen Sinn (vgl. Einleitung). Es gehörte zur Methode des Diogenes Laertius, in den den einzelnen Philosophen gewidmeten Abschnitten jeweils deren Lehrmeinungen aufzulisten.

431–432 *Huius ... διδακτικήν* Diog. Laert. VI, 10: „Ἤρεσκεν αὐτῷ καὶ τάδε. διδακτὴν ἀπεδείκνυε τὴν ἀρετήν (ed. Froben, S. 265). Antisthenes Frgm. 134 Giannantoni; 134 x Prince (S. 288–391), Luck *WdH* 88 (S. 69). Vgl. die latein. Übers. Traversaris: „Quae autem illi placuere, ista sunt: docibilem esse virtutem" (ed. Curio, Basel 1524, S. 185). Der Spruch findet sich auch in Arsen. *Violet.*, S. 108.

432 *virtutem disci posse* Die Lehrmeinung, daß die Tugend erlernbar sei, teilten eine Reihe von Philosophen, u.a. Sokrates und die Stoiker (Chrysippos, Kleanthes, Poseidonios). Vgl. e.g. Diog. Laert, VII, 91: διδακτήν τ' εἶναι αὐτήν, λέγω δὲ τὴν ἀρετήν, καὶ Χρύσιππος ἐν τῷ πρώτῳ Περὶ τέλους φησὶ καὶ Κλεάνθης καὶ Ποσειδώνιος ἐν τοῖς Προτρεπτικοῖς καὶ Ἑκάτων. Vgl. auch Komm. in *CWE* 38, S. 785; Lycosthenes, S. 344 (mit dem Hinweis auf Dio. Laert. VI, 1): „Cum multi philosophorum disputassent de virtutis difficultate, Antisthenes prosiliens virtutem assiduitate et studio disci posse affirmauit ...".

	VII, 81	NOBILITAS	(Antisthenes Atheniensis, 43, placitum 2)

Τοὺς αὐτοὺς εὐγενεῖς τοὺς καὶ ἐναρέτους: *Qui virtute praediti sunt, eosdem et nobiles esse.* Habent enim id, vnde vera nascitur nobilitas. Aduersus eos, qui maiorum imaginibus aut diuitiis metiuntur nobilitatem.

	VII, 82	TOLERANTIA	(Antisthenes Atheniensis, 44, placitum 3)

Virtutem sibi *sufficere ad felicitatem nec vlla re opus habere, nisi robore Socratico.* Socrates ad omnium rerum patientiam obduruerat. Imbecillitas corporis impedit frequenter virtutis vsum.

Apophth. VII, 81 bringt einerseits den Kern der Ethik des Antisthenes, die Fokussierung auf die Tugend als das einzige Gut, zum Ausdruck, andererseits den Gedanken vom Tugendadel, der von den Humanisten breit getragen wurde. Für die Tugend als zentrales Prinzip der Ethik des Antisthenes vgl. weiter *Apophth.* VII, 80, 82, 83. Lycosthenes druckt VII, 81 im Kap. „De nobilitate vera" (S. 783).

Apophth. VII, 81–98 Bei diesem und den folgenden placita ist gedanklich stets „Dicebat", das in *Apophth.* VII, 80 steht, zu ergänzen.

436 Τοὺς … ἐναρέτους Antisthenes Frgm. 134 Giannantoni; 134 b Prince (S. 288–391).

436 *Qui virtute praediti sunt* Er. verbesserte hier Traversaris unzulängliche Übers. „virtutis studiosos".

437 *vnde vera nascitur nobilitas* Er. bezeigt sich hier als Adept des im Humanismus häufig vertretenen Gedankens, daß der wahre Adel nur auf Tugend gegründet sei. Dazu vgl. K. Garber, „De vera nobilitate. Zur Formation humanistischer Mentalität im Quattrocento", in: ders., *Literatur und Kultur im Europa der Frühen Neuzeit*, München 2008, S. 444–503; G. Castelnuovo, „Humanists and the Question of Nobility in the Mid-15th Century", in: *Rives méditeranneénnes* 32–33 (2009), S. 67–81; A.J. Vanderjagt, *Qui sa vertu anoblist*: *the concepts of noblesse and chose publicque in Burgundian political thought*, Groningen: 1981; T.R. Jorde, *Cristoforo Landinos* De vera nobilitate. *Ein Beitrag zur Nobiltas-Debatte im Quattrocento*, Berlin-New York 1995. An der Diskussion beteiligten sich u.a. Buonaccorso da Montemagno, Poggio Bracciolini, Carlo Marsuppini, Cristoforo Landino und Bartolomeo Platina. Vgl. Poggio Bracciolini, *De vera nobilitate* ed. D. Canfora, Rom 2002; Carolus (sic) Poggius, *De nobilitate liber disceptatorius et Leonardi Chiensis De vera nobilitate contra Poggium tractatus apologeticus* … (1657); I. Pierini, „La vera nobilità di Carlo Marsuppini", in *Medievo e Rinascimento* 28 (2014), S. 63–94; Landino Cristoforo, *De vera nobilitate*, ed. M.T. Liaci, Florenz 1971; Platina, *De vera nobilitate*, Erfurt 1510.

437–438 *qui maiorum … nobilitatem* „qui maiorum imaginibus … metiuntur nobilitatem" stellt eine Variante der griffigen Formel dar, die Er. in seiner häufigen Kritik des angestammten Adels verwendete: „qui praeter maiorum imagines nihil habent nobilitatis"; vgl. z. B. *Ep.* 2093 (Allen VIII, S. 42, vom 1.2. 1529, = Widmungsbrief der Ausgabe des Dion Chrysostomos): „Quam multos videmus hodie iuuenes, Carole, gentis Utenhouiae decus, qui praeter maiorum imagines nihil habent nobilitatis, nec in aliud valere putant gentis claritudinem quam vt sub huius vmbra licentius et impunitius indulgeant ocio, lusibus, amoribus, comessationibus reliquisque nequitiae partibus! Iudiciis adeo peruersis, vt, quum ex virtute profecta sit omnis nobilitas, sibi persuaserint virtute nobilitatem amitti gentisque decus obscurari: quod mea sententia nihilominus absurdum est quam si quis affirmet solem tenebras inuehere, noctem rebus lucem infundere. Siquidem tam crasso tenentur errore, vt existiment ocium, ignauiam, omnium liberalium disciplinarum inscitiam, mores luxu perditos caeteraque vitia non modo licere, sed etiam decere bene natos, quae nullum omnino mortalem non dedecent. Atqui longe turpius est progenitorum claritati tenebras offundere quam obscuris natum esse. Neque enim in cuiusquam est potestate, ex qualibus nascatur; sed quemadmodum ea laus proprie nostra est, si disciplinis ac recte factis efficiamus, vt a nobis initium sumat nobilitas, ita nostrum proprie dedecus est, si maioribus virtute partam nobilitatem degenere vita obscuremus. Sed his quoque sunt deteriores, qui se mendaci nobilitatis titulo venditant, quo magis liceat, quicquid animo collibuit"; *Eccles.*, Buch II, *ASD* V, 4, S. 324: „Sic inhonesta est generis claritas iis, qui maiorum gloriae benefactis partae suis vitiis tenebras offuderunt et qui nihil habent nobilitatis praeter imagines et quibus familiae lux ad nihil aliud valet, nisi vt cum maiore infamia sint improbi"; *Apophth.* IV, 280 (*ASD* IV, 4, S. 351), im einleitenden Spruch der Cicero-Sektion: „Parum illustris est, qui praeter imagines et cognomen nihil habet nobilitatis; pulcherrimum autem nobilitatis genus est, quam sibi quisque propriis virtutibus conciliat. Nec fefellit M. Tullius; Ciceronis enim nomen hodie decantatius est quam trecenti Catuli aut Scauri cum suis stemmatibus, statuis et imaginibus".

Vorbilder für diese Kritik bezog Er. aus der röm. Antike; vgl. u. a. Sen. *Epist.* 44, 5: „Quis est generosus (i.e. nobilis)? Ad virtutem bene a natura compositus. Hoc vnum intuendum est. ... Non facit nobilem atrium plenum fumosis imaginibus. ... Animus facit nobilem, cui ex quacumque condicione supra fortunam licet surgere"; Iuv. 8, 19–20: „Tota licet veteres exornent vndique cerae/ Atria, nobilitas sola est atque vnica virtus./ ...". Die Einforderung des Tugendadels erhielt im Mittelalter den Status einer sprichwörtlichen Weisheit (vgl. z. B. Walther 17016: „Nobilitas generis non nobilitat generosum/ Virtus sola valet nobilitare virum"; V. Honemann, „Aspekte des ‚Tugendadels' im europäischen Spätmittelalter", in: L. Grenzmann und K. Stackmann [Hrsg.], *Literatur und Laienbildung im Spätmittelalter und in der Reformationszeit*, Stuttgart 1984, [S. 274–286], bsd. S. 274–276). Er. schloss sich diesem Gedanken in seinem Spiegel des christlichen Fürsten an: „Principem summa decet nobilitas. Esto; verum cum tria sint nobilitatis genera, vnum,

quod ex virtute recteque factis nascitur; proximum, quod ex honestissimarum disciplinarum cognitione proficiscitur; tertium, quod natalium picturis et maiorum stemmatis aestimatur aut opibus – cogita quam non conueniat principem *infimo genere nobilitatis intumescere, quod sic infimum est, vt nullum omnino sit*, nisi et ipsum a virtute fuerit profectum ... Si clarus videri studes, ne ostentes sculptas aut coloribus adumbratas imagines, in quibus, si quid verae (verae *scripsi*: vere *ASD*) laudis est, id pictori debetur, cuius ingenium et industriam arguunt. Quin potius virtutis monumenta moribus exprimito" (*Inst. princ. christ.*, *ASD* IV, 1, S. 146). Vgl. auch Komm. unten zu *Apophth.* VIII, 29.

439 *Tolerantia* Schon aus dem Titel geht hervor, daß Er. die Lehrmeinung des Antisthenes mißverstanden hat, bei der es nicht um die körperliche Kraft und Stärke geht, die die Voraussetzung sei, daß der Philosoph manches ertragen könne. Vgl. Komm. unten.

441 *Virtutem ... Socratio* Bearbeitung von Traversaris Übers. von Diog. Laert. VI, 11: „Sufficere virtutem ad beatam vitam, nullo indigentem nisi Socratis viribus" (ed. Curio, Basel 1524, S. 185); vgl. den griech. Text: αὐτάρκη δὲ (γὰρ *in ed. Froben. p. 265*) τὴν ἀρετὴν πρὸς εὐδαιμονίαν, μηδενὸς προσδεομένην ὅτι μὴ Σωκρατικῆς ἰσχύος. Antisthenes Frgm. 134 Giannantoni; 134 c Prince (S. 288–391), Luck *WdH* 88 (S. 69); die Gnome findet sich auch in Arsen. *Violet.* S. 108.

441 *Virtutem ... opus habere* Das Placitum des Antisthenes stimmt mit der grundlegenden stoischen Lehrmeinung αὐτάρκη τ' εἶναι αὐτὴν πρὸς εὐδαιμονίαν überein (Diog. Laert. VII, 127; vgl. Cic. *Fin.* V, 78; Plut. *De Stoicorum repugnantiis, Mor.* 1033); vgl. Komm. *CWE* 38, S. 786.

442–443 *Imbecillitas ... vsum* Wie sein Komm. „imbecillitas corporis impedit frequenter virtutis vsum" zeigt, hat Er. den Gedanken des Antisthenes nicht richtig verstanden. Antisthenes (bzw. Diogenes Laertius) meinte mit Σωκρατικὸν ἰσχύς die innere Kraft und die Willensstärke des Sokrates, der sich durch nichts von seinem Weg zur Tugend abbringen liess. Er. interpretierte diese Stärke kurioserweise als „körperliche Kraft", „starke körperliche Konstitution": Sie habe es Sokrates erst ermöglicht, tugendhaft zu sein.

VII, 83   Virtvs in actione   (Antisthenes Atheniensis, 45, placitum 4)

Virtutem esse rem *operum, non autem plurimis verbis multisque disciplinis egere*. Aduersus eos, qui Iuris ac Theologiae pietatisque professionem studio reddunt difficillimam ac prolixam perque vitam omnem nihil aliud quam de virtute disputant. Notat hoc Horatius: „*Virtutem verba putas, vt lucum ligna*".

VII, 84   Sapiens   (Antisthenes Atheniensis, 46, placitum 5)

Sapientem sibi sufficere, eo quod omnia, quae sunt aliorum, sunt et huius, qui cum omnibus habet amicitiam, et *amicitia facit omnia communia*.

VII, 85   Ocivm   (Antisthenes Atheniensis, 47, placitum 6)

⟨Τὴν⟩ ἀδοξίαν εἶναι ἀγαθὸν ἴσον τῷ πόνῳ, id est, *obscuritatem esse bonum par labori*. Aduersus illud Epicuri: „λάθε βιώσας". Multi student ignoti esse, quo viuant in ocio. At ignobilitas, quoniam patet quorumlibet contemptui, non minus adfert negociorum quam famae claritas, quanquam et haec graue est onus.

VII, 86   Virtvs legibvs non eget   (Antisthenes Atheniensis, 48, placitum 7)

Negabat *sapientem viuere iuxta leges ab hominibus institutas, sed iuxta normam virtutis* [sc. dicebat], sentiens non ideo quid faciendum aut vitandum, quia leges iubent aut vetant, sed quia ipsa ratio dictat hoc esse honestum, illud turpe. Leges non omnia praescribunt, at virtutis regula docet vbique, quid sit honestum, quid turpe. Coacta virtus virtus non est.

---

456 Τὴν *suppleui.*

446 *Virtutem … egere* Diog. Laert. VI, 11. Er. gab die Übers. Traversaris wörtlich wieder: „Virtutem quoque operum esse, neque verbis multis (multis *ed. Curio*: plurimis *Traversari, e.g. ed. Ven. 1490*) neque disciplinis indigentem" (ed. Curio, Basel 1524, S. 185–186). Für den griech. Text vgl.: τὴν τ' ἀρετὴν τῶν ἔργων εἶναι, μήτε λόγων πλείστων δεομένην μήτε μαθημάτων (ed. Froben, S. 265–266). Antisthenes Frgm. 134 Giannantoni; 134 d Prince (S. 288–391), Luck *WdH* 88 (S. 69); Arsen. *Violet.*, S. 108.

446–447 *Aduersus eos* Er. fasste Antisthenes, *placitum* 4, als Widerlegung der akademischen Lehre in den Fakultäten Jurisprudenz und Theologie auf.

449 *Virtutem … ligna* Hor. *Epist*. I, 6, 29–31: „… Vi recte viuere? (quis non?): Si virtus hoc vna potest dare, fortis omissis/ hoc age deliciis. Virtutem verba putas et (et *text. recept.*: vt *edd. vett.*) / lucum ligna: caue ne portus occupet alter …".

452 *Sapientem … huius* Diog. Laert. VI, 11. Er. gab die Übers. Traversaris wörtlich wieder:

„Sapientemque sibi ipsi sufficere: ipsius enim esse, quae aliorum sunt omnia" (ed. Curio, Basel 1524, S. 186). Vgl. den griech. Text: αὐτάρκη τ᾽ εἶναι τὸν σοφόν: πάντα γὰρ αὐτοῦ εἶναι τὰ τῶν ἄλλων (ed. Froben, S. 266). Antisthenes Frgm. 134 Giannantoni; 134 e Prince (S. 288–391); Luck *WdH* 88 (S. 69); Arsen. *Violet.*, S. 108.

453 *amicitia ... communia* Mit „amicitia facit omnia communia" verweist Er. auf sein *Adagium* „Amicorum communia omnia", welchem er den Ehrenplatz von *Adag.* 1 zuteilte („Τὰ τῶν φίλων κοινά, id est: ‚Amicorum communia sunt omnia'. Quoniam non aliud hoc prouerbio neque salubrius neque celebratius, libuit hinc adagiorum recensionem velut omine felici auspicari", *ASD* II, 1, S. 84) und *Collect.* 94 „Κοινὰ φίλων πάντα" (*ASD* II, 9, S. 78–79): „Id est *Amicorum communia omnia.* Quod adeo in vulgi sermonem abiit, vt a comica etiam persona apud Terentium prouerbii nomine referatur: ‚Nam vetus quidem', inquit, ‚hoc verbum,/ Amicorum inter se communia esse omnia' ...". Er. zitiert in *Collect.* 94 Ter. *Ad.* 803–804 und Martial II, 43, 1 und möglicherweise auch Cic. *Off.* I, 51: „Vt in Graecorum prouerbio est, amicorum esse omnia communia"; dieses griech. *dictum* wurde sowohl Pythagoras (Diog. Laert. VIII, 10) als auch dem Kyniker Bion von Borysthenes (Diog. Laert. IV, 53) zugeschrieben; vgl. Komm. *CWE* 38, S. 786. Vgl. zu dem Spruch weiter J. Olin, „Erasmus' *Adagia* and More's *Utopia*", in: *Moreana* 26 (1989), S. 127–136; Payr, *Adagia selecta*, S. 358 ff.; Otto 87.

456 ⟨Τὴν⟩ ... πόνῳ Diog. Laert. VI, 11: τήν τ᾽ (τήν τε ed. Froben, p. 266: om. per Erasmum) ἀδοξίαν (εἶναι add. Erasmus) ἀγαθὸν καὶ (καὶ in ed. Froben, p. 266: om. per Erasmum) ἴσον τῷ πόνῳ. Antisthenes Frgm. 134 Giannantoni; 134 f Prince (S. 288–391); Luck *WdH* 88 (S. 69); Arsen. *Violet.* S. 108.

456 *Obscuritatem ... par labori* Dem Sinn nach übernahm Er. die latein. Übers. Traversaris: „Gloriae priuationem bonum esse labori simile" (ed. Curio, Basel 1524, S. 186).

456 *labori* Mit „labor" sind Strapazen bzw. eine mühevolle Existenz gemeint; anscheinend wollte Antisthenes mit dem Spruch sagen, daß Ruhm/Ansehen zu erlangen eine wirkungsvolle Triebfeder tugendhaften Handelns darstellt, woraus folgt, daß derjenige, der sich im ruhmlosen Zustand befindet, sein bestes geben wird, um sich daraus zu befreien. Dasselbe gelte *mutatis mutandis* für jenen, der sich aus seinem mühevollen Leben befreien will: Not, Mangel, Bedürfnis erzeugen Tugend.

457 λάθε βιώσας Epikur Fr. Usener 551; vgl. auch Plut. *An recte dictum sit latenter esse vivendum, Mor.* 1128A und *passim*; Ov. *Trist.* III, 4, 25: „Crede mihi, bene qui latuit, bene vixit, et intra / Fortunam debet quisque manere suam". Er. gestaltete Epikurs Grundsatz λάθε βιώσας als Adagium, vgl. *Adag.* 1950 „Late viuens" (*ASD* II, 4, S. 308[–309]): „Λάθε βιώσας, id est ‚falle viuens'. Admonet adagium in humili fortuna vitam esse feliciorem iis, qui obscure viuunt et a publicis negociis ita semoti, vt cum vita decessissent, nemo illos vixisse sentiret"; vgl. auch Otto 923. Die einschlägige Schrift des Plutarch hat Er. selbst aus dem Griechischen ins Lateinische übersetzt und 1514 bei Froben herausgegeben, mit dem Titel: *Num recte dictum sit λάθε βιώσας, id est Sic viue, vt nemo te sentiat vixisse* (siehe *ASD* IV, 2, S. 241 ff.).

458–459 *At ignobilitas ... est onus* Er.' Erklärung besitzt hier eine persönliche Note, weil sie den Spruch aus der Perpektive dessen erläutert, der berühmt ist: Er führt an, daß auch der Ruhm Strapazen und Mühen mit sich bringe. Die Erklärung des berühmten Er. führt allerdings von dem, was der Spruch aussagen will, weit weg.

462 *Negebat ... virtutis* Weitgehend wörtliche Übernahme der Übers. Traversaris von Diog. Laert. VI, 11: „Sapientem non secundum constitutas leges victurum, sed iuxta virtutis normam" (ed. Curio, Basel 1524, S. 186). Vgl. den griech. Text: καὶ τὸν σοφὸν οὐ κατὰ τοὺς κειμένους νόμους πολιτεύσεσθαι, ἀλλὰ κατὰ τὸν τῆς ἀρετῆς (ed. Froben, S. 266). Antisthenes Frgm. 134 Giannantoni; 134 g Prince (S. 288–391); Luck *WdH* 88 (S. 69); Arsen. *Violet.*, S. 108. Allerdings änderte Er. durch die Einbringung von „negabat" die Konstruktion, sodaß die Logik des zweiten Spruchteils ins Gedränge gerät. Dies fiel auch Lycosthenes auf, der sodann den zweiten Spruchteil mit einem passenden Verb erweiterte: „Antisthenes sapientissimus Atheniensium philosophus negabat sapientem virum obstrictum esse legibus ab hominibus promulgatis. Intellexit vir prudentissmus sapientem obligatum esse virtuti, iuxta cuius normam vitam instituit. Leges enim non omnia praescribunt, sed ipsa ratio docet, quid turpe, quidque honestum. Virtutis regula vbique ostendit, quid viris bonis agendum sit"; Lycosthenes S. 570.

462 *sed iuxta normam virtutis* Wörtlich nach Traversaris Übers. (ed. Curio, Basel 1524, S. 186).

VII, 87   Conivgivm   (Antisthenes Atheniensis, 49, placitum 8)

Quidam censebat sapienti non esse ducendam vxorem; ipse contra censebat *esse ducendam*, at non voluptatis, sed *liberorum gratia*: debetur hoc naturae et patriae. Sed cum optima indole praeditis *congredietur*, vt ex bonis nascantur boni. Quin *et amabit vxorem*, non vulgari more, sed iudicio. Is enim vere et constanter amat, qui iudicio amat. *At sapiens optime diiudicat, quae sint amore dignae.* Aduersus eos, qui vxores se iactant *habere pro matulis*.

VII, 88   Providentia   (Antisthenes Atheniensis, 50, placitum 9)

Sapienti nihil esse nouum aut subitum, eo, quod quicquid homini potest accidere, sit iam praemeditatus, vt nunquam dicat: *„non putaram"*.

VII, 89   Amor   (Antisthenes Atheniensis, 51, placitum 10)

„Ἀξιέραστος ὁ ἀγαθός", id est, *„Dignus amari, quisquis bonus est"*. Non est verus aut syncerus amor, nisi quem conciliat virtus.

---

481 id est C: om. B.

Apophth. VII, 87 ist ein Gegenstück zu VII, 42 („Matrimonium"), wo sich Antisthenes zur Auswahl der richtigen Ehefrau geäussert hat. Er gab dort zu verstehen, daß der Sinn der Ehe in erster Linie in der Fortpflanzung liege. Der Weise soll also eine Frau wählen, die sich dafür gut eigne. Ebenso geht vorliegendes *placitum* davon aus, daß in der Fortpflanzung („liberorum gratia") der eigentliche Sinn der Ehe liege.

469 *Quidam ... contra* Die Einleitung des *placitum* hat keine Entsprechung im Text des Diogenes Laertius und wurde von Er. frei erfunden. Es ist deshalb nicht klar feststellbar, wer mit „quidam" gemeint sein soll (falls Er. hier überhaupt eine bestimmte Person oder einen bestimmten Philosophen vor Augen gehabt hat). Ein Philosoph, der sich negativ über die Ehe geäußert haben soll, ist der Weise Bias von Priene (7./6. Jh. v. Chr.); vgl. Gell. V, 11, 2: „... Nam cum rogatus esset a quodam Bias, deberetne uxorem ducere an vitam vivere caelibem, ,Ἤτοι', inquit, ,καλὴν ἄξεις ἢ αἰσχράν· καὶ εἰ καλήν, ἕξεις κοινήν, εἰ δὲ αἰσχράν, ἕξεις ποινήν· ἑκάτερον δὲ οὐ ληπτέον· οὐ γαμητέον ἄρα'". Er. war die Stelle bekannt: Er zitierte sie oben in *Apophth.* VII, 44. Vgl. oben Komm. ad loc.

469–473 *esse ducendam ... dignae* Freie, paraphrasierende und mit Erklärungen angereicherte Wiedergabe von Diog. Laert. VI, 11: γαμήσειν τε τεκνοποιίας χάριν, ταῖς εὐφυεστάταις συνιόντα γυναιξί. καὶ ἐρασθήσεσθαι δέ· μόνον γὰρ εἰδέναι τὸν σοφὸν τίνων χρὴ ἐρᾶν (ed. Froben, S. 266). Antisthenes Frgm. 134 Giannantoni; 134 h Prince (S. 288–393); Luck *WdH* 88 (S. 69); Arsen. *Violet.*, S. 109. Vgl. die latein. Übers. Traversaris: „Ducturumque vxorem, procreandorum liberorum causa, formosissimis quibusque (formosissimis quibusque ed. Curio: formosissimisque Traversari, e.g. ed. Ven. *1490*) congressurum mulieribus, atque amaturum. Solum quippe scire sapientem, quaenam sit amanda" (ed. Curio, Basel 1524, S. 186).

470 *debetur ... patriae* „debetur hoc naturae et patriae" gehört nicht zum *placitum* des Antisthenes, sondern stellt einen erklärenden

Zusatz des Er. dar, in dem er die „Kinderpflicht" aus seiner Sicht interpretierte. Ob Antisthenes an das „Vaterland" gedacht haben mag, bleibe dahingestellt: Er lebte in Athen als Fremder, dem man seine thrakische Herkunft vorwarf.

471 *optima indole praeditis* Mit „optima indole praeditis" änderte Er. Traversaris an sich korrekte Übers. von ταῖς εὐφυεστάταις, „formosissimisque"; damit interpretierte Er. das Wort εὐφυής, das eigentlich „schön, schöngewachsen, von stattlichem Wuchs" bedeutet, in moralischem und christlichem Sinn um. Das Auswahlkritierium für eine Frau sollte nach Er.' Meinung die Tugend sein (wie er auch in *Inst. christ. matrim.* mehrfach darlegt), nicht ihre körperliche Schönheit. Bemerkenswert ist, daß Er. die vorliegende Stelle in seiner Erklärung zu *Apophth.* VII, 42 offensichtlich auch im Sinne der körperlichen Verfaßtheit der potentiellen Ehepartnerin verstanden hat: „sentiens abstinendum ... a valetudinariis, deformibus ac male moratis, quae gignunt foetus poenitendos".

471 *vt ... boni* „vt ex bonis nascantur boni" ist ein erklärender Zusatz des Er.

474 *habere pro matulis* die sprichwörtliche Redewendung „habere pro matula", „jemanden als Pisspott behandeln" stammt aus Plaut. *Most.* 386–387: „Callidamates: ,Iam hercle ego vos pro matula habebo ...'/ Philolaches: ,Perii'". Als *verbum proprium* bedeutet „matula" „Pisspott, Nachttopf" (vgl. *DNG* II, Sp. 3018, s.v.). Indem sich Er. mit „habere pro matulis" an seine Plautuslektüre erinnert, gibt sich in *Apophth.* VII, 87 ausnahmsweise frauenfreundlich, indem er Antisthenes' *placitum* als Stellungnahme gegen eine verächtliche Behandlung von Ehefrauen auswertet.

Apophth. VII, 88 ist ein Gegenstück zu V, 196 (Iphikrates) und 306 (Scipio Africanus d. Ä.) mit demselben Titel „Prouidentia" und dem – ebenfalls in VII, 88 zitierten Spruch „Non putaram". Er. verband das *placitum* des Antisthenes in erklärenden Teil mit diesem Spruch. Lycosthenes präsentierte – von Erasmus ausgehend – das *placitum* des athenischen Philosophen bereits als einen – häufig vorgetragenen – Spruch: „Antisthenes Atheniensis *dicere solebat*, sapienti nihil esse nouum aut subitum ...". Dem Titel von VII, 88 entsprechend druckte Lycosthenes den Spruch in der Kategorie „De prouidentia hominum in rebus agendis" (S. 917). In der von Lycosthenes transformierten Form („dicere solebat") fand VII, 88 Eingang in die großen Wissenssammlungen des 16. und 17. Jh., z.B. in das *Florilegium magnum seu Polyanthea*, s.v. „Prouidentia".

477 *Sapienti ... subitum* Diog. Laert. VI, 12: τῷ σοφῷ ξένον οὐδὲν οὐδ' ἄπορον (ἄπο *in ed. Froben. p. 266*), in der latein. Übers. Traversaris: „Sapienti peregrinum aut nouum nihil" (ed. Curio, Basel 1524, S. 186). Antisthenes Frgm. 134 Giannantoni; 134j Prince (S. 288–393); Luck *WdH* 88 (S. 69); Arsen. *Violet.*, S. 109.

477 *nouum aut subitum* Mit „nouum aut subitum" versuchte Er., Traversaris „peregrinum aut nouum" zu verbessern; bei Traversari gaben im Grunde beide Begriffe Diogenes' ξένον wieder: Er. übersetzte ξένον mit „nouum" und ἄπορον mit „subitum".

478 *non putaram* Er. zitiert hier wörtlich den Ausspruch von *Apophth* V, 196 und 306, wodurch er das vorliegende *placitum* das Antisthenes mit diesen beiden *Apophthegmata* des fünften Buches verbindet. V, 306: „Dicere solet (sc. Scipio Africanus maior) in re militari turpe verbum *esse*, ,Non putaram', quod aliis in rebus interdum locus datur male instituta posterioribus consiliis melioribus corrigendi; caeterum quae ferro peraguntur, ea non oportet temere aggredi, quod hic error fere est inemendabilis" (nach Val. Max. VII, 2, 2: „Scipio uero Africanus turpe esse aiebat in re militari dicere ,non putaram' ...".); *Apophth.* V, 196: „ait (sc. Iphicrates) pessimam esse ducis vocem ,haudquaquam putaram', significans in tranquillissimis rebus interdum existere periculum, quod nullus expectasset. Aduersus inopinatos igitur casus prospexit suis copiis, ne, si quid accidisset, dicere cogeretur ,non putaram'". Während „non putaram" in V, 306 und 196 eine spezifische Bezugnahme auf den militärischen Bereich aufweist, handelt es sich in VII, 88 um eine allgemein gültige philosophische Weisheit. In diesem allgemeinen Sinn hatte Er. den Spruch des Scipio d.Ä. bereits in *Adag.* 408 „Iterum eundem ad lapidem offendere" (*ASD* II, 1, S. 485) aufgefaßt: „Scipio (sc. Africanus maior) sapienti ne semel quidem errare permittit, vt dicat ... ,Non putaram'".

481 Ἀξιέραστος ὁ ἀγαθός Diog. Laert. VI, 12 (ed. Froben, S. 266); Antisthenes Frgm. 134 Giannantoni; 134k Prince (S. 288–393); Luck *WdH* 88 (S. 69); Arsen. *Violet.*, S. 109.

481 *Dignus ... est* Paraphrasierende Wiedergabe von Diog. Laert. VI, 12, jedoch anders als jene Traversaris: „Neque indignus est, qui ametur, vir bonus" (ed. Curio, Basel 1524, S. 186).

VII, 90   IVSTE   (Antisthenes Atheniensis, 52, placitum 11)

485   Aiebat homines virtute praeditos eos sibi parare *propugnatores, qui et fortes sint et iusti*. Nolunt enim defendi, si quid iniusti admittant. Improbi contra: fortes defensores quaerunt, iustos nolunt.

VII, 91   ARMAT⟨VR⟩A VIRTVS   (Antisthenes Atheniensis, 53, placitum 12)

490   Ἀναφαίρετον ὅπλον εἶναι ἀρετήν, id est, *virtutem esse armaturam, quae detrahi non possit*. Nam ensis et clypeus excutiuntur: sapiens nunquam non armatus est, eoque vinci non potest.

VII, 92   PAVCITAS BONORVM   (Antisthenes Atheniensis, 54, placitum 13)

495   Dicebat *esse satius cum paucis bonis pugnare aduersus omnes malos, quam cum multis malis aduersus paucos bonos*, vel quia in bello non tam multitudo quam virtus militum ac ducum parit victoriam, vel quia praestat esse de numero bonorum, qui vbique pauci sunt, quam de grege malorum, quorum vbique plena sunt omnia.

VII, 93   VTILITAS EX HOSTE   (Antisthenes Atheniensis, 55,
500   placitum 14)

Obseruandos esse hostes [i.e. inimicos], *quod hi primi omnium sentiant, si quid delinquas*. In hoc igitur vtiliores sunt nobis quam amici, vt errata nostra cognoscamus et cognita corrigamus.

---

488 Armatura virtus *scripsi (cf. infra „virtutem esse armaturam"):* armata virtus *B C.*   502 sunt *B C: om. BAS LB.*

483 *Iuste* Der Titel, welchen Er. dem *Apophthegma* verlieh, rührt von dem Missverständnis her, das sich aus der Verwendung von Curios Ausgabe ergab. S. Komm. unten. Aufgrund des verfehlten Titels ordnet Lycosthenes das Apophthegma in die Kategorie „De iustitia" ein (S. 540).

485 *homines ... iusti* Verworrenen und falsch verstandene Wiedergabe von Diog. Laert. VI, 12, wobei Er. ausschliesslich Curios Ausgabe der latein. Übers. als Textvorlage benutzte, die hier jedoch zwei *placita* des Antisthenes irrtümlich zu einem einzigen verschmolzen hatte: „Studiosi amici propugnatores faciunt, qui animosi unae [sic] et iusti sunt" (ed. Curio, Basel 1524, S. 186). Curios Text erzeugte den wenig sinnvollen Spruch: „Die eifrigen (oder: gelehrten) Freunde machen Leute zu ihren Vorkämpfern, die sowohl tapfer als gerecht sind". Der griech. Originaltext lautet (welcher mit dem, der in Basel gedruckt wurde, identisch ist): Οἱ σπουδαῖοι φίλοι. Συμμάχους ποιεῖσθαι τοὺς εὐψύχους ἅμα καὶ δικαίους (ed. Froben, S. 266); somit: (*placitum* 1): „Gelehrte sind (bzw. seien) deine Freunde". *placitum* 2: „Schliesse dich Leuten an, die tapfer und gerecht sind". Traversaris ursprüngliche latein. Über. hatte die beiden *placita*

separat übersetzt; *placitum* 1: „Studiosi amici". *placitum* 2: „Propugnatores facere, qui animosi et iusti sunt", was den Sinn hat: „Suche dir als Freunde Leute, die tapfer und gerecht sind". In der Überlieferung des lateinischen Textes war „propugnatores" ausgelassen worden, u. a. in der Ausgabe Venedig 1490. Er. ging von dem verderbten Text Curios aus, auf den er sich einen Reim zu machen versuchte. Bemerkenswerterweise zog er dafür nicht den griech. Text hinzu, sondern eine Marginalie, die er ebenfalls in Curios Ausgabe antraf: „Virtus". Daraus schloß er, daß das (kontaminierte) *placitum* in seinem Kern von Tugend handelte. Er ersetzte „studiosi amici" durch „tugendhafte Leute" („homines virtute praeditos") und bastelte daraus die verunglückte Sentenz, daß diese dafür Sorge tragen sollten, daß sie von beherzten und gerechten Leuten verteidigt werden würden. Lycosthenes druckt das verunglückte *Apophth.* des Er. mit demselben wirren Wortlaut im Kap. „De defensione" (S. 231), während keines der beiden von Diogenes Laertius überlieferten Apophthegmen etwas mit Verteidigung zu tun hat.

486–487 *Nolunt enim ... nolunt* Hier spinnt Er. den verworrenen Gedankengang, der mit den Lehrmeinungen des Antisthenes nichts zu tun hat, weiter. Warum sollten „tugendhafte Leute" „gerechte" Leute zu ihren Vorkämpfern machen? Erstens, meint Er., weil sie nur im Fall einer gerechten Sache überhaupt verteidigt werden wollen, niemals, wenn sie unrecht haben; zweitens, weil sich ungerechte Leute gerade darum nicht kümmern.

490 ἀναφαίρετον ... *possit* Diog. Laert. VI, 12: ἀναφαίρετον ὅπλον ἡ (ἡ *deest in ed. Froben. p. 266*) ἀρετή. Er. gab das Zitat nach dem bei Froben gedruckten griech. Text wieder, in dem ἡ fehlte. Weiter fügte Er., wie schon im Fall von VII, 85, εἶναι hinzu. Für seinen latein. Text variierte Er. die Übers. Traversaris: „Virtutem arma esse, quae tolli non possint" (ed. Curio, Basel 1524, S. 186). Antisthenes Frgm. 134 Giannantoni; 134n Prince (S. 288–393); Luck *WdH* 88 (S. 69); Arsen. *Violet.*, S. 109.

495–496 *esse satius ... bonos* Diog. Laert. VI, 12. Er. hat an dieser Stelle den lückenhaft überlieferten griech. Text der Basler Diogenes-Laertius-Handschrift, in der ἀγαθοὺς fehlte, richtig ergänzt, entweder mit Hilfe eines anderen griech. Exemplars oder *ex ingenio*. Die latein. Übers. Traversaris – in der Ausgabe Curios – wies dieselbe Lücke auf: „Praestat cum paucis bonis aduersus malos omnes quam cum multis malis adersus paucos [es fehlt: bonos] pugnare" (ed. Curio, Basel 1524, S. 186). Der griech. Text lautet: κρεῖττόν ἐστι μετ' ὀλίγων ἀγαθῶν πρὸς ἅπαντας τοὺς κακοὺς ἢ μετὰ πολλῶν κακῶν πρὸς ὀλίγους ἀγαθοὺς (ἀγαθοὺς *deest in ed. Froben. p. 266*) μάχεσθαι. Antisthenes Frgm. 134 Giannantoni; 134o Prince (S. 288–393); Luck *WdH* 88 (S. 69); Arsen. *Violet.*, S. 109. Weiter hat Er. an dieser Stelle, anders als bei den anderen *placita*, „dicebat" ergänzt.

499 *Vtilitas ex hoste* Durch den Titel, den Er. dem Lemma VII, 93 gibt, verbindet er es mit Plutarchs Einzelschrift *De capienda ex inimicis utilitate* (*Mor.* 86B–92F), die Er. 1514 ins Lateinische übersetzt hatte, mit dem Titel „Quo pacto quis efficiat vt ex inimicis capiat vtilitatem" (*ASD* IV, 2, S. 169–184; *ed. Cratander, Basil.* 1533, fol. 181C–184C).

501–502 *Observandos ... delinquas* Diog. Laert. VI, 12: προσέχειν τοῖς ἐχθροῖς· πρῶτοι γὰρ τῶν ἁμαρτημάτων αἰσθάνονται (ed. Froben, S. 266). Vgl. die latein. Übers. Traversaris: „Sollicite observandos inimicos. Primi enim peccata sentiunt" (ed. Curio, Basel 1524, S. 186). Antisthenes Frgm. 134 Giannantoni; 134p Prince (S. 288–394); Luck *WdH* 88 (S. 69–70); Arsen. *Violet.*, S. 109.

501 *hostes* Mit „hostes" verschlimmbesserte Er. Traversaris punktgenaue Übers. „inimicos". „Hostes" ist mit Waffengewalt verbunden, in dem *placitum* geht es jedoch um persönliche Feinde, *inimici*. Das hat auch Er. so gesehen, wie aus seinem Kommentar hervorgeht, in dem er „amici", persönliche Freunde, als Gegensatz anführt.

502–503 *In hoc ... corrigamus* Vgl. Plut. *De capienda ex inimicis utilitate* 3, *Mor.* 87B, in der Übers. des Er.: „Nempe inimicus semper aduigilans obseruat, quid agas, et ansam captans calumniae lustrat ac circumspicit vndique vitam tuam, non tantum quercus, testas ax saxa oculorum acie penetrans, sicuti narrant de Lynceo, verum etiam amicum, famulum et quisquis tecum habet consuetudinem, vt, quoad potest, depraehendat (depraehendat *ASD*: deprehendat *ed. Cratander*), quid agas, perfodiens ac scrutans tua consilia" (*ASD* IV, 2, S. 174; *ed. Cratander, Basil.* 1533); vgl. *CWE* 38, S. 788.

VII, 94   Cognatio virtvtis   (Antisthenes Atheniensis, 56, placitum 15)

Virum iustum pluris faciendum quam cognatum. Arctiora enim sunt vincula virtutis quam sanguinis. Et omnis bonus bono proximo cognatus est propter animorum similitudinem.

VII, 95   Sexvs   (Antisthenes Atheniensis, 57,
(= Dublette zu III, 71)   placitum 16)

Viri ac mulieris eandem esse virtutem. Idem sensit Socrates, *sexum muliebrem non minus esse docilem ad omnia virtutis munia quam virilem, si pariter instituatur.* At vulgus sexum ⟨muliebrem⟩ incusat quasi ad virtutem indocilem.

VII, 96   Vere pvlchra   (Antisthenes Atheniensis, 58, placitum 17)

Honesta (siue *pulchra*) *esse, quae bona sunt, turpia, quae mala.* Stoicum est dogma nihil expetendum praeter virtutem, nihil fugiendum praeter vitium, quum vulgo ingens probrum sit paupertas, magna gloria diuitiis per fas nefasque partis abundare. Nec minus in caeteris praepostera sunt iudicia vulgi.

VII, 97   Consvetvdo   (Antisthenes Atheniensis, 59, placitum 18)

Omnia mala habenda pro peregrinis. Vulgus hominum ea tantum probat, quibus assueuit. Ab exoticis abhorret, non quia per se mala sint, sed quia peregrina. At

---

507 proximo *B C*: proxime *BAS LB*.
513 muliebrem *suppleui*.

516 (siue pulchra) *scripsi*: siue pulchra *B C*.
520 Consuetudo *C*: Gratitudo *B*.

506 *Virum … cognatum* Diog. Laert. VI, 12. Er. gibt größtenteils wörtlich die Übers. Traversaris wieder: „Iustum virum pluris faciendum quam propinquum" (ed. Curio, Basel 1524, S. 186). Vgl. den griech. Text: τὸν δίκαιον περὶ πλείονος ποιεῖσθαι τοῦ συγγενοῦς (ed. Froben, S. 266). Antisthenes Frgm. 134 Giannantoni; 134q Prince (S. 288–394); Luck *WdH* 88 (S. 70); Arsen. *Violet.*, S. 109.

Apophth. VII, 95 bildet eine Dublette von III, 71 „Foemineus sexus ad omnia docilis" (*ASD* IV, 4, S. 214; *CWE* 37, S. 243). Aufgrund des Titels, den Er. VII, 95 gab, bildete Lycosthenes eine Kategorie „De sexu", in welchem VII, 95 als einziges Lemma figuriert (S. 999). Dabei transformierte Lycosthenes das *placitum* zu einem Spruch des Antisthenes („Antisthenes *dicebat* viri ac mulieris…").

511 *Viri … virtutem* Diog. Laert. VI, 12. Er. gibt den Text von Traversaris Übers. wieder: „Viri ac mulieris virtus eadem" (ed. Curio, Basel 1524, S. 186). Vgl. den griech. Text: ἀνδρὸς καὶ γυναικὸς ἡ αὐτὴ ἀρετή (ed. Froben, S. 266). Antisthenes Frgm. 134 Giannantoni; 134r Prince (S. 288–394); Luck *WdH* 88 (S. 70); Arsen. *Violet.*, S. 109.

511 *Viri … virtutem* Zum Thema dieser Lehrmeinung des Antisthenes, *Viri ac mulieris eandem esse virtutem*, hatte Kleanthes eine

Abhandlung geschrieben (vgl. Diog. Laert. VII, 175; Komm. *CWE* 38, S. 789).

511–512 *Idem ... instituatur* Er. wiederholt hier seine paraphrasierende, gekürzte und als Sentenz formulierte Übertragung von Xen. *Symp.* 2, 9 und 12, die er bereits als *Apophth.* III, 71 (Socrates, 71) präsentiert hatte: „Dicebat (sc. Socrates) muliebrem sexum non minus esse docilem et ad disciplinas et ad omnem virtutem, etiam fortitudinem, quae tanquam viris propria Graecis a viro dicitur ἀνδρία [sic], si diligenter instituatur" (*ASD* IV, 4, S. 214; *CWE* 37, S. 243). Xenophons Dialogperson Sokrates tätigt diesen Ausspruch bei dem Gastmahl, das Kallias veranstaltete; zu dem Ausspruch wurde er durch die virtuose Darbietung einer Tänzerin veranlaßt, die zwölf Ringe zugleich hochwerfen und im Takt wieder auffangen konnte. Dies zeige, meinte Sokrates (*Symp.* 2, 9), daß die körperlichen Anlagen einer Frau (ἡ γυναικεία φύσις) nicht geringer seien als die eines Mannes; somit könne ein Ehemann seine Frau lehren, was immer ihm wünschenswert erscheine. Als die Tänzerin auch noch Räder über einen mit Schwertern bestückten Ring schlug, betrachtete Sokrates dies als Beweis, daß man Frauen sogar die typische Männertugend der Tapferkeit, ἀνδρεία, lehren könne (*Symp.* 2, 12).

512–513 *At vulgus ... indocilem* Er. wendet sich an dieser Stelle gegen die im christlichen Denken des Mittelalters weit verbreitete Ansicht, daß Frauen an der typisch männlichen Eigenschaft der *virtus* keinen Anteil haben können.

513 ⟨*muliebrem*⟩ Hier war bei der Textübertragung oder Drucklegung irrtümlich eine Auslassung aufgetreten. Ohne „muliebrem" ist der Text unverständlich.

514 *Vere pulchra* Lycosthenes hat in seiner Präsentation des Placitum dieses zu einem – oft wiederholten – Spruch transformiert: „Antisthenes Atheniensium philosophus *dicere solebat*, ea demum honesta et pulchra esse, quae bona ..." (S. 456).

516 (*siue pulchra*) Er. übernahm an dieser Stelle zwar Traversaris wörtliche Übers. von καλά, „pulchra", jedoch nur als alternative Übertragung, die er mit „siue" als solche kennzeichnete; besser erschien ihm, da es um einen Begriff der Ethik geht, „honesta". Diese Verbesserung ist sinnvoll, da sie den Spruch optimal in die diesbezügliche lateinische philosophische Diskussion einbettet, ihn insbesondere mit Ciceros *De officiis*, verbindet, einem Werk, dessen Kern die Gleichung *bonum = honestum* bildet. Auch Lycosthenes gab der Übers. „honesta" den Vorrang, indem er *Apophth.* VII, 96 in der Kategorie „De honestate" unterbrachte (S. 456).

516 *pulchra esse ... mala* Inverse Wiedergabe von Traversaris Übers. von Diog. Laert. VI, 12: „Bona pulchra, mala esse turpia" (ed. Curio, Basel 1524, S. 186). Vgl. den griech. Text: τἀγαθὰ καλά, τὰ κακὰ αἰσχρά (ed. Froben, S. 266). Während der griech. Text und Traversaris Übers. besagen, daß das Gute zugleich das Sich-Ziemende, das Schlechte das moralisch Verwerfliche ist, dreht Er. kurioserweise – wohl aufgrund seines Variationsstrebens – die Reihenfolge um, wodurch die Aussage ihre ursprüngliche Zielrichtung verliert. Antisthenes Frgm. 134 Giannantoni; 134s Prince (S. 288–394); Luck *WdH* 88 (S. 70); Arsen. *Violet.*, S. 109.

516–519 *Stoicum ... iudicia vulgi* Vgl. *SVF* III, 31 (Philo de posteritate, Caini 133): Τὸ Στωικὸν δόγμα τὸ μόνον εἶναι τὸ καλὸν ἀγαθόν; *SVF* III, 30 (= Diog. Laert. VII, 101): Λέγουσι δὲ μόνον τὸ καλὸν ἀγαθὸν εἶναι, καθά φησιν Ἑκάτων ἐν τῷ τρίτῳ Περὶ ἀγαθῶν καὶ Χρύσιππος ἐν τοῖς Περὶ τοῦ καλοῦ· εἶναι δὲ τοῦτο ἀρετὴν καὶ τὸ μετέχον ἀρετῆς, ᾧ ἐστιν ἴσον τὸ πᾶν ἀγαθὸν καλὸν εἶναι καὶ τὸ ἰσοδυναμεῖν τῷ καλῷ τὸ ἀγαθόν, ὅπερ ἴσον ἐστὶ τούτῳ. ἐπεὶ γάρ ἐστιν ἀγαθόν, καλόν ἐστιν· ἔστι δὲ καλόν· ἀγαθὸν ἄρα ἐστί. Cic. *Fin.* III, 10; „Quam vellem, inquit, te ad Stoicos inclinauisses! Erat enim, si cuiusquam, certe tuum nihil praeter virtutem in bonis ducere". Aus seiner Erklärung geht hervor, daß Er. Antisthenes als eine Art Stoiker avant la lettre interpretierte. Vgl. Komm. zu VII, 39. Lycosthenes war offensichtlich von der Erklärung des Er. nicht sehr eingenommen: Er tilgte sie in seinem Druck des Spruches (a.a.O.).

520 *Consuetudo* Aus irgendeinem Grund kam Er. zu der abwegigen Ansicht, daß der Kern des Placitum die Macht der Gewohnheit sei (vgl. seinen erklärenden Kommentar), während dieses nur einfordert, daß man moralisch Verwerfliches von sich fernhalte. Nach der Titelaufschrift des Er. bildete Lycosthenes das Kap. „De consuetudine", in welchem VII, 97 als einziger Spruch figuriert (S. 195).

522 *Omnia mala ... peregrinis* Diog. Laert. VI, 12: τὰ πονηρὰ νόμιζε πάντα (πάντα νόμιζε *in ed. Froben. p. 266*) ξενικά. Antisthenes Frgm. 134 Giannantoni; 134t Prince (S. 288–394); Luck *WdH* 88 (S. 70); Arsen. *Violet.*, S. 109. Vgl. die Übers. Traversaris: „Iniqua omnia aliena puta atque peregrina" (ed. Curio, Basel 1524, S. 186).

522–526 *Vulgus hominum ... iudicat populus* Er.' kommentierende Tirade („Vulgus hominum

sapienti nihil peregrinum esse debet, nisi quod cum vitio coniunctum. Neque enim ideo temulentia detestanda, quod alicubi non sit in vsu, sed quod per se turpis. Nunc ex vsu regionum de rebus iudicat populus.

VII, 98   VIRTVS TVTA   (Antisthenes Atheniensis, 60, placitum 19)

Tutissimum esse murum prudentiam, quod is nec collabitur nec proditur. Nulla moenia tam sunt munita, quin machinis aut suffossionibus aut, vt nihil horum ⟨profecit⟩, proditione capiantur. Sapientis decreta sunt inexpugnabilia.

VII, 99   VIRTVS PER SE HONESTA   (Antisthenes Atheniensis, 61)

Quum in theatro populus Atheniensium tumultuaretur ob versiculum recitatum

τί δ' αἰσχρόν, εἰ μὴ τοῖσι χρωμένοις δοκεῖ, id est,

„Quid turpe, ni videatur hoc vtentibus [i.e. committentibus]",

subiecit alterum,

αἰσχρὸν τό γ' αἰσχρόν, κἂν δοκῇ, κἂν μὴ δοκῇ, ⟨id est⟩

„Quod turpe, turpe est, siue credas [i.e. videatur] siue non".

Eleganter correxit inutilem sententiam. Refert Plutarchus.

---

530 profecit *supplevi*.
535 τί δ' *scripsi*: τίδ' *B C LB*.
535 εἰ μὴ *scripsi*: εἰμὴ *B C LB*: ἢν μὴ *Prince 195*
535 δοκεῖ *B C*: δοκῇ *Prince 195*.
538 τό γ' *scripsi*: τόγ' *B C LB*.

538 κἂν *B C*: κᾰν *LB*.
538 δοκῇ *scripsi*: δοκῇ *B C LB*.
538 κἂν *B C*: κᾰν *LB*.
538 δοκῇ *scripsi*: δοκῇ *B C LB*.
538 id est *supplevi*.

… iudicat populus") ist kurios, weil sie im Grunde nichts mit Antisthenes' Placitum zu tun hat. Er. richtet sich gegen die Haltung des ungebildeten Volkes, das nur akzeptiert, was es kennt, und alles ungewohnte, fremde und exotische in Bausch und Bogen ablehnt. Der Spruch des Antisthenes jedoch bedeutet nicht viel mehr als „Halte das Schlechte von dir fern!". Er. kann dagegen wohl kaum etwas einzuwenden haben; seine Tirade scheint auf assoziativem Weg zustandegekommen zu sein.

527 *Virtus tuta* Der Titel, den Er. VII, 98 verlieh, ist in diesem Fall ziemlich unspezifisch. Wie der Text des Placitum ausweist, geht es eigentlich um die „prudentia". Deshalb brachte Lycosthenes VII, 98 in der Kategorie „De prudentia" unter (S. 918). Auch in diesem Fall transformierte Lycosthenes das Placitum zu einem Spruch: „Antisthenes Atheniensium philosophus clarissimus, *dicere solebat* tutissimum esse murum prudentiam …".

529 *Tutissimum … proditur* Diog. Laert. VI, 13. Er. bearbeitete die latein. Übers. Traversaris: „Murum tutissimum prudentiam esse, neque enim decidere neque prodi" (ed. Curio, Basel 1524, S. 186). Vgl. den griech. Text: Τεῖχος ἀσφαλέστατον φρόνησιν: μήτε γὰρ καταρρεῖν μήτε προδίδοσθαι (ed. Froben, S. 266). Antisthenes Frgm. 134 Giannantoni; 134u Prince (S.

288–394); Luck *WdH* 88 (S. 70); Arsen. *Violet.*, S. 109.

530 *suffossionibus* Das Untergraben von Mauern wurde bereits in der Antike als Belagerungstechnik angewendet (vgl. *DNG* II, Sp. 4582, s.v. „suffodio"): Durch Untergrabungen konnte man entweder in die Stadt eindringen oder einen Teil der Mauer zum Einsturz bringen, sodaß eine Bresche entstand. Zu Er.' Zeit erlangte die Methode des Unterminierens eine besondere Bedeutung, da durch die Platzierung von Pulverfässern in Stollen Mauerteile in die Luft gesprengt werden konnten. Für „suffossio" vgl. Ramminger, *Neulateinische Wortliste*, s.v.

534–539 *Quum ... non* Eigenständige Übers. des Er. von Plut. *Quomodo adolescens poetas audire debeat* 12, *Mor.* 33C: Ἀντισθένης, ὁ μὲν εὖ μάλα τοὺς Ἀθηναίους ἰδὼν θορυβήσαντας ἐν τῷ θεάτρῳ „τί δ' αἰσχρὸν εἰ μὴ τοῖσι χρωμένοις δοκεῖ", παραβάλλων εὐθὺς „αἰσχρὸν τό γ' αἰσχρόν, κἂν δοκῇ κἂν μὴ δοκῇ". Antisthenes Frgm. 195 Prince (S. 669–670). Er. scheint die fehlerhafte und unzulängliche Übers. des Othmar Nachtigall in diesem Fall nicht berücksichtigt zu haben: „Correctiones proinde eorum, quae absurde sunt dicta, non parum habent momenti, veluti eius, quod dixit Antisthenes in theatro: ‚Quod (sic) turpe est, in cuius usu tu (sic) non vides turpitudinem?'. Antisthenes enim ob hoc verbum tumultuantibus mox adiecit: ‚Turpe est turpe, siue tu videas (sic, i.e. videatur), siue non videas'" (ed. Cratander, Basel 1530, fol. 231A). Vgl. Stob. III, 5, 36 (Περὶ σωφροσύνης).

535 *τί δ' αἰσχρόν ... δοκεῖ* Wie Stobaeus mitteilt (Περὶ σωφροσύνης, Flor. III, 5, 36), stammt der Vers aus Euripides' Tragödie *Aiolos* (*TGF*, Euripides, Nr. 19 Nauck). Allerdings führt Stobaeus dort Platon als den Autor des witzigen alternativen Verses an. Euripides' *Aiolos ist* zwischen 427 und 423 v. Chr. aufgeführt worden und ist nur mehr fragmentarisch überliefert. Der Gegenstand der Tragödie ist der Geschwister-Inzest der Kinder des Aiolos, Makareus und Kanake, welcher mit doppeltem Selbstmord endet. Der zynische Vers, der sicherlich Entrüstung hervorrufen sollte, bezieht sich wohl auf die Schandtat des Inzestes: „Was ist denn schändlich, wenn es denen, die die Schandtat verrichten, nicht schändlich vorkommt?". Bei diesem Vers tut sich vor den Augen des Publikums ein moralischer Abgrund auf, der Reaktionen der Empörung hervorrief („tumultuantur") – darauf bezieht sich nun Antisthenes' Korrektur, die diesen Abgrund wieder zu schließen versuchte: „Schändlich bleibt schändlich, einerlei was einem vorkommt". In *CWE* 38, S. 790 ist die Reaktion des Publikums (Empörung) nicht ganz richtig getroffen: „The Athenians applauded widely in the theatre at the line ‚Nothing is shameful but thinking makes it so'". Das Publikum klatschte nicht Beifall, sondern gab laute Äußerungen des Unmuts von sich (vgl. Frank Cole Babbitt a.a.O. „the Athenians had raised an uproar in the theatre at the line ..."). Zu der Tragödie *Aiolos* vgl. Ch. Mülke, „ΠΟΙΩΝ ΔΕ ΚΑΚΩΝ ΟΥΚ ΑΙΤΙΟΣ ΕΣΤΙ: Euripides' Aiolos und der Geschwisterinzest im klassischen Athen", in: *Zeitschrift für Papyrologie und Epigraphik* 114 (1996), S. 37–55.

536 *vtentibus* Er.' Übers. „vtentibus" ist suboptimal; gemeint ist das *tatsächliche* Ausführen/Ausüben schändlicher Taten, also „(turpe) committentibus, facientibus, exsequentibus", wobei im griech. χράομαι der Aspekt des „Handgreiflichen" bzw. körperlich Manifesten besonders betont wird.

VII, 100   [*C*] Tibicen vir improbvs   (Antisthenes Atheniensis, 62)

Quibusdam admirantibus *Ismeniam, quod esset* insignis *tibicen, „Nequam"*, inquit, *„hominem esse oportet. Nam si* bonae frugis *esset, non esset egregius tibicen"*. Iudicabat eos non posse bonos viros euadere, qui tantum operae Dionysiacis artibus impendissent.

545

541–546 Tibicen … impendissent *transposuit C ex libro octavo (B) in eum locum.*

541–546 *Tibicen… impendissent* In der Ausgabe C hat Er. dieses *Apophthegma* an vorl. Stelle eingefügt, d.h. in die Antisthenes-Sektion, während dasselbe *Apophthegma* in B noch im achten Buch stand (nach VIII, 234).

Apophth. VII, 100 stellt eines der zahlreichen Apophthegmata dar, in denen Er. die Musik als moralisch verwerfliche Kunst zurückweist. Insbesondere vertrat er die Ansicht, daß sich die Musik für Intellektuelle und Fürsten nicht zieme, vgl. oben Komm. zu V, 120 (Fürsten); 191 und VII, 63 (Intellektuelle/ Philosophen). V, 191 (Alcibiades, 8) trägt den bezeichnenden Titel „Musica contempta". Im vorl. *Apophth.* VII, 100 trägt ein Philosoph eine moralische Verurteilung vor, die wohl spezifisch damit zu tun hat, daß es sich um einen Aulisten handelt. Damit lässt sich Alkibiades' Attacke gegen den Aulos vergleichen, obwohl dieser im klassischen Athen das beliebteste Musikinstrument war und bei zahlreichen Festen und kultischen Inszenierungen, Theateraufführungen, Sportwettkämpfen, Leichenbegängnissen usw. verwendet wurde. Wie des Antisthenes' Verurteilung des Ismenias, so hatte auch Alkibiades' Angriff gegen den Aulos einen philosophischen Hintergrund. Plato, wie Alkibiades ein Schüler des Sokrates, befürchtete, daß die Musik die Jugend moralisch verderben würde. Die Bedrohung, die von philosophischer Seite in Bezug auf den Aulos empfunden wurde, könnte mit dem aufpeitschenden, extatischen Charakter des Flötenspiels (und seiner kultischen Verwendung, z. B. im Dionysoskult) zusammenhängen. Er. schloss sich dieser Verurteilung an; vgl. den Komm. zu vorliegenden *Apophth.*: „Iudicabat eos non posse bonos viros euadere, qui tantum operae Dionysiacis artibus impendissent"; Er.' Komm. oben VII, 63: „interim indicauit (sc. Antisthenes) non esse philosopho decorum tibiis canere"; *Adag.* 632 (*ASD* II, 2, S. 158).

Zum Musikinstrument Aulos vgl. H. Huchzermeyer, *Aulos und Kithara in der griechischen Musik bis zum Ausgang der klassischen Zeit*, Emsdetten 1931; J.G. Landels, *Music in Ancient Greece and Rome*, London-New York 1999; K. Schlesinger, *The Greek Aulos*, London 1939 (Nachdr. Groningen 1970); F. Zaminer, *DNP* 8 (2000), Sp. 548–549, s.v. „Musikinstrumente".

543 *Quibusdam … tibicen* Paraphrasierende Wiedergabe des Er. von Plut. *Pericles* 1, 5 (*Vitae* 152F): διὸ καλῶς μὲν Ἀντισθένης ἀκούσας ὅτι σπουδαῖός ἐστιν αὐλητὴς Ἰσμηνίας, „ἀλλ' ἄνθρωπος", ἔφη, „μοχθηρός· οὐ γὰρ ἂν οὕτω σπουδαῖος ἦν αὐλητής". Antisthenes Frgm. Prince 102 (S. 337–338). Vgl. die latein. Übers. des Lapo da Castiglionchio: „Ex quo sapiens illud Antisthenis, qui, quum audisset Ismeniam optimum esse tibicinem, ,At homo nequam est', inquit, ,Non enim, si probus foret, tibicen esset'" (ed. Bade, Paris 1514, fol. LXV^v).

543–544 *Quibusdam … tibicen* Vgl. *Apophth.* VIII, 215 sowie V, 42, in dem Ismenias von König Atheas kritisiert wird; s. auch *CWE* 38, S. 790.

543 *Ismeniam* Der Aulosspieler Ismenias aus Theben figuriert in den *Apophth.* mehrere Male: V, 42; VI, 410; VIII, 61; 93; 220. Er galt als grosser Künstler, und trat dementsprechend selbstbewusst auf (vgl. Val. Max. III, 7, ext. 1). Von seinem Lehrer Antigenidas hatte er anscheinend den Rat angenommen, das Urteil des gewöhnlichen Volkes zu verachten (*Apophth.* VI, 410). Für Ismenias vgl. F. Zaminer, *DNP* 5, Sp. 137, s.v. „Ismenias", Nr. 4; H. Gossen, *RE* IX, 2 (1916), Sp. 2141, s.v. „Ismenias", Nr. 6; Plut. *Demetr.* 1, 889B; *Mor.* 334B; 632C; 1095F. In *Apophth.* V, 42 (Ateas, 3) stellt Er. des Ismenias' hochgestochene Kunst der barbarischen Rohheit des skythischen Herrschers Ateas kontrastierend gegenüber.

[B] ANACHARSIS SCYTHA

VII, 101   Ingenve   (Anacharsis Scytha, 1)

Hermippus scribit *illum* mox, vt Athenas venerat, *adisse Solonis aedes.* Percontanti *famulo, quis* ⟨*esset*⟩ *et vnde, iussisse, renunciaret adesse Anacharsidem, qui et Solonem videre et, si fieri posset, etiam hospes fieri cuperet. Solon per puerum respondit in patria solere fieri hospites*, significans inter Graecos et Scythas non esse ius hospitii. *Ad haec verba*, quibus abigebatur Anacharsis, perinde quasi iussus esset introire, *ingressus est ad Solonem, dicens se* [i.e. eum] *iam esse in patria et aequum esse, vt hospitio iungerentur.* Huius responsi *dexteritate delectatus Solon, lubens recipit hominem ad* intimam *familiaritatem*, ex primo statim sermone deprehendens animum philosophicum, qui iudicaret esse patriam, vbicunque bene est homini. Ciues enim mundi sumus omnes.

550 esset *scripsi sec. fontem (Plaut. Merc. 634).*

Apophth. VII, 101–123 Mit der Gestalt des **Anacharsis** kehrt Er. unvermittelt wieder zum ersten Buch des Diogenes Laertius, das den Sieben Weisen gewidmet war, zurück (I, 101–105). Der legendäre Anacharsis, ein Skythe aus fürstlichem Geschlecht, soll zur Zeit Solons (ca. 640–560 v. Chr.) gelebt haben. Sein Bildungsstreben soll ihn um d.J. 600 auf ausgedehnte Reisen durch Griechenland geführt haben. Sein Bruder Saulios soll ihn auf der Jagd mit einem Pfeil erschossen haben; nach Hdt. IV, 76 tötete er ihn, weil er ihn bei der Ausübung einer griechischen Kulthandlung erwischt habe, während Saulios als Skythe die griech. Religion ablehnte; nach Diog. Laert. I, 102, weil Anacharsis die skythischen Lebensgewohnheiten und Bräuche nach dem griechischen Vorbild umgestalten wollte. Anacharsis wurde den Sieben Weisen meist als Alternativgestalt für Myson zugezählt (Diog. Laert. I, 41; 106; Diod. IX, 6). Vgl. Ch. Collatz, *DNP* 1 (1999), Sp. 639, und W. Schmid, *RE* I, 2 (1894), Sp. 2017–2018, beide s.v. „Anacharsis"; J.F. Kindstrand, *Anacharsis, the legend and the Apophthegmata*, Uppsala 1981; Ch. Schubert, *Anacharsis der Weise. Nomade, Skythe, Grieche*, Tübingen 2010.

Diog. Laert. stellte Anacharsis als Typus des Edlen Wilden dar, der eine kritische Haltung gegenüber der griech. Kultur und Zivilisation verkörpert (vgl. C. Ungefehr-Kortus, *Anacharsis, der Typus des edlen, weisen Barbaren. Ein Beitrag zum Verständnis griechischer Fremdheitserfahrung*, Frankfurt a.M.-New York 1996). Das ist genau jener Aspekt, der Er. besonders anspricht. Dass Er. von dieser Perspektivierung besonders angetan war, geht u.a. aus der Tatsache hervor, daß er die Aussprüche des Skythen in stärkerem Masse kommentierte als dies bei anderen Apophthegmen der Fall ist. Er. schätzt die Weisheit, die sich aus der moralischen Sittenreinheit und Aufrichtigkeit des Skythen herleitet, in hohem Masse. Dabei schreibt er die unbefangenen Anmerkungen des Skythen niemals dessen Naivität zu, sondern unterstellt ihm jeweils einen hohen Grad an Einsicht und Verständnis (vgl. VII, 108 in Bezug auf die Verwendung von Öl im Sport: Während es aussieht, als ob der Skythe einem Zivilisationsbrauch mit Unverständnis begegnete, schreibt ihm Er. einen Grad höherer Einsicht zu: „At Scytha *simulabat* se credere illis oleum esse causam insaniae"), ja von Anfang an „einen philosophischen Geist" („animus philosophicus"). Insofern ist es bezeichnend, daß Er. ihm gleich im ersten *Apophth.* der Sektion (VII, 101) den stoischen Gedanken des philosophischen Weltbürgertums zuschreibt („Ciues enim mundi sumus omnes"), lange bevor die Stoa gegründet worden war. Durch die Naturnähe und unverhohlene Kritik an der Zivilisation, die in seinen von Diogenes Laertius zusammengestellten Aussprüchen zum Ausdruck kommt, nähert sich der „Edle Wilde" der kynischen Philosophie an. Hauptpunkte von Anacharsis' Kritik an der griech. Zivilisation betreffen den Handel und die

Schiffahrt (VII, 107, 113, 115), die Doppelzüngigkeit und Mangel an Vertrauenswürdigkeit (VII, 109; 117), die Arroganz und Selbstgefälligkeit demokratischer Denkart, wohlgemerkt bei Ungeschulten (VII, 104), die Arroganz des Zivilisationsvolkes, das alle anderen Völker abschätzig behandelt und als Barbaren bezeichnet (VII, 101; 116; 121), das übergezogene Streben nach Reichtum und Luxus (VII, 111), die Dekadenz des wettkampfmäßig betriebenen Sportes zur Unterhaltung des Volkes, insbesondere von Kampfsportarten (VII, 106 und 108), und nicht zuletzt den übermäßigen Alkoholgenuss (VII, 103; 105; 110; 112). Aus seinen kommentierenden Erklärungen geht hervor, daß sich Er. mit den Auffassungen des Skythen identifizierte. Dabei schlägt Er. ganz einfach eine Brücke zu seiner eigenen Zeit und Kultur, ohne historische Perspektivierung. Die Arroganz der Griechen erinnert ihn an die Arroganz der zeitgenössischen italienischen Humanisten, unter der Er., der „Batavus", sehr litt. Vgl. VII, 122: „haec philautia demigrauit ad quosdam Italos, quibus omnes aliae nationes barbarae sunt". Zuweilen verleiht Er. Anacharsis' Kulturkritik sogar einen christlichen Heiligenschein: Zurecht lehnte Anacharsis sportliche Wettkämpfe ab, „von denen uns Christus befreit hat" (VII, 106). Er. hatte Anacharsis bereits in den Adagien mehrfach als Apophthegma- bzw. Adagium-Spender verwendet: Vgl. *Adag.* 618 (*ASD* II, 2, S. 142); 1223 (II, 3, S. 234); 2473 (II, 5, S. 333); 2479 (ebd. 336); 3739 (II, 8, S. 150); 3924 (ebd. S. 238).

548 *Ingenue* Der Titel, den Er. *Apophth.* VII, 101 gab, rührt von seinem Missverständnis des Spruches her, den er irrtümlich als Ausdruck des stoischen Weltbürgertums interpretierte („animum philosophicum, qui iudicaret esse patriam, vbicunque bene est homini. Ciues enim mundi sumus omnes"). Der Spruch datiert auf 591–588 v. Chr., die 47. Olympiade, während der Anacharsis nach Athen gekommen sein soll (Diog. Laert. I, 101).

549 *Hermippus* Gegen seine Gewohnheit nennt Er. an dieser Stelle die von Diog. Laert. angegebene Quelle: **Hermippos aus Smyrna** (289/277–208/204 v. Chr.), den in Alexandria in Ägypten tätigen Grammatiker und Biographen, einen Schüler des Kallimachos. Hermippos verfasste u. a. ein Werk über die Sieben Weisen und eine umfassende Sammlung von Biographien berühmter Männer. Hermippos' biographische Arbeiten wurden von den *Pinakes* seines Lehrmeisters Kallimachos, einer der ersten biobibliographischen Sammlungen, angeregt. U. a. erstellte Hermippos als erster Biographien der griechischen Philosophen und war insofern eine wichtige Quelle für Diogenes Laertius. Das vorliegende Zitat stammt aus Hermipps' Werk über die Sieben Weisen. Vgl. J. Bollansee, *Hermippos of Smyrna and His Biographical Writing: A Reappraisal*, Löwen 1999; F. Montanari, *DNP* 5 (1998), Sp. 439–440, s.v. „Hermippos", Nr. 2; J. Heibges, *RE* VIII, 1 (1912), Sp. 845–852, s.v. „Hermippos", Nr. 6; M. Erler und St. Schorn (Hrsg.), *Griechische Biographie in hellenistischer Zeit: Akten des internationalen Kongresses vom 26.–29. Juli 2006 in Würzburg*, Berlin-New York 2007, S. 84–87. Hermippos' Frg. wurden ediert von F. Wehrli, *Hermippos der Kallimacheer*, Basel-Stuttgart 1974, und von J. Bollansée in: *Hermippos of Smyrna*.

549–552 *Hermippus … hospites* Paraphrasierende, mit Erklärungen angereicherte, jedoch im Spruchteil missverstandene Wiedergabe von Diog. Laert. I, 101–102. Aus dem missverstandenen Spruch geht hervor, daß Er. die Übers. Traversaris als Textvorlage benutzte: „Porro Hermippus (sc. tradidit) Solonis iuisse domum et cuidam ex familia iussisse, nunciaret ei Anacharsim adesse pro foribus, vt illius conspectu et hospitio, si fieri posset, frueretur. Puerum intus haec nunciasse Soloni, eiusque iussu haec illi renunciasse, in propriis regionibus hospites fieri; ad haec introgressum dixisse Anacharsim, modo se [i.e. eum] esse in patria atque ad se pertinere hospites facere. Eam viri dexteritatem admiratum Solonem continuo illum admisisse et arctissimis amicitiae vinculis sibi deuinxisse" (ed. Curio, Basel 1524, S. 38). Vgl. den griech. Text: Ἕρμιππος δὲ πρὸς τὴν Σόλωνος οἰκίαν ἀφικόμενον τῶν θεραπόντων τινὶ κελεῦσαι μηνῦσαι ὅτι παρείη, πρὸς αὐτὸν Ἀνάχαρσις, καὶ βούλοιτο αὐτὸν θεάσασθαι, ξένος τε, εἰ οἷόν τε, γενέσθαι. καὶ ὁ θεράπων εἰσαγγείλας ἐκελεύσθη ὑπὸ τοῦ Σόλωνος εἰπεῖν αὐτῷ, ὅτιπερ ἐν ταῖς ἰδίαις πατρίσι ξένους ποιοῦνται. ἔνθεν ὁ Ἀνάχαρσις ἑλὼν ἔφη νῦν αὐτὸν (αὐτὸς *in. ed. Froben. p. 50*) ἐν τῇ πατρίδι εἶναι καὶ προσήκειν αὐτῷ ξένους ποιεῖσθαι. ὁ δὲ καταπλαγεὶς τὴν ἑτοιμότητα εἰσέφρησεν αὐτὸν καὶ μέγιστον φίλον ἐποιήσατο. Hermippus *Frgm.* 9 Wehrli; *FHG* IV, 502. Vgl. weiter Plut. *Sol.* 5, 1–2; Anacharsis *Epist.* 2 (Reuters).

549 *Solonis* Zu Solon vgl. Komm. oben zu *Apophth*. VII, 20.

550 *quis ⟨esset⟩ et vnde* Plaut. *Merc.* 634: „Rogitares, quis esset aut vnde esset"; Cic. *Verr.* II, 118: „vt mihi responderet, quis esset, vbi esset, vnde esset".

557 *Ciues enim mundi sumus omnes* Für den Gedanken vom stoischen philosophischen

VII, 102   Patria perniciosa   (Anacharsis Scytha, 2)

Reuersus in patriam *conatus est ad Graecorum instituta nouare Scytharum leges* [i.e. mores]. *Eam ob causam a fratre in venatu sagitta percussus est.* Moriens dixit se ob eruditionem [i.e. gratiam et commendationem] *incolumem a Graecia dimissum, per inuidiam in patria perire.* Graeca sonant iucundius, διὰ τὸν λόγον, διὰ τὸν φθόνον.

VII, 103   Vini parcvs vsvs   (Anacharsis Scytha, 3)

Dicebat vitem ferre tres botros, *primum voluptatis, alterum ebrietatis, tertium molestiae,* sentiens parcum vini vsum esse iucundum, quia sedat sitim, largiorem gignere temulentiam, largissimum parere rixas, caedes ac morbos. Simile huic, quod alibi dictum est: *primam crateram pertinere ad sitim, alteram ad voluptatem, tertiam ad ebrietatem, quartam ad insaniam.* Dictum erit iucundius, si cogites in Scythia non esse vites.

Weltbürgertum vgl. Sen. *Benef.* III, 28, 2: „Vnus omnium parens mundus est; siue per splendidos siue per sordidos gradus ad hunc prima cuiusque origo perducitur" (*SVF* III, 349); Cic. *Leg.* I, 23.

Apophth. VII, 102 datiert auf die Zeit nach Anacharsis' Griechenlandreise z.Z. der 47. Olympiade, d.h. 591–588 v. Chr.; Er. hat den Spruch z.T. missverstanden (vgl. Komm. unten).

559–562 *Reversus ... φθόνον* Leicht gekürzte und variierende, jedoch durch Missverständnisse und Fehlübersetzungen getrübte Wiedergabe von Diog. Laert. I, 102, wobei Er. die latein. Übers. Traversaris als Textvorlage benutzte: „Post aliquantulum temporis regressum in Scythiam cum patrias leges immutare vellet Graecasque toto conatu (conatu *ed. Curio*: adnisu *Traversari, e.g. ed. Ven. 1490*) niteretur inducere, in venatu (venatu *ed. Curio*: venationis studiis *Traversari, e.g. ed. Ven. 1490*) a fratre sagitta percussum interisse, dicentem, sermonis et disciplinae gratia se ex Graecia seruatum, per inuidiam in domo et patria periisse. Quidam Graeco ritu sacrificanctem occisum tradunt" (ed. Curio, Basel 1524, S. 38–39). Vgl. den griech. Text: Μετὰ χρόνον δὲ παραγενόμενος εἰς τὴν (τὴν *deest in ed. Froben. p. 50*) Σκυθίαν καὶ δοκῶν (νομίζων *in ed. Froben. p. 50*) τὰ νόμιμα παραλύειν τῆς πατρίδος πολὺς ὢν ἐν τῷ ἑλληνίζειν, τοξευθεὶς ἐν κυνηγεσίῳ πρὸς τἀδελφοῦ τελευτᾷ, εἰπὼν διὰ μὲν τὸν λόγον ἐκ τῆς Ἑλλάδος σωθῆναι, διὰ δὲ τὸν φθόνον ἐν τῇ οἰκείᾳ ἀπολέσθαι. ἔνιοι δὲ τελετὰς Ἑλληνικὰς ἐπιτελοῦντα διαχρησθῆναι. Für die anekdotische Erzählung Geschichte von Anacharsis' Ermordung vgl. Hdt. IV, 76. Aus den Formulierungen „conatus est" (= Curio, statt „visus est"), „patrias leges" (Traversari, statt „mores"), „in venatu" (= Curio), „sagitta percussus est" für τοξευθεὶς (Traversari) und der Fehlübers. „ob eruditionem" für διὰ μὲν τὸν λόγον geht hervor, daß Er. seinen Text nach Curios Ausgabe von Traversaris Übers. erstellte. Dafür, daß Er. auch den griech. Originaltext heranzog, läßt sich kein Beleg beibringen.

559 *conatus est* „conatus est" hat keine Entsprechung im griech. Originaltext, in dem δοκῶν, „schien" steht (bzw. νομίζων); Er. bildete „conatus est" nach Curios „toto conatu ... niteretur".

559 *Scytharum leges* Er.' „leges" ist keine paßgenaue Übers. von τὰ νόμιμα, „Sitten, Gebräuche"; Anacharsis hatte nicht eine politische Funktion inne, die ihm derartiges ermöglicht hätte. Er. kopierte die missverständliche Übers. von Traversari („patrias leges"), wobei er sich nicht um den griech. Originaltext kümmerte.

560 *venatu* Er. kopierte Curios Verbesserung von Traversaris „venationis studiis".

561 *eruditionem* Die Bedeutung von λόγος im Spruch ergibt sich daraus, daß λόγος als Gegensatz zu φθόνος verwendet wird. Da dies nicht für „inuidia" (Abgunst, Neid) und „eruditio" (Bildung) zutrifft, hat Er. nicht das Richtige getroffen. Ein adäquater Gegensatz zu φθόνος ist „Ansehen, guter Ruf, guter Leumund" (bei den Griechen, die er besuchte), auf Latein. etwa „gratia", „gratia et commen-

datio", "gratia et fama", "commendatio et fama", "fama magna" oder "famae celebritas". Wahrscheinlich kam Er. auf seine inadäquate Wiedergabe von λόγος dadurch, daß er Traversari als Vorlage benutzte, der λόγος mit „sermo et disciplina" (Sprache und Bildung) übersetzt hatte. Vgl. Jürß' und Hicks' Übers. von λόγος mit „Ansehen" bzw. „reputation" (a.a.O.). Lycosthenes übernahm Er.' Fehlübersetzung, wobei er den Spruch des Anacharsis in die direkte Rede setzte: „Ego ob eruditionem meam incolumis e Graecia dimissus sum, et nunc per inuidiam in propria mea patria trucidor miser" (S. 359). Aufgrund der Übernahme der Fehlübers. ordnete Lycosthenes das Apophthegma zu Unrecht in die Kategorie „De fiducia artis" ein (ebd.). Er.' Fehlinterpretation des Spruches war folgenschwer, da sie – direkt oder über Lycosthenes' Druck – in die großen Wissenssammlungen des 16. und 17. Jh. einging, z. B. in das vielfach gedruckte *Magnum theatrum vitae humanae* des Laurentius Beyerlinck, z. B. Lyon, Jean Antoine Huguetan und Marc Antoine Ravaud, 1665, Bd. 3, S. 126, s.v. „fiducia" oder Venedig, Paolo Balleonio, 1707, S. 626, ebenfalls s.v. „fiducia".

563 *Vini parcus vsus* Für weitere Aussprüche des Anacharsis, in denen Anacharsis den Weingenuss der Griechen kritisiert, vgl. Er., *Apophth.* VII, 105, 110 und 112; Anacharsis Frgm. A23A–A32A–B Kindstrand, mit Komm. von Kindstrand S. 139–145.

564 *Dicebat ... molestiae* Wörtliche Übertragung von Diog. Laert. I, 103: Οὗτος τὴν ἄμπελον εἶπε τρεῖς φέρειν βότρυς· τὸν πρῶτον ἡδονῆς, τὸν δεύτερον μέθης, τὸν τρίτον ἀηδίας (ed. Froben, S. 51). Anacharsis Frgm. A26A–B Kindstrand (S. 114); *Wiener Apophthegmensammlung* 55. Vgl. die latein. Übers. Traversaris: „Huius illud dictum memoratur: vitem vuas tres ferre, primam voluptatis, secundam ebrietatis, tertiam moeroris" (ed. Curio, Basel 1524, S. 39). Brusoni hatte den Spruch in seine Sammlung d.J. 1518 aufgenommen (Kap. I, 16 [i.e. 19] „De bibendi ratione atque vini immodica ingurgitatione, qua ebrietas oritur"), wobei er wörtlich die Übers. Traversaris kopierte; ebenso findet sich der Spruch in Fausto Andrelinis Sammlung d.J. 1508 (s. Komm. unten). Der Spruch wurde auch Pythagoras, Epictetus und Demokritos zugeschrieben, und ein sehr ähnlicher Aisopos; dem Pythagoras in Antonius Melissa, *Loci communes* I, Sermo 39 (*PG* 136, Sp. 916B) und Sermo 41 (920B); dem Epictetus in Max. Conf., *Loci communes*, Sermo 30 (*PG* 91, Sp. 885B); für den äsopischen Spruch vgl. *Vitae Aesopi* 68, S. 57 und 94 Perry.

564 *botros* Er. zieht das kirchenlateinische Wort, „botrus, -tri" (vgl. *Cant.* 1, 13 „botrus Cypri dilectus"; *DNG* I, Sp. 661, s.v. „botrys"; nicht in *OLD*) dem klassischen reinlateinischen „uua" (für βότρυς, „Traube") vor, wie es Er. in seiner latein. Textvorlage, Traversaris Übers., antraf.

564 *molestiae* Mit „molestiae" versucht Er., Traversaris Übers. von ἀηδίας mit „moeroris" (so auch Brusoni a.a.O.) zu verbessern. Traversari hatte ἀηδία auf die Empfindungsebene des Weintrinkers bezogen und mit „Unlust, Widerwille, Verdruß" übersetzt, was möglich ist (vgl. Passow I, 1, S. 43, s.v.); Er. hingegen bezog ἀηδία auf potentielle äussere Auswirkungen schwerer Betrunkenheit: Streit, Totschlag, Krankheiten. Seine Interpretation hat einiges für sich: Die parallelen Überlieferungen des Spruches weisen statt ἀηδία stets ὕβρις auf, womit das für andere Leute lästige Verhalten der Betrunkenen gemeint ist, die im Suff Streit anfangen. In diesem Sinn fassten Maximus Confessor und Fausto Andrelini die Trias der Auswirkungen des Weines auf: 1. voluptas 2. ebrietas 3. contumeliae (= die Schmähungen, die ein Betrunkener, der Streit anfängt, von sich gibt).

566 *alibi dictum* Anacharsis Frgm. A27A–H Kindstrand. Er. gibt den Spruch „primam ... insaniam" in VII, 103 auf eine Weise wieder, in der die zweite und dritte Wirkung des Weins nicht mit den vorhandenen Quellen übereinstimmt, jedoch genau auf dieselbe Weise wie in *Adag.* 1701 (*ASD* II, 4, S. 152): „Vltra quem si quis progressus esset, iam ad libidinem intemperantiamque res vergere videretur, iuxta illud apud Apuleium Asclepiadis dictum existimantis primum craterem pertinere ad *sitim*, secundum ad *voluptatem*, tertium ad *ebrietatem*, quartum ad *insaniam*". Seine Zuschreibung des Ausspruchs an den Arzt Asklepiades von Prusa ist kurios. Sie geht nicht aus der Quelle, die Er. selbst angibt, Apul. *Flor.* 20, hervor; dort steht, daß der Urheber des Spruches irgendein weiser Mann ist: „Sapientis viri super mensam celebre dictum est: ,Prima', inquit, ,creterra ad sitim pertinet, secunda ad hilaritatem, tertia ad voluptatem, quarta ad insaniam'". Er. irrte sich in der Zuschreibung, wohl weil Asklepiades in dem vorhergehenden Kapitel der *Florida* (19) erwähnt wird (vgl. Komm. zu *ASD* II, 4, S. 153). Bei der Übertragung des Spruches von

VII, 104   Vvlgi ivdicia   (Anacharsis Scytha, 4)

570 *Admirabatur, qui conueniret, vt artifices apud Graecos certarent, sed de his iudicarent artis expertes*, sentiens *de artifice neminem recte iudicare nisi artificem*. In theatro certabant histriones, mimi, cantores et sophistae, recitabant poetae, quorum artes quum populus nesciret, tamen aliis applaudebant, alios explodebant.

VII, 105   Ex aliis exemplvm   (Anacharsis Scytha, 5)

575 *Rogatus, qua ratione quis effugeret, ne fieret vinolentus, „Si semper"*, inquit, *„prae oculis habeat ebriorum indecoros mores"*. Nihil enim similius insano quam ebrius. At ebrius existimat se decere omnia. In aliis spectandum, quam foeda res sit temulentia.

VII, 106   Salse   (Anacharsis Scytha, 6)

Aiebat se demirari, qui conueniret, vt Graeci, qui legibus suis violentiam et iniuriam 580 *puniunt, athletas ob hoc ipsum honorarent, quod se mutuo percuterent*, salse damnans crudelem populi voluptatem ac in moribus inconstantiam. Quod enim iniustum est, semper iniustum est. Quanquam heu nimium ethnicarum reliquiarum adhuc

---

Apul. *Flor.* 20 in *Adag.* 1701 irrte sich Er. erneut, in Bezug auf die zweite und dritte Wirkung des Weins. Aus den genauen Übereinstimmungen in Bezug auf die Wirkungen des Weins geht hervor, daß Er. den Spruch nach *Adag.* 1701 zitierte, entweder in Form direkter Textvorlage oder aus dem Gedächtnis. Im Hinblick auf die Kombination der beiden Apophthegmen in VII, 103 ist interessant, daß bereits Fausto Andrelini genau dieselbe Kombination in seinen *Epistolae paroemiales et morales*, die Er. kannte und benutzte, publiziert hatte: „Nec iniuria Anacharsis retulit vitem vuas tris producere, vnam scilicet voluptatis, alteram ebrietatis, tertiam contumeliarum. Retulit Aesopus primam crateram ad sitim, secundam ad hilaritatem, tertiam ad voluptatem, quartam ad insaniam pertinere" (Straßburg, Schürer, 1508, fol. B iii^r, 5. Brief). Die Urheberschaft des Spruches wurde verschiedentlich angegeben: Bei Apul. ist der Spruch anonym; Andrelini gibt Aisopos an; andere Thales von Milet (7./6. Jh. v. Chr.) und Aisopos, Er. Asklepiades von Bithynien bzw. Prusa (ca. 124–60 v. Chr.). Stobaios schreibt den Spruch jedoch dem Anacharsis zu; III, 18, 25 (Περὶ ἀκρασίας): Ἀνάχαρσις ἔφη, κιρναμένου κρατῆρος ἐφεστίου, τὸν μὲν πρῶτον ὑγιείας πίνεσθαι, τὸν δὲ δεύτερον ἡδονῆς, τὸν δὲ τρίτον ὕβρεως, τὸν δὲ τελευταῖον μανίας (ed. Trincavelli fol. H IIII r). Für die Thales-Zuschreibung vgl. Hermannus Schottenius, *Confabulationes tironum litterariorum*, Köln 1525, Gespräch 94 „De ebrietate vitanda": „Audisti vnquam verbum (ni fallor) Thaletis philosophi, primam crateram ad sitim, secundam ad hilaritatem, tertiam ad voluptatem, quartam ad insaniam pertinere?".

Apophth. VII, 104 ist ein Gegenstück zu *Adag.* 516 „Ne sutor vltra crepidam" (*ASD* II, 2, S. 41). Lycosthenes bildete im Hinblick auf seinen spezifischen Inhalt die Kategorie „De iudicio in re ignota non ferendo" (S. 534 ff.).

570–571 *Admirabatur ... expertes* Diog. Laert. I, 103: θαυμάζειν δὲ ἔφη πῶς παρὰ τοῖς Ἕλλησιν ἀγωνίζονται μὲν οἱ τεχνῖται, κρίνουσι δὲ οἱ μὴ τεχνῖται (ed. Froben, S. 51). Anacharsis Frgm. A42A–C Kindstrand; *Wiener Apophthegmensammlung* 56. Vgl. die latein. Übers. Traversaris: „Mirari se dixit, quomodo apud Graecos artifices certarent iudicarentque, qui artifices non essent" (ed. Curio, Basel 1524, S. 39); vgl. Plut. *Sol.* 5, 6; *Gnom. Vat.* 14 Sternbach.

571 *de artifice ... artificem* Er., *Adag.* 516 „Ne sutor vltra crepidam" (*ASD* II, 2, S. 41):

„Eodem pertinet, quod huius nepos [d.h. Plinius d. J.] in Epistolis scripsit de artificio non recte iudicare quenquam nisi et ipsum artificem"; Plin. *Epist.* I, 10, 4: „vt enim de pictore, scalptore, fictore nisi artifex iudicare, ita nisi sapiens non potest perspicere sapientem"; vgl. auch Aristot. *Eth. Nic.* I, 1094 b 27–28.

572 *mimi, cantores et sophistae* Mit „in theatro certabant …" liefert Er. eine kulturhistorische Erläuterung zu Anacharsis' Kritik an der Kultur Athens um 590 v. Chr., die am Inhalt des Apophtegmas vorbeischrammt und anachronistische Elemente enthält: Anacharsis' Spruch richtet sich auf den Bereich der bildenden Kunst, spezifisch auf das Verhältnis der miteinander wetteifernden bildenden Künstler mit ihrem Publikum, obwohl diesem jegliches technische und fachliche Verständnis fehlte; mit der Schauspielpraxis hat diese Kritik nichts zu tun: Es war ausgeschlossen, daß Anacharsis Darbietungen im Theater aufs Korn nahm, da es im Athen dieser Zeit weder ein Theater noch so etwas wie Theateraufführungen gab: Die älteste griechische Tragödie gab es in Athen um 520/10 an, die älteste Komödie um 480; um 590 gab es in Athen weder Schauspieler („histriones") noch Possenreißer („mimi"); die griech. Posse wurde erst seit ca. 430 auf Sizilien erfunden, von Sophron, dessen Stücke Platon nach Athen brachte: Dabei handelte es sich um derbe, einfache Prosastücke, deren Szenen dem täglichen Leben entnommen waren, wobei die Schauspieler reichlich Mimik (sie trugen keine Masken) und Gestik einsetzten. Es ist richtig, daß in der späteren Geschichte der Sophistik, v.a. in der Zweiten Sophistik, „Konzertreden" in Theatern gehalten wurden: Um 590 gab es jedoch weder die Sophistik (diese entstand erst um 430), noch das Phänomen der Konzertreden noch das Theater als Aufführungsort. Lycosthenes verschlimmbesserte in seinem Druck des Apophtegmas die spektakuläre Reihe von Er.' Anachronismen dadurch, daß er „sophistae" durch „gladiatores" ersetzte (S. 534), die bekanntlich römischer Herkunft sind.

574 *Ex aliis exemplum* Der Titel von VII, 105 ist identisch mit VII, 164 (Platon). Bei Platon geht es darum, daß der Weise moralisches Fehlverhalten anderer zum Anlaß nehmen soll, sein Gewissen zu erforschen und der Frage nachzugehen, ob er nicht selbst irgendwann etwas Ähnliches getan habe. Bei Anacharsis geht es spezifisch um den übermäßigen Weingenuss als Unsitte. Für ähnliche Aussprüche des Skythen, in denen er den Weingenuss der Griechen kritisiert, vgl. *Apophth.* VII, 103, 110 und 112.

575–576 *Rogatus … mores* Eigenständige Übertragung des Er. von Diog. Laert. I, 103: ἐρωτηθεὶς πῶς οὐκ ἂν γένοιτό τις φιλοπότης, „εἰ πρὸ ὀφθαλμῶν", εἶπεν, „ἔχοι τὰς τῶν μεθυόντων ἀσχημοσύνας" (ed. Froben, S. 51). Anacharsis Frgm. A28A–D Kindstrand. Derselbe Spruch findet sich in Arsen. *Violet.*, S. 105; *Wiener Apophthegmensammlung* 57. Sehr ähnlich ist Stob. III, 18, 34 (Anacharsis Frgm. A29A–E Kindstrand). In vorl. Fall scheint Er. die Übers. Traversaris nicht berücksichtigt zu haben: „Rogatus, quo pacto quis abstemius fieret, ‚Si turpes', inquit, ‚ebriosorum motus sibi ante oculos ponat'" (ed. Curio, Basel 1524, S. 39). Der Spruch des Anacharsis findet sich bereits in der Sammlung des Brusoni aus d.J. 1518 (I, 16), wobei ihn Brusoni in der Übers. des Traversari wiedergab.

Apophth. VII, 106 und 108 gehören thematisch zusammen.

579–580 *Aiebat … percuterent* Leicht variierende Übers. des Er. von Diog. Laert. I, 103: θαυμάζειν τε ἔλεγε πῶς οἱ Ἕλληνες νομοθετοῦντες κατὰ τῶν ὑβριζόντων, τοὺς ἀθλητὰς τιμῶσιν ἐπὶ τῷ τύπτειν ἀλλήλους (ed. Froben. p. 51). Anacharsis Frgm. A 36 Kindstrand. Vgl. die latein. Übers. Traversaris: „Mirari item se dicebat, quinam fieret, vt Graeci aduersus eos, qui iniuriis lacessunt, legem ferentes, athletas, cum se inuicem feriunt, honorant" (ed. Curio, Basel 1524, S. 39).

580–584 *salse damnans … Christum* Er. holt zu einem Rundumschlag gegen sportliche Wettkämpfe aus, insbesondere Kampfsportarten. Er preist sich als Christ glücklich, von Wettkämpfen, wie sie in der Antike stattfanden, erlöst zu sein, von denen er namentlich den Faustkampf und die Gladiatorenspiele nennt. Dabei bringt Er. die griechischen Sportwettkämpfe, die bei panhellenischen Spielen abgehalten wurden, mit den römischen Gladiatorenspielen durcheinander, bei denen es sich nicht um ehrbare sportliche Wettkämpfe unter Freien, die um die Ehre stritten, handelte, sondern um blutige Schaukämpfe zur Volksbelustigung, bei denen Unfreie ums bloße Überleben kämpften und bei denen der Verlierer damit rechnen mußte, in den Tod befördert zu werden.

resaidet in moribus Christianorum, tamen illis prodigiosis voluptatibus gladiatorum, pugilum et athletarum deliciis liberati sumus per Christum.

VII, 107   NAVIGATIO   (Anacharsis Scytha, 7)

Quum rogasset quendam, quanta esset spissitudo tabularum nauticarum, isque respondisset *„quatuor digitorum"*, *„Tantillum"*, inquit, *„absunt a morte, qui nauigant"*. Notauit negotiatorum auaritiam, qui lucri gratia semet in manifestum vitae discrimen coniiciunt. Scythae nesciunt nautica commercia, sed pascuis ac venatu viuunt.

VII, 108   ATHLETAE INSANI   (Anacharsis Scytha, 8)

Oleum dicebat esse venenum insaniam gignens, eo quod athletas videret *vnctos in se inuicem insanire*. Nec olei vsum, vt arbitror, nouerant Scythae, vt quod nec apud illos proueniret nec aliunde importaretur. Athletae non pugnant nisi vncti; putant enim corpus fieri robustius. At Scytha simulabat se credere illis oleum esse causam insaniae.

VII, 109   MENDACIVM IN CONTRACTIBVS   (Anacharsis Scytha, 9)

Aiebat se mirari, *qui fieret, vt Athenienses, qui prohiberent mentiri, tamen in cauponum tabernis palam mentirentur.* Qui vendunt merces emuntque, lucri causa fallunt,

---

584 *pugilum* Der griech. Faustkampf war wenig reguliert, aber desto härter. Die Fäuste waren mit Lederriemen umwickelt, um die Schlagkraft zu erhöhen und die Handrücken zu schützen. Es gab keine Gewichtsklassen, keinen Ring, keine Runden, kein vonvornehrein festgelegtes Ende, keine Beschränkung auf bestimmte Schlagzonen oder Schlagarten. Nur der Gebrauch der Finger und der Füsse war verboten. Auf Verteidigung wurde wenig Wert gelegt. Der Kampf endete, wenn einer der beiden Kontrahenten aufgab oder k.o. geschlagen war. Nicht selten endete ein Kampf mit beträchtlichen Verletzungen eines der Kontrahenten. Der Faustkampf war seit 688 v. Chr. eine Olympische Disziplin. Das griechische Pankration war eine harte Kombination aus Ring- und Faustkampf, die ebenfalls zu den olympischen Disziplinen gehörte (seit 648 v. Chr.). Vgl. W. Rudolph, *Olympischer Kampfsport in der Antike. Faustkampf, Ringkampf und Pankration in den griechischen Nationalfestspielen*, Berlin 1965; M.B. Poliakoff, *Kampfsport in der Antike. Das Spiel um Leben und Tod*, Düsseldorf 2004 (urspr. engl. *Combat Sports in the Ancient World*).

585 *Nauigatio* Für weitere Aussprüche des Anacharsis gegen die Schiffahrt, die er auf unnötige Risikobereitschaft und Gewinnsucht engführte, vgl. VII, 113 und 115; Anacharsis Frgm. A33–35 Kindstrand. Lycosthenes druckte die Aussprüche in der eigens dafür aufgestellten Kategorie „De nauigationis periculo" (S. 777–780, bsd. 778–779). Für den Gedanken, daß ein Seefahrer nur einige Zentimeter vom Tod entfernt sei, vgl. Iuven. *Sat*. 12, 57–59: „I nunc et ventis animam committe dolato/ cofisus ligno, digitis a morte remotus/ quattuor aut septem, si sit latissimi, taedae; J.F. Kindstrand, *Anacharsis, the legend and the Apophthegmata*, Uppsala 1981, S. 146.

586–587 *Quum … nauigant* Im einleitenden Teil frei paraphrasierende, im Spruchteil wörtliche Wiedergabe von Diog. Laert. I, 103: μαθὼν τέτταρας δακτύλους εἶναι τὸ πάχος τῆς νεώς, τοσοῦτον ἔφη τοῦ θανάτου τοὺς πλέοντας ἀπέχειν. (ed. Froben, S. 51). Im Spruchteil wiederholt Er. im Wesentlichen Curios Ausgabe des lateinischen Textes: „Cum didicisset quatuor digitos nauis esse crassitudinem, ‚tantum', inquit, ‚a morte absunt (a morte absunt *ed. Curio*: morti propinqui sunt *Traversari, e.g. ed. Ven. 1490*), qui nauigant'" (ed. Curio, Basel 1524, S. 39). Anacharsis Frgm. A34A–B Kindstrand. Derselbe Spruch findet sich in Arsen. *Violet.*, S. 105.

590 *Athletae insani* Der Gedanke, daß der „Wahnsinn" griechischer Athleten durch den Gebrauch des Olivenöls verursacht sei, wird dem Anacharsis auch von Lukian zugeschrieben; vgl. Lucian. *Anarcharsis* 1 und 5; J.F. Kindstrand, *Anacharsis, the legend and the Apophthegmata*, Uppsala 1981, S. 147.

591–592 *Oleum … insanire* Leicht variierende Wiedergabe von Diog. Laert. I, 104: Τὸ ἔλαιον μανίας φάρμακον ἔλεγε διὰ τὸ ἀλειφομένους τοὺς ἀθλητὰς ἐπιμαίνεσθαι ἀλλήλοις (ed. Froben, S. 51). Anacharsis Frgm. A37E–F Kindstrand. Vgl. die latein. Übers. Traversaris: „Oleum vesaniae (vaesaniae *Traversari, e.g. ed. Ven. 1490*) pharmacum dixit, quod eo uncti (uncti *ed. Curio*: inuncti *Traversari, e.g. ed. Ven. 1490*) athletae contra se mutuo (mutuo *ed. Curio*: inuicem *Traversari, e.g. ed. Ven. 1490*) magis insanirent (insanirent ed. Curio: insaniant *Traversari, e.g. ed. Ven. 1490*)" (ed. Curio, Basel 1524, S. 39). Derselbe Spruch findet sich in Arsen. *Violet.*, S. 105.

591 *athletas* Mit „athletae" sind hier die griech. Kampfsportarten Ringen, Boxen und Pankration gemeint.

592–593 *Nec olei vsum … importaretur* Eine kulturhistorische Erklärung des Er., die er aus der Anekdote ableitete, die jedoch in ihrer allgemeinen Form nicht richtig ist. Die Skythen, die nördlich des Schwarzen Meeres lebten, entwickelten im Laufe des 7. und 6. Jh. v. Chr. rege Handelsbziehungen mit den griechischen Kolonien an der nördlichen und östlichen Schwarzmeerküste. Sie tauschten dabei Getreide, Fisch, Honig, Wachs, Felle, Holz und Vieh gegen Wein, Olivenöl, Keramik und Parfüms. Intellektuellen des 16. Jh. fehlten diesbezüglich die archäologischen und historischen Kenntnisse.

593–595 *putant enim … insaniae* Es gehörte zur Praxis der griechischen sportlichen Wettkämpfe, daß Athleten mit eingeölten Körper antraten. Dafür war in der Antike der Glaube grundlegend, daß die Einölung den Athleten größerer Stärke und Kraft verleihe, ein Glaube, der in den Bereich magischer und religiöser Vorstellungen gehört, während eine empirisch-biologische Erklärungsbasis fehlt. Für den religiösen Charakter dieser Vorstellungen spricht, daß die Öleinreibung vor dem Wettkampf im kultischen Zeremoniell der Olympischen Spiele fest verankert war. Vgl. dazu Ch. Ulf, „Die Einreibung der griechischen Athleten mit Oel. Zweck und Ursprung", in: *Stadion: internationale Zeitschrift für Geschichte des Sports* 5 (1979), S. 220–238. Wie seine kulturhistorische Erklärung zeigt, war Er. mit dem antiken Glauben an die kräftigende Wirkung der Öleinreibung vertraut; sie findet sich auch in der Erklärung von Apophth. V, 224: „negauit (sc. Epaminondas) se offendi sumptu, sed moleste ferre tantum olei exceptum intra corpus hominum, *sentiens oleum esse natum foris vnguendo corpori, non intus explendo: inunctum reddit corpus firmius et iniuriae patientius*; infusum in viscera, reddit delicatius ac segnius".

Apophth. VII, 109 ist ein Gegenstück von *Adag.* 3924 „In foro veritas" (*ASD* II, 8, S. 238) und *Apophth.* VII, 119 „Forum", in dem Anacharsis das griechische Handelswesen und die Institution der Agora kritisierte und den Handel auf Betrug und Lüge („mendacium") engführte („Aiebat forum esse locum mutuis hominum fraudibus ac rapinis destinatum, notans mores vendentium per fas nefasque lucra venantium"). In VII, 109 wird ein interessanter Dialog zwischen *Apophthegmata* und *Adagia* manifest: Er wird von vorl. *Apophth.* i.J. 1532 durch eine Bearbeitung des Diog. Laert. eröffnet. Wohl nach dem Erscheinen der *B*-Ausgabe der *Apophthegmata* entdeckte Er. das Sprichwort κατὰ τὴν ἀγορὰν ἀψευδεῖν (Suid. 820, Harocrat.), das er in die nächstfolgende Ausgabe der *Adagia*, jene, die im Jahr 1533 (= *H*) erschien, aufnahm. Dieses Sprichwort erweckte sein besonderes Interesse, weil es die historische Erklärung von Anacharsis' Spruch enthielt, wie er bereits in dem Adagien-Text anmerkte: „Hinc est, quod apud Laertium Anacharsis ait, se mirari quod Athenienses lege prohiberent in foro mendacium, quum nusquam frequentius aut impudentius mentirentur" (a.a.O.). In der folgenden Ausgabe der *Apophthegmata*, i.J. 1535 (= *C*), setzte Er. sodann das Sprichwort κατὰ τὴν ἀγορὰν ἀψευδεῖν zur Erklärung des Anacharsis-Spruches hinzu.

597–598 *Aiebat … mentirentur* Diog. Laert. I, 104. Er. bearbeitete die von Curio herausgegebene latein. Übers.: „‚Qui fit (Qui fit *ed. Curio*: quomodo *Traversari, e.g. ed. Ven. 1490*)', inquit, ‚vt (vt *add. Curio*) qui mentiri vetant, in cauponum tabernis aperte metiantur (meti-

quemcunque possunt, quasi, quod priuatim esset turpe, fiat honestum, si publice
facias in foro. At in contractibus maxime fugiendum erat mendacium. Sed tum
maxime mentiuntur homines, quum maxime negant se mentiri. [C] *Apud Athenienses lex erat,* quae iubebat ἐν ἀγορᾷ ἀψευδεῖν.

VII, 110   [B] Mos praeposterus   (Anacharsis Scytha, 10)

Admirabatur et illud, quod Graeci initio conuiuii cyathis [i.e. poculis] pusillis *vterentur, saturi maioribus,* sentiens potum non in aliud adhibendum nisi ad sedandam sitim; absurdum igitur esse, tum plus bibere, quum iam sitis esset sedata.

VII, 111   Continentia   (Anacharsis Scytha, 11)

Statuis atque *imaginibus illius inscribebatur* „γλώσσης, γαστρός, αἰδοίων κρατεῖν", id est, „*linguae, ventri, pudendis temperandum*", quod maximorum malorum causa sit lingua effrenis et luxu nihil turpius, libido pecudem ex homine reddat.

VII, 112   Vinolentia   (Anacharsis Scytha, 12)

Interrogatus, num *in Scythia essent tibiae, respondit:* „*Ne vites quidem*", significans saltationes reliquasque eius generis voluptates e vinolentia nasci alique.

601–602 Apud Athenienses lex erat, quae iubebat ἐν ἀγορᾷ ἀψευδεῖν C: desunt in B.

antur *ed. Curio*: metiuntur *Traversari, e.g. ed. Ven. 1490*)?'" (ed. Curio, Basel 1524, S. 39). Vgl. den griech. Text: „πῶς", ἔλεγεν, „ἀπαγορεύοντες τὸ ψεύδεσθαι ἐν ταῖς καπηλείαις φανερῶς ψεύδονται;" (ed. Froben, S. 51). Anacharsis Frgm. A43A–B Kindstrand. Derselbe Spruch findet sich auch in Arsen. *Violet.*, S. 105.

601–602 *Apud Athenienses lex erat* Vgl. *Adag.* 3924 (*ASD* II, 8, S. 238): „In foro veritas": „Ἐν ἀγορᾷ ἀψευδεῖν, id est *In foro abstinendum a mendacio*. Lex erat apud Athenienses, vt in foro rerum venalium vanitas omnis abesset. Theophrastus in libris De legibus ostendit agoranomis duo praecipue curanda: vt omnia in foro composite citraque tumultum agantur, deinde, vt abstineant a mendaciis non vendentes modo, verum etiam ementes …". Vgl. Theophrast. Frg. 98 Wimmer.

604–605 *Admirabatur … maioribus* Leicht variierende, größtenteils wörtliche Wiedergabe von Diog. Laert. I, 104, wobei Er. wohl die von Curio herausgegebene Übers. als Vorlage benutzt: „Mirari se (Mirari se *ed. Curio*: Admirari *Traversari, e.g. ed. Ven. 1490, ed. Paris. 1509, fol. XVI v*) dixit, cur Graeci initio conuiuii paruis poculis (poculis *ed. Curio*: calicibus *Traversari, e.g. ed. Ven. 1490, ed. Paris. 1509*) vterentur, vbi vero saturati essent, maioribus poculis (poculis *Traversari, e.g. ed. Ven. 1490, ed. Paris. 1509*: om. *Curio*)" (ed. Curio, Basel 1524, S. 39). Vgl. den griech. Text: καὶ θαυμάζειν φησὶ πῶς Ἕλληνες ἀρχόμενοι μὲν ἐν μικροῖς πίνουσι, πλησθέντες δὲ ἐν μεγάλοις (ed. Froben, S. 51). Anacharsis Frgm. A32A–B Kindstrand. Derselbe Spruch findet sich in *Wiener Apophthegmensammlung* 58. Dieselbe Kritik des Brauches bei griechischen Trinkgelagen, stets größere Mengen Weines zu trinken, findet sich bei Alexander von Aphrodisias *Probl.* I, 80; Philo, *De ebrietate* 53, 221 (S. 213) und Cic. *Verr.* II, 1, 66, der diese Art des Trinkens als „Graeco more bibere" charakterisiert. Vgl. J.F. Kindstrand, *Anacharsis, the legend and the Apophthegmata*, Uppsala 1981, S. 144.

604 *cyathis pusillis* Er. hat hier eine gelehrte archäologische Explizitierung angebracht,

möglicherweise um den Text anspruchsvoller zu gestalten, vielleicht auch um die ihm vorliegende Übersetzung zu übertreffen. Im Griechischen steht lediglich, daß die Griechen im ersten Abschnitt des Symposions kleinere Trinkgefässe benutzen (von Curio neutral mit „pocula" wiedergegeben), sodann größere. Vgl. auch Alexander von Aphrodisias *Probl.* I, 80: ἀρχόμενοι μὲν γὰρ ἐν μικροῖς πίνουσι, πληπωθέντες δὲ ἐν μεγάλοις ποτήριοις. Er. war anscheinend nicht bekannt, daß der Kyathos gar kein Trinkgefäß war, sondern eine aus Keramik gefertigte langstielige Schöpfkelle für den Wein, die zugleich auch als Maß für das Mischen benutzt wurde. Mit dem Kyathos schöpfte man aus den großen Weinbehältern, Krateres, den Wein in die Trinkgefässe. Da Kyathoi als Maßgefässe dienten, hatten sie alle in etwa dasselbe Maß. Es gab also weder „winzige" („pusilli"), wie Er. sagt, noch riesige Kyathoi. Zudem ist Er. ein Anachronismus unterlaufen, da Anacharsis z.Z. seines Athenaufenthaltes um 590 v.Chr. keine Kyathoi gesehen haben konnte: Diese Form der keramischen Schöpfkelle kam erst in der zweiten Hälfte des 6. Jh. – wahrscheinlich aus Etrurien – nach Athen. In der Folge produzierte man in Athen die Schöpfkellen für den Export nach Etrurien. Vgl. I. Scheibler, *Griechische Töpferkunst. Herstellung, Handel und Gebrauch der antiken Tongefäße*, München 1983, S. 20; A.J. Clark, M. Elston und M.L. Hart, *Understanding Greek vases: a guide to terms, styles, and techniques*, Los Angeles 2002, S. 106. Traversari hatte in seiner ursprünglichen Übers. im Übrigen den Namen eines griechischen Trinkbechers, Kalyx, angegeben; der Kalyx war ein sehr altes, kelchförmiges Gefäss, das zum Trinken des Weines benutzt wurde.

Apophth. VII, 111 ist kein Ausspruch, sondern eine Beischrift bzw. Inschrift zu einem Porträt, deren Autor zudem nicht Anacharsis, sondern ein Unbekannter ist. Bei den hier angesprochenen εἰκόσι des Anacharsis hat es sich wohl am ehesten um Statuen gehandelt. Statuengruppen mit den Sieben Weisen wurden in der Antike z.B. in Bibliotheken, Säulenhallen oder Gymnasien aufgestellt, wo sich Intellektuelle zu gelehrten Diskussionen einfanden. Wenn es wahr ist, daß Diogenes eine solche Statue von Anacharsis gesehen hat, so müssen diese frühestens hellenistischer Zeit gestammt haben. Außerdem ist klar, daß Anacharsis weder der Auftraggeber einer solchen Statue noch der Verfasser der von Diogenes zitierten Aufschrift sein kann, wie Lycosthenes zu Unrecht behauptet („statuis atque imaginibus suis inscribi *iussit* ...", S. 197). Die Tatsache, daß Er. den Text der Aufschrift unter seine *Apophthegmata* aufnahm, zeigt, daß er die Grenzen der Definition von Apophthegma oft selbst aufweichte; auch mag er die Aufschrift als *placitum* des Anacharsis verstanden haben, gewissermaßen als das Motto des Weisen, und ihm insofern die Autorschaft über die bewußten Worte zugeschrieben haben.

608 *Statuis ... κρατεῖν* Wörtliche Wiedergabe von Diog. Laert. I, 104, wobei Er. die latein. Übers. Traversaris als Vorlage benutzte: „Inscribitur autem ipsius imaginibus: ‚Lingua, ventre, pudendis continendum est'" (ed. Curio, Basel 1524, S. 39). Vgl. den griech. Text: ἐπιγράφεται δὲ αὐτοῦ ταῖς εἰκόσι: „γλώσσης, γαστρός, αἰδοίων κρατεῖν" (ed. Froben, S. 51). Vgl. Arsen. *Violet.*, S. 105; *Gnom. Vat.* 136 Sternbach. Diese Inschrift bezieht sich möglicherweise auf eine Ankdote, die bei Plutarch überliefert ist: Anacharsis soll sich z.Z. seines Athen-Aufenthaltes sehr bemüht haben, seine Sittenreinheit zu erhalten. Insbesondere fürchtete er sich vor sexuellen Ausschweifungen und verbalen Ausritten unter dem Einfluß des Weines, den er gleichwohl zu sich nahm. Als er einmal bei einem großen Trinkgelage bei Solon eingeladen worden war, traf man ihn schlafend in einer Ecke an: Mit der linken Hand soll er seine Genitalien geschützt haben, mit der rechten seinen Mund; letztes soll nach Plutarch bedeuten, daß er es für schwieriger hielt, seine Zunge in Zaum zu halten als seine Sexualorgane (*De garrulitate* 7, Mor. 505A). Er inkorporierte die Stelle in *Lingua*: „Anacharsis quum coenasset apud Solonem, hoc gestu repertus est dormiens, vt dextram admotam haberet ori, sinistram pudendis, videlicet ipsa re docens, duo mebra maxime esse rebellia, linguam ac pudenda, sed maiore cura cohercendam esse linguam quam pudenda. Factum est hoc a philosopho Scyrtha, ethnico et barbaro, probatum est ab ethnicis philosophis, et nos nobis plusquam philosophi videmur, si veste tantum differamus a planis, scurries et sycophantis" (*ASD* IA, S. 135, Z. 576–583).

611 *Vinolentia* Für weitere Aussprüche des Anacharsis, in denen er den Weingenuss der Griechen kritisiert, vgl. *Apophth.* VII, 103, 105 und 110; Anacharsis Frgm. A23–32 Kindstrand.

612 *Interrogatus ... quidem* Diog. Laert. I, 104. Er. verwendete die Übers. Traversaris: „Rogatus, an in Scythia sint tibiae, ‚Ne vites quidem', inquit" (ed. Curio, Basel 1524, S. 39). Vgl. den griech. Text: ἐρωτηθεὶς εἰ εἰσὶν ἐν Σκύθαις

VII, 113　　　　　　　　Navigatio　　　　　(Anacharsis Scytha, 13)
　　　　　　　(= Dublette von VI, 449)

[Hoc idem ante tribuitur Stratonico]
Percontanti, quae naues essent tutissimae, „Quae", inquit, „in siccum protractae sunt". Solent enim olim naues iis mensibus, quibus mare nauigabile non est, *machinis quibusdam in siccum pertrahi.* Anacharsis sensit omnem nauigationem esse periculosam. At ille de genere nauigii percontabatur. Sunt enim liburnicae, onerariae actuariaeque naues aliaeque diuersi generis, in quibus alia est alia aduersus tempestatem instructior. [C] ⟨Hoc idem ante tribuitur Stratonico⟩.

620

616　Hoc idem ante tribuitur Stratonico *transposui ad finem apophthegmatis*: desunt in B BAS LB, *annotatio marginalis C.*

αὐλοί, εἶπεν, „ἀλλ' οὐδὲ ἄμπελοι" (ed. Froben, S. 51). Anacharsis Frgm. A23E–F Kindstrand; derselbe Spruch findet sich auch in Arsen. *Violet.*, S. 105; *Gnom. Vat.* 131 Sternbach; *Wiener Apophthegmensammlung* 59.
Apophth. VII, 113 ist eine Dublette von VI, 449, wo derselbe Ausspruch dem Leierspieler Stratonikos zugeschrieben wird. Für weitere Aussprüche des Anacharsis gegen die Schiffahrt, die er jeweils auf unnötige Risikobereitschaft und Gewinnsucht engführte, vgl. VII, 107 und 115. Lycosthenes druckte die Aussprüche in der eigens dafür aufgestellten Kategorie „De nauigationis periculo" (S. 777–780, bsd. 778–779). *Apophth.* VII, 113 war bereits von Brusoni in seine Sammlung d.J. 1518 aufgenommen worden (IV, 25).

617–618　*Percontanti … protractae sunt* Wörtliche Wiedergabe von Diog. Laert. I, 104: ἐρωτηθεὶς τίνα τῶν πλοίων εἰσὶν ἀσφαλέστερα, ἔφη, „τὰ νενεωλκημένα" (ed. Froben, S. 51). Anacharsis Frgm. A35A–B Kindstrand. Derselbe Spruch findet sich auch in Arsen. *Violet.* S. 105. Vgl. die latein. Übers. in Curios Ausgabe: „Percontanti, quaenam esset securissima (securissima *ed. Curio*: securior Traversari, e.g. *ed. Ven. 1490*) nauis, ‚Ea', inquit, ‚quae in portum venerit'" (ed. Curio, Basel 1524, S. 39). Er. benutzte hier sowohl die latein. Übers. als auch den griech. Originaltext als Vorlage. Weiter wurde der Spruch dem Kitharöden Stratonikos (Athen. VIII, 350B) und Philistion (*Wiener Apophthegmensammlung* 131) zugeschrieben.

617　*tutissimae* Die Verwendung des Superlativs ist suboptimal: Die Frage wird im griech. Original im Komparativ gestellt: Welche Art von Schiffen *sicherer* wäre, wobei, wie die Dublette (*Apophth.* VI, 449) zeigt, zwei Arten von Schiffen zur Auswahl standen: kleine kompakte oder große schwere. Den Superlativ übernahm Er. aus Curios Text, der Traversaris adäquates „securior" zu „securissima" verschlimmbessert hatte.

618–619　*machinis … pertrahi* Bei Anbruch der kalten Jahreszeit wurden in der mediterranen Welt die leichteren Wasserfahrzeuge (Kähne, Fischerboote) an Land gezogen. In der römischen Zeit verwendete man dazu Seilwinden bzw. Flaschenzüge, mit denen man das auf einen Aufsatz mit Rädern gehievte Boot an eine sichere Stelle manövrieren konnte. Er. übertrug hier eine Lesefrucht aus Horaz in seine kommentierende Erklärung. In Ode I, 4, 1–2 beschrieb dieser die umgekehrte Prozedur, nml. wie im Frühling die Kähne wieder ins Wasser gezogen wurden: „Solvitur acris hierms grata vice veris … / *Trahuntque siccas machinae carinas*". Bei der Vorbereitung von C fügte Er. diese Lesefrucht auch in seine Erklärung der Dublette, VI, 449, ein: „… quum nauis protracta est in siccum, quod olim hybernis mensibus fieri solebat". In der Antike wurde die Seeschiffahrt zwischen Mitte November und Anfang März unterbrochen, vgl. Veg. *Mil.* IV, 29: „ex die igitur tertio Idus Nouembres vsque ad diem sextum Idus Martias maria clauduntur". Für die Verwendung von Seilwinden und Flaschenzügen beim An-Land-Ziehen von Booten vgl. A.G. Drachmann, *The Mechanical Technology of Greek an Roman Antiquity*, Kopenhagen-Maddison 1963, S. 95 ff.

620 *de genere nauigii* Die Erklärung des Er., daß es bei der Frage um bestimmte Sorten von Schiffen geht, ist korrekt; statt der damit gemeinten binären Auswahl zwischen kleinen und großen listet er allerdings drei v.a. römische Schiffstypen auf: die Liburne, das typische Schiff der römischen Kriegsflotte spätestens seit der Schlacht von Actium, die „nauis actuaria", das charakteristische Transportschiff der römischen Marine, und die eher unspezifischen „Frachtschiffe" („naues onerariae"). Durch die Auflistung der römischen Schiffstypen verleiht Er. seiner kulturhistorischen Erklärung eine anachronistische Note.

620 *liburnicae* Die Liburne (Liburnica), der am meisten benutzte Schiffstyp der römischen Marine, war aufgrund seiner Bauart – ein ca. 23–33 m langes, relativ niedriges, etwa 75 cm im Wasser liegendes Ruderschiff, versehen mit Zusatzsegel – ein relativ sicheres Schiff, das stabil im Wasser lag und nicht leicht kenterte. Es hatte 56–68 Ruderer und 50–75 Soldaten an Bord. Für diesen Schiffstyp vgl. O. Höckmann, *Antike Seefahrt*, München 1985, S. 110–114; J.S. Morrison und J.F. Coates, *Greek and Roman Warships 399–30 B.C.*, Oxford, 1996, S. 171; C.G. Starr, *The Roman Imperial Navy 31 BC–AD 324*, 3. Aufl., Chicago, 1993, S. 54; L. Casson, *Ships and Seamanship in the Ancient World*, Princeton, NJ 1971, S. 141; H.D.L. Viereck, *Die römische Flotte. Classis romana*, Hamburg 1996.

620 *onerariae* Frachtschiffe für die Hochseeschifffahrt waren in der Antike meist Segelschiffe, deren Tragfähigkeit i.a. zwischen 70 und 150 Tonnen lag. Aufgrund ihrer Grösse und Höhe, ihres Gewichts und ihrer Abhängigkeit von Segeln waren sie bei aufkommendem Sturm stärker gefährdet als die niedrigen und mit Rudern versehenen Liburnen. Vgl. L. Casson, *Ships and Seamanship in the Ancient World*, Princeton, 1971.

620–621 *actuariaeque naues* Die *nauis actuaria* war das Transportschiff der römischen Marine; es lag ähnlich wie die Liburne niedrig im Wasser und war mit Ruderern ausgestattet; jedoch war das Schiff breiter (ca. 6.5 m) und bauchiger als die Liburne und lag etwas tiefer im Wasser (ca. 90 cm). Aufgrund ihrer Bauart war sie bei aufkommendem Sturm weniger gefährdet als die riesigen Frachtschiffe. Zur *nauis actuaria* vgl. E. Luebeck, *RE* I, 1 (1893), Sp. 331, s.v. „actuaria"; Viereck, *Die römische Flotte*; Starr, *The Roman Imperial Navy*.

622 *Hoc … Stratonico* „Hoc idem ante tribuitur Stratonico" wurde von *C* als Marginalnote hinzugefügt. Es handelt sich wohl um einen Zusatz des Er., den er bei der Vorbereitung der letzten Auflage der *Apophthegmata* zu Lebzeiten machte. Er. hatte diesen Zusatz wahrscheinlich handschriftlich in der Margo des gedruckten Textes eingetragen. Der Setzer hat nicht richtig verstanden, wo der Satz montiert werden sollte: Statt an das Ende des Apophthegmas, wo derartige Bemerkungen stets von Er. angebracht wurden (vgl. z. B. den Zusatz zu VII, 133 [Stilpon Megarensis, 3]: „Idem hoc supra commemoratum est aliis verbis"), setzte er diese *in margine*. Die Margo hatte Er. allerdings ausschliesslich für die Titel und die Zählung der Apophthegmen vorgesehen. Darauf, daß es Er. war, der die Bemerkung „Hoc idem ante tribuitur Stratonico" anbrachte, deutet auch die Tatsache hin, daß er sich bei der Revision der *Apophthegmata* für *C* mit dem Stratonikos-Spruch VI, 452 beschäftigt hat und dass er auch dort am Ende einen Zusatz angebracht hat: „quod olim hybernis mensibus fieri solet" (vgl. Komm. ad loc.).

622 *Hoc … Stratonico* Vgl. Er. *Apophth*. VI, 449: „Percontanti, quod nauigiorum genus esset tutissimum, longorum an contra, respondit: ‚Ea, quae subducta sunt', significans nullum vectorem in vlla naui tutum esse, nisi quum nauis protracta est in siccum, quod olim hybernis mensibus fieri solet". Die Quelle, die den Ausspruch Anacharsis zuschrieb und die Er. dort benutzte, ist Athen. 350B, vgl. oben Komm. ad loc.

VII, 114 [*B*] ΑΚΑΠΝΑ (Anacharsis Scytha, 14)

Aiebat se nihil admirabilius vidisse apud Graecos, quam quod fumum in montibus relinquerent, ligna in ciuitatem conueherent. Sensit, opinor, de acapnis, quae ita siccantur vel sole vel igni in montibus, vt postea ardeant absque fumo.

VII, 115 NAVIGATIO (Anacharsis Scytha, 15)
(= Dublette von II, 45)

Roganti, vtrum arbitraretur plures esse mortuos an viuos, „Nauigantes", inquit, „in vtro numero ponis?", dubitans, an hi essent inter viuos habendi, qui vitam vndarum ac ventorum arbitrio commisissent.

VII, 116 ACRITER (Anacharsis Scytha, 16)

Exprobranti cuidam Attico, quod natus esset in Scythia, „Mihi", inquit, „probro est patria, tu patriae". Egregie inculpatus est, cui nihil potest obiici praeter patriam. At quemadmodum laudi est, apud barbaros natum Graecorum disciplinas scire, ita turpe est, apud Graecos natum ad barbaros mores degenerasse.

VII, 117 LINGVA (Anacharsis Scytha, 17)

Interrogatus, quid esset in homine pessimum et quid optimum, respondit: „Lingua", sentiens idem membrum plurimam adferre vtilitatem, si recta ratione gubernetur, pestilentissimum esse, si secus.

---

623 ἄκαπνα Für die Verwendung von ἄκαπνα ξύλα vgl. Plut. *Quaestiones convivales* II, 1, 6, 632F, eine Stelle, die Er. bekannt war, da er sie in *Apophth.* VIII, 107 zitierte: „Lacon quidam gymnasiarchum ligna ἄκαπνα exhibentem facetissimo ioco incusauit, dicens, quod per eum ne lacrymas quidem illic effundere daretur. Fumus enim excutit lacrymas oculis. Acapna ligna inde dicta sunt, quod fumo careant".

624–625 *Aiebat ... conueherent* Diog. Laert. I, 104. Er. kopierte die Übers. Traversaris wörtlich: „Istud quoque se apud Graecos mirabile vidisse referebat, quod fumum in montibus relinquerent, ligna in vrbem conueherent" (ed. Curio, Basel 1524, S. 39). Vgl. den griech. Text: καὶ τοῦτο ἔφη θαυμασιώτατον ἑωρακέναι παρὰ τοῖς Ἕλλησιν, ὅτι τὸν μὲν καπνὸν ἐν τοῖς ὄρεσι καταλείπουσι, τὰ δὲ ξύλα εἰς τὴν πόλιν κομίζουσιν (ed. Froben, S. 51). Anacharsis Frgm. A46B Kindstrand. Dieser Spruch des Anacharsis war als hohes Lob der griech. Zivilisation gemeint, die das Wunder zustandegebracht hatten, in ihren Städten Brennstoff zu verwenden, der gutes Feuer, jedoch keinen Rauch erzeugte; vgl. Plut. *Quaestiones convivales* VI, 7, 693A. (Anacharsis Frgm. A46A Kindstrand). Damit war die Erzeugung von Holzkohle gemeint. Vgl. Komm. unten.

625–626 *Sensit, opinor ... fumo* Völlig richtige kulturhistorische Erklärung des Er., der verstand, daß es um speziell präpariertes Holz ging, das kaum Rauch erzeugte. In dem Spruch war damit v.a. die Produktion von Holzkohle gemeint. Die im Altertum angewendete Methode war das Köhlen bzw. Kohlebrennen in einem Kohlenmeiler, wobei zu kugel- oder kegelförmigen Haufen eng aneinandergestapelte Holzscheite unter weitgehendem Sauerstoffabschluss (durch eine Erd- bzw.

Lehmdecke) langsam zu Kohle verbrannt wurden. Der Vorteil der Kohleerzeugung war, daß bei dem Prozess die Gase und Dämpfe entwichen und dass dadurch ein hochwertiges Brennmaterial entstand, das bei Verwendung kaum noch Rauch entwickelte und ausserdem eine höhere Temperatur erzeugte. Dieses Brennmaterial eignete sich insbesondere für den Gebrauch in Städten, wo es auf sehr engem Raum sehr viele Feuerstellen gab. Darauf bezieht sich nun die staunende Anmerkung des Skythen, daß die Griechen „den Rauch auf den Bergen zurückliessen", während sie das Holz in die Städte transportierten: Das Kohlebrennen fand auf den Bergen statt, weil dort der Wald wuchs – die fertige Kohle führte man dann in die Stadt. Die Skythen hatten hingegen herkömmliche Feuerstellen mit beträchtlicher Rauchentwicklung, sie nahmen also den Rauch in ihre Wohnstätten mit. Für die Kohleerzeugung in der Antike vgl. J. Forbes, *Studies in Ancient Technology*, Leiden 1958, Bd. 6, S. 13–35.

625 *acapnis* „acapna", i.e. „acapna ligna" („rauchloses Holz"), latinisierte Form von ἄκαπνα (sc. ξύλα), die so auch bei Martial vorkommt (XIII, 15 „ligna acapna"), rein lateinisch „ligna coctilia" bzw. „ligna cocta" (vgl. Georges I, Sp. 48, s.v. „acapnos"; *OLD* I, S. 17, s.v. „acapnus" – „burning without smoke").

Apophth. VII, 115 ist eine Dublette von II, 45 (*ASD* IV, 4, S. 160; *CWE* 37, S. 167), wo Er. den Spruch bereits zitiert und mit Erklärungen versehen hatte. Allerdings hat es den Anschein, daß Er. den Spruch in II, 45 aus dem Gedächtnis zitierte, da ihm der Name des Spruchspenders nicht geläufig war. Für weitere Aussprüche des Anacharsis gegen die Schiffahrt, die er jeweils auf unnötige Risikobereitschaft und Gewinnsucht engführte, vgl. VII, 107 und 113; Anacharsis Frgm. A33–35 Kindstrand. Lycosthenes druckte die Aussprüche in der eigens dafür aufgestellten Kategorie „De nauigationis periculo" (S. 777–780).

629–630 *Roganti ... ponis* Diog. Laert. I, 104: ἐρωτηθεὶς πότεροι πλείους εἰσίν, οἱ ζῶντες ἢ οἱ νεκροί, ἔφη, „τοὺς οὖν πλέοντας ποῦ τίθης" (ed. Froben, S. 51). Vgl. Traversaris latein. Übers.: „Interroganti, vtrum plures sint viui quam mortui, ‚Nauigantes', inquit, ‚vtra in parte constituis?'" (ed. Curio, Basel 1524, S. 39). Der Spruch findet sich auch in *Gnom. Vat.* 130 Sternbach; Arsen. *Violet.*, S. 106; *Wiener Apophthegmensammlung* 60; weiter bei Stob. IV, 34, 75 und in Plat. *Ax.* 368B, wo er dem Weisen Bias, und in *Gnom. Bas.*, wo er Dion von Prusa zugeschrieben wird. Er. zitiert den nämlichen Spruch auch in *Apophth.* II, 45, wo er den Spruchspender als einen „gewissen Philosophen" anonym darstellt: „Vnde philosophus quidam interrogatus, vtrum putaret maiorem esse numerum viuorum an mortuorum, vicissim rogauit, vtro loco haberet nauigantes, quod hi versantes in summo vitae discrimine vix essent habendi pro viuis" (*ASD* IV, 4, S. 160; *CWE* 37, S. 167). Die Quelle von II, 45 könnte sowohl Diog. Laert. I, 104 (falls Er. die Stelle aus dem Gedächtnis zitiert hat), als auch eine Gnomensammlung sein.

633–634 *Exprobranti ... patriae* Diog. Laert. I, 104. Er. kopierte im Wesentlichen Traversaris Übers.: „Exprobranti ipsi (ipsi *ed. Curio*: sibi *Traversari, e.g. ed. Ven. 1490*) Attico, quod Scytha esset, ‚At mihi quidem (quidem *Traversari, e.g. ed. Ven. 1490*: om. *Curio*)', ait, ‚dedecori est patria, sed patriae tu'" (ed. Curio, Basel 1524, S. 39). Vgl. den griech. Text: ὀνειδιζόμενος ὑπὸ Ἀττικοῦ ὅτι Σκύθης ἐστίν, ἔφη, „ἀλλ᾽ ἐμοῦ μὲν ὄνειδος ἡ πατρίς, σὺ δὲ τῆς πατρίδος" (ed. Froben, S. 51). Der Spruch findet sich auch in Arsen. *Violet.*, S. 106 und *Wiener Apophthegmensammlung* 61; weiter in Stob. III, 39, 29, wo er einem Bewohner der Insel Seriphos zugeschrieben wird. Eine Variante des Spruches lief unter den Spendernamen des Demetrios von Phaleron, Zeno und Aristoteles; vgl. J.F. Kindstrand, *Anacharsis, the legend and the Apophthegmata*, Uppsala 1981, S. 122–123.

Apophth. VII, 117 Für Anacharsis' Lehrmeinung, daß die Bezügelung der Zunge eine moralische Hauptaufgabe sei, vgl. oben VII, 111.

638 *Interrogatus ... lingua* Eigenständige, paraphrasierende Wiedergabe des Er. von Diog. Laert. I, 105: ἐρωτηθεὶς τί ἐστιν ἐν ἀνθρώποις ἀγαθόν τε καὶ φαῦλον, ἔφη, „γλῶσσα" (ed. Froben, S. 52). Anacharsis Frgm. A20A–G Kindstrand; der Spruch findet sich auch in *Gnom. Vat.* 131 Sternbach; Arsen. *Violet.*, S. 106; *Wiener Apophthegmensammlung* 62; *Appendix Gnomica* 11. Weiter wurde er Thales (*Gnom. Bas.* S. 179), Bias (Plut. *De recta ratione audiendi poetas* 2, 38B), Pittakos (Plut. *De garrulitate* 8, 506C), Solon (Libanius, *Ep. Lat.* II, 7, 756A) und Aisopos (Max. Conf., *Loci communes*, Sermo 47, *PG* 91, Sp. 941A) zugeschrieben. Im Fall von VII, 117 weist nichts darauf hin, daß Er. Traversaris Übers. als Vorlage benutzt hätte; sie lautet: „Rogatus, quidnam esset hominibus bonum aut (aut *ed. Curio*: ac *Traversari, e.g. ed. Ven. 1490*) malum, ‚lingua', inquit" (ed. Curio, Basel 1524, S. 39–40).

VII, 118   Amicvs insignis   (Anacharsis Scytha, 18)

Dicere solet *praestare vnicum habere amicum multi precii quam multos nullius precii.* Graeca sonant iucundius: „ἕνα φίλον ἔχειν πολλοῦ ἄξιον ἢ πολλοὺς μηδενὸς ἀξίους".

VII, 119   Forvm   (Anacharsis Scytha, 19)

Aiebat forum esse locum mutuis hominum fraudibus ac rapinis *destinatum*, notans mores vendentium per fas nefasque lucra venantium.

VII, 120   Patienter   (Anacharsis Scytha, 20)

Ab adolescente in conuiuio pulsatus, „*Adolescens*", inquit, „*si nunc vinum non fers, vbi senueris, aquam feres*". Moderationis erat, quod adolescentis proteruiam vino imputauit. Qui vero bibunt intemperantius vinum ea praesertim aetate, cui magis conuenit aqua, ii frequenter senes ob inopiam coguntur aquam bibere aut ὑδροφορεῖν, quum ei aetati necessarius sit vini vsus.

VII, 121   Barbaries   (Anacharsis Scytha, 21)

Cuidam obiicienti, quod esset barbarus, „*Anacharsis*", inquit, „*barbarus est apud Athenienses, sed vicissim Athenienses barbari sunt apud Scythas*". *Graeci*, sed in primis

---

642 solet *B C*: solebat *LB*.

642–643 *Dicere ... ἀξίους* Wörtliche Übers. des Er. von Diog. Laert. I, 105: κρεῖττον ἔλεγεν ... ἀξίους (ed. Froben, S. 52). Anacharsis Frgm. A14A–G Kindstrand. Der Spruch findet sich auch in *Gnom. Vat.* 132 Sternbach; Arsen. *Violet.* S. 106; *Wiener Apophthegmensammlung* 63. Er. lieferte hier eine perfekte Übers., in der es ihm gelang, das Wortspiel des griech. Originaltextes adäquat ins Lateinische zu übertragen. Angesichts dieser Tatsache ist seine skeptische Anmerkung, daß das Wortspiel im Griechischen „besser klinge", kurios. Es läßt sich kaum nachvollziehen, daß er tatsächlich bezüglich der Qualität seiner Übers. Zweifel hegte. Möglicherweise handelt es sich um eine vorgetäuschte Bescheidenheit, die von dem Stolz motiviert war, Traversaris Übers. verbessert und übertroffen zu haben. Diese lautet: „‚Melius', aiebat, ‚est, amicum vnum egregium quam gregarios multos possidere'" (ed. Curio, Basel 1524, S. 40).

644 *Forum* „Forum" bedeutet hier die griech. Agora/ Marktplatz. Für weitere Aussprüche des Anacharsis, die sich gegen das Handelswesen der Griechen und die Institution der Agora richten, vgl. oben VII, 109; Anacharsis Frgm. A43A–B und A44A–C Kindstrand. Als edler Wilder identifiziert Anacharsis Handel mit Betrug („fraus"), Lüge („mendacium") und Gewinnsucht.

645 *Aiebat ... destinatum* Variierende Wiedergabe des Er. von Diog. Laert. I, 105: τὴν ἀγορὰν ὡρισμένον ἔφη τόπον εἰς τὸ ἀλλήλους ἀπατᾶν καὶ πλεονεκτεῖν (ed. Froben, S. 52). Anacharsis Frgm. A44A–C Kindstrand. Derselbe Spruch findet sich auch in Arsen. *Violet.*, S. 106 und *Wiener Apophthegmensammlung* 64. Vgl. die Übers. Traversaris: „Forum ad fallendum inuicem atque ad dandas auariciae manus destinatum locum dicebat" (ed. Curio, Basel 1524, S. 40).

645 *rapinis* „Räubereien, Raubüberfälle" ist eine stark überzogene Wiedergabe von πλεονεκτεῖν, „übervorteilen, Gewinn machen" (vgl. Passow II, 1, S. 946, s.v. πλεονεκτέω), wahr-

scheinlich motiviert von christlichen Gedankenmustern.

648–649 *Ab adolescente … feres* Diog. Laert. I, 105. Größtenteils wörtliche, um ein Phantasieelement vermehrte Wiedergabe der Übers. Traversaris: „Ab adolescente in conuiuio (in conuiuio *ed. Curio*: conuiua *Trauersari, e.g. ed. Ven. 1490*) passus contumeliam, ,Adolescens', inquit, ,si modo, cum iuuenis es, vinum non fers, quando senueris, aquam feres'" (ed. Curio, Basel 1524, S. 40). Um den griech. Text kümmerte sich Er. in vorl. *Apophth*. nicht: ὑπὸ μειρακίου παρὰ πότον ὑβρισθεὶς ἔφη, „μειράκιον, ἐὰν νέος ὢν τὸν οἶνον οὐ φέρῃς, γέρων γενόμενος ὕδωρ οἴσεις" (ed. Froben, S. 52). Anacharsis Frgm. A30A–D Kindstrand; der Spruch findet sich auch in *Gnom. Vat.* 133 Sternbach; Arsen. *Violet.*, S. 106; *Wiener Apophthegmensammlung* 65.

648 *in conuiuio* Aus der Formulierung „in conuiuio" wird ersichtlich, daß Er. Curios Übersetzung als Vorlage benutzte, die er hier kopierte.

648 *pulsatus* Er. gestaltete die Angabe, daß Anacharsis von einem Jüngling „frech/ unverschämt/ behandelt wurde", in seiner Phantasie zu einem körperlichen Übergriff aus, dergestalt, daß der Jüngling dem älteren Mann eine Klatsche gegeben haben soll. Das ὑβρισθεὶς des griech. Originaltextes bezeichnete jedoch aller Wahrscheinlichkeit nach eine verbale Unverschämtheit, von Traversari angemessen mit „passus contumeliam" übersetzt.

649–650 *Moderationis … imputauit* Aus diesem ersten Teil der Erklärung des Er. geht hervor, daß er nach der von Curio edierten latein. Übers. gearbeitet hat. Es ist nicht ein Ausdruck der Selbstbeherrschung des Anacharsis, daß er die Frechheit des Jünglings dem Wein zuschrieb, sondern dies wird im griech. Originaltext explizit angegeben: παρὰ πότον ὑβρισθεὶς.

651–652 *coguntur … vsus* Er.' Erklärung des Spruchs des Anacharsis in „coguntur … vsus", „dann wirst du als Greis Wasser tragen müssen" als „Wasser trinken müssen", ist nicht stimmig: Er. behauptet, indem er das griechische ὑδροφορεῖν in den Text setzt, daß dieses „Wasser trinken" („aquam bibere") bedeute. Das ist nicht der Fall (vgl. Liddell-Scott-Jones II, S. 1845, s.v. ὑδροφορέω; Jürß: „wirst du als Greis Wasser *tragen*"). Gemeint ist „wirst du den *Beruf eines Wasserträgers* ausüben müssen" (Hicks: „you will be a water carrier when you are old"), d.h. „du wirst es zu nichts bringen

und noch als Greis schwere, schlecht bezahlte und allgemein verachtete Handarbeit verrichten müssen". Der Gedanke, daß derjenige, der in der Jugend zügellos der Lust frönt, im Alter in Armut leben wird, findet sich auch in Xen. *Oec*. I, 22 und *Mem*. II, 1, 31: τὰ μὲν ἡδέα τῇ νεότητι διαδραμόντες, τὰ δὲ χαλεπὰ εἰς τὸ γῆρας ἀποθέμενοι. Der Witz liegt in der doppelten Bedeutung von φέρειν, „vertragen" und „tragen". Vielleicht kam Er. auf seine nicht plausible Interpretation durch ein deutsches Sprichwort, dessen Alter allerdings unklar ist: „Wer seinen Wein in der Jugend trinkt, der muß im Alter Wasser trinken", vgl. K.F.W. Wander, *Deutsches Sprichwörterlexikon*, Leipzig 1880, Bd. V, Nr. 636, s.v. „Wein".

Apophth. VII, 121 enthält nicht einen Spruch im eigentlichen Sinn, sondern ein Zitat aus einem fiktiven Brief des Anacharsis, das Er. zu einem Ausspruch umgemodelt hat. Oben, *Apophth*. VII, 116, enthält eine Reaktion des Anacharsis auf den Vorwurf eines Atheners, daß er ja nur ein Skythe, also ein Barbar, sei. Dem Titel des Er. entsprechend druckte Lycosthenes VII, 121 in seinem Kap. „De barbarie" (S. 116).

Apophth. VII, 121 ist eine zu einem Spruch umgewandelte Variation einer Sentenz, die Giovanni Pico della Mirandola in einem programmatischen Brief an Ermolao Barbaro aus d.J. 1485 zitiert: „Idem accidit vobis apud eos loquentibus: Ἀνάχαρσις παρ' Ἀθηναίοις σολοικίζει, Ἀθηναῖοι δὲ παρὰ Σκύθαις, id est Anacharsis apud Athenienses soloecismum facit, Athenienses apud Scythas" (Poliziano, *Epistolae* IX, 4, in: ders., *Omnia opera*, ed. Bade, Paris 1512, fol. LVII^v). Es handelt sich dabei um eine grundsätzliche Debatte zwischen dem Philosophen Pico della Mirandola und dem Humanisten Ermolao Barbaro; Pico verwehrt sich dabei gegen die Arroganz der Humanisten, die die Fachsprache der scholastischen Philosophen lediglich mit dem Argument ablehnten, sie schrieben in „barbarischem Latein". Pico wendet die Sentenz an, um den Humanisten zu zeigen, daß sie, genauso wie die Athener für die Skythen, für die scholastischen Philosophen eine unverständliche Sprache reden würden. Vgl. dazu M.L. McLaughlin, „The Dispute between the Elder Pico and Barbaro", in: ders., *Literary Imitation in the Italian Renaissance: The Theory and Practice of Literary Imitation from Dante to Bembo*, Oxford 1996, Kap. 11; A. Ansani, „Giovanni Pico della Mirandola's

Attici, quoniam apud ipsos florebant disciplinae liberales ac leges politicae, reliquas nationes contumeliae causa nominabant barbaras, quum *barbarum dicatur, quicquid est peregrinum* atque inusitatum. Nunc quum Graecia nihil sit barbarius, haec philautia demigrauit ad quosdam Italos, quibus omnes aliae nationes barbarae sunt.

VII, 122   LEGES   (Anacharsis Scytha, 22)
(= Dublette von VII, 24)

Huic illud quoque tribuitur multo vulgatissimum: *leges aranearum telis esse similes, in quibus infirmiora animalia* haererent, *valentiora perrumperent. Ita leges humiles ac tenues constringunt, a potentibus* impune violantur. Meminit Valerius.

VII, 123   (Anacharsis Scytha, 23)

[C] *Quidam in conuiuio videns vxorem Anacharsidis „Vxorem", inquit, „deformem duxisti, Anacharsi". Hic Anacharsis „Prorsus ita mihi videtur", inquit, „Sed, heus puer, infunde mihi meracius, vt eam reddam formosam"*, indicans vinum adimere homini rectum iudicium. Refert Athenaeus libro nono [i.e. decimo].

666–669 Quidam ... nono C: *desunt in B*.   668 meracius *scripsi cum BAS LB*: meratius *C*.
667 Anarcharsi C: Anacharsis LB.

Discourse on Eloquence: A Rhetorical Reading", in: *American Journal of Italian Studies* 22 (1999), S. 81ff.; Ermolao Barbao – Giovanni Pico della Mirandola, *Filosofia o eloquenza?*, ed. F. Bausi, Neapel 1998; G. Semprini, *La filosofia di Pico della Mirandola. In appendice la Lettera a Ermolao Barbaro e l'Orazione dulla Dignita del'Uomo*, Mailand 1936. Er., der unter der Arroganz der italienischen Humanisten litt, erblickte in Pico einen Mitstreiter. Von der Sentenz des Anacharsis war er so angetan, daß er sie im Vorwort zu seinen *Collectanea* wörtlich (in der Übers. Picos) zitierte, *ASD* II, 9, S. 44 (vgl. Komm. ad loc.). Er präsentierte a.a.O. die Worte des Anacharsis als Musterbeispiel einer Sentenz, die den Status eines Sprichworts („paroemia") besitze, weil sie „aus dem Ausspruch eines Weisen hervorging" („a sapientis alicuius apophthegmate nata"); d.h. Er. betrachtete die Sentenz schon i.J. 1500 als „apophthegma". In der Folge präsentierte Er. die Sentenz so, als ob es sich um einen Spruch des Anacharsis handelte. Die eigentliche Quelle der Sentenz, der 1. (pseudepigraphe) Brief des Anacharsis an die Athener, war Er. wohl unbekannt; vgl. F.H. Reuters, *Die Briefe des Anacharsis*, Berlin 1963,

S. 12; Γελᾶτε ἐμὴν φωνήν, διότι οὐ τρανῶς ἑλληνικὰ γράμματα λέγει. Ἀνάχαρσις παρ' Ἀθηναίοις σολοικίζει, Ἀθηναῖοι δὲ παρὰ Σκύθαις. Dort bildet die Sentenz den programmatischen Einleitungssatz, gibt das Thema an. Vgl. Anacharsis Frgm. A4A Kindstrand. Die Sentenz findet sich auch in *Gnom. Vat.* 16 Sternbach, und sie war in einigen Variationen bekannt; vgl. dazu L. Sternbach, *Wiener Studien* 9 (1887), S. 184 und F.H. Reuters, *Die Briefe des Anacharsis*, S. 24. Die Version des Er. in *Apophth*. VII, 121 ist ebenfalls als Variation zu verstehen. Sie ähnelt der Version, die Er. in seinen *Annotationes in Nouum Testamentum*, I Corinth. 14 zitierte; dort präsentierte er den (vermeintlichen) Spruch bereits auf eine Weise, die das Reizwort des *barbarus* inkludierte: „Celebratur et Anacharsidis Scythae philosophi dictum: Scythas barbaros esse inter Athenienses, se Athenienses vicissim apud Scythas" (*ASD* VI, 8, S. 270, vgl. Komm. ad loc). An der betreffenden Stelle der *Annotationes* äußerte sich Er. grundlegend zum Begriff des „barbarus": Die damit verbundene Pauschalverurteilung lehnte er ab – man vergleiche die programmatische Marginalie a.a.O.: „Esse barbarum relatiuum est". Lycosthenes gibt bei seinem Druck von VII, 121 zu Unrecht Diogenes Laertius als Quelle an („Laert. lib. I cap. 9", S. 117).

656–658 reliquas ... inusitatum Vgl. *Annot. In NT*, a.a.O.: „Porro veteres, [*E*] vt modo dixi, [*B*] ,barbarum' vocabant, quicquid erat peregrinum, deinde vox deflexa est ad vocis ac sermonis absurditatem. Offendit enim sermo peregrinus imperitos, etiamsi concinnior sit nostrate lingua. Postremo coepit accommodari et ad mores feros atque asperos. Olim Graeci illi primi, ,Hellenes' dicti, caeteros omnes ,barbaros' appellabant". Zum Begriff des Barbaren in der griech. und röm. Literatur vgl., *inter alia*, B. Isaac, „The Barbarian in Greek and Latin Literature", in: *Scripta Classica Israelica* 33 (2014), S. 117–137.

Apophth. VII, 24 trägt denselben Titel wie VII, 122 und präsentiert denselben Ausspruch, der dort Solon zugeschrieben wird (nach Diog. Laert. I, 58). Nach *CWE* 38, S. 795 soll es sich bei *Apophth.* VII, 122 um einen Zusatz handeln, der in der dritten Ausgabe d.J. 1535 (*C*) angebracht wurde („added in 1535"); das Apophthegma ist jedoch bereits in der zweiten Ausgabe d.J. 1532 (*B*) vorhanden (dort S. 333). Der in VII, 122 nach Val. Max. zitierte Ausspruch war bereits von Brusoni in seine Sammlung d.J. 1518 aufgenommen worden (III, 34). Für die Zuschreibungsfrage vgl. den Komm. oben zu VII, 24.

662 Huic ... similes Apophth. VII, 24, den Er. von Diog. Laert. I, 58 bezogen und – wie Diogenes Laertius – Solon zugeschrieben hatte: „Huic (sc. Soloni) attribuunt et illud longe celebratissimum: *leges aranearum telis esse similes*"; vgl. auch *Adag.* 2618 (*ASD* II, 6, S. 436): „Nam leges etiam Solon aranearum textis similes esse dixit". Den weiteren Wortlaut des Spruches übernahm Er. in VII, 122 jedoch, ebenso wie die Zuschreibung an Anacharsis, aus Val. Max. VII, 2 *ext.* 14.

663 In quibus ... perrumperent Val. Max. VII, 2 *ext.* 14: „Quam porro subtiliter Anacharsis leges aranearum telis conparabat! Nam vt illas infirmiora animalia retinere, valentiora transmittere, ita his humiles et pauperes constringi, diuites et praepotentes non alligari". Anacharsis Frgm. A41B Kindstrand.

663 perrumperent „perrumperent" übernahm Er. aus Traversaris Übers. von Diog. Laert. I, 58 (ed. Curio, Basel 1524, S. 21), so auch schon in *Coll.* 149 (*ASD* II, 9, S. 96): „... qui dixit ciuitatum leges aranearum telis esse persimiles, quibus imbecilles modo irretirentur, potentiores vero perrumperent".

Apophth. VII, 123 ist ein Gegenstück zu einem Teil von *Adag.* 617 „In vino veritas" (*ASD* II, 2, S. 142). Wie in den Adagien so stellt der Spruch auch in den *Apophthegmata* einen späteren Zusatz dar. Möglicherweise ist es dieser Tatsache geschuldet, daß VII, 123 der Titel fehlt: Wahrscheinlich vergass Er., einen solchen zu mitzuliefern.

666–668 Quidam ... formosam Wörtliche Wiedergabe von Athen. X, 445F, wobei Er. seine eigene Übers. aus den Adagien aus d.J. 1528 leicht variierte: „[G] Quidam e conuiuis dixerat Anacharsidi, ,Vxorem duxisti admodum deformem'. At ille, ,Prorsus', inquit, ,idem mihi videtur; sed heus puer, porrige poculum meracius, vt illam faciam formosam'" (*Adag.* 617, *ASD* II, 2, S. 142). Vgl. den griech. Text: συμπότης γάρ τις ἰδὼν αὐτοῦ τὴν γυναῖκα ἐν τῷ συμποσίῳ ἔφη: „ὦ Ἀνάχαρσι, γυναῖκα γεγάμηκας αἰσχράν". καὶ ὃς ἔφη „πάνυ γε κἀμοὶ δοκεῖ: ἀλλά μοι ἔγχεον, ὦ παῖ, ποτήριον ἀκρατέστερον, ὅπως αὐτὴν καλὴν ποιήσω". Anacharsis Frgm. A31A Kindstrand. Er. hat, wie die Übernahme des griech. Vokativs „Anacharsi" zeigt, in VII, 123 zusätzlich auch den griech. Originaltext hinzugezogen.

668 meracius Er. kopierte seine eigene, punktgenaue Übers. von ἀκρατέστερον, „meracius", aus *Adag.* 618; für „meracius" zur Angabe des Mischverhältnisses des Weines vgl. Cic. *Nat.* III, 78 „vinum meracius"; Scrib. Larg. 170: „vini ... mixti meracius"; Cels. I, 3 „minus, sed meracius bibere".

669 Athenaeus Der Sophist oder Grammatiker Athenaios aus Naukratis (2. Hälfte d. 2. Jh. n. Chr.), dessen *Deipnosophistae* für die zweite, erweiterte Fassung der *Apophthegmata* (1532) eine wichtige Quelle darstellten (vgl. Einleitung).

669 libro nono Er. hat sich bei der Stellenangabe geirrt: Das Zitat stammt aus dem zehnten, nicht aus dem neunten Buch der *Deipnosophistae*. Es handelt sich dabei offensichtlich um einen Flüchtigkeitsfehler; in *Adag.* 617 hatte Er. richtig das zehnte Buch als Quelle angegeben (*ASD* II, 2, S. 141).

670   [B] MYSON

VII, 124   SOLITVDO   (Myson) [1]

Myson incertae patriae μισάνθρωπος *fuisse* traditur, *non alienus a moribus Timonis Atheniensis. Hunc quum quidam forte deprehendisset in solitudine ridentem, rogabat, quid rideret, quum esset solus;* „*Atqui ob hoc ipsum*", inquit, „*rideo*", subindicans sibi
675 gratissimam esse solitudinem.

Myson von Chen(ai) (7./6. Jh. v. Chr.) figurierte bereits im ersten überlieferten Katalog, in Platons Protagoras 343A, als einer der Sieben Weisen; in anderen Katalogen wird er durch Kleobulos von Lindos oder Periander von Korinth ersetzt. Zu seinem Leben gibt es so gut wie keine gesicherten Daten. Nach Hermippos, dem Autor eines Werkes über die Sieben Weisen, soll er der Sohn eines lokalen Tyrannen (eines gewissen Strymon) gewesen sein; im Übrigen scheint er aber als einfacher Bauer auf. Sein Aufenthaltsort (Chen? Chenai? am Öta-Gebirge? Etis? Eteia?), der wohl nicht die Grösse eines Dorfes überstieg, ist unbekannt und wird in den schriftlichen Quellen verschiedentlich auf Kreta, in Mittelgriechenland (Phokien) oder auf der Peloponnesos in Lakonien, aber auch in Arkadien lokalisiert. Vgl. Diog. Laert. I, 106–108; F. Pfister, *RE* XVI, 1 (1933), Sp. 1192–1194, s.v. „Myson", Nr. 1. Zu den Sieben griechischen Weisen siehe oben Komm. zu *Apophth*.VII, 1. Mit dem Myson-Apophthegma schliesst Er. seine Bearbeitung des ersten Buches von Diogenes Laertius' Philosophenviten ab. Vgl. oben Komm. zu VII, 1.

672 *incertae patriae* Für Mysons unsicheren Aufenthaltsort vgl. oben. Es war die Hauptquelle Diogenes Laertius, der seine Kurzvita des Myson (I, 106–108) ganz ins Zeichen des unsicheren Aufenthaltsortes des Weisen gestellt hat.

672–674 μισάνθρωπος ... *rideo* Im einleitenden Teil gekürzte und paraphrasierende, im Spruchteil wörtliche Wiedergabe von Diog. Laert. I, 107–108. Er. bearbeitete die latein. Übers. Traversaris: „Aristoxenus in Varia historia hunc Apemanti et Timonis moribus non multum abfuisse testis est, quippe qui hominum osor fuerit (quippe qui hominum osor fuerit *ed. Curio*: exosos quippe habuisse mortales *Traversari, e.g. ed. Ven. 1490*) quique deprehensus (quique deprehensus *ed. Curio*: denique deprehensum *Traversari, e.g. ed. Ven. 1490*) Lacedaemone solus in solitudine riserit (solus in solitudine riserit *ed. Curio*: solum in solitudine ridere *Traversari, e.g. ed. Ven. 1490*). Quum ab eo rogaretur, qui eum de improuiso (eum de improuiso *ed. Curio*: subito se *Traversari, e.g. ed. Ven. 1490*) deprehenderat, cur nemine praesente rideret, ,At ob hoc ipsum rideo' dixisse" (ed. Curio, Basel 1524, S. 40–41). Vgl. den griech. Text: Ἀριστόξενος δέ φησιν ἐν τοῖς σποράδην οὐ πόρρω Τίμωνος αὐτὸν καὶ Ἀπημάντου γεγονέναι· μισανθρωπεῖν γάρ. ὀφθῆναι γοῦν ἐν Λακεδαίμονι μόνον ἐπ' ἐρημίας γελῶντα· ἄφνω δέ τινος ἐπιστάντος καὶ πυθομένου διὰ τί μηδενὸς παρόντος γελᾷ, φάναι, „δι' αὐτὸ τοῦτο".

672 μισάνθρωπος Die Verwendung des griech. Wortes μισάνθρωπος scheint einen ornamentalen Charakter zu haben, wodurch sich Er. als Griechisch-Kenner und vielleicht auch Übers. von Lukians Dialog mit dem Titel Μισάνθρωπος präsentiert. Im griech. Originaltext des Diog. Laert. wird nicht μισάνθρωπος, sondern das Verb μισανθρωπεῖν verwendet. Ähnlich gestaltete Er. die Einleitungen in V, 192 und VI, 544; V, 192: „Timon Atheniensis, quem μισάνθρωπον appellat Lucianus ..."; VI, 544: „Timon Atheniensis dictus μισάνθρωπος ...".

672 *traditur* Er. unterschlägt die Quelle, die Diogenes namentlich anführt, die *Varia historia* (οἱ σποράδην) des Aristoxenos von Tarent. Aristoxenos (fl. ca. 335) war ein Schüler des Aristoteles, peripatetischer Philosoph, Universalgelehrter, Biograph von Philosophen und Musiktheoretiker. Von seinen über 400 Werken sind nur Fragmente erhalten, F. Wehrli, *Die Schule des Aristoteles*, Bd. 2: *Aristoxenos*, 2. Ausg., Basel-Stuttgart 1967.

672 *Timonis* Von den beiden Misanthropen, die Diog. Laert. I, 107 anführt, übernimmt Er.

nur den bekannteren, Timon aus Athen (5. Jh. v. Chr.). Timon soll zur Zeit des peloponnesischen Krieges (431–404 v. Chr.) gelebt haben. Er soll sich aus Enttäuschung, Ärger und Menschenhass zurückgezogen und als eine Art Eremit vor den Toren Athens in einem turmähnlichen Haus gelebt haben. Seine Historizität wird zuweilen bezweifelt; die Tatsache, daß er von den Komödiendichtern Aristophanes (*Lys.* 805–815; *Av.* 1549) und Platon verspottet wurde, weist darauf hin, daß es sich um eine tatsächlich existierende historische Person handelte. Lukian hat Timon einen gleichnamigen Dialog gewidmet, den Er. ins Lateinische übersetzte (*ASD* I, 1, S. 489–505).

Zu Timon vgl. A.M. Armstrong, „Timon of Athens – A Legendary Figure?", in: *Greece & Rome*, 2nd Ser. 34,1 (1987), S. 7–11; D. Rohmann, *DNP* 12.1 (2002), Sp. 591–592, s.v. „Timon"; Th. Lenschau, *RE* VI, A2 (1937), Sp. 1299–1301, s.v. „Timon", Nr. 12. Er. widmete ihm im fünften und sechsten Buch der *Apophthegmata* jeweils eine Sektion (V, 192–194; VI, 544–545). Zu Timon von Athen vgl oben Komm. zu V, 192. Den anderen von Diog. Laert. I, 107 genannten Misanthropen, Apemantos, unterschlägt Er. Gleichwohl war ihm der Name bekannt, vgl. *Apophth.* V, 192. Zu Apemantos vgl. *RE* I (1903), Sp. 100, s.v. „Apemantos".

ANAXAGORAS CLAZOMENIVS

VII, 125   Animose   (Anaxagoras Clazomenius, 1)

Quum ab Atheniensibus esset damnatus exilio, *cuidam dicenti „priuatus es Atheniensibus"*, *„Imo illi"*, inquit, *„me"*, sentiens Atheniensibus magis opus esse Anaxagora quam contra. Qui praeclaros viros eiiciunt e ciuitate, rempublicam laedunt potius quam eos, quos expellunt.

VII, 126   Fortiter   (Anaxagoras Clazomenius, 2)
                            (= Dublette von I, 257)

Quum in exilio agenti nunciata esset mors filiorum, „Sciebam", inquit, „me genuisse mortales". *Idem hoc tribuitur Xenophonti.*

Apophth. VII, 125–149 Er. wendet sich nunmehr dem zweiten Buch des Diogenes Laertius zu, in dem dieser Sokrates und dessen Zeitgenossen beschrieben hatte; dabei übergeht Er. die beiden ersten dort behandelten Philosophen, Anaximander und Anaximenes (Diog. Laert. II, 1–5), um sich sogleich Anaxagoras (II, 6–15) zuzuwenden, dem er die folgende Sektion der *Apophthegmata* (VII, 125–130) widmet. In dieser Sektion wurde in *CWE* 38 ein Apophthegma des Anaxagoras versehentlich nicht gezählt (VII, 128 „Mortis locus"). Die Zählung mußte daher ab diesem *Apophth.* angepasst werden. Von den Zeitgenossen des Sokrates aus dem zweiten Buch des Diog. Laert. behandelt Er. neben Anaxagoras (VII, 125–130; Diog. Laert. II, 6–15) auch Stilpon von Megara (VII, 131–139, Diog. Laert. II, 113–120), Simon von Athen (VII, 140; Diog. Laert. I, 122–124) und Menedemos von Eritreia (141–149; Diog. Laert. I, 125–144); die übrigen Sokrates-Zeitgenossen (Anaximander, Anaximenes, Archelaos, Phaidon, Glaukon, Simmias, Kebes und Eukleides) übergeht Er.; im Fall Xenophons läßt er die entsprechende Vita (Diog. Laert. II, 48–115) vorläufig außen vor, um am Ende des Buches noch zwei Xenophon-Sprüche nachzureichen (VII, 393–394).

Anaxagoras aus Klazomenai in Kleinasien (ca. 499–428 v. Chr.), vorsokratischer, ionischer Natur-Philosoph, Vertreter der ionischen Aufklärung. Wirkte ab ca. 462 in Athen, u.a. als Lehrmeister des Perikles und Euripides. Wurde – wie später Sokrates – der Gottlosigkeit angeklagt und verurteilt; sein Schüler Perikles wusste zu verhindern, daß die Todesstrafe tatsächlich vollzogen wurde. In d.J. 434/430–428 lebte er im Exil in der mysischen, an den Dardanellen gelegenen Hafenstadt Lampsakos. Anaxagoras beschäftigte sich v.a. mit Naturphänomenen, die er dezidiert auf rationalistische Weise zu erklären versuchte: Sonnen- und Mondfinsternisse, Kometen und Meteoren, Regenbogen etc. führte er nicht auf das Eingreifen der Götter, sondern auf natürliche Ursachen zurück. Er brachte diese aufklärerisch anmutenden Gedanken von Kleinasien nach Athen, wo er dafür ein begeistertes Publikum antraf, dem zunächst auch Sokrates zugehörte. Vgl. G. Rechenauer, „Anaxagoras", in: H. Flashar u.a. (Hrsg.), *Frühgriechische Philosophie* (= *Grundriss der Geschichte der Philosophie. Die Philosophie der Antike*, Bd. 1), Basel 2013, S. 740–796; D.E. Gershenson und D.A. Greenberg, *Anaxagoras and the birth of physics*, New York 1964; Ch. Pietsch, *DNP* 1 (1996), Sp. 667–668, s.v. „Anaxagoras", Nr. 2; E. Wellmann, *RE* I, 2 (1894), Sp. 2076–2077, s.v. „Anaxagoras", Nr. 4. Von den Werken des Anaxagoras sind nur Fragmente erhalten, vgl. hierfür P. Curd (Hrsg.), *Anaxagoras of Clazomenae. Fragments and Testimonia. A Text and Translation with Notes and Essays* (= *The Phoenix Presocratics*, 6. Phoenix Supplementary Volumes, 44), Toronto 2007; L. Gemelli Marciano (Hrsg.), *Die Vorsokratiker*, Bd. 3 (Mannheim 2010), S. 6–179 und D. Sider (Hrsg.), *The Fragments of Anaxagoras, with introduction, text, and commentary* (München 2005). Er. zitiert Anaxagoras mehrere Male in den

Adagia, vgl. *Adag.* 5 (*ASD* II, 1, S. 118); 503 (II, 2, S. 26); 873 (II, 2, S. 392); 2148 (II, 5, S. 132) und 3663 (II, 8, S. 104). In *Adag.* 2148 (II, 5, S. 132) und 3663 (II, 8, S. 104) fungiert Anaxagoras als Apophthegma-Spender, von „Qui lucerna egent infundunt oleum" und „Boeotia auris". In der Sektion *Apophth.* VII, 125–130 geht Er. sehr selektiv vor: Er wählt aus dem reichen Angebot der Vita des Diog. Laert. (II, 6–15) nur vier Sprüche aus, die er dann um zwei weitere aus Plutarchs Perikles-Biographie und Val. Max. ergänzt. Aus der Sequenz VII, 125–130 geht nicht hervor, daß sich Er. wesentlich für die Naturphilosophie des Anaxagoras interessierte: Er wählt nur Sprüche aus, die der allgemeinen Ethik zugehören oder direkt auf die Biographie des Philosophen Bezug nehmen.

Apophth. VII, 125 bezieht sich auf das Jahr, in dem Anaxagoras der Gottlosigkeit angeklagt und aus Athen verbannt wurde (434/0 v. Chr.); vgl. J. Mansfield, „The Chronology of Anaxagoras' Athenian Period and the Date of His Trial", in: *Mnemosyne* 33 (1980), S. 17–95; A.E. Taylor, „On the Date of the Trial of Anaxagoras", in: *Classical Quarterly* 11 (1918), S. 81–87.

678–679 *cuidam ... me* Leicht variierende Wiedergabe von Diog. Laert. II, 10, wobei Er. im ersten Spruchteil Traversaris Übers. kopierte: „Dicenti cuidam ‚Atheniensibus priuatus es' – ‚Non ego illis', ait, ‚sed illi me'" (ed. Curio, Basel 1524, S. 50). Vgl. den griech. Text: πρὸς τὸν εἰπόντα, „ἐστερήθης Ἀθηναίων", „οὐ μὲν οὖν", ἔφη, „ἀλλ' ἐκεῖνοι ἐμοῦ" (ed. Frob. S. 67). Vgl. weiter *Gnom. Vat.* 114 Sternbach; Arsen. Violet., S. 104W.

Apophth. VII, 126 datiert, wie VII, 127, auf das Jahr 434/0 v. Chr., als sich Anaxagoras schon im Exil in Lampsakos aufhielt und ihm die Nachricht von seiner Verurteilung zum Tode durch einen Boten überbracht wurde. VII, 126 stellt eine Dublette von I, 257 (*ASD* IV, 4, S. 124) dar und wird dort dem Spartaner Lochagus zugeschrieben.

684–685 *Quum ... Xenophonti* Diog. Laert. II, 13. Er. kopiert die latein. Übers. Traversaris: „Et quum illi renunciata esset et damnatio sua et filiorum mors, ... dixisse ... ‚Sciebam me genuisse mortales. Alii hoc ad Solonem referunt, alii ad Xenophontem" (ed. Curio, Basel 1524, S. 51). Vgl. den griech. Text: ὅτε καὶ ἀμφοτέρων αὐτῷ προσαγγελέντων, τῆς τε καταδίκης καὶ τῆς τῶν παίδων τελευτῆς, εἰπεῖν ... περὶ δὲ τῶν παίδων, ὅτι ᾔδειν αὐτοὺς θνητοὺς γεννήσας. οἱ δ' εἰς Σόλωνα τοῦτ' ἀναφέρουσιν, ἄλλοι εἰς Ξενοφῶντα. (vgl. ed. Frob. S. 68).

Der Spruch des Anaxagoras findet sich weiter bei Val. Max. 5, 10 *ext.* 3: „Ne Anaxagoras quidem supprimendus est: audita namque morte filii ‚Nihil mihi', inquit, ‚inexspectatum aut nouum nuntias: ego (*ed. Loeb p. 546*) enim illum ex me natum sciebam esse mortalem (*ed. Loeb p. 546*)'. Has voces vtilissimis praeceptis imbutas virtus mittit. Quas si quis efficaciter auribus receperit, non ignorabit ita liberos esse procreandos, vt meminerit his a rerum natura et accipiendi spiritus et reddendi eodem momento temporis legem dici, atque ut mori neminem, solere qui non vixerit, ita ne vivere aliquem quidem posse qui non sit moriturus"; Cic. *Tusc.* III, 30: „quod autem Theseus a docto se audisse dicit, id de se ipso loquitur Euripides. Fuerat enim auditor Anaxagorae, quem ferunt nuntiata morte filii dixisse: ‚Sciebam me genuisse mortalem'. Quae vox declarat iis esse haec acerba, quibus non fuerint cogitata"; III, 58: „... Anaxagoras: ‚sciebam me genuisse mortalem'"; Ael. *Var. hist.* III, 2: Ἀναξαγόρᾳ τις τῷ Κλαζομενίῳ σπουδάζοντι πρὸς τοὺς ἑταίρους προσελθὼν ἔφη τεθνηκέναι οἱ τοὺς δύο παῖδας οὕσπερ οὖν εἶχε μόνους ὁ Ἀναξαγόρας. ὁ δὲ μηδὲν διαταραχθεὶς εἶπεν „ᾔδειν θνητοὺς γεγεννηκώς"; Sen., *De Consolatione ad Polybium*, 11, 2–3 (ohne Zuschreibung an Anaxagoras); Plut. *De cohibenda ira* 16, *Mor.* 463D: καὶ καθάπερ ἐκεῖνος ἐπὶ τῇ τελευτῇ τοῦ παιδὸς εἶπεν (sc. Anaxagoras), „ᾔδειν ὅτι θνητὸν ἐγέννησα" (in der lat. Übers. des Er.: „vti Anaxagorae exemplo, ... quemadmodum ille in filii morte dixit: ‚Sciebam me genuisse mortalem'", *ASD* IV, 2, S. 284); Plut. *De tranq. an.* 16, *Mor.* 474D; *Gnom. Vat.* 117 Sternbach.

685 *Idem hoc tribuitur Xenophonti* Es geht dabei um die Reaktion des athenischen Schriftstellers, Politikers und Feldherren **Xenophon** (430/25-nach 355 v. Chr.; zu seiner Person vgl. unten Komm. zu VII, 390) auf die Nachricht, daß sein Sohn Gryllos in der Schlacht von Mantineia gefallen sei (i.J. 362). Die Quelle für die Zuschreibung des Spruches an Xenophon ist dessen von Diog. Laert. verfasste Vita (II, 54–55, in der von Er. benutzten latein. Übers. Traversaris): „Fertur Xenophon tunc (tunc *add. Curio*) coronatus sacrificasse et quum filium (sc. Gryllum) corruisse didicisset, coronam deposuisse; vbi vero acriter pugnantem oppetisse comperit, eam rursus capiti imposuisse. (55:) Sunt qui illum ne lacrimatum quidem dicant solumque dixisse: ‚Sciebam me me genuisse mortalem'" (ed. Curio, Basel 1524, S. 65). Der Spruch selbst lautet im Griech.: ἔνιοι δὲ οὐδὲ δακρῦσαί φασιν αὐτὸν ἀλλὰ γὰρ

VII, 127   Graviter   (Anaxagoras Clazomenius, 3)

Absens morti addictus est. Id nuncianti „Iam olim", inquit, *„istam sententiam tulit natura aeque in illos atque in me"*, sentiens Athenienses non minus *addictos morti*, quam esset is, quem damnarent. Aliis aliud mortis genus obtingit, sed omnibus eadem est moriendi necessitas.

VII, 128   Mortis locvs   (Anaxagoras Clazomenius, 4)

Cuidam moleste ferenti, quod non in patria, sed *peregre moreretur, „Bono animo es!"*, inquit, *„Idem enim vndelibet ad inferos descensus est"*.

VII, 129   Graviter   (Anaxagoras Clazomenius, 5)

Periclis praeceptor fuisse legitur, cui in administranda republica magno fuit vsui. *Verum quum Pericles negociis intentus desiisset agere curam Anaxagorae iam ad decrepitam* prouecti *senectutem, constituit inedia finire vitam. Id simul vt renunciatum est Pericli*, anxius *accurrit* et argumentis, precibus et lachrymis conatus est hominem a spontaneae mortis proposito reuocare, idque magis sua ipsius causa quam philosophi. Cui Anaxagoras *retecta facie* iam moribundus nihil aliud respondit quam haec:

εἰπεῖν, „ᾔδειν θνητὸν γεγεννηκώς" (ed. Frob. S. 87). Derselbe Ausspruch wurde nicht nur dem Xenophon, sondern auch Solon und dem Spartaner Lochagos zugeschrieben. Die Quelle der Solon-Zuschreibung ist nur Diog. Laert. II, 13, jene der Lochagos-Zuschreibung Plut. *Apophthegmata Laconica*, Mor. 225E–F: Λόχαγος ὁ Πολυαινίδου καὶ Σείρωνος πατήρ, ἀπαγγείλαντός τινος αὐτῷ ὅτι τῶν υἱῶν τεθνήκοι ὁ ἕτερος, „πάλαι ᾔδειν," ἔφη, „ὅτι ἀποθανεῖν αὐτὸν ἔδει." Er. übernahm von Diog. Laert. den Querverweis auf Xenophon, jedoch – aus unklaren Gründen – nicht jenen auf Solon. Interessant ist, daß Er. sich bei der Abfassung von VII, 126 nicht daran erinnerte, daß er selbst den Spruch bereits im ersten Buch der *Apophthegmata* gebracht hatte, dort freilich mit der Zuschreibung an den Spartaner Lochagos (I, 257), den er a.a.O. allerdings „Lochadus" nennt und als Sohn des Polyainides bezeichnet, während er in Wirklichkeit der Vater des Polyainides war (beides nach der Übers. des Regio, die Er. kopierte): „Lochadus, Polyaenidae filius, Sironis pater, nuntianti, quod e filiis ipsius alter interisset, ‚Olim sciebam', inquitm ‚illi moriendum ese'" (*ASD* IV, 4, S. 124; *CWE* 37, S. 118).

687–688 *Absens morti ... in me* Gekürzte Wiedergabe von Diog. Laert. II, 13, wobei Er. wörtlich Traversaris Übers. kopierte: „Nam in successione philosophorum tradit Sotion ... a Thucydide accusatum (sc. Anaxagoram) ... neque impietatis modo, verum et proditionis, absentemque morti addictum. Et quum illi renunciata esset et damnatio sua ... dixisse iampridem aduersum illos atque se ex aequo naturam tulisse sententiam" (ed. Curio, Basel 1524, S. 51). Für den Ausspruch im engeren Sinn vgl. den griech. Text: ὅτε καὶ ... αὐτῷ προσαγγελέντων τῆς τε καταδίκης ... εἰπεῖν περὶ μὲν τῆς καταδίκης, ὅτι ἄρα „κἀκείνων κἀμοῦ πάλαι ἡ φύσις κατεψηφίσατο" (vgl. ed. Frob. S. 68).

Apophth. VII, 128 In *CWE* 38, S. 797 wurde dieser Ausspruch versehentlich mit dem vorhergehenden zusammengelegt, während „Cuidam moleste ... decensus est" in *B* und *C* durch den separaten Titel („Mortis locus") und die Zählung (4) klar als selbständiges *Apophthegma* markiert ist.

692–693 *Cuidam ... descensus est* Leicht variierende Bearbeitung der latein. Übers. Traversaris von Diog. Laert. II, 11: „Indignanti cuidam (cuidam *Curio*: homini *Traversari*, *e.g. ed.*

Ven. 1490) ac moleste ferenti, quod in alieno solo moreretur, ‚Bono', inquit, ‚esto animo. Idem enim vndique in infernum decensus est'" (ed. Curio, Basel 1524, S. 50). Vgl. den griech. Text: „πρὸς τὸν δυσφοροῦντα ὅτι ἐπὶ ξένης τελευτᾷ, ‚πανταχόθεν', ἔφη, ‚ὁμοία ἐστὶν ἡ εἰς ᾅδου κατάβασις'" (ed. Frob. S. 67). Er. folgte hier ausschließlich der Übers. Traversaris: Aus ihr übernahm er „Bono animo es!", das im griech. Text nicht vorkommt. Der Spruch des Anaxagoras findet sich auch in *Gnom. Vat.* 115 Sternbach, Arsen. *Violet.*, S. 209 W und Cic. *Tusc.* I, 104. Cicero hat den Spruch auf Anaxagoras' Leben bezogen, in dem Sinn, daß ein Unbekannter Anaxagoras' Los beklagt habe, daß dieser – wegen seiner Verbannung aus Athen – fern seines Vaterlandes sterben werde: „Praeclare Anaxagoras, qui cum Lampsaci moreretur, quaerentibus amicis, velletne Clazomenas in patriam, si quid accidisset, auferri, ‚Nihil necesse est', inquit, ‚Vndique enim ad inferos tantundem viae est'". Ciceros Interpretation ist nicht stimmig, da Athen nicht die Vaterstadt des Anaxagoras war. Athen ist viel weiter von Anaxagoras' Heimat Klazomenai entfernt als Lampsakos, das sich jedenfalls an der Küste Kleinasiens befindet. Zudem geht aus Val. Max. VIII, 7, ext. 6 hervor, daß Anaxagoras nach einem sehr langen, ständigen Aufenthalt im Ausland in seine Vaterstadt („patria") zurückkehrte. Er. zitiert diese Stelle nur wenig weiter unten, *Apophth.* VII, 130. Für den Gedanken, daß der Weg in den Hades von jeder beliebigen Stelle der Erde aus gleich lang sei, vgl. auch Diog. Laert. IV, 31.

Apophth. VII, 129 ist ein Gegenstück zu *Adag.* 3663 „Qui lucerna egent, infundunt oleum" (*ASD* II, 8, S. 104), ein Adagium, das zuerst in der Ausgabe d.J. 1533 aufscheint. Quelle für beide ist Plut. *Per.* 16, 7 (*Vit.* 162).

695 *Periclis* Für den führenden athenischen Staatsmann **Perikles** (ca. 495–429 v. Chr.), der in den Jahren 450–429 die Politik des athenischen Imperialismus bestimmte, vgl. oben Komm. zu *Apophth.* V, 174.

696–702 *Verum quum … vulgarem* Paraphrasierende und freie, mit dramatisierenden Elementen angereicherte Wiedergabe von Plut. *Per.* 16: καὶ μέντοι γε τὸν Ἀναξαγόραν αὐτὸν λέγουσιν ἀσχολουμένου Περικλέους ἀμελούμενον κεῖσθαι συγκεκαλυμμένον ἤδη γηραιὸν ἀποκαρτεροῦντα· προσπεσόντος δὲ τῷ Περικλεῖ τοῦ πράγματος ἐκπλαγέντα θεῖν εὐθὺς ἐπὶ τὸν ἄνδρα καὶ δεῖσθαι πᾶσαν δέησιν, ὀλοφυρόμενον οὐκ ἐκεῖνον, ἀλλ' ἑαυτόν, εἰ τοιοῦτον ἀπολεῖ τῆς πολιτείας σύμβουλον. ἐκκαλυψάμενον οὖν τὸν Ἀναξαγόραν εἰπεῖν πρὸς αὐτόν· „ὦ Περίκλεις, καὶ οἱ τοῦ λύχνου χρείαν ἔχοντες ἔλαιον ἐπιχέουσιν". Er. benutzte (jedenfalls auch) die lat. Übers. des Lapo da Castiglionchio, aus der er die dramatisierende Formulierung „preces lachrymis adiunxisse" und das Wort „decrepita" übernahm: „Ac etiam ferunt Pericle negotiis intento Anaxagoram destitutum omni cura, decrepita iam aetate, sponte mortem fame sibi consciscere parauisse; eo nuntio permotum Periclem ad eum supplicem cucurrisse omnesque preces lachrymis adiunxisse, non illius, sed sua potius gratia siquidem talem in republica socium consiliorum amitteret; expirantem vero Anaxagoram ‚O Pericles', dixisse, ‚Et qui lucerna indigent, infundunt oleum'" (ed. Badius, Paris 1514, fol. LXVIII[v]). Für das betreffende Anaxagoras-Fragment vgl. Diels II, S. 13. In der Badius-Ausgabe a.a.O. wurde das *Apophthegma* in margine als sprichwörtliche Redensart hervorgehoben: „Lucerna qui indigent, infudunt oleum". Im Grunde liefert *Apophth.* VII, 129 ein *Adagium*. Nachdem Er. dies in seine zweite Ausgabe der *Apophthegmata* (1532) eingetragen hatte, entschloss er sich, dies auch in der nächsten Ausgabe der *Adagia* (= H, 1533) zu tun; der Text von VII, 129 lieferte die Grundlage für *Adag.* 3663, „Qui lucerna egent infundunt oleum" (*ASD* II, 8, S. 104): „[H] Plutarchus in vita Periclis refert Anaxagoram Pericli in administranda republica magno adiumento fuisse, verum vbi iam grauaret senectus et a Pericle publicis intento negociis negligeretur, decreuerat inedia finire vitam. Id vbi resciuit Pericles, accurrit ad aedes philosophi precibusque et lachrymis conatus est illum ab instituto reuocare idque sua ipsius causa magis quam Anaxagorae. At ille iam agens animam dixit: Ὦ Περίκλεις, καὶ οἱ τοῦ λύχνου χρείαν ἔχοντες ἔλαιον ἐπιχέουσιν, id est, ‚O Pericles, et quibus lucerna egent est opus, infundunt oleum', exprobrans illi neglectum amici, vnde non vulgarem capiebat vtilitatem, quum qui egent lucerna ob vsum qualemcunque curent illam, abstergentes atque infundentes oleum. Et quibus opus est fructu stercorant agrum".

700 *retecta facie* „retecta facie" bezog Er. aus dem griech. Text (Lapo hatte dies ausgelassen); allerdings erscheint die Bemerkung „mit wieder enthülltem Antlitz" bei Er. unverständlich, weil er die dazugehörige erste Vermeldung, wie sie bei Plut. vorhanden ist, vergessen hatte: Dort steht, daß Anaxagoras in Erwartung seines Todes (durch Aushungern) sein

„*O Pericles, et quibus lucerna est opus, infundunt oleum*", exprobrans illi neglectum amici, vnde tantam capere poterat vtilitatem. Lucerna curatur ob vsum vulgarem: et talis consiliarius neglectus periit!

VII, 130   Lvcrvm ex damno   (Anaxagoras Clazomenius, 6)

Post diutinam peregrinationem domum reuersus *reperit patriam possessionesque suas desertas.* „Nisi", inquit, „ista perissent, ego saluus non essem", quod calamitas illum adegisset ad philosophiam. Rebus autem integris mansisset intra penates suos. Ita saepenumero prospera sunt homini, quae videntur aduersa, et, quod damnum putatur ingens, lucrum est maximum.

STILPON MEGARENSIS

VII, 131   Argvte   (Stilpon Megarensis, 1)

Habebat *filiam parum* secundae famae. *Cuidam* itaque dicenti „Dedecorat te filia", „Nihilo magis", inquit, „quam ego illam decoro", sentiens neminem alienis factis dehonestari, sed suis quenque moribus aestimandum esse. Neque enim illa fuis-

---

705 domum reuersus reperit patriam *B C*: *scribendum erat* patriam reuersus reperit domum.

Antlitz bereits verhüllt hatte (συγκεκαλυμμένον ἤδη γηραιὸν ἀποκαρτεροῦντα).
701 *O Pericles … oleum* In *Adag.* 3663 kopierte Er. seine Wiedergabe des Ausspruchs in *Apophth.* VII, 129.
Apophth. VII, 130 bezieht sich auf Anaxagoras' Rückkehr nach Kleinasien, nachdem er in Athen zum Tode verurteilt worden war (434/0). Ähnlich ist der Spruch des Zeno, der, nachdem er als Händler eine wertvolle Fracht mit Purpurstoffen durch Schiffbruch verloren hatte, in Athen blieb und sich der Philosophie zuwendete.
705–706 *Post … essem* Größtenteils wörtliche, nur leicht variierende, jedoch durch eine Verhaspelung getrübte Wiedergabe von Val. Max. VIII, 7, *ext.* 6: „Qui (sc. Anaxagoras) cum post diutinam peregrinationem (*ed. Bade 1510:* e diutina peregrinatione *textus receptus*) patriam repetisset possessionesque desertas vidisset, ‚Non essem', inquit, ‚ego saluus (saluae *ed. Bade 1510, sed* saluus *in commento Badii*), nisi istae perissent'" (Vgl. ed. Bade, Paris 1510, fol. CCCXXV^v).

706 ista *B C*: *dubito ne scribendum* istae *vt in Val. loco cit.*

705–706 *Domum reuersus … desertas* Bei seinem Variationsversuch verdrehte Er. die Reihenfolge und Zuordnung von „domum" und „patria": Anaxagoras kehrte in seine Vaterstadt zurück, um sein Haus und Gut öde und verwahrlost anzutreffen, nicht umgekehrt „nach Hause" zurück, um seine Vaterstadt öde anzutreffen.
706–709 *quod calamitas … maximum* „quod calamitas … maximum" stellt Er.' kommentierende Deutung der Anekdote dar, die jedoch kurios ist. Nach Er. verließ Anaxagoras seine Heimat Klazomenai aufgrund des Niedergangs seiner Güter. Nur Anaxagoras' Ruin, so Er., ermöglichte seine Hinwendung zur Philosophie, die Er. mit seinem Auslandsaufenthalt (in Athen) gleichsetzt. Wenn Anaxagoras damals seine Güter nicht verloren hätte, meint Er., wäre er niemals nach Athen abgereist und hätte sich auch keineswegs mit Philosophie beschäftigt. Diese Deutung stimmt jedoch weder mit der Biographie des Anaxagoras überein (er beschäftigte sich bereits in Klazomenai mit Philosophie) noch mit dem, was

in der zitierten Val.-Max.-Stelle tatsächlich ausgesagt wird. Dort steht, daß Anaxagoras nach einem langen unausgesetzten Auslandsaufenthalt (damit sind die etwa 30 Jahre in Athen gemeint) in seine Heimatstadt (= Klazomenai) zurückkehrte, wo er sein väterliches Gut öde und herabgekommen antraf, d.h. er sah das Resultat der Tatsache, daß er sich etwa 30 Jahre nicht darum gekümmert hatte, vor Augen. Statt darüber betrübt zu sein, merkte er an, daß die Vernachlässigung des materiellen Besitzes die Voraussetzung seiner Entwicklung zum Philosophen bedeutet habe. Es geht also nicht um den zufälligen Verlust der (vererbten) Güter, sondern um ein bewusstes Vernachlässigen derselben. So erklärte auch Val. Max. a.a.O. die Anekdote: „Nam si praediorum potius quam ingenii culturae vacasset, dominus rei familiaris intra penates mansisset, non tantus Anaxagoras ad eos redisset". Er. kam auf seine Interpretation wohl durch die scheinbare Ähnlichkeit mit der Biographie des Stoikers Zeno, der als reicher Händler nach Athen kam und dort durch den Verlust eines Purpurschiffes zur Philosophie kam; vgl. *Apophth.* VII, 294 „Iactura felix": „Negociator purpuram vehens (sc. Zeno), naufragium fecit iuxta Pireum atque hac occasione sese contulit ad philosophiam. Itaque solitus est dicere: ‚Tum bene nauigaui, quum naufragium feci' …".

Apophth. VII, 131 Er. macht an dieser Stelle seiner Bearbeitung des zweiten Buches des Diogenes Laertius einen großen Sprung, indem er die Aussprüche des Archelaos (Diog. Laert. II, 16–17), Sokrates (II, 16–47), Xenophon (II, 48–59), Aischines (II, 60–64), und weiter der Sokratiker Aristippos (II, 65–104), Phaidon (II, 105) und Eukleides (II, 106–112) übergeht. Jene des Sokrates (*Apophth.* III, 1–101, *ASD* IV, 4, S. 197–220, *CWE* 37, S. 221–251) und des Aristippos (III, 102–163, *ASD* IV, 4, S. 220–236, *CWE* 37, S. 252–271) hatte Er. bereits im dritten Buch behandelt. Die übrigen ließ er aus. Der nächste Philosoph, dem sich Er. nun im zweiten Buch des Diog. Laert. zuwendet, ist Stilpon (*Apophth.* VII, 131–139).

Stilpon von Megara (ca. 340–ca. 280/275 v. Chr.) gehörte zur Megarischen Philosophenschule, die der Sokrates-Schüler Eukleides von Megara gegründet hatte; Eukleides' Lehre wurde v.a. von Ichthyas und Stilpon fortgesetzt. Stilpon richtete sein Augenmerk besonders auf Logik und Dialektik (ein Erbe des Sokrates); weiter betonte er die Autarkie und Bedürfnislosigkeit des Weisen; seine Sprüche gehen in die Richtung der Ethik der Stoiker (Autarkie) und Kyniker (Bedürfnislosigkeit, Gesellschaftskritik). Sein bedeutendster Schüler war Zenon von Kition, der Begründer der Stoa. Vgl. K. Döring, „Stilpon", in: H. Flashar (Hrsg.), *Grundriss der Geschichte der Philosophie. Die Philosophie der Antike*, Bd. 2, 1, Basel 1998, S. 230–236; ders., *DNP* 11 (2001), Sp. 1000–1001, s.v. „Stilpon"; ders., *Die Megariker. Kommentierte Sammlung der Testimonien*, Amsterdam 1971; R. Muller, *Les mégariques. Fragments et témoignages*, Paris 1985; K. Praechter, *RE* III, A2 (1929), Sp. 2525–2533, s.v. „Stilpon". Hauptquelle für Stilpon ist Diog. Laert. II, 115–120. Stilpon figuriert in Er.' *Apophth.* weiter in VI, 546, 558 und VII, 322. Er. war offensichtlich v.a. an Stilpons Errungenschaften als Dialektiker (vgl. VII, 131; 133; 134) interessiert. Während Stilpon selbst (in der Überlieferung des Diogenes Laertius) παιδεία (Bildung), λόγος (Rhetorik) und ἐπιστήμη (Wissen) als seine wahren Güter bezeichnet, reduziert Er. diese auf „Bildung und Rhetorik" („eruditio et eloquentia", VII, 133).

An dieser Stelle sowie in der gesamten Sektion VII, 131–139 gibt Er. den Namen des Philosophen in der Schreibweise „Stilpon" (oder „Stilpo") an, während er in *Apophth.* V, 99–100 „Stilbon" verwendete. In der Titelüberschrift und mehrheitlich in der Sektion VII, 131–139 (VII, 133, 134, 136 und 139) verwendet er für den Nominativ die Form „Stilpo*n*", in VII, 131 und 137 jedoch „Stilpo". In der maßgeblichen Textvorlage, Ambrogio Traversaris lat. Übers. von Diog. Laert., II, 113–120, traf Er. als Nominativform ebenfalls „Stilpon" an.

711 *Argute* Er.' Titel entsprechend druckt Lycosthenes das Apophthegma in der Kategorie „De argute dictis" (S. 80), wobei er allerdings als Namen des Apophthegma-Spenders irrtümlich „Stilphon" angibt.

712–713 *Habebat … decoro* Freie, paraphrasierende Wiedergabe von Diog. Laert. II, 114: καὶ θυγατέρα ἀκόλαστον ἐγέννησεν, ἣν ἔγημε γνώριμός τις αὐτοῦ Σιμμίας Συρακόσιος. ταύτης οὐ κατὰ τρόπον βιούσης εἶπέ τις πρὸς τὸν Στίλπωνα, ὡς καταισχύνοι αὐτόν· ὁ δέ, „οὐ μᾶλλον", εἶπεν, „ἢ ἐγὼ ταύτην κοσμῶ" (ed. Frob. S. 115–116). Er. scheint in diesem Fall die Übers. Traversaris nicht beachtet zu haben: „… filiamque parum pudicam genuit (sc. Nicarete pellex), quam duxit Simmias Syracusanus, eius necessarius (eius necessarius *ed. Curio*: necessarius suus *Traversari, e.g. ed. Ven. 1490*). Haec dum lasciuius viueret Stilponique a quodam renunciatum esset eam sibi probro esse, ‚Non',

715 set honestior ob patris celebritatem, nisi paternas virtutes fuisset imitata. Plutarchus in libro de tranquillitate pluribus verbis hoc idem enarrat. *Nam Metrocli obiicienti*, quod *filiam* haberet *impudicam, „Vtrum"*, inquit, *„hoc meum peccatum est an filiae?"*. Quum Metrocles respondisset *„illius peccatum, sed tuum infortunium"*, hunc in modum excepit Stilpon: *„Quid ais? An non, quae peccata sunt, eadem sunt lapsus?"*.
720 Annuit Metrocles. *„At lapsus"*, inquit Stilpon, *„quorum sunt, eorundem sunt et frustrationes?"*, *et hoc confesso Metrocle: „Porro quorum sunt* frustrationes, *horum sunt et infortunia"*. Ita placido prudenquique *sermone* demonstrauit filiae duntaxat esse infortunium, cuius esset peccatum, ac *Cynici conuicium* nihil aliud esse quam *latratum*.

VII, 132   Tranqvillitas   (Stilpon Megarensis, 2)

725 *In somnis visus est illi Neptunus iratus, quod non immolasset* hecatomben, quemadmodum *mos erat. At philosophus hoc viso nihil perturbatus respondit: „Quid ais, Neptune? Itane veluti puer huc venisti cum tua querimonia, quod pecunia mutuo sumpta non expleuerim nidore ciuitatem?* Atqui *pro rei familiaris modulo sacrificaui tibi* apuas ali-

---

719 Stilpon *scripsi*: Stilpo B C.   720 Stilpon *scripsi*: Stilpo B C

inquit, ‚ista maiori mihi probro est quam ego illi ornamento' " (ed. Curio, Basel 1524, S. 84).
716–722 *Nam Metrocli ... infortunia* Plut. *De tranq. an.* 8, *Mor.* 468A. Er. benutzte als Textvorlage die lat. Übers. Budés, die er leicht überarbeitete und in Bezug auf einen Begriff korrigierte: „Quod ei (sc. Stilponi) opprobrium quum Metrocles obiiceret, ‚Hoccine igitur', inquit, ‚peccatum meum est an filiae?'; ‚Filiae', inquit (sc. Metrocles), ‚peccatum est, sed tuum infortunium'; ‚Qui fieri', inquit (sc. Stilpo), ‚potest? Nonne peccata etiam lapsus sunt?'. ‚Prorsus', inquit ille. – (Stilpo:) ‚At lapsus non eorum, quorum lapsus sunt, aberramenta quoque sunt?'; ‚Certe', inquit (sc. Metrocles). (Stilpo:) ‚Quid? Aberramenta non eorum, quorum aberramenta, etiam infortunia?'. Huiusmodi ille sermone placido et e philosophica placabilitate, Cynici ille hominis maledicta inania et irrita oblatramenta esse docuit." (ed. Cratander, Basel 1530, fol. 121A). Vgl. den griech. Text: ἀλλὰ καὶ Μητροκλέους ὀνειδίσαντος, „ἐμὸν οὖν", ἔφη, „ἁμάρτημα τοῦτ' ἐστὶν ἢ ἐκείνης;" εἰπόντος δὲ τοῦ Μητροκλέους „ἐκείνης μὲν ἁμάρτημα, σὸν δ' ἀτύχημα"· „πῶς λέγεις;" εἶπεν, „οὐχὶ τὰ ἁμαρτήματα καὶ διαπτώματ' ἐστί;" „πάνυ μὲν οὖν", ἔφη. „τὰ δὲ διαπτώματ' οὐχ ὧν διαπτώματα καὶ ἀποτεύγματα;" συνωμολόγησεν καὶ ὁ Μητροκλῆς. „τὰ δ' ἀποτεύγματ' οὐχ ὧν ἀποτεύγματα καὶ ἀτυχήματα;" πράῳ λόγῳ καὶ φιλοσόφῳ κενὸν ἀποδείξας ὕλαγμα τὴν τοῦ κυνικοῦ βλασφημίαν.
716 *Metrocli* **Metrokles**, kynischer Philosoph des 3./ 4. Jh. v. Chr., Bruder der Philosophin Hipparchia, der Ehegattin des kynischen Philosophen Krates von Theben. Stilpon stammte aus einem thrakischen Adelsgeschlecht. Vgl. K. Döring, „Metrokles", in: H. Flashar (Hrsg.), *Grundriss der Geschichte der Philosophie. Die Philosophie der Antike*, Band 2.1, Basel 1998, S. 304–305.
720–721 *frustrationes* Mit „frustrationes" für ἀποτεύγματα verbesserte Er. Budés nicht ganz glückliche Übers. „aberramenta".
Apophth. VII, 132 ist ein Kuriosum, insofern es keinen wirklichen Spruch darstellt, sondern einen kurzen, geträumten Dialog. Der Träumende ist Stilpon und sein Dialogpartner im Traum ist keine historische Person, sondern eine mythologische Gestalt (Neptun/ Poseidon), d.h. das Geträumte ist auch dadurch noch weiter von der Realität entfernt. Des weiteren hat der Traum einen spezifischen kultischen Hintergrund, der für sein richtiges Verständnis erforderlich ist, jedoch von Er. nicht klar erkannt und angegeben wird. Die Hafenstadt Megara (am Saronischen Golf, ca. 20km von Athen entfernt gelegen) hatte einen altehrwürdigen Poseidon-Kult: Der mythische König Megareus, der

Heros Ktistes und Namensgeber der Stadt, soll ein Sohn des Poseidon gewesen sein. Die Stadt brachte dem Poseidon jährlich bestimmte Opfer dar, wozu das Opfer eines Stieres gehörte, eines Tieres, das auf besondere Weise mit Poseidon verbunden war. Durch das Opfer sollte Poseidon der Stadt günstig gestimmt werden: Die Seestadt bat Poseidon um Prosperität, um die Gunst erfolgreicher Schiffahrt zum Zweck des Handels und des Fischfanges. Auf letztes bezieht sich die Antwort Neptuns im Traumdialog. Die Ausrichtung des jährlichen Stieropfers war die Aufgabe des Kollegs der Poseidonpriester, der *Hieromnemones* (Plut. *Symp.* VIII, 8, 4), dem Stilpon angehörte. Das Priesteramt war ein Ehrenamt: Es erforderte auch ein finanzielles Aufkommen, welches im Fall des Rinderopfers ansehnlich war. Stilpon, der für das Rinderopfer nicht zahlen wollte, brachte eigenmächtig ein anderes, billigeres Opfertier dar, erfüllte somit nicht die Auflagen seines Priesteramtes.

Bei Er. geht dieser spezifische Hintergrund verloren, weil er schon im einleitenden Teil zu vermelden vergisst, daß Stilpon das Priesteramt ausübte, während dies in Othmar Nachtigalls Übers., die Er. benutzte, durch den Vermerk, daß es um ein Stieropfer „veteri sacerdotum more" ging, wenigstens angedeutet wurde. Weiter gibt Er. statt des im Poseidon-Kult Megaras obligatorischen Rinderopfers unrichtig an, daß der „mos" das Opfer einer „Hekatombe" vorsehe, ein vage Kategorie, die ursprünglich das Großopfer von 100 Rindern, schon bei Homer aber einer unbestimmten größeren Anzahl von Opfertieren, auch von Widdern, meinte. Aus Neptuns Antwort erschließt Er., daß Stilpon Sardellen geopfert habe, was weder ein zwingender Schluß ist noch überhaupt stimmen kann.

725–730 *In somnis ... Megarensium* Plut. *Quomodo quis suos in virtute sentiat profectus*, Mor. 83C–D: οἷα λέγεται καὶ περὶ τοῦ φιλοσόφου Στίλπωνος, ὃς ἰδεῖν ἔδοξε κατὰ τοὺς ὕπνους ὀργιζόμενον αὐτῷ τὸν Ποσειδῶνα μὴ θύσαντι βοῦν, ὥσπερ ἔθος ἦν ἱερεύειν· αὐτὸν δὲ μηδὲν ἐκπλαγέντα „τί λέγεις", φάναι, „ὦ Πόσειδον; ὥσπερ παῖς ἥκεις μεμψίμοιρῶν ὅτι μὴ δανεισάμενος ἐνέπλησα κνίσης τὴν πόλιν, ἀλλ' ἀφ' ὧν εἶχον ἔθυσά σοι μετρίως οἴκοθεν" καὶ μέντοι δοκεῖν αὐτῷ τὸν Ποσειδῶνα μειδιάσαντα τὴν δεξιὰν προτεῖναι καὶ εἰπεῖν ὡς ἀφύων φορὰν Μεγαρεῦσι ποιήσει δι' ἐκεῖνον. Er. benutzte sowohl den griech. Originaltext als auch Othmar Nachtigalls Übers., die er an mehreren Stellen korrigierte: „... veluti fama perhibet de Stilpone philosopho. Is enim videns in somnis apparere sibi Neptunum inique ferentem, quod non immolasset illi bouem veteri sacerdotum more. Nihil animo consternatus ‚Quid ais?', inquit, ‚O Neptune? Venis ad me pusioni similis, omnia replens querelis, quod vrbem totam, mutuo accipiens pecuniam emptoque inde sacrificio, non refertam effecerim nidoribus. Num satis pie tibi ex his, quae mihi suppetebant opibus hactenus est litatum?' Ad haec visum fuit Stilponi deum in risum fuisse solutum protensaque manu dixisse: ‚Ego Megarensibus in tui gratiam largiorem olei prouentum concedam'" (ed. Cratander, Basel 1530, fol. 236D).

725 *quod non immolasset hecatomben* Er. vergisst, aus der Quelle den Grund zu übertragen, weswegen Stilpon dem Neptun ein Rind opfern hätte sollen, nämlich daß er das Amt des Neptun-Priesters inne hatte.

725 *hecatomben* „hecatomben" ist ein nicht ganz glücklicher Versuch des Er., seine Textvorlage, Nachtigalls Übers., die korrekt „bouem" hatte, zu variieren. Statt eines Rindes, behauptet Er., sollten dem Poseidon eine Hekatombe (viele Rinder bzw. Tiere) geopfert werden.

726 *mos erat* Bei der Übertragung des Textes von Nachtigalls Übers. vergaß Er. die wichtige Angabe, daß es um den kultischen Brauch *der Priester*, i.e. der Neptunpriester, ging.

728–729 *apuas aliquot* Durch die Angabe, daß der Priester Stilpon Neptun Sardellen geopfert habe, weicht Er. sowohl vom griech. Originaltext als auch von Nachtigalls Übers. ab. Dort steht nur, daß Stilpon das geopfert habe, was seinem Portemonnaie entsprach. Damit war mit Sicherheit ein billigeres Opfertier gemeint, z.B. ein Schaf; wie aus Hom. *Od.* XI, 130–131 hervorgeht, wurden Poseidon auch Schafe und Schweine geopfert. Sardellen können damit jedoch nicht gemeint gewesen sein, da es in Megara verboten war, dem Neptun Fische zu opfern (vgl. M.P. Nilson, *Die Geschichte der griechischen Religion*, München 1992, Bd. 1, S. 451). In anderen griechischen Städten war es erlaubt, dem Neptun Fische zu opfern, jedoch nur große und ansehnliche; Sardellen und Heringe zählten selbstverständlich nicht dazu.

quot". *Ad haec arridens Neptunus, visus est illi porrecta dextra dixisse:* „*In tuam gratiam ingentem apuarum prouentum largiar ciuitati Megarensium*". Quod et euenisse tradunt.

VII, 133   HONOS VIRTVTI HABITVS   (Stilpon Megarensis, 3)
                      (= Dublette von V, 99)

Demetrius, Antigoni filius, quum Megara cepisset, iussit Stilponis *domum seruari* indemnem. *Admonitus igitur Stilpon, vt* libellum *daret rerum omnium, quas amisisset,* „*Ego*", inquit, „*nihil bonorum meorum amisi. Nam eruditio et eloquentia mihi sunt incolumes*", quod haec vere sunt οἰκεῖα, hoc est, domestica propriaque bona. [C] Idem hoc supra commemoratum est aliis verbis.

---

729   dextra *B*: dextera *C*.

737–738   Idem … verbis *C*: desunt in *B*.

729   *dextra* „dextra" stellt eine Korrektur des Er. von Nachtigalls Übers. dar, der δεξιὰν bloß mit „manu" wiedergegeben hatte.

730   *apuarum prouentum* Er. korrigierte an dieser Stelle Nachtigalls Fehlübers. von ἀφύων φορὰν mit „olei prouentum". Neptun versprach Megara nicht Öl, sondern einen reichen Fang von kleinen Heringen bzw. Sardellen (für ἀφύη, „Sardelle" vgl. Passow I, 1, S. 470, s.v.; F. Cole Babbit a.a.O. „anchovies"). ἀφύη war in der klassischen Literatur latinisert als „aphye" vorrätig, Er. benutzte jedoch die von Apicius (4, 131) überlieferte Nebenform „apua, ae" (vgl. *DNG* I, Sp. 381, s.v. „aphye"). Lycosthenes druckte statt „apuas" kurioserweise „aquas" (S. 1043), was keinen nachvollziehbaren Sinn ergibt.

730–731   *Quod et euenisse tradunt* Die Quelle von Er.' Angabe „Quod et euenisse tradunt" – „Es wird überliefert, daß dies auch tatsächlich stattfand" ist nicht auffindbar. Es handelt sich um eine Fehlangabe, die wohl als topische Behauptung eines Geschichtenerzählers zu verstehen ist.

Apophth. VII, 133 ist eine Dublette von V, 99 (dort in der Sektion des Demetrios Poliorketes). Die Apophthegmen beziehen sich auf d.J. 307/6 v. Chr., als Demetrios Megara einnahm und plünderte. Wie der Titel sowohl von VII, 133 als auch von V, 99 zeigt, fasste Er. Demetrios' Verhalten als Ehrbezeigung gegenüber dem Philosophen Stilpon auf. Diese Interpretation ist jedoch fraglich. Demetrios erweckt nicht den Eindruck, daß er um das Wohlergehen des Philosophen bekümmert war: Dessen Frau und Kinder hatte er schonungslos töten lassen. Diese Tatsache verleiht der Aufforderung des Demetrios, Stilpon solle eine Liste des Verlorenen machen, statt eines fürsorglichen eher einen sarkastischen Charakter. Demetrios wusste, daß Stilpon gerade seine Frau und Kinder verloren hatte, und wollte dem stolzen, immerzu seine Autarkie betonenden Philosophen die Weltfremdheit seiner Haltung vor Augen stellen. Der Witz des Apophthegmas ist, daß der harsche Stilpon bei seiner Haltung blieb. Seneca berücksichtigt diese Tatsache in seinen Darstellungen derselben Anekdote, vgl. *Epist.* 9, 18: „Hic (sc. Stilbon) enim capta patria, amissis liberis, amissa vxore, cum ex incendio publico solus et tamen beatus exiret, interroganti Demetrio, cui cognomen ab exitio vrbium Poliorcetes fuit, num quid perdidisset, ,omnia', inquit, ,bona mea mecum sunt'"; ebenso Sen., *De constantia sapientis* 5, 6. Vgl. Komm. oben ad loc.

734   *Demetrius* Zu **Demetrios Poliorketes** (336 v. Chr.–283 v. Chr.), dem Sohn des Diadochen Antigonos Monophthalmos, vgl. Komm. oben zu *Apophth.* V, 96; J. Kaerst, *RE* IV, 2 (1901), Sp. 2769–2792, s.v. „Demetrios", Nr. 33; E. Badian, *DNP* 3 (1997/9), Sp. 428–429, s.v. „Demetrios", Nr. 2.

734–737   *Demetrius … bona* Diog. Laert. II, 115: ἀλλὰ καὶ Δημήτριος ὁ Ἀντιγόνου καταλαβὼν τὰ Μέγαρα τήν τε οἰκίαν αὐτῷ φυλαχθῆναι καὶ πάντα τὰ ἁρπασθέντα προυνόησεν ἀποδοθῆναι. ὅτε καὶ βουλομένῳ παρ' αὐτοῦ τῶν ἀπολωλότων ἀναγραφὴν λαβεῖν ἔφη μηδὲν τῶν οἰκείων ἀπολωλεκέναι· παιδείαν γὰρ μηδένα ἐξενηνοχέναι, τόν τε λόγον ἔχειν καὶ τὴν ἐπιστήμην (ed. Frob. S. 116). Vgl. die latein. Übers. Traversaris: „Demetrius quoque Antigoni filius, cum cepisset Megara, domum illi reseruari cunctamque direptem substantiam restitui curauit. Vbi, cum ea, quae amiserat, vt scriptis sibi traderet, moneret, nihil ille suum se perdidisse respondit; quippe doctrinam et eruditionem sibi ademisse neminem, reliquamque sibi esse et eloquentiam et disciplinam" (ed. Curio, Basel 1524, S. 84); Stilpo Frgm. 151 A Doer; II O 14 Giannantoni; *Gnom. Vat.* 515a Sternbach; *Plut. Demetr.* 9, 9. Vgl. Er., *Apophth.* V, 99: „Demetrius quum Megaram occupasset, Stilbon[t]em philosophum accersitum rogauit, num quis militum aliquid rerum abstulisset, ‚Nullus', inquit. ‚Neminem enim vidi, qui scientiam raperet', sentiens sola animi bona non esse bellorum violentiae obnoxia". Vgl. weiter vgl. Er. *Adag.* 3409 (*ASD* II, 7, S. 246–247): „Sapiens sua bona secum fert": „Ὁ σοφὸς ἐν αὑτῷ περιφέρει τὴν οὐσίαν, id est Sapiens opes sibi secum habet semper suas".

734 *Antigoni* Antigonos I. Monophthalmos (382–301 v. Chr.), Diadoche, Kampfgefährte der Makedonenkönige Philipp und Alexander. Vgl. E. Badian, *DNP* I (1996/9), Sp. 752–753, s.v. „Antigonos", Nr. 1; J. Kaerst, *RE* I, 2 (1894), Sp. 2406–2413, s.v. „Antigonos", Nr. 3. Dem Antigonos Monophthalmos widmete Er. eine Sektion im vierten Buch der *Apophthegmata* (IV, 103–132).

734 *Megara* Er. gibt hier, wie auch Traversari (und die griech. Vorlage), den Stadtnamen im Neutrum Plural wieder, während er – für dieselbe Anekdote – in *Apophth.* V, 99 *fem. sing.* benutzt hatte („Megaram").

738 *supra* i.e. *Apophth.* V, 99.

VII, 134 [*B*] Argvte infeliciter (Stilpon Megarensis, 4)

Callebat argutias dialecticas, quarum vna parum illi feliciter cessit. *De statua Mineruae*, quam *Phidias* finxerat, ita percontatus est: „*Num Iouis Minerua dea est?*". *Quum responsum esset* „*est*", „*At haec*", inquit, „*non est Iouis, sed Phidiae*". *Id quum esset concessum, collegit:* „*Non est igitur haec dea*". Ob hanc vocem apud Areopagitas impietatis reus peractus est. Ille vero sic conatus est elabi, vt *diceret non negasse illam esse deam, sed deum, hoc est, masculum*. Nam θεὸς apud Atticos communis est generis. Attamen iussus est ire exulatum. *Theodorus autem cognomento* Ἄθεος *his auditis dixit:* „*Vnde hoc nouit Stilpon, nisi forte sublatis vestibus inspexit Mineruam?*".

VII, 135 Non omnia vvlgo proferenda (Stilpon Megarensis, 5)

Crateti percontanti, num dii adorationibus et precibus delectarentur, „*Istuc*", inquit, „*o stulte, ne percontaris in via, sed solum interroga*", subindicans aut nullos esse deos aut

---

746 Ἄθεος *scripsi*: ἄθεος *B C*: ϑεός *Diog. Laert.*   749 Istuc *B C*: Istud *LB*.

740–747 *De statua Mineruae ... inspexit Mineruam* Diog. Laert. II, 116: τοῦτόν φασιν (φασὶ *in ed. Frob. p. 116*) περὶ τῆς Ἀθηνᾶς τῆς τοῦ Φειδίου τοιοῦτόν τινα λόγον ἐρωτῆσαι: „ἆρά γε ἡ τοῦ Διὸς Ἀθηνᾶ θεός ἐστι;" φήσα εἶπε τος δέ, „ναί", „αὕτη δέ γε", εἶπεν, „οὐκ ἔστι Διός, ἀλλὰ Φειδίου": συγχωρουμένου δέ, „οὐκ ἄρα", εἶπε (εἶπεν αὐτῇ *in ed. Frob. p. 116*), „θεός ἐστιν". ἐφ᾽ ᾧ καὶ εἰς Ἄρειον πάγον προσκληθέντα μὴ ἀρνήσασθαι, φάσκειν δ᾽ ὀρθῶς διειλέχθαι: μὴ γὰρ εἶναι αὐτὴν θεόν, ἀλλὰ θεάν: θεοὺς δὲ εἶναι τοὺς ἄρρενας. καὶ μέντοι τοὺς Ἀρεοπαγίτας εὐθέως αὐτὸν κελεῦσαι τῆς πόλεως ἐξελθεῖν. ὅτε καὶ Θεόδωρον τὸν ἐπίκλην Θεὸν ἐπισκώπτοντα εἰπεῖν, „πόθεν δὲ τοῦτ᾽ ᾔδει Στίλπων; ἢ ἀνασύρας αὐτῆς τὸν κῆπον ἐθεάσατο;". Vgl. die latein. Übers. Traversaris: „Aiunt illum ita quendam de Phidiae Minerva compellasse: ,Num', inquit, ,Minerua, Iouis filia, deus est?'. Quum vero annuisset ille, dixisse: ,At ista non Iouis, sed Phidiae est'. Concedebat. ,Non ergo', inquit, ,ipsa deus est (est *Traversari*: est *om. Curio*)'. Qua ex re quum in Ariumpagum (Arium pagum *ed. Curio*: Areopagum *Traversari*) pertractus fuisset, nihil inficiatum ferunt (ferunt *ed. Curio*: referunt *Traversari, e.g. ed. Ven. 1490*), imo recte se locutum asseruisse: non enim deum esse, sed deam; deos quippe mares esse. Areopagitas tamen nihilo placatiores factos, iussisse continuo ipsum vrbe excedere. Quo etiam tempore Theodorum, cognomento deum, iurgio dixisse: ,Vnde hoc nouerat Stilpo? Num amota palla ipsam inspexerat?'. Erat iste profecto audacissimus, verum Stilpo vir compositissimus et maxime facetus" (ed. Curio, Basel 1524, S. 85); Stilpon *Frgm.* 183 Doer; II O 12 Giannantoni.

740–741 *De statua Mineruae, quam Phidias finxerat* Dabei wird es sich um die 12 m hohe Monumentalstatue der Athena Parthenos handeln, welche Pheidias aus Holz, Gold und Elfenbein als Hauptkultbild Athens geschaffen hatte und welche i.J. 438 v. Chr. im Athena-Parthenos-Tempel auf der Akropolis eingeweiht worden war. Das setzt voraus, daß sich Stilpon zu diesem Zeitpunkt in Athen aufhielt. Das antike Megara war nur ca. 20 km von Athen entfernt. Daß man Stilpon aufgrund seiner Gotteslästerung vor den Areopag (Ἄρειος πάγος) schleppte, zeigt weiter an, daß das Apophthegma in Athen zu situieren ist. Der Areopag war der Hohe Rat, dem im demokratischen Athen v.a. die höchste Gerichtsbarkeit, besonders die Blutgerichtsbarkeit, oblag. Der Hohe Rat verurteilte Stilpon, indem er ihn der Stadt verwies.

741 *Phidias* Pheidias, war in der Periode 460–430 in Athen tätig. Er arbeitete v.a. im Auftrag des Perikles, dem er half, die Ideologien des athenischen Imperialismus in die bildende Kunst zu übertragen. Eines seiner Hauptwerke war das Parthenon auf der Akropolis, das i.J.

438 eingeweiht worden war. Vgl. R. Neudecker, *DNP* 9 (2000), Sp. 760–763, s.v. „Pheidias"; G. Lippold, *RE* XIX, 2 (1938), Sp. 1919–1935, s.v. „Pheidias", Nr. 2. Pheidias wird auch *Apophth.* VI, 580 erwähnt.

741 *Num Iouis Minerua dea est* Das Apophthegma lebt von zwei Wortwitzen des Griechischen, deren erster sich im Lateinischen ohne weiteres nachahmen lässt: Der Genetiv kann sowohl den Vater als den Künstler (Hersteller) bezeichnen. In der Übers. muß also die Ambiguität gewahrt werden. Diesbezüglich war die Übers. Traversaris nicht glücklich, da er ἡ τοῦ Διὸς Ἀθηνᾶ mit „Minerua, Iouis filia" übersetzte. Er. verbesserte sie, indem er „filia" strich. Den zweiten Teil des Wortwitzes konnte man im Lateinischen ebenfalls nachzuahmen (wenngleich nicht mit derselben grammatischen Normalität): Er beruht darauf, daß θεός im Griechischen sowohl männliche als weibliche Gottheiten bezeichnet; während im Lateinischen „deus" für männliche, „dea" für weibliche Gottheiten verwendet wird, gibt es dennoch auch die Anwendung von „deus" für Gottheiten beiderlei Geschlechtes. Traversari verwendet „deus", wodurch er den Wortwitz beibehalten kann, Er. entscheidet sich für das gewöhnlichere „dea", wodurch er allerdings den Wortwitz zunichtemacht. Interessant ist, daß Er. nicht von der Erklärung profitierte, die Curio in einer Marginalnotiz beigab: „θεός Graecis, vt nonunquam etiam Latinis ‚deus', de vtroque sexu" (ed. Curio, Basel 1524, S. 85).

746 *ire exulatum* An dieser Stelle hat Er. den griechischen Text missverstanden. Dort stand, daß man Stilpon der Stadt verwies (αὐτὸν κελεῦσαι τῆς πόλεως ἐξελθεῖν), nicht daß man „ihn ins Exil schickte". Stilpon war kein Bürger Athens, folglich konnte ihn die Stadt nicht mit dem Exil bestrafen. Traversaris Übers., die Er. ja vorlag, ist hingegen richtig („iusisse continuo ipsum vrbe excedere"). Für einen ähnlichen Irrtum vgl. V, 112, wo Er. fälschlich behauptete, die Athener hätten Theodoros ins Exil geschickt, während dessen Vaterstadt Kyrene war. Vgl. Komm. zu V, 112.

746 *Theodorus* **Theodoros von Kyrene, ‚der Gottlose'** (vor 335-nach 270 v. Chr.); gehörte der kyrenaischen Philosophenschule zu; Schüler des jüngeren Aristipp. Aus seiner Heimatstadt Kyrene verbannt begab er sich nach Athen; nahm an einer Gesandschaft nach Ägypten zu Ptolemaios I. Soter teil. Durfte später nach Kyrene zurückkehren, wo er eine Philosophenschule gründete und im hohen Ansehen bei Megas, dem ägyptischen Statthalter und Stiefsohn des Ptolemaios, stand. Vgl. K. Fritz, *RE* V, A2 (1934), Sp. 1825–1831, s.v. „Theodoros", Nr. 32. Er. brachte in den *Apophthegmata* einige markige Aussprüche des Theodoros, die allerdings verstreut sind: siehe V, 112; VI, 418; VII, 292; VIII, 7 und VIII, 138. Von der Gesandschaft zu Ptolemaios I. handelt V, 112. *Apophth.* V, 112, VI, 418, VIII, 7 und 138 führen Theodoros' Überheblichkeit und Respektlosigkeit vor, VI, 418 und VIII, 7 seine Menschenverachtung.

746 *cognomento Ἄθεος* Er. änderte an dieser Stelle kurzerhand den Text des Diogenes Laertius, der besagt, daß Theodoros den Beinamen „der Gott" führte (Θεόδωρον τὸν ἐπίκλην θεόν); Traversari hatte den griech. Text richtig mit „Theodorum, cognomento deum" übersetzt. Anscheinend ging Er. davon aus, daß der Text des Diogenes Laertius an dieser Stelle korrupt war und daß man lesen müsse: Θεόδωρον τὸν ἐπίκλην ἄθεον. Dies ist jedoch nicht der Fall. Dafür, daß Theodoros sowohl den den Beinamen „der Gott" als auch „der Gottlose" führte, vgl. Diog. Laert. II, 86, in Traversaris Übers.: „Teodorus; qui primo ἄθεος, deinde θεός appellatus est". Er. versieht ihn in den *Apophthegmata* nur mit dem Beinamen Ἄθεος (VI, 420; VII, 292; VIII, 7). Der Beiname Ἄθεος soll den Atheismus des Theodoros, der die Existenz von Göttern leugnete, zum Ausdruck bringen. Dazu vgl. Diog. Laert. VI, 97.

749 *Crateti* Für den Kyniker **Krates aus Theben** (um 365 – um 285 v. Chr.), den Schüler des berühmten Diogenes von Sinope vgl. unten Komm. zu VII, 266, wo ihm Er. eine Sektion widmet (VII, 266–284).

749–750 *Crateti … interroga* Diog. Laert. II, 117: Κράτητος τοίνυν αὐτὸν ἐρωτήσαντος εἰ οἱ θεοὶ χαίρουσι ταῖς προσκυνήσεσι καὶ εὐχαῖς, φασὶν εἰπεῖν, „περὶ τούτων μὴ ἐρώτα, ἀνόητε, ἐν ὁδῷ, ἀλλὰ μόνον" (ed. Frob. S. 117). Vgl. die latein. Übers. Traversaris: „Denique cum rogasset illum Crates, an dii precationibus ac diuinis honoribus gaudeant, ‚Noli me', inquit, ‚o (o *om. Curio*) fatue, in via de hisce rogare, sed solum (solum rogare *Traversari, e.g. ed. Ven. 1490*: rogare *om. Curio*) ac seorsum'" (ed. Curio, Basel 1524, S. 85); Stilpon, *Frgm.* 177 Doer; II O 6 Giannantoni.

non solicitari rebus humanis, sed non expedire tales voces apud multitudinem efferri, cui necessarium esset deorum metu contineri.

Huic simillimum est, quod tribuitur *Bioni, qui eam quaestionem proponenti* versu Homerico, ni fallor, *respondit*:

755   οὐκ ἀπ' ἐμοῦ σκεδάσεις ὄχλον, ταλαπείριε πρέσβυ, ⟨id est⟩:

„Non abiges, miserande senex, turbam procul a me?".

VII, 136   MODERATE   (Stilpon Megarensis, 6)

Crates Cynicus ad propositam quaestionem non respondebat, sed pro responso *ventris crepitum emisit. Hic Stilpon, „Sciebam", inquit, „te quamuis vocem emissurum potius*
760   *quam eam, quam oportuit"*.

VII, 137   CYNICE   (Stilpon Megarensis, 7)
                (= Dublette von VII, 230)

Stilpo Crateti [i.e. Crates Stilponi] *dedit caricam, simulque proposuit* quaestiunculam. *Quum* Cynicus [i.e. Stilpo] *protinus nucem deuorasset, „Caricam", inquit* Stilpo [i.e.
765   Crates], *„perdidi". Hic* Crates [i.e. Stilpo]: *„Non caricam modo, sed et* quaestiunculam, *cuius illa fuit arra", sentiens se frustra captatum munusculo ad respondendum*.

---

755 id est *LB (cf.* hoc est *versio fr. Ambrosii)*: desunt in B C.

753 *quod tribuitur Bioni* Der Hinweis auf die Mehrfachzuschreibung stammt aus der nämlichen Diog. Laert.-Stelle II, 117: τὸ δ' αὐτὸ καὶ Βίωνα ἐρωτηθέντα εἰ θεοί εἰσιν εἰπεῖν: „οὐκ ἀπ' ἐμοῦ σκεδάσεις ὄχλον, ταλαπείριε πρέσβυ;" (ed. Frob. S. 117). Vgl. die latein. Übers. Traversaris: „Hoc ipsum et Bionem interrogatum, an sint dii, dixisse tradunt: ‚Tune senex, turbam a nobis propellere curas?' (Tune senex, turbam a nobis propellere curas *ed. Curio*: Ne turbam a me auertas, execrabilis senex *Traversari, e.g. ed. Ven. 1490*)" (ed. Curio, Basel 1524, S. 85); Bion, *Frgm.* 25 Kindstrand.

753 *Bioni* Zu dem kynischen Philosophen **Bion von Borysthenes** (ca. 335–ca. 245 v. Chr.), einem Sklaven, der freigelassen wurde und sich nach Athen begab, wo er zuerst der Akademie zuneigte, dann dem Kynismus, vgl. unten Komm. zu VII, 188, wo ihm Er. eine Sektion von Sprüchen widmete (VII, 188–216).

753–755 *versu Homerico ... πρέσβυ* Er. prunkt hier mit seiner Homer-Belesenheit, indem er

763 Stilpo *B C ut in versione fr. Ambrosii*.
764 Stilpo *B C ut in versione fr. Ambrosii*.

den Vers οὐκ ἀπ' ἐμοῦ σκεδάσεις ὄχλον, ταλαπείριε πρέσβυ als homerisch identifiziert; dieser stammt jedoch nicht aus den beiden Epen noch aus sonst einem damals Homer zugeschriebenen Werk, sondern von einem unbekannten Autor. Vgl. *Greek Epic Fragments, Unplaced Fragments*, Nr. 7, Clearchus Frgm. 90W; Philod. *De pietate* A 1679 Obbink.

756 *Non abiges ... a me* Er. fertigte eine eigene metrische Übers. des griechischen Hexameters an, womit er die ihm vorliegende, von Curio stammende Übers. verbesserte: Curio hatte, vielleicht *metri causa*, ταλαπείριε ausgelassen, Er. ergänzte es („miserande"); Traversaris hatte in seiner ursprünglichen (nicht metrischen) Übers. „execrabilis".

Apophth. VII, 136 ist erneut ein Beispiel, daß Er. trotz seiner sporadischen Kritik von einem stark erweiterten Apophthegma-Begriff ausging, wozu im vorl. Fall auch Furze gehören. Das vorl. Furz-Apophthegma veranlasste Lycosthenes, die kuriose Spruchkategorie „De crepitu ventris" anzulegen, die von VII, 136 eröffnet wird (S. 217).

758–760 *Crates ... oportuit* Diog. Laert. II, 117. Er. bearbeitete die latein. Übers. des Traversari: „Cratete denique Cynico, semel ad id, quod fuerat interrogatus, non respondente, sed crepitum ventris emittente, ‚Sciebam', inquit, ‚te omnia potius quam quae deceret locuturum'" (ed. Curio, Basel 1524, S. 85). Vgl. den griech. Text: Κράτητος γοῦν ποτε τοῦ κυνικοῦ πρὸς μὲν τὸ ἐρωτηθὲν οὐκ ἀποκριναμένου, ἀποπαρδόντος δέ, „ᾔδειν", ἔφη, „ὡς πάντα μᾶλλον φθέγξῃ ἢ ἃ δεῖ" (ed. Frob. S. 117); Stilpon, *Frgm.* 178 Doer.; II O 6 Giannantoni.

761 *Cynice* Der Titel, den Er. dem *Apophth.* VII, 137 gab, beruht auf seiner Verwechslung der Akteure: Die Tat, die Er. mit „Cynice" bezeichnet, d.h. das Verweigern der Antwort, geht in Wirklichkeit nicht auf das Konto des Kynikers Krates, sondern des Megarensischen Eklektikers Stilpon.

763 *Stilpo* Er. verwendet hier wieder die Nominativform „Stilpo" (statt „Stilpon"), was darauf zurückzuführen ist, daß er Traversaris Übersetzung kopierte.

763–766 *Dedit ... arra* Verworrene Wiedergabe von Diog. Laert. II, 118, wobei Er. die Gabe der *Feige* mit einer *Nuß* und die Akteure Krates und Stilpon miteinander verwechselte. Die letzte Verwechslung ist der Tatsache geschuldet, daß Er., ohne sich um den griech. Originaltext zu kümmern, von der latein. Übers. Traversaris ausging, dem der nämliche Irrtum unterlaufen war: „Caricam illi (sc. Crateti, der oben genannt worden war) aliquando interrogatiunculamque proposuerat. Eam vero ille statim comedit et, cum diceret illi Stilpo, ‚Hercle (Hercle *ed. Curio*: Hercules *Traversari, e.g. ed. Ven. 1490*), caricam perdidi', ‚Non solum', inquit, ‚caricam, sed et inerrogatiunculam, cuius arra haec fuit carica (arra haec fuit carica *Curio*: haec arra fuit *Traversari*)'" (ed. Curio, Basel 1524, S. 85). Vgl. den griech. Text: ἀλλὰ καὶ ἰσχάδα προτείναντος (sc. Κράτητος) αὐτῷ ποτε καὶ ἐρώτημα, δεξάμενον καταφαγεῖν· τοῦ δέ, „ὦ Ἡράκλεις", εἰπόντος, „ἀπολώλεκα τὴν ἰσχάδα·" „οὐ μόνον", ἔφη, „ἀλλὰ καὶ τὸ ἐρώτημα, οὗ ἦν ἀρραβὼν ἡ ἰσχάς" (vgl. ed. Frob. S. 117); Stilpon, *Frgm.* 179 Doer.; II O 6 Giannantoni. Aus der grammatischen Struktur des griech. Textes geht die richtige Zuordnung hervor: Der Genetiv von ἰσχάδα προτείναντος verweist auf die im vorhergehenden Satz auftretende Genetivform Κράτητος: Es ist somit Krates, der Stilpon die Feige gibt (nicht umgekehrt) – alles weitere hängt davon ab.

763 *caricam* „carica", die getrocknete Feige, benannt nach der Region, in der sie in der Antike ganz besonders produziert wurde, Karien (vgl. Pall. I, 26, 2; I, 30, 4; Cic. *Div.* II, 40, 84). Für die Verwendung von „caricae" als Allgemeinbegriff für getrocknete Feigen vgl. Ov. *Met.* VIII, 694; Plin. *Nat.* XIII, 51; *DNG* I, Sp. 774, s.v. „Cares" B; Lewis-Short, S. 292, s.v. „Caria". Getrocknete Feigen (griech. ἰσχάδες) wurden als besondere Leckerbissen betrachtet, von daher leitet sich auch die Verwendung in dem vorliegenden *Apophth.* ab. Die Süße der Feigen war im Lateinischen sprichwörtlich. Vgl. Petron. 64 „Abistis dulcis caricae" – „Die süßen Feigen sind fort", d.h. „Die gute Zeit ist vorbei" (Otto 76). Allerdings kannte Er. weder den Petronius-Text noch das genannte Sprichwort. Er hat das ziemlich seltene Wort „carica" aus Traversaris Übers. bezogen (a.a.O.). Das Wort kommt auch in *Apophth.* V, 11 vor – dort entnahm es Er. ebenfalls einer von ihm benutzten lateinischen Übers. (Filelfo; vgl. Komm. oben zu V, 11). Es scheint, als ob Er. mit der Bedeutung des lateinischen Wortes „carica" nicht recht vertraut war, denn in dem vorliegenden *Apophthegma* bezeichnet er „carica" als „nux". Entweder verwechselte Er. die Feige mit einer Nuß oder er glaubte, daß „carica" eine nussähnliche Frucht mit einer harten Schale sei, was ebenfalls unrichtig ist. Für das Trocknen von Feigen in der Antike vgl. Ch. Hünemörder, *DNP* 4 (1999), Sp, 456–457, s.v. „Feige".

763 *quaestiunculam* „quaestiunculam" ist eine stilistische Verbesserung von Traversaris sperrigem „interrogatiunculam" (a.a.O.).

VII, 138   Lepide   (Stilpon Megarensis, 8)

Videns Cratetem hibernis mensibus frigore rubentem, „δοκεῖς", inquit, „μοι χρείαν ἔχειν ἱματίου καινοῦ". Lepos, qui est in vocis ambiguo, Latine reddi non potest. καινοῦ coniunctim sonat „*nouo*", καὶ νοῦ disiunctim sonat „*et mente*". Discrimen auribus vix sentiri potest, scripto potest ostendi. „*Videris*", inquit, „*egere pallio nouo*", siue „*pallio et mente*". Nouum requirebat gelu, mentem Cynici stultitia, qui vestem non accommodaret tempori.

VII, 139   Dictvm retortvm   (Stilpon Megarensis, 9)

Quum omnium oculi coniecti essent in Stilpon[t]em, *quidam „Isti", inquit, „Stilpon, mirantur te vt beluam". „Nequaquam", inquit ille, „sed vt verum hominem"*. Solent peregrinae bestiae in spectaculum produci. Vulgares homines nemo miratur. Sed philosophum plerique spectabant, non vt quemuis hominem, sed vt *hominem verum*. Nam id spectaculum est rarissimum. Obiter notauit interpellatorem, quod ipse nec esset verus homo nec spectatu dignus.

SIMON ATHENIENSIS

VII, 140   Libertas   (Simon Atheniensis, 1)

Hunc Pericles ad se inuitauit, pollicens se ei omnia necessaria praebiturum. At Simon negauit se venditurum libertatem. Delectauit hunc imago muris syluestris paruo vi-

---

769 καινοῦ *C LB*: καινου *B*.
775 Quum *C*: Cum *B*.
775 Stilponem *BAS LB*: Stilpontem *B C*.

779 nec *scripsi*: non *B C*.
783 se ei *scripsi sec. versionem fr. Ambrosii*: sese *B C*: se *BAS LB*.

Apophth. VII, 138 Diog. Laert. schreibt den Wortwitz mit καινοῦ – και νοῦ nicht nur Stilpo, sondern auch Antisthenes zu (VI, 3): πρός τε τὸ Ποντικὸν μειράκιον μέλλον φοιτᾶν αὐτῷ καὶ πυθόμενον τίνων αὐτῷ δεῖ, φησί, „βιβλιαρίου καινοῦ καὶ γραφείου καινοῦ καὶ πινακιδίου καινοῦ", τὸν νοῦν παρεμφαίνων. Er. hatte dieses Apophthegma bereits oben im selben Buch gebracht (VII, 43), dort jedoch den Wortwitz nicht erkannt, weil er ausschließlich mit Traversaris latein. Übers. arbeitete. Vgl. oben Komm. *ad loc.*

768–769 *Videns ... καινοῦ* Diog. Laert. II, 118. Er. hat hier den griechischen Text übernommen, da er den griechischen Wortwitz nicht ins Lateinische übertragen konnte: πάλιν δὲ ἰδὼν τὸν Κράτητα χειμῶνος συγκεκαυμένον, „ὦ Κράτης", εἶπε, „δοκεῖς μοι χρείαν ἔχειν ἱματίου καινοῦ" (ὅπερ ἦν νοῦ καὶ ἱματίου) (ed. Frob. S. 117); Stilpon, Frgm. 180 Doer; II O 6 Giannantoni.

770 „*et mente*" diese Formulierung stammt aus Traversaris Übers. (ed. Curio, Basel 1524, S. 85).

771–772 *Videris ... et mente* In diesem Spruchteil hat Er. die Übers. Traversaris als Vorlage benutzt: „O Crates', inquit, ,videris mihi nouo indigere pallio', quasi diceret ,veste et mente' (quasi diceret ,veste et mente' *Curio*: veste scilicet et animo *Traversari, e.g. ed. Ven. 1490*)" (ed. Curio, Basel 1524, S. 85). Curio kommentiert a.a.O. ,nouo pallio' mit der Marginalnotiz ἱματίου καινοῦ.

775 *Stilpontem* Er. macht hier denselben Fehler

wie schon in *Apophth.* V, 99 und 100, indem er „Stilpo" zu Unrecht mit einem „t" deklinierte. Vgl. oben Komm. ad. V, 99 und 100.

775–776 *Quidam ... hominem* Im einleitenden Teil frei paraphrasierende, im Spruchteil wörtliche Wiedergabe von Diog. Laert. II, 119, wobei Er. von Traversaris Übers. ausging: „Fertur Athenis hominum ita in se studia vertisse, vt ex officinis ad eum confluerent visendum. Vbi cum quidam diceret, ‚Admirantur te, o Stilpo, veluti beluam'; ‚Minime', inquit ille, ‚sed velut hominem verum'" (ed. Curio, Basel 1524, S. 85). Vgl. den griech. Text: Λέγεται δ' οὕτως Ἀθήνησιν ἐπιστρέψαι τοὺς ἀνθρώπους, ὥστ' ἀπὸ τῶν ἐργαστηρίων συνθεῖν ἵνα αὐτὸν θεάσαιντο. καί τινος εἰπόντος, „Στίλπων, θαυμάζουσί σε ὡς θηρίον", „οὐ μὲν οὖν", εἰπεῖν, „ἀλλ' ὡς ἄνθρωπον ἀληθινόν" (ed. Frob. S. 117); Stilpon, *Frgm.* 176 Doer; II O 11 Giannantoni.

776 *Nequaquam ... hominem* Lycosthenes (S. 208) hat die dialektische Antwort Stilpons zu einer chiastischen Gedankenfigur vervollständigt, die einiges für sich hat: „Nequaquam", ait, „sed vt verum hominem admirantur me *bestiae*".

Simon aus Athen, der „Schuster". Es ist fraglich, ob es sich hierbei um eine historische Person oder um eine literarische Fiktion handelt. Der „Schuster Simon" tritt erst in späterer Überlieferung als enger Freund des Sokrates auf, der ihn in seiner Werkstatt aufgesucht und mit ihm philosophische Gespräche geführt haben soll. Diog. Laert. II, 122–123 vermittelt eine lange Liste von philosophischen Werken dieses ungebildeten Mannes, welche auf dessen Gespräche mit Sokrates zurückgehen sollen. Freilich ist kein einziger der dort aufgelisteten dreißig „Schusterdialoge" überliefert. Sie gehören wohl ins Reich der schöngeistig-philosophischen Fiktion. Zu „Simon, dem Schuster" vgl. H. Hobein, *RE* III A, 1 (1927), Sp. 163–173, s.v. „Σίμων", Nr. 6; vgl. K. Döring, *DNP* 11 (2001), Sp. 570, s.v. „Simon", Nr. 3. Er. scheint an die Historizität des Schusters Simon zu glauben.

783–784 *Hunc ... libertatem* Variierende Bearbeitung von Traversaris Übers. von Diog. Laert. II, 123: „Quum autem Pericles polliceretur, ti ad se venire (veniret *ed. Curio*: pergeret *Traversari, e.g. ed. Ven. 1490*), cuncta illi se necessaria exhibiturum, ‚Libertatem', inquit, ‚vendere consilii non fuerit'" (ed. Curio, Basel 1524, S. 87). Vgl. den griech. Text: ἐπαγγειλαμένου δὲ Περικλέους θρέψειν αὐτὸν καὶ κελεύοντος ἀπιέναι πρὸς αὐτόν, οὐκ ἂν ἔφη τὴν παρρησίαν ἀποδόσθαι (ed. Frob. S. 120). „Omnia necessaria" kommt als solches im griech. Originaltext nicht vor, ist jedoch eine Variation von Traversaris „cuncta illi necessaria".

783 *Pericles* der athenische Politiker (ca. 495–429 v. Chr.). Zu seiner Person vgl. oben Komm. zu. V, 174.

783 *se ei* Das in *B* und *C* überlieferte „sese" lässt sich nicht aufrechterhalten; „sese" wurde versehentlich statt „se ei" geschrieben oder gedruckt. Das sich auf Simon beziehende Demonstrativpronomen ist auch in der Vorlage des Er., Traversaris Übers., vorhanden.

784–786 *imago muris syluestris ... versantis* Mit „imago muris syluestris" meint Er. die *fabula* von der Feldmaus und der Hausmaus, auf die er aus dem Gedächtnis zitierend hinweist. Sie war ihm jedenfalls über den *Romulus*, d.h. die lateinische Äsop-Sammlung, die unter dem Namen des Romulus lief, leicht zugänglich, wo auch der zentrale Begriff der „sollicitudo" auftaucht (*Romulus* Nr. 15, in G. Thiele [Hrsg.], *Der lateinische Äsop des Romulus und die Prosa-Fassungen des Phaedrus*, Heidelberg 1910; vgl. *Steinhöwels Äsop*, hrsg. Von H. Österley, Tübingen 1873, Nr. 12 „Fabula xii de duobus muribus"); die abschließende Rede des *mus agrarius* mit angehängter Moral lautet: „‚Tu fruere his omnibus ... Ego viuo frugi in agro ad omnia letus. Nullus me terret timor, nulla mihi corporis perturbacia. At tibi omnis sollicitudo et nulla est securitas, a tensa teneris muscipula, a catto captus comederis, ac infestus ab omnibus exosus haberis'. Hec fabula illos increpat, qui se iungunt melioribus, vt aliquo bono fruantur, quod ipsis a natura datum non est. Diligant ergo vitam homines frugalem ipsis a natura datam ...". Die Fabel von der Feldmaus und der Hausmaus findet sich weiter in Babrius, *Fab.* (*Mythiambi Aesopici*) 108; Aphthonius, *Fab.* 26 (in: A. Hausrath, *Corpus fabularum Aesopicarum* I, *Fabulae Aesopicae soluta oratione conscriptae*, Leipzig 1970); G.-J. van Dijk, *Aesopica Posteriora. Medieval and Modern Versions of Greek and Latin Fables*, 2 Bde., Mailand 2015, Nr. 876; Ps.Dositheus, *Hermeneumata*, Nr. 16 (in Hausrath, *Corpus fabularum Aesopicarum* I); *Luthers Fabeln und Sprichwörter*, hrsg. Von R. Dithmar, 2. Aufl., Darmstadt 1995, S. 50, Nr. XII „Stadtmaus und Feldmaus"; Horaz spielt auf die Fabel an, ohne sie zu erzählen (*Serm.* II, 6, 79–83). Mit „imago muris syluestris" charakterisiert Er. die Fabel als eine Form bildlicher Rede. Als Er. das

785 uentis potius quam domestici in summis deliciis, sed perpetua cum solicitudine versantis.

MENEDEMVS [i.e. ALEXINVS] ERETRIENSIS

VII, 141   Banavsi magistratvs   (Menedemus Eretriensis, 1, i.e. Alexinus Eretriensis)

790 *Quum* aliquando *decretum tulisset* ad populum, quidam ita tetigit *illum, vt diceret non esse sapientis neque tabernaculum* consuere *neque decretum scribere*, subnotans, quod ex patre coriario [i.e. scaenographo] natus esset, ipse quondam eiusdem opificii. Nam olim tabernacula e pellibus caprarum consuebantur.

siebente Buch der *Apophthegmata* zusammenstellte (1532), war bereits das erste Emblembuch, Alciatos *Emblematum liber*, bei Heinrich Steiner in Augsburg erschienen (1531): Schon in dieser ersten Ausgabe hat Alciato die äsopischen Fabeln als Bild-Quellen (d.h. zunächst als Quellen bildlicher Rede) angewendet. Vgl. dazu K.A.E. Enenkel, *The Invention of the Emblem Book and the Transmission of Knowledge*, ca. 1510–1610, Leiden-Boston 219, S. 3–124.
Menedemos aus Eretria auf Euboia (350/45–265/60 v. Chr.) stammte aus ansehnlicher, jedoch verarmter Familie; sein Vater war nach Diog. Laert. Bauunternehmer und/oder Bühnenbildner bzw. Kulissenmaler. Menedemos schloss sich zunächst dem Stilpon in Megara an; dann hielt er sich in Elis als Schüler von Anchipylos und Moschos auf. Seit ca. 300 v. Chr. zurückgekehrt in Eretria, gewann er großen Einfluss auf die Politik seiner Heimatstadt. Als er sie aus politischen Gründen verlassen mußte, begab er sich an den Hof des Antigonos Gonatas in Pella, wo er sein Leben beendet haben soll. Vgl. K. v. Fritz, *RE* XV, 1 (1931), Sp. 788–794, s.v. „Menedemos", Nr. 9; K. Döring, *DNP* 7 (1999), Sp. 1225–1226, s.v. „Menedemos", Nr. 5; ders., „Phaidon aus Elis und Menedemos aus Eretria", in: H. Flashar (Hrsg.), *Grundriss der Geschichte der Philosophie. Die Philosophie der Antike*, Bd. 2/1, Basel 1998, S. 238–245. Nachdem er bereits im sechsten Buch seine Aufwartung gemacht hatte (VI, 552), widmet ihm Er. nunmehr eine Sektion von 9 Sprüchen (VII, 141–149).
788 *Menedemus* Der Spruchspender ist nicht Menedemos, sondern Alexineios aus Eretria, dessen Namen Er. auslässt („quidam").
788 *Banausi magistratus* Der wohlklingende Titel, den Er. dem *Apophthegma* gab, ist fehl am Platz; in der Anekdote ist von einer (Amts)handlung eines Amtsinhabers nicht die Rede. Vgl. Komm. unten.
790–791 *Quum … scribere* Verworrene, durch mehrere Übersetzungsfehler und Missverständnisse entstellte Wiedergabe von Diog. Laert. II, 125, die dadurch zustandekam, daß Er., ohne sich um den griech. Text zu kümmern, Curios Übers. übernahm und deren Irrtümer verschlimmerte: „Menedemus … filius fuit viri sane nobilis, sed opificis (opificis *ed. Curio*: architecti *Traversari*) ac pauperis. Alii tabernaculorum sutorem (sic) fuisse tradunt, et vtrunque (vtrunque *ed. Curio*: vtraque *Traversari, e.g. ed. Ven. 1490*) didicisse Menedemum. Quocirca, cum decretum quoddam tulisset (decretum quoddam tulisset *ed. Curio*: scripsisset decretum quoddam *Traversari*), reprehensum ab Alexinio quodam, quod scilicet non conueniret sapienti neque tabernaculum neque decretum scribere" (ed. Curio, Basel 1524, S. 88). Vgl. den griech. Text: [Μενέδημος] … υἱός ἀνδρὸς εὐγενοῦς μέν, ἀρχιτέκτονος δὲ καὶ πένητος· οἱ δὲ καὶ σκηνογράφον (σκηνορράφον *in ed. Frob. p. 121*) αὐτὸν εἶναί φασι, καὶ μαθεῖν ἑκάτερα τὸν Μενέδημον· ὅθεν γράψαντος αὐτοῦ ψήφισμά τι καθήψατό τις Ἀλεξίνειος, εἰπὼν ὡς οὔτε σκηνὴν οὔτε ψήφισμα προσήκει τῷ σοφῷ γράφειν (ed. Frob. S. 121); Menedemus, *Frgm.* 85 Doer; II C 18 Giannantoni. Zu den Übersetzungsfehlern und Irrtümern finden sich keine Angaben in *CWE* 38, S. 801.

790 *quidam* Er. unterschlägt den Namen dieses Edelmannes von Eretria, Alexineios, der von seiner Quelle Diog. Laert., sowohl im griech. Text als auch in Traversaris Übers., angegeben wird.

791 *tabernaculum consuere* Diese Angabe ist nicht stimmig, Menedemus hat nicht den Beruf eines Zeltnähers ausgeübt. Im griech. Originaltext steht, daß es sich für einen Weisen nicht zieme, σκηνὴν ... γράφειν = „ein Bühnenbild zu malen". Das bezieht sich auf die „scaenae frons" der antiken Theater, die den Bühnenhintergrund bildete: Diese war gewöhnlich eine Architekturkulisse mit perspektivischer Wirkung. Der Beruf eines Kulissenmalers war nicht sehr angesehen: Er wurde als Handwerk betrachtet, ziemt sich also – wie manche meinten – nicht für einen Weisen. Traversari hatte σκηνὴν ... γράφειν falsch mit „tabernaculum ... scribere" übersetzt, Curio diese unsinnige Wortkombination übernommen. Er. verschlimmbesserte „tabernaculum ... scribere" zu „tabernaculum consuere".

791 *decretum* Es ist nicht richtig, daß es sich um ein Dekret (Entscheid) handelte, das der Amtsinhaber Menedemus, es schriftlich festlegend, ausgefertigt hätte. Vielmehr ist die Rede von einem ψήφισμα, d.h. einem schriftlichen Antrag, den Menedemus bei der Volksversammlung einreichte, sodaß diese darüber abstimmen konnte und durch die Mehrheit der Stimmen angenommen werden konnte (für ψήφισμα vgl. Passow II, 2, S. 2573, s.v.). Ein „decretum" hingegen ist der Entscheid eines Amtsträgers, eines amtlichen Gremiums, einer Behörde oder anderen Obrigkeit (vgl. *DNG* I, Sp. 1492–1493, s.v.). Die Fehlübersetzung geht zurück auf Traversari; Curio und Er. übernahmen sie. Er. nahm in der Tat an, daß Menedemus als Amtsinhaber auftrat (vgl. seinen Titel: „Banausi magistratus") und als solcher ein Dekret schriftlich ausfertigte, was nicht den Tatsachen entspricht. Der Witz des kritischen Stadtgenossen aus Eretria liegt in der Doppelbedeutung des griech. γράφειν, das sowohl „schreiben" als auch „malen" bedeuten kann: Dadurch kann Alexineios den Beruf des Menedemus, Bühnenmaler, und seine schriftliche Eingabe zugleich durch den Kakao ziehen.

792 *patre coriario* Auch diese Angabe ist falsch: Der Vater des Menedemus war kein Gerber bzw. Ledermacher (vgl. *DNG* I, Sp. 1308–1309). Im griech. Text von Diog. Laert. steht, daß Menedemus' Vater unterschiedlichen Berichten zufolge entweder Bauunternehmer (ἀρχιτέκτων) oder Bühnenmaler (σκηνογράφος) war. Traversari hatte den ersten Beruf richtig mit „architectus" wiedergegeben, was Curio jedoch in seiner Ausgabe d.J. 1524 zu „opifex" („Handwerker") verschlimmbesserte; als zweiten Beruf führte Traversari das unrichtige „tabernaculorum sutor" („Zeltmacher, Zeltnäher") an, das Curio unverändert übernahm. Diese Fehlangabe ist nicht einem Übersetzungsfehler Traversaris geschuldet, sondern einem Überlieferungsproblem des griech. Textes: Traversari traf in seinem Exemplar σκηνορράφος an („Zeltnäher"; von σκηνή in der Bedeutung von „Zelt" und ῥάπτειν, „nähen", „flicken"; vgl. Passow II, 2, S. 1448, s.v. σκηνορράφος; Liddell-Scott-Jones II, S. 1608, s.v. σκηνορραφεῖον, σκηνορράφος „workshop of a tentmaker" und „sewing tents"), d.i. eine einfache Verschreibung von σκηνογράφος („Bühnenmaler"). Er. übernahm aus Curios Ausgabe beide irrige Angaben, sowohl „Handwerker" als auch „Zeltnäher", wobei er das letzte zu „coriarius", „Gerber, Ledermacher" verschlimmbesserte.

792–793 *Nam olim tabernacula ... consuebantur* Er.' kulturhistorische Erklärung ist wenig hilfreich. Worauf sich seine Behauptung, daß man „früher", d.h. in der Anike, Zelte aus Ziegenleder herstellte, stützt, ist unklar.

VII, 142   Exempla sapientvm   (Menedemus Eretriensis, 2)

795 *Cuidam sciscitanti, num sapienti* [i.e. viro bono] *ducenda esset vxor, „Non ego", inquit, „videor tibi sapiens* [i.e. vir bonus]*?". Quum annuisset, „Ego", inquit, „vxorem duxi". Superuacuum erat de eo dubitare, quod videret factum ab eo, quem iudicabat sapientem.*

VII, 143   Indecora   (Menedemus Eretriensis, 3)

800 *Antigono consulenti, deberetne ad comessationem quandam adire,* post silentium *nihil aliud* respondit *quam „Regis filius est",* subindicans luxum indecorum esse regno natis; aut potentibus licere, quod libet.

VII, 144   Garrvlitas   (Menedemus Eretriensis, 4)

Quendam friuolis nugis obstrepentem *rogauit, num fundum haberet. Vt is respondit*
805 *sibi plurimas esse possessiones, „Abi igitur", inquit, „et illas cura, ne tibi eueniat, vt et illa perdas et priuatum elegantem amittas",* notans illum ad dicendum non esse idoneum, sed magis ad agriculturam.

---

795 non *scripsi sec. vers. Curionis*: num *B C*.
797 superuacuum *B C*: superuacuaneum *BAS LB*.

795–796 *Cuidam … duxi* Wörtliche Wiedergabe von Traversaris Übers. (in Curios Ausg.) von Diog. Laert. II, 128.: „Sciscitanti cuidam, an vxor esset ducenda sapienti, ‚Non ego', inquit, ‚tibi sapiens videor?'; Et cum annuisset ille, ‚At ego', ait, ‚duxi'" (ed. Curio, Basel 1524, S. 89). Vgl. den griech. Text: πρὸς δὲ τὸν πυθόμενον εἰ γήμαι (γήμοι *ed. Frob.*) ὁ σπουδαῖος, ἔφη, „πότερον (πρότερον *ed. Frob.*) ἐγώ σοι σπουδαῖος δοκῶ ἢ οὔ;" φήσαντος δ᾽ εἶναι, „ἐγὼ τοίνυν", εἶπε, „γεγάμηκα" (ed. Frob. S. 122–123);

795 *sapienti* „sapienti" ist keine gelungene Übers. Traversaris; die Frage lautete, ob ein rechtschaffener, guter Mann (ὁ σπουδαῖος), auf Latein „vir bonus", heiraten solle (vgl. Hicks a.a.O.: „the good man"; Jürß: „der rechtschaffene Mann").

800–801 *Antigono … est* Versuchte wörtliche, jedoch durch Übersetzungsfehler getrübte Übertragung des Er. von Diog. Laert. II, 128: Ἀντιγόνου δὲ συμβουλευομένου εἰ ἐπὶ κῶμον ἀφίκοιτο, σιωπήσας τἆλλα μόνον ἐκέλευσεν ἀπαγγεῖλαι ὅτι βασιλέως υἱός ἐστι (ed. Frob. S. 122).

800 quandam *B C*: quendam *BAS*, quemdam *LB*.
801 est *B C*: es *BAS LB Lycosthenes (p. 642)*.

800 *Antigono* Für **Antigonos II. Gonatas**, den König Makedoniens (reg. 277–239 v. Chr.) vgl. oben Komm. zu V, 106, wo ihm Er. eine Sektion von Sprüchen widmete.

800 *post silentium* „post silentium" ist eine Fehlübers. des Er. von σιωπήσας τἆλλα (= „indem er sonst nichts sagte"). Er. glaubte zu Unrecht, daß Menedemus auf die Frage hin zunächst ein peinliches Stillschweigen folgen ließ. Traversaris Übers. war korrekt („hoc illi solum renunciari iussit: ‚Memento regis te esse filium'", ed. Curio, Basel 1524, S. 89), jedoch ignorierte sie Er.

801 *est* *BAS* und *LB* stellen das Apophthegma zu Unrecht so dar, als ob die Antwort des Menedemos sich direkt an den anwesenden König gerichtet habe. Dieser war jedoch, wie aus dem griech. Text klar hervorgeht (ἐκέλευσεν ἀπαγγεῖλαι), abwesend – der Kontakt lief über einen Boten. Der Eindruck, daß es sich um ein Gespräch unter vier Augen gehandelt habe, konnte dadurch entstehen, daß Er. das punktgenaue ἐκέλευσεν ἀπαγγεῖλαι mit dem unscharfen „respondit" übersetzte.

803 *Garrulitas* Er.' Titel entsprechend druckte Lycosthenes das *Apophthegma* in der Kategorie „De lingua, garrulitate et loquacitate nimia" (S. 624).

804–806 *Quendam ... amittas* Im einleitenden Satzteil frei paraphrasierende, sonst wörtliche Übers. des Er. von Diog. Laert. II, 128: πρὸς δὲ τὸν ἀναίσθητον ἀναφέροντά τι αὐτῷ εἰκαίως, ἠρώτησεν εἰ ἀγρὸν ἔχοι (ἔχει *ed. Frob.*): φήσαντος δὲ καὶ πάμπλειστα κτήματα, „πορεύου τοίνυν", ἔφη, „κἀκείνων ἐπιμελοῦ, μὴ συμβῇ σοι καὶ ταῦτα καταφθεῖραι καὶ κομψὸν ἰδιώτην ἀποβαλεῖν" (ed. Frob. S. 122). Er. korrigierte mit seiner Übers. jene, die er in Curios Ausgabe antraf: „Stupidum quendam nescio quid nihil ad rem dicentem (stupidum quendam nescio quid nihil ad rem dicentem *Curio*: fatuo quodam sibi minime necessarium dicente *Traversari, e.g. ed. Ven. 1490*) interrogauit, an villam haberet, et cum ille multa se habere praedia dixisset, ,Perge', inquit, ,et illorum curam gere, ne et illa negligenter curando perdere contingat et amittere simplicem vrbanitatem'" (ed. Curio, Basel 1524, S. 89). Insbesondere ersetzte Er. Traversaris *ad-sensum* Wiedergabe von ἀγρός als „villa" durch das wörtliche und punktgenaue „fundus" und Traversaris ganz unverständliches „amittere simplicem vrbanitatem" durch „priuatum elegantem amittas".

806 *priuatum elegantem amittas* Er. hatte richtig verstanden, daß Menedemos dem geistig beschränkten Menschen den Rat gab, er möge sich der Bewirtschaftung seiner Güter zuwenden, und auch, daß diese Tätigkeit in der Antike oft mit dem Privatleben gleichgesetzt wurde, im Gegensatz zur Teilnahme am politischen Leben, z. B. als Redner oder Amtsinhaber. Letztes, will Menedemos andeuten, komme für den Biedermann, der sich gerade als schlechter Redner bezeigt hatte, indem er Unsinn von sich gab, nicht in Frage. Er. bringt die Gleichung Landwirtschaft = Privatleben durch „priuatum" für ἰδιώτην punktgenau zum Ausdruck. Weniger gelungen ist jedoch die Übers. von κομψὸν mit „elegantem", das – in Bezug auf einen Landwirt gesagt – nicht überzeugend wirkt. Gemeint ist wohl ein „gescheiter/ schlauer/ anständiger Bauer" (so auch Hicks a.a.O.: „a clever farmer").

VII, 145   Libertas pericvlosa   (Menedemus Eretriensis, 5)

A Nicocreonte Cypri tyranno *vocatus ad solenne* conuiuium *cum Asclepiade amico caeterisque philosophis,* dixit: *"Si honestum est tales conuocare viros, oportuit id quotidie fieri; sin minus, etiam tum frustra fieri".* Ad id quum tyrannus respondisset diem illum esse sibi festum, eoque singulo quoque mense *vacare audire philosophos,* liberius respondit Menedemus hoc postulare sacrificium, *vt per omne tempus audiret philosophos.* Quid multis? Eo processit hominis libertas, vt *nisi tibicen quispiam eos auocasset, perituri fuerint. In naui quum periclitarentur, Asclepiades dixit: "Tibicinis modulatio seruauit nos, Menedemi libertas perdidit".*

VII, 146   Argvtiae sophisticae   (Menedemus Eretriensis, 6)

Percontanti cuidam *Alexino, an patrem caedere desiisset,* respondit: *"Neque cecidi neque desii".* Quum alter subiecisset *oportere soluere ambiguitatem per ναί et οὐκ,* aut affirmando aut negando, *"Ridiculum",* inquit, *"est vestras sequi leges, quum liceat in portis*

---

808 periculosa *B C: om. BAS.*

808 *Libertas periculosa* Der Titel von VII, 145 geht auf Curios Ausgabe des lateinischen Textes zurück, die Er. hier als Vorlage benutzte (vgl. unten). Curio hatte Traversaris Wiedergabe von τὸ παρρησιαστικὸν mit „seueritas" zu „libertas" korrigiert.

809–816 *A Nicocreonte ... perdidit* Leicht gekürzte und variierende, sonst weitgehend wörtliche, jedoch durch eine Fehlübersetzung getrübte Wiedergabe von Diog. Laert. II, 129–130, wobei Er. Traversaris Übers. als Vorlage benutzte: „Huius denique libertatis (libertatis *ed. Curio*: seueritatis *Traversari*) causa parum abfuit, quin in Cypro apud Nicocreontem (Nicocreontem *ed. Curio*: Nicareontem *Traversari, e.g. ed. Ven. 1490, ed. Bade Par. 1509 fol. XXXIIII^r*) periclitaretur cum Asclepiade amico. Nam cum eos rex ad menstruam celebritatem euocasset, sicut et philosophos caeteros, Menedemum dixisse ferunt: ‚Siquidem honesta est huiusmodi virorum congregatio, quottidie (quotidie *ed. Curio p. 90*) sunt festa celebranda; sin alias, superflue quoque modo celebrantur (celebrantur *Traversari*: celebrat *ed. Curio*)'. Ad haec tyrannus cum ita occurrisset, hanc diem habere se celebrem, vt negotiis (negociis *ed. Curio p. 90*) omissis philosophis congredi liceret, ille seuerius adhuc in sententia perstitit, ostendens ex sacrificio oportere nunquam non (nunquam non *Curio*: omne tempus *Traversari*) philosophos audiendos (audiendos *Curio*: audire *Traversari*). Quid plura? Nisi a tibicine admoniti (sic) fuissent (ac melo musico conueniti fuissent *om. Curio*), forsitan periissent. Vnde quum in naui iactarentur fluctibus, Asclepiadem dixisse ferunt, tibicinis peritam modulationem sese (sese *ed. Curio*: se ipsos *Traversari*) seruasse, Menedemi vero confidentiam perdidisse" (ed. Curio, Basel 1524, S. 89–90). Vgl. den griech. Text: διὰ δὴ οὖν τὸ παρρησιαστικὸν τοῦτο μικροῦ καὶ ἐκινδύνευσεν ἐν Κύπρῳ παρὰ Νικοκρέοντι σὺν Ἀσκληπιάδῃ τῷ φίλῳ. τοῦ γάρ τοι βασιλέως ἐπιμήνιον ἑορτὴν τελοῦντος καὶ καλέσαντος καὶ τούτους ὥσπερ τοὺς ἄλλους φιλοσόφους, τὸν Μενέδημον εἰπεῖν ὡς εἰ καλὸν ἦν ἡ τῶν τοιούτων ἀνδρῶν συναγωγή, καθ᾽ ἑκάστην (ἑκάστην *deest in ed. Frob.*) ἡμέραν ἔδει γίνεσθαι τὴν ἑορτήν· εἰ δ᾽ οὔ, περιττῶς καὶ νῦν. πρὸς δὲ τοῦτο ἀπαντήσαντος τοῦ τυράννου καὶ εἰπόντος ὡς ταύτην τὴν ἡμέραν ἔχοι σχολάζουσαν πρὸς τὸ διακούειν φιλοσόφων, ἔτι καὶ μᾶλλον αὐστηρότερον ἐνέκειτο, δεικνὺς ἐπὶ τῆς θυσίας ὡς χρὴ πάντα καιρὸν φιλοσόφων ἀκούειν· ὥστ᾽ (ἕως *ed. Frob.*) εἰ μή τις αὐλητὴς αὐτοὺς (τοὺς *ed. Frob.*) διεπέμψατο, κἂν ἀπώλοντο. ὅθεν χειμαζομένων ἐν τῷ πλοίῳ τὸν Ἀσκληπιάδην φασὶν (φασὶν *deest in ed. Frob.*) εἰπεῖν ὡς ἡ μὲν τοῦ αὐλητοῦ εὐμουσία σέσωκεν αὐτούς, ἡ δὲ τοῦ Μενεδήμου παρρησία ἀπολώλεκεν (vgl. ed. Frob. S. 123).

809 *Nicocreonte* **Nikokreon, Tyrann der Stadt Salamis auf Zypern** (reg. 332/1–311/10 v. Chr.), Kampfgefährte Alexanders d. Gr., den er auf seinem Asienfeldzug begleitete; verbündete sich 321 v. Chr. mit Ptomelaios I. Soter, der ihn zum Strategos von Kypros ernannte. Nikokreon starb 311/0 v. Chr. durch Selbstmord. Salamis, heute Salamina, liegt im türkischen Teil Zyperns an der Ostküste, an der Mündung des Flusses Pedieios. Vgl. F. Stähelin, *RE* XVII, 1 (1936), Sp. 357–359, s.v. „Nikokreon", Nr. 2; W. Ameling, *DNP* 8 (2000), Sp. 919, s.v. „Nikokreon", Nr. 2 (siehe *Apophth.* VI, 418); H. Gesche, „Nikokles von Paphos und Nikokreon von Salamis", in: *Chiron* 4 (1974), S. 103–125. Nikokreon figuriert in den *Apophthegmata* mehrere Male als Gastgeber von Philosophen (abgesehen von vorl. Stelle in VII, 374, 375, 377 und VIII, 152). In VIII, 152 bezeichnet Er. Nikokreon irrtümlich als „Tyrannen von Samos" statt „von Salamis". Vgl. Komm. ad loc.

809 *Asclepiade* **Asklepiades aus Phlius**, Philosoph der Eretrischen Schule und enger Freund des Menedemos, mit dem er seit dem gemeinsamen Studium zunächst bei Stilpon (in Megara) und sodann bei Anchipylos und Moschos (in Elis) verbunden war; zudem hatte er eine enge familiäre Bindung mit Menedemos, wobei Asklepiades dessen Mutter, Menedemos die Tochter des Asklepiades geheiratet hatte. Vgl. K. Döring, *DNP* 2 (1997/9), Sp. 89, s.v. „Asklepiades", Nr. 3; P.G. Natorp, *RE* II, 2 (1896), Sp. 1631, s.v. „Asklepiades", Nr. 33.

812 *quoque mense* „quoque mense" ist ein erklärender Zusatz des Er., der notwendig war, weil er in dem einleitenden Satz die Angabe ausgelassen hatte, daß es um eine monatlich stattfindende religiöse Feier ging (vgl. Traversari a.a.O.: „ad menstruam celebritatem"). Anderseits hat Er. Traversaris erklärenden Einschub „negotiis omissis" wieder gestrichen.

813 *hoc postulare sacrificium* Er.' ‚hoc postulare sacrificium' beruht auf einem Mißverständnis des Textes. Im griech. Text steht, daß Menedemos (wohlgemerkt) *während der religiösen Opferzeremonie selbst* (ἐπὶ τῆς θυσίας) mit seiner unangebrachten Argumentation halsstarrig fortfuhr (vgl. Jürß a.a.O.: „wurde Menedemos noch energischer und wies beim Opferritus darauf hin…"). Menedemos behauptete natürlich nicht, wie Er. angibt, daß *die Opferzeremonie erfordere*, daß der Herrscher tagtäglich die Philosophen anhören solle. Das Mißverständnis geht auf Traversaris Übers. zurück („ostendens ex sacrificio oportere"), das Er. übernahm.

814 *eos auocasset* Mit „eos auocasset" korrigierte Er. Traversaris nicht punktgenaue, jedoch vom Sinn her nicht unrichtige Übers. von εἰ μή τις αὐλητὴς αὐτοὺς διεπέμψατο mit „nisi a tibicine admoniti fuissent" (a.a.O.). Was sich hier ereignete, hatte eine rituelle Grundlage: Es war die Aufgabe des Auleten, die Opferzeremonie mit seinem Spiel zu begleiten und dadurch die erforderliche geweihte Stimmung herzustellen. Dazu war es erforderlich, daß die übrigen dem Opfer Beiwohnenden still waren. Der Aulet schloss somit die streitsüchtigen Philosophen von der Opferfeier aus.

818–821 *Percontanti … occurrere* Größtenteils wörtliche Kopie von Traversaris/Curios Übers. von Diog. Laert. II, 135: „Denique sicitanti (sciscitanti *ed. Curio*) Alexino (se Alexino *Traversari, e.g. ed. Ven. 1490*), an adhuc patrem caedere desisset, illum (illum *del. Curio*) dixisse: ‚Neque cecidi neque desi (desii *ed. Curio*)'. Addente illo oportere ambiguitatem solui ‚ita' et (vel *ed. Curio*) ‚non' dicando, ‚Ridiculum', inquit, ‚est vestras leges sequi, cum liceat in portis reluctari et contra niti (niti *ed. Curio*: ascendere *Traversari*)'" (ed. Curio, Basel 1524, S. 91). Vgl. den griech. Text: „ὥς τε Ἀλεξίνου ποτὲ ἐρωτήσαντος εἰ πέπαυται τὸν πατέρα τύπτων, „ἀλλ' οὔτ' ἔτυπτον", φάναι, „οὔτε πέπαυμαι." πάλιν τ' ἐκείνου λέγοντος ὡς (*deest in ed. Frob*.) ἐχρῆν εἰπόντα ναί ἢ οὒ λῦσαι τὴν ἀμφιβολίαν, „γελοῖον", εἶπε, „τοῖς ὑμετέροις νόμοις ἀκολουθεῖν, ἐξὸν ἐν πύλαις ἀντιβῆναι" (ed. Frob. S. 126).

818 *cuidam Alexino* Es handelt sich um **Alexinos aus Elis** (um 300 v. Chr.), den Philosophen aus der megarischen Schule, Schüler des Eubulides und Zeitgenossen des Stilpon und des Menedemos. Vgl. H. v. Arnim, *RE* I, 2 (1894) 1465–1466, s.v. „Alexinos"; K. Döring, *DNP* 1 (1996/9), Sp. 486, s.v. „Alexinos". Zur Person des Alexinus vgl. oben Komm. zu VI, 546. Er. macht bei seinem Namen an vorl. Stelle den Zusatz „quidam", wodurch er ihn als eine sonst unbekannte Person kennzeichnet. Es war ihm offensichtlich nicht klar, daß der hier genannte Alexinus mit jenem Alexinus identisch ist, den er oben, im sechsten Buch, als „Alexinus Sophista" bezeichnet und dem er einen Spruch gewidmet hatte; vgl. VI, 546: „Alexinus sophista … dixit …"; derselbe Alexinus figuriert auch in VI, 552.

occurrere". Alter captabat illum insidiosa percontatione: siue enim respondisset, „desii", siue „non desii", agnouisset crimen. Ille hoc praesentiens exclusit sophisticum cauillum. Sic et Socrates apud Platonem obiurgatur a sophistis, quod secus respondeat, quam ipsis esset commodum.

825   VII, 147   IVGVLARE MORTVOS   (Menedemus Eretriensis, 7)

Quum Bion acriter *diuinos insectaretur, ait* [sc. Menedemus] *illum* trucidare *mortuos*, quod aduersus illos *studiose pugnaret*, qui *iam*dudum *essent explosi* sepultique.

VII, 148   (Menedemus Eretriensis, 8)

Ad quendam *dicentem maximum esse bonum, si quis omnium potiri queat, quae optat,*
830   *"Sed multo maius"*, inquit, *"bonum est non optare, nisi quod oportet".*

VII, 149   DEGENERARE   (Menedemus Eretriensis, 9)

Dicebat plurimos nauigare Athenas studiorum gratia, qui primum essent sapientes, deinde fierent philosophi, hoc est, sapientiae amantes, dein rhetores; denique progressu temporis euadere idiotas. Meminit Plutarchus. Multum profecit, qui didicit se nihil
835   scire. Et infeliciter proficit, qui semper vergit in deterius.

---

821 *occurrere* „occurrere" ist eine Variation des an sich deutlicheren „reluctari et contra niti" in Curios Übersetzung.

Apophth. VII, 147 ist ein Gegenstück zu *Adag.* 154 „iugulare mortuos" (*ASD* II, 1, S. 268), das denselben Titel trägt und bereits in der Erstausgabe d.J. 1508 vorhanden war. Etwas überraschend wird im Komm. ad loc. behauptet „Dieser Ausdruck ist von uns in dieser Form in der antiken Literatur nicht belegt", während im selben *Adagium*, S. 268, Menedemos' Spruch aus Diog. Laert. II, 135 zitiert wird: „Refertur a Laertio in Menedemo. Is Bionem, cum diuinos studiose insectaretur, *ait iugulare mortuos*, nimirum iam explosos et omnium sententia reprobatos. ...". Zur Verwendungsweise des Adagiums vgl. ebd., S. 268: „Fiet lepidior metaphora, si paulo longius detorqueatur. Vt si quis dicat eum iugulare mortuos, qui librum impugnet a nullo non damnatum aut disputet aduersus sententiam omnium suffragiis iam olim reiectam aut si quis vituperet rem omnibus per se detestatam". Weiter ist der Titel von VII, 147 „iugulare mortuos" identisch mit der Marginalnote, die Curio in seiner Ausg. d.J. 1524 angebracht hat (S. 92).

826 *Quum ... mortuos* Diog. Laert. II, 135. Er. variierte und korrigierte die Übers. Traversaris: „Cum Bion diuinos (diu vos *ed. Ven. 1490*) studiose ac diligenter insectaretur, *mortuos* illum *iugulare* dixit" (ed. Curio, Basel 1524, S. 91–92). Vgl. den griech. Text: „Βίωνός τε ἐπιμελῶς κατατρέχοντος τῶν μάντεων, νεκρούς αὐτὸν ἐπισφάττειν ἔλεγε" (ed. Frob. S. 126). Weiter profitierte Er. von seinem *Adag.* 154 „Iugulare mortuos" (*ASD* II, 1, S. 268): „... *Iugulare mortuos* pro eo, quod est: insectari defunctos et pugnare cum iis, qui iam extincti sint. Translatum a bellis, in quibus ignauum ac ridiculum sit prostratos atque interfectos iugulare .... Refertur a Laertio in Menedemo ...". Ähnlich sind *Adag.* 153 „Cum laruis luctari" (ebd.) und 4094 „Mortuos rursus occidere" (*ASD* II, 8, S. 311): „... Confine est illi, quod alibi retulimus, iugulare mortuos".

826 *Bion* Zu dem Wanderphilosophen **Bion von Borysthenes** (ca. 335–ca. 245 v. Chr.) vgl. oben Komm. zu *Apophth.* VII, 135.

826 *trucidare* „trucidare" ist eine wörtliche Übers. von ἐπισφάττειν, mit der Er. Traversaris „iugulare" korrigierte, obgleich sein eigenes *Adagium* 154 „iugulare mortuos" lautet.

Apophth. VII, 148 fehlt in den Basel-Drucken ein eigener Titel. Lycosthenes druckte es in der Kategorie „De continentia" (S. 199).

829–830 *Ad quendam ... oportet* Im ersten Teil wörtliche, im Spruchteil paraphrasierende Wiedergabe von Diog. Laert. II, 136. Vgl. den griech. Text: Καί ποτέ τινος ἀκούσας ὡς μέγιστον ἀγαθὸν εἴη τὸ πάντων ἐπιτυγχάνειν ὧν τις ἐπιθυμεῖ, εἶπε (εἰπεῖν *ed. Frob.*), „πολὺ δὲ μεῖζον τὸ ἐπιθυμεῖν ὧν δεῖ" (ed. Frob. S. 126). Möglicherweise hat Er. die negative Formulierung des Spruches in der Nachfolge von Max. Conf. *Loci comm.*, *Sermo* 3 „De pudicitia et castitae" vorgenommen: Μενέδημος νεανίσκου τινὸς εἰπόντος μέγα ἐστὶ τὸ τυγχεῖν ὧν ἄν τις ἐπιθυμῇ, εἶπεν „πολλῷ μεῖζόν ἐστι μηδὲν ἐπιθυμεῖν ὧν μὴ δεῖ" (*Migne PG* 91, Sp. 743, ebd. auf Lat.: „Menedemus, cum adolescens quidam dixisset, magnum esse, eorum compotem fieri, quae quis desideret, respondit multo maius esse, nihil desiderare eorum, quae non deceant exque honesti ratione sint"; in der Ausg. Froschauers, Zürich 1546, S. 186: „Menedemus, cum adolescens quidam dixisset, magnum esse, si quis, quae concupiscat, assequeretur, ‚Multo', inquit, ‚maius est nihil eorum, quae non decet, concupiscere'").

Apophth. VII, 149 ist ein Gegenstück zu *Adag.*

158 „Mandrabili more res succedit" (*ASD* II, 1, S. 172): „Non intempestiuiter itaque dicetur in eos, qui in deterius abeunt. Quemadmodum Menedemus apud Plutarchum: permultos Athenas venire studii causa, principio sapientes, deinde philosophos, postea rhetoras, postremo idiotas euadere".

832–834 *Dicebat ... idiotas* Plut. *Quomodo quis suos in virtute sentiat profectus*, *Mor.* 81E–F: καταπλεῖν γὰρ ἔφη (sc. Μενεδήμος) τοὺς πολλοὺς ἐπὶ σχολὴν Ἀθήναζε, σοφοὺς τὸ πρῶτον, εἶτα γίγνεσθαι φιλοσόφους, εἶτα ῥήτορας, τοῦ χρόνου δὲ προϊόντος ἰδιώτας, ὅσῳ μᾶλλον ἅπτονται τοῦ λόγου, μᾶλλον τὸ οἴημα καὶ τὸν τῦφον κατατιθεμένους. Vgl. die lat. Übers. des Othmar Nachtigall: „Huc pertinet, quod a Menedemo non minus vere quam eleganter dictum est, complures videlicet esse, qui Athenas nauigent philosophiae gratia, primum sapientes, deinde sapientiae amantes ac mox rhetores, neque ita multo post idiotas rerumque omnium ignaros sese appellare" (ed. Cratander, Basel 1530, fol. 236A).

833 *rhetores* *CWE* 38, S. 803 bezeichnet „rhetores" als Zusatz des Er. zu Plutarchs Text; das Wort ist jedoch bei Plut. vorhanden (εἶτα ῥήτορας, a.a.O.).

PLATO ATHENIENSIS

VII, 150   Potiora sectanda   (Plato, 1)

Quum Plato *ad tragicum certamen paratus audito Socrate* mutasset consilium, *poemata sua exussit*, praefatus Homerico carmine:

840   Ἥφαιστε πρόμολ᾿ ὧδε. Πλάτων νύ τι σεῖο χατίζει, ⟨id est⟩

„Huc ades, o Vulcane, Platoni nunc opus est *te*".

VII, 151   Libere   (Plato, 2)

Cum Dionysio Hermocratis filio de tyrannide disserens ait non statim esse praestantius, quod vni tantum sit vtile, nisi et virtute caeteris *antecelleret. Offensus tyrannus dixit:*
845   „οἱ λόγοι σου γεροντιῶσι", id est, „Verba tua sapiunt senium". Contra Plato, „οἱ δέ σου τυραννιῶσι", id est, „Tua vero tyrannidem sapiunt".

---

840 Ἥφαιστε *LB*: ἥφαιστε *B C*.
840 πρόμολ᾿ *LB (cf. Diog. ed. a Curione p. 96; Diog. text. recept.):* πρόμαλ᾿ *B C*.
840 Πλάτων *LB*: πλάτων *B C*.
840 νύ τι *scripsi*: νύτι *B C LB*.

840 id est *suppleuerunt BAS LB*.
843 Hermocratis *B C*: Democratis *BAS LB*.
845 γεροντιῶσι *B C*: γερωντιῶσι *BAS LB*.
845 σου *LB*: σοῦ *B C*.

Apophth. VII, 150–171 Die nächstfolgende Sektion ist Platon (428/7–348/7 v. Chr.) gewidmet. Dabei wendet sich Er. dem dritten Buch des Diogenes Laertius zu, welches sich ausschließlich mit Platon beschäftigt. Er.' Platon-Sektion gliedert sich im Hinblick auf die benutzten Quellen in drei Abschnitte: Im ersten (VII, 150–161) bezieht Er. die Sprüche Platons aus dem dritten Buch des Diog. Laer.; im zweiten Abschnitt (VII, 162–166) aus den kleineren Schriften Plutarchs (*Mor.*), im dritten (VII, 167–170) aus diversen anderen Quellen. Im zweiten Abschnitt ist auffällig, daß Er. ausschließlich Traktate des Plutarch benutzte, die er selbst früher ins Lateinische übersetzt hatte (VII, 162 *Mor.* 67C–E; 163 *Mor.* 69F; 164 *Mor.* 88E; 165 *Mor.* 135D; 166 *Mor.* 137E). Da die Reihenfolge der Zitate mit jener von Er.' Sammelausgabe übereinstimmt, lässt sich Er.' Arbeitsweise erschließen: Er hat für die Plato-Sektion sein eigenes Buch der Plutarch-Übers. (ed. pr. Basel 1514 in Basel; weiter 1518 und 1520) durchgesehen. Dieses fängt mit den folgenden vier Schriften an: 1. *Quo pacto possis adulatorem ab amico dignoscere* (*Mor.* 48E–74E); 2. *Quo pacto quis efficiat, vt ex inimicis capiat vtilitatem* (*Mor.* 86B–92F); 3. *De tuenda bona valetudine praecepta* (*Mor.* 122B–137E) und 4. *In principi requiri doctrinam* (*Mor.* 779D–782F). Ebendiese Werke hat Er. für *Apophth.* VII, 162–167 herangezogen. In nahezu der gesamten Platon-Sektion setzt sich Er. so gut wie nicht mit der platonischen Philosophie auseinander: Manche Apophthegmen beziehen sich auf Platons Biographie (VII, 150–153; 155–156; 158; 162–165; 168; 171); andere enthalten Lebensweisheiten oder moralische Vorschriften allgemeiner Art (VII, 154–156; 158; 160–161; 163–164: 167; 169), einige weitere liefern lediglich Gemeinplätze (VII, 159; 165–166; 170). Eine Ausnahme bildet VII, 162, das ein anschauliches Beispiel platonischer Dialektik vorführt.

Apophth. VII, 150 bezieht sich auf d.J. 408/7 v. Chr., als Platon 20 Jahre alt war. Nach der beschriebenen symbolischen Tat scharte er sich unter die Anhänger des Sokrates.

838–841 *Quum … opus est te* Diog. Laert. III, 5. Eramus benutzte die lat. Übers. Traversaris: „Demum cum tragicum certamen esset initurus ante Dionysiacum theatrum audito Socrate igni poemata exussit, dicens ‚Huc ades, o Vulcane, Plato nam te eget in hac re (Hic, Vulcane, Plato tua indigent ope *Traversari*)'" (ed. Curio, Basel 1524, S. 96). Vgl. den griech. Text: ἔπειτα μέντοι μέλλων ἀγωνιεῖσθαι τραγῳδίᾳ πρὸ τοῦ Διονυσιακοῦ (ὀλυμπιακοῦ *ed. Frob.*) θεάτρου Σωκράτους ἀκούσας κατέφλεξε τὰ ποιήματα εἰπών: „Ἥφαιστε, πρόμολ᾽ ὧδε: Πλάτων νύ τι σεῖο χατίζει" (ed. Frob. S. 133). Vgl. weiter Olympiod. V, *Plat.* 3; Apul. *De Plat. dogm.* I, 2; Ael. *Var. hist.* II, 30; Proclus, *In Platonis Rempublicam* I, S. 205 Knoll.

840 Ἥφαιστε ... χατίζει Hom. *Il.* XVIII, 392: Ἥφαιστε πρόμολ᾽ ὧδε: Θέτις νύ τι σεῖο χατίζει. Platon ersetzte „Thetis" durch seinen eigenen Namen.

Apophth. VII, 151 bezieht sich auf 388 v. Chr., das Jahr von Platons erster Sizilienreise, als er Dionysios I. besuchte. Platon soll durch seine Freizügigkeit den Herrscher gegen sich aufgebracht haben. Vgl. dazu K. Trampedach, *Platon, die Akademie und die zeitgenössische Politik*, Stuttgart 1994, S. 106; M. Erler, *Platon*, Basel 2007, S. 50; A. Swift Riginos, *Platonica*, Leiden 1976, S. 74–85. Das vorl. *Apophth.* ist ein Beispiel für die konfliktierende Art, in der Platon und Dionysios I. miteinander philosophierten. Diog. Laert. (III, 19) überliefert sogar, daß Dionysios über die hier zitierte Antwort des Philosophen so erbost gewesen sei, daß er ihn töten lassen wollte.

843–845 *Cum Dionysio ... sapiunt* Diog. Laert. III, 18. Er. variierte und verbesserte die Übers. Traversaris: „Quo et tempore Dionysius Hermocratis filius tyrannus inpulit, vt secum loqueretur. Vbi cum ille de tyrannide dissereret, dicens non id praestare, quod sibi soli esset vtile, nisi et virtute (virtute et *ed. Bade, Paris. 1509, fol. XXXVII*) excelleret, offensum tyrannum et (et *ed. Curio*: atque *ed. Bade, Paris. 1509*) iratum dixisse aiunt: ,Verba tua ociosorum senum sunt', et ille ,Et tua', inquit, ,tyrannidem sapiunt'" (ed. Curio, Basel 1524, S. 99–100). Die Sprüche selbst gab Er. auch auf Griechisch wieder, vgl. den griech. Text: ὅτε καὶ Διονύσιος ὁ Ἑρμοκράτους τύραννος ὢν ἠνάγκασεν ὥστε συμμῖξαι αὐτῷ. ὁ δὲ διαλεγόμενος περὶ τυραννίδος καὶ φάσκων ὡς οὐκ ἔστι τὸ τοῦ κρείττονος (κρεῖττον *ed. Frob.*) συμφέρον αὐτὸ † (αὐτῷ *ed. Frob.*) μόνον, εἰ μὴ καὶ ἀρετῇ διαφέροι, προσέκρουσεν αὐτῷ. ὀργισθεὶς γὰρ „οἱ λόγοι σου", φησί, „γεροντιῶσι", καὶ ὅς: „σοῦ δέ γε τυραννιῶσιν" (ed. Frob. S. 139).

843 *Dionysio* **Dionysios** I. (430–367 v. Chr.), Sohn des Hermokrates, Herrscher von Syrakus (405–367 v. Chr.). Er. widmete Dionysios I. im fünften Buch der *Apophthegmata* eine Sektion (V, 54–76). Er figuriert weiter in *Apophth.* III, 110; 149; 157; VI, 493; 509 und 595, bsd. als Gastherr der Philosophen Platon und Aristippos. Zur Person des Dionysios I. vgl. oben Komm. zu V, 54. Platon besuchte Dionysios I. i.J. 388 v. Chr. Dionysios war für Er. trotz mancher Vorzüge ein Musterbeispiel eines schlechten und grausamen Herrschers und einer der großen Verbrecher des Menschengeschlechtes, den er in einem Atemzug mit Nero, Caligula, Tiberius, Caesar und Domitianus nannte, vgl. *Adag.* 201, *ASD* II, 1, S. 306: „Vt ne commemorem interim Dionysios, Ptolemaeos, Iulios, Nerones, Tiberios, Caligulas, Heliogabalos, Commodos, Domitios, quorum alius sibi dei nomen vindicauit, cum esset hominis vocabulo indignus, alius se totum assentatoribus deridendum propinauit, alius ambitione praeceps vniuersum orbem insanissimis rerum tumultibus concussit"; *Adag.* 1793, *ASD* II, 4, S. 208: „Dionysius enim inter pestilentissimos tyrannos commemoratur"; so auch in seinem Fürstenspiegel *Inst. princ. christ.*, *ASD* IV, 1, S. 154: „Execrans humano generi detestata vocabula: Phalaridis, Moezentii, Dionysii Syracusani, Neronis, Caligulae, Domitii, qui deus ac dominus dici voluerit"; die sprichwörtliche Grausamkeit des Dionysius kommt in *Adag.* 872 „De pilo pendet. De filo pendet" (*ASD* II, 2, S. 390) zum Ausdruck. Das Bild des Tyrannen findet sich auch in der Dionysios I. gewidmeten Sektion des fünften Buches (*Apophth.* V, 54–76), mit den dafür charakteristischen Zügen der Grausamkeit (V, 58; 63; 69; 71), grenzenlosen Herrschsucht (V, 55), Ausbeutung der Untertanen (V, 58) und Räuberei (V, 72–76). Jedoch wird dieses Negativbild von einigen positiven Zügen kontrafakturiert, der Strenge (V, 56; 57; 60; 66) Klugheit (V, 57), Großherzigkeit (*magnanimitas*, V, 54) und Freigebigkeit (V, 57; 65).

843 *Hermocratis* Hermokrates, der Vater Dionysios' I.; vgl. T. Lenschau, *RE* VIII, 1 (1912), Sp. 887, s.v. „Hermokrates", Nr. 2; vgl. A. Dieterich, *RE* V, 1 (1903), Sp. 882–904, s.v. „Dionysios", Nr. 1.

845 *sapiunt senium* Er. hat in seiner latein. Übers. des Spruches jene des Traversari berichtigt, wobei er einem Hinweis Curios folgte: Traversari hatte den Spruch mit „Verba tua *ociosorum* senum sunt" übersetzt. Das war jedoch nicht mit γεροντιῶσι gemeint: „ociosorum" ist zu streichen.

VII, 152   IOCVS SALVBRIS   (Plato, 3, i.e. Anonymus
                                                    Aegineta)

Apud Aeginetas lex erat, vt, si quis Atheniensis Aeginam venisset, capitalis esset. Huc
850 *quum esset deductus Plato, vt venundaretur, capitis postulatus est a* Carmendio [i.e.
Charmandro], *qui legem eam tulerat, sed* tempestiuo *cuiusdam ioco* liberatus est. *Ait
enim* legem habere, si quis homo …; at hunc *esse philosophum.*

847 *Iocus salubris* Den Titel „Iocus salubris"
hat Er. aufgrund von Curios Marginalnote
„κατὰ παιδιάν, per iocum" gebildet (s. Komm.
unten). *Apophth.* VII, 152 ist eine Fortsetzung
der in VII, 151 dargestellten Anekdote. Der
beleidigte Tyrann soll einen Wutanfall bekommen haben. Zunächst habe er Platon töten
wollen; dann entschied er sich jedoch, ihn
dem spartanischen Gesandten (Pollis) zu übergeben, um ihn bei Athens Feinden als Sklaven zu verkaufen. Pollis habe Platon daraufhin nach Aigina gebracht, das damals unter
der Hegemonie Spartas stand, und ihn dort
als Sklaven verkauft (Diog. Laert. III, 19; Plut.
Dio 5; vgl. auch Diodor. XV, 7, 1). Es ist
nicht sicher, ob diese Version der Geschichte
stimmt. Platon könnte auch auf andere Weise
in die Gefangenschaft geraten und als Sklave
verkauft worden sein; z. B. könnte sein Schiff
auf der Rückreise von Sizilien von Seeräubern gekapert worden sein. Jedenfalls kam Platon nach Aigina, das von Sparta regiert wurde
und den Athenern feindlich gegenüberstand.
Der zufällig dort anwesende Annikeris aus
Kyrene soll Platon gerettet haben, indem er
ihn freikaufte und nach Athen zurückführte
(Diog. Laert. III, 20). Vgl. dazu i. a. K. Gaiser, „Der Ruhm des Annikeris", in: ders.,
Gesammelte Schriften, Sankt Augustin 2004,
S. 597–616; H. Breitenbach, *Platon und Dion,*
Zürich 1960, S. 15–16; K.F. Stroheker, *Dionysios I. Gestalt und Geschichte des Tyrannen von
Syrakus,* Wiesbaden 1958, S. 105; W.K.C. Guthrie, *A History of Greek Philosophy,* Bd. 4,
Cambridge 1975, S. 18–19; M. Erler, *Platon,*
Basel 2007, S. 50–51. Das kuriose „Gesetz" der
Aigineten, Platons angeblich bevorstehende
Hinrichtung und der vermeintlich lebensrettende Spruch eines Unbekannten gehören
zum unglaubwürdigsten Teil der Erzählung.
Der Spruch ist sicherlich fiktiv und kann
nicht die Wirkung gehabt haben, die ihm in
Apophth. VII, 152 zugeschrieben wird. Überhaupt ist fraglich, ob es damals ein Gesetz

gegeben hat, daß der *erste* Athener, der Aigina
betrete, hingerichtet werden sollte. Bei Er.
erscheint das Gesetz durch eine Fehlübersetzung noch ungereimter.

849–852 *Apud … philosophum* Im einleitenden erzählenden Teil stark gekürzte und durch
einen Übersetzungsfehler entstellte Wiedergabe, im Spruchteil frei paraphrasierende
Neugestaltung von Diog. Laert. III, 19, wobei
Er. die Übers. Traversaris als Vorlage benutzte:
„Ad haec indignatum tyrannum primo quidem necare illum (sc. Platonem) voluisse,
deinde vero a Dione et Aristomene exoratum
id quidem non (id quidem non *ed. Curio*:
minime *Traversari*) fecisse, verum Polidi (Polidi *ed. Curio*: Pollidi *Traversari, e.g. ed. Ven.
1490*) Lacedaemonio, qui per id temporis legatus ad se venerat, eum tradidisse, vt venundaretur. Eum ille in Aeginam adductum vendidit. Quo tempore Charmander Charmandridis filius eum mortis reum esse accusauit.
Iuxta promulgatam enim apud eos legem capitale erat, si quis Atheniensium eam insulam adiisset. Atque ipse eam legem tulerat,
vt Phauorinus (Phauorinus *ed. Curio*: Favorinus *Traversari*) memorat in Omnimoda historia. Ceterum cum a quodam fuisset dictum (dictum *ed. Curio*: allegatum *Traversari*)
disciplinae gratia philosophum eo ascendisse,
absolutum dimiserunt" (ed. Curio, Basel 1524,
S. 100). Für jenen Teil, der wörtlich zitiert
wird, vgl. den griech. Text: κἀκεῖνος ἀγαγὼν
αὐτὸν εἰς Αἴγιναν ἐπίπρασκεν· ὅτε καὶ Χάρμανδρος Χαρμανδρίδου ἐγράψατο αὐτῷ δίκην θανάτου κατὰ τὸν παρ' αὐτοῖς τεθέντα νόμον, τὸν
πρῶτον ἐπιβάντα Ἀθηναίων τῇ νήσῳ ἄκριτον
ἀποθνῄσκειν. ἦν δ' αὐτὸς ὁ θεὶς τὸν νόμον, καθά
φησι Φαβωρῖνος ἐν Παντοδαπῇ ἱστορίᾳ. εἰπόντος δέ τινος, ἀλλὰ κατὰ παιδιάν, φιλόσοφον εἶναι
τὸν ἐπιβάντα, ἀπέλυσαν (ed. Frob. S. 139). Diogenes Laertius' Quelle war Favorinus Frgm.
33 Mensching. Plutarch, *Dio* 5 erzählt die
Geschichte ausführlich, vermeldet jedoch das
Apophthegma nicht. Daß Er. von Traversa-

ris/Curios lateinischem Text ausging, geht aus der Tatsache hervor, daß er den Inhalt des Gesetzes ebenso, wie diese, falsch wiedergab und daß er eine Marginalnote Curios in seine Wiedergabe des latein. Textes einarbeitete (s. unten).

849 *vt, si quis ... capitalis esset* Im griech. Text des Diog. Laert. besagt das Gesetz, daß der *erste* Athener, der hinfort Äginas Boden betrete, getötet werden sollte; nach Er. jedoch, daß überhaupt jeder Athener, der nach Aigina komme, hingerichtet werden sollte. Der Übersetzungsfehler geht auf Traversari zurück, der πρῶτον ausgelassen hatte, nach dessen Übers. Er. arbeitete, in diesem Fall, ohne sich um den griech. Text zu kümmern (νόμον, τὸν πρῶτον ἐπιβάντα Ἀθηναίων τῇ νήσῳ ἄκριτον ἀποθνήσκειν, so auch in Frobens Ed., S. 139, korrekt überliefert).

850 *Carmendio* Er. verhaspelte sich in Bezug auf den Namen des Anklägers, der in seinen Quellen **Charmander** (Traversari/ Curio) bzw. Χάρμανδρος (vgl. ed. Frob. S. 139) lautete und gab diesen fälsch mit „Carmendius" wieder, das in den Baseldrucken einhellig überliefert wird.

851 *cuiusdam ioco* Durch „cuiusdam ioco" korrigierte Er. Traversaris Übers., der statt κατὰ παιδιάν κατὰ παιδείν gelesen hatte und den Sinn des Spruches so darstellte, daß der anonyme Aiginet Platon durch das Argument vom Todesurteil befreite, daß er ein Philosoph sei, der zu Bildungszwecken (κατὰ παιδείαν) Aigina mit seinem Besuch beehrt habe (somit *nicht als Feind*, wie man es von einem Athener in Aigina normalerweise erwartet hätte): „quum a quodam fuisset dictum disciplinae gratia philosophum eo ascendisse, absolutum dimiserunt" (ed. Curio, Basel 1524, S. 100). Er. folgte hierin der marginalen Textberichtigung Curios: „κατὰ παιδάν, per iocum. Interpres legisse videtur παιδείαν" (ed. Curio, Basel 1524, S. 100). Wie der Spruch des anonymen Aigineten genau gemeint war, ist nicht ganz klar. Wahrscheinlich wies dieser damit auf die Weltfremdheit des Ankömmlings und damit auf dessen Harmlosigkeit hin. Er. bastelte daraus jedoch einen dialektischen Philosophenwitz, der einen kategorialen Unterschied zwischen einem Menschen und einem Philosophen machte: Das Gesetz beziehe sich auf die Kategorie Mensch, Platon jedoch sei ein Philosoph; also habe das Gesetz in Bezug auf ihn keine Gültigkeit.

VII, 153   SALSE   (Plato, 4, i.e. Molon archon Athen.)

Plato dicitur ter nauigasse in Siciliam, nec sine periculo nec sine cauillis obtrectantium. *Molon* itaque, *qui gerebat hostilem in Platonem animum, negabat esse mirum, si Dionysius esset Corinthi, sed, si Plato in Sicilia.* Nam tyrannum expulerat necessitas, Platonem inuitabat ambitio, vt vulgus quidem interpretabatur. Et tamen *Dionysium esse Corinthi* adeo mirabantur omnes, vt iam abierit in prouerbium, de re inexpectata et incredibili.

VII, 154   ASSVESCERE MALIS   (Plato, 5)

Adolescentem, *quod lusisset aleam*, grauiter *increpuit. Qui quum dixisset* „Sic ⟨me⟩ obiurgas *ob rem paruam?"*, „At paruum non est", inquit, „assuescere". Tale quiddam subindicat Demea Terentianus in Adelphis: *„Mitto rem: consuetudinem ipsorum …"*.

VII, 155   IMMORTALITAS   (Plato, 6)

Rogatus, ecquod esset futurum ipsius monumentum, quemadmodum superiorum, „Primum", inquit, *„parandum est nomen. Ita monumenta futura sunt multa"*. Sensit hominis memoriam optime seruari in mentibus hominum optimeque propagari scriptis virorum eloquentium.

---

861 me *suppleui ex versione fr. Ambrosii.*

Apophth. VII, 153 ist ein Gegenstück zu *Adag.* 83 „Dionysius Corinthi" (*ASD* II, 1, S. 192), *Collect.* 737 (*ASD* II, 9, S. 246) mit demselben Titel und von *Apophth.* V, 79 „Philosophia in aduersis", die sich ebenfalls auf die Tatsache beziehen, daß Dionysios II. aus seinem Königreich vertrieben wurde und fortan seinen Lebensunterhalt selbst verdienen mußte, sich zu diesem Zweck in Korinth als Lehrer verdingt habe. Vgl. Val. Max. VI, 9 *ext.*, 6: „Dionysius autem, cum hereditatis nomine a patre Syracusanorum ac paene totius Siciliae tyrannidem accepisset, maximarum opum dominus, exercituum dux, rector classium, equitatuum (equitatu *ed. Bade 1510*) potens, propter inopiam litteras puerulos Corinthi (Corynthi *ed. Bade 1510*) docuit eodemque tempore tanta mutatione maiores natu, ne quis nimis fortunae crederet, magister ludi factus ex tyranno monuit"; Athen. X, 47, 435D–E und XII, 58, 541E; Amm. Marcell. XIV, 11, 30: „Haec fortuna mutabilis et inconstans … Dionysium gentium quondam terrorem Corinthi litterario ludo praefecit"; vgl. Er., *Apophth.*

V, 79: „Posteaquam regno fuit expulsus (sc. Dionysius iunior), cuidam dicenti ‚Quid tibi Plato et philosophia profuit?', ‚vt tantam', inquit, ‚fortunae mutationem facile feram'. Neque enim sibi manus admouit, quod alii solebant, sed Corinthi ludum literarium aperuit".

854–855 *ter nauigasse … obtrectantium* Die drei Sizilienreisen Platons fanden i.d.J. 388 v. Chr. (zu Dionysios I.), 366/5 (zu Dionysios II.) und 361 (zu demselben) statt. Vgl. die ähnliche Formulierung in *Adag.* 83 (*ASD* II, 1, S. 192), in einem Zusatz d.J. 1533: „[H] Plato ter nauigauit in Siciliam non sine sinistri rumoris aspergine".

854 *nec sine periculo* Wie aus *Apophth.* VII, 152 hervorgeht.

855 *Molon* **Molon, der Archon Athens** i.J. 362/1 v. Chr.

855–856 *Molon … Sicilia* Leicht variierende Wiedergabe von Traversaris Übers. von Diog. Laert. III, 34: „At vero Molon hostili aduersus illum animo, non id ait esse mirandum, si Dionysius Corinthi, sed, si Plato esset in Sicilia". Vgl. den griech. Text: Ἀλλά τοι Μόλων ἀπεχθῶς ἔχων πρὸς αὐτόν, "οὐ τοῦτο", φησί, "θαυμαστὸν εἰ Διονύσιος ἐν Κορίνθῳ, ἀλλ᾽ εἰ Πλάτων ἐν Σικελίᾳ" (ed. Frob. S. 146); Er. wiederholte das Apophth. in *Adag.* 83 (*ASD* II, 1, S. 192), in einem Zusatz d. J. 1533: "[H] Vnde Molon, qui inimicum in Platonem gerebat animum, dicebat non esse mirum, si Dionysius esset Corinthi, sed si Plato in Sicilia …".

856 *Dionysius* Dabei geht es um Dionysios II. von Syrakus, den ältesten Sohn von Dionysios I. (reg. 367–357 v. Chr.). Dionysius II. mußte in Syrakus i. J. 344 definitiv das Feld räumen, wonach er im Exil in Korinth als Privatmann lebte und sich seinen Lebensunterhalt als Schulmeister verdiente. Er. hatte ihm im Buch der Herrscher und Feldherren eine Sektion gewidmet (V, 77–81B). Zu seiner Person sowie zu den Besuchen Platons, und zu der Einflussnahme desselben auf die Politik Siziliens vgl. oben Komm. zu V, 77.

856–857 *Nam tyrannum … ambitio* In *Adag.* 83 (*ASD* II, 1, S. 192) wiederholte Er. seine eigene Erklärung des Spruchs aus dem vorliegenden *Apophth.*: "… Regem enim vrgebat necessitas Platonem solicitabat ambitio".

857 *vt … interpretabatur* "vt vulgus quidem interpretabatur" ist eine kuriose Erklärung des Er.: Er glaubte offensichtlich, daß Molon zum gewöhnlichen Volk gehöre. Er. war nicht bekannt, daß es sich um den Archon Athens handelt.

857–859 *Dionysium … incredibili* Vgl. *Adag.* 83 "Dionysius Corynthi" (*ASD* II, 1, S. 192): Διονύσιος ἐν Κορίνθῳ, id est Dionysius Corinthi. Prouerbialis allegoria, qua significamus aliquem e summa dignitate atque imperio ad priuatam humilemque redactum fortunam, quemadmodum Dionysius Syracusarum tyrannus expulsus imperio Corinthi pueros literas ac musicam mercede docuit; *Collect.* 737 "Dionysius Corynthi. [B] Ὁ Διονύσιος ἐν Κορίνθῳ" (*ASD* II, 9, S. 246): "[A] Allegoria prouerbialis a Graecis olim celebrata de iis, qui e summa fortuna ad infimam detrusi fuissent. De hoc adagio Fabius libro viii. His verbis meminit: Est in exemplis allegoria, si non praedicta in oration ponantur. Nam ,vt Dionysium Corinthi esse', quo Graeci omnes vtuntur …"; Cic. *Att.* IX, 9, 1 Διονύσιος ἐν Κορίνθῳ; *Tusc.* III, 12, 27; *Fam.* IX, 18, 1; *Att.* IX, 9, 2; Quint. *Inst. or.* VIII, 6, 52; Plut. *De garrulitate* 17, *Mor.* 511A; Tryphon, in: Spengel, *Rhetores Graeci* III, S. 202; Otto 559.

861–862 *Adolescentem … assuescere* Paraphrasierende Wiedergabe von Diog. Laert. III, 38, wobei Er. von der latein. Übers. Curios/Traversaris ausging: "Platonem tradunt, quum vidisset quendam aleis ludentem, increpasse (increpasse *Curio*: arguisse *Traversari, e.g. ed. Ven. 1490*). Et cum ille ,Quam me in paruis reprehendis?' diceret, respondisse: ,At est consuetudo non parua res' ". Vgl. den griech. Text: Ὁ γοῦν Πλάτων λέγεται θεασάμενός τινα κυβεύοντα αἰτιάσασθαι· τοῦ δὲ εἰπόντος ὡς ἐπὶ μικροῖς, "ἀλλὰ τό γ᾽ ἔθος", εἰπεῖν, "οὐ μικρόν" (ed. Frob. S. 148); derselbe Spruch findet sich auch in *Gnom. Vat.* 502 Sternbach. Er. entnahm einzelne Wörter Traversaris Übers., v.a. den charakteristischen Begriff der "consuetudo", der ihn veranlasste, an die zitierte Terenz-Stelle zu denken. Weiter bildete Er. "assuescere" nach Traversaris Übers. von ἔθος mit "consuetudo".

861 *Adolescentem* Daß die anonyme Person, der Platon beim Würfelspielen zusah, ein junger Mann gewesen sei, ist eine Erfindung des Er., die darauf beruht, daß er sich Platon als moralischen Erzieher vorstellte.

863 *Mitto … ipsorum* Ter. *Ad.* 820 (V, 3, 34). Der strenge Vater Demea bemängelt in einer Diskussion mit dem milden Vater Micio die verschwenderische Lebensart der Söhne der beiden. Demea will mit dem Kurzzitat, das seines Kontextes beraubt kaum verständlich ist, sagen, daß es ihm nicht um das Geld geht, das die Söhne – z. B. für Bordellbesuche – verschwenden, sondern um deren üble Sitten, die er nicht billigen will.

865–866 *Rogatus … multa* Wörtliche Übers. des Er. von Diog. Laert. III, 38: ἐρωτηθεὶς εἰ ἀπομνημονεύματα (ἀπομνημόνευμα τι *ed. Frob. p. 148*) αὐτοῦ ἔσται ὥσπερ τῶν προτέρων ἀπεκρίνατο· "ὀνόματος δεῖ τυχεῖν πρῶτον, εἶτα πολλὰ ἔσται". Vgl. die latein. Übers. Curios/ Traversaris: "Rogatus, an ipsius monumenta, sicut superiorum, futura essent, ,Primum', inquit, ,comparare (comparare *ed. Curio*: conquirere *Traversari, e.g. ed. Ven. 1490*) oportet nomen. Tum multum promotum fuerit (tum multum promotum fuerit *ed. Curio*: tum plurima suppeditabunt *Traversari*)' ".

865 *monumentum* Obwohl "monumentum" sich auch auf literarische Werke beziehen kann, ist Er.' Übers. von ἀπομνημονεύματα nicht optimal. Mit ἀπομνημονεύματα spielt der unbekannte, sicherlich mit der philosophischen Szene Athens vertraute Mann auf den Titel von Xenophons Werk ἀπομνημονεύματα an, auf Latein *Memorabilia Socratis*. Der Unbekannte fragt Platon also, ob es in Zukunft auch *Memorabilia Platonis* geben werde.

VII, 156	MODERATE	(Plato, 7)

870 Iratus seruo, quum eum castigare pararet et forte interueniret *Xenocrates, „Flagella"*, inquit, *„hunc puerum! Nam ipse sum iratus"*. Sibi diffisus est homo philosophus, sentiens animi commotionem. At vulgus hominum tum maxime punit, quum irascitur.

VII, 157	MODERATE	(Plato, 8)
	(= Dublette von VIII, 85 und I, 345)	

875 *Rursus* alteri *cuidam famulo sic* comminatus est: *„Loris te caederem, ni iratus essem"*. Nihil irae fidendum. Sapuit Syrus ille Terentianus, qui se coniicit *in angulum, edormiturum*, quod biberat *villum*. At ira minus sui compos est quam ebrietas.

VII, 158	MODESTE	(Plato, 9)

Quum aliquando conscendisset equum, mox descendit dicens se vereri, μὴ ἱπποτυφίᾳ
880 ληφθῇ, id est, *ne equestri fastu corriperetur*. Superbum animal est equus et equitare quiddam habet magnificum parumque philosopho dignum.

VII, 159	TEMVLENTIA	(Plato, 10)

Temulentiae deditis *suadebat, vt poti ad speculum sese contemplarentur: ita fore, vt ab eo vitio recederent, conspecta foeditate*.

885
VII, 160	HILARITAS IN FESTIS	(Plato, 11)

Negabat oportere inebriari, praeterquam in festis, in quibus ipse deus vinum porrigit. Festos dies decet hilaritas, ebrietas semper foeda est.

871 diffisus *B*: diffusus *C*.

Apophth. VII, 156 und 157 gehören eng zusammen, da in beiden Fällen die Körperstrafe an Sklaven und der Zorn des Herrn thematisiert wird. Der Titel „Moderate" von VII, 156 besitzt für beide Sprüche Gültigkeit. „Moderate" spiegelt weiter den Titel der Kategorie, der Valerius Maximus den Ausspruch zuordnete („De moderatione"), IV, 1, 15 *ext*. 2: „Nimis liberalis Archytae moderatio, temperatior Platonis: nam cum aduersus delictum serui uehementius exarsisset, ueritus ne ipse uindictae modum dispicere non posset, …". Vgl. Sen. *De ira* III, 12, 5–7; Komm. *CWE* 38, S. 805.

870–871 *interueniret … iratus* Im einleitenden Teil paraphrasierende, im Spruchteil wörtliche Übertragung von Diog. Laert. III, 38: εἰσελθόντος ποτὲ Ξενοκράτους εἶπε μαστιγῶσαι τὸν παῖδα· αὐτὸν γὰρ μὴ δύνασθαι διὰ τὸ ὠργίσθαι (ὀργίζεσθαι ed. Frob. p. 148). Gnom. Vat. 436 Sternbach; Arsen. *Violet*., S. 422; Vgl. die lat. Übers. Traversaris: „Ingresso aliquando Xenocrati ‚Caede', inquit, ‚hunc puerum! Nam ipse, quod iratus sim, nequeo'" (ed. Curio, Basel 1524, S. 107). Seneca und Plutarch erzählten dieselbe Anekdote mit Speusippos statt Xenocrates als Figuranten; vgl. Sen. *De ira* III, 12, 6–7; Plut. *De liberorum educatione* 14, Mor. 10 D.

870 *Xenocrates* Xenokrates aus Chalkedon (um 396/5–314), Schüler und Nachfolger Platons

als Schulhaupt der Akademie. Für seine Person vgl. Komm. unten zu VII, 172.

875 *cuidam famulo ... essem* Diog. Laert. III, 39: ἀλλὰ καὶ πρός τινα τῶν παίδων, „Μεμαστίγωσο ἄν", εἶπεν, „εἰ μὴ ὠργιζόμην (ὀργίζόμην *ed. Frob.* p. 148)". Vgl. die lat. Übers. Traversaris: „Cuidam item seruorum ‚Iam', inquit, ‚vapulatus es, nisi iratus essem' ". Vgl. weiter Stob. III, 20, 42; Sen. *De ira* III, 12, 5; Val. Max. IV, 1, 15 ext. 1. Derselbe Ausspruch wurde sowohl dem pythagoräischen Philosophen Archytas (Plut. *De lib. educ.* 14, *Mor.* 10D; vgl. Er., *Apophth.* VIII, 85: „Architas, quum in agro comperisset quosdam e famulis admisisse quiddam, sentiens se commotiorem in illos, nihil quidem tum fecit. Tantum abiens dixit: ‚Fortunati', inquit, ‚estis, quod irascor vobis'") als auch dem spartanischen König Charillus bzw. Charilaus zugeschrieben (Plut. *Apophthegmata Laconica*, Charillus 3, *Mor.* 232C; Er., *Apophth.* I, 345 [*ASD* IV, 4, S. 149]: „Seruo cuidam audacius agenti cum ipso ‚Ni iratus essem', inquit, ‚occiderem te'. Adeo putabat nihil recte dici fieriue ab irato, vt ne in seruum quidem animaduertere voluerit commotior").

875 *Loris te caederem* Er. hat die Übers. sehr gut getroffen, da es sich in der Tat um Auspeitschen handelt, jene Körperstrafe, die im antiken Athen (und auch sonst in Griechenland) spezifisch für Sklaven angewendet wurde. Die Pluralform „lora" bezeichnet die Peitsche, die aus Lederriemen geflochten wurde (vgl. Lewis-Short S. 1078, s.v. „lorum"/ „lorus"). Er. hat die Redewendung „loris caedere" wohl aus Plautus *Merc.* V, 4, 42 („quin loris caedite, si lubet") bezogen. Vgl. unten Komm. zu *Apophth.* VII, 233 (Aristoteles, 14). Traversaris Übers. „vapulare" („Ohrfeigen geben") für μαστιγοῦν trifft hingegen nicht das richtige.

876–877 *Sapuit Syrus ... villum* Die von Er. beigebrachte Parallelstelle aus Plautus' *Adelphi* trifft nicht ganz zu: Der Sklave Syrus, der viel getrunken hat, entscheidet sich, zunächst sein Räuschchen auszuschlafen, nicht weil er durch den Wein aggressiv geworden wäre oder Angst hätte, er könnte handgreiflich werden. Nicht Syrus ist es, der in der Szene V, 2 eine Wut bekommt, sondern der strenge Vater Demea, der zum Ende der Szene droht, er werde Syrus den Schädel einschlagen.

876–877 *in angulum ... villum* Ter. *Ad.* 784b–786 (V, 2): „Quid ego nunc agam? / Nisi, dum hae silescunt turbae, interea in angulum / aliquo abeam atque edormiscam hoc villi ...".

877 *villum* „villum", „Weinchen", Deminutiv von „vinum" (vgl. *DNG* II, Sp. 5023, s.v. „villum").

879–880 *Quum ... corriperetur* Wörtliche Wiedergabe von Diog. Laert. III, 39, wobei Er. im ersten Teil die Übers. Traversaris kopiert („Cum equo insedisset, continuo descendit, dicens vereri se, ne equi ferocitate raperetur", ed. Curio, Basel 1524, S. 107), im Spruchteil jedoch einerseits den griech. Text zitiert (ἐφ' ἵππου καθίσας εὐθέως κατέβη φήσας εὐλαβεῖσθαι μὴ ἱπποτυφίᾳ ληφθῇ, ed. Frob. S. 148), andererseits eine eigene, neue Übers. beisteuert. Zu dieser hybriden Darbietungsweise entschloss er sich aufgrund einer Marginalnote Curios, der Traversaris Übers. von ἱπποτυφίᾳ mit „equi ferocitate" als mangelhaft angemerkt hatte. ἱπποτυφία bezeichnet den sprichwörtlichen „Stolz" des Pferdes (Passow II, 2, S. 1495, s.v.), der sich metaphorisch auch auf Menschen anwenden ließ (unbändiger Stolz, Aufgeblasenheit). Traversaris latein. Übers. war in der Tat nicht sehr gut gelungen; Er. beseitigte die Schwachstelle durch seine Übers. mit „equestri fastu".

Für *Apophth.* VII, 159 mit den Titel „Temulentia" vgl. *Apophth.* VII, 105 (Anacharsis Scytha, 5).

883–884 *Temulentiae ... foeditate* Wörtliche Wiedergabe von Diog. Laert. III, 39: τοῖς μεθύουσι συνεβούλευε κατοπτρίζεσθαι· ἀποστήσεσθαι γὰρ τῆς τοιαύτης ἀσχημοσύνης (ed. Frob. S. 148). Vgl. die lat. Übers. Traversaris: „Ebriis consulere solitus erat, vt in speculo se studiose (*se om. ed. Ven. 1490, ed. Bade Paris. 1509*) intuerentur, quoad eiusmodi foeditate deterrerentur (quoad eiusmodi foeditate deterrerentur *Curio*: eiusmodi statim a foeditate discessuros *Traversari*)" (ed. Curio, Basel 1524, S. 107).

886 *Negabat ... porrigit* Versuchte wörtliche, jedoch durch einen Verständnisfehler getrübte Übers. von Diog. Laert. III, 39: πίνειν δ' εἰς μέθην οὐδαμοῦ πρέπον ἔλεγε πλὴν ἐν ταῖς ἑορταῖς τοῦ καὶ τὸν οἶνον δόντος θεοῦ (ed. Frob. S. 148). Vgl. die lat. Übers. Traversaris: „Potare vsque ad ebrietatem nusquam decere monebat, praeterquam in diebus festis dei largitoris vini (dei largitoris vini *ed. Curio*: indultoris vini dei *Traversari, e.g. ed. Ven. 1490*)" (ed. Curio, Basel 1524, S. 107).

886 *ipse deus vinum porrigit* Mit „ipse deus vinum porrigit" gibt Er. den griech. Text verdreht wieder: Es geht nicht um Feiertage, „an denen (der) Gott selbst den Wein darreicht", sondern um Feste „des Weingottes" (des Gottes der den Wein schenkt), d.h. des Dionysos. Platon machte das Zugeständnis, daß man sich an Dionysos-Festen sehr wohl betrinken dürfe. Er. jedoch stellt dies in Abrede: „ebrietas semper foeda est".

VII, 161   Vigilantia   (Plato, 12)

Somnolentiam improbabat. Eoque scripsit in Legibus: „κοιμώμενος οὐδεὶς οὐδενὸς ἄξιος", id est, *„Nemo dormiens* vlla re dignus *est".*

VII, 162   Commode dicere   (Plato, 13)

Quum a Dionysio fastidiretur, poposcit congrediendi copiam. Ea data hunc in modum disseruit: „Si quem sentires in Siciliam appulisse *hoc animo, vt* tibi male faceret, *qui tamen* non data opportunitate nihil mali faceret, an hunc *impune dimitteres?". Quum* Dionysius *respondisset „Nequaquam, o Plato. Oportet enim hostium non facta solum, verum et animi propositum vlcisci",* Plato *subiecit: „Tum* si quis tibi bene volens *venisset in Siciliam, vt tibi boni quippiam adferret, non faciat autem destitutus occasione, num par esset hunc nulla* relata gratia contemptum abiicere?". Dionysio *percontante, quis esset ille, „Aeschines", inquit, „vir* et morum *sanctimonia cum quouis amicorum Socratis conferendus et qui possit dicendo meliores reddere, cum quibus habeat*

---

888 *Vigilantia* Vgl. Er.' proverbiale Fürstenspiegel-Maxime *Adag.* 1695 „Non decet Principem solidam dormire noctem" (*ASD* II, 4, S. 143–145): „Inter pleraque Homeri carmina, quae quondam prouerbiorum vice celebrata fuisse testatur Macrobius, illud vel praecipue annumerarim, quod est in Iliados libro secundo: Οὐ χρὴ παννύχιον εὕδειν βουληφόρον ἄνδρα, id est ‚Haud dignum duce id est, noctem dormire per omnem'" (Hom. *Il.* II, 24).

889–890 *Somnolentiam … dignus est* Versuchte wörtliche Übers. von Diog. Laert. III, 39: καὶ τὸ πολλὰ δὲ καθεύδειν ἀπήρεσκεν αὐτῷ. ἐν γοῦν τοῖς Νόμοις φησί: „κοιμώμενος (κοιμώμενος δὲ *in ed. Frob. p. 148*) οὐδεὶς οὐδενὸς ἄξιος". Von Traversaris Übers., die völlig korrekt ist, hat Er. in diesem Fall so gut wie nichts übernommen: „Somnus item immodicus illi displicebat. In legibus quidem (quidem *ed. Curio*: denique *Traversari*) ait: ‚Dormiens autem nemo vllius pretii'". Bei dem Versuch, größere wörtliche Übereinstimmung zu erzielen, verschlimmbesserte Er. die Übers. Traversaris.

889 *in Legibus* In dem Spruch, wie Diog. Laert. ihn wiedergibt, wurde der Text aus Platos *Gesetzen* aus dem Gedächtis zitiert; dort steht Καθεύδων, nicht κοιμώμενος; vgl. Plat. *Leg.* VII, 808B: ὕπνος γὰρ δὴ πολὺς οὔτε τοῖς σώμασιν οὔτε ταῖς ψυχαῖς ἡμῶν οὐδ' αὖ ταῖς πράξεσιν ταῖς περὶ ταῦτα πάντα ἁρμόττων ἐστὶν κατὰ φύσιν. Καθεύδων γὰρ δὴ οὐδεὶς οὐδενὸς ἄξιος, οὐδὲν μᾶλλον τοῦ μὴ ζῶντος.

890 *vlla re dignus* Er.' versuchte wörtliche Übers. von οὐδενὸς ἄξιος mit „(nemo) … vlla re dignus" ist nicht recht gelungen; mit οὐδενὸς ἄξιος ist „wertlos, zu nichts nütze" gemeint, auf Latein „nullius pretii" oder „plane inutilis", bzw. mit „nemo" konstruiert, „vlli rei vtilis" bzw. „vllius pretii", wie Traversari a.a.O. korrekt übersetzt hatte.

Apophth. VII, 167 stellt kein Apophthegma im eigentlichen Sinn dar, sondern eine Art Sokratischen Dialog, in dem es Platon gelingt, durch seine überlegene Argumentationstechnik Dionysios II. (reg. 367–357 v. Chr.) zu überzeugen. Der Dialog ist aller Wahrscheinlichkeit nach fiktiv, bezieht sich aber auf Platons historische Aufenthalte am Hof des Dionysios II. in Syrakus in den Jahren 366/5 oder 361. Zu Dionysios II., Platons Aufenthalten in Syrakus und zu dessen Einflussnahme auf die Politik Siziliens vgl. oben Komm. zu V, 77, wo Er. den Sprüchen des Tyrannen eine Sektion widmet. In der von Plutarch überlieferten Anekdote erscheint Platon als leuchtendes Beispiel wahrer Freundschaft und Großmütigkeit, der sich uneigennützig für seinen Philosophen-Kollegen Aischines bei Dionysios II. eingesetzt habe. Es ist jedoch zweifelhaft, ob dieses Bild den historischen Tatsachen entspricht. Laut Diog. Laert. II, 61 soll Platon am Hof des Tyrannen den Aischines als unliebsamen Konkurrenten geschnitten haben. Nach Diog. Laert. war es nicht Platon, der Aischines empfahl, sondern Aristippos. Durch dessen Fürsprache habe Aischines dem Dionysios II. einige seiner Dialoge überreichen können und sei dafür belohnt worden. Wie der Titel zeigt, präsentiert Er. in VII, 162 den kurzen Dialog nicht als Exempel wahrer Freundschaft, die sich von Heuchelei und Schmeichelei unterscheidet, oder von uneigennütziger Großmütigkeit, sondern von der Wirkungskraft kluger, passender Rede („commode dicere").

892–904 *Quum a Dionysio … tractaret* Teils ganz wörtliche, teils variierende Wiedergabe von Er.' eigener Übers. von Plut. *Quomodo adulator ab amico internoscatur* 26, *Mor.* 67C–E: „Quemadmodum Plato, quum a Dionysio fastidiretur parumque cum illo conueniret, poposcit congrediendi copiam. Ille putans Platonem aliquid de se questurum, dedit. Plato vero in hunc modum cum eo disseruit: ‚Si quem senseris inimicum in Siciliam appulisse, Dionysi, qui mali quippiam tibi facere voluerit, caeterum non data opportunitate nihil mali fecerit, num hunc sineres abire citraque noxam dimitteres (dimitteres *ed. Cratander, Bas. 1530, fol. 178A*: dimittere *Koster* in *ASD* IV, 2, p. 150)?'. ‚Multum abest', inquit Dionysius, ‚vt id faciam, o Plato. Oportet enim hostium non facta solum, sed animi quoque propositum odisse et vlcisci'. ‚Ergo si quis', inquit Plato, ‚tui amore benevolentiaque huc profectus, boni quippiam tibi (tibi *ed. Cratander, om. Koster*) cupiens adferre, non faciat autem te non praebente illi opportunitatem, num par est hunc nulla cum gratia contemptum abiicere (abiicere *ed. Cratander*: abicere *ed. Koster*)?'. Hic quum Dionysius interrogasset, quisnam is esset, ‚Aeschines', inquit (sc. Plato), ‚vir et moribus cum quouis Socratis amicorum conferendus et qui possit dicendo meliores reddere, cum quibus habeat consuetudinem. Is quum huc multum emensus maris adnauigarit (adnauigarit *ed. Cratander*: annauigauerit *ed. Koster*), vt per philosophiam tecum haberet consuetudinem, neglectus est. Haec Platonis oratio in tantum commouit Dionysium, vt protinus illum amplecteretur beneuolentia hominis animique magnitudine delectatus, Aeschinem vero honorifice splendideque tractaret'" (*ASD* IV, 2, S. 150–151; *ed. Cratander, Bas. 1530, fol. 178A*). Vgl. den griech. Text: ὡς Πλάτων ἐν ταῖς πρὸς Διονύσιον ὑποψίαις καὶ διαφοραῖς ᾐτήσατο καιρὸν ἐντυχίας· εἶθ᾽ ὁ μὲν ἔδωκεν, οἰόμενος ὑπὲρ αὑτοῦ τι ἔχειν μέμψασθαι τὸν Πλάτωνα καὶ διελθεῖν, ὁ δὲ Πλάτων οὕτω πως διελέχθη πρὸς αὐτόν. „εἴ τινα αἴσθοιο, Διονύσιε, δυσμενῆ πεπλευκότα εἰς Σικελίαν, κακὸν τί σε ποιῆσαι βουλόμενον οὐκ ἔχοντα δὲ καιρόν, ἆρ᾽ ἂν ἐάσειας αὐτὸν ἐκπλεῦσαι καὶ περιίδοις ἀθῷον ἀπαλλαγέντα;" „πολλοῦ δέω", εἶπεν ὁ Διονύσιος, „ὦ Πλάτων· δεῖ γὰρ οὐ τὰ ἔργα τῶν ἐχθρῶν μόνον ἀλλὰ καὶ τὴν προαίρεσιν μισεῖν καὶ κολάζειν". „εἰ τοίνυν", εἶπεν ὁ Πλάτων, „ἐπ᾽ εὐνοίᾳ τις ἀφιγμένος τῇ σῇ δεῦρο βούλεται μὲν ἀγαθοῦ τινος αἴτιός σοι γενέσθαι, σὺ δὲ καιρὸν οὐ παρέχεις, ἄξιόν ἐστι τοῦτον ἀχαρίστως προέσθαι καὶ ὀλιγώρως;" ἐρωτήσαντος δὲ τοῦ Διονυσίου τίς ἐστιν οὗτος, „Αἰσχίνης", εἶπεν, „ἀνὴρ τῷ τε ἤθει παρ᾽ ὁντινοῦν τῶν Σωκράτους ἑταίρων ἐπιεικὴς καὶ τῷ λόγῳ δυνατὸς ἐπανορθοῦν οἷς συνείη· πλεύσας δὲ δεῦρο πολλὴν θάλατταν, ὡς συγγένοιτό σοι διὰ φιλοσοφίας, ἠμέληται". ταῦθ᾽ οὕτως ἐκίνησε τὸν Διονύσιον, ὥστε τὰς μὲν χεῖρας τῷ Πλάτωνι εὐθὺς περιβαλεῖν καὶ κατασπάζεσθαι, τὴν εὐμένειαν καὶ τὴν μεγαλοφροσύνην ἀγάμενον, τοῦ δ᾽ Αἰσχίνου καλῶς καὶ μεγαλοπρεπῶς ἐπιμεληθῆναι.

892 *Quum ... fastidiretur* Er.' „Quum a Dionysio fastidiretur", das sich so schon in seiner früheren Übers. findet, ist keine korrekte Wiedergabe des griechischen ἐν ταῖς πρὸς Διονύσιον ὑποψίαις καὶ διαφοραῖς, das „mitten unter seinen (sc. Platons) Verdenkungen gegenüber Dionysios und Streitereien mit ihm" bedeutet.

899 *Aeschines* Nicht der Redner Aischines aus Athen (um 390–314 v. Chr.), sondern der Sokrates-Schüler **Aischines von Sphettos** (um 430/20–nach 357/6 v. Chr.), der sich zwar als Philosoph einen Namen gemacht hatte und unter den Schülern des Sokrates angesehen war, sich jedoch aus den ärmlichen Verhältnissen, aus denen er stammte (er soll der Sohn eines Wurstmachers gewesen sein), nicht befreien konnte: Schließlich begab er sich bereits im hohen Alter, in der Hoffnung auf ein Auskommen, an den Hof des sizilischen Tyrannen Dionysios II (Diog. Laert. II, 61). Nach Diog. Laert. II, 63 hat er bis zum ersten Sturz des Dionysios II. (= 357) und sogar noch etwas länger in Syrakus gelebt. In *Apophth.* III, 51 (*ASD* IV, 4, S. 209) und III, 100 (*ASD* IV, 4, S. 220), welche Er. aus Diog. Laert. II, 34 bzw. 62 bezogen hat, wird die Armut des Aischines von Sphettos thematisiert: III, 51 führt die Großmut des Sokrates vor, der Aischines unter seine Schüler aufnahm, obwohl er ihm keinen Pfennig bezahlen konnte („Quum Aeschines ambiret esse de numero discipulorum Socratis excusaretque verecunde paupertatem suam …", a.a.O.); in *Apophth*. III, 100 rät Sokrates dem Aischines, seine Armut durch Reduzierung der Nahrungsaufnahme zu bekämpfen. Diogenes Laertius zollte dem Aischines von Sphettos Anerkennung, indem

consuetudinem. Is quum huc multum maris emensus adnauigarit, vt suam philosophiam tibi impertiret, hactenus *neglectus est". Haec* tam commoda *oratio* effecit, *vt rex et Platonem*, cui prius erat infensior, *amplecteretur et Aeschinem splendide* magnificeque tractaret.

905   VII, 163   Ferocia   (Plato, 14)

Dionem ob formam et ob rerum gestarum magnitudinem quum plurimi fieret *ab omnibus, admonuit, caueret metueretque contumaciam, cui comes esset solitudo.* Insolenter enim vtentem rebus prosperis amici destituunt.

er ihm eine Biographie widmet (II, 60–64). Aischines verfasste wie Platon sokratische Dialoge, von denen Diog. Laert. sieben für echt hält: *Miltiades, Kallias, Axiochos, Aspasia, Alkibiades, Telauges* und *Rhinon* (II, 61). Von *Miltiades, Aspasia* und *Alkibiades* sind Fragmente erhalten. Es gab unter den Sokrates-Schülern eine große Konkurrenz um die Verwaltung des Erbes des Meisters: Die Schüler feindeten einander an und beschuldigten sich gegenseitig des Plagiats. So beschuldigte Menedemos den Aischines von Sphettos, er habe der Xanthippe ihre sokratischen Dialoge gestohlen und als seine eigenen herausgegeben (Diog. Laert. II, 61); nach Persaios tragen diverse sokratische Dialoge den Namen des Aischines, während ihr tatsächlicher Autor Pasiphon sei (ebd.). Als sich Aischines an den Hof des Dionysios II. begab, konnte er ein beträchtliches Oeuvre als philosophischer Schriftsteller vorlegen. Bei seinem Rundgang durch den Diog. Laert.-Text, den Er. im siebenten Buch der *Apophthegmata* macht, hatte er Aischines bereits übergangen. Zur Person des Aischines vgl. H. Dittmar, *Aischines von Sphettos. Studien zur Literaturgeschichte der Sokratiker. Untersuchungen und Fragmente*, 2. Aufl., Hildesheim 2001; K. Döring, „Aischines aus Sphettos", in: H. Flashar (Hrsg.), *Grundriss der Geschichte der Philosophie. Die Philosophie der Antike*, Bd. 2/1, Basel 1998, S. 201–206. Im Index personarum von *B* und *C* wird kein Unterschied zwischen dem Redner Aischines und dem Sokratiker gemacht.

Apophth. VII, 163 bezieht sich auf Dions ‚Blütezeit' am Tyrannenhof von Syrakus, d.h. auf die Regierungszeit Dionysios I, 388–367 v. Chr., nach Platons Ankunft in Syrakus. Platon warnte Dion zur Zeit seiner größten Machtentfaltung vor präpotentem Verhalten.

Er. nennt dieses Verhalten in der Lemma-Überschrift etwas überzogen „ferocia", das eher Grausamkeit und Wildheit bezeichnet statt des erforderlichen, im Apophthegma-Text vermeldeten „contumacia" oder „arrogantia", die Äquivalente für das griech. αὐθάδεια (vgl. Passow I, 1, S. 440, s.v. „Selbstgefälligkeit, Anmaßung, Stolz, eigenmächtige Handlungsweise").

906 *Dionem* Für Dion von Syrakus (409–354 v. Chr.), Schwager und Schwiegersohn Dionysios' I. von Syrakus, vgl. oben Komm. zu *Apophth.* V, 85. Die Freundschaft zwischen Dion und Platon entstand bereits während dessen ersten Aufenthaltes in Syrakus i.J. 388 v. Chr. Während der Regierungszeit Dionysios' I. erfreute sich Dion eines hohen Ansehens. Dion wurde zwar von dessen Sohn Dionysios II. zunächst als Ratgeber bestätigt, überwarf sich jedoch mit diesem bei dem Versuch, den Tyrannenstaat von Syrakus zu dem platonischen Idealstaat umzubilden. Schon bald, i.J. 366, verbannte ihn Dionysios II. aus Syrakus. Im Exil ging Dion nach Griechenland, wo er sich längere Zeit in Korinth und Athen aufhielt. 357 v. Chr. kehrte er mit einer Truppenmacht nach Sizilien zurück, stürzte Dionysios II. und übernahm die Regentschaft in Syrakus, wo er einen erneuten Versuch unternahm, Platons Idealstaat in die Wirklichkeit umzusetzen. Er scheiterte jedoch wiederum und wurde schließlich ermordet.

906–907 *Dionem ... solitudo* Plut. *Quomodo adulator ab amico internoscatur* 29, Mor. 69F. Er. benutzte seine eigene Übers. aus d.J. 1514, die er größtenteils wörtlich zitiert: „Huiusmodi Cyri dicta ad Cyaxaren (Cyaxaren *ed. Cratander, Bas. 1530, fol. 179A*: Cyaxarem *ed. Koster*) et ad Dionem Platonis, quem hic, quum esset florentissimus et ob formam rerumque magnitudinem omnium in se vertisset animos, admonuit, caueret ac metueret contumaciam, vt cuius comes esset solitudo" (*ASD* IV, 2, S. 154; ed. Cratander, Basel 1530, fol. 179A). Vgl. den griech Text: τοιαῦτα ... τὰ πρὸς Δίωνα Πλάτωνος, ὅτε λαμπρότατος ἦν καὶ πάντας εἰς ἑαυτὸν ἀνθρώπους ἐπέστρεφε διὰ τὸ κάλλος τῶν πράξεων καὶ τὸ μέγεθος, παρακελευομένου φυλάττεσθαι καὶ δεδιέναι τὴν αὐθάδειαν, ὡς ἐρημίᾳ ξύνοικον. Dieselbe Warnung Platons an Dions Adresse findet sich auch in Plut. *Dion*, 8, 4: περὶ ὧν καὶ Πλάτων ὕστερον ὥσπερ ἀποθεσπίζων ἔγραψε πρὸς αὐτόν ἐξευλαβεῖσθαι τὴν αὐθάδειαν ὡς ἐρημίᾳ συνοικοῦσαν.

906 *ob formam et ob rerum gestarum magnitudinem* Die Angabe des Er., daß man Dion wegen „seiner körperlichen Schönheit" („ob formam") und wegen „seinen Großtaten" schätzte, beruht auf einer Fehlübersetzung von διὰ τὸ κάλλος τῶν πράξεων καὶ τὸ μέγεθος, „wegen der Schönheit und Grösse seiner Taten". Derselbe Fehler findet sich schon in Er.' Plutarchübers. d.J. 1514 („ob formam rerumque magnitudinem").

VII, 164   Exemplvm ex aliis   (Plato, 15)

910 *Si quando forte incidisset in eos, qui praeter decorum quippiam agerent, digressus consueuit dicere: „Nuncubi ego talis?".* Nemo suam turpitudinem perspicit, sed sibi quisque assentator est. Ex aliis igitur discendum, quam indecora sint, quae praeter honestatem geruntur.

VII, 165   Ocivm   (Plato, 16)

915 *E disputatione discedens solitus est admonere* discipulos „Videte, pueri, vt ocium in re quapiam honesta collocetis", *significans ocium omnia mala docere adolescentes.*

911 perspicit *B C*: perspexit *BAS LB.*

Apophth. VII, 164 ist ein Gegenstück zu *Adag.* 590 „Non videmus manticae quod in tergo est" (*ASD* II, 2, S. 112: „... id est Non videmus nostra ipsorum vitia, cum aliena curiosis oculis perspiciamus"), *Collect.* 406 „In se descendere. Manticam in tergo videre" (*ASD* II, 9, S. 168) und *Adag.* 591 „Festucam ex alterius oculo eiicere" (ebd. S. 112–114, S. 112): „Hanc humani ingenii φιλαυτίαν ... literae ... etiam Euangelicae ... notarunt, quum aiunt quosdam esse, qui festucam videant in oculo fratris, in suo trabem non vident"). Der Titel von *Apophth.* VII, 164 ist identisch mit jenem von 105 (Anacharsis); dort geht es allerdings darum, denjenigen, die sich übermäßigem Weingenuss hingeben, einen Spiegel vorzuhalten, nicht um einen Bezug zwischen dem moralischen Fehlverhalten anderer und der persönlichen Gewissenserforschung herzustellen.

910–912 *Si quando ... sint* Der Ausspruch findet sich nicht in den Werken Platons, sondern wurde ihm nur von Plutarch (allerdings an vier Stellen) zugeschrieben. Da der Spruch wenig spezifisch ist und nichts mit der Philosophie Platons zu tun hat, handelt es sich wahrscheinlich um ein Wanderapophthegma. Der erste antike Autor, der es zitiert, ist Horaz, der ihm keinen bestimmten Urheber zuschreibt: Hor. *Serm.* I, 4, 136–137 gibt ein moralisches Selbstgespräch des Dichters wieder: „hoc quicquam non belle: numquid ego illi/ Imprudens olim faciam simile?". Er. zitiert in *Apophth.* VII, 164 Plut. *De capienda ex inimicis utilitate* 5, *Mor.* 88E, wobei er seine eigene Übers. d.J. 1514 leicht variierte: „Proinde Plato quotiens incidisset in eos, qui facerent indecori quippiam, digressus consueuit apud se dicere ‚Nuncubi ego talis?'" (*ASD* IV, 2, S. 177; ed. Cratander, Basel 1530, fol. 182D). Vgl. den griech. Text: ὁ μὲν οὖν Πλάτων ὁσάκις ἀσχημονοῦσιν ἀνθρώποις παραγένοιτο, πρὸς αὐτὸν εἰώθει λέγειν „μή που ἄρ' ἐγὼ τοιοῦτος;". Plutarch brachte den Spruch mit der Zuschreibung an Platon auch in *De recta ratione audiendi* 6, *Mor.* 40D, *De tuenda sanitate praecepta* 15, *Mor.* 129D und *De cohibenda ira*, *Mor.* 463E; *Mor.* 40D, in Othmar Nachtigalls Übers. (die Er. vorlag): „Facillimum nanque est aliorum vitiis succensere illaque reprehendere, caeterum nihil in se habet bonae frugis ea res, nisi teipsum prius corrigas et, ne ad similia prolabaris, adhibeas cautionem. Conueniet autem in primis, vt Platonicum illud assidue nobis sit in ore, sicubi de peccantibus facta fuerit mentio: ‚Nunquid ego quoque sum talis?'"; vgl. den griech. Text: ῥᾷστον γάρ ἐστι τῶν ὄντων τὸ μέμψασθαι τὸν πλησίον, ἀχρήστως τε καὶ κενῶς γιγνόμενον, ἂν μὴ πρό τινα διόρθωσιν ἢ φυλακὴν ἀναφέρηται τῶν ὁμοίων. καὶ τὸ τοῦ Πλάτωνος οὐκ ὀκνητέον ἀεὶ πρὸς αὐτὸν ἐπὶ τῶν ἁμαρτανόντων ἀναφθέγγεσθαι, „μή που ἄρ' ἐγὼ τοιοῦτος;". In *Mor.* 129D überträgt Plutarch die moralische Bezugnahme auf die eigene Person auf das Gebiet der körperlichen Gesundheit, in dem Sinn, daß man von den Krankheiten der anderen lernen soll; vgl. Er.' eigene Übers. d.J. 1514: „Deinde sicut in alienis erratis Plato solitus est discedens secum dicere, ‚Ne quando videlicet ipse quoque sim istiusmodi!', ita ex amicorum malis sibi quemque consulere et cauere conueniet ac meminisse, ne in eadem incidat ..." (*ASD* IV, 2, S. 200). A.a.O. gibt Er. Platons Frage „μή που ἄρ' ἐγὼ τοιοῦτος;" als prohibitiver Imperativ formuliert wie-

910 *digressus* Bei „digressus" handelt es sich um einen Zusatz des Er., der sich vorstellte, daß die Gewissenserforschung erst stattfand, nachdem Platon allein im stillen Kämmerlein zur Einkehr kam. Er., der selbst Mönch gewesen war, mag an das tägliche mönchische Ritual der Gewissenserforschung gedacht haben, das des Abends in der Zelle stattzufinden hatte. „Digressus" findet sich bereits in Er.' früherer Übers. d.J. 1514 (*ASD* IV, 2, S. 177). Demgegenüber suggeriert die Darstellung Plutarchs, daß die moralische Bezugnahme auf sich selbst sogleich, an Ort und Stelle, stattgefunden habe.

911 *Nuncubi* „nuncubi" kann entweder „num quo tempore" („irgendwann") oder „num in quo loco" (bzw. „num alicubi"; „irgendwo") bedeuten (vgl. Forcellini 1833, III, S. 193, s.v. „nuncubi"); an vorl. Stelle, in der es um die philosophische Gewissenserforschung geht, ist das erste der Fall („Habe ich je ... [sc. mich so betragen?]"). Indem Er. Plutarchs μή που ἄρ᾽ mit dem seltenen „nuncubi" wiedergab, erinnerte er sich wahrscheinlich an seine Terenzlektüre (*Eun.* 1, 2, 83 „Nuncubi meam benignitatem sensisti?"). Bereits in seiner Plutarch-Übers. d.J. 1514 hatte Er. μή που ἄρ᾽ mit „nuncubi" übertragen, in *Apophth.* VII, 164 kopierte er dies. Koster (*ASD* IV, 2, S. 177) fasst „nuncubi" zu Unrecht als „alicubi" auf. Vgl. seinen Komm. *ad loc.*

911–912 *Nemo ... assentator est* Vgl. Ter. *Heaut.* 502–505: „(Menedemus:) „Di, vostram fidem,/ Ita comparatam esse hominum naturam omnium/, aliena vt melius videant et diiudicent/ quam sua!"; Cic. *Tusc.* III, 73: „Est enim proprium stultitae aliorum vitia cernere, obliuisci suorum"; *Off.* I, 146: „Fit enim nescio quomodo, vt magis in aliis cernamus quam in nobismet ipsis, si quid delinquitur"; Lactant. *Inst.* III, 4, 7; Otto 60, s.v. „alienus"; Walther 785 (nach Terenz 503): „Aliena homines melius vident et diiudicant quam sua"; *Apophth.* VII, 8: „Aliena rectius perspicimus quam nostra, et sibi quisque adulator est".

915–916 *E disputatione ... collocetis* Plut. *De tuenda sanitate praecepta* 24, *Mor.* 135D. Er. wiederholte seine frühere Übers. von Plutarchs Werk aus d.J. 1513 großteils wörtlich: „At sane qui in reipublicae negociis versantur, inquiebam (inquiebam *ed. Cratander 1530, fol. 190C*: inquit *ed. Koster*), diuersa ratione sunt admonendi quam ea, qua Plato consueuit adolescentibus praecipere (praecipere *ed. Cratander*: precipere *Koster*). Siquidem e disputatione discedens dicere solitus est ad hunc modum: ‚Videte, pueri, vt ocium in re quapiam honesta collocetis'" (*ASD* IV, 2, S. 210; ed. Cratander, Basel 1530, fol. 190C). Vgl. den griech. Text: οὐ μὴν ἀλλὰ καὶ τοῖς πολιτικοῖς ἔφη παραινετέον εἶναι τοὐναντίον οὗ Πλάτων παρῄνει τοῖς νέοις. ἐκεῖνος μὲν γὰρ λέγειν ἐκ τῆς διατριβῆς ἀπαλλαττόμενος εἰώθει, „ἄγε, ὅπως εἰς καλόν τι καταθήσεσθε τὴν σχολήν, ὦ παῖδες".

916 *significans ... adolescentes* In seiner Erklärung greift Er. auf den sprichwörtlichen Gemeinplatz zurück, daß Müßiggang aller Laster Anfang sei (vgl. Walther, *Proverbia sententiaeque medii aevi* 20518 d: „otium puluinar Sathane"), den er besonders auf die jungen Leute münzt, die moralisch noch nicht gefestigt sind. In Anbetracht der Art, in der Plutarch das Zitat präsentiert, ist die Erklärung des Er. allerdings eher kurios. Bei Plutarch geht es um die Erhaltung der Gesundheit durch eine richtige Lebensführung bzw. Diätik. Plutarch rät (in diesem Fall dem politisch tätigen Menschen) von übertriebener Aktivität ab, konkret von überflüssigen Reisen, unnötigem Hin- und Herhetzen, unnützer Verschwendung der körperlichen Kräfte. In diesem Sinn versteht er den Spruch Platons: Man soll seine Zeit zu „Schönem" verwenden, nicht seine Kräfte sinnlos vergeuden. Auch wenn man Plutarchs Verwendung a.a.O. ausklammert, kann Platon mit seinem Spruch nicht gemeint haben, daß Müßiggang aller Laster Anfang sei. Platon bewertete die freie Zeit, σχολή, durchgehend sehr günstig. Sie war die Zeit, die dem Philosophen lieb und teuer war, sie stellte das eigentliche Ambiente des Philosophierens dar. Wenn Platon sagt „Wendet eure Zeit zu Schönem an", so meint er das wohl in philosophischem Sinn: Auch wenn die jeweilige philosophische Lehrstunde bei ihm beendet war, sollten die Schüler mit ihren philosophischen Betrachtungen fortfahren.

| VII, 166 | Exercitatio | (Plato, 17) |

Solet *admonere, vt neque corpus sine animo exerceamus neque animum sine corpore,* vt pariter vtriusque curam habeamus. Nam alterum athletarum est, alterum inertium.

| VII, 167 | Felicitas intractabilis | (Plato, 18) |

Rogatus a Cyrenensibus, vt ipsis *leges scriberet ac reipublicae statum componeret, recusauit, dicens perdifficile esse condere leges tam felicibus,* indicans eos non facile parere salubribus monitis, qui successu rerum elati sibi felices viderentur.

918 Solet *B C*: Solebat *LB*.

917 *Exercitatio* Durch den Titel suggeriert Er., daß es bei dem Spruch Platons um Training geht, des Körpers und des Geistes gleichermaßen (vgl. auch seine erklärende Kommentierung). In Er.' Quelle Plut. geht es jedoch darum, daß der Zustand der Gesundheit nur dann erhalten werden kann, wenn die *Bedürfnisse* sowohl des Geistes als auch des Körpers berücksichtigt werden. Als schlagendes Beispiel gibt Plutarch bezeichnenderweise nicht das Training, sondern den Schlaf. Wenn man – zugunsten des hellwachen Geistes – das Bedürfnis des Körpers nach Schlaf nicht berücksichtigt, erkrankt der Körper und wird dadurch auch der Geist in Mitleidenschaft gezogen. Die missverständliche Engführung des Spruches auf Leibesübungen/geistige Übungen, wodurch diese gleichberechtigt nebeneinanderstehen, mag insofern überraschen, als sich der dem Körperlichen abgewandte, christliche Intellektuelle Er. in der Regel nur negativ in Bezug auf Leibesübungen geäußert hat.

918–919 *Admonere … habeamus* Er.' Quelle sind hier die prägnanten Schlusssätze von Plutarchs Traktat *De tuenda sanitate praecepta* 25, *Mor.* 137E, die dem nämlichen Spruch Platons gewidmet sind. Er. benutzte seine eigene Übers. d. J. 1514 als Vorlage: „Proinde recte monebat Plato, vt neque corpus exerceremus sine animo neque animum sine corpore, sed veluti coniugii cuiusdam aequilibrium (aequilibrium *ed. Cratander 1530, fol. 191C*: equilibrium *ed. Koster*) seruaremus corpori. Quum maxime animo nauat operam seque laborum socium praebet (sc. corpus), tum plurimam illi curam ac solicitudinem vicissim impendamus …" (*ASD* IV, 2, S. 212; ed. Cratander, Basel 1530, fol. 191C). Vgl. den griech. Text: ὀρθῶς οὖν ὁ Πλάτων παρῄνεσε μήτε σῶμα κινεῖν ἄνευ ψυχῆς μήτε ψυχὴν ἄνευ σώματος, ἀλλ᾽ οἷόν τινα ξυνωρίδος ἰσορροπίαν διαφυλάττειν, ὅτε μάλιστα τῇ ψυχῇ συνεργεῖ τὸ σῶμα καὶ συγκάμνει, πλείστην ἐπιμέλειαν αὐτῷ καὶ θεραπείαν ἀποδιδόντας …; Er. isoliert in *Apophth.* VII, 166 den Spruch aus dem von Plutarch vorgegebenen Kontext. Nach Plutarch muß man Sorge tragen, daß man weder seinen Körper noch seinen Geist zu sehr an den Rand der Erschöpfung bringt. Plutarch veranschaulicht das Problem durch die Parabel vom Kamel und vom Ochsen. Beide müssen bereit sein, Lasten zu tragen und Arbeit zu verrichten. Wenn das Kamel alle Lasten auf den Ochsen abwälzt, wird dieser eingehen, wodurch das Kamel fortan alle Arbeit alleine verrichten muß. Im Grunde geht es um den Gedanken der psychosomatischen Einheit bzw. der unauflöslichen Verbundenheit von Körper und Geist, der auch in dem Gemeinplatz zum Ausdruck kommt, daß ein gesunder Geist nur in einem gesunden Körper wohnen könne, in der röm. Literatur kodifiziert von Juvenal *Sat.* 10, 356 („mens sana in corpore sano").

918 *exerceamus* Er.' Übers. von Platons κινεῖν ist irreführend; Platon meint mit κινεῖν nicht „üben", „trainieren", sondern schlicht „sich bewegen, fortbewegen, vorankommen" (vgl. F. Cole Babbitt a.a.O.: „there should be no movement of the body without the mind or of the mind without the body"): Dabei steht ihm das Bild von Zugtieren vor Augen. Der Körper und der Geist sind Zugtiere, die zusammen ein Gespann bilden; d.h. beide müssen sich zugleich und im Gleichschritt bewegen, wenn man vorankommen will. Dieses Bild

des Gespannes liegt auch Plat. *Tim.* 88B–C zugrunde: μήτε τὴν ψυχὴν ἄνευ σώματος κινεῖν μήτε σῶμα ἄνευ ψυχῆς.

921–922 *Rogatus ... felicibus* In dem *Apophthegma* wird der Anfangssatz von Plutarchs Traktat *Ad principem ineruditum* 1, *Mor.* 779D, wiedergegeben. Dabei wiederholt Er. wörtlich seine frühere Übers. aus d.J. 1514: „Plato rogatus a Cyrenensibus, vt sibi (sic) leges scriberet scriptasque relinqueret ac reipublicae statum componeret, recusauit dicens esse perdifficile leges condere Cyrenensibus, qui tam essent foelices: nihil enim tam superbum, nihil tam intractabile ac morosum esse quam hominem, quem foelicitatis opinio corripuerit" (*ASD* IV, 2, S. 217; vgl. ed. Vascosan, Paris 1544, fol. 251F). Vgl. den griech. Text: Πλάτωνα Κυρηναῖοι παρεκάλουν νόμους τε γραψάμενον αὐτοῖς ἀπολιπεῖν καὶ διακοσμῆσαι τὴν πολιτείαν, ὁ δὲ παρῃτήσατο φήσας χαλεπὸν εἶναι Κυρηναίοις νομοθετεῖν οὕτως εὐτυχοῦσιν· „οὐδὲν γὰρ οὕτω γαῦρον / καὶ τραχὺ καὶ δύσαρκτον / ὡς ἀνὴρ ἔφυ". εὐπραγίας δοκούσης ἐπιλαμβανόμενος. Für das Tragiker-Zitat vgl. Nauck, *Trag. Graec. Frag.* Nr. 617.

921 *Cyrenensibus* Die griechische Stadt Kyrene, ursprünglich eine Kolonie Theras (auf Santorini), war im 5. Jh. die bedeutendste Stadt des heutigen Lybien und erfreute sich großer wirtschaftlicher Prosperität. Die Stadt war einer der wichtigsten Spieler auf dem Feld des Mittelmeerhandels. Die Frage nach einer Verfassung war insofern relevant, als sich die Stadt um 440 v. Chr. von einer Monarchie in eine Demokratie gewandelt hatte; von daher ist es verständlich, daß man sich aus dem demokratischen Athen die Vorlage für eine Verfassung holen wollte. Platons Ablehnung des Ansuchens stützt sich auf das Argument der wirtschaftlichen Prosperität: Wenn es einer Stadt ökonomisch so gut gehe, werde sie keine Änderungen des Status quo annehmen wollen. Vgl. W. Huß. *DNP* 6 (1999), Sp. 1002–1004, s.v. „Kyrene".

921 *ipsis* Mit „ipsis" korrigierte Er. seinen Übersetzungsfehler d.J. 1514 „sibi" (a.a.O.).

VII, 168   Affectata oratio   (Plato, 19, i.e. Socrates)

Polus sophista reperisse dicitur quasdam orationis delicias, *veluti contraria* inter se reddita, *membra comparia, similiter desinentia, quibus immodice* putatur *vsus. His ornamentis* quum se iactaret insolentius, Plato sic hominem taxauit: „ὦ ⟨...⟩ Πῶλε, ἵνα ⟨σε⟩ προσείπω [σε] κατὰ σέ", id est, „O ⟨...⟩ Pole, vt te tuo alloquar modo". Polus Graece sonat pullum equinum: ipso itaque statim nomine tetigit hominis arrogantiam. Imitatus est et ὁμοιόπτωτον: ... Πῶλε σε – ... κατὰ σέ.

927 ὦ *B C LB: scribendum erat* ὦ λῷστε.
927 Πῶλε *LB:* πῶλε *B C.*

928 ἵνα ⟨σε⟩ προσείπω [σε] *scripsi:* ἵνα προσείπω σε *B C BAS LB.*
930 Πῶλε *scripsi:* πῶλε *B C BAS LB.*

924 *Plato* Der Zuschreibungsfehler des Spruches an Platon statt an Sokrates geht auf die von Er. benutzte Quelle, Philostratos, zurück, der offensichtlich den Sprecher (Sokrates) mit dem Autor (Platon) des zitierten Werkes (*Gorgias*) verwechselt hat.

925 *Polus* **Polos von Akragas** (geb. um 450 v. Chr.), Redner aus Agrigent auf Sizilien, Schüler des Empedokles und des Gorgias von Leontinoi (um 485–um 380 v. Chr.). Zusammen mit Gorgias reiste Polos i.J. 427 von Sizilien nach Athen, wobei die beiden ihre Gesandtschaftsreise zu Demonstrationen ihrer Redekunst und zu öffentlichen Vorträgen, in denen sich Rhetorik mit Dialektik mischte, nutzten. Sowohl Gorgias als auch Polos hatten die Rhetorik zu einer verfeinerten Kunst erhoben. Beide machten großen Eindruck auf die athenische Jugend. Platon benannte einen Dialog nach Gorgias, in welchem letzerer und Polos als Gesprächspartner des Sokrates auftreten. Polos verfasste eine Schrift über die Rhetorik nicht näher bekannten Inhalts sowie eine Monographie zur *elocutio* (Wortwahl), die beide verlorengingen. Zu Polos vgl. M. Narcy, *DNP* 10 (2001), Sp. 38, s.v. „Polos", Nr. 1; W. Nestle, *RE* XXI, 2 (1952), Sp. 1424–1425, s.v. „Polos", Nr. 3; P. Chiron, „Pôlos d'Agrigente", in: R. Goulet (Hrsg.), *Dictionnaire des philosophes antiques*, Bd. 5,2, (2012), S. 1218–1221; für die Fragmente des Polos und die sich auf ihn beziehenden Quellen vgl. R.L. Fowler, „Polos of Akragas: *Testimonia*", in: *Mnemosyne* 50 (1997), S. 27–34; zu Platons *Gorgias* vgl. J. Dalfen, *Platon: Gorgias. Übers. und Kommentar*, Göttingen 2004, und E.R. Dodds (Hrsg.), *Plato: Gorgias. A Revised Text with Introduction and Commentary*, Oxford 1959.

Platons Darstellung des Polos im *Gorgias* ist durchaus negativ. Polos erscheint als Adept des Gorgias, der dessen Ansichten unhinterfragt vertritt und bis ins Unerträgliche steigert; als einer, der blind die Rhetorik zur höchsten Kunst erhebt, jedoch zu klarem, analytischem Denken nicht im Stande ist; schließlich als eingebildeter und eitler Mann, der unendlich stolz auf seine rhetorischen Fähigkeiten ist und aufgrund dieses Dünkels den Durchblick verloren hat.

925–928 *Polus sophista ... alloquar modo* Ungenaue und unvollständige, nicht ganz verstandene Wiedergabe des Er. von Philostr. *Vit. soph.* I, 13 (497), wobei Er. den Spruch auch auf Griechisch zitierte, allerdings bei der Übertragung ein entscheidendes Wort vergaß und sich in der Wortfolge irrte: Πῶλον δὲ τὸν Ἀκραγαντῖνον Γοργίας σοφιστὴν ἐξεμελέτησε πολλῶν, ὥς φασι, χρημάτων, καὶ γὰρ δὴ καὶ τῶν πλουτούντων ὁ Πῶλος. εἰσὶ δέ, οἵ φασι καὶ τὰ πάρισα καὶ τὰ ἀντίθετα καὶ τὰ ὁμοιοτέλευτα Πῶλον εὑρηκέναι πρῶτον, οὐκ ὀρθῶς λέγοντες, τῇ γὰρ τοιᾷδε ἀγλαΐᾳ τοῦ λόγου Πῶλος εὑρημένῃ κατεχρήσατο, ὅθεν ὁ Πλάτων διαπτύων αὐτὸν ἐπὶ τῇ φιλοτιμίᾳ ταύτῃ φησίν: „ὦ λῷστε Πῶλε, ἵνα σε προσείπω κατὰ σέ". Philostratos zitierte Plat. *Gorg.* 467B. Dabei behauptete Philostratos, daß *Platon* den Polos so angeredet habe. Dies beruht jedoch auf einem Irrtum. In Plat. *Gorg.* 467B war es nicht Platon, sondern Sokrates, der diese Worte zu Polos sprach: (Σωκράτης): „μὴ κακηγόρει, ὦ λῷστε Πῶλε, ἵνα προσείπω σε κατὰ σέ".

925 *Polus ... delicias* Er. hat den Text des Philostratos unvollständig und dadurch sinnverzerrt wiedergegeben. Bei Philostr. *Vit. soph.* I, 13 steht zwar, daß es einige Leute gab, die

behaupteten, Polos hätte die genannten rhetorischen Kunstmittel πάρισα, ἀντίθετα und ὁμοιοτέλευτα erfunden, jedoch betont Philostratos im selben Atemzug, daß sie nicht die Wahrheit sprechen (οὐκ ὀρθῶς λέγοντες) und daß diese rhetorischen Kunstmittel damals schon längst erfunden worden waren. Das entspricht auch den Tatsachen. U. a. Polos' Lehrmeister Gorgias wendete die genannten Stilmittel bereits massiv an, vgl. z. B. Quint. *Inst.* IX, 3, 74: Gorgias war als Meister des Gleichklangs, von Alliteration, Isokolon, Homoioptoton und Homoioteleuton, bekannt.

925–926 *contraria inter se reddita* Damit ist die Figur der antithetischen Wortstellung („Gegensatz") gemeint (bei Philostratos: τὰ ἀντίθετα): Diese Figur sieht vor, daß zwei Wörter oder Begriffe nebeneinandergestellt werden, die im Hinblick auf ihre Bedeutung zueinander in einem gegensätzlichen Verhältnis stehen. Z. B. ‚ein reizender Schurke', ‚feiger Held', ‚freundliche Feinde' usw. Im weiteren gab Philostratos (nach Platons *Gorgias*) ein Beispiel dieser Figur mit ὦ λῷστε Πῶλε. Diese Figur scheint Er. entgangen zu sein, u. a. da er den Text unvollständig zitiert. Vgl. Komm. unten.

926 *membra comparia* „membra comparia" übersetzt Philostratos' τὰ πάρισα und meint die Figur des Isokolon (ἰσόκωλον): Bei dieser Figur wird eine Satzarchitektur entworfen, die aus ungefähr gleich langen, d. h. ungefähr gleich viele Silben enthaltenden Satzgliedern (κῶλα), gebildet wird. Vgl. Quint. *Inst.* IX, 3, 79, der die Figur, wie es gebräuchlich ist, mit dem griechischen Fachterm ἰσόκωλον bezeichnet, auf Lateinisch „membris aequalibus". Den Term „membra comparia" für das Isokolon bezog Er. aller Wahrscheinlichkeit nach aus der *Rhet. ad Her.* IV, 27.

926 *similiter desinentia* „similiter desinentia (sc. membra)" bezeichnet die Figur des *Homoioteleuton*, bei der die einzelnen Satzglieder (κῶλα, *membra*) jeweils mit denselben Silben enden. Vgl. Quint. *Inst.* IX, 3, 77.

927 ὦ Bei der Textübertragung hat Er. das Wort λῷστε vergessen, das jedoch sicherlich in seiner Textvorlage vorhanden war und zum Verständnis des Spottes, den Platon mit Polos trieb, unentbehrlich ist, nämlich für die Demonstration der von Philostratos eingangs erwähnten Antithese (von Er. als „contraria inter se reddita" bezeichnet). ὦ λῷστε Πῶλε, wie der Text richtig lautet, enthält eine Antithese, nml. den Gegensatz zwischen dem solemn konnotierten Adjektiv „begehrt", welches durch den Superlativ noch mehr in die Höhe geschraubt wird (somit: „hochbegehrter"), und dem prosaischen Wort πῶλος, das „Füllen" bedeutet. Somit entsteht die Anrede: „Hochbegehrter – Füllen" (wie etwa „Hochehrenwerter – Regenwurm"). In der von Philostratos überlieferten Lesart (ὦ λῷστε Πῶλε, ἵνα σε προσείπω κατὰ σέ) gliedert sich der Text durch das Homoioteleuton in zwei Kola mit dem selben Ausgang: ὦ λῷστε Πῶλε, ἵνα σε + προσείπω κατὰ σε. Zusätzlich erzeugt der richtige Text mit ὦ λῷστε Πῶλε einen weiteren von Polos so geschätztem Gleichklang, die Alliteration: ὦ + λῷ + ὦλ. All dies fällt durch den Textübertragungsfehler des Er. weg, das bedeutet im Klartext, daß sämtliche in der Einleitung angekündigten Stilfiguren – Antithese, Isokolon und Homoioteleuton – nicht zur Geltung kommen. Wie auch seine Erklärung zeigt, ist dies Er. offensichtlich nicht aufgefallen. Er interpretiert das griechische Textbeispiel lediglich als Figur des Homoioptoton, als eine Aneinanderreihung Wörtern/Wortkombinationen mit dem selben Kasus, nml. die Wiederholung von σε.

928 σε Aufgrund eines weiteren Textübertragungsfehlers hat sich Er. in Bezug auf die Stellung des ersten σε geirrt, das er irrtümlich nach προσείπω schrieb statt vor προσείπω, wie es sich gehört hätte. Jedoch zeigt die Erklärung des Er., daß ihm der Text in der richtigen Form vorlag und daß er eigentlich diese korrekte Form meinte, da er als Ausgang der Kola „… Πῶλε σε" für das erste Kolon, und … „κατὰ σε" für das zweite Kolon angibt. Das geht nur dann auf, wenn der Text im ersten Kolon ὦ Πῶλε, ἵνα σε, im zweiten προσείπω κατὰ σέ lautete.

930 ὁμοιόπτωτον Er. interpretiert σε κατὰ σε nicht, wie Philostratos, als Homoioteleuton („τὰ ὁμοιοτέλευτα"), sondern als ὁμοιόπτωτον; damit ist jene Figur gemeint, bei der einzelne aufeinanderfolgende Wörter/ Wortkombinationen mit dem selben Kasus enden. Vgl. Quint. *Inst.* IX, 3, 77.

VII, 169   Breviloqventia   (Plato, 20)

Antisthenem, qui disserendo *fuerat prolixior*, sic admonuit: „*Ignoras, quod orationis modus sit non is, qui dicit, sed qui audit*".

VII, 170   Lvctvs   (Plato, 21)

935 *Dicebat in morte* amicorum *quiescendum esse*, partim eo, *quod nondum liqueret, bonum esset an malum, quod accidisset*; partim, *quod acerbe ferenti nihil* a luctu *esset commodi*. Tollitur enim dolor, si quis secum consideret, quale sit, quod euenit.

VII, 171   (Plato, 22)

[C] In Aristippum *dixit illi soli datum esse et pannis et chlamyde vti*, quod apud
940 *Dionysium in purpura saltauit*. Ad id alludens Horatius: „*Omnis*", inquit, „*Aristippum decuit color*". Hoc dictum [sc. Platonis] quidam tribuunt Stratoni.

939 In Aristippum … tribuunt Stratoni C: desunt in B.

Apophth. VII, 169 ist ein Gegenstück zu VII, 218 (Carneades) und wurde von Er. bereits im Widmungsbrief zum siebenten Buch zitiert.

932–933 *Antisthenem … audit* Stob. *Anthologia* III, 36, 22 Hense (Meineke II 40; Ps. Maxim. Conf., *Loci communes* 40, 27/ 35 Ihm; vgl. Arsen. *Violetum*, S. 422, 15–17 Waltz): Πλάτων Ἀντισθένους ἐν τῇ διατριβῇ ποτέ μακρολογήσαντος „ἀγνοεις", εἶπεν, „ὅτι τοῦ λόγου μέτρον ἐστὶν οὐχ ὁ λέγων, ἀλλ᾽ ὁ ἀκούων (S. Prince, *Antisthenes of Athens. Texts, Translations and Commentary*, Ann Arbor 2015, 30C [S. 91–92]). Er. hatte den Spruch bereits im Widmungsbrief des siebenten Buches zitiert: „Itaque perquam eleganter Plato Anthisthenem prolixius disserentem admonuit his verbis: ‚Videris', inquit, ‚ignorare, quod orationis modus non est is, qui dicit, sed is, qui audit'. Sic et Carneades, quum esset in disserendo vocalior, admonitus est a gymnasii principe, vt vocem moderatius promeret; sed quum ille a gymnasiarcha peteret, vt sibi praescriberet modum, sane quam apposite respondit: ‚Isthuc, quod a me petis, rectius sumes ab auditoribus' ". Der Spruch Platons ist in einer leicht variierenden Form auch im *Gnomologium Vaticanum* 437 (Sternberg) überliefert (= Vat. Gr. 1144, fol. 231ᵛ). Er wurde jedoch auch umgekehrt dem Kyniker Antisthenes zugeschrieben, der ihn an Platons Adresse gerichtet haben soll. Vgl. Prince, *Antisthenes of Athens*, 30A (S. 91): Ὁ αὐτὸς Πλάτωνός ποτε ἐν τῇ σχολῇ μακρολογήσαντος εἶπεν· „οὐχ ὁ λέγων μέτρον ἐστὶ τοῦ ἀκούοντος, ἀλλ᾽ ὁ ἀκούων τοῦ λέγοντος" (*Gnomologium Vaticanum* 13).

932 *disserendo* „disserendo", „bei einer Rede", ist zu allgemein; im griech. Originaltext steht ἐν τῇ διατριβῇ, „beim Abhalten in einer philosophischen Abhandlung", adäquat ins Lateinische übernommen von Conrad Gesner mit „in diatriba" in seiner Stobaeus-Ausgabe, Zürich 1543, Serm. XXXIV „De garrulitate".

935–937 *Dicebat … commodi* Versuchte wörtliche, jedoch ungenaue und durch eine irrige Bezugnahme entstellte Wiedergabe von Plut. *Consolatio ad Apollonium* 22, *Mor.* 112E–F: διὸ καὶ πάνυ καλῶς ὁ Πλάτων ἔοικε παραινεῖν ἐν ταῖς τοιαύταις συμφοραῖς ἡσυχίαν ἔχειν, ὡς οὔτε δῆλου ὄντος τοῦ κακοῦ καὶ τοῦ ἀγαθοῦ, οὔτ᾽ εἰς τὸ πρόσθεν οὐδὲν προβαῖνον τῷ χαλεπῶς φέροντι· ἐμπόδιον γὰρ γίγνεσθαι τὸ λυπεῖσθαι τῷ βουλεύεσθαι περὶ τοῦ γεγονότος … Vgl. die lat. Übers. des Stefano Negri: „Quocirca et Plato oppido quam belle admonere videtur in huiusmodi calamitatibus quiescere, quum quid bonum sit quidue malum, minime constet, nec quicquam lugenti in posterum prosit. Tolli enim iubet e medio omnem dolorem super eo, quod accidit consultando …" (ed. Cratander, Basel 1530, fol. 111ʳ). Die Weisheit Platons, die Plutarch in der *Consolatio* vermittelt, hat er aus Plat. *Rep.* 604B bezogen: Λέγει πού ὁ νόμος ὅτι κάλλιστον ὅτι μάλιστα ἡσυχίαν ἄγειν ἐν ταῖς συμφοραῖς καὶ μὴ ἀγανακτεῖν, ὡς οὔτε δήλου ὄντος τοῦ ἀγαθοῦ τε καὶ κακοῦ τῶν τοιούτων, οὔτε εἰς τὸ πρόσθεν οὐδὲν προβαῖνον τῷ χαλεπῶς φέροντι, οὔτε τι τῶν [604C] ἀνθρωπίνων ἄξιον ὂν μεγάλης σπουδῆς, ὅ τε δεῖ ἐν αὐτοῖς ὅτι τάχιστα παραγίγνεσθαι ἡμῖν, τούτῳ ἐμποδὼν γιγνόμενον τὸ λυπεῖσθαι.

935 *Dicebat* „Dicebat" ist eine ungenaue Simplifizierung des Er.: Tatsächlich ist es Sokrates, der diese Worte im Dialog *Politeia* spricht, wobei dieser im Übrigen nicht seine eigene Ansicht wiedergibt, sondern, das, was die altehrwürdige Sitte einfordert (Λέγει πού ὁ νόμος). Deswegen gibt auch Er.' unmittelbare Quelle Plutarch a.a.O. an: „Platon *scheint* den Ratschlag zu geben …", so auch in Stefano Negris Übers. a.a.O.

935 *in morte amicorum* „amicorum" ist ein Zusatz des Er., der nicht mit seiner direkten Quelle, der *Consolatio ad Apollonium*, übereinstimmt: Plutarch oder der Autor der *Consolatio* tröstet Apollonius bezüglich des Todes von dessen Sohn; ebensowenig geht es bei Platon selbst um den Tod von Freunden, sondern ebenfalls um den Tod eines Sohnes oder Nächsten (vgl. Plat. Rep. 603E, wo auf 387C–D verwiesen wird: „Ein rechtschaffener Mann, der einen Schicksalsschlag wie den Verlust eines Sohnes … erlitten hat").

Apophth. VII, 271 ist ein Gegenstück zu *Adag.* 286 „Omnium horarum homo" (*ASD* II, 1, S. 390): „Talis et inter philosophos fuisse traditur Aristippos …".

939 *Aristippum* Zur Person des Sokrates-Schülers Aristippos von Kyrene dem Älteren (ca. 430–355 v. Chr), dem Begründer der Kyrenaischen Schule, vgl. oben Komm. zu VII, 59.

939 *dixit illi soli … chlamyde vti* Diog. Laert. II, 67. Er. verwendete die lat. Übers. Traversaris: „Ideoque Stratonem, siue, vt alii volunt, Platonem, ad eum dixisse tradunt: ,Tibi soli et chlamydem et pannum ferre datum est'". Vgl. den griech. Text: διό ποτε Στράτωνα, οἱ δὲ Πλάτωνα, πρὸς αὐτὸν εἰπεῖν, „σοὶ μόνῳ δέδοται καὶ χλανίδα φορεῖν καὶ ῥάκος"; IV A 57 Giannantoni; Aristippus *Frgm.* 33 Mannebach (*Aristippi et Cyrenaicorum Fragmenta*, Leiden-Köln, 1961); Eudocia, *Viol.*, 175, S. 123; Arsen. *Violet.*, S. 113. Der Spruch ist mit einer leichten Variation auch bei Plut. *De Alexandri magni fortuna aut virtute* I, 8, *Mor.* 330C überliefert: καίτοι γ' Ἀρίστιππον θαυμάζουσι τὸν Σωκρατικόν, ὅτι καὶ τρίβωνι λιτῷ καὶ Μιλησίᾳ χλαμύδι χρώμενος δι' ἀμφοτέρων ἐτήρει τὸ εὔσχημον (= IV A 57 Giannantoni).

939–941 *Quod … color* Diese Kombination zweier Quellen übernahm Er. aus in *Adag.* 286 (*ASD* II, 1, S. 390 „Omnium horarum homo"): „Talis et inter philosophos fuisse traditur Aristippus, qui Dionysii iussu cum caeteris nec in foeminea purpura saltare detrectauit Platone recusante, addens vel in Bacchanalibus oportere pudicum esse. Hinc Horatius: Omnis Aristippum decuit color". Die in *Adag.* 286 benutzten Quellen sind Diog. Laert. II, 78 (in der von Er. benutzten Übers. Traversaris/ Curios: „Iusserat aliquando Dionysius in conuiuio, vt singuli in veste purpura saltarent. Id Plato renuit … Sumptam vero Aristippus se induit, et cum saltare inciperet, proprie prompteque dixit … ,neque in sacris Liberi/ Patris pudica mens vnquam corrumpitur'", ed. Curio, Basel 1524, S. 72; Aristippus *Frgm.* 39A Mannebach; IV A 31 Giannantoni) und Hor. *Epist.* I, 17, 23 „Omnis Aristippum decuit color et status et res". Die Anekdote ist weiter überliefert bei Athen. XII, 544D–E; Stob. III, 5, 38 (Meineke I 117). Er. hatte sie bereits in der Aristippos-Sektion, *Apophth.* III, 149 (*ASD* IV, 4, S. 231; *CWE* 37, S. 266) behandelt, wobei er ebenfalls Diog. Laert. II, 78 wiedergab: „Quum Dionysius in conuiuio iussisset, vt singuli in veste purpura saltarent … id Plato facere recusauit … Aristippus vero non recusauit, sed indutus purpura saltaturus hos versus recitauit ex tempore …".

941 *Hoc dictum quidam tribuunt Stratoni* Diog. Laert. II, 67 διό ποτε Στράτωνα, οἱ δὲ Πλάτωνα.

941 *Stratoni* **Straton von Lampsakos** (ca. 340–268 v. Chr.), griechischer Philosoph, seit 288/7 v. Chr. Schulvorsteher des Peripatos in Athen, Nachfolger des Theophrastos. Beschäftigte sich v.a. mit physikalischen Fragen. Vgl. J.-P. Schneider, „Straton de Lampsaque", in: R. Goulet (Hrsg.), *Dictionnaire des philosophes antiques*, Bd. 6, Paris 2016, S. 614–630; F. Wehrli, G. Wöhrle und L. Zhmud, „Der Peripatos bis zum Beginn der römischen Kaiserzeit", in: H. Flashar (Hrsg.), *Grundriss der Geschichte der Philosophie. Die Philosophie der Antike.* Band 3: *Ältere Akademie – Aristoteles – Peripatos*, 2. Aufl., Basel 2004, S. 604–611. Bei seinem Durchmarsch durch Diog. Laert. in Buch VII der *Apophthegmata* ließ Er. das Straton-Kapitel des Diog. Laert. zunächst aus, um dem Peripatetiker zu Ende des Buches doch noch einen Spruch zuzuteilen (VII, 392; vgl. Komm. ad loc.).

[B] XENOCRATES CHALCEDONENSIS

VII, 172   Pecvniae contemptvs   (Xenocrates Chalcedonensis, 1)

945   *Quum Alexander* Magnus *illi misisset ingentem pecuniarum summam, ex ea duntaxat tres* [i.e. triginta] *minas recepit. Reliquum referri iussit, dicens ipsi pluribus esse opus, qui plures aleret.*

VII, 173   Innocentia   (Xenocrates Chalcedonensis, 2)

Passerem, qui fugiens imminentem accipitrem sese in Xenocratis sinum coniecisset, texit
950   *fouitque ac demulcens dimisit dicens supplicem non esse prodendum.*

VII, 174   Animose   (Xenocrates Chalcedonensis, 3)

A Bione dictis lacessitus „Non sum", inquit, „tibi responsurus. Neque enim tragoedia, quum a comoedia taxatur, dignatur eam responso". Nota est veteris comoediae licentia, in qua multa scommata iaciuntur et in ipsos poetas et fabularum personas. At
955   tragoedia non dignatur vicissim humiles personas attingere.

Apophth. VII, 172–219 Er. wendet sich nun dem vierten Buch des Diogenes Laertius zu, in welchem dieser die Schüler Platons behandelt hatte. Den ersten im vierten Buch beschriebenen Schüler, Speusippos aus Athen (Diog. Laert. IV, 1–3), Platons ersten Nachfolger als Schulhaupt der Akademie, übergeht Er., um seine Aufmerksamkeit sogleich dem Xenokrates aus Chalkedon, dem dritten Vorsteher der Akademie und Nachfolger des Speusippos, zuzuwenden (Diog. Laert. IV, 6–15), dem er die nunmehr folgende Sektion widmet (VII, 172–180). Auf Xenokrates folgen weitere Akademiker, wobei Er. der Reihenfolge des Diog. Laert. genau folgt: Nach Xenokrates (VII, 172–180; Diog. Laert. IV, 6–15) kommen die *Apophthegmata* des Krantor (VII, 181; Diog. Laert. IV, 24–27), Arkesilaos (VII, 182–187; Diog. Laert. IV, 28–45), Bion von Borysthenes (VII, 188–216; Diog. Laert. IV, 46–58), Lakydes von Kyrene (VII, 217; Diog. Laert. IV, 59–61) und Karneades (VII, 218–219; Diog. Laert. IV, 62–66). Die weiteren Platoniker des vierten Buches, Polemon, Krates und Kleitomachos, übergeht Er.
942 *XENOCRATES CHALCEDONENSIS* In dieser Form im Index personarum von *B* und *C*. Der Titel der Vita bei Diog. Laert. IV, 6 lautete „XENOCRATES CHALCEDONIVS" (vgl. ed. Curio, Basel 1524, S. 129; ed. Ven. 1490).
Xenokrates aus Chalkedon (um 396/5–314), Schüler Platons, wurde 339/8 zum Schulhaupt der Akademie gewählt. Xenokrates wirkte als Exeget und Kommentator Platons und war bestrebt, dessen Lehre zu ordnen und zu systematisieren. Xenokrates schrieb zahlreiche Werke zu den meisten der in der Akademie behandelten Themen. Aus seinem sehr umfangreichen Werk haben sich jedoch nur Fragmente erhalten. Die griech. Stadt Chalkedon liegt am südlichen Ausgang des Bosporus ins Marmarameer, gegenüber Byzantion. Zu Xenokrates vgl. Vgl. J. Dillon, *The Heirs of Plato. A Study of the Old Academy (347–274 BC)*, Oxford 2003, S. 89–155; D. Thiel, *Die Philosophie des Xenokrates im Kontext der Alten Akademie*, München-Leipzig 2006; D. Whitehead, „Xenocrates the Metic", in: *Rheinisches Museum für Philologie* 124 (1981), S. 223–244; H. Dörrie, *RE* IX A, 2 (1967), Sp. 1512–1528, s.v. „Xenokrates", Nr. 4; K.-H. Stanzel, *DNP* 12.2 (2002), Sp. 620–623, s.v. „Xenokrates", Nr. 2 (siehe *Apophth.* VI, 581;

VII, 155); M. Isnardi Parente, „Xénocrate de Chalcédoine", in: R. Goulet (Hrsg.), *Dictionnaire des philosophes antiques*, Bd. 7, Paris 2018, S. 194–208. Für Xenokrates' Fragmente vgl. M. Isnardi Parente (Hrsg.), *Senocrate – Ermodoro: Frammenti*, Neapel 1982.

Apophth. VII, 172 und 178 sind derselben Begebenheit gewidmet und tragen auch denselben Titel.

945–947 *Quum Alexander Magnus ... aleret* Leicht gekürzte und variierende, jedoch durch einen Übersetzungsfehler entstellte Wiedergabe von Diog. Laert. IV, 8, wobei Er. die lat. Übers. Curios/ Traversaris als Textvorlage benutzte: „Erat praeterea maxime frugi, ita vt, quum illi Alexander magnam pecuniae summam misisset, sublatis solum tribus minis (minis *ed. Curio*: milibus *Traversari, e.g. ed. Ven. 1490*) Atticis reliquum remiserit, dicens illi opus esse pluribus, qui plures enutriret". Vgl. den griech. Text: Ἀλεξάνδρου γοῦν ποτὲ (γοῦν καὶ *in ed. Frob. p. 184*) συχνὸν ἀργύριον ἀποστείλαντος αὐτῷ, τρισχιλίας Ἀττικὰς ἀφελὼν τὸ λοιπὸν ἀπέπεμψεν, εἰπὼν ἐκείνῳ πλειόνων δεῖν πλείονας τρέφοντι (ed. Frob. S. 184). Die Anekdote findet sich auch bei Val. Max. IV, 3, ext. 3; Plut. *De Alexandri magni fortuna et virtute* I, 12, *Mor*. 333B: Ξενοκράτην, πεντήκοντα τάλαντα δωρεὰν Ἀλεξάνδρου πέμψαντος, ὅτι οὐκ ἔλαβε θαυμάζομεν ... Derselben Anekdote ist auch *Apophth.* VII, 178 gewidmet.

946 *tres minas* Hier liegt ein Übersetzungsfehler vor. Xenokrates nahm 3000 Attische Drachmen an, somit 30 Minen (1 Mine = 100 Drachmen). Der Übersetzungsfehler geht auf Curio zurück („tribus minis"); Traversari hatte den korrekten Betrag angegeben („tribus milibus Atticis").

949–950 *Passerem ... prodendum* Variierende Wiedergabe von Diog. Laert. IV, 10, wobei Er. von Traversaris Übers. ausging: „Quum aliquando passer accipitri futurus praeda se in eius sinum recepisset, operuit ac fouit, dicens non opportere supplicem prodere". Vgl. den griech. Text: Στρουθίου δέ ποτε διωκομένου ὑπὸ ἱέρακος καὶ εἰσπηδήσαντος εἰς τοὺς κόλπους αὐτοῦ, καταψήσας μεθῆκεν, εἰπὼν τὸν ἱκέτην δεῖν μὴ ἐκδιδόναι (ed. Frob. S. 185). Die Anekdote findet sich auch bei Ael. *Var. hist.* XIII, 31: Ξενοκράτης ὁ Χαλκηδόνιος, ὁ ἑταῖρος Πλάτωνος, τά τε ἄλλα ἦν φιλοικτίρμων καὶ οὐ μόνον φιλάνθρωπος, ἀλλὰ καὶ πολλὰ τῶν ἀλόγων ζῴων ἠλέει. καὶ οὖν ποτε καθημένου ἐν ὑπαίθρῳ, διωκόμενος βιαίως στρουθὸς ὑπὸ ἱέρακος ἐς τοὺς κόλπους αὐτοῦ κατέπτη. ὁ δὲ ἀσμένως ἐδέξατο τὸν ὄρνιν, καὶ διεφύλαξεν ἀποκρύψας, ἔστε ὁ διώκων ἀπῆλθεν. ἐπεὶ δὲ ἠλευθέρωσεν αὐτὸν τοῦ φόβου, ἁπλώσας τὸν κόλπον ἀφῆκε τὸν ὄρνιν, ἐπειπὼν ὅτι μὴ ἐξέδωκε τὸν ἱκέτην; Arsen. *Violet.*, S. 374.

951 *Animose* Dem Lemmatitel „animose" gemäß druckt Lycosthenes das *Apophthegma* in der Kategorie „De animose dictis" (S. 72).

952–953 *A Bione ... responso* Variierende Wiedergabe von Traversaris Übers. von Diog. Laert. IV, 10: „Quum a Bione obiurgaretur, 'Non tibi', inquit, 'respondebo equidem. Nam neque tragoedia comoediam, quum ab ea lacessitur, responsione dignatur'" (ed. Curio, Basel 1524, S. 130). Vgl. den griech. Text: σκωπτόμενος ὑπὸ Βίωνος οὐκ ἔφη αὐτῷ ἀποκρινεῖσθαι: μηδὲ γὰρ τὴν τραγῳδίαν ὑπὸ τῆς κωμῳδίας σκωπτομένην ἀποκρίσεως ἀξιοῦν (ed. Frob. S. 185); J. Kindstrand, *Bion of Borysthenes. A Collection of the Fragments with Introduction and Commentary*, Uppsala 1976, Nr. 22.

952 *Bione* Zu dem Philosophen **Bion von Borysthenes** (ca. 335–ca. 245 v. Chr.) vgl. oben Komm. zu *Apophth.* VII, 135.

954 *in ipsos poetas et fabularum personas* Er. meint damit wahrscheinlich die Βάτραχοι des Aristophanes, in denen die Tragödiendichter Euripides und Aischylos und tragische Helden wie Herakles verspottet werden. Vgl. *CWE* 38, S. 809 und *Apophth.* VII, 340.

VII, 175　　　　　　　　　Docilitas　　（Xenocrates Chalcedonensis, 4）

Ad quendam nec geometriae nec musices nec astrologiae [i.e astronomiae] *peritum, ad scholam tamen ipsius commeantem „Abi!", inquit, „Ansam philosophiae non habes",* hoc est, „Non es ad philosophiam docilis nullis instructus disciplinis". *Alii ferunt illum ita loquutum: „παρ' ἐμοὶ πόκος οὐ κνάπτεται ",* id est, „Apud me vellus non maceratur [i.e. caritur] ". Lana rudis non statim traditur vestiario, sed fulloni.

960

---

957 astrologiae *B C: scribendum erat* astronomiae *sicut in versione fr. Ambrosii.*

960 maceratur *B C:* pectitur *BAS LB, scribendum erat* caritur *siue* carpitur *siue* carminatur.

---

956 *Docilitas* Er.' Titel folgend legte Lycosthenes die Kategorie „De docilitate" an, welche durch VII, 175 eingeleitet wird (S. 270–271); tatsächlich handelt VII, 175 eher von dem spezifischen Bildungscurriculum, das Platon für die Akademie entworfen hat.

957–960 *Ad quendam … maceratur* Durch Textübertragungs-, Verständnis- und Übersetzungsfehler verworrene Wiedergabe von Diog. Laert. IV, 10, wobei Er. zwar einen der beiden Sprüche auf Griechisch zitierte, jedoch v.a. die latein. Übers. Curios/Traversaris als Textvorlage benutzte: „Ad eum, qui neque musica neque geometria neque astronomia instructus ludum suum frequentare cupiebat, ‚Abi (abi *ed. Curio:* perge *Traversari*)', inquit, ‚Ansis enim et adminiculis (ansis enim et adminiculis *ed. Curio:* adminiculis enim *Traversari*) philosophiae cares'. Alii sic dixisse ferunt: ‚Apud me enim vellus non mollitur'" (ed. Curio, Basel 1524, S. 130). Vgl. den griech. Text: πρὸς δὲ τὸν μήτε μουσικὴν μήτε γεωμετρίαν μήτε ἀστρονομίαν μεμαθηκότα, βουλόμενον δὲ παρ' αὐτὸν φοιτᾶν, „πορεύου", ἔφη: „λαβὰς γὰρ οὐκ ἔχεις φιλοσοφίας". οἱ δὲ τοῦτό φασιν εἰπεῖν, „παρ' ἐμοὶ γὰρ πόκος οὐ κνάπτεται" (ed. Frob. S. 185). Xenocrates Frgm. 2 Heinze, S. 159; Arsen. *Violet.,* S. 374 Waltz. Xenokrates' metaphorische Prägung λαβὰς φιλοσοφίας findet sich auch bei Plut. *De virtute morali* 12, 452D.

957 *astrologiae* Er. verhaspelte sich bei der Textübertragung und schrieb statt „astronomiae" unglücklicherweise „astrologiae". Seine Textvorlage, Traversaris Übers., hatte das richtige „astronomia". Dabei ist von Belang, daß gerade Platon und die Platonische Schule höchsten Wert auf eine scharfe begriffliche Trennung von Astronomie und Astrologie legten. Astronomie wurde als wertvolles geistiges Betätigungsfeld betrachtet und schon von Platon selbst als fester Bestandteil des philosophischen Curriculums vorgeschrieben (vgl. *Rep.* VII). Astronomie wurde von den Platonikern als Wissenschaft aufgefaßt, die die Bewegungen der Himmelskörper und die Phänomene des Himmels mathematisch beschrieb und auf Naturgesetze zurückführte. Astrologie wurde hingegen nicht als Wissenschaft aufgefaßt, der Begriff war bei den Platonikern verpönt. Das galt selbstverständlich auch für Xenokrates, den Nachfolger Platons als Schulhaupt der Akademie. Was Xenokrates bei dem Möchte-Gern-Schüler einfordert, ist die Absolvierung des ersten Teiles des Curriculums, das Platon für Philosophen (der Akademie) im siebenten Buch der *Politeia* festgeschrieben hatte: 1. Arithmetik, 2. Geometrie, 3. Astronomie, 4. Musiktheorie. Platon hatte damit ein Bildungsprogramm entworfen, das in den mittelalterlichen *Artes liberales* fortlebte; die genannten Bestandteile figurierten darin als *Quadrivium*. Vgl. F. Krafft, „Astronomie", *DNP* 2 (1996), Sp. 126–138; U. Lindgren, *Die Artes liberales in Antike und Mittelalter*, München 1992; R. Glei (Hrsg.), *Die Sieben Freien Künste in Antike und Gegenwart*, Trier 2006; B. Englisch, *Die Artes liberales im frühen Mittelalter (5.–9. Jh.). Das Quadrivium und der Komputus als Indikatoren für Kontinuität und Erneuerung der exakten Wissenschaften zwischen Antike und Mittelalter*, Stuttgart 1994 (= Sudhoffs Archiv, Beiheft 33); Ch. Scriba, „Die mathematischen Wissenschaften im mittelalterlichen Bildungskanon der Sieben Freien Künste", in: *Acta historica Leopoldina* 16 (1985), S. 25–53; R. Ch. Schwinges (Hrsg.), *Artisten und Philosophen: Wissenschafts- und Wirkungsgeschichte einer Fakultät vom 13. bis zum 19. Jahrhundert*, Basel 1999.

958 *scholam* „scholam", i.e. die platonische Akademie.

958 *Ansam ... habes* Er. entnahm „ansa" Curios Bearbeitung, der mit „ansis" (a.a.O.) eine paßgenaue Übers. von. λαβὰς geliefert hatte, während Traversari, weniger treffend, λαβὰς mit „adminicula" umschrieben hatte. Allerdings verschlimmbesserte Er. Curios „ansis" (Plural) zu „ansam" („Singular"): Der Plural von λαβὰς war goldrichtig, weil von Xenokrates mehrere propädeutische Disziplinen genannt wurden, die „Zugriffe" auf die (höhere) Philosophie ermöglichen sollten. Im Übrigen war Er. von den Metaphern des „Henkels" eines Gefäßes, die im Lateinischen sich u. a. auf „Zugriff", „Handhabe", „Anhaltspunkt" oder „Gelegenheit" beziehen, so fasziniert, daß er ihnen ein eigenes *Adagium* widmete: 304 „Ansam quaerere et consimiles metaphorae" (*ASD* II, 1, S. 411–412). Aus diesem Essay geht hervor, daß Er. für die Metapher fast immer „ansa" im Singular verwendete. Für die Erklärung der Metapher vgl. ebd.: „Ansa est, qua quippiam prehenditur ac tenetur. Hic ducta metaphora varias adagiorum formas praebuit ... Plato libro De legibus tertio: Καὶ ὁ λόγος ἡμῖν οἷον λαβὴν ἀποδίδωσιν, id est *Et ipse sermo nobis velut ansam praebet* ... Eodem pertinet ,in easdem ansas incidere' et ,ansam arripere', ,ansam praeterire', ,ansam negligere' et siqua sunt alia". Der vorl. Spruch des Xenokrates aus Diogenes Laertius fehlte ursprünglich in *Adag.* 304, jedoch ergänzte ihn Er. in der Ausgabe d. J. 1533 (H), wahrscheinlich aus dem Gedächtnis, da ihm der Name des Philosophen nicht geläufig war; vgl. ebd. S. 412: „Philosophus quidam adolescentes nullis mathematicis disciplinis instructos noluit admittere, quod diceret illis deesse ansam philosophiae". Auffällig ist, daß Er. in *Adag.* 304 die metaphorischen Redewendungen mit „ansa" freizügig und seiner eigenen Phantasie folgend vermehrte.

960–961 πόκος ... *fulloni* Er.' Übers. und Erklärung des Spruches des Xenokrates liegen mehrere Missverständnisse zugrunde: κνάπτεται bezeichnet das „Aufkämmen, Kardetschen, Krempeln" der Rohwolle (πόκος) als ersten, groben Arbeitsvorgang der Textilherstellung, der u. a. dem Spinnen vorhergeht (vgl. Passow I, 2, S. 1759, s.v. κνάπτω und γνάπτω). Mit *„Bei mir wird nicht die Rohwolle gekämmt"* will Xenokrates sagen, daß er – in der platonischen Akademie – die Philosophie in ihren höheren Disziplinen unterrichtet, für die ein bestimmtes, von Platon festgesetztes Curriculum mathematischer Disziplinen als Vorbildung vorausgesetzt wird. Xenokrates unterrichtet nicht mehr die propädeutischen mathematischen Disziplinen, sondern vermittelt die feinere, höhere Ausbildung in der Philosophie. Die richtigen lateinischen Begriffe für das Aufkämmen, Kardetschen oder Krempeln der Rohwolle sind „carere", „carpere" oder „carminare", nebenher vielleicht auch „pectere"; vgl. Gloss. Papin. „qui lanam carunt, carpunt, diuidunt" (= 3 Synonyme); Varro, *Ling. Lat.* VII: „In Menaechmis: Inter ancillas sedere iubeas, lanam carere"; 54, *DNG* I, Sp. 778, s.v. „caro", Nr. 1; für „carminare lanam" vgl. Varro *Ling. Lat.* VII, 50; Plin. *Nat.* IX, 134, *DNG* I, Sp. 777, s.v. „carmino", Nr. 2 „krempeln"; „pectitae lanae" findet sich nur bei Colum. XII, 3, 6. Bei der Vorbereitung der *Opera-omnia*-Ausgabe erkannte man den Übersetzungsfehler des Er. und versuchte ihn zu beseitigen, indem man „maceratur" durch „pectitur" ersetzte. *LB* folgte diesem Eingriff von *BAS*, der zwar eine Verbesserung bedeutet, jedoch suboptimal ist; gleichwohl blieb das falsche „maceratur" in allen separaten *Apophthegmata*-Ausgaben bestehen (vgl. z. B. Köln 1564, S. 615), wurde auch von Lycosthenes übernommen (S. 271) und fand Eingang in die großen Wissenssammlungen des 16. und 17. Jahrhunderts. Während Er. den Spruch mit κνάπτεται im Griechischen zitierte, übernahm er kritiklos die Fehlübersetzung Traversaris „mollitur" (a.a.O.). „Mollitur" meint das „Aufweichen" des fertigen Wollgewebes als Arbeitsgang des sog. Walkens und so verstand es auch Er. („maceratur" ist ein Synonym für „mollitur"). Von Walken kann jedoch an vorl. Stelle nicht die Rede sein, da es um Rohwolle (πόκος) geht: *Rohwolle wird prinzipiell nicht gewalkt*, kommt somit niemals in die Walkerei. Diese simple Tatsache wurde sogar in einem Sprichwort zum Ausdruck gebracht: οὐδεὶς πόκον εἰς γναφεῖον φέρει – „Niemand bringt rohe Wolle in die Walkerei" (sagte Arkesilaos, zitiert von Galenus, *De pulsuum differentiis* II, 9, ed. Kühn VIII, S. 624). Kurios ist, daß Er. dieses Sprichwort kannte und es in seine *Adagia*-Ausgabe d. J. 1528 aufgenommen hatte: *Adag.* 3639 „Lanam in officinam fullonis" (*ASD* II, 8, S. 90). Er. selbst übersetzte dort die von Galenus zitierte sprichwörtliche Redensart οὐδεὶς πόκον εἰς γναφεῖον φέρει völlig korrekt mit: „Nemo defert lanam in officinam fullonis". Völlig konträr zu dieser feststehenden Wahrheit erklärt Er. den Spruch des Xenokrates in *Apophth.* VII, 175 jedoch mit: „Lana rudis non statim traditur vestia-

VII, 176   Amicitia   (Xenocrates Chalcedonensis, 5)

Quum Platoni Dionysius diceret „Aliquis auferet [i.e. abscindet] *tibi caput"*, *Xenocrates, qui tum* praeceptori *aderat,* „*Non prius"*, inquit, „*quam hoc"*, *suum ostendens caput.*

VII, 177   Taciturnitas   (Xenocrates Chalcedonensis, 6)

Quum in conuiuio caeteris multa garrientibus solus nihil diceret, *interroganti, quur* vnus omnium *sileret,* „*Quoniam"*, inquit, „*loquutum fuisse poenituit aliquando, siluisse nunquam"*. Hoc Plutarchus in libello Περὶ τῶν ὑγι⟨ει⟩νῶν tribuit Simonidi.

VII, 178   Pecuniae contemptus   (Xenocrates Chalcedonensis, 7)

Alexander ad hunc legatos misit cum aliquot talentis. Quos ille in Academiam perductos parca tenuique coena excepit. *Postridie interrogantibus, cui vellet adnumerari pecuniam,* „*Quid?"*, inquit, „*Itane vos ex hesterna coena non intellexistis me pecunia non indigere?"*. Philosophus ethnicus reiecit a ditissimo liberalissimoque rege vltro delatam ingentem pecuniae summam: et nunc pro sanctis haberi volunt, qui extremam professi paupertatem in tantum, vt horreant etiam aerei nummi contactum non aliter quam viperae, non referendis artibus venantur diuitium ac pauperum liberalitatem.

968 ὑγιεινῶν *scripsi*: ὑγινῶν B C BAS LB.

rio, sed fulloni" – „Die Rohwolle wird nicht sofort dem ‚vestiarius' (Er. meint damit den Schneider) übergeben, sondern dem Walker". Das ist nun doppelt unrichtig, da erstens Rohwolle niemals in die Walkerei kommt, zweitens „vestiarius" nicht das richtige lateinische Wort für „Schneider" ist. „vestiarius" bedeutet „Kleiderwart" (Georges II, Sp. 3451, s.v. „vestiarius", *CIL* VIII, 5234) oder „Kleiderhändler" (ebd., *CIL* V, 474). Das richtige Wort für „Schneider" wäre „vestificus" (Georges II, Sp. 3452, s.v.; *CIL* VI, 8554) oder „vestifex" gewesen (Georges II, Sp. 3452, s.v.; *CIL* VI, 7467).

Apophth. VII, 176 datiert auf Platons Reise nach Syrakus zu Dionysios II. (366/5 bzw. 361), auf der ihn sein Schüler Xenokrates begleitete (Diog. Laert. IV, 6).

963 *Quum Platoni … caput* Leicht variierende Wiedergabe von Traversaris Übers. von Diog. Laert. IV, 11: „Quum Platoni Dionysius diceret, ‚Caput tibi quispiam tollet', aderat hic et, suum ostendens, ‚Nullus', inquit, ‚id prius quam istud abscindet'". Vgl. den griech. Text:

Εἰπόντος δὲ Διονυσίου πρὸς Πλάτωνα ὡς ἀφαιρήσεται αὐτοῦ ποτὲ τὸν (ἀφαιρήσει τίς αὐτοῦ τὸν *in ed. Frob. p. 185)* τράχηλον, παρὼν οὗτος καὶ δείξας τὸν ἴδιον, „οὐκ ἂν γε", ἔφη, „τὶς πρότερον τούτου". Vgl. *Gnom. Vat.* 418 Sternbach.

963 *Dionysius* **Dionysios II. Tyrann von Syrakus** 367–357 v. Chr.; zu seiner Person vgl. oben Komm. zu *Apophth.* V, 77, wo ihm Er. eine Sektion von Sprüchen widmete.

963 *Aliquis auferet tibi caput* Mit „Aliquis auferet tibi caput" variierte Er. Traversaris Übers. „quispiam tollet", die die Lesart des griech. Textes ἀφαιρήσει τίς (statt ἀφαιρήσεται) wiedergab; Traversaris Übers. war nicht überzeugend: Gemeint ist, daß der Tyrann Platon drohte „Dir wird (noch) der Kopf abgeschnitten werden".

Apophth. VII, 177 ist ein Gegenstück zu *Adag.* 2403 „Silentii tutum praemium" (*ASD* II, 5, S. 298–299): „[A] Silendo nemo peccat, loquendo persaepe. Iam olim in prouerbio est nobilis illa Simonidis sententia, quae celebratur et apud Latinos prouerbii loco: Nam nulli tacuisse nocet, nocet esse locutum. [F] Etiamsi Valerius Maximus lib. vii. cap. ii. sententiam hanc tribuit Xenocrati: Quid ... tacuisse nunquam". Vgl. Apostol. VII, 97. Xenokrates scheint dem Schweigen einen hohen Wert zugemessen, sogar täglich Schweige-Übungen vorgenommen zu haben.

966–968 *Quum ... nunquam* Paraphrasierende Wiedergabe von Val. Max. VII, 2 *ext.* 6: „Quid Xenocratis responsum, quam laudabile! Cum maledico quorundam sermoni (sermoni quorundam *ed. Bade 1510*) summo silentio interesset, vno ex his quaerente, cur solus linguam suam cohiberet, ‚Quia dixisse me', inquit ‚aliquando paenituit, tacuisse numquam'" (vgl. ed. Bade Paris 1510, fol. CCLXXIX^v).

966 *in conuiuio* „in conuiuio" und „caeteris multa garrientibus" sind Zusätze aus der freien narrativen Erfindung des Er., womit er die Darstellung in Bezug auf seine Quelle, Val. Max. VII, 2 *ext.* 6, entscheidend abänderte. Gegenüber Valerius, der spezifisch die *üble Nachrede* anprangert, verleiht Er. durch die Verallgemeinerung dem ethischen ‚Schweigegebot' mehr Gewicht.

968 *Hoc Plutarchus ... Simonidi* Plut. *De tuenda sanitate praecepta* 7, Mor. 125D: μεμνημένους ὅτι καθάπερ ὁ Σιμωνίδης ἔλεγε μηδέποτ' αὐτῷ μεταμελῆσαι σιγήσαντι, φθεγξαμένῳ δὲ πολλάκις (Simonides *Frgm.* 38 D. = 582 *PMG*; Ad Arist. 46 Dind. II, S. 192), eine Stelle, die Er. bereits früher übersetzt hatte: „... memores, quemadmodum dixit Simonides nunquam sese poenituisse, quod tacuisset, quod locutus esset, saepe ..." (*ASD* IV, 2, S. 194). Plut. zitiert die Sentenz mit der Zuschreibung an Simonides außerdem in dem Traktat *De garrulitate* 23, Mor. 514F–515A: ... καὶ μνημονεύειν τὸ Σιμωνίδειον ὅτι λαλήσας μὲν πολλάκις μετενόησε, σιωπήσας δ' οὐδέποτε. In *Adag.* 2403 hatte Er. die Sentenz dem Dichter Simonides als maßgeblichem Autor zugeschrieben, während Xenokrates als Spender nur zweite Wahl war („Iam olim in prouerbio est nobilis illa Simonidis sententia ..."). Außerdem wurde der Spruch Cato d.Ä. zugeschrieben, *Disticha Catonis* I, 12, 2: „Nam nulli tacuisse nocet, nocet esse locutum". Nebenher tritt die Sentenz auch anonym auf, z. B. in Plut. *De lib. educ.* 11, Mor. 125D, und *De garrulitate* 8, Mor. 505F. In *Adag.* 2403 sagt Er., daß „Nam nulli tacuisse nocet, nocet esse locutum" in der lateinischen Sprache („apud Latinos") ein allgemein verwendetes Sprichwort sei, ohne zu vermelden, daß es aus den *Disticha Catonis* stammt.

968 Περὶ τῶν ὑγιῶν Er. zitierte den griech. Titel von Plutarchs *De tuenda sanitate precepta* aus dem Gedächtnis; dieser lautet jedoch nicht Περὶ τῶν ὑγιῶν, sondern Ὑγιεινὰ παραγγέλματα; ὑγιῶν ist zudem an sich fehlerhaft für ὑγιεινῶν.

968 *Simonidi* Der lyrische Dichter **Simonides von Keos** (557/6–468/7 v. Chr.), der zum Kanon der neun griechischen Lyriker zählt.

Apophth. VII, 178 ist im Grunde eine Weiterführung von VII, 172 und trägt auch denselben Titel. Der Sparsamkeit des Xenokrates in Sachen Speisen und Getränke hatte Er. auch ein Adagium gewidmet: *Adag.* 2433 (*ASD* II, 5, S. 314): „Xenocratis caseolus".

971–973 *Alexander ... pecunia* Größtenteils wörtliche, nur leicht variierende Wiedergabe von Val. Max. IV, 3 *ext.* 3: „Quid? Rex Alexander diuitiis quatere potuit? ... Legatos ad eum (sc. Xenocratem) cum aliquot talentis miserat. Quos in Academiam perductos solito sibi, id est modico apparatu et admodum paruulis copiis excepit. Postero die interrogantibus, cuinam adnumerari pecuniam vellet, ‚Quid? Vos', inquit, ‚hesterna cena non intellexistis ea me non indigere?' Ita rex philosophi amicitiam emere voluit, philosophus regi suam vendere noluit" (vgl. ed. Bade, Paris 1510, fol. CLXII^r). Vgl. auch Valerius' Quelle, Cic. *Tusc.* V, 91: „Xenocrates, cum legati ab Alexandro quinquaginta ei talenta attulissent, quac erat pecunia temporibus illis, Athenis praesertim, maxuma, abduxit legatos ad cenam in Academiam; is apposuit tantum, quod satis esset, nullo apparatu. Cum postridie rogarent cum, cui numerari iuberet, ‚Quid? Vos hesterna', inquit, ‚cenula non intellexistis me pecunia non egere?'. Quos cum tristioris vidisset, triginta minas accepit, ne aspernari regis liberalitatem videretur". Vgl. weiter Diog. Laert. IV, 8; Stob. *Flor.* III, 5, 10. Brusoni hatte das Apophthegma bereits in seine Sammlung (1518) aufgenommen (I, 9), hatte dafür jedoch die Version Ciceros benutzt, die er wörtlich wiedergab.

974 *Philosophus Ethnicus* In seinem Kommentar holt Er. zu einem Rundumschlag gegen die Bettelmönche aus, die er als Hypokriten bezeichnet, die einerseits mit Geld überhaupt nichts zu tun haben wollen, den Gläubigen jedoch, und zwar armen und reichen gleichermaßen, enorme Beträge als Spenden abluchsen.

VII, 179 Cvriositas (Xenocrates Chalcedonensis, 8)

Dixit nihil referre, vtrum pedes an oculos inferas in aedes alienas, videlicet deterrens ab omni curiositate rerum ad nos nihil attinentium.

VII, 180 Pveri reverentia (Xenocrates Chalcedonensis, 9)

Dicebat *pueris aures esse muniendas* follibus *potius quam athletis, quod plus sit periculi, ne puerorum aures occupentur prauis sermonibus, quam ne athletarum aures pateant ad ictus.* „Maxima", inquit Satyricus, „*debetur puero reuerentia*".

CRANTOR SOLENSIS

VII, 181 Fortiter (Crantor Solensis) [10]

Senarium hunc ex Bellerophonte Euripidis probare *solet,*

οἴμοι – τί δ᾽ οἴμοι; θνητά τοι πεπόνθαμεν, ⟨id est⟩

„Eheu! Quid heu? Nobis, quod hominum est, accidit".

Sensit, quicquid vlli hominum accidit, hoc vnicuique posse accidere. Nihil igitur nec inexpectatum videri oportere, nec intolerabile.

989 id est *suppleui.*

978 *Curiositas* Dem Lemmatitel gemäß bringt Lycosthenes VII, 279 in der Kategorie „De curiositate" (S. 224).
979 *Dixit … alienas* Plut. *De cur.* 12, *Mor.* 521A. Er. wiederholte den Text seiner lat. Übers. von Plutarchs Traktat aus d.J. 1525: „Secundo vero loco consuescamus, si quando praeterimus fores alienas, non introspicere neque in ea, quae sunt intus, oculis irrumpamus curiositate manus vtentes vice, sed illud Xenocratis in promptu sit, qui negauit quicquam referre, vtrum pedes an oculos inferas in aedes alienas" (*ASD* IV, 2, S. 300; vgl. ed. Cratander, Basel 1530, fol. 212A). Vgl. den griech. Text: δεύτερον τοίνυν ἐθιζώμεθα θύραν παριόντες ἀλλοτρίαν μὴ βλέπειν εἴσω μηδὲ τῶν ἐντὸς ἐπιδράττεσθαι τῇ ὄψει καθάπερ χειρὶ τῆς περιεργίας, ἀλλὰ τὸ τοῦ Ξενοκράτους ἔχωμεν πρόχειρον, ὃς ἔφη μηδὲν διαφέρειν ἢ τοὺς πόδας ἢ τοὺς ὀφθαλμοὺς εἰς ἀλλοτρίαν οἰκίαν τιθέναι·. Der Spruch findet sich auch in Ael. *Var. hist.* XIV, 42: Ξενοκράτης ὁ Πλάτωνος ἑταῖρος ἔλεγε μηδὲν διαφέρειν ἢ τοὺς πόδας ἢ τοὺς ὀφθαλμοὺς εἰς ἀλλοτρίαν οἰκίαν τιθέναι· ἐν ταὐτῷ γὰρ ἁμαρτάνειν τόν τε ἐς ἃ μὴ δεῖ χωρία βλέποντα καὶ ἐς οὓς μὴ δεῖ τόπους παριόντα.
981 *Pueri reuerentia* Der Titel, den Er. dem Apophthegma gab, entnahm er dem Iuvenal-Zitat 14, 47.
983–985 *Pueris … ictus* Plut. *De recta ratione audiendi* 1, *Mor.* 38B: διὸ καὶ Ξενοκράτης τοῖς παισὶ μᾶλλον ἢ τοῖς ἀθληταῖς ἐκέλευε περιάπτειν ἀμφωτίδας, ὡς ἐκείνων μὲν τὰ ὦτα ταῖς πληγαῖς, τούτων δὲ τοῖς λόγοις τὰ ἤθη διαστρεφομένων, οὐκ ἀνηκοΐαν οὐδὲ κωφότητα προμνώμενος, ἀλλὰ τῶν λόγων τοὺς φαύλους φυλάττεσθαι παραινῶν; vgl. die Übers. des Othmar Nachtigall: „Xenocrates igitur non ab re praecepit pueris, vt aures armari ac muniri thecis, quas vocat amphotides, magis quam athletae curarent, quod plagae his quidem possint aures offendere; atqui incautae iuuentuti longe maiori

periculo morum peruersitas animo queat irrepere" (ed. Cratander, Basel 1530, S. 238C). Für Plutarch hatten die „Ohrenschützer des Xenokrates" sprichwörtlichen Rang, vgl. Plut. *Quaestiones convivales* VII, 5, *Mor.* 706C: … οὐ γὰρ ἀμφωτίδας γε περιθήσει τὰς Ξενοκράτους ἡμῖν οὐδ᾽ ἀναστήσει μεταξὺ δειπνοῦντας, ἐὰν αἰσθώμεθα λύραν ἁρμοζομένην ἢ κινούμενον αὐλόν.

983 *follibus* Mit „follibus" („Lederschläuche, Lederbeutel, aufgeblasene Bälge") versucht Er., Nachtigalls „thecis" („lederne Hüllen", vgl. *DNG* II, Sp. 4728, s.v. „theca") als Übers. von ἀμφωτίδαι zu verbessern. Gemeint ist der Ohrenschutz griechischer Boxer und Pankratisten, der aus Leder und Wolle gefertigt war (vgl. Passow I, 1, S. 155, s.v. ἄμφωτις). Dieser war nicht so umfänglich wie der Kopfschutz moderner Boxer beim Sparring, bot somit nicht dem gesamten Kopf, sondern nur den Ohren Schutz, deren Einreißen oder Verwundung er verhinderte. Es wurden dazu zwei Lederbeutel mit Wolle gefüllt und mit einem Lederband um den Kopf gebunden. Wer einen solchen Ohrenschutz aufgebunden bekam, hörte natürlich nur mehr wenig. In diesem Sinn wurden die „Ohrenschützer des Xenokrates" von Plutarch gedanklich als potentielles Remedium gegen die „Ohrattacken" griechischer Musiker eingebracht (*Mor.* 706C).

985 *Maxima … reuerentia* Iuv. 14, 47–49: „Maxima debetur puero reuerentia, si quid / Turpe paras, nec tu pueri contempseris annos, / Sed peccaturo obstet tibi filius infans".

Apophth. VII, 181 Bei seinem Durchgang durch das vierte Buch des Diogenes Laertius übergeht Er. den langjährigen Vorsteher der Akademie, Polemon (ca. 350–ca. 270 v. Chr.; er leitete die Akademie seit ca. 314/3 bis zu seinem Tod: Diog. Laert. IV, 16–19), und dessen Lieblingsschüler Krates (gest. zwischen 168 und 264 v. Chr.; Diog. Laert. IV, 21–23), um sich Krantor von Soloi zuzuwenden.

986 *CRANTOR SOLENSIS* In dieser Form im Index personarum von B und C; so lautete auch der Zwischentitel in Traversaris Übers. von Diog. Laert. IV, 24–27.

Krantor (gest. 276/5 v. Chr.); stammte aus Soloi in Kilikien (Kleinasien), begab sich zu einem frühen Zeitpunkt nach Athen und trat in die Akademie ein; dort hörte er Xenokrates und Polemon, die jeweiligen Vorsteher der Akademie; Krantor gründete keine eigene Schule, sondern blieb sein Leben lang der Akademie treu, in deren Rahmen er Schüler unterrichtete; er hätte das Zeug zum Vorsteher der Akademie gehabt, starb aber noch vor dem Tod des Schulhauptes Polemon. Sein bedeutendster Schüler war Arkesilaos. Crantor war ein fruchtbarer Autor philosophischer Schriften; nach Diog. Laert. IV, 24 soll sein Gesamtwerk 30.000 Zeilen umfasst haben. Von der Vielzahl seiner Schriften haben sich nur Fragmente erhalten. In seiner Trostschrift über die Trauer (ebd. IV, 27) richtete er sich gegen die radikale stoische Affekttötung. Vgl. K.-H. Stanzel, *DNP* 6 (1999), Sp. 805, s.v. „Krantor"; H. v. Arnim, *RE* XI, 2 (1922), Sp. 1585–1588, s.v. „Krantor"; H. Krämer, „Die Spätphase der Älteren Akademie", in: H. Flashar (Hrsg.), *Grundriss der Geschichte der Philosophie. Die Philosophie der Antike*, Bd. III, 2. Aufl., Basel 2004, S. 113–129; für Krantors Fragmente sehe man H.-J. Mette, „Zwei Akademiker heute: Krantor von Soloi und Arkesilaos von Pitane", in: *Lustrum* 26 (1984), S. 8–40.

988–990 *Senarium … accidit* Stark gekürzte und paraphrasierende Wiedergabe von Diog. Laert. IV, 26, wobei Er. den Spruch, d.h. den Vers des Euripides, auch auf Griechisch zitierte: Ἐθαύμαζε δὲ ὁ Κράντωρ πάντων δὴ μᾶλλον Ὅμηρον καὶ Εὐριπίδην, λέγων ἐργῶδες εἶναι ἐν τῷ κυρίῳ τραγικῶς ἅμα καὶ συμπαθῶς γράψαι. καὶ προεφέρετο τὸν στίχον τὸν ἐκ τοῦ Βελλεροφόντου· οἴμοι· τί δ᾽ οἴμοι; θνητά τοι πεπόνθαμεν. Vgl. die lat. Übers. Traversaris: „Admirabatur Crantor prae ceteris Homerum et Euripidem, dicens operosum esse et industriae plenum proprietate servata tragice simul cum affectu (cum affectu *add. Curio*) misericordiae (misericordiae *ed. Curio*: misericorditer *Traversari*) scribere, proferebatque versiculum ex Bellerophonte: οἴμοι· τί δ᾽ οἴμοι; θνητά τοι πεπόνθαμεν, hoc est (οἴμοι … est *add. Curio*) ‚Humana quantum, dii boni, passi sumus! (Humana quantum, dii boni, passi sumus *Curio*: Hei mihi, quid ita mortales passi sumus! *Traversari*)'" (ed. Curio, Basel 1524, S. 137). Vgl. Euripides, *Frgm.* 300 Nauck (*TGF*).

988 *Euripidis* Euripides, der berühmte Tragiker. Vgl. *Apophth.* VI, 401–403. Von seiner Tragödie *Bellerophon* sind nur Fragmente erhalten geblieben. Er.' Übers. ist plausibler als jene Curios.

990 *Quid heu? … accidit* Er. verbesserte damit die Übers. Curios „Humana quantum, dii boni, passi sumus!".

991–992 *Nihil … intolerabile* Die Erklärung des Er. „Nihil igitur nec inexpectatum videri oportere, nec intolerabile" ist konträr zu jener des Diog. Laert., der mit der Verszeile zeigen

ARCESILAVS

VII, 182   MODESTE   (Arcesilaus, 1)

995 Si quando probabat aliquid, dicere solitus est, „φημ' ἐγώ", id est, „aio" siue „mihi videtur" siue „fateor". Si quid displicebat, *dicebat,* „οὐ συγκαταθήσεται τούτοις ὁ δεῖνα", id est, *„his non assentietur ille"* nominato quopiam, simul et in asseuerando seruans modestiam et in contradicendo fugiens inuidiam.

VII, 183   PROCLIVITAS AD DETERIORA   (Arcesilaus, 2)

1000 *Percontanti, qui fieret, vt ab aliis sectis multi deficerent ad Epicureos, ab Epicureis nulli desciscerent ad alios,* „Quoniam", inquit, „ex viris Galli fiunt, ex Gallis viri nequaquam", sentiens homines esse proniores ad voluptatem quam ad virtutem. Gallos dixit sacerdotes Cybelis euiratos. Porro voluptatem amplecti foeminarum est potius quam virorum.

5 VII, 184   MODERATE   (Arcesilaus, 3)

Quum hospites quosdam vna cum amicis exciperet conuiuio, coena quidem apposita est, sed deerat panis, videlicet pueris oblitis emere. Hic ille ridens, „Quam", inquit, „res est

---

wollte, was Krantor an Euripides besonders schätzte: die Kombination von Tragödie und der Sprache des täglichen Lebens bzw., daß es Euripides in seiner lebensnahen Sprache gelang, die Emotionen der Tragödie zu erwecken.

Arkesilaos von Pitane (316/5–ca. 241/0 v. Chr.); urspr. Schüler des Theophrastos, dann Krantors, der ihn in die Akademie unter Polemon einführte; nach dem Tod Polemons wurde Arkesilaos Schulhaupt der Akademie (268/4–241/0), die er erneuerte und u. a. durch die Vereinnahmung des Skeptizismus als maßgebliches Prinzip der Erkenntnistheorie zur Mittleren Akademie umbildete. Vgl. K.-H. Stanzel, *DNP* 2 (1997/9), Sp. 7–8, s.v. „Arkesilaos", Nr. 5; H. v. Arnim, *RE* II, 1 (1895), Sp. 1164–1168, s.v. „Arkesilaos", Nr. 19; M. Schofield, „Academic epistemology", in: K. Algra u.a. (Hrsg.), *The Cambridge History of Hellenistic Philosophy*, Cambridge 2005, S. 323–351. Für Arkesilaos vgl. auch *Apophth.* VI, 523 und VII, 337.

Apopth. VII, 182 stellt kein Apophthegma im eigentlichen Sinn dar, sondern charakterisiert Arkesilaos' Art der Präsentation von Argumenten, wobei er sorgfältig die Urheber, Quellen und Personen unterschied, die bestimmte philosophische Ansichten vertraten (dies übrigens im Gegensatz zu der Vorgehensweise des Gründers der Akademie). Jedoch passt die Äußerung gut ins plutarchische Konzept des Apophthegmas, nämlich daß dieses dazu dient, die Persönlichkeit des Spruchspenders zu charakterisieren.

995–997 *Dicere solitus ... ille* In der Einleitung frei paraphrasierende, sonst wörtliche Wiedergabe von Diog. Laert. IV, 36: φυσικῶς δέ πως ἐν τῷ διαλέγεσθαι ἐχρῆτο τῷ „Φημ' ἐγώ", καί, „Οὐ συγκαταθήσεται τούτοις ὁ δεῖνα", εἰπὼν τοὔνομα. Vgl. die Übers. des Traversari: „Naturaliter autem nescio (nescio add. *Curio*) quomodo in disserendi vtebatur hoc verbo, ‚Arbitror equidem', et ‚Non assentietur istis ille', eum ex nomine appellans" (ed. Curio, Basel 1524, S. 141).

995–996 *aio ... fateor* „aio ... fateor" stellt einen Versuch des Er. dar, Traversaris Übers. „arbitror" zu übertreffen und die Bedeutung von φημ' ἐγώ besser auszuloten, zum einen durch eine wörtliche, zum anderen durch zwei ad-

sententiam-Übertragungen. Dabei hatte Traversari bereits eine gelungene *ad-sententiam*-Übersetzung vorgelegt, da „arbitror" genau das subjektive „Meinen, Erachten, Ermessen, Dafürhalten" enthält (vgl. *DNG* I, Sp. 415, s.v.), das Arkesilaos bei seinen Aussagen immer wieder hervorhob; zudem wurde „arbitror" sowohl für Zeugenaussagen als auch für philosophische Lehrmeinungen verwendet, vgl. z. B. Gell. I, 13, 2: „anceps quaestio et in vtramque partem a prudentibus viris arbitrata est". Von Er.' alternativen Übers. ist die zweite („mihi videtur") plausibel.

997 *his ... ille* Mit „his ... ille" kopierte Er. Traversaris Übers.

997–998 *seruans modestiam* Er. betrachtet Arkesilaos' Argumentationsweise als Zeichen seiner Bescheidenheit; jedoch rührt das genaue Benennen der Person, die eine bestimmte Ansicht vertritt, an den Kern der skeptischen Methode.

1000–2 *Percontanti ... nequaquam* Wörtliche Übers. von Diog. Laert. IV, 43: Χάριεν δ᾽ αὐτοῦ φέρεται κἀκεῖνο· πρὸς τὸν πυθόμενον διὰ τί ἐκ μὲν τῶν ἄλλων μεταβαίνουσιν εἰς τὴν Ἐπικούρειον, ἐκ δὲ τῶν Ἐπικουρείων οὐδέποτε, ἔφη, „ἐκ μὲν γὰρ ἀνδρῶν γάλλοι γίνονται, ἐκ δὲ γάλλων ἄνδρες οὐ γίνονται". Vgl. Arsen. *Violet.*, S. 119; die latein. Übers. Traversaris lautet: „Perlepidum et hoc illius dictum memoratur: percontanti enim, cur ex disciplinis aliis plerique ad sectam Epicuream transirent, ex Epicureis vero nullus se ad ceteras conferret, ait, ,quia ex viris quidem Galli fiunt, ex Gallis viri nunquam'" (ed. Curio, Basel 1524, S. 143).

1 *ex viris Galli fiunt* Der Witz des Arkesilaos, in dem er die Epikureer mit den ursprünglich aus Kleinasien stammenden Kybele-Priestern vergleicht, ist bösartig. Die Priester, „Galloi", zeichneten sich dadurch aus, daß sie sich selbst kastrierten, sich wie Frauen schminkten und bunte Frauenkleider und langes Haar wie Frauen trugen (vgl. Cumont, *RE* VII [1912], Sp. 674–682. s.v. „Gallos", Nr. 5). Arkesilaos assoziiert sie mit dem Prinzip der epikureischen Lust, welches er gerne missversteht und mit Verweichlichung, Verweiblichung und passiver Homosexualität über einen Kamm schert, welche die Griechen (und später auch die Römer) diesen orientalischen Eunuchen nachsagten. Die Zugkraft des Witz wird dadurch erhöht, daß die Kybele-Priester eine geschlossene Sekte bildeten, die von einem Oberpriester (Archogallos) geleitet wurde, ebenso wie die Epikureer, die ihrem Sektengründer in einem Personenkult eine Art religiöser Verehrung entgegenbrachten. Epikur selbst (gest. 271/0 v. Chr.) hatte diese Verehrung testamentarisch angeordnet und einen Feiertagskalender aufgestellt, für den der (Toten)kult des Epikur und seiner Familienmitglieder maßgeblich war: Der 20. Gamelion jedes Jahres wurde als Hauptfeiertag begangen (= Epikurs Geburtstag); am 20. jeden Monats wurde ein Erinnerungsmahl für Epikur und seinen Freund Metrodoros gefeiert; auch für Epikurs Freund Polyainos und für Epikurs Brüder waren, wie für Heilige, Festtage vorgesehen. An den Feiertagen wurden u. a. Schriften und Lehrsätze des Epikur verlesen. Arkesilaos treibt seinen Spott mit dem Sektencharakter der Epikureer: Wer einmal in diese Sekte eintritt, kommt nicht mehr aus ihr heraus, genauso wie es für die Sekte der Kybele-Priester gilt: Die Kastration, ihr Sektenmerkmal, lässt sich nicht rückgängig machen. Letztes bezieht Arkesilaos bei den Epikureern auf den Geist: Sich dem weichlichen und weibischen Lust-Prinzip zu verschreiben, sei eine Art geistiger Selbstkastration.

2–3 *Gallos ... euiratos* Er. bildete in Bezugnahme auf die Selbstkastration der Kybele-Priester *Adag.* 2054 „Gallos quid execas?" (*ASD* II, 5, S. 69); die sprichwörtliche Redewendung „die Galli kastrieren" bedeutet soviel wie „Eulen nach Athen tragen", etwas überflüssiges tun.

5 *Moderate* Der Lemma-Titel bezieht sich auf die zweite Interpretation des Apophthegmas, die Er. in seinem Kommentar gibt: „Sed interim dedit exemplum philosophicae moderationis".

6–10 *Quum hospites ... ira* Größtenteils wörtliche Kopie von Er.' eigener Übers. von Plut. *De cohibenda ira* 13, *Mor.* 461D aus d.J. 1525: „Arcesilaos vero quum hospites quosdam vna cum amicis acciperet conuiuio, apposita est coena, sed deerat panis, nimirum pueris oblitis emere. Quo quidem in casu quis nostrum non rupisset parietes clamore? At ille ridens, ,Quam', inquit, ,res est apta conuiuiis apparandis, esse sapientem!'" (*ASD* IV, 2, S. 282; ed. Cratander, Basel 1530, fol. 208A). Vgl. den griech. Text: Ἀρκεσιλάου δὲ μετὰ ξένων τινῶν ἑστιῶντος τοὺς φίλους παρετέθη τὸ δεῖπνον, ἄρτοι δ᾽ οὐκ ἦσαν ἀμελησάντων πρίασθαι τῶν παίδων. ἐφ᾽ ᾧ τίς οὐκ ἂν ἡμῶν διέστησε τοὺς τοίχους κεκραγώς; ὁ δὲ μειδιάσας, „οἷόν ἐστιν", ἔφη, „τὸ συμποτικὸν εἶναι τὸν σοφόν". Dieselbe Anekdote findet sich bei Athenaios, *Deipn.* 420C–D: Ἀρκεσίλαος δ᾽ ἑστιῶν τινας, καὶ ἐλλιπόντων τῶν ἄρτων νεύσαντος τοῦ παιδὸς ὡς οὐκ

apta conuiuiis apparandis, esse sapientem", sentiens philosophos in rebus vulgaribus minus sapere quam idiotas. Sed interim dedit exemplum philosophicae moderationis: *quis enim ibi non incanduisset ira?*

VII, 185   PAVPERTAS   (Arcesilaus, 4)

Paupertatem comparabat *Ithacae*, patriae Vlyssis, quod iuxta Homerum *aspera quidem esset, sed bona* κουροτρόφος, id est, *iuuenum altrix, dum eos consuefacit frugaliter et continenter viuere* et ad omnem virtutis functionem exercet.

VII, 186   LEGVM MVLTITVDO   (Arcesilaus, 5)

Dicere solitus est, quemadmodum *vbi multi essent medici, ibi multi sunt morbi: ita vbi permultae leges essent, ibi plurimum esse viciorum.*

VII, 187   MOLLICIES   (Arcesilaus, 6)

Diuitem quendam immodice delicatum, capillitio arte composito, oculis volubilibus ac lubricis, quum is alioqui *castus et integer* haberetur, ita taxauit: „Quid *refert*", inquit, „*aduersi an auersi cinaedi sitis?*". Sensit mentis integritati corporis etiam habitum et cultum oportere congruere.

---

14 exercet *scripsi*: exercens *B C.*

ἔτ' εἰσίν, ἀνακαγχάσας καὶ τὼ χεῖρε συγκροτήσας „οἷόν τι", ἔφη, „τὸ συμπόσιόν ἐστιν ἡμῶν, ἄνδρες φίλοι· ἄρτους ἐπιλελήσμεθ' ἀρκοῦντας πρίασθαι. Τρέχε δή, παῖ". Καὶ τοῦτ' ἔλεγεν αὐτὸς γελῶν· καὶ τῶν παρόντων δ' ἄθρους ἐξεχύθη γέλως καὶ διαγωγὴ πλείων ἐνέπεσε καὶ διατριβή, ὥστε ἥδυσμα γενέσθαι τῷ συμποσίῳ τὴν τῶν ἄρτων ἔνδειαν.

9–10 *Exemplum ... moderationis* Mit „exemplum philosophicae moderationis" meint Er. die philosophische Selbstbeherrschung, welche sich im konkreten Fall auf die Unterdrückung der Wut bezieht. Wie schon aus Plutarchs Kommentar hervorgeht, wäre die gebräuchlichere Reaktion des Hausherren gewesen, einen Wutanfall zu bekommen und die nachlässigen Dienstboten zu bestrafen.

10 *Quis enim ... ira?* Die Textgestaltung suggeriert, daß es sich um einen Kommentar des Er. handelt; jedoch gibt Er. hier einen Gedanken Plutarchs (a.a.O.) wieder.

12 *Paupertatem comparabat Ithacae* Weitgehend wörtl. Übers. von Stob. 95, 17, Meineke III, 200 (*Serm.* XCIII „Paupertatis laus"): Ἀρκεσίλαος τὴν πενίαν λυπρὰν μὲν ἔλεγεν εἶναι, ὥσπερ καὶ τὴν Ἰθάκην, ἀγαθὴν δὲ κουροτρόφον ἐθίζουσαν συνεῖναι λιτότητι, καὶ καρτερίᾳ, καὶ καθόλου γυμνάσιον ἀρετῆς ἔμπρακτικον. vgl. Plut. *Frgm.* 152; *CWE* 38, S. 812.

12–13 *Aspera ... altrix* Hom. *Od.* IX, 27: τρηχεῖ', ἀλλ' ἀγαθὴ κουροτρόφος.

16–17 *vbi multi ... viciorum* Stob. 43, 91, Meineke II, 98 (IV, 1, 92 Περὶ Πολιτείας): Ἀρκεσίλαος ἔλεγεν, ὥσπερ ὅπου φάρμακα πολλὰ καὶ ἰατροὶ πολλοί, ἐνταῦθα νόσοι πλεῖσται, οὕτω δὴ (δὲ *ed.* Trincavelli *fol.* O II^v) καὶ ὅπου νόμοι πλεῖστοι, ἐκεῖ καὶ ἀδικίαν εἶναι μεγίστην.

18 *Mollicies* Mit dem Lemmatitel „Mollicies" meint Er. männliche Homosexualität im Allgemeinen, wie ja auch der Ausspruch des Arkesilaos zeigt. Die antike, römische Verwendungsweise jedoch bezog „mollities" oder „molles" v.a. auf männliche *passive* Homosexualität. Mit „mollities"/ „molles" wurde, ähnlich wie mit „cinaedus" das als solches aufgefaßte ,weibliche', ,weichliche' Element homosexueller Praktiken betont.

19–20 *Diuitem ... integer haberetur* Gell. III, 5, 1–2: „Plutarchus refert Arcesilaum philoso-

phum vehementi verbo vsum esse de quodam nimis delicato divite, qui incorruptus tamen et a stupro integer (et castitatis perintegrae *pars edd. vett.*: et castus et perinteger *quaedam edd. vett.*) dicebatur. Nam cum vocem eius infractam capillumque arte compositum et oculos ludibundos atque illecebrae voluptatisque plenos videret, ‚Nihil interest‘, inquit, ‚quibus membris cinaedi sitis, posterioribus an prioribus‘". Gellius bezog sich an dieser Stelle entweder auf Plut. *Quaestiones convivales, Mor.* 705E: ὅθεν Ἀρκεσίλαος οὐδὲν ἔφη διαφέρειν τοῖς ὄπισθεν εἶναι κίναιδον ἢ τοῖς ἔμπροσθεν oder auf dens., *De tuenda sanitate praecepta, Mor.* 126A–B: εἰ τοίνυν καὶ πικρότερον φανεῖται τὸ τοῦ Ἀρκεσιλάου πρὸς τοὺς μοιχικοὺς καὶ ἀκολάστους εἰρημένον, μηδὲν διαφέρειν ὄπισθέν τινα ἢ ἔμπροσθεν εἶναι κίναιδον, οὐκ ἀνάρμοστόν ἐστι τοῖς ὑποκειμένοις. τί γὰρ ὡς ἀληθῶς διαφέρει σατύρια προσάγοντα κινεῖν καὶ παροξύνειν τὸ ἀκόλαστον ἐπὶ τὰς ἡδονάς, ἢ τὴν γεῦσιν ὀσμαῖς καὶ καρυκείαις ἐρεθίζειν ὥσπερ τὰ ψωριῶντα κνησμῶν ἀεὶ δεῖσθαι καὶ γαργαλισμῶν. Cicero schreibt den etwas groben Witz Cato d. Ä. zu (*De or.* II, 257).

20 *castus et integer* Er.' Gellius-Text hatte a.a.O. „castus et integer", nicht „stupro integer".

21 *aduersi ... cinaedi* Was den Wortlaut des Spruches selbst angeht, hat Er. auf seine frühere Übers. von *De tuenda sanitate praecepta, Mor.* 126A–B zurückgegriffen („ab Arcesilao dictum ... nihil referre, aduersus an auersus cinaedus sit aliquis", ed. Cratander, Basel 1530, fol. 186C), die er mit Gellius' Version (III, 5, 2) kombinierte. Cic. *De or.* II, 257 bildete hingegen sicherlich nicht die Textvorlage, da dort nicht nur der wichtige Begriff „cinaedus" fehlt, sondern da dieser den Ausspruch nicht Arkesilaos, sondern Cato d.Ä. zuschreibt.

BION BORYSTHENITES

VII, 188   Genvs pvdendvm   (Bion Borysthenites, 1)

25   *Percontanti Antigono* Homerico versu

„τίς πόθεν εἰς ἀνδρῶν; πόθι τοι πόλις, ἠδὲ τοκῆες;"

Sentiens Bion se traductum de generis ac gentis ignobilitate respondit ingenue:

„*Pater meus libertus erat, cubito se*se *emungens*",

Bion von Borysthenes (ca. 335–ca. 245 v. Chr.), Schüler der Philosophie und Philosoph in Athen, nachher Kyniker; geboren in der griech. Stadt Borysthenes (später Olbia) an der Mündung des Dnjepr, in ärmlichen Verhältnissen als Kind eines ehemaligen Sklaven, der sich als Salzfischhändler verdingte, und einer Prostituierten; in den Jahren seiner Pubertät wurde die gesamte Familie in die Sklaverei verkauft, Bion selbst wurde von einem alten Redner erstanden, der sich ihn als Lustknaben hielt, ihm jedoch eine Ausbildung in der Rhetorik vermittelte und ihn zum Alleinerben einsetzte. Nach dessen Tod war Bion plötzlich vermögend und begab sich nach Athen, um dort zu studieren (um 315). Er hörte die bedeutendsten damals in Athen dozierenden Philosophen, der Akademie (Xenokrates), des Peripatos (Theophrastos), der Stoa (Zenon) und der Kynischen Schule (Krates). Zunächst neigte er dem Platonismus zu, in der Folge dem Kynismus. Nach langen Jahren des Studiums betätigte er sich als Wanderphilosoph bzw. -prediger, der seine Reden in diversen griechischen Städten (Kleinasiens, Inseln) zum Besten gab. Er gilt als einer der Erfinder der Gattung Diatribe, einer Art philosophischer Predigt, die Kyniker, Stoiker und Sophisten gleichermaßen beeinflußte. Seine Philosophie ist eklektisch, mit einer Hinneigung zum Kynismus; Diog. Laert. ordnet ihn den Platonisten zu, andere Quellen dem Peripatos. In der modernen Philosophiegschichte wird er als Kyniker diskutiert. Klar ist jedoch auch, daß er in Bezug auf die Grundsatzthemen des Kynismus viel weniger radikal als die (übrigen) Kyniker war. I.J. 276 verließ er Athen, um sich nach Pella an den Hof des Makedonenkönigs Antigonos II. Gonatas (gest. 240) zu begeben. Nach der Periode in Pella lehrte er in anderen griech. Städten; er starb in der Stadt Chalkis auf Euboia um 245. Vgl. M. Goulet-Cazé, *DNP* 2 (1997/9), Sp. 689–691, s.v. „Bion", Nr. 1; H. v. Arnim, *RE* III, 1 (1897), Sp. 483–485, s.v „Bion", Nr. 10. Bion figuriert auch in *Apophth.* VII, 134, 146 und 173. Für Bions Fragmente vgl. J.F. Kindstrand, *Bion of Borysthenes. A Collection of the Fragments with Introduction and Commentary*, Uppsala 1976; G. Luck (Hrsg.), *Die Weisheit der Hunde. Texte der antiken Kyniker in deutscher Übersetzung mit Erläuterungen*, Stuttgart 1997, S. 233–250.

23 *BION BORYSTHENITES* In dieser Form im Index personarum von *B* und *C*, so auch der Titel von Curios/Traversaris Übers. von Diog. Laert. Bion-Vita (Basel 1524, S. 145).

Apophth. VII, 188 datiert auf d.J. 276 v. Chr., als Bion von Borysthenes auf Einladung des **Antigonos Gonatas** am Königshof von Pella eintraf. Der König stellte, literarisch verbrämt, diese Frage gezielt: Bevor Bion in Pella ankam, hatten ihn die beiden an Antigonos' Hof tätigen Stoiker Persaios und Philonides als früheren Sklaven und Schandknaben angeschwärzt. Die firme und offene Antwort beeindruckte den König. Dem Lemmatitel entsprechend druckt Lycosthenes das Apophthegma in der Kategorie „De ignobilitate et obscuritate generis", welche er damit eröffnete (S. 476).

25–31 *Percontanti ... lupanari* Diog. Laert. IV, 46. Er. benutzte, obwohl er Verszeilen im griech. Originaltext zitierte, als Textvorlage des Diog. Laert. in VII, 188 ausschließlich Curios lateinische Ausgabe, die er stark kürzte, teilweise paraphrasierte, teilweise wörtlich zitierte: „Bion genere quidem Borysthenites (Boristhenites *e.g. ed. Ven. 1490*) fuit. Quibus vero sit ortus parentibus et quibus ex rebus ad philosophiam se contulerit, ipse Antigono aperuit. Cum enim ille sciscitaretur ‚quisnam, vnde et vbi illius esset patria atque parentes' (quisnam ... parentes *Traversari, om. Curio*) τίς πόθεν εἰς ἀνδρῶν; πόθι τοι πόλις ἠδὲ τοκῆες, ‚Aede (?) tuum nomen, patriam, genus atque parentes' (τίς πόθεν ... atque parentes *add. Curio, verba desunt in versione fratris Ambrosii*), sentiens se vituperatum esse apud regem atque ideo sic locutum ad illum ait: ‚Pater quidem meus libertus fuit, cubito se tergens (significabat autem illum succidam et lardum vendere) Borysthenites genere, non habens faciem, sed in facie scripturam acerbissimi domini, mater autem ex lupanari (ex lupanari *Curio: verba desunt in versione fratris Ambrosii*), nimirum (nimirum *add. Curio*) quam huiusmodi ducere potuit. ... Me adolescentulum ... orator quidam emit. Is moriens mihi omnia reliquit: ego ... Athenas concessi ibique philosophatus sum.' Ταύτης τοι γενετῆς, τούτου πατρὸς εὔχομαι εἶναι. ‚Huius me esse patris, generis me glorior huius' (Huius ... huius *Curio*: Hoc mihi genus est, ista progenies *Traversari*)". Vgl. den Curio, Basel 1524, S. 145). Vgl. den griech. Originaltext: Βίων τὸ μὲν γένος ἦν Βορυσθενίτης, ὧντινων δὲ γονέων καὶ ἀφ' οἵων πραγμάτων ἧξεν ἐπὶ φιλοσοφίαν, αὐτὸς Ἀντιγόνῳ διασαφεῖ. ἐρομένου γὰρ αὐτὸν „τίς πόθεν εἰς ἀνδρῶν; πόθι τοι πόλις ἠδὲ τοκῆες"; αἰσθόμενος ὅτι προδιαβέβληται, φησὶ πρὸς αὐτόν: „ἐμοὶ ὁ πατὴρ μὲν ἦν ἀπελεύθερος, τῷ ἀγκῶνι ἀπομυσσόμενος" – διεδήλου δὲ τὸν ταριχέμπορον – „γένος Βορυσθενίτης, ἔχων οὐ πρόσωπον, ἀλλὰ συγγραφὴν ἐπὶ τοῦ προσώπου, τῆς τοῦ δεσπότου πικρίας σύμβολον: μήτηρ δὲ οἵαν ὁ τοιοῦτος ἂν γήμαι, ἀπ' οἰκήματος"; Bion Frgm. Kindstrand 1 A; Luck *WdH* Frgm. 618 (S. 235); Vgl. Stob. IV, 29a 13.

25 *Antigono* Für Antigonos II. Gonatas, den König der Makedonen, vgl. oben Komm. zu V, 106, wo ihm Er. eine Sektion von Sprüchen gewidmet hatte.

26 τίς ... τοκῆες Hom. *Od*. I, 170; X, 325 *et aliis in locis*. In *Od*. I, 170 spricht Telemachos diese Worte zu Athene, die sich als aus der Fremde kommender Mann verkleidet hat; in X, 325 spricht sie Kirke zu dem Ankömmling, der sich nicht verzaubern ließ (Odysseus) – die Verszeile wird ebd. von Homer als „geflügelte Worte" (ἔπεα πτερόεντα) bezeichnet. Die Verwendung durch Antigonos Gonatas ist ein Beispiel dafür. Vgl. Stob. IV, 29a 13.

27 *traductum* „traductum" ist ein Variationsversuch des Er. von Traversaris „vituperatum", der gleichwohl nicht ganz gelungen ist. Traversaris „vituperatum" bedeutet „angeschwärzt", nml. beim König: Das hatten, wie aus Diog. Laert. Bericht hervorgeht, die beiden stoischen Philosophen getan. „traductum" hingegen bezieht sich auf die Situation an Ort und Stelle, die durch die Frage des Königs entstand. Für „traducere" im Sinn von „öffentlich dem Spott preisgeben, lächerlich machen, durch den Kakao ziehen" vgl. *DNG* II, Sp. 4779, s.v. „traduco".

28 *Pater ... emungens* Er. hat hier selbst einen Hexameter geschmiedet, als ob Bion auf die Versfrage eine Versantwort gegeben hätte; im griech. Originaltext antwortet Bion freilich in Prosa, so auch in Traversaris Übers.: „Pater quidem meus libertus fuit, cubito se tergens" (a.a.O.). In *Adag*. 1308 (*ASD* II, 3, S. 324) aus d.J. 1508 hatte Er. die Antwort des Bion gleichfalls in Prosa wiedergegeben: „Meus pater erat libertinus, cubito emungens".

28 *libertus* „libertus" stellt eine Korrektur von Er.' älterer Übers. in *Adag*. 1308 (*ASD* II, 3, S. 324) dar, wo er von ἀπελεύθερος mit „libertinus" wiedergegeben hat; „libertinus" ist in der Sache unrichtig: Bions Vater war ein Freigelassener (libertus), nicht der „Sohn eines Freigelassenen" (libertinus).

28 *cubito sese emungens* „cubito sese emungens" ist eine Verbesserung des Er. von seiner eigenen Übers. der Stelle aus d.J. 1508, „cubito emungens"; nach dieser alten Übers. hatte Er. *Adag*. 1308 „Cubito emungere" (*ASD* II, 3, S. 324) gebildet: „[A] Cubito emungere": Ἀγκῶνι ἀπομυσσόμενος, id est ‚Cubito emungens', ... Bion philosophus apud Suidam [H] ex Laertio: [A] Ἐμοῦ πατὴρ μὲν ἦν ἀπελεύθερος, τῷ ἀγκῶνι ἀπομυσσόμενος, id est ‚Meus pater erat libertinus, cubito emungens' ...". Die Formulierung „cubito emungens" als Übers. von Ἀγκῶνι ἀπομυσσόμενος (einer, der „sich in den Ellbogen schneuzt") hat Er. aus *Rhet. ad Her*. IV, 67 bezogen, vgl. *De cop. verb*. I, 15 (*ASD* I, 6, S. 62). Bei der Übernahme der Übers. aus *Rhet. ad Her*. IV, 67 hatte Er. allerdings irrtümlich „se" ausgelassen, obwohl dieses unabkömmlich ist, da „emungere" entweder reflexiv mit „se" oder als mediale Form („emungi") konstruiert werden muß (vgl. *DNG* I, Sp. 1863, s.v. „emungo"); richtig wäre (auch als Titel von *Adag*. 1308) gewesen: „Cubito se emungens". In *Apophth*. VII, 188 verbessert Er. diese Nachlässigkeit, jedoch auf eine Weise, die zugleich auch eine Verschlimmbesserung darstellt: „*sese* emungere" ist nicht angebracht: „sich *selbst* schneuzen" ist wenig sinnvoll, wurde von Er. aber wohl *metri causa* eingesetzt.

significans eum fuisse salsamentarium. Addebat illum *Borystheniten fuisse genere*; *non*
30 *facie⟨m⟩* ⟨habere⟩, *sed in fronte gestare scripturam amari domini*; *matrem fuisse e lupanari.* Quum caetera item nude commemorasset, adiecit versum Homericum:

„ταύτης τῆς γενε[τ]ῆς, τούτου πατρὸς εὔχομαι εἶναι"
⟨id est ... ⟩.

VII, 189   Docilitas   (Bion Borysthenites, 2)

35 Cuidam obiicienti, quod *adolescentem quendam ad se non* pellexisset, „*Tenellus*",
inquit, „*caseus non attrahitur hamo*", significans pueros delicatos non esse ad philosophiam accommodos.

VII, 190   Tranqvillitas   (Bion Borysthenites, 3)

Alteri percontanti, *quis esset maxime anxius*, „Qui in maximis", inquit, „rebus cupit
40 *esse fortunatus*". Is enim mille curis distorquetur, vt assequatur ardua, et assequutus aeque torquetur, ne amittat.

---

29 Borystheniten *B C*: Borysthenitem *Lycosthenes.*
30 faciem *scripsi*: facie *B C.*
30 habere *supplevi*: desunt in *B C.*

32 τῆς *B C ut in editione Curionis*: τοι Diog. Laert. ed. Frob., Hom. loc. cit.
32 γενεῆς *scripsi*: γενετῆς *B C ut in ed. Curionis.*
32 τούτου πατρός *B C ut in versione Curionis*: τε καὶ αἵματος Diog. ed. Frob., Hom. loc. cit.

29 *significans ... salsamentarium* Die richtige Deutung von „sich in den Ellbogen schneuzen" hatte bereits Diog. Laert. dargelegt, nml. daß der Gestus den Pökelfischhändler bezeichnet (διεδήλου δὲ τὸν ταριχέμπορον), da dieser, wenn er sich den Schleim von der Nase wischen wollte, dies nicht mit den Fingern tun konnte, da diese voll Salz waren. Vgl. die völlig richtige Erklärung von Er. selbst in *Adag.* 1308 (*ASD* II, 3, S. 324): „prouerbialis ironia in hominem sordidi quaestus et conditionis abiectae, a salsamentariis ducta, quibus mos est narium mucum cubito abstergere, nimirum manibus muria et salsugine oppletis". Dieselbe richtige Erklärung von „sich in den Ellbogen schneuzen" findet sich im ersten Satz von Suetons Horaz-Vita 5: „Q. Horatius Flaccus Venusinus, patre, vt ipse tradidit, libertino et exactionum coactore, vt vero creditum est salsamentario, cum illi quidam in altercatione exprobrasset ‚Quotiens ego vidi patrem tuum bracchio se emungentem!'" (A. Rostagni, Suetonio *De poetis* e biografi minori, Turin 1944, S. 109–110). Für ταριχέμπορος, „Pökelfischhändler" vgl. Passow, II, 2, S. 1824, s.v. Die Übersetzung von ταριχέμπορος mit „salsamentarius" hatte Er. ebenfalls aus *Rhet. ad Her.* IV, 67 („Vt si salsamentarii filio dicas: ‚Quiesce tu, cuius pater se cubito emungere solebat'") oder vielleicht auch aus der Horaz-Vita übernommen, wie aus *De cop. verb.* I, 15 (*ASD* I, 6, S. 62) hervorgeht: „Si dicas ‚cubito emungit' salsamentarium indicans" (das Zitat dient dort als Beispiel einer *periphrasis notatione*, vgl. Komm. *ASD* II, 3, S. 325). Er.' „significans eum fuisse salsamentarium" stellt zugleich eine Korrektur von Traversaris Übers. dar, der die Erklärung des Diog. Laert. irrtümlich als Hinweis auf den Beruf des „Speck- und Pökelfleischhändlers" („succidiam et lardum vendere") verstanden hatte, eine Fehlübers., die Curio übernommen hatte (a.a.O.).

29–30 *Borystheniten ... domini* „Borystheniten ... domini" ist eine wörtliche Kopie der Übers. Traversaris.

30 *habere* Bei der Textübernahme vergaß Er. irrtümlich das Wort „habere"; dieses ist gleich-

30 *scripturam amari domini* Da Er. durch einen Textübertragungsfehler einen unverständlichen Text hergestellt hatte, läßt sich nicht ausmachen, was er unter „scripturam amari domini" verstand. Vielleicht war damit eine Narbe gemeint, die von den Schlägen seines Herren herrührte. Luck vermutet, daß damit ein Brandmal gemeint war, mit dem der Herr seinen Sklaven als sein Eigentum markiert habe (Luck *WdH*, S. 520).

30–31 *e lupanari* Mit „matrem fuisse e lupanari" kopierte Er. wörtlich Curios Übers.: „mater autem ex lupanari". Traversari hatte diese Worte gestrichen, wohl weil er sie als anstößig empfand.

32 ταύτης … εἶναι Hom. *Il*. VI, 211: ταύτης τοι γενεῆς τε καὶ αἵματος εὔχομαι εἶναι. Bei Homer spricht diese Worte der Lykierkönig Glaukos, der Sohn des Hippolochos zu dem griechischen Helden Diomedes, bevor er mit ihm die Waffenrüstung tauscht.

32 Ταύτης … εἶναι Er. vergaß, ganz gegen seine gebräuchliche Arbeitsweise, den griech. Vers mit einer latein. metrischen Übersetzung auszustatten. Curio hatte eine solche bereits geliefert: „Huius me esse patris, generis me glorior huius" (a.a.O.).

32 γενεῆς Das von Baseldrucken einhellig überlieferte γενετῆς ist ein verderbter Text, den Er. aus Curios Diog.-Laert.-Übers. übernahm. Zu lesen ist γενεῆς, wie die homerische Formel aus *Il*. VI, 211 lautet. Da es sich um ein bekanntes Zitat handelte und zudem um einen Vers (Versen ließ Er. in den *Apophthegmata* in der Regel besondere Aufmerksamkeit zukommen), ist überraschend, daß er den Fehler nicht erkannte.

32 τούτου πατρός Die Tatsache, daß Er. hier den unrichtigen griech. Text von Curio übernimmt, zeigt an, daß er trotz der griech. Zitate in *Apophth*. VII, 188 Curios latein. Übers. als Textvorlage benutzte, während er diese nicht mit dem griech. Text des Diog. Laert. abglich, der τε καὶ αἵματος hatte. Der griech. Text, den Curio zitiert, scheint eine Textvariante darzustellen, die durch Kontamination, vielleicht mit einer Kommentarglosse, entstanden ist (τούτου πατρός als Erklärung von τε καὶ αἵματος). Er. zitiert den Homer-Vers interessanterweise in genau diesem Wortlaut in *Moria* 103, wo sich Stultitia als Tochter Jupiters vorstellt: τούτου πατρὸς εὔχομαι εἶναι (*ASD* IV, 1, S. 76); Miller bezeichnet das Zitat ebd. als „imitation of a Homeric formula".

35–36 *Adolescentem … hamo* Diog. Laert. IV, 47: οἷον ὀνειδιζόμενος ἐπὶ τῷ μὴ θηρᾶσαι μειράκιον, „οὐχ οἷόν τε", εἶπεν, „ἁπαλὸν τυρὸν ἀγκίστρῳ ἐπισπᾶσθαι"; Bion Frgm. 58 Kindstrand; Luck *WdH*, Frgm. 621 (S. 236). Vgl. die Übers. Traversaris: „Cum sibi probro daretur, quod adolescentem non sibi vendicauisset, ‚Non enim', inquit, ‚possibile est mollem caseum hamo attrahere'" (ed. Curio, Basel 1524, S. 145).

35–36 *Tenellus", inquit, „caseus* Mit ἁπαλὸν τυρὸν ist ein sehr frischer und junger Käse gemeint, der *eo ipso* weich ist; vgl. Luck a.a.O. „Weichkäse".

38 *Tranquillitas* Lycosthenes druckt *Apophth*. VII, 190 in der Kategorie „De fortunae inconstantia et mutatione" (S. 398).

39–40 *Quis esset … fortunatus* Eigene Übers. des Er. von Diog. Laert. IV, 48: ἐρωτηθείς ποτε τίς μᾶλλον ἀγωνιᾷ, ἔφη, „ὁ τὰ μέγιστα βουλόμενος εὐημερεῖν"; Bion Frgm. 24 Kindstrand; Luck *WdH*, Frgm. 622 (S. 236).

39–40 *Qui in … fortunatus* Er.' Übers., mit der er jene Traversaris verbessert, ist prinzipiell richtig: Gemeint ist derjenige, der „hohe Ziele hat und zugleich Erfolg haben will". Traversari faßte den Spruch – weniger plausibel – als Oxymoron von durch „quies" bewirkter „anxietas" auf, nämlich als Kritik an Leuten, die, ohne etwas Nennenswertes leisten zu wollen, nur ihrem privaten Glück und dem Nichtstun frönen: „Interrogatus aliquando, quisnam anxietate maiore detinetur, ‚Ille', inquit, ‚qui se maxime cupit esse felicem et quietum'" (ed. Curio, Basel 1524, S. 145).

VII, 191   Conivgivm   (Bion Borysthenites, 4)
(= Dublette von VII, 44)

Rogatus, essetne ducenda vxor, „*Si deformem*", *inquit*, „duxeris, habebis poenam; sin formosam, habebis communem". In Graecis vocibus plusculum est iucunditatis, ποινὴν et κοινήν. Hoc Antistheni asscribitur. A⟨ulus⟩ Gel⟨lius⟩ tribuit Bianti lib⟨ro⟩ 5. cap⟨itulo⟩ XI.

VII, 192   Senectvs   (Bion Borysthenites, 5)

Senectutem dicebat portum esse malorum, quod omnes huc confugerent, sperantes miseriarum finem. Mori autem vnicuique in promptu est. Id Ethnici quidam existimabant esse praeclarum, Christiana pietas docet esse nepharium scelus.

VII, 193   Immortalitas   (Bion Borysthenites, 6)

Gloriam dicebat esse matrem † *annorum* †, ob id opinor, quod, quum hominis vita sit breuis, honesta memoria in multa secula propagatur.

VII, 194   Forma   (Bion Borysthenites, 7)

Formam dicebat esse bonum alienum, sentiens extra hominem esse, quod ipse sibi nec dare potest nec tueri datum. Animi bona vere nostra sunt.

---

42 Coniugium *B*: Coniugum *C*.   53 quum *B*: cum *C*.

Apophth. VII, 191 ist eine Dublette von VII, 44, wo Er. den Ausspruch dem Antisthenes zuschrieb: „Adolescenti consulenti, cuiusmodi vxorem ducere expediret, ‚Si formosam duxeris', inquit, ‚habebis communem; sin deformem, habebis poenam', iucundius id eloquens Graece, quibus, quod ad voces attinet, minimum interest inter κοινὴν et ποινὴν, quod ad rem attinet, plurimum. Suadebat itaque media stataque, vt vocant, forma ducendam, quae nec fastidium viro moueret ob deformitatem nec ob insignem formam peteretur ab adulteris. A. Gellius hoc dictum Bianti tribuit" (nach Diog. Laert. VI, 3).

44 *Rogatus … inquit* Diog. Laert. IV, 48: ἐρωτηθεὶς εἰ γήμαι – ἀναφέρεται γὰρ καὶ εἰς τοῦτον – ἔφη, „ἐὰν μὲν γήμῃς αἰσχράν, ἕξεις ποινήν· ἂν δὲ καλήν, ἕξεις κοινήν"; Bion *Frgm*. 61A Kindstrand; Luck *WdH*, Frgm. 623 (S. 236). Vgl. die Übers. Traversaris: „Rogatus, an ducenda esset vxor (refertur enim et ad hunc istud), ‚Si quidem', ait, ‚turpem duxeris, poenam habebis; sin autem formosam, communis erit'" (ed. Curio, Basel 1524, S. 145).

46 *Hoc Antistheni asscribitur* Diog. Laert. VI, 3: πρὸς δὲ τὸν ἐρόμενον ποδαπὴν γήμαι, ἔφη (Antisthenes), „ἂν μὲν καλήν, ἕξεις κοινήν, ἂν δὲ αἰσχράν, ἕξεις ποινήν". Vgl. *Gnom. Vat.* 2 Sternbach; Er., *Apophth.* VII, 44.

46 *Aulus Gellius tribuit* Vgl. Gell. V, 11, 2: „Nam cum rogatus esset a quodam Bias Sic, i.e. Bion), deberet ne vxorem ducere, an vitam viuere caelibem: ‚ἤτοι', inquit, ‚καλὴν ἄξεις ἢ αἰσχράν· καὶ εἰ καλήν, ἕξεις κοινήν, εἰ δὲ αἰσχράν, ἕξεις ποινήν· ἑκάτερον δὲ οὐ ληπτέον· οὐ γαμητέον ἄρα'".

48 *Senectus* Er. übernimmt als Lemmatitel die Marginalie in Curios Edition, Basel, 1524, S. 146.

49 *Senectutem … confugerent* Durch einen Übersetzungsfehler völlig missverstandene Wiedergabe von Diog. Laert. IV, 48: τὸ γῆρας

ἔλεγεν ὅρμον εἶναι τῶν κακῶν· εἰς αὐτὸ γοῦν πάντα καταφεύγειν. Bion *Frgm.* 62A Kindstrand; Luck *WdH*, Frgm. 624 (S. 236).

49–51 *quod omnes … scelus* Er. hat den Spruch völlig missverstanden, im Sinn der Todessehnsucht, als einer Abart des Selbstmordes. Dieses Missverständnis fängt damit an, daß seine Übertragung des Spruches grammatisch nicht der Vorlage entspricht: πάντα (καταφεύγειν) kann sich nicht auf die Menschen beziehen, wie Er. angibt („omnes"), sondern muß auf die genannten Übel Bezug nehmen. Er. hat sich entweder geirrt oder bewusst πάντα zu πάντας verschlimmbessert. An diese grammatische Fehlzuordnung oder Verschlimmbesserung knüpft sich Er.' Fehlinterpretation des Spruches in „(omnes) sperantes miseriarum finem" an: Er. glaubt, daß Bion von Borysthenes sagen wollte, *die Menschen suchten alle ihre Zuflucht im Alter*, weil sie hoffen, daß das Elend des Lebens dann ein Ende haben werde. In einem weiteren Interpretationsschritt identifiziert Er. diese – vermeintliche – Hoffnung mit dem Selbstmord. In der heidnischen Antike hätte man dem Selbstmord moralische Hochschätzung entgegengebracht, im Christentum jedoch werde er als abscheuliche Sünde verurteilt. Mit dieser kulturellen Erklärung hat Er. grundsätzlich Recht, jedoch redet Bion in VII, 192 in keiner Weise von Todessehnsucht oder Selbstmord. Mit der Hafenmetapher ist lediglich gemeint, daß im hohen Alter viele (körperliche) Übel zusammenkommen, wie Schiffe in einem Hafen; vgl. Lucks Erläuterung, WdH, S. 521: „Das Alter ist die Summe, der Sammelplatz aller Übel, die sonst im Leben vereinzelt auftreten". Traversari hatte den Text richtig übersetzt: „Senectutem malorum omnium portum asserebat: siquidem ad ipsam cuncta confugere" (ed. Curio, Basel 1524, S. 145); Er. beachtete seine Übers. jedoch in diesem Fall nicht.

52 *Immortalitas* Der Titel beruht auf Er.' Interpretation des Spruches, die jedoch keinen Sinn ergibt, da der Text korrupt ist. Vgl. Komm. unten.

53 *Gloriam … annorum* Diog. Laert. IV, 48. Er. kopierte die lat. Übers. Traversaris: „gloriam annorum esse matrem" (ed. Curio, Basel 1524, S. 145). Vgl. den griech. Text: τὴν δόξαν ετῶν (ετῶν ed. Frob., S. 204) μητέρα εἶναι. Bion Frgm. 22 Kindstrand; Luck *WdH*, Frgm. 625 (S. 237). Traversari ging von der Lesart ετῶν aus, die jedoch sicher verderbt ist. Der Gedanke, daß „Ruhm die Mutter der Jahre sei" („gloriam annorum esse matrem"), ergibt keinen Sinn. Die Korruptel ετῶν wurde verschiedentlich korrigiert. Inhaltlich plausibel ist Reiskes Emendation ἀνιῶν, „Die unfundierte (falsche, irrige) Meinung ist die Mutter von Schmerzen", paläographisch verfeinert durch Marcovich zu ⟨ἀνιῶν ἀσχ⟩ετῶν, „schrecklicher Schmerzen"; etwas flach erscheint Hirzels Konjektur ⟨ἀρ⟩ετῶν („Ruhm ist die Mutter der Tugenden"), nicht leicht nachvollziehbar ist der Sinn von Gigantes ἀιτιῶν („Die [unfundierte] Meinung ist die Mutter aller Begründungen").

53–54 *Quod … propagatur* Die Begründung, die Er. gibt, ist hinfällig, da der Text des Spruches korrupt ist.

56 *Formam … alienum* Diog. Laert. IV, 48: τὸ κάλλος ἀλλότριον ἀγαθόν. Bion *Frgm.* 54 Kindstrand; Luck *WdH*, Frgm. 626 (S. 237). Vgl. die lat. Übers. Traversaris: „pulchritudinem alienum bonum" (ed. Curio, Basel 1524, S. 145–146).

56 *sentiens extra* In seinem Druck des Apophthegmas änderte Lycosthenes den Text der Erklärung: „sentiens nimirum animi bona reuera esse nostra, caetera vero omnia fluxa et paruo duratura tempore" (S. 67, im Kapitel „De animi bonis ac cultu").

VII, 195   Divitiae   (Bion Borysthenites, 8)

Diuitias dicebat esse neruos actionum, quod sine his nihil agatur. Alius dixit *neruos*
60 *belli*.

VII, 196   Profvsio   (Bion Borysthenites, 9)

In quendam, qui praedia sua deuorauerat, „Amphiaraum", inquit, „terra absorbuit, tu terram".

VII, 197   Tolerantia   (Bion Borysthenites, 10)

65 Aiebat, *magnum esse malum, non posse ferre malum*. Absque hoc enim nulli potest esse vita suauis.

VII, 198   Salse   (Bion Borysthenites, 11)

Damnabat, homines qui sic *exurerent, quasi sensu vacarent*, sic *adurerent, quasi sentirent*, ob id, ni fallor, quod in bellis exurantur omnia. Rursum si leuiter attingantur
70 ab igni, offenduntur. Id enim appellat „*adurere*".

---

59 *Divitias ... actionum* Diog. Laert. IV, 48: τὸν πλοῦτον νεῦρα πραγμάτων. Bion Frgm. 46 Kindstrand; Luck *WdH*, Frgm. 627 (S. 237). Vgl. Traversaris Übers.: „diuitias neruos rerum" (ed. Curio, Basel 1524, S. 146).

59 *actionum* Mit πραγμάτων sind Taten gemeint; vgl. Krantor bei Sext. Emp., *Adv. eth.* 557B: ἐν δὲ πολέμοις νεῦρα τῶν πράξεων γίνομαι. Der Urheber der sentenziösen Metapher ist nach Otto 1221 Demosthenes bei Aischines, *Contra Ctesiphontem* 52. Πραγμάτων, „Taten", auf Latein. „rerum gestarum", von Traversari wohl verkürzt mit „rerum" wiedergegeben; Er. verschlimmbesserte Traversaris „rerum" zu „actionum", während „actiones" im Lateinischen kein brauchbares Äquivalent zu „res gestae" bildet. Vielleicht hat Er. niederländisch gedacht („acties" für „Taten"). Πραγμάτων wird von Hicks allzu frei mit „success" wiedergegeben.

59–60 *nervos belli* Der anonyme „andere" Autor ist Cicero, s. *Phil.* V, 5: „Quid est aliud omnia ad bellum civile hosti arma largiri? Primum neruos belli pecuniam infinitam ...". Für die sentenziöse Metapher vgl. Otto 1221.

62–63 *In quendam ... terram* Im einleitenden Teil leicht variierende, im Spruchteil wörtliche Wiedergabe von Traversaris/Curios Übers. von Diog. Laert. IV, 48: „Ad eum, qui agros (agros *Curio*: fundos *Traversari*) suos vorauerat, ‚Terra', inquit, ‚Amphiaraum absorbuit, sed terram tu'" (ed. Curio, Basel 1524, S. 146). Vgl. den griech. Text: πρὸς τὸν τὰ χωρία κατεδηδοκότα, „τὸν μὲν Ἀμφιάραον", ἔφη, „ἡ γῆ κατέπιε, σὺ δὲ τὴν γῆν"; Bion Frgm. 45 Kindstrand; Luck *WdH*, Frgm. 628 (S. 237).

62 *Amphiaraum* Der argivische Seher Amphiaraos, der im Thebanischen Sagenzyklus als einer der „Sieben gegen Theben" figuriert und auch an der Jagd auf den kalydonischen Eber teilnahm, war nach einer Version des Mythos von einer Erdspalte verschlungen worden. Vgl. A. Schachter, *DNP* 1 (1999), Sp. 609, s.v. „Amphiaraos".

65 *Magnum ... malum* Diog. Laert. IV, 48. Der Wortlaut stimmt mit Traversaris Übers. überein: „Magnum aiebat malum esse, ferre non posse malum" (ed. Curio, Basel 1524, S. 146). Vgl. den griech. Text: μέγα κακὸν τὸ μὴ δύνασθαι φέρειν κακόν. Bion Frgm. 23 Kindstrand; Luck *WdH*, Frgm. 629 (S. 237).

67 *Salse* In Übereinstimmung mit der Angabe des Er. druckte Lycosthenes *Apophth.* VII, 198 in der Kategorie „De salse dictis" (S. 955).

68–69 *Damnabat ... sentirent* Missverstandene Wiedergabe von Diog. Laert. IV, 48, die einerseits dadurch zustandekam, daß Er. die Übers. Traversaris reproduzierte („Arguebat eos, qui homines, quasi sine sensu essent, exurerent, eosque veluti sensu praeditos adurerent", ed. Curio, Basel 1524, S. 146), andererseits dadurch, daß der griech. Text des Diog. Laert. aller Wahrscheinlichkeit nach eine überlieferungsbedingte Lacuna aufweist: κατεγίνωσκε δὲ καὶ τῶν τοὺς ἀνθρώπους κατακαόντων μὲν ὡς ἀναισθήτους, παρακαόντων δὲ ⟨αὐτοῖς⟩ ὡς αἰσθανομένους. Bion *Frgm.* 71 Kindstrand; Luck *WdH*, Frgm. 630 (S. 237). Ergänzt man mit Marcovich αὐτοῖς, so wird der Sinn des Spruches verständlicher.

69 *quod ... omnia* Aus der Erklärung des Er. „quod in bellis exurantur omnia" geht hervor, daß er das flächendeckende Abbrennen ebenso wie das lokale In-Brand-Stecken als militärische Taktik interpretierte, bei der ganze Städte der Feinde oder aber auch einzelne Häuser angezündet wurden. Die genaue Parallele mit einem Apophthegma des Anacharsis, das im *Gnom. Vat.* überliefert ist, zeigt jedoch auf, daß es um die Bestattungskulte der Griechen ging, die dem Skythen Anacharsis pardox erschienen: Wie ist es möglich, fragte er, daß die Griechen ihre Toten verbrennen, als ob sie kein Gefühl mehr hätten, und ihnen – nach dem Begräbnis – Brandopfer darbringen, als ob sie noch imstande wären, diese wahrzunehmen? Vgl. *Gnom. Vat.* 20 Sternbach: παράδοξοων: τὸ τοὺς νεκροὺς καίεσθαι μὲν ὡς ἀναισθήτους, ἀποκαίεσθαι δὲ αὐτοῖς ὡς αἰσθανομένους (= Anacharsis Frgm. 49 Kindstrand). Die Brandopfer fanden im Rahmen des griechischen Totenkultes statt, bei dem man den Verstorbenen ein Weiterleben nach dem Tode zusprach und von ihrer tatsächlichen Existenz ausging: Man konnte Sie anrufen, um Hilfe bitten, ihnen Opfer bringen usw. Was hier ins Auge gefasst wurde, mögen die Rituale des Totenkultes sein, die in der unmittelbaren Folgezeit nach dem Begräbnis stattfanden: Am dritten Tag nach der (Brand)Bestattung begaben sich die Verwandten des Verstorbenen aufs neue zum Grab, um dort Speisen und Getränke als Grabbeigaben für die Jenseitsreise darzubringen, v.a. Wein, Milch, Salz, Küchlein, Nüsse und Früchte. Ein Totenopfer (Brandopfer, mit anschließendem Totenmahl) sollte die günstige Annahme der Grabbeigaben gewährleisten. Ein selbiges Totenopfer wurde am neunten und dreißigsten Tag nach der Bestattung, sodann jährlich am Tag der Bestattung wiederholt. Jürß nahm Menagius' Konjektur von παρακαόντων zu παρακαλούντων an: „... sie aber dabei feierlich anzureden, als hätten sie Gehör" (a.a.O.). Diese Konjektur ist jedoch, wie die Parallele von *Gnom. Vat.* 20 Sternbach zeigt, überflüssig. Unrichtig ist weiter Hicks Wiedergabe „He used to condemn those who burnt men alive ..." (a.a.O.): Im Athen des 4. und 3. Jh. v. Chr. war das Verbrennen bei lebendigem Leib keine zulässige Todesstrafe.

VII, 199   Liberalitas   (Bion Borysthenites, 12)

Dicebat *esse optabilius* suam messem *alteri largiri, quam alienam* decerpere. Sensit felicius esse *dare quam accipere*.

VII, 200   Mors facilis   (Bion Borysthenites, 13)

Aiebat *facilem esse ad inferos viam*. Nam illuc homines *abire clausis oculis*. Morientibus enim clauduntur oculi.

VII, 201   Libere   (Bion Borysthenites, 14)

Alcibiadem hoc elogio taxauit, *quod adolescens viros abduxisset ab vxoribus, iuuenis factus vxores a viris*.

VII, 202   Philosophia potior rhetorica   (Bion Borysthenites, 15)

Rhodi quum Athenienses darent operam rhetoricis, ipse philosophiam docebat. Ob id reprehensus, ita *respondit*: „Triticum aduexi, et hordeum vendo?", sentiens absurdum esse ab ipso requiri deteriora, quum attulisset meliora. Nam philosophia, veluti triticum, cibus est hominum, hordeum equorum; simul innuens solum philosophum loqui, rhetores hinnire potius.

VII, 203   Correctio   (Bion Borysthenites, 16)

In fabulis est *Danaidas puellas* apud inferos huic addictas esse supplicio, vt pertusis vasis *deferant aquam in dolium pertusum*. Bion dicebat, *grauius fore supplicium, si integris vasis ac non pertusis* idem *facerent*: tum enim irent onustiores.

Apophth. VII, 199 handelt von der griechischen Knabenliebe, nach Er. jedoch von der christlichen Nächstenliebe, konkret davon, daß man seine Nächsten an seiner eigenen Ernte Anteil nehmen lassen sollte, wobei Er. den Spruch im Sinne von *Acta* 20, 35 deutete.

72–73 *esse optabilius … accipere* Diog. Laert. IV, 49: ἔλεγε δὲ συνεχὲς ὅτι αἱρετώτερόν ἐστι τὴν ὥραν (in Frobens ed. steht statt ὥραν eine durch einen Asterix bezeichnete Lacuna, S. 205) ἄλλῳ χαρίζεσθαι ἢ ἀλλοτρίας ἀποδρέπεσθαι. Bion Frgm. 57 Kindstrand; Luck *WdH*, Frgm. 631 (S. 237). Durch die Lacuna in der Diog.-Laert.-Handschrift, die Er. vorlag, war unklar, worauf sich der Spruch genau bezog. Der richtige Text hatte ὥραν ἄλλῳ χαρίζεσθαι, somit „jemand anderem seine körperliche Schönheit zu schenken", d.h. der Spruch muß sich auf griechische Knaben beziehen, die ihre jugendliche Schönheit einem älteren Liebhaber hingaben. Mit dem Spruch lädt Bion von Borysthenes Knaben ein, sich hinzugeben, jedoch rät er älteren Liebhabern davon ab, die Liebe zu erzwingen. Denn, so sagt er, dies sei schädlich für Körper und Seele: εἰς σῶμα βλάπτεσθαι καὶ εἰς ψυχήν. Diesen Satz ließ Er. (anders als Traversari) aus, möglicherweise, weil er sich darauf keinen Reim machen konnte. Traversari lag der richtige griech. Text vor; seine durchaus wörtliche Übers. läßt sich im Sinn der griech. Knabenliebe interpretieren, bleibt aber dennoch leicht verschwommen: „Dicebat autem iugiter opabilius esse, speciem alteri largiri suam quam alienam petulanter ambire" (ed. Curio, Basel 1524, S. 146).

72 *suam messem* „suam messem" ist ein Versuch des Er., die Lacuna seiner griech. Textvorlage zu ergänzen.

73 *felicius esse dare quam accipere* Acta 20, 35.

75 *Facilem ... oculis* Diog. Laert. IV, 49. Er. bearbeitete die Übers. des Traversari: „Facilem esse dicebat ad infernum viam: clausis enim oculis illuc iri" (ed. Curio, Basel 1524, S. 146). Vgl. den griech. Text: εὔκολον ἔφασκε τὴν εἰς ᾅδου ὁδόν: καταμύοντας γοῦν ἀπιέναι. Bion Frgm. 66 Kindstrand; Luck *WdH*, Frgm. 633 (S. 238). Vgl. *Gnom. Vat.* 528 Sternbach.

78 *Alcibiadem* Der athenische Staatsmann Alkibiades (ca. 450–404/3 v. Chr.) war für seine vielen Liebesaffären berüchtigt. So soll er u. a. mit Sokrates und Anytos (vgl. oben *Apophth.* VI, 374) die homosexuelle Liebe betrieben haben, während er als erwachsener Mann weiter diverse außereheliche Verhältnisse hatte. Für seine Person vgl. oben Komm. zu *Apophth.* V, 184, wo ihm Er. eine Sektion von Sprüchen widmete (V, 184–191).

78–79 *Alcibiadem ... viris* Im Spruchteil wörtliche Wiedergabe von Diog. Laert. IV, 49.: τὸν Ἀλκιβιάδην μεμφόμενος ἔλεγεν ὡς νέος μὲν ὢν τοὺς ἄνδρας ἀπαγάγοι τῶν γυναικῶν, νεανίσκος δὲ γενόμενος τὰς γυναῖκας τῶν ἀνδρῶν. Bion Frgm. 60 Kindstrand; Luck *WdH*, Frgm. 634 (S. 238). Er. versuchte, Traversaris Übers. noch wörtlicher zu gestalten: „Alcibiadem culpans dicebat illum, dum esset adolescens, viros ab vxoribus, iuuenem vero vxores a viris abduxisse" (ed. Curio, Basel 1524, S. 146).

81–82 *Rhodi ... vendo* Wörtliche Wiedergabe von Diog. Laert. IV, 49, wobei Er. Traversaris Übers. variierte: „Rhodi Atheniensibus ad oratoriam se exercentibus philosophiam ipse docebat. Causante quodam, cur ita faceret, ‚Frumenta', inquit, ‚attuli, et ordeum vendo?'" (ed. Curio, Basel 1524, S. 146). Vgl. den griech. Text: ἐν Ῥόδῳ τὰ ῥητορικὰ διασκούντων τῶν Ἀθηναίων τὰ φιλοσοφούμενα ἐδίδασκε: πρὸς οὖν τὸν αἰτιασάμενον ἔφη, „πυροὺς ἐκόμισα καὶ κριθὰς πιπράσκω;". Bion Frgm. 4 Kindstrand; Luck *WdH*, Frgm. 635 (S. 238).

81 *Rhodi ... rhetoricis* Seit der Redner Aischines i.J. 330 v. Chr. Athen verließ und in Rhodos eine Rhetorikschule eröffnete, zog es die jungen Athener auf die Inselstadt, um dort Rhetorikunterricht zu erhalten. Offensichtlich hatte Bion von Borysthenes ähnliches im Sinn: sowohl potentielle Schüler im Osten zu rekrutieren als auch junge Athener Philosophie zu lehren, die sich nach Rhodos begaben.

82 *Triticum* „triticum" ist eine Verbesserung des Er. von Traversaris unspezifischem „frumenta".

Apophth. VII, 203 ist ein Gegenstück zu *Adag.* 933 „Inexplebile dolium" (*ASD* II, 2, S. 440): „Ἄπληστος πίθος, id est Inexplebile dolium … Adagium natum a notissima fabula puellarum Danaidum …". Weiter bildet es einen Parallelspruch zu VIII, 301 „Profusio fundo caret".

87–88 *Danaidas puellas ... pertusum* „Danaidas puellas … pertusum" sind korrekte erklärende Ergänzungen des Er., womit er die Anspielung des Bion auf den griechischen Gründungsmythos von Argos erläuterte. Das unendliche Füllen der löchrigen Badewanne stellt die Bestrafung von 49 der 50 Töchter des Danaos (des Bruders des Aigyptos) im Hades dar, dafür, daß sie 49 ihrer 50 zukünftigen Ehegatten (die Söhne des Aigyptos) in der Brautnacht töteten. Daß auch die (Ton)Gefäße (wohl Amphoren), mit denen die Danaos-Töchter das Wasser herbeiholen mußten, brüchig bzw. löchrig waren, wird in den antiken Quellen des Mythos meist nicht erwähnt; daß es jedoch als Detail der Geschichte bekannt war, zeigt der vorl. Spruch des Bion. *Expressis verbis* benennt es der griechische Sophist Zenobius (2. Jh. n. Chr.) in seiner Sprichwörtersammlung: ἐν κατεαγόσιν ἀγγείοις ὕδωρ … φέρουσι (Zenob. II, 6 „Ἄπληστος πίθος"). Auf den meisten blidlichen Darstellung der Danaiden sind die Tongefäße jedoch als ganz und unversehrt dargestellt. Zenobius war die Hauptquelle für Er.' *Adag.* 933 „Inexplebile dolium", wo Er. den Mythos auf ähnliche Weise wie in *Apophth.* VII, 203 erklärte: „Ἄπληστος πίθος, id est Inexplebile dolium … Adagium natum a notissima fabula puellarum Danaidum, quae ob sponsos necatos has poenas apud inferos dare dicuntur, vt situlis perstillantibus aquam hauriant atque in dolium item pertusum infundant, graui nimirum, sed inutile labore" (*ASD* II, 2, S. 440). Für den Danaiden-Mythos und deren Bestrafung in der Unterwelt vgl. E. Keuls, *The Water Carriers in Hades: a Study of Catharsis through Toil in Classical Antiquity*, Amsterdam 1974; J.A. Bernhard, „Danaiden", in: Roscher I, 1, (1886), Sp. 949–952; O. Waser, *RE* IV, 2 (1901), Sp. 2087–2091, s.v. „Danaiden"; Ch. Auffahrt, *DNP* 3 (1997), Sp. 307–308, s.v. „Danaos, Danaiden".

88–89 *Danaidas ... facerent* Diog. Laert. IV, 50: Ἔλεγε δὲ τοὺς ἐν ᾅδου μᾶλλον ἂν κολάζε-

90 VII, 204   LOQVACITAS   (Bion Borysthenites, 17)

Cuidam immodice loquaci, vt sibi subueniret, oranti, respondit: „Abunde *tibi morem geram, si aduocatos miseris, non venias ipse*".

VII, 205   INNOCENTIA TVTA   (Bion Borysthenites, 18)

Euenit, vt *cum scelerosis nauigans incideret in praedones. Illis dicentibus „actum est de nobis, si agnoscamur", „Et de me"*, inquit, *„nisi agnoscamur"*. Bonis innotuisse salus est.

VII, 206   INDOCILIS   (Bion Borysthenites, 19)

Arrogantiam dicebat esse profectus obstaculum. Indocilis enim est, qui mauult doctus videri quam esse.

100 VII, 207   AVARVS   (Bion Borysthenites, 20)

In *diuitem* quendam *sordidum* ita *loquutus est*: *„Hic facultates suas non possidet, sed ipsum possident facultates"*.

σθαι εἰ ὁλοκλήροις καὶ μὴ τετρημένοις ἀγγείοις ὑδροφόρουν. Bion Frgm. 6 Kindstrand; Luck *WdH*, Frgm. 636 (S. 238). Vgl. die Übers. Traversaris: „Dicebat eos, qui essent apud inferos (apud inferos *Curio*: in inferno *Traversari*), magis profecto cruciandos, si integris quam si perforatis vasis aquam ferrent" (ed. Curio, Basel 1524, S. 146).

91–92 *Abunde ... ipse* Wörtliche Übers. des Er. (wobei er jene Curios korrigierte) von Diog. Laert. IV, 50,: πρὸς τὸν ἀδολέσχην λιπαροῦντα αὐτῷ συλλαβέσθαι, „τὸ ἱκανόν σοι ποιήσω", φησίν, „ἐὰν παρακλήτους πέμψῃς καὶ αὐτὸς μὴ ἔλθῃς". Bion Frgm. 74 Kindstrand; Luck *WdH*, Frgm. 637 (S. 238). Curio hatte den Sinn des Spruches, wie schon Traversari, missverstanden: „Orante illum (illum *ed. Curio*: se *Traversari, e.g. ed. Ven. 1490*) verboso quodam, vt sibi opem ferret, ,Satis', inquit, ,tibi faciam, si internuntios (internuntios *ed. Curio*: qui precentur pro te *Traversari, e.g. ed. Ven. 1490*) ad me (sic) miseris, ipse vero (vero *ed. Curio*: quoque *Traversari*) non veneris'" (ed. Curio, Basel 1524, S. 146).

93 *Innocentia tuta* Der Titel „Innocentia tuta" suggeriert, daß Er. den Spruch des Bion im Sinn von Lactantius' Interpretation von Hor. *Carm*. I, 22 deutet: „Recte igitur Flaccus tantam esse dixit innocentiae vim, vt ad tutelam sui non egeat nec armis nec viribus, quacunque iter fecerit" (*Inst*. V, 17, 18); vgl. Hor. *Carm*. I, 22, 1–4: „Integer vitae scelerisque purus/ Non eget Mauris iaculis neque arcu/ Nec venenatis grauida sagittis,/ Fusce, pharetra"; dazu die dem Bias von Priene zugeschriebene Gnome, daß derjenige, der ein reines Gewissen hat, keine Furcht kennt (Stob. III, 24, 11). Hinter dem gnomischen Gedanken, den Horaz verwortet, scheint die stoische Maxime zu stehe, daß der stoische Weise mit seinem makellosen Geist („mens bona") frei von Furcht sei und dazu keiner Waffen oder sonstigen Verteidigungsmittel bedürfe; vgl. Sen. *Thy*. 380–384: „Mens bona regnum possidet./ Nil vllis opus est equis,/ Nil armis et inertibus/ Telis, quae procul ingerit/ Parthus, cum simulat fugas …". Lactantius hat diesen Gedanken in christlichem Sinn interpretiert, Er. scheint ihm diesbezüglich nachzufolgen, ähnlich wie später Otho Vaenius, der aus der nämlichen Horaz-Stelle die sprichwörtliche Weisheit „Innocentia vbique tuta" ableitete (*Emblemata Horatiana*, Antwerpen 1607, S. 72).

94–95 *Cum scelerosis ... agnoscamur* Wörtliche Wiedergabe von Diog. Laert. IV, 50, wobei Er.' Übers. jener Traversaris sehr ähnlich ist: „Nauigans cum perditis (perditis *Curio*: pessimis *Traversari, e.g. ed. Ven. 1490*) hominibus in latrones incidit. Dicentibus illis ‚Peribimus, si agnoscamur‘, ‚At ego‘, inquit, ‚nisi agnoscamur‘ " (ed. Curio, Basel 1524, S. 146). Vgl. den griech. Text: πλέων μετὰ πονηρῶν λῃσταῖς περιέπεσε: τῶν δέ, „ἀπολώλαμεν", εἰπόντων, „ἐὰν γνωσθῶμεν", „ἐγὼ δέ γε", φησίν, „ἐὰν μὴ γνωσθῶ". Bion Frgm. 79 Kindstrand; Luck *WdH*, Frgm. 638 (S. 238).

97 *Indocilis* Lycosthenes berücksichtigte in seinem Druck von VII, 206 sowohl Er.' Titel, indem er es in der Kategorie „De discipulo indocili" (S. 249) brachte, als auch den von Er. angegebenen Kernbegriff, indem er es zum Leitspruch der Kategorie „De arrogantia" (S. 87) machte.

98 *Arrogantiam ... obstaculum* Versuchte wörtliche Wiedergabe von Diog. Laert. IV, 50, wobei Er. die Textvorlage benutzte: „Elationem esse asserebat profectus impedimentum" (ed. Curio, Basel 1524, S. 146). Vgl. den griech. Text: τὴν οἴησιν ἔλεγε προκοπῆς ἐγκοπήν. Bion Frgm. 20 Kindstrand; Luck *WdH*, Frgm. 639 (S. 238). Dieselbe Sentenz findet sich auch in Stob. IV, 88 (ebenfalls Bion); sie wurde jedoch auch Heraklit zugeschrieben, *Gnom. Vat.* Sternbach 306, aufgenommen in Diels, I, S. 104, Herakleitos B 131.

98 *Arrogantiam* οἴησις kann sowohl „Vorurteil, vorgefasste Meinung, Wahn" als auch „Eigendünkel, Eigenwahn, Eingebildet-Sein, Einbildung" bedeuten (vgl. Passow II, 1, S. 413, s.v.). Beide Bedeutungen sind in Bezug auf προκοπή, „Fortschritt", möglich. Da es sich um ethischen Fortschritt handelt, der durch moralische Arbeit an sich selbst erzielt wird, ist wahrscheinlich die zweite Bedeutung besser. Er. folgte mit „arrogantiam" jedenfalls Traversaris „elationem" (a.a.O.); Luck („Einbildung") und Hicks („conceit") entscheiden sich ebenfalls für „Eigendünkel" (so auch Diels: „Selbstdünkel"), Jürß jedoch für „Vorurteil".

100 *aduocatos miseris* Mit „aduocatos miseris" korrigierte Er. Curios Übers. „internuntios ad me miseris" („Boten"), aus der hervorgeht, daß Curio (wie schon Traversari, der „qui precentur pro te" hatte) den Witz nicht verstanden hatte: Curio meinte, daß der im Apophth. genannte Mann den Bion in irgendeiner Sache um Hilfe ersuchte: Diese Bitte wollte ihm Bion nicht ohne weiteres erfüllen: Deshalb gab ihm Bion zu verstehen, meinte Curio, daß er das Ansuchen nur in Erwägung ziehen wolle, wenn ihm der inopportune, schwätzerische Bittsteller sofort aus den Augen gehe und an seiner Statt irgendwelche Unterhändler („internuntios") zu ihm schicke. Diese Interpretation war jedoch ein Rohrkrepierer: Gemeint waren mit παρακλήτους nicht „Unterhändler", sondern „Advokaten", „Gerichtsbeistände". Der Witz liegt nun darin, daß der angeforderte Gerichtsbeistand sagt: Gut, ich will kommen, jedoch nur unter der Bedingung, daß du (der angeklagte Schwätzer) nicht selbst zu dem Gerichtstermin kommst, sondern nur deine Advokaten, d.h. deine anderen Gerichtsbeistände (eine Partei verfügte meist über mehrere), entsendest. Da dies nicht ging, bedeutet die Zusage witzigerweise zugleich die – Absage. Die Verbesserung, die Er. anbrachte, deutet darauf hin, daß er den Witz besser verstand als seine Vorgänger Traversari und Curio.

100 *Auarus* Dem Lemmatitel gemäss druckte Lycosthenes VII, 207 in dem Kapitel „De auaritia" (S. 96).

101 *Diuitem ... facultates* Wörtliche Übers. des Er. von Diog. Laert. IV, 50, wobei er Traversaris Übertragung korrigierte: πρὸς τὸν μικρολόγον πλούσιον, „οὐχ οὗτος", ἔφη, „τὴν οὐσίαν κέκτηται, ἀλλ᾽ ἡ οὐσία τοῦτον". Bion Frgm. 36 Kindstrand; Luck *WdH*, Frgm. 640 (S. 239). Vgl. die Übers. Traversaris: „Ad diuitem auarum ‚Non‘, inquit, ‚hic substantiam possidet, sed ab ea ipse possidetur‘" (ed. Curio, Basel 1524, S. 146).

101 *sordidum* „sordidum" stellt eine gelungene Verbesserung von Traversaris „auarum" dar; „sordidus" gibt punktgenau μικρολόγος wieder, das „kleinlich, filzig" bedeutet (vgl. Passow II, 1, S. 249, s.v.), während bei „auarus" die Habsucht im Vordergrund steht.

101 *facultates suas* Mit „facultates" korrigiert Er. Traversaris misslungene Übers. „substantiam" für οὐσίαν; gemeint ist „Besitz", im Lateinischen am besten mit „bona" (Hab und Gut), „res sua/familiaris" oder „opes" wiederzugeben; „facultates" bezeichnet eher die aktuell für Transaktionen abrufbaren Vermögensmittel (Geldmittel).

VII, 208 ⟨Avarvs⟩ (Bion Borysthenites, 21)

Diuites *sordidos dicebat ita facultatum suarum curam habere, quasi essent propriae;*
rursus ex iisdem nihil capere vtilitatis, quasi essent alienae.

VII, 209 Prvdentia senilis (Bion Borysthenites, 22)

Aiebat iuuenes vti debere fortitudine, senes valere *prudentia.* Nam his rerum vsus conciliauit sapientiam.

VII, 210 (Bion Borysthenites, 23)

Dicebat prudentiam tanto caeteris virtutibus antecellere, quanto caeteris sensibus praestaret visus. Nam *oculi* prae*lucent* toti *corpori,* nec vlla est virtus absque prudentia. Nam quomodo iustus reddet cuique suum, nisi prudentia commonstret, quid cui debeatur?

VII, 211 Senectvs (Bion Borysthenites, 24)

Dicebat nulli *exprobrandam esse senectutem, ad quam omnes optant peruenire.* Absurdum enim est aliis probro dare, quod quis optat sibi contingere.

VII, 212 Invidia (Bion Borysthenites, 25)
(= Dublette von VI, 194)

Conspiciens *quendam tristi vultu,* qui habebatur *inuidus,* „Nescio", inquit, „vtrum tibi aliquid acciderit mali, an alteri boni quippiam". Inuidus enim non minus discruciatur aliena felicitate quam suo infortunio.

---

103 Auarus *suppleui.*

103 ⟨*Auarus*⟩ In den Basel-Ausgaben weist das Lemma VII, 208 keinen eigenen Titel auf. Wahrscheinlich sollte für VII, 208 derselbe Titel gelten wie für VII, 207. Lycosthenes jedenfalls hat das so verstanden: Er druckte VII, 208 in der Kategorie „De avaritia" (S. 96).

104–105 *Sordidos ... alienae* Wörtliche Übertragung des Er. von Diog. Laert. IV, 50: ἔλεγε τοὺς μικρολόγους τῶν μὲν ὑπαρχόντων ὡς ἰδίων ἐπιμελεῖσθαι, ὡς δ' ἐξ ἀλλοτρίων μηδὲν ὠφελεῖσθαι. Bion Frgm. 37 Kindstrand; Luck *WdH*, Frgm. 641 (S. 239). Er. benutzte dabei Traversaris Übers. als Vorlage: „Tenaces (itaque *Traversari: del. Curio*) aiebat opum, vt suarum, habere curam, verum ex eis, vt ex alienis, nihil capere vtilitatis" (ed. Curio, Basel 1524, S. 146).

104 *facultatum suarum* Gemeint ist, wie im vorhergehenden Spruch, der „Besitz"; Er.' „facultates" ist suboptimal, keine Verbesserung von Traversaris „opes"; vgl. Komm. oben zu VII, 207.

115 Dicebat *scripsi*: Docebat *B C.*

107–108 *Aiebat ... sapientiam* Wörtliche Wiedergabe von Diog. Laert. IV, 50: τῇ μὲν ἀνδρείᾳ νέους ὄντας ἔφη χρῆσθαι, τῇ δὲ φρονήσει γηράσκοντας ἀκμάζειν. Bion Frgm. 65 Kindstrand; Luck *WdH*, Frgm. 642 (S. 239). Vgl. die Übers. Traversaris: „‚Fortitudine', inquit, ‚quum sumus iuuenes, vtimur: at cum senescere incipimus, prudentia valemus'" (ed. Curio, Basel 1524, S. 146). Lycosthenes änderte den Wortlaut von VII, 209: „Bion Borysthenites frequenter dicere solebat senem esse, valere prudentia, iuuenum vero fortitudine" (S. 374).

110–111 *Dicebat prudentiam ... visus* Wörtliche Wiedergabe von Diog. Laert. IV, 51, wobei Er. die Übers. Traversaris als Textvorlage benutzte: „Tantum vero prudentiam a virtutibus caeteris differre asserebat, quantum visum ab aliis sensibus" (ed. Curio, Basel 1524, S. 146). Vgl. den griech. Text: τοσοῦτον διαφέρειν τὴν φρόνησιν τῶν ἄλλων ἀρετῶν, ὅσον τὴν ὅρασιν τῶν ἄλλων αἰσθήσεων. Bion Frgm. 12A Kindstrand; Luck *WdH*, Frgm. 643 (S. 239).

111 *Oculi praelucent toti corpori* Vgl. *Matth.* VI, 22: „Lucerna corporis tui est oculus tuus".

115 *Dicebat* Das in den Baseldrucken überlieferte „docebat" ist m.E. ein Druckfehler für „dicebat", das auch in Er.' Textvorlage, Curios Übers., steht; „dicebat" ist die formelhafte Einleitung für ein Apophthegma.

115 *Nulli ... pervenire* Wörtliche Wiedergabe von Diog. Laert. IV, 51, wobei Er. Traversaris/Curios Übers. übernahm: „Dicebat (Dicebat *Curio*: aiebat *Traversari*) non esse exprobrandam senectutem, ad quam (ad quam *Curio*: quippe ad quam *Traversari*) omnes peruenire cupimus" (ed. Curio, Basel 1524, S. 146). Vgl. den griech. Text: μὴ δεῖν ἔφασκεν ὀνειδίζειν τὸ γῆρας, εἰς ὅ, ἔφη, πάντες εὐχόμεθα ἐλθεῖν. Bion Frgm. 63 Kindstrand; Luck *WdH*, Frgm. 644 (S. 239).

Apophth. VII, 212 ist eine Dublette von VI, 194: „Publius videns Publium Mutium, hominem maleuolum et inuidum, solito tristiorem, ‚Aut Mutio', inquit, ‚aliquid accidit mali, aut alteri cuipiam aliquid boni', sentiens illum non minus alienis commodis quam suis incommodis vri".

119–120 *Quendam ... quippiam* Im einleitenden Teil variierende, im Spruchteil wörtliche Wiedergabe von Traversaris Übers. von Diog. Laert. IV, 51: „Inuido cuidam subtristi ‚Nescio', inquit, ‚vtrum tibi malum an alteri bonum contigerit'" (ed. Curio, Basel 1524, S. 146). Vgl. den griech. Text: πρὸς τὸν βάσκανον ἐσκυθρωπακότα, „οὐκ οἶδα", ἔφη, „πότερον σοὶ κακὸν γέγονεν ἢ ἄλλῳ ἀγαθόν". Bion Frgm. 48 Kindstrand; Luck *WdH*, Frgm. 645 (S. 239). Das Apophthegma war bereits von Brusoni in seine Sammlung d. J. 1518 aufgenommen worden (III, 7).

120–121 *Inuidus ... felicitate* Für diese Sentenz vgl. Hor. *Epist*. I, 2, 57: „Invidus alterius rebus marcescit opimis" (= Walther, *Proverbia sententiaeque medii aevi* 12788); Walther, ebd. 12790a: „Inuidus est, lucro si quis dolet ex alieno".

VII, 213   SECVRITAS   (Bion Borysthenites, 26)

Impietatem dicebat malam esse contubernalem fiduciae, et adiecit versiculum Euripidis,

„Δουλοῖ γὰρ ἄνδρα κἄν θρασύστομός τις ᾖ", id est,

„Seruum facit quamuis feroculum virum".

Sensit ibi non esse libertatem, vbi est mala conscientia; nec eum posse libere loqui, cui crimen impietatis vere potest obiici, nec frui tranquillitate animi, qui numen habet iratum.

VII, 214   PRVDENTER   (Bion Borysthenites, 27)

Dicebat *amicos, qualesquales essent, retinendos esse, ne videamur aut malos recepisse in familiaritatem aut bonos reiecisse.*

VII, 215   GRAVITER   (Bion Borysthenites, 28)

Dicere solitus est: „Quemadmodum proci *Penelopes, quoniam* cum *Penelope commisceri non potuerunt, cum illius ancillis rem habuerunt, ita, qui philosophiam assequi non possunt, in aliis friuolis disciplinis* semet exercent".

---

125 θρασύστομός *B C Diog. Laert.*: θρασύσπλαγχνός *Euripid. text. recept.*

122 *Securitas* Der Titel „Securitas" ist im Sinn von „tranquillitas animi" zu verstehen, wie Er.' unrichtige Interpretation des Spruchs im erklärenden Kommentar vermeldet. Tatsächlich handelt der Spruch von Redefreiheit (παρρησία), somit hätte der Titel „libertas dicendi" o.ä. lauten müssen.

123–126 *Impietatem dicebat … virum* Wörtliche Wiedergabe von Diog. Laert. IV, 51, wobei Er. Curios Ausgabe von Traversaris Übers. als Textvorlage benutzte: „Impietatem pessimum (pessimum *Curio*: pessimam *Traversari, e.g. ed. Ven. 1490, ed. Bade Paris. 1509, fol. LIII^r*) esse dicebat contubernalem fiduciae: δουλοῖ γὰρ ἄνδρα κἄν θρασύστομός τις ᾖ, hoc est (δουλοῖ … est *add. Curio: desunt in vers. fratris Ambrosii*) ,Virum domabit, quamlibet ferox sit is (Virum … is *Curio*: in seruitutem autem virum redigit, quantumlibet ille ore audax ac liber sit *Traversari*)'" (ed. Curio, Basel 1524, S. 146). Vgl. den griech. Text: τὴν δυσγένειαν (δυσσεβεῖαν *ed. Frob. S. 206*) πονηρὸν ἔλεγεν εἶναι σύνοικον τῇ παρρησίᾳ: „δουλοῖ γὰρ ἄνδρα, κἄν θρασύσπλαγχνός τις ᾖ". Bion Frgm. 53 Kindstrand; Luck *WdH*, Frgm. 646 (S. 239).

123 *Impietatem* Er. übernahm hier Traversaris Übers., der mit „impietatem" das Wort δυσσεβεῖαν, das er in seiner griech. Textvorlage angetroffen hatte, wörtlich übertragen hatte; δυσσεβεῖαν ist jedoch sicherlich eine Korruptel. Überzeugend emendiert wurde der Text durch Menagius, der vorschlug, daß δυσγένειαν, „niedrige Abstammung", zu lesen sei. Daß niedrige Geburt die Redefreiheit (παρρησία) einschränkt, leuchtet ein; daß Gottlosigkeit dies bewirken sollte, ist nicht nachvollziehbar, man würde das Gegenteil erwarten: Dreistrednerei und Gottlosigkeit sind verwandt. Bion mag die hemmende Wirkung einer niedrigen Herkunft besonders klar vor Augen gestanden haben, da er von einem Freigelassenen und einer Prostituierten, die zudem später in die Sklaverei verkauft worden waren, abstammte. Vgl. Luck *WdH*, S. 523.

Der Zusammenhang zwischen Abstammung und παρρησία geht auch aus dem Kontext des zitierten Euripides-Textes hervor, in dem gefordert wird, daß Athen von *freien* Bürgern bevölkert werden solle, die vor Redefreiheit (παρρησία) strotzen, Männern, denen nicht der Makel einer unfreien Geburt anhaftet: ... ἀλλ' ἐλεύθεροι/ παρρησίᾳ θάλλοντες οἰκοῖεν πόλιν/ κλεινῶν Ἀθηνῶν, μητρὸς οὕνεκ' εὐκλεεῖς./ δοῦλοῖ γὰρ ἄνδρα, κἂν θρασύσπλαγχνός τις ᾖ,/ ὅταν ξυνειδῇ μητρὸς ἢ πατρὸς κακά (Eur. *Hipp.* 421–425).

123 *fiduciae* Er. übernahm diese Übers. Traversaris für παρρησία und verstand „fiducia" auch in diesem Sinn, vgl. unten „libere loqui".

123–124 *Euripidis* Der Tragiker aus Athen (480/85–406/7 v. Chr.).

125 *δοῦλοῖ* Eur. *Hipp.* 424–425.

126 *feroculum* In seiner neuen metrischen Übers. bringt Er., vielleicht *metri causa*, das seltene Wort „feroculus", das jedoch unglücklicherweise einen konträren, komischen Effekt erzeugt, der nicht in den tragischen Vers passt. „feroculus", auf übertriebene, komisch wirkende Weise „sich wild gebärdend, mit den Armen fuchtelnd", ist nur in Fragmenten der römischen Komödie überliefert, vgl. *DNG* I, Sp. 2105, z.B. Turpil. *Com.* 107. Mit θρασύστομος ist jedoch nicht „mit den Armen fuchtelnd" gemeint, sondern „dreist redend, sich freier, frecher Rede befleissigen"; anders als „feroculus" gehört θρασύστομος zum Wortschatz der Tragödie, tritt bei Aischylos und Euripides auf; vgl. Passow, I, 2, S. 1425.

127–129 *Sensit ... iratum* Er.' Erläuterung geht schon an sich ins Leere, da sie Traversaris „impietatem", das aus der Korruptel von δυσσεβεῖαν hervorgegangen war, erklärt; zudem jedoch verquickt Er. Redefreiheit (παρρησία, bei Traversari „fiducia" und „ore audax ac liber") mit dem stoisch-christlichem Kernbegriff der „tranquillitas animi", „Gemütsruhe", wovon jedoch der vorliegende Spruch in keiner Weise handelt.

131–132 *Amicos ... reiecisse* Wörtliche Wiedergabe von Diog. Laert. IV, 51, wobei Er. Traversaris Übers. leicht bearbeitete: „Amicos, qualescunque sint, oportere seruari, ne videamur vel malis vti vel deuitare bonos" (ed. Curio, Basel 1524, S. 147). Vgl. den griech. Text: τοὺς φίλους, ὁποῖοι ἂν ὦσι, συντηρεῖν, ἵνα μὴ δοκοίημεν πονηροῖς κεχρῆσθαι ἢ χρηστοὺς παρῃτῆσθαι. Bion Frgm. 49 Kindstrand; Luck *WdH*, Frgm. 647 (S. 239). Das Apophthegma wurde bereits von Brusoni in seine Sammlung d.J. 1518 aufgenommen (I, 3), wobei er die Übers. Traversaris reproduzierte.

131 *Amicos ... retinendos* Er. hat den Gedankengang des Apophthegmas auf dieselbe Weise wie seine Vorlage Traversari verstanden; ebenso Luck *WdH*, Frgm. 646 (S. 239). Jürß und Hicks beziehen den Gedanken auf die Auswahl von Freunden: „Die Freunde sollte man auf ihren Charakter hin beobachten, damit wir nicht in den Verdacht kämen, mit üblen Freunden umzugehen oder gute aufzugeben" (Jürß a.a.O., ebenso Hicks, „watch"). Diese Interpretation erscheint jedoch weniger plausibel, da die Grundbedeutung von συντηρέω „beibehalten, aufrechterhalten, behalten" ist und nicht „beobachten". Vgl. dazu auch die Erklärung von Luck *WdH*, S. 524.

133 *Bion* In Er.' Vorlage, Guarinos Übers. von Plut. *Mor.* 7D, war der Spruch dem Weisen Bias von Priene zugeschrieben worden, jedoch korrigierte Cratender die Zuschreibung in einer Marginalnote, der Er. folgte (ed. Cratander, Basel 1530, fol. 53C).

134–136 *Quemadmodum ... exercent* Paraphrasierende Wiedergabe von Guarino Veroneses Übers. von Plut. *De lib. educ.* 10, *Mor.* 7D: „Vrbane profecto Biantem (Biantem *Guarinus*: Bionem *annotatio marginalis Cratandri*) philosophum dicere solitum accepimus: quemadmodum, quum proci Penelopes congressum habere nequirent, eius se ancillis immiscebant, ita et (et *add.* Cratander) qui philosophiam consequi non valent, per caeteras nullius sane existimationis disciplinas aridi semper et tenues intabescunt" (ed. Cratander, Basel 1530, fol. 53C). Vgl. den griech. Text: ἀστείως δὲ καὶ Βίων ἔλεγεν ὁ φιλόσοφος ὅτι ὥσπερ οἱ μνηστῆρες τῇ Πηνελόπῃ πλησιάζειν μὴ δυνάμενοι ταῖς ταύτης ἐμίγνυντο θεραπαίναις, οὕτω καὶ οἱ φιλοσοφίας μὴ δυνάμενοι κατατυχεῖν ἐν τοῖς ἄλλοις παιδεύμασι τοῖς οὐδενὸς ἀξίοις ἑαυτοὺς κατασκελετεύουσι. Bion Frgm. 3 Kindstrand; Luck *WdH*, Frgm. 659 (S. 243).

136 *semet exercent* Er. simplifizierte in seiner Paraphrase Guarinos inhaltlich richtige, jedoch etwas hypotrophe Übers. von κατασκελετεύουσι, „zum Skelett werden, vertrocknen" (vgl. Passow I, 2, S. 1649, s.v. κατασκελετεύω).

| VII, 216 | MODERATIO | (Bion Borysthenites, 29) |

Familiares suos admonebat, vt hoc argumento *putarent se profecisse* in philosophia, *si iurgantes et conuiciantes perinde audirent, ac si* recitarent versus illos Homericos

140
„ὦ ξέν᾽, ἐπεὶ οὔτε κακῷ οὔτ᾽ ἄφρονι φωτὶ ἔοικας,
οὐλέ τε καὶ μάλα χαῖρε, θεοὶ δέ τοι ὄλβια δοῖεν", id est

„Quando vir haud nequam nec stultus, amice, videris,
Permultum salue atque vale, Dii prospera donent!".

LACYDES CYRENAEVS

145 VII, 217   (Lacydes Cyrenaeus) [30]

Accersitus ab Attalo rege respondit *imagines eminus esse spectandas*, innuens arctam assiduamque familiaritatem saepe minuere virtutis admirationem.

---

140 ὦ ξέν᾽ *C ut Plut. loc. cit.*: ὦ ξένε *B*: ξεῖν᾽ Homeri text. recept.
140 φωτὶ *BAS LB*: φωτί *B C*.

141 δέ τοι *scripsi ut Plut. et Homeri loc. cit.*: νύτοι *B C*.
141 id est *B*: om. *C*.

138–141 *Familiares ... δοῖεν* Wörtliche Übers. und Wiedergabe von Plut. *Quomodo quis suos in virtute sentiat profectus* 11, Mor. 82E: ὁ μὲν (Βίων) γὰρ ἠξίου τοὺς συνήθεις οἴεσθαι προκόπτειν ὅταν τῶν λοιδορούντων οὕτως ἀκούωσιν ὡς λεγόντων „ὦ ξέν᾽ ἐπεὶ οὔτε κακῷ οὔτ᾽ ἄφρονι φωτὶ ἔοικας,/ οὐλέ τε καὶ μέγα χαῖρε, θεοὶ δέ τοι ὄλβια δοῖεν". Bion Frgm. 15 Kindstrand; Luck *WdH*, Frgm. 666 (S. 244). Er. hat in diesem Fall den griech. Text selbst übersetzt, aus dem er zusätzlich die beiden Homerverse auf Griechisch zitierte. Auch die Homerverse übersetzte Er. selbst; Othmar Nachtigalls Übers. hingegen scheint er nicht beachtet zu haben; Nachtigall hatte zudem vergessen, den ersten Homervers zu übersetzen, während seine Übertragung insgesamt völlig falsch ist: „quando aemulos a maledictis ad haec Homerica verba sibi occinenda conuertisset: ‚Viue, diuque vale! Meritos deus addat honores'" (ed. Cratander, Basel 1530, fol. 236B–C).
140 ὦ ξέν᾽ ... ἔοικας Hom. *Od.* VI, 187.
141 οὐλέ ... δοῖεν Hom. *Od.* XXIV, 402.
141 δέ τοι Das in den Baseldrucken einhellig überlieferte νύτοι ergibt keinen Sinn; es handelt sich wohl um einen Druckfehler für das sowohl bei Plutarch als Homer überlieferte δέ τοι, ein Fehler, der gleichwohl in den *Apophthegmata*-Ausgaben bis ins späte 17. Jh. und in *LB* bestehen blieb.
142 amice Keine sehr glückliche Übers. des Er. für ὦ ξέν᾽, „o Gastfreund" bzw. „Fremder"; Nausikaa spricht diese Worte zu dem Ankömmling Odysseus. Ihn mit „amice" anzureden hätte sich schwerlich mit dem *decorum* einer Jungfrau und Königstochter gereimt.
Lakydes (3. Jh. v. Chr., gest. ca. 207 v. Chr.) aus Kyrene im heutigen Lybien, i.J. 241/0 Nachfolger des Arkesilaos als Schulhaupt der Akademie; Vertreter der jüngeren, skeptischen Akademie, befreundet mit den Skeptikern Timon von Phleius und Praylos und dem Schriftsteller Euphorion. Die Akademie wurde im 3. Jh. von den Herrschern von Pergamon, Eumenes I. und Attalos I. Soter, großzügig gefördert. So schenkte Attalos I. zur Zeit von Lakydes' Schulleitung ein Gartengrundstück in Athen, in dem seitdem die Lehrveranstaltungen der Akademie stattfanden und das Lakydeion genannt wurde. Eine Einladung Attalos' I. an seinen Hof in Pergamon lehnte Lakydes jedoch ab. Seine Schüler waren

neben Chrysippos bsd. Euandros und Telekles, denen er noch zu Lebzeiten die Leitung der Akademie übergab. Vgl. W. Capelle, *RE* XII, 1 (1924), Sp. 530–534; K.-H. Stanzel, *DNP* 6 (1999), Sp. 1075, jeweils s.v. „Lakydes"; W. Görler, „Lakydes und seine Nachfolger", in: H. Flashar (Hrsg.), *Grundriss der Geschichte der Philosophie. Die Philosophie der Antike*, Bd. IV, 2: *Die hellenistische Philosophie*, 2. Aufl., Basel 1994, S. 829–848; C. Lévy, „Les Petits Académiciens: Lacyde, Charmadas, Métrodore de Stratonice", in: M. Bonazzi und V. Celluprica (Hrsg.), *L'eredità platonica. Studi sul platonismo da Arcesilao a Proclo*, Neapel 2005, S. 51–77; für die überlieferten Fragmente vgl. H.J. Mette, „Weitere Akademiker heute: Von Lakydes bis zu Kleitomachos", in: *Lustrum* 27 (1985), S. 39–148.

144 *LACYDES CYRENAEVS* In den Baseldrucken wird einhellig „LACYDES CYRENAEVS" als Titel überliefert, wie in Traversaris latein. Übers. des Diog. Laert. (so auch in Curios Ausgabe d.J. 1524); jedoch wird „Lacydes" im Index personarum von *B* und *C* ohne Herkunftsnamen verzeichnet.

Apophth. VII, 217–219 In den Baselausgaben läuft die Zählung der Sprüche des Bion von Borysthenes (1–29) bei den nach ihm kommenden Lakydes und Karneades einfach weiter (anders, als es sonst im siebenten Buch gebräuchlich ist).

Apophth. VII, 117 fehlt in den Baselausgaben ein separater Titel; dieser kann auch nicht aus jenem des vorhergehenden Spruches erschlossen werden.

146 *Accersitus ... spectandas* Diog. Laert. IV, 60: Ἀττάλου γὰρ αὐτὸν μεταπεμπομένου φασὶν εἰπεῖν τὰς εἰκόνας πόρρωθεν δεῖν θεωρεῖσθαι (ed. Frob. S. 210). Vgl. die lat. Übers. Traversaris: „Attalo enim illum ad se accersente dixisse fertur imagines procul esse intuendas" (ed. Curio, Basel 1524, S. 149).

146 *Attalo* Attalos I. Soter (269–197 v. Chr.), König von Pergamon 241/0–197 v. Chr., Vater des Eumenes II. und des Attalos II. Nach dem entscheidenden Sieg über die in Kleinasien eingefallenen Galater nahm er den Königstitel und den Herrscherbeinamen Soter an. Verstand sich als Vertreter der griechischen Kultur und Bildung in einer teilweise ‚barbarischen' Umgebung und richtete auf diese Weise seine herrscherliche Selbstdarstellung als Beschützer der Griechen ein. Auf diversen Monumenten, die er in Pergamon und in Griechenland errichten ließ, verewigte er seine Gallier-Siege. Zu seiner kulturellen Selbstdarstellung gehörte auch seine nachdrückliche Unterstützung der platonischen Akademie und seine Baupolitik in Athen. U.a. stiftete er ein neues Athene-Heiligtum (Nikephorion) und einen neuen Zeus-Tempel (auf der Agora). Vgl. A. Mehl, *DNP* 2 (1997/9), Sp. 227–228, s.v. „Attalos", Nr. 4; U. Wilcken, *RE* II, 2 (1896), Sp. 2159–2168, s.v. „Attalos", Nr. 9 (siehe *Apophth.* II, 81; VII, 181). Für Attalos' I. Förderung der Akademie vgl. H.-J. Schalles, *Untersuchungen zur Kulturpolitik der pergamenischen Herrscher im dritten Jahrhundert vor Christus*, Tübingen 1985, S. 137–138 und J. Glucker, *Antiochus and the Late Academy*, Göttingen 1978, S. 234–235.

CARNEADES

VII, 218 (Carneades, 1) [31]

150 *Carneades* fertur *admodum fuisse vocalis. Itaque* quodam tempore *gymnasiarchus*, id est, scholae *princeps, misit, qui diceret, ne tantopere clamaret. Cui respondit: „Da mihi vocis modum"*. Ad quod rursus eleganter princeps „Modum habes: nempe auditores". Siquidem pro numero auditorum temperanda vox est.

VII, 219   Principvm institvtio   (Carneades, 2) [32]

155 *Dicere solet diuitum ac regum filios nihil recte discere praeterquam equitare, quod his* omnes *adulentur,* solus *equus non curans, regem gerat an priuatum, tergo excutit, quisquis equitanti fuerit imperitus"*.

Karneades (ca. 214/3–129/8 v. Chr.) von Kyrene (im heutigen Lybien), platonischer Philosoph der jüngeren Akademie, seit jungen Jahren sesshaft in Athen; erhielt später das Athenische Bürgerrecht; studierte in der Akademie unter Hegesinos von Pergamon und bei dem Stoiker Diogenes dem Babylonier. Er war ein Vertreter des erkenntnistheoretischen Skeptizismus; nach 155 folgte er Hegesinos als Schulhaupt der Akademie nach; Kardneades war sehr erfolgreich als philosophischer Lehrer, verfasste jedoch keine philosophischen Schriften. Als Antidogmatiker bekämpfte er die dogmatischen Grundsätze der anderen Philosophenschulen. Nahm an der sog. Philosophengesandtschaft nach Rom i.J. 155 v. Chr. teil, wo er großes Aufsehen als Redner und Dialektiker erweckte, indem er demonstrierte, daß er ebenso überzeugend für als auch gegen eine beliebige Sache plädieren konnte. Vgl. K.-H. Stanzel, *DNP* 6 (1999), Sp. 287–288, s.v. „Karneades", Nr. 1; H. v. Arnim, *RE* X, 2 (1919), Sp. 1964–1985, s.v. „Karneades", Nr. 1; W. Görler, „Karneades", in: H. Flashar (Hrsg.), *Grundriss der Geschichte der Philosophie. Die Philosophie der Antike*. Bd. IV, 2: *Die hellenistische Philosophie*, Basel 1994, S. S. 849–897; für die Quellentexte vgl. A.A. Long und N.D. Sedley (Hrsg.), *Die hellenistischen Philosophen. Texte und Kommentare*, Stuttgart 2000, S. 523–558 und H.J. Mette, „Weitere Akademiker heute: Von Lakydes bis zu Kleitomachos", in: *Lustrum* 27 (1985), S. 53–141.

Apophth. VII, 218 ist ein Gegenstück zu VII, 169 (Platon) und wurde, wie dieses, im Widmungsbrief zum siebenten Buch zitiert, der jedoch sicherlich erst nach Vollendung der Bücher VII und VIII verfasst wurde: „Sic et Carneades, quum esset in disserendo vocalior, admonitus est a gymnasii principe, vt vocem moderatius promeret; sed quum ille a gymnasiarcha peteret, vt sibi praescriberet modum, sane quam apposite respondit: „Isthuc, quod a me petis, rectius sumes ab auditoribus" (vgl. oben). Nach Plut. *De garrulitate, Mor.* 513C datiert die Anekdote auf die Anfangsjahre des Karneades als Philosoph, als er noch nicht bekannt war. In vorliegender Anekdote geht es um die Lautstärke der Stimme, in VII, 169 war es um die Länge der Rede zu tun, die den Bedürfnissen des Publikums angepasst werden sollte.

150–152 *Admodum … auditores* Im einleitenden Teil variierende, im Spruchteil wörtliche Wiedergabe von Traversaris Übers. von Diog. Laert. IV, 63: „Erat autem illi et vox maxima et praecipue sonora, adeo vt gymnasii princeps ad illum mitteret ac, ne ita clamaret, admoneret. Ad quem ille ‚Da vocis modum', inquit. Et ille sapientissime sane congrueque respondit: ‚Nam modum (Nam enim *Curio*: Modum enim *Traversari, e.g. ed. Ven. 1490*) habes', ait, ‚auditores'" (ed. Curio, Basel 1524, S. 150). Wie die Verwendung von „gymnasiarchus" zeigt, beachtete Er. auch den griech. Text: Ἦν δὲ καὶ μεγαλοφωνότατος, ὥστε τὸν γυμνασίαρχον προσπέμψαι αὐτῷ μὴ οὕτω βοᾶν· τὸν δὲ εἰπεῖν, „καὶ δὸς μέτρον φωνῆς". ἔνθεν (ὅθεν *ed. Frob. p. 210 sq.*.) εὐστόχως ἑλόντα ἀμείψασθαι· φάναι γάρ, μέτρον ἔχεις τοὺς ἀκούοντας. Dieselbe

Anekdote überliefert Plut. *De garrulitate*, *Mor.* 513C nahezu auf dieselbe Weise: Καρνεάδην μὲν γὰρ οὔπω μεγάλην ἔχοντα δόξαν, ἐν τῷ γυμνασίῳ διαλεγομένῳ πέμψας ὁ γυμνασίαρχος ἐκέλευσεν ὑφεῖναι τὸ μέγεθος τῆς φωνῆς (ἦν γὰρ μεγαλοφωνότατος): εἰπόντος δ᾽ ἐκείνου: „δός μοι μέτρον φωνῆς", οὐ φαύλως ὑπέτυχε, „δίδωμι τὸν προσδιαλεγόμενον". τῷ δ᾽ ἀποκρινομένῳ μέτρον ἔστω ἡ τοῦ ἐρωτῶντος βούλησις.

150 *fuisse vocalis* Er.' „fuisse vocalis" (wie im Widmungsbrief zum 7. Buch), „klangvoll, wohlerklingend, ertönend" ist eine poetische Interpretation für das prosaische μεγαλοφωνότατος, das einfach „voce maxima" (vgl. Traversaris Übers.), „eine sehr laute Stimme besitzend", bedeutet; „vocalis" wurde im klassischen Latein v.a. in Bezug auf den Gesang und die Dichtung verwendet, besonders von den Dichtern (vgl. *DNG* II, Sp. 5056, s.v.). Vielleicht wurde Er. zu seiner poetischen Interpretation von Traversaris Zusatz „sonora" inspiriert.

150 *gymnasiarchus, id est scholae princeps* In seiner erklärenden Ergänzung fasst Er. den γυμνασίαρχος als Schulleiter („scholae princeps"; vgl. „gymnasii princeps" bei Traversari) bzw. Schulrektor auf, wobei ihm wohl die Rektoren der Gymnasien seiner Zeit vor Augen gestanden haben; z. B. wurde Alexander Hegius, der Rektor der Lateinschule von Deventer, in der Er. zur Schule gegangen war, als „gymnasiarcha" bezeichnet (vgl. Ramminger, *Neulateinische Wortliste*, s.v.; im Widmungsbrief zu Buch VII verwendete Er. ebendiese im klassischen Latein nicht bezeugte Form). Z.Z. des Karneades waren Gymnasien jedoch nicht „scholae", Schulen, im Sinne der *gymnasia* des 15. und 16. Jh., sondern Institutionen, in denen die körperlich-sportliche Ertüchtigung nach wie vor eine wichtige Rolle spielten, „Bürgerschulen", die Sozialisation und Charakterbildung, körperliches Training, Vorbereitung zum Wehrdienst (Ephebie) mit öffentlichem Schulunterricht verbanden. Auch war der antike γυμνασίαρχος zu Zeiten des Karneades kein professioneller Lehrer oder Schulmann, sondern ein voranstehender, gut betuchter Bürger Athens, der ohne Entgelt ein prestigeträchtiges Ehrenamt bekleidete; er hatte für die finanzielle Administration und praktische Abwicklung des Gymnasiumbetriebes zu sorgen. In dem überschaubaren Rahmen des antiken Gymnasiums hatte er weitgehende Machtbefugnisse: So entschied er über die Zulassung von Gymnasiasten. Wenn der Gymnasiarch Karneades gemahnt hatte, nicht so laut zu deklamieren, so war die Mahnung bindend; er hatte offensichtlich festgestellt, daß das Geschrei des Karneades die anderen hindere; sollte Karneades die Mahnung nicht befolgen, hatte der Gymnasiarch das Recht, den Schreihals hinauszuwerfen. Zum antiken Gymnasium, insbes. des Hellenismus, vgl. D. Kah und P. Scholz (Hrsg.), *Das hellenistische Gymnasion*, Berlin 2007, darin: D. Kah, „Militärische Ausbildung im hellenistischen Gymnasion" (47–90); J. Engels, „Das Training im Gymnasium ..." (91–102); P. Scholz, „Elementarunterricht und intellektuelle Bildung im hellenistischen Gymnasion" (103–128); Ch. Schuler, „Die Gymnasiarchie in hellenistischer Zeit" (163–192); H.-J. Gehrke, „Stasis und Sozialisation. Überlegungen zur Funktion des Gymnastischen in der Polis", in: H. Börm, M. Mattheis und J. Wienand (Hrsg.), *Civil War in Ancient Greece and Rome*, Stuttgart 2016, S. 31–52.

151 *princeps ... clamaret* „princeps, misit ..., ne ... clamaret" wie in Traversaris Übers. (a.a.O.). *Apopth.* VII, 219 mit dem sarkastisch gemeinten Titel „Principum institutio" ist ein Gegenstück zu *Inst. princ. christ.*, Kapitel „De adulatione vitanda principi" (*ASD* IV, 1, S. 176, Z. 312–316): „Atque vtinam saltem apud Christianos minus verum esset illud Carneadis apophthegma, qui negauit quicquam recte disci a regum filiis praeter artem equitandi, quod caeteris in rebus omnibus omnes obsecundent et assentantur. At vnus equus quoniam haud intelligit, patricius insideat an plebeius, diues an pauper, princeps an priuatus, tergo excutit, quicumque parum scite insederit". Die sarkastische Anmerkung des Karneades war Wasser auf der Mühle des Erasmus, der die zeitgenössischen Fürsten in seinen Werken vielfach kritisierte. In seiner bei Froben gedruckten Plutarch-Übers. des Traktats *Quomodo adulator ab amico internoscatur* hob Er. den Spruch mit Hilfe einer Marginalnote lobend hervor: „Festiuum Carneadis dictum". Im Gegensatz zu dem, was Er. bei den zeitgenössischen Fürsten konstatierte, legte er in seiner *Inst. princ. Christ.* den höchsten Wert auf eine umfassende Ausbildung, besonders die geistige Bildung des Fürsten.

155–157 *Dicere divitum ... imperitus* Stark gekürzte, z.T. paraphrasierende Wiedergabe von Plut. *Quomodo adulator ab amico internoscatur* 16, *Mor.* 58F, wobei Er. vielleicht aus dem Gedächtnis zitierend zusammenfasst, jedenfalls aber seine frühere Version des Apophthegmas, die er in *Inst. princ. christ.*, *ASD* IV,

ARISTOTELES STAGIRITES

VII, 220   Aemvlatio   (Aristoteles, 1)

160   Quum Xenocratis aemulatione *coepisset* habere scholam, hoc carmen vsurpauit:

„*Αἰσχρὸν σιωπᾶν, Ξενοκράτην δ' ἐᾶν λέγειν*", id est,

„Silere turpe, ac Xenocratem pati loqui".

[C] Alii pro Xenocrate ponunt Isocratem.

---

161   id est C: *desunt in B.*   163   Alii ... Isocratem C: *desunt in B.*

1, S. 176, Z. 312–316 und im Rahmen seiner Übers. des Plutarch-Traktats aus dem J. 1514 dargeboten hatte, zur Verfügung hatte: „At Carneades dicere solitus est diuitum et regum filios nihil recte neque bene discere praeterquam equitare, propterea quod his assentetur praeceptor in exercitatione litterarum vsque laudans, quicquid dixerit, aduletur et is, qui colluctatur cedens ac submittens sese; porro equus haud intelligens neque cogitans, quis priuatus sit an magistratus, diues an pauper, praecipitat, quisquis sit ignarus equitandi" (*ASD* IV, 2, S. 138). Vgl. den griech. Text: Καρνεάδης δ' ἔλεγε ὅτι πλουσίων καὶ βασιλέων παῖδες ἱππεύειν μόνον, ἄλλο δ' οὐδὲν εὖ καὶ καλῶς μανθάνουσι· κολακεύει γὰρ αὐτοὺς ἐν ταῖς διατριβαῖς ὁ διδάσκαλος ἐπαινῶν καὶ ὁ προσπαλαίων ὑποκατακλινόμενος, ὁ δ' ἵππος, οὐκ εἰδὼς οὐδὲ φροντίζων ὅστις ἰδιώτης ἢ ἄρχων ἢ πλούσιος ἢ πένης, ἐκτραχηλίζει τοὺς μὴ δυναμένους ὀχεῖσθαι.

Apophth. VII, 220–265 Er. wendet sich nunmehr dem fünften Buch des Diog. Laert. zu, in dem dieser Aristoteles und seine Schule, den Peripatos, abhandelte. Der Anordnung des Diog. Laert. folgend präsentiert Er. die Apophthegmata-Sektionen des Aristoteles (VII, 220–251; Diog. Laert. IV, 1–35), Theophrastos (VII, 252–255; Diog. Laert. IV, 36–57) und Demetrios von Phaleron (VII, 256–265; Diog. Laert. IV, 75–85). Den Peripatetiker Straton übergeht Er. vorläufig, um ihm gegen Ende des siebenten Buches doch noch einen Spruch zu widmen (VII, 392). Die anderen Philosophen der Aristoteles-Schule, Lykon und Herakleides, lässt Er. aus.

Aristoteles (384–322 v. Chr.) aus Stageira. Nach dem Studium (367–ca. 357) Lehrtätigkeit an der Akademie in Athen bis zu Platons Tod (357–347); darauffolgend eine unstete Periode/ ‚Wanderjahre' (347–335), mit Aufenthalten in Assos in Kleinasien (347–345), auf Lesbos (345–344), am makedonischen Königshof in Pella als Lehrer Alexanders (343–340) und in der Heimatstadt Stageira (340–335); letzlich Lehrtätigkeit in Athen nach der Gründung seiner eigenen Schule am Lykeion (335–322). Für Aristoteles' Sprüche s. D.M. Searby, *Aristotle and the Greek Gnomological Tradition*, Uppsala 1998.

Apophth. VII, 220 ist ein Gegenstück zu *Adag.* 1604 „Turpe silere" (*ASD* II, 4, S. 89–90): „[A] Αἰσχρὸν σιωπᾶν, id est ‚*Turpe silere*'. Hoc licebit vti, quoties quis alterius exemplo extimulatur ad studium aut negocium aliquod suscipiendum. Aut natum aut certe vsurpatum ab Aristotele, qui, cum Isocrates rhetoricen doceret, aemulatione commotus coepit et ipse pomeridianis illis suis περιπάτοις dicendi artem docere, dicens illud: Αἰσχρὸν σιωπᾶν λαλοῦντος Ἰσοκράτους, id est: *Turpe silere loquente Isocrate*. M. Tullius [E] in opere De oratore ostendit e tragoedia quapiam mutuasse Aristotelem paucis immutatis". Dem Spruch liegt zugrunde, daß sich Aristoteles in Bezug auf den Unterricht mit Xenokrates (oder mit Isokrates) in einem angespannten Konkurrenzverhältnis befand. Wenn es sich, wie man annehmen müsste, um Xenokrates handelt, datiert das Apophthegma mit ziemlicher Sicherheit auf die Zeit nach 339/8 v. Chr., als Xenokrates zum Scholarchen der Akademie gewählt wurde, sowie nach 335, d.J., in dem Aristoteles seine eigene Schule eröffnete. Daß eine spezifische Konkurrenz mit Isokrates zum Ausdruck gebracht wurde, ist hingegen kaum wahrscheinlich, da dieser, als Aristoteles seine eigene Schule eröffnete (335), bereits das Zeitliche gesegnet hatte (338).

160 *Xenocratis* Xenokrates aus Chalkedon (um 396/5–314), Schüler und Nachfolger Platons als Schulhaupt der Akademie. Für seine Person vgl. Komm. oben zu VII, 172. Vgl. auch *Apophth.* VI, 581; VII, 156.

160–161 *Habere ... λέγειν* Im einleitenden Teil frei paraphrasierende, im Vers-Spruch wörtliche Wiedergabe von Diog. Laert. V, 3: Ἐπειδὴ δὲ πλείους ἐγένοντο ἤδη, καὶ ἐκάθισεν εἰπών: αἰσχρὸν σιωπᾶν, Ξενοκράτην δ' ἐᾶν λέγειν. Vgl. die Übers. Traversaris/ Curios: „Vbi vero iam plures esse coeperant (sc. discipuli), sedens docebat, dicens, αἰσχρὸν σιωπᾶν, Ξενοκράτην δ' ἐᾶν λέγειν (αἰσχρόν ... λέγειν *add. Curio*), hoc est, ‚Silere turpe me et Xenocatem loqui' (hoc est, Silere turpe me et Xenocatem loqui *Curio*: turpe esse reticere, Xenocratem vero loqui permittere *Traversari*)" (ed. Curio, Basel 1524, S. 153).

161 *Αἰσχρόν, ... δ' ἐᾶν λέγειν* Aristoteles hat einen Vers aus dem *Philoctetes* (des Euripides) spielerisch abgewandelt; der Vers lautete ursprünglich: Αἰσχρὸν σιωπᾶν, βαρβάρους δ' ἐᾶν λέγει (Frgm. 796, 2 Nauck); Nach Cic. *De or.* III, 141, der als unliebsamen Konkurrenten des Aristoteles allerdings Isokrates angibt, stammte der Vers aus der Tragödie *Philoctetes*: „Aristoteles ... versum ... quendam *Philoctetae* paulo secus dixit: ille (sc. Philoctetes) enim ‚turpe sibi' ait ‚esse tacere, cum barbaros', hic (sc. Aristoteles) autem, ‚cum Isocratem pateretur dicere'; ebenso in der Nachfolge Ciceros Quint. *Inst.* III, 1, 14: „Aristoteles ... versu ex Philocteta frequenter usus: turpe esse tacere et Isocraten pati dicere". Für die Zuschreibung an Euripides' verlorenes Drama *Philoktetes* vgl. Euripides Frgm. 796 Nauck und Nauck *FGT adesp.* 8. Strikt genommen könnte der Autor der von Cicero und Quintilian zitierten Tragödie *Philoctetes* bzw. *Philocteta* auch ein anderer als Euripides sein. Αἰσχρὸν σιωπᾶν ohne Autors- oder Werkangabe bei Plut. *Adversus Colotem, Mor.* 1108B. Vgl. auch Philodem. *Rhet.*, Sp. 48, 36 (ed. Sudhaus II, S. 50). In *Adag.* 1604 „Turpe silere" (*ASD* II, 4, S. 89) hatte Er. Aristoteles' spielerische Variation des Verses aus seiner eigenen Phantasie wie folgt ergänzt: Αἰσχρὸν σιωπᾶν λαλοῦντος Ἰσοκράτους. Dabei war ihm offensichtlich entgangen, daß der Vers vollständig in Diog. Laert. V, 3 zitiert wird. Vgl. Komm. zu *Adag.* 1604. Der vollständige Vers, jedoch unter Bezugnahme auf Isokrates, findet sich auch bei Hermog. vol. II., S. 60 Rabe: Αἰσχρὸν σιωπᾶν, Ἰσοκράτην δ' ἐᾶν λέγειν.

163 *Alii pro Xenocrate ponunt Isocratem* Mit „alii" sind Cicero (a.a.O.) und Quintilian (a.a.O.) gemeint. Zu verzeichnen ist, daß das Apophthegma bei Cicero und Quintilian – im Kontext der Rhetorikhandbücher – nur Sinn ergibt, wenn es sich auf den Redner Isokrates bezieht. Er. selbst hatte in *Adag.* 1604 (*ASD* II, 4, S. 90) den Spruch des Aristoteles ebenfalls auf Isokrates gemünzt. Vgl. Cic. *De or.* III, 141: „ipse suas disputationes a causis forensibus et ciuilibus ad inanem sermonis elegantiam transtulisset, mutauit repente totam formam prope disciplinae suae versumque quendam *Philoctetae* paulo secus dixit: Ille (sc. Philoctetes) enim ‚turpe sibi' ait ‚esse tacere, cum barbaros', hic (sc. Aristoteles) autem, ‚cum Isocratem pateretur dicere'. Itaque ornauit et inlustrauit doctrinam illam omnem rerumque cognitionem cum orationis exercitatione coniunxit"; Quint. *Inst. or.* III, 1, 14: „Nam et Isocratis praestantissimi discipuli fuerunt in omni studiorum genere, eoque iam seniore (octauum enim et nonagesimum impleuit annum) postmeridianis scholis Aristoteles praecipere artem oratoriam coepit, noto quidem illo (ut traditur) versu ex Philocteta frequenter usus: turpe esse tacere et Isocraten pati dicere. Ars est utriusque, sed pluribus eam libris Aristoteles complexus est".

163 *Isocratem* Isokrates (436/5–338 v. Chr.) aus Athen, der dem Kanon der 10 besten attischen Redner zugehörte. Er. widmete Isokrates im achten Buch eine Sequenz von drei Apophthegmen (VIII, 149–151). Zu seiner Person vgl. Komm. unten zu VIII, 149.

VII, 221   [*B*] Libertas intempestiva   (Aristoteles, 2)

165 Callisthenem discipulum *liberius* multa dicentem *apud Alexandrum* Homerico carmine [i.e. versu] *admonuit*,

„ὠκύμορος δή μοι, τέκος, ἔσσεαι, οἷ᾽ ἀγορεύεις,“ ⟨id est⟩

„Talia, nate, loquens, haud multo tempore viues“.

Nec male diuinauit, nam libertas illi fuit exitio.

167 id est *supplevi*.

Apopht. VII, 221 bezieht sich auf Aristoteles' Aufenthalt am makedonischen Königshof in Pella als Lehrer Alexanders, 343–340 v. Chr.; Val. Max. VII, 2, ext. 11 ordnet die Anekdote fälschlich dem Jahr 333/4 zu, als sich Kallisthenes aufmachte, um an Alexanders Asienfeldzug teilzunehmen. Lycosthenes druckte das Apopht. in den Kategorien „De libere dictis et parrhesia dicendi" (S. 592) und „De lingua, garrulitate et loquacitate nimia" (S. 623).

165 *Callisthenem* **Kallisthenes von Olynthos** (ca. 370–327 v. Chr.), Historiker; jüngerer Verwandter und Schüler des Aristoteles, bei dem er aufwuchs und den er nach Assos in Kleinasien und an den Königshof von Makedonien begleitete. Auf Aristoteles' Empfehlung beauftragte ihn Alexander d.Gr., seinen Asienfeldzug (334–323 v. Chr.) in einem Geschichtswerk zu verewigen. Kallisthenes war damals bereits ein erfahrener Historiker, der eine griechische Geschichte (*Hellenika*) für die Zeit von 387/86 bis 357/56 v. Chr. vorgelegt hatte. Die Geschichte Alexanders verfasste er im panegyrischen und pompösen Stil, lardiert mit vielen Idealisierungen und Übertreibungen. Kallisthenes verlieh Alexander göttliche Züge: Er stellte Alexander als Sohn des Zeus und Nachfahren Achills dar; auf dem Lykienfeldzug soll das Meer aus Ehrerbietung vor Alexander zurückgewichen sein (*FGH* 124 Jacoby und L. Pearson, *The Lost Histories of Alexander the Great*, New York 1960, S. 22 ff.). Zu Kallisthenes vgl. E. Badian, *DNP* 6 (1999), Sp. 203–204, s.v. „Kallisthenes", Nr. 1; W. Kroll, *RE* X, 2 (1919), Sp. 1674–1726, s.v. „Kallisthenes", Nr. 2; C. Scardino, „Kallisthenes von Olynth", in: B. Zimmermann und A. Rengakos (Hrsg.), *Handbuch der griechischen Literatur der Antike*. Bd. 2: *Die Literatur der klassischen und hellenistischen Zeit*, München 2014, S. 640–641. 327 v. Chr. ließ Alexander den Kallisthenes, den er zu Unrecht der Beteiligung an einer Verschwörung beschuldigte, in Baktrien hinrichten. Er erwähnt Kallisthenes als *laudator* Alexanders d.Gr. in *Adag.* 1611 (*ASD* II, 4, S. 95).

165 *discipulum* Er stellt Kallisthenes nur als Schüler, nicht als Verwandten des Aristoteles dar.

165–167 *Liberius ... ἀγορεύεις* Paraphrasierende Zusammenfassung von Diog. Laert. V, 5, wobei der griech. „Spruch-Vers" vollständig wiedergegeben wird: ὃν (Καλλισθένην) καὶ παρρησιαστικώτερον λαλοῦντα τῷ βασιλεῖ καὶ μὴ πειθόμενον αὐτῷ φασιν ἐπιπλήξαντα εἰπεῖν· ὠκύμορος δή μοι, τέκος, ἔσσεαι, οἷ᾽ ἀγορεύεις. καὶ δὴ καὶ ἐγένετο. δόξας γὰρ Ἑρμολάῳ συμμετεσχηκέναι τῆς εἰς Ἀλέξανδρον ἐπιβουλῆς ἐν σιδηρᾷ περιήγετο γαλεάγρᾳ, φθειριῶν καὶ ἀκόμιστος· καὶ τέλος λέοντι παραβληθείς, οὕτω κατέστρεψεν. Eine ähnlich gekürzte, zusammenfassende Version findet sich im Widmungsbrief zu den *Apophthegmata*, den Er. 1531 an den Grafen Wilhelm von Cleve richtete, *Epist.* 2431, Z. 201–204: „Veluti cum Aristoteles Calisthenem (sic, ed. Allen) liberius cum Alexandro quam expediret agentem Homerico versu admonuit ὠκύμορος δή μοι, τέκος, ἔσσεαι, οἷ᾽ ἀγορεύεις". Die Anekdote wird auch von Val. Max. VII, 2, ext. 11 überliefert, der jedoch die Ermahnung des Aristoteles auf die Teilnahme des Kallisthenes an Alexanders Asienfeldzug bezieht: „Aristoteles autem Callisthenem (Calisthenem *ed. Badius, Paris 1510, fol. CCLXXX*ᵛ) auditorem suum ad Alexandrum dimittens monuit, vt cum eo aut quam rarissime aut quam iucundissime loqueretur, quo scilicet apud regias aures vel silentio tutior vel sermone esset acceptior. At ille, dum Alexandrum Persica Macedonum salutatione gaudentem obiurgat et ad Macedonicos mores inuitum reuocare benivole perseuerat, spiritu carere iussus seram neglecti salubris consilii paenitentiam (poenitentiam *ed. Badius, Paris 1510*) egit".

167 ὠκύμορος ... ἀγορεύεις Hom. *Il.* XVIII, 95, wo Thetis diese Worte zu ihrem Sohn Achill spricht.

167 οἷ' ἀγορεύεις „nach dem, was du sagst": Das bezieht sich darauf, daß Achill ebd. 88–90 seiner Mutter verkündet hatte, daß er bald sterben und niemals mehr nach Hause zurückkehren werde. Aristoteles bezog „nach dem, was du sagst" auf Kallisthenes' Freizügigkeiten gegenüber Alexander – Er.' Übers. gibt dies adäquat wieder. Er verbesserte damit Curios verworrene Übers. „Qualia mi loqueris, vereor …" (ed. Curio, Basel 1524, S. 154). Zwar sehr frei, jedoch in der Sache richtig war Traversaris Übers.: „… versu admonente, ni talia loqui desisteret, mature periturum" (e.g. ed. Venet. 1490).

169 *libertas illi fuit exitio* Diese Behauptung des Er. stimmt nicht mit den historischen Fakten überein: Es war nicht diese Art der Freizügigkeit, die Kallisthenes das Leben kostete. Statt ihm sein Betragen zu verübeln, nahm ihn Alexander als offiziellen Historiker auf seinen Asienfeldzug (334–323) mit. Fatal wurde für Kallisthenes, daß ihn Alexander der Teilnahme an der sog. Pagenverschwörung bezichtigte (327), einer Verschwörung einiger junger makedonischer Edelleute, die sich von Alexander zurückgesetzt und durch die Verpflichtung zur Proskynesis, die gerade erst eingeführt worden war, beleidigt fühlten. Kallisthenes geriet in Verdacht, weil er mit dem Anführer der Pagen, Hermolaos, eng befreundet war und weil er als derjenige galt, der sich am meisten der Proskynesis widersetzte. Alexander verhängte sowohl über die Pagen als auch Kallisthenes die Todesstrafe.

170 VII, 222   Calvmnia ex calvmnia   (Aristoteles, 3)

In ius vocatus, quod Hermiam mulierem, quam amabat, hymno quasi deam [i.e. deum] celebrasset, calumniae molestiam Homerico versu testatus est, in ipso statim defensionis initio,

„ὄχνη ἐπ᾽ ὄχνῃ γηράσκει, σῦκον δ᾽ ἐπὶ σύκῳ", ⟨id est ...⟩

175 VII, 223   Vanitas   (Aristoteles, 4)

Rogatus, quid lucri facerent mendaces, „Vt vera", inquit, „loquentibus non credatur".

174 ⟨id est ...⟩ *deest versio Latina Homerici versus*

171–173 *In ius vocatus ... initio* Er.' Angaben, daß Aristoteles angeklagt wurde, weil er auf die von ihm geliebte Frau einen Götterhymnus verfasst hätte, daß er sich vor Gericht selbst verteidigt hätte und daß er seine Verteidigungsrede mit einem Homervers angefangen habe, sind sämtlich unrichtig. Aristoteles hat nicht auf seine Geliebte einen „Götterhymnos" verfasst, sondern ein Lobgedicht auf den verstorbenen Tyrannen Hermias, wie Diog. Laert. V, 7–8 zu entnehmen ist. Des weiteren hatte die Anklage in Athen nichts mit einem vermeintlichen Götterhymnos zu tun. Die Anklage gegen Aristoteles wegen Gottlosigkeit fand gegen Ende von Aristoteles' Leben, 323/2, statt (vgl. Diog. Laert. V, 5 und Athen. 696A–B). Jedoch gab es keine Verteidigungsrede des Aristoteles, da er Athen vorzeitig verließ und darauf verzichtete, sich vor Gericht zu verteidigen. Aristoteles setzte sich nach Chalkis ab, wo er bis zu seinem Lebensende blieb.

171 *Hermiam mulierem* In *Apophth.* VII, 222 hat Er. einen heillos verworrenen und historisch abwegigen Text hergestellt, wobei er Diog. Laert. V, 4–9 offensichtlich flüchtig und kursorisch las und dabei Namen und Fakten durcheinanderwarf. Zunächst gab es keine Frau mit dem Namen Hermias, in die sich Aristoteles verliebt hätte. Hermias ist ein Männername und bezeichnet den Tyrannen von Atarneus und Assos (reg. seit ca. 350, gest. ca. 341 v. Chr.), an dessen Hof Aristoteles in den Jahren 347–345 zu Gast gewesen war. Hermias' Einladung des Aristoteles ist auf sein spezifisches Interesse an der Philosophie zurückzuführen: Hermias war einige Zeit in Athen verblieben und hatte dort philosophische Vorlesungen besucht, u. a. an der Akademie. Der sechste Brief des Platon ist an Hermias adressiert. Die Stadt Atarneus liegt in Äolien in Kleinasien, gegenüber der Insel Lesbos. Aristoteles hielt sich dort zusammen mit seinem Verwandten Kallisthenes auf (vgl. Komm. oben). Es war auch in Atarneus, wo Aristoteles seine erste Philosophenschule eröffnete. Aristoteles verliebte sich in Phytias, die Tochter bzw. Nichte des Hermias, die er später heiratete (vgl. Diog. Laert. V, 3) und die ihm eine gleichnamige Tochter gebar. Die Einladung des Aristoteles nach Atarneus ist unmittelbar nach Platons Tod (348/7 v. Chr.) zu datieren. Hermias' Untergang wurde durch die makedonisch-persischen Auseinandersetzungen besiegelt. I.J. 341 bot er Philipp II. Atarneus als Stützpunkt für den geplanten Asienfeldzug an; Dareios III. ließ ihn daraufhin gefangennehmen und in Susa hinrichten. Aristoteles trauerte um seinen ehemaligen Mäzen und Schwiegervater (bzw. Onkel seiner Frau) und verfasste zu seiner Ehre einen Lobgesang, der bei Diog. Laert. V, 7–8 überliefert ist. Aristoteles' Liebe zu Pythias geht auf die Jahre 347–345 zurück, das Lobgedicht wurde kurz nach Hermias' Tod i.J. 341 verfasst. Zu Hermias vgl. P. Natorp, *RE* VIII, 1 (1912), Sp. 831–832, s.v. „Hermias", Nr. 11; J. Engels, *DNP* 5 (1999), Sp. 435, s.v. „Hermias", Nr. 1; T. Dorandi, „Hermias d'Atarnée", in: R. Goulet (Hrsg.), *Dictionnaire des philosophes antiques*, III (2000), S. 650–651; K. Trampedach: *Platon, die Akademie und die zeitgenössische Politik*, Stuttgart 1994, S. 66–79; H. Berve, *Die Tyrannis bei den Griechen*, 1967, Bd. 2, S. 688–689. Lycosthenes

übernahm in seinem Abdruck des Apophthegmas, während er Diogenes Laertius als Quelle angab, alle Irrtümer des Er., auch die nicht existierende Geliebte des Aristoteles, „Hermiam mulierem" (S. 136 und 565).

172 *Homerico versu* In *B* und *C* (jedoch nicht in *BAS*) findet sich *in margine* die Quellenangabe ὀδυσσ. H.

174 ὄχνη ... σύκῳ Diog. Laert. V, 9. Der von Diogenes Laertius überlieferte griechische Hexametervers, den Aristoteles am Ende seines Lebens ausgesprochen haben soll, stellt eine verkürzte Kombination der Verse Hom. *Od.* VII, 120–121 dar: „ὄγχνη ἐπ' ὄγχνη γηράσκει, μῆλον δ' ἐπὶ μήλῳ, / αὐτὰρ ἐπὶ σταφυλῇ σταφυλή, σῦκον δ' ἐπὶ σύκῳ". In der Odyssee sind die Verse Bestandteil der Schilderung des Reichtums der Phäaken. Die verkürzte Wiedergabe rührte daher, daß es Aristoteles insbesondere um den Versteil σῦκον δ' ἐπὶ σύκῳ ging: Er suggeriert damit, daß die Athener Phäaken wären und besonderen Reichtum an Feigen hätten, womit er auf die Sykophanten anspielt, die in Athen ihr Unwesen trieben und denen er seiner Meinung nach die Anklage wegen Gotteslästerung verdankte (vgl. Komm. *CWE* 38, S. 821). Nach Ael. *Var. hist.* III, 36 zitierte Aristoteles die genannte Verskombination, als er aus Athen aufgrund der gegen ihn erhobenen Anklage floh. Nach Favorin (bei Diog. Laert. V, 9) blieb Aristoteles in Athen, um sich vor Gericht zu verteidigen, und stellte der Vers den Anfang von Aristoteles' Verteidigungsrede, die er selbst gehalten haben soll, dar, ebd., in Traversaris lat. Übers.: „Primam hunc (sc. Aristotelem) orationem iudicialem pro seipso scripsisse, cum huius criminis argueretur, Phavorinus (Phavorinus *Curio*: Favorinus *Traversari, e.g. ed. Ven. 1490*) in *Omnimoda historia* auctor est ac dixisse Athenis ὄχνη ἐπ' ὄχνῃ γηράσκει, σῦκον δ' ἐπὶ σύκῳ, hoc est ‚Et pyra nata pyris ficusque in ficubus extant (Et pyra ... extant *Curio*: Pyrum super pyros ficumque super fico senescere *Traversari*)'" (ed. Curio, Basel 1524, S. 156).

175 *Vanitas* Er. hat den Titel von VII, 223 vielleicht unter Bezugnahme auf ein mittelalterliches Sprichwort aufgestellt, vgl. Walther 38209b: „Mendaciorum finis ecquid? Vanitas!". Inhaltlich stellt das *Apophthegma* eine sprichwörtliche Weisheit dar („Wer einmal lügt, dem traut man nicht, und wenn er auch die Wahrheit spricht"), die an keinen bestimmten Spruchspender gebunden ist, wie auch die Überlieferungsgeschichte zeigt (Komm. unten). Vgl. Otto 1094 und Walther *loci citt.* Die Zuschreibung der sprichwörtlichen Weisheit an Aristoteles findet sich nur in Diog. Laert., wobei kein spezifischer Zusammenhang zwischen ihr und der Philosophie des Stagiriten feststellbar ist, pace Searby, Komm. zu Aristoteles, Frgm. 11 (S. 158): „Likewise, for Aristotle, telling the truth is to be praised and lying condemnes both in themselves and because of their implications for human society". Auch Searby kommt a.a.O. zum Schluss, daß das Fragment „probaly incorrectly" Aristoteles zugeschrieben wurde.

176 *Rogatus ... credatur* Diog. Laert. V, 17: ἐρωτηθεὶς τί περιγίνεται κέρδος τοῖς ψευδομένοις, „ὅταν", ἔφη, „λέγωσιν ἀληθῆ, μὴ πιστεύεσθαι". Aristoteles Frgm. 11 Searby (S. 99); vgl. die Übers. Traversaris: „Interrogatus, quidnam mendaces lucrarentur, ‚Vt quum vera', inquit, dixerint, ‚non illis credatur'". Er. zitiert den Spruch – ebenfalls nach Diog. Laert. V, 17 – auch in *Adag.* 675 (*ASD* II, 2, S. 202): „Nimirum euenerat homini, quod Aristoteli dixisse ferunt, qui rogatus, quidnam lucrificarent mendaces, ‚Hoc', inquit, ‚vt nec vera dicentibus habeatur fides'". Das Apophth. ist, mit Aristoteles als Spruchspender, bereits in Brusonis Sammlung d.J. 1518 vorhanden, der es nach Traversaris Übers. zitiert (IV, 18, Kap. „De mendacio"). Dieselbe Sentenz findet sich weiter in Stob. III, 12, 8 (= Demetrius Phalereus Frgm. 198 Wehrli, *SA* IV; Giannantoni *SSR* I C 396), der allerdings Sokrates als Spruchspender angibt; in den *Loci communes* des Maximus Confessor (*PG* 91, Sp. 900), der den Spruch Aisopos zuschreibt (Aesop. 353); anonym in Cic. *De div.* II, 146 („cum mendaci homini ne verum quidem dicenti credere fas est"), Hieron. *Ep.* 6, 1 („Antiquus sermo est: ‚Mendaces faciunt, vt nec sibi vera dicentibus credatur'") und in diversen mittelalterlichen Spruchsammlungen, z. B. Walther 38206k: „Mendaci homini, ne vera quidem dicenti, non creditur"; 38216b: „Mendax quis, etiamsi verum dicat, amittit fidem"; 38216c; 14638: „Mendaces etiam, cum verum dicunt, fidem non inueniunt"; 14640: „Mendaci, dum vera canat, vix creditur vlli ..."; 14640a; Gruterus II, 2, 69 und Quellenangaben zu Aristoteles Frgm. 11 Searby (S. 99).

| VII, 224 | Benignitas in qvosvis | (Aristoteles, 5) |

(= Dublette zu VII, 245)

Increpanti, quod homini malo dedisset eleemosynam, „Non mores", inquit, „sed hominem commiseratus sum". Etiam improbis in necessitate succurrit vir bonus. Debetur enim hoc officium, si non meritis illius, qui iuuatur, certe naturae. Et bonus fieri potest, qui malus est.

| VII, 225 | Lvx animi | (Aristoteles, 6) |

Illud *amicis ac discipulis inter disserendum frequenter solet* ingerere, *visum accipere lumen a circumfuso aëre, animum autem a disciplinis liberalibus,* sentiens ingenium adolescentum mathematicis disciplinis acui et ad reliqua philosophiae mysteria reddi perspicax.

| VII, 226 | Salse | (Aristoteles, 7) |

Crebro taxabat *Athenienses,* quod, quum duas res, *frumenta ac leges inuenissent, frumentis vterentur, legibus nequaquam,* alludens ad Triptolemum Atheniensem, cuius ministerio Ceres vsa est in ferendis legibus ac tritico.

---

183 Lux animi *C*: Lux mundi *BAS*.

Apophth. VII, 224 stellt eine Dublette von VII, 245 (ebenfalls Aristoteles) mit dem ähnlichen Titel „Benignitas" dar: „Reprehensus quod munus dedisset improbo, ‚Non homini dedi', inquit, ‚sed humanae sorti'" (nach Diog. Laert. V, 21). Vgl. Er.' Kommentar zu VII, 245: „Hoc superius (= VII, 224) aliis verbis commemoratum est". Die Stellungnahme des Aristoteles scheint authentisch zu sein, vgl. Searbys Komm. zu Aristoteles Frgm. 12a und b Searby (S. 158–159); für den Stellenwert des Spruches in Aristoteles' Gedankengut und Werk vgl. ebd. S. 159.

179–180 *Increpanti ... sum* Diog. Laert. V, 17: ὀνειδιζόμενός ποτε ὅτι πονηρῷ ἀνθρώπῳ ἐλεημοσύνην ἔδωκεν, „οὐ τὸν τρόπον", εἶπεν, „ἀλλὰ τὸν ἄνθρωπον ἠλέησα". Er. übersetzte den einleitenden Teil nach dem griech. Text, im Spruchteil kopierte er die Übers. Traversaris: „Cum ipsi probro daretur, quod flagitioso (flagitioso *Curio*: nequam *Traversari*) homini misericorditer tulisset opem, ‚Non', inquit, ‚mores miseratus sum, sed hominem'" (ed. Curio, Basel 1524, S. 158). Das Apophth. findet sich bereits in Brusonis Sammlung d.J. 1518: „Aristoteles insimulatus, quod improbo viro opem tulisset, ‚Non', inquit, ‚mores miseratus sum, sed hominem'" (I, 21). Im Spruchteil geht in der latein. Übers. Traversaris das Wortspiel οὐ τὸν τρόπον – ἀλλὰ τὸν ἄνθρωπον verloren. Der griech. Spruch findet sich auch in Arsen. *Violet.*, S. 120 Walz und Maxim. Conf., *Loci communes, PG* 91, Sp. 769D (dort jedoch ohne Angabe des Spruchspenders).

180–182 *Etiam ... malus est* Er. hat den Gedanken des Aristoteles völlig adäquat im Rahmen der griechischen Philanthropie verstanden, die derartige Hilfeleistungen aufgrund der Überzeugung der gemeinschaftlichen *conditio humana* befürwortete; vgl. Searby, Komm. zu Frgm. 12 (S. 159): „The idea of a shared humanity as the basis for philanthropy was a commonplace topic in Greek philosophy in the Hellenistic age and afterwards". Zu den damit verbundenen rationalen Begründungen gehörte der Gedanke, daß auch ein anscheinend schlechter Mensch philanthropische Hilfeleistungen verdiene, weil dies keine ausgemachte und definitive Sache sei: Auch ein schlechter Mensch könne sich zum Guten ändern, wie Er. *explicitis verbis* sagt: „Et bonus fieri potest, qui malus est".

184–185 *Amicis ... liberalibus* Im einleitenden Teil frei paraphrasierende Wiedergabe von Diog. Laert. V, 17, im Spruchteil Kopie von Curios/Traversaris Übers.: „Amicis ac discipulis iugiter (iugiter *Traversari*: del. *Curio*) ista consueuerat dicere, vbicunque moraretur: ‚Aspectus quidem a circumfuso (circumfuso *Curio*: continenti *Traversari*) aere lumen accipit, animus autem a disciplinis liberalibus'" (ed. Curio, Basel 1524, S. 158). Vgl. den griech. Text: συνεχὲς εἰώθει λέγειν πρός τε τοὺς φίλους καὶ τοὺς φοιτῶντας αὐτῷ, ἔνθα ἂν καὶ ὅπου διατρίβων ἔτυχεν, ὡς ἡ μὲν ὅρασις ἀπὸ τοῦ περιέχοντος ἀέρος λαμβάνει τὸ φῶς, ἡ δὲ ψυχὴ ἀπὸ τῶν μαθημάτων. Arsen. *Violet.*, S. 120 und *Gnom. Vat.* 297 Sternbach schreiben denselben Ausspruch Zenon von Kition zu.

184 *inter disserendum* Gemeint ist „während seines Unterrichts", im griech. ἔνθα ἂν καὶ ὅπου διατρίβων ἔτυχεν, „wann und wo immer er gerade etwas abhandelte bzw. erklärte"; vgl. Hicks a.a.O.: „whenever or whereever he happened to be lecturing".

185–186 *disciplinis liberalibus ... mathematicis disciplinis* Es lässt sich nicht mit letzter Sicherheit klären, was Aristoteles mit ἀπὸ τῶν μαθημάτων genau meinte, da τὰ μαθήματα sowohl „Wissenschaften" im allgemeinen als auch „mathematische Wissenschaften" bedeuten kann (vgl. Passow II, 1, S. 108, s.v. μάθημα). „Mathematische Wissenschaften" würde als philosophische Aussage ohne weiteres einleuchten, wenn der Spruch von einem Platoniker stammen würde: Die Akademiker betrachteten bekanntlich die mathematischen Disziplinen als Grundlage und notwendige Propädeutik zur Philosophie (vgl. oben Komm. zu VII, 175, Xenocrates). Es war aber gerade Aristoteles, der sich gegen diese einseitige Bevorzugung der mathematischen Disziplinen aussprach; vgl. Komm. von Searby zu Aristoteles Frgm. 13 (S. 161–162); W.K.C. Guthrie, *A History of Greek Philosophy*, Bd. VI, 45–48. Von daher erscheint es plausibler, daß Aristoteles „Wissenschaften, Wissenschaftsdisziplinen" im allgemeinen meinte. Er. laviert zwischen beiden Bedeutungen. Im Spruchteil kopiert er Traversaris *ad-sensum*-Übers. „disciplinis liberalibus", die die Gesamtheit der mittelalterlichen *Artes liberales* bezeichnen, somit auch Grammatik, Rhetorik und Dialektik. Der Gedanke, daß Philosophie die Königsdisziplin sei, die über die ihr untergebenen *Artes liberales* herrsche und von diesen

unterstützt und gespeist werde, war im Mittelalter weit verbreitet, was wohl der Grund ist, weshalb Traversari τὰ μαθήματα in diesem Sinn verstanden hat. In seiner Erklärung des Spruches schränkt Er. jedoch τὰ μαθήματα auf die „mathematicae disciplinae", ein, worunter er sicherlich die Disziplinen des Quadriviums verstanden hat: Arithmetik, Geometrie, Musik und Astronomie. Lycosthenes empfand diese Inkonsequenz zwischen Spruch und Erklärung als störend: In seinem Druck des Apophthegmas tilgte er „mathematicis" (S. 70). Für die mittelalterlichen freien Künste vgl. U. Lindgren, *Die Artes liberales in Antike und Mittelalter*, München 1992; R. Ch. Schwinges (Hrsg.), *Artisten und Philosophen: Wissenschafts- und Wirkungsgeschichte einer Fakultät vom 13. bis zum 19. Jahrhundert*, Basel 1999.

185–187 *Sentiens ... perspicax* In seiner Erklärung interpretiert Er. den Spruch des Aristoteles im selben Sinn wie jenen des Xenokrates in *Apophth.* VII, 175: „Non es ad philosophiam docilis, nullis instructus disciplinis". In VII, 175 waren zuvor spezifisch die mathematischen Disziplinen des Quadriviums aufgelistet worden.

189–190 *Crebro ... nequaquam* Diog. Laert. V, 17: πολλάκις δὲ καὶ ἀποτεινόμενος τοὺς Ἀθηναίους ἔφασκεν εὑρηκέναι πυροὺς καὶ νόμους· ἀλλὰ πυροῖς μὲν χρῆσθαι, νόμοις δὲ μή. Aristoteles Frgm. 14 Searby (S. 100). Vgl. die Übers. des Traversari: „Saepenumero, cum in Athenienses inueheretur, aiebat illos frumenta et leges inuenisse, verum frumentis quidem vti, non autem legibus" (ed. Curio, Basel 1524, S. 158).

189 *frumenta ... inuenissent* Die Übers. „frumenta" (Getreide) für πυρός (Weizen) übernahm Er. von Traversari; die Athener beanspruchten jedoch die Erfindung des Anbaus spezifisch von Weizen (πυρός), nicht von Getreideanbau im allgemeinen. Für diesen Anspruch vgl. Searbys Komm. zu Aristoteles Frgm. 14 (S. 165).

189 *leges inuenissent* Für den besonderen Anspruch Athens auf den νόμος vgl. M. Ostwald, *Nomos and the Beginnings of the Athenian Democracy*, Oxford 1969, S. 137–160.

190–191 *alludens ad Triptolemum ... tritico* Dieser Erklärungsversuch des Er. ist etwas kurios: Es geht Aristoteles nicht darum, daß der Ackerbau und die Gesetzgebung miteinander eng verbunden wären, sondern um die Inkonsequenz der Athener, mit der sie die Göttergaben in Empfang nehmen.

190 *Triptolemum Atheniensem* Anders als Er.

VII, 227 (Aristoteles, 8)

Eruditionis radices dicebat amaras esse, sed fructus dulces.

VII, 228 BENEFICII OBLIVIO (Aristoteles, 9)

Percontanti, *quid cito senesceret, "Gratia", inquit,* sentiens iniuriae memoriam esse tenacissimam, beneficii breuissimam.

VII, 229 ⟨SPES⟩ (Aristoteles, 10)
(= Dublette von VIII, 169)

Interrogatus, quid esset spes, "Vigilantis", inquit, "somnium". Multa sibi promittunt inania, qui spe ducuntur. Et Maro: "Qui amant, ⟨ipsi⟩ sibi somnia fingunt".

197 Spes *suppleui sec. Apophth. VIII, 167.*

200 ipsi *suppleui ex Apophth. VIII, 167 et Vergilii loc. cit.*

behauptet, stammte Triptolemos nicht aus Athen, sondern aus Eleusis. Ursprünglich galt er als König von Eleusis, der in der bildenden Kunst als erwachsener, bärtiger Mann dargestellt wurde; später wurde er als Jüngling betrachtet, als Gehilfe der Demeter, dessen Aufgabe es war, im Namen der großen Göttin allen Menschen den Getreideanbau zu vermitteln: Triptolemos soll auf seinem Drachenwagen über die gesamte Erde hinweggeflogen sein und überall die Getreidesamen ausgestreut haben. In Athen kam dem Mysterienkult von Eleusis der Status eines Staatskultes zu, mit von der Obrigkeit organisierten jährlichen Prozessionen von Athen nach Eleusis. Für Triptolemos vgl. F. Schwenn, *RE* VII, A1 (1939), Sp. 213–230, s.v. "Triptolemos"; J.N. Bremmer, *DNP* 12.1 (2002), Sp. 828–829, s.v. "Triptolemos"; E. Fehrle, "Triptolemos", Roscher 5 (1924), Sp. 1128–1140; G. Schwarz: *Triptolemos. Ikonographie einer Agrar- und Mysteriengottheit*, Horn 1987.

Apophth. VII, 227 Er. vergaß, den Spruch mit einem Titel auszustatten (etwa, in Analogie zu VII, 235, "Eruditio" oder "Eruditionis fructus" bzw. "litterarum fructus"). Inhaltlich stellt das *Apophthegma* keine spezifisch aristotelische Sentenz dar, sondern eine allgemeine Spruchweisheit, die auch anderen Spruchspendern zugeschrieben wurde, u.a. Cato d.Ä., Demosthenes, Isokrates, Sokrates, Democritus. Vgl. Otto 963, s.v. "litterae";

Walther 1514; 6199; 13905a; 26233a; Lycosthenes, S. 275: "Idem (Aristoteles) dicere solebat eruditionis radices esse quidem amaras, sed fructus ferre perdulces. Verum hoc alii Socrati ascribunt, alii Democrito".

193 *Eruditionis ... dulces* In einem Punkt adaptierte Wiedergabe von Traversaris Übers. von Diog. Laert. V, 18: "Studiorum liberalium amaras radices, fructus autem dulces esse asserebat" (ed, Curio, Basel 1524, S. 158). Vgl. den griech. Text: Τῆς παιδείας ἔφη τὰς μὲν ῥίζας εἶναι πικράς, τὸν δὲ καρπὸν γλυκύν (so auch ed. Frob. S. 222; die HS *P* hatte ursprünglich τοὺς δὲ καρποὺς, dort jedoch verbessert zu τὸν δὲ καρπόν, Markovich druckt wohl zurecht τοὺς δὲ καρποὺς). Aristoteles Frgm. 15 Searby (S. 100). Traversaris Übers. liegt jedenfalls die Lesart τοὺς δὲ καρποὺς zugrunde. Dasselbe Apophthegma findet sich auch in *Gnom. Vat.* Sternbach 59, Arsen. *Violet.*, S. 190 (ebenfalls Aristoteles); weiter in Cato Frgm. Jordan p. 109: "M. Porcius Cato dixit litterarum radices amaras esse, fructus iucundiores" und *Disticha Catonis* 40; bei Iulius Rufinianus, *De figuris sententiarum* 19: "Apud Tullium: ,Litterarum radices amaras, fructus dulces'", mit der Zuschreibung an Cicero; bei Stob. II, 31, 29 und Maximus Confessor, *Loci communes*, sermo 17, PG 91, Sp. 824B, mit der Zuschreibung an Demosthenes; bei Aphthonius, *Progymnasmata* 23 (Ἰσοκράτης τῆς παιδείας τὴν ῥίζαν πικρὰν ἔφη, γλυκεῖς δὲ τοὺς καρπούς), Hermogenes, *Progymnasma-*

ta III, 22, Spengel II, 6 und Hieronymus (*Ep.* 125, 12) mit der Zuschreibung an Isokrates; weiter, als anonyme sprichwörtliche Weisheit bei Walther 13905a: „Litterarum radices amare, fructus iucundiores", 6199: „Doctrina est fructus dulcis radicis amare" und 26233a „Radices litterarum amare, fructus dulces".

193 *Eruditionis* Versuch des Er., Traversaris Übers. „studiorum liberalium" zu verbessern, die Curio durch eine Marginalie als verbesserungsbedürftig angemerkt hatte (S. 158).

Apophth. VII, 228 stellt eine sprichwörtliche Weisheit dar (vgl. *Gnom. Vat.* 138 Sternbach; Zenob. I, 81; Diogenian. II, 29; Apostol. III, 100 und VIII, 77), die auch anderen als Aristoteles zugeschrieben oder anonym überliefert wurde, und ist ein Gegenstück zu *Adag.* 613 „Ira omnium tardissime senescit" (*ASD* II, 2, S. 136), wo Er. dasselbe Apophthegma des Aristoteles zitiert, sowie zu *Adag.* 2083 „Simul et misertum est, et interiit gratia" (*ASD* II, 5, S. 86). Lycosthenes druckt VII, 228 in den Kategorien „De ingratitudine" (S. 498), „De iniuria" (S. 502).

195 *quid ... inquit* Diog. Laert. V, 18. Er. gibt die Übers. Traversaris wieder: „Rogatus, quidnam cito consenesceret, ‚Gratia', inquit". Vgl. den griech. Text: ἐρωτηθεὶς τί γηράσκει ταχύ, „χάρις", ἔφη. Aristoteles Frgm. 16 Searby (S. 100 und 168–169); Arsen. *Violet.*, S. 120. Vgl. *Adag.* 613 „Ira omnium tardissime senescit" (*ASD* II, 2, S. 136): „Huic diuersum illud Aristotelis apophthegma, qui autore Laertio rogatus, quae res quam ocyssime senesceret, respondit ‚beneficium'". Die sprichwörtliche Weisheit findet sich weiter bei Stob. II, 46, 13, Giannantoni SSR V B 328, mit der Zuschreibung an Diogenes den Kyniker; *Gnom. Vat.* 138 Sternbach und Maximus Confessor, *Loci communes*, *PG* 91, Sp. 776A, mit der Zuschreibung an Demosthenes; Caec. Balbus S. 40: „Simonides cum interrogatur, quid inter homines celerrime consenesceret, ‚Beneficium', inquit", mit der Zuschreibung an den Lyriker Simonides; anonym bei Zenob. I, 81; Diogenian. II, 29; Apostol. III, 100 und VIII, 77; Menandr. *Monost.* 43 Jäkel (vgl. *ASD* II, 5, S. 87) und 477 Jäkel (vgl. *ASD* II, 5, S. 87); Plaut. *Poen.* 812–813.

195–196 *sentiens ... breuissimam* Er.' Erklärung geht über das hinaus, was der Spruch aussagt. Er. gibt hier einen seiner Lieblingsgedanken zum Besten, der eine Beziehung zwischen dem Gegensatzpaar Unrecht/Wohltat und dem Gedächtnis herstellt: Vgl. z. B. *Adag.* 613 (*ASD* II, 2, S. 136): „Nam vulgo mortales iniuriae tenacissime meminisse solent, benefactorum quam facillime obliuisci"; 2083 (*ASD* II, 5, S. 86): „Si dolet, meminit; si placet, obliuiscitur ... At nunc ita est ingenium vulgi, vt fragilis sit beneficiorum memoria, iniuriarum tenax"; 3426 (*ASD* II, 7, S. 257): „... omnium tardissime senescat ira, beneuolentia ad quamuis leuem occasionem intereat". Vgl. dazu auch Cic. *Mur.* 42; Plaut. *Poen.* 812–813: „Si quid benefacias, leuior pluma est gratia;/ Si quid peccatumst, plumbeas iras gerunt".

Apophth. VII, 229 ist eine Dublette von VIII, 169 „Spes", wo dieselben Aussprüche zitiert werden, wobei der erste Spruch allerdings Platon zugeschrieben wird. Er. vermerkt weder hier noch in VIII, 169, daß eine Dublette vorliegt. Vgl. VIII, 169: „Plato dicere solet spes esse vigilantium somnia. Ad quod allusisse videtur Vergilius, quum ait: ‚An qui amant, ipsi sibi somnia fingunt?'. Nam dictu mirum est quam varias imaginationes patiantur in animo suo, qui vehementer sperant aliquid. Atque his inanibus simulacris perinde semet oblectant, ac si iam tenerent, quae sibi pollicentur". Weiter bildet *Apophth.* VII, 229 ein Gegenstück zu *Adag.* 3205 „Spe inani flagrat" (*ASD* II, 7, S. 144). In den Baseldrucken ist VII, 229 ohne Titel überliefert, was wohl auf ein Versehen zurückzuführen ist.

199 *Interrogatus ... somnium* Wörtliche Übers. des Er. von Diog. Laert. V, 18: ἐρωτηθεὶς τί ἐστιν ἐλπίς, „ἐγρηγορότος", εἶπεν, „ἐνύπνιον". Aristoteles Frgm. 17 Searby, auch in Arsen. *Violet.*, S. 120. Er.' Übers. ähnelt sehr jener des Traversari: „(Rogatus), quid sit spes, ‚Vigilantis', ait, ‚insomnium'" (ed. Curio, Basel 1524, S. 158). Das Apophthegma war bereits in Brusonis Sammlung d.J. 1518 vorhanden (VI, 11 „De spe"). Dieselbe Gnome wurde verschiedenen Spruchspendern zugeschrieben: neben Aristoteles auch Anakreon (*Gnom. Vat.* 375 Sternbach), Pindar (Stob. IV, 47, 12), Moschio (Melissa Augustana 17.58), Platon (Aelian., *Var. hist.* XIII, 29) und Basilius Magnus (Maximus Confessor, *Loci communes*, *PG* 91, Sp. 908B; Basil. *Epist.* 14, 1, *PG* 32, Sp. 276B).

200 *Qui ... fingunt* Verg. *Ecl.* 8, 108: „Credimus? An qui amant, ipsi sibi somnia fingunt?". Er. hatte aus der Eklogenstelle, die jedoch als Frage formuliert war, wahrscheinlich auch inspiriert durch Servius' Kommentar *ad. loc.* („quod per prouerbium est locutus"), *Adag.* 1290 „Qui amant, ipsi sibi somnia fingunt" gebastelt (*ASD* II, 3, S. 304–306), S. 304: „Vergilius in Pharmaceutria: ‚Credimus, an qui amant, ipsi sibi somnia fingunt?'. Seruius

VII, 230   Captatio   (Aristoteles, 11)
                (= Dublette von VII, 137)

Diogenes Aristoteli *obtulit caricam, cogitans* [sic. i.e. cogitanti], *si non acciperet,* illum sententiam aliquam esse meditatum. *At* Aristoteles *accepta carica dixit: „Et caricam et sententiam perdidit Diogenes".* Huic simillimum est, quod ante tributum est Crateti.

VII, 231   ⟨Captatio⟩   (Aristoteles, 12)

Quum *iterum* illi caricam *porrigeret* Diogenes, *accepit et sublato* in coelum vultu *more puerorum, „Magnus* [i.e. Magne]*", inquit, „Diogenes",* moxque *illi reddidit* caricam, notans, opinor, ab illo captari laudem munificentiae.

206 Captatio *suppleui (cf. titulum Apophth. VII, 230).*

208 Magnus *B C: scribendum erat* Magne.

prouerbialiter admonet dictum a poeta. Nam quod quisque sperat, facile credit. ... [S. 305:] Qui impense cupiunt, suis votis vndecunque blandiuntur et quiduis in omen optati euentus trahunt. Rursum qui misere metuunt, quauis ex re solatium formidinis aucupantur"; *Pharmaceutria* ist der Titel der 8. Ekloge. Für den proverbialen Gedanken vgl. weiter Publil. Syrus 16 „Amans quod suspicatur, vigilans somniat"; Otto 80; Walther 23822a: „Qui amant, ipsi sibi somnia fingunt".

Apophth. VII, 230 ist eine Dublette von VII, 137, wo Er. Stilpon und den Kyniker Krates als Unterredner präsentiert. Allerdings hatte Er. dort in dem aus Diog. Laert. übernommenen Kurzdialog die Personen verwechselt. Der eigentliche Spender des Apophthegmas sollte nicht Krates, sondern Stilpon sein. Vgl. Komm. oben zu VII, 137. Auch in VII, 230 bringt Er. den Hergang der Anekdote durcheinander und verwechselt die Akteure. In VII, 231 bringt er eine weitere Fortsetzung der Anekdote. Auch dort hat sich Er. in der Textwiedergabe geirrt (vgl. Komm. unten *ad. loc.*). Der Titel von *Apophth.* VII, 230 „captatio" bezieht sich auf einen t.t. aus der Gladiatorensprache, die „Finte", d.h. ein angetäuschter Hieb (vgl. Georges I, Sp. 985, s.v.). Er. hat das Wort wohl aus Quintilian bezogen, der „die Finte" des Schwertkämpfers auf die Redner als Wortkämpfer übertragen hatte, vgl. Quint. *Inst.* V, 13, 54: „Vt gladiatorum manus, quae secundae vocantur, fiunt et tertiae, si prima ad evocandum aduersarii ictum prolata erat; et quartae, si geminata captatio est, vt bis cauere,

bis repetere oportuerit". Die griechischen Philosophen waren jedenfalls seit Sokrates und Gorgias geübte ‚Wortfechter', die ihre Gegner mit Verbaltäuschungen auszutricksen versuchten. Der Titel „captatio" besitzt auch für das nachfolgende *Apophth.* VII, 231 Gültigkeit. In VII, 231 wird der Erasmus „geminata captatio", wie sie Quintilian a.a.O. nennt, vorgeführt.

203 *Diogenes* Dem Kyniker **Diogenes von Sinope** (412/ 403–324/ 321 v. Chr.), einem Zeitgenossen des Aristoteles, hatte Er. schon im dritten Buch der *Apophthegmata* eine lange Sektion von Sprüchen gewidmet (III, 164–388; *ASD* IV, S. 236–283; *CWE* 37, S. 271–334); im siebenten Buch figuriert Diogenes mehrere Male (VII, 64, 67, 230–231, 234, 274, 281); im achten Buch tritt er zudem als Spender weiterer Sprüche auf (VIII, 104, 105, 116, 176, 177, 192, 223 und 281). Seine Schüler waren u.a. Krates, Phokion und Stilpon v. Megara. Vgl. P.G. Natorp, *RE* V, 1 (1903), Sp. 765–773, s.v. „Diogenes", Nr. 44; M. Goulet-Cazé, *DNP* 3 (1997/9), Sp. 598–600, s.v. „Diogenes", Nr. 14.

203–205 *Diogenes ... Diogenes* Variierende Wiedergabe von Curios Übers. von Diog. Laert. V, 18, die jedoch durch eine Verwechslung der Akteure entstellt ist: „Diogene caricam (sibi caricam *Traversari, e.g. ed. Ven. 1490*: sibi *del. Curio*) porrigente (porrigente *Curio*: dante *Traversari*) cogitans, quod (quod *add. Curio*), nisi acciperet, sententiam esset meditatus [sc. Diogenes] (sententiam ... meditatus *Curio*: usum esse meditatum *Traversari*), sumens, Diogenem ait (usum ait *Traversari*) caricam simul cum vsu (caricam simul cum usu *Curio*: cum carica vsum *Traversari*) perdidisse" (ed. Curio, Basel 1524, S. 158). Vgl. den griech. Text: Διογένους ἰσχάδ᾽ αὐτῷ διδόντος νοήσας ὅτι, εἰ μὴ λάβοι, χρείαν εἴη μεμελετηκώς, λαβὼν ἔφη Διογένην μετὰ τῆς χρείας καὶ τὴν ἰσχάδα ἀπολωλεκέναι. Aristoteles Frgm. 18a Searby (S. 101 und 170–172); Giannantoni *SSR* V B 68.

203 *caricam* „carica", die getrocknete Feige, genannt nach der Region, in der sie in der Antike ganz besonders produziert wurde, Karien (vgl. Pall. I, 26, 2; I, 30, 4; Cic. *Div.* II, 40, 84). Für die Verwendung von „caricae" als Allgemeinbegriff für getrocknete Feigen vgl. Ov. *Met.* VIII, 694; Plin. *Nat.* XIII, 51; *DNG* I, Sp. 774, s.v. „Cares" B; Lewis-Short, S. 292, s.v. „Caria". Getrocknete Feigen (griech. ἰσχάδες) wurden als besondere Leckerbissen betrachtet, von daher auch die Verwendung in dem vorl. *Apophth.* Die Süße der Feigen war im Lateinischen sprichwörtlich. Vgl. Petron. 64 „Abistis dulcis caricae" – „Die süßen Feigen sind fort", d.h. „Die gute Zeit ist vorbei" (Otto 76). Allerdings kannte Er. weder den Petronius-Text noch das genannte Sprichwort. Er hat das ziemlich seltene Wort „carica" aus Curios/Traversaris Übers. bezogen (a.a.O.). Das Wort kommt auch in *Apophth.* V, 11 vor – dort übernahm es Er. ebenfalls einer von ihm benutzten Übers. (Filelfo; vgl. Komm. oben zu V, 11). Es scheint, als ob Er. mit der Bedeutung des lateinischen Wortes „carica" nicht recht vertraut war, denn in *Apophth.* VII, 137 hatte er „carica" als „nux" bezeichnet. Entweder verwechselte Er. die Feige mit einer Nuss oder er glaubte, daß „carica" eine nussähnliche Frucht mit einer harten Schale sei, was ebenfalls unrichtig ist. Für das Trocknen von Feigen in der Antike vgl. Ch. Hünemörder, *DNP* 4 (1999), Sp, 456–457, s.v. „Feige".

203–204 *cogitans ... Aristoteles* In dem Abschnitt „cogitans ... Aristoteles" hat Er. den Text des Diog. Laert. falsch wiedergegeben und die Akteure verwechselt, wobei er νοήσας irrtümlich Diogenes zuordnete, obwohl dessen Namensform im Genetiv steht. Tatsächlich bezieht sich νοήσας auf den anderen Akteur, Aristoteles: In der Formulierung sollte ausgedrückt werden, daß Aristoteles argwöhnte, Diogenes habe für ihn eine philosophisch abgewandelte Spruchweisheit (χρεία) vorbereitet für den Fall, daß er die getrocknete Feige *nicht* annehme; dem kommt Aristoteles zuvor, indem er die Feige annimmt, aufisst und sagt: „So, und nun hast du sowohl deine Feige als auch deine Spruchbelehrung eingebüßt". Es hat den Anschein, daß Verwechslung der Akteure beim Versuch des Er., Curios Übers. zu variieren, zustandekam, wobei Er. den Faden verlor.

205 *ante* Mit seinem Verweis „ante" bezieht sich Er. auf *Apophth.* VII, 137. Für die Fehlzuschreibung etc. vgl. oben Komm. ad loc.

205 *Crateti* Für den Kyniker Krates aus Theben (368/365–288/285 v. Chr.), den Schüler des Diogenes von Sinope, vgl. oben Komm. zu VII, 135.

207 *Iterum ... Diogenes* Durch einen Verständnisfehler verworrene Wiedergabe von Diog. Laert. V, 18, wobei Er. Taversaris Übers. als Textvorlage benutzte: „Rursus ab eo porrectam (sc. caricam) accipiens atque puerili more in sublime eleuans, cum dixisset ‚Magnus Diogenes', eam illi reddidit" (ed. Curio, Basel 1524, S. 158–159). Vgl. den griech. Text: πάλιν τε διδόντος λαβὼν καὶ μετεωρίσας ὡς τὰ παιδία εἰπών τε „μέγας Διογένης", ἀπέδωκεν αὐτῷ. Aristoteles Frgm. 18b Searby (S. 101 und 172).

207–208 *sublato in coelum vultu more puerorum* Sowohl in Traversaris Übers. als auch im griech. Text steht, daß Aristoteles die Feige freudig und bewundernd in die Höhe hob, wie etwa kleine Kinder Geschenke in freudiger Überraschung hochhalten. Er. verdreht dies jedoch zu „sein Gesicht zum Himmel erhob wie kleine Knaben", wobei er kurzerhand „vultus" hinzufügt. Durch den Akt des Hochhebens des Geschenkes verspottet Aristoteles den ‚Schenker' Diogenes, was auch dadurch zum Ausdruck gebracht wird, daß er ihn ironisch mit „Großer Diogenes" anredet: Aristoteles tut so, als ob Diogenes ein Gott wäre.

208 *Magnus ... Diogenes* Im griechischen Text ist „μέγας Διογένης" als Anruf gemeint. Weder Er. noch Traversari haben dies verstanden, der Vokativ „magne" wäre angebracht gewesen.

210	VII, 232	Doctrina [i.e. Sapientia] qvibvs paretvr	(Aristoteles, 13)

Dicere solet *tria* ad parandam sapientiam potissimum *necessaria: naturam, doctrinam* et *exercitationem. Inuita Minerua* frustra laboratur; recte discitur a doctis; exercitatio consummat eruditionem.

	VII, 233	Magnanime	(Aristoteles, 14)

215 Quum *accepisset quendam in ipsum dixisse conuicia, „Absentem", inquit, „vel loris caedat",* docens ea prorsus esse contemnenda, quae non laedunt, nisi quis se laedi putet.

	VII, 234	Forma	(Aristoteles, 15)

Pulchritudinem dicebat quauis epistola efficaciorem ad commendationem. Sunt, qui
220 *hoc asscribant Diogeni. Aristotelem vero formam* solitum *appellare donum,* quia gratis contigit a natura. *Eandem Socrates appellauit exigui temporis tyrannidem,* quod

---

210 Doctrina *B C: scribendum erat* Sapientia.   211 solet *B C*: solebat *LB Lycosthenes (p. 323)*.

210 *Doctrina quibus paretur* Der in den Basler Drucken überlieferte Titel „Doctrina quibus paretur" stimmt nicht mit dem Text des Apophthegmas überein, in dem es um die Komponenten von „sapientia" geht: „tria ad parandam sapientiam ... necessaria"; „doctrina" wird im *Apophthegma* vielmehr als einer der notwendigen Bestandteile der *sapientia* benannt. Der Titel muß durch einen Irrtum zustande gekommen sein: Er. hatte sicherlich „Sapientia quibus paretur" vorgesehen. Im griech. Text des Diog. Laert. geht es freilich nicht um die Komponenten von „sapientia", sondern von παιδεία, „Bildung" (= *eruditio*), jedoch hatte Traversari diesen Begriff unübersetzt belassen. Er., der von Traversaris Übers. ausging, ergänzte hier s. E. sinngemäß „sapientia".

211–212 *Dicere ... exercitationem* Diog. Laert. V, 18: τριῶν ἔφη δεῖν παιδείᾳ: φύσεως, μαθήσεως, ἀσκήσεως. Vgl. die lat. Übers. Traversaris: „Tria dicebat pueris esse necessaria: ingenium, exercitationem, disciplinam" (ed. Curio, Basel 1524, 159). Aristoteles Frgm. 19 Searby (S. 101 und 172–174); Arsen. Violet., S. 120; vgl. Aristot. *Eth. Nic.* X, 1179b20; *Pol.* H 13, 1332a40. In dem Spruch des Aristoteles geht es um die „Bildung" schlechthin (παιδεία), nicht, wie Er. angibt, um Weisheit. In der Antike war das aus genau diesen Komponenten zusammengestellte Ideal der Ausbildung *communis opinio*, das insbesondere auf die Rhetorik, jedoch sonst überhaupt auf alles Erlernbare, auch auf die Tugend, angewendet wurde: Talent (*ingenium, natura,* φύσις) – kognitive (schulische) Ausbildung (μάθησις) – Übung/Anwendung des Erlernten (*exercitatio,* ἄσκησις). Da es sich um eine *communis opinio* handelt, wurde die Gnome verschiedenen Autoren zugeschrieben, u.a. Protagoras (Diels *FVS* I, Protagoras B 3), Platon (*Gnom. Vat.* 439 Sternbach; Platon Frgm. 20 Stanzel) und Demonax (Maximus Confessor, *Loci communes, PG* 91, Sp. 828A); vgl. Plut. *De liberorum educatione, Mor.* 2A: τρία δεῖ συνδραμεῖν, φύσιν καὶ λόγον καὶ ἔθος. Καλῶ δὲ λόγον μὲν τὴν μάθησιν, ἔθος δὲ τὴν ἄσκησιν.

212 *Inuita Minerua* Vgl. Cic. *Off.* I, 110; *Fam.* III, 1, 1; XII, 25, 1; Hor. *Ars* 385 „Tu nihil inuita dices faciesue Minerua"; Otto 1121. Die schon in der Antike sprichwörtliche Redensart nahm Er. unter seine *Adagia* auf, vgl. *Adag.* 42 „Inuita Minerva" (*ASD* II, 1, S. 157): „Latinis et illud est celebratissimum: *Inuita Min*erua pro eo, quod est: refragante ingenio, repugnante natura, non fauente coelo". Er. kannte und zitierte die hier genannten antiken Quellen in *Adag.* 42.

Apopht. VII, 233 wird ebenfalls verschiedenen Spruchspendern zugeschrieben (Demosthenes, Sokrates, Diogenes von Sinope) und weist keine spezifische Verbindung mit Aristoteles' Philosophie auf. Der am besten bezeugte Spruchspender ist Sokrates. Damit stimmt überein, daß der Spruch vom Thema her gut zu Sokrates oder den von ihm inspirierten Kynikern passt, die Gleichgültigkeit gegenüber Beschimpfungen predigten. Vgl. Searby S. 174.

215–216 *Accepisset ... caedat* Wörtliche Übers. von Diog. Laert. V, 18: ἀκούσας ὑπό τινος λοιδορεῖσθαι, „ἀπόντα με", ἔφη, „καὶ μαστιγούτω". Vgl. die lat. Übers. Traversaris: „Audierat aliquando se a quodam maledictis esse lacessitum. Tum ille ‚Absentem', inquit, ‚etiam verberet'" (ed. Curio, Basel 1524, S. 159). Aristoteles Frgm. 20 Searby (S. 101 und 174–175). Ders. Spruch wurde auch Demosthenes zugeschrieben, der von Philipp II. beschimpft worden war (*Gnom. Lat.* Sernbach 222.), Sokrates (Giannantoni *SSR* I C 361; Maximus Confessor, *Loci communes*, *PG* 91, Sp. 785A) und Diogenes von Sinope (Giannantoni *SSR* V B 432).

215–216 *loris caedat* Mit „vel loris caedat" für καὶ μαστιγούτω verbessert Er. die Übers. Traversaris („etiam verberet", a.a.O.); μαστιγεῖν hat einen besonderen Sinn in Bezug auf den vorl. Spruch: Es bezeichnet spezifisch die Leibstrafe des Auspeitschens, die typische Strafe für Sklaven, die deshalb besonders erniedrigend war. In Athen war es gesetzlich verboten, einen freien Bürger auszupeitschen. An Sklaven durfte die Strafe des Auspeitschens jedoch sowohl öffentlich als auch privat vollzogen werden. Sklaven unterstanden oft einem Aufseher, der ein Peitsche trug (μαστιγονόμος). Die Pluralform „lora" bezeichnet die Peitsche, die aus Lederriemen geflochten wurde (vgl. Lewis-Short S. 1078, s.v. „lorum"/ „lorus"). Er. hat die Redewendung „loris caedere" wahrscheinlich aus der römischen Komödie bezogen, vgl. z. B. Plaut. *Merc.* V, 4, 42 („quin loris caedite, si lubet"). Ähnlich gut hat Er. die Strafe des Auspeitschens in *Apophth.* VII, 157 wiedergegeben („Loris te caederem, ni iratus essem").

219–225 *Pulchritudinem ... satellitio* Größtenteils eigenständige, jeweils mit Erklärungen versehene Übers. des Er. von Diog. Laert. V, 18–19: τὸ κάλλος παντὸς ἔλεγεν ἐπιστολίου συστατικώτερον. οἱ δὲ οὕτω μὲν Διογένην φασὶν ὁρίσασθαι. αὐτὸν δὲ θεοῦ (θεοῦ add. Cobet) δῶρον εἰπεῖν εὐμορφίαν (εὐμορφίας ed. Frob., codd.: εὐμορφίαν *Casaubonus*): Σωκράτην δὲ ὀλιγοχρόνιον τυραννίδα (= Giannantoni *SSR* I C 174): Πλάτωνα προτέρημα φύσεως (Platon Frgm. 11 Stanzel): Θεόφραστον σιωπῶσαν ἀπάτην (Theophrastus Frgm. 566): Θεόκριτον ἐλεφαντίνην ζημίαν: Καρνεάδην ἀδορυφόρητον βασιλείαν (vgl. ed. Frob., S. 222). Für den Aristoteles zugeschriebenen Spruch τὸ κάλλος παντὸς ἔλεγεν ἐπιστολίου συστατικώτερον s. Aristoteles Frgm. 21 Searby (S. 101 und 175–177). Er findet sich auch in Stob. IV, 21, 11 und Arsen. *Violet.*, S. 122; anonym bei Publilius Syrus 169 „Formosa facies muta commentatio est" (vgl. Otto 582); für den Spruch αὐτὸν δὲ θεοῦ δῶρον εἰπεῖν εὐμορφίαν Frgm. 22 Searby (ebd.). Er ist weiter überliefert in Stob. IV, 21, 16, jedoch mit der Zuschreibung an die Pythagoräer. Vgl. die Übers. des Traversari: „Dicebat pulchritudinem plus quam epistolas omnes valere ad commendationem. Plerique Diogenem ita statuisse asserunt; ipsum autem donum formae dixisse; Socratem vero, modici temporis tyrannidem; Platonem, naturae priuilegium; Theophrastum, tacitam deceptionem; Theocritum vero, eburneum detrimentum; Carneadem, regnum solitarium" (ed. Curio, Basel 1524, S. 159). Die Sprüche von VII, 234 hatte bereits Brusoni in seine Sammlung d.J. 1518 aufgenommen, wobei er die Übers. Traversaris kopiert hatte.

220 *Aristotelem vero formam solitum appellare donum* An dieser Stelle scheint der griech. Text des Diog. Laert. (αὐτὸν δὲ δῶρον εἰπεῖν εὐμορφίας codd., so auch die Edition Frobens, S. 222) verderbt zu sein, da εὐμορφία ein Synonym von τὸ κάλλος ist und dadurch ein tautologischer Gedanke entsteht: „Er sagte, Schönheit sei das Geschenk der Schönheit/ schönen Form". Casaubon emendierte εὐμορφίας zu εὐμορφίαν. In dieser Form lautet der Gedanke: „Er sagte, Schönheit sei ein Geschenk". Offensichtlich verbesserte bereits Er. den Text auf diese Weise, da er den Satz mit „formam solitum appellare donum" übersetzte. Allerdings bleibt der Gedanke in dieser Form noch immer unbefriedigend, da er nichtssagend wirkt und der Ausdruck „Geschenk" entweder die Frage nach dem Schenker oder nach einer näheren Spezifizierung aufruft. Deshalb fügte Cobet θεοῦ hinzu, wobei θεῖων vielleicht vorzuziehen ist, da dies einem Zitat von Hom. *Il.* III, 65 gleichkäme. Vgl. Brusoni II, 44: „Homerus formam appellat naturae dona gloriosa, quod Ovidius aemulatus, ‚Forma dei munus', ait".

221–222 *Quod ... deflorescat* Er. bringt hier den topischen und sprichwörtlichen Gedanken von der Vergänglichkeit der körperlichen Schönheit; vgl. Sen. *Phaedr.* 773 „res est

formae gratia mox deflorescat; *Plato naturae praerogatiuam*, quod paucis contingat; *Theophrastus silentem fraudem,* quod absque verbis persuadeat; *Theocritus eburneum detrimentum*, quod grata quidem sit aspectui, sed multorum incommodorum causa; *Carneades ἀδορυφόρητον βασιλείαν,* id est, *regnum absque satellitio*, quod formosi impetrent, quicquid volunt, nulla adhibita vi. Refert Laertius.

VII, 235   Ervditio   (Aristoteles, 16)

Interrogatus, qua re differrent docti ab indoctis, „Qua viui", inquit, „a mortuis," sentiens hominem absque literis statuam esse verius quam hominem.

VII, 236   ⟨Ervditio⟩   (Aristoteles, 17)

Dicebat eruditionem in prosperis esse ornamentum, in aduersis refugium.

VII, 237   ⟨Ervditio⟩   (Aristoteles, 18)

Parentes *qui* recte *liberos* suos *instituissent, aiebat multo honorabiliores esse iis, qui tantum genuissent*, quod *ab his contigisset viuere, ab illis etiam bene viuere.*

---

230 Eruditio *suppleui.*

232 Eruditio *suppleui.*

forma fugax"; Otto 688; Walther 9741: „Forma bonum fragile est, quantumque accedit ad annos,/ Fit minor, et spatio carpitur illa suo".

223 *Theophrastus* Zu **Theophrastos** (ca. 371/0–287/6 v. Chr.), dem Schüler des Aristoteles und Nachfolger als Schulhaupt des Peripatos, siehe unten Komm. zu VII, 252, wo ihm Er. eine Sektion von Sprüchen widmet (252–255).

223 *Theocritus* Zu dem Philosophen **Theokritos von Chios** (geb. 365 v. Chr.), dem Schüler des Metrodoros und Verfasser von Chrien und Briefen über Wunderbares, vgl. R. Laqueur, *RE* V, A2 (1934), Sp. 2025–2027, s.v. „Theokritos" und Komm. oben zu *Apopht*. VI, 487, wo ihm Er. eine Sequenz von drei Sprüchen widmet (487–489).

223–224 *eburneum detrimentum* Die einprägsame Formulierung „eburneum detrimentum" kopierte Er. von Taversari (a.a.O.).

225 *regnum absque satellitio* Mit „regnum absque satellitio" verbesserte Er. Traversaris Übers. von ἀδορυφόρητον βασιλείαν mit „regnum solitarium". Die δορυφόροι waren die königlichen Lanzenträger bzw. die königliche Leibwache, die zur Sicherung der Macht und zum persönlichen Schutz des Königs unab-

dingbar waren. In seinem Zusatz erklärt Er. den Ausspruch, daß Schönheit eine „Königsherrschaft ohne Lanzenträger" sei, plausibel als „Herrschaft ohne Waffengewalt".

226 *Refert Laertius* Diese Quellenangabe ist irreführend und kurios: Er. gab schon im gesamten siebenten Buch, in ca. 220 Apophthegmen, den Text des Diogenes Laertius wieder.

Apophth. VII, 235 ist ein Gegenstück zu *Apophth.* VII, 330C, einem Ausspruch des Ariston, von Chios, den Er. jedoch a.a.O. versehentlich dem Aristoteles (als Aristoteles, 31) zuschrieb. Darin verglich der Apophthegma-Spender ungebildete Athleten mit leblosen Säulen, wie sie in griechischen Gymnasien standen („Dicebat athletas … similes euadere gymnasiorum statuis, nempe pingues et saxeos", nach Plut. *De tuenda sanitate praecepta* 21, *Mor.* 133 D; vgl. *ASD* IV, 2, S. 206); weiter ist VII, 235 ein Gegenstück zu *Apopht*. III, 122, einem Spruch des Sokratikers Aristippos, in welchem dieser ungebildete Menschen mit unbeweglichen und leblosen Steinblöcken gleichsetzte, aus denen griechische Theater gebaut waren (nach Diog. Laert. II, 72; vgl. *ASD* II, 4, S. 224; *CWE* 38, S. 258).

228 *Interrogatus ... mortuis* Wörtliche Wiedergabe von Diog. Laert. V, 19: ἐρωτηθεὶς τίνι διαφέρουσιν οἱ πεπαιδευμένοι τῶν ἀπαιδεύτων, „ὅσῳ", εἶπεν, „οἱ ζῶντες τῶν τεθνεώτων". Aristoteles Frgm. 23 Searby (S. 102 und 177); der Spruch findet sich auch in Arsen. *Violet.*, S. 121. Vgl. die Übers. des Traversari: „Rogatus, quo differrent docti ab indoctis, ‚Quo', inquit, ‚viuentes a mortuis'". Das Apophthegma war bereits von Brusoni in seine Sammlung d.J. 1518 aufgenommen worden, wobei er wörtlich die Übers. Traversaris wiedergab (III, 31).

229 *statuam* Mit seiner Erklärung des Apophthegmas „hominem absque literis statuam esse verius quam hominem", meint Er. aller Wahrscheinlichkeit nach nicht, daß ungebildete Menschen „Standbildern" bzw. Porträtstatuen ähneln (so übersetzt in *CWE* 38, S. 824: „is a lifeless statue rather than a man"), sondern daß ungebildete Menschen Säulen (= lebloser Stein, Baumaterial) glichen. „Statua" trägt hier die eher seltene Bedeutung „Säule" ebenso wie in *Apophtht.* VII, 330C (für diese Bedeutung vgl. Georges II, Sp. 2790, *DNG*, II, Sp. 4493, jeweils s.v. „statua", Nr. II; z.B. Vopisc. *Aurel.* 37, 2 „statuae marmoreae"). Die Quelle für den Gedanken ist Plut. *De tuenda sanitate praecepta* 21, *Mor.* 133 D, in Er.' Übers. d. J. 1513: „athletis in xysto siue in palaestra versantibus, quos, dum a libris arcent omnemque vitam in cauillis ac scurrilibus iocis peragere consuefaciunt, gymnasiorum columnis similes reddunt, *nempe pingues ac saxeos*" (*ASD* IV, 2, S. 206, dort allerdings fälschlich „saxios"). Vgl. *Apophth.* VII, 330C: „Dicebat [i.e. Ariston, nullo modo Aristoteles] athletas, qui a libris arcentur, omnemque vitam in cauillis scurrilibusque iocis transigunt, similes euadere gymnasiorum statuis, nempe pingues et saxeos". An diesen beiden Stellen expliziert Er./ Plutarch den Vergleich „pinguis" („rund/ fett/ glänzend") „wie Säulen", was sich in VII, 330C auf die glänzenden (weil eingeölten), starken und runden Gliedmaßen der Athleten bezieht.

Apophth. VII, 236 weist in *B, C, BAS* keinen eigenen Titel auf, weil dafür derselbe Titel ausschlaggebend war wie für das vorhergehende.

Apophth. VII, 236 ist eine Gnome, die keine spezifische Verbindung mit Aristoteles besitzt; die Spruchweisheit wurde auch anderen zugeschrieben (Demokritos von Abdera) oder anonym überliefert; vgl. Cic. *Arch.* 16: „haec studia ... secundas res ornant, aduersis perfugium ac solacium praebent"; Beroaldo, Komm. zu *Symbola Pythagorica*, fol. 115ʳ: „Litterae ... in secundis rebus sunt maximo ornamento, in aduersis maximo ornatu"; *Adag.* 1269 (*ASD* II, 3, S. 289): „Nam litterae in rebus aduersis solatio sunt, in secundis gloriae ...".

231–234 *Dicebat ... viuere* An dieser Stelle ist im Layout und in der Zählung von *B C BAS* ein Fehler aufgetreten: Zwei Apophthegmen des Aristoteles, die nicht miteinander verbunden sind, wurden versehentlich zusammengelegt, als *ein Textblock* gedruckt und als *ein Apophthegma* gezählt. In der vorl. Ausgabe wurden sie wieder getrennt. Schon Lycosthenes hatte dies erkannt und die beiden Sprüche getrennt: Das erste Apophthegma findet sich im Kap. „De doctrina et eruditione, quae vt semper incolumis est, ita etiam vbique habetur in precio" (S. 280), das zweite im Kap. „De educatione et institutione filiorum" (S. 305). In *CWE* 38, S. 825 wurden sie jedoch als ein einziges Apophthegma wiedergegeben. Folglich: ab 237 *ASD*-Zählung = *CWE*-Zählung plus 2.

231 *Dicebat ... refugium* Wörtliche Wiedergabe von Traversaris Übers. von Diog. Laert. V, 19: „Eruditionem dicebat inter prospera esse ornamentum, inter aduersa refugium" (ed. Curio, Basel 1524, S. 159). Vgl. den griech. Text: τὴν παιδείαν ἔλεγεν ἐν μὲν ταῖς εὐτυχίαις εἶναι κόσμον, ἐν δὲ ταῖς ἀτυχίαις καταφυγήν. Aristoteles Frgm. Searby 24 (S. 102 und 177–178). Dieselbe Gnome findet sich bei Stob. II, 31, 35 und *Gnom. Vat.* 50 Sternbach, mit der nämlichen Zuschreibung an Aristoteles; bei Stob. II, 31, 58 und Maximus Confessor, *Loci communes*, *GP* 91, Sp. 824C, mit der Zuschreibung an Demokritos; vgl. Diels II, Democritus B 180.

Apophth. VII, 237 Auch diese Gnome ist nicht spezifisch an Aristoteles als Spruchspender gebunden; sie wird sonst Isokrates und Philoxenos zugeschrieben. Vgl. Searby, S. 178–179.

233–234 *Parentes ... viuere* Diog. Laert. V, 19: τῶν γονέων τοὺς παιδεύσαντας ἐντιμοτέρους εἶναι τῶν μόνον γεννησάντων· τοὺς μὲν γὰρ τὸ ζῆν, τοὺς δὲ τὸ καλῶς ζῆν παρασχέσθαι. Aristoteles Frgm. Searby 25 (S. 102 und 178–180). Vgl. die lat. Übers. des Traversari: „Parentes, qui liberos erudiendos curassent, longe honorabiliores esse iis, qui solum genuissent: eos enim viuendi tantum, illos etiam bene beateque viuendi autores esse". Er. zitiert das *Apophth.* im einleitenden Brief (1531) zu der Aristoteles-Ausgabe des Simon Grynaeus in etwas abgewandelter Weise dadurch, daß er die Eltern den Erziehern gegenüberstellte; siehe *Epist.* 2432, Z. 38–41: „Neque nescis ab hoc eodem Aristotele ... praeclare dictum esse plus debere nos iis, a qui-

VII, 238   SALSE   (Aristoteles, 19)

Cuidam glorianti, quod esset a magna celebrique ciuitate, dicebat hoc nihil referre, sed an celebri patria dignus esset.

VII, 239   AMICVS   (Aristoteles, 20)

Rogatus, quid esset amicus, „Vna", inquit, „anima in duobus corporibus".

VII, 240   PROFVSIO   (Aristoteles, 21)

Aiebat quosdam homines ita parcere, quasi semper essent victuri; rursus alios ita profundere, quasi mox essent morituri.

bus instituti sumus quam a quibus prognati, quod a parentibus tantum accipimus, vt viuamus, a praeceptoribus, vt bene viuamus". Die Abwandlung stellt vermutlich eine Kontamination mit einem Ausspruch Alexanders d.Gr. dar, der bei Plutarch (*Alex.* 8, 4, 667D) überliefert ist: „Idem (sc. Alexander) Aristotelem, cui puer formandus fuerat traditus, summa veneratione prosequebatur, dicens se illi non minus quam patri debere, quod a patre viuendi, a praeceptore bene viuendi initium accepisset". (*Apophth.* IV, 77, Alexander 42, *ASD* IV, 4, S. 304; *CWE* 38, S. 360; die entscheidende Gegenüberstellung bei Plut. *Alex.* 8, 4 lautet auf Griech.: ὡς δι' ἐκεῖνον μὲν ζῶν, διὰ τοῦτον δὲ καλῶς ζῶν … ἔσχεν). Vgl. auch Komm. in *CWE* 38, S. 825. Die Gnome, mit der Zuschreibung an Isokrates, findet sich z. B. in Theon. *Progymn.* S. 27, mit der Zuschreibung an Alexander d.Gr. z.B. in *Gnom. Vat.* 87 Sternbach.

236 *Cuidam … esset* Wörtliche Wiedergabe von Diog. Laert. V, 19: πρὸς τὸν καυχώμενον ὡς ἀπὸ μεγάλης πόλεως εἴη, „οὐ τοῦτο", ἔφη, „δεῖ σκοπεῖν, ἀλλ' ὅστις μεγάλης πατρίδος ἄξιός ἐστιν". Aristoteles Frgm. Searby 26 (S. 102 und 180–181). Vgl. die lat. Übers. des Traversari: „Glorianti cuidam, quod magnae esset vrbis ciuis, ‚Noli', inquit, ‚hoc attendere, sed an dignus sis magna et illustri patria, inspice (inspice Traversari: del. Curio)'" (ed. Curio, Basel 1524, S. 159).

Apophth. VII, 239 ist ein Gegenstück zu *Adag.* 2 „Amicitia aequalitas. Amicus alter ipse" (*ASD* II, 1, S. 86), *Collect.* 95 „Est amicus alter ipse" (*ASD* II, 9, S. 80) und zu *Apophth.* VII, 314, einem Ausspruch des Zenon von Kition: „Interrogatus, quis esset amicus, ‚Alter', inquit (sc. Zeno), ‚ego'". Sein Inhalt stellt einen Kerngedanken des antiken (und von der Antike inspirierten) Denkens über Freundschaft dar, nämlich daß der Freund ein Teil des eigenen Selbst bzw. ein „alter ego" sei; der Gedanke war in der Antike Gemeingut, allerdings findet er sich mehrfach gerade bei Aristoteles, u.a. *M. moral.* II, 1211a31–33 τὴν φιλίαν … εἶναι … μίαν ψυχήν; *Eth. Nic.* IX, 8, 1168b7 und 1170b6; *M. moral.* II, 11, 1211a31–1213a24 (ἔστι γὰρ ὁ φίλος ἄλλος αὐτός); *Eth. Eud.* IX, 6, 1240b2–3; vgl. Searby S. 181; in der weiteren Tradition wurde der Gedanke jedoch nicht spezifisch mit Aristoteles verbunden; bereits Aristoteles selbst hat schon *expressis verbis* gesagt, daß es sich um eine sprichwörtliche Weisheit handelt (αἱ παροιμίαι δὲ πᾶσαι ὁμογνωμονοῦσι, οἷον τὸ μία ψυχή; *Eth. Nic.* IX, 8, 1168b7). Die Gnome wurde meist als sprichwörtliche Weisheit weitergeführt, meist auch in anonymisierter Form: vgl. Cic. *Lael.* 80: „(sc. amicus) … est … tamquam alter idem"; 92: „Nam cum amicitiae vis sit in eo, vt vnus quasi animus fiat ex pluribus"; Cic. *Att.* III, 15, 4: „Te quasi me alterum"; Hor. *Carm.* I, 3, 8 Vergil als „animae dimidium meae"; *Carm.* II, 17, 5–9 (Maecenas); Quint. *Decl.* 16, 6 „Amicitia plurimorum corporum vnus animus": Philarg. *ad Verg. Ecl.* 3, 90 („vt aiunt"); Ambrosius, *De spiritu sancto* II, 13, 154: „Vnde quidam interrogatus, quid amicus esset, ‚alter', inquit, ‚ego'"; ders. *Off.* I, 33, 173 und III, 22, 133 („vt vnum velis fieri ex duobus"); Petrarca, *Familiarium rerum* XVIII, 8, 2: „Atqui vetus est verbum ‚amicus alter ego', de quo eleganter Cicero ..."; Otto III; Walther 960a „Amicus est tamquam alter ego"; 848a „Alter ego est amicus: cuncta mecum habet communia"; 844: „Alter ego nisi sis, non es mihi verus amicus;/ Ni mi sis vt ego, non eris alter ego". Er. gründet sein *Adag.* 2 „Amicitia aequalitas. Amicus alter ipse" (*ASD* II, 1, S. 86) v.a. auf Aristoteles, *M. moral*. II, 1211a31–33 τὴν φιλίαν ... εἶναι ... μίαν ψυχήν; *Eth. Nic.* IX, 8, 1168b7 und 1170b6; *M. moral*. II, 11, 1211a31–1213a24 (ἔστι γάρ ὁ φίλος ἄλλος αὐτός) und *Eth. Eud.* IX, 6, 1240b2–3.

239 *Rogatus ... corporibus* Diog. Laert. V, 20. Er. gab die lat. Übers. des Traversari wieder: „Rogatus, quid sit amicus, ‚Vna', inquit, ‚anima in duobus corporibus habitans'" (ed. Curio, Basel 1524, S. 159). Vgl. den griech. Text: ἐρωτηθεὶς τί ἐστι φίλος, ἔφη, „μία ψυχὴ δύο σώμασιν ἐνοικοῦσα". Aristoteles Frgm. Searby 27 (S. 102 und 180–181). Die Gnome findet sich auch in Arsen. *Violet*., S. 121 und *Gnom. Vat.* 137 Sternbach mit der Zuschreibung an Aristoteles; anonymisiert bei Porphyrio *ad Hor. Carm.* I, 3, 8: „serues animae dimidium meae] suauiter hoc dictum secundum illam amicitiae definitionem, qua philosophi vtuntur: μία ψυχὴ ἐν δυοῖν" und *ad Carm.* II, 17, 5: „a, te meae si partem animae rapit] sensus conceptus est ex illa amicitiae definitione, quae dicit amicitiam animam vnam esse in duobus corporibus"; In Cic. *Off*. I, 56 („efficiturque id, quod Pythagoras vult in amicitia, vt vnus [sc. animus] fiat ex pluribus"), in den Persius-Scholien *ad Pers.* 5, 22, Porphyrios *Vit. Pyth.* 33 und in Hier. *Adv. Ruf*. III, 39, *CCSL* 79, S. 109 („Pythagorica adagia") wurde sie Pythagoras, in Stob. II, 33, 10 dem Diogenes von Sinope zugeschrieben (= Giannantoni SSR V B 416); Enea Silvio Piccolomini teilte die Gnome irrtümlich Aristophanes zu, den er wohl mit Aristoteles verwechselte, vgl. *Euryalus* 695: „Iam non erant spiritus duo, sed, quemadmodum putat Aristophanes, vnius animae duo corpora facta erant". Er. hatte – auf der Grundlage des anonym überlieferten Spruches bei Porphyrio in *ad Hor. Carm.* I, 3, 8 (μία ψυχὴ ἐν δυοῖν), *ad Carm.* II, 17, 5 („animam vnam esse in duobus corporibus") und Hier. *Adv. Ruf*. III, 39, *CCSL* 79, S. 109 – sein Sprichwort *Collect*. 95 „Est amicus alter ipse. [*B*] Ἕτερος αὐτός" gebildet: „... Dicunt Graeci vnam esse animam duorum corporum, [*B*] μία ψυχὴ" (*ASD* II, 9, S. 80).

Apophth.VII, 239 ist ein Gegenstück zu VI, 458, ein Spruch des Kithara-Spielers Stratonikos, der die Rhodier tadelte („Idem quum Rhodi ageret, taxans eius gentis luxum deliasque, dicebat illos aedificare perinde, quasi essent immortales, obsonare, quasi breue tempus victuros. Auidius enim fruimur his, quae breui scimus auferenda") und zu VII, 361, ein Apophthegma des sizilianischen Philosophen Empedokles, der das Verhalten der Agrigentiner aufs Korn nahm („Quum videret ciues suos deliciis deditos, sumptuose tamen aedificare, dixit: ‚Agrigentini sic indulgent voluptatibus, quasi postridie morituri; sic aedificant, quasi semper victuri'"). Nach Searby, S. 182–183 fügt sich der Spruch gut in Aristoteles Denken, z. B. über Ökonomie; das mag sein, jedoch handelt es sich um eine sehr allgemeine Sprichwortweisheit, die nicht mit einem bestimmten Spruchspender verbunden ist, wie u. a. aus *Apophth*. VI, 458 und VII, 361 hervorgeht.

241–242 *Aiebat ... morituri* Diog. Laert. V, 20: τῶν ἀνθρώπων ἔλεγε τοὺς μὲν οὕτω φείδεσθαι ὡς ἀεὶ ζησομένους, τοὺς δὲ οὕτως ἀναλίσκειν ὡς αὐτίκα τεθνηξομένους. Aristoteles Frgm. Searby 28 (S. 103 und 182–183). Er. ließ sich in seiner Übers. auch von jener Traversaris/Curios anregen, änderte sie aber ab: „Homines plerosque dicebat ita esse parcos, ac si semper victuri essent (victuri essent *Curio*: victuros *Traversari*); alios tam prodigos, ac si continuo morituri (morituri *Curio*: morituros *Traversari*)" (ed. Curio, Basel 1524, S. 159).

VII, 241   Caeci percontatio   (Aristoteles, 22)

Percontanti, qui fieret, vt cum formosis diutius ac lubentius confabulemur, *respondit eam percontationem esse caeci*. Caecus enim non sentit formae illecebram, nihilo magis quam colorum gratiam.

VII, 242   Virtvs non cogitvr   (Aristoteles, 23)

Percontanti, quid lucri cepisset ex philosophia, „Vt ea", inquit, „nullo imperante faciam, *quae* vulgus *facit metu legum*". Idiota a furto abstinet, quia lex minatur poenam: philosophus abstinet, quia per se turpe est, etiamsi liceat impune.

VII, 243   (Aristoteles, 24)

Interrogatus, quo pacto fieret, vt discipuli quamplurimum proficerent, „Si", inquit, „praecedentes gnauiter insequantur, sequentes non morentur".

VII, 244   Salse in garrvlvm   (Aristoteles, 25)

Quum *garrulus quispiam, vbi multa nugatus esset* apud Aristotelem, tandem *dixisset* ‚Fortassis obstrepo tibi nugis meis?', „Non Hercle", inquit, „Neque enim aduerti animum".

---

243 Caeci percontatio *scripsi (cf. reg. 247* percontationem … caeci*)*: Caeca percontatio *B C*.

Apophth. VII, 241 ist ein Gegenstück zu *Adag*. 3680 „Quod pulchrum, idem amicum" (*ASD* II, 8, S. 116), wo Er. dasselbe Apophthegma des Aristoteles zitiert: „[H] *Quod pulchrum, idem amicum* … Ac propemodum apparet iuxta vetus prouerbium quod pulchrum est amicum esse. Qui commodi gratia amat, non amat vere, sed quod pulchrum est, per se amatur. Vnde Aristoteles percontanti, qui fieret vt libentius colloqueremur cum formosis quam cum deformibus, respondit eam percontationem esse caecorum. Nihil autem virtute pulchrius eoque nec amabilius quicquam".

244–245 *Percontanti … caeci* Wörtliche Übers. von Diog. Laert. V, 20: πρὸς τὸν πυθόμενον διὰ τί τοῖς καλοῖς πολὺν χρόνον ὁμιλοῦμεν, „τυφλοῦ", ἔφη, „τὸ ἐρώτημα". Aristoteles Frgm. Searby 29 (S. 102 und 183). Vgl. die Übertragung Traversaris: „Percontanti, cur honesta forma praestantibus diutius congredimur, ‚Caeci', inquit ‚huiusce interrogatio est'" (ed. Curio, Basel 1524, S. 159).

248–249 *Percontanti … legum* Diog. Laert. V, 20: ἐρωτηθεὶς τί ποτ' αὐτῷ περιγέγονεν ἐκ φιλοσοφίας, ἔφη, „τὸ ἀνεπιτάκτως ποιεῖν ἅ τινες διὰ τὸν ἀπὸ τῶν νόμων φόβον ποιοῦσιν". Aristoteles Frgm. Searby 30 (S. 103 und 184–185). Vgl. die lat. Übers. Traversaris: „Rogatus, quid ex philosophia lucratus fuisset, ‚Hoc', inquit, ‚vt iniussus ea faciam, quae plerique per legum metum faciant (faciant *Curio*: operantur *Traversari*)'" (ed. Curio, Basel 1524, S. 159). Das Apophthegma war bereits von Brusoni in seine Sammlung d.J. 1518 aufgenommen worden, wobei er wörtlich die Übers. Traversaris wiedergab (III, 31). Die Gnome findet sich auch in Arsen. *Violet*., S. 121, mit der Zuschreibung an Aristoteles, und in *Gnom. Vat.* 417 Sternbach mit der Zuschreibung an Xenokrates (vgl. Giannantoni *SSR* IV A 105), sowie andernorts anonymisiert (vgl. Searby S. 184).

248 *quid … ex philosophia* Die Frage nach dem Nutzen der Philosophie wurde antiken Philosophen immer wieder gestellt und sie ist auch

häufig Gegenstand von Sprüchen, die u.a. Diogenes Laertius oder Plutarch sammelten. In Er.' *Apophthegmata* vgl. III, 107 (Aristippos: Die Philosophie hat ihn gelehrt, zu Leuten, die er sich selbst aussucht, frei und offen zu reden, nach Diog. Laert. II, 68); V, 79 (Dionysios II. von Syrakus: Die Philosophie hat ihn gelehrt, die Wechselfälle von Glück und Unglück leichter zu ertragen); VII, 62 (Antisthenes: Die Philosophie hat ihn gelehrt, mit sich selbst zu reden); VII, 267 (der Kyniker Krates: Die Philosophie hat ihn gelehrt, sich mit einer Portion Lupinienkörner zufrieden zu geben und sich weiter um nichts zu kümmern).

Apophth. VII, 243 fehlt in den Basler Drucken eine Titelbeischrift; Lycosthenes ordnete es dem *titulus* „De discipulo docili" (S. 249) zu.

252–253 *Interrogatus … morentur* Variierende Wiedergabe von Diog. Laert. V, 20, wobei Er. Traversaris Übers. als Textvorlage benutzte: „Interrogatus, quo pacto discipuli egregie proficerent, ‚Si excellentiores', ait, ‚prosequentes tardiores non morentur'" (ed. Curio, Basel 1524, S. 159); vgl. den griech. Text: ἐρωτηθεὶς πῶς ἂν προκόπτοιεν οἱ μαθηταί, ἔφη, „ἐὰν τοὺς προέχοντας διώκοντες τοὺς ὑστεροῦντας μὴ ἀναμένωσι". Aristoteles Frgm. Searby 31 (S. 103 und 186). Derselbe Spruch findet sich in Arsen. *Violet*., S. 121. Bereits Brusoni hatte das Apophthegma in seine Sammlung d.J. 1518 aufgenommen, wobei er, mit einer Verbesserung, Traversaris Übers. druckte (II, 23).

253 *sequentes non morentur* „sequentes non morentur", „und die Nachfolgenden nicht aufhalten" gibt den Sinn von ὑστεροῦντας μὴ ἀναμένωσι nicht richtig wieder. Gemeint ist, daß die Schüler den besseren nacheifern (nachlaufen) sollen, ohne auf die schlechteren (die hinter ihnen zurückbleibenden) zu warten; vgl. auch Hicks a.a.O.: „waiting for those behind", Searby S. 186: „waiting up for the laggers behind"; für ἀναμένω vgl. Passow I, 1, S. 184, s.v.; „morari" mit Akkusativobjekt hat diesen Sinn nicht, sondern „aufhalten, zurückhalten, behindern", vgl. *DNG* II, Sp. 3153, s.v. „moror", Nr. II. Der Fehler geht darauf zurück, daß Er. die inkorrekte Übers. Traversaris übernahm (a.a.O.); Brusoni hingegen hatte den Fehler erkannt und verbessert: Er ersetzte „morentur" durch „attendant" (II, 23).

254 *Salse in garrulum* Der Ausspruch wurde von Lycosthenes den Kapiteln „De attentione" (S. 95) und „De lingua, garrulitate et loquacitate nimia" (S. 623) zugeordnet.

255–257 *Garrulus … animum* Diog. Laert. V, 20, wobei Er. die Übers. Traversaris/Curios als Textvorlage benutzte, die er im einleitenden Teil korrigierte und variierte, im Spruchteil wörtlich wiedergab: „Loquaci homini, quum illum improbe probris multis obtudisset, dicenti ‚Num te satis obtudi?', ‚Hercle (Hercules *Traversari, e.g. ed. Ven. 1490*)', inquit, ‚Non tibi animum aduerti (aduerti *Curio*: intendi *Traversari*)'" (ed. Curio, Basel 1524, S. 159).: πρὸς τὸν εἰπόντα ἀδολέσχην, ἐπειδὴ αὐτοῦ πολλὰ κατήντλησε, „μήτι σου κατεφλυάρησα;" „μὰ Δί'", εἶπεν „οὐ γάρ σοι προσεῖχον". Aristoteles Frgm. Searby 32a (S. 104 und 186–187). Derselbe Spruch findet sich in Plut. *De garrulitate 2, Mor*. 503B: ἑτέρῳ δέ τινι τοιούτῳ μετὰ πολλοὺς λόγους εἰπόντι, „κατηδολέσχηκά σου, φιλόσοφε"· „μὰ Δί'", εἶπεν, „οὐ γὰρ προσεῖχον". Die Anekdote war bereits von Brusoni in seine Sammlung d.J. 1518 aufgenommen worden: „Aristoteles cum quendam vana loquacitate praeter modum garrientem aliquandiu audiuisset, demum aliud cogitans, eodem mansit loco. Verum finita oratione cum is, qui peroraret, eum interrogasset, num haec placuisset, quae dixisset, ‚Hercule', inquit, ‚tibi animum non intendi'" (III, 25).

255 *vbi multa nugatus esset* Mit „vbi multa nugatus esset" korrigiert Er. Traversaris Fehlübersetzung, der πολλὰ κατήντλησε als Schelte, Beschimpfungen („probris multis") auffasste: Statt Beschimpfungen ist inhalts- und sinnloses Geschwätz gemeint.

VII, 245   BENIGNITAS   (Aristoteles, 26)
                    (Dublette zu VII, 224)

*Reprehensus, quod munus dedisset improbo, „Non homini dedi", inquit, „sed humanae
sorti". Hoc superius aliis verbis commemoratum est.*

VII, 246   (Aristoteles, 27)

*Rogatus, quomodo amici essent tractandi, „Quomodo", inquit, „nos ab illis tractari
cuperemus".*

VII, 247   (Aristoteles, 28)

Eruditionem dicebat optimum esse viaticum ad senectutem. Nam caetera senem aut
destituunt aut grauant etiam.

VII, 248   AMICVS RARA RES   (Aristoteles, 29)

Illud *frequenter habebat in ore,* „ὦ φίλοι, οὐδεὶς φίλος", sentiens multos esse *amicos
nomine*, paucissimos aut nullos re.

VII, 249   MODESTIA   (Aristoteles, 30)

Admonebat neminem *de se debere praedicare* vel in *laudem* vel in *vituperationem*, quod
illud *esset* hominis *vani* et inanis, alterum *stulti* ac vecordis.

Apophth. VII, 244 stellt eine Dublette von VII, 224 mit dem ähnlichen Titel „Benignitas in quosuis" dar: „Increpanti, quod homini malo dedisset eleemosynam, ‚Non mores', inquit, ‚sed hominem commiseratus sum'. Etiam improbis in necessitate succurrit vir bonus. Debetur enim hoc officium, si non meritis, illius, qui iuuatur, certe naturae. Et bonus fieri potest, qui malus est". Der Spruch des Aristoteles scheint authentisch zu sein, vgl. Searbys Komm. zu Aristoteles Frgm. 12a und b Searby (S. 158–159); für den Stellenwert des Spruches in Aristoteles' Gedankengut und Werk vgl. ebd. S. 159.

259–260 *Reprehensus ... sorti* Diog. Laert V, 21: πρὸς τὸν αἰτιασάμενον ὡς εἴη μὴ ἀγαθῷ ἔρανον δεδωκώς – φέρεται γὰρ καὶ οὕτως – „οὐ τῷ ἀνθρώπῳ", φησίν, „ἔδωκα, ἀλλὰ τῷ ἀνθρωπίνῳ". Aristoteles Frgm. 12b Searby (S. 99). Der Spruch findet sich auch in Stob. III, 37, 31; *Gnom. Vat.* 139 Sternbach und Arsen. *Violet.*, S. 120. Vgl. die Übers. Traversaris: „Causanti, quur stipem non bono homini dedisset (nam et ita contigisse ferunt) [nam et ita contigisse ferunt *Curio*: fertur enim sic *Traversari*], ‚Non', inquit, ‚homini dedi, sed humanitati'". Das Apophthegma findet sich bereits in Brusonis Sammlung d.J. 1518: „Aristoteles ... insimulatus, quod stipem petenti non bono animo dedisset, ‚Non homini', inquit, ‚dedi, sed humanitati'" (I, 21); Ermolao Barbaro (1454–1493) stellte es an den Anfang eines Briefes an Kardinal Francesco Piccolomini, publiziert in Angelo Poliziano, *Epistolarum lib. XII* (*Omnia Angeli Politiani opera*, ed. Bade-Petit, Paris 1512, fol. LXXXVI): „Interrogatus Aristoteles, quamobrem argento indignum quendam et improbum donasset, respondit eam se pecuniam non personae, sed homini credidisse. Si tu quoque hoc exemplo erga me liberalis esse voluisti ...".

262–263 *Rogatus ... cuperemus* Diog. Laert. V, 21: ἐρωτηθεὶς πῶς ἂν τοῖς φίλοις προσφεροίμεθα, ἔφη, „ὡς ἂν εὐξαίμεθα αὐτοὺς ἡμῖν προσφέρεσθαι". Aristoteles Frgm. 33 Searby (S. 104 und 187–188). Vgl. die lat. Übers. Traversaris: „Rogatus, erga amicos quales esse debeamus, ‚Quales', inquit, ‚eos erga nos esse optamus'" (ed. Curio, Basel 1524, S. 159).

Apophth. VII, 247 bildet ein Gegenstück zu VII, 59, einem Spruch des Antisthenes mit dem Titel „Bona animi": „Admonebat (sc. Antisthenes) *ea esse paranda viatica, quae simul cum naufrago enatarent*, sentiens bonas artes vbique esse in precio nec posse a fortuna eripi". Vgl. auch *Apophth.* III, 162: „Vera bona animi" (Aristippos). Das *Apophth.* VII, 247 weist in den Basler Ausgaben keinen eigenen Titel auf, wobei sich dieser auch nicht aus dem vorhergehenden Lemma ableiten lässt. Mögliche Titel wären, nach Analogie zu *Apophth.* VII, 235 (und 236), „Eruditio" oder „Eruditio viaticum optimum".

265 *Eruditionem … senectutem* Wörtliche Wiedergabe von Traversaris Übers. von Diog. Laert. V, 21: „Disciplinam optimum esse dicebat viaticum ad senectutem" (ed. Curio, Basel 1524, S. 159). Vgl. den griech. Text: κάλλιστον ἐφόδιον τῷ γήρᾳ τὴν παιδείαν ἔλεγε. Aristoteles Frgm. 35 Searby (S. 104 und 189). Stob. II, 31, 100 schreibt den nämlichen Spruch dem Weisen Bias von Priene zu, Caec. Balb., S. 20 dem Pythagoras.

268 *frequenter … φίλος* Diog. Laert. V, 21: φησὶ δὲ Φαβωρῖνος ἐν τῷ δευτέρῳ τῶν Ἀπομνημονευμάτων ὡς ἑκάστοτε λέγοι, „ᾧ ⟨πόλλοι⟩ φίλοι (ὦ φίλοι codd., ed. Frob.: ᾧ φίλοι correxit Casaubonus: πόλλοι suppleuit Markovich), οὐδεὶς φίλος": ἀλλὰ καὶ ἐν τῷ ἑβδόμῳ τῶν Ἠθικῶν ἐστι. Aristoteles Frgm. 36 Searby (S. 104 und 189–190); Favorinus Frgm. 10 Mensching; Aristot. *Eth. Eud.* VII, 1245b20: οὐδεὶς φίλος, ᾧ πόλλοι φίλοι. Vgl. die Übers. des Traversari: „Refert Phavorinus in secundo Commentariorum illum (sc. Aristotelem) crebro dicere solitum ‚O amici, amicus nemo'" (ed. Curio, Basel 1524, S. 159–160). Vgl. Er. *Adag.* 217 „Amico amicus" (*ASD* II, 1, S. 332): „[F] Aristoteles apud Laertium crebro solitus est dicere ὦ (ὦ *F-I*: ᾧ *van Poll-van de Lisdonk*) φίλοι, φίλος οὐδείς, significans veram amicitiam interisse inter mortales" (= Zusatz zur Ausg. d.J. 1526).

268 ὦ φίλοι, οὐδεὶς φίλος Er. übertrug den griechischen Spruch aus der von ihm benutzten Diogenes-Laertius-Handschrift; er scheint in demselben Wortlaut in Frobens Diogenes-Laertius-Ausgabe auf (S. 223); derselbe Wortlaut war auch in der Handschrift vorhanden, die Traversari seiner Übers. zugrundegelegt hatte („‚O amici, amicus nemo'"). Der Text des Diogenes Laertius ist jedoch an dieser Stelle in zweifacher Hinsicht verderbt: Zunächst ist nicht ὦ zu lesen, sondern ᾧ. Nach dieser notwendigen Korrektur, die erst Casaubonus einbrachte, bedeutet der Text nicht mehr „O Freunde, es gibt keinen Freund", sondern „Wer Freunde hat, hat eigentlich keinen Freund"; dies geht zwar eher in die Richtung des von Aristoteles Gemeinten, weicht aber aufgrund einer Textlücke noch immer von demselben ab. Da es sich um ein Zitat handelt (*Eth. Eud.* VII, 12, 1245b20; *Eth. Nic.* IX, 10, 1171a15–17), lässt sich der richtige Text feststellen: „ᾧ ⟨πόλλοι⟩ φίλοι οὐδεὶς φίλος" (vgl. ed. Marcovich). Der Ausspruch bedeutet somit: „Wer viele Freunde hat, hat im Grunde keinen Freund". Diesen Spruch bezog Diog. Laert. nicht aus dem Werk des Aristoteles selbst, sondern aus Favorinus' *Memorabilia*, wie er auch im Text verzeichnet (Favorinus Frgm. 10 Mensching). Er verschweigt hingegen den Hinweis auf Favorinus. Obwohl sich die Gnome in Aristoteles' Werk nachweisen lässt, ist sie im Freundschaftsdenken der Antike Gemeingut. Er. bastelte aus ihm *Adag.* 2537 „Neque nulli sis amicus neque multis" (*ASD* II, 6, S. 364). Vgl. Otto 93.

268–269 *sentiens multos … re* Obwohl Er. einen verderbten Text vor sich hatte, deutete er den Spruch des Aristoteles instinktiv fast richtig. I.J. 1526 hatte er den Ausspruch noch aus einer zeitpessimistischen Perspektive erklärt, als Klage des Aristoteles, daß es zu seiner Zeit keinen Freund mehr gegeben habe: „significans veram amicitiam interisse inter mortales" (*Adag.* 217, *ASD* II, 1, S. 332).

268–269 *Amicos … re* Vgl. Publil. Syrus 42: „Amicum an nomen habeas, aperit calamitas"; Eurip. *Orest.* 454; Otto 92.

270 *Modestia* Lycosthenes druckte das *Apophth.* VII, 249 in den Kategorien „De modeste dictis" (S. 714), „De iactantia" (S. 473), „De laude a se ipso profecta" (S. 560) und „De sapienter dictis" (S. 969), bei Val. Max. findet es sich exklusiv in der letzten Kategorie, bei Brusoni (1518) im Kapitel „De iactantia et ostentantia" (III, 21).

271–272 *De se … stulti* Val. Max. VII, 2 ext., 11: „Idem Aristoteles de semet ipsos in neutram partem loqui debere praedicabat, quoniam laudare se vani, vituperare stulti esset". Caec. Balb., S. 64. Searby, S. 129 (*Dicta varia ex gnomologiis latinis collecta*, Nr. 10). Bereits Brusoni hatte das Apophthegma in seine Sammlung d.J. 1518 aufgenommen: „Aristoteles admonebat de seipsis loqui homines in vtramque par-

VII, 250   Volvptas   (Aristoteles, 30, i.e. 31)

Idem admonebat, vt *voluptates* contemplemur non venientes, sed *abeuntes*, hoc est, non a fronte, sed a tergo. Venientes enim fucata specie blandiuntur, *abeuntes* autem *poenitentiam* ac dolorem relinquunt.

[Imperiti   (Aristoteles, 31, i.e. Ariston Chius, 1)

Dicebat [i.e. Ariston] *athletas, qui a libris arcentur omnemque vitam in cauillis scurrilibusque iocis transigunt, similes euadere gymnasiorum statuis, nempe pingues et saxeo*s.]

277–279 Imperiti ... saxeos *transposui ex eo loco inepto quod dictum est Aristonis, non Aristotelis ad eius sectionem (VII, 330C).*

tem: quoniam laudare se vani, vituperare stulti est" (III, 21), ebenso in dem Walter Burley zugeschriebenen *Liber de vita et moribus philosophorum* (vgl. Searby a.a.O.). In abgewandelter Form, wohl über die *Disticha Catonis*, fand der Spruch Eingang in die mittelalterlichen Spruchsammlungen, in dem Sinn, daß auch Selbsttadel eine Abart des Selbstlobes sei („Nec te collaudes nec te culpaueris ipse:/ Hoc faciunt stulti, quos gloria vexat inanis", Cato, *Dist.* II, 16; Boas 117), z.B. Walther 16264; 16439 („Nemo sibi culpam vel laudem conferat unquam:/ Conuenit hoc vanis, quos gloria vexat inanis"); 18555b; 11933: Er., der die *Disticha Catonis* 1523 herausgab, jedoch ihre Zuschreibung an Cato bezweifelte, kommentierte II, 16 wie folgt: „Te ipsum nec vitupercs nec laudes: vtrumque enim videtur adfectantis inanem gloriam. Nam et, qui se vituperat, ob id facere videtur, vt refelletur ab aliis, et diuersa audiat".

274 *voluptates ... abeuntes* Val. Max. VII, 2 ext., 11: „Eiusdem est vtilissimum praeceptum, vt voluptates abeuntes consideremus. Quas quidem sic ostendendo minuit. Fessis enim paenitentiaeque (poenitentiaeque *ed. Badius, Paris 1510, fol. CCLXXXIʳ*) plenis (plenas *ed. Badius, Paris 1510*) animis nostris subicit, quo minus cupide repetantur". Caec. Balb. S. 64. Searby S. 129 (*Dicta varia ex gnomologiis Latinis collecta*, Nr. 11).

275–276 *Venientes enim ... relinquunt* Vgl. die Erklärung des Badius Ascensius zu dem Apophthegma in Val. Max. VII, 2 *ext.*, 11: „... dicebat (sc. Aristoteles) in voluptate tunc fines diligenter considerandos, vt cum turpissimos amarissimosque nouerimus, non eas tantopere expectemus. Sunt enim voluptatum fines amaritudine poenitentiaque referti".

277 *Dicebat* Er. schreibt diesen Ausspruch hier überraschenderweise Aristoteles zu, während aus der Quelle, Plut. *De tuenda sanitate praecepta* 20, *Mor.* 133D, klar hervorgeht, daß es sich um einen gewissen Ariston handle. Die Fehlzuschreibung ist merkwürdig, da Er. die Stelle gut kannte und den griech. Text auch selbst (i.J. 1513) übersetzt hatte. In seiner Plutarch-Übers. gibt Er. selbst an, daß der Apophthegma-Spender Ariston sei: „quemadmodum venuste dictum est ab Aristone" (*ASD* IV, 2, S. 206). Bei dem von Plutarch genannten Ariston muß es sich um einen Philosophen dieses Namens handeln. Nach Koster gehört der Ausspruch „wahrscheinlich" dem Peripatetiker Ariston von Keos (3./2. Jh. v. Chr.) zu (*ASD* IV, 2, S. 207, Komm. zum a.O.; für Ariston von Keos vgl. R. Sharples, *DNP* 1 [1999], Sp. 116, s.v. „Ariston", Nr. 3). Es handelt sich jedoch um den Stoiker **Ariston von Chios** (geb. ca. 300 v. Chr.), den Schüler, Freund und Rivalen des Zenon von Kition, welchen Plutarch ziemlich häufig zitiert und der für seine drastischen Vergleiche bekannt war. Siehe J. von Arnim, *SVF* I, S. 88, Ariston, Nr. 389. Für Plutarchs Verwendung von Ariston vgl. R. Heinze, „Ariston von Chios bei Plutarch und Horaz", *Rheinisches Museum für Philologie* 45 (1890), S. 497–523. Für Ariston von Chios vgl. Diog. Laert. VII, 160–163; K.-H. Hülser, *DNP* 1 (1999), Sp. 1117, s.v. „Ariston", Nr. 7; Ch. Guérard und F. Queyrel, „Ariston de Chios", in: R. Goulet (Hrsg.),

Dictionnaire des philosophes antiques, Bd. 1, Paris 1989, S. 400–404; A.M. Ippolo, *Aristone di Chio e lo Stoicismo antico*, Neapel 1980. In Er.' *Apophthegmata* tritt der nämliche Ariston von Chios mehrere Male als Spender von Sprüchen auf, vgl. III, 152; VI, 560 und VIII, 101–102. Weiter figuriert er in VII, 301, VII, 336 und VII, 353. *Apophth.* III, 152 gibt einen zynischen Ausspruch des Ariston von Chios wieder, der Gebildete kritisiert, die vergessen, sich mit der Philosophie auseinanderzusetzen: „Simile quiddam dixisse fertur et Aristo de Vlysse, qui quum descendisset ad inferos, ait illum cum omnibus fere manibus fuisse colloquuturum, quum ipsam reginam ne videre quidem potuerit" (*ASD* IV, 4, S. 232; *CWE* 37, S. 267). Andere Aussprüche des Ariston von Chios überliefert Er. in *Apophth.* VIII, 101–102, wo Ariston dialektische Gedankenverbindungen mit Spinnenweben bzw. mit Unrat vergleicht.

277 *Imperiti* Der Ausspruch ist somit aus der Aristoteles-Sektion auszugliedern; er wird an dieser Stelle gedruckt, sodaß der historische Textzustand sichtbar bleibt, in athetierter Form. Wie unten in Komm. zu 330C dargelegt, ist der Fehler kurios. Er. müsste bekannt gewesen sein, daß der richtige Apophthegma-Spender nicht Aristoteles, sonder Ariston von Chios ist. Die richtige Stelle für den Spruch in den *Apophthegmata* wäre die Sektion der Stoiker VII, 293–355 (Zenon von Kition, Kleanthes von Soloi, Sphairos von Borysthenes und Chrysippos von Soloi), in der Er. der Anordnung des Diog. Laert. folgte. Dieser behandelt Ariston (VII, 160–164) nach dem Schulgründer Zenon (VII, 1–160). Damit wäre der angewiesene Ort für das Ariston-Apophthegma unmittelbar nach der Zeno-Sektion. Dort wird das Ariston-Apophthegma eingeordnet, jedoch so, daß die Zählung erhalten bleibt (als VII, 330C).

278–279 *Athletas ... saxeos* Plut. *De tuenda sanitate praecepta* 20, *Mor.* 133D. Er. wiederholt größtenteils seine eigene Übers., die er i.J. 1513 herausgebracht hatte: „... admonebimus eos, ne quid obturbent neue molesti sint, verum abeant ipsi potius eademque ista narrent athletis in xysto siue in palaestra versantibus, quos, dum a libris arcent omnemque vitam in cauillis ac scurrilibus iocis peragere consuefaciunt, gymnasiorum columnis similes reddunt, nempe pingues ac saxeos (saxeos *scribendum*: saxios *ASD* IV, 2), quemadmodum venuste dictum est ab Aristone" (*ASD* IV, 2, S. 206).

280 VII, 251   CIVILITER   (Aristoteles, 32)

Quum *iam natus annos fere sexaginta duos* adeo laboraret, vt admodum *tenuis vitae spes* superesset, conuenerunt *ad* illum discipuli rogantes, *vt* ex ipsis aliquem *deligeret*, qui in *locum eius succederet.* Inter auditores *erant duo praecipui, Theophrastus Lesbius et Menedemus Rhodius. Aristoteles respondit* se, *quod* petebatur, *facturum*, vbi dare‑
285 tur opportunitas. Paulo post, *quum* rursus ad eum eadem de causa conuenissent, dixit *vinum, quod biberet*, sibi parum esse commodum, *ac quaeri* iussit *exoticum vel Rhodium vel Lesbium. Id* simul atque *curatum* est, *gustato Rhodio dixit*: „Firmum hercle vinum et iucundum". Mox gustato Lesbio, „Vtrunque", inquit, „egregie *bonum, sed Lesbium suauius est". Id vbi dixit, nulli dubium fuit, quin lepide simul et verecunde suc‑
290 cessorem sibi* ea *voce, non vinum delegisset.* Probauit vtrunque nec tamen auditoribus eligendi ius ademit. Sed Graecus sermo plusculum habet ciuilitatis, quod οἶνος, id est, „vinum", apud Graecos sit generis masculini, vt haec vox, ὁ λέσβιος ἡδίων, possit et ad personam accommodari.

284 Menedemus *B C ut in Gellii edd. vett.*: Eudemus *Gell. text. recept.*

Apophth. VII, 251 datiert auf die Zeit kurz vor Aristoteles' Tod i.J. 322 v. Chr. Der Titel „Ciuiliter" veranlasste Lycosthenes, die Anekdote in die Kategorie „De ciuilitate" aufzunehmen (S. 146–148), wo es an dritter Stelle rangiert (S. 147). Nach Lycosthenes' Ansicht war die Zuordnung jedoch im Text des Apophthegmas nicht leicht ersichtlich. Aus diesem Grunde änderte er Er.' Text „lepide simul et verecunde" zu „ciuiliter".

281–290 *Iam natus … delegisset* Gekürzte, teilweise paraphrasierende, teilweise wörtliche Wiedergabe von Gell. XIII, 5, 1–12: „Aristoteles philosophus annos iam fere natus duo (duos *edd. vett., e.g. ed. Badius, Paris.*) et sexaginta, corpore aegro adfectoque ac spe vitae (vitae *text. recept.*: vitaque *ed. Badius, Paris.*) tenui fuit. Tunc omnis eius sectatorum cohors ad eum accedit orantes obsecrantesque, vt ipse deligeret loci sui et magisterii successorem, quo post summum eius diem proinde (proinde *text. recept.*: perinde *ed. Badius, Paris.*) vt ipso vterentur ad studia doctrinarum complenda excolendaque, quibus ab eo imbuti fuissent. Erant tunc in eius ludo boni multi, sed praecipui duo, Theophrastus et Menedemus (Eudemus *ed. Hosius, Rolfe; cf. comm. Oiselii in ed. Thysii, Leiden 1666*). Ingenio hi (hi *text. recept.*: ii *ed. Badius, Paris.*) atque doctrinis ceteros (caeteros *edd. vett.*) praestabant; alter ex insula Lesbo fuit, Menedemus (Eudemus *ed. Hosius; cf. comm. Oiselii in ed. Thysii*) autem Rhodo. Aristoteles respondit facturum esse, quod vellent, cum id sibi foret tempestiuum. Postea breui tempore cum idem (iidem *ed. Badius, Paris.*) illi, qui de magistro destinando petierant, praesentes essent, vinum ait, quod tum biberet, non esse id ex valitudine sua, sed insalubre esse atque asperum ac propterea quaeri debere exoticum vel Rhodium aliquod vel Lesbium. Id sibi vtrumque vt curarent, petiuit; vsurumque eo dixit, quod sese magis iuuisset. Eunt, quaerunt (quaerunt *text. recept.*: curant *ed. Thysius 1666*), inueniunt, adferunt. Tum Aristoteles Rhodium petit, degustat: ‚Firmum', inquit, ‚hercle vinum et iucundum'. Petit mox Lesbium. Quo item degustato ‚Vtrumque', inquit, ‚oppido bonum, sed ἡδίων ὁ Λέσβιος'. Id vbi dixit, nemini fuit dubium, quin lepide simul et verecunde successorem illa voce sibi, non vinum delegisset. Is erat e Lesbo Theophrastus, suauitate homo (homo suauitate *ed. Badius, Paris.*) insigni linguae pariter atque vitae. Itaque non diu post Aristotele vita defuncto ad Theophrastum omnes concesserunt".

283 *Theophrastus Lesbius* Theophrastos (ca. 372/0–288/6 v. Chr.), der Nachfolger des Aristoteles als Schulhaupt des Peripatos (von 322–288/6 v. Chr.), stammte aus Eresos auf der Insel Lesbos. Zu seiner Person vgl. Komm. unten zu *Apophth.* VII, 252.

284 *Menedemus* Nach Fiehn, *RE* XV, 1 gab es einen aus Rhodos stammenden Schüler des Aristoteles mit dem Namen Menedemos. Vgl. K. Fiehn, *RE* XV, 1 (1931), Sp. 794, s.v. „Menedemos", Nr. 10. Da sich dieser Menedemos jedoch auf keinem Gebiet sonderlich hervorgetan hat, ist es nicht glaublich, daß er als künftiges Schulhaupt des Peripatos in Frage kam. Es scheint, daß hier ein Irrtum vorliegt. Der auf der Hand liegende zweite Kandidat für die Schulleitung neben Theophrastos war klar **Eudemos aus Rhodos** (geb. vor 350 v. Chr.), der nicht nur ein sehr beachtliches Oeuvre an philosophischen Schriften hinterlassen hat, sondern neben Theophrastos der einzige Aristoteles-Schüler war, der das Erbe seines Lehrmeisters in seiner ganzen Breite und Tiefe weiterverwaltete. Nachdem Eudemos nicht zum Schulhaupt des Peripatos gewählt worden war, kehrte er in seine Heimatstadt Rhodos zurück, wo er eine eigene, erfolgreiche Philosophenschule eröffnete. Das hohe Ansehen, das Eudemos bei Aristoteles genoss, erhellt u. a. aus der Tatsache, daß ihm dieser seine *Ethica Eudemica* widmete. Zu Eudemos vgl. F. Wehrli, G. Wöhrle und L. Zhmud, „Der Peripatos bis zum Beginn der römischen Kaiserzeit", in: H. Flashar (Hrsg.), *Grundriss der Geschichte der Philosophie. Die Philosophie der Antike.* Band 3: *Ältere Akademie – Aristoteles – Peripatos*, 2. Aufl., Basel 2004, S. 558–564; F. Wehrli, *RE, Supplementband* XI (1968), Sp. 652–658, s.v. „Eudemos von Rhodos"; H. Gottschalk, *DNP* 4 (1999), Sp. 217–219; I. Bodnár – W.W. Fortenbaugh (Hrsg.), *Eudemus of Rhodes*, New Brunswick 2002. In Gell. XIII, 5, 3 haben *Y* und *v.l.* in *T* die Lesart „Eudemus".

THEOPHRASTVS ERESIVS

295   VII, 252   Lingva   (Theophrastus Eresius, 1)

Dicebat potius esse fidendum effreni equo quam verbo incomposito. Nemo non metuit insidere *equo infreni*: at plus est periculi a *lingua effreni*.

Theophrastos (ca. 371/0–287/6 v. Chr.), gehörte zunächst der platonischen Akademie zu, wechselte jedoch in der Folge in die Schule des Aristoteles über; schließlich Nachfolger desselben als Schulhaupt (322–288/6). Theophrastos war sowohl in der Lehre als auch in der Forschung sehr erfolgreich. Während seiner Zeit als Scholarch besuchten insgesamt über 2000 Schüler den Peripatos. Zudem gehörte er zu den fruchtbarsten Schriftstellern der Schule des Aristoteles: Er überblickte das gesamte Spektrum der zahlreichen Gebiete, zu denen sich Aristoteles geäußert hatte: Logik, Metaphysik, Physik, Erkenntnistheorie, Psychologie, Zoologie, Botanik, Ethik, Religion, Politik, Rhetorik, Poetik. Vgl. O. Regenbogen, *RE* S VII (1940), Sp. 1354–1562, s.v. „Theophrastos", Nr. 3; W. Fortenbaugh, R. Harmon, *DNP* 12.1 (2002), Sp. 385–393, s.v. „Theophrastos".

Er. war bekannt, daß Theophrastos eine Sprichwörtersammlung zusammengestellt hatte (vgl. *Adag.*, „Prolegomena", *ASD* II, 1, S. 54; *Paroem. Gr.* I, S. 1–11; Theophrast. *Frgm.* 13) und, wie Aristoteles, immer wieder Sprichwörter in seine Werke eingeflochten hatte: „Aristoteles, serius alioqui philosophus, haudquaquam grauatur suis illis disputationibus paroemias crebras ceu gemmas intertexere. Quem quidem, sicut in caeteris, ita hac quoque in parte Theophrastus est aemulatus" (ebd. S. 56 und 58). Angesichts dieser Tatsache ist die Ausbeute in der dem Theophrastos gewidmeten Sektion in den *Apophthegmata* erstaunlich gering (nur 4); diese Tatsache ist vornehmlich Diog. Laert. geschuldet, der nur drei Sprüche des Theophrastos überlieferte. Einen anderen Ausspruch des Theophrastos hatte Er. bereits oben gebracht: VII, 234 (über körperliche Schönheit, in der Aristoteles gewidmeten Sektion). Es ist dennoch bemerkenswert, daß Er. in der Theophrastos-Sektion nicht das reiche Material auswertete, das er in den *Adagia* zusammengetragen hatte: In *Adag.* 1 (*ASD* II, 1, S. 86) zitiert er Theophrastos als Spender des Ausspruchs: „Si res amicorum communes, maxime conuenit, vt amicorum item amici sint communes" (Theophr. Frgm. 75, Plut. *Mor.* 490E); *Adag.* 44 „Annus producit, non ager" (*ASD* II, 1, S. 161–163) bildete Er. nach einer sprichwörtlichen Weisheit des Theophrastos (*Hist. plant.* VIII, 7, 6); in *Adag.* 187 (*ASD* II, 1, S. 294) zitiert er einen Ausspruch des Theophrastos, der von der Suda als sprichwörtliche Weisheit überliefert worden war („Theophrastus libro De causis plantarum quinto demonstrat et plantarum radicibus vitium accidere, quod ab hominum morbo σφακελισμός appellatur. Adagium recensetur a Suida", Suid. 1206; Theophr. *Caus. plant.* V, 9, 1); *Adag.* 203 „Citra vinum temulentia" (*ASD* II, 1, S. 315) bildete Er. ebenfalls nach einem Apophthegma des Theophrastos („Theophrastus, vt testatur in Symposiacis Plutarchus, … tonstrinas ebrietatem absque vino vocabat", Plut. *Mor.* 716A; Theophr. Frgm. 76 Wimmer; nochmals in *Adag.* 570 „Notum lippis ac tonsoribus", *ASD* II, 2, S 97: „… Quas ob res Theophrastus … *sine vino compotationes*, appellauit, quod illic loquacitate ceu temulenti reddantur homines" und *Adag.* 939, *ASD* II, 2, S. 446), ebenso *Adag.* 487 „Lydius lapis siue Heraclius lapis" (*ASD* II, 1, S. 558: „In eos dicitur, qui vehementer acri exactoque iudicio sunt. Refertur a Theophrasto libro De natura lapidum …", Theophr. *De lapid.* 4). Mehrfach führt ihn Er. als Quelle von Sprichwörtern an, z.B. in *Adag.* 462 (*ASD* II, 1, S. 538), 621 „Etiam chorchorus inter olera" (*ASD* II, 2, S. 146: „Meminit prouerbii Theophrastus libro De plantis septimo, capite septimo …", Theophr. *Hist. plant.* VII, 7, 2), 753 „Strychnum bibit" (*ASD* II, 2, S. 278), 976 (ebd. S. 476: „Item Theophrastus in prouerbiis …") und *Adag.* 528 „Haec potior" (*ASD* II, 2, S. 54) etc. Schon aus diesem Material hätte Er. eine substanzielle Sektion von Sprüchen zusammenstellen können. Er.' Arbeitsweise bei der Komposition der *Apophtheg-*

mata war jedoch anders: Er bearbeitete hinereinander bestimmte Quellen, denen er den Löwenanteil des Spruchmaterials entnahm. Dies ergänzte er nur inzidentell und in geringem Umfang mit aus anderen Quellen stammendem Spruchmaterial.

295 *Lingua* Der programmatische Titel „Lingua" geht auf Er.' Missverständnis des Spruches zurück. Wie aus seiner Erklärung hervorgeht, meinte Er., daß das *Apophth.* von der *losen Zunge* („lingua effenis") handelt, die – wie ein wildes Pferd – sozusagen einen eigenen Willen hat und auf diese Weise manches hervorbringt, was man besser nicht gesagt hätte. Er. hatte dieses Problem *in extenso* in seinem Traktat *Lingua* behandelt (siehe *ASD* IV, 1A). Im einleitenden Widmungsbrief bezeichnet Er. die lose Zunge („lingua effrenis") als eines der schlimmsten Übel der Menschheit: als Übel, das mit allen „Krankheiten des Geistes" verbunden sei; das alle Menschen, jeder Herkunft, Profession und jeden Alters angehe: „Postremo si quis sciscitetur, inter animi morbos cui nocendi primatus tribuatur, nihil addubitem hanc illaudatam laudem et ingloriam gloriam tribuere *linguae effreni*. Pestis haec neque simplex est neque recens, vniuersos animi morbos complectitur, nec vlla fuit aetas tam sanis moribus, vt de hoc malo non fuerit questa. Verum vt febres ac pestilentiae quaedam, quum nunquam prorsus intermoriantur, tamen aliquando ex interuallo velut erumpentes inundatione latius et acrius saeuiunt, perinde quasi internicionem humano generi minitentur, ita videmus nunc hunc fatalem linguae morbum miro contagio totum orbem occupasse seseque per aulas principum, per domos idiotarum, per scholas theologorum, per sodalitates monachorum, per collegia sacerdotum, per militum cohortes, per agricolarum casas sparsisse, tanta violentia, vt honestis disciplinis, vt integris moribus, vt publicae concordiae, vt ecclesiae procerum, vt prophanorum principum autoritati panolethriam quandam ac perniciem moliri videatur" (ebd., S. 22). In dem nämlichen Traktat verglich Er. die lose Zunge mit einem wilden Pferde: „Quemadmodum autem equus nullo freno cohercitus saepenumero tum sessorem tum seipsum in praecipitium aliquod aut in paludem defert, perdens simul et periens, ita lingua nisi rectae rationis moderatione coherceatur, exitium adfert, non solum his qui auscultant creduntque dicenti, verum multo saepissime ei qui sic temere deblaterat" (ebd., S. 36). Für den Vergleich der losen Zunge mit einem wilden Pferd vgl. dort weiter S. 37

(Er. kommentiert Aristoph. *Ran.* 838: „effrenem linguae petulantiam ... aptissimis verbis denotauit [sc. Aristophanes], ἀχάλινον ..., quorum primum [i.e. ἀχάλινον] sumptum est ab equis freno carentibus ..."); S. 134 („Exime frenum ex ore equi, periclitatur et equus et sessor; permitte linguam suae libidini, nulli non adfert perniciem"). Für die Gefahr, die die „Zunge" bildet, vgl. auch *Adag.* 1139 (*ASD* III, S. 154–156). Vgl. weiter *Adag.* 2347 „Os infrene" (*ASD* II, 5, S. 263): Ἀχάλινον στόμα, i.e. Os infrene, vocant os petulans et maledicum. Sumpta metaphora ab equis nullo freno coercitis". Jedoch handelt der Ausspruch des Theophrastos in vorl. Apophthegma nicht von der „losen Zunge", vgl. Komm. unten.

296 *Dicebat potius ... incomposito* Wörtliche Übernahme von Traversaris Übers. von Diog. Laert. V, 39: „Citius credendum dicebat infreni equo quam verbo incomposito" (ed. Curio, Basel 1524, S. 165). Vgl. den griech. Text: θᾶττον ἔφη πιστεύειν δεῖν ἵππῳ ἀχαλίνῳ ἢ λόγῳ ἀσυντάκτῳ.

296 *verbo incomposito* Er.' Missverständnis des Spruches geht darauf zurück, daß er von Traversaris Fehlübersetzung ausging: „verbo incomposito" für λόγος ἀσυντάκτος statt „oratione incomposita" (a.a.O.), vgl. Hicks: „a badly-arranged discourse". Des weiteren interpretierte Er. „verbum incompositum" als „ungehöriges, nicht des *decorum* entsprechenden Wort", etwa Schimpfwort, Obszönität, Fluch oder Blasphemie, und verband dies mit der Problematik der „losen Zunge" („lingua effrenis"), die er in dem Traktat *Lingua* behandelt hatte (*ASD* IV, IA, S. 142–143). Der Spruch des Theophrastos richtet sich jedoch auf ein ganz anderes Problem: die grundlegende Bedeutung der durch τάξις wohlstrukturierten Rede: Theophrastos hebt hervor, daß man einer unzusammenhängenden Argumentation keinen Glauben schenken darf, ebenso, wie man einem ungezähmten Pferd nicht trauen darf: Wer auf diesem zu reiten versucht, wird abgeworfen. Aussagen, die in einer unzusammenhängenden Argumentation vorgetragen werden, haben keinen Wahrheitsanspruch. In dem Ausspruch wird für alle Arten philosophischer, legitimer Gedankenführung strikte Disziplin eingefordert, die sich auf die Gebiete der Rhetorik, Logik und Dialektik erstreckt. Die Kunst der richtigen Argumentation muß bestimmten Regeln folgen. In der antiken Rhetorik wurde die Taxis (*compositio*) als eine der Hauptaufgaben des Redners (*officia oratoris*) betrachtet.

VII, 253   Silentivm   (Theophrastus Eresius, 2)

Ad eum, qui in conuiuio perpetuo silebat, „Si", inquit, „indoctus es, prudenter facis: sin doctus es, imprudenter". Iucundius effertur a Plutarcho: *„Si stultus es, rem facis sapientem; si sapiens, stultam".* Est aliqua sapientiae pars, silentio stultitiam tegere.

VII, 254   Temporis parsimonia   (Theophrastus Eresius, 3)

Habebat semper in ore *nullum esse sumptum preciosiorem tempore*. Solum enim hoc recuperari non potest, et tamen vulgo nihil habetur vilius tempore.

VII, 255   Ridicvle   (Theophrastus Eresius, 4)

In quendam *Casandri amicum* simis naribus iecit hoc scomma: *„Demiror",* inquit, *„oculos tuos non canere, quum illis nasus sit additus ",* quod nasus fistulae speciem praeberet. Refert Plutarchus in Symposiacis.

---

306 Casandri *B C (cf. Plut. text. Graec.)*: Cassandri *LB*.

307 nasus sit additus *B C*: *scribendum erat* nares incantamentum dent.

Apophth. VII, 253 hat keine spezifische Verbindung mit Theophrastos oder der Philosophie des Peripatos, sondern gibt eine allgemeine sprichwörtliche Weiseheit wieder. Vgl. Walther 29210; 29211: „Si taceat stultus, sapiens reputabitur esse,/ Nil sic vt sermo prodere quemque solet"; 29212 „Si tacuisses, philosophus mansisses". Lycosthenes druckte es in der Kategorie „De lingua, garrulitate et loquacitate nimia" (S. 620–630).

299–300 *Ad eum ... imprudenter* Leicht variierende Wiedergabe von Traversaris Übers. von Diog. Laert. V, 40: „Ad illum, qui in conuiuio penitus tacebat, ‚Siquidem', ait, ‚imperitus es, prudenter facis; sin vero peritus, imprudenter (imprudenter *Curio*: stolide *Traversari*)'" (ed. Curio, Basel 1524, S. 165–166). Vgl. den griech. Text: πρὸς δὲ τὸν ἐν τῷ συμποσίῳ σιωπῶντα τὸ ὅλον ἔφη, „εἰ μὲν ἀμαθὴς εἶ, φρονίμως ποιεῖς, εἰ δὲ πεπαίδευσαι, ἀφρόνως".

300 *imprudenter* Mit „imprudenter" reproduzierte Er. Curios Übers.; Traversari hatte „stolide".

300–301 *Si stultus ... stultam* Wörtliche Übers. des Er. von Plut. *Quaestiones Convivales* III, 1, *Mor.* 644F. Plutarch schrieb a.a.O. den Ausspruch allerdings nicht dem Theophrastos, sondern dem Dichter Simonides zu: Σιμωνίδης ὁ ποιητής, ὦ Σόσσιε Σενεκίων, ἔν τινι πότῳ ξένον ἰδὼν κατακείμενον σιωπῇ καὶ μηδενὶ διαλεγόμενον, „ὦ ἄνθρωπ'", εἶπεν, „εἰ μὲν ἠλίθιος εἶ, σοφὸν πρᾶγμα ποιεῖς· εἰ δὲ σοφός, ἠλίθιον". Vgl. Komm. *CWE* 38, S. 828.

Apophth. VII, 254 weist keinen spezifischen Zusammenhang mit Theophrastos auf, sondern präsentiert eine allgemeine sprichwörtlichen Gnome, die einer Reihe von Apophthegma-Spendern zugeschrieben wurde, u. a. Bias, Demokrit, Zenon von Kition, Seneca. Zu Seneca ergibt sich ein spezifischer Zusammenhang, insbesondere zu den *Epistulae morales*, deren programmatischer Einleitungsbrief von der Zeit handelt; aus diesem Werk stammt auch Senecas geflügeltes Wort „Tempori parce!" (Sen. *Ep.* 88, 39 und 94, 28; vgl. Otto 1752). In den *Apophthegmata* hat VII, 254 ein Gegenstück in VII, 313 (Zeno Citti eus, 21), das denselben Titel trägt und dieselbe Lebensweisheit vermittelt: „Aiebat (sc. Zeno) hominibus nihil magis deesse quam tempus, longe dissentiens ab iis, qui bonam vitae partem perdunt somno, temulentia, nugis et alea, quasi multum temporis supersit homini".

303 *Nullum ... tempore* Diog. Laert. V, 40. Er. benutzte die Übers. Traversaris als Textvorlage: „Habebat et illud semper in ore, ‚Sumptus preciosissimus tempus est'". (ed. Curio, Basel 1524, S. 166). Vgl. den griech. Text: συνεχὲς

τε ἔλεγε πολυτελὲς ἀνάλωμα εἶναι τὸν χρόνον. Für den Gedanken vgl. Sen. *Ep.* I, 3: „Et tanta stultitia mortalium est, vt quae minima et vilissima sunt, certe reparabilia, inputari sibi, cum impetrauere, patiantur, nemo se iudicet quicquam debere, qui tempus accepit, cum interim hoc vnum est, quod ne gratus quidem potest reddere". Vgl. *Apophth.* VII, 313 und 372.

306 *Casandri* Kassandros (um 350–297 v. Chr.), ältester Sohn des Diadochen Antipatros. Im Streit um das Erbe Alexanders setzte sich zunächst Antipatros durch. Kassander kehrte 319 v. Chr. aus Asien zurück, bald darauf starb sein Vater. Kassander war lange Zeit in Kriege mit anderen Diadochen (Polyperchon-Olympias, Antigonos Monophthalmos; zweiter bis vierter Diadochenkrieg) verwickelt. Im Zuge des zweiten Diadochenkrieges schloss er Olympias in Pydna ein; als sie sich ergab, ließ er sie, obwohl er ihr Gnade zugesichert hatte, töten (316). Damit machte er sich zum Regenten Makedoniens. Kassander heiratete Thessalonike, die Schwester Alexanders. Der dritte Diadochenkrieg endete mit dem Frieden von 311, in welchem Kassander Antigonos als Nachfolger Alexanders anerkannte, dieser im Gegenzug Kassander als Strategos von Makedonien bestätigte und der noch junge Alexander IV. Aigos als künftiger Nachfolger in der Herrschaft designiert wurde. 310 ließ Kassander diesen jedoch zusammen mit seiner Mutter Roxane vergiften. Schließlich bestieg er den makedonischen Königsthron und begründete die Dynastie der Antipatriden. Vgl. E. Badian, *DNP* 6 (1999), Sp. 318–320, s.v. „Kassandros"; F. Stähelin, *RE* X, 2 (1919), Sp. 2293–2313, s.v. „Kassandros", Nr. 2; F. Landucci Gattinoni, *L'arte del potere. Vita e opere di Cassandro di Macedonia*, Stuttgart 2003. Wenn Plutarch an vorl. Stelle anmerkt, daß es sich um einen Freund Kassanders handelte, den Theophrastos verspottete, so betont er damit die Freizügigkeit, mit der derartige Witze gemacht wurden. Als Regent Makedoniens fiel Kassander lange Zeit die Oberherrschaft über Athen zu, wo sich Theophrastos aufhielt; zudem waren Gewalttätigkeit und Grausamkeit Markenzeichen des Antipatros-Sohnes. Die Anekdote spielte sich zweifellos in Athen ab; der nicht namentlich genannte „Freund des Kassander" war offensichtlich ein Vertreter der makedonischen Partei in Athen.

306–307 *Casandri ... additus* im einleitenden Teil paraphrasierende, im Spruchteil versuchte wörtliche, jedoch durch einen Übersetzungsfehler entstellte Wiedergabe von Plut. *Quaestiones convivales* II, 9, *Mor.* 633B–C: οἷον εἰς γρυπότητα καὶ σιμότητα σκωπτόμενοι γελῶσιν, ὡς ὁ Κασάνδρου φίλος οὐκ ἠχθέσθη τοῦ Θεοφράστου πρὸς αὐτὸν εἰπόντος, „θαυμάζω σου τοὺς ὀφθαλμοὺς ὅτι οὐκ ᾄδουσι, τοῦ μυκτῆρος αὐτοῖς ἐνδεδωκότος".

306 *simis naribus* „simis naribus", punktgenaue Übers. des Er. von σιμότητες, Stupsnasigkeit, vgl. Passow II, 2, S. 1423, s.v.

307 *nasus sit additus* Er. hat den Witz nicht recht verstanden. „Ich wundere mich, daß du nicht mit den Augen singst, wenn sie schon eine Nase erhalten haben" ist eine banale, spröde Aussage, die nicht „lustig" ist, wie Er. im Titel behauptet („ridicule") – jeder Mensch hat ja eine Nase. Das Missverständnis ist zunächst auf einen Übersetzungsfehler des Er. zurückzuführen, der das *Participium perfectum activum* von ἐνδίδωμι, ἐνδεδωκότος, fälschlich als *passivum* übersetzt hatte („additus"). Die Bedeutung von ἐνδίδωμι ist an dieser Stelle entweder „(mit der Flöte) den Ton angeben" (also *vor* dem Anfang eines Liedes; vgl. Hicks: „for your nose gives them the pitch"), lat. „incantamentum/incentiuum dare" (beim Chorgesang heisst der Vorsänger, der den Ton „angibt" „incentor", vgl. Georges II, Sp. 142 s.v.) oder „mit der Flöte ein Lied anstimmen", sodaß in die von der Flöte angegebene Melodie der Gesang einsetzen kann (lat. „incentio", „incentiua", „incinere" für das begleitende Flötenspiel, vgl. Georges ad loc.). Die richtige latein. Übers. von τοῦ μυκτῆρος αὐτοῖς ἐνδεδωκότος hätte „naribus eis incantamentum dantibus" oder „naribus eis incinentibus" lauten müssen. Er. war weiter nicht geläufig, daß dem Witz das griechische Musikinstrument des Diaulos zugrundeliegt, welcher sich aus zwei auseinanderstrebenden runden Rohren zusammensetzte. Die Stupsnase des Verspotteten erinnerte Theophrastos an den Diaulos, weil man von vorne prominent zwei runde, dunkle Löcher sah: Man spielte die Doppelflöte mit erhobenen Händen, sodaß man bei einem Diaulosspieler, wenn man ihn von vorne betrachtete, zunächst die runden Rohröffnungen des Musikinstruments, dahinter die runden, aufgeblasenen Backen und die Augen des Musikanten mit seinen ebenfalls runden dunklen Pupillen sah. Er. jedoch meinte, wie seine Erklärung zeigt, daß es um das Instrument der „fistula", der aus mehreren, unterschiedlich langen Rohren zusammengesetzten Hirtenflöte (Panflöte)

DEMETRIVS PHALEREVS

VII, 256   Animose   (Demetrius Phalereus, 1)

Quum *audisset Athenienses fuisse demolitos statuas suas, quas illi posuerant, „At virtutem", inquit, „non euerterunt, cuius gratia illas posuerant".*

VII, 257   Svperciliosi   (Demetrius Phalereus, 2)

Dicebat supercilia pusillum esse corporis membrum, tamen totam offuscare vitam. Insuaues enim sunt ad omnem vitae consuetudinem tristes ac superciliosi.

---

ging, griech. σῦριγξ (vgl. *DNG* I, Sp. 2138, s.v. „fistula", Nr. II). Anscheinend war Er. jedoch bei der Komposition nicht geläufig, wie eine griech.-röm- Hirtenflöte aussah, da man ja eine Nase kaum mit der Panflöte vergleichen konnte. Das latein. Äquivalent von Diaulos wäre „tibiae" gewesen. der Diaulos-Spieler hieß „tibicen". Der witzigen Vorstellung liegt das Bild eines Diaulos-Spieler in voller Aktion zugrunde; daß man dies an sich schon als lächerlich empfand, geht z. B. aus Plut. *Alcib.* 2, 5–6 hervor: Alkibiades verurteilte das Aulosspiel u.a., weil es das Gesicht des Musikanten häßlich mache. Er. war mit dieser Stelle vertraut, vgl. oben *Apophth.* V, 191 „Musica contempta". Der Witz, daß „nicht auch die Augen singen", ist vermutlich folgendermaßen zu verstehen: Wenn bei dir die Nase die Flöte bläst, so wundere ich mich, daß bei dir nicht auch die Augen singen. Das Flötenspiel und der Gesang gehörten im antiken Griechenland zusammen – der Diaulos wurde als Begleitinstrument für den Gesang verwendet. Der Witz funktioniert nur, wenn man mit diesen kulturhistorischen Gegebenheiten vertraut ist. Zum Diaulos vgl. H. Huchzermeyer, *Aulos und Kithara in der griechischen Musik bis zum Ausgang der klassischen Zeit*, 1931; J.G. Landels, *Music in Ancient Greece and Rome*, 1999; K. Schlesinger, *The Greek Aulos*, 1939 (Nachdr. 1970); F. Zaminer, *DNP* 8 (2000), Sp. 548–549, s.v. „Musikinstrumente". Für das Aulosspiel und seine Beurteilung vgl. oben *Apophth.* V, 191 „Musica contempta" mit Komm. *ad loc.*

Demetrios von Phaleron (ca. 360–280 v. Chr.), Redner, Politiker und Philosoph, Schüler des Theophrastos, Peripatetiker; der aus dem attischen Städtchen Phaleron im Süden Athens (heute ein Gemeindebezirk der Stadt A.) stammende Demetrios gehörte der oligarischen und promakedonischen Partei an. I.J. 318 ernannte ihn Kassander, der König Makedoniens, zu seinem Statthalter in Athen, ein Amt, das Demetrios ca. zehn Jahre lang innehatte. Die athenische Bürgerschaft soll ihm zum Dank für die für die Stadt günstige Amtsführung 360 Porträtstatuen gewidmet haben, für jeden Tag des Jahres eine. Als Demetrios Poliorketes 307 v. Chr. Athen belagerte, wurde er allerdings verbannt und in Abwesenheit zum Tode verurteilt und seine Statuen wurden zerstört. Demetrios ging zunächst nach Theben ins Exil (307), i.J. 297 nach Ägypten, wo ihn Ptolemaios I. Soter ehrenvoll aufnahm. Demetrios beteiligte sich an der Errichtung der Bibliothek von Alexandreia (vgl. dazu *Apophth.* V, 217 und 256–265). Unter Ptolemaios II. büßte Demetrios seine ehrenvolle Stellung jedoch ein; er wurde nach Oberägypten verbannt, wo er bald starb. Von seinem umfangreichen philosophischen, rhetorischen und fachwissenschaftlichen Werk, dessen Titel Diog. Laert. auflistet (V, 80–81), haben sich nur geringe Bruchstücke erhalten; für die Fragmente vgl. Wehrli SA, IV; W.W. Fortenbaugh und E. Schütrumpf, *Demetrius of Phalerum. Text, Translation and Discussion*, New Brunswick 2000. Zur Person des Demetrios: E. Bayer, *Demetrios Phalereus, der Athener*, Darmstadt 1969 (urspr. 1942); E.E. Schütrumpf, *DNP* 3 (1997), Sp. 429–430, s.v. „Demetrios", Nr. 4; E. Martini, *RE* IV, 2 (1901), Sp. 2817–2841, s.v. „Demetrios", Nr. 85; L. O'Sullivan: *The Regime of Demetrius of Phalerum in Athens, 317–307 BCE*. Leiden-Boston 2009. In den Adagien figuriert Demetrios von Phaleron als Spender von *Adag.* 22 „Clematis Aegyptia" (*ASD* II, 1, S. 132): „Id ait (sc. Demetrius) ioco dici solitum in eos, qui corpore praeter modum procero atque atro colore essent" (Demetr. *De elocutione* 172), so auch in dem gleichnamigen proverbium *Collect.* 698 (*ASD* II, 9, S. 236). Weitere Aussprüche des Demetrios von Phaleron zitiert Er. in *Adag.* 1160 (*ASD* II, 3, S. 174) und 1248 (ebd. S. 260). Demetrios von Phaleron ist zu unterscheiden von dem Kyniker Demetrios aus dem 1. Jh. n. Chr. (ihm widmet Er. *Apophth*. VIII, 192, 242 und 305).

Er. hatte dem Demetrios von Phaleron schon in der ersten Auflage im fünften Buch zwei Sprüche gewidmet (*Apophth*. V, 217 und 218). Bei der Vorbereitung der zweiten Auflage i.J. 1532 (= *B*) entschloß sich Er., diese beiden Sprüche in die vorl. Sektion des siebenten Buches zu übertragen (= VII, 264 und 265), wobei es offensichtlich um einen Versuch der kompositorischen Glättung ging. Bei der Drucklegung von *B* vergaß man, die beiden Sprüche, die ins siebente Buch übernommen worden waren, im fünften Buch zu streichen, wodurch in allen weiteren Ausgaben der *Apophthegmata* V, 217–218 und VII, 264–265 als Dubletten stehen blieben. In unserer *ASD*-Ausgabe wurden sie im fünften Buch athetiert gedruckt.

309 *DEMETRIVS PHALEREVS* Mit dieser Namensform auch im Index personarum von *B* und *C* angeführt.

Apophth. VII, 256 datiert auf die Zeit unmittelbar nach dem Fall des Demetrios von Phaleron als Statthalter Athens, i.J. 307 v. Chr.

311 *Audisset ... posuerant* Wörtliche Wiedergabe von Diog. Laert. V, 82, wobei Er. im einleitenden Teil die Übers. Traversaris variierte, im Spruchteil wörtlich kopierte: „Hic vbi comperit Athenienses imagines suas euertisse, ‚At‘, inquit, ‚virtutem illi non euerterunt, cuius gratias illas erexerant'" (ed. Curio, Basel 1524, S. 179). Vgl. den griech. Text: οὗτος ἀκούσας ὅτι τὰς εἰκόνας αὐτοῦ κατέστρεψαν Ἀθηναῖοι, „ἀλλ᾽ οὐ τὴν ἀρετήν", ἔφη, „δι᾽ ἣν ἐκείνας ἀνέστησαν". Demetrius Phal. Frgm. 122 Wehrli; derselbe Spruch findet sich auch in Arsen. *Violet*., S. 187 Walz (Demetrios) und in *Gnom. Vat.* 48 Sternbach, dort mit der Zuschreibung an den Athenischen Staatsman Aristeides.

Apophth. VII, 257 ist ein Gegenstück zu *Adag.* 749 „Attollere supercilium, ponere supercilium" (*ASD* II, 2, S. 272) und *Collect.* 246 „Adducere supercilium. Superciliosus" (*ASD* II, 9, S. 126), zum Teil auch von *Adag.* 2471 „Contrahere supercilium. Inflare buccas" (*ASD* II, 5, S. 332). Die Grundlage von *Collect.* 246 und *Adag.* 749 ist Plin. *Nat.* XI, 138, der die Bedeutung der Augenbrauen hervorgehoben hatte. In der Nachfolge des Aristoteles doziert Plinius, daß von allen Lebewesen der Mensch als einziges Gesichtsausdrücke hervorbringen und damit Gemütszustände wiedergeben könne: Die grundlegenden Instrumente dazu seien nun gerade die Augenbrauen; insbesondere drückten die Augenbrauen Verachtung und Hochmut aus; vgl. *Adag.* 749: „Plinius ‚... in his (sc. superciliis) pars animi: negamus annuimus; haec maxime indicant fastus. Superbia aliubi conceptaculum, sed hic sedem habet; in corde nascitur, hic subit, hic pendet ...'". Für die Gleichsetzung der „Augenbrauen" mit „Verachtung" und „Hochmut" bzw. „Arroganz" vgl. „Inde prouerbio attolli supercilium dicimus arrogantiam significantes, adduci supercilium fastidium indicantes. ... Et fastosos homines superciliosos nominamus. Denique simpliciter ipsum supercilium pro fastu atque arrogantia ponitur". In *Adag.* 749 übernimmt Er. nahezu den gesamten Text von *Collect.* 246; vgl. Suidas 1027. Für die Bedeutung der Augenbrauen zur Erzeugung von Gesichtsausdrücken vgl. Arist. *Hist. an.* I, 8, 491B 13ff.

314 *Dicebat supercilia ... vitam* Wörtliche, allerdings durch eine Korruptel einen konträren Sinn erzeugende Übers. des Er. von Diog. Laert. V, 82 (ἔλεγε μικρὸν μὴ [μὴ *text. recept., ed. Markovich*: μὲν *ed. Frob.*] εἶναι μέρος τὰς ὀφρῦς, ὅλῳ δ᾽ ἐπισκοτῆσαι τῷ βίῳ δύνασθαι). Damit verschlimmbesserte Er. Traversaris Übers., die von einem korrekten Text ausging, der μὴ las: „Aiebat non esse paruum aut negligendum membrum supercilia: posse enim vitam omnem obscurare" (ed. Curio, Basel 1524, S. 179). Demetrius Phal. Frgm. 122 Wehrli; Arsen. *Violet*., S. 187. Dadurch, daß Er. als Textvorlage einen korrupten Diog.-Laert.-Text benutzte, in dem entweder μὴ fehlte (wie dies in Frobens Ausgabe der Fall ist, S. 254), widersprach er sowohl dem, was Demetrios von Phaleron eigentlich sagen wollte, als auch den Ausführungen des Plinius, die Er. in *Adag.* 749 und *Collect.* 246 als grundlegend betrachtete, nämlich daß die Augenbrauen ein sehr wichtiger, keineswegs geringfügiger Körperteil seien.

VII, 258 *FORTVNA CAECA* (Demetrius Phalereus, 3)

Aristophanes in comoedia Plutum inducit caecum. *At hic dicebat non solum* Plutum, id est, *diuitias, esse caecum, verum etiam Fortunam* Pluti *ducem*, vt iam sit illud prouerbii, „*Caecus caeco dux*". Fortuna saepe largitur indignis sua munera.

VII, 259 ORATIONIS VIS (Demetrius Phalereus, 4)

Quantum in bello valeret ferrum, tantum dicebat in republica valere orationem. Illic enim res geritur viribus, hic persuasione.

316 *Fortuna caeca* Der Titel, den Er. *Apophth.* VII, 258 gibt, stellt eine sprichwörtliche Gnome dar; vgl. Cic. *Phil.* XIII, 10; *Lael.* 54; Menand. Frgm. 417 Kock; Otto 694; Walther 9845a „Fortuna caeca est". VII, 258 bietet eine Kombination dieser sprichwörtlichen Weisheit mit „Caecus caeco dux" dar.

317 *Aristophanes* Aristophanes (um 450–um 380 v. Chr.), der bedeutendste Dichter der Alten Komödie.

317 *Aristophanes ... caecum* Aristoph. *Plut.* 11–17: σοφὸς / μελαγχολῶντ' ἀπέπεμψέ μου τὸν δεσπότην, / ὅστις ἀκολουθεῖ κατόπιν ἀνθρώπου τυφλοῦ, / τοὐναντίον δρῶν ἢ προσῆκ' αὐτῷ ποιεῖν. / οἱ γὰρ βλέποντες τοῖς τυφλοῖς ἡγούμεθα, / οὗτος δ' ἀκολουθεῖ, κἀμὲ προσβιάζεται, / καὶ ταῦτ' ἀποκρινομένῳ τὸ παράπαν οὐδὲ γρῦ. Dieselbe Stelle hatte Er. in *Adag.* 740 (*ASD* II, 2, S. 260) ins Lateinische übersetzt; er leitete sie dort wie folgt ein: „Apud Aristophanem in Pluto Carion seruus stomachatur in herum, quod ipse videns Plutum oculis captum sequeretur ...".

317–318 *At hic dicebat ... ducem* Diog. Laert. V, 82. Er. gab die Übers. Traversaris wieder: „Non modo diuitias caecas asserebat, verum et illarum auctorem, fortunam" (ed. Curio, Basel 1524, S. 179). Vgl. den griech. Text: οὐ μόνον τὸν πλοῦτον ἔφη τυφλόν, ἀλλὰ καὶ τὴν ὁδηγοῦσαν αὐτὸν τύχην. Demetrius Phal. Frgm. 121 Wehrli; derselbe Spruch findet sich in Arsen. *Violet.* S. 187.

319 *Caecus caeco dux* „Caecus caeco dux" ist ein Sprichwort, aus dem Er. *Adag.* 740 „Caecus caeco dux" (*ASD* II, 2, S. 260) und das gleichnamige *Collect.* 438 (*ASD* II, 9, S. 176) bildete: „,Caecus caeco dux', Euangelium adagium (*Matth.* 15, 14; *Lc.* 6, 39) in eos, qui indoctum docere conantur, indocti ipsi. Simile est Horatianum: *Caecus iter monstrat* (Hor. *Epist.* I, 17, 3–4) ... Quod perinde dictum sit ac si *Sus Mineruam* dicas, Porphyrion monet"; *Adag.* 740: „Τυφλὸς τυφλῷ ὁδηγός, id est Caecus caeco dux. Adagium Euangelicis quoque literis celebratum, quo lubentius etiam refero. Vti licebit quoties indoctus indoctum docere, inconsultus imprudenti consilium dare conabitur"; Apost. 11, 50; Otto 277; Nachtr. zu Otto S. 70 und 263; Walther 2217 „Cecus agens cecum facit ipsum sternere secum"; 2212: „Ceco ductore cecus seducitur, ergo/ Cecos et claudos non imitare duces"; 2216; 2218 „Cecus forte ducem cecum si nactus oberret,/ Incidit in foueam pariter demersus vterque"; 2223: „Cecus si ceco ducatum prebeat, ambo/ In foueam cadunt"; 28283; 28284.

320 *Orationis vis* Der Titel des Er. veranlasste Lycosthenes, eine Kategorie „De orationis vehementia" zu bilden (S. 804–805), in der *Apophth.* VII, 259 figuriert.

321 *Quantum in bello ... orationem* Diog. Laert. V, 82: ὅσον ἐν πολέμῳ δύνασθαι σίδηρον, τοσοῦτον ἐν πολιτείᾳ ἰσχύειν λόγον. Vgl. die lat. Übers. des Traversari: „Quantum in bello posset ferrum, tantum in republica eloquentiam valere" (ed. Curio, Basel 1524, S. 179). Demetrius Phal. Frgm. 122 Wehrli; der Spruch findet sich auch in Arsen. *Violet.*, S. 187.

VII, 260   INDOCTVS ⟨MERCVRIVS⟩   (Demetrius Phalereus, 5)

Conspicatus iuuenem intemperantiae *deditum „Ecce"*, inquit, *„quadratus Mercurius, habens syrma, ventrem, pudenda et barbam"*, sentiens illum non esse hominem, sed statuam, qualis in viis solet poni Mercurio; hoc illi dissimilem, quod effoeminatorum more traheret vestem, quod deditus esset ventri ac libidini quodque barbatus esset, quum nihil horum habeat Mercurius.

323 Mercurius *supplevi ex textu ipsius apophth. (cf. Collect. 351).*

Apophth. VII, 260 Dem Titel gemäß, den Er. dem *Apophthegma* gab, ist VII, 260 ein Gegenstück zu *Collect.* 351 „Mercurius non doctus" (*ASD* II, 9, S. 152) und *Adag.* 1910 „Mercurius infans" (*ASD* II, 4, S. 284): „[A] Ἑρμῆς ἀμύθητος, id est Mercurius infans, elinguis siue indoctus. Ironia prouerbialis … ‚Mercurius enim eloquentiae disciplinarumque parens est'" (nach Diogenian. IV, 63 und Apost. VII, 93, jedoch von Er. anders gedeutet). Jedoch ist diese Bezugnahme im Hinblick auf den hier zugrundeliegenden Text erklärungsbedürftig. Im Text des Diog. Laert. geht es um einen jungen Mann, der ganz den Lüsten hingegeben ist; Traversari übersetzte νεανίσκον ἄσωτον sinngemäß richtig mit „iuuenem luxuriosum". Als „Hermes" bezeichnete diesen Demetrios spottend zunächst wohl im Hinblick auf seine Jugend, vielleicht auch auf seine Tätigkeit (er könnte ein Händler gewesen sein). Er. fasste „Merkur" jedoch in dem Sinn auf, daß es um einen jugendlichen potentiellen Intellektuellen gehe, der sich anstatt der Bildung des Geistes einem zügellosen Luxusleben hingab. Für Er. war Merkur der Gott der Bildung par excellence (vgl. *Adag.* 1910, a.a.O.). Nach Er. hätte der Jüngling ein Gebildeter bzw. Gelehrter („doctus", „eruditus") werden sollen wie es einem Merkur geziemt: einen „Mercurius non doctus" verabscheut Er., wie der Titel von *Collect.* 351 lautet. Da sich der Jüngling nun statt der Bildung dem Genussleben hingibt, wird er zur „ironia prouerbialis" des „Mercurius indoctus". Die Baseldrucke überliefern als Titel „Indoctus": Es hat jedoch – in Anbetracht der Beziehung, die Er. herstellt, allen Anschein, daß „Mercurius" als zweites Titelwort vesehentlich ausgefallen ist. Der Titel, den Er. aufstellte – unabhängig davon, ob dieser „Indoctus" oder „Indoctus Mercurius" lautete, krankt jedoch daran, daß er den Witz des Ausspruchs von VII, 260 nicht richtig verstanden hat (vgl. Komm. unten). Ein passenderer Titel wäre „Iuuenis luxuriosus" gewesen, die Sinnkategorie, die Lycosthenes bildete und in der er den Spruch unterbrachte (S. 648).

324–325 *Conspicatus iuuenem … barbam* Missverstandene Wiedergabe von Diog. Laert. V, 82, wobei Er. v.a. die Übers. Traversaris als Textvorlage benutzte: „Quum vidisset aliquando iuuenem luxuriosum, ‚Ecce', inquit, ‚Quadrata statua habens syrma, ventrem, pudenda, barbam'" (ed. Curio, Basel 1524, S. 179). Vgl. den griech. Text: ἰδὼν ποτε νεανίσκον ἄσωτον, „ἰδού", ἔφη, „τετράγωνος Ἑρμῆς ἔχων σύρμα, κοιλίαν, αἰδοῖον, πώγωνα", wobei Demetrius Phal. Frgm. 118 Wehrli: der Ausspruch findet sich auch in Arsen. *Violet.*, S. 187. Bereits Brusoni hatte das Apophthegma in seine Sammlung d.J. 1518 aufgenommen (III, 33), wobei er die Übers. Traversaris wiedergab.

324 *quadratus Mercurius* Er. verstand den Witz nicht richtig, weil er annahm, daß „quadratus Mercurius" eine Herme bezeichne, wie man sie in der Antike entlang der Straßen aufstellte, vgl. seine Erklärung: „… statuam, qualis in viis solet poni Mercurio"; diese Annahme rührt daher, daß er von Traversaris Übertragung ausging, der ein τετράγωνος Ἑρμῆς direkt als „quadrata statua" übersetzt hatte. Diese Interpretation kann jedoch nicht stimmen, da antike Hermen niemals einen Bauch haben noch je ein Kleid mit langer Schleppe tragen. Gemeint ist in dem Witz nicht eine Herme, sondern der Gott Hermes; ein „viereckiger Hermes", i.e. ein „starker (= untersetzter) Hermes" ist an sich schon ein Oxymoron: Hermes/ Merkur wurde ikonographisch immer als jugendlicher, schlanker Gott dargestellt, während der von Demetrios verspottete Jüngling einen Wanst hatte („habens … ventrem"; für die Bedeutung „untersetzt, vierschrötig, kräftig" von τετράγω-

νος vgl. Passow II, 2, S. 1868, s.v. Nr. 2; dasselbe gilt für das lateinische „quadratus"); in dieselbe Richtung geht auch das Wort „barbam". Ein „Hermes mit Bart" ist ebenfalls ein Oxymoron: Männer mittleren Alters trugen einen Bart, nicht jedoch Jünglinge, wie Hermes einer war: Hermes wird in der Antike ab ca. 425 v. Chr., jedenfalls bereits zu Demetrios' Lebzeiten immer bartlos dargestellt. Wenn sich Jünglinge einen Bart stehen ließen, konnte dies als Zeichen einer orientalischen, weichlichen Lebensweise aufgefasst werden. Als barttragender Jüngling wird oft der weichliche Gott par excellence, Dionysos/ Bacchus dargestellt.

325 *syrma* Er. beließ σύρμα in der Nachfolge Traversaris unübersetzt; σύρμα bezeichnet ein langes Frauengewand mit einer Schleppe (Schleppkleid). Derartige überlange Gewänder wurden, wenn sie von Männern getragen wurden, als Zeichen von (orientalischer) Verweichlichung und Feminisierung betrachtet. Z. B. schildert Seneca in einem Chorlied (*Oedip*. 422–423) den orientalischen Gott Bacchus in einem solchen überlangen Schleppkleid, um seine „mollities" hervorzukehren („inde tam molles placuere cultus/ Et sinus laxi fluidumque syrma"). Bacchus steht mit seinem überlangen Kleid („veste cum longa") auf seinem goldenen Wagen, den seine Raubkatzen „durch den gesamten Orient" ziehen (425–426). Ähnlich stellt Seneca Bacchus in *Herc. Fur*. dar: Dort beträufelt der weichliche („tener", 472) orientalische Gott seine langen Locken mit Parfüm (473), schwingt in seiner weibischen Hand („manu molli", 473) den Thyrsos und zieht mit weibisch wiegenden Schritten sein Schleppgewand hinter sich her, das von „barbarischem Gold" glänzt („cum parum forti gradu/ Auro decorum syrma barbarico trahit", 474–475); ähnlich auch Prudent. *Psych*. 362. Er. waren die genannten Seneca-Stellen, wie seine kommentierende Erklärung zeigt („quod effoeminatorum more traheret vestem"), wohl geläufig. Für σύρμα vgl. Passow II, 1, S. 1760, s.v. „weibliches Kleid mit langer Schleppe"; die nur transliterierte Form „syrma" ist in der lateinischen Literatur gut belegt, vgl. Georges II, Sp. 2997, s.v. „syrma". Das lange, orientalische Gewand mit Schleppe ist in Bezug auf Merkur/ Hermes insofern besonders lächerlich, als es gar nicht zu seiner herkömmlichen Ikonographie passt: Hermes wurde entweder nackt oder, als Gott der Reisenden und Händler, mit einem kurzen Reisemantel dargestellt. Mit einem Schleppgewand würde ein Reisender nicht gut vorankommen.

325–326 *sentiens … statuam* In seiner Erklärung „sentiens illum non esse hominem, sed statuam" kehrt Er. zu seiner im Titel angegebenen Interpretation zurück, daß sich der Spruch von VII, 260 auf die mangelnde Bildung dieses „Merkurs" beziehe. Er reichert diese seine Interpretation jetzt mit dem Gedankengang an, daß derjenige, der ungebildet sei, im Grunde gar kein richtiger Mensch, d.h. ein Mensch von Fleisch und Blut, sei, sondern eine leblose Statue. Mit diesem Gedankengang hatte Er. noch vor kurzem einen Spruch des Aristoteles erklärt, VII, 235: „Interrogatus (sc. Aristoteles), qua re differrent docti ab indoctis, ‚Qua viui', inquit, ‚a mortuis,' *sentiens hominem absque literis statuam esse verius quam hominem*".

VII, 261   INGENIA ERECTA   (Demetrius Phalereus, 6)

Hominum fastuosorum sublimitatem [i.e. superbiam] *dicebat amputandam, sed relinquendam* sobrietatem [i.e. fiduciam]. Talia enim ingenia non sunt desperanda, sed, quod redundant, recidendum est.

VII, 262   REVERENTIA   (Demetrius Phalereus, 7)

Admonebat *adolescentes, vt domi parentes, in via obuios, in solitudine reuererentur seipsos.* Pudor teneram aetatem optime deterret a peccando, qui nusquam non adest, si quis reuereatur seipsum.

VII, 263   AMICVS IN ADVERSIS   (Demetrius Phalereus, 8)

Aiebat veros *amicos in rebus laetis adesse vocatos, in aduersis* inuocatos *et vltro.* At vulgo fit secus.

330–331 *Hominum ... sobrietatem* Paraphrasierende, jedoch durch einen Übersetzungsfehler sinnentstellte Wiedergabe von Diog. Laert. V, 82: τῶν τετυφωμένων ἀνδρῶν ἔφη τὸ μὲν ὕψος δεῖν περιαιρεῖν, τὸ δὲ φρόνημα καταλείπειν (καταλιπεῖν *ed. Frob. p. 254*) (ed. Frob. S. 254). Vgl. die lat. Übers. Traversaris: „Hominum fastu turgidorum aiebat circumcidi oportere altitudinem sensumque relinquere" (ed. Curio, Basel 1524, S. 179). Bereits Brusoni hatte das Apophthegma in seine Sammlung (1518) aufgenommen, VI, 5, wobei er von Traversaris Übers. ausging: „Demetrius Phalereus in hominem fastu turgidum dicebat altitudinem circuncidi oportere sensumque relinqui".

330 *sublimitatem* Mit „sublimitatem" versucht Er. Traversaris „altitudinem" zu verbessern, indem er für τὸ ὕψος eine wörtliche Übers. vorzulegen scheint; „sublimitas" ist keine gelungene Übers., weil das Wort stets in positivem Sinn verwendet wird, im Sinn tatsächlicher Erhabenheit (von Göttern, Kunstwerken, Dichtung, literarischem Stil), vgl. *DNG* II, Sp. 4547, s.v. „sublimitas"; gemeint ist jedoch gerade die negative Eigenschaft „aufgeblasener" Leute, ihre „Überheblichkeit, Hochmut, Selbsterhebung, Eigenwahn, Dünkel", auf Latein „superbia, altitudo animi, arrogantia" oder spät- und kirchenlateinisch „elatio". Sowohl Brusoni als auch Lycosthenes hatten dies richtig verstanden, da Brusoni den Spruch in der Kategorie „De superbia, fastu et elatione animi", Lycosthenes in der Kategorie „De superbia" (S. 1030) druckte.

331 *sobrietatem* „sobrietatem" ist eine Fehlübers. des Er. von φρόνημα, das „hohe Gesinnung, Stolz, hohe Meinung von sich Selbst, Selbstvertrauen" bedeutet (vgl. Passow II, 2, S. 2346, s.v.). Mit der Sentenz meint Demetrios von Phaleron, daß man arroganten Leuten zwar ihren Dünkel austreiben, ihnen jedoch ihr Selbstvertrauen, ihren Mut bzw. ihre Inspiration belassen soll. Er.' „sobrietas" mag eine versuchte Korrektur von Traversaris nicht überzeugendem „sensum" sein, ist jedoch in vorl. Zusammenhang fehl am Platz.

333 *Reuerentia* Lycosthenes druckt das Apophthegma sowohl in der Kategorie „De pudore et verecundia" (S. 925) als auch „De reuerentia" (S. 950).

334–335 *Adolescentes ... seipsos* Variierende Wiedergabe von Traversaris Übers. von Diog. Laert. V, 82: „Iuuenes afferebat oportere domi quidem parentes, in itineribus autem obuios, in solitudine vero seipsos reuereri" (ed. Curio, Basel 1524, S. 179). Vgl. den griech. Text: τοὺς νέους ἔφη δεῖν ἐπὶ μὲν τῆς οἰκίας τοὺς γονέας (γονεῖς *ed. Frob. p. 254*) αἰδεῖσθαι, ἐν δὲ ταῖς ὁδοῖς τοὺς ἀπαντῶντας, ἐν δὲ ταῖς ἐρημίαις ἑαυτούς (ed. Frob. S. 254). Demetrius Phal. Frgm. 117 Wehrli; derselbe Spruch findet sich in Arsen. *Violet.*, S. 188; *Gnom. Vat.* 255 Sternbach; Clem. Al. *Paedagog*. III, 5.

334–335 *in solitudine … seipsos* Für den letzten Teil der Vorschrift „in solitudine reuererentur seipsos" vgl. *Apophth*. V, 334 „Sibi quisque testis": „Maxime existimabat (sc. Cato maior) oportere vnumquenque seipsum reuereri, quod nullus vnquam a se ipso discedat. Ita fieret, vt quicquid aliis testibus non auderemus facere, idem solos facere puderet".

Apophth. VII, 263 ist ein Gegenstück zu *Adag*. 1781 „Viri infortunati, procul amici" (*ASD* II, 4, S. 202): „Ἀνδρὸς κακῶς πράσσοντος ἐκποδῶν φίλοι, id est, *Viri siti in malis amici sunt procul*. Paroemia notat mores amicorum vulgarium, qui hirundinum ritu pro ratione temporum aduolant ac deuolant: aduolant vbi res secundae, deuolant ingruente rerum tempestate". Vgl. Otto 93; Zenob. I, 90; Diogenian. I, 79; Suid. 2190; Menandr. *Monost*. 34 Jäkel = Soph. Frgm. 667 Nauck = Frgm. 733 Pearson; vgl. weiter die verwandte sprichwörtliche Weisheit „amicus certus in re incerta cernitur" (Cic. *Am*. 64; Ennius Frgm. S. 146 Vahl.; = Otto 92). Lycosthenes bildete nach Er.' Titel die Kategorie „De amicitia falsa, quae in rebus aduersis declaratur" (S. 53–56), worin *Apophth*. VII, 262 als dritter Spruch rangiert (S. 54).

338 *veros* „veros" ist ein sinnvoller Zusatz des Er., der den Text expliziter gestaltet. Dabei stützte sich Er. auf Traversaris insgesamt plausible Übers., in der „amicus" prägnant den „wahren Freund" bezeichnete. Vgl. Komm. unten.

338 *amicos … et vltro* Diog. Laert. V, 83, wobei Er. die Übers. Traversaris als Textvorlage benutzte: „Amicos dicebat secundis in rebus adesse aduocatos, in calamitatibus autem sua sponte atque inuocatos" (ed. Curio, Basel 1524, S. 179). Der griechische Text ist durch das Vorhandensein der wohl verderbten Lesart ἀπιέναι widersinnig: τοὺς φίλους ἐπὶ μὲν τὰ ἀγαθὰ παρακαλουμένους ἀπιέναι, ἐπὶ δὲ τὰς συμφορὰς αὐτομάτους (vgl. ed. Frob. S. 254); Demetrius Phal. Frgm. 116 Wehrli; der Spruch findet sich auch in Arsen, *Violet*., S. 187. Das Apophth. war bereits in Brusonis Sammlung d. J. 1518 vorhanden (I, 3), der es in der Übers. Traversaris wiedergab.

338 *amicos in rebus laetis adesse* „adesse" bezog Er. aus Traversaris Übers.; dieser war zu seiner gut nachvollziehbaren und wohl richtigen Wiedergabe der Sentenz gelangt, indem er das in den Handschriften überlieferte ἀπιέναι (*B, P, F*, so auch in der Ausg. Frobens, S, 254) als „adesse" aufgefasst hatte. Die Lesart ἀπιέναι, die „weggehen", „fortgehen" bedeutet, ist verderbt. Wenn man sie als richtig voraussetzt, ergibt sich kein plausibler Sinn. Zu lesen ist wohl ἰέναι (*Φ*), παριέναι (*Richards*) oder ἀνιέναι, was mein Vorschlag wäre.

340 VII, 264 Lectio vtilis (Demetrius Phalereus, 9)

Ptolemaeum regem adhortari solebat, sibi pararet libros de regno deque militari imperio gerendo tractantes eosque diligenter euolueret, *propterea quod ea, de quibus amici non audent admonere reges, in libris scripta habeantur.*

VII, 265 Philosophia (Demetrius Phalereus, 10)

345 *Quum exularet ac Thebis inglorius humilisque viueret* audissetque *Cratetem philosophum,* qui ipsum inuiseret, multa *placide* prudenterque *de* moderate ferendo *exilio disserentem, „Male sit",* inquit, *„negociis et occupationibus, per quas* hactenus *talem virum non licuit cognoscere".*

340–348 Lectio … cognoscere Erasmus transposuit haec duo apophthegmata in B ex libro V ad lib. VII in sectionem Demetrii Phal. (264 et 265).

Apophth. VII, 264 und 265 hatte Er. bei der Vorbereitung der zweiten Ausgabe (B) aus dem fünften Buch (V, 217–218) an vorl. Stelle übertragen. Durch ein Missverständnis bei der Drucklegung von B wurden sie zwar einerseits übertragen, blieben aber auch zu Unrecht im fünften Buch stehen. Vgl. Komm oben zu V, 217.

341 *Ptolemaeum* Zu Ptolemaios I. Soter (367/66–283/82 v. Chr.) vgl. Komm. oben zu V, 92, wo ihm Er. eine Sektion von Sprüchen widmet (V, 92–94).

341–343 *Ptolemaeum … habeantur* Plut. *Regum et imperatorum apophthegmata,* Mor. 189D. Er. bearbeitete die Übers. Filelfos: „Demetrius Phalaereus (sic) monebat Ptolemaeum regem, vt de regno imperioque libros sibi compararet atque perlegeret; quae enim amici non audent monere reges, haec in libris scripta sunt" (fol. ⟨l VIII⟩ᵛ). Vgl. den griech. Text: Δημήτριος ὁ Φαληρεὺς Πτολεμαίῳ τῷ βασιλεῖ παρῄνει τὰ περὶ βασιλείας καὶ ἡγεμονίας βιβλία κτᾶσθαι καὶ ἀναγινώσκειν· ἃ γὰρ οἱ φίλοι τοῖς βασιλεῦσιν οὐ θαρροῦσι παραινεῖν, ταῦτα ἐν τοῖς βιβλίοις γέγραπται. Lycosthenes gibt fälschlich an, daß die Quelle des Spruches (auch) Diog. Laert. V, 5 (= V, 78–79) sei (S. 447).

341 *pararet* nach Filelfos „compararet" (a.a.O.).

342 *diligenter* „diligenter" fehlte in der ursprünglichen Version des *Apophth.* in V, 217.

Apophth. VII, 265 datiert auf die Zeit zwischen 307–297 v. Chr., als sich Demetrios von Phale-

341 solebat *LB* Lycosthenes *(p. 446 et 562)*: solet *A–C*.

342 diligenter *B C*: deest in *A*.

ron in Theben im Exil befand. 297 treffen wir Demetrios bereits in Ägypten an (vgl. vorhergehendes Lemma).

345–348 *Thebis … non licuit cognoscere* Im narrativen Teil stark gekürzte und paraphrasierende, im Spruchteil wörtliche Wiedergabe von Er.' eigener Übers. von Plut. *Quomodo adulator ab amico internoscatur* 28, Mor. 69C–D: „Narratur et Demetrius Phalereus, quum exularet et Thebis inglorius et humilis viueret, Cratetem adeuntem haud libenter vidisse, quod Cynicam libertatem et sermonem asperum expectaret ab eo (eo *ed. Koster*: illo *ed. Cratander*). Verum vbi Crates illum placide conuenisset deque exilio disseruisset, quod nihil haberet miserum neque grauiter ferendum, quum esset a periculosis negociis et incertis liberatus, simulque adhortatretur, vt in se ipso suoque animo fiduciam collocaret, exhilaratus ille receptoque animo ad amicos inquit: ‚Male sit negociis et occupationibus, per quas huiusmodi virum non licuit cognoscere'" (*ASD* IV, 2, S. 154; ed. Cratander, Basel 1530, fol. 178D). Vgl. den griech. Text: λέγεται δὲ καὶ Δημήτριος ὁ Φαληρεὺς ὅτε τῆς πατρίδος ἐξέπεσε καὶ περὶ Θήβας ἀδόξων καὶ ταπεινὰ πράττων διῆγεν, οὐχ ἡδέως ἰδεῖν προσιόντα Κράτητα, παρρησίαν κυνικὴν καὶ λόγον τραχεῖς προσδεχόμενος· ἐντυχόντος δὲ πράως αὐτῷ τοῦ Κράτητος καὶ διαλεχθέντος περὶ φυγῆς ὡς οὐδὲν ἔχοι κακὸν οὐδ' ἄξιον φέρειν βαρέως πραγμάτων σφαλερῶν καὶ ἀβεβαίων ἀπηλλαγμένον, ἅμα δὲ θαρρεῖν ἑαυτῷ καὶ τῇ διαθέσει παρακαλοῦντος, ἡδίων γενόμενος καὶ ἀναθαρρήσας πρὸς τοὺς φίλους εἶπε „φεῦ τῶν πράξεων ἐκείνων καὶ ἀσχολιῶν δι' ἃς ἄνδρα τοιοῦτον οὐκ ἔγνωμεν"; bereits Brusoni hatte das Apophthegma in seine Sammlung d.J.1518 aufgenommen: „Demetrius Phalereus pulsus patria ac Thebis exul Cratem obuium iniquo animo vidisse propter abiectam vitam dicitur. Crates vero, licet Cynicus esset, benigne hominem alloquutus de exilio disseruit, disputans nihil in eo mali esse, atque ob rerum bene gestarum conscientiam confideret, hortatus est. Tum Demetrius ad suos conuersus ‚Heu inquieta negocia actionesque nostras', inquit, ‚quorum causa hactenus tantum virum nosse non licuit'" (II, 29 „De exilio").

345 *Cratetem* Für den Kyniker **Krates aus Theben** (368/365–288/285 v. Chr.) vgl. Komm. unten zu VII, 266.

CRATES THEBANVS CYNICVS

VII, 266   Cvriositas   (Crates Thebanus Cynicus, 1)

Vulgo dictus est Θυρεπανοίκτης, id est, ostiorum apertor, *quod in omnes domos* irrumperet, *et*, si quid displicuisset, *reprehenderet* Cynica libertate. Id cognominis hodie rectius ⟨quadrat⟩ in quosdam πτωχοτυράννους.

VII, 267   *Parvo contentvs*   (Crates Thebanus Cynicus, 2)

Rogatus, *quid illi e philosophiae studio accessisset* emolumenti, respondit,

„θέρμων τε χοίνιξ καὶ τὸ μηδενὸς μέλειν", id est,

„*Choenix lupini et absque cura viuere*",

sentiens se minimo contentum ob libertatem suauiter viuere.

---

351 Θυρεπανοίκτης *scripsi*: θυρεπανοίκτης *B C*: θυρεπανοίητης *Lycosthenes (p. 224).*

353 quadrat *suppleuerunt BAS LB*: conuenit *suppl. Lycosthenes (p. 214).*

Apophth. VII, 266–285 Die Biographie des Demetrios von Phaleron ist die vorletzte des fünften Buches des Diogenes Laertius, in dem dieser Aristoteles und seine Schule behandelt hatte. Er., der seiner Quelle auf dem Fuß folgte, sammelte in dem betreffenden Abschnitt des siebenten Buches der *Apophthegmata* (VII, 220–265) die Aussprüche des Aristoteles (Diog. Laert. V, 1–35; *Apophth.* VII, 220–251), Theophrastos (V, 36–57; *Apophth.* VII, 252–255) und Demetrios von Phaleron (V, 75–85; *Apophth.* VII, 256–265). Die Biographien des Straton von Lampsakos (V, 58–64), des Lykon aus Troas (V, 65–74) und des Herakleides aus Herakleia (V, 86–94) ließ er hingegen aus. Sodann wendete sich Er. dem sechsten Buch des Diog. Laert. zu, das der kynischen Schule gewidmet ist. Dabei ist zu berücksichtigen, daß Er. bereits zuvor den Gründer der kynischen Schule, Antisthenes aus Athen (Diog. Laert. VI, 1–19; *Apophth.* VII, 39–100) sowie Diogenes von Sinope behandelt hatte (V, 20–81; *Apophth.* III, 164–388; *ASD* IV, 4, S. 236). Indem Er. sich nun ein weiteres Mal den Kynikern zuwendet, kehrt er zum sechsten Buch des Diog. Laert. zurück, das er im Weiteren bearbeitet. Während er Monimos von Syrakus (Diog. Laert. VI, 82–83) und Onesikritos von Ägina (VI, 84) auslässt, berücksichtigt er Krates von Theben (VI, 85–93) als nächsten Apophthegmenspender.

Krates aus Theben (um 365 – um 285), stammte aus wohlhabendem Hause, soll aber von seinem Reichtum Abstand genommen haben (vgl. *Apophth.* VII, 269); Krates zog nach Athen, um sich dem berühmten Kyniker Diogenes von Sinope und dessen asketischer Lebensweise anzuschließen: Verzicht auf Besitz mit Ausnahme des Kynikermantels und -ranzens, Leben auf der Straße. Krates verfasste keine umfänglichen theoretischen Werke, sondern legte sich v.a. auf Gedichte zu, in denen er bekannte Verse (z. B. von Homer und Solon) zitierte und diese parodistisch weiterführte, um sein kynisches Gedankengut zu vermitteln (vgl. Diog. Laert. VI, 85–87; 90; 92–93). Krates war mit der Philosophin Hipparchia von Maroneia verheiratet, die gemeinsam mit ihm das kynische Leben auf der Straße führte. Hipparchia schenkte ihm einen Sohn (Pasikles). Das Kynikerehepaar genoss durch sein exzentrisches Auftreten große Bekanntheit, heimste aber auch viel Spott und Verachtung ein. Bedeutende Schüler des Krates waren der Stoiker Zenon von Kition, Bion von Borysthenes, und vielleicht auch Kleanthes, zusätzlich Monimos von Syrakus, Hipparchia und ihr Bruder Metrokles. Vgl. M. Erler, „Die Kyniker", in: B. Zimmermann und A. Rengakos (Hrsg.), *Handbuch der griechischen Literatur der* Antike, Bd. 2: *Die Literatur der klassischen und hellenistischen Zeit*. München 2014, S. 302–311; M. Goulet-Cazé, *DNP* 6 (1999), Sp. 810–812, s.v. „Krates", Nr. 4; J. Stenzel, *RE* XI, 2 (1922), Sp. 1625–1631, s.v. „Krates", Nr. 6 (siehe *Apophth*. VII, 134; 229; 264; 265–284); M.-O. Goulet-Cazé, F. Queyrel, „Cratès de Thèbes", in: R. Goulet (Hrsg.), *Dictionnaire des philosophes antiques*, Bd. 2, Paris 1994, S. 496–500. Für die Fragmente des Krates vgl. Giannantoni *SSR*, Bd. 2, S. 523–575; Luck *WdH* 521–600 (S.195–216); *PPF*, S. 207–223.

Apophth. VII, 266 ist eigentlich kein Spruch, sondern ist dem Spitznamen des Krates (Θυρεπανοίκτης) gewidmet, der sich auf einen anekdotisch aufgefassten Aspekt seiner Biographie bezieht. Es geht dabei um die Hausbesuche des Kynikers, der sich bemühte, allen möglichen Leuten Ratschläge für ihr persönliches Leben zu geben, das sich besonders in der Privatsphäre offenbarte (vgl. Luck *WdH* S. 511: „Krates sah sich als Familienberater, als ambulanten Psychiater, und offenbar hatte er großen Erfolg). Daß die Hausbesuche des Krates vielen Leuten willkommen waren, zeigt die parallele Vermeldung des biographischen Fakts bei Plut. *Quaestiones Convivales, Mor.* 632E; nach Plutarch empfingen die Leute Krates ehrenvoll und freundlich: Κράτητα δὲ τὸν φιλόσοφον, εἰς πᾶσαν οἰκίαν εἰσιόντα μετὰ τιμῆς καὶ φιλοφροσύνης δεχομένων, θυρεπανοίκτην ἐκάλουν (Luck *WdH* 528 [S.197]). Er. jedoch bewertet die Praxis des Krates durchaus negativ und missbilligend, als moralisch verwerfliche Verletzung der Privatsphäre aufgrund von ungebührlicher „Neugierde" („curiositas"); „curiositas" ist im christlichen Denken ein Negativbegriff, der ein Fehlverhalten anprangert, bei dem sich Leute mit Sachen abgeben, die sie nichts angehen. Oben bewertete Er. mit derselben begrifflichen Kategorie die „Neugierde" von Leuten, die sich für das interessieren, was in anderen Privathäusern vorgeht; der Platoniker Xenokrates sagte: „Dixit nihil referre, vtrum pedes an oculos inferas in aedes alienas, *videlicet deterrens ab omni curiositate rerum ad nos nihil attinentium*" (*Apophth*. VII, 179, kursiv der Kommentar des Er.). Zudem assoziierte Er. das Verhalten des Krates mit jenem eigenzeitlicher Bettelmönche, die sich als Familienberater und religiöse Ermahner aufspielten. Lycosthenes übernahm VII, 266 mitsamt der Fracht negativer Bewertungen, wobei er nicht zuletzt dem Negativtitel „Curiositas" folgte und nach ihm die Kategorie „De curiositate" bildete, in der VII, 266 auch figuriert (S. 224).

351–352 *Θυρεπανοίκτης … reprehenderet* Sinnverzerrte, mit Negativinterpretationen und -zusätzen lardierte Wiedergabe von Diog. Laert. VI, 86: Ἐκαλεῖτο δὲ καὶ Θυρεπανοίκτης διὰ τὸ εἰς πᾶσαν εἰσιέναι οἰκίαν καὶ νουθετεῖν (vgl. ed. Frob. S. 300); Crates Frgm. 18 Giannantoni. Vgl. die lat. Übers. Traversaris: „Vocabatur autem et Θυρεπανοίκτης (Θυρεπανοίκτης ed. Curio: thyrepanoectes Traversari, *e.g. in ed. Ven. 1490*), quod in omnem ingrederetur domum, et (sc. homines) corriperet" (ed. Curio, Basel 1524, S. 209). Vgl. Luck *WdH* 528 (S. 197).

351 *Θυρεπανοίκτης* Θυρεπανοίκτης, der Spitzname des Krates, ist eine einmalige Wortschöpfung aus der Verbindung von θύρα und ἀνοίγνυμι, die nur auf Krates angewendet wird und ausschließlich bei Diog. Laert. VI, 86 und Plut. *Quaestiones Convivales, Mor.* 632E vorkommt (vgl. Passow, I, 2, S. 1442, s.v.).

351–352 *irrumperet* „irrumperet" Daß Krates in die Häuser „eingebrochen" sein soll, ist eine negative Verzerrung des Er.; im griech. Original steht lediglich, daß Krates „hineinging", εἰσιέναι.

353 *πτωχοτυράννους* πτωχοτυράννοι „Betteltyrannen" oder „Bettlertyrannen", eine Wortschöpfung des Er. aus πτωχός und τύραννος. Damit reitet Er. unvermittelt eine Attacke gegen die Bettelmönche, die er häufig aufs Korn nimmt. Vgl. auch Komm. in *CWE* 38, S. 831.

354 *Paruo contentus* Vgl. Tib. I, 1, 25: „Iam … possum contentus viuere paruo".

355–357 *Philosophiae … cura viuere* Diog. Laert. VI, 86. Er. bearbeitete die Übers. Curios: „Et quod illi ex philosophiae studio accessisset θέρμων τε χοίνιξ καὶ τὸ μηδενὸς μέλειν, hoc est ,Choenix lupini et cura nullius rei'" (ed. Curio, Basel 1524, S. 209). Vgl. Traversaris Übers.: „quodque ex philosophia fuisset adeptus lupinorum chaenicen et nullius rei curam". Der griech. Text lautet: καὶ ὅτι ἐκ φιλοσοφίας αὐτῷ περιγένοιτο, θέρμων τε χοίνιξ καὶ τὸ μηδενὸς μέλειν. Crates Frgm. 83 Giannantoni; *PPF* 10 B 18; *Suppl. Hell.* 367.

357 *Choenix lupini* In der Nachfolge Curios belässt Er. das griech. χοίνιξ – wohl *metri causa* – unübersetzt, obgleich die transliterierte Form in der lateinischen Literatur der Antike nur äußerst selten verwendet wird (*Anthologia Latina* 496, 69; vgl. *DNG* I, Sp. 865, s.v.). Die Choinix ist ein attisches Getreidemaß von ca. 1,1 Liter. Wollte man die χοίνιξ ins Lateinische übersetzen, müsste man zwei

VII, 268   *Amoris remedia*   (Crates Thebanus Cynicus, 3)

Amore laborantibus ostendit remedia: *"Amori"*, inquit, *"medetur fames; sin aliter, tempus. Quod si nec his vti possis, laqueus"*. Luxus fere alit amorem. Tempus omnia aut tollit aut certe mitigat. Haec remedia si nihil prosunt, superest laqueus, vt morbus finiatur suspendio. Graeca sonant iucundius: λιμός, χρόνος, βρόχος.

VII, 269   Philosophvs non eget   (Crates Thebanus Cynicus, 4)

Dicebat *philosopho nulla re opus esse. Eoque pecuniam deposuit apud trapezitam hac conditione, vt, si liberi essent idiotae, traderet eam illis; sin philosophi, nummos distribueret in plebem,* quod indoctis opus esset pecunia, philosopho nec opus nec vtilis.

VII, 270   Svmptvs praeposteri   (Crates Thebanus Cynicus, 5)

Celebratur illius *ephemeris ad hunc habens modum: "Ponito coquo minas decem, medico drachmam; adulatori talenta decem, consiliario fumum; scorto talentum, philosopho triobolum"*. Notabat hominum stultitiam, qui in res honestas et cum primis necessarias minimum sumerent impendii, ad turpia prodigi.

---

359 *Amoris remedia* Vgl. den Titel von Ovids Werk *Remedia amoris*.

360–363 *Amori ... βρόχος* Diog. Laert. VI, 86: φέρεται δ᾽ αὐτοῦ κἀκεῖνο· ἔρωτα παύει λιμός, εἰ δὲ μή, χρόνος./ Ἐὰν δὲ τούτοις (τούτοισι ed. Frob. p. 301) μὴ δύνῃ χρῆσθαι, βρόχος (vgl. ed. Frob. S. 301); Crates Frgm. 79 Giannantoni; *PPF* 10 B; Luck *WdH* 575 (S. 209); *Anth. Pal.* IX, 497; *Suppl. Hell.* 363. Vgl. die Übers. Travesaris: „Fertur eius et illud: Amorem sedat fames; sin minus, tempus; eis vero si vti non vales, laqueus" (ed. Curio, Basel 1524, S. 209). Der Ausspruch des Krates wurde im griechischen Originaltext und in Traversaris Übers. im jambischen Trimeter formuliert (vgl. auch *Anth. Lat.* IX, 497). Er. überträgt die Verse hier – gegen seine Gewohnheit – in Prosa, obwohl ihm Traversari bereits eine metrische Übers. vorgelegt hatte. Vielleicht hatte Er. durch die Art, in der der Text in Curios Ausgabe gedruckt wurde, nicht bemerkt, daß es sich um Verse handelte. Vgl. auch Komm. *CWE* 38, S. 832.

361 *Luxus ... amorem* Vgl. das proverbium „Sine Cerere et Libero friget Venus", Ter. *Eun.*

„sextarii" (1 sextarius oder Sester = 0, 54 Liter, also 1, 08 Liter) angeben. Diese Menge Weizens wurde zur Zeit des Krates als ausreichende Tagesration für einen erwachsenen Mann betrachtet. Die gesteigerte Genügsamkeit des Kynikers zeigt sich darin, daß er als Tagesration nicht diese Menge Weizens, sondern lediglich der viel billigeren Wolfsbohne oder Lupine beanspruchte. Die Hülsenfrucht Wolfsbohne wurde in einigen Arten in der Antike als Nahrungsmittel für die Ärmsten und als Viehfutter verwendet. Ein Nachteil der Wolfsbohne war ihr bitterer Geschmack, der erst durch eine umständliche Zubereitungsweise (Weichmachen in warmem Wasser, Zerstoßen und Kochen) herabgemildert wurde. Vgl. Ch. Hünemörder, *DNP* 7 (1999), Sp. 512, s.v. „Lupine". Die Lupine wurde sprichwörtlich für „billiges", „wertloses" Zeug verwendet; vgl. Iuven. 14, 153 „Die Schale einer Bohne ist mir lieber"; Hor. *Ep.* I, 7, 23; Otto 978. Er. war diese sprichwörtliche Anwendung bekannt, vgl. *Adag.* 279 „Quid distent aera lupinis" (*ASD* II, 1, S. 384). Der Wert der Philosophie ist somit, von einer geringen Menge ganz billiger Nahrungsmittel leben zu können.

732; Cic. *Nat.* II, 23, 60; Apostolius XII, 2; Otto 1868.

361–362 *Tempus ... mitigat* Vgl. Walther 31301 „Tempus molestiis medetur omnibus"; 31301b „Tempus omni tristitie medetur"; 31301c „Tempus omnia domans".

366–368 *Philosopho ... in plebem* Diog. Laert. VI, 88. Er gab die lat. Übers. Traversaris wieder: „Porro Demetrius Magnesius ait deposuisse illum pecuniam apud trapezitam ea conditione, vt si quidem filii idiotae essent, eam illis redderet; sin autem philosophi, plebi distribueret; nihilo quippe egere philosophos" (ed. Curio, Basel 1524, S. 210). Vgl. den griech. Text: φησὶ δὲ Δημήτριος ὁ Μάγνης τραπεζίτῃ τινὶ παρακαταθέσθαι τἀργύριον (τὸ ἀργύριον *ed. Frob. p. 301*), συνθέμενον, εἰ μὲν οἱ παῖδες ἰδιῶται γενηθεῖεν (γενηθεῖεν B, Φ, *ed. Frob. p. 301*: γένοιντο *Cobet*), αὐτοῖς ἀποδοῦναι· εἰ δὲ φιλόσοφοι, τῷ δήμῳ διανεῖμαι· μηδενὸς γὰρ ἐκείνους δεήσεσθαι φιλοσοφοῦντας. Crates *Frgm.* 4 Giannantoni; Demetrius *Frgm.* 21 Mejer; vgl. *Gnom. Vat.* 387 Sternbach.

366 *trapezitam* In der Nachfolge Traversaris belässt Er. das griech. Wort für Bankier/ Geldwechsler unübersetzt. Die transliterierte Form „trapezita" oder „tarpezita" kommt mehrere Male bei Plautus vor (vgl. Georges II, Sp. 3201). Das lateinische Wort für τραπεζίτης wäre „argentarius" oder „nummularius".

371–373 *Ephemeris ... triobolum* Diog. Laert. VI, 86. Er kopierte im Spruchteil wörtlich die Übers. Traversaris: „Est et Ephemeris illa vulgatissima ita se habens (illa vulgatissima ita se habens *ed. Curio*: haec habens illa vulgatissima *Traversari*): Ponito (ponito *Curio*: apponet *Traversari*) coquo minas decem, medico dragmam, assentatori talenta quinque, consiliario fumum, meretrici talentum, philosopho triobolum" (ed. Curio, Basel 1524, S. 209). Vgl. den griech. Text: Ἔστι καὶ ἐφημερὶς ἡ θρυλουμένη οὕτως ἔχουσα· τίθει μαγείρῳ μνᾶς δέκ', ἰατρῷ δραχμήν, κόλακι τάλαντα πέντε (δέκα in *ed. Frob. p. 300*), συμβούλῳ καπνόν, πόρνῃ τάλαντον, φιλοσόφῳ τριώβολον. Crates *Frgm.* 78 Giannantoni; *PPF* 10 B 13; Luck *WdH* 574 (S. 209); *Suppl. Hell.* 362.

371 *ephemeris* „ephemeris" bedeutet „Abrechnung", d.h. die Eintragung der täglichen Ausgaben ins persönliche Rechnungsbuch; „ephemeris" ist sonst der Terminus für das persönliche Rechungsbuch (vgl. *DNG* I, S. 1875, s.v.); Er. war mit diesem antiken Brauch vertraut.

371–373 *minas decem ... triobolum* Das Prinzip dieser satirisch gemeinten Reihe von sinnvollen und sinnlosen Aufwendungen ist, daß jeweils den Lieferanten wertvoller Dienstleistungen sehr geringe Geldbeträge geboten werden, jenen sinnloser oder unbedeutender jedoch unglaublich hohe Summen: Während der Arzt für eine Behandlung nur eine Drachme (athen. Grundwährungseinheit von 4, 3 Gramm Silber), der Philosoph nur die Hälfte davon (3 Obolen) und der (fürstliche) Ratgeber gar nichts erhält, bekommen Köche pro Tag 1.000, Huren 10.000 und Schmeichler 50.000 Drachmen.

375   VII, 271   Venvs parabilis   (Crates Thebanus Cynicus, 6)

Filium Pasiclem, simul vt excesserat ex ephebis, per*duxit ad ancillae* domicilium, *dicens „hoc tibi est patrium coniugium. Nam moechi tragici praemia referunt exilia ac caedes, comici* scortatores *ex luxu ac temulentia lucrifaciunt insaniam"*. Sensit quasi tragicam esse rem adulterium, quod huius fere atrox sit exitus, vti scortis rem esse comicam.
380 Id enim non punitur supplicio capitis, sed tamen, qui depereunt in meretricem, in comoediis inducuntur insanis similes; at cum ancilla tua rem habere nihil est periculi. Hoc accipiatur velut ab ethnico dictum.

Apophth. VII, 271 Da der Spruch durch die Vermeldung der Liebhaber von Hetairen als *dramatis personae* die Neue Komödie Menanders (342–ca. 290 v. Chr.) voraussetzt, müsste er, falls er authentisch ist, auf Krates' (ca. 365–ca. 285) letztes Lebensdrittel datieren (nach ca. 315).

376–378 *Filium ... insaniam* Diog. Laert. VI, 88–89. Er. benutzte Curios/ Traversaris Übers. als Textvorlage: „Eratosthenes (Erathostenes *ed. Ven. 1490*) autem refert, cum ex Hipparchia ... natus sibi esset filius Pasicles nomine, eum iam adultum ad ancillae adduxisse domum ac dixisse, hoc ei paternum esse matrimonium. Caeterum moechorum apud tragicos exilia et caedes (apud tragicos exilia et caedes *Curio*: exilia et caedes tragicorum *Traversari*) esse praemium; eos vero, qui scortis congrederentur, apud comicos (apud comicos *Curio*: Comicorum *Traversari*) ex (ex *Curio*: quippe ex *Traversari*) luxu et ebrietate in insaniam verti *Curio*: gigni *Traversari*)" (ed. Curio, Basel 1524, S. 210). Vgl. den griech. Text: Ἐρατοσθένης δέ φησιν, ἐξ Ἱππαρχίας, περὶ ἧς λέξομεν, γενομένου παιδὸς αὐτῷ ὄνομα Πασικλέους, ὅτ' ἐξ ἐφήβων ἐγένετο, ἀγαγεῖν αὐτὸν ἐπ' οἴκημα παιδίσκης καὶ φάναι τοῦτον αὐτῷ πατρῷον εἶναι τὸν γάμον· τοὺς δὲ (τὲ *in ed. Frob. p. 302*) τῶν μοιχευόντων τραγικούς, φυγὰς γὰρ καὶ φόνους ἔχειν ἔπαθλον· τοὺς δὲ (τὲ *in ed. Frob. p. 302*) τῶν ἑταίραις προσιόντων κωμικούς· ἐξ (καὶ ἐξ *in ed. Frob. p. 302*) ἀσωτίας γὰρ καὶ μέθης μανίαν ἀπεργάζεσθαι (vgl. ed. Frob. S. 301–302); Crates Frgm. 19 und 48 Giannantoni; Luck *WdH* 531 (S. 198); Eratosthenes Frgm. 21, *FGH* 241. Er. verschweigt die bei Diog. Laert. angegebene Quelle der Anekdote, den alexandrinischen Gelehrten Eratosthenes (ca. 276–ca. 194 v. Chr.).

376 *Pasiclem* Für Pasikles, den Sohn des Krates und der Hipparchia, vgl. K. von Fritz, *RE* XVIII, 4 (1949), Sp. 2061, s.v. „Pasikles", Nr. 7; M. Goulet-Cazé, *DNP* 6 (1999), Sp. 811, s.v. „Krates", Nr. 4. Für Hipparchia siehe *Apophth.* VII, 291.

376 *simul vt excesserat ex ephebis* Mit „simul vt excesserat ex ephebis" übertrug Er., während er sonst Traversaris/Curios Übers. folgte, ὅτ' ἐξ ἐφήβων ἐγένετο wörtlich, wobei er sich vielleicht von Ter. *Andr.* 51 „nam is postquam excessit ex ephebis" (auch Cic. *De or.* II, 326) anregen ließ. Gemeint ist an vorl. Stelle nicht die athenische Ephebie, d.h. der zweijährige obligate Militärdienst, den die 18–20 Jährigen ableisten mußten („after he had ceased to be a cadet on ser ice", Hicks; „as soon as his son Pasicles had finished his military training", *CWE* 38, S. 833), sondern schlicht, „als Pasikles erwachsen wurde" (Jürß, Traversari), mit der Implikation, daß er heiratsfähig war (der Punkt, auf den sich Krates' kynischer Ratschlag bezieht). Da der Vater Krates kein athenischer Bürger war und zudem die Mutter Hipparchia aus Thrakien stammte, ist auszuschließen, daß der Sohn den athenischen Militärdienst abgeleistet hat.

376 *perduxit* Er.' „perduxit" ist eine drastische Wiedergabe von Traversaris „adduxisset" mit unfreiwilliger Komik, da es suggeriert, daß Krates seinen Sohn ins Bordell hineinbegleitete.

376 *ad ancillae domicilium* Mit „ad ancillae domicilium" verschlimmbesserte Er. Traversaris Übers. von ἐπ' οἴκημα παιδίσκης, „ad ancillae ... domum"; angesichts des extrem niedrigen sozialen Status der παιδίσκη – eine billige Hure oder Sklavin – ist mit οἴκημα „Behausung", „Zimmer, (Schlaf)Kammer" oder „Bordell" gemeint, während „domicilium" die Residenz von Königen, Edelleuten bzw. der höchsten Kreise angibt (vgl. *DNG* I, Sp. 1759 s.v.). παιδίσκη bezeichnet eine Kategorie

von Frauen, die sich einerseits von der offiziellen Ehefrau, andererseits von der teuren Hetaire, der geldverschlingenden Nobelhure, abhebt, also eine billige Hure oder Sklavin (vgl. Passow II, 1, S. 625, s.v. παιδίσκη, Nr. 2 „junge Sklavin", Nr. 3 „Dirne, Freudenmädchen"; Luck *WdH* 531, S. 198 „Dirne"; Jürß „Hure"; Hicks „brothel"). Er. übernahm „ancilla" von Traversari, das „Sklavin" oder „Dienstmagd" bezeichnen konnte; Er. jedenfalls meinte damit die mittelalterlich-frühneuzeitliche Dienstmagd, die im Hause wohnte, wie seine Erklärung „at cum ancilla tua rem habere nihil est periculi" zeigt. Da Er. von dieser Bedeutung ausging, ist sein „domicilium" noch kurioser. Lycosthenes verbesserte Er.' fremdes „ad ancillae domicilium" zu „in meretricis domum" (S. 168).

378 *scortatores* Das Wort „scortator" war Er. aus der römischen Komödie vertraut, z. B. aus Plaut. *Amph.* 287.

380 *depereunt in meretricem* „deperire", das Reizwort schlechthin für das sterbliche Verliebtsein von Jünglingen in der römischen Komödie, namentlich in Prostituierte. Vgl. Georges I, Sp. 2056–2057, s.v. „depereo".

VII, 272 RIDICVLE (Crates Thebanus Cynicus, 7)

Quum pro quodam supplicaret *gymnasii principi*, procumbens *attigit coxam illius*
385 *pro genibus*. Nam supplices ex more genua contingebant. *Indignanti gymnasiarcho
„Quid?", inquit, „An non haec aeque tua sunt ac genua?"*, notans obiter vulgi superstitionem, qui certa membra certis rebus dedicauit: velut aurem memoriae, nasum irrisioni, genua misericordiae, quum haec ad totum hominem pertineant.

384–386 *Quum ... ac genua* Diog. Laert. VI, 89. Er. benutzte Curios Übers., die er sowohl korrigierte als auch verschlimmbesserte: „Eius facetum quiddam (quiddam *ed. Curio*: quidpiam *Traversari*, e.g. *ed. Ven. 1490*) Phauorinus (Phauorinus *ed. Curio*: Fauorinus *Traversari*) in secundo commentariorum refert. Ait enim cum (cum *ed. Curio*) pro quodam intercederet (intercederet *Curio*: deprecans *Traversari*) apud (apud *add. Curio*) gymnasii principem, eius coxas (coxas *Curio*: ilia *Traversari*) tetigit. Illo indignante, ‚Quid enim?', ait ille (*sic, i.e.* is; ille *add. Curio*), ‚Nonne et ista tua sunt sicut et genua?'" (ed. Curio, Basel 1524, S. 210). Vgl. den griech. Text: Χάριεν δ' αὐτοῦ Φαβωρῖνος ἐν δευτέρῳ τῶν Ἀπομνημονευμάτων φέρει. φησὶ γάρ· παρακαλῶν περί του τὸν γυμνασίαρχον, τῶν ἰσχίων αὐτοῦ ἥπτετο· ἀγανακτοῦντος δέ, ἔφη, „τί γάρ; οὐχὶ καὶ ταῦτα σά ἐστι καθάπερ καὶ τὰ γόνατα;" (vgl. ed. Frob. S. 302); Crates Frgm. 36 Giannantoni; Luck *WdH* 545 (S. 201); Favorinus Frgm. 12 Mensching. Er. verschweigt die von Diog. Laert. angegebene Quelle der Anekdote, die Aufzeichnungen (Memorabilien) des Favorinus von Arles.

384 *pro quodam supplicaret* Curio hatte Traversaris Übers. von παρακαλῶν περί του mit „pro quodam deprecans" falsch verstanden: Curio dachte, daß sich Krates für einen anderen Gymnasiasten bei dem Gymnasiarchen einsetzte. Gemeint war jedoch, daß Krates diesen einfach um irgendetwas dringlich bat. Er., der von Curios Übers. ausging, jedoch auch den griech. Text vor sich hatte, korrigierte Curios „intercederet apud" zu „supplicaret".

384 *gymnasii principi* Mit „gymnasii principi" kopierte Er. Traversaris Übers. von τὸν γυμνασίαρχον, während er unten auch die transliterierte Form „gymasiarchus" verwendete. Die griech. Gymnasien waren keine Gymnasien im heutigen Sinn, sondern Institutionen, in denen körperliches Training, körperliche und charakterliche Vorbereitung zum Wehrdienst (Ephebie) und Sozialisation eine vorrangige Rolle spielten. Der γυμνασίαρχος war – auch in hellenistischer Zeit – kein professioneller Lehrer oder Schulmann, sondern ein voranstehender, gut betuchter Bürger Athens, der ohne Entgelt ein prestigeträchtiges Ehrenamt bekleidete. Damit hängt zusammen, daß er in Bezug auf alles, was den Betrieb des Gymnasiums betraf, weitgehende Machtbefugnisse hatte: Diese bilden den relevanten Hintergrund zu der Anekdote von VII, 272. Zum Gymnasium des Hellenismus bzw. zur Rolle des Gymnasiarchen vgl. D. Kah und P. Scholz (Hrsg.), *Das hellenistische Gymnasion*, Berlin 2007, darin: D. Kah, „Militärische Ausbildung im hellenistischen Gymnasion" (S. 47–90); J. Engels, „Das Training im Gymnasium ..." (S. 91–102); P. Scholz, „Elementarunterricht und intellektuelle Bildung im hellenistischen Gymnasion" (S. 103–128); Ch. Schuler, „Die Gymnasiarchie in hellenistischer Zeit" (S. 163–192); H.-J. Gehrke, „Stasis und Sozialisation. Überlegungen zur Funktion des Gymnastischen in der Polis", in: H. Börm, M. Mattheis und J. Wienand (Hrsg.), *Civil War in Ancient Greece and Rome*, Stuttgart 2016, S. 31–52.

384 *coxa* Mit ἰσχία sind die Gelenke der Oberschenkel, die Hüftgelenke gemeint (vgl. Passow I, 2, S. 1512, s.v. ἰσχίον), die Traversari *ad sensum*, jedoch nicht punktgenau mit „ilia", „Schamteile", übersetzt hatte; Curio korrigierte diese von ihm als anstößig empfundene Übersetzung zu dem anatomisch richtigen „coxas" (vgl. *DNG* I, Sp. 1336, s.v. „coxa"). Er. übernahm Curios Übers., setzte sie aber verschlimmbessernd in den Singular.

385 *Nam ... contingebant* „Nam supplices ex more genua contingebant" ist eine zwischengeschaltete, hilfreiche Erklärung des Er., der den antiken griechischen Gestus der Schutzflehenden, das Umarmen der Knie des erhofften Hilfebringers, korrekt verstand. Für den Brauch der Hikesie und die dazugehörigen

Rituale vgl. S. Gödde, *DNP* 5 (1998), Sp. 554–555, s.v. „Hikesie"; J. Gould, „Hiketeia", in: *Journal of Hellenic Studies* 93 (1973), S. 74–103; M. Giordano, *La supplica. Rituale, istituzione sociale e tema epico in Omero*, Neapel 1999; W. Pötscher, „Die Strukturen der Hikesie", in: *Wiener Studien* 107/108 (1994/95), S. 51–75. Das rituelle Umfassen der Knie ist schon in homerischer Zeit vorhanden (*Il.* I, 498 ff.) und setzt sich bis in römische Zeit fort. Andere Gesten des Schutzflehenden waren das Berühren des Kinns und der Hände des angesuchten Hilfebringers.

386 *inquit* Auch an dieser Stelle korrigierte Er. Curios Übers., der nach „ait" irrtümlich „ille" hinzugesetzt hatte, wodurch die Sprecherrollen kontaminiert wurden. Er. tilgte zurecht Curios „ille".

386–388 *notans … pertineant* Er. erklärt die komische Variation des Gestus der Schutzflehenden als Versuch des Krates, den Aberglauben des Volkes lächerlich zu machen („notans obiter vulgi superstitionem"), der bestimmten Körperteilen des Menschen eine bestimmte Bedeutung zuteilte, obwohl diese nicht auf Tatsachen beruhe. Diese Erklärung mag zwar klug sein, ist aber nicht plausibel. Vielmehr hat Krates mit der „Erhabenheit" bzw. Quasi-Allmacht des Gymnasiarchen seinen Spott getrieben. Unwahrscheinlich ist Lucks Erklärung, daß Krates den Gymnasiarchen um Sex gebeten habe: „Daß er (sc. Krates) statt dessen einen anderen Körperteil packt, gibt einen Hinweis auf die Art seiner Bitte" (S. 513). Luck hatte τῶν ἰσχίων mit „Hintern" übersetzt.

387 *aurem memoriae* Das Ohr galt in der Antike als Sitz des Gedächtnisses; jemanden am Ohrläppchen zupfen war der Gestus, wenn man jemanden erinnern wollte (z. B. bei Zeugenaussagen). Vgl. G.-H. Mohr, *Lexikon der Symbole*, Düsseldorf-Köln 1971, S. 225, s.v. „Ohr".

387–388 *nasum irrisioni* Die Nase galt in der römischen Antike als Sitz des Spottes und des satirischen Witzes. Daraus ging das Sprichwort „aliquem suspendere naso", „jemanden verspotten" hervor (vgl. Otto 1198); „Spötter" hießen „nasuti" (Phaedr. IV, 7, 1); überhaupt war „nasus", „die Nase" ein Äquivalent für Witz, Spott und satirischen Humor; „Humor haben" wurde mit „nasum habere" bezeichnet; vgl. Mart. I, 41, 18 „Non cuicumque datum est habere nasum"; *DNG* II, Sp. 3218, s.v. „nasus", Nr. I.B. b „die Nase als Sitz der Spötterei".

388 *genua misericordiae* Während Er. den rituellen Gestus der antiken griechischen Schutzflehenden, die Knie des potentiellen Hilfebringers zu umfassen, verstand, irrt er sich in der Interpretation: Der Gestus rührt nicht daher, daß man in den Knien den Sitz des Mitleidens vermutete. Die Knie wurden jedoch als Sitz des Lebens, der Vitalität, der Lebenskraft betrachtet: Ein Ausdruck für „jemanden des Lebens berauben" war „jemandem die Knie lösen". Vgl. S. Gödde, *DNP* 5 (1998), Sp. 554.

VII, 273   Nemo sine vicio   (Crates Thebanus Cynicus, 8)

390 *Negabat inter homines quempiam inueniri posse, qui non aliqua in parte laberetur*, addens *nullum inueniri malum Punicum, in quo non sit aliquod granum* sup*putre*.

VII, 274   Facete   (Crates Thebanus Cynicus, 9)

Nicodromus citharoedus huius dictis *lacessitus impegit illi pugnum in os* et suggillauit. At Crates *fronti imposuit* tabellam, *in qua scriptum erat: „Nicodromus faciebat"*. Itaque
395 cum liuore suo obambulans traduxit citharoedum, festiuiter alludens ad artificum

391 Punicum *B C*: punicum *versio fr. Ambrosii ed. per Curionem.*

Apophth. VII, 273 ist ein Gegenstück zu *Adag.* 2267 „Oportet omnibus corydalis" (*ASD* II, 5, S. 223–224): „Πάσῃσι κορυδάλοισι χρὴ λόφον ἐγγενέσθαι, id est ‚Omnibus galeritis oportet cristam inesse'. Citatur ex Simonide [*B*] et vsurpatur aliquoties a Plutarcho, [*F*] nominatim in vita Timoleontis, [*B*] in hunc sensum: nullum esse mortalis ingenium, cui non sit aliquod vitium admixtum, ceu perinde secundum hominis naturam sit non carere vitio, vt galeritae naturale est habere cristam … [*F*] Congruit huic dictum Cratetis, quod refertur apud Laertium, vix esse quenquam, qui prorsus omni vitio careat …". In den Adagien setzte Er. das Apophthegma des Crates zuerst in der Ausgabe d.J. 1526 hinzu. Lycosthenes bildete auf der Grundlage von VII, 273 die Kategorie „De perfectione" (S. 848).

390–391 *Negabat … supputre* Im ersten Spruchteil paraphrasierende, im zweiten eher wörtliche Wiedergabe von Diog. Laert. VI, 89: ἔλεγέ τ' ἀδύνατον εἶναι ἀδιάπτωτον εὑρεῖν, ἀλλ' ὥσπερ ἐν ῥοιᾷ καὶ σαπρόν τινα κόκκον εἶναι (vgl. ed. Frob. S. 302), wobei sich Er. von der Übers. Traversaris anregen ließ: „Dicebat possibile non esse inueniri, qui lapsus non sit, sed, veluti in malo punico granum etiam aliquod putridum esse" (ed. Curio, Basel 1524, S. 210); vgl. Er.' eigene Wiedergabe des Apophthegmas in *Adag.* 2267: „dictum Cratetis … omnibus malis punicis aliquod inesse granum putre" (*ASD* II, 5, S. 224). Der Spruch wurde bereits von Brusoni in seine Sammlung d.J. 1518 aufgenommen (V, 12), der Traversaris Übers. als Textvorlage benutzte.

391 *supputre* „supputre", „ein wenig faul, ein bisschen faul", ist ein kurioser Neologismus des Er.; „supputre" existiert weder in der klassischen noch der spätantiken noch der mittelalterlichen noch der neueren Latinität; es ist auch nicht in Niermeyer, Hoven oder in Rammingers neulateinischer Wortliste vorhanden. „Puter, putris, putre" ist an sich kein Wort, daß eine Nuancierung mit „sub" erfordern würde: Im vorliegenden Fall ist dies noch weniger angezeigt, da es um die vielen kleinen Samenkernchen des Granatapfels mit Samenmänteln geht. So ein einige Millimeter kleines Kernchen mit Samenmantel ist entweder faul oder es ist eben nicht faul: Was sollte in diesem Fall „ein bisschen faul" bedeuten?

In *Apophth.* VII, 274 (eine Aufschrift, kein Spruch) offenbart sich abermals der weit gefasste Apophthegma-Begriff, von dem Er. *de facto* ausgeht, während er ihn quasi-programmatischen Lippenbekenntnissen, v.a. im fünften Buch, ablehnt.

393–394 *Nicodromus … Nicodromus faciebat* Diog. Laert. VI, 89: Νικόδρομον ἐξερεθίσας τὸν κιθαρῳδὸν ὑπωπιάσθη· προσθεὶς οὖν πιττάκιον τῷ μετώπῳ ἐπέγραψε, „Νικόδρομος ἐποίει" (ed. Frob. S. 302). Vgl. die lat. Übers. Traversaris: „Cum Nicodromum citharoedum irritasset, caesus in faciem est. C(h)artulam itaque imponens fronti inscripsit: ,Nicodromus faciebat (faciebat *Curio*: fecit *Traversari*)'" (ed. Curio, Basel 1524, S. 210).

393 *Nicodromus* Nicodromus (*B, C, BAS*), weiter unbekannter Kitharöde athenischer Herkunft bzw. in Athen tätig. In CWE 38, S. 833–834 wird sein Name inkorrekt als „Nicodemus" wiedergegeben.

393 *suggillauit* „suggillauit" („schlug ihm das Gesicht bunt und blau") ist eine Übertreibung des Er., der damit den Text lebendiger zu machen versuchte. Reizvoll war für Er. wohl auch die Nähe von „suggillare" zu „signare" (vgl. dazu Komm. unten); Er. kannte das seltene Wort wohl aus Senecas Sentenz in *Ep.* 13: „Non potest athleta magnos spiritus ad certamen adferre, qui nunquam sugillatus est". Für „suggillare" bzw. „sugillare" vgl. Georges II, Sp. 2915, s.v. „sugillo". Im griech. Original steht, daß der Kitharöde dem Krates einen blauen Fleck (evtl. eine Beule oder ein blaues Auge) schlug.

394 *tabellam* Mit „tabellam" veschlimmbesserte Er. Traversaris „chartulam", „Papierstreifen". Es läßt sich schwerlich nachvollziehen, wie Krates ein „Täfelchen" oder „Schreibbrettchen" an seine Stirne geheftet haben sollte. Es handelt sich vielmehr um einen Lederstreifen: πιττάκια bezeichnet Lederstreifen, die man im antiken Griechenland zur Wundbehandlung verwendete, auf die man z. B. Salben schmierte (vgl. Passow II, 1, S. 932, s.v. πιττάκιον); die mit Salbe bestrichenen Lederstreifen klebte man dann auf die Wunde (vgl. richtig Hicks „he stuck a plaster on his forehead"; nicht richtig Jürß: „klebte einen Zettel auf die Stirn"). Damit machte sich Krates einen Jux: Auf die nicht mit Salbe bestrichene Seite des Lederstreifens schrieb er: „Nikodromos hat's gemacht".

395–396 *festiuiter ... inscribunt* Er. meinte, daß die Beischrift, die Krates auf seinen Kopf klebte, eine ironische Anspielung auf „den Brauch" antiker griechischer „Künstler" sei, ihre Werke mit der Signatur ihres Namens (als Marke der Authentizität) zu versehen. Damit habe Krates den Kitharöden Nikodromos als Künstler lächerlich machen wollen. Jedoch kam die Künstlersignatur in der Malerei erst im 14 Jh. auf, und erst im 15. und 16. Jh. fand sie weitere Verbreitung. Diesbezüglich waren im Europa nördlich der Alpen Meister wie Jan van Eyck, Dürer, Hans Baldung Grien, Lukas Cranach und Hans Holbein richtungsweisend. Das ist der kulturelle Hintergrund, von dem Er. in seiner Erklärung der Anekdote ausging. Für die Künstlersignatur vgl. F.Ph. Ingold, „Zur Signatur des Werks", in: ders., *Im Namen des Autors*, München 2004, S. 299–374; M.J. Libmann, „Die Künstlersignatur im 15. und 16. Jahrhundert als Gegenstand soziologischer Untersuchung", in: P.H. Feist (Hrsg.), *Lucas Cranach. Künstler und Gesellschaft*, Wittenberg 1973; H.H. Caplan (Hrsg.), *Künstlersignaturen, -Symbole und Monogramme*, 1977; F. Anzelewsky, *LMA* VII (1999), Sp. 1887–1888, s.v. „Signatur (Malerei und Graphik)".

In der Antike signierten Maler ihre Werke jedoch nicht in diesem späteren Sinn. Mit den Aufschriften, die Plinius d.Ä. vermeldet (*Nat.* praef. 26; die Stelle, auf die sich Er. hier bezieht), waren separate Zettelchen oder Streifen aus Schreibmaterial gemeint, die an ein Gemälde angebunden werden konnten. Jedoch geht aus der Plinius-Stelle hervor, daß es sich nicht um einen allgemein verbreiteten Brauch handelte, sondern um eine merkwürdige Gebärdung einiger perfektionistischer Ausnahmekünstler, die es nicht lassen konnten, stets an ihren Werken weiterzuarbeiten, auch wenn sie eigentlich fertig waren. Der Zweck einer solchen Beischrift, etwa „Apelles faciebat", war nicht, ein von Apelles vollendetes Kunstwerk zu authentifizieren, sondern umgekehrt, das Bild *als unfertig zu kennzeichnen*, d.h. als Gemälde, das der Künstler noch in Arbeit hat und das also noch nicht zum Verkauf bestimmt ist (vgl. Plin. a.a.O.). Da die Künstlersignatur in der Antike keine gültige Kunstpraxis war, folgt daraus, daß es kaum witzig gewesen sein kann, das „Werk" des Musikers als Künstlersignatur darzustellen. Somit muß Krates mit dem auf dem Kopf geklebten Zettel anderes im Sinn gehabt haben. Diesbezüglich gibt die von Er. angedeutete Parallele, Diog. Laert. VI, 33, Aufschluss, wo der Kyniker Diogenes auf ähnliche Weise auf eine Tracht Prügel reagiert (vgl. unten): Die schriftliche Liste der Namen der Gewalttäter, die Diogenes ostentativ herumtrug, sollte als Anklage gegen diese funktionieren – offensichtlich hatte der Philosoph damit Erfolg.

morem, qui *operibus* suis *inscribunt*: „Apelles" aut „Phidias [i.e. Polyclitus] *faciebat*". Simile quiddam narratur de Diogene pulsato.

VII, 275   Facetvm   (Crates Thebanus Cynicus, 10)

A magistratu obiurgatus, quod praeter leges ac morem Atheniensium *sindone vestiretur, ait:* „Quid, si *Theophrastum vobis ostendam sindone amictum?*". *Diffidentes* ac vt ostenderet, flagitantes *adduxit ad tonstrinam* ostenditque Theophrastum, *qui* tum forte *tondebatur*, linteo amictum, quod Graeci a contegendis humeris ὠμόλινον vocant, submonens omnibus ad vsum vti licere. Nam si per se turpe esset vti linteis, ne in tonstrina quidem esset honestum.

400

396 *Apelles ... faciebat'* Plin. *Nat. praef.* 26. Er. zitierte die Plinius-Stelle aus dem Stegreif; dabei irrte er sich teilweise: Plinius erwähnte a.a.O. nicht die Beischrift des Pheidias, sondern des Polykleitos: „ex illis mox velim intelligi pingendi fingendique conditoribus, quos ... inuenies absoluta opera et illa quoque, quae mirando non satiamur, pendenti titulo inscripsisse, vt ‚Apelles faciebat' aut ‚Polyclitus' ...". Für Polykleitos vgl. Komm. zu VI, 533.

396 *Apelles* Für Apelles (um 380/370-vor 400), einen der größten Maler der Antike, vgl. Komm. oben zu *Apophth.* VI, 523, wo ihm Er. eine Sektion von Sprüchen widmete (VI, 523–531). Von ihm sind keine originalen Gemälde erhalten; seine Bildgegenstände lassen sich nur durch Beschreibungen bei Plin. *Nat.* u. a. Schriftstellern erschließen.

397 *Simile ... de Diogene pulsato* Diog. Laert. VI, 33: εἰσελθὼν ποτε ἡμιξύρητος εἰς νέων συμπόσιον, καθά φησι Μητροκλῆς ἐν ταῖς Χρείαις, πληγὰς ἔλαβε· μετὰ δὲ ἐγγράψας τὰ ὀνόματα εἰς λεύκωμα τῶν πληξάντων περιῄει ἐξημμένος, ἕως (ὡς *in ed. Frob. p. 275*) αὐτοὺς ὕβρει περιέθηκε καταγινωσκομένους καὶ ἐπιπληττομένους (ed. Froben. S. 275–276). Von Er. aufgenommen in *Apophth.* III, 191 (*CWE* 38, S. 280; *ASD* IV, 4, S. 243).

Apophth. VII, 275 ist eigentlich kein markiger Ausspruch, sondern eher eine unbedeutende Anekdote, die zudem kurios ist: Fein gesponnene Baumwollgewebe waren Luxusartikel, deren Besitz nicht recht zu Krates paßt, der als Kyniker Wert auf eine extrem einfache und bescheidene Lebensweise legte. Aus der Anekdote läßt sich nicht ausmachen, wie sich das reimen soll. Während Er. die Anekdote als „witzig" einstuft, ist sie eher dürftig und abgeschmackt. Lycosthenes jedoch folgte dem Titel des Er., indem er sie in der Kategorie „De facete et iocose dictis" druckt, darin sogar an erster Stelle.

399–402 *A magistratu ... tondebatur* Diog. Laert. VI, 90: ὑπὸ τῶν Ἀθήνησιν ἀστυνόμων ἐπιτιμηθεὶς ὅτι σινδόνα ἠμφίεστο, ἔφη, „καὶ Θεόφραστον ὑμῖν δείξω σινδόνα περιβεβλημένον". Ἀπιστούντων δέ, ἀπήγαγεν ἐπὶ κουρεῖον καὶ ἔδειξε κειρόμενον (ed. Frob. S. 302); Crates Frgm. 35 Giannantoni. Er. verwendete sowohl den griech. Text als auch die Übers. Traversaris: „Ab Atheniensibus ciuilis iuris peritis (sic) arguebatur, quod sindone amiciretur. Quibus ille, ‚Theophrastum', inquit, ‚ostendam vobis opertum sindone'. Non credentibus induxit illos in tonstrinam, vbi ille tondebatur, ostenditque lino (sic) coopertum" (ed. Curio, Basel 1524, S. 210).

399 *A magistratu* Der ἀστυνόμος war ein athenischer Beamter, der mit der Aufsicht über die Straßen und öffentlichen Plätze und mit der Wahrung der Ordnung betraut war. Er mußte dafür Sorge tragen, daß die Straßen rein blieben und sich die Leute auf der Straße anständig betrugen (vgl. Passow I, 1, S. 424, s.v.). Zu seinen Aufgaben gehörten nicht nur Bauvorschriften und Müllabfuhr, sondern auch die Einhaltung der athenischen Kleidervorschrift. Er. verstand einerseits, daß es der ἀστυνόμος ein Beamter war, zweitens, daß es um eine Kleidungsvorschrift ging. Er. verbesserte insofern die Fehlübers. Traversaris, der fälschlich unterstellte, daß der ἀστυνόμος ein Jurist bzw. Rechtsgelehrter war.

399 *quod ... Atheniensium* „quod praeter leges ac morem Atheniensium" ist ein nützlicher erklärender Einschub von Er.

399 *sindone* „sindon", ein glattes, subtiles Gewebe aus fein gesponnener Baumwolle, wie es z. B. in Ägypten hergestellt wurde, das dem in der frühen Neuzeit in die Mode gekommenen Musselin ähnelt (vgl. Passow II, 2, S. 1424, s.v. σινδών „indisches baumwollenes Gewebe, das jedoch auch in … in Ägypten, hergestellt wurde"; *DNG* II, Sp. 4411, s.v. „sindon"; Hicks „muslin"). Stein des Anstoßes war die orientalisch anmutende Feinheit des Gewebes, das Krates trug. Orientalische Luxusgewebe waren in Athen als Tracht der Männer verpönt (vgl. H. Mills, „Greek Clothing Regulations. Sacred and Profane", in: *Zeitschrift für Papyrologie und Epigraphik* 55 [1984] S. 262–265). Dieses glatte Gewebe wurde auch von Barbieren bzw. Friseuren als Umhang benutzt, um die feinen Härchen aufzufangen. Darin ist wohl auch die nicht sehr lustige Pointe der Anekdote gelegen. Er. war nicht klar, um welches Gewebe es ging, da er – wie seine Erklärung im Schlußteil von VII, 275 zeigt – dachte, Theophrastos habe einen Umhang aus „Leinen" („linteum") getragen. Leinen wird nicht aus Baumwolle, sondern aus dem gröberen Flachs hergestellt; auch war Leinen kein anstößiger Stoff.

400 *Theophrastum* Für den in Athen tätigen Theophrastos (371/0–287/6 v. Chr.), den Nachfolger des Aristoteles als Schulhaupt des Peripatos, vgl. oben Komm. zu *Apophth.* VII, 252. Er. widmete ihm eine Sektion von Sprüchen (VII, 252–255).

402–404 *linteo … esset honestum* In seiner Erklärung „linteo … esset honestum" irrt sich Er. mehrfach: Der Umhang, den Theophrastos beim Friseur trug, war nicht aus Leinen („linteum"); was er trug, nannte man nicht ὠμόλινον; das Wort ὠμόλινον leitet sich etymologisch nicht davon her, daß das Kleid „die Schultern" (ὦμοι) bedeckte, sondern von ὠμός (= „roh") und λινόν („Flachs", das Material zur Herstellung von Leinen); und zuletzt wollte Krates die Athener nicht davon überzeugen, daß man den rohen Leinenstoff, den man im Friseurladen als Umhang trug, auch sonst im öffentlichen Leben tragen konnte, ohne eine Schandtat zu begehen. ὠμόλινον ist das Wort für aus grobem Flachs gemachte einfache, ärmliche Kleidung (etwa: „Leinenkittel"), vgl. Passow II, 2, S. 2612, s.v.; Er.' irrige Annahme, daß es in der Anekdote um Leinen gehe, rührt daher, daß er von Traversaris Übers. ausging, der diesen Irrtum durch einen Zusatz ins Leben gerufen hatte („ostenditque lino coopertum").

VII, 276   Paucis contentus   (Crates Thebanus Cynicus, 11)

Demetrio Phalereo indignatus est, quod ipsi panes ac vinum misisset, dicens „Vtinam fontes etiam panes ferrent!", sentiens vino philosopho nihil opus esse, atque hoc ipsum esse submolestum, quod panis non aeque parabilis esset ac potus.

VII, 277   Vires formae praestant   (Crates Thebanus Cynicus, 12)

Erat corpore *deformi* quumque *in certaminibus nudatus ob id esset risui, sublatis manibus dicere solebat: „De oculis, o Crates, reliquoque corpore bono animo esto! Nam istos, qui nunc te derident, mox conspicies morbo contrahi, teque beatum praedicare ac sese ignauiae damnare"*, significans formam nihil facere ad victoriam, sed robur ac laborum tolerantiam, qua caeteros antecedebat.

VII, 278   (Crates Thebanus Cynicus, 13)

Rogatus, *quoad esset philosophandum, „Donec"*, inquit, *„exercituum duces, qui sunt, videbuntur esse agasones"*, sentiens, opinor, ibi maxime opus esse philosophia, vbi, qui populo praesunt, stolidi sunt et indocti, et homines, quibus imperant, habent pro asinis.

VII, 279   Adulatio   (Crates Thebanus Cynicus, 14)

Eos, qui cum adulatoribus viuerent, aiebat esse desertos non aliter, quam vituli sunt inter lupos. Neque enim illos adesse, quos oportet, *neque cum iis, qui adsunt,* habere societatem, quum sint *insidiatores.*

---

407 panes *B C ut in versione fr. Ambrosii (cf. Diog. Textum Graec.* τῶν ἄρτων): panem *BAS LB.*
412 solebat *LB*: solet *B C.*

423 inter *B C ut in versione fr. Ambrosii*: ante *BAS LB.*

Apophth. VII, 276 Aufgrund der vermeldeten Wohltat des Demetrios von Phaleron (geb. um 360 v. Chr.) datiert die Anekdote vor d.J. 307 v. Chr., in dem dieser Athen für immer verließ, und nach d.J. 324, in dem dessen gesellschaftlicher Aufstieg begann. Demetrios von Phaleron studierte selbst Philosophie in Athen, bei Aristoteles (bis 323) und Theophrastos. Er unterstützte die Philosophen sehr großzügig: Theophrastos schenkte er ein Grundstück mit Musenheiligtum, Bibliothek und Garten (heute befindet sich dort die Nationalbiliothek Griechenlands). Um 317 war Demetrios von Phaleron als Statthalter der makedonischen Monarchie der mächtigste Mann von Athen. Als Peripatetiker hatte er in Bezug auf Diätetik andere Vorstellungen als die asketisch eingestellten Kyniker. Demetrios war der Meinung, daß sich Philosophen vernünftig ernähren sollten und dazu zählte er auch den Wein; Krates fühlte sich dadurch beleidigt, woraus sich seine undankbare Reaktion erklärt.

406 *Demetrio* Für den Philosophen und Politiker Demetrios von Phaleron s. oben Komm. zu *Apophth.* VII, 256. Er widmete ihm eine Sektion von Sprüchen in *Apophth.* VII, 256–265.

406–407 *Demetrio ... panes ferrent* Diog. Laert. VI, 90. Er. übernahm im wesentlichen die. Übers. Curios/ Traversaris: „Demetrio Phalereo, qui panes (qui sibi panes *Traversari*: sibi *del. Curio*) ac vinum miserat, conuiciabatur (conuiciabatur *Curio*: exprobrabat *Traversari*) dicens, ,Vtinam et fontes panes ferrent!'. Constat igitur aquam bibisse" (ed. Curio, Basel 1524, S. 210). Vgl. den griech. Text: Δημήτριον τὸν Φαληρέα πέμψαντα αὐτῷ ἄρτους καὶ οἶνον ὠνείδισεν εἰπών, „εἴθε γὰρ αἱ κρῆναι καὶ ἄρτους ἔφερον". Δῆλον οὖν ὡς ὕδωρ ἔπινεν (ed. Frob. S. 302); Crates Frgm. 33 Giannantoni; Luck *WdH* 543 (S. 200); Demetrius Phalereus, Frgm. 58a Wehrli. Dieselbe Anekdote findet sich in Athen. *Deipn*. X, 422C–D: καὶ Κράτης δ᾽ ὁ κυνικός, ὥς φησι Σωσικράτης ἐν ταῖς Διαδοχαῖς, ἐπερράπισε Δημήτριον τὸν Φαληρέα σὺν τῇ πήρᾳ τῶν ἄρτων καὶ λάγυνον πέμψαντα οἴνου· „εἴθε γάρ", ἔφη, „τὰς κρήνας καὶ ἄρτους ἦν φέρειν".

409 *Vires formae praestant* Er. hat hier einen sentenzartigen Titel formuliert: „Kraft geht vor Schönheit".

411–414 *Erat corpore ... damnare* Diog. Laert. VI, 91–92; Er. bearbeitete die Übers. Traversaris: „Erat autem et facie turpis et, cum se exerceret, ridebatur. Solebat autem sublatis manibus dicere: ,Confide, Crates, pro oculis et corpore reliquo! Hos enim videbis irrisores iamiam et morbo contrahi et te beatum dicere, se autem ignauiae (ignauiae *Curio*: ociositatis *Traversari*) arguer'" (ed. Curio, Basel 1524, S. 211). Vgl. den griech. Text: ἦν δὲ καὶ τὴν ὄψιν αἰσχρὸς καὶ γυμναζόμενος ἐγελᾶτο. εἰώθει δὲ λέγειν ἐπαίρων τὰς χεῖρας, „θάρρει, Κράτης, ὑπὲρ ὀφθαλμῶν καὶ τοῦ λοιποῦ σώματος· τούτους δ᾽ ὄψει τοὺς καταγελῶντας, ἤδη καὶ συνεσπασμένους ὑπὸ νόσου καί σε μακαρίζοντας, αὐτοὺς δὲ καταμεμφομένους ἐπὶ τῇ ἀργίᾳ" (ed. Frob. S. 303). Crates Frgm. 40 Giannantoni; *SVF* I, Nr. 272.

411 *corpore deformi* Apul. *Flor*. 14 überliefert, daß Krates auf seinem Rücken zwischen den Schulterblättern einen Fleischhöker gehabt haben soll; Er. übernahm von ihm diese Angabe, wie aus. *Apophth*. VI, 291 hervorgeht: „Crates surgens detracto pallio nudauit tergum gibbo deformatum ...". Jedoch ist die Behauptung des Apul. nicht gesichert. Vgl. Diog. Laert. VI, 92, wo jedoch lediglich steht, daß Krates in hohem Alter einen altersgekrümmten Rücken hatte.

414 *significans* Lycosthenes versah VII, 277 mit einer anderen Deutung: „Sensit homo ethnicus, quam varie Deus sua dona hominibus distribuat: vnum ornat forma et sanitate, alium sapientia, hunc virtutibus, illum corporis robore, ita tamen, vt non vni et soli omnia conueniant" (S. 240).

Apophth. VI, 278, von dem in den Baselausgaben kein Titel überliefert ist, wird von Erasmus in seiner Erklärung als Fürstenspiegel-Apophthegma präsentiert. Der Spruch des Krates richtet sich spezifisch gegen die Strategoi, die griechischen, wohl zuvorderst athenischen Generäle. Er. misst dem Spruch jedoch eine noch größere Bedeutung zu, indem er ihn verallgemeinernd auf Fürsten und Politiker insgesamt bezieht. In seiner *Inst. princ. christ.* kritisierte Er. die eigenzeitlichen Fürsten immer wieder wegen ihrer mangelnden Bildung; insofern war ihm Krates' Vergleich des großen „dux" mit einem Eseltreiber sehr willkommen: Eseltreiber galten als ungebildete und dumme Leute. Weiter kritisiert Er. in seiner *Inst. princ. christ.* häufig die Präokkupation der eigenzeitlichen Fürsten mit der Kriegsführung: Darin mag der Knackpunkt liegen, der Er. dazu veranlasste, Krates' Generäle mit Fürsten und Politikern schlechthin gleichzusetzen.

417–418 *Quoad ... agasones* Diog. Laert. VI, 92. Er. variierte die Übers. Curios/ Traversaris: „Dicebat autem tamdiu philosophandum esse, donec (donec *Curio*: quoad *Traversari*, e.g. ed. Ven. 1490) videantur duces exercitus (exercitus *Curio*: nobiles *Traversari*) esse asinarii" (ed. Curio, Basel 1524, S. 211). Vgl. den griech. Text: ἔλεγε δὲ μέχρι τούτου δεῖν φιλοσοφεῖν, μέχρι ἂν δόξωσιν οἱ στρατηγοὶ εἶναι ὀνηλάται (ed. Frob. S. 303); Crates Frgm. 47 Giannantoni.

422–424 *Eos qui cum adulatoribus ... insidiatores* Zunächst wörtliche Wiedergabe, jedoch im zweiten Teil originalferne Paraphrase von Diog. Laert. VI, 92, wobei Er. von Curios/Traversaris Übers. ausging: „Desertos dicebat eos (eos *add. Curio*), qui cum assentatoribus essent, non secus ac vituli, cum inter lupos sunt. Neque enim cum illis, (sc. eos) qui bene velint (qui bene velint *Curio*: propinquos *Traversari*), neque cum his (his esse *Traversari*: esse *om. Curio*), sed insidiatores" (ed. Curio, Basel 1524, S. 211). Vgl. den griech. Text: ἐρήμους ἔλεγε τοὺς μετὰ κολάκων ὄντας ὥσπερ τοὺς μόσχους ἐπειδὰν μετὰ λύκων ὦσιν· οὔτε γὰρ ἐκείνοις τοὺς προσήκοντας οὔτε τούτοις συνεῖναι, ἀλλὰ τοὺς ἐπιβουλεύοντας (ed. Frob. S. 303). Crates Frgm. 54 Giannantoni, Luck *WdH* 558 (S. 205).

423–424 *Neque enim ... insidiatores* Curio hatte den zweiten Satz des Spruches geändert, dabei

425 VII, 280   Patriae neglectvs (Crates Thebanus Cynicus, 15)

Alexandro percontanti, num cuperet restitui patriam suam, „Quid opus est?", inquit, „Fortassis eam alius Alexander restitutam diruet".

VII, 281   Tranqvillitas tvta   (Crates Thebanus Cynicus, 16)

430 Dicebat *se pro patria habere gloriae neglectum et paupertatem, in quae* nullum ius haberet *fortuna. Aiebat se Diogenis ciuem esse, qui nullis inuidiae patebat insidiis*. Opes enim ac nominis splendor conciliant inuidiam.

---

426 inquit *B*: inquit? *C*.

431 item *post* „aiebat" *inseruit Lycosthenes (p. 510).*

jedoch irrtümlich „esse" ausgelassen, sodaß der Sinn getrübt wurde. Er. versuchte sich auf den nunmehr wirren Satz einen Reim zu machen, entfernte sich aber in seiner Paraphrase syntaktisch weit vom Original. Der Sinn ist, daß keine der beiden mit verwandten/ passenden Wesen zusammen sind, sondern mit solchen, die ihnen nachstellen. Vgl. Luck *WdH* 558: „Sie gesellen sich nicht zu passenden, sondern zu heimtückischen Wesen".

Apophth. VII, 280 Diese mit ziemlicher Sicherheit nicht authentische Spruchanekdote bezieht sich in der bei Diog. Laert. überlieferten Form auf das Jahr 335 v. Chr., die Eroberung Thebens durch Alexander d. Gr.: Während Alexanders Illyrienfeldzug erhoben sich die griechischen Städte, aufgehitzt durch Demosthenes' Reden, in denen er die Freiheit Griechenlands ausrief. Krates' Geburtsstadt Theben war die erste griechische Stadt, welche in Aufstand kam und die makedonischen Besatzungssoldaten hinauswarf. Alexander fing mit einer Strafexpedition gegen die griechischen Städte an, welche Theben am härtesten traf: Zum Strafexempel ließ er sämtliche Gebäude schleifen, 6000 männliche Bürger töten und die übrigen Bewohner (ca. 30.000) in die Sklaverei verkaufen. I.J. 335 hatte Theben somit aufgehört zu existieren. Schon daraus erhellt, daß der kleine Dialog zwischen Alexander und Krates eine spätere Erfindung darstellen muß. Wenn sich der ungefähr dreißig Jahre alte Krates damals noch in Theben aufgehalten hätte, wäre ihm dasselbe Schicksal zuteil geworden wie seinen beklagenswerten Mitbürgern – er wäre entweder getötet oder in die Sklaverei verkauft worden. Krates muß sich damals bereits anderenorts aufgehalten haben, wohl bereits in Athen. Auch hatte Alexander zum wenigsten den Wiederaufbau Thebens im Sinn: Während seiner gesamten Regierungszeit blieb Theben eine Wüste, ein Wiederaufbau fand erst ca. zwanzig Jahre nach der Schleifung statt. Es ist somit völlig ausgeschlossen, daß Alexander den Krates gefragt haben soll, ob er denn möchte, daß Theben wiederaufgebaut werde. Darauf, daß die Anekdote auf einer Erfindung beruht, weist auch die ganz andere narrative Gestaltung in Ael. *Var. hist.* III, 6 hin.

426–427 *Alexandro … diruet* Diog. Laert. VI, 93. Er. benutzte die lat. Übers. Traversaris: „Alexandro rogante, num vellet restitui ac refici patriam suam, ‚Quid', ait, ‚opus est? Rursus enim fortassis Alexander eam alius diruet'" (ed. Curio, Basel 1524, S. 211). Vgl. den griech. Text: Πρὸς Ἀλέξανδρον πυθόμενον εἰ βούλεται αὐτοῦ τὴν πατρίδα ἀνορθωθῆναι, ἔφη, „καὶ τί δεῖ; πάλιν γὰρ ἴσως Ἀλέξανδρος ἄλλος αὐτὴν κατασκάψει" (ed. Frob. S. 303–304). Crates Frgm. 31 Giannantoni, Luck *WdH* 542 (S. 200). Die gleiche Anekdote findet sich in *Gnom. Vat.* 385 Sternbach und, in abweichender Ausgestaltung, bei Ael. *Var. hist.* III, 6; Ailianos gibt keinen Dialog zwischen Alexander und dem Philosophen wieder, sondern situiert den Spruch nach dem Wiederaufbau Thebens. Krates soll damals Theben ostentativ verlassen haben: Κράτης ὁ Θηβαῖος τά τε ἄλλα μεγαλόφρων ὢν πεφώραται καὶ καταφρονητικὸς τῶν ὑπὸ τοῦ πλήθους θαυμαζομένων, ἀτὰρ οὖν καὶ χρημάτων καὶ πατρίδος. ὅτι μὲν οὖν τῆς οὐσίας ἀπέστη τοῖς Θηβαίοις, τοῦτο μὲν καὶ ἐς πάντας ἐξεφοίτησε· τὸ δὲ ἕτερον αὐτοῦ οὐ πᾶσι γνώριμον· ἔστι δὲ ἐκεῖνο. ἀπαλλαττόμενος τῶν Θηβῶν οἰκισθεισῶν πάλιν ἔφη „οὐ δέομαι πόλεως, ἣν Ἀλέξανδρος κατασκάψει ἄλλος". In der bei Ailianos überlieferten Form gewinnt die Anekdote keineswegs an Glaubwürdigkeit: z.Z., in der Theben wiederaufgebaut wurde, hatte Krates die Stadt längst verlassen.

430–431 *se pro patria ... insidiis* Diog. Laert. VI, 93. Z.T. wörtliche, z.T. variierende Wiedergabe der Übers. Curios: „Habere se patriam contemptum gloriae et pauperatem, quae in potestatem fortunae nunquam sint cessura (quae in potestatem fortunae nunquam sint cessura *Curio*: fortuna nunquam caesura bona *Traversari*), Diogenisque ciuem esse inuidiae insidias non metuentis" (ed. Curio, Basel 1524, S. 211). Vgl. den griech. Text: ἔχειν δὲ πατρίδα ἀδοξίαν καὶ πενίαν ἀνάλωτα τῇ τύχῃ καὶ Διογένους εἶναι πολίτης ἀνεπιβουλεύτου φθόνῳ (ed. Frob. S. 304). Crates Frgm. 31 Giannantoni, Luck *WdH* 542 (S. 200). Nach Casaubonus handelt es sich um drei Verszeilen aus einer attischen Komödie, vgl. *CAF*, Adesp. Frgm. 1212 Kock: ἔχειν δὲ πατρίδ᾽ ἀδοξίαν ⟨ἐπεύχομαι⟩/ [καὶ] πενίαν ⟨τ᾽⟩ ἀνάλωτα τῇ τύχῃ καὶ Διογένους/ εἶναι πολίτης ἀνεπιβουλεύτου φθόνῳ. Er., der Traversaris Prosa folgte, gibt nicht zu verstehen, daß er vermutete, der Text sei metrisch strukturiert.

431 *Diogenis ciuem* Meist wird angenommen, daß der Diogenes von Sinope (412/ 403–324/ 321 v. Chr.) Krates' Lehrmeister war. Zur Person des Diogenes vgl. oben Komm. zu *Apophth.* VII, 230. Lycosthenes explizitierte den Namen „Diogenis" mit dem Zusatz „Cynici".

431 *inuidiae insidiis* „insidiis" hat im griech. Text des Diog. Laert. kein Äquivalent, Er. bezog es aus Traversaris Übersetzung.

VII, 282   Pvdor invtilis   (Crates Thebanus Cynicus, 17)

Metrocles hoc vitio laborabat, *vt inter disserendum* subinde *crepitum ventris emitteret.* Eam ob causam *domi* moerens *sese continebat.* Huic mederi studens *Crates de industria* multum *lupinorum deuora⟨ui⟩t ac Metroclis* aedes *adiit persuasitque nihil esse mali, quod* accidisset; *imo potius fore prodigiosum, nisi* homo humano more *flatum ventris emitteret; atque interim ipse inter colloquendum crebro crepitum ventris edidit. Hoc pacto et seruauit* pusillanimem et discipulum sibi parauit.

435

436 deuorauit *scripsi*: deuorat *B C*: deuorabat Lycosthenes *(p. 217)*.

Apophth. VII, 282 ist kein Apophthegma im eigentlichen Sinn, sondern handelt von anderen, übrigens bedeutungslosen Lautäusserungen (Furzen). Weiter ist bemerkenswert, daß Er. die Anekdote dem Krates zuordnet, während sie in der Quelle, Diog. Laert., zur Metrokles-Biographie gehört, dem Er. unten eine eigene Sektion von Sprüchen widmet (VII, 288–290).

434 *Metrocles* Für Krates' Schüler und Schwager Metrokles s. unten Komm. zu VII, 289. Er. widmete ihm eine Sektion von Sprüchen in *Apophth.* VII, 289–291.

434–439 *Metrocles … sibi parauit* Leicht gekürzte und paraphrasierende, teilweise auch wörtliche Wiedergabe von Curios/ Traversaris Übers. von Diog. Laert. VI, 94: „Metrocles Hipparchiae frater cum prius audiret Theophrastum Peripateticum, adeo corruptus erat, vt, cum saepe inter disserendum crepitum ventris emitteret, prae dolore (dolore *Curio*: angore *Traversari*) animi domi inclusus moraretur (moraretur *Curio*: moraretur, continere volens *Traversari*). Hoc agnito Crates ingressus est ad eum consolaturus, ac lupinis de industria voratis persuasit quidem illi primum verbis, nihil mali fecisse; fore quippe prodigiosum (prodigiosum *Curio*: prodigium *Traversari, e.g. ed. Ven. 1490*), si non et secundum naturam flatum emitteret. Tum vero et ipse in huiusmodi crepitum erumpens illum similitudine rei (rei *Curio*: operis *Traversari*) seruauit ac verbis in spem (seruauit ac verbis in spem add. *Curio*) erexit. Hinc (Hinc *Curio*: Hic *Traversari, e.g. ed. Ven. 1490*) ipsius iam (iam *om. Curio*) auditor fuit euasitque vir in philosophia eminens" (ed. Curio, Basel 1524, S. 211–212). Vgl. den griech Text: Μαθητὴς αὐτοῦ Μητροκλῆς (ὁ Μαρωνείτης *add. Cobet*), ἀδελφὸς Ἱππαρχίας, ὃς πρότερον ἀκούων Θεοφρά-

στου τοῦ περιπατητικοῦ τοσοῦτον διέφθαρτο, ὥστε ποτὲ μελετῶν καὶ μεταξύ πως ἀποπαρδὼν ὑπ' ἀθυμίας οἴκοι κατάκλειστος ἦν, ἀποκαρτερεῖν βουλόμενος. Μαθὼν δὴ ὁ Κράτης εἰσῆλθε πρὸς αὐτὸν παρακληθεὶς καὶ θέρμους ἐπίτηδες βεβρωκὼς ἔπειθε μὲν αὐτὸν καὶ διὰ τῶν λόγων μηδὲν φαῦλον πεποιηκέναι· τέρας γὰρ ἂν γεγονέναι εἰ μὴ καὶ τὰ πνεύματα κατὰ φύσιν ἀπεκρίνετο· τέλος δὲ καὶ ἀποπαρδὼν αὐτοῦ ἀνέρρωσεν, ἀφ' ὁμοιότητος τῶν ἔργων παραμυθησάμενος. τοὐντεῦθεν ἤκουεν αὐτοῦ καὶ ἐγένετο ἀνὴρ ἱκανὸς ἐν φιλοσοφίᾳ (ed. Froben S. 303). Metrocles Frgm. 1 Giannantoni, Luck *WdH* 601 (Metrokles, S. 217). Daß Er. nur von Curios/Traversaris Übers. als Textvorlage ausging, geht daraus hervor, daß er fast alle spezifischen Abweichungen derselben, u. a. auch eine Auslassung, mitübernahm. Curio hatte ἀποκαρτερεῖν βουλόμενος, „in der Absicht, sich zu Tode zu hungern" vergessen (für ἀποκαρτερεῖν, „sich durch Hunger töten", „sich zu Tode hungern", vgl. Pape I, S. 305, s.v. ἀποκαρτερέω). Auch steht im griech. Original nicht, daß Metrokles beim Reden *ständig* furzte; dies hatte jedoch Traversari hinzuphantasiert und Curio ohne Korrektur übernommen. Auch steht im griech. Originaltext nichts davon, daß Krates „absichtlich eine Menge von Wolfsbohnen verschlang" („multum *lupinorum deuora⟨ui⟩t*"): Dies hat Er. abermals aus Traversaris Übers. kopiert („lupinis de industria voratis").

434 *hoc vitio laborabat* Mit „hoc vitio laborabat" – nml. daß Metrokles beim Reden ständig furzen mußte – bringt Er. gleich eingangs einen erklärenden Zusatz an, der jedoch im Widerspruch zum griech. Originaltext des Diog. Laert. steht. Diog. Laert. erzählt, daß Metrokles durch den Unterricht bei Theophrastos so sehr sein Selbstvertrauen verloren

hatte (τοσοῦτον διέφθαρτο), daß ihm bei einer Redeübung (die er anscheinend mit übergroßer Nervosität und unter großer psychischer Anspannung vortrug) *einmal* (ποτὲ) ein Furz entschnappte. Daraufhin sei er so verzweifelt gewesen, daß er sich zu Tode hungern wollte. Traversari gab fälschlich an „cum *saepe* inter disserendum crepitum ventris emitteret", „weil er *oft* beim Reden furzte", während er ἀποκαρτερεῖν βουλόμενος missverstand („continere volens"). Curio übernahm die Fehlinformation und ließ ἀποκαρτερεῖν βουλόμενος gänzlich aus.

435 *moerens* Mit „moerens" gibt Er. variierend Curios „prae dolore" wieder; im griech. Original steht jedoch, daß Metrokles sich „aus Verzweiflung" (ὑπ᾽ ἀθυμίας), latein. „desperatio", zu Tode hungern wollte.

436 *multum lupinorum deuora⟨ui⟩t ac Metroclis aedes adiit* Er. verdreht an dieser Stelle das Narrativ des Diog. Laert., wahrscheinlich weil die Übers. Traversaris/Curios diese Interpretation offen ließ. Im griech. Originaltext steht nicht, daß Krates zuerst „absichtlich Bohnen verschlang" (vgl. Traversari: „lupinis de industria voratis") und sich dann ins Haus des Metrokles begab, sondern daß Krates – auf Einladung des Metrokles – diesen besuchte und dort für beide ein ausreichendes Wolfsbohnenmahl kochte. Dadurch versteht Er. nicht zur Gänze die didaktische Absicht von Krates' Lektion: Er wollte nicht nur zeigen, daß er auch furze, sondern daß es aufgrund einer (bestimmten) Mahlzeit ganz natürlich sei, Furze zu lassen.

436 *lupinorum* Für die Wolfsbohne als Nahrungsmittel der Armen und des demonstrativ genügsamen und asketischen Krates vgl. oben Komm. zu VII, 267. Ein Nachteil der Wolfsbohnen ist, daß sie eine blähende Wirkung haben, genau das, was Krates bei seinem Besuch bei Metrokles beabsichtigte. Zur Verwendung der Wolfsbohne in der antiken Welt vgl. Ch. Hünemörder, *DNP* 7 (1999), Sp. 512, s.v. „Lupine".

436 *aedes* „aedes" ist ein narrativ ausschmückender Zusatz des Er.

437 *prodigiosum* Er. übernimmt mit „prodigiosum" Curios Verschlimmbesserung von Traversaris korrekter Übers. von τέρας, „prodigium".

437 *homo humano more* „homo humano more" ist ein interpretativer Zusatz des Er., der im griech. Original kein Äquivalent hat.

440 VII, 283   Seditio   (Crates Thebanus Cynicus, 18)

Quendam *delitiis luxuique* deditum ita *per iocum admonuit: "Ne pro lenticula semper augens patinam in seditionem nos coniicias"*, sentiens *e luxu* cupediisque plerumque *nasci dissidia*. Lenticula philosopho cibus est; λοπὰς carnes habet et in diuitum mensis circunfertur.

Apopth. VII, 283 ist ein Gegenstück zu *Adag.* 2097 „Ante lentem augere ollam" (*ASD* II, 5, S 98). Er. betrachtete das in dichterischer Metaphernsprache formulierte Versfragment des Krates Μὴ πρὸ φακῆς λοπάδ᾽ αὔξων/ αἰεὶ (αἰεὶ *ed. Ald. 1509; deest in Plut. text. recept.*) ἐς στάσιν ἄμμε βάλῃς (*PPF* Crates Frgm. 8 Diels; *Suppl. Hell.* 353) als sprichwörtliche Redewendung („prouerbialis figura") und bastelte daraus das *Adagium* „Ante lentem augere ollam"; als griechische Form des vermeintlichen Sprichwortes rekonstruierte Er. „Πρὸ τῆς φακῆς αὐξάνειν τὴν λοπάδα". Dabei nahm Er. an, daß der Versspruch von einem unbekannten Dichter verfasst worden sei und daß Krates ihn nur zitiert und auf eine gewisse, uneigentliche Weise angewendet habe (vgl. *Adag.* 2097, a.a.O.: „Crates eo detorsit dictum, vt apparet, poetae cuiuspiam, vt pertineat ad homines impendio sumptuosos"). Als diejenige Stelle, aus der die uneigentliche Interpretationsweise am besten hervorging, betrachtete Er. Plut. *De tuenda sanitate praecepta* 7, *Mor.* 125F. Die ursprüngliche Bedeutung von „Πρὸ τῆς φακῆς αὐξάνειν τὴν λοπάδα" war nach Er., daß man die Hauptsache, die in Griffnähe ist, übergeht und sich stattdessen überzogenen Hoffnungen hingibt: Die Hauptsache, „res ipsa", repräsentiert das nahrhafte Linsengericht, die vagen Hoffnungen beziehen sich auf nicht vorhandene Leckerbissen, mit denen die Schüssel – gewissermaßen in der Vorstellung – „größer gemacht wird". Vgl. Er.' Erklärung a.a.O.: „Prouerbiali figura dictum pro eo, quod est spes ingentes in animo concipere, priusquam res ipsa teneatur; aut polliceri, quod ipse nondum habeat; aut praepropere sibi placere, quasi iam possideat ea, quae procul etiamdum absunt vt teneantur. Veluti si quis spe sacerdotii sumptus iam incipiat facere, quod nondum acceperit …". Sowohl Er.' Annahme, daß ein Sprichwort vorlag als auch seine Rekonstruktion der Geschichte desselben als auch die Deutung beruhen auf Irrtümern: Die Verse stammen von Krates selbst, der sich häufig in Versen äusserte; sie repräsentieren kein Sprichwort; die eigentliche Bedeutung der Verse ist nicht jene, die ihnen Er. zuschrieb, sondern jene, die ihnen Krates selbst in Plut. *De tuenda sanitate praecepta* 7, *Mor.* 125F gab: Eine Warnung vor Tafelluxus, weil dieser zu politischem Aufruhr führe. In *Apophth.* VII, 283 präsentiert Er. jedoch letztere Deutung der Verse.

441–442 *Delitiis … coniicias* Plut. *De tuenda sanitate praecepta* 7, *Mor.* 125F. Er. benutzte seine eigene Übers. d.J. 1514: „Crates igitur quum existimaret in ciuitatibus seditiones ac tyrannides potissimum e delitiis et luxu nasci, per iocum admonuit, ne prae lenticula semper augens patinam in seditionem nos conicias. Sed se ipsum adhortetur quisque, ne semper prae lente augens patinam neue modis omnibus praeterito nasturtio et olea ad farcimen et piscem desciscens, ex repletione corpori seditionem concitet ac profluuium et tumultum" (ac profluuium et tumultum *ed. Koster*: et tumultum ac perluuium *ed. Cratander 1530*) (*ASD* IV, 2, S. 195; ed. Cratander, Basel 1530, fol. 186B). Diese seine Übers. hatte Er. auch bereits in *Adag.* 2097 „Ante lentem augere ollam" (*ASD* II, 5, S 98), in einem Zusatz d.J. 1515, wiederholt: „[B] Citatur et a Plutarcho commentario De praeceptis bonae valetudinis, eiusdem Cratetis nomine, his quidem verbis: …, id est: *Crates igitur, cum existimaret in ciuitatibus seditiones ac tyrannides potissimum e deliciis ac luxu nasci, per iocum admonuit: Ne prae lenticula semper augens patinam in seditionem nos coniicias. Sed seipsum adhortetur quisque, ne semper prae lente augens patinam neue modis omnibus praeterito nasturtio et olea ad farcimen et piscem desciscens ex repletione corpori seditionem concitet ac tumultum et diarrhoeas*". Vgl. den griech. Text: ὁ μὲν οὖν Κράτης διὰ τρυφὴν καὶ πολυτέλειαν οἰόμενος οὐχ ἥκιστα τὰς στάσεις καὶ τὰς (τὰς om. *ed. Ald. 1509*) τυραννίδας ἐμφύεσθαι ταῖς πόλεσι, μετὰ παιδιᾶς παρῄνει „Μὴ πρὸ φακῆς λοπάδ᾽ αὔξων/ αἰεὶ (αἰεὶ *ed. Ald. 1509; deest in Plut. text. recept.*) ἐς στάσιν ἄμμε (ἄμμες

Er. in *Adag. 2097, ed. 1517*) βάλης"· αὐτὸς δέ τις ἑαυτῷ παρακελευέσθω „μὴ πρὸ φακῆς λοπάδ'" αὔξων αἰεὶ „μηδὲ πάντως ὑπερβαίνων τὴν καρδαμίδα καὶ τὴν ἐλαίαν ἐπὶ τὸ θρῖον καὶ τὸν ἰχθῦν εἰς στάσιν ἐκ πλησμονῆς τὸ σῶμα καὶ ταραχὰς ἐμβάλλειν καὶ διαρροίας". Crates Frgm. 72 Giannantoni; Luck *WdH* 569 (S. 207); *PPF* Crates Frgm. 8 Diels; *Suppl. Hell.* 353. Dasselbe Versfragment des Krates findet sich bei Athen. IV, 158B.

441–442 *Ne pro ... coniicias* Die Verse Μὴ πρὸ ... βάλης bedeuten, daß reiche Leute den Staat nicht in einen Aufruhr stürzen sollen, dadurch, daß „sie die Schüssel (immerzu) über das Linsengericht hinaus anhäufen", d.h. sich nicht mit einfacher Nahrung begnügen, sondern bei ihren Gelagen große Mengen von luxuriösen Speisen auftischen lassen. Vgl. die vereinfachte Wiedergabe bei Luck *WdH* 569 (S. 207): „Bleib bei den Linsengerichten,/ Sonst kommt der Umsturz". In diesem Sinn gab Er. die Verse auch in seiner Plut.-Übers. d.J. 1514 (*Mor.* 125F) und in *Adag.* 2097 (d.h. in der 2. Aufl. d.J. 1515; in der *ed. pr.* fehlte das Plutarchzitat noch) wieder: „ne prae lenticula semper augens patinam in seditionem nos conicias". In *Apophth.* VII, 283 findet sich die gleiche Bedeutung, jedoch scheint Er. – nach dem Textbefund – „pro" statt „prae" geschrieben zu haben, wodurch sich die Bedeutung leicht ändert: nicht mehr „über das Linsengericht hinaus", sondern „statt des Linsengerichtes". In seiner Fehldeutung i.J. 1508 hatte er die Verse noch mit „Ne ante lenticulam augens ollam in seditionem nos mittas" übersetzt (*Adag.* 2097, a.a.O.).

441 *lenticula* anders als die griech. Textvorlage verwendete Er. in seiner Übertragung das Deminutiv, wohl weil ihm bewußt war, daß Linsengerichte eine billige Volksspeise darstellten.

441 *semper* „semper", das im *text. recept.* Plutarchs nicht vorhanden ist, findet sich auch in Er.' Wiedergabe des Spruches in seiner Plut.- Übers. d.J. 1514 und in *Adag.* 2097 (B = 1515); das ist seiner griech. Textvorlage, Aldus' Ausgabe der *Moralia*, geschuldet, die αὔξων αἰεὶ las.

442 *cupediisque* „cuppedia" (neutr. pl., z.B. Plaut. *Stich.* 712; Varro *LL* V, 146) und „cuppediae" (fem. pl., z.B. Gell. VI, 16, 6 und VII, 13, 2) Leckerbissen, Feinkost. Vgl. Georges II, Sp. 1618, s.v. „cuppedia" und „cuppedium".

443 *Lenticula ... est* In seiner Erklärung promoviert Er. Linsengerichte allgemein zur „Nahrung der Philosophen" („Lenticula philosopho cibus est"), wobei er vergisst, daß dies nur für manche asketische Philosophen gilt, besonders die demonstrativ genügsamen Kyniker. Vorsokratiker, Sokratiker, Platoniker, Peripatetiker und manche andere begnügten sich keineswegs mit Linsengerichten.

443–444 λοπὰς ... *circunfertur* Die Erklärung des Er., daß λοπάς ein Geschirr darstelle, das spezifisch zum Hausrat der Reichen gehörte und für Fleischspeisen bestimmt war, ist unrichtig. Tatsächlich repräsentiert λοπάς entweder eine einfache, flache Schale aus Ton, in der alles mögliche Essen aufgetischt wurde (vgl. Aristoph. *Equ.* 1029; *Vesp.* 511; Menandr. *Sam.* 150; Pape II, S. 63; Liddell-Scott-Jones II, S. 1061, jeweils s.v., Nr. 1) oder eine „Kochpfanne" (Liddell-Scott II, S. 1061, s.v., Nr. 2). In der ersten Ausgabe der *Adagia* (1508) hatte Er. λοπάς noch mit „Kochtopf" übersetzt („augens ollam"); seine Lukian-Übers. brachte ihn jedoch zu der Überzeugung, daß λοπάς eine Schüssel für luxuriöse und besonders feine Speisen wäre; vgl. seine Erklärung in *Adag.* 2097: „Nam lopade apponebantur cibi lautiores, id quod licet colligere ex Luciani Saturnalibus" (a.a.O.), wobei er sich auf Lucian. *Epist. Sat.* 22 bezieht. An der genannten Lukian-Stelle übers. Er. λοπάς mit „patina", ebenso Plut. *Mor.* 125F (wiederholt in der 2. Aufl. der *Adagia*, 1515). Seine eigene Übers. von Athen. IV, 158B korrigierte er in der 3. Aufl. der *Adagia* zu „[A] augens ollam [C] aut patinam" (a.a.O.).

445 VII, 284   Profvsio   (Crates Thebanus
                          (= Dublette von III, 319)   Cynicus, 19)

Diuitum opes dicebat esse similes ficis arboribus *in praeruptis locis, e quibus* vt *homines nihil caperent fructus, sed corui tantum ac miluii* [i.e. milui], *ita ex illorum facultatibus tantum alerentur scorta et adulatores*. Refert Plutarchus [i.e. Stobaeus].

450 VII, 285   Ornatvs mvliervm   (Crates Thebanus
                                                                  Cynicus, 20)

Mundum muliebrem *dicebat esse, quod ornat* foeminam. *Ornat autem id, quod eam reddit compositiorem ac modestiorem. „Verum id non praestat ⟨aurum⟩"*, inquit, *„neque smaragdus neque purpura, sed quaecunque adderent vim ac speciem honestatis ac vere-*
455 *cundiae"*. Graecis κόσμος et mundum sonat et ornamentum; inde κοσμεῖν ornare.

---

448 miluii *B C LB: scribendum erat* milui.
449 Plutarchus *B C BAS LB: scribendum erat* Stobaeus
453 aurum *supplevi ex Plut. loco cit.*

Apophth. VII, 284 ist eine Dublette von III, 319 mit demselben Titel (*CWE* 37, S. 316; *ASD* IV, 4, S. 271). Er.' Titel „Profusio" entsprechend druckt es Lycosthenes in der Kategorie „De prodigalitate, profusione et largitione" (S. 908).

447–448 *Diuitum ... miluii* Wörtliche, jedoch durch eine Auslassung entstellte Übers. des Er. von Stob. III, 15, 10 (Περὶ ἀσωτίας): Κράτης τὰ τῶν πλουσίων καὶ ἀσώτων χρήματα ταῖς ἐπὶ τῶν κρημνῶν συκαῖς εἴκαζεν, ἀφ' ὧν ἄνθρωπον μηδὲν λαμβάνειν, κόρακας δὲ καὶ ἰκτίνους· ὥσπερ παρὰ τούτων ἑταίρας καὶ (ἢ *ed. Trincavelli fol. G IIII*[v]) κόλακας. Crates Frgm. 54, Giannantoni; Luck *WdH* 557 (S. 294–205). Er. hat ἀσώτων vergessen, das für die Bedeutung des Spruchs gleichwohl entscheidend ist: Der Vergleich bezieht sich nicht nur auf reiche, sondern auf in höchstem Grade verschwenderische, ihren Lüsten ausgelieferte Menschen (vgl. Passow I, 1, S. 429, s.v. ἄσωτος: „versunken in Lüste, in höchstem Grade ausschweifend, ... schwelgerisch, verschwenderisch"); nur reiche und zugleich verschwenderische, ihren Lüsten ausgelieferte Menschen fallen Huren und Schmeichlern zum Opfer. Wer nicht verschwenderisch ist, wird den Schmeichlern nichts geben; wer nicht lüstern ist, wird seine Reichtümer nicht an Hetairen verschwenden. Wie die Dublette des Spruches bei Diog. Laert. VI, 60 (Diogenes von Sinope zugeschrieben) zeigt, bezog sich dieser v.a. auf die Kategorie der ἀσώτων, der Schwelger: τοὺς ἀσώτους εἶπε παραπλησίους εἶναι συκαῖς ἐπὶ κρημνῷ πεφυκυίαις, ὧν τοῦ καρποῦ ἄνθρωπος μὲν οὐκ ἀπογεύεται, κόρακες δὲ καὶ γῦπες ἐσθίουσι. Diogenes Frgm. 321 Giannantoni. Er. hatte den Diogenes von Sinope zugeschriebenen Spruch bereits im dritten Buch gebracht (III, 319; *CWE* 37, S. 316; *ASD* IV, 4, S. 271). Er. verstand a.a.O. richtig, um welche Kategorie von Leuten es ging, die er wie folgt beschrieb: „Eos, qui per luxum in coquos, nepotes, scorta et adulatores facultates suas profunderent ...". Der Spruch findet sich weiter bei Stob. IV, 31, 48 (mit der nämlichen Zuschreibung an Diogenes von Sinope), wo das Gleichnis allerdings „Obstbäume" und „Weinstöcke" enthält. Lycosthenes vermeldet – wie Erasmus – fälschlich Plutarch als Quelle, richtig jedoch Diogenes Laertius als weitere Quelle; irrig ist weiter seine Angabe, daß der Spruch auch Dion zugeschrieben worden sei: „Alii hoc Dioni ascribunt" (S. 908). Lycosthenes verwechselte Dion mit Diogenes.

447 *ficis arboribus* „arboribus" ist überflüssig, weil „ficus" alleine schon „Feigenbaum" bedeutet.

448 *miluii* Nicht das inkorrekte „miluius", sondern „miluus" ist das Äquivalent von ἰκτῖνος, die „Weihe" und/oder der „Milan" (vgl. Passow, I, 2, S. 1476, s.v.); ἰκτῖνος und „miluus" ist

ein Sammelbegriff für mehrere Milan – (*Milvinae*) und Weihenarten (*Circinae*), meint aber oft den im Mittelmeergebiet verbreiteten Roten Milan (*Milvus milvus*). Die in den Baseldrucken einhellig überlieferte fehlerhafte Form „miluii" geht auf Er. selbst zurück: So schrieb er auch in *Adag.* 2601 (*ASD* II, 6, S. 404, Z. 200) „aquilis aut miluiis". „miluius" ist keine akzeptable Form, obwohl sie als lapsus manchmal auftritt: die tonangebenden *Historiae animalium* von Aristoteles (in Gazas Übers.), Plinius und Albertus Magnus überliefern einhellig „miluus". Das inkorrekte „miluii" hat sich in allen Ausgaben der *Apophthegmata* und in den *Opera omnia*-Ausgaben bis zu *LB* durchgesetzt; auch Lycosthenes kopierte sie (S. 908), und sie fand zudem Eingang in die Wissenssammlungen des 16. und 17. Jh., z.B. in Johannes Heidfelds *Sphinx theologico-philosophica* …, Herborn 1604, S. 446. Für das Gleichnis des Spruches ist entscheidend, daß Milanc/Weihen („milui") als äußerst räuberisch und gefräßig galten (vgl. Plin. *Nat.* XI, 28: „[miluum] rapacissimam et famelicam semper alitem …"). Die Huren werden in dem Spruch somit mit den räuberischen Milanen verglichen, die Schmeichler (κόλακας) jedoch mit den alliterierenden Raben (κόρακας). In der Dublette des Spruches in *Apophth.* III, 319 hat Er. nicht verstanden, worauf sich das Gleichnis von den Raben und Geiern genau bezieht: „Eos, qui per luxum in coquos, nepotes, scorta et adulatores facultates suas profunderent, similes dicebat arboribus per praecipitia nascentibus, quarum fructus homo non gustaret, sed a coruis et vulturibus ederentur, *sentiens eos, qui gulae ventrique seruiunt, non esse homines* [sic] …" (*ASD* IV, 4, S. 271).

449 *adulatores* Die Schmeichler (κόλακας) werden mit den Raben (κόρακας) verglichen. Dieser Gleichsetzung widmete Er. *Adag.* 1096 „Ad corvos" (*ASD* II, 3, S. 120–122), *Apophth*. III, 320 (*ASD* IV, 4, S. 271; *CWE* 37, S. 319) und VII, 51; VII, 51: „Aiebat, si ad alterutrum adigeret necessitas [sic], satius esse in coruos incidere quam in adulatores, εἰς κόρακας ἢ εἰς κόλακας. Nam corui non comedunt nisi mortuos, adulator etiam viuos deuorat …"; *Adag.* 1096, S. 120: „[A]Βάλλ᾽ ἐς κόρακας, id est *Abi ad coruos*, perinde valet, quasi dicas ‚abi in malam rem atque in exitium'. … [A] Eleganter dictum est a Diogene Cynico Κρεῖττον εἶναι ἐς κόρακας ἀπελθεῖν ἢ ἐς κόλακας, id est ‚Satius est ad coruos deuenire quam ad adulatores, quod hi et viuos et bonos etiam viros deuorarent'"; *Apophth*. III, 320: „… Diogenes dicere solet multo periculosius esse incidere in assentatores quam in coruos. Dicti iucunditas perit nobis, quae est in Graecarum vocum affinitate. Nam illi κόρακας appellant coruos et vnica litterula mutata κόλακας dicunt, adulatores. Hoc dictum tribuitur et Antistheni" (*ASD* IV, 4, S. 271).

449 *Refert Plutarchus* Er.' Quellenverweis ist kurios, erstens, weil er seine Quellen normalerweise nicht nennt, zweitens, weil er unrichtig ist, drittens, weil Er. die Stelle wörtlich übersetzt hat. Es handelt sich in Wirklichkeit um Stob. III, 15, 10. Lycosthenes übernahm Er.' irrigen Quellenbeleg, erweiterte ihn aber mit „Refert Plutarchus; Laertius libro sexto, capite quinto [= VI, 60]; Stobaeus sermone decimotertio" (S. 908).

Apophth. VII, 285 bildet eine Parallele zu Er.' *Ehespiegel Inst. christ. matrim.* Z. 784–789 (*ASD* V, 6, S. 223–224): „Pudor et castitas vera sunt ornamenta matronae. At hunc ornatum dehonestant intorti crines, aurum, margaritae, byssus et serum vellera. Vertantur illa pudoris inquinamenta in subsidia pauperum, et abunde multum decoris apponent tibi bona opera, quibus decentissime vestitur mulier Christum professa. Ad hunc igitur modum cultus pudicitiam ac sobrietatem prae se ferat, vt hoc ipso videatur ornatissima, quod ornata non sit".

452–455 *Mundum … verecundiae* Schlampige, durch eine Auslassung entstellte Wiedergabe von Plut. *Coniugalia Praecepta* 26 (27), *Mor.* 141E: „κόσμος γάρ ἐστιν", ὡς ἔλεγε Κράτης, „τὸ κοσμοῦν". κοσμεῖ δὲ τὸ κοσμιωτέραν τὴν γυναῖκα ποιοῦν. ποιεῖ δὲ τοιαύτην οὔτε χρυσός οὔτε σμάραγδος οὔτε κόκκος, ἀλλ᾽ ὅσα σεμνότητος εὐταξίας αἰδοῦς ἔμφασιν περιτίθησιν. Crates Frgm. 540 Giannantoni; Luck *WdH* 540 (S. 200). Vgl. Carlo Valgulios Übers. (um d.J. 1500): „‚Ornamentum enim est', inquit Crates, ‚quod ornat. Ornat autem, quod honestiorem mulierem facit. Talem vero praestat non aurum, non smaragdus, non coccineus color, sed quaecunque grauitatis, moderationis et pudoris specimen adhibent'" (ed. Cratander, Basel 1530, fol. 23D).

EPICTETVS

VII, 286   Fvcvs   (Epictetus, 1)

Eos, qui barba et pallio verbisque magnificis philosophos agebant, *dicere* solebat *esse philosophos* ἄνευ τοῦ πράττειν, μέχρι τοῦ λέγειν, *id est, factis procul, verbis tenus.*

458 solebat *LB*: solet *B C*.

Epiktetos (um 50–138 n. Chr.) aus Hierapolis in Phrygien, Stoiker; lebte in seiner Jugend in Rom, als Sklave des reichen Tiberius Claudius Epaphroditus (um 20/5–um 95 n. Chr.), eines Freigelassenen des Kaisers Claudius, der nach Claudius' Tod Sekretär im Dienst des Kaisers Nero war. In Rom genoss Epiktet – noch als Sklave – philosophischen Unterricht bei dem Stoiker Gaius Musonius Rufus. Vor 89 oder 94 muß Epaphroditus Epiktet die Freiheit geschenkt haben. Als Domitian die Philosophen aus Rom vertrieb (89 oder 94), begab sich Epiktet mitsamt seinen römischen Schülern nach Nikopolis in Epirus, wo er eine eigene Philosophenschule gründete, an der er bis zu seinem Tod lehrte. Epiktet trat nicht als philosophischer Autor hervor, jedoch sind von ihm Lehrgespräche (*dissertationes*) erhalten, die sein Schüler Arrian aufzeichnete. Vgl. A.A. Long, *Epictetus. A Stoic and Socratic Guide to Life*, Oxford 2002; Th. Scaltsas – A.S. Mason (Hrsg.), *The philosophy of Epictetus*, Oxford 2007; E. v. Arnim, *RE* VI, 1 (1907), Sp. 126–131, s.v. „Epiktetos", Nr. 3; B. Inwood, *DNP* 3 (1999), Sp. 1123–1125, s.v. „Epiktetos", Nr. 2.

456 *EPICTETVS* In die Reihe der Kyniker schiebt Er. überraschend eine Sektion ein, die dem Stoiker Epiktet (1./ 2. Jh. n. Chr.) gewidmet ist. Die stoische Schule wird in Er.' Vorlage Diog. Laert. nach der kynischen (Buch VI) im siebenten Buch behandelt; allerdings hat Diog. Laert. keine Biographie des Epiktet verfasst. In den *Apophthegmata* wäre der richtige Ort für den Einschub der Epiktet-Sektion nach der Chrysippos-Sektion gewesen, also nach *Apophth.* VII, 356. Jedoch hielt Er. den Stoiker Epiktet fälschlich für einen Vertreter der kynischen Schule. Dies leitete Er. aus der (einzigen) Quelle ab, die er für die Epiktet-Sektion benutzte, Gellius XVII, 19, die er in diesem Fall ausnahmsweise namentlich anführt (in VII, 290: „Refert Gellius libro decimoseptimo, capite vndeuigesimo"). Gellius qualifiziert dort den rustikalen, aggressiven Schlusssatz von Epiktets Tirade gegen einen moralisch verdorbenen Menschen, der sich die Philosophie zu eigen machen möchte (in welchem Epiktet das Resultat solcher Bemühungen als Urin oder noch Schmutzigeres disqualifiziert), als κυνικώτερον (XVII, 19, 4). In *Adag.* 1613 bezeichnet Er. Epiktet explizit als Kyniker: „*Epictetus Cynicae sectae philosophus* …" (*ASD* II, 4, S. 96–98); vgl. auch Komm. *ad loc.* Er.' Fehlinterpretation Epiktets als Kyniker ist insofern merkwürdig, als der von ihm hochgeschätzte Humanist Angelo Poliziano eine lateinische Übers. von Epiktets *Encheiridion* angefertigt hatte, die Er. verwendete (z.B. Paris, Josse Bade und Jean Petit, 1512, Bd. II, fol. XXXVII[r]–XLII[r]). Dort hatte Poliziano klar angegeben, daß es sich bei Epiktet um einen Stoiker handelt, vgl. fol. XXXVI[v]: „Angeli Politiani in *Epicteti Stoici* enchiridion e Graeco a se interpretatum ad Laurentium Medicem epistola", fol. XXXVII[r] „*Epicteti Stoici* enchiridion"; fol. XLII[r] „*Epicteti Stoici* enchiridion explicitum". Aufgrund dieser klaren Angaben will es scheinen, als ob Er. diese Ausgabe nicht kannte, wenn er noch in den Jahren 1532 und 1535 Epiktet als Kyniker betrachtete. Jedoch zitierte Er. aus Polizianos Encheiridion-Übers. bereits in der *Adagia*-Ausgabe d.J. 1508! Siehe *Adag.* 304 „Ansam quaerere …" (*ASD* II, 1, S. 412): „Epictetus in Enchiridio suo scripsit vnicuique rei binas esse ansas, alteram qua teneri possit, alteram, qua non possit. Arripiendum igitur vnumquodque ea, qua possit teneri, id est bona vndique excerpenda, mala toleranda"; vgl. Polizianos Übers. cap. 58, a.a.O. fol. XLI[v]: „Omnis res duas habet ansas: alteram, quae feri possit, alteram, quae non possit …". In *Adag.* 672 „Aristophanis et Cleanthis lucerna" (*ASD* II, 2, S. 200) zitiert Er. aus dem Vorwort des Poliziano zu seiner Epiktet-Ausgabe eine Lukianstelle, aus der hervorgeht, daß Epik-

tet ein Stoiker war (Lucian. *Adv. indoct.* 13). Auch aus *Adag.* 2201 „Sileni Alcibiadis" (*ASD* II, 5, S. 162) geht hervor, daß Er. Polizianos lat. Ausgabe des Encheiridions benutzte (a.a.O. fol. XXXVI^r–XXXVII^v); vgl. *Adag.* 2201, S. 162: „Huiusmodi Silenus fuit Epictetus, seruus, pauper, claudus ..., sed idem (quod est felicissimum) charus superis ...". Lycosthenes hingegen korrigierte in seinen Drucken der *Apophth.* VII, 286–288 Er.' irrtümliche Annahme, daß Epiktet ein Kyniker gewesen sei, vgl. S. 5 (= VII, 287): „Epictetus Stoicus philosophus conspiciens quendam impuris moribus audacem, confidenti lingua ...".

457 *Fucus* Bereits i.J. 1500 hatte Er. den Ausspruch als Adagium interpretiert und präsentiert; vgl. *Collect.* 443 (*ASD* II, 9, S. 176–177): „Eiusdem (sc. Epicteti) est in philosophorum vulgus dictum: ἄνευ τοῦ πράττειν, μέχρι τοῦ λέγειν. Id significat ‚factis procul, verbis tenus'. Idem in blandos, sed fictos amicos dici potest"; vgl. *Adag.* 2953 „Verbotenus amicus" (*ASD* II, 6, S. 567).

458–459 *Dicere ... tenus* Im Spruchteil wörtliche Wiedergabe von Gell. XVII, 19, 1: „Fauorinum ego audiui dicere Epictetum philosophum dixisse plerosque istos, qui philosophari viderentur, philosophos esse huiuscemodi ἄνευ τοῦ πράττειν, μέχρι τοῦ λέγειν; id significat ‚factis procul, verbis tenus'". Epictetus Frgm. 10 Schenkl, 10 Oldfather (S. 452–453); vgl. Arrianus, *Dissert. Epicteti* II, 19 mit dem Titel „Ad eos, qui verbo tenus duntaxat se pro philosophis gerunt". Er. vermeldet im Gegensatz zu Gellius nicht, daß der Ausspruch des Epiktet von Favorinus überliefert wurde.

460   VII, 287   (Epictetus, 2)

Idem conspiciens quendam impuris *moribus audacem, confidenti lingua*, improbo tamen studio *philosophiae disciplinas contrectare*, inclamabat deum atque hominum fidem, his verbis increpans hominem: „*O homo, vide, quo mittas; num purgatum sit vas. Nam si ad arrogantiam ista immiseris, interierint; si computruerint, in vrinam aut in*
465   *acetum vertentur aut si quid his deterius*". Sensit eruditionem esse perniciosam, si in animum inciderit prauis affectibus corruptum; et quo quaeque disciplina sanctior, hoc fit perniciosior, si contigerit improbo, velut bono theologo nihil melius, malo nihil pestilentius.

Apophth. VII, 287   In den Baseldrucken trägt des Lemma versehentlich keinen eigenen Titel. Der Titel hätte sich auf das zugrundeliegende Sprichwort beziehen können: *Apophth.* VII, 287 ist ein Gegenstück zu *Collect.* 591 „Syncerum est nisi vas, quodcunque infundis acescit" (*ASD* II, 9, S. 214) und *Adag.* 2, IX „Cibum in matellam ne immittas" (*ASD* II, 1, S. 100): „Σιτίον εἰς ἀμίδα μὴ ἐμβάλλειν, id est *Cibum in matellam ne immittas*. Interpretatur Plutarchus (*Mor.* 12F), ne sermonem vrbanum immittas in animum hominis improbi. Nam oratio cibus est animi; is corrumpitur et putrescit, si in animum insincerum inciderit. Hoc est, quod apud Gellium admonet Epictetus, etiam atque etiam videndum, in cuiusmodi animum mittamus sermonem. Etenim si in vas insincerum immiserimus, in acetum aut lotium verti. Huc allusit Horatius: *Syncerum est nisi vas, quodcunque infundis acescit*". In *Collect.* 591 bezeichnet Er. das horazische Sprichwort als „apophthegma".

461–465 *impuris moribus … deterius* Gekürzte, jedoch größtenteils wörtliche Wiedergabe von Gell. XVII, 19, 3, wobei Gellius den Spruch des Epiktet nur auf Griechisch, Er. hingegen nur in latein. Übers. präsentierte: „,Nam cum', inquit (sc. Arrianus), ,animaduerterat (sc. Epictetus) hominem pudore amisso, importuna industria, corruptis moribus, audacem, confidentem lingua ceteraque (caeteraque *edd. vett.*) omnia praeterquam animam (animum *edd. vett.*) procurantem', ,Istiusmodi', inquit (sc. Arrianus), ,hominem cum viderat (sc. Epictetus) studia quoque et disciplinas philosophiae contrectare et physica adire et meditari dialectica multaque id genus theoremata auspicari (suspicari *edd. vett.*) sciscitarique, inclamabat deum atque hominum fidem ac plerumque inter clamandum his eum verbis increpabat (sc. Epictetus): Ἄνθρωπε, ποῦ βάλλεις; σκέψαι, εἰ κεκάθαρται τὸ ἀγγεῖον· ἂν γὰρ εἰς τὴν οἴησιν αὐτὰ βάλλῃς, ἀπώλετο· ἢν σαπῇ, οὖρον (οὗρος *ed. Badius*) ἢ ὄξος γένοιτο ἢ εἴ τι τούτων χεῖρον'. Nil profecto (= Kommentar des Gellius) his verbis grauius, nil verius, quibus declarabat maximus philosophorum litteras atque doctrinas philosophiae, cum in hominem falsum atque degenerem tanquam in vas spurcum atque pollutum influxissent, verti, mutari, corrumpi, et, quod ipse κυνικώτερον ait (dixit *edd. vett.*), ,vrinam fieri aut si quid est vrina spurcius'". Epictetus Frgm. 10 Schenkl, 10 Oldfather (S. 452–453); vgl. Arrianus, *Dissert. Epicteti* II, 19.

461 *confidenti lingua* Gellius a.a.O. hat „confidentem lingua", die Baseldrucke weisen jedoch einhellig „confidenti lingua" auf. Was Er. ankreidet, ist die übermäßige Arroganz aus Mangel an Einsicht und Wissen, die sich direkt auf ,die Zunge' auswirkt: die Dummen reden, meint Er., gewöhnlich selbstgefällig mit lauter Stimme Unsinn daher. Vgl. *Lingua, ASD* IV, 1A, S. 37, Z. 373–375: „Deinde quoniam isti solent magnis clamoribus asseuerare omnia neque cuiquam concedere, vt semper inscitiae comes est confidentia, …"; S. 152, Z. 159–160: „Admirati sumus olim Franciscani cuiusdam confidentiam, qui praeter Scotum nihil legerat …"; S. 154, Z. 250–252: „Nimirum illos ad dicendum pigros et contabundos reddebat prudentia, in nobis inscitia confidentiam parit".

462 *philosophiae disciplinas* Er.' Quelle Gellius nennt a.a.O. von den einzelnen philosophischen Disziplinen nur die Physik und die Dialektik.

462 *contrectare* „contractare", nicht im allgemeinen Sinn von „berühren", sondern in der prägnanten Bedeutung von „unzüchtig berüh-

ren, sexuell belästigen" übernahm Er. aus seiner Quelle Gellius. Für diese Bedeutung vgl. Georges I, Sp. 1636–1637, s.v. „contrecto", II.c; Lewis-Short, S. 459, s.v. „contrecto" B. 2; z.B. Suet. *Dom.* 1 „multorum vxores contractare"; Plaut. *Poen.* V, 5, 32. Der zugrundeliegende Gedanke ist, daß die Philosophie durch die unzüchtige Berührung durch den moralisch verdorbenen Menschen besudelt wird.

463–465 *O homo … deterius* In *Collect.* 591 „Syncerum est nisi vas, quodcumque infundis acescit" (*ASD* II, 9, S. 214) zitierte Er. den griechischen Ausspruch des Epiktet in der Übers. des Theodorus Gaza: „Homo, vbinam mittis, considera; numquid vas purgatum sit. Nam si ad inanem opinionem ea inuergas, prorsum interierint; sin conputrescant, in vrinam aut acetum conuertentur aut si quid iis ipsis est deterius"; in vorl. *Apophthegma* präsentierte Er. eine Version, in der er Gazas Übers. variierend abwandelte.

463 *mittas* „mittere" im Sinn von „immittere" („hineinschütten", „hineingiessen") hat Er. von Theodorus Gazas Übers. übernommen.

463–465 *num purgatum sit vas … deterius* bezieht sich auf das Sprichwort „Sincerum est nisi vas, quodcumque infundis, acescit" (= Hor. *Epist.* I, 2, 54), „Was man in saure Fässer gießt, sauert bald"; Epiktet bei Gellius a.a.O.; Pythagoras bei Plut. *De puerorum educatione* 17, *Mor.* 12F; Otto 1849, s.v. „vas". Das Sprichwort nimmt auf die Art und Weise Bezug, in der man in der Antike flüssige Nahrungsmittel aufbewahrte: in Amphoren, großen Krügen aus Ton. Der Ton hat an sich schon die Eigenschaft einer gewissen Durchlässigkeit; dadurch blieb, wenn eine Amphore leer geworden war, der Geschmack der darin bewahrten Substanz hängen. Das gilt *a fortiori* für den Fall, daß eine Amphora nicht (gründlich) gesäubert wurde: Die Reste der zuvor aufbewahrten Substanz übertragen sich auf den Geschmack der neuen. Z.B. wurde in Amphoren Essig gelagert; wenn in einer solchen Essigamphora beim nächsten Mal Wein aufbewahrt wird, läuft er Gefahr, im Krug sauer zu werden. Er. kannte das Sprichwort in seiner horazischen Prägung, welches er sowohl in seine *Collectanea* aufnahm (siehe *Collect.* 591 „Syncerum est nisi vas, quodcunque infundis acescit", *ASD* II, 9, S. 214) als auch in seinen Adagien zitierte (*Adag.* 2, IX, *ASD* II, 1, S. 100); außerdem widmete er dem antiken Aufbewahrungsproblem in Tonkrügen *Adag.* 2, IX „Cibum in matellam ne immittas" (*ASD* II, 1, S. 100) und *Adag.* 1320 „Quo semel est imbuta" (*ASD* II, 3, S. 336) sowie *Collect.* 592 „Quo semel est imbuta recens, seruabit odorem testa diu" (*ASD* II, 9, S. 214). Vgl. *Collect.* 591: „Eiusdem (i.e. Horatii) est apophthegma. Conuenit in eos, quibus bonae res animi vicio sunt malae quiue recte et vtiliter dicta in malum et perniciem vonuertunt. Epicteti sententia est, cuius in improbum philosophum haec sunt apud Gellium verba: ‚Homo, vbinam mittis, considera…'". Letztes geht ebenfalls auf Horaz zurück, der im Hinblick auf das nämliche Aufbewahrungsproblem ein weiteres Sprichwort bildete, das er im selben Brief vermeldet: „quo semel est imbuta recens, servabit odorem / testa diu" (= Hor. *Epist.* I, 2, 69–70); vgl. *Sententiae Varron.* 58a: „Sapiunt vasa, quicquid primum acceperunt"; Otto 1770. Er. nahm auch dieses in seine Adagien auf: *Adag.* 1320 „Quo semel est imbuta", a.a.O.: „Huic non dissimile est Horatianum illud: ‚Quo semel est imbuta recens, seruauit odorem/ Testa diu'. Proinde recte monet Fabius, vt statim optima discantur, propterea quod nihil haeret tenacius quam id, quod ‚rudibus annis perceperimus' (= Quint. *Inst.* I, 1, 5)".

VII, 288 BREVILOQVENTIA (Epictetus, 3)

470 Idem philosophiae summam *duobus verbis* comprehendere *solitus est, "ἀνέχου καὶ ἀπέχου", id est, "sustine et abstine"*, quorum prius *admonet, vt mala*, quae incurrunt, aequo animo *toleremus*, posterius, *vt a voluptatibus temperemus*. Ita enim fiet, vt nec aduersis deiiciamur nec prosperis corrumpamur. Refert Gellius libro decimoseptimo, capite vndeuigesimo.

475 METROCLES

VII, 289 MODESTE (Metrocles, 1) [4]

Libros suos exussit dicens,

„τάδ᾽ ἐστ᾽ ὀνείρων νερτέρων φαντάσματα", ⟨id est⟩

„Sunt inferorum haec somniorum imagines",

480 sentiens esse *nugas ac deliramenta*, quae scripserat.

473–474 libro decimoseptimo, capite vndeuigesimo *C*: Lib. 17. Cap. 19 *B BAS*.

478 id est *suppleui*.

Apophth. VII, 288 ist ein Gegenstück zu *Collect*. 443 „Patere et abstine" (*ASD* II, 9, S. 176–177) und *Adag*. 1613 „Sustine et abstine", das bereits in der Erstausgabe d.J. 1508 vorhanden war (*ASD* II, 4, S. 96–98): „Epictetus Cynicae sectae philosophus vniuersa philosophorum dogmata, quae ad humanae vitae pertineant felicitatem, quaeque tot voluminibus vix explicant caeteri, duobus verbis absolute complexus est, quae iam olim prouerbii vice celebrantur a doctis, digna profecto, quae omnibus parietibus, omnibus columnis inscribantur, omnibus anulis inscalpantur. Ea sunt huiusmodi: Ἀνέχου καὶ ἀπέχου, id est Sustine et abstine. Quorum altero monemur, vt aduersa fortiter toleremus, altero, vt ab illicitis temperemus voluptatibus. Referuntur in Noctibus Gellianis [*F*] libro decimoseptimo, capite decimonono [sic]". Vgl. *Collect*. 443 „Patere et abstine": „Epictetus philosophus vniuersam viuendi rationem duobus verbis complexus est Ἀνέχου καὶ ἀπέχου, id est ‚Patere et abstine'. Quorum altero monemur, vt mala patienter toleremus, altero, vt ab voluptatibus interdictis temperemus voluptatibus".

470–472 *Duobus ... temperemus* Gekürzte und paraphrasierende Wiedergabe von Gell. XVII, 19, 5, wobei Er. auch von seinen vorhergehenden Paraphrasen in den *Collectanea* und *Adagia* profitierte; Gell. a.a.O.: „Praeterea idem ille Epictetus, quod ex eodem Fauorino audiuimus, solitus dicere est duo esse vitia multo omnium grauissima ac taeterrima (teterrima *quaedam edd. vett.*), intolerantiam et incontinentiam, cum aut iniurias, quae sunt ferendae, non toleramus neque ferimus, aut, a quibus rebus voluptatibusque nos tenere debemus, non tenemus. ‚Itaque', inquit, ‚si quis haec duo verba cordi habeat eaque sibi imperando atque observando curet, is erit pleraque inpeccabilis vitamque vivet tranquillissimam'. Verba haec duo (haec duo *text. recept.*: duo haec *ed. Badius*) dicebat: ἀνέχου et (et *text. recept., ed. Schenkl, ed. Oldfather*: καὶ *ed. Badius, plures edd. vett.*) ἀπέχου"; Epictet. Frgm. 10 Schenkl, 10 Oldfather; Er., *Adag*. 1613 „Sustine et abstine" (*ASD* II, 4, S. 96–98): „Epictetus Cynicae sectae philosophus vniuersa philosophorum dogmata ... *duobus verbis* absolute complexus est, quae iam olim prouerbii vice celebrantur a doctis ... Ea sunt huiusmodi:

Ἀνέχου καὶ ἀπέχου, *id est 'Sustine et abstine'. Quorum altero monemur, vt aduersa fortiter toleremus, altero, vt ab illicitis temperemus voluptatibus …*"; *Collect.* 443: „*Epictetus philosophus vniuersam viuendi rationem duobus verbis complexus est* Ἀνέχου καὶ ἀπέχου, … *Quorum altero monemur, vt mala patienter toleremus, altero, vt ab voluptatibus interdictis temperemus voluptatibus*"; vgl. weiter Polizianos Widmungsbrief zu seiner lat. Übers. von Epiktets Encheiridion, *Opera omnia* (Venedig 1498, fol. S[v]), ed. Josse Bade und Jean Petit, Paris, 1512, Bd. II, fol. XXXVII[r]: „*Sed quod in toto hoc libello pluribus explicatur, id omne Epictetus duobus his verbis, quae etiam frequentissime vsurpabat, comprehendere est solitus: 'sustine' et 'abstine'*. Alciato bildete, wohl auf Grundlage von *Adag.* 1613, aus Epiktets Spruch das Emblem Ἀνέχου καὶ ἀπέχου: „*Et toleranda homini tristis fortuna ferendo est,/ Et nimium felix saepe timenda fuit./ Sustine, Epictetus dicebat, et abstine. Oportet/ Multa pati, illicitis absque tenere manus./ Sic ducis imperium vinctus fert poplite Taurus/ In dextro, sic se continet a gravidis*" (vgl. *Emblematum libellus*, Venedig 1546).

470 καί Der von Er. benutzte Gellius-Text las καί, wie z. B. die Ausgaben des Josse Bade, während der textus receptus „et" aufweist; ebenso in *Adag.* 1613 und *Collect.* 443.

Metrokles (4/ 3. Jh. v. Chr.), Philosoph aus der Stadt Maroneia in Thrakien, Sohn aus reichem Hause; begab sich wegen seiner philosophischen Interessen zu einem frühen Zeitpunkt nach Athen; war dort zunächst Schüler des Peripatetikers Theophrastos, der von 322–288/6 die Schule des Aristoteles leitete, sodann des Xenokrates, der 339/8–314/3 der Akademie vorstand. Zuletzt schloss er sich dem Kyniker Krates von Theben an. Metrokles' philosophische Entwicklung vom Peripatos zum Kynismus muß sich zwischen 322–315 vollzogen haben. Krates, der ursprünglich selbst aus einer sehr reichen Familie stammte, lehrte dem Metrokles die karge, asketische Lebensweise der Kyniker. Wohl nachdem sich Metrokles dem Krates angeschlossen hatte, heiratete dieser dessen Schwester Hipparchia. Für Metrokles vgl. M.-O. Goulet-Cazé, *DNP* 8 (2000), Sp. 135–136; K. v. Fritz, *RE* XV, 2 (1932), Sp. 1483–1484, jeweils s.v. „Metrokles"; M.-O. Goulet-Cazé, „Métrocles de Maronée", in: R. Goulet (Hrsg.), *Dictionnaire des philosophes antiques*, IV (Paris 2005), S. 499–501. Für seine fragmentarisch überlieferten Werke vgl. G. Giannantoni (Hrsg.), *Socratis et Socraticorum Reliquiae*, II, Neapel 1990, Abschn. V–L. Metrokles figuriert weiter in *Apophth.* VII, 131 und 282; in den Adagien wird er nicht genannt.

477–480 *Libros suos … deliramenta* Um die Quellenangabe gekürzte Wiedergabe von Diog. Laert. VI, 95, wobei Er. von der Übers. Curios ausging: „*Hic libros suos, vt ait Hecaton in primo usuum* (i.e. *Sententiarum*), *combussit dicens:* τάδ' ἔστ' ὀνείρων νερτέρω (sic, i.e. νερτέρων) φαντάσματα, *hoc est,* '*Haec somniorum sunt imagiuncula*' (τάδ' … *imagiuncula ed.* Curio: *Sunt ista somniorum phantasmata Traversari*), *ac si diceret nugas et* (*ac si diceret nugas et ed.* Curio: *veluti Traversari*) *deliramenta*" (ed. Curio, Basel 1524, S. 212). Curio zitierte seiner Gewohnheit gemäß bei metrischen Sprüchen auch den griech. Text; dieser wies einen Druckfehler auf, den Er. korrigierte. Den griech. Vers des Metrokles versah Er. mit einer neuen metrischen Übers. Vgl. den griech. Text des Diog. Laert.: Οὗτος τὰ ἑαυτοῦ συγγράμματα κατακαίων, ὥς φησιν Ἑκάτων ἐν πρώτῳ Χρειῶν, ἐπέλεγε: τάδ' ἔστ' ὀνείρων νερτέρων φαντάσματα [οἷον λῆπος] (ed. Frob. S. 304–305; οἷον λῆπος *seclusit* Cobet *vt glossema*). Metrocles Frgm. 1 Giannantoni; Luck *WdH* 601 (S. 217); *TGF* II, *Adespota*, Frgm. 285 Kannicht-Snell; *TGF* Frgm. 285 Nauck.

480 *nugas … deliramenta* „nugas ac deliramenta" kopierte Er. aus Curios Übers. (a.a. O.).

VII, 290   ERVDITIO STVDIO VENALIS   (Metrocles, 2) [5]

Dicebat res alienas *emi pecunia, vt domum* vestemque, *sed disciplinas liberales* emi *tempore*. Requirunt enim diuturnum studium, quum pecunia data statim fias possessor fundi.

HIPPARCHIA, METROCLIS SOROR

VII, 291   MVLIER CYNICA   (Hipparchia, 1) [6]

Adamauit Cratetem, apud parentes minitans se sibi conscituram necem, ni philosopho nuberet. Ab hoc affectu quum nec parentum verbis nec Cratetis adamati suasu [i.e. dissuasione] *reuocari posset, Crates surgens detracto pallio nudauit* tergum gibbo deformatum. „Ne quis circumueniatur!", inquit, „Hic est sponsus", et proiecto baculo et pera „Haec", inquit, „dos est. Super his delibera! Neque enim mihi coniunx esse poterit, nisi cui placeat idem institutum". Quum accepisset conditionem puella, mox

---

486   Cynica *C*: cynica *B*.

482–483 *Dicebat … tempore* Variierende Wiedergabe von Traversaris Übers. von Diog. Laert. VI, 95: „Res docebat partim emi pecunia, vt domum, partim tempore et diligentia, vt disciplinas liberales" (ed. Curio, Basel 1524, S. 212). Vgl. den griech. Text: οὗτος ἔλεγε τῶν πραγμάτων τὰ μὲν ἀργυρίου ὠνητὰ εἶναι, οἷον οἰκίαν· τὰ δὲ χρόνου καὶ ἐπιμελείας, ὡς παιδείαν (ed. Frob. S. 305). Metrocles Frgm. 6 Giannantoni, Luck, *WdH* 601 (S. 217).

482 *Alienas … vestemque* „alienas" und „vestemque" sind Zusätze des Er., im Sinne stoisch-christlichen Gedankengutes, das die Äußerlichkeit (und Uneigentlichkeit) von Glücksgütern betont.

482 *emi … emi* Diese stilistisch ungelenke Wortwiederholung stammt nicht aus der griech. Quelle, sondern geht auf das Konto des Er.; Lycosthenes beseitigte sie in seinem Druck des Apophthegmas, indem er das erste „emi" durch „comparari" ersetzte (S. 276).

482–483 *tempore* Bei der Übers. von τὰ δὲ χρόνου καὶ ἐπιμελείας vergass Er. καὶ ἐπιμελείας, welches in Traversaris Übers. vorhanden war („tempore et diligentia").

Hipparchia aus Maroneia in Thrakien, die einzige Frau, der in Diog. Laert.' Philosophiegeschichte eine Biographie gewidmet ist; Schwester des Kynikers Metrokles, des Schülers des Krates von Theben. Sie war mit Krates verheiratet und lebte mit ihm die kynische Lebensweise; hatte mit Krates einen Sohn mit dem Namen Pasikles (dazu vgl. oben *Apophth.* VII, 271 mit Komm.). Vgl. M. Goulet-Cazé, *DNP* 5 (1998), Sp. 567, s.v. „Hipparchia"; H. v. Arnim, *RE* VIII, 2 (1913), Sp. 1662, s.v. „Hipparchia", Nr. 1; F. Baroncelli und W. Lapini, „Ipparchia, di Maronea, sorella di Metrocle Cinico, sposa di Cratete Tebano, e il perfido Teodoro", in: *Maia* 53 (2001), S. 635–642; J.M. García González und P.P. Fuentes González, „Hipparchia de Maronée", in: R. Goulet (Hrsg.), *Dictionnaire des philosophes antiques*, Bd. III, Paris 2000, S. 742–750; U. Hartmann, „Kynische Grenzüberschreitungen. Die griechische Philosophin Hipparchia", in: E. und U. Hartmann, K. Pietzner (Hrsg.), *Geschlechterdefinitionen und Geschlechtergrenzen in der Antike*, Stuttgart 2007, S. 229–246; K. Döring, „Krates und Hipparchia", in: H. Flashar (Hrsg.), *Grundriss der Geschichte der Philosophie. Die Philosophie der Antike*, Bd. II.1, Basel 1998, S. 297–302; Luck *WdH*, S. 218–220. Für Krates vgl. Komm. oben zu *Apophth.* VII, 266.

487–489 *Adamauit … pallio* Gekürzte und paraphrasierende, durch Kontamination mit

Apul. *Flor.* 14 und ein Missverständnis ins Bizarre verzerrte Wiedergabe von Diog. Laert. VI, 96–97, wobei Er. die Übers. Traversaris/ Curios als Textvorlage benutzte: „Capta est et illorum verbis (Capta ... verbis *Curio*: *desunt in deest in versione fratris Ambrosii, e.g. in ed. Ven. 1490*) Metroclis soror Hipparchia (Metroclis soror Hipparchia *Curio*: Hipparchia Metroclis soror *Traversari*). Erant autem Maronitae (maronite *ed. Ven. 1490*) ambo. Amabat vero Cratis (Cratis *Traversari, Curio, scribendum erat* Cratetis) vitam atque verba neque vlla omnino procorum excellentia potuit auelli, non opibus, non nobilitate, non pulchritudine, sed haec omnia sibi Crates erat, parentibusque minabatur seipsam, nisi huic traderetur, necaturam. Cum igitur Crates a parentibus puellae rogaretur, vti ab hoc illam proposito auerteret, postquam egit omnia nec persuasit, exurgens omni sua supellectile ante illius oculos exposita, ‚hic', ait, ‚sponsus, haec eius possessio est, ad haec delibera. Neque enim esse nostri consors poteris, nisi eadem studia attigeris'. Elegit continuo puella, sumptoque illius habitu vnam cum viro circuibat et congrediebatur in aperto atque ad coenas proficiscebatur" (ed. Curio, Basel 1524, S. 212–213).: Ἐθηράθη δὲ τοῖς λόγοις καὶ ἡ ἀδελφὴ τοῦ Μητροκλέους Ἱππαρχία. Μαρωνεῖται δ' ἦσαν ἀμφότεροι. Καὶ ἤρα τοῦ Κράτητος καὶ τῶν λόγων καὶ τοῦ βίου, οὐδενὸς τῶν μνηστευομένων ἐπιστρεφομένη, οὐ πλούτου, οὐκ εὐγενείας, οὐ κάλλους· ἀλλὰ πάντ' ἦν Κράτης αὐτῇ. καὶ δὴ καὶ ἠπείλει τοῖς γονεῦσιν ἀναιρήσειν αὐτήν, εἰ μὴ τούτῳ δοθείη. Κράτης μὲν οὖν παρακαλούμενος ὑπὸ τῶν γονέων αὐτῆς ἀποτρέψαι (ἀποτρέψας *ed. Frob.*) τὴν παῖδα, πάντ' ἐποίει, καὶ τέλος μὴ πείθων, ἀναστὰς καὶ ἀποθέμενος τὴν ἑαυτοῦ σκευὴν ἀντικρὺ αὐτῆς ἔφη, „ὁ μὲν νυμφίος οὗτος, ἡ δὲ κτῆσις αὕτη, πρὸς ταῦτα βουλεύου"· οὐδὲ γὰρ ἔσεσθαι κοινωνόν, εἰ μὴ καὶ τῶν αὐτῶν ἐπιτηδευμάτων γενηθείη. Εἵλετο ἡ παῖς καὶ ταὐτὸν ἀναλαβοῦσα σχῆμα συμπεριῄει τἀνδρὶ καὶ ἐν τῷ φανερῷ συνεγίνετο καὶ ἐπὶ τὰ δεῖπνα ἀπῄει (ed. Frob. S. 305–306); Hipparchia Frgm. 1 Giannantoni (*SSR* V, 1); Luck, *WdH* 604 (S. 219). Vgl. *Apophth*. III, 367.

487 *Cratetem* Für den Kyniker Crates aus Theben vgl. oben Komm. zu VII, 135 und 266.

489–491 *nudauit ... pera* Daß Krates sich nackt auszog, um der Braut in spe seinen entstellenden Fleischhöker zu zeigen, der sich auf seinem Rücken aufgetürmt haben soll („nudauit tergum gibbo deformatum"), steht nicht bei Diog. Laert. a.a.O. Jedoch hat Er. hier Apuleius' Version der Anekdote *Flor*. 14 eingearbeitet: „cumque interscapilium Crates retexisset, quod erat acuto gibbere peramque cum baculo et pallium humi posuisset, eamque suppellectilem sibi esse puellae profiteretur eamque formam, quam viderat; proinde sedulo consuleret, ne post querela eam caperet". Daß Krates einen Fleischhöker gehabt haben soll, steht zwar bei Apuleius, ist aber nicht gesichert. Bei Diog. Laert. VI, 92 steht lediglich, daß Krates in hohem Alter einen gekrümmten Rücken hatte. Für Krates' Mangel an körperlicher Schönheit vgl. oben VII, 277 mit Komm.

490 *Ne ... circumueniatur!* Der erste Teil des Spruches, „Ne quis circumueniatur!" wurde von Er. hinzuerfunden.

490–491 *proiecto ... pera* „proiecto baculo et pera" kopierte Er. aus Apul. *Flor*. 14.

491 *dos* „dos", „Mitgift der Braut", steht nicht im griech. Text, sondern κτῆσις, von Traversari richtig mit „possessio", „Besitz", übersetzt. Die Braut brachte eine Mitgift in die Ehe, nicht der Mann, der einen bestimmten Besitz hatte, in den die Mitgift der Ehefrau einfloss.

492–494 *Mox ... matrimonium* Aufgrund eines Missverständnisses von Traversaris Übers. und durch eine Kontamination von Traversaris Übers. mit Apul. *Florid*. 14 tischt Er. hier dem Leser eine heftige Skandalgeschichte auf: Krates soll, als sich Hipparchia im Gespräch mit den Eltern für ihn entschied, an Ort und Stelle seinen Mantel auf dem Boden ausgebreitet und vor den Augen der verdutzten Eltern mit Hipparchia Geschlechtsverkehr gehabt haben, damit den Vollzug der „Hundeehe" geliefert haben: „mox substrato pallio cum illa congressus est parentibus adstantibus. Itaque consummatum est Cynicum matrimonium". In dieser bizarren Form fand die Anekdote Eingang in die großen Wissensammlungen des 16. und 17. Jh., u.a. in Theodor Zwingers *Theatrum vitae humanae ... Basel, Johannes Oporinus*, 1565, S. 1116. Im griech. Original des Diog. Laert. ist davon nicht die Rede, sondern, daß Hipparchia, nachdem sie sich für Krates entschieden hatte, sich so anzog wie dieser (ταὐτὸν ἀναλαβοῦσα σχῆμα), also Männerkleidung

substrato *pallio* cum illa congressus est parentibus adstantibus. Itaque consummatum est Cynicum matrimonium.

495   VII, 292   A‍RGVTIA MVLIEBRIS [MVLIER ERVDITA]   (Hipparchia, 2) [7]

Theodorum [Impium], cui cognomen erat Ἄθεος, *huiusmodi sophismate* constrinxit: *"Quod faciens Theodorus non diceretur iniuste agere, id*em [i.e. id] *si faciat Hipparchia, non dice*[re]*tur iniuste agere"*. Quum annuisset ille, subiecit: *"Sed Theodorus seipsum percutiens non diceretur iniuste agere: nec igitur Hipparchia, si idem faceret"*. *Ad id Theo-*
500 *dorus nihil respondit, sed sustulit* [i.e. sustollere conabatur] *illius pallium, vt enudaret pudenda. Quum illa nihil hac re turbaretur*, obiecit ei [i.e. illi] *versu iambico, quod a muliebribus officiis ad virile institutum defecisset*:

495 Mulier erudita *deleui cum BAS.*
496 impium *seclusi.*
496 Ἄθεος *scripsi*: ἄθεος *B C.*
497 idem *B C: scribendum erat* id *sec. versionem fr. Ambrosii et textum Graec. (*τοῦτο*).*

498 dicetur *scripsi (cf. versionem fr. Ambrosii)*: diceretur *B C.*
499 nec *B C: dubito ne scribendum* ne *ut in versione fr. Ambrosii.*

trug, sicherlich auch den charakteristischen Kynikermantel, daß sie ihren Mann in der Öffentlichkeit begleitete und mit ihm umherzog (συμπερίῄει τἀνδρὶ καὶ ἐν τῷ φανερῷ συνεγίνετο) und daß sie sogar mit ihm gemeinsam zu Gastgelagen ging (ἐπὶ τὰ δεῖπνα ἀπῄει). Dieses Auftreten wurde im zeitgenössischen Griechenland als normenverletzend empfunden: Von einer Frau erwartete man, daß sie sich anders betrug als ein Mann; ganz und gar verpönt war natürlich das Tragen von Männerkleidung; nach allgemein akzeptierten Normvorstellungen sollte sich die Frau im Privathaus aufhalten, sie sollte dort ein zurückgezogenes und tugendhaftes Leben führen; man betrachtete es als Verstoß gegen die gültige Sitte, wenn eine Frau sich oft in der Öffentlichkeit zeigte; im Fall der Hipparchia war der Verstoß umso auffälliger, als sie nach Kynikerart überhaupt in der Öffentlichkeit lebte und noch dazu Männerkleidung trug. Die Teilnahme an Symposien war im Prinzip Männern vorbehalten; auch diesbezüglich eckte Hipparchia an, indem sie einfach mit ihrem Mann mitging. Traversari hatte ἐν τῷ φανερῷ συνεγίνετο („war mit ihm in der Öffentlichkeit zusammen") suboptimal mit „congrediebatur in aperto" übersetzt, was eher „in der Öffentlichkeit mit ihm zusammentraf" als „sich mit ihm zusammen in der Öffentlichkeit aufhielt" bedeutet: Dies verstand Er. nun falsch als „in aller Öffentlichkeit mit ihm Geschlechtsver-

kehr hatte". Daß Krates seinen Mantel auf dem Boden ausgebreitet haben soll, bezog Er. aus Apul. *Florid.* 14 („et pallium humi posuisset [sc. Crates]"); allerdings war die Handlung dort gemeint, um der Hipparchia seinen ganzen ärmlichen Besitz zu zeigen. Mit der Geschichte der Brautwerbung verband Er. die Anekdote von Apuleius, daß Krates am hellichten Tag, in aller Öffentlichkeit, in einer Säulenhalle mit Hipparchia Sex gehabt habe; nur der Stoiker Zenon habe damals die beiden vor dem vollständigen Dekorumverlust behütet, indem er einen Mantel über sie geworfen habe (ebenfalls *Florid.* 14): „Ducit Cynicus (sc. Hipparchiam) in porticum: ibidem, in loco celebri, coram, luce clarissima accubuit, coramque virginem inminuisset paratam pari constantia, ni Zeno procinctu palliastri circumstantis coronae obtutu magistrum secreto defendisset".
Apophth. VII, 292 wurde (in *B* und *C*) versehentlich mit zwei Lemmatiteln ausgestattet, zuerst „Argutia muliebris", sodann „Mulier erudita". Da in der Struktur der *Apophthegmata* jedoch nur ein einziger Lemmatitel vorgesehen ist, ist einer der beiden zu tilgen. Auf diese Weise ging folgerichtig *BAS* vor.
496–503 *Theodorum ... κερκίδας* Durch Textübertragungsfehler, Übersetzungsfehler, Schlampigkeiten, ein Textüberlieferungsproblem und eine *divinatio infelix* entstellte Wiedergabe von Diog. Laert. VI, 97–98, wobei

Er. Traversaris/ Curios Übers. als Textvorlage benutzte: „Quo tempore et ad Lysimachum ad conuiuium venit (venit *Curio*: venerunt *Traversari, e.g. ed. Ven. 1490*), vbi et Theodorum Impium coarguit, sophisma huiusmodi obiiciens: ‚Quod faciens Theodorus iniuste agere non diceretur, id Hipparchia si faciat, facere iniuste non dicetur; Theodorus autem seipsum feriens iniuste non agit; ne Hipparchia quidem Theodorum caedens iniuste agit'. Tum ille ad id quidem minime respondit, sed illius pallium traxit. Sed neque territa neque turbata est (est *add. Curio*) Hipparchia, vt mulier (mulier est *Traversari*, est *om. Curio*); (98) verum et (et *om. Curio*: et *Traversari, e.g. ed. Ven. 1490*) dicente sibi illo τήν τὰς παρ᾽ ἱστοῖς ἐκλιποῦσα κερκίδας, hoc est, ‚Radios reliquit haec apud telas suos' (τήν ... suos *Curio*: haec est quae textrini reliquit radios *Traversari*). ‚Sum equidem', inquit, ‚Theodore. Sed num tibi male de me ipsa statuisse videor, si tempus, quod in telis (telis *Curio*: textrino *Traversari*) consumptura eram, disciplinae potius impendi?'" (ed. Curio, Basel 1524, S. 213): ὅτε καὶ πρὸς Λυσίμαχον εἰς τὸ συμπόσιον ἦλθεν, ἔνθα Θεόδωρον τὸν ἐπίκλην Ἄθεον ἐπήλεγξε, σόφισμα προτείνασα τοιοῦτον· ὁ ποιῶν Θεόδωρος οὐκ ἂν ἀδικεῖν λέγοιτο, οὐδ᾽ Ἱππαρχία ποιοῦσα τοῦτο ἀδικεῖν λέγοιτ᾽ ἄν· Θεόδωρος δὲ τύπτων ἑαυτὸν οὐκ ἀδικεῖ, οὐδ᾽ ἄρα Ἱππαρχία Θεόδωρον τύπτουσα ἀδικεῖ. ὁ δὲ πρὸς μὲν τὸ λεχθὲν οὐδὲν ἀπήντησεν, ἀνέσυρε δ᾽ αὐτῆς θοἰμάτιον· ἀλλ᾽ οὔτε κατεπλάγη Ἱππαρχία οὔτε διεταράχθη ὡς γυνή. (98) Ἀλλὰ καὶ εἰπόντος αὐτῇ, „αὕτη 'στὶν ἡ τὰς παρ᾽ ἱστοῖς (αὐτοῦ αὐτή. „τίς τὰς παρ᾽ ἱστοῖς" *ed. Frob. p. 306*) ἐκλιποῦσα κερκίδας". ‚ἐγώ', φησίν, ‚εἰμί, Θεόδωρε· ἀλλὰ μὴ κακῶς σοι δοκῶ βεβουλεῦσθαι περὶ αὑτῆς, εἰ, τὸν χρόνον ὃν ἔμελλον ἱστοῖς προσαναλώσειν, τοῦτον εἰς παιδείαν κατεχρησάμην;" (ed. Froben, S. 306).

496 *Theodorum* Für **Theodoros von Kyrene**, ‚den Gottlosen' (vor 335-nach 270 v. Chr.) siehe Komm. oben zu VII, 134 (Stilpon Megarensis, 4). Er. brachte in den *Apophthegmata* einige markige Aussprüche des Theodoros, die allerdings verstreut sind: siehe V, 112; VI, 418; VII, 134; VIII, 7 und VIII, 136. *Apophth.* V, 112, VI, 418, VIII, 7 und 136 führen Theodoros' Überheblichkeit und Respektlosigkeit vor, VI, 418 und VIII, 7 seine Menschenverachtung. VI, 418 und VIII, 7 stellen eine Dublette dar.

496 [*Impium*] ... Ἄθεος Dadurch, daß Er. zunächst Traversaris „impium" kopierte, was eine Übertragung von τὸν ἐπίκλην Ἄθεος ist, andererseits aber den griech. Text nochmals mit „cui cognomen erat Ἄθεος" übersetzte, stellte er einen verworrenen, tautologischen Text her. Nachdem Er. „cui cognomen erat Ἄθεος" hinzusetzte, war „impium" zu tilgen.

496 *cui ... Ἄθεος* Für „cui ... Ἄθεος" vgl. oben VII, 134: „Theodorus autem cognomento Ἄθεος".

498 *Sed* „sed" ist ein Zusatz des Er., der der Logik des Syllogismus entgegenwirkt. Es handelt sich nicht um einen Gegensatz, sondern um die Fortsetzung des Gedankens. Er. hätte, wie seine Textvorlage, Traversaris Übers. „autem" schreiben müssen. Vgl. auch im griech. Original das fortsetzende δέ.

500 *sustulit* ἀνέσυρε, die Imperfectumform von ἀνασύρω, drückt aus, daß Theodoros *versuchte*, ihren Mantel in die Höhe zu ziehen, nicht, daß ihm das in der Tat in vollem Umfang gelang, wie Er.' Perfektform „sustulit" angibt. Vgl. richtig Hicks: "tried to strip off her coat".

500–501 *vt ... pudenda* „vt enudaret pudenda" ist ein narrativer Zusatz des Er., der inhaltlich nicht erforderlich ist und etwas geschmacklos wirkt.

501–502 *quod a ... defecisset* „quod a ... defecisset" ist eine eingeschobene Erklärung des Er., die jedoch nicht den zynischen Witz von Theodoros' in vollem Umfang versteht: Durch das Verszitat stellte Theodoros die Philosophin als verrückte Bacchantin hin. Er. war nicht bekannt, aus welchem Theaterstück der Vers stammte. Er erkannte lediglich, daß ein jambischer Vers vorlag.

„ τίνη τὰς παρ᾽ ἱστοῖς ἐκλιποῦσα κερκίδας ",

Quidam codices habeant τίνι, id est „cui", quidam τήνη, ⟨id est „haec"⟩. Legendum suspicor γυνὴ, vt omisso articulo legamus:

„γυνὴ παρ᾽ ἱστοῖς ἐκλιποῦσα κερκίδας", ⟨id est⟩

„*Radios apud telas reliquit* foemina".

Cui illa: „*Num tibi videor male mihi consuluisse, quae, quod temporis impensura fueram telis, impendi disciplinis?*".

---

503 τίνη B C LB: τήνη *ed. Curio*, τίνι *lectio varia in Curionis ed.*, τίς *Diog. ed. Frob.*, γυνὴ *coniecit Erasmus*, ἡ *Diog. text. recept.*
504 τήνη B C LB: τίνη *Lycosthenes (p. 1018).*

504 id est „haec" *supplevi*.
506 id est *supplevi*.
507 Radios apud telas reliquit foemina *transposui*.

---

503 τίνη … κερκίδας Eur. *Bacch.* 1236; 1233–1237: ἐμέ, / ἣ τὰς παρ᾽ ἱστοῖς ἐκλιποῦσα κερκίδας / ἐς μεῖζον᾽ ἥκω, θήρας ἀγρεύειν χεροῖν. / φέρω δ᾽ ἐν ὠλέναισιν. Durch das Zitat aus den *Bacchae* setzt Theodoros die Philosophin Hipparchia mit der der Raserei verfallenen Bacchantin Agaue gleich, die zu ihrem Vater Kadmos sagt, er könne auf sie, seine gewaltige Tochter, stolz sein, *daß sie den Webstuhl verlassen habe* und auf die Berge gestiegen sei, um wilde Tiere mit Händen zu fangen und mit dieser prächtigen Jagdbeute heimzukehren. Agaue quillt über von Glücksgefühl, weil sie in ihrem Wahn meint, sie habe einen Berglöwen erlegt und halte seinen Kopf als Jagdbeute in ihren Händen. In Wirklichkeit jedoch ist es der Kopf ihres Sohnes Pentheus.

503 τίνη Die Baseldrucke überliefern einhellig die kuriose Lesart τίνη, die nicht stimmen kann: τίνη ist eine seltene Nebenform des dorischen τίν = σοί (vgl. Pape II, S. 1117, s.v. τίν), eine Form, die nicht zu Euripides passt. Es ist unklar, ob Er. trotz der eindeutigen Überlieferungslage die Form τίνη beabsichtigt hat; möglicherweise handelt es sich um einen Textübertragungsfehler oder Fehler des Setzers, wobei statt τήνη irrtümlich τίνη geschrieben wurde; τήνη steht in Curios Ausgabe der lateinischen Übersetzung Traversaris im Haupttext, während er *in margine* als variante Lesart τίνι angibt. τήνη ist schon aus metrischen Gründen als richtige Lesart auszuschließen. Zudem ist τήνη ein strenger Dorizismus, der nicht zu Euripides gehört (bedeutungsgleich mit οὗτος, vgl. Passow, II, 2, S.1 887, s.v. τῆνος). τίνι ist aus inhaltlichen Gründen auszuschließen. Lycosthenes setzt τίνι zu Unrecht in den Haupttext, während er τίνη (jedoch nicht τήνη!) als Variante verzeichnet.

503 κερκίδας κερκίς, das Webschiff bzw. die Weberlade am waagrechten Webstuhl (vgl. neben Eur. *Bacch.* 1236 z.B. Soph. *Ant.* 964; Aristoph. *Av.* 831; *Ran.* 1312; Pape I, S. 1424, s.v., Nr. 1), von Traversari richtig mit „radius" (Georges II, Sp. 2187–2188, s.v., Nr. 3; Lewis-Short, S. 1521, s.v., Nr. 3) übersetzt; für die Verwendung des Plurals von „radius" wie bei Er. an vorl. Stelle vgl. z.B. Sil. XIV, 658 „inter muliercularum radios et textrina dilanior"; Er. übernahm Traversaris „radios".

504 *Quidam … τήνη* Mit der Bemerkung „quidam codices habeant τίνι, id est ‚cui', quidam τήνη" erweckt Er. den Eindruck, daß er über verschiedene Handschriften des griechischen Textes von Diog. Laert. verfügte. Dieser Eindruck ist jedoch trügerisch: Beide Lesarten stehen in der von Er. benutzten gedruckten Ausgabe der lateinischen Übers. Traversaris (ed. Curio, Basel 1524): τήνη im Haupttext, τίνι *in margine*. Er.' emendierte den Text, indem er statt τήνη, τίνη τίνι die Konjektur γυνὴ einsetzte; diese hatte keinen Vorteil, jedoch den Nachteil, daß der Text nunmehr metrisch nicht mehr stimmt. Aus diesem Grund tilgte Erasmus τὰς. Es handelt sich um eine doppelte Verschlimmbesserung, die weder sprachlich noch paläographisch noch inhaltlich Hand und Fuß hat. Er.' unglücklich konjiziertes „Die Frau hat die Schiffchen bei den Webstühlen verlassen" gibt den Sinn nicht richtig wieder. Der Spruch des Theodo-

ros fing mit den Worten αὕτη 'στὶν an und war somit als spottende Frage gemeint: „Aha, das ist sie also, die das Schiffchen am Webstuhl verließ?" (Luck *WdH* S. 219; Hicks: „Is this she who quitting woof and warp ..."). Auf diese spottende Frage antwortete Hipparchia: „Ja, das bin ich, Theodoros ...". Er. ließ αὕτη 'στὶν aus; dies ist der Tatsache geschuldet, daß er von Curios Version ausging, dem bereits derselbe Fehler unterlaufen war: Er hatte αὕτη 'στὶν vergessen und den Spruch des Theodoros als Aussagesatz aufgefasst. Im Gegensatz zu Curio hatte Traversari zwar αὕτη 'στὶν übersetzt („haec est quae textrini reliquit radios"), jedoch geht aus seiner Übers. nicht hervor, daß der Spruch als Frage gemeint war.

504 *τήνη* Lycosthenes war die Diskrepanz zwischen der Form in der zitierten Verszeile und der in der textkritischen Anmerkung genannten Form aufgefallen; er meinte, daß diese identisch sein sollten und so korrigierte er die zweite.

507 *Radios ... foemina* „Radios apud telas reliquit foemina" gehört an diese Stelle, weil sie die Übers. der von Er. durch zwei Eingriffe korrigierten Verszeile, γυνὴ παρ' ἱστοῖς ἐκλιποῦσα κερκίδας, darstellt. In *B, C, BAS* und *LB* steht „Radios apud telas reliquit foemina" unrichtigerweise nach τίνη τὰς παρ' ... κερκίδας, während dies nicht der Text ist, den Er. hier übersetzt.

508–509 *Num tibi videor ... disciplinis* Der Witz in Hipparchias Gegenfrage liegt darin, daß sie das Zitat erkannt hat und vom Kontext der Stelle ausgehend den Gedanken weiterspinnt. Die Gegenfrage stellt sie in drohendem Ton. Man muß sich vorstellen, daß Agaue bei dem Tragödiendialog den abgerissenen Kopf des Pentheus in Händen hält. Wenn sie fragt „Denkst du denn etwa, ich habe falsch gehandelt, wenn ich die Zeit, die ich am Webstuhl vergeuden konnte, der Bildung widmete?". Als Alternative kommt nunmehr Agaue ins Bild, die diese Zeit für gewalttätige Raserei anwendete. Für den Fall, daß er mit Hipparchias Bildung nicht zufrieden ist, droht ihm dasselbe Schicksal wie dem beklagenswerten Pentheus. Er. hat diesen Witz nicht verstanden.

508 *impensura fueram* Das kuriose „impensura fueram" ist eine nicht glückliche Weiterführung von Traversaris „consumptura eram".

ZENO CITTIEVS

VII, 293   Stvdivm   (Zeno Cittieus, 1)

Dicitur *consuluisse oraculum, quo pacto posset vitam optime instituere. Respondit deus* „εἰ συγχρωτίζοντο τοῖς νεκροῖς", id est, „si concolor fieret mortuis". *Ille sentiens* se vocari

---

510 CITTIEVS *B C sec. versionem fr. Ambrosii et Diog. textum Graec. in ed. Frob.* (Κιττιεὺς): CITTICVS *ed. Curionis.*

512 posset *scripsi coll. versione fr. Ambrosii:* possit *B C.*

Apophth. VII, 293–355 Im folgenden Abschnitt (VII, 293–355) behandelt Er. die Aussprüche der stoischen Philosophen: Zenon von Kition (VII, 293–330), Kleanthes von Assos (331–347), Sphairos von Borysthenes (348–349) und Chrysippos von Soloi (350–355). Dabei folgt er weiterhin seiner Quelle Diog. Laert. auf dem Fuß, der in seinem siebenten Buch die stoische Schule beschreibt; dabei kopiert Er. auch die Reihenfolge der Philosophen innerhalb des Buches.

Zenon von Kition auf Zypern (ca. 334/3/2–262/1 v. Chr.), der Begründer der stoischen Schule. Nach Persaios reiste dieser von Kition (heute Larnaka) mit etwa zwanzig Jahren nach Athen, nach Diog. Laert. VII, 2 mit dreißig. Dort wurde er Schüler des Kynikers Krates von Theben; in der Folge hörte er auch die Megariker Stilpon und Diodoros von Kronos und den Platoniker Polemon. Später eröffnete Zenon in der Stoa Poikile (in der Nähe der Agora) eine eigene Philosophenschule. Seine Schüler nannte man zunächst „Zenonier", nach einiger Zeit jedoch nach dem Versammlungsort „Stoiker". Zu seinen Schülern gehörten u.a. Ariston von Chios, Herillos von Karthago, Dionysios von Herakleia, Zenon von Sidon und Kleanthes von Assos. Letzterer wurde sein Nachfolger als Schulhaupt der Stoa. Von der beachtlichen Anzahl von Zenons Schriften, die Diogenes Laertius in VII, 4 auflistet, hat sich keine einzige erhalten; überliefert sind lediglich Fragmente; für diese vgl. *SVF* I, 3–72; K. Hülser, *Die Fragmente zur Dialektik der Stoiker*, 1987–1988; Long – Sedley, *The Hellenistic Philosophers*, 1987, Bd. I, S. 158–437; Bd. II, S. 163–431; A.C. Pearson, *The Fragments of Zeno and Cleanthes*, 1891 (photomech. Nachdruck 1973). Für Zenon vgl. B. Inwood, *DNP* 12.2 (2002), Sp. 744–748, s.v. „Zenon", Nr. 2; K. v. Fritz, *RE* X, A (1972), Sp. 83–121, s.v.

„Zenon", Nr. 2; A.A. Long, *Hellenistic Philosophy*, 1974, S. 107–209. Er. betrachtet Zenon als sprichwörtlich gewordenes Exemplum philosophischer Mäßigung, bescheidener Lebensart und Selbstbeherrschung. Darauf bezieht sich das ihm gewidmete *Adag.* 983 „Zenone moderatior" (*ASD* II, 2, S. 481–482), wobei Er. sich auf Diog. Laert. VII, 26–27 beruft: „Testatur et Laertius in Zenonis vita philosophum hunc tum in victu tum in voluptatibus venereis vsqueadeo patientem ac parcum fuisse, vt crudis duntaxat vesceretur ac pallio praetenui tegeretur". Für Zenons Bescheidenheit und Mäßigung vgl. auch *Apophth.* VII, 333, für seine Selbstbeherrschung VIII, 191. Weiter widmet Er. dem Zenon die Sprichwörter *Adag.* 22 „Clematis Aegyptia" (*ASD* II, 1, S. 132–135), 3627 „Zenonium est et lentem coquere" (ebd. II, 8, S. 86) und 4064 „Nouum cribrum nouo paxillo" (*ASD* II, 8, S. 296), ehrt ihn als Spender von Sprichwörtern in *Adag.* 347 „Aranearum telas texere" (ebd. II, 1, S. 446) und von Sentenzen in *Adag.* 1878 „Nunc bene nauigaui, cum naufragium feci" (*ASD* II, 4, S. 262) und *Adag.* 3980 (*ASD* II, 8, S. 261) sowie von memorablen Aussprüchen in *Adag.* 778 (*ASD* II, 2, S. 298) und 1452 (*ASD* II, 3, S. 440). Das Bild Zenons von Kition, das Er. in der vorl. *Apophthegmata*-Sektion zeichnet, ist prinzipiell von dem Angebot bestimmt, das in Diogenes Laertius' Biographie (VII, 7–160) vorliegt. Er. hat daraus an die vierzig Sprüche selektiert. Generell tritt daraus Zenons Sittenstrenge hervor (in VII, 295; 296; 298; 303; 318, 327, 328, 330), sein scharfes und sicheres Urteil (in VII, 295; 318; 319; 323; 330), seine moralische Integrität (besonders VII, 295; 310), sein ausgeprägter Gerechtigkeitssinn (VII, 297; 299; 302–304; 306; 315; 330), sein Hang zu Askese und Mäßigung (VII, 293, 295, 311, 318, 328). Typisch stoisch sind die Aussprüche, die mit der Bekämpfung der Affekte (VII, 298; 317 und 322) und mit der Hochschätzung des Gehorsams (VII, 326) zusammenhängen. Ein beträchtlicher Anteil der Zenon-*Apophthegmata* spricht jedoch keine typisch stoischen Themen an, sondern könnte genauso von einem anderen Weisen stammen. Musterbeispiel ist die Idealisierung der Freundschaft (VII, 314): Die Definition des (wahren) Freundes als „alter ego" wurde auch unter dem Namen des Aristoteles und des Cicero überliefert. Aufgrund seiner moralischen Integrität übt Zenon scharfe Kritik an seiner Mitwelt, die sich u. a. gegen Hinneigung zum Luxus, Selbstgefälligkeit, Selbstüberschätzung und Egoismus richtet (passim); insbesondere kritisiert Zenon den äußeren Schein (VII, 297, 300, 307). Charakteristisch für Zenon ist, daß ihm viele Worte verhasst sind: Er prangert jegliche rhetorische Verschönerung der Rede an, wobei er sich selbst in *brevitas* bzw. in Schweigen übt (VII, 300; 301; 305; 307–309; 312; 320; 321). Seine Kritik fasste Zenon meist in wenige Worte, wobei er freilich eine Gefasstheit bzw. einen gesalzenen Wortwitz an den Tag legt, welcher jenem der Kyniker nahekommt (vgl. VII, 296; 297; 304; 306; 315; 319; 323; 328–330).

510 CITTIEVS Die inkorrekte Namensform mit doppeltem t findet sich auch in Traversaris/Curios Übers. und geht auf eine verderbte Überlieferung des griech. Diog.-Laert.-Textes zurück. Er.' latein. Textvorlage, Curios Ausgabe, las „CITTICVS", ein weiterer Fehler, der sich in die Überlieferung von Traversaris Übers. eingeschlichen hatte. Zenons Geburtsstadt Κίτιον (lat. „Citium") lag an der Südküste Zyperns, heute Larnaka (türk. Iskele), die drittgrößte Stadt Zyperns. Kition, das schon im 13. Jh. v. Chr. gegründet worden war, wurde im 9. Jh. v. Chr. von Phöniziern aus Tyros als (kleines) Königreich neugegründet. Noch zu Zenons Lebzeiten existierte das alte, phönizische Königreich von Kition, wobei sich seine Bevölkerung aus Phöniziern und Griechen zusammensetzte. In den Quellen wird Zenon mehrfach als Phönizier bezeichnet; Diog. Laert. stellt ihn als dunkelhäutig dar. I.J. 312 v. Chr. machte Ptolemaios I. dem phönizischen Kleinkönigtum eine Ende. In der Folge gehörte die Stadt Kition zum ägyptischen Ptolemäerstaat. Zenon war zum Zeitpunkt der politischen Umwälzung etwa zwanzig Jahre alt. Nach einem Teil der Quellen soll er sich gerade zu diesem Zeitpunkt nach Athen begeben haben; nach Diog. Laert. (VII, 2) dürfte er sich nach 312 noch etwa zehn Jahre in Kition aufgehalten haben, um erst dann nach Athen abzureisen. Für Kition vgl. R. Senff, *DNP* 6 (1999), Sp, 491–492, s.v. „Kition".

Apophth. VII, 293 ist kein Ausspruch des Zeno, sondern ein Orakelspruch des Gottes.

512–514 *Consuluisse … contulit* Paraphrasierende Wiedergabe von Diog. Laert. VII, 2, wobei Er. den Orakelspruch dem griech. Text entnahm, dessen lateinische Übers. aber von Curio kopierte und sonst Traversaris Übertragung anhand des griech. Textes verbesserte: Ἑκάτων δέ φησι καὶ Ἀπολλώνιος ὁ Τύριος ἐν πρώτῳ περὶ Ζήνωνος, χρηστηριασαμένου (χρηστηριαζομένου *ed. Frob. p. 312*) αὐτοῦ τί πράττων ἄριστα βιώσεται, ἀποκρίνασθαι τὸν θεόν, εἰ συγχρωτίζοιτο τοῖς νεκροῖς. Ὅθεν ξυνέντα (ξυνόντα *ed. Frob.*) τὰ τῶν ἀρχαίων ἀναγιγνώσκειν (ἀναγινώσκειν *ed. Frob.*) (ed. Frob. S. 311–312). SVF I, 2; Nickel 1 (S. 17); Hecaton Frgm. 26 Gomoll. Vgl. die Übers. Traversaris/Curios: „Porro Hecaton et Apollonius Tyrius in primo de Zenone libro scribit, cum oraculum consuluisset, quo pacto viuere optime posset, respondisse deum: ‚Si mortuis concolor (concolor *Curio*: colore concors *Traversari*) esset'; quod ille cum intellexisset, se ad legendos antiquorum libros magno contulisse studio" (ed. Curio, Basel 1524, S. 216). Wie in ähnlichen Fällen läßt Er. die genaue Quellenangabe bei Diog. Laertius (Hekaton und Apollonios von Tyros) aus und verwischt sie zu dem vagen „dicitur".

513 *concolor fieret* Er. kopierte Curios Übers. von συγχρωτίζοιτο „concolor esset" (a.a.O.), „Wenn er die gleiche Farbe annähme wie die Toten"; ebenso Nickel *SuS* 1 (S. 17 „Wenn er die Farbe der Toten annähme"), Jürß und Hicks („that he should take on the complexion oft he dead"). Jedoch übersetzt Passow das Mediopassiv συγχρωτίζεσθαι mit „sich körperlich berühren, körperlichen Kontakt haben mit, sich fleischlich vermischen" (Passow II, 2, S. 1605, s.v. συγχρωτίζω, *autoritate* Eustath. II, S. 1069), ebenso Liddell-Scott-Jones (II, S. 1668, s.v. συγχρωτίζομαι), von χρώζω, „berühren, mit dem Nebenbegriff der unreinen Berührung", „sich fleischlich vermischen" (Passow II, 2, S. 2535, s.v., 1). Ganz konkret überträgt Passow die vorl. Stelle mit „sich mit den Toten verleiben, d.h. sich dem Studium er Alten ganz hingeben". Diese Deutung ist sinnvoller als jene des „Dieselbe-Farbe-Annehmens". Gemeint ist der möglichst enge,

ad lectionem veterum, contulit sese ad philosophiam. Dicitur autem Zeno natura fuisse colore fusco. Studium ac victus parsimonia maciem et pallorem conciliat homini.

VII, 294   I*actvra* felix   (Zeno Cittieus, 2)

Negociator *purpuram vehens, naufragium fecit iuxta Pireum*, atque hac occasione sese contulit ad philosophiam. Itaque solitus est *dicere*: „*Tum bene nauigaui, quum naufragium feci*". *Alii* narrant *eum, quum Athenis esset audissetque merces perisse naufragio, dixisse*: „*Bene facis, Fortuna, quae me ad philosophiam* (alii *ad pallium*) *appellis*".

518 Pireum *B C Diog. ed. per Curionem*: Piraeum *LB versio fr. Ambrosii*.

körperliche Kontakt: Zenon soll die Toten (d.h. die alten Autoren) täglich „berühren", sie – in der Form von Papyrus-Rollen – täglich in seinen Händen halten, aufrollen, lesen, gründlichst studieren. Vgl. auch Komm. *CWE* 38, S. 839.

514 *ad philosophiam* „*contulit* sese ad philosophiam" ist eine ein interpretativer Zusatz des Er.; der Gott hatte Zenon allgemein geraten, sich mit den Schriften der Alten aufs engste zu vermischen.

514 *Dicitur* Die Vermeldung der dunklen Hautfarbe Zenons, der ja ein Phönizier war, geht auf den stoischen Philosophen Apollonios von Tyros zurück, der um 50 v. Chr. ein Verzeichnis aller stoischen Philosophen bis auf seine Zeit zusammenstellte. An vorl. Stelle anonymisiert Er. die Quelle, während sie ihm (aus Diog. Laert.) bekannt war, wie aus *Adag*. 22 hervorgeht, das er der dunklen Hautfarbe Zenons widmete: „Clematis Aegyptia" (etwa „Ägyptischer Sprössling"): „[A] *Clematis Aegyptia*. Id ait (sc. Demetrius Phalereus) ioco dici solitum in eos, qui corpore praeter modum procero atque atro colore essent. ... Laertius in vita Zenonis (= VII, 1) ex autoritate Apollonii scribit Zenonem gracili fuisse corpore, statu procero, atra cute" (*ASD* II, 1, S. 132).

514–516 *Dicitur ... homini* Er. hatte Curios – nicht überzeugende – Übers. von συγχρωτίζοιτο mit „concolor esset" übernommen, auf die er sich nunmehr einen Reim zu machen versucht. Dies geschieht einerseits, indem Er. dahinter eine Anspielung auf die dunkle Hautfarbe Zenons vermutet, im Sinne von „Du mußt bleicher werden, so bleich wie die Toten", andererseits, indem er den Orakelspruch im Sinn der mittelalterlich-mönchischen *mortificatio* des Fleisches durch Askese und gleichzeitige Totalzuwendung zur christlichen Spiritualität deutet: Der Mönch soll sein Fleisch abtöten, nur Geist werden, um zu Gott zu gelangen. Der Körper des asketischen Mönchs soll mager und ausgezehrt, seine Hautfarbe blaß sein. Das war mit Sicherheit nicht der Sinn des Orakelspruchs aus dem Ende des 4. Jh. v. Chr. Der Protestant Lycosthenes störte sich an Er.' mönchtheologischer Auslegung des Orakelspruchs: In seinem Druck von *Apophth*. VII, 293 tilgte er sie (S. 561, „De lectionis delectu").

Apophth. VII, 294 ist ein Gegenstück zu *Adag*. 1878 „Nunc bene nauigaui, cum naufragium feci" (*ASD* II, 4, S. 262): „[A] Νῦν εὖ πεπλόηκα, ὅτε νεναυάγηκα, id est ‚Nunc bene nauigaui, postea quam naufragium feci'. Quoties id, quod videtur incommodum, fortuna praeter spem vertit in bonum. Zenon Citiensis ... naufragio eiectus dixisse legitur: Εὖ γε ποιεῖ ἡ Τύχη προσελαύνουσα ἡμᾶς φιλοσοφίᾳ, id est: ‚Bene facit Fortuna, cum nos ad philosophiam admouet'". Er. beruft sich dort auf die Suidas als Quelle (= *Suid*. 604). Ein ähnlicher, bedeutungsgleicher Spruch wurde Anaxagoras von Klazomenai zugeschrieben, vgl. oben *Apophth*. VII, 130.

518–521 *purpuram ... appellis* Sehr stark gekürzte Wiedergabe von Diog. Laert. VII, 2–5; die Sprüche selbst in 4–5. Im von Er. zusammengestrichenen Narrativ wird erzählt, wie Zenon nach Athen kam und Schüler des Philosophen Krates wurde. Nachdem der phönizische Händler Zenon sein Schiff mit wertvoller Fracht verloren hat, hörte er in einem Buchladen zu, wo gerade das zweite Buch von Xenophons *Memorabilia* vorgelesen wurde. Zenon war von der darin beschriebenen Gestalt des Sokrates begeistert und fragte den Buchhändler, wo man solche Leute kennenlernen könnte. Gerade zu diesem Zeitpunkt kam Krates bei dem Buchladen vorbei. Er. benutzte die lat. Übers. Traversaris als Textvorlage: „(VII, 2:) Denique Cratis hoc modo familiaritate usus est: purpuram ex Phoenicia (Phoenicia *ed. Curio*: Phoenice *e.g. ed. Ven. 1490*) mercatus aduectans ad Pireum (Pireum *ed. Curio*: Piraeum *Traversari, e.g. ed-. Ven. 1490*) naufragium fecit. Ea iactura subtristior factus Athenas ascendit annos triginta natus, seditque iuxta (iuxta *Curio*: penes *Traversari*) librarium … (3) Opportune tunc praetereunte Crate digito illum bibliopola ostendens ‚Hunc‘, inquit, ‚sequere!‘. Ex eo iam Cratis auditor factus est (factus est *Curio*: erat *Traversari*). Aptissimus alioqui (aptissimus alioqui *Curio*: alias quidem aptissimus *Traversari*) ad philosophiam … (4) … (nachdem sich Zenon von seinen Lehrern in der Philosophie verabschiedet hatte) illum (sc. Zenonem) dixisse ferunt: ‚Tunc secundis ventis nauigaui, quando naufragium feci‘. (5) Alii sub Crate hoc dixisse aiunt: ‚Quam bene fortuna facit, quae nos ad philosophiam impellit‘. Alii, dum Athenis diuersaretur, audito naufragio dixisse illum ferunt: ‚Recte sane egit fortuna, quae nos ad philosophiam impulit‘. Quidam deposito Athenis onere sic demum ad philosophiam fuisse conuersum" (ed. Curio, Basel 1524, S. 216–217). Vgl. den griech. Text: (2) τῷ οὖν Κράτητι παρέβαλε τοῦτον τὸν τρόπον. πορφύραν ἐμπεπορευμένος ἀπὸ τῆς Φοινίκης πρὸς τῷ Πειραιεῖ ἐναυάγησεν … (4) … ἵνα καί φασιν αὐτὸν εἰπεῖν „νῦν εὐπλόηκα, ὅτε νεναυάγηκα". (5) οἱ δ᾽ ἐπὶ τοῦ Κράτητος τοῦτ᾽ αὐτὸν εἰπεῖν: „νῦν εὐπλόηκα, ὅτε νεναυάγηκα". οἱ δ᾽ ἐπὶ τοῦ Κράτητος τοῦτ᾽ αὐτὸν εἰπεῖν (νῦν εὐπλόηκα, ὅτε νεναυάγηκα". οἱ δ᾽ ἐπὶ τοῦ Κράτητος τοῦτ᾽ αὐτὸν εἰπεῖν *deest in ed. Frob. p. 313*): ἄλλοι δὲ διατρίβοντα ἐν ταῖς Ἀθήναις ἀκοῦσαι τὴν ναυαγίαν καὶ εἰπεῖν, „εὖ γε ποιεῖ ἡ τύχη προσελαύνουσα ἡμᾶς φιλοσοφίᾳ". ἔνιοι δέ (δέ *deest in ed. Frob.*), διαθέμενον Ἀθήνησι τὰ φορτία, οὕτω τραπῆναι πρὸς φιλοσοφίαν.

518 *Pireum* Er. hantiert an dieser Stelle die Schreibweise, die er in Curios Ausgabe der latein. Übers. antraf; an anderen Stellen schrieb Er. sowohl „Pyreus" als auch „Piraeus". Vgl. *Adag.* 2981 (*ASD* II, 6, S. 576): „[A] Olim Piraeus insula fuit, id quod ipsum vocabulum adhuc indicat; περᾶν enim ‚transmittere‘ est" und *Adag.* 2997 (ebd., S. 586). Trotz dieser explizitierten Etymologie schrieb Er. in *Apophth.* V, 175 „Pyreus".

519 *solitus … nauigaui* Er.' Bearbeitung des Diog.-Laert.-Textes („er pflegte zu sagen …") ist insofern kurios, als Diogenes darlegt, daß dies die letzten Worte des Zenon gewesen sein sollen.

520 *Alii narrant* Diog. Laert. VII, 2–5 verzeichnet insgesamt vier verschiedene Versionen der Anekdote mit Zenons Verlust des Schiffes: 1. Zenon sei als Händler mit einer Ladung Purpurstoffen von Phönizien nach Athen gefahren und habe kurz, bevor er den Hafen Piraeus erreichte, Schiffbruch erlitten, wobei er mit dem Leben davongekommen sei, jedoch seine Waren verloren hatte; nach dem Verlust von Hab und Gut schloss er ich dem kynischen Philosophen Krates an. 2. Zenon soll am Ende seiner Ausbildung als Philosoph, nach mehr als 20 Jahren Unterricht bei Krates, Stilpon, Xenokrates, Timokrates und Polemon, gesagt haben, daß es Fortuna mit ihm gut gemeint habe, daß sie ihn zur Philosophie getrieben habe. 3. Zenon war bereits nach Athen übersiedelt, wo er als Händler lebte; da erreicht ihn die Nachricht, daß sein Handelsschiff untergegangen sei. Durch den Verlust meinte er, „Es ist gut, daß mich Tyche zur Philosophie treibt". 4. Zenon habe seine Waren in Athen mit Gewinn verkauft, sich sodann aber der Philosophie zugewandt. In *Adag.* 1878 erzählt Er. eine fünfte, verworrene Version, die aus der Suidas stammt: Nachdem Zenon seine früheren philosophischen Lehrer verlassen und Schüler des Krates geworden sei, sei sein Schiff untergegangen und habe er den Spruch von sich gegeben: „qui relictis prioribus praeceptoribus Cratetis auditor esse coepit, naufragio eiectus dixisse legitur: Εὖ γε ποιεῖ ἡ Τύχη …" (a.a.O.).

521 *alii ad pallium* Der τρίβων, ein alter, abgetragener, abgeriebener, schäbiger Mantel, wie ihn die geringen Leute trugen, war insbesondere durch die Kyniker zum Sinnbild der philosophischen Lebensweise erhoben worden, somit Kyniker- oder Philosophenmantel; später bezeichnete der τρίβων die Mönchskutte (vgl. Passow, II, 2, S. 1961). Die Version des Spruches, in der der τρίβων stellvertretend für die Philosophie angeführt wird, findet sich mehrmals in Plutarchs *Moralia*. Wie man aus dem Quellenvermerk in *Adag.* 1878

VII, 295   INTEGRITAS   (Zeno Cittieus, 3, i.e.
                   (= Dublette von V, 110)   Antigonus Secundus)

Antigonus rex *admirantibus, quam ob rem tanti faceret Zenonem, respondit: „Quoniam,*
525 *quum multa a me acceperit, nunquam tamen emollitus est". Eius mortem* quum audisset, *ingemuit dicens „Quale theatrum perdidi!". Erat enim Zenon acerrimi iudicii, et*
assentando alienissimus.

VII, 296   MOLLIORES   (Zeno Cittieus, 4)

In quendam circa formae curam studiosiorem, quam deceret, *virum, quum* imbricem
530 [i.e. canalem] *lente ac circunspecte transiret, „Merito",* inquit, *„suspectum habet lutum,*
in quo non potest seipsum vt in speculo cernere".

(*ASD* II, 4, S. 262) schließen darf („Plutarchus in libello De vtilitate capienda ex inimico meminit huius prouerbii"), hatte Er. die Stelle aus *De capienda ex inimicis utilitate* 2, *Mor.* 87A, vor Augen, aus einem Werk, das er selbst ins Latein. übersetzt hatte: „Ad haec fuere nonnulli, quibus exilium et pecuniarum icature viaticum extiterit ad studium ac philosophiam, veluti Diogeni et Crateti. Nam Zenon, vbi nauigium suum fractum audisset, ‚Bene facis', inquit, ‚Fortuna (fortuna *ASD*), cum ad pallium nos compellis' (vgl. *ASD* IV, 2, S. 174); vgl. den griech. Text: Ζήνων δέ, τῆς ναυκληρίας αὐτῷ συντριβείσης, πυθόμενος εἶπεν, „εὖ γ᾿, ὦ τύχη, ποιεῖς, εἰς τὸν τρίβωνα συνελαύνουσα ἡμᾶς". Derselbe Spruch mit dem τρίβων als Sinnbild der philosophischen Lebensweise findet sich auch in Plut. *De tranq. an., Mor.* 467D: Ζήνωνι τῷ Κιτιεῖ μία ναῦς περιῆν φορτηγός· πυθόμενος δὲ ταύτην αὐτόφορτον ἀπολωλέναι συγκλυσθεῖσαν, „εὖγ᾿", εἶπεν, „ὦ τύχη, ποιεῖς εἰς τὸν τρίβωνα συνελαύνους᾿ ἡμᾶς" und ders., *De exilio, Mor.* 603D: ὁ μὲν οὖν Ζήνων ... „εὖγε", εἶπεν, „ὦ τύχη, ποιεῖς, εἰς τρίβωνα καὶ βίον φιλόσοφον συνελαύνουσα ἡμᾶς".
Apophth. VII, 295 ist eine Dublette von V, 110: „Zenone defuncto, quem vnum ex philosophis maxime suspiciebat, dicere solet [sic] gestorum suorum theatrum esse sublatum, quod ad illius viri iudicium potissimum componeret suas actiones, quem vnum pro multis hominum milibus habebat". VII, 296 und V, 110 datieren auf 262/1. Sie zeigen Antigonos Gonatas als Liebhaber und Förderer der Philosophen, insbesondere der Stoiker. Antigonos Gonatas sprach diese Worte, als ihm die Nachricht vom Tod des Zenon übermittelt wurde. In V, 110 behauptete Er. fälschlich, daß Gonatas den Spruch stets im Munde geführt habe. Vgl. Komm. oben zu V, 110.

524 *Antigonus rex* **Antigonos II. Gonatas** (um 320–239 v. Chr.), König von Makedonien seit 283 v. Chr., wobei damals sein Herrschaftsgebiet nur einige Städte umfasste, während König Pyrrhos den Rest Makedoniens besaß. Nach dem Tod des Pyrrhos (272) und dem Sieg im Chremonideischen Krieg (267–262) herrschte Antigonos Gonatas wieder über ganz Makedonien. Zur Person des Antigonos Gonatas vgl. oben Komm. zu V, 106. Er. hatte von Antigonos Gonatas, dem er im fünften Buch eine Sektion von Sprüchen gewidmet hatte (V, 106–110), nur ein unscharfes Bild: Er verwechselte ihn mehrmals mit seinem Großvater Antigonos I. Monophthalmos, so in *Apophth.* IV, 123, 124, 131, 132.

524–525 *Admirantibus ... emollitus est* Diog. Laert. VII, 15. Er. bearbeitete variierend die lat. Übers. Traversaris: „Fertur autem post Zenonis mortem Antigonum dixisse: ‚Quale spectaculum perdidi!' Vnde et Atheniensibus per Thrasonem legatum, vt in Ceramico illi sepulturam facerent petiit. Interrogatus autem, cur illum adeo admiraretur, ‚Quia', inquit, ‚cum illi a me multa et magna saepe data sint, nunquam emollitus est neque humilis apparuit'" (ed. Curio, Basel 1524, S. 220). Vgl. den griech. Text: λέγεται δὲ καὶ μετὰ τὴν τελευτὴν τοῦ Ζήνωνος εἰπεῖν τὸν Ἀντίγονον, οἷον εἴη θέατρον ἀπολω λεκώς· ὅθεν καὶ διὰ Θράσωνος πρεσβευτοῦ παρὰ τῶν Ἀθηναίων ᾔτησεν αὐτῷ τὴν ἐν Κεραμεικῷ ταφήν. ἐρωτηθεὶς δὲ διὰ τί θαυμάζει αὐτόν, „ὅτι", ἔφη, „πολλῶν καὶ μεγάλων αὐτῷ διδομένων ὑπ' ἐμοῦ οὐδέποτ' ἐχαυνώθη οὐδὲ ταπεινὸς ὤφθη". *SVF* I, 4 (S. 5); Nickel *SuS* 26 (S. 35). Der Spruch findet sich auch in Plut. *Regum et imperatorum apophthegmata*, *Mor.* 183D: Ζήνωνος δὲ τοῦ Κιτιέως ἀποθανόντος, ὃν μάλιστα τῶν φιλοσόφων ἐθαύμασεν, ἔλεγε τὸ θέατρον αὐτοῦ τῶν πράξεων ἀνῃρῆσθαι.

526 *theatrum* Mit „theatrum" verbessert Er. Traversaris ungelenke Übers. „spectaculum". Gemeint ist, daß Antigonos Gonatas Zenon als Zuschauer seiner Taten schätzte, weil er ein scharfes moralisches Urteil hatte.

529–531 *quendam ... cernere* Im einleitenden Teil gekürzte und paraphrasierende, im Spruchteil wörtliche Wiedergabe von Diog. Laert. VII, 16–17: εἰ δέ τινα ἐπικόπτοι, περιεσταλμένως καὶ οὐ χάδην, ἀλλὰ πόρρωθεν· λέγω δὲ οἷον ἐπὶ τοῦ καλλωπιζομένου ποτὲ ἔφη. ὀχέτιον γάρ τι ὀκνηρῶς αὐτοῦ ὑπερβαίνοντος, „δικαίως", εἶπεν, „ὑφορᾷ τὸν πηλόν· οὐ γάρ ἔστιν ἐν αὐτῷ κατοπτρίσασθαι" (ed. Frob. S.319). *SVF* I, 293. Im Spruchteil reproduzierte Er. Traversaris Übers.: „Si quem obiurgasset, circumcise id ac breviter, neque nimium, sed velut ex longinquo faciebat, vt exempli gratia de eo, qui se nimio studio componeret, aliquando ait. Cum enim ille vehiculum quoddam lente segniterque transcenderet, ‚Merito', inquit, ‚suspectum habet lutum; neque enim se in illo veluti in speculo intueri potest'" (ed. Curio, Basel 1524, S. 221).

529 *imbricem* Das griech. ὀχέτιον bzw. ὀχετός oder ὀχέτευμα (Passow II, 1, S. 609 s.v.) bezeichnet eine Abwasserrinne, wie sie in griechischen Städten entlang der schmalen Straßen und Gassen geführt wurde; derartige Abwasserrinnen waren nicht abgedeckt, sodaß die Fußgänger immer aufpassen mußten, nicht versehentlich in das schmutzige Wasser zu treten. Davon leitet sich das von Zenon witzig umgedeutete Verhalten des eitlen Zeitgenossen her, der ängstlich und bedächtig über die Rinne steigt. In Curios Ausgabe von Traversaris Übers. traf Er. für ὀχέτιον das unverständliche, wohl verderbte „vehiculum" an (Basel 1524, S. 221). Was wäre damit gemeint, daß der eitle Zeitgenosse langsam und bedächtig „einen Wagen überstieg"? Die Korruptele „vehiculum" ist vielleicht aus „viculum" entstanden, das mittelalterliche Wort für „Gasse" (vgl. Niermeyer II, S. 1429, s.v. „viculus"). Er. verbesserte „vehiculum" zu „imbricem"; er verstand, daß ὀχέτιον etwas hohles, rinnenförmiges bezeichnen müsse. So kam er auf „imbrex", das lat. Wort für „Hohlziegel". Hohlziegel wurden jedoch prinzipiell als Dachziegel verwendet, nicht zum Bau von Abwasserrinnen. Es gibt in der antiken lat. Literatur keine Belegstelle für diese Verwendung von „imbrex" als Abwasserrinne (vgl. *DNG* II, Sp. 2441; Georges II, Sp. 62, s.v. „imbrex"), jedoch wurde das Wort von den röm. Landbauschriftstellern manchmal in der Bedeutung von „Tränke für die Tiere, Trog" (meist ein ausgehöhlter Baumstamm) verwendete (vgl. Georges und *DNG* a.a.O. II, A „eine kleine [?] Rinne zum Tränken der Tiere"; Lewis-Short S. 889, s.v. „imbrex", II A: „a gutter, a throgh for watering beasts", z. B. Col. IX, 13, 6; Plin. *Nat.* XVII, 114; Cato *R.R.* 21, 3). Eine Tränke ist natürlich nicht dasselbe wie eine Abwasserrinne. Das genuin lateinische Wort hierfür ist „canalis" (z. B. Plaut. *Curc.* 476; vgl. Georges I, Sp. 950, s.v., Nr. I).

VII, 297   *Par pari*   (Zeno Cittieus, 5)

Quum Cynicus quispiam dicens in lecytho suo nihil esse olei, peteret a Zenone, Zeno negauit se daturum, sed tamen abeuntem admonuit, expenderet, vter ipsorum esset impudentior. Postulatoris impudentiam impudenti negatione pensabat.

VII, 298   Continentia   (Zeno Cittieus, 6)

Ipse *simul et Cleanthes assidebant Chaeremonidae* [i.e. Chremonidae]; quumque *sentiret affectum amoris, surrexit. Hoc admirante Cleanthe „Etiam a bonis", inquit, „medicis audio aduersus infla⟨mma⟩tiones optimum esse remedium quietem".* Subduxit se vir integerrimus imminenti periculo.

VII, 299   Admonitio civilis   (Zeno Cittieus, 7)

Quidam in conuiuio accumbens Zenoni eum, qui sub ipso sedebat [i.e. accumbebat], *pulsabat pede. Zeno vicissim pulsabat illius genua* [i.e. illum genu] *et ad ipsum conuerso „Quid igitur",* ⟨*ait*⟩, *„putas hunc pati, qui infra te accumbit?".* Ita multi offenduntur quamuis leui incommodo, quum alios ipsi maioribus afficiant nec sentiant.

---

533 Quum *C*: Cum *B*.
537 Chaeremonidae *B C*: Cheremonidae *BAS LB*, Chaeremondae Lycosthenes *(p. 197)*, scribendum erat Chremonidae.

539 inflammationes *correxi*: inflationes *B C*, inflationem *BAS LB*.
544 ait *suppleui sec. versionem fr. Ambrosii quae erat Erasmi exemplar.*

532 *Par pari* Der Titel von *Apophth*. VII, 297 ist ein Sprichwort: Vgl. *Adag*. 35 „Par pari referre. ΙΣΟΝ ΙΣΩΙ ΕΠΙΦΕΡΕΙΝ" *(ASD* II, 1, S. 150–151), *Adag*. 3567 ΙΣΟΝ ΙΣΩΙ (ebd. II, 8, S. 59–60); *Collect*. 561 „Quod abs te allatum erat, id est relatum" *(ASD* II, 9, S. 208), *Apophth*. V, 36 „Par pari" (Cotys) und V, 70 „Par pari" (Dionysius senior). Er. erklärt das Sprichwort in *Adag*. 35 *(ASD* II, 1, S. 150): „[A] Qua monemur, vt tales simus in alios, quales in nos illos experimur ac … simus in perfidos perfidi, parcos parci, clamosos clamosi, impudentes improbi; denique vtcunque meritum merito simili retaliemus. Idem (sc. Terentius) in prologo Phormionis: ‚Quod ab ipso allatum est, sibi id esse relatum putet' *(Phorm*. 21). Non inconcinne tum quoque vsurpauerimus, si quando verba verbis, blandicias blandiciis, promissa promissis pensamus". Vgl. Ter. *Eun*. 445; Otto 1337. Vgl. Komm. oben zu *Apophth*. V, 36 und 70.

533–535 *Cynicus … impudentior* Diog. Laert. VII, 17. Er. bearbeitete die lat. Übers. Traversaris: „Cum vero Cynicus quispiam oleum se in vasculo non habere diceret atque ab eo postularet, se minime daturum asseuerauit; abeuntem vero animaduertere iussit, vter esset impudentior" (ed. Curio, Basel 1524, S. 221): ὡς δὲ Κυνικός τις οὐ φήσας ἔλαιον ἔχειν ἐν τῇ ληκύθῳ, προσῄτησεν αὐτόν, οὐκ ἔφη δώσειν· ἀπελθόντα μέντοι ἐκέλευσε σκέψασθαι ὁπότερος εἴη ἀναιδέστερος (ed. Frob., S. 319); *SVF* I, Nr. 296.

533 *in lecytho* Der „lecythus" ist ein schlankes, flaschenförmiges Gefäss aus Ton mit Henkel und enger Mündung, das für Salböl verwendet wurde; vgl. H. Nachod, *RE* Supplementbd. V (1931), Sp. 546–548 und I. Scheibler, *DNP* 7 (1999), Sp. 37–38, jeweils s.v. „Lekythos", Nr. 1.

537 *Cleanthes* Kleanthes aus Assos (um 331/0–230/29 v. Chr.), ehemaliger Boxer, Schüler des Zenon von Kition und dessen Nachfolger als Schulhaupt der Stoa. Für seine Person vgl. Komm. unten zu VII, 331. Er. widmete ihm in den *Apophthegmata* eine längere Sektion (VII, 331–347).

537–539 *Cleanthes ... quietem* Durch einen Textübernahmefehler und eine Korruptel entstellte Wiedergabe von Diog. Laert. VII, 17: ἐρωτικῶς δὲ διακείμενος Χρεμωνίδου, παρακαθιζόντων αὐτοῦ τε καὶ Κλεάνθους, ἀνέστη· θαυμάζοντος δὲ τοῦ Κλεάνθους ἔφη „καὶ τῶν ἰατρῶν ἀκούω τῶν ἀγαθῶν, κράτιστον εἶναι φάρμακον πρὸς τὰ φλεγμαίνοντα ἡσυχίαν" (ed. Frob. S. 319). Vgl. die lat. Übers. Curios: „Cum esset autem in amasium Chremonidem affectus (Amatorie autem Chremonidae affectus *Traversari*), ipso et Cleanthe[s] (Cleanthe *Traversari*: Cleanthes *ed. Curio*) assistentibus surrexit. Cumque admiraretur Cleanthes, ait: ,Et medicos audio dicentes praeclarum esse ad tumores quosque remedium quietem'" (ed. Curio, Basel 1524, S. 221).

537 *Chaeremonidae* **Chremonides**, athenischer Politiker und Philosoph des 3. Jh. v. Chr., Schüler des Zenon von Kition. Als Archont d.J. 268/7 v. Chr. Architekt des Bündnisses Athens mit Ptolemaios I. Soter, Sparta und anderen griechischen Stadtstaaten, das zum dem nach ihm benannten Chremonideischen Krieg gegen König Antigonos II. Gonatas führte. Diese Allianz verlor den Kampf „um die Freiheit Griechenlands"; Athen büßte damit den letzten Rest seiner früheren Macht ein. Für Chremonides vgl. J. Engels, *DNP* 2 (1997/9), Sp. 1152; J. Kirchner, *RE* III, 2 (1899), Sp. 2446–2447, jeweils s.v. „Chremonides"; Ch. Guérard, „Chrémonidès d'Athènes", in: R. Goulet (Hrsg.), *Dictionnaire des philosophes antiques*, Bd. 2 (1994), S. 318–319; Ch. Habicht, „Athens and the Ptolemies", in: *Classical Antiquity* 11 (1992), S. 68–90.

537 *Chaeremonidae* Er. hat sich in Bezug auf den Namen des Philosophen verhaspelt. Seine Textvorlagen hatten das richtige „Chremonidae"; vgl. ed. Curio, Basel 1524, S. 221 und die Handschrift mit dem griech. Diogenes-Text, den Froben druckte (ed. Frob. S. 319).

539 *infla⟨mma⟩tiones* Das griechische φλεγμαίνοντα bezeichnet im medizinischen Sinn „Entzündungen", „Entzündungsherde", insb. „entzündete Tumore". Vgl. Liddell-Scott-Jones II, S. 1944, s.v. φλεγμονάομαι, Nr. 1 und 2 (Gal. X, 66); im metaphorischen Sinn wird es für die Affekte bzw. *passiones animi* verwendet, insb. von den Stoikern; vgl. ebd., Nr. III, z.B. Chrysippos, *SVF* III, Nr. 181. φλεγμαίνοντα kann medizin. nicht „Blähungen" bedeuten, wie es im überlieferten Text der Baselausgaben zu finden ist („inflationes"). Er.' Vorlage, Traversaris Übers., hatte richtig „tumores". Deswegen ist es eher unwahrscheinlich, daß Er. mit seiner Übers. von φλεγμαίνοντα in der Tat „inflationes"/ „Blähungen" meinte. Es handelt sich wohl um einen Schreib- oder Setzfehler, bei dem das Kürzelzeichen über dem „a" ausgelassen wurde: Lycosthenes übernahm in seinem Druck des Apophthegmas das falsche „inflationes" (S. 197).

542–544 *Conuiuio ... pati* Missverstandene und verworrene Wiedergabe von Diog. Laert. VII, 17: δυοῖν δ' ὑπανακειμένοιν ἐν πότῳ καὶ τοῦ ὑπ' αὐτὸν τὸν ὑφ' ἑαυτὸν σκιμαλίζοντος τῷ ποδί, αὐτὸς ἐκεῖνον τῷ γόνατι. ἐπιστραφέντος δέ, „τί οὖν", ἔφη (ἔφη *deest in ed. Frob.*), „οἴει τὸν ὑποκάτω σου πάσχειν ὑπὸ σοῦ;" (ed. Frob. S. 319); *SVF* I, Nr. 292. Vgl. die lat. Übers. Traversaris: „Duobus in conuiuio iuxta se recumbentibus cum is, qui sibi adiacebat, inferiorem socium pulsaret pede, ipse hunc pulsauit genu. Conuerso illi, ,Quid ergo', ait, ,illum abs te pati arbitraris, qui sub te est?'" (ed. Curio, Basel 1524, S. 221).

542 *sedebat* Ein kulturhistorischer Lapsus des Er. Die Teilnehmer an dem Gelage saßen nicht auf Stühlen, wie es in Er.' Zeit gebräuchlich war, sondern lagen auf Klinen. Von dieser simplen Tatsache ist das gesamte *Apophthegma* abhängig. Daß die Gäste anlagen, ging auch aus Traversaris Übers. hervor („adiacebat").

543 *illius genua* „pulsabat illius genua" ist eine Fehlübers. des Er.: Zenon stieß nicht gegen die Knie des zu seinen Füßen anliegenden (wie hätte er dies anstellen sollen?), sondern stieß diesen mit seinem Knie (während der andere mit seinem Fuß gestoßen hatte), wie sowohl aus dem griech. Text (αὐτὸς ἐκεῖνον τῷ γόνατι) als auch aus Traversaris Übers. („ipse hunc pulsauit genu") hervorgeht.

VII, 300   ORATIO GRAVIS   (Zeno Cittieus, 8)

Eleganter *ac polite loquentium sermones aiebat esse similes pecuniae Alexandrinae, oculis blandienti* atque vndique scripturam habenti more nomismatis, *nihilo namen esse meliorem;* rursus, qui magis studerent vtilia dicere quam nitida, *similes esse dicebat tetradrachmis,* temere ac ruditer percussis, *quae saepe* picturatis illis nummis praeponderarent. In nummo non spectatur elegantia sculpturae, sed pondus ac materia: ita non refert, quam sit elegans oratio, sed quam grauis et vtilis.

547–551 *Eleganter... materia* Auf der numismatisch-materiellen Ebene missverstandene, verworrene und von Übersetzungsfehlern entstellte Übertragung des Er. von Diog. Laert. VII, 18: ἔφασκε δὲ τοὺς μὲν τῶν ἀσολοίκων λόγους καὶ ἀπηρτισμένους (ἀπηρτησμένους ed. Frob. p. 319) ὁμοίους εἶναι τῷ ἀργυρίῳ τῷ Ἀλεξανδρίνῳ· εὐοφθάλμους μὲν καὶ περιγεγραμμένους καθὰ καὶ τὸ νόμισμα, οὐδὲν δὲ διὰ ταῦτα βελτίονας. τοὺς δὲ τοὐναντίον ἀφωμοίου τοῖς Ἀττικοῖς τετραδράχμοις εἰκῇ μὲν κεκομμένοις καὶ σολοίκως, καθέλκειν μέντοι πολλάκις τὰς κεκαλλιγραφημένας λέξεις (ed. Frob. S. 319–320). *SVF* I, 81; Nickel *SuS* 32 (S. 41). Auch Traversaris Übers. enthält Fehler: „Dicebat autem eruditorum sermones et imperfectos (imperfectos *Curio, Traversari, e.g. ed. Ven. 1490; legendum* perfectos) Alexandrinae pecuniae similes esse (similes esse *Curio*: esse similes *Traversari, e.g. ed. Ven. 1490*): nam gratos quidem oculis ac pictos monetae instar, nihilo tamen esse meliores. Eos vero, qui secus essent, tetradrachmis Atticis assimilabat: temere quidem ac rustice incisis, sed qui pictam orationem superare possint" (ed. Curio, Basel 1524, S. 221–222). In der missverstandenen Wiedergabe des Er. hat der Spruch in die großen Wissenssammlungen des 16. und 17. Jh. Eingang gefunden, u.a. in Beyerlincks *Magnum theatrum vitae humanae,* Lyon 1665, Bd. V, S. 125.

547 *Eleganter ... sermones* Die Bezeichnung „eleganter" trifft nicht den Kern der Sache: Es geht um die Vermeidung von Soloizismen. Der aus Zypern stammende phönizische Fremdling Zenon richtet sich gegen die Stil- und Geschmacksrichtung des athenischen chauvinistischen Sprachpurismus, den er als äußerlichen Schein ohne Substanz hinstellt. Nach Er.' Umgestaltung richtet sich das Apophthegma gegen geschliffene Rhetorik im allgemeinen.

547 *similes pecuniae Alexandrinae* In dem *Apophthegma* steht der Vergleich von Redestilen mit der antiken Währungseinheit des Tetradrachmon im Mittelpunkt; dieser Vergleich zeigt Zenon als Kenner des Geldes, seines Gewichtes und Wertes, was angesichts der Tatsache, daß er ursprünglich ein Händler gewesen war, nicht verwundert (vgl. oben VII, 294). Mit τῷ ἀργυρίῳ τῷ Ἀλεξανδρίνῳ („pecuniae Alexandrinae") könnte an sich sowohl „alexandrinisches Geld", d.h. „Silbermünzen, die in Alexandrien geprägt wurden" (Jürß) gemeint sein als auch die „Währung Alexanders d. Gr.", d.h. die von Alexander eingeführte Währungseinheit (vgl. Hicks: „the coins struck by Alexander"). Es geht dabei in jedem Fall um die wichtigste und am häufigsten benutzte Nominale, die *Tetradrachme aus Silber*. Die Tatsache, daß in dem Vergleich Zenons der höhere Wert der älteren athenischen Tetradrachme der springende Punkt ist, spricht dafür, daß sich Zenon auf die Währungsreform Alexanders d. Gr. bezieht: Alexander hatte die athenische Tetradrachme als im gesamten Reich gültige Währungseinheit festgelegt, die jedoch zugleich weniger Silbergewicht repräsentierte als die alte, athenische Tetradrachme: Die alte repräsentierte ein Gewicht von ca. 17,5 Gramm in Silber, jene Alexanders nur mehr von ca. 14,9–17,2 Gramm (vgl. G. Stumpf, *DNP* 8 [2000], Sp. 439, s.v. „Münzfüße"). Zugleich waren die Silbertetradrachmen Alexanders feiner gearbeitet: sie waren ziemlich rund und regelmäßig, während die alten athenischen Tetradrachmen unförmig und klobig wirkten. Auf den Silbertetradrachmen Alexanders war die aufgeprägte bildliche Darstellung realistischer und kunstfertiger: Auf der Vorderseite prangte das Porträt Alexanders mit klar erkennbaren Gesichtszügen. Auf den athenischen Tetradrachmen war das Haupt der Athena auf unge-

lenke, archaische Weise abgebildet. Alexander-Tetradrachmen wurden auch nach dem Tod Alexanders von den Diadochen geprägt, auch während der Regierung Ptolemaios' I. Soter.

547 *pecuniae Alexandrinae* Er. hatte „pecuniae Alexandrinae" von Traversari kopiert; es geht dabei jedoch wohl nicht konkret um das in Alexandrien geprägte Geld, sondern um die neue Währungseinheit Alexanders d. Gr.

548 *Vndique ... nomismatis* Er. hat den Vergleich mit den verschiedenen Arten von Silbertetradrachmen nicht richtig verstanden; περιγεγραμμένους will sagen, daß die Alexander-Münzen von ihrer Form her genau ringsum abgegrenzt, d.h. fast perfekt rund waren (Passow II, 1, S. 835, s.v. περιγράφω: „umzeichnen, umgrenzen, umgraben, durch Striche, Linien, Furchen u. dgl. ringsum bezeichnen"; Hicks: „well-rounded"); nicht, wie die athenischen Silbertetradrachmen, eckig, unförmig und klobig. Er. jedoch missverstand περιγεγραμμένους in dem Sinn, daß die Alexander-Münzen eine vollständige Umschrift aufweisen würden. Das war bei den Alexander-Tetradrachmen jedoch im Wirklichkeit nicht der Fall: Standardmäßig stand auf der Rückseite eine vertikale Aufschrift: meist ΑΛΕΧΑΝΔΡΟΥ, manchmal zusätzlich ΒΑΣΙΛΕΩΣ.

548 *more nomismatis* „more nomismatis", „(mit einer Umschrift) nach der Art eines Münze", ist eine Fehlübers. des Er. von καθὰ καὶ τὸ νόμισμα. Mit νόμισμα ist die gesetzliche Festgelegung der Silbertetradrachme Alexanders gemeint, v.a. wohl ihr Gewicht, vielleicht auch ihre gesamte Form, wobei z. B. die Darstellung des Porträtkopfes Alexanders d. Gr. als Herakles, im Profil dargestellt, bindend war. Während das lateinische „nomisma" nur die Münze bzw. den Münzfuß bezeichnet, bedeutet νόμισμα in erster Linie „das gesetzlich Festgelegte", vgl. Passow II, 1, S. 359, s.v.: „alles durch Gebrauch, Herkommen, Sitte, Gewohnheit oder Gesetz Angenommene, Anerkannte, Eingeführte, dem ein νόμος zugrundeliegt". Εὐοφθάλμους μὲν καὶ περιγεγραμμένους καθὰ καὶ τὸ νόμισμα besagt somit, daß die Alexander-Tetradrachmen „schön anzusehen, sauber umrissen und auch der gesetzlichen Vorschrift ensprechend gearbeitet" waren. Das ist genau Zenons Vergleichspunkt mit dem puristischem Attisch: Dieses entspricht aufs genaueste der Norm, hat aber weniger Inhalt.

550–551 *Quae ... praeponderarent* „quae saepe picturatis illis nummis praeponderarent" ist erneut eine Fehlübers. des Er.: „picturatis illis nummis" meint die „alexandrinischen" Silbermünzen, die nach der Meinung des Er. so schöne bildliche Drstellungen aufwiesen, „wie wenn sie gemalt gewesen wären". Das von Er. irrig übertragene καθέλκειν μέντοι πολλάκις τὰς κεκαλλιγραφημένας λέξεις bezieht sich freilich auf die Reden und nicht auf die Münzen; gemeint ist, daß sich derjenige, der sich auf den Inhalt und nicht auf die äußere, soloizismenfreie Form bezieht, eine wertvollere Rede hervorgringt als die „Schönschreiberei" (τὰς κεκαλλιγραφημένας λέξεις) der Puristen.

VII, 301   LOQVACITAS   (Zeno Cittieus, 9)

Ad Aristonem discipulum multa temere garrientem, *quaedam etiam praecipitanter confidenterque*, „Fieri", inquit, „non potest, quin te pater ebrius proseminarit". Oderat futilem loquacitatem, *ipse in dictis* tum *breuis* tum *grauis*.

VII, 302   ADMONITIO CIVILIS   (Zeno Cittieus, 10)

Quodam in conuiuio immoderatius vorante opsonia neque *quicquam* aliis *reliquum faciente Zeno piscem ingentem, qui apponebatur, e patina sustulit, quasi solus illum deuoraturus. Quum alter intuens* Zenonem significaret se mirari impudentiam, „Quid", inquit, „putas conuictoribus tuis accidere quotidie, si meam opsophagiam ferre non potes?"

---

553 *Loquacitas* Gemäss Er.' Lemma-Titel druckt Lycosthenes das Apophthegma in der Kategorie „De lingua, garrulitate et loquacitate nimia" (S. 622).

554–556 *Ad Aristonem ... gravis* Diog. Laert. VII, 18: Ἀρίστωνος δὲ τοῦ μαθητοῦ πολλὰ διαλεγομένου οὐκ εὐφυῶς, ἔνια δὲ καὶ προπετῶς καὶ θρασέως, „ἀδύνατον", εἰπεῖν, „εἰ μή σε ὁ πατὴρ μεθύων ἐγέννησεν·" ὅθεν αὐτὸν καὶ „Λάλον" ἀπεκάλει, βραχυλόγος ὤν (ed. Frob. S. 320). SVF I, 302. Vgl. die lat. Übers. Traversaris: „Aristone autem discipulo non satis ingeniose (ingeniose *Curio*: vaniter *Traversari*) multa, quaedam etiam temere procaciterque (procaciterque *Curio*: audaciter *Traversari*) disserente, Possibile non esse (esse ed. *Curio*: esset *Traversari, e.g. ed. Ven. 1490*) inquit, ,ita dicere, nisi ebrius te genuisset pater'. Vnde ipsum etiam loquacem appellabat, breuis ipse in loquendo et circumcisus" (ed. Curio, Basel 1524, S. 222); Plutarch schreibt denselben Spruch dem Philosophen Diogenes zu, vgl. *De lib. educ., Mor.* 2A: ἦ καὶ Διογένης μειράκιον ἐκστατικὸν ἰδὼν καὶ παραφρονοῦν „νεανίσκε", ἔφησεν, „ὁ πατήρ σε μεθύων ἔσπειρε".

554 *Aristonem* Für Zenons Schüler und späteren Rivalen **Ariston v. Chios** vgl. Komm. zu *Apophth.* VII, 330C und 335. Im vorl. *Apophth.* kritisiert Zenon das ausgeprägte Redetalent seines Schülers, das ihm den Spitznamen „die Sirene" eintrug.

554 *temere garrientem* Mit „temere garrientem" variierte Er. Curios/Traversaris adäquate Übers. „non satis ingeniose ... disserente" (a.a.O.), aus der er auch das Wort „temere" übernahm. Im griech. Original steht „als Ariston eine Menge Zeugs auf wenig talentvolle/ geistreiche Weise vortrug" (vgl. Jürß „wenig geistvoll"); mit διαλεγομένου ist gemeint, daß Ariston eine philosophische Übungsrede hielt: Dieser Aspekt geht verloren, wenn man διαλεγομένου mit „garrire" übertrügt.

555–556 *Oderat ... loquacitatem* Im griech. Original (und in Traversaris Übers.) steht, daß Zenon dem Ariston den Beinamen „der Schwätzer" verpasste.

558–562 *Quodam ... opsophagiam ferre non potes* Erweiternde Paraphrase von Traversaris/ Curios Übers. von Diog. Laert. VII, 19: „Edaci cuidam nihil opsoniorum (opsoniorum ed. *Curio*: obsoniorum *Traversari, e.g. ed. Ven. 1490*) sociis inter conuiuandum relinquenti appositum ingentem piscem sustulit solusque comedere velle videbatur (velle videbatur *Curio*: aggressus est *Traversari*). Cum ille in eum intueretur, ,Quid ergo', ait, ,socios quotidie tolerare arbitraris, si tu meam edacitatem ferre non vales?'" (ed. Curio, Basel 1524, S. 222). Er. zog zu seiner Paraphrase auch den griech. Text heran: Πρὸς δὲ τὸν ὀψοφάγον μηδὲν τοῖς συμβιωταῖς καταλιπόντα, παρατεθέντος ποτὲ μεγάλου ἰχθύος, ἄρας οἷος ἦν (οἷον τ' ἦν ed. Frob.) κατεσθίειν· ἐμβλέψαντος δέ, „τί οὖν", ἔφη, „τοὺς συμβιώτας οἴει πάσχειν καθ' ἡμέραν, εἰ σὺ ⟨μίαν⟩ (μίαν add. Cobet ex Athenaeo) μὴ δύνασαι ἐνεγκεῖν τὴν ἐμὴν ὀψοφαγίαν;". Er. hat zur Erstellung seines Textes außerdem Athen. *Deipn.* VIII, 345C–D herangezogen, wo dieselbe Anekdote erzählt wird: Ζήνων δ' ὁ Κιτιεὺς ὁ τῆς στοᾶς κτίστης πρὸς τὸν ὀψοφάγον ᾧ συνέζη ἐπὶ πλείονα χρόνον, καθά φησιν Ἀντίγονος ὁ Καρύστιος ἐν τῷ Ζήνωνος βίῳ, μεγάλου τινὸς κατὰ τύχην ἰχθύος παρατεθέντος, ἄλλου δ' οὐδενὸς παρεσκευασμένου, λαβὼν ὅλον ὁ Ζήνων ἀπὸ τοῦ πίνακος οἷος ἦν κατεσθίειν. τοῦ δ' ἐμβλέψαντος αὐτῷ, „τί οὖν", ἔφη, „τοὺς συζῶντάς σοι οἴει πάσχειν, εἰ σὺ μίαν ἡμέραν μὴ δεδύνησαι ἐνεγκεῖν τὴν ἐμὴν ὀψοφαγίαν;". *SVF* I, 290, wo die Anekdote nur durch den Text des Athenaios präsentiert wird, während Von Arnim Diog. Laert.' Version aussen vor lässt: „Diog. Laert. VII, 19 eadem minus eleganter narrat". Athenaios gibt a.a.O. auch die Quelle der Anekdote, die Zeno-Biographie des Antigonos von Karystos, an, eine Quellenangabe, die Er. hier, wie auch in ähnlichen Fällen, übergeht.

558 *immoderatius ... opsonia* Durch die umschreibende Formulierung „(quodam) immoderatius vorante opsonia" korrigierte Er. Traversaris Übers. „edaci", die suboptimal ist, weil sie die spezielle Art des Schlemmens, die hier gemeint war, nämlich die ὀψοφαγία (vgl. dazu Komm. unten), nicht zum Ausdruck bringt. Er. reagierte damit auf eine Marginalie Curios, der die Übers. „edaci" kritisierte und ihre Mangelhaftigkeit durch die Randnotiz ὀψοφάγῳ angab (S. 222).

559 *e patina* „e patina" ist ein Zusatz des Er., den er aus Athen.' Version bezogen hat (λαβὼν ὅλον ὁ Ζήνων ἀπὸ τοῦ πίνακος).

559 *quasi solus* „quasi solus", das im griech. Text keine Entsprechung hat, übernahm Er. aus Traversaris Übers.

560 *significaret ... impudentiam* „significaret ... impudentiam" ist ein in der Sache richtiger erklärender Zusatz des Er.

561–562 *Si meam ... potes* In Er.' Wiedergabe fehlt dem Ausspruch die letzte Schärfe und Prägnanz. Das rührt daher, dass im zweiten Glied „(auch nur) einen Tag" (μίαν, sc. ἡμέραν) ausgelassen wurde. Das ist zunächst der Tatsache geschuldet, dass μίαν in Er.' griech. Diog.-Laert.-Text fehlt, und auch Traversari eine Handschrift vor sich hatte, die diese Lakune aufwies. Jedoch war μίαν ἡμέραν bei Athenaios vorhanden, eine Stelle, die Er. hier ebenfalls benutzte.

561 *opsophagiam* Wie schon in VI, 487 „Luxus", bringt Er. hier einen Neologismus an, indem er ὀψοφαγία transliterierte. In der klassischen lateinischen Literatur kommen die Worte „opsophagia" und „opsophagi" (vgl. VI, 487) nicht vor (Georges II, Sp. 1374–1375); auch nicht in Hoven; ὀψοφαγία und ὀψοφάγος bezeichnen eine spezifische Art luxuriösen Essverhaltens, bei dem ausschließlich feine und wertvolle gekochte Speisen gegessen werden, wobei alle Zukost verschmäht wird. Normal war, daß man zu den feinen Speisen (ὄψα) immer Brot, die wichtigste Beilage der antiken Küche, aß. Unter ὄψα bzw. ὀψώνια (latein. „obsonia" bzw. „opsonia") verstand man prägnant (teure) „Fischspeisen" (vgl. Plut. *Symp.* IV, 4, 2: πολλῶν ὄντων ὄψων ἐκνενίκηκεν ὁ ἰχθὺς μόνος ἢ μάκιστά γε ὄψον καλεῖσθει ...; Athen. *Deipn.* VII, 276E–F; 288D; XIV, 648F; Pape II, S. 433; Liddell-Scott-Jones II, 1283, jeweils s. vv.). Traversari hatte ὀψοφαγία mit „edacitas" übersetzt, womit jedoch Schlemmerei/ Gefräßigkeit im allgemeinen bezeichnet wird und wobei eher der Aspekt der Menge als jener der Qualität im Vordergrund steht. Für ὀψοφαγία böte sich als lateinischer Begriff „ganea" bzw. älter „ganeum" (= Feinschmeckerei) an, da sich dieser ebenfalls auf *gekochte* Speisen bezieht (vgl. Georges I, Sp. 2901, s.vv.), wenngleich nicht vorrangig oder spezifisch auf Fischspeisen. Zenon schnappte sich demonstrativ den großen Fisch, der gerade aufgetischt wurde, um das Verhalten des unbescheidenen Gastes zu karikieren, der die feinen Speisen unverschämt aufaß, während er das Brot verschmähte.

VII, 303   AD SPECVLVM   (Zeno Cittieus, 11)

Adolescentem curiosius quiddam quam pro aetate sciscitantem adduxit ad speculum, vtque se contemplaretur, admonuit. Mox rog[it]auit, *an videretur tali vultui conuenire, quaestiones eiusmodi proponere.*

VII, 304   CARPENDI MORBVS   (Zeno Cittieus, 12)

Quendam dicentem sibi in multis displicere Antisthenem, abusus *Sophoclis dicto, rogauit, num quae haberet Antisthenes, quae placerent. Ille respondit se nescire. Hic Zeno, „Et non te pudet", inquit, „si quid ab Antisthene perperam dictum est, excerpere ac meminisse? Si quid recte dictum, id ne animaduertere quidem nec tenere?". Idem morbus nunc habet plurimos, qui in libris aliorum tantum ea venantur, quae carpant, bene dictorum nulla neque gratia neque memoria.*

VII, 305   PAVCILOQVVS   (Zeno Cittieus, 13)

Ad quendam dicentem breues esse philosophorum sententias „Vera praedicas", inquit, „Oportet enim et syllabas illorum, si fieri possit, esse breues". Veritas multis verbis non eget, et rectius meminimus, quae paucis verbis comprehensa sunt.

---

565   rogauit *scripsi coll. versione fr. Ambrosii*: rogitauit *B C.*

568   abusus *B C*: dubito ne scribendum sit vsus.
569   num quae *LB*: nunqua *B C BAS.*

564–566 *Adolescentem ... proponere* Diog. Laert. VII, 19: μειρακίου δὲ περιεργότερον παρὰ τὴν ἡλικίαν ἐρωτῶντος ζήτημά τι, προσήγαγε πρὸς κάτοπτρον καὶ ἐκέλευσεν ἐμβλέψαι· ἔπειτ᾽ ἠρώτησεν εἰ δοκεῖ αὐτῷ ἁρμόττοντα εἶναι τῇ (τῇ *deest in ed. Frob. p. 320*) ὄψει τοιαύτῃ ζητήματα (ed. Frob. S. 320); SVF I, 314; Nickel SuS 33 (S. 41). Der Spruch findet sich auch in Arsen. *Violet.*, S. 266. Vgl. die lat. Übers. Traversaris: „Adolescentem instantius, quam per aetatem conueniret, quiddam inquirentem admoto speculo iussit inspicere. Rogavit deinde, num sibi videretur ei faciei congruere tales quaestiones" (ed. Curio, Basel 1524, S. 222).

565 *rogauit* Aus dem Kontext geht klar hervor, daß es sich um eine einmalige Frage handelte; daher liegt die Annahme auf der Hand, daß „rogitauit" ein Textübertragungsfehler ist, der bei der Übernahme von Traversaris Text zustandekam.

568–571 *Quendam dicentem ... tenere* Teilweise missverstandene Wiedergabe von Diog. Laert. VII, 19, wobei Er. Traversaris/Curios Übers. als Textvorlage benutzte: „Dicente sibi (sibi *del. Curio*) quodam Antisthenis sibi complura minime placere, adducto in medium Sophoclis testimonio rogauit, num illi (illi *Curio*: sibi *Traversari*) bene (bona *ed. Curio*: bene *Traversari, e.g. ed. Ven. 1490*) quaedam etiam habere viderentur. Illo se nescire dicente, ‚Non puderet (puderet *Curio*: piget *Traversari*)', inquit, ‚si quid ab Antisthene male dictum sit, hoc indagare et memoriter tenere; si quid vero boni, negligere neque meminisse (meminisse velle *Traversari*)?'" (ed. Curio, Basel 1524, S. 222). Vgl. den griech. Text: πρὸς δὲ τὸν φάσκοντα ὡς τὰ πολλὰ αὐτῷ Ἀντισθένης οὐκ ἀρέσκοι (ἀρέσκει *ed. Frob. p. 320*), χρείαν Σοφοκλέους προενεγκάμενος ἠρώτησεν εἴ τινα καὶ καλὰ ἔχειν αὐτῷ δοκεῖ· τοῦ δ᾽ οὐκ εἰδέναι φήσαντος, „εἶτ᾽ οὐκ αἰσχύνῃ", ἔφη, „εἰ μέν τι κακὸν ἦν εἰρημένον ὑπ᾽ Ἀντισθένους, τοῦτ᾽ ἐκλεγόμενος καὶ μνημονεύων, εἰ δέ τι καλόν, οὐδ᾽ ἐπιβαλλόμενος κατέχειν;" (ed. Frob. S. 320). SVF I, Nr. 305; Antisthenes Frgm. 137A Price (S. 405–407), Frgm.

568 *Antisthenem* Antisthenes (ca. 445–365 v. Chr.), Schüler des Sokrates, Begründer der kynischen Philosophie. Zu seiner Person vgl. Komm. oben ad VII, 39. Er. widmet ihm oben eine längere Sektion von Sprüchen (VII, 39–100).

568 *abusus Sophoclis dicto* Er. ging von Traversaris Übers. aus, der hier χρείαν Σοφοκλέους προενεγκάμενος mit „adducto in medium Sophoclis testimonio", übertragen hatte, wobei das „Zeugnis des Sophokles" wohl ein Zitat aus einer von dessen Tragödien, vielleicht eine Gnome, meint. Er. übernahm diese Interpretation, verschlimmbesserte sie aber durch die Pejorisierung mit „abusus": „dadurch daß er (Zeno) ein Zitat aus Sophokles *missbrauchte*". Das Aoristpartizip προενεγκάμενος (von προφέρω) bedeutet schlicht „indem er zitierte, vorbrachte, anführte" – von einem Missbrauch ist im griech. Text nicht die Rede. Abgesehen davon ist es jedoch fraglich, was genau Zenon zitierte bzw. was χρείαν Σοφοκλέους genau bedeutet. Nach Patzer, Radt (*TGF* Sophocles Frgm. 1116C) und Price (Antisthenes Frgm. 137A Price, S. 406) handelt es sich um eine Verszeile. M.E. könnte es der Fall sein, daß in dieser Verszeile ungefähr die folgenden Worte – τινα καὶ καλὰ ἔχειν αὐτῷ δοκεῖ („Gefällt dir denn gar nichts an ihm?") – standen, die zudem metrisch nicht weit von einem jambischen Trimeter entfernt sind. Decleva Caizzi und einige Übersetzer des Diog. Laert. (Jürß, Hicks) fassen χρείαν Σοφοκλέους als Essay auf, den Antisthenes über Sophokles geschrieben haben soll. Jedoch passt dazu schlecht, daß χρεία im Singular steht; zudem kommt ein Essay über Sophokles in der Bibliographie der Werke des Antisthenes nicht vor, die Diog. Laertius erstellt hat. Vgl. A. Patzer, *Antisthenes der Sokratiker: das literarische Werk und die Philosophie, dargestellt am Katalog der Schriften*, Diss. Heidelberg 1979, S. 161; J.F. Kindstrand, „Diogenes Laertius and the Chreia Tradition", in: *Elenchos* 7 (1986), S. 217–243; Price S. 406–407.

574 *Pauciloquus* Lycosthenes druckt das Apophthegma in der Kategorie „De breviloquentia" (S. 131).

575–576 *Ad quendam ... esse breues* Diog. Laert. VII, 20. Er. bearbeitete die lat. Übers. Traversaris: „Cuidam breuia esse philosophorum dicta asserenti, ‚Vera', inquit, ‚loqueris. Oportet nempe, si fieri possit, breues esse illorum et syllabas'" (ed. Curio, Basel 1524, S. 222). Vgl. den griech. Text: Εἰπόντος δέ τινος ὅτι μικρὰ αὐτῷ δοκεῖ τὰ λογάρια τῶν φιλοσόφων, „λέγεις", εἶπε, „τἀληθῆ· δεῖ μέντοι καὶ τὰς συλλαβὰς αὐτῶν βραχείας εἶναι, εἰ δυνατόν" (ed. Frob. S. 320).

VII, 306   Obtrectatio   (Zeno Cittieus, 14)

Quodam de Polemone narrante, quod alia proponeret, alia loqueretur, Zeno contracta fronte „Quanta", inquit, „mercede erat contentus?", subindicans, ni fallor, vt indiligentius dissereret, discipulorum parsimoniam fuisse in causa.

VII, 307   Vox modesta   (Zeno Cittieus, 15)

Dicebat eos, qui disserunt, similes esse oportere tragoediarum *actoribus, quibus vox magna* bonaque latera *debent esse, quum os immodice non diducant; quod faciunt ii, qui plurima loquuntur,* sed supra vires. Dum enim os diducunt, declarant se *satagere* verius quam *agere*.

---

578 *Obtrectatio* Lycosthenes druckte das Apophthegma sowohl in der Kategorie „De discipulorum erga praeceptores pietate" (S. 251) als auch in „De discipulorum erga praeceptores parsimonia" (S. 252). Die letzte Zuordnung stützt sich auf Er.' erklärenden Kommentar: „discipulorum parsimoniam fuisse in causa".

579–580 *Quodam de Polemone ... contentus* Diog. Laert. VII, 20. Er. benutzte die lat. Übers. Traversaris: „Dicente quodam de Polemone, quod alia proponeret et alia loqueretur, substomachans, ‚Quanti enim', inquit, ‚faciebat, quae dabantur?'" (ed. Curio, Basel 1524, S. 222). Vgl. den griech. Text: λέγοντος δέ τινος αὐτῷ περὶ Πολέμωνος ὡς ἄλλα προθέμενος ἄλλα λέγει, σκυθρωπάσας ἔφη „πόσου γὰρ ⟨ἂν⟩ ἠγάπας (⟨ἂν⟩ἠγάπας Von Arnim, Marcovich: ἠγάπα ed. Frob.) τὰ διδόμενα;" (ed. Frob. S. 320–321); *SVF* I, Nr. 306.

579 *Polemone* Polemon aus Athen (ca. 350– ca. 270/69 v. Chr.), reicher Athener, Vertreter des älteren Platonismus, Nachfolger des Xenokrates als Schulhaupt der Akademie, die er mehr als 40 Jahre leitete (313–270/69); zu seinen Schülern zählten Krates, Krantor, Zenon von Kition und Ariston von Chios. Er verfasste zahlreiche Schriften, von denen nur Fragmente erhalten sind. Vgl. K. v. Fritz, *RE* XXI, 2 (1952), Sp. 2524–2529, s.v. „Polemon", Nr. 8a; K.-H. Stanzel, *DNP* 10 (2001), Sp. 6, s.v. „Polemon", Nr. 1; J. Dillon, *The Heirs of Plato. A Study of the Old Academy (347– 274 BC)*, Oxford 2003, S. 156–177; H. Krämer, „Die Spätphase der Älteren Akademie", in: H. Flashar (Hrsg.), *Grundriss der Geschichte der Philosophie. Die Philosophie der Antike*, Bd. 3: *Ältere Akademie – Aristoteles – Peripatos*, 2. Aufl., Basel 2004, S. 113, 115–122, 161–163. Für die gesammelten Fragmente Polemons vgl. M. Gigante (Hrsg.), „I frammenti di Polemone academico", in: *Rendiconti della Accademia di Archeologia, Lettere e Belle Arti* (Napoli), N.S. 51 (1976), S. 91–144. Obwohl ihm Diog. Laert. eine Biographie widmet (IV, 16–20), übergeht ihn Er. in den *Apophthegmata*.

580 *ni fallor* Lycosthenes ersetzte Er.' vorsichtiges „ni fallor" durch „nimirum" (S. 251).

583–585 *Dicebat ... vires* Teilweise missverstandene Übers. des Er. von Diog. Laert. VII, 20: δεῖν δ᾽ ἔφη τόν νῳ (νῳ deest in ed. Frob., P2, Q) διαλεγόμενον ὥσπερ τοὺς ὑποκριτὰς τὴν μὲν φωνὴν καὶ τὴν δύναμιν μεγάλην ἔχειν, τὸ μέντοι στόμα μὴ διέλκειν· ὃ ποιεῖν τοὺς πολλὰ μὲν λαλοῦντας, ἀδύνατα δέ (ed. Frob. S. 312). *SVF* I, 327. Er. benutzte nebenher auch Traversaris Übers.: „Operae precium esse dicebat eum, qui disputaret, in morem histrionum voce viribusque magnum esse, os tamen aperire non debere (debere *add. Curio*) immodice. Quod ii faciunt, qui plurima loquuntur quidem, sed ea bene dicere non possunt." (ed. Curio, Basel 1524, S. 222).

583 *tragoediarum actoribus* Bei Schauspielern mit einer kräftigen Stimme dachte Er. offensichtlich zuerst an Tragödienschauspieler, wie sein Zusatz „tragoediarum" zeigt. Das im griech. Originaltext stehende ὑποκριτής bedeutet jedoch „Schauspieler" schlechthin, auch der Komödie (vgl. z. B. Aristoph. *Vesp.* 1279); Traversari hatte richtig „histrionum".

584 *bonaque latera* „bonaque latera" ist Er.' Übers. von καὶ τὴν δύναμιν μεγάλην. Letzteres könnte sich jedoch auch auf andere Aspekte

eines „kraftvollen Vortrags" als nur die Lautstärke der Stimme beziehen.

584 *quum ... diducant* Die Art der Satzkonstruktion legt nahe, daß sich „diducant" auf die Schauspieler bezieht; auf diese Weise haben auch Knott und Fantham die Stelle verstanden („should be like tragic actors. These must have a powerful voice and strong lungs, but they do not stretch their mouths wide open ..."). Das bedeutet jedoch, daß Er. die Stelle im konträren Sinn missverstanden hat. Die Schauspieler der griech. Antike hatten in Wirklichkeit *immer den Mund weit offen*: Das bezieht sich auf den Brauch, daß die Schauspieler – sowohl der Tragödie als auch der Komödie und des Satyrspiels – immer Masken trugen. Diese hatten einen weit geöffneten Mund, was den praktischen Grund hatte, daß man auf diese Weise die Stimme des Schauspielers am besten hörte. Die Stimme des Schauspielers mußte möglichst laut sein, weil sie das gesamte Theater (oft mit mehreren tausend Plätzen) erfüllen sollte. Im philosophischen Vortrag ist es sinnvoll, meint Zeno, wenn man eine kräftige Stimme hat: Jedoch braucht man nicht „seinen Mund aufzureißen", d.h. zu schreien, weil der Hörsaal der Philosophen nicht die Dimensionen eines Theaters hatte. Im philosophischen Vortrag geht es um den Sinn, der möglichst klar dargelegt werden solle, nicht um die Emotionalisierung des Zuschauers, wie in der Tragödie.

585 *plurima loquuntur ... vires* Er.' „plurima loquuntur ... vires" ist keine adäquate Übers. von πολλὰ μὲν λαλοῦντας, ἀδύνατα δέ. Mit λαλεῖν ist „schreien, unartikuliert reden" gemeint (vgl. Passow II, 1, S. 11, s.v. λαλέω; λαλεῖν kann auch für das Bellen von Hunden oder das Kreischen von Affen verwendet werden), nicht einfach „loqui"; mit ἀδύνατα „Untaugliches", „Unverständliches": Dadurch wird zum Ausdruck gebracht, daß unartikuliertes Schreien nicht für den philosophischen Vortrag geeignet ist und daß Leute, die so vortragen, zwar viele Worte machen, diese jedoch ihr Ziel verfehlen. Er. übernahm das unzulängliche „qui plurima loquuntur" von Traversari (a.a.O.); ἀδύνατα δέ übersetzte er selbst unrichtig mit „sed supra vires".

585 *declarant se satagere* Für seine Erklärung zieht Er. das Wortspiel von „agere" („eine Rede halten") – „satagere" („vollauf zu tun haben, vollauf beschäftigt sein" und „sich abquälen, in Not sein, in Bedrängnis sein"; *DNG* II, Sp. 4269, s.v. „satago" II a und b; Georges II, Sp. 2496, s.v., II a und b) heran, das ihm sehr gefiel und dem er *Apophth*. VI, 229 mit dem Titel „agere, satagere" gewidmet hatte: „Domitius Afer Manlium Suram, multum in agendo discursantem, salientem, manus iactantem, togam deiicientem ac reponentem, *non 'agere' dixit, sed 'satagere'*. Actio enim oratoris est. Satagit autem, qui frustra misereque conatur"; als Quelle benutzte er dort Quint. *Inst*. VI, 3, 54. Allerdings hat Er. die genaue rhetorische Relevanz der Ausführungen Quintilians in bezug auf „satagere" nicht genau verstanden. Wie sein Kommentar zu VI, 229 zeigt, hegte er die Meinung, daß „satagere" bedeutet, daß man etwas (mit großem Aufwand) versucht, das einem jedoch nicht gelingt („Satagit autem, qui frustra misereque conatur"). Gleichläufig ist Er.' Kommentar in *Apophth*. VIII, 77: „Quemadmodum qui moliuntur nec satis succedit, quod agunt, *satagere* dicuntur". Diese Bedeutung identifizierte Er. mit dem ihm als Gebärde der Hilflosigkeit vorkommenden Fuchteln der Arme. Jedoch bedeutet „satagere" (einschließlich der darauf bezogenen Körperbewegungen) nicht „etwas vergeblich versuchen", sondern, daß der Redner gegen die gültigen Regeln der Körper- und Gebärdensprache verstieß. Vgl. dazu Komm. oben zu VI, 229. Auch in VII, 307 ging Er. von seiner falschen Interpretation von „satagere" aus, da er es mit seiner irrigen Übersetzung von ἀδύνατα mit „sed supra vires" zusammenführte.

VII, 308   Attentio   (Zeno Cittieus, 16)

Iis, quae recte dicerentur, negat esse relinquendum locum, velut praeclaris artificibus ad spectandum. Contra, auditores dicebat adeo debere esse attentos ad ea, quae disseruntur, vt non vacet dare signum approbationis. Dum enim applauditur et acclamatur, perit aliquis audiendi fructus.

VII, 309   Garrvlitas   (Zeno Cittieus, 17)

Adolescenti cuidam multa garrienti „Aures", inquit, *„tuae in linguam defluxere"*, submonens adolescentis esse audire multa, loqui pauca.

VII, 310   Amor vervs   (Zeno Cittieus, 18)

Alteri *formoso dicenti sibi non videri futurum, vt sapiens amaret, „Nihil"*, inquit, *„esset vobis formosis infelicius"*. Quisquis enim docet, admonet instituitque ad virtutem adolescentes, vtique amat. Atque is demum verus est amor. Nam qui vulgo dicuntur amare, suum venantur commodum, cum incommodo adamati.

Apophth. VII, 308 Er. hat Zenons Spruch von VII, 308 missverstanden: Er. meinte fälschlich, daß es um den Applaus gehe, den das Publikum dem Redner nach einer gelungenen Formulierung spenden würde. So etwas kam in der Antike hin und wieder vor, ist jedoch im vorliegenden Fall nicht relevant, da er sich auf die philosophische Verhandlung bezieht: Zenon polemisiert gegen die Gewohnheit von vortragenden Philosophen, nach einer bedeutenden Formulierung eine Pause in der Rede zu machen, sodaß die Zuhörer diese auf sich einwirken lassen, sie sich notieren können, eventuell auch kritische Anmerkungen machen können (Applaus war dabei jedoch ausgeschlossen). Zenon betrachtete dies als lächerlich und possierlich, und er verdächtigte den auf diese Weise vortragenden Philosophen, daß er durch Redepausen seinen Worten künstlich größeres Gewicht verleihen wollte. Polemisierend hielt er dagegen, daß ein Vortrag dann gelungen sei, wenn die Anwesenden atemlos zuhören und der Redner ohne inne zu halten seine Gedanken vom Anfang bis zum Ende präsentiert, und zwar in einem Redefluß und einem solchen Tempo, daß die Zuhörer *nicht einmal Aufzeichnungen machen können*. Er., der zu Unrecht meinte, daß sich Zenon gegen den Applaus des Publikums richtete, argumentierte, daß Applaus schädlich sei, weil er die Aufmerksamkeit der Zuhörer verringere. So ist auch der Titel zu verstehen, den er dem Spruch gab, „attentio": Die „attentio" dürfe durch zwischenzeitlichen Applaus nicht gestört werden. Lycosthenes bildete, von Er.' Lemmatitel ausgehend, die Kategorie „De attentione", in der er vorl. *Apophthegma* unterbrachte (S. 95).

588–590 *Iis quae recte … approbationis* Versuchte wörtliche, jedoch missverstandene Wiedergabe von Diog. Laert. VII, 20, wobei Er. sowohl den griech. Text als auch Traversaris/ Curios Übers. als Vorlage benutzte: τοῖς εὖ λεγομένοις οὐκ ἔφη δεῖν καταλείπεσθαι τόπον ὥσπερ τοῖς ἀγαθοῖς τεχνίταις εἰς τὸ θεάσασθαι, τοὐναντίον δὲ τὸν ἀκούοντα οὕτω πρὸς τοῖς λεγομένοις γίνεσθαι ὥστε μὴ λαμβάνειν χρόνον εἰς τὴν ἐπισημείωσιν (ed. Frob. S. 321). SVF I, 308. Er. reagierte auf die Übers. Traversaris/ Curios, indem er sie teilweise übernahm, teilweise mit Hilfe des griech. Textes korrigierte und abänderte.: „His, qui bene dicerent, locum minime relinquendum, veluti praeclaris artificibus in spectando (in spectando *Curio*: ad dispiciendum *Traversari*). Contra vero auditorem sic eis, quae dicuntur, intentum esse oportere, vt non vacet illi ad notas faciendas" (ed. Curio, Basel 1524, S. 222).

588 *dicerentur* Mit „dicerentur" korrigiert Er. Traversaris Fehlübers. „dicerent".

588–589 *velut ... spectandum* ὥσπερ τοῖς ἀγαθοῖς τεχνίταις εἰς τὸ θεάσασθαι. Mit ἀγαθοὶ τεχνίται sind entweder Leute, die eine Kunst oder ein Kunstgewerbe bis in alle Finessen hinein verstehen, gemeint, oder die Schauspieler der Griechischen Tragödie. Wenn das erste der Fall ist, bezieht sich der Vergleich darauf, daß hervorragende griechische Künstler die Gewohnheit hatten, die Kunstwerke ihrer Kollegen sehr kritisch zu betrachten. Ähnliches würde für philosophische Sätze gelten, die mit Redepausen vorgetragen wurden, sodaß die Zuhörer kritische Anmerkungen machen konnten. Wenn das zweite gemeint ist, so könnte sich der Vergleich Zenons auf die Aufführungspraxis der Griechischen Tragödie beziehen, in der die Schauspieler nach besonders gelungenem Vortrag eine kurze Pause einschoben, um Szenenapplaus einzuheimsen.

590 *dare ... approbationis* Mit „dare signum approbationis" versuchte Er. Traversaris „illi ad notas faciendas" zu verbessern, lieferte jedoch eine Fehlübersetzung. ἐπισημείωσις ist das Wort für „Anmerkung, Bemerkung, Aufzeichnung" (vgl. Passow I, 2, S. 1106, s.v.; Hicks „as to have no leisure even to take notes"; Jürß „keine Zeit für [kritische] Bemerkungen findet"), nicht für „Applaus".

593 *Adolescenti ... defluxere* Im Spruchteil wörtliche Kopie von Traversaris Übers. von Diog. Laert. VII, 21: „Adolescenti loquaciori ,Aures', inquit, ,tuae in linguam confluxere'" (ed. Curio, Basel 1524, S. 222). Vgl. den griech. Text: Νεανίσκου πολλὰ λαλοῦντος ἔφη· „τὰ ὦτά σου εἰς τὴν γλῶτταν συνερρύηκε"; SVF I, 311. Bereits Brusoni hatte den Spruch in seine Sammlung d.J. 1518 aufgenommen, wobei er ebenfalls Traversaris Übers. reproduziert hatte (III, 25). Nach Lycosthenes soll Zenon den Ausspruch bei einem Gastgelage getätigt haben; weiter setzt Lycosthenes dem Ausspruch eine andere kommentierende Erklärung hinzu: „Illusit autem ad naturae artificium, quae hominibus duas aures fecit, linguam autem vnam tantum, vt disceret plura quidem audienda esse, non autem temere effugienda (lege effutienda) omnia". Für seine Erklärung zieht Lycosthenes einen weiteren Spruch des Zenon heran, siehe für diesen *Apophth.* VII, 320.

595 *Amor verus* Bei Lycosthenes befindet sich das vorl. *Apophthegma* in der Kategorie „De amore honesto" (S. 62).

596–597 *Formoso ... infelicius* Diog. Laert. VII, 21. Er. benutzte die lat. Übers. Traversaris: „Formoso cuidam dicenti non videri sibi amaturum sapientem ,Nihil', ait, ,vobis formosis esset infoelicius'" (ed. Curio, Basel 1524, S. 222). Vgl. den griech. Text: πρὸς τὸν καλὸν (καλὸν *deest* in ed. Frob. p. 321) εἰπόντα ὅτι οὐ δοκεῖ αὐτῷ ἐρασθήσεσθαι ὁ σοφός, „οὐδέν", ἔφη, „ὑμῶν ἀθλιώτερον ἔσεσθαι τῶν καλῶν". SVF I, 316. Bereits Brusoni hatte das Apophthegma in seine Sammlung d.J. aufgenommen (II, 44): „Zeno dicenti formoso cuidam non videri sibi amaturum sapientem ,Nihil', ait, ,vobis formosis est [*sic; cf. versionem fratris Ambrosii*] infelicius'".

278   APOPHTHEGMATVM LIBER SEPTIMVS

600   VII, 311   Graviter   (Zeno Cittieus, 19, i.e. Zeno et
                                                                                    Caphisius)

      *Dicebat plerosque philosophos in multis ἀσόφους εἶναι, id est, „non sapere", sed in fortuitis
      vulgaribusque rebus esse imperitos, et adiiciebat illud Scaphei [i.e. Caphisii], qui, quum
      animaduerteret quendam e discipulis vehementer inflatum, percusso illo dixit: „Bene
605   non est in magno, sed in bene est magnum. Οὐκ ἐν τῷ μεγάλῳ τὸ εὖ κεῖται, ἀλλὰ ἐν τῷ
      εὖ τὸ μέγα".* Magnum enim est, quicquid recte fit; at non statim bonum est, quod
      magnum.

      VII, 312   Garrvlitas   (Zeno Cittieus, 20)

      *Adolescenti confidenter loquenti „Non dixerim", inquit, „o adolescens, quae mihi succur-
610   runt",* subnotans e sermonis procacia colligi et morum impudicitiam.

602   εἶναι om. BAS LB.
602   id est C: desunt in B.

603   Scaphei B C: Caphesii *versio fr. Ambrosii (cf.*
      Diog. ed. Frob. Καφησίου*).*

602–605   *Dicebat plerosque … μέγα* Diog. Laert.
VII, 21. Er. benutzte sowohl den griech. Text
als auch die Übers. Traversaris/Curios: „Dicebat et philosophorum plurimos multis in rebus
esse insipientes, in paruis fortuitisque imperitos, adiiciebatque Caphesii illud, qui cum
animaduerteret quendam ex discipulis inflatum atque turgidum, percutiens dixit: ‚Non,
si magnus fueris, bonus eris, sed si bonus,
magnus'" (ed. Curio, Basel 1524, S. 223). Vgl.
den griech. Text: ἔλεγε δὲ καὶ τῶν φιλοσόφων
τοὺς πλείστους τὰ μὲν πολλὰ (πολλὰ *B, P, F, ed.*
Froben, ed. Marcovich: μεγάλα *coniecit Mena-*
gius, von Arnim) ἀσόφους (ἀσόφους *B, P, F,*
ed. Froben, ed. Marcovich: σοφοὺς *F, Mena-*
gius, Gigante, von Arnim) εἶναι, τὰ δὲ μικρὰ
καὶ τυχηρὰ ἀμαθεῖς (ἀμαθεῖς *B, P, F, ed. Fro-*
ben: εὐμαθεῖς *Casaubonus, Marcovich*). καὶ προεφέρετο τὸ τοῦ Καφισίου (Καφησίου *ed. Fro-*
ben), ὃς ἐπιβαλομένου τινὸς τῶν μαθητῶν μεγάλα
φυσᾶν, πατάξας εἶπεν ὡς οὐκ ἐν τῷ μεγάλῳ
τὸ εὖ κείμενον εἴη, ἀλλ' ἐν τῷ εὖ τὸ μέγα
(ed. Frob. S. 321). SVF I, 331 und 307. Die
Anekdote mit dem Auleten Kaphisios findet sich auch in Athen. Deipn. 629A–B: οὐ
κακῶς δὲ καὶ Καφισίας ὁ αὐλητής, ἐπιβαλλομέ-
νου τινὸς τῶν μαθητῶν αὐλεῖν μέγα καὶ τοῦτο
μελετῶντος, πατάξας εἶπεν οὐκ ἐν τῷ μεγάλῳ
τὸ εὖ κείμενον εἶναι, ἀλλὰ ἐν τῷ εὖ τὸ μέγα.
Die Anekdote hatte bereits Brusoni in seine
Sammlung d.J. 1518 aufgenommen, wobei
er ebenfalls von Traversaris Übers. ausging,
jedoch den Ausspruch des Caphisius fälschlich dem Zenon zuschrieb (II, 24): „Zeno
quum quendam ex discipulis inflatum turgidumque esse nosset, percutiens dixit: ‚Non,
si magnus fueris, bonus eris, sed si bonus,
magnus'".

603   *Scaphei* Er. verballhornte den Namen des
Auleten Caphisius zu „Scapheus". In der
Übers. Traversaris, die Er. benutzte, stand richtig (oder fast richtig) „Caphesii", im Diogenes-
Text traf er Καφησίου oder vielleicht auch
Καφισίου an. Kurioserweise hatte sich Er.
bereits in *Apophth.* V, 120 hinsichtlich des
Namens des Kaphisios geirrt: Dort schrieb
er fälschlich „Charisius" statt „Caphisius",
während er in Aldus' Plutarchausgabe, die er
benutzte, das im Prinzip richtige Καφείσιος,
in Filelfos lat. Übers. das ebenfalls richtige
„Caphisius" antraf. Vgl. Komm. oben zu V,
120. In Brusonis Sammlung (1518) fehlt der
Name des Auleten, weil dieser den Spruch
des Kaphisios fälschlich dem Zenon zugeschrieben hatte (II, 24); Lycosthenes, der
S. 249 von Brusonis Text ausging, wiederholte a.a.O. den nämlichen Zuschreibungsfehler.

604   *quendam … inflatum* „quendam e discipulis vehementer inflatum" ist eine Fehlübers.
von τινὸς τῶν μαθητῶν μεγάλα φυσᾶν; φυσᾶν
ist eine aktive Form, keine passive, wie „inflatum" erfordern würde. Mit μεγάλα φυσᾶν ist
gemeint, daß der Schüler des Musikers Kaphisios sehr kräftig in den Aulos bläst, um einen
möglichst lauten Ton hervorzubringen (vgl.

Athen. *Deipn.* 629A αὐλεῖν μέγα). Die Fehlübers. des Er. geht auf jene des Traversari zurück: „quendam ex discipulis inflatum atque turgidum" (a.a.O.). Weder Traversari noch Er. verstanden, daß es sich bei Kaphisios um einen Auleten handelte. Er. war sich weiter der Tatsache nicht bewusst, daß er Kaphisios bereits in einem anderen Apophthegma behandelt hatte (V, 120). Die parallele Wiedergabe der Anekdote in Athenaios benutzte Er. nicht. Brusoni (1518) hatte ebenfalls das falsche „inflatum turgidumque" (II, 24), wobei bei ihm hinzu kommt, daß er den jungen Mann als Schüler Zenons bezeichnet.

604 *percusso illo* Kaphisios gab seinem ehrgeizigen Schüler einen leichten, freundschaftlichen Klaps (so auch Jürß; Hicks a.a.O.: „a slap"). Die Übers. mit „percutere" = „heftig schlagen, hart stoßen, hauen, einen Hieb geben, durchbohren, verwunden, töten" für einen leichten Klaps ist nicht glücklich. Das griech. πατάσσειν ahmt das klatschende Geräusch nach, das ein Klaps mit der offenen Hand erzeugt. Er. hat die unglückliche Übers. mit „percutere" von Traversari übernommen („percutiens"), ebenso wie schon vor ihm Brusoni (1518): „percitiens dicebat …" (II, 23).

608 *Garrulitas* Lycosthenes druckte das Apophthegma, dem Titel des Er. Folge leistend, in der Kategorie „De garrulitate et loquacitate" (S. 425).

609–610 *Adolescenti … succurrunt* Diog. Laert. VII, 21: νεανίσκου δέ τινος θρασύτερον διαλεγομένου, „οὐκ ἂν εἴποιμι", ἔφη, „μειράκιον, ἃ ἐπέρχεταί μοι". Vgl. die Übers. Traversaris: „Adolescente quodam audacius loquente ,Dicere', inquit, ,non possum, adolescens, quae occurrunt mihi'" (ed. Curio, Basel 1524, S. 223).

610 *impudicitiam* Die Erklärung des Er. ist kurios; es ist unklar, was er mit „impudicitia" meint.

VII, 313　　　　　　　　Temporis parsimonia　　　　　　　(Zeno Cittieus, 21)

Aiebat hominibus *nihil magis deesse quam tempus,* longe dissentiens ab iis, qui bonam vitae partem perdunt somno, temulentia, nugis et alea, quasi multum temporis supersit homini.

VII, 314　　　　　　　　　　Amicvs　　　　　　　　　　(Zeno Cittieus, 22)

Interrogatus, quis esset amicus, „Alter", inquit, „ego".

VII, 315　　　　　　　　　　　Salse　　　　　　　　　　　(Zeno Cittieus, 23)

Seruum in furto deprehensum caedi iussit*; quumque is* se sic excusaret, *vt diceret sibi fuisse in fatis, vt furaretur, „et caedi", inquit.* Seruus allegabat fatorum necessitatem ad excusationem commissi. Eam necessitatem retorsit et ad supplicium, quod ipsum etiam erat in fatis.

Apophth. VII, 313 ist ein Gegenstück zu VII, 254 und 372, welche denselben Titel tragen. VII, 313 weist keinen spezifischen Zusammenhang mit Zenon von Kition auf, sondern präsentiert eine allgemeine, zum Sprichwörtlichen hinneigende Weisheit, die einer Reihe von Apophthegma-Spendern zugeschrieben wurde, abgesehen von Zenon u. a. Bias, Antiphon (vgl. VII, 372), Demokrit (VII, 372), Theophrastos (VII, 254), Seneca (vgl. Lycosthenes, S. 1039). Zu Seneca ergibt sich ein spezifischer Zusammenhang (insbes. *Epistulae morales*, in denen der programmatische Einleitungsbrief von der Zeit handelt); aus diesem Werk stammt auch Senecas geflügeltes Wort „Tempori parce!" (Sen. *Ep.* 88, 39 und 94, 28; vgl. Otto 1752). Vgl. *Apophth.* VII, 254: „Habebat semper in ore nullum esse sumptum preciosiorem tempore. Solum enim hoc recuperari non potest, et tamen vulgo nihil habetur vilius tempore"; VII, 372: „Dixit preciosissimum impendium esse tempus, πολυτελέστατον ἀνάλωμα χρόνος. Citat Plutarchus in vita Antonii. Quanquam hoc dictum compluribus tribuitur".

612 *Aiebat hominibus … tempus* Diog. Laert. VII, 23: ἐρωτηθεὶς τίς ἐστι φίλος, „ἄλλος", ⟨ἔφη⟩ (ἔφη *add. Cobet*), „ἐγώ". *SVF* I, 324; der Spruch findet sich auch in *Gom. Vat.* 296 Sternbach; Arsen. *Violet.*, S. 267; Aristot. *Eth. Nic.* I, 4, 1166a31; Ambrosius, *De spiritu sancto* II, 13, 154, der den Spruch in anonymisierter Form darbietet: „Vnde quidam interrogatus, quid amicus esset, ‚alter', inquit, ‚ego'". Vgl. Traversaris Übers.: „Interrogatus, quis amicus esset, ‚alter', inquit, ‚ego'" (ed. Curio, Basel 1524, S. 223).

612 *Aiebat nihil … tempus* Diog. Laert. VII, 23: Ἔλεγε δὲ μηδὲν εἶναι τῆς οἰήσεως (ποιήσεως *ed. Froben*) ἀλλοτριώτερον πρὸς κατάληψιν τῶν ἐπιστημῶν, μηδενός θ᾽ ἡμᾶς οὕτως εἶναι ἐνδεεῖς ὡς χρόνου (ed. Frob. S. 322). *SVF* I, Nr. 71 und 323. Der von Er. wiedergegebene Teil betrifft nur I, Nr. 323. Vgl. die Übers. des Traversari: „Dicebat ad perceptionem disciplinarum nihil esse alienius poetica, nulliusque nos rei maiorem inopiam perpeti quam temporis" (ed. Curio, Basel 1524, S. 223). Vgl. weiter Stob. IV, 34, 68.

612–614 *qui bonam … homini* Sen. *Ep.* I, 1–2: „Et si volueris attendere, magna pars vitae elabitur male agentibus, maxima nihil agentibus, tota vita aliud agentibus … In hoc enim fallimur, quod mortem prospicimus: magna pars eius iam praeterit …".

Apophth. VII, 314 ist ein Gegenstück zu *Adag.* 2 „Amicitia aequalitas. Amicus alter ipse" (*ASD* II, 1, S. 86), *Collect.* 95 „Est amicus alter ipse" (*ASD* II, 9, S. 80) und zu *Apophth.* VII, 239. In VII, 314 ist der Spender Zenon von Kition, in VII, 239 Aristoteles. Sein Inhalt stellt einen Kerngedanken des antiken und von der Antike inspirierten Denkens über Freundschaft dar, nämlich daß der Freund ein „alter ego" bzw. ein Teil des eigenen Selbst sei;

vgl. Aristot. *Eth. Nic.* IX, 8, 2 = *M. moral.* II, 1213a23–24: ἔστι γάρ ὁ φίλος ἄλλος αὐτός; Aristot. *Eth. Nic.* I, 4, 1166a31; Porph. *Vit. Pyth.* 33; Cic. 80: „(sc. amicus) ... est ... tamquam alter idem"; *Att.* III, 15, 4: „Te quasi me alterum"; Petrarca, *Familiarium rerum* XVIII, 8, 2: „Atqui vetus est verbum ‚amicus alter ego', de quo eleganter Cicero ..."; Walther 960a „Amicus est tamquam alter ego"; 848a „Alter ego est amicus: cuncta mecum habet communia"; 844: „Alter ego nisi sis, non es mihi verus amicus;/ Ni mi sis vt ego, non eris alter ego"; *Adag.* 2 (*ASD* II, 1, S. 86): „[E] Aristoteles Magnorum Moralium lib. ii.... Ἔστι γὰρ, ὥς φαμεν, ὁ φίλος ἕτερος ἐγώ, id est Est enim, vt dicere solemus, amicus alter ego".

618–619 *Seruum ... inquit* Diog. Laert. VII, 23: δοῦλον ἐπὶ κλοπῇ, φασίν, ἐμαστίγου· τοῦ δ' εἰπόντος, „εἵμαρτό μοι κλέψαι", ἔφη „καὶ δαρῆναι" (καὶ δαρῆναι ἔφη *ed. Froben, p. 322*: ἔφη καὶ δαρῆναι ἔφη *P*); *SVF* I, Nr. 298. Vgl. Traversaris lat. Übers.: „Seruum in furto, vt aiunt, deprehensum verberabat; quumque ille diceret ‚Fatale mihi fuerat furari', ‚Et caedi' inquit" (ed. Curio, Basel 1524, S. 223). Vgl. *Adag.* 778 „Vt sementem feceris, ita et metes" (*ASD* II, 2, S. 298): „Sed propius huc pertinet, quod idem (sc. Laertius) refert in Zenone, qui seruum in furto deprehensum caedebat. Seruus interim clamabat in fatis fuisse, vt furaretur. At Zeno, ‚Illud etiam, vt caedereris'. Seruuus quoniam audierat herum disputantem de necessitate fatorum, eam praetexuit suo commisso. Sed scite retorsit philosophus".

619 *et caedi, inquit* Er. übernimmt an vorl. Stelle (ebenso in *Adag.* 778) die Wortfolge aus Traversaris Übers.; der moderne *textus receptus* des Diog. Laert. hat ἔφη „καὶ δαρῆναι" (vgl. ed. Marcovich), Frobens Ausgabe jedoch καὶ δαρῆναι ἔφη.

619–621 *Seruus ... fatis* Er.' Erklärung ist in diesem Fall nichts weiter als ein Paraphrase des Spruches.

VII, 316   *Gratior est pvl⟨chro⟩ v⟨eniens⟩ e⟨x⟩*   (Zeno Cittieus, 24)
                       c⟨orpore⟩ v⟨irtvs⟩

Formam aiebat esse vocis florem, aut contra, *quemadmodum ab aliis* refertur, *vocem esse formae florem.* Nam loquentis orationem commendat forma, et rursus oratio
625 composita gratiam addit formae.

VII, 317   Notae infamae   (Zeno Cittieus, 25)

Conspicatus cuiusdam e familiaribus puellum notis *liuidum, „Video", inquit, „animi tui vestigia",* notans illius impudicitiam. In Graecis plusculum est gratiae, quod θυμὸς et animum significet, et animi vehementem concitationem aut furorem. Erant
630 autem, vt opinor, suauiis impressae notae.

VII, 318   Vngventa   (Zeno Cittieus, 26)

In quendam vnguentis delibutum „Quis est hic", inquit, „qui mulierem olet?", significans effoeminatorum esse vnguentis vti.

622 Gratior est pulchro veniens ex corpore virtus
scripsi: Gratior est pul.u.e.c.u. *B C.*

Apophth. VII, 316 Hinter dem in *B* und *C* durch Abkürzungen kryptisch überlieferten Titel „Gratior est pul.u.e.c.u." verbirgt sich die sprichwörtliche Sentenz „Gratior est pulchro veniens ex corpore virtus" (Walther 10444), gebildet nach Verg. *Aen.* V, 344 „Gratior et pulchro veniens in corpore virtus". Er. kannte diese Sentenz u. a. durch seine Lektüre von Seneca, *Ep.* 66, 2, wo der römische Stoiker die Gültigkeit derselben in Abrede stellt: „Errare mihi visus est, qui dixit ‚gratior est (est *ed. Er.*: et *ed. Reynolds; Verg. V, 344*) pulchro veniens e (e *Seneca*: in *Verg. V, 344*) corpore virtus'. Non enim vllo honestamento eget: ipsa magnum sui decus est et corpus suum consecrat. …". Unter dem Namen des Er. als Zusammensteller lief eine Sentenzensammlung aus Seneca: *Lucii Anneae Senecae Cordubensis Flores siue sententiae insigniores excerptae per Desiderium Erasmum* (z. B. Paris, Jean Roigny, 1547), wo sich die vorl. Sentenz findet, vgl. das Lemma „*Quod virtus vbique nascatur. Ex lib. 9. Epistola 67.*" (= *Epist.* 66, 2–4). Die ursprünglich Vergilianische Verszeile thematisiert das Verhältnis von körperlicher Schönheit und Tugend nach der Art des griechischen Kalloskagathos-Ideals, welches davon ausgeht, daß *Kallos* und *Arete* unauflöslich zusammenhängen. Demnach kommt die Tugend besser zur Enfaltung, wenn sich der Tugendhafte auch durch einen schönen Körper auszeichnet. Ein Stoiker wie Seneca betrachtete jedoch das Äußere, Körperliche als irrelevant: Für ihn ist die Tugend das höchste und einzige Gut, und sie ist sich selbst genug. Dadurch, daß Er. die Vergil-Sentenz als Titel wählte, gab er zu verstehen, daß er den folgenden Ausspruch des Zenon von Kition im selben Sinn deutete. Wenn Er. Recht hätte, hätte der Begründer der Stoa somit dem wichtigsten stoischen Dogma widersprochen. Er. ist dies, wie auch seine unbekümmerte harmonisierende Deutung zeigt, offensichtlich nicht aufgefallen. Der Titel mit der Sentenz „Gratior est pul.u.e.c.u." und deren Quellen werden in *CWE* 38, S. 845 nicht verzeichnet.

623 *Formam … florem* Wörtliche Wiedergabe von Diog. Laert. VII, 23, wobei Er. Traversaris Übers. verbesserte: „Pulchritudinem dixit vocis florem esse, alii vero ‚pulchritudinis vocem' (i.e. vocem pulchritudinis florem)" (ed. Curio, Basel 1524, S. 223): τὸ κάλλος εἶπε τῆς φωνῆς (φωνῆς *codd., ed.* Froben: σωφροσύνης *Cobet, Wilamowitz, Marcovich*) ἄνθος εἶναι, οἱ δὲ τοῦ κάλλους τὴν φωνὴν (φωνὴν *codd., ed.*

Froben: σωφροσύνην *Cobet, Wilamowitz, Marcovich*) (ed. Frob. S. 322). *SVF* I, 330.

623–624 *vocem ... florem* Mit „vocem esse formae florem" korrigierte Er. Traversaris missverständliches „alii vero pulchritudinis vocem" (a.a.O.).

624–625 *Nam loquentis ... formae* Er. versuchte mit seiner Erklärung hinter dem verworren klingenden Spruch eine Logik zu entdecken. Er.' Harmonisierung der beiden verschiedenen Überlieferungen mag auf den ersten Blick gut klingen, ist jedoch von vorneherein zum Scheitern verurteilt, weil der in den Handschriften überlieferte Text mit φωνῆς ... φωνὴν korrupt ist; vgl. Von Arnim in *SVF* I, 330: „Haec quoque corrupta esse constat". Cobet hat die Stelle überzeugend geheilt, dadurch, daß er entdeckte, daß die gleiche Sentenz in Diog. Laert.' Zenon-Biographie noch einmal vorkommt, in VII, 130 εἶναι δὲ καὶ ὥπα ἄνθος ἀρετῆς, „daß auch die Schönheit sei eine Blüte der Tugend sei": d.h. die Schönheit sei kein Gut an sich, sondern sie leite sich von der Tugend her: Die Tugend sei die Quelle alles Guten und Wertvollen. In diesem Sinn las Cobet statt φωνῆς und φωνὴν: σωφροσύνης und σωφροσύνην. Schönheit sei ein Blüte der Weisheit, d.h. sie entspringe der Weisheit (des stoischen Philosophen). Diese Sentenz ist nicht dasselbe wie das Kalloskagathos-Ideal: Es geht hier nicht um einen unauflöslichen Zusammenhang oder eine wechselseitige Bedingtheit, sondern Tugend/ stoische Weisheit ist die Quelle alles Guten. Cobets Heilung der Stelle wurde mittlerweile in den *textus receptus* aufgenommen (Marcovich, Hicks).

626 *Notae infamae* Der Titel „Notae infamae" („Schändliche Spuren" = „Spuren der Schande") ist auf einen Irrtum des Er. zurückzuführen, der meinte, der Spruch des Zenon beziehe sich auf körperliche Spuren heftiger homosexueller, päderastischer Erotik („suauia" bei Er.). In Wirklichkeit geht es in dem *Apophthegma* Zenons weder um Erotik noch um Schande, sondern um den gewalttätigen Zorn eines Herren gegenüber seinem Sklaven. Der richtige Titel des Spruches hätte „Notae furoris/ iracundiae" oder ähnlich lauten müssen.

627–628 *Conspicatus ... vestigia* Missverstandene Wiedergabe von Diog. Laert. VII, 23, wobei Er. Traversaris/ Curios Übers. als hauptsächliche Textvorlage benutzte: „Cum familiarium cuiusdam iuuenem (iuuenem *Curio*: paruulum *Traversari, e.g. ed. Ven. 1490*) liuentem aspexisset, ‚Video', inquit ad illum, ‚tui furoris vestigia'" (ed. Curio, Basel 1524, S. 223). Vgl. den griech. Text: τῶν γνωρίμων τινὸς παιδάριον μεμωλωπισμένον θεασάμενος πρὸς αὐτόν, „ὁρῶ σου", ἔφη, „τοῦ θυμοῦ τὰ ἴχνη". *SVF* I, 320.

627 *puellum* παιδάριον bezeichnet einen jungen Sklaven (vgl. Passow, II, 1, S. 622, s.v. 1 b); Curios Verbesserung von Traversaris „paruulum" (eine Korruptel von „puerulum"?) zu „iuuenem" ist unzulänglich, weil dadurch verwischt wird, daß es um einen Sklaven geht.

628–630 *notans ... notae* Aus seiner kommentierenden Erklärung „notans illius impudicitiam ... suauiis impressae notae" geht hervor, daß Er. das *Apophthegma* als Stellungnahme gegen homosexuelle Erotik missverstanden hat und die Spuren am Körper des Sklaven als Folgeerscheinung homosexueller Erotik, als „Saugküsse" („suauia"), die blaue Flecken hervorrufen, aufgefasst hat. Er. erklärte sich den Spruch in seiner Phantasie auf diese Weise, indem er sich durch Traversaris/ Curios Übers. anregen ließ, in der steht, daß der „junge Mann" „überall blaue Flecken hatte". Jedoch ist im griech. Original weder von „blauen Flecken" noch von „Saugküssen" die Rede: μεμωλωπισμένον von μωλωπίζειν bedeutet, daß der Sklave an seinem Körper überall Striemen aufwies, die von Peitschenhieben seines Herrn herrührten (vgl. Passow II, 1, S. 307, s.v. μωλωπίζω: μεμωλωπισμένος „voller Striemen"; richtig Hicks „marked with weals", ebenso Jürß „mit Striemen bedeckt"). Es geht somit fraglos um die Spuren von Leibstrafen. Als Zenon sah, daß der Sklave voller Striemen war, sagte er ermahnend zu seinem Bekannten: „Ich sehe die Spuren deines Zornes". Als Stoiker verurteilte Zenon heftige Gefühlsaufwallungen (Affekte). Im selben Sinn verurteilte auch der Stoiker Seneca in seinem Traktat *De ira* das Prügeln von Sklaven als Folge von Wutanfällen.

Apophth. VII, 318 Vgl. *Apophth.* VI, 67, wo ein junger Mann, der reichlich Parfüm benutzt hatte, die Zielscheibe von Kaiser Vespasians bissiger Anmerkung wurde.

632 *In quendam ... olet* Diog. Laert. VII, 23. Er. kopierte die Übers. Traversaris: „Cuidam vnguentis delibuto ‚Quis', ait, ‚mulierem olet?'" (ed. Curio, Basel 1524, S. 223). Vgl. den griech. Text: πρὸς τὸν κεχρισμένον τῷ μύρῳ, „τίς ἐστιν", ἔφη, „ὁ γυναικὸς ὄζων;". *SVF* I, 318; Nickel, *SuS* 34 (S. 41). Vgl. Xen. *Symp.* II, 3.

VII, 319   LIBERE   (Zeno Cittieus, 27)

635 *Dionysio cuidam dicenti „Quur me vnum omnium non corrigis?", „Non enim", inquit, „tibi credo", subindicans sibi non esse spem illum, si corriperetur, fore meliorem.*

VII, 320   GARRVLITAS   (Zeno Cittieus, 28)

Adolescentem multa temere *garrientem* hoc *dicto* corripuit: *„Ob id binas habemus aures, os vnicum, vt plurima audiamus, loquamur paucissima".*

640   VII, 321   TACITVRNITAS   (Zeno Cittieus, 29)

Ptolemaei legatis, qui multos eruditos ad conuiuium inuitarant, *percontantibus, quid de ipso regi suo essent renunciaturi, ait: „Vidisse vos senem, qui in conuiuio tacere*

---

634 **Libere** Dem Titel des Er. gemäß druckt Lycosthenes das vorl. Apophth. in der Kategorie „De libere dictis et parrhesia loquendi", und zwar irrtümlicherweise zweimal (S. 589 und 598–599).

635–636 **Dionysio ... credo** Diog. Laert. VII, 23. Er. bearbeitete die lat. Übers. Traversaris: „Dionysio cuidam quaerenti, cur se solum non corrigeret, ‚Quia', inquit, ‚tibi minus credo'" (ed. Curio, Basel 1524, S. 223). Vgl. den griech. Text: Διονυσίου δὲ τοῦ Μεταθεμένου εἰπόντος αὐτῷ, διὰ τί αὐτὸν μόνον οὐ διορθοῖ, ἔφη, „οὐ γάρ σοι πιστεύω"; *SVF* I, 303 = 423.

635 **Dionysio cuidam dicenti** Der Text zeigt, daß Er. hier ausschließlich nach der lat. Übers. Traversaris gearbeitet hat, die hier identisch ist („Dionysio cuidam", „einem gewissen [= weiter unbekannten] Dionysios"). Im griech. Text wird die Person jedoch sehr wohl identifiziert: Es handelt sich um Διονύσιος ὁ Μεταθέμενος, Dionysios „den Abtrünningen" oder Dionysios von Herakleia (um 360–305 v. Chr.), einen Sohn des Tyrannen Klearchos von Herakleia Pontike und Schüler des Zenon von Kition. Später wurde Dionysios Mitregent seines älteren Bruders Timotheos, ab 337/6 Alleinherrscher von Herakleia Pontike. Nach Alexanders Tod arrangierte sich Dionysios mit den Diadochen und ging mit ihnen geschickt eine gezielte Heiratspolitik an. Dionysios erhielt den Beinamen „der Abtrünnige", weil er nach seiner Lehrzeit bei Zenon vom Stoizismus zu den Kyrenaikern und zum Hedonismus überwechselte (Diog. Laert. VI, 167). Zu seiner Person vgl. B. Inwood, *DNP* 3 (1997/9), Sp. 630,

s.v. „Dionysios", Nr. 8; H. v. Arnim, *RE* V, 1 (1903), Sp. 973–974, s.v. „Dionysios", Nr. 119. Das *Apophthegma* zeigt an, auf welch wenig ehrfurchtsvolle Weise Zenon mit dem Sohn des Fürsten von Herakleia umgegangen sein soll.

636 **subindicans ... meliorem** Bei seinem ersten Druck des Spruches (S. 589) übernahm Lycosthenes die kommentierende Erklärung des Er., bei seinem zweiten (S. 599) ersetzte er sie durch eine eigene: „subindicans sibi plane nullam spem esse resipientiae".

637 **Garrulitas** Vgl. VII, 309 mit demselben Titel. Lycosthenes druckte VII, 320 (ebenso wie VII, 309) dem Titel des Er. entsprechend in der Kategorie „De garrulitate et loquacitate" (S. 425).

638–639 **Adolescentem ... paucissima** Diog. Laert. VII, 23. Er. bearbeitete variierend die Übers. Curios/Traversaris: „Inepta et nihil ad rem (Inepta et nihil ad rem *Curio*: Inepta plurima *Traversari*) loquenti adolescentulo, ‚Idcirco', inquit, ‚aures habemus duas et os unum, vti plura audiamus, loquamur pauca'" (ed. Curio, Basel 1524, S. 223). Vgl. den griech. Text: πρὸς τὸ φλυαροῦν μειράκιον, „διὰ τοῦτο", εἶπε, „δύο ὦτα ἔχομεν, στόμα δὲ ἕν, ἵνα πλείονα (πλείω ed. *Froben*) μὲν ἀκούωμεν, ἥττονα δὲ λέγωμεν" (ed. Frob. S. 322). *SVF* I, 310. Vgl. Plut. *De garrulitate* 1, *Mor.* 502C; *Quomodo adulescens poetas audire debeat* 5, *Mor.* 39B. In *Mor.* 39B lobt Plutarch Erzieher, die Knaben lehren πολλὰ μὲν ἀκούειν, μὴ πολλὰ δὲ λέγειν. In der Einleitung zu *De garrulitate* sagt Plutarch, daß die Geschwätzigen mit der Natur unzufrieden seien, insofern sie den Menschen mit nur einem Mund, jedoch zwei Ohren ausgestattet haben; Ohren würden die Geschwätzigen als überflüssige Organe betrachten, weil sie naturgemäss ‚taub' seien. Bereits Brusoni (1518) hatte das vorl. Apophth. in seine Sammlung aufgenommen (III, 25 „De linguae ratione"), wobei er Traversaris Übers. reproduzierte.

641 *Ptolemaei* Die Gesandten des ägyptischen Pharaos Ptolemaios, wie Diog. Laert. VII, 24 angibt, kaum, wie Stob. III, 33, 10 überliefert, des Antigonos von Makedonien; mit Ptolemaios ist am ehesten Ptolemaios II. Philadelphos gemeint (Mitregent 285–283/2 v. Chr.; Pharao von 283/2–246), der sich anstrengte, über Gesandtschaften ein möglichst weites diplomatisches Netz zu bilden, da sich Zenon im Spruch als „alten Mann" charakterisert (nach Plut. *Mor.* 504A); als Ptolemaios I. starb (gest. 283/82 v. Chr.), war Zenon um die 50 Jahre alt, d.h. ein charakteristisch alter Mann war er erst während der Regierungsperiode Ptolemaios II. (283/2 bis zu seinem Tod i.J. 262/1). Pace Helmbold, der behauptet, daß entweder Ptolemaios I. Soter oder „Antigonos" (welcher?) gemeint sei (Anm. zu Plut. *Mor.* 504A, wo der Name des Königs nicht genannt wird).

641–643 *Ptolemaei … nouerit* Kontamination von Diog. Laert. VII, 24, Plut. *De garrulitate* 4, *Mor.* 504A und Stob. III, 33, 10; Diog. Laert. VII, 24: ἐν συμποσίῳ κατακείμενος σιγῇ τὴν αἰτίαν ἠρωτήθη, ἔφη οὖν τῷ ἐγκαλέσαντι "Ἀπαγγεῖλαι πρὸς τὸν βασιλέα ὅτι παρῆν τις σιωπᾶν ἐπιστάμενος". ἦσαν δὲ οἱ ἐρωτήσαντες παρὰ Πτολεμαίου πρέσβεις ἀφικόμενοι καὶ βουλόμενοι μαθεῖν τί εἴποιεν παρ' αὐτοῦ πρὸς τὸν βασιλέα. Vgl. die Übers. Traversaris: „In conuiuio tacitus sedebat. Percontanti causam ‚Nuntia', inquit, ‚regi adesse quendam, qui tacere sciat'. Qui autem interrogabant, legati a Ptolemaeo aduenerant et discere cupiebant, quid de illo regi nunciarent" (ed. Curio, Basel 1524, S. 223). Den Wortlaut des Spruches hat Er. aus Plut. *De garrulitate* 4, *Mor.* 504A übernommen. Der Baustein der Erzählung „qui … inuitarant" findet sich so nur bei Stob. III, 33, 10, jedoch ansatzweise auch bei *Mor.* 504A; beiden Quellen konnte Er. den eigentlichen Kontext des Spruches entnehmen, der jedoch nicht aus Diog. Laert. hervorgeht. Der Baustein der Erzählung „Quum enim caeteri ad ostentationem multa dixissent" findet sich nur bei Stob. III, 33, 10. Nach Plut. soll in Athen eine bedeutende, jedoch nicht namentlich genannte Person die ptolemaiischen Gesandten gastlich aufgenommen haben und auf deren Bitte hin die Philosophen der Stadt eingeladen haben, die sie gerne kennenlernen wollten. Die Philosophen kamen zu dem Symposion und beteiligten sich alle mit Beiträgen an den gelehrten Gesprächen, mit Ausnahme Zenons, der schwieg. Als ihn die Gesandten fragten, was denn *er* zu sagen habe, machte er den bewussten Ausspruch: Ἀθήνησι δέ τις ἐστιῶν πρέσβεις βασιλικοὺς ἐφιλοτιμήθη σπουδάζουσιν αὐτοῖς συναγαγεῖν εἰς ταὐτὸ τοὺς φιλοσόφους· χρωμένων δὲ τῶν ἄλλων κοινολογίᾳ καὶ τὰς συμβολὰς ἀποδιδόντων, τοῦ δὲ Ζήνωνος ἡσυχίαν ἄγοντος, φιλοφρονησάμενοι καὶ προπιόντες οἱ ξένοι, „περὶ σοῦ δὲ τί χρὴ λέγειν", ἔφασαν, „ὦ Ζήνων, τῷ βασιλεῖ;" κἀκεῖνος, „ἄλλο μηδέν", εἶπεν, „ἢ ὅτι πρεσβύτης ἐστὶν ἐν Ἀθήναις παρὰ πότον σιωπᾶν δυνάμενος". In *Lingua* hat Er. die Anekdote nach Plut. *Mor.* 504A erzählt, wobei er die gesamte Stelle ins Lateinische übersetzte (*ASD* IA, S. 54, Z. 917–928). Der Name des Königs wird dort, wie bei Plutarch, nicht genannt. Nach Stobaios handelt es sich nicht um die Gesandten des Ptolemaios, sondern des Antigonos. Im Unterschied zu Plutarchs Version sind es bei Stobaios die Gesandten selbst, die die Philosophen zum Symposion einluden. Bei Stobaios lautet der Spruch allerdings nur: „Genau, was ihr seht". Nickel präsentiert die Anekdote in der Version des Stob. und des Plut., siehe *SuS* 14 und 15 (S. 26–27). *SVF* I, 284 bietet sowohl die Version von Diog. Laert. als auch jene von Plut. *Mor.* 504A und Stob. III, 33, 10 dar. Die Anekdote findet sich zudem auch in Arsen. *Violet.*, S. 268.

641 *multos eruditos* Er. führt verallgemeinernd „Gelehrte" an, während in seinen Quellen einhellig die (sich in Athen aufhaltenden) „Philosophen" eingeladen wurden; so Er. selbst in *Lingua ASD* IA, Z. 919 „philosophos".

642–643 *Vidisse … nouerit* Den Spruch selbst hat Er. Plut. *Mor.* 504A entnommen: ὅτι πρεσβύτης ἐστὶν ἐν Ἀθήναις παρὰ πότον σιωπᾶν δυνάμενος. Allerdings ließ Er. das Detail ἐν Ἀθήναις aus, dem er in *Lingua* eine bestimmte Bedeutung zuschreibt, weil Athen die geschwätzigste Stadt der Welt sei (*Lingua ASD* IA, Z. 927–928). Für den Spruch vgl. ebd., Z. 924: „‚Nihil aliud', inquit, ‚quam Athenis esse senem, qui norit inter pocula silere'"; in *Lingua* hatte Er. den Spruch wie folgt erklärt: „Tribus argumentis exaggerauit silentii pertinacis miraculum: quod senex, quum etas ea ferme sit garrulitatis malo obnoxia, quod inter pocula, vbi vinum et exempla garrientium ad loquen-

nouerit". Quum enim caeteri *ad ostentationem* multa dixissent, vnus *Zeno* perpetuum *tenuit silentium.*

645 VII, 322   MODERATIO   (Zeno Cittieus, 30)

Percontanti, quo pacto esset affectus erga conuitia, „Perinde", inquit, „atque si legatus absque responso dimittatur", significans eos, qui non habent, quod respondeant, ad conuitia solere confugere, eaque non pluris oportere fieri, quam si nihil esset responsum.

650 VII, 323   PERSVASIO PRO VI   (Zeno Cittieus, 31)

Quum Crates apprehenso *Zenonis pallio eum a* Stilpon[t]e *retrahere* niteretur, *„Commodissime"*, inquit [sc. Zeno]: *„o Crates, philosophum auribus teneas. Nam si per vim egeris, corpus erit apud te, animus apud Stilpon[t]em"*.

---

651 Stilpone *scripsi sec. versionem fr. Ambrosii et Diog. text. Graec.*: Stilponte *B C.*

dum prouocant, denique quod Athenis, videlicet in vrbe omnium loquacissima" (ebd. Z. 925–928).

643–644 *Quum … silentium* „Quum … silentium", leicht variierend nach Stob. III, 33, 10: κἀκείνων (sc. φιλοσόφων, beim Gelage) παρὰ πότον σπευδόντων ἐπιδείκνυσθαι τὴν αὑτῶν ἕξιν, αὐτὸς ἐσίγα.

Apophth. VII, 321 und 322 gehören zusammen. Sie beziehen sich auf dasselbe Ereignis, den Empfang der Philosophen auf Ersuchen der Gesandten Königs Ptolemaios II. Philadelphos in Athen, der wohl während der letzten zwanzig Lebensjahre Zenons stattgefunden hat (vgl. Komm. oben zu VII, 321). Aus der Version des Er. geht dieser Zusammenhang jedoch nicht hervor; wahrscheinlich hat Er. ihn übersehen.

646–647 *Percontanti … dimittatur* Diog. Laert. VII, 24: ἐρωτηθεὶς πῶς ἔχει πρὸς λοιδορίαν, „καθάπερ", εἶπεν, „εἰ πρεσβευτὴς ἀναπόκριτος ἀποστέλλοιτο"; *SVF* I, Nr. 283. Vgl. die lat. Übers. Traversaris: „Interrogatus, quonam esset animo aduersus maledicta, dixit: ‚Veluti si legatus absque responso remittitur'" (ed. Curio, Basel 1524, S. 223).

647–649 *significans eos … responsum* Er. war nicht klar, daß sich auch *Apophth.* VII, 322 auf den Empfang der Gesandten des Ptolemaios I. in Athen bezieht. Damit hängt wohl

653 Stilponem *scripsi sec. versionem fr. Ambrosii et Diog. text. Graec.*: Stilpontem *B C.*

zusammen, daß er den Spruch des Zenon missverstand. Der Ausspruch Zenons „Wie Gesandte, wenn sie keine Antwort bekommen" ist eine Weiterführung des vorigen, in dem er den Gesandten des Ptolemaios sagte: „Richtet eurem König aus, es gäbe einen Greis, der schweigen kann", von der Sache her somit „der den Botschaftern keine Antwort gibt". Durch den sarkastischen Ausspruch „Wie Gesandte, wenn sie keine Antwort bekommen" gibt Zenon den Gesandten sowohl zu verstehen, daß sie ihm gleichgültig seien als auch, daß man mit Schmähungen umgehen müsse wie Diplomaten und Botschafter, d.h. nicht emotional auf sie reagieren dürfe.

650 *Persuasio pro vi* Er. bildete den Titel nach Traversaris Übers. „Cum igitur *persuaseris*, … Nam si *per vim* egeris …". Lycosthenes folgte Er.' Titel, indem er den Spruch in der Kategorie „De persuasione" druckte (S. 852). Die Anekdote bezieht sich auf einen – wahrscheinlich fingierten – Streit der Philosophen Krates und Stilpon um Zenon als Schüler. Letzterer war Schüler des Krates, hörte aber auch andere Philosophen. Krates soll versucht haben, Zenon am Mantel von Stilpon, bei dem dieser offensichtlich verweilte, wegzuziehen und ihm mit harter Hand zu zeigen: Du gehörst zu mir, nicht dorthin (zur ‚Sekte'

der Platoniker). Zenon soll ihn dafür gerügt haben, indem er ihn aufforderte, doch lieber die Überzeugungskraft seiner Worte anzuwenden als Gewalt.

651–653 *Quum Crates ... Stilpontem* Diog. Laert. VII, 24. Er. benutzte als Textvorlage die Übers. Curios, aus der er den Spruch wörtlich kopierte: „Refert Apollonius Tyrius, quod, cum Crates eum per pallium a Stilpone retraheret, dixerit: ‚O Crates, commodissime auribus philosophum teneas (commodissime auribus philosophum teneas *Curio*: aptissima philosophorum captura, quae fit per aures *Traversari*). Cum igitur persuaseris, tum illum trahe (Cum igitur persuaseris, tum illum trahe *Curio*: persuadens igitur trahe *Traversari*). Nam (Nam *Curio*: Quod *Traversari*) si per vim egeris, corpus quidem apud te, sed animus apud Stilponem erit'" (ed. Curio, Basel 1524, S. 224). Dabei ließ Er. den zum Verständnis des Ausspruchs wesentlichen Satz „Cum igitur persuaseris, tum illum trahe" aus; es handelte sich dennoch wohl nicht um ein Versehen, da Er. diese Information im Titel liefert: „Persuasio pro vi". Vgl. den griech. Text: φησὶ δ' Ἀπολλώνιος ὁ Τύριος, ἕλκοντος αὐτὸν Κράτητος τοῦ ἱματίου ἀπὸ Στίλπωνος, εἰπεῖν „ὦ Κράτης, λαβὴ φιλοσόφων ἐστὶν ἐπιδέξιος ἡ διὰ τῶν ὤτων: πείσας οὖν ἕλκε τούτων: εἰ δέ με βιάζῃ, τὸ μὲν σῶμα παρὰ σοὶ ἔσται, ἡ δὲ ψυχὴ παρὰ Στίλπωνι". *SVF* I, 278. Der Spruch findet sich auch bei Arsen. *Violet.*, S. 267. Wie in ähnlichen Fällen läßt Er. die genaue Quellenangabe des Laertius, hier Apollonius Tyrius, aus.

651 *Crates* Zu dem Erzkyniker **Krates aus Theben** (um 365 – um 285), dem Er. eine Sektion von Sprüchen widmete (VII, 266–285), vgl. oben Komm. zu VII, 266.

651 *Stilpon[t]e* Er. macht hier denselben Fehler wie schon in V, 99, 100 und VII, 139, indem er „Stilpo" mit „nt" deklinierte. Vgl. oben Komm. zu V, 99. In VII, 139 wurde der Fehler von *BAS* und *LB* korrigiert, in VII, 323 jedoch nicht. In VII, 133 (= Dublette von V, 99) deklinierte Er. richtig mit „n" statt mit „nt" („Stilponis"). Für den megarischen Philosophen Stilpon (ca. 340–ca. 280/275 v. Chr.) vgl. Komm. oben zu VII, 131. Er. widmete ihm eine Sektion in *Apophth.* VII, 131–139.

655 VII, 324   Discendi aviditas   (Zeno Cittieus, 32, i.e. Polemon)

Vbi iam profecerat, tamen modestiae gratia commeabat ad Polemonem [i.e. Diodorum], *apud quem et in dialecticis exercebatur.* Vnde *Polemon* solitus est *dicere: „Non me clam est, Zeno, te per posticum irrepere furarique dogmata, quibus Phoenicum more indutus es", notans illum furtim discere gratis, quae aliis esset venditurus.*

660 VII, 325   ⟨Discendi aviditas⟩   (Zeno Cittieus, 33)

Quum dialecticus quidam in sermone, quem illi Θερίζοντα, *id est, „Metentem", appellant, ostendisset septem species dialecticas, rogauit* [sc. Zeno], *quantum posceret mercedis; ac poscenti centum dedit ducentos. Tantus erat amor discendi.*

660 Discendi auiditas *suppleui*.

Apophth. VII, 324 In seinem Druck von VII, 324 stellt Lycosthenes, wie es sachlich richtig ist, Polemon als Spruchspender dar (S. 246). Er teilte alle Sprüche, die er in Diog. Laert.' Zenon-Biographie antraf, Zenon zu. Vgl. Einleitung.

654 Discendi auiditas Gemäß Er.' Lemmatitel druckte Lycosthenes VII, 324 in der Kategorie „De discendi cupiditate" (S. 246).

656–659 Vbi iam ... es Verworrene, durch Verwechslung der Personen und Handlungsabläufe und eine Auslassung entstellte Wiedergabe von Diog. Laert. VII, 25, wobei Er. Traversaris/ Curios Übers. als hauptsächliche Textvorlage benutzte: „Versatum illum et cum Diodoro Hippobotus auctor est, apud (apud *Curio*: penes *Traversari*) quem et dialecticae studuit. Iam vero proficiens atque prouectus (prouectus *ed. Curio, ed. Ven. 1490, ed. Badius Paris. 1509; dubito ne legendum* profectus) Polemonis frequentabat auditorium calcandi fastus causa. Denique illum dixisse ferunt: ‚Non latet nos, Zeno, te per horti ianuas irrepere furarique dogmata, eaque Phoenicum more induere (more induere *Curio*: tibi more circumdare *Traversari*)'" (ed. Curio, Basel 1524, S. 224). Vgl. den griech. Text: „Συνδιέτριψε δὲ καὶ Διοδώρῳ, καθά φησιν Ἱππόβοτος: παρ' ᾧ καὶ τὰ διαλεκτικὰ ἐξεπόνησεν. ἤδη δὲ προκόπτων εἰσῄει καὶ πρὸς Πολέμωνα ὑπ' ἀτυφίας, ὥστε φασὶ λέγειν ἐκεῖνον, ‚οὐ λανθάνεις, ὦ Ζήνων, ταῖς κηπαίαις παρεισρέων θύραις καὶ τὰ δόγματα κλέπτων Φοινικικῶς μεταμφιεννύς'". SVF I, 5; Hippobotus Frgm. 10 Gigante.

656–657 Polemonem ... exercebatur Er. hat bei der Texterstellung die beteiligten Personen und Handlungsabläufe verwechselt. Zenon studierte zunächst Dialektik bei dem Megariker **Diodoros Kronos**, der am Ende des 4. Jh. in Athen lehrte, wie Diog. Laert. angibt, nicht bei Polemon. Als Zenon in seinem Dialektikstudium schon weit fortgeschritten war, begab er sich dennoch in die Akademie, um Polemon zu hören, eben, weil Zenon so bescheiden war und sich nichts auf seine Fortschritte als Student der Philosophie einbildete. Bei Polemon studierte Zenon nicht Dialektik, sondern andere philosophische Disziplinen. Der Megariker Diodoros Kronos jedoch zeichnete sich in den Fächern Dialektik und Logik aus, vgl. D. Sedley, „Diodorus Cronus and Hellenistic Philosophy", in: *Proceedings of the Cambridge Philological Society* 203, N.S. 23 (1977), S. 74–120; J. Vuillemin, *Nécessité ou contingence. L'aporie de Diodore et les systèmes philosophiques* Paris 1984 (engl.: *Necessity or contingency. The Master Argument*, Stanford 1996); Th. Ebert, *Dialektiker und frühe Stoiker bei Sextus Empiricus. Untersuchungen zur Entstehung der Aussagenlogik*, Göttingen 1991; K. Döring, „Diodoros Kronos, Philon, Panthoides", in: H. Flashar (Hrsg.), *Grundriss der Geschichte der Philosophie. Die Philosophie der Antike*, Bd. 2/1, Basel 1998, S. 221–230. Im Gegensatz dazu hat Polemon, der v.a. auf dem Gebiet der Ethik exzellierte, keine besonderen Leistungen auf dem Gebiet der Dialektik hervorgebracht. Zenon jedoch entwickelte ein reges Interesse an der Dialektik, wobei er auch als Autor hervortrat; vgl. seine Schriften Λύσεις; Ἔλεγχοι β'; Τέχνη, deren Titel Diog. Laert. aufzählt, die jedoch nicht erhalten sind.

Lycosthenes ordnete den Spruch des Zenon aufgrund von Er.' unrichtiger Wiedergabe der Diogenes-Laertius-Stelle in die Kategorie „De dialectica" (S. 241–243) ein, wobei er – in der Nachfolge von Er.' verworrener Wiedergabe – die verfehlte Angabe machte, Polemon sei „ein Lehrer in der Dialektik" („Polemonis professoris eius artis") gewesen. Ausgehend von diesem Irrtum gestaltete Lycosthenes das Narrativ der Anekdote wie folgt aus: „Idem (sc. Zeno) cum iam in artibus non vulgariter profecisset, attamen in Dialecticis plurimum exercere seipsum praecipue voluit. Verum cum pecunia, vt satisfaceret praeceptori Dialectices, deesset, clam per posticum Polemonis professoris eius artis irrepsit, vt legentem audiret. Quem dum Polemon forte vidisset, ,Sat video', inquit, ,te furari ea dogmata, vt aliis postea mercede vendas'" (S. 242). Vgl. die ähnliche Darstellung des Lycosthenes S. 251: „Zeno Cittieus, cum pecuniam non haberet, qua praeceptori suo satisfaceret, clam per posticum Polemonis professoris Dialecticae irrepsit, vt legentem audiret …".

657 *Polemon* **Polemon aus Athen**, der Scholarch der Akademie (313–270/69 v. Chr.), zu dessen Schülern u. a. auch Krates, Krantor und Ariston von Chios zählten. Zu seiner Person siehe oben Komm. ad VII, 306. Er. widmet ihm in den *Apophthegmata* keine eigene Sektion.

657 *solitus est dicere* In der Quelle Diog. Laert. VII, 25 steht, daß es sich um einen einmaligen Spruch handelt, Er. bauscht ihn jedoch zu einem oftmals wiederholten Adagium des Polemon auf.

658–659 *quibus Phoenicum more indutus es* Mit „quibus Phoenicum more indutus es" gibt Er. den Spruch etwas verdreht wieder: Zenon will nicht sagen, daß er sich „auf phönizische Weise kleidet" mit den Dogmen der platonischen Akademie, sondern daß er sie „stiehlt, wie die Phönizier das zu tun pflegen", um sie sich selbst zuzueignen (für „Kleider anziehen" μεταμφιέννυμι vgl. Passow II, 1, S. 206–207, s.v.). Zenon war in Athen als Phönizier bekannt, was man schon äußerlich aufgrund seiner dunklen Hautfarbe vermuten mochte (vgl. dafür oben. VII, 293). Den Phöniziern wurden von den Griechen und Römern klischeemäßig Lug und Trug, Hinterlist und Diebstahl nachgesagt. Die negative völkische Typisierung der Phönizier hatte sprichwörtlichen Charakter, vgl. Otto 1490, s.v. „Punicus" („Punica fides", „Punica perfidia", „Punica fraus", „versutiae Punicae"; „Punicus astus"); Nachträge zu Otto, S. 63; Diogenianus 8, 67; Er. widmete ihr *Adag.* 728 „Punica fides" (*ASD* II, 2, S. 250): „Poenorum perfidia in prouerbium abiit, quod ea gens peculiariter periurii vanitatisque notata sit, quemadmodum abunde testatur Liuius … perfidia plusquam Punica, nihil veri, nihil sancti, nullius dei metus, *nullum iusiurandum, nulla religio*"; ins gleiche Horn stossen *Adag.* 2456 „Phoenicum pacta" (*ASD* II, 5, S. 326) und *Collect.* 692 „Phoenicum conuenta …" (*ASD* II, 9, S. 236).

Apophth. VII, 325 In den Basler Drucken hatte dieses Lemma keinen Titel bekommen, weil vorausgesetzt wurde, daß jener des vorhergehenden Lemmas noch Gültigkeit besitze. Für diese Zuordnung vgl. Er.' erklärenden Kommentar: „Tantus erat amor discendi". Lycosthenes hatte die Weiterführung des Titels des vorhergehenden Lemmas richtig verstanden: Er ordnete das vorl. Apophthegma, ebenso wie das vorhergehende, in die Kategorie „De discendi cupiditate" ein (S. 246–247).

661–663 *Quum dialecticus … discendi* Leicht variierende Wiedergabe von Traversaris Übers. von Diog. Laert. VII, 25: „Fertur, cum dialecticus sibi septem species dialectices θερίζοντι sermone demonstrasset, interrogasse, quidnam sibi mercedis dari vellet, poscentique centum ducentum dedisse. Tanto discendi amore tenebatur" (Ed. Curio, Basel 1524, S. 224). Vgl. den griech. Text: καὶ πρὸς τὸν δείξαντα δ' αὐτῷ διαλεκτικὸν ἐν τῷ θερίζοντι λόγῳ ἑπτὰ διαλεκτικὰς ἰδέας πυθέσθαι, πόσας εἰσπράττεται μισθοῦ· ἀκούσαντα δὲ ἑκατόν, διακοσίας αὐτῷ δοῦναι. τοσοῦτον ἤσκει φιλομάθειαν. *SVF* I, 279.

661 *sermone* Die nicht glückliche Übers. von λόγῳ mit „sermone" übernahm Er. von Traversari. In Wirklichkeit handelt es sich um einen bestimmten Syllogismus, der den Namen „Der Erntende" trug. „Der Erntende" ist ein berühmter Trugschluss, anhand dessen demonstriert wurde, daß der freie Wille nicht existiere (vgl. Komm. *CWE* 38, S. 847). In Lycosthenes' Druck wurde der Titel des Syllogismus fälschlich mit „der Geist" („mentem" statt „metentem") wiedergegeben (S. 247).

663 *centum* gemeint sind Drachmen, die griech. Silbermünzen. 100 Drachmen war schon ein sehr ansehnlicher Betrag, nämlich eine Mine in Silber.

VII, 326   Correctio   (Zeno Cittieus, 34)

665 Celebratissimam *Hesiodi sententiam solet inuertere*. Quum enim ille primas tribuat ei, *qui per se sapiat*, secundas, qui *recte admonenti* obtemperet, Zeno ordine inuerso *sic* pronunciabat:

κεῖνος μὲν πανάριστος, ὃς εὖ εἰπόντι πίθηται,
ἐσθλὸς δ' αὖ κἀκεῖνος, ὃς αὐτὸς πάντα νοήσῃ, id est

670 „*Optimus ille quidem, qui paret recta monenti,*
Sed probus ille quoque est, qui nouerit omnia per se".

Addebat causam, quod, *qui ex se nosset omnia*, nihil haberet *praeter intelligentiam;* at *qui recte monenti pareret, praeter intelligentiam haberet etiam effectum*. Nam parere dicitur, qui, quod didicit optimum esse, facit.

---

665 solet *B C*: solebat *LB* Lycosthenes (p. 139 et 790).
669 αὖ scripsi coll. *Adag.* 1452: εὖ *B C*.

669 νοήσῃ scripsi sec. ed. Curionis: νοήσῃ *B C*: νοήσει Diog. ed. Froben.

Apophth. VII, 326 ist ein Gegenstück zu *Adag.* 4096 „Auscultandum bene loquenti" (*ASD* II, 8, S. 312), das Er. in der Ausgabe d.J. 1533 eingefügt hat: „conuenit ... cum Hesiodo, quo probatur et is, qui paret recta monenti".

665–673 *Hesiodi ... effectum* Diog. Laert. VII, 25–26: τούς θ' Ἡσιόδου στίχους μεταγράφειν οὕτω: „Κεῖνος μὲν πανάριστος ὃς εὖ εἰπόντι πίθηται,/ ἐσθλὸς δ' αὖ κἀκεῖνος ὃς αὐτὸς πάντα νοήσῃ (νοήσει *ed. Froben*)". κρείττονα γὰρ εἶναι τὸν ἀκοῦσαι καλῶς δυνάμενον τὸ λεγόμενον (τὸ λεγόμενον *deest ed. Froben*) καὶ χρῆσθαι αὐτῷ τοῦ δι' αὐτοῦ τὸ πᾶν συννοήσαντος: τῷ μὲν γὰρ εἶναι μόνον τὸ συνεῖναι, τῷ δ' εὖ πεισθέντι προσεῖναι καὶ τὴν πρᾶξιν (ed. Frob. S. 323–324); *SVF* I, 235; Hes. *Erg.* 295 und 293. Vgl. die lat. Übers. Traversaris: „Hesiodi item versus mutare solitum in hanc sententiam: κεῖνος μὲν πανάριστος ὃς εὖ εἰπόντι πίθηται./ Ἐσθλὸς δ' αὖ κἀκεῖνος ὃς αὐτὸς πάντα νοήσῃ, hoc est, ,Optimus ille quidem, qui paret recta (recta *Curio*: rite *Traversari, e.g. ed. Ven 1490*) docenti,/ Nec malus (nec malus *Curio*: clarus et *Traversari*) ille, potest qui per se noscere cuncta (ille potest qui per se noscere cuncta Curio: quidem est, qui ipse cuncta dignoscit *Traversari*)'; praestantiorem enim eum esse, qui bene, quod dicitur, audire possit atque eo vti, quam qui per seipsum omnia assequitur. Huic enim solum (solum *ed. Curio*: solam *Traversari, e.g. ed. Ven. 1490*) adesse intelligentiam; qui vero obtemperet, inesse praeterea et effectum (effectum *Curio*: actum *Traversari*)" (ed. Curio, Basel 1524, S. 224). Vgl. Liv. XXII, 29, 8. Er. zitierte die Livius-Stelle im Verein mit der Diogenes-Laertius-Stelle VII, 25–26 in *Adag.* 1452 (*ASD* II, 3, S. 441): „Horum carminum sententiam T. Liuius sane quam eleganter et commode reddidit: *Saepe ego, inquit, audiui, milites, eum primum esse virum, qui ipse consulat, quid in rem sit; secundum eum, qui bene monenti obediat; qui nec ipse consulere, nec alteri parere scit, eum extremi ingenii esse*".

665 *inuertere* „inuertere", wie in *Adag.* 1452 (*ASD* II, 3, S. 440, Z. 915).

665–667 *Qum enim ... pronunciabat* Die Zielrichtung von Hesiods Versen hängt mit der Strategie zusammen, mit der er seinen Bruder Perses zu überzeugen versuchte. Nach einem Streit um das Erbe hatten Hesiod und Perses je einen Teil des Landes erhalten; Perses bewirtschaftete es jedoch schlechter und versuchte in der Folge, über den Gang zu einer richterlichen Instanz einen größeren Erbanteil bekommen. Hesiod wollte dies verhindern: In *Werke und Tage* gibt er dem Bruder gute Ratschläge, wie er den Ertrag der Landwirtschaft verbessern könne. Mit der betreffenden Stelle will Hesiod sagen: Am schönsten ist es natürlich, wenn man selbst weiß, was das beste ist und dieses tut; wenn nicht, ist es auch vortrefflich, wenn man guten Ratschlägen (sprich: den meinen) Folge leistet. Wer jedoch keines von beiden tut, ist ein ganz und gar nutz- und wertloser Mensch (implizit: Das darfst du also unter keinen Umständen tun, lieber Perses). Zenon kam zu seiner Umdeutung dadurch, daß er die hinteren Hälften der beiden Verse des Hesiod austauschte. Vgl. Hes. *Erg.* 293: οὗτος μὲν πανάριστος, ὃς αὐτὸς πάντα νοήσῃ. 295: ἐσθλὸς δ᾽ αὖ κἀκεῖνος, ὃς εὖ εἰπόντι πίθηται. Er. hatte Hesiods Ratschlag zu *Adag.* 1452 „Nec sibi, nec aliis vtilis" (*ASD* II, 3, S. 440–442) umgebildet, das bereits in der Erstausgabe d.J. 1508 vorhanden war. Dort zitiert er Hesiods originale Verse auf Griechisch und in latein. Übers.: „Omnia qui per se sapiat, longe optimus ille est,/ Multo ante expendens, quae nam sint optima factu./ Is tamen et frugi est, qui paret recta monenti./ At qui nec per se sapiat neque mente reponat/ Ex aliis audita, vir vndique inutilis hic est" (S. 441, Z. 897–906).

666 *qui per se sapiat* „qui per se sapiat", wie in *Adag.* 1452 (S. 440, Z. 902 und 905).

669 αὖ Obwohl die Baseldrucke einhellig εὖ haben, muß es sich um einen Irrtum handeln. In der von Er. benutzten Ausgabe Curios steht αὖ, ebenso wie in Frobens Ausgabe des griech. Textes des Diog. Laert. (S. 324) und in der damit übereinstimmenden Handschrift, die Er. vorlag. Zudem ergibt εὖ an dieser Stelle keinen Sinn; εὖ kommt jedoch in der vorhergehenden Verszeile vor, was den Fehler erklären mag. Zudem hat Er. dieselbe Stelle in *Adag.* 1452 richtig mit αὖ zitiert (*ASD* II, 3, S. 442, Z. 918–919). Somit stellt εὖ einen Textübertragungsfehler dar, vielleicht am ehesten eine solchen, der nicht auf das Konto des Er. geht, der ihn freilich bei der Durchsicht der Druckfahnen stets übersehen hat.

669 νοήσῃ Er. zitierte den griech. Text hier nach Curios latein. Ausgabe, die νοήσῃ aufwies, was ziemlich sicher die richtige Lesart ist. Die Handschrift mit dem griech. Text, die Er. auch vorlag, hatte jedoch, ebenso wie die Ausgabe Frobens (S. 323), νοήσει. Marcovich stellt in seiner Diog.-Laert.-Ausgabe νοήσῃ als Konjektur Causaubons dar; jedoch war die Textverbesserung älter: Vielleicht gebührt die Ehre Curio (1524). In *Adag.* 1452 (*ASD* II, 3, S. 442) hatte Er. den Vers noch mit νοήσει zitiert. In *Apophth.* VII, 326 lag Er. somit die richtige Lesart νοήσῃ vor und er beabsichtigte offensichtlich, diese zu übernehmen: Jedoch kam durch einen Textübertragungsfehler das nicht ganz richtige νοήσῃ zustande.

670–671 *Optimus … per se* In der ersten Verszeile „Optimus ille quidem, qui paret recta monenti" kopierte Er. Traversaris metrische Übers., in der zweiten Verszeile nicht. In der zweiten Auflage d.J. 1515 von *Adag.* 1452 (*ASD* II, 3, S. 442) war Er. ähnlich vorgegangen: Die erste Verszeile übernahm er wörtlich von Traversari, die zweite komponierte er aufs neue: „Optimus ille quidem, qui paret recta monenti./ Rursus at ille bonus, qui per sese omnia nouit". Es hat den Anschein, daß Er. in *Apophth.* VII, 326 seine eigene Übers. aus *Adag.* 1452 verbesserte.

670 *qui … monenti* „qui paret recta monenti" ist identisch mit Er.' Übers. der originalen Verszeile des Hesiod in *ASD* II, 3, S. 442, Z. 904, und fast identisch mit Traversaris Übers. der von Zenon adaptierten Verszeile (Traversari hat jedoch „rite monenti").

673 *recte monenti* „recte monenti", wie oben „recte admonenti", als wörtliche Übers. von εὖ εἰπόντι; dagegen in Er.' Übers. von Hesiods Verszeile „recta monenti", *metri causa*, wie auch in *ASD* II, 3, S. 442, Z. 918.

673 *effectum* „effectum" („Wirkung, Resultat"), das Er. hier von Curio übernahm (Traversari hatte „actum"), ist keine optimale Übers. von πρᾶξιν, weil damit ist das Aus- und Einüben (*exercitium* oder *exercitatio*) des Richtigen in der moralischen Praxis gemeint ist. In *Adag.* 1452 hatte Er. πρᾶξιν jedoch hervorragend mit „vsum et exercitationem" übertragen (S. 442, Z. 921).

| VII, 327 | HILARITAS IN CONVIVIO | (Zeno Cittieus, 35) |

Rogatus, quur, quum esset natura *seuerus, in conuiuio tamen hilaresceret*, lepide *respondit, et lupinum quum sit* suapte natura *amarum, tamen aqua maceratum dulcescere*. Naturale est, cibo potuque rigato corpore discuti tristitiam.

| VII, 328 | LINGVA LVBRICA | (Zeno Cittieus, 36) |

Dicere solebat satius *esse labi pedibus quam lingua*, eoque conuiuia, quantum poterat, vitabat, quod ibi solutus vino et aliorum fabulis prouocatus facilius labi posset.

| VII, 329 | *ADDE PVSILLVM PVSILLO* | (Zeno Cittieus, 37) |

Dicebat τὸ εὖ γίνεσθαι παρὰ μικρόν, οὐ μὴν μικρὸν εἶναι, id est, „vt aliquid fiat bene, nasci quidem paulatim, sed tamen non esse paulum". Quanquam hoc *quidam asscribunt* Socrati.

680 solebat *LB Lycosthenes (p. 622)*: solet *B C*.   682 adde *B C*: *dubito ne scribendum* addere.

676–677 *Rogatus … dulcescere* Diog. Laert. VII, 26. Er. übernahm Traversaris Übers., die er leicht adaptierte: „Rogatus cur, seuerus cum esset, in conuiuio tamen hilaresceret, ‚Et lupine', ait, ‚quum sint amari, perfusi tamen aqua dulcescunt'" (ed. Curio, Basel 1524, S. 224). Vgl. den griech. Text: Ἐρωτηθεὶς δέ (δέ deest in ed. Frob.), φησί (φησί ed. Froben, Diog. codd. B, P: φησί deleuit Cobet, deest in Diog. codd. F, Φ: φασί coni. Marcovich), διὰ τί αὐστηρὸς ὢν ἐν τῷ πότῳ διαχεῖται ἔφη, „καὶ οἱ θέρμοι πικροὶ ὄντες βρεχόμενοι γλυκαίνονται". SVF I, 285. Dasselbe Apophth. findet sich bei Athen. *Deipn*. II, 55F: πρὸς τοὺς πυνθανομένους οὖν τοῦ τρόπου τὴν διαφορὰν ἔλεγε τὸ αὐτὸ τοῖς θέρμοις πάσχειν· καὶ γὰρ ἐκείνους πρὶν διαβραχῆναι πικροτάτους εἶναι, ποτισθέντας δὲ γλυκεῖς καὶ προσηνεστάτους; Galen. *De anim. morb*. 3 (IV, 777 K). Bereits Brusoni hatte den Spruch in seine Sammlung d.J. aufgenommen (II, 2): „Zeno philosophus rogatus, cur in conuiuio hilaris fieret, quum alioqui seuerus esset, vrbane ‚Et lupine', ait, ‚quum sint amari, perfusi tamen aqua dulcescunt'".

676–677 *Natura … suapte natura* Ein doppelter erklärender Zusatz des Er., der zum Verständnis des Spruches nicht unbedingt erforderlich ist.

677 *et lupinum … dulcescere* Die billige Wolfsbohne (*lupinus* oder *lupinum*) ist im siebenten Buch der *Apophthegmata* bereits mehrfach als Nahrungsmittel der Philosophen, insbesondere der anspruchslosen Kyniker, erwähnt worden (vgl. u. a. VII, 267). VII, 327 setzt voraus, daß Zenons Gesprächspartner mit der Zubereitungsweise von Wolfsbohnen vertraut war. Diese war etwas umständlich; denn der Hauptnachteil der Wolfsbohne war ihr bittererer Geschmack, der zuvor durch längeres Einweichen in warmem Wasser, sodann durch Kochen herabgemildert werden mußte. In VII, 282 nahm der Kyniker Krates ein Bohnenmahl ein, das beträchtliche Flatulenz verursachte. Für die erforderliche Zubereitungsweise der Lupinen vgl. Ch. Hünemörder, *DNP* 7 (1999), Sp. 512, s.v. „Lupine"; für das Nahrungsmittel Lupine Komm. oben zu VII, 267 und 282.

679 *Lingua lubrica* Lycosthenes druckt das Apophthegma in der Kategorie „De lingua, garrulitate et loquacitate nimia" (S. 622).

680 *Dicere … lingua* Diog. Laert. VII, 26: ἔλεγέ τε κρεῖττον εἶναι τοῖς ποσὶν ὀλισθεῖν ἢ τῇ γλώττῃ. Vgl. die lat. Übers. Traversaris: „Hecaton scribit … dicere melius esse pedibus quam lingua labi". SVF I, 329; Hecaton, Frgm. 24 Gomoll. Derselbe Spruch findet sich in *Gnom. Vat*. 382 Sternbach. Bereits Brusoni hatte das Apophthegma in seine Sammlung d.J. 1518 aufgenommen (III, 25 „De linguae ratione"): „Idem (sc. Zeno) dicebat melius esse pedibus quam lingua labi".

680–681 *eoque conuiuia ... posset* Er. hat mit „eoque conuiuia ... posset" eine Erklärung hinzugesetzt, die nicht durch die Zenon-Biographie des Diog. Laert. als Quelle gestützt wird. Kurios ist, daß gerade aus dem vorhergehenden *Apophthegma* (VII, 327 = Diog. Laert. VII, 26) das Gegenteil hervorging: Dessen Ausgangspunkt ist, daß Zenon dafür bekannt war, daß er bei Gastgelagen sich ausgelassen benahm. Auch in *Apophth.* VII, 321 erscheint Zenon als Teilnehmer an einem Symposion. Er. hat die Erklärung, daß Zenon Trinkgelage, so weit es ging, vermied, aus dem Gedächtnis zitiert. Dabei hat er den Gedankengang als solchen aus Plut. *De garrulitate* 4, *Mor.* 503D–504A bezogen: Dort forderte Plutarch von jedem anständigen und sich selbst respektierenden Mann, Betrunkenheit gänzlich zu vermeiden (*Mor.* 503D); Betrunkenheit sei mit Wut und Raserei gleichzusetzen; die schlimmste Eigenschaft der Betrunkenheit sei, daß sie die Zunge löse und zu unkontrolliertem Geplapper führe (*Mor.* 503E); der Weise Bias habe gesagt: „Welcher Narr sei imstande, voll des Weines zu schweigen?". Sodann führt Plutarch das Exempel des Zenon an, der imstande gewesen sei, bei dem Gelage für die königlichen Gesandten zu schweigen (*Mor.* 504A). Plut. hat jedoch a.a.O. nicht überliefert, daß Zenon Trinkgelage vermieden habe, weil er sich vor der Wirkung des Weines fürchtete. In *Lingua*, wo Er. das Exempel des Zenon anführte, bemühte er jedoch den Gedanken, daß Teilnahme an Trinkgelagen zu unkontrollierter Rede führe; daß Zenon unter diesen Umständen geschwiegen habe, wäre ein Wunder gewesen, zumal „... inter pocula, vbi vinum et exempla garrientium ad loquendum prouocant" (*ASD* IA, S. 54, Z. 926–927). Auf dieselbe Weise erklärt Er. einen Spruch des Weisen Chilon in *Apophth.* II, 172: „Idem (sc. Chilon) praecipiebat linguam quum alias semper tum praecipue in conuiuio continendam, quod illic cibus et potus inuitet ad intemperantiam. Porro vbi plus est periculi, ibi maior est adhibenda cautio".

682 *Adde pusillum pusillo* Hes. *Erg.* 361; *Apophth.* VII, 329 ist ein Gegenstück zu *Adag.* 794 „Multis ictibus deiicitur quercus" (*ASD* II, 2, S. 316), wo die betreffende Hesiod-Stelle ebenfalls zitiert wird. Im Index proverbiorum weist Er. auf *Adag.* 794 mit „Pusillum pusillo addere" hin (vgl. ASD II, 9, S. 396, s.v. „Pusillum ..."). In *Apophth.* III, 93 zitiert Er. dieselbe Hesiod-Stelle, mit derselben lateinischen Sprichwortformel: „... alludat ad Hesiodum iubentem, vt *pusillum pusillo addamus*" (*ASD* IV, 4, S. 218–219). Hesiod gibt im Kontext von *Erg.* 361 Ratschläge, wie sich der erfolgreiche Bauer seinem Nachbarn gegenüber verhalten soll; grundlegend ist, daß er das Verhalten des Nachbarn spiegeln soll, z. B. was Gaben und Hilfeleistung betrifft, und daß dabei Geringes ebenso zählt wir Großes. Das Bewußtsein, daß auch Geringes zählt, zeichnet den erfolgreichen Bauern aus: Wenn man häufig Kleines zu Kleinem legt, wird bald etwas Großes daraus und wer in der Zeit spart, der hat in der Not: εἰ γάρ κεν καὶ σμικρὸν ἐπὶ σμικρῷ καταθεῖο/ καὶ θαμὰ τοῦτ' ἔρδοις, τάχα κεν μέγα καὶ τὸ γένοιτο (361–362). In *Adag.* 794 übersetzte Er. die Verse mit: „Si *paulum paulo adiicies* faciesque ita crebro,/ Mox magnum quiddam tibi conficietur et ingens".

683 τὸ ... εἶναι Diog. Laert. VII, 26.

683–684 *vt aliquid ... paulum* Vgl. die lat. Übers. Traversaris von Diog. Laert. VII, 26: „Bene paulatim aliquid fieri, non tamen (tamen *om.* Curio) paruum esse" (ed. Curio, Basel 1524, S. 224).

683–684 *nasci quidem paulatim* Durch die Übertragung „nasci quidem paulatim" harmonisiert Er. Diog. Laert. VII, 26 mit dem Sokrates-Spruch Diog. Laert. II, 32, den er in *Apophth.* III, 93 brachte und wie folgt erklärte: „Paulatim enim incipiendum, eo quod, qui in initio praeproperi sunt, serius peruenient ad finem, vt alludat ad Hesiodum iubentem, vt *pusillum pusillo addamus*" (*ASD* IV, 4, S. 219).

684–685 *Quidam ... Socrati* Traversaris Übers. von Diog. Laert. VII, 26: „Hoc alii Socratis dicunt" (ed. Curio, Basel 1524, S. 224). Im griech. *text. recept.* werden seit Cobet die nämlichen Worte als Glosse athetiert: [οἱ δὲ Σωκράτους]. Für die Zuschreibung des Spruchs an Sokrates vgl. Diog. Laert. II, 32 und Er. *Apophth.* III, 93: Die Bedeutung des Spruches εὖ ἄρχεσθαι μίκρον μὲν μὴ εἶναι, παραμικρόον δέ ist jedoch dunkel und unklar, wie auch Er.' Übertragung ins Lateinische zeigt: „Dicebat (sc. Socrates) bene incipere non esse pusillum, sed iuxta pusillum" (*ASD* IV, 4, S. 218), *CWE* 37, S. 249: „He said beginning well was not trivial but almost trivial"; Jürß deutet den Spruch mit „ein glücklicher Anfang sei nichts Geringes, hänge aber von geringfügiger Ursache ab".

VII, 330   Profvsio   (Zeno Cittieus, 38)

Quibusdam sic excusantibus luxuriem suam, vt dicerent se *ex eo, quod abundaret, facere sumptum*, argutissime *respondit „Ignosceretisne coquo, si, quum obsonia plus aequo salsa daret, diceret sibi copiam esse salis?"*, sentiens victum non esse moderandum ex rerum
690 copia, sed ex vsu ac necessitate naturae.

VII, 330A   ⟨Harmonia vitae⟩   (Zeno Cittieus, 39)

Quum ascenderet in theatrum cithara canente Amoebeo, versus *ad discipulos dixit, „Eamus, vt pernoscamus, quam vocem quemque concentum aedant intestina, nerui, lingua* [i.e. ligna] *et ossa, quibus* [i.e. si eis] *adest ratio, numerus et ordo"*. Si in rebus
695 inanimis tantum valent illa, quanto plus valebunt, si in omni hominis vita seruentur?⟩

VII, 330B   ⟨Somniorvm observatio⟩   (Zeno Cittieus, 40)

Dicebat e suis *quemque insomniis deprehendere posse, quantum* in philosophia *profecisset: si nihil illic vel appeteret vel faceret nefariae rei*. Tum enim animus in profunda
700 tranquillitate constitutus veros affectus prodit. Contra quae vigilantes non audent profari aut agere, ea noctu occurrunt in somnis.⟩

691–696 Harmonia vitae ... seruentur *hoc apophthegma in eum locum transposui, quod est dictum Zenonis Citiei, non Eleati. Apparet in Zenonis Eleati sectione in B C, sed inepte.*

693–694 lingua *B C ut in versione Caroli Valgulii (ed. per Cratandrum): scribendum erat* ligna *(cf. Plut. text. Graec. ξύλα).*

697–701 Somniorum obseruatio. Dicebat ... in somnis *hoc apophthegma in eum locum transposui, quod est dictum Zenonis Citiei, non Eleati. Apparet in Zenonis Eleati sectione in B C, sed inepte.*

687–689 *Quibusdam ... salis* Stob. Περὶ ἀσωτίας, Flor. III, 15, 12 (I, S. 479 Hense): Ζήνων πρὸς τοὺς ἀπολογουμένους ὑπὲρ τῆς αὑτῶν ἀσωτίας καὶ λέγοντας ἐκ πολλοῦ τοῦ περιόντος ἀναλίσκειν ἔλεγεν „ἦ που καὶ τοῖς μαγείροις συγγνώσεσθε, ἐὰν ἁλμυρὰ λέγωσι πεποιηκέναι τὰ ὄψα, ὅτι πλῆθος ἁλῶν αὐτοῖς ὑπερῆκεν;". SVF I, 294.

Apophth. VII, 330A (SVF I, 299) hat Er. irrtümlich Zenon von Elea zugeschrieben und es in der dem Eleaten gewidmeten Sektion gedruckt (unten, nach VII, 381; in C auf S. 770). Der wirkliche Spruchspender ist jedoch Zenon von Kition, was sich u.a. aus der Begegnung mit Amoibeus, einem berühmten Kitharoiden des 3. Jh. v. Chr., ergibt, den Zenon wohl in Athen gehört hat. Der Spruch ist daher aus der Sektion Zenons von Elea auszugliedern und in jener des Zenon von Kition hinzuzufügen. Der Irrtum des Er. kam dadurch zustande, daß in seiner Quelle, Plut. Mor. 443A, nicht angegeben worden war, um welchen Zenon es ging, und Er. auf den falschen Zenon tippte. Die Fehlzuschreibung des Er. fand in die großen Wissensammlungen des 16. und 17. Jh. Eingang. Der Titel „Harmonia vitae" beruht auf Er.' Missverständnis des Spruches.

692–694 *Quum ascenderet ... ordo* Plut. De virtute morali 4, Mor. 443A, wobei Er. wohl ausschließlich die latein. Übers. des Carlo Valgulio als Vorlage benutzt hat, aus der er einen eklatanten (Druck)fehler übernahm: „Nam et Zenonem, ‚In theatrum ad citharam canente Amoebeo eamus‘, dixisse discipulis ferunt, ‚vt perdiscamus, quae intestina et nerui et lingua ac ossa, rationis rhythmique participantia, et ordinis concentum vocemque edunt'" (ed. Cratander, Basel 1530, fol. 18A). Vgl. den griech. Text: καίτοι καὶ Ζήνωνά φασιν εἰς θέατρον ἀνιόντα κιθαρῳδοῦντος Ἀμοιβέως πρὸς τοὺς μαθητάς, „ἴωμεν", εἰπεῖν, „ὅπως καταμάθωμεν οἴαν ἔντερα καὶ νεῦρα καὶ ξύλα καὶ ὀστᾶ λόγου καὶ ῥυθμοῦ μετασχόντα καὶ τάξεως ἐμμέλειαν καὶ φωνὴν ἀφίησιν"; *SVF* I, 299. Dieselbe Anekdote findet sich auch in Plut. *De animae procreatione in Timaeo*, *Mor.* 1029F, jedoch, ohne daß dort der Name des Amoibeus genannt wird.

692 *Amoebeo* **Amoibeus**, berühmter Kitharode aus der Mitte des 3. Jh. v. Chr., der zur Zeit des athenischen Politikers Aratos von Sikyon in Athen auftrat, der 251 aus dem Exil nach Athen zurückgekehrt war. Vgl. O. Crusius, *RE* I, 2 (1894), Sp. 1872–1873, s.v. „Amoibeus", Nr. 2.

692 *versus* „versus" ist ein narrativer Zusatz des Er., um die Szene möglichst lebendig zu gestalten.

693–694 *lingua* Er. hat „lingua" kritiklos aus der Übers. des Carlo Valgulio, die ihm in der Ausgabe Cratanders vorlag, kopiert. Er. hat sich offensichtlich nicht um den griech. Text (ξύλα) gekümmert; auch verstand er nicht, daß Zenon in dem Spruch die Elemente auflistete, aus denen die griechische Kithara gebaut wurde: Über einem in der Form eines umgekehrten Ω gefertigten Holzkasten („ligna") waren Darmsaiten („intestina et nerui") gespannt, die mit einem Plektron aus Elfenbein („ossa") angeschlagen wurden. Das Organ der „Zunge" war kein Bestandteil der antiken Kithara. Der griech. Text des Plut. überliefert auch einhellig ξύλα, „Holz", das den Klangkasten der Kithara bezeichnet. Valgulio hatte sicherlich auch ξύλα in seiner griech. Vorlage und dieses bestimmt auch mit „ligna" übersetzt. Durch einen Fehler beim Satz war dieses jedoch zu „lingua" verderbt worden, das Er. abschrieb.

694 *quibus … ordo* Er. scheint den Gedankengang nicht ganz verstanden zu haben: Die genannten Gegenständen *besitzen eben keine Ratio*. Der springende Punkt ist, daß Zenon sich dafür interessierte, wie Gegenstände, die keine Ratio besitzen, einen harmonischen Klang hervorbringen können, wenn sie von der menschlichen Ratio gesteuert werden.

Apophth. VII, 330B Er. hatte dieses Apophthegma irrtümlich Zenon von Elea zugeschrieben und es in der dem Eleaten gewidmeten Sektion gedruckt (in *C* S. 770). Der Apophthegma-Spender ist jedoch Zenon von Kition (*SVF* I, 234). Der Spruch ist daher aus der Sektion Zenons von Elea aus- und in jener des Zenon von Kition einzugliedern. Lycosthenes übernahm von Er. die Fehlzuschreibung, wobei er zusätzlich Diog. Laert., Buch 9, als Quelle angab („Zeno Eleates dicebat e suis quenque insomniis …", S. 1016); darüber hinaus fand die Fehlzuschreibung in die großen Wissensammlungen des 16. und 17. Jh. Eingang.

698–699 *quemque insomniis … nefariae rei* Gekürzte, paraphrasierende Wiedergabe von Plut. *Quomodo quis suos in virtute sentiat profectus*, *Mor.* 82F–83A: ὅρα δὴ καὶ τὸ τοῦ Ζήνωνος ὁποῖόν ἐστιν. ἠξίου γὰρ ἀπὸ τῶν ὀνείρων ἕκαστον αὑτοῦ συναισθάνεσθαι προκόπτοντος, εἰ μήθ' ἡδόμενον αἰσχρῷ τινι ἑαυτὸν μήτε τι προσιέμενον ἢ πράττοντα τῶν δεινῶν καὶ ἀτόπων ὁρᾷ κατὰ τοὺς ὕπνους, ἀλλ' οἷον ἐν βυθῷ γαλήνης ἀκλύστου καταφανεῖ διαλάμπει τῆς ψυχῆς τὸ φανταστικὸν καὶ παθητικὸν διακεχυμένον ὑπὸ τοῦ λόγου. *SVF* I, 234. Es findet sich kein Hinweis darauf, daß Er. Otmar Nachtigalls Übers. verwendete (ed. Cratander, Basel 1530, fol. 236C).

ARISTO CHIVS

VII, 330C　　　　　　　⟨Imperitia⟩　　　　　　　(Aristo Chius, 2)

Dicebat ⟨Aristo Chius⟩ *athletas, qui a libris arcentur omnemque vitam in cauillis scurrilibusque iocis transigunt, similes euadere gymnasiorum statuis, nempe pingues et saxeos.*⟩

CLEANTHES ASSIVS

VII, 331　　　　　　　Discendi aviditas　　　　　　　(Cleanthes Assius, 1)

Antigono discipulo *roganti, quur* sordidam operam praestaret *hauriendo* aquam e puteo, *vnde* per iocum *pro Cleanthe dictus est* Φρεάντλης, *ita respondit: "Num haurio*

703–706 Imperitia ... saxeos id apophthegma transposui in hunc locum ex sectione Aristotelis (CWE VII, 249), quod est dictum Aristonis, non Aristotelis. Apparet in sectione Aristotelis in B C, sed inepte.

704 Aristo Chius suppleui transpositionis causa.

Apophth. VII, 330C Er. hat den Ausspruch kurioserweise dem Aristoteles zugeordnet und in dessen Sektion präsentiert (Aristoteles, 31, VII, 249). Der wirkliche Spruchspender ist jedoch der Stoiker Ariston von Chios. Da Er. im siebenten Buch der Apophthegmata der Anordnung des Diog. Laert. auf dem Fuß folgte und Diog. Laert. Ariston (VII, 160–164) direkt nach dem Schulgründer Zenon (VII, 1–160) behandelt, ergibt sich, daß die Stelle nach der Zenon-Sektion der angewiesene Ort des Spruches ist. Aus Er.' Quelle, Plut. *De tuenda sanitate praecepta* 20, *Mor.* 133D, geht klar hervor, daß es sich um einen gewissen Ariston handle. Die Fehlzuschreibung ist kurios, da Er. die Stelle gut kannte und den griech. Text selbst (i.J. 1513) übersetzt hatte. In seiner Plutarch-Übers. gibt Er. auch an, daß der Apophthegma-Spender Ariston sei: "quemadmodum venuste dictum est ab Aristone" (*ASD* IV, 2, S. 206). Die Fehlzuschreibung an Aristoteles ist umso merkwürdiger, als Er. seine eigene Übers., als er das *Apophth.* zusammenstellte, vor Augen gehabt haben muß. Bei dem von Plutarch genannten Ariston muß es sich um einen Philosophen dieses Namens handeln. Nach Koster gehört der Ausspruch "wahrscheinlich" dem Peripatetiker Ariston von Keos (3./2. Jh. v. Chr.) zu (*ASD* IV, 2, S. 207, Komm. *ad loc.*). Es handelt sich jedoch um den Stoiker **Ariston von Chios** (geb. ca. 300 v. Chr.), den Schüler, Freund und Rivalen des Zenon von Kition, welchen Plutarch ziemlich häufig zitiert und der für seine einprägsamen, teilweise ausgefallenen Vergleiche bekannt war. Siehe J. von Arnim, *SVF* I, S. 88, Ariston, Nr. 389. Für Plutarchs Verwendung von Ariston vgl. R. Heinze, „Ariston von Chios bei Plutarch und Horaz", *Rheinisches Museum für Philologie* 45 (1890), S. 497–523. Für Ariston von Chios vgl. oben Komm. zu VI, 557 und unten zu VII, 336. In den *Apophthegmata* tritt der nämliche Ariston von Chios mehrere Male als Spender von Sprüchen auf, vgl. III, 152; VI, 557 und VIII, 102–103. *Apophth.* III, 152 gibt einen zynischen Ausspruch des Ariston von Chios wieder, der Gebildete kritisiert, die vergessen sich mit der Philosophie auseinanderzusetzen (*ASD* IV, 4, S. 232; *CWE* 37, S. 267).

704–706 *Athletas ... saxeos* Plut. *De tuenda sanitate praecepta* 20, *Mor.* 133D. Er. wiederholt größtenteils seine eigene Übers. d.J. 1513: „admonebimus eos, ne quid obturbent neue molesti sint, verum abeant ipsi potius eademque ista narrent (manent *ed. Froben Bas. 1514, fol. 10ʳ*) athletis in xysto siue in palaestra versantibus, quos, dum a libris arcent omnemque vitam in cauillis ac scurilibus iocis peragere consuefaciunt, gymnasiorum columnis similes reddunt, nempe pingues ac saxeos (ac saxeos *Cratander*: et saxeos *Froben 1514*: ac saxios *ASD*), quemadmodum venuste dictum est ab Aristone" (*ASD* IV, 2, S. 206; ed. Cratander, Basel 1530, fol. 189C). Vgl. den griech. Text: ... κελεύσομεν αὐτοὺς μὴ ἐνοχλεῖν, ἀλλ' ἀπιόντας ἐν τῷ ξυστῷ ταῦτα καὶ ταῖς παλαίστραις διαλέγεσθαι τοῖς ἀθληταῖς, οὓς τῶν βιβλίων ἐξελόντες καὶ διημερεύειν ἐν σκώμμασι καὶ βωμολοχίαις ἐθίζοντες, ὡς ὁ κομψὸς Ἀρίστων ἔλεγε, τοῖς ἐν γυμνασίῳ κίοσιν ὁμοίως λιπαροὺς πεποιήκασι καὶ λιθίνους. Vgl. *Apophth*. VII, 235. In der Basler Ausgabe d. J. 1514 bei Froben (fol. 10ʳ) wurde der Spruch durch die Marginalnote „Venustum Aristonis dictum" hervorgehoben.

705 *statuis* Er. benutzt hier „statua" in der selteneren Bedeutung von „Säule" (vgl. Georges II, Sp. 2790, s.v. „statua"), nicht „Standbild" (so *CWE* 38, S. 827 „like statues in the gymnasium"), wie man auch Er.' eigener Übers. d.J. 1513 entnehmen kann („gymnasiorum columnis similes"), als akzeptable Übers. von Plutarchs κίων, „Säule" (Passow I, 2, S. 1740, s.v.); in demselben Sinn verwendet Er. „statua" auch in *Apophth*. VII, 235: „... sentiens hominem absque literis statuam esse verius quam hominem".

Kleanthes aus Assos in Kleinasien (ca. 331–ca. 232 v. Chr) stammte aus ärmlichen Verhältnissen. Nach seinem Umzug nach Athen verdingte er sich als Tagelöhner, Wasserträger, landwirtschaftlicher Hilfsarbeiter und Boxer, um seine Studien bei dem Stoiker Zenon von Kition zu finanzieren. Aufgrund seiner niedrigen sozialen Stellung und seines vermeintlich trägen Geistes war er Zielscheibe des Spottes der hochherzigen Athener. Er. bewunderte Kleanthes für seinen herkulischen Arbeitseifer, wobei jeder Tag sowohl körperlicher als geistiger Arbeit gewidmet war (vgl. *Adag*. 641 [*ASD* II, 2, S. 168]). Dafür hatte Kleanthes schon bei seinen Zeitgenossen den Spitznamen „zweiter Herakles" erhalten. Allen Anfeindungen zum Trotz wurde Kleanthes nach Zenons Tod i.J. 262/1 zum Schulhaupt der Stoa gewählt – eine ehrenvolle Stelle, die er 32 Jahre bekleidete; zu seinen Schülern zählten Chrysippos und Antigonos Gonatas. Kleanthes verfasste ca. fünfzig philosophische Schriften, in denen er das Erbe Zenons verwaltete und weiterführte, von denen jedoch nur Fragmente erhalten sind. Vgl. Ch. Guérard und F. Queyrel, „Cléanthe d'Assos", in: R. Goulet (Hrsg.), *Dictionnaire des philosophes antiques*, Bd. 2, Paris 1994, S. 406–415; P. Steinmetz, „Kleanthes aus Assos", in: H. Flashar (Hrsg.), *Grundriss der Geschichte der Philosophie. Die Philosophie der Antike*, Bd. V, 2: *Die hellenistische Philosophie*, Basel 1994, S. 566–579; B. Inwood, *DNP* 6 (1999), Sp. 499–500, Nr. 2; H. v. Arnim, *RE* XI, 1 (1921), Sp. 558–574, s.v. „Kleanthes", Nr. 2.; J. Thom, *Cleanthes' Hymn to Zeus: Text, Translation, and Commentary*, Tübingen 2005. Er. widmete ihm *Adag*. 641 „Alter Hercules" (*ASD* II, 2, S. 168), 672 „Aristophanis et Cleanthis lucerna" (*ASD* II, 2, S. 199–200) und *Collect*. 471 „Ad Aristophanis lucernam lucubrare" (*ASD* II, 9, S. 184).

Apophth. VII, 331 ist z.T. ein Gegenstück von *Adag*. 641 (*ASD* II, 2, S. 168): „Laertius in vitis philosophorum ostendit et Cleanthem philosophum alterum Herculem vulgo dictum fuisse, quod esset omnium laborum patientissimus, adeo vt noctu hauriendo e puteo aquam victum diuturnum pararet, vnde et Φρεάντλης dictus pro Cleanthe, et nihilo tamen segnius egregiam operam interdiu nauaret philosophiae". Er.' Titel entsprechend ordnete Lycosthenes *Apophth*. VII, 331 der Kategorie „De discendi cupiditate" zu (S. 247).

709 *Antigono* Zu **Antigonos II. Gonatas** (320–239 v. Chr.), dem Sohn des Demetrios Poliorketes und König von Makedonien vgl. oben Komm. zu *Apophth*. V, 106. Antigonos hörte Kleanthes' Vorträge in Athen.

709–711 *Antigono ... philosophiae causa* Diog. Laert. VII, 169. Er. bearbeitete die lat. Übers. Curios/Traversaris: „Aiunt Antigonum auditorem illius, cum rogaret, quam ob rem (quam ob rem *Curio*: cuius rei gratia *Traversari*) hauriret, audisse ,Num solum haurio? Nunquid non fodio (fodio *Curio*: effodio *Traversari*) et rigo, et omnia (omnia *Curio*: caetera *Traversari*) facio philosophiae causa?'" (ed. Curio, Basel 1524, S. 267); vgl. den griech. Text: φασὶ δὲ καὶ Ἀντίγονον αὐτοῦ πυθέσθαι ὄντα ἀκροατήν, διὰ τί ἀντλεῖ· τὸν δ' εἰπεῖν· „ἀντλῶ γὰρ μόνον; τί δ'; οὐχὶ σκάπτω; τί δ'; οὐκ ἄρδω καὶ πάντα ποιῶ φιλοσοφίας ἕνεκα;". *SVF* I, 597, *SuS* 38 (S. 44–45).

710 *vnde ... φρεάντλης* Für Kleanthes' Spitz-

tantum? An non et fodio et rigo hortum, denique nihil non facio philosophiae causa?"
Alius negasset factum: philosophus auxit, quod obiiciebatur, gloriae sibi ducens, quod ille vertebat probro.

VII, 332   INDVSTRIA   (Cleanthes Assius, 2, i.e. Zeno Citieus)

Collectam pecuniolam aliquando proiecit [sic; non Cleanthes proiecit, sed Zeno in medium posuit] *coram familiaribus dicens „Cleanthes alterum Cleanthem alere posset, si vellet".*

VII, 333   TOLERANTIA   (Cleanthes Assius, 3)

„Asinus" appellatus agnouit *conuicium, dicens se solum esse parem ferendae Zenonis sarcinae,* siue quod Zenoni non multum esset supellectilis siue quod vnus illius austeritate nihil offenderetur.

VII, 334   TIMIDITAS LAVDATA   (Cleanthes Assius, 4)

Cuidam *illi probri* causa *obiicienti, quod esset timidus, „Ideo",* inquit, „minimum *pecco".* Bona est timiditas, quae deterret a turpibus et reddit hominem circunspectum.

---

namen Φρεάντλης vgl. Diog. Laert. VII, 168: διεβοήθη δ᾽ ἐπὶ φιλοπονίᾳ, ὅς (ὥς *in ed. Frob. p. 386*) γε πένης ὢν ἄγαν ὥρμησε μισθοφορεῖν· καὶ νύκτωρ μὲν ἐν τοῖς κήποις ἤντλει, μεθ᾽ ἡμέραν δ᾽ ἐν τοῖς λόγοις ἐγυμνάζετο· ὅθεν καὶ Φρεάντλης ἐκλήθη. *SVF* I, 463, Nickel, *SuS* 38 (S. 43). Vgl. die lat. Übers. Curios/ Traversaris: „Memoriae proditum est ipsum laboriosissimum fuisse, adeo vt inopia cogente mercenariam (mercenariam *ed. Curio*: mercenarium *Traversari, e.g. ed. Ven. 1490*) faceret ac noctu quidem in hortis hauriret aquas, interdiu autem operam studiis liberalibus daret, unde et Φρεάντλης (unde et Φρεάντλης *Curio*: vt et Phreantles *Traversari*), hoc est, Exhauriens puteos, appellaretur" (ed. Curio, Basel 1524, S. 267). Für Er.' Bearbeitung der Stelle vgl. weiter *Adag.* 641 (*ASD* II, 2, S. 168). Der Spitzname Φρεάντλης, etwa „Brunnenschöpfer" (so auch Nickel, *SuS* 38 [S. 43]; Hicks „Well-lifter"), der sich aus φρέαρ, „Brunnen", und ἀντλέω, „schöpfen", zusammensetzt, ist eine einmalige Wortschöpfung zur Verdrehung des Namens des Kleanthes (vgl. Passow II, 2, S. 2339, s.v. φρεάντλης). Die Verwendung der griech. Form ist kein Beleg, daß Er. nach dem griech. Text gearbeitet hätte, da sie sich auch in Curios lateinischer Übersetzung findet (a.a.O.).

714 *Industria* Lycosthenes bildete nach Er.' Lemmatitel die Kategorie „De industria", die er mit vorl. Apophth. einleitete (S. 493); jedoch ordnete er den Ausspruch (in etwas anderer Form) auch der Kategorie „De divitiarum atque opum contemptu" zu (S. 268).

716–718 *Collectam ... vellet* Missverstandene und durch eine Fehlzuschreibung entstellte Wiedergabe von Diog. Laert. VII, 170, wobei Er. den Kontext nicht mitberücksichtigte und von Traversaris missverständlicher Übersetzung ausging: „Coactam aliquando stipem in medium familiarium intulit dicens, ,Cleanthes quidem Cleanthem alium posset nutrire, si vellet'" (ed. Curio, Basel 1524, S. 267). Vgl. den griech. Text: καί ποτε ἀθροισθὲν τὸ κέρμα ἐκόμισεν εἰς μέσον τῶν γνωρίμων καί φησι, „Κλεάνθης μὲν καὶ ἄλλον Κλεάνθην δύναιτ᾽ ἂν τρέφειν, εἰ βούλοιτο" (vgl. ed. Frob. S. 387). Er. hat die Anekdote völlig missverstanden: Es ist nicht Kleanthes, der Geld gespart hat und dieses jetzt vor Augen seiner Bekannten demonstrativ wegwirft, weil er es nicht brauche, sondern Zenon, der das Schulgeld eingesammelt hat und dieses vor seine Schüler hinlegt, um ihnen etwas zu erklären.

716–718 *Collectam ... vellet* Er. hat den Kontext des Spruches aus den Augen verloren und diesen dadurch missverstanden. Es ist keineswegs Kleanthes, der diese Worte spricht, sondern sein Lehrer Zenon. Es geht darum, daß Zenon gerade das geringfügige Schulgeld, das er kassierte, von seinen Schülern eingesammelt hatte. Dieses betrug für jeden Schüler nur einen Obolos, wie dem vorhergehenden Satz zu entnehmen ist. Der eingesammelte Lohn betrug somit einige Obolen, die zusammengezählt wohl nicht viel mehr als eine Drachme ausmachten. Diesen Betrag benutzte Zenon dazu, seinen Schülern eine erbauliche Lektion zu erteilen. Er sagte: Schaut euch diesen Betrag an – damit könnte man eine Person ernähren. Sogar Kleanthes – d.h. der Tagelöhner – könnte also mit seinem so geringen Einkommen noch eine zweite Person ernähren. Was sehen wir aber? Die Leute, die genug Geld haben, um sich zu ernähren, begnügen sich nicht damit: Stattdessen versuchen sie, sich auf Kosten anderer zu bereichern, während sie sich nicht darum kümmern, in den Studien Fortschritte zu machen. Lycosthenes übernahm die Fehlzuschreibung des Spruches von Er. (vgl. S. 493: „Cleanthes Assius collectam pecuniolam aliquando proiecit ..."; S. 268: „Cleanthes Assius pecuniam, quam collegerat aliquando, coram familiaribus abiecit, dicens ...").

720–721 *Asinus ... sarcinae* Leicht gekürzte, jedoch wörtliche Übers. des Er. von Diog. Laert. VII, 170: Καὶ σκωπτόμενος δ᾽ (*deest in ed. Frob.*) ὑπὸ τῶν συμμαθητῶν ἠνείχετο καὶ ὄνος ἀκούων προσεδέχετο, λέγων αὐτὸς μόνος δύνασθαι βαστάζειν τὸ Ζήνωνος φορτίον (ed. Frob. S. 388). *SVF* I, 599, Nickel, *SuS* 38 (S. 44–45). Vgl. Curios/Traversaris Übers.: „Cumque a discipulis dicteriis incesseretur (dicteriis incesseretur *Curio*: obiurgaretur *Traversari*), tolerabat, et cum audiret (audiret *Curio*: diceretur *Traversari*) ‚asinus', non abnuebat, dicens solum se ferre posse Zenonis sarcinam" (ed. Curio, Basel 1524, S. 267).

721–722 *siue ... offenderetur* Er. hat dem Spruch gleich zwei Erklärungen beigegeben, von denen jedoch keine schlüssig ist. Die erste Erklärung ist konträr zum Sinn des Spruches: Kleanthes wollte mit seiner Retourkutsche natürlich nicht sagen, daß die Last von Zenons Vermächtnis leicht sei: Esel waren im Gegenteil dafür bekannt, daß sie schwere Lasten tragen konnten. Kleanthes wollte also mit dem Spruch sagen, er sei der einzige unter den Schülern Zenons, der sein schweres Erbe weitertragen, d.h. weiter verwalten konnte. Die Bedeutung des Spruches hängt sicherlich auch damit zusammen, daß Kleanthes der Nachfolger Zenons als Scholarch der Stoa wurde.

724–725 *obiicienti ... pecco* Leicht variierende Wiedergabe von Traversaris Übers. von Diog. Laert. VII, 171: „et cum aliquando probro illi daretur, quod esset timidus, ‚At ideo', inquit, ‚parum pecco'" (ed. Curio, Basel 1524, S. 267–268); vgl. den griech. Text: καί ποτε ὀνειδιζόμενος ὡς δειλός, „διὰ τοῦτο", εἶπεν, „ὀλίγα ἁμαρτάνω" (ed. Frob. S. 388). *SVF* I, 600, Nickel, *SuS* 42 (S. 47).

VII, 335   LABOR   (Cleanthes Assius, 5)

Suam vitam diuitum vitae solet hoc nomine *praeferre, „Dum illi"*, inquit, *„pila ludunt, ego fodiens duram humum exerceo"*.

730   VII, 336   ⟨LABOR⟩   (Cleanthes Assius, 6)

Inderdum, *quum foderet, solebat seipsum increpare. Id forte admiratus Ariston, „Quem"*, inquit, *„increpas?". Tum Cleanthes ridens, „Senem"*, inquit, *„qui canos quidem habet, sed mentem non habet"*, seipsum innuens.

VII, 337   LIBERE   (Cleanthes Assius, 7)

735   *Cuidam* reprehendenti *Arcesilaum, quod officia vitae tolleret* [i.e. negligeret], *„Desine"*, inquit, *„hominem vituperare. Nam ille licet dictis tollit officia, tamen factis commendat"*. Id audiens *Arcesilaus, „Non moueor"*, inquit, *„adulatione"*. Hic Cleanthes, *„Scilicet"*, inquit, *„adulor tibi, dicens te aliud loqui, aliud facere"*. Cleanthes mitigauit dictum obtrectatoris, sed ita, vt a crimine inconstantiae non liberaret Arcesilaum.
740   Turpissimum enim est philosopho secus docere quam viuit. Si vita proba est, quur docet diuersa? Si doctrina sana est, quur eam secus viuendo refellit?

---

730   Labor *suppleui*.   731   solebat *LB Lycosthenes (p. 980)*: solet *B C*.

728–729 *Suam vitam ... exerceo* Leicht variierende, jedoch größtenteils wörtliche Übers. von Diog. Laert. VII, 171: προκρίνων δὲ τὸν ἑαυτοῦ βίον τοῦ τῶν πλουσίων (πλουσίον *in ed. Frob. p. 388*) ἔλεγεν, ἐν ᾧ σφαιρίζουσιν ἐκεῖνοι, ⟨αὐτὸς⟩ (αὐτὸς *add. Cobet; ed. Marcovich*) γῆν σκληρὰν καὶ ἄκαρπον ἐργάζεσθαι σκάπτων (*ed. Frob. S. 388*). Im Spruchteil hat sich Er. auch von Traversaris Übers. anregen lassen: „Suam vero inopiam diuitum opibus praeferens dicebat: ,Dum illi pila ludunt, ego duram ac infrugiferam humum exerceo (*sic, i.e. fodiens exerceo*)'" (*ed. Curio, Basel 1524, S. 268*).

728 *Suam vitam diuitum vitae* „Suam vitam diuitum vitae" bildete Er. nach dem griech. Text.

729 *fodiens* „fodiens" bildete Er. wörtlich nach dem griech. Text (σκάπτων), wobei er Traversaris Übers. korrigierte, in der das Wort irrtümlich ausgelassen worden war.

Apophth. VII, 336 In den Baseldrucken hatte der Spruch keinen separaten Titel erhalten; der Grund ist, daß jener des vorhergehenden Apophthegmas gedanklich weitergeführt werden sollte. Dies ist allerdings von Er.' Übernahme der Übers. Traversaris „saepe cum foderet" abhängig, die jedoch falsch ist und im griech. Text keine Entsprechung hat (vgl. Komm. unten).

731–733 *Interdum ... non habet* Diog. Laert. VII, 17, wobei Er. die Übers. Traversaris als Textvorlage benutzte: „Saepe cum foderet, seipsum increpabat. Quem audiens Aristo (Aristo *ed. Curio*: Aristoteles *Traversari, e.g. ed. Ven. 1490, ed. Badius, Paris. 1509*) ,Quem', inquit, ,obiurgas?'. Et ille ridens, ,Senem', inquit, ,Canum quidem, sed excordem et amentem'" (*ed. Curio, Basel 1524, S. 268*). Vgl. den griech. Text: πολλάκις δὲ (δὲ *deest in ed. Frob. p. 388*) καὶ ἑαυτῷ ἐπέπληττεν: ὧν ἀκούσας Ἀρίστων, „τίνι", ἔφη, „ἐπιπλήττεις;" καὶ ὃς γελάσας, „πρεσβύτῃ", φησί, „πολιὰς μὲν ἔχοντι, νοῦν δὲ μή" (*ed. Frob. S. 388*); *SVF* I, Nr. 602, Nickel *SuS* 43 (S. 48–49).

731 *Inderdum ... foderet* „Inderdum, quum foderet" ist ein Zusatz des Er., der im griech. Text des Diog. Laert. keine Entsprechung hat und der Fehl am Platz ist. Da der Philosophenkollege Ariston von Chios dem Selbstgespräch zuhörte, kann dies nicht in dem privaten Gar-

ten, in dem Kleanthes schuftete, stattgefunden haben. Die irrige Angabe, daß Kleanthes gerade beim Graben mit sich selbst gesprochen haben soll, übernahm Er. von Traversari: „Saepe cum foderet, seipsum increpabat ..." (a.a.O.).

731–732 *Ariston* **Ariston v. Chios** (fl. ca. 260/70 v. Chr.), Schüler des Zenon von Kition, später sein Rivale. Ariston erkannte ausschliesslich die Ethik als Gegenstand der Philosophie an, wobei er insbes. Physik und Logik, die von Zenon mit Eifer betrieben wurden, ablehnte, und sich der kynischen Schule annäherte. Ihm wird in der Geschichte der griech. Philosophie gegenwärtig nur marginale Bedeutung zugeschrieben, während ihm in seiner Zeit viel Aufmerksamkeit entgegengebracht wurde. Ariston war u.a. wegen seiner großen rhetorischen Begabung, die ihm den Spitznamen „die Sirene" und den Unmut seines Lehrmeisters Zenon von Kition eintrug (vgl. *Apophth.* VII, 301), imstande, viele für philosophische Fragen zu begeistern. Ariston gründete eine eigene, anfänglich sehr erfolgreiche Philosophenschule, jene der „Aristoneoi", die er im Kynosarges-Gymnasium (am südl. Ufer des Ilissos) unterrichtete. Zu Aristons zahlreichen Schülern gehörten u.a. Eratosthenes, Chrysippos (vgl. *Apophth.* VII, 352), Apollophanes und Diphilos. Allerdings wurde die Schule Aristons nach dem Tod ihres Begründers nicht fortgesetzt. Vgl. H. v. Arnim, *RE* II, 1 (1895), Sp. 957–959, s.v. „Ariston", Nr. 56; K.-H. Hülser, *DNP* 1 (1996/9), Sp. 1117, s.v. „Ariston", Nr. 7; Ch. Guérard und F. Queyrel, „Ariston de Chios", in: R. Goulet (Hrsg.), *Dictionnaire des philosophes antiques*, Bd. 1, Paris 1989, S. 400–404; A.M. Ippolo, *Aristone di Chio e lo Stoicismo antico*, 1980. In Er.' *Apophthegmata* tritt Ariston von Chios mehrere Male als Spender von Sprüchen auf: III, 152; VI, 557, VII, 330C und VIII, 102–103.

735–738 *Cuidam ... facere* Diog. Laert. VII, 171. Er. ging von der lat. Übers. Traversaris aus, die er variierte: „Cum diceret quidam Arcesilaum vitae officia negligere, ,Quiesce', inquit, ,neque vituperes. Ille enim etsi verbis officium tollit, operibus tamen commendat'. Ad quem Arcesilaus, ,Non', inquit, ,adulationes admitto.' Et Cleanthes, ,At equidem', ait, ,tibi (tibi *Traversari, om. Curio*) adulor, qui dixi alia te facere, alia dicere'" (ed. Curio, Basel 1524, S. 268). Vgl. den griech. Text: εἰπόντος δέ τινος Ἀρκεσίλαον μὴ ποιεῖν τὰ δέοντα, „παῦσαι", ἔφη, „καὶ μὴ ψέγε· εἰ γὰρ καὶ λόγῳ τὸ καθῆκον ἀναιρεῖ, τοῖς γοῦν ἔργοις αὐτὸ τιθεῖ". Καὶ ὁ Ἀρκεσίλαος, „Οὐ κολακεύομαι", φησί· πρὸς ὃν ὁ Κλεάνθης, „Ναί", ἔφη, „σὲ κολακεύω (κολακεύομαι *in ed. Frob. p. 388*) φάμενος ἄλλα μὲν λέγειν, ἕτερα δὲ ποιεῖν" (ed. Frob. S. 388). *SVF* I, 605, Nickel, *SuS* 46 (S.–48–51).

735 *Arcesilaum* Für Arkesilaos (ca. 316–ca. 241 v. Chr.), der nach dem Tod des Krates Schulhaupt der Akademie wurde, vgl. oben Komm. zu VII, 182. Er. widmete ihm in den *Apophthegmata* die Sektion VII, 182–187.

735 *tolleret* Im griech. Originaltext lautete der Vorwurf, daß Arkesilaos in seiner Lebensweise die Pflichten nicht erfüllte (μὴ ποιεῖν τὰ δέοντα, vgl. Hicks: „did not do what he ought to do"). Er. arbeitete hier jedoch ausschließlich mit der latein Übers. – Traversari hatte μὴ ποιεῖν τὰ δέοντα richtig mit „vitae officia negligere" übersetzt, was Er. als „tollere" missverstand: „tollere" ist zwar unten als Übers. von ἀναιρεῖν richtig, jedoch nicht hier als Übertragung von ποιεῖν.

VII, 338   Silentivm   (Cleanthes Assius, 8)

Cuidam ab eo petenti dictum aliquod, quod crebro occineret *filio suo, protulit illud ex Electra* [i.e. Electrae ex Oreste]

σῖγα, σῖγα; λεπτὸν ἴχνος [sc. τίθε], id est,
„tace, tace! Tenue vestigium [sc. pone]",

innuens pueris maxime conuenire silentium.

VII, 339   Labor   (Cleanthes Assius, 9)

Quum audisset a *Lacone quodam* probari *laborem, delectatus eo dicto* subiecit hemistichium Homericum,

αἵματος εἶς ἀγαθοῖο, φίλον τέκος, id est,

„Sanguine praeclaro satus es, charissime fili".

VII, 340   Attentio   (Cleanthes Assius, 10)

Disserens adolescenti cuidam, quem videbat parum attentum, *rogauit, sentiretne. Illo affirmante se sentire, „Quur igitur ego non sentio te sentire?".* Solent enim qui intelligunt, oculis ac gestu, interdum et verbis significare se, quae dicuntur, intelligere.

---

745 σῖγα, σῖγα scripsi: σίγα, σίγα B C LB.
751 ἀγαθοῖο scripsi (cf. Diog. ed. per Froben.; Hom. Od. IV, 611; Stob. II, 31, 125): ἀγαθοῦ B C.

743–746 *Cuidam ... vestigium* Diog. Laert. VII, 172. Er. bildete seinen Text vor allem nach der Vorlage der lat. Übers. Curios, der er auch das griech. Zitat (aus Euripides' Orestes) entnahm: „Rogante quodam, quidnam filio crebro ingerere deberet, ‚illud', ait, ‚Electrae: Σίγα, σίγα, λεπτὸν ἴχνος, hoc est, ‚Tace, tace (Σίγα, σίγα, λεπτὸν ἴχνος, hoc est, ‚Tace, tace *Curio:* sile, sile *Traversari),* tenue vestigium'" (Anführungszeichen unklar) (ed. Curio, Basel 1524, S. 268). Vgl. den griech. Text: Ἐρομένου τινὸς τί ὑποτίθεσθαι δεῖ τῷ υἱῷ, τὸ τῆς (τὸ ἐκ τῆς ed. Frob. p. 388) Ἡλέκτρας, ἔφη, „σῖγα, σῖγα, λεπτὸν ἴχνος". SVF I, 610.

743–744 *ex Electra* Er. gibt an, daß das Zitat aus dem Theaterstück „Electra" stamme („ex Electra"): In Wirklichkeit stammt es aus Euripides' Tragödie *Orestes,* die sprechende Person ist Orestes' Schwester Elektra, die diese Worte an den Chor der Frauen von Argos richtet; vgl. den griech. Text, τὸ τῆς Ἡλέκτρας, „die Worte der Elektra", von Traversari richtig mit „illud Electrae" übersetzt (a.a.O.). Er. hat dies im Sinn von „aus dem Schauspiel Elektra" aufgefasst. Es könnte der Fall sein, daß er sich diesbezüglich nach dem griech. Text richtete: Die von ihm benutzte Handschrift hatte höchstwahrscheinlich, wie Frobens Druck, τὸ ἐκ τῆς Ἡλέκτρας (*ed. Frob. p. 388*). Lycosthenes verbesserte die fehlerhafte Quellenangabe des Er. nicht (S. 1000).

745 σίγα, σίγα Die fehlerhafte Akzentsetzung zeigt an, daß Er. hier Curios Ausgabe als Textvorlage verwendet hat (ed. Curio, Basel 1524, S. 268). Lycosthenes druckt die fehlerhafte Akzentsetzung ebenso in seiner Wiedergabe von VII, 338 (S. 1000).

745 σῖγα ... ἴχνος Eur. Orest. 140–141: (Χορός:) σῖγα σῖγα, λεπτὸν ἴχνος ἀρβύλης/ τίθετε, μὴ κτυπεῖτ'. Elektra spricht diese Worte zu dem Chor der Frauen von Argos, die zum Königspalast gekommen waren; Elektra bittet die

Frauen leise zu sein, um nicht Orestes aufzuwecken, der, wahnsinnig geworden, in einen tiefen Schlaf gefallen war.

745–746 *λεπτὸν ἴχνος ... vestigium* Die *Orestes*-Stelle wird bei Diog. Laert. unvollständig zitiert, wobei λεπτὸν ἴχνος als solches unverständlich ist, es sei denn, man weiß genau, wie der Text weiterläuft. Letztes scheint beabsichtigt gewesen zu sein, d.h. der Zuhörer bzw. Leser sollte jedenfalls das Wort τίθετε ergänzen und dieses in den Singular, wie es der Kontext bei Diog. Laert. erfordert, übertragen. Gemeint ist somit: „Setze deinen Tritt behutsam (um keinen Lärm zu machen)". In der lateinischen Übersetzung ist dieser Rezeptionsprozess des Ergänzens *ex memoria* so nicht möglich; deshalb hätte man dem „tenue vestigium" „pone" (oder ein Äquivalent) hinzusetzen müssen.

746 *Tace ... vestigium* Mit „tace ... vestigium" kopierte Er. Curios Übers. des Verses; Traversari hatte „Sile, sile".

749–752 *Lacone ... fili* Leicht variierte, dadurch sinngetrübte Wiedergabe von Curios/Traversaris Übers. von Diog. Laert. VII, 172, der Er. er auch den griech. Text des Homer-Zitates (mitsamt dem Fehler) entnahm: „Lacone quodam dicente laborem esse bonum, gestiens ait, Αἵματός εἰς ἀγαθοῦ, φίλον τέκος, hoc est, ,Sanguine, mi fili, es generoso' (Αἵματός εἰς ἀγαθοῦ, φίλον τέκος, hoc est, ,Sanguine, mi fili, es generoso' *Curio*: ,Sanguine praeclaro es, dulcis nate' *Traversari*)" (ed. Curio, Basel 1524, S. 268). Vgl. den griech. Text: Λάκωνός τινος εἰπόντος ὅτι ὁ πόνος ἀγαθόν, διαχυθεὶς φησίν, „αἵματός εἰς ἀγαθοῖο, φίλον τέκος" (ed. Frob. S. 388); *SVF* I, 611. Bei Diog. Laert. wird die Anekdote nur in gekürzter Form erzählt, ausführlicher und expliziter jedoch bei Stob. II, 31, 125: Ἦ οὐ τοιοῦτος παῖς ἐκεῖνος ὁ Λάκων; ὃς Κλεάνθην τὸν φιλόσοφον ἠρώτησεν, εἰ ἀγαθὸν ὁ πόνος ἐστίν· οὕτω γὰρ ἐκεῖνος φαίνεται φύσει πεφυκὼς καλῶς καὶ τεθραμμένος εὖ πρὸς ἀρετήν, ὥστε ἔγγιον εἶναι νομίζειν τὸν πόνον τῆς τἀγαθοῦ φύσεως ἢ τῆς τοῦ κακοῦ· ὅς γε ὡς ὁμολογουμένου τοῦ μὴ κακὸν ὑπάρχειν αὐτόν, εἰ ἀγαθὸν τυγχάνει ὤν, ἐπυνθάνετο. Ὅθεν καὶ ὁ Κλεάνθης ἀγασθεὶς τοῦ παιδὸς εἶπεν ἄρα πρὸς αὐτόν· Αἵματος εἰς ἀγαθοῖο, φίλον τέκος, οἵ’ ἀγορεύεις. Nickel, *SuS* 45 (S. 48–49).

749 *probari laborem* Mit „probari laborem" paraphrasierte Er. auf nebulose Weise Traversaris Übers. von τινος εἰπόντος ὅτι ὁ πόνος ἀγαθόν mit „quodam dicente laborem esse bonum": Nach dem griech. Text und Traversaris Übers. hatte der anonyme Spartaner die philosophische These aufgestellt, daß „Mühe/Anstrengung ein Gut sei", die er nunmehr dem Philosophen Kleanthes zur Beurteilung vorlegte. Noch klarer formulierte Stobaios den Hergang der Anekdote: Ein ganz junger Spartaner (παῖς) legte dem Philosophen Kleanthes die Frage vor, ob es stimme, daß die „Mühe/Anstrengung ein Gut sei" (ἠρώτησεν, εἰ ἀγαθὸν ὁ πόνος ἐστίν;).

751 *αἵματος ... τέκος* Hom. *Od.* IV, 611: αἵματός εἰς ἀγαθοῖο, φίλον τέκος, οἵ’ ἀγορεύεις. Menelaos spricht diese Worte zu Telemachos.

751 *ἀγαθοῖο* Er. schrieb hier, wie die einhellige Überlieferung in den Basel-Drucken angibt, das unrichtige ἀγαθοῦ, welches metrisch nicht passt. Der Irrtum zeigt an, daß Er. hier ausschließlich nach dem Vorbild der latein. Ausgabe Curios gearbeitet hat, aus der er das fehlerhafte ἀγαθοῦ übernahm (ed. Curio, Basel 1524, S. 268), ohne daß ihm das metrische Problem auffiel.

751 *τέκος* Bei Diog. Laert. wurde die homerische Verszeile unvollständig zitiert, anders als bei Stob. II, 31, 125; es fehlen die letzten beiden Worte, οἵ’ ἀγορεύεις, die gleichwohl für den Sinn wichtig sind, weil sowohl Menelaos als auch Kleanthes aus den Worten des jungen Gesprächspartners dessen edle Herkunft erschließt.

752 *charissime* Curio hatte eine neue metrische Übers. des Verses hergestellt und dabei vergessen, φίλον zu übersetzen: Er. korrigierte den Text, indem er ‚charissime' hinzusetzte. Aufgrund der identischen Wörter „sanguine praeclaro" hat es den Anschein, daß Er. auch auf Traversaris alte Übers. rekurrierte; Curios Übers. hatte hier etwas ganz anderes. Jedoch hatte sich Traversari mit „dulcis nate" geirrt: Telemachos war natürlich nicht der Sohn des Menelaos. Deshalb hatte sie Curio zu „mi fili" verbessert, dabei allerdings φίλον ausgelassen.

753 *Attentio* Der Titel des Er. veranlasste Lycosthenes, die Kategorie „De attentione" zu bilden, welche er mit dem nämlichen Ausspruch des Kleanthes einleitete (S. 95).

754–755 *Disserens ... sentire* Diog. Laert. VII, 172. Er. gab die lat. Übers. Traversaris wieder: „Adolescenti cuidam disserens, an sentiret, rogauit. Annuente illo, ,Cur', inquit, ‚ego te sentire non sentio?'" (ed. Curio, Basel 1524, S. 268). Vgl. den griech. Text: μειρακίῳ ποτὲ διαλεγόμενος ἐπύθετο εἰ αἰσθάνεται· τοῦ δ’ ἐπινεύσαντος, „διὰ τί οὖν", εἶπεν, „ἐγὼ οὐκ αἰσθάνομαι ὅτι αἰσθάνῃ;" (ed. Frob. S. 388–389). *SVF* I, 609.

754–755 *Sentiretne ... sentire* Er. kopierte Traversaris suboptimale Übers. für αἰσθάνεσθαι,

VII, 341   Moderatio   (Cleanthes Assius, 11)

Sositheus poeta coram populo *Cleanthem praesentem hoc carmine proscidit*,

οὖς ⟨ ἡ ⟩ Κλεάνθους μωρία βοηλατεῖ, id est

760   „*Quos Cleanthis fatuitas agitat*" (Interpres vertit „insania", vnde pro μωρία legisse videtur μανία).

Nec tanto conuicio tactus *quicquam mutauit de vultu*. Qua patientia delectati *auditores, applaudentes* philosopho, *Sositheum eiecerunt. Quum Sositheus* diceret *se poenitere, quod illum* aspersisset, *respondit Cleanthes* absurdum *fore, si quum poetae frequenter*
765   *illudant Libero patri et Herculi, nec illi succenseant, ipse ob leue conuicium indignaretur.* De diis enim multa probrosa scripsere poetae, veluti quum Bacchum faciunt mollem, timidum ac temulentum, *Herculem* faciunt *seruientem Omphalae* vsque ad *sandalio commitigatum caput.*

---

759 ἡ *supplevi coll. Diog. editione Frob.*: om. *B C ut in Diog. ed. a Curione.*

760 μωρία *scripsi*: moria *B C*.

„sentire"; da es nicht nur um die sinnliche Wahrnehmung geht, sondern um das Verstehen, wäre „intellegere" angebracht gewesen, das Er. im übrigen selbst in seiner Erklärung des Spruchs verwendet.

758 *Sositheus* **Sositheos** (1. H. d. 3. Jh. v. Chr.), v.a. Dichter von Tragödien, Rivale des Homeros von Byzanz. Er führte das alte Satyrspiel wieder ein (vgl. T. Günther, „Sositheos", in: R. Krumeich u.a. [Hrsg.], *Das griechische Satyrspiel*, Darmstadt 1999, S. 602–604). Zu Sositheos siehe B. Zimmermann, *DNP* 11 (2001), Sp. 745, s.v. „Sositheos"; E. Diehl, *RE* III, A1 (1927), Sp. 1175–1176, s.v. „Sositheos", Nr. 2. Insgesamt sind von Sositheos' dichterischem Werk nur geringe Fragmente erhalten; vgl. *TGF*, I, 2 (S. 269–273).

758–765 *Sositheus … indignaretur* Diog. Laert. VII, 173. Er. variierte die lat. Übers. Traversaris: „Sositheo poeta in theatro coram se dicente οὖς Κλεάνθους μωρία βοηλατεῖ, hoc est, ‚Quos Cleanthis insania exagitat (exagitat *Curio*: vastat *Traversari*)', eodem vultu et habitu perstitit. Qua ex re permoti auditores huic applaudentes Sositheum abiecerunt. Agente illo (Agente illo *Curio*: agenti *Traversari*) poenitentiam, quod illum hoc maledicto incessisset, respondit dicens indecens esse Liberum patrem atque Herculem a poetis illudi, nec irasci, se autem leui maledicto indignari" (ed. Curio, Basel 1524, S. 268). Vgl. den griech. Text: Σωσι-

θέου τοῦ ποιητοῦ ἐν θεάτρῳ εἰπόντος πρὸς αὐτὸν παρόντα, „οὖς ἡ Κλεάνθους μωρία βοηλατεῖ", ἔμεινεν ἐπὶ ταὐτοῦ σχήματος· ἐφ᾽ ᾧ ἀγασθέντες οἱ ἀκροαταὶ τὸν μὲν ἐκρότησαν, τὸν δὲ Σωσίθεον ἐξέβαλον (ἐξέβαλλον *ed. Frob.*). Μεταγινώσκοντα δ᾽ αὐτὸν ἐπὶ τῇ λοιδορίᾳ προσήκατο, εἰπὼν ἄτοπον εἶναι τὸν μὲν Διόνυσον καὶ τὸν Ἡρακλέα φλυαρουμένους ὑπὸ τῶν ποιητῶν μὴ ὀργίζεσθαι, αὐτὸν δ᾽ ἐπὶ τῇ τυχούσῃ βλασφημίᾳ δυσχεραίνειν (ed. Frob. S. 389). *SVF* I, 603.

759 οὖς … βοηλατεῖ Sositheus Frgm. 4, *TGF* Nauck. Er. hat das griech. Zitat Curios Ausgabe des latein. Textes entnommen (ed. Curio, Basel 1524, S. 268), nicht dem griech. Manuskript; dadurch hat Er. eine Omission Curios mitübernommen, der ἡ, das gleichwohl metrisch unverzichtbar ist, versehentlich ausgelassen hatte. Die richtige Lesart bot die Er. vorliegende Diog.-Laert.-Handschrift, die er jedoch in diesem Fall nicht benutzte.

760 *fatuitas* Mit „fatuitas" versucht Er., Traversaris Übers. von μωρία mit „insania" zu verbessern. „insania" ist jedoch keineswegs so klar abzulehnen, wie Er. in einer eingeschobenen textkritischen Anmerkung ausführt.

760 *agitat* „agitare", „treiben" stellt einen Versuch dar, Curios Übers. von βοηλατεῖν mit „exagitare" zu verbessern, das im Zusammenhang mit Tieren „vor sich her jagen, aufjagen" bedeutet (vgl. *DNG* I, Sp. 1931, s.v. „exagito" I A, auch sprichwörtlich: „lepus hic aliis exagi-

tatus erit"); „agitare" im Zusammenhang mit Vieh bezeichnet „treiben, hüten, weiden" (vgl. *DNG* I, Sp. 195, s.v. „agito" I a, z.B. Verg. *Georg.* III, 287 „lanigeros agitare greges hirtasque capellas"). Jedoch hat βοηλατεῖν zwei spezifische Bedeutungen, entweder „Rinder wegtreiben/ forttreiben/ aufjagen" oder „Rinder treiben/ hüten" (Passow I, 1, S. 510, s.v. βοηλατέω), auf Latein „boues exagitare" oder „boues agere". Da es in dem Versfragment jedoch um die Verrücktheit des Philosophen geht, der bei den Leuten eine panische Reaktion hervorruft, sie gleichsam „wie eine Rinderherde aufjagt, in die Flucht jagt", ist es nicht angebracht, „exagitare" zu korrigieren.

760–761 *Interpres ... μανία* „Interpres ... μανία" ist eine zwischengeschobene textkritische Anmerkung des Er., die seine Wiedergabe der Anekdote auf störende Weise unterbricht und die aus diesem Grund in unserer Ausgabe als Klammerausdruck gedruckt wird. Er. kritisiert darin den Text des „Übersetzers" (*interpres*), den er, wie in ähnlichen Fällen, nicht mit Namen nennt. Es handelt sich in diesem Fall um Traversari selbst, der μωρία mit „insania" übersetzt hatte. Er. behauptet, daß der Übersetzer hier einen anderen griech. Text vor sich hatte als den ihm bekannten, nämlich μανία statt μωρία. Diese Annahme ist ebenso unsinnig wie Er.' Kritik an „insania" überzogen ist.

767–768 *Herculem ... caput* Er. zitiert Ter. *Eun.* 1027–1028: „THRASO: Qui minu' quam Hercules seruiuit Omphalae? GNATHO: Exemplum placet./ (vtinam tibi conmitigari videam sandalio caput!)". Die Stelle bezieht sich auf die mythische Erzählung vom Sklavendienst des Herakles bei der lydischen Königin Omphale als Strafe dafür, daß der Held seinen Gastfreund Iphitos getötet hatte. Nach den meisten Quellen leistete Herakles diesen Sklavendienst ein Jahr ab. Die Schmach und Schande lag in den früheren griech. Quellen in der Tatsache, daß er einer Frau dienen mußte (z.B. Soph. *Trach.* 248–257); später, in hellenistischer und römischer Zeit wurde der Mythos weiter ausgesponnen und um die Schmach des Rollenwechsels erweitert: Herakles verrichtet, unterjocht von der Frau, Frauenarbeit und er zieht Frauenkleider an, während ihm Omphale die Keule und das Löwenfell abgenommen hat und nunmehr selbst zum Zeichen ihrer Dominanz trägt (z.B. Ov. *Her.* 9, 53–100). Z.B. sagt Ovid im Namen Deianeiras, daß Omphale „zurecht der Mann war" („iure vir illa fuit") und daß Herkules „der Omphale untertänig zu Füssen lag, während er jämmerlich zitterte aus Furcht vor ihren Peitschenhieben" (*Her.* 9, 106 und 81–82). Zum Herakles-Omphale-Mythos vgl. K. Waldner, *DNP* 8 (2000), Sp. 1199–1200, s.v. „Omphale"; B. Wagner-Hasel, „Herakles und Omphale im Rollentausch: Mythologie und Politik in der Antike", in: H. Wunder und G. Engel (Hrsg.), *Geschlechterperspektiven*, Königstein 1998, S. 205–228; K. Schauenburg, „Herakles und Omphale", in: *Rheinisches Museum* 103 (1960), S. 57–76.

„sandalium" ist die leichte Sandale, der Frauenschuh; das „sandalium" wird hier von Terenz ganz offensichtlich als Symbol der weiblichen Dominanz verwendet: Mit der Sandale „klopft" Omphale den wilden, männlichen Schädel des Herakles „mürbe", bis er alles tut, was sie von ihm verlangt. Ebenso Augustin. *Contra Iulianum Pelagium* III, 5, 11 „commitigare capita sandaliis mulierularum". Lukian stellt dies in *Deor. dial.* 9 noch expliziter dar: Asklepios hält Herakles vor, daß er nicht, wie dieser, in Lydien Wolle gesponnen habe, purpurne Weiberröcke getragen und von Omphale *Schläge mit der goldenen Sandale bekommen habe*: οὔτε ἔξαινον ἔρια ἐν Λυδίᾳ πορφυρίδα ἐνδεδυκὼς καί παιόμενος ὑπὸ τῆς Ὀμφάλης χρυσῷ σανδάλῳ. Im späten Mittelalter wurde der Pantoffel (Hausschuh) der Frau zum Symbol weiblicher Macht, woraus die sprichwörtlichen Redewendungen „unter dem Pantoffel stehen", „den Pantoffel schwingen" u.ä. hervorgingen (vgl. Röhrich *LSR* 4, S. 1137–1138, s.v. „Pantoffel").

VII, 342   Vita a verbis dissentiens   (Cleanthes Assius, 12)
(= Dublette von III, 342)

Peripateticis dicebat idem accidere quod lyris, quae quum aliis bene sonent, seipsas non audiunt, sentiens, opinor, illos, licet aliis verbis, idem docere quod Stoicos, et tamen ipsos id non animaduertere. Potest et hic accipi sensus: Peripateticos praeclare docere, sed vitam a doctrina dissidere.

775   VII, 343   *Physiognomon*   (Cleanthes Assius, 13)

Ex sententia Zenonis dicebat hominis *mores e specie posse deprehendi. Id vt confutarent adolescentes* aliquot *faceti, cinaedum in agro duratum adduxerunt ad* Cleanthem, *postulantes, vt e specie de moribus pronunciaret.* Reperit manus *callosas* et cutem sole

---

771   seipsas *B C*: seipsos *BAS*.

Apophth. VII, 342   Der Ausspruch ist im Grunde eine Dublette von *Apophth.* III, 342 „Doctrina sine moribus" (Diogenes, 79; *ASD* II, 4, S. 275): „Qui de virtute loquerentur nec recte viverent, eos dicebat (sc. Diogenes) citharae similes, quae sono prodessent aliis, ipsa nec sentirent nec audirent quicquam. Hoc dictum non multum abludit a dicto beati Pauli de cymbalo tinniente" (Quelle: Diog. Laert. VI, 64).

771–772   *Peripateticis ... audiunt*   Diog. Laert. VII, 173: ἔλεγε δὲ καὶ τοὺς ἐκ τοῦ περιπάτου ὅμοιόν τι πάσχειν ταῖς λύραις, αἳ καλῶς φθεγξάμεναι αὑτῶν οὐκ ἀκούουσι (ed. Frob. S. 389); *SVF* I, Nr. 606. Vgl. die lat. Übers. Traversaris: „Dicebat Peripateticis idem accidere quod literis (*ed. Curio*: Peripateticos idem ferme pati quod lyrae *Traversari*), quae cum bene sonant (sonant *ed. Curio*: sonent *Traversari, e.g. ed. Ven. 1490*), seipsas tamen non audiunt" (ed. Curio, Basel 1524, S. 268).

771   *lyris*   Er. druckt hier das richtige „lyris"; so hatte auch Traversari ursprünglich richtig übersetzt; in der Ausgabe Curios findet sich jedoch der verderbte Text „literis". Er. mag den Fehler *ex ingenio* oder auch durch Verwendung der griech. Diog. Laert.-Handschrift verbessert haben, die das richtige λύραις aufwies.

775   *Physiognomon*   Cic. *Fat.* 10. Dadurch, daß Er. dem vorl. *Apophth.* den Titel „Physiognomon" gab, zeigt er an, daß er mit der antiken Pseudowissenschaft der Physiognomik, die ab dem 5. Jh. v. Chr. in Athen greifbar wird, sowie mit der Kritik, mit der sie von Anfang an bedacht wurde, vertraut war. Als einer der ersten Physiognomiker galt der in Athen verweilende, vermutlich aus Syrien stammende Zopyros, der die Gesichtszüge des Sokrates interpretierte und dafür Spott und Hohn einheimste (Cic. *Fat.* 10; *Tusc.* IV, 80). Er. hat diese Cicero-Stellen rezipiert und daraus *Apophth.* III, 80 gebildet (*ASD* IV, 4, S. 216; *CWE*, Bd. 37, S. 245; vgl. auch *CWE* 38, S. 851). Ebd. anonymisierte Er. den Zopyros, wobei er ihn als Vertreter der Pseudowissenschaft einfach „physiognomon" nennt: *„Physiognomon, qui se profitebatur ex habitu corporis et oris liniamentis posse hominis ingenium certo deprehendere, inspecto Socrate pronunciauit illum esse hominem bardum ac stupidum, tum mulierosum ac puerorum amoribus impurum, vinolentum et intemperantem. Quum amici vehementer indignati minarentur homini, Socrates illos cohibuit, dicens ‚Nihil', inquit ‚mentitus est; omnino talis eram futurus, nisi me philosophiae gubernandum tradidissem'"*. Der Titel von *Apophth.* VII, 342 bezieht sich somit auf *Apophth.* III, 80. Für Zopyros vgl. M. Baumbach, *DNP* 12,2 (2002), Sp. 835, s.v. „Zopyros", Nr. 3; für Zopyros' Deutung der Gesichtszüge des Sokrates vgl. R. Förster (Hrsg.), *Scriptores Physiognomonici*, 1893, Bd. I, vii–xiii und Bd. II, 183–188. Die Art, in der Er. *Apophth.* III, 80 formulierte, lässt erkennen, daß ihm die Ausgangspunkte der Physiognomik sehr gut bekannt waren, d.h. von den *Gesichtszügen* („ex oris liniamentis") und der *Körperhaltung*

("ex habitu corporis") einer bestimmten Person Rückschlüsse auf deren Charakter ("ingenium" oder "natura") zu ziehen. Das zeigt insbesondere der Vergleich mit seiner Quelle Cic. *Fat.* 10, wo diese Ausgangspunkte weniger scharf definiert waren: "Zopyrus physiognomon, qui se profitebatur hominum mores naturasque ex corpore, oculi, vultu, fronte pernoscere". Die z.T. sehr kuriosen Befindungen der antiken Physiognomik sind in mehreren, v.a. griech. Traktaten überliefert, u. a. den pseudo-aristotelischen *Physiognomonica* (dt. Übers. und Komm. von S. Vogt, 1999), jenen des Polemon von Laodikea (2. Jh. v. Chr.) und des Sophisten Adamantios (4. Jh.); vgl. R. Förster (Hrsg.), *Scriptores Physiognomonici*, 1893, Bd. I und II. Zur antiken Physiognomik vgl. A. Towaide, *DNP* 9 (2000), Sp. 997–998, s.v. "Physiognomik"; A. Armstrong, "The Methods of the Greek Physiognomists", in: *Greece and Rome*, N.S. 5 (1958), S. 52–56; E.C. Evans, "Physiognomics in the Roman Empire", in: *Classical Journal* 45 (1950), S. 277–282; R. Foerster, *Die Physiognomik der Griechen*, 1884; R. Megow, "Antike Physiognomielehre", in: *Das Altertum* 9 (1963), S. 213–221; R. Campe und M. Schneider (Hrsg.), *Geschichten der Physiognomik. Text – Bild – Wissen*, Freiburg im Breisgau 1996; U.P. Kanning, *Von Schädeldeutern und anderen Scharlatanen: Unseriöse Methoden der Psychodiagnostik*, Lengerich 2009; H. Belting, *Faces. Eine Geschichte des Gesichts*, München 2013. Lycosthenes bildete nach dem Lemma-Titel des Er. die Kategorie "De physiognomia" (S. 870–871).

776–780 *Ex sententia ... mollis est* Diog. Laert. VII, 173–174. Er. variierte die Übers. Traversaris: "Fertur, cum diceret, secundum Zenonem, ex specie comprehendi posse mores, adolescentes quosdam scurras adduxisse ad illum libidinosum rusticum callis duratum, et illum, vt de more eius sententiam ferret, rogasse; illum, cum aliquandiu haesisset, iussisse abire hominem. Vt vero abibat, coepit sternutare (abibat coepit sternutare *Curio*: abire coepit gestu illum agnoscens *Traversari*). Ad haec (Ad haec *add. Curio*), ,Habeo illum', inquit Cleanthes, ,Mollis est'" (ed. Curio, Basel 1524, S. 268–269); jedoch Er. auch den griech. Text heran: λέγεται δέ, φάσκοντος αὐτοῦ κατὰ Ζήνωνα καταληπτὸν εἶναι τὸ ἦθος ἐξ εἴδους, νεανίσκους τινὰς εὐτραπέλους ἀγαγεῖν πρὸς αὐτὸν κίναιδον ἐσκληραγωγημένον ἐν ἀγρῷ καὶ ἀξιοῦν ἀποφαίνεσθαι περὶ τοῦ ἤθους· τὸν δὲ διαπορούμενον κελεῦσαι ἀπιέναι (ὡς δὲ ἀπιέναι *in ed. Frob.* p. 389) τὸν ἄνθρωπον. ὡς δ᾽ ἀπιὼν ἐκεῖνος ἔπταρεν, "ἔχω", εἶπεν, "αὐτόν", ὁ Κλεάνθης, "μαλακός ἐστι"; *SVF* I, 204.

776 *Zenonis* Für Kleanthes' Lehrer Zenon von Kition, den Begründer der stoischen Schule, vgl. oben Komm. zu VII, 292. Er. hatte ihm in den *Apophth.* die Sektion VII, 293–330 gewidmet. Vgl. auch *Adag.* 983.

777 *aliquot* Er. verschlimmbesserte hier Traversaris richtiges ,adulescentes quosdam' für νεανίσκους τινὰς zu ,adulescentes aliquot'.

777 *Cinaedum* Er. setzte hier dem Sinn entsprechend die latinisierte Form des griech. κίναιδος ein, das ebenso wie *mollis* den "passiven" homosexuellen Mann bezeichnete. Traversari hatte Skrupel, den homosexuellen Inhalt des *Apophth.* zu verworten: Er verwandelt den κίναιδος in einen unbestimmt-nebulosen "libidinosum rusticum" ("wollüstigen Bauern").

778–779 *Reperit ... adustam* Diogenes Laertios' ἐσκληραγωγημένον, etwa "abgehärtet durch die strenge Zucht (des Landlebens)", muß, da es bei der Physiognomik entweder um die auf den Charakter eines Menschen rückschliessende Interpretation der Gesichtszüge oder der Körperhaltung geht, sich auf ebendiese (und nicht auf anderes, unspezifisches oder frei variables) beziehen, d.h. der Homosexuelle muß offensichtlich die verwitterten, von der Arbeit draußen im Freien gezeichneten, stark faltigen oder durchfurchten Gesichtszüge eines Bauern oder vielleicht auch die von der bäuerlichen Arbeit herrührende, gekrümmte bzw. grobschlächtige Körperhaltung aufgewiesen haben (vgl. auch den sich darauf beziehenden Zusatz ἐν ἀγρῷ). Während aus *Apophth.* III, 80 hervorgeht, daß Er. mit den Ausgangspunkten und der Methode der Physiognomik vertraut war, ließ ihn dieses Wissen in der Gestaltung von *Apophth.* VII, 342 offenbar im Stich, indem er das äußere Erscheinungsbild des homosexuellen Bauern dadurch spezifizierte, daß dieser Schwielen auf seinen Händen und eine braune Hautfarbe gehabt habe: "Reperit (sc. Cleanthes) manus *callosas* et cutem sole adustam". Beide Merkmale sind unspezifisch, frei veränderlich und somit für eine physiognomische Interpretation unbrauchbar. Sie finden sich im Übrigen auch nicht in Diogenes' griech. Text. Die Idee von den Schwielen auf den Händen des Bauern übernahm Er. von der unglücklichen Version des Traversari, der ἐσκληραγωγημένον mit "callis duratum" übersetzte. Das Gegensätzliche des κίναιδον ἐσκληραγωγημένον, mit dem die jungen kritischen Hörer den ,Physiogno-

adustam. *Itaque quum aliquandiu* siluisset, *iussit hominem abire. Ille digressus sternu-*
tamento concussus est. *Mox Cleanthes „Habeo", inquit, „hominem: mollis est".* Non
enim facile sternutant, qui semper sub dio uiuunt.

VII, 344   Solitvdo   (Cleanthes Assius, 14)

Conspiciens *quendam* solitarium ac *secum loquentem, „Haud", inquit, „loqueris cum*
homine malo". Quidam ita referunt: „Vide, ne cum homine improbo loquaris". Malis
enim periculosa est solitudo.

VII, 345   Senectvs vegeta   (Cleanthes Assius, 15)

Ad quendam contumeliae causa obiicientem senectutem „Et ego", inquit, „abire cupio.
Verum vbi reputo me omni ex parte sanum, siue legendum est siue scribendum, rursus
maneo", significans se quidem haud quaquam esse vitae cupidum, verum ob senectutem neminem debere e vita decedere, donec vires suppetunt ad vitae munia.

VII, 346   (Cleanthes Assius, 16)

Intumuerat illi gingiua, cui malo biduano ieiunio sic medicatus est, vt iam veluti sano
medici omnia consueta permitterent. Sed ille perseuerauit abstinere, dicens sibi iam esse
confectum viae principium. Itaque *periit.*

miker' Kleanthes in die Irre führen wollten, muß in den Gesichtszügen und/oder in der Körperhaltung gelegen haben. Dem liegt die antike klischeehafte Vorstellung des homosexuellen Mannes, insbesondere eines κίναιδος, zugrunde, den man als „Weichling" („mollis") betrachtete, wie das auch Kleanthes in vorl. Apophthegma demonstriert („μαλακός ἐστι"). Auf diese Klischeevorstellung gründete sich die Annahme, daß ein μαλακός (*mollis*) feine und zarte Gesichtszüge und eine elegante oder ‚weibliche' Körperhaltung aufweisen sollte.

779 *siluisset* „siluisset" ist ein ausschmückender narrativer Zusatz des Er. Daß Kleanthes eine Weile geschwiegen habe, ist eine freie Variation des Er., die sich weder auf den griech. Text noch auf die Übers. Traversaris stützt.

779–780 *sternutamento concussus est* Im Griech. steht schlicht, dass der Ankömmling beim Abgang einmal nieste; Er. bastelte daraus, um das Narrativ reizvoller zu machen, einen größeren „Niesanfall", von dem der Mensch „geschüttelt wurde" („concussus est").

780–781 *Non ... viuunt* Es erscheint fraglich, ob Er.' Erklärung „Non enim facile sternutant, qui semper sub dio uiuunt" das richtige trifft; jedenfalls kam es vor, daß man in der Antike heftiges Niesen als „weichlich" betrachtete, insofern man es auf mangelnde Selbstbeherrschung zurückführte. Jedoch wurde Niesen noch häufiger als göttlicher Wink verstanden, vgl. Vgl. P.W. van der Horst, „The Omen of Sneezing in Pagan Antiquity", in: *Ancient Society* 43 (2013), S. 213–221.

782 *Solitudo* Er. identifizierte das Selbstgespräch des Philosophen automatisch mit der Einsamkeit, „solitudo", da ihm das mittelalterliche und humanistische *vita-solitaria*-Ideal der Mönche und Gelehrten in Fleisch und Blut überging. Im Textteil bezeichnet Er. denjenigen, der mit sich selbst spricht, charakteristischerweise als „solitarius", der (spät)mittelalterliche Begriff für den Vertreter der kontemplativen Lebensweise. Genau auf dieselbe Weise assoziierte Petrarca, der Verfasser des Blaudrucks für die humanistische Lebensweise, *De vita solitaria*, das philosophische

Selbstgespräch mit der *vita solitaria* bzw. dem Eremos. Vgl. K.A.E. Enenkel, *Francesco Petrarca, De vita solitaria, Buch 1. Kritische Textausgabe und ideengeschichtlicher Kommentar*, Leiden etc. 1990, S. 287–298. Er. selbst hatte als Mönch einen Traktat zur Verherrlichung des *vita-solitaria*-Ideals verfasst, *De contemptu mundi* (*ASD* V, 1). Auf dieselbe Weise identifiziert Er. das Selbstgespräch des Philosophen mit dem Aufenthalt in der *solitudo* in *Apophth*. VII, 62 (Antisthenes) und 384 (Pyrrho), wobei diese beiden Sprüche ebenfalls den Titel „Solitudo" tragen. VII, 62: „Rogatus, quid emolumenti cepisset ex philosophia, ‚Vt mecum', inquit, ‚loqui (siue viuere) possim'. *Doctus, etiamsi solus sit, non sentit taedium solitudinis, sed multa praeclara suo cum animo versans, quasi secum loquitur*: indoctis molestissima est solitudo, atque etiam inutilis"; VII, 384: „Deprehensus aliquando (sc. Pyrrho) *solus* ac secum loquens, rogatus, quid solus ageret, ‚Meditor', inquit, ‚esse probus', *sentiens ad id vtilem esse solitudinem, inutilem turbam*". Dabei vermerke man, daß die kursivierten Textteile, in denen der *solitudo*-Aspekt angesprochen wird, jeweils Zusätze des Er. darstellen.

783–784 *Quendam solitarium ... malo* Diog. Laert. VII, 174. Er. bearbeitete die lat. Übers. Traversaris: „Cuidam soli secum loquenti, ‚Homini', inquit, ‚loqueris non malo'" (ed. Curio, Basel 1524, S. 269). Vgl. den griech. Text: πρὸς δὲ τὸν μονήρη καὶ ἑαυτῷ λαλοῦντα, „οὐ φαύλῳ", ἔφη, „ἀνθρώπῳ λαλεῖς" (ed. Frob. S. 389). *SVF* I, 616.

Apophth. VII, 345 bezieht sich auf das hohe Alter, das Kleanthes erreichte (91 Jahre) und auf die Tatsache, daß er bis zum Schluss lehrte; vgl. Val. Max. VIII, 7 (ext.), 11; *CWE* 38, S. 852.

787–789 *Ad quendam contumeliae ... maneo* Diog. Laert. VII, 174. Er. gab im Grunde die lat. Übers. Traversaris wieder: „Exprobrante sibi (sibi *Traversari*: sibi *del. Curio*) quodam senectutem, ‚Et ego', inquit, ‚abire volo. Cum vero me sanum omni ex parte considero, scribentemque ac legentem, rusus maneo'" (ed. Curio, Basel 1524, S. 269). Vgl. den griech. Text: ὀνειδίσαντος αὐτῷ τινος εἰς τὸ γῆρας, „Κἀγώ", ἔφη, „ἀπιέναι βούλομαι· ὅταν δὲ πανταχόθεν ἐμαυτὸν ὑγιαίνοντα περινοῶ καὶ γράφοντα καὶ ἀναγινώσκοντα, πάλιν μένω" (ed. Frob. S. 389); *SVF* I, 601, Nickel *SuS* 52 (S. 52–53).

792–794 *Intumuerat ... periit* Gekürzte, leicht variierende Wiedergabe von Diog. Laert. VII, 176, wobei Er. die lat. Übers. Traversaris als Vorlage benutzte, sie jedoch auch mit Hilfe des griech. Textes verbesserte: „Moritur autem hoc modo: tumuit illi ac putruit gingiua. Medicis autem intercedentibus biduum toto (toto *Traversari*: totum *ed. Curio*) cibo abstinuit atque in tantum conualuit, vt medici illi omnia (omnia *Traversari*: omnes *ed. Curio, ed. Ven. 1490*) consueta permitterent. Ea illum licentia minime vsum fuisse, sed et contra sine cibo perstitisse, dicentem iter iam sibi confectum esse, atque ita inedia consumptum exhalasse animam. Cum, vt quidam voluit, Zenonis aequasset annos ..." (ed. Curio, Basel 1524, S. 269): Καὶ τελευτᾷ τόνδε τὸν τρόπον· διῴδησεν αὐτῷ τὸ οὖλον· ἀπαγορευσάντων δὲ τῶν ἰατρῶν, δύο ἡμέρας ἀπέσχετο τροφῆς. καί πως ἔσχε καλῶς ὥστε τοὺς ἰατροὺς αὐτῷ πάντα τὰ συνήθη συγχωρεῖν· τὸν δὲ μὴ ἀνασχέσθαι, ἀλλ' εἰπόντα ἤδη αὐτῷ προωδοιπορῆσθαι καὶ τὰς λοιπὰς ἀποσχόμενον τελευτῆσαι ταὐτὰ Ζήνωνι (ταὐτὰ Ζήνωνι *deest in ed. Frob. p. 391*) καθά φασί τινες, ἔτη βιώσαντα ... (vgl. ed. Frob. S. 390–391). *SVF* I, 474, Nickel, *SuS* 53 (S. 52–53); Stob. III, 7, 54.

793 *omnia* Mit „omnia" korrigiert Er. das fehlerhafte „omnes" (für πάντα), das sich in Curios und anderen Editionen des lateinischen Textes findet.

794 *confectum viae principium* Mit „confectum viae principium" versucht Er., Traversaris unrichtige Übers. von προωδοιπορῆσθαι mit „iter iam sibi confectum esse" zu korrigieren. Kleanthes sagte nicht, daß er die Reise bereits beendet habe, sondern daß er bereits „vorausgewandert sei", d.h. ein (nicht näher definiertes, eventuell beträchtliches) Stück weit gekommen sei, mit der Implikation, daß er jetzt nicht mehr zurückkehren werde. Vgl. Passow, II, 1, S. 1144, s.v. προοδοιπορέω, im Bezug auf vorliegende Stelle: „er sei bereits zu weit gegangen", ebenso Hicks: „that he had already got too far on the road". Für diese Bedeutung ist Er.' „confectum viae principium" zu schwach; adäquat wäre: „confectam partem itineris".

794 *Itaque periit* Der Satz „Itaque *periit*" erscheint abgerissen, besitzt jedenfalls kaum Aussagekraft. Der Grund ist wohl, daß das Folgende in Er.' griech. Manuskript unklar war, weil es eine Lacuna (ταὐτὰ Ζήνωνι) aufwies.

| 795 | VII, 347 | Correctio | (Cleanthes Assius, 17) |

Sententiam hanc

„φίλοις τε δοῦναι, σῶμα τ᾽ εἰς νόσους πεσὸν
δαπάναισι σῶσαι", id est,

„Largiri amicis, corpus in morbos cadens
800   Impendiis seruare",

correxit hunc in modum:

„πόρναις τε δοῦναι, σῶμα τ᾽ εἰς νόσους πεσὸν
δαπάναισ᾽ ἐπιτρῖψαι", id est,

„Donare scortis, corpus in morbos cadens
805   Impendiis conterere".

Prior enim sententia tendebat ad molliciem, quam nudauit Cleanthes.

SPHAERVS BOSPORANVS CLEANTHIS DISCIPVLVS

| VII, 348 | (Sphaerus Bosporanus Cleanthis discipulus, 1) [18] |

Quum diceret *opinionem non cadere in sapientem, rex Ptolemaeus cupiens* hoc para-
810 doxon ipsa re *confutare, curauit mala Punica veris simillima ex cera confecta apponi*

---

797 φίλοις B C *(Plut. Mor. 33C)*: ξένοις *Eur. El.*   797 εἰς B C LB *(Plut. Mor. 33C)*: ἐς *Eur. El.*

796–800 *Sententiam hanc φίλοις … seruare* Was Er. als Sentenz bezeichnet, ist nur ein halbes Zitat bzw. ein halber Ausspruch, und insofern eher schwer verständlich. Er. hat vergessen anzugeben, worauf sich das von Kleanthes (im Tragödienzitat) Gesagte bezog: auf die Kraft des Geldes. 426–427 sagt der Bauer in Euripides' Electra: „Wenn ich dies bedenke,/ so sehe ich, welch große Kraft das Geld besitzt: Es kann …".

797–805 *φίλοις … conterere* Plut. *Quomodo adolescens poetas audire debeat*, *Mor.* 33C–D: ὁ δὲ Κλεάνθης περὶ τοῦ πλούτου „φίλοις τε δοῦναι σῶμά τ᾽ εἰς νόσους πεσὸν/ δαπάναισι σῶσαι" μεταγράφων οὕτω: „πόρναις τε δοῦναι σῶμά τ᾽ εἰς νόσους πεσὸν/ δαπάναις ἐπιτρῖψαι". Plut. zitierte an vorl. Stelle Eur. *El.* 426–429: ἐν τοῖς τοιούτοις δ᾽ ἡνίκ᾽ ἂν γνώμης πέσω, / σκοπῶ τὰ χρήμαθ᾽ ὡς ἔχει μέγα σθένος, / ξένοις τε δοῦναι σῶμά τ᾽ ἐς νόσους πεσὸν / δαπάναισι σῶσαι· τῆς δ᾽ ἐφ᾽ ἡμέραν βορᾶς / ἐς σμικρὸν ἥκει.

799–800 *Largiri … seruare* Eigenständige metrische Übers. des Er.; der Übersetzer von Plut. *Quomodo adolescens poetas audire debeat*, Othmar Nachtigall, hatte die Verse völlig missverstanden: „Qui amicis suum impertit corpus, ita vt morbo corripiatur, expensae pecuniae id habeat vice" (ed. Cratander, Basel 1530, fol. 231A).

804–805 *Donare … conterere* „Donare … conterere" ist ebenfalls eine eigenständige metrische Übers. des Er.; auch hier hatte Othmar Nachtigall die griech. Verse missverstanden: „Qui scorto suum impertit corpus, ita vt morbo corripiatur, expensam quasi reputabit pecuniam" (ed. Cratander, Basel 1530, fol. 231A).

806 *Prior ... Cleanthes* In seiner Erklärung „Prior enim ... nudauit Cleanthes" irrt sich Er.; das Statement hat keineswegs eine Tendenz zur Weichlichkeit und Vergnügungssucht. Der Satz stammt von dem einfachen Bauern in Euripides'*Elektra*, der zwar in Armut lebt, jedoch zugibt, daß er jetzt einsehe, daß Geld nützlich sei: Man könne damit Freunden etwas geben und im Krankheitsfall den eigenen Körper retten, nml. indem man einen Arzt kommen lassen kann. Gleichwohl betont der Bauer die enge Begrenztheit des Wertes von Geld dar: „Wie leicht ist die Sorge ums tägliche Brot; Mehr als satt wird selbst der Reiche nicht" (*El.* 429–430). Er. war dieser Kontext des Ausspruchs nicht geläufig; ihm war unbekannt, daß diese Zeilen aus der Tragödie *Elektra* stammen.

Sphairos von Borysthenes (ca. 285–ca. 210 v. Chr.), stoischer Philosoph, Schüler des Zenon von Kition und Kleanthes in Athen, wo er sich langezeit aufhielt. Als sein Lehrer Kleanthes eine Einladung an den Ptolemaierhof in Alexandreia erhielt, soll er nach Diog. Laert. VII, 185 Sphairos an seiner Statt geschickt haben, vielleicht auch, weil er sich dazu etwas zu alt fühlte. Da Kleanthes i.J. 232 im Alter von 99 Jahren starb, muß die Einladung spätestens um 252 erfolgt sein; d.h. der einladende Pharao muß Ptolemaios II. Philadelphos (reg. 285–246) gewesen sein (so auch Inwood); Diog. Laert. VII, 177 berichtet jedoch von einem Aufenthalt in Ägypten bei Ptolemaios IV. Philopator (reg. 221–204). Wenn dieser Bericht stimmt, dann ist von zwei Perioden des Sphairos in Ägypten die Rede; der Aufenthalt bei Ptolemaios IV. Philopator muß jedenfalls vor jenem in Sparta stattgefunden haben, wo Sphairos als Berater des Königs Kleomenes III. (reg. 235–222 v. Chr.) versuchte, eine stoische Sozialutopie zu verwirklichen. I.J. 222 wurde Kleomenes nach dem Scheitern seiner Sozialreform verbannt; Sphairos mußte ebenfalls Sparta verlassen. Vgl. B. Inwood, *DNP* 11 (2001), Sp. 816, s.v. „Sphairos"; H. Hobein, *RE* III, A2 (1929), Sp. 1683–1693, s.v. „Sphairos", Nr. 3. Er. nennt ihn „Sphaerus Bosporanus" in der Nachfolge des Diog. Laert. VII, 177 und seines Übers. Traversari (ed. Curio, Basel 1524, S. 270), während er nach Plut. *Cleom.* 2, 2 in der griechischen Stadt Borysthenes geboren war, die sehr weit vom Bosporus entfernt, an der nordöstlichen Küste des Schwarzen Meeres lag, an der Bucht, in die der Dnjepr (der in der Antike ebenfalls den Namen Borysthenes trug) mündet (heute: Ukraine). Die Angabe Plutarchs ist vorzuziehen; „vom Bosporus" (eine Meerenge) wäre eine eher ungewöhnliche Angabe eines Geburtsortes. Auch Inwood gibt Borysthenes als Geburtsort an.

809–810 *Opinionem ... punica* Gekürzte und paraphrasierende Wiedergabe von Diog. Laert. VII, 177, wobei Er. außerdem Athen. VIII, 354E–F benutzte; Diog. Laert. VII, 177: λόγου δέ ποτε γενομένου περὶ τοῦ δοξάσειν τὸν σοφὸν καὶ τοῦ Σφαίρου εἰπόντος ὡς οὐ δοξάσει, βουλόμενος ὁ βασιλεὺς ἐλέγξαι αὐτόν, κηρίνας ῥόας ἐκέλευσε παρατεθῆναι· τοῦ δὲ Σφαίρου ἀπατηθέντος ἀνεβόησεν ὁ βασιλεὺς ψευδεῖ συγκατατεθεῖσθαι αὐτὸν (αὐτῷ *in ed. Frob. p. 391*) φαντασίᾳ. πρὸς ὃν ὁ Σφαῖρος εὐστόχως ἀπεκρίνατο, εἰπὼν οὕτως συγκατατεθεῖσθαι, οὐχ ὅτι ῥόαι εἰσίν, ἀλλ' ὅτι εὔλογόν ἐστι ῥόας αὐτὰς εἶναι· διαφέρειν δὲ τὴν καταληπτικὴν φαντασίαν τοῦ εὐλόγου (ed. Frob. S. 391–392). *SVF* I, 625; Nickel, *SuS* 70 (S. 66–69). Vgl. die Übers. Traversaris: „Orto autem sermone aliquando de opinatione sapientis, Sphaeroque illum negante opinari, volens illum rex (sc. Ptolemaeus) arguere, mala punica cerea iussit apponi. Sphaeroque (Sphaeroque *Curio*: Sphaero *Traversari*) autem decepto exclamauit rex, fallaci illum dicens consensisse phantasiae. Ad quem Sphaerus prompte ac parate sic respondens ait consensisse se non esse ea mala punica, sed probabile esse mala punica esse. Differre autem comprehensibilem phantasiam a probabili" (ed. Curio, Basel 1524, S. 270). Suda E 3569.

809–810 *non cadere ... hoc paradoxon* Er. hat die kurze Diskussion über die stoische Erkenntnistheorie als Verhandlung zu einem der *paradoxa Stoicorum* aufgefasst, frei nach dem Schema von Ciceros *Paradoxa Stoicorum*, *Tusc.* III, 21 („non cadit autem invidere in sapientem: ergo ne misereri quidem ... abest ergo a sapiente aegritudo") oder den Zwischentiteln von Senecas *De constantia sapientis* oder *De ira*: „quod in sapientem non cadit iniuria" („daß dem Weisen kein Unrecht geschehen kann"); „quomodo in sapientem non cadit ira" („wie es zugeht, daß ein Weiser keinen Wutanfall erleiden kann"). Ein Paradoxon bezeichnet eine Lehrmeinung, die dem gängigen Bewusstsein der Mehrheit der Menschen widerspricht. In Ciceros *Paradoxa Stoicorum* findet sich jedoch kein Kapitel zur Erkenntnistheorie; es geht vielmehr um extreme Auffassungen zur Ethik, wie etwa „nur der Weise ist frei; jeder Dummkopf ist ein Sklave". Von seiner philosophischen Verfasstheit her stellt die stoische Erkenntnislehre im Grunde kein Paradoxon

in conuiuio. Ad quae *quum Sphaerus deceptus* porrigeret manus, *rex exclamauit illum falsae* speciei *fuisse assensum. Ad id* dextre *Sphaerus „Non sic"*, inquit, *„assensus sum, vt crederem esse mala punica, sed probabile putarem esse mala punica"*.

VII, 349   (Sphaerus Bosporanus Cleanthis discipulus, 2) [19]

815   *Reprehendenti Mnesistrato, quod Ptolemaeum non appellasset regem,* „Imo", inquit, *„quum talis sit,* tamen *regem esse* fateor", indicans illum esse nomine regis indignum, se tamen cognominis honorem illi non inuidere.

---

815   Ptolemaeum *BAS LB*: Ptolaemeum *B C*.

dar. Er. hat das Problem, das diskutiert wird, nur vereinfacht wiedergegeben. Dabei geht es um den stoischen Begriff der καταληπτικὴ φαντασία: Diese bezeichnet das in das Bewusstsein aufgenommene Bild der sinnlichen Wahrnehmung, d.h. der durch den Geist gefilterten Wahrnehmung. Diesem Begriff liegt die Überzeugung zugrunde, daß die sinnliche Wahrnehmung – von der sich die Stoiker vorstellten, daß sie vom Objekt ausginge – nicht automatisch in den Geist eindringe, sondern daß dieser immer die Gelegenheit habe, der sich jeweils anbietenden Wahrnehmung zuzustimmen oder sie eben abzulehnen. Der auf diese Weise, d.h. der durch den stoischen Philosophen gefilterten Wahrnehmung kannte z. B. Chrysippos in seiner Physik einen hohen Erkenntniswert zu (vgl. Diog. Laert. VII, 54). Er. läßt den Begriff der καταληπτικὴ φαντασία, der auch bei Traversari vorhanden war („comprehensibilis phantasia"), aus, wodurch das theoretische Problem getrübt wird.

809   *rex Ptolemaeus* Er. hat seinen Text an dieser Stelle nach Athen. VIII, 354E gestaltet, der einen „König Ptolemaios" (ὑπὸ τοῦ βασιλέως Πτολεμαίου) ohne nähere Angaben nennt, während Diog. Laert. VII, 177 klar angibt, daß es sich um Ptolemaios IV. Philopator (reg. 221–204) gehandelt habe (Εἰς Ἀλεξάνδρειαν ἀπῄει [sc. ὁ Σφαῖρος] πρὸς Πτολεμαῖον τὸν Φιλοπάτορα). Letzteres könnte stimmen, wenn sich Sphairos zweimal eine zeitlang bei den Ptolemaiern aufgehalten hat. Wenn die Anekdote jedoch mit der Entsendung des Sphairos anstatt des Kleanthes identisch sein sollte (Diog. Laert. VII, 185), so war der regierende Pharao Ptolemaios II. Adelphos (285–246). Zu der Frage vgl. H. Hobein, *RE* III, A2 (1929), Sp. 1685–1687; E. Zeller, *Die Philosophie der Griechen in ihrer geschichtlichen Entwicklung*, 2. Aufl., Leipzig 1885, Teil III, 1, S. 35, Anm. 3.

811   *Ad quae ... porrigeret manus* Das Bild, daß Sphairos seine Hand nach den wächsernen Granatäpfeln ausstreckte, findet sich nicht in Diog. Laert. VII, 177. Er. erfand es nicht selbst, sondern übernahm es aus Athen. VIII, 354E–F (τὰς χεῖρας ἐπισχεθῆναι), der die nämliche Anekdote vor Diogenes Laertios aufgezeichnet hatte, in der allerdings anscheinend Vögel aus Wachs aufgetischt wurden, auf die Sphairos hereingefallen sein soll: Σφαῖρον ... μετάπεμπτον δὲ γενόμενον εἰς Ἀλεξάνδρειαν ὑπὸ τοῦ βασιλέως Πτολεμαίου, κηρίνων ποτὲ ἐν τῷ δείπνῳ παρατεθεισῶν ὀρνίθων ἐκτείναντα τὰς χεῖρας ἐπισχεθῆναι ὑπὸ τοῦ βασιλέως, ὡς ψεύδει συγκατατιθέμενον. τὸν δ᾽ εὐστόχως ἀποφήνασθαι εἰπόντα οὐ τούτῳ συγκατατίθεσθαι ὅτι εἰσὶν ὄρνεις, ἀλλ᾽ ὅτι εὔλογόν ἐστι ταύτας ὄρνεις εἶναι. Διαφέρειν δὲ τὴν καταληπτικὴν φαντασίαν τοῦ εὐλόγου· τὴν μὲν γὰρ ἀδιάψευστον εἶναι, τὸ δ᾽ εὔλογον κἂν ἄλλως ἀποβαίνειν.

815–816   *Reprehendenti ... regem esse fateor* Durch Textüberlieferungsprobleme missverstandene Wiedergabe von Diog. Laert. VII, 177, wobei Er. die Übers. Traversaris als Textvorlage benutzte: „Mnesistrato se accusanti, quod (quod *Curio*: cur *Traversari*) Ptolemaeum non dixit regem esse, ‚At', inquit, ‚eiusmodi cum sit, regem quoque esse Ptolemaeum dico'" (ed. Curio, Basel 1524, S. 270). Vgl. den griech. Text: πρὸς δὲ Μνησίστρατον κατηγοροῦντα αὐτοῦ ὅτι Πτολεμαῖον οὔ φησι βασιλέα εἶναι, οὐκ εἶναι ἔφε (οὐκ εἶναι ἔφε *D, deest in ed. Frob. p. 392*) ⟨βασιλέα, εἰ μὴ καὶ σοφόν⟩ (*suppl. Reiske, Diels, Markovich*), τοιοῦτον δ᾽ ὄντα τὸν Πτολεμαῖον καὶ βασιλέα εἶναι (ed. Frob. S. 392). *SVF* I, 625; Nickel, *SuS* 70 (S. 86–69). Er.'

Missverständnis der Anekdote ist vornehmlich der Tatsache geschuldet, daß sowohl Traversaris Übers. von einem verderbten griech. Text ausging als auch der griech. Text, den Er. vor sich hatte, eine Lücke aufwies. Es liegt hier eine Diskussion des stoischen Paradoxons „Nur der Weise ist König" vor. Sphairos sagte nicht: „Ptolemaios ist kein König", sondern, zur Rede gestellt: „Wenn Ptolemaios nicht auch ein Weiser ist, so ist er auch kein König; da er das nun aber ist (d.h. ein Weiser ist), ist er *auch* ein König"; die Betonung liegt dabei auf „auch": ein Weiser zu sein ist primär, ist die Voraussetzung für das König-Sein.

815 *Mnesistratos* Μνησίστρατος war wohl ein Höfling der Ptolemaier; außer seiner Erwähnung durch Diog. Laert. ist über ihn nichts näheres bekannt.

CHRYSIPPVS SOLENSIS

820 VII, 350   DIALECTICA   (Chrysippus Solensis, 1, i.e. anonymus)

De hoc dictum est, *si dii* vellent *vti dialectica, non alia vsuros quam Chrysippea.*

VII, 351   SALSE   (Chrysippus Solensis, 2, i.e. anonymus)

In quodam opere toties citarat versus Euripidis ex Medea, vt ibi tota fabula fuerit in-
825 spersa. *Hunc librum quidam portans et rogatus, quid ferret, „Chrysippi", inquit, „Medeam".*

825 quidam *C*: quendam *B*.

Chrysippos von Soloi in Kilikien (281/76–208/4 v. Chr.), Schüler des Kleanthes und dessen Nachfolger als drittes Schuloberhaupt der Stoa (seit ca. 232 v. Chr.). Chrysippos brachte die stoische Philosophie zu einem Höhepunkt, indem er sie, sowohl in Ethik, Dialektik, Erkenntnistheorie als auch Physik vervollständigte und systematisierte, auf dem Gebiet der Logik signifikant erweiterte und verfeinerte, und in einer Vielzahl von Werken (es sollen insgesamt 705 Buchrollen gewesen sein), deren Titel Diog. Laert. aufzählt (VII, 192–199), kodifizierte. Chrysippos ist als der maßgebliche Autor der stoischen Philosophie zu betrachten, obwohl von ihm heute nur noch Fragmente erhalten sind. Er schuf auch das fortan propagierte Ideal des stoischen Weisen, das von der Freiheit von Affekten definiert wird. Vgl. J.B. Gould, *The Philosophy of Chrysippus*, Albany, NY 1970; P. Steinmetz, „Chrysipp aus Soloi", in: H. Flashar (Hrsg.), *Grundriss der Geschichte der Philosophie. Die Philosophie der Antike*, Bd. 4, 2: *Die hellenistische Philosophie*, Basel 1994, S. 584–625B; Inwood, *DNP* 2 (1997), Sp. 1177–1183, s.v. „Chrysippos", Nr. 2; H. von Arnim, *RE* III, 2 (1899), Sp. 2502–2509, s.v. „Chrysippos", Nr. 14; M. Frede, *Die stoische Logik*, Göttingen 1974. Er. widmet dem Chrysippos nur eine kurze Sektion von Sprüchen (VII, 350–355), die seiner Rolle als führender stoischer Autor nicht gerecht wird. Zudem stammen 4 der 6 Aussprüche von anderen Spruchspendern als Chrysippos. Lycosthenes erweiterte die Sammlung der Chrysippos-Sprüche auf 13. Bei Er.' Auswahl fällt auf, daß er jene Apophthegmen, die sich auf Logik und Dialektik beziehen (Diog. Laert. VII, 186–187), auslässt. Die geringe Präsenz des Chrysippos ist auch insofern bemerkenswert, da er für seine gesalzenen Aussprüche und als Autor eines Werkes über Sprichwörter bekannt war, und, anders als in den *Apophthegmata*, in den *Adagia* häufig auftritt, als Philosoph, der, wie Er. angibt selbst sprichwörtlich geworden war („Chrysippo acutior", *Adag.*, Prolegomena, *ASD* II, 1, S. 80, aus Cic. *De or.* I, 50). Chrysippos erscheint dort als Autor gesalzener Aussprüche (*Adag.* 155, *ASD* II, 1, S. 270; *Adag.* 1253 „Solus sapit", II, 3, S. 272–273) oder als Objekt derartiger Bemerkungen (*Adag.* 751, *ASD* II, 2, S. 276; *Adag.* 2661, *ASD* II, 6, S. 456) und zudem als Autor und Erklärer von bestimmten Adagien, z.B. *Adag.* 920 „Capra Scyria", *ASD* II, 2, S. 428 („Zenodotus huius prouerbii autorem Chrysippum citat tum autorem tum interpretem", vgl. von Arnim III, S. 202, Frgm. 3), *Adag.* 1120 „Cochleare crescet", *ASD* II, 3, S. 142 („Chrysippus apud Zenodotem et Aristophanis interpretem ait hanc paroemiam dici solere in pusillos homunciones per ironiam"), *Adag.* 2283, *ASD* II, 5, S. 230, *Adag.* 3628 „Oliuam ne commedas!", *ASD* II, 8, S. 86. Einige der in den Adagien genannten Aussprüche des Chrysippos sind eher Apophthegmen denn Adagien, z.B. *Adag.* 1253 „Solus sapit", II, 3, S. 272–273: „Narrat Diogenes Laertius Chrysippum philosophum vsqueadeo sibi placuisse, vt consultus a quodam, cui potissimum filium suum philosophiae praeceptis instituendum traderet, sibi commitendum responderit. ‚Nam si quem', inquit, ‚alium praestantiorem arbitrarer, ipse apud hunc philosophiae darem operam'. Vnde et illud Homericum de eo vulgo iactatum fuisse, quod solus saperet, reliqui vero vmbrae ferrentur" (Quelle: Diog. Laert. VII, 183).

821 *Si dii ... Chrysippea* Diog. Laert. VII, 180. Er. bildete seinen Text nach der lat. Übers. Traversaris: „Adeo autem (autem *om. Curio*) in dialectica insignis fuit tantaeque apud omnes aestimationis (aestimationis *Curio*: gloriae *Traversari*), vt plerique dicerent, si apud deos vsus esset dialecticae, non futuram aliam quam Chrysippeam" (ed. Curio, Basel 1524, S. 271). Vgl. den griech. Text: Οὕτω δ' ἐπίδοξος ἐν τοῖς διαλεκτικοῖς ἐγένετο, ὥστε δοκεῖν τοὺς πλείους ὅτι εἰ παρὰ θεοῖς ἦν [ἡ] διαλεκτική, οὐκ ἂν ἄλλη ἦν ἢ ἡ Χρυσίππειος (ed. Frob. S. 393). *SVF* II, 1; Nickel, *SuS* 92 (S. 90–91).

824–826 *In quodam ... Medeam* Diog. Laert. VII, 180.: ὥστε καὶ ἐπειδή ποτ' ἔν τινι τῶν συγγραμμάτων παρ' ὀλίγον τὴν Εὐριπίδου Μήδειαν ὅλην παρετίθετο καί τις μετὰ χεῖρας εἶχε τὸ βιβλίον, πρὸς τὸν πυθόμενον τί ἄρα ἔχοι, ἔφη, „Χρυσίππου Μήδειαν" (ed. Frob. S. 393). *SVF* II, 1; Nickel, *SuS* 92 (S. 90–91). Vgl. die lat. Übers. Traversaris: „Adeo vero id in consuetudine habuit, vt cum in quibusdam opusculis Euripidis Medeam totam inseruisset et quidam habens librum in manibus interrogaretur, quidnam id esset, ‚Chrysippi', inquit, ‚Medea est'" (ed. Curio, Basel 1524, S. 271).

824 *In quodam opere* Er. korrigierte Traversaris Übers., der für das eine Werk (ἔν τινι τῶν συγγραμμάτων) irrtümlich den Plural benutzt hatte („in quibusdam opusculis").

VII, 352   Iocvs ex nomine   (Chrysippus Solensis, 3, i.e. Carneades)

Erat illi statua pro corporis modo *tenuis ac pusilla, quam eques vicinus fere occultabat. Vnde Carneades* per iocum *dicere* solet *eum non esse Chrysippum, sed* Κρύψιππον. Nam Chrysippus ab aureo equo dicitur, Crypsippus a κρύπτω, quasi dicas ab equo occultatum.

VII, 353   Pavci boni   (Chrysippus Solensis, 4)

Cuidam reprehendenti, quod non apud Aristonem cum pluribus daret operam philosophiae, „*Nunquam*", inquit, „*philospharer, si cum pluribus* auscultarem". Dictum lepidius est apud Graecos, quod πολλοί interdum sonat „multi", interdum „vulgus hominum". Sensit non statim esse optima, quae placent cum plurimis.

VII, 354   Ivvenvm est dialectica   (Chrysippus Solensis, 5)

Ad dialecticum quendam Cleanthi multis ac prolixis *sophismatibus obstrepentem* „*Desine*", inquit, „*senem a magis ad rem pertinentibus auocare, sed nobis iunioribus ista proponito*".

VII, 355   Facete   (Chrysippus Solensis, 6)

In conuiuiis caetera quietus, tantum ex more *agitabat crura. Vnde famula*, quae illi inseruiebat, *dicere solet Chrysippi sola crura inebriari.*

Apophth. VII, 352 Bei der Anekdote geht es um ein Wortspiel des Karneades, der, als er noch ein Schüler der Philosophie in Athen war, zu dem Grabmal des von ihm verehrten Chrysippos auf den Kerameikos gepilgert war und feststellen mußte, daß es von einer daneben platzierten Reiterstatue in den Schatten gestellt wurde. Karneades hatte sich wohl gewünscht, daß man dem berühmten Philosophen ein alles überragendes Grabmal gegönnt hätte. Das Grabmal war von Chrysippos' Anhängern errichtet worden (Plut. *Mor.* 1033E). Diog. Laert. erklärt das Wortspiel „Chrysippos" – „Chrypsippos" mit der geringen Körpergröße des Philosophen; diese Erklärung ist aber nicht einleuchtend: Zu bedenken ist erstens, daß eine Reiterstatue ebenso die Statue eines stehenden, grossgewachsenen Mannes überragt hätte; zweitens, daß es sich wahrscheinlich um eine Sitzstatue des Chrysippos in der Haltung des Denkers handelte. Von der Sitzstatue des Chrysippos sind mehrere Exemplare erhalten, u. a. jene im Louvre (Inv. Nr. AKG17652). Sie gibt Chrysippos als alten Mann mit eingefallener Brust, herabhängenden Schultern und gekrümmtem Rücken wieder: Durch die kauernde Körperhaltung erschien seine Gestalt kleiner, als sie in Wirklichkeit gewesen sein mag, ein Umstand, der den Wortwitz des Karneades im besonderen hervorgerufen haben mag: ein alter, kauernder Mann hinter dem riesigen Reiterstandbild. Der Witz des Karneades ist direkt mit seinem Besuch des Grabmals verbunden, der auf die Zeit nach seiner Ankunft in Athen in den 90er Jahren des 2. Jh. datiert. Er. behauptet, daß Karneades den Witz immerzu wiederholt hätte („solet") – eine Behauptung, die nicht vom Text seiner Quelle Diogenes Laertios gestützt wird und auch nicht plausibel ist. Zu den Marmorstatuen des Chrysippos vgl. G.M.A. Richter, *Greek Portraits*, Bd. II, Berchem-Brüssel 1959, S. 190 ff.; P. Zanker, *The Mask of Socrates: The Image of the Intellectual in Antiquity*, Berkeley etc. 1996, S. 97–104 und 360–362; zu den literarischen Quellen für Chrysippos' Statuen in Athen vgl. R.E. Wycherley, *The Athenian Agora*, Bd. III *Literary and Epigraphical Sources*, Princeton, NJ 1957, S. 143.

829–830 *Erat ille statua … Κρύψιππον* Diog. Laert. VII, 182. Er. bearbeitete variierend die lat. Übers. Traversaris: „Erat autem imbecillo tenuique corpusculo, vt ex eius imagine, quae in Ceramico est, videre licet, quae ferme a vicino (vicino *Curio*: proximo *Traversari*) equite occulitur. Quocirca illum Carneades κρύπσιππον (κρύπσιππον *ed. Curio*: Chrysippum *ed. Ven. 1490*) vocabat (ed. Curio, Basel 1524, S. 271); vgl. den griech. Text: Ἦν δὲ καὶ τὸ σωμάτιον εὐτελής, ὡς δῆλον ἐκ τοῦ ἀνδριάντος τοῦ ἐν Κεραμεικῷ, ὃς σχεδόν τι ὑποκέκρυπται τῷ πλησίον ἱππεῖ· ὅθεν αὐτὸν ὁ Καρνεάδης Κρύψιππον ἔλεγεν (ed. Frob. S. 394). *SVF* II, 1; Nickel, *SuS* 92 (S. 92–93).

830 *Carneades* Für **Karneades von Kyrene** (ca. 214 od. 219–ca. 129 v. Chr.), seit 164 Schulhaupt der Akademie, vgl. oben Komm. zu VII, 218; Er. widmet ihm im siebenten Buch zwei *Apophthegmata* (VII, 218–219). Karneades war kein Zeitgenosse des Chrysippos: Er stammte aus Kyrene und kam erst einige Zeit nach dem Tod des Chrysippos nach Athen (in den 190er Jahren v. Chr.). Obwohl Karneades Schüler der platonischen Akademie war, bezeigte er großes Interesse an der Lehre der Stoa, insbesondere an den Werken des Chrysippos.

830 *solet* ein Zusatz des Er., der keine Entsprechung in seiner Quelle hat.

834–835 *Cuidam … auscultarem* Leicht variierende Wiedergabe von Diog. Laert. VII, 182: οὗτος ὀνειδισθεὶς ὑπό τινος ὅτι οὐχὶ παρ' Ἀρίστωνι μετὰ πολλῶν σχολάζοι, „εἰ τοῖς πολλοῖς", εἶπε, „προσεῖχον, οὐκ ἂν ἐφιλοσόφησα" (ed. Frob. S. 394); *SVF* II, Nr. 10. Vgl. die Übers. Traversaris: „Ei (Ei *ed. Curio*: et *ed. Ven. 1490*) cum probro daretur, quod apud Aristonem cum plurimis non se exerceret, ‚Equidem', inquit, ‚si inter plurimos intenderem, nunquam philosopharer'" (ed. Curio, Basel 1524, S. 271).

834 *Aristonem* Für den Stoiker Ariston v. Chios, den Schüler und späteren Rivalen des Zenon von Kition vgl. unten Komm. zu VII, 330C und 336. Vorl. *Apophth*. bezieht sich darauf, daß Ariston, der deshalb den Spitznamen „die Sirene" trug, ein hervorragender Redner war, der Menschenmengen begeistern konnte. Die elitären Schulhäupter der Stoa, Zenon von Kition und Kleanthes, standen dem ablehnend gegenüber. Oben hatte Er. bereits ein *Apophthegma* gebracht, in dem Zenon das Redetalent seines Schülers Ariston mit harschen Worten kritisierte, VII, 301: „Ad Aristonem discipulum multa temere garrientem, quaedam etiam praecipitanter confidenterque, ‚Fieri', inquit, ‚non potest, quin te pater ebrius proseminarit'. Oderat futilem loquacitatem, ipse in dictis tum breuis tum grauis".

Apophth. VII, 354 datiert auf die Zeit, in der Kleanthes Schulhaupt der Stoa war (ca. 262–ca. 230 v. Chr.). Kleanthes war damals bereits ein alter Mann (von etwa 69 bis 99 Jahren).

839–841 *Ad dialecticum … proponito* Eigenständige, wörtliche Übers. des Er. von Diog. Laert. VII, 182: πρὸς δὲ τὸν κατεξανιστάμενον Κλεάνθους διαλεκτικὸν καὶ προτείνοντα αὐτῷ σοφίσματα, „πέπαυσο", εἶπε, „παρέλκων τὸν πρεσβύτερον ἀπὸ τῶν πραγματικωτέρων, ἡμῖν δὲ τὰ τοιαῦτα πρότεινε τοῖς νέοις (ἡμῖν δὲ τοῖς νέοις ταῦτα προτίθει *in ed. Frob. p. 394*)". *SVF* II, 9. Vgl. die lat. Übers. Traversaris: „Ad dialecticum Cleanthi imminentem eique callidas (calidas *ed. Curio*) conclusiunculas tendentem, ‚Desine', inquit, ‚grandem natu a grauibus rebus abducere. Nobis autem iunioribus ista propone'" (ed. Curio, Basel 1524, S. 271).

839 *Cleanthi* Kleanthes aus Assos (geb. ca. 332 v. Chr.) war der Lehrmeister des Chrysippos und dessen Vorgänger als Schulhaupt der Stoa. Zu seiner Person vgl. oben Komm. zu VII, 331. Er. widmete ihm im siebenten Buch die Sprüche VII, 331–347.

843–844 *In conuiuiis … inebriari* Diog. Laert. VII, 183. Er. gab im Grunde die lat. Übers. Traversaris wieder: „In potationibus autem quiescebat (quiescebat *Curio*: agebat quietem *Traversari*), crura tamen agitans, ita vt ancilla diceret Chrysippi sola crura ebria esse (crura ebria esse *Curio*: inebriari crura *Traversari*)" (ed. Curio, Basel 1524, S. 272). Vgl. den griech. Text: Ἐν μέντοι ταῖς οἰνώσεσιν ἡσύχαζε παραφρόμενος τοῖς σκέλεσιν, ὥστε εἰπεῖν τὴν δούλην, „Χρυσίππου μόνα τὰ σκέλη μεθύει" (ed. Frob. S. 394). *SVF* II, 7.

845

PYTHAGORAS

VII, 356   PHILOSOPHVS MVNDI SPECTATOR   (Pythagoras, 1) [7]

Dicebat vitam humanam esse similem panegyri, hoc est, solenni hominum conuentui, *ad quem alii conueniunt certaturi, alii negociaturi, nonnulli spectatores* modo *futuri;* ac caeteros quidem omnes esse solicitos, solum *spectatorem* tranquillum frui *celebritate.*
850 Hunc *spectatorem aiebat esse philosophum,* qui non ob aliud in hoc mundi theatrum prodisset, quam vt naturas rerum ac mores hominum *contempletur.*

VII, 357   VENVS   (Pythagoras, 2) [8]

Rogatus a quodam, *quando esset congrediendum cum foemina, „Cum voles", inquit, „teipso fieri debilior".* Multa Venus eneruat hominem.

Apophth. VII, 356–361 Er. wendet sich nunmehr dem 8. Buch von Diog. Laert. zu, das der pythagoräischen Schule gewidmet ist. Allerdings behandelt Er. nur zwei Philosophen derselben, Pythagoras (VII, 356–360; Diog. Laert. VIII, 1–50) und Empedokles (VII, 361; Diog. Laert. VIII, 51–77). Die übrigen von Diog. in Buch VIII beschriebenen Philosophen (Epicharmos von Kos, Archytas von Tarent, Alkmaion von Kroton, Hippasnos von Metapont, Philolaos von Kroton und Eudoxos von Knidos) übergeht Er.

Pythagoras von Samos (ca. 570–um 500 v. Chr.), vorsokratischer Philosoph, Vertreter der ionischen Naturphilosophie, Gründer der Pythagoreischen Schule bzw. einer religiös-philosophischen Sekte in Süditalien (Basilicata), wohin er um 530 auswanderte. Charismatischer Leiter einer von ihm in Kroton organisierten politisch-philosophisch-religiösen Lebensgemeinschaft. Da sich Pythagoras und seine Schüler kaum in Schriften äußerten, ist es nicht möglich, ein klares Bild von seiner Philosophie zu erstellen. Aus Äußerungen anderer (z. B. Platon und Aristoteles) lassen sich gewisse Aspekte und Tendenzen feststellen oder ableiten. Vgl. L. Zhmud, *Pythagoras and the Early Pythagoreans,* Oxford 2012; Ch. Riedweg, *Pythagoras. Leben, Lehre, Nachwirkung. Eine Einführung,* 2., überarbeitete Aufl., München 2007; J.A. Philip, *Pythagoras and Early Pythagoreanism,* Toronto 1966; C.J. de Vogel, *Pythagoras and Early Pythagoreanism,* Assen 1966; Ch. Riedweg, *DNP* 10 (2001), Sp. 649–653, s.v. „Pythagoras", Nr. 2;

K. v. Fritz, *RE* XXIV (1963), Sp. 172–209, s.v. „Pythagoras", Nr. 1A; L. Zhmud, „Pythagoras und die Pythagoreer. 1. Pythagoras", in: H. Flashar u.a. (Hrsg.), *Frühgriechische Philosophie* (= *Grundriss der Geschichte der Philosophie. Die Philosophie der Antike,* Bd. 1), Halbbd. 1, Basel 2013, S. 375–401 und 429–434; M. Giangiulio, *Pitagora. Le opere e le testimonianze,* 2 Bde., Mailand 2000; Vorsokratiker Mansfeld I, S. 99–121, für Pythagoras' Frgm. ebd. S. 122–203. Er. widmet dem charismatischen Philosophen, der für seine markanten, symbol- und orakelhaften Aussprüche bekannt war, nur eine sehr kurze Sektion von 5 Apophthegmen (im Vergleich dazu finden sich bei Lycosthenes 24 Sprüche). Er. begründet dies damit, daß er viele derartige Sprüche bereits in seinen *Adagia* publiziert habe: „De Pythagorae symbolis non pauca diximus in Chiliadibus, quo minus hic libuit ea repetere", wie der Schlußsatz der Sektion lautet. In der Tat tritt Pythagoras an zahlreichen Stellen der *Adagia* hervor: vgl. *ASD* II, 1, S. 17, 60, 72, 86, 87, 88, 90, 98, 100, 102, 104, 106, 113, 386, 450, 504, 527; II, 2, S. 34, 118, 120, 144, 324, 358, 386, 406; II, 3, S. 64, 354, 436, 438, 462, 464, 470; II, 4, S. 94, 132, 234, 326; II, 5, S. 220; II, 6, S. 362, 551, 552; II, 7, S. 19, 20, 172, 276; II, 8, S. 126, 131, 284. Für die zahlreichen Aussprüche des Pythagoras, denen der Status von Sprichwörtern zugeschrieben wurde, vgl. Er.' „Prolegomena" zu den *Adagia, ASD* II, 1, S. 72: „Proinde et oracula pleraque in ius prouerbiorum abierunt et Pythagorae symbola ad paroemiarum naturam videntur pertinere". Er. schrieb Pythagoras den wichtigen Ausspruch „Amicorum comunia omnia" zu, der für ihn die Idee des Kommunismus *in nuce* verwortete und zugleich der Titel des 1. *Adagium* ist. Dieses zitiert Er. auch in den *Apophthegmata*, II, 92, *ASD* IV, 4, S. 171, *CWE* 37, S. 184. Pythagoras tritt in den *Apophthegmata* noch zwei weitere Male als Apophthegmenspender auf, VIII, 135 und 172; in VIII, 238 bezeichnet Er. Pythagoras zu Unrecht als Spruchspender.

847–851 *Dicebat ... contemplaretur* Gekürzte und frei paraphrasierende Wiedergabe von Diog. Laert. VIII, 8, wobei Er. einen Spruchteil wörtlich Traversaris Übers. und ein anderes Element Cic. *Tusc.* V, 9 entnahm. Diog. Laert. VIII, 8: Σωσικράτης (Σωκράτης *in ed. Frob. p. 407*) δ᾽ ἐν Διαδοχαῖς φησιν αὐτὸν ἐρωτηθέντα ὑπὸ Λέοντος τοῦ Φλιασίων τυράννου τίς εἴη, φιλόσοφος, εἰπεῖν. Καὶ τὸν βίον ἐοικέναι πανηγύρει· ὡς οὖν εἰς ταύτην οἱ μὲν ἀγωνιούμενοι, οἱ δὲ κατ᾽ ἐμπορίαν, οἱ δέ γε βέλτιστοι ἔρχονται θεαταί, οὕτως ἐν τῷ βίῳ οἱ μὲν ἀνδραποδώδεις, ἔφη, φύονται δόξης καὶ πλεονεξίας θηραταί, οἱ δὲ φιλόσοφοι τῆς ἀληθείας (ed. Frob. S. 407–408); Diels *FdV* I, 12; Sosicrates Frgm. 7 *FGH* IV, 503; G. Burkert, *Hermes* 88 (1960), S. 159–177. Vgl. die lat. Übers. Traversaris: „Sosicrates autem in Successionibus [sc. philosophorum] ait ipsum rogatum a Leonte Phliasiorum tyranno, quisnam esset, dixisse ‚Philosophus'. Praesentemque vitam dicebat celebritati simillimam. Quemadmodum enim ad hanc alii certaturi, alii negociaturi, alii optimi futuri spectatores veniunt, ita et in vitam alios quidem gloriae mancipia nasci et cupiditatis aucupes, alios vero veritatis studiosos" (ed. Curio, Basel 1524, S. 280); Cic. *Tusc.* V, 9: „Pythagoram autem respondisse similem sibi videri vitam hominum et mercatum eum, qui haberetur maxumo ludorum apparatu totius Graeciae celebritate; nam vt illic alii corporibus exercitatis gloriam et nobilitatem coronae peterent, alii emendi aut vendendi quaestu et lucro ducerentur, esset autem quoddam genus eorum, idque vel maxime ingenuum, qui nec plausum nec lucrum quaererent, sed visendi causa venirent studioseque perspicerent, quid ageretur et quo modo, item nos quasi in mercatus quandam celebritatem ex urbe aliqua sic in hanc vitam ex alia vita et natura profectos alios gloriae seruire, alios pecuniae, raros esse quosdam, qui ceteris omnibus pro nihilo habitis rerum naturam studiose intuerentur; hos se appellare sapientiae studiosos – id est enim philosophos –; et ut illic liberalissimum esset spectare nihil sibi adquirentem, sic in vita longe omnibus studiis contemplationem rerum cognitionemque praestare". Er. verarbeitete die von ihm in dem vorl. *Apophth.* zitierte Stelle Diog. Laert. VIII, 8 zu einem weiteren *Apophth.*, VIII, 133: „Pythagoras posteaquam venisset Phliuntem et cum Leonte Phliasiorum principe docte et copiose quaedam disseruisset, Leon ingenium et eloquentiam hominis admiratus quaesiuit ex eo, qua maxime arte confideret. Cui Pythagoras respondit se nullam quidem artem scire, sed esse philosophum, id es sapientiae studiosum. Huius verecundia sapientis cognomen arrogans, quo se prius venditarant σοφοί, vertit in titulum modestiae".

848 *ad quem ... futuri* Er. gibt in „ad quem ... futuri" wörtlich die lat. Übers. Traversaris wieder.

849 *celebritate* Dieses Wort bezog Er. aus der Übers. Traversaris.

850–851 *hunc spectatorem ... contemplaretur* Den Satzteil „hunc spectatorem ... contemplaretur" gestaltete Er. nach Cic. *Tusc.* V, 9.

850 *mundi theatrum* Die Phrase „theatrum mundi" wurde von John of Salisbury im 12. Jh. geprägt, während das Konzept bereits in der Antike (Stoiker, Neuplatoniker) vorhanden war, jedoch erst in späterer, römischer Zeit weite Verbreitung fand. Z. B. Cicero verwendet die Metapher in *Verres* II, 5, 35: „in aliquo quasi terrarum orbis theatro". Zu der Metapher und ihrer Konzipierung vgl. L. Christian, *Theatrum mundi: The History of an Idea*, New York etc. 1987; A. Hass, „Theatrum Mundi", in: M. Brauneck und G. Schneilin (Hrsg.), *Theaterlexikon*, Bd. 1, Reinbek 2007, S. 1130; J. Drumble, „Ludus honestus, iucundus, gravis, spectabilis. Die Metapher des *Theatrum mundi* bei Bernard von Clairvaux", in: *Aevum* 72.2 (1998), S. 361–374; B. Quiring u. a., *Theatrum mundi. Die Methapher des Welttheaters von Shakespeare bis Beckett*, Berlin 2012.

853–854 *Rogatus ... debilior* Variierende Wiedergabe von Traversaris Übers. von Diog. Laert. VIII, 9: „Rogatus item (item *Traversari: om. Curio*), quando esset concumbendum, ‚Tunc', inquit, ‚cum teipso infirmior fieri vis'". (ed. Curio, Basel 1524, S. 280). Vgl. den griech. Text: ἀλλὰ καί ποτε ἐρωτηθέντα (ἐρωτηθεὶς *ed. Frob. p. 408*) πότε δεῖ πλησιάζειν εἰπεῖν· „ὅταν βούλῃ γενέσθαι αυτοῦ ἀσθενέστερος" (ὅτε βούλει γενέσθαι σαυτοῦ ἀσθενέστερος εἶπεν *ed. Frob. p. 408*).

855 VII, 358   (Pythagoras, 3) [9]

Admonebat discipulos, vt quoties a negociis diurnis vesperi *domum ingrederentur*, versiculum hunc apud se repeterent:

Πῆ παρέβην; τί δ᾽ ἔρεξα; τί μοι δέον οὐκ ἐτελέσθη; ⟨id est

„Lapsus vbi? Quid feci?" aut „Officii quid omissum est?"⟩.

860 VII, 359   GRAVITER   (Pythagoras, 4) [10]
                        (= Dublette von VII, 28)

Aiebat *in ciuitates primum irrepsisse* delicias, mox *saturitatem, deinde* violentiam, *postremo exitium.*

---

858 πῆ *B C Diog. Laertii edd. Curion. et. Frob.*: πῇ *Adag.* 2901.

858–859 id est … omissum est? *supplevi ex Adag. 2901.*

Apophth. VII, 358, zu dem in *B* und *C* kein Titel überliefert ist, ist das Gegenstück zu *Adag.* 2901 „Quo transgressus etc." (*ASD* II, 6, S. 551–552), in dem Er. den nämlichen Vers des Pythagoras zur Gewissenserforschung als für jeden Christen wünschenswerte Verhaltensregel empfiehlt: „Inter philosophos vix alium reperias, qui religiosius instituerit adolescentiam quam Pythagoras, vnde et superstitionis nonnihil admiscuit, quod rudis aetas, quemadmodum et indocta multitudo, nudis et apertis philosophiae praeceptis regi non queat … Huius salutiferi praecepti ceu symbolum quoddam tradidit carmen (cuius autoris incertum, nam apud Homerum non reperio), quo delectatus videtur et Plutarchus. Nam ne hoc quidem viro quicquam sanctius inter philosophos ethnicos. Carmen autem sic habet: Πῆ παρέβην; τί δ᾽ ἔρεξα; τί μοι δέον οὐκ ἐτελέσθη; id est Lapsus vbi? quid feci? aut officii quid omissum est? Pythagoras igitur solitus admonere adolescentes, vt si quid forte deliquissent aut si quid vitii contraxissent ex hominum conuictu, id in posterum corrigerent cauerentque. Eam sententiam latius ac fusius explicuit, quisquis scripsit carmen De viro bono, quod fertur inter appendices operum Vergilianorum: Non prius in dulcem declinat lumina somnum, Omnia quam longi reputauerit acta diei: Quo praetergressus? Quid gestum in tempore? Quid non? Cur isti facto decus abfuit? Aut ratio illi? Haec docuerunt a Christo alieni. Quid oportet facere Christianos? Vtinam saltem sacerdotes et monachi, cum a prolixis splendidisque conuiuiis ingrediantur cubiculum, dicant apud se: Πῆ παρέβην; τί δ᾽ ἔρεξα; τί μοι δέον οὐκ ἐτελέσθη; Deum immortalem, quam multa nobis succurrerent et pudenda et poenitenda!". Er. hatte dieses Adagium für die Ausgabe des Jahres 1526 (F) neu verfasst.

856–858 *Admonebat … ἐτελέσθη* Diog. Laert. VIII, 22: Λέγεται παρεγγυᾶν (παρεγγυᾶν *ed. Frob.*) αὐτὸν τοῖς μαθηταῖς ἑκάστοτε τάδε λέγειν εἰς τὸν οἶκον εἰσιοῦσι: „Πῆ παρέβην; τί δ᾽ ἔρεξα; τί μοι δέον οὐκ ἐτελέσθη" (ed. Frob. S. 413–414). Vgl. die lat. Übers. Traversaris: „Fertur discipulos admonere solitus, vt ista quotidie, cum domum ingrederentur, dicerent: Πῆ παρέβην; τί δ᾽ ἔρεξα; τί μοι δέον οὐκ ἐτελέσθη, hoc est, ‚Quo es praetergressus? Quid gestum in tempore? Quid non?'" (ed. Curio, Basel 1524, S. 284). Der von Diog. Laert. zitierte Vers ist Pythagoras, *Carmina aurea,* 42. Er findet sich weiter in Plut. *De superstitione, Mor.* 168B und *De cur., Mor.* 515F.

859 *Lapsus … est* Da Er. in den *Apophthegmata* die von ihm zitierten griech. Verse standardmäßig mit Übersetzungen versah, ist das Fehlen einer solchen auf ein Versehen zurückzuführen; Er. lagen in diesem Fall zwei Übersetzungen vor: eine in Curios Edition und seine eigene in *Adag.* 2901, *ASD* II, 6, S. 552.

Apophth. VII, 359 ist im Grunde eine Dublette von *Apophth.* VII, 28 („Dicebat [sc. Solon] opulentiam esse matrem saturitatis, saturitatem ferociae ac violentiae", nach Diog. Laert. I, 59; vgl. Komm. ad loc.) und ein Gegenstück zu *Adag.* 2653 „Satietas ferociam parit" (*ASD* II, 6, S. 452). R. Bernhardt verbindet den Spruch des Pythagoras mit einem historischen Ereignis, der Zerstörung der Stadt Sybaris durch die Nachbarstadt Kroton, wo Pythagoras ansässig war; vgl. R. Bernhardt, *Luxuskritik und Aufwandsbeschränkungen in der griechischen Welt*, Wiesbaden 2003, S. 67: „Die Pythagoreer hatten für die Katastrophe von Sybaris folgende Erklärung: Der Frevel gegen die Götter sei eine Folge der Hybris, die Hybris eine Folge des Luxus, und der Luxus eine Folge übermäßigen Reichtums gewesen. Die erst viel später einsetzende Geschichtsschreibung ist diesem Denkmodell gefolgt … Der aufsehenerregende Sieg Krotons markiert also den Beginn der Kroton-, Pythagoras- und Sybarislegende, die unmittelbar miteinander verknüpft sind". Athenaios stellt die Geschichte der Verweichlichung und des Untergangs in diesem Sinne dar (XII, 518C–522A), jedoch ohne den Spruch des Pythagoras zu vermelden. Er hat unter Bezugnahme auf den Untergang der Sybariten *Adag.* 1166 „Sybaritica calamitas" (*ASD* II, 3, S. 180–181) gebildet, aus dem auch hervorgeht, daß er die betreffende Schilderung bei Athenaios kannte: „… de Sybaritarum luxu deque calamitate permulta Athenaeus libro duodecimo [XII, 518C–522A], si cui haec non satis faciunt. Quadrabit adagium in eos, qui neglectu deorum aut ob intemperantem luxum subuertuntur" (S. 180:); weiter stellte Er. den Hochmut der Sybariten in *Adag.* 1167 „Sybaritae per plateas" (*ASD* II, 3, S. 182) und ihre Schwelgerei in *Adag.* 1165 „Sybaritica mensa" (ebd. S. 178–180) dar. In diesen Adagien wird der Spruch des Pythagoras nicht vermeldet.

862–863 *Aiebat … exitium* Paraphrasierende Wiedergabe von Iambl., *De vita Pythagorica* 171: … τὴν τοιαύτην διαίρεσιν (nml. zwischen τρυφή, ὕβρις und deren Folgen) ἐποιεῖτο, ὅτι τὸ πρῶτον τῶν κακῶν παρρεῖν εἴωθεν εἰς τὰς πόλεις ἡ καλουμένη τρυφή, δεύτερον ὕβρις, τρίτον ὄλεθρος. Es hat den Anschein, daß Er. in der Wiedergabe von VII, 359 den Titel seines *Adag.* 2653 „Satietas ferociam parit" (*ASD* II, 6, S. 452) bzw. den Wortlaut von *Apophth.* VII, 28 „ferocia et violentia" miteinfließen ließ. Der Kontext bei Iamblichos ist die Gewohnheit des Pythagoras, ständig zu betonen, daß *die Gesetze* in jedem Fall eingehalten werden müssen. Die absolute Einhaltepflicht der Gesetze betrachtete er als das wirksamste Heilmittel gegenüber dem natürlichen Lauf der Dinge, daß nämlich ὕβρις, τρυφή und die Geringschätzung der Gesetze (νόμων ὑπεροψία) zu ungerechtem Handeln führen. Deshalb plädierte Pythagoras für Vermeidung der Schwelgerei durch Askese, u. a. den Verzicht auf fleischliche, tierische Nahrung. Lycosthenes gibt in seiner Wiedergabe von *Apophth.* VII, 359 im Kapitel „De luxuria, luxu et voluptate" als Quelle „Laertius libro 7. Cap I." (S. 637) an, jedoch ist diese Angabe unrichtig. Im Fall von *Adag.* 2653 „Satietas ferociam parit" gab Er. selbst Stobaios als Quelle und *auctoritas* des Spruches an: „Nicolaus [i.e. Ioannes] Stobaeus in collectaneis suis hanc sententiam prouerbii titulo citat: Τίκτει κόρος μὲν ὕβριν, ἀπαιδευσία δὲ μετ᾽ ἐξουσίας ἄνοιαν, id est *Parit satietas ferociam, imperitia cum potestate coniuncta insaniam.* (Stob. III, 3, 25, p. 201 Hense [Arist. Frgm. 57 Rose]) Tollit animos opulentia". Jedoch wird in *Adag.* 2653 nicht Pythagoras als Spruchspender genannt, sondern, alternativ zu Stobaios, Pindaros (*Olymp.* 13, 10) und Theognis (*Sententiae* = Thgn. 153, vgl. Scholia zu Pind. loc. cit.).

862 *saturitatem … violentiam* Nach Iamblichos folgt auf τρυφή („Sättigung", „saturitas") ὕβρις („frevlerische Überheblichkeit", latein. „fastus"), stattdessen bei Er. an vorl. Stelle jedoch „Gewalttätigkeit", „violentia". Diese Änderung ist dadurch zu erklären, daß Er. den Wortlaut seines *Adag.* 2653 „Satietas ferociam parit" miteinbrachte, wo er ὕβρις mit „ferocia" übersetzt hatte. In *Apophth.* VII, 28 erklärte Er. den Zusammenhang von τρυφή/„satietas" und ὕβρις/ „ferocia ac violentia" wie folgt: „luxus exit in tyrannidem, dum foenum migrat in cornua".

VII, 360 (Pythagoras, 5, i.e. Theano,
Pythagorae vxor) [11]

Theano, Pythagorae vxor, *rogata* quando, *mulier esset munda a viro, respondit, „A suo semper* [i.e. continuo], *ab alieno nunquam"*.

De Pythagorae symbolis non pauca diximus in Chiliadibus, quo minus hic libuit ea repetere.

EMPEDOCLES AGRIGENTINVS

VII, 361 GRAVITER (Empedocles Agrigentinus) [12]

Quum videret ciues suos *deliciis deditos*, sumptuose tamen aedificare, *dixit: „Agrigentini sic indulgent voluptatibus, quasi postridie morituri; sic aedificant, quasi semper victuri"*.

Apophth. VII, 360 wurde in den Basel-Editionen kein eigener Titel beigegeben. Brusoni (1518, VII, 22) und Lycosthenes (S. 1120) präsentierten es jeweils in der Kategorie „De vxoribus". Den Hintergrund zum vorl. *Apophthegma* bilden die Praktiken der Sekte des Pythagoras. Pythagoras war der Meinung, daß auch Frauen der Sekte beitreten durften und wohl auch, daß sie sowohl Unterricht in der Philosophie erhalten als auch sich an die asketischen Vorschriften der Sekte halten sollten.

866 *Theano* **Theano**, von Legenden umrankte Pythagoräerin, die zum erstenmal um 300 v. Chr. erwähnt wird und von späteren, kaiserzeitlichen Quellen manchmal als Frau des Pythagoras, manchmal des Brontino oder Brotino (eines Pythagoreers), manchmal als Tochter des letzten bezeichnet wird. Er. präsentiert sie in der Nachfolge des Diog. Laert. als Ehefrau, Brusoni (1518, VII, 22) als Mutter des Pythagoras. Theano galt in der römischen Kaiserzeit als Verkörperung weiblicher Weisheit und Tugend; ihr wurden einige Schriften zugeschrieben, u. a. eine Spruchsammlung (*Apophthegmata Pythagoreorum*) und eine Sammlung von Briefen, bei denen es sich ausnahmslos um Pseudepigrapha handelt. Weiter sind Titel vermeintlicher Schriften der Theano erhalten („Frauliche Ermahnungen", „Von der Frömmigkeit", „Von der Tugend"). Für die jeweils an Frauen gerichteten Briefe vgl. die kritische Ausgabe von A. Städele, *Die Briefe des Pythagoras und der Pythagoreer*, Meisenheim am Glan 1980; von H. Tesleff, *The Pythagorean Texts of the Hellenistic Period*, Åbo 1965, S. 193–201, und von K. Brodersen: Theano, *Briefe einer antiken Philosophin*, Stuttgart 2010 – dort finden sich auch die der Theano zugeschriebenen Aussprüche; für die Spruchsammlung der Theano vgl. weiter U. Possekel, „Der ‚Rat der Theano'. Eine pythagoreische Spruchsammlung in syrischer Übersetzung", in: *Le Muséon* 111 (1998), S. 7–36. Sowohl die Briefe als auch die Aussprüche der Theano behandeln insbesondere Ehe-, Beziehungs- und Familienfragen. Zur Gestalt der Theano vgl. M. Frede, *DNP* 12.1 (2002), Sp. 253–254, s.v. „Theano", Nr. 3; K. v. Fritz, *RE* V, A2 (1934), Sp. 1379–1381, s.v. „Theano", Nr. 5; M.A.B. Deakin, „Theano: The World's First Female Mathematician?", in: *International Journal of Mathematical Education in Science and Technology* 44, 3 (2012), S. 350–364.

866–867 *Theano ... nunquam* Durch ein Missverständnis getrübte Kopie von Traversaris unklarer Übers. von Diog. Laert. VIII, 43: „Rogata (sc. Theano), quando mulier a viro munda sit, dixisse ferunt, a suo quidem continuo, ab alieno vero nunquam" (ed. Curio, Basel 1524, S. 290). Vgl. den griech. Text: ἀλλὰ καί φασιν αὐτὴν ἐρωτηθεῖσαν ποσταία γυνὴ ἀπ' ἀνδρὸς καθαρεύει, φάναι, „ἀπὸ μὲν τοῦ ἰδίου παραχρῆμα, ἀπὸ δὲ τοῦ ἀλλοτρίου οὐδέποτε" (ed. Frob. S. 423). Brusoni (1518, VII, 22) gibt ebenfalls die Übers. Traversaris wieder, bezeichnet Theano jedoch als „Mutter des Pythagoras". Das Apophth. wurde auch als rhetorisches Musterbeispiel verwendet, vgl. Theon, *Progymnasmata* 204,51 (Spengel II, 98); *CWE* 38, S. 855.

866 *munda a viro* Er. übernahm die nicht leicht verständliche *verbatim*-Wiedergabe von ἀπ' ἀνδρὸς καθαρεύει mit „munda a viro" von Traversari. Gemeint ist: Wie viele Tage muß sich eine Frau des Geschlechtsverkehrs enthalten, bevor sie wieder den Status der „Reinheit" zurückerhält? Die Antwort der Theano ist, daß sich eine Ehefrau keinen einzigen Tag zu enthalten braucht, jedoch eine Frau, die Ehebruch begeht, niemals wieder den Status der Reinheit wiedererlangt. Das *Apophthegma* ist im Zusammenhang mit den Reinigungs- und Tabuvorschriften zu verstehen, die Pythagoras seiner Sekte machte und die asketische Praktiken (z. B. den Verzicht auf den Verzehr von Fleisch und Bohnen; mäßige Nahrungsaufnahme) miteinschlossen (vgl. unten *Apophth.* VIII, 170 mit Komm.). Theano erhielt als Sektenmitglied die Frage, welche asketischen Gebote sie in Bezug auf Geschlechtsverkehr befolgen müsste; der Fragesteller mag sich deshalb besonders interessiert haben, weil Pythagoras dafür bekannt war, dem Geschlechtsverkehr negativ gegenüberzustehen (vgl. *Apophth.* VII, 356). Theanos' Antwort war, da der Fragesteller zweifellos ein Nicht-Sektenmitglied war, bewußt brüskierend.

867 *semper* „semper" ist eine Fehlübersetzung von παραχρῆμα, das „sogleich, sofort" bedeutet (vgl. Passow II, 1, S. 728, s.v.), von Traversari richtig mit „continuo" wiedergegeben; παραχρῆμα, das will sagen „sofort nach dem Geschlechtsverkehr".

868–869 *De Pythagorae ... repetere* Der überleitende Satz, der die Pythagoras gewidmete Sektion abschließt, gehört nicht zu *Apophth.* VII, 360.

868 *in Chiliadibus* Vgl. oben Komm. zu VII, 356.

Empedokles aus Akragas/Agrigento (ca. 495–435 v. Chr.), vorsokratischer Philosoph, Redner, Politiker, Priester, Arzt und Dichter. Empedokles entstammte einer vornehmen Familie Agrigents (Sizilien); sein Vater war ein bedeutender Politiker der Stadt, zudem i.J. 496 Olympiasieger (Diog. Laert. VII, 51). Politisch stand Empedokles auf Seite der Demokratie-Befürworter; es gelang ihm, die oligarchische „Versammlung der 1000" aufzulösen (Diog. Laert. VII, 66). Diog. Laert. zählte ihn zu der pythagoreischen Schule und bezeichnet ihn als Schüler des Pythagoras, wobei er sich auf den Historiker Timaios von Tauromenion beruft (VII, 54). Letzteres ist jedoch unmöglich, da Pythagoras, als Empedokles geboren wurde, schon das Zeitliche gesegnet hatte. Von seinen Werken sind nur Fragmente überliefert, u. a. von den hexametrischen Lehrgedichten Περὶ φύσεως und Καθαρμοί. Zu Empedokles vgl. P. Kingsley, *Ancient Philosophy, Mystery, and Magic. Empedocles and Pythagorean Tradition*, Oxford 1995; O. Primavesi, *Empedokles Physika I. Eine Rekonstruktion des zentralen Gedankengangs*, Berlin-New York 2008; D. O'Brien, „Empedocles: A Synopsis", in: G. Rechenauer (Hrsg.), *Frühgriechisches Denken*, Göttingen 2005, S. 316–342; J. Bollack, *DNP* 3 (1997/9), Sp. 1011–1015, s.v. „Empedokles", Nr. 1; E. Wellmann, *RE* V, 2 (1905), Sp. 2507–2512, s.v. „Empedokles", Nr. 3. Im sechsten Buch tritt (ein) „Empedocles" als Apophthegma-Spender auf (VI, 212), jedoch handelt es sich dort um eine kuriose Fehlzuschreibung des Er.: Der wirkliche Spruchspender ist der Römer Pedo, wie aus Er.' Quelle Quintilian hervorgeht; vgl. oben Komm. *ad loc*. Empedokles figuriert zudem in *Apophth.* VII, 366 als Gesprächspartner des Xenophanes.

Apophth. VII, 361 Vgl. die inhaltlich gleichläufigen *Apophthegmata* VI, 458, wo Stratonikos dasselbe den Rhodiern vorwirft, und VII, 239 (Aristoteles).

872–874 *deliciis ... victuri* Diog. Laert. VIII, 63. Er. gab die lat. Übers. Traversaris wieder: ‚Vnde et Empedoclem illis delitiis vacantibus dixisse: ‚Agrigenti delitiis quidem ita quotidie se dedunt, ac si postridie morituri, domos vero ita aedificant, quasi perpetuo victuri'" (ed. Curio, Basel 1524, S. 297). Vgl. den griech. Text: ὅθεν τὸν Ἐμπεδοκλέα εἰπεῖν, τρυφώντων αὐτῶν, „Ἀκραγαντῖνοι τρυφῶσι μὲν ὡς αὔριον ἀποθανούμενοι, οἰκίας δὲ κατασκευάζονται ὡς πάντα τὸν χρόνον βιωσόμενοι" (ed. Frob. S. 432). Vgl. Aelian. *Var. Hist.* XII, 29 und XIV 48A.

872 „sumptuose tamen aedificare" ist ein Zusatz des Er., der unglücklich ist, weil er den Witz vorwegnimmt und zu einer Verdopplung desselben führt.

HERACLITVS EPHESIVS

VII, 362   INITIIS OBSTANDVM   (Heraclitus Ephesius, 1) [13]

Dicebat iniuriam magis extinguendam quam incendium. Ex leuissimis offensis, si negligantur, nascuntur atroces tragoediae. Sed ad restinguendum incendium accurrunt omnes, gliscenti vero simultati citius addunt iritamenta.

VII, 363   LEGVM OBSERVATIO   (Heraclitus Ephesius, 2) [14]

Dicebat ciues non minus *oportere pugnare pro legibus quam pro moenibus*, quod absque legibus nullo pacto possit esse ciuitas incolumis, absque moenibus possit.

Apophth. VII, 362–391 Mit der Heraklit gewidmeten Sektion (VII, 362–365; Diog. Laert. IX, 1–17) wendet sich Er. den von Diog. Laert. im neunten Buch beschriebenen vorsokratischen Philosophen, in erster Linie ionischen Naturphilosophen, zu. Neben Heraklit behandelt Er. Xenophanes von Kolophon (VII, 366–367; Diog. Laert. IX, 18–20), Zenon von Elea (VII, 380–383; IX, 25–29), Demokrit von Milet (VII, 368–371; Diog. Laert. IX, 34–49), Anaxarchos von Abdera (VII, 374–379; Diog. Laert. IX, 58–60), sowie den Skeptiker Pyrrhon von Elis (VII, 384–388; Diog. Laert. IX, 61–108) und Timon von Nikeia (VII, 389–391; Diog. Lart. IX, 109–116). Die übrigen von Diog. im neunten Buch behandelten Philosophen lässt Er. aus (Parmenides [21–23], Melissos [24], Leukippos [30], Protagoras [50–56] und Diogenes von Apollonia [57]). Auffällig ist die Abwesenheit des Parmenides, dem Platon einen Dialog gewidmet hatte. Protagoras räumt Er. zwei *Apophth.* im achten Buch ein (VIII, 5–6). Kurioserweise schiebt Er. einen Apophthegmaspender ein, der kein Äquivalent im neunten Buch des Diog. Laert. hat: „Antiphon" (VII, 372–373). Dabei handelt es sich zudem um zwei verschiedene Personen dieses Namens: Antiphon den Sophisten aus dem 5. Jh. v. Chr. (VII, 372) und Antiphon den Tragödienautor (VII, 373).

Herakleitos von Ephesos (ca. 520–ca. 460 v. Chr.), ionischer Philosoph. Vgl. L. Gemelli Marciano (Hrsg.), *Die Vorsokratiker*. Bd. 1, Düsseldorf 2007, S. 284–369; H. Fränkel, *Wege und Formen frühgriechischen Denkens*. 3. Aufl., München 1968, S. 237–283; J.-E. Pleines, *Heraklit. Anfängliches Philosophieren*, Hildesheim 2002; M. Thurner, *Der Ursprung des Denkens bei Heraklit*, Stuttgart 2001; D. Bremer und R. Dilcher, „Heraklit", in: H. Flashar u. a. (Hrsg.), *Frühgriechische Philosophie* (= *Grundriss der Geschichte der Philosophie. Die Philosophie der Antike*, Band 1), Halbbd. 2, Basel 2013, S. 601–656; G. Betegh, *DNP* 5 (1998), Sp. 382–385, s.v. „Herakleitos", Nr. 1; E. Wellmann, *RE* VIII, 1 (1912), Sp. 504–508, s.v. „Herakleitos", Nr. 10. Heraklit war schon in der Antike für den orakelhaften, dunklen Stil seiner Aussprüche bekannt, so auch Er., vgl. unten VIII, 190 „Et hic Heraclitus suo respondit nomini. Nam σκοτεινός dictus est, id est, tenebricosus"; *Adag.* 236 (*ASD* II, 1, S. 349–350) und *Adag.* 528 (*ASD* II, 2, S. 58). Er. zitiert ihn als Urheber gewisser Aussprüche und Adagien, z. B. in *Adag.* 1454 als Urheber des Spruches „Simiarum pulcherrima deformis est" (*ASD* II, 3, S. 442), *Adag.* 3694 „Magis quam sol Heracliti" (*ASD* II, 8, S. 124: „Qui sine spe reparationis deficiunt, eos Socrates apud Platonem De republica libro VI … magis ipso Heracliti sole extigui dixit. Agit illic de senibus, qui ad perdiscendas philosophiae difficultates idonei non sunt, in adolescentia defatigati. Heraclitus enim existimauit solem scaphae speciem habere eiusque lumen deficere, quoties cauum ad superiora vertitur, sed rursus fieri lucidum, postquam inuertitur", nach Plato, *Rep.* VI, 2, 498A) oder *Adag.* 3738 „Asinus stramenta mauult quam aurum" (*ASD* II, 8, S. 150: „Aristoteles … citat Heraclitum, qui dixerit … asinos stramenta malle quam aurum, quod asinis pabulum auro sit iucundius"), oder als Urheber sprichwörtlich gewordener Gebarungen, z. B. des sprichwörtlichen weinenden Philosophen gegenüber dem lachenden Demokrit, vgl. *Adag.* 1664 (*ASD* II, 4, S. 128: „Potest et ad Heraclitum referri res humanas perpetuo fletu prosequi solitum") und *Adag.* 2201 „Sileni Alcibiadis" (*ASD* II, 5, S. 184).

Apophth. VII, 362 Vgl. Er. *Adag.* 1941 „Lis litem serit" (*ASD* II, 4, S. 300): „Ἔρις δ' ἔριν ἀντιφυτεύει, id est *At lis seritur de lite vicissim.* Hemistichium est heroicum. Resecanda iniuria est, non retalianda"; *Adag.* 799 „Litem parit lis, noxa item noxam parit" (*ASD* II, 2, S. 320): „Δίκη δίκην ἔτικτε καὶ βλάβην βλάβη, id est *Litem parit lis, noxa item noxam parit.* Senarius in rixosos et litium auidos dici solitus, quibus lis ex lite, alia ex alia nascitur. Negocium seritur ex negocio, iniuria propagat iniuriam. [G] Extat apud Suidam"; *Adag.* 108 „Ignem igni ne addas" (*ASD* II, 1, S. 220–221): „Μὴ πῦρ ἐπὶ πῦρ, id est, Ne incendium incendio addas. Vsurpatur a Platone. Sensus liquet. Ne calamitatem adiungas calamitati, ne commotum magis etiam commoueas"; *Adag.* 109 „Oleum camino addere" (*ASD* II, 1, S. 221): „Affinem huic habet sententiam Oleum camino addere pro eo, quod est: malo fomentum ac velut alimoniam suppeditare, quo magis ac magis augescat".

877 *Dicebat iniuriam ... incendium* Diog. Laert. IX, 2. Er. gibt die lat. Übers. Traversaris wieder: „Dicebat autem et iniuriam extinguere oportere magis quam incendium (incendium *Curio*: ardentem rogum *Traversari*)" (ed. Curio, Basel 1524, S. 308). Vgl. den griech. Text: Ἔλεγε δὲ καὶ „ὕβριν χρὴ σβεννύναι (σβεννύειν *in ed. Frob. p. 447*) μᾶλλον ἢ πυρκαϊὴν". Diels *FdV* I, Herakleitos Frgm. B 43.

877–879 *Ex ... iritamenta* erklärender Kommentar des Er.

881 *Dicebat ciues ... moenibus* Diog. Laert. IX, 2: „μάχεσθαι χρὴ τὸν δῆμον ὑπὲρ τοῦ νόμου ὅκωσπερ τείχεος (τείχεως *in ed. Frob. p. 447*)"; Diels *FdV* I, Herakleitos Frgm. B 44. Vgl. die lat. Übers. Traversaris: „Dicebat ... plebemque pro lege non secus ac pro muro pugnare" (ed. Curio, Basel 1524, S. 308).

VII, 364   LIBERE   (Heraclitus Ephesius, 3) [15]

Rempublicam vt deploratam *contempsit eique dare leges, quum rogaretur, recusauit. Secessit autem* in *templum Dianae ibique cum pueris ludebat talis. Circunstanti et admiranti* populo *„Perditi!"*, inquit, *„An non praestat hoc agere quam vobiscum rempublicam administrare?"*.

VII, 365   (Heraclitus Ephesius, 4) [16]

Interrogatus aliquando, *quur sileret, „vt vos"*, inquit, *„loquamini"*.

XENOPHANES COLOPHONIVS

VII, 366   SALSE   (Xenophanes Colophonius, 1) [17]

Empedocle dicente sapientem inueniri non posse, „Et merito", inquit, *„Nam sapientem esse oportet, qui agnoscat sapientem"*, notans illum, qui hoc dicebat, suo vitio non inuenire sapientem.

884–887 *Rempublicam ... administrare* Leicht gekürzte und variierende Wiedergabe von Diog. Laert. IX, 2–3, wobei Er. die Übers. Traversaris/ Curios als Vorlage benutzte und an zwei Stellen verbesserte: „Cum autem rogaretur a ciuibus, vt leges eis poneret, facere (facere *Traversari: om. Curio*) contempsit, quod iam ciuitas pessima consuetudine imbuta esset. Secedens vero ad phanum Dianae cum filiis talo (talo *Traversari: om. Curio*) ludebat. Circumstantibus autem Ephesiis, ‚Quid', inquit, ‚miramini, o perditi? Nonne praestat istuc facere quam vobiscum vltra (vltra *Traversari: om. Curio*) rempublicam (rempublicam *Curio, Traversari*: rem *e.g. ed. Ven. 1490*) administrare?'" (ed. Curio, Basel 1524, S. 308). Vgl. den griech. Text: ἀξιούμενος δὲ καὶ νόμους θεῖναι πρὸς αὐτῶν ὑπερεῖδε διὰ τὸ ἤδη κεκρατῆσθαι τῇ πονηρᾷ πολιτείᾳ τὴν πόλιν. ἀναχωρήσας δ᾽ εἰς τὸ ἱερὸν τῆς Ἀρτέμιδος μετὰ τῶν παίδων ἠστραγάλιζε· περιστάντων δ᾽ αὐτὸν τῶν Ἐφεσίων, „τί, ὦ κάκιστοι, θαυμάζετε;" εἶπεν (ἔφη *in ed. Frob. p. 448*), „ἦ οὐ κρεῖττον τοῦτο ποιεῖν ἢ μεθ᾽ ὑμῶν πολιτεύεσθαι;".

884 *Rempublicam* Er. gibt nicht an, um welche Stadt bzw. welchen Stadtstaat es sich handelt. Wie aus dem Kontext hervorgeht, ist Ephesos gemeint; unmittelbar zuvor ist eine Schelte des Heraklit gegen die Ephesier überliefert (Diog. Laert. IX, 2; Diels *FdV* I, Herakleitos Frgm. B 121; vgl. Strab. XIV, 1, 25, 642C).

885 *in templum* Die Übersetzung des Er. „in templum Dianae", wobei er von Traversari („ad phanum Dianae") abwich, ist nicht glücklich. Natürlich war Heraklit nicht „in den Tempel" gegangen, um dort mit den Kindern Würfel zu spielen. Gemeint ist, daß er sich in den Tempelbezirk des Heiligtums der Artemis begab, der weitläufig ist und wo der Aufenthalt nicht auf den Personenkreis der Opfernden beschränkt war. Das besagen sowohl der griech. Originaltext (εἰς τὸ ἱερὸν τῆς Ἀρτέμιδος) als auch die Übers. des Traversari („ad phanum Dianae"). Der springende Punkt ist, daß Heraklit sich demonstrativ aus der Stadt zurückzog: Das Heiligtum lag außerhalb der Stadt; sich aus der Stadt zurückziehen und im Tempelbezirk aufhalten erweckt den Eindruck, daß sich Herklit als Asyl-Suchender gebärdete. Der religiöse Mittelpunkt des Tempelbezirks war der schon damals berühmte (alte) Artemis-Tempel, der seit ca. 550 v. Chr. von dem Architekten Chersiphron von Knossos erbaut worden war und der sich durch seine Größe (111,7 × 57,3 Meter) sowie die große Anzahl (106) und Höhe (19 Meter) seiner Marmor-

säulen auszeichnete; schon der alte Artemis-Tempel zählte zu den Sieben Weltwundern ebenso wie der ab dem 4. Jh. gebaute, noch größere Tempel; vgl. B.L. Trell, „Der Tempel der Artemis zu Ephesos", in: P.A. Clayton und M.J. Price (Hrsg.), *Die Sieben Weltwunder*, Stuttgart 2009, S. 105–133; W. Schaber, *Die archaischen Tempel der Artemis von Ephesos. Entwurfsprinzipien und Rekonstruktion*, Waldsassen 1982; U. Muss (Hrsg.), *Die Archäologie der ephesischen Artemis. Gestalt und Ritual eines Heiligtums*, Wien 2008; A. Bammer, *Das Heiligtum der Artemis von Ephesos*, Graz 1984.

885 *pueris* Traversari hatte μετὰ τῶν παίδων als „cum filiis" aufgefasst; daß Heraklit mit seinen eigenen Söhnen Würfel gespielt haben soll, hat etwas für sich, da von einer *secessio* die Rede ist. Er. zog die wörtliche Übers. „cum pueris" vor.

885 *ludebat talis* Curio hatte in seiner Edition irrtümlich Traversaris „talo" ausgelassen; Er. beseitigte die Omission, indem er entweder aufgrund des griech. Textes (ἠστραγάλιζε) oder mit Hilfe einer älteren Ausgabe von Traversaris Diog.-Laert.-Übers. „talis" ergänzte.

889 *Interrogatus ... loquamini* Diog. Laert. IX, 12: φασὶ δ' αὐτὸν ἐρωτηθέντα διὰ τί σιωπᾷ, φάναι „ἵν' ὑμεῖς λαλῆτε" (ed. Frob. S. 452); vgl. Traversaris Übers.: „Aiunt illum, cum rogaretur, cur taceret, dixisse ,vt vos loquamini'" (ed. Curio, Basel 1524, S. 311).

890 *XENOPHANES COLOPHONIVS* In dieser Form auch im Index personarum von *B* und *C*, dort jeweils zu Unrecht von „Xenophanes Lagi" unterschieden, der mit Xenophanes von Kolophon identisch ist.

890 **Xenophanes** (ca. 570–ca. 470 v. Chr.), ein vorsokratischer Naturphilosoph, stammte aus der Stadt Kolophon an der ionischen Küste Kleinasiens, zwischen Smyrna und Ephesos gelegen. Mit 25 Jahren wurde er aus seiner Heimatstadt vertrieben und wanderte nach Süditalien aus, wo er den Rest seines Lebens verbrachte. Als Rhapsode trug er die Epen Homers und eigene Werke vor. Seine philosophischen Gedanken gestaltete er stets in der Form metrischer Gedichte, von denen nur Fragmente erhalten geblieben sind. In seinen Gedichten kritisierte Xenophanes herkömmliche, seiner Ansicht nach veraltete Gottesvorstellungen, lieferte weiter Erkenntniskritik und naturphilosophische Betrachtungen. Vgl. E. Heitsch, *Xenophanes und die Anfänge kritischen Denkens*, Mainz 1994; A. Mourelatos, *DNP* 12.2 (2002), Sp. 628–632, s.v. „Xenophanes", Nr. 1; K. v. Fritz, *RE* IX, A2 (1967), Sp. 1541–1562, s.v. „Xenophanes", Nr. 1; K. Ziegler, „Xenophanes von Kolophon, ein Revolutionär des Geistes", in: *Gymnasium* 72 (1965), S. 289–302; H. Fränkel, „Xenophanesstudien", in: *Hermes* 60 (1925), S. 174–192; Ch. Schäfer, *Xenophanes von Kolophon. Ein Vorsokratiker zwischen Mythos und Philosophie*, Stuttgart-Leipzig 1986 (2. Aufl. 1996). Für die Fragmente des Xenophanes s. L. Gemelli Marciano (Hrsg.), *Die Vorsokratiker*, Bd. 1, Düsseldorf 2007, S. 222–283 (gr. mit dt. Übers.); E. Heitsch (Hrsg.), *Xenophanes: Die Fragmente*, München 1983 (gr. u. dt., mit ausführl. Komm.) und J.E. Lesher (Hrsg.), *Xenophanes of Colophon, Fragments. A Text and Translation with a Commentary*, Toronto-Buffalo-London 1992. In den *Apophthegmata* figurierte Xenophanes von Kolophon bereits in V, 51; in V, 95 verwechselte Er. Xenophanes mit einem vermeintlichen Bruder des Ptolemaios I. Soter (vgl. oben Komm. ad loc.).

892 *Empedocle* Zu dem Naturphilosophen **Empedokles aus Akragas** (ca. 495–435 v. Chr.) vgl. oben Komm. zu VII, 360.

892 *Empedocle ... sapientem* Diog. Laert. IX, 20: Ἐμπεδοκλέους δὲ εἰπόντος αὐτῷ ὅτι ἀνεύρετός ἐστιν ὁ σοφός, „εἰκότως", ἔφη: „σοφὸν γὰρ εἶναι δεῖ τὸν ἐπιγνωσόμενον τὸν σοφόν" (ed. Frob. S. 456). Diels *FdV* I, Xenophanes Frgm. 31 A; vgl. *Gnom. Paris.* 158. In der lat. Übers. Traversaris findet sich entweder durch eine Dittographie oder durch eine unglückliche freie Wiedergabe die den Sinn trübende Angabe, daß sich Empedokles darüber beklagt hätte, er könne keinen *jungen* Mann finden, der ein Weiser sei: „Empedocle autem dicente sibi (sibi *Traversari*: om. *Curio*) difficile inueniri iuuenem (inuenire iuuenem *Curio, ed. Ven. 1490*) posse sapientem, ,Recte', inquit. ,Nam sapiens sit necesse est, qui norit explorare sapientem'" (ed. Curio, Basel 1524, S. 314). Stobaeus (Meineke IV 226, 141) schreibt den Ausspruch des Xenophanes dem Empedokles zu, der einem anonymen Fragesteller antwortet (vgl. Komm. *CWE* 38, S. 857).

892 *sapientem inueniri non posse* Er. korrigierte an dieser Stelle die irrige Angabe in Traversaris/Curios Übers.: „difficile inueniri *iuuenem* posse sapientem" (a.a.O.).

895 VII, 367 ⟨Salse⟩ (Xenophanes Colophonius, 2) [18]

Dicebat τοῖς τυράννοις ὁμιλεῖν ἢ ἥδιστα ἢ ἥκιστα, *id est, cum tyrannis congrediendum aut iucundissime aut minime. "Nihil est violentius aure tyranni", ait Satyricus. Apud bonos etiam principes admonendi libertas verbis placidioribus est temperanda. Id qui non potest, abstineat ab illorum congressu.*

900 VII, 367B ⟨Timiditas lavdata (Xenophanes Colophonius, 3)

Xenophanes Lagi filius, *quum* ipsi Hermoneus [i.e. Lasus Hermionensis] timiditatem obiiceret, *quod nollet secum tesseris ludere, "Fateor", inquit, "me non solum*

---

895 Salse *supplevi.*

900–905 Timiditas ... a turpibus *transposui ad hunc locum ex libro V, quod dictum est Xenophanis Colophonii, non fratris Ptolemaei.*

Apophth. VII, 366 hat in den Basel-Ausgaben keinen eigenen Titel erhalten, wohl weil die Überschrift des vorhergehenden Apophth. („Salse") weitergeführt werden sollte. Xenophanes bezeigt sich in vorliegendem Apophth. als Gegner der Staatsform der Tyrannis. Für sein politisches Denken vgl. R. Kattel, „The Political Philosophy of Xenophanes of Colophon", in: *Trames* 1 (1997), S. 125–142.

896–897 *Dicebat ... minime* Verdrehte Wiedergabe von Diog. Laert. IX, 20, wobei Er. die Übers. Traversaris als alleinige Textvorlage benutzte: „Tyrannis congrediendum aut minime aut suauissime" (ed. Curio, Basel 1524, S. 314).

896 *Dicebat* Wie im vorhergehenden Apophth. ist der Spruchspender Xenophanes. Lycosthenes jedoch hat VII, 366 irrtümlich „Xenophon" als Spruchspender angegeben (S. 1045).

896 τοῖς ... ἥκιστα Er. gibt hier auch den griechischen Text des Spruches wieder, was er in Fällen zu tun pflegt, in denen metrische Texte vorliegen: Er. gibt dann standardmäßig – eingeleitet mit „id est" – eine lateinische Übers. bei, die in der Regel von ihm selbst angefertigt wurde. Der vorliegende Fall gestaltet sich jedoch auffällig anders: Überraschenderweise stimmt der von Er. zitierte griech. Text (τοῖς τυράννοις ὁμιλεῖν ἢ ἥδιστα ἢ ἥκιστα) nicht mit dem des Diog. Laert. IX, 20 überein: Ἔφη ... τοῖς τυράννοις ἐντυγχάνειν ἢ ὡς ἥκιστα ἢ ὡς ἥδιστα (Lobonis Frgm. 17 Croenert). Der Grund ist, daß Er. den griech. Text hier *selbst verfasst* hat, indem er ihn aus der latein. Übers. Traversaris rekonstruierte. Denn die Worte τοῖς ... ἥδιστα fehlten in der von ihm benutzten Handschrift des griech. Diogenes-Textes ebenso wie in Frobens Ausgabe (vgl. ed. Frob. 1533, S. 456).

896 ἢ ἥδιστα ... ἢ ἥκιστα Er. gibt den Spruch verdreht wieder, wobei vor allem auffällt, daß die Wortfolge von ἥκιστα und ἥδιστα falsch ist. Der Wortwitz kommt nur dann voll zur Geltung, wenn ἥκιστα und ἥδιστα in der richtigen Reihenfolge stehen: Der Sinn ist, daß man mit Tyrannen am besten „so wenig wie möglich (ὡς ἥκιστα) zu tun hat"; wenn dies nicht gelingt, muß man mit ihnen „so freundlich wie möglich (ὡς ἥδιστα) umgehen".

897 *Nihil ... tyranni* In genau dieser Form zitierte Er. Iuv. 4, 86 („Sed quid violentius aure tyranni?") in *Adag.* 2601 (*ASD* II, 6, S. 400): „[B] ... nihil est, [H], ait Satyra, [B] *violentius aure tyranni*". Dort bringt Er. den Vers im Rahmen seines Fürstenspiegel-Adagiums „Scarabaeus ad aquilam", um den grausamen monarchischen Herrscher zu charakterisieren, den er mit dem Adler identifiziert; bereits an seinem Schnabel und seinen Klauen könne man erkennen, daß der Adler ein Feind des Friedens sei, geboren, um zu kämpfen, rauben und plündern (ebd.). Bereits Girolamo Balbi zitierte den Vers des Juvenal in der Form „nihil est ..." in seinen *Epigrammata* (Paris 1486–1488), in dem Gedicht „In Octaviam", Z. 10: „Heu nihil est saeui violentius aure tyranni";

Er. kannte die Gedichte des Balbi über Cornelius Aurelius, und er korrespondierte mit ihm diesbezüglich; vgl. *CE* I, S. 89. Juvenal nahm in dem Vers die Grausamkeit des tyrannischen Kaisers Domitian im Zusammenhang mit einem fingierten Reichsrat aufs Korn, dem neben anderen „amici" auch Crispus angehörte, der eine solche Sklavenseele war, daß er sogar 80 Jahre alt wurde. „Das Ohr" des Domitian sei so gewalttätig, sagt Juvenal, daß die Mitglieder seines Reichsrates ihres Lebens nicht einmal dann sicher waren, wenn sie sich mit ihm über so harmlose Themen wie das Wetter unterhielten.

Apophth. VII, 367B Dieses dem Philosophen Xenophanes zugehörige *Apophth.* hatte Er. in V, 95 fälschlich einem gewissen „Xenophanes, Lagi filius" zugeschrieben, den er als Bruder des Ptolemaios I. Soter bezeichnete. Ein Bruder des Ptolemaios I., der diesen Namen getragen habe, ist historisch nicht belegbar. Er.' Zuschreibung beruht auf einem Irrtum bei der Lektüre und Übers. von Plut. *De vitioso pudore* 5, *Mor.* 530F, sowie auf einem Überlieferungsproblem des Textes der nämlichen Stelle.

902–904 *Xenophanes ... inhonesta* Er. greift hier auf seine frühere Übers. von Plut. *De vitioso pudore* 5, *Mor.* 530F zurück: „Rursum aliquis prouocat ad talos inter pocula: ne pudescas neque metuas, si petaris dicterio, sed imitare Xenophanem Lagi (sic), quem quum Hermoneus (sic, i.e. Lasus Hermionensis) ‚meticulosum' vocaret, quod nollet cum ipso talis ludere, confessus est se non modo timidum, sed vehementer etiam (etiam *ed. Cratander: om. Koster*) timidum et meticulosum esse adversus inhonesta" (*ASD* IV, 2, S. 313; ed. Cratander, Basel 1539, fol. 200C). Vgl. den griech. Text: ἀλλ' ὥσπερ Ξενοφάνης, Λάσου τοῦ Ἑρμιονέως μὴ βουλόμενον αὐτῷ συγκυβεύειν δειλὸν ἀποκαλοῦντος, ὁμολόγει καὶ πάνυ δειλὸς εἶναι πρὸς τὰ αἰσχρὰ καὶ ἄτολμος. Diels *FdV* I, Xenophanes A 16. Er. hat in seiner Übers. von *De vitioso pudore* ebenso wie in den *Apophthegmata* den Plutarchtext mehrfach missverstanden. Λάσου (oder in seinem griech. Textzeugen: Λάγου) ist – anders, als Er. vermeinte – kein Patronymicum zu Ξενοφάνης, sondern mit ἀποκαλοῦντος zu konstruieren; Er. jedoch konstruierte ἀποκαλοῦντος mit Ἑρμιονέως, eine Form, die er irrtümlich für einen Personennamen hielt. Eine Person mit dem Namen Ἑρμιονεύς oder Ἑρμονεύς existierte jedoch nicht. Ἑρμιονεύς bedeutet „der Mann aus Hermione", einer Stadt an der östlichen Küste der Argolis, heute Ermioni (vgl. *DNP* 5 [1999], Sp. 437–438, s.v. „Hermion[e]"). Ἑρμιονέως ist mit Λάσου /Λάγου zu konstruieren, womit sich die Bedeutung ergibt: „Als Lasos/Lagos aus Hermione den Xenophanes einen Feigling nannte ...". Vgl. auch Komm. *CWE* 38, S. 483. Die nicht existierenden Personen „Hermoneus" und „Xenophanes, Sohn des Lagos" figurieren auch in Lycosthenes' Druck des Apophthegmas („De metu et timore vel timiditate", S. 696).

902 *Xenophanes Lagi filius* Nachdem Er. aufgrund mehrerer Irrtümer auf den fehlerhaften Text „Xenophanes Lagi filius" gekommen war, identifizierte er – ebenfalls irrtümlich – den von ihm so konstruierten „Lagus" mit dem makedonischen General Lagos, dem Vater des Ptolemaios I.; Lagos hatte jedoch keinen Sohn und Ptolemaios I. keinen Bruder dieses Namens; sein einziger Bruder hieß Menelaos, den Ptolemaios I. im Jahr 310 zum König von Salamis auf Zypern machte, das dieser allerdings schon 306 an Demetrios Polyorketes verlor. Für den Stammbaum der Ptolemäer vgl. *DNP* 10 (2001), Sp. 529–530; für Menelaos, den Bruder des Ptolemaios, vgl. W. Ameling, *DNP* 7 (1999), Sp. 1233–1234, s.v. „Menelaos", Nr. 4.

902 *Hermoneus* In Wirklichkeit ist bei Plutarch **Lasos von Hermione** (geb. um 548 v. Chr.) gemeint, ein bedeutender Rhapsode, Hymnen- und Dithyrambendichter, der am Hof des athenischen Tyrannen Hipparchos tätig war. Nach den Aristophanes-Scholien soll Lasos der Erfinder des kreisförmig aufgestellten dithyrambischen Chores gewesen sein, nach der Suda überhaupt der Erfinder dithyrambischer Wettkämpfe. Wegen seiner Vorliebe für komplizierte Wortspiele hatte er den Ruf eines Protosophisten. Später wurde er zuweilen zu den Sieben Weisen des Altertums gezählt. Vgl. E. Robbins, *DNP* 6 (1999), Sp. 1159, s.v. „Lasos", Nr. 1; G.A. Privitera, *Laso di Ermione*, 1965.

meticulosum, verum etiam vehementer meticulosum, sed *aduersus inhonesta"*. Honesta formidolositas est, quae deterret a turpibus.⟩

DEMOCRITVS MILESIVS [i.e. ABDERITES]

VII, 368   Mvltiscivs   (Democritus, i.e. Socrates)

Ignotus venit Athenas, et colloquio de philosophia cum Socrate habito dixit: „Hic philosophus similis est pentathlo, quod calleret naturalia, moralia, mathematica, ad haec disciplinas, quas ἐγκύκλ⟨ι⟩ους vocant, *denique omnium artium peritiam"*.

909 pentathlo *scripsi*: Pentathlo *B C*.

910 ἐγκύκλ⟨ι⟩ους *scripsi*: ἐγκύκλους *B C*.

904 *etiam* Er. schreibt „etiam", wie in seiner eigenen Übers. (vgl. ed. Cratander, Basel 1530, fol. 200C); in Kosters Ausgabe in *ASD* (a.a.O.) wurde „etiam" irrtümlich ausgelassen.

904–905 *Honesta formidolositas … turpibus* Er. liefert hier eine eigenwillige Interpretation des Plutarchtextes, die das Glücks- oder Würfelspiel an sich als verwerflich darstellt, während aus dem Kontext der Plutarchstelle hervorgeht, daß ein Würfelspiel dann abzulehnen sei, wenn man zuviel getrunken habe. *CWE* 38, S. 483 vermutet, daß dies daran liege, daß Er. der Kontext der Stelle nicht geläufig war. Dies ist jedoch nicht wahrscheinlich, da er das Werk selbst übersetzt hatte und im Text von V, 93 auf die frühere Übers. zurückgegriffen hat. Er. hat den moralischen Sinn somit offenbar bewusst abgeändert.

Demokritos von Abdera (ca. 460–ca. 471 v. Chr.) Naturphilosoph, auf dem Gebiet der Physik Hauptvertreter des atomistischen Materialismus, den er von seinem Lehrmeister Leukippos übernommen hatte. Demokritos stammte aus Thrakien, wo er seine Ausbildung erhielt; unternahm in der Folge weite Reisen, die ihn u.a. nach Ägypten, Babylonien und Athen führten. Vgl. G. Rechenauer, „Leukipp und Demokrit", in: H. Flashar u.a. (Hrsg.), *Frühgriechische Philosophie* (= *Grundriss der Geschichte der Philosophie. Die Philosophie der Antike.* Band 1). Halbbd. 2, Basel 2013, S. 833–946; I. Bodnár, *DNP* 3 (1997/9), Sp. 455–458, s.v. „Demokritos", Nr. 1; E. Wellmann, *RE* V, 1 (1903), Sp. 135–140, s.v. „Demokritos", Nr. 6; R. Löbl, *Demokrits Atomphysik*, Darmstadt 1987; M.F. Meyer, „Demokrit als Biologe", in: J. Althoff u.a. (Hrsg.),

Antike Naturwissenschaft und ihre Rezeption, Trier, Trier 2009, S. 31–46. Es gibt heute keinen Zweifel, daß Demokritos aus Abdera stammte; Er. bezeichnet ihn hier als „Democritus Milesius"; Diog. Laert. (IX, 34) jedoch gibt als Vaterstadt „Abdera oder Milet" an. An anderer Stelle gibt Er. an, daß Demokritos aus Abdera stamme, vgl. *Adag.* 3528 „Abderitica mens" (*ASD* II, 8, S. 34). Er. führt Demokritos wiederholt in den Adagien an, u.a. als Autor von Sprichwörtern, z.B. in *Adag.* 382 „Quae apud inferos" (*ASD* II, 1, S. 464), 413 „Quam apes similes" (ibidem, S. 487) und 1263 (*ASD* II, 3, S. 282).

906 *DEMOCRITVS MILESIVS* In dieser Form auch im Index personarum von *B* und *C*.

In *Apophth.* VII, 368 hat Er. sowohl die Sprecher verwechselt als auch den Sinn der Stelle falsch wiedergegeben. In dem verworrenen Text des Er. ist der Spruchspender Demokritos und dieser preist den historischen Sokrates für die *Vielseitigkeit seines Wissens: Er sei als Philosoph ein Fünfkämpfer, der sich in allen Disziplinen auskenne.* Tatsächlich aber ist der Spruchspender die im platonischen Dialog *Anterastai* auftretende Dialogperson „Sokrates". Daß der historische Demokritos den historischen Sokrates für seine Vielseitigkeit gepriesen haben soll, wäre an sich schon kaum nachvollziehbar, da Sokrates für seine einseitige Fokussierung auf die Ethik bekannt war, während der damals um die Lebensmitte sich befindende Demokritos sich durch eine große Vielseitigkeit auszeichnete. In dieser verdrehten und sinnwidrigen Form fand der vermeintliche Spruch des Demokritos Eingang in die

907 *Multiscius* „Multiscius" ist seit Petrarca das in der Philosophiediskussion der neulateinischen Literatur gängige Reizwort für den „Vielwisser", der in Bezug auf die Definition des Weisen bzw. der *sapientia* oft auch Ablehnung erfährt; vgl. z. B. Pet., *Seniles* III, 1, 61: „Non enim sapientem sic accipio ..., vt docti quidam, qui multiscium sapientem dicunt"; zu dem Thema hat er sich grundlegend in seinem Traktat *De sui ipsius et multorum ignorantia* geäußert. In der antiken Literatur wurde „multiscius" nur von Apuleius verwendet, der Homer universales Wissen zuschrieb, *Apol.* 31: „Homerum, poetam multiscium vel potius cunctarum rerum adprime peritum ...". Im Sinn von Apul. *Apol.* 31 hat Vadian in seiner Poetik (d.J. 1518) die „Vielwisserei" mit dem Ideal des *poeta doctus* identifiziert und in seine Definition des idealen humanistischen Dichters integriert, vgl. *De poetica et carminis ratione* 18: „poetas *esse* homines ... multiscios, in quibus artis, naturae et exercitationis mira quaedam vestigia apparerent" (ed. P. Schäffer, München 1973, S. 143, 23). Vgl. Ramminger, *Neulateinische Wortliste*, s.v. „multiscius". Er hat ein *Adagium* gebildet, in dem er sich explizit gegen „Vielwisserei" ausspricht, *Adag.* 3651 „Nihil inanius quam multa scire" (*ASD* II, 8, S. 96): „Conueniet in eos, qui malunt multa discere quam vtilia".

908–910 *Ignotus ... peritiam* Völlig missverstandene und verworrene Wiedergabe von Diog. Laert. IX, 36–37, wobei Er. die unklare und von Übersetzungs- und Verständnisfehlern getrübte Übertragung Curios/ Traversaris als Textvorlage benutzte: „Constat, inquit (sine nomine, i.e. Demetrius Phalereus), illum (sc. Democritum) Athenas venisse atque ob despectum gloriae agnosci noluisse et, cum agnouisset Socratem, ipsum a Socrate fuisse ignoratum. ‚Veni enim Athenas', inquit (sc. Democritus), ‚et me nemo cognouit'. ‚Si quidem Platonis illic riuales sunt', ait Trasyllus, hic (sc. Democritus) profecto obscurus ac sine nomine venisset, qui de Oenopidis et Anaxagorae esset familia (Oenopidis et Anaxagorae esset familia *Traversari*: Oenopidis familia et Anaxagoras alter *ed. Curio*).' Cum alter in collocutione Socratem (Cum alter in collocutione Socratem *Traversari*: colloquio *Curio*) de philosophia alloquatur (de philosophia alloquatur *Traversari*: cum Socrate habito de philosophia *Curio*) ‚Hic', inquit, ‚philosophus similis est quinque certaminum victori' (‚Hic', inquit, ‚philosophus similis est quinque certaminum victori' *Curio*: Cui et dixit philosophum quinque certaminum victori esse similem *Traversari*). Et erat re vera in philosophia πένταθλος (πένταθλος *Curio*: pentathlus *Traversari*: penthathlusi *ed. Ven. 1490*), hoc est (hoc est *Curio*: id est *Traversari*) quinque certaminum. Namque naturalia, moralia, mathematica, liberalium disciplinarum rationes, artiumque omnem peritiam callebat" (ed. Curio, Basel 1524, S. 320). Vgl. *FHG* III, 504.

908–910 *colloquio ... peritiam* Er. hat die Stelle missverstanden. Es ist nicht der Fall, daß der historische Demokritos den historischen Sokrates in Athen traf und mit ihm eine philosophische Diskussion abhielt. Was Diog. Laert. hier überliefert, ist ein Stück Literatur, aus einem philosophischen Dialog, der den Titel *Anterastai* trug und in der Antike Platon zugeschrieben wurde. Wie in den platonischen Dialogen üblich, ist der Hauptunterredner Sokrates. In der Tat ist es die Dialogperson Sokrates, die die nachfolgenden Worte, d.h. den von Erasmus zitierten Spruch, von sich gibt. Sokrates sagt in Bezug auf die ihm gegenüberstehende Dialogperson: „Dem da scheint ein Philosoph eine Art Pentathlet zu sein". Damit ist gemeint, daß Sokrates' Gegenüber Philosophie mit Viel- und Buntwisserei verwechsle. Die Bemerkung des Sokrates ist ironisch zu verstehen: Er preist nicht, sondern verspottet sein Gegenüber für dessen vielseitiges Wissen. Übrigens gibt Diog. Laert. hier keine selbstständige Betrachtung zum besten: Er hat sie von dem Philosophen und Astronomen Thrasyllos (1. Jh. n. Chr.) übernommen, der sowohl die Werke Platons als auch jene des Demokritos herausgegeben hatte. Als Herausgeber der Werke Platons war Thrasyllos hervorragend mit dem Dialog *Anterastai* vertraut, während er sich als Editor der Werke des Demokritos auch sehr für dessen Person intersssierte. Thrasyllos vermutete, daß eine im Dialog figurierende Person, die jedoch keinen Namen trug (παραγενόμενος ἀνώνυμος), mit Demokritos zu identifizieren sei; dies geht nur dann auf, wenn der Verfasser des Dialogs in der Tat Platon war (Εἴπερ οἱ Ἀντερασταὶ Πλάτωνός εἰσι); wenn der Dialog eine spätere pseudoplatonische Schrift darstellen würde, wäre diese Identifizierung jedoch hinfällig. Der Identifizierung, die Thrasyllos vornahm, liegt die Definition der Philosophie zugrunde:

910   VII, 369   Gloria ex benefactis   (Democritus, 2)

Huius fertur et illud, λόγος ἔργου σκιή, id est, „*Oratio operis est vmbra*", significans ex egregiis factis nasci laudes hominum eloquentium, non contra. Primam igitur oportet esse curam factorum, *gloria consequitur* vltro.

Charakteristisch für Sokrates ist die Engführung derselben auf die Ethik, für Demokritos jedoch die Breite des wissenschaftliche Interesses: Demokritos hatte Schriften zu Physik, Medizin, Biologie, Ethik, Psychologie, Logik, Mathematik, Poetik, Musik und diversen Künsten verfasst. Er. hat dies alles überhaupt nicht verstanden; das liegt zuvorderst daran, daß er von Curios/ Traversaris Übers. ausging und nicht auch den griech. Text studierte. Traversari hatte irrtümlich angenommen, daß mit Ἀντερασταὶ Πλάτωνός die historischen philosophischen Rivalen Platons gemeint seien und daß Demokritos einer dieser Rivalen gewesen sei, der jedoch den Nachteil hatte, daß er völlig unbekannt war („,Si quidem Platonis illic riuales sunt', ait Trasyllus, ,hic [sc. Democritus] profecto obscurus ac sine nomine venisset'").

908–909 *Hic ... pentathlo*   Er. hat auch den Spruch selbst missverstanden. Demokritos sagt nicht zu Sokrates: „Dieser Philosoph ähnelt einem Fünfkämpfer"; im griech. Text steht vielmehr, daß Sokrates in Bezugnahme auf sein Gegenüber (Demokritos) sagte, „der hier meint, ein Philosoph sei ein Fünfkämpfer". Nach Traversaris irriger Übers. sprach Demokritos diese Worte zu dem historischen Sokrates; Curio verschlimmbesserte Traversaris Übers. dadurch, daß er „hic" hinzufügte und die Aussage auf Sokrates bezog („,Hic', inquit, ,philosophus similis est quinque certaminum victori'"). Er. übernahm den doppelten Irrtum.

909 *pentathlo*   Für πένταθλος benutzte Er. die transliterierte Form „penthathlus", die Traversari nicht ganz richtig mit „quinque certaminum victor" („Sieger in fünf Wettkampfdisziplinen) übersetzt hatte. Das lateinische Wort für „Fünfkämpfer" ist „quinquertio" (vgl. *DNG* II, Sp. 4024, s.v.), für „Fünfkampf" „quinquertium" (ebd., Paulus Ex Festo: „Pentathlum antiqui quinquartium dixerunt. Id autem genus exercitationis ex his quinque artibus constat: iactu disci, cursu, saltu, iaculatione, luctatione". Der Pentathlon war Bestandteil der antiken Olympischen Spiele (seit den 18.) und setzte sich aus Speerwurf, Weitsprung (= Fünfsprung mit Hanteln), Diskuswurf, Wettlauf (ca. 200 m) und Ringen zusammen; zum antiken Fünfkampf vgl. i.a. J. Ebert, *Zum Pentathlon der Antike. Untersuchungen über das System der Siegerermittlung und die Ausführung des Halterensprunges*, Berlin 1963; D.G. Kyle, „Winning and Watching the Greek Pentathlon", in: *Journal of Sport History* 17 (1990), S. 291–305; N. Suppanz, *Eine logische Wertung für das antike Pentathlon*, Berlin 2000; Friedrich Fedde: *Der Fünfkampf der Hellenen*, Breslau 1888.

910 *disciplinas, quas* ἐγκύκλ⟨ι⟩ους *vocant*   Der diesbezügliche, im 4. Jh. gebildete und von Aristoteles standardisiert verwendete Begriff ist ἐγκύκλιος παιδεία, nicht ἐγκύκλος παιδεία; vgl. Passow I, 2, S. 770, s.v. ἐγκύκλιος, 3, sowie, an der zitierten Diog.-Laert.-Stelle: καὶ τοὺς ἐγκυκλίους λόγους. Wahrscheinlich ist das irrige, von den Baseldrucken jedoch einhellig überlieferte ἐγκύκλους einem Textübertragungsfehler geschuldet.

911 *Gloria ex benefactis*   Wie der Titel „Gloria ex benefactis" zeigt, hat Er. den Spruch des Demokritos im Sinn des sprichwörtlichen Gedankens „gloria ... virtutem tamquam vmbra sequitur" (Cic. *Tusc.* I, 109) interpretiert. Dem Titel und der Interpretation des Er. entsprechend druckte Lycosthenes den Spruch in der Kategorie „De gloria et eius amore" (S. 431). Die Verbindung mit dem Gloria-Umbra-Virtutis-Topos erscheint ingeniös, ist jedoch nicht plausibel. Der sprichwörtliche Gedanke, daß *virtus* von selbst zu Ruhm führe, ist römischen Machart und ist im Kontext römischen politischen Denkens zu situieren. Von daher ist so gut wie auszuschließen, daß Demokrit dies meinte. In *Adag.* 98 (*ASD* II, 1, S. 209) hat Er. (jedenfalls wenn sein Quellenverweis stimmt), den Spruch im Sinn von „Die Rede des Menschen ist ein wahrer Spiegel seiner Taten", d.h. seines tatsächlichen Tuns, seiner Lebensweise, nach dem griech., von Seneca überlieferten Sprichwort „*Talis homi-*

nibus fuit oratio, qualis vita" (Sen. *Epist.* 114, 1) aufgefasst. Den Spruch des Demokrit mag Er. a.a.O. aus dem Gedächtnis zitiert haben, weil er den Wortlaut des Griechischen änderte: „Democritus philosophus apud Laertium orationem εἴδωλον τοῦ βίου, id est vitae simulacrum, quandamque *velut vmbram* esse dicebat. Qua quidem sententia nihil poterat dici verius. Nam nullo in speculo melius expressiusque relucet figura corporis quam in oratione pectoris imago repraesentatur. Neque secius homines ex sermone quam aerea vasa tinnitu dignoscuntur". Trotz der Ungenauigkeit des Zitates ist diese Interpretation des Er. sinnvoller als jene von VII, 369. Während die Interpretation des Er. aus *Adag.* 98 im Grund den λόγος bzw. die *oratio* aufwertet (nämlich als getreue Wiedergabe), hat es jedoch eher den Anschein, daß Demokrit den λόγος mit seinem Spruch abwerten und ein Statement gegen die Überbewertung des λόγος, die Dialektik und Logik in der griechischen Philosophie, insbesondere im Platonismus und bei den Nachfolgern des Sokrates, abgeben wollte. Demokrit beschäftigte sich nicht mit Dialektik und Logik, nicht mit Worten und Wortspielereien, sondern mit den Dingen selbst, mit Physik und verwandten Wissenschaften.

912 λόγος ἔργου σκιή Er zitierte hier aus seiner Handschrift mit dem griech. Text des Diog. Laert. IX, 37: τούτου ἐστὶ καὶ τὸ λόγος ἔργου σκιή. Diels *FdV* II, Demokritos B 145. Der Spruch findet sich ebenfalls in Plut. *De lib. educ.* 14, *Mor.* 9F: λόγος γὰρ ἔργου σκιή, κατὰ Δημόκριτον. Vgl. die Übers. von Guarino: „Vt enim ait Democritus: actionis vmbra existit oratio" (ed. Cratander, Basel 1530, fol. 54C).

912 *Oratio ... umbra* Vgl. die Übers. von Traversari: „Sermo operis umbra" (ed. Curio, Basel 1524, S. 320).

914 *gloria consequitur vltro* Den topischen, sprichwörtlichen Gedanken, daß der Ruhm den tugendhaften Taten wie der Schatten folge, bezog Er. aus Cic. *Tusc.* I, 109: „... gloria ... tamen virtutem tamquam vmbra sequitur" oder Sen. *Epist.* 79, 13: „Gloria vmbra virtutis est, etiam inuitam comitabitur"; vgl. auch Hieron. *Epist.* 108, 3: „Fugiendo ... gloriam merebatur, quae virtutem quasi vmbra sequitur"; Otto 764. Den Gedanken bringt Er. auch in den Adagien, vgl. *Adag.* 2651 „Velut vmbra sequi" (*ASD* II, 6, S. 452), wo Er. Cic. *Tusc.* I, 109 und Plaut. *Cas.* 91–92 zitierte und aus „velut vmbra sequi" den griech. Spruch Ὥσπερ σκιὰ ἕπεσθαι selbst erfand. Für „velut vmbra sequi" vgl. auch Otto 1818.

915 VII, 370 GRAVITER (Democritus, 3)

Dicere solet, *si corpus animum in ius vocaret, haud* quaquam *futurum, vt ille muneris male administrati crimen effugeret*. Animus in corpore veluti praesidio collocatus est, et tamen pleraque mala corpori ab animo veniunt.

VII, 371 STVDIVM (Democritus, 4)

920 *Quum* arroderet *cucumerem, sensit humorem esse mellei saporis rogauitque famulam, vnde emisset. Illa nominauit hortum. Surrexit Democritus et „Duc me", inquit, „eo, ac locum indica". Demirante muliercula, quid sibi vellet, „vt", inquit, „dulcedinis causam inueniam, inuenturus, si locum inspexero". Hic muliercula ridens „quiesce", inquit, „o bone. Nam ego imprudens cucumerem immiseram in ollam mellitam". At ille offensus,*
925 *„Molesta es", inquit, „Ego tamen incumbam quaeramque causam, quasi cucumeri peculiaris sit ac genuina dulcedo"*. Sit hoc exemplum studii indefatigabilis.

916–917 *Dicere ... effugeret* Plut. *De tuenda sanitate praecepta* 24, *Mor.* 135E, wobei Er. seine eigene Übers. d.J. 1514 wörtlich wiederholte: „... dixit Democritus: si corpus animum in ius vocaret, non futurum, vt ille muneris male administrati crimen effugeret" (*ASD* II, 2, S. 210). Vgl. den griech. Text: τὸν Δημόκριτον εἰπεῖν ὡς εἰ τὸ σῶμα δικάσαιτο τῇ ψυχῇ κακώσεως, οὐκ ἂν ἀποφυγεῖν. Diels *FdV* II, Demokritos Frgm. B 159. *CWE* 38, S. 858 gibt als Quelle Plut. *De libidine et aegritudine*, Frgm. 2 an, was jedoch nicht stimmt. Auch die Quellenangabe des Lycosthenes ist nicht stimmig: „Laert. lib. 9. Cap. 7." (S. 247).

916 *solet* Daß Demokrit diesen Spruch immer wieder geäußert habe („dicere solet"), hat Er. in *Apophth.* VII, 370 hinzuerfunden; in der Quelle steht lediglich εἰπεῖν.

916 *animum* Er. übersetzte ψυχή *ad sensum* mit „animus", „Geistseele", wie schon in seiner früheren Plutarchübertragung (a.a.O.).

918 *Et tamen ... veniunt* Er. weist hier auf die „Misshandlungen" hin, die der Geist dem Körper antut. Dabei hat er konkret jene vor Augen, die Plut. a.a.O. aufzählt; dabei geht es um die Art und Weise, wie überambitionierte Leute ihrem Körper Schaden zufügen: ständige Überanstrengung des Körpers durch Schlafmangel, durch die Strapazen ständigen Reisens und des Hetzens von einem Termin zum anderen; in Er.' Übers.: „Sic enim complures in morbum incidunt, dum se quibuslibet de causis discruciant vigilando, peregrinando, sursum ac deorsum cursitando, quum interim nihil vtile aut vrbanum agant, sed aliis vel insidientur vel invideant vel aemulentur (aemulentur *ed.* Cratander: emulentur *ed.* Koster) aut gloriolas inanes et infrugiferas aucupentur. In hos, ni fallor, maxime quadrat illud, quod dixit Democritus ..." (*ASD* II, 2, S. 210). An einer ähnlichen Stelle, die jedoch nur fragmentarisch überliefert ist und einen anderen Wortlaut hat, zählt Plutarch weitere Misshandlungen des Körpers durch den Geist auf: Trunksucht, Hingabe an Lüste, Vernachlässigung der Bedürfnisse des Körpers. Vgl. Plut. *De libidine et aegritudine*, Frgm. 2: καὶ Δημόκριτος μὲν ἐπὶ τὴν ψυχὴν ἀναφέρων τὴν κακοδαιμονίαν (τὴν αἰτίαν τῆς κακοδαιμονίας Diels) φησίν, εἰ τοῦ σώματος αὐτῇ δίκην λαχόντος παρὰ πάντα τὸν βίον ὧν ὠδύνηται ⟨καὶ⟩ κακῶς πέπονθεν αὐτὸς γένοιτο τοῦ ἐγκλήματος δι⟨καστής⟩, ἡδέως ἂν καταψηφίσασθαι τῆς ψυχῆς, ἐφ' οἷς τὰ μὲν ἀπώλεσε τοῦ σώματος ταῖς ἀμελείαις καὶ ἐξέλυσε ταῖς μέθαις, τὰ δὲ κατέφθειρε καὶ διέσπασε ταῖς φιληδονίαις, ὥσπερ ὀργάνου τινὸς ἢ σκεύους κακῶς ἔχοντος τὸν χρώμενον ἀφειδῶς αἰτιασάμενος (Diels *FdV* II, Demokritos Frgm. B 159).

920–926 *Quum ... dulcedo* Leicht gekürzte, sonst wörtliche Übers. des Er. von Plut. *Quaestiones Convivales, Mor.* 628C–D: καὶ γὰρ ἐκεῖνος ὡς ἔοικε τρώγων σίκυον, ὡς ἐφάνη μελιτώδης ὁ χυμός, ἠρώτησε τὴν διακονοῦσαν, ὁπόθεν πρίαιτο· τῆς δὲ κῆπόν τινα φραζούσης, ἐκέλευσεν ἐξαναστὰς ἡγεῖσθαι καὶ δεικνύναι τὸν τόπον·

θαυμάζοντος δὲ τοῦ γυναίου καὶ πυνθανομένου τί βούλεται, "τὴν αἰτίαν", ἔφη, "δεῖ με τῆς γλυκύτητος εὑρεῖν, εὑρήσω δὲ τοῦ χωρίου γενόμενος θεατή". "κατάκεισο δή", τὸ γύναιον εἶπε μειδιῶν, "ἐγὼ γὰρ ἀγνοήσασα τὸ σίκυον εἰς ἀγγεῖον ἐθέμην μεμελιτωμένον". ὁ δ' ὥσπερ ἀχθεσθεὶς, "ἀπέκναισας", εἶπεν, "καὶ οὐδὲν ἧττον ἐπιθήσομαι τῷ λόγῳ καὶ ζητήσω τὴν αἰτίαν, ὡς ἂν οἰκείου καὶ συγγενοῦς οὔσης τῷ σικύῳ τῆς γλυκύτητος". "κατάκεισο δή", τὸ γύναιον εἶπε μειδιῶν, "ἐγὼ γὰρ ἀγνοήσασα τὸ σίκυον εἰς ἀγγεῖον ἐθέμην μεμελιτωμένον". ὁ δ' ὥσπερ ἀχθεσθεὶς, "ἀπέκναισας", εἶπε, "καὶ οὐδὲν ἧττον ἐπιθήσομαι τῷ λόγῳ καὶ ζητήσω τὴν αἰτίαν, ὡς ἂν οἰκείου καὶ συγγενοῦς οὔσης τῷ σικύῳ τῆς γλυκύτητος".

924 *At ille offensus* An dieser Stelle vergaß Er. ein Wort zu übersetzen (ὥσπερ); in seinem Narrativ gibt Plutarch an, daß der Ärger des Demokrit nur gespielt war: ὁ δ' ὥσπερ ἀχθεσθεὶς ...

ANTIPHO [i.e. SOPHISTA]

VII, 372   Temporis parsimonia   (Antipho Sophista, 1)

Dixit preciosissimum impendium esse tempus, πολυτελέστατον ἀνάλωμα χρόνος. *Citat Plutarchus in Vita Antonii. Quanquam hoc dictum compluribus tribuitur.*

ANTIPHO SOPHISTA [i.e. POETA]

VII, 373   Libertas immodica   (Antipho poeta, 1)
                 (= Dublette von III, 264)

Quum apud Dioynsium quaereretur, quod aeris genus esset omnium *optimum, „Ex quo", inquit, „Athenienses statuas fecerunt Harmodio et Aristogitoni",* nimium libere,

---

927 ANTIPHO *B om. C BAS LB.*

931 ANTIPHO SOPHISTA *B (om. C BAS LB)*: scribendum erat ANTIPHO POETA.

Apophth. VII, 372–373 In *C, BAS* und *LB* rutschten die folgenden beiden Sprüche VII, 372–373 durch Omission des Zwischentitels „ANTIPHO" irrtümlich in die dem Philosophen Demokrit gewidmete Sektion. Der Fehler entstand beim Satz von *C*, in *B* war der richtige Zwischentitel noch vorhanden. Er. muß geläufig gewesen sein, daß der Spruchspender von VII, 372 Antiphon war, da er Plutarchs *Vita Antonii* als seine Quelle angibt („citat Plutarchus in Vita Antonii"), in der unmissverständlich Antiphon als Spruchautor aufscheint: τὸ πολυτελέστατον, ὡς Ἀντιφῶν εἶπεν, ἀνάλωμα, τὸν χρόνον. Außerdem wird Antipho als Spruchspender noch im Index personarum von *C* angegeben, obwohl sein Name im Haupttext von *C* weggefallen war. Lycosthenes, der mit einer späteren Ausgabe als *B* arbeitete, schrieb den Spruch VII, 372, durch das Fehlen des Zwischentitels in die Irre geführt, dem Demokrit zu (S. 1039). Durch den in *B* überlieferten Zwischentitel „ANTIPHO" gibt Er. an, daß der Spruchspender von VII, 372 und 373 derselbe sei. Dasselbe geht aus dem Index personarum von *B* und *C* hervor. Jedoch sind die Spruchspender von VII, 372 und 373 nicht identisch: Jener von VII, 372 ist der Philosoph Antiphon aus Athen, der auch **Antiphon Sophista** genannt wird (5. Jh. v. Chr.), der von VII,

372 jedoch der im Syrakus des 4. Jh. tätige **Tragödiendichter Antiphon**. Der in Athen wirkende Philosoph (bzw. Sophist/ Redner) Antiphon wird zuweilen auch mit dem ebendort tätigen Redner Antiphon aus Rhamnus identifiziert. Er ist jedoch klar von Antiphon dem Tragödiendichter zu unterscheiden. Der letzte hielt sich in Sizilien am Hof des Dionysios I. auf und verfasste nur Schauspiele, der Philosoph verblieb immerzu in Athen und ist der Autor der Traktate *Von der Wahrheit* (*Aletheia*) und *Von der Eintracht* (*Perí homonoías*), von denen Fragmente erhalten sind. Für diese vgl. Diels *FdV* II, S. 289–308 und G.J. Pendrick (Hrsg.), *Antiphon the Sophist: The Fragments*, Cambridge 2002. Zu Person und Philosophie Antiphons des Philosophen vgl. M. Gagarin, *Antiphon the Athenian*, 2003; G.B. Kerferd und H. Flashar, „Antiphon aus Athen", in: H. Flashar (Hrsg.), *Grundriss der Geschichte der Philosophie. Die Philosophie der Antike*, Band 2/1, Basel 1998, S. 69–80; B. Cassin, *NP* 1 (1996), Sp. 785–787, s.v. „Antiphon, Nr. 4, von Rhamnus. A. Der Redner. B. Der Sophist"; M. Narcy, „Antiphon d'Athènes", in: R. Goulet (Hrsg.), *Dictionnaire des philosophes antiques*, Bd. 1, Paris 1989, S. 225–244; Th. Zinsmaier, „Wahrheit, Gerechtigkeit und Rhetorik in den Reden Antiphons", in: *Hermes* 126 (1998), S. 398–422. Er. zitiert

Antiphon Sophista in *Adag.* 436 (*ASD* II, 1, S. 510).

Apophth. VII, 372 ist ein Gegenstück zu VII, 254 (Theophrastos) und 313 (Zeno Citieus), welche denselben Titel tragen.

929 *Dixit preciosissimum ... χρόνος* Gekürzte, vom Kontext losgelöste Wiedergabe von Plut. *Anton.* 28, 1–2 (*Vit.* 928A): ἐκεῖ δὲ μειρακίου σχολὴν ἄγοντος διατριβαῖς καὶ παιδιαῖς χρώμενον ἀναλίσκειν καὶ καθηδυπαθεῖν τὸ πολυτελέστατον, ὡς Ἀντιφῶν εἶπεν, ἀνάλωμα, τὸν χρόνον. Diels *FdV* II, Antiphon der Sophist, Frgm. B 77. Plutarch wendet den Spruch des Antiphon auf Antonius an, der, von Cleopatra verführt, sich in Alexandrien ausschweifenden Vergnügungen hingab, v.a. hyperluxuriösen, lange andauernden und Unsummen kostenden Gelagen, die im Rahmen der eigens dafür gegründeten „Gesellschaft der unnachahmlichen Lebensgeniesser" (σύνοδος ἀμιμητοβίων) organisiert wurden. In Josse Bades Ausgabe von Leonardo Brunis Übers. der Antonius-Biographie ist das Apophthegma mit einer Marginalnote hervorgehoben: „Tempus pretiosissima res" (ed. Bade, Paris 1510, fol. CCCXXIX^v). Der Text lautet dort: „Ab hac itaque muliere (sc. Cleopatra) Antonius vsqueadeo raptus est, vt ... ipse expers curae, veluti hae res hihil ad se pertinerent, in Alexandriam reginam sequeretur et ibi pretiosissimam rem (vt inquit Antipho), tempus, desidia otioque contereret ...".

930 *hoc dictum compluribus tribuitur* Daß Zeit der kostbarste Besitz oder auch der schlimmste Verlust ist, stellt eine allgemeine, zum Sprichwörtlichen hinneigende Weisheit dar, die mehreren anderen Philosophen zugeschrieben wurde, u.a. Bias, Theophrastos (VII, 254), Zenon von Kition und Seneca (vgl. Lycosthenes, S. 1039). Ein besonderer Bezug ergibt sich zu Senecas *Epistulae morales*, in denen das Vermeiden von Zeitverlust ein Hauptthema ist; aus diesem Werk stammt auch Senecas geflügeltes Wort „Tempori parce!" (Sen. *Ep.* 88, 39 und 94, 28; vgl. Otto 1752). Vgl. *Apophth.* VII, 254: „Habebat (sc. Theophrastus) semper in ore nullum esse sumptum preciosiorem tempore. Solum enim hoc recuperari non potest, et tamen vulgo nihil habetur vilius tempore".

931 ANTIPHO SOPHISTA Der Spruchspender ist nicht Antiphon der Sophist, sondern **Antiphon, der Tragiker** des 4. Jh. v. Chr., der am Hof des Dionysios I. in Syrakus tätig war und von diesem hingerichtet wurde (wohl nach 386). Vgl. A. Dieterich, *RE* I, 2 (1894), Sp. 2526, s.v. „Antiphon", Nr. 12; F. Pressler, *DNP* 1 (1996), Sp. 784–785, s.v. „Antiphon", Nr. 3.

932 *Libertas immodica* Den Titel, den Er. VII, 373 verleiht, „Libertas immodica", hat er aus Plutarchs Erklärung zu dem Spruch (Plut. *Quomodo adulator ab amico internoscatur* 27, *Mor.* 68A) abgeleitet, in Er.' eigener Übers.: „Nec enim prodest in eiusmodi dictis acerbitas ac mordacitas nec delectat scurilitas ac iocus, sed est eiusmodi intemperantiae petulantiaeque genus simul ex malicia contumeliaque commixtum, quo qui vtuntur, in exitium coniciunt se ipsos, plane saltationem illam saltantes, quam circa puteum prouerbio vocant. Nam et Antiphon interfectus est a Dionysio ..." (*ASD* II, 2, S. 152).

934–935 *Quum apud Dioynsium ... Aristogitoni* Er. variierte seine eigene Übers. d.J. 1514 von Plut. *Quomodo adulator ab amico internoscatur* 27, *Mor.* 68A: „Perperam et Antiphon, qui, quum apud Dionysium quaereretur ac disputaretur, quod aeris genus esset optimum, ‚Illud', inquit, ‚ex quo statuas Harmodii et Aristogitonis fecerunt Athenienses'" (*ASD* II, 2, S. 151–152). Vgl. den griech. Text: κακῶς δὲ καὶ Ἀντιφῶν, παρὰ Διονυσίῳ ζητήσεως οὔσης καὶ λόγου ποῖος χαλκὸς ἄριστος, „ἐκεῖνος", εἶπεν, „ἐξ οὗ Ἀθήνησι κατεσκεύασαν τὰς Ἁρμοδίου καὶ Ἀριστογείτονος εἰκόνας".

934 *Dionysium* Dionysios I., Tyrann von Syrakus (reg. 405–367 v. Chr.). Zu seiner Person vgl. oben Komm. zu *Apophth.* V, 54.

934 *quod aeris ... esset optimum* Wenn am Hofe des Dionysios I. über die Qualität von Bronze gesprochen wurde, ging es dabei konkret um die Frage, welche Art Bronze als Material für Standbilder am geeignetsten wäre. Daraus erklärt sich mehr spezifisch der Witz, den sich Antiphon gegenüber Dionysios herausgenommen haben soll. Aus der exakten inhaltlichen Parallele, einem Diogenes von Sinope zugeschriebenen Ausspruch, geht dies klar hervor: Ἐρωτηθείς ποτε ὑπὸ τυράννου ποῖος εἴη (ποῖος ἂν εἴη *in ed. Frob. p. 283*) ἀμείνων χαλκὸς εἰς ἀνδριάντα, ἔφη, „ἀφ' οὗ Ἁρμόδιος καὶ Ἀριστογείτων ἐχαλκεύθησαν" (Diog. Laert. VI, 50).

935 *Harmodio et Aristogitoni* Harmodios tötete gemeinsam mit Aristogeiton den athenischen Tyrannen Hipparchos bei den Panathenäen des J. 514 v. Chr., wobei er selbst das Leben ließ. Harmodios und Aristogeiton wurden in der Folge, nach dem Sturz des Hippias, als Tyrannentöter, Freiheitskämpfer und Begründer der Demokratie gefeiert und durch die Aufstellung von zwei Bronzestandbildern von der Hand des Antenor auf der Agora geehrt.

significans tyrannos e medio tollendos. Nam ob eiectos tyrannos Athenienses illis statuas erexerunt. Hoc, ni me fallit memoria, alteri cuidam asscribitur.

ANAXARCHVS

VII, 374   Libertas immodica   (Anaxarchus, 1) [7]

940 *Anaxarchus Abderites philosophus* inuisum *habuit Nicocreontem Cypri tyrannum.* Itaque *quum in coena quadam Alexander rogasset, qualis illi videretur, „Praeclara", inquit, „sed oportuit et satrapae cuiusdam caput apponi", oculos detorquens in Nicocreontem*, qui aderat.

VII, 375   Fortiter   (Anaxarchus, 2) [8]

945 *Alexandro mortuo, quum Anaxarchus* tempestate esset delatus *in Cyprum, Nicocreon memor* contumeliae, *philosophum arreptum in mortarium coniecit ferreis⟨que⟩ pistil-*

---

941 illi *B*: illis *C*.

946 ferreisque *scripsi*: ac ferreis *Lycosthenes (p. 377)*, ferreis *B C*.

Diese Statuengruppe wurde jedoch von den Persern, die 480 Athen plünderten, gestohlen. I.J. 477/6 wurde die alte, verlorengegangene Figurengruppe durch eine neue ersetzt, die von der Hand der Bronzegießer Kritios und Nesiotes stammte. Diese Statuengruppe erfreute sich größter Berühmtheit. Vgl. E. Stein-Hölkeskamp, *DNP* 5 (1998), Sp. 159, s.v. „Harmodios", Nr. 1; J. Miller, *RE* VII, 2 (1912), Sp. 2378, s.v. „Harmodios", Nr. 1 (siehe *Apophth.* V, 16). Aristogeiton, Mitverschwörer des Harmodios und Mörder des Hipparchos, wurde nach dem Attentat verhaftet, gefoltert und hingerichtet. Vgl. E. Stein-Hölkeskamp, *DNP* 1 (1996), Sp. 1109–1110, s.v. „Aristogeiton", Nr. 1; J. Miller, *RE* II, 1 (1895), Sp. 930–931, s.v. „Aristogeiton", Nr. 1. Für die berühmte Statuengruppe vgl. B. Fehr, *Die Tyrannentöter oder: kann man der Demokratie ein Denkmal setzen?*, Frankfurt a. M. 1984; W. Fuchs, *Die Skulptur der Griechen*, 3. Aufl., Darmstadt 1983, S. 337–341.

936 *significans tyrannos e medio tollendos* Diese Erklärung des Er. ist im Grunde dieselbe wie im Fall von *Apophth.* III, 264, *ASD* IV, 4, S. 260: „innuens illum esse tollendum".

937 *Hoc … asscribitur* Er. erinnert sich daran, daß der Spruch auch einem anderen zugeschrieben wurde, jedoch war ihm der Name de Spruchspenders, als er VII, 373 verfaßte, nicht mehr geläufig: Es handelt sich um Diogenes von Sinope (nach Diog. Laert. VI, 50). Er. hatte offenbar vergessen, daß er den Spruch in *Apophth.* III, 264 (*ASD* IV, 4, S. 260) bereits präsentiert hatte: „Interrogatus (sc. Diogenes) aliquando a tyranno, e cuiusmodi aere potissimum oporteret fieri statuas, ‚Ex eo', inquit, ‚ex quo fusi sunt Harmodius et Aristogiton', innuens illum esse tollendum, quod illi tyrannicidae fuerint". Die Zuschreibung an Diogenes von Sinope entbehrt einer historischen Grundlage. Diogenes hat sich nicht am sizilianischen Tyrannenhof aufgehalten, sondern nur in Sinope und Athen; ein Aufenthalt am Ende seines Lebens (323) in Korinth ist umstritten. Nach Plut. *Timol.* 15,8 soll Diogenes in Korinth dem dort im Exil lebenden Dionysios II. begegnet sein. Dies gehört aber der Legende zu, da ca. 325–323 Dionysios II. längst nicht mehr unter den Lebenden weilte (kurz nach 337 gestorben).

Anaxarchos von Abdera in Trakien (ca. 360–320 v. Chr.) war mit **Alexander d. Gr.** befreundet und begleitete diesen auf seinem Asien-Feldzug (334–325). Was von seinem Leben bekannt ist, ist mit Alexander verbunden sowie mit Nikokreon, dem Tyrannen von Salamis auf Zypern, mit dem er verfeindet war. Das spiegelt sich in den von Diogenes Laertios überlieferten Anekdoten und in der davon abhängigen Anaxarchos-Sektion der *Apophthegmata* (VII, 374–379). Die Philosophie des Anaxarchos lässt sich mangels Überlieferung nur erahnen. Er soll ein Anhänger Demokrits, aber auch der skeptischen Philosophie des Pyrrhon von Elis gewesen sein. Als Nikokreon Anaxarchos' habhaft werden konnte, ließ er ihn unter Foltern zu Tode bringen. Durch den grausamen Tod, den Anaxarchos standhaftig ertrug, wurde er in der griech.-röm. Literatur zu einem *exemplum* der Tapferkeit (*fortitudo*), Standhaftigkeit und Duldsamkeit (*patientia*; vgl. Val. Max. III, 3, ext. 4; Cic. *Tusc*. II, 52) geführt. Vgl. J. Kaerst, *RE* I, 2 (1894), Sp. 2080, s.v. „Anaxarchos", Nr. 1; T. Dorandi, *DNP* 1 (1996), Sp. 670, s.v. „Anaxarchos"; R. Goulet und F. Queyrel, „Anaxarque d'Abdère", in: R. Goulet (Hrsg.), *Dictionnaire des philosophes antiques*, Bd. 1, Paris 1989, S. 188–191.

940–942 *Anaxarchus ... caput apponi* Leicht variierende, jedoch größtenteils wörtliche Wiedergabe von Diog. Laert., IX, 58: ὁ δ' οὖν Ἀνάξαρχος ... εἶχεν ἐχθρόν Νικοκρέοντα τὸν Κύπρου τύραννον: καί ποτ' ἐν συμποσίῳ τοῦ Ἀλεξάνδρου ἐρωτήσαντος αὐτὸν τί ἄρα δοκεῖ τὸ δεῖπνον, εἰπεῖν φασιν, „ὦ βασιλεῦ, πάντα πολυτελῶς: ἔδει δὲ λοιπὸν κεφαλὴν σατράπου τινὸς παρατεθεῖσθαι:" ἀπορρίπτων πρὸς τὸν Νικοκρέοντα (ed. Frob. S. 475). Er. benutzte auch Traversaris Übers., die er im Spruchteil nahezu *verbatim* kopierte: „Inimicum autem habuit (sc. Anaxarchus) Nicocreontem Cypri tyrannum. Et cum illum Alexander aliquando in conuiuio rogasset, quidnam de coena illa sentiret, dixisse ferunt ,Cuncta magnifice, o rex, verum oportebat iam caput satrapae cuiusdam apponi', Nicocreontem intuens" (ed. Curio, Basel 1524, S. 327).

940 *Nicocreontem* Nikokreon, Tyrann der Stadt Salamis an der Ostküste Zyperns (reg. 332/1–311/10 v. Chr.), war mit Alexander d. Gr. als Kampfgefährte verbunden; nach Alexanders Tod wurde er von Ptolemaios I. Soter zum Strategos von Kypros ernannt. Nikokreon figuriert in den *Apophthegmata* mehrere Male als Gastgeber für Philosophen (VII, 145, 375, 377, VIII, 152 und an vorl. Stelle). In VIII, 152 bezeichnet Er. Nikokreon irrtümlich als „Tyrannen von Samos" statt „von Salamis". Für weitere Angaben zu Nikokreon vgl. oben Komm. zu VII, 145.

941 *Alexander* Alexander d. Gr..

942–943 *qui aderat* „qui aderat" ist ein überflüssiger narrativer Zusatz des Er.

Apophth. VII, 375 datiert nach dem Tod Alexanders d. Gr. i.J. 323.

945–949 *Alexandro ... percutis* Zum Teil leicht gekürzte und paraphrasierende, zum Teil wörtliche Wiedergabe von Diog. Laert., IX, 59, wobei Er. sowohl Traversaris Übers. als auch den griech. Text zu verbessern versuchte: ὁ δὲ μνησικακήσας μετὰ τὴν τελευτὴν τοῦ βασιλέως ὅτε πλέων ἀκουσίως προσηνέχθη τῇ Κύπρῳ ὁ Ἀνάξαρχος, συλλαβὼν αὐτὸν καὶ (καὶ *deest in* ed. Frob. p. 475) εἰς ὅλμον βαλὼν ἐκέλευσε τύπτεσθαι σιδηροῖς ὑπέροις (σιδηροῖς ὑπέροις τύπτεσθαι ed. Frob.). τὸν δὲ οὐ (δὲ εἰπεῖν οὐ *ed. Frob. p. 475, repetit* εἰπεῖν) φροντίσαντα τῆς τιμωρίας εἰπεῖν ἐκεῖνο δὴ τὸ (ἐκεῖνο δὲ εἰπεῖν τὸ *ed. Frob. p. 475*) περιφερόμενον „Πτίσσε, πτίσσε (πτύσε *ed. Frob.*) τὸν Ἀναξάρχου θύλακον, Ἀνάξαρχον δὲ οὐ πλήττεις". Vgl. die lat. Übers. Traversaris: „Hoc ille (sc. Nicocreon) aegre ferens, memor iniuriae (aegre ferens, memor iniuriae *Curio:* audito indignatus *Traversari*), post mortem regis, cum naui ferretur Anaxarchus inuitusque applicuisset Cyprum, conprehensum eum in saxum concauum iniecit iussitque ferreis malleis caedi, illum poenae suae negligentem celebre id dictum ingeminasse aiunt: ,Tunde, tunde, Anaxarchi, vasculum! Nam Anaxarchum nihil teris'" (ed. Curio, Basel 1524, S. 328). Bereits Brusoni hatte die Anekdote in seine Sammlung d.J. 1518 aufgenommen (II, 1), wobei der die Übers. Traversaris übernahm und leicht bearbeitete.

945 *tempestate* „tempestate" ist ein erklärender narrativer Zusatz des Er.

945 *Nicocreon* Für Nikokreon vgl. oben Komm. zu VII, 145.

946 *contumeliae* „contumeliae" ist eine Variation des Er. von Curios Zusatz „iniuriae".

946 *in mortarium* Er. übersetzte ὅλμος grundsätzlich richtig mit „mortarium", dem gebräuchlichen latein. Wort für Mörser (Georges, II, Sp. 1015–1016, s.v.). In der Antike gab es jedoch auch sehr große Mörser, so groß, daß sie unter Umständen auch einen Menschen aufnehmen konnten, z.B. um ihn zu töten (vgl. Ov. *Ib*. 571). Vorl. *Apophth*. bezieht sich auf diese seltene, äußerst grausame Art des Tötens. Vgl. R.E. Harder, *DNP* 8 (2000), Sp. 328, s.v. „Mörser".

946–947 *pistillis* Mit „pistillis" versucht Er., Traversaris nicht ganz glückliche Übers. von σιδηροῖς ὑπέροις mit „ferreis malleis", „mit

lis [i.e. pilis] *contundi iussit. Hic illam* vulgo *celebratam vocem emisit: „Τύπτε τὸν Ἀναξάρχου θύλακον, Ἀνάξαρχον δ' οὔ πλήττεις", id est, „Tunde Anaxarchi manticam! Nam Anaxarchum non percutis",* sentiens corpus non esse partem hominis, sed animi
950   domicilium tantum. Animus autem non potest tundi.

VII, 376   LIBERE   (Anaxarchus, 3) [9]
                        (= Dublette von IV, 51)

Quum videret ex Alexandri vulnere, quod ictu sagittae *acceperat, manare sanguinem, dixit versu Homerico,*

955   „Τουτὶ μὲν αἷμα, καὶ οὐκ
      Ἰχὼρ οἷοσπέρ τε ῥέει μακάρεσσι θεοῖσι", id est,

„*Hic quidem sanguis est, non
Ille liquor, qualis diuis solet ire beatis*",

admonens regem suae conditionis, qui pro deo affectabat haberi. Quanquam hoc
960   quidam non ab Anaxarcho, sed ab ipso Alexandro dictum tradunt.

---

947   τύπτε *B C*: πτύσε *Diog. ed. Froben.*, πτίσσε,
πτίσσε, *Diog. text. recept.*

eisernen Hämmern" (so auch Brusoni II, 2), zu verbessern, erzielt damit aber einen unfreiwillig komischen Effekt, da „pistillum" bzw. „pistillus" dezidiert den kleinen Stössel bezeichnet (vgl. *DNG* II, Sp. 3686, s.v. „pistillum"), ein Instrument, das natürlich nicht geeignet ist, Anaxarchos zu Tode zu bringen; gemeint sind sehr große, eiserne Mörserkeulen, also eine Art von dicken, kompakten Eisenstangen, die zu dem riesigen Mörserfass, in das man Anaxarchos warf, passen. Ὕπερον ist ein Begriff für Mörserkeule, der auch große Maße inkludiert (vgl. Passow II, 2, S. 2090, s.v.), wofür im lateinischen „pilum" das passende Äquivalent wäre (vgl. *DNG* II, Sp. 3677, s.v. „1. pilum").

947–948   Τύπτε ... πλήττεις Er. schreibt hier τύπτε, während der moderne *textus receptus* des Diog. Laert. πτίσσε, πτίσσε lautet (vgl. ed. Marcovich). Πτίσσειν ist das *verbum proprium* für „mit dem Stössel im Mörser zerstossen". Er.' τύπτε ist ein Versuch, den Text, den er in seiner Diog.-Laert.-Handschrift antraf (vgl. Z = cod. Raudnitzianus Lobkowicensis VI F. c. 38), πτύσε, zu korrigieren; πτύσειν, „falten, zusammenfalten" ergibt keinen brauchbaren Sinn. Traversari hingegen lag der richtige Text, πτίσσε, πτίσσε, vor, den er adäquat mit „tunde, tunde" übersetzte.

948   *manticam* Er.' „manticam" ist ein Versuch, Traversaris Übers. von θύλακον mit „vasculum", „Gefäss" (ebenso Brusoni II, 1), zu verbessern. Ein θύλακος ist ein Lederschlauch oder Ledersack (latein. „vter" oder „culleus"), in dem man etwa Wein oder andere Flüssigkeiten transportierte (vgl. Passow I, 2, S. 1435, s.v.); Anaxarchos meint mit dem Witz, daß sein Körper nur seine Hülle wäre, während man den wahren Anaxarchos, d.h. dessen Geistseele, nicht zerstampfen könne. Deswegen nennt er seinen Körper einen „Lederschlauch" (vgl. auch Cobet „Anaxarchi culleum"). Er.' „mantica", das den Quersack der Fußgänger oder Mantelsack der Reiter bezeichnet, scheint dagegen weniger passend.

Apophth. VII, 376 ist eine Dublette von IV, 51 (*ASD* IV, 4, S. 297–298, *CWE* 37, S. 352).

953–958   *Quum videret ... beatis.* Diog. Laert. IX, 60: ... τὸν γοῦν Ἀλέξανδρον οἰόμενον εἶναι θεὸν ἐπέστρεψεν· ἐπειδὴ γὰρ ἔκ τινος πληγῆς εἶδεν αὐτῷ καταρρέον αἷμα, δείξας τῇ χειρὶ πρὸς αὐτόν φησι, „Τουτὶ μὲν αἷμα καὶ οὐκ ἰχὼρ οἷός πέρ τε ῥέει μακάρεσσι θεοῖσι" (ed. Frob. S. 476). Vgl. die lat. Übers. Traversaris: „Alexandrum enim (enim *Curio*: denique *Traversari*) deum se esse arbitrantem auertit (auertit *Curio*: *deest in Traversari*), cum ex ictu quodam sanguinem illi fluere vidisset, digito ostendens ita illi ait (illi ait *Curio*: affatus est *Traversari*): ‚Hoc quidem sanguis (hoc quidem sanguis *Curio*: hic nempe diuinus sanguis *Traversari*) est (est *Curio*: non est *Traversari*), non autem ἰχώρ οἷός πέρ τε ῥέει μακάρεσσι θεοῖσι, hoc est, *Ille cruor, diuis qualis solet esse beatis*'" (non autem ... beatis *desunt in versione fratris Ambrosii*) (ed. Curio, Basel 1524, S. 328). Zusätzlich hat Er. eine von Plutarchs Versionen benutzt, wahrscheinlich jene von *Mor.* 180E.

953 *ictu sagittae* Die Information, daß die Wunde von einem Pfeilschuss herrührte, hat Er. aus Plutarchs Version(en) hinzugefügt; vgl. Plut. *Regum et imperatorum apophthegmata*, *Mor.* 180E: τοξεύματι δὲ πληγεὶς εἰς τὸ σκέλος ...; Plut. *Alex.* 28, 3 (*Vit.* 681B): περιπεσὼν ὑπὸ τοξεύματος ...; in *De Alexandri magni fortuna aut virtute* 9, *Mor.* 341B handelte es sich um einen „indischen Pfeil", der von einem der Ἀσσακηνοί abgeschossen worden war.

954 *dixit versu Homerico* Er.' Ankündigung, daß die folgenden Worte des Anaxarchos im homerischen Versmaß gesprochen seien, gilt nicht für den ersten Satzteil (τουτὶ μὲν αἷμα, καὶ οὐκ).

955 *Τουτί ..., καὶ οὐκ* Τουτὶ μὲν αἷμα, καὶ οὐκ bei Diog. Laert. IX, 60, ebenso bei Plut. *Mor.* 180E; ohne καὶ in *Mor.* 341B; in Plut. *Alex.* 28, 2: τοῦτο μέν, ὦ φίλοι, τὸ ῥέον αἷμα, καὶ οὐκ.

956 *ἰχώρ ... θεοῖσιν* Die komplette Verszeile stammt aus Hom. *Il.* V, 340, wo der Dichter die Verwundung an der Hand beschreibt, die Diomedes im Kampfgewühl der Aphrodite zufügte. Er übersetzte die Verszeile metrisch, wobei er sich von Curios Übers. anregen ließ. Die Dublette von VII, 376, IV, 51 versah Er. mit der Quellenangabe: „Allusit autem ad locum Homeri Iliad. ε, vbi narratur Venus a Diomede vulnerata" (*ASD* IV, 4, S. 298). Dort allerdings legte Er. keine Übers. im Versmaß des Hexameter vor: „qualisque diuis solet emanare beatis".

959–960 *Quanquam ... tradunt* Daß diese alternative Version, in der Alexander als Spruchspender fungierte, vorhanden war, erklärt Diog. Laert. selbst a.a.O.: „Nach Plutarch jedoch soll dies Alexander selbst zu seinen Freunden gesagt haben". Es gibt wenigstens drei Stellen, an denen Plutarch die Anekdote auf diese Weise erzählt: *Regum et imperatorum apophthegmata*, *Mor.* 180E; *Alex.* 28, 3 (*Vit.* 681B) und *De Alexandri magni fortuna aut virtute* 9, *Mor.* 341B. Weiter erzählt die Geschichte mit Alexander als Spruchspender Sen. *Ep.* 59, 12; Plut. *Mor.* 180E: τοξεύματι δὲ πληγεὶς εἰς τὸ σκέλος, ὡς πολλοὶ συνέδραμον τῶν πολλάκις εἰωθότων αὐτὸν θεὸν προσαγορεύειν, διαχυθεὶς τῷ προσώπῳ, „τουτὶ μὲν αἷμα", εἶπεν, „ὡς ὁρᾶτε, καὶ οὐκ ἰχώρ, οἷόσπέρ τε ῥέει μακάρεσσι θεοῖσιν". Er. hatte die Anekdote bereits im vierten Buch präsentiert (IV, 51), in der Sektion, die er Alexander d.Gr. widmete. Er. muß sich, obwohl seine Angabe ganz allgemein bleibt, an diese Stelle erinnert haben, da er aus ihr ein Element (Pfeil) entnimmt. Allerdings hatte Er. in *Apophth.* IV, 51 den Gegensatz zwischen αἷμα (menschliches Blut) und ἰχώρ, dem „Saft der Götter", irrtümlicherweise aufgehoben, als ob Alexander (wenn auch ironisch) gesagt hätte, „seht her, in meinen Adern fließt der Saft der Götter"; vgl. IV, 51 (*ASD* IV, 4, S. 297–298, *CWE* 37, S. 352): „Quum in bello crus esset illi sagitta vulneratum multique accurrerent, qui ipsum frequenter deum appellare consueuerant, exporrecta hilarique fronte ad Homeri carmen alludens dixit: ‚Hic sanguis est, quem videtis, *liquorque* [i.e. non liquor], qualis diuis solet emanare beatis', ...". Der Fehler kam wohl zustande, weil Er. sich dort einseitig auf die Übers. Filelfos stützte, der die Negation ausgelassen hatte: „... laeta hilarique facie hic quidem ‚Sanguis est', ait, ‚vt videtis, et cruor, Caelicolae qualem diui misere fluentem'" (fol. l⟨1⟩ʳ). Vgl. Komm. in *ASD* IV, 4, S. 298. Es gibt noch eine weitere Version der Anekdote, die der Historiker Aristobulos von Kassandreia (*FHG* 139 F 47) über Athen. VI, 251A überlieferte und nach der der Pankratiker Dioxippos von Athen der Spruchspender war; als Alexander verwundet wurde, soll Dioxippos den nämlichen Homer-Vers rezitiert haben.

VII, 377　　　　　　　　Divinatio　　　　　　(Anaxarchus, 4) [10]

In conuiuio quum *Anaxarchus* Alexandro *propinaret, ostenso calice* praedixit fore, vt vulnus acciperet, abutens ad id versu [Homerico],

„Βεβλήσεταί τις θεῶν βροτησίᾳ χερί", id est,

965　　„Ferietur aliquis mox deum humana manu".

VII, 378　　　　　　　　Silentii fides　　　　　(Anaxarchus, 5) [11]

Quum a Cypriorum tyranno Nicocreonte torqueretur, vt conscios proderet, post multa in regem dicta conuicia, tandem per iracundiam et *linguae amputationem minitanti,*

963 Homerico *B*: del. *C*.
966–970 Silentii ... expuit *hoc apophthegma transposuit C in eum locum lib. VII, i.e. Anaxarchi sectionem; in A B ea verba posita erant post VI, 416 (CWE VI, 417).*

967 Quum *C*: Anaxarchus Abderites philosophus quum *A B*.
968 minitanti *scripsi cum A (p. 630) sec. Val. loc. cit.*: minanti *B (p. 299) C*.

961 *Diuinatio* Durch den Titel „Diuinatio" interpretiert Er. den Ausspruch des Anaxarchos als Vorhersage des baldigen Todes Alexanders d. Gr. (323 v. Chr.); Er. hat hier ausschließlich nach der Vorlage des Diogenes Laertius gearbeitet, wo der Zitatspruch ohne den ursprünglichen Kontext, der sich bei Plutarch, *Quaestiones Convivales, Mor.* 737A, findet, präsentiert wird. Dadurch mag Er. auf diese seine Interpretation gekommen sein. Jedoch war der ursprüngliche Kontext des Zitatspruches ein anderer: Es geht um den spielerischen Brauch, einander bei einem Gelage Äpfel zuzuwerfen. Wie Plut. mitteilt, hatte Alexander gerade mit einem Apfel den Anaxarchos getroffen; dieser reagierte mit dem Euripides-Zitat, mit dem er spielerisch drohte, daß sogleich Alexander einen Apfelwurf abbekommen würde. Vgl. Plut. *Quaestiones convivales, Mor.* 737A: καὶ Ἀνάξαρχος ὑπ' Ἀλεξάνδρου μήλοις βαλλόμενος παρὰ δεῖπνον ἐπαναστὰς καὶ εἰπών „Βεβλήσεταί τις θεῶν βροτησίᾳ χερί". Er. war mit dem spielerischen Brauch des Apfelwerfens vertraut – er hatte daraus *Adag.* 1370 „Malis ferire" geschmiedet (*ASD* II, 3, S. 378–379), wo er auch die bewusste Plutarch-Stelle zitierte: „Idem (sc. Plutarchus) decade nona narrat Anaxarchum, cum ab Alexandro post coenam malis peteretur, surrexisse dixisseque hunc senarium ex Oreste Euripidis: Βεβλήσεταί τις θεῶν βροτησίᾳ χερί, id est *Ferietur aliquis mox deum humana manu*".

962–965 *In conuiuio ... manu* Diog. Laert., IX, 60: Ἀλλὰ καὶ ἄλλοτε προπίνοντα αὐτῷ τὸν Ἀνάξαρχον δεῖξαι τὴν κύλικα καὶ εἰπεῖν: „Βεβλήσεταί τις θεῶν βροτησίᾳ χερί" (ed. Frob. S. 476). Vgl. die lat. Übers. Traversaris: „Alias item Anaxarchum illi, cum praebibisset, ostendisse calicem et dixisse ‚βεβλήσεταί τις θεῶν βροτησίᾳ χερί', hoc est, ‚Ferietur aliquis mox deum humana manu' (βεβλήσεταί ... deum *Curio*: deum quispiam humana manu *Traversari*)" (ed. Curio, Basel 1524, S. 328).
963 [*Homerico*] In *B* (1532) hatte Er. irrtümlich angegeben, daß es sich um einen homerischen Hexameter handle; er beseitigte diesen Fehler in *C*. Der Fehler in *B* ist insofern merkwürdig, als Er. den Vers bereits in den Adagien zitiert hatte (*Adag.* 1370, 2. Aufl. d.J. 1515), wo er vermerkt hatte, daß er ein „senarius", also ein jambischer Trimeter sei. In der Neuauflage der *Adag.* aus d.J. 1523 hatte Er. noch hinzugesetzt, daß der Vers aus Euripides' *Orestes* stammt.
964 *Βεβλήσεταί ... χερί* Eur. *Or.* 271. Der Vers wird von Orestes gesprochen, der der Raserei verfallen ist und sich von den Rachegöttinnen verfolgt fühlt. Orestes greift sich den Bogen aus Horn, um mit seiner, der Menschenhand, eine der Göttinnen zu erlegen. Anaxarchos droht also spielerisch Alexander, er wolle diesen, wie Orestes eine der Erynien, erlegen.
965 *Ferietur* Die latein. Übers. des Euripides-Verses kopierte Er. wörtlich aus Curios metrischer Übersetzung.

Apopht. VII, 378 hatte Er. in *A* und *B* nach *CWE* VI, 417 (in *A* S. 630, in *B* S. 299) publiziert. In *C* wurde es an die nunmehrige Stelle im siebenten Buch (= VII, 378, *C* S. 769) verschoben, was sich nachvollziehen läßt, da damit ein Anaxarchos-Spruch in die diesem Philosophen gewidmete Sektion des „Philosophenbuches" seinen Weg fand. In *CWE* 38 wurde das *Apophthegma* zweimal gedruckt, sowohl im sechsten Buch (als VI, 418, S. 712) als auch im siebenten Buch (als VII, 377, S. 860). Da es sich jedoch um einen bewussten Eingriff des Er. handelt, der die Anxarchos gewidmeten *Apophthegmata* im siebenten Buch zusammenführen wollte, ist das *Apophthegma* in Buch VI zu tilgen.

966 *Silentii fides* Der Titel des *Apopht*. „Silentii fides", der schon in *A* und *B* vorhanden war, geht auf Er.' unrichtige Interpretation der Anekdote zurück, die aus dem Zusatz „vt conscios proderet" ersichtlich wird. Vgl. dazu unten. Lycosthenes schloss sich Er.' Fehlinterpretation an, indem er das Apopht. in der Kategorie „De fide seruanda" (S. 354–355) druckte. Lycosthenes erkannte, daß sich die Angabe „vt conscios proderet" nicht mit jener von „tandem per iracundiam et linguae amputationem minanti" vertrug, auf Grund dessen er letztes tilgte.

967–970 *Quum a Cypriorum ... expuit* Im einleitenden Teil gekürzte und abgeänderte, im Spruchteil jedoch wörtliche Wiedergabe von Val. Max. III, 3, ext. 4: „Talis patientiae aemulus Anaxarchus, cum a tyranno Cypriorum Nicocreonte torqueretur nec ulla ui inhiberi posset, quo minus eum amarissimorum maledictorum ueberibus inuicem ipse torqueret, ad ultimum amputationem linguae minanti ,Non erit' inquit, ,effeminate adulescens, haec quoque pars corporis mei tuae dicionis', protinusque dentibus abscissam et conmanducatam linguam in os eius ira patens expuit". Er. gestaltete den Text von *Apopht.* VII, 378 klar ersichtlich nach dem Vorbild des Val. Max., obwohl die Anekdote auch in dem von ihm benutzten Text des Diog. Laert. vorhanden war, wo allerdings der Spruch des Anaxarchos fehlte. Vgl. Diog. Laert., IX, 59: Κελεύσαντος δὲ τοῦ Νικοκρέοντος καὶ τὴν γλῶτταν αὐτοῦ ἐκτμηθῆναι, λόγος ἀποτραγόντα προσπτύσαι (ἐμπτύσαι *in ed. Frob. p. 476*) αὐτῷ (ed. Frob. S. 476–477). Lycosthenes (S. 355 und 1002) gibt zu Unrecht Diog. Laert. als Quelle von VII, 378 an: „Laert. lib. 9. Cap. 10" (S. 1002). Einen erklärenden, jedoch irreführenden Zusatz hat Er. aus Plin. *Nat.* VII, 87 eingeflochten.

967 *Nicocreonte* Für Nikokreon, den Tyrannen der Stadt Salamis auf Kypros, vgl. oben Komm. zu VII, 145.

967 *vt conscios proderet* Plin. *Nat.* VII, 87. „Vt conscios proderet" ist ein erklärender, jedoch sinnwidriger Zusatz des Er., der sich nicht auf die Überlieferung der Anaxarchos-Anekdote bei Val. Max. oder Diog. Laert. stützt. Diese Stellen zeigen, daß keinesfalls von einer Verschwörung die Rede war, an der Anaxarchos teilgenommen haben soll und aufgrund dessen er nunmehr unter Foltern unterfragt worden wäre: Vielmehr hatte es den Philosophen zufällig und gegen seinen Willen nach Zypern verschlagen, wo er in die Hände seines Feindes gefallen war. Daraus ergibt sich, daß das von Er. hier hinzugefügte Motiv eigentlich gar nicht zu der überlieferten Geschichte passt. Dieses Motiv hat Er. aus Plin. *Nat.* VII, 87 bezogen, der die Folterung des Anaxarchos aufs engste mit der Geschichte der Folterung der Leaena als Mitwisserin der Verschwörung des Harmodios und Aristogeiton (514 v. Chr.) verknüpfte: Leaena, die Hetaire des Harmodios, soll von dem Athener Tyrannen gefoltert worden sein, damit sie ihm die Namen der überlebenden Teilnehmer an der Verschwörung verrate. Um dies auszuschließen, soll Leaena sich die Zunge abgebissen und sie dem Tyrannen ins Gesicht gespuckt haben. Plin. sagt a.a.O. wörtlich, daß Anaxarchos aus „dem gleichen Grund gefoltert wurde": „Patientia corporis, vt est crebra sors calamitatium, innumera documenta peperit: clarissimum in feminis Leaenae meretricis, quae torta non indicauit Harmodium et Aristogitonem tyrannicidas; in viris Anaxarchi, simili de causa cum torqueretur, praerosam dentibus linguam unamque spem indicii in tyranni os exspuit". Für die Verschwörung von Harmodios und Aristogeiton vgl. oben Komm. zu VII, 372.

967–968 *post ... conuicia* „post multa in regem dicta conuicia" ist eine paraphrasierende Wiedergabe des Er. von Val. Max.' „nec ulla ui inhiberi posset, quo minus eum amarissimorum maledictorum ueberibus inuicem ipse torqueret" (a.a.O.).

968 *minitanti* In *A* stand das von Val. Max. richtig übernommene „minitanti", das in *B* durch einen Textübertragungsfehler zu „minanti" verderbt wurde.

„Non erit", inquit, *„effoeminate adolescens, haec quoque corporis mei pars tuae ditionis"*,
970 simulque *dentibus abscissam et commanducatam linguam in os eius ira patens expuit.*

VII, 379　　　　　　　　ADVLANTER　　　　　　　(Anaxarchus, 6) [12]

Quum Alexandrum se ob Cliti necem discruciantem videret, *„Clito"*, inquit, *„contigit iustitia, quae diis* [i.e. Ioui] *assidet"*, persuadere cupiens, *quicquid a rege fieret, ius fasque esse.* Nam et Alexander pro deo se haberi sustinebat.

971–974 Adulanter ... sustinebat *hoc apophthegma transposuit C in eum locum lib. VII, i.e. Anaxarchi sectionem; in A B ea verba posita erant post VI, 496 (CWE VI, 499).*

972 Quum C: Anaxarchus quum A B.

Apophth. VII, 379 hatte Er. (wie das vorhergehende) in *A* und *B* im sechsten Buch publiziert (*A* S. 647, *B* S. 307). In *C* verschob er es an die nunmehrige Stelle im siebenten Buch (= VII, 379, *C* S. 769), während er es im sechsten Buch tilgte. In *CWE 38* wurde das *Apophthegma* zweimal gedruckt, sowohl im sechsten Buch (als VI, 500, *CWE* 38, S. 734) als auch im siebenten Buch (als VII, 378, *CWE* 38, S. 860). Da Er. jedoch die Anaxarchos gewidmeten *Apophthegmata* bewusst im siebenten Buch zusammenführte, während er dieselben im Buch VI auszugliederte, darf das betreffende *Apophthegma* hier nicht gedruckt werden.

Apophth. VII, 379. Das Apophthegma datiert auf das Jahr 328 v. Chr., kurz nachdem Alexander d.Gr. seinen Hetairos Kleitos in der Stadtburg von Marakanda (bei Samarkand) getötet hatte. Er. verurteilte, einem Teil der Überlieferung folgend (z. B. Plut. *Alex.*), Anaxarchos als kriecherischen Schmeichler und Höfling Alexanders. Vgl. *Adag.* 520 (*ASD* II, 2, S. 44): „... cum Anaxarchus philosophus omnium adulatorum abiectissimus haberetur in precio (sc. ab Alexandro)".

972–974 *Alexandrum ... fasque esse* Gekürzte, paraphrasierende und unklare Wiedergabe von Plut. *Ad principem ineruditum* 4, *Mor.* 781A–B, wobei Er. seine frühere ungenaue Übers. des Traktats fast wörtlich wiederholte: „Anaxarchus igitur, quum Alexandrum de Cliti caede discruciantem sese consolaretur, dixit ad hunc modum: Clito iustitiam contigisse, quae diis assideat, vt quicquid a rege fieret, fas iusque videretur" (*ASD* IV, 2, S. 219; ed. Cratander 1530, fol. 192B). Vgl. den griech.

Text: Ἀνάξαρχος μὲν οὖν ἐπὶ τῷ Κλείτου φόνῳ δεινοπαθοῦντα παραμυθούμενος Ἀλέξανδρον ἔφη καὶ τῷ Διὶ τὴν Δίκην εἶναι καὶ τὴν Θέμιν παρέδρους, ἵνα πᾶν πραττόμενον ὑπὸ βασιλέως θεμιτὸν δοκῇ καὶ δίκαιον. *CWE* 38, S. 734 (ad VI, 500) und 860 (ad VII, 378) gibt jedoch Plut. *Alex.* 52, 3–4 als Quelle an, was nicht schlüssig ist. Plut. erzählt auch dort den Versuch des Anaxarchos, Alexander d.Gr. zu trösten, jedoch sowohl ausführlicher als auch auf andere Weise, indem er bei Alexander zunächst Scham zu erwecken versucht; er dürfe nicht wimmern wie ein Sklave und kein Sklave falscher Meinungen werden: οὗτός ἐστιν Ἀλέξανδρος, εἰς ὃν ἡ οἰκουμένη νῦν ἀποβλέπει· ὁ δὲ ἔρριπται κλαίων ὥσπερ ἀνδράποδον, ἀνθρώπων νόμον καὶ ψόγον δεδοικώς, οἷς αὐτὸν προσήκει νόμον εἶναι καὶ ὅρον τῶν δικαίων, ἐπείπερ ἄρχειν καὶ κρατεῖν νενίκηκεν, ἀλλὰ μὴ δουλεύειν ὑπὸ κενῆς δόξης κεκρατημένον. „οὐκ οἶσθα", εἶπεν, „ὅτι τὴν Δίκην ἔχει πάρεδρον ὁ Ζεὺς καὶ τὴν Θέμιν, ἵνα πᾶν τὸ πραχθὲν ὑπὸ τοῦ κρατοῦντος θεμιτὸν ᾖ καὶ δίκαιον;" τοιούτοις τισὶ λόγοις χρησάμενος ὁ Ἀνάξαρχος τὸ μὲν πάθος ἐκούφισε τοῦ βασιλέως, τὸ δὲ ἦθος εἰς πολλὰ χαυνότερον καὶ παρανομώτερον ἐποίησεν.

972 *Cliti* Kleitos, der Schwarze (gest. 328 v. Chr.), Truppenführer unter Alexander d. Gr., rettete diesem in der Schlacht am Granikos das Leben. Bei einem Gelage in der Burg von Marakanda (bei Samarkand) geriet Kleitos mit Alexander in Streit, beschuldigte, wohl in betrunkenem Zustand, den König heftig. In seiner Wut tötete Alexander den General. Vgl. W. Kroll, *RE* XI, 1 (1921), Sp. 666, s.v. „Kleitos", Nr. 9; E. Badian, *DNP* 6 (1999), Sp. 574, s.v. „Kleitos", Nr. 6; W. Heckel, *The*

Marshals of Alexander's Empire, London 1992, S. 34–37.

972–973 *Clito ... diis assidet* Die hier wiederholte Übers. des Er. aus d.J. 1514 ist in diesem Teil nur ungenau: Den Satzteil „Clito ... contigit Iustitia" hatte Er. überhaupt hinzuerfunden. Weiter steht im griech. Original nicht allgemein, daß Iustitia bei den Göttern sitze, sondern konkret, daß „dem Zeus Δίκη, die Göttin des Rechts und der Gerechtigkeit, und Θέμις, die Göttin der gott- und naturgegebenen Gerechtigkeit, Sitte und Ordnung, zur Seite sitzen" (τῷ Διὶ τὴν Δίκην εἶναι καὶ τὴν Θέμιν παρέδρους). Dieses Zur-Seite-Sitzen ist ganz wörtlich gemeint, in dem Sinn, daß die Göttin Themis, die zweite Gattin des Zeus und die Mutter der Horen, in Tempeln diesem als θεός πάρεδρος an die Seite gestellt wurde bzw. neben ihm thronte. Sie konnte die Zukunft besser vorhersagen als Zeus selbst und unterstützte ihn diesbezüglich; u. a. hatte sie ein Orakel im Heiligtum von Delphi. Themis („Satzung") war die Göttin der göttlichen und natürlichen Ordnung und des sozialen Zusammenlebens. Themis war u. a. im Zeusheiligtum von Dodona, Athen (Paus. I, 22, 1) und Tanagra (Paus. IX, 22, 1) vertreten. Im Zeusheiligtum von Olympia hatte sie einen Altar. In der achten Olympischen Ode verherrlicht Pindaros Themis als Beisitzerin des Zeus. Dike, eine der Horen, ist eine Tochter der Themis und des Zeus (Hes. *Theog.* 902), die Göttin (und Personifikation) des in der Rechtsprechung konkretisierten menschlichen Rechts. In diesem Sinn wird sie ihrer Mutter, die die göttlich gesetzte Ordnung verkörpert, zur Seite gestellt (z. B. Hes. *Erg.* 220) und mit Zeus eng verbunden (Hes. *Erg.* 258–260). Aeschylos bezeichnet Dike als Tochter des Zeus, die neben ihm thront (*TGF* 281 A). Vgl. J. Rudhardt, *Thémis et les Hôrai. Recherches sur les divinités grecques de la justice et de la paix*, Genf 1999; H. Vos, *Themis*, Diss. Utrecht 1956; R. Hirzel, *Themis, Dike und Verwandtes: Ein Beitrag zur Geschichte der Rechtsidee bei den Griechen*, Leipzig 1907; W. Pötscher, „Moira, Themis und Time im homerischen Denken", in: *Wiener Studien* 73 (1960), S. 5–39; H. Shapiro, *Personifications in Greek Art. The Representations of Abstract Concepts 600–400 B.C.*, Zürich 1993, S. 38–44; F. Graf, *DNP* 3 (1997), Sp. 570–571, s.v. „Dike"; L. Käppel, *DNP* 12,1, Sp. 301–302, s.v. „Themis". In Rom wurde seit dem 1. Jh. v. Chr. Iustitia mit Themis und Dike gleichgesetzt und als Göttin verehrt. Als Attribute hatte Iustitia entweder ein langes Zepter bzw. Richterstab und eine Patera bei sich (von Tiberius bis ins dritte Jh.) oder eine Waagschale und ein Füllhorn. Vgl. M. Caccamo Caltabiano, „Iustitia", in: *LIMC* 8 (1997), S. 661–663; H.W. Soll, in: Roscher 2, 1 (1894), Sp. 762, s.v. „Iustitia"; K. Latte, *RE* X, 2 (1919), Sp. 1339, s.v. „Iustitia"; L. Ostwaldt, *Aequitas und Justitia. Ihre Ikonographie in Antike und Früher Neuzeit*, Halle (Saale) 2009.

ZENO ELEATES

VII, 380   Fortiter   (Zeno Eleates, 1) [13]

Zeno accusatus, quod *coniurasset* in perniciem *Nearchi tyranni, quum* in quaestionibus iuberetur aedere nomina *coniuratorum*, nominauit plerosque *illi amic*issim*os*. De his quum tyrannus sumpsisset supplicium rogaretque, nunquis superesset etiam, „*Tu* solus*"*, inquit, „*reipublicae pernicies"*. Tandem et linguam dentibus amputatam in os tyranni, quod ob iracundiam hiabat, *expuit*.

VII, 381   Ira sapientis   (Zeno Eleates, 2) [14]

Quum maledictis lacessitus incandesceret, *reprehensus*, quod philosophus verbis improborum commoueretur, „*Si conuicia"*, inquit, „*aequo animo admisero, ne laudes quidem sentiam"*. Lapidis est non sentire discrimen inter laudantem et vituperantem; sed philosophi est non ita commoueri, vt ab honesto recedat.

Zenon aus Elea (ca. 490–ca. 430 v. Chr.), vorsokratischer Philosoph, Schüler und Freund des Parmenides, den er auf einer Reise nach Athen begleitete; er figuriert in Platons Dialog *Parmenides*. Zenon aus Elea beschäftigte sich v.a. mit Dialektik bzw. Argumentationslehre. Durch die grausame Tötung durch einen Tyrannen wurde er, ähnlich wie Anaxarchos, zu einem Exemplum der Standhaftigkeit und Tapferkeit, z.B. bei Cic. *Tusc.* II, 52, *Nat.* III, 82 und Val. Max. III, 3 *ext.* 2. Von Zenon von Eleas Werken sind nur Fragmente erhalten; L. Gemelli Marciano (Hrsg.), *Die Vorsokratiker*. Band 2, Düsseldorf 2009, S. 96–137; Vgl. I. Bodnár, *DNP* 12.2 (2002), Sp. 742–744, s.v. „Zenon", Nr. 1; K. v. Fritz, *RE* X, A (1972), Sp. 53–83, s.v. „Zenon", Nr. 1. In zwei der vier Apophthegmen der folgenden Sektion verwechselte Er. Zenon von Elea mit Zenon von Kition.

975 *ZENO ELEATES* Für die Bezeichnung „Zeno Eleates" vgl. Cic. *Tusc.* II, 52 und Traversaris Übers. des Diog. Laertius IX, 25 (ed. Curio, Basel 1524, S. 316); Elea, die griech. Hafenstadt an der Küste Kampaniens, bekam unter den Römern seit 89/8 v. Chr. den Status eines Municipiums unter dem neuen Namen Velia (heute Ascea).

977–981 *Zeno ... expuit*. Stark gekürzte, paraphrasierende und teilweise missverstandene Wiedergabe von Diog. Laert., IX, 26–27, die Er. zudem mit Val. Max. III, 3, *ext.* 4 kontaminierte: Καθελεῖν δὲ θελήσας Νέαρχον τὸν τύραννον (οἱ δὲ Διομέδοντα) συνελήφθη, καθά φησιν Ἡρακλείδης ἐν τῇ Σατύρου (σατύρων *in ed. Frob. p. 459*) ἐπιτομῇ. ὅτε καὶ ἐξεταζόμενος τοὺς συνειδότας καὶ περὶ τῶν ὅπλων ὧν ἦγεν εἰς Λιπάραν, πάντας ἐμήνυσεν (πάντας ἔφη *ed. Frob. p. 460*) αὐτοῦ τοὺς φίλους, βουλόμενος αὐτὸν ἔρημον καταστῆσαι· εἶτα περί τινων εἰπεῖν ἔχειν τινα αὐτῷ (τινων ἔχειν τινα εἰπεῖν αὐτῷ *ed. Frob. p. 460*) πρὸς τὸ οὖς (πρὸς τὸ οὖς *deest in ed. Frob. p. 460*) λέγων καὶ δακὼν οὐκ ἀνῆκεν ἕως ἀπεκεντήθη, ταὐτὸν Ἀριστογείτονι τῷ τυραννοκτόνῳ παθών. [27:] Δημήτριος δέ φησιν ἐν τοῖς Ὁμωνύμοις τὸν μυκτῆρα αὐτὸν ἀποτραγεῖν. Ἀντισθένης δὲ ἐν ταῖς Διαδοχαῖς φησι μετὰ τὸ μηνῦσαι τοὺς φίλους ἐρωτηθῆναι πρὸς τοῦ τυράννου εἴ τις ἄλλος εἴη· τὸν δὲ εἰπεῖν, ‚σὺ ὁ τῆς πόλεως ἀλιτήριος.' πρός τε τοὺς παρεστῶτας φάναι· „θαυμάζω ὑμῶν τὴν δειλίαν, εἰ τούτων ἕνεκεν ὧν νῦν ἐγὼ ὑπομένω, δουλεύετε τῷ τυράννῳ"· καὶ τέλος ἀποτραγόντα τὴν γλῶτταν προσπτύσαι αὐτῷ· τοὺς δὲ πολίτας παρορμηθέντας αὐτίκα τὸν τύραννον καταλεῦσαι (ed. Frob. p. 459–460). Vgl. Traversaris/ Curios Übers.: „Is cum Nearchum tyrannum, seu vt alii volunt (seu vt alii volunt *Curio*: siue *Traversari*), Diomedontem deiicere ac profligare voluisset, comprehensus est, vt in Satyri epitome ait Heraclides. Quo tempore cum de consciis et armis, quae in Lipara (Lipara *Curio*: Liparis *Traversari*) habuit, inquireretur, volens ipsum desertum destitutumque ostendere, omnes illius amicos coniurationis esse conscios dixit, deinde, cum de quibusdam dixisset quiddam sibi (sc. ei) ad aurem loqui velle significauit (significauit *Traversari*: *del. Curio*), eam mordicus apprehensam non ante dimisit, quam hanc (hanc *Traversari*: *del. Curio*) dentibus perforaret, idem agens (agens *Curio*: passus *Traversari*), quod Aristogiton tyrannicida. Demetrius vero in Aequiuocis nasum ei praescidisse ait. Porro Antisthenes in Successionibus, illum cum amicos indicasset (indicasset *Curio*: nuntiasset *Traversari*), rogatum a tyranno, essetne alius quispiam, dixisse: ‚Tu ciuitatis pernicies!', atque adstantibus ita loquutum esse, ‚Admiror equidem vestram ignauiam (ignauiam *Curio*: vecordiam *Traversari*), si horum gratia, quae nunc ego tolero, tyranno seruire sustinetis (sustinetis *Curio*: decernitis *Traversari*)'. Demum praecisam linguam in ora tyranni conspuisse, ciuesque continuo facto impetu lapidibus tyrannum obruisse" (ed. Curio, Basel 1524, S. 317).

977 *Nearchi tyranni* Der Tyrann **Nearchos von Elea** ist, abgesehen von der hier zugrundegelegten Stelle Diog. Laert. IX, 26 und Philostr. *Vit. Ap.* VII, 2, nicht historisch belegt. In den diversen Versionen, die es von der Folterung und Tötung des Zenon von Elea gibt, figurieren verschiedene historische Personen als Tyrann, neben Nearchos auch Diomedon, Demylos, Dionysios I. von Syrakus und Phalaris. Nach Diog. Laert. handelte es sich um Nearchos von Elea oder Diomedon von Elea, nach Philostratos um Nearchos von Mysos, nach Val. Max. III, 3 *ext.* 2 um Phalaris von Agrigent, nach Plutarch um Demylos. Phalaris (reg. ca. 570–554) und Dionysios I. (kam 405 an die Macht, gest. i.J. 367) sind aus chronologischen Gründen auszuschließen. Vgl. K. v. Fritz, *RE* X, A (1972), Sp. 53–83, s.v. „Zenon", Nr. 1, bsd. Sp. 54–55.

979–980 *De his ... inquit* In dem Abschnitt „De his ... inquit" gibt Er. das bei Diog. Laert. beschriebene Narrativ völlig verdreht wieder: Dort steht keinesfalls, daß der Tyrann die von Zenon denunzierten Tyrannenfreunde hinrichten ließ, sodann die Unterfragung des Zenon mit der Frage: Gibt es noch weitere? fortsetzte, woraufhin Zenon gesagt haben soll: Ja, du selbst! Vielmehr berichtet Diog. Laert., daß Zenon den Tyrannen bei der ersten Unterfragung zu sich hergelockt habe, indem er versprach, er wolle ihm noch einige weitere Namen is Ohr flüstern. Nachdem der Tyrann auf seinen Vorschlag eingegangen sei, habe ihm Zenon ins Ohr gebissen und nicht mehr losgelassen, bis er erdolcht worden sei. Nach Demetrios von Magnesia (1. Jh. v. Chr.) soll Zenon dem Tyrannen nicht ins Ohr gebissen, sondern ihm die Nase abgebissen haben. Das Problem ist weiter, daß Diog. Laert. verschiedene, mit Quellenangben versehene Versionen der Geschichte überliefert, die Er. locker zusammenführt.

981 *quod ... hiabat* Daß Zenon von Elea seine abgebissene Zunge *in den Mund* des Tyrannen, *den er wegen eines Wutanfalles weit aufgesperrt hatte*, gespuckt haben soll, steht nicht an der zitierten Stelle des Diog. Laert., sondern lediglich, daß Zenon sie dem Tyrannen hingespuckt habe (καὶ τέλος ἀποτραγόντα τὴν γλῶτταν προσπτύσαι αὐτῷ), also in Richtung des Tyrannen, dem Tyrannen vor die Füße; Er. muß von der Übers. Traversaris ausgegangen sein, der angibt: „Demum praecisam linguam in ora tyranni conspuisse"; „in ora tyranni conspuere" steht auch nicht im griech. Text, was bedeutet, daß Zenon die abgebissene Zunge dem Tyrannen *ins Gesicht*, jedoch nicht in den weit aufgesperrten Mund, gespuckt habe. Auf letzteres kam Er., weil er sich an die bei Valerius Maximus erzählte Geschichte von der Folterung des Anaxarchos erinnerte, die er wenig oberhalb (VII, 378) zum besten gegeben hatte; vgl. Val. Max. III, 3, *ext.* 4: „Talis patientiae aemulus Anaxarchus, cum a tyranno Cypriorum Nicocreonte torqueretur ..., protinusque dentibus abscissam et conmanducatam linguam in os eius ira patens expuit".

983–985 *Quum maledictis ... sentiam.* Diog. Laert., IX, 29. Er. hat den Text nach der Übers. Traversaris gestaltet: „Hunc aiunt, cum maledictis agerentur, indignari solitum, causantibusque quibusdam dixisse, ‚Si maledicta aequo animo admittam, ne laudes quidem sentiam'" (ed. Curio, Basel 1524, S. 317). Vgl. den griech. Text: Τοῦτόν φασι λοιδορούμενον ἀγανακτῆσαι· αἰτιασαμένου δέ τινος, φάναι „ἐὰν μὴ (μὴ *deest ed. Frob. p. 461*) λοιδορούμενος προσποιῶμαι, οὐδ᾽ ἐπαινούμενος αἰσθήσομαι (ἠσθήσομαι *ed. Frob. p. 461*)".

CWE VII, 381 [Harmonia vitae (Zeno Eleates, i.e. Zenon Citieus)

Quum ascenderet in theatrum ... hominis vita seruentur?]

990 CWE VII, 382 [Somniorvm observatio (Zeno Eleates, i.e. Zeno Citieus)

Dicebat ... ea noctu occurrunt in somnis]

PYRRHO ELIENSIS [I.E. ELIDENSIS]

VII, 382 Solitvdo (Pyrrho Eliensis, i.e. Elidensis, 1)
995 [17]

Deprehensus aliquando solus ac secum loquens, rogatus, quid solus ageret, „Meditor", inquit, „esse probus", sentiens ad id vtilem esse solitudinem, inutilem turbam.

987–989 Harmonia vitae ... vita seruentur *id apophthegma transposui ex hoc loco inepto (B C), quod non est Zenonis Eleati, sed Cittiei dictum, in locum proprium, i.e. VII, 330A.*

990–992 Somniorum obseruatio. Dicebat ... in somnis *id apophthegma transposui ex hoc loco inepto (B C), quod non est Zenonis Eleati, sed Cittiei dictum, in locum proprium, i.e. VII, 330B.*

993 ELIENSIS *B C*: HELIENSIS *versio fr. Ambrosii, ed. Curionis: scribendum erat* ELIDENSIS *sive* ELIVS *siue* ELEVS.

987 HARMONIA VITAE ... vita seruentur Dieses Apophthegma gehört nicht an diese Stelle, weil der Apophthegma-Spender Zenon von Kition, nicht Zenon von Elea ist. Das ergibt sich u.a. aus der Begegnung des Zenon mit Amoibeus, einem berühmten Kitharoiden des 3. Jh. v. Chr., den Zenon in Athen gehört hat. Der Spruch ist daher von der Sektion Zenons von Elea auszugliedern und in jener des Zenon von Kition hinzuzufügen. In *CWE* 38, S. 861, Nr. VII, 381 wird das Apophthegma zu Unrecht Zenon von Elea zugeschrieben.

990–991 SOMNIORVM OBSERVATIO ... occurrunt in somnis Dieses Apophthegma gehört nicht an diese Stelle, weil der Apophthegma-Spender Zenon von Kition und nicht Zenon von Elea ist. Der Spruch ist daher von der Sektion Zenons von Elea auszugliedern und in jener des Zenon von Kition hinzuzufügen. In *CWE* 38, S. 861, Nr. VII, 382 wird das Apophthegma zu Unrecht Zenon von Elea zugeschrieben.

Pyrrhon aus Elis (ca. 362–ca. 275 v. Chr.), Begründer der älteren skeptischen Philosophenschule, die seit dem 16. Jh. unter dem Namen Pyrrhonismus läuft. Die Überlieferung setzt sich aus fragmentarischen Aufzeichnungen von Schülern zusammen, Pyrrhon selbst verfasste keine Schriften. Er begleitete Alexander d. Gr. auf dem Asienfeldzug, wo er in Indien die Gymnosophisten getroffen haben soll. Grundlegend für den skeptischen Pyrrhonismus ist die Auffassung, daß der Mensch nichts wisse und keine gültigen Aussagen machen könne, verbunden mit der Grundhaltung, prinzipiell auf jegliches Urteil zu verzichten. Die wichtigste antike Quellensammlung zum Pyrrhonismus ist des Werk *Pyrrhoneíai hypotýpôseis* des Sextus Empiricus, ergänzt durch das Kapitel in Diog. Laert. IX, 61–108. Vgl. F. Decleva Caizzi (Hrsg.), *Pirrone testimonianze*, Neapel 1981; A.A. Long und D.N. Sedley, *The Hellenistic Philosophers*, Cambridge u.a. 1987, Bd. I, S. 13–24, II, S. 1–

17; R. Bett, *Pyrrho, His Antecedents, and His Legacy*, Oxford u. a. 2003; L. Robin, *Pyrrhon et le scepticisme grec*, Paris 1944; K. v. Fritz, *RE* XXIV (1963), Sp. 89–106, s.v. „Pyrrhon", Nr. 1; M. Frede, *DNP* 10 (2001), Sp. 644–645, s.v. „Pyrrhon". Er. selektierte nur wenige Apophthegmata des Pyrrhon; er registrierte den Vater der skeptischen Schule eher am Rande. In *Adag.* 1248 „Homo bulla" (*ASD* II, 3, S. 256–264) bezeichnet er Pyrrhon irrtümlich als Philosophen der platonischen Akademie.

993 *PYRRHO ELIENSIS* Der Zwischentitel ist identisch mit dem Lemma im Index personarum von *B* und *C*, und ist wohl von der Kapitelüberschrift von Traversaris Übers., sowohl in den älteren Fassungen als auch in Curios Ausgabe, „PYRRHO HELIENSIS", abgeleitet (e.g. ed. Ven. 1490, ed. Curio, Basel 1524, S. 328). Für die in der römischen Antike gängigen Formen „Elius", „Eleus" und „Elidensis" vgl. *DNG* I, Sp. 1843, s.v. „Elis".

994 *Solitudo* Er. identifizierte das Selbstgespräch des Philosophen automatisch mit der Einsamkeit, „solitudo", da ihm das mittelalterliche und humanistische *vita-solitaria*-Ideal der Mönche und Gelehrten in Fleisch und Blut überging. Weder im griech. Originaltext noch in Traversaris Übers. ist die Rede davon, daß sich Pyrrhon in der Einsamkeit, im Eremos, aufhält. Er. selbst hatte als Mönch einen Traktat zur Verherrlichung des *vita-solitaria*-Ideals verfasst, *De contemptu mundi* (*ASD* V, 1). Auf dieselbe Weise identifizierte Er. das Selbstgespräch des Philosophen mit dem Aufenthalt in der *solitudo* in *Apophth.* VII, 62 (Antisthenes) und 344 (Cleanthes), wobei er diesen beiden Sprüchen ebenfalls den Titel „Solitudo" gab.

996–997 *Deprehensus ... probus* Diog. Laert. IX, 64. Er. bildete das Apophth. leicht variierend nach der lat. Übers. Traversaris: „Cum secum loqui aliquando deprehensus esset, rogatus, cur id faceret, ‚Meditor', inquit, ‚bonus vt sim'" (ed. Curio, Basel 1524, S. 329). Vgl. den griech. Text: Καταληφθεὶς δέ ποτε καὶ αὑτῷ (ἑαυτῷ in ed. Frob. p. 478) λαλῶν καὶ ἐρωτηθεὶς τὴν αἰτίαν ἔφη „μελετᾶν χρηστὸς εἶναι".

997 *probus* Er.' „probus" stellt eine Verbesserung von Traversaris Übers. von χρηστὸς mit „bonus" dar; bei χρηστὸς steht der Aspekt des Nützlichen und Brauchbaren („vtile") bzw. Tauglichen und Zweckdienlichen im Vordergrund, „bonus" jedoch bezieht sich vornehmlich auf die moralische Qualität. Der Witz liegt gerade in dem grellen Kontrast zwischen dem ganz mit sich selbst beschäftigten Menschen und dem Aspekt des Nützlichen, der sich auf seine Rolle im sozialen Gewebe des Staates bezieht: Während die normale Einstufung der einseitigen Fokussierung des Individuums auf sich selbst war, daß es im Privatbereich nutzlos sei, behauptet Pyrrhon konträr, „er übe, ein brauchbarer Bürger zu sein" (Jürß).

997 *Sentiens ... turbam* Wie auch seine Erklärung zeigt, hat Er. das Selbstgespräch des Philosophen Pyrrhon ganz mit der mönchisch-humanistischen Lebensweise der *vita solitaria* assoziiert. Die Gegenüberstellung der Einsamkeit und der „turba", „Menschenmenge" ist charakteristisch für Senecas Briefe und Petrarcas *De vita solitaria*. Für die moralisch verderbliche Auswirkung der „turba" vgl. insbes. *De vita solitaria* I, 9, ed. Enenkel, S. 111–120, 600–627. Es ist jedoch fraglich, ob Er.' Erklärung zutreffend ist. Man sollte mitberücksichtigen, daß Pyrrhons Antwort einen ironisch-sarkastischen Anstrich hat, der sich gegen herkömmliche Normen und Werte richtet. Vielleicht besagt sein Sarkasmus eher, daß ein Selbstgespräch nützlicher sei als der Staatsdienst. Wenn überhaupt ernstgemeint, könnte der Spruch implizieren, daß zur moralischen Besserung das Selbstgespräch mehr beiträgt als das Gespräch mit anderen.

VII, 383   Facete   (Pyrrho Eliensis, i.e. Elidensis, 2) [18]

Quum obiurganti *sororem Philistam quidam obiiceret,* quod oblitus esset suae professionis (docebat enim omnia esse indifferentia), sic elusit*: „Non enim", inquit, „in muliercula declarabitur indifferentia".*

VII, 384   Homo   (Pyrrho Eliensis, i.e. Elidensis, 3) [19]

Rursus *quum canem inuadentem repulisset,* idem *obiicienti respondit, perdifficile esse prorsus hominem exuere.* Maluit agnoscere lapsum humanum quam dogma rescindere.

VII, 385   Secvritas philosophica   (Pyrrho Eliensis, i.e. Elidensis, 4) [20]

In tempestate conspiciens *caeteros animo esse deiectiores, quum ipse nihil moueretur, ostendit porcellum in naui* secure *edentem, dicens oportere sapientem eam animantis imitari securitatem.*

Apophth. VII, 383–385 Dieses und die folgenden beiden Apophthegmen „Homo" und „Securitas philosophica" thematisieren das grundlegende pyrrhonische Prinzip der ἀδιαφορία (*indifferentia*). Nach Pyrrhon war es unmöglich, entweder auf der Grundlage von sinnlicher Wahrnehmung oder rationaler Urteile wahre Aussagen über die Dinge zu machen, was eine grundsätzliche Unerkennbarkeit derselben impliziere (ἀκαταληψία, Diog. Lart. IX, 61). Deshalb sei es überhaupt unmöglich, irgendwelche relevanten Unterschiede zu machen. Pyrrhon lehrte, daß nichts schön oder hässlich sei, gerecht oder ungerecht, daß also nichts in Wirklichkeit so sei, sondern der Menschen Tun nur durch Konvention und Sitte bestimmt sei; daß jedes um nichts mehr dieses als jenes sei (Diog. Laert. IX, 61, Jürß). Deshalb soll der Skeptiker stets die Indifferenz, ἀδιαφορία der Dinge im Auge behalten und sich tunlichst eines Urteils enthalten (ἐποχή). Diese permanente Haltung der Urteilsenthaltung, ἐποχή, führe zum erwünschten Gleichmut (ἀπαθεία) bzw. zur Gemütsruhe (ἀταραξία). Vgl. M. Mills Patrick, *Sextus Empiricus and Greek Scepticism*, 2019, Kap. 5.

1000–1 *Quum ... indifferentia* Im einleitend-narrativen Teil frei paraphrasierende, im Spruchteil wörtliche Wiedergabe von Diog. Laert. IX, 66: καὶ χολήσας τι ὑπὲρ τῆς ἀδελφῆς, Φιλίστα δ᾿ ἐκαλεῖτο, πρὸς τὸν ἐπιλαβόμενον (λαβόμενον in ed. Frob. p. *479*) εἰπεῖν ὡς οὐκ ἐν γυναίῳ ἡ ἐπίδειξις τῆς ἀδιαφορίας; Decleva Caizzi, *Pirrone testimonianze*, Nr. 15. Vgl. die lat. Übers. Traversaris: „Et cum sorori quandoque succensuisset (Philista autem vocabatur) argueretque illum quispiam vt immemorem instituti sui, ‚Non', inquit, ‚muliercula documentum erit nostrae indifferentiae'" (ed. Curio, Basel 1524, S. 330–331).

1000 *sororem Philistam* Die Schwester Philista war für Pyrrhon insofern besonders bedeutend, weil er mit ihr zusammenlebte und einen gemeinsamen Haushalt führte. Sie hielten Schweine und Hühner, wobei sich die Schwester zusätzlich als Hebamme verdingte. Pyrrhon soll gegenüber seiner Schwester sehr rücksichtsvoll gewesen sein und sich nicht gescheut haben, auch einfache Arbeiten im Hause auf sich zu nehmen (Diog. Laert. IX, 66). Daß es dabei auch manchmal Reibereien gab, scheint gleichsam vorprogrammiert gewesen zu sein.

1000–1 *quod ... professionis* „quod ... professionis" ist ein erklärender Zusatz des Er., der eine Paraphrase des erklärenden Zusatzes des

Traversari, „vt immemorem instituti sui" darstellt.
2 *indifferentia* Schon Traversari übersetzte ἀδιαφορία mit „indifferentia" (a.a.O.), ebenso Gell. XIII, 3,6.
5–6 *quum canem ... exuere* Diog. Laert. IX, 66, wobei Er. wörtlich die gelungene Übers. Traversaris übernahm: „Rursum cum se inuadentem canem repulisset, causanti (causanti *Traversari*: causantique *ed. Curio*) cuidam ‚Graue', inquit, ‚est et perdifficile hominem penitus exuere'" (ed. Curio, Basel 1524, S. 329). Vgl. den griech. Text: Καὶ κυνός ποτ' ἐπενεχθέντος διασοβηθέντα εἰπεῖν πρὸς τὸν αἰτιασάμενον, ὡς χαλεπὸν εἴη ὁλοσχερῶς ἐκδῦναι τὸν (τὸν *deest in ed. Frob. p. 479*) ἄνθρωπον. Decleva Caizzi, *Pirrone testimonianze*, 15.
Apophth. VII, 385 In diesem Spruch wird ein weiterer Kernbegriff von Pyrrhons Philosophie, die Gleichmut (ἀπαθεία) bzw. die Gemütsruhe (ἀταραξία), präsentiert (vgl. Komm. oben zu VII, 383).
10–12 *In tempestate ... securitatem* Im einleitenden Teil paraphrasierende, im zweiten Teil wörtliche Wiedergabe von Traversaris Übers. von Diog. Laert. IX, 68: „Naui aliquando ferebatur, et cum socii tempestate acti deiectiores (deiectiores *ed. Curio*: moestiores *Traversari*) essent, ipse tranquillo animo perdurans (perdurans *Traversari*: *om. Curio*) porcellum in naui edentem ostendebat (ostendebat *Curio*: attendebat *Traversari*), dicens oportere sapientem hanc illius imitari securitatem" (ed. Curio, Basel 1524, S. 331). Vgl. den griech. Text: τῶν γὰρ συμπλεόντων αὐτῷ ἐσκυθρωπακότων (τῶν γὰρ ἐμπλεόντων ἐσκυθρωπακότων *in ed. Frob. p. 480*) ὑπὸ χειμῶνος, αὐτὸς γαληνὸς ὢν ἀνέρρωσε τὴν ψυχήν, δείξας ἐν τῷ πλοίῳ χοιρίδιον ἐσθίον καὶ εἰπὼν ὡς χρὴ τὸν σοφὸν ἐν τοιαύτῃ καθεστάναι ἀταραξίᾳ. Decleva Caizzi, *Pirrone testimonianze*, Nr. 17; Posidonius Frgm. 287 Edelstein-Kidd. Dieselbe Anekdote findet sich auch bei Plut. *Quomodo quis suos in virtute sentiat profectus* 11, *Mor.* 82F, wo jedoch statt ἀταραξία auch der Begriff der ἀπαθεία verwendet wird: Πύρρωνα δέ φασι πλέοντα καὶ κινδυνεύοντα χειμῶνος δελφάκιόν τι δεῖξαι χρώμενον ἀσμένως κριθαῖς παρεγκεχυμέναις, καὶ πρὸς τοὺς ἑταίρους εἰπεῖν ὅτι τοιαύτην ἀπάθειαν παρασκευαστέον ἐκ λόγου καὶ φιλοσοφίας τὸν ὑπὸ τῶν προστυγχανόντων ταράττεσθαι μὴ βουλόμενον.

VII, 386 Vita fvgax (Pyrrho Eliensis, i.e. Elidensis, 5) [21]

Admirari solet illum Homeri versiculum prae caeteris,

„Οἵηπερ φύλλων γενεή, τοίη δὲ καὶ ἀνδρῶν", id est,

„*Tale quidem genus est hominum, quale est foliorum*",

quod aliis defluentibus alii succedant; sentiens in rebus humanis nihil esse diuturnum aut stabile.

TIMON NICAEVS [i.e. HIERONYMVS PERIPATETICVS]

VII, 387 Capere fvgiendo (Timon Nicaeus, i.e. Hieronymus Peripateticus) [22]

Timon Nicaeus [i.e. Phliasius] *gaudebat hortorum* secessibus *ac solitudine*, vnde *Hieronymus Peripateticus de illo dixisse fertur:* „*Quemadmodum apud Scythas et qui fugiunt et qui insequuntur, torquent sagittas, itidem inter philosophos alios persequendo discipulos capere, alios fugiendo*". Sequitur fama fugientem, et ob id ipsum auidius expetitur, qui scholam vitat.

---

16 Οἵηπερ *C LB (cf. Adag. 1248)*: Οἵηπερ τε *ed. Curionis*: Οἵη περ *B Diog. ed. Markovich, Homeri text. recept.*

16 φύλλων *B C Diog. text. recept.*: φύλων *ed. Curionis.*

16 τοίη δὲ *scripsi (cf. Adag. 1248)*: τοίηδε *B C. ed. Curionis, Diog. ed. Froben.*

16 id est *C*: *om. B.*

Apophth. VII, 386 ist ein Gegenstück zu *Adag.* 1248 „Homo bulla" (*ASD* II, 3, S. 256–264). Dort zitiert Er. den Vers Hom. *Il.* VI, 146 und gibt an, daß Pyrrhon (den er allerdings irrtümlich als Philosophen der platonischen Akademie bezeichnet) ein besonderer Liebhaber desselben gewesen sei (S. 258): „Ad bullarum similitudinem accedit nobilis illa Homeri comparatio de caducis arborum foliis. Sic enim Glaucus apud hunc loquitur Iliados sexto: Οἵηπερ φύλλων γενεή, τοίη δὲ καὶ ἀνδρῶν ..., id est, *Tale quidem genus est hominum quale est foliorum*' ... Hoc carmine Pyrrhonem Academicum peculiariter delectatum fuisse testatur Diogenes Laertius".

15–17 *Admirari ... foliorum* Diog. Laert. IX, 67. Er. benutzte für die Gestaltung des Textes die lat. Übers. Traversaris, die er zwar stark kürzte, jedoch teilweise wörtlich übernahm:

„Philo quoque Atheniensis, ipsius neseccarius, illum Democriti meminisse (meminisse *Curio*: maxime fuisse studiosum *Traversari*), tum etiam Homeri dixit miratum illum eius versiculum assidueque (miratum illum eius versiculum assidueque *Curio*: dixit illos eius versiculos iugiter Traversari) pronuntiare solitum: Οἵηπερ τε [sic] φύλων [sic] γενεή, τοίηδε [sic] καὶ ἀνδρῶν, hoc est, ‚Tale quidem genus est hominum quale est foliorum'" (ed. Curio, Basel 1524, S. 331); vgl. den griech. Text: ἀλλὰ καὶ Φίλων ὁ Ἀθηναῖος, γνώριμος αὐτοῦ γεγονώς, ἔλεγεν ὡς ἐμέμνητο μάλιστα (μάλιστα *deest in ed. Frob. p. 479*) μὲν Δημοκρίτου, εἶτα δὲ καὶ Ὁμήρου, θαυμάζων αὐτὸν καὶ συνεχὲς λέγων, οἵη περ φύλλων γενεή, τοίη δὲ (τοίηδε καὶ *ed. Frob.*) ἀνδρῶν (ed. Frob. S. 479). Decleva Caizzi, *Pirrone testimonianze*, Nr. 20; Hom. *Il.* VI, 146.

17 *Tale ... foliorum* Er. kopierte wörtlich die latein. Übers. des Verses, die er bei Traversari antraf und die er auch schon i.J. 1508 in *Adag.* 1248 gebracht hatte.

20 *TIMON NICAEVS* Er. bezeichnet Timon hier fälschlich als „Nicaeus". Timon stammte nicht aus Nikaia (in Kleinasien), sondern aus Phleius am nordöstlichen Peloponnes. Er. hat den Irrtum aus Traversaris latein. Übers. übernommen, wo in der von ihm benutzten Edition von Curio (Basel 1524) das Timon gewidmete Kapitel die Überschrift „TIMON NICAEVS" trägt (S. 343). Diese Überschrift, die sich bereits in den frühen Ausgaben von Traversaris latein. Übers. findet (e.g. ed. Ven. 1490; ed. Petit, Paris 1509, fol. CXIX[v]), ist einem Überlieferungsproblem des griech. Textes von Diog. Laert. IX, 109 geschuldet: Der als Zwischentitel vorgesehene Name „Timon" rutschte irrtümlich in den Haupttext, sodaß das Kapitel nun mit dem kontaminierten Namen Τίμων Ἀπολλωνίδες Νικαεύς anfing. Das war auch in der *editio princeps* des griech. Textes, die Froben druckte (S. 497), der Fall, somit auch in der Handschrift, die damals von Er. benutzt wurde. Auch die griech. Handschrift, nach der Traversari den Text übersetzte, wies diesen Fehler auf, wodurch ihn Traversari in seine lateinische Version mitübernahm: „Timon Appolloniates Nicaeus" (e.g. ed. Ven. 1490). Mit „Appolloniates" oder „Apolloniates" ist der Gelehrte Apollonides von Nikaia gemeint, der in der Regierungsperiode des Kaisers Tiberius lebte und einen Kommentar zu den *Silloi*, einem satirischen Gedicht des Timon von Phlius, verfasste. Die Übers. des Traversari ist an dieser Stelle auch sonst verworren. Im selben Satz findet sich freilich die Angabe, daß der bewusste „Timon Apolloniates Nicaeus" bestätigt habe, daß Timon aus Phleius stamme: „Timon Apolloniates Nicaeus ... Timonem asserit genere Phliasium fuisse" (ed. Curio, S. 343). Der fehlerhafte Namen „Timon Nicaeus" findet sich auch in *Adag.* 2104 (*ASD* II, 5, S. 108): „Meminit huius Diogenes Laertius in vita Timonis Nicei".

23 *Timon Nicaeus* Timon aus Phleius (ca. 320–230 v. Chr.), Dichter und skeptischer Philosoph, Schüler und Lobredner des Pyrrhon von Elis. Stammte aus der in der nordöstl. Peloponnes gelegenen Stadt Phleius am Fluss Asopos (unweit des modernen Nemea, ca. 20km von Korinth entfernt), begab sich in der Folge nach Elis, auf der nordwestlichen Peloponnes, wo er sich Pyrrhon anschloss. Nach lukrativer Vortragstätigkeit als Wanderredner ließ er sich schließlich in Athen nieder; dort Rivale des Schulhauptes der Akademie, Arkesilaos. Vgl. M. Di Marco, *DNP* 12.1 (2002), Sp. 592–593, s.v. „Timon", Nr. 2; W. Nestle, *RE* VI, A2 (1937), Sp. 1301–1303, s.v. „Timon", Nr. 13; A.A. Long, „Timon of Phleius. Pyrrhonist and Satirist", in: *Proceedings of the Cambridge Philological Society*, N.F. 24 (1978), S. 69–91; F. Ricken, *Antike Skeptiker*, München 1994, S. 18–28.

23–26 *Gaudebat ... fugiendo* Leicht gekürzte Wiedergabe von Diog. Laert. IX, 112, wobei Er. die Übers. Traversaris im einleitenden Teil leicht variierte, im Spruchteil jedoch nahezu wörtlich übernahm: „Fuit autem hic (hic *ins.* Curio) philosophus Timon hortorum studiosus maxime ac solitudinis amans, quemadmodum et Antigonus refert. Fertur Hieronymus Peripateticus de illo dixisse: ‚Sicut apud Scythas et qui fugiunt et qui persequuntur, sagittas torquent, ita et apud philosophos alii persequendo discipulos capiunt, alii fugiendo, quemadmodum et Timon'" (ed. Curio, Basel 1524, S. 344–345). Vgl. den griech. Text: Ὁ δ' οὖν φιλόσοφος καὶ φιλόκηπος ἦν σφόδρα καὶ ἰδιοπράγμων, ὡς καὶ Ἀντίγονός φησι. λόγος γοῦν εἰπεῖν Ἱερώνυμον τὸν περιπατητικὸν ἐπ' αὐτοῦ, „Ὡς παρὰ τοῖς Σκύθαις καὶ οἱ φεύγοντες τοξεύουσι καὶ οἱ διώκοντες, οὕτω τῶν φιλοσόφων οἱ μὲν διώκοντες θηρῶσι τοὺς μαθητάς, οἱ δὲ φεύγοντες, καθάπερ καὶ ὁ Τίμων" (ed. Frob. S. 498).

23–24 *Hieronymus Peripateticus* **Hieronymos von Rhodos** (ca. 290–230 v. Chr.), peripatetischer Philosoph, Gegner des skeptischen Akademikers Arkesilaos. Vgl. H. Gottschalk, *DNP* 5 (1998), Sp. 548, s.v. „Hieronymos", Nr. 7; H. Daebritz, *RE* VIII, 2 (1913), Sp. 1561–1564, s.v. „Hieronymos", Nr. 12.

26 *Sequitur fama fugientem* In seiner Erklärung des Apophthegmas bemüht Er. erneut den sprichwörtlichen Gedanken, daß der Ruhm automatisch herbeikomme, auch zu dem, der ihm zu entkommen versucht, bzw. daß der Ruhm der Tugend wie ihr Schatten folge, vgl. oben VII, 369 mit Komm.

TIMON NICAEVS [i.e. TIMON PHLIASIVS]

VII, 388   Libertas   (Timon Nicaeus, i.e. Phliasius, 3) [23]

Quum vidisset Arcesilaum inter assentatores euntem, „Quid tu", inquit, „venisti huc, vbi sumus nos, qui *liberi* sumus?".

VII, 389   Facete   (Timon Nicaeus, sic, i.e. Phliasius, 4) [24]

In quendam omnia mirantem ita lusit: *„Quin et illud miraris, quod, quum tres simus, quatuor habemus oculos"*. Timon *enim luscus erat,* vnde et *Cyclops dictus est, et discipulum habebat luscum Dioscoridem*. Meminit huius et Socrates alicubi apud Platonem.

---

31 Quum *BAS*: Cum *B C*.

Apophth. VII, 388 ist kein witziger Ausspruch, sondern eine grobe Schmähung, die Timon von Phleius seinem Konkurrenten in der skeptischen Philosophie, Arkesilaos, ins Gesicht schleudert: Timon brüstet sich selbst als „freier Mann" und hebt sich als solcher von dem sozial verächtlichen, implizit als ‚unfrei' betrachteten, Gesindel der Tage- und Taschendiebe, Schurken, Gauner und Betrüger ab, zu dem er Arkesilaos zählt. Der griech. Text des Diog. bezeichnet dieses Gesindel, in dessen Mitte sich Arkesilaos befunden haben soll, mit διὰ τῶν Κερκώπων. Die Κέρκωπες sind sprichwörtliche, im Rahmen der Herakles-Sage figurierende Gauner und Schurken, die sogar dem großen Heros die Waffen gestohlen haben sollen; vgl. Ch. Walde, *DNP* 6 (1999), Sp. 445, s.v. „Kerkopen". Der latein. Text des Er. gibt den von Timon hergestellten sozialen Gegensatz nur verzerrt wieder: „assentatores" sind Schmeichler, die bei einem Mächtigen oder Reichen in die Gunst kommen wollen, jedoch i.a. nicht identisch mit dem sozial verächtlichen Gesindel der Tagediebe. Er. hat in diesem Fall nach der Übers. des Traversari gearbeitet, aus der er „assentatores" übernahm. Oben, in *Apophth.* VII, 337, behauptet Arkesilaos, daß er gegenüber Schmeicheleien immun sei: „Arcesilaus, ‚Non moueor', inquit, ‚adulatione'".

31–32 *Cum vidisset … liberi* Diog. Laert. IX, 114. Er. gestaltete seinen Text nach der lat. Übers. Traversaris: „Aiunt autem ipsum, cum vidisset Arcesilaum assentatorum incedentem medium, dixisse: ‚Quid huc tu venisti, vbi nos liberi sumus?'" (ed. Curio, Basel 1524, S. 345). Vgl. den griech. Text: φασὶ δ' αὐτὸν Ἀρκεσίλαον θεασάμενον διὰ τῶν Κερκώπων ἰόντα, εἰπεῖν, „Τί σὺ δεῦρο, ἔνθαπερ ἡμεῖς οἱ ἐλεύθεροι;". (ed. Frob. S. 499).

31 *Arcesilaum* Zur Person des Arkesilaos (316/5 – ca. 241/0 v. Chr.), des skeptischen Akademikers, vgl. oben Komm. zu VII, 182. Er. widmete dem Arkesilaos in den *Apophthegmata* die Sektion VII, 182–187.

35–37 *In quendam … Dioscoride* Diog. Laert. IX, 114. Er. benutzte die lat. Übers. Traversaris, während er auch den griech. Text heranzog; Traversari: „Ad eum enim, qui cuncta mirabatur, ait: ‚Quid autem non miraris, quia tres cum simus, quatuor habemus oculos? Erat autem ipse unoculus, et Dioscorides discipulus eius'" (ed. Curio, Basel 1524, S. 345). Vgl. den griech. Text: πρὸς οὖν τὸν θαυμάζοντα πάντα ἔφη, „τί δ' οὐ θαυμάζεις ὅτι τρεῖς ὄντες τέτταρας ἔχομεν ὀφθαλμούς;" ἦν δ' αὐτός τε (τε *deest in ed. Frob. p. 499*) ἑτερόφθαλμος καὶ ὁ Διοσκουρίδης μαθητὴς αὐτοῦ, καὶ ὁ πρὸς ὃν ἔλεγεν ὑγιής.

36 *luscus … dictus est* Diog. Laert. IX, 112: τοῦτον ἐγὼ καὶ ἑτερόφθαλμον ἤκουσα, ἐπεὶ καὶ αὐτὸς αὑτὸν Κύκλωπα ἐκάλει; vgl. die Übers. des Traversari: „Hunc ego luscum didici. Nam et ipse Cyclopem se appellabat" (ed. Curio, Basel 1524, S. 344).

37 *Dioscoridem* Dioskurides aus Kypros, pyrrhonischer Skeptiker, Schüler des Timon von

Phlius. Vgl. H. v. Arnim, *RE* V, 1 (1903), Sp. 1130, s.v. „Dioskurides", Nr. 8.

37 *Meminit huius ... Platonem* Er. zitiert hier aus dem Gedächtnis, jedoch kann die Angabe nicht stimmen: Platon war längst gestorben (348/7 v. Chr.), als Timon (ca. 320 v. Chr.) oder Dioskurides (ca. 290 v. Chr.) geboren wurden; Timon und Dioskurides waren Zeitgenossen des späteren Scholarchen der Akademie, Arkesilaos. Es ist unklar, worauf sich Er. bezieht. Er. verwechselte manchmal Timon von Phlius mit Timon dem Misanthropen aus Athen, der z.Z. des Peloponnesischen Krieges lebte, z.B. *Adag.* 2521 (*ASD* II, 6, S. 356; der Misanthrop irrtümlich als Erfinder der Metapher Ὅλμον ἄτολμον). Eine Stelle, in der Sokrates Timon erwähnt haben sollte, gibt es nach dem Index nominum der *Opera Platonis* nicht. Timon von Athen wurde von den Komödiendichtern aufs Korn genommen, außer von Aristophanes auch von Plato comicus (vgl. M. Armstrong, „Timon of Athens – a Legendary Figure?", in *Greece and Rome* 34 [1987], S. 7), jedoch ist unklar, ob dies bei der falschen Angabe des Er. eine Rolle gespielt hat.

XENOPHON

VII, 390   *Vtilitas ex inimicis*   (Xenophon, 1) [25]

Dicebat *esse prudentis cordatique viri, etiam ab inimicis vtilitatem capere.* Vulgatum est neque solem *neque aquam neque ignem magis vtilem esse* hominibus *quam amicos.* Sed ingenii philosophici est, quemadmodum periti medici *ex bestiis* ac serpentibus *noxiis vtilia quaedam remedia colligunt,* ita ex imimicorum odio decerpere aliquid, quod vertat in suum bonum.

VII, 391   *Divorvm cvltvs*   (Xenophon, 2) [26]

Dicebat tum *maxime* colendos *esse deos, quum* homini *res sunt secundae, vt, quum* incideret *necessitas, confidenter illos imploremus, vtpote beneuolos iam et amicos.* Recte Xenophon, sed vulgus hominum contra facit: in felicitate profunda est diuorum obliuio; quum vrget calamitas, tum demum ad illos confugimus.

Apophth. VII, 390–394 Nachdem Er. Timon von Phleius (bei ihm irrtümlich „Timo Nicaeus") behandelt hat, beendet er seinen Durchmarsch durch Diog. Laert., angekommen am Ende des neunten Buches (Timon = IX, 109–116). Das zehnte Buch, das Diog. Laert. zur Gänze Epikur widmete, ließ Er. aus, wohl weil er Epikur gegenüber eine dezidierte Abneigung hegte. Er nahm von ihm in den *Apophthegmata* insgesamt nur einen einzigen Spruch auf, in dem Epikurs Hochschätzung der Freundschaft zum Ausdruck kommt (VIII, 57). Nach der Timon-Sektion bringt Er. noch die Sprüche von drei Personen, die aus dem Rahmen der Ordnung, die sich aus Diog. Laert. ergeben hatte, fallen: Xenophon (VII, 390–391), Straton (VII, 392) und Phokion (VII, 393–394). Xenophon gehört weder zu den vorsokratischen Naturphilosophen noch zu den Pyrrhonisten, die im neunten Buch des Diog. Laert. behandelt werden, sondern zu den Sokratikern, die im zweiten Buch an die Reihe kommen und wo Diog. Laert. in der Tat dem Xenophon ein Kapitel widmete (II, 48–59). Bei seiner Behandlung von Diog. Laert.' zweitem Buch in den *Apophthegmata* (VII, 125–149) hatte Er. allerdings das Xenophon-Kapitel ausgelassen. Die nun folgende Sektion von zwei Apophthegmen könnte man zwar gewissermassen als Nachtrag auffassen, jedoch arbeitete Er. nicht mehr nach seiner Quelle Diog. Laert. Die Aussprüche (23) des athenischen Staatsmannes Phokion, den man nicht spezifisch als Philosophen bezeichnen kann, hatte Er. bereits im vierten Buch der *Apophthegmata* dargeboten (IV, 257–279; *CWE* 37, S. 418–425; *ASD* IV, 4, S. 346–351). Auch Straton von Lampsakos gehört weder den vorsokratischen Naturphilosophen noch den Pyrrhonisten zu, sondern den Peripatetikern. Diese werden im fünften Buch des Diog. Laert. behandelt, dementsprechend in Er.' *Apophthegmata* in VII, 220–265 (Aristoteles, Theophastus und Demetrios von Phaleron).

Xenophon aus Athen (430/425–355 v. Chr.), der bekannte Politiker, Feldherr, Schriftsteller und Schüler des Sokrates; wie Platon verfasste er Dialoge, in denen Sokrates als Hauptredner figuriert. Er. betrachtete Xenophon, in der Nachfolge Plutarchs (z. B. *Mor.* 79D; *Mor.* 212B *Apophthegmata Laconica*, Agesilaus 50), v.a. als berühmten „Weisen" und Philosophen („Xenophontem illum sapientem"; *Apophth.* I, 49, *ASD* IV, 2, S. 66, *CWE* 37, S. 42).

Apophth. VII, 390 Dem Thema dieses Spruches hat Plutarch einen eigenen Traktat gewidmet (*Mor.* 86B–92F), der nun den Titel *De capienda ex inimicis vtilitate* trägt; Er. selbst hat diesen Traktat übersetzt und ihm den Titel *Quo pacto quis efficiat, vt ex inimicis capiat vtilitatem* verliehen (*ASD* IV, 2, S. 165–184), zuerst herausgegeben durch Johann Froben, Basel, 1514. Das für das Thema grundlegende Xenophon-Zitat (*Oec.* I, 15) steht in der Einleitung von

40 *Esse prudentis ... capere* Plut. *De capienda ex inimicis utilitate* 1, *Mor.* 86C. Er. wiederholt den Spruch des Xenophon im Wortlaut seiner eigenen Plutarchübers. d.J. 1514: „Videntur mihi partes viri ciuilis et in administranda republica versantis, vt inter alias curas inimicorum etiam habeat rationem atque illud animaduertat haud frustra *dictum a Xenophonte, cordati prudentisque viri esse, etiam ex inimicis vtilitatem capere*" (*ASD* IV, 2, S. 173; ed. Cratander, Basel 1530, fol. 181C). Vgl. den griech. Text: δοκεῖ μοι τὰ τ' ἄλλα περὶ ἐχθρῶν τῷ πολιτικῷ διεσκέφθαι προσήκειν καὶ τοῦ Ξενοφῶντος ἀκηκοέναι μὴ παρέργως εἰπόντος ὅτι τοῦ νοῦν ἔχοντός ἐστι καὶ ‚ἀπὸ τῶν ἐχθρῶν ὠφελεῖσθαι; Xenophon hatte den von Plutarch zitierten Gedanken in Bezug auf die *Führung des Haushaltes* entwickelt, vgl. Xen. *Oec.* I, 15: καὶ οἱ ἐχθροί γε ἄρα κατά γε τὸν σὸν λόγον χρήματά εἰσι τῷ δυναμένῳ ἀπὸ τῶν ἐχθρῶν ὠφελεῖσθαι. ἐμοὶ γοῦν δοκεῖ. οἰκονόμου ἄρα ἐστὶν ἀγαθοῦ καὶ τοῖς ἐχθροῖς ἐπίστασθαι χρῆσθαι ὥστε ὠφελεῖσθαι ἀπὸ τῶν ἐχθρῶν. ἰσχυροτατά γε. καὶ γὰρ δὴ ὁρᾷς, ἔφη, ὦ Κριτόβουλε, ὅσοι μὲν δὴ οἶκοι ἰδιωτῶν ηὐξημένοι εἰσὶν ἀπὸ πολέμου, ὅσοι δὲ τυράννων. Plutarch bezieht sich auf dieses Zitat auch in *De recta ratione audiendi*, *Mor.* 40C: ὡς γὰρ ὁ Ξενοφῶν φησι τοὺς οἰκονομικοὺς καὶ ἀπὸ τῶν φίλων ὀνίνασθαι καὶ ἀπὸ τῶν ἐχθρῶν, οὕτω τοὺς ἐγρηγορότας καὶ προσέχοντας οὐ μόνον κατορθοῦντες ἀλλὰ καὶ διαμαρτάνοντες ὠφελοῦσιν οἱ λέγοντες.

40 *Cordatique* „cordati" steht nicht im griech. Originaltext, sondern ist ein Zusatz, den Er. bereits in seiner Plut.-Übers. d.J. 1514 angebracht hatte.

40–41 *Vulgatum est ... quam amicos* Er. verbindet den Gedanken, sich sogar seine Feinde zunutzen zu machen, mit dem topischen (antiken) Gedankenkomplex von der Nützlichkeit und Notwendigkeit der Freundschaft.

41 *Neque aquam ... quam amicos* Adag. 1175 „Amicus magis necessarius quam ignis et aqua" (*ASD* II, 3, S. 190): „Ἀναγκαιότερος πυρὸς καὶ ὕδατος [B] ὁ φίλος, [A] id est *Amicus magis necessarius quam ignis et aqua*. Hyperbole prouerbialis admonens neminem esse tam diuitem aut potentem, quin opus habeat amicorum officiis. Quemadmodum enim citra ignem et aquam non constat hominum vita, ita nec sine consuetudine atque opera familiarium, quos ob id ipsum Latini necessarios vocant, [C] vt amicitiam necessitudinem. Innuit adagium duo quaedam maxima commoda colligi ex amicitia: voluptatem et vsum. Nihil est enim neque iucundius igni neque vtilius aqua". Für das Sprichwort vgl. Otto 82. Er. hatte das Sprichwort von Plutarch bezogen, aus dem Traktat *Quo pacto sit dignoscendus assentator ab amico* 5, *Mor.* 51B: καθ' ὃ δὴ καὶ λέγεται πυρὸς καὶ ὕδατος ὁ φίλος ἀναγκαιότερος εἶναι ...; in Er.' eigener Übers.: „Rursum, quoniam gratia et vtilitas consequitur amicitiam, vnde dictum est etiam illud, *amicum magis necessarium esse quam aquam et ignem ...*" (*ASD* IV, 2, S. 126).

42–44 *Ex bestiis ... suum bonum* Davon, daß die Tiere zunächst die Feinde des Menschen gewesen seien, die sich dieser aber nach und nach zu nutzen gemacht habe, redet Plut. *De capienda ex inimicis utilitate* 2, *Mor.* 86D–E; er erwähnt dort „schädliche Tiere" („noxiis bestiis" in Er.' Übers., *ASD* IV, 2, S. 174), die die Feinde des Menschen gewesen seien, wobei letzterer schließlich gelernt hätte, aus jenen Nutzen zu ziehen (Er.' Übers.: „... ab illis ... etiam vtilitatem capiunt [sc. homines], ibid.), u.a., indem er aus Körpersäften dieser Tiere (Galle und Milch) Heilmittel herstellte; vgl. Er.' Übers.: „fel et lac ad morborum adhibent remedia", a.a.O.

46–47 *Dicebat ... amicos* Freie Übers. des Er. von Plut. *De tranq. an.* 1, *Mor.* 465B: ὥσπερ οὖν ὁ Ξενοφῶν παρῄνει τῶν θεῶν εὐτυχοῦντας μάλιστα μεμνῆσθαι καὶ τιμᾶν, ὅπως, ὅταν ἐν χρείᾳ γενώμεθα, θαρροῦντες αὐτοὺς παρακαλῶμεν ὡς εὐμενεῖς ὄντας ἤδη καὶ φίλους.

STRATO PHYSICVS

VII, 392   Virtvtis vsvs   (Strato Physicus) [27]

Quibusdam obiicientibus, *quod Menedemus plures haberet auditores quam ipse*, „Quid mirum", inquit, „*si plures reperiuntur, qui lauari cupiunt quam vngi?*". Vnguntur, qui se parant certamini. Subindicauit Menedemi philosophiam esse dilutam, ac facile inueniri, qui audiant de virtute disserentem, perpaucos autem, qui virtutem exerceant. Nam huc prouocabat Strato.

PHOCION DVX ATHENIENSIS

VII, 393   Moderate   (Phocion dux Atheniensis, 1) [28]

Hunc *quum* pro concione dicentem quidam petulantissime *maledicus* interpellaret, multis conuiciis in illum debacchans, *omisit*, quod coeperat, *locumque dedit male-*

Straton von Lampsakos (ca. 340–ca. 368 v. Chr.), Peripatetiker, Nachfolger des Theophrastos als drittes Oberhaupt der Schule des Aristoteles (ca. 287/6–ca. 269/8 v. Chr.); Lehrmeister des späteren ägyptischen Königs Ptolemaios II. Philadelphos. Seine Arbeiten waren Physik, Metaphysik, Kosmologie, Biologie, Erkenntnistheorie, Psychologie, Ethik und Politik, Logik und Topik gewidmet. Von seinen Werken sind nur spärliche Fragmente erhalten. Vgl. Chr. Wildberg, *DNP* 11 (2001), Sp. 1042–1043, s.v. „Straton", Nr. 2; W. Capelle, *RE* IV, A1 (1931), Sp. 278–315, s.v. „Straton", Nr. 13 (siehe *Apophth*. VII, 251). In direkter Nachfolge seiner Quelle Plut. *De tranq. an., Mor.* 472E (Στράτων ὁ φυσικός) bezeichnet Er. Straton als „den Physiker"; zur dieser Bezeichnung vgl. auch Diog. Laert. V, 58. In Er.' Philosophenbuch der *Apophthegmata* wäre die angewiesene Stelle für das Straton-Apophthegma nach der Theophrastos-Sektion (VII, 252–255) und vor der Demetrios-Sektion (VII, 256–265) gewesen. Diog. Laert. hatte dem Straton eine Biographie gewidmet (V, 58–64, i.e. nach der Theophrastos-Biographie), jedoch hatte Er. dieselbe ausgelassen.

51 *Virtutis vsus* Der Titel, den Er. dem vorl. *Apophth*. gab, ist irreführend und hängt von der falschen Erklärung ab, die er dem Spruch des Straton gab. Siehe dafür Komm. unten. Stratons Spruch bezieht sich nicht auf die praktische Ausübung der Tugend. Lycosthenes übernahm bei seinem Druck von VII, 392 die falsche Erklärung des Er. (S. 110).

52–53 *Quod Menedemus … vngi* Wörtliche Übers. des Er. von Plut. *De tranq. an., Mor.* 472E: καὶ Στράτων ὁ φυσικός, ἀκούσας ὅτι πολλαπλασίους ἔχει Μενέδημος μαθητάς, „τί οὖν", ἔφη, „θαυμαστόν, εἰ πλείονές εἰσιν οἱ λούεσθαι τῶν ἀλείφεσθαι βουλομένων;".

52 *Menedemus* Zur Person des Menedemos aus Eretria (ca. 350/45–ca. 265/60 v. Chr.), eines Schülers des Stilpon von Megara und des Anchipylos und des Moschos in Elis, siehe oben Komm. zu VII, 141. Er. widmete ihm in den *Apophthegmata* die Sektion VII, 141–149.

53–56 *Vnguntur … prouocabat Strato* Er.' Erklärung des Apophthegmas in „Vnguntur … prouocabat Strato" ist aus zwei Gründen nicht schlüssig. Erstens war Straton von Lampsakos kein radikaler Ethiker, der die Philosophie auf die angewandte Ethik engführte, wie etwa Stilpon, Diogenes und einige Philosophen der megarischen, eritreischen und stoischen Schule; als Peripatetiker befürwortete er einen weit gespannten Wissenshorizont, wobei er auf vielen Spezialgebieten bewandert war, besonders in den physischen Disziplinen, weswegen er auch von Plutarch (an der hier zitierten Stelle *Mor*. 472E) und von Diog. Laert. V, 58 als „Straton der Physiker" bezeichnet wurde. Diog. Laert. V, 59 zitiert die Titel von 44 Schriften des Straton, aus denen sein breit aufgestelltes, naturphilosophisches Wissen hervorgeht, z. B. *Über den Leeren Raum; Über das Weltall; Über den Wind*; ... *Über Tierhaltung; Über Mischung; Über Schlaf; Über Träume; Über das Sehen; Über die Wahrnehmung*; ... *Über Farben; Über Krankheiten*; ... *Über Bergbaumaschinen; Über Hunger und Schwindelanfälle; Über Leicht und Schwer*; ... *Über Ernährung und Wachstum; Über problematische Tiere* usw. Da Plutarch in seiner Wiedergabe des Spruches Straton nachdrücklich als „Physiker" eingeleitet hat, wäre zu erwarten, daß sich der Spruch auch auf diesen Umstand bezieht. So könnte die Tatsache, daß mehr Hörer zu Menedemos denn zu Straton kamen, dadurch begründet sein, daß Straton in seinen Lehrveranstaltungen komplizierte physikalische Probleme behandelte (u. a. führte er die Lehre von den Atomen in die peripatetische Philosophie ein und entdeckte er die Beschleunigung des „Freien Falls"), während der der eriträischen Schule angehörige Menedemos die leichter verständlichen und zudem in der Praxis anwendbaren Disziplinen der Dialektik und Ethik unterrichtete.

Zweitens bezieht sich der Brauch des Salbens nicht spezifisch auf die Vorbereitung auf den Kampf, wie Er. annimmt; vgl. *Apophth.* V, 224 (Epaminondas, 5), wo Er. angibt, daß die Salbung mit Öl den Körper „stärker und weniger anfällig für Verletzungen" mache. Das Salben des Körpers gehörte bei den antiken Griechen zuerst zur allgemein gängigen Körperpflege (vgl. R. Hurschmann, *DNP* 6 [1999], Sp. 627–629, s.v. „Körperpflege und Hygiene"), insbesondere zur Kosmetik (vgl. R. Hurschmann, *DNP* 6 [1999], Sp. 767–769, s.v. „Kosmetik"). Die dafür benötigten Salben und Salböle waren teuer, während Wasser im Grunde nichts kostete. Die meisten Griechen wuschen oder badeten sich, so oft es ging, hingegen konnten es sich nicht alle leisten, sich täglich zu salben oder salben zu lassen. Darauf bezieht sich nun der Spruch des Straton. Er vergleicht seinen philosophischen Unterricht mit der teuren Salbe, jenen des Menedemos hingegen mit dem wertlosen Wasser. Damit will er nicht nur sagen, daß seine mit einer Vielzahl von Fachgebieten ausgerüstete Philosophie ungleich wertvoller sei als die des simplen Ethikers Menedemos, sondern auch daß sich sein eigener Unterricht auf die geistige Elite richtete, jener des Menedemos jedoch auf die einfältige Masse. Auch könnte er darauf hingedeutet haben, daß er höhere Schulgelder kassierte. Zu seinen Schülern zählten immerhin so bedeutende und reiche Personen wie der ptolemäische Prinz Ptolemaios II. Philadelphos.

Phokion (402/1–318 v. Chr.), bedeutender athenischer Politiker und General, 35 mal Strategos; Anführer der Oligarchen; vertrat eine promakedonische Politik; er wurde von den Demokraten schliesslich hingerichtet. Vgl. oben, Komm. zu V, 114.

57 *PHOCION DVX ATHENIENSIS* Es ist kurios, daß Er. das Apophthegmenbuch der Philosophen ausgerechnet mit zwei Aussprüchen eines *Generals* abschliesst, den er zudem in der Überschrift klar als *militärischen Führer* charakterisiert („DVX ATHENIENSIS"). Den Apophthegmen des Phokion hatte Er. im vierten Buch eine Sektion eingeräumt (IV, 257–279; *CWE* 37, S. 418–425; *ASD* IV, 4, S. 346–351), nach jenen des Julius Caesar und des Pompeius und vor jenen der Redner und Politiker Cicero und Demosthenes. An der vorl. Stelle reicht Er. zwei Sprüche nach, gewissermassen als Abschluß des Buches mit den Sprüchen der Philosophen. Denn Er. betrachtete den athenischen Strategos als Philosophen, der im Hinblick auf seine Gemütsruhe, Standhaftigkeit (*constantia*) und Sittenreinheit Sokrates gleiche: „Primum igitur accipe Phocionem Atheniensem genere ... Socratem in hoc referebat, quod nunquam visus est cuiquam neque flere neque ridere: tanta erat animi constantia" (*Apophth.* IV, 257, *ASD* IV, 4, S. 346, *CWE* 38, S. 418–418). Was die sokratische Gemütsruhe und *constantia* betrifft, hatte Er. insb. Phokions standhaftes und gleichmütiges Verhalten vor Augen, mit dem er seine Hinrichtung durch das neue demokratische Regime ertrug; wie Sokrates trank Phokion gleichmütig den Schierlingsbecher, ja er zahlte dafür sogar 12 Drachmen, wie Sokrates blieb er bis zum letzten Atemzug korrekt, wie Sokrates bezeigte er sich vergebungsbereit. Er. stellt Phokions „sokratisches" Verhalten in einer Reihe von *Apophthegmata* dar (IV, 274–278), wobei er es in den höchsten Tönen lobt; in IV, 274 bezeichnete Er. Phokion sogar als „vir sanctissimus".

Apophth. VII, 393 ist kein Apophthegma im eigentlichen Sinn, sondern führt, anekdotisch aufbereitet, eine Phokion charakterisierende Verhaltensweise vor.

59–64 *quum ... dicam* Frei paraphrasierende und narrativ ausschmückende, im Spruchteil durch eine versehentliche Auslassung getrübte Wiedergabe von Plut. *Praec. ger. reip.*, *Mor.*

dico. Posteaquam ille vix dicendi fecisset finem, Phocion reuersus in suggestum placido vultu perinde, quasi nihil esset dictum, *coeptam orationem prosequutus est: „De* pedestribus ⟨et equestribus⟩*", inquit, "copiis audistis; superest, vt de velitibus ac leuis armaturae milite dicam".*

65   VII, 394   (Phocion dux Atheniensis, 2) [29]

Quum adhuc floreret *Leosthenes, interrogatus ab Oratoribus, quid ipse boni fecisset reipublicae, "Nihil aliud", inquit, "nisi quod, donec ego vobis fui dux, nulli dicta est oratio funebris, sed omnes vita defuncti in maiorum monumentis sepulti sunt".* Alii iactabant cruentas victorias, Phocion existimabat egregii ducis esse sic administrare
70 rem militarem, vt nulli aut quam paucissimi ciues pereant. Mos autem erat Athenis eos, qui in acie cecidissent, apud populum laudare ac cenotaphia erigere.

---

63 et equestribus *suppleui.*

810D–E: ὅθεν ἄρισθ' ὁ Φωκίων ὑπεκστὰς τῷ λοιδοροῦντι καὶ παυσάμενος τοῦ λέγειν, ἐπεὶ μόλις ἐσιώπησεν ὁ ἄνθρωπος, αὖθις παρελθὼν „Οὐκοῦν", ἔφη, „περὶ μὲν τῶν ἱππέων καὶ τῶν ὁπλιτῶν ἀκηκόατε. Λείπεται δέ μοι περὶ τῶν ψιλῶν καὶ πελταστῶν διελθεῖν".

62–64 *De pedestribus … dicam* Zwar werden hier Phokions Worte angeführt, jedoch geht es nicht um einen Ausspruch als solchen, der an sich witzig oder interessant wäre. Vielmehr soll eine Verhaltensweise des Phokion vorgeführt werden: Da Phokion sich von schmähenden Interruptionen nicht aus der Ruhe bringen ließ – statt aufgebracht zu reagieren, überließ er dem Schandmaul sogar kurzfristig die Rednerbühne; als der mit dem Schimpfen fertig war, kam Phokion auf die Bühne zurück, setzte seine angefangene Rede in aller Ruhe fort, als ob nichts geschehen wäre, indem er den ‚zweiten' Redeteil mit einer auf die *dispositio* bezugnehmenden Bemerkung einleitete, somit betonte, daß er seine Rede nun genau an jenem Punkt, an dem sie unterbrochen wurde, fortsetze. Die Rede handelte offensichtlich von einem Feldzug, für den der Strategos Phokion bei der Volksversammlung seine Zustimmung einholen wollte. Dabei war die Stärke, Art und Bewaffnung der Truppenkontingente von Bedeutung. Phokion sagt, daß er vor der Unterbrechung über die *Reiter* und *Hopliten* (d.h. mit schwerem Harnisch, großem Schild und grossem Speer ausgerüstete Fussoldaten) geredet habe, und nunmehr die Infanterie ohne Schutzwaffen (ψιλοί) und die Leichtbewaffneten (πελτασταί) diskutieren werde.

62–63 *De pedestribus* ⟨*et equestribus*⟩ Der Text des Er. weist hier eine Lücke auf, die versehentlich entstanden sein muß. Denn vor der Pause hatte Phokion nicht nur die Infanterie behandelt, sondern auch die Reiterei, περὶ μὲν τῶν ἱππέων. Nach der Pause sprach Phokion auch über die Infanterie, und zwar über bestimmte Gattungen derselben, nämlich über die im Gegensatz zu den Hopliten weniger aufwendigen Soldaten mit leichter Ausrüstung: die ψιλοί, die „Nackten", Fußsoldaten, die überhaupt keine Schutzausrüstung trugen, auf die zugunsten ihrer Beweglichkeit verzichtet wurde; das galt auch für die πελτασταί, die nur einen leichten, halbmondförmigen Schild aus Holz und Fell als Schutzausrüstung bei sich hatten. Für die Kategorie der πελτασταί vgl. L. Burckhardt, *DNP* 9 (2000), Sp. 512–513, s.v. „Peltastai"; für die Reiter H.-J. Gerke, *DNP* 5 (1996), Sp. 574–575, s.v. „Hippeis".

Apophth. VII, 394 datiert auf d.J. 323, genauer auf die Zeitspanne zwischen dem Tod Alexanders d. Gr. (19. Juni) und vor dem Lamischen Krieg, in dem Leosthenes bei der Belagerung Lamias das Leben verlor (Winter 323/2). In dieser Zeit fanden in Athen Beratschlagungen statt, in denen Leosthenes darauf drängte, daß Athen offen dem Königreich Makedonien den Krieg erklärte, Phokion jedoch davon abriet. Das *Apophth.* VII, 394 hat in *B* und *C* keinen eigenen Titel. Vielleicht sollte der

- Titel des vorhergehenden Spruches, „Moderate", weitergeführt werden.
- 66–68 *Quum adhuc floreret … sunt* Wörtliche Übers. des Er. von Plut. *De se ipsum citra invidiam laudando* 17, *Mor.* 546A: καὶ ὁ Φωκίων ἔτι τοῦ Λεωσθένους εὐημεροῦντος ὑπὸ τῶν ῥητόρων ἐρωτώμενος, τί τὴν πόλιν αὐτὸς ἀγαθὸν πεποίηκεν, „οὐδέν", εἶπεν, „ἀλλ᾽ ἢ τὸ ὑμᾶς ἐμοῦ στρατηγοῦντος ἐπιτάφιον λόγον μὴ εἰπεῖν, ἀλλὰ πάντας ἐν τοῖς πατρῴοις μνήμασι θάπτεσθαι τοὺς ἀποθνῄσκοντας". Plutarch bringt denselben Spruch in *Phoc.* 23, 2 (*Vit.* 751F); dort ist es allerdings Leosthenes selbst, der die abschätzige Frage stellt.
- 66 *floreret* Mit der Formulierung ἔτι τοῦ Λεωσθένους εὐημεροῦντος deutet Plutarch auf den schon bald bevorstehenden Tod des Leosthenes in der Schlacht hin, der auf ironische Weise einen Beweis dafür bildet, daß Phokions zurückhaltende Vorgehensweise als Strategos richtig war. Hypereides hielt den ἐπιτάφιος λόγος auf die Gefallenen des Lamischen Krieges, in dem er ganz besonders den gefallenen General Leosthenes lobte.
- 66 *Leosthenes* Leosthenes, griech. Feldherr, in der Frage der Makedonenpolitik Gegner der promakedonischen Oligarchenpartei des Phokion. Leosthenes war der Strategos Athens i.J. 324/3 v. Chr.; auf die Nachricht von Alexanders Tod hin zettelte er eine antimakedonische Revolte an und schmiedete einen neuen gegen Makedonien gerichteten Hellenenbund; gegen Phokions Rat drängte er darauf, daß Athen Makedonien offen den Krieg erklärte. Im darauf folgenden Lamischen Krieg (323/2 v. Chr.) war er General der gesamten Landstreitkräfte des Bundes; er kam bei der Belagerung der Bergfestung Lamia, wo sich der europäische Statthalter Antipatros verschanzt hatte, ums Leben. Vgl. J. Engels, *DNP* 7 (1999), Sp. 69, s.v. „Leosthenes", Nr. 2; F. Geyer, *RE* XII, 2 (1925), Sp. 2060–2062, s.v. „Leosthenes", Nr. 2 (siehe *Apophth.* IV, 267).
- 66 *Oratoribus* Mit „oratoribus" sind die athenischen öffentlichen Redner gemeint, die als politische Akteure bei den Volksversammlungen durch Eingaben und Gesetzesanträge fungierten.
- 68 *oratio funebris* Der ἐπιτάφιος λόγος bezeichnet nicht jede Art von Leichenrede, sondern ganz spezifisch die öffentliche Leichenrede bei Staatsbegräbnissen für im Kriege gefallene athenische Bürger. Diese Art von ἐπιτάφιος λόγος wurde als Redegattung betrachtet, die in Athen erfunden worden war, mit Athen aufs engste verbunden, ja exklusiv athenisch war. So sagt Demosthenes zu seinen athenischen Mitbürgern: „Ihr als einzige von allen Völkern haltet zu Ehren eurer Toten öffentliche Grabreden, in denen ihr die Taten der Tapferen preist" (*In Leptinem* 141). Dionysios von Halikarnassos setzt die Institution des öffentlichen ἐπιτάφιος λόγος in der Zeit der Perserkriege an (*Ant. Rom.* V, 17, 2–4), in neuerer Zeit nimmt man an, daß der ἐπιτάφιος λόγος um 470 v. Chr. entstanden ist; die erste überlieferte Grabrede ist jene des Perikles, die i.J. 431 gehalten worden war (Thuc. II, 35–46). Vgl. N. Loraux, *The Invention of Athens: The Funeral Oration in the Classical City*, Cambridge, MA 1986; K. Derderian, „The Epitaphios Logos and Mourning in the Athenian Polis", in: eadem, *Leaving Words to Remember. Greek Mourning and the Advent of Litaracy*, Menmosyne Supplemente 209, Leiden-Boston 2000, S. 161–188; E. Robbins, *DNP* 3 (1997), Sp. 1174, s.v. „Epitaphios"; F. Ela Consolino, „Leichenrede", in: *RAC* 22 (2008), Sp. 1133–1146; M. Pohlenz, „Zu den attischen Reden auf die Gefallenen", in: *Symbolae Osloenses* 26 (1948), S. 46–74.
- 68 *in maiorum monumentis* „in maiorum monumentis" ist eine adäquate Übers. von ἐν τοῖς πατρῴοις μνήμασι, womit die Bestattung im privaten Familiengrab im Gegensatz zur jener in einem öffentlichen Soldatengrab auf dem Kerameikos gemeint ist, wo die Gefallenen seit den Perserkriegen begraben wurden oder – was, obwohl man es zu verhindern versuchte, auch vorkam – zur Notbestattung in fremder Erde auf dem Schlachtfeld. Auf dem Kerameikos befand sich ein Monument für die bei der Verteidigung des Vaterlandes Gefallenen, in dessen Umkreis sie begraben wurden. Für ἐν τοῖς πατρῴοις μνήμασι vgl. die parallele Überlieferung des Spruches in *Phoc.* 23, 2 (*Vit.* 751F): „τὸ τοὺς πολίτας ἐν τοῖς ἰδίοις μνήμασι θάπτεσθαι".
- 70–71 *Mos … erigere* Er. hat, wie seine Erklärung zeigt, den spezifisch athenischen Brauch des ἐπιτάφιος λόγος verstanden.

APOPHTHEGMATVM LIBER OCTAVVS

PRAEFATIO

Nunc a philosophis ad sophistas, hoc est quod dici solet, ἀφ' ἵππων ἐπ' ὄνους transeamus: quod genus hominum miror olim in deliciis fuisse, non vulgo tantum, sed summis etiam principibus, quum nec essent germani poetae nec γνήσιοι rhetores nec synceri philosophi, sed tamen horum omnium simii, tantum ad captandam *auram popularem* ac linguae modulatu deliniendas ociosae multitudinis aures compositi, si paucos tamen excipias. Vnde mirum, quam horum dicta frigeant prae philosophicis aut etiam poeticis, vt interdum parasiti et meretrices dicere videantur argutiora. Sed hic liber habet praeterea variam dictorum satyram, in quibus fortasse reperies iuxta poetam epigrammaticum, quaedam *bona, quaedam mediocria*, sed *mala plura*. Verum vt molestus est conuiuator, qui praeter modum laudat ea, quae apponit, ita ciuilitatis est parcius extenuare apparatum, eo, quod et qui laudat et qui deiicit immodice, diuersa quidem via, sed tamen pari studio venari gratiam videatur. Sit igitur hoc lectoris iudicium. Nos simpliciter τὰ παρ' ἡμῶν apponemus.

---

3 ἀφ' ἵππων ἐπ' ὄνους *Adag.* 629 „Ab equis ad asinos" (*ASD* II, 2, S. 154); Er. erklärt die Anwendung der Redensart wie folgt: „Vbi quis a studiis honestioribus ad parum honesta deflectit, veluti si quis e philosopho cantor, e theologo grammaticus, e mercatore caupo, ex oeconomo coquus, e fabro fieret histrio. Quadrabit item, vbi quis e conditione lautiore ad abiectiora deuenerit. Procopius sophista in epistola quapiam: Τὸ δὴ λεγόμενον ἀφ' ἵππων ἐπ' ὄνους μεταβεβήκαμεν, id est ‚Iuxta prouerbium ab equis ad asinos transiuimus'"; *Collect.* 215 „Ab equis ad asinos. Ἀφ' ἵππων ἐπ' ὄνους" (*ASD* II, 9, S. 116): „… in eos, qui ab honestioribus studiis ad inhonesta sese conuertunt. Veluti si quis e philosopho coquus fieret aut caupo ex mercatore aut ex theologo histrio"; Procop. *Epist.* 107 (ed. Garzya-Loenertz, S. 56; = *Epist.* 36, ed. Hercher, S. 545); Diogen. I, 96: Ἀφ' ἵππων ἐπ' ὄνους: ἐπὶ τῶν ἀπὸ σεμνῶν εἰς τὰ ἄσεμνα ἡκόντων, οἷον ἀπὸ γραμματικῆς ἐπὶ ἡνιοχευτικήν, ἢ ἄλλο τι τῶν οὐ σεμνῶν. Zenob. II, 33; Otto 1163.

7 *auram popularem* Hor. *Carm.* III, 2, 20; Quint. *Inst.* XI, 1, 45; Liv. III, 33; XXX, 45; XLII, 39; Cic. *Harusp. resp.* 20.

11–12 *bona … plura* Mart. I, 16, 1: „Sunt bona, sunt quaedam mediocria, sunt mala plura".

LEO BYZANTIVS SOPHISTA

VIII, 1   Solerter   (Leo Byzantius Sophista, 3)
(= Dublette von VI, 413)

Leo Byzantius sophista v*enit Athenas, populo dissidiis* tumultuanti *concordiam suasurus*. Vbi prodisset in suggestum *corpore admodum pusillo*, omnium *risus* obortus est. *Ille* fortuitam *occasionem* vertens in prooemium, „Quid", inquit, „o *viri Athenienses, si* conspiceretis *vxorem meam, quae tam pusilla est, vt vix pertingat ad genua mea?*". Ad hanc vocem quum *maior* etiam populi *risus* sublatus esset, subiecit: „At *nos tam pusillos, si* quando *dissidemus, vix ciuitas Byzantium capere potest*". Ita ferme Plutarchus in praeceptis politicis.

Apophth. VIII, 1–53 Wie Er. im Vorwort ankündigte, setzt er nach dem siebenten Buch, das den Sprüchen von Philosophen gewidmet war, seine *Apophthegmata* nunmehr im achten Buch durch eine Darstellung der Sprüche von Sophisten fort. Jedoch steht nicht das gesamte achte Buch im Zeichen der Sophistensprüche, sondern nur der erste längere Abschnitt, etwa ein Siebentel des Buches (VIII, 1–53). Seine Hauptquelle sind in diesem Abschnitt Philostratos' *Sophistenbiographien*; nebenher benutzt Er. diverse moralische Schriften Plutarchs. Allerdings wird die „Sophisten-Sektion" einige Male von den Apophthegmen von Spruchspendern unterbrochen, die nicht den Sophisten zugehören: nml. des tragischen Dichters Euripides, den Er. dem Tragiker Ion zuschrieb (VI, 4), den er irrtümlich für einen Sophisten hielt, des Philosophen Theodoros des Gottlosen (VIII, 7) und des bedeutenden athenischen Redners Aischines (VIII, 10). Nach der Sophistensektion kehrt Er. zu seinem Kompositionsprinzip der „Apophthegmata varie mixta" zurück, das er bereits im sechsten Buch angewendet hatte. Es folgt zunächst der Spruch eines römischen Kaisers (VIII, 54), eines römischen Redners (VIII, 55), zweier römischer Grammatiker (VIII, 56–57), gefolgt von jenen zweier griechischer Philosophen (VIII, 58–59), des Tragödiendichters Euripides (VIII, 60–61), eines Flötenspielers (VIII, 62), einer Figur aus einer Komödie Menanders (VIII, 63), sodann Alexanders d.Gr. (VIII, 64) usw. Die Auswahl ist nun noch mehr „varie mixta" als schon im sechsten Buch.

Leon aus Byzantion (gest. um 339 v. Chr.), in Byzantion tätiger Politiker, Redner und Geschichtsschreiber; Vertreter der proathenischen bzw. antimakedonischen Partei in Byzantion; in Athen ausgebildet, Schüler Platons, Freund des Politikers Phokion; schlagfertiger Redner, geschickter Diplomat; Gesandter Byzantions in Athen, brachte ein gegen Philipp II. von Makedonien gerichtetes Bündnis zustande. 440/39 verteidigte Leon Byzantion zunächst erfolgreich gegen eine Belagerung Philipps. Über seine Mittelsmänner ließ Philipp den Leon der versuchten Korruption beschuldigen; als eine wütende Menge sich vor Leons Haus zusammenrottete, beging dieser Selbstmord. Vgl. W. Eder und H. Volkmann, *DNP* 7 (1999), Sp. 55, s.v. „Leon", Nr. 7; E. Bux, *RE* XII, 2 (1925), Sp. 2008–2012, s.v. „Leon", Nr. 23. Dies ist bereits die zweite Sektion von Sprüchen, die Er. dem Leon von Byzantion widmet; vgl. oben VI, 410–411.

17 *LEO BYZANTIVS SOPHISTA* Gemäß der Überschrift in *B* und *C*; im Index nominum von *B* und *C* nur als „Leon Byzantius" verzeichnet. Im achten Buch wird – anders als in den vorhergehenden Büchern – der in der Überschrift angeführte Name zugleich auch als Teil des folgenden Satzes betrachtet. In unserer Edition wurde diese Inkonsequenz im Layout beseitigt und die Darbietungsweise der Bücher V–VII weitergeführt.

Apophth. VIII, 1 Überraschenderweise bildet gleich das erste *Apophth.* des achten Buches eine Dublette, von VI, 413 („Concordia" = Pytho rhetor): „rhetor Byzantius quum esset supra modum obeso corpore prodissetque in concionem suasurus concordiam Byzantiis seditione ciuili tumultuantibus, statim populi risus obortus est ex ipso corporis habitu. At ille risum vertit in rem seriam: ‚Ridetis', inquit, ‚ciues? Quum tale corpus habeam, vxorem habeo multo me obesiorem, et tamen concordes quoduis grabbatulum capit ambos, discordes ne tota quidem domus'. Hoc prooemio vsus ingressus est orationem". Als Er. am achten Buch arbeitete, war ihm offenbar entfallen, daß er das *Apophthegma* bereits im sechsten Buch gebracht hatte und daß er es dort dem Redner Pytho zugeschrieben hatte. Die Zuschreibung der Anekdote an Leon von Byzanz (bei Plutarch und Philostratos) ist unrichtig (vgl. Komm. oben zu VI, 413). Es würde keinen Sinn machen, daß Leon (als Gesandter) die Bürger Athens von einem Aufstand gegen Philipp abbringen will: Der historische Leon war ja ein Vertreter der proathenischen, antimakedonischen Partei. Mit der richtigen Zuschreibung an Python datiert *Apophth.* VIII, 1 auf d.J. 345 v. Chr. oder eines der folgenden Jahre; auch findet der Auftritt des Redners nicht in Athen, sondern in Byzantion statt, wo es zu tätlichen Auseinandersetzungen bezüglich der makenonischen Frage kam. Byzantion hatte sich i.J. 356 v. Chr. vom Attischen Seebund losgesagt und lavierte in der Folge zwischen Philipp II. und Athen. In der Ausgangslage der Rede war ein Teil der Bürger von Byzanz durch Einflußnahme Athens zu einem Aufstand gegen die Philipp-Anhänger aufgestachelt worden. Python versuchte diesen zu unterdrücken, indem er die Bürger zu Ordnung und Eintracht mahnte, konkret freilich zu einer einheitlichen promakedonischen Politik überreden wollte. Er. hat den diesbezüglichen politischen Hintergrund von *Apophth.* VIII, 1 und VI, 413 nicht verstanden.

20–25 *Venit ... potest* Plut. *Praecepta gerendae rei publicae, Mor.* 804A–B, wobei Er. die latein. Übers. des Niccolò Sagundino variierend und paraphrasierend bearbeitete: „Venit olim Athenas Leo Byzantius, populo inter se dissidenti de concordia suasurus. Vbi visus pusillus, derisui habitus est. Id vt ille animadvertit, per occasionem ‚Quid', inquit, ‚viri Athenienses, si vxorem meam videritis? Quid si se vestris illa subiiciat oculis? Quae tantilla est, vt vix me genu tenus pertingat'. Maior hinc sublatus est risus. At dixit excipiens: ‚Nos tantopere pusillos et breves, si inter nos dissidium esset, vix oppidum Byzantium capere posset'" (ed. Cratander, Basel 1530, fol. 4B–C). Vgl. den griech. Text: οἷον ὁ Βυζάντιος Λέων ἧκε δή ποτε τοῖς Ἀθηναίοις στασιάζουσι διαλεξόμενος· ὀφθεὶς δὲ μικρὸς καὶ γελασθεὶς „τί δ'", εἶπεν, „εἴ τὴν γυναῖκά μου θεάσαισθε μόλις ἐξικνουμένην πρὸς τὸ γόνυ;" πλείων οὖν ἐγένετο γέλως „ἀλλ' ἡμᾶς", ἔφη, „μικροὺς οὕτως ὄντας, ὅταν διαφερώμεθα πρὸς ἀλλήλους, ἡ Βυζαντίων πόλις οὐχωρεῖ". Daß Er. von Sagundinos Übers. ausging, ergibt sich aus der Übernahme von Zusätzen oder Besonderheiten aus derselben.

20–21 *concordiam suasurus* Ein Zusatz des Niccolò Sagundino zum griech. Originaltext; von Er. wörtlich übernommen.

21 *Vbi prodisset in suggestum* Ein narrativer Zusatz des Er., der dazu dienen soll, die Situation lebhaft und anschaulich zu schildern.

23 *pertingat* Er. übernahm diese eigenwillige Wortwahl des griechischen Muttersprachlers Sagundino als Übers. von ἐξικνουμένην; „attingat" wäre adäquat gewesen; das sehr seltene Wort „pertingere" paßt nicht recht, u. a., weil es es stets in Bezug auf geographische und weiträumig gedachte Formationen oder Gegebenheiten angewendet wird, z. B. für Wälder, die „sich erstrecken", Hügel, die sich „hinziehen", etwa bis zum Meer (vgl. *DNG* II, Sp. 3636, s.v. „pertingo").

Sed eandem fabulam multo aliter narrat Philostratus in Sophistis. Nempe *quum prodisset* ad populum dicturus de concordia, ipsa statim specie *risum mouit quod obesus esset ac ventre praegrandi. At ille nihil turbatus risu* multitudinis, „Quid", inquit, „ridetis, viri *Athenienses*? Vxor mihi est me multo obesior, et tamen concordes vnus capit lectulus, discordes ne tota quidem domus". Quod refert Philostratus, et probabilius est et festiuius.

VIII, 2   Admonitio commoda   (Leo Byzantius Sophista, 4)

Quum Philippus adornaret bellum *aduersus Byzantios*, Leo adiit illum percontans hunc in modum: „Quid", inquit, „accidit tibi, Philippe, vt bellum instituas?". „Vt", inquit, „tua patria, ciuitatum pulcherrima, huc *adducatur*, vt intelligat se *a me diligi, eoque ad fores amasiorum meorum venio*". Ad haec *Leo*: „At qui redamari cupiunt, haud quaquam cum gladiis venire solent ad fores amasiorum. Amantes *enim non egent bellicis instrumentis, sed* ciuilibus". Hoc dicto in diuersum flexo regis animo patriam suam liberauit. Ita Philostratus.

---

27 *Philostratus* Es sind vier Personen bzw. Autoren bekannt, die den Namen Flavius Philostratos tragen; es handelt sich um Flavius Philostratos II. bzw. d.Ä. (um 165/70–um 245 n. Chr.), den Verfasser der *Sophistenbiographien*, der *Imagines* und der *Vita des Apollonios von Tyana*. Der Redner, Sophist, Schriftsteller und Höfling der Severer Flavius Philostratos II. war auf der Insel Lemnos geboren; er besaß, wie sein Vater, das athenische Bürgerrecht; ausgebildet wurde er in Athen, u.a. von Proklos von Naukratis; Philostratos II. machte als Redner Karriere, zunächst in Athen, später in Rom. Seit ca. 205 knüpfte er Beziehungen zum Kaiserhof in Rom an; Julia Domna, die Gemahlin des Septimius Severus, nahm ihn in ihre Hofhaltung auf; Philostratos II., der mit dem Kaiserhof mitreiste, hielt sich i.d.J. 212–213 in Gallien, 214–217 in Antiocheia auf. Für Julia Domna verfaßte er die Apollonios-Biographie. Mit dem Tot der Julia Domna i.J. 217 endete sein Leben als kaiserlicher Höfling: Er reiste nach Athen zurück, wo er den Rest seines Lebens als Rhetoriklehrer tätig war. Vgl. G. Anderson, *Philostratus. Biography and Belles Lettres in the Third Century A.D.*, London 1986; E. Bowie und J. Elsner (Hrsg.), *Philostratus*, Cambridge 2009; P. Schoch-Bodmer, *RE* XX, 1 (1941), Sp. 136–174, s.v. „Philostratos", Nr. 10 und E. Bowie, *DNP* 9 (2000), Sp. 888–891, s.v. „Philostratos", Nr. 5. Für die Sophistenviten vgl. die kritische Ausgabe von R.S. Stefec, Oxford 2016, und die Ausgabe mit Übersetzung von W.C. Wright (Loeb) 1921.

27–31 *Quum prodisset … domus* Im einleitenden Teil stark gekürzte und freie Wiedergabe, im zweiten Teil wörtliche Übers. von Philostr. *Vit. soph*. I, 2, 485: καὶ πρεσβεύων δὲ παρ' Ἀθηναίους οὗτος ὁ Λέων, ἐστασίαζε μὲν πολὺν ἤδη χρόνον ἡ πόλις καὶ παρὰ τὰ ἤθη ἐπολιτεύετο, παρελθὼν δ᾿ ἐς τὴν ἐκκλησίαν προσέβαλεν αὐτοῖς ἀθρόον γέλωτα ἐπὶ τῷ εἴδει, ἐπειδὴ πίων ἐφαίνετο καὶ περιττὸς τὴν γαστέρα, ταραχθεὶς δὲ οὐδὲν ὑπὸ τοῦ γέλωτος „τί" ἔφη, „ὦ Ἀθηναῖοι, γελᾶτε; ἢ ὅτι παχὺς ἐγὼ καὶ τοσοῦτος; ἔστι μοι καὶ γυνὴ πολλῷ παχυτέρα, καὶ ὁμονοοῦντας μὲν ἡμᾶς χωρεῖ ἡ κλίνη, διαφερομένους δὲ οὐδὲ ἡ οἰκία".

28 *dicturus de concordia* Ein Zusatz des Er.; wenn Leon als Gesandter vor der Volksversammlung gesprochen hat, kann dies kaum der Gegenstand seiner Rede gewesen sein. Er läßt Philostratos' Schilderung der moralischen Konstitution aus, in der sich die Bürgerschaft Athens damals befand: Die Bürgerschaft war untereinander zerstritten, und schon seit langer Zeit war man in der Politik vom Kurs der guten, althergebrachten Sitten abgewichen.

Apophth. VIII, 2 datiert auf 440/39 v. Chr., als Philipp Byzantion erfolglos belagerte.

34–39 *Quum Philippus … sed* Größtenteils wörtliche, jedoch durch eine Fehlübers. an entscheidender Stelle beeinträchtigte und im Schlußsatz gekürzte Wiedergabe von Philostr.

Vit. soph. I, 2, 485: Φιλίππῳ μὲν γὰρ στρατεύοντι ἐπὶ Βυζαντίους προαπαντήσας „εἰπέ μοι, ὦ Φίλιππε", ἔφη, „τί παθὼν πολέμου ἄρχεις;" τοῦ δὲ εἰπόντος „ἡ πατρὶς ἡ σὴ καλλίστη πόλεων οὖσα ὑπηγάγετό με ἐρᾶν αὐτῆς καὶ διὰ τοῦτο ἐπὶ θύρας τῶν ἐμαυτοῦ παιδικῶν ἥκω", ὑπολαβὼν ὁ Λέων „οὐ φοιτῶσιν", ἔφη, „μετὰ ξιφῶν ἐπὶ τὰς τῶν παιδικῶν θύρας οἱ ἄξιοι τοῦ ἀντερᾶσθαι, οὐ γὰρ πολεμικῶν ὀργάνων, ἀλλὰ μουσικῶν οἱ ἐρῶντες δέονται." καὶ ἠλευθεροῦτο Βυζάντιον Δημοσθένους μὲν πολλὰ πρὸς Ἀθηναίους εἰπόντος, Λέοντος δὲ ὀλίγα πρὸς αὐτὸν τὸν Φίλιππον.

34 *Philippus* Philipp II., König von Makedonien (reg. 359–336 v. Chr.).

34 *adornaret bellum* Im griech. Original steht, daß Philipp ein Heer vor die Tore Byzantions führte, eine Information, die zum Verständnis des nachfolgenden Dialogs beiträgt.

37 *redamari cupiunt* „die sich wünschen, daß ihre Liebe erwidert werde" ist eine ungenaue Übers.; im griech. Original steht „die es *verdienen*, daß ihre Liebe erwidert werde (οἱ ἄξιοι τοῦ ἀντερᾶσθαι).

39 *ciuilibus* „ciuilibus" ist eine Fehlübersetzung des Er. für μουσικῶν; „instrumentis ... musicis" wäre adäquat gewesen: Es geht um Musikinstrumente, mit denen die Liebhaber der Geliebten draußen vor der Tür ein Ständchen bringen, um sie günstig zu stimmen. Da die letzte Bemerkung das eigentliche Apophthegma darstellt, geht dadurch, daß Er. den richtigen Gegensatz nicht trifft, der Witz verloren.

39–40 *Hoc dicto ... liberauit* Die Behauptung von Philostratos a.a.O., daß Leon von Byzantion seine Vaterstadt mit jenen wenigen Worten vor der Belagerung Philipps geschützt hätte, entspricht keineswegs den historischen Tatsachen. Denn Philipp belagerte Byzantion tatsächlich und zwar einige Zeit lang, letztendes erfolglos; auch ließ er sich von dem Redner Leon keinesfalls beeindrucken oder überzeugen: Vielmehr sorgte er durch Intrigen, die er in die Stadt bringen ließ, dafür, daß Leon vom Volk Byzantions gelyncht wurde.

VIII, 3   Convicivm retortvm   (Leo Byzantius Sophista, 5)
                   (= Dublette von VI, 411)

Pasiadi obiicienti lippitudinem oculorum, „Corporis", inquit, „vicium exprobras, haud videns filium tuum Nemesim humeris baiulantem". Erat enim Pasiadi filius contractis humeris. Nemesim autem dixit redargutionem insolentiae, quam veteres fingebant esse deam. Imprudenter in alterum torquet conuicium, si in promptu sit, quod ipsi vicissim obiiciatur.

ION SOPHISTA [i.e EVRIPIDES ET ION POETA TRAGICVS]

VIII, 4   Animvs aegrotvs   (Ion Sophista, i.e. Euripides
                                         et Ion poeta tragicus)

Ion sophista [i.e. Euripides] dicebat *rem morosam esse aegrotationem. Nam aegrotis et vxor molesta est et medicum incusant et lectulum* moleste ferunt. *Ex amicis* autem [sc. dixit Ion] *et qui accedit, grauis est, et qui discedit, molestus*. Sic animus aegrotus et laetis et tristibus offenditur.

Apopht. VIII, 3 stellt ein Gegenstück zu *Adag.* 2121 „Loripedem rectus derideat" (*ASD* II, 5, S. 117–118) und eine Dublette von *Apopht.* VI, 411 („Recriminatio" = Leo Byzantius, 2) dar. Vgl. VI, 411, ebenfalls unter dem Namen des Leon von Byzanz: „Cuidam obiicienti oculorum infirmitatem, quum exprobrator esset gibbo deformatus, „Humanum", inquit, „obprobrasti vitium, quum ipse Nemesim in tergo portes". Nemesim appellauit vitium, quo vicissim ipse possit redargui". Als Er. am achten Buch arbeitete, war ihm dies offenbar entfallen. Das Auftreten der Dublette ist insofern besonders merkwürdig, als Er. auch die Quelle von VI, 411, Plutarchs Traktat *De capienda ex inimicis utilitate*, selbst ins Lateinische übersetzt hatte und ihm der Text von daher geläufig gewesen sein müßte.

43 *Pasiadi* **Pasiades** (4. Jhr. v. Chr.), Byzantiner, Zeitgenosse des Leon von Byzanz. Vgl. K. Ziegler, *RE* XVIII, 4 (1949), Sp. 2057, s.v. „Pasiades", Nr. 1; nicht in *DNP*.

43–45 *Pasiadi … contractis humeris* Wörtliche Übers. von Plut. *Quaestiones convivales* II, 9, *Mor.* 633D: Λέων (Λέων *dest in. ed. Ald.*) ὁ Βυζάντιος, εἰπόντος Πασιάδου πρὸς αὐτὸν ὀφθαλμισθῆναι δι᾽ αὐτοῦ τοὺς ὀφθαλμούς, „ἀσθένειαν", ἔφη, „σώματος ὀνειδίζεις, νέμεσιν οὐχ ὁρῶν ἐπὶ τῶν ὤμων βαστάζοντά σου τὸν υἱόν"· εἶχε δὲ κυρτὸν ὁ Πασιάδης υἱόν. Für das vorl. *Apopht.* verwendete Er. die Version in den *Quaestiones convivales* (nur dort ist der Name des Dialogpartners Pasiades überliefert), nicht die ähnliche Darstellung in *De capienda ex inimicis utilitate* 5, *Mor.* 88E–F, die Er. 1514 selbst übersetzt hatte: „Quin magis in totum ridiculum est in alterum iacere conuicium, in quem conuicium aliquod vicissim torqueri posset (possit *ASD*). Sicuti Leo Byzantinus (Bicontius *ed. Froben, 1514, fol. 24ᵛ*), quum oculorum infirmitatem obiecisset sibi quidam gibbo deformis, ‚Humanum', inquit, ‚opprobrasti vicium, quum ipse Nemesim, hoc est, reprehensionem (reprensionem *ed. Froben. 1514*), in tergo portes'" (*ASD* IV, 2, S. 177–178); vgl. den griech. Text: ὡς Λέων ὁ Βυζάντιος ὑπὸ κυρτοῦ λοιδορηθεὶς εἰς τὴν τῶν ὀμμάτων ἀσθένειαν „ἀνθρώπινον", ἔφη, „πάθος ὀνειδίζεις, ἐπὶ τοῦ νώτου φέρων τὴν νέμεσιν". In *Apopht.* VI, 411 (vgl. Komm. *ad loc.*) und *Adag.* 2121 hatte Er. den Text ebenfalls aus *De capienda ex inimicis utilitate* 5 bezogen, vgl. *Adag.* 2121 „Loripedem rectus derideat" (*ASD* II, 5, S. 117–118): „Oportet enim quam maxime vacare culpa, qui in alium paratus est dicere, et stultissimum est in alium iacere, quod in ipsum possit retorqueri. Celebratur illud Leonis Byzantii, cui, cum maledicus quispiam opprobrasset vitium oculorum, ipse gibbo deformatus, ‚Humanum', inquit, ‚conuicium in me iecisti, cum ipse Nemesim in dorso portes'".

44–45 *contractis humeris* Keine überzeugende Übers. von κυρτὸν; der Sohn des Pasiades hatte einen Buckel; die lateinische Bezeichnung für einen Buckligen ist „gibber" oder „gibbosus", metonymisch auch „gibba" und „gibbus" (vgl. *DNG*, I, Sp. 2259–2260, s.vv.). In der parallelen Überlieferung des Spruchs in *Mor*. 88E–F war es der Gegner des Leon selbst, der einen Buckel hatte. In seiner latein. Übers. dieser Stelle verwendete Er. die Form „gibbo".

48 *ION SOPHISTA* In dieser Form im Index personarum von *B* und *C*. Er. betrachtete den bedeutenden athenischen **Tragiker Ion von Chios** (ca. 480–423/4 v. Chr.) aus unklaren Gründen als Sophisten. Ein Sophist namens Ion ist nicht bekannt. Er. wußte jedoch, daß es einen tragischen Dichter mit dem Namen Ion gab (*Adag*. 418, *ASD* II, 1, S. 490): „Citantur ... huiusmodi quidam versus ex Ione Chio, tragico poeta ...". Er. zitierte a.a.O. aus dessen Tragödie *Phoenicia*; *Adag*. 1201 (*ASD* II, 3, S. 215): „Huius rei testem citat Ionem poetam ...". Der Tragiker Ion von Chios figurierte eigentlich schon oben in *Apophth*. VI, 412, jedoch war dort sein Name nur in entstellter Form als „Iouem Chium" angegeben. Für Ion, den Tragiker vgl. E. Diel, *RE* IX, 2 (1916), Sp. 1861–1868, s.v. „Ion", Nr. 11; B. Zimmermann, *DNP* 5 (1998), Sp. 1075–1076, s.v. „Ion", Nr. 2; A. v. Blumenthal, *Ion von Chios*, Stuttgart 1939; V. Jennings und A. Katsaros (Hrsg.), *The World of Ion of Chios*, Boston-Leiden 2007; B. Zimmermann, „Die attische Tragödie", in: ders. (Hrsg.), *Handbuch der griechischen Literatur der Antike*, Bd. 1: *Die Literatur der archaischen und klassischen Zeit*, München 2011, S. 484–610.

Apophth. VIII, 4 leidet an einer Kette von Verwechslungen und Missverständnissen: Das fängt damit an, daß Er. den Tragiker Ion von Chios irrtümlich für einen Sophisten hält. Sodann schreibt er ihm ein Zitat zu, das nicht von Ion dem Tragiker, sondern in Wirklichkeit von Euripides stammt. Weiter hält Er. das eigentliche Ion-Zitat, das bei Plutarch überliefert ist, für eine Erläuterung Plutarchs selbst zu dem vermeintlichen Ion-Zitat. Dadurch entsteht ein verworrener und mißverständlicher Text. Ein Teil der Verwirrungen kam dadurch zustande, daß Er. nach der latein. Übers. des Budé gearbeitet hat, der diese Stelle ebenfalls falsch verstanden hatte.

51 *dicebat* Die Imperfektumform ist unglücklich gewählt, weil sie suggeriert, daß die Person einen Spruch mehrfach zum Besten gab, etwas zu sagen pflegte: Es handelt sich jedoch um ein Zitat aus einer Tragödie.

51 *rem morosam esse aegrotationem* kein Zitat aus einer Tragödie des Ion von Chios, sondern Eur., *Or*. 232: δυσάρεστον οἱ νοσοῦντες ἀπορίας ὕπο. Die Übers. des Verses, die Er. darbietet, „rem morosam esse aegrotationem", ist unvollständig und gibt den Sinn nur ungenau wieder: Gemeint ist „Weil die Kranken hilflos sind (ratlos sind/keinen Ausweg sehen), kann man es ihnen nicht recht machen". Gesprochen wird der Vers von Orestes, der im Bett liegt und von seinem Wahn erwacht; seine Schwester Elektra versucht ihm zu helfen, was jedoch nicht einfach ist, und das ist es, worauf sich der Vers bezieht. So ist auch die Argumentation des Plutarch angelegt, in die das Zitat eingebettet ist: Der Kranke nimmt Eier, leckeren Kuchen und ausgezeichnetes Brot nicht an, während ihm das alles, sobald er wieder gesund ist, ausgezeichnet schmeckt.

51–53 *morosam ... discedit, molestus* Ganz verworrene und mißverstandene Wiedergabe von Plut. *De tranquillitate animi, Mor*. 466C–D, wobei Er. ausschließlich Budés latein. Übers. als Vorlage benutzte: „‚Implacidissima res est aegrotantes', vt inquit Ion. Nam vxor fastidio est, medicum incusant, lectulo succenset, denique amicus inuisens molestus est, abiensque rursus offendit" (ed. Cratander, Basel 1530, fol. 120B). Schon Budé hat „Δυσάρεστον οἱ νοσοῦντες ἀπορίας ὕπο" irrtümlich für ein Ion-Zitat gehalten. Vgl. den griech. Text: „Δυσάρεστον οἱ νοσοῦντες ἀπορίας ὕπο". (Eur., *Or*. 232) καὶ γὰρ ἡ γυνὴ λυπεῖ καὶ τὸν ἰατρὸν αἰτιῶνται καὶ δυσχεραίνουσι τὸ κλινίδιον (= exemplarische Erläuterung Plutarchs), „φίλων (= Zitat aus einer Tragödie des Ion) δ᾽ ὅ τ᾽ ἐλθὼν λυπρός, ὅ τ᾽ ἀπιὼν βαρύς" (= *TGF* II, 743; Ion von Chios Fr. 56 Nauck), ὡς ὁ Ἴων φησίν".

51–52 *Nam aegrotis ... moleste ferunt* Das stellt Plutarchs Erklärung des Euripides-Fragments dar.

52–53 *Ex amicis ... molestus* Dies ist das eigentliche Ion-Zitat, Ion von Chios Fr. 56 Nauck: φίλων δ᾽ ὅ τ᾽ ἐλθὼν λυπρός, ὅ τ᾽ ἀπιὼν βαρύς.

PROTAGORAS ABDERITA ἄθεος

VIII, 5   Impie   (Protagoras Abderita, 1)

Protagoras Abderita dicebat *de diis nihil* certo *sciri, sint an non sint. Ob id libri illius in foro exusti* sunt, quod docerent impietatem. Ne quis arbitretur noui exempli rem esse, quod nunc exuruntur libri haereticorum.

VIII, 6   (Protagoras Abderita, 2)

[sc. Protagoras] Euathli discipuli dilemma quomodo apud iudices in ipsum retorserit, notius est, quam vt sit hoc loco commemorandum.

Protagoras aus Abdera (um 490-um 420/11 v. Chr.), vorsokratischer Philosoph und Rhetoriker, von Platon, der ihm den gleichnamigen Dialog widmete, als Sophist bestempelt. Vgl. K. von Fritz, *RE* XXIII, 1 (1957), Sp. 908–923, s.v. „Protagoras", Nr. 1; M. Narcy, *DNP* 10 (2001), Sp. 456–458, s.v. „Protagoras", Nr. 1; K.-M. Dietz, *Protagoras von Abdera. Untersuchungen zu seinem Denken*, Bonn 1976; G.B. Kerferd und H. Flashar, „Protagoras aus Abdera", in: H. Flashar (Hrsg.), *Grundriss der Geschichte der Philosophie. Die Philosophie der Antike*, Bd. II, 1, Basel 1998, S. 28–43; J.M. van Ophuijsen, M. van Raalte und P. Stork (Hrsg.), *Protagoras of Abdera: The Man, His Measure*, Leiden-Boston 2013; R. Bartlett, *Sophistry and Political Philosophy: Protagoras' Challenge to Socrates*, Chicago 2016.

55 *PROTAGORAS ABDERITA* In dieser Form im Index personarum von *B* und *C*; dem durch Blockbuchstaben hervorgehobenen Zwischentitel wurde in *B* und *C* noch ἄθεος hinzugesetzt. ἄθεος beruht auf einem Irrtum auf Seiten des Er. Nicht Protagoras von Abdera hatte den Beinamen „der Gottlose" (ἄθεος), sondern Theodoros aus Kyrene und Diagoras aus Melos. Vgl. Min. Fel. 8, 2 "sit licet ille Theodorus Cyrenaeus, vel qui prior Diagoras Melius, cui atheon cognomen adposuit antiquitas, qui vterque nullos deos adseuerando timorem omnem, quo humanitas regitur, venerationemque penitus sustuluerunt") und Lact. *De ira* 9, 7: „Extitit Melius quidam Diagoras, qui nullum esse omnino deum diceret, ob eamque sententiam nominatus est atheus, item Cyrenaeus Theodorus …".

Der Irrtum des Er. beruht wahrscheinlich auf einem Lesefehler von Cic. *Nat.* I, 63, wo kurz vor dem Protagoras-Zitat, das Er. hier bringt, „Atheos qui dictus est" steht, was sich jedoch nicht auf Protagoras, sondern auf Diagoras bezieht.

57 *de diis … non sint* Er. tut so, als ob es um einen Spruch ginge, während es sich um den Anfangsatz des berüchtigten Werkes des Protagoras περὶ θεῶν handelte (Diels-Kranz, *Fragmente der Vorsokratiker*, Bd. II, S. 229, Fr. 4–5), der in der antiken Literatur vielfach überliefert ist. Aufgrund dieses Satzes soll das Werk in Athen offiziell verbrannt worden sein. Er. erstellte den Text von VIII, 5 (jedenfalls auch) auf der Grundlage von Cic. *Nat.* I, 63: „Nam Abderites quidem Protagoras …, sophistes temporibus illis vel maximus, cum in principio libri sic posuisset: ,De diuis neque vt sint neque vt non sint, habeo dicere', Atheniensium iussu vrbe atque agro est exterminatus librique eius in contione combusti"; wahrscheinlich benutzte er auch Diog. Laert. IX, 51–52: … ἀλλαχοῦ δὲ τοῦτον ἤρξατο τὸν τρόπον· "περὶ μὲν θεῶν οὐκ ἔχω εἰδέναι οὔθ' ὡς εἰσίν, οὔθ' (οὔθ' … οὔθ' *ed. Hicks*: εἴθ … εἴθ *ed. Froben*) ὡς οὐκ εἰσίν. … διὰ ταύτην δὲ τὴν ἀρχὴν τοῦ συγγράμματος ἐξεβλήθη πρὸς Ἀθηναίων· καὶ τὰ βιβλία αὐτοῦ κατέκαυσαν ἐν τῇ ἀγορᾷ …; vgl. Val. Max. I, 1, ext. 7: „Protagoras philosophus ab Atheniensibus pulsus est librique eius publice exusti, quod scripserat ignorari, an dii essent, ac si essent, quales essent, non posse sciri"; Min. Fel. 8, 2: „Cum Abderiten Protagoram Athenienses viri consulte potius quam profane de divinitate disputantem et expulerint suis finibus et in contione

eius scripta deusserint, quid?". Die Angabe, daß die Bücherverbrennung auf dem „forum" (= Agora) stattgefunden haben soll, findet sich wörtlich bei Diogenes Laertius, die durch Verlesung zustandegekommene Verbindung des Protagoras-Satzes mit dem ἄθεος bei Cic. *Nat.* I, 63 („Quid? Diagoras, Atheos qui dictus est, posteaque Theodorus nonne aperte deorum naturam sustulerunt?") Er. zitiert in VIII, 5 jedenfalls die *kürzere* Version des Protagoras-Satzes; für die längere, die er ebenfalls gekannt haben muß, vgl. Cic. *Nat.* I, 29: „Nec vero Protagoras, qui sese negat omnino de deis habere, quod liqueat, sint, non sint, qualesue sint, quicquam videtur de natura deorum suspicari" mit Komm. von A.S. Pease *ad loc.*

Apophth. VIII, 6 In diesem Fall bietet Er. ein *Apophthegma* kurioserweise in der Redefigur der *praeteritio* an (es sei *zu bekannt*, um es zu vermelden), während die *praeteritio* dennoch im Layout durch Absatz und Nummerierung als eigenes *Apophthegma* dargestellt wird. Daß ein Spruch „zu bekannt" sei, um ihn in die Sammlung der *Apophthegmata* aufzunehmen, ist ein seltsames Argument: Eine sehr große Anzahl der Sprüche war durchaus bekannt und auch leicht zugänglich, und die Apophthegmen befanden sich zudem in Nachschlagewerken wie jenem des Valerius Maximus, nicht wenige hatten sogar den Status von Sprichwörtern. Die Vorgehensweise des Er. macht einen prätentiösen Eindruck: Das „Dilemma des Euathlus" war in der 1. H. d. 16. Jh. keineswegs allgemein bekanntes Bildungsgut, ebenowenig, wie der Name Euathlus allgemein bekannt war. Die Tatsache, daß sich Er. in der vorl. Darstellung des Dilemmas irrte (vgl. Komm. unten), zeigt dies auch an. Jedoch mimt Er. hier den Gelehrten, dem Entlegenes so bekannt erscheint, daß er nicht einmal mehr darüber reden will. Im Übrigen steht die *praeteritio* von VIII, 6 im Gegensatz zu seiner Vorgehensweise in *Adag.* 825 (*ASD* II, 2, S. 348–350), wo Er. die Geschichte *in extenso* wiedergab, mit dem Argument, daß sie dies verdiene, weil sie außerordentlich geistreich sei: „Quae tametsi longiuscula est et in promptu sita, tamen quod omnium lepidissima videatur, non pigebit adscribere. Gellius igitur ostenso vitioso dilemmate, quod antistrephon vocant, propterea quod totidem verbis possit in aduersarium retorqueri …" (S. 348). In den *Apophthegmata* stand einer Aufnahme des „Euathli dilemma" allerdings die Länge der bei Gellius überlieferten Geschichte entgegen, die jene der von Er. gesammelten Sprüche bei weitem überschritt.

61 *Euathli* **Euathlos**, sonst unbekannter junger Athener, Schüler des Protagoras. Vgl. J. Kirchner, *RE* VI, 1 (1907), Sp. 849, s.v. „Euathlos"; nicht vermeldet in *DNP*.

61–62 *Euathli … retorserit* Er. irrt sich in Bezug auf den Hergang und Ausgang Redestreites, der von Gellius (V, 10, 16) und Apuleius (*Flor.* 18, 20–29) beschrieben wird. Es ist nicht richtig, daß Euathlos dem Protagoras ein Dilemma vorlegte, das dieser aufgriff, um es mit denselben Argumenten zu widerlegen (vgl. *CWE* 38, S. 869: „The story of how he (Protagoras) turned the dilemma of his pupil Euathlus against him in court …"); der Hergang war gerade umgekehrt: Es war Protagoras, der Euathlos anklagte und ihn mit einem Dilemma in die Enge zu treiben versuchte; und es war Euathlos, der dieses Dilemma aufgriff und es gegen seinen Lehrmeister ‚zurückschleuderte' und dessen Angriff damit parierte. Euathlos hatte damit gewonnen, ohne daß es zu einem richterlichen Urteil kam; Protagoras zog den Kürzeren, da die Richter die Anklage seponierten. Der Irrtum des Er. mag dadurch zustandegekommen sein, daß er in vorl. *Apophth.* aus dem Gedächtnis arbeitete. In *Adag.* 825 (*ASD* II, 2, S. 348–350), wo Er. das gesamte Kapitel des Gellius abschrieb, war es nicht zu diesem Irrtum gekommen. Der Kern der spiegelbildlichen Argumentationen ist folgender: Euathlos hatte als Schüler mit Protagoras einen Kontrakt bezüglich des Lehrgeldes geschlossen, wonach die Hälfte der Summe sofort entrichtet werden musste, die andere Hälfte, nachdem Euathlos seinen ersten Prozeß gewonnen haben werde. Nach der Ausbildung bei Protagoras führte Euathlos jedoch keine Prozesse. Also dachte sich Protagoras die List aus, Euathlos wegen der Nicht-Zahlung der Schuld anzuklagen. Protagoras sagte: „Egal wie der Prozeß ausgeht, du mußt mir die geschuldete Summe zahlen. Wenn ich den Prozeß gewinne, gehört das Geld mir. Wenn ich ihn verliere, steht mir das Geld aufgrund des Kontraktes zu". Daraufhin sagte Euathlos: „Egal wie der Prozeß ausgeht, ich brauche dir den Geldbetrag nicht zu zahlen. Wenn sich die Richter für mich entscheiden, brauche ich klarerweise nicht zu zahlen. Wenn ich den Prozeß verliere, bin ich dir aufgrund des Kontraktes den Geldbetrag nicht schuldig".

THEODORVS ATHENIENSIS COGNOMENTO ἄθεος

VIII, 7   Interpretatio sinistra   (Theodorus ἄθεος, 2)
(= Dublette von VI, 418)

Theodorus Atheniensis [i.e. Cyrenaeus] *cognomento* ἄθεος *obiicientibus, quod doctrina ipsius multi redderentur deteriores, respondit, id aliorum vitio accidere, qui doctrinam ipsius sinistra exciperent, quum ipse dextra porrigeret.* Hoc hominum genere hisce temporibus plenus est mundus, quibus nihil tam circumspecte dici potest, quod non deprauent ad calumniam. Refert Plutarchus libro de animi tranquillitate.

FAVORINVS SOPHISTA

VIII, 8   Prodigiosa   (Favorinus sophista, 2)

In Fauorinum sophistam *haec tria* [sc. prodigiosa] *iactata sunt, vt miranda vixque credenda: quum Gallus esset,* scire *Graece; quum eunuchus, accusatum fuisse de adulterio;* postremo *quod cum imperatore simultatem gerens, viueret.*

VIII, 9   Honor detractvs   (Favorinus sophista, 3)

Huius *aeream statuam deiecerant Athenienses, vt hominis Caesari inimicissimi.* Erant enim Athenienses vectigales Adriano Caesari. Id posteaquam ei nunciatum est, *nihil*

---

75 eunuchus *BAS LB*: Eunuchus *B C*.

---

63 THEODORVS ATHENIENSIS COGNOMENTO ἄθεος Im Index personarum von *B* und *C* „Theodorus atheos". Für **Theodoros von Kyrene, „den Gottlosen"** (vor 335- nach 270 v. Chr.) vgl. Komm. oben zu VII, 134. Er. rechnet Theodoros hier zu Unrecht den Sophisten zu. Er gehörte der Kyrenaischen Philosophenschule an. Er. präsentiert an anderen Stellen in den *Apophthegmata* einige seiner Sprüche, wobei er ihn nicht als Sophisten bezeichnet: VII, 134 (Stilpon Megarensis, 4), 292 (Hipparchia, 2), VIII, 138. Vgl. auch III, 320; V, 112. Laut Komm. in *CWE* 38, S. 869 soll Er. den Spruch des Theodoros an dieser Stelle gebracht haben, weil dieser ein Schüler des Protagoras gewesen sei („Theodorus was originally a disciple of Protagoras, hence his appearence here"); das ist jedoch schon aus chronologischen Gründen auszuschließen.

Apophth. VIII, 7 ist eine Dublette von VI, 418: „Theodorus Atheniensis, cognomento ἄθεος, dicere solitus est se doctrinam auditoribus dextra porrigere, sed illos sinistra accipere, sentiens illos benedicta in malam accommodare partem". Als Er. am achten Buch arbeitete, war ihm nicht mehr geläufig, daß er den Spruch bereits im sechsten Buch präsentiert hatte.

66 *Atheniensis* Theodoros stammte nicht aus Athen, sondern aus Kyrene (im heutigen Lybien). Er.' Überzeugung, daß Theodoros ein Athener sei, beruht auf seiner irrtümlichen Annahme, daß die Athener Theodoros ins Exil geschickt hätten, wie aus *Apophth.* V, 112 hervorgeht. Vgl. dazu den Komm. *ad loc.*

67–68 *qui … dextra* Paraphrasierende Wiedergabe von Plut. *De tranquillitate animi* 5, *Mor.* 467B: Θεόδωρος μὲν γὰρ ὁ κληθεὶς ἄθεος ἔλεγε, τῇ δεξιᾷ τοὺς λόγους ὀρέγοντος αὐτοῦ, τῇ ἀριστερᾷ δέχεσθαι τοὺς ἀκροωμένους. In der ersten Version des Apophthegmas in VI, 418 stellte Er. seinen Text nach der latein. Übers. des Guillaume Budé zusammen („Theodorus ille cognomento Atheus dictitare solebat, verba se auditoribus dextera porrigere manu, sed illos sinistra accipere", ed. Cratander, Basel 1530, fol. 120D); die Wiedergabe in VIII, 7 hingegen ist frei, es läßt sich keine Abhängigkeit von Budés Übers. feststellen. Plut. überlieferte den Spruch des Theodoros auch in *De Iside et Osiride* 68, *Mor.* 378B. In VIII, 7 beruft sich Er. selbst auf *De tranquillitate animi* als Quelle.

72 *FAVORINVS SOPHISTA* In dieser Form im Index personarum von *B* und *C*. Er. hatte dem Favorinus bereits im sechsten Buch ein *Apophthegma* gewidmet (VI, 189), diesen jedoch dort als „Favorinus philosophus" bezeichnet, so auch im Index personarum. Obwohl Titel und Index personarum zwei Personen mit dem Namen Favorinus aufführen, „Favorinus philosophus" und „Favorinus Sophista", sind diese identisch. Für den Sophisten, Redner und Schriftsteller **Favorinus von Arles** (geb. 80/90 n. Chr.) siehe Komm. oben zu VI, 189.

74–76 *In Fauorinum ... viueret* Im einleitenden Teil verdrehte, im Paradoxon-Teil wörtliche Übers. von Philostr. *Vit. soph.* 489: ὅθεν ὡς παράδοξα ἐπεχρησμῴδει τῷ ἑαυτοῦ βίῳ τρία ταῦτα· Γαλάτης ὢν ἑλληνίζειν, εὐνοῦχος ὢν μοιχείας κρίνεσθαι, βασιλεῖ διαφέρεσθαι καὶ ζῆν. Er.' Einleitung ist irreführend: Es ist nicht der Fall, daß man Favorinus diese Prophezeiungen machte; vielmehr sagt Philostratos, daß Favorinus selbst die drei genannten Paradoxen prophetisch (ἐπεχρησμῴδει) als wesentlichen Kern seines Lebens vermeldete.

75 *scire Graece* Er. verstand ἑλληνίζειν als „Griechisch beherrschen"; gemeint ist jedoch „Leben wie ein Grieche". Vgl. W.C. Wrights Übers. in Philostratus, *Lives of the Sophists ...* (Loeb), S. 23: „Though he was a Gaul he led the life of a Hellene". Daß ein aus Gallien stammender Redner im 2. Jh. n. Chr. Griechisch beherrschte, wäre damals nicht als paradoxales Wunder betrachtet worden. Favorinus bezog sich aber darauf, daß er tatsächlich in Athen mit den Athenern wie ein gebürtiger Grieche lebte und dort sesshaft war und als Philosoph, Redner und Rhetoriklehrer tätig war. I.J. 125 wählte man ihn zum Oberpriester eines bestimmten athenischen Distrikts. Vgl. *Apophth.* VIII, 9.

75 *eunuchus* Über die androgynen Aspekte des Favorinus berichtet Philostratos ausführlich: Er soll ein Hermaphrodit gewesen sein; auch als Erwachsener soll er keinen Bartwuchs, jedoch eine hohe, schrille, weibische Stimme gehabt haben (*Vit. soph.* 489).

76 *quod ... viueret* Dieses Paradox bezieht sich auf eine philologische Diskussion mit Kaiser Hadrian, bei der Favorinus, wie die Anwesenden bemerkten, eigentlich Recht hatte, jedoch letztenendes dem Kaiser Recht gab. Als ihn die Zuhörer zur Rede stellten, soll Favorinus gesagt haben: „Liebe Freunde! Gestattet mir zu glauben, daß derjenige der weiseste Mann auf Erden ist, der dreißig Legionen besitzt!" (*Hist. Aug. Hadr.* 15, 12–13); vgl. S. Perowne, *Hadrian. Sein Leben und seine Zeit*, München 1966, Kap. 13, S. 122.

Apophth. VIII, 9 datiert auf d.J. 125 n. Chr., auf die Zeit von Hadrians erstem Athenaufenthalt. Vgl. S. Perowne, *Hadrian. Sein Leben und seine Zeit*, München 1966, S. 122.

78–81 *aeream statuam ... cicutam* Im Anfangsteil stark gekürzte, im Spruchteil wörtliche Übers. von Philostr. *Vit. soph.* 490: Ἀθηναίοις δὲ δεινὰ ἐφαίνετο καὶ συνδραμόντες αὐτοὶ μάλιστα οἱ ἐν τέλει Ἀθηναῖοι χαλκῆν εἰκόνα κατέβαλον τοῦ ἀνδρὸς ὡς πολεμιωτάτου τῷ αὐτοκράτορι· ὁ δέ, ὡς ἤκουσεν, οὐδὲν σχετλιάσας οὐδὲ ἀγριάνας ὑπὲρ ὧν ὕβριστο „ὤνητ' ἂν" ἔφη, „καὶ Σωκράτης εἰκόνα χαλκῆν ὑπ' Ἀθηναίων ἀφαιρεθεὶς μᾶλλον ἢ πιὼν κώνειον".

78–79 *Erant ... Caesari* Die historische Erklärung, die Er. hier einschiebt („Erant enim Athenienses vectigales Adriano Caesari"), ist verfehlt. Der Grund für das Verhalten der Athener liegt keineswegs darin, daß sie Kaiser Hadrian Steuern geschuldet hätten oder ihm auf eine spezielle Weise tributpflichtig gewesen wären. Die Anekdote spielte sich z.Z. von Hadrians erstem Athen-Aufenthalt ab. Die Maßnahmen Hadrians, der die Stadt sehr verehrte, stellten das gerade Gegenteil von Steuereintreibungen dar: Er traf eine verarmte Bevölkerung an, die er durch Zuwendungen und Subsidien unterstützte. Auch sorgte er dafür, daß die Stadt Athen höhere Steuereinnahmen erhielt, indem er das Territorium, das der Stadt tributpflichtig war, verwaltungstechnisch vergrößerte (vgl. S. Perowne, *Hadrian. Sein Leben und seine Zeit*, München 1966, S. 119). Die „Feindschaft" zwischen Hadrian und Favorinus existierte in Wirklichkeit nicht. Dem liegt eine Begebenheit aus d.J. 125 n. Chr. zugrunde, die von den athenischen Stadtvätern falsch interpretiert worden war (Philostr. *Vit. soph.*

80 *commotus dixit*: „*Vtilius erat Socrati ab Atheniensibus aerea priuari statua quam bibere cicutam*". Contempsit statuae iacturam, vita incolumi.

AESCHINES

VIII, 10   CIVILITER   (Aeschines)

Aeschines quum Rhodi exul *recitaret orationem* suam aduersus Demosthenem [i.e.
85 Ctesiphontem], *Rhodii demirati sunt, quod tali oratione* fuisset damnatus ab Atheniensibus. „At *desineretis*", inquit Aeschines, „*admirari, si audissetis*, quae ad haec respondit *Demosthenes*". Mira ciuilitate et se exemit a crimine et *iudices excusauit*, damnationis iniustae causam reiiciens in violentiam eloquentiae Demosthenicae. Ita ferme Philostratus. Dein quum recitatam Demosthenis orationem omnes supra

490): Favorinus war zum Oberpriester eines bestimmten Distrikts ernannt worden. Da das Amt aber finanzielle Verpflichtungen mit sich brachte, nahm es Favorinus nicht an, sondern brachte das Argument vor, daß Philosophen nach den in Athen gültigen Gesetzen von öffentlichen Ämtern befreit wären. Hadrian mischte sich mit gespielter Empörung in die Diskussion des Favorinus mit den Stadtvätern und gab zu verstehen, daß er damit nicht einverstanden sei. Daraufhin gab Favorinus nach und nahm das Amt an. Die Stadtväter verstanden jedoch nicht, daß Hadrian dem Favorinus nur einen Streich spielen wollte, und meinten, der Kaiser habe ihm seine Gnade entzogen. Vorsichtshalber ließen sie die Ehrenstatue, die die Stadt dem Redner errichtet hatte, stürzen. Vgl. Perowne, *Hadrian. Sein Leben und seine Zeit*, S. 119.

Apophth. VIII, 10 Er. zählt an dieser Stelle, indem er dem Werk des Philostratus folgt, den athenischen Redner und makedonenfreundlichen Politiker **Aischines** (um 390/89-um 314 v. Chr.), den Zeitgenossen und politischen Gegner des Makedonenfeindes Demosthenes, den Sophisten zu. Philostratos, der in seinen *Biographien der Sophisten* dem Aischines einen längeren Abschnitt widmete (507–510), hatte diesen dort als Begründer der Zweiten Sophistik dargestellt (507). Tatsächlich figuriert Aischines v.a. in der athenischen Tagespolitik ca. 350–330, die sich vorzüglich mit dem Verhältnis der Stadt zu den Makedonenkönigen Philipp. II. und Alexander auseinandersetzte. Auch das vorl. *Apophthegma* ist diesem Thema gewidmet. Letzeres geht auf eine Gesandtschaft Athens nach Pella zurück, an der Aischines teilnahm und die einen Friedensvertrag mit Philipp II. aushandelte. Diesbezüglich klagte Demosthenes Aischines wegen Hochverrats an (1. Rede) und, nachdem dieser freigesprochen wurde, i.J. 343 ein zweites Mal, woraufhin jedoch erneut ein Freispruch erfolgte. I.J. 336, in dem die verbündeten Hellenen gegen Philipp eine vernichtende Niederlage erlitten, beantragte Ktesiphon die Verleihung eines goldenen Ehrenkranzes an seinen Freund Demosthenes. Aischines schob jedoch Demosthenes die Schuld für die Niederlage in die Schuhe und klagte Ktesiphon im selben Jahr wegen Einbringung eines gesetzwidrigen Antrags an. Die Anklage wurde jedoch nicht sofort honoriert; der „Kranzprozess" fand erst i.J. 330 statt: Demosthenes, der die Verteidigung des Ktesiphon selbst auf sich nahm, konnte die Richter mit seiner glänzenden Rede überzeugen, Ktesiphon wurde freigesprochen. Durch die Niederlage frustriert zog sich Aischines aus der athenischen die Politik zurück und begab sich nach Rhodos, wo er eine Rhetorikschule eröffnete. Es mag auch seine Tätigkeit als Rhetoriklehrer gewesen sein, die ihn den bekannten ‚Sophisten' ähnlich erscheinen ließ. Zu Aischines vgl. E.M. Harris, *Aeschines and Athenian Politics*, Oxford 1995; T. Thalheim, *RE* I, 1 (1893), Sp. 1050–1062, s.v. „Aischines", Nr. 15; J. Engels, M. Weißenberger, *DNP* 1 (1996) Sp. 347–349, s.v. „Aischines", Nr. 2. Er. hatte dem Antagonismus von Aischines und Demosthenes bereits im vierten Buch der *Apophthegmata* ein Lemma gewidmet (IV, 355, *CWE* 37, S. 447; *ASD* IV, 4, S. 368), in dem er Plutarchs Demosthenes-Biographie (16, 2–4) zitierte. Aischines figuriert sehr häufig in den *Adagia*, meist als Antagonist des Demosthenes. Als *Adagium*-Spender tritt er u.a. in *Adag.* 226 „Ilias malorum" (*ASD* II, 1, S. 338), 315 „Manibus pedibusque" (ebd. S. 422, καὶ χειρὶ καὶ ποδί) und 373 „Inaniter aquam consumis" (ebd. S. 458) auf.

Apophth. VIII, 10 datiert auf d.J. 330 v. Chr., in dem im sog. „Kranzprozess" die Anklage des Aischines gegen Ktesiphon abgewiesen wurde. Die Überschrift bezog Er. aus seiner Interpretation von Aischines' Ausspruch im Text: „mira ciuilitate". Lycosthenes folgte ihm diesbezüglich, indem er das *Apophth.* in der Rubrik „De civilitate" druckte (S. 146).

84–91 *Aeschines ... abesse* Philostr. *Vit. soph.* 510: τοῦ δὲ ἠθικοῦ καὶ Ῥοδίοις (καλλίστου *ed. Ald.*: *deest in ed.* Wright) ἐπίδειξιν ἐποιήσατο· ἀναγνοὺς γάρ ποτε δημοσίᾳ τὸν κατὰ Κτησιφῶντος οἱ μὲν ἐθαύμαζον, ὅπως ἐπὶ τοιούτῳ λόγῳ ἡττήθη καὶ καθήπτοντο τῶν Ἀθηναίων ὡς παρανοούντων (παρανοούντων *ed.* Wright: παρανομούντων *ed. Ald.*), ὁ δὲ „οὐκ ἂν" ἔφη, „ἐθαυμάζετε, εἰ Δημοσθένους λέγοντος πρὸς ταῦτα ἠκούσατε", οὐ μόνον ἐς ἔπαινον ἐχθροῦ καθιστάμενος, ἀλλὰ καὶ τοὺς δικαστὰς ἀφιεὶς αἰτίας. Vgl. Cic. *De or.* III, 213: „... qui (sc. Aeschines) cum propter ignominiam iudicii cessisset Athenis et se Rhodum contulisset, rogatus a Rhodiis legisse fertur orationem illam egregiam, quam in Ctesiphontem contra Demosthenem dixerat; qua perlecta petitum ab eo est postridie, vt legeret illam etiam, quae erat contra ab Demosthene pro Ctesiphonte edita; quam cum suauissima et maxima voce legisset, admirantibus omnibus, ‚quanto' inquit ‚magis miraremini, si audissetis ipsum!'. Ex quo satis significauit, quantum esset in actione, qui orationem eandem aliam fore putarit actore mutato", Quint. *Inst.* XI, 3, 7 und Val. Max. VIII, 10, ext. 1 (vgl. unten).

84 *exul* Er.' Angabe, daß sich Aischines als Verbannter („exul") auf Rhodos aufhielt, ist nicht richtig und steht auch nicht in Philostratos' Version, auf die sich Er. beruft: Aischines war von der Obrigkeit Athens nicht verbannt worden, sondern war aus eigener Bewegung nach Rhodos abgereist. Vermutlich kam Er. zu seiner unrichtigen Ansicht dadurch, daß er zusätzlich Hieronymus' Version benutzte: „Aeschines, cum Rhodi exularet ..." (Hier. *Epist.* 53, 2). Vgl. auch Komm. unten.

84 *Demosthenem* Er. gibt den Titel der Rede falsch wieder. Dieser lautete nicht „Gegen Demosthenes", sondern „Gegen Ktesiphon", wie Philostratos an von Er. zitierten Stelle angibt: κατὰ Κτησιφῶντος. Dieselbe Ungenauigkeit tritt auch in den Adagien mehrere Male auf, wo Er. aus der Rede *Contra Ctesiphontem* zitiert und sie als „oratio contra Demosthenem" bezeichnet; vgl. *Adag.* 315 „Manibus pedibusque" (*ASD* II, 1, S. 422): „Vtitur hoc adagio semel atque iterum Aeschines *in oratione contra Demosthenem* ...".

85–86 *fuisset ... Atheniensibus* Mit „fuisset damnatus ab Atheniensibus" hat Er. den Text des Philostratos falsch übersetzt: Dort steht nicht, daß die Athener Aischines verurteilt hätten, sondern daß er „mit der Rede eine Niederlage erlitt" (ἡττήθη). Tatsächlich war von einer Verurteilung des Aischines nicht die Rede; Sache war lediglich, daß er mit seiner Anklage keinen Erfolg hatte bzw. daß Ktesiphon freigesprochen wurde. Der Irrtum tritt im selben *Apophthegma* noch weitere Male auf: „se exemit a crimine" und „damnationis iniustae causam reiiciens". Die Darstellung des Er. erweckt den Anschein, als ob ihm der Prozess nicht geläufig war, was insofern merkwürdig ist, als er häufig aus Aischines' Rede *Gegen Ktesiphon* zitiert, z.B. in *Adag.* 226 (*ASD* II, 1, S. 338), 315 (ebd. S. 422), 373 (ebd. S. 458), 862 (*ASD* II, 2, S. 384) oder unten in *Apophth.* VIII, 185.

87 *Mira ... crimine* Aus „Mira ciuilitate et se exemit a crimine" geht hervor, daß Er. den Text des Philostratos an dieser Stelle falsch verstanden hat. Dort steht nicht, daß Aischines sich damit „selbst von der Anklage reinigte", sondern daß „er seinen Gegner lobte".

90 modum admirarentur, „*Quid*", inquit, „*si ipsam bestiam audissetis sua verba resonantem*", sentiens *in Demosthene magnam Demosthenis partem abesse*, si, quae scripsit, ab alio recitarentur.

NICETES

| VIII, 11 | Salse | (Nicetes) |

95 Nicetes Smyrnaeus sophista *telonae* [i.e. telonario] *cuidam in iudicio* vehementius incandescenti dicentique „*Desine latrare in me!*", *admodum salse* respondit: „*si tu desinas mordere*". Nam vtrunque canum est.

ISAEVS SOPHISTA

| VIII, 12 | Pvdice, sobrie | (Isaeus Sophista, 1) |

100 *Isaeus sophista Assyrius, quum primam aetatem dicasset voluptatibus, simul vt ad virilem peruenit, velut alius subito factus* miram induit morum seueritatem. *Itaque percontanti cuidam, num illa* – foeminam ostendens – *videretur formosa*, „Πέπαυμαι", inquit,

---

90–91 Quid ... resonantem Hier. *Epist.* 53, 2: „Vnde et Aeschines, cum Rhodi exularet et legeretur illa Demosthenis oratio, quam aduersus eum habuerat, mirantibus cunctis atque laudantibus suspirans ait: ‚Quid, si ipsam audissetis bestiam sua verba resonantem?'". Hieronymus hatte an dieser Stelle den Text übersetzt, der in Plin. *Epist.* II, 3, 10 auf Griechisch überliefert worden war: „Nisi vero falsum putamus illud Aeschinis, qui cum legisset Rhodiis orationem Demosthenis admirantibus cunctis, adiecisse fertur: τί δέ, εἰ αὐτοῦ τοῦ θηρίου ἠκούσατε – et erat Aeschines, si Demostheni credimus, λαμπροφωνότατος. Fatebatur tamen longe melius eadem illa pronuntiasse ipsum, qui pepererat". Er. hat an der vorl. Stelle – wie aus der wörtlichen Übernahme hervorgeht – den Text von Hier. *Epist.* 53, 2 benutzt, kannte aber auch die griech. Version des Spruches aus Plin.: vgl. *Adag.* 117 „Viua vox" (*ASD* II, 1, S. 234): „Vnde celebratum illud Aeschinis de Demosthene: Τί δέ, εἰ αὐτοῦ τοῦ θηρίου ἠκόειτε, id est *Quid autem, si ipsam audissetis belluam?*".

91–92 in Demosthene ... recitarentur Die obligatorische Erklärung, die Er. jeweils gibt, stammt in diesem Fall nicht von ihm selbst, sondern von Val. Max. VIII, 10, ext. 1: „Recte itaque Aeschines, cum propter iudicialem ignominiam relictis Athenis Rhodum petisset atque ibi rogatu ciuitatis suam prius in Ctesiphontem, deinde Demosthenis pro eodem orationem clarissima et suauissima voce recitasset, admirantibus cunctis utriusque voluminis eloquentiam, sed aliquanto magis Demosthenis, ‚Quid, si' inquit ‚ipsum audissetis?' ... Ergo etsi operi illius adici nihil potest, *tamen in Demosthene magna pars Demosthenis abest*, quod legitur potius quam auditur". Vgl. *Adag.* 117 „Viua vox" (*ASD* II, 1, S. 234): „Vnde celebratum ... et illud: *in scriptis Demosthenis magnam Demosthenis partem abesse*". Der Hinweis auf Val. Max. als Quelle fehlt sowohl im Komm. von *CWE* 38 *ad loc.* als auch von *ASD* II, 1, *ad loc.*

Niketes (1.–2. Jhr. n. Chr.) aus Smyrna, Zeitgenosse Plutarchs, Vertreter der zweiten Sophistik. Vgl. L. Radermacher, *RE* XVII, 1 (1936), Sp. 319–321, s.v. „Niketes", Nr. 6; E. Bowie,

DNP 8 (2000), Sp. 911–912, s.v. „Niketes", Nr. 2.

93 *NICETES* In dieser Form im Index personarum von *B* und *C*.

95 *telonae* Er. transkribierte an dieser Stelle das griech. Wort für Zöllner, τελώνης (vgl. Passow II, 2, S. 1858, s.v.), obwohl lateinische Begriffe („portitor", „redemptor portorii" bzw. gegebenenfalls „publicanus") als auch die latinisierten Formen „telonarius" und „telonearius" des griech. Wortes in der spätlatein. Literatur bereits vorhanden waren, u. a. bei Augustin (*Serm.* 302, 17) und Nonius (24, 19; vgl. *DNG* II, Sp. 4682, s.v. „telonarius"). Für die Form „telones" vgl. Hoven 559 (Erasmus, Hutten, Amerbach).

95–97 *telonae ... mordere* Philostr. *Vit. soph.* 511: τελώνου δὲ θρασυναμένου ποτὲ (θρασυναμένου ποτὲ *ed. Wright*: ποτε θρασυναμένου *ed. Ald.*) πρὸς αὐτὸν ἐν δικαστηρίῳ καὶ εἰπόντος „παῦσαι ὑλακτῶν με" μάλα ἀστείως ὁ Νικήτης „νὴ Δία" (νὴ Δία *om. ed. Ald.*), εἶπεν, (εἶπεν *ed. Wright*: ἔφη *ed. Ald.*) „ἦν καὶ σὺ παύσῃ δάκνων με (με *om. ed. Ald.*)".

Isaios „der Assyrer" (tätig ca. 75–110/20 n. Chr.), griech. Redner, der aus dem äußersten Osten des griech. Sprachgebietes, der Region Assyrien stammte, welche das damals größtenteils außerhalb des Römischen Reiches gelegene Nord- und Mittelmesopotamien sowie Teile des heutigen Syriens umfasste. Isaios war ein Sprachpurist, da er auf höchste Präzision des Ausdrucks und Sprachdisziplin wert legte, was im Hinblick auf seine Herkunft bedeutet, daß er alle lokalen Elemente des Griechischen, die seine „assyrische" Herkunft verraten hätten, pedantisch zu vermeiden versuchte und alles daran setzte, um reines Hochgriechisch zu sprechen. Mit seiner Fokussierung auf Sprachpurismus war er ein früher Vertreter des kaiserzeitlichen Attizismus (Plinius d.J. [gest. 113/5], der den damals sechzigjährigen Redner gehört hat, bezeichnet ihn als „Graecus, immo Atticus" [*Ep.* II, 3]). Stilistisch war er ein Gegner der Asianisten, u. a. kritisierte er seinen früheren Schüler Dionysios von Milet, er bringe einen „Singsang" hervor. Vgl. M. Weißenberger, *DNP* 5 (1998), Sp. 1116, s.v. „Isaios", Nr. 2; P. Grimal, „Deux figures de la correspondence de Pline", in: *Latomus* 14 (1995), S. 370–383. Der Namenszusatz „Sophista" oder „der Assyrer" ist notwendig, um ihn von dem in Athen tätigen Redner und Logographen des 4. Jh. v. Chr. zu unterscheiden.

98 *ISAEVS SOPHISTA* Im Index personarum von *B* und *C* lediglich als „Isaeus" verzeichnet.

Apophth. VIII, 12 ist ein Gegenstück zu *Adag.* 1046 „Tantali horti" (*ASD* II, 3, S. 68). *Apophth.* VIII, 12 hat ausnahmsweise zwei Titel bekommen, was dadurch zustandegekommen ist, daß darin zwei Dialoge des Isaeus mit je einem anderen Dialogpartner enthalten sind. Der Titel „Pudice" bezieht sich auf den ersten Dialog mit dem Rhetor Ardys, den Er. allerdings nicht mit Namen nennt (über eine schöne Frau), der Titel „Sobrie" auf den Dialog mit einem namentlich nicht genannten Fragesteller (über Speisen).

100–107 *Isaeus ... somnia* Im einleitenden Teil stark gekürzte, im zweiten Teil wörtliche Wiedergabe von Philostr. *Vit. soph.* 513: Ἰσαῖος δὲ ὁ σοφιστὴς ὁ Ἀσσύριος τὸν μὲν ἐν μειρακίῳ χρόνον ἡδοναῖς ἐδεδώκει, γαστρός τε γὰρ καὶ φιλοποσίας ἥττητο καὶ λεπτὰ ἠμπίσχετο καὶ θαμὰ ἤρα καὶ ἀπαρακαλύπτως ἐκώμαζεν, ἐς δὲ ἄνδρας ἥκων οὕτω τι μετέβαλεν, ὡς ἕτερος ἐξ ἑτέρου νομισθῆναι, τὸ μὲν γὰρ φιλόγελων ἐπιπολάζειν αὐτῷ δοκοῦν ἀφεῖλε καὶ προσώπου καὶ γνώμης, λυρῶν τε καὶ αὐλῶν κτύποις οὐδ᾽ ἐπὶ σκηνῆς ἔτι παρετύγχανεν, ἀπέδυ δὲ καὶ τὰ λήδια καὶ τὰς τῶν ἐφεστρίδων βαφὰς καὶ τράπεζαν ἐκόλασε καὶ τὸ ἐρᾶν μεθῆκεν, ὥσπερ τοὺς προτέρους ὀφθαλμοὺς ἀποβαλών· Ἄρδυος γοῦν τοῦ ῥήτορος ἐρομένου αὐτόν, εἰ ἡ δεῖνα αὐτῷ καλὴ φαίνοιτο, μάλα σωφρόνως ὁ Ἰσαῖος „πέπαυμαι" εἶπεν, „ὀφθαλμιῶν". ἐρομένου δὲ αὐτὸν ἑτέρου, τίς ἄριστος τῶν ὀρνίθων καὶ τῶν ἰχθύων (ὀρνίθων καὶ τῶν ἰχθύων Wright: ἰχθύων καὶ τῶν ὀρνίθων Aldus) ἐς βρῶσιν, „πέπαυμαι" ἔφη ὁ Ἰσαῖος, „ταῦτα σπουδάζων, ξυνῆκα γὰρ τοὺς Ταντάλου κήπους τρυγῶν", ἐνδεικνύμενος δήπου τῷ ἐρομένῳ ταῦτα, ὅτι σκιὰ καὶ ὀνείρατα αἱ ἡδοναὶ πᾶσαι.

101–102 *percontanti cuidam* Er. streicht hier – wohl absichtlich – den Namen des Fragestellers, der in seiner Vorlage, Philostr. *Vit. soph.* 513, angegeben wird: Es geht um den Redner Ardys (Ἄρδυς). Die Tilgung des Namens ist insofern legitim, als der Name des Fragestellers für die Wirkung des Spruches nicht relevant ist.

102–103 *Πέπαυμαι ... ὀφθαλμιῶν* Er. bringt in diesem Fall auch den griech. Text eines Spruches, was eher selten der Fall ist und Er. zumeist nur in Fällen macht, in denen Verse zitiert werden: Er. erachtete die Worte des Isaios für so prägnant, daß er sie auch auf Griechisch überliefern wollte. Dieses Streben wird dadurch beeinträchtigt, daß in *C* der Spruch durch eine Verschlimmbesserung entstellt wurde.

„ὀφθαλμίων", id est, „*Desii laborare ab oculis*". *Ab altero quopiam interrogatus*, *qui piscis aut quae auis esset ad vescendum* suauissima, „Πέπαυμαι", inquit, „ταῦτα σπουδάζων", id est, „*Ista curare desii*"; et adiecit: „Ξυνῆκα γὰρ τοὺς ταντάλου κήπους τρυγῶν", id est, „*Sensi enim me a Tantali hortis fructus colligere*", subindicans omnes eiusmodi *voluptates*, quibus iuuentus capitur, nihil aliud esse quam *vmbras ac somnia*, qualia de Tantalo fabulantur poetae.

VIII, 13   Concordia   (Isaeus Sophista, 2)

Lacedaemoniis periclitantibus ac de ciuitate *moenibus cingenda consultantibus Homericum* carmen recitauit:

ἀσπὶς ἀρ᾽ ἀσπίδ᾽ ἔρειδε, κόρυς κόρυν, ἀνέρα δ᾽ ἀνήρ, id est,

„Scutum *haesit* scuto, galeae galea, atque *viro vir*",

et adiecit: „*Sic mihi state, Lacedaemonii, et muris cincti sumus*".

VIII, 14   Breviloqvivm   (Isaeus Sophista, 3)

Pythonis proditoris *accusationem tribus dictis* absoluit: „*Coarguam Pythonem*", inquit, „*proditionis*: *oraculo a deo reddito*; *populo qui vinxit*; *Philippo qui* dimisit [sc. Pytho-

---

103 ὀφθαλμίων *scripsi*: ὀφθαλμιῶν B: ὀφθαλμῶν C BAS LB.

103 qui *scripsi*: quis B C BAS LB.

103 ὀφθαλμίων In B stand das an sich richtige Wort ὀφθαλμιῶν, bei dem jedoch der Akzent falsch gesetzt war. In der letzten Ausgabe (C) wurde dies zu ὀφθαλμῶν verschlimmbessert. Gemeint ist natürlich nicht, daß Isaios nunmehr „mit seinen Augen Schluß gemacht hat" oder aufgehört hat, seine Augen zu gebrauchen, sondern daß er „sein Augenleiden losgeworden" ist, ὀφθαλμίων von ὀφθαλμία, „Augenkrankheit" (vgl. Passow II, 1, S. 604, s.v.).

103 qui „qui", es geht um die Fischsorte.

106–108 *Tantali hortis … fabulantur poetae* Vgl. *Adag.* 1046 „Tantali horti" (ASD II, 3, S. 68): „Ταντάλου κῆποι, id est Tantali horti. De bonis, quibus tamen frui non liceat, aut de iis, quae videantur aliquid esse, cum nihil sint. Philostratus in vita Apollonii, libro quarto (Philostr. *Vit. Apollon.* IV, 25, 4): Τοὺς Ταντάλου, ἔφη, κήπους εἴδετε, ὡς ὄντες οὔκ εἰσι, id est, *Tantali hortos videtis*, *inquit*, *esse*, *cum non sint*. Nota est fabula de Tantalo apud inferos ad aquam stante deque pomis in caput imminentibus, cum sitiens interim atque esuriens neutra possit contingere. De his nonnulla retulimus prius in prouerbio Adonidis horti"; *Adag.* 4 „Adonidis horti" (ASD II, 1, S. 115–116): „… Adonidis horti, de rebus leuiculis dicebatur parumque frugiferis et ad breuem praesentemque modo voluptatem idoneis. … Effertur paroemia etiam hoc modo, Ἀκαρπότερος τῶν Ἀδώνιδος κήπων, id est Infructuosior Adonidis hortis. [H] Non dissimili figura Isaeus apud Philostratum iuueniles voluptates appellat Ταντάλου κήπους, quod vmbris ac somniis persimiles sint nec expleant hominis animum, sed iritent potius. Similiter Pollux sophistae Athenodori dictionem appellabat Tantali hortos, quod iuuenilis esset ac leuis, speciem prae se ferens, quasi esset aliquid, quum nihil esset"; *Moria*, ASD IV, 3, S. 106 „in Tantaliis inhabitent hortis"; Apost. 16, 1: Ταντάλου κῆπον τρυγᾶις. ἐπὶ τῶν μάταια ποιούντων. Zenob. I, 49.

108 *fabulantur poetae* Hom. *Od.* XI, 583–592.

110–114 *Lacedaemoniis … sumus* Vom Kontext losgelöste, mißverstandene Wiedergabe von Philostr. *Vit. soph.* 514: τοὺς μὲν γὰρ Λακεδαιμονίους ἀγωνιζόμενος τοὺς βουλευομένους περὶ τοῦ τείχους ἀπὸ τῶν Ὁμήρου ἐβραχυλόγησε τοσοῦτον· „ἀσπὶς ἄρ' ἀσπίδ' ἔρειδε, κόρυς κόρυν, ἀνέρα δ' ἀνήρ· οὕτω στῆτέ μοι, Λακεδαιμόνιοι, καὶ τετειχίσμεθα". Er. hat den Sinn der Philostrat-Stelle anscheinend nicht richtig verstanden: In Er.' Darstellung war der Redner Isaios bei einer Beratung der Spartaner anwesend, bei der die Frage behandelt wurde, ob sie angesichts der drohenden Gefahr ihre Stadt nicht mit einer Mauer versehen sollten. Isaios soll bei dieser Diskussion vom Mauerbau abgeraten haben, indem er die Spartaner stattdessen zur tapferen Aufstellung in der Schlachtreihe aufforderte. Das von Er. geschilderte Szenarium ist jedoch schon vom historischen Kontext her auszuschließen: Erstens befand sich Sparta zur Zeit des Isaios im angenehmen Dornröschenschlaf der kaiserzeitlichen *Pax Romana*, von irgendeiner herannahenden Gefahr für die Stadt konnte nicht die Rede sein. Zweitens wäre eine solche Diskussion im 1. Jh. n. Chr. auch deshalb unsinnig gewesen, weil es – seit dem 3. Jh. v. Chr. – bereits eine Stadtmauer gab (Pausanias I, 13). Drittens hatte Isaios weder etwas mit den Spartanern zu tun noch besaß er im Stadtrat eine beratende Funktion noch hielt er sich in Sparta auf. Es ging vielmehr um folgendes: Im Rahmen eines Redewettstreits (ἀγωνιζόμενος), im *genus demonstrativum*, hielt Isaios eine glänzende Show-Rede, in der er in einer kunstvollen Fiktion die Beratungen der Spartaner, die in ferner Vergangenheit einmal stattgefunden haben mochten, wie in einem Schauspiel, nachahmend darstellte. Die mißverständliche Darstellung des Er. wird nicht im Komm. *CWE* 38, S. 871 angemerkt.

112 *ἀσπίς ... ἀνήρ* Hom. *Il.* XIII, 131 und XVI, 215.

113 *Scutum ... vir* Er. hat den Vers des Homer sorgfältig metrisch übersetzt, mit einer Reminiszenz an Verg. *Aen.* X, 360–361: „Haut aliter Troianae acies aciesque Latinae/ Concurrunt; haeret pede pes densusque viro vir".

116 *Pythonis ... accusationem* Es handelt sich wiederum um eine deklamatorische Show-Rede, der ein fiktiver historischer Casus zugrundeliegt, nicht um eine tatsächliche Anklage. Der Redner Python aus Byzanz, ein Schüler des Isokrates, hatte im 4. Jhr. v. Chr. gelebt und war zur Zeit des Philokrates-Friedens i.J. 346 v. Chr., der den „Dritten Heiligen Krieg" (356–346) zwischen den verbündeten „amphiktyonischen" Hellenen und Makedonien beendete, im Dienst des Makedonenkönigs Philipp II. gewesen. Anscheinend wurde aufgrund dieser Tatsache dem Python damals von Seiten Athens Hochverrat an den Verbündeten angelastet. Der Deklamator Isaios der Assyrer nimmt nunmehr, im Rahmen seiner historischen Fiktion, die Rolle des Anklägers auf sich, der im Anfangsteil seiner Rede (*partitio*) ankündigt, daß er anhand von drei Indizien unumstößlich beweisen werde, dass Python des Hochverrats schuldig sei. Zur Person des Python vgl. F. Stoessl, *RE* XXIV (1963), Sp. 611–613, und H.H. Schmitt, *DNP* 10 (2001), Sp. 671–672, jeweils s.v. „Python", Nr. 4. Er. hat Python von Byzanz oben im sechsten Buch einen Spruch gewidmet (VI, 413). In *Apophth.* VI, 414 verwechselte Er. den Platon-Schüler Python aus Ainos offensichtlich mit Python aus Byzanz. Für **Python von Ainos** vgl. F. Stoessl, *RE* XXIV (1963), Sp. 610–611, und H.H. Schmitt, *DNP* 10 (2001), Sp. 671, jeweils s.v. „Python", Nr. 3. Im Index personarum von *B* und *C* wird der Verwechslung entsprechend nur ein einziger Python vermeldet, nml. der Redner Python von Byzanz („Pytho rhetor byzantius"). Vgl. oben Komm. ad VI, 413 und 414.

116–121 *Pythonis ... dimisisset* Durch Fehlübersetzungen und Mißverständnisse entstellte, verworrene Wiedergabe von Philostr. *Vit. soph.* 514: κατηγορῶν δὲ τοῦ Βυζαντίου Πύθωνος, ὡς δεθέντος μὲν ἐκ χρησμῶν ἐπὶ προδοσίᾳ, κεκριμένου δὲ τῆς προδοσίας, ὡς ἀνέζευξεν ὁ Φίλιππος, ξυνέλαβε τὸν ἀγῶνα τοῦτον ἐς ἐννοίας, ἔστι γὰρ τὰ εἰρημένα ἐν τρισὶ τούτοις· „ἐλέγχω Πύθωνα προδεδωκότα τῷ χρήσαντι θεῷ, τῷ δήσαντι δήμῳ, τῷ ἀναζεύξαντι Φιλίππῳ, ὁ μὲν γὰρ οὐκ ἂν ἔχρησεν, εἰ μή τις ἦν, ὁ δὲ οὐκ ἂν ἔδησεν, εἰ μὴ τοιοῦτος ἦν, ὁ δὲ οὐκ ἂν ἀνέζευξεν, εἰ μὴ δι' ὃν ἦλθεν, οὐχ εὗρεν".

116 *absoluit* „absoluit" („abfertigen, vollenden, zur Vollendung bringen", vg. *DNG* I, s.v. „absolvo", Nr. 3, Sp. 26) ist keine adäquate Übers. für ξυνέλαβε (τὸν ἀγῶνα); gemeint ist „complectus est", „zusammenfassen", d.h. eine größere Menge von Details auf bestimmte Punkte reduzieren; vgl. die Übers. von W.C. Wright in Philostratus, *Lives of the Sophists* (Loeb), S. 71: „he confined his case to three points to be considered ...".

117 *vinxit* Gemeint ist, daß das Volk dafür sorgte, daß Python gefangen genommen wurde, „in custodiam dedit".

117 *dimisit* „dimisit", „daß Philipp den Python von Byzanz aus seinem Lager fortschickte/entließ" (vgl. unten: „aut rex e castris illum non dimisisset") ist eine Fehlübersetzung von τῷ

nem, sic]". Graeca sunt lepidiora: ἐλέγξω Πύθωνα προδεδωκότα τῷ χρήσαντι θεῷ, τῷ δήσαντι δήμῳ, τῷ ἀναζεύξαντι Φιλίππῳ. *Neque enim* deus *pronunciasset oraculo, nisi*
120 *talis esset*; *neque populus vinxisset, nisi talis fuisset*; *neque rex abiisset, nisi eum, cuius gratia venerat,* [*non*] *reperisset* aut *rex e castris illum* [*non*] *dimisisset.*

SCOPELIANVS

VIII, 15   Convicia anicvlarvm   (Scopelianus, 1)

Scopelianus eos, qui conuiciis agerent *existimantes* sese hoc pacto declarare animi
125 magnitudinem, *aniculas appellare* solet non tantum *ebrias*, sed et *rabidas*.

VIII, 16   Vehementia in dicendo   (Scopelianus, 2)

Polemoni obiicienti, *quod* inter dicendum *pulsaret tympanum*, „*Tympanizo*", inquit, „*sed Aiacis clypeo*", haud inficians se in agendis causis interdum vti verbis ac figuris vehementioribus, at non inani strepitu, sed ad causae patrocinium accommodis.

---

118 Πύθωνα *LB*: πύθωνα *B C*.
118 προδεδωκότα *B*: προδεδοκότα *C BAS LB*.
119 Φιλίππῳ *LB*: φιλίππῳ *B C BAS*.
121 non *delevi*.

121 non *delevi*.
122 SCOPELIANVS *C*: SCOEFLIANVS *B*.
125 solet *B C*: solebat *LB*.

ἀναζεύξαντι Φιλίππῳ, was besagt, daß Philipp II. „mit seinem Heer abzog"; für ἀναζεύγνυμι mit dieser Bedeutung und ἀνάζευξις, „Abzug, Abmarsch", vgl. Passow I, 1, S. 172, s.vv.: als Übers. wäre „abiit" adäquat gewesen.
120 *talis* „talis", d.h. ein Verräter.
121 *[non]* Im griech. Text des Philostratos hat die doppelte Negation an dieser Stelle die Bedeutung einer verstärkten Verneinung; die doppelte Negation hat im Lateinischen jedoch die Bedeutung einer Bejahung. Gemeint müßte sein, daß der König *natürlich nicht unverrichteter Dinge abgezogen* ist: Im Klartext bedeutet dies, daß er mit dem Verräter, der ihn herbeigerufen hat, natürlich Kontakt aufgenommen bzw. sich mit ihm in seinem Heereslager unterredet hat.
121 *aut ... dimisisset* Die Konstruktion und die Bedeutung dieses von Er. hinzugefügten Satzteiles ist schwer verständlich; komplizierend wirkt, daß das „Fortschicken" des Python aus dem Heereslager auf Er.' Mißverständnis beruht. Isaios hat das nie gesagt. Er.' wirrer Konstruktion fehlt ein belastbares inhaltliches Fundament.

121 *rex* Die Wiederholung von „rex" ist inhaltlich redundant, stilistisch unschön und vergrößert die syntaktische Verwirrung.
121 *illum* Die Verwendung von „illum" ist verfehlt, weil damit dieselbe Person gemeint ist, die Er. wenige Wörter zuvor mit „eum" bezeichnet hatte.
121 *[non]* „non" ist zu tilgen, weil es eine widersinnige Aussage hervorbringt, die dem widerspricht, was Er. kurz zuvor behauptet hatte (nml. daß Philipp den Python tatsächlich aus dem Heereslager entließ).
Skopelianos aus Klazomenai an der ionischen Küste (tätig in Smyrna, ca. 80–ca. 115 n. Chr.), Redner, Vertreter der zweiten Sophistik; gilt zusammen mit seinem Lehrer Niketes von Smyrna als wichtigster Asianist; bekannt für seinen rhythmischen, „dithyrambischen" Redestil. Verfaßte auch Gedichte, u.a. das Epos *Gigantia*. Unterrichtete in Smyrna (wie Klazomenai am Golf von Smyrna gelegen); verrichtete für diese Stadt diplomatische Missionen. Vgl. F. Dornseiff, *RE* III, A1 (1927) Sp. 580–581 und E. Bowie, *DNP* 11 (2001), Sp. 637–638, jeweils s.v. „Skopelianos".

122 *SCOPELIANVS* In dieser Form im Index personarum von *B* und *C*

124–125 *eos … rabidas* Variierende Wiedergabe von Philostr. *Vit. soph.* 519: τοὺς δὲ λοιδορουμένους ἐν τοῖς λόγοις καὶ θυμοῦ τινα ἐπίδειξιν ἡγουμένους ποιεῖσθαι γραΐδια ἐκάλει μεθύοντα καὶ λυττῶντα.

124–125 *declarare animi magnitudinem* „animi magnitudinem" ist keine adäquate Übers. für θυμοῦ τινα (ἐπίδειξιν); durch Schimpfen und Schelten kann man keine Geistesgröße demonstrieren: Gemeint ist natürlich „indignationem", „Empörung".

126 *Vehementia in dicendo* Der Titel hängt damit zusammen, daß Er. das *Apophthegma* völlig mißverstanden hat.

127 *Polemoni* Für den Redner und Sophisten **Antonius Polemon aus Laodikeia** (ca. 88–144 n. Chr.) vgl. unten Komm. zu *Apophth*. VIII, 18.

127–128 *Polemoni … clypeo* Versuchte wörtliche, jedoch mißverstandene Wiedergabe von Philostr. *Vit. soph.* 520: καί τινος τῶν ἀμφὶ τὸν Πολέμωνα τυμπανίζειν αὐτὸν φήσαντος λαβόμενος ὁ Σκοπελιανὸς τοῦ σκώμματος „τυμπανίζω μέν", εἶπεν, „ἀλλὰ τῇ τοῦ Αἴαντος ἀσπίδι".

127 *inter dicendum … pulsarte tympanum* Er. schreibt die Bemerkung zu Unrecht dem Redner Polemon zu; tatsächlich machte sie, wie Philostratos angibt, ein Schüler bzw. Anhänger des Polemon (τινος τῶν ἀμφὶ τὸν Πολέμωνα).

128–129 *haud inficians … accommodis* Wie seine Erklärung zeigt, hat Er. die Anekdote völlig mißverstanden: Es handelte sich keineswegs, wie Er. behauptet, um den funktionalen Einsatz von starken „Redefiguren" und wirkungsmächtigen Wörtern („verbis et figuris vehementioribus") bei „Prozeßreden" („in agendis causis"), die Skopelianos im Rahmen seines Anwaltsamtes („patrocinium") einsetzte, um der Sache seines Klienten zum Sieg zu verhelfen, sondern vielmehr, wie Philostr. *Vit. sophist*. 519–520 angibt, um Konzert- und Showreden des Redeartisten mit fiktiven historischen Themen, insbesondere um Skopelianos' Vortragskunst in der Darstellung von ‚barbarischen' Herrschern wie der Großkönige Dareios und Xerxes. Kennzeichen von Skopelianos' Vortrag war, daß es nicht mehr um bloße Rede ging, sondern um *Schauspielkunst*: Wie ein Schauspieler mimte er (ὑπεκρίνετο) die Großkönige und er brachte dabei die typische Geisteshaltung, die man in der griechisch-römischen Antike den Persern zuschrieb (τὴν ἐν βαρβάροις ἤθεσιν), zum Ausdruck, v.a. ihre Überheblichkeit (φρόνεμα) und ihren kuriosen Leichtsinn (κουφότης). Bei dieser schauspielerischen Darstellung setzte er körperliche Mittel ein. Insbesondere war Skopelianos dafür bekannt, daß er – z.B. in der Darstellung von Emotionen – sich in einen Rederausch wiegte, bei dem er seinen Körper rhythmisch hin- und herbewegte. Philostratos vergleicht sein rauschartiges rhythmisches Hin- und Herbewegen des Körpers mit dem Tanz des Dionysos-Kultes (ὥσπερ βακχεύων). Auf Skopelianos' rhythmischen Tanz bezieht sich die sarkastische Bemerkung des Polemon-Schülers. Das Tympanon, die zweiseitig bespannte antike Handtrommel, wurde von Frauen im Dionysos-Kult geschlagen. Der Kritiker will damit sagen: *„Du führst dich bei deinem Vortrag wie ein rasendes Weib beim Dionysos-Kult auf"*. Dies pariert Skopelianos mit: „Schön, ich schlage die Trommel, aber wie ein Mann". Ajax, der kämpfende Riese, war eine Symbolgestalt griechischer martialer Männlichkeit. Mit „auf den Schild schlagen" spielt Skopelianos auf den griechischen Waffentanz, z.B. die beliebte Pyrrhiche, an. Denselben symbolischen Gegensatz zwischen Tympanon (unmännlich) und „Waffen"/„arma" (männlich) wendet Quintilian an, wenn er eine „männliche Redekunst" einfordert: Weichliche „tympana eloquentiae" lehnt er ab (*Inst.* V, 12, 21).

DIONYSIVS SOPHISTA

VIII, 17 (Dionysius Sophista, 2)

Dionysius sophista *familiaribus dicere consueuit mel summo digito, non caua manu gustandum esse*, sentiens voluptates quam parcissime admittendas.

POLEMON SOPHISTA [i.e. ANTONINVS PIVS]

VIII, 18   Libere   (Polemon Sophista, 1, i.e. Antoninus Pius, 5)

Antoni⟨n⟩us imperator absente Polemone occuparat *domum illius velut* omnium apud Smyrn⟨a⟩eos pulcherrimam. At Polemon noctu reuersus e peregrinatione, pro foribus clamauit se *indigna pati, qui propriis aedibus arceretur*. Cognouit imperator

---

137 Antoninus *BAS LB*: Antonius *B C*.

138 Smyrnaeos *LB*: Smyrneos *B C*.

Dionysios von Milet (Ende 1., Anf. 2. Jh. n. Chr.), mit röm. Namen Tiberius Claudius Flavianus Dionysius; Schüler des Isaios des Assyriers; Redekünstler, Rhetoriklehrer, Sophist, Verf. von Deklamationen; als Rhetoriklehrer in Ephesos tätig; wird für die Natürlichkeit des Ausdrucks (in der stilistischen Nachfolge des Isaios) und seinen geschmackvollbeherrschten, auf asianistischen Pomp, Ornat und Pathos verzichtenden Redestil gelobt; von Kaiser Hadrian (117–137) sehr geschätzt, der ihm den Ritterrang verlieh und Statthalterstellen übertrug. Sein Sarkophag befindet sich in Ephesos, unweit der Bibliothek des Celsus. Vgl. W. Schmid, *RE* V, 2 (1905), Sp. 975, s.v. „Dionysios", Nr. 126; E. Bowie, *DNP* 3 (1997), Sp. 644, s.v. „Dionysios", Nr. 40; G.W. Bowersock, *Greek Sophists in the Roman Empire*, Oxford 1969, S. 51–53. Dionysios fungierte bereits in *Apophth.* VI, 97 als Spruchspender, wenngleich in der Sektion der Sprüche Kaiser Hadrians.

130 DIONYSIVS SOPHISTA In dieser Form im Index personarum von *B* und *C*.

Apophth. VIII, 17 ist ein Gegenstück zu *Adag.* 894 „Extremis digitis attingere" (*ASD* II, 2, S. 401–402).

132–133 *familiaribus ... gustandum esse* Wörtliche Übers. des Er. von Philostr. *Vit. soph.* 22, 522: ἀλλ' ἐταμιεύετο λέγων ἀεὶ (ἀεὶ om. *Aldus*) πρὸς τοὺς γνωρίμους, ὅτι χρὴ τοῦ μέλιτος ἄκρῳ δακτύλῳ, ἀλλὰ μὴ κοίλῃ χειρὶ γεύεσθαι.

132 *summo digito* Vgl. *Adag.* 894 „Extremis digitis attingere" (*ASD* II, 2, S. 401–402): „... *extremis attingere digitis*, pro eo, quod est leuiter attingere, quod ita demum adagium videbitur, si metaphora accesserit. ... Graeci sic efferunt: Ἄκρῳ ἅψασθαι τῷ δακτύλῳ, id est *summo contingere digito*". Für die Verbindung von „summis digitis" und Honig vgl. ebd. S. 402: „Ita Basilius in epistolis: Οἶδα καὶ αὐτός, εἰ ἄκρῳ δακτύλῳ τοῦ γλυκυτάτου μέλιτος τῆς παρ' ὑμῖν ἐκκλησίας ἀπελαυσάμεθα πέρυσιν, id est *Noui et ipse, tametsi summo digito mel dulcissimum vestratis ecclesiae gustauimus anno superiore* ..."; *Collect.* 475 „Extremis digitis attingere" (*ASD* II, 9, S. 185); Otto 546; Zenob. I, 61; Diog. II, 10; Apost. II, 5.

133 *sentiens ... admittendas* Wie seine Erklärung zeigt, hat Er. auch dieses Apophthegma völlig missverstanden. Die Bemerkung des Puristen und Attizisten Dionysios von Milet bezieht sich natürlich, wie Philostratos auch explizitiert, nicht auf die Ethik, sondern auf die Rhetorik: Mit dem nur sparsam anzuwendenden „rhetorischen Honig" meint Dionysios konkret die nur sehr sparsame Applikation des rhetorischen *ornatus*, d.h. von Stil- und Redefiguren, Pathos usw. Im Anschluß an das Apophthegma gibt Philostratos zwei Beispiele von

Dionysios' Anwendung des Redehonigs, d.h. des rhetorischen Pathos, u. a. in der *peroratio* seiner Showrede, die er im Namen des Demosthenes (nach der verlorenen Schlacht von Chaironeia) hielt. Er.' Missverständnis des Apophthegmas steht im Zusammenhang mit seinem *Adagium* 894 „Extremis digitis attingere" bzw. dem gleichnamigen *Collect.* 475. Dort zitiert er als autoritative Instanz dieser sprichwörtlichen Redensart Ciceros *Pro Caelio* (28); dort bezieht Cicero die Redensart in der Tat auf die *voluptates*, denen die jungen Leute frönen: „M. Tullius ...: ,Equidem multos et vidi in hac ciuitate et audiui, non modo qui primoribus labiis gustassent genus hoc vitae et *extremis*, ut dicitur, *digitis attigissent*, sed qui totam adolescentiam *voluptatibus* dedissent, emersisse aliquando et se ad frugem bonam, ut dicitur, recepisse'" (*ASD* II, 2, S. 401; II, 9, S. 185). Das Missverständnis von *Apophth.* VIII, 17 wurde nicht angemerkt in *CWE* 38, S. 872.

134 *POLEMON SOPHISTA* Durch die Überschrift in *B* und *C* wird das Apophthegma Polemon sophista zugeschrieben; der wirkliche Spruchspender ist jedoch Kaiser **Antoninus Pius**.

134 *POLEMON SOPHISTA* Zu dem Sophisten Antonios Polemon aus Laodikeia vgl. Komm. unten zu VIII, 119.

Apophth. VIII, 18 datiert auf d. J. 134/5 oder 135/6, als Antoninus Pius Statthalter der Provinz Asia war.

137 *Antoni⟨n⟩us* Das in *B* und *C* überlieferte „Antonius" stellt einen Textübernahmefehler aus Philostratos dar, wo Er. das richtige Ἀντωνῖνος antraf.

137–146 *Antonius ... noctis* Im ersten Teil stark gekürzten und durch ein Missverständnis und einen Übersetzungsfehler entstellte, im zweiten Teil („Posti, vbi Romam ...") ebenfalls gekürzte, aber sinngemäß richtige Wiedergabe von Philostr. *Vit. soph.* 534–535: ἦρξε μὲν γὰρ δὴ (δὴ om. *ed. Ald.*) πάσης ὁμοῦ Ἀσίας ὁ Ἀντωνῖνος, καὶ κατέλυσεν ἐν τῇ τοῦ Πολέμωνος οἰκίᾳ ὡς ἀρίστῃ τῶν κατὰ τὴν Σμύρναν καὶ ἀρίστου ἀνδρός, νύκτωρ δὲ ἐξ ἀποδημίας ἥκων ὁ Πολέμων ἐβόα ἐπὶ θύραις, ὡς δεινὰ πάσχοι (πάσχοι *ed. Wright*: πάσχει *ed. Ald.*) τῶν ἑαυτοῦ εἰργόμενος, εἶτα συνηνάγκασε τὸν Ἀντωνῖνον ἐς ἑτέραν οἰκίαν μετασκευάσασθαι. ταῦτα ἐγίγνωσκε μὲν ὁ αὐτοκράτωρ, ἠρώτα (ἠρώτα *ed. Wright*: εἰρῶτα *ed. Ald.*) δὲ ὑπὲρ αὐτῶν οὐδέν, ὡς μὴ ἀναδέροιτο, ... τῷ καὶ (καὶ *ed. Wright*: κατὰ *ed. Ald.*) χάριν ὡς εὐεργέτῃ πράττειν τὴν συγγνώμην ἐκ περιουσίας ἑτοιμάζων. καὶ ὁ Ἀντωνῖνος ᾐστείζετο μὲν πρὸς τὸν Πολέμωνα περὶ τῶν κατὰ τὴν Σμύρναν ἐνδεικνύμενός που τὸ μὴ ἐκλελῆσθαι, ταῖς δὲ ἑκάστοτε τιμαῖς ἐπὶ μέγα ᾖρεν ἐγγυώμενός που τὸ μὴ μεμνῆσθαι. ᾐστείζετο δὲ τάδε (τάδε *ed. Wright*: τὰ μὲν *ed. Ald.*) · ἐς τὴν πόλιν (πόλιν *ed. Wright*: Ῥώμην *ed. Ald.*) ἥκοντος τοῦ Πολέμωνος περιβαλὼν αὐτὸν Ἀντωνῖνος „δότε" ἔφη, „Πολέμωνι καταγωγήν, καὶ μηδεὶς αὐτὸν ἐκβάλῃ". ὑποκριτοῦ δὲ τραγῳδίας ἀπὸ τῶν κατὰ τὴν Ἀσίαν Ὀλυμπίων, οἷς ἐπεστάτει ὁ Πολέμων, ἐφιέναι φήσαντος, ἐξελαθῆναι γὰρ παρ' αὐτοῦ κατ' ἀρχὰς τοῦ δράματος, ἤρετο ὁ αὐτοκράτωρ τὸν ὑποκριτήν, πηνίκα εἴη, ὅτε τῆς σκηνῆς ἠλάθη, τοῦ δὲ εἰπόντος, ὡς μεσημβρία τυγχάνοι οὖσα, μάλα ἀστείως ὁ αὐτοκράτωρ „ἐμὲ δὲ" εἶπεν, „ἀμφὶ μέσας νύκτας ἐξήλασε τῆς οἰκίας (ἐξήλασε τῆς οἰκίας *om. Ald.*), καὶ οὐκ ἐφῆκα".

137 *Antoni⟨n⟩us imperator* „imperator" ist hier missverständlich, weil dieser zu dem betreffenden Zeitpunkt (134/5 oder 135/6) noch nicht Kaiser war (reg. 138–161 n. Chr.), sondern – unter Kaiser Hadrian – Statthalter der Provinz *Asia*. Zur Person des Antoninus Pius vgl. Komm. oben zu VI, 113. Er. widmete ihm im sechsten Buch eine Sektion (VI, 113–116). In *Apophth.* VI, 117–123 verwechselte Er. Antoninus Pius mit Marcus Aurelius.

138 *Smyrnaeos* Smyrna (heute Izmir) an der ionischen Küste, das sich nach seinem Wiederaufbau durch Antigonos Monophthalmos zu einer der bedeutendsten und reichsten Städte Kleinasiens entwickelt hatte, florierte ganz besonders unter Kaiser Hadrian, der es mit großzügigen Zuwendungen bedachte.

138 *Smyrnaeos* Für die Schreibweise „Smyrnaeos" vgl. *Adag.* 2982, *ASD* II, 6, S. 578, Z. 673.

139–140 *Cognouit imperator ac cessit* An dieser Stelle gibt Er. den Text des Philostratos verdreht wieder. Philostratos schrieb ταῦτα ἐγίγνωσκε μὲν ὁ αὐτοκράτωρ, ἠρώτα δὲ ὑπὲρ αὐτῶν οὐδέν, ὡς μὴ ἀναδέροιτο, „Dem Kaiser kam dies zwar zu Ohren, aber er leitete diesbezüglich keine Untersuchung ein, um die Wunde nicht wieder aufzureißen"; mit dem Kaiser war natürlich *nicht* Antoninus Pius gemeint, wie Er. irrtümlich glaubte, sondern Hadrian, der Polemon auf alle erdenkliche Weise protegierte und unbedingt wollte, daß die beiden gut miteinander auskommen würden. Um dies sicherzustellen, schrieb Hadrian in sein Testament, Polemon habe ihn überredet, Antoninus Pius zu seinem Nachfolger zu ernennen.

140 ac cessit. Post *vbi Romam venit Polemon*, imperator ciuiliter illi exprobrans, quod acciderat, „*Date*", inquit, „*Polemoni diuersorium, nec quisquam illum eiiciat*". Mox *histrio* quidam *tragoediarum*, ex *Olympiis Asiae, cui erat praefectus Polemon*, appellauit Antoni⟨n⟩um Caesarem aduersus Polemonem, *quod protinus initio fabulae ab illo fuisset eiectus* e scena. Percontatus est Caesar, quo tempore fuisset eiectus, quumque
145 is respondisset „Circiter *meridiem*", *admodum vrbane respondit*: „*At me quidem eiecit circa medium noctis, nec tamen* appellaui iudicem".

POLEMON SOPHISTA

VIII, 19   Assvetvdo   (Polemon Sophista, 2)

Quum laboraret morbo articulari, Pergami in templo obdormiit. Huic apparuit Aescula-
150 *pius iubens, vt a frigido potu abstineret.* Ad quem *Polemon* „O praeclare [i.e. Optime]", inquit, „quid *autem si bouem curares*?", subindicans iam diu assuetum duris, frustra vocari ad delicias.

VIII, 20   Facete   (Polemon Sophista, 3)

Proconsul torquebat praedonem quendam; quumque *dubitaret, quod supplicii* genus
155 esset de illo sumpturus, *superueniens forte fortuna Polemon*, „*Iube*", inquit, „*illum ediscere veterum scripta*". Ipse *quidem* Polemon *multa edidicerat*, sed in exercitatione nihil ducebat laboriosius ac molestius quam *ediscere*. Eoque Fabius iubet *hoc taedium* protinus *a pueris deuorari*.

---

143 Antoninum *BAS LB*: Antonium *B C*.

140 *Post* Dieser Besuch des Polemon in Rom fand, wie Philostratos angibt, nach dem Tod Kaiser Hadrians (i.J. 137) statt.

142 *Olympiis Asiae* Gemeint sind die „Hadrianeia Olympia", neue „olympische Spiele", die Kaiser Hadrian der Stadt Smyrna stiftete. Die Stadt Smyrna wählte Polemon und seine Nachfahren zu ständigen Vorsitzenden dieser Spiele. Vgl. Bowie, *DNP* 10 (2001), Sp. 9, s.v. „Polemon", Nr. 6 (M. Antonius Polemon). Vgl. unten VIII, 23.

143 *initio fabulae* D.h. am Anfang der Aufführung der Tragödie.

Antonios Polemon aus Laodikeia in Kleinasien (ca. 88/90–144/6 n. Chr.), stammte aus einer edlen Familie mit Verbindung zum pontischen Königshaus; Rhetor und Hauptvertreter der zweiten Sophistik, Schüler des Dion von Prusa und des Skopelianos, Konkurrent des Favorinus, Lehrmeister des Aelius Aristides. Stilistisch Vertreter des Asianismus; Verfasser einer in Auszügen erhaltenen Physiognomik und eines (verlorenen) historiographischen Werkes. Führte eine weithin angesehene Rhetorikschule in Smyrna (Izmir), wo er auch im öffentlichen Leben und der Stadtpolitik eine führende Rolle spielte. Erhielt zahlreiche Ehrungen und wurde von den Kaisern Trajan, Hadrian und Antoninus Pius begünstigt. Aufgrund einer diplomatischen Mission Polemons verlieh Hadrian Smyrna neue Spiele (Hadrianeia Olympia) und 10 Millionen Drachmen für einen neuen Haupttempel und einen Getreidemarkt, während er Polemon 250 000 Drachmen schenkte. Vgl. W. Stegemann, *RE* XXI, 2 (1952), Sp. 1320–1357, s.v. „Polemon", Nr. 10; E. Bowie, *DNP* 10 (2001), Sp. 9–10, s.v. „Polemon", Nr. 6;

K. Stebnicka, „M. Antonios Polemon", in: P. Janiszewski, K. Stebnicka und E. Szabat, *Prosopography of Greek Rhetors and Sophists of the Roman Empire*, Oxford 2015, S. 302–304; A.-M. Favreau-Linder, „Polémon (M. Antonius)", in: R. Goulet (Hrsg.), *Dictionnaire des philosophes antiques*, Bd. 5, 2, Paris 2012, S. 1194–1205; M.T. Boatwright, *Hadrian and the Cities of the Roman Empire*, 2000, S. 157–162.

149–151 *Quum laboraret ... curares* Größtenteils wörtliche Übers. von Philostr. *Vit. soph.* 535: ἥκων δὲ ἐς τὸ Πέργαμον, ὅτε δὴ τὰ ἄρθρα ἐνόσει, κατέδαρθε μὲν ἐν τῷ ἱερῷ, ἐπιστάντος δὲ αὐτῷ τοῦ Ἀσκληπιοῦ καὶ προειπόντος ἀπέχεσθαι ψυχροῦ ποτοῦ ὁ Πολέμων „βέλτιστε", εἶπεν, „εἰ δὲ βοῦν ἐθεράπευες;".

149 *Pergami in templo* i.e. im Tempel des Asklepios; Pergamon war für seinen Asklepios-Kult und die dort ansässige Ärzteschule berühmt. Polemon wendete, um von seinem Arthroseleiden befreit zu werden, die im Asklepios-Kult übliche Praxis des Tempelschlafes an. Zu Asklepios vgl. F. Graf, *DNP* 2 (1996), Sp. 94–99, s.v. „Asklepios"; E. Thraemer, *RE* II, 2 (1896), Sp. 1642–1697, s.v. „Asklepios", Nr. 2.

150 *O praeclare* Er. hat offensichtlich βέλτιστε irrtümlich als Anrede von Aesculapius verstanden; gemeint war: „Bestens" bzw. „In Ordnung".

154–156 *Proconsul ... ediscere* Gekürzte, paraphrasierende Wiedergabe von Philostr. *Vit. soph.* 541: λῃστὴν δὲ πολλαῖς αἰτίαις ἑαλωκότα στρεβλοῦντος ἀνθυπάτου καὶ ἀπορεῖν φάσκοντος, τίς γένοιτ᾽ ἂν ἐπ᾽ αὐτῷ τιμωρία τῶν εἰργασμένων ἀξία, παρατυχὼν ὁ Πολέμων „κέλευσον" ἔφη, „αὐτὸν (αὐτὸν ed. Wright: αὐτ᾽ ed. Ald.) ἀρχαῖα ἐκμανθάνειν". καίτοι γὰρ πλεῖστα ἐκμαθὼν ὁ σοφιστὴς οὗτος ὅμως ἐπιπονώτατον ἡγεῖτο τῶν ἐν ἀσκήσει τὸ ἐκμανθάνειν.

154 *Proconsul* Dabei handelte es sich um den damaligen Proconsul der Provinz Asia, vermutlich einen sonst nicht näher bekannten Varus, der von Philostratos im Rahmen der unmittelbar vorhergehenden Anekdote erwähnt wird. Vgl. E. Bowie, *DNP* 12, 1 (2002), Sp. 1129, s.v. „Varos".

157–158 *iubet ... deuorari* Quint. *Inst.* XI, 2, 41: „Quare et pueri statim, vt praecepi, quam plurima ediscant, et quaecumque aetas operam iuuandae studio memoriae dabit, deuoret initio taedium illud et scripta et lecta saepius reuoluendi et quasi eundem cibum remandendi. Quod ipsum hoc fieri potest leuius, si pauca primum, et quae odium non adferant, coeperimus ediscere, tum cotidie adicere singulos versus, quorum accessio labori sensum incrementi non adferat, in summam ad infinitum vsque perueniat, et poetica prius, tum oratorum, nouissime etiam solutiora numeris et magis ab vsu dicendi remota, qualia sunt iuris consultorum".

VIII, 21   Cibvs   (Polemon Sophista, 4)

Occurrens sophistae cuidam intestina, *maenides* pisces *et alia quaedam vilia* portanti *obsonia, „O vir egregie"*, inquit, *„non potest Darii et Xerxis animum* recte actione exprimere, *qui talibus vtitur cibis"*.

VIII, 22   Salse   (Polemon Sophista, 5)

Timocrati philosopho apud Polemonem *dicenti Fauorinum* esse loquacem, *„Et omnis"*, inquit, *„anus"*, notans in Fauorino corporis habitum, *quod esset eunuchus*. Visus est excusare vicium, sed re vera conduplicauit.

VIII, 23   Gestvs   (Polemon Sophista, 6)

Histrionem tragoediarum, qui in Olympiis „O Iupiter" pronunciarat ostensa terra, *„O terra"* manu in coelum proiecta, submouit a praemiis – *praesidebat* enim ei certamini – dicens *„Hic manu commisit soloecismum"*.

VIII, 24   Iocvs in morbvm proprivm   (Polemon Sophista, 7)

Quum articuli morbo *lapidescerent*, medicos admonuit, vt effoderent inciderentque Polemonis lapicidinas, dicebatque *„Comedendum est: manus non habeo; ambulandum est: pedes non habeo; dolendum est: et manus habeo et pedes"*.

VIII, 25   Indvstria   (Polemon Sophista, 8)

Curarat, *vt viuus inferretur sepulchro*, ac familiaribus, quibus datum erat negocium *occludendi monumentum, „Obde"*, inquit, *„obde, ne me sol cernat tacentem"*.

---

161 obsonia *C*: opsonia *B*.

168 Iupiter *C*: Iuppiter *B*.

160–162 *Occurrens ... cibis* Philostr. *Vit. soph.* 541: σοφιστῇ δὲ ἐντυχὼν ἀλλᾶντας ὠνουμένῳ καὶ μαινίδας καὶ τὰ εὐτελῆ ὄψα „ὦ λῷστε" εἶπεν, „οὐκ ἔστι τὸ Δαρείου καὶ Ξέρξου φρόνημα καλῶς ὑποκρίνασθαι ταῦτα σιτουμένῳ".

160 *sophistae cuidam* Es könnte sich dabei um den Sophisten Skopelianos gehandelt haben, der für seine Showreden, in denen er die Perserkönige Dareios und Xerxes mimte, bekannt war, vgl. oben Komm. zu *Apophth.* VIII, 16 und Philostr. *Vit. soph.* 520.

160 *intestina* Der Sophist kaufte nicht *Kutteln* oder andere *Innereien* („intestina"), sondern Knoblauchwürste (ἀλλᾶντας, nach dem zur Wurstwürze verwendeten Knoblauch, vgl. Passow I, 1, S. 106, s.v. ἀλλᾶς); vgl. auch die Übers. von Wright *ad loc.* „sausages", auf Latein *farcimina* oder *botuli*.

160 *maenides pisces* Durch die aus dem Griech. transkribierte Form „maenides" hat Er. einen Neologismus erzeugt, der nicht notwendig war und insofern unglücklich ist, als die Formulierung „*maenides* pisces" suggeriert, daß es um eine bestimmte Fischart gehen würde, während μαινίδας artenunabhängig einfach kleine „Salzfische" bezeichnet. Für diese war einerseits das reinlatein. Wort „salsamenta", andererseits das aus dem Griech. übernommene „maena" oder „mena" (*DNG* II, Sp. 2960, s.v. „maena") vorrätig.

Die Form „maenides" findet sich nicht in Hoven.

160 *portanti* Im Griech. steht nicht, daß der Sophist die Essenswaren trug, sondern sie *kaufte* (ὠνουμένῳ).

161 *Darii et Xerxis* Dareios I. der Große (549–485 v. Chr.) und Xerxes I. (um 519–465 v. Chr.), die Protagonisten der griechischen Perserkriege, die von dem Sophisten Skopelianos als Charaktäre für kunstvolle fiktive Showreden benutzt wurden. Vgl. oben Komm. zu VIII, 16. Für die Person des Dareios I. vgl. oben Komm. zu V, 4; für Xerxes I. Komm. zu V, 10.

161 *animum* φρόνημα bedeutet „Überheblichkeit"/„Arroganz" der von dem Sophisten gemimten Perserkönige.

164 *Timocrati* **Timokrates aus Herakleia** (1.-2. Jhr. n. Chr.), Grammatiker, Philosoph und Sophist, Lehrer des Sophisten Polemon. Vgl. W. Capelle, *RE* VIA, 1 (1936), Sp. 1270–1271, s.v. „Timokrates", Nr. 14.

164–165 *Timocrati ... eunuchus* Philostr. *Vit. soph.* 541: Τιμοκράτους δὲ τοῦ φιλοσόφου πρὸς αὐτὸν εἰπόντος, ὡς λάλον χρῆμα ὁ Φαβωρῖνος γένοιτο, ἀστειότατα ὁ Πολέμων „καὶ πᾶσα" ἔφη, „γραῦς", τὸ εὐνουχῶδες αὐτοῦ διασκώπτων.

164 *Fauorinum* Favorinus von Arles (um 80/90 bis Mitte 2. Jh. n. Chr.) war einer der Konkurrenten des Polemon. Zu seiner Person vgl. oben Komm. zu VI, 189. Er. widmete ihm in der Sophisten-Sektion die Sprüche VIII, 8–9.

168–170 *Histrionem ... soloecismum* Philostr. *Vit. soph.* 541: ἀγωνιστοῦ δὲ τραγῳδίας ἐν τοῖς κατὰ τὴν Σμύρναν Ὀλυμπίοις τὸ „ὦ Ζεῦ" ἐς τὴν γῆν δείξαντος, τὸ δὲ „καὶ (καὶ *ed. Wright*: ὦ *ed. Ald.*) γᾶ" ἐς τὸν οὐρανὸν ἀνασχόντος, προκαθήμενος τῶν Ὀλυμπίων ὁ Πολέμων ἐξέωσεν αὐτὸν τῶν ἄθλων εἰπών „οὗτος τῇ χειρὶ ἐσολοίκισεν".

168 *Olympiis* Das sind die „Hadrianeia Olympia", die neuen „olympische Spiele", die Kaiser Hadrian zum ständigen Vorsitzenden dieser Spiele gewählt worden. Vgl. Bowie, *DNP* 10 (2001), Sp. 9, s.v. „Polemon", Nr. 6 (M. Antonius Polemon). Teil der Spiele waren musische Wettkämpfe, u.a. die Aufführung von Tragödien und die Rezitation von Dithyramben. Vgl. oben *Apophth.* VIII, 118.

168 „*O Iupiter*" ... „*O terra*" Der hier genannte Schauspieler spielte den phrygischen Sklaven der Helena in Euripides' Tragödie *Orestes*; dort ruft der entsetzte Phrygier in Vers 1496 aus: „ὦ Ζεῦ καὶ γᾶ καὶ φῶς καὶ νύξ". Wahrscheinlich hat sich der Schauspieler mit dem Timing der einstudierten Handbewegungen geirrt: Die Handbewegung nach oben hätte er bei dem folgenden καὶ φῶς machen sollen, machte sie aber zu früh, sodaß es schien, als ob sie zu γᾶ gehöre. Einstudiert war wohl: ὦ Ζεῦ καὶ γᾶ = ausgestreckte offene Hände nach unten; nachfolgend καὶ φῶς καὶ νύξ = ausgestreckte offene Hände nach oben.

169 *submouit a praemiis* Er. hat hier das Griechische nicht richtig wiedergeben. Dort steht nicht, daß Polemon dafür sorgte, daß der betreffende Schauspieler keinen Preis bekam („disqualified him from the price list", *CWE* 38, S. 874), sondern daß Polemon ihn kurzerhand von den Spielen ausschloss (ἐξέωσεν αὐτὸν τῶν ἄθλων, Wright: „expelled him from the contest"), d.h. von der Bühne entfernte, ihn hinauswarf. Dieselbe Maßnahme wird oben in *Apophth.* VIII, 18 angesprochen, wo sich ein Tragödienschauspieler bei Antoninus Pius darüber beklagt, daß ihn Polemon gleich am Anfang eines Schauspiels hinausgeworfen hätte.

172–174 *lapidescerent ... pedes* Wörtliche Übers. von Philostr. *Vit. soph.* 543: ἰατροῖς δὲ θαμὰ ὑποκείμενος λιθιώντων αὐτῷ τῶν ἄρθρων παρεκελεύετο αὐτοῖς ὀρύττειν καὶ τέμνειν τὰς Πολέμωνος λιθοτομίας. Ἡρώδῃ (Ἡρώδῃ *ed. Wright*: Ἡρώδης *ed. Ald.*) δὲ ἐπιστέλλων ὑπὲρ τῆς νόσου ταύτης ὧδε ἐπέστειλεν: „δεῖ ἐσθίειν, χεῖρας οὐκ ἔχω: δεῖ βαδίζειν, πόδες οὐκ εἰσί μοι: δεῖ ἀλγεῖν, τότε καὶ πόδες εἰσί μοι καὶ χεῖρες".

173 *dicebatque* Es handelt sich eigentlich um zwei von einander unabhängige Aussprüche, die zu verschiedenen Gelegenheiten geäußert wurden und von denen der eine mündlich, der andere in schriftlicher Form gemacht wurde. Der zweite, den Er. etwas irreführend mit „dicebat" einleitet, war schriftlicher Art, in einem persönlichen Brief an den Sophisten Herodes Atticus, wie Philostratos vermeldet (Ἡρώδῃ δὲ ἐπιστέλλων ὑπὲρ τῆς νόσου ταύτης ὧδε ἐπέστειλεν ...). Für Herodes Atticus vgl. unten Komm. zu VIII, 29.

176–177 *ut uiuus ... tacentem* Philostr. *Vit. soph.* 544: ἀλλ᾽ ἐκεῖνα (γε *add. ed. Ald.*) ἀληθέστερα, κεῖσθαι μὲν αὐτὸν ἐν τῇ Λαοδικείᾳ παρὰ τὰς Συρίας πύλας, οὗ δὴ καὶ τῶν προγόνων αὐτοῦ θῆκαι, ταφῆναι δὲ αὐτὸν ζῶντα ἔτι, τουτὶ γὰρ τοῖς φιλτάτοις ἐπισκῆψαι, κείμενόν τε ἐν τῷ σήματι παρακελεύεσθαι τοῖς συγκλείουσι τὸν τάφον „ἔπειγε, ἔπειγε, μὴ γὰρ ἴδοι με σιωπῶντα ἥλιος".

176 *familiaribus* Ein Zusatz des Er.: Er stellte sich in seiner Phantasie offensichtlich vor, daß es die Freunde und Bekannten waren, die den Grabstein zum Verschluss des Grabes heranrückten, was unwahrscheinlich ist.

177 *Obde* Im Griech. steht nicht „Schließe es (das Grab)!", sondern „Spute dich" von ἐπείγω.

SECVNDVS SOPHISTA

VIII, 26   Argvte   (Secundus Sophista)

180 ⟨Secundo sophistae⟩ tale declamationis argumentum erat propositum: „*Qui seditionem mouerit, moriatur; qui sedauerit, praemium ferat. Quidam et mouerat et sedauit; petit praemium*". Hanc quaestionem paucis absoluit: „*Quod est prius? – mouisse. Quod posterius? – sedasse. Itaque prius da poenas* motae seditionis, *ac deinde, si potes, accipe praemium recte factorum*".

GORGIAS SOPHISTA

VIII, 27   Frivolae qvaestiones   (Gorgias Sophista, 2)

Gorgiae sophistae palam exhibenti sese ad respondendum, quod cuique libuisset proponere, Xenophon [i.e. Chaerephon], non ille Socraticus, sed alius quidam inuidens, adiit illum atque hanc proposuit quaestionem: „*Dic mihi, Gorgia, quamob-*
190 *rem fabae ventrem inflent, quum ignem non inflent*". Ad quem placide Gorgias: „*Istuc*

---

180 Secundo sophistae *supplevi ex inscriptione B C.*

190 Istuc *B C:* Istud *LB.*

Secundus aus Athen, Sophist des 1. Jh. n. Chr., Lehrmeister des Herodes Atticus. Vgl. M. Fluss, *RE* II, A1 (1921), Sp. 992, s.v. „Secundus", Nr. 16; kein Lemma in *DNP*.

178 *SECVNDVS SOPHISTA* In dieser Form im Index personarum von *B* und *C*.

180–184 *Qui seditionem ... factorum* Philostr. *Vit. soph.* 545: Μνήμης δὲ ἄξια τοῦ ἀνδρὸς τούτου καὶ πλείω μέν, μάλιστα δὲ ἥδε ἡ ὑπόθεσις· „ὁ ἄρξας στάσεως ἀποθνησκέτω καὶ ὁ παύσας στάσιν ἐχέτω δωρεάν· ὁ αὐτὸς καὶ ἄρξας καὶ παύσας αἰτεῖ τὴν δωρεάν". τήνδε τὴν ὑπόθεσιν ὧδε ἐβραχυλόγησεν· „οὐκοῦν" ἔφη, „τί πρότερον; τὸ κινῆσαι στάσιν. τί δεύτερον; τὸ παῦσαι. δοὺς οὖν τὴν (τὴν om. ed. Ald.) ἐφ' οἷς ἠδίκεις τιμωρίαν, τὴν ἐφ' οἷς εὖ πεποίηκας δωρεάν (δωρεάν om. ed. Ald.), εἰ δύνασαι, λάβε".

Gorgias von Leontinoi (um 480 – um 380), Vater der Sophistik; vgl. unten Komm. zu VI, 547. Ihm widmete Er. weiter die Sprüche VI, 547; VIII, 216 und 223.

185 *GORGIAS SOPHISTA* So lautet der Titel in *B, C, BAS* und *LB*. Im Index personarum von *B* und *C* hingegen als „Gorgias Leontinus Sophista" angegeben, wohl aufgrund der ersten Vermeldung im Haupttext von *Apophth.* VI, 547.

186 *Friuolae quaestiones* Lycosthenes folgte dem Titel des Er., indem er *Apophth.* VIII, 27 in dem Kapitel „De disputationibus aut quaestionibus friuolis atque inutilibus" druckte (S. 253).

188 *Xenophon* Er. irrte sich hier in Bezug auf den Namen der Person: Es handelt sich nicht um Xenophon, sondern um einen gewissen **Chairephon** (ἦν γάρ τις Χαιρεφῶν). Vgl. Komm. *CWE* 38, S. 875. In *CWE* 38 wird der andere, in *Apophth.* VIII, 27 tatsächlich gemeinte Chairephon mit dem *Parasiten Chairephon* identifiziert, der im sechsten Buch der *Apophthegmata* figuriert (VI, 512–513) und von Athenaios mehrfach erwähnt wird (z. B. 245 F). Jedoch kann der in *Apophth.* VIII, 27 gemeinte Chairephon nicht der Parasit sein, da dieser zur Zeit Menanders und der Neuen Komödie lebte (ca. 300 v. Chr.), nicht im 5. Jh., wie es der Auftritt des Spruchspenders Gorgias erfordert. Es muss sich um einen anderen Chairephon handeln, der im Athen des 5. Jh. v. Chr. lebte, der – wie Philostratos mit-

teilt – arrogant und für seinen bizarren Witz stadtbekannt war. Der Irrtum des Er. war folgenreich: Der irrige Name des Dialogpartners wurde von Lycosthenes (S. 253), Manutius, Langius und den darauf basierenden Wissenssammlungen übernommen.

188 *non ille Socraticus* Es stimmt nicht, daß das *Apophthegma*, wie Er. angibt, einem zweiten Xenophon zugehört, der mit dem bekannten Schriftsteller Xenophon, der ein Schüler des Sokrates war, *nicht* identisch ist. Vielmehr ist von zwei Personen die Rede, die **Chairephon** heißen: Der Spruch stammt von dem weniger bekannten Witzbold Chaerephon, nicht von dem öfters veräppelten Sokrates-Anhänger Chairephon aus dem attischen Demos Sphettos (gest. vor 399; vgl. K. Döring, *DNP* 2 (1996), Sp. 1082–1083, s.v. „Caerephon"), der in Platons Dialogen *Charmides* und *Gorgias* als Gesprächsteilnehmer auftritt; der fleißig studierende, sich mit müßigen Fragen herumschlagende Sokratiker Chairephon war die Zielscheibe des Spotts des Aristophanes (in den *Wolken*, den *Wespen* und in den *Vögeln*), Eupolis und anderer Autoren der Alten Komödie, die ihn als Musterbeipiel eines seltsamen, weltfremden Philosophen hinstellten, dessen ungesundes Aussehen seinem ständigen Aufenthalt im dunklen Kämmerlein geschuldet ist. Aristophanes bezeichnet ihn in den *Wolken* (423 v. Chr.) als „lebendigen Leichnam" bzw. als Halbtoten (ἡμιθνής, V. 504), und als „Barfüßer mit einem gelblich-bleichen Gesicht" (V. 103), der gemeinsam mit dem ebenfalls barfüßigen und blassen Sokrates abstrusen Pseudoproblemen nachgehe, etwa, wie weit Flöhe springen können (V. 831); die Suidas führt seinen Spitznamen „die Fledermaus" (νυκτερίς) an, mit einer Anspielung auf seinen ausgezehrten, hageren Körper (Suid., s.v. διοίσειν 1282: ὅθεν καὶ νυκτερὶς ἐκαλεῖτο). Eupolis verpasste ihm den Namen „der Mann mit der buchsbaumartigen Hautfarbe" (ὁ πύξινος; Schol. Plat. S. 331 Bekk.); auf diese Weise charakterisierte ihn Philostratos *Vit. soph.* 483: Nicht jener Chairephon sei gemeint, dessen Hautfarbe „buchsbaumartig" (fahl, gelblich bleich) gewesen sei und der an Blutarmut gelitten hätte (οὐχ ὃν ἡ κωμῳδία πύξινον ἐκάλει, ἐκεῖνος μὲν γὰρ ὑπὸ φροντισμάτων ἐνόσει τὸ αἷμα). Er. kannte diesen Chairephon und er hatte ihm *Adag.* 1889 „Nihil differs a Chaerophonte" (*ASD* II, 4, S. 270–272) gewidmet. Allerdings bezeichnet er ihn dort zu Unrecht als Tragödiendichter: „Chairephon enim tragoediarum scriptor fuit". Da Er. a.a.O. die relevante Stelle aus Aristophanes Wolken zitiert (V. 503), hätte er wissen können, daß damit der Sokratesschüler Chaerephon gemeint war: Sein Lehrmeister Sokrates tritt in der Komödie als dramatis persona auf und er weist mehrere Male auf seinen Schüler Chaerephon hin. Die Verwirrung mag dadurch zustandegekommen sein, daß in *Suid.*, s.v. διοίσειν 1282 der ausgezehrte Körper statt Chaerephon dem Tragiker Pamphilos zugeschrieben wird. A.a.O. nennt Er. den Spitznamen des Chaerephon, νυκτερίς („die Fledermaus"), die er jedoch durch einen Übersetzungsfehler mit „Nachteule" („noctua") wiedergibt: „Quoniam autem nocturnis lucubrationibus erat maiorem in modum extenuatus confectusque, vulgari ioco taxatus est, quin etiam Noctuae cognomen additum". Vgl. auch Komm. von *ASD* II, 4, S. 271. Aus welchem Grund Er. in *Apophth.* VIII, 27 Chaerephon mit Xenophon verwechselt, ist unklar: Der Philostratos-Text hat hier Χαιρεφῶν; möglicherweise hat Er. sich verlesen.

189–192 *Gorgia … ferulas* Im einleitenden Teil gekürzte und durch eine Verwechslung des Spruchspenders entstellte, im Spruchteil größtenteils wörtliche Übers. von Philostr. *Vit. soph.* 483: ἦν γάρ τις Χαιρεφῶν Ἀθήνησιν, οὐχ ὃν ἡ κωμῳδία πύξινον ἐκάλει, ἐκεῖνος μὲν γὰρ ὑπὸ φροντισμάτων ἐνόσει τὸ αἷμα, ὃν δὲ νυνὶ λέγω, ὕβριν ἤσκει καὶ ἀναιδῶς ἐτώθαζεν. οὗτος ὁ Χαιρεφῶν τὴν σπουδὴν τοῦ Γοργίου διαμασώμενος „διὰ τί", ἔφη, „ὦ Γοργία, οἱ κύαμοι τὴν μὲν γαστέρα φυσῶσι, τὸ δὲ πῦρ οὐ φυσῶσιν;" ὁ δὲ οὐδὲν ταραχθεὶς ὑπὸ τοῦ ἐρωτήματος „τουτὶ μὲν" ἔφη, „σοὶ καταλείπω σκοπεῖν, ἐγὼ δὲ ἐκεῖνο πάλαι οἶδα, ὅτι ἡ γῆ τοὺς νάρθηκας ἐπὶ τοὺς τοιούτους φύει".

quidem tibi dispiciendum relinquo. Caeterum illud iam olim cognitum habeo terram aduersus istiusmodi homines *producere ferulas*".

VIII, 28   Poesis fallacia bona   (Gorgias Sophista, 3)

Dicebat tragoediam esse deceptionem, qua, qui alterum decepisset, iustior esset eo, qui non decepisset, et qui deceptus esset, sapientior foret eo, qui non esset deceptus. Fallit enim tragoedia tractans argumenta conficta, sed adeo scite, vt vera credantur. Iustior autem ille videtur, qui fallendo prodest, et sapientior est, qui per fictas fabulas discit, quid sit turpe, quid sit honestum. Refert Plutarchus de poetis audiendis.

HERODES SOPHISTA

VIII, 29   Nobilitas in talis   (Herodes Sophista, 1)

Herodes in accusatorem, qui *de causa* pauca, *de generis sui claritate* multa *iactarat*, „*Tu*", inquit, „*nobilitatem habes in talis*". Romani siquidem nobilitatis signum gerebant in calceis. Id erat eburnum additamentum tali [i.e. lunae] specie. Ita Plinius

203   tali *B C*: lunae *BAS LB*.

192 *homines* Dadurch, daß Er. hier „homines" hinzufügt und oben für οἱ κύαμοι (Bohnen i.a., Sau- oder Pferdebohnen; vgl. Passow I, 2, S. 1843, s.v. κύαμος) ein Wort weiblichen Geschlechts verwendet („fabae"), macht er den Witz des Gorgias zunichte, der sich aus dem Doppelsinn von ἐπὶ τοὺς τοιούτους φύει ergibt, womit einerseits gemeint ist, daß der Fenchel als Heilmittel gegen Blähungen diente (in der Form von Fenchelaufgüssen und -extrakten), andererseits, daß Steckenkraut als Strafrute für „solche" diente, d.h. freche und vorlaute Kerle, wie Chaerephon einer war. Im Lateinischen hätte man den witzigen Doppelsinn aufrechterhalten können, wenn man für Bohnen statt „fabae" das Wort „phaseli" oder „phaseoli" (vgl. *DNG* II, Sp. 3658 s.v.) verwendet hätte und statt „istiusmodi homines" „tales" geschrieben hätte.

192 *ferulas* ferula = νάρθηξ: Riesenfenchel (*ferula communis*), gemeines Ruten-, Stecken- bzw. Gertenkraut, hochwachsende Doldenpflanze, die zur Familie der *Apiaceae* gehört und lange, zwischen 1–3 m hohe, 3–7 cm dicke, gefurchte und hartmarkige Stengel hatte, die in der Antike für Stäbe, ‚Stecken' bzw. Ruten verwendet wurden, u.a. für ‚Strafruten' für den Unterricht an Grundschulen (so auch als Attribut des Schulmeisters), Ruten zum Züchtigen von Sklaven oder zum Treiben des Viehs. Zum Züchtigen von Knaben wurden trockene Stengel verwendet, für die Bestrafung von Sklaven wurde der Riesenfenchel in Wasser eingeweicht, was schmerzhafter war. Vgl. *DNG* I, Sp. 2108, s.v. „ferula" und Passow II, 1, S. 312, s.v. νάρθηξ. Der Riesenfenchel war im gesamten Mittelmeerraum weit verbreitet.

193 *Poesis fallacia bona* Der Titel zeigt, daß Er. den Spruch in Bezug auf die Poesie insgesamt und deren ethische Wirkung aufgefasst hat, während Gorgias spezifisch die Tragödie meinte. Vgl. Komm. unten. Lycosthenes folgte der Interpretation des Er., indem er den Spruch im Kapitel „De poesi" druckte (S. 879–880).

194–195 *Dicebat ... deceptus* Eigene Übers. des Er. von Plut. *Quomodo adolescens poetas audire debeat, Mor.* 15D: Γοργίας δὲ τὴν τραγῳδίαν εἶπεν ἀπάτην, ἣν ὅ τ᾽ ἀπατήσας δικαιότερος τοῦ μὴ ἀπατήσαντος καὶ ὁ ἀπατηθεὶς σοφώτερος τοῦ μὴ ἀπατηθέντος. Dieser elegant verschränkte sophistische Gedanke bezieht sich im ersten

Glied auf die Autoren, im zweiten auf die Zuschauer von Tragödien. Ausgangspunkt für beide Glieder ist, daß das Schauspiel als Täuschung/Trug/Fiktion im Vergleich zur Wirklichkeit aufgefasst wird, jedoch als Trug, der eine ethisch wertvolle, reinigende Wirkung ausübt. Gemeint ist somit, daß der Tragödienautor, der diesen Trug herstellt, ein gutes und gerechtes Werk verrichte und somit gerechter und sittlich besser als andere Schriftsteller sei. Werke in anderen Genera mögen zwar literarisch intersssant sein, haben aber nicht die hier hervorgehobene positive ethische Wirkung. Bei den Zuschauern entsteht diese Wirkung nur, wenn sie sich auf die Täuschung einlassen, d.h. mit den dargestellten Ereignissen und Personen mitleben, als ob sie in Wirklichkeit existierten. Durch diese Täuschung öffnen sie sich der ethisch-geistigen Reinigung. So entstehen bei ihnen die Gefühlsregungen Eleos (Mitleid) und Phobos (göttliche Furcht/Ehrfurcht), die – wie Aristoteles erklärt – den Geist des Menschen reinigen und zur Weisheit (σοφία) hinführen.

Herodes Atticus (Vibullius Hipparchus Tiberius Claudius Atticus Herodes, etwa 101/102–177/178 n. Chr.), reicher und hochgebildeter Grieche aus Marathon; bedeutender Politiker, sowohl lokal in Athen als auch auf Reichsebene tätig, durch seine Frau Annia Regilla mit Kaiser Antoninus Pius verschwägert; unter Antoninus Pius i.J. 143 Konsul; Wohltäter v.a. in Athen, wo er u.a. ein Theater am Südhang der Akropolis stiftete, das sog. „Odeon des Herodes Atticus"; als Redner und Intellektueller Vertreter der zweiten Sophistik; zu seinen Lehrern und Freunden zählten die Sophisten Secundus, Favorinus von Arles, Polemon und Scopelianus, zu seinen Schülern Aulus Gellius, Aelius Aristides und die künftigen Kaiser Marcus Aurelius und Lucius Verus. Wirkte als Lehrer der Rhetorik in Athen; hatte großen Einfluß auf das kulturelle Leben Athens und Griechenlands, nicht nur durch seine Stiftungen, sondern auch als Ausrichter und Kampfrichter der Panhelleneischen Spiele (i.J. 137). Einige wenige schriftstellerische Werke sind erhalten, eine Rede *Über den Staat (Peri politeias)*, deren Echtheit umstritten ist, sowie einige Gedichte. Vgl. W. Ameling, *Herodes Atticus*, 2 Bde., Hildesheim 1983; K. Münscher, *RE* VIII, 1 (1912), Sp. 921–954, s.v. „Herodes", Nr. 13; E. Bowie, *DNP* 5 (1998), Sp. 463–464, s.v. „Herodes", Nr. 16; K. Stebnicka, „Herodes Attikos", in: P. Janiszewski, K. Stebnicka und E. Szabat, *Prosopography of Greek Rhetors and Sophists of the Roman Empire*, Oxford 2015, S. 168–170.

200 *Nobilitas in talis* Dem Titel des Er. folgend druckt Lycosthenes VIII, 29 in der Kategorie „De nobilitate generis" (S. 782). *Apophth.* VIII, 29 datiert auf d.J. 160, als Herodes Atticus von Appius Annius Atilius Bradua angeklagt wurde. VIII, 29 ist ein Gegenstück zu *Apopth.* IV, 280 „Nobilitas virtute parta" (*ASD* IV, 4, S. 351; *CWE* 37, S. 426). Der Titel ist ein wörtliches Zitat des Spruches, den Er. im Übrigen missverstanden hat, weil er irrtümlich meinte, „talis" beziehe sich auf die Form der Agraffe. S. Komm. unten.

201–206 *Herodes… terra* Philostr. *Vit. soph.* 555: Ἦλθεν ἐπὶ τὸν Ἡρώδην καὶ φόνου δίκη ὧδε ξυντεθεῖσα· … καὶ παρελθὼν ἐς τὸ Ῥωμαίων βουλευτήριον πιθανὸν μὲν οὐδὲν διῄει περὶ τῆς αἰτίας, ἣν ἐπῆγεν, ἑαυτοῦ δὲ ἔπαινον ἐμακρηγόρει περὶ τοῦ γένους, ὅθεν ἐπισκώπτων αὐτὸν ὁ Ἡρώδης „σὺ" ἔφη, „τὴν εὐγένειαν ἐν τοῖς ἀστραγάλοις ἔχεις". μεγαλαυχουμένου δὲ τοῦ κατηγόρου καὶ ἐπ' εὐεργεσίᾳ μιᾶς τῶν ἐν Ἰταλίᾳ πόλεων μάλα γενναίως ὁ Ἡρώδης „κἀγὼ" ἔφη, „πολλὰ τοιαῦτα περὶ ἐμαυτοῦ διῄειν ἄν, εἰ ἐν ἁπάσῃ τῇ γῇ ἐκρινόμην".

201 *in accusatorem* Er. verschweigt, im Gegensatz zu seiner Quelle Philostratos, den Namen des Anklägers, der ein bedeutender Politiker und in dem Rechtsstreit persönlich involviert war. Es handelt sich um den Schwager von Herodes Atticus und Konsul d.J. 160, Appius Annius Atilius Bradua. Im selben Jahr war Atticus' Frau, Annia Regilla, hochschwanger verstorben. Annia war mit Herodes Atticus seit 140/1 verheiratet und hatte vor der fatalen Schwangerschaft drei Söhne und zwei Töchter zur Welt gebracht, Claudius (geb. 142/3), Elpinike, Athenais, Tiberius Claudius Bradua Atticus und Regillus. Annias Familie gab Herodes Atticus die Schuld an ihrem Tod: Er sollte einen Sklaven beauftragt haben, ihr Schläge zu verabreichen, die ihren Tod zur Folge hatten. Die Anklage lautete auf Mord. Die Anschuldigung konnte jedoch nicht belegt werden und Herodes Atticus wurde freigesprochen. Vgl. S.B. Pomeroy, *The Murder of Regilla. A Case of Domestic Violence in Antiquity*, Cambridge MA u.a. 2007; R. Pietschmann, *RE* I, 2 (1894), Sp. 2315–2316, s.v. „Annia", Nr. 125; Ameling, *Herodes Atticus*; Münscher, „Herodes", Nr. 13.

203 *Id erat … specie* Er.' Erklärung, daß die Anhängsel am Senatorenstiefel (*calceus patricius*) des Anklägers die „Form eines Knöchels"

notat quosdam, *qui nihil haberent nobilitatis praeter imagines*. Rursus quum aduersarius *gloriaretur, quod in vnam quandam Italiae ciuitatem* multa *beneficia* contulisset, „Idem ego", inquit [sc. Herodes], „*de me praedicare possem, si in vniuersa terra* causam dicerem", significans se de innumeris ciuitatibus fuisse praeclare meritum.

("tali specie") gehabt haben, ist nicht korrekt. An dem schwarzen, ledernen Halbstiefel, der die offizielle Beschuhung eines Senators darstellte, war vorne, oberhalb des Knöchels, eine Art Zierspange bzw. Agraffe aus Elfenbein in der Form eines Halbmondes (*lunula*) befestigt. Er. irrt sich darin kurioserweise, obwohl der Sachverhalt in der von ihm zitierten Philostratos-Stelle vollständig und korrekt beschrieben wird (… τὸ ξύμβολον τῆς εὐγενείας περιηρτεημένος τῶι ὑποδήματι, τοῦτο δέ ἐστιν ἐπισφύριον ἐλεφάντινον μηνοειδές, „und das äußere Zeichen seiner edlen Abstammung hatte er an seinem Schuh befestigt, und dies war eine Spange aus Elfenbein in der Form eines Halbmondes"). Das Wort „Knöchel" (ἐν τοῖς ἀστραγάλοις) kommt bei Philostratos ebenfalls vor, jedoch verwendet er es zur Angabe der Stelle, an der die Halbmöndchen aus Elfenbein befestigt waren, nämlich „auf den Knöcheln". Da Er. irrtümlich meinte, die Anhängsel hätten die Form eines „Knöchels", verstand er auch den Ausspruch des Herodes Atticus nicht richtig: Dieser bezog sich nicht, wie Er. meinte, auf die Form der Verzierung, sondern auf die Stelle, an der sie angebracht war. Für den *Calceus* als Senatoren- bzw. Patrizierschuh und sein Elfenbeinanhängsel als Rangabzeichen vgl. R. Hurschmann, *DNP* 2 (1996), Sp. 934, s.v. „Calceus" und Iuv. 7, 192. Der Irrtum des Er. war folgenreich: Er wurde von Lycosthenes übernommen (S. 782) und ging auf Langius und die nachfolgenden großen Wissenssammlungen über.

204 *qui nihil … praeter imagines* Dieser Ausdruck stellt eine Art prägnante Formel dar, die Er. mehrfach in seinen Werken verwendet hat, während sie in ihrer wortwörtlichen Gestalt in den Werken Plinius' d.J. oder Plinius' d.Ä. nicht auftritt. Vgl. *Ep.* 2093 (Allen VIII, S. 42, vom 1.2. 1529, an Carolus Utenhovius), der Widmungsbrief von Er.' Ausgabe der Werke des Dion Chrysostomos, der mit der Formel und einschlägigen Erläuterungen anfängt: „*Quam multos videmus* hodie iuuenes, Carole, gentis Vtenhouiae decus, *qui praeter maiorum imagines nihil habent nobilitatis*, nec in aliud valere putant gentis claritudinem quam vt sub huius vmbra licentius et impunitius indulgeant ocio, lusibus, amoribus, comessationibus reliquisque nequitiae partibus! Iudiciis adeo peruersis, vt, quum ex virtute profecta sit omnis nobilitas, sibi persuaserint virtute nobilitatem amitti gentisque decus obscurari: quod mea sententia nihilominus absurdum est quam si quis affirmet solem tenebras inuehere, noctem rebus lucem infundere. Siquidem tam crasso tenentur errore, vt existiment ocium, ignauiam, omnium liberalium disciplinarum inscitiam, mores luxu perditos caeteraque vitia non modo licere, sed etiam decere bene natos, quae nullum omnino mortalem non dedecent. Atqui longe turpius est progenitorum claritati tenebras offundere quam obscuris natum esse. Neque enim in cuiusquam est potestate, ex qualibus nascatur; sed quemadmodum ea laus proprie nostra est, si disciplinis ac recte factis efficiamus, vt a nobis initium sumat nobilitas, ita nostrum proprie dedecus est, si maioribus virtute partam nobilitatem degenere vita obscuremus. Sed his quoque sunt deteriores, qui se mendaci nobilitatis titulo venditant, quo magis liceat, quicquid animo collibuit"; *Ep.* 1625 (Allen VI, S. 189, von Okt. 1525, an Christoph Truchseß): „Vt enim optimo iure sapientum calculo damnantur, … qui natalium stemmatis sese venditant, *quum alioqui nihil habeant nobilitatis praeter imagines* …" (diese Stelle wurde in Er., *Flores*, 1645, S. 199, aufgenommen); *Eccles.*, Buch II, *ASD* V, 4, S. 324: „Sic inhonesta est generis claritas iis, qui maiorum gloriae benefactis partae suis vitiis tenebras offuderunt et *qui nihil habent nobilitatis praeter imagines* et quibus familiae lux ad nihil aliud valet, nisi vt cum maiore infamia sint improbi"; die Formel findet sich weiter in *Apophth.* IV, 280 (*ASD* IV, 4, S. 351), im einleitenden Spruch der Cicero-Sektion: „Parum illustris est, *qui praeter imagines et cognomen nihil habet nobilitatis*; pulcherrimum autem nobilitatis genus est, quam sibi quisque propriis virtutibus conciliat. Nec fefellit M. Tullius; Ciceronis enim nomen hodie decantatius est quam trecenti Catuli aut Scauri cum suis stemmatibus, statuis et imaginibus". A.a.O. ordnet Er. unter

die Formel einen Spruch Ciceros ein, der aus Plutarchs *Regum et imperatorum apophthegmata* (Plut. *Cicero*, 1, *Mor.* 204E) stammt, ein Spruch, in dem Cicero ankündigte, er werde sein vielfach belächeltes *cognomen* („Kichererbse") berühmter machen als jene der Catones, Catuli und Scauri. Ein entsprechender Hinweis auf Plinius als Quelle der Formel findet sich in *Apophth.* IV, 280 nicht. Es läßt sich nicht mit Sicherheit ausmachen, aus welcher „Plinius"-Stelle Er. die Formel bezogen haben mag. Es gibt eine inhaltlich verwandte Stelle bei Plin. d.J., *Epist.* V, 17, 6, wo dieser in einem an Spurinna adressierten Brief den Wunsch zum Ausdruck bringt, „daß die Häuser der römischen Adeligen als Schmuck nicht nur ihre Ahnenbilder bergen sollen …". Plinius d.J. will damit sagen, daß die in der Gegenwart lebenden (jungen) röm. Edelleute selbst etwas leisten sollen, um sich ihrer Vorfahren würdig zu erweisen: „mireque cupio, ne nobiles nostri nihil in domibus suis pulchrum nisi imagines habeant; quae nunc mihi hos adulescentes tacitae laudare adhortari, et quod amborum gloriae satis magnum est, agnoscere videntur". Ein Unterschied zu Er.' griffiger Formel ist allerdings, daß bei Plinius nicht die *nobilitas* als solche diskutiert wird. Es hat den Anschein, daß Er. hier den Quellenverweis aus dem Gedächtnis angebracht und sich in Bezug auf den Autor geirrt hat; es scheint, daß er sich auf eine Stelle in Senecas Briefen bezog, in der der Stoiker die *Imagines*-Verehrung des römischen Adels polemisch zurückwies; vgl. *Epist.* 44, 5: „Quis est generosus (i.e. nobilis)? Ad virtutem bene a natura compositus. Hoc vnum intuendum est. … Non facit nobilem atrium plenum fumosis imaginibus. … Animus facit nobilem, cui ex quacumque condicione supra fortunam licet surgere". Von ihrer Konzipierung her geht Er.' Formel auf die schon in der Antike vielfach eingeforderte Definition des Adels als Tugendadel zurück, wie sie z.B. von Juvenal auf den Punkt gebracht wurde: „Tota licet veteres exornent vndique cerae/ Atria, *nobilitas sola est atque vnica virtus.*/ Paulus vel Cossus vel Drusus moribus esto,/ Hos ante effigies maiorum pone tuorum …" (VIII, 19–21). Die Einforderung des Tugendadels erhielt im Mittelalter den Status einer sprichwörtlichen Weisheit (vgl. z.B. Walther 17016: „Nobilitas generis non nobilitat generosum/ Virtus sola valet nobilitare virum"; V. Honemann, „Aspekte des ‚Tugendadels' im europäischen Spätmittelalter", in: L. Grenzmann und K. Stackmann (Hrsg.), *Literatur und Laienbildung im Spätmittelalter und in der Reformationszeit*, Stuttgart 1984, [S. 274–286], bsd. S. 274–276), wurde von den Humanisten mit Feuereifer übernommen und in zahlreichen Schriften mit dem Titel *De nobilitate* bzw. *De vera nobilitate* (u.a. von Poggio Bracciolini) propagiert. Er. schloss sich diesem Gedanken in seinem Spiegel des christlichen Fürsten an: „Principem summa decet nobilitas. Esto; verum cum tria sint nobilitatis genera, vnum, quod ex virtute recteque factis nascitur; proximum, quod ex honestissimarum disciplinarum cognitione proficiscitur; tertium, quod natalium picturis et maiorum stemmatis aestimatur aut opibus – cogita quam non conueniat principem *infimo genere nobilitatis intumescere, quod sic infimum est, vt nullum omnino sit*, nisi et ipsum a virtute fuerit profectum … Si clarus videri studes, ne ostentes sculptas aut coloribus adumbrates imagines, in quibus, si quid vere laudis est, id pictori debetur, cuius ingenium et industriam arguunt. Quin potius virtutis monumenta moribus exprimito" (*Inst. princ. christ.*, *ASD* IV, 1, S. 146).

206 *ego* Für Herodes Atticus als Stifter und Patron vgl. H. Lemp, *Herodes Attikus. Bauherr und Mäzen der Antike*, München 1978; M. Galli, *Die Lebenswelt eines Sophisten: Untersuchungen zu den Bauten und Stiftungen des Herodes Atticus*, Mainz 2002; J. Tobin, *Herodes Attikos and the City of Athens: Patronage and Conflict under the Antonines*, Amsterdam 1997.

⟨LVCIVS PHILOSOPHVS⟩

VIII, 30   Lvctvs immodicvs   (Herodes Sophista, 2, i.e.
                                           Lucius philosophus, 1)

Vxoris Regillae mortem luxit impotentius, adeo vt picturas et *ornamenta domus coloribus atraret, velis* pullis tegeret *ac lapide Lesbio* obscuraret omnia. Nam *is funestus ac niger est*. Quodam igitur die quum Lucius, qui frustra conatus fuerat Herodi persuadere, vt lugeret moderatius, *pueros videret in fonte aedibus* vicino *lauantes raphanides, rogabat, cui pararetur ea coena. Qui responderunt: „Herodi"*. Tum Lucius: „*Iniuriam facit Regillae, qui albis radiculis vescatur in atra domo"*. Id vbi renunciatum est Herodi, amouit ab aedibus funestam speciem, ne apud probos viros traduceretur.

VIII, 31   Libere   (Herodes Sophista, 3, i.e.
                                 Lucius philosophus, 2)

Idem *Lucius, quum Romam venisset,* obuiam factus *imperatori Marco percontatus est illum, quo iret, et cuius rei gratia*. Cui imperator: „*Honestum est et seni discere. Eo ad Sextum philosophum, vt discam, quae nondum scio"*. Hic Lucius sublatis in coelum manibus „*O* Iupiter", inquit, „*iam senex tabellam gestans* puerorum more *commeat in ludum, quum noster rex Alexander triginta duos annos natus vita defunctus sit"*. Hic citius probarim Caesaris et studium et moderationem quam Lucii libertatem.

⟨SEXTVS PHILOSOPHVS⟩

VIII, 32   Lvctvs   (Herodes Sophista, 4, i.e. Herodes
                                 Sophista et Sextus philosophus)

Dolorem ex prioris *filiae Panathenaidis* [i.e. Athenaidis] obitu conceptum vtcunque *lenierant Athenienses, intra vrbem eam sepelientes et* obitus *diem* ceu funestum *ex anno*

Apophth. VIII, 30 schließt an das vorhergehende *Apophth.* an und datiert ebenfalls auf d.J. 160. Nichtsdestoweniger ist der *Apophthegma*-Spender nicht Herodes Atticus, sondern der Philosoph Lukios, wie auch in VIII, 131.

211 *Vxoris Regillae* Zu Herodes Atticus' Ehefrau Annia Regilla vgl. Komm. oben zu VIII, 29.

211–212 *picturas ... atraret* Daß Herodes Atticus Gemälde, die in seinem Haus hingen, „schwarz färben" ließ, beruht auf einer kuriosen und irrigen Interpretation des Er.; in seiner Quelle Philostrat steht, daß Herodes „den hellen (strahlenden) Glanz des Hauses" (τὰ τῶν οἴκων ἄνθη) in trauriges Schwarz tauchte. Damit ist gemeint (wie sich aus dem Folgenden ergibt), daß er manche Wände mit grauschwarzen Steinplatten (λίθῳ Λεσβίῳ) vertäfeln, schwarze Vorhänge (παραπετάσματα) vorhängen und wohl auch manche Zimmer schwarz ausmalen (χρώμασι) ließ. Von Gemälden („picturae") ist im Griechischen nicht die Rede.

211–217 *picturas ... traduceretur* Stark gekürzte Übers. von Philostr. *Vit. soph.* 556–557: ὁ δὲ καὶ τὸ σχῆμα τῆς οἰκίας ἐπ' αὐτῇ ὑπήλλαξε μελαίνων τὰ τῶν οἴκων ἄνθη παραπετάσμασι καὶ χρώμασι καὶ λίθῳ Λεσβίῳ – κατηφὴς δὲ ὁ λίθος καὶ μέλας – ὑπὲρ ὧν λέγεται ... . ἰδὼν δὲ παῖδας ἐν κρήνῃ τινὶ τῶν κατὰ τὴν οἰκίαν ῥαφανῖδας πλύνοντας ἤρετο αὐτούς, ὅτου εἴη τὸ δεῖπνον, οἱ δὲ ἔφασαν Ἡρώδῃ εὐτρεπίζειν αὐτό. καὶ ὁ Λούκιος „ἀδικεῖ" ἔφη, „Ῥήγιλλαν Ἡρώδης λευκὰς ῥαφανῖδας σιτούμενος ἐν μελαίνῃ οἰκίᾳ". ταῦτα ὡς ἤκουσεν ἐσαγγελθέντα (ἐσαγγελθέντα *ed. Wright*: ἐπαγγελθέντα *ed. Ald.*) ὁ Ἡρώδης ἀφεῖλε τὴν ἀχλὺν τῆς οἰκίας, ὡς μὴ ἄθυρμα γένοιτο ἀνδρῶν σπουδαίων.

212 *lapide Lesbio* Nach Leka und Zachos handelt es sich an der von Er. zitierten Philostrat-Stelle nicht um den z. B. von Plinius d. Ä. gerühmten Lesbischen Marmor, der sehr hell war und einen leicht bläulichen Schimmer hatte (*Nat.* XXXV, 44), sondern um den *dunkelgrauen Kalkstein*, der auf der Insel Lesbos in mehreren antiken Steingruben gewonnen (u. a. in Mori, Pagani-Alyphanta und Tarti) und in römischer und spätantiker Zeit für allerlei Gebäude auf der Insel, insb. in der Hauptstadt Mitylene, verwendet wurde. Vgl. E. Leka und G. Zachos, „The *Marmor Lesbium* reconsidered and other stones of Lesbos", in: *Asmosia* 10 (2015), S. 201. Da Kalkstein vergleichsweise sehr billig und leicht zu bearbeiten war, liegt es im Bereich des Möglichen, daß Herodes Atticus diesen in größeren Mengen heranschaffen und als Deckplatten für die Wände in seinem Palast anbringen ließ.

213 *Lucius* **Lukios** (etwa 2. Jhd. n. Chr.), Schüler des Stoikers Musonius Rufus und Freund des Herodes Atticus; traf ca. 161 mit Kaiser Marcus Aurelius in Rom zusammen, um Mittel und Wege zu ersinnen, den Herodes Atticus über den Verlust seiner Gattin zu trösten. Vgl. W. Capelle, *RE* XIII, 2 (1927), Sp. 1797–1798, s.v. „Lukios", Nr. 3; nicht in *DNP*.

215 *raphanides* Weiße Rettiche (vgl. Bierrettich); vgl. Passow II, 2, S. 1325, s.v. ῥαφανίς.

Apophth. VIII, 31 schließt historisch-biographisch bei den vorhergehenden an; es datiert auf d. J. 161 n. Chr.; der Apophthegma-Spender ist jedoch, wie in VIII, 130, nicht Herodes Atticus, sondern der Philosoph Lukios.

220–224 *Lucius ... defunctus sit* Wörtliche Übers. von Philostr. *Vit. soph.* 557: ἐσπούδαζε μὲν ὁ αὐτοκράτωρ Μάρκος περὶ Σέξτον τὸν ἐκ Βοιωτίας φιλόσοφον, θαμίζων αὐτῷ καὶ φοιτῶν ἐπὶ θύρας, ἄρτι δὲ ἥκων ἐς τὴν Ῥώμην ὁ Λούκιος ἤρετο τὸν αὐτοκράτορα προϊόντα, ποῖ βαδίζοι καὶ ἐφ' ὅ τι, καὶ ὁ Μάρκος „καλὸν" ἔφη „καὶ γηράσκοντι τὸ μανθάνειν· εἶμι δὴ πρὸς Σέξτον τὸν φιλόσοφον μαθησόμενος, ἃ οὔπω οἶδα." καὶ ὁ Λούκιος ἐξάρας τὴν χεῖρα ἐς τὸν οὐρανόν „ὦ Ζεῦ", ἔφη, „ὁ Ῥωμαίων βασιλεὺς γηράσκων ἤδη δέλτον ἐξαψάμενος ἐς διδασκάλου φοιτᾷ, ὁ δὲ ἐμὸς βασιλεὺς Ἀλέξανδρος δύο καὶ τριάκοντα ὢν ἀπέθανεν".

220 *Imperatori Marco ... et seni* Kaiser Marcus Aurelius befand sich damals noch im ersten Jahr seiner Regierung (161–180 n. Chr.). Er war damals noch kein Greis, jedoch ca. 40 Jahre alt (geb. am 26. 4. 121); daß er sich selbst als „senex" bezeichnet, ist keine starke Übertreibung, da im röm. Denken die *senectus* ab dem 42. Lebensjahr anfing.

222 *Sextum* Sextus aus *Chaironeia* (2. Jh. n. Chr.), Neffe des Plutarch, Philosoph, Lehrer des Marcus Aurelius und des Lucius Verus. Vgl. H. von Arnim, *RE* II, A2 (1923), Sp. 2057 s.v. „Sextus", Nr. 3. In *Apophth.* VIII, 131 tritt er als Figurant, in VIII, 132 als Spruchspender auf; jedoch wird er nicht im Index personarum von *B* und *C* aufgeführt, da VIII, 132 irrtümlich unter dem Namen des Herodes Atticus lief; in den Adagien wird Sextus nicht vermeldet.

224 *Alexander* Alexander d. Gr. war ebenfalls dafür bekannt, daß er intensiven Unterricht bei einem Philosophen genoß (Aristoteles), allerdings – im Unterschied zu dem etwa vierzigjährigen Marcus Aurelius – in seiner frühen Jugend; Alexander starb in seinem 33. Lebensjahr in Babylon (10. 6. 323 v. Chr.).

229–234 *Dolorem ... lugeas* Größtenteils wörtliche Übers. von Philostr. *Vit. soph.* 557–558: τὸ μὲν δὴ ἐπὶ Ῥηγίλλῃ πένθος ὧδε ἐσβέσθη, τὸ δὲ ἐπὶ Παναθηναΐδι τῇ θυγατρὶ Ἀθηναῖοι ἐπράυναν ἐν ἄστει τε αὐτὴν θάψαντες καὶ ψηφισάμενοι τὴν ἡμέραν, ἐφ' ἧς ἀπέθανεν, ἐξαιρεῖν τοῦ ἔτους. ἀποθανούσης δὲ αὐτῷ καὶ τῆς ἄλλης θυγατρός, ἣν Ἐλπινίκην ὠνόμαζεν, ἔκειτο μὲν ἐν τῷ δαπέδῳ τὴν γῆν παίων καὶ βοῶν „τί σοι, θύγατερ, καθαγίσω; τί σοι ξυνθάψω;" παρατυχὼν δὲ αὐτῷ Σέξτος ὁ φιλόσοφος „μεγάλα" ἔφη, „τῇ θυγατρὶ δώσεις ἐγκρατῶς αὐτὴν πενθήσας".

229 *Panathenaidis* Es handelt sich um Herodes Atticus' und Annia Regillas älteste Tochter Athenais (mit vollem Namen Marcia Claudia Alcia Athenais Gavidia Latiaria), die noch im Kindesalter (mit 7 oder 8 Jahren) starb.

sustollentes. Caeterum quum Elpinicem alteram filiam exanimem indecore lugeret, proiectus humi ac vociferans „Quas inferias tibi faciam, filia? Quid tecum sepeliam?", superueniens Sextus philosophus „Maximum", inquit, „munus dederis filiae, si moderate lugeas".

235   HERODES SOPHISTA

VIII, 33   Svmptvs inanes   (Herodes Sophista, 5)

Viginti [i.e. viginti et quattuor] *pueris ob virtutem compluribus in locis statuas posuerat. Hac de re quum accusaretur a Quintiliis Graeciae* praefectis [i.e. proconsulibus], quod *superuacaneis impendiis* indulgeret, „*Quid*", inquit, „*vobis incommodi est, si ego ludo* de *saxis meis?*".

VIII, 34   Libere   (Herodes Sophista, 6)

Videns Quintilios *Troianos quidem esse*, caeterum *a Caesare plurimi* fieri, *dixit*: „*Ego etiam Iouem Homericum odi, quod Troianis* fuit *amicus*", nimium libere profitens, sibi molestum esse, quod imperator tantum honoris haberet Quintiliis.

245 VIII, 35   Maledicentia   (Herodes Sophista, 7)

Proteo Cynico sine fine ipsum conuiciis incessente „*Consenuimus*", inquit, „*ambo, tu quidem male loquens, ego male audiens*". Sensit immedicabile malum esse, cui ille tam diu assueuerat, et se moderatius ferre, quod iam nouum non esset.

231 Elpinicem *C*: Elpinicen *B*.

Er. nennt sie hier irrtümlich „Panathenais", wobei der Irrtum seiner Quelle Philostratos geschuldet ist, der sie vermutlich so nannte, da ihm Herodes' Verdienste um die von ihm ausgerichteten Panathenaien-Spiele vor Augen standen. Vgl. M. Fluss, *RE* XIV, 2 (1930) Sp. 1606, s.v. „Marcius", Nr. 123.

231 *Elpinicem* Elpinike (mit vollst. Namen Appia Annia Claudia Atilia Regilla Elpinice Agrippina Atria Polla) war die zweite Tochter des Herodes Atticus; sie starb einige Jahre nach Athenais. Zu ihrer Person vgl. W. Schmid, *RE* V, 2 (1905), Sp. 2454, s.v. „Elpinike", Nr. 2.

237–240 *Viginti … saxis meis* Verworrene, schlampige und missverstandene Zusammenfassung von Philostr. *Vit. soph.* 558–559. Nach Er. habe Herodes Atticus 20 Jünglingen aufgrund ihrer Tugendhaftigkeit Statuen errichtet und sei dafür von den „Präfekten Griechenlands", den Quintilii, „angeklagt" worden. Tatsächlich geht es um Statuen, die Herodes Atticus für seine 3 Pflege- und Adoptivsöhne, Achilles, Polydeukes und Memnon, errichtete. Als diese Pflegekinder in jungem Alter starben, ließ er jeden durch mehrere Standbilder verewigen, auf denen sie als Jäger dargestellt waren. Der Irrtum des Er. muß dadurch entstanden sein, daß Philostratos im Abschnitt über Herodes' leiblichen Sohn Atticus berichtete (558), daß dieser außerordentlich begriffsstutzig gewesen sein soll und sich nichts merken konnte, nicht einmal das Alphabet; deshalb soll Herodes zu einem bemerkenswerten didaktisch-mnemotechnischen Mittel gegriffen haben: Er soll genauso viele Knaben bei sich zu Hause großgezogen haben wie es Buchstaben im griechischen Alphabet gibt, 24, und diesen als Namen die Buchstaben des Alphabets gegeben haben, um seinen Sohn zu zwingen, sich die 24 Buchstaben anhand der Namen der 24 Knaben, die er ständig vor Augen hatte, einzuprägen. Diese Anzahl, die sich natürlich auch aus dem griechischen Alphabet ergibt, ist bei Philostratos verzeichnet: τέτταρας παῖδας καὶ εἴκοσιν. Er. hat sich auch diesbezüglich geirrt, indem er „zwanzig" statt „vierundzwanzig" las. Im Übrigen errichtete Herodes nicht für alle 24 Knaben Standbilder, sondern nur für die drei frühzeitig verstorbenen.

238–240 *Hac de re ... saxis meis* Philostr. *Vit. soph.* 559: Κυντιλίων δέ, ὁπότε ἦρχον τῆς Ἑλλάδος, αἰτιωμένων αὐτὸν ἐπὶ ταῖς τῶν μειρακίων τούτων εἰκόσιν ὡς περιτταῖς „τί δὲ ὑμῖν", ἔφη, „διενήνοχεν, εἰ ἐγὼ τοῖς ἐμοῖς ἐμπαίζω λιθαρίοις".

238 *Quintiliis* Gemeint sind die Brüder **Sextus Quintilius Condianus** und **Sextus Quintilius Valerius Maximus**, die in d.J. 170/1–174/5 gemeinsam Statthalter der Provinz Achaea waren. Die Brüder Quintilii gehörten zu den engsten Vertrauten von Kaiser Marcus Aurelius. Für Sextus Quintilius Condianus vgl. W. Eck, *DNP* 10 (2001), Sp. 701–702, s.v. „Quinctilius" Nr. II, 1; für Sextus Quintilius Valerius Maximus ebd., Nr. II, 6.

238 *Graeciae praefectis* Es geht um die römische Provinz Achaea, der die Brüder Quintilii vorstanden; die Provinz umfasste „Kerngriechenland", somit die Peloponnes und den angrenzenden Festlandstreifen, jedoch nicht Thessalien und Makedonien. In der Kaiserzeit war Achaea eine selbständige senatoriale Provinz, die als solche von einem Provinzstatthalter (*proconsul, pro praetore*) verwaltet wurde, der in Korinth residierte. Bei Philostrat steht lediglich, daß die Quintilii „über Hellas herrschten"; Er. fügt *motu proprio* den Amtstitel hinzu, wählt jedoch den falschen („praefectis"). Nur in einem Fall (jenem Ägyptens) hieß der oberste Beamte einer Provinz „praefectus", in allen anderen Fällen *proconsul, pro praetore* (in senatorialen Provinzen) oder *legatus Augusti, pro praetore* (in kaiserlichen Provinzen).

242–243 *Videns ... amicus* Philostr. *Vit. soph.* 559: ὁρῶν γὰρ αὐτοὺς Τρῶας μέν, μεγάλων δὲ ἀξιουμένους παρὰ τοῦ βασιλέως „ἐγώ" ἔφη, „καὶ τὸν Δία μέμφομαι τὸν Ὁμηρικόν, ὅτι τοὺς Τρῶας φιλεῖ (φιλεῖ *ed. Wright*: ἐφίλει *ed. Ald.*)".

242 *Troianos ... esse* Die Quintilii stammten aus Alexandria Troas (Ἀλεξάνδρεια ἡ Τρῳάς), eine Stadt, die ca. 310 v. Chr. von Antigonos I. Monophthalmos gegründet worden war und ursprünglich Antigonia hieß; den späteren Namen „Alexandria Troas" erhielt sie von Seleukos I.; Alexandria Troas war nicht mit dem alten Troja identisch, jedoch benachbart, ca. 30 km entfernt.

242 *a Caesare* Kaiser Mark Aurel.

246–247 *Proteo ... audiens* Versuchte wörtliche, aber zu stark gekürzte und missverstandene Wiedergabe von Philostr. *Vit. soph.* 564: ἐπικειμένου δὲ τοῦ Πρωτέως ταῖς λοιδορίαις „γεγηράκαμεν", ἔφη, „σὺ μὲν κακῶς με ἀγορεύων, ἐγὼ δὲ ἀκούων".

246 *Proteo Cynico* **Peregrinus Proteus aus Parium** (2. Jhr. n. Chr.) in Mysien; Kyniker, der Herodes Atticus bei den Olympischen Spielen wegen der Anlage einer großen Wasserleitung nach Olympia tadelte. Vgl. K. von Fritz, *RE* XIX, 1 (1938), Sp. 656–663, s.v. „Peregrinus", Nr. 16; M.-O. Goulet-Cazé, *DNP* 9 (2000), Sp. 539–540, s.v. „Peregrinos Proteus".

247–248 *Sensit ... esset* Wie seine Erklärung zeigt, hat Er. den Witz des Herodes Atticus nicht richtig verstanden: Herodes wollte damit nicht einfach sagen, daß er sich an die Scheltreden des Peregrinus gewöhnt habe und er sie nicht mehr so schlimm finde, weil sie für ihn nicht mehr neu seien („se moderatius ferre, quod iam nouum non esset"). Vielmehr geht es um den spöttisch eingesetzten Doppelsinn von κακῶς ἀκούειν, das sowohl „beschimpft werden" als auch „schlecht hören" bedeutet, in Iuxtaposition zu κακῶς ἀγορεύειν („schlecht reden" im Sinn von jemandem „übel nachreden"). Bei κακῶς ἀκούειν bezieht Herodes den Spott v.a. aus der wörtlichen Bedeutung; gemeint ist: „Du kannst mich beschimpfen wie du willst; jetzt, da ich alt geworden bin, ich höre dich ja ohnehin nicht mehr". Spiegelbildlich hatte Herodes bei Philostratos gerade zuvor mit dem Doppelsinn von κακῶς ἀγορεύειν („schlecht reden") gespielt (563), das sowohl „schelten" bedeutet als auch „die korrekte, rhetorisch einwandfreie Rede nicht beherrschen"; Peregrinus war Herodes in Olympia nachgelaufen, indem er ihn in einem Fort in *halbbarbarischen* Griechisch beschimpfte (κακῶς ἀγορεύων αὐτὸν ἡμιβαβάρῳ γλώττῃ). Daraufhin soll Herodes zu ihm gesagt haben: „Es ist ja in Ordnung, daß du mich beschimpfst; aber warum *so schlecht*?".

| VIII, 36 | Modeste | (Herodes Sophista, 8) |

Atheniensibus sic *admirantibus* hominis eloquentiam, *vt dicerent illum esse de numero decem oratorum, nihil elatus est hac laude, quae videbatur maxima*; tantum *respondit:* „Certe *Andocide sum melior*". Is, vt opinor, fuit sophista quispiam notae vulgaris.

ANTIOCHVS SOPHISTA

| VIII, 37A | Iracvndia | (Antiochus Sophista, 1) |

Antiochus sophista, quum male vulgo audiret veluti *formidolosus, quod nec prodiret in concionem nec reipublicae munia capesseret*, „Non vos", inquit, „metui, sed me ipsum", *agnoscens bilem suam vehement*iorem, quam vt *cohiberi posset*. Sensit idem Plato, qui sunt iracundioris ingenii, ad disciplinas quidem esse idoneos, ad gerendam rempublicam non item.

[HERMOGENES] [i.e. ANTIOCHVS SOPHISTA]

| VIII, 37B | Sermo incompositvs | (Antiochus sophista, 2) |

Antiochus hoc dicto *taxauit* Hermogenem, [vt diceret] *illum inter pueros esse senem, inter senes puerum*, siue ob valetudinem ante tempus imbecillem, siue ob dictionis

---

260 HERMOGENES *delevi.*   262 vt diceret *delevi.*

250–252 *admirantibus ... sum melior* Philostr. *Vit. soph.* 564: βοώσης δὲ ἐπ' αὐτῷ (αὐτῷ ed. Wright: αὐτὸν ed. Ald.) τῆς Ἑλλάδος καὶ καλούσης αὐτὸν ἕνα τῶν δέκα οὐχ ἡττήθη τοῦ ἐπαίνου μεγάλου δοκοῦντος, ἀλλ' ἀστειότατα πρὸς τοὺς ἐπαινέσαντας „Ἀνδοκίδου μὲν", ἔφη, „βελτίων εἰμί".

251 *decem oratorum* Damit ist der Kanon der zehn besten attischen Redner der klassischen Zeit gemeint, den wahrscheinlich Apollodoros von Pergamon im 2. Jh. v. Chr. zusammengestellt hat. Ihm gehörten die Redner Aischines, Andokides, Antiphon, Demosthenes, Deinarchos, Hypereides, Isaios, Isokrates, Lykurgos und Lysias an. Bezüglich der Reihenfolge gibt es Varianten. In der für den Kanon grundlegenden pseudoplutarchischen Schrift *Vitae decem oratorum*/ Βίοι τῶν δέκα ῥεθώρων (*Mor.* 832B–850C) werden sie in folgender Anordnung behandelt: 1. Antiphon, 2. Andokides, 3. Lysias, 4. Isokrates, 5. Isaios, 6. Aischines, 7. Lykurgos; 8. Demosthenes, 9. Hypereides, 10. Deinarchos. Zu dem Kanon vgl. u. a. R.M. Smith, „A New Look at the Canon of the Ten Attic Orators", *Mnemosyne* 48 (1995), S. 66–79; E. Carawan (Hrsg.), *Oxford Readings in the Attic Orators*, Oxford-New York 2007. Unten, in *Apophth*. VIII, 141–151 wendet sich Er. dem ps.-plutarchischem Werk Βίοι τῶν δέκα ῥεθώρων zu, dem er insgesamt 12 Sprüche entnimmt.

252 *Is ... notae vulgaris* Er.' Erklärung ist nicht korrekt: Er. war der Ansicht, daß der Witz des Herodes Atticus so zu verstehen ist, daß Andokides ein späterer, weniger bekannter und von der Redekunst her drittrangiger Sophist gewesen sei. Tatsächlich meinte Herodes den athenischen Staatsmann und Red-

ner Andokides (ca. 440-nach 391 v. Chr.), der einen festen Platz im Kanon der 10 besten Attischen Redner innehatte. Meist taucht er im Kanon an zweiter Stelle auf, was jedoch keine qualitative Rangordnung zum Ausdruck bringt. Der Witz des Herodes ist nicht so zu verstehen, daß er mit „Wenigstens bin ich besser als Andokides" meint, daß ihm somit ohnehin die erste Stelle zufallen müsse (was entweder Überheblichkeit oder eine Nichtanerkennung des Kanons als solchen zum Ausdruck bringen würde), sondern eher in dem Sinn, daß Herodes seine eigene Stellung ironisch relativiert. Andokides war sicherlich der schwächste der „10 Großen". Der Witz besagt somit: „Gut, denn ich bin ein geeigneter Ersatz für (den schwachen) Andokides", d.h. „in dem Fall nehme ich den letzten Rang unter den 10 kanonischen attischen Rednern ein". Für Andokides vgl. T. Thalheim, *RE* I, 2 (1894), Sp. 2124–2129, s.v. „Andokides", Nr. 1; W.D. Furley, *DNP* 1 (1996), Sp. 683–685, s.v. „Andokides", Nr. 1, dort auch Sp. 684, im Abschnitt C, die Identifikation des Andokides mit dem von Herodes Atticus gemeinten Redner.

Antiochos (P. Anteius Antiochus) aus Aigai (fl. um 200 n. Chr.), Sophist, Schüler des Dionysios von Milet, reicher Wohltäter seiner Heimatstadt. Vgl. W. Schmid, *RE* I, 2 (1894), Sp. 2494, s.v. „Antiochos", Nr. 65.

255 *Antiochus sophista ... vehementiorem* Im einleitenden Satz gekürzte, sonst größtenteils wörtliche Wiedergabe von Philostr. *Vit. soph.* 568: Ἀντίοχον δὲ τὸν σοφιστὴν αἱ Κιλίκων Αἰγαὶ ἤνεγκαν ... Αἰτίαν δὲ ἔχων δειλίας, ἐπεὶ μὴ (μὴ *ed. Wright*: μὴ δέ *ed. Ald.*) παρῄει ἐς τὸν δῆμον, μηδὲ ἐς τὸ κοινὸν ἐπολίτευεν, "οὐχ ὑμᾶς", εἶπεν, "ἀλλ᾿ ἐμαυτὸν δέδοικα", εἰδώς που τὴν ἑαυτοῦ χολὴν ἄκρατόν τε καὶ οὐ καθεκτὴν οὖσαν.

257–259 *Sensit idem ... non item* Dasselbe Zitat findet sich in *Eccles.* II (*ASD* V, 4, S. 261–262) aus d.J. 1535: „Ad dicendum vero magis appositi sunt, quibus sedatius est ingenium quam quibus ad iram praeceps. Hos Plato putat ad perdiscendas disciplinas idoneos, illos ad gerendam rempublicam". Dieses Zitat stellte sich als nicht auffindbar heraus; vgl. Komm. zu *ASD* V, 4, S. 263, wo die entfernt ähnlichen, tatsächlich nicht einschlägigen Stellen Plat. *De rep.* III, 375C; VI, 485B–487A und 519C–521B als Quellen suggeriert werden.

260 *HERMOGENES* Der Apophthegma-Spender ist nicht, wie durch die Überschrift in *B* (S. 366), *C* (S. 786), *BAS* (S. 327) und *LB* angegeben wird, Hermogenes, sondern der Sophist Antiochos von Aigai in Kilikien, der gerade in VIII, 37 Spruchspender war. Die irrige Überschrift „HERMOGENES" geht wohl auf Er. selbst zurück, der sich durch die Sophistenbiographien des Philostrat hindurcharbeitete und das Apophthegma dem Abschnitt entnahm, den Philostrat dem Hermogenes widmete. Vorl. *Apophth.* wurde in *B, C, BAS* und *LB* erst nach dem Abschnitt „Alexander sophista" gedruckt, gehört jedoch aufgrund des Spruchspenders zu dem textnahen Abschnitt „ANTIOCHVS SOPHISTA". Aufgrund des textnahen Zuordnungsfehlers wurde in dieser Edition die Reihenfolge angepaßt. VIII, 37A = *CWE* VIII, 37; VIII, 37B = *CWE* VIII, 39; VIII, 38 = *CWE* VIII, 38; VIII, 39 = *CWE* VIII, 40.

262–263 *Antiochus ... puerum* Schlampige, durch einen Zuordnungs- und Verständnisfehler entstellte Übers. von Philostr. *Vit. soph.* 577: καὶ Ἀντίοχος δὲ (δὲ *om. ed. Ald.*) ὁ σοφιστὴς ἀποσκώπτων ποτὲ ἐς αὐτὸν "οὗτος", ἔφη, "Ἑρμογένης, ὁ ἐν παισὶ μὲν γέρων, ἐν δὲ γηράσκουσι παῖς". Der Witz des Antiochos stellt eine Parodie von Pind. *Nem.* III, 72 dar. Vgl. Komm. von Wright *ad loc*.

262 *Hermogenem* Hermogenes aus Tarsos (2. Jh. n. Chr.), als Redner Wunderkind, bereits mit 15 Jahren so berühmt, daß Marcus Aurelius ihn reden hören wollte und von ihm begeistert war. Er soll im Erwachsenenalter mit seinen Auftritten als Redner aufgehört haben. Verf. von drei rhetorischen Traktaten: περὶ τῶν στάσεων (Statuslehre in Gerichtsprozessen), περὶ εὑρέσεως (= *De inventione*) und περὶ ἰδεῶν (Stillehre). Vgl. L. Radermacher, *RE* VIII, 1 (1912), Sp. 865–877, s.v. „Hermogenes", Nr. 22; M. Weißenberger, *DNP* 5 (1998), Sp. 444–446, s.v. „Hermogenes", Nr. 7. Seine rhetorischen Werke wurden hrsg. von H. Rabe: *Hermogenis Opera*, Leipzig 1913 (Nachdr. Stuttgart 1969 u. 1985); G.A. Kennedy, *Invention and Method. Two Rhetorical Treatises from the Hermogenic Corpus*, Leiden 2005; A. Patterson, *Hermogenes and the Renaissance. Seven Ideas of Style*, Princeton 1970.

263 *ob valetudinem ... imbecillem* „ob valetudinem ante tempus imbecillem" ist eine Erklärung des Er., die von seiner Quelle, Philostrat, nicht gespeist wird; Philostrat sagt a.a.O. vielmehr das Gegenteil aus, nml. daß der Rückzug des Hermogenes als Redner *nicht* irgendeiner Krankheit zuzuschreiben war.

263–264 *ob dictionis genus neglectius* Auch diese Erklärung des Er. stützt sich nicht auf eine genaue Lektüre seiner Quelle, sondern ist lediglich aufs Geratewohl dahingesagt.

genus neglectius. Alii per iocum *dicebant, illius verba plane, iuxta Homerum, esse πτερόεντα, quod ea veluti pennas abiiceret*.

ALEXANDER SOPHISTA [i.e. ANTONINVS PIVS]

VIII, 38   Improbitas   (Alexander Sophista, i.e. Antoninus Pius, 6)

Alexander sophista *legatione fungens pro Seleucia apud Antoninum primum*, vidensque *illum minus attentum, clariore voce dixit*: „Ausculta me, Caesar!". *Caesar autem* acerbitate *confidentiaque vocis exasperatus*, „Ausculto", inquit, „intelligoque te. Tu enim es ille, qui colis comam, qui dentes candidas, qui polis vngues, qui semper oles vnguentum".

PHILAGER

VIII, 39   Iracvndia   (Philager)

Philager rogatus, quamobrem non *delectaretur* educandis pueris, „quoniam", inquit, „nec me ipso delector". *Agnoscebat* naturae suae vitium. *Erat enim iracundus et morosus*, eoque nec appositus ad teneram aetatem instituendam; quum hodie stulti parentes nullis libentius committant liberos suos quam huiusmodi truculentis et asperis.

---

269 Antoninum *B BAS LB*: Antonium *C*.   273 PHILAGER *B BAS LB*: PILAGER *C*.

264–265 *dicebant … pennas abiiceret* Philostr. Vit. soph. 577: … ἔφαναν γὰρ τοὺς λόγους ἀτεχνῶς καθ' Ὅμερον πτερόεντας εἶναι, ἀποβεβληκέναι γὰρ αὐτοὺς τὸν Ἑρμογένην καθάπερ πτερά.

265 πτερόεντα ἔπεα πτερόεντα, eine häufige bei Homer vorkommende Formel (z. B. *Il*. I, 201); ihre Bedeutung ist nicht jene, die Philostratos im Witz gibt, sondern, daß es um so einprägsame Worte gehe, daß sie wie auf Flügeln in das Ohr der Zuhörer fliegen; zu der homerischen Formel vgl. M. Parry, „About Winged Words", *Classical Philology* 32 (1937), S. 59–63.

Alexandros aus Seleukeia am Kalykados, mit Beinamen **Peloplaton** („Tonplaton", um 115– um 175 n. Chr.), Schüler des Dionysios von Milet und des Favorinus; Vertreter der zweiten Sophistik; Stilistisch dem Asianismus zugehörig. Vortragsreisen nach Antiocheia, Rom, Tarsos, Ägypten und Athen. Antoninus Pius war von ihm nicht sehr begeistert, Marcus Aurelius hingegen übertrug ihm das prestigeträchtige Amt *Ab epistulis Graecis*, des kaiserlichen Sekretärs, der für die griech. Korrespondenz zuständig war. Vgl. W. Schmid, *RE* I, 2 (1894), Sp. 1459, s.v. „Alexandros", Nr. 98; E. Bowie, *DNP* 1 (1996), Sp. 483, s.v. „Alexandros", Nr. 28.

266 *ANTONINVS PIVS* Der eigentliche Spruchspender ist Antoninus Pius, der Sophist Alexandros ist nur der Figurant. Er. hatte Antoninus Pius in dem Kaiser-Abschnitt eine Sektion von Sprüchen (VI, 113–116) gewidmet, zudem VIII, 18. Zur Person des Antoninus Pius vgl. oben Komm. zu VI, 113.

Apophth. VIII, 39 = *CWE* VIII, 38. Vgl. Komm. oben zu VIII, 38.

269–272 *legatione … vnguentum* Im narrativen Teil stark gekürzte, im Spruchteil wörtliche Übersetzung von Philostr. *Vit. soph.* 570–

571: Ἐς δὲ ἄνδρας ἥκων ἐπρέσβευε μὲν ὑπὲρ τῆς Σελευκείας παρὰ τὸν (τὸν *ed. Wright*: τὸν πρῶτον *ed. Ald.*) Ἀντωνῖνον, διαβολαὶ δὲ ἐπ' αὐτὸν ἐφοίτησαν, ὡς νεότητα ἐπιποιοῦντα τῷ εἴδει. ἧττον δὲ αὐτῷ προσέχειν δοκοῦντος τοῦ βασιλέως ἐπάρας τὴν φωνὴν ὁ Ἀλέξανδρος „πρόσεχέ μοι", ἔφη, „Καῖσαρ". καὶ ὁ αὐτοκράτωρ παροξυνθεὶς πρὸς αὐτὸν ὡς θρασυτέρᾳ τῇ ἐπιστροφῇ (ἐπιστροφῇ *ed. Wright*: φωνῇ *ed. Ald.*) χρησάμενον „προσέχω", ἔφη, „καὶ ξυνίημί (ξυνίημί *ed. Wright*: συνίημί *ed. Ald.*) σου: σὺ γὰρ", ἔφη (ἔφη *om. in ed. Ald.*), „ὁ τὴν κόμην ἀσκῶν καὶ τοὺς ὀδόντας λαμπρύνων καὶ τοὺς ὄνυχας ξέων καὶ τοῦ μύρου ἀεὶ πνέων".

269 *Seleucia* Bei dem hier vermeldeten Seleukia ist Seleukeia am Kalykadnos (heute Silifke in der Südtürkei) bzw. in Kilikien, Alexandros' Heimatstadt, gemeint (vgl. Philostr. *Vit. soph.* 570: Ἀλεξάνδρῳ ... πατρὶς ... ἦν Σελεύκεια πόλις ... ἐν Κιλικίᾳ); die Stadt war von Seleukos I. gegründet worden, 260 n. Chr. wurde sie von den Sassaniden erobert. Vgl. F. Hild, *DNP* II (2001), Sp. 357, s.v. „Seleukeia", Nr. 5. In der Antike gab es nicht weniger als dreizehn Städte, die diesen Namen trugen.

269 *primum* Er. folgt hier dem Text der Philostratos-Ausgabe des Aldus, die τὸν πρῶτον Ἀντωνῖνον las; der „erste Antoninus" bezeichnet Kaiser Antoninus Pius, um ihn von dem „zweiten Antoninus", Marcus Aurelius, zu unterscheiden. In dem modernen *textus receptus* (Wright) wird πρῶτον nicht aufgenommen.

271 *vocis* Er. übers. den Text der Aldus-Ausgabe, die φωνῇ statt ἐπιστροφῇ aufwies. θρασυτέρᾳ τῇ ἐπιστροφῇ, i.e. „appellationis audacitate".

272 *candidas* Das Verb „candidare" ist selten und kommt erst im späteren Latein (ab Apul., *Met.* IX, 12) auf; für die Praxis, sich aus ästhetischen Gründen die Zähne abzureiben, sodaß sie glänzend weiß erschienen, vgl. Larg. 60 „hoc (dentifricium) ... candidos facit dentes"; Catul. 39, 1; vgl. *OLD*, S. 265, s.v. „candidus", Nr. 4 d. Zum Zähneputzen verwendete man in der Antike pulverisierten Bimsstein und ähnliche Pulversubstanzen (*dentifricia*; vgl. Plin., *Nat.* XXXVI, 156; XXVIII, 178–194).

Philagros aus Kilikien in Kleinasien (heute Südtürkei) (2. Jh. n. Chr.), Redner, Sophist und Rhetoriklehrer; Schüler des Lollianos; nach seiner Ausbildung zunächst in Athen tätig; dort mit dem berühmten Herodes Atticus und dessen Schule sowie mit Lukian verfeindet; während der Regierungsperiode des Marcus Aurelius nach Rom auf den Lehrstuhl für griechische Rhetorik berufen. Starb in Italien. Vgl. F. Solmsen, *RE* XIX, 2 (1938), Sp. 2108–2109, s.v. „Philagros", Nr. 3; E. Bowie, *DNP* 9 (2000), Sp. 780, s.v. „Philagros".

Apophth. VIII, 39 = *CWE* VIII, 40, vgl. Komm. oben zu VIII, 37B.

275–276 *Rogatus ... morosus* Mißverstandene Wiedergabe von Philostr. *Vit. soph.* 580–581: ... ὁ Φίλαγρος ... τὴν δὲ ὀφρὺν πικρὸς ... καὶ ἐς ὀργὴν ἐκκληθῆναι πρόθυμος, καὶ τὸ ἐν αὐτῷ δύστροπον οὐδ' αὐτὸς ἠγνόει· ἐρομένου γοῦν αὐτὸν ἑνὸς τῶν ἑταίρων, τί μαθὼν παιδοτροφίᾳ οὐ χαίροι, „ὅτι", ἔφη, „οὐδ' ἐμαυτῷ χαίρω".

275 *educandis pueris* Er. hat den Spruch nicht richtig verstanden: In der griech. Vorlage geht es nicht um den Schulunterricht von Knaben, sondern um das Nähren und Aufziehen von Kindern (παιδοτροφία); der Freund hatte den Philagros gefragt, warum er denn nicht eine Familie gründen wolle. Das Wort παιδοτρόφος bezeichnet nicht den Lehrer, sondern die Eltern (vgl. Eur., *Herc.* Frg. 901; Passow II, 1, S. 626, s.v.); παιδοτρόφος ἐλάα hieß der Ölkranz, den man zum Zeichen der Geburt eines Knaben draußen an der Haustüre aufhing. Er.' Fehlinterpretation könnte davon herrühren, daß er selbst außerordentlich stark an Unterrichtsfragen interessiert war und strengen Lehrern, v.a. Leibstrafen, kritisch gegenüberstand. So ist auch zu erklären, daß er am Ende des Lemmas – zu Unrecht, da vom Schulunterricht gar nicht die Rede war – zu einem Rundumschlag gegen die zeitgenössischen Schulmeister ausholt. Im Übrigen ist Er.' Behauptung, daß Philagros der Unterricht zuwider gewesen wäre, falsch. Vielmehr hatte Philagros, der langjährig in Rom und Athen als Rhetoriklehrer tätig war, den Ruf, ein mustergültiger Lehrer, ein σχῆμα τοῦ διδασκάλου (Philostr. *Vit. soph.* 578), zu sein. Er. hat den Philagros gewidmeten Abschnitt in den Sophistenbiographien (578–582) wohl nur flüchtig gelesen. Er.' Irrtum war folgenreich: Seitdem fungiert Philagros in autoritativen Wissenssammlungen, wie der des Langius, oder in einschlägigen Traktaten zur Erziehung oder zum Affekt ira als Musterbeispiel eines schlechten Lehrers, der an Zornausbrüchen litt und den Kindern Schläge verpasste.

⟨ARISTIDES SOPHISTA ET MARCVS ANTONINVS⟩

280   VIII, 40A   (Aristides Sophista, 1)

Marcus imperator triduum commoratus Smyrnae, quoniam nondum viderat Aristidem, misit Quintilios, qui illum stipatum adducerent. „*Quur*", inquit Caesar, „*te sero videmus?*" „*Quoniam*", inquit, „consideratio quaedam *me impediebat*". Tum

---

281–288 Marcus … situm est *hoc apophthegma transposui ex libro quinto, ex sectione de Atheniensium duce Aristide Iusto, in qua erant, vt patet, falso inserta (C, p. 462).*

Publius Aelius Aristides (117–177/87 n. Chr.), geb. in Hadrianum in Mysien, tätig in Smyrna, bedeutender Redner und Schriftsteller, Deklamator, Philosoph und Vortragskünstler; unternahm weitläufige Vortragsreisen in der Provinz Asia, im griechischen Raum und nach Rom; Verfasser von Prunkreden, Festreden, Panegyriken, Diatriben, politischen Reden, Prosahymnen. Vgl. Ch.A. Behr, „Studies on the biography of Aelius Aristides", in: *Aufstieg und Niedergang der römischen Welt* II, 34, 2 (1994), S. 1140–1233; W.V. Harris und B. Holmes (Hrsg.), *Aelius Aristides between Greece, Rome, and the Gods*, Leiden-Boston 2008; E. Bowie, *DNP* I (1999), Sp. 1096–1100, s.v. „Aristeides", Nr. 3. Er. war mit der Person des Aelius Aristides vertraut und kannte seine Werke aus aufmerksamer Lektüre; für die Reden („orationes") des Aristides stand ihm dabei, wie er behauptet, „eine sehr alte" und „korrekte" Handschrift zur Verfügung (*ASD* II, 2, S. 64: „vetustissimus simul et emendatissimus codex orationum Aristidis rhetoris, in quo … inuenio scriptum …"). Weiter vermeldet er in *Adag.* 1001 eine gedruckte Gesamtausgabe der Werke des Aristides (*ASD* II, 3, S. 22: „Aristides totus cum scholiis"). Er. zitierte einige der Reden, zum Teil sogar häufig, z.B. den *Panathenaikos* (*ASD* II, 2, S. 38, 258; II, 3, S. 412; II, 4, S. 202), aus dem er das *Adag.* 13 „Duabus anchoris fultus" (*ASD* II, 1, S. 128: „Meminit Aristides in Panathenaicis"; 347) bezog; *De quattuor* (Ὑπὲρ τῶν τεττάρων), eine Rede, in der Aristides die vier von Plato angegriffenen Politiker Miltiades, Kimon, Themistokles und Perikles verteidigte (ebd. II, 1, S. 136, 246, 412: „Aristides in Pericle"; 420: „Aristides in Apologia communi quatuor oratorum"; 432, 444, 450, 461–462, 518: „Aristides in Cimone"; 527, 536; II, 2, S. 48, 58, 60–62, 80, 108, 226, 340; II, 3, S. 114, 166, 182, 254, 268, 364, 447; II, 4, S. 72, 133, 171, 234, 284 und II, 5, S. 72, 154, 190, 219) und aus der Er. *Adag.* 355 „Ignem dissecare" (*ASD* II, 1, S. 450), 534 „Alio relinquente fluctu, alius excepit" (II, 2, S. 60–62), 537 „Salsuginosa vicinia" (II, 2, S. 68), 557 „A linea incipere" (II, 2. S. 84), 1035 „In easdem ansas venisti" (II, 3, S. 58), 2373 „Sedecim pedibus superuit" (II, 5, S. 277) und 2415 „Praemouere venatum" (II, 5, S. 303–304) ableitete; zudem die *Defensio rhetorices* (Ὑπὲρ ῥητορικῆς; *ASD* II, 2, S. 76): „Graecum id prouerbium extat apud Aristidem in secunda Rhetorices aduersus Platonem defensione …"; II, 3, S. 108; „fabella non illepida Aristidis in secundo libro, quem aduersus Platonem conscripsit in defensionem rhetorices", und *Ad Thebanos* (*ASD* I, S. 501–502).

Apophth. VIII, 40A und 40B, die die Sprüche des Sophisten Aristeides enthalten, wurden in der Ausg. d.J. 1532 (*B*) falsch platziert und irrtümlich in den Abschnitt des athenischen Staatsmannes Aristeides dem Gerechten aus dem 4. Jh. v. Chr. eingegliedert. In *C* blieb der Fehler auch nach Durchsicht der Druckfahnen bestehen, auch *BAS* übernahm ihn. Durch die irrige Einordnung erklärt sich, weshalb der Sophist Aristeides im Index personarum von *B* und *C* nicht aufscheint. Es ist schwer vorstellbar, daß Er. die fehlerhafte Platzierung selbst vorgenommen hat. Schon die Quelle, die Er. bearbeitete, Philostratos' *Sophistenbiographien*, scheint dies auszuschließen. Wie die *Apophth.* VIII, 1–53 zeigen, arbeitete sich Er. durch dieses Werk von vorne nach hinten. Die nachfolgenden Sprüche VIII, 40A und B sind der Aristides-Biographie entnommen (Philostr. *Vit. Soph.* 582–583), welche auf jene des Sophisten Philagros (578–582) folgt. Daher wurden auch hier die beiden Aristides-*Apophthegmata* nach jenem des Philagros eingesetzt. VIII, 39 = Philagros; VIII, 40A und 40B = Aristides.

Apophth. VIII, 40A gibt einen Dialog zwischen Aelius Aristeides und Mark Aurel wieder; die schärferen Pointen stammen von dem Kaiser. VIII, 40A datiert auf d.J. 176 n. Chr., als Marcus Aurelius im Rahmen einer längeren Tour durch die östlichen Provinzen, am Ende der Reise, Smyrna (Izmir) besuchte und sich in dieser Stadt längere Zeit aufhielt. Dort wohnte er einer Deklamation des berühmten Redners Aelius Aristeides bei, der dieses Ereignis als den Höhepunkt seiner Karriere und seines Ruhmes betrachtete. Zu dem Treffen vgl. F. Gasco, „The Meeting between Aelius Aristides and Marcus Aurelius in Smyrna", in: *The American Journal of Philology* 110, 3 (1989), S. 471–478; A. Birley, *Mark Aurel. Kaiser und Philosoph*, München 1968 (ursprünglich *Marcus Aurelius*, London 1966), S. 351–352.

281 *Marcus imperator* Er. hatte Kaiser Mark Aurel (reg. 161–180), den er sonst „M. Antoninus philosophus" nennt, im Kaiser-Abschnitt des sechsten Buches eine Sektion von Sprüchen gewidmet (VI, 117–122); zu seiner Person vgl. oben Komm. zu VI, 117.

281–288 *Marcus imperator ... situm est* Im narrativen Teil stark gekürzte, im Dialogteil vornehmlich wörtliche Übers. von Philostr. *Vit. Soph.* II, 9, 582–583: προσειπὼν δὲ αὐτὸν ὁ αὐτοκράτωρ „διὰ τί σε", ἔφη, „βραδέως εἴδομεν"; καὶ ὁ Ἀριστείδης „θεώρημα", ἔφη „ὦ βασιλεῦ, ἠσχόλει, γνώμη δὲ θεωρούσά τι μὴ ἀποκρεμαννύσθω οὗ ζητεῖ". ὑπερησθεὶς δὲ ὁ αὐτοκράτωρ τῷ ἤθει τἀνδρὸς ὡς ἁπλοικωτάτῳ τε καὶ σχολικωτάτῳ „πότε", ἔφη, „ἀκροάσομαί σου"; καὶ ὁ Ἀριστείδης „τήμερον", εἶπεν, „πρόβαλε, καὶ αὔριον ἀκρόω· οὐ γάρ ἐσμεν τῶν ἐμούντων, ἀλλὰ τῶν ἀκριβούντων. ἐξέστω δέ, ὦ βασιλεῦ, καὶ τοὺς γνωρίμους παρεῖναι τῇ ἀκροάσει". „ἐξέστω" ἦ δ' ὁ Μάρκος, „δημοτικὸν γάρ". εἰπόντος δὲ τοῦ Ἀριστείδου „δεδόσθω δὲ αὐτοῖς, ὦ βασιλεῦ, καὶ βοᾶν καὶ κροτεῖν, ὁπόσον δύνανται", μειδιάσας ὁ αὐτοκράτωρ „τοῦτο", ἔφη, „ἐπὶ σοὶ κεῖται". Er. verschweigt die ursprüngliche Quelle der Anekdote, die Philostratos angibt, den Sophisten Damianos von Ephesos, einen Schüler des Aelius Aristeides (582). In der Einleitung zur Anekdote vermeldet Philostratos, daß Mark Aurel befürchtet habe, er habe den Aelius Aristides bei dem Empfang, an dem eine riesige Menge von Leuten teilnahmen, übersehen: Er konnte sich nicht vorstellen, daß Aristeides ihn nicht besucht haben würde.

281 *Smyrnae* Smyrna (heute Izmir in der Türkei) war eine der bedeutendsten Städte in Kleinasien überhaupt und eine der wichtigsten Handelsstädte an der ionischen Küste. Sehr stark gefördert durch Hadrian und auch von Antoninus Pius protegiert, erlebte es im 2. Jh. n. Chr. eine bemerkenswerte Blüte. Hadrian finanzierte ein großzügiges Bauprogramm und schenkte der Stadt sogar neue Olympische Spiele. Auch Antoninus Pius logierte in Smyrna, im Haus des Sophisten und Politikers Polemon (vgl. oben VIII, 18 mit Komm.). Die Bedeutung Smyrnas wird auch dadurch ersichtlich, daß es Mark Aurel i.J. 176 mit einem längeren Besuch beehrte. Im Jahre 178 wurde Smyrna von einem heftigen Erdbeben getroffen, bei dem zahlreiche Gebäude einstürzten. Aelius Aristeides wandte sich mit einem Ansuchen um kaiserliche Hilfe an Mark Aurel, der mit großzügigen Zuwendungen ein umfangreiches Wiederaufbauprogramm finanzierte, dessentwegen er als Neubegründer Smyrnas gefeiert wurde.

282 *Quintilios ... stipatum* Aelius Aristeides wurde von der kaiserlichen Leibwache eskortiert und zu Kaiser Marcus Aurelius gebracht. Die Leibwache stand unter der Führung der beiden Prokonsuln der Provinz Achaea, Sextus Quintilius Condianus und Sextus Quintilius Valerius Maximus, die als Brüder gemeinsam das Konsulat (i.J. 151) und nunmehr auch das Statthalteramt als *collegae* bekleideten. Der Deklamator erhielt somit eine mehr als ehrenvolle Eskorte. Die Brüder Quintilii gehörten zu den engsten Vertrauten von Kaiser Marcus Aurelius und begleiteten ihn 175/6 bei seiner ausgedehnten Reise durch die östlichen Teile des Reiches. Für Sextus Quintilius Condianus vgl. W. Eck, *DNP* 10 (2001), Sp. 701–702, s.v. „Quinctilius" Nr. II, 1; für Sextus Quintilius Valerius Maximus ebd., Nr. II, 6.

283 *Quoniam ... me impediebat* Er. hat diesen Teil der Antwort gekürzt und so vage wiedergegeben, daß sie als Affront gegenüber dem Kaiser wirkt. Die Antwort, wie Er. sie formuliert („Quoniam ... consideratio quaedam me impediebat") bedeutet im Grunde nicht mehr als „weil ich über irgendetwas nachgedacht habe". Im griech. Originaltext sagt Aristeides erstens, daß er über ein philosophisches und theoretisches Problem (θεώρημα) eingehend nachgedacht habe, zweitens, daß man sich beim philosophischen Denken konzentrieren müsse und sich durch nichts ablenken lassen dürfe. Es ist diese Antwort, die dem Philosophen Mark Aurel gefiel, jedoch keineswegs: „Ich hatte was anderes zu tun".

Caesar hominis simplicitate delectatus „Quando", inquit, „audiam te?". „Hodie", inquit, „Propone, et cras audi. Non enim sumus de numero vomentium, sed exacte loquentium. Licetne, o imperator, adesse familiares dictioni?". „Licebit", inquit Caesar, „Est enim negocium publicum". Rursus Aristides „Concedatur", inquit, „illis tum acclamare, tum applaudere quantum possunt?". Hic arridens Caesar „Istuc", inquit, „in te situm est".

ARISTIDES SOPHISTA

VIII, 40B (Aristides Sophista, 2)

Idem dixit *Arimaspos esse cognatos Philippi*, quod ea gens gignat *vnoculos*.⟩

ADRIANVS SOPHISTA

VIII, 41   Imitatio   (Adrianus Sophista, 1)

Adrianus sophista in conuiuio sophistarum ad quos adhibitus erat tanquam *egregii* cuiuspiam *arcani* consors futurus, *quum sermo fuisset ortus de characteribus* dictionis, et in quo quisque praecelleret et quid in quoque potissimum imitandum

---

291 Idem dixit … vnoculos *hoc apophthegma transposui ex libro quinto, ex sectione de Atheniensium duce Aristide Iusto, in qua erant, vt patet, falso inserta (C, p. 462).*

291 Arimaspos *scripsi*: Arimaspas *B C.*
292 Adrianus *B C*: Hadrianus *sec. Philostrati text. Graec. ed. Ald.*

---

286 *familiares* Mit γνωρίμους meinte Aristeides seine Schüler; Er. übers. dies wörtlich als „familiares".

286 *dictioni* „dictioni" im Sinn von „declamationi" (vgl. *DNG* I, Sp. 1652, s.v. „dictio", II.B.1.a).

291 *Arimaspos* Bei dem in den Baseldrucken überlieferten „Arimaspas" handelt es sich um einen Übertragungsfehler aus dem Er. vorliegenden griech. Text, der Ausgabe des Aldus, die Ἀριμασποὺς hatte. Die Ariamaspi galten in der Antike als Volk des hohen Nordens, das nördlich der Skythen und Issedonen lebte, nahe des sagenumwobenen Riphäischen Gebirges, und dort immerzu mit dem Volk der Greifen kämpfte. Jedenfalls seit Aristeas von Prokonnesos, der über sie ein eigenes Lehrgedicht verfasste (*Arimaspea*), das von Herodot, Aischylos und anderen benutzt wurde, wurden sie als einäugiger Menschenstamm mit zotteligem Haar, der viel Rohkraft besaß, betrachtet. Vgl. A. Mayor und M. Heaney, „Griffins and Arimaspeans", in: *Folklore* 104, 1–2 (1993), S. 40–66; E.D. Phillips, „The legend of Aristeas. Fact and fancy in Early Greek notions of East Russia, Siberia and Inner Asia", in: *Artibus Asiae* 18, 2 (1955), S. 161–177.

291 *Arimaspos … vnoculos* Wörtliche Übers. des Spruchteiles von Philostr. *Vit. Soph.* II, 9, 584: οἱ αὐτοὶ κατηγοροῦσι καὶ σκώμματος, ἐπειδὴ τοὺς Ἀριμασποὺς τοὺς μονόμματους ἔφη ξυγγενεῖς εἶναι τοῦ Φιλίππου. Er. ignoriert den Kontext des Spruches bei Philostratos, der ihn als Beispiel mißlungener Apophthegmata anführt, für die Aristeides kritisiert wurde. Im konkreten Fall wurde der Witz wegen seiner Vulgarität getadelt; als vulgär wurde empfunden, daß er unverblümt ein körperliches Gebrechen des Makedonenkönigs als Zielscheibe verwendet: Philipp II. hatte bei der Belagerung von Methone i.J. 352 v. Chr. ein Auge verloren. Es mag in der Tat nicht sehr geistreich sein,

ihn deshalb zu verspotten; ein Teil des Witzes mag darin liegen, daß der Makedone als Angehöriger eines rauhen, unzivilisierten Volkes im hohen Norden charakterisiert wird.

Claudius Hadrianus (um 113–193 n. Chr.) griechischer Sophist aus Tyros, Schüler des Herodes Atticus, gehörte zum Kreis des Klepsydrions; Lehrer der Rhetorik in Rom unter Kaiser Hadrian (reg. 117–138); nach Herodes' Tod (um 177), unter Kaiser Marcus Aurelius, wurde er in Athen zum Nachfolger des Herodes auf dem Lehrstuhl der Rhetorik ernannt. Vgl. W. Schmid, *RE* VII, 2 (1912), Sp. 2176–2177, s.v. „Hadrianos", Nr. 1; E. Bowie, *DNP* 5 (1998), Sp. 57–58, s.v. „Hadrianos", Nr. 1.

292 *ADRIANVS SOPHISTA* In dieser Form im Index personarum von *B* und *C*.

Apophth. VIII, 41 In diesem *Apophth.* hat Er. die Stelle Philostr. *Vit. soph.* 586 insgesamt missverstanden: Wesentlich ist, daß diese überhaupt nicht die Frage behandelt, welches Stilvorbild man in der Rhetorik (oder der Literatur) nachahmen solle. Er. jedoch verbeißt sich in diese Frage, indem er gegen die *imitatio* als solche fulminiert, wie er es schon im *Ciceronianus* getan hatte. Die Nachahmung des Stils anderer Autoren betrachtete Er. prinzipiell als lächerlich und verwerflich, zumal wenn ein einziger Autor das universal gültige Stilvorbild sein soll, wie das mit Cicero im italienischen Humanismus des 15. Jh. der Fall gewesen war. Was der Sophist Hadrianus an der zitierten Philostrat-Stelle sagt, hat damit überhaupt nichts zu tun. Er will schlicht die Redestile seiner Kollegen charakterisieren, indem er sie exemplarisch nachahmend vorführt. Damit zeigt er indirekt seine Virtuosität als Redekünstler auf. Jedoch impliziert das in keiner Weise, daß Hadrianus für die *imitatio* als rhetorische Technik oder Praxis plädiert hätte.

294–300 *in conuiuio ... permittam* Verworrene, durch Übersetzungsfehler entstellte, mißverstandene Wiedergabe von Philostr. *Vit. soph.* 586, wobei er außerdem die Pointe der Anekdote ausläßt: λόγου δὲ αὐτοῖς περὶ τῆς ἑκάστου τῶν σοφιστῶν ἰδέας προβαίνοντος παρελθὼν ἐς μέσους ὁ Ἁδριανὸς 'ἐγὼ', ἔφη, 'ὑπογράψω τοὺς χαρακτῆρας οὐ κομματίων ἀπομνημονεύων ἢ νοιδίων ἢ κώλων ἢ ῥυθμῶν, ἀλλ᾽ ἐς μίμησιν ἐμαυτὸν καθιστὰς καὶ τὰς ἁπάντων ἰδέας (ἰδέας *ed. Wright*: διανοίας *ed. Ald.*) ἀποσχεδιάζων σὺν εὐροίᾳ καὶ ἐφιεὶς (ἐφιεὶς *ed. Wright*: ἀφιεὶς *ed. Ald.*) τῇ γλώττῃ". Es fällt auf, daß dem Apophthegma, so wie Er. es erzählt, jegliche Pointe fehlt. Im Grunde enthält Er.' Erzählung nicht viel mehr als die Ankündigung des Hadrianus, er werde seinen eigenen Stil nachahmen. Die Pointe, die Philostratos zum Besten gibt, betrifft folgendes: Hadrianus charakterisierte zur Freude der Anwesenden die Stile der einzelnen Sophisten mit virtuoser Nachahmung. Jedoch fiel den Zuhörern auf, daß er einen Sophisten überging: den Lehrmeister der Gesellschaft, Herodes Atticus. Der Mitschüler Amphikles stellte ihn daraufhin zur Rede. Da gab Hadrianus zur Antwort, daß dies nicht bei einem Symposion und bei dem Genuß des Weines stattfinden dürfe: Der Stil des Meisters sei so überragend, daß er es verdiene, in aller Nüchternheit mit größter Konzentration und Sorgfalt nachgeahmt zu werden. Als dem Herodes Atticus, der zufällig bei der Sitzung nicht zugegen war, dies zu Ohren kam, war er zutiefst gerührt.

294 *conuiuio sophistarum* Er.' unbestimmtes „bei einem Gelage der Sophisten" gibt den wirklichen Sachverhalt nicht richtig wieder. Tatsächlich handelte es sich um eine Zusammenkunft der von Herodes Atticus in Athen errichteten Gesellschaft *Klepshydra* (Wasseruhr), deren Tagungen rituelle Züge hatten. Die Mitglieder dieser Gesellschaft waren Herodes Atticus, der den Vorsitz führte, und seine jeweils zehn besten Schüler. Die Dauer einer solchen Zusammenkunft war auf die (eingehende und tiefschürfende) Kommentierung von genau 100 Hexameterversen bemessen, welche der Meister Herodes selbst vornahm bzw. leitete. Den Rahmen bildete ein Symposium, bei dem Speise und Trank mit gelehrten Gesprächen verbunden wurden.

294–295 *tanquam ... futurus* Die Formulierung „tanquam egregii cuiuspiam arcani consors futurus" zeigt, daß Er. den Sinn des griech. Textes nicht richtig verstanden hat. Gemeint ist, daß Hadrianus, indem er an den Zusammenkünften der Klepshydra teilnehmen durfte, *Teilhaber eines geheimen Rituals* war. Die Klepshydra war eine ‚geschlossene' Gesellschaft mit kultischem Charakter. Er. jedoch scheint anzunehmen, daß es um die in Aussicht gestellte Teilhabe an irgendeinem Geheimwissen geht.

296–297 *in quo quisque ... imitandum esset* Ein Zusatz des Er.; in „quid in quoque potissimum imitandum esset" spiegelt sich bereits sein Missverständnis des Apophthegmas.

esset, „At *ego*", inquit, *„describam characteres*, haudquaquam *recensens incisiunculas*, intellectulos, *membra aut rhythmos, sed* me ipsum *mihi imitandum* proponens [i.e. imitationem characterum mihi proponens], *omniumque* inuenta *ex tempore* proferens *fluxu* quodam orationis ac *linguae permittam* haec omnia".

Quid de hoc Adriani dicto iudicandum existiment, viderint critici. Illud scio, Horatium non temere exclamasse: „*O imitatores, seruum pecus*". Et hodie videmus quosdam, qui se totos addixerunt exprimendo Ciceroni, frigidos et elumbes euadere. Quod si quos delectat illud orationis genus leue et γλαφυρὸν, equidem nec obsto cuiquam nec inuideo. At ipse malim Epicteti rudem et indolatam phrasim, sed naturalem, quam Isocratis omni flosculorum genere picturatam.

297 *incisiunculas* Gemeint ist, daß Hadrianus bei seiner Charakterisierung des Redestils seiner Sophistenkollegen auf das wörtliche Zitieren von kürzeren Satzgliedern (κόμματα), hier spielerisch „Satzteilchen" (κομμάτια) genannt (vgl. dazu Passow I, 2, S. 1784, s.v. κομμάτιον), verzichten will. Bei den latein. Rhetorikern und Grammatikern wird meist der griech. t.t. für Satzteil, κόμμα, latinisiert angewendet („comma"; vgl. *DNG* I, Sp. 1003, s.v.), während Cicero ihn mit *incisio* bzw. *incisum* übersetzte (vgl. *DNG* II, Sp. 2508, s. vv.; Niermeyer I, s.v. „incisio"). Aus „incisio" (z. B. Cic. *or.* 206) hat Er. mit dem drolligen Deminutiv „incisiuncula" einen Neologismus gebildet (nicht in Hoven).

298 *intellectulos* Gemeint ist, daß Hadrianus darauf verzichten will, die klugen Gedanken (Einfälle, Argumente: νοιδίων) seiner Sophistenkollegen wörtlich zu zitieren. Für diese konkret aufgefaßten „klugen Einfälle" hat Philostrat das Deminutiv νοίδιον (von νόος) gebildet, daß man im Latein. vielleicht am besten mit *sententiuncula* wiedergeben könnte.

298 *membra* „membra" ist die korrekte Übers. des griech. t.t. für „Satzteil" (κῶλον), ein längeres Satzglied im Vergleich zu κόμμα; vgl. *DNG* II, Sp. 3043, s.v. „membrum", II.2.c.

298 *rhythmos* „rhythmi" die metrischen Klauseln des Prosarhythmus.

298 *sed me ... proponens* Er. hat hier einen Übersetzungsfehler begangen und dadurch den Text missverstanden. Er. übersetzte ἀλλ' ἐς μίμησιν ἐμαυτὸν καθιστάς, „sondern indem ich mich auf die Nachahmung zulege (nml. der verschiedenen Redestile der einzelnen Sophisten)", irrig mit „sondern indem ich mir vornehme, mich selbst nachzuahmen" (vgl. *CWE* 38, S. 880: „but by putting myself forward as my own model"). Letztes ist nicht nur eine Fehlübersetzung, sondern auch an sich unsinnig. Vgl. die korrekte Übers. von Philostrat. a.a.O. von Wright, in Philostratus, *Lives of the Sophists* (Loeb), S. 225: „But I will undertake to imitate them and will reproduce extempore the style of every one of them ...".

299 *inuenta* Mit „omnium inuenta ... proferens" setzt Er. sein Missverständnis der Philostrat-Stelle fort. Es geht Hadrianus – wie er schon gesagt hatte – eben nicht darum, die einzelnen klugen Einfälle („inuenta", oben nennt Er. sie „intellectulos", seine Wiedergabe von νοίδια) seiner Sophistenkollegen „vorzutragen" bzw. „vorzubringen" („proferens"), sondern ihre charakteristischen Redestile (ἰδέας) exemplarisch zu „skizzieren" bzw. zu „umreißen" (ἀποσχεδιάζων). Er.' irreführendem „inuenta" liegt auch ein Textüberlieferungsproblem zugrunde: Die von Er. benutzte Aldus-Ausgabe hatte a.a.O. διανοίας statt ἰδέας. Da er den Sinn der Stelle überhaupt falsch verstand, fiel ihm nicht auf, daß „inuenta" eigentlich einen Widerspruch zum vorher Gesagten darstellt.

302 *O imitatores ... pecus* Hor. *Epist.* I, 19,19: „O imitatores, seruum pecus, vt mihi saepe/ Bilem, saepe iocum vestri mouere tumultus!". Horazens Ausspruch, mit dem er sich gegen die Imitatoren wendet, ist programmatischer Art. Seine eigene literarische Arbeitsweise stellt er als frei und originell dar und stellt sie der „sklavischen" Imitation seiner Zeitgenossen polemisch gegenüber. Er, Horaz, wäre ein Neuerer, ein „Anführer" gewesen, bereits, als er die „parischen" Iamben in die lateinische Sprache übertrug, usw.

303 *exprimendo Ciceroni* Er. bezieht sich hier auf seinen *Ciceronianus*, der 1528 erschienen

war und in dem er gegen die sklavische Cicero-Imitation plädierte.

304 *orationis genus leue et* γλαφυρὸν γλαφυρός bedeutet im Hinblick auf den Redestil „geglättet", „poliert", „zierlich"; denselben Sinn vermittelt auch das Substantiv γλαφυρία (Passow I, 1, S. 560, s.vv.); Er. verwendet es hier jedoch abschätzig (vgl. „leue", „unbedeutend", „hohl").

305 *Epicteti* Die Schriften des Stoikers Epiktet (um 50–138 n. Chr.) sind stilistisch nicht anspruchsvoll und alles andere als rhetorisch ausgefeilt, was u.a. der Tatsache geschuldet ist, daß es sich um Mitschriften eines Schülers (Arrianos von Nikomedia) handelt, die dieser zunächst in stenographischer Form gemacht hatte; vorrangig ging es dabei um den Inhalt, alles andere blieb außen vor. Auch bei der Umschrift der stenographischen Buchrollen bemühte sich Arrianos nicht, die Texte rhetorisch-stilistisch zu glätten; sein Ziel war vielmehr, einerseits das gesprochene Wort seines Lehrmeisters in möglichst authentischer Form wiederzugeben, andererseits die Grundgedanken der Lehre Epiktets möglichst vollständig zu erfassen (insb. im *Encheiridion*). Hinzu kommt, daß bedingt durch seine Herkunft Epiktet sich einer einfachen Ausdrucksweise befleißigte: Er war ein Sklave, der aus Phrygien stammte. Zudem richtete sich Epiktet in seinen Vorträgen und Auslegungen, die meist ethischen Fragen gewidmet waren, an ein Laienpublikum, das er in einer möglichst einfachen, verständlichen Sprache zu erreichen suchte. Er. outet sich hier überraschenderweise als Kenner, glühender Anhänger und Liebhaber von Epiktets griechischem Stil, den er jenem des kanonisierten Redners Isokrates gegenüberstellt. In Wirklichkeit kannte Er. den Text des Encheiridions die längste Zeit nur aus der Übersetzung Polizianos (aus d.J. 1479), die sich jedoch durch den geschliffenen lateinischen Stil des Florentiner Rhetorikprofessors auszeichnet (vgl. Komm. zu *Adag.* 304, *ASD* II, 1, S. 413). Polizianos *Enchiridium* erinnert in keiner Weise an den Stenographiestil des griechischen Originals. Der griechische Text war Er. erst seit kurzem zugänglich, nachdem die *editio princeps* des griech. *Encheiridion* 1529 in Basel im Druck erschienen war. Dennoch ist es nicht wahrscheinlich, daß Er. mit dem griechischen *Encheiridion* wirklich gut vertraut war. Das lässt sich aus der Behandlung des Epiktet in den *Apophthegmata* ersehen: Im siebenten Buch (zuerst 1532 erschienen) widmete Er. Epiktet eine Sektion (VII, 286–288), aus der jedoch gar nicht hervorgeht, daß er das *Encheiridion* gut oder auch nur redlich kannte: Alle benutzten Quellen sind sekundär (Gellius). Von dem – oh so wunderbaren! – Stil Epiktets ist dort nicht die Rede. Hinzu kommt, daß Er. Epiktet irrtümlicherweise für einen Kyniker hält: Wenn Er. das *Encheiridion* tatsächlich gut gekannt hätte, hätte ihm klar werden müssen, daß es von einem *Stoiker* stammt. Übrigens hatte bereits Poliziano in der Titulatur seiner Übersetzung klar angegeben, daß der Autor der *Stoiker* Epiktet sei; vgl. die Ausgabe Paris 1512, fol. XXXVI^v: „Angeli Politiani in *Epicteti Stoici* enchiridion e Graeco a se interpretatum ad Laurentium Medicem epistola". Wie der Abschnitt *Apophth.* VII, 286–288 zeigt, waren Er. i.J. 1532 sogar so rudimentäre Tatsachen nicht geläufig. Er.' Behauptung, ein glühender Anhänger von Epiktets Stil zu sein, ist reine Prätention. Vielleicht hat sich Er. bei seiner Hochschätzung von Epiktets Stil gerade von Poliziano anregen lassen, der diesen in seinem Widmungsbrief an Lorenzo de' Medici lobte: „Sermo autem in eo omnino efficax est atque energiae plenus et in quo mira sit in permouendo vis. … Stylus autem, qualem res postularet, concisus ac dilucidus quique omnem respuat ornatum …". Zugleich merkt Poliziano a.a.O. an, daß er den Stil des Epiktet nicht in einer *verbatim*-Übersetzung wiedergegeben, sondern das Griechische sehr frei übertragen habe: „Quod si non verba ad vnguem (id nullo modo fieri poterat), at sensum certe ipsum purum syncerumque Latinum a nobis redditum arbitror".

306 *quam Isocratis … picturatam* Zugleich outet sich Er. als Gegner des Redestils des Isokrates (436/5–338 v. Chr.), der zum alexandrinischen Kanon der 10 besten attischen Redner zählte. Vgl. K. Münscher, *RE* IX, 2 (1916), Sp. 2146–2227, s.v. „Isokrates", Nr. 2; M. Weißenberger, *DNP* 5 (1998), Sp. 1138–1143, s.v. „Isokrates". Er. widmete ihm unten, VIII, 148–153, eine Sektion von Sprüchen. Zu seiner Person vgl. Komm. zu VIII, 148. Er. war mit den Reden des Isokrates im Übrigen nicht gut vertraut; in den *Adagia* bringt er nur aus zwei Werken Zitate, aus dem Dialog *Panathenaicus* und der Rede *De pace*.

⟨HERODES SOPHISTA⟩

| VIII, 42 | Colossi fragmenta | (Adrianus Sophista, 2, i.e. Herodes sophista, 9) |

310   Huius Adriani dictionem Herodes sophista solet appellare „κολοσσοῦ μεγάλα σπαράγματα", id est, „*colossi magna fragmenta*, simul in iuuene notans orationem nondum satis compositam, simul laudans et vocis et animi magnitudinem.

ADRIANVS SOPHISTA

| VIII, 43 | Facete | (Adrianus Sophista, 3) |

315   *Quidam e familiaribus miserat illi pisces in disco argenteo, picturato auro. At ille delectatus* vasculo *non remisit*, tantum *ei, qui miserat respondit*: „*Bene facis, quod etiam pisces*", quasi discus esset dono missus, pisces tantum nouitatis gratia additi. Quidam autem dicunt id *ioco factum*, vt *castigaret discipuli* vitium, qui sordidior esse *dicebatur. Nam eo admonito discum reddidit*.

320   Quum essem apud Coloniam Agrippinam, senatus honoris gratia misit vinum in cantharis testaceis, nec eos repeti mos est. Id admiratus, rogaui causam. Responsum est, olim vinum solere mitti cantharis argenteis. Hoc honoris quum esset habitum cuidam ex eorum numero, qui magnam nobilitatis partem existimant rapto viuere, postridie mane profectus est cum argenteis cantharis. Re comperta misit ad illum senatus, qui cantharos reposceret. At ille „Vltro", inquit, „dono dedistis, et ego gratias egi". Hoc casu admoniti mutarunt consuetudinem.

---

310   solet *B C*: solebat *LB*.

318   id *B*: *om. C LB*.

308   *Colossi fragmenta* Wie einereits die separate Überschrift „Colossi fragmenta", andererseits die Tatsache, daß das nunmehr Gebotene nicht zum Thema „Imitatio" gehört, anzeigt, bildet der Ausspruch des Herodes ein eigenes Lemma. Im Drucklegungsprozeß von *B* war dies übersehen worden, sodaß zwar der eigene Titel „Colossi fragmenta" gedruckt wurde, jedoch der Absatz mit Einzug versehentlich ausgelassen worden war. *C* folgte darin *B* und *BAS* folgte *C*, sodaß der Fehler bestehen blieb. In *CWE* 38, S. 881 werden „Huius … magnitudinem" zu Unrecht als Schlußteil von VIII, 41 gedruckt. Folge: ab dem nächsten *Apophth*. unsere *ASD*-Zählung = *CWE* + 1.

308   *Colossi fragmenta* Der Colossus von Rhodos, d.h. das ca. 30 m hohe Bronzestandbild des Sonnengottes, das in der Einfahrt des Hafens der Stadt Rhodos aufgestellt war, war sprichwörtlich für seine gigantische Größe. Er. widmete dem Colossus *Adag*. 2105 „Colossi magnitudine" (*ASD* II, 5, S. 108): „Κολοσσαῖος τὸ μέγεθος, id est *Colossaea magnitudine*. Prouerbialis apud Lucianum hyperbole in homines praegrandi corporis mole, a statuis ingentibus, quas colossos appellant. [*B*] Inter has in primis celebratur Solis colossus apud Rhodios, septuaginta cubitis altus (hoc est, iuxta Festum Pompeium, pedes centum et quinque), cuius pollicem vix pauci potuerunt amplecti. Referuntur et alii apud Plinium prodigiosae magnitudinis".

310   *Adriani dictionem* Die Bemerkung des Herodes Atticus bezieht sich in Wirklich-

310 *Herodes sophista* Herodes Atticus war der Lehrmeister des Hadrianus in der Rhetorik; zu diesem vgl. oben Komm. zu VIII, 29.

310 *solet* Er. gibt weder den Kontext noch die Bedeutung des Ausspruchs richtig wieder, welche beide von Philostratos (*Vit. soph.* 586) klar dargestellt werden. Es ist nicht richtig, daß Herodes Atticus die zitierten Worte über die Redekunst des Hadrianus zu sagen *pflegte*. Es handelte sich vielmehr um eine *einmalige* Gelegenheit: Als Hadrianus noch sehr jung war, hatte er Herodes eingeladen und gebeten, er möge eine von ihm gehaltene Stegreifrede beurteilen. Herodes war bemüht, dem jungen Mann ein stimulierendes und aufmunterndes Urteil zu geben. Im griech. Original steht dann auch nicht „H.A. pflegte den Stil des H. ... Bruchstücke eines Kolosses zu nennen", sondern H.A. sagte bewundernd, daß das aus dem Stegreif Vorgetragene „die Bruchstücke eines Kolosses sein könnten": Mit „Kolossos" meint er, daß bei einer in aller Ruhe durchgeführten Bearbeitung die notgedrungen skizzenhafte Stegreifrede ein gewaltiges, überragendes, monumentales Werk ergeben würde. D.h. er traute dem jungen Redner alles zu. Schon dadurch, daß Er. εἴη weglässt, gibt er dem Ausspruch einen anderen Sinn, nämlich einen teilweisen Tadel („in iuuene notans orationem nondum satis compositam"). Vgl. die richtige Übers. von Wright (S. 225): „... and afterwards he encouraged the youth, and ended by saying: ‚These might well be great fragments of a colossus'".

310–311 κολοσσοῦ ... σπαράγματα Philostr. *Vit. soph.* 586: Κολοσσοῦ ταῦτα μεγάλα σπαράγματ' ἂν εἴη (ἂν om. ed. Ald.).

315 *familiaribus* Wie oben, als Übers. von γνωρίμων in der Bedeutung von Schüler.

315–319 *miserat ... reddidit* Philostr. *Vit. soph.* 590: διαβάλλουσι δὲ αὐτὸν ὡς καὶ ἀναιδῆ τὸ ἦθος, πέμψαι μὲν γὰρ αὐτῷ τινα τῶν γνωρίμων ἰχθῦς διακειμένους ἐπὶ δίσκου ἀργυροῦ πεποικιλμένου χρυσῷ, τὸν δὲ ὑπερησθέντα τῷ δίσκῳ μήτε ἀποδοῦναι καὶ ἀποκρίνασθαι τῷ πέμψαντι „εὖγε, ὅτι καὶ τοὺς ἰχθῦς". τουτὶ δὲ διατριβῆς μὲν ἕνεκα παῖξαι λέγεται πρός τινα τῶν ἑαυτοῦ γνωρίμων, ὃν ἤκουε μικροπρεπῶς τῷ πλούτῳ χρώμενον, τὸν δὲ ἄργυρον ἀποδοῦναι σωφρονίσας τὸν ἀκροατὴν τῷ ἀστεϊσμῷ.

317 *quasi discus ... additi* Erklärender Einschub des Er.

320–326 *Quum essem ... consuetudinem* Er. entwirft hier, im Anschluß an die Anekdote, die von Hadrianus erzählt wird, eine Art autobiographisches Apophthegma, das auf einen Köln-Aufenthalt des Humanisten zurückgehen mag. *CWE* 38, S. 881 identifiziert diesen als den Köln-Aufenthalt d.J. 1520 (im Nov.); vgl. *Ep.* 1155–1160, Allen IV, S. 370–380. In den Briefen, die in dieser Zeit entstanden, vermeldet Er. weder die Begebenheit noch die damit verknüpfte Legende.

321–322 *Responsum est ... cantharis argenteis* Diese Legende („olim") geht auf das 12. oder 13. Jh. zurück, als ein Stadtrat von Köln einem Grafen von Arberg und Burggrafen von Köln Wein schenkte, den er in silbernen Flaschen präsentiert haben soll, wobei der Burggraf die silbernen Flaschen als Geschenk betrachtet haben soll. Der erste Graf von Arberg (und zugleich Burggraf von Köln) war Heinrich II. (1166–1197), der Sohn des Burggrafen von Köln, Gerhard; der letzte Johann von Arberg, der die Burggrafschaft Köln i.J. 1279 dem Erzbischof verkaufte. Es könnte sich somit um Heinrich II., Eberhard (1200–1218), Heinrich III. (1220–1252) oder Gerhard Johann (1267–1280) gehandelt haben. Zu den Grafen von Arberg vgl. H. Neu, „Arenberg", *Neue Deutsche Biographie* 1 (1953), S. 341–342. Die Legende wird u.a. erzählt in Johann-Gustav Gottlieb Büsching, *Lieben, Lust und Leben der Deutschen des 16. Jh.*, in den Begebenheiten des Schlesischen Ritters Hans von Schweinichen, Bd. I, Breslau 1820, S. 198–199.

PAVSANIAS CAPPADOX

VIII, 44   Salse   (Pausanias Sophista)

⟨Pausanias Cappadox⟩ quoniam more suae gentis *crassa lingua* sonabat, *confundens consonantes, breues* [i.e. syllabas] *producens, productas corripiens, vulgo dictus est coquus, qui preciosa obsonia male* condiret.

PROCLVS ⟨SOPHISTA⟩

VIII, 45   Argvte   (Proclus Sophista)

Proclus Naucratites *filium habebat intemperantem, gallis gallinaceis, coturnicibus, catellis, et equis alendis indulgentem*, quem pater adeo non *increpabat, vt vna cum illo potius iuuenaretur*. Quo nomine quum ab amicis *obiurgaretur*, „Citius", inquit, „desinet cum senibus colludens quam cum aequalibus".

---

329 Pausanias Cappadox *suppleui ex inscriptione B C.*

331 obsonia *C*: opsonia *B*.
332 SOPHISTA *suppleui*

Pausanias aus Caesarea in Kappadokien (um 115–180 n. Chr.), ein weiterer Schüler des Herodes Atticus und Mitglied der *Klepsydra*, als Rhetor und Rhetoriklehrer tätig in Athen und Rom; fiel durch seine breite kappadokische Aussprache auf. Vgl. W. Stegemann, *RE* XVIII, 4 (1949), Sp. 2405–2406, s.v. „Pausanias", Nr. 21; A.A. Donohue, *DNP* 9 (2000), Sp. 445–449, s.v. „Pausanias", Nr. 8.

327 *PAVSANIAS CAPPADOX* In dieser Form auch im Index personarum von *B* und *C*.

329 *crassa lingua* eine gelungene Übers. des Er. für παχείᾳ τῆι γλώττηι; gemeint ist die „zähflüssige", „geronnene" = schlecht artikulierte Aussprache des Griechischen von Seiten der Kappadokier.

329–331 *crassa lingua … condiret* Philostr. *Vit. soph.* 594: ἀπήγγελλε δὲ παχείᾳ τῆι γλώττηι καὶ ὡς Καππαδόκαις ξύνηθες, ξυγκρούων μὲν τὰ σύμφωνα τῶν στοιχείων, συστέλλων δὲ τὰ μηκυνόμενα καὶ μηκύνων τὰ βραχέα, ὅθεν ἐκάλουν αὐτὸν οἱ πολλοὶ μάγειρον πολυτελῆ ὄψα πονήρως ἀρτύοντα.

329–330 *confundens consonantes* Der Kappadokier artikulierte die Konsonanten nicht richtig und nicht scharf genug; dadurch schien es, als ob er sie miteinander „vermischte" und insofern durcheinanderbrachte.

330 *breues producens, productas corripiens* An dieser Stelle hat Er. bei der Übers. ein entscheidendes Wort ausgelassen, nml. τῶν στοιχείων. Dadurch beziehen sich syntaktisch „breues" („kurze") und „productas" („lange") auf die „consonantes". Lange von kurzen Konsonanten zu unterscheiden ist natürlich nicht sehr sinnvoll; gemeint ist „lange und kurze Silben" (στοιχεῖα): στοιχεῖα sind die Grundbausteine, in diesem Fall von Wörtern, somit Silben (vgl. auch die Übers. von W.C. Wright *ad loc.*).

331 *condiret* im Griech. steht: „ein Koch, der die teuren Zutaten (= Fisch, Fleisch) (durch schlechte Zubereitung) verdirbt".

Proklos aus Naukratis in Ägypten (2. Jh. n. Chr.), Sophist. Kam als junger Mann nach Athen, dort Schüler des Sophisten Claudius Hadrianus. Für seine Vorträge kassierte er ein Eintrittsgeld von 100 Drachmen pro Person; nicht in *DNP*.

334 *Naucratites* Proklos stammt aus der griech. Handelsstadt Naukratis im westlichen Nildelta, ca. 75 km südwestl. von Alexandreia (ursprünglich eine Gründung Milets). Vgl. D.G. Hogarth, H. Lockhart Lorimer und C.C. Cowan Edgar, „Naukratis, 1903", *The Journal of Hellenic Studies* 25 (1905), S. 105–136.

334–337 *Filium ... aequalibus* Leicht variierende Übers. von Philostr. *Vit. soph.* 603: υἱῷ τε ἀσώτῳ περὶ ἀλεκτρυόνων τροφὴν περί τε ὀρτύγων κυνῶν (κυνῶν *om.* Aldus) τε καὶ κυνιδίων καὶ ἵππων ξυννεάζων μᾶλλον ἢ ἐπιπλήττων καὶ παρὰ τοῖς πολλοῖς ἔχων αἰτίαν „θᾶττον", ἔφη, „μεταβαλεῖ τὸ μετὰ γερόντων παίζειν ἢ μετὰ ἡλίκων".

334 *gallis gallinaceis* „galli", „Hähne"; gemeint ist, daß der Sohn Kampfhähne für Tierkämpfe mit Wetten hielt.

334 *coturnicibus* Die ursprünglich wildlebende Wachtel (*Coturnix coturnix*), ein kleiner Hühnervogel, wurde in der griech. Antike und in Ägypten auch als Haustier gehalten, v.a. wegen ihrer delikaten Eier als auch wegen ihres Fleisches (vgl. Ch. Hünemörder, *DNP* 12, 2 [2002], Sp. 357–358, s.v. „Wachtel"). Jedoch ist dies hier nicht gemeint. Der verwöhnte Sohn des Proklos hielt die angeführten Tiere mitnichten als Nutztiere, sondern zu Spiel und Sport: Genauso wie er Kampfhähne hielt, so züchtete er Wachtelhähne, die zum Tierkampf mit Wetten eingesetzt wurden.

335 *equis* Gemeint sind Rennpferde.

336 *ab amicis* „ab amicis" ist eine freie Variation des Er.; im Griech. steht παρὰ τοῖς πολλοῖς.

ANTIPATER [i.e. HERMOCRATES SOPHISTA]

VIII, 46   Lepide   (Antipater Sophista, i.e. Hermocrates Sophista)

Antipater Hieropolites [i.e. Hermocrates sophista] quum ducturus esset *Seueri Caesaris* [i.e. Antipatris] *filiam forma parum felici, et familiarium quispiam interrogaret, quando laturus esset* [i.e. Hermocrates] τὰ ἀνακαλυπτήρια – sic appellabantur munera, quae sponsae amici deferebant sponso tertio die, quo sponsa debebat exhiberi spectanda, *Hermocrates lepidissime respondit*: „ἐγκαλυπτήρια μὲν οὖν τοιαύτην λαμβάνων", id est, „*encalypteria potius, quum talem duc*at [i.e. ducam] "; ἀνακαλύπτω est „retego", ἐγκαλύπτω „tego". Quod deforme est, tegi magis oportet quam retegi.

HERACLIDES SOPHISTA [i.e. PTOLEMAEVS SOPHISTA]

VIII, 47   Indvstria   (Heraclides Sophista, i.e. Ptolemaeus Sophista)

⟨Heraclides sophista⟩ scripserat *libellum, cui titulum indiderat* Πόνου ἐγκώμιον, id est *Laboris laudatio. Eum quum Ptolemaeus sophista, forte obuius, uideret habentem prae manibus, rogabat, quid moliretur. Quum ille respondisset* „Πόνου ἐγκώμιον", *Ptolemaeus*

---

341 Hieropolites *B C*: *scribendum erat* Hieropolites.
345 λαμβάνων *scripsi sec. Philostrat. loc. cit.*: λαβών *B C LB*.

348 HERACLIDES SOPHISTA *B C*: *scribendum erat* PTOLEMAEVS SOPHISTA
351 Heraclides sophista *suppleui ex inscriptione B C*.

338 *ANTIPATER* Die in den Baseldrucken überlieferte irrige Überschrift „ANTIPATER" kam durch einen dreifachen Irrtum zustande: Erstens ist, auch in der verworrenen Version des Er., der wirkliche Spruchspender der Sophist Lucius Flauius Hermocrates aus Phokaia. Zweitens hat Er. in *Apophth.* VIII, 46 sämtliche Akteure durcheinandergeworfen. Bei der Zuschreibung des Spruches in der Überschrift ging Er. fälschlich von dem ersten im Text genannten Eigennamen aus; dieser beruht aber ebenfalls auf einer Verwechslung: Er sollte nicht Antipater, sondern Hermocrates lauten. Des weiteren war „ANTIPATER" als Überschrift unzureichend, da der Name in erster Linie mit dem General des Alexander assoziiert wurde und es zudem einen kyrenaischen Philosophen namens Antipater gab, der im achten Buch ebenfalls zu Wort kommt (VIII, 136). Der letztere wird mit dem Namen „Antipater Cyrenaicus", der General einfach mit „Antipater" und der Sophist mit „Antipater Hieropolites"; im Haupttext von VIII, 46 und im Index personarum von *B* und *C* erhält Antipater den Zunamen „Hieropolites".
Apophth. VIII, 46 datiert auf das Zeitfenster 195–199, in dem der Kaiser Septimius Severus den Redner L. Flavius Hermocrates zwang, die nicht sonderlich mit äußerlichen Reizen gesegnete Tochter des von ihm ebenfalls protegierten Sophisten Antipatros zu heiraten.
341 *Antipater Hieropolites* **Aelius Antipater** bzw. Antipatros aus Hierapolis in Phrygien (um 144-nach 212 n. Chr.), in Kleinasien (heute zenrale Türkei); Schüler u.a. der Sophisten Claudius Hadrianus und Pollux, hochgeschätzt und gefördert von Kaiser Septimius Severus (reg. 193–211), der ihm das

Amt *Ab epistulis* für die griechische Korrespondenz übertrug, später sogar das Konsulat und die Statthalterschaft der kaiserlichen Provinz Bithynien (*legatus Augusti*); Antipatros war außerdem i.d.J. 200–205 am Kaiserhof als Prinzenerzieher der Söhne des Septimius Severus, Geta und Caracalla, tätig. Antipatros war weiter der Lehrmeister des Philostratos, des Verf. der *Sophistenbiographien*. Antipatros selbst schrieb eine (panegyrische) Biographie des Septimius Severus (Jacoby 211), Briefe im Auftrag des Kaisers sowie einige Reden. Vgl. W. Schmid, *RE* I, 2 (1894), Sp. 2517, s.v. „Antipatros", Nr. 29; E. Bowie, *DNP* 1 (1996), Sp. 780–781, s.v. „Antipatros", Nr. 12; G.W. Bowersock, *Greek Sophists and the Roman Empire*, 1969, S. 55–66; P.M.M. Leunissen, *Konsuln und Konsulare in der Zeit von Commodus bis Severus Alexander (180–235 n. Chr.)*, Amsterdam 1989, S. 261; J.H. Oliver, „The Sacred Gerusia and the Emperor's Consilium", in *Hesperia* 36, 3 (1967), S. 329–335. Allerdings ist er in VIII, 46 nicht Spruchspender, sondern nur Figurant.

341 *Seueri* Septimius Severus (146–211 n. Chr., Kaiser 193–211). Er. widmete ihm in der sechsten Buch der *Apophthegmata* eine Sequenz von Sprüchen (VI, 124–129). Zur Person des Severus vgl. oben Komm. zu VI, 124.

341–345 *Seueri … λαβών* Verdrehte und völlig verworrene Wiedergabe von Philostr. *Vit. soph.* 610–611, bei der Er. alle Akteure der Anekdote miteinander verwechselt. Es war nicht Antipatros, der eine Frau heiratete und diese war nicht die Tochter des Kaisers Septimius Severus; Severus hatte keine Töchter, nur zwei Söhne, Geta und Caracalla. Der Bräutigam war Hermokrates, der die Tochter seines Freundes Antipatros zur Frau nahm. Allerdings war es Septimius Severus, der den zögernden Hermokrates letztlich zur Heirat zwang. Der Spruchspender ist nicht Antipatros, sondern Hermokrates, dem auch der von Er. zitierte Abschnitt in Philostrats *Sophistenbiographien* gewidmet ist (608–612); Hermokrates sprach die von Er. zitierten Worte allerdings im Bezug auf sich selbst.

343–345 *sic appellabantur … spectanda* Er. liefert eine kulturhistorische Erklärung, die nicht ganz richtig ist. Die ἀνακαλυπτήρια („Entschleierung") findet nicht am dritten Tag des griechischen Hochzeitsfestes statt, wie Er. behauptet, sondern am zweiten; dabei geht es nicht um Geschenke, die der Bräutigam „von den Freunden der Braut" erhält; wesentlich für die Kalypteria sind überhaupt nicht Geschenke, sondern die „Entschleierung", d.h. die Tatsache, daß sich die Braut nunmehr im Ritual zum ersten Mal unverschleiert dem Bräutigam zeigt. Direkt mit der „Entschleierung" wird die offizielle, feierliche Übergabe (ἔκδόσις) der Braut an den Bräutigam durch den Brautvater verbunden. D.h. die ἀνακαλυπτήρια und die ἔκδόσις bezeichnen den eigentlichen Vollzug und Kern der griechischen Hochzeit. Vgl. M. Haase, *DNP* 5 (1998), Sp. 649–654, s.v. „Hochzeitsbräuche und -ritual", Nr. II. „Griechenland"; H. von Gärtringen, *RE* I, 2 (1894), Sp. 2031–2032, s.v. „Anakalypteria".

345 *Hermocrates* **Lucius Flavius Hermocrates** aus Phokaia (um 200 n. Chr. tätig), Urenkel des Redners Polemon, Schüler des Claudius Rufinus aus Smyrna; sehr talentierter und von Philostrat gerühmter, in Rom tätiger Sophist, der von Kaiser Septimius Severus gefördert wurde. Der Kaiser soll dem jungen Mann einmal zum Lohn für eine besonders gelungene Rede fünfzig Talente Weihrauch geschenkt haben. Hermocrates befand sich ca. 195–199 im heiratsfähigen Alter; er starb sehr jung, mit 25 oder 28 Jahren. Vgl. K. Münscher, *RE* VIII, 1 (1912), Sp. 888–889, s.v. „Hermokrates", Nr. 12; E. Bowie, *DNP* 5 (1998), Sp. 448, s.v. „Hermokrates", Nr. 2.

348 *HERACLIDES* **Herakleides Sophistes** (2./3. Jhr. n. Chr.), lykischer Edelmann, Schüler des Claudius Hadrianus; leitete eine erfolgreiche Rhetorikschule in Smyrna; Wohltäter in Smyrna, wo er öffentliche Bauten finanzierte. Vgl. K. Münscher, *RE* VIII, 1 (1912), Sp. 470–472, s.v. „Herakleides", Nr. 44; E. Bowie, *DNP* 5 (1998), Sp. 377, s.v. „Herakleides", Nr. 23.

348 *HERACLIDES SOPHISTA* In dieser Form auch im Index personarum von *B* und *C*.

351–354 *libellum … encomii* Philostr. *Vit. soph.* 614–615: … καὶ ἔστιν αὐτῷ φρόντισμα οὐκ ἀηδές, βιβλίον ξύμμετρον, ὃ ἐπιγέγραπται Πόνου ἐγκώμιον, τὸ δὲ βιβλίον τοῦτο πρὸ χειρῶν ἔχων ἐνέτυχε Πτολεμαίῳ τῷ σοφιστῇ κατὰ τὴν Ναύκρατιν, ὁ δὲ ἤρετο αὐτόν, ὅ τι σπουδάζοι, τοῦ δὲ εἰπόντος, ὅτι πόνου εἴη ἐγκώμιον, αἰτήσας (αἰτήσας *ed. Wright*: λαβών *ed. Ald.*) ὁ Πτολεμαῖος τὸ βιβλίον καὶ ἀπαλείψας τὸ πῖ „ὥρα σοι", ἔφη, „ἀναγιγνώσκειν τὸ ὄνομα τοῦ ἐγκωμίου".

352 *Ptolemaeus* **Ptolemaios aus Naukratis** in Ägypten (2./3. Jhr. n. Chr.), Rhetor und Sophist. Vgl. A. Dihle, *RE* XXIII, 2 (1959), Sp. 1861, s.v. „Ptolemaios", Nr. 76; nicht in *DNP*.

accepto codice *deleuit* π, et adiecit: „Tempus est, vt *legas titulum encomii*". – Reperit-
355 que ⟨ille⟩ scriptum „ὄνου ἐγκώμιον". Ptolemaeus huc allusit, quod si labor mereretur
laudem, eadem opera laudandus esset asinus animal labori natum.

HIPPODROMVS SOPHISTA

VIII, 48   Ivdicivm incorrvptvm   (Hippodromus Sophista, 1)

Hippodromus sophista *Clementi tragoediarum* actori longe praestantissimo *quum*
360 *apud Amphictyones optime re gesta* negata esset victoria, quod Byzantius esset *atque id
temporis* Byzantium a Romanis obsideretur, *prosiliens clamauit*: „Valeant applaudentes [i.e. peierantes] ac perperam de re iudicantes!". „Ego", inquit, „Clementi victoriam
decerno". Quum alter histrio appellasset Caesarem, obtinuit Hippodromi suffragium.

355 ille *suppleui*.

354 *accepto codice* Er. übersetzte hier das materialisiert gedachte βιβλίον (eig. *liber, libellus*) so, als ob sich die Anekdote in seiner eigenen Zeit abspielen würde, nämlich als codex", ein handgeschriebener Buchblock. Zur Zeit der Zweiten Sophistik waren die Buchrollen (aus Papyrus) jedoch gebräuchlicher. „accepto" kommt etwas unvermittelt, im *text. recept.* Philostrats steht dann auch: „nachdem Ptolemaios um das Buch gebeten hatte" (αἰτήσας ὁ Πτολεμαῖος τὸ βιβλίον); die von Er. benutzte Aldus-Ausgabe hatte an der nämlichen Stelle jedoch λαβών statt αἰτήσας.

Hippodromos aus Larissa (2./3. n. Chr.), Sohn des reichen thessalischen Pferdezüchters Olympiodoros; Redner und Sophist, Schüler des Chrestos; bekleidete einige Jahre den kaiserlichen Lehrstuhl für Sophistik in Athen; später zog er sich auf seine Erbgüter in Thessalien zurück, um sich rhetorischen Studien zu widmen. Vgl. K. Münscher, *RE* VIII, 2 (1913), Sp. 1745–1747, s.v. „Hippodromos", Nr. 4; E. Bowie, *DNP* 5 (1998), Sp. 584, s.v. „Hippodromos", Nr. 2; G. Anderson, *The Second Sophistic: A Cultural Phenomenon in the Roman Empire*, London etc. 2005, S. 126–128.

357 *HIPPODROMUS SOPHISTA* So im Index personarum von *B* und *C*.

Apophth. VIII, 48 datiert auf d.J. 193–194, als Byzanz, das von den Truppen des Pescennius Niger besetzt worden war, von einer Armee des Septimius Severus, den die pannonischen Legionen zum Kaiser ausgerufen hatten, belagert wurde. Dieser politisch-militärische Hintergrund ist zum Verständnis der Anekdote relevant. Pescennius Niger war im April d.J. 193 in Antiocheia zum Kaiser ernannt worden; daraufhin rückte er gegen Westen vor und eroberte das Tor zum Westen, Byzanz; sodann stieß Niger mit seinen Legionen nach Thrakien vor. Septimius Severus warf ihn jedoch zurück und zwang ihn, sich nach Byzanz zurückzuziehen. Nigers Truppen hielten Byzanz, während er sich in sein Hauptquartier in Antiocheia begab. Ein Teil der Armee des Severus schloss Byzanz ein. Der Hauptteil der Legionen des Severus landete jedoch an der Küste Kleinasiens; in der Folge gelang es ihnen, Kleinasien zum größten Teil zu erobern. In der Schlacht von Issos im Mai 194 erlitt Niger eine entscheidende Niederlage. Ca. 20.000 seiner Soldaten fanden den Tod, er selbst konnte erneut nach Antiocheia entkommen. Als die Legionen des Severus nachrückten, fand er auf der Flucht aus Antiocheia zu den Parthern noch im selben Jahr den Tod; sein abgeschlagener Kopf wurde nach Byzanz gebracht, wo seine Anhänger und ein Teil seines Heeres ausgeharrt hatten. Zu den Ereignissen vgl. S. Pasek, *Bellum civile inter principes. Der Bürgerkrieg zwischen Septimius Severus und Pescennius Niger (193/194 n. Chr.)*, München 2014; F. Minucci, „Precisazioni cronologiche sulla lotta tra Settimio Severo e Pescennio Nigro", in: *Università di Siena. Annali della Facoltà di Lettere e Filosofia* 23 (2002), S. 43–70.

359 *Clementi* Clemens aus Byzanz, Tragödienschauspieler um 200 n. Chr. Vgl. E. Groag, *RE* IV, 1 (1900), Sp. 10, s.v. „Clemens", Nr. 4; nicht in *DNP*.

359–363 *Clementi ... decerno* Im narrativen Teil sehr stark gekürzten, dadurch schwer verständliche, im Spruchteil versuchte wörtliche, jedoch durch einen Übersetzungsfehler entstellte Wiedergabe von Philostr. *Vit. soph.* 616: Κλήμης γὰρ (γὰρ ed. *Wright*: δὲ ed. *Ald.*) ὁ Βυζάντιος τραγῳδίας ὑποκριτὴς ἦν μὲν οἷος οὔπω τις τὴν τέχνην, νικῶν δὲ κατὰ τοὺς χρόνους, οὓς τὸ Βυζάντιον ἐπολιορκεῖτο, ἀπῄει ἁμαρτάνων τῆς νίκης, ὡς μὴ δοκοίη δι' ἑνὸς ἀνδρὸς κηρύττεσθαι πόλις ὅπλα ἐπὶ Ῥωμαίους ᾐρμένη. ἄριστα δὲ αὐτὸν ἀγωνισάμενον κἀν τοῖς Ἀμφικτυονικοῖς ἄθλοις οἱ μὲν Ἀμφικτύονες ἀπεψηφίζοντο τῆς νίκης δέει τῆς προειρημένης αἰτίας, ἀναπηδήσας δὲ ξὺν ὁρμῇ ὁ Ἱππόδρομος „οὗτοι μὲν", εἶπεν „ἐρρώσθων ἐπιορκοῦντές τε καὶ παραγιγνώσκοντες τοῦ δικαίου, ἐγὼ δὲ Κλήμεντι τὴν νικῶσαν δίδωμι". Er.' Darstellung der Anekdote bleibt verschwommen, weil er zu vermelden vergisst, daß Hippodromos bei den Pythischen Spielen als Kampfrichter fungierte. Bei Er. scheint es, als ob er als zufällig Anwesender spontan ins Geschehen eingreifen würde. Tatsächlich aber ist seine Stellungnahme seinem Kampfrichteramt geschuldet. Auch sagt er nicht „Weg mit den Beifallklatschern!", sondern er beschuldigt seine Kampfrichterkollegen des Eidbruchs. Philostratos bietet die Anekdote dar, um die Gerechtigkeit und Aufrichtigkeit zu belegen, mit der Hippodromos sein Kampfrichteramt ausübte. Auch bleibt der politisch-militärische Hintergrund verschwommen, weil Er. die diesbezügliche, ausführliche Erklärung des Philostratos gestrichen hat und auch den Namen des bei den Spielen anwesenden Kaisers nicht nennt (= Septimius Severus). Da dieser mit seinen Legionen gerade Byzantion belagerte, wo sich die Truppenmacht des Gegenkaisers Pescennius Niger aufhielt, wurde von den übrigen Kampfrichtern vermutet, daß ihm der Sieg eines Byzantiners nicht wohlgefällig sein würde. Es spricht für Hippodromos' Gerechtigkeitssinn und Mut, daß er sich traute, dagegen aufzutreten.

359 *longe praestantissimo* „longe praestantissimo" entstammt der freien Phantasie des Er. Seine Quelle Philostr. *Vit. soph.* 616 vermittelt ein anderes Bild.

360 *apud Amphictyones* Es handelt sich um die Pythischen Spiele in Delphi, die alle vier Jahre stattfanden und bei denen die sogenannten Amphyktionen, die Vertreter der 12 griechischen Stämme, als Kampfrichter fungierten. Bei den hier erwähnten Spielen fungierte Hippodromos als einer der 12 Kampfrichter, vermutlich als Vertreter Thessaliens. Hippodromos spielte bei verschiedenen Pythischen Spielen diese Rolle; zweimal war er sogar Ausrichter und Vorsitzender derselben (Philostr. *Vit. soph.* 616).

361 *a Romanis obsideretur* Daß Byzanz von „den Römern" belagert wurde, ist eine kuriose, irreführende Darstellung, die Er. von Philostratos übernahm; die Belagerten waren selbstverständlich auch „Römer". Es handelte sich um den Bürgerkrieg zwischen den Thronprätendenten Pescennius Niger und Septimus Severus.

361 *Valeant* Aus dem griech. Text geht hervor, daß Hippodromus diese Worte zu den übrigen Kampfrichtern spricht.

361–362 *applaudentes* Eine Fehlübersetzung des Er. von οὗτοι ἐρρώσθων ἐπιορκοῦντες, das nicht „Weg mit den Beifallklatschern!" („Valeant applaudentes") bedeutet, sondern „zum Teufel mit euch Eidbrüchigen, die ihr ein ungerechtes Urteil fällt!". Für ἐπιορκέω „einen Meineid schwören", „den Schwur brechen" vgl. Passow I, 2, S. 1092, s.v.; gemeint ist der Schwur der Kampfrichter bei den Spielen, ein gerechtes Urteil zu fällen. Er. hat sich offensichtlich verlesen und ἐπιορκοῦντες für ἐπικροτοῦντες angesehen.

363 *Caesarem* Es handelt sich um Septimius Severus, der offensichtlich bei den Spielen persönlich anwesend war. Zur Person des Septimus Severus vgl. oben Komm. zu *Apophth.* VI, 124.

VIII, 49   MODESTE   (Hippodromus Sophista, 2)

Quodam tempore, quum illi vehementer a *Graecis* applauderetur *multaque magnifica acclamarentur*, in quibus *illum aequabant Polemoni*, Homerico versu respondit „τί μ' ἀθανάτοισιν εἴσκεις;", id est, „*Quid me immortalibus aequas?*", simul et candidi hominis laudem auferens, qui Polemonem tam praeclaro testimonio ornarit, et modesti[ae], qui laudem inuidiosam repulerit.

VIII, 50   HOMERVS   (Hippodromus Sophista, 3)

Quodam *tragoediam appellante sophistarum matrem correxit dictum*: „*Ego*", inquit, „*dico Homerum esse patrem*", siue quod nimia sit tragicorum grandiloquentia, siue quod fons tragoediarum sit Homerus. Pulchrius autem est ex ipso haurire fonte.

VIII, 51   (Hippodromus Sophista, 4)

Homerum appellare solet vocem sophistarum, Archilochum spiritum, quod ille suppeditet verba splendida, hic acrimoniam et vehementiam.

QVIRINVS SOPHISTA

VIII, 52   ADMONITIO RETORTA   (Quirinus Sophista, 1)

⟨*Quirinus sophista*⟩ *quum ab Asianis reprehenderetur, quod in accusando mitior ac lenior esset, quam ipsi docerent*, „*Multo*", inquit, „*satius est, vt vos meam accipiatis lenitatem quam ego vestram crudelitatem*". Tumebant Asiani rhetores et immodicis delectabantur.

VIII, 53   FORTITER   (Quirinus Sophista, 2)

Amicis ipsum de morte filii consolantibus, „*Quando*", inquit, „*potius apparebo vir quam nunc?*", sentiens dolorem quidem esse acerbum, sed hoc fortitudinis laudem fore splendidiorem.

---

369 modesti *scripsi*: modestiae *B C*.
369 repulerit *B C*: repulit *BAS LB*.
375 solet *B C*: solebat *LB*.

365–367 *quum illi ... εἴσκεις* Größtenteils wörtliche Übers. von Philostr. *Vit. soph.* 616: βοώντων γοῦν ἐπ' αὐτῷ ποτε (ἐπ' αὐτῷ ποτε *ed. Wright*: ποτε ἐπ' αὐτῷ *ed. Ald.*) τῶν Ἑλλήνων

379 Quirinus sophista *suppleui ex inscriptione B C*.
380 lenior *C BAS LB*: leuior *B*.

πολλὰ καὶ εὔφημα καί που καὶ τῷ Πολέμωνι ὁμοιούντων αὐτὸν „τί μ' ἀθανάτοισιν εἴσκεις;" ἔφη, οὔτε τὸν Πολέμωνα ἀφελόμενος τὸ νομίζεσθαι θεῖον ἄνδρα, οὔτε ἑαυτῷ διδοὺς τὸ τοιούτῳ ὁμοιοῦσθαι. Vgl. Hom. *Od.* XVI, 187: οὔ τίς τοι θεός εἰμι· τί μ᾽ ἀθανάτοισιν ἐΐσκεις; Es handelt sich um die rührende Szene, in der sich Odysseus seinem Sohn Telemachos zu erkennen gibt, der ihn für einen Gott hält. Odysseus sagt zu ihm, daß er kein Gott, sondern sein Vater sei.

366 *Polemoni* Höchstwahrscheinlich der Sophist Antonios Polemon (ca. 88/90–144/6 n. Chr.), der nicht nur wegen seiner edlen Abstammung vom pontischen Königshaus und seiner weithin berühmten Rhetorikschule in Smyrna in höchstem Ansehen stand, sondern auch, weil ihn die Kaiser Trajan, Hadrian und Antoninus Pius mit Ehrungen und Geschenken überhäuften. Zu seiner Person vgl. oben Komm. zu VIII, 18.

371 *Quodam* Er. verschweigt den Namen dieses Sophisten: Nicagoras.

371–372 *tragoediam ... patrem* Wörtliche Übers. von Philostr. *Vit. soph.* 620: Νικαγόρου δὲ τοῦ σοφιστοῦ μητέρα σοφιστῶν τὴν τραγῳδίαν προσειπόντος διορθούμενος ὁ Ἱππόδρομος τὸν λόγον „ἐγὼ δὲ“, ἔφη, „πατέρα Ὅμηρον“.

375 *Homerum ... spiritum* Philostr. *Vit. soph.* 620: ἐσπούδαζε δὲ καὶ ἀπὸ Ἀρχιλόχου καλῶν τὸν μὲν Ὅμηρον φωνὴν σοφιστῶν, τὸν δὲ Ἀρχίλοχον πνεῦμα.

375 *Archilochum* Der frühe griech. Lyriker Archilochos aus Paros (um 680–um 640 v. Chr.) war für seine kriegerischen und aggressiv-spöttischen jambischen Dichtungen bekannt. Vgl. O. Crusius, *RE* II, 1 (1895), Sp. 487–507, s.v. „Archilochos", Nr. 2; E. Bowie, *DNP* I (1996), Sp. 994–997, s.v. „Archilochos".

Quirinus aus Nikomedeia (um 170–um 240 n. Chr.), Jurist, Schüler des Sophisten Hadrianos; bekleidete das Amt eines *advocatus fisci* in einer östl. Provinz. Vgl. H. Gärtner, *RE* XXIV (1963), Sp. 1321–1322, s.v. „Quirinus", Nr. 2; E. Bowie, *DNP* 10 (2001), Sp. 726, s.v. „Quirinus", Nr. 2.

377 *QVIRINVS SOPHISTA* In dieser Form auch im Index personarum von *B* und *C*.

378 *Admonitio retorta* Während Er. den Spruch formal zu kategorisieren versuchte, hat er seinen inhaltlichen Bezug falsch verstanden. Vgl. Komm. unten. Obwohl Lycosthenes diesen Spruch wörtlich von Er. übernahm, deutete er ihn im Unterschied zu diesem richtig, indem er ihn dem Kapitel „De celementia" zuordnete (S. 151).

379–381 *Quum ab Asianis ... crudelitatem* Philostr. *Vit. soph.* 621: αἰτιωμένων δὲ αὐτὸν τῶν κατὰ τὴν Ἀσίαν ἐνδεικτῶν, ὡς πρᾳότερον περὶ τὰς κατηγορίας ἢ αὐτοὶ διδάσκουσιν „καὶ μὴν καὶ πολλῷ βέλτιον", εἶπεν, „ὑμᾶς λαβεῖν τὴν ἐμὴν πρᾳότητα ἢ ἐμὲ τὴν ὑμετέραν ὠμότητα".

379 *Asianis* Damit sind diverse Ankläger aus der römischen Provinz *Asia* gemeint. Er. verstand darunter fälschlich Vertreter des asianischen Redestils.

381–382 *Tumebant ... delectabantur* Er. bezog das vorl. *Apophth.* irrtümlich auf die Frage des besten Redestils, Asianismus gegenüber Attizismus. Es handelt sich bei der von Philostrat angeführten Anekdote jedoch um die gerichtliche Verfolgung jener, gegen die Anzeigen wegen Steuerhinterziehung eingebracht worden waren, wofür Quirinus als *advocatus fisci* zuständig war. Offensichtlich ließ dieser oft Milde walten und Gnade vor Recht ergehen, ging somit anders vor, als die Anzeigeerstatter es sich gewünscht hätten. Das griech. Wort für „Anzeiger", ἐνδείκτης (der äquivalente latein. Begriff wäre „delator" – für ἐνδείκτης vgl. Passow I, 2, S. 922, s.v.) hat Er. anscheinend nicht beachtet, jedenfalls fehlt es in seiner sonst ziemlich wörtlichen Übersetzung der Stelle. Er. übertrug τὴν ὑμετέραν ὠμότητα im Grunde richtig mit „vestram crudelitatem", jedoch bezog er es kurioserweise auf den asianischen Redestil. Vgl. auch Komm. *CWE* 38, S. 884. Lycosthenes strich in seiner Wiedergabe des Apophthegmas auf S. 151 Er.' irrige Erklärung „Tumebant Asiani rhetores et immodicis delectabantur".

383 *Fortiter* Lycosthenes ordnet das Apophthegma der Kategorie „De luctu" zu (S. 636).

384–385 *Amicis ... nunc* Wörtliche Übers. von Philostr. *Vit. soph.* 621: ἐπὶ δὲ υἱῷ τελευτήσαντι παραμυθουμένων αὐτὸν τῶν προσηκόντων „πότε", εἶπεν, „ἀνὴρ ἢ νῦν δόξω".

PHILISCVS [i.e. ANTONINVS CARACALLVS]

VIII, 54   Pronvnciatio   (Philiscus, i.e. Antoninus Caracallus, 4)

390 *Philiscus* illaudatus rhetor quum causam ageret pulchre [i.e. indecenter] vestitus, sed tumultu irruens in tribunalia, *voce semimuliebri, lingua supina, quouis potius spectans quam ad ea, quae agebantur, auersatus dicentem imperator* studuit illi os occludere totaque actione aquam intercipiebat, breues *subinde percontatiunculas obiiciens.* Ad quas quum parum apposite responderet Philiscus, „*Virum*", inquit imperator,
395 „*arguit caesaries, rhetorem vox*". Graeca plusculum habent leporis, τὸν μὲν ἄνδρα δείκνυσιν ἡ κόμη, τὸν δὲ ῥήτορα φωνῇ, notans illum, quod attonsa *caesaries declararet virum*, sed *oratio* non *declararet esse rhetorem*, sed foeminam potius.

Apophth. VIII, 54   Dieser Spruch trägt zu Unrecht die Überschrift „PHILISCVS"; der wirkliche Apophthegma-Spender ist jedoch Kaiser **Caracalla**, den Er. Anoninus Caracallus nennt und dem er oben im sechsten Buch, in der Kaiser-Abteilung, eine Sektion von Sprüchen widmete (VI, 136–138); zur Person des Caracalla vgl. oben Komm. zu VI, 136. Die Überschrift ist wohl durch einen Automatismus entstanden, während Er. den dem Philiskos gewidmeten Abschnitt in den Sophistenbiographien des Philostratos exzerpierte.

390 *Philiscus* Philiskos aus Thessalien (2./3. Jhr. n. Chr., wurde 67 J. alt), mit Hippodromos verwandt, Sophist, Rhetor, unter Caracalla Inhaber des kaiserlichen Lehrstuhls für Rhetorik in Athen; wurde in Platons Akademie begraben. Vgl. F. Solmsen, *RE* XIX, 2 (1938), Sp. 2387–2388, s.v. „Philiskos", Nr. 10; M. Weißenberger, *DNP* 9 (2000), Sp. 815, s.v. „Philiskos", Nr. 8.

390–396 *Philiscus ... φωνῇ* Stark gekürzte, paraphrasierende, durch mehrere Missverständnisse und Fehlüberss. im Spruchteil entstellte Wiedergabe von Philostr. *Vit. soph.* 623: ἐπεὶ δὲ παρῆλθεν ἐς τὸ δικαστήριον, προσέκρουσε μὲν τὸ βάδισμα, προσέκρουσε δὲ ἡ στάσις, καὶ τὴν στολὴν οὐκ (οὐκ om. ed. *Ald.*) εὐσχήμων ἔδοξε καὶ τὴν φωνὴν μιξόθηλυς καὶ τὴν γλῶτταν ὕπτιος καὶ βλέπων ἑτέρωσέ ποι μᾶλλον ἢ ἐς τὰ νοούμενα· ἐκ τούτων ἀποστραφεὶς ὁ αὐτοκράτωρ ἐς τὸν Φιλίσκον ἐπεστόμιζεν αὐτὸν καὶ παρὰ πάντα τὸν λόγον διείρων ἑαυτόν (ἑαυτὸν ed. Wright: ἐς αὐτὸν ed. *Ald.*) τοῦ ὕδατος καὶ ἐρωτήσεις ἐν αὐτῷ στενὰς ποιούμενος, ὡς δὲ οὐ πρὸς τὰ ἐρωτώμενα αἱ ἀποκρίσεις ἐγένοντο Φιλίσκου „τὸν μὲν ἄνδρα", ἔφη, („τὸν μὲν ἄνδρα", ἔφη ed. Wright: ἔφη „τὸν μὲν ἄνδρα" ed. *Ald.*) „δείκνυσιν ἡ κόμη, τὸν δὲ ῥήτορα ἡ φωνή".

390 *illaudatus* Daß Philiskos ein „ruhmloser" Redner gewesen sein soll, ist ein Irrtum des Er.; wie Philostratus vermeldet, nahm Philiskos einen hervorragenden Rang unter den Rednern ein wegen seiner kultivierten attischen Sprechweise, seiner Kompositionskunst und der Originalität der Klangeffekte, die er kreierte (*Vit. Soph.* 623). Für „illaudatus" vgl. *DNG* II, Sp. 2427, s.v. (?).

390 *quum causam ageret* Er. verwischt zur Gänze den historischen und juridischen Kontext der Stelle, den Philostrat a.a.O. erläutert: Es handelt sich nicht um einen beliebigen Prozeß, bei dem Philiskos als Advokat auftrat, sondern um einen speziellen Fall, in dem dieser angeklagt worden war und sich – auf Anordnung des Kaisers – selbst verteidigen musste. Streitgegenstand waren die steuerlichen Verpflichtungen, welche sein makedonischer Stammesverband (Heordaeoi) von ihm einforderte, von den ihn jedoch, jedenfalls nach eigener Einschätzung, die steuerliche Immunität, die ihm der Rhetoriklehrstuhl in Athen zu gewähren schien, befreite. Der Prozeß hatte offensichtlich einige Bedeutung, zumal er in Rom vor dem Tribunal des Kaisers Caracalla stattfand. Philiskos war zu diesem Anlass eigens nach Rom gereist, ebenso wie eine Gesandtschaft seiner Stammesgenossen. Philiskos hatte den Rhetoriklehrstuhl zwar auf Fürsprache der Julia Domna und mit Zustimmung Caracallas erhalten, jedoch bezeigte sich der Kaiser dem Philiskos in diesem Prozeß

nicht mehr gewogen. Der Luzidität des Apophthegmas kommt nicht zugute, daß Er. den Namen des Kaisers verschweigt, obwohl dieser von Philostr. *Vit. soph.* 622 angegeben wird und zudem der Kaiser der eigentliche Apophthegma-Spender ist.

390 *pulchre* „pulchre vestitus" ist keine richtige Wiedergabe des griech. Textes, der besagt, daß Philiskos für einen Prozeß „nicht passend" bzw. „nicht dezent" (οὐκ εὐσχήμων) gekleidet war. Das Missverständnis kam dadurch zustande, daß in der Er. vorliegenden Aldus-Ausgabe οὐκ weggefallen war. Bei der Anmerkung bezüglich „unpassender" Kleidung muss man sich wahrscheinlich vorstellen, daß Philiskos satt der obligatorischen, offiziellen Toga irgendeine griechische oder orientalich anmutende Kleidung getragen hat.

391 *sed tumultu ... tribunalia* auf Er.' Phantasie beruhende, freie, szenische Ausgestaltung.

391 *lingua supina* Eine gelungene Übers. für τὴν γλῶτταν ὕπτιος, was die breite, nachlässige, gedehnte Artikulation des Philiskos zum Ausdruck bringt. Für diese Bedeutung von ὕπτιος vgl. Passow II, S. 2176, s.v.

392–393 *studuit illi os occludere* Ein Zusatz des Er., der den Hergang nicht richtig wiedergibt: Caracalla unterbrach den Redner mit Zwischenfragen, jedoch schnürte er ihm nicht den Mund.

393 *aquam intercipiebat* Gemeint ist, daß Caracalla in der dem Philiskos zugemessenen Redezeit (durch die Wasseruhr [Klepshydra]) diesen mehrfach mit kurzen Fragen unterbrach.

393 *percontatiunculas* „percontatiuncula" ist ein von Er. gebildeter Neologismus auf der Grundlage von „percontatio", „Erkundigung", „Verhör", „Frage" (vgl. *DNG* II, Sp. 3574 s.v.). Er.' „percontatiuncula" registriert Hoven, S. 394.

394 *parum apposite responderet* daß Philiskos die Fragen „nicht adäquat genug beantwortete", hat sich Er. in seiner Phantasie so zurechtgelegt. Im griech. Text steht jedoch, daß Philiskos auf die Zwischenfragen des Kaisers *überhaupt keine* Antwort gab (οὐ πρὸς τὰ ἐρωτώμενα αἱ ἀποκρίσεις ἐγένοντο). Dies rief sodann den besonderen Zorn des Kaisers hervor, der einen Wutausbruch bekam.

396 *quod attonsa ... virum* „attonsa caesaries", „kurzgeschorenes Haar" (vgl. *DNG* I, Sp. 537, s.v. „attondeo"), ist ein erläuternder Zusatz des Er., der zeigt, daß er den Ausspruch des Kaisers Caracalla missverstanden hat: In Wirklichkeit meinte Caracalla, daß das „weibische", lockige Haar den Philiskos „als Mann widerlege", d.h. aufzeige, daß er kein richtiger Mann sei; parallel dazu war die Anmerkung gemeint, daß Philiskos' Stimme ihn „als Redner widerlege", d.h. seine hohe Stimme (ev. mit gedehnter Artikulation). Philostrat gibt in seiner Wiedergabe der Anekdote nicht explizit an, um welche Haartracht es ging. In der Zeit der Adoptivkaiser von Hadrian bis Severus war üppiges, lockiges Haar in der Mode. Caracalla selbst zog es jedoch vor, sich durch kurzgeschnittenes Haar betont männlich zu präsentieren. Vgl. auch den Komm. von W.C. Wright ad loc.: „it (Philiscus's hair) was curled and effeminate".

397 *non* Dieses „non" hat Er. hinzuerfunden: Der griech. Text sagt das gerade Gegenteil aus.

CASSIVS SEVERVS

VIII, 55   Moleste loqvi   (Cassius Seuerus, 5) [1]

400   ⟨Cassius Severus⟩ *in aduocatione quadam,* quum *M. Pomponius Marcellus, Latini sermonis molestissimus exactor, soloecismum ab aduersario factum arguere perseueraret, interpellatis iudicibus dilationem petiit, vt litigator suus alium grammaticum adhiberet,* quod diceret *sibi cum aduersario non de iure, sed de soloecismo controuersiam futuram.*

M. POMPONIVS MARCELLVS

VIII, 56   Libere   (M. Pomponius Marcellus) [2]

⟨M. Pomponius Marcellus⟩ *quum ex oratione Tiberii* Caesaris quiddam *reprehendisset,* contra *affirmante Atteio Capitone id esse Latinum, et si non esset, futurum certe,* „Iam inde", inquit, „mentitur Capito. Tu enim, Caesar, ciuitatem dare potes hominibus, verbis non potes". Aeditio Aldina corrupte legit „verba non potes". Hominibus datur ciuitas, qui recipiuntur in ius ciuium; verbis datur ciuitas, quae recipiuntur in consuetudinem sermonis Romani. Quemadmodum multae voces non Graecae tantum, sed et Britannicae, et Gallicae, et Persicae ciuitate Romana donatae sunt. Id publicus vsus potest, Caesar non potest.

---

400 Cassius Severus *suppleui ex inscriptione B C.*
407 M. Pomponius Marcellus *suppleui ex inscriptione B C.*
407 Tiberii *B C ut in Suet. text. recept.*: Tiberium *Suet. ed. Ald.*

407 quiddam *suppleuit Erasmus (B C)*: verbum *Suet. text. recept.: deest in ed. Ald.*
408 Atteio *B C ut in Suet. ed. Ald.*: Ateio *Suet. text. recept.*
410 verbis *correxit Erasmus (cf. Suet. edd. vett.)*: verba *Suet. ed. Ald.*

Apophth. VIII, 55–57 ist Es folgt nunmehr eine Sequenz von drei Sprüchen, die Er. aus Suetons Schrift *De grammaticis* exzerpiert hat.
398 *CASSIUS SEVERVS* Zur Person des bedeutenden augusteischen Redners **Cassius Severus** (40 v.–32 n. Chr.), der sich jedoch betont kaiserkritisch gab und ca. 12 n. Chr. nach Kreta verbannt wurde, vgl. oben Komm. zu VI, 217. Er. widmete ihm mehrere Sprüche: IV, 153; VI, 217–218, 312; VIII, 244, 254 und 320.
400–404 *In aduocatione … futuram* Wörtliche Übernahme von Suet. *Gramm.* 22, 1 (ed. Brugnoli): „Marcus Pomponius Marcellus sermonis Latini exactor molestissimus (modestissimus *ed. Ald. 1508, p. 486*), in aduocatione quadam – nam interdum et causas agebat – soloecismum ab aduersario factum vsque adeo arguere perseuerauit, quoad Cassius Seuerus interpellatis iudicibus dilationem petiit, vt litigator suus alium grammaticum adhiberet, quando non putat is cum aduersario de iure sibi, sed de soloecismo controuersiam futuram".
400 *M. Pomponius Marcellus* Siehe Komm. zu VIII, 56.
401 *exactor* „exactor", „Beaufsichtiger, Handhaber" (vgl. *DNG* I, S. 1929, s.v., II, 2).
401 *aduersario* Die Gegenpartei seines Klienten, der Cassius als Anwalt beistand.
402 *litigator suus* D.h. dieselbe Person wie der soeben genannte „aduersarius", der Klient des Cassius.

405 *M. POMPONIVS MARCELLVS* Im Index personarum von *B* und *C* wird der Spruchspender jedoch fälschlich als „M. Pompeius Marcellus" angegeben. **M. Pomponius Marcellus**, Römischer Grammatiker spätaugusteisch-tiberianischer Zeit; vehementer, pedantischer Verfechter einer strengen Latinität, bekannt aus Suet. *Gramm.* 22. Vgl. H. Dahlmann, *RE* XXI, 2 (1952), Sp. 2411–2412, s.v. „Pomponius", Nr. 105; P.L. Schmidt, *DNP* 10 (2001), Sp. 127–128, s.v. „Pomponius", Nr. III 6.

407–409 *Quum ex oratione … potes* Wörtliche, jedoch mit einigen philologischen Korrekturen versehene Übernahme von Suet. *Gramm.* 22, 2: „Hic idem cum ex oratione Tiberii verbum (Tiberii verbum *ed. Brugnoli*: Tiberium *edd. vett.*, *sic etiam ed. Ald. 1508, p. 486:* Tiberi ⟨in⟩us⟨itatum⟩ verbum *ed. Martinet*) reprehendisset, adfirmante Ateio (Atteio *ed. Ald.*) Capitone et esse illud Latinum et, si non esset, futurum certe iam inde, ‚Mentitur' (certe. Iam inde mentitur *ed. Ald.*), inquit, ‚Capito. Tu enim, Caesar, ciuitatem dare potes hominibus, verbo (verbo *ed. Brugnoli*: verbis *edd. vett.*: verba *ed. Ald., ed. Martinet*) non potes'".

407 *Tiberii* Eine zu Recht vorgenommene philologische Korrektur des Er., dem die Lesart „Tiberium" der Aldus-Ausgabe vorlag. Der springende Punkt ist, daß Pomponius Marcellus „aus der Rede des Tiberius" ein Wort aufgriff, das er kritisierte, d.h. die Angabe „Tiberii" ist unabkömmlich. Die Folge ist, daß ein fehlendes Wort ergänzt werden muss; dieses war „verbum" (ed. Brugnoli) oder „verbum inusitatum" (ed. Martinet); in der Er. vorliegenden Aldus-Ausgabe fehlte dies jedoch. Er. entschied sich dafür, das vage „quiddam" einzufügen.

407 *Caesaris* Ein erklärender Zusatz des Er., der im Grunde überflüssig ist, da im Spruch des Pomponius Marcellus Tiberius ohnehin mit „Caesar" angesprochen wird. Für Tiberius (reg. 14–37 n. Chr.), dem Er. in der Kaiserabteilung des sechsten Buches eine Sequenz von Sprüchen gewidmet hatte (VI, 1–13), vgl. oben Komm. zu VI, 1.

408 *Atteio Capitone* **Gaius Ateius Capito** (gest. 22 n. Chr.) römischer Jurist, Suffektkonsul 5 n. Chr., ab 13 n. Chr. curator aquarum, Anhänger des Prinzipats. Vgl. P. Jörs, *RE* II, 2 (1896), Sp. 1904–1910, s.v. „Ateius", Nr. 8; T. Giaro, *DNP* 2 (1997), Sp. 150, s.v. „Ateius", Nr. 6.

408–409 *Certe … mentitur* Er. ordnete die Worte „iam inde" irrtümlich dem Pomponius Marcellus zu, während „schon von diesem Augenblick an" inhaltlich zu der Rede des Capito gehören muß. Er. folgte darin der Interpunktion der ihm vorliegenden Aldus-Ausgabe d.J. 1508. In der Textgestaltung des Er. macht Pomponius Marcellus die Aussage „Schon von diesem Augenblick an lügt Capito", was keinen nachvollziehbaren Sinn ergibt.

410 *verbis* Eine Korrektur der Lesart der Aldus-Ausgabe, „verba". Er. entnahm die Lesart „verbis" einem anderen Textzeugen von Suetons *De grammaticis*: Die meisten älteren Ausgaben hatten die an sich plausible und sinnvolle *lectio* „verbis", wodurch eine perfekte Iuxtaposition zu „hominibus" hergestellt wird. Die Lesart des modernen *textus receptus*, „verbo", ergibt jedoch einen noch passgenaueren Sinn, da das Streitgespräch um *ein einziges* Wort geführt wird. Letztes war Er. aufgrund seiner Textvorlage jedoch nicht klar.

410 *Aeditio Aldina* Dabei handelt es sich um die Ausgabe der Werke Plinius d.J., in der Suetons *De grammaticis et rhetoribus* gewissermaßen als Zugabe dargeboten wird: *Plinii Secundi Novocomensis epistolarum libri X, in quibus multae habentur epistolae non ante impressae. Eiusdem Panegyricus … Suetonii de grammaticis et rhetoribus …*, Venedig: Aldus Manutius, 1508 (ed. iterata i.J. 1518), S. 486.

REMNIVS PALEMON [i.e. REMMIVS PALAEMON]

VIII, 57   Salse   (Remnius Palemon, i.e. anonymus) [3]

Is *flagrabat libidinibus vsque ad infamiam oris.* Vnde *quidam in turba osculum ingerentem, quum refugiens deuitare non posset, dicto non infaceto* repulit, „Vis tu", inquit, „magister, quoties festinantem aliquem vides, abligurire?".

EPICVRVS ATHENIENSIS

VIII, 58   Amicorvm commvnia ⟨omnia⟩   (Epicurus Atheniensis) [4]

⟨Epicurus Atheniensis⟩ *improba⟨ba⟩t* institutum *Pythagorae,* qui, quum doceret *amicorum communia* esse *omnia,* iubebat, vt discipuli quod quisque habebat depo-

---

415 REMNIVS PALEMON *B C*: REMMIVS PALAEMON *scribendum erat sec. Suet. ed. Ald.*

420 abligurire *correxi sec. loc. cit. in Suet. ed. Ald.*: obligurire *B C.*

423 omnia *supplevi.*

424 Epicurus Atheniensis *supplevi ex inscriptione B C.*

424 improbabat *LB*: improbat *B C.*

424 qui *B C*: *om. BAS LB.*

Quintus R(h)emmius Palaemon aus Vicenza, Freigelassener; Grammatiker unter Tiberius, der es zu großem Ruhm und Reichtum brachte; Lehrmeister von Persius und Quintilianus. Vgl. P. Wessner, *RE* I, A1 (1914), Sp. 596–597, s.v. „Remmius", Nr. 4; P.L. Schmidt, *DNP* 10 (2001), Sp. 921–922, s.v. „Remmius", Nr. 2; J. Kolendo, „De Q. Remmio Palaemone Grammatico et Agricola", *Meander* 39 (1984), S. 407–418.

415 *REMNIVS PALEMON* Die irrige Namensform „Remnius Palemon" kam durch einen Textübertragungsfehler aus Aldus' Ausgabe von Suetons *De grammaticis et rhetoribus* (1508) zustande. Der Spruchspender ist jedoch nicht Remmius Palaemon, sondern ein unbekannter Mann.

418–420 *flagrabat ... abligurire* Wörtliche, jedoch durch einen Textübertragungsfehler im Spruchteil beeinträchtigte Wiedergabe von Suet. *Gramm.* 23, 5: „Sed maxime flagrabat libidinibus in mulieres, vsque ad infamiam oris; dicto quoque (dictoque *ed. Ald. 1508, p. 487*) non infaceto notatum ferunt cuiusdam, qui eum (eum *ed.* Brugnoli: quum *ed. Ald. et plures edd. vett.*) in turba osculum sibi ingerentem, quamquam refugiens, deuitare non posset, ‚Vis tu', inquit, ‚magister, quotiens festinantem aliquem vides abligurire (abligurire *text. recept., ed. Ald.*: abligurrire *quaedam edd. vett.*)?'" Berkenswert ist, daß Er. aus dem ausführlichen und mit interessanten Detailangaben gespickten Kapitel, das Sueton dem Remmius Palaemon gewidmet hat (*Gramm.* 23), abgesehen von der ganz nebensächlichen Anekdote nichts übernimmt, nicht einmal zum Zweck einiger einführender Angaben. Palaemon war einer der bedeutendsten Grammatiker seiner Zeit, ein erfolgreicher Unternehmer, u. a. als Winzer und Weinhändler, und hatte einen spektakulären Lebenslauf aufzuweisen, der ihn vom Sklaven zur Teilhabe an den höchsten Kreisen in Rom, ja bis zur persönlichen Bekanntschaft mit Kaiser Tiberius führte.

418 *libidinibus* Er. ließ hier die Ergänzung in der Textvorlage, „in mulieres", aus, wohl um den Text verständlicher zu machen. Das Widersprüchliche am überlieferten Text ist, daß er berichtet, Palaemon hätte übermäßig

viele Affären mit Frauen gehabt, während er, gleichsam zum Beleg dafür, eine homosexuelle Begebenheit schildert. Wahrscheinlich ist der überlieferte Text verderbt. Martinet schlägt „⟨am⟩oris" statt „oris" vor, wobei sich die Formulierung „vsque ad infamiam amoris" auf die homosexuellen Praktiken des Palaemon beziehen würde.

420 *abligurire* Er. unterlief hier ein Textübertragungsfehler, indem er „obligurire" statt „abligurire" schrieb; „obligurire" exisitiert nicht in der antiken lateinischen Literatur und ergibt auch keinen nachvollziehbaren Sinn. Für das sehr seltene Wort „abligur(r)ire", das in der Bedeutung von „ablecken, abschlecken" nur an der zitierten Sueton-Stelle vorkommt, vgl. *DNP* I, Sp, 15–16, s.v. „abligurrio", II. Die Kreation des durch den erwähnten Textübertragungsfehler zustande gekommenen, sonst nicht existierenden Wortes „obligurire" war folgenreich: Sie wurde von Lycosthenes im Kapitel „De libidine foeda" (S. 618) und den nachfolgenden Wissenssammlungen übernommen.

421 *EPICVRVS ATHENIENSIS* Er. bezeichnet den Philosophen **Epikur** (341–271/270 v. Chr.), wohl in der Nachfolge des Diogenes Laertius (X, 1), als Athener. Jedoch war Epikur auf der ionischen Insel Samos geboren, wo er die ersten 18 Jahre seines Lebens verbrachte; mit 18 Jahren, im Todesjahr Alexanders d.Gr., kam er nach Athen; ab ca. 311 lehrte er wieder im Gebiet der ionischen Küste, zunächst wahrscheinlich auf Lesbos, dann in der Stadt Lampsakos am Hellespont. Ab 306 zog Epikur endgültig nach Athen, wo er den Kepos erwarb und seine Philosophenschule gründete. Im Buch der Philosophen hatte Er. Epikur gänzlich übergangen: Er. nimmt von ihm keinen einzigen Spruch auf, obwohl die Quelle des siebenten Buches der *Apophthegmata*, Diongenes Laertius, dem Epikur ein ganzes Buch (X) widmet. Erst als Nachzügler übernimmt Er. aus diesem Buch ein einziges Apophthegma. *Apophth.* VIII, 58 ist ein Gegenstück zu *Adag.* 1 „Amicorum communia omnia" (*ASD* II, 1, S. 84–87) und *Collect.* 94 Κοινὰ φίλων πάντα (*ASD* II, 9, S. 78–79). Er. war von dieser Sentenz so eingenommen, daß er sie als Erz-Adagium betrachtete und zum *Adagium* Nr. 1 machte: „*Amicorum communia sunt omnia. Quoniam non aliud hoc prouerbio neque salubrius neque celebratius, libuit hinc adagiorum recensionem velut omine felici auspicari. Quod quidem si tam esset fixum in hominum animis, quam nulli non est in ore, profecto maxima malorum parte vita nostra leuaretur*". Vgl. *Pythagorica adagia* 2; Otto 87.

424 *improbabat* Hier gibt Er. den griech. Text (μὴ ἀξιοῦν) statt Traversaris Übers. „nolebat" wieder.

424–425 *institutum ... omnia* Leicht variierende Wiedergabe von Diog. Laert. X, 11, wobei Er. sowohl die Übers. Ambrogio Traversaris als auch den griech. Text als Vorlage benutzte: τόν τ᾽ Ἐπίκουρον μὴ ἀξιοῦν εἰς τὸ κοινὸν κατατίθεσθαι τὰς οὐσίας, καθάπερ τὸν Πυθαγόραν κοινὰ τὰ φίλων λέγοντα· ἀπιστούντων γὰρ εἶναι τὸ τοιοῦτον· εἰ δ᾽ ἀπίστων (εἰ δ᾽ ἀπίστων om. Froben) οὐδὲ φίλων (Usener Fr. 543); Traversaris Übers.: „Nolebat autem Epicurus sectatores suos in commune opes deponere, veluti Pythagoras, qui communia omnia amicorum dicebat. ,Nam id', inquit, ,eorum, qui diffiderent, potius fuit quam amicorum'" (ed. Curio, Bas. 1524, S. 350). Bezeichnend für die Vorgehensweise des Er. in den *Apophthegmata* ist, daß er die bei Diogenes Laertius vermeldete ursprüngliche Quelle der Sentenz, die Philosophenbiographien (*Epidrome ton philosophon*) des Diokles von Magnesia (a.a.O.), verschweigt.

424 *Institutam Pythagorae* Der Naturphilosoph **Pythagoras** (ca. 570–480 v. Chr.), dem Er. im siebenten Buch eine Sequenz von Sprüchen gewidmet hatte (VII, 355–359). In *Adag.* 1 führt Er. zunächst eine beachtliche Reihe autoritativer Spender der Sentenz auf (Sokrates, Plato, Menander, Aristoteles, Theophrastos, die Griechen insgesamt), um am Ende des Lemmas die Zuschreibung an Pythagoras anhand von Quellenbelegen (Ciceros *De legibus*, *Timaeus*, Gellius) vorzulegen, vgl. *ASD* II, 1, S. 86: „M. Tullius libro *De legibus* primo videtur hoc adagium Pythagorae tribuere (*Leg.* I, 34), cum ait: ,Vnde enim illa Pythagorica vox, τὰ φίλων κοινὰ καὶ φιλίαν ἰσότητα, [B] id est *res amicorum communes et amicitiam aequalitatem*'. [A] Praeterea Timaeus apud Diogenem Laertium (VIII, 10; *FGrHist* 566 F 13b) tradit hoc dictum primum a Pythagora profectum fuisse". Im Übrigen geht es bei Pythagoras nicht um die Freundschaftssentenz als solche; er war der Leiter einer Sekte, der nicht nur Männer, sondern auch Frauen und Kinder angehörten: Als materielle Grundlage der Organisation der Sekte verwendete er die Vergemeinschaftlichung aller Güter der Sektenmitglieder.

nerent in commune, dicens [sc. Epicurus] id esse *diffidentium verius quam amicorum*. Et enim si quis vere sit amicus, nihilominus habeo pro meis, quae ille possidet, quam si deposuisset. Porro qui diffidit, aut non est ipse verus amicus, aut de alterius animo dubitat.

CTESIBIVS

VIII, 59   Benignitas   (Ctesibius) [5]
(= Dublette von VI, 519)

Arcesilaus quum inuiseret *Ctesibium aegrotantem sensissetque* hominem egere, *clam crumenam* [i.e. cruminam] *pecuniis plenam subiecit ceruicali. Quam vt reperit* Ctesibius, ait: „Ἀρκεσιλάου τοῦτο παίγνιον", id est, „Arcesilai hic ludus".

EVRIPIDES

VIII, 60   Dvcvm prvdentia   (Euripides, 1) [6]

Celebratur illud Euripidis dictum, *vnicum consilium* rectum *magnam* militum *manum vincere*. Quo prudenter admonuit, non perinde referre quam numerosum educas exercitum, sed quam cordati sint exercitus duces. In bello siquidem longe plus habet momenti prudentia solertiaque quam *vires consilii expertes*.

---

435 Ἀρκεσιλάου *LB*: ἀρκεσιλάου *B C*.   435 τοῦτο *scripsit Erasmus*: τὸ *Diog. Laert*.

426 *diffidentium ... amicorum* Diese Konstruktion hat Er. aus Traversaris Übers. übernommen. Im griech. Text, der Er. vorlag, stand: „Denn dies (= die Vorschrift der Vergemeinschaftlichung der Güter) passt auf Leute, die einander misstrauen, nicht auf Freunde". Der *textus receptus* liest: „Wenn die Leute einander misstrauen, dann handelt es sich nicht um Freunde".

427–429 *Et enim ... dubitat* Er. war, wie seine Erklärung zeigt, mit Epikurs Kritik an Pythagoras' kommunistischem Freundschaftsmodell nicht einverstanden. Er. schätzte das Modell so sehr, daß er es mit der *vita communis*, die Christus mit den Aposteln lebte, identifizierte. Vgl. *Adag*. 1 „Amicorum communia omnia" (*ASD* II, 1, S. 86): „[B] Aulus Gellius Noctium Atticarum libro primo, capite nono (I, 9, 12) testatur Pythagoram non solum huius sententiae parentem fuisse, verumetiam huiusmodi quandam vitae ac facultatum communionem induxisse, qualem Christus inter omneis Christianos esse vult. Nam quicunque ab illo in cohortem illam disciplinarum recepti fuissent, quod quisque pecuniae familiaeque habebant, in medium dabant; quod re atque verbo Romano appellatur κοινόβιον, id est coenobium, nimirum a vitae fortunarumque societate".

Ktesibios aus Chalkis (3. Jh. v. Chr.), Philosoph, Freund des Arkesilaos und Antigonos Gonatas. Vgl. W. Kroll, *RE* XI, 2 (1922), Sp. 2073–2074, s.v. „Ktesibios", Nr. 1.; nicht in *DNP*.

Apophth. VIII, 59 ist eine Dublette von VI, 519, wo Er. den Ausspruch allerdings nicht Ktesibios, sondern dem Maler Apelles zuschreibt, letzteres irrtümlich, da es sich in der benutzten Quelle (Plut. *Quomodo adulator ab amico internoscatur* 22, *Mor.* 63D–E) um den Philosophen Apelles, einen Schüler des Arkesilaos, handelt: „Arcesilaus quum Apellem Chium aegrum inuisens etiam egere sensisset, postridie reuisit illum decem drachmas secum adferens', et proxime assidens ... ,Ne cubas quidem', inquit, ,satis commode', simulque moto ceruicali furtim subiecit pecuniam. Hanc quum anicula, quae aegrotanti ministrabat, reperisset et Apelli narrasset, ille ridens ,Dispeream', inquit, ,nisi hoc Arcesilai furtum est'. Κλέμμα a κλέπτω, quod Graecis et ,celo' significat et ,furor'". Vgl. oben Komm. ad loc.

433–435 *Arcesilaus ... παίγνιον* Größtenteils wörtliche Wiedergabe von Diog. Laert. IV, 37, wobei Er. sowohl Traversaris Übersetzung auf Grundlage des griechischen Textes verbesserte als auch den griechischen Text mit Hilfe von Traversaris Übersetzung zu korrigieren versuchte: εἰσελθὼν γοῦν (γοῦν ed. Hicks: οὖν ed. Froben) ποτὲ πρὸς Κτησίβιον νοσοῦντα καὶ ἰδὼν ἀπορίᾳ θλιβόμενον, κρύφα βαλάντιον ὑπέθηκε τῷ προσκεφαλαίῳ· καὶ ὃς εὑρών, „Ἀρκεσιλάου", φησί, ,τὸ παίγνιον". Vgl. die latein. Übers. des Valentinus Curio: „Denique ingressus aliquando ad Ctesibium aegrotum, vidensque eum inopia rerum angustari, plenum nummis sacculum clam eius puluino subiecit. Quo ille inuento, ,Arcesilai', inquit, ,hic ludus est'" (*ed. Basil.* 1524, p. 141).

433 *Arcesilaus* Zur Person des Arkesilaos (316/5 – ca. 241/0 v. Chr.), des skeptischen Akademikers und Schulhauptes der Akademie (seit 268/4 v. Chr.), vgl. oben Komm. zu VII, 182. Er. widmete dem Arkesilaos in den *Apophthegmata* im siebenten Buch eine Sektion (VII, 182–187).

433 *inuiseret* „inviseret" wie in *Apophth.* VI, 519, nicht εἰσελθών/ „ingressus", wie in Diog. Laert. IV, 37.

433 *aegrotantem* „aegrotantem" bildete Er. nach dem griech. Text (νοσοῦντα).

434 *crumenam* Auch „crumenam" stellt eine eigenständige Übers. des griech. Textes dar (βαλάντιον); mit „crumena" fand Er. ein paßgenaues Äquivalent für βαλάντιον, „Geldbeutel" (vgl. Passow I, 1, S. 486, s.v., 1), das besser ist als Traversaris eigenzeitliches, dem Italienischen nachgebildetes „sacculum" („Säckchen"). Allerdings gab Er. das latein. „crumina" in der schlechteren Schreibweise „crumena" wieder (vgl. *DNG* I, Sp. 1371, s.v. „crumina").

434 *pecuniis plenam* Ein nach der Wortwahl „crumena" kurios wirkender Einschub des Er.: Niemand würde unterstellen, daß Arkesilaos dem notleidenden Kollegen eine leere Geldbörse unters Kissen geschoben hätte. Jedoch ist der Zusatz „pecuniis plenam" ein Relikt der Übers. des Traversari, der damit das eher unbestimmte „sacculum" explizitierte: „plenum nummis sacculum" (a.a.O.).

435 Ἀρκεσιλάου τοῦτο παίγνιον Der griech. Spruch findet sich nicht bei Curio, Er. hat ihn aus seiner griech. Textvorlage eingetragen.

435 τοῦτο τοῦτο stellt den Versuch des Er. dar, den griech. Text, der τὸ las, zu verbessern. Auf die Idee zu dieser Textverbesserung kam Er. allerdings durch die latein. Übers. des Traversari, die „hic ludus" aufwies; im Grunde ist Er.' Korrektur des griech. Textes eine Übersetzung von Traversaris Text ins Griechische.

435 *Arcesilai hic ludus* Den Spruch des Ctesibius hat Er. wörtlich aus Traversaris Übersetzung übernommen.

438–439 *Vnicum ... vincere* Freie, nicht ganz korrekte Übertragung eines Fragments aus Euripides' *Antiope*, das Er. aus Stob. IV, 13, 3 bezogen hat: γνώμαις γὰρ ἀνδρὸς εὖ μὲν οἰκοῦνται πόλεις, / εὖ δ' οἶκος, εἴς τ' αὖ πολέμου ἰσχύει μέγα· / σοφὸν γὰρ ἓν βούλευμα τὰς πολλὰς χέρας / νικᾷ, (= Eur. *Antiope*, fr. 200 Nauck) σὺν ὄχλῳ δ' ἀμαθία πλεῖστον κακόν. Das von Er. zitierte Tragödienfragment findet sich ebenso in Plut. *An seni respublica gerenda sit, Mor.* 789F–790A, jedoch gibt Plut. dort nicht an, daß Euripides der Autor ist. Quelle nicht identifiziert in *CWE* 38, S. 887.

438 *vnicum* Eine nicht ganz korrekte Übersetzung des Er. für ἕν. Longolius übersetzte den zitierten Vers richtig mit „Multas manus vincit prudens, vnum licet, consilium" (*An seni respublica gerenda sit*, die latein. Übers. in ed. Vascosan, Paris 1544, fol. 264K); Er. benutzte in *Apophth.* VIII, 60 jedoch weder Plutarchs *An seni respublica gerenda sit* als Textvorlage noch lag ihm die Übers. des Longolius vor.

438 *rectum* In der griech. Vorlage steht σοφόν, „weise" bzw. „klug" (latein. „prudens"), von Er. frei mit „rectum" wiedergegeben; daß Er. σοφόν an sich richtig verstanden hat, zeigt seine Wahl des Titels „Ducum prudentia".

438 *militum* Ein erklärender Zusatz des Er.

441 *vires consilii expertes* Vgl. Hor. *Carm.* III, 4, 65–67: „Vis consili expers mole ruit sua/ Vim temperatam di quoque prouehunt/ In maius".

VIII, 61   Silentivm   (Euripides, 2) [7]

Idem *cuidam opprobranti graueolentiam oris, „Multa nimirum", inquit, „in illo occulta computruerunt",* significans se posse continere arcana. Solent autem res in occulto congestae computrescere.

DIONYSIODORVS TIBICEN

VIII, 62   Lavs a lavdatis   (Dionysiodorus tibicen) [8]

⟨*Dionysiodorus* tibicen⟩ gloriari solebat, *quod nemo pulsus suos audisset neque in triremi neque ad fontem, quemadmodum Ismeniae,* sentiens se nunquam captasse plausus sordidorum et imperitorum, sed sat habuisse probari paucis eruditis. Ita Laertius in Cratete.

STRATHIAS [i.e. STRVTHIAS]

VIII, 63   Advlatio   (Strathias, i.e. Struthias) [9]

⟨*Strathias*⟩ [i.e. Struthias] colax *Bianti* stupido sic adulatus est: *„Plus bibisti quam rex Alexander".* Quod in Alexandro turpissimum erat, illi laudi tribuit. Neque enim statim laude dignum est, quod fit a principibus.

448 Dionysiodorus tibicen *supplevi ex inscriptione B C.*
448 solebat *LB*: solet *B C*.

452 STRATHIAS *B C ut in ind. personarum*: STRATIAS *BAS LB, scribendum erat* STRVTHIAS.
454 Struthias *supplevi ex inscriptione B C scribendum erat* Struthias.

443 *cuidam ... oris* Wörtliche Übers. von Stob. *Flor.* III, 41, 6: Εὐριπίδης, ὀνειδίζοντος αὐτῷ τινὸς ὅτι τὸ στόμα δυσῶδες ἦν, „πολλὰ γάρ", εἶπεν, „αὐτῷ ἀπόρρητα ἐγκατεσάπη". Der Vorfall wird auch von Aristot. *Pol.* V, 8, 13 vermeldet, ohne daß Er. diese Stelle benutzt hätte. Quelle nicht identifiziert in *CWE* 38, S. 887.
Dionysidoros, von sich selbst eingenommer Aulet, der sich als Ausnahmekünstler fühlte und anscheinend auf den Zuspruch eines größeren Publikums keinen Wert legte. Vgl. E. Graf, *RE* V, 1 (1903), Sp. 1006, s.v. „Dionysodoros", Nr. 22; nicht in *DNP*.
448–449 *Nemo ... Ismeniae* Diog. Laert. IV, 22. Er. bearbeitete die latein. Übers. des Ambrogio Traversari: „Erant enim ingenio minime vulgari aut multitudinis fauoribus dedito, sed quod de Dionysodoro tibicine fertur, illis conuenientissime aptari potest, quem aliquando dixisse tradunt exultantem atque gloriantem, quod nihil ex suis pulsibus neque in trieris neque ad fontem vnquam audiuisset, sicuti Ismenii" (ed. Curio, Basel 1524, S. 135). Vgl. den griech. Text: καὶ γὰρ ἤστην οὐ φιλοδημώδεε· ἀλλ' οἷον Διονυσόδωρόν ποτέ φασι τὸν αὐλητὴν εἰπεῖν, σεμνυνόμενον ἐπὶ τῷ μηδένα τῶν κρουμάτων αὐτοῦ μήτ' ἐπὶ τριήρους μήτ' (τριήρους μήτ' *om. ed. Froben*) ἐπὶ κρήνης ἀκηκοέναι, καθάπερ Ἰσμηνίου.
448–449 *neque in triremi* Die Angabe, daß noch niemand den Dionysidoros auf einer Trireme spielen gehört habe, ist ein Indiz dafür, daß Er. nach der latein. Übers. Traversaris gear-

beitet hat; im griech. Text, der in Basel erschienen war, fehlte τριήρους μήτ᾿.

449 *Ismeniae* Der Aulosspieler Ismenias von Theben, der in den *Apophthegmata* mehrfach figuriert (VI, 409; VII, 100; VIII, 62; 94 und 221), tritt stets äußerst eigenwillig und selbstbewusst auf, überzeugt von der Erhabenheit und Einzigartigkeit seiner Kunst (vgl. Val. Max. III, 7, ext. 1). Von seinem Lehrer Antigenidas nahm er anscheinend den Rat an, das Urteil des gewöhnlichen Volkes zu verachten, welchen Er. in *Apophth*. VI, 409 präsentiert. Zur Person des Ismenias vgl. F. Zaminer, *DNP* 5, Sp. 137, s.v. „Ismenias", Nr. 4; H. Gossen, *RE* IX, 2 (1916), Sp. 2141, s.v. „Ismenias", Nr. 6.

451 *Laertius in Cratete* „Laertius in Cratete", sc. Atheniensi: Damit ist der Platoniker Krates aus Athen (gest. zwischen 268 und 264 v. Chr.) gemeint, der Schüler und Freund des akademischen Scholarchen Polemon; seit ca. 270 war Krates selbst Schulhaupt der Akademie, als solcher Lehrmeister des Arkesilaos und des Bion von Borysthene; Krates verfasste u.a. Schriften über die Komödie, die jedoch verlorengegangen sind; zu seiner Person vgl. H. Krämer, „Die Spätphase der Älteren Akademie", in: H. Flashar (Hrsg.), *Grundriss der Geschichte der Philosophie. Die Philosophie der Antike*, Bd. 3: *Ältere Akademie – Aristoteles – Peripatos*, 2. Aufl., Basel 2004, S. 113–116; T. Dorandi, „Cratès de Thria", in: R. Goulet (Hrsg.), *Dictionnaire des philosophes antiques*, Bd. 2, Paris 1994, S. 500–501. Diog. Laert. widmete ihm eine Biographie mit dem Titel „Crates Atheniensis" (IV, 21–23), auf die sich die Quellenangabe des Er. bezieht.

452 *STRATHIAS* Struthias und Bias sind Figuren aus Menanders Komödie *Kolax*.

454–455 *Plus ... Alexander* Im einleitenden Teil stark gekürzte und frei paraphrasierende, jedoch im Spruchteil wörtliche Wiedergabe von Plut. *Quomodo adulator ab amico internoscatur* 13, *Mor.* 57A, wobei Er. von seiner eigenen latein. Übers. d. J. 1514 Gebrauch machte.: „... si quem nactus fuerit splendide cultum, gloriosum aut agrestem crassa vestitum tunica, tum toto vtitur naso, quemadmodum Struthias insultans Bianti ac laudibus in stuporem illius debacchans: ‚Plus', inquit ‚bibisti quam rex Alexander'" (*ASD* IV, 2, S. 135; ed. Froben, Basel 1514, fol. 2B; ed. Cratander, Basel 1530 fol. 173ᵛ). Vgl. den griech. Text: ... ἀλλὰ δεινὸς ὢν φυλάττεσθαι τὸ ὕποπτον, ἂν μὲν εὐπαρύφου τινὸς ἢ ἀγροίκου λάβηται φορῖναν παχεῖαν φέροντος, ὅλῳ τῷ μυκτῆρι χρῆται, καθάπερ ὁ Στρουθίας ἐμπεριπατῶν τῷ Βίαντι καὶ κατορχούμενος τῆς ἀναισθησίας αὐτοῦ τοῖς ἐπαίνοις „Ἀλεξάνδρου πλέον / τοῦ βασιλέως (Ἀλεξάνδρου πλέον / τοῦ βασιλέως *ed. Cole Babbitt*: Ἀλεξάνδρου τοῦ βασιλέως πλέον *ed. Ald.*) πέπωκας"; Kock, Com. Att. Frag. III., Menander, No. 293.

ALEXANDER MAGNVS

VIII, 64   Continentia   (Alexander Magnus, 68) [10]

⟨Alexander Magnus⟩, quum inuitaretur, vt *Darii filias, quas habebat captiuas, inuiseret* (praedicabantur enim puellae admirabili esse forma), noluit ire, dicens sibi non committendum, *vt quum viros vicisset, a mulieribus vinceretur.*

DVELLIVS [i.e. BILIA]

VIII, 65   Pvdicitia conivgalis   (Duellius, i.e. Bilia) [11]

Duellius, qui primus Romae e *nauali* pugna *triumphum* obtinuit, *iam senex tremuloque corpore in iurgio quodam audiuit exprobrari sibi* graueolentiam *oris.* Rediit *domum tristis*, et expostulauit *cum Bilia vxore, quam virginem duxerat*, quur *huius vitii nunquam admonuisset*, quo licuisset *mederi.* „Admonuissem", inquit illa, „*nisi putassem omnibus viris* ad eundem modum *olere* animam". Et hoc apophthegma superius alteri tributum retulimus. Si Bilia vere sensit, quod dixit, argumentum est insignis *pudicitiae*; sin finxit, magna est ciuilitas erga maritum, magna item tolerantia, quae tam diu pertulerit hoc incommodum absque *fastidio.*

QVIDAM

VIII, 66   Facete   (Anonymus) [12]

Quidam iratus *agasoni volebat* eum percutere; *quumque is clamaret „Atheniensis sum"*, ad asinum versus, „*At tu*", inquit, „*Atheniensis non es*" eique multas plagas inflixit. Meminit Plutarchus in libello de cohibenda iracundia.

---

459 Alexander Magnus *suppleui ex inscriptione* B C.

462 DVELLIVS *B C ut in Adu. Iou. edd. vett.*: DVILLIVS *Adu. Iou. text. recept.*

464 Duellius *B C ut Adv. Iou. edd. vett.*: Duillius. *Adv. Iou. text. recept.*

457 *ALEXANDER MAGNVS* Die Überschrift der Alexander d.Gr. gewidmeten Sektion (IV, 36–102) lautete jedoch Alexander Macedo.

Apophth. VIII, 64 datiert auf die unmittelbare Folgezeit nach der Schlacht von Issos im November d.J. 333 v. Chr., als Dareios' Gattin Stateira und deren Töchter in makedonische Gefangenschaft gerieten.

459 *Darii filias* Paraphrasierende Wiedergabe von Stob. *Florilegium* V, 36 (Meineke I, 116; *Florilegium*, ed. Th. Gaisford, Oxford 1822, 5, 36, Bd. I, S. 149): „Περὶ σωφροσύνης": Ἀλέξανδρος προτρεπομένων τινῶν αὐτὸν ἰδεῖν τὰς Δαρείου θυγατέρας καὶ τὴν κάλλει διαφέρουσαν εἰς γυναῖκα λαβεῖν· „Αἰσχρὸν", ἔφη, „τοὺς ἄνδρας νικήσαντας ὑπὸ γυναικῶν ἡττᾶσθαι." (ed. Gaisford, Oxford 1822, S. 149).

459 *Darii* Dareios III., der letzte Persische König aus dem Haus der Achämeniden (reg. 336–330 v. Chr.), den Alexander d. Gr. in den Schlachten von Issos und von Gaugamela entscheidend besiegte. Vgl. A. Kuhrt und H. Sancisi-Weerdenburg, *DNP* 3 (1997), Sp. 324, s.v. „Dareios", Nr. 3; Dareios III. figuriert mehrere Male im vierten Buch der *Apophthegmata* (IV, 87, 89, 97 und 99) und im fünften Buch findet sich ein Spruch seines Generals Memnon, jedoch widmet Er. ihm kein einziges *Apophthegma*.

459 *Darii filias* Dareios III. hatte jedenfalls drei Töchter, von denen zwei namentlich bekannt sind (Stateira und Drypetis). Nachdem sie in Gefangenschaft geraten waren, bot Dareios III. seine älteste Tochter Stateira Alexander zur Frau an. Alexander ging auf dieses Angebot nicht ein, behandelte die Gattin und Töchter des Dareios mit ausgesuchter Höflichkeit und ließ sie in Susa zurück, während er selbst weiterzog. Nach seiner Rückkehr nahm er im Rahmen einer persisch-makedonischen Massenhochzeit i.J. 324 in Susa Stateira, eine jüngere Schwester derselben und Parysatis, die Tochter des Königs Artaxerxes III., zur Frau. Nach dem Tod Alexanders ließ sie Roxane, die Hauptfrau des Makedonenkönigs, ermorden.

460 *Praedicabantur ... forma* Narrativ ausschmückender Einschub des Er.

C. **Duilius**, Konsul i.J. 260 v. Chr., Admiral der noch jungen röm. Flotte im 1. Punischen Krieg; Duilius war der erste, dem ein *Triumphus navalis* zuerkannt wurde. Vgl. F. Münzer, *RE* V, 2 (1905), Sp. 1777–1781, s.v. „Duilius", Nr. 3; K.-L. Elvers, *DNP* 3 (1997), Sp. 834, s.v. „Duilius", Nr. 1.

462 *DVELLIVS* Durch die Überschrift wird in *B, C, BAS* und *LB* das *Apophthegma* zu Unrecht dem Duellius (i.e. Duilius) zugeschrieben; der Spruch stammt von dessen Frau Bilia.

464–471 *Duellius ... fastidio* Weitgehend wörtliche, nur leicht variierende Wiedergabe von Hier. *Adv. Iov.* II, 46 (PL XXIII, 287D–288A): „Duillius (Duellius *Hier. Adu. Iou. edd. vett.*), qui primus Romae nauali certamine triumphauit, Biliam virginem duxit vxorem, tantae pudicitiae, vt illo quoque saeculo pro exemplo fuerit, quo impudicitia monstrum erat, non vitium. Is iam senex et trementi corpore in quodam iurgio audiuit exprobrari sibi os foetidum, et tristis se domum contulit; cumque vxori questus esset, quare nunquam se monuisset, vt huic vitio mederetur, ‚Fecissem', inquit illa, ‚nisi putassem omnibus viris sic os olere'"; vgl. Sen. Frg. 70 und Antonio Bonfini, *Symposion trimeron sive de virginitate et pudicitia coniugali*, 3, 426: „Bilia Duillii vxor, qui primus Romae nauali certamine triumphauit, cum viro per iurgium exprobaretur, quod os faetidum iam senex haberet, et cum ab eo incusaretur, quod nunquam ipsa monuerit, vt huic vitio mederetur, ‚Fecissem', inquit illa, ‚nisi omnibus viris sic os olere putassem'" (ed. Ioannes Carolus Unckelius, Frankfurt a.M. 1621, S. 426).

466 *Bilia* Bilia (oder Vil[l]ia), Gattin des Duilius. Vgl. E. Klebs, *RE* III, 1 (1897), Sp. 471, s.v. „Bilia"; nicht in *DNP*.

468–469 *alteri tributum* Die vage Angabe mag der Tatsache geschuldet sein, daß Er. aus dem Gedächtnis arbeitete und sich nicht mehr erinnern konnte, um wen genau es ging; es handelt sich um die Frau des Tyrannen Hieron von Syrakus und um *Apophth.* V, 50: „Quidam exprobabat illi oris graueolentiam. At ille cum vxore expostulauit, quod id sibi nunquam indicasset. Tum illa ‚Putabam', inquit, ‚viros omnes ad eundem olere modum', nach Plut. *Regum et imperatorum apophthegmata*, Mor. 175B–C (Hieron, 3).

469–471 *Si Bilia ... fastidio* In seiner Erklärung ließ sich Er. von Hieronymus, a.a.O., anregen: „laudanda ... pudica et nobilis femina, et si ignorauit vitium viri, et si patienter tulit".

474–475 *Quidam ... non es* Variierende Wiedergabe von Er.' eigener Übers. von Plut. *De cohibenda ira* 12, Mor. 461A: „Quin etiam et canibus latrantibus et asinis in nos impingentibus indignamur, quemadmodum fecit ille, qui quum verberare vellet agasionem atque ille clamaret ‚Atheniensis sum', ‚Atqui tu', inquit, asino loquens, ‚Atheniensis non es', eumque verberauit multasque plagas inflixit" (*ASD* IV, 2, S. 280; ed. Cratander 1530, fol. 207D). Vgl. den griech. Text: καὶ κυσὶν ὑλακτοῦσι καὶ ὄνοις ἐμβάλλουσι χαλεπαίνομεν ὡς ἐκεῖνος ὁ βουλόμενος τύπτειν τὸν ὀνηλάτην, εἶτ᾽ ἀνακραγόντος ὅτι „Ἀθηναῖός εἰμι", „σὺ δὲ (δὲ *om. ed. Ald.*) μὲν οὐκ εἶ Ἀθηναῖος" τὸν ὄνον λέγων ἔτυπτε καὶ πολλὰς ἐνέφερει πληγάς.

PROMETHEVS

VIII, 67   Vsvs rectvs   (Prometheus) [13]

⟨Prometheus⟩ *quum ignem e coelis in terras deportasset eumque primum visum satyrus complecti vellet et exosculari,* „Heus", inquit, „ni caues, hirce, profecto dolebit tibi mentum", admonens, etiam quae natura pulcherrima sunt maximeque necessaria, tamen fieri perniciosa, nisi recte vtaris.

BOS

VIII, 68   Avxilia mvtva   (Bos) [14]

Bos sub onere deficiens *rogauit camelum conseruum, vt se oneris parte recepta subleuaret. Cui recusanti* „Imo", inquit, „et meipsum et haec omnia portabis", idque factum est mortuo boue. Ita Plutarchus in libro de tuenda bona valetudine.

PORTIA MINOR

VIII, 69   Pvdicitia   (Portia Minor, 1) [15]

⟨*Portia minor*⟩, *quum laudaretur apud eam* mulier *quaedam* vt *bene morata, quae* tamen iterarat matrimonium, „*Felix*", inquit, „ac *pudica matrona* non *nubit* nisi *semel*". Non passa est illam inter bene moratas numerari, quae citra necessitatem asciceret alterum virum. Nam multas huc cogit egestas. Porro coitus gratia nubere, non est vere pudicarum. Eoque dixit „felix", excusans necessitatem.

ANNIA

VIII, 70   Pvdice   (Annia) [16]

⟨*Annia*⟩ *propinquis admonentibus, vt alteri nuberet – esse enim* illi et *aetatem integram et faciem bonam*, quorum alterum spem faceret prolis, alterum promitteret amorem mutuum, „*Nequaquam*", inquit, „hoc faciam. Si enim bonum virum nacta fuero, nolo timere, ne perdam; sin malum, quid necesse est, post optimum* perpeti *pessimum?*".

---

479 Prometheus *suppleui ex inscriptione B C.*   490 Portia minor *suppleui ex inscriptione B C.*
480 satyrus *scripsi*: Satyrus *B C.*   497 Annia *suppleui ex inscriptione B C.*
488 PORTIA *B C*: PORCIA *LB.*

479–481 *eumque … mentum* Plut. *De capienda ex inimicis utilitate* 2, Mor. 86F, wobei Er. seine eigene Übers. d.J. 1514 im einleitenden Teil variierend, im Spruchteil wörtlich wiedergab: „At vero satyrus (satyrus *ed. Froben 1514, fol. 23ʳ*: Satyrus *ASD IV, 2, p. 174; ed. Cratander 1530, fol. 181D*) quum (cum *ASD*) primum ignem vidisset eumque complecti vellet et oscularj, Prometheus ‚Heus', inquit, ‚nisi caves, hirce (hirce *ed. Froben 1514, ASD IV, 2*: Hirce *ed. Cratander 1530*), profecto dolebit tibi mentum'. Vrit enim, si quis attingat. Non valet in istum vsum, sed lucem et calorem ministrat, tum artium omnium instrumentum est, si quis vti nouerit" (*ASD* IV, 2, S. 174). Das Zitat geht ursprünglich auf Aischylos' Tragödie *Prometheus pyrkeus* zurück: *TrGF*, Aischyl. Fr. 207 Nauck. Vgl. den griech. Text der zitierten Plutarch-Stelle: τράγος γένειον ἆρα πενθήσεις σύ γε Vgl. den griech. Text: τοῦ δὲ σατύρου τὸ πῦρ, ὡς πρῶτον ὤφθη, βουλομένου φιλῆσαι καὶ περιβαλεῖν, ὁ Προμηθεὺς „τράγος", ἔφη (ἔφη *ed. Cole Babbitt, om. ed. Ald.*), „γένειον ἆρα πενθήσεις σύ γε" καὶ γὰρ (καὶ γὰρ *ed. Cole Babbitt, om. ed. Ald.*) κάει τὸν ἁψάμενον, ἀλλὰ φῶς παρέχει καὶ θερμότητα καὶ τέχνης ἁπάσης ὄργανόν ἐστι τοῖς χρῆσθαι μαθοῦσι.

483 BOS Im Index personarum findet sich kurioserweise die Eintragung „Bos" („Rind"). Er. wollte in seinen *Apophthegmata* als Spruchspender ausschließlich historische Personen zulassen; in VIII, 68 präsentiert er jedoch eine Tierfabel, in der das Rind als Spruchspender auftritt. Ähnlich hat Er. in *Apophth.* VI, 594 die Vögelchen („Auiculae") als Spruchspender verwendet, wobei ebenfalls Plutarch Pate stand, in diesem Fall mit seiner Aratos-Biographie. Vgl. Komm. oben a.a.O.

485–486 *Bos … portabis* Er. wiederholt den Text seiner eigenen Übers. von Plut. *De tuenda sanitate praecepta*, Mor. 137D: „Deinde bos camelo conseruo recusanti sese oneris parte subleuare, ‚Imo', inquit, ‚paulo post et meipsum et haec omnia portabis'" (*ASD* IV, 2, S. 212; ed. Cratander 1530, fol. 191B). Vgl. den griech. Text: εἶθ' (εἶθ' *ed. Babbitt*: εἶτα *ed. Ald.*) ὡς (ὡς *om. ed. Ald.*) ὁ βοῦς πρὸς τὴν ὁμόδουλον ἔλεγε κάμηλον, ἐπικουφίσαι τοῦ φορτίου μὴ βουλομένην, „ἀλλὰ, κἀμὲ καὶ ταῦτα πάντα μετὰ μικρὸν οἴσεις".

487 *de tuenda bona valetudine* „De tuenda bona valetudine praecepta" ist der Titel, den Er. dem Werk in seiner Übers. gab, die 1514 bei Froben (vgl. Titelseite) und 1530 bei Cratander (vgl. fol. 184C) erschien; der nunmehr usuelle latein. Titel lautet *De tuenda sanitate praecepta*.

Porcia minor, Tochter des Cato Uticensis von seiner zweiten Gattin Marcia. Vgl. F. Miltner, *RE* XXII, 1 (1953), 218, s.v. „Porcia", Nr. 29, nicht in *DNP*. Cato d.J. hatte auch aus seiner ersten Ehe mit Atilia eine Tochter mit dem Namen „Porcia", die sog. „Porcia maior", die Brutus, den Caesar-Mörder, heiraten sollte.

490–492 *Quum laudaretur … semel* Hier. *Adv. Iov.* II, 46 (*PL* XXIII, 288A): „Porcia minor, quum laudaretur apud eam quaedam bene morata, quae secundum habebat maritum, respondit: ‚Felix et pudica matrona numquam praeterquam semel nubit'"; Hieronymus zitiert aus Senecas verlorenem Traktat *De matrimonio* (Sen. *frg.* 76 H). Vgl. Er. *Vidua Christiana* (*ASD* V, 6, S. 282): „Nec sine causa celebratur illud Portiae dictum: Pudicam matronam non oportet nisi semel nubere" (Zitat nicht identifiziert in *ASD* V, 6 a.a.O.; dort wurde die Spruchspenderin Porcia minor irrtümlich mit Porcia maior verwechselt [‚fille de Caton']).

Annia, Witwe eines bedeutenden Mannes aus republikanischer Zeit, die eine zweite Ehe dezidiert ablehnte. Vgl. E. Klebs, *RE* I, 2 (1894), Sp. 2310, s.v. „Annia", Nr. 103; nicht in *DNP*, nicht identifiziert in *CWE* 38, S. 890.

497–500 *propinquis … pessimum* Wörtliche Wiedergabe von Hier. *Adv. Iov.* I, 46 (*PL* XXIII, 288B): „Anniam quum propinquus moneret, vt alteri viro nuberet; esse enim ei et aetatem integram et faciem bonam: ‚Nequaquam', inquit, ‚hoc faciam. Si enim virum bonum inuenero, nolo timere, ne perdam; si malum, quid necesse est post bonum pessimum sustinere?'"; Hieronymus zitiert aus Senecas verlorenem Traktat *De matrimonio* (Sen. *frg.* 75 H). Vgl. Antonius de Bonfinis, *Symposion trimeron sive de virginitate et pudicitia coniugali* III: „Ania iterum nubere noluit, ne, si bonum virum sortiretur, iterum timere cogeretur, si malum, nolle post bonum, pessimum tolerare" (ed. Ioannes Carolus Unckelius, Frankfurt a. M. 1621, S. 426).

MARTIA [i.e. PORTIA] CATONIS FILIA MINOR

VIII, 71   Nvptiae   (Martia, i.e. Portia minor, 2) [17]
                           dotis cavsa

⟨*Martia* [i.e. Portia], *Catonis filia minor*⟩, rogata, *quur* a morte *mariti* nollet *iterum*
505 *nubere*, „Quoniam", inquit, *„non inuenio virum, qui me magis velit quam mea"*. Non probauit coniugium, quod non *conciliaret* amor mutuus. Quae ducitur dotis causa, conductum habet concubinum verius quam coniugem.

VIII, 72   Pvdice   (Martia, i.e. Portia minor, 3) [18]

Eadem [i.e. Portia minor] *quum* diutius *lugeret* maritum, rogata, *quem* esset *habitura*
510 *diem luctus vltimum*: respondit: *„Quem et vitae"*. Sic illa Ethnica, magno sane cum dedecore plurimarum Christianarum, quae viro nondum elato iam nupserunt.

VALERIA

VIII, 73   Pvdicitia   (Valeria) [19]

Valeria, Messalarum soror, rogata, *quur* amisso *Seruio* viro nulli vellet nubere, „Quo-
515 niam", inquit, *„mihi semper viuit maritus Seruius"*.

---

501 MARTIA *B C*: MARCIA *LB, scribendum erat* PORCIA.

504 Martia Catonis filia minor *suppleui ex inscriptione B C*.

504–505 *Martia … quam mea* Gekürzte, teilweise wörtliche, teilweise variierende Wiedergabe von Hier. *Adv. Iov.* I, 46 (*PL* XXIII, 288A): „Marcia Catonis filia minor, cum quaereretur ab ea, cur post amissum maritum denuo non nuberet, respondit non se inuenire virum, qui se magis vellet quam sua. Quo dicto ostendit diuitias magis in vxoribus eligi solere quam pudicitiam, et multos non oculis sed digitis vxores ducere. optima sane res, quam auaritia conciliat". Das Zitat stammt aus Senecas verlorenem Traktat *De matrimonio* (Sen. *frg.* 72 H). Vgl. Antonio Bonfini, *Symposion trimeron sive de virginitate et pudicitia coniugali* III, 426: „Martia Catonis filia minor vsque adeo amissum virum amauit, vt alterum se inuenturam desperaret, qui se magis, quam sua vellet" (ed. Unckelius, Frankfurt a. M., S. 426).

504 *Martia … minor* Bei der Angabe dieser Person, wie sie Hieronymus in *Adv. Iov.* I, 46 überlieferte („Martia, Catonis filia minor"), ist eine Verwirrung aufgetreten. Marcia war nicht der Name „der jüngeren Tochter Catos", sondern jener der zweiten Ehefrau Catos des Jüngeren, der diese (zwischen 55 und 52 v. Chr.) an den Redner Q. Hortalus Hortensius abtrat (für diese vgl. F. Münzer, *RE* XIV, 2 [1930], Sp. 1602, s.v. „Marcia", Nr. 115, und W. Eck, *DNP* 7 [1999], Sp. 852, s.v. „Marcia", Nr. 4). Jedoch kommt diese Marcia aus inhaltlichen Gesichtspunkten nicht als Spruchspenderin von *Adv. Iov.* I, 46 in Frage, da sie erstens von Cato d. J. an Hortensius weitergereicht worden war und zweitens nach dem Tod des Hortensius sich sogleich abermals verheiratete. Der Name „Marcia" beruht mit Sicherheit auf einem Irrtum; der richtige Name sollte

„Porcia" sein. Die richtige Spruchspenderin ist Catos jüngere Tochter, d.h. seine zweite Tochter aus seiner zweiten Ehe (mit Marcia). Für diese „Porcia minor" vgl. F. Miltner, *RE* XXII, 1 (1953), Sp. 218 s.v. „Porcia", Nr. 29; nicht in *DNP*. Diese Tochter verfügte über große Reichtümer, da sie über ihre Mutter Marcia die Schätze des Hortensius geerbt hatte.

509–510 *Eadem ... vitae* Im einleitenden Teil paraphrasierende, im Spruchteil wörtliche Wiedergabe von Hier. *Adv. Iov.* I, 46: „Eadem quum lugeret virum et matronae ab ea quaererent, quem diem haberet luctus vltimum, ait: ,quem et vitae'. Arbitror, quae ita virum quaerebat absentem, de secundo matrimonio non cogitabat"; es handelt sich um ein weiteres Zitat aus Senecas verlorenem Traktat *De matrimonio* (Sen. *frg.* 73 H).

509 *Eadem* Durch „eadem" schreibt Er. wie seine Quelle, Hieronymus *Adv. Iov.*, den Spruch der Martia zu. Die wirkliche Spruchspenderin ist jedoch „Porcia minor", die jüngere Tochter des Cato Uticensis mit seiner zweiten Frau Marcia. Zur Problematik der Zuschreibung vgl. oben Komm. zum vorhergehenden *Apophth.*

Valeria, Tochter des M. Valerius Niger, Schwester des M. Valerius Messalla Corvinus (um 64 v. Chr.-um 8 n. Chr., Konsul d.J. 31 v. Chr.); Valeria war mit Servius Sulpicius Rufus verheiratet gewesen, nach dessen frühem Tod sie keine weitere Ehe eingehen wollte. Sie hatte mit Servius Sulpicius eine Tochter (Sulpicia) und einen Sohn (Postumius Corvinus). Vgl. R. Hanslik, *RE* VIII, A1 (1955), Sp. 244, s.v. „Valeria", Nr. 392; nicht in *DNP*, nicht identifiziert in *CWE* 38, S. 891.

514–515 *Valeria ... Seruius* In Satzbau und Wortfolge variierende, sonst wörtliche Übernahme von Hier. *Adv. Iov.* I, 46 (*PL* XXIII, 288C): „Valeria Messalarum soror, amisso Seruio viro, nulli volebat nubere. Quae interrogata cur faceret, ait sibi semper maritum Seruium viuere". Die Stelle geht auf Senecas Traktat De matrimonio zurück (Sen. *frg.* 77 H). Vgl. Antonio Bonfini, *Symposion trimeron sive de virginitate et pudicitia coniugali* III, 426: „Valeria Messalorum soror mortuo viro Seruio renubere noluit, cum semper sibi virum viuere diceret" (ed. Unckelius, Frankfurt a.M. 1621, S. 426).

514 *Seruio* Servius Sulpicius Rufus (ca. 75/2 v. Chr.-nach 43 v. Chr.), Sohn des bekannten Juristen und Politikers Servius Sulpicius Rufus (Praetor 65, Konsul 51 v. Chr.) und der Postumia; Cicero wollte ihm seine Tochter Tullia zur Frau geben, Servius Sulpicius heiratete jedoch Valeria. Vgl. F. Münzer, *RE* IV, A1 (1931), Sp. 860–862, s.v. „Sulpicius", Nr. 96; J. Fündling, *DNP* 11 (2001), Sp. 1102, s.v. „Sulpicius", Nr. I 22.

PYTHIAS

VIII, 74   PVDOR LIBERALIS   (Pythias, 1) [20]

Pythias, Aristotelis filia, rogata, quis esset color pulcherrimus, „Is", inquit, „quem in ingenuis gignit pudor". Agnoscas vel ex hoc dicto philosophi filiam. Solent autem foeminae aliis coloribus aliae delectari.

⟨PHILOSOPHVS QVIDAM⟩

VIII, 75   LVCTVS   (Philosophus anonymus) [21]

Philosophus quidam priscus, sed ἀνώνυμος, huiusmodi sermone *Arsinoes reginae luctum* compescuit: „*Quum Iupiter*", inquit, „inter *daemones* rerum faceret partitionem, *Luctus non aderat, sed distributione iam* peracta venit. Huic *igitur* quum *Iupiter* aliquid *honoris tribuere* vellet nec esset, quod daret – quippe *iam consumptis omnibus* –,

---

521 PHILOSOPHVS QVIDAM *supplevi.*

Pythias (4. Jh. v. Chr.) Tochter des Philosophen Aristoteles mit seiner Gattin Pythias; in erster Ehe mit Nikanor verheiratet, der 318 v. Chr. hingerichtet wurde; aus ihrer zweiten Ehe mit Prokleus gingen zwei Söhne, Prokleus und Demaratos, hervor; danach noch ein drittes Mal verheiratet (mit Metrodoros oder Medias), bekam aus dieser Ehe noch einen weiteren Sohn, Aristoteles. Vgl. H.H. Schmitt, *RE* XXIV (1963), Sp. 548–549, s.v. „Pythias", Nr. 2; J. Engels, *DNP* 10 (2001), Sp. 666, s.v. „Pythias", Nr. 2.

518–519 *Pythias … pudor* Wörtliche Übers. von Stob. *Flor*. III, 31, 8 Πυθιάδος. Πυθιὰς ἡ Ἀριστοτέλους τοῦ φιλοσόφου θυγάτηρ ἐρωτηθεῖσα ποῖον κάλλιστον χρῶμα, ἔφη „τὸ διὰ τὴν αἰδῶ τοῖς ἐλευθέροις ἐπιγινόμενον. Quelle nicht identifiziert in *CWE* 38, S. 891.

521 *PHILOSOPHVS QVIDAM PRISCVS* In *B* und *C* wurde vergessen, das *Apophthegma* mit einem Namenstitel auszustatten, wie das bei den übrigen Sprüchen des achten Buches der Fall ist.

In *Apophth*. VIII, 75 versucht der Philosoph die Trauer der Arsinoë II. (um 316–270 v. Chr.) über den Verlust eines Sohnes zu besänftigen. Arsinoë II., die Tochter des Ptolemaios I. Soter und dessen zweiter Ehefrau Berenike I., war mit dem viel älteren Lysimachos, König von Thrakien und Makedonien, verheiratet, mit dem sie drei Söhne hatte: Ptolemaios, Philippos und Lysimachos. Ihre weiteren Ehen blieben kinderlos. Zu Lebzeiten verlor sie in den politisch-militärischen Wirren d.J. 281 v. Chr. zwei Söhne, Philippos und Lysimachos: Zunächst besiegte und tötete Seleukos Arsinoës Gatten Lysimachos; Arsinoë konnte entkommen. Sie schlug sich nach Kassandreia in Zentralmakedonien durch, wo sie sich mit ihren Söhnen verschanzte. Inzwischen hatte ihr Halbbruder Ptolemaios Keraunos den Seleukos getötet; in der Folge usurpierte Ptolemaios Keraunos den makedonischen Königsthron. Zur Legetimation verheiratete er sich mit der Witwe des Makedonenkönigs, zugleich seiner Halbschwester, Arsinoë. Gegen sein Versprechen ermordete er jedoch ihre beiden Söhne Philippos und Lysimachos. Arsinoë floh daraufhin auf die von den Ptolemaiern beherrschte Insel Samothrake, wo sie ein Heiligtum, das Arsinoeion, gestiftet hatte. An ihrem Zufluchtsort in Samothrake muss sie von dem nicht namentlich genannten Philosophen Besuch erhalten haben. Der Text redet davon, daß sie über den Tod „eines Sohnes" trauerte, jedoch waren es

deren zwei. Zu Arsinoë II. vgl. U. Wilcken, *RE* II, 1 (1895), Sp. 1282–1287, s.v. „Arsinoë", Nr. 26. Zum Arsinoeion vgl. J.R. McCredie et. al., *Samothrace: Excavations Conducted by the Institute of Fine Arts of New York University, Volume 7, Rotunda of Arsinoe II*, Princeton 1992; K. Lehmann, *Samothrace: A Guide to the Excavations and the Museum*, 6th ed. rev. J.R. McCredie, Thessaloniki 1998, S. 63–70. Aus Er.' Wiedergabe der Erzählung geht nicht hervor, daß ihm bewußt ist, um welche Arsinoë es geht, und was der historische Hintergrund der Geschichte ist.

523–533 *Philosophus ... honorari* Plut. *Consolatio ad Apollonium*, Mor. 112A–B. Betont variierende Bearbeitung der latein. Übers. des Stephanus Niger: „Aiunt enim ex vetustis philosophis quendam ad Arsinoën reginam, quae filium lugebat, profectum, huiusmodi habuisse orationem: ,Quo tempore Iupiter honores daemonibus partiebatur, accidit, vt Luctus non adesset, sed iam distributis accederet. Verum quum et ipse a Iove peteret, vt aliquis sibi quoque honos daretur, ambigens Iupiter, quo ipsum honore afficeret omnibus iam absumptis, eo tandem, quo defunctos prosequimur, donauit honore, lachrymis scilicet ac doloribus. Quemadmodum igitur caeteri daemones eos summopere diligunt, a quibus coluntur, eodem pacto et luctus, o mulier. Si eum spreueris, ad te nunquam accedet; sin autem a te fuerit diligenter honoratus iis, quos assecutus est honoribus, doloribus videlicet atque eiulatibus, te amabit, et huiusmodi aliquid tibi perpetuo suggeret, cuius causa a te assidue veneretur'" (ed. Cratander 1530, fol. 110C–D). Vgl. den griech. Text: φασὶ γάρ τινα τῶν ἀρχαίων φιλοσόφων εἰσιόντα πρὸς Ἀρσινόην τὴν βασίλισσαν πενθοῦσαν τὸν υἱὸν τοιούτῳ χρήσασθαι λόγῳ, φάμενον ὅτι καθ᾽ ὃν χρόνον ὁ Ζεὺς ἔνεμε τοῖς δαίμοσι τὰς τιμάς, οὐκ ἔτυχε παρὸν τὸ Πένθος, ἤδη δὲ νενεμημένων ἦλθεν ὕστερον. τὸν οὖν Δία, ὡς ἠξίου καὶ αὐτῷ τιμήν δοθῆναι (δοθῆναι *text. recept.*: διδόναι *ed. Ald.*), ἀποροῦντα διὰ τὸ ἤδη κατηναλῶσθαι πάσας τοῖς ἄλλοις, ταύτην αὐτῷ δοῦναι τὴν ἐπὶ τοῖς τελευτήσασι γιγνομένην, οἷον δάκρυα καὶ λύπας. ὥσπερ οὖν τοὺς ἄλλους δαίμονας, ὑφ᾽ ὧν τιμῶνται, τούτους ἀγαπᾷ, τὸν αὐτὸν τρόπον καὶ τὸ Πένθος. „ἐὰν μὲν οὖν αὐτὸ ἀτιμάσῃς, ὦ γύναι, οὐ προσελεύσεταί σοι· ἐὰν δὲ τιμᾶται ὑπὸ σοῦ ἐπιμελῶς ταῖς δοθείσαις αὐτῷ τιμαῖς, λύπαις καὶ θρήνοις, ἀγαπήσει σε (ἀγαπήσει σε *ed. Cole Babbitt*: ἀγαπήσειτε *ed. Ald.*) καὶ ἀεί τί σοι παρέσται (παρέσται *text. recept.*: παρέξεται *ed. Ald.*) τοιοῦτον ἐφ᾽ ᾧ τιμηθήσεται συνεχῶς ὑπὸ σοῦ (συνεχῶς ὑπὸ σοῦ *text. recept.*: παρὰ σοῦ συνεχῶς *ed. Ald.*)". In stark gekürzter und nur vage umrissener Form erzählt Plutarch die Parabel auch in seiner *Consolatio ad vxorem* 6, Mor. 609F.

523 *priscus* Die Bezeichnung „philosophus quidam priscus" (τινα τῶν ἀρχαίων φιλοσόφων) wirkt kurios angesichts der Tatsache, daß der Vorfall 281 v. Chr. stattfand und einer der hellenistischen Philosophen gemeint sein muss, der somit wenigstens eine Generation jünger als Aristoteles war. Die Qualifikation „priscus" erklärt sich jedoch daraus, daß Plutarch die Geschichte an anderer Stelle dem alten Weisen und Fabelerzähler Aisopos zuschrieb, der im 6. Jh. v. Chr. lebte. Vgl. *Consolatio ad vxorem* 6, *Mor.* 609F.

523–524 *Arsinoes reginae luctum* In seiner Wiedergabe der Erzählung vergisst Er., den Grund der Trauer zu vermelden, nämlich den Tod eines Sohnes.

523 *reginae* Arsinoë hatte zum Zeitpunkt der Geschichte den Titel der Königin von Makedonien und Thrakien inne, den sie nach dem Tod ihres Gatten Lysimachos, des Königs von Makedonien und Thrakien, beansprucht hatte. Nach ihrer Heirat mit ihrem Halbbruder Ptolemaios Keraunos, der ebenfalls den Titel des Königs von Makedonien und Thrakien annahm, führte sie diesen Titel weiter. Während sie sich in ihrer ersten Geschwisterehe als Königin präsentierte, versuchte sie Ptolemaios Keraunos aus dem Weg zu räumen. Nach dem Mißlingen des Coups floh sie nach Samothrake. Zwei Jahre später holte sie ihr Bruder Ptolemaios nach Ägypten zurück, ging mit ihr eine Geschwisterehe ein und machte sie zur Königin Ägyptens.

524–528 *Quum Iupiter ... moerores* Im griech. Text ist „Quum Iupiter ... moerores" nicht als direkte Rede des Philosophen gekennzeichnet. Er. folgt diesbezüglich jedoch der Übertragung des Stephanus Niger.

524 *daemones* „daemones", „Dämonen", ist eine irreführende Wiedergabe von δαίμονες; im griech. Text waren damit schlicht die Mitgötter des Zeus gemeint; „dei" bzw. „dii" wäre adäquat gewesen. Das mißlungene „daemones" ist der Tatsache geschuldet, daß Er. die Übers. des Stephanus Niger übernahm.

524 *rerum* Mit „rerum" ist Er. ein lapsus unterlaufen, da es den Kernbegriff der Parabel, nämlich die Verteilung der *Ehren* (τὰς τιμάς) unter den Göttern, nicht richtig zum Ausdruck bringt; Stephanus Niger hatte korrekt „honores"; Er.' „rerum" ist wohl ein unglücklicher Variationsversuch.

tandem assignauit illi honorem, qui mortuis impenditur, veluti *lacrymas* et moerores". "*Quemadmodum igitur*", inquit, "*caeteri daemones* bene volunt iis, *a quibus coluntur*, itidem *et Luctus. Quod si fuerit abs te contemptus, o mulier*, haud quaquam venturus est *ad te*; contra si diligenter abs te colatur *honoribus* illi designatis a Ioue, moeroribus ac lamentis, diliget *te* semperque tibi suppeditabit aliquid earum rerum, quibus abs te perpetuo possit honorari". Refert Plutarchus in consolatione ad Apollonium.

DEMOSTHENES MITYLENAEVS

VIII, 76   Stvdivm   (Demosthenes Mitylenaeus) [22]
                immodicvm

⟨Demosthenes Mitylenaeus⟩ pulsauit fores *hominis musicae ac citharae dediti, quumque* is audito pulsu iussisset illum introire, "Faciam", inquit, "*si prius alligaris citharam*", subnotans illum nihil aliud ⟨facere⟩ quam cithara canere. Refert Plutarchus Symposiacon libro secundo.

ATTILIVS

VIII, 77   Nihil agere   (Attilius, i.e. Atilius
        (= Dublette von V, 293)   Crescens, 1) [23]

⟨Attilius⟩ dixit *satius esse ociosum esse quam nihil agere*. Refert Plinius Iunior ad Minutium [i.e. Minicium] Fundanum: "*Satius est enim*, inquit, *vt Attilius noster eruditissime simul et facetissime dixit, ociosum esse quam nihil agere*". Quanquam hoc dictum asscribitur Catoni seniori. Ociosus est, qui vacat ab externis actionibus; nihil agit, qui negociis infrugiferis, nihil ad beate viuendum conferentibus occupatur. Quemadmodum qui moliuntur nec satis succedit, quod agunt, *satagere* dicuntur: ita nihil agunt,

---

534 MITYLENAEVS *B*: MYTILENAEVS *C*.
537 Demosthenes Mitylenaeus *suppleui ex inscriptione B C*.
539 facere *suppleui*.

541 ATTILIVS *B C ut in Plinii edd. vett.*: Atilius *Plinii text. recept.*
544 Attilius *suppleui ex inscriptione B C*.

529–530 *Quemadmodum ... et Luctus* Dieser Satz steht nicht im griech. Text, sondern ist der Phantasie des Stephanus Niger entsprungen. Die Tatsache, daß ihn Er. ohne Weiteres übernimmt, zeigt an, daß er hier einfach die latein. Übers. als Vorlage benutzt hat.
532–533 *semperque ... honorari* ein ausschmückender Zusatz des Er.
534 *MITYLENAEVS* Der Fehler "MYTI-LENAEVS" hatte sich bei der Drucklegung von *C* eingeschlichen.
Apophth. VIII, 76 Der Spruchspender ist ein sonst unbekannter **Demosthenes aus Mitylene**, der Hauptstadt der Insel Lesbos; nicht in *DNP*; in *RE* s.v. "Demosthenes", Nr. 8; vgl. Komm. *CWE* 38, S. 892.
535–536 *Studium immodicum* Der Titel zeigt an, daß Er. den Witz nicht recht verstanden hat; vgl. Komm. unten.

537–539 *hominis ... citharam* Größtenteils wörtliche Übers. von Plut. *Quaestiones conviviales*, Mor. 633A: οὐκ ἀηδῶς γοῦν Δημοσθένης ὁ Μιτυληναῖος, φιλῳδοῦ τινος καὶ φιλοκιθαριστοῦ θύραν κόψας, ὑπακούσαντος αὐτοῦ καὶ κελεύσαντος εἰσελθεῖν, „ἂν πρῶτον", ἔφη, „τὴν κιθάραν δήσῃς".

539 *subnotans ... canere* Obwohl Er. mit „alligaris citharam", „die Kithara an die Kette gelegt hast", eine gelungene Übers. von τὴν κιθάραν δήσῃς vorgelegt hat, trifft seine Erklärung nicht den Witz, den der Besucher macht. Dieser liegt darin, daß der Besucher so tut, als ob Kithara ein Hund wäre und er sich nicht einzutreten getraue, bevor der Hausherr ihn angekettet habe. Bei dem Witz spielt wohl auch die Assoziation eine Rolle, daß die Kithara des Hausherren jaule wie ein Hund. Für die Bedeutung von „alligare" von „einen Hund an die Kette legen" vgl. „canem ad ostium alligare" bei Seneca rhetor, *DNG* I, Sp. 253, s.v. „alligo" I, 1.

Atilius Crescens, Jugendfreund und Landsmann des Plinius d.J., Adressat einiger seiner Briefe. Vgl. P. von Rohden, *RE* II, 2 (1896), Sp. 2082, s.v. „Atilius", Nr. 38; W. Eck, *DNP* 2 (1997), Sp. 214, s.v. „Atilius", Nr. II 6; A.N. Sherwin-White, *The Letters of Pliny. A Historical and Social Commentary*, Oxford 1966, S. 182.

Apophth. VIII, 77–85 Es folgt nunmehr eine Sequenz von Sprüchen, die Er. aus seiner Lektüre der Briefe Plinius d.J. bezogen hat: Die Spruchspender rekrutieren aus dem Freundes- und Bekanntenkreis Plinius d.J., zuzüglich seines berühmten Onkels Plinius d.Ä.

Apophth. VIII, 77 ist eine Dublette von V, 293; allerdings war Er. nicht mehr geläufig, wem er dort den Spruch zugeschrieben hatte, nml. Scipio Africanus d.Ä.; nunmehr war er überzeugt, daß es Cato war.

545 *Minutium Fundanum* C. Minicius Fundanus, ursprünglich aus ritterlicher Familie, Politiker, Senator, Konsul unter Trajan (107 n. Chr.), Prokonsul in Asia unter Kaiser Hadrian (ca. 124/125 n. Chr.), Adressat einiger Briefe des Plinius d.J. Vgl. E. Groag, *RE* XV, 2 (1932), Sp. 1820–1826, s.v. „Minicius", Nr. 13; W. Eck, *DNP* 8 (2000), Sp. 216–217, s.v. „Minicius", Nr. 4.

545–546 *Satius ... agere* Wörtliche Übernahme von Plin. *Epist.* I, 9, 8: „Plinius Minicio (Minutio *edd. vett.*) Fundano suo S. ... Satius est enim, vt Atilius (Attilius *edd. vett.*) noster eruditissime simul et facetissime dixit, otiosum esse quam nihil agere".

546–547 *Quanquam ... Catoni* Er., der aus dem Gedächtnis arbeitete, irrt sich: Der Spruch wurde andernorts nicht Cato d.Ä. zugeschrieben, sondern Scipio Africanus d.Ä.; Cato war nur derjenige, der den Spruch schriftlich überliefert hat (vgl. Cic. *Off.* III, 1, 1). Er. selbst hatte den Spruch bereits oben V, 293 gebracht und ihn dort, wie es den Tatsachen entspricht, Scipio d.Ä. zugeteilt: „*Scipio senior*, si quando vacans a negociis bellicis in literis versaretur, dicere solet se nunquam minus esse ociosum, quam quum esset in ocio. Sensit se id temporis non dare animum ocio aut voluptatibus, sed reipublicae commodis multa suo cum animo tractare".

547 *Catoni seniori* Cic. *Off.* III, 1, 1: „Scipionem, Marce fili, eum, qui primus Africanus appellatus est, dicere solitum scripsit Cato, qui fuit eius fere aequalis, numquam se minus otiosum esse, quam cum otiosus, nec minus solum, quam cum solus esset".

549 *satagere dicuntur* Vgl. Quint. *Inst.* VI, 3, 54: „Afer ... venuste Manlium Suram multum in agendo discursantem, salientem, manus iactantem ... non agere dixit, sed satagere"; *Apophth.* VI, 229 „agere, satagere": „Actio enim oratoris est. Satagit autem, qui frustra misereque conatur".

qui frustraneis actionibus tumultuantur. Plinius enim putat eos, qui militaribus negociis distrahuntur, nihil agere; contra, qui se philosophiae dedunt, ociosos esse.

VIII, 78 PROFECTVS (Attilius, i.e. Atilius Crescens, 2) [24]

⟨Idem⟩ *dicere* solet *sic adolescentes in foro auspicari a causis centumuiralibus, vt pueri* solent *in scholis ab Homero*: quod vtrunque sit *maximum*, quum oporteat paulatim per gradus ad id, quod summum est, peruenire. Meminit Plinius ad Maximum.

PLINIVS MAIOR

VIII, 79 LECTIONIS VTILITAS (Plinius Maior, 1) [25]

⟨Plinius maior⟩ *dicebat nullum esse librum tam malum,* qui *non aliqua parte prodesset*. Verum dixit de his, qui norunt ex quibuscunque libris, si quid inest frugiferum, excerpere. Sed sunt, qui in libro quantumuis bono nihil venantur, nisi quod reprehendant.

VIII, 80 TEMPORIS PARSIMONIA (Plinius Maior, 2) [26]

Idem, quum recitatorem *quiddam perperam pronunciantem amicorum* quispiam reuocasset et, vt repeteret, coegisset, „Quid?", inquit, „An *intellexeras?*". Quum ille annuisset, „Quur ergo", inquit, „*reuocabas? Decem amplius versus* ista *tua interpellatione perdidimus*". Tanta erat parsimonia temporis.

VIII, 81 TEMPORIS PARSIMONIA (Plinius Maior, 3) [27]

Idem nepotem suum *ambulantem* videns obiurgauit: „*Poteras*", inquit, „*has horas non perdere*". Nam qui lectica vehebantur, *aut* recitantem *audiebant* aut, si libuisset, aliquid etiam enotabant *aut dictabant aliquid,* quorum nihil licet ambulanti.

554 Idem *suppleui*.
554 solet *B C*: solebat *LB*.

559 Plinius maior *suppleui ex inscriptione B C*.

550–551 *Plinius enim ... ociosos esse* Er. liefert hier eine Erklärung der Argumentation von Plin.' Brief I, 9, die nicht richtig ist: Es geht Plinius d.J. keineswegs darum, den Militärdienst herabzuwürdigen, noch stellt er ihm die Beschäftigung mit der Philosophie gegenüber. Vielmehr vergleicht er das ermüdende tägliche Leben in der Stadt Rom mit dem Aufenthalt auf dem Lande, konkret auf seiner Villa Laurentina. In Rom verspielt Plinius nach eigener Darstellung seine Zeit mit sozialen Verpflichtungen und gerichtlichen Terminen, auf der Villa widmet er sich ganz seinen Büchern und der Schriftstellerei. Von seiner eigenen Situation ausgehend (er hält sich gerade auf seinem Laurentinum auf) erteilt er dem Briefadressaten den Rat, es ihm gleichzutun und die Stadt zu verlassen: „Proinde tu quoque stre-

pitum istum inanemque discursum et multum ineptos labores ..., relinque teque studiis vel otio trade" (*Epist.* I, 9, 7).

554–556 *Dicere ... est* Leicht variierende Übernahme von Plin. *Epist.* II, 14, 2: „Ad hoc pauci, cum quibus iuvet dicere; ceteri audaces atque etiam magna ex parte adulescentuli obscuri ad declamandum huc transierunt, tam irreuerenter et temere, vt mihi Atilius noster expresse dixisse videatur, sic in foro pueros a centumuiralibus causis auspicari, vt ab Homero in scholis. Nam hic quoque vt illic primum coepit esse quod maximum est".

554 *causis centumuiralibus* Dies betrifft *privatrechtliche* Prozesse. Dafür war im kaiserzeitlichen Rom das jährlich gewählte Richterkolleg der Hundertmänner (*Centumviri;* tatsächlich 180 Richter) zuständig; vgl. *DNG* I, Sp. 835, s.v. „centumviri". Plinius d.J. betrachtet die privatrechtlichen Angelegenheiten einereits als Bagatellen, die einem Redner keinen großen Ruhm einbringen und auch nicht sein Ansehen erhöhen, aber dennoch inhaltlich anspruchsvoll sind und deswegen Erfahrung und Sorgfalt erfordern. Atilius Crescens meinte anscheinend, daß diese Fälle zwar in der Praxis häufig von ganz jungen Rednern behandelt werden würden, daß diese jedoch oft der schwierigen Aufgabe nicht gewachsen wären.

556 *ad Maximum* Der Briefadressat von II, 14 ist in der Tat ein gewisser Maximus; seine genaue Identität läßt sich jedoch nicht bestimmen – Plinius d.J. hatte unter seinen Korrespondenten mehrere Personen, die das Cognomen Maximus tragen. Vgl. Komm. von Sherwin-White ad *Epist.* II, 14, S. 180–181.

557 *PLINIVS MAIOR* In dieser Form im Index personarum von *B* und *C*.

559–560 *Dicebat ... prodesset* Wörtliche Textübernahme von Plin. *Epist.* III, 5, 10: „Nihil enim legit (sc. Plinius maior), quod non excerperet; dicere etiam solebat nullum esse librum tam malum, vt non aliqua parte prodesset". Der Ausspruch stammt aus dem bekannten Brief des jüngeren Plinius an Baebius Macer, in dem er ein Porträt seines gelehrten Onkels zeichnet.

564 *recitatorem* Plinius d.J. verwendet a.a.O. dafür „lector". Gemeint war damit ein Diener Plinius d.Ä., der mit dem lauten Vorlesen literarischer und wissenschaftlicher Werke beauftragt war. Plinius d.Ä. ließ sich bei allen möglichen (und unmöglichen) Gelegenheiten vorlesen, sogar im Bad und auf der Reise; beim Essen jedoch standardmäßig.

564–567 *quiddam perperam ... temporis* Größtenteils wörtliche, jedoch im Spruchteil durch ein Versehen ins Gegenteil verkehrte Wiedergabe von Plin. *Epist.* III, 5, 12–13: „Memini quendam ex amicis, cum lector quaedam perperam pronuntiasset, reuocasse et repeti coegisse; huic auunculum meum dixisse: ‚Intellexeras nempe?'. Cum ille adnuisset, ‚Cur ergo reuocabas? Decem amplius versus hac tua interpellatione perdidimus'. Tanta erat parsimonia temporis".

565 *An* „an" im Sinn von „nonne".

569–570 *ambulantem ... perdere* Wörtliche Übernahme des Ausspruchs Plin.' d. Ä. aus Plin. *Epist.* III, 5, 16: „Repeto me correptum ab eo, cur ambularem: ‚poteras', inquit, ‚has horas non perdere'; nam perire omne tempus arbitrabatur, quod studiis non impenderetur".

570–571 *Nam qui ... ambulanti* Die Erklärung des Er. reproduziert das Bild, das Plinius d.J. gerade von der Gewohnheit seines Onkels gezeichnet hatte, im Reisewagen einen Diener bei sich zu haben, der ihm etwas vorlesen oder dem er etwas diktieren konnte, sogar in Rom, wo die Benutzung von Reisewägen eingeschränkt war und wo man, schon wegen der sozialen Kontakte, lieber zu Fuß ging. Vgl. Plin. *Epist.* III, 5, 15: „(sc. etiam in balinei tempore) audiebat aliquid aut dictabat. In itinere quasi solutus ceteris curis huic vni vacabat; ad latus notarius cum libro et pugillaribus, cuius manus hieme manicis muniebatur, vt ne caeli quidem asperitas vllum studii tempus eriperet; qua ex causa Romae quoque sella vehebatur". Jedoch ist das Bild, das sich Er. davon machte, nicht ganz richtig: Er meinte, daß Plinius auf Reisen und auch sonst sich in einer Sänfte tragen ließ. Für eine Reise verwendete man jedoch nicht die Sänfte, die zu langsam war. Überhaupt würde eine Reise mittels Sänfte bedeuten, daß der Sklave in diesem Fall hätte lesen und schreiben müssen, während er neben der Sänfte herlief. Im Gehen schreiben geht gar nicht, lesen sehr schlecht.

PASSIENVS PAVLVS [recte PASSENNVS PAVLLVS, i.e. IAVOLENVS]

VIII, 82   RIDICVLE   (Passienus Paulus, i.e.
                                                         Iauolenus) [28]

575 *Passienus* [i.e. Passennus] *Paulus eques Romanus*, sed *dubiae sanitatis*, quum recitans *elegias* suas sic auspicaretur „*Prisce, iubes…*", *Priscus Iabolenus*, qui tum *aderat*, „*Ego vero*", inquit, „*non iubeo*". Protinus ingens omnium *risus* coortus est. Fingunt enim poetae suo arbitrio, quicquid libet. At Priscus non tulit poeticam fictionem.

THRASEA

580 VIII, 83   HOMO   (Thrasea Paetus, 1) [29]

⟨ *Thrasea* ⟩ referente Plinio Iuniore *dicere solebat*: „*Qui vicia odit, homines odit*", sentiens nullum esse hominem, qui non multis viciis sit obnoxius, licet aliis alii laborent. Ac saepenumero accidit, vt qui alios insectantur, ipsi grauioribus madeant viciis.

VIRGINIVS

585 VIII, 84   ANIMOSE   (Virginius) [30]

Cluuius historiographus sic affatus est Virginium, cuius res gestas attigerat: „*Scis, Virgini, quae fides historiae debeatur. Proinde si quid in historiis meis aliter legis ac velles, rogo ignoscas*". Ad haec Virginius: „Tu, o *Cluui, tune ignoras ideo me fecisse, quod feci, vt esset liberum vobis scribere, quae libuisset?*". Vox excelsi animi testis, et recte factorum
590 conscientia contenti.

---

581 Thrasea *supplevi ex inscriptione in B C.*   581 solebat *LB*: solet *B C.*

572 PASSIENVS PAVLVS In dieser Form im Index personarum von *B* und *C*. C. Passennus Sergius Paullus Propertius Blaesus, Dichter, Nachfahre des Elegikers Properz, in dessen Stil er seine Elgien verfasste. Vgl. K. Ziegler, *RE* XVIII, 4 (1949), Sp. 2094, s.v. „Passennus"; J. Rüpke, *DNP* 9 (2000), Sp. 388, s.v. „Passennus Paulus Propertius Blaesus".

575–577 *Passenus Paulus … risus* Durch eine Verwechslung der Personen verworrene Wiedergabe von Plin. *Epist.* VI, 15, 1–2: „Passennus (Passienus *edd. vett.*) Paulus, splendidus eques Romanus et in primis eruditus, scribit elegos. Gentilicium hoc illi: est enim municeps Properti (Propertii *edd. vett.*) atque etiam inter maiores suos Propertium numerat. Is cum recitaret, ita coepit dicere: ,Prisce, iubes …'. Ad hoc Iauolenus (Iabolenus *edd. vett.*) Priscus – aderat enim vt Paulo amicissimus: ,Ego vero non iubeo'. Cogita, qui risus hominum, qui ioci!".

575 *sed dubiae sanitatis* Ein Irrtum des Erasmus. Er. bezog die Bemerkung des Plinius über die schwache Gesundheit des Iavolenus Priscus (*Epist*. VI, 15, 3) fälschlich auf Passenus Paullus. Die Bemerkung hat den Sinn, zu suggerieren, daß Iavolenus Priscus „nicht richtig ticke", wie sein inadäquater Zwischenruf gezeigt habe.

577–578 *Fingunt ... poeticam fictionem* Die Erklärung des Er. ist unsinnig und erstickt den Witz im Keim. Es ist völlig abwegig anzunehmen, daß der Witzbold Iavolenus die nicht wirklichkeitsgetreue dichterische *inventio* nicht ertragen konnte. Plinius interpretierte den Witz (der ihm nicht gefiel) als hohlköpfiges Verhalten. Er erwartete bei einer Rezitation mehr Ernst; Priscus, meint er, „sei überhaupt nicht recht bei Sinnen" (*Epist.* VI, 15, 3 „Est omnino Priscus dubiae sanitatis").

P. **Clodius Thrasea Paetus** (gest. 66 n. Chr.), stammte aus Patavium; Politiker und Stoiker unter Kaiser Nero; Suffektkonsul i.J. 56. Tacitus erhob ihn zum Bugbild der stoischen Senatsopposition. Nachdem er i.J. 62 sich ins Privatleben zurückgezogen hatte, ließ ihn Nero i.J. 66 vom Senat zum Tode verurteilen, woraufhin er, ebenso wie Seneca, Selbstmord beging. Vgl. H. Kunnert, *RE* IV, 1 (1900), Sp. 99–103, s.v. „Clodius", Nr. 58; W. Eck, *DNP* 3 (1997), Sp. 41–42, s.v. „Clodius", Nr. II 15. Für die Feindschaft zwischen Nero und Thrasea vgl. *Apophth.* VI, 424; Er. widmete ihm weiter *Apophth.* VIII, 139 und 184.

579 THRASEA In dieser Form auch im Index personarum von *B* und *C*.

581 *Thrasea ... odit* Wörtliche Übernahme aus Plin. *Epist.* VIII, 22, 3: „... mandemusque memoriae, quod vir mitissimus et ob hoc quoque maximus Thrasea crebro dicere solebat: ‚Qui vitia odit, homines odit'".

L. **Verginius Rufus** (um 14 n. Chr.–97), Senator und Feldherr, der ursprünglich aus einem Rittergeschlecht stammte. Der *homo novus* Verginius entwickelte sich zu einem der bedeutendsten Politiker d. 1. Jh. n. Chr., bekleidete dreimal das Konsulat (63, 69 und 97); i.J. 61 Statthalter der Provinz Pontus-Bithynien; 67 *Legatus Augusti pro praetore* in Germania superior; schlug dort den gefährlichen Aufstand des Gaius Iulius Vindex nieder. Die ihm von den Rheinlegionen angebotene Kaiserkrone lehnte er ab. Nach der Niederlage des Kaisers Otho gegen Vitellius wurde ihm erneut die Kaiserkrone angeboten, Verginius lehnte sie jedoch erneut ab und zog sich ins Privatleben zurück. Vgl. M. Schuster, *RE* VIII, A2 (1958), Sp. 1536–1543, s.v. „Verginius", Nr. 27; W. Eck, *DNP* 12, 2, Sp. 63–64, s.v. „Verginius", Nr. II 1.

584 VIRGINIVS In dieser Form im Index personarum von *B* und *C*.

Apophth. VIII, 84 und 85 gehören zusammen und sie stammen aus demselben Brief Plinius' d.J., der das Streben nach Ruhm thematisiert. Grundsätzlich nimmt Plinius seinen älteren Freund Verginius Rufus in Schutz, der für sein Grab eine Ehreninschrift entwerfen ließ, die ihn als den selbstlosen Sieger über den aufständischen Vindex feierte, eine Inschrift, die ihm die Kritik der Ruhmsucht eintrug: „Hic situs est Rufus, pulso qui Vindice quondam/ Imperium adseruit non sibi, sed patriae". Während die Inschrift einen Sieger verherrlichte, präsentierte sich Julius Frontinus als so selbstlos, daß er verbot, für ihn ein Grab- oder Ehrenmal zu errichten. Plinius' Sympathie gehört Verginius Rufus, den er wegen seiner politischen und militärischen Leistungen sehr bewunderte, jedoch billigt er auch die etwas schroffe, wenn nicht hypokritische Haltung des Frontinus.

586 *Cluuius* **Cluvius Rufus** (1. Jh. n. Chr.), Politiker und Schriftsteller, Historiograph, Panegyrist Neros; lavierte im Vierkaiserjahr (69) geschickt zwischen den Fronten und behielt seine günstige Stellung auch unter Vespasian; verwaltete 69 die Provinz Hispania Tarraconensis. Seine *Historiae*, die unter Vespanian verfaßt wurden, behandelten die Regierungsperioden des Claudius und des Nero und wurden u. a. von Tacitus, Suetonius und Plutarch als Quelle verwendet. Vgl. E. Groag, *RE* IV, 1 (1900), Sp. 121–125, s.v. „Cluvius", Nr. 12; W. Eck, *DNP* 3 (1997), Sp. 46, s.v. „Cluvius", Nr. II 3; G.B. Townend, „Cluvius Rufus in the Histories of Tacitus", in: *American Journal of Philology* 85 (1964), S. 337–377; D. Wardle, „Cluvius Rufus and Suetonius", in: *Hermes* 120 (1992), S. 466–482; Th. Mommsen, „Cornelius Tacitus und Cluvius Rufus", in: *Hermes* 4 (1870), S. 295–325. Zur möglichen Kritik des Cluvius Rufus an seinem Auftreten im Vierkaiserjahr vgl. Komm. von Sherwin-White *ad loc.*, S. 503–504.

586–589 *Scis ... libuisset* Wörtliche Wiedergabe von Plin. *Epist.* IX, 19, 5: „Ipse sum testis, familiariter ab eo dilectus probatusque, semel omnino me audiente prouectum, vt de rebus suis hoc vnum referret, ita secum aliquando Cluuium locutum: ‚Scis, Vergini (Virgini *edd. vett.*), quae historiae fides debeatur; proinde si quid in historiis meis legis aliter ac velis, rogo ignoscas'. Ad hoc ille (hoc sic illum *edd. vett.*): ‚Tune ignoras, Cluui, (Tune ignoras, Cluui *text. recept. rec.*: Cluuine, tu ignoras *edd. vett.*) ideo me fecisse, quod feci, vt esset liberum vobis scribere quae libuisset?'".

FRONTINVS

VIII, 85 ANIMOSE (Frontinus) [31]

⟨Frontinus⟩ *vetuit* sibi *extrui monumentum* his *verbis*: „*Impensa monumenti superuacanea est: memoria nostri durabit, si vita meruimus*". Excelsi animi est, quum praeclara gesseris, gloriam contemnere.

ARCHYTAS

VIII, 86 MODERATE (Archytas, 2) [32]

Archytas quum in agro comperisset quosdam e *famulis* admisisse quiddam, sentiens se *commotiorem* in illos, *nihil* quidem tum *fecit, tantum abiens dixit*: „*Fortunati*", inquit, „*estis, quod irascor vobis*".

AVFIDIVS MODESTVS

VIII, 87 SALSE (Aufidius Modestus) [33]

Quintum [i.e. Quietum] *in morbo* sibi *dicentem manus esse frigidas* ⟨Aufidius Modestus⟩ hoc scommate taxauit: „*Atqui calidas*", inquit, „*e prouincia extulisti*", notans

---

593 Frontinus *suppleui ex inscriptione B C*.
593 monumenti *B C*: monumentis *LB BAS*.
596 ARCHYTAS *scripsi*: ARCHITAS *B C*.
598 Archytas *scripsi*: Architas *B C*.

603 Quintum *B C*: *scribendum erat* Quietum.
603–604 Aufidius Modestus *suppleui ex inscriptione B C*.

S. Iulius Frontinus (um 35 n. Chr.–103 n. Chr.), Politiker und Schriftsteller z.Z. Domitians, Nervas und Trajans; um d.J. 73 Konsul, darnach Statthalter der kaiserlichen Provinz Britannien; um 90 Prokonsul von Asia, 98 Suffektkonsul, i.J. 100 erneut Konsul, mit Trajan als Kollegen. Als Schriftsteller widmete er sich technischen und militärischen Themen: Er verfasste Schriften über Feldmesskunst, Kriegsführung (*Strategematicon libri III*) und die Aquädukte Roms (*De aquaeductu urbis Romae*). Vgl. A. Kappelmacher, *RE* X, 1 (1918), Sp. 591–606, s.v. „Iulius", Nr. 243; K. Sallmann, *DNP* 4 (1998), Sp. 677–678, s.v. „Frontinus, S. Iulius".

593–594 *Vetuit ... meruimus* Wörtliche Wiedergabe von Plin. *Epist.* IX, 19, 6: „Age dum, hunc ipsum Frontinum in hoc ipso, in quo tibi parcior videtur et pressior, comparemus. Vetuit exstrui monumentum, sed quibus verbis? ‚Impensa monumenti superuacua est; memoria nostri durabit, si vita meruimus'".

Archytas von Tarent (435/10–355/0 v. Chr.), bedeutender Philosoph und Anhänger der pythagoreischen Lehre, politisch engagiert, Freund Platons. Beschäftigte sich eingehend mit Mathematik, Musik, Physik und Mechanik. Von seinen Werken sind nur Fragmente erhalten, von seiner Lehre läßt sich kein klares Bild gewinnen. In den überlieferten Anekdoten und Sprüchen wird er durch Selbstbeherrschung und hohes sittliches Verantwortungsbewußtsein charakterisiert. Vgl. Ch. Riedweg, *DNP* 1 (1996/9), Sp. 1029–1030, s.v. „Archytas", Nr. 1; E. Wellmann und K. von Jan, *RE* II, 1 (1895), Sp. 600–602, s.v. „Archytas", Nr. 3. Für die Werkfragmente vgl. C.A. Huffman, *Archytas of Tarentum. Pythagorean, Philosopher and Mathematician King*, Cambridge 2005. Er. betrachtete ihn richtig als Tarentiner, Pythagoreer und Erfinder mechanischer Konstruktionen, u. a. der „fliegenden Holztaube". Er widmete ihm *Adag.* 1644 „Archytae crepitaculum" (*ASD* II, 4, S. 114–116) und oben *Apophth.* VI, 550. In VI, 550 gibt Er. seinen Namen mit „Archyta" wieder, in VIII, 332 mit „Archytas"; „Architas Tarentinus" im Index personarum.

598–600 *Archytas ... vobis* Gekürzte, leicht variierende, im Spruchteil wörtliche Wiedergabe von Plut. *De sera numinis vindicta* 5, *Mor.* 551B, wobei Er. den griech. Text selbst übersetzte: Ἀρχύτας, οἰκετῶν τινα πλημμέλειαν ἐν ἀγρῷ καὶ ἀταξίαν καταμαθών, εἶτα ἑαυτοῦ συναισθανόμενος ἐμπαθέστερον ἔχοντος καὶ τραχύτερον πρὸς αὐτούς, οὐδὲν ἐποίησεν ἀλλ᾽ ἢ τοσοῦτον, ἀπιών, „εὐτυχεῖτε", εἶπεν, „ὅτι ὀργίζομαι ὑμῖν". Vgl. die latein. Übers. des Willibald Pirckheimer: „Et Archytas, quum ruri domesticorum ac seruorum negligentiam ac ignauiam deprehendisset, inde concitatiori asperiorique affectu erga illos se ferri intelligeret, nullo maiori eos affecit incommodo, sed tantisper abiens: ‚Valete', inquit, ‚quoniam vobis irascor'" (ed. Cratander, Basel 1530, fol. 157D). Die Anekdote wird von Cicero, Valerius Maximus, Lactantius und Plutarch in *De educatione liberorum* 14 (*Mor.* 10D) in etwas anderer Form überliefert, wobei sich Archytas' Zorn allein gegen den Villenverwalter richtet; vgl. Cic. *Rep.* I, 59: „L. Non mehercule, inquit, sed imitor Archytam illum Tarentinum, qui cum ad villam venisset et omnia aliter offendisset ac iusserat, ‚A te infelicem', inquit vilico, ‚quem necassem iam verberibus, nisi iratus essem'"; idem, *Tusc.* 4, 78: „Ex quo illud laudatur Archytae, qui cum vilico factus esset iratior, ‚quo te modo', inquit, ‚accepissem, nisi iratus essem!'"; Val. Max. 4, 1, ext. 1: „Tarentinus Archytas, dum se Pythagorae praeceptis Metaponti penitus inmergit, magno labore longoque tempore solidum opus doctrinae conplexus, postquam in patriam reuertit ac rura sua reuisere coepit, animaduertit neglegentia vilici corrupta et perdita intuensque male meritum ‚sumpsissem', inquit, ‚a te supplicium, nisi tibi iratus essem': maluit enim inpunitum dimittere quam propter iram iusto grauius punire"; Lact. *Ira* 18, 4: „Laudatur Archytas Tarentinus,

qui cum in agro corrupta esse omnia comperisset, villici sui culpam redarguens, Miserum te, inquit, quem iam verberibus necassem, nisi iratus essem"; vgl. weiter Iamblichus, *De vita Pythagorica* 31, 197; Hier. *Epist.* 79, 9; *CWE* 38, S. 894 gibt als Quelle Plut. *Mor.* 10D an, was jedoch aufgrund des unterschiedlichen Narrativs nicht stimmig ist.

Apophth. VIII, 87–89 Es folgen nunmehr drei Sprüche in Serie, die Er. aus Plutarchs *Quaestiones convivales* bezogen hat.

Aufidius Modestus, latein. Grammatiker. Vgl. G. Götz, *RE* II, 2 (1896), Sp. 2294, s.v. „Aufidius", Nr. 30.

Apophth. VIII, 87 datiert auf ungefähr 92 n. Chr.

603 *Quintum* Das in den Baseldrucken einhellig überlieferte „Quintum" ist unrichtig. Er. hat sich hier offensichtlich verlesen und Κυήτου für Κυίντου angesehen.

603 *Quintum* **T. Avidius Quietus** (starb vor 107 n. Chr.), Freund des Thrasea Paetus und des Plutarch, Prokonsul von Achaia (um 91 n. Chr.), Suffektkonsul i.J. 93; Legat in Britannien 98. Plutarch widmete ihm die Werke *De fraterno amore* und *De sera numinis vindicta*. Vgl. P. v. Rohden, *RE* II, 2 (1896), Sp. 2385, s.v. „Avidius", Nr. 8; W. Eck, *DNP* 2 (1997), Sp. 370, s.v. „Avidius", Nr. 5.

603–604 *Quintum ... extulisti* Größtenteils wörtliche, jedoch durch eine Verlesung des Namens getrübte Übers. des Er. von Plut. *Quaestiones convivales*, II, 1, *Mor.* 632A: καὶ Κυήτου τοῦ ἡμετέρου, μέμνησαι γάρ (γάρ om. Aldus), ἐν ἀσθενείᾳ τὰς χεῖρας ἔχειν ψυχρὰς λέγοντος, Αὐφίδιος Μόδεστος, „ἀλλὰ μήν", ἔφη, „θερμὰς ἀπὸ τῆς ἐπαρχίας κεκόμικας αὐτάς".

604 *calidas* Für diese metaphorische Bedeutung von „calidus" vgl. Er., *Adag.* 1450 (*ASD* II, 3, S. 440): „Graecam figuram agnoscunt, quoniam θερμόν illi tum scelestum, tum praeceps et audax facinus vocant. Sic enim Penia in Pluto Aristophanica ...: ‚... *Calidum o facinus et impium et nefarium*!'. Interpres exponit θερμόν: παράδοξον, τολμηρόν, εὐκίνητον, id est *inauditum, audax* et *praeceps* ac *temerarium*".

604–605 *notans eum ... esset* Den historischen Hintergrund der Bemerkung des Modestus bezog Er. aus Plutarch; allerdings vergißt Er. zu vermelden, daß Avidius Quietus auf den anzüglichen Scherz sportlich reagierte und herzlich darüber lachte, vgl. Plut. *Quaestiones convivales*, II, 1, *Mor.* 632A–B: τοῦτο γὰρ ἐκείνῳ μὲν γέλωτα καὶ διάχυσιν παρέσχεν, κλέπτῃ δ᾽ ἀνθυπάτῳ λοιδόρημα καὶ ὄνειδος ἦν.

605 eum, quod proconsul administrans prouinciam multa furatus esset. Meminit Plutarchus in Symposiacis libro secundo.

QVIDAM

VIII, 88   IOCOSE   (Anonymus) [34]

Quidam imperatorem incusauit, quod *illius insidiis et ocio et somno fuisset priuatus*,
610 videlicet quod illius benignitate *e paupere factus esset diues*. Refertur eodem loco.

QVIDAM ANTIGONI AMICVS

VIII, 89   LIBERE   (Anonymus) [35]

Quidam *Antigoni amicus, quum ab eo petisset talentum nec accepisset, postulauit ab eo*
deductores ac corporis *custodes*. Rogatus, quamobrem, „Ne", inquit, „insidiis impe-
615 tar", affingens *se talentum humeris ferre*.

611 QVIDAM ANTIGONI AMICVS scripsi
    sec. textum apophthegmatis: QVIDAM B C.

605 *prouinciam* Dabei muß es sich um die Provinz Achaea handeln, die Avidius Quietus um d.J. 91 als Prokonsul verwaltete.

607 *QVIDAM* Ein entsprechender Verweis fehlt im Index personarum von B und C.

609–610 *Quidam ... diues* Leicht variierende, größtenteils wörtliche Übers. des Er. von Plut. *Quaestiones convivales*, II, 1, *Mor.* 632 F: καὶ ὁ λέγων ὑπὸ τοῦ βασιλέως ἐπιβεβουλευμένος ἀφῃρῆσθαι τὴν σχολὴν καὶ τὸν ὕπνον, πλούσιος γεγονὼς ἐκ πένητος.

612 *Libere* Bereits der Titel zeigt an, daß Er. das Apophthegma völlig missverstanden hat. Der Spruch ist keineswegs ein Beispiel für Freizügigkeit gegenüber einem Herrscher, sondern, wie Plutarch in der Einleitung zu vorliegendem Spruch explizite angibt (*Quaestiones convivales*, II, 1, 9, *Mor.* 633D), von der Gelassenheit und Milde (πράως καὶ μετρίως), mit dem manche üble Witze über ihre körperlichen Gebrechen ertragen. In Er.' Wiedergabe der Anekdote fehlt dieser springende Punkt.

613 *Antigoni* Es handelt sich sicherlich um Antigonos I. Monophthalmos (vor 380–301 v. Chr.), den König Makedoniens; vgl. E. Riess, *RE* I, 2 (1894) Sp. 2406–2413, s.v. „Antigonos", Nr. 3; E. Badian, *DNP* 1 (1996), Sp. 752–753, s.v. „Antigonos", Nr. 1. Er hatte ihm im vierten Buch der *Apophthegmata* eine Sektion von Sprüchen gewidmet (IV, 103–132; *ASD* IV, 4, S. 308–314; *CWE* 37, S. 366–376); Antigonos Monophthalmos ist für Plutarchs Argumentation doppelt wertvoll, weil er selbst an einem körperlichen Gebrechen litt (es fehlte ihm ein Auge) und dafür bekannt war, selbst über seine Einäugigkeit zu witzeln, was Plutarch auch wenig oberhalb (*Mor.* 633C) erwähnt. Er hatte aus dieser Stelle *Apophth.* IV, 130 gebildet: „Idem [= Antigonus rex] quum accepisset instrumentum praegrandibus literis descriptum, ‚Hae', inquit, ‚vel caeco perspicuae sunt', iocans in vicium oculorum; erat enim luscus"; ebenso bereits in *Adag.* 793 „Vel caeco appareat" (*ASD* II, S. 316), seit der zweiten Ausgabe (B). Es gab aber auch Momente, in denen Antigonos weniger Humor an den Tag legte: Den Philosophen Theokritos von Chios, der einen Witz über seine Einäugigkeit machte, ließ er hinrichten (vgl. *Apophth.* VI, 489).

613–615 *Antigoni amicus … ferre* Mißverstandene, durch einen Überlieferungs- und einen Übersetzungsfehler verworrene Wiedergabe von Plut. *Quaestiones convivales*, II, 1, 9, *Mor.* 633D: τινὲς δὲ ταῦτα πράως καὶ μετρίως φέρουσιν, ὥσπερ ὁ φίλος τοῦ Ἀντιγόνου τάλαντον αἰτήσας καὶ μὴ λαβὼν ᾔτησε προπομποὺς καὶ φύλακας, „ὅπως", ἔφη, „μὴ ἐπιβουλευθῶ" προσπαίξαντος (προσπαίξαντος text. recept., ed. Clement-Hoffleit: προστάξας ed. Ald.) κατ᾽ ὤμου τὸ τάλαντον φέρειν.

613 *amicus* einer der Hetairoi des Makedonenkönigs, somit einer seiner Vertrauten.

614 *deductores ac corporis custodes* „deductores" ist keine glückliche Übers. von προπομποὺς („Eskorte"), da „deductor" spezifisch in Bezug auf die römische Amtswerbung verwendet wird: Ein „deductor" ist immer ein Freund oder Klient des Amtsbewerbers, der diesen bei seinen Rundgängen zum Zweck des Stimmenfanges begleitet (z. B. Plin. *Epist.* IV, 17 6 „inchohandis honoribus deductor", vgl. *DNG* I, Sp. 1509, s.v. „deductor"). Ein passender latein. Ausdruck für Eskorte wäre „custodia et praesidium". Die Übers. „corporis custodes" für φύλακας geht zwar in die richtige Richtung, ist aber insofern kurios, als der Begriff zu spezifisch ist: Er war die Bezeichnung für die germanische Leibwache der Römischen Kaiser.

614–615 *Rogatus … humeris ferre* Er. hat die Anekdote und den in ihr erzählten Witz nicht richtig verstanden. Es stimmt nicht, daß der Bittsteller vorgibt („affingens"), er trage ein Talent auf dem Rücken. In dem betreffenden Abschnitt (*Quaestiones convivales*, II, 1, 9) präsentiert Plutarch Witze über körperliche Gebrechen. Im vorliegenden Fall lehnte Antigonos die Bitte eines Hetairos um eine große Summe Geldes (einen „Geldsack") mit einer bissigen Anspielung (προσπαίξαντος) auf den Buckel des Bittstellers ab; er sagte: „Du brauchst keinen Geldsack, du trägst ihn ja bereits auf deinen Schultern" (προσπαίξαντος κατ᾽ ὤμου τὸ τάλαντον φέρειν). Gleichmütig und spielerisch setzte der Hetairos den Gedanken fort: „Dann gib mir doch wenigstens eine Eskorte, damit ihn mir niemand rauben kann".

615 *affingens* „affingens" – „hinzuerfindend", „hinzudichtend" ist eine Fehlübersetzung des Er. für προστάξας („angeordnet habend", „zugeordnet habend"), das seinerseits eine Korruptele in Aldus' Ausgabe von Plutarchs *Moralia* ist. Für προστάσσειν, „anordnen, zuweisen, zuteilen, befehlen, auferlegen, zuordnen", vgl. Passow II, 1, S. 1223, s.v. προστάσσω. Die korrupte Form προστάξας bedingte, daß Er. die Aussage dem Freund zuschrieb, während die richtig überlieferte Lesart προσπαίξαντος das Gesagte dem Antigonos zuordnet.

ARISTARCHVS [ARISTANDER?] THEODECTAE PATER

VIII, 90   Salse   (Aristarchus) [36]

⟨*Aristarchus Theodectae pater*⟩ *dicere solitus est*: „*Olim vixerunt septem sapientes, nunc haud facile totidem inuenias idiotas*", *notans sophistarum turbam*, qui se pro sapientibus iactabant, vt vix superesset, qui ⟨se⟩ profiteretur indoctum.

SELEVCVS REX

VIII, 91   Regvm cvrae   (Seleucus Rex) [37]
                 (= Dublette von VI, 274)

⟨*Seleucus* rex⟩ *subinde dicere solebat*: „*Si multi* [i.e. populus] *scirent, quantum sit negocii tantummodo tot epistolas scribere ac legere, nec humi proiectum diadema tollerent*". Huius molestiae nequaquam est rudis Erasmus, etiamsi rex non sit.

---

618 Aristarchus Theodectae pater *suppleui ex inscriptione B C.*
618 vixerunt *LB*: vixerant *B C.*

620 se *suppleui.*
624 Seleucus rex *suppleui ex inscriptione B C.*
624 solebat *LB*: solet *B C.*

616 ARISTARCHVS THEODECTAE PATER In dieser Form im Index personarum von *B* und *C*. So auch von Plut. *De fraterno amore, Mor.* 478B überliefert, jedoch ist der Name wahrsch. nicht richtig, sondern sollte Aristandros lauten; vgl. Weißenberger a.a.O.

616 THEODECTAE Theodektes (geb. um 380–um 340), in Athen tätiger Redner, Logograph und Tragiker; stammte ursprünglich aus Phaselis in Lykien (Kleinasien); Schüler des Isokrates, Platon und Aristoteles. Theodektes verf. Reden und ca. 50 Tragödien; er nahm mit seinen Trauerspielen an dreizehn Agonen teil und trug achtmal den Sieg davon. Ihm wurde die ehrenvolle Aufgabe zuteil, eine Leichenrede auf König Maussolos zu halten (353 v. Chr.). Zu demselben Anlaß führte er eine Tragödie mit dem Titel *Maussolos* auf. Vgl. F. Stählin, *RE* VA, 2 (1934) Sp. 1722–1734, s.v. „Theodektes", Nr. 1, M. Weißenberger, *DNP* 12/1 (2002), Sp. 310–312, s.v. „Theodektes".

618–619 *Dicere … idiotas* Wörtliche Übers. von Plut. *De fraterno amore, Mor.* 478B: Ἀρίσταρχος μὲν οὖν ὁ Θεοδέκτου πατήρ, ἐπισκώπτων τὸ πλῆθος τῶν σοφιστῶν, ἔλεγε πάλαι μὲν ἑπτὰ σοφιστὰς μόλις γενέσθαι, τότε δὲ μὴ ῥᾳδίως ἂν ἰδιώτας τοσούτους εὑρεθῆναι.

618 *septem sapientes* Das Konzept der „Sieben Weisen" lässt sich seit Platon (*Prot.* 343A) belegen und wurde seitdem kanonisch überliefert. Platon listete die folgenden Weisen auf: Thales von Milet, Pittakos von Mitylene, Bias von Priene, Solon, Kleobulos von Lindos, Myson von Chen und den Spartaner Chilon. Vgl. O. Barkowski, *RE* IIA, 2 (1923), Sp. 2242–2264, s.v. „Sieben Weise"; J. Christes, *DNP* 11 (2001), Sp. 526, s.v. „Sieben Weise"; B. Snell, *Leben und Meinungen der Sieben Weisen*, 4. Aufl., 1971; W. Rösler, „Die Sieben Weisen", in: A. Assmann (Hrsg.), *Weisheit*, Bd. 3, München 1991, S. 357–365. Er hat die Sprüche der Sieben Weisen im siebenten Buch, dem „Buch der Philosophen" präsentiert, wobei er Diogenes Laertius exzerpierte, dessen Kapitel über Thales (I, 22–44), Solon (I, 45–67), Chilon (I, 68–73), Pittakos (I, 74–81), Bias (I, 82–88), Cleobulos (I, 89–93), Periander (I, 94–100), Anacharsis (I, 101–105), Myson (I, 106–108), Epimenides (I, 109–115) und Pherekydes (116–122). Vgl. Komm. oben zu VII, 1.

618 *nunc* Der Spruch des Aristarchus bzw. Aristandros bezieht sich auf die Sophisten, die z.Z. Platons (etwa 410–350 v. Chr.) aufkamen und auf ihren Reisen die griechischen Städte

besuchten. Aristandros stellt die gute alte Zeit (7. und 6. Jh. v. Chr.) der neuen, „verdorbenen" Zeit (= 1. H. 4. Jh. v. Chr.) gegenüber.

Apophth. VIII, 91–93 Es folgen nunmehr drei Sprüche in Serie, die Er. Plutarchs *An seni res publica gerenda sit* entnommen hat (VIII, 91–93).

Seleukos I. Nikator (um 355–281 v. Chr.; reg. 312/1–281 v. Chr.), der Begründer des Seleukidenreiches. Vgl. J.D. Grainger, *Seleukos Nikator. Constructing a Hellenistic Kingdom*, London u. a. 1990; A. Mehl, *Seleukos Nikator und sein Reich*, Bd. 1: *Seleukos' Leben und die Entwicklung seiner Machtposition* (= *Studia Hellenistica* 28), Löwen 1986; ders., *DNP* 11 (2001) Sp. 361–362 s.v. „Seleukos", Nr. 2; F. Stähelin, *RE* II, A1 (1921), Sp. 1208–1234, s.v. „Seleukos", Nr. 2. Im Buch der Könige und Feldherren widmete Er. dem Seleukos keine eigene Sektion von Sprüchen, jedoch verwechselte er ihn mit Demetrios Polyorketes (V, 104).

621 *SELEVCVS REX* Jedoch im Index personarum von *B* und *C* „Seleucus" ohne den Zusatz „rex".

Apophth. VIII, 91 bildet eine Dublette mit VI, 274, wo der Name des Königs nicht genannt wird. Es datiert auf die Regierungszeit des Seleukos I. (312/1–281 v. Chr.). In der in VIII, 91 benutzten Quelle, Plut. *Mor.* 790A, wird Seleukos unmissverständlich als Apophthegma-Spender angegeben. Als Er. VIII, 91 verfaßte, erinnerte er sich offensichtlich nicht mehr an die frühere Wiedergabe des Spruches in VI, 274.

624–625 *Seleucus ... tollerent* Wörtliche Übers. des Er. von Plut. *An seni res publica gerenda sit* 11, *Mor.* 790A: Ἀλλὰ μὴν ἥ γε βασιλεία τελεωτάτη πασῶν οὖσα καὶ μεγίστη τῶν πολιτειῶν, πλείστας φροντίδας ἔχει καὶ ἀσχολίας. Τὸν γοῦν Σέλευκον ἑκάστοτε λέγειν ἔφασαν, εἰ γνοῖεν οἱ πολλοὶ τὸ γράφειν μόνον ἐπιστολὰς τοσαύτας καὶ ἀναγινώσκειν ὡς (ὡς *text. recept., ed. Fowler*: ὅσον *ed. Ald.*) ἐργῶδές ἐστιν, ἐρριμμένον οὐκ ἂν ἀνελέσθαι (ἀνελέσθαι *ed. Fowler*: ἑλέσθαι *ed. Ald.*) διάδημα. In ähnlicher Form, jedoch ohne den spezifischen Hinweis auf die Bürde des Briefe-Schreibens und -Lesens, findet sich der Spruch bei Val. Max. VII, 2, 5: („De quodam Rege", Titel in *ed. Bade 1510, fol. CCLXXIX*ʳ): „Rex etiam ille subtilis iudicii, quem ferunt traditum sibi diadema, prius quam capiti imponeret, retentum diu considerasse ac dixisse: ,O nobilem magis quam felicem pannum! Quem si quis penitus cognoscat, quam multis sollicitudinibus et periculis et miseriis sit refertus, ne humi quidem iacentem tollere velit (vellet *ed. Bade 1510 et plures edd. vett.*).' ".

624 *multi* „multi" ist keine idiomatisch geglückte Übersetzung von οἱ πολλοί. Damit ist das Volk, die große Menge gemeint, auf Lateinisch „multitudo hominum", „vis magna hominum" „vulgus", „plures" oder „plurimi". Vgl. Georges D-L, II, Sp. 349, s.v. „Menge".

625 *diadema* Das auf dem Hinterkopf zusammengebundene Haarband als griechisches Herrschersymbol, bsd. der Diadochen.

CANVS TIBICEN

VIII, 92   Facete   (Canus tibicen) [38]

⟨Canus tibicen⟩ *dicebat homines ignorare, quanto plus ipse canens voluptatis caperet quam alii: alioqui auditores non darent mercedem, sed acciperent.* Virtus iucunda est eam exercentibus; vnde mirum est quosdam ad id mercede velle conduci, vt bene viuant, quum ipsa virtus abunde magnum sui sit praemium.

LAMPIS NEGOCIATOR

VIII, 93   Argvte   (Lampis negociator) [39]

⟨*Lampis* negociator⟩ *interrogatus, quomodo sibi parasset diuitias, „Magnas", inquit, „haud difficulter, exiguas vero cum labore ac tarde"*, sentiens initio paulatim magnaque vigilantia corrasam pecuniam. Caeterum parata iam ingenti sorte facile est amplis lucris ditescere. *Primum* autoritas ac *fama* tarde paulatimque *nec sine negocio paratur*. At qui iam innotuit, facile magnam assequitur laudem. Meminit Plutarchus in libello, An seni sit capessenda respublica.

ISMENIAS

VIII, 94   Facete   (Ismenias, 1) [40]

Ismenias tibicen canebat *in sacrificio, quumque non litaretur,* is qui *conductus* fuerat, *arreptis tibiis canebat ridicule*, et hoc canente litatum est. *Incusantibus autem iis, qui aderant, „Diuinitus", inquit, „contingit venuste canere".* Hic Ismenias ridens, *„At me",* inquit, *"canente dii voluptate capti commorabantur, te vero* festinante illos *abigere* [i.e. festinantes te abigere] arripuerunt hostiam [i.e. signum dederunt sacrificii accepti]". Refert Plutarchus Symposiacon libro secundo. Conductitius ille sibi laudem arrogabat, quod ipso canente litatum sit, quasi dii magis delectati sint ipsius cantu quam Ismeniae. Id lepidissime retorsit Ismenias: ideo non fuisse litatum, quod dii gaudentes erudita musica, diutius amarent adesse sacrificio. At quum ille tam ridicule caneret, quasi studeret deos abigere, ne vacui recederent, arripuerunt victimam.

---

629 Canus tibicen *suppleui ex inscriptione B C.*
635 Lampis negociator *suppleui ex inscriptione B C.*
646 commorabantur *B C*: morabantur *BAS LB.*

Canus, virtuoser Flötenspieler, der am Hof Kaiser Galbas wirkte; galt als größter Aulet seiner Zeit. Galbas nur sehr kurze Regierungsperiode dauerte vom 8. 6. 68–15. 1. 69 n. Chr. Vgl. E. Stein, *RE* III, 2 (1899) Sp. 1501, s.v. „Canus", Nr. 1; L. Zanoncelli, *DNP* 2 (1997), Sp. 968, s.v. „Canus".

627 *CANVS TIBICEN* In dieser Form im Index personarum von *B* und *C*.

629–630 *Dicebat ... acciperent* Wörtliche Übers. des Er. von Plut. *An seni res publica gerenda sit* 5, *Mor.* 786C: Κάνος δ' ὁ αὐλητής, ὃν καὶ σὺ γιγνώσκεις, ἔλεγεν ἀγνοεῖν τοὺς ἀνθρώπους, ὅσῳ μᾶλλον αὐτὸν αὐλῶν ἢ ἑτέρους εὐφραίνει (εὐφραίνει *ed. Fowler*: εὐφραίνειν *ed. Ald.*)· λαμβάνειν γὰρ ἂν μισθὸν οὐ διδόναι τοὺς ἀκούειν ἐθέλοντας.

630–632 *Virtus iucunda ... sit praemium* Er.' Erklärung leitet sich von Plutarchs Auswertung des Spruches ab: „Wir verstehen nicht, wieviel Lust uns ... die Ausübung von Tugend bringt".

Lampis, Reeder aus Aigina, erwarb sein Vermögen durch Fleiß und harte Arbeit. Vgl. E. Obst, *RE* XII, 1 (1924) Sp. 580 s.v. „Lampis", Nr. 2; nicht in *DNP*.

635–636 *Lampis ... tarde* Wörtliche Übers. des Er. von Plut. *An seni gerenda res publica sit* 6, *Mor.* 787A: ὡς δὲ Λᾶμπις ὁ ναύκληρος (ναύκληρος *ed. Fowler*: ναυκληρικὸς *ed. Ald.*) ἐρωτηθεὶς πῶς ἐκτήσατο τὸν πλοῦτον „οὐ χαλεπῶς", ἔφη, „τὸν μέγαν, τὸν δὲ βραχὺν ἐπιπόνως καὶ βραδέως".

635 *negociator* Er. übersetzte ὁ ναύκληρος („Eigentümer eines Schiffes") frei mit „negociator" („Händler").

638–639 *Primum autoritas ... laudem* Die Anwendung von Lampis' Ausspruch, der sich auf den Gelderwerb bezog, auf Bekanntheit und irdischen Ruhm hat Er. der nämlichen Plutarch-Stelle entnommen.

Ismenias aus Theben (4. Jh.), Flötenspieler und Musiklehrer, einer der berühmtesten Auleten seiner Zeit. Vgl. H. Gossen, *RE* IX, 2 (1916) Sp. 2141 s.v. „Ismenias", Nr. 6; F. Zaminer, *DNP* 5 (1998), Sp. 1137, s.v. „Ismenias", Nr. 4. Er. widmete ihm die Sprüche VIII, 94 und 224.

643–647 *Ismenias ... hostiam* Versuchte wörtliche, jedoch fehlerhafte und dadurch im Spruchteil mißverstandene Übersetzung des Er. von Plut. *Quaestiones convivales*, II, 1, 5, *Mor.* 632C–D: καὶ τοῦ Ἰσμηνίου τῇ θυσίᾳ προσαυλοῦντος, ὡς οὐκ ἐκαλλιέρει, παρελόμενος τοὺς αὐλοὺς ὁ μισθωτὸς ηὔλησε γελοίως· αἰτιωμένων δὲ τῶν παρόντων, „ἔστιν", ἔφη, „τὸ κεχαρισμένως αὐλεῖν θεόθεν"· ὁ δ' Ἰσμηνίας γελάσας, „ἀλλ' ἐμοῦ μὲν αὐλοῦντος ἡδόμενοι διέτριβον οἱ θεοί, σοῦ δ' ἀπαλλαγῆναι σπεύδοντες ἐδέξαντο τὴν θυσίαν".

643 *non litaretur* ἐκαλλιέρει besagt, daß der Auftraggeber eines Opfers ein Opfertier darbringt und der angeheuerte Opferpriester bei der Beschauung des Tieres Zeichen erkennt, daß das Opfer den Göttern angenehm ist. Aus dem Tatbestand, daß die Götter das Opfer annehmen, ergibt sich, daß ein gewisses Unternehmen, das der Opfernde vorhatte und weswegen er die Götter befragte, tatsächlich durchgeführt werden darf. Vgl. Passow I, 2, S. 1561–1562, s.v. καλλιέρεω. Der äquivalente latein. t.t. für diesen Vorgang ist „lito" (vgl. *DNG* II, Sp. 2902). Zur ordnungsgemäßen Durchführung eines Opfers war für die einleitende Phase auch ein Flötenspieler erforderlich, und dies war die Aufgabe des Ismenias, der dazu ebenfalls von dem Auftraggeber angeheuert worden war. Nach *CWE* 38, S. 897 habe sich Er. geirrt, indem er den Opfernden als „den, der angeheurt worden war" wiedergab: „This should be ‚the hirer', not ‚the man hired'. Jedoch hat sich Er. diesbezüglich wohl nicht vertan. ὁ μισθωτὸς bedeutet „der angeheuerte", „der um Lohn gedungene": Dies bezieht sich auf den Opferpriester, der mit der Durchführung des Opfers beauftragt war. Als es dem Opferpriester nicht gelang, sofort die Annahme des Opfers zu erreichen, gab er dem Flötenspieler die Schuld und nahm ihm die Doppelflöte ab.

646 *te vero ... abigere* „te vero festinante illos abigere" ist eine Fehlübersetzung des Er.: σοῦ δ' ἀπαλλαγῆναι σπεύδοντες bedeutet, daß die Götter sich sputeten, den schlechten Flötenspieler los zu werden, nicht daß der miserable Flötenspieler „sich sputete, die Götter fortzujagen", wie Er. übersetzte. Möglicherweise hat sich Er. verlesen, hat σπεύδοντες (so in ed. Ald.) für σπεύδοντος angesehen.

647 *arripuerunt hostiam* Keine adäquate Übersetzung von ἐδέξαντο τὴν θυσίαν: Dies bedeutet nicht, daß die Götter das Opfertier gierig an sich rissen, sondern daß sie ein Zeichen gaben, daß ihnen das Opfer angenehm sei.

652 *quasi studeret deos abigere* Diese irrige Erklärung geht auf die obige Fehlübersetzung des Er. zurück: Im griech. Original steht, daß sich die Götter beeilten, den miserablen Flötenspieler loszuwerden.

652 *ne vacui recederent* Eine weitere Fehlinterpretation des Er.

PAVSON PICTOR

VIII, 95   Correctio   (Pauson Pictor) [41]

655 *Pauson pictor receperat a quodam equum pingendum specie volutantis sese, et pinxit currentem. Indignante eo, qui conduxerat, Pauson ridens, „Inuerte", inquit, „tabulam: eo facto iam non currere, sed volutari videbatur".* Ita quaedam errata, quae videntur maxima, minimo negocio corriguntur, si quis commode interpretetur. Refert Plutarchus in libello Quur Pythia vates desiisset carmine reddere oracula [i.e. Athenaeus in
660 Varia historia].

⟨SERBIDIVS [i.e. CERVIDIVS] SCAEVOLA⟩

VIII, 96   Indvstria   (Serbidius, i.e. Ceruidius Scaeuola) [42]

Serbidius [i.e. Ceruidius] Scaeuola, vir tum iuris prudentia tum M. Antonini Impe-
665 ratoris amicitia celebris, dicere solitus est *ius ciuile vigilantibus scriptum esse,* non dormitantibus, sentiens iuris prudentiam non sine summo studio percipi; quemadmodum Aristoteles sic edidit libros Naturalium, vt non essent editi, nisi viua vox doctoris acceredet. Refertur libro Pandectarum quadragesimo secundo; tit⟨ulum⟩ „Quae in fraud⟨em⟩ cred⟨itorum⟩" ⟨etc⟩ lege, ⟨capitulum⟩ „Pupillus" ⟨etc⟩. Verum vt

---

661 SERBIDIVS SCAEVOLA *suppleuis ex texto apophthegmatis.*
667 Naturalium *BAS LB*: naturalium *B C.*
667 editi *C*: aediti *B.*
668 titulum *scripsi*: Tit. *B C*

669 fraudem *scripsi*: fraud. *B C.*
669 creditorum *scripsi*: cred. *B C.*
669 etc. *suppleui.*
669 capitulum *supplevi.*
669 etc. *supplevi.*

Pauson, griechischer Maler des 4. Jh. v. Chr., der in den Quellen als schlechter Maler hervortritt, der Fehler macht und seine Aufträge nicht richtig ausführt, es einfach nicht schafft, zu malen, was er darstellen sollte. Vgl. A. Lippold, *RE* XVIII, 4 (1949) Sp. 2425–2426 s.v. „Pauson"; N. Hoesch, *DNP* 9 (2000), Sp. 451, s.v. „Pauson". Er. widmete ihm *Adag.* 3260 „Pausone mendicior" (*ASD* II 7, S. 165–166). Dort vergleicht er Pauson mit dem zwergenhaften Dichter Codrus aus Iuven. III, 203 ff.
653 *PAVSON PICTOR* In dieser Form im Index personarum von *B* und *C.*
655–657 *Pauson … videbatur* Er. behauptet, daß er als Quelle Plut. *De Pythiae oraculis* 5, *Mor.* 396E benutzte. Dies ist jedoch fragwürdig, weil sich dort kein Ausspruch des Malers Pauson findet; Plutarch berichtet lediglich, daß Pauson das genannte Gemälde auf den Kopf stellte und dadurch das galoppierende Pferd sich umzuwälzen schien. Tatsächlich hat Ael. *Var. hist.* XIV, 15, als Vorlage benutzt, wo sich der zitierte Ausspruch des Pauson findet: αἱ γάρ τοι καὶ Παύσωνα τὸν ζωγράφον ἐκλαβόντα (ἐκλαβόντα *ed. Wilson*: ἀκούσαντα *ed. Victorius*) παρά τινος γράψαι ἵππον καλινδούμενον, τὸν δὲ γράψαι τρέχοντα. ἀγανακτοῦντος οὖν τοῦ τὸ πινάκιον ἐκδόντος ὡς παρὰ τὰς ὁμολογίας γράψαντος, ἀποκρίνασθαι τὸν ζωγράφον ὅτι „στρέψον τὸ πινάκιον καὶ [ὁ] καλινδούμενος ἔσται (ἔσται *ed. Wilson*: ἔστω *ed. Victorius*) σοι ὁ τρέχων". Die Anekdote wird weiter von Lucian. *Demosth. encom.* 24 überliefert, jedoch

655 *ist dort*, ebenso wie Plut. *De Pythiae oraculis* 5, *Mor.* 396E, kein Ausspruch des Pauson vorhanden.

655 *receperat a quodam* Eine Übersetzung von Athenaios' ἐκλαβόντα παρά τινος; kein Äquivalent bei Plut. *De Pythiae oraculis* 5, *Mor.* 396E.

655 *volutantis sese* Gemeint ist, daß der Auftrag war, ein Pferd zu malen, das sich am Boden wälzt.

656 *Indignante eo, qui conduxerat* „Indignante eo, qui conduxerat" gibt Athenaios' ἀγανακτοῦντος ... τοῦ ... ἐκδόντος wieder, während Plut. *De Pythiae oraculis* 5 statt τοῦ ... ἐκδόντος, das allgemeinere τἀνθρώπου hat.

656 *Inuerte ... tabulam* Eine Übersetzung von Athenaios' „στρέψον τὸ πινάκιον". Kein Ausspruch hingegen bei Plut. *De Pythiae oraculis* 5.

Cervidius Scaevola (2. H. d. 2. Jh. n. Chr.), bedeutender römischer Jurist unter Kaiser Mark Aurel, Mitglied des Kaiserlichen Reichsrats. Verfaßte *digesta*, *responsa* (Rechtsgutachten), *quaestiones* (Rechtsfragen) und *regulae* (Rechtsregeln). Lehrmeister des Papinianus. Vgl.
E. Groag, *RE* III, 2 (1899) Sp. 1988–1994 s.v. „Cervidius", Nr. 1, T. Giaro, *DNP* II (2001), Sp. 132–133, s.v. „Scaevola", Nr. 1; D. Liebs, „Q. Cervidius Scaevola", in: K. Sallmann (Hrsg.), *Die Literatur des Umbruchs. Von der römischen zur christlichen Literatur, 117 bis 284 n. Chr.* (= Handbuch der lateinischen Literatur der Antike, Band 4), München 1997, S. 113–116. Während im von Er. zitierten Abschnitt, Iustin. *Dig.* XLII, 8, nur der Name „Scaevola" angegeben wird, ist der Name „Cervidius Scaevola" bei Marcian. *Dig.* XL 5, 50 und Modest. *Dig.* XXVII 1, 13, 2 bezeugt. In den älteren Edd. findet sich neben der Form „Ceruidius" (*Dig.* XL 5, 50) auch „Cerbidius" (*Dig.* XXVII 1, 13, 2). Er.' „Serbidius" scheint ein Textübertragungsfehler zu sein, der möglicherweise der niederländischen Aussprache („Cer" ähnelt „Ser") geschuldet ist.

661 *SERBIDIVS SCAEVOLA* „Serbidius Scaeuola" auch im Index personarum von *B* und *C*.

664–665 *M. Antonini Imperatoris* i.e. Kaiser Mark Aurel (reg. 161–180 n. Chr.).

665 *ius ... scriptum esse* Wörtliche Wiedergabe einer Sentenz aus Iustin. *Dig.* XLII, 8, 24: „Sed vigilaui, meliorem meam condicionem feci. *Ius ciuile vigilantibus scriptum est* ideoque non reuocatur, id quod percepi".

666 *sentiens ... percipi* Die Erklärung des Er. entspricht nicht dem von Cervidius Scaevola in *Dig.* XLII, 8, 24 Vorgetragenem. Cervidius bezog die Sentenz nicht auf die Ausbildung von Juristen, sondern auf das Verhalten der Gläubiger (*creditores*). Man soll einen Gläubiger, dem es aufgrund seiner Wachsamkeit gelungen ist, das ihm Geschuldete einzutreiben, nicht mit Rechtsmitteln dazu zwingen, dieses zurückzugeben, um im Nachhinein eine Gleichstellung aller Gläubiger zu erwirken.

667 *Naturalium* Er. meint damit wahrscheinlich spezifisch die *Parva naturalia* des Aristoteles, die als Lehrvorträge formuliert sind.

668–669 *Quae ... creditorum* Der vollständige Name dieses 8. *titulus* des XLII. Buches lautet: „Quae in fraudem creditorum facta sunt, vt restituantur". Dieser *titulus* erstreckt sich auf insgesamt 25 kürzere Kapitel, die wiederum in Paragraphen unterverteilt sind. Das Kapitel, das Er. zur Lektüre anpreist, ist das vierundzwanzigste.

669 *Pupillus* Das betreffende Kapitel, d.h. das 24. Kap. von Justins *Dig.* Buch XLII, *Titulus* VIII, das als Quelle eine Einzelschrift des Cervidius Scaevola heranzieht, fängt mit den Worten an: „Idem [sc. Scaeuola] libro singulari *Quaestionum publice tractatarum* ‚Pupillus patri heres extitit et vni creditorum soluit; mox abstinuit hereditate paterna; bona patris veneunt: an id, quod accepit creditor, reuocandum sit ...?'". Cervidius Scaevola verfasste eine Reihe von „Einzelschriften". Vgl. D. Johnston, *On a Singular Book of Cervidius Scaevola*, 1987.

670 Scaeuola merito requirit studium ac vigilantiam a Iurisprudentiae candidatis, ita nemo non improbabat sententiam Iodoci, qui Mechliniensi senatui praesedit: nusquam enim non magna contentione tuebatur neminem posse vel vnius legis intelligentiam consequi, qui quicquam sciret in bonis literis. Et quum in conuiuio quodam mecum disputans incaluisset, addebat vix esse treis in orbe, qui leges Caesareas
675 intelligerent. Adera⟨n⟩t huic conuiuio Ioannes Syluagius, Caroli tum regis cancellarius, Georgius ab Haloino, Blasius iureconsultus et alii nonnulli. Fatebatur tamen Bartolum leges ad plenum intellexisse, quum constet illum tot locis hallucinatum esse.

675 Aderant *BAS LB*: Aderat *B C*.

671 *Iodoci* Nach der unrichtigen Interpretation von *Dig.* XLII, 8, 24 holt Er. unvermittelt zu einem heftigen Seitenhieb gegen den Juristen und kaiserlichen Rat **Joost Lauwereyns** aus, den er als üblen intellektuellen Feind betrachtet, obwohl er bereits vor etwa fünf Jahren das Zeitliche gesegnet hatte. Der posthume Angriff auf Joost Lauwereyns hat eine genaue Parallele in der 1529 verfassten *Ep.* 2191 (an Charles Sucquet). *Apophth.* VIII, 96 erweckt den Eindruck, daß Er. mit den juristischen Studien als solchen abrechnen will, da er auch die Verkörperung der juristischen Autorität, Bartolo da Sassoferrato, heftig angreift. Joost Lauwereyns aus Brügge (gest. 1527), Herr von Terdeghem (Nordfrankreich), war seit 1515 Mitglied des Stadtrates von Mechelen und des Rates um den Prinzen Karl (den späteren Kaiser Karl V.), seit 1522 Mitglied des Hohen Rates der Niederlande und zugleich Superintendent der niederländischen Inquisition. Er. stellte ihn mehrfach als Erzfeind des Humanismus sowie der Geisteswissenschaften an sich hin. Vgl. J. IJsewijn, *CE* II, Sp. 309, s.v. „Lauwereyns"; F. Walser und R. Wohlfeil, *Die spanischen Zentralbehörden und der Staatsrat Karls V.*, Göttingen 1959, S. 136. *CWE* 38, S. 898 identifiziert den von Er. hier angekreideten „Jodocus" nicht mit Joost Lauwereyns, sondern mit dem Verleger Josse Bade, was nicht stimmen kann. Vgl. a.a.O.: „Er. is probably implying that Bade was both antiquitated in his views and tactless to praise Bartolo in the presence of distinguished contemporary jurists and humanists". Aus *Ep.* 2191 geht klar hervor, daß Er. in *Apophth.* VIII, 96 Joost Lauwereyns aufs Korn nimmt.

671 *Mechliniensi senatui* Der Große Rat der Niederlande in Mechelen, die höchste juridische Instanz Burgunds.

672–678 *tuebatur ... hallucinatum esse* Für Er.' Stellungnahme zu den Ansichten des Joost Lauwereyns vgl. *Ep.* 2191 vom 2. 7. 1529 (Allen VII, S. 220–221). Er. stellt ihn dort als rasenden Bacchanten dar, der in seinem ungezügelten Rausch die Geisteswissenschaften zerfleischen will: „Laudabatur a multis Iodocus ille, qui ex Caesaris consiliario factus est Senatus Mechliniensis praeses: sibi quidem in sua professione videbatur nihil nescire. Tolerabilis forsitan haec philautia. Illud intolerabile, quod omnibus conuiuiis, etiam a nullo prouocatus, velut e plaustro debacchabatur in linguas ac bonas litteras, nec quicquam harum perito concedebat, vt vel vnam legem Iuris intelligeret"; *Ep.* 1717 vom 6.6. 1526 (an Willibald Pirckheimer): „Habe⟨n⟩t (nml. die Feinde des Er. in Löwen) Iodocum, praesidem Senatus Mechliniensis, hominem plusquam capitaliter infensum bonis litteris"; *Ep.* 1747 vom 3. 9. 1526 (an Mercurino Gattinara): „Iodocus praesidens senatui Mechliniensi, vir mihi semper visus et bonus et in suo genere pulchre doctus, sed, vt scis, professus bonarum litterarum hostis …".

674 *leges Caesareas* „leges Caesareae", das Kaiserrecht, seit dem 13. Jh. Bezeichnung für das im Römischen Reich deutscher Nation gültige Recht (was auf das „weltliche Recht", im Gegensatz zum kanonischen Recht, hinausläuft). Darunter fielen sowohl die Verordnungen der Deutsch-Römischen Kaiser und Könige als auch die Sammlungen deutscher Gesetze und Gewohnheiten als auch das römisch-justinianische Recht. Im 15. und 16. Jh. wurde unter *leges Caesareae* v.a. letzteres verstanden. Vgl. K. Kroeschell, *LMA* 5 (1999), Sp. 859–860, s.v. „Kaiserrecht".

675 *Ioannes Syluagius* Jean Le Sauvage (1455–1457. 6. 1518), Herr von Escobecque, einer

der mächtigsten Männer Burgunds; als Jurist ausgebildet an der Universität von Löwen (Leuven); machte eine herausragende Karriere in der juristischen Administration Burgunds: 1490 Mitglied des Rates von Flandern, 1497 dessen Präsident, 1508 Präsident des Geheimen Rates, 1509 Kanzler von Brabant, 1515 Großkanzler von Burgund. Le Sauvage war in den Jahren 1514–1518 der wichtigste Förderer des Er.: Er bewirkte, daß Er. 1515 zum Mitglied des Hofrates des Prinzen und späteren Königs Karl erhoben wurde und besorgte ihm ein Kanonikat in Kortrijk (Courtrai). Le Sauvage vermittelte die Widmung der *Instituito principis Christiani* an Karl und er gab das Werk *Querela Pacis* in Auftrag. Vgl. J.D. Tracy, *CE* II, Sp. 325–326, s.v. „Le Sauvage"; ders., *The Politics of Erasmus: A Pacifist Intellectual ad his Political Milieu*, Toronto 1979. Mit „Caroli tum regis cancellarius" meint Er. das Amt des Le Sauvage als Großkanzler Burgunds, das er i.J. 1515 antrat.

675 *Caroli tum regis* Karl (1500–1558), seit 1515 Erzherzog von Burgund, wurde am 13. und 14.3.1516 in Brüssel zum König von Spanien gekrönt, am 28. 6. 1519 am Reichstag zu Frankfurt zum Römischen König (und zukünftigen Kaiser) gekürt und am 23. 10. 1520 in Aachen zum Römischen König gekrönt, wobei Er. zugegen war. Er.' Angabe „Caroli tum regis" bezieht sich auf die Zeit von Karls Anwesenheit in den Niederlanden *als König von Spanien*. Das von Er. erwähnte Gastmahl muss somit zwischen dem 13.3.1516 und vor dem Tod des Kanzlers Jean Le Sauvage im Juni d.J. 1518 stattgefunden haben. Er. hielt sich i.J. 1517 sechs Monate in unmittelbarer Nähe des Brüsseler Hofes auf, in Abwartung eines Bistums, das ihm Le Sauvage in Aussicht gestellt hatte.

676 *Georgius ab Haloino* Joris van Halewijn (ca. 1470–1535/37), Mitglied des Hochadels von Burgund, Herr von Halluin und Comines (in der Umgebung Lilles); studierte an der Universität von Löwen; eignete sich im Privatstudium Kenntnisse des klassischen Altertums und lateinischen Literatur an; Patron und Förderer von u.a. Johannes Despauterius, Juan Vives und Er.; er verfasste eine latein. Grammatik sowie Übersetzungen u.a. von Aelians *Tactica* (1517) und Suetons Caesar-Biographie ins Französische. Vgl. C. Matheeussen, *CE* II, Sp. 158–159, s.v. „Halewijn".

676 *Blasius* Über diese Person, die nach Er. Jurist gewesen ist, ließ sich nichts näheres ausfindig machen; vgl. *CWE* 38, S. 898.

677 *Bartolum* Bartolo da Sassoferrato (1313–1356), einer der größten Juristen des Spätmittelalters, den man vom 14.–16. Jh. als juristische Autorität an sich ansah; verbereitet war der Spruch: „*nemo bonus iurista nisi bartolista*; in Spanien und Portugal wurden im 15. Jh. Verbote erlassen, Juristen nach Bartolo als *auctoritas* zu zitieren.

PAPINIANVS

680 VIII, 97 LIBERTAS NOXIA (Papinianus, 1) [43]

Bassianus Antoninus imperator magna laborabat inuidia, quod fratrem occidendum curasset. Eoque Aemylio *Papiniano* praetorii *praefecto*, ob eximiam iuris prudentiam summae apud Romanos autoritatis, negocium dederat, *vt hoc facinus apud senatum* defenderet. At *is respondit* multo *facilius parricidium* perpetrari *quam* defendi. Ob
685 hanc liberam vocem Bassianus *occidit* virum immortalitate dignum.

Fui olim cum quodam iureconsulto in aulicis negociis diu multumque versato, qui dicebat sibi nihil esse grauius, quam quod interdum palam iniqua animo reclamante cogeretur exequi, nec id satis, cogeretur excogitare fucos, quibus, quod erat iniquum, videretur aequum. Sed haec ipsi principes interdum non intelligunt, aliquoties ne
690 sciunt quidem.

⟨ADRIANVS CAESAR⟩

VIII, 98 VIRTVS PRAESTANDA, (Adrianus Caesar, 20) [44]
  NON PROFITENDA

Praetoriis viris ab imperatore *Adriano petentibus, vt sibi de iure respondere liceret*,
695 *rescripsit* [sc. Adrianus] hoc munus *non peti solere, sed praestari*. Quare accingerentur, *si qui sibi fiderent*, et *populo* sui specimen darent. Nam *Augustus*, quo *maior* esset iurisperitorum *autoritas, constituerat, vt* qui *respondere* vellent, id *ex autoritate* Caesaris facerent, quum antea liberum fuisset *respondendi* munus subire, *quicunque sui fiduciam haberent*. Sic et hodie creantur doctores medicinae, iuris, artium, theolo-
700 giae, quum hoc nomen promeruisse sit pulchrius quam obtinuisse.

---

682 Aemylio *B C*: Aemilio *LB*.

691 ADRIANVS CAESAR *supplevi*.

Aemilius Papinianus (um 142–212 n. Chr.), bedeutender Rechtsgelehrter, Schüler von Cervidius Scaevola, unter Septimius Severus (194–202) Leiter der kaiserlichen Kanzlei (*a libellis*), 205–211 Prätorianerpräfekt; wurde unter Caracalla i.J. 212 hingerichtet. Seine Hauptwerke sind *Quaestiones* und *Responsa*. Vgl. P. Jörs, *RE* I, 1 (1893) Sp. 572–575 s.v. „Aemilius", Nr. 105; T. Giaro, *DNP* 9 (2000), Sp. 287–288, s.v. „Papinianus, Aemilius"; D. Liebs, *Hofjuristen der römischen Kaiser bis Justinian*, München 2010; ders., „Aemilius Papinianus", in: K. Sallmann (Hrsg.), *Die Literatur des Umbruchs. Von der römischen zur christlichen Literatur, 117 bis 284 n. Chr.* (= *Handbuch der lateinischen Literatur der Antike*, Bd. 4), München 1997, S. 117–123.

Apophth. VIII, 97 datiert auf 212 n. Chr., das Jahr, in dem Papinianus hingerichtet wurde.

681 *Bassianus Antoninus* Caracalla, M. Aurelius Antoninus Caesar (188–217 n. Chr., reg. 211–217), tötete seinen Bruder und Mitregenten Geta und 20.000 seiner Anhänger i.J. 211. Er widmete ihm im sechsten Buch eine Sektion von Sprüchen (VI, 136–138). Für die Person des Caracalla vgl. Komm. zu VI, 136.

681 *Bassianus Antoninus* In *Apophth.* VI, 136

nennt Er. Caracalla „Antoninus Caracallus", in VI, 125 „Bassianus". Bassianus war der ursprüngliche Name Caracallas (Lucius Septimius Bassianus) nach dem Großvater mütterlicherseits, einem Elagabal-Priester aus Emesa (vgl. Cass. Dio LXXIX [LXXVIII], 9, 3); als ihm mit 7 Jahren (196) der Caesar-Titel verliehen wurde, verlor der Name Bassianus an Bedeutung.

682–684 *Papiniano ... defendi* Paraphrasierende Wiedergabe von *Hist. Aug. Carac.* 8, 5: „Multi dicunt Bassianum occiso fratre illi mandasse, vt et in senatu pro se et apud populum facinus dilueret, illum autem respondisse non tam facile parricidium excusari posse quam fieri". *CWE* 38, S. 899 gibt als Quelle Aur. Vict. *Caes.* 20, 33 an, jedoch finden sich in VIII, 97 keine wörtlichen Anklänge an diese Stelle, anders als bei Hist. Aug. *Carac.* 8, 5, welche Er. mit Sicherheit als Quelle benutzt hat.

683–684 *vt hoc facinus ... defenderet* In Er.' Quelle stand „dem Senat *und dem Volk* ..."; Er. betrachtete den *populus Romanus* diesbezüglich anscheinend als weniger relevant.

684–685 *Ob hanc ... dignum* Vgl. Hist. Aug. *Sept. Sev.* 21, 8: „Qui Papinianum, iuris asylum et doctrinae legalis thesaurum, quod parricidium excusare noluisset, occidit, et praefectum quidem, ne homini per se et per scientiam suam magno deesset et dignitas". Er. hat diese Stelle als Informationsquelle benutzt, ohne sie wörtlich oder im engeren Sinn paraphrasierend wiederzugeben.

691 *ADRIANVS CAESAR* In B, C, BAS und LB fehlt der notwendige Zwischentitel, wodurch der irrige Eindruck entsteht, daß der Spruchspender von VIII, 98 derselbe sei wie jener von VIII, 97 (Aemilius Papinianus); der Spruchspender von VIII, 98 ist jedoch Kaiser Hadrian; der zu ergänzende Titel ist „Adrianus Caesar", wie die Überschrift der Sektion von Hadrians Sprüchen im sechsten Buch (VI, 93–111) lautet.

Gegenstand von *Apophth.* VIII, 98 ist das *ius respondendi* (*ex auctoritate principis*), d.h. die Verleihung der Befugnis an bestimmte juristisch geschulte Personen, in rechtlichen Fragen Auskunft zu geben bzw. Bescheide zu erteilen. Die Institution geht auf Kaiser Augustus zurück, der in die z.T. ausufernde und inflationäre Jurisprudenz d. 1. Jh. v. Chr. mehr Klarheit bringen und zugleich auf diese Einfluß nehmen wollte. Den Rechtsgutachten der vom Kaiser ernannten Respondierjuristen kam in der Folge der Stellenwert der wichtigsten Rechtsquelle zu. Das *ius respondendi* wurde zunächst nur ganz wenigen Juristen verliehen, die aus dem Senatorenstand stammten und meist Erfahrung mit richterlichen Ämtern hatten. Die Inhaber des *ius respondendi* waren oft auch Mitglieder des kaiserlichen Rates (*Consilium principis*), ein Gremium, das stets mehr Bedeutung erlangte, selbst Gesetze vorbereitete, die legislatorische Tätigkeit des Senats kontrollierte und auf diese Weise die höchste gesetzgebende Instanz darstellte. Kaiser Hadrian hat das *ius respondendi* keineswegs abgeschafft, sondern es exklusiv inhaltsbezogen definiert und professionalisiert. Im Laufe der Zeit hatte das *ius respondendi* den Stellenwert eines *beneficium* erhalten, das gewissen Senatoren aufgrund ihres Status von Kaisers Gnaden verliehen wurde. Hadrian erachtete den sozialen Status der Kandidaten für weniger relevant: Seit ihm erhielten auch Ritter und Provinziale das *ius respondendi*. Insbesondere setzte er professionelle Qualitäten voraus: Das *ius respondendi* mußte man sich durch die Ausübung der juristischen Respondententätigkeit *erst erwerben*. In seiner Amtszeit zeigt sich ein starker Anstieg der professionellen juristischen Tätigkeit: Die Juristen erhielten mehr Einfluß und es wurden mehr Rechtstexte verfasst als je zuvor. Vgl. G. Dulckeit, F. Schwarz und W. Waldstein, *Römische Rechtsgeschichte*, 8. Aufl., München 1989, S. 244–245; H. Hausmaninger und W. Selb, *Römisches Privatrecht*, Wien 1981, S. 34–35; D. Ibbetson, „High Classical Law", in: *The Cambridge Ancient History*, Bd. XII *The Crisis of the Empire*, S. 185–186.

694–699 *Praetoriis ... haberent* Paraphrasierende Wiedergabe von Iustin. *Dig.* I. 2, 2, 49: „Primus diuus Augustus, vt maior iuris auctoritas haberetur, constituit, vt ex auctoritate eius responderent; et ex illo tempore peti hoc pro beneficio coepit. Et ideo optimus princeps Hadrianus, cum ab eo viri praetorii peterent, vt sibi liceret respondere, rescripsit eis hoc non peti, sed praestari solere, et ideo, si quis fiduciam sui haberet, delectari se, populo ad respondendum se praepararet".

696 *sui specimen* Eine Probe ihres Könnens.

699–700 *Sic et hodie ... obtinuisse* Er. holt unvermittelt zu einem Rundumschlag gegen die damaligen Universitäten aus, nml. in Bezug auf ihr Recht, *ex auctoritate* Doktor-Titel zu verleihen. Er. suggeriert, daß die verliehenen Titel häufig nicht verdient sind.

⟨SALVIVS IVLIANVS⟩

VIII, 99   INDVSTRIA   (Saluius Iulianus, i.e. anonymus) [45]

Saluius Iulianus tum eximia iuris cognitione tum multorum principum amicitia clarus, solitus est dicere [i.e. quidam]: „*Et si alterum pedem in sepulchro haberem, adhuc addiscere vellem*". Refertur Pandect⟨arum⟩ libro quadragesimo, tit⟨ulo⟩ „*De fidei commis*⟨*sariis*⟩, *l*⟨*ibertatibus*⟩" ⟨capite⟩ „*Apud Iulianum*". Haec sententia optimo iure placuit laudatissimis viris. Sed hodie passim audimus has voces: „Iam adultus sum, serum est discere". Imo hoc turpius est nescire, quae cognitu digna sunt, quod adultus es.

705
710

707 commis⟨sariis⟩ *correxi*: comissis. *B C LB*.
707 l. *scripsi, legendum est* libertatibus: L. *B C*.

707 capite *suppleui coll. Adag. 1052.*

Apophth. VIII, 99–114 Durch ein Versehen bei der Drucklegung von *B* wurden die Zwischentitel von VIII, 99–114 vergessen. Sie wurden in vorl. *ASD*-Ausgabe analog zu dem Bisherigen nachgetragen, und zwar ohne daß dies jeweils im kritischen Apparat eigens vermeldet würde. Der nächste in *B* und *C* eingetragene Zwischentitel ist „TRAIANVS" (VIII, 115). Aufgrund dieses Irrtums fehlen die Namen der Spruchspender auch im Index personarum von *B* und *C*.

701 *SALVIVS IVLIANVS* Bei der Drucklegung von *B* wurde an dieser Stelle die Überschrift irrtümlicherweise ausgelassen. Diese muß nach dem Text, den Er. zusammengestellt hat, „SALVIANVS IVLIANVS" lauten; Er. geht freilich von einem korrupten Digesten-Text aus, der diese Zuschreibung zu Tage förderte. Nach dem korrekten Digesten-Text hätte die Überschrift „QVIDAM" lauten müssen. Vgl. Komm. unten.

704 *Saluius Iulianus* **L. Octavius Cornelius Publius Salvius Iulianus Aemilianus** (2. Jh.), einer der wichtigsten Rechtsgelehrten seiner Zeit; bekleidete die Ämter des *tribunus plebis, curator aedium sacrarum* und Statthalters der Provinz Africa. Vgl. I. Pfaff, *RE* I, A2 (1920) Sp. 2023–2026 s.v. „Salvius", Nr. 14; T. Giaro, *DNP* 6 (1999), Sp. 8–9, s.v. „Iulianus/-os", Nr. 1. Jedoch ist er keineswegs der Urheber des hier zitierten Spruches.

704 *ius Iulianus … dicere* Hier liegt ein Irrtum vor, der Ausspruch stammt nicht von Salvius Iulianus. Die in der zitierten Digesten-Stelle XL, 5, 20 das Wort führende Person ist nicht Iulianus, sondern der Jurist Pomponius; im übrigen ist auch Pomponius nicht der Urheber des Ausspruchs: Pomponius zitiert den Ausspruch eines nicht namentlich genannten Mannes, den er sich zum Vorbild genommen habe. Der Urheber ist also „quidam". Dieselbe Fehlzuschreibung findet sich in *Adag.* 1052 „Alterum pedem in cymba Charontis habere" (*ASD* II, 3, S. 74): „… memor sum huius sententiae, quam dixisse fertur Iulianus: et si alterum perdem …". Die Fehlzuschreibung sowohl in *Adag.* 1052 als auch in *Apophth.* VIII, 99 geht wohl auf einen verderbten Digesten-Text zurück, den Er. benutzte: Dieser Text hatte statt „memor sum eius sententiae, qui dixisse fertur" „memor sum eius sententiae, qui dixisse fertur Iulianus …".

705–706 *Et si … vellem* Stark gekürzte, durch eine Fehlzuschreibung verworrene Wiedergabe von Iustin. *Dig.* XL, 5, 20: „POMPONIVS libro septimo epistularum: ,Apud Iulianum ita scriptum est: ,si heres rogatus seruum manumittere …, cogi debebit manumittere …, et, si latitabit vel si iusta ex causa aberit, praetor causa cognita … pronuntiare debebit. … quae circa emptores custodiri solent'. An haec vera putes? nam ego [i.e. Pomponius] discendi cupiditate, quam solam viuendi rationem optimam in octauum et septuagesimum annum aetatis duxi, memor sum eius sententiae, qui dixisse fertur: „κἂν τὸν ἕτερον πόδα ἐν τῇ σορῷ ἔχω, προσμαθεῖν τι βουλοίμην, id est, ,etsi alterum pedem in tumulo haberem, non pigeret aliquid addiscere'". Er. zitierte aus diesem Passus nur den Ausspruch wörtlich. Vgl. *Adag.* 1052 „Alterum pedem in cymba Charontis habere" (*ASD* II, 3, S. 74): „Pomponius libro Pandectarum xl., titulo De fideicommis. libert., cap. Apud Iulianum, dixit his verbis: *Ego discendi cupiditate, quam solam viuendi rationem optimam in octauum et septuagesimum annum aetatis duxi, memor sum huius sententiae, quam dixisse fertur Iulianus: et si alterum pedem in sepulchro haberem, adhuc addiscere quaedam vellem*".

706–707 *fidei commis⟨sariis⟩* Ein Übertragungsfehler, der schon in *B* aufgetreten ist und sich hartnäckig bis in *LB* gehalten hat.

707 *l⟨ibertatibus⟩* Der Großbuchstabe „L." ist ein Druckfehler, der bereits in *B* aufgetreten ist. *CWE* 38, S. 900 nimmt an, daß „L." sich auf die Kapitelnummer bezieht und sich Er. somit in der Kapitelzählung geirrt habe; „l." sollte jedoch als Abkürzung für „libertatibus" dienen.

⟨TRITANTECHINES⟩ [i.e. TRITANTAECHMES]

VIII, 100 VIRTVS SIBI PRAEMIVM EST (Tritantechines, i.e. Tritantaechmes, 4) [46]

Quum post cladem acceptam ad Persas *quidam ab Arcadia* transfugissent auxilia
715 pollicentes, producti sunt *in conspectum* Xerxis. Ibi *Persis percontant*ibus, *quid agerent Graeci,* responderunt eos celebrare Olympia ac gymnetica equestriaque certamina spectare. Rursus *percontant*ibus, *quod esset certaminis praemium,* responderunt „coronam oleaginam". *Hic Tritantechines, Artabani filius,* versus ad exercitus praefectum, „Papae", inquit, „Mardoni, in cuiusmodi *viros nos* incitasti *ad pugnandum, qui non*
720 *pecuniarum gratia certamina agitant, sed virtutis* ac laudis". *Ea vox tum visa est timida,* vt saepenumero prudentia habetur pro ignauia. Refert Herodotus in Vrania.

718 Tritantechines *B C ut Herod. versio per Vallam* (Tritantechines*)*: Tritantaechmes *Herod. text. Graec.* (Τριτανταίχμης).

711 *TRITANTECHINES* Die unrichtige Namensform stammt aus Vallas latein. Übers., die Er. benutzte. Bei der Drucklegung von *B* war die Überschrift vergessen worden. Die Folge war, daß der Apophthegma-Spender Tritantechines auch nicht im Index personarum von *B* und *C* aufscheint.

Apophth. VIII, 100 datiert auf den August d. J. 480 v. Chr., als die 75. Olympischen Spiele stattfanden, und, wie Herodot berichtet, unmittelbar nach den Schlachten an den Thermopylen und bei Kap Artemision.

714–720 *ab Arcadia ... timida* Hdt. VIII, 26. Er. benutzte als ausschließliche Textvorlage die latein. Übers. des Lorenzo Valla, die er zum Teil wörtlich zitierte, zum Teil kürzte und paraphrasierend bearbeitete: „Reliqui, qui cum Xerxe erant, iter ingressi sunt, ad quos pauci quidam ab Arcadia perfugae venerunt, victus inopes et operam suam praestare (praestare *Valla*: perstare *ed. Paris. 1510 fol. CLXXIIII*ʳ) cupientes. Qui in conspectum (conspectum *Valla, ed. Amstelodamen. 1763, p. 631:* conspectu *ed. Paris. 1510*) regis adducti interrogatique cum ab aliis Persis, tum vero a quodam praecipue, de Graecis, quidnam illi agerent, responderunt eos agere Olympia, et spectare certamen gymneticum (gymneticum *Valla*: gymnicum *ed. Amstelodamen. 1763*) atque equestre. Rursus eodem percontante (perconctante *ed. Paris. 1510*), quodnam illis praemium esset propositum, propter quod certarent, oleaginam coronam inquiunt esse, qua donarentur. Ibi Tritantaechines (Tritantaechines *Valla, annotatio margin. ed. Paris. 1510*: Tritantechines *ed. Paris. 1510*: Tigranes *ed. Paris. 1510, ad loc. in margine*: „Vbi Tritantechines legitur, in Greco Herodoto est Tigranes"), Artabani filius, generosissimam dixit sententiam, quae apud regem pro timida est habita. Audiens enim (enim *Valla, ed. Amstelodamen. 1763:* eum *ed. Paris. 1510*) praemium illis coronam esse, non pecuniam, silentium tenere non potuit, quin coram omnibus diceret: ‚Papae (Papae *Valla*: Pape *ed. Paris. 1510*), Mardoni, in quos viros induxisti nos ad pugnandum, qui non pecuniarum certamen agitent (agitent *ed. Paris. 1510:* agitant *ed. Amstelodamen. 1763*), sed virtutis'. Hoc ille dixit". Vgl. den griech. Text: Ἧκον δέ σφι αὐτόμολοι ἄνδρες ἀπ' Ἀρκαδίης ὀλίγοι τινές, βίου τε δεόμενοι καὶ ἐνεργοὶ βουλόμενοι εἶναι. ἄγοντες δὲ τούτους ἐς ὄψιν τὴν βασιλέος ἐπυνθάνοντο οἱ Πέρσαι περὶ τῶν Ἑλλήνων τί ποιέοιεν· εἷς δέ τις πρὸ πάντων ἦν ὁ εἰρωτῶν αὐτοὺς ταῦτα. οἳ δέ σφι ἔλεγον ὡς Ὀλύμπια ἄγουσι καὶ θεωρέοιεν ἀγῶνα γυμνικὸν καὶ ἱππικόν. ὃ δὲ ἐπείρετο ὅ τι τὸ ἄεθλον εἴη σφι κείμενον περὶ ὅτευ ἀγωνίζονται· οἳ δ' εἶπον τῆς ἐλαίης τὸν διδόμενον στέφανον. ἐνθαῦτα εἴπας γνώμην γενναιοτάτην Τιγράνης (Τριτανταίχμης, *codex versus per Vallam*) ὁ Ἀρταβάνου δειλίην ὦφλε πρὸς βασιλέος. πυνθανόμενος γὰρ τὸ ἄεθλον ἐὸν στέφανον ἀλλ' οὐ χρήματα, οὔτε ἠνέσχετο σιγῶν εἶπέ τε ἐς πάντας τάδε. „Παπαῖ Μαρδόνιε, κοίους ἐπ' ἄνδρας ἤγαγες μαχησομένους ἡμέας, οἳ οὐ περὶ χρημάτων τὸν ἀγῶνα ποιεῦνται ἀλλὰ περὶ ἀρετῆς". τούτῳ μὲν δὴ ταῦτα εἴρητο.

715 *Xerxis* Xerxes I. (d. Gr., 486–465 v. Chr.), Sohn des Dareios I., persischer Großkönig, der die Griechen angriff, ihnen jedoch in den Schlachten von Salamis (480) und Plataiai (479) entscheidend unterlag. Vgl. W. Hinz, *RE* IX, A2 (1967) Sp. 2096–2101 s.v. „Xerxes", Nr. 1; J. Wiesehöfer, *DNP* 12.2 (2002), Sp. 646–647, s.v. „Xerxes", Nr. 1.

715 *percontantibus* Sowohl bei Herodot (εἷς δέ τις πρὸ πάντων ἦν ὁ εἰρωτῶν αὐτοὺς ταῦτα) als auch in Vallas Übersetzung war es ein Perser, der die Fragen stellte.

715–716 *percontantibus, quid agerent Graeci* Die Frage des Persers war höchst relevant, da die heranrückenden Perser erwarteten, daß ihnen die Griechen massiv entgegenziehen würden, dies aber nicht der Fall war. Die Truppenstärke der Griechen, die die Thermopylen besetzten, war sehr gering gemessen an dem Aufgebot, das man stellen hätte können. Im nämlichen August wurden die Olympischen Spiele abgehalten, bei denen traditionell Waffenruhe galt.

716 *celebrare Olympia … certamina* Trotz des Heranrückens der Perser wurden die 75. Olympischen Spiele abgehalten: Im Stadionlauf, Diaulos und Hoplitodromos siegte Astylos aus Syrakus, im Faustkampf Theogenes von Thasos, im Pankration Dromeus von Manteneia und im Tetrhippon Daitondas und Arsilochos aus Theben.

716 *gymnetica* Er. hat den kuriosen Neologismus „gymneticus" (nicht im klass. Latein vorhanden) für γυμνικός, das einfach mit „gymnicus" zu übersetzen gewesen wäre (vgl. *DNG* I, Sp. 2300, s.v.), aus Vallas Übers. übernommen, die an dieser Stelle mangelhaft ist. „gymneticus" findet sich nicht in Hoven.

718 *oleaginam* Die Übers. von τῆς ἐλαίης στέφανον mit „coronam oleaginam" ist etwas kurios; „oleaginus" bedeutet „olivenfarbig" (vgl. die Definition bei Paul. ex Festo 10, 12: „berrulli oleagini, hoc est colore olei"); gemeint ist natürlich nicht „olivenfarbiger Kranz", sondern „Olivenkranz" („coronam olivae" oder „oleagineam"; für „oleaginus" und „oleagineus" vgl. *DNG* II, Sp. 3395, s.vv.); das kuriose „corona oleagina" hat Er. aus Vallas Übers. übernommen.

718 *Hic Tritantechines* **Tritantaichmes**, Sohn des Artabanos, Amtsträger unter Xerxes. Vgl. H. Klinkott, *Der Satrap: ein achaimenidischer Amtsträger und seine Handlungsspielräume*, Berlin 2005, S. 89–90 und 453; nicht in *DNP*. Bestimmte Herodot-Handschriften überliefern als Namen des Fragenstellers als „Tigranes".

718 *Artabani* Artabanos, Bruder des Dareios, Onkel des Xerxes und dessen wichtigster Ratgeber. Vgl. F. Cauer, *RE* II, 1 (1895), Sp. 1291–1292, s.v. „Artabanos", Nr. 1; A. Kuhrt und H. Sancisi-Weerdenburg, *DNP* 2 (1997), Sp. 41, s.v. „Artabanos", Nr. 1. Artabanos figurierte bereits im fünften Buch (*Apophth*. V, 12 und 159).

719 *Mardoni* Mardonios, bedeutender persischer Feldherr, Vetter und Schwager von Xerxes I., den er gegen die Griechen zum Kampf aufhetzte. Vgl. J. Wiesehöfer, *DNP* 7 (1999) Sp. 876–877 s.v. „Mardonios", Nr. 1; E. Obst, *RE* 14, 2 (1930), Sp. 1654–1658, s.v. „Mardonios", Nr. 1.

⟨XERXES⟩

VIII, 101   PRAEPOSTERA   (Xerxes, 8) [47]

Quum Xerxi nunciatum esset, quam fortiter quamque etiam feliciter Artemisia rem gessisset in pugna nauali, *dixisse fertur sibi foeminas* fuisse *viros, contra viros* fuisse *foeminas*, quod parum dextre se gessissent. Refert Herodotus lib. 8.

⟨ARISTO CHIVS⟩

VIII, 102   NVGAX SVBTILITAS   (Aristo Chius, 4) [48]

Aristo Chius dicere solebat, *dialecticorum argutias similes esse telis aranearum*, quod plurimum haberent *artificii*, minimum *vtilitatis*. Nam is cum caeteris Cynicis putabat logicen ac physicen a philosophia submouendam, solam ethicen diligenter exercendam. Huius sententiae princeps fuit Socrates.

729 solebat *LB*: solet *B C*.

Xerxes I. d. Gr. (reg. 486–465 v. Chr.), zu seiner Person vgl. oben Komm. zu V, 9.
*Apophth.*VIII, 101 datiert unmittelbar nach dem 29.9.480 v. Chr., das Datum der Seeschlacht von Salamis.
724–725 *Quum … foeminas* Im erzählenden Teil stark gekürzte, im Spruchteil wörtliche Wiedergabe von Hdt. VIII, 88: Ξέρξην δὲ εἰπεῖν λέγεται πρὸς τὰ φραζόμενα „Οἱ μὲν ἄνδρες γεγόνασί μοι γυναῖκες, αἱ δὲ γυναῖκες ἄνδρες". ταῦτα μὲν Ξέρξην φασὶ εἰπεῖν. Vgl. die lat. Übers. des Lorenzo Valla: „Vnde Xerxem ferunt ad ea, quae narrabantur, dixisse: ‚Viri quidem extiterunt mihi foeminae, foeminae autem viri'. Haec aiunt dixisse Xerxem" (*ed. Paris. 1510, fol. CLXXXI*ᵛ). Der übernommene Text ist zu kurz, um feststellen zu können, ob Er. vom griech. Text oder von Vallas Übers. ausging. Der Ausspruch des Xerxes findet sich auch bei Polyain. *Strat*. VIII, 53, 5: Ἀρτεμισία βασιλεύουσα Καρίας Ξέρξῃ βασιλεῖ συνεμάχησε κατὰ τῶν Ἑλλήνων, ὥστε καὶ τὰ ἀριστεῖα τῆς ἐν Σαλαμῖνι ναυμαχίας ταύτῃ βασιλεὺς ἔδωκεν. καὶ ἐν αὐτῷ δὲ τῷ καιρῷ τοῦ ναυμαχεῖν βασιλεὺς ὁρῶν τὴν μὲν γενναίως ἀγωνιζομένην, τοὺς δὲ ἄνδρας ἀγεννῶς ἀνεβόησεν· „ὦ Ζεῦ, τοὺς μὲν ἄνδρας γυναῖκας πεποίηκας, τὰς δὲ γυναῖκας ἄνδρας". Er. ist, wie die Textzusammenstellung zeigt, sicherlich von Herodot ausgegangen.

724 *Artemisia* Artemisia I., Despotin von Halikarnassos (und einiger umliegender Inseln), in einigen Quellen auch Artemisia von Karien genannt; Tochter des Despoten Lygdamis von Halikarnassos, regierte für ihren minderjährigen Sohn; kämpfte 479/80 v. Chr. auf Seiten der Perser gegen die Griechen, insbesondere unterstützte sie die persische Flotte, wobei sie sich in den Seeschlachten bei Kap Artemision und bei Salamis ausgezeichnet haben soll; ihre heroische Tapferkeit und ihr „Einfluß" auf den persischen Großkönig wurden von Herodot und der auf ihn zurückgehenden Überlieferung phantasievoll ausgeschmückt. Artemisia wurde auf diesem Weg zu einem Exempel weiblicher Tugend und Tapferkeit erhoben. Sie wird als große Feldherrin zur See gefeiert, während sie doch nur 5 Schiffe der persischen Flotte (von insgesamt ca. 1200) befehligte. Vgl. W. Judeich, *RE* II, 2 (1896) Sp. 1441 s.v. „Artemisia", Nr. 2; P. Högemann, *DNP* 2 (1997), Sp. 59, s.v. „Artemisia", Nr. 1.
725 *pugna nauali* damit ist die Seeschlacht von Salamis gemeint, die zwischen der persischen und der griech. Flotte am 29.9.480 stattfand und mit einer schweren Niederlage der Perser endete. Artemisia betätigte sich in der Seeschlacht als Befehlshaberin der fünf von ihr gestellten Schiffe; der Admiral der persischen

Flotte war Achaimenes. Mit dem Spruch soll Xerxes sowohl seine Zufriedenheit mit Artemisa als auch seine Unzufriedenheit mit seiner übrigen Flotte zum Ausdruck gebracht haben. Er schaute der Seeschlacht von einem sicheren Ort aus zu. Der Vorfall, aus dem Xerxes die heroische Tapferkeit der Artemisia zu erkennen glaubte, hatte übrigens wenig Heroisches an sich: Artemisia versenkte eines der persischen Schiffe, um selbst dem Angriff eines athenischen Schiffes zu entkommen (Hdt. VIII, 87–88).

Ariston von Chios (geb. ca. 300 v. Chr.), Stoiker; Schüler, Freund und Rivale des Zenon von Kition. Vgl. J. von Arnim, *SVF* I, S. 88, Ariston, Nr. 389; Diog. Laert. VII, 160–163; K.-H. Hülser, *DNP* 1 (1999), Sp. 1117, s.v. „Ariston", Nr. 7; Ch. Guérard und F. Queyrel, „Ariston de Chios", in: R. Goulet (Hrsg.), *Dictionnaire des philosophes antiques*, Bd. 1, Paris 1989, S. 400–404; A.M. Ippolo, *Aristone di Chio e lo Stoicismo antico*, Neapel 1980. In den *Apophthegmata* tritt Ariston von Chios mehrere Male als Spruchspender auf, III, 152; VI, 560. VII, 330C und VIII, 102–103. Weiter figuriert er in VII, 301, VII, 336 und VII, 353. Im siebenten Buch hat Er. einen Ausspruch des Ariston von Chius (aus Plut. *De tuenda sanitate praecepta* 20, *Mor.* 133D) fälschlich dem Aristoteles zugeschrieben (vgl. oben VII, 250 und VII, 330C mit Komm.).

729–730 *dialecticorum ... vtilitatis* Nur im Spruchteil wörtliche, sonst frei paraphrasierende Wiedergabe von Diog. Laert. VII, 160–161: τόν τε φυσικὸν τόπον καὶ τὸν λογικὸν ἀνῄρει, λέγων τὸν μὲν εἶναι ὑπὲρ ἡμᾶς, τὸν δ᾽ οὐδὲν πρὸς ἡμᾶς, μόνον δὲ τὸν ἠθικὸν εἶναι πρὸς ἡμᾶς. Ἐοικέναι δὲ τοὺς διαλεκτικοὺς λόγους τοῖς ἀραχνίοις, ἃ καίτοι δοκοῦντα τεχνικόν τι ἐμφαίνειν, ἄχρηστά ἐστιν. Es läßt sich nicht belegen, daß Er. in diesem Fall die Übers. des Traversari als Vorlage benutzt hat: „Naturalem item ac rationalem locum sustulit, dicens alium (alium *ed. Brugnoli, Venet. 1490, s.p.*: alterum *ed. Curio, Basel 1524, p. 264*) quidem esse supra nos, alium vero nihil ad nos. Solam autem, quae mores instituat, partem ad nos pertinere. Similes autem esse orationes dialecticas dicebat aranearum telis, quae, etsi quid artificiosum indicare videantur, inutiles sunt". Der Spruch mit dem einprägsamen Vergleich der dialektischen Schlüsse mit Spinnweben wurde auch von Stobaios überliefert, Stob. Περὶ διαλεκτικῆς – εἰς τὸ ἐναντίον, *Flor.* II, 2, 22: Ἀρίστων τοὺς λόγους τῶν διαλεκτικῶν εἴκαζεν (εἴκαζεν *ed. Wachsmuth*: om. *ed. Trincavelli*) τοῖς τῶν ἀραχνίων ὑφάσμασιν οὐδὲν μὲν χρησίμοις, λίαν δὲ τεχνικοῖς. Wie die Analyse der einzelnen Elemente zeigt, hat Er. hat an dieser Stelle Diog. Laert. VII, 160–161 als Quelle benutzt. Lycosthenes gibt als Quelle des Spruchs die zitierte Stobaios-Stelle an: „Ariston Dialecticorum sermones aranearum telis conferebat, vt qui subtiles admodum, sed inutiles essent. Stobaeus sermone octauogesimo" (S. 243, im Kapitel „De dialectica").

730 *is cum caeteris Cynicis* Er. hält Ariston von Chios in VIII, 102–103 fälschlich für einen kynischen Philosophen, während dieser Stoiker war. Der Irrtum des Er. ist insofern merkwürdig, als er als Quelle Diogenes Laertius' Kapitel über Ariston zitiert: Diogenes behandelte Ariston klar als Stoiker – seine Vita befindet sich im siebenten Buch (= Von den Stoikern), direkt nach jener des großen Stoikers Zeno. Gleich am Anfang des Abschnitts (VII, 160) präsentiert Diogenes Laertius Ariston als Vertreter der stoischen Lehre von den indifferenten Dingen: „Ariston aus Chios, der Glatzkopf, wurde Sirene genannt. Höchstes Ziel des Lebens ist für ihn die Gleichgültigkeit gegenüber allem, was zwischen Tugend und Laster liegt, wobei er eben keine Abstufung erlaubt, sondern alle indifferenten Dinge gleich behandelt …".

732 *Socrates* Sokrates von Athen (469–399 v. Chr.). Ihm hat Er. im dritten Buch eine lange Sektion von Apophthegmen gewidmet, III, 1–101, *CWE* 37, S. 221–251; *ASD* IV, 4, S. 197–220. Er.' Zusammenfassung der Lehre des Sokrates, daß er die Dialektik in Bausch und Bogen abgelehnt haben soll, ist allerdings kurios: Gerade Sokrates geht aus den Dialogen Platons als der große Dialektiker hervor.

VIII, 103   Dialectica   (Aristo Chius, 5) [49]

Idem κυνικώτερον etiam dialecticorum subtilitates *dicebat similes luto viarum, ad nihil vtili, nisi quod ingredientes impellit ad lapsum*. An illi recte damnarint vniuersam dialecticam, alii viderint. Illud experimentis compertum habeo nullos magis aberrare a vero, quam qui superstitiose in hoc studiorum genere sunt versati.

⟨DIOGENES CYNICVS⟩

VIII, 104   Salse   (Diogenes Cynicus, 227) [50]

Diogenes conuiciis lacessitus a quodam de crimine proditionis infami, „*Gaudeo*", inquit, „*me tibi factum inimicum, quando tu non hostes, sed amicos laedere soles*".

VIII, 105   Salse   (Diogenes Cynicus, 228) [51]

Idem *a caluo quodam* maledictis aspersus, „*Ego quidem*", inquit, „*tibi nullam facio iniuram*, quin potius *laudo capillos tuos, qui malam caluariam effugerint*", subnotans illum non iudicio, sed cerebri vicio maledicum esse.

⟨ANTIGONVS SECVNDVS⟩

VIII, 106   (Antigonus Secundus, 8)

⟨Antigonus rex, quum renunciatum esset filium Alcyoneum in acie cecidisse, *demisso vultu* paulisper apud se cogitauit; mox erupit in hanc vocem: „*O Alcyonee*, serius

---

746 ANTIGONVS SECVNDVS *scripsi*: Erasmus putavit dictum esse Antigoni primi.
748–752 Antigonus rex ... Plutarcho *scripsi cum* B: hoc apophthegma transposuit C in sectionem *Antigoni primi lib. IV (p. 340), lapsu Erasmi.*
748 Antigonus rex B: Idem C *(p. 340)*.
749 Alcyonee B: Alcioneae C.

734 κυνικώτερον Wie schon in *Apophth.* VIII, 102 betrachtet Er. hier den Stoiker Aristo von Chius irrtümlicherweise als Kyniker. Vgl. Komm. oben.
734–735 *dicebat ... lapsum* Wörtliche Übers. von Stob. Περὶ διαλεκτικῆς – εἰς τὸ ἐναντίον, *Flor.* II, 2, 18: Ἀρίστων ἔλεγεν ἐοικέναι τὴν διαλεκτικὴν τῷ ἐν ταῖς ὁδοῖς πηλῷ· πρὸς οὐδὲν γὰρ οὐδ' ἐκεῖνον χρήσιμον ὄντα καταβάλλειν τοὺς βαδίζοντας.
Diogenes von Sinope (um 410–um 323 v. Chr.), der bekannte Gründer der kynischen Philosophenschule; Schüler des Antisthenes, Lehrer von u. a. Krates, Phokion und Stilpon von Megara. Vgl. P.G. Natorp, *RE* V, 1 (1903), Sp. 765–773, s.v. „Diogenes", Nr. 44; M. Goulet-Cazé, *DNP* 3 (1997/9), Sp. 598–600, s.v. „Diogenes", Nr. 14. Er. hatte den Aussprüchen des Diogenes im dritten Buch eine Sektion von insgesamt 226 Apophthegmen gewidmet (*ASD* IV, 4, S. 236–284; III, 164–388, *CWE* 38, S. 271–334). Im achten Buch setzte er noch weitere Sprüche hinzu: VIII, 104–105, 116, 176–177 und 192.

738 *DIOGENES CYNICVS* Für den nachzutragenden Zwischentitel wird hier dieselbe Namensform verwendet wie im Titel der Diogenes-Sektion III, 164 ff. (vgl. *C*, S. 241).

740–741 *proditionis ... soles* Im ersten Teil paraphrasierende, im Spruchteil wörtliche Übersetzung von Arsen., *Violet.*, S. 208, 21 f.: Ὁ αὐτὸς προδότου τινὸς κακῶς αὐτὸν λέγοντος, ἔφη: „χαίρω ἐχθρός σου γενόμενος, σὺ γὰρ οὐ τοὺς ἐχθροὺς, ἀλλὰ τοὺς φίλους κακῶς ποιεῖς". Die Quelle nicht identifiziert in *CWE* 38, S. 901.

743–744 *a caluo ... effugerint* Wörtliche Übers. des Er. von Arsen., *Violet.*, S. 208, 18 f.: Ὁ αὐτὸς λοιδορούμενος ὑπό τινος φαλακροῦ, ἔφη, σὲ μὲν οὐχ ὑβρίζω, τὰς δὲ τρίχας σου ἐπαινῶ, ὅτι κακὸν κρανίον ἐξέφυγον. *CWE* 38, S. 902 gibt als Quelle Stob. *Flor. Monacense* (Meineke IV, 284, 214) an, jedoch wird der Ausspruch dort dem Tragödiendichter Euripides zugeschrieben, während ihn Er. dem Diogenes von Sinope zuordnet. Das zeigt an, daß Er. in *Apophth.* VIII, 105 Arsen. als Quelle verwendet hat.

744 *caluariam* Für das seltene Wort „caluaria" für „Hirnschale", „Schädel" (als medizinischen und anatomischen t.t. bei den medizinischen Autoren) vgl. *DNG* I, Sp. 728, s.v. Durch die Verwendung dieses Wortes für κρανίον statt des gewöhnlicheren, auf der Hand liegenden „caput" erzielt Er. einen reizvollen Gleichklang mit „caluo" („Kahlkopf").

746 *ANTIGONVS SECVNDVS* Das in *B* zuerst vorhandene Lemma ist in *C* einem Irrtum zum Opfer gefallen. Er. meinte bei der Vorbereitung von *C* zu Unrecht, daß der Spruchspender Antigonos I. Monophthalmos wäre; davon ausgehend schob er das Lemma nunmehr in der Sektion des Antigonos I. ein (*C*, p. 340), wo es nicht hingehört. Da es sich bei diesem Eingriff um einen Irrtum handelt, wurde der Spruch an vorliegender Stelle belassen. In *ASD* IV, 4 war dieses *Apophthegma* in der Sektion Antigonos I. gedruckt worden, ohne daß registriert wurde, daß es nicht diesem, sondern Antigonos II. zugehört (S. 315), während im kritischen Apparat die Angabe gemacht wurde, daß eine Omission in *A* vorliege. In *A* wurde jedoch nichts ausgelassen. Es handelt sich um einen späteren Zusatz in *B*. In *CWE* 38 wurde das *Apophthegma* ebenfalls im vierten Buch gedruckt (als IV, 131, S. 376): Obwohl richtig angegeben wird, daß Alcyoneus der Sohn des Antigonos II. Gonatas sei, fehlt ein Vermerk, daß der Spruch nicht in die betreffende Sektion (nämlich jene des Antigonos I. Monophthalmos) gehört. Da in unserer *ASD*-Ausgabe der Spruch aus *B* beibehalten wird, gilt ab dem folgenden *Apophthegma* die Zählung *ASD* = *CWE* plus 2.

Apophth. VIII, 106 Zu **Antigonos II. Gonatas** (um 320–239 v. Chr.), dem Sohn des Demetrios Poliorketes und der Philia, der i.J. 283 v. Chr. den Titel des Königs von Makedonien annahm, vgl. oben Komm. zu V, 106.

Apophth. VIII, 106 bezieht sich auf die letzte Phase des Chremonideischen Kriegs zwischen dem Makedonischen Königreich und Athen samt Bundesgenossen (267–261 v. Chr.).

748–751 *quum ... monitorum* Unsorgfältige, unvollständige und dem Sinn nach verzerrte Wiedergabe von Plut. *Consolatio ad Apollonium* 33, Mor. 119C–E. Er. vergaß wiederzugeben, daß der König von der Todesnachricht zunächst mit Stolz erfüllt wurde (μεγαλοφρόνως τε πρὸς τοὺς ἀπαγγείλαντας ... ἀπιδεῖν). Dabei geht es um den Vaterstolz über den Mut des Sohnes, der gerade in der Schlacht gefallen war. Mit dieser Auslassung hängt Er.' gesamte Interpretation des *Apophth.* zusammen. Plut. *Consolatio ad Apollonium*, 33, *Mor.* 119C–E: οὗτος μὲν οὖν ῥητορικῶς προθέμενος αὐτοῦ κατηγορῆσαι ταῦτα διεξῆλθεν, ἀγνοῶν ὅτι διὰ τούτων αὐτὸν ἐπαινεῖ τὸ πενθεῖν παρωσάμενον καὶ τὸ φιλόπατρι πρὸ τῆς τῶν ἀναγκαίων συμπαθείας ἐπιδειξάμενον. Ἀντίγονον δὲ τὸν βασιλέα πυθόμενον τὴν Ἀλκυονέως τοῦ υἱοῦ τελευτὴν ἐν παρατάξει γενομένην μεγαλοφρόνως τε πρὸς τοὺς ἀπαγγείλαντας αὐτῷ τὴν συμφορὰν ἀπιδεῖν καὶ μικρὸν ἐπισχόντα καὶ κατηφιάσαντα προσειπεῖν „ὦ Ἀλκυονεῦ, ὀψίτερον μετήλλαξας τὸν βίον, οὕτως ἀφειδῶς ἐξορμῶν πρὸς τοὺς πολεμίους καὶ οὔτε τῆς σαυτοῦ σωτηρίας οὔτε τῶν ἐμῶν παραινέσεων φροντίζων." Τούτους δὴ τοὺς ἄνδρας θαυμάζουσι μὲν τῆς μεγαλοφροσύνης πάντες καὶ ἄγανται, μιμεῖσθαι δ' ἐπὶ τῶν ἔργων οὐ δύνανται διὰ τὴν ἐκ τῆς ἀπαιδευσίας ἀσθένειαν τῆς ψυχῆς. πλὴν πολλῶν ὄντων παραδειγμάτων τῶν διὰ τῆς ἱστορίας ἡμῖν παραδιδομένων τῆς τε Ἑλληνικῆς καὶ τῆς Ῥωμαϊκῆς τῶν γενναίως καὶ καλῶς ἐν ταῖς τῶν ἀναγκαίων τελευταῖς διαγενομένων ἀποχρήσει τὰ εἰρημένα πρὸς τὴν ἀπόθεσιν τοῦ πάντων ἀνιαροτάτου πένθους καὶ τῆς ἐν τούτῳ πρὸς οὐδὲν χρήσιμον ματαιοπονίας.

748 *Alcyoneum* **Halkyoneus**, unehelicher Sohn des Antigonos II. Gonatas und der Athenerin Demo; erzogen am Königshof von Pella durch den Philosophen Perseios, einen Schüler des Zeno von Kition. Halkyoneus fiel ca. 261 v. Chr. im Chremonideischen Krieg. Vgl. Plut. *Pyrrh.* 34 (*Vit.* 405).

quam oportuit *vitam morte commutasti, qui tam audacter in hostes insilieris neque tuae salutis neque meorum monitorum* vllam habens rationem". Putauit non esse deflendum, qui sua culpa perisset sibique calamitatem accersisset. Refertur a Plutarcho⟩.

⟨LACON QVIDAM⟩

VIII, 107   FACETE   (Lacon quidam) [52]

Lacon quidam gymnasiarchum ligna ἄκαπνα exhibentem facetissimo ioco *incusauit, dicens*, quod *per eum ne lacrymas quidem* illic *effundere daretur. Fumus* enim excutit lacrymas oculis. *Acapna ligna* inde dicta sunt, quod fumo careant.

⟨ALIVS QVIDAM⟩

VIII, 108   FACETE   (alius quidam) [53]

Alius quendam *quotidie conuiuantem „plagiarium" ac „tyrannum" appellauit, per quem tot annis nunquam vidisset mensam suam*. Ioci lepos est in fictione: „*plagiarium*" appellauit, quod liberalitate sua homines sibi redderet obnoxios, „*tyrannum*", quod per illum non liceret cuiquam domi suae viuere.

⟨LACON QVIDAM⟩

VIII, 109   NVLLI FIDENDVM   (Lacon quidam) [54]

Quidam ambientes amicitiae foedus inire cum Lacone volebant se, quocunque vellet, vinculo astringere, quo certius esset amicitiam fore synceram. Quibus ille, „*Vna est*", inquit, „*de amicitia* certitudo, *si etiam volentes laedere, non possent. Nam reliquae omnes* prorsus *infirmae sunt*". Conuenit cum illo *Chilonis*, sic habendum *amicum*, vt cogites illum *posse* fieri *inimicum*.

752 a *B*: ex *C*.   756 ne *B C*: nec *BAS LB*.

751–752 *Putauit ... accersisset* Aus der Erklärung des Er. geht hervor, daß er die Zielrichtung der Anekdote missverstanden hat. Wie der Kontext des Apophth. bei Plutarch zeigt (*Mor.* 119B–D), geht es um historische Exempel von berühmten Personen, die imstande waren, den Tod von Familienmitgliedern so zu verkraften, daß sie ihren Dienst am Vaterland unbeeinträchtigt fortsetzten. Im Vordergrund steht daher stets die *consolatio*, die hochherzige Selbsttröstung der Einzelpersönlichkeit; das gilt auch für das vorl. *Apophth.* VIII, 106: Es geht nicht darum, daß der Vater den Sohn für seinen Kampfgeist getadelt und ihm die Schuld an seinem Tod gegeben haben würde (vgl. Er.: „qui sua culpa perisset"), sondern daß sich der Vater hochherzig über den Verlust des Sohnes hinwegsetzt, wobei er ihn bewundert und in günstiger Erinnerung behält. Antigonos II. pflegte in der Tat das Gedächtnis an seinen Sohn, u. a. durch eine jährliche Feier seines Geburtstags in der peripatetischen Schule des Hieronymos von Rhodos in Athen (vgl. Diog. Laert. IV, 41). Athen. *Var. III*, 5 hat die Anekdote im selben Sinn wiedergegeben: Antigonos II. sei bei der Nachricht vom Tod seines Sohnes nicht in Tränen ausgebrochen, sondern habe seinen Mut gelobt, voll Stolz darauf, daß er als tapferer Soldat gestorben sei.

755–756 *Lacon ... daretur* Größtenteils wörtliche Übers. des Er. von Plut. *Quaestiones convivales*, II, 1, 7, *Mor.* 632F: καὶ ὁ Λάκων ἄκαπνα ξύλα τῷ γυμνασιάρχῳ παρασχόντι προσποιούμενος ἐγκαλεῖν ἔλεγεν, „δι᾽ ὃν οὐδ᾽ ἀποδακρῦσαι γέγονεν ἡμῖν".

755 *gymnasiarchum ... exhibentem* Zu den Aufgaben der Gymnasiarchen gehörte, für die Fackelwettläufe, die an großen religiösen Festen stattfanden, Läufer zu stellen; daß der Gymnasiarch „rauchlose Hölzer" austeilt, dürfte sich auf dieses Phänomen beziehen. Bei einem Wettlauf mit Fackeln ist es sehr ungünstig, wenn diese reichlich Rauch verbreiten, da dadurch die Atmung der Athleten erschwert wird. Wenn der Gymnasiarch für rauchlose Hölzer sorgte, war dies natürlich im Sinne der Athleten. Der Spruchspender von VIII, 107 war einer der Athleten, die der Gymnasiarch auf den Fackelwettlauf vorbereitete. Er betont, daß die Athleten dem Gymnasiarchen auf Gedeih und Verderb ausgeliefert wären, sich seinen Befehlen bedingungslos unterwerfen müßten und daß sein hartes Training jede individuelle Gefühlsäußerung, etwa des Schmerzes, im Keim ersticken würde. „Nicht einmal weinen läßt er uns noch", beklagte sich der Spartaner, als er die Fackeln in Empfang nahm. Er. behauptet zwar, daß der Spruch des Spartaners „äußerst witzig" („facetissimo ioco") sei, jedoch läßt seine Erklärung nicht erkennen, daß er die Zusammenhänge, die den Witz erzeugen, verstanden hat. Für die Vorbereitung auf die Fackelwettläufe durch Gymnasiarchen vgl. K.-W. Welwei, *DNP* 5 (1998), Sp. 19, s.v. „Gymnasiarchie". Fackeln waren im antiken Griechenland lange Zeit Holzfackeln, erst im Rom des 2. Jh. v. Chr. kam die Wachsfackel auf. Vgl. R. Hurschmann, *DNP* 2 (1996), Sp. 548–549, s.v. „Beleuchtung".

756 *illic* Ein kurioser Zusatz des Er., der vermuten läßt, daß er den Spruch nicht recht verstanden hat. Was sollte „illic" anderes bedeuten als „im Gymnasium"? Dort jedoch werden die Fackeln nicht entzündet. Der Gymnasiarch überreicht sie dem Athleten für den Wettlauf.

757 *Acapna ligna* Für „acapnos", „rauchlos" (reinlateinisch „coctilia" oder „ligna cocta") vgl. *DNG* I, Sp. 37, s.v.

760 *Alius* Der hier zitierte Spruch folgt in der Quelle, Plutarchs *Quaestiones convivales*, direkt auf den im vorhergehenden Apophthegma zitierten, ohne nähere Angaben zur Person des Spruchspenders. Er ist jedoch sicherlich nicht identisch mit dem Spartaner des vorhergehenden Ausspruchs. In der in VIII, 108 zitierten Anekdote spricht ein Mann, der täglich üppig bei Festmählern speist, zu welchen ihn immer derselbe reiche Gönner einlädt, kein sich in hartem Training befindlicher Athlet.

760–761 *quotidie ... suam* Wörtliche Übers. des Er. von Plut. *Quaestiones convivales*, *Mor.* 632F: καὶ ὁ (ὁ suppl. Franke) τὸν δειπνίζοντα καθ᾽ ἡμέραν ἀνδραποδιστὴν καλῶν καὶ τύραννον, δι᾽ ὃν ἐτῶν τοσούτων οὐχ ἑώρακεν (ἑώρακεν ed. Clement-Hoffleit: ἑώρακε ed. Ald.) τὴν ἑαυτοῦ τράπεζαν.

760 *Plagiarium* „plagiarius", „Menschenräuber", „Sklavenmacher" (*DNG* II, Sp. 3692, s.v.), eine paßgenaue Übers. von ἀνδραποδιστής (Passow I, 1, S. 212, s.v.).

Apophth. VIII, 109 ist ein Gegenstück zu *Adag.* 1072 „Ama tanquam osurus, oderis tanquam amaturus" (*ASD* II, 3, S. 92–94) und *Apophth.* II, 166 (*ASD* IV, 4, S. 189; *CWE* 37, S. 210).

766–770 *Quidam ... inimicum* Im einleitenden Teil paraphrasierende und stark erweiterte, im Spruchteil verworrene Wiedergabe von Dio Chrys. *Orat.* 74, 10 („Peri apistias"): Ὁ Λάκων, ἐν ὁμιλίαις τινῶν συντιθεμένων αὐτῷ καὶ ἀξιούντων παρ᾽ αὐτῶν λαμβάνειν ἣν ἂν προαιρῆται πίστιν ὑπὲρ τῆς φιλίας, μίαν ἔφη πίστιν εἶναι τὸ ἐὰν θέλωσιν ἀδικῆσαι μὴ δύνασθαι, τὰς δὲ λοιπὰς πάσας εὐήθεις καὶ τελέως ἀσθενεῖς. ταύτην μόνην παρὰ τῶν πολλῶν τὴν πίστιν δεῖ λαμβάνειν, ἑτέραν δὲ οὐδεμίαν. Quelle nicht identifiziert in *CWE* 38, S. 902.

768 *si etiam ... non possent* Verworrene Wiedergabe des Spruchs τὸ ἐὰν θέλωσιν ἀδικῆσαι μὴ δύνασθαι: Gemeint ist, „etiam si vellent laedere, non posse".

769 *Chilonis* Chilon (6. Jh. v. Chr.), Politiker aus Sparta, einer der Sieben Weisen. Vgl. B. Niese, *RE* III, 2 (1899) Sp. 2278–2279 s.v. „Chilon", Nr. 1; K.-W. Welwei und W.D. Furley, *DNP* 2 (1997), Sp. 1121–1122, s.v. „Chilon", Nr. 1.

769–770 *de amicita ... inimicum* Gell. I, 3, 30: „Eius autem Chilonis ... cum alia quaedam sunt monita vtilia atque prudentia, tum id

⟨SOCRATES⟩

| VIII, 110 | GRAVITER | (Socrates, 102) [55] |

Socrati tribuitur et illud, *nec a mortuo petendum colloquium nec ab auaro beneficium*. Nam mortui aut non respondent aut laedunt. Ita auarus aut non dat, quod rogatur, aut infeliciter cedit accipienti, quod datur animo inimico.

| VIII, 111 | DIVES INDOCTVS | (Socrates, 103) [56] |

Idem *conspiciens praediuitem* quendam, sed *indoctum*, „Ecce", inquit, „aureum mancipium". Indoctus seruus est et cupiditatum et eorum, quae possidet.

| VIII, 112 | PROFVSIO | (Socrates, 104) [57] |

Conspiciens quendam quibuslibet *citraque delectum* elargientem, „Male", inquit, „pereas, qui ex Gratiis, quum sint virgines, facias scorta".

| VIII, 113 | VITA INANIS | (Socrates, 105) [58] |

Aiebat sibi videri, quod dii semper riderent spectantes inanes hominum curas, quorum *quum omnia sint* exigui temporis ac momenti, *tamen non pari cura* tractantur. Sic enim tumultuantur homines, quasi et magna sint et perpetua, quae hic geruntur.

| VIII, 114 | LIBRORVM MVLTITVDO | (Socrates, 106) [59] |

Interrogatus, quare non scriberet libros, „Quoniam", inquit, „chartae iis, qui scripturi sunt, pluris essent emendae". Socrates nihil scripsit in vita, iudicans librorum copiam officere studiosis sapientiae.

---

maxime exploratae vtilitatis est, quod duas ferocissimas adfectiones amoris atque odii intra modum cautum coercuit: ‚Hac', inquit, ‚fini ames, tamquam forte fortuna et osurus; hac itidem tenus oderis, tamquam fortasse post amaturus'"; diese Weisheit hatte Er. bereits im zweiten Buch als *Apophthegma* präsentiert, *Apophth.* II, 166 (*CWE* 37, S. 210; *ASD* IV, 4, S. 189): „Quidam, quorum est A. Gellius, huic [sc. Chiloni] tribuunt et illud: ‚Sic ama tamquam osurus, sic oderis tamquam amaturus'. Hoc dicto admonuit nec simultates tam acriter exercendas, vt praecludatur omnis in gratiam reditus, nec amicis adeo fidendum, vt illis committas, quo si fiant inimici, possint te perdere"; vgl. *Adag.* 1072, wo derselbe Spruch allerdings Bias, einem anderen der Sieben Weisen, zugeschrieben wird: „Ama tamquam osurus, oderis tamquam amaturus" (*ASD* II, 3, S. 92–94); *Lingua, ASD* IV, 1A, S. 65; *De cop. verb.* II, *ASD* I, 6, S. 260; Ep. 83, Z. 77–79 (an Willem Herman, vom 14. 12. 1498): „Verum quid facias? His moribus nunc viuitur. Quare illud Chilonis probemus necesse est: *Sic ama tanquam aliquando sis osurus, sic oderis tanquam aliquando amaturus*". Cicero schrieb denselben Spruch in *Lael.* 59 einem unbekannten, jedoch seiner Ansicht nach moralisch verwerflichen Mann zu („impuri cuiusdam aut ambitiosi aut omnia ad suam potentiam reuocantis esse sententiam"); vgl. auch Diog. Laert. I, 71; Gell. XVII, 14, 4; Macrob., *Sat.* II, 7, 11; Publil. Syr. 245: „Ita amicum habeas, posse vt facile fieri hunc inimicum putes"; Arist. *Rhet.* II, 13, 1395a26–27; Otto 91, s.v. „amicus", Nr. 5.

Apophth. VIII, 110–114 Es folgt nunmehr eine Sequenz von fünf Sokrates-Apophthegmen. Er. hatte Sokrates im dritten Buch eine umfängliche Sektion von Sprüchen gewidmet (III, 1–101; *CWE* 37, S. 221–251; *ASD* IV, 4, S. 197–220), weswegen er im siebenten Buch, dem „Buch der Philosophen", nicht mehr zum Zuge gekommen war; im achten Buch folgen einige „Nachzügler": vorl. Serie und VIII, 179 und 200.

773 *nec ... auaro* Wörtliche Übers. des Er. von Stob. Περί ἀδικίας, *Flor.* III, 10, 55: Οὔτε παρὰ νεκροῦ ὁμιλίαν οὔτε παρὰ φιλαργύρου χάριν δεῖ ζητεῖν.

777–778 *conspiciens ... mancipium* Wörtliche Übers. des Er. von Stob. Περί ἀφροσύνης, *Flor.* III, 4, 84: Σωκράτης ἰδὼν μειράκιον πλούσιον καὶ ἀπαίδευτον „ἰδού", ἔφη, „χρυσοῦν ἀνδράποδον".

780–781 *Conspiciens ... scorta* Im einleitenden Teil fehlerhafte, im Spruchteil wörtliche Übers. des Er. von Stob. Περί ἀσωτίας, *Flor.* III, 15, 8: Σωκράτης ἰδών τινα προχείρως πᾶσι χαριζόμενον καὶ ἀνεξετάστως ὑπηρετούμενον „κακῶς", εἶπεν „ἀπόλοιο, ὅτι τὰς Χάριτας, παρθένους οὔσας, πόρνας ἐποίησας".

780 *elargientem* Er. hat hier den griech. Text falsch verstanden: Gemeint ist nicht, daß die gerügte Person unterschiedslos Geschenke verteilt, sondern daß sie allen möglichen Leuten ohne nähere Prüfung Hand- und Spanndienste mit schwerer körperlicher Anstrengung leistet. Für ὑπηρετέω, „schwere Handdienste leisten, zur Hand gehen" vgl. Passow II, 2, S. 2105, s.v.

783–784 *Aiebat ... cura* Größtenteils wörtliche Übers. des Er. von Stob. Περί τοῦ βίου, *Flor.* IV, 34, 69: Σωκράτης ἔλεγε νομίζειν ἀεὶ τοὺς θεοὺς γελᾶν ὁρῶντας τὴν τῶν ἀνθρώπων κενοσπουδίαν· μικρὰ γὰρ τὰ ἀνθρώπινα πάντα ὄντα οὐκ ἴσης σπουδῆς τυγχάνειν.

787–788 *Interrogatus ... essent* Versuchte wörtliche, jedoch fehlerhafte Übers. des Er. von Stob. Περί τοῦ γνῶθι σαυτόν, *Flor.* III, 21, 9: Σωκράτης ἐρωτηθεὶς διὰ τί οὐ συγγράφει „ὅτι", εἶπεν „ὁρῶ τὰ χαρτία πολὺ τῶν γραφησομένων τιμιώτερα".

787–788 *qui scripturi sunt* Er. hat γραφησομένων versehentlich aktiv übersetzt und dadurch den Spruch mißverstanden; gemeint ist: „Weil ich sehe, daß das Papier wertvoller ist als das, was darauf geschrieben werden wird".

TRAIANVS

VIII, 115   FISCVS LIEN   (Traianus, 2) [Traianus, 1]

Traianus Imperator initio *procuratores* habebat rapaces, *qui prouinciales calumniis* expilabant. Quorum *vnus* fertur vnum*quenque* diuitum sic *conuenire* solitus: „*Quid habes? Vnde habes?*"; haec vbi didicerat, addebat tertium: „*Pone, quod habes*". Sed admonitus a *Pompeia Plotina* vxore cohibuit eiusmodi vexationes prouinciarum, addens vocem optimo iure laudatam, *fiscum esse lienem, quod eo crescente, reliqui artus* con*tabescant*. Sensit optimus princeps iniquum esse sic explere fiscum vnius, vt nihil habeant subditi, praesertim quum boni principis sit, quicquid habet populus.

⟨DIOGENES CYNICVS⟩

VIII, 116   SALSE   (Diogenes Cynicus,
(= Dublette von III, 327)   229) [2]

Diogenes Cynicus *interrogatus de* quodam *adolescente*, qualis [i.e. cuias esse] videretur, Arcadem esse respondit, siue significans illum esse stupido ingenio siue, vt eruditi quidam malunt, mollem et pathicum, quod Arcades ferantur glandibus victitare, teste epigrammate

πολλοὶ ἐν ἀρκαδίᾳ βαλανοφάγοι ἄνδρες ἔασιν, ⟨id est

Multi in Arcadia sunt, queis alimonia glandes⟩.

Glans autem apud Latinos interdum obscoenam habet significationem.

806–807 id … glandes *suppleui ex Adag.* 2227.

790 TRAIANVS Er. hatte Trajan im sechsten Buch, in der Kaiser-Abteilung, nur einen einzigen Spruch gewidmet (VI, 92); neben vorl. fügte er VIII, 120 und 124 hinzu. Zur Person Trajans vgl. Komm. oben zu VI, 92.

792–797 *Traianus … contabescant* Paraphrasierende Wiedergabe von Ps. Aur. Vict., *Epitome de Caes.* 42, 21: "Namque vt ceteras omittam, Pompeia Plotina incredibile dictu est, quanto auxerit gloriam Traiani; cuius procuratores cum prouincias calumniis agitarent, adeo, vt vnus ex his diceretur locupletium quemque ita conuenire: ,Quare (Quare habes? *ed. Pichlmayr*: Quae habes ad mensam? *quaedam edd. vett.*: quae *maior pars edd. vett.*) habes?', alter: ,Vnde habes?' tertius: ,Pone, quod (quod *ed. Pichlmayr*: quae *maior pars edd. vett.*) habes'. Illa coniugem corripuit atque increpans, quod laudis suae esset incuriosus, talem reddidit, vt postea exactiones improbas detestans fiscum lienem vocaret, quod eo crescente artus reliqui tabescunt (tabescunt *ed. Pichlmayr*: tabescant *plures edd. vett.*).".

793–794 *Quid habes?* Er. hat einen Text benutzt, der, wie die meisten *edd. vett.*, „Quae habes"? aufwies, das er mit „Quid habes?" wiedergab. „Quid habes?" erscheint als erste Frage plausibler. Das ebenfalls überlieferte „Quare habes?" ergibt jedoch einen besseren Sinn: Es soll die insolente Haltung des Steuereintreibers zum Ausdruck bringen, der eigentlich davon ausgeht, daß die in der Provinz lebenden Untertanen überhaupt keinen Besitz haben sollten, weil sie alles abgeben mußten. Ps. Aurelius Victor berichtet von drei Steuereintreibern, von denen jeder dafür berüchtigt war, daß er eine bestimmte insolente Standardanrede hatte. Die Standardfrage des Steuereintreibers Nr. 1 war: „Aus welchem Grund eigentlich hast du Besitz?", die des zweiten: „Von wo her eigentlich hast du Besitz", die Standardanrede des dritten war ein Befehl: „Gib her, was du hast!". Er. fasste die Stelle so auf, als ob nur von einem einzigen Steuereintreiber die Rede wäre.

795 *Pompeia Plotina* Pompeia Plotina (vor 70 – nach 1.1.123 n. Chr.), Trajans Ehefrau; hatte einigen Einfluß am kaiserlichen Hof, überlebte ihren Gatten und sorgte dafür, daß Hadrian als dessen Nachfolger eingesetzt wurde. Vgl. R. Hanslik, *RE* 21, 2 (1952), Sp. 2293–2298, s.v. „Pompeius", Nr. 131; H. Temporini und Gräfin Vitzthum, *DNP* 9 (2000), Sp. 1146, s.v. „Plotina"; H. Temporini, *Die Frauen am Hofe Trajans. Ein Beitrag zur Stellung der Augustae im Principat*, Berlin-New York 2011, S. 10–183 (ursprünglich Berlin u. a. 1979).

796 *eo crescente* Damit war vielleicht eine Milzentzündung gemeint, die zu einem Anschwellen der Milz führt.

797 *optimus princeps* Senatoren und die römischen Geschichtsschreiber verliehen Trajan den Ehrentitel „optimus princeps", der auch in Münzprägungen zum Ausdruck kam.

797–798 *iniquum ... populus* Für diese Erklärung des Er. vgl. *Apophth.* VIII, 129 (in Bezug auf Constantius Chlorus): „Bonus princeps, qui magis a suis diligitur quam timetur, habet, quicquid ciues possident".

Apophth. VIII, 116–139 In diesem Abschnitt wurden in den Baseldrucken die Zwischentitel, die jeweils die Spruchspender bezeichnen, ausgelassen; erst in VIII, 139 („ALPHONSVS REX") wird diese in den *Apophthegmata* des Er. gebräuchliche Darbietungsweise wieder aufgenommen. Die fehlenden Zwischentitel wurden von VIII, 116 bis VIII, 291 ergänzt, ohne daß dies jeweils im kritischen Apparat eigens vermerkt werden würde.

Apophth. VIII, 116 Er. hatte **Diogenes von Sinope** (um 410 – um 323 v. Chr.), dem Gründer der kynischen Schule, im dritten Buch eine Sektion von 226 Apophthegmen gewidmet (*ASD* IV, 4, S. 236–284; III, 164–388, *CWE* 38, S. 271–334). Im achten Buch setzte er noch fünf Sprüche hinzu: VIII, 104–105, 116, 176 und 177. Die Namensform der Überschrift ist identisch mit jener der Diogenes-Sektion des dritten Buches.

Apophth. VIII, 116 ist eine Dublette von III, 327 (Diogenes Cynicus, 64 „Ambigue"; *ASD* IV, 4, S. 272; *CWE* 37, S. 318).

802–803 *Interrogatus ... respondit* Stark erweiterte und mit Erklärungen versehene, jedoch durch einen Fehler beeinträchtigte Übers. von Diog. Laert. VI, 61: Περὶ παιδὸς πεπορνευκότος ἐρωτηθεὶς πόθεν εἴη, Τεγεάτης, ἔφη (Diogenes *Frgm.* 400 G), in Ambrogio Traversaris Übers.: „De puero stuprato, cuias esset, rogatus, ‚Tegeates', inquit" (ed. Curio, Basel 1524, S. 200); vgl. Er., *Apophth.* III, 327 (*ASD* IV, 4, S. 272): „Quum mentio fieret de puero stuprato, Diogenes interrogatus, cuias esset, lusit ex ambiguo dicens ‚Tegeates'. Nam Tegea ciuitas est Arcadiae. Tegos autem interdum id, quod lupanar; vnde Tegeatem dixit philosophus scortum publicum".

803 *significans ... ingenio* Vgl. *Adag.* 2227 („Arcadicum germen"), *ASD* II, 5, S. 202: „Arcades olim male audierunt ob stuporem ingenii. [G] De quorum immanitate multa Athenaeus libro XIII. Qui primi musicam omnem in ciuitatem noluerunt nec vllas liberales disciplinas, quarum cultu mansuescunt hominum ingenia. Vnde et coeli vicio et neglectu disciplinarum in summam morum immanitatem efferati sunt"; *Adag.* Prolegom. *ASD* II, 1, S. 82: „A GENTIBVS: ... Arcade stolidior".

804 *quod Arcades ... victitare* Vgl. *Adag.* 2227 („Arcadicum germen"), *ASD* II, 5, S. 203: „[H] Iidem (sc. Arcades) epigrammatum iocis notati sunt vt βαλανοφάγοι, id est *glandibus victitantes*. Nam is priscorum hominum cibus erat nondum repertis frugibus. Epigramma sic habet: Πολλοὶ ἐν Ἀρκαδίᾳ βαλανοφάγοι ἄνδρες ἔασιν, id est *Multi in Arcadia sunt, queis alimonia glandes*".

806 πολλοὶ ... ἔασιν Hdt. I, 66: πολλοὶ ἐν Ἀρκαδίῃ βαλανηφάγοι ἄνδρες ἔασιν. Vgl. Plut. *Coriol.* 3, 3.

806–807 *Id est ... glandes* In den *Apophthegmata* ergänzte Er. griechische Textzitate standardmäßig mit einer lateinischen Übers.; diese ist an vorl. Stelle aufgrund eines Versehens ausgefallen. Er. hatte diese Übers. bereits vorrätig in *Adag.* 2227.

808 *Glans autem ... significationem* Vgl. e.g. Mart. XII, 75, 3.

⟨SCIPIO MINOR⟩

810 VIII, 117   INDOLES   (Scipio minor, 23) [3]

Scipio super [i.e. post] *coenam interrogatus, quem* egregium *imperatorem habitura esset* respublica, si quid ipsi humanitus accidisset, „*Vel hunc*", *inquit*, Marium intuens, iam tum in illo perspiciens ingenium maximis rebus natum. Refert Eutropius libro 5.

⟨Q. CATVLVS⟩

815 VIII, 118   LIBERE   (Q. Lutatius Catulus minor, 1) [4]

Quum Syllana crudelitas magna licentia saeuiret in capita ciuium – nam *occisi feruntur supra nouem milia, percussoribus libere per vrbem vagantibus* ac caeteris metu attonitis *Q. Catulus palam* ausus est *dicere Syllae:* „*Cum quibus tandem victuri sumus, si in bello armatos, in pace inermes occidimus?*". Eutropius [i.e. Orosius].

Apophth. VIII, 117–119 Wie aus seinen Quellenangaben zu entnehmen ist, hat Er. die folgenden drei Sprüche aus Eutropius exzerpiert. Jedoch ist dies nicht der Fall: Die Quellenangaben sind unrichtig; den ersten und dritten Spruch hat Er. wohl aus dem Gedächtnis zitiert, beim zweiten lag ihm Orosius vor.

811 *Scipio* Gemeint ist **Scipio Africanus d.J.**, P. Cornelius Scipio Aemilianus Africanus Numantinus (185/4–129 v. Chr), der Zerstörer Karthagos. Er. hatte ihm im fünften Buch eine Sektion von Sprüchen gewidmet (V, 400–420). Zu seiner Person vgl. Komm. oben zu V, 400.

811–812 *Scipio ... inquit* Stark gekürzte, freie Wiedergabe von Plut. *Mar.* 3, 3. Da Er. zudem eine unrichtige Quellenangabe macht („Refert Eutropius libro 5"), ist es am wahrscheinlichsten, daß er den Spruch aus dem Gedächtnis zitiert hat und daß die Ungereimtheiten sich daraus erklären. Vgl. den griech. Text: διὸ ταῖς τε ἄλλαις προήγετο (προσήγετο ed. *Ald*.) τιμαῖς ὑπ' αὐτοῦ, καί ποτε λόγου μετὰ δεῖπνον ἐμπεσόντος ὑπὲρ στρατηγῶν, καὶ τῶν παρόντων ἑνὸς εἴτε ἀληθῶς διαπορήσαντος εἴτε πρὸς ἡδονὴν ἐρομένου τὸν Σκηπίωνα τίνα δὴ τοιοῦτον ἕξει μετ' ἐκεῖνον ἡγεμόνα καὶ προστάτην ὁ Ῥωμαίων δῆμος, ὑπερκατακειμένου τοῦ Μαρίου τῇ χειρὶ τὸν ὦμον ἠρέμα πατάξας (ἠρέμα πατάξας ed. *Perrin*: πατάξας ἠρέμα ed. *Ald*.) ὁ Σκηπίων „Τάχα δὲ τοῦτον"

εἶπεν; in der – korrekten – Übers. des Guarino da Verona: „Quum quandoque post coenam de imperatoribus sermo fieret et quidam ex praesentibus, siue serio siue ioco, Scipionem interrogaret, quem talem ducem post illum Romanus populus habiturus esset, Scipio leniter percusso Marii humero, ‚Hunc', inquit, ‚Hic praestanti virtute erit. Nam magnam de se in adolescentia expectationem exhibet'" (ed. Bade 1514, fol. CLXXV^v).

811 *super coenam* Plutarch gibt an, daß das Gespräch *nach* dem Abendessen stattfand, nicht „während des Abendessens", wie Er. behauptet.

812 *Marium* Dem siebenmaligen Konsul, Feldherren und Protagonisten des Römischen Bürgerkriegs C. Marius (ca. 157–86 v. Chr.) hatte Er. im fünften Buch eine Sektion von sechs Sprüchen gewidmet (V, 426–431).

812 *Marium intuens* Diese Angabe stammt aus der freien Phantasie des Er.; Plutarch berichtet a.a.O., daß Scipio dem Mario auf die Schulter geklopft haben soll.

Quintus Lutatius Catulus der Jüngere (gest. 61/0 v. Chr.), nicht der gleichnamige Konsul d.J. 102 v. Chr. und Sieger über die Kimbern bei Vercellae (ca. 150–87 v. Chr.), wie von *CWE* 38, S. 116 angegeben wird. Der Kimbernsieger kann nicht gemeint sein, weil dieser bereits 87 das Zeitliche gesegnet hatte, während die in VIII, 118 beschriebenen Ereignisse 82/1 v.

Chr. stattfanden. Der Kimbernsieger war der Vater des hier zitierten Spruchspenders: Quintus Lutatius Catulus dem Jüngeren gelang es, i.J. 87 vor den Marianern aus Rom zu fliehen, während sein Vater dort den Tod fand. Quintus Lutatius d. J. kehrte 82 mit den Sullanern nach Rom zurück; er rächte dort zwar den Tod seines Vaters, bezeigte sich aber sonst als gemäßigt und richtete sich gegen die Gewaltexzesse der sullanischen Herrschaft. Er bekleidete 81 das Amt des Prätors, 78 das Konsulat; versuchte nach dem Tod Sullas dessen Politik fortzusetzen, war darin jedoch nicht sehr erfolgreich; insbesondere erlitt er gegen Pompeius mehrere Niederlagen. Vgl. K.-L. Elvers, *DNP* 7 (1999), Sp. 525–526, s.v. „Lutatius", Nr. 4.

Apophthegma VIII, 118 datiert auf die Zeit von Sullas Diktatur und der Proskriptionen, bei denen tausende römische Bürger den Tod fanden (82–81 v. Chr.).

816 *Syllana crudelitas* Zu C. Sulla Felix (138–78 v. Chr.) vgl. oben Komm. zu V, 441; Er. hatte acht Apophthegmen von Sulla im fünften Buch präsentiert (V, 441–448).

817–819 *percussoribus … occidimus* Im einleitenden Teil paraphrasierende, im Spruchteil wörtliche Wiedergabe von Oros. *Hist.* V, 21,1–2: „Sulla mox atque Vrbem victor intrauit, tria milia hominum, qui se per legatos dederant, contra fas contraque fidem datam inermes securosque interfecit. Plurimi tunc quoque, vt non dicam innocentes, sed etiam ipsius Sullanae partis occisi sunt, quos fuisse plus quam nouem milia ferunt. Ita liberae per vrbem caedes, percussoribus passim vagantibus, vt quemque vel ira vel praeda sollicitabat, agitabantur. igitur cunctis iam, quod singuli timebant, aperte frementibus Q. Catulus palam Syllae dixit: ‚Cum quibus tandem victuri sumus, si in bello armatos, in pace inermes occidimus?'".

819 *Eutropius* Er.' Quellenangabe „Eutropius" ist unrichtig, er verwechselte ihn hier mit Orosius.

⟨CALIGVLA⟩

VIII, 119 Vox tyrannica (C. Caligula, 13) [5]
(= Dublette von VI, 21)

C. Caligula frequenter exclamare solebat: „*Vtinam* vniuersus *populus Romanus* vnicam *ceruicem haberet!*". Talia portenta tulit olim mundus pro monarchis. Eutropius [i.e. Orosius] [*C*] refert. [*B*]

⟨TRAIANVS⟩

VIII, 120 Degeneratio (Traianus, 3) [6]

Traianus Caesar *solitus* est *dicere principes* omnes multum abesse a *Neronis quinquennio*. Nam Domitius Nero primis annis quinque summa cum laude gessit imperium, priusquam ad Caligulae auunculi sui crudelitatem appelleret animum.

⟨SERGIVS [i.e. SERVIVS] GALBA⟩

VIII, 121 Disciplina militaris (Galba, 1) [7]

Sergius [i.e. Servius] *Galba* in grauissimis bellis *seuerissima* disciplina habuit *milites* suos, adeo *vt*, simulatque venisset in *castra*, protinus *vulgaretur* ille Trochaicus: „*Disce miles militare, Galba est, non Getulicus*".

823 solebat *LB*: solet *B C*.
825 refert *C*: deest in *B*.

835 Getulicus *B C ut in Aur. Vict. ed. per Er. 1518 et Suet. ed. Er. 1518*: Gaeticulus *LB*.

Apophth. VIII, 119–133 Es folgt nunmehr – nach den Kaiserapophthegmen des sechsten Buches eine weitere Sektion, die den Sprüchen römischer Kaiser, von Caligula (VIII, 119) bis Theodosius II. („Theodosius iunior", VIII, 133) gewidmet ist. In dieser Sektion verwendet Er. andere Quellen als Sueton und die *Historia Augusta*, die er schon im sechsten Buch systematisch ausgewertet hatte.

Apophth. VIII, 119 stellt eine Dublette von *Apophth*. VI, 21 dar: „eiusdem vox fuit: ‚Vtinam populus Romanus vnicam ceruicem haberet!'. Hanc emisit infensus turbae fauenti Venetae aurigarum factioni, quum ipse faueret Prasinae". Vgl. Komm. ad loc.

823 *C. Caligula* Für Er. war **Caligula** (reg. 37–41 n. Chr.) einer jener verwerflichen monarchischen Herrscher, die er als Verbrecher gegen die Menschheit und Menschlichkeit und als das Gegenteil des von ihm propagierten *princeps Christianus* brandmarkt. Er stellt Caligula diesbezüglich auf dieselbe Stufe wie Tiberius, Nero, Heliogabalus, Domitianus, Commodus usw.; vgl. *Adag*. 201 (*ASD* II, 1, S. 306) und 2601 (*ASD* II, 6, S. 402). Darauf bezieht sich auch Er.' emotionaler Kommentar in vorl. *Apophth*.: „Talia portenta tulit olim mundus pro monarchis". Dennoch schätzt Er. Caligula als Apophthegmen-Spender, den er sowohl in einer Sektion des sechsten Buches (VI, 14–24) als auch in mehreren Adagien zu Wort kommen läßt; vgl. e.g. *Adag*. 1257 (*ASD* II, 3, S. 276) „Harena sine calce" und 3326 (*ASD* II, 7, S. 196) „Isthmum perfodere".

823–824 *Vtinam ... haberet* Oros., *Hist.* VII, 5, 2: „Hic, vt breuiter magnitudinem crudelitatis eius expromam, exclamasse fertur: ‚vtinam populus Romanus vnam ceruicem haberet'. Saepe etiam de condicione temporum suorum conquestus est, quod nullis calamitatibus publicis insignirentur"; Suet. *Cal.* 30,2: „Vtinam p. R. vnam ceruicem haberet!". Vgl. Sen., *De Ira* III, 19, 2: „Qui optabat, vt populus Romanus vnam ceruicem haberet"; Cass. Dio LIX, 13, 6: καί ποτε παντὶ τῷ δήμῳ ἅμα ἀπειλῶν ἔφη „εἴθε ἕνα αὐχένα εἴχετε".

824–825 *Eutropius refert* „Eutropius refert" ist eine irrtümliche Quellenangabe des Er.; Er. kannte den Spruch entweder aus Sueton, Orosius oder Seneca. Wahrscheinlich hat er ihn an vorl. Stelle aus dem Gedächtnis zitiert.

Apophth. VIII, 120–121 Es folgen zwei Sprüche, die Er. aus Ps. Aurelius Victor exzerpierte.

828 *Traianus Caesar* Kaiser **Trajan** (reg. 98–117 n. Chr.) hatte im Abschnitt der „Kaiserapophthegmen" des sechsten Buches nur ein einziges Lemma erhalten (VI, 92), während im achten Buch noch drei „nachgeliefert" werden: VIII, 115, 120 und 124. Zur Person des M. Ulpius Traianus vgl. Komm. oben zu VI, 92.

828–829 *Traianus ... gessit* Variierende Wiedergabe von Ps.-Aur. Vict. *Epit.* 5, 2: „Iste quinquennio tolerabilis visus. Vnde quidam prodidere Traianum solitum dicere procul distare cunctos principes Neronis quinquennio" (in dieser Form auch in Er.' eigener Ausgabe d.J. 1518, S. 436); vgl. Aur. Vict. *Caes.* 5, 2: „Qui [L. Domitius = Nero] ... quinquennium tamen tantus fuit, augenda vrbe maxime, vti merito Traianus saepius testaretur procul differre cunctos principes Neronis quinquennio".

829 *Domitius Nero* In der Nero gewidmeten Sektion im sechsten Buch hatte Er. den Kaiser fälschlich als „Sextus Nero" bezeichnet (VI, 131 ff.); nunmehr verwendet er „Domitius Nero"; dies ist der Angabe des Namens an der zitierten Stelle Ps.-Aur. Vict. *Epit.* 5, 2 geschuldet (vgl. Er.' eigene Ausgabe des Werkes aus d.J. 1518, S. 436), die Er. hier übernimmt. „Domitius" war des *nomen gentile* von Neros ursprünglichem bürgerlichen Namen „Lucius Domitius Ahenobarbus". Als Kaiser nannte er sich jedoch: „Nero Claudius Caesar Augustus Germanicus". Zu Kaiser Nero vgl. oben Komm. zu VI, 31.

Servius Sulpicius Galba (3 v. Chr.–69 n. Chr.), röm. Kaiser von 68–69, Nachfolger Neros, einer der Hauptakteure des Vierkaiserjahres; Galba und Otho machten zunächst gegen Nero gemeinsame Sache; nachdem Galba zum Kaiser ausgerufen worden war, sich jedoch nicht bereit zeigte, Otho zu seinem Nachfolger zu ernennen, usurpierte dieser den Kaiserthron. Vgl. W. Eck, *DNP* 4 (1998), Sp. 746–747, s.v. „Galba", Nr. 2; M. Fluss, *RE* IV, A1 (1931), Sp. 772–801, Nr. 63.

831 *SERGIVS GALBA* Im Abschnitt der „Kaiserapophthegmen" des sechsten Buches hatte Er. Galba übergangen. Der Zwischentitel ist identisch mit jenem, der sich in Er.' Sueton-Ausgabe d.J. 1518 (S. 131) findet. Er. verwendet, wie in den älteren Editionen von Ps. Aur. Vict. gebräuchlich, die Form „Sergius" für Galbas *nomen gentile*, das korrekt „Seruius" lautet. Vgl. seine eigene Edition d.J. 1518, S. 437.

833–835 *Galba ... Getulicus* Im einleitenden Teil paraphrasierende Wiedergabe von Ps.-Aur. Vict. *Epit.* 5, 2: „Hic (sc. Galba) ante sumptam dominationem multas prouincias egregie administrauit, militem seuerissime tractans, ita vt ingresso eo castra vulgaretur statim: ‚Disce militare, miles. Galba est, non Gaetulicus (Getulicus *ed. Er. 1518, p. 437)*'. Er. hat diese Stelle paraphrasiert, nicht wie *CWE* 38, S. 906 angibt, Suet. *Galb.* 6, 2, wo ein anderes Narrativ vorliegt: „A Gaio Caesare ⟨legatus Germaniae superioris Gaetul⟩ici vice (⟨in locum Gaetul⟩ici *ed. Ihm*: ludis *ed. Eras. 1518*) substitutus, postridie quam ad legiones venit, sollenni forte spectaculo plaudentes inhibuit, data tessera, vt manus paenulas (paenulas *ed. Ihm*: paenula *ed. Martinet*: penulis *ed. Er. 1518*) continerent; statimque (que *om. ed. Eras. 1518*) per castra iactatum est: ‚Disce miles militare. Galba est, non Gaetulicus (Getulicus *ed. Er. 1518*)!' ".

834–835 *Trochaicus ... Getulicus* Es handelt sich um einen trochäischen Septenar (– ⌣, – ×, – ⌣, – × ‖ – ⌣, – ×, – ×); in der bei Ps. Aur. Vict. überlieferten Form ist der Vers nicht korrekt wiedergegeben, Er. korrigierte ihn an vorl. Stelle: „miles militare" statt „militare miles". Da Er. das Versmaß des trochäischen Septenars geläufig war, konnte er den Fehler an Ort und Stelle *ex ingenio* beheben; vielleicht kam ihm dabei zupaß, daß er die korrekte Form des Verses noch von seiner Suetonausgabe her kannte.

835 *Getulicus* Cn. Cornelius Lentulus Gaetulicus (ca. 8 v. Chr.–39 n. Chr.); Konsul 26 n. Chr., 29–39 Oberbefehlshaber der germanischen Legionen in Germania superior; den Beinamen hatte er von seinem Vater geerbt, der i.d.J. 6–8 n. Chr. in der Provinz Africa die

⟨OTHO⟩

VIII, 122   Pietas in rempvblicam   (Salvius Otho) [8]

Otho Saluius quum videret aut deponendum imperium aut magna ciuium strage tuendum, statuerat *sponte* mori, et amicis ac *militibus* hortantibus, *ne tam cito de belli euentu desperaret*, negauit sibi suam vitam *esse tanti, vt* hac de causa *bellum ciuile* nasceretur. Quis non miretur hunc animum in principe ethnico eoque *XXXVIII annos* nato?

⟨IVNIVS MAVRICVS⟩

VIII, 123   Libere   (Iunius Mauricus) [9]

Nerua Cocceius in coena, cui assidebat *Veiento*, qui sub *Domitiano consularem* dignitatem fuerat adeptus, sed *multos* clam apud illum detulerat, quum orta *Catuli mentione*,

---

838   Saluius *B C*: cf. supra VI, 63 Syluius.

Gaetuler besiegt hatte. Vgl. F. Skutsch, *RE* 4, 1 (1900) Sp. 1384–1386, s.v. „Cornelius", Nr. 220; W. Eck, *DNP* 3 (1997), Sp. 194, s.v. „Cornelius", Nr. II, 29.

Apophth. VIII, 122   Er. hatte Otho eine Sequenz von vier Sprüchen in den „Kaiserapophthegmen" des sechsten Buches gewidmet (VI, 63–66). Für diesen zweiten Kaiser des Vierkaiserjahres vgl. oben Komm. zu VI, 63.

Apophth. VIII, 122 datiert auf Mitte April 69 n. Chr., kurz vor Othos Selbstmord am 16. 4.; die Sequenz von Othos Sprüchen im sechsten Buch der *Apophthegmata* ist ebenfalls vorrangig Othos Selbstmord gewidmet. Er. betrachtete Othos Selbstmord als Heldentat, als ultimativen Beleg seiner Selbstlosigkeit, die seiner Meinung die christlichen Fürsten seiner eigenen Zeit sich zum Beispiel nehmen sollten.

838–841 *Otho … annos*   Stark gekürzte, frei paraphrasierende, mit nur wenigen wörtlichen Reminiszenzen ausgestattete Wiedergabe von Eutr. VII, 17, wobei Er. seine eigene Ausgabe d.J. 1518 benutzte: „Otho (Otho *textus recept.*: Saluius Otho *ed. Er. 1518, p. 500*) occiso Galba (occisis Galba et Pisone ab Augusto septimus *add. ed. Gelen., 1532, p. 105*) inuasit imperium, …. in imperio documentum sui non potuit ostendere. Nam cum isdem (iisdem *ed. Gelenius 1532*: his *ed. Er. 1518*) temporibus, quibus Otho Galbam occiderat, etiam Vitellius factus esset a Germanicianis (Germanicianis *textus recept.*: Germanicis *ed. Er. 1518, ed. Gelenius 1532*) exercitibus imperator, bello (belloque ciuili *ed. Gelenius, 1532*) contra eum suscepto cum apud Betriacum (Betriacum *textus recept.*: Bebriacum *ed. Er. 1518, plures edd. vett.*) in Italia leui proelio victus esset, ingentes tamen copias ad bellum haberet, sponte semet occidit. Petentibus militibus, ne tam cito de belli desperaret euentu, cum tanti se non esse dixisset, vt propter eum bellum ciuile (bellum ciuile *ed. Gelenius 1532*: ciuile bellum *ed. Er. 1518*) moueretur (oriretur *ed. Er. 1518, ed. Gelenius 1532 et plures edd. vett.*: commoueretur *ed. Verheyk*), voluntaria morte obiit tricesimo et (et *textus recept., etiam ed. Er. 1518*: et *om. quaedam edd. vett.*) octauo aetatis anno, nonagesimo et quinto imperii die". Den Selbstmord Othos vermeldet auch Suet. *Oth.* 9, 3 („Ac statim moriendi impetum cepit …"), jedoch hat Er., wie ein Vergleich der beiden Versionen zeigt, hier als Quelle ausschließlich Eutr. VII, 17 benutzt.

838 *Otho Saluius*   Er. schrieb hier „Otho Saluius", indem er den Text seiner eigenen Eutropius-Ausgabe d.J. 1518 (S. 500) übernahm. In *Apophth.* VI, 63 nannte Er. den Kaiser „Otho Syluius", in seiner Sueton-Ausgabe d.J. 1518

„Otho Siluius" (nach jener des Giambattista Egnazio d. J. 1516), in seiner Sueton-Ausgabe d. J. 1533 jedoch „Otho Saluius". Er. druckte in seiner Eutropius-Ausgabe „Otho Saluius", während in den Handschriften „Lucius Otho" bzw. „Mutius Oto" überliefert ist. Der richtige Name des Kaisers lautet „Marcus Saluius Otho". Daß Er. den Namen Othos stets in der falschen Reihenfolge 1. cognomen, 2. nomen gentile wiedergab („Otho Saluius" bzw. „Otho Syluius") ist auffällig.

Iunius Mauricus (gest. nach 107) Politiker unter den flavischen Kaisern sowie Nerva und Trajan; Konsul um d. J. 92; gehörte zusammen mit seinem Bruder Q. Iunius Arulenus Rusticus zu der sog. „stoischen" Senatsopposition. Unter Domitianus verbannt, unter Nerva wieder aus dem Exil zurückgerufen. Vgl. E. Groag, *RE* X, I (1918) Sp. 1051–1053, s.v. „Iunius", Nr. 94; W. Eck, *DNP* 6 (1999), Sp. 67, s.v. „Iunius", Nr. II, 20. Nicht identifiziert in *CWE* 38, S. 906.

845–848 *Nerua ... coenaret* Im vorbereitenden Teil paraphrasierende, im Spruchteil wörtliche Wiedergabe von Ps.-Aur. Vict. *Epit.* 12, 5: „Hic ne accessu maliuolorum (maleuolorum *ed. Er. 1518, p. 440*) terreretur, Iunii Maurici (Mauritii *ed. Er. 1518*: Maurici *ed. Er. 1533, p. 481*), constantis viri, dicto ita admonetur: Qui conuiuio familiari adhibitus cum Veientonem consulari honore functum quidem apud Domitianum, tamen multos occultis criminationibus persecutum, adesse uidisset, inter colloquia mentione Catulli (Catuli *ed. Er. 1518; 1533*) facta, calumniatoris praecipui, dicente Nerva ,Quid nunc faceret, si Domitiano superuixisset?', ,Nobiscum', inquit Mauricus (Mauritius *ed. Er. 1518*: Mauricus *ed. Er. 1533, p. 482*), ,cenaret'. Hic iurgiorum disceptator et scientissimus et frequens fuit". *CWE* 38, S. 906 gibt als Quelle Plin. min. *Epist.* IV, 22, 5–6 an; Plinius d. J. erzählt die Anekdote jedoch auf eine andere Weise und er gibt die Frage Nervas in einem anderen Wortlaut wieder. Er. hat seinen Text von VIII, 123 nach Ps.-Aur. Vict. *Epit.* 12, 5 zusammengestellt.

845 *Nerua Corceius* Er. hatte Kaiser Nerva (reg. 96–98) im Abschnitt der Kaiserapophthegmen einen Spruch gewidmet, in dem er ebenfalls die Namensform „Cocceius Nerua" verwendete (VI, 91).

845 *Veiento* A. Didius Gallus Fabricius Veiento (gest. nach 98 n. Chr.), einflußreicher senatorialer Politiker in kaiserlichem Dienst; unter Nero wegen Ämterverkauf und Schmähungen i. J. 62 verbannt, unter Vespasian zurückgerufen; unter Vespasian, Titus und Domitian dreimal *consul suffectus*, unter Domitian (81–96) sogar Mitglied des *Consilium principis*. Obwohl als Delator z. Z. Domitians verrufen, gelang es ihm auch unter Nerva, politisch zu überleben; nach Nerva verliert sich seine Spur. Vgl. E. Groag, *RE* VI, 2 (1909) Sp. 1938–1942 s.v. „Fabricius", Nr. 15; W. Eck, *DNP* 4 (1998), Sp. 382–386, s.v. „Fabricius", Nr. II, 2; S.H. Rutledge, *Imperial Inquisitions. Prosecutors and Informants from Tiberius to Domitian*, London 2001, S. 229–232.

845 *Domitiano* Zu Kaiser Domitianus (reg. 81–96) vgl. oben Komm. zu *Apophth.* VI, 88.

845–846 *consularem ... adeptus* Dadurch, daß Er. den Wortlaut seiner Quelle variierte, kam eine unrichtige Aussage zustande: Veiento erreichte die Konsulwürde bereits unter Vespasian; unter Titus wurde er i. J. 80 zum zweiten Mal zum Konsul ernannt.

846 *Catuli* L. Valerius Catullus Messalinus (gest. vor Okt. 96), Senator und Politiker unter der flavischen Kaisern, zweimal cos. ord., unter Vespasianus i. J. 73 und 85. Mitglied des prestigeträchtigen und mächtigen Gremiums des kaiserlichen Rates; betätigte sich anscheinend erst in der zweiten Hälfte von Domitians Regierungszeit als Ankläger. Vgl. R. Hanslik, *RE* VII, A2 (1948) Sp. 2411 s.v. „Valerius", Nr. 127; W. Eck, *DNP* 12.1 (2002), Sp. 1107, s.v. „Valerius", Nr. II, 6; S.H. Rutledge, *Imperial Inquisitions. Prosecutors and Informants from Tiberius to Domitian*, London 2001, S. 274–275. Er. verwendet hier die Form „Catuli", wie in seinen Ps.-Aurelius-Victor- Ausgaben d. J. 1518 (S. 440) und 1533 (S. 481).

qui *calumniator* insignis fuerat, *diceret "Quid nunc faceret Catulus, si Domitiano super-uixisset?"*, *Iunius Mauricus* respondit: *"Nobiscum"* [*inquit*] *"coenaret"*, satis libere submonens imperatorem, quod Veientonem haberet familiarem simillimum Catulo,
850 quem vt calumniatorem execrabatur.

⟨TRAIANVS⟩

VIII, 124   COMITAS IN PRINCIPE   (Traianus, 4) [10]

Optimo iure laudibus vehitur illa vox Traiani, qui *amicis* incusantibus, quod parum memor imperatoriae maiestatis *nimium esset omnibus* expositus, *respondit*: *"Talem*
855 praestabo *imperatorem priuatis, qualem optarem* ipse *priuatus"*.

⟨VESPASIANVS PATER⟩

VIII, 125   BENEFICENTIA   (Vespasianus pater, 18) [11]
                             CONCILIAT AMICOS

Flauius Vespasianus quum *admoneretur ab amicis, vt caueret a Metio Pomposiano,*
860 *quod de hoc rumor increbuerat fore, vt aliquando regnaret,* non solum sibi non metuit ab illo, sed et *consulem fecit*. Id admirantibus amicis, *"Erit"*, inquit, *"olim memor tanti beneficii"*.

---

847 quid nunc *scripsi coll. Ps.-Aurel. Vict. Epit. 12, 5*: quid nam *B C*, quidnam *LB*.

847 nunc Das von den Baseldrucken einhellig überlieferte „nam" beruht auf einem Textübertragungs- oder Lesefehler der Kürzel von „nunc"; „nunc" stand in dem Er. vorliegenden Text von Ps.-Aur. Vict. *Epit*. 12, 5, nämlich seiner eigenen Ausgabe d.J. 1518, und ist für den richtigen Sinn des Apophthegmas unentbehrlich.
851 TRAIANVS Er. widmete Kaiser Trajan (reg. 98–117) *Apophth*. VI, 92 VIII, 115 und VIII, 120; zu ihm vgl. oben Komm. zu VI, 92.
852 *comitas in principe* Der Titel, den Er. dem Spruch gab, läßt erkennen, daß er von der unrichtigen Lesart seiner eigenen Eutropius-Ausgabe d.J. 1518, „comis" (statt „communis") ausging, während die Ausgabe des Gelenius, die Er. ebenfalls vor sich hatte, die richtige

848 Mauricus *B C ut Ps.-Aurel. Vict. ed. Erasmiana. 1533*: Mauritius *ed. Erasmiana 1518*.
848 inquit *seclusi*.

lectio aufwies.
853–855 *amicis … priuatus* Paraphrasierende, sinngemäß richtige, jedoch durch einen Überlieferungsfehler getrübte Wiedergabe von Eutr. VIII, 5: „Inter alia dicta hoc ipsius (ipsius *textus recept., ed. Gelenius 1532, p. 114*: illius *ed. Er. 1518, p. 503*) fertur egregium: Amicis enim culpantibus, quod nimium (nimium *ed. Gelenius 1532*: nimis *ed. Er. 1518*) circa omnes communis (communis *textus recept., ed. Gelenius 1532; plures edd. vett.*: comis *ed. Er. 1518*) esset, respondit talem se imperatorem esse priuatis, quales (qualem *ed. Gelenius 1532*) esse (esse *om. ed. Gelenius 1532*) sibi imperatores (imperatores *textus recept.*: imperatorem *ed. Gelenius 1532*: imperator *ed. Er. 1518*) priuatus (priuatus *textus recept.*: priuatos *ed. Er. 1518*) optasset".

854 *nimium* Er. zog es vor, hier „nimium", d.h. die Lesart der Eutrop-Ausgabe des Gelenius (Basel 1532), anstatt jener seiner eigenen Edition d.J. 1518 („nimis") einzusetzen.

855 *ipse* „ipse" ist erklärender Zusatz des Er.

855 *priuatus* Auch an dieser Stelle zog Er., die Lesart der Eutrop-Ausgabe des Gelenius (Basel 1532), „priuatus", jener seiner eigenen Edition d.J. 1518 („priuatos") vor.

856 ⟨*VESPASIANVS PATER*⟩ Zu der Namensform „Vespasianus pater" im Unterschied zu „Titus Vespasianus" vgl. oben Komm. zu VI, 67. Er. hatte **Vespasian** (reg. 69–79) im Abschnitt der „kaiserlichen Apophthegmen" 17 Sprüche gewidmet (VI, 67–83); zu Vespasian vgl. oben Komm. zu VI, 67. Im Abschnitt VI, 67–83 hat Er. einerseits seine Milde (69–70), seinen Gerechtigkeitssinn (68) und Sinn für Humor (73–76) betont, andererseits seinen Geiz und seine Geldgier. Vorl. *Apophth.* ist wiederum dem Aspekt der Milde gewidmet.

859–862 *admoneretur … beneficii* Größtenteils wörtliche, jedoch etwas erweiterte Wiedergabe von Ps.-Aur. Vict. *Epit.* 9, 14: „Hic monentibus amicis, vt caueret a Mettio (Metio *ed. Er. 1518, p. 438, 1533, p. 479*) Pomposiano, de quo sermo percrebuerat regnaturum fore (fore *om. ed. Er. 1518, 1533*), consulem fecit, alludens tali cauillo: ‚Quandoque memor erit tanti beneficii'". *CWE* 38, S. 907 gibt als Quelle Suet. *Vesp.* 14 an, jedoch zeigt ein genauer Textvergleich, daß Er. in VIII, 125 seinen Text nach Ps.-Aur. Vict. *Epit.* 9, 14 erstellt hat; charakteristisch ist, daß Er. gegenüber dem suetonischen „quod volgo crederetur genesim habere imperatoriam" seine Formulierung nach dem ps.-aurelianischen „de quo sermo percrebuerat regnaturum" gebildet hat.

859 *Metio Pomposiano* Über den von Ps.-Aurelius Victor und Sueton erwähnten Mettius Pomposianus oder Pompusianus ist nichts weiteres bekannt außer daß ihn Vespasian zum Konsul erhoben hat.

⟨TITVS VESPASIANVS⟩

VIII, 126   Constanter   (Titus Vespasianus, 5) [12]

Titus Vespasianus quum a *duobus* clarissimi *ordinis* esset in ipsum *coniuratum* ac facinus eo processisset, vt iam inficiari non possent, *deduxit* illos *in spectaculum* atque inter illos medius consedit, ac *petitis* de *industria mirmillonum gladiis* velut *exploraturus aciem*, vnum *vni*, et alterum *alteri commisit*, tanquam prouocans ad id, quod moliebantur: illis autem perculsis et animi praesentiam [i.e. *constantiam*] *admirantibus*, „Videtis ne", inquit, „*principatum fato dari, frustraque tentari facinus potiundi spe vel amittendi metu*".

VIII, 127   Clementer   (Titus Vespasianus, 6) [13]

Idem *fratrem Domitianum insidias* molientem, non est vltus, sed his verbis admonuit: „Quid opus te *parricidio* petere, *quod me volente obuenturum est*, imo *quod iam habes*, imperii *particeps*?". Haud temere in Christiano reperias tantum mansuetudinis.

---

865 Titus *B C*: om. *LB*.

869 praesentiam *B C*: *Erasmus* constantiam *scribere voluisse videtur*.

863 ⟨*TITVS VESPASIANVS*⟩ Zu Kaiser **Titus** (reg. 79–81), dem Er. im Abschnitt der Kaiser-Apophthegmen des sechsten Buches eine Sektion widmete (VI, 84–87), vgl. oben Komm. zu. VI, 84.

865–871 *duobus … metu* Im vorbereitenden narrativen Teil paraphrasierende, im Spruchteil wörtliche Wiedergabe von Ps.-Aur. Vict. *Epit.* 10, 10: „Clementiam vero vsque eo perduxit (produxit *ed. Er. 1533, p. 480*), vt amplissimi ordinis (ordinis *ed. Er. 1533*: ordines *ed. Er. 1518, p. 439*) duo cum aduersus eum coniurauissent (coniurassent *ed. Er. 1518, 1533*) neque abnuere cogitatum scelus quirent, monuerit primo; post deductos in spectaculum se vtrimque assidere iusserit petitoque ex industria mirmillonum (mirmillonum *ed. Eras. 1518*: Mirmillonum *ed. Er. 1533*), quorum pugnae visebantur, gladio, quasi ad explorandam aciem, vni atque alteri commiserit; quibus perculsis et constantiam mirantibus diceret: ‚Videtisne potestates fato dari frustraque temptari facinus potiundi spe vel amittendi metu?'". Die Anekdote mit Spruch überlieferte auch Suet. *Tit.* 9. Wie ein genauer Textvergleich zeigt, hat Er. den Text von *Apophth.* VIII, 126 grundsätzlich nach Ps.-Aur. Vict. *Epit.* 10, 10 gebildet, jedoch nebenher auch zwei Details der Version des Suetonius eingearbeitet, erstens, daß Titus den Brüdern zwei Schwerter ausgehändigt haben soll; zweitens ein Wort des Spruches, „principatum". Vgl. Suet. *Tit.* 9: „Pontificatum maximum ideo se professus accipere, vt puras seruaret manus, fidem praestitit nec auctor posthac cuiusquam necis nec conscius, quamuis interdum vlciscendi causa non deesset, sed periturum se potius quam perditurum adiurans. Duos patricii generis conuictos in adfectatione imperii nihil amplius, quam vt desisterent, monuit, docens (dicens *ed. Er. 1518, 1533, p. 142*) *principatum fato dari*, si quid praeterea desiderarent, promittens se tributurum; et confestim quidem ad alterius matrem, quae procul aberat, cursores suos misit, qui anxiae saluum filium (filium salvum *ed. Er. 1518, 1533*) nuntiarent. Ceterum ipsos non solum familiari cenae (coenae *ed. Er. 1518, 1533*) adhibuit, sed et insequenti die gladiatorum spectaculo circa se ex industria conlocatis oblata sibi ferramenta (ferramenta *textus recept., ed. Ihm*: ornamenta *ed. Er. 1518, 1533*) pugnantium inspicienda porrexit". *CWE* 38, S. 907 gibt als Quelle nur Suet. *Tit.* 9 an, während Er. hauptsächlich Ps.-Aur. Vict. *Epit.* 10, 10 bearbeitet hat.

865 *ordinis* „ordinis" stellt eine Textkorrektur seiner eigenen Ausg. d.J. 1518 dar, die die sicherlich falsche Lesart „ordines" aufwies. Daraufhin verbesserte Er. den Text auch in der zweiten Ausgabe seiner Ps.-Aur.-Vict.-Edition (S. 480).

869 *praesentiam* Bei dem in den Baseldrucken einhellig überlieferten „praestantiam" muß es sich um einen Textübernahmefehler des Er. handeln; „praesentia" ergibt keinen Sinn; „constantiam" steht in seiner Ps.-Aurelius-Victor-Ausgabe d.J. 1518 und 1533; daß Er. „constantiam" meinte, geht auch aus dem Titel hervor, den er dem Apophthegma gab: „Constanter".

870 *principatum fato dari* wörtlich nach Suet. *Tit.* 9: „nihil amplius, quam vt desisterent monuit [sc. Titus], docens (dicens *ed. Er. 1518*) *principatum fato dari*".

870–871 *frustraque … metu* Nach *CWE* 38, S. 907 sollte „frustraque tentari facinus potiundi spe vel amittendi metu" ein eigenhändiger Zusatz des Er. zu dem Spruch des Titus sein; es handelt sich jedoch um ein wörtliches Zitat aus Ps.-Aur. Vict. *Epit.* 10, 10.

873–875 *fratrem … particeps* Im einleitenden Teil gekürzte und paraphrasierende, im Spruchteil wörtliche Wiedergabe von Ps.-Aur. Vict. *Epit.* 10, 11: „Fratrem quoque Domitianum parantem insidias militumque animos sollicitantem flens saepius obtestatus est, ne parricidio assequi cuperet, quod et se volente esset obuenturum ei et iam haberet, cum sit particeps potestatis" (so auch in Er.' eigener Ausg. d.J. 1518, S. 439). *CWE* 38, S. 907 gibt als Quelle Suet. *Tit.* 9 an. Ein Textvergleich zeigt jedoch, daß Er. den Text von VIII, 127 ausschließlich unter Verwendung von Ps.-Aur. Vict. *Epit.* 10, 11 erstellt hat. Die Anekdote wird von Suet. *Tit.* 9 in einem ganz anderen Wortlaut wiedergegeben: „Fratrem insidiari sibi non desinentem, sed paene ex professo sollicitantem exercitus, meditantem fugam, neque occidere neque seponere ac ne in minore quidem honore habere sustinuit, sed, vt a primo imperii die, consortem successoremque testari perseuerauit, nonnumquam secreto precibus et lacrimis orans, vt tandem mutuo erga se animo vellet esse".

⟨MILITES IVLII MAXIMINI⟩

VIII, 128   Crvdeliter   (Iulius Maximinus) [14]

Iulius Maximinus proditione *militum* interfectus est, *vna cum filio Diadumeno* [i.e. Iulio Vero] etiamnum *puero*. Quo tempore *conclamatum* est a *militibus, ex pessimo genere ne catulum* quidem esse relinquendum. Allusisse videntur ad Graecam paroemiam νήπιος ὃς πατέρα κτείνας, παῖδας καταλείπει, ⟨id est, „Est fatuus, qui patre perempto pignora linquit⟩.

880

---

879 Diadumeno *B C (cf. Ps.-Aurel. Vict. ed. Erasmiana* „Macrinus cum Diadumeno filio … obtruncantur"): *del. BAS LB.*

880 puero *B C*: adolescente *BAS LB.*
882–883 id est … linquit *supplevi coll. Adag. 953.*

877 MILITES IVLII MAXIMINI Im Index personarum von *B* und *C* wird der Spruch irrtümlich dem Kaiser Maximinus Thrax zugeschrieben, der fälschlich als „Iulius Maximus" verzeichnet wird; die wirklichen Spruchspender sind seine aufständischen Soldaten; Lycosthenes hat den Zwischentitel korrigiert („Militum Maximini", S. 218). Iulius Maximinus Thrax (172/3–238, reg. 235–238) war der erste der sog. „Soldatenkaiser"; von ihm wurde fälschlich behauptet, er wäre ein Barbar oder „Gote" gewesen, während er tatsächlich dem röm. Ritterstand entstammte. Er war mit Caecilia Paulina aus dem röm. Hochadel verheiratet, die ihm einen Sohn schenkte, Gaius Iulius Verus Maximus (ca. 216–238). Maximinus Thrax wurde 235 von den aufständischen Rheinlegionen bei Mainz zum Kaiser ausgerufen. 236 ernannte der Senat seinen etwa zwanzigjährigen Sohn Iulius Verus zum Mitkaiser (Caesar). Im sog. Sechskaiserjahr 238 wurde Maximinus Thrax zusammen mit seinem Sohn bei der Belagerung Aquileias von den eigenen Soldaten erschlagen. Vgl. H. Börm, „Die Herrschaft des Kaisers Maximinus Thrax und das Sechskaiserjahr 238. Der Beginn der „Reichskrise"?", in: *Gymnasium* 115 (2008), S. 69–86; Th. Franke, *DNP* 7 (1999), Sp. 1072–1073, s.v. „Maximinus", Nr. 2; E. Hohl, *RE* X, 1 (1918), Sp. 852–868, s.v. „Iulius (Verus)", Nr. 526. Er. widmete dem Maximinus Thrax im Abschnitt der „Kaiserapophthegmen" des sechsten Buches eine Sektion von vier Sprüchen (VI, 163–166), wobei er von der *Historia Augusta* als Hauptquelle ausging. Zur Person dieses Kaisers und Er.' Bild desselben vgl. oben Komm. zu VI, 163.

Apophth. VIII, 128 ist ein Gegenstück zu *Adag.* 953 „Stultus, qui patre caeso liberis pepercit" (*ASD* II, 2, S. 457–458). Lycosthenes folgt Er.' Titelangabe, indem er den Spruch in dem Kapitel „De crudelitate" druckt (S. 218).

879–881 Vna … catulum Im narrativen Teil paraphrasierende, jedoch durch eine Kontamination der Kaiser Maximinus Thrax und Macrinus entstellte, im Spruchteil eher wörtliche Wiedergabe von Ps.-Aur. Vict. *Epit.* 25: „Iulius Maximinus Thrax, ex (e *ed. Er. 1518, p. 446, 1533, p. 486*) militaribus, imperauit annos (annis *ed. Er. 1518, 1533*) tres. Is … apud Aquileiam seditione militum discerptus est una cum filio, conclamantibus cunctis militari ioco, *ex pessimo genere nec* (ne *ed. Er. 1518, 1533*) *catulum habendum*". Dieses Apophthegma hatte Er. bereits in seine *Adagia*-Ausgabe d.J. 1528 eingearbeitet, s. *Adag.* 953 „Stultus, qui patre caeso liberis pepercit" (*ASD* II, 2, S. 457–458): „[*G* = 1528] Fertur vox memorabilis militum, qui Maximinum imperatorem trucidarunt vna cum filio, *ex pessimo genere ne catulum quidem esse relinquendum*". Nach *CWE* 38, S. 907 soll Er. für *Apophth.* VIII, 128 Herodian. VIII, 5, 9 als Quelle benutzt haben, jedoch fehlt dort das Apophthegma, während sich auch sonst in VIII, 128 keine konkreten Hinweise auf eine textliche Übernahme finden.

879–880 vna cum filio … puero Vgl. Ps.-Aur. Vict. *Epit.* 22: „Macrinus cum Diadumeno filio ab exercitu imperatores creati … ab eodem exercitu obtruncantur …"; Eutr. IX, 1 („Maximini"): „… Maximinus … Aquileae occisus est deserentibus militibus suis, cum filio adhuc puero …" (vgl. ed. Er. 1518, S. 508).

879–880 *Diadumeno etiamnum puero* Hier liegt ein Irrtum des Er. vor: Der Sohn des Maximinus Thrax, der zusammen mit seinem Vater bei Aquileia erschlagen wurde, hieß nicht „Diadumenus", sondern „Gaius Iulius Verus Maximus"; dieser war zu diesem Zeitpunkt keineswegs noch ein Kind, wie Er. behauptet („etiamnum puero"), sondern bereits ein etwa Zweiundzwanzigjähriger, der die *toga virilis* empfangen hatte und offiziell zum Mitregenten seines Vaters (Caesar) ernannt worden war. Zu Iulius Verus vgl. A. Lippold, *Kommentar zur Vita Maximini Duo der Historia Augusta*, Bonn 1991. Er. verwechselte Iulius Verus mit dem Sohn des Kaisers Macrinus; dieser hieß allerdings nicht „Diadumenus", sondern M. Opellius Diadumenianus. Zu letzterem vgl. H. v. Petrikovits, *RE* XVIII, 2 (1939), Sp. 539–540, s.v. „Opellius", Nr. 1; Th. Franke, *DNP* 8 (2000), Sp. 1226, s.v. „Opellius", Nr. 1; R. Syme, „The Son of the Emperor Macrinus", in: *Phoenix* 26 (1972), S. 275–291 und K.-P. Johne, „M. Opellius Diadumenianus", in: L. Petersen (Hrsg.), *Prosopographia Imperii Romani*, 2. Aufl., Bd. 5, Berlin 1970–1987, S. 442–445. Opellius Diadumenianus wurde noch im Knabenalter getötet: Sein Vater Macrinus fand nach seiner Niederlage gegen Elagabal in der Schlacht bei Antiocheia (8. Juni 218) auf der Flucht (nach Rom) den Tod, bald darauf auch sein Sohn, den er zu dem Partherkönig Artabanos IV. geschickt hatte. Opellius Diadumenianus war damals erst etwa 10 Jahre alt. In der Basler Gesamtausgabe versuchte man den Fehler zu korrigieren, indem man „Diadumeno" tilgte und „puero" durch „adolscente" ersetzte. Er.' irrtümliche Namensangabe ist insofern kurios, als er den Quellentext, Ps.-Aur. Vict. *Epit.*, selbst herausgegeben hatte; dies gilt natürlich auch für den Abschnitt über Macrinus (ebd. 22), der sich in Er.' eigener Ausgabe d.J. 1518 auf der vorhergehenden Seite befindet (S. 445). Dort findet sich auch die Namensform „Diadumenus", die Er. durch den Zwischentitel „MACRINVS ET DIADVMENVS" hervorgehoben hat. Auf den Gedanken, daß der Sohn des Maximinus noch ein Kind war, als die Soldaten ihn töteten, mag Er. durch einen Irrtum des Eutropius gekommen sein, Eutr. IX, 1: „… Maximinus … Aquileae occisus est … cum filio adhuc puero". Die Irrtümer des Er. waren folgenreich, denn die Anekdote fand mit diesen ausgestattet Eingang in die großen Wissenssammlungen, z. B. in Laurentius Beyerlincks *Magnum theatrum vitae humanae …*, Lyon 1678 (Bd. IV, S. 90). Auch Lycosthenes beseitigte die Irrtümer nicht (S. 218).

881 *ne catulum … relinquendum* Hier hat Er. den Text der Vorlage Ps.-Aur. Vict. *Epit.* 25 verändert, indem er ihn mit der sprichwörtlichen Sentenz νήπιος ὃς πατέρα κτείνας, παῖδας καταλείπει kontaminierte. Der spöttische Soldatenvers besagte, daß man von einem schlechten Tier keine Jungen aufziehen solle, da diese ebenso wertlos seien wie das Elterntier; wenn ein solches Tier Junge bekommt, solle man sie sofort töten. Die von Er. angeführte sprichwörtliche Sentenz νήπιος ὃς πατέρα κτείνας, παῖδας καταλείπει paßt zwar auf die historische Situation, besagt aber etwas anderes, i.e. „Wer den Vater tötet, soll auch den Sohn töten", nml. um Blutrache im Vorfeld zu verhindern. Dieselbe Kontamination des Er. findet sich bereits in *Adag.* 953, *ASD* II, 2, S. 458 (i.e. in der Ausg. d.J. 1528): „… ex pessimo genere ne catulum quidem esse relinquendum".

882 νήπιος Er. *Adag.* 953 „Stultus, qui patre caeso liberis pepercit" (*ASD* II, 2, S. 456–458): … νήπιος ὃς πατέρα κτείνας, παῖδας καταλείποι, id est … *Stultus, qui patre occiso liberos relinquat*. Vgl. Apost. 12, 8 a.

882 *id est … linquit* In den *Apophthegmata* übersetzte Er. grundsätzlich die griechischen Verszitate, mit Vorliebe metrisch; dies war in VIII, 128 vergessen worden: Er. hatte jedoch von dem Vers in *Adag.* 953 eine metrische Übersetzung angefertigt, die hier eingefügt wurde.

⟨CONSTANTIVS CHLORVS⟩

885   VIII, 129   Princeps charvs   (Constantius Chlorus) [15]

Constantius Chlorus amicis admonentibus, quod in augendo fisco videretur indiligentior, respondit *publicas opes* rectius *a priuatis haberi quam intra vnum claustrum reseruari.* Bonus princeps, qui magis a suis diligitur quam timetur, habet, quicquid ciues possident.

⟨IVLIANVS⟩

VIII, 130   Famvlitivm svperflvvm   (Iulianus Apostata, 1) [16]

Iulianus imperator *eunuchos, coquos, tonsores* eiecit e *palatio*. Rogatus, quam ob causam, negauit sibi esse opus eunuchis, quum *vxor* decessisset, nec opus esse coquis, *quod simplicissimis cibis* vesceretur. De *tonsoribus* dixit *vnum multis sufficere.*

⟨VALENTINIANVS⟩

VIII, 131   Libere   (Valentinianus) [17]

Valentinianus, nondum imperator, *templum Fortunae ingrediens* cum Iuliano, hinc atque hinc *stantibus* aedituis, *qui* aquam introeuntibus *aspergerent*, vbi *vidit in chlamyde* purpurea *guttam* aquae, *pugno percussit* aedituum: „Hoc", inquit, „non est purificare, sed inquinare". Nam illi tales aspersiunculas appellabant purificationes.

⟨THEODOSIVS IVNIOR⟩

VIII, 132   Clementer   (Theodosius iunior, 1) [18]

Theodosius iunior tam admirabili fuit ingenii lenitate, vt, quum ab amicis *rogaretur*, quamobrem neminem eorum, a quibus *laedebatur*, supplicio capitis afficeret, „Vti

---

884 *CONSTANTIVS CHLORVS* In dieser Form auch im Index personarum von *B* und *C.* **Constantius I., Flavius Valerius Constantius** (250–306), Vater Constantins des Großen, reg. 293–306, zunächst als Caesar, seit 305 als Augustus innerhalb der Tetrarchie. Der Beiname Chlorus ist nicht zeitgenössisch belegt. Vgl. B. Bleckmann, *DNP* 3 (1997/99), Sp. 144–145, s.v. „Constantius", Nr. 1; O. Seeck, *RE* IV, 1 (1900), Sp. 1040–1043, s.v. „Constantius", Nr. 1; I. König, „Die Berufung des Constantius Chlorus und des Galerius zu Caesaren", in: *Chiron* 4 (1976), S. 567–576. Constantius I. war oben, im Abschnitt der „Kaiser-

apophthegmen" des sechsten Buches, übergangen worden.

887–888 *publicas ... reseruari* Im einleitenden Teil freie und paraphrasierende, im Spruchteil wörtliche Wiedergabe von Eutr. X, 1, 3: „Fisci commoda non admodum adfectans, dicensque melius publicas opes a priuatis haberi quam intra vnum claustrum reseruari, adeo autem cultus modici, vt festis (feriatis *ed. Er. 1518, p. 515, ed. Gelenius 1532, p. 135*) diebus, si amicis numerosioribus esset epulandum, priuatorum ei argento ostiatim (ostiatim *ed. Gelenius 1532*: hostiatim *ed. Er. 1518*) petito triclinia sternerentur".

888–889 *Bonus princeps ... possident* Vgl. oben VIII, 115, in Bezug auf Traianus: „Sensit optimus princeps iniquum esse sic explere fiscum vnius, vt nihil habeant subditi, praesertim quum boni principis sit, quicquid habet populus".

Flavius Claudius Iulianus (331/32–363) „Apostata", röm. Kaiser 360–363; Neffe Constantins d. Gr.; Iulianus erhielt eine christliche Erziehung und Ausbildung. 355 zum Caesar für Gallien ernannt; 360 zum Augustus ausgerufen. Vgl. K. Rosen, *DNP* 6 (1999), Sp. 11–14, s.v. „Iulianus/-os", Nr. 11; E. v. Borries, *RE* X, 1 (1918), Sp. 26–91, s.v. „Iulianos", Nr. 26; K. Bringmann, *Kaiser Julian*, Darmstadt 2004; G.W. Bowersock, *Julian the Apostate*, Cambridge, Massachusetts 1997; K. Rosen, *Julian. Kaiser, Gott und Christenhasser*, Stuttgart 2006; H. Teitler, *The Last Pagan Emperor. Julian the Apostate and the War against Christianity*, Oxford 2017.

892–894 *eunuchos ... sufficere* Z.T. paraphrasierende, z.T. wörtliche Wiedergabe von Epiphanius Scholasticus' Übers. von Socrates – Theodoretus – Sozomenus *Hist. trip.* VI, 1, 35: „Expulitque palatio eunuchos, tonsores et cocos: eunuchos quidem, quia eius vxor obierat, post quam non duxit aliam; cocos autem eo, quod cibis simplicibus vteretur; tonsores autem: ,vnus', inquit ,sufficit multis'"; vgl. den griech. Text: Socr. III, 1, 50: ἐξέβαλε δὲ τῶν βασιλείων εὐνούχους κουρεῖς μαγείρους, εὐνούχους μὲν διὰ τὸ ἀποβεβληκέναι τὴν γαμετὴν ⟨αὐτοῦ Κωνσταντίαν⟩, μεθ' ἣν ἄλλην οὐκέτι ἠγάγετο, μαγείρους δὲ διὰ τὸ λιτῇ χρῆσθαι διαίτῃ· „κουρεὺς δέ", ἔφη, „εἰς πολλοῖς ἀρκέσειε".

Flavius Valentinianus I. (321–375 n. Chr.), Röm. Kaiser 364–375. Der Schwerpunkt seiner Reichspolitik lag in der Abwehr äußerer Feinde. In Religionsfragen wählte er eine tolerante Linie. Vgl. W. Portmann, *DNP* 12.1 (2002), Sp. 1083–1085, s.v. „Valentinianus", Nr. 1; A. Nagl, *RE* VII, A2 (1948), Sp. 2158–2204, s.v. „Valentinianus", Nr. 1.

896 *Libere* Der Titel „Libere" wirkt kurios, „Crudeliter" erscheint angemessener. Er bezog sich aber offensichtlich auf die freizügige Haltung des Christen Valentinian, der die Heiden verabscheute, gegenüber dem herrschenden Kaiser, dem Christenhasser Iulianus.

897–899 *Valentinianus ... percussit* Freie, paraphrasierende Wiedergabe von *Hist. trip.* VI, 35, 2: „Eo namque tempore, cum fulminandus ille Fortunae templum ingrederetur in choro et ex vtraque parte ianuarum astarent ministri templi, qui aspersione, sicut ipsi dicebant, purgarent ingredientes, Valentinianus praecedens principem aspersionis guttam sua vidit in chlamyde et indignatus pugno percussit templi ministrum dicens se maculatum potius quam purgatum". Für den griech. Text vgl. Theodoret. III, 16: ὁ μὲν γὰρ ἐμβρόντητος ἐκεῖνος εἰς τὸ τῆς Τύχης τέμενος εἰσῄει χορεύων, ἑκατέρωθεν δὲ τῶν θυρῶν εἱστήκεισαν νεωκόροι περιρραντηρίοις τοὺς εἰσιόντας προκαθαίροντες ὡς ἐνόμιζον· ἐπειδὴ δὲ τοῦ βασιλέως ἡγούμενος τῇ χλαμίδι ῥανίδα πελάσασαν εἶδεν Βαλεντινιανός, ὁ βασιλείας ἑκατέρας τούτου χάριν τετυχηκώς, πὺξ ἔπαισε τὸν νεωκόρον, μεμολύνθαι φήσας, οὐ κεκαθάρθαι (Theodoret, *Kirchengeschichte*, ed. L. Parmentier, Leipzig 1911).

898 *aedituis* Für „aedituus", „Tempelhüter", vgl. *DNG* I, Sp. 132 s.v.

Theodosius II. (401–450), Sohn des Kaisers Arcadius; wurde bereits als Siebenjähriger zum Kaiser Ostroms ausgerufen. Im Jahr 439 wurde der berühmte *Codex Theodosianus*, die Kodifizierung des Kaiserrechts, im Reich eingeführt. Vgl. F. Tinnefeld, *DNP* 12/1 (2002) Sp. 345–346 s.v. „Theodosius", Nr. 3; A. Lippold, *RE* S XIII (1973), Sp. 961–1044, Nr. 11.

904–905 *Vtinam ... reuocare* Im einleitenden Teil paraphrasierende, im Spruchteil eher wörtliche Wiedergabe von *Hist. Trip.* XI, 17, 10: „Dum igitur a quodam familiarium interrogaretur, cur nullum se laedentium morti subiceret, ,Vtinam', inquit ,esset mihi possibile ad vitam etiam mortuos reuocare'". Für den griech. Text vgl. Socr. VII, 22, 9: καί ποτέ τινος τῶν γνωρίμων αὐτὸν ἐρομένου· „διὰ τί μηδένα τῶν ἀδικούντων θανάτῳ ποτὲ ἐζημίωσας;", „εἴθε", φησίν, „δυνατὸν ἦν καὶ τοὺς τελευτήσαντας ἐπαναγαγεῖν εἰς τὴν ζωήν".

905 nam", inquit, „mihi liceret *et mortuos ad vitam reuocare!*". Ad priuatas iniurias oportet principem esse facilem ad ignoscendum, in iis, quae laedunt rempublicam, decet esse seuerum.

VIII, 133   CLEMENTER   (Theodosius iunior, 2) [19]

Idem quum *in amphitheatro Constantinopoleos* sederet *spectator*, et *populus* damna-
910 tum efflagitans *clamaret*, „*Crudeli bestiae* artifex obiectus *pugnet!*", compescuit immitem turbae vocem dicens, „*Nescitis*, [*inquit*] quod *nos consueuimus clementer spectare?*", innuens vbicunque adest princeps, illic oportere omnia mitius geri.

⟨XANTHIPPE⟩

VIII, 134   CONSTANTIA   (Xanthippe) [20]

915 *Xanthippe* de *Socrate* marito *praedicare solebat*, quod *semper vidisset illum eodem vultu reuertentem domum,* quo *exierat*. Argumentum vere constantis animi, quum alii domo egressi, si quid accidit triste, redeant turbidi; si quid laeti, gestientes.

911 inquit *delevi*.

915 solebat *LB*: solet *B C*.

909–912 *In amphitheatro ... spectare* Paraphrasierende, jedoch missverstandene und durch einen Übersetzungsfehler entstellte Wiedergabe der lateinischen Übers. von *Hist. Trip.* XI, 17, 13: „Dum aliquo tempore ipse in amphitheatro Constantinopoleos spectaret, coepit clamare populus: ‚Crudeli bestiae artifex parabolus pugnet'. At ille: ‚Nescitis', inquit, ‚quia consueuimus nos spectare clementer?'". Für den griech. Text vgl. Socr. VII, 22, 12: κυνήγια δέ ποτε ἐν τῷ ἀμφιθεάτρῳ τῆς Κωνσταντινουπόλεως ἐπιτελοῦντος αὐτοῦ κατεβόα ὁ δῆμος δεινῷ θηρίῳ ἕνα τῶν εὐφυῶν παραβόλων μάχεσθαι. ὁ δὲ πρὸς αὐτούς „οὐκ οἴδατε", ἔφη „ὅτι ἡμεῖς φιλανθρώπως εἰθίσμεθα θεωρεῖν". Er hat das Apophthegma insgesamt falsch verstanden: Das Publikum fordert nicht, daß ein Verurteilter bestraft werde, indem man ihn vor die Tiere werfe; vielmehr will das schau- und sensationslustige Publikum einen begeisternden Kampf sehen; als ein gefährliches Raubtier in die Arena geführt wurde, fordert es, daß man es mit einem tollkühnen Gladiator kämpfen lassen solle.

909–910 *damnatum* Daß der vom Publikum geforderte Kämpfer ein „Verurteilter" bzw. „zum Tode Verurteilter" (vgl. *CWE* 38, S. 909 „a condemned man") sei, ist eine unrichtige Vermutung des Er., der nach dem latein. Text gearbeitet hat, wo er das Wort „parabolus" antraf, das er falsch verstand (vgl. Komm. unten).

910 *artifex obiectus* „obiectus" ist eine Fehlübersetzung des Er., der „parabolus" als Passivpartizip von παραβάλλειν („den Tieren zum Fraß vorwerfen" = „obicere") auffasste. Jedoch bedeutet παράβολος „tollkühn", „wagehalsig" bzw. „Wagehals" (vgl. Passow II, 1, S. 673), während die Passivpartizipien von παραβάλλειν παραβαλλόμενος (*praes.*) und παραβεβλημένος (*perf.*) lauten. Die Formulierung des griech. Originals, ἕνα τῶν εὐφυῶν παραβόλων, bedeutet, daß das Publikum will, daß „einer von den gut gewachsenen/stattlichen/starken Wagehalsen" mit dem Raubtier kämpfe. In der latein. Übers. hatte Epiphanius Scholasticus das Wort für gut gewachsen/stattlich/stark vergessen, παράβολος nicht übersetzt, sondern transkribiert, und zu guter Letzt „artifex" hinzugesetzt, das sich auf die technische Beschlagenheit des Gladiators bezieht. „Parabolus" ist eine *Hapax legomenon* (vgl. dafür *DNG* II, Sp.

3496, s.v.; *Lewis-Short*, S. 1300, s.v. „a reckless fellow"; nicht in *OLD*). Im Verein mit der Fehlübersetzung von „obiectus" für „parabolus" muss Er. „artifex" in seiner prägnanten, schimpfwortartigen Bedeutung von „Erzschelm", „Schurke", „Schwindler" (vgl. *DNG* I, Sp. 463, s.v. „artifex", Nr. 2; vgl. die adäquate Übers. in *CWE* 38, S. 909 „the cunning fellow") interpretiert haben. Daß der in der Anekdote Genannte ein „Schurke" bzw. „Verurteilter" gewesen sei, wird jedoch keineswegs von der Quelle erwähnt.

911 *inquit* Er. übernahm „inquit" mechanisch aus der Quelle, der latein. *Hist. trip.* XI, 17, 13, während es wegen des gerade von ihm selbst vor das Zitat gesetzte „dicens" nicht mehr in die Konstruktion passte. „inquit" ist zu tilgen.

Apophth. VIII, 134–138 Nach der Sektion von Kaiserapophthegmen wendet sich Er. wieder den Philosophen zu: Sokrates, Pythagoras, Antipatros von Kyrene und Asklepiades von Phleius. Die Apophthegmen dieses Abschnitts stellen sämtlich Lesefrüchte aus dem fünften Buch von Ciceros *Tusculanae disputationes* dar.

Xanthippe, Gattin des Sokrates. Wurde sprichwörtlich für eine zänkische, streitsüchtige Ehefrau. Vgl. K. Döring, *DNP* 12.2 (2002) Sp. 601–602 s.v. „Xanthippe", Nr. 3; H. Dörrie, *RE* IX, A2 (1967), Sp. 1335–1342, s.v. „Xanthippe", Nr. 4.

915–916 *Xanthippe ... revertentem* Paraphrasierende Wiedergabe von Cic. *Tusc.* III, 31: „Hic (hic *ed. Pohlenz*: hinc *quaedam edd. vett.*) est enim ille voltus (vultus *plures edd. vett.*) semper idem, quem dicitur Xanthippe praedicare solita in viro suo fuisse Socrate: eodem (eodem *text. recept., ed. Pohlenz*: eodem vultu *pars edd. vett.*) semper se vidisse exeuntem illum domo et reuertentem"; Er. hat den Text des *Apophth.* nach der Tusculanen-Stelle gebildet, nicht nach der varianten Überlieferung des Ausspruchs bei Ael. *Var. hist.* 9,7: Ἡ Ξανθίππη ἔφη μυρίων μεταβολῶν τὴν πόλιν ⟨καὶ αὐτοὺς⟩ κατασχουσῶν ἐν πάσαις ὅμοιον τὸ Σωκράτους πρόσωπον καὶ προϊόντος ἐκ τῆς οἰκίας καὶ ἐπανιόντος ἀεὶ θεᾶσθαι; Seneca kannte den Ausspruch ebenfalls und vermeldet an einer Stelle seinen Inhalt, ohne anzugeben, daß es sich um ein Apophthegma handelt (vgl. *Epist.* 104, 28).

915 *eodem vultu* „eodem vultu" nach den älteren Ausgaben der Tuskulanen.

⟨PYTHAGORAS⟩

VIII, 135   Modeste   (Pythagoras, 6) [21]

Pythagoras posteaquam *venisset Phliuntem et cum Leonte, Phliasiorum principe, docte et copiose quaedam disseruisset, Leon ingenium et eloquentiam* hominis *admiratus quaesiuit ex eo, qua maxime arte confideret*. Cui Pythagoras respondit *se nullam quidem artem scire, sed esse philosophum*, id est sapientiae studiosum. Huius verecundia sapientis cognomen arrogans, quo se prius venditarant σοφοὶ, vertit in titulum modestiae.

⟨ANTIPATER CYRENAICVS⟩

VIII, 136   Fortiter   (Antipater Cyrenaicus) [22]

Antipater Cyrenaicus mulierculis quibusdam *caecitatem* ipsius deplorantibus „*Quid agitis?*", inquit, „*An vobis nulla videtur voluptas nocturna?*". Nocte omnes caeci sumus, nec tamen lamentamur. Habet animus, quo se delectet, etiam occlusis sensibus. Responsum Antipatri conueniebat foeminis, omnia voluptate metientibus.

⟨ASCLEPIADES PHLIASIVS⟩

VIII, 137   Fortiter   (Asclepiades) [23]

*Asclepiades, non ignobilis nec inexerci*tatus *philosophus, cuidam* interroganti, *quid* incommodi *caecitas* ipsi *attulisset*, „*Vt vno*", inquit, „*puero* ambulem *comitatior*",

---

920 venisset *scripsi*: venerat B C.

918 *PYTHAGORAS* Für den Naturphilosophen **Pythagoras** (ca. 570–nach 510 v. Chr.) vgl. oben Komm. zu VII, 356. Er. widmete ihm eine Sektion von Sprüchen im „Buch der Philosophen" (VII, 356–360); zudem tritt er als Spruchspender in II, 92 (*ASD* IV, 4, S. 171; *CWE* 37, S. 184; dort allerdings erst an zweiter Stelle), VIII, 135 und 172 auf; VIII, 238 schreibt Er. zu Unrecht dem Pythagoras zu (vgl. Komm. ad loc.). VIII, 135 ist der sechste Spruch des Pythagoras in den *Apophthegmata*.
Apophth. VIII, 135 datiert auf Pythagoras' ersten Besuch der Stadt Phleius, vielleicht um 520 v. Chr.; damals gab es anscheinend bereits Anhänger seiner Philosophenschule in Phleius und es sind gerade diese Leute, denen der Besuch des Pythagoras galt. Pythagoras, der ursprünglich aus Samos stammte, hatte seine Philosophenschule zwischen 532 und 529 v. Chr. in Kroton gegründet, nach 510 verliert sich seine Spur. Als er Phleius besuchte, war für den dortigen Machthaber seine Schule und seine Lehre noch unbekannt. Die diesbezügliche Erklärung, die ihm Pythagoras mittels des Bildes der Olympischen Spiele lieferte, hatte der Philosoph Herakleides Pontikos aufgezeichnet und Cicero in seinen *Tusculanae disputationes* überliefert. Den Titel „modeste" hat Er. seiner Erklärung des Spruchs des Pythagoras entnommen, die im Übrigen nicht identisch ist mit der Erklärung, die Pythagoras selbst abgegeben hat.

920–923 *venisset ... philosophum* Größtenteils wörtliche Wiedergabe von Cic. *Tusc.* V, 8: „Quem, vt scribit auditor Platonis Ponticus Heraclides, vir doctus in primis, Phliuntem ferunt venisse, eumque cum Leonte, principe Phliasiorum, docte et copiose disseruisse quaedam. Cuius ingenium et eloquentiam cum admiratus esset Leon, quaesiuisse ex eo, qua maxime arte confideret; at illum: artem quidem se scire nullam, sed esse philosophum"; die Anekdote findet sich auch in Diog. Laert. VIII, 8: Σωσικράτης δ᾽ ἐν Διαδοχαῖς φησιν αὐτὸν ἐρωτηθέντα ὑπὸ Λέοντος τοῦ Φλιασίων τυράννου τίς εἴη, φιλόσοφος, εἰπεῖν. Καὶ τὸν βίον ἐοικέναι πανηγύρει· ὡς οὖν εἰς ταύτην οἱ μὲν ἀγωνιούμενοι, οἱ δὲ κατ᾽ ἐμπορίαν, οἱ δέ γε βέλτιστοι ἔρχονται θεαταί, οὕτως ἐν τῷ βίῳ οἱ μὲν ἀνδραποδώδεις, ἔφη, φύονται δόξης καὶ πλεονεξίας θηραταί, οἱ δὲ φιλόσοφοι τῆς ἀληθείας (ed. Frob. pp. 407–408); und in ebd. I, 12: Φιλοσοφίαν δὲ πρῶτος ὠνόμασε Πυθαγόρας καὶ ἑαυτὸν φιλόσοφον, ἐν Σικυῶνι διαλεγόμενος Λέοντι τῷ Σικυωνίων τυράννῳ ἢ Φλιασίων, καθά φησιν Ἡρακλείδης ὁ Ποντικὸς ἐν τῇ Περὶ τῆς ἄπνου· μηδένα γὰρ εἶναι σοφὸν ⟨ἄνθρωπον⟩ (ἄνθρωπον add. Froben) ἀλλ᾽ ἢ θεόν.

920 *Phlius* Stadt im Nordosten der Peloponnes unweit von Korinth; sowohl die platonische Akademie als auch die pythagoreische Schule waren dort präsent. Vgl. E. Meyer, *RE* XX, 1 (1941), Sp. 269–290, s.v. „Phleius", Nr. 2.

920 *Leonte* Leon, Tyrann von Phleius in der 2. Hälfte d. 6. Jh. v. Chr.; hauptsächlich dadurch bekannt, daß im Gespräch mit ihm sich Pythagoras als „Philosoph" statt als „Sophos" bezeichnete. Vgl. J. Cobet, *DNP* 7 (1999), Sp. 54, s.v. „Leon"; T. Lenschau, *RE* XII, 2 (1925), Sp. 2004–2005, s.v. „Leon", Nr. 8. Diog. Laert. bezeichnet ihn in I, 12 als „Tyrannen von Sikyon oder Phleius".

923–925 *Huius verecundia ... titulum modestiae* Der Kern der ausführlichen Erklärung, die Pythagoras liefert (Cic. *Tusc.* V, 8), ist nicht „Bescheidenheit", sondern die Definition der „Philosophie" als *vita contemplativa* (βίος θεωρητικός), die Pythagoras von zwei Arten der *vita activa* unterscheidet, der einen, die nach Ruhm strebt (dadurch, daß sie Arete erwirbt), der anderen, die auf den Erwerb materieller Güter ausgerichtet ist (z. B. durch Handel und Gewerbe). Beispielhaft führt Pythagoras diese Lebensweisen mittels des Bildes der Olympischen Spiele vor: Die Vertreter der nach Ruhm strebenden *vita activa* sind die Athleten, der nach materiellen Gütern strebenden die Kaufmänner, die die Spiele ausnutzen, um Handel zu treiben; die Zuschauer jedoch sind die Philosophen. Das Leben des Philosophen ist der Betrachtung des Wesens der Dinge gewidmet. Die Definition der Philosophie als *vita contemplativa* ist a.a.O. nicht mit Bescheidenheit identisch: Pythagoras bezeichnet die Philosophie als die „vornehmste", „würdigste" („liberalissimum") Lebensweise.

Antipatros von Kyrene (4. Jh. v. Chr.), Philosoph der Kyrenaischen Schule, Schüler des Aristippos von Kyrene (um 435–um 355), des Begründers dieser Schule und seinerseits Schüler des Sokrates. Über Antipatros' Leben und seine Lehre ist wenig bekannt (Diog. Laert. II, 86), nur wenige Fragmente sind überliefert. Vgl. G. Giannantoni (Hrsg.), *Socratis et Socraticorum Reliquiae*, Bd. 2, Neapel 1990, Abschnitt IV—C; F. Caujolle-Zaslawsky, „Antipatros de Cyrène", in: *Dictionnaire des philosophes antiques* I (1989), S. 219; K. Döring, *DNP* I (1996), Sp. 778, s.v. „Antipatros", Nr. 6.

926 *ANTIPATER CYRENAICVS* In dieser Form auch im Index personarum von *B* und *C*.

928–929 *Antipater ... nocturna* Größtenteils wörtliche Wiedergabe von Cic. *Tusc.* V, 112: „Nam illud Antipatri Cyrenaici est quidem paulo obscenius, sed non absurda sententia est; cuius caecitatem cum mulierculae lamentarentur, ‚Quid agitis?', inquit, ‚An vobis nulla videtur voluptas esse nocturna'"?

Asklepiades aus Phlius (3. Jh. v. Chr.), Schüler von Stilpon in Megara; eng mit Menedemos befreundet, der die eretrische Philosophenschule gründete. Nach Cicero war Asklepiades im Alter blind. Vgl. P. Natorp, *RE* II, 2 (1896), Sp. 1631, s.v. „Asklepiades", Nr. 33; K. Döring, *DNP* 2 (1997), Sp. 89, s.v. „Asklepiades", Nr. 3. Aufgrund der Textvorlage, die Er. benutzte, war ihm nicht klar, daß Asklepiades zur eretrischen Philosophenschule gehörte.

934–935 *Asclepiades ... comitatior* Leicht variierende Wiedergabe von Cic. *Tusc.* V, 113: „Asclepiadem ferunt, non ignobilem Eretricum (Eretricum text. recept.: nec inexercitum *plures edd. vett.*: meretricum *quidam mss.*) philosophum, cum quidam quaereret, quid ei caecitas attulisset, respondisse, puero vt uno esset comitatior".

934 *nec inexercitatus* Er.' „nec inexercitatus" ist eine Abwandlung des Standardtextes der älteren Ausgaben, „nec inexercitus" (statt „Eretricum").

935 *vno ... comitatior* „von einem Sklaven mehr begleitet", nml. von jenem Sklaven, der als Blindenführer fungiert.

significans sibi minimum esse molestam caecitatem corporis, quum animo cerneret.

⟨THEODORVS [sc. ATHEOS]⟩

VIII, 138   FORTITER   (Theodorus Atheos, 3) [24]

940 *Theodorus Lysimacho mortem minitanti „Praeclaram"*, inquit, „rem *effecisti, si cantharidis vim consequutus es"*. Cantharis insectum est minutum quidem, quod tamen letale gerit venenum. Itaque qui mortem homini minantur, nihil minantur magni, quum idem possit contemptissimum animalculum scorpius.

THRASEA

945   VIII, 139   OFFICIVM BENE COLLOCANDVM   (Thrasea Paetus 2) [1]

Thrasea dicere *solitus est suscipiendas esse causas aut amicorum aut destitutas aut ad exemplum pertinentes*: amicorum, quod ex lege gratiarum *amicorum communia sunt*

---

936 esse *scripsi cum B*: om. *C BAS LB*.   941 cantharis *scripsi*: Cantharis *B C*.

936 *esse* Die Auslassung von „esse" trat in *C* bei der Textübertragung wohl unbeabsichtigt auf, und setzte sich in den weiteren Ausgaben fort, so auch in der Ausgabe des Lycosthenes, S. 134, im Kapitel „De caecitate".

940 *Theodorus* Aus der Angabe des Er. geht nicht hervor, um welchen Theodoros es sich handelt; diese Unsicherheit spiegelt sich auch im Index personarum von *B* und *C*, wo dieser „Theodorus" von „Theodorus atheos" unterschieden wird während er mit diesem identisch ist. Es handelt sich um **Theodoros von Kyrene**, ,den Gottlosen' (vor 335-nach 270 v. Chr.) vgl. Komm. oben zu VII, 134. Er. präsentierte in den *Apophthegmata* einige seiner Sprüche: VII, 134 (im Rahmen von: Stilpon Megarensis, 4), 292 (im Rahmen von: Hipparchia Metroclis Soror, 2), VIII, 7 und vorl. Apophth. Vgl. auch III, 320; V, 112.

940–941 *Theodorus ... consequutus es* Cic. *Tusc*. V, 117: „Theodorus Lysimacho mortem minitanti ,magnum vero', inquit, ,effecisti, si cantharidis (cantaridis *quaedam edd. vett.*) vim consecutus es'"; Val. Max. VI, 11, ext. 3: „Theodorus Cyrenaeus Lysimacho regi sibi mortem minitanti ,Enimuero magnifica res tibi contigit, quia cantharidis vim assecutus es'". Ein ähnlicher Ausspruch wurde Diogenes von Sinope zugeschrieben, der diesen angesichts der Bedrohung durch den Tyrannen Perdikkas gemacht haben soll. Vgl. Diog. Laert. VI, 44. Er. hat den Text von *Apophth*. VIII, 138 nach der Tuskulanen-Stelle gebildet.

940 *Lysimacho* Zur Person des Makedonenkönigs Lysimachos (um 361–281 v. Chr.) vgl. oben Komm. zu V, 111.

941 *cantharis* „cantharis", die sog. „Spanische Fliege" (*Lytta vesicatorius*; in *DNG* I, Sp. 747 nicht ganz richtig: *Meloe vesicatorius*), ein Ölkäfer von ca. 10–20 mm Körperlänge; das aus ihm gewonnene Gift ist ein Reizgift, daß äußerlich appliziert zu Blasen, Nekrosen und anderen starken Hautreizungen führt; oral eingenommen wirkt es insbes. auf die Harnwege: Deswegen wurde es auch als Potenzmittel verwendet. Ab 0,03 g ist es jedoch für erwachsene Menschen tödlich, es führt zu Leber- und Nierenversagen. Ölkäfer kommen v.a. in mediterranen Gebieten vor. Für Ölkäfer in der Antike vgl. O. Keller, *Die antike Tier-*

welt, Bd. II, Leipzig 1913, S. 414–415. Er. verwechselt den Ölkäfer in *Adag.* 1905 (*ASD* II, 4, S. 282) einerseits mit einem Wurm („Cantharides vermiculi sunt letali veneno"), andererseits mit dem Pillendreher-Käfer („cantharus scarabeus") bzw. dem Heiligen Pillendreher (*Scarabeus sacer*), wobei Er. „cantharis" als Deminutiv von „cantharus" auffasst („quasi scarabeolus"). Aufgrund der letzteren Verwechslung gibt Er. seinem Adagium den Titel „Abominandus scarabeus". Der Heilige Pillendreher ist freilich keineswegs giftig. Zum scarabeus vgl. Ch. Regne, *Skarabäen und Skaraboide*, Wiesbaden 1995.

943 *contemptissimum animalculum* Vgl. *Adag.* 1905, „Abominandus scarabeus" (*ASD* II, 4, S. 282): „Μύση κανθαρίς, id est *Abominanda cantharis*. De contemptissimo vilissimoque homunculo dicebatur. Cantharides vermiculi sunt letali veneno. Quanquam hoc loco magis conuenit, vt sit deminutiuum a cantharo scarabeo, quasi dicas scarabeolus …."

943 *animalculum* Ein Neologismus (nicht in *DNG*, *OLD*, Lewis-Short), der sich bei Er., Thomas More und Justus Lipsius findet. Vgl. Hoven, S. 32.

943 *scorpius* In *Apophth.* VI, 502 hatte Er. eine Anekdote erzählt, in der König Lysimachos eine hölzerne Skorpionattrappe auf den Parasiten Bithy warf, der darüber sehr erschrak.

944 THRASEA Für den Exponenten der „stoischen" Senatsopposition P. Clodius **Thrasea Paetus** (gest. 66 n. Chr.) vgl. oben Komm. zu VIII, 83. Thrasea figurierte in *Apophth.* VI, 424; zudem widmete ihm Er. *Apophth.* VIII, 83.

944 THRASEA Im Fall von *Apophth.* VIII, 139 wurde der Zwischentitel wieder korrekt eingesetzt. Davon ausgehend fängt in den Baseldrucken eine neue Zählung an. Da die nächsten Zwischentitel jedoch abermals vergessen wurden, hat es den Anschein, als ob die nachfolgenden Sprüche dieser Zählung dem Thrasea Paetus zugehören. Tatsächlich ist nur VIII, 139 Thrasea Paetus gewidmet. Die fehlenden Zwischentitel wurden in unserer Ausgabe ergänzt, ohne daß dies jeweils im kritischen Apparat separat vermeldet wurde.

945 *Officium bene collocandum* Wie der Spruchtitel angibt, wird im Spruch des Thrasea Paetus das Amt des römischen Anwaltes definiert. Er. hat von den drei angeführten Bestandteilen zwei missverstanden.

946–949 *Thrasea … ducem* Großteils wörtliche, dennoch missverstandene Wiedergabe von Plin. *Epist.* VI, 29, 1–2: „Vt multa alia Thraseae – fuit enim familiaris – ita hoc saepe referebat, praecipere solitum suscipiendas esse causas aut amicorum aut destitutas aut ad exemplum pertinentes. Cur amicorum, non eget interpretatione. Cur destitutas? quod in illis maxime et constantia agentis et humanitas cerneretur. Cur pertinentes ad exemplum? quia plurimum referret, bonum an malum induceretur". Plinius' Brief datiert auf d.J. 106 oder 107. Plinius wurde der Ausspruch des Thrasea von seinem Freund Avidius Quietus vermittelt (vgl. ebd. I, 1).

946 *Thrasea dicere solitus est* Es handelt sich um einen authentischen Ausspruch von Thrasea Paetus. Da dieser bereits 66 n. Chr. den Tod fand, kann Plinius d.J., der erst i.J. 62 geboren wurde, nicht selbst Ohrenzeuge gewesen sein. Wie Plinius mitteilt, hat er das Apophthegma von seinem Freund Titus Avidius Quietus, dem Konsul d.J. 93 und kaiserlichen Legaten in Britannien i.J. 98, der ein hohes Alter erreichte und den Ausspruch des Thrasea offensichtlich in seiner Jugend vernommen hatte, aus persönlicher Mitteilung bezogen. Zum Zeitpunkt der Abfassung des Briefes (106/7) hatte Avidius Quietus bereits einige Jahre das Zeitliche gesegnet. Vgl. dazu Komm. von Sherwin-White, S. 388. Er. ließ, wie in ähnlichen Fällen auch sonst, derartige genaue Quellenangaben aus. Er hatte Titus Avidius Quietus bereits in *Apophth.* VIII, 87 erwähnt, jedoch dort unwissentlich, da er ihn als „Quintus" bezeichnete. Vgl. Komm *ad loc.*

946 *causas … destitutas* d.s. „aussichtslose Fälle".

946–947 *ad exemplum pertinentes* juridische Präzedenzfälle.

947–948 *amicorum communia sunt omnia* Plinius d.J. erklärt den gerichtlichen Beistand, den man seinen *amici* liefern müsse, durch das „do vt des"-Prinzip der römischen Klientelgesellschaft; mit „amici" meinte Plinius nicht persönliche Freunde, Seelenfreunde bzw. Freunde im engeren Sinn, sondern Bekannte und v.a. Mitglieder der höheren Gesellschaft, mit denen man politische Allianzen geschmiedet hatte oder schmieden wollte. Er. hingegen verstand unter Freundschaft die christliche *vita communis* wahrer, spirituell-vergeistigter Freundschaft, und unter gerichtlicher Hilfestellung Freunden gegenüber eine Tat der christlichen Nächstenliebe, die durch das Vorbild Christi und der Apostel legitimiert werde. Der (frühe) Erfinder dieser Art der Nächstenliebe sei der Philosoph Pythagoras gewe-

omnia; *destitutas, quod in* his potissimum *et constantia agentis et humanitas cerneretur; ad exemplum pertinentes, quia plurimum referret, bonum an malum* ducem haberent [i.e. exemplum induceretur]. Frequenter enim bonae causae vitio patronorum vincuntur. Expedit autem ad bonos mores, vt in iudiciis succumbat prauitas, superet innocentia. Refert Plinius in epistola ad Quadratum.

⟨ASINIVS POLLIO⟩

VIII, 140   ACCVRATE POTIVS QVAM SAEPE   (Asinius Pollio, 2) [2]

Pollio dicebat: „*Commode agendo factum est, vt saepe agerem*; sed *saepe agendo* factum est, *vt minus commode*", *quia scilicet assiduitate nimia facilitas magis quam facultas, nec fiducia, sed temeritas paratur*. Quod accurate factum velimus, raro faciendum est.

Hac ratione duci videntur Itali quidam eruditi, qui licet pulchre calleant Latine, tamen vix vnquam adduci possunt, vt in familiari congressu Latine loquantur. At si quando compellit necessitas, dicunt exacte quasique de scripto. Noui Venetiae Bernardum Ocricularium [i.e. Oricellarium], ciuem Florentinum, cuius historias si legisses, dixisses alterum Salustium, aut certe Salustii temporibus scriptas. Nunquam tamen ab homine impetrare licuit, vt mecum Latine loqueretur; subinde interpellabam: „Surdo loqueris, vir praeclare. Vulgaris linguae vestratis tam sum ignarus quam Indicae". Verbum Latinum nunquam quiui ab eo extundere.

961 Ocricularium *B C*: *scribendum erat* Oricellarium.

sen; vgl. *Adag.* 1 „Amicorum communia sunt omnia": *ASD* II, 1, S. 86: „Vnde enim illa Pythagorica vox, τὰ φίλων κοινὰ …', [*B*] id est *res amicorum communes et amicitiam aequalitatem*. [*A*] … [*B*] Aulus Gellius Noctium Atticarum libro primo, capite nono testatur Pythagoram non solum huius sententiae parentem fuisse, verumetiam huiusmodi quandam vitae ac facultatum communionem induxisse, qualem Christus inter omneis Christianos esse vult".

949 *quia … haberent* Er. hat den Text des Plinius missverstanden. Gemeint ist nicht, daß es einen Unterschied mache, ob diese Kategorie von Fällen „einen guten oder einen schlechten Initiator" aufweise, d.h. ob der Verfechter eines bestimmten Präzedenzfalles mit seiner Person ein gutes oder ein schlechtes Beispiel gäbe, sondern schlicht, ob ein guter oder ein schlechter Präzedenzfall geschaffen werde. Plinius d.J. spinnt diese Thematik in VIII, 6 weiter.

952 *Quadratum* C. Ummidius Quadratus Sertorius Severus (geb. um 84 n. Chr.), Redner und Politiker; consul suffectus 118; Statthalter von Moesia inferior um 120; stand Kaiser Hadrian nahe, fiel später in Ungnade. Vgl. M. Schuster, *RE* IX, A1 (1961), Sp. 597–600, s.v. „Ummidius", Nr. 2; W. Eck, *DNP* 12,1 (2002), Sp. 993, s.v. „Ummidius", Nr. 2; Syme, „Ummidius Quadratus, Capax Imperii", in: *Harvard Studies in Classical Philology* 83 (1979), S. 292.

C. Asinius Pollio (ca. 76 v.–5 n. Chr.), röm. Politiker, Redner, Dichter, Geschichtsschreiber, Kunstsammler und Kulturmäzen. Kämpfte im Bürgerkrieg, trotz seiner Vorliebe für die republikanische Sache, auf der Seite Caesars (war u.a. 44/3 v. Chr. Statthalter der *Hispania ulterior*), nach Caesars Tod, nach einigem Zögern, auf der des Antonius. Dieser belohnte ihn mit dem Statthalteramt der Provinz *Gallia Transpadana*. Dort war Pollio mit der Neuverteilung des Landes beauftragt, wobei v.a. die Veteranen Caesars begünstigt werden sollten; dabei erwies er Vergil die Wohltat, ihm den Erhalt des ererbten väterlichen Landgutes zu gewähren. I.J. 40 v. Chr. war er als Konsul an der Aussöhnung zwischen Antonius und Octavianus beteiligt; zu dieser Zeit richtete Vergil die vierte Ekloge an ihn. I.J. 39 führte Pollio erfolgreich Krieg gegen die illyrische Völkerschaft der Parthini, die Brutus unterstützt hatten, feierte einen Triumph und errichtete aus der Kriegsbeute die erste öffentliche Bibliothek in Rom. Bei weiterem Fortschreiten der Bürgerkriegswirren zog sich Pollio aus der Politik zurück und widmete sich ganz der Literatur, Wissenschaft und Kunst. Verfasste dichterische Werke und Geschichtswerke. Zu seinem Kreis gehörten Vergil, Cinna und Horaz. Vgl. P. von Rohden, *RE* II, 2 (1896), Sp. 1589–1603, s.v. „Asinius", Nr. 25; P.L. Schmidt, *DNP* 2 (1997), Sp. 82–83, s.v. „Asinius", Nr. I, 4; J. André, *La vie et l'œuvre d'Asinius Pollion*, Paris 1949; A.B. Bosworth, „Asinius Pollio and Augustus", in: *Historia* 21, 3 (1972), S. 441–473; C.C. Coulter, „Pollio's History of the Civil War", in: *The Classical Weekly* 46, 3 (1952), S. 33–36; A. Dalzell, „C. Asinius Pollio and the Early History of Public Recitation at Rome", in: *Hermathena* 86 (1955), S. 20–28. Er. widmete Pollio weiter *Apophth.* VI, 354 und VIII, 252.

953 *ASINIVS POLLIO* Zu der Namensform Asinius Pollio vgl. unten Komm. zu VIII, 252.

955–957 *Pollio ... paratur* Wörtliches Zitat von Plin. *Epist.* VI, 29, 5: „Sed et illud, quod vel Pollionis vel tamquam Pollionis accepi, verissimum experior: ‚Commode agendo factum est, vt saepe agerem, saepe agendo, vt minus commode', quia scilicet assiduitate nimia facilitas magis quam facultas, nec fiducia, sed temeritas paratur".

961 *Bernardum Ocricularium* Bernardo Rucellai (1448–1514), florentinischer Patrizier, Politiker, Bankier, Diplomat, Humanist und Historiograph; Sohn des reichen Kaufmanns Giovanni di Paolo Rucellai; Besitzer des Palazzo Ruccelai; gehörte den höchsten Kreisen von Florenz an, war mit der Schwester des Lorenzo de' Medici, Nannina, verheiratet: Onkel der Päpste Leo X. und Clemens VII.; Gesandter der Republik Florenz beim König von Neapel, im Herzogtum von Mailand, am Päpstlichen Stuhl und bei der französischen Krone; Gonfaloniere di Giustizia, Mitglied des Gremiums der Dieci di Balìa; Mitglied der platonischen Akademie in Florenz, Schüler des Marsilio Ficino; in seinen schönen, mit Kunstwerken gefüllten Gärten (Orti Oricellari) tagte die platonische Akademie nach dem Tod des Lorenzo de' Medici; als Humanist betätigte er sich als Altertumswissenschaftler (*De magistratibus Romanis*), Topograph (*De urbe Roma liber*), jedoch v.a. als Historiograph, der drei größere Geschichtswerke verfasste: *De bello Italico commentarius*; *De bello Pisano* und *De bello Mediolanensi*. Vgl. A. Panella, „Rucellai", *Enciclopedia Italiana* 1936; F. Gilbert, „Bernardo Rucellai and the Orti Oricellari: A Study on the Origin of Modern Political Thought", in: *Journal of the Warburg and Courtauld Institutes* 12 (1949), S. 101–131. Er. hatte, wie er selbst angibt, Bernardo Rucellai z.Z. seines Venedigaufenthaltes (1508–1510) kennengelernt. Eine Brieffreundschaft hat sich daraus jedoch nicht ergeben; Bernardo Rucellai scheint in *CE* nicht auf.

961 *Ocricularium* Es ist bemerkenswert, daß sich die fehlerhafte Namensform des florentinischen Gelehrten in der gesamten Tradition der *Apophthegmata* erhalten hat. Noch Maestre Maestre führt in einem rezenten Aufsatz einen „historiador Florentino Bernardo Ocricularío" als gültiges Stilvorbild auf (*Humanistica Lovaniensia* 56 [2007], S. 187). Er. hat den Namen aus dem Gedächtnis zitiert und verhaspelt; der lateinische Autorname des Rucellai lautete Bernardus Oricellarius. Vgl. z.B. *Bernardi Oricellarii De bello Italico*, London 1733.

962 *Salustium* Für die Schreibweise „Salustius" vgl. i.a. *Adag.* 403 (*ASD* II, 1, S. 480), 728 (II, 2, S. 250) etc.

⟨DEMOSTHENES⟩

VIII, 141 PERSEVERANTIA (Demosthenes, 24) [3]

Quum Antipater intra Lamiam a Graecorum copiis *esset conclusus* ac velut ob res feliciter gestas *Athenienses diis immolarent* victimas, *Demosthenes ad quendam amicorum nomine Agesistratum ait sibi non eandem esse cum caeteris sententiam.* „Noui enim", inquit, „*Graecos stadium pugnare et scire et posse, dolichon autem non item*". Dolichus autem continet viginti quatuor stadia. Notauit suos, quod protinus vna contenti victoriola deponerent bellandi studium, quum oporteat eiusmodi successibus non frui, sed vti ad maiorum rerum occasionem.

VIII, 142 CLAMOSI (Demosthenes, 25) [4]

Quodam tempore *vox* Demosthenem *inter concionandum defecit* ob multitudinis fremitum. Id obiicientibus ita respondit: „*Histriones e voce iudicare par est, oratorem e mente*". Graeca iucundius sonant: ὑποκριτὰς δεῖ κρίνειν ἐκ τῆς φωνῆς, τοὺς δὲ ῥήτορας ἐκ τῆς γνώμης. Histrio seruit populo, orator consulit. Ille delectat, hic prodest. Ad bene consulendum non refert, quam sis vocalis, sed quam opportuna suadeas. Actori voce opus est, quae vincat multitudinis fragorem: orator talis esse debet, vt populus ipsum vltro tacitus et attentus auscultet.

VIII, 143 EXTEMPORALIS DICTIO (Demosthenes, 26) [5]

Idem *Epicli opprobranti, quod semper* dicturus *meditaretur,* „*Erubescerem*", inquit, „*optimo iure, si tantae multitudini consulens dicerem ex tempore*". Quod alii praeclarum esse ducunt, subito et eximparato dicere, id vir cordatus iudicabat esse temeritatis.

---

971 dolichon *scripsi*: Dolichon *B C*.   986 et *B*: *om. C*.

Apophth. VIII, 141–151 Er. wendet sich nunmehr dem (wohl von Apollodosos von Pergamon im 2. Jh. v. Chr. zusammengestellten) Kanon der zehn besten attischen Redner der klassischen Zeit zu, indem er die pseudoplutarchische Schrift *Vitae decem oratorum* (Βίοι τῶν δέκα ῥεθώρων, *Mor.* 832B–850C) exzerpiert, die er für echt hielt. In dieser Schrift werden in 10 aufeinanderfolgenden Biographien behandelt: 1. Antiphon, 2. Andokides, 3. Lysias, 4. Isokrates, 5. Isaios, 6. Aischines, 7. Lykurgos; 8. Demosthenes, 9. Hypereides, 10. Deinarchos. Er. entnahm dem Werk die *Apophth.* VIII, 141–151, indem er Sprüche von Demosthenes, Lykurgos, Xenokrates, Hypereides und Isokrates präsentierte. Zu dem Kanon der attischen Redner vgl. R.M. Smith, „A New Look at the Canon of the Ten Attic Orators", *Mnemosyne* 48 (1995), S. 66–79; E. Carawan (Hrsg.), *Oxford Readings in the Attic Orators*, Oxford-New York 2007. Er. hatte den Kanon bereits oben in *Apophth.* VIII, 36 vermeldet.

Apophth. VIII, 141–144 Der Redner und Politiker **Demosthenes** (384/3–322 v. Chr.), der für seine antimakedonische Politik bekannt ist. Er. hatte ihm im vierten Buch der *Apophthegmata* bereits 23 Sprüche gewidmet (IV, 351–373, *ASD* IV, 4, S. 367–372; *CWE* 37, S. 446–453); die nächstfolgenden *Apophth.* sind dessen Sprüche Nr. 24–27.

Apophth. VIII, 141 datiert auf den Lamischen Krieg 323/2 v. Chr., den Athen und seine Bündnispartner nach dem unerwarteten Tod Alexanders d. Gr. gegen Makedonien führten. Das Heer der vereinigten aufständischen Griechen war 323 gegen Boiotien und Thessalien gezogen, hatte ein Heer der Boioter bei Plataiai besiegt und die Thermopylen besetzt; Antipatros, der ehemalige General Alexanders, marschierte mit seinem Heer Richtung Thermopylen, wobei er Thessalien durchziehen musste; während er davon ausgegangen war, daß die Thessalier den Makedonen treu bleiben würden, musste er feststellen, daß alle thessalischen Städte mit Ausnahme von Lamia abgefallen waren. Er igelte sich deshalb mit seinem Heer in dieser Stadt ein, um auf Verstärkung aus Kleinasien zu warten. Demosthenes' warnende Worte stellten sich als prophetisch heraus: i.J. 322 traf das Entsatzheer mit 20.000 Mann ein und Leosthnenes, der Oberbefehlshaber der athenischen Truppen, fiel; die Athener mussten die Belagerung aufgeben und sich zurückziehen.

968–971 *Quum Antipater ... item* Größtenteils wörtliche, nur leicht variierende Übers. des Er. von Ps.-Plut. *Vitae decem oratorum*, VIII, 40, *Mor.* 846D–E: Ἀντιπάτρου δ' εἰς Λάμειαν ὑπὸ τῶν Ἑλλήνων συγκλεισθέντος, τῶν Ἀθηναίων εὐαγγέλια θυόντων, πρός τινα τῶν ἑταίρων Ἀγησίστρατον ἔφη οὐ τὴν αὐτὴν γνώμην ἔχειν τοῖς ἄλλοις περὶ τῶν πραγμάτων· "ἐπίσταμαι γάρ", εἰπεῖν, "τοὺς Ἕλληνας στάδιον μὲν πολεμεῖν καὶ εἰδότας καὶ δυναμένους, δόλιχον δ' οὐκέτι".

968 *Antipater* Antipatros oder Antipas (399/8–319 v. Chr.), bedeutender makedonischer Feldherr, einer der engsten Vertrauten Alexander d. Gr. Zu seiner Person vgl. oben Komm. zu V, 113. Er. hatte im vierten Buch einen Spruch des Antipatros vermeldet (IV, 271, *CWE* 37, S. 423; *ASD* IV, 4, S. 349, Antipater, 15) und ihm im „Buch der Herrscher und Feldherren" die Sprüche V, 113 und 114 gewidmet.

968 *Lamiam* Lamia, Stadt in Thessalien; zuerst erwähnt 424 v. Chr., damals als militärischer Stützpunkt der Spartaner; später von Alexander erobert und dem Makedonischen Reich einverleibt. Vgl. F. Stählin, *RE* XII, 1 (1924), Sp. 547–560, s.v. „Lamia", Nr. 8; H. Kramolisch, *DNP* 6 (1999), Sp. 1080–1081, s.v. „Lamia", Nr. 2.

968–969 *velut ob res feliciter gestas* eine Variation des Er.; im griech. Original steht „auf die günstige Nachricht hin", auf Latein etwa „ob faustum nuntium".

970 *Agesistratum* Über diesen Stadtgenossen des Demosthenes ist nichts näheres bekannt.

971 *stadium* ein *stadium*, d.h. eine Länge von 187, 5 Metern.

971 *dolichon* Dolichos war der Langstreckenlauf bei den Olympischen Spielen, der schon 720 v. Chr. eingeführt worden war; wie Er. angibt, ging er über eine Strecke von 24 Stadien, d.h. 4616 Meter, oder auch 20 Stadien, d.h. 3845 Meter. Vgl. W. Decker, *DNP* 3 (1997), Sp. 733, s.v. „Dolichos". Das von Er. ins Lateinische übernommene „dolichus" ist in der latein. Literatur ein Neologismus (nicht in Hoven).

972–973 *victoriola* Das Deminutiv tritt nur in Cic. *Nat. deor.* III, 84 auf, dort allerdings als Bezeichnung eine Statuette der Siegesgöttin Victoria. Vgl. *DNG* II, Sp. 5013, s.v. „Victoriola".

974 *rerum* sc. „gestarum".

976–979 *vox ... γνώμης* Im einleitenden Teil frei paraphrasierende, im Spruchteil wörtliche Wiedergabe von Ps.-Plut. *Vitae decem oratorum*, VIII, 67, *Mor.* 848B: παραφθαρεὶς δὲ τὴν φωνὴν ἐν ἐκκλησίᾳ καὶ θορυβηθεὶς τοὺς ὑποκριτὰς ἔφη δεῖν κρίνειν ἐκ τῆς φωνῆς τοὺς δὲ ῥήτορας ἐκ τῆς γνώμης.

984 *Epicli* Über den hier genannten Athener Epikles ist nichts näheres bekannt.

984–985 *Epicli ... ex tempore* Größtenteils wörtliche Übers. des Er. von Ps.-Plut. *Vitae decem oratorum*, VIII, 68, *Mor.* 848C: ὀνειδίσαντος δ' αὐτὸν Ἐπικλέους ὅτι ἀεὶ σκέπτοιτο, „αἰσχυνοίμην γὰρ ἄν (ἄν ins. Dübner, deest in ed. Ald.)", εἶπεν, „εἰ τηλικούτῳ δήμῳ συμβουλεύων αὐτοσχεδιάζοιμι".

VIII, 144   Asini vmbra   (Demosthenes, 27) [6]

Quodam tempore, quum populus obstreperet dicenti, *ait se breue quiddam velle*
illis narrare. Facto multitudinis *silentio, „Adolescens", inquit, „quidam aestiuo tempore*
asinum conduxerat ab Athenis *Megaram* vsque. *Sole vero* circa *meridiem vehementer*
aestuante vterque [sc. agaso et adolescens] *volebat subire vmbram asini, sed vterque*
alterum prohibebat: hic dicebat asinum conductum, non vmbram: alter contendebat
per conductionem et asini et vmbrae *ius esse factum"*. Atque haec loquutus Demosthenes *abiit* e suggesto. Populo *vero retinenti* ac narrationis finem flagitanti *„De asini",*
inquit, *„vmbra audire* cupitis, *de rebus seriis loquentem audire non vultis"*. Retulimus
hoc in Adagiis.

⟨LYCVRGVS ORATOR⟩

VIII, 145   Libere   (Lycurgus orator, 2) [7]

Lycurgus rhetor ob generis *nobilitatem liberior erat in dicendo*, quam vt populus
interdum ferre posset. *Itaque quum aliquando* populi strepitu *exploderetur* e suggesto,

---

Apophth. VIII, 144 ist ein Gegenstück zu *Adag.*
252 „De asini umbra" (*ASD* II, 1, S. 363).
989–996 *ait ... vultis* Größtenteils wörtliche
Übers. von Ps.-Plut. *Vitae decem oratorum*,
VIII, 64–65, *Mor.* 848A–B, wobei Er. seine
Übers. aus den Adagien (d.J. 1508) aufgriff
und variierend bearbeitete; *Adag.* 252 „De asini
vmbra" (*ASD* II, 1, S. 364): „Cum in concione dicenti obstreperent Athenienses, ait se
breuiter illis velle narrare quiddam. At silentio facto, ‚Adolescens', inquit, ‚aestatis tempore asinum mercede conduxerat, vt eo ab vrbe
Megaram proficiscens vteretur. Porro meridie,
cum sol acriter aestuaret, vterque cupiebat sub
vmbram asini succedere. Verum alter alterum
arcebat, cum hic diceret asinum conductum
esse, non vmbram, rursus alter, qui conduxerat, se plenum habere ius responderet'. Atque
haec locutus discedere parabat. Retinentibus
autem Atheniensibus, vtque reliquam fabulae partem adderet, orantibus, ‚Itane', inquit,
‚de asini vmbra audire cupitis, de rebus seriis
loquentem auscultare non vultis?'". Vgl. den
griech. Text, den Er. in *Adag.* 252 integral
abdruckte: λέγειν δέ ποτε κωλυόμενος ὑπ᾽ (ὑπ᾽
ed. Fowler: ὑπο *ed. Ald., Adag.* 252) Ἀθηναίων
ἐν ἐκκλησίᾳ βραχὺ ἔφη βούλεσθαι πρὸς αὐτοὺς
εἰπεῖν, τῶν δὲ σιωπησάντων „νεανίας", εἶπε,

„θέρους ὥρᾳ ἐμισθώσατο ἐξ ἄστεος ὄνον Μέγαράδε· μεσούσης δὲ τῆς ἡμέρας καὶ σφοδρῶς φλέγοντος τοῦ ἡλίου, ἑκάτερος αὐτῶν ἐβούλετο ὑποδύεσθαι ὑπὸ τὴν σκιάν· εἶργον δ᾽ (δ᾽ *ed. Fowler*:
δέ *ed. Ald., Adag. 252*) ἀλλήλους, ὁ μὲν μεμισθωκέναι τὸν ὄνον οὐ τὴν σκιὰν λέγων, ὁ δὲ μεμισθωμένος τὴν πᾶσαν ἔχειν ἐξουσίαν". Καὶ ταῦτ᾽
(ταῦτ᾽ *ed. Fowler*: ταῦτα *ed. Ald., Adag.* 252)
εἰπὼν ἀπῄει. Τῶν δ᾽ Ἀθηναίων ἐπισχόντων καὶ
δεομένων πέρας ἐπιθεῖναι τῷ λόγῳ, „Εἶθ᾽ ὑπὲρ
μὲν ὄνου σκιᾶς", ἔφη, „βούλεσθε ἀκούειν, λέγοντος δὲ ὑπὲρ σπουδαίων πραγμάτων οὐ βούλεσθε".
Demosthenes selbst erzählt die Geschichte in
der Rede *De pace* (V, 25); Er. gibt diese Version, die er in *Suid.* ὄνου 400, antraf, in *Adag.*
252 in einer latein. Übertragung zum besten. Die Geschichte hat ihm offensichtlich so
gut gefallen, daß er sie in ein und demselben *Adagium* zweimal zur Gänze auf Latein
erzählte und außerdem noch den ungekürzten
griech. Text darbot. Er benutzte dort zusätzlich *CPG* I, Zenob. 6, 28, wo weitere Varianten
der Geschichte vermittelt werden: Ὑπὲρ ὄνου
σκιᾶς· μέμνηται ταύτης ἐν τῷ Ἐγχειριδίῳ Μένανδρος. Λέγουσι δὲ ὅτι Δημοσθένης ὁ ῥήτωρ ἀπολογούμενος ὑπέρ τινος κινδυνεύοντος, οὐκ ἀνεχομένων τῶν δικαστῶν, εἶπεν· „Ἀκούσατε, ὦ ἄνδρες,
διηγήματος τερπνοῦ· Νεανίσκος ποτὲ ὄνον ἐμι-

σθώσατο Ἀθήνηθεν Μέγαράδε· μεσημβρίας δὲ καταλαβούσης, καταλύσας τὸν γόμον, ὑπῆλθε τὴν σκιὰν τοῦ ὄνου. Ἐκβαλλόμενος δὲ ὑπὸ τοῦ ὀνηλάτου, πρὸς βίαν διεφέρετο, μεμισθῶσθαι καὶ τὴν σκιὰν λέγων· ἀντιλέγοντος δὲ τοῦ ὀνηλάτου καὶ φάσκοντος τὸν ὄνον μεμισθωκέναι, εἰς δικαστήριον εἰσῆλθον ἀμφότεροι". Εἰπὼν δὲ ταῦτα ὁ Δημοσθένης κατέβαινεν ἐκ τοῦ βήματος. Ἀξιούντων δὲ τῶν δικαστῶν τῆς δίκης τὸ τέλος μαθεῖν, εἶπεν ἀναβὰς πάλιν ἐπὶ τοῦ βήματος· Ὑπὲρ μὲν ὄνου σκιᾶς ἀκούειν, ὦ ἄνδρες, ἐπιθυμεῖτε· ἀνθρώπου δὲ κινδυνεύοντος ὑπὲρ ψυχῆς οὐδὲ τῆς φωνῆς ἀνέχεσθε. Ἄλλοι δὲ λέγουσιν, ὅτι Ἀθήνηθεν εἰς Δελφοὺς τὸν ὄνον ἐμισθώσατο. Ὅθεν, φασί, καὶ αὐτὸς ὁ Δημοσθένης περὶ τῆς ἐν Δελφοῖς σκιᾶς φησί, καὶ ὁ Πλάτων δὲ, καὶ ἄλλοι πολλοί. Καὶ Ἀρχίππῳ δὲ κωμῳδία γέγονεν, Ὄνου σκιά. Τάττεται δὲ ἐπὶ τῶν περὶ μηδενὸς χρησίμου φιλοτιμουμένων. Vgl. weiter Otto 187; Apost. 17, 69; Diogen. 7, 1; Er., *Collect.* 649 „De asini vmbra" (*ASD* II, 9, S. 226).

991 *Megaram* Megara, Hafenstadt am Saronischen Golf, ca. 30 km westlich von Athen. Der junge Mann mietete sich den Esel also für einen Tagesmarsch als Transportmittel. Vgl. K. Freitag, *DNP* 7 (1999), Sp. 1139–1142, s.v. „Megara", Nr. 2; E. Meyer, *RE* XV, 1 (1931), Sp. 152–205, s.v. „Megara", Nr. 2.

992 *vterque ... vmbram asini* Die Version der Geschichte aus Plutarch *Mor.* 848A–B, die Er. in VIII, 144 anbietet, ist an zwei Stellen etwas unklar formuliert: Erstens ist plötzlich von „jedem der beiden" die Rede, während zuvor nur eine Person (der junge Mann) genannt worden war; zweitens bleibt unklar, wie sich „die beiden" „unter den Schatten des Esels begeben" („subire vmbram asini") wollten. In der zweiten latein. Version, die sich von Plut. *Demosth.* V, 25 herleitet (von Er. in *Adag.* 252 übersetzt), werden diese offenen Stellen geklärt: Die zweite Person ist der Eseltreiber („agaso"); unterwegs machte die Reisegruppe Halt; der Eseltreiber packt den Esel ab; der junge Mann setzt sich inzwischen unter den stehenden Esel in den Schatten; der Eseltreiber ist nicht damit einverstanden und stößt den jungen Mann dort weg: dieser Platz sei für ihn bestimmt. A.a.O.: „adolescens ... depositis clitellis sub asino sedens eius vmbra semet obtegebat. Caeterum id agaso non sinebat hominem inde depellens clamansque ...".

Apophth. VIII, 145–148 Er. widmete die nächstfolgende Sektion dem Politiker, Redner und Logographen **Lykurgos von Athen** (ca. 390–324 v. Chr.), der aus dem athenischen Hochadel stammte und ein echter Butade, d.h. Abkömmling des Butes, des Bruders des mythischen Königs Erechtheus, gewesen sein soll. Die Priesterfamilie, der er angehörte, nannte sich Eteobutaden („Echte Butes-Nachfahren"); dementsprechend war Lykurgos von Adelsstolz und Standesbewußtsein erfüllt. In der Rhetorik war er ein Schüler des Isokrates, in der Philosophie des Platon. Bekleidete u. a. die Ämter des Polizeichefs und des Vorstehers der Kasse für die Schauspielgelder; in der letzten Funktion ließ er das Dionysostheater fertigstellen, Statuen der drei großen Tragiker aufrichten und ein kanonisch gültiges Staatsexemplar ihrer Texte erstellen. Politisch war er ein Parteigänger des Demosthenes mit dessen antimakedonischer Ausrichtung. Seine Reden sind verloren mit Ausnahme jener *Gegen Leokrates* aus d.J. Jahr 331, den er wegen Hochverrats anklagte und dessen Todesstrafe er forderte, jedoch ohne Erfolg. Vgl. M. Weißenberger, *DNP* 7 (1999), Sp. 581–582, s.v. „Lykurgos", Nr. 9; K. Kunst, *RE* XIII, 2 (1927), Sp. 2446–2465, s.v. „Lykurgos", Nr. 10; E. Alexiou, „Lykurgos", in: B. Zimmermann und A. Rengakos (Hrsg.), *Handbuch der griechischen Literatur der Antike*, Bd. 2: *Die Literatur der klassischen und hellenistischen Zeit*, München 2014, S. 841–846; A. Anastassiou und D. Irmer (Hrsg.), *Kleinere attische Redner*, Darmstadt 1977; B. Hintzen-Bohlen, *Die Kulturpolitik des Eubulos und des Lykurg. Die Denkmäler- und Bauprojekte in Athen zwischen 355 und 322 v. Chr.*, Berlin 1997; Lykurg, *Rede gegen Leokrates*, hrsg., eingel. u. übers. von J. Engels, Darmstadt 2008.

998 *LYCVRGVS ORATOR* Diese Form wird im Index personarum von *B* und *C* verwendet, um den athenischen Redner von Lycurgus, dem spartanischen Gesetzgeber, zu unterscheiden; allerdings schreibt der Index von *B* und *C Apophth.* VIII, 145 fälschlich dem Gesetzgeber zu. Er. hatte dem Redner Lycurgus bereits im sechsten Buch einen Spruch gewidmet (VI, 387) „Integritas".

Apophth. VIII, 145 ist ein Gegenstück zu *Adag.* 1132 „Cercyraea scutica" (*ASD* II, 3, S. 150).

1000–2 *Lycurgus ... digna es* Im erzählenden Teil frei paraphrasierende, im Spruchteil wörtliche Wiedergabe von Ps.-Plut. *Vitae decem oratorum*, VII, 21, *Mor.* 842D: ἦν δὲ καὶ παρρησιαστὴς διὰ τὴν εὐγένειαν· Ἀθηναίων γέ τοί ποτε οὐκ ἀνεχομένων αὐτοῦ δημηγοροῦντος, ἀνέκραγεν ἐκβαλλόμενος „ὦ Κερκυραία μάστιξ, ὡς πολλῶν ταλάντων εἶ ἀξία". Vgl. *Adag.* 1132 „Cercyraea scvtica" (*ASD* II, 3, S. 150): „Lycurgus rhetor, quum ob immodicam linguae liberta-

exclamauit: „*O Cercyraea scutica, quam multis talentis digna es*", *notans populum,* a quo *eiiciebatur, magnae* quidem autoritatis ac nominis, sed *inutilem* rebus gerendis. De Cercyraea scutica dictum est nobis in Prouerbiis.

VIII, 146   AVDACTER   (Lycurgus orator, 3) [8]

Idem *forte* obuius *Xenocrati, qui a* Telone [i.e. telonario] obtorto collo pertrahebatur in metoecium, quo in loco carcer erat Athenis, *fustem impegit in caput* Telonis *ac Xenocratem* quidem *liberauit,* Telonem *vero* tanquam *indigna patrantem in carcerem coniecit.* Id Lycurgi factum ab omnibus *collaudabatur.* Itaque *post aliquot dies Xenocrates factus obuiam Lycurgi liberis,* „*Cito*", inquit, „*o puer* [i.e. pueri], *retuli gratiam patri* tuo, qui *vulgo laudatur, quod* in re difficili *tulerit auxilium*", sentiens laudem esse praemium recte factorum, et eam demum opitulationem esse gratam,

---

2 Cercyraea *B C (cf. Adag. 1132)*: Cercyrea *BAS LB*.
4 Cercyraea *B (cf. Adag. 1132)*: Cercyrea *C LB*.

10 puer *B C*: *scribendum erat* pueri *(cf. text. Graec.* ὦ παῖδες*)*.
11 tuo *B C*: *scribendum erat* vestro *(cf. text. Graec.* τῷ πατρὶ ὑμῶν*)*.

---

tem e concione eiiceretur, exclamauit: ὦ Κερκυραία μάστιξ, ὡς πολλῶν ταλάντων ἀξία εἶ, id est ,*o Cercyrea scutica, quam multa vales talenta*', notans populum inutilem, magno tamen alendum. Refert Plutarchus in Vita decem rhetorum".

2 *Cercyraea* Kerkyra (heute Korfu), große, nördlich gelegene griech. Insel im adriatischen Meer vor der Küste Albaniens. Vgl. D. Strauch, *DNP* 6 (1999), Sp. 752–754, s.v. „Korkyra"; L. Bürchner, *RE* XI, 2 (1922), Sp. 1400–1409, s.v. „Kürkyra, Kerkyra", Nr. 1.

2–3 *notans ... gerendis* Er.' Erklärung des Ausspruchs (daß Lykurgos das Volk Athens bezichtigt habe, es sei berühmt und angesehen, jedoch unfähig zu effizientem Handeln) ist absurd, ebenso wie jene in *Adag.* 1132: „notans populum inutilem, magno tamen alendum". Es ist nicht richtig, daß Lykurgos das Volk mit einer Peitsche aus Kerkyra vergleicht: nutz- und wertlos, aber teuer (*Adag.* 1132), bzw. berühmt und angesehen, aber nutzlos (*Apophth*.). Vielmehr sehnt Lykurgos eine Peitsche herbei, um dem aufmüpfigen Volk tüchtig Hiebe zu geben; „O kerkyriäsche Peitsche, wieviele Talente bist du wert!" bedeutet soviel wie „Ein Königreich für eine kerkyräische Peitsche!". Vgl. die richtige Interpretation in *CWE* 38, S. 913: „Lycurgus probably means he would pay anything to have such a whip to hand". Die auffällig langen Peitschen auf Korfu leisteten gute Dienste, um das als aufständisch verschrieene Volk im Zaum zu halten. Wie aus *Adag.* 1132 hervorgeht, meinte Er. irrtümlich, daß die Bewohner Korfus sämtlich mit solchen Peitschen ausgestattet gewesen seien, die gewissermaßen als Bewaffnung dienten. In der Antike jedoch ging man davon aus, daß derartige Peitschen ausschließlich die regierenden Oligarchen in Händen hielten.

6–11 *Xenocrati ... auxilium* Von Übersetzungsfehlern und Missverständnissen entstellte Übertragung des Er. von Ps.-Plut. *Vitae decem oratorum, Mor.* 842B–C: Τελώνου δέ ποτ᾽ (ποτ᾽ *ed. Fowler*: ποτε *ed. Ald.*) ἐπιβαλόντος Ξενοκράτει τῷ φιλοσόφῳ τὰς χεῖρας καὶ πρὸς τὸ μετοίκιον αὐτὸν ἀπάγοντος (ἀπάγοντος *ed. Fowler*: ἀπάγαγοντος *ed. Ald.*), ἀπαντήσας ῥάβδῳ τε κατὰ τῆς κεφαλῆς τοῦ τελώνου κατήνεγκε, καὶ τὸν μὲν Ξενοκράτην ἀπέλυσε, τὸν δ᾽ ὡς οὐ τὰ πρέποντα δράσαντα εἰς τὸ δεσμωτήριον κατέκλεισεν· ἐπαινουμένου δ᾽ (δ᾽ *ed. Fowler*: δὲ *ed. Ald.*) ἐπὶ τῇ πράξει, μεθ᾽ ἡμέρας τινὰς συντυχὼν ὁ Ξενοκράτης τοῖς παισὶ τοῦ Λυκούργου, ἔφη· „ταχέως γε τῷ πατρὶ ὑμῶν ἀπέδωκα, ὦ παῖδες, τὴν χάριν· ἐπαινεῖται γὰρ ὑπὸ πολλῶν ἐπὶ τῷ βοηθῆσαί μοι (μοι *ed. Fowler*: μόγις *ed. Ald.*)".

6 *Xenocrati* Xenokrates aus Chalkedon (um 396/5–314ᵛ. Chr.), stammte aus der Stadt Chalkedon am Bosporus (gegenüber Byzantion gelegen, heute ein Stadtteil von Istan-

bul mit dem Namen Kadiköy), kam aber bereits in jungen Jahren nach Athen, wo er als Fremder sesshaft wurde; Schüler Platons, wurde 339/8 zum Schulhaupt der Akademie als Nachfolger des Speusippos gewählt. Xenokrates wirkte als bedeutender Kommentator Platons. Vgl. J. Dillon, *The Heirs of Plato. A Study of the Old Academy (347–274 BC)*, Oxford 2003, S. 89–155; D. Thiel, *Die Philosophie des Xenokrates im Kontext der Alten Akademie*, München-Leipzig 2006. Er. hatte ihm im „Buch der Philosophen" eine Sektion von neun Apophthegmen gewidmet (VII, 172–180). Für weitere Angaben zu Xenokrates vgl. oben Komm. zu VII, 172.

6 *Telone* Er. hat offensichtlich nicht verstanden, daß es um eine Steuerangelegenheit ging: Er fasste das griech. Wort τελώνης als Eigenname auf (Telones), den er im Lateinischen durch einen Großbuchstaben kennzeichnete; τελώνης bedeutet jedoch „Zollerheber", „Steuererheber" (vgl. Passow II, 2, S. 1858, s.v.). Im Lateinischen existiert das Wort „telones" nicht; jedoch gibt es die spätlatein. Form „telonarius" bzw. „telonearius" (etwa bei Augustinus; vgl. *DNG* II, 4682, s.v.); reinlatein. Wörter für „Steuererheber" wären „exactor vectigalium", „portitor" bzw. „vectigaliarius".

6–7 *obtorto collo … in metoecium* In der griech. Vorlage steht nicht, daß Telones dem Xenokrates einen Strick um den Hals gebunden hätte, mit dem er ihn ins Metoikion-Gefängnis zerrte (vgl. *CWE* 38, S. 914: „who was being dragged by Telones by the neck to the Metoecium [the site of the prison at Athens] …"), sondern daß der Steuereinnehmer „Hand anlegte" (ἐπιβαλόντος Ξενοκράτει … τὰς χεῖρας), d.h. ihn mitnahm, um die Zahlung der Steuer zu erzwingen. Er. dachte irrtümlich, daß τὸ μετοίκιον der Name eines Gefängnisses in Athen wäre; τὸ μετοίκιον ist jedoch die Steuer, welche Metöken (dauerhaft ortsansässige Fremde ohne Bürgerrecht) entrichten mußten. Der Mann, der die Hand an Xenokrates legte, war ein Steuererheber, der von dem Philosophen die Metökensteuer einforderte, die dieser anscheinend nicht zahlen wollte. Xenokrates stammte aus Chalkedon am Bosporus und lebte bereits seit seiner Jugendzeit als Metöke in Athen (vgl. D. Whitehead, „Xenocrates the Metic", in: *Rheinisches Museum für Philologie* 124 [1981], S. 223–244). Da die Metökensteuer nur 1 Drachme pro Monat betrug, ist schwer vorstellbar, daß der nicht unbemittelte Xenokrates sie nicht zahlen konnte. Aus *Apophth.* 172 geht etwa hervor, daß er 3 Minen, d.h. 300 Drachmen, ausschlug, die ihm zum Geschenk angeboten wurden. Vielleicht verweigerte Xenokrates die Steuer, weil er sich auf eine Exemption berief, z.B. aufgrund seiner Stellung als Schulhaupt der Akademie. Es gab solche Steuerfreistellungen, die jedoch selten gewährt wurden. Einer der berühmtesten Metöken Athens war der Philosoph Aristoteles. Zum Phänomen der athenischen Metökie vgl. D. Whitehead, *The Ideology oft he Athenian Metic*, 1977; P. Spahn, „Fremde und Metöken in der Athenischen Demokratie", in: A. Demandt (Hrsg.), *Mit Fremden leben. Eine Kulturgeschichte von der Antike bis zur Gegenwart*, München 1995, S. 37–56; P.A. Cartledge, *DNP* 8 (2000), Sp. 104–107, s.v. „Metoikos"; M. Adak, *Metöken als Wohltäter Athens. Untersuchungen zum sozialen Austausch zwischen ortsansässigen Fremden und der Bürgergemeinde in klassischer und hellenistischer Zeit (ca. 500–150 v. Chr.)*, München 2003.

7 *fustem impegit* Mit dem im griech. Vorlagentext stehenden ῥάβδος war ein eher dünner Stab (bzw. eine Rute) gemeint, wie ihn Amts- und Würdenträger, Richter, Kampfrichter bei Wettkämpfen oder Rhapsoden trugen (vgl. Passow II, 2, S. 1317, s.v. ῥάβδος, c] „der Stab als Abzeichen der Obrigkeit, Herrscherstab, Befehlshaberstab, Richterstab, wie σκῆπτρον"); da Lykourgos mehrfach athenischer Amtsträger war, könnte es sich um einen solchen Amtsstab als Abzeichen seiner Würde gehandelt haben, z.B. als Oberaufsichter und Chef der Polizei. Eine solche Befugnis muß Lykourgos gehabt haben, da aus derselben Anekdote hervorgeht, daß er den Steuereintreiber ins Gefängnis warf. Das latein. „fustis" („Knüttel", „Prügel") ist als Äquivalent suboptimal, weil es einen gröberen Gegenstand bezeichnet, etwa einen Knüppel. Harold North Fowler interpretiert ῥάβδος in seiner Plutarch-Übers. als Spazierstock (Plutarch, *Moralia*, Loeb, Bd. X, S. 403).

10 *o puer* Die Übers. des Er. „O Knabe …" ist inkohärent – er hatte ja gerade von mehreren Kindern („liberi") gesprochen.

quae adfertur in ipso discriminis articulo. Fuste enim illi patrocinatus est, non oratione. Nimirum hoc est, βοηθῆσαι μόγις.

15   VIII, 147   STVDIOSE   (Lycurgus orator, 4) [9]

Obiicientibus, quod eloquentiae studio rhetoribus *daret mercedem, "Si quis"*, inquit, *"profiteatur se filios meos mihi redditurum meliores, non mille drachmas, sed omnium facultatum dimidium effunderem"*, plurimum ab hominum vulgo discrepans, qui perisse existimant, quod liberis instituendis impenditur.

20   VIII, 148   CIVILITER   (Lycurgus orator, 5) [10]
                   (= Dublette von VI, 387)

Inter leges, quas tulisse fertur, haec erat vna: *Ne qua mulier* maritata *proficisceretur Eleusinem*. Id statuit veritus, ne a diuitibus dato precio corrumperentur. Addita est poena *drachmarum sex milia*. *Ei* legi *quum vxor* Lycurgi *non obtemperasset, sycophan-*
25   *tis, qui deprehenderant* ac detulerant, *dedit talentum*. Ea res quum illi *postridie* vitio daretur *apud populum, "Atqui ego"*, inquit, *"dare* conspectus *sum, non accipere"*. Quidam ferunt leges ad quaestum. Hanc notam a se depulit, qui nec in vxoris gratiam voluit abrogare legem, sed mulctam de suo dependit.

---

14 *Nimirum hoc est, βοηθῆσαι μόγις* Er. erklärt hier den fehlerhaften Text, den er in der Aldus-Ausgabe antraf, wo βοηθῆσαι μόγις („mit Mühe beistehen") statt μοι βοηθῆσαι („mir beistehen") stand. Er. meint, wenn man jemandem mit einem Knüppel helfen muss, wäre das „mit Mühe beistehen". Im Text des Spruches hatte Er. μόγις mit „in re difficili" wiedergegeben, was wiederum etwas anderes ist als „mit Mühe"; „mit Mühe" bezieht sich auf den Helfenden, „in einer schwierigen Lage" auf denjenigen, dem geholfen wird. CWE 38, S. 914 übersetzt βοηθῆσαι μόγις nicht ganz glücklich mit „help given in time".

16–18 *Obiicientibus ... effunderem* Durch einen Übersetzungsfehler entstellte Übertragung des Er. von Ps.-Plut. *Vitae decem oratorum*, VII, 20, *Mor.* 842C–D: ἐγκαλοῦντος δ᾿ αὐτῷ τινος ὅτι μισθοὺς σοφισταῖς δίδωσι (δίδωσι ed. Fowler: δίδωσιν ed. Ald.) περὶ λόγους διατρίβων „ἀλλ᾽ εἴ τις γ᾿ ἐπαγγέλλοιτο", ἔφη, „τοὺς υἱοὺς ἀμείνους αὐτῷ ποιήσειν, οὐ χιλίας ἀλλὰ τὰ ἡμίση τῆς οὐσίας προΐεσθαι".

16 *eloquentiae studio* Er. hat den griech. Text περὶ λόγους διατρίβων („obwohl er selbst ein geübter Redner ist [sich mit dem Reden aus-

kennt"]) nicht richtig verstanden. Es handelte sich um einen Einwand der Kritiker: Warum Lehrer anheuern, wo doch Lykourgos als geübter Redner seine Söhne selbst unterrichten hätte können?

16 *rhetoribus* Im griech. Text steht σοφισταῖς.

Apophth. VIII, 148 ist eine Dublette von VI, 387. Er. erzählte die Anekdote dort allerdings in einer bis zur Unkenntlichkeit verstümmelten Form, bei der es ihm lediglich um den Ausspruch des Lykurgos ging, daß er Geld *gegeben*, nicht *abkassiert* hätte: „Lycurgus orator obiiciente quodam, quod se [sic, i.e. vxorem] pecunia redemisset a calumnia, non est inficiatus, sed clarissima voce populum appellans, ‚Bene habet', inquit, ‚viri Athenienses, quandoquidem tot annos in republica versatum *dedisse* me, *non accepisse* pecuniam criminantur obtrectatores'".

22–26 *Ne qua ... accipere* Teils paraphrasierende, teils wörtliche, mit (unrichtigen) Erklärungen versetzte Wiedergabe von Ps.-Plut. *Vitae decem oratorum*, VII, 14–15, *Mor.* 842A: ἔτι δ᾿ (ἔτι δ᾿ add. Sauppe, ed. Fowler: deest in ed. Ald.) ἐπὶ ζεύγους μὴ ἀπιέναι (ἀπιέναι *coniecit Taylor, ed. Fowler*: ἀπεῖναι *ed. Ald.*) γυναῖκα Ἐλευσῖνάδε, ὅπως μὴ ἐλαττῶνται αἱ δημοτικαὶ (αἱ δημοτικαὶ *addidit Baiter, ed. Fowler*) ὑπὸ τῶν πλουσίων· εἰ δέ τις φωραθείη, ἀποτίνειν δραχμὰς ἑξακισχιλίας. τῆς δὲ γυναικὸς αὐτοῦ μὴ πεισθείσης, τῶν συκοφαντῶν φωρασάντων, τάλαντον αὐτοῖς ἔδωκε· κατηγορούμενος δ᾽ ἐν ὑστέρῳ ἐν τῷ δήμῳ, ἔφη „ἀλλ᾽ οὖν ἐγὼ μὲν διδοὺς οὐ λαμβάνων ἑώραμαι".

22–23 *Ne qua ... Eleusinem* Er. hat, wohl auch von seinen misogynen Ansichten geleitet, den Inhalt und Sinn des Gesetzes falsch verstanden. Er verkehrte in der Annahme, daß das Gesetz verheirateten Frauen verbiete, nach Eleusis zu reisen, weil sie, wie er erklärt, sonst dort von reichen Männern zur Unzucht verleitet werden würden. Bei seiner Übersetzung hat Er. in freier Erfindung „maritata" („verheiratet") hinzugesetzt, jedoch ἐπὶ ζεύγους („auf Kutschen") übersehen. Letzteres ist aber genau der springende Punkt: Das Gesetz verbietet Frauen nicht, sich nach Eleusis zu begeben, sondern *zwingt sie, dies zu Fuß zu tun*. Wir haben ein die athenische Religionspraxis betreffendes Gesetz vor uns. Es bezieht sich auf die Feiern der Mysterien von Eleusis, die in Athen zum Staatskult gehörten. Konkret geht es um die große Prozession von Athen nach Eleusis, die bei den sog. „Großen Mysterien" (*Teletai*) im Monat Boedromios (August/September) jährlich stattfand und an der ein Großteil der Bevölkerung teilnahm. Zu dem feierlichen Ablauf der Prozession gehörte, daß man *zu Fuß* ging. Dabei handelt es sich um einen Fußmarsch von ca. 30 km, eine ansehnliche Wegstrecke, auch in Anbetracht der Tatsache, daß man noch zurückmarschieren musste. Deshalb hatte sich bei schwächeren, jedoch reichen Personen, die es sich leisten konnten, die Gewohnheit eingeschlichen, den Weg in Kutschen zurückzulegen. Lykourgos' Gesetz verbietet dies nun, und zwar bei der horrenden Strafsumme von 6000 Drachmen. Ironischerweise scheint seine Frau die erste (oder eine der ersten) gewesen zu sein, die dieses Gesetz übertrat. Aelian überliefert den Inhalt des Gesetzes in *Var. hist.* XIII, 24: Λυκοῦργος ὁ ῥήτωρ ἔγραψε μὴ ἐλαύνειν τὰς γυναῖκας ἐν τοῖς μυστηρίοις ἐπὶ ζευγῶν ἢ τῇ δρώσῃ τοῦτο ἐπηρτῆσθαι ζημίαν, ἥν γε ᾤετο ⟨ὁ⟩ τάξας ἀποχρῶσαν. πρώτη τῷ ψηφίσματι ἠπείθησεν ἡ τούτου γυνή, καὶ τὴν ζημίαν ἐξέτισε καταδικασθεῖσα. Zu dem Heiligtum und den Mysterien von Eleusis vgl. O. Kern, *RE* V, 2 (1905), Sp. 2336–2338, s.v. „Eleusis", Nr. 1; H. Lohmann, *DNP* 3 (1997), Sp. 983–986, s.v. „Eleusis", Nr. 1.

23 *Id statuit ... corrumperentur* Eine Erklärung des Er., die ausschließlich seiner Phantasie entsprang und das Gesetz missversteht.

25 *talentum* D.h. daß Lykourgos den Sykophanten genau die Strafsumme ausbezahlte (6000 Drachmen = 60 Minen = 1 Talent), um die Strafe abzuwenden. Das scheint zu Aelians Version zu passen, nml. daß Lykourgos einfach die Strafe zahlte, anstatt die potentiellen Ankläger zu bestechen.

⟨ISOCRATES⟩

VIII, 149   NATVRAE BONA   (Isocrates, 1) [11]

Isocrates *inter familiares dicere solitus est se quidem docere decem minis; caeterum qui ipsum docuisset audaciam et vocalitatem*, mercedis loco *daturum decem milia*. Nam *vocis exilitas et animi timiditas* reddebant Isocratem ad dicendum inutilem. Haec autem quoniam naturae sunt, non artis, a praeceptoribus dari non possunt.

VIII, 150   MODESTE   (Isocrates, 2) [12]

Percontanti, qui fieri posset, *vt, quum ipse non esset* ad dicendum accommodus, *alios redderet idoneos,* „Quoniam *cotes*", inquit, „*ipsae quidem secare non possunt, ferrum tamen reddunt acutum*". Hoc videtur imitatus Horatius:

„*Fungar vice cotis, acutum
Reddere quae ferrum valet, exors ipsa secandi*".

VIII, 151   EXAGGERATIO   (Isocrates, 3) [13]

Interrogatus, quid esset rhetorica, „Ex paruis", inquit, „facere magna, ex magnis parua". Est enim haec nonnulla rhetorices pars, amplificare et extenuare, qua de re diligenter praecepit Fabius. Sed *praestigii genus* est, quod respondit Isocrates. Quin illud potius artis est, quae magna sunt ita tractare, vt auditori quoque magna videantur, et contra.

VIII, 152   TEMPESTIVE   (Isocrates, 4) [14]

In conuiuio *Nicocreontis* Samiorum [i.e. Salaminiorum] *tyranni, quum a* conuiuis *iuberetur dicere,* „His", inquit, „in quibus *ego valeo, nunc non* est *tempus; in his vero,* quae hoc *tempus* requirit, *ego non valeo*". Recusauit inter pocula dicere, qui apud sobrios de rebus seriis disserere consueuerat.

47 Samiorum *B C: scribendum erat* Salaminiorum.

Isokrates (436–338 v. Chr.), zählt zum Kanon der besten attischen Redner, obwohl er selbst es vorzog, wegen seiner schwachen Stimme und seiner Schüchternheit nicht in der Öffentlichkeit als Redner aufzutreten; Schüler des Sophisten Gorgias; war zunächst als Logograph tätig, dann als Rhetoriklehrer; leitete eine weithin berühmte und erfolgreiche Rhetorikschule in Athen, in der er seine Schüler direkt auf die politische Praxis der athenischen Demokratie vorbereitete; Lehrmeister der athenischen Politiker Timotheos, Lykourgos und Androtion sowie des Historikers Ephoros; grenzte sich sowohl gegenüber den Sophisten als auch gegenüber den sokratischen Philosophen und der Platonischen Akademie ab. Einflussreich war das von ihm entworfene Bildungsprogramm. Überliefert sind 21 Reden und 9 Briefe. Vgl. M. Weißenberger, *DNP* 5 (1998), Sp. 1138–1143, s.v. „Isokrates"; K. Münscher, *RE* IX, 2 (1916), Sp. 2146–2227, s.v. „Isokrates", Nr. 2. Vgl. Komm. *Apophth.* VII, 219.

31–32 *inter familiares ... milia* Wörtliche Übersetzung des Er. von Ps.-Plut. *Vitae decem oratorum*, IV, 30, *Mor.* 838 E: εἰώθει δὲ καὶ πρὸς τοὺς γνωρίμους αὐτοῦ λέγειν, ὡς αὐτὸς μὲν δέκα μνῶν διδάσκοι, τῷ δ᾽ αὐτὸν διδάξαντι τόλμαν καὶ εὐφωνίαν δώσειν δεκακισχιλίας.

31 *decem minis* i.e. 1000 Drachmen.

32 *decem milia* nml. Drachmen, also das Zehnfache, 10.000 Drachmen.

33 *vocis exilitas ... inutilem* Er. bezog diese Information aus Ps.-Plut. *Vitae decem oratorum*, IV, 4, *Mor.* 837A, wo festgestellt wird, daß Isokrates, als er das Mannesalter erreicht hatte, sich von der Politik fernhielt wegen seiner schwachen Stimme (ἰσχνόφονος), seines schüchternen Auftretens (εὐλαβὴς τὸν τρόπον) sowie wegen des Verlustes seiner väterlichen Besitzungen.

36–38 *Percontanti ... acutum* Größtenteils wörtliche Übers. des Er. von Ps.-Plut. *Vitae decem oratorum*, IV, 31, *Mor.* 838 E: καὶ πρὸς τὸν ἐρόμενον διὰ τί οὐκ ὢν αὐτὸς ἱκανὸς ἄλλους ποιεῖ (ποιεῖ ed. *Fowler*: ποιεῖν ed. *Ald.*), εἶπεν ὅτι καὶ αἱ ἀκόναι αὐταὶ μὲν τέμνειν οὐ δύνανται τὸν δὲ σίδηρον τμητικὸν ποιοῦσιν.

39–40 *Fungar ... secandi* Hor. *Ars* 304–305; 303–308 (wo Horaz als Autor eines Leitfadens zur Dichtkunst in eigener Sache sagt): „Non alius faceret meliora poemata; verum/ Nil tanti est. Ergo fungar vice cotis, acutum/ Reddere quae ferrum valet exsors ipsa secandi;/ Munus et officium, nil scribens ipse, docebo,/ Vnde parentur opes, quid alat formetque poetam,/ Quid deceat, quid non, quo virtus, quo ferat error".

42 *Interrogatus ... parua* Wörtliche Übers. des Er. von Plut. *Vitae decem oratorum*, IV, 36, *Mor.* 838 F: πάλιν δ᾽ ἐρομένου τινὸς αὐτὸν τί ῥητορική, εἶπε (εἶπε ed. *Fowler*: εἰπεῖν ed. *Ald.*) „τὰ μὲν μικρὰ μεγάλα τὰ δὲ μεγάλα μικρὰ ποιεῖν".

43–44 *diligenter praecepit Fabius* M. Fabius Quintilianus, *Inst.*VIII, 4, in jenem Kapitel, in dem er die Techniken der *amplificatio* und ihres Gegenteils, der Abschwächung (*minuendi species*), behandelt.

44 *praestigii genus est* Vgl. *Eccles*. III, 880–888 (*ASD* V, 5, S. 48–50): „Quibus autem rationibus constet amplificatio, a vetustis oratoribus abunde explanatum est nec ea res nostram desideret operam, nisi vt forte quaedam crassiore, vt aiunt, Minerua declaremus. Non minima pars eloquentiae sita est in augendo ac diminuendo, praesertim ecclesiastae, cui fere dicendum est apud imperitam et oscitantem multitudinem. Hoc tantum interest, quod forensis orator amplificando conatur efficere, vt res maior appareat, quam est, eleuando, vt minor, quam est. Vtrumque praestigii et imposturae genus est".

47 *Nicocreontis* Nikokreon, Tyrann der Stadt Salamis auf Zypern (reg. 332/1–311/10 v. Chr.), Kampfgefährte Alexanders d. Gr., den er auf seinem Asienfeldzug begleitete; verbündete sich 321 mit Ptomelaios I. Soter; dieser ernannte ihn 313 zum Strategos von Kypros. Nikokreon beging i.J. 311/0 Selbstmord. Vgl. F. Stähelin, *RE* XVII, 1 (1936), Sp. 357–359, s.v. „Nikokreon", Nr. 2; W. Ameling, *DNP* 8 (2000), Sp. 919, s.v. „Nikokreon", Nr. 2; H. Gesche, „Nikokles von Paphos und Nikokreon von Salamis", in: *Chiron* 4 (1974), S. 103–125. Nikokreon figuriert in den *Apophthegmata* mehrere Male als Gastgeber von Philosophen (VII, 145, 374, 375, 377). An den genannten Stellen bezeichnet Er. Nikokreon stets als „Tyrannen von Zypern" bzw. „der Zyprioten".

47–48 *Nicocreontis ... valeo* Wörtliche Übers. des Er. von Ps.-Plut. *Vitae decem oratorum*, IV, 37, *Mor.* 838F: ἑστιώμενος δέ ποτε παρὰ Νικοκρέοντι τῷ Κύπρου τυράννῳ, προτρεπομένων αὐτὸν τῶν παρόντων διαλεχθῆναι, ἔφη „οἷς μὲν ἐγὼ δεινός οὐχ ὁ νῦν καιρός, οἷς δ᾽ ὁ νῦν καιρὸς οὐκ ἐγὼ δεινός" (vgl. ed. Ald. S. 674). Das Apophthegma findet sich auch am Anfang von Plutarchs *Quaestiones convivales*, I, 1, 1, *Mor.* 613A: οὐδὲ γὰρ Ἰσοκράτην τὸν σοφιστὴν ὑπομεῖναι δεομένων εἰπεῖν τι παρ᾽ οἶνον ἀλλ᾽ ἢ τοσοῦτον· „ἐν οἷς μὲν ἐγὼ δεινός, οὐχ ὁ νῦν καιρός· ἐν οἷς δ᾽ ὁ νῦν καιρός, οὐκ ἐγὼ δεινός". Er. hätte den Spruch auch aus diesem Werk beziehen können, das er in den *Apophthegmata* häufig als Quelle benutzte. Wie die Vermeldung des Nikokreon und das Fehlen des Ausdrucks παρ᾽ οἶνον zeigen, hat er in VIII, 152 Ps.-Plut. *Vitae decem oratorum*, IV, 37, *Mor.* 838F als Textvorlage benutzt.

47 *Samiorum* Nikokreon war nicht der Tyrann der Insel Samos (bzw. der Bewohner der Insel, der „Samii"), sondern der Stadt „Salamis" (heute Salaminia) auf der Insel Kypros (bzw. der Einwohner der Stadt, der „Salaminii"). In Er.' Textvorlage steht „Tyrann von Zypern" (τῷ Κύπρου τυράννῳ); Er. setzte die Stadt aus dem Gedächtnis hinzu, Salamis liegt an der Ostküste von Zypern; in römischer Zeit wurde es zu Constantia umgetauft. Für Salamis vgl. V. Karageorghis, *Salamis. Die zyprische Metropole des Altertums*, Bergisch Gladbach 1970; ders. *Salamis: Recent Discoveries in Cyprus*, New York 1969. Das Grab des Nikokreon in Salamis wurde von Vassos

VIII, 153   Caste   (Isocrates, 5) [15]
                            (= Dublette von V, 178)

Vbi conspexit Sophoclem, tragoediarum scriptorem, sequi *puerum* quendam, forma illius *captum, „Oportet", inquit, „o Sophocles,* hominem *non manus tantum apud se*
55 *continere, verum et oculos".* Vox homine Christiano non indigna.

VIII, 154   Tarditas   (Isocrates, 6) [16]

Ephorum Cumanum, qui *scholam* ipsius *reliquit nullo profectu atque* ob id *a patre Demophilo denuo missus est,* vt *ab integro data mercede* discipulum ageret, Δίφρον appellabat. „Diphros" enim Graecis dicitur currus, quod duos ferat, pugnantem
60 et aurigam. Tales opinor olim fuisse cathedras (nam δίφρος interdum et cathedram sonat), quae duos caperent: quales adhuc videmus episcoporum veteres, quae capiunt praesulem et assessorem. Apud Reuerendissimum Dominum Guilhelmum Archiepiscopum Cantuariensem seruatur huiusmodi sella, quae dicitur fuisse Beati Tho-

---

58 Δίφρον *scripsi*: δίφρον B C: Δίοφρον Ps-Plut. *text. recept.*

62 Reuerendissimum Dominum *scripsi*: R.D. B C.

Karageorgis entdeckt, vgl. sein *Excavations in the Necropolis of Salamis 3*, Nikosia 1973, S. 128–138.

Apophth. VIII, 153 bildet eine Dublette von V, 178, wo derselbe Ausspruch dem Strategos Perikles in den Mund gelegt wird: „… quumque simul nauigarent ac Sophocles conspecto formoso puero dixisset, ‚En quam speciosus puer', ‚Decet', inquit (sc. Pericles), ‚o Sophocles, praetorem non modo manus, sed et ⟨oculos⟩ [linguam] habere continentes'". Vgl. Plut. *Per.* 8,5: καί ποτε τοῦ Σοφοκλέους, ὅτε συστρατηγῶν ἐξέπλευσε μετ' αὐτοῦ, παῖδα καλὸν ἐπαινέσαντος, „Οὐ μόνον", ἔφη, „τὰς χεῖρας, ὦ Σοφόκλεις, δεῖ καθαρὰς ἔχειν τὸν στρατηγόν, ἀλλὰ καὶ τὰς ὄψεις". Diese Version ist authentischer als die „Isokrates-Version", weil sie historisch verankert und plausibilisert wird: Sie wird dort jener Periode zugeschrieben, in der Sophokles zusammen mit Perikles Stratege im Samischen Krieg war (441–439 v. Chr.). Der unbekannte junge Mann, den Sophokles für „schön" ausrief, war somit aller Wahrscheinlichkeit nach ein Seesoldat der athenischen Flotte vor Samos. Der Strategos Sophokles war zu dieser Zeit ca. 55 Jahre alt. Vgl. Komm. oben zu V, 178. Der Redner Isokrates hingegen kommt als authentischer Spruchspender kaum in Betracht, da er mehr als zwei Generationen jünger war als Sophokles: Mit welcher Autorität hätte er den uralten, gefeierten und in Athen auch sozial hoch angesehenen Tragödiendichter auf solche schroffe Art moralisch ermahnen können? Isokrates hat nie ein politisches Amt bekleidet, als Redner trat er nicht in der Öffentlichkeit auf. Als er selbst 27 Jahre alt war, näherte sich Sophokles seinem 90. Lebensjahr. Die Zuschreibung erscheint noch absurder, da in Ps.-Plut. *Vitae decem oratorum, Mor.* IV, 38, 838F–839A vermeldet wird, daß damals Sophokles von erotischer Liebe zu dem Knaben gewissermaßen überwältigt war; in Er.' Wiedergabe läuft er sogar dem Knaben verliebt hinterher („sequi puerum quendam, forma illius captum"). Das reimt sich kaum mit dem Verhalten eines 85-bis 90-jährigen. Als Er. das achte Buch der *Apophthegmata* zusammenstellte, hatte er offensichtlich vergessen, daß er den Spruch schon im fünften Buch gebracht hatte. Er. hat anscheinend nicht registriert, welche chronologischen Ungereimtheiten die Zuschreibung des Apophthegmas an Isokrates mit sich bringt.

53–55 *Vbi conspexit … oculos* Ps.-Plut. *Vitae decem oratorum, Mor.* IV, 38, 838F–839A: Σοφοκλέα δὲ τὸν τραγικὸν θεασάμενος ἑπόμενον ἐρωτικῶς παιδί, εἶπεν (εἶπεν *ed. Fowler* εἰπεῖν *ed.*

Ald. p. 674) „οὐ μόνον δεῖ, Σοφόκλεις, τὰς χεῖρας ἔχειν παρ᾿ αὑτῷ, ἀλλὰ καὶ τοὺς ὀφθαλμούς".

56 *Tarditas* Dafür, daß Isokrates den Ephoros als trägen, begriffsstutzigen Schüler betrachtete, vgl. unten VIII, 228 mit Komm. ad loc.

57–59 *Ephorum ... appellabat* Ps.-Plut. *Vitae decem oratorum*, IV, 39, *Mor.* 839A: τοῦ δὲ Κυμαίου Ἐφόρου ἀπράκτου τῆς σχολῆς ἐξελθόντος καὶ πάλιν ὑπὸ τοῦ πατρὸς Δημοφίλου πεμφθέντος ἐπὶ δευτέρῳ μισθῷ, παίζων Δίφ⟨ο⟩ρον (Δίφορον *corr. Pietro Vettori, denuo Amyot, textus receptus, ed. Fowler*: δίφρον *ed. Ald. p. 674*) αὐτὸν ἐκάλει· ἐσπούδασε μέντοι ἱκανῶς περὶ τὸν ἄνδρα καὶ τὴν ὑπόθεσιν τῆς χρείας αὐτὸς ὑπεθήκατο.

57 *Ephorum Cumanum* Ephoros von Kyme (400–330 v. Chr.), griech. Historiker aus Kleinasien, der als Begründer der Universalgeschichte gilt: Sein Geschichtswerk, das nur in Fragmenten erhalten ist, behandelt die Geschichte von der Frühzeit bis zur Eroberung von Perinthos durch Philipp II. i.J. 340 v. Chr. Ephoros wird in der literarischen Überlieferung als Schüler des Isokrates bezeichnet, was jedoch nicht gesichert ist. Vgl. K. Meister, *DNP* 3 (1997/99), Sp. 1089–1090, s.v. „Ephoros"; E. Schwartz, *RE* VI, 1 (1907), Sp. 1–16, s.v. „Ephoros", Nr. 1; Jacoby, *FGH*, II, 2a, Nr. 70 (1926; Nachdr. 1986); G.L. Barber, *The Historian Ephorus*, Cambridge 1935; G. Parmeggiani, *Eforo di Cuma. Studi di storiografia greca*, Bologna 2011.

57 *Cumanum* Die Stadt Kyme liegt in der Aiolis, an der nördl. Westküste Kleinasiens, in einer südl. Nebenbucht des Elaitischen Golfes (h. Nemrut Limani in der Türkei). Vgl. J. Bouzek u.a. (Hrsg.), *Kyme*, 2 Bde., 1974/1980; H. Kaletsch, *DNP* 6 (1999), Sp. 967–968, s.v. „Kyme", Nr. 3.

58 *Demophilo* Demophilos, Vater des Ephoros, über den nichts näheres bekannt ist.

59–66 *„Diphros"... bis ferendo* Das Wort δίφρος bezeichnet, wie Er. richtig angibt, einerseits einen altertümlichen (bei Homer häufig genannten) Streitwagen mit zwei Sitzen, einen für den Wagenlenker und einen für den Kämpfer, andererseits den weit verbreiteten griechischen Klappstuhl (vgl. Passow I, 1, S. 704, s.v.). Der Klappstuhl wurde „Diphros" genannt, weil er sich eigentlich aus zwei Teilen zusammensetzte, aus denen man durch das Aufklappen den Stuhl bildete; der Diphros wurde aus verschiedenen Materialien gebaut, je nach dem Verwendungszweck (Holz, Elfenbein, Metalle, Silber), vgl. R. Hurschmann, *DNP* 3 (1978), Sp. 682, s.v. „Diphros". Bei seinem Versuch, Diphros archäologisch zu erklären, holte Er. weit aus, was zu autobiographisch interessanten, inhaltlich jedoch verworrenen Angaben führte. Dabei verglich er den homerischen Zweisitzer-Kampfwagen mit dem breiten Thron des Erzbischofs von Canterbury, den er selbst z.Z. seiner England-Aufenthalte gesehen hatte, ein mittelalterlicher Marmorthron. Es schien Er., daß der Stuhl für zwei Personen konzipiert war, für den Bischof und seinen Assessor. Auch diese Annahme ist unrichtig. Auf ein und demselben Thron sitzen niemals zwei Machthaber, und das galt auch für die Kathedrale von Canterbury. Als weiteren archäologischen „Beleg" bringt er den Bischofsthron von Rochester bei, den er i.J. 1516 ebenfalls selbst gesehen hatte. Beide Bischofsthrone haben natürlich mit den homerischen „Zweisitzern" weder in Bezug auf die Form noch die Funktion etwas zu tun.

62–63 *Apud Reuerendissimum ... sella* Er. kannte die Kathedrale von Canterbury. Er hatte sich insgesamt sechs Mal zwischen 1499 und 1516 in England aufgehalten; in d.J. 1511–1514 lehrte er an der Universität von Cambridge. Während dieser England-Aufenthalte besuchte er seinen englischen Mäzen, William Warham (1456–1532), Erzbischof von Canterbury 1503–1532. Warham hatte schon 1509 versucht, Er. permant nach Canterbury zu holen (für 150 Nobles), i.J. 1512 besorgte er ihm sogar eine Pfründe in seinem Bistum, in Addington in Kent, die jedoch nicht dazu führte, daß Er. sich dort häufiger aufhielt, sondern in eine Leibrente umgesetzt wurde. Vgl. C.S. Knighton, *CE* III, S. 427–431, s.v. „Warham".

63–64 *quae dicitur ... Acrensis* Die Behauptung, daß dieser Bischofsthron, der sog. St. Augustine's Chair, Thomas Becket gehört habe, ist unrichtig. Der Augustine's Chair wurde in den Jahren 1201–1204 geschaffen, Thomas Beckets Bischofsthron war bereits 1167 bei einem Brand zerstört worden, er selbst starb 1170. Für den St. Augustine's Chair vgl. M.M. Reeve, „A Seat of Authority: The Archbishop's Throne at Canterbury Cathedral", *Gesta* 42 (2003), S. 131–142.

63–64 *Beati Thomae Acrensis* Thomas Becket (ca. 1119/20–1170), Erzbischof von Canterbury 1162–1170, wurde nach jahrelangem Machtkampf mit dem englischen König Henry II. i.J. 1170 in der Kathedrale von Canterbury ermordet. Bereits kurz nach seinem Tod wurde er als Märtyrer verehrt und am 21.2.1173 von Papst Alexander III. heiliggesprochen. Thomas Becket wurde Thomas Acrensis genannt

mae Acrensis. Item Roffae in ecclesia cathedrali similis adhuc visitur. *Isocrates autem ex vocis etymologia captauit iocum* in stupidum discipulum, qui bis attulerit mercedem. Δίφρος enim dici videtur ἀπὸ τοῦ δὶς φέρειν, id est, *"a bis ferendo"*.

⟨CN. PISO⟩

VIII, 155   LIBERE   (Cn. Piso) [17]

Cn. Piso iuuenis etiamnum *Manilium Crispum reum egit, euidenter nocentem*, eumque, licet *praepotentem, multis* ac magnis *criminibus* vrgebat, quod *videret* illum *eripi gratia Pompeii*, qui Pisoni reo aderat. Itaque quum Pompeius velut exprobrans iuuenilem temeritatem Pisoni, qui non vereretur nobilem et opulentum atque ipsi cum primis amicum ad iudices pertrahere, dixisset „Quin eadem opera *me quoque accuses?*", intrepide respondit Piso: „*Da vades reipublicae te, si postulatus fueris, ciuile bellum non excitaturum*: *tuum* nomen *prius quam Manilii* deferam". Hic elegans epiphonema subiicit Valerius Maximus: „*Eodem*", inquit, „*iudicio duos sustinuit reos, accusatione Manilium, libertate Pompeium; et alterum lege peregit, alterum professione*".

⟨THALES MILESIVS⟩

VIII, 156   RVMORES   (Thales Milesius, 20) [18]

Thales Milesius interrogatus, quantum distaret a mendacio veritas, „*Quantum*", inquit, „*oculi ab auribus*", sentiens ea demum esse indubitatae fidei, quae contuemur oculis, rumoribus ac fabulis hominum haud tuto credi. Eodem pertinet Homericum fi-

---

66 *dici C*: duci *B*.

74 *accuses B C*: accusas *BAS LB*.

aufgrund einer Legende (einer Fälschung des 15. Jh.), nach der er Sohn einer sarazenischen Prinzessin und eines Kreuzfahrers aus Acre (heute Akkon in der Nähe Haifas) im Heiligen Land auf die Welt gekommen sein soll; in Wirklichkeit war er in London (Cheapside) am Tag des Apostels Thomas (21.12.) als eines in London ansässigen Kaufmannes namens Gilbert und dessen englischer Ehefrau Matilda geboren. Akkon befand sich zwischen 1104 und 1187 in den Händen der Kreuzfahrer, 1135 war das Bistum von Akkon gegründet worden. Für Thomas Becket vgl. A. Duggan, *Thomas Becket*, London 2005; J. Guy, *Thomas Becket: Warrior, Priest, Rebel*, London 2012; D. Knowles, *Thomas Becket*, London 1970; D.H. Farmer, *The Oxford Dictionary of Saints*, Oxford 1978, S. 376–378, s.v. „Thomas of Canterbury"; speziell für die Legende seiner sarazenischen Mutter vgl. M. Staunton, *The Lives of Thomas Becket*, Manchester 2001, S. 29. In seinem Colloquium „Peregrinatio religionis ergo" liefert Er. eine ausführliche Beschreibung der Reliquien des Heiligen Thomas von Acre in der Kathedrale von Canterbury, in der jedoch der Bischofsthron nicht erwähnt wird.

64 *Roffa* Roffa, Rochester war das Bistum von

Er.' Mäzen John Fisher (1504–1535), dem er i.J. 1516 einen Besuch abgestattet hatte. Zu John Fisher vgl. J.K. McConica, *CE* II, S. 36–39, s.v. „John Fisher".

64–66 *Isocrates autem ... ferendo* Ps.-Plut. *Vitae decem oratorum* IV, 39, *Mor.* 839A.

Apophth. VIII, 155–165 Mit *Apophth.* VIII, 155 fängt ein neuer Abschnitt an, in dem sich Er. erneut Val. Max. als Quelle zuwendet. VIII, 156 und 157 unterbrechen diesen Lauf zunächst, jedoch setzt ihn Er. in *Apophth.* VIII, 158 fort. Er bringt zunächst der Reihe nach Aussprüche, die er sämtlich Valerius Maximus' Kapitel „Libere dicta aut facta" (VI, 2) entnimmt (VIII, 155, 158–162). Diese Aussprüche tragen alle denselben Titel „libere", nach Valerius' Kapitel-Überschrift. Danach wendet sich Er. dem benachbarten Kapitel „Graviter dicta aut facta" (= VI, 4) zu, dem er drei weitere Aussprüche in Serie entnimmt (VIII, 163–165).

68 *Libere* Den Titel, den Er. dem Spruch verlieh, leitete er von der Quelle her, der Kapitelüberschrift des Valerius Maximus: „Libere dicta aut facta" (= Kap. VI, 2).

69 *Cn. Piso* Es ist nicht klar, um welchen **Gnaeus Piso** es geht. *CWE* 38, S. 917 identifiziert ihn mit Gaius Calpurnius Piso, dem Konsul d.J. 67 v. Chr. Dies verträgt sich jedoch nicht mit dem Inhalt von Val. Max. VI, 2, 4, der voraussetzt, daß der Prozeß, den Piso gegen Manilius Crispus führte, zeitnahe zum Ausbruch des Bürgerkrieges (Januar 49) stattfand: Gaius Calpurnius Piso war damals geraume Zeit nicht mehr am Leben (gest. vor d.J. 59). Zudem sagt Valerius Maximus, daß der von ihm angeführte Gnaeus Piso damals (= um 50) noch ein junger Mann war.

69–78 *Cn. Piso ... professione* Paraphrasierende, jedoch im Anfangsteil missverstandene und verworrene Wiedergabe von Val. Max. VI, 2, 4 („De Cneo Pisone" Titel in *ed. Bade 1510, fol. CCXXXVIII^r*): „Cn. Piso, cum Manilium Crispum reum agerat eumque euidenter nocentem gratia Pompei eripi videret (videret eripi *ed. Bade 1510*), iuuenili impetu ac studio accusationis (accusationem *ed. Bade 1510*) prouectus (profectus *ed. Bade 1510*) multa et grauia crimina praepotenti defensori obiecit. Interrogatus deinde ab eo, cur non se quoque (se quoque non *ed. Bade 1510*) accusaret, ‚Da', inquit, ‚praedes (vades *ed. Bade 1510*) rei publicae te, si postulatus fueris, ciuile bellum non excitaturum, etiam (iam *ed. Bade 1510*) te (de *ed. Bade 1510*) tuo prius quam de Manilii capite in consilium iudices mittam'. Ita eodem iudicio duos sustinuit reos, accusatione Manilium, libertate Pompeium, et eorum alterum lege peregit, alterum professione, qua solum poterat".

69 *Manilium Crispum* F. Münzer widmet dem hier genannten Manilius Crispus in *RE* XIV, 1 (1928), Sp. 1140 „Manilius", Nr. 23, ein kurzes Lemma, in dem er ihn von dem populären Politiker, Pompeius-Anhänger und Volkstribunen d.J. 66 v. Chr., C. Manilius Crispus, unterscheidet. Dieser war unmittelbar nach seinem Volkstribunat verbannt worden, wonach sich seine Spur verliert. Die Stelle bei Val. Max. setzt voraus, daß der dort genannte Manilius um d.J. 50 eine Rolle im öffentlichen Leben in Rom spielte; ein Verbannter kommt dafür nicht in Frage.

69–70 *eumque, licet praepotentem ... vrgebat* Er. hat seine Quelle nicht richtig gelesen, er verwechselte den Angeklagten mit Pompeius: bei Valerius Maximus steht, daß Piso mit einer Scheltrede Pompeius, der Manilius verteidigte, angriff („multa et grauia crimina praepotenti defensori obiecit"); mit der Qualifikation „praepotens" bezeichnete Valerius natürlich Pompeius, während sie Er. irrtümlich dem Manilius Crispus zuteilt.

74 *Da vades* Er. zitiert die Textüberlieferung von Val. Max. wie in der Ausgabe Paris 1510; andere Ausgaben haben „Da ... praedes", ebenfalls mit der Bedeutung „Stelle Bürgen", vgl. *DNG* II, Sp. 3803, s.v. „praes", Nr. 1.

77–78 *professione* „durch sein Versprechen", nml. gegen Pompeius eine Anklage einzureichen für den Fall, daß dieser den römischen Staat nicht in den Bürgerkrieg stürzen werde.

79 THALES MILESIVS Identisch mit dem Zwischentitel zu VII, 1 (–19) und der Eintragung im Index personarum von *B* und *C*. Er. hatte **Thales von Milet** (624–ca. 547 v. Chr.), dem Vorvater der Philosophie, Astronomen, Mathematiker und Naturforscher, im „Buch der Philosophen" eine Sektion von 19 Sprüchen gewidmet (VII, 1–19); zu seiner Person vgl. oben Komm. zu VII, 1.

Apophth. VIII, 156 ist ein Gegenstück zu *Adag.* 100 „Oculis magis habenda fides quam auribus" (*ASD* II, 1, S. 210).

81–82 *Thales Milesius ... auribus* Wörtliche Übers. des Er. von Stob. Περί ψεύδους, *Flor.* III, 12, 14: Θαλῆς ὁ Μιλήσιος ἐρωτηθεὶς πόσον ἀπέχει τὸ ψεῦδος τοῦ ἀληθοῦς „ὅσον", ἔφη, „ὀφθαλμοὶ τῶν ὤτων". In *Adag.* 100 „Oculis magis habenda fides quam auribus" (*ASD* II, 1, S. 210) zitierte Er. stattdessen Hdt. I, 8, in der lateinischen Übers.: „Nam aures hominibus minus fideles sunt quam oculi".

gmentum de somniis, quorum, quae subuolant per *portam corneam*, vera sint, quae per *eburneam*, *vana*, corneae portae inuolucro designans oculos ob coloris similitudinem, eburneae os ob candorem dentium.

⟨ISOCRATES⟩

VIII, 157   INSTITVTIO   (Isocrates, 7) [19]
            (= Dublette von III, 123)

Isocrates *ad patrem, qui dicebat se cum filio non misisse nisi vnicum mancipium*, „Abi igitur", inquit, „*et habebis duo*". Id bifariam potest intelligi: „Redi tu domum, apud me relicto filio, quem posteaquam ita formaro, vt tibi non minus dicto sit audiens quam quilibet seruorum tuorum, pro vno mancipio habebis duo", aut: „Abi domum, ac puta tibi ea pecunia, quam pactus es pro filio instituendo, iam me quoque tuum esse factum, vt non minori curae mihi futurus sit tuus adolescens, quam si tuum essem mancipium". Simile quiddam tribuitur et Aristippo.

⟨CN. LENTVLVS⟩

VIII, 158   LIBERE   (Cn. Lentulus Marcellinus, 1) [20]

Cn. Lentulus Marcellinus consul in concione grauiter *questus est de Magni Pompeii* immodica *potentia*. Huius orationem quum *populus clara voce* acclamans approbas-

---

83–85 *Homericum ... vana* Hom. *Od.* XIX, 562–567: δοιαὶ γάρ τε πύλαι ἀμενηνῶν εἰσὶν ὀνείρων· αἱ μὲν γὰρ κεράεσσι τετεύχαται, αἱ δ' ἐλέφαντι· τῶν οἳ μέν κ' ἔλθωσι διὰ πριστοῦ ἐλέφαντος, οἵ ῥ' ἐλεφαίρονται, ἔπε' ἀκράαντα φέροντες· οἱ δὲ διὰ ξεστῶν κεράων ἔλθωσι θύραζε, οἵ ῥ' ἔτυμα κραίνουσι, βροτῶν ὅτε κέν τις ἴδηται. Die Verbindung dieser Geschichte mit der Sentenz „Oculis magis habenda fides quam auribus" findet sich ebenfalls in *Adag.* 100, ASD II, 1, S. 210, wo Er. allerdings die Erzählung von den beiden Toren der Träume als „figmentum illud Vergilianum" bezeichnete. Vgl. Verg. *Aen.* VI, 893–894: „Sunt geminae somni portae, quarum altera fertur / cornea, qua veris facilis datur exitus umbris ...".

85 *corneae portae ... candorem dentium* Er. erklärt hier die allegorische Identifizierung von A) wahrer Traum = aus Horn = Augenzeugenschaft und B) falscher Traum = aus Elfenbein = Hörensagen, wie folgt: „cornea" meine eigentlich hornfarbig, und das beziehe sich auf die Farbe der Augen; elfenbeinfarbig beziehe sich auf die Farbe der Zähne, meine somit den Mund, also die mündliche Information, die man vom Hörensagen kennt. Er. hat sie sämtlich aus Servius, *ad Aen.* VI, 893–894, bezogen: „Physiologia vero hoc habet: Per portam corneam oculi significantur, qui et cornei sunt coloris et duriores ceteris membris ... Per eburneam vero portam os sognificatur a dentibus. Et scimus, quia, quae loquimur, falsa esse possunt; ea vero, quae videmus, sine dubio vera sunt". Die zweite Identifizierung Elfenbein = Zähne = Mund = Hörensagen ist plausibler als die erste. Unklar ist, inwiefern die Augen „hornfarbig" sein sollen, so auch in *Apophth.* VIII, 156 („designans oculos ob coloris similitudinem"). Aus *Adag.* 100 geht hervor, daß Er. meinte, die Hornfarbe

bezeichne die schwarze Farbe, und diese würde sich auf die Pupillen beziehen: „Postremo figmentum illud Vergilianum de duabus ad inferos portis: eburnea, qua significant ea, quae per os exeant ob dentium eburneum candorem, et cornea, qua, quae conspiciuntur oculis, volunt intellegi ob pupularum nigrorem. In summa ad cognitionem magis faciunt aures, ad fidem faciendam certiores sunt oculi" (a.a.O.).

87 ⟨ISOCRATES⟩ Die erneute Hinwendung zu **Isokrates** wirkt einigermaßen überraschend: Er. hatte ihm gerade eine Sektion von Sprüchen gewidmet (VIII, 149–154); warum dieser erneute Anlauf, zumal Er. dieselbe Quelle, Ps.-Plut. *Vitae decem oratorum*, verwendete? Es ist nicht auszuschließen, daß VIII, 57 als Schlussstück der Isokrates-Sektion vorgesehen war. Zu Isokrates vgl. oben Komm. zu VIII, 149.

Apophth. VIII, 157 ist eine Dublette von *Apophth.* III, 123 (*ASD* IV, 4, S. 225–226; *CWE* 37, S. 258–259). Dort hatte Er. den gleichen Spruch dem sokratischen Philosophen Aristippos zugeschrieben. Vgl. Komm. unten.

90–91 *ad patrem ... duo* Ps.-Plut. *Vitae decem oratorum*, IV, 19, *Mor.* 838A: πρὸς δὲ τὸν εἰπόντα πατέρα ὡς οὐδὲν ἀλλ᾽ ἢ ἀνδράποδον συνέπεμψε τῷ παιδίῳ „τοιγαροῦν", ἔφη „ἄπιθι· δύο γὰρ ἀνθ᾽ ἑνὸς ἕξεις ἀνδράποδα" (vgl. ed. Ald. S. 673).

93–96 *Abi domum ... Aristippo* Es ist diese zweite Erklärung, mit der Er. das gleichlautende Aristippos-Apophthegma jeweils versehen hat: „Du wirst zwei Sklaven haben" soll bedeuten, erstens den Sohn, der dir gehorchen wird, zweitens den Philosophen Aristippos, der dir ganz zu Diensten sein wird und der alles tun wird, um deinen Sohn optimal zu erziehen. Vgl. Er., *De pueris*, *ASD* I, 2, S. 42: „Tum philosophus perquam lepide: ‚At nunc', inquit, ‚pro vno duos es habiturus, filium officiis vtilem, et philosophum filii doctorem'"; *Inst. Christ. Matrim. ASD* V, 6, S. 635: „‚At nunc', inquit Aristippus, ‚duos tibi seruos parabis, filium, et eum, quem filio conduxeris'". Vgl. Komm. zu *Apophth.* III, 123, *ASD* IV, 4, S. 225.

96 *Aristippo* **Aristippos von Kyrene** (ca. 430–355 v. Chr), Schüler des Sokrates, Begründer der Kyrenaischen Schule. Vgl. K. Döring, *DNP* 1 (1996/9), Sp. 1103–1104, s.v. „Aristippos" Nr. 3; ders., *Der Sokratesschüler Aristipp und die Kyrenaiker*, 1988; P.G. Natorp, *RE* II, 1 (1895), Sp. 902–906, s.v. „Aristippos", Nr. 8. Er. hatte ihm im dritten Buch der *Apophthegmata* eine umfängliche Sektion von 62 Sprüchen gewidmet (III, 101–163, *ASD* IV, 4, S. 220–236; *CWE* 37, S. 252–271).

96 *Simile ... tribuitur et Aristippo* Vgl. *Apophth.* III, 123 (*ASD* IV, 4, S. 225–226; *CWE* 37, S. 258–259): „Quidem cum Aristippo agebat, vt filium suum susciperet erudiendum, sed quum philosophus pro mercede peteret quingentas drachmas, alter deterritus magnitudine precii ‚Minoris', inquit, ‚emerem mancipium'. ‚At hic', inquit, ‚Habebis duo'. Sensit eadem pecunia illum sibi paraturum et philosophum vtilem et filium obsequentem. Lepide taxauit vulgi iudicium, qui nusquam parcior est quam in recte instituendis liberis plusque sumptus impendit curandis equis quam filiis"; Diog. Laert. II, 72: συνιστάντος τινὸς αὐτῷ υἱὸν ᾔτησε πεντακοσίας δραχμάς· τοῦ δ᾽ εἰπόντος, τοσούτου δύναμαι ἀνδράποδον ὠνήσασθαι", „πρίω", ἔφη, „καὶ ἕξεις δύο" (vgl. ed. Frob. p. 95), in Ambrogio Traversaris Übers.: „Cum sibi quidam commendasset filium, quingentas postulauit dragmas. Cui ille cum diceret, ‚tanti emere mancipium possum', ‚Eme', inquit, ‚et habebis duo'" (ed. Curio, Basel 1524, p. 70); Plut. *De liberis educandis*, *Mor.* 4F–5A: ἐρωτήσαντος γάρ τινος αὐτὸν πόσον αἰτοίη μισθὸν ὑπὲρ τῆς τοῦ τέκνου παιδεύσεως, „χιλίας", ἔφησε, „δραχμάς". τοῦ δ᾽ ‚Ἡράκλεις' εἰπόντος, „ὡς ὑπέρπολυ τὸ αἴτημα. δύναμαι γὰρ ἀνδράποδον χιλίων πρίασθαι", „τοιγαροῦν", εἶπε, „δύο ἕξεις ἀνδράποδα, καὶ τὸν υἱὸν καὶ ὃν ἂν πρίῃ".

Cn. Cornelius Lentulus Marcellinus (gest. um 55 v. Chr.), konservativer röm. Politiker, Wortführer der Optimaten, bsd. i.d.J. 61–56; in dieser Zeit kämpfte er gegen die Politik der Triumvirn an und führte Opposition gegen Caesar, Pompeius und Crassus; Lentulus war mit Cicero befreundet und mit P. Clodius Pulcher verfeindet. Vgl. K.-L. Elvers, *DNP* 3 (1997/99), Sp. 175, s.v. „Cornelius", Nr. I, 52; F. Münzer, *RE* IV, 1 (1900), Sp. 1389–1390, s.v. „Cornelius", Nr. 228. Vgl. Komm. *CWE* 38, S. 918.

97 *CN. LENTVLVS* In dieser Form im Index personarum von *B* und *C* verzeichnet.

Apophth. VIII, 158 datiert auf d.J. 56 v. Chr., das Jahr von Cornelius Lentulus' Konsulat.

99–102 *Cn. Lentulus ... licebit* Größtenteils wörtliche Wiedergabe von Val. Max. VI, 2, 6 („De C. Lentulo Marcellino consule", Titel in *ed. Bade 1510*, fol. CCXXXVIII[v]): „Cn. Lentulus Marcellinus consul, cum in contione de Magni Pompei nimia potentia quereretur (conquereretur *ed. Bade 1510*), adsensusque ei (illi *ed. Bade 1510*) clara voce vniuersus populus esset, ‚Adclamate', inquit, ‚Adclamate, Quirites, dum licet: iam enim vobis inpune facere non licebit'".

set, „*Acclamate*", inquit, „*acclamate, Quirites, dum licet. Iam enim vobis impune facere non licebit*", significans illius potentiam breui eo magnitudinis euasuram, vt nulla in re tutum esset vllo pacto resistere, si quid illi collibuisset.

⟨HELIVS [i.e. HELVIVS] MANCIA⟩

VIII, 159   Libere   (Helius, i.e. Heluius Mancia, 3) [21]

Helius Mancia Formianus, libertini filius, vltimae senectutis, L. Libonem apud Pompeium [i.e. apud censores] *accusabat. In quo certamine Pompeius*, Liboni fauens [i.e. Libonis patronus], Helio et generis *humilitatem* et senium *exprobans dixit illum ab inferis remissum*, vt claros viros *accusaret*. Hoc conuicium incontanter retorsit hoc modo: „*Non mentiris*", inquit, „*Pompei*[e], plane *ab inferis* reuersus sum. *Sed dum illic moror, vidi Cn. Domitium Aenobarbum* deplorantem, *quod summo genere natus, vitae* inculpatissimae, *patriae amantissimus, in ipso iuuentutis flore tuo iussu esset occisus. Vidi pari claritate conspicuum Brutum, ferro laceratum, querentem id sibi prius perfidia, deinde etiam crudelitate tua accidisse. Vidi Cn. Carbonem acerrimum pueritiae tuae bonorumque patris tui defensorem*, quum *tertium consul* esse, *catenis, quas tu* illi *iniici iusseras, vinctum obtestantem se aduersus omne fas et nefas, quum in summo esset imperio, a te equite Romano trucidatum. Vidi eodem habitu et quiritatu praetorium virum Perpennam saeuiciam tuam execrantem*, atque hos *omnes* eadem *voce indignantes, quod*

---

106 Helius *B C: scribendum erat* Heluius.
108 Helio *B C: scribendum erat* Heluio.

110 Pompei *scripsi*: Pompeie *B C*.

Helvius Mancia (geb. um 140/30-nach 55 v. Chr.) aus Formiae (einem Küstenstädtchen in Latium); Prozeßredner und Advokat. Er muss um 140/30 geboren sein, da er sich 55/0 in sehr hohem Alter befand und bereits einen in seiner Erscheinungsform auffällig gebrechlichen Körper aufwies, dessentwegen ihn Pompeius, wie in vorl. *Apophthegma* ersichtlich, als einen „von den Toten Auferstandenen" verspottete. Aus *Apophth*. VI, 191 geht hervor, daß er ein hässliches, etwas verzerrtes Gesicht mit Hängebacken hatte und unter der üblen Gewohnheit litt, immer wieder seine Zunge herauszustecken. Vgl. F. Münzer, *RE* VIII, 1 (1912), Sp. 229, s.v. „Helvius", Nr. 15 und K.-L. Elvers, *DNP* 5 (1998), Sp. 341, s.v. „Helvius", Nr. I, 4. Er präsentierte von Helvius Mancia zwei Sprüche, neben vorl. *Apophth*. VI, 357, und seine Person bildet des Weiteren den Gegenstand des Spottes von VI, 191. Für die in vorl. *Apophth*. wiedergegebene Stelle Val. Max. VI, 2, 8 vgl. C. Steel, „Pompeius, Helvius Mancia, and the Politics of Public Debate", in: C. Steel und H. van der Blom (Hrsg.), *Community and Communication*, Oxford 2013, https://dx.doi.org/10.1093/acprof:oso/9780199641895.003.0010.

104 *HELIVS MANCIA* In der Form „Helius Mancia" ebenso im Index personarum von *B* und *C* unter Bezugnahme auf vorl. Stelle. In *Apophth*. VI, 191 nennt ihn Er. irrtümlich „Helius manceps" („Helius, den Übernehmer öffentlicher Leistungen/Aufkäufer/Steuerpächter"), in VI, 357 nur „Mancia", während der Index personarum von *C* für diese Stelle die Namensform „Mantia" angibt. In der Pariser Ausgabe des Val. Max. d.J. 1510 heißt er „Aelius Mantia".

Apophth. VIII, 159 ist kein Apophthegma im eigentlichen Sinn, sondern Teil einer Gerichtsrede des Helvius Mancia, die er um d.J. 55 v. Chr. in sehr hohem Alter hielt.

106–121 *Helius Mancia … tutissimum* Größtenteils wörtliche, jedoch von einem Verständnisfehler im einleitenden Teil getrübte Wiedergabe von Val. Max. VI, 2, 8 („De Aelio Mantia Formiano filio libertini", *ed. Bade 1510, fol. CCXXXIX^r*): „Heluius (Aelius *ed. Bade 1510*) Mancia (Mantia *ed. Bade 1510*) Formianus, libertini filius ultimae senectutis, L. Libonem apud censores accusabat. In quo certamine cum Pompeius Magnus humilitatem ei aetatemque exprobrans ab inferis illum ad accusandum remissum dixisset, ‚Non mentiris', inquit, ‚Pompei: venio enim ab inferis, in L. Libonem accusator venio (venio *deest in ed. Bade 1510*). Sed dum illic moror, vidi cruentum Cn. Domitium Ahenobarbum (Aenobarbum *ed. Bade 1510*) deflentem, quod summo genere natus, integerrimae uitae, amantissimus patriae, in ipso iuuentae (iuuentutis *ed. Bade 1510*) flore tuo iussu esset occisus. Vidi pari claritate conspicuum ⟨M.⟩ Brutum ferro laceratum, querentem id sibi prius perfidia, deinde etiam crudelitate tua accidisse. Vidi Cn. Carbonem acerrimum pueritiae tuae bonorumque patris tui defensorem in tertio consulatu catenis, quas tu ei inici (iniici *edd. vett.*) iusseras, vinctum, obtestantem se (te *ed. Bade 1510*) aduersus omne fas ac nefas, cum in summo esset imperio, a te equite Romano trucidatum. Vidi eodem habitu et quiritatu praetorium virum Perpennam saeuitiam tuam execrantem omnesque eos vna voce indignantes, quod indemnati sub te adulescentulo carnifice occidissent'.... Itaque eo⟨dem⟩ tempore et fortissimus erat Cn. Pompeio maledicere et tutissimum".

106 *L. Libonem* L. Scribonius Libo, Konsul 34 v. Chr., treuer Parteigänger Pompeius', der ihn, wie vorl. Anekdote zeigt, vor Gericht verteidigte. Vgl. F. Münzer, *RE* II, A1 (1921), Sp. 881–885, s.v. „Scribonius", Nr. 20; J. Bartels, *DNP* 11 (2001), Sp. 303–304, s.v. „Scribonius", Nr. I, 7. Scribonius Libo figuriert auch in VI, 343 und wird in VI, 344 erwähnt.

106–107 *apud Pompeium ... Liboni fauens* ein Irrtum des Er.; wie dem Text des Val. Max. zu entnehmen ist, reichte Helvius Mancia seine Anklage bei den *Censores* ein, die als Richter fungierten. Er. meinte irrtümlich, daß Pompeius einer der Censores war. Ihm war offensichtlich nicht bewußt, daß Pompeius nie das Amt des Censors bekleidete. Zum Zeitpunkt des Prozesses (falls dieser i.J. 55 v. Chr. oder etwas später stattgefunden hat) waren die beiden Zensoren M. Valerius Messala Niger und P. Servilius Vatia Isauricus (55–50). Pompeius war nicht der Richter, sondern der Verteidiger des Angeklagten Libo.

109 *claros viros* Ein Zusatz des Er., der dem Witz nicht zugute kommt.

111 *Domitium Aenobarbum* Es handelt sich um Cn. Domitius Ahenobarbus (gest. 81 v. Chr.), den Sohn des gleichnamigen Konsuls von 96 v. Chr. und Schwiegersohn des Cinna; Cn. Domitius Ahenobarbus wurde 82 v. Chr. von Sulla geächtet, floh in der Folge nach Nord-Afrika, wo er die Unterstützung des Numidierfürsten Hiarbas gewann und mit seiner Hilfe ein Heer aufstellte. 81 v. Chr. erlitt er in der Schlacht gegen Pompeius eine entscheidende Niederlage, bei der er den Tod fand (Plut. *Pomp.* 12). Vgl. F. Münzer, *RE* V, 1 (1903), Sp. 1327–1328, s.v. „Domitius", Nr. 22; K.-L. Elvers, *DNP* 3 (1997), Sp. 752, s.v. „Domitius", Nr. I, 5.

111 *Aenobarbum* „Aenobarbum", wie in den meisten älteren Valerius-Maximus-Ausgaben.

112 *iuuentutis* Er.' Valerius-Maximus-Textvorlage las „iuuentutis", während der moderne *text. recept.* „iuuentae" aufweist.

113 *Brutum* Damit ist M. Iunius Brutus (gest. 77 v. Chr.) gemeint, der Vater des Caesar-Mörders; war Volkstribun i.J. 83; i.J. 77 kämpfte er gegen Pompeius, indem er Mutina gegen ihn verteidigte. Nachdem sich Brutus ergeben hatte, wurde er von Geminius, einem Anhänger des Pompeius, ermordet. Vgl. F. Münzer, *RE* X, 1 (1918), Sp. 972–973, s.v. „Iunius", Nr. 52; W. Will, *DNP* 6 (1999), Sp. 60, s.v. „Iunius", Nr. I, 9.

114 *Cn. Carbonem* Cn. Papirius Carbo, Volkstribun 92 v. Chr., Konsul 85, 84 und 82 v. Chr.; unterstützte zunächst den jungen Pompeius, musste aber später als Anhänger des Marius gegen den jungen Pompeius kämpfen, der als General Sullas fungierte. Nachdem er vergeblich versucht hatte, den in Praeneste belagerten Marius zu befreien, wurde er gefangengenommen und in Lilybaeum hingerichtet. Daß Pompeius seinen ehemaligen Unterstützer noch demütigte, bevor er ihn hinrichtete, wurde ihm später mehrfach zum Vorwurf gemacht. Vgl. W. Kroll, *RE* XVIII, 3 (1949), Sp. 1024–1031, s.v. „Papirius", Nr. 38; K.-L. Elvers, *DNP* 9 (2000), Sp. 290, s.v. „Papirius", Nr. I, 9.

118 *Perpennam* M. Perperna Veiento (oder Perpenna Vento, gest. 72 v. Chr.), populärer Politiker und Feldherr, Parteigänger des Marius; im Bürgerkrieg 82 v. Chr. Praetor auf Sizilien, das er für Marius hätte halten sollen; räumte jedoch, als Sullas General Pompeius heranrückte, das Feld; unter Sullas Diktatur proskribiert, wich er ins Exil aus. Nach Sul-

indemnati sub te adolescentulo carnifice cecidissent". Has Manciae voces. Fortassis aliquis temeritatem appellet citius quam libertatem. Scitum est, quod subnectit Valerius: *"Eo tempore et fortissimum erat Pompeio maledicere et tutissimum"*. Fortissimum ob summam potentiam, tutissimum ob reuocatam veterum facinorum inuidiam.

⟨DIPHILVS⟩

VIII, 160   LIBERE   (Diphilus, 22) [22]

Diphilus tragoediarum actor, *quum in ludis Apollinaribus ad eum versiculum venisset*

    „*Miseria nostra magnus est*",

directis in Pompeium Magnum manibus pronunciauit. Actio in tantum placuit *populo*, vt *aliquoties* fuerit *reuocatus*; nec histrio veritus est iterare simili *gestu*. Dubites, vtrum potius mirari conueniat, actoris audaciam an populi. Simili audacia *vsus est* in eadem fabula, *quum ventum esset ad eum versiculum*:

    „*Virtutem istam! Veniet tempus, quo grauiter gemas*".

Tametsi mihi videtur carmen esse mutilum. Suspicor addendum, „Serua virtutem istam", aut aliud simile verbum, vt sit versus Trochaicus.

---

131 gemas *B C*: gemes *Val. text. recept., edd. vett.*

las Tod beteiligte er sich an dem Aufstand des Konsuls Aemilius Lepidus gegen die Sullaner und dessen Marsch nach Rom (78), dessen Armee jedoch von Lutatius Catulus besiegt wurde. Lepidus und Perperna wichen nach Sardinien aus, wo Lepidus unerwartet starb – Perperna erbte seine Kontingente von ansehnlicher Truppenstärke. In der Folge zog Perperna mit dieser Armee zuerst nach Ligurien, dann nach Spanien, wo ihm Pompeius folgte. Dort vereinigte er sich mit Sertorius, als dessen Feldherr er mehrere Schlachten gegen Pompeius verlor. I.J. 73 zettelte er eine Verschwörung gegen Sertorius an, bei der dieser ermordet wurde; auf der Suche nach schnellen militärischen Erfolgen, womit er das Attentat auf Sertorius vergessen machen wollte, lockte ihn Pompeius in einen Hinterhalt, rieb sein Heer auf und nahm ihn gefangen. Obwohl ihm Perperna, der um Gnade flehte, wichtige Dokumente im Tausch gegen sein Leben aushändigte, richtete ihn Pompeius hin. Vgl. K.-L. Elvers, *DNP* 9 (2000), Sp. 597, s.v. „Perperna", Nr. 5; F. Münzer, *RE* XIX, 1, Sp. 897–891, s.v. „Perperna", Nr. 6.

Diphilos, Tragödienschauspieler. Bei seinem Auftritt bei den Spielen für Apoll i.J. 59 v. Chr. kritisierte er Cn. Pompeius. Vgl. F. Münzer, *RE* V, 1 (1903), Sp. 1152, s.v. „Diphilos", Nr. 10; H.-D. Blume, *DNP* 5 (1998), Sp. 646, s.v. „Histrio".

125–131 *Diphilus ... gemas* Im ersten Satz wörtliche, sonst paraphrasierende Wiedergabe von Val. Max. VI, 2, 9: „Diphilus (Deiphilus *ed. Bade 1510, fol. CCXXXIX*ᵛ) tragoedus, cum Apollinaribus ludis inter actum ad eum versum venisset, in quo haec sententia continetur, ‚miseria nostra magnus est', directis in Pompeium Magnum manibus pronuntiauit, reuocatusque aliquotiens a populo sine vlla cunctatione nimiae illum et intolerabilis potentiae reum gestu perseueranter egit. eadem petulantia vsus est in ea quoque parte, ‚virtutem istam veniet tempus, cum grauiter gemes'". Vgl. Cic. *Att.* II, 19, 3: „Ludis Apollinaribus Diphilus tragoedus in nostrum Pompeium petulanter inuectus est: ‚nostra miseria tu es magnus', miliens coactus est dicere ‚Eandem virtutem ístam veniet témpus cum grauitér gemes', totius theatri clamore dixit itemque cetera. Nam eiusmodi sunt ii versus, vt in tempus ab inimico Pompei scripti esse videantur".

125 *ludis Apollinaribus* Die *ludi Apollinares* waren staatlich organisierte Spiele zu Ehren des Gottes Apoll, die z.Z. des Zweiten Punischen Krieges eingeführt worden waren; sie fanden zum ersten Mal i.J. 211 v. Chr. statt, als Dankesfest für die rettende Hilfe, die der Gott im Kampf gegen Hannibal geboten hatte; fanden seit 208 v. Chr. jährlich am 13.7. und vorhergehenden Tagen (später meist vom 6.–13.7.) statt. Sie wurden im Circus Maximus abgehalten und setzten sich aus Pferderennen und lateinischen Schauspielen (*praetextatae*) zusammen. Die *ludi Apollinares* sind von 211 v. Chr. an bis 354 n. Chr. bezeugt. Vgl. G. Freyburger, *DNP* 7 (2000), Sp. 482, s.v. „Ludi".

126 *magnus est* Val. Max. hat hier den zitierten Vers nicht richtig übernommen; korrekt müsste er lauten: „Miseria nostra tu es magnus" (vgl. Cic. *Att.* II, 19, 3).

131 *gemas* Er.' Textvorlage las sicherlich „gemes"; das in den Baseldrucken einhellig überlieferte „gemas" stellt entweder einen Textübernahmefehler oder einen Versuch des Er. dar, den Text zu korrigieren, was in vorl. Fall jedoch einer Verschlimmbesserung gleichkommen würde.

132–133 *Tametsi ... Trochaicus* Er.' Vermutung, daß der Vers an vorl. Valerius-Maximus-Stelle unvollständig überliefert wurde, ist richtig. Es handelt sich um einen trochäischen Septenar ($-\smile-\times\mid-\smile-\times\parallel-\smile-\times\mid-\times$); in der Tat fehlt ein zweisilbiges Wort, jedoch nicht, wie Er. meinte, ein Verb („serua"). Die Stelle läßt sich heilen, da Val. Max. die Anekdote aus Ciceros Briefen *Ad Atticum* exzerpiert hat. Vgl. Cic. *Att.* II, 19, 3: „Ludis Apollinaribus Diphilus tragoedus ... coactus est dicere ‚Éandem virtutem ístam veniet témpus cum grauitér gemes' ". Diese Stelle war Er. jedoch offensichtlich nicht bekannt.

⟨SERVIVS GALBA⟩

135   VIII, 161   LIBERE   (Seruius Galba) [23]

Seruius Galba C. Iulium consummatis victoriis in foro ius dicentem huiusmodi dictis ausus est *interpellare*: „*C. Iuli Caesar, pro Cn. Pompeio Magno, quondam genero tuo, in tertio eius consulatu pecuniam spopondi, quo nomine nunc appellor. Quid agam? Num dependam?*", hac voce *palam* illi *exprobrans*, quod *Pompeii bona vendidisset*, cui fuerat affinitate iunctus. Aequum autem videbatur, vt, qui *bona generi vendiderat*, ea dependeret, quae nondum orto inter illos bello fuissent contracta. Caesar hac inuidia commotus *aes alienum Pompeii e fisco* ⟨*suo*⟩ *resolui iussit*.

⟨QVAEDAM MVLIER⟩

VIII, 162   LIBERE   (Mulier anonyma) [24]

145 Quum *Philippus* Macedonum *rex* cognitionem exerceret parum sobrius ac perperam aduersus *mulierem* quandam *tulisset sententiam*, illa sentiens errorem esse vini, non regis, exclamauit: „*Prouocarem*", inquit, „*ad Philippum, sed sobrium*". Excussit regi muliebre conuicium temulentiam adegitque, vt expergefactus *causam* eandem *animo praesentiore* cognosceret. Hic dubites, vtrum potius admirari debeas foeminae *libertatem* an tanti principis humanitatem. Simile quiddam et ante retulimus, sed sub viri persona.

---

142 suo *suppleui sec. Val. loc. cit.*

Servius Sulpicius Galba (um 93-nach 43 v. Chr.), Patrizier, Politiker und Feldherr, der Urgroßvater des Kaisers Galba; diente seit 58 einige Jahre unter Caesar als General in Gallien; 54 Prätor, während er in der Folge das erstrebte Konsulat nicht erreichte. Im Bürgerkrieg stand er weiter auf der Seite Caesars. I.J. 52 übernahm er für Pompeius die Bürgschaft für eine größere Summe, die dieser entliehen hatte. Nach dem Ende des Bürgerkrieges forderte der Gläubiger den Geldbetrag von dem Bürgen Sulpicius Galba ein („quo nunc appellor"). Sulpicius war jedoch der Meinung, daß vielleicht eher Caesar die finanzielle Haft übernehmen könne, da dieser Eigentümer der Besitzungen des Pompeius geworden sei und diese zudem größtenteils verkauft hatte. In dieser Angelegenheit wendet er sich nunmehr an den Diktator, nicht um diesen frech anzuschwärzen, wie Valerius Maximus suggeriert, sondern um von der damals angegangenen finanziellen Haftpflicht befreit zu werden. Wenn der Bericht des Valerius diesbezüglich stimmt, hat Sulpicius das Argument eingesetzt, Caesar wäre der Schwiegervater des Pompeius, und als Verwandter für finanzielle Ansprüche jedenfalls (mit)haftbar. In rechtlichem Sinne konnte davon jedoch i.J. 45 keine Rede mehr sein: Pompeius hatte Caesars Tochter Iulia i.J. 59 geheiratet, jedoch war diese bereits 54 im Wochenbett gestorben. Wiewohl schon im Vorfeld ausgehandelt war, erwies sich Caesars als großzügig, übernahm die Schuld und befreite Sulpicius Galba damit von der Bürgschaft. Dieser bezeigte sich im Übrigen wenig dankbar, da er sich 44 den Attentätern anschloss. Vgl. F. Münzer, *RE* IV, A1 (1931), Sp. 769–772, s.v. „Sulpicius", Nr. 61; J. Fündling, *DNP* 11 (2001), Sp. 1098–1099, s.v. „Sulpicius", I, 12.

134 *SERVIVS GALBA* Servius Galba scheint nicht im Index personarum von *B* und *C* auf.

Apophth. VIII, 161 datiert auf das Frühjahr 45 v. Chr., den Zeitpunkt von Sulpicius Galbas Bittstellung an Caesar, von der Bürgschaft für Pompeius befreit zu werden; vgl. Cic. *Fam.* VI, 18, 3, eine Stelle, die von J. Fündling, *DNP* 11 (2001), Sp. 1099, s.v. „Sulpicius", I, 12, irrtümlich auf 47 v. Chr. datiert.

136–142 *Seruius Galba … iussit* Teils wörtliche, im abschließenden Teil paraphrasierende Wiedergabe von Val. Max. VI, 2, 11: „Iam Serui Galbae temeritatis plena postulatio, qui (quod *ed. Bade 1510, fol. CCXL*ʳ) diuum Iulium consummatis victoriis in foro ius dicentem in hunc modum interpellare sustinuit: ,C. Iuli Caesar, pro Cn. Pompeio Magno, quondam genero tuo, in tertio eius consulatu pecuniam spopondi. Quo nomine nunc appellor. Quid agam? Dependam?'. Palam atque aperte ei bonorum Pompei venditionem exprobrando, vt a tribunali summoueretur, meruerat. Sed illud ipsa mansuetudine mitius pectus aes alienum Pompei ex suo fisco solui iussit".

136 *C. Iulium* der Diktator.

138 *in tertio eius consulatu* i.e. 52 v. Chr., das Jahr, in dem sich Pompeius verfassungswidrig zum *consul sine collega* ernennen ließ, zu einer monarchischen Machtausübung überging und damit den Bürgerkrieg einleitete.

142 *suo* Er. hat bei der Textübernahme irrtümlich das Wort „suo" vergessen, das jedoch nicht fehlen darf, da Caesar den Betrag aus seinen persönlichen Besitzungen, nicht aus dem staatlichen Fiscus, ersetzte.

Apophth. VIII, 162 ist eine Variante von IV, 24 (*ASD* IV, 4, S. 291; *CWE* 37, S. 343), wo sich ein Mann namens Machaetas bei Philipp II. beklagt; es gehört zu den „Wanderapophthegmen", die sich auf beliebige Herrscher anwenden lassen; sehr ähnlich sind IV, 31 (nach Plut. *Mor.* 179C–D) und VI, 110, das sich auf Kaiser Hadrian bezieht (nach Cassius Dio LXIX, 6, 3). Vgl. Komm. *CWE* 37, S. 921.

145 *Philippus* Philipp II., König der Makedonen (reg. 356–336 v. Chr.).

145–150 *Philippus … libertatem* Paraphrasierende Wiedergabe des Er. von Val. Max. VI, 2, ext. 1 („Externa. De quadam muliere" Titel in *ed. Bade 1510, fol. CCXL*ᵛ): „Inserit se tantis viris mulier alienigeni sanguinis, quae a Philippo rege temulento immerenter damnata, ⟨prouocare (,Prouocarem' *edd. vett. et plures mss.*) se iudicium vociferata est, eoque interrogante, ad quem prouocaret⟩ (*add. ms. P, G, ed. Becker, ed. Kempf, ed. Shackleton Bailey; ed. deest in edd. vett.*), ,ad Philippum', inquit, ,sed sobrium'. Excussit crapulam oscitanti ac praesentia animi ebrium resipiscere causaque diligentius inspecta iustiorem sententiam ferre coegit. Igitur aequitatem, quam impetrare non potuerat, extorsit, potius (ac potius *ed. Bade 1510*) praesidium a libertate quam ab innocentia mutuata (mutuauit *ed. Bade 1510*)".

147 *Prouocarem* Er. gibt hier die Lesart der älteren Valerius-Maximus-Ausgaben wieder.

150–151 *Simile quiddam … viri persona* Oben, in der Philipp II. gewidmeten Sektion des vierten Buches, IV, 24 (*ASD* IV, 4, S. 291; *CWE* 37, S. 343), legt Er. ähnliche Worte einem gewissen Machaetas in den Mund, die beim König die gleiche Wirkung verbuchen; ein Unterschied zur Version von VIII, 162 ist, daß der König nicht betrunken, sondern nur schläfrig ist: „Machaetae cuiusdam pro tribunali sedens causam cognouit, sed dormitabundus nec satis attentus ad iuris aequitatem; itaque sententiam tulit aduersus Machaetam. Verum quum is exclamasset se ab ea sententia appellare, rex iratus ,Ad quem?' inquit. Nam appellandi verbum monarchis inuisum. Hic Machaetas: ,Ad te ipsum, o rex, si expergiscaris et attentius audias causam' …". Er. verwendete dort als Quelle Plut. *Reg. et imp. apophth., Mor.* 178F–E.

⟨SCIPIO MINOR⟩

VIII, 163　　　　　　　Graviter　　　　　　(Scipio minor, 24) [25]

Scipio Aemilianus creatus censor addito collega *Mummio, viro magnae quidem nobi-*
155　*litatis,* sed *vitae* dissolutioris, *pro rostris dixit se ex maiestate reipublicae omnia gesturum, siue ciues sibi dedissent collegam siue non dedissent,* innuens satius fuisse non habere collegam censurae, quam talem collegam.

⟨P. RVTILIVS⟩

VIII, 164　　　　　　　Ivste　　　　　　(P. Rutilius) [26]

160　*P. Rutilius amico cuidam* rem *iniustam* petenti pernegabat; quumque is commotus *per summam indignationem diceret „Quid ergo* [inquit] *mihi opus est tua amicitia, si, quae rogo, non facis?", „Imo",* inquit Rutilius, *„quid mihi opus est tua, si quid inhonestae* rei *propter te facturus sum?".*

---

153 Grauiter *scripsi*: libere *B C*.

161 inquit *delevi*.

152 ⟨SCIPIO MINOR⟩ Für den jüngeren **Scipio Africanus** (185/4–129 v. Chr), dem Er. im „Buch der Könige und Feldherren" die Sektion V, 400–420 gewidmet hatte, vgl. oben Komm. zu V, 400.

153 *Grauiter* In Bezug auf den Titel ist hier ein Irrtum aufgetreten. Wie es bei den vorhergehenden Sprüchen der Fall war, wurde VIII, 163 der Titel „libere" zugeteilt. Jedoch bringt die Anekdote nicht mehr die *libertas dicendi* zum Ausdruck, sondern die Qualifikation „grauiter"; sie gehört dann auch nicht mehr zu Valerius Maximus' Kapitel VI, 2 („Libere dicta aut facta"), sondern VI, 4 („Grauiter dicta aut facta"). Diese Qualifikation geht auch aus dem einleitenden Satz des Valerius zu VI, 4, 2a hervor: „… Scipionis Aemiliani aut in curia aut in contione *grauitas*".

Apophth. VIII, 163 datiert auf die Zeit des Zensoramtes, das Scipio Africanus d.J. von 142 v. Chr. an zusammen mit seinem Kollegen L. Mummius ausübte. Die beiden Zensoren legten unterschiedliche Maßstäbe an und kamen sofort miteinander in Konflikt. Scipio Africanus war der strengere, Mummius der mildere. Mummius war nur etwa ein Jahr als Zensor tätig; er scheint während der Zensurperiode gestorben zu sein. Nach seinem Tod kam es in der Tat zu der Situation, auf die Scipio d.J. mit seinem Ausspruch hinweist: Er war ab dann *Censor sine collega*.

154–156 *Scipio Aemilianus … dedissent* Im einleitenden Teil paraphrasierende, im Spruchteil wörtliche Wiedergabe von Val. Max. VI, 4, 2 („De Scipione Aemyliano" Titel in *ed. Bade 1510, fol. CCXLVIII*[v]): „Nihilo segnior Scipionis Aemiliani (Aemyliani *ed. Bade 1510*) aut in curia aut in contione grauitas. Qui, cum haberet consortem censurae Mummium, vt nobilem ⟨ducem⟩, ita eneruis vitae, pro rostris dixit se ex maiestate rei publicae omnia gesturum, si sibi ciues uel dedissent collegam vel non dedissent".

154 *Mummio* L. Mummius, bedeutender röm. Politiker und Feldherr; Praetor 153 v. Chr., Konsul 146, anschließend Prokonsul in Griechenland; Censor 142. Für seine Leistungen als Prätor wurde ihm ein Triumph über die Lusitaner zuerkannt. Im Krieg gegen den Achaischen Bund eroberte er i.J. 146 Korinth; errichtete in der Folge die Provinz Achaea (145); triumphierte i.J. 145 über die Achaier und die Korinther; brachte eine große Menge griech. Kunstwerke als Spolien nach Rom. Mummius

muss bald nach seiner Zensur gestorben sein. Vgl. W. Kierdorf, *DNP* 8 (2000), Sp. 466, s.v. „Mummius", Nr. I 3; F. Münzer, *RE* XVI, 1 (1933), Sp. 1195–1206, s.v. „Mummius", Nr. 7a; L. Pietilä-Castrén, „L. Mummius' Contributions to the Agonistic Life in the Mid-second Century B.C.", in: *Arctos* 25 (1991), S. 97–106; L.M. Yarrow, „Lucius Mummius and the Spoils of War", in: *Scripta Classica Israelica* 25 (2006), S. 57–70.

155 *pro rostris dixit* Scipio Africanus d.J. sprach diese Worte „vor den Schiffsschnäbeln", d.h. auf der offiziellen Rednertribüne auf dem Forum in Rom.

P. Rutilius Rufus (um 158–78 v. Chr.), römischer Politiker, Feldherr, Jurist und Historiograph; *tribunus militum* 134–132, Praetor 118; 109–107 militärisch erfolgreich als Legat unter Q. Caecilius Metellus Numidicus im Jugurthinischen Krieg; als Konsul d.J. 105 leitete er Abwehrmaßnahmen gegen die Kimbern und Teutonen ein; 104–100 wichtiger Verbündeter des Marius; nach seinem Prokonsulat in der Provinz Asia i.J. 92 wurde er wegen Amtsmissbrauches verurteilt und nach Smyrna verbannt, wo er bis zum Ende seines Lebens verblieb und von Cicero Besuch erhielt. Verf. eines autobiographisch perspektivierten Geschichtswerkes, von dem nur Fragmente erhalten sind. Vgl. F. Münzer, *RE* I, A1 (1914) Sp. 1269–1280 s.v. „Rutilius"; W. Suerbaum, „P. Rutilius Rufus", in: ders. (Hrsg.), *Die archaische Literatur. Von den Anfängen bis Sullas Tod* (= Handbuch der lateinischen Literatur der Antike, Bd. 1), München 2002, S. 443–447.

158 *P. RVTILIVS* In dieser Form im Index personarum von *B* und *C*.

160–163 *P. Rutilius ... facturus sum* Im einleitenden Teil variierende, im Spruchteil wörtliche Wiedergabe von Val. Max. VI, 4, 4: „P. autem Rutilii verba pluris an facta aestimem nescio: nam vtrisque aeque admirabile inest robur. Cum amici cuiusdam iniustae rogationi resisteret atque is per summam indignationem dixisset ‚Quid ergo mihi opus est amicitia tua, si quod (quae *edd. vett., e.g. ed. Bade 1510, fol. CCXLIX*ᵛ) rogo, non facis?', respondit: ‚immo quid mihi tua, si propter te aliquid inhoneste facturus sum?'".

⟨POPVLVS CIANIENSIS [i.e. CINGINNIENSIS]⟩

165 VIII, 165　　　　　　　　Fortiter　　　　(Populus Cianiensis [i.e. Cinginniensis]) [27]

Quum M. [i.e. D.] *Bruto tota* fere *Lusitania sese dedidisset, sola vrbs* Ciania *pertinaciter arma retineret, tentatum* est per *Bruti legatos*, vt data pecunia perseuerarent esse sui iuris. Verum his populus Cianiensis *vno ore respondit sibi ferrum a maioribus relictum,* 170 *quo vrbem tuerentur, non aurum, quo libertatem redimerent.*

⟨IVLIANVS⟩

VIII, 166　　　　　　　　Praeter spem　　　　(Iulianus Apostata, 2) [28]

Iulianus imperator, ni fallor, quum in frequenti turba quidam ipsum his verbis appellaret aduersus aduersarium suum „*Thalassius, inimicus pietatis tuae, nostra* per 175 vim *eripuit*", „*Agnosco*", inquit, „ab illo me fuisse laesum. Proinde dic illi, vt *mihi potiori inimico* prius *satisfaciat*", *mandauitque praefecto, ne* prius cognosceretur illo

---

167 Ciania *B C*: Ciana *BAS LB*: Cinginnia *Val. Max. text. recept.*

Apophth. VIII, 165 datiert auf d.J. 136 v. Chr., genauer auf die abschließende Phase von Decimus Brutus' Spanienfeldzug.

167 *M. Bruto* Er. irrte sich in Bezug auf die Person: Es handelt sich nicht um „Marcus Brutus", sondern um Decimus Iunius Brutus aus dem 2. Jh. v. Chr., den Konsul d.J. 138 v. Chr., der i.J. 137 und 136 als Prokonsul die Verhältnisse auf der spanischen Halbinsel zu ordnen versuchte und größere militärische Operationen durchführte. Der Fehler mag dadurch zustande gekommen sein, daß das vorhergehende Lemma des Val. Maximus Marcus Brutus, dem Caesarmörder, gewidmet war (VI, 4, 5), wobei das Lemma mit „M. Brutus" anfing. Decimus Iunius Brutus (um 182-nach 121 v. Chr.) trug den Triumphatornamen Callaicus aufgrund seines Sieges gegen die hispanische Völkerschaft der Callaici. Vgl. K.-L. Elvers, *DNP* 6 (1999), Sp. 62, s.v. „Iunius", Nr. I, 14.

167–170 *Bruto tota … redimerent* Weitgehend wörtliche, dennoch missverstandene Wiedergabe von Val. Max. VI, 4, ext. 1 („Externa. De populo Cinaniensi" Titel in *ed. Bade 1510, fol. CCLʳ*): „Cuius (Cuius *Pighius, text. recept.*: Huius *plures edd. vett.*) mentio mihi subicit (subiicit *edd. vett.*), quod aduersus D. Brutum in Hispania grauiter dictum est, referre: Nam cum ei se tota paene Lusitania dedidisset ac sola gentis eius (huius *ed. Bade 1510*) vrbs Cinginnia (Cinginnia *ed. Kempf*, *ed. Shackleton Bailey*: Cinania *ed. Bade 1510, plures edd. vett.*) pertinaciter arma retineret, temptata redemptione propemodum vno ore legatis Bruti respondit ferrum sibi a maioribus, quo urbem tuerentur, non aurum, quo libertatem ab imperatore auaro emerent, relictum. Melius sine dubio istud nostri sanguinis homines (homines nostri sanguinis haec *ed. Bade 1510*) dixissent quam audissent".

167 *Ciania* Sonst auch Cinginnia, weiter unbekannte, nicht genauer lokalisierbare Stadt in Lusitanien (heute Portugal) nördlich des Douro. Vgl. P. Barceló, *DNP* 2 (1996), Sp. 1206 und E. Hübner, *RE* III, 2 (1899), Sp. 2560, jeweils s.v. „Cinginnia". In der Überlieferung des Val. Max. auf sehr unterschiedliche Weise tradiert, u.a. als Cinninia, Cirania, Cumana, Cinrania, Cinnana oder Cimmina. Der Name der Stadt taucht in der übri-

gen Überlieferung nicht mehr auf, weil sie von den Römern, nachdem sie sich nicht ergeben wollte, sehr wahrscheinlich zerstört wurde, wie Hübner, *RE* III, 2 zurecht vermutet.

168–169 *perseuerarent esse sui iuris* Nach Barceló hatte die finanzielle Regelung nicht den Zweck, daß die Leute von Cinginnia ihre Unabhängigkeit („libertas") behalten würden, sondern daß sie für einen bestimmten Geldbetrag, den Brutus anbot, kapitulieren sollten, um fortan der römischen Provinz anzugehören und Untertanen Roms zu sein. Vgl. P. Barceló, *DNP* 2 (1996), Sp. 1206 und E. Hübner, *RE* III, 2 (1899), Sp. 2560. Dies entspricht jedoch nicht der Darstellung des Valerius Maximus a.a.O.: „non aurum, quo libertatem ab imperatore auaro emerent".

Apophth. VIII, 166 ist, nach *Apophth.* VIII, 130, der zweite Spruch, den Er. dem röm. Kaiser Iulianus ‚Apostata' (reg. 360–363) widmet. Zu seiner Person vgl. oben Komm. zu VIII, 130.

171 IVLIANVS In dieser Form im Index personarum von *B* und *C*.

172 *Praeter spem* In der Basler Ammianus Marcellinus-Ausgabe wurde der Spruch als Vorbild der Milde (*lenitudo*) des Iulianus angemerkt.

174 *Thalassius, inimicus pietatis tuae* Hinter dem Kurzvermerk der Feindschaft des Iulianus mit Thalassius verbirgt sich ein bereits geraume Zeit andauerndes persönliches Drama, in dem der Bruder des Kaisers, Constantius Gallus, eine wichtige Rolle spielt. Thalassius stammte aus einer reichen und mächtigen Familie aus Antiochaeia und war der Sohn des Thalassius, des *praefectus praetorio Orientis* unter Constantius II. i.d.J. 351–353. Constantius II. hatte seinen Vetter, Constantius Gallus, zum Caesar für den Osten ernannt: Thalassius, der Vater, der der höchste Beamte der östlichen Reichshälfte war, und Constantius Gallus gerieten in der Folge in einen ständigen Kompetenzstreit, der stets mehr in eine offene Feindschaft entartete (für Vater Thalassius vgl. W. Enßlin, *RE* V, A1 [1934], Sp. 1199–1200, s.v. „Thalassius", Nr. 1). Immer wieder intrigierte Vater Thalassius bei dem Kaiser (Augustus) Constantius II. gegen Constantius Gallus, nach dessen Tod (353) setzte der Sohn die Angriffe fort, schließlich mit Erfolg: Constantius II. ließ den Constantius Gallus aufgrund seiner Streitigkeiten mit den kaiserlichen Hofbeamten in Antiocheia i.J. 354 absetzen und hinrichten. Die Höflinge in Antiocheia hatten sich durchgesetzt. Thalassius, der Sohn, setzte die ererbte Feindschaft mit dem jüngeren Bruder des Constantius Gallus, Iulianus

Apostata, fort. Thalassius wurde zum zweithöchsten Hofbeamten des Kaisers Constantius II., *proximus libellorum*, ernannt. Iulianus hatte ein stets angespanntes Verhältnis mit Constantius II., den er des Mordes an seinem Bruder Constantius Gallus beschuldigte. I.J. 360 kam Iulianus gegen Constantius II. in Aufstand und ließ sich zum Kaiser ausrufen. Es kam nur deshalb nicht zum offenen Kampf, weil Constantius II. unerwartet starb. I.J. 363, als Iulianus zur Vorbereitung des Perserfeldzuges in Antiocheia weilte, war er bereits Alleinherrscher. Es wäre ein Leichtes gewesen, seinen Feind Thalassius (den Sohn) zu erledigen. Für diesen vgl. W. Enßlin, *RE* V, A1 (1934), Sp. 1200, s.v. „Thalassius", Nr. 2; nicht in *DNP*, nicht identifiziert in *CWE* 38, S. 922.

174–177 *Thalassius … gratiam* Stark gekürzte, verworrene und missverständliche, dennoch im Spruchteil fast wörtliche Wiedergabe von Amm. Marc. XXII, 9, 16–17 („Documentum lentitudinis Iuliani" *annotat. marg. in ed. Froben., Bas. 1533, p. 669*): „Hic patientiae eius et lenitudinis documentum leue quidem apparuit, sed mirandum. Thalassium quendam ex proximo libellorum, insidiatorem fratris oderat Galli. Quo adorare adesseque officio inter honoratos prohibito aduersarii, cum quibus litigabat in foro, postridie turba congregata superflua, adito imperatore, ‚Thalassius', clamitabant, ‚inimicus pietatis tuae nostra violenter eripuit'. Et ille hac occasione hominem opprimi posse coniiciens (coniicens *ed. Froben., Bas. 1533*) ‚Agnosco', respondit, ‚quem dicitis offendisse me iusta de causa, sed (sed *ed. Seyfarth*: et *ed. Froben., Bas. 1533*) silere vos interim consentaneum est, dum mihi inimico potiori faciat satis. Mandavitque adsidenti praefecto, ne audiretur eorum negotium, antequam ipse cum Thalassio rediret in gratiam, quod brevi evenit'" (vgl. ed. Seyfarth, vol. III, pp. 36–38).

176–177 *illorum negotium* Er. hat die von Ammianus Marcellinus geschilderte Sachlage nicht kohärent wiedergegeben. An dieser Stelle redet Er. plötzlich von „illorum" (Mz.) ohne daß man versteht, wer damit gemeint sei; noch wenig oberhalb hatte er von „einem gewissen Mann in einer Menschenmenge" („in frequenti turba quidam") geredet, der versuchte, den Kaiser gegen Thalassius aufzubringen. Die Begegnung von diesem Mann und dem Kaiser erscheint zufällig, ebenso wie die Menschenmenge, in der sich der Mann befinden soll. Ammianus hingegen berichtet von einigen Leuten (= Bürgern Antiocheias), die

rum *negotium, quam ipse cum Thalassio rediret in gratiam*. Quod alter adduxerat ad maturandam vindictam, Caesar torsit in cunctationem.

⟨CYRVS MAIOR⟩

180   VIII, 167   Frvgalitas   (Cyrus maior, 4) [29]

Cyrus rex *rogatus ab hospite, quid ad* prandium *apparari* iuberet, „Nihil aliud", inquit, „quam *panem. Nam spero me prope* Crinum [i.e. riuum] coenaturum". Mira frugalitas in rege barbaro, cui panis erat pro obsonio, et sitim aquae spe deferebat in coenam. Refert Ammianus.

185   ⟨SIGISMVNDVS IMPERATOR⟩

VIII, 168   Honos ervditioni debitvs   (Sigismundus imp., 1) [30]

Sigismundus imperator, Alberti socer, cum aliis multis nominibus tum illo praecipue commendabilis fuit, quod vt ipse *linguarum* ac literarum peritiam amauit, ita viros eruditione praestantes semper ornare ac prouehere studuit. Quo nomine quum
190 a *Germanis principibus, qui Latinas literas oderant, reprehenderetur, quod homines* obscuro genere natos ob literarum commendationem *foueret*: „Quid ni", inquit, „*eos amem, quos natura* caeteros antecellere *voluit?*".

182 Crinum *B C*.: riuum *scribendum erat (cf. Ammiani ed. Bas. 1533).*   187 cum *scripsi*: quum *B C*.

mit Thalassius in einen zivilrechtlichen Prozeß verwickelt waren; im Rahmen dieses Rechtshandels, der noch *sub iudice* war, sprachen sie bei Iulianus vor, wobei sie baten, er möge gegen ihren Kontrahenten Thalassius vorgehen, der ihnen Hab und Gut geraubt habe. Zum Zweck dieser Petition hatten sie eine größere Menschenmenge, wohl ihre Klientel, mitgenommen, um ihrem Ansuchen Nachdruck zu verleihen. Einen Teil der Antwort formuliert Er. so, als ob der „gewisse Mann in einer Menschenmenge" diese Worte dem Thalassius überbringen sollte. Das ist kurios, da es sich ja um einen Feind des Thalassius handelt, und steht auch nicht in Ammianus' Bericht.

181 *Cyrus rex* Der Großkönig **Kyros d.Gr.** (der II.), der Begründer des persischen Reiches (reg. bis 530 v. Chr.). Ihm hatte Er. die ersten drei Sprüche des Buches der „Könige und Feldherren" gewidmet (V, 1–3). Weitere Sprüche werden im achten Buch hinzugesetzt (VIII, 167, 209). Zu seiner Person vgl. oben Komm. zu V, 1. Der Zwischentitel ist identisch mit jenem von V, 1–3.

181–182 *rogatus … coenaturum* Durch einen Textübernahmefehler bzw. eine misslungene Korrektur verworrene Wiedergabe von Amm. Marc. XXI, 9, 2: („Iulianus cibis vilibus contentus" *in annot. marg. ed. Froben, Basel, 1533, p. 651*): „… imitatus (sc. Iulianus) egregium (*Graecum ed. Froben, Basel, 1533*) illud Cyri veteris dictum, qui cum delatus ad hospitem interrogaretur ab eo, quid ad conuiuium parari deberet, ‚Panem', responderat ‚solum'. Sperare enim aiebat prope riuum se (se *om. ed. Froben, Basel, 1533*) cenaturum".

181 *prandium* Er. verbesserte Ammianus' „conuiuium" zu „prandium", weil es, wie in

Ammmianus' Text ersichtlich wird, nicht um die meist abends eingenommene Hauptmahlzeit, „coena", ging. „Conuiuium" bezeichnet in der Regel die Hauptmahlzeit, die jedoch auch am Nachmittag eingenommen werden konnte. Er.' „prandium" hat jedoch den Nachteil, daß dies immer nur eine kleine Mahlzeit (etwa ein spätes Frühstück) bezeichnet, während die Spruchkonstruktion bei Ammianus bedingt, daß die Hauptmahlzeit gemeint war.

182 *prope Crinum* Aufgrund entweder einer Verlesung oder eines Korrekturversuchs (der jedoch unnötig wäre) schrieb Er. „Crinum" statt „riuum", das er in seiner Textvorlage antraf; durch das großgeschriebene „Crinum" entstand ein geographischer Eigenname, der einen Fluss bezeichnen sollte, wie Er.' Erklärung zeigt. Der vermeintliche Name des Flusses ist jedoch hinfällig, da es einen Fluss mit diesem Namen nicht gab.

Sigismund von Luxemburg (1368–1437) röm.-dt. Kaiser 1433–1437, vordem König von Ungarn und Kroatien 1387–1437, röm.-dt. König seit 1411 und König von Böhmen seit 1419. Er. bezeichnet ihn als Kaiser, wodurch er den Ausspruch genaugenommen auf die Jahre 1433–1437 datiert. Die Anekdote, in der der Kaiser den gelehrten Fischel maßregelt, fand ebenfalls z.Z. von Sigismunds Kaiserschaft statt, während des Konzils von Basel. Zu Kaiser Sigismund vgl. E. Schlotheuber, *NDB* 24 (2010), S. 358–361; S. Wefers, *LMA* 7 (1995), Sp. 1868–1871, s.v. „Sigismund"; J.K. Hoensch, *Kaiser Sigismund. Herrscher an der Schwelle zur Neuzeit (1368–1437)*, München 1996; K. Hruza und A. Kaar (Hrsg.), *Kaiser Sigismund (1368–1437). Zur Herrschaftspraxis eines europäischen Monarchen*, Wien 2012; M. Pauly und F. Reinert (Hrsg.), *Sigismund von Luxemburg. Ein Kaiser in Europa*, Mainz 2006; In *CWE* 38, S. 922 wird „Sigismundus imperator" irrtümlich mit Sigismund I., König von Polen, identifiziert.

187 *Alberti* Albrecht II. (1397–1439), König v. Ungarn und Böhmen seit 1438; seit 1421 Schwiegersohn Kaiser Sigismunds; starb i.J. 1439 während eines Feldzugs gegen die Türken. Vgl. G. Hödl, *LMA* 1 (1980), Sp. 313–314, s.v. „Albrecht".

188–192 *linguarum ... voluit* Paraphrasierende Wiedergabe von Giambattista Egnazio, *Romanorum principum libri*, III, s.t. „Sigismundus" (*ed. Froben, Basel 1533, fol. Eee 2ʳ*): „multarum etiam linguarum scientia, et in his linguae Latinae studium excelluit. Quare doctos homines in primis fouit et dignitatibus etiam amplis honestauit. Accusauit saepe Germanos principes, qui Latinas odissent literas. A quibus reprehensus quandoque, quod doctos homines foueret, sed humiles genere: „Ego", inquit, „eos amo, quos natura alios antestare facile voluit" (das Werk war Er. auch in der Ausg. d.J. 1518, als Anhang zu seiner eigenen Sueton-Ausgabe, zugänglich). Quelle nicht identifiziert in *CWE* 38, S. 922–933. Ein Apophthegma, woraus Sigismunds Förderung von Intellektuellen und seine Hochschätzung von Bildung und Literatur hervorging, überlieferte Enea Silvio Piccolomini in seinem i. J. 1456 verfassten Kommentar zu Antonio Beccadellis *De dictis et factis Alphonsi Regis Aragonum*, IV, 19; die Stelle überliefert zunächst, daß Kaiser Sigismund dem Doktor der Rechtsgelehrheit Georg Fischel („Fiscellus") ein Adelswappen verlieh; als der also geadelte Fischel beim Konzil von Basel zweifelte, ob er sich zu den Rittern oder zu den Gelehrten stellen sollte, maßregelte ihn der Kaiser: „‚Stulte agis', inquit Sigismundus, ‚qui literis militiam praefers. Nam ego milites mille vna die fecerim, doctorem mille annis non fecerim'" (ed. Basel 1538, pp. 247–248). Jacob Spiegel führte in seinem Kommentar zu Enea Silvios *Dicta et facta* (1537 verfasst) interessanterweise das *Apophthegma* des Er. an: „Doctrinam militiae praetulit Imperator Sigismundus, quod, vt ipse linguarum ac literarum peritiam amauit, ita viros eruditione praestantes semper ornare ac prouehere studuit. Quo nomine cum a Germanis principibus, qui Latinas literas oderant, reprehenderetur, quod homines obscuro genere natos ob literarum commendationem foueret, ‚Quidni', inquit, ‚eos amem, quos natura caeteros antecellere voluit'. Quod relatum est ab Eras. Lib. Apoph. 8" (Spiegel, *Commentum in Aeneae Syluii commentarium ad Alphonsi dicta*, IV, 19, ed. Herwagen-Hieronymus Froben 1538, S. 267).

188 *linguarum ... peritiam* Kaiser Sigismund beherrschte Deutsch, Tschechisch, Lateinisch, Französisch, Kroatisch, Italienisch und Ungarisch. Zu seinen Erziehern gehörte der Humanist Niccolò dei Beccari.

Germani plurimum tribuunt generis nobilitati. At vir prudens intellexit in eruditis esse quiddam stemmatis praestantius. Illi habent aedium parietes clypeis et imaginibus depictos, hi animum habent optimis disciplinis exornatum. Porro vt natura animus praestantior est corpore, ita ornamenta ingenii longe pulchriora sunt externae nobilitatis insignibus. Qui nihil aliud habet quam maiorum imagines, opinione nobilis est verius quam re. At qui virtute praeditus est, vnde manat etiam illa vulgaris nobilitas, germanam ac natiuam habet nobilitatem.

⟨PLATO ATHENIENSIS⟩

VIII, 169   Spes   (Plato, 23) [31]
(= Dublette von VII, 229)

Plato dicere solet spes esse vigilantium somnia. Ad quod allusisse videtur Vergilius, quum ait: „*An qui amant, ipsi sibi somnia fingunt?*". Nam dictu mirum est quam varias imaginationes patiantur in animo suo, qui vehementer sperant aliquid. Atque his inanibus simulacris perinde semet oblectant, ac si iam tenerent, quae sibi pollicentur.

⟨SCOPELIANVS⟩

VIII, 170   Nox apta contemplationi   (Scopelianus, 3) [32]

Scopelianus sophista, quoniam *somni parcissimus* noctem existimabat *studiis* et exercitationi mentis accommodam, subinde *solitus est exclamare*

„ὦ Νύξ, σὺ γὰρ δὴ πλεῖστον σοφίας μετέχεις
μέρος θεῶν", id est,

„*O nox, nam tu sane maxima ex parte consors es sapientiae deorum*".

Habet enim hominis mens in alto illo silentio, corporis sensibus iam feriatis, aliquid diuinitatis, si sese intenderit ad rerum sublimium speculationem.

⟨PHRYNE⟩

VIII, 171   Gloriae amor   (Phryne, 8) [33]

Quum Alexander Thebanorum moenia diruisset, Phryne meretrix pollicita est se suis impendiis reposituram, modo ciues paterentur hoc insculpi elogium: „Ἀλέξανδρος

---

195 depictos *C*: depictas *B*.
203 solet *B C*: solebat *LB*.
206 iam *B C*: om. *BAS LB*.
213 consors *B C LB*: consortes *BAS*.

Apophth. VIII, 169–179 Es folgt nunmehr ein Abschnitt, in dem Philosophen die Spruchspender sind: Platon (VIII, 169), Skopelianos (VIII, 170, von Er. als Vertreter der *vita contemplativa* aufgefasst), Pythagoras (VIII, 172), Plotinos (VIII, 173), Diogenes von Synope (VIII, 176–177), Aristoteles (VIII, 178) und Sokrates (VIII, 179).

200 *PLATO ATHENIENSIS* Gemäß dem Zwischentitel vor *Apophth.* VII, 150. Er. hatte Platon (428/7–348/7 v. Chr.) im „Buch der Philosophen" eine Sektion von 22 Sprüchen gewidmet (VII, 150–171); an dieser Stelle setzt er noch einen weiteren Spruch als ‚Nachzügler' hinzu. Vgl. oben Komm. zu VII, 150.

Apophth. VIII, 169 ist eine Dublette von VII, 229, wo Er. denselben Spruch, seiner dortigen Quelle Diog. Laert. folgend, Aristoteles zugeschrieben hatte. Er. gibt hier keinen Hinweis, daß er sich dieser Verdopplung bewusst ist. Wahrscheinlich hat er, als er das achte Buch verfasste, sich nicht mehr daran erinnert. Vgl. Komm. *CWE* 38, S. 923.

203 *Plato ... somnia* Ael. *Var. hist.* XIII, 29: Ἔλεγεν ὁ Πλάτων τὰς ἐλπίδας ἐγρηγορότων ἀνθρώπων ὀνείρους εἶναι. Vgl. Er. *Apophth.* VII, 229: „Interrogatus, quid esset spes, ‚Vigilantis', inquit, ‚somnium' (nach Diog. Laert. V, 18). Multa sibi promittunt inania, qui spe ducuntur. Et Maro: ‚Qui amant, ⟨ipsi⟩ sibi somnia fingunt'". A.a.O. schrieb Er. den Spruch dem Aristoteles zu, was wohl richtig ist; Ailianos' Zuschreibung an Plato beruht hingegen aller Wahrscheinlichkeit nach auf einem Irrtum.

204 *An ... fingunt* Verg. *Ecl.* 8, 108. Er. hatte daraus, inspiriert durch Servius' Komm. *ad. loc.* („quod per prouerbium est locutus"), *Adag.* 1290 gebildet: „Qui amant, ipsi sibi somnia fingunt" (*ASD* II, 3, S. 304–306), S. 304: „Vergilius in Pharmaceutria: ‚Credimus, an qui amant, ipsi sibi somnia fingunt?'. Seruius prouerbialiter admonet dictum a poeta. Nam quod quisque sperat, facile credit. ... (S. 305:) Qui impense cupiunt, suis votis vndecunque blandiuntur et quiduis in omen optati euentus trahunt ..."; *Pharmaceutria* ist der Titel der 8. Ekloge. Für die proverbiale Sentenz vgl. weiter Publil. Syrus 16 „Amans quod suspicatur, vigilans somniat"; Otto 80; Walther, *Proverbia sententiaeque medii aevi* 23822a: „Qui amant, ipsi sibi somnia fingunt".

207 *SCOPELIANVS* **Skopelianos aus Klazomenai** an der ionischen Küste (tätig in Smyrna, ca. 80–115 n. Chr.), Redner, Vertreter der zweiten Sophistik; gilt zusammen mit seinem Lehrer Niketes von Smyrna als wichtigster Vertreter der asianischen Redekunst; bekannt für seinen rhythmischen, „dithyrambischen" Redestil. Verf. auch Gedichte, u. a. das Epos *Gigantia*. Unterrichtete in Smyrna (wie Klazomenai am Golf von Smyrna gelegen). Er. hatte ihm oben VIII, 15–16 zwei Sprüche gewidmet. Vgl. oben Komm. zu VIII, 15.

209–213 *somni ... deorum* Abgesehen vom Spruchteil paraphrasierende Übers. des Er. von Philostr. *Vit. soph.* 518: καὶ τὸν μεθ᾽ ἡμέραν καιρὸν ἧττον ἐσπούδαζεν, ἀυπνότατος δ᾽ ἀνθρώπων γενόμενος „ὦ νύξ", ἔλεγε „σὺ γὰρ δὴ πλεῖστον σοφίας μετέχεις μέρος θεῶν", ξυνεργὸν δὲ αὐτὴν ἐποιεῖτο τῶν ἑαυτοῦ φροντισμάτων. Es handelt sich um ein Zitat der Anfangsverse (1–2) von Menanders Komödie *Misumenos*: ὦ νύξ, σὺ γὰρ δὴ πλεῖστον Ἀφροδίτης μετέχεις/ μέρος θεῶν. KT fr. 789 Körte (Kock III, 209); Menander (Loeb), ed. W.G. Arnott, II, S. 256–257. Vgl. Komm. *CWE* 38, S. 923.

213 *o nox ... deorum* Er. hat das Spruchzitat nicht richtig verstanden. Skopelianos hat – nach seinem Vorbild Menander – die Nacht vergöttlicht; mit dem Vers soll nicht gesagt werden, daß die Nacht den größten Anteil an der Weisheit der Götter hat, sondern, daß die Nacht an der Weisheit einen größeren Anteil hat als die übrigen Götter. Vgl. die Übers. von W.C. Wright, Philostratus. *Life of the Sophists* (Loeb), S. 81: „O Night, thy share of wisdom is greater than oft he other gods!". Im Textvorbild des Skopelianos, Menanders *Misumenos*, steht, daß die Nacht an der Liebe einen größeren Anteil hat als die übrigen Götter, vgl. die Übers. von W.G. Arnott a.a.O.: „O Night – for you've the largest share in sex/ Of all the gods …". Da Er. normalerweise griechische Verse stets mit metrischen Übers. versieht, scheint es, daß er an dieser Stelle nicht erkannt hat, daß ein Verszitat vorliegt.

218 *Quum ... diruisset* Alexander der Gr. zerstörte Theben i.J. 335 v. Chr.

219–220 Ἀλέξανδρος ... φρύνη Paraphrase von Athen. XIII, 591D: ἐπλούτει δὲ σφόδρα ἡ Φρύνη καὶ ὑπισχνεῖτο τειχιεῖν τὰς Θήβας, ἐὰν ἐπιγράψωσιν Θηβαῖοι ὅτι (ὅτι *ed. Gulick*, ὅτι *deest in ed. Ald. p. 250*) „Ἀλέξανδρος μὲν κατέσκαψεν, ἀνέστησεν δὲ Φρύνη ἡ ἑταίρα", ὡς ἱστορεῖ Καλλίστρατος ἐν τῷ περὶ Ἑταιρῶν. Wie in ähnlichen Fällen ignoriert Er. die genaue Angabe bezüglich der ursprüngl. Quelle, die Athenaios beibringt, in diesem Fall Kallistratos' Schrift über Hetairen. Vgl. auch Propert. III, 5, 5–6: „Nec quae deletas potuit componere Thebas,/ Phryne tam multis facta beata viris".

220   ἣ κατέσκαψεν, ἀνέστησε δὲ Φρύνη", id est, *„Alexander quidem subuertit, sed Phryne restituit".* Hic merito quis dubitet, vtrum sit admiratione dignius: an quod scortum corporis vsura tantas opes collegerit, an quod tanto nominis amore teneretur, vt titulum tam chare voluerit emptum. Nam vt praeclarius est restituere quam demoliri, ita speciosior fuisset laus Phrynes scorti quam Alexandri regis.

225   ⟨PYTHAGORAS⟩

VIII, 172   Obesitas   (Pythagoras, 7) [34]

Pythagoras videns *quendam* e discipulis attentiorem curando corpori, idque agere, vt obesus esset ac nitida cute, *„Hic",* inquit, *„non desinit sibi carcerem molestiorem struere".* Sensit hominem esse animum, corpori ceu carceri inclusum, quod quo
230   reddas habitius, hoc magis grauatur animi vis.

                                        ⟨PLOTINVS⟩

VIII, 173   Corpvs hominis vmbra   (Plotinus) [35]

Plotinus philosophus Platonicus *Amelio pictori* [i.e. discipulo] *roganti, vt corporis formam pateretur effingi,* non passus est; *„Quid?",* inquit, *„An non satis est nos hanc*
235   *imaginem circumferre, nisi et imaginis imaginem relinquamus posteris* ostentandam?". Iudicauit cum Pythagora corpus esse thecam mentis, vtcunque eam exprimentem; minimum autem hominis videre eum, qui nihil aliud videt quam corpus.

229 ceu *B LB*: seu *C.*

227 *Pythagoras* Für den Naturphilosophen **Pythagoras** (ca. 570-nach 510 v. Chr.) vgl. oben Komm. zu VII, 356. Er. widmete ihm eine Sektion von Sprüchen im „Buch der Philosophen" (VII, 356–360); zudem tritt er als Apophthegmenspender in II, 92 (*ASD* IV, 4, S. 171; *CWE* 37, S. 184; dort allerdings erst an zweiter Stelle) und VIII, 135 auf; *Apophth.* VIII, 238 schreibt Er. zu Unrecht dem Pythagoras zu (vgl. Komm. ad loc.); VIII, 172 ist der siebente Spruch des Pythagoras in den *Apophthegmata.*
227–229 *Pythagoras … struere* Im einleitenden Teil paraphrasierende, im Spruchteil wörtliche Wiedergabe entweder von Enea Silvio Piccolomini, *De liberorum educatione,* cap. 21 „De corporalibus delitiis compescendis" (ed. Kallendorf, p. 152) oder *Tractatus de quinque sensibus,* 849–854; Enea Silvio: „Pythagoras cum intellexisset, ex familiaribus suis quendam exquisitis, vt pinguis fieret, indulgere cibariis, ‚hic', inquit, ‚non cessat molestiorem sibi carcerem struere'", = ders., *Der Briefwechsel,* ed. Wolkan, S. 114 (*Fontes rerum Austriacarum* vol. XXX); *Tractatus de quinque sensibus,* 849–854: „Ideo refert Basilius in Amonitionibus Pitagoram de suo seruo dixisse, quem cum intelligeret cibos delicatos querere, vt fieret pinguis, ‚Hic', inquit, ‚non cessat sibi molestiorem carcerem struere'"; die Quelle Enea Silvios sowie des *Tractatus de quinque sensibus* ist Basil. Caes. *Ad adolescentes, CSEL* 86, 9 (*Ad nepotes quomodo ex gentilium doctrinis proficient*), in Basil. *Opera,* ed. Badius Ascensius, Paris 1520, fol. CXLI[r–v] (in marg. „Pytha-

gorae dictum"): „ac inter caetera Pythagorae meminisse dicti ⟨oportet⟩ (oportet *deest in ed. Paris. 1520*), qui videns quendam exercitationibus ac cibis laute adpositeque sese curantem ac saginantem, ‚Heus', inquit, ‚miser, non desinis continuo duriorem tibi carcerem preparare?'"; vgl. auch Rhodiginus, *Lectiones antiquae* XXI, c. 10: „Propterea Pythagoram ferunt, quum audisset quendam ex familiaribus cibis execitationibusque, vt pinguis fieret, curare, dixisse non cessare illum molestiorem sibi carcerem instruere"; Quelle nicht identifiziert in *CWE* 38, S. 924.

Plotinos (205–270 n. Chr.), Begründer des Neuplatonismus, verstand sich in erster Linie als Interpret Platons; Ausgebildet in Alexandrien durch den Platoniker Ammonios Sakkas. 244 eröffnete Plotinos eine eigene Schule in Rom. Die Überlieferung seiner Werke ist seinem Schüler Porphyrios zu verdanken. Vgl. P. Hadot, *DNP* 9 (2000), Sp. 1146–1155, s.v. „Plotinos"; H.-R. Schwyzer, *RE* XXI, 1 (1951), Sp. 471–592, s.v. „Plotinos"; J. Halfwassen, *Plotin und der Neuplatonismus*, München 2004; K. Alt, *Plotin*, Bamberg 2005; W. Beierwaltes, *Das wahre Selbst. Studien zu Plotins Begriff des Geistes und des Einen*, Frankfurt a.M. 2001; R. Dufour, „Plotinus: A Bibliography 1950–2000", in: *Phronesis* 46 (2001), S. 233–411.

233–235 *Amelio ... relinquamus* Im einleitenden Teil durch einen Irrtum entstellte, im Spruchteil gekürzte Übers. des Er. von Porph. *Vit. Plot.* 1: Ζωγράφου δὲ ἀνασχέσθαι ἢ πλάστου τοσοῦτον ἀπηξίου ὥστε καὶ λέγειν πρὸς Ἀμέλιον δεόμενον εἰκόνα αὐτοῦ γενέσθαι ἐπιτρέψαι· „οὐ γὰρ ἀρκεῖ φέρειν ὃ ἡ φύσις εἴδωλον ἡμῖν περιτέθεικεν, ἀλλὰ καὶ εἰδώλου εἴδωλον συγχωρεῖν αὐτὸν ἀξιοῦν πολυχρονιώτερον καταλιπεῖν ὡς δή τι τῶν ἀξιοθεάτων ἔργων;". Durch die Kürzung im Spruchteil entfällt der typisch platonistische Gedankengang, weswegen Porträts wertlos seien: Ein Porträt kann nur das Abbild eines Abbildes sein, ist also von der Wirklichkeit denkbar weit entfernt.

233 *Amelio pictori* Er. ist hier ein Irrtum unterlaufen; Amelius war kein Maler, sondern ein bedeutender Schüler Plotins in dessen römischer Philosophenschule, mit vollem Namen Amelios Gentilianos. Dieser bat Plotin, er möge seinen Schülern ein Bildnis seiner selbst hinterlassen. Gentilianos (um 216/26 n. Chr. – 290/300) war griech. Herkunft und stammte aus Etrurien; fügte sich 246 zu Plotins Schülern. 268/9 reiste er in den Osten des Reiches, ursprünglich nach Palmyra, um dem Philosophen Longinos Abschriften der Vorträge des Plotin zu überbringen; während der Reise starb Plotin, und Gentilianos ließ sich in der Stadt Apameia (in der Provinz Syria) nieder. Gentilianos war der Verfasser eines umfänglichen philosophischen Werkes, das nur in Fragmenten erhalten geblieben ist. Vgl. L. Brisson, „Amélius: Sa vie, son œuvre, sa doctrine, son style", in: *Aufstieg und Niedergang der römischen Welt*. Teil II, Bd. 36/2, Berlin 1987, S. 793–860; ders., „Amélius", in: R. Goulet (Hrsg.), *Dictionnaire des philosophes antiques*. Bd. 1, Paris 1989, S. 160–164; ders., *DNP* 1 (1996), Sp. 585–587, s.v. „Amelios"; Amelios Gentilianos nicht identifiziert in *CWE* 38, S. 924, vgl. auch die Übers. „The painter Amelius asked ... Plotinus" ohne Anmerkung.

233 *roganti* Amelios Gentilianos war jener Schüler, der sich am meisten dafür einsetzte, daß ein Porträt des Plotin trotz dessen Widerstand zustandekam. Er fand seinen Freund Karterios, einen ausgezeichneten Maler, bereit, ein Porträt des Philosophen anzufertigen. Amelios nahm ihn in den Hörsaal mit, wo der Maler den Philosophen unerkannt stundenlang beobachtete. Dann fertigte er aus dem Gedächtnis das Porträt an, das er dann aufgrund der Angaben des Amelios, der die Gesichtszüge des Meisters natürlich kannte, weiter verbesserte. Vgl. Porph. *Vit. Plot.* 1: Ὅθεν ἀπαγορεύοντος καὶ καθεδεῖσθαι ἕνεκα τούτου ἂρ νουμένου ἔχων φίλον ὁ Ἀμέλιος Καρτέριον τὸν ἄριστον τῶν τότε γεγονότων ζωγράφων εἰσιέναι καὶ ἀπαντᾶν εἰς τὰς συνουσίας ποιήσαςἐξῆν γὰρ τῷ βουλομένῳ φοιτᾶν εἰς τὰς συνουσιαστὰς ἐκ τοῦ ὁρᾶν φαντασίας πληκτικωτέρας λαμβάνειν διὰ τῆς ἐπὶ πλέον προσοχῆς συνείθισεν. Ἔπειτα γράφοντος ἐκ τοῦ τῇ μνήμῃ ἐναποκειμένου ἰνδάλματος τὸ εἴκασμα καὶ συνδιορθοῦντος εἰς ὁμοιότητα τὸ ἴχνος τοῦ Ἀμελίου εἰκόνα αὐτοῦ γενέσθαι ἡ εὐφυΐα τοῦ Καρτερίου παρέσχεν ἀγνοοῦντος τοῦ Πλωτίνου ὁμοιοτάτην.

236 *Pythagora* Zu **Pythagoras** vgl.oben Komm. zu VIII, 172 und VII, 356.

236 *corpus esse thecam mentis* Cic. *Tusc.* I, 52; Lact *Inst*. II, 12, 11; VII, 12; Lucr. III, 440, 555, 793.

⟨SOPHOCLES⟩

VIII, 174   Senectvs sana   (Sophocles) [36]

Sophocles, iam extremae *senectutis*, *a filiis* accusatus est dementiae. At is pro apologia *iudicibus recitauit fabulam, quam proxime scripserat*, rogans, *num ea videretur* delirantis. Fertur et hoc dixisse: „Si sum Sophocles, non deliro; si deliro, non sum Sophocles", sentiens in eruditis ac sobriis animi vim non elanguescere, sed reuigescere potius vsu et exercitatione.

⟨PHILOSTRATVS LEMNIVS⟩

VIII, 175   Larvas insectari   (Flauius Philostratus) [37]

Aelianus sophista *scripsit in Gynnidem tyrannum*. Hunc quum *Philostratus Lemnius* offendisset *legentem indignabundo et concitato* similem, *percontatus est, quid* argumenti esset prae manibus; „Scribo", inquit, „Gynnidis accusationem". „Laudarem",

---

247 Gynnidem *correxi sec. Philostrati text. cit. ed. Ald.* (τοῦ Γύννιδος): Gymnidem *B C.*

249 Gynnidis *correxi sec. Philostrati text. cit. ed. Ald.* (τοῦ Γύννιδος): Gymnidis *B C.*

238 *Sophocles* Der athenische Tragiker.
240–241 *Sophocles … scripserat* Stark gekürzte, paraphrasierende Wiedergabe von Cic. *Cato* 22: „Quid iuris consulti, quid pontifices, quid augures, quid philosophi senes, quam multa meminerunt! Manent ingenia senibus, modo permaneat studium et industria, neque ea solum in claris et honoratis viris, sed in vita etiam priuata et quieta. Sophocles ad summam senectutem tragoedias fecit; quod propter studium cum rem neglegere familiarem videretur, a filiis in iudicium vocatus est, vt, quem ad modum nostro more male rem gerentibus patribus bonis interdici solet, sic illum quasi desipientem a re familiari removerent iudices. Tum senex dicitur eam fabulam, quam in manibus habebat et proxime scripserat, Oedipum Coloneum, recitasse iudicibus quaesisseque, num illud carmen desipientis videretur. Quo recitato sententiis iudicum est liberatus". Die Anekdote wird ebenfalls überliefert von Plut. *An seni sit gerenda respublica* 3, 3, *Mor.* 785A: Σοφοκλῆς δὲ λέγεται μὲν ὑπὸ παίδων (παίδων corr. *Xylander, ed. Fowler*: πολλῶν *ed. Ald. p. 566*) παρανοίας δίκην φεύγων ἀναγνῶναι τὴν ἐν Οἰδίποδι τῷ ἐπὶ Κολωνῷ (Κολωνῷ corr. *Coraes, ed. Fowler*: Κολωνοῦ *ed. Ald.*) πάροδον, … (sodann zitiert Plutarch sechs Verszeilen aus dem Chorlied, nml. 668–673, und berichtet, daß man dem Dichter auf der Agora Applaus gespendet hätte, als ob man sich im Theater befände, und daß ihn die Menge anschließend wie in einem Triumphzug nach Hause begleitet hätte). Er. muss seinen Text von VIII, 174 nach Cic. *Cato* 22 zusammengestellt haben, da aus Aldus' Plutarchausgabe, die Er. vorlag, nicht entnommen werden kann, daß Sophokles von seinen Söhnen *angeklagt* worden war.
240 *extremae senectutis* Sophokles erreichte ein Alter von über neunzig Jahren (497/6–406/5 v. Chr.).
240 *a filiis accusatus est dementiae* Es handelt sich um eine Anekdote, die mehrfach überliefert worden ist, jedoch kaum auf der historischen Realität beruht. Vgl. Komm. von H. North Fowler ad *Mor.* 785A.
242 *Si sum Sophocles … Sophocles* Wörtliche Übers. aus der anonymen *Vita Sophoclis* (Σοφοκλέους γένος καὶ βίος, ed. W. Willige, 13), wo die Überlieferung des Spruches dem Schriftstellerbiographen Satyros von Kallatis (3. Jh. v. Chr.) zugeschrieben wird: Σάτυρος

δὲ φησιν αὐτὸν εἰπεῖν: „εἰ μέν εἰμι Σοφοκλῆς, οὐ παραφρονῶ, εἰ δὲ παραφρονῶ, οὐκ εἰμι Σοφοκλῆς". Καὶ τότε τὸν Οἰδίποδα παραναγνῶναι. Zu den Fragmenten des Satyros vgl. S. Schorn, *Satyros aus Kallatis. Sammlung der Fragmente mit Kommentar*, Basel 2004; ders., „Satyros de Callatis", in: R. Goulet (Hrsg.), *Dictionnaire des philosophes antiques* 6, Paris 2016, S. 133–143. Satyros hatte im sechsten Buch seiner *Vitae* neben einer Euripides- und Aischylos- auch eine Sophokles-Biographie verfasst; von der Euripides-Biographie sind substantielle Fragmente auf einem Oxyrinchos-Papyros überliefert, von der Sophokles-Biographie nicht. Jedoch findet sich auf dem Papyrus eine Notiz, die belegt, daß die Sophokles-Biographie Teil des sechsten Buches der *Vitae* war (A.S. Hunt, *The Oxyrhynchus Papyri*, Bd. 9, London 1912, Nr. 1176).

243–244 *sentiens … exercitatione* Die wohlklingende Erklärung des Er. geht aus dem Spruch nicht hervor.

Flavius Philostratos, der bedeutendste der vier Philostratoi, der Schriftsteller und Redner, der am Hof des Kaisers Septimius Severus wirkte und dessen „Sophistenbiographien" Er. im achten Buch der *Apophthegmata* als eine der Hauptquellen benutzte. Das vorl. *Apophthegma* stammt ebenfalls aus diesem Werk. Vgl. Komm. oben zu VIII, 1.

245 *PHILOSTRATVS LEMNIVS* Der Index personarum von *B* und *C* gibt fälschlich an, daß der Spruchspender „AELIANVS SOPHISTA" sei. Weder „Philostratus" noch „Flauius Philostratus" werden im Index personarum angeführt.

Apophth. VIII, 175 ist ein Gegenstück zu *Adag*. 153 „Cum laruis luctari" (*ASD* II, 1, S. 268) und *Collect*. 586 „Cum laruis luctari" (*ASD* II, 9, S. 213); *Adag*. 153: „*Cum laruis luctari* dicuntur ii, qui vita defunctos insectantur maledictis, qua re nihil esse potest indignius ingenuo viro. … Aristoteles in Rhetoricis citat Platonem ex Politia, qui scripserit eos, qui mortuos allatrarent, videri similes catellis, qui lapides iactos morderent, ipsos, qui laesissent, non attingerent"; *Collect*. 586: „Est in mortuos inuehi spultorumque scripta repraehendere"; *Collect*. 87 „Cum mortuis non nisi laruae luctantur" (*ASD* II, 9, S. 214); Vgl. Otto Nr. 1147.

Apophth. VIII, 175 datiert kurz nach dem erfolgreichen Attentat auf Kaiser Elgabal, am 11. März 222 v. Chr.

247 *Aelianus* **Claudius Aelianus** (ca. 165–230 n. Chr.), bedeutender Schriftsteller und Redner, Verf. von u.a. der wertvollen wissensvermittelnden bzw. enzyklopädischen Werke *Varia historia* und *De natura animalium*. Vgl. M. Wellmann, *RE* I, 1 (1893), Sp. 486–488, s.v. „Aelianus", Nr. 11; E. Bowie, *DNP* 1 (1996), Sp. 327–328 s.v. „Ailianos", Nr. 2.

247 *Gynnidem* In den Baseldrucken wird der Spitzname des Elgabal irrtümlich als „Gymnis" überliefert, als ob er vom Wort „gymnos" („nackt") ausgehend gebildet worden sei. Es handelt sich um einen Textübertragungsfehler; Er. lag der korrekte griech. Text vor.

247 *Gynnidem* „Gynnis", der „weibische Mann", „Weichling" (ὁ γύννις, von γυνή, vgl. Passow I, 1, S. 579, s.v.), war der Spitzname des Kaisers Elgabal (Marcus Aurelius Antoninus, reg. 218–222 n. Chr.). In seiner Zusammenstellung des Textes vergaß Er., dies mitzuteilen, während diese Information zum Verständnis des Apophthegmas grundlegend ist und diese in Er.' Textvorlage, Philostr. *Vit. soph*. 625, auch angeboten wird. Auf diese Weise tappt der Leser im Dunklen, da er keine Ahnung hat, um wen es geht. Er. hatte dem Kaiser, den er „Antoninus Heliogabalus" nannte, im Abschnitt der „Kaiser-Apophthegmen" eine Sequenz von drei Sprüchen gewidmet (VI, 141–143). Die homosexuelle Inklination des Elgabal war Er. geläufig: In den Adagien bezeichnet er ihn als den größten Weichling unter den Kaisern („effoeminatissimum") und nennt ihn den „römischen Sardanapal" („Romanum Sardanapalum", ebd.). Sardanapal ist für Er. der Archetyp des verweichlichten orientalischen Herrschers: ein Herrscher, der Frauenkleidung trägt, sich das Gesicht schminkt usw. Vgl. *Adag*. 2627 „Sardanapalus", *ASD* II, 6, S. 439–440. Zur Person des Elgabal vgl. Komm. oben zu *Apophth*. VI, 141.

247–251 *Philostratus Lemnius … cuiuis* Im Spruchteil wörtliche Übers. des Er. von Philostr. *Vit. soph*. 625: Ἐντυχὼν δέ ποτε αὐτῷ Φιλόστρατος ὁ Λήμνιος βιβλίον ἔτι πρόχειρον ἔχοντι καὶ ἀναγινώσκοντι αὐτὸ σὺν ὀργῇ καὶ ἐπιτάσει τοῦ φθέγματος ἤρετο αὐτόν, ὅ τι σπουδάζοι, καὶ ὃς „ἐκπεπόνηταί μοι", ἔφη, „κατηγορία τοῦ Γύννιδος, καλῶ γὰρ οὕτω τὸν ἄρτι καθηρημένον (καθηρμένον *ed. Wright*: καθήμενον *ed. Ald. p*. 570) τύραννον, ἐπειδὴ ἀσελγείᾳ πάσῃ τὰ Ῥωμαίων ᾔσχυνε". καὶ ὁ Φιλόστρατος „ἐγώ σεν", εἶπεν „ἐθαύμαζον ἄν, εἰ ζῶντος κατηγόρησας".

247 *Philostratus Lemnius* Er. bezeichnet hier **Flavius Philostratus** als „Philostratus Lemnius" (von der griech. Insel Lemnos), indem er die Namensform, mit der sich der Sophist a.a.O. selbst einführte, wörtlich übernahm. Es

inquit Philostratus, „si viuentem accusasses". Id *enim* erat *viro dignum*. Nam lacerare *defunctum cuiuis* in promptu est.

⟨ANTIGONVS SECVNDVS⟩

VIII, 175B   REGNVM SERVITVS   (Antigonus Secundus, 9; *ASD* IV, 4, p. 315, *CWE* IV, 132)

⟨Antigonus rex, conspiciens filium suum eos, in quos habebat imperium, ferocius tractantem atque insolentius, „An ignoras", inquit, „fili, regnum nostrum esse splendidam seruitutem?". Nihil dici potuit cordatius. Nam princeps non minus obseruire cogitur populo quam populus principi, nisi quod princeps id facit cum dignitate. Alioqui re vera mutua seruitus est.⟩

⟨DIOGENES CYNICVS⟩

VIII, 176   RHETORES SERVI POPVLI   (Diogenes Cynicus, 230) [38]

Diogenes in caupona prandens Demosthenem *forte praetereuntem inuitauit*, vt accederet. Id quum ille pudore recusaret, „Erubescis", inquit, „Demosthenes, cauponam ingredi? Atqui hic herus tuus quotidie versatur". Innuit oratores nihil aliud *esse* quam *mancipia populi*. Nec esse par, vt illic pudeat seruum populi videri, vbi populus assidue viueret.

VIII, 177   SALSE   (Diogenes Cynicus, 231) [39]

Idem quibusdam admirantibus [i.e. cuidam Laconi laudanti] *carmen illud Hesiodi*,

οὐδ' ἂν βοῦς ἀπόλοιτ', εἰμὴ γείτων κακὸς εἴη, i.e.
„Ne bos quidem pereat, ni vicinus sit malus",

---

252 ANTIGONVS SECVNDVS *scripsi: Erasmus putavit dictum esse Antigoni primi.*
255–259 Antigonus rex … seruitus est *scripsi cum B*: *hoc apophthegma transposuit C in sectionem Antigoni primi lib. IV (p. 340), lapsu Erasmi.*
255 Antigonus rex *B*: Idem *C (p. 340).*

gab jedoch insgesamt vier Sophisten, die diesen Namen trugen: Flavius wurde diesbezüglich unter dem Namen „der zweite Philostratus von Lemnos" geführt.
250–251 *Id enim … promptu est* Er.' Erklärung ist eine Paraphrase von Philostratos' Erklä-

rung, a.a.O.: εἶναι γὰρ δὴ τὸ μὲν ζῶντα τύραννον (*ed. Wright*, ζῶντα τὸν τύραννον *ed. Ald.*) ἐπικόπτειν ἀνδρός, τὸ δὲ ἐπεμβαίνειν κειμένῳ παντός.
250 *lacerare* „lacerare", „jemanden zerreissen", „zerfleischen"; im Griech. steht ἐμβαίνειν, „auf jemandem herumtrampeln".

Apophth. VIII, 175B, „Regnum seruitus", das in *B* zuerst vorhanden war, ist in *C* einem Irrtum zum Opfer gefallen. Er. meinte bei der Vorbereitung von *C* zu Unrecht, daß der Spruchspender Antigonos I. Monophthalmos wäre; davon ausgehend schob er das Lemma nunmehr in der Sektion des Antigonos I. ein (*C*, p. 340), wo es nicht hingehört. Da es sich bei diesem Eingriff um einen Irrtum handelt, wurde der Spruch an vorliegender Stelle belassen. In *ASD* IV, 4 war dieses *Apophthegma* in der Sektion Antigonos I. gedruckt worden, ohne daß überhaupt registriert wurde, daß es nicht diesem, sondern Antigonos II. zugehört (S. 315), während im kritischen Apparat die Angabe gemacht wurde, daß eine Omission in *A* vorliege. In *A* wurde jedoch nichts ausgelassen: Es handelt sich um einen späteren Zusatz in *B*. In *CWE* 38 wurde das *Apophthegma* ebenfalls im vierten Buch gedruckt (als IV, 131, S. 376).

Apophth. VIII, 175B zeigt Antigonos Gonatas erneut als Stoiker, als Anhänger des Paradoxons, daß Herrschaft im Grunde Knechtschaft sei (ΕΝΔΟΞΟΣ ΔΟΥΛΕΙΑ). Vgl. dazu H. Volkmann, „ΕΝΔΟΞΟΣ ΔΟΥΛΕΙΑ als ehrenvoller Knechtdienst gegenüber dem Gesetz", in: *Philologus* 100 (1956), S. 52–61. Dieses stoische Paradoxon passt ausgezeichnet zu Er.' Herrscherideologie der *Inst. prin. christ.*

255 *Antigonus rex* Zu **Antigonos II. Gonatas** (um 320–239 v. Chr.), dem Sohn des Demetrios Poliorketes und der Philia, der i.J. 283 v. Chr. den Titel des Königs von Makedonien annahm, vgl. oben Komm. zu V, 106.

255 *Antigonus rex* Die Lesart von *C*, „Idem", ist unrichtig, da der Spruchspender nicht Antigonos I. ist.

255–257 *conspiciens ... seruitutem* Paraphrasierende Wiedergabe von Aelian. *Var. hist.* II, 20.

255 *filium suum* Demetrius II.

260 ⟨*DIOGENES CYNICVS*⟩ Für den Begründer der kynischen Philosophenschule **Diogenes von Sinope** (412/403–324/321 v. Chr.) vgl. oben Komm. zu VIII, 104. Er. hatte den Aussprüchen des Diogenes im dritten Buch eine Sektion von insgesamt 226 Apophthegmen gewidmet (*ASD* IV, 4, S. 236–284; III, 164–388, *CWE* 38, S. 271–334). Im achten Buch setzte Er. noch weitere Sprüche hinzu: VIII, 104–105, 116, 176–177 und 192.

263–266 *Diogenes ... populi* Größtenteils wörtliche Übers. des Er. von Ael. *Var. hist.* 9, 19: Ἠρίστα ποτὲ Διογένης ἐν καπηλείῳ, εἶτα παριόντα Δημοσθένην ἐκάλει. τοῦ δὲ μὴ ὑπακούοντος „αἰσχύνῃ", ἔφη „Δημόσθενες, παρελθεῖν εἰς καπηλεῖον; καὶ μὴν ὁ κύριός σου καθ' ἑκάστην ἡμέραν ἐνθάδε εἴσεισι", τοὺς δημότας λέγων καὶ τοὺς καθ' ἕνα, δηλῶν ὅτι οἱ δημαγόροι καὶ οἱ ῥήτορες δοῦλοι τοῦ πλήθους εἰσί.

263 *Demosthenem* Der berühmte Redner aus Athen.

Apophth. VIII, 177 ist ein Gegenstück zu *Adag.* 3401 „Ne bos quidem pereat" (*ASD* II, 7, S.S. 235–244) und 32 „Aliquid mali propter vicinum malum" (*ASD* II, 1, S. 146), ebenso wie diese stützt es sich auf das Zitat aus Hes. *Erg.* 348; aus den Worten des Diogenes geht hervor, daß VIII, 177 auf die Zeit nach dem 3. Messenischen Krieg (364–362 v. Chr.) datiert. *Adag.* 3401 (S. 235): „Iam ante prouerbiis aliquot nobis declaratum est, quantum vtilitatis adferat bonus vicinus, quantum incommodi malus. Sed quae conducunt ad vitae felicitatem, iterum atque iterum expedit inculcare, quo penitius infigantur animis. Neque enim ea res tantum habet locum in parandis aedibus aut fundo, sed in omni pene vita, vt quod Portius Cato prodidit de commodo vicino habendo non solum ad agricolas pertineat, verum etiam ad vnumquenque nostrum".

269–272 *Idem ... vicinis* Von Zuordnungsfehlern entstellte, missverständliche Übertragung des Er. von Ael. *Var. hist.* 9, 28: Ἐπῄνει Σπαρτιάτης τὸ ἔπος Ἡσιόδου τὸ λέγον· οὐδ' ἂν βοῦς ἀπόλοιτ', εἰ μὴ γείτων κακὸς εἴη, ἀκούοντος Διογένους· ὁ δὲ εἶπε· „καὶ μὴν Μεσσήνιοι καὶ οἱ βόες αὐτῶν ἀπολώλασι, καὶ ὑμεῖς αὐτῶν ἐστε οἱ γείτονες".

270–271 *οὐδ' ... sit malus* Hes. *Erg.* 346–348: πῆμα κακὸς γείτων, ὅσσον τ' ἀγαθὸς μέγ' ὄνειαρ. ἔμμορέ τοι τιμῆς, ὅς τ' ἔμμορε γείτονος ἐσθλοῦ. οὐδ' ἂν βοῦς ἀπόλοιτ', εἰ μὴ γείτων κακὸς εἴη. In *Adag.* 32 „Aliquid mali propter vicinum malum" (*ASD* II, 1, S. 146) hatte Er. diese Verse wie folgt übersetzt: „... noxa est vicinus vt improbus ingens,/ Contra ita maxima commoditas, si commodus adsit,/ Deest honor huic, bona quem vicinia deficit, at nec/ Intereat bos, ni vicinus vbi improbus adsit".

271 *Ne ... malus* Die sprichwörtliche Sentenz ist einer Textpassage in Hesiods *Werke und Tage* entnommen, in der er die Bedeutung guter Nachbarn und guter nachbarschaftlicher Beziehungen hervorhebt. Der Spruch „Dein (krankes) Rind wird dir nicht sterben, außer du hast einen schlechten Nachbarn" besagt soviel wie „Dir kann nicht viel passieren, wenn du einen guten Nachbarn hast".

271 *Ne bos quidem pereat* Er. zitiert das erste Glied des Satzes nach dem Titel von

„*Atqui Messenii*", inquit, „simul cum bubus *periere, vobis vicinis*". Exprobrauit Atheniensibus ignauiam, qui Messeniis vicinis aduersus Lacedaemoniorum vim non fuerint opitulati.

⟨ARISTOTELES⟩

VIII, 178   IMPERIVM HVMANVM   (Aristoteles, 32) [40]

Quum Aristoteli grauiter affecto *medicus* quidam *praescriberet* cum autoritate nec vllam adferret rationem, „*Ne me*", inquit, „*perinde curaris* vt bubulcum aut *fossorem, sed prius doce me causam*, quur ista praescribas, atque ita demum *habebis* obsequentem", *docens* viris cordatis non ita imperandum, quemadmodum imperamus asinis.

⟨SOCRATES⟩

VIII, 179   FACETE   (Socrates, 107) [41]

Alcibiades Socrati miserat munus praeclarum. Id quum Socrates videretur recusaturus, Xanthippe dissuasit, asseuerans donum esse magnificum et indignum, quod respueretur. Tum Socrates, „Alcibiades", inquit, „haec mittit ambitiose; et nobis nostra est ambitio", sentiens interdum esse magnificentius magna contemnere quam magna largiri.

Adag. 3401. Wenn man den Spruch im Rahmen von Hesiods Werken und Tagen versteht, ist eine Übertragung mit „Nicht einmal ein (krankes) Rind verendet einem …" widersinnig, da ein Rind zu dem wertvollsten Gut eines griech. Bauern gehört. Er. hat jedoch in seinen Ausführungen von *Adag.* 3401 den Rahmen des Spruches auf das *gesamte Leben* erweitert. In dieser Perspektive erscheint der Verlust eines Rindes als relativ geringer Verlust; vgl. *Adag.* 3401, S. 236: „*Nec bos intereat, vicinus si improbus absit. At leuis est bouis iactura, si cum his malis conferatur, quae capiuntur ex improbis conuictoribus, ex fucatis amicis, ex vxoribus et famulis parum fidelibus*". Es hat den Anschein, als ob Er. sowohl Form als auch Sinngebung des Ausspruchs aus *Adag.* 3401 auf *Apophth.* VIII, 177 übertragen hat.

272 *Messenii* In dieser Form auch z. B. in *Adag.* 1745 (*ASD* II, 4, S. 176–177) und 1820 (ebd., S. 228).

272–274 *Exprobrauit … opitulati* Er. hat sich bei der Erklärung des Spruches geirrt. Diogenes sprach diese Worte nicht zu den Athenern, sondern zu einem Spartaner; es war dann auch ein Spartaner, der den Vers des Hesiod rezitiert hatte. Diogenes warf den Spartanern vor, daß sie ihre Nachbarn, die Messenier, umgebracht und deren Rinder geraubt hätten. Er. hat offensichtlich die entsprechende Angabe des Aelianus, daß Diogenes sich an einen Spartaner wandte (Ἐπῄνει Σπαρτιάτης τὸ ἔπος Ἡσιόδου τὸ λέγον …) übersehen. An die Athener kann sich Diogenes gar nicht gewendet haben, da diese bekanntlich keine Nachbarn der Messenier sind. Diogenes bezog sich in seinem zynischen Seitenhieb auf den 3. Messenischen Krieg d.J. 364–362 v. Chr., de facto ein Aufstand der Heloten, der bereits von den Spartanern versklavten Messeniern. Bei diesem Aufstand geriet Sparta an den Rand des Abgrunds. Den Messeniern gelang es Itome zu besetzen und dort standzuhalten. Die Spartaner obsiegten nur mit der Hilfe Athens. Vgl. auch Komm. *CWE* 38, S. 925. Lycosthenes hat das Apophthegma diesbezüglich korrigiert wiedergeben (Kap. „De vicinis", S. 1064): „Lacone quodam laudante Aesiodi carmen, scilicet ‚Non peribit bos vtique, nisi affuerit malus vicinus', Diogenes excipiens, ‚Atqui', inquit, ‚et Messenii periere et eorundem boues, in vicinia vobis constitutis'".

Apohth. VIII, 178 Er. hatte **Aristoteles** (384–322 v. Chr.) im „Buch der Philosophen" eine umfängliche Sektion von insgesamt 31 Apophthegmen gewidmet (VII, 220–250); zu der Person des Philosophen vgl. Komm. zu VII, 220.

277 *grauiter* „grauiter", ein das Narrativ ausschmückender Zusatz des Er.

277–280 *medicus ... docens* Leicht variierende Übers. des Er. von Ael. *Var. hist.* 9, 23: Ἀριστοτέλης ἐνόσει ποτέ. προσέταξε δὲ αὐτῷ ὁ ἰατρὸς πρόσταγμά τι. καὶ ἐκεῖνος „μήτε ὡς βοηλάτην με", ἔφη, „θεράπευε μήτε ὡς σκαπανέα, ἀλλὰ διδάξας πρότερον τὴν αἰτίαν, οὕτως ἕξεις ἕτοιμον πρὸς τὸ πείθεσθαι", διδάσκων ἐκ τούτων μηδὲν χωρὶς αἰτίας προσφέρειν (vgl. ed. Victorius fol. 42ᵛ).

277–278 *cum autoritate ... rationem* Erklärende Ausgestaltung des Er., die das Gesagte klarer auf den Punkt bringt.

280 *docens ... asinis* In seiner Erklärung des Spruches weicht Er. von seiner Vorlage Aelian ab. Nach Aelian benutzte Aristoteles diesen im Unterricht als Beispiel, um den Philosophieschülern zu lehren, für jede Behauptung auch eine Begründung beizubringen (διδάσκων ἐκ τούτων μηδὲν χωρὶς αἰτίας προσφέρειν).

Apohth. VIII, 179 Er. hatte **Sokrates** (469–399 v. Chr.) im dritten Buch eine lange Sektion von Apophthegmen gewidmet, III, 1–101 (*CWE* 37, S. 221–251; *ASD* IV, 4, S. 197–220); daher war er im siebenten Buch, dem „Buch der Philosophen", nicht mehr zum Zuge gekommen; im achten Buch folgen einige „Nachzügler": VIII, 110–114 und vorl. Spruch.

283 *Alcibiades* Sokrates war einer der Liebhaber des Alkibiades (ca. 450–404/3 v. Chr.). Das Apophth. muss sich auf den noch relativ jungen Alkibiades beziehen, der nach dem frühen Tod seines Vaters Kleinias (447) im Haus seines Onkels Perikles aufwuchs (vgl. *Apophth.* V, 181) und von Sokrates unterrichtet wurde. Alkibiades war nicht nur freigebig, vgl. oben VI, 373. Er. hat ihm im „Buch der Könige und Feldherren" eine Sequenz von 9 Sprüchen gewidmet (V, 184–192). Für weiteres zur Person des Alkibiades vgl. oben Komm. zu V, 184.

283 *Alcibiades ... miserat* Paraphrase von Ael. *Var. hist.* 9, 29: Ἑορτῆς οὔσης παρὰ τοῖς Ἀθηναίοις (Ἑορτῆς οὔσης παρὰ τοῖς Ἀθηναίοις *ed. Wilson*, ὅτι *ed. Victorius fol. 43ʳ*) ἐφιλοτιμήσατο ⟨ὁ⟩ (⟨ὁ⟩ *ed. Wilson*) Ἀλκιβιάδης δῶρα πολλὰ πέμψαι τῷ (τῷ *deest in ed. Victorius*) Σωκράτει. τῆς οὖν Ξανθίππης καταπλαγείσης (καταπλαγείσης *ed. Wilson*: καταπλαγείσης τὰ πεμφθέντα *ed. Victorius*) καὶ τὸν Σωκράτην (τὸν Σωκράτην *deest in ed. Victorius*) λαβεῖν αὐτὰ ἀξιούσης (λαβεῖν αὐτὰ ἀξιούσης *ed. Wilson*, ἀξιούσης λαβεῖν αὐτὰ *ed. Victorius*), ὁ δὲ ἔφη· „ἀλλὰ καὶ ἡμεῖς τῇ φιλοτιμίᾳ τῇ τοῦ Ἀλκιβιάδου παραταξώμεθα, μὴ λαβεῖν τὰ πεμφθέντα ἀντιφιλοτιμησάμενοι (ἀντιφιλοτιμησάμενοι *ed. Wilson*: φιλοτιμησάμενοι *ed. Victorius*)".

284 *Xanthippe* Zu Xanthippe, der Ehefrau des Sokrates, vgl. oben Komm. zu VIII, 134, wo ihr Er. einen Spruch gewidmet hat.

285–286 *haec mittit ... est ambitio* Er.' Wiedergabe des Spruches entspricht nicht dem Sinn, den er in der griech. Textvorlage hat. Sokrates wollte nicht sagen „Alkibiades bezeigt damit seine Ambition, wir haben aber unsere eigene", sondern: „Aber ich will es der Ehrsucht des Alkibiades meinerseits gleichtun, dadurch daß ich, in Erwiderung der Ehrsucht, die mir zugeschickten Geschenke nicht annehme,". Vgl. die latein. Übertragung des Justus Vulteius, die den Sinn des Spruches besser trifft: „... Socrates dixit: ‚Sed et nos certemus liberalitate cum Alcibiade, et ea, quae mittuntur ab ipso, non capiamus, quadam munificentia'" (ed. Basel 1548, S. 256).

⟨ZOILVS⟩

VIII, 180　　　　　　　　Maledicentia　　　　　　　　(Zoilus) [42]

290　Zoilus *interrogatus, quamobrem* ita studeret *omnibus maledicere,* „quoniam", *inquit,* „*malefacere quum cupiam, non possum*", expedita malitia morbum ingenue confitentis et amantis.

⟨GNATHAENA MERETRIX⟩

VIII, 181　　　　　　　　　　　　　　　　　　(Gnathaena meretrix, 8) [43]

295　Gnathaena meretrix *adolescentem, qui* fama ipsius illectus *ex Hellesponto* venerat in Atticam eratque in conuiuio loquacior, ita compescuit: „An non dicebas", inquit, „te *ex Hellesponto* huc *profectum*?". Quum annuisset, „et qui fit", *inquit,* „vt primariam eius regionis *ciuitatem non* noueris?". Percontanti „Quam?" „Sigaeum", inquit Gnathaena, atque ita ciuiliter admonuit illum silentii. Nam σιγᾶν Graece silere est.
300　Inde dictum videtur Sigaeum.

⟨PHILIPPVS V. MACEDO⟩

VIII, 182　　　　　　　　Minaciter　　　　　　(Philippus V. Macedo, 3) [44]

Philippus rex multa questus apud Romanorum legatos de moribus et calumniis Thessalorum, tandem *elatus ira* hanc vocem *adiecit, nondum omnium dierum solem*

296　eratque *scripsi*: essetque *B C*.

Zoilos aus Amphipolis (4. Jh. v. Chr.), Sophist; Schüler des Polykrates; Homer-Kritiker; wurde schon im Altertum und *a fortiori* im Humanismus der Renaissance zur sprichwörtlich-sinnbildhaften Gestalt des literarischen Kritikasters. Vgl. S. Matthaios, *DNP* 12,2 (2002), Sp. 825, s.v. „Zoilos", Nr. 1. Der Spitzname des Zoilos war „Rhetorischer Hund" bzw. „Redender Hund" (κύων ῥητορικός).

Apophth. VIII, 180 ist ein Gegenstück zu *Adag.* 1408 „Zoili" (*ASD* II, 3, S. 410): „Zoili audax quidem, sed parum felix mordacitas prouerbio locum fecit, vt vulgo Zoili vocentur alienarum laudum obtrectatores et alienorum laborum reprehensores. … Hic Zoilus sophista quispiam fuit, hoc facinore potissimum nobilitatus, quod Homerum, poetarum omnium principem, ausus est libris aliquot in eum scriptis incessere …".

290–291　*interrogatus … possum* Ael. *Var. hist.* 11, 10: ἤρετο οὖν αὐτόν (sc. Ζωΐλον τὸν Ἀμφιπολίτην) τις τῶν πεπαιδευμένων διὰ τί κακῶς λέγει πάντας· ὁ δέ· „ποιῆσαι γὰρ κακῶς βουλόμενος οὐ δύναμαι" (vgl. ed. Victorius, fol. 48ʳ).

Gnathaina (4. Jh. v. Chr.) Er. hatte der athenischen Hetaire, die u. a. die Geliebte des Komödiendichters Diphilos war, bereits im sechsten Buch eine Sektion von Sprüchen gewidmet (VI, 559–566). Wie schon bei den dortigen sieben Apophthegmen verwendet Er. wiederum Athenaios' *Deipnosophistae* als Quelle. Für Gnathaena vgl. A.E. Raubitschek, *RE* XX,

1 (1941), Sp. 896, s.v. „Phryne"; U. Auhagen, *Die Hetäre in der griechischen und römischen Komödie*, München 2009, 2014 (e-book); K. Kapparis, *Prostitution in the Greek World*, Berlin-New York 2018 (e-book); K. Schneider, *RE* VIII, 2 (1913), Sp. 1331–1372, s.v. „Hetairai"; E. Hartmann, *DNP* 5 (1998), Sp. 517–519, s.v. „Hetairai".

295–296 *ex Hellesponto … inquit* Narrativ ausgeschmückte, im Spruchteil jedoch verfehlte und missverstandene Übers. des Er. von Athen. 13, 584 E: πρὸς δὲ ἀδολέσχην τινὰ διηγούμενον ὅτι παραγέγονεν ἀφ' Ἑλλησπόντου, „πῶς οὖν", φησίν, „εἰς τὴν πρώτην πόλιν οὐχ ἧκες τῶν ἐκεῖ;" τοῦ δ' εἰπόντος, „εἰς ποίαν;", „εἰς Σίγειον" εἶπεν (vgl. ed. Ald., S. 246).

297–298 *vt primariam … non noueris* Er. hat den Spruch der Gnathaina nicht richtig wiedergegeben. Sie fragte den jungen Mann nicht „Wie kommt es denn, daß du die berühmteste (bedeutendste) Stadt der Region nicht kennst?". Vielmehr ist die Frage geographisch perspektiviert: „Du sagst, daß du vom Hellespont (= Dardanellen) kommst. Wieso hast du auf deiner Reise dann nicht die erste Stadt nach den Dardanellen erreicht?". Wenn man die Dardanellen Richtung Ägäisches Meer und Athen verlässt, ist Sigeion die erste Stadt der jonischen Küste, an der man vorbeikommt. Er. hat den geographischen Sinn des Spruchs nicht verstanden. Merkwürdig ist allerdings, daß er Sigeion als „die berühmteste/bedeutendste Stadt der Region" bezeichnet: Als Stadt war Sigeion klein und unbedeutend, während es in unmittelbarer Nähe des weltberühmten Troja lag; zudem wurde Sigeion von den Dardanellenstädten Abydos und Lampsakos bei weitem überflügelt.

298 *Sigaeum* Er. transkribierte das Σίγειον der griech. Textvorlage als „Sigaeum"; ebenso wie unten VIII, 191 Σιμωνίδης ὁ Κεῖος als „Simonides Caeus", während „Ceus" gebräuchlich war. Die in der latein. Literatur verwendete Form ist „Sigeum", vgl. *DNG* II, Sp. 4393, s.v. Unten, VIII, 205, verwendet Er. diese Form, was seiner Quelle geschuldet ist, Ciceros *Pro Archia*.

298 *Sigaeum* Sigeion (latein. Sigeum), Stadt in Kleinasien (Troas) an der Spitze des Vorgebirges Sigeion vor den Dardanellen gelegen. Sigeion stand zeitweilig unter persischer Oberherrschaft, gehörte im 5. u. 4. Jh. dem Attisch-Delischen Seebund an; seit 355 v. Chr. wurde es von dem athenischen General Chares regiert, der später von Alexander d. Gr. als Herrscher bestätigt wurde. Vgl. E. Schwertheim, *DNP* 11 (2001), Sp. 535–536, s.v. „Sigeion". Der Name der Stadt leitet sich in der Tat von „σιγᾶν" = „Schweigen" her (*Etymologicum magnum*, Sp. 712, 3, s.v. Σίγειον), jedoch wohl im Sinne eines Oxymorons, da der Ort für seine schweren Stürme bekannt war.

301 *PHILIPPVS V. MACEDO* Philipp V. von Makedonien wird im Index personarum von *B* und *C* mit Philipp II. verwechselt. König **Philippos V. von Makedonien** (238–179 v. Chr.), reg. seit 221 als Nachfolger seines Großonkels Antigonos III. Doson; verteidigte im Bundesgenossenkrieg (221–217) die Vormachtstellung Makedoniens. Philippos' Bündnis mit Hannibal im zweiten Punischen Krieg führte zum ersten Makedonisch-Römischen Krieg. Im zweiten Makedonisch-Römischen Krieg unterlag er Titus Quinctius Flamininus in der Entscheidungsschlacht von Kynoskephalai 197 v. Chr., wodurch Makedonien zu einem Vasallenstaat der Römer wurde. Er. widmete ihm die Sprüche VI, 536–537. Für weitere Angaben zu seiner Person vgl. oben Komm. zu VI, 536.

Apophth. VIII, 182 ist ein Gegenstück zu *Adag.* 605 „Nescis, quid serus vesper vehat" (*ASD* II, 2, S. 130) und *Collect.* 334 „Nescis, quid serus vesper vehat" (*ASD* II, 9, S. 149). Vgl. Otto 1668 und 1885; *Adag.* 605: *„Nescis, quid serus vesper vehat … Quo salubriter admonemur, ne praesentium successuum prosperitate sublati futuri curam abiiciamus. Neque vlla de re securi simus, prius quam exitum viderimus. Idem hodie quoque vulgo dicunt diem nondum ad vesperam decurrisse, cum significant diuersum exitum posse accidere"*. Der Ausspruch von VIII, 182 datiert auf d.J. 185 v. Chr., als Philippos V. bereits von Rom abhängig geworden war.

303–304 *multa questus … Thessalorum* Er. fasst hier in aller Kürze die Rede Philippos' V. an die römischen Gesandten zusammen, deren Argumente Livius XXXIX, 26, 1–8 im Einzelnen vorführt.

304–306 *elatus … fremitum* Liv. XXXIX, 26, 9: „Elatus deinde ira adiecit, nondum omnium dierum solem occidisse. id minaciter dictum non Thessali modo in sese, sed etiam Romani acceperunt. Et cum fremitus post eam vocem ortus et tandem sedatus esset …" (ed. Er., S. 175). Vgl. *Adag.* 605 „Nescis, quid serus vesper vehat" (*ASD* II, 2, S. 130): „… Huc allusit Philippus rex apud eundem decadis iii., libro ix., quum Thessalis respondens minacem clausulam adiecit nondum omnium dierum solem occidisse".

305 *occidisse*. Hic sermo *non Thessalis modo*, verumetiam *Romanis* suspectus vtriusque gentis *fremitum* excitauit. Titus Liuius 4. Decadis libro 9.

⟨OLYMPIAS⟩

VIII, 183   Dᴇᴠs ɪɴsᴇᴘᴠʟᴛᴠs   (Olympias, 3) [45]

Alexandri mater Olympias, quum *audisset filii* cadauer *insepultum* fuisse abiectum,
310 inter lamenta dixit hoc quoque: „*O fili, tu,* qui *studebas coeli particeps esse*, huc toto impetu *properans, ne iis quidem potiri valuisti, quae sunt mortalium omnium communia, terra ac sepultura*". Alexander viuus ambiebat diuinos honores: defuncto nec vltimus ille contigit honos, quem quiuis homo persoluit homini, quamlibet humili. [C] Narrat enim Quintus Curtius et Plutarchus Alexandri *corpus* multis *diebus* inse-
315 pultum *iacuisse* ob graues procerum concertationes de successione principatus. Fuit et alter Alexander, Epiri rex, Olympiadis frater, cuius *corpus amne in hostium* castra *deuectum* est, itaque ab his *foede laceratum*, *vnius* tamen *mulieris* opera *sepultum est*, licet mutilum. Refert Titus Liuius decadis primae libro octauo. [B]

314–318 Narrat enim ... octauo C: desunt in B.

305–306 **vtriusque gentis fremitum** Daß „beide Völker" nach der Rede des Philippos lautstark reagiert hätten, ist eine irreführende Angabe des Er.: Bei der Zusammenkunft war „kein Volk der Römer" anwesend, sondern zahlreiche Griechen, d.h. die Vertreter der verschiedenen Gemeinden und Völkerschaften Thessaliens. Von den Römern waren nur drei Personen vor Ort, die als Gesandte bei der Versammlung als Schiedsrichter auftreten sollten, nml. Q. Caecilius Metellus, M. Baebius Tamphilus und Tiberius Sempronius; vgl. Liv. XXXIX, 24, 13. Wenn Livius in XXXIX, 26, 9 „Romani" sagt, dann meint er nur diese drei Personen. Der entstandene „fremitus" geht nicht auf ihr Konto, sondern auf jenes der zahlreichen Thessalier, die sich durch die beschuldigenden Worte des Königs brüskiert fühlten.

307 **Olympias** Er. hat der Mutter Alexanders im sechsten Buch, im Abschnitt der „Frauensprüche", eine Sektion gewidmet (VI, 588–590). VIII, 183 bezieht sich sowohl auf Alexander den König der Makedonen als auch Alexander I., König von Epirus. Durch die Person der Olympias sind diese Königreiche eng miteinander verbunden: Olympias (ca. 375–316 v. Chr.) war die Tochter von Neoptolemos I., König von Epirus, Bruder des Alexandros I., König von Epirus, die vierte Gattin des Königs Philipp II. von Makedonien (Heirat wschl. 357). Nachdem sie ihm zwei Kinder, Alexander (d.Gr.) und Kleopatra, geschenkt hatte, verheiratete sich Philipp i.J. 337 aufs Neue, mit der Makedonierin Kleopatra, der er den Namen Eurydike gab. Nachdem es zum Eklat zwischen Philipp und Alexander gekommen war, ging Olympias mit ihrem Sohn freiwillig ins Exil nach Epirus, zu ihrem Bruder, Alexander I., den sie nunmehr zum Krieg gegen Philipp anstachelte. Philipp II. war damals mit den Vorbereitungen zu seinem großen Perserfeldzug beschäftigt; um sich Rückendeckung gegen das Königtum Epirus zu verschaffen, arrangierte er die Heirat seiner Tochter Kleopatra mit ihrem Onkel, König Alexander I.; bei den Hochzeitsfeierlichkeiten (336) wurde Philipp jedoch ermordet; Alexander beseitigte seine Konkurrenten und bestieg den Thron Makedoniens, woraufhin Olympias nach Makedonien zurückkehrte. Dort ließ sie Philipps Frau Eurydike und deren Tochter Europa ermorden. Obwohl sich Alexander mit seiner Mutter eng verbunden fühlte, gestattete er ihr nicht, nach seiner Machtübernahme noch die Rolle der Königin Makedoniens zu spielen. Nach Streitigkeiten mit Alex-

anders General Antipatros begab sie sich i.J. 331 erneut ins Exil nach Epirus, wo nunmehr ihre Tochter Kleopatra regierte, während ihr Gemahl, Olympias Bruder, einen Feldzug in Italien führte. Nachdem dieser noch im selben Jahr in Italien das Leben verlor, verdrängte Olympias ihre Tochter vom Thron Epirus'. Vgl. auch oben Komm. zu VI, 588.

Apophth. VIII, 183 datiert im ersten Abschnitt auf Juni 323 v. Chr., d.h. die Wochen, die unmittelbar auf den Tod Alexanders d.Gr. am 6.6. folgten; im zweiten Abschnitt auf d.J. 331 v. Chr., als Alexander I. von Epirus auf seinem Feldzug in Süditalien ermordet wurde.

309–312 *Alexandri ... sepultura* Im einleitenden Teil gekürzte und variierende, im Spruchteil wörtliche Übers. des Er. von Ael. *Var. hist.* XIII, 30: Ὀλυμπιὰς ἡ Ἀλεξάνδρου πυθομένη ὅτι πολὺν χρόνον ὁ παῖς αὐτῆς ἄταφος μένει, βαρὺ ἀναστένουσα καὶ θρηνοῦσα εὖ μάλα λιγέως „ὦ τέκνον", εἶπεν, „ἀλλὰ σὺ μὲν οὐρανοῦ μετασχεῖν βουλόμενος καὶ τοῦτο σπεύδων, νῦν οὐδὲ τῶν κοινῶν δήπου καὶ ἴσων πᾶσιν ἀνθρώποις μετασχεῖν ἔχεις, γῆς τε ἅμα καὶ ταφῆς", καὶ τὰς ἑαυτῆς τύχας οἰκτείρασα καὶ τὸ τοῦ παιδὸς τετυφωμένον ἐλέγξασα (vgl. ed. Victorius, fol. 63ʳ); ebd. XII, 64 teilt Aelianus mit, daß Alexander 30 Tage unbegraben geblieben sei, während sich seine Kampfgefährten um seine Nachfolge stritten.

309 *fuisse abiectum* Das stimmt nicht mit der historischen Wirklichkeit überein, sondern ist eine reine Erfindung des Er.: Wie allen relevanten Berichten zu entnehmen ist, war der Leichnam Alexanders aufgebahrt.

314 *Quintus Curtius* Zu der Alexandergeschichte des Q. Curtius Rufus, über dessen Leben und Wirken nichts Näheres bekannt ist, vgl. (grundlegend) J.E. Atkinson, „Q. Curtius Rufus' ‚Historiae Alexandri Magni'", in: *Aufstieg und Niedergang der römischen Welt*, Bd. II, 34, 4, Berlin-New York 1998, S. 3447–3483.

314–315 *corpus ... iacuisse* Plut. *Alex.* 77,3: τῶν ἡγεμόνων στασιασάντων ἐφ' ἡμέρας πολλὰς ἀθεράπευτον τὸ σῶμα κείμενον ἐν τόποις θερμοῖς καὶ πνιγώδεσιν οὐδὲν ἔσχε (ἔσχων *ed. Ald.*) τοιαύτης φθορᾶς σημεῖον, ἀλλ' ἔμεινε καθαρὸν καὶ πρόσφατον; in der latein. Übers. des Guarino Guarini: „multis post ea diebus, quum inter primores de rerum summa disceptarent, corpus per loca calida ac exaestuantia neglectum iacens nullum veneni signum habuit, verum recens immaculatumque permansit" (ed. Bade, Paris 1514, fol. CCLVIIʳ); Curt. X, 10, 7–12: „(9) Septimus dies erat, ex quo corpus regis iacebat in solio, curis omnium ad formandum publicum statum a tam sollemni munere aversis. (10) Et non aliis quam Mesopotamiae regione feruidior aestus exsistit ... tantus est vapor solis et coeli, quo cuncta velut igne torrentur. ... (12) ... corpus exanimum ... nulla tabe, ne minimo quidem liuore corruptum videre, qui intrauerant".

316 *alter Alexander* i.e. Alexandros I. von Epirus, Bruder der Olympias, seit 342 v. Chr. König von Epirus; heiratete i.J. 336 seine Nichte Kleopatra, die Tochter Philipps und der Olympias. Vgl. J. Kaerst, *RE* I, 1 (1893), Sp. 1409–1410, s.v. „Alexandros", Nr. 6; E. Badian, *DNP* 1 (1996), Sp. 475, s.v. „Alexandros", Nr. 6.

316–317 *alter ... mulieris* Zu stark gekürzte, dadurch kryptische Zusammenfassung von Liv. VIII, 24, 10–18, in der sich der Hergang der Geschehnisse nicht leicht verstehen lässt. Der zunächst in Süditalien sehr erfolgreich Krieg führende Alexander von Epirus befindet sich mit seinen Mannen auf dem Rückzug. Beim Überqueren eines Flusses, dessen Name nicht genannt wird, den aber einer von Alexanders Leuten sinnbildlich Acheron nennt, wird der König von hinten von seinen Verbündeten, Lukanern, meuchlings durch einen Speer durchbohrt und stürzt vom Pferd; 24, 13: „... per medium amnem transmittit (sc. Alexander) equum; iamque in vadum egressum eminus veruto Lucanus exul transfigit. (14) Lapsum inde cum inhaerente telo corpus exanime detulit amnis in hostium praesidia. Ibi foeda laceratio corporis facta. Namque praeciso medio partem Consentiam misere, pars ipsis retenta ad ludibrium. (15) Quae cum iaculis saxisque procul incesseretur, mulier vna vltra humanarum irarum fidem saeuienti turbae immixta, vt parumper sustinerent, precata, flens ait virum sibi liberosque captos apud hostes esse; sperare corpore regio vtcumque mulctato se suos redempturam. (16) Is finis lacerationi fuit, sepultumque Consentiae, quod membrorum reliquum fuit cura mulieris vnius, ossaque Metapontum ad hostes remissa, (17) inde Epirum deuecta ad Cleopatram vxorem sororemque Olympiadem, quarum mater magni Alexandri altera, soror altera fuit. Haec de Alexandri Epirensis tristi euentu ...".

317 *sepultum est* Nur eine Art vorläufige, provisorische „Beisetzung", denn die sterblichen Überreste des Alexander wurden unverzüglich nach Epirus verschifft, wo seine Mutter und seine Schwester sein Begräbnis besorgten.

[B] ⟨POLLIO ROMVLVS⟩ [i.e. ROMILIVS POLLIO]

320   VIII, 184   SENECTVTIS ALIMONIA   (Romilius Pollio) [46]

Pollio Romulus [i.e. Romilius], qui *centesimum excesserat annum, Augusto* percontanti, *qua* tandem *ratione illum corporis animique vigorem* seruasset, „*Intus*", inquit, „*mulso, foris oleo*". Tradit Plinius naturam hominibus duos dedisse liquores optimos, *oleum foris* adhibendum corpori, *vinum intus*. Mel autem ob humidam calidamque vim admodum senibus accommodum est. Nunc mel in totum a mensis submouimus, et
325   oleum corpori infundimus.

⟨CATO VTICENSIS⟩

VIII, 185   ACVTE   (Cato Vticenisis, 21) [47]

Cato Vticensis dixit C. Caesarem sobrium accessisse ad euertendam rempublicam. Id
330   Quintilianus ita refert, vt putet *nihil* dici *posse significantius*. Sensit enim illum hoc iam olim animo agitasse, quod postea fecit.

⟨PLATO⟩

VIII, 186   INGENIVM   (Plato, 24) [48]

Plato tantum tribuebat Aristoteli, vt, *quum* ille *forte* fortuna *non adesset* in Academia,
335   ex*clamarit* „ἀπέστιν ὁ τῆς ἀληθείας φιλόσοφος", id est, „*Abest veritatis philosophus*". Rursus quum alio tempore abesset, *dixit*: „ὁ νοῦς οὐκ ἦλθεν", ⟨id est⟩, „*Non venit intellectus*", innuens se ab illo vno intelligi.

---

336 id est *supplevi*: desunt in B C.

Romilius Pollio, der während der Regierungszeit des Kaiser Augustus (31 v. Chr.–14 n. Chr.) das hundertste Lebensjahr erreichte, ist nur durch die in VIII, 184 zitierte, von Plinius d.Ä. überlieferte Anekdote bekannt. Vgl. A. Stein, *RE* IA, 1 (1914), Sp. 1071, s.v. „Romilius", Nr. 3; nicht in *DNP*. Pollio gehörte zur *gens Romilia*, einem alten patrizischen Geschlecht. Bekannt ist als Konsul d.J. 455 v. Chr. ein gewisser Romilius Rocus Vaticanus, vgl. Ch. Müller, *DNP* 10 (2001), Sp. 1129, s.v. „Romilius", Nr. 1. Er übernahm die unrichtige Namensform „Pollio Romulus" aus den älteren Plinius-Ausgaben.

319 *POLLIO ROMVLVS* Im Index personarum von B und C als „Pollio" verzeichnet, jedoch dort irrtümlich mit Asinius Pollio kontaminiert. Für Asinius Pollio vgl. VI, 354; VIII 140, 252.

321–323 *centesimum ... oleo* Plin. *Nat.* XXII, 114: „Multi senectam longam mulsi tantum intrita tolerauere, neque alio vllo cibo, celebri Pollionis Romilii (Romuli *edd. vetustae*, e.g. ed. Ven. *1507, fol. 172ʳ*) exemplo. Centensimum annum excedentem eum (cum *edd. vett., e.g. ed. Ven. 1507*) diuus Augustus hospes interrogauit (interrogaret *edd. vett., e.g. ed. Ven. 1507*), quanam maxime ratione (ratione maxime *ed.*

Ven. 1507) vigorem illum animi corporisque custodisset. At (at *om. edd. vett., e.g. ed. Ven. 1507*) ille respondit: ‚intus mulso, foris oleo'". Derselbe Ausspruch wird von Athenaios dem Demokritos zugeschrieben, Athen. 46 F: ἔχαιρε δὲ ὁ Δημόκριτος ἀεὶ τῷ μέλιτι· καὶ πρὸς τὸν πυθόμενον πῶς ἂν ὑγιῶς τις διάγοι ἔφη, „εἰ τὰ μὲν ἐντὸς μέλιτι βρέχοι, τὰ δ᾽ ἐκτὸς ἐλαίῳ".

324–326 *Mel ... infundimus* Er. erklärt die Anwendung von *mulsum* für Greise im Sinne der Humoralpathologie.

329 *Cato* **Cato** d.J. bzw. **Uticensis** (95–46 v. Chr.); ihm hatte Er. bereits im „Buch der Könige und Feldherren" eine Sektion von 19 Sprüchen, VI, 383–399, sowie VI, 314 gewidmet. Als Verteidiger republikanischer Gesinnung, Normen und Werte stand er Caesar feindlich gegenüber. Zu seiner Person vgl. oben Komm. zu V, 383.

329–330 *Cato Vticensis ... significantius* Quint. *Inst.* VIII, 2, 9: „At illud iam non mediocriter probandum, quod hoc etiam laudari modo solet, vt proprie dictum, id est, quo nihil inueniri possit significantius: vt Cato dixit, C. Caesarem ad euertendam rem publicam sobrium accessisse". Er. hat er hier als Quelle klar ersichtlich Quintilian benutzt; der Spruch findet sich ebenfalls bei Suet. *Caes.* 53: „Vini parcissimum ne inimici quidem negauerunt. Marci (Marci *Ihm*, Verbum Marci *ed. Er. 1518, p. 14*) Catonis est: vnum ex omnibus Caesarem ad euertendam rem publicam sobrium accessisse".

Apophth. VIII, 186 Er. hatte **Plato** bereits im „Buch der Philosophen" eine Sektion von Sprüchen gewidmet (VII, 150–171). Vgl. oben Komm. zu VII, 150.

336–337 *νοῦς ... intellectus* In den Spruchteilen wörtliche Übernahme von Ludovico Ricchieri (Ludovicus Caelius Rhodiginus), *Lectiones antiquae* XXIX, 8: „Nam cum forte in auditorium venisset (sc. Plato) nec adesset Aristoteles, succlamauit ‚ἀπέστιν ὁ τῆς ἀληθείας φιλόσοφος', ‚Abest veritatis philosophus'. Cum iterum non accessisset, dicere non dubitauit ‚ὁ νοῦς οὐκ ἦλθεν', ‚Non venit intellectus' (Lyon, Iunta, 1560, Bd. III, S, 590; Kap. XVI, 7, Venedig, Aldus Manutius, 1516, S. 810); dafür, daß Er. das betreffende Zitat Ricchieris *Lectiones antiquae* entnahm, vgl. J. Céard, „Emprunts croisé: Érasme et Coelius Rhodiginus", in: *Bibliothèque d'Humanisme et Renaissance* 74, 1 (2012), S. 7–17.

⟨ARISTOPHON ET CEPHALVS ATHENIENSES⟩

VIII, 187 INNOCENTIA ILLIBATA (Aristophon et Cephalus Athenienses) [49]

Aristophontem *Aeschines* tradit apud Athenienses *gloriari* solitum, quod, quum nonagies [i.e. septuagies] *quinquies* esset vocatus in ius, semper fuerit *absolutus*. At *Cephalus* homo popularis iustius *gloriabatur*, quod, quum plura *decreta* scripsisset quam alius suorum temporum quisquam orator, tamen nunquam coactus sit causam dicere. Certius innocentiae signum est, ita rem gerere, vt nemo velit accusare, quam si postulatus elabaris e iudicio. Elabuntur interdum et nocentes. At qui absoluitur, licet poenam effugiat, cicatricem tamen criminis circumfert.

⟨QVIDAM⟩

VIII, 188 INSTITVTIO LIBERORVM (Anonymus filius) [1]

Quidam accusatus, *quod patrem pulsasset*, hoc modo *defendit* impium facinus: „*Et ille*", inquit, „*patrem suum verberauit, et hic*" – ostenso filio – „*me verberabit, posteaquam adoleuerit*. Adeo *nobis hoc gentilitium est*". Videmus hoc fere vulgo euenire, vt qualis quisque fuerit in parentes, tales experiatur in se liberos.

⟨ALIVS QVIDAM⟩

VIII, 189 EXEMPLVM RECIPROCVM (Anonymus filius) [2]

Alius quidam *quum a filio* per*traheretur*, ventumque esset ad domus limen, „*Desine*", inquit, „*fili, nam et* ego *patrem hucusque*". Agnouit se commeruisse, qui sic a filio tractaretur; tantum postulauit, vt esset aequa retaliatio.

---

341 *Aristophontem* **Aristophon aus Athen** (ca. 430–ca. 330 v. Chr.), rühriger und umtriebiger Politiker und Redner; wurde i.J. 403 für seinen Widerstand gegen die 30 Tyrannen geehrt; Aristophon war v.a für seine zahlreichen Gesetzesanträge bekannt, von denen er eine stattliche Anzahl durchbrachte, die ihm aber auch 75 Anklagen einbrachten. Er verteidigte sich jedesmal selbst, wobei es ihm in allen Fällen gelang, freigesprochen zu werden. Klagte selbst (erfolgreich) andere Politiker an, z.B. Timotheus und Iphikrates. Vgl. M. Meier, *DNP 1* (1996), Sp. 133, s.v. Aristophon, Nr. 2; J. Miller, *RE* II, 1 (1895), Sp. 1005–1007, s.v. „Aristophon", Nr. 2; A. Schaefer, „Athenische Staatsmänner nach dem Peloponnesischen Kriege: Aristophon", in: *Philologus* 1 (1846), S. 187–224.

341 *Aeschines* Für den athenischen Redner und makedonenfreundlichen Politiker Aischines (um 390/89-um 314 v. Chr.), den Zeitgenossen und politischen Gegner des Makedonenfeindes Demosthenes, vgl. oben Komm. zu VIII, 10.

341–347 *Aeschines … criminis* Paraphrasierende, jedoch durch einen Übertragungsfehler getrübte Wiedergabe von Aeschin. III (*In Cetesiphontem*), 194: ἐτόλμα δ᾽ ἐν ὑμῖν ποτε σεμνύνεσθαι Ἀριστοφῶν ἐκεῖνος ὁ Ἀζηνιεὺς λέγων ὅτι γραφὰς παρανόμων ἀπέφυγεν ἑβδομήκοντα καὶ πέντε. ἀλλ᾽ οὐχὶ Κέφαλος ὁ παλαιὸς ἐκεῖνος, ὁ δοκῶν δημοτικώτατος γεγονέναι, οὐχ οὕτως, ἀλλ᾽ ἐπὶ τοῖς ἐναντίοις ἐφιλοτιμεῖτο, λέγων ὅτι πλεῖστα πάντων γεγραφὼς ψηφίσματα, οὐδεμίαν πώποτε γραφὴν πέφευγε παρανόμων, καλῶς οἶμαι σεμνυνόμενος.

342 *nonagies* Ein kurioser Fehler des Er., der auf irgendeine Weise statt ἑβδομήκοντα „ἐνενήκοντα" gelesen hat oder die beiden Zahlenwörter bei der Textübertragung verwechselt hat – 95 statt 75.

342 *esset vocatus in ius* Sehr unscharfe Übertragung des Er., wodurch untergeht, daß damit nur ein Typus von Anklagen bezeichnet wird, nml. jener wegen „gesetzwidriger Eingaben", die als solche zum politischen Spiel der athenischen Demokratie gehörten. Wie sein Komm. unten zeigt, hat Er. die diesbezüglichen Angaben im Quellentext nicht recht verstanden.

343 *Cephalus* **Kephalos** (geb. ca. 430), (Töpfer), Politiker und Redner in Athen, der sich nach dem Peloponnesischen Krieg und der Herrschaft der 30 Tyrannen maßgeblich für die Wiedereinführung der Demokratie in Athen einsetzte. Ebenso wie Aristophon sehr aktiv in der athenischen, demokratischen Tagespolitik. Vgl. W. Kroll, *RE* XI, 1 (1921), Sp. 221–222, s.v. „Kephalos", Nr. 3; J. Engels, *DNP* 6 (1999), Sp. 422, s.v. „Kephalos", Nr. 3.

343 *homo popularis* Die Übertragung von ὁ δοκῶν δημοτικώτατος γεγονέναι mit „homo popularis" trifft nicht ganz das richtige: δημοτικώτατος will sagen, daß der betreffende Mann ganz im politischen Spiel der athenischen Demokratie aufgeht; populare Politiker in Rom sind dagegen Männer, die sich gegen die herkömmliche republikanische Senatspolitik mit Agitationen richten, die diese unterminieren.

Apophth. VIII, 188ff. Hier setzt in den Baseldrucken eine neue Zählung ein, die sich auf 48 Apophthegmen erstreckt, jedoch keinen weiteren Zusammenhang aufweist. In diesem Abschnitt fehlt in den Baseldrucken, wie schon in anderen Teilen des achten Buches, jeweils die Angabe der Spruchspender in Zwischentiteln. Sie wurde in unserer *ASD*-Ausgabe jeweils ergänzt, wobei die Namensformen stets mit etwaigen vorhergehenden Verwendungen in den *Apophthegmata* abgeglichen wurden. Die Ergänzung der fehlenden Zwischentitel wurde, wie schon in den vorhergehenden Abschnitten, die dieses Manko hatten, nicht eigens im textkritischen Apparat verzeichnet.

Apophth. VIII, 188–189 Die beiden nächstfolgenden kuriosen Sprüche bilden ein Tandem, ebenso wie in der Quelle, der Er. sie entnahm, der *Nikomachischen Ethik*. Sie stehen dort in einem bestimmten Sinnzusammenhang, den Er. nicht erwähnt: dem einer grundsätzlichen ethischen Diskussion über die Definition und Bedeutung der Selbstbeherrschung und ihres Gegenteils, des Mangels an Selbstbeherrschung (etwa bei Wutanfällen oder unbeschränkter Hingabe an sinnliche Lüste), einer Diskussion, der das siebente Buch gewidmet ist. Die beiden Sprüche dienen dazu, aufzuzeigen, daß bei fehlender Selbstbeherrschung natürlichere Entgleisungen (etwa Zorn und Wut) entschuldbarer sind als unnatürliche, wie z. B. das exzessive Streben nach *naturaliter* unnötigen sinnlichen Genüssen; das gilt *a fortiori* für Fälle, in denen häufiger auftretendes Verhalten an den Tag gelegt wird. Dies zeigt Aristoteles zunächst anhand einer Familie, in der die Söhne gegenüber ihren Vätern handgreiflich werden. Dies ist der Kern der Rechtfertigung des Mannes, der seinem Vater Schläge verabreicht hatte; er bringt vor, daß sein Vater seinen eigenen Vater ebenfalls geschlagen habe und jener wieder den seinen. Er. jedoch präsentiert den Spruch kurioserweise im Rahmen der Kindererziehung („Institutio liberorum").

350–352 *Quidam accusatus … gentilitium est* Leicht variierende, durch eine Auslassung getrübte Übers. des Er. von Aristot. *Eth. Nic.* VII, 7, 1149b: Ὥσπερ ὁ ἀπολογούμενος ὅτι τὸν πατέρα τύπτοι, „καὶ γὰρ οὗτος", ἔφη, „τὸν ἑαυτοῦ κἀκεῖνος τὸν ἄνωθεν". Καὶ τὸ παιδίον δείξας „καὶ οὗτος ἐμέ", ἔφη, „ὅταν ἀνὴρ γένεται. Συγγενὲς γὰρ ἡμῖν". Quelle nicht identifiziert in *CWE* 38, S. 929.

350 *accusatus* Er. legt dem Casus eine formelle Anklage zugrunde, was im griech. Text nicht evident ist.

351 *ille … hic* Bei Aristoteles ist von vier Personen die Rede, die ihren Vätern Schläge verabreichten: 1. Der Spruchspender; 2. der Vater des Spruchspenders; 3. der Großvater desselben; 4. das Söhnchen des Spruchspenders. Es ist also von vier Generationen von „Vätermisshandlern" die Rede. Er. vergißt in seiner Übers. den Großvater des Spruchspenders (κἀκεῖνος τὸν ἄνωθεν).

356–357 *Alius quidam … hucusque* Verschwommene, schwer verständliche Paraphrase von Aristot. *Eth. Nic.* VII, 7, 1149b:

⟨HERACLITVS⟩

360   VIII, 190   Lvxvs seditionvm parens   (Heraclitus, 5) [3]

Heraclitus philosophus *in seditione rogatus, vt* apud populum *sententiam diceret,* quo pacto ciuitas redigi posset in *concordiam, conscenso suggesto* poposcit calicem aquae frigidae et paululum *farinae inspersit,* mox *de glechone admiscuit,* id est vel pulegii syluestris vel leguminis genus. Dein *epoto calice discessit* nec verbum addidit, hoc pacto innuens ita demum ciuitatem carituram seditionibus, si repudiatis deliciis assuescerent *paruo contenti esse.* Et hic Heraclitus suo respondit nomini. Nam σκοτεινός dictus est, id est, *tenebricosus.* Referatur et hoc inter ἄφωνα apophthegmata.

363 glechone *scripsi:* Glechone *B C.*

366–367 σκοτεινὸς *scripsi cum LB, coll. adag. 529:* σκοτινὸς *B C.*

Καὶ ὁ ἑλκόμενος ὑπὸ τοῦ υἱοῦ παυέσθαι ἐκέλευσεν πρὸς ταῖς θύραις. Καὶ γὰρ αὐτὸς ἑλκύσαι τὸν πατέρα μέχρις ἐνταῦθα. Quelle nicht identifiziert in *CWE* 38, S. 929. Gemeint ist, daß der Sohn einen Wutanfall bekommt und in seiner Raserei versucht, den Vater aus dem Haus zu werfen. Dabei ergreift er den Vater und schleppt ihn mit aller Gewalt zur Haustür, um ihn hinauszuwerfen. Das geht aus Er.' Darstellung nicht recht hervor. Das ist natürlich unerwünschtes Extremverhalten; dennoch zeigt Aristoteles, daß es in gewisser Weise entschuldbar wird, wenn Präzedenzfälle vorliegen und es häufiger vorkommt.

*Apophth.*VII, 190. Für den ionischen Naturphilosophen **Herakleitos von Ephesos** (ca. 520–ca. 460 v. Chr.) vgl. oben Komm. zu VII, 361. Er. widmet ihm in den *Apophthegmata* im siebenten Buch eine Sektion von Sprüchen (VII, 361–364). Im Titel hat Er. den „Spruch ohne Worte" (ἄφωνα apophthegma), d.h. die von Heraklit dargestellte symbolische Handlung, in die sinnspruchmäßige Sentenz „Luxus seditionum parens" übersetzt.

361–364 *Heraclitus ... discessit* Paraphrasierende Übertragung des Er. von Plut. *De garrulitate* 17, *Mor.* 511B–C: ὡς Ἡράκλειτος, ἀξιούντων αὐτὸν τῶν πολιτῶν γνώμην τιν' εἰπεῖν περὶ ὁμονοίας, ἀναβὰς ἐπὶ τὸ βῆμα καὶ λαβὼν ψυχροῦ κύλικα καὶ τῶν ἀλφίτων ἐπιπάσας καὶ τῷ γλήχωνι κινήσας, ἐκπιὼν ἀπῆλθεν, ἐπιδειξάμενος (ἐπιδειξάμενος *ed. Helmbold:* ἐνδειξάμενος *ed. Ald. p. 506)* αὐτοῖς ὅτι τὸ τοῖς τυχοῦσιν ἀρκεῖσθαι καὶ μὴ δεῖσθαι τῶν πολυτελῶν ἐν εἰρήνῃ καὶ ὁμονοίᾳ διατηρεῖ τὰς πόλεις. Diels, *FVS* I, S. 144, Heraklit A3 b.

362–363 *aquae frigidae ... admiscuit* D.h. Heraklit mischte sich vor versammelter Menge ein Kykeion, den beliebten griechischen Mischtrank aus Getreide und Wasser, dem auch noch andere Ingredienzen zugesetzt werden konnten wie etwa Wein, Käse oder, wie in vorliegendem Fall, Polei-Minze.

363 *glechone* Er. übernahm an dieser Stelle das griech. Wort, das er in lateinischen Buchstaben wiedergab, vielleicht weil er nicht sicher wusste, was damit gemeint war; gleichwohl war er nahe dran („entweder die wilde Polei-Minze oder ein Gemüse"). Es handelt sich tatsächlich um die Polei-Minze (*Menta pulegium*) bzw. das Flöhkraut, ein aromatisches Kraut, das ätherische Öle enthält. Die Polei-Minze wurde in Antike und Mittelalter als verdauungsförderndes Mittel eingenommen bzw. anderen Nahrungsmitteln zugesetzt. Von oraler Applikation wird gegenwärtig abgesehen, da die Pflanze giftig ist, insbesondere das Pulegon enthält, das in höheren Dosen eingenommen sogar tödlich sein kann.

363 *pulegii* „pulegium" oder „puleium", die Polei-Minze, vgl. *DNG* II, Sp. 3954, s.v. „puleium".

366–367 σκοτεινός Vgl. *Adag.* 529 „Delius natator" (*ASD* II, 2, S. 58): „... Heracliti, cui cognomen additum σκοτεινῷ propter affectatam scriptorum obscuritatem ..."; Cic. *Fin.* II, 15: „Quod duobus modis sine reprehensione fit, si aut de industria facias, vt Heraclitus,

‚cognomento qui σκοτεινός perhibetur, quia de natura nimis obscure memoravit', aut cum rerum obscuritas, non verborum, facit, vt non intellegatur oratio, qualis est in Timaeo Platonis"; Suidas, s.v. Ἡράκλειτος 472. Für Heraklits dunke Sprache vgl. Ch.H. Kahn (Hrsg.), *The Art and Thought of Heraclitus. An Edition of the Fragments with Translation and Commentary*, Cambridge 1981, S. 89.

367 *tenebricosus* Vgl. Tert. *Adv. Marcion*. II, 28: „Heraclitus ille tenebricosus".

⟨SIMONIDES CAEVS⟩

VIII, 191 *Piscator ictvs ⟨sapiet⟩* (Simonides, 5) [4]
(= Dublette von VI, 383)

Simonides Caeus [i.e. Ceus] *in conuiuio rogatus a Pausania Lacedaemonio, vt aliquid proferret,* quod resiperet sapientiam, *ridens, „Memineris",* inquit, *„te hominem esse".* Ea vox tum quidem contempta est Pausaniae; *verum post vbi Chalc⟨i⟩oecae phano* inclusus *obsideretur, fame* ac frigore *moriturus,* ter inclamauit Caeum*hospitem,* qui prudenter admonuisset.

375

369 sapiet *suppleui coll. Adag. 29.*
371 Caeus *B C scribendum erat Ceus.*

373 Chalcioecae *scripsi (cf. text. Graec.* Χαλκιοίκῳ*):* Chalceoecae *B:* Chalcoecae *C BAS LB.*
374 Caeum *B C BAS LB scribendum erat* Ceum

368 SIMONIDES CAEVS Er. hatte dem Lyriker **Simonides von Keos** (556/3–468/5 v. Chr.), der zum alexandrinischen Kanon der neun lyrischen Dichter gehörte, im sechsten Buch eine Sektion von vier Sprüchen gewidmet (VI, 383–386). Auf der Insel Keos lebte Simonides nur in seiner Jugendzeit; später wirkte er an verschiedenen Tyrannenhöfen, u. a. des Hipparchos in Athen (gest. 514), einiger Tyrannen in Thessalien, schließlich des Hieron I. von Syrakus, wo er den Rest seines Lebens verbrachte. Er soll der Gründer der Gattung des Siegesliedes (Epinikion), der Erfinder der Mnemotechnik und des Dichtens gegen Entlohnung gewesen sein (vgl. oben *Apophth.* VI, 532). Neben Epinikien dichtete er Dithyramben, Threnoi, Paiane und Monodien. Für Simonides vgl. oben Komm. zu VI, 383.

Apophth. VIII, 191 ist in seinem Hauptteil eine Dublette, Er. hatte die Anekdote bereits im sechsten Buch gebracht, VI, 383: „Simonides Pausaniae Lacedaemoniorum regi subinde de rebus a se gestis glorianti, tandem et Simonidem per irrisionem hortanti, vt aliquid sapienter ipsum admoneret, ,Moneo', inquit, ,vt te memineris hominem esse'". Dieser Spruch datiert auf die Zeit nach dem Sieg des Pausanias bei Plataiai im Sommer d. J. 479 v. Chr.; der zweite Teil von VIII, 191, der sich auf Pausanias' Ende bezieht, gehört d. J. 470 zu.

Apophth. VIII, 191 ist durch seinen Titel als Gegenstück zu *Adag.* 29 „Piscator ictus sapiet" (*ASD* II, 1, S. 142) und *Collect.* 132 „Sero sapiunt Phryges. Ictus sapiam" (*ASD* II, 9, S. 92) gedacht. Vgl. *Collect.* 132: „Conuenit in eos, quos stulte factorum sero poenitet; …

Simile est illud apud Diogenianum *Piscator percussus sapiet,* … a piscatore quodam natum, qui, quum manibus pisces tentaret vulnusque accepisset, ,Percussus', inquit, ,sapiam. Nec dissimile Hesiodium illud *Rem factam stultus intelligit.* … Haec omnia in eos dicuntur, qui non nisi magno suo malo docti sapiunt, quum consultius sit alienis malis cautiorem fieri'"; *Adag.* 29: „… Piscator percussus sapiet. Idque ferunt ab huiusmodi quodam euentu natum: Cum piscator quispiam piscibus, quos intra rete tenebat, manum admouisset atque a scorpio pisce fereretur, ,ictus', inquit, ,sapiam'. Itaque suo malo doctus cauit in posterum". Vgl. Diogenian. II, 31.

371 *Caeus* Er. übertrug das ὁ Κεῖος der griech. Quelle offenbar mit „Caeus"; gebräuchlich ist „Ceus".

371 *Pausania Lacedaemonio* Pausanias, Sohn des Kleombrotos (gest. 370 v. Chr.), i. d. J. 479–470 Regent in Sparta für Pleistarchos, den minderjährigen Sohn des gegen die Perser gefallenen Königs Leonidas; Pausanias war in den Perserkriegen Anführer des griech. Landheeres, später auch der Flotte; ruhmreicher Sieger gegen die Perser in der Schlacht von Plataiai (479). Pausanias wird in den antiken Quellen als arroganter und überheblicher Despot hingestellt, der die vaterländischen Sitten verriet und dem orientalischen Herrscherkult zuneigte. 487 eroberte er als Kommandant einer griech. Flotte Byzantion, wurde jedoch der Konspiration mit den Persern beschuldigt und nach Sparta zurückbeordert, nach der Anklage jedoch freigesprochen. 471 wiederum des Landesverrates angeklagt, wurde er

wiederum freigesprochen. Er entzog sich einer Haft durch Flucht in den Tempel der Athena Chalkioikos, wo er jedoch i.J. 370 den Tod fand. Vgl. K.W. Welwei, *DNP* 9 (2000), Sp. 443–444, s.v. „Pausanias", Nr. 1; H. Schaefer, *RE* XVIII, 4 (1949), Sp. 2563–2578, s.v. „Pausanias", Nr. 25. Vgl. auch Komm. unten zu VIII, 191.

372 *Memineris ... esse* Stark gekürzte und paraphrasierende Übertragung des Er. von Ael. *Var. hist.* IX, 41: Ἔν τινι, φασί, συνδείπνῳ παρῆν Σιμωνίδης ὁ Κεῖος καὶ Παυσανίας ὁ Λακεδαιμόνιος. προσέταξεν οὖν ὁ Παυσανίας τῷ Σιμωνίδῃ σοφόν τι εἰπεῖν, ὁ δὲ γελάσας ὁ Κεῖος „μέμνησο", εἶπεν, „ἄνθρωπος ὤν". τοῦτο παραχρῆμα μὲν ἐξεφαύλισε Παυσανίας καὶ παρ' οὐδὲν ἔθετο, ὑποτυφόμενος ἤδη εἰς τὸν τοῦ μηδίζειν ἔρωτα καὶ μεγαλοφρονῶν ἐπὶ τῇ πρὸς βασιλέα ξενίᾳ, ἴσως δὲ καὶ ὑπὸ τοῦ οἴνου παραφερόμενος. ἐπεὶ δὲ ἦν πρὸς τῇ Χαλκιοίκῳ καὶ διεπάλαιε τῷ λιμῷ καὶ ἔμελλεν ἀποθνῄσκειν ἀνθρώπων ἀλγεινότατα, ἀλλὰ τηνικαῦτα ἐμνήσθη τοῦ Σιμωνίδου καὶ ἐξεβόησεν εἰς τρίς· „ὦ ξένε Κεῖε, μέγα τι ἄρα χρῆμα ἦν ὁ λόγος σου, ἐγὼ δὲ ὑπ' ἀνοίας οὐδὲν αὐτὸν ᾤμην εἶναι". In *Apophth*. VI, 383 hat Er. seinen Text aus der Quelle Plut. *Consolatio ad Apollonium, Mor.* 105A bezogen, wobei er nach der latein. Übers. des Stefano Negri gearbeitet hatte.

372 „*Memineris ... esse*" Vgl. Tert. *Apol.* 33, 4: „‚Respice post te! Hominem te memento'"!

373 *contempta est Pausaniae* Er. läßt die Begründungen aus, die Aelianos anführt, weshalb Pausanias den Rat des Simonides nicht beachtete: Er sei schon ganz auf seinem „Perser-Trip" gewesen, voll von dem ehrenvollen Empfang beim Perser-König; außerdem suggeriert Ailianos, daß er betrunken gewesen sei.

373 *Chalcioecae* Die in den Baseldrucken überlieferten Namensformen „Chalceoecae" und „Chalcoecae" stellen Textübertragungsfehler des griech. Χαλκιοίκῳ dar.

373 *Chalcioecae* πρὸς τῇ Χαλκιοίκῳ, „bei der Athena Chalkioikos": Damit ist der Tempel der Stadtgöttin von Sparta (Ἀθάνα Χαλκίοικος) gemeint, der sich auf der Akropolis befand. Der Name „Athena des Hauses aus Erz" geht auf den Tempelumbau des spartanischen Architekten und Bronzegießers Gitiades aus der Mitte d. 6. Jh. v. Chr. zurück, an dem rundum Platten aus Kupfer oder Bronze angebracht worden waren, die mit in das Metall getriebenen mythologischen Szenen verziert waren. Pausanias starb in einem Nebengebäude des Tempels, in das er sich, verfolgt, als Schutzflehender zurückgezogen hatte. Das Ereignis datiert auf die unmittelbare Folgezeit nach seinem zweiten Prozess, als ihm zu Ohren kam, daß er erneut verhaftet und angeklagt werden sollte. Die Spartaner respektierten der äußeren Form nach die Asylfunktion des Tempels, nahmen aber zugleich furchtbare Rache: Sie mauerten die Eingänge des Tempels zu und warteten ruhig, bis Pausanias den Hungertod erlitt. Vgl. O. Jessen, *RE* III, 2 (1899), Sp. 2077, s.v. „Chalkioikos" und H. Steuding, Art. „Chalikioikos" in: W.H. Roscher, *Ausführliches Lexikon der griechischen und römischen Mythologie* I, 1 (1886), Sp. 869. Für das Zumauern des Gebäudes und Pausanias' Hungertod vgl. auch Thuc. I, 134.

⟨DIOGENES CYNICVS⟩

VIII, 192 Sordes ambitiosae (Diogenes Cynicvs, 232) [5]

Diogenes, quum *Rhodios quosdam adolescentes* elegantiore cultu *conspexisset, dixit* "τύφος οὗτός ἐστιν", id est, "hic fastus est". Rursum quum vidisset Lacedaemonios substricta *tunica parce sordideque* cultos, "ἄλλος", inquit, "οὗτος τύφος ἐστὶν", id est, "hic alius fastus est", significans non minus peccare eos, qui ad ostentationem sordide vestiuntur quam qui splendido vestitu sese iactant. Vnde scitum est illud diui Hieronymi: *"Pullas vestes aeque vt candidas deuita".*

⟨ADOLESCENS QVIDAM⟩

VIII, 193 Patienter (Anonymus adolescens) [6]

Adolescens quidam, posteaquam *Zenonem* aliquandiu audierat, domum *reuersus a patre rogatus, quod* tandem operae precium fecisset in philosophiae studio, *"Ostendam",* inquit. Quum nihil aliud diceret, *pater iracundus,* existimans impendium perisse, coepit flagris *caedere* filium. Eam parentis saeuiciam adolescens aequissimo animo *tulit.* Ac rursus efflagitanti patri, vt aliquod specimen profectus ederet, expectanti egregium aliquod sophisma: "hoc", *inquit,* "e philosophia fructus retuli, vt *patris iram* possim commode *perpeti".*

⟨DEMETRIVS CYNICVS⟩

VIII, 194 Saltatio mvta (Demetrius Cynicus, 1) [7]

Demetrius Cynicus damnabat artem saltatoriam velut inutilem gesticulationem ad *tibiae* modos. Cui gesticulator quidam *non imperitus,* cupiens arti suae vindicare gloriam, iussit, vt *submotis tibicinibus spectaret ipsum saltantem.* Assensus est Demetrius. *Ille saltauit* Homericam fabulam, *adulterium Veneris ac Martis,* ambos Vulcani vincu-

---

382 iactant *BAS LB*: iactitant *B C.*

376 **Diogenes von Sinope** (um 410–um 323 v. Chr.) Er hatte den Aussprüchen des Begründers der kynischen Philosophenschule im dritten Buch eine Sektion von 226 Apophthegmen gewidmet (*ASD* IV, 4, S. 236–284; III, 164–388, *CWE* 38, S. 271–334). Im achten Buch setzte er noch weitere Sprüche hinzu: VIII, 104–105, 116, 176–177 und den vorl.

378–379 Diogenes ... ἐστίν Im einleitenden Teil gekürzte, im Spruchteil wörtliche Wiedergabe von Ael. *Var. hist.* 9, 34: Διογένης εἰς Ὀλυμπίαν ἐλθὼν καὶ θεασάμενος ἐν (ἐν ed. Wilson, καὶ ἐν ed. Victorius *fol. 43ʳ*) τῇ πανηγύρει Ῥοδιακούς τινας νεανίσκους πολυτελῶς ἠσθημένους, γελάσας "τῦφος", ἔφη, ("τῦφος", ἔφη, ed. Wilson: ἔφη "τῦφος" ed. Victorius) "τοῦτό ἐστιν".

εἶτα περιτυχὼν Λακεδαιμονίοις ἐν ἐξωμίσι φαύλαις καὶ ῥυπώσαις „ἄλλος", εἶπεν „οὗτος τῦφος" (Diogenes Fr. 266 M). Er. ließ die Angabe, daß Diogenes die Rhodier und Spartaner bei den Olympischen Spielen beobachtete, weg; diese Angabe sollte jedoch nicht fehlen, weil sie die Anwesenheit verschiedener griech. Völkerschaften zur selben Zeit erklärt.

383 *pullas ... deuita* Hier. *Epist.* LII, 9, 1: „Vestes pullas aeque deuita, vt candidas". Der Brief stellt eine Art Lebensregel für den Kirchenmann und Mönch auf; im vorl. Fall plädiert Hieronymus für einfache, jedoch nicht übertrieben ärmliche Kleidung. Er. zitierte die Zeile wohl aus dem Gedächtnis.

386–392 *Adolescens ... perpeti* Paraphrasierende Wiedergabe von Ael. *Var. hist.* IX, 33: Μειράκιον Ἐρετρικὸν προσεφοίτησε Ζήνωνι (Ζήνωνι προσεφοίτησε *ed. Victorius fol. 43ʳ*) πλείονος χρόνου (πλείονα χρόνον *ed. Victorius*), ἔστ' [ἂν καὶ] εἰς ἄνδρας ἀφίκετο (ἔστ' [ἂν καὶ] εἰς ἄνδρας ἀφίκετο *deest in ed. Victorii*). ὕστερον οὖν εἰς τὴν Ἐρετρίαν ἐπανῆλθεν, καὶ αὐτὸν (ὕστερον οὖν εἰς τὴν Ἐρετρίαν ἐπανῆλθεν, καὶ αὐτὸν *ed. Wilson*: ἐπανελθόντα δὲ *ed. Victorius*) ὁ πατὴρ ἤρετο ὅ τι ἄρα μάθοι σοφὸν ἐν τῇ τοσαύτῃ διατριβῇ τοῦ χρόνου (ὅ τι ἄρα μάθοι σοφὸν ἐν τῇ τοσαύτῃ διατριβῇ τοῦ χρόνου *ed. Wilson*: τι ἂν μάθοι σοφὸν *ed. Victorius*). ὁ δὲ ἔφη δείξειν, καὶ οὐκ εἰς μακρὰν ἔδρασε τοῦτο (καὶ οὐκ εἰς μακρὰν ἔδρασε τοῦτο *deest in ed. Victorii*). Χαλεπήναντος γὰρ αὐτῷ (γὰρ αὐτῷ *ed. Wilson*: δὲ *ed. Victorius*) τοῦ πατρὸς καὶ τέλος (τέλος *deest in ed. Victorii*) πληγὰς ἐντείναντος, ὁ δὲ (ὁ δὲ *deest in ed. Victorius*) τὴν ἡσυχίαν ἀγαγὼν καὶ ἐγκαρτερήσας τοῦτο ἔφη μεμαθηκέναι, φέρειν ὀργὴν πατέρων (πατέρων *ed. Wilson*: πατρός *ed. Victorius*) καὶ μὴ ἀγανακτεῖν (καὶ μὴ ἀγανακτεῖν *deest in ed. Victorii*).

386 *Zenonem* Zu dem Begründer der Stoischen Schule Zenon von Kition (ca. 334–262/1 v. Chr.) vgl. oben Komm. zu VII, 293.

386 *aliquandiu* Er. verwischt diesen für das Narrativ wichtigen Punkt, nämlich daß der Junge sehr lange Schüler des Zenon war; vgl. πλείονος χρόνου und ἐν τῇ τοσαύτῃ διατριβῇ τοῦ χρόνου. Im einleitenden Satz steht, daß er seine gesamte Schulzeit bis zum Eintritt in das Erwachsenenalters bei Zenon zugebracht haben soll (ἔστ' [ἂν καὶ] εἰς ἄνδρας ἀφίκετο).

Demetrios aus Korinth, kynischer Philosoph des 1. Jh. n. Chr. (unter Caligula-Nero), der dem Kreis des Thrasea Paetus angehörte und mit Seneca d.J. befreundet war. Philosophisch vertrat er die Grundsätze des Diogenes von Sinope. Trat Kaisern gegenüber kritisch und herausfordernd auf, wurde schließlich von Vespasian auf eine Insel verbannt. Vgl. M.-O. Goulet-Cazé, *DNP* 3 (1997/99), Sp. 436, s.v. „Demetrios", Nr. 24; H. v. Arnim, *RE* IV, 2 (1901), s.v. „Demetrios", Nr. 91; M. Billerbeck, *Demetrius. Ein Beitrag zur Geschichte der frühkaiserlichen Popularphilosophie*, Leiden 1979. Er. widmete ihm im achten Buch noch drei weitere Sprüche (VIII, 247, 248 und 309).

395–403 *Demetrius Cynicus ... videris* Stark gekürzte und inhaltlich vereinfachte Wiedergabe von Lucian. *Salt.* 63: ἐπεὶ γὰρ καὶ αὐτὸς ὅμοιά σοι κατηγόρει τῆς ὀρχηστικῆς, λέγων τοῦ αὐλοῦ καὶ τῶν συρίγγων καὶ τῶν κτύπων πάρεργόν τι τὸν ὀρχηστὴν εἶναι, μηδὲν αὐτὸν πρὸς τὸ δρᾶμα συντελοῦντα, κινούμενον δὲ ἄλογον ἄλλως κίνησιν καὶ μάταιον, οὐδενὸς αὐτῇ νοῦ προσόντος, ..., ὁ τότε κατὰ τὸν Νέρωνα εὐδοκιμῶν ὀρχηστής, οὐκ ἀσύνετος, ὥς φασιν, ἀλλ' εἰ καί τις ἄλλος ἔν τε ἱστορίας μνήμῃ καὶ κινήσεως κάλλει διενεγκών, ἐδεήθη τοῦ Δημητρίου εὐγνωμονεστάτην, οἶμαι, τὴν δέησιν, ἰδεῖν ὀρχούμενον, ἔπειτα κατηγορεῖν αὐτοῦ· καὶ ὑπέσχετό γε ἄνευ αὐλοῦ καὶ ᾀσμάτων ἐπιδείξεσθαι αὐτῷ. καὶ οὕτως ἐποίησεν· ἡσυχίαν γὰρ τοῖς τε κτυποῦσι καὶ αὐλοῦσι καὶ αὐτῷ παραγγείλας τῷ χορῷ, αὐτὸς ἐφ' ἑαυτοῦ ὠρχήσατο τὴν Ἀφροδίτης καὶ Ἄρεος μοιχείαν, Ἥλιον μηνύοντα καὶ Ἥφαιστον ἐπιβουλεύοντα καὶ τοῖς δεσμοῖς ἀμφοτέρους, τήν τε Ἀφροδίτην καὶ τὸν Ἄρη, σαγηνεύοντα, καὶ τοὺς ἐφεστῶτας θεοὺς ἕκαστον καὶ τῶν, καὶ αἰδουμένην μὲν τὴν Ἀφροδίτην, ὑποδεδοικότα δὲ καὶ ἱκετεύοντα τὸν Ἄρη, καὶ ὅσα τῇ ἱστορίᾳ ταύτῃ πρόσεστιν, ὥστε τὸν Δημήτριον ὑπερησθέντα τοῖς γιγνομένοις τοῦτον ἔπαινον ἀποδοῦναι τὸν μέγιστον τῷ ὀρχηστῇ· ἀνέκραγε γὰρ καὶ μεγάλῃ τῇ φωνῇ ἀνεφθέγξατο, „Ἀκούω, ἄνθρωπε, ἃ ποιεῖς· οὐχ ὁρῶν μόνον, ἀλλά μοι δοκεῖς ταῖς χερσὶν αὐταῖς λαλεῖν".

395 *velut inutilem* „gewissermaßen nutzlos" ist Er.' simplifizierende und verschwommene Darstellung von Demetrios' Kritik: Was Demetrios am Tanz bemängelte, ist, daß seiner Meinung nach die tänzerischen Bewegungen *keine Bedeutung* besäßen; daß sie nichts zum Ausdruck bringen und keine Inhalte vermitteln würden. Das einzige, was der Tanz leistet, behauptet Demetrios, ist, daß er eine sinnentleerte Begleitung der Musik darbietet. Es ist genau dieser Punkt, den der Pantomime erfolgreich widerlegt.

398 *Homericam fabulam, adulterium Veneris ac Martis* Hom. *Od.* VIII, 266–366.

lis irretitos adamantinis, ac *Sole prodente* diis caeteris exhibitos, *Venerem erubescentem*, varios *deorum* astantium affectus, Mercurium optantem *talia vincula*, Martem damnatum, vt penderet *moechagria, ac praeterea quicquid ad eam fabellam pertinet.* Ibi Cynicus artem admiratus dixit: „*Audio, homo, quae facis, non video tantum, sed mihi manibus ipsis loqui videris*". In huius artis laudem scripsit Lucianus; Plato non probat. Et tamen apud Christianos saltatur ineptius.

⟨LESBONAX MYTILENAEVS⟩

VIII, 195   Gesticvlatio   (Lesbonax Mytilenaeus) [8]

Lesbonax Mitylenaeus histriones ac *gesticulatores appellare* solebat χειροσόφους, quod manibus saperent, non lingua. Erat enim saltationis genus, quo graues etiam historiae citra vocem vel recitantis vel tibicinis, solo corporis gestu sic repraesentabantur, vt spectatores prope plus intelligerent ex saltatione, quam si quis recitasset. Haec ars conuenit Benedictinis.

---

407 Mitylenaeus *B C ut in ind. personarum B C*: Mytilenaeus *sec. text. Graec.* (Μυτιληναῖος).
407 solebat *LB*: solet *B C*.

407 χειροσόφους *B C LB*: χειρισόφους *Lucian. text. recept.*

399 *Sole prodente* Gemeint ist, daß der Sonnengott Helios die beiden Verliebten verriet; vgl. Hom. *Od.* VIII, 302: Ἥλιος γάρ οἱ σκοπιὴν ἔχεν εἶπε τε μῦθον.

400 *Mercurium ... vincula* Hier hat Er. eine Stelle aus der Odyssee eingeflochten, einen kurzen Dialog zwischen Apollo und Hermes (VIII, 335–343); Apollo zeigt auf den armen, erniedrigten Ares und fragt Hermes, ob er denn so herabgewürdigt bei der goldenen Aphrodite schlafen möchte. Hermes bejaht überraschenderweise diese Frage: „Und sollten dreimal soviele, zahllose Fesseln rundum mich umschnüren, sähet auch ihr dabei zu, ihr Götter und Göttinnen, alle: Ja! Ich schliefe gern bei der goldenen Aphrodite".

400–401 *Martem ... moechagria* Hier hat Er. ein weiteres Element aus der *Odyssee* (VIII, 332) eingebaut, nml. daß Ares dazu verurteilt wurde, die Strafsumme für Ehebrecher (μοιχάγρια, *Od.* VIII, 332; vgl. Passow II, 1, S. 269 s.v.) zu entrichten. In Homers weiterer Darstellung der Erzählung wird über die Bezahlung der Bußgeldsumme diskutiert. Poseidon bittet Hephaistos, Ares gegen Entrichtung der Summe freizulassen; als Hephaistos Garantie fordert, erklärt sich Poseidon bereit, dafür zu bürgen (*Od.* VIII, 347–356). Bei Aelian steht lediglich, daß Ares um Gnade bat und sich als Schutzflehender gebärdete (ὑποδεδοικότα δὲ καὶ ἱκετεύοντα τὸν Ἄρη). Das Wort „moechagria" ist ein Neologismus des Er., es ist in der antiken latein. Lit. nicht vorhanden; nicht in Hoven.

402 *dixit* Er. übertrug den griech. Text an dieser Stelle sehr kärglich: Bei Lukian steht, daß der Philosoph so begeistert war, daß er aufschrie und seine jubelnde Reaktion dem Mimen mit lauter Stimme zurief (ἀνέκραγε γὰρ καὶ μεγάλῃ τῇ φωνῇ ἀνεφθέγξατο).

403 *In huius ... scripsit Lucianus* Damit meint Er. den gesamten Traktat *De saltatione, PERI ORXHΣEΩΣ* ed. A.M. Harmon, Lucian, Loeb, Bd. V, S. 209–289.

403–404 *Plato non probat* Daß Platon dem Tanz insgesamt ablehnend gegenübergestanden habe, ist keine stichhaltige Behauptung des Er.; z.B. hat Platon in den Gesetzen Tanz und Musik eine wichtige Rolle bei der moralischen Erziehung der Bürger zugeschrieben; die Neigung zu Tanz ergebe sich schon aus den natürlichen Anlagen des Menschen: Zunächst sind junge Lebewesen an sich von Natur aus geneigt, sich mit Tönen und Bewegungen wie Hüpfen und Springen zu äußern. Während dies bei den Tieren ohne Ordnung vonstatten geht, besitzt der Mensch – doziert Platon – von Natur den Sinn für Regelmaß: Rhythmus und Harmonie. Durch Erziehung soll diese natürliche Inklination weiter ausgebildet werden. Wenn die Erziehung erfolgreich abläuft, zeigt sich die Hingabe des Individuums an das Gute und Schöne auch daran, daß es schön singt und tanzt. Vgl. Plat. *Nom.* 652C–656B. Vgl. K. Schöpsdau, *Platon: Nomoi (Gesetze). Übersetzung und Kommentar*, Bd. I, 1, Göttingen 1994, S. 253–276. Da Er. Lukians Schrift *De saltatione* als Quelle benutzte, hätte ihn ein Blick in diese Schrift lehren können, daß der Tanz im Einklang mit platonischem Denken steht; vgl. z. B. *Salt.* 70: Dort führt Lukian aus, daß der Tänzer die drei Teile der Seele, die Platon definiert hatte, in Perfektion repräsentiere. Besonders hebt er dabei den Logos-Teil hervor, der die Leidenschaften bezügle. Der Tänzer vermag auf diese Weise sogar als Sinnbild für die Herrschaft des Logos über die anderen Seelenteile zu figurieren.

Apophth. VIII, 194 endet mit einem säuerlich klingenden Rundumschlag des Er. gegen den Tanz zu seiner Zeit, den er anscheinend im Allgemeinen als lächerlich und moralisch verwerflich betrachtete.

Lesbonax von Mytilene auf der Insel Lesbos, Philosoph z.Z. des Caesar, Augustus und Tiberius; Schüler des Philosophen Timokrates; eröffnete eine eigene Philosophenschule in Mytilene. Hochangesehener Bürger der Stadt, der u. a. auch mit Gesandtschaften betraut wurde, z.B. i.d.J. 45/7 v. Chr. zu Caesar; nach Suidas soll er eine ansehnliche Anzahl von philosoph. Schriften verfasst haben. Er ist wohl nicht mit dem gleichnamigen Verf. der Schrift *De figuris grammaticis* (ed. Leiden 1739) identisch. Vgl. K. Aulitzky, *RE* XII, 2 (1925), Sp. 2102–2103, s.v. „Lesbonax", Nr. 1; nicht in *DNP*; nicht identifiziert in *CWE* 38, S. 931. Daß in Lucian. *Salt.* 69 der Philosoph Lesbonax gemeint war, geht aus der Nennung seines Lehrers Timokrates hervor sowie aus dem Ausspruch desselben, in dem er sich als Philosoph zu erkennen gibt.

In *Apophth.* VIII, 195 hat Er. seine Textvorlage, einen Spruch des Lesbonax, zitiert bei Lucian. *Salt.* 69, mißverstanden: Lesbonax redet von Tänzern in der Ochestra (ὀρχησταί), die im Rahmen einer Theateraufführung (Tragödie) auftreten, Er. jedoch von Pantomimenschauspielern (die er mittels eines Hendiadyoin als „histriones ac gesticulatores" bezeichnet); Lesbonax von der moralischen Erbauung durch den Tanz im Rahmen einer Tragödie, wobei er als Zuschauer immer als ein besserer Mensch das Theater verließ (ᾔει ἐπὶ τὴν θέαν αὐτῶν ὡς βελτίων ἀναστρέψων ἀπὸ τοῦ θεάτρου), Er. aber von der technischen Fähigkeit des Pantomimen, durch Bewegungen des Körpers und der Hände ganze Geschichten zu erzählen. In dem gesamten Textabschnitt bei Lukian geht es um den hohen moralisch-philosophischen Wert des Tanzes. Er. teilte diese Meinung nicht, wie die säuerliche Schlußbemerkung des vorhergehenden Apophthegmas zeigt. Um den hohen moralischen Wert zu belegen, war es erforderlich, den Tanz von dessen irrationalen Elementen zu ,reinigen', was Lukian an der zitierten Stelle zustandebringt, indem er darlegt, daß es der Kern des Tanzes sei, daß alle Bewegungen und Handlungen des Tänzers von der *ratio* (dem λόγος) gesteuert werden, daß kein Element des Tanzes jenseits des Logos (ἔξω λόγου) zustandekomme. Für diese These führt er den Spruch des Lesbonax als Beleg an. Er.' Wiedergabe des Spruches paßt nicht in diesen Gedankengang.

407 *Lesbonax … χειρισόφους* Mißverstandene, lückenhafte und verzerrte Übertragung von Lucian. *Salt.* 69: Λεσβῶναξ γοῦν ὁ Μυτιληναῖος, ἀνὴρ καλὸς καὶ ἀγαθός, χειρισόφους τοὺς ὀρχηστὰς ἀπεκάλει καὶ ᾔει ἐπὶ τὴν θέαν αὐτῶν ὡς βελτίων ἀναστρέψων ἀπὸ τοῦ θεάτρου. Er. vergißt, den Aspekt der moralischen Erbauung zu übertragen, der in dem Zitat die Hauptrolle spielt.

408–411 *Erat enim … Benedictinis* Die Erklärung des Er. ist doppelt unrichtig: Der Chortanz in der griechischen Tragödie hat mit der Pantomime nichts zu tun und ebensowenig mit der Zeichensprache der abendländischen Mönche.

410–411 *Haec … Benedictinis* „Haec ars conuenit Benedictinis" ist ein boshafter Seitenhieb des Er. auf das Mönchtum, da er eine besondere Art der mönchischen Kommunikation, nml. die Zeichensprache („per signa loqui"), mit einer Pantomimenshow bzw. einer Theateraufführung vergleicht. Die Zeichensprache, die von den Benediktinern der Cluniazensischen Reform um 900 entwickelt wurde, hatte eine gegenteilige Funktion: Sie war für den klösterlichen Bereich bestimmt und diente dem Zweck, das Schweigegebot besser umsetzen zu können, um die Ausübung des inneren Glaubens zu verstärken. Die Zeichen wurden meist mit den Fingern gebildet,

⟨PHILOXENVS POETA⟩

VIII, 196   Facete   (Philoxenus poeta, 4) [9]

Philoxenus quondam coenans apud Dionysium, quoniam *animaduertit* regi *appositum*
415 piscem *mullum insigni magnitudine*, quum *ipsi* appositus esset per*pusillus* (in piscum
enim genere laudantur adulti), pisciculum *auribus admouit*. Id factum admiranti
Dionysio causamque *percontanti* „In manibus", inquit, „est *Galatea*, de qua *volebam
ex hoc quaedam percontari. Verum negat se per aetatem* quicquam adhuc scire, sed
ait proauum suum istic esse in tuo disco, qui multa posset commemorare, si liceat
420 colloqui". Exhilaratus rex *misit illi suum mullum.*

415 mullum *scripsi*: Mulum *B C*, Mullum *BAS LB*.   420 mullum *BAS LB*: mulum *B C*.

wodurch sich die mönchische Zeichensprache auch äußerlich stark von der Körpersprache des antiken Pantomimen unterscheidet. Noch stärkere Aufmerksamkeit brachten der Zeichensprache die Zisterzienser entgegen. Zu den mönchischen Zeichensprachen vgl. J. Umiker-Sebeok und Th.A. Sebeok (Hrsg.), *Monastic Sign Languages*, Berlin-New York-Amsterdam 1987, darin R.A. Barakat, „Cistercian Sign Language", S. 67–322; W. Jarecki (Hrsg.), *Signa loquendi. Die cluniacensischen Signa-Listen*. Baden-Baden 1981; J. Rüffer, „„Multum loqui non amare." Die Zeichensprache bei den Zisterziensern", in: D. Schumann (Hrsg.), *Sachkultur und religiöse Praxis*, Berlin 2007, S. 20–50.

412 ⟨PHILOXENVS POETA⟩ Der Zwischentitel in derselben Form wie in VI, 504; für Er.' Verwechslung des Dichters Philoxenos mit dem gleichnamigen Parasiten vgl. oben Komm. *ad loc*. Philoxenos der Dichter bzw. **Philoxenos von Kythera** (435/4–380/79 v. Chr.), Dithyrambendichter am Hofe des Dionysios I. von Syrakus; Hauptvertreter der „neuen Musik". Vgl. P. Maas, *RE* XX, 1 (1941), Sp. 192–194, s.v. „Philoxenos", Nr. 23; E. Robbins, *DNP* 9 (2000), Sp. 897, s.v. „Philoxenos", Nr. 2. Für weitere Angaben zur Person des Philoxenos siehe Komm. zu VI, 504. Er. widmete ihm eine eigene Sektion im sechsten Buch von vermeintlich vier, tatsächlich aber von zwei Aussprüchen, wobei sich Er. in drei Fällen irrt: *Apophth*. VI, 504 schreibt er irrtümlich dem Parasiten Philoxenos zu (während sein tatsächlicher Urheber der Dichter Philoxenos ist), die Sprüche VI, 506–508 fälschlich dem Dichter (während 506 dem Sophokles bzw. Euripides und 507–508 dem Parasiten zugehören); hinzu kommen zwei weitere Apophthegmen, die Er. korrekt Philoxenos dem Dichter zuordnet: VI, 406 und VIII, 231.

414–420 *Philoxenus ... mullum* Gekürzte und paraphrasierende Übertragung des Er. von Athen. I, 6E: Φαινίας δέ φησιν ὅτι Φιλόξενος ὁ Κυθήριος ποιητής, περιπαθὴς ὢν τοῖς ὄψοις, δειπνῶν ποτε παρὰ Διονυσίῳ ⟨τῷ τυράννῳ⟩ (add. *Gulick*) ὡς εἶδεν ἐκείνῳ μὲν μεγάλην τρίγλαν παρατεθεῖσαν, ἑαυτῷ δὲ μικράν, ἀναλαβὼν αὐτὴν εἰς τὰς χεῖρας πρὸς τὸ οὖς προσήνεγκε. πυθομένου δὲ τοῦ Διονυσίου τίνος ἕνεκεν τοῦτο ποιεῖ, εἶπεν ὁ Φιλόξενος ὅτι γράφων τὴν Γαλάτειαν βούλοιτό τινα παρ' ἐκείνης τῶν κατὰ Νηρέα πυθέσθαι· τὴν δὲ (δὲ *ed. Gulick* δέ ποτε *ed. Ald.*) ἠρωτημένην (οὐκ *ins. ed. Ald.*) ἀποκεκρίσθαι διότι νεωτέρα ἁλοίη· διὸ μὴ παρακολουθεῖν (παρακολουθεῖν *ed. Gulick*, παρακολουθῶν *ed. Ald.*)· τὴν δὲ τῷ Διονυσίῳ (Διονύσῳ *lapsus in ed. Ald.*) παρατεθεῖσαν πρεσβυτέραν οὖσαν εἰδέναι πάντα σαφῶς (σαφῶς *ed. Gulick*, σοφῶς *ed. Ald.*) ἃ βούλεται μαθεῖν. τὸν οὖν Διονύσιον γελάσαντα ἀποστεῖλαι αὐτῷ τὴν τρίγλαν (τρίγλαν *ed. Gulick*, τρίγλην *ed. Ald.*) τὴν παρακειμένην αὐτῷ (περὶ παρ' αὐτῷ *ed. Ald.*). Wie auch in ähnlichen Fällen läßt Er. die genaue Quellenangabe des Athenaios weg, die Geschichte der sizilianischen Tyrannen des Philosophen und Historikers Phainias von Eresos aus dem 4. Jh. v. Chr. (*FHG* II, 297).

414 *Dionysium* **Dionysios I.** (430–367 v. Chr.), Tyrann in Syrakus (405–367 v. Chr.). Er. hat ihm ein längere Sektion von Sprüchen im fünften Buch der *Apophthegmata* gewidmet

(V, 54–76). Für nähere Angaben zur Person des Dionysios vgl. oben Komm. zu V, 54.

415 *mullum* Er. hat τρίγλα richtig mit „mullus" übersetzt. Der „mullus", die Meerbarbe bzw. der Rotbart (*Mullus barbatus, red mullet*), war in der griech.-röm. Antike ein sehr geschätzter Speisefisch, für den Schlemmer hohe Preise bezahlten, besonders wenn sie einiges Gewicht auf die Waage brachten. Diese Perspektivierung führt manchmal zu grotesken Übertreibungen, z. B. bei Plin. *Nat.* IX, 68, der von einer Meerbarbe redet, die 80 Pfund oder 26,2 kg schwer gewesen sein soll, während der Fisch kaum je länger als 30 cm wird. Kleinere Meerbarben (16–20 cm) geben nicht viel her, sind jedenfalls für eine Person nicht genug, wie das wohl auch mit dem kleinen Exemplar, das Philoxenos vorgesetzt bekam, der Fall war. Auch in älteren Plinius-Ausgaben wird die Schreibweise „mullus" (statt „mulus") bevorzugt (vgl. z. B. die Ausg. Venedig 1507, fol. 65^v).

417 *In manibus ... Galataea* Gemeint ist, daß Philoxenos gerade dabei war, ein Gedicht dieses Namens über Galatea zu schreiben, eine Meernymphe aus dem Schwarm der Nereiden, und daß der Dichter versuchte, dem Fischlein einschlägiges Wissen über die Meernymphe und ihren Schwarm zu entlocken, das er in seinem Gedicht anwenden könnte (ὅτι γράφων τὴν Γαλάτειαν βούλοιτό τινα παρ' ἐκείνης τῶν κατὰ Νηρέα πυθέσθαι). Das Fischlein, suggeriert Philoxenos, sei aber noch so jung gewesen, daß es Galatea noch nicht einmal kannte. Philoxenos schrieb tatsächlich ein Gedicht, in dem Galatea die Hauptrolle spielte. Es handelt sich dabei um ein höfisches, allegorisches Gedicht, in dem sich die schwierige Beziehung, die Philoxenos mit seinem Mäzen hatte, widerspiegelt. Dionysios I. warf Philoxenos nämlich zweimal für längere Zeit in das berüchtigte Gefängnis von Syrakus, die sog. „Steinbrüche" (*lapidicinae*), wo die Gefangenen in glühender Hitze schwere Zwangsarbeit verrichten mußten. Der Grund für diese harte Bestrafung war wohl, daß Philoxenos mit der Geliebten (einer Hetaire) des Dionysios ein Verhältnis hatte. Das Gedicht *Galatea* (oder auch *Kyklops*) verfasste Philoxenos, um sich an Dionysios zu rächen: Galataea ist der Name der Geliebten, Kyklops jener des Dionysios, Philoxenos spielt in dem Gedicht die Rolle des Odysseus, der dem Zyklopen das Auge aussticht. Vgl. P. Maas, *RE* XX, 1 (1941), Sp. 192–194, s.v. „Philoxenos", Nr. 23; E. Robbins, *DNP* 9 (2000), Sp. 897, s.v. „Philoxenos", Nr. 2. Der Bestrafung des Philoxenos widmete Er. *Apophth.* VI, 505, vgl. Komm. *ad loc.*

418 *quicquam adhuc scire* Die Antwort, die das Fischlein im griech. Originaltext gibt, ist charmanter: Es sei zu jung gefangen worden, bevor es noch imstande gewesen sei, sich Nereus Schwarm anzuschließen.

419 *proauum suum* „proauum suum" ist eine freie narrative Ausgestaltung des Er.; im griech. Originaltext steht, daß die „ältere Barbe" auf Dionysios' Teller liege und daß Philoxenos gerne mit dieser sprechen würde.

⟨APELLES PICTOR⟩

VIII, 197   Venvs operis   (Apelles pictor, 9) [10]
             (= Dublette zu VI, 520)

Apellis *aetate* complures erant *in arte* pingendi nobiles, *quorum opera quum* pro
suo candore *miraretur, collaudatis omnibus dicebat illis deesse vnam illam venerem,
quam Graeci* χάριτα *vocant*, ingenue profitens caetera omnia illis contigisse, in hac
vna neminem ipsi parem esse. Simile quiddam est in phrasi, quod allicit ac remoratur
lectorem aut auditorem, quum tamen nec habeat nomen nec arte praecipi possit.

VIII, 198   Civiliter   (Apelles pictor, 10) [11]

Idem quum *tempestatis vi Alexandriam* delatus esset, quidam Apellis *aemuli suborna-
runt planum*, hoc est, scurram *regium*, qui eum vocaret *ad coenam*. Is, non suspicans
dolum, *venit*. At quum rex, qui illi erat infensus, *indignaretur* et *ostensis vocatoribus*
iuberet indicari, a quo vocatus esset, Apelles *arrepto carbone extincto e foculo, imaginem deliniauit in pariete*, vt rex *protinus* ex *inchoata* opere *agnosceret planum* suum.
Eadem opera et artis suae et ciuilitatis suae specimen dedit. Sit et hoc, si libet, apophthegma mutum.

VIII, 199   Popvli ivdicivm   (Anonymus pictor, i.e.
             (= Dublette von VI, 526)   Apelles, 11) [12]

Pictor quidam interrogatus, quem habuisset artis magistrum, digito populum ostendit, sentiens se ad multitudinis iudicium pingere et obseruantem, quid quisque pro-
baret aut improbaret, artem fuisse consequutum. Idem ab Apelle factitatum legimus,
qui *post tabulam latitans subauscultabat* spectatorum censuras. Numeretur et hoc
inter ἄφθογγα ἀποφθέγματα.

---

431 planum *B C*: Planum *pars Plin. edd. vett.*

Apophth. VIII, 197–199 Es folgt nunmehr eine Sektion von drei Sprüchen, deren Spender Apelles aus Kolophon ist. Er hat dem berühmtesten Maler der Antike bereits im sechsten Buch eine Serie von Apophthegmen gewidmet (VI, 520–527). Zur Person des Apelles (geb. ca. 370) siehe Komm. zu VI, 520.

422 *Venus operis* Den Titel hat Er. aus dem zitierten Plinius-Text abgeleitet.

424–426 *aetate … vocant* Plin. *Nat*. XXXV, 79: „Praecipua eius in arte venustas fuit, cum eadem aetate maximi pictores essent; quorum opera cum admiraretur, omnibus conlaudatis (collaudatis omnibus *aliquae edd. vett., e.g. Venet. 1507, fol. 259ʳ*) deesse (deesse iis *edd. vett.*) illam suam (vnam illam *edd. vett., e.g. Venet. 1507*) venerem dicebat, quam Graeci χάριτα (charitam *edd. vett.*) vocant". Insbesondere bezieht sich dieses Selbstbild auf den Vergleich, den Apelles mit seinem Konkurrenten Protogenes anstellte: Er schrieb Protogenes großen Fleiß und technisches Können zu, sprach seinen Gemälden jedoch jeden Liebreiz ab (Plut. *Demetr*. 22, 2–3). Er zitierte die betreffende Stelle in *Apophth.* VI, 520, mißverstand aber den Spruch des Apelles; vgl. oben Komm. *ad loc.*

425 *collaudatis ... illam* Er. folgt dem Wortlaut der älteren Plinius-Ausgaben.

430–431 *tempestatis ... planum* Leicht gekürzte, paraphrasierende Wiedergabe von Plin. *Nat.* XXXV, 89: „Non fuerat ei gratia in comitatu Alexandri cum Ptolemaeo, quo regnante Alexandriam vi tempestatis expulsus, subornato fraude aemulorum plano regio inuitatus ad cenam (regis coenam *edd. vett.*, e.g. *ed. Venet. 1507, fol. 259^v*) venit indignantique Ptolemaeo et vocatores suos ostendenti, ut diceret, a quo eorum inuitatus esset, arrepto carbone extincto e foculo imaginem in pariete delineauit, adgnoscente voltum Plani rege inchoatum (ex incohato *edd. vett.*) protinus".

430 *Alexandriam* Alexandreia in Ägypten, der Regierungssitz der Ptolemaier.

431 *planum* planus „Gaukler, Parvenu", vgl. *DNG*, II, Sp. 3697, s.v.; in manchen älteren Plinius-Ausgaben als Eigenname aufgefasst.

432 *rex* Der König und Pharao Ptolemaios I. Soter.

432 *qui illi erat infensus* Er. hatte in der Einleitung vergessen zu vermelden, daß Ptolemaios und Apelles, die beide zum Gefolge Alexanders d.Gr. gehörten, sich nicht gut verstanden.

439 *Pictor quidam* Die Anekdote bezieht sich auf Apelles; Er. gibt hier an, daß es sich um „irgendeinen Maler" handle, wohl, weil er die Anekdote aus dem Gedächtnis zitierte.

442 *post ... subauscultabat* Stark gekürzte, simplifizierte und anonymisierte Version der Anekdote, die sich in Plin. *Nat.* XXXV, 84–85 findet und die Er. in *Apophth.* VI, 526 bereits gebracht hatte; Plinius: „Idem (sc. Apelles) perfecta opera proponebat in pergula transeuntibus atque, ipse post tabulam latens vitia, quae notarentur, auscultabat (ascultabat *ed. Venet. 1507, fol. 259^v*), vulgum diligentiorem iudicem quam se praeferens. Feruntque reprehensum a sutore (a sutore reprehensum *ed. Venet. 1507*), quod in crepidis vna pauciores intus (intus pauciores *ed. Venet. 1507*) fecisset ansas. Eodem postero die superbo (superbe *edd. vett.*, e.g. *ed. Venet. 1507*) emendatione pristinae admonitionis cauillante circa crus, indignatum prospexisse denuntiantem, *ne supra crepidam sutor iudicaret*, quod et ipsum in prouerbium abiit"; vgl. auch *Adag.* 516 „*Ne sutor vltra crepidam*" (*ASD* II, 2, S. 40–42): „... *Ne sutor vltra crepidam*, id est ...".

⟨SOCRATES⟩

VIII, 200   SOLERTER   (Socrates, 108) [13]

Socrates Alcibiadem adolescentem primum ob imperitiam trepidantem, vt fit, apud tantam multitudinem verba facere, lepida εἰσαγωγῇ animauit. „An non putas", inquit, „o Alcibiades, *contemnendum sutorem?*". Annuit. „An non *praeconem?*". Quum et hic *annuisset*, „An non *contemneres*", inquit, „*tabernaculorum opificem?*". Quum similia quaedam proposuisset, et is fateretur hos esse contemnendos, tum Socrates: „Atqui", inquit, „ex his constat *Atheniensium populus*, quem tu vereris. *Quorum si singulos* putas contemnendos, qui minus *etiam contemnas* condensatos?". Sensit non referre apud quam multos dicas, sed apud quam cordatos. Fit enim hoc miro modo, vt, quos singulos despicias, congregatos reuerearis.

VIII, 201   (Socrates, 109) [13]

In conuiuio Platonis Socrates *admiratur Agathonis* audaciam, *qui* coram tot hominum milibus praesenti animo recitasset suam tragoediam. Cui quum Agathon respondisset se citius velle coram multis hominum milibus dicere quam apud vnum Socratem, „Atqui *in illis*", inquit, „milibus *et Socrates erat*". Fit enim et illud miro modo, vt quem vnum reuereare, in turba mixtum contemnas.

450 proposuisset *B C*: praeposuisset *BAS LB*.   456 admiratur *B C*: admirabatur *LB*.

Apophth. VIII, 200-201 Er. hatte **Sokrates** im dritten Buch eine umfängliche Sektion von Sprüchen gewidmet (III, 1–101; *CWE* 37, S. 221–251; *ASD* IV, 4, S. 197–220); daher war er in Buch VII, dem „Buch der Philosophen", nicht mehr zum Zuge gekommen; im achten Buch folgen einige „Nachzügler": VIII, 110–114, 179, 200 und vorl. *Apophth.*

Apophth. VIII, 200 bezieht sich auf die Jugendzeit des späteren athenischen Staatsmannes Alkibiades (ca. 450–404/3 v. Chr.), der nach dem frühen Tod seines Vaters Kleinias (447) im Haus seines Onkels Perikles aufwuchs (vgl. *Apophth.* V, 181) und von Sokrates unterrichtet wurde, genauer auf Alkibiades erste Versuche, sich in Athen als Redner zu präsentieren. Sokrates versucht, ihm diesbezüglich Selbstvertrauen zu geben. Alkibiades' politische Karriere in Athen endet jedenfalls i.J. 415, in dem er in Abwesenheit wegen Hochverrates zum Tode verurteilt wurde. Er. hatte ihm im „Buch der Könige und Feldherren" eine Sequenz von 9 Sprüchen gewidmet (V, 184–192). Zur Person des Alkibiades vgl. oben Komm. zu V, 184.

446–452 *trepidantem … condensatos* Leicht gekürzte, simplifizierte, paraphrasierende Übertragung des Er. von Ael. *Var. hist.* 2,1: Καὶ ταῦτα Σωκράτους πρὸς Ἀλκιβιάδην. ὁ μὲν ἠγωνία καὶ ἐδεδίει πάνυ σφόδρα εἰς τὸν δῆμον παρελθεῖν τὸ μειράκιον· ἐπιθαρσύνων δὲ αὐτὸν καὶ ἐγείρων ὁ Σωκράτης „οὐ καταφρονεῖς", εἶπεν, „ἐκείνου τοῦ σκυτοτόμου;" τὸ ὄνομα εἰπὼν αὐτοῦ. φήσαντος δὲ τοῦ Ἀλκιβιάδου ὑπολαβὼν πάλιν ὁ Σωκράτης· „ἔτι δὲ ἐκείνου τοῦ ἐν τοῖς κύκλοις κηρύττοντος ἢ ἐκείνου τοῦ σκηνορράφου;" ὁμολογοῦντος δὲ τοῦ Κλεινίου (Κλινίου *ed. Victorius fol. 6ʳ*) μειρακίου „οὐκοῦν", ἔφη ὁ Σωκράτης, „ὁ δῆμος ὁ Ἀθηναίων ἐκ τοιούτων ἤθροισται· καὶ εἰ τῶν καθ᾽ ἕνα καταφρονεῖς, καταφρονητέον ἄρα καὶ τῶν ἠθροισμένων", μεγαλοφρόνως ταῦτα ὁ τοῦ Σωφρονίσκου καὶ τῆς Φαιναρέτης τὸν τοῦ Κλεινίου καὶ τῆς Δεινομάχης διδάσκων. Das Zitat betrifft die einleitenden Sätze des zweiten Buches der *Varia historia*. Der wichtigste Unterschied zwischen Er.' Version und dem griech. Originaltext ist, daß Sokrates dort dem Alkibiades auf didaktische Weise drei diesem bekannte Personen mit Namen (τὸ ὄνομα εἰπὼν αὐτοῦ) vor Augen führt, über die sich dieser als Edelmann sozial erhaben fühlte, und dadurch dem Alkibiades sowohl das Gefühl des Bekannten und Vertrauten als auch seiner Überlegenheit vermittelt; Er. jedoch läßt diesen Aspekt aus, wodurch in seiner Darstellung nur mehr der Kontrast zwischen Exponenten einzelner verächtlicher Berufe und der großen Menschenmenge übrigbleibt.

447–449 *An non ... praeconem* Er. gibt diese Frage verdreht wieder. Sokrates hatte Alkibiades nicht gefragt „Meinst du denn nicht, daß man den (einen) Schuster verachten sollte?", sondern „Fühlst du dich nicht über jenen Schuster namens X. erhaben?".

448–449 *sutorem ... tabernaculorum opificem* Sokrates' rhetorische Fragen implizieren, daß Alkibiades aus dem alten athenischen Adelsgeschlecht der Alkmaioniden, das seinen Stammbaum bis auf Nestor zurückführte, sich *eo ipso* über Leute, die sich mit Handwerk bzw. körperlicher Arbeit ihren Lebensunterhalt verdienen mussten (Banausoi), erhaben fühlte. Banausoi war die abwertende Bezeichnung für aller Handwerker aus der Perspektive des Adels, bei der sowohl der Aspekt der körperlichen Arbeit als auch die Bezahlung derselben entscheidend waren. Vgl. H. Scholten, „Die Bewertung körperlicher Arbeit in der Antike", in: *Ancient Society* 33 (2003), S. 1–22; K.J. Dover, *Greek Popular Morality in the Time of Plato and Aristotle*, Oxford 1974, S. 39–41 und 172–174; Victor Ehrenberg, *The People of Aristophanes*, New York 1962, S. 113–146. Für Sokrates gedankliche Gleichsetzung des Demos mit den Banausen vgl. Th. Morawetz, *Der Demos als Tyrann und Banause*, Frankfurt a. M. 2000, insbes. S. 12–47.

452–453 *Sensit ... cordatos* Er.' Erklärung ist nicht hilfreich und zeigt wenig Verständnis für das psychologische Fingerspitzengefühl des Sokrates.

Apophth. VIII, 201 datiert auf das Jahr 417 v. Chr., das Jahr, nach dem Agathon bei den Lennaien den Sieg in der Disziplin Tragödie davongetragen hatte (d.h. bei der Lennaien-Feier d.J. 416); dieser Sieg bildet zugleich den Kontext von Platons Symposion: Dieses ist eben das Gastmahl, das Agathon anläßlich seines Sieges gab.

456–460 *In conuiuio ... contemnas* Während „In conuiuio ... contemnas" in den Baseldrucken mit dem vorhergehenden Lemma vereint aufscheint, wird es hier als separates *Apophthegma* geführt: Es paßt nicht zu dem Titel des vorhergehenden („solerter"), gibt einen Dialog des Sokrates mit einer anderen Person wieder (Agathon) und stammt aus einer anderen Quelle (Platons *Symposion*). Folge: Ab VIII, 202 unsere *ASD*-Zählung = *CWE* plus 3.

456–459 *Socrates admiratur ... Socrates erat* Stark gekürzte, durch einen Übersetzungs- und Verständnisfehler verzerrte Wiedergabe eines Dialogs zwischen Sokrates und dem Tragödiendichter Agathon aus Plat. *Symp.* 194A–C: „ἐπιλήσμων μεντἂν εἴην, ὦ Ἀγάθων", εἰπεῖν τὸν Σωκράτη, „εἰ ἰδὼν τὴν σὴν ἀνδρείαν καὶ μεγαλοφροσύνην ἀναβαίνοντος ἐπὶ τὸν ὀκρίβαντα μετὰ τῶν ὑποκριτῶν, καὶ βλέψαντος ἐναντία τοσούτῳ θεάτρῳ, μέλλοντος ἐπιδείξεσθαι σαυτοῦ λόγους, καὶ οὐδ' ὁπωστιοῦν ἐκπλαγέντος, νῦν οἰηθείην σε θορυβήσεσθαι ἕνεκα ἡμῶν ὀλίγων ἀνθρώπων". „τί δέ, ὦ Σώκρατες;", τὸν Ἀγάθωνα φάναι, „οὐ δήπου με οὕτω θεάτρου μεστὸν ἡγῇ ὥστε καὶ ἀγνοεῖν ὅτι νοῦν ἔχοντι ὀλίγοι ἔμφρονες πολλῶν ἀφρόνων φοβερώτεροι;" „οὐ μεντἂν καλῶς ποιοίην", φάναι, „ὦ Ἀγάθων, περὶ σοῦ τι ἐγὼ ἄγροικον δοξάζων· ἀλλ' εὖ οἶδα ὅτι εἴ τισιν ἐντύχοις οὓς ἡγοῖο σοφούς, μᾶλλον ἂν αὐτῶν φροντίζοις ἢ τῶν πολλῶν. ἀλλὰ μὴ οὐχ οὗτοι ἡμεῖς ὦμεν – ἡμεῖς μὲν γὰρ καὶ ἐκεῖ παρῆμεν καὶ ἦμεν τῶν πολλῶν – εἰ δὲ ἄλλοις ἐντύχοις σοφοῖς, τάχ' ἂν αἰσχύνοιο αὐτούς, εἴ τι ἴσως οἴοιο αἰσχρὸν ὂν ποιεῖν· ἢ πῶς λέγεις;".

456 *Agathonis* **Agathon** (um 450–um 402 v. Chr.), athenischer Tragödiendichter; Freund u.a. des Platon und des Euripides. In seinen letzten Lebensjahren begab er sich gemeinsam mit Euripides an den Hof des makedonischen Königs Archelaos I., wo er um 402 gestorben ist. Für weitere Angaben zu Agathon vgl. oben Komm. zu *Apophth.* V, 89.

457 *praesenti ... tragoediam* Er. irrt sich diesbezüglich: Agathon hat seine Tragödie nicht selbst vorgetragen bzw. rezitiert („recitasset"), was völlig ungebräuchlich gewesen wäre, sondern sie wurde unter seiner Leitung aufgeführt; es geht auch keineswegs um das Lampenfieber des Vortragenden, wie Er. annimmt. Daß Agathon dem Publikum „in die Augen geschaut habe", bezieht sich auf Folgendes: Bei dem Fest der Großen Dionysien wurden *am Tag vor der Aufführung* dem Publikum die Schauspieldichter und Schauspieler vorgestellt: Dazu stellten sie sich auf der Bühne auf. Auf der Bühne stehend, blickte Agathon seinem Publikum in die Augen.

VIII, 202   Dives indoctvs   (Socrates, i.e. Diogenes Cynicus, 233) [14]

Idem [i.e. Diogenes Cynicus] *conspiciens hominem praediuitem* et arrogantem, sed nulla virtute praeditum, „*Hic*", inquit, „*equus est argento circumtectus*". Solent enim equi stragulis, phaleris, ac bullis argenteis exornari, quum interim tamen nihil aliud sint quam equi.

⟨APELLES PICTOR⟩

VIII, 203   Imitatio   (Apelles, 12) [15]

Apud Ephesum quum Alexander conspectam effigiem sui corporis ad viuum magna arte expressam ⟨non⟩ admiraretur, atque interim forte *equus inductus* picto in eadem tabula *equo adhinniret*, deceptus imitatione, Apelles „*Equus*", inquit, „*o rex, multo melius expressus est quam tu*".

⟨PRAECEPTOR ALEXANDRI CITHARA CANENDI⟩

VIII, 204   Artes regiae   (Praeceptor Alexandri cithara canendi) [16]

Quum Alexander etiamnum [i.e. non iam] *pubescens citharae* daret operam et *praeceptor* artis subinde *moneret*, quam *chordam* quo mod⟨ul⟩o *pulsare* deberet, et puer

---

470 non *suppleui*.   477 modulo *scripsi*: modo *B C*.

Apophth. VIII, 202 Er., der diesen Spruch offenbar aus dem Gedächtnis zitierte, hat sich in der Zuschreibung geirrt. Der Spruchspender ist nicht Sokrates, sondern der Kyniker Diogenes. Siehe Doxopater, *Homiliae in Aphthonium*: οἷον Διογένης ἰδὼν πλούσιον ἀπαίδευτον εἰπεῖν „οὗτός ἐστι ἵππος περιηργυρωμένος" (*Rhetores Graeci*, ed. Ch. Waltz, Stuttgart-Tübingen 1835, Bd. II, S. 256); Theon von Alexandrien (= Theon Sophista), *Progymnasmata* V, 3 (S. 97, 20; *Chreia* 41–44): Διογένην τὸν κυνικὸν φιλόσοφον ἰδόντα μειράκιον πλούσιον ἀπαίδευτον φασὶν εἰπεῖν „οὗτός ἐστι ῥύπος (*alia lectio* ἵππος) περιηργυρωμένος" (*Opuscula Graecorum veterum sententiosa et moralia*, ed. I.C. Orelli, Leipzig 1821, S. 590. Nr. 151). Zu dem Irrtum des Er. hat zweifellos beigetragen, daß es von Sokrates einen ähnlichen Spruch gibt, den Er. oben, VIII, 111, gebracht hat: „Idem (= Socrates) conspiciens praediuitem quendam, sed indoctum, ‚Ecce', inquit, ‚aureum mancipium'. …" (nach Stob. *Περὶ ἀφροσύνης, Flor.* III, 4, 84: Σωκράτης ἰδὼν μειράκιον πλούσιον καὶ ἀπαίδευτον „ἰδού", ἔφη, „χρυσοῦν ἀνδράποδον"); charakteristisch für die Gleichschaltung dieses Spruches mit VIII, 202 ist, daß die Titel identisch sind („Diues indoctus").

464 *nulla virtute praeditum* Auch dies weist darauf hin, daß Er. aus dem Gedächtnis zitiert hat: „nulla virtute praeditum" ist keine adäquate Übersetzung von ἀπαίδευτον.

464 *argento circumtectus* „argento circumtectus" = περιηργυρωμένος (für das ähnliche περι-

ἄργυρος, „ringsum versilbert", vgl. Passow II, 1, S. 830, s.v.).

Apophth. VIII, 203–206 Es folgt an dieser Stelle eine Sequenz von vier Apophthegmen, die Alexander d.Gr. gewidmet sind, entweder als Spruchspender oder als Zielscheibe von Sprüchen.

467 ⟨*APELLES PICTOR*⟩ Dem **Maler Apelles** (ca. 370–ca. 300 v. Chr.) hatte Er. bereits zwei Sektionen von Sprüchen gewidmet (VI, 520–527 und VIII, 197–199); in VI, 519 hatte ihn Er. mit dem Philosophen Apelles verwechselt (vgl. Komm. *ad loc.*). Zu Person und Werk des Malers Apelles vgl. oben Komm. zu VI, 520.

469–472 *Apud Ephesum ... quam tu* Verworrene, durch Auslassungen, einen Übersetzungsfehler und ein Mißverständnis verzerrte latein. Übertragung von Ael. *Var. hist.* II, 3: Ἀλέξανδρος θεασάμενος τὴν ἐν Ἐφέσῳ εἰκόνα ἑαυτοῦ τὴν ὑπὸ Ἀπελλοῦ γραφεῖσαν οὐκ ἐπῄνεσε κατὰ τὴν ἀξίαν τοῦ γράμματος. ἐσαχθέντος δὲ τοῦ ἵππου καὶ χρεμετίσαντος πρὸς τὸν ἵππον τὸν ἐν τῇ εἰκόνι ὡς πρὸς ἀληθινὸν καὶ ἐκεῖνον „ὦ βασιλεῦ", εἶπεν ὁ Ἀπελλῆς, „ἀλλ' ὅ γε ἵππος ἔοικέ σου γραφικώτερος εἶναι κατὰ πολύ" (vgl. Victorius fol. 6ᵛ). Im einleitenden Teil wurde das Wort „non" vergessen, wodurch in dem erforderlichen entgegengesetzter Sinn entsteht („Als der König das ... Gemälde bewunderte"). Dadurch entfällt der Anlaß für Apelles' Reaktion, nml. daß der König sich eben nicht positiv zu dem Porträt äußerte. Des Weiteren vergißt Er. im einleitenden Teil zu vermelden, daß Apelles der Schöpfer des Gemäldes war und daß Alexander dieses in Auftrag gegeben hatte, was das Verständnis nochmals erschwert. Durch die unrichtige Übers. von γραφικώτερος mit „melius expressus" verstand Er. auch den Spruch falsch. Apelles sagte nicht: „Mein König, das Pferd ist besser getroffen als du", sondern bemerkte schnippisch: „Mein König, das Pferd versteht offenbar von der Malkunst mehr als du". Justus Vulteius hat in seiner Übersetzung den Sinn der Anekdote korrekt wiedergegeben: „Alexander Ephesi suam ipsius imaginem, quam Apelles finxerat, contemplatus, non laudauit pro dignitate picturae. Cum autem introductus equus adhinniret equo picto, perinde atque vero: ‚O rex', inquit Apelles, ‚sed hic equus in discernendis picturis longe te meliore iudicio praeditus esse videtur'" (ed. Basel 1548, S. 29). Es gibt eine mit einem anderen Narrativ ausgestattete Version der Anekdote bei Plin. *Nat.* XXXV, 95: „Est et equus eius, siue fuit, pictus in certamine, quo iudicium ad mutas quadripedes prouocauit ab hominibus. Namque ambitu praeualere aemulos sentiens singulorum picturas inductis equis ostendit: Apellis tantum equo adhinniuere, idque et postea semper euenit, vt experimentum artis illud ostentaretur".

469 *Apud Ephesum* „Apud Ephesum", i.e. in Ephesos, wo sich die Werkstätte des Apelles befand, die Alexander i.J. 334 z.Z. seines Asienfeldzuges besuchte. Er hatte Apelles, dem er das Monopol auf sein Porträt verliehen hatte, den Auftrag erteilt, ein Reiterporträt von ihm anzufertigen, das ihn auf seinem Schlachtross Bukephalos zeigte.

469 *sui corporis* „sui corporis" („ein Porträt seines Körpers") ist ein kurioser Zusatz des Er. (zu εἰκόνα ἑαυτοῦ).

470 *equus inductus* Das Pferd, das hereingeführt wurde, war der porträtierte Bukephalos.

472 *melius expressus* „melius expressus" („besser getroffen") ist eine Fehlübersetzung des Er. von γραφικώτερος, „mit mehr Kunstverstand ausgestattet".

473 *PRAECEPTOR ... CANENDI* Im Index personarum von *B* und *C* wurde das *Apophthegma* irrtümlich Alexander d. Gr. zugeschrieben.

Apophth. VIII, 204 datiert auf die Knabenzeit Alexanders d. Gr. (geb. 356 v. Chr.), als er wenigstens 7 und höchstens 13 Jahre alt war (gemäß der Angabe παῖς ὢν οὔπω πρόσηβος).

476–480 *Quum Alexander ... interest* Durch Übersetzungs- und Textübertragungsfehler entstellte Übertragung des Er. von Ael. *Var. hist.* III, 32: Ἀλέξανδρος ὁ Φιλίππου, παῖς ὢν οὔπω πρόσηβος, ἐμάνθανε κιθαρίζειν. τοῦ δὲ διδάσκοντος κροῦσαι κελεύσαντος χορδήν τινα σὺν μέλει καὶ ἣν ἀπῄτει τὰ κιθαρίσματα, „καὶ τί διοίσει", ἔφη, „ἐὰν ταύτην κρούσω;" ἑτέραν δείξας. ὁ δὲ οὐδὲν ἔφη διαφέρειν τῷ μέλλοντι βασιλεύειν ἀλλὰ τῷ (τῷ *ed. Wilson*: οὐκ *ed. Victorius fol.* 22ʳ) ἐπὶ τέχνῃ κιθαρίσειν μέλλοντι.

476 *etiamnum pubescens* Eine Fehlübers. des Er., die das genaue Gegenteil dessen aussagt, was im griech. Originaltext steht, daß Alexander noch ein Kind war und sich eben noch nicht im reifen Jünglingsalter befand (παῖς ὢν οὔπω πρόσηβος); für πρόσηβος vgl. Passow II, 1, S. 1193, s.v., für „pubescere", „ins erste Mannesalter treten" vgl. *DNG* II. Sp. 3942, s.v. „pubesco".

477 *quo mod⟨ul⟩o* Der Kithara-Lehrer zeigte Alexander *welche Saite er zu einer bestimmten Tonart und Weise* (σὺν μέλει) anschlagen müsse, sodaß sich ein harmonischer Zusammenklang ergibt.

parum obsequens doctori dixisset, *„Quid, si hanc pulsarem?"*, citharoedus lepide respondit: „Si istud quaeris tanquam mox *rex futurus, nihil* refert, si vt artifex *futurus*, plurimum *interest"*.

⟨ALEXANDER MAGNVS⟩

VIII, 205   Homeri lavs   (Alexander Magnus,
(Dublette von IV, 85 und IV, 70)   69) [17]

Alexander Macedo praeter modum delectatus est Homero, adeo vt illum ad verbum edidicerit ac dormiens etiam ceruicali suppositum haberet. Eum alias summum *virtutis praeconem,* interdum *poetam βασιλικὸν appellare* consueuit; cuius carmina censebat *non ad citharam,* vt aliorum, *sed ad tubam potius esse canenda*. Addebat illud,

---

479 istud *LB*: isthuc *B C*.

479 *vt artifex futurus* Er. gibt hier den griech. Text mißverständlich wieder. „vt artifex futurus" kann der Musiklehrer nicht gesagt haben, da von vorneherein klar war, daß Alexander kein Tonkünstler bzw. Musiker werden würde. Im griech. Originaltext sagte er sagte lediglich „Wenn es darum geht, nach den Regeln der Kunst Kithara zu spielen".

Apophth. VIII, 205 datiert auf den ersten Abschnitt von Alexanders Asienfeldzug: auf seinen Besuch der homerischen Kultstätten in der Troas bei Sigeion i.J. 334 v. Chr., nachdem er mit seiner Armee den Hellespont überschritten hatte (im Mai); der Besitz der wertvollen Schatulle des Dareios setzt die Schlacht von Issos im Nov. d.J. 333 und die Einnahme von Damaskus voraus, wodurch Alexander der persische Kronschatz in die Hände fiel. *Apophth*. VIII, 205, ist, was zwei Abschnitte betrifft (Spruch an Achilles' Grab), eine Dublette von IV, 85 (*ASD* IV, 4, S. 305; *CWE* 37, S. 358), was den fünften Abschnitt angeht (Choerilus als Dichter Alexanders), eine Dublette von IV, 70 (*ASD* IV, 4, S. 302; *CWE* 37, S. 361–362).

485–486 *Homero ... haberet* Vom Kontext entfremdete, unvollständige und ungenaue, teilweise irrige Wiedergabe von Plut. *Alex*. 8, 2, wobei Er. ausschließlich von der latein. Übers. des Guarino Guarini ausging, die zu dem Mißverständnis führte: „Is (sc. Alexander) et discendi et legendi cupidus Iliadem, quam rei militaris viaticum existimare ac appellare solebat, Aristotele exponente perdidicit. Eam semper vna cum pugione sub puluino iacentem, quemadmodum Onesicritus tradit, tenere solitus" (*ed. Bade 1514, fol. CCXLVʳ [recte CCLXVʳ]*). Er. leitete seine Behauptung, daß Alexander den Text Homers aufs Wort genau auswendig kannte („ad verbum edidicerit"), von Guarinos unrichtiger Übers. ab („Iliadem ... perdidicit"). Dieses Auswendiglernen soll, sagt Guarino, während des Unterrichts seines Lehrmeisters Aristoteles stattgefunden haben. Im griech. Originaltext ist jedoch weder davon die Rede, daß Alexander die *Ilias* aufs Wort genau auswendig hersagen konnte, noch davon, daß dies die Frucht von Aristoteles' Unterricht gewesen sei. Der Kontext, daß Alexander gerne las und ein Literaturliebhaber war, macht klar, daß es nicht ums Auswendiglernen, sondern im Gegenteil um die *Lektüre der Ilias* ging. Gerade deshalb, weil Alexander gerne in der *Ilias* las und sich vom Heldenepos inspirieren ließ, hatte er sie auch auf seinen Feldzügen bei sich. Das Exemplar wurde die *Ilias der Schmuckschatulle* (ἡ ἐκ τοῦ νάρθηκος) genannt, weil Alexander sie in dem wertvollen Schmuckkästchen aus dem persischen Kronschatz aufbewahrte. Die *Ilias der Schmuckschatulle* setzte sich aus einer größeren Anzahl von Buchrollen zusammen, wohl 24. Dem griech. Text ist zu entnehmen, daß Aristoteles den Text *korrigiert* (διορθώσαντος), d.h. von Überlieferungsfehlern gereinigt hatte. Guarino hatte diese Information mißverstanden, indem er glaubte, damit sei die Erklärung des Textes im Unterricht („exponente Aristotele") gemeint. Vgl. den griech. Text: καὶ τὴν μὲν Ἰλιάδα τῆς πολεμικῆς ἀρετῆς ἐφόδιον καὶ νομίζων καὶ ὀνομάζων, ἔλαβε μὲν Ἀριστοτέλους διορθώσαντος ἣν ἐκ τοῦ νάρθηκος καλοῦσιν, εἶχε δὲ ἀεὶ μετὰ τοῦ ἐγχειριδίου κειμένην ὑπὸ τὸ προσκεφάλαιον, ὡς Ὀνησίκριτος ἱστόρησεν (ed. Ald. p. 219). Der Anekdote, in der Alexander bestimmt, daß sein Homer in der Schmuckschatulle des Dareios aufbewahrt werden sollte, hatte Er. *Apophth.* IV, 89 gewidmet (*ASD* IV, 4, S. 306; *CWE* 37, S. 362; nach Plut. *Alex.* 26, 1).

487 *virtutis praeconem* Cic. *Arch.* 24: „atque is (sc. Alexander) … ‚O fortunate', inquit, ‚adulescens, qui *tuae virtutis* Homerum *praeconem* inueneris!' "; vgl. die ausführlichere Beschreibung in Plut. *Alex.* 15, 4, die Er. in *Apophth.* IV, 85 als Textvorlage verwendete: Als Alexander i.J. 334 nach Troja kam, brachte er zunächst den Heroen ein Trankopfer dar. Sodann begoß er den Grabstein des Achill mit heiligem Öl und hielt einen Laufwettkampf zu Ehren des Heros ab. Des Weiteren bekränzte er sein Grab, um ihn zu ehren, mit Blumen, wobei er zu Achill sprach, in der latein. Übers. des Guarino Guarini, die Er. benutzte: „Inde petens Ilion … Achillis statuam vna cum sociis vnguento delibutus nudusque de more circumcurrens, eam coronis ornauit, felicem illum appellans, quod vivo quidem tam fidum amicum, mortuo autem tam magnum contigit habuisse praeconem" (ed. Bade, Paris 1514, fol. CCXLVIʳ [recte CCLXVIʳ]); Er., *Apophth.* IV, 85 (*ASD* IV, 4, S. 305; *CWE* 37, S. 361): „Ilium profectus (sc. Alexander) Achillis statuam coronans, ‚o te felicem', inquit, ‚Achilles, cui … mortuo talis contigerit praeco!' …"; Flavius Vopiscus *Prob.* 1: „Inde est, quod Alexander Magnus Macedo, cum ad Achillis sepulchrum venisset, grauiter ingemiscens, ‚Felicem te', inquit, ‚inuenio, qui talem praeconem fortuna praebuisset' "; Symmach. *Epist.* IX, 72; Hier. *Vit. Hilarion.*, proleg. 1; *Gnomologicum Vaticanum e codice Vaticano Graeco 743* (ed. Sternbach 1963), Nr. 78, S. 35–36.

487 *poetam* βασιλικόν *appellare* Stark gekürzte, vielleicht aus dem Gedächtnis zitierte Formulierung aus Dion Chrysostomus, *Orat.* II, 6 (Dio Chrysostom, Bd. 1, *Discourses 1–11*, ed. J.W. Cohoon, Cambridge-London 2015 [Loeb 257], S. 52). Dion konstruiert seine zweite Rede als fiktiven Dialog zwischen Alexander und Philipp II. über Königtum und Dichtkunst. Dabei stellt Philipp zunächst die übergroße Liebe Alexanders für Homer zur Diskussion, die dieser mit Feuereifer verteidigt. Der erste Rechtfertigungsgrund, den Alexander anführt, ist, daß sich nicht jedwede Dichtung für einen (künftigen) König zieme, jedoch die homerische par excellence, da sie wahrlich königlich sei (in der latein. Übers.): „Homeri autem poesim solam video ingenuam esse et magnificam et vere regiam, cui animum aduertere decet eum virum, qui maxime quidem imperaturus sit omnibus qui vbique sunt hominibus". Vgl. griech. Text (II, 6, S. 52): τὴν δέ γε Ὁμήρου ποίησιν μόνην ὁρῶ τῷ ὄντι γενναίαν καὶ μεγαλοπρεπῆ καὶ βασιλικήν, ᾗ πρέπει τὸν νοῦν προσέχειν ἄνδρα μάλιστα μὲν ἄρξειν μέλλοντα τῶν ὅποι ποτὲ ἀνθρώπων.

488 *non ad citharam … canenda* „cuius carmina censebat *non ad citharam* vt aliorum, *sed ad tubam potius esse canenda*" ist eine ganz falsch verstandene Wiedergabe von Dion Chrysostomus, *Orat.* II, 28–29 (ed. J.W. Cohoon, Cambridge-London 2015 S. 66–69). Natürlich hat Alexander nicht die Ansicht vertreten, daß man die Epen Homers von der Trompete begleitet vortragen sollte. Die Trompete eignet sich generell nicht als Begleitinstrument für Dichtung, da sie so laut ist, daß man kein Wort verstehen würde. Es ist seltsam, daß Er. das nicht klar war. Die Dion Chrysostomus-Stelle, die Er. irrig wiedergibt, stammt aus der nämlichen zweiten Rede, in der die fiktive Dialogperson Alexander seine Homerliebe verteidigt. Dabei rechtfertigt sich Alexander auch für seinen Eifer, das Kithara- und Leierspiel zu erlernen; er möchte es nicht, sagt er, zum Vortrag jeglicher Poesie anwenden, sondern lediglich zu jenem von Götterhymnen und Heldenliedern; Liebeslyrik, nach der Art der Sappho und des Stesichoros, würden sich nicht für einen König ziemen. Eigentlich, meint Alexander, würde Homer auch als passender Text für die Kithara-Begleitung ausreichen. Als Philipp daraufhin spöttisch fragt, welche Teile von Homer Alexander denn mit der Kithara rezitieren möchte, antwortet dieser wutentbrannt, *daß man Homer sogar zu den Klängen der Tuba* (πρὸς σάλπιγγα) *singen könne.* Letzteres war natürlich nicht ernst gemeint. Vgl. den griech. Text: Οὐδὲ γὰρ μουσικήν, ἔφη, πᾶσαν μανθάνειν ἐθέλοιμ᾿ ἄν, ἀλλὰ κιθάρᾳ μόνον ἢ λύρᾳ χρῆσθαι πρὸς θεῶν ὕμνους καὶ θεραπείας, ἔτι δὲ οἶμαι τῶν ἀγαθῶν ἀνδρῶν τοὺς ἐπαίνους· οὐδέ γε ᾄδειν τὰ Σαπφοῦς ἢ Ἀνακρέοντος ἐρωτικὰ μέλη πρέπον ἂν εἴη τοῖς βασιλεῦσιν, ἀλλ᾿,

se malle Homeri Thersiten esse quam Cherili Achillem. Cherilus erat Alexandri poeta non satis felix, quicum fertur ita pactus, vt pro quoque bono versu acciperet Philippeum aureum, pro malo colaphum. [C] Idem *quum in Sigeo ad Achillis tumulum astitisset, „O fortunate", inquit, „adolescens, qui tuae virtutis praeconem Homerum inueneris".* Refert Cic. in oratione pro Archia.

VIII, 206   [B] Advlatio   (Alexander Magnus, 70) [18]

Aristobulus historicus librum conscripserat de rebus ab Alexandro Macedone gestis, in quo multa supra veri fidem adulantissime affinxerat. Eum quum illi *in nauigatione*

---

489 Cherili *B C ut in Ps.Acron. edd. vett. (cf. Apophth. IV, 70* Cherylus*):* Choerili *LB*.
489 Cherilus *B C ut Ps.Acron. edd. vett. (cf. Apophth. IV, 70* Cherylus*):* Choerilus *LB*.

490 quicum *scripsi*: qui quum *C BAS*: qui cum *B*.
491–493 Idem quum … pro Archia *C: desunt in B*.
491 Sigeo *B C*: Sigaeo *LB*.

489 εἴπερ ἄρα, τῶν Στησιχόρου μελῶν τινα ἢ Πινδάρου, ἐὰν ᾖ τις ἀνάγκη. τυχὸν δὲ καὶ πρὸς τοῦτο ἱκανὸς Ὅμηρος. Ἡ γάρ, εἶπεν ὁ Φίλιππος, πρὸς κιθάραν ἢ λύραν συμφωνῆσαί τινά σοι δοκεῖ ἂν τῶν Ὁμήρου; καὶ ὁ Ἀλέξανδρος γοργὸν ἐμβλέψας ὥσπερ λέων, Ἐγὼ μέν, εἶπεν, ὦ πάτερ, οἶμαι πρέπειν πολλὰ τῶν Ὁμήρου ἐπῶν πρὸς σάλπιγγα ᾄδεσθαι.

489 *se malle Homeri … Cherili Achillem* Ps.Acron, *Scholia in Horatium vetustiora* (ed. O. Keller) II, S. 365, *ad Artem poeticam* 357: „Choerilus (Cherilus *edd. vett.*) fuit poeta malus, qui Alexandrum Magnum secutus bella eiusdem descripsit. Cui Alexander dixisse fertur malle se Thersiten Homeri esse quam huius Achillem (ex. Porph.)".

489 *Thersiten* Thersites, griechischer Trojakämpfer aus der *Ilias*, jedoch kein großer Held, sondern körperlich missgebildet. Vgl. E. Fiesel, *RE* V, A2 (1934), Sp. 2456–2458, s.v. „Thersites"; R. Nünlist, *DNP* 12.1 (2002), Sp. 433, s.v. „Thersites". Die körperlichen und sonstigen Mängel des Thersites beschreibt Homer detailliert in *Il.* II, 212–224. Er. widmete ihm *Adag.*, 3280 „Thersitae facies" (*ASD* II, 7, S. 174).

489 *Cherili* Choirilos von Iasos (4. Jh. v. Chr.), epischer Dichter, begleitete Alexander d. Gr. auf seinem Asienfeldzug. Vgl. M. Fantuzzi und M. Stol, *DNP* 2 (1997/99), Sp. 1139, s.v. „Choirilos", Nr. 3; O. Crusius, *RE* III, 2 (1899), Sp. 1361–1363, s.v. „Choirilos", Nr. 5.

490 *pactus … necatus est* Ps.Acron, *Scholia in Horatium vetustiora* (ed. O. Keller) II, S. 365, *ad Artem poeticam* 357: „… Choerilus (Cherilus *edd. vett.*) Alexandri poeta fuit. Depactus cum eo, vt, si bonum versum faceret, aureo nomismate donaretur, colapho feriretur, si malum, saepius male dicendo colaphis necatus est". Er. hatte dieses *Apophthegma* bereits im vierten Buch gebracht; vgl. IV, 70 (*ASD* IV, 4, S.302; *CWE* 37, S. 358): „Cum Cherylo poeta pactus erat, vt pro vno quoque bono versu Philippicum acciperet aureum, pro malo colaphon"; Vgl. Hor. *Epist.* II, 1, 233–234

490–491 *Philippeum aureum* Der Philippeios war eine zuerst von Philipp II., dann v.a. von Alexander d.Gr. geschlagene Goldmünze vom Wert eines Staters. Die Information, daß es um diese Goldmünze ging, konnte Er. sowohl aus Hor. *Epist.* II, 1, 234 („Gratus Alexandro regi magno, fuit ille/ Choerilus, incultis qui versibus et male natis/ Rettulit acceptos, regale nomisma, Philippos") als auch aus dem Komm. des Ps.Acron, *Scholia in Horatium vetustiora* (ed. O. Keller) *ad loc.*, II, S. 295–296 beziehen: „Choerilus (Cherilus *edd. vett.*) poeta gesta Alexandri Magni describens, licet in tanto opere non amplius quam VII versus probos composuisset, tamen pro singulis singulos Philippeos, ide est nummos aureos, accepit …"; die verwendete Form „Philippeum" zeigt an, daß Er. nach Ps.Acron arbeitete. Der Philippeios war als Belohnung für einen Dichter besonders geeignet, da auf seiner Vorderseite der Gott der Dichtkunst, Apollo, abgebildet war. Für den Philippeios vgl. W. Metcalf, *The Oxford Handbook of Greek and Roman Coinage*, Oxford 2012, S. 176–177.

491–492 *quum im Sigeo … inueneris* Cic. *Arch.* 24.

491 *in Sigeo* „in Sigeo", d.h. am Fuße des Vorgebirges Sigeion in der Nähe der Einfahrt in die Dardanellen. Der Grabhügel, den man in der Antike als Tombe des Achilles betrachtete (*Achilleion*), liegt 8 km südlich der Stadt Sigeion, unweit der heutigen Ortschaft Yeniköy (Türkei) an der südlichen Spitze des Vorgebirges Sigeion (heute Beşika Burnu). In der unmittelbaren Umgebung des Achilleion befand sich in der Antike eine gleichnamige Ortschaft, deren Besiedlung jedoch in hellenistischer Zeit aufgegeben wurde. Für das *Achilleion* (Grabhügel und Ortschaft) vgl. J.M. Cook, *The Troad. An archaeological and topographical study*, Oxford 1973, S. 179–186; E. Schwertheim, *DNP* 1 (1996), Sp. 75, s.v. „Achilleion".

491 *Sigeo* Die korrekte latein. Form „Sigeum" bezog Er. aus Ciceros *Pro Archia*; oben, in *Apophth.* VIII, 181 verwendete Er. „Sigaeum", eine Form, die er durch seine Transkription des griech. Σιγεῖον herstellte.

491 *Achillis tumulum* Wie aus *Apophth.* IV, 85 (*ASD* IV, 4, S. 305; *CWE* 37, S. 361) hervorgeht, nahm Er. irrigerweise an, daß auf dem Grab eine Statue des Achill stand, die Alexander mit einem Blumenkranz geschmückt habe: „Ilium profectus (sc. Alexander) Achillis statuam coronans, ‚o te felicem', inquit, ‚Achilles, cui … mortuo talis contigerit praeco!' …". Im zitierten Quellentext Plut. *Alex.* 15, 4 steht nicht „Statue", sondern στήλην, „Grabstein". Er. jedoch ging hier ausschließlich von der Übers. des Guarino Guarini aus, der στήλην fälschlich als Statue aufgefasst hatte; in der Pariser Ausgabe d.J. 1514 wurde die vermeintliche „Statue Achills" durch eine Marginalie zusätzlich hervorgehoben: „*Achillis statua*" (ed. Bade, Paris 1514, fol. CCXLVI^r [recte CCLXVI^r]).

Apophth. VIII, 206 datiert auf Mitte d.J. 326 v. Chr., das Jahr von Alexanders Indienfeldzug. Nach ersten größeren Eroberungen rief Alexander die Staaten des Pandschab (das „Fünfstromland, d.h. das große nördliche Grenzgebiet zwischen Indien und Pakistan) auf, sich zu unterwerfen; Poros, der König von Pauravas, leistete dem Aufruf keine Folge. Im Mai 326 überquerte Alexander den Hydaspes, und besiegte Poros in einer verlustreichen Schlacht durch ein militärisches Täuschungsmanöver. Der Historiker Aristobulos hatte anscheinend in seiner Schilderung der Schlacht am Hydaspes den Ausgang derselben von einem heroischen Einzelkampf abhängig gemacht, bei dem Alexander seinen Gegner Poros besiegt haben soll, indem er mit einem einzigen Speerwurf dessen Kriegselefanten tötete. Der Anekdote zufolge war Alexander über diese Darstellung, die natürlich nicht den Tatsachen entsprach, erbost.

495 *Aristobulus* Aristobulos von Kassandreia (ca. 390–301 v. Chr.), Geschichtsschreiber Alexanders d. Gr., den er auf dem Asienfeldzug begleitete; während des Feldzuges machte Aristobulos Aufzeichnungen; jedoch soll er seine Alexandergeschichte erst mit 84 Jahren, lange Zeit nach dem Feldzug (etwa 304), verfaßt haben. Von seiner Alexandergeschichte, die von anderen Historikern wie z.B. Arrianos als wichtige Quelle benutzt wurde, sind nur Fragmente erhalten. Während des Indienfeldzuges soll er nach Lukian dem König eine Kostprobe gegeben haben, die diesem gleichwohl nicht gefiel. Wenn die behauptete Vernichtung der Buchrolle überhaupt stimmt, so vernichtete Alexander sicherlich nicht das gesamte Werk, das damals noch nicht geschrieben war, sondern nur eine Episode. Vgl. E. Badian, *DNP* 1 (1996/99), Sp. 1106, s.v. „Aristobulos", Nr. 7; E. Schwartz, *RE* II, 1, Sp. 911–918, s.v. „Aristobulos", Nr. 14.

495–499 *librum conscripserat … elephantem* Im einleitenden Teil paraphrasierende, jedoch mißverstandene Wiedergabe, im Spruchteil versuchte wörtliche, jedoch mißlungene Übersetzung von Lucian. *Hist. conscr.* 12: ὥσπερ Ἀριστόβουλος μονομαχίαν γράψας Ἀλεξάνδρου καὶ Πώρου, καὶ ἀναγνόντος αὐτῷ τοῦτο μάλιστα τὸ χωρίον τῆς γραφῆς – ᾤετο γὰρ χαριεῖσθαι τὰ μέγιστα τῷ βασιλεῖ ἐπιψευδόμενος ἀριστείας τινὰς αὐτῷ καὶ ἀναπλάττων ἔργα μείζω τῆς ἀληθείας – λαβὼν ἐκεῖνος τὸ βιβλίον – πλέοντες δὲ ἐτύγχανον ἐν τῷ ποταμῷ τῷ Ὑδάσπῃ – ἔρριψεν ἐπὶ κεφαλὴν ἐς τὸ ὕδωρ ἐπειπών, „Καὶ σὲ δὲ οὕτως ἐχρῆν, ὦ Ἀριστόβουλε, τοιαῦτα ὑπὲρ ἐμοῦ μονομαχοῦντα καὶ ἐλέφαντας ἑνὶ ἀκοντίῳ φονεύοντα". Der einleitende Teil ist nicht stimmig, weil Aristibulos sein Werk noch keineswegs geschrieben hatte: Das geschah erst lange Zeit nach dem Tod Alexanders; auf dem Feldzug kam Aristobulos nicht weiter, als daß er sich Aufzeichnungen machte und eine einzelne Szene verfasste, die er Alexander als Kostprobe vorlas. Im Spruchteil brachte Er. die grammatischen Formen durcheinander. Im ersten Teil sagt Alexander nicht „Man hätte eher dich (als das Buch) ins Wasser werfen sollen", sondern „Dich hätte man auch (gleich) ins Wasser werfen sollen …"; der zweite

recitasset, *Alexander arreptum e manibus librum in fluuium Hydaspen* demersit et, ad Aristobulum conuersus, „*Tu*", inquit, „*dign*ior *eras, vt eodem praecipitareris, qui* solus *me sic pugnantem* facis *ac vel vno iaculo interficis elephantem*".

⟨SOCRATES⟩

500

VIII, 207   Sordes ambitiosae   (Socrates, 109) [19]
(= Dublette von III, 56)

Socrates animaduertens Antisthenem ambitiosius *ostentare vestem laceram et detritam*, facete hominem increpauit: „Οὐ παύσῃ", inquit, „ἐγκαλλωπιζόμενος ἡμῖν", id est, 505 „Non *desines te nobis comere?*", significans eiusdem esse ambitionis, vilitatem amictus ostentare et delicato cultu sese venditare.

⟨MILO CROTONIATES⟩

VIII, 208   Senectvs   (Milon Crotoniates, 2) [20]
(= Dublette von VI, 541)

510 *Milo Crotoniates quum iam consenuisset, videns athletas* in certamine *exerceri, suos lacertos* intuitus iam senio defectos, *illacrymasse* fertur ac *dixisse: „At hi quidem iam mortui sunt*". Corporis vigorem adimit aetas, animi vis ad extremam vsque durat aetatem.

⟨CYRVS MAIOR⟩

515 VIII, 209   Senectvs   (Cyrus maior, 5) [21]

Cyrus apud Xenophontem moriens, extremae iam senectutis, *negabat se vnquam sensisse senectutem factam imbecilliorem, quam fuisset adolescentia*. Maxima pars incommodorum, ob quae vulgo male audit senectus, ab intemperantia vitae proficiscitur.

Abschnitt des Spruches bedeutet: „der du in meinem Namen Einzelkämpfe führst und mit einem einzigen Speerwurf Elefanten tötest". Er. übersetzte dies falsch mit: „der du als einziger mich auf diese Weise kämpfen läßt …".
497 *Hydaspen* Hydaspes, einer der fünf Hauptflüsse des Pandschab, die in den Indus münden. Vgl. K. Karttunen, *DNP* 5 (1998), Sp. 773,

s.v. „Hydaspes"; M. Kiessling, *RE* IX, 1 (1914), Sp. 34–37, s.v. „Hydaspes", Nr. 1.
499 *interficis elephantem* Das bezieht sich auf die Schlacht Alexanders, die 326 v. Chr. am Hydaspes stattfand, gegen Poros, der Kriegselefanten einsetzte.
500 ⟨*SOCRATES*⟩ Er. hatte **Sokrates** (469–399 v. Chr.) im dritten Buch eine lange Sektion von Apophthegmen gewidmet, III, 1–101 (*CWE*

37, S. 221–251; *ASD* IV, 4, S. 197–220); daher war er im siebenten Buch, dem „Buch der Philosophen" nicht mehr zum Zuge gekommen; im achten Buch folgen einige „Nachzügler": VIII, 110–114, 179, 200, 207.

501 *Sordes ambitiosae* Er. hatte diesen Spruch bereits im dritten Buch gebracht: VIII, 207 ist eine Dublette von III, 56 mit dem sehr ähnlichen Titel „Sordes gloriosae" (*CWE* 37, S. 238; *ASD* IV, 4, S. 210, „Socrates, 56").

503 *Antisthenem* Für den bedeutenden Sokrates-Schüler Antisthenes (ca. 445–365 v. Chr.) vgl. oben Komm. zu VII, 39. Er. widmete ihm eine umfängliche Sektion von Sprüchen im „Buch der Philosophen" (VII, 39–100).

504–505 *Socrates … ἡμῖν* Leicht variierende Übers. des Er. von Ael. *Var. hist.* 9, 35, wobei Er. im Spruchteil den griech. Text wiederholte: Ὁ δὲ Σωκράτης ἰδὼν τὸν Ἀντισθένην τὸ διερρωγὸς τοῦ ἱματίου μέρος ἀεὶ ποιοῦντα φανερὸν „οὐ παύσῃ", ἔφη, „ἐγκαλλωπιζόμενος ἡμῖν;". Vgl. III, 56 (*ASD* IV, 4, S. 210, „Socrates, 56"): „Quum Antisthenes Cynicus pallium haberet pertusum idque obuertens fissuram omnibus daret inspiciendam, ,Per fissuram', inquit Socrates, ,pallii tui video tuam inanitatem', eleganter notans turpiorem esse ambitionem e vilitate cultus quam ex amictu splendido. Atque vtinam inter Christianos non sint multi Antisthenes, qui sub veste fusca, vili sordidaque plus celent gloriae quam alii diuites habeant in holosericis ac byssinis!" (dort nach Diog. Laert. II, 36).

Milon aus Kroton, Ringer, sechsfacher Olympiasieger, 32-facher Sieger bei panhellenischen Wettkämpfen, einer der erfolgreichsten Athleten der griechischen Antike. Vgl. W. Decker, *DNP* 8 (2000), Sp. 191–192, s.v. „Milon", Nr. 2. Er. widmete ihm *Adag.* 151 „Taurum tollet qui vitulum sustulerit" (*ASD* II, 1, S. 266) und 1210, „Bouem in faucibus portat" (*ASD* II, 3, S. 224–225). Milon muß sich durch ungeheure Muskelpakete ausgezeichnet haben. Er trainierte seine Muskeln, indem er jeden Tag ein Kalb einige Stadien weit trug, bis es zum Bullen herangewachsen war. Die Klage des Athleten über den Schwund seiner Muskeln greift Er. zu einer kritischen Anmerkung auf, in der er den Primat des Geistes über den Körper behauptet.

507 MILO CROTONIATES In dieser Form auch im Index personarum von *B* und *C*.

Apophth. VIII, 208 Wie schon VIII, 207 ist auch VIII, 208 eine Dublette, von VI, 541. Dort hatte Er. dieselbe Quelle benutzt, jedoch dem Spruch einen anderen Titel verliehen: „Animi bona".

510–512 *Milo … mortui sunt* Im einleitenden Teil leicht variierende, jedoch durch ein Mißverständnis getrübte, im Spruchteil wörtliche Wiedergabe von Cic. *Cato* 27: „Quae enim vox potest esse contemptior quam Milonis Crotoniatae? qui, cum iam senex esset athletasque se exercentes in curriculo videret, aspexisse lacertos suos dicitur inlacrimansque dixisse: ,At hi quidem mortui iam sunt'". Vgl. *Apophth.* VI, 541: „Milo Crotoniates athleta, iam senex, quum vidisset athletas alios in curriculo sese exercentes, fertur inspexisse lacertos suos lachrymansque dixisse, ,At hi iam mortui sunt'. Merito fleuit, qui felicitatem corporis viribus metiebatur. Animi vigor serius senescit, si tamen senescit vnquam".

510 *athletas … exerceri* nicht „beim Wettkampf" – ein Verständnisfehler des Er.: Der Sportbesessene Milo schaute Athleten beim Training zu, nicht beim Wettkampf. In *Apophth.* VI, 541 hatte Er. dies richtig wiedergegeben.

514 ⟨CYRVS MAIOR⟩ Er. hatte **Kyros d. Gr. (II.)**, dem Begründer des persischen Reiches (reg. bis 530 v. Chr.), die ersten drei Sprüche des Buches der „Könige und Feldherren" gewidmet (V, 1–3); weiterere Sprüche folgen in VIII, 167 und an vorl. Stelle. Zu seiner Person vgl. oben Komm. zu V, 1. Im Index personarum von *B* und *C* wird *Apophth.* VIII, 209 irrtümlich „Cyrus minor" zugeordnet, d.h. dem zweiten Sohn des Dareios II., der Ende des 5. Jh. im Streit um die Königsherrschaft das Leben ließ. Der Spruchspender von VIII, 209 ist jedoch Kyros d. Gr.

Apophth. VIII, 209 datiert auf 530 v. Chr., das Todesjahr Kyros' d. Gr.

516–517 *Cyrus apud Xenophontem … adolescentia* Größtenteils wörtliche Wiedergabe von Cic. *Cato* 30: „Cyrus quidem apud Xenophontem eo sermone, quem moriens habuit, cum admodum senex esset, negat se vmquam sensisse senectutem suam imbecilliorem factam, quam adulescentia fuisset"; vgl. auch Xen. *Cyr.* VIII, 7, 6.: ὥστε καὶ τοὐμὸν γῆρας οὐδεπώποτε ᾐσθόμην τῆς ἐμῆς νεότητος ἀσθενέστερον γιγνόμενον.

⟨PYTHII VXOR⟩

520   VIII, 210   (Pythii Lydi vxor) [22]

Pythius natione Lydus in vrbe Phrygiae Caelenis [i.e. Celaenis] – nam ibi regnabat – homo praediues, sed auri studio praeter modum deditus, *totam fere ciuitatem in fodiendis* metallis occupatam tenebat, vt iam vix quicquam aliud agi vacaret. Huius morbo vxor solerti remedio medicata est. Absente marito curat et mensam et omnem mensae supellectilem adfabre ex auro confici, denique et *cibariorum* effigies, *quibus* nouerat *maritum* praecipue delectari. Reuerso, quum conuiuii tempus esset, *apponitur mensa aurea* cum reliquo vasorum apparatu. Atque hoc sane spectaculo diues aliquamdiu pauit oculos. Tandem, quum interpellaret stomachus, iubet apponi cibos. Apponuntur illa aurea ciborum simulacra, spectanda, non edenda. Hic quum incandesceret ira Pythius, flagitans apponi, quod edi posset – iamdudum spectaculorum esse satis –, tum vxor, „*An non sentis*", inquit, „*Pythi*, dum nihil quaeris quam aurum, agricolationem deseri, et ciues tuos ad famem vocari, breui perituros, si qua coepisti pergas?". Hoc ciuili *commento* cordata mulier maritum ab immodico auri studio reuocauit.

⟨ANTIANIRA⟩

VIII, 211   CLAVDI SALACES   (Antianira) [23]

Antianira Amazonum regina demirantibus, quod nupsisset claudo, satis Cynice respondit: „ἄριστα χωλός οἰφεῖ", id est, „*claudus optime virum agit*". Sensit maritum

---

521   Caelenis *B C (cf. Rhodigin. Lect. antiqu. XIX, 18)*: *scribendum erat* Celaenis.

Apophth. VIII, 210–213 Es folgt nunmehr eine Sequenz von vier Apophthegmen, die entweder Frauen als Spruchspender aufweisen oder sich mit Frauen beschäftigen. In dieser Sektion tritt wiederum die Misogynie des Er. hervor.

Pythes oder **Pythios**, Sohn des Atys, Herrscher über die Stadt Kelainai in Phrygien z.Z. von Xerxes' Griechenlandfeldzug; soll über sagenhafte Reichtümer verfügt haben; nahm Xerxes bei sich auf; die Reichtümer, die ihm Pythes anbot, lehnte der Perserkönig ab, stattdessen schenkte er ihm weitere Reichtümer, vollzog aber an seinem Sohn ein rituelles Menschenopfer zur Reinigung des geschlagenen Heeres. Vgl. P. Högemann, *DNP* 10 (2001), Sp. 668, s.v. „Pythios"; P. Kübler, *RE* XXIV (1963), Sp. 567, s.v. „Pythios", Nr. 4.

521–534 *Pythius ... reuocauit* Paraphrasierende Wiedergabe von Ludovico Ricchieri (Caelius Rhodiginus), *Lectiones antiquae* XIX, 18 („Pythii hominum ditissimi historia, deque vxoris eiusdem non vulgaris prudentia"): „succurrit tempestatis eiusdem vir alter Pythius nomine, cui se tota vi sic denique fortuna infudit, vt residens Caelenis (i.e. Celaenis), vrbe in Phrygia, natione Lydus, Atys filius … Fuit et Pythio singularis prudentiae vxor. Ea lepido commento viri infinitam cupiditatem auro congerendo compescuit. Quum enim is totam fere ciuitatem refodiendis thesauris attereret, adeo, vt non temere ibi aliud rerum obiri posset, plerique vero ita laboribus victi interirent, iussit sagax mulier omnifaria, quibus duci in primis maritum sciebat, conflari cibaria ex auro. Aberat tum Pythius. Aduenienti igitur aurea apponitur mensa. Insuper ex auro omnia. Is necdum consilii ignarus nec, quo tenderent ista, percipiens, elegantia rerum oblectabatur. Mox, quae forent esui, flagitat inferri. At proba vxor aurea item obsonia pergit inferre. Stomachanti, iam esurire se inclamanti (fames nanque et bilis nasum conciunt) ‚Quaeso', inquit illa, ‚ne excandueris, et pax sit rebus. An non sentis, Pythi, prae vnius auri studio in ciuitate omnia iam perire agrique colendi studium penitus destitutum? Quin intereunt item homines. Quod si pergis, quid aliud in escam cessurum sit, non video'. Quid plura? Salubri commento Pythius resipiscens auri quidem studium non remisit omnino, … sed quintam modo ciuitatis partem in opere continuit". Die Version des Ricchieri geht entweder auf Plut. *Mulierum virtutes*, 27, *Mor.* 262E–F und/oder auf Polyain. *Strat.* VIII, 42 zurück, wo die Geschichte jeweils in etwa doppelter Länge erzählt wird. Charakteristisch für die Version des Ricchieri sind die genauen Angaben zu „Pythius" (die sowohl bei Plutarch als auch bei Polyainos fehlen), die Namensformen „Pythius" und „Caelenae" sowie die Tatsache, daß die Delegation der Frauen von Caelenae, die Pythius' Gattin um Intervention ersuchten, gestrichen worden war. Er. verwendete Ricchieris Version als Grundlage seiner narrativen Bearbeitung der Geschichte. Er. mag er auch die Version Plutarchs in *Mulierum virtutes* – ein von ihm öfter benutztes Werk – gekannt haben, vielleicht auch jene des Polyainos; jedoch geht aus der Textgestaltung von VIII, 210 nicht hervor, daß er sie als Vorlage benutzte. *CWE* 28, S. 936 vermeldet nur Plut. als Quelle. Schon die Namensform „Pythius" widerspricht der Annahme, daß Er. entweder von Plutarch oder von Polyainos ausging: Sowohl im griech. Text von *Mulierum virtutes* als auch in Alamanno Rinuccinis latein. Übers. sowie bei Polyaenos lautet sein Name „Pythes".

521 *Caelenis* Die phrygische Stadt *Kelainai* (heute Dinar in der Türkei) war eine der bedeutendsten Städte Kleinasiens, ein Handelszentrum, an der persischen Königsstraße am Mäander gelegen; ihr Name Kelainai verschwand aus der Geschichte, weil Antiochos I. sie zu Apameia Kibotos umbenannte. Nach der Niederlage bei Salamis i.J. 479 v. Chr. erhob sie Xerxes zur persischen Königsresidenz, der einzigen in Kleinasien, und ließ in der Oberstadt einen prächtigen Königspalast errichten. Xenophon beschrieb sie im ersten Buch seiner *Anabasis*. Vgl. D. Müller: *Topographischer Bildkommentar zu den Historien Herodots. Kleinasien und angrenzende Gebiete mit Südostthrakein und Zypern*. Tübingen, 1997, s.v. „Kelainai", S. 129–148 L. Summerer, A. Ivantchik und A. von Kienlin (Hrsg.), *Kelainai – Apameia Kibôtos: …. Stadtentwicklung im anatolischen Kontext*. Kelainai I. Actes du colloque international. Bordeaux 2011. Er. übernahm die falsche Schreibweise „Caelenae" aus seiner Quelle, Ricchieris *Lectiones antiquae*; die richtige Schreibweise findet sich bei Xenophon, *Anabasis* I und Hdt. VII, 125 bzw. den latein. Übers. dieser Werke.

Antianeira, Amazonenfürstin, stirbt im Krieg mit den Griechen. Ihr Name leitet sich ab von einem homerischen Beiwort für die Amazonen. Vgl. J. Toepffer, *RE* I, 2 (1894), Sp. 2394–2395, s.v. „Antianeira"; nicht in *DNP*.

535 *ANTIANIRA* In dieser Form auch im Index personarum von *B* und *C*.

Apophth. VIII, 211 ist ein Gegenstück zu *Adag.* 1849 „Claudus optime virum agit" (*ASD* II, 4, S. 244); vgl. Zenob. Ald. Col. 44 = Ps.-Plut. *Paroem.* I, 15; Diogen. II, 2 = Apost. III, 92.

537–538 *Antianira Amazonum … virum agit* Im einleitenden Teil freie, im Spruchteil wörtliche Wiedergabe von Eust. *Comm. ad Hom. Il.* III, 189 (ed. van der Valk, Bd. I, S. 634): Ἀντιάνειραν, φασί, μίαν τῶν Ἀμαζόνων, θρασεῖαν οὖσαν καὶ ἀκόλαστον, εἰπεῖν· "ἄριστα χωλὸς οἰφεῖ", ὡς ἀρκουμένων αὐτῶν τοῖς χωλοῖς. Vgl. Ps.-Plut. in: *Corpus paroemiographorum Graecorum*, Plutarchus I, 15: "Ἄριστα χωλὸς οἰφεῖ"; Er. *Adag.* 1849 „Claudus optime virum agit" (*ASD* II, 4, S. 244): "ἄριστα χωλὸς οἰφεῖ, [*G*] siue, vt alias legitur, ὀχεῖ, [*A*] id est *Optime claudus virum agit*, … Ab Amazonum apophthegmate natum aiunt. Tradunt morem Amazonibus fuisse quondam, vt pueros masculos detorta tibia coxaue claudos efficerent. Porro cum bellum esset illis aduersus Scythas atque illi eas conarentur illicere, vt ad sese desciscerent, dicentes futurum, vt posthac non cum claudis ac mutilis, sed cum integris viris rem haberent, Antianira Amazonum dux respondit ad hunc modum: ἄριστα χωλὸς οἰφᾷς", id est *Vere enim claudus optime virum agis*". Er. entnahm die in *Adag.* 1849 erzählte Geschichte den Scholien zu Mimermos, Cod. Athen. 1083 (vgl. dazu J. Blok, *The Early Amazons. Modern and Ancient Perspectives on a Persistent Myth*, Leiden-New York-Köln 1995, S. 31).

538 οἰφεῖ Für οἰφέω, „Geschlechtsverkehr haben", „beischlafen", vgl. Passow II, 1, s.v.

adhibendum non ad oculorum oblectamenta, sed ad vsum coniugii. *Feruntur autem*
540 *claudi salaciores* esse *caeteris*, et ob id ad gignendam prolem magis accommodi.

⟨ARIVS QVIDAM⟩

VIII, 212   Vxor molesta   (Arius) [24]
              (= Dublette von VI, 247)

Pacuuius Ario vicino querebatur, *quod in horto suo* funestam *haberet arborem, vnde*
545 *prima vxor sese suspendisset*, dein altera, postremo *tertia. Cui* salsissime respondisse
fertur *Arius*: „Miror te in tot successibus inuenisse lachrymas"; ite⟨ru⟩m: „Deum
immortalem, *quot tibi dispendia arbor illa suspendit*"; adiecit: „Amice, quaeso te, *da
mihi ex ista arbore, quos inseram surculos*". Hoc postremum a nobis ante relatum est.
Arius μισογυνής fortunatum existimabat ab vxore liberari.

546 iterum *scripsi, coll. Caelii lectionibus antiquis
XIV, 14*: item *B C*.

539–540 *Feruntur ... salaciores* Arist. *Probl.* X, 24, in der von Er. benutzten latein. Übers. des Theodoros Gaza: „Haec eadem ratio est, cur etiam claudi homines sint salaciores; his enim vt parum alimenti deorsum propter crurium vitiationem labitur, sic multum loca petit superiora seque in semen conuertit"; *Adag.* 1849, *ASD* II, 4, S. 244–246: „[A] Animaduersum est etiam illud / (S. 246) nostris temporibus, plerunque qui tibiis sunt mutilis aut quopiam membro trunci, eos ad vsum Veneris reliquis magis ideoneos esse, nimirum paria faciente natura. [B] De claudo, quare sit salacior caeteris, causam reddit Aristoteles in Problematibus, [G] sectionis decimae problemate xxvi., [B] quod in hoc parum alimenti deorsum delabatur ob crurum vitium, plus autem superiora petat et in semen vertatur".

541 ⟨ARIVS⟩ Im Index personarum von *B* und *C* wird irrtümlich Pacuvius als Spruchspender angegeben; den korrekten Spender „Arius" gibt Lycosthenes an (S. 1028).

VIII, 212 ist, was den Kern des Apophthegmas betrifft, eine Dublette von VI, 247: „Quidam deploranti, quod vxor sua se de ficu suspendisset, ‚Rogo', inquit, ‚des mihi surculum ex illa arbore, vt inseram', per suspitionem ludens, quum vellet intelligi sibi molestam esse vxorem". Als direkte Quelle verwendete Er. dort Quint. *Inst.* VI, 3, 88. Eine andere Variante des anekdotischen Witzes findet sich in Diog. Laert. V, 52, wo er dem Kyniker Diogenes von Sinope zugeschrieben wird. Dort ist der Witz drastischer und makaberer, weil Diogenes an einem Ölbaum vorbeikommt, an dem gerade ein paar erhängte Frauen baumeln; da soll er gesagt haben: „Wenn doch alle Bäume solche Früchte tragen würden!". Brusoni hatte diesen Witz in seine Sammlung d.J. 1518 aufgenommen, IV, 1 (Kap. „De mulieribus"): „Diogenes Cynicus mulieres, quae ex oliua se suspenderant, quum vidisset, ‚Vtinam', inquit, ‚arbores caeterae fructum huiusmodi tulissent!'". Es kennzeichnet den misogynen Er., daß er auch diese Version in seine *Apophthegmata* aufgenommen hat: vgl. III, 282 (*ASD* IV, 4, S. 263, *CWE* 37, S. 306). Lycosthenes bildete u.a. aufgrund von Er.' Titel von VIII, 212, „Vxor molesta", das Kapitel „De vxore morosa, imperiosa ac molesta" (S. 1126–1129), in welchem er das *Apophth.* des Er., versehen mit der richtigen Spruchspender-Überschrift „Arii", druckte (S. 1128).

544–548 *Pacuuius ... surculos* Er. reproduziert wörtlich einen kleinen Phantasiedialog, den sich Ludovico Ricchieri, inspiriert durch den Witz aus Ciceros *De oratore* (II, 278), ausgedacht hat. Ricchieri (Caelius Rhodiginus), *Lectiones antiquae* XIV, 14: „Sed et Pacuuius flens Ario vicino suo ait ‚Amice, arborem habeo in horto meo infelicem, de qua prima vxor mea se suspendit, postmodum secunda, iam nunc tertia'. Cui Arius ‚Miror te in tot successibus lachrymas inuenisse'; et iterum: ‚Dii boni, quot tibi dispendia arbor illa suspendit', et tertio: ‚Amice, dede mihi ex arbore illa, quos seram surculos'". Quelle nicht identifiziert in *CWE* 38, S. 937.

544 *Pacuuius* „Pacuvius" ist, ebenso wie „Arius", ein Phantasiename, den Ricchieri erfunden hat, um seinen Dialogfiguren einen persönlichen Anstrich zu verleihen und sie dadurch glaubwürdiger zu machen. Der Phantasie-Pacuvius Ricchieris ist nicht identisch mit dem bekannten Tragödiendichter Pacuvius (220–ca. 130 v. Chr.).

546 *it⟨eru⟩m* Ricchieri hat den Witz Ciceros insofern verbessert, als er eine Gliederung in drei Spruchteile mit jeweils Steigerungsstufen einbrachte: Den drei erhängten Ehefrauen entsprechen drei Aussprüche. „iterum" (so bei Ricchieri) bezieht sich auf die zweite Ehefrau, der dritte Spruch auf die dritte. „iterum" wurde handschriftlich als „item" mit Kürzelzeichen über dem „e" wiedergegeben.

547–548 *Amice ... surculos* Cic. *De or.* II, 278: „Salsa sunt etiam, quae habent suspicionem ridiculi absconditam, quo in genere est Siculi illud, cui cum familiaris quidam quereretur quod diceret vxorem suam suspendisse se de ficu, ‚amabo te', inquit, ‚da mihi ex ista arbore quos seram surculos'".

548 *ante relatum est Apophth.* VI, 247.

549 *μισογυνής* Den Frauenhasser Er. hat die von Ricchieri überlieferte Anekdote offensichtlich sehr angesprochen. Kurioserweise verkehrte er in der irrigen Annahme, daß sie historisch sei; man vgl. seine Erklärung: „Arius μισογυνής fortunatum existimabat ab vxore liberari" („Der Frauenhasser Arius hielt es für ein Glück, von seiner Ehefrau befreit zu werden"). Diese Erklärung ähnelt jener zu *Apophth.* III, 282, wo er den Spruch der historischen Person Diogenes von Sinope zuschreibt: „Erat enim Diogenes μισογυνής, id est mulierum osor, eoque cupiebat omnes videre pensiles".

CATO SENIOR

VIII, 213   Coniugii molestiae   (Cato senior 56, i.e. Ps.-Cato et Q. Caecilius Metellus) [25]

Narratur et illud Catonis dictum, *si sine vxoribus mundus esse possit*, vita *nostra non esset absque diis*. Sensit felicissimam hominum vitam fore, si datum esset a coniugio liberos viuere. Sed vt idem [i.e. Q. Caecilius Metellus] ait apud A. Gellium: „*Cum illis incommode viuitur*, sed *sine illis* omnino *non viuitur*", vt merito dici possit vxor *necessarium malum*.

⟨ORSINES SATRAPES⟩

VIII, 214   Libere   (Orsines Satrapes) [26]

Orsines Satrapes, quum *Alexandrum* et huius *amicos* muneribus amplissimis honorasset, *Bagoae* eunucho nihil dedit. Sed *admonitus* ab amicis, quod is *Alexandro* cum primis esset charus, *respondit* se *regis amicis* honorem habere, *non scortis*, nec apud *Persas esse moris*, vt viri *mares ducant*. Agnoscas in hoc Satrapa⟨e⟩ mentem Cyro, generis autore, dignam. Honorare nouerat, adulari non poterat, quum hodie quoque cernantur in aulis, qui scortis, morionibus ac lenonibus principum plus deferant honoris quam genere ac virtute praecellentibus viris.

563–564 Satrapae *scripsi*: Satrapa *B C.*

553–554 *Catonis dictum ... absque diis* Wörtliche Wiedergabe von Aug. *Serm.* 194, 6: „Denique fratres mei attendite, quod dixit magnus ille Cato de feminis, Si absque femina esset mundus, conuersatio nostra absque diis non esset" (= Schönberger, Frag. 559; *dicta memorabilia*, ed. Jordan, Nr. 82). Quelle nicht identifiziert in *CWE* 38, S. 937.

553–556 *si sine uxore ... non viuitur* Gell. I, 6, 1–2 (Titel: „Verba ex oratione Metelli Numidici, quam dixit ad populum in Censura, cum eum ad vxores ducendas adhortaretur ..."): „Multis et eruditis viris audientibus legebatur oratio Metelli Numidici, grauis ac diserti viri, quam in censura dixit ad populum de ducendis vxoribus, quum eum ad matrimonia capessenda adhortaretur. In ea oratione ita scriptum fuit: In ea oratione ita scriptum fuit: ‚Si sine vxore esse (vivere *Hertz*: pati *ed. Hosius, ed. J.C. Rolfe*) possemus, Quirites (possemus, Quirites, esse *edd. vett.*), omnes ea molestia careremus; set quoniam ita natura tradidit, vt nec cum illis satis commode, nec sine illis vllo modo viui possit, saluti perpetuae potius quam breui voluptati consulendum est (est *deest in edd. vett.*)' ".

554–555 *Sensit ... viuere* Kommentar des Er. zu dem Zitat aus Augustin. *Serm.* 194, 6.

555 *idem* Er. hat sich geirrt, daß er die Worte Cato d.Ä. zuschrieb: Der Spruchspender ist in Wirklichkeit **Q. Caecilius Metellus**. Es gibt jedoch zwei Personen dieses Namens, die als Urheber dieser Worte in Frage kommen: entweder der Zensor **Q. Caecilius Metellus Numidicus**, wie in der Quelle, die Er. anführt, Gell. I, 6, 1–2, vermerkt wird, oder **Q. Caecilius Metellus Macedonicus**. Er. hat das Zitat auch in den *Adagia* fälschlich Cato d.Ä. zugeschrieben, vgl. in *Adag.* 1892 „Neque cum malis neque sine malis" (*ASD* II, 4, S. 273), in einem Zusatz, den er in der *Adagia*-Ausgabe d.J. 1526 anbrachte: „[F] Notum est illud

Catonis, quod cum vxoribus incommode viuitur, at sine illis omnino non viuitur". Gellius gibt an, dass das Zitat einer Rede entstammt, die der Zensor Q. Caecilius Metellus Numidicus vor dem Volk hielt, um es zu Eheschließungen anzuspornen und Ehe- und Kinderlosigkeit einen Riegel vorzuschieben. Wenn Gellius Recht hat, so gehört die zitierte Rede somit d.J. 102 zu. Jedoch vermeldet Livius (*Peri.* 59) eine Rede gleichen Inhalts, als deren Verfasser er Q. Caecilius Metellus Macedonicus angibt. Wenn die Reden identisch sind und sich Gellius geirrt hat, dann gehört das Zitat d.J. 131 v. Chr. zu. Nach Malcovati Fr. 6 ist Gell. I, 6 dem Macedonicus zuzuschreiben; dem folgt der Komm. in *ASD* II, 4, S. 273. **Q. Caecilius Metellus Numidicus** war ein bedeutender Politiker, Redner und Feldherr, Konsul 109, Zensor 102. Den Ehren- bzw. Triumphatornamen Numidicus erhielt er für seine militärischen Erfolge gegen König Iugurtha i.d.J. 111–107; er gehörte den Optimaten zu: i.J. seiner Zensur bekämpfte er die Ackerbaugesetze des Volkstribunen L. Appuleius Saturnus. Vgl. F. Münzer, *RE* III, 1 (1897), Sp. 1218–1221, s.v. „Caecilius", Nr. 97; K.-L. Elvers, *DNP* 2 (1997), Sp. 890, s.v. „Caecilius", Nr. I, 30. **Q. Caecilius Metellus Macedonicus** (ca. 190/185–115 v. Chr.) war ein erfolgreicher Politiker und General, 148 Prätor, 143 Konsul, 131 Zensor. Seinen Ehrennamen Macedonicus erhielt er für seine militärischen Erfolge im Dritten Makedonischen Krieg: Er war es, der i.J. 146 die Siegesbotschaft von Pydna nach Rom bringen und einen Triumph feiern durfte. Vgl. K.-L. Elvers, *DNP* 2 (1997), Sp. 889, s.v. „Caecilius", Nr. I, 27; W. Suerbaum, „Q. Caecilius Metellus Macedonicus", in: ders. (Hrsg.): *Die archaische Literatur. Von den Anfängen bis Sullas Tod* (= *Handbuch der lateinischen Literatur der Antike*. Bd. 1), München 2002, S. 492–493.

557 *necessarium malum* Adag. 426 „Necessarium malum" (*ASD* II, 1, S. 500): „[B] Torqueri potest et in vxores, cum quibus incommode viuitur, sed absque his respublica omnino consistere non potest".

Orsines (gest. 324 v. Chr.), persischer Edler, der seinen Stammbaum auf Kyros II. zurückführte; wichtigster General unter König Dareios III.; Oberbefehlshaber der persischen Truppen in der Schlacht von Gaugamela (31.10.331). I.J. 326, als Alexander mit dem Indienfeldzug okkupiert war, ernannte sich Orxines zum Satrapen der Persis und residierte in Persepolis; als Alexander 324 aus Indien zurückkehrte, ließ er ihn wegen Hochverrats hinrichten. Die Version, die Curtius Rufus vom Ende des Orxines erzählt, ist wenig plausibel: Alexander hätte ihn töten lassen, weil er sich weigerte, seinem Lustknaben Bagoas die Ehre zu erweisen. Vgl. J. Wiesehöfer, *DNP* 9 (2000), Sp. 80, s.v. „Orxines"; H. Berve, *RE* XVIII, 2 (1942), Sp. 1528–1529, s.v. „Orxines".

558 *ORSINES SATRAPES* In dieser Form auch im Index personarum von *B* und *C*.

560–564 *Orsines … generis* Im Narrativ stark gekürzte, paraphrasierende Wiedergabe von Curt. X, 1, 22–26: „Ventum est deinde Parsagada; Persica est gens, cuius Satrapes Orsines erat, nobilitate ac diuitiis inter omnes barbaros eminens. Genus ducebat a Cyro, quondam rege Persarum; opes et a maioribus traditas habebat et ipse longa imperii possessione cumulauerat. Is regi cum omnis generis donis, non ipsi modo ea, sed etiam amicis eius daturus, occurrit. Equorum domiti greges sequebantur currusque argento et auro adornati, pretiosa supellex et nobiles gemmae, aurea magni ponderis vasa vestesque purpureae, et signati argenti talentum III milia. Ceterum tanta benignitas barbaro causa mortis fuit. Nam cum omnes amicos regis donis super ipsorum vota coluisset, Bagoae spadoni, qui Alexandrum obsequio corporis deuinxerat sibi, nullum honorem habuit, admonitusque a quibusdam Bagoam Alexandro cordi esse, respondit amicos regis, non scorta se colere, nec moris esse Persis mares ducere qui stupro effeminarentur".

561 *Bagoae* Bagoas, Günstling des Dareios. Dadurch, daß Alexander d. Gr. sich in ihn verliebte, gewann er großen Einfluss. Vgl. E. Badian, *DNP* 2 (1997/99), Sp. 403, s.v. „Bagoas", Nr. 2; F. Cauer, *RE* II, 2 (1896), Sp. 2772, s.v. „Bagoas", Nr. 2.

563 *Cyro, generis autore* Mit „Cyrus" ist Kyros II. (um 590–530 v. Chr.), der erste Großkönig Persiens, gemeint. Er widmete ihm eine Sektion von Sprüchen im fünften Buch (V, 1–3) sowie VIII, 209. Zu seiner Person vgl. Komm. oben zu V, 1.

⟨MEDIVS PARASITVS⟩

VIII, 215   Calvmniae cicatrix   (Medius Macedo) [27]

Medius, ex *Alexandri parasitis* vnus, *solebat* alios adhortari, ne metuerent quoduis crimen in quemuis intendere. Adiecit scelerato praecepto causam appositam: „*Vt maxime*", inquit, „*sanet* vulnus, qui delatus est, *manet tamen cicatrix*". Non arbitror quenquam esse diabolum tam impium, qui rem magis nephariam possit suggerere. Et quo foedius est crimen, hoc tenacius haeret apud multos criminis suspitio vel in innocentissimum. Audiui ducem quendam his verbis adhortantem suos milites nauticos ad quiduis praedandi temeritatem: „Rapite quicquid potestis, siue merces sint amicorum siue hostium! Nam etsi qui spoliati sunt, sic agant apud principem, vt compellamur restituere, semper aliqua praedae portio remanet apud nos".

⟨GORGIAS SOPHISTA⟩

VIII, 216   (Gorgias sophista, 4) [28]

Gorgias sophista *quum* forte fortuna *legisset Platonis dialogum sui cognominis, qui Gorgias inscribitur, dixisse* fertur: „ὡς καλῶς οἶδε Πλάτων ἰαμβίζειν", „vt pulchre nouit Plato iambissare", hoc est mordere. Nam is pes primum ab Archilocho, ni fallor, repertus est *ad maledicendum*: vnde et *nomen habet* vel *a muliere petulante et Baccha* vel *a mittendis iaculis*. Siquidem in eo dialogo proscindit sophistas, id quod nusquam non facit.

---

569 solebat *LB*: solet *B C*.
576 etsi *scripsi*: vt *B C*.

583 Baccha *scripsi*: baccha *B C*.

Medios, Hetairos Alexanders d. Gr., der an dem Asienfeldzug teilnahm, jedoch als Waffengefährte erst während des Indienfeldzuges i.J. 326 in Erscheinung tritt, als einer der Kommandanten der Hydaspes-Flotte. Medios kann auch damals keine wichtige Rolle gespielt haben, da er nur wenige Triremen kommandierte. Er scheint der Organisator jenes Gastmals gewesen zu sein, das Alexander durch übermäßigen Weingenuß (oder Gift) fatal wurde. Nach Alexanders Tod Flottenkommandant unter Antiochos I. Medios verfasste eine nicht näher bekannte Schrift über Alexander. Vgl. E. Badian, *DNP* 7 (1999), Sp. 1100, s.v. „Medios", Nr. 2; F. Geyer, *RE* XV, 1 (1931), Sp. 103–104, s.v. „Medios", Nr. 2.
567 *MEDIVS PARASITVS* In dieser Form auch im Index personarum von *B* und *C*.

569–571 *Medius ... cicatrix* Stark gekürzte und paraphrasierende Wiedergabe von Plut. *Quomodo adulator ab amico internoscatur*, 24, *Mor.* 65 D, wobei Er. auf seine latein. Übers. aus d.J. 1514 zurückgreifen konnte: „Sic et adulator veros abigit amicos neque sinit accedere propius. Quod si non possit ..., clanculum autem subdit ac subserit calumnias quasdam. Caeterum vbi clandestinus sermo vellicauit hulcus nec tamen omnino statim efficere potuit, tum memor obseruat (sc. adulator), quod Medius solet. Erat hic Medius inter adulatorum greges, qui cum Alexandro viuebant, veluti dux ac magister antesignanus aduersus optimates oppositus. Iubebat igitur, vti audacter calumniis morderent et incesserent, docens, etiam si, qui morsus sit, vulneri medeatur, cicatricem tamen calumniae relinqui. His sane cicatricibus vel, vt verius dicam, gangrenis et carcinomatis corrosus Alexander sustulit Callisthenem, Parmenionem et Philotam" (*ASD* IV, 2, S. 147–148; ed. Cratander, Basel 1530 fol. 177A). Vgl. den griech. Text: ἐκέλευεν οὖν θαρροῦντας ἅπτεσθαι καὶ δάκνειν ταῖς διαβολαῖς, διδάσκων ὅτι, κἂν θεραπεύσῃ τὸ ἕλκος ὁ δεδηγμένος, ἡ οὐλὴ μενεῖ τῆς διαβολῆς ταύταις μέντοι ταῖς οὐλαῖς, μᾶλλον δὲ γαγγραίναις καὶ καρκινώμασι διαβρωθεὶς Ἀλέξανδρος ἀπώλεσε καὶ Καλλισθένη καὶ Παρμενίωνα καὶ Φιλώταν· Ἄγνωσι δὲ καὶ Βαγώαις καὶ Ἀγησίαις καὶ Δημητρίοις ἀφειδῶς ἐνέδωκεν ἑαυτὸν ὑποσκελίζεσθαι, προσκυνούμενον καὶ καταστολιζόμενον καὶ ἀναπλαττόμενον ὑπ' αὐτῶν ὥσπερ ἄγαλμα βαρβαρικόν (vgl. Ald. p. 57).

Gorgias von Leontinoi (um 480 – um 380 v. Chr.), Vater der Sophistik. Ihm sind einige Apophthegmen gewidmet: VI, 547; VIII, 27–28, 216 und 223. Zu seiner Person vgl. oben Komm. zu VI, 547.

578 *GORGIAS SOPHISTA* So lautet die Überschrift der Gorgias-Sektion oben VIII, 27–28. Im Index personarum von *B* und *C* wird jedoch „Gorgias Leontinus sophista" angegeben, wohl aufgrund der ersten Vermeldung des Namens im Haupttext von *Apophth*. VI, 547.

Apophth. VIII, 216 ist ein Gegenstück zu *Adag.* 3585 IAMBIZEIN (*ASD* II, 8, S. 66): „Ἰαμβίζειν prisci dixerunt pro conuiciari et maledicere …".

581 *ὡς … ἰαμβίζειν* Athen. XI, 505 D: λέγεται δὲ ὡς καὶ ὁ Γοργίας αὐτὸς ἀναγνοὺς τὸν ὁμώνυμον αὐτῷ διάλογον πρὸς τοὺς συνήθεις ἔφη· „ὡς καλῶς οἶδε Πλάτων ἰαμβίζειν" (vgl. ed. Ald. S. 206).

582 *iambissare* Ein Neologismus des Er., mit dem er ἰαμβίζειν nachbildete; „iambissare" findet sich nicht in Hoven.

582–583 *primum ab Archilocho … repertus* Pseud. Acron, *Scholia in Horatium vetustiora*, ad Hor. *Ars* 79 (ed. Keller, II, S. 322): „Iambicum metrum primus Archilochus inuenit, quo vsus est in Lycamben, quem persecutus est …"; Hor. *Ars* 79: „Archilochum proprio rabies armauit iambo"; Vell. Pat. I, 5, 2. Für Archilochos aus Paros (um 680 – um 640 v. Chr.) vgl. O. Crusius, *RE* II, 1 (1895) Sp. 487–507 s.v. „Archilochos", Nr. 2; E. Bowie, *DNP* I (1996), Sp. 994–997, s.v. „Archilochos".

583 *ad maledicendum* Porphyrio, *Commentum in Horatium Flaccum*, ad Carm. I, 16, 22–24 (ed. Holder, S. 24): „Iambi autem versus aptissimi habentur ad maledicendum"; Suidas: „ἰαμβίζειν Graecis i.e. maledicis insectari"; Photius, Bibliotheca, ed. Bekker 319b15–17: Ἀλλὰ γὰρ καὶ τὸν ἴαμβον τάττεσθαι μὲν ἐπὶ λοιδορίας τὸ παλαιόν· καὶ γὰρ καὶ τὸ ἰαμβίζειν κατά τινα γλῶσσαν λοιδορεῖν („beschimpfen") ἔλεγον. *Fragmenta Hephaestonica*: ἢ ὅτι τὸ λοιδορεῖν ἰαμβίζειν ἐλέγετο … (300.4 Consbruch).

583 *a muliere … Baccha* Einige Lexikographen leiteten die Versform des Iambus von Iambe, einer Dienerin des eleusinischen Königs Keleos ab. Iambe soll eine lose Zunge und die Gewohnheit gehabt haben, Leute unflätig zu beschimpfen. Daß sie eine Bacchantin gewesen sei, behauptet das Nachschlagewerk des Zonaras – Photios; vgl. Johannes Zonaras – Photius, *Lexica*, s.v. Ἰαμβεῖον: ἀπό τῆς εὐρούσης γυναικὸς βάκχης τινὸς Ἰάμβης καλουμένης. ἢ ἀπὸ τοῦ ἴα βάζειν; Hesychius, s.v. ἰαμβίζειν· τὸ λοιδορεῖν, κακολογεῖν· ἀπὸ Ἰάμβης τῆς λοιδόρου; *Adag.* 3585 IAMBIZEIN (*ASD* II, 8, S. 66): „Ἰαμβίζειν prisci dixerunt pro conuiciari et maledicere, voce ducta a Iambe, foemina insignite maledica". R. Nünlist, *DNP* 5 (1999), Sp. 847–848, s.v. „Iambe (Ἰάμβη)": Dienstmagd des eleusinischen Königs und Heros Keleos; in dessen Haus suchte „die um ihre entführte Tochter trauernde Demeter …" Zuflucht. Dort setzt sich Demeter, im Rahmen eines Umkehr-Rituals, auf „den ihr von Iambe angebotenen einfachen Schemel", wobei sie mit ihren „provozierenden Beschimpfungen" wieder aufmuntert. Weiter besteht Nünlist darauf, „daß ein Zusammenhang zwischen der mythischen Figur Iambe und der literarischen Gattung des Iambos bestehen muß …, auch wenn die Richtung der Abhängigkeit ebensowenig geklärt ist wie die Etymologie"; N. Richardson, *The Homeric Hymn to Demeter*, Oxford 1974, S. 213–223; Ch.G. Brown, „Iambos", in: D.E. Gerber (Hrsg.), *A Companion to the Greek Lyric Poets*, Leiden-Boston 1997, S. 16–25.

584 *a mittendis iaculis* Vgl. *Fragmenta Hephaestonica*: ὅθεν καὶ ἴαμβος καλεῖται ἀπὸ τοῦ ἰαμβίζειν (S. 78.7 Consbruch); … ἢ παρὰ τὸ ἰαμβίζειν, ὅ ἐστιν ἰὸν βάζειν, „d.h. beim Reden einen Pfeil abschiessen" (215.1 Consbruch); ἢ παρὰ τὸ ἰὸν βάζειν, ὅπερ ἐστὶ ἰοῦ καὶ πικρίας ἀνάμεστα ῥήματα λέγειν, „Worte voll von spitzen Pfeilen sprechen" (281.7); ἢ ὅτι τὸ λοιδορεῖν ἰαμβίζειν ἐλέγετο, ἢ ἀπὸ τοῦ ἰὸν βάζειν (300.4 Consbruch).

⟨RHODIVS QVIDAM⟩ [i.e. TELESPHORVS]

VIII, 217   Spes pertinax   (Anonymus Rhodius, i.e.
                    (= Dublette von VI, 518)   Telesphorus) [29]

Rhodius quidam, de quo nobis antea dictum est, ob intempestiuam libertatem *a tyranno coniectus in caueam*, in qua more nocentis bestiae *alebatur* ad cruciatum et ignominiam, amputatis naribus ac foedata vulneribus facie, quum ab amicis admoneretur, vt inedia sibi malorum finem quaereret: „Cuncta", inquit, „homini, quoad *viuit, speranda sunt*". Citius illum laudarim quam istos, qui ob causas non admodum graues confugiunt ad laqueum aut ad praecipitium.

⟨PLATO⟩

VIII, 218   Artes invtiles   (Plato, 25) [30]

Anniceris quidam Cyrenaeus aurigandi peritia fuit insignis et, vt egregius artifex, ita gloriosus artis ostentator, venit in Academiam Platonis atque illic rationes omnes procurrendi, recurrendi, flectendi currum et per easdem interdum orbitas redeundi ostentabat. Admirantibus caeteris, Plato negabat sibi videri probabile *eum virum, qui totum animum inutili studio dedisset*, ad vllam *rem grauem* ac frugiferam esse idoneum.

---

586 *RHODIVS QVIDAM* In dieser Form auch im Index personarum von *B* und *C*.

589–593 *Rhodius ... speranda sunt* Aus dem Kontext losgelöste, leicht variierende Wiedergabe von Sen. *Epist.* 70, 6: „Citius mori aut tardius ad rem non pertinet, bene mori aut male ad rem pertinet. Bene autem mori est effugere male viuendi periculum. Itaque effeminatissimam vocem illius Rhodii existimo, qui cum in caueam coniectus esset a tyranno et tamquam ferum aliquod animal aleretur, suadenti cuidam, vt abstineret cibo: ‚omnia', inquit, ‚homini, dum viuit, speranda sunt'". Vgl. ders. *Ira* III, 17, 3: „Nam Telesphorum Rhodium amicum suum undique decurtatum, cum aures illi nasumque abscidisset, in cauea velut nouum aliquod animal et inuisitatum diu pauit, cum oris detruncati mutilatique deformitas humanam faciem perdidisset".

589 *Rhodius quidam* Die hier als „ein gewisser Rhodier" anonym bleibende Person war in Wirklichkeit Telesphoros aus Rhodos, ein General des Diadochen Lysimachos. Er. hatte von seinem schrecklichen Schicksal oben in VI, 518 berichtet, ihn jedoch dort mit dem *scurra* Pantaleon verwechselt. Telesphoros war verstümmelt und in einen Tierkäfig eingesperrt worden, weil er es gewagt hatte, die Ehegattin des Königs Lysimachos zu verspotten. Die Identität des Telesphoros geht aus Er.' Quelle, Athen. 616C, unmissverständlich hervor (Τελέσφορον γὰρ ἕνα τῶν ὑπαρχων αὐτοῦ ...). Über den von Lysimachos grausam bestraften General ist weiter nichts bekannt; er ist wohl identisch mit dem makedonischen Feldherrn und Antigoniden Telesphoros (gest. nach 312), der vermutlich ein Neffe des Antigonos Monophthalmos war. Die anonyme Vermeldung ist im vorl. Fall sicherlich Er.' Quelle, Sen. *Epist.* 70, 6, geschuldet („illius Rhodii").

593–594 *Citius ... praecipitium* Er.' positive Bewertung des Spruchspenders steht jener seiner Quelle Seneca diametral gegenüber. Der Stoiker Seneca war davon überzeugt, daß der General in seiner erbärmlichen, entehrten, und, was die Verstümmelung angeht, irreversiblen Lage unbedingt die Selbsttötung vornehmen hätte müssen. Er. geht jedoch von der christlichen Ablehnung des Selbstmordes aus und nimmt das *Apophthegma* zum Anlaß, um gegen eigenzeitliche Selbstmörder zu einem Rundumschlag auszuholen. In der Dublette V, 518 hatte Er. lediglich unterkühlt angemerkt, daß der Spruch für seinen Urheber schlimme Folgen gezeigt habe.

595 *PLATO* Im Index personarum von *B* und *C* wird der Spruch irrtümlich dem Anniceris zugeschrieben, der wirkliche Spruchspender ist jedoch **Platon**, dem Er. bereits im „Buch der Philosophen" eine Sektion von Sprüchen gewidmet hatte (VII, 150–171). Für Platon vgl. oben Komm. zu VII, 150.

597 *Anniceris* Es handelt sich hier um jenen Anniceris aus Kyrene, der Platon freigekauft haben soll. Der beleidigte Tyrann Dionysios I. soll Platon dem spartanischen Gesandten Pollis übergeben haben, der ihn nach Aigina verbracht und ihn dort als Sklaven verkauft habe: Käufer war der dort zufällig anwesende Annikeris, der ihn erkannte und nach Athen heimführte (Diog. Laert. III, 20). Annikeris war der Urgroßvater des Dichters Kallimachos. Vgl. K. Gaiser, „Der Ruhm des Annikeris", in: ders., *Gesammelte Schriften*, Sankt Augustin 2004, S. 597–616; H. Breitenbach, *Platon und Dion*, Zürich 1960, S. 15–16; W.K.C. Guthrie, *A History of Greek Philosophy*, Bd. IV, Cambridge 1975, S. 18–19; M. Erler, *Platon*, Basel 2007, S. 50–51. Der in VIII, 218 angeführte Annikeris hatte seine Lebensmitte um 388 v. Chr., kann somit nicht mit dem gleichnamigen Philosophen (fl. um 300) identisch sein; vgl. P. Natorp, *RE* I, 2 (1894), Sp. 2261, s.v. „Annikeris"; K. Döring, *DNP* 1 (1996), Sp. 711, s.v. „Annikeris"; ders., „Annikeris", in: H. Flashar (Hrsg.), *Grundriss der Geschichte der Philosophie. Die Philosophie der Antike*, Bd. II, 1, Basel 1998, S. 259–261.

597 *Cyrenaeus* Annikeris stammte aus der griechischen Stadt Kyrene an der nordafrikanischen Küste (im heutigen Lybien), die ein wichtiges Handelszentrum darstellte.

598–600 *venit in ... ostentabat* Er. gestaltete die Manöver, die Anniceris mit seinem Pferdewagen vorführte, phantasievoll aus: mehrfache Kehrtwenden („procurrendi" und „recurrendi") und kunstvolle Richtungsänderungen („flectendi currum"). Er. stellt das so dar, daß Annikeris sich „in die Akademie" begab und diese Manöver dort vorführte. Die Akademie war ein sakraler Ort, ein Hain, in dem Plato ein Musenheiligtum errichtet hatte, und als solcher war sie von dem profanen Raum abgegrenzt. Es ist daher nicht vorstellbar, daß Annikeris im heiligen Bereich selbst mit seinem Pferdewagen hin- und hergefahren sein soll. Aus der Darstellung des Athenaios – Er.' Textvorlage – kann man schließen, daß Annikeris *um* das Heiligtum *herumfuhr* (περιήλασεν), also mit seinem Wagen *außerhalb* des heiligen Bereichs blieb; vgl. die plausible Übers. von N.G. Wilson in Aelian, *Historical Miscellany* (Loeb), ad loc., S. 99: „he prepared his chariot and drove it many times *round* the Academy"; für περιελαύνω, „herumfahren", „herumführen" von dem von Pferden gezogenen Wagen sowie „herumreiten" auf dem Pferd vgl. Passow II, 1, Sp. 839, s.v. Ganz klar wird dies von Ps.Lucian., *Demosthenis encomium* 23, wo die Anekdote ebenfalls erzählt wird, dargestellt: πολλούς περί τὴν Ἀκαδημίαν ἐξελαύνειν δρόμους. Das Ziehen von genauen Kreisen mit dem Pferdewagen, und zwar immer auf genau derselben Bahn, hat einen bestimmten Sinn: Annikeris wollte damit die hohe Kunst des Wagenlenkens vorführen, was dadurch begründet ist, daß bei Wagenrennen genaue, ovale Bahnen gezogen werden mußten.

600–602 *Plato negabat ... idoneum* Der Spruch des Platon entbehrt jeden Witzes; auffälliger ist, daß er sich seinem früheren Wohltäter gegenüber undankbar bezeigte.

600–601 *negabat ... grauem* Sowohl im einleitenden Teil als auch im Spruchteil freie, paraphrasierende Übertragung von Ael. *Var. hist.* II, 27: Ἀννίκερις ὁ Κυρηναῖος ἐπὶ [τῇ] ἱππείᾳ μέγα ἐφρόνει καὶ ἁρμάτων ἐλάσει. καὶ οὖν ποτε καὶ ἐβουλήθη Πλάτωνι ἐπιδείξασθαι τὴν τέχνην. ζεύξας οὖν τὸ ἅρμα περιήλασεν ἐν Ἀκαδημίᾳ δρόμους παμπόλλους, οὕτως ἀκριβῶς φυλάττων τοῦ δρόμου τὸν στίβον, ὡς μὴ παραβαίνειν τὰς ἁρματοτροχιάς, ἀλλ' ἀεὶ κατ' αὐτὸν ἰέναι. οἱ μὲν οὖν ἄλλοι πάντες ὥσπερ εἰκὸς ἐξεπλάγησαν, ὁ δὲ Πλάτων τὴν ὑπερβάλλουσαν αὐτοῦ σπουδὴν διέβαλεν εἰπών· „ἀδύνατόν ἐστι τὸν εἰς μικρὰ οὕτω καὶ οὐδενὸς ἄξια τοσαύτην φροντίδα κατατιθέμενον ὑπὲρ μεγάλων τινῶν σπουδάσαι"· πᾶσαν γὰρ αὐτῷ τὴν διάνοιαν εἰς ἐκεῖνα ἀποτεθεῖσαν ἀνάγκη ὀλιγωρεῖν τῶν ὄντως θαυμάζεσθαι δικαίων. (vgl. ed. Victorius fol. 12ʳ). Die Anekdote wird auch von Ps.Lucian., *Demosthenis encomium* 23 erzählt: φασὶν Ἀννίκεριν τὸν Κυρηναῖον φιλοτιμηθῆναι πρὸς Πλάτωνά τε καὶ τοὺς ἑταίρους· τὸν μέν γε τὴν Κυρηναίων ἁρματηλασίαν ἐπιδεικνύντα πολλοὺς περὶ τὴν Ἀκαδημίαν ἐξελαύνειν δρόμους ἐπὶ τῆς αὐτῆς ἁρματοτροχιᾶς ἅπαντας μηδὲν παραβάντας, ὥσθ' ἑνὸς δρόμου σημεῖα κατὰ τῆς γῆς.

⟨THEMISTOCLES⟩

VIII, 219 (Themistocles, 26) [31]

Themistocles quum aduersus barbaros describeret Athenis exercitum et *in theatro* ex illius gentis more producti essent galli gallinacei, atque inter sese commissi mira pertinacia inter se depugnarent ad necem vsque, rem ludicram vertit in seriam cohortationem. Sic enim ciues suos affatus est: „*At isti*", inquit, „neque pro aris ac focis *neque pro liberis depugnant*, sed tantum, quod vinci turpe sit. Quo igitur animo vos esse par est, quibus pro salute patriae, pro charissimorum incolumitate, pro libertate certamen est?".

⟨LEPITINES⟩

VIII, 220 (Lepitines Atheniensis)

Subactis a barbaris Lacedaemoniis *Leptines dicit Graeciam esse factam* μονόφθαλμον, id est, *luscam*, sentiens Atticam et Laconicam esse cordatissimas Graeciae partes. Meminit Aristoteles in Rhetoricis.

614 dicit *B C*: dicebat *LB*.

Apophth. VIII, 219 Er. hatte dem bedeutenden athenischen Feldherrn und Politiker **Themistokles** (ca. 525–ca. 459 v. Chr.) im „Buch der Könige und Feldherren" eine längere Sektion gewidmet (V, 135–159). Themisthokles zeichnete sich im Kampf gegen die Perser als Stratege aus; es war ihm zu verdanken, daß der Ausbau der athenischen Flotte im Eiltempo vorangetrieben wurde: Er war es, der die athenische Flotte bei dem entscheidenden Sieg bei Salamis (480) anführte. Wurde 471 v. Chr. aus Athen verbannt. Für weiteres zu seiner Person vgl. oben Komm. zu V, 135.

605 *barbaros* D.h. die Perser unter Xerxes d. Gr.
605–606 *describeret … gallinacei* Die von Er. ins Lateinische übertragene Anekdote erzählt den Ursprung der institutionellen athenischen Hahnenkämpfe, die seit den Siegen gegen die Perser (480/79) jährlich stattfanden, wie Ailianos in dem einleitenden Satz klar angibt. Er. gibt den Hergang jedoch so verdreht wieder, daß die Ursprungsgeschichte unverständlich wird. Als Initiator der institutionalisierten Hahnkämpfe galt der Seeheld Themistokles. Als er mit seinen Soldaten aus Athen gegen die Perser zog, sah er zufällig einen Hahnenkampf. Diese Situation bezieht sich zweifellos auf den Marsch zum Seehafen Piräus i.J. 480, wo Themistokles mit der Flotte ausfuhr, die die Perser im selben Jahr bei Salamis besiegte. Der Hahnenkampf, dem Themistokles zugeschaut hat, fand also irgendwo auf der Straße in Athen statt. Die bedeutenden Worte sprach Themistokles zu seinen Soldaten, die er anführte. Bei Er. jedoch fand der Hahnenkampf im Theater (= Dionysostheater) statt, als ob es sich schon um den gesetzmäßig festgelegten Brauch gehandelt hätte (das war eben noch nicht der Fall!), und spricht Themistokles seine Worte zu den dort anwesenden Zuschauern. Themistokles war nach Er. gerade erst dabei, in Athen Truppen auszuheben („describeret Athenis exercitum"). Tatsächlich fanden Hahnenkämpfe im Dionysostheater erst nach den Siegen gegen die Perser statt; gesetzlich war vorgeschrieben, daß sich hinfort dazu alle wehrfähigen Männer einfinden mußten. Der Hahnenkampf wurde als Medium zur Erhöhung der Kampfmoral betrachtet. Vgl. S. Müller, *DNP* 5 (1998), s.v. „Hahnenkampf".

608–609 *neque … depugnant* Verworrene, zum Teil sinnwidrige Übertragung des Er. von Ael. *Var. hist.* II, 28: ὅτε Θεμιστοκλῆς ἐπὶ τοὺς βαρβάρους ἐξῆγε τὴν πολεμικὴν δύναμιν, ἀλεκτρυόνας ἐθεάσατο μαχομένους· οὐδὲ ἀργοὺς αὐτοὺς εἶδεν, ἐπέστησε δὲ τὴν στρατιὰν καὶ ἔφη πρὸς αὐτούς· „ἀλλ᾿ οὗτοι μὲν οὔτε ὑπὲρ πατρίδος οὔτε ὑπὲρ πατρῴων θεῶν οὐδὲ μὴν ὑπὲρ προγονικῶν ἠρίων (προγονικῶν ἠρίων *ed. Wilson*, γονικῶν ἡρώων *ed. Victorius fol. 12ʳ*) κακοπαθοῦσιν οὐδὲ ὑπὲρ δόξης οὐδὲ ὑπὲρ ἐλευθερίας οὐδὲ ὑπὲρ παίδων, ἀλλ᾿ ὑπὲρ τοῦ μὴ ἡττηθῆναι ἑκάτερος μηδὲ εἶξαι θατέρῳ τὸν ἕτερον" ἅπερ οὖν εἰπὼν ἐπέρρωσε τοὺς Ἀθηναίους. τὸ τοίνυν γενόμενον αὐτοῖς σύνθημα τότε εἰς ἀρετὴν ἐβουλήθη διαφυλάττειν καὶ εἰς τὰ ὅμοια ἔργα ὑπόμνησιν.

Leptines (4. Jh. v. Chr.), athenischer Politiker, der nach dem Korinthischen Krieg auf eine Bündnispolitik mit Sparta setzte. In der für das vorl. *Apophth.* relevanten Rede, die er i.J. 369 v. Chr. hielt, rät er den Athenern dringend, ein Bündnis mit den Spartanern zu schließen. Vgl. W. Schmitz, *DNP* 7 (1999), Sp. 74, s.v. „Leptines", Nr. 1; U. Kahrstedt, *RE* XII, 2 (1925), Sp. 2072, s.v. „Leptines", Nr. 1. In *CWE* 38, S. 940 wird Leptines wohl nicht ganz richtig als Anführer einer spartanischen Gesandtschaft bezeichnet („a Spartan embassy led by Lepitines came to Athens …").

Apophth. VIII, 220 – In den Baseldrucken vergaß man, diesem Spruch eine Nummer beizugeben. Es handelt sich gleichwohl mit Sicherheit um ein eigenständiges Apophthegma, da es als solches durch einen anderen Spruchspender (Leptines), ein anderes Thema, eine andere Quelle und im Layout durch einen Absatz gekennzeichnet ist. In *CWE* 38, S. 940 wird der Spruch des Lepitines als ein Apophthegma mit dem Themistokles-Spruch zusammengenommen. Folge: ab 221 unsere *ASD*-Zählung = *CWE* plus 4.

614 *Subactis a barbaris Lacedaemoniis* Durch die Angabe „subactis a barbaris Lacedaemoniis", „nachdem die Spartaner von den Persern unterjocht worden waren", stattet Er. den Spruch mit einem ganz unrichtigen, absurden historischen Kontext aus. Er. hat diesen falschen Kontext nicht aus seiner Quelle bezogen, sondern schlicht hinzuerfunden. Nachdem i.J. 387 v. Chr. der sog. Königsfriede zwischen Griechen und Persern geschlossen worden war, gab es keine persischen militärischen Aktionen mehr gegen die Spartaner (und überhaupt gegen die Bewohner der griech. Kernlande). Es kann daher auch keine Rede davon sein, daß ein Sieg der Perser den Lepitines zu seinem Spruch veranlasste. Es handelt sich vielmehr um die Nachwehen des Korinthischen Krieges, in dem Athen und Sparta gegeneinander kämpften, der zu erheblichen Verlusten führte, unentschieden endete, beide Seiten schwächte und zu einer ernsten Entzweiung führte. Nach der Schlacht von Leuktra i.J. 371, die mit einer schweren Niederlage der Spartaner endete, verloren sie nicht nur den Nimbus der Unbesiegbarkeit, sondern waren so geschwächt, daß sie sich davon nicht mehr erholten. 369 kam eine Gesandtschaft aus Sparta nach Athen, um die Athener um Hilfe gegen die Thebaner zu ersuchen, die sie des Friedensbruches beschuldigten. Lepitines trat mit seiner Rede dafür ein, das Ansuchen der Spartaner zu bewilligen. Zur politischen Lage d.J. 369 vgl. S. Dmitriev, *The Greek Slogan of Freedom and Early Roman Politics in Greece*, Oxford 2011, Appendix 2, S. 391–397; zu dem Korinthischen Krieg, der Spartas künftige Schwäche hervorrief, vgl. Ch.D. Hamilton, *Sparta's bitter victories. Politics and diplomacy in the Corinthian war*, Ithaca, NY 1979.

614 *Leptines … μονόφθαλμον* Historisch unrichtig kontextualisierte, auch im Spruchteil nicht korrekte Übertragung des Er. von Aristot. *Rhet.* III, 10, 7: Καὶ Λεπτίνης περὶ Λακεδαιμονίων, οὐκ ἐᾶν περιιδεῖν τὴν Ἑλλάδα ἑτερόφθαλμον γενομένην. Der Spruch hat weder etwas mit einer Niederlage der Spartaner gegen die Perser zu tun noch stellt Lepitines einfach fest, daß Hellas einäugig geworden sei. Vielmehr hält er den Athenern vor, „*daß er es nicht dulden werde*, daß Griechenland eines Auges beraubt werde" (vgl. dazu den Hinweis auf gerade diese Stelle bei Passow I, 2, Sp. 1203, s.v. ἑτερόφθαλμος). Vgl. dazu Plut. *Praecepta gerendae reipublicae* 6, *Mor.* 803A, der die Stelle in direkter Rede formuliert: ὡς ὁ εἰπὼν „Μὴ ποιήσετε ἑτερόφθαλμον τὴν Ἑλλάδα". Sowohl bei Aristoteles als auch bei Plutarch wird der Spruch des Leptines als Musterbeispiel einer gelungenen und wirksamen Metapher in einer politischen Rede präsentiert.

614 *μονόφθαλμον* Er. zitiert hier kurioserweise den griech. Text mit einem griechischen Wort, *das im Quellentext nicht vorhanden ist*, wobei er dieses nicht vorhandene Wort zur Erklärung ins Lateinische übersetzt („id est, luscam"). In der zitierten Quelle Aristot. *Rhet.* III, 10, 7 steht nicht μονόφθαλμον, sondern ἑτερόφθαλμον.

615 *sentiens … partes* Die Erklärung des Er. ist ebenso wenig sinnvoll wie seine Wiedergabe des Spruches richtig ist. Gemeint ist natürlich,

⟨IASSIVS QVIDAM SVRDASTER⟩

VIII, 221 Ventris cvra prima (Anonymus Iassius) [32]

Apud *Iassios, populum magna ex parte piscibus victitantem, citharoedus quidam* in foro *ostentabat artem*. Verum simul atque *tintinabulum crepitu signum* dedit adesse *pisces venales*, turba subito deseruit cantorem et ad piscium mercatum aduolauit: *vno* excepto, qui quod *surdaster* esset, tintinabuli sonitum non audierat aut certe non attenderat. *Huic citharoedus propius accedens gratias egit*, quod et artem honorasset et ipsum non passus sit esse prorsus desertum. Tum *ille:* „An crepuit *tintinabulum*?"; vt annuit, „Valebis", inquit, „egregie magister", seseque mox ad pisces proripuit. Citharoedo liberum erat *sibi canere et Musis*. Longe maior est nobis cura ventris quam artium liberalium.

620 tintinabulum *B C, Brusonius*: tintinnabulum *LB*.

626 Musis *LB*: musis *B C*.

daß der Verlust eines Auges einer Verstümmelung Griechlands gleichkomme, somit unbedingt verhindert werden müsse.

617 ⟨*IASSIVS QVIDAM SVRDASTER*⟩ Im Index personarum von *B* und *C* werden irrtümlich die Bewohner der Stadt Iasos kollektiv als Spruchspender angegeben; der Spruch geht jedoch auf das Konto eines einzigen schwerhörigen Iasiers, der das Glöckchen nicht hörte.

619 *Iassios* Iasos bzw. Iassos, Insel und griech. Stadt in Karien an der südlichen jonischen Küste, am Gulf von Güllük (Türkei), gegenüber der modernen gleichnamigen Stadt; von der antiken Stadt Iasos sind noch substantielle archäologische Reste erhalten. Vgl. *Studi su Iasos di Caria. Venticinque anni di scavi della Missione Archeologica Italiana*. Ist. Poligr. e Zecca dello Stato, Rom 1987 (*Bollettino d'arte* 31/32 Suppl.); D. Baldoni u. a. (Hrsg.), *Carian Iasos*, Istanbul 2004.

619–620 *Iassios … artem* Erasmus wurde zu dem Ausspruch wohl durch Brusonis Sammlung d.J. 1518, IV, 17 „De Musicis et musica", angeregt: „In Iasso insula mare piscosissimum est, in qua quum citharoedus quidam artem ostentaret audirentque eum Iassii omnes, quum primum tintinabulum increpuit (vendendorum piscium signum id erat), illico omnes relicto illo ad piscces confugiunt, praeter vnum surdastrum. Citharoedus itaque propius accedens, „O homo", inquit, „gratias tibi ingentis habeo cum propter musicae stadium, tum propter honorem in me praestitum. Nam caeteri, quum primum tintinabulum increpuit, omnes abierunt". Ille „Quid ais?", inquit, „Num tintinabulum sonuit?". Qui quum affirmaret, „At tibi bene sit!", inquit et surgens ipse etiam digreditur"; Brusoni zitierte Strab. XIV, 2, 21, in der latein. Übers. des Gregorio Tifernate (1414–1462): „Deinde est Iassus ⟨in⟩ insula, quae continenti adiacet; ea portum habet. Qui hic sunt, magna ex parte victum ex mari captant. Ea enim regionem sterilem quidem habet, at piscosam. Vnde et huiusmodi quaedam de ea narrantur, quod, cum citharoedus quidam artem ostentaret audirentque eum Iassii omnes, quam primum tintinabulum increpuit vendendorum piscium signum, illico omnes relicto citharoedo, ad pisces dilapsi sunt, praeter vnum surdastrum. Citharoedus itaque propius ad illum accedens, ‚O homo', inquit, ‚gratias tibi ingentes habeo, cum propter musicae studium, tum propter honorem erga me! Nam caeteri quam primum tintinabulum increpuit, omnes abierunt'. Ille ‚Quid ais?', inquit, ‚Num iam tintinabulum sonuit?'. Qui cum affirmaret, ‚At tibi bene sit', inquit, et surgens ipse etiam digressus est" (Guarino übers. Die Bücher I–X, Gregorio Tifernate XI–XVII). Vgl. den griech. Text: εἶτ' Ἰασὸς ἐπὶ νήσῳ κεῖται προσκειμένη τῇ ἠπείρῳ· ἔχει δὲ λιμένα, καὶ τὸ πλεῖστον τοῦ βίου τοῖς ἐνθάδε ἐκ θαλάττης· εὐοψεῖ γὰρ χώραν τ' ἔχει παράλυπρον. καὶ δὴ καὶ διηγήματα τοιαῦτα πλάττουσιν εἰς αὐτήν· κιθαρῳδοῦ γὰρ ἐπιδεικνυμένου, τέως μὲν ἀκροᾶσθαι πάντας, ὡς δ' ὁ κώδων ὁ κατὰ τὴν ὀψοπωλίαν ἐψόφησε, καταλιπόντας ἀπελθεῖν ἐπὶ τὸ ὄψον, πλὴν ἑνὸς δυσκώφου· τὸν οὖν κιθαρῳδὸν προσιόντα εἰπεῖν, ὅτι, Ὦ ἄνθρωπε, πολλήν σοι χάριν οἶδα τῆς πρός με τιμῆς καὶ φιλομουσίας· οἱ μὲν γὰρ ἄλλοι ἅμα τῷ κώδωνος ἀκοῦσαι ἀπιόντες οἴχονται. ὁ δέ, Τί λέγεις; ἔφη, ἤδη γὰρ ὁ κώδων ἐψόφηκεν; εἰπόντος δέ, Εὖ σοι εἴη, ἔφη καὶ ἀναστὰς ἀπῆλθε καὶ αὐτός. ἐντεῦθεν δ᾽ ἦν ὁ διαλεκτικὸς Διόδωρος ὁ Κρόνος προσαγορευθείς, κατ᾽ ἀρχὰς μὲν ψευδῶς· Ἀπολλώνιος γὰρ ἐκαλεῖτο ὁ Κρόνος, ὁ ἐπιστατήσας ἐκείνου· μετήνεγκαν δ᾽ ἐπ᾽ αὐτὸν διὰ τὴν ἀδοξίαν τοῦ κατ᾽ ἀλήθειαν Κρόνου.

619–620 *in foro* Daß der Kitharöde auf dem Marktplatz gesungen haben soll, ist der Phantasie des Er. entsprungen. Der plausible Ort für eine solche Vorführung war das Theater, welches sich gewöhnlich nicht auf der Agora befand. Das gilt auch für das Theater von Iassos, das in einiger Entfernung von der Agora auf einem Abhang am Rande der Stadt lag. Wie Strabon mitteilt, liefen die Zuhörer ja von dem Kitharöden weg eben zum „Fischmarkt" hin (ἐπὶ τὸ ὄψον; für diese Bedeutung von ὄψον vgl. Passow II, 1, S. 614–615, Nr. 5 „der Ort, wo Lebensmittel, bsd. Fische, verkauft werden, Fischmarkt"), als von dort her die Glocke ertönte, d.h. die Zuhörer liefen vom Theater zum Fischmarkt.

621 *ad piscium mercatum* Er. sagt hier, daß es in Iassos, unabhängig von der Agora, einen eigenen Fischmarkt gab; diese Angabe beruht lediglich auf seiner Phantasie.

622 *surdaster* Er. entnahm dieses seltene Wort, „etwas taub, harthörig" seiner Textvorlage, Brusonis Sammlung. Vgl. *DNG* II, Sp. 4627, s.v. „surdaster".

626 *sibi canere et Musis* Ein Ausspruch des berühmten Aulos-Spielers und Musiklehrers Antigeneidas aus Theben, vgl. Val. Max. III, 7, ext. 2: „Antigenidas tibicen discipulo suo magni profectus, sed parum feliciter populo se adprobanti cunctis audientibus dixit ‚*Mihi cane et Musis*‘, quia videlicet perfecta ars fortunae lenocinio defecta iusta fiducia non exuitur …"; Cic. *Brut.* 187: „Quare tibicen Antigenidas dixerit discipulo sane frigenti ad populum: ‚*Mihi cane et Musis*‘"; Hier. *Epist.* 50, 2, 3: „Cuius nemo scripta intellegeret, qui sibi tantum caneret et Musis"; Er. hat dem Ausspruch des Antigenidas „Mihi cane et Musis" sowohl ein *Adagium* als auch ein *Apophthegma* gewidmet: *Adag.* 2480 „Sibi canere" (*ASD* II, 5, S. 336): „*Sibi ipsi canere …* dicitur, qui non ad alienum arbitrium facit quippiam, sed animo obsequens suo … Et cantor quispiam, Antigenidas opinor, iubet discipulum, quod populo non admodum gratus esset, *sibi canere et Musis*"; *Collect.* 348 „Sibi canere" (*ASD* II, 9, S. 152): „Est ad suam voluptatem, non aliorum iudicium quippiam facere. Hieronymus: *Dignus qui sibi tantum canat et Musis*"; *Apophth.* VI, 409 („Fiducia artis"): „Antigenidas Thebanus Ismeniae discipulo, quum scite canens populo minus probaretur, „Mihi", inquit, „cane et Musis", admonens prorsus esse contemnendum imperitae multitudinis iudicium, quum artis abunde magnum praemium sit ipsa conscientia". Vgl. Otto Nr. 1178.

⟨TEVTONVM ORATOR⟩

VIII, 222   Crassa ivdicia   (Anonymus Teutonum orator) [33]

630

Romae in foro pendebat *tabula* quaedam habens imaginem *pastoris* vetuli cum pedo. *De hac Teutonum* orator *rogatus, quanti eam aestimaret,* satis Germanice *respondit* se *nolle sibi dono dari talem viuum ac verum.* Barbarus non agnouit artificium, tantum spectabat formam. Atqui quae natura deformia sunt, plus habent et artis et voluptatis in tabula.

635

GORGIAS SOPHISTA

VIII, 223   Mors senilis   (Gorgias sophista, 5) [34]
(= Dublette von III, 372)

Gorgias Leontinus extremae iam aetatis, quum sentiret *somnum letalem* obrepere, amico, qui assidebat, percontanti, quo pacto haberet, „Somnus", inquit, „iam incipit me fratri suo commendare". Homerus enim *Somni fratrem* appellat *Mortem.* Nam mors Graecis masculus est. Simile quiddam de Diogene retulimus antea.

640

---

628 *TEVTONVM ORATOR* In dieser Form auch im Index personarum von *B* und *C.* Es handelt sich um einen Abgesandten der Teutonen.

629 *Crassa iudicia* Für den Titel vgl. *Adag.* 37 „Crassa Minerua, pingui Minerua, crassiore Musa", *ASD* I, 1, S. 37; Hor. *Serm.* II, 2, 3: „Rusticus … anormis sapiens crassaque Minerua".

Apophth. VIII, 222 datiert auf d.J. 105–102 v. Chr., als die Teutonen auf ihrem Wanderzug mit dem Römischen Reich in Berührung kamen. Sie hatten um d.J. 120 ihr Stammesgebiet an der Westküste Jütlands verlassen und vereint mit den Kimbern eine weite Wanderung quer durch Europa (bsd. Gallien) bis nach Südfrankreich gemacht, wo sie zunächst bei Arausio (Orange) i.J. 105 ein Römisches Heer besiegten; bei einem erneuten Angriff auf das Römische Reich i.J. 102 wurden sie von Marius vernichtend bei Aquae Sextiae geschlagen. Nach der Niederlage lösten sich die Teutonen als eigenständige Volksgruppe auf. Vgl. A. Franke, *RE* VA, 1 (1934), Sp. 1172–1176, s.v. „Teutoni"; Ch. Liebhardt, *Der Zug der Kimbern und Teutonen: Hintergründe, Ablauf und Rückschlüsse,* Saarbrücken 2013.

631–633 *Romae … verum* Plin. *Nat.* XXXV, 25: „In foro fuit et illa pastoris senis cum baculo, de qua Teutonorum legatus respondit interrogatus, quantine eum aestimaret (interrogatus, quanti eum aestimaret, respondit *edd. vett.*), donari sibi (sibi donari quaedam *edd. vett.*) nolle talem viuum verumque'" (vgl. ed. Venet. 1507, fol. 257ʳ).

631 *pedo* Für „pedum" („Hirtenstab") vgl. Verg. *Ecl.* 5, 88; Fest. 249 M: „pedum est … baculum incuruum, quo pastores vtuntur ad conprehendendas oues aut capras; *DNG* II, Sp. 3549 und *OLD* S. 1318, s.v.

Gorgias von Leontinoi (um 480 – um 380), Vater der Sophistik. Ihm sind einige weitere Apophthegmen gewidmet: VI, 547; VIII, 27–28 und 216. Zu seiner Person vgl. oben Komm. zu VI, 547.

Apophth. VIII, 223 ist eine Dublette von III, 372 (*ASD* IV, 4, S. 281; *CWE* 37, S. 329), wo der Spruch Diogenes von Sinope zugeschrieben wird: „Quum a letali somno esset experrectus (sc. Diogene cynicus) medicusque rogaret, quid ageretur, ‚Recte', inquit, ‚Nam frater fratrem amplectitur', alludens ad Homerum, qui θάνατον et ὕπνον germanos finxit, quod somnus mortis sit imago" (nach Plut. *Mor.* 107E–F). Der Titel zeigt Er.' spezifische Interpretation des „somnus letalis" als „Tod des alten Mannes" an. Vgl. Komm. unten.

639–641 *Gorgias ... commendare* Im einleitenden Teil paraphrasierende und simplifizierende, im Spruchteil wörtliche Übertragung von Ael. *Var. hist.* II, 35: Γοργίας ὁ Λεοντῖνος ἐπὶ τέρματι ὢν τοῦ βίου καὶ γεγηρακὼς εὖ μάλα ὑπό τινος ἀσθενείας καταληφθείς, κατ᾿ ὀλίγον εἰς ὕπνον ὑπολισθαίνων ἔκειτο. ἐπεὶ δέ τις ⟨εἰς⟩ αὐτὸν παρῆλθε τῶν ἐπιτηδείων ἐπισκοπούμενος καὶ ἤρετο τί πράττοι, ὁ Γοργίας ἀπεκρίνατο (ἀπεκρίνατο *Wilson,* ἔφη *Victorius*)· „ἤδη με ὁ ὕπνος ἄρχεται παρακατατίθεσθαι τῷ ἀδελφῷ". Für den topischen Gedanken, daß der Tod der Bruder des Schlafes sei, vgl. Cic. *Cato* 80: „... Iam uero uidetis nihil esse morti tam simile quam somnum"; ders. Cic. *Tusc.*1, 92; Plut. *Consolatio ad Apollonium* 6, *Mor.* 107E: ἀλλαχοῦ (ἀλλαχοῦ *ed. Babbitt,* πολλαχοῦ *ed. Ald. p. 93*) δὲ καὶ ταῦτα λέγει· „ἔνθ᾿ Ὕπνῳ ξύμβλητο (ξύμβλητο *ed. Babbitt:* ξύμβληντο *ed. Ald.*), κασιγνήτῳ Θανάτοιο", καί· (καί· *deest in ed. Ald.*), „Ὕπνῳ καὶ Θανάτῳ διδυμάοσιν".

639 *extremae iam aetatis* Gorgias wurde nach den überlieferten Quellen etwa 100 Jahre alt (ca. 480–380 v. Chr.), nach Er. in *Apophth.* VI, 547, worin ebenfalls sein hohes Alter thematisiert wurde, sogar 107 Jahre.

639 *somnum letalem* Er. dramatisiert die Anekdote dadurch, daß er das Einnicken des Gorgias als „Todesschlaf" bezeichnet. Davon ist in seiner Quelle nicht die Rede; dort steht lediglich, daß der altersschwache Gorgias für ein kurzes Weilchen einnickte (κατ᾿ ὀλίγον εἰς ὕπνον ὑπολισθαίνων). Er. hat die Formel und gedankliche Figuration des „somnus letalis" aus dem parallelen Spruch III, 372 übernommen (a.a.O.): „Quum a letali somno esset experrectus ...". Er. hat diese Figuration dort selbst erfunden: Die zugrundeliegende Plutarch-Stelle *Mor.* 107E–F weist sie nicht auf, jedoch inspirierte sie Er. dazu, da sie den Schlaf des Diogenes mit der Angabe verbindet, dieser sei im Begriff gewesen, das Leben zu lassen. In den Adagien führt Er. den „somnus letalis", „Todesschlaf", an, der nach einem Schlangenbiß eintritt, wobei er sich auf Nicandr. *Ther.* 189 beruft. Vgl. *Adag.* 2085 „Morsus aspidis" (*ASD* II, 5, S. 88).

641 *somni ... mortem* Hom. *Il.* XIV, 231, wo der Schlaf als Gottheit personifiziert auftritt: ἔνθ᾿ Ὕπνῳ ξύμβλητο, (sc. Ἥγη) κασιγνήτῳ θανάτοιο. Der Schlaf, der Bruder des Thanatos, residiert dort auf der Insel Lemnos. Hera schwebt zu ihm vom Olympos herab (224–232), um ihn zu überreden, ihren Gatten Zeus in einen Tiefschlaf zu versetzen, wenn er sich zu ihr ins Bett legt. Dann würde sie, ohne daß Zeus es merkt, imstande sein, Poseidon um Hilfe im Kampf gegen Troja zu bitten. Der Schlaf lehnt dies zunächst ab, willigt aber ein, als ihm Hera die Grazie Pasithea zur Frau gibt. In XVI, 672 und 682 bezeichnet Homer Hypnos und Thanatos als „Zwillingsbrüder" (Ὕπνῳ καὶ Θανάτῳ διδυμάοσιν"). In der griech.-röm. Antike faßte man Hypnos (Somnus) und Thanatos als chthonische Gottheiten auf, die man sich in der Gestalt von Männern vorstellte, die Vogelschwingen/ Flügel trugen und meist zu zweit auftraten (manchmal als Jünglinge, wie auf einer Marmorsäule in Ephesos, manchmal als Greise, manchmal als bärtige Männer, wie auf dem „Euphronios-Krater"). Vgl. C. Lochin, „Hypnos/Somnus", in: *Lexicon Iconographicum Mythologiae Classicae* (*LIMC*) 5 (1990), S. 591–609; J. Bazant, „Hypnos", in: *LIMC,* Supplementum (2009), S. 643–645; ders., „Thanatos", in: *LIMC* 7 (1994), S. 904–908; J.A. Jolles, *RE* IX, 1 (1914), Sp. 323–329, s.v. „Hypnos"; B. Sauer, in: W.H. Roscher, *Ausführliches Lexikon der griechischen und römischen Mythologie* 1, 2, Leipzig 1890, Sp. 2846–2851, s.v. „Hypnos"; O. Waser, ebd. 5 (1924), Sp. 482–526, s.v. „Thanatos"; G. Wöhrle, *Hypnos, der Allbezwinger*, Wiesbaden 1995; A. Ambühl, *DNP* 12, 1 (2002), Sp. 241, s.v. „Thanatos"; H. Willinghöfer, *Thanatos – Die Darstellung des Todes in der griechischen Kunst der archaischen und klassischen Zeit*, Marburg 1996.

642 *Simile quiddam ... antea* III, 372 (*ASD* IV, 4, S. 281; *CWE* 37, S. 329).

ISMENIAS

VIII, 224 (Ismenias, 2) [35]

645 *Ismenias* insignis tibicen *discipulis suis* non minus *ostendebat male* canentes ac scite canentes, *dicens*, „Ad hunc modum canere *oportet*, ad hunc nequaquam". Admonuit et Quintus [i.e. Marcus] Fabius in scriptis rhetorum non tantum indicari debere bene dicta, sed et mala.

DEMOCHARES

650 VIII, 225 Philosophvs miles (Demochares Atheniensis) [36]

Demochares dixit: „*Quemadmodum nemo possit e thymbra* (siue satureia) *facere* bonam *lanceam, ita nec e Socrate probum militem*", sentiens militibus conuenire ferociam, quum Socrates esset omnium iniuriarum tolerantissimus. Quidam hoc tri-
655 buunt Crateti.

647 Quintus *BAS LB*, Qu. *B C (cf. infra VIII, 234)*: *scribendum erat* Marcus.

652 (siue satureia) *scripsi*.

Ismenias aus Theben (4. Jh.), Flötenspieler und -lehrer, einer der berühmtesten Auleten seiner Zeit. Vgl. H. Gossen, *RE* IX, 2 (1916) Sp. 2141 s.v. „Ismenias", Nr. 6; F. Zaminer, *DNP* 5 (1998), Sp. 1137, s.v. „Ismenias", Nr. 4. Er. widmete ihm auch *Apophth.* VIII, 93.

645–646 *Ismenias ... nequaquam* Paraphrasierende Wiedergabe von Plut. *Demetr.* 1, 6, wobei sich nicht mit Sicherheit ausmachen läßt, ob Er. vom griech. Originaltext oder von Donato Acciaiuolis Übers. ausging: „Sed quemadmodum Ismenias ille Thebanus discipulis suis, tam eos, qui male, quam eos, qui bene modulabantur, ostendens, dicere solebat: ‚Hoc pacto, non autem illo modulari oportet' (*ed. Bade 1514, fol. CCCXIIII^r*); vgl. den griech. Text: ἀλλ' ὥσπερ Ἰσμηνίας ὁ Θηβαῖος ἐπιδεικνύμενος τοῖς μαθηταῖς καὶ τοὺς εὖ καὶ τοὺς κακῶς αὐλοῦντας εἰώθει λέγειν, „Οὕτως αὐλεῖν δεῖ", καὶ πάλιν, „Οὕτως αὐλεῖν οὐ δεῖ" (vgl. ed. Ald. fol. 283^v).

645 *canentes* sc. „tibiis".

647 *Quintus Fabius* An dieser Stelle tritt ein Irrtum bezüglich des Vornamens des Fabius Quintilianus auf, „Quintus" statt „Marcus". Derselbe Fehler findet sich unten in VIII, 234 nochmals. Der Fehler ist insofern kurios, als die von Er. verwendete Quintilian-Ausgabe (Basel 1530) den Vornamen des Rhetoriklehrers richtig mit „Marcus" angab. In *CWE* 38, S. 941 wird im Kommentar der Name Quintilians wohl irrtümlich mit „Quintus Fabius" angegeben.

647–648 *Fabius ... mala* Zusammenfassende, frei paraphrasierende, simplifizierende Wiedergabe von Quint. *Inst.* II, 5, 10: „Ne id quidem inutile, etiam corruptas aliquando et vitiosas orationes, quas tamen plerique iudiciorum prauitate mirantur, legi palam ostendique in his, quam multa impropria, obscura, tumida, humilia, sordida, lasciua, effeminata sint; quae non laudantur modo a plerisque, sed, quod est peius, propter hoc ipsum, quod sunt praua, laudantur".

Demochares (ca. 350–271 v. Chr.), athenischer Redner, Historiker und Politiker, Vertreter der antimakedonischen Partei in Athen, Neffe des Redners Demosthenes; Verfasser von Reden und (nach Cicero) einer Zeitgeschichte. Vgl. K. Meister, *DNP* 3 (1997/99), Sp. 449–450, s.v. „Demochares", Nr. 3; E. Swoboda, *RE* IV,

2 (1901), Sp. 2863–2867, s.v. „Demochares", Nr. 6.

Apophth. VIII, 225 ist ein Gegenstück zu *Adag.* 1447 „Ne e quouis ligno Mercurius fiat" (*ASD* II, 3, S. 436–438), S. 438: „Finitimum est huic, quod est apud Athenaeum lib. Quinto ... ἐκ θύμβρας οὐδεὶς ἂν δύναιτο κατασκευάσαι λόγχην, οὐδὲ ἐκ Σωκράτους στρατιώτην ἄμεμπτον ...".

652–653 *Quemadmodum ... militem* Wörtliche Übers. des Er. von Athen. 215C: Περὶ ὧν Δημοχάρης (Δημοχάρης *textus recept., ed. Olson*: Δημοχάρης ἢ Κράτης *ed. Ald. p. 68*) ἔλεγεν „ὥσπερ ἐκ θύμβρας οὐδεὶς ἂν δύναιτο κατασκευάσαι λόγχης, οὐδ' ἐκ Σωκράτους στρατιώτην ἄμεμπτον"; Demochares Frg. 3 Turnebus; Frg. 3 in C. Müller, *Oratores Attici*, Paris 1888. In *Adag.* 1447 „Ne e quouis ligno Mercurius fiat" (*ASD* II, 3, S. 438) hatte Er. den Spruch wie folgt übersetzt: „Ex thymbra nemo queat conficere lanceam neque e Socrate probum militem". Er. kannte auch die Variante des Spruches des Demochares, die sich bei Athen. 187D findet: vgl. *Adag.* 1447, *ASD* II, 3, S. 438: [C] Rursus Athenaeus in eodem libro: ἀλλ' οὔτε ἐκ θύμβρας, ἔφη Δημοχάρης, λόγχη οὔτε ἐκ τοιούτων λόγων ἀνὴρ ἀγαθὸς γίνεται, id est, ‚Sed neque e thymbra', quemadmodum inquit Demochares, ‚lancea, neque ex huiusmodi sermonibus vir bonus fit'". Im Fall von *Apophth.* VIII, 225 hat Er. Athen. 215C als Textvorlage benutzt, weil dort Sokrates zum Vergleich angeführt wird, während dies bei Athen. 187D nicht der Fall ist.

652–653 *Quemadmodum ... militem* Da Demochares kein Zeitgenosse des Sokrates war, ist die kritische Bemerkung von VIII, 225 nicht als persönliche Anfeindung gemeint. Jedoch war Demochares ein Gegner der Philosophen, die er für staatsgefährdend hielt. I.J. 309 unterstützte er eine Gesetzeseingabe, die die Ausweisung der Philosophen aus Athen vorsah. In diesem Sinn ist seine Kritik an dem Erzphilosophen Sokrates zu verstehen: Sie soll belegen, daß Philosophen zu nichts nütze sind, dem Staat keinen Vorteil bringen und aus der Öffentlichkiet besser entfernt werden sollten.

652 *thymbra* θύμβρα, Bohnenkraut oder Gartensaturei (*Satureia hortensis*), ein Würzkraut; stark verzweigte Pflanze mit unten verholzten Stengeln, ca. 25 bis maximal 60 cm hoch. Vgl. Passow I, 2, S. 1435, s.v. θύμβρα: „ein bitteres gewürziges Küchenkraut". Die vom Griech. unverändert ins Lateinische übernommene Form „thymbra" kommt im latein. Schrifttum der Antike vor, z.B. bei Vergil und Columella, vgl. *DNG* II, 2, s.v. „thymbra", dort beschrieben als „ein Küchenkraut". Er. hat sich im Hinblick auf sein *Adagium* 1447 bezüglich der näheren Bedeutung von „thymbra" schlau gemacht und das Kraut mit dem Thymian und Saturei verglichen („non dissimile"); vgl. *ASD* II, 3, S. 438: „Est autem thymbra oleris genus aut fruticis non dissimile thymo et satureiae, [G] cuius meminit Plinius lib. xix., cap. viii., condimentis aptum". Die Information, daß das latein. Äquivalent von „thymbra" entweder „cunila" oder „satureia" ist, stammt aus Plin. *Nat.* XIX, 165: „apud Graecos ... appellant ... thymbram, quae sit ‚cunila'. Haec apud nos habet vocabulum et aliud ‚satureia', dicta in condimentario genere. Seritur mense Februario, origano aemula. Nusquam vtrumque additur, quippe similis effectus. Sed cunilae Aegyptium origanum tantum praefertur". „Cunila" ist eine römische Origano-Art, vgl. *DNG* I, Sp, 1399, s.v.

652 *satureia* In *DNG* II, Sp. 4275, s.v. wird „satureia" unspezifisch „eine Pflanze" genannt.

654–655 *Quidam ... Crateti* Diese alternative Zuschreibung an einen gewissen „Krates" bezog Er. aus dem Text der Aldus-Ausgabe des Athenaios: Δημοχάρης ἢ Κράτης. Ebenso *Adag.* 1447, *ASD* II, 3, S. 438: „quod est apud Athenaeum lib. quinto, incertum autem, vtrum Democharis an Cratetis dictum: ἐκ θύμβρας οὐδεὶς ἂν δύναιτο κατασκευάσαι λόγχην, οὐδὲ ἐκ Σωκράτους στρατιώτην ἄμεμπτον ...". Es ist nicht gesichert, daß die alternative Zuschreibung an „Crates" überhaupt Hand und Fuß hat, während jene an den athenischen Politiker Demochares sowohl gut belegt als auch motiviert ist. Zudem ist unklar, welcher Crates damit gemeint sein sollte; es gab eine große Anzahl von Personen dieses Namens; Diog. Laert. IV, 23 führt zehn Personen dieses Namens an, neben dem Komödiendichter Krates aus Athen u.a. vier Philosophen: den Kyniker aus Theben (vgl. *Apophth.* VII, 266–284), den Platoniker (vgl. *Apophth.* VIII, 62), einen Peripatetiker und ein Mitglied der Akademie, das aus Tarsos stammte.

⟨MELANTHIVS POETA⟩

VIII, 226   *IRA BREVIS*   (Melanthius poeta, 3) [37]

Melanthius negabat eam iram videri grauem, quae mentem cogat emigrare [i.e. migrare], sed *quae prorsus excludat domo*, sentiens probis etiam ingeniis adiunctam esse iracundiam, sed hoc vicium esse tolerabile, si celeriter animus ad se redeat, et pro ira rationem in consilium adhibeat. At si perturbatio penitus insideat animo, ita vt excussa ratione feratur effreni impetu, certa pernicies est.

⟨ISOCRATES⟩

VIII, 227   *INGENIOSI*   (Isocrates, 8) [38]

Isocrates pueros [i.e. discipulos] candidos ac felici ingenio natos appellare solet ϑεῶν παῖδας, id est, *deorum filios*, eo quod hominis mens diuinae sit originis, qua qui praecellit, deos parentes referre videtur. Prisci *daemonibus* attribuebant *corpora* eosque *deorum filios* appellabant. *Daemones autem a scientia dicti sunt, quasi* δαήμονες.

---

661 insideat *B C*: insidat *BAS LB*.   665 solet *B C*: solebat *LB*.

Melanthios von Rhodos (2. Jh. v. Chr.), Tragödiendichter und Philosoph, Mitglied der platonischen Akademie. Die beiden Verse über den Zorn stellen das einzige erhaltene Fragment dar, werden aber an fünf Stellen als Zitat überliefert. Vgl. W. Capelle, *RE* XV, 1 (1931), Sp. 429–431, s.v. „Melanthios"; K.-H. Stanzel, *DNP* 7 (1999), Sp. 1173, s.v. „Melanthios", Nr. 7.

657 *Ira breuis* Vgl. Hor. *Epist.* I, 2, 62–63: „Ira furor breuis est: animum rege; qui nisi paret,/ Imperat; hunc frenis, hunc tu conpesce catena".

658–659 *mentem … prorsus* Sehr stark gekürzte und simplifizierende, durch einen Übertragungsfehler kryptische Wiedergabe von Plut. *De cohibenda ira*, 2, Mor. 453E–F, wobei Er. wahrscheinlich aus dem Gedächtnis zitiert hat. Der Text war ihm einigermaßen geläufig, da er ihn i.J. 1525 selbst übersetzt hatte: „Ac caetera quidem mala, etiam tum, quum viget morbi vis, vtcunque cedunt et admittunt orationem opiferam aliunde venientem in animum; verum ira, non quemadmodum (ira non, quemadmodum *scribendum erat*) ait Melanthios, ‚acerba patrat, mentem ab aedibus suis / alias in aedes transferens', sed expellens ex aedibus, denique (*sic, i.e.* omnino) et excludens (sc. acerba parat), non aliter quam isti, qui sese vna cum ipsis aedibus incendunt: ita tumultu, fumo, caligine cuncta intus replet ira, vt nec videre possis nec audire eos, qui cupiunt subuenire" (*ASD* IV, 2, S. 268; ed. Cratander, Basel, 1530, fol. 204C). Vgl. den griech. Text: ὅμως δὲ τὰ μὲν ἄλλα καὶ παρ' ὃν ἀκμάζει καιρὸν ἁμωσγέπως ὑπείκει καὶ παρίησι βοηθοῦντα λόγον ἔξωθεν εἰς τὴν ψυχήν, ὁ δὲ θυμὸς οὐχ ᾗ φησιν ὁ Μελάνθιος „τὰ δεινὰ πράσσει τὰς φρένας μετοικίσας", ἀλλ' ἐξοικίσας τελείως καὶ ἀποκλείσας, ὥσπερ οἱ συνεμπιπράντες ἑαυτοὺς ταῖς οἰκίαις, πάντα ταραχῆς καὶ καπνοῦ καὶ ψόφου μεστὰ ποιεῖ τὰ ἐντός, ὥστε μήτ' ἰδεῖν μήτ' ἀκοῦσαι τῶν ὠφελούντων (vgl. Ald. p. 448). Unglücklicherweise hat Er. θυμὸς … μετοικίσας, „Zorn, der den Geist in eine andere Wohnung überbringt" bzw. „umziehen läßt", mit „emigrare" („ausziehen") statt „migrare" („umziehen") wiedergegeben; dadurch geht der Gegensatz zwischen μετοικίσας und ἐξοικίσας („aus dem Haus werfen") verloren (vgl. Komm. unten). Die beiden Verse des Melanthios werden ebenfalls zitiert in Plut. *De sera numinis vindicta* 551; Julian, *Epistulae* 60,9; Sokrates Scholastikos, *Historia ecclesiastica* III, 3 und in den *Scholia* zu Hes. *Erg.* 336.

659–662 *sentiens ... pernicies est* Er. erklärt den Spruch im Sinn der stoischen Lehre der *passiones animi*, wie sie Seneca im Bezug auf den Zorn in *De ira* festgeschrieben hat. Die Erklärung ist nicht ausreichend und nicht spezifisch genug im Hinblick auf den Spruch des Melanthius. Bei Seneca ging es darum, daß das Individuum es nicht soweit kommen läßt, daß die Ratio ganz ausgeschaltet wird und der Affekt sich völlig der Geistseele bemeistert. Daß der Geist „das Haus verlässt" ist bei Seneca nicht vorgesehen, ist jedoch die zentrale Metapher bei Melanthius. Es wäre erklärungsbedürftig, was Melanthius damit genau meint. Die Tatsache, daß Er. μετοικίσας falsch übersetzt hat („emigrare" statt „migrare"), läßt vermuten, daß ihm der Durchblick fehlte.

Apophth. VIII, 227–228 Er. widmete dem athen. Rhetoriklehrer **Isokrates** (436/5–338 v. Chr.) bisher sieben Sprüche: VIII, 149–154 und 157. Für seine Person vgl. oben Komm. zu VIII, 149.

665–666 *Isocrates ... θεῶν παῖδας* Theon, *Progymnasmata* 101–102: Ἰσοκράτης ὁ ῥήτωρ τοὺς εὐφυεῖς τῶν μαθητῶν θεῶν παῖδας ἔλεγεν εἶναι und Ἰσοκράτους τοῦ ῥήτορος τοὺς εὐφυεῖς τῶν μαθητῶν θεῶν παῖδας λέγοντος εἶναι τὸ ῥηθὲν μνήμης ἔτυχεν (ed. Patillon). Möglicherweise hat Er. Theon aus dem Gedächtnis zitiert. Quelle nicht identifiziert in *CWE* 38, S. 942.

667 *Prisci ... corpora* Kurze, vereinfachende Zusammenfassung von Isid. *Etym.* VIII, 11, 16–17, wobei Er. die Stelle wahrscheinlich aus seinem Gedächtnis zitiert hat: „Hi (sc. daemones) corporum aeriorum natura vigent. Ante transgressionem quidem caelestia corpora gerebant. Lapsi vero in aeriam qualitatem conuersi sunt, nec aeris illius puriora spatia, sed ista caliginosa tenere permissi sunt, qui eis quasi carcer est vsque ad tempus iudicii".

667–668 *eosque ... appellabant* Plat. *Apol.* 27D: τοὺς δὲ δ δαίμονας οὐχὶ ἤτοι θεούς γε ἡγούμεθα ἢ θεῶν παῖδας; φῂς ἢ οὔ; πάνυ γε. οὐκοῦν εἴπερ δαίμονας ἡγοῦμαι, ὡς σὺ φῄς, εἰ μὲν θεοί τινές εἰσιν; Quelle nicht identifiziert in *CWE* 38, S. 942.

668 *Daemones ... quasi δαήμονες* Isid. *Etym.* VIII, 11, 15: „Daemonas a Graecos dictos aiunt, quasi δαήμονας, id est peritos ac rerum scios. Praesciunt enim futura multa, vnde et solent responsa aliqua dare". Er. könnte diese bündige etymologische Definition der Dämonen auch aus dem Gedächtnis zitiert haben. Quelle nicht identifiziert in *CWE* 38, S. 942.

VIII, 228 (Isocrates, 9)

670 [C] Idem de duobus auditoribus suis *Theopompo* et *Ephoro*, quorum prior erat *acerrimo ingenio, alter leni, dicere* solebat, *se alteri adhibere calcaria, alteri frenos.* Praecipuum est, *vt doctor* animaduertat genium ac *naturam* discipulorum. Meminit Marcus Tullius libro de claris oratoribus.

⟨DEMONAX CYNICVS⟩

675 VIII, 229 [*B*] Gladiatorvm immanitas (Demonax Cynicus, 1) [39]

Demonax Cynicus philosophus, quum videret *Athenienses* hoc agere, vt barbarorum exemplo *gladiatorum spectacula* in vrbem inducerent, „*Nolite*", inquit, „o ciues, istam

670–673 Idem de duobus ... de claris oratoribus C: *desunt in B.*
671 solebat *LB*: solet *C*.

678 ciues *scripsi coll. loc. cit. Lucian. Demon.* (ὦ Ἀθηναῖοι): canes *C BAS LB*.

Apophth. VIII, 228 Es handelt sich um ein eigenständiges *Apophthegma*, das Er. erst in der letzten Ausgabe d.J. 1535 hinzugesetzt hat. Dabei war vergessen worden, dem neuen Spruch eine eigene Nummer zuzuteilen. In *CWE* 38, S. 942 werden VIII, 227 und 228 als ein *Apophthegma* wiedergegeben. Folge: ab VIII, 229 unsere *ASD*-Zählung = *CWE* plus 5.
670 *Theopompo* Theopompos von Chios (ca. 378/7–ca. 320 v. Chr.), Schüler des Isokrates, mit seinem Zeitgenossen Ephoros Hauptvertreter der rhetorischen Geschichtsschreibung mit stark moralisierendem Stil. Vgl. K. Meister, *DNP* 12.1 (2002), Sp. 395–397, s.v. „Theopompos";
R. Laqueur, *RE* V, A2, (1934) Sp. 2176–2223, s.v. „Theopompos", Nr. 9.
670–671 *Theopompi ... frenos* Cic. *Brut.* 204: „Qua re hoc doctoris intelligentis est videre, quo ferat natura sua quemque, et ea duce vtendum sic instituere, vt Isocratem in acerrumo ingenio Theopompi et lenissumo Ephori dixisse traditum est, *alteri se calcaria adhibere, alteri frenos*". Er. gibt an, seinen Text nach der Brutus-Stelle erstellt zu haben; der Ausspruch des Isokrates findet sich in ganz ähnlicher Form noch an mehreren anderen Stellen, z.B. Cic. *De or.* III, 36: „Cuius est vel maxime insigne illud exemplum ..., quod dicebat Isocrates doctor singularis, *se calcaribus in Ephoro, contra autem in Theopompo frenis vti solere*: alterum enim exsultantem verborum audacia reprimebat alterum cunctantem et quasi verecundantem incitabat. Neque eos similis effecit inter se, sed tantum alteri adfinxit, de altero limauit, vt id conformaret in vtroque, quod vtriusque natura pateretur"; Cic. *Att.* VI, 1, 5: „Cicerones pueri amant inter se, exercentur, sed discunt, alter, vti dixit Isocrates in Ephoro et Theopompo, frenis eget, alter calcaribus ..."; Quint. *Inst.* II, 8, 11: „An vero clarissimus ille praeceptor Isocrates, quem non magis libri bene dixisse quam discipuli bene docuisse testantur, cum de Ephoro atque Theopompo sic iudicaret, vt alteri frenis, alteri calcaribus opus esse diceret, aut in illo lentiore tarditatem aut in illo paene praecipiti concitationem adiuvandam docendo existimauit, cum alterum alterius natura miscendum arbitraretur?"; Quint. *Inst.* X, 1, 74. In *Adag.* 147 „Calcar addere currenti" (*ASD* II, 1, S. 264) zitiert Er. das Apophthegma des Isokrates mit der sprichwörtlichen Verwendung von „calcar" und „frenum" nach Cic. *Att.* VI, 1, 5.
670 *Ephoro* Zu dem griech. Historiker Ephoros von Kyme (400–330 v. Chr.), dem Schüler des Isokrates, vgl. Komm. oben zu VIII, 154. In VIII, 154 hatte Isokrates den Ephoros als trägen, begriffsstutzigen Schüler dargestellt.

Demonax von Kypros (ca. 70–170 n. Chr.), in Athen wirkender kynischer Philosoph, bekannt durch die Biographie, die sein Schüler Lukian von Samosata (um 120–vor 180) von ihm verfasste und in der er zahlreiche Sprüche und Sentenzen seines Lehrmeisters überlieferte. Lukian idealisiert Demonax als Vertreter der kynischen Lebensweise; er berichtet, daß er, als er 100 Jahre alt wurde, sich das Leben nahm. Vgl. A. Brancacci, „Demonax", in: Ch. Riedweg u.a. (Hrsg.), *Philosophie der Kaiserzeit und der Spätantike*, Basel 2018, S. 187–188; M.-O. Goulet-Cazé, *DNP* 3 (1997/99) Sp. 460–461 s.v. „Demonax", Nr. 3; H. v. Arnim, *RE* V, 1 (1903), Sp. 143–144, s.v. „Demonax", Nr. 1. Er. hat Lukians Biographie im achten Buch eingehend benutzt, indem er Demonax eine längere Sektion von Apophthegmen widmete (VIII, 255–285).

674 *DEMONAX CYNICVS* In dieser Form auch im Index personarum von *B* und *C*.

677–680 *Athenienses ... demoliti* Paraphrasierende, verdrehte, historisch unrichtige Übertragung des Er. von Lucian. *Demon.* 57: Ἀθηναίων δὲ σκεπτομένων κατὰ ζῆλον τὸν πρὸς Κορινθίους καταστήσασθαι θέαν μονομάχων, προελθὼν εἰς αὐτούς, „μὴ πρότερον ταῦτα, ὦ Ἀθηναῖοι, ψηφίσησθε, ἂν μὴ τοῦ Ἐλέου τὸν βωμὸν καθέλητε". Luck *WdH*, Frgm. 767 [57] (S. 392).

677–678 *barbarorum exemplo ... inducerent* Er. gibt den Quellentext nicht korrekt wieder. In seiner Darstellung handelt es sich um die „Neueinführung der Gladiatorenspiele" („inducerent") in Athen. Im griech. Originaltext steht jedoch, daß die Bürger Athens einen Beschluss fassen wollten, ein von der Stadt Athen finanziertes Gladiatorenspiel zu organisieren (καταστήσασθαι). Davon, daß dieses das erste gewesen wäre oder daß es um einen Beschluß bezüglich der Gladiatorenspiele im Allgemeinen gegangen wäre (Er. verwendete die Mz. „spectacula", während Lukian von *einer einzigen* Show, θέαν, redet), ist nicht die Rede. Weiter ist Er.' Zusatz „barbarorum exemplo" merkwürdig, da damit die Römer gemeint sind – die Gladiatorenspiele waren ein charakteristischer Bestandteil der römischen Kultur und wurden vom Staat und seinen Beamten, insbesondere von den Kaisern, stark gefördert. Es scheint, als ob sich Er. hier von der röm. Kultur distanziert und sich mit der Perspektivierung eines Griechen (Demonax) identifiziert. Er.' Annahme, daß die Gladiatorenspiele in Athen z.Z. des Philosophen Demonax eingeführt worden waren, ist nicht korrekt. Demonax, der von Zypern kam, hielt sich ab ca. 100 n. Chr. in Athen auf. Jedoch fanden Gladiatorenspiele in Athen jedenfalls vor d.J. 61 n. Chr. statt, als der Philosoph Apollonios von Tyana Athen besuchte und sich weigerte, das Dionysos-Theater zu betreten, da es durch Gladiatorenblut besudelt worden sei (Philostr. *Ap.* IV, 22). Im weiteren Verlauf des 1. Jh. n. Chr. fanden die Spiele stets dort statt, wobei sie ins Dionysienfest eingegliedert wurden und man als Kampfort die runde, der Bühne vorgelagerte Orchestra verwendete. Ebenso wie Apollonios kritisierte der stoische Philosoph Musonius Rufus (gest. 101 n. Chr.) die Gladiatorenspiele in Athen während seines zweiten Exils in Griechenland (ca. 75–79); jedoch hatte sich die Bevölkerung bereits so sehr an die Gladiatorenspiele gewöhnt, daß Musonius den Haß der Menge auf sich zog und fluchtartig Athen verlassen mußte (Dio Chrys. XXXI, 122). Vor oder spätestens während seines Exils (82–96 n. Chr.) besuchte der Redner und Sophist Dion Chrysostomos (gest. 120) Athen, wo ihm die Gladiatornspiele ein Dorn im Auge waren (Dio Chrys. XXXI, 121). Zu dem Zeitpunkt, als sich Demonax gegen die Gladiatorenspiele aussprach, waren diese in Athen bereits mindestens seit einem halben Jahrhundert eingebürgert, wie übrigens in der gesamten östlichen Hälfte des Reiches. Vgl. K. Welch, *The Roman Amphitheatre. From ist Origins tot he Colosseum*, Cambridge 2007, S. 127–133; J. Fouquet, *Bauen zwischen Polis und Imperium. Stadtentwicklung und urbane Lebensformen auf der kaiserzeitlichen Peloponnes*, Berlin-New York 2019, S. 170; C.S. Keener, *Acts. An Exegetical Commentary 15,1–23, 35*, Grand Rapids 2014, ad 17, 15–34. Für die Haltung der Griechen zu den Gladiatorenspielen vgl. M.J. Carter, „Gladiators and Monomachoi: Greek Attitudes to a Roman ‚Cultural Performance'", in: *The International Journal for the History of Sport* 26 (2009), S. 298–322 und Th. Wiedemann, *Kaiser und Gladiatoren. Die Macht der Spiele im antiken Rom*, Darmstadt 2001, S. 147–148.

678 *ciues* Das in den Baseldrucken einhellig überlieferte „canes" ist ein Textübertragungsfehler, der auf das Konto des Setzers geht. Daß statt „canes" „ciues" gelesen werden sollte, wurde in *LB* IV, Sp. 373, Anm. 1 vermerkt: „Lege *o ciues*, nam Athenienses alloquitur, non Cynicos". *CWE* 38, S. 943 liest: „You dogs, don't invite that cruelty into your city ...".

crudelitatem *prius* admittere in ciuitatem vestram *quam Misericordiae* [i.e. Clementiae] *aram sitis demoliti*", significans non conuenire, in ea ciuitate, in qua Misericordia pro dea [i.e. Eleos pro deo] coleretur, spectari plusquam ferinam crudelitatem.

⟨CORNIFICIVS⟩

VIII, 230   (Cornificius) [40]

Cornificius poeta, videns milites in bello, quod inter Augustum et Antonium gerebatur, frequenter *fugere, appellauit eos lepores galeatos*.

⟨PHILOXENVS POETA⟩

VIII, 231   Divitiarvm contemptvs   (Philoxenus poeta, 5) [41]

Philoxenus poeta quum in Sicilia *fundum ac domum opulentam nactus esset* et animaduertisset illius gentis *luxum* ac delicias, „Per deos", inquit, „haec bona me

---

679 *admittere* Im griech. Originaltext steht nicht „zulassen", sondern „einen Volksbeschluß fassen", nämlich um von der Stadt wegen die bewusste Show zu organisieren.

679 *Misericordiae* Ἔλεος, der Gott des Erbarmens, als personifizierte Gottheit zuerst erwähnt von dem athenischen Komödiendichter Timokles (Frg. 33 *PCG*), der zwischen 340 und 317 v. Chr. aktiv war; Ἔλεος hatte in Athen einen Altar, der als Zufluchtsort für Schutzflehende bzw. Asylon diente (entweder auf der Agora oder auf dem alten Marktplatz/Kerameikos; identisch vielleicht mit dem alten Altar der Zwölf Götter). Der Altar war von einer Mauer umgeben, die diesen als Zufluchtsort von der prophanen Außenwelt abgrenzte. Laut Paus. I, 17, 1 war der Altar in Athen die einzige Kultstätte des Eleos in Griechenland, nach Diodorus Siculus jedenfalls die erste (XIII, 22, 7). Es gab jedoch auch eine zweite Kultstätte des Eleos im benachbarten Epidauros. Eleos entstand im 4. Jh. v. Chr. in Athen als eine neue, als Personifikation eines abstrakten Gedankens konzipierte Gottheit. U.a. der Redner Demosthenes suchte bei dem Altar Zuflucht. Statius (gest. 96 n. Chr.), ein in Neapel geborener Grieche, nennt ihn den „Altar der Clementia" und vermeldet, daß er von Bäumen umgeben gewesen sei (*Theb.* XII, 481 ff.). Vgl. O. Waser, *RE* V, 2 (1905), Sp. 2320–2351, s.v. „Eleos"; A. Schultz, „Eleos", in: W.H. Roscher, *Ausführliches Lexikon der griechischen und römischen Mythologie* I, 1, Leipzig 1886, Sp. 1240; R. Bloch, *DNP* 3 (1997), Sp. 981, s.v. „Eleos"; R.E. Wycherley, „The Altar of Eleos", *The Classical Quarterly* 4, 3/4 (1954), S. 143–150; ders., *The Stones of Athens*, Princeton 1978, S. 66–67. Zu Statius über den Altar des Ἔλεος in Athen vgl. A.W. Verrall, „The Altar of Mercy", in: ders., *Collected Literary Essays. Ancient and Modern*, Cambridge 1913, S. 219–235.

680–681 *Misericordia pro dea* Dadurch, daß Er. das Wort Ἔλεος ins Lateinische übersetzte, ergibt sich ein sperriger Text, in welchem Er. zum einen die männliche attische Gottheit in eine weibliche Gottheit verwandelte, zum anderen dieser als lateinisches Äquivalent den Namen *Misericordia* („Mitleid") gab, was nicht das Richtige trifft. Eine römische Gottheit mit dem Namen *Misericordia* gab es nicht. Auch ist mit Ἔλεος nicht „Mitleid" gemeint, das eine starke christliche Inklination aufweist, sondern „Erbarmen", das man den Schutzflehenden entgegenbringt. Das lateinische, römische Äquivalent der Gottheit Ἔλεος ist dann nicht „Misericordia", sondern „Clementia", wie es Statius bei seiner Erwähnung des Altars des Eleos verwendet (*Theb.* XII, 481 ff.). Clementia wurde in Rom als weibliche Gottheit verehrt; z. B. gab es einen Tempel für Caesar und Clementia, der vom Senat errichtet worden war; vgl. R. Bloch, *DNP* 1 (1996), Sp. 31, s.v. „Clementia"; T. Hölscher, *LIMC* 3, 1, S. 295–299, s.v. „Clementia".

Quintus Cornificius (gest. 42 v. Chr.), Politiker, General, Dichter; als Dichter gehörte er dem Kreis der Neoteriker um Catull zu. Im Bürgerkrieg (49–45) kämpfte er auf Seiten Caesars; 47 Praetor und Augur; erhielt von Caesar das Haus des Pompeius zum Geschenk. Nach Caesars Tod schlug er sich jedoch auf die Seite der Caesar-Mörder; der Senat ernannte ihn unmittelbar nach dem Mord an Caesar zum Statthalter der Provinz *Africa proconsularis*, wo er im Sommer 44 seinen Dienst antrat; im Nov. setzte Marcus Antonius in einer Senatssitzung die Ernennung des alten Statthalters C. Calvisius Sabinus als Prokonsul von *Africa* durch; Cornificius sollte zurückbeordert werden, jedoch machte der Senat am 20. 12. den Beschluss vom Nov. wieder rückgängig; die republikanische Partei betrachtete Cornificius fortan als ihren Vorposten in Africa; Cicero ermuntert Conrnificus immer wieder, dort tapfer auszuharren. Am 19. 3. 43 prolongierte der Senat durch einen ehrenvollen Beschluss Cornificius' Statthalterschaft auf ein weiteres Jahr. C. Calvisius Sabinus verzichtete nunmehr auf seine Ansprüche. Als Folge des Mutinischen Krieges wurde im Nov. 43 das Zweite Triumvirat geschlossen und die Triumvirn Antonius, Octavius und Lepidus übernahmen die Macht. Diese ernannten T. Sextius, der mittlerweile die andere afrikanische Provinz *Africa nova* verwaltete, zum neuen Statthalter von *Africa proconsularis*; auf die Aufforderung des Sextius (im Namen der Triumvirn), die Provinz abzugeben, verweigerte Cornificius dies unter Berufung auf den seiner Meinung nach stets gültigen Senatsbeschluß vom Nov. 44. Dadurch kam es zum Krieg zwischen Cornificius und Sextius, der fast das ganze Jahr 42 andauerte. Sextius marschierte in *Africa proconsularis* ein, drang bis Hadrumetum vor, wurde aber dann von Cornificius zurückgeschlagen und in die eigene Provinz verfolgt; sodann wandte sich das Kriegsglück, die Armee des Sextius drang erneut in *Africa proconsularis* vor: Bei Utica kam es zur Entscheidungsschlacht, auf die sich vorl. *Apophthegma* bezieht. Vgl. F. Münzer und G. Wissowa, *RE* IV, 1, Sp. 1624–1630, s.v. „Cornificius", Nr. 8; C. Kugelmeier, *DNP* 3 (1997/99), Sp. 199, s.v. „Cornificius", Nr. 3.

684–685 *Cornificius … lepores galeatos* Verdrehte, historisch gänzlich mißverstandene Wiedergabe von Eus. *Chron. ab Abr.* 2–3 (für das Jahr 41 v. Chr.): „Cornificius poeta a militibus desertus interiit, quos saepe fugientes galeatos appellat (*PL* 27, Sp. 431)".

684 *in bello … Antonium* Er. fügt hier eine Erläuterung zur historischen Situation hinzu, die jedoch in die falsche Richtung geht. Es geht nicht um den Krieg zwischen Antonius und Octavianus, sondern um jenen zwischen den Triumvirn und dem Senat, zu dem Cornificius übergelaufen war. Die von Eusebius erwähnten Soldaten liefen nicht bei einer Schlacht zwischen Antonius und Octavianus weg, sondern das taten Cornificius' Soldaten in der Entscheidungsschlacht von Utica gegen den von den Triumvirn ausersehenen Statthalter der Provinz *Africa proconsularis*, Titus Sextius; Cornificius beschimpfte seine Soldaten als „helmtragende Hasen", nachdem sie ihn des Amtes enthoben hatten und im Begriff waren, zu den Triumvirn überzulaufen. Er. fasste den Spruch des Cornificius irrtümlicherweise als allgemeine Sittenkritik am Römischen Bürgerkrieg auf. Er.' Irrtum wurde nicht verzeichnet in *CWE* 38, S. 943.

686 ⟨*PHILOXENVS POETA*⟩ **Philoxenos der Dichter** bzw. **Philoxenos von Kythera** (435/4–380/79 v. Chr.). Er war Dithyrambendichter am Hofe des Dionysios I. von Syrakus und ein Hauptvertreter der „neuen Musik". Vgl. P. Maas, *RE* XX, 1 (1941), Sp. 192–194, s.v. „Philoxenos", Nr. 23; E. Robbins, *DNP* 9 (2000), Sp. 897, s.v. „Philoxenos", Nr. 2. Für weitere Angaben zur Person des Philoxenos siehe oben Komm. zu VI, 504. Er. widmet ihm einige Sprüche, v.a. eine eigene Sektion im sechsten Buch von vermeintlich vier, tatsächlich aber zwei Aussprüchen, wobei sich Er. in drei Fällen irrt: *Apophth.* VI, 504 schreibt er irrtümlich dem Parasiten Philoxenos zu (während sein wirklicher Urheber der Dichter Philoxenos ist), die Sprüche VI, 506–508 fälschlich dem Dichter (während 506 dem Sophokles bzw. Euripides und 507–508 dem Parasiten zugehören); hinzu kommen einige weitere Apophthegmen, die Er. korrekt Philoxenos dem Dichter zuordnet: VI, 406, VIII, 196, 271 und den vorl. Spruch.

688–691 *fundum … abnauigauit* Teilweise missverstandene und verdrehte Wiedergabe von Plut. *De vitando aere alieno*, 8, *Mor.*

690 *non perdent, sed ego potius illa!"*, moxque *cessit aliis haereditatem* et e Sicilia *abnauigauit.*

⟨FVRNIVS PATER⟩ [i.e. FVRNIVS FILIVS]

VIII, 232   ADVLANS LIBERTAS   (Furnius pater, i.e. Furnius filius) [42]

695 *Furnius Antonii partes sequutus fuerat.* At posteaquam victoria cessit *Augusto*, metuens sibi subornauit filium, qui a victore *veniam* peteret. Petiit et *impetrauit*. Tum Furnius [i.e. filius] his verbis Caesari gratias egit: „*Haec vna, o Caesar*, abs te mihi facta est *iniuria*: *effecisti, vt* mihi *et viuendum et moriendum* sit *ingrate*", significans tantam esse eius *beneficii* magnitudinem, vt nulla ex parte par esset referendae *gratiae*.
700 Reprehensionis colore blanditus est principi.

831F, wobei Er., ohne sich um den griech. Text zu kümmern, die latein. Übers. des Willibald Pirckheimer als Textvorlage benutzte, die von Übersetzungs- und Verständnisfehlern entstellt ist: „Sed quid illos enarrare necesse est? Siquidem Philoxenus Melopoeus vitam ac domum opulentissimam in colonia Sicula haereditate nactus, quum delicias, voluptates ac indigenam considerasset inelegantiam, ‚Per deos', inquit, ‚bona haec haud me perdent, sed ego illa!', aliisque haereditate relicta enauigauit" (ed. Cratander, Basel 1530, fol. 167C). Vgl. den griech. Text: καὶ τί δεῖ τούτους λέγειν, ὅπου Φιλόξενος ὁ μελοποιὸς ἐν ἀποικίᾳ Σικελικῇ, κλήρου μετασχὼν καὶ βίου καὶ οἴκου πολλὴν εὐπορίαν ἔχοντος, ὁρῶν δὲ τρυφὴν καὶ ἡδυπάθειαν καὶ ἀμουσίαν ἐπιχωριάζουσαν „μὰ τοὺς θεούς", εἶπεν, „ἐμὲ ταῦτα τἀγαθὰ οὐκ ἀπολεῖ, ἀλλ' ἐγὼ ταῦτα" καὶ καταλιπὼν ἑτέροις τὸν κλῆρον ἐξέπλευσεν. Durch Übersetzungs- und Verständnisfehler kam Pirckheimer zu der Darstellung, daß Philoxenos in Sizilien *eine Erbschaft* zuteil geworden sei, bei der er Eigentümer eines luxuriös ausgestalteten Hauses geworden sei („domum opulentissimam .... haereditate nactus"); da ihm die Sitten der Sizilianer zuwider waren, habe er auf seine Erbschaft verzichtet und sei abgereist („haereditate relicta enauigauit"). Tatsächlich ist aber im griech. Originaltext von einer Erbschaft nicht die Rede. Es ging um eine Landverteilung, die von dem Tyrannen von Syrakus, Dionysios I., vorgenommen worden war, der Teile Siziliens von Syrakus aus kolonisierte. Bei dieser Landverteilung teilte der Tyrann seinem Höfling Philoxenos ein Landlos (κλῆρος) zu. Auf diesem Landlos stand keinesfalls ein „äußerst luxuriöses Haus". Jedoch steht im griech. Text, daß das Landlos dergestalt war, daß es den Dichter materiell absicherte, daß er auf dieser Grundlage einen „reichen Lebensstil und Haushalt" (καὶ βίου καὶ οἴκου πολλὴν εὐπορίαν ἔχοντος) führen konnte. Pirckheimer fasste „reichen Haushalt" irrig als „äußerst luxuriöses Haus" auf. Er übernahm die Übersetzungs- und Verständnisfehler Pirckheimers.

690–691 *cessit ... abnauigauit* Daß Philoxenos freiwillig auf eine „Erbschaft" verzichtet und Sizilien verlassen hätte, weil er gegen die Inselbewohner moralische Bedenken gehabt hätte, ist ganz unwahrscheinlich und entspricht sicherlich nicht den historischen Tatsachen. Der Grund, warum Philoxenos Sizilien verließ, lag in der äußerst problematischen Beziehung, die er mit seinem Gönner, dem Tyrannen von Sizilien, hatte. Dionysios I. und Philoxenos gerieten mehrere Male heftig aneinander; Dionysios I. warf den Dichter sogar zweimal für längere Zeit in das berüchtigte Gefängnis von Syrakus, die „Steinbrüche" (*lapidicinae*), wo die Gefangenen schwere Zwangsarbeit verrichten mussten. Der Grund für diese harte Bestrafung scheint gewesen zu sein, daß Philoxenos mit der Geliebten des

Dionysios ein Verhältnis hatte. Der Bestrafung des Philoxenos widmete Er. *Apophth.* VI, 505 (vgl. Komm. *ad loc.*) und *Adag.* 1031 „In lapicidinas" (*ASD* II, 3, S. 54). Angeblich soll der Dichter nicht bereit gewesen sein, dem Tyrannen nach dem Munde zu reden. Stattdessen soll er zu ihm gesagt haben: „Wirf mich doch (wieder) in die Steinbrüche!" („Abducite me in lapicidinas!"). Als Philoxenos Sizilien verließ, rächte er sich jedoch an dem Tyrannen mit dem verschlüsselten Gedicht *Galatea* (oder auch *Kyklops*): Darin figurierten unter dem Namen Galatea die Geliebte des Tyrannen, unter dem Namen Kyklops Dionysios I. und unter dem Namen Odysseus, der dem Zyklopen das Auge aussticht, der Dichter selbst. Vgl. oben *Apophth.* VIII, 196 und Komm. *ad loc.*

692 ⟨*FVRNIVS PATER*⟩ Wie aus dem Text von *Apophth.* VIII, 232 hervorgeht, nahm Er. offensichtlich an, daß der Spruchspender der Vater Furnius ist. Es handelt sich jedoch um dessen gleichnamigen Sohn. Der Vater C. Furnius (um 85-nach 17 v. Chr.) war ein bedeutender Politiker und Redner; Volkstribun 50, Praetor 42, Legatus 40 und 39; Statthalter der Provinz *Asia* 36/5. Im Bürgerkrieg zwischen Pompeius und Caesar kämpfte er auf der Seite Caesars, nach Caesars Ermordung auf Seiten der Caesarianer, im Mutinischen Krieg stand er auf der Seite des Antonius; diesem blieb er auch im Bürgerkrieg gegen Octavianus i.d.J. 29–31 treu. Nach dem entscheidenden Sieg gegen Antonius in der Schlacht von Actium begnadigte ihn Octavianus. Das ist der historische Kontext des vorl. Apophthegmas. Vgl. W. Will, *DNP* 4 (1998), Sp. 720, s.v. „Furnius", Nr. 1; A. Kappelmacher, *RE* VII, 1 (1910), Sp. 375–377, s.v. „Furnius", Nr. 3.

C. Furnius (geb. ca. 60 v. Chr.), gleichnamiger Sohn des obengenannten C. Furnius; röm. Politiker, bedeutender Redner, Förderer und Freund des Horaz; *legatus Augusti pro praetore* in der Provinz Hispania Tarraconensis i.d.J. 22–19 v. Chr., Konsul 17 v. Chr., Vgl. K.-L. Elvers, *DNP* 4 (1998), Sp. 720, s.v. „Furnius", Nr. 2.

695–699 *Furnius ... gratiae* Paraphrasierende, die Akteure verwechselnde Wiedergabe von Sen. *Benef.* II, 25, 1–2: „Nullo (nullo *text. recept.*: nullus *edd. vett., e.g. ed. Venet. 1492, fol. CI*ʳ) magis Caesarem Augustum demeruit et ad alia impetranda facilem sibi reddidit Furnius, quam quod, cum patri (Petri *ed. Venet. 1492*) Antonianas partes secuto veniam impetrasset, dixit: ,Hanc vnam, Caesar, habeo iniuriam tuam: effecisti, vt (et *om. ed. Venet. 1492*) viverem et morerer ingratus'. Quid est tam grati animi, quam nullo modo sibi satisfacere, quam ne (satisfacere? Nec *edd. vett.*) ad spem quidem exaequandi (exequendi *ed. Venet. 1492*) umquam (nunquam *edd. vett.*) beneficii accedere? (2:) His atque eiusmodi vocibus id agamus, vt voluntas non lateat, sed aperiatur et (vt *edd. vett., e.g. ed. Venet. 1492*) luceat. Verba cessent, licet; si quemadmodum debemus, affecti sumus conscientia, eminebit in vultu".

⟨THEAGENES LANIVS⟩

VIII, 233   Proditio   (Theagenes lanius) [43]

Cillicon quidam (siue Acheus) *Miletum* patriam *prodiderat Prienensibus.* Quo nomine merito habebatur omnibus exosus, cuius perfidiam lanius quidam Theagenes sic vltus est. *Cillicon adiit Theagenem* in macello *empturus carnes.* Lanius dissimulato odio porrigit carnium partem, veluti *resecturus, quod superesset.* Cillicon profert dextram ex aduerso retenturus carnes: *Theagenes machaera sublata* proditoris *manum amputauit* ac, ne id videretur errore factum, addidit: „*Ista* saltem *manu* posthac *non proditurus es* vllam *ciuitatem*". Applaudebatur lanio, quod impium pro dignitate tractasset. Hinc adagium „*Cillicontis exitium*"; retulimus hoc in Chiliadibus.

703 Acheus *B C*: *scribendum erat* Achaeus *sec. text. Graecum (Ἀχαιόν).*

701 *THEAGENES LANIVS* In dieser Form im Index nominum von *B* und *C*.
Apophth. VIII, 233 ist ein Gegenstück zu *Adag.* 1409 „Bona Cillicon" (*ASD* II, 3, S. 410) und *Collect.* 190 „Bona Cylicum", *ASD* II, 9, S. 109: „Graecum adagium est ἀγαθὰ Κυλίκων. Cui Cylix quidam occasionem praebuit, qui prodita Mileto ad summas diuitias repente euectus est. Dicitur in eos, qui foedo quaestu ditescunt". *Adag.* 1409: „*Bona Cillicon* … subaudiendum ‚facit' aut ‚habet'. Conuenit, vbi quis malefactis ac foedis artibus sibi parauit opes". Vgl. Diogen. I, 9.

703 *Cillicon quidam … Prienensibus* Paraphrasierende Wiedergabe des Er. von *Scholia ad Aristoph.,* ad *Pax* 363: Κιλλικῶν: ‚Τὴν νῆσον Μίλτον τοῦτόν φασι προδεδωκέναι τοῖς Πριηνεῦσι. πυνθανομένων δὲ πολλάκις αὐτοῦ τινῶν τί μέλλει ποιεῖν, ἔλεγε πάντα ἀγαθά. Θεαγένη δέ τινα ἄνδρα Σύριον τῆς νήσου ταύτης ὑπὸ Κιλλικῶντος προδοθείσης, μετοικήσαντα εἰς τὴν Σάμον κρεοπωλεῖν. ἐπιστάντος οὖν τοῦ Κιλλικῶντος ὠνήσασθαι παρ' αὐτοῦ κρέας, δοῦναι κρατεῖν αὐτῷ, ἵνα ἀποκόψῃ τὸ περιττὸν, καὶ ἀποτεινάμενον τὴν κοπίδα κόψαι τὴν χεῖρα αὐτοῦ τοῦ Κιλλικῶντος, καὶ εἰπεῖν ὡς ταύτῃ τῇ χειρὶ ἑτέραν οὐ προδώσεις πόλιν.' Οὐκ οἶδ' ὅπως φησὶν οὐδὲν πονηρὸν ποιεῖν ταῦτα πράττειν εἶναι ἅπερ καὶ Κιλλικῶν. ὁ γάρ τοι Κιλλικῶν ἐπὶ πονηρίᾳ διαβόητός ἐστι. φασὶ γὰρ αὐτὸν οἱ μὲν Σάμον ἢ Μίλητον προδοῦναι Πριηνεῦσι. Θεόφραστος δὲ ἐν τῷ ιγ' τῶν ἱστοριῶν τῶν ἑαυτοῦ Σύρων φησὶν αὐτὸν τὴν νῆσον προδεδωκέναι Σαμίοις. πυνθανομένων δὲ πολλάκις αὐτοῦ τινῶν τί μέλλοι ποιεῖν, ἔλεγε πάντα ἀγαθά. πάντα οὖν ἀγαθά φησι ποιῶν, ὡς ἔφη καὶ Κιλλικῶν. τῆς δὲ προδοσίας τοιαύτην ὑποσχεῖν τιμωρίαν. Θεαγένην τινὰ ἄνδρα Σύριον, τῆς νήσου τῆς ὑπὸ τοῦ Κιλλικῶντος προδοθείσης πολίτην, πρὸ πολλοῦ μετοικήσαντα εἰς τὴν Σάμον κρεοπωλεῖν καὶ οὕτως ἀπάγειν τὸν ἑαυτοῦ βίον. ἀγανακτήσαντα δὴ ἐπὶ τῇ προδοσίᾳ τῆς πατρίδος, ἐπιστάντος τοῦ Κιλλικῶντος ὠνήσασθαι παρ' αὐτοῦ κρέας, δοῦναι κρατεῖν αὐτῷ, ἵνα ἀποκόψαι τὸ κρέας, ἐπανατεινάμενον τὴν κοπίδα κόψαι τὴν χεῖρα τοῦ Κιλλικῶντος, καὶ εἰπεῖν ὡς ταύτῃ τῇ χειρὶ ἑτέραν οὐ προδώσεις πόλιν. Vgl. *Adag.* 1409 „Bona Cillicon" (*ASD* II, 3, S. 410): „Huic adagio locum fecit Cillicon quidam, *natione Milesius*, qui prodita Prienensibus Mileto patria ampliter quidem, sed foede, ditatus est …".

703 *Cillicon quidam* Nach einer Version in den Aristophanes-Scholien trug der eine Akteur der Anekdote den Namen (onoma) „Achaios" (latein. „Achaeus") und den Beinamen „Cillicon"; vgl. Dindorf, *Scholia Graeca ex codicibus aucta et emendata,* 1838 (*Aristophanis comoediae,* tom. IV, pars III, p. 52): Ἀπολλώνιος δὲ ὄνομα μὲν αὐτῷ φησιν Ἀχαιὸν παρωνύμως Κιλλικῶντα τὸ γένος Μιλήσιον. Nach einer anderen Version, die in den Scholien ebenfalls vermeldet wird, hieß der Verräter „Achaios, Sohn des Merops" (nicht „Killikon"): Ἄλλως. οὗτος Ἀχαιὸς ἐκαλεῖτο, Μέροπος υἱός, Μιλήσιος γένος, προδοὺς τὴν πατρίδα τοῖς Προηνεῦσι. In *Apophth.* VIII, 233 präsentiert Er. die Sachlage in dem Sinn, daß zwei unterschiedliche Namen des Verräters alternativ überliefert worden seien: „*Cillicon* quidam (siue Acheus)". Demgegenüber hatte Er. in *Collect.*

190 „Cillicon" noch als Namen eines Volkes betrachtet: „Graecum adagium est ἀγαθὰ Κυλίκων. Cui Cylix quidam occasionem praebuit, qui prodita Mileto ad summas diuitias repente euectus est" (*ASD* II, 9, S. 109). Hierin folgte Er. dem Kommentar des Diogenianus; mit „Cylix" war eine Person aus der an der südöstl. Küste Kleinasiens gelegenen Region Kilikien gemeint. In *Adag.* 1409 änderte Er. seine Meinung und faßte Cillicon als maßgeblichen Eigennamen des legendarischen Verräters auf: „Cillicon quidam, *natione Milesius* ..." (*Adag.* 1409, *ASD* II, 3, S. 410). Die in *Apophth.* VIII, 233 genannten Akteure „Killikon" und Theagenes sind nur von der in den Aristophanes-Scholien wiedergegebenen Anekdote her bekannt.

703 *Miletum* Miletos, griech. Stadt an der ionischen Küste Kleinasiens, auf einer Landzunge gelegen, der die Insel Samos vorgelagert ist. Die Stadt Priene liegt auf der Milet gegenüberliegenden Landzunge des Milesisch-Latmischen Golfes, bildete also eine Konkurrentin in Bezug auf den lukrativen Handel an der Stelle, wo der Maiandros ins Mittelmeer fließt.

705–709 *Cillicon adiit ... ciuitatem* Paraphrasierende Wiedergabe des Er. von *Scholia ad Aristoph.*, ad *Pax* 363: μέμνηται δὲ Καλλίμαχος ‚μὴ σύ γε, Θεόγενες, κόψῃς χεῖρα Κιλλικόωντος.' ἱστορεῖ δὲ καὶ Λέανδρος ἐν δευτέρῳ Μιλησιακῶν προδοῦναι Μίλητον, καὶ ὅτε ἀνέῳξε τὰς πύλας, τῶν πολεμίων πυνθανομένου τινὸς ὅτι τοῦτο ἐποίησεν, ἀποκρίνασθαι ἀγαθὰ Κιλλικῶν. Ἄλλως. παρὰ τὴν πονηρίαν· ἐπὶ γὰρ πονηρίᾳ διαβάλλεται. Ἀπολλώνιος δὲ ὄνομα μὲν αὐτῷ φησὶν εἶναι Ἀχαιὸν παρωνύμως Κιλλικῶντα, τὸ γένος Μιλήσιον. οὗτός ἐστιν ὁ προδοὺς Μίλητον Πριηνεῦσιν. Ἄλλως. οὗτος Ἀχαιὸς ἐκαλεῖτο, Μέροπος υἱός, Μιλήσιος γένος, προδοὺς τὴν πατρίδα τοῖς Προηνεῦσι. Κιλλικῶν δὲ ἐκλήθη ἀπὸ Κιλίσσης τροφοῦ. Ἄλλως. ὅτι πονηρός. ἄδηλον δὲ πότερον κύριον ὄνομα ἢ ἐπώνυμον. Ἀμμώνιος δὲ ὄνομα ἀναγράφει, καί φησιν ὅτι Λάκων καὶ Κιλλικῶν ἐκαλεῖτο, ὃς προδέδωκε Σάμον· οἱ δὲ Μίλητον. εἰπὼν δὲ οὐδὲν πονηρόν, παρὰ προσδοκίαν ἐπήγαγε τὸ ἀλλ' ὅπερ καὶ Κιλλικῶν, ὡς εἰ εἶπεν οὐδὲν κακὸν ποιῶ ἀλλ' ἱεροσυλῶ; vgl. Er. *Adag.* 1409 „Bona Cillicon" (*ASD* II, 3, S. 410): „[G] Interpres adiicit Cillicontis exitium. Prodita a Cilliconte insula Theagenes quidam Syrius commigrarat Samum atque illic vendebat carnes. Ab hoc cum Cillicon carnes emere vellet, tradidit illi, vt, quod superesset, amputaret. At ille porrecta machaera manum hominis abscidit, ‚Ista', inquiens, ‚manu non prodes alteram ciuitatem' ".

710 *Hinc adagium ... in Chiliadibus* Er. weist hier auf das Gegenstück in den Adagien hin, jedoch mit dem unrichtigen Titel „Cillicontis exitium"; der richtige ist „Bona Cillicon" (*Adag.* 1409). Vielleicht kam die Verwechslung dadurch zustande, daß Er. sich an den Zusatz zu dem Adagium erinnerte, den er in der Ausgabe d.J. 1528 anbrachte; die eingeschobene Stelle fing mit den Worten „Interpres adiicit Cillicontis exitium" an.

⟨C. CAESAR⟩ [i.e. C. CALIGVLA]

VIII, 234   Pronvnciatio   (C. Caligula, 12) [44]

Celebratur *C. Caesaris dictum,* quod *praetextatus adhuc* deprompsisse fertur in quendam modulatius orantem [i.e. legentem]: „*Si legis, cantas; si cantas, male cantas*". Quidam latrant orantes verius quam loquuntur. Sunt qui rhetoricam pronunciationem affectantes medii sunt inter canentem et loquentem. Meminit huius Quintus [i.e. Marcus] Fabius.

[Tibicen vir improbvs   (Antisthenes)   (*vid.* VII, 100)

Quibusdam admirantibus Ismeniam, quod esset insignis tibicen, „*Nequam*", *inquit,* „*hominem esse oportet. Nam si bonae frugis esset, non esset egregius tibicen*". Iudicabat eos non posse bonos viros euadere, qui tantum operae Dionysiacis artibus impendissent.]

⟨TIBERIVS CAESAR⟩

VIII, 235   Lvxvs inopiae parens   (Tiberius Caesar, 14) [45]

Tiberius Caesar *Attilio Butae* viro *praetorio,* quum ad inopiam per luxum ac socordiam redactus fateretur ac deploraret *paupertatem* suam, „*Sero*", inquit, „*experrectus es*". Dormiunt temulentiae ac luxui dediti verius quam viuunt. Nam *vita vigilia est.* Refert Seneca in epistolis.

---

716 Quintus *C BAS LB*, Qu. *B*: *scribendum erat* Marcus.
718 Tibicen vir ... impendissent *B*: *transposita sunt in C ad VII, 100 (cf. supra comm. ad. loc.)*

725 Attilio *B C LB*: Atylio *Sen. ed. per Erasmum 1529*: Acilio *Sen. text. recept.*

711 ⟨*C. CAESAR*⟩ Bei C. Caesar handelt es sich um **Caligula** (geb. 12 n. Chr., reg. 37–41), während Er. unter „C. Caesar" den Diktator verstand. *CWE* 38, S. 944 schreibt den Spruch ebenfalls dem Diktator Julius Caesar zu, was mit Er.' Irrtum übereinkommt, jedoch in Bezug auf die Quelle unrichtig ist. Als Überschrift der Caligula-Sektion im sechsten Buch (VI, 14–24) verwendete Er. „C. CALIGVLA" und in der gesamten Sektion kein einziges Mal den Namen „C. Caesar"; auch in *Apophth.* VIII, 119 nennt ihn Er. „C. Caligula"; im Index personarum von *B* und *C* werden die Caligula-Sprüche dementsprechend unter „C. CALIGVLA" geführt, vorliegendes *Apophthegma* jedoch unter „C. Caesar".

712 *Pronunciatio* Der Titel, den Er. dem *Apophthegma* gab, ist irreführend: Es geht nicht um die *pronuntiatio,* den „Vortrag der Rede" (eines der *officia oratoris*), sondern um die Lektüre (*lectio*) von Poesie als Bestandteil der Ausbildung des Redners; da man in der Antike automatisch davon ausging, daß Texte laut gelesen wurden, erteilt Quintilian Anweisungen, wie dieser Vortrag gestaltet werden sollte.

713 *C. Caesaris ... adhuc* Caligula trug zu diesem Zeitpunkt noch die Toga der Knaben, d.h. er war nicht älter als 15 Jahre. Er war

jedoch der irrigen Ansicht, daß es um den Diktator Caesar ging.

713–714 *C. Caesaris ... cantas* Paraphrasierende und missverstandene Wiedergabe von Quint. *Inst.* I, 8, 2: „Sit autem in primis lectio virilis et cum suauitate quadam grauis, et non quidem prosae similis, quia et carmen est et se poetae canere testantur, non tamen in canticum dissoluta nec plasmate, vt nunc a plerisque fit, effeminata, de quo genere optime C. Caesarem praetextatum adhuc accepimus dixisse: ,si cantas, male cantas; si legis, cantas'."

715–716 *Sunt ... loquentem* Aus Er.' Erklärung des Apophtegmas geht hervor, daß er den Sinn von Quintilians Ausführungen nicht richtig verstanden hat: Quintilian redet hier nicht vom Vortrag des Redners, sondern vom lauten Lesen von Gedichten. Poesie vorzulesen erfordert eine andere Einstellung der Stimme als der Vortrag einer Rede, ja, wie Quintilian selbst angibt, sollte das Vorlesen von Poesie durchaus nicht identisch sein mit jenem von Prosa. Nach Quintilian durfte der Vortrag von Poesie durchaus eine Art von Gesang sein, jedoch sollte dieser nicht weichlich, süßlich oder „weibisch" sein bzw. von *Tonwechseln* verunziert werden, welche beim Singen eines Liedes natürlich erlaubt sind. Quintilians Negativbezeichnung für diesen modulierenden Gesang ist einerseits „canticum" („Lied"), andererseits „plasmate, vt nunc a plerisque fit, effeminata" („mit weibischem Tonwechsel, wie das heutzutage oft der Fall ist"). Caligula, der einen „modulierenden" Poesievortragenden kritisierte, meinte mit dem Spruch: „Wenn das, was du hier machst, Singen sein soll, dann singst du schlecht; wenn es der Vortrag von Poesie sein soll, dann ist es ein *Singsang*".

716 *Quintus* Wie schon oben, VIII, 224, irrt sich Er. in Bezug auf den Vornamen des Fabius Quintilianus, „Quintus" statt „Marcus". In der von Er. verwendeten Quintilian-Ausgabe (Basel 1530) wird der Vorname des Rhetoriklehrers richtig mit „Marcus" angegeben. Der Kommentar in *CWE* 38, S. 941 verzeichnet den Namen Quintilians wohl irrtümlich mit „Quintus Fabius".

723 ⟨*TIBERIVS CAESAR*⟩ Er. hatte **Tiberius** (reg. 14–37 n. Chr.) im Abschnitt der „Kaiser-Apophtegmata" des sechsten Buches eine Sektion gewidmet (VI, 1–13). Der Titel „TIBERIVS CAESAR" gemäß der dortigen Überschrift sowie gemäß der Namensangabe in vorl. *Apophtegma*. Zur Person des Tiberius vgl. oben Komm. zu VI, 1.

724 *Luxus inopiae parens* Dem Titel, den Er. angab, folgend druckte Lycosthenes das Apophth. in der Kategorie „De luxuria, luxu et voluptate" (S. 650).

725–727 *Tiberius ... experrectus es* Im einleitenden Teil frei paraphrasierende, im Spruchteil wörtliche Wiedergabe von Sen. *Epist.* 122, 10: „Isti vero mihi defunctorum loco sunt. Quantulum enim a funere absunt et quidem (equidem *ed. Venet. 1492, fol. lxviiir*) acerbo, qui ad faces et cereos (caereos *ed. Venet. 1492*) viuunt? Hanc vitam agere eodem tempore multos meminimus, inter quos et Acilium (Atylium *ed. Venet. 1492*) Butam, praetorium, cui post patrimonium ingens consumptum Tiberius paupertatem confitenti ,sero', inquit, ,experrectus es'".

725 *Attilio Butae* **Acilius Butas**, Präfekt der Prätorianergarde unter Tiberius. Zu seiner Person vgl. Seneca, *Ep.* 122 und P. von Rohden, *RE* I, 1 (1893), Sp. 254, s.v. „Acilius".

727–728 *vita vigilia est* Plin. *Nat.* praefatio 19: „homines enim sumus et occupati officiis subsciuisque temporibus ista curamus, id est, nocturnis, ne quis vestrum putet his cessatum horis. ... Profecto enim vita vigilia est"; vgl. Iunius, *Embl.* Nr. 5 „Vita mortalium vigilia".

728 *Refert Seneca in epistolis* „Refert Seneca in epistolis" bezieht sich nur auf den Textabschnitt „Tiberius ... experrectus es". „Dormiunt ... vivunt" stellt einen Kommentar des Er. dar, „Nam *vita vigilia est*" ist ein Zitat aus Plin. *Nat.*

CATO SENIOR

730 VIII, 236   Fvres magni   (Cato senior, 57) [46]

Cato senior dicebat *priuatarum* rerum *fures in compedibus* vitam *agere, publicarum in auro et purpura* conspicuos incedere. Olim simplex furtum non puniebatur capite, sed vincti compedibus praestabant operam. At longe grauius crimen est peculatus quam furtum. Et tamen qui fiscum principis, qui rempublicam compilant, magnates
735 fiunt.

[Ocivm invtile   (*vid.* VI, 438)

Appius Claudius dicere solitus est populo Romano longe *melius committi negocium quam ocium*, sentiens multitudinem bellis *excitari ad virtutem*, in pace defluere ad voluptates ac luxum, ex quibus nascitur rerum publicarum ac regionum exitium.]

740 ## GALBA PARASITVS [i.e. GALBA IMPERATOR]

VIII, 237   Facete   (Galba parasitus, i.e. Galba imperator) [47]

Galba parasitus [i.e. imperator] obiicientibus, quod in ocio viueret, „*Nemo*", inquit, „*cogitur ad reddendam ocii sui rationem*", innuens nullos tutius viuere quam ociosos.
745 Nam rerum gestarum rationem poscuntur, qui tractant negocia; at ab ociosis ea ratio non potest exigi.

736–739 Ocium inutile ... exitium B: *transposita sunt in C ad VI, 438 (cf. supra comm. ad. loc.)*.

729 CATO SENIOR Er. hatte **Cato d. Ä.** (234–149 v. Chr.) im fünften Buch eine umfängliche Sektion von Apophthegmen gewidmet (V, 326–382). Der Titel „CATO SENIOR" gemäß der Überschrift im fünften Buch und der Namensangabe in vorl. *Apophth.*; zur Person Catos d. Ä. vgl. Komm. oben zu. V, 326.

731–732 *Cato ... incedere* Stark gekürzte, paraphrasierende, vereinfachte Wiedergabe von Gell. XI, 18, 18: „Sed enim M. Cato in oratione, quam De praeda militibus dividenda scripsit, vehementibus et illustribus verbis de inpunitate peculatus atque licentia conqueritur. Ea verba, quoniam nobis inpense placuerunt, adscripsi: ‚Fures', inquit, ‚privatorum furtorum in nervo atque in compedibus aetatem agunt; fures publici in auro atque in purpura' ". Vgl. Cato, Frg. Schönberger 325 (= *Orationum reliquiae* Nr. 71 „De praeda militibus dividenda"). Die Verwendung des Wortes „peculatus" im erklärenden Kommentar deutet darauf hin, daß Er. trotz der starken Vereinfachung die betreffende Stelle nicht aus dem Gedächtnis, sondern nach der Textvorlage zitiert hat.

732–733 *Olim ... operam* Mit „olim" bezieht sich Er. auf die Situation des römischen Rechtes zur Zeit Catos d.Ä., somit des republikanischen Rechtes, in dem das Zwölftafelgesetz (um 450 v. Chr. zuerst kodifiziert) noch gültig war. Er. hatte verstanden, daß ein „einfacher" Diebstahl damals mit Versklavung geahndet wurde, nicht mit Tötung. Dies ist nur zum

Teil richtig. Grundlegend für die im Zwölftafelgesetz festgelegten Sanktionen war zunächst der Unterschied zwischen „furtum manifestum" (Dieb auf frischer Tat ertappt) und „furtum non manifestum" (nicht auf frischer Tat ertappt). Ein auf frischer Tat ertappter Dieb wurde aufgrund der Bestimmungen des Zwölftafelgesetzes vor den Magistrat gebracht, der ihn auspeitschen ließ und ihn sodann dem privaten Strafverfolger übergab, der die Möglichkeit hatte, den Dieb als Sklaven zu verkaufen, was im Übrigen nicht bedeutet, daß jeder „manifeste Dieb" in der Republik als Sklave verkauft wurde. Schon in der Republik gab es die Tendenz, diese Strafe durch eine Geldbuße zu ersetzen. Das „furtum non manifestum", zu dem alle möglichen privatrechtlichen Formen des Betrugs und der Unterschlagung gehörten, wurde selbst im Zwölftafelgesetz nicht mit Leibstrafen wie Auspeitschung oder mit Versklavung geahndet, sondern lediglich mit Geldstrafen. Die Unterschlagung öffentlicher Gelder wurde hingegen schwerer geahndet, nämlich mit Verbannung (*aquae et ignis interdictio*), wobei die Verbannung zu den schwersten Strafen zählte, die Mitgliedern der römischen Oberschicht auferlegt wurden. Es ist einerseits verständlich, daß Cato d.Ä. den oft unverhältnismäßig erscheinenden Gegensatz in der Bestrafung von „furtum manifestum" und „furtum non manifestum" kritisiert. Er hat jedoch nicht ganz recht, wenn er bemängelt, daß die Veruntreuer öffentlicher Gelder oder Mittel kaum bestraft wurden. Die Verbannung war eine schwere Bestrafung. Möglicherweise fasste Cato ins Auge, daß Verbannungen nach einiger Zeit oft wieder aufgehoben wurden. Später, in der klassischen Periode, gab es nicht mehr den hier kritisierten unverhältnismäßigen Unterschied in der Bestrafung zwischen „furtum manifestum" und „furtum non manifestum": Beide Delikte wurden mit Geldstrafen geahndet. Vgl. i.a. M. Kaser, *Das Römische Privatrecht*, 2. Aufl., München-Würzburg 1971, §§ 32, 39, 40, 143; H. Honsell, *Römisches Recht*, 6. Aufl., Berlin-Heidelberg-New York 2006, § 59.

733 *peculatus* „peculatus", die „Veruntreuung öffentlicher Gelder", vgl. *DNG* II, Sp. 3543, s.v. *Apophth*. VIII, 237 datiert auf die Jahre 60–68, als Galba Statthalter der Provinz Hispania Tarraconensis war.

743 *Galba parasitus* Der Spender dieses Apophthegmas ist nicht, wie Er. angibt, der „parasitus Galba", wobei er vielleicht an jenen „L. Galba" gedacht hat, den er in VI, 237 als „scurra" bezeichnet und bei dem es sich tatsächlich um Gabba, den Hofnarren des Augustus, handelt, sondern Kaiser Galba (Servius Sulpicius Galba, 3 v. Chr.–69 n. Chr.), der von 68–69 n. Chr. als Nachfolger Neros regierte. Galba kam durch den Putsch Othos ums Leben. Vgl. W. Eck, *DNP* 4 (1998), Sp. 746–747, s.v. „Galba", Nr. 2; M. Fuss, *RE* IV, A1 (1931), Sp. 772–801, Nr. 63; Ch.L. Murison, *Galba, Otho and Vitellius: Careers and Controversies*, Hildesheim u.a. 1993. Auch Lycosthenes identifizierte den Spender von VI, 232 fälschlich als „Galba, den Parasiten" (S. 337).

743 *obiicientibus, quod in ocio viueret* Der Kontext und Anlass für das Apophthegma, den Er. hier angibt, stimmt nicht mit der Quelle Suet. *Galb*. 9,1 überein. Galba zog sich zurück, sagt Sueton, um nicht bei Nero anzuecken und um niemandem Rechenschaft schuldig zu sein.

743–744 *obiicientibus … rationem* Im einleitenden Teil durch eine Fehlzuschreibung und eine unrichtige Kontextualisierung entstellte Wiedergabe von Suet. *Galb*. 9, 1: „Paulatim in desidiam segnitiemque conuersus est (sc. Galba), ne quid materiae praeberet Neroni, et, vt dicere solebat, quod nemo rationem otii sui reddere cogeretur"; die Irrtümer im einleitenden Teil und die Kürze des Spruches geben zu der Annahme Anlaß, daß Er. aus dem Gedächtnis zitiert hat. Die Quelle wurde nicht identifiziert in *CWE* 38, wo vermutet wird, daß „Galba parasitus" mit dem Hofnarren des Kaisers Augustus und dem Spender der *Apophth*. VI, 237 ff. identisch sei.

⟨PYTHAGORAS⟩ [i.e. OPINIO VVLGI]

VIII, 238   Bona praecipva   (Pythagoras, i.e. vulgus) [48]

Pythagoras [i.e. vulgus] tria praecipue dicebat a diis optanda in hac vita: *bonam valetudinem, formam* ac *diuitias*, quod homo caetera sibi praestare posset. Quanquam illud ὑγιαίνειν non minus ad *animi sanitatem* quam ad *corporis* pertinet.

⟨CATO SENIOR⟩

VIII, 239   Divinatio vana   (Cato Senior, 58) [1]

Cato senior *aiebat se demirari, quod non rideret aruspex*, quoties aspiceret *aruspicem*, sentiens totum hoc diuinationum genus imposturam esse, qua populo fiebat fucus. Id quum non fugeret eius artis peritum, *mirabatur, quod aruspex aruspicem posset videre* absque *risu*. Solent enim impostores inter se ridere multitudinis stultitiam. [C] Refert M. Tullius libro de Diuinatione 2. [B]

758   Refert … Diuinatione 2. C: *desunt in B.*

Apophth. VIII, 238 schrieb Er. zu Unrecht dem Naturphilosophen Pythagoras (ca. 570–nach 510 v. Chr.) zu, während es sich um eine zutiefst unphilosophische Volksmeinung handelt.

749–750 *bonam valetudinem* Daß Er. die Stelle fälschlich als philosophischen Spruch interpretierte, ist wohl der Vermeldung der Gesundheit als bedeutendes Gut, das man sich wünschen dürfe, geschuldet. Er. dachte dabei gewissermaßen automatisch an das Ideal des „mens sana in corpore sano" aus der zehnten Satire Juvenals, in welcher dieser eine Verhandlung des popularphilosophischen Topos über den Wert der Glücksgüter liefert. Juvenal versucht aufzuzeigen, daß sich die Menschen sowohl überflüssige als auch schädliche Glücksgüter wünschen (10, 55), z. B. Macht (56–113), Beredsamkeit (114–132), Kriegsruhm (133–187), ein langes Leben (188–288) und Schönheit (289–345). Er legt dar, daß man erstens die Auswahl der Glücksgüter lieber den Göttern überlassen solle, weil diese am besten wüßten, was dem Menschen zuträglich sei; daß man zweitens sich von den Göttern eine philosophische Lebenshaltung wünschen dürfe (zu der man im Übrigen selbst das meiste beisteuern könne): Grundlage dieses (an die Götter gerichteten) Wunsches sei „ein gesunder Geist in einem gesunden Körper"; ausgehend davon darf man sich einen starken Geist („animus fortis") wünschen, der vor dem Tod keine Angst hat, der das Leben als Geschenk betrachtet, Ausdauer und Energie besitzt, von den *passiones animi* befreit ist, herkuleische Arbeit zu verrichten bereit ist und diese feinen Speisen und sexuellen Gelüsten vorzieht. Mittels Juvenals 10. Satire erklärte Er. oben V, 68 einen Spruch des Dionysios I. von Syrakus, dem er durch diese seine Interpretation den Titel „Quid optandum a deo" gab; vgl. auch die Erklärung des Er. a.a.O.: „sentiens potius a diis optandam bonam mentem quam ea, quae nihil conferunt ad hominis felicitatem".

749–750 *valetudinem … diuitias* Verdrehte, dem Kontext entfremdete und wohl aus dem Gedächtnis zitierte Wiedergabe von Plat. *Leg.* II, 661A, wobei Er. den Spruch fälschlich dem Pythagoras zuschrieb: λέγεται γὰρ ὡς ἄριστον μὲν ὑγιαίνειν, δεύτερον δὲ κάλλος, τρίτον δὲ πλοῦτος. Die Fehlzuschreibung des Er. ist kurios: Schon vom Inhalt her ist klar, daß Pythagoras dies nicht gesagt haben kann, weil die Wünsche/Glücksgüter „Gesundheit, Schönheit und Reichtum" vielmehr die irrige Meinung des unphilosophischen Vulgus wiedergeben. In den *Gesetzen* liefert Plato in der

Form eines Dialogs zwischen dem Kretenser Kleinias, dem Spartaner Megillos und einem namentlich nicht genannten Athener eine Grundsatzdiskussion über die optimale Grundlegung des Staates. In der relevanten Debatte des zweiten Buches über die ethische Erziehung der Jugend argumentiert der Athener, daß die meisten Leute nicht nach dem wahrhaft Guten, sondern nach unbedeutenden Gütern streben, wie Gesundheit, Schönheit und Reichtum, wobei er noch ein exzellentes Gehör, scharfe Sinne, die Königswürde, die totale Freiheit und die Unsterblichkeit hinzufügt. Der Besitz dieser Güter an sich, sagt der Athener, mache nicht glücklich. Ein Mann, der Tugend und Gerechtigkeit entbehrt, kann nicht glücklich sein, auch wenn er die genannten Glücksgüter besitzt. Vgl. *Leg.* II, 661A–B: τὰ γὰρ ὑπὸ τῶν πολλῶν λεγόμεν' ἀγαθὰ οὐκ ὀρθῶς λέγεται. λέγεται γὰρ ὡς ἄριστον μὲν ὑγιαίνειν, δεύτερον δὲ κάλλος, τρίτον δὲ πλοῦτος, μυρία δὲ ἄλλα ἀγαθὰ λέγεται· καὶ γὰρ ὀξὺ ὁρᾶν καὶ [661β] ἀκούειν καὶ πάντα ὅσα ἔχεται τῶν αἰσθήσεων εὐαισθήτως ἔχειν, ἔτι δὲ καὶ τὸ ποιεῖν τυραννοῦντα ὅτι ἂν ἐπιθυμῇ, καὶ τὸ δὴ τέλος ἁπάσης μακαριότητος εἶναι τὸ πάντα ταῦτα κεκτημένον ἀθάνατον εἶναι γενόμενον ὅτι τάχιστα. ὑμεῖς δὲ καὶ ἐγώ που τάδε λέγομεν, ὡς ταῦτά ἐστι σύμπαντα δικαίοις μὲν καὶ ὁσίοις ἀνδράσιν ἄριστα κτήματα, ἀδίκοις δὲ κάκιστα σύμπαντα, ἀρξάμενα ἀπὸ τῆς ὑγιείας.

Er.' Kreation dieses unsinnigen Spruches mit der Zuschreibung an Pythagoras war folgenreich: Sie wurde von Lycosthenes u. a. übernommen und fand ihren Weg in diverse Wissenssammlungen bis ins 18. Jh., z. B. in die Sammlung der Bildungstraktate *Consilia et methodi aureae studiorum optime instituendorum*, die 1692 in Rotterdam (bei Pieter van der Slaart) erschien; dort wird vorgeschrieben, daß der Schüler jeden Tag im Gebet um „Gesundheit, Schönheit und Reichtümer" bitten soll, wie schon „Pythagoras zu sagen pflegte" (S. 13). Cornelius a Lapide S.J. präsentiert den Unsinn-Spruch als Pythagoras-Wahrspruch in seinem theologischen Kommentar zum *Ecclesiasticus* als Beleg (Antwerpen 1701, S. 645). Lycosthenes hat nicht nur sein Kapitel „De sanitate et valetudine bona" auf Er.' Unsinn-Spruch gegründet, sondern diesen zudem verschlimmbessert, wodurch „Schönheit" als das wichtigste Gut, „Reichtum" als das zweitwichtigste aufscheint: „Pythagoras dicere solebat tria a diis praecipue petenda: formam, diuitias et bonam valetudinem …" (S. 965). In dieser noch kurioseren Form zitieren den Spruch z. B. der Arzt Mathias Untzer in seiner Traktatsammlung chemischer Rezepturen *Tractatus Medicochymici septem* (Halle 1634, S. 238) und der Theologe Ioannes de Pina in seinen *Commentaria in Ecclesiasticum* (Lyon 1646), IV, S. 773: Weil es richtig ist, daß man sich, wie Pythagoras sagt, von den Göttern „Schönheit, Reichtum und gute Gesundheit erbitten soll, hat auch König Ochozias (= Ahaziah bzw. Judah; 4. Reg. 1), als er erkrankte, statt sich an den wahren Gott an Beelzebub gewendet".

750 *quod … posset* Die Begründung, die Er. für die Richtigkeit des Spruchs gibt („quod homo caetera sibi praestare posset"), ist kurios: Reichtum, würde man meinen, gehört zu den Gütern, die der Mensch durch eigene Leistung erwerben kann.

751 *illud ὑγιαίνειν* Plat. *Leg.* II, 661A.

751 *animi … pertinet* Iuv. 10, 346 ff.: „Nil ergo optabunt homines? Si consilium vis,/ permittes ipsis expendere numinibus, quid/ conueniat nobis rebusque sit vtilis nostris;/ … / vt tamen et poscas aliquid voueasque sacellis/ … / optandum (orandum) est, vt sit mens sana in corpore sano …".

752 ⟨*CATO SENIOR*⟩ Er. hatte **Cato d. Ä.** (234–149 v. Chr.) im fünften Buch eine umfängliche Sektion von Apophthegmen gewidmet (V, 326–382). Der Titel „CATO SENIOR" gemäß der Überschrift im fünften Buch und der Namensangabe in vorl. *Apophth.*; zur Person Catos d. Ält. vgl. Komm. oben zu. V, 326.

754–757 *Cato … videre* Cic. *Div.* II, 51: „Vetus autem illud Catonis admodum scitum est, qui mirari se aiebat, quod non rideret haruspex, haruspicem cum vidisset" (Schönberger Cato Fr. 542, unter *Incertorum librorum reliquiae*); Vgl. Cic. *Nat. deor.* I, 71: „Mirabile videtur, quod non rideat haruspex, cum haruspicem viderit". Er. zitiert den Spruch aus *Div.* II, 51, da nur aus dieser Stelle hervorgeht, daß er von Cato stammt; in *Nat. deor.* I, 71 erscheint er als anonyme Sentenz.

⟨DEMONAX CYNICVS⟩

760   VIII, 240   [*B*] Absvrda   (Demonax Cynicus, 2) [2]

Demonax Cynicus interrogatus, quid sentiret de conflictu duorum, quorum *alter* inepte *proponebat, alter absurde respondebat, ait* sibi videri alterum mulgere hircum, alterum supponere cribrum.

⟨PERICLES⟩

765   VIII, 241   Svperstitio   (Pericles, 11) [3]

Pericles, quum vrgeret *belli necessitas*, Palladis *ornamenta* vendidit *quadraginta talentis auri*, et admirantibus ab illo rem sacrilegam admitti, respondit ex hostium manubiis posse illi *reddi* cultum nihilo deteriorem.

759 ⟨*DEMONAX CYNICVS*⟩ Zur Person des kynischen Philosophen **Demonax von Kypros** (ca. 70–170 n. Chr.) vgl. Komm. oben zu *Apophth*. VIII, 229. Er. widmet dem Demonax im achten Buch eine längere Sektion, vgl. unten VIII, 255ff., in der er die Demonax-Biographie des Lukian auswertete.

Apophth. VIII, 240 ist ein Gegenstück zu *Adag*. 251 (*ASD* II, 1, S. 362) „Mulgere hircum", *Collect*. 379 „Iungere vulpes, mulgere hircos" (*ASD* II, 9, S. 160) und *Adag*. 360 (*ASD* II, 1, S. 452) „Cribro aquam haurire". Vgl. Otto, 812 (Verg. *Ecl*. 3, 91); Apostol. 17, 32 a (Waltz, S. 451); Diogenian. VII, 95, von Er. in *Adag*. 251 (*ASD* II, 1, S. 362) wie folgt wiedergegeben: „Refertur a Diogeniano his verbis … ‚Vtrum stultior, qui mulget hircum an qui cribrum supponit?', cum vterque pariter absurde facit".

761–763 *alter … cribrum* stark gekürzte, paraphrasierende Wiedergabe von Lucian. *Demon*. 28: Ἰδὼν δέ ποτε δύο τινὰς φιλοσόφους κομιδῇ ἀπαιδεύτως ἐν ζητήσει ἐρίζοντας καὶ τὸν μὲν ἄτοπα ἐρωτῶντα, τὸν δὲ οὐδὲν πρὸς λόγον ἀποκρινόμενον, „Οὐ δοκεῖ ὑμῖν", ἔφη, „ὦ φίλοι, ὁ μὲν ἕτερος τούτων τράγον ἀμέλγειν, ὁ δὲ αὐτῷ κόσκινον ὑποτιθέναι;" (Luck *WdH*, Frgm. 767 [28] (S. 388). bzw. seiner eigenen latein. Version in *Adag*. 251 (*ASD* II, 1, S. 362) „Mulgere hircum" (1508). Dort hatte Er. eine wörtliche latein. Übers. der Stelle präsentiert: „Lucianus in vita Demonactis inter huius festiuiter dicta commemorat et illud: ‚Cum conspiceret duos quosdam philosophos, vtrosque pariter indoctos, inter se disceptantes, et alterum quidem ridiculas quasdam quaestiones proponentem, alterum item aliena neque quicquam ad rem facientia respondentem: „Quid?", inquit, „amici? An non horum alter hircum mulgere videtur, alter cribrum supponere?"'"; *Adag*. 1333 „Andabatae" (*ASD* II, 3, S. 348): „cuiusmodi iocus extat Demonactis autore Luciano: ‚Hic mulget hircum, ille supponit cribrum, cum alter inepte proponeret, alter responderet ad id, quod propositum erat, nihil facientia". Vgl. auch *Adag*. 360 (*ASD* II, 1, S. 452) „Cribro aquam haurire".

762 *ait sibi videri* Im griech. Text steht, daß Demonax die Anwesenden fragte: „Denkt ihr nicht, Freunde, daß der eine …" (Οὐ δοκεῖ ὑμῖν, … ὦ φίλοι …).

763 *cribrum* Ein Sieb aus Leinen oder aus Tierhaut, vgl. *DNG* I, Sp. 1360, s.v.

764 ⟨*PERICLES*⟩ Er. hatte **Perikles** im fünften Buch der *Apophthegmata* eine Sektion gewidmet (V, 174–183); zu dessen Person vgl. oben V, 174.

Apophth. VIII, 241 datiert auf das erste Jahr des Peloponnesischen (Archidamischen) Krieges, 431 v. Chr. Der Titel gründet sich auf Er.' missverstandene Wiedergabe des Zitats. Lycosthenes druckte das irrige Apophthegma dem Titel des Er. folgend in dem Kapitel „De superstitione" (S. 1033).

766–768 *ornamenta ... reddi* Missverstandene Wiedergabe von Plut. *De vitando alieno aere* 2, *Mor.* 828B, wobei Er. von der mit Übersetzungs- und Verständnisfehlern entstellten Übertragung des Willibald Pirckheimer ausging, die Er durch weitere Missverständnisse trübte. Es stimmt keineswegs, daß Perikles den Schmuck der Pallas „für 40 Talente Gold verkauft" hätte. Perikles hat gar nichts verkauft. Der Satz stammt aus einer Rede, die Perikles am Anfang des Peloponnesischen Krieges hielt, als der erste Einfall der Spartaner in Attika kurz bevorstand (Thuc. II, 10). Perikles bereitete die athenischen Bürger auf den Krieg vor und versuchte sie zu beruhigen. Dazu gehörte, daß er die finanzielle Situation erläuterte und die Geldreserven, über die Athen verfügte, aufzählte (Thuc. II, 11–13). Dazu rechnete er auch den Goldschmuck der Statue der Pallas Athena, die Pheidias geschaffen hatte und die sich im Tempel der Athena Parthenos befand. Dieser Goldschmuck wog 40 Talente. Perikles wies darauf hin, daß er die Statue so konstruieren habe lassen, dass man den Goldschmuck im Not- und Bedarfsfall abnehmen konnte. Bei Plutarch findet sich das Zitat in einer Argumentation, in der er gegen das Nehmen von Krediten bzw. das Geldleihen plädiert. Stattdessen schlägt er für den Fall, daß liquide Mittel benötigt werden, vor, wertvolle Gegenstände aus dem eigenen Besitz zu verpfänden. In dieser Argumentation figuriert Perikles als nachahmenswertes Exempel. In seiner Übersetzung suggeriert Pirckheimer, daß der Schmuck der Göttin in der Tat abmontiert wurde und stattet diesen (vermeintlichen) Akt mit einer religiösen Perspektivierung aus: „Caeterum Pericles ille deae ornatum quadraginta auri puri talentis distrahere haud turpe duxit, quoniam, ut aiebat, illo in belli vsum consumpto, rursus non deteriorem reddere posset" (ed. Cratander, Basel 1530, fol. 166A). Er. ging davon aus und explizierte in seiner Wiedergabe das, was Pirckheimer suggerierte. Das interpretierte Er. in dem Sinn, daß Perikles den Schmuck der Pallas *verkauft* habe. Da er nicht verstand, daß „talentis" als Gewichtsangabe des Schmuckes gemeint war, kam er auf den Gedanken, daß Perikles beim Verkauf desselben 40 Talente bekommen habe. Um den griech. Plutarch-Text, worin dies nicht steht, hat sich Er. hier nicht gekümmert: καίτοι ὅ γε Περικλῆς ἐκεῖνος τὸν τῆς θεᾶς κόσμον, ἄγοντα τάλαντα τεσσαράκοντα χρυσίου ἀπέφθου, περιαιρετὸν ἐποίησεν, „ὅπως", ἔφη, „χρησάμενοι πρὸς τὸν πόλεμον αὖθις ἀποδῶμεν μὴ ἔλαττον·" (ed. Ald. S. 602); vgl. die Erwähnung des Goldschmucks der Athena Parthenos bei Thuc. II, 13, 5: ἀπέφαινε δ᾽ ἔχον τὸ ἄγαλμα τεσσαράκοντα τάλαντα σταθμὸν χρυσίου ἀπέφθου καὶ περιαιρετὸν εἶναι ἅπαν. χρησαμένους τε ἐπὶ σωτηρίᾳ ἔφη χρῆναι μὴ ἐλάσσω ἀντικαταστῆσαι πάλιν. Die Fehlangaben des Er. waren folgenreich: Sie fanden ihren Weg in die großen Wissenssammlungen des 16. und 17. Jh., z. B. in Joseph Langs *Novissima Polyanthea* (Frankfurt a.M., Lazarus Zetzners Erben, 1617, S. 1359, Kap. „De superstitione"), in Laurentius Beyerlincks *Magnum theatrum vitae humanae* (Lyon, Jean-Antoine Huguetan, 1678, Bd. VII, S. 478) oder Caspar Ens' *Epitorpidum libri* (Köln, Michael Demenius, 1648, S. 284). Auf diese Weise entstand das Bild des Kulturbarbaren Perikles, der eines der bedeutendsten griechischen Kunstwerke zerstörte, um den von ihm geführten Krieg zu finanzieren.

766–767 *talentis auri* Als Gewichtseinheit repräsentiert ein attisches Talent 26 kg. Der Goldschmuck der Pallas hatte das ungeheure Gewicht von 1040 kg. Er. hat „talentum" hier als Währungseinheit missverstanden. Als Währungseinheit wurde jedoch immer von dem Wert des Gewichtes in Silber (nicht Gold!) ausgegangen (1 Silbertalent = 60 Minen = 6000 Drachmen = 36.000 Oboloi).

⟨PERSAE⟩

770   VIII, 242   DEBERE ET MENTIRI   (Persae) [4]

Persae dicere solent esse duo peccata, quorum *prius sit esse debitorem, alterum mentiri, quod obaerati* plerunque *mentiuntur*, dum pollicentur in diem nec praestant, quod pollicentur.

⟨MESSALA⟩

775   VIII, 243   ARGVTE   (Messala Corvinus) [5]

Messala, vir *exactissimi* iudicii ac Romanae linguae *obseruanti*ssimus, *quum audisset M. Portium Latronem declamantem, dixit „sua lingua disertus est",* desiderans videlicet in eo *Latini sermonis* elegantiam, quum *ingenium* esset felix. Sed hunc Latronem Seneca [i.e. Seneca rhetor] caeteris omnibus anteponit.

771   solent *B C*: solebant *LB*.

771–772 *Persae ... mentiuntur* Paraphrasierende Wiedergabe von Plut. *De vitando aere alieno, Mor.* 829C, wobei Er. von der latein. Übers. des Willibald Pirckheimer ausging: „Equidem Persae secundum arbitrantur delictum mentiri, primum vero debitorem esse: quandoquidem qui debent, vt plurimum mentiri coguntur" (ed. Cratander, Basel 1530, fol. 166C). Vgl. den griech. Text: καίτοι Πέρσαι γε τὸ ψεύδεσθαι δεύτερον ἡγοῦνται τῶν ἁμαρτημάτων, πρῶτον δὲ τὸ ὀφείλειν· ὅτι καὶ τὸ ψεύδεσθαι τοῖς ὀφείλουσι συμβαίνει πολλάκις· ψεύδονται δὲ μᾶλλον οἱ δανείζοντες ... (ed. Ald. p. 604). *CWE* 38, S. 946 gibt als Quelle Hdt. I, 138 an; die Stelle ist zwar ähnlich, jedoch hat Er., wie auch im vorhergehenden *Apophth.* VIII, 242, als Vorlage Plut. *De vitando aere alieno* verwendet.

Apophth. VIII, 243–254 Es folgt nunmehr ein Abschnitt von 12 Sprüchen, die Er. den Werken „Senecas" entnommen hat, d.h. Senecas d.Ä., des Rhetors sowohl als d.J., des Philosophen, die Er. jedoch für ein und dieselbe Person hielt; s. Komm. unten.

M. Valerius Messala Corvinus (ca. 64 v. Chr. bis 8 n. Chr.), bedeutender röm. Politiker der augusteischen Zeit, 31 v. Chr. als Konsul Kollege des Octavian; Redner, Verf. historischer und grammatischer Schriften, Mäzen von Dichtern und selbst Dichter. Zu seinem Kreis zählten u. a. Tibull, Horaz und Ovid. Obwohl er im Bürgerkrieg zunächst auf Seiten der Caesar-Mörder stand, mit Brutus das Heereslager des Octavianus eroberte und sich nach deren Niederlage Antonius anschloss, nahm ihn Octavianus in Gnaden auf, verlieh ihm das Konsulat. In der Folge verfasste Messala polemische Schriften gegen Antonius und nahm auf der Seite Octavians an der Schlacht bei Actium teil. War Statthalter in Gallien, durfte i.J. 27 einen Triumph feiern. Vgl. W. ECK, *DNP* 12.1 (2002), Sp. 1109–1110, s.v. „Valerius", Nr. II, 16.

776–778 *Messala ... felix* Im vorbereitenden Teil paraphrasierende, im Spruchteil wörtliche Wiedergabe von Sen. *Contr.* II, 4, 8: „Fuit autem Messala exactissimi ingenii quidem in omnis studiorum partes, Latini vtique sermonis obseruator diligentissimus; itaque cum audisset Latronem declamantem, dixit: sua lingua disertus est. Ingenium illi concessit, sermonem obiecit". Porcius Latro scheint das negative Urteil Messalas zu Ohren gekommen zu sein, vgl. ebd.: „Non tulit hanc contumeliam Latro et pro Pythodoro in Messalae orationem disertissimam recitauit aeque compositam atque suasoriam de Theodoto declamauit per triduum. Quae dixerit, suo loco reddam, cum ad suasorias venero".

777 *M. Portium Latronem* M. Porcius Latro (ca. 55–4 v. Chr.) aus Spanien, einer der führenden Rhetoriklehrer und Redner der augusteischen Zeit, enger Freund Senecas d. Ält., der ihn in seinen *Controversiae* häufig zitiert. Vgl. P. Schmidt, *DNP* 10 (2001), Sp. 163, s.v. „Porcius", Nr. II, 3.

777 *sua lingua* Messalas Kritik am sprachlichen Ausdrucks Latros bezieht sich offensichtlich auf sein hispanisches Idiom („sua lingua"). Er. scheint dies nicht zu berücksichtigen.

778–779 *Sed hunc ... anteponit* Sen. *Contr.* I, praef., 13–24, insb. 13: „Latronis enim Porcii ... familiarem amicitiam cum voluptate maxima repetam. Nihil illo viro grauius, nihil suauius, nihil eloquentia [sua] dignius; nemo plus ingenio suo imperauit, nemo plus indulsit".

779 *Seneca* Der gleichnamige Vater des Philosophen L. Annaeus Seneca, heute als Seneca Rhetor bzw. Sen. d. Ä. (ca. 54 v. Chr.-ca. 39 n. Chr.) bezeichnet, ist der Verf. zweier rhetorischer Sammlungen, der *Suasoriae* und *Controversiae*, die auch im Mittelalter und in der frühen Neuzeit bekannt waren. Im Mittelalter bis ins 16. Jh. hinein herrschte jedoch Unklarheit bezüglich der Zuschreibung dieser Werke und der Autordefinition „Seneca". Manche schrieben alle unter „Seneca" überlieferten Werke einem einzigen Autor zu, andere, wie der karolingische Gelehrte Walahfrid Strabo (*Carmen* V, 35, 4), gingen davon aus, daß es zwei Autoren dieses Namens gab, wobei man die philosophischen Werke dem einen, die rhetorischen – wie es im übrigen Sache war – dem anderen zuteilte; die (von Seneca dem Philosophen verfassten) Tragödien waren über weite Strecken des Mittelalters verschollen. In der Textüberlieferung blieb in den Titeleien der rhetorischen Werke der Unterschied erhalten, indem diese mit dem Autornamen „Seneca Rhetor" bzw. „Seneca Orator et Rhetor" versehen wurden, eine Tradition, die bis in die Inkunabeldrucke hinein erhalten blieb. Z.B. tragen in der bedeutenden venezianischen Ausgabe d.J. 1492 (Gebrüder de Gregorii da Forli) die *Suasoriae* den Autornamen „Seneca Orator et Rhetor" (fol. CLXXXXV^r). Das Wiederauftauchen der Tragödien im 13. und 14. Jh. komplizierte die Zuschreibungsfrage: Man ging nunmehr zwar zumeist von zwei Autoren aus, schrieb jedoch dem einen Seneca die Tragödien zu, dem anderen die philosoph. Werke zusammen mit den rhetorischen. Diese verworrene Ausgangslage war für Er.' Haltung in der Seneca-Frage entscheidend: Für ihn ist der Autor der rhetorischen mit jenem der philosophen Werke identisch; als diesen bezeichnet er im Vorwort zu seiner Seneca-Ausgabe d.J. 1529 Seneca den *Vater*, d.h. *den Vater der Brüder Novatus, Mela und Seneca*; Seneca der Sohn ist für ihn der Autor der Tragödien, die Er. dann auch nachdrücklich aus seiner Seneca-Ausgabe ausklammert. Er.' Autor-Definition geht klar aus der Titelseite hervor, auf der er Seneca als Verf. anpreist, der zum Erlernen einerseits der *Redekunst*, andererseits der *Lebenskunst* nützlich sei (OPERA L. ANNAEI SENECAE ET AD DICENDI FACVLTATEM ET AD BENE VIVENDVM VTILISSIMA). Dementsprechend findet man im Werkverzeichnis von Er.' Ausgabe die *Suasoriae* und *Controversiae*, jedoch nicht die Tragödien. Er. betrachtete die Novatus und Mela gewidmeten philosophischen Traktate als moralische Erziehungsschriften, mit denen der strenge Vater die Söhne zum Guten belehrt habe. Er. war unbekannt, daß der Philosoph diese Schriften tatsächlich an seine Brüder richtete. Dies war im Übrigen nicht die einzige Art, die beiden Verf. mit dem Namen Seneca auseinanderzuhalten. Er.' Humanistenkollegen Raffaello Maffei (gest. 1525) und Andrea Alciato (gest. 1550) unterschieden richtig zwischen dem Rhetor (= Vater) und dem Philosophen (= Seneca d.J.); die Frage wurde engültig richtig geklärt durch die Seneca-Ausgaben des Andreas Schottus S.J. d.J. 1604 (*Senecae Rhetoris Suasoriae, Controversiae declamationumque excerpta*, Heidelberg, Commelin) und des Justus Lipsius (Antwerpen, Moretus, 1605) sowie durch eine Verhandlung in Lipsius' *Electorum libri* I, 1. Vgl. P. Walter, „‚Nihil huius praeceptis sanctius'. Das Seneca-Bild des Er. von Rotterdam", in: P. Neymeyr, J. Schmidt und B. Zimmermann (Hrsg.), *Stoizismus in der europäischen Philosophie, Literatur, Kunst und Politik. Eine Kulturgeschichte von der Antike bis zur Moderne*, Berlin-New York 2008, Bd. I, S. 501–524; W. Trillitzsch, *Seneca im literarischen Urteil der Antike. Darstellung und Sammlung der Zeugnisse*, Amsterdam 1971, 2 Bde.

⟨CASSIVS SEVERVS⟩

VIII, 244　　　　　　　　Memoria　　　　　　　(Cassius Seuerus, 6) [6]

Cassius Seuerus, quum *ex senatus consulto libri* illius [i.e. Labieni] exurerentur, „*Nunc*", inquit, „superest, vt ipse *viuus comburar, qui illos edidici*". Quod animo insculptum est, nisi cum vita eripi non potest.

⟨PINARIVS NATTA⟩

VIII, 245　　　　　　　　Facete　　　　　　　(Pinarius Natta) [7]

Montanus Atillii Butae *carmen recitabat. Quumque quidam indignaretur*, quod *toto die recitasset negaretque ad illius recitationes accedendum, Natta Pinarius ait:* „*Nunquid possum liberalius agere? Paratus sum illum audire, ab exortu* solis vsque *ad occasum*". Gaudebat enim is *poeta* subinde repetere *ortus et occasus* descriptionem. Notat autem et Horatius eos, qui ornatus gratia vel immodice vel non suo loco affectant tales descriptiones:

„*Aut flumen Rheni, aut pluuius describitur arcus*".

⟨VARVS EQVES⟩

VIII, 246　　　　　　　　Vita praepostera　　　　　　　(Varus) [8]

Quum a Montano *recitarentur versus*, quibus exortus solis describebatur, *Varus eques Romanus dixit:* „*incipit Buta dormire*". Rursus quum succederet descriptio occasus,

---

783　viuus *B C*: *om. BAS LB*.
787　Attilii *B C*: Atylii *sec. Senecae ed. Erasmianam 1529*: Acilii *sec. Sen. text. recept.*
788　Natta *scripsi sec. Sen. ed. Erasmianam 1529*: Nacta *B C BAS*.
791　Horatius *scripsi cum LB*: Oratius *B C*.

780　⟨*CASSIVS SEVERVS*⟩ In dieser Form auch im Index personarum von *B* und *C*. Zur Person des bedeutenden augusteischen Redners **Cassius Severus** (40 v.–32 n. Chr.), der sich betont kaiserkritisch gab und um d.J. 12 n. Chr. nach Kreta verbannt wurde, vgl. oben Komm. zu VI, 217. Er. widmete ihm mehrere Sprüche: IV, 153; VI, 217–218; 312; VIII, 55; 254 und 320.

782　*Cassius Seuerus ... libri* Durch einen Irrtum bzw. eine Verwechslung der figurierenden Personen entstellte Wiedergabe von Sen. *Contr.* 10 praef., 8: „Cassi Seueri, hominis Labieno inuisissimi, belle dicta res ferebatur illo tempore, quo libri Labieni ex senatus consulto comburebantur: ‚Nunc me', inquit, ‚viuum vri oportet qui illos edidici'". Der Spruch des Cassius Severus bezieht sich nicht, wie Er. behauptet, auf die Verbrennung seiner eigenen Bücher, sondern jener des Titus Labienus. Labienus hatte damals bereits Selbstmord begangen. Die Fehlangabe des Er. ist kurios: In der Quelle steht klar, daß es sich um die Bücher *des Labienus* handelte („libri Labieni ex senatus consulto comburebantur") und auch, daß

Severus und Labienus zwei verschiedene, miteinander verfeindete Personen waren („Cassi Seueri, hominis Labieno inuisissimi"). Auch in diesem Fall war der Irrtum des Er. folgenreich: Er fand seinen Weg bis in die Wissenssammlungen bis ins 18. Jh. hinein, z. B. noch in Pierre Joseph du Bois' *Eruditionis tam sacrae quam prophanae gazophylacticum* (Augsburg, Matthaeus Rieger, 1754, pars II, Kap. „De memoria", S. 165).

782 *illius* Titus Labienus, röm. Redner und Historiograph augusteischer Zeit. Wegen seiner Angriffslust wurde er scherzhaft Rabienus genannt. In seinem Geschichtswerk präsentierte er sich offen als Anhänger des Pompeius; Augustus hingegen bedachte er mit Schmähungen und unverhohlener Kritik. Das führte dazu, daß ihm wegen seiner Werke zw. 6 und 8 n. Chr. der Prozess gemacht wurde: Der Senat urteilte, daß seine gesammelten Werke öffentlich verbrannt werden sollten. Daraufhin beging Labienus Selbstmord. Vgl. D. Hennig, „Titus Labienus und der erste Majestätsprozeß de famosis libellis", in: *Chiron* 3 (1973), S. 245–253; W. Kroll, *RE* XII, 1 (1924), Sp. 270–271, „Labienus", Nr. 8; P.L. Schmidt, *DNP* 6 (1999), Sp. 1033, „Labienus", Nr. 4.

785 ⟨*PINARIVS NATTA*⟩ Im Index personarum von *B* und *C* wird die Namensform mit „Nacta Pinarius" angegeben, während Er. in seiner eigenen Seneca-Ausgabe d.J. 1529 die richtige „Natta" druckte. Die *Apophth.* VIII, 245 und 246 gehören zusammen, da sie sich beide auf die poetischen Ergüsse des Montanus beziehen und derselben Quelle Sen. *Epist.* 122 entnommen sind. **Pinarius Natta**, Ankläger des Cremutius Cordus 25 n. Chr., Handlanger des Aelius Seianus; wschl. ein Freigelassener der uralten Familie der Pinarii aus der röm. Republik. Vgl. O. Stein, *RE* XX, 2 (1950), Sp. 1401–1402, s.v. „Pinarius".

787 *Montanus* Iulius Montanus, Dichter, lebte unter Kaiser Tiberius, mit dem er befreundet war. Verfasste hexametrische und elegische Dichtung. Vgl. J.A. Richmond, *DNP* 8 (2000), Sp. 387, s.v. „Montanus".

787–789 *Montanus … occasum* Wörtliche, jedoch durch ein Textüberlieferungsproblem verworrene Wiedergabe von Sen. *Epist.* 122, 11: „Recitabat Montanus Iulius (illius *ed. Venet. 1492, fol. LXVIII*ʳ: Iulius *ed. Er. 1529, p. 264*) carmen, tolerabilis poeta (poetae *ed. Venet. 1492*: poeta *ed. Er. 1529*) et amicitia Tiberi (Tyberii *ed. Venet. 1492*; *ed. Er. 1529*) notus et frigore. Ortus et occasus libentissime inserebat. Itaque cum indignaretur quidam illum toto (tota *ed. Venet. 1492, ed. Er. 1529*) die recitasse et negaret accedendum ad recitationes eius, Natta (Nacta *ed. Venet. 1492*: Natta *ed. Er. 1529*) Pinarius ait: ‚Nunquid possum liberalius (liberalius possum *ed. Er. 1529*: liberalis possum *ed. Venet. 1492*) agere? Paratus sum illum audire ab ortu ad occasum'".

787 *Montanus … recitabat* **Montanus** deklamierte nicht ein Gedicht des Präfekten Acilius Butas, der sich ja schriftstellerisch nicht betätigte und ein roher Soldat war (zu dessen Person vgl. oben Komm. zu VIII, 235), sondern natürlich den von ihm selbst verfassten Text. Der Irrtum entstand dadurch, daß Er. eine ältere Seneca-Ausgabe benutzte, etwa die Ausgabe Venedig 1492, die statt „Iulius" „illius" hatte: Davon ausgehend bezog Er. „illius" auf Acilius Butas. Vgl. auch den Komm. zu *CWE* 38, S. 947: „Erasmus has muddled the episode. Montanus is reciting his own poem. Attilius belongs to the next anecdote". Kurios ist allerdings, daß Er. in seiner eigenen Seneca-Ausgabe d.J. 1529 den richtigen Text „Iulius" druckte. Der Irrtum des Er. war wiederum folgenreich: Die Personenverwechslung wurde von Lycosthenes (S. 881: „Montanus Attilii Butae carmen recitabat") übernommen und fand Eingang in die großen Wissenssammlungen des 16. und 17. Jh., z.B. in Joseph Langius' *Polyanthea nova* (Frankfurt a.M., Lazarus Zetzner, 1612, S. 922).

793 *Aut flumen … arcus* Hor. *Ars* 18.

Varus, Anhänger des Marcus Vinicius, welcher mit Aelius Seianus verbunden war. Vinicius und seine Gattin Julia wurden von Messalina ermordet. Vgl. W. Eck, *DNP* 12.1 (2002), Sp. 236–237, s.v. „Vinicius".

794 ⟨*VARVS EQVES*⟩ In dieser Form im Index personarum von *B* und *C*.

796–799 *Quum a Montano recitarentur … vitam* Stark gekürzte, jedoch in den Spruchteilen wörtliche Wiedergabe von Sen. *Epist.* 122, 12–13: „Cum hos versus recitasset ‚Incipit ardentes Phoebus producere flammas,/ Spargere se rubicunda dies, iam tristis hirundo,/ Argutis reditura (redit usa *ed. Venet. 1492, fol. LXVIII*ʳ) cibos immittere nidis,/ Incipit et molli partitos ore ministrat', Varus eques Romanus, M. (M. om. *ed. Venet. 1492, ed. Er. 1529 p. 264*) Vinicii (vicini *ed. Venet. 1492*: *ed. Er. 1529*) comes, cenarum bonarum assectator, quas improbitate linguae merebatur, exclamauit: ‚Incipit Buta dormire'. Deinde cum subinde recitasset: ‚Iam sua pastores stabulis armenta locarunt,/ Iam dare sopitis nox pigra silentia terris,/ Incipit', idem Varus inquit: ‚Quid dicis? (dicit *edd. vet., e.g.*

„*Quid dicit?*", inquit, „*Iam nox est? Ibo et Butam salutabo*", eodem scommate taxans et affectatum carminis decus et Butae praeposteram vitam.

⟨DEMETRIVS CYNICVS⟩

VIII, 247   Prosperitas perpetva   (Demetrius Cynicus, 2) [9]

Demetrius dicere solet *nihil sibi videri infelicius eo, cui nihil* in vita accidisset *aduersi*, quod oporteat talem hominem aut sibi ignotum esse, vt qui nunquam sui periculum fecerit, aut *diis* inuisum, vt quem praeterierint velut *ignauum* nec idoneum ad *fortunae* conflictum.

VIII, 248   Advlatio   (Demetrius Cynicus, 3) [10]

Libertinus quidam praediues aiebat [i.e. Demetrius Cynicus] *sibi facilem fuisse viam ad diuitias*, posteaquam *poenituerat* ipsum *bonae mentis*. Sed hanc illiberalem vocem Demetrius grauiter castigauit, apud Senecam, per ironiam ostendens commodissimam ad parandas opes viam, si quam impudentissime aduletur.

---

802   solet *B C*: solebat *LB*.

Venet. *1492*) Iam nox est? Ibo et Butam salutabo.' Nihil erat notius hac eius vita in contrarium circumacta; quam, vt dixi, multi eodem tempore egerunt".

798   dicit   „dicit", wie in den älteren Seneca-Ausgaben, während sich im modernen *textus receptus* Varus an den Dichter wendet („dicis").

800   DEMETRIVS CYNICVS   In dieser Form im Index nominum von *B* und *C*. Für den mit Seneca befreundeten kynischen Philosophen **Demetrios aus Korinth** vgl. oben Komm. zu VIII, 194. Demetrius gehörte zum Kreis des stoischen Prinzipatskritikers Thrasea Paetus und betrug sich ebenso kritisch; schließlich wurde er von Vespasian durch Verbannung auf eine Insel bestraft. Für Demetrios den Kyniker vgl. *Apophth.* VIII, 194, 248 und 309.

802–805   *Demetrius … fortunae*   Freie, paraphrasierende und prägnant gestaltete Wiedergabe von Sen. *Prov.* 3, 3: „Inter multa magnifica Demetri (Demetrii *ed. Venet. 1492, fol. CXXXVI*ʳ*; ed. Er. 1529, p. 274*) nostri et haec vox est, a qua recens sum; sonat adhuc et vibrat in auribus meis: ‚Nihil', inquit, ‚mihi uidetur infelicius eo, cui nihil umquam euenit aduersi'. Non licuit enim illi se experiri. Vt (Vbi *ed. Venet. 1492; ed. Er. 1529*) ex voto illi fluxerint (fluxerunt *ed. Venet. 1492; ed. Er. 1529*) omnia, vt ante votum, male tamen de illo dii iudicauerunt. Indignus visus est, a quo vinceretur aliquando fortuna, quae ignauissimum quemque refugit …"; eine ähnl. Stellungnahme des Demetrius zeichnete Seneca in Sen. *Epist.* 67, 14 auf.

806   Adulatio   Er. hat den Spruch falsch verstanden, nämlich als Stellungnahme des Demetrius gegen die Schmeichelei. Vgl. Komm. unten. Der Titel des nächstfolgenden Spruches, „Adulatio vtilis" wäre zutreffender gewesen.

807–810   *Libertinus … aduletur*   Zusammenfassende, jedoch völlig missverstandene und durch Verwechslung der Akteure entstellte Wiedergabe von Sen. *Nat.* IVa, praef. 7–9: „Demetrium egregium uirum memini dicere cuidam libertino potenti facilem sibi esse ad diuitias viam, quo die paenituisset bonae mentis. ‚Nec inuidebo', inquit, ‚vobis hac arte, sed docebo eos, quibus quaesito opus est, quemadmodum non dubiam fortunam maris, non emendi vendendique litem subeant, non incertam fidem ruris (incerta fide iuris *ed.*

Venet. 1492, fol. CLXXXIII^r), incertiorem fori, temptent, quemadmodum non solum facili sed etiam hilari via pecuniam faciant gaudentesque despolient'. [8] ‚Te', inquit, ‚longiorem Fido Annaeo iurabo et Apollonio pycte, quamuis staturam habeas pithecii cum Thraece compositi. Hominem quidem non esse ullum liberaliorem non mentiar, cum possis uideri omnibus donasse quicquid dereliquisti'. [9] ‚Ita est, mi Iunior: quo apertior est adulatio, quo improbior, quo magis frontem suam perfricuit, cecidit alienam, hoc citius expugnat. Eo enim iam dementiae uenimus, ut qui parce adulatur, pro maligno sit'".

807 *Libertinus ... aiebat* Er. meinte irrtümlich, daß hier der „mächtige Freigelassene" spricht und daß Demetrius seine Worte scharf tadelte. Es ist unrichtig, daß der Freigelassene vorgeschlagen habe, durch die Hintenanstellung der Scham reich zu werden, und daß Demetrius dies entrüstet abgewiesen habe. Die Worte stammen vielmehr sämtlich von Demetrius, der eine kleine Ansprache hält und auf kynische Weise zu schamloser, schrankenloser Schmeichelei rät, wenn man irgend Reichtum erwerben wolle, und der insbesondere darauf hinweist, daß dieser Weg, Reichtum zu erwerben, nicht nur der sicherste, sondern zudem der bequemste sei. Im Anschluss daran demonstriert er, daß die unverschämtesten, übertriebensten Schmeicheleien am erfolgreichsten seien und das meiste Geld einbringen würden. Man soll dem Objekt der Schmeichelei vormachen, es sei größer als der Faustkämpfer Apollonius, auch wenn es kleiner ist als ein Affe; jeder wird darauf hereinfallen und alle werden dir freiwillig geben, was sie besitzen.

⟨CRISPVS PASSIENVS⟩

VIII, 249   Advlatio vtilis   (Sallustius Crispus Passienus) [11]

Crispus Passienus dicebat adulationi non esse claudendum ostium, sed aperiendum, verum vt solet amicae, quae si impulit, grata est, gratior, si effregit. Sensit non probandos eos, qui prorsus non ferunt vllam adulationem, quam vt affectare turpe est, ita ingerentem se non oportet omnino repellere. Prodest enim in hoc, vt homo perspiciat, qualis esse debeat.

⟨PLANCVS⟩

VIII, 250   Advlatio tecta   (Plancus) [12]

Plancus aiebat non esse occulto aut *dissimulate blandiendum*, quod *periret procacia* [i.e. procari], *si lateat*. Fortasse pro „procacia", quod erat scriptum, legendum est „procatio", vt sit sensus: adulator vt procus captat gratiam; procus autem si tam tecte ambiat, vt puella non sentiat, perdit operam.

---

814 aperiendum *B C ut in Sen. Nat. edd. vett. et ed. Erasmiana 1529*: operiendum *Sen. text. recept.*

C. Sallustius Crispus Passienus (gest. u. 47 n. Chr.), Großneffe des Historikers Sallust; verheiratet mit Neros Tante Domitia, von der er sich 41 n. Chr. trennte, um Agrippina d.J. zu heiraten. Röm. Politiker, Redner, Schriftsteller und Philosoph, mit Seneca befreundet. Konsul i.d.J. 27 und 44, Prokonsul der Provinz Asia 42/3; starb ca. 47, vermutlich vergiftet von seiner Frau Agrippina. Vgl. R. Hanslik, *RE* IX, 2 (1942), Sp. 2097–2098, s.v. „Passienus"; M. Ducos, „Passienus (C. Sallustius Crispus)", in: R. Goulet (Hrsg.), *Dictionnaire des philosophes antiques*, Bd. 5,1 (2012), S. 177–179.

811 ⟨*CRISPVS PASSIENVS*⟩ In dieser Form auch im Index personarum von *B* und *C*.

814–815 *Crispus Passienus … effregit* Verworrene, durch Textüberlieferungsprobleme getrübte, insgesamt völlig missverstandene Wiedergabe von Sen. *Nat.* IVa praef. 6: „Crispus Passienus, quo ego nil cognoui subtilius in omnibus quidem (quidem *deest in edd. vett., etiam in ed. Er. 1529*) rebus, maxime in distinguendis et curandis uitiis, saepe dicebat adulationi (adulationi *ed. Er. 1529 p. 446, text. recept.*: adulationibus *ed. Venet. 1492, fol. CLXXXII^v*) ⟨nos⟩ (nos *deest in edd. vett., etiam in ed. Er. 1529*: nos *suppl. Muretus; Lipsius*) non claudere (opponere, non claudere *Lipsius*) ostium, sed operire (aperire *edd. vett., etiam ed. Er. 1529*: operire *corr. Muretus*: sed aperire *del. Lipsius*), et quidem sic, quemadmodum opponi amicae (amicae *ed. Er. 1529, text. recept.*: amico *ed. Venet. 1492*) solet. Quae, si impulit, grata est; gratior, si effregit".

814 *non esse … ostium* Er. hat den Spruch, wie auch seine Erklärung zeigt, insgesamt missverstanden: Passienus stellt das Verhalten, das er beschreibt, keinesfalls als ethisch erstrebenswert dar, sondern er *tadelt es, indem er es entlarvt*. Der Kern seiner Kritik ist: Gemeinhin lehnen wir Schmeichelei ab, jedoch immer nur halbherzig (genauso wie wir vorgeben, einer Geliebten den Einlass zu verweigern; so etwas ist nicht ernst gemeint). Natürlich hat Passienus nicht gesagt (wie Er. meinte), daß man Schmeichelei halbherzig ablehnen

sollte. Zu dem Missverständnis trug zum einen bei, daß in Er.' Seneca-Text (vgl. auch seine eigene Ausgabe d.J. 1529) „nos" fehlte, sodaß nicht ganz klar war, daß es um *unser* Verhalten ging, zum anderen daß die älteren Seneca-Ausgaben „aperire" lesen, was einen konträren Sinn ergibt. Die korrupt überlieferte Seneca-Stelle ist erst durch Muretus geheilt worden, der „nos" ergänzte und „aperire" zu „operire" verbesserte.

814 *aperiendum* Indem Er. die korrupte Lesart seiner Seneca-Ausgabe d.J. 1529, „aperire", in einen ethischen Imperativ („aperiendum") verwandelt, entsteht ein doppelt konträrer Sinn: Erstens ist die Aufforderung kurios, daß man der Schmeichelei „die Tür öffnen solle", zweitens ist unverständlich, wieso eine Freundin eine Tür aufbrechen sollte, die offensteht (?). Die Korrektur des Muretus ist stichhaltig: Gemeint ist, daß wir der Schmeichelei nicht die Türe *gänzlich verschließen* („claudere", mit Türschloss und Schlüssel), sondern nur *zustellen* (z.B. durch einen größeren oder schweren Gegenstand, der von innen vor die Türe geschoben wird). Auf die Geliebte bezogen bedeutet das, daß man es gerne hat, wenn es ihr geling, die Tür aufzuschieben, jedoch noch lieber, wenn sie noch mehr Gewalt anwendet und die Tür gleich aus den Angeln reißt.

815–818 *Sensit ... debeat* Die Erklärung des Er. ist hinfällig: Aus ihr geht nur hervor, daß er die Stelle falsch verstanden hat. Es kann keine Rede davon sein, daß Passienus fordert, man solle Schmeichelei zulassen.

821 *Plancus* Es läßt sich nicht mit Sicherheit bestimmen, um welchen Plancus es geht, der ein notorischer Schmeichler gewesen sein soll. Das cognomen Plancus war in der gens Munatia erblich (vgl. K.-L. Elvers, DNP 9 [2000], Sp. 1064, s.v. „Plancus"). Corcoran (Loeb-Ausg., Bd. II, S. 5, Anm. 1) identifiziert vorl. Plancus als L. Munatius Plancus, den Konsul d.J. 13 n. Chr.; jedoch fehlt jeglicher konkreter Hinweis, daß er ein *adulator* gewesen sei; die Tatsache, daß er während fast der gesamten Regierungszeit des Tiberius Statthalter der Prov. Pannonien war (15–37 n. Chr.) und also eben nicht in Rom weilte, spricht dagegen. Für diesen Munatius vgl. W. Eck, DNP 8 (2000), Sp. 472, s.v. „Munatius", Nr. II, 6. Die Identifizierung des Plancus hängt mit jener des in den Handschriften in unterschiedlichen Formen überlieferten „Villeius" zusammen, der vor jenem Plancus ein auffälliger *adulator* gewesen sein soll. Es erscheint plausibel, diesen als Velleius Paterculus (ca. 20 v. Chr.-nach 30 n. Chr.) zu identifizieren, dessen Geschichtswerk allgemein als Schmeichelei gegenüber Kaiser Tiberius angesehen wurde. Der in Sen. *Nat.* IVa, praef. 5 erwähnte Schmeichler Plancus muss also vor Velleius Paterculus in Rom sein Unwesen getrieben haben. Es ist nicht auszuschließen, daß es sich um ein älteres Familienmitglied der *gens Munatia* als den Konsul von 13 n. Chr. handelte, etwa um den glänzenden Redner und opportunistischen Politiker L. Munatius Plancus (um 87–um 15 v. Chr.), der im Bürgerkrieg mehrfach die Seiten wechselte und den Inhalt von Antonius' Testament verriet, um bei Octavian zu reüssieren. Es war jener Plancus, der im Senat den Antrag stellte, Octavian den Ehrentitel des „Augustus" zu verleihen. Für diesen Plancus vgl. R. Hanslik, *RE* XVI, 1 (1933), Sp. 545–551, s.v. „Munatius", Nr. 30; W. Eck, *DNP* 8 (2000), Sp. 469–471, s.v. „Munatius", Nr. I, 4. Im Index personarum von *B* und *C* wird der Plancus des vorl. *Apophth.* mit jenem Plancus, dem Überläufer zu Octavian, identifiziert, dem Er. das *Apophth.* VI, 429 widmete. Vgl. Komm. Ad loc.

821–822 *Plancus ... lateat* Durch eine Verlesung sinnentstellte Wiedergabe von Sen. *Nat.* IVa, praef. 5: „Plancus (Plancus *ed. Er. 1529, p. 446*: plaucus *ed. Venet. 1492, fol. CLXXXII*ᵛ), artifex ante Villeium (Villeium *codd. H, G, P; ed. Buechler*: Vileum *ed. Venet. 1492*: Villeum *ed. Er. 1529, plures codd.*: Vitellium *cod. Z*) maximus, aiebat non esse occulte nec ex dissimulato blandiendum: ,Perit', inquit, procari, ,si lateat'".

821 *procacia* Lycosthenes übernimmt den Spruch samt der falschen Angaben, wobei er „procacia" zu „procatia" verschlimmbessert (S. 13).

822 *„procacia", quod erat scriptum* Eine merkwürdige textkritische Bemerkung des Er., der behauptet, daß in seinem Textzeugen der *Naturales quaestiones* an vorl. Stelle „procacia" stand: in den Handschriften, den ältesten Drucken sowie in Er.' eigener Ausgabe d.J. 1529 wird einhellig „procari" überliefert. Er. muss sich verlesen haben, indem er ein „ri" für „cia" ansah; „procacia" (Zudringlichkeit, Aufdringlichkeit, Frechheit), das Er. im Text des *Apophth.* druckt, ergibt keinen rechten Sinn. Für das seltene Wort „proco" bzw. „procor" („fordern, verlangen") vgl. *DNG* II, Sp. 3856; die Deponensform „procor" findet sich sonst nur bei Cic. *Rep.* IV, 6. Er. lehnt die (auf einer Verlesung beruhende) und eigentlich nicht relevante Lesart „procacia" ab; sein Vorschlag „procatio" (Brautwerbung) ist jedoch keine überzeugende Verbesserung.

⟨PORTIVS LATRO⟩

825

VIII, 251   Salse   (Portius Latro) [13]

Latro Portius, cuius ingenium supra modum miratur Seneca [i.e. Seneca pater] – fuit enim illi *condiscipulus*, quum Maxillus [i.e. Marullus] rhetor exilitatem orationis suae imputaret controuersiae diceretque „Necesse est me per spinosum locum ambulantem suspensos habere pedes", „Non me hercule", inquit, „tui pedes spinas calcant, sed habent"; nam alter ariditatem ingenii imputauit materiae.

830

⟨ASINIVS POLLIO⟩

VIII, 252   Coacta   (Asinius Pollio, 3) [14]

Asinius Pollio dicebat in causa verecunda nunquam tentari debere improbam quaestionem. Notauit rhetores, qui in declamando *mouerent quaesiones* nihil ad causam facientes.

835

⟨OSCVS [i.e. MOSCHVS] RHETOR⟩

VIII, 253   Affectatio   (Moschus rhetor) [15]

Oscus rhetor erat non infacundus, sed illud dictionem illius viciabat, quod *nihil diceret* absque *schemate*. Cui quum *Pacatus rhetor Massiliae mane occurrisset,* „Poteram", inquit, „dicere: aue, Osce".

840

Schematum affectatorem *salutauit schemate,* quum nusquam minus locus sit schemati quam in quotidiana vulgarique salutatione. Per Ironiam itaque vsus est occupatione, vt diceret, quod non dicebat, quum sine tropo dicere posset „aue Osce".

⟨CASSIVS SEVERVS⟩

845

VIII, 254   Fvrta sententiarvm   (Cassius Seuerus, 7) [16]

Seuerus Cassius, qui *alienas sententias* paucis immutatis vocibus vsurparent pro suis, dicere solet eos esse *similes furibus*, qui *poculis alienis mutarent ansas*, ne possent agnosci.

---

828 Maxillus *B C*: Marillus *Sen. Rhet. edd. vett.*:   848 solet *B C*: solebat *LB.*
     Marullus *Sen. Rhet. text. recept.*   848 possent *B*: poscent *C.*

825 ⟨*PORTIVS LATRO*⟩ In dieser Form auch im Index personarum von *B* und *C*. Zu dem aus Hispania stammenden Redner und Rhetoriklehrer **M. Porcius Latro** (ca. 55–4 v. Chr.) vgl. oben Komm. zu VIII, 243.

827–830 *Latro … habent* Im einleitenden Teil abweichende, im Spruchteil wörtliche Wiedergabe von Sen. *Contr.* 1, praef. 22: „Hoc quoque Latro meus faciebat, vt sententias amaret. Cum condiscipuli essemus apud Marullum rhetorem, hominem satis aridum, paucissima belle, sed non vulgato genere dicentem, cum ille exilitatem orationis suae imputaret controuersiae et diceret: ‚Necesse me est per spinosum locum ambulantem suspensos pedes ponere‘, aiebat Latro: ‚Non mehercules tui pedes spinas calcant, sed habent‘; et statim ipse dicebat sententias, quae interponi argumentis cum maxime declamantis Marulli possent".

828 *Maxillus* Es handelt sich um einen Textübertragungsfehler der Namensform „Marillus" oder „Maryllus", die die älteren Seneca-Rhetor-Ausgaben überlieferten. Dabei handelt es sich um **Marullus aus Corduba**, den Rhetoriklehrer von Porcius Latro und Seneca pater. Vgl. P. Schmidt, *DNP* 7 (1999), Sp. 968, s.v. „Marullus", Nr. 1; J. Fairweather, *Seneca the Elder*, Cambridge 1981, S. 256–257. In seiner Wiedergabe des *Apophth.* lässt Er. die wichtige Information aus, daß Maxillus der Rhetoriklehrer der figurierenden Personen war.

832 *ASINIVS POLLIO* In dieser Form auch im Index personarum von *B* und *C*. Zu dem Politiker, Redner, Dichter und Kulturmäzen **C. Asinius Pollio** vgl. oben Komm. zu VIII, 140.

834–835 *Asinius Pollio … quaestiones* Stark gekürzte, vom Kontext entfremdete, auf den Spruchteil reduzierte Wiedergabe von Sen. *Contr.* VII, 4, 3: „BVTEO fatuam quaestionem mouerat primam … Res est ineptior quam vt coarguenda sit, itaque transeo; illud vnum quod dicebat Pollio ASINIVS referam: numquam debere temptari in causa verecunda inprobam quaestionem".

837 *OSCVS RHETOR* In dieser Form im Index personarum von *B* und *C*. Es handelt sich um den Rhetor **Volcacius Moschus**. Oscus ist wohl keine fehlerhafte Übernahme des Er., da diese Namensform in der Überlieferung häufig auftritt. Über besagten Volcacius Moschus ist außer den Vermeldungen bei Seneca Rhetor wenig bekannt.

839–841 *Oscus … Osce* Stark gekürzte, paraphrasierende, im Spruchteil wörtliche Wiedergabe von Sen. *Contr.* 10, praef. 10: „MOSCHVS (Moschus *ed. Wright*: Oscus *ed. Kiessling*) non incommode dixit, sed sibi ipse nocuit; nam dum nihil non schemate dicere cupit oratio eius non figurata erat, sed praua. Itaque non inurbane PACATVS rhetor, cum illi Massiliae mane occurrisset, schemate illum salutauit: ‚Poteram‘, inquit, ‚dicere: aue, Mosche‘".

840 *Pacatus rhetor* Über diesen Redner des 1. Jh. n. Chr. ist nichts Näheres bekannt.

840–841 *„Poteram", inquit, „dicere* Für die Stilfigur der Ironie, die in Wendungen wie „possum … dicere" zum Ausdruck gebracht wird, vgl. Quint. *Inst.* IX, 2, 47–48; „possum … dicere" wird z.B. von Cic. *Cael.* 53 verwendet.

845 ⟨*CASSIVS SEVERVS*⟩ In dieser Form im Index personarum von *B*, „Seuerus Cassius" in jenem von *C*. Zur Person des kaiserkritischen Redners Cassius Severus (40 v.–32 n. Chr.), der nach Kreta verbannt wurde, vgl. oben Komm. zu VI, 217. Er. widmete ihm weiter *Apophth.* VI, 217–218; 312; VIII, 55; 244 und 320.

847–848 *Seuerus Cassius … ansas* Sen. *Contr.* X, 5, 20: „Hos aiebat SEVERVS CASSIVS, qui hoc facerent, similes sibi videri furibus alienis poculis ansas mutantibus. Multi sunt, qui detracto verbo aut mutato aut adiecto putent se alienas sententias lucri fecisse".

850 ⟨DEMONAX CYNICVS⟩

VIII, 255   CLEMENTIA   (Demonax Cynicus, 3) [17]

Demonax dicebat nequaquam hominibus irascendum esse, si *delinquerent, sed* corrigenda vicia [i.e. ignoscendum], nimirum *exemplo medicorum, qui non indignantur aegrotis, sed morbo medentur. Nam hominis est peccare, dei vero aut hominis deo pro-*
855 *ximi, emendare peccata.*

VIII, 256   SVPERSTITIO   (Demonax Cynicus, 4) [18]

Accusatus, *quod nunquam sacrificasset Mineruae, „Nunquam"*, inquit, *„existimaui illi meis victimis opus esse"*, notans ineptam vulgi superstitionem, qui putabat deos hostiarum nidore delectari.

860 VIII, 257   ORATIO MODVLATIOR (Demonax Cynicus, 5) [19]

Idem *Fauorini dictionem* vt nimium compositam ac *mulieri congruentiorem quam philosopho* solet dicteriis incessere. Id indigne ferens Fauorinus *adiit* Cynicum *percontans, quis* esset ille, a quo *derideretur. „Homo"*, inquit, *„cuius auribus difficile est imponere"*. Philosophum, vt vestis neglectior ita et oratio decet inaffectata.

865 VIII, 258   CYNICE   (Demonax Cynicus, 6) [20]

Rogatus a sophista quopiam [i.e. ab eodem], *quod viaticum attulisset ad philosophiam*, admodum Cynice *respondit „ὄρχεις"*, id est, „testes", significans se nudum accessisse.

---

861 Fauorini *scripsi (cf. supra)*: Phauorini *B C LB*.   862 Fauorinus *scripsi*: Phauorinus *B C LB*.
862 solet *B C*: solebat *LB*.   867 ὄρχεις *scripsi*: ὀρχεῖς *B C LB*.

Apophth. VIII, 255–289 Es folgt nunmehr eine längere Sektion von deren Spruchspender der kynische Philosoph **Demonax von Kypros** (ca. 70–170 n. Chr.) ist, der ab ca. 100 in Athen wirkte. Als Quelle benutzte Er. die Gedenkschrift, die dessen selbsternannter Schüler Lukian (um 120–vor 180) verfasste. Diese Gedenkschrift stellt bereits eine Apophthegmensammlung dar, die Er. zu einem ansehnlichen Teil ins Lateinische übertrug. Im achten Buch hatte Er. dem Demonax bereits zwei Sprüche gewidmet (VIII, 229 und 240), die er derselben Sammlung entnommen hatte.
850 *DEMONAX CYNICVS* In dieser Form im Index personarum von *B* und *C*.

851 *Clementia* Kein optimaler Titel für vorl. *Apophth.*, weil dadurch eine Herrschertugend bezeichnet wird (z.B. die Haupttugend des Diktators Caesar); „Indulgentia", „Ignoscentia" oder vielleicht auch „Tranquillitas animi" wäre angemessener gewesen. Lycosthenes druckte VIII, 255 im Kapitel „De clementia" (S. 152).
852–855 *Demonax ... peccata* Schlampige und simplifizierende Übers. des Er. von Lucian. *Demon.* 7: οὐδέποτε γοῦν ὤφθη κεκραγὼς ἢ ὑπερδιατινόμενος ἢ ἀγανακτῶν, οὐδ᾽ εἰ ἐπιτιμᾶν τῳ δέοι, ἀλλὰ τῶν μὲν ἁμαρτημάτων καθήπτετο, τοῖς δὲ ἁμαρτάνουσι συνεγίνωσκεν, καὶ τὸ παράδειγμα παρὰ τῶν ἰατρῶν ἠξίου λαμβάνειν τὰ μὲν νοσήματα ἰωμένων, ὀργῇ δὲ πρὸς τοὺς νοσοῦν-

τας οὐ χρωμένων· ἡγεῖτο γὰρ ἀνθρώπου μὲν εἶναι τὸ ἁμαρτάνειν, θεοῦ δὲ ἢ ἀνδρὸς ἰσοθέου τὰ πταισθέντα ἐπανορθοῦν. Luck *WdH*, Frgm. 767 [7] (S. 383).

852 *nequaquam hominibus irascendum esse* Er.' Übersetzung ist ungenau: Der griech. Originaltext besagt, daß Demonax niemals seine Stimme erhob oder sich groß aufregte, nicht einmal, wenn er in ein Streitgespräch verwickelt war und es darum ging, jemanden zu widerlegen (sich somit anders betrug, als es in der griech. Kultur, in der man das Streitgespräch pflegte, gebräuchlich war). Er. jedoch schreibt, Demonax habe die Lehre verkündet („dicebat"), man dürfe Leuten, wenn sie einen Fehler machen, nicht zürnen („nequauam irascendum esse, si delinquerent").

854–855 *Nam hominis est … peccata* Dies wirkt wie eine erläuternde Bemerkung des Er., stellt aber tatsächlich eine Sentenz des Demonax dar.

857–858 *Quod … esse* Großteils wörtliche Übertragung von Lucian. *Demon.* 11: πρὸς μὲν γὰρ τὸ μὴ τεθυκέναι πώποτε τῇ Ἀθηνᾷ, „Μὴ θαυμάσητε", ἔφη, „ὦ ἄνδρες Ἀθηναῖοι, εἰ μὴ πρότερον αὐτῇ ἔθυσα, οὐδὲν γὰρ δεῖσθαι αὐτὴν τῶν παρ᾽ ἐμοῦ θυσιῶν ὑπελάμβανον". Luck *WdH*, Frgm. 767 [11] (S. 384).

861 *Fauorini* Der Sophist **Favorinus von Arles** (um 80/90–ca. 150). Zu seiner Person vgl. oben Komm. zu VI, 189 und VIII, 8.

861 *Fauorini* Die kuriose Schreibweise des genuin lateinischen Namens als „Phavorinus" hat sich bei der Übertragung des griech. Textes eingeschlichen und geht wohl auf das Konto des Er.; in den *Apophthegmata* schrieb Er. sonst immer „Fauorinus" (VI, 189; VIII, 8–9 und 22); die kuriose Form „Phavorinus" findet sich auch zweimal in den Adagien (764 [*ASD* II, 2, S. 288] und 1644 [*ASD* II, 4, S. 116]), wobei sie jedoch jeweils der benutzten Quelle (Gellius, *edd. vett.*) geschuldet ist.

861–864 *dictionem … imponere* Paraphrasierende, in Bezug auf die rhetorischen Termini nur ungenaue Wiedergabe von Lucian. *Demon.* 12: ἐπεὶ γὰρ ὁ Φαβωρῖνος ἀκούσας τινὸς ὡς ἐν γέλωτι ποιοῖτο τὰς ὁμιλίας αὐτοῦ καὶ μάλιστα τῶν ἐν αὐταῖς μελῶν τὸ ἐπικεκλασμένον σφόδρα ὡς ἀγεννὲς καὶ γυναικεῖον καὶ φιλοσοφίᾳ ἥκιστα πρέπον, προσελθὼν ἠρώτα τὸν Δημώνακτα, τίς ὢν χλευάζοι τὰ αὐτοῦ· „Ἄνθρωπος", ἔφη, „οὐκ εὐαπάτητα ἔχων τὰ ὦτα". Luck *WdH*, Frgm. 767 [12] (S. 384).

861 *dictionem vt nimium compositam* Was den rhetorischen Inhalt betrifft, unspezifische Darstellung des Er.; im griech. Original steht nicht, daß Demonax den Favorinus pauschal verspottet hätte, weil sein Redestil „zu gekünstelt" wäre, sondern spezifisch, daß Favorinus beim Reden innerhalb der einzelnen Satzglieder allzu nachdrücklich (σφόδρα) „rhythmisch singe" (τὸ ἐπικεκλασμένον), wie wenn er ein Lied vortragen würde. Dieses rhythmische „Singen" verurteilte Demonax als „ordinär" bzw. billig (ὡς ἀγεννὲς), weibisch (γυναικεῖον) und insbesondere ungehörig bei der Behandlung philosophischer Themen.

866–867 *Rogatus … „ὄρχεις"* Durch einen Verständnisfehler getrübte Übers. von Lucian. *Demon.* 12: ἐγκειμένου δὲ τοῦ σοφιστοῦ καὶ ἐρωτῶντος, „τίνα δὲ καὶ ἐφόδια ἔχων, ὦ Δημῶναξ, ἐκ παιδείας εἰς φιλοσοφίαν ἥκεις;" „Ὄρχεις", ἔφη. Luck *WdH*, Frgm. 767 [12] (S. 385).

866 *quopiam* Er. hat kurioserweise nicht verstanden, daß der im griech. Text angeführte ἐγκειμένου δὲ τοῦ σοφιστοῦ derselbe ist, der im vorhergehenden Satz figurierte, nämlich Favorinus. Die Sprüche VIII, 257 und 258 gehören zusammen, sind Teil eines kleinen Dialogs zwischen Favorinus und Demonax. Da der Witz auf Favorinus' Status als Eunuch abzielt, ist die Information, daß es um Favorinus geht, essentiell.

867 *significans … accessisse* Er. erklärt den Spruch damit, daß, da der Kyniker nackt einhergehe, man seine Hoden sehen könne. Diese Erklärung trifft nicht das Richtige; Er. hat nicht verstanden, daß die Bemerkung darüber, daß er „Eier" habe, als Verspottung des Favorinus gemeint war, der als Eunuch keine Hoden hatte.

608   APOPHTHEGMATVM LIBER OCTAVVS

VIII, 259   BARBA NON FACIT   (Demonax Cynicus, 7) [21]
                            PHILOSOPHVM

870   Alteri [i.e. eidem alias] *percontanti, quam philosophiae sectam potissimum amplectere-
      tur,* „*Quis*", inquit, „*tibi* indicauit *me esse philosophum?*", *moxque vehementer secum
      ridens abiit. Interrogatus, quid rideret,* „An non magnopere *ridiculum*", inquit, „*si tu
      me ex barba iudicas* philosophum, *ipse barbam non habens?*".

VIII, 260   SALSE   (Demonax Cynicus, 8) [22]

875   *Adolescenti* lasciuius cultu, qui *quaestionem sophisticam proposuerat*, nihil aliud
      respondit quam, „Περαίνη, ὦ παῖ". Vox anceps est ad conficientem, quod colligit, et
      ad obscoenum sensum. *Quumque adolescens indignatus respondisset* „At *ego tibi virum
      ostendam!*", *Demonax* admiranti similis „Quid?", inquit, „*Num etiam virum habes?*".

VIII, 261   TOLERANTER   (Demonax Cynicus, 9) [23]

880   *Athleta quidam ab eo* reprehensus, *quod victor in Olympiis cultu* molli *florido*que
      vteretur, *lapidem illi incussit in caput, ita vt sanguis ex vulnere proflueret.* Id factum
      indigne ferentes qui aderant, hortati sunt, *vt adiret proconsulem.* „Nequaquam", inquit,
      „*o viri, ad proconsulem, sed ad medicum* potius". Prius esse debet homini, vt malo
      accepto medeatur, quam vt regerat in alterum.

885   VIII, 262   LIBERE   (Demonax Cynicus, 10) [24]

      Proteo cuidam *obiicienti, quod* morderet omnes nec tamen Cynicum viueret,
      „Amice", inquit, „*non viuis hominem*".

---

876 περαίνη *B C*: περαίνει *Luciani Dem. text.
recept.*, περαίνη *LB*.

868–869 *Barba … philosophum* Apophth. VIII, 259 ist ein Gegenstück zu *Adag.* 195 „Barbae tenus sapientes" (*ASD* II, 1, S. 298): „Sic appellantur, qui praeter barbam et pallium nihil habent philosophi". Vgl. auch *Adag.* 1795 „Tragica simia" (*ASD* II, 4, S. 210): „Conuenit in eos, qui barba pallioque philosophos se profitentur". Dort zitiert Er. Plut. *Mor.* 352C, eine Stelle, die er wie folgt übersetzt: „Neque enim alere barbam aut gestare vile pallium philosophum facit …".
870 *Alteri* Eine Fehlübersetzung, die den Sinnzusammenhang in Lukians *Demonax* zerstört. In der griech. Vorlage steht Ἄλλοτε δέ ποτε ὁ αὐτός, „Bei einer anderen Gelegenheit ein-
mal (fragte) derselbe", nicht „Einem anderen (der fragte)". ὁ αὐτός ist natürlich derselbe wie der im vorhergehenden Abschnitt 12 figurierende, nämlich Favorinus. Vgl. auch Luck *WdH*, Frgm. 767 [13] (S. 385): „Favorin kam ein anderes Mal zu ihm und fragte …".
870–873 *percontanti … habens* Größtenteils wörtliche, jedoch im Anfangsteil irreführende Übertragung des Er. von Lucian. *Demon.* 13, wobei Er. den Dialogpartner irrtümlich anonymisierte: Ἄλλοτε δέ ποτε ὁ αὐτός προσελθὼν ἠρώτα τὸν Δημώνακτα, τίνα αἵρεσιν ἀσπάζεται μᾶλλον ἐν φιλοσοφίᾳ· ὁ δέ, „Τίς γάρ σοι εἶπεν ὅτι φιλοσοφῶ;" καὶ ἀπιὼν ἤδη παρ᾿ αὐτοῦ μάλα ἡδὺ ἐγέλασεν· τοῦ δὲ ἐρωτήσαντος, ἐφ᾿ ὅτῳ γελᾷ,

ἐκεῖνος ἔφη, „Γελοῖόν μοι εἶναι ἔδοξεν, εἰ σὺ ἀπὸ τοῦ πώγωνος ἀξιοῖς κρίνεσθαι τοὺς φιλοσοφοῦντας αὐτὸς πώγωνα οὐκ ἔχων". Luck *WdH*, Frgm. 767 [13] (S. 385).

875–878 *Adolescenti ... habes* Freie, gekürzte, anonymisierte, mit einer eingeschobenen Erklärung angereicherte Übertragung von Lucian. *Demon.* 15: Πύθωνος δέ τινος τῶν ἐν Μακεδονίᾳ εὐπαρύφων νεανίσκου ὡραίου ἐρεσχηλοῦντος αὐτὸν καὶ προτείνοντος ἐρώτημά τι σοφιστικὸν καὶ κελεύοντος εἰπεῖν τοῦ συλλογισμοῦ τὴν λύσιν, „Ἕν", ἔφη, „οἶδα, τέκνον, ὅτι περαίνει". ἀγανακτήσαντος δὲ ἐκείνου ἐπὶ τῷ τῆς ἀμφιβολίας σκώμματι καὶ συναπειλήσαντος, „Αὐτίκα σοι μάλα τὸν ἄνδρα δείξω", ὁ δὲ σὺν γέλωτι ἠρώτησεν, „Καὶ γὰρ ἄνδρα ἔχεις;". Luck *WdH*, Frgm. 767 [15] (S. 386).

875 *lasciuius culto* Ein ausschmückender Zusatz des Er., während er zugleich alle konkreten Angaben zu dem Dialogpartner, die Lukian macht, auslässt: Dort steht, daß dieser ein junger Edelmann aus Makedonien sei und den Namen Pytho trage.

876 περαίνῃ Es sieht danach aus, daß Er. hier versucht hat, den Text des Lukian (περαίνει) zu verbessern. Mit der Form περαίνει bedeutet der Spruch: „Ich weiß eines, mein Kind, daß du den Syllogismus vollendest/ daß du mit Männern schläfst". Mit der Verwendung der Konjunktivform περαίνῃ bedeutet das Apophthegma bei Er. (Περαίνῃ, ὦ παῖ): „Zieh du (doch) die Schlußfolgerung, mein Kind/ lass dich (doch) von Männern ficken, mein Kind". Es läßt sich jedoch nicht ausschließen, daß die Form περαίνῃ durch einen Textübertragungsfehler zustandegekommen ist, wobei für „ει" das phonetisch gleichlautende „η" geschrieben wurde. Für die obszöne Bedeutung von περαίνειν vgl. Passow II, 1, S. 813, s.v. περαίνω „beschlafen ..., auch von männlicher Unzucht"; Liddell-Scott-Jones „sens. obsc.", ohne Angabe, worum es sich handelt (II, S. 1364, s.v. περαίνω). *CWE* 38, S. 951 druckt die Lesart von *LB*, περαίνῃ.

876–877 *Vox anceps ... sensum* Er. scheint den Witz richtig verstanden zu haben, wie seine eingeschobene Erklärung „Vox anceps est ad conficientem, quod colligit, et ad obscoenum sensum" zeigt: περαίνειν bedeutet in der Logik „einen Schluß ziehen" (Syllogismus), vgl. ὁ περαίνων λόγος (Diog. Laert. VII, 44) und den Titel von Chrysippos' Schrift Περὶ τῶν περαίνων λόγων; Liddell-Scott-Jones II, S. 1364, s.v. περαίνω, Nr. 6 „draw a conclusion".

880–883 *Athleta ... potius* Größtenteils wörtliche, nur leicht variierende Übers. des Er. von Lucian. *Demon.* 16: Ἐπεὶ δέ τις ἀθλητὴς καταγελασθεὶς ὑπ' αὐτοῦ, ὅτι ἐσθῆτα ὤφθη ἀνθινὴν ἀμπεχόμενος Ὀλυμπιονίκης ὤν, ἐπάταξεν αὐτὸν εἰς τὴν κεφαλὴν λίθῳ καὶ αἷμα ἐρρύη, οἱ μὲν παρόντες ἠγανάκτουν ὡς αὐτὸς ἕκαστος τετυπτημένος καὶ ἐβόων πρὸς τὸν ἀνθύπατον ἰέναι, ὁ δὲ Δημῶναξ, „Μηδαμῶς", ἔφη, „ὦ ἄνδρες, πρὸς τὸν ἀνθύπατον, ἀλλ' ἐπὶ τὸν ἰατρόν". Luck *WdH*, Frgm. 767 [16] (S. 386).

886 *Proteo* **Peregrinus Proteus** (ca. 100–165 n. Chr.) aus Mysien, kynischer Philosoph; großes Aufsehen erregte sein selbst regissierter Freitod z.Z. der Olympischen Spiele d.J. 165; Plutarch widmete dem Ereignis eine Einzelschrift (*Über den Tod des Peregrinus*), in der er sich jedoch sehr kritisch gegenüber dieser Selbstinszenierung äußerte. Lukian wirft ihm nicht nur Eitelkeit, Schauspielerei und Sensationslust vor, sondern zudem Vatermord, Hochstapelei, Ehebruch und Päderastie. Vgl. K. von Fritz, *RE* XIX, 1 (1938), Sp. 656–663, s.v. „Peregrinus"; A. Brancacci, „Peregrinos", in: Ch. Riedweg u. a. (Hrsg.), *Philosophie der Kaiserzeit und der Spätantike = Die Philosophie der Antike*, Bd. 5/1, Basel 2018, S. 188–189; M.-O. Goulet-Cazé, „Peregrinus surnommé Proteus", in: R. Goulet (Hrsg.), *Dictionnaire des philosophes antiques*, Bd. 5, 1, Paris 2012, S. 199–230. Für Peregrinus Proteus' Schimpfkannonaden gegen Herodes Atticus vgl. oben VIII, 35.

886–887 *Proteo ... hominem* Freie, paraphrasierende, sinngemäß richtige Übertragung des Er. von Lucian. *Demon.* 21: Περεγρίνου δὲ τοῦ Πρωτέως ἐπιτιμῶντος αὐτῷ, ὅτι ἐγέλα τὰ πολλὰ καὶ τοῖς ἀνθρώποις προσέπαιζε, καὶ λέγοντος, „Δημῶναξ, οὐ κυνᾷς", ἀπεκρίνατο, „Περεγρῖνε, οὐκ ἀνθρωπίζεις".

VIII, 263   Frivola   (Demonax Cynicus, 11) [25]

Physico quodam multa *de antipodibus* disserente, *ostensis in puteo vmbris rogauit, num illos antipodas diceret*, ridens absurdam quaestionem. Quanquam nunc compertum est esse veros antipodas.

VIII, 264   Lvctvs   (Demonax Cynicus, 12) [26]

Herodem sophistam immodice *lugentem Pollucis obitum praematurum*, quum vellet *illi currus et equos velut ascensuro iungere atque etiam coenam apparare, adiit* Demonax: „En *tibi*", inquit, „*a Polluce literas*". Exhilarato Herodi et, *quid* vellet *Pollux*, sciscitanti, „*Incusat*", inquit, „*te, quod* cuncteris *ad ipsum* venire", significans Pollucem ad ipsum non rediturum, sed recte parari currum, si vellet sequi defunctum.

VIII, 265   Lvctvs   (Demonax Cynicus, 13) [27]

Alium quendam *filii mortem* inconsolabiliter *lugentem et in tenebris abditum* adiit, certo promittens se *filii vmbram ab inferis reuocaturum, si tres* ex hominum numero sibi *nominare posset, qui nullius luxissent obitum*. Quumque *is* cogitationem per omnis notos circumferens ne *vnum quidem* reperisset luctus expertem, „Quid *igitur*", inquit, „teipsum discrucias, homo, quasi nouum aliquid *acciderit?*".

VIII, 266   Obsoleta   (Demonax Cynicus, 14) [28]

Quum a quodam quaesisset aliquid atque ille *verbis obsoletis ac priscis* responderet, „Ego", inquit, „*amice, te nunc percontor*; *at tu perinde respondes, quasi* regnaret *Agamemnon*".

VIII, 267   Svperstitio   (Demonax Cynicus, 15) [29]

Cuidam dicenti, „Eamus in Aesculapii templum, o Demonax, pro filii salute deprecaturi deum", „*Adeone*", inquit, „surdastrum *existimas* deum, vt *nos* nisi in templo *non sit auditurus*".

902 omnis *B C*: omnes *LB*.

889–890 *Physico quodam … diceret* Weitgehend wörtliche Übers. des Er. von Lucian. *Demon.* 22: Καὶ μὴν καὶ φυσικόν τινα περὶ τῶν ἀντιπόδων διαλεγόμενον ἀναστήσας καὶ ἐπὶ φρέαρ ἀγαγὼν καὶ δείξας αὐτῷ τὴν ἐν τῷ ὕδατι σκιὰν ἤρετο, „Τοιούτους ἄρα τοὺς ἀντίποδας εἶναι λέγεις;". Luck *WdH*, Frgm. 767 [22] (S. 387).
891 *Antipodas* Er. fügt hier eine aktualisierende Anmerkung zum geographischen Weltbild hinzu, das sich durch die großen Entdeckungsfahrten der Portugiesen und Spanier seit 1492 geändert hatte. Entscheidend ist hier nicht die Einsicht, daß die Erde die Gestalt einer Kugel habe; davon waren auch die meisten Gelehrten des Mittelalters überzeugt. Es geht jedoch um die lange vigierende Überzeugung, daß man die Existenz von Menschen auf der anderen Erdhälfte aufgrund einer Kom-

bination von geographischen und theologischen Prämissen für unmöglich hielt. Man meinte, daß in den Gebieten um den Äquator eine so große Hitze herrsche, daß dort weder Menschen leben noch auch Menschen diese Gebiete lebend durchqueren könnten. Hinzu kam das theologische Dogma, daß die gottgeschaffene Menschheit einen gemeinsamen Ursprung habe, im Paradies, das man im Zweistromland situierte, und von dort aus die Erde bevölkert habe. Da die Äquatorzonen undurchdringlich seien, meinte man, könne auch kein Mensch vom Paradies aus „auf die andere Seite" der Erde gelangt sein. Die großen Entdeckungsfahrten zwischen 1492 und 1530 widerlegten dies augenfällig: Sie zeigten nicht nur, daß man auf die andere Seite gelangen könne, sondern auch, daß es dort Menschen gab.

892 *Luctus* Der übermäßigen Trauer des Herodes Atticus über verstorbene Familienmitglieder waren bereits die Sprüche VIII, 31 (Gattin Annia Regilla) und 32 (Töchter) gewidmet.

893 *Herodem* Er. hatte dem Sophisten und Politiker **Herodes Atticus** (ca. etwa 101/102–177/178 n. Chr.) im achten Buch eine Sequenz von Sprüchen gewidmet (VIII, 29–36); für seine Person vgl. oben Komm. zu VIII, 29.

893–896 *Herodem ... venire* Paraphrasierende Übertragung von Lucian. *Demon.* 24: πεὶ δὲ Ἡρώδης ὁ πάνυ ἐπένθει τὸν Πολυδεύκην πρὸ ὥρας ἀποθανόντα καὶ ἠξίου ὄχημα ζεύγνυσθαι αὐτῷ καὶ ἵππους παρίστασθαι ὡς ἀναβησομένῳ καὶ δεῖπνον παρασκευάζεσθαι, προσελθών· „Παρὰ Πολυδεύκους", ἔφη, „κομίζω σοί τινα ἐπιστολήν". ἡσθέντος δὲ ἐκείνου καὶ οἰηθέντος ὅτι κατὰ τὸ κοινὸν καὶ αὐτὸς τοῖς ἄλλοις συντρέχει τῷ πάθει αὐτοῦ, καὶ εἰπόντος, „Τί οὖν, ὦ Δημῶναξ, Πολυδεύκης ἀξιοῖ;" „Αἰτιᾶταί σε", ἔφη, „ὅτι μὴ ἤδη πρὸς αὐτὸν ἄπει".

893 *lugentem ... praematurum* Herodes Atticus trauerte über den Tod seines Lieblingssklaven, der nach dem Dioskuren des Mythos den Namen Πολυδεύκης trug; Er. verwendete den eingebürgerten lateinischen Namen für den Dioskuren, Pollux.

899–903 *Alium ... acciderit?* Paraphrasierende, unvollständige, im Spruchteil stark vereinfachende Übertragung von Lucian. *Demon.* 25: Ὁ δ᾽ αὐτὸς υἱὸν πενθοῦντι καὶ ἐν σκότῳ ἑαυτὸν καθείρξαντι προσελθὼν ἔλεγεν μάγος τε εἶναι καὶ δύνασθαι αὐτῷ ἀναγαγεῖν τοῦ παιδὸς τὸ εἴδωλον, εἰ μόνον αὐτῷ τρεῖς τινας ἀνθρώπους ὀνομάσειε μηδένα πώποτε πεπενθηκότας· ἐπὶ πολὺ δὲ ἐκείνου ἐνδοιάσαντος καὶ ἀποροῦντος – οὐ γὰρ εἶχέν τινα, οἶμαι, εἰπεῖν τοιοῦτον – „Εἶτ᾽", ἔφη, „ὦ γελοῖε, μόνος ἀφόρητα πάσχειν νομίζεις μηδένα ὁρῶν πένθους ἄμοιρον;".

900 *certo* Er. lässt hier die zum Verständnis wichtige Angabe aus, daß Demonax sich als Zauberer ausgibt (ἔλεγεν μάγος τε εἶναι).

902–903 *Quid ... acciderit* Während Er. seiner Gewohnheit nach den Spruchteil sonst eher wörtlich wiedergibt, unterscheidet dieser in VIII, 265 sich erheblich vom griech. Originaltext, wo Demonax fragt: „Glaubst du also noch, du lächerlicher Kerl, daß Du als einziger Unerträgliches erleidest, während du doch siehst, daß es niemanden gibt, dem die Trauer erspart geblieben ist?".

905–907 *Quum ... Agamemnon* Im vorbereitenden Teil gekürzte, vereinfachende Übertragung von Lucian. *Demon.* 26: Καὶ μὴν κἀκείνων καταγελᾶν ἠξίου τῶν ἐν ταῖς ὁμιλίαις πάνυ ἀρχαίοις καὶ ξένοις ὀνόμασι χρωμένων· ἑνὶ γοῦν ἐρωτηθέντι ὑπ᾽ αὐτοῦ λόγον τινὰ καὶ ὑπεραττικῶς ἀποκριθέντι, „Ἐγὼ μέν σε", ἔφη, „ὦ ἑταῖρε, νῦν ἠρώτησα, σὺ δέ μοι ὡς ἐπ᾽ Ἀγαμέμνονος ἀποκρίνῃ". Luck *WdH*, Frgm. 767 [26] (S. 388).

905 *verbis ... responderet* In der griech. Textvorlage steht, daß das Gegenüber des Demonax seine Antwort „hyperattisch" (ὑπεραττικῶς) formuliert habe, womit wohl gemeint ist, auf „Ur-Attisch" bzw. in „archaischem Attisch". Demonax, der aus Zypern kam, mag mit dem ‚reinen', sich von der Koine unterscheidenden Attisch Schwierigkeiten gehabt haben. Das reine Attisch wirkte auf den Koine-Muttersprachler offensichtlich antiquiert: Demonax lebte seit ca. 100 in Athen; der mythische Griechenfürst Agamemnon, der König von Mykene (Argos), stammt aus dem 13. Jh. v. Chr.; allerdings sprach er kein Attisch, sondern frühes mykenisches Griechisch, das in der Linear-B-Schrift geschrieben wurde, wovon zahlreiche Beispiele aus Mykene erhalten sind.

909–911 *Cuidam ... auditurus* Großteils wörtliche Übers. von Lucian. *Demon.* 27: Εἰπόντος δέ τινος τῶν ἑταίρων, „Ἀπίωμεν, Δημῶναξ, εἰς τὸ Ἀσκληπιεῖον καὶ προσευξώμεθα ὑπὲρ τοῦ υἱοῦ", „Πάνυ", ἔφη, „κωφὸν ἡγῇ τὸν Ἀσκληπιόν, εἰ μὴ δύναται κἀντεῦθεν ἡμῶν εὐχομένων ἀκούειν". Luck *WdH*, Frgm. 767 [27] (S. 388).

909 *in Aesculapii templum* Gemeint ist der Asklepios-Tempel in Athen, am südlichen Hang der Akropolis. Vgl. S.B. Aleshire, *The Athenian Asklepieion: the people, their dedications, and the inventories*, Amsterdam, 1989.

910 *surdastrum* Er. wählt das an sich gut passende Wort „surdaster", „schwerhörig", wäh-

VIII, 268   Arrogantia   (Demonax Cynicus, 16) [30]

Ad Agathoclem Peripateticum arroganter iactantem sese et *solum primum esse dialecticorum „Si solus"*, inquit, *„es, qui primus* esse potes? *Si primus*, qui *solus?"*.

VIII, 269   Absvrde   (Demonax Cynicus, 17) [31]

Quum apud Athenienses *audisset praefatione solemni* a sacris *submoueri barbaros, rogabat* quamobrem id facerent, *quum* ea *sacra* tradidisset ipsis *Eumolpus* natione *Thrax*, nimirum *barbarus*.

VIII, 270   Facete   (Demonax Cynicus, 18) [32]

Quum legatus *nauigaturus* in Asiam nauem conscendisset et a quodam interrogaretur, *num metueret, ne naufragio* eiectus *a piscibus deuoraretur*, „Quid", inquit, „metuam a piscibus, *qui tot pisces deuorarim?"*.

VIII, 271   Nemo svi ivdex   (Demonax Cynicus, 19) [33]

Quendam infeliciter *declamantem admonuit, vt sese* diligenter *exerceret; quumque* is *respondisset* „Nunquam *apud me* non *declamo"*, „Nil igitur mirum", inquit, „si dicis inepte, *qui* hactenus semper *stulto auditore solitus sis vti"*.

VIII, 272   Ambigvvs morsvs   (Demonax Cynicus, 20) [34]

Quum Athenis quidam Romanus senator filium ad Demonactem adduxisset, eleganti forma, vestitu delicato ac deliciis *effoeminatum, diceret*que „Salutat te, o Demonax, *filius meus"*, „Pulcher est", inquit, „et te dignus et matri non ab*similis"*. Vtrumque poterat dici in laudem. Nunc patrem notauit ex filii moribus, et matri similem dixit mollem et euiratum deliciis.

---

rend der griech. Text „völlig taub" (πάνυ κωφὸν) aufweist.

913–914 *Ad ... solus* Wörtliche Übers. von Lucian. *Demon*. 29.: Ἀγαθοκλέους δὲ τοῦ Περιπατητικοῦ μέγα φρονοῦντος ὅτι μόνος αὐτός ἐστι καὶ πρῶτος τῶν διαλεκτικῶν, ἔφη, „Καὶ μήν, ὦ Ἀγαθόκλεις, εἰ μὲν πρῶτος, οὐ μόνος, εἰ δὲ μόνος, οὐ πρῶτος". Luck *WdH*, Frgm. 767 [29] (S. 389).

913 *Agathoclem* **Agathokles, Peripatetiker** d. 2. Jh. n. Chr., Dialektiker, der nur bei Lukian erwähnt wird. Vgl. A. Gercke, *RE* I, 1 (1893), Sp. 759, s.v. „Agathokles".

916–918 *Quum ... barbarus* Paraphrasierende, im einleitenden Teil stark gekürzte und missverständliche, im Schlußteil korrekte Übertragung von Lucian. *Demon*. 34: Ἐτόλμησε δέ ποτε καὶ Ἀθηναίους ἐρωτῆσαι δημοσίᾳ τῆς προρρήσεως ἀκούσας, διὰ τίνα αἰτίαν ἀποκλείουσι τοὺς βαρβάρους, καὶ ταῦτα τοῦ τὴν τελετὴν αὐτοῖς καταστησαμένου Εὐμόλπου βαρβάρου καὶ Θρακὸς ὄντος. Luck *WdH*, Frgm. 767 [34] (S. 389). In seiner Übertragung vergißt Er. (in der Einleitung) zu vermelden, daß Demonax es wagte, die Athener in aller Öffentlichkeit diesbezüglich zur Rede zu stellen (ἐρωτῆσαι δημοσίᾳ). In

Er.' Darstellung scheint es, als ob Demonax bei der „praefatio" zugegen war und seine Frage an Ort und Stelle gestellt habe, was die Störung einer staatlichen religiösen Zeremonie bedeutet hätte.

916 *praefatione solemni a sacris* Der Spruch des Demonax bezieht sich auf die Eleusinische Mysterien-Feier, die ein wichtiger Bestandteil des Staatskultes der Athener war. Daß die Eleusinischen Mysterien gemeint sind, ergibt sich sowohl aus dem prägnant verwendeten πρόρρησις als auch aus der Vermeldung ihres mythischen Gründers Eumolpus: πρόρρησις bezeichnet die feierliche Proklamation, die der Demeter-Priester zur Eröffnung der *Großen Mysterien* am 14. Boëdromion, dem ersten Monat des Attischen Kalenders (= August/September) aussprach, und zwar vor dem Eleusis-Tempel (Eleusinion) in Athen (am Fuß der Akropolis). Der Kern dieser Proklamation war das Verbot für „unreine" Personen, an der Mysterienfeier teilzunehmen: Damit waren Personen gemeint, die entweder eine Blutschuld auf sich geladen hatten oder die nicht fließend Griechisch sprachen. Dem aus Zypern stammenden Demonax, der kein reines Attisch beherrschte, mag das Sprachkriterium ein Dorn im Auge gewesen sein. Für kultische Aspekte der Eleusinischen Mysterien vgl. W. Burkert, *Antike Mysterien. Funktionen und Gehalt*, 4. Aufl., München 2003 (ursprünglich *Ancient mystery cults*, Cambridge, Mass. 1987); K. Clinton, „Stages of Initiation in the Eleusinian and Samothracian Mysteries", in: M.B. Cosmopoulos (Hrsg.), *Greek Mysteries. The Archaeology and Ritual of Ancient Greek Secret Cult*, London u. a. 2003, S. 50–78; H. Kloft, *Mysterienkulte der Antike. Götter, Menschen, Rituale*, 3. Aufl., München 2006; N. Robertson, „The Two Processions to Eleusis and the Program of the Mysteries", in: *American Journal of Philology* 119 (1998), S. 547–575; L. Alderink, „The Eleusinian Mysteries in Roman Imperial Times", in: W. Haase (Hrsg.), *Religion (Heidentum: Die religiösen Verhältnisse in den Provinzen, Fortsetzung)*, in *Aufstieg und Niedergang der römischen Welt*, Bd. II, 18, 2, Berlin u. a. 1989, S. 1499–1539; für das prägnant verwendete πρόρρησις vgl. Passow II, 1, S. 1154–1155, s.v., Nr. 3: „der ausgesprochene Befehl, bsd. das Verbot ... der Teilnahme an den Eleusinischen Mysterien".

917 *Eumolpos* Mythischer Ahn des eleusinischen Priestergeschlechts, der die Eleusinischen Mysterien als erster Priester eingerichtet haben soll. Vgl. K. Clinton, *DNP* 4 (1998), Sp. 254, s.v. „Eumolpos"; R. Engelmann, „Eumolpos", in: W.H. Roscher, *Ausführliches Lexikon der griechischen und römischen Mythologie* I, 1, Leipzig 1886, Sp. 1402–1403.

920–922 *Quum ... deuorarim* Durch irreführende Angaben getrübte, im Spruchteil unrichtige Übertragung von Lucian. *Demon.* 35: Ἐπεὶ δέ ποτε πλεῖν μέλλοντι αὐτῷ διὰ χειμῶνος ἔφη τις τῶν φίλων, „Οὐ δέδοικας μὴ ἀνατραπέντος τοῦ σκάφους ὑπὸ ἰχθύων καταβρωθῇς;" „Ἀγνώμων ἂν εἴην", ἔφη, „ὀκνῶν ὑπὸ ἰχθύων κατεδεσθῆναι τοσούτους αὐτὸς ἰχθῦς καταφαγών". Luck *WdH*, Frgm. 767 [35] (S. 389). Die entscheidende Information, daß Demonax im Winter eine Schiffsreise machen wollte, fehlt. Die Antwort des Demonax lautete nicht (wie bei Er.) „Wieso soll ich mich vor Fischen fürchten, da ich doch so viele aufgegessen habe?", sondern „Ich wäre schon undankbar, wenn ich etwas dagegen hätte, von Fischen aufgefressen zu werden, während ich selbst soviele aufgegessen habe".

920 *legatus nauigaturus in Asiam* Daß Demonax eine Gesandtschaftsreise („legatus") gemacht habe und daß deren Ziel Asien gewesen sei, ist eine freie Erfindung des Er., die keine Entsprechung in seiner Quelle hat. Dort steht stattdessen die zum Verständnis des Spruchs notwenige – jedoch von Er. ausgelassene – Information, daß es sich um eine Schiffsreise *im Winter* gehandelt habe: Wegen der stürmischen Wetterlage wurde ein solche allgemein für gefährlich gehalten, was die besorgte Frage eines Freundes des Demonax erklärt.

924–926 *Quendam ... vti* Größtenteils wörtliche Übertragung von Lucian. *Demon.* 36: Ῥήτορι δέ τινι κάκιστα μελετήσαντι συνεβούλευεν ἀσκεῖν καὶ γυμνάζεσθαι· τοῦ δὲ εἰπόντος, „Ἀεὶ ἐπ' ἐμαυτοῦ λέγω", „Εἰκότως τοίνυν", ἔφη, „τοιαῦτα λέγεις ἀνοήτῳ ἀκροατῇ χρώμενος". Luck *WdH*, Frgm. 767 [36] (S. 389).

928–930 *Quum ... absimilis* Weitgehend wörtliche Wiedergabe von Lucian. *Demon.* 18: Τῶν δὲ ἀπὸ τῆς Ῥωμαίων βουλῆς τις Ἀθήνησιν υἱὸν αὐτῷ δείξας πάνυ ὡραῖον, θηλυδρίαν δὲ καὶ διακεκλασμένον, „Προσαγορεύει σε", ἔφη, „ὁ ἐμὸς υἱὸς οὑτοσί", καὶ ὁ Δημῶναξ, „Καλός", ἔφη, „καὶ σοῦ ἄξιος καὶ τῇ μητρὶ ὅμοιος". Luck *WdH*, Frgm. 767 [18] (S. 386).

VIII, 273   Divinatio   (Demonax Cynicus, 21) [35]

Conspicatus augurem quendam *in publico* vaticinia sua *vendentem* „Si potes", inquit,
935   „ea, *quae Parcae statuerunt*, arte tua *depellere, exiguam mercedem postulas; sin* quae fatis
decreta sunt, omnino *sunt euentura, quid tua prodest diuinatio?*". Bis miser esse cupit,
qui mala, quae vitari non possunt, amat praescire.

VIII, 274   Pvgna lvdicra   (Demonax Cynicus, 22) [36]

Senex quidam Romanus bene robusto corpore, qui armatus sese ad palum exercue-
940   rat, *rogauit Demonactem*, num magna vehementia *videretur depugnasse*, „Nimirum",
inquit, „*aduersus hostem ligneum*", innuens illum in vera pugna fore meticulosum.

VIII, 275   Vestis   (Demonax Cynicus, 23) [37]

Cuidam, qui purpura [i.e. praetexta] indutus *sese* insolentius *ostentabat, in aurem
dixit*: „Heus tu, *hoc ante te gestabat ouis, et ouis erat*", significans illum nihilo minus
945   stupidum esse, si gestaret purpuram.

VIII, 276   Fortitvdo   (Demonax Cynicus, 24) [38]

Quum aliquando in balneis *refugeret ingredi aquam feruentiorem* et alius *illum* appellaret *meticulosum*, „Quid?", inquit, „*An hoc pro patria passurus essem?*", sentiens temeritatis esse, non fortitudinis, subire periculum, ni ob causam grauem et honestam
950   fiat.

VIII, 277   Impie   (Demonax Cynicus, 25) [39]

Percontanti, qualia putaret esse apud inferos, „Expecta", inquit, „et simul atque illuc
venero, *per literas tibi significabo omnia*", impie sentiens nullos esse inferos. Nec enim
credebat animarum immortalitatem.

955   VIII, 278   Salse   (Demonax Cynicus, 26) [40]

*Admeto poetae insulso iactanti epigramma monostichon, quod testamento mandasset
suae* addendum *statuae* [i.e. lapidi] – carmen erat: „Corpus humo tegitur, Admetus
ad astra volauit" –, respondit adeo sibi placere carmen, *vt* magno emptum *cuperet, si
iam nunc esset asscriptum*, tecte optans illi mortem, qui vita erat indignus.

934–936 *Conspicatus… diuinatio?* Paraphrasierende, zum Teil auch wörtliche Übertragung
von Lucian. *Demon.* 37: Καὶ μάντιν δέ ποτε ἰδὼν
δημοσίᾳ ἐπὶ μισθῷ μαντευόμενον, „Οὐχ ὁρῶ",
ἔφη, „ἐφ᾽ ὅτῳ τὸν μισθὸν ἀπαιτεῖς· εἰ μὲν γὰρ
ὡς ἀλλάξαι τι δυνάμενος τῶν ἐπικεκλωσμένων,

ὀλίγον αἰτεῖς ὁπόσον ἂν αἰτῇς, εἰ δὲ ὡς δέδοκται τῷ θεῷ πάντα ἔσται, τί σου δύναται ἡ μαντική;". Luck *WdH*, Frgm. 767 [37] (S. 389-390).

939-941 *Senex ... ligneum* Paraphrasierende Übertragung von Lucian. *Demon*. 38: Πρεσβύτου δέ τινος Ῥωμαίου εὐσωματοῦντος τὴν ἐνόπλιον αὐτῷ μάχην πρὸς πάτταλον ἐπιδειξαμένου καὶ ἐρομένου, „Πῶς σοι, Δημῶναξ, μεμαχῆσθαι ἔδοξα;" „Καλῶς", ἔφη, „ἂν ξύλινον τὸν ἀνταγωνιστὴν ἔχῃς". Luck *WdH*, Frgm. 767 [38] (S. 390). Er. ließ das entscheidende Motiv aus, das die ätzende Bemerkung des Demonax herausforderte: Der Römer gab Demonax eine Demonstration seiner Fechtkunst, auf die er stolz war.

939 *Senex* Die Angabe Lukians, daß es sich um einen alten (πρεσβύτης) Römer gehandelt habe, ist kurios. Vielleicht wollte Lukian als Vertreter der griechischen philosophischen Kultur das Verhalten eines erwachsenen Mannes als lächerlich hinstellen, der sich mit Sachen abgibt, die sich im Wertesystem dieser griechischen Bildungselite nur für Jugendliche bzw. sehr junge Männer ziemen. Bemerkenswert ist, daß der Römer in Athen die schwere Waffenrüstung eines Legionärs bei sich hatte. Das deutet darauf hin, daß er ein Offizier auf Reisen war; vgl. die Übers. von A.M. Harmon (Loeb, Lucian, Bd. I, S. 163): „When a Roman officer, well-developed physically ...".

943-944 *Cuidam ... erat* Nur ungenaue, dadurch teilweise missverständliche Übertragung von Lucian. *Demon*. 41: Ἰδὼν δέ τινα τῶν εὐπαρύφων ἐπὶ τῷ πλάτει τῆς πορφύρας μέγα φρονοῦντα, κύψας αὐτοῦ πρὸς τὸ οὖς καὶ τῆς ἐσθῆτος λαβόμενος καὶ δείξας, „Τοῦτο μέντοι πρὸ σοῦ πρόβατον ἐφόρει καὶ ἦν πρόβατον". Luck *WdH*, Frgm. 767 [41] (S. 390).

943 *purpura indutus* Diese Angabe stimmt nicht, der als Schaf verspottete Mann trug kein Purpurgewand. Jedoch steht im griech. Text, daß er zu jener Kategorie von Leuten gehörte, die auf ihren Gewändern Purpurstreifen hatten (τινα τῶν εὐπαρύφων); damit sind im griechischen Kontext Adelige gemeint. Sie trugen einen aus Wolle gefertigten Leibrock (Chiton) mit an den Rändern aufgesetzten, mit Gold durchwirkten Purpurstreifen. Durch den exklusiven, teuren Zieraufsatz unterschied sich der Edelmann vom gewöhnlichen Bürger: Je breiter der Zieraufsatz, desto auffälliger die demonstrative Kleidertracht des Edelmannes. Für die εὐπάρυφοι vgl. Passow I, 2, s.v. εὐπάρυφος: „mit einem schönen Verstoß am Kleide, mit einem angewebten bunten Saum oder Rand". Der angekreidete Mann war auf die besonders breite Verbrämung auf seinem Kleide stolz: ἐπὶ τῷ πλάτει τῆς πορφύρας μέγα φρονοῦντα. Er., dier diese zum Verständnis wichtigen Angaben ausließ, jedoch das Gewand als Purpurgewand bezeichnete, verstand offensichtlich die Bedeutung von εὐπάρυφος nicht.

945 *si gestaret purpuram* Die Erklärung des Er. ist nicht stimmig. Weder der Edelmann noch das Schaf trugen ein Purpurgewand. Es geht natürlich darum, daß das Gewand des Edelmannes aus Wolle gefertigt ist: Wie das Schaf, trägt der stolze Edelmann Wolle.

947-948 *Quum ... essem* Größtenteils wörtliche Übertragung von Lucian. *Demon*. 42: Ἐπεὶ μέντοι λουόμενος ὤκνησεν ἐς τὸ ὕδωρ ζέον ἐμβῆναι, καὶ ᾐτιάσατό τις ὡς ἀποδειλιάσαντα, „Εἰπέ μοι", ἔφη, „ὑπὲρ πατρίδος αὐτὸ πείσεσθαι ἔμελλον;". Luck *WdH*, Frgm. 767 [42] (S. 390).

947 *aquam feruentiorem* Adäquate Wiedergabe von ὕδωρ ζέον, das sowohl sprudelndes als auch köchelndes Wasser bezeichnet. Wahrscheinlich nahm Demonax ein Bad in einer Thermalquelle und befürchtete, daß das emporsprudelnde Wasser zu heiß wäre.

952-953 *Percontanti ... omnia* Leicht paraphrasierende Wiedergabe von Lucian. *Demon*. 43.: Ἐρομένου δέ τινος, „Ποῖα νομίζεις εἶναι τὰ ἐν Ἅιδου;" „Περίμεινον", ἔφη, „κἀκεῖθέν σοι ἐπιστελῶ". Luck *WdH*, Frgm. 767 [42] (S. 390).

956 *Admeto* Admetos, schlechter Dichter, von dem Lukian in *Demonax* 44 berichtet, über den weiter nichts bekannt ist. Vgl. R. Reitzenstein, *RE* I, 1 (1893), Sp. 380, s.v. „Admetos".

956-957 *Admeto ... statuae* Paraphrasierende, nicht ganz richtige Übertragung von Lucian. *Demon*. 44: Ἀδμήτῳ δέ τινι ποιητῇ φαύλῳ λέγοντι γεγραφέναι μονόστιχον ἐπίγραμμα, ὅπερ ἐν ταῖς διαθήκαις κεκέλευκεν ἐπιγραφῆναι αὐτοῦ τῇ στήλῃ – οὐ χεῖρον δὲ καὶ αὐτὸ εἰπεῖν, „Γαῖα λάβ᾽ Ἀδμήτου ἔλυτρον, βῆ δ᾽ εἰς θεὸν αὐτός" – γελάσας εἶπεν, „Οὕτω καλόν ἐστιν, ὦ Ἄδμητε, τὸ ἐπίγραμμα, ὥστε ἐβουλόμην αὐτὸ ἤδη ἐπιγεγράφθαι". Luck *WdH*, Frgm. 767 [44] (S. 390).

957 *statuae* Er. übersetzte στήλη nicht korrekt mit „Statue", während damit „Grabstein" („lapis") gemeint ist. Vgl. auch A.M. Harmon ad loc. „tombstone".

960 VIII, 279   Senectvs   (Demonax Cynicus, 27) [41]

Demonacti seni crura intumuerant. *Id videns quidam,* „Quid isthuc", inquit, „mali est *Demonax*?". Tum ille, *„Charon",* inquit, *„me momordit".* Pro cane dixit Charontem, innuens senectutem morti vicinam.

VIII, 280   Ira   (Demonax Cynicus, 28) [43]

965 *Ad Lacedaemonium flagris* saeuientem *in seruum,* „Desine", inquit, „te seruo tuo similem *ostendere".* Seruus enim est, qui suis cupiditatibus imperare non potest.

VIII, 281   Arrogantia   (Demonax Cynicus, 29) [44]

Cynico cuidam arroganter iactanti *pallium, peram et* baculum [i.e. pro baculo clauam tenens], *ac* subinde *vociferanti se Antisthenis, Cratetis ac Diogenis* sectatorem *esse,*
970 „Impudenter", *inquit,* „mentiris, *quum* sis *Hyperidae discipulus".* Allusit ad vocem ὑπεριδεῖν, quod est „per arrogantiam despicere". Est autem et rhetoris nomen Hyperides.

---

961 isthuc *B C*: istud *LB*.
966 Servus enim … non potest *B C*: Laconum enim erat, flagrorum patientia gloriari *BAS LB*.

970 Hyperidae *BAS LB*: hyperidae *B C*.

961–962 *Demonacti … momordit* Leicht variierende, nicht ganz korrekte Übertragung von Lucian. *Demon*. 45.: Ἰδὼν δέ τις ἐπὶ τῶν σκελῶν αὐτοῦ οἷα τοῖς γέρουσιν ἐπιεικῶς γίνεται, ἤρετο, „Τί τοῦτο, ὦ Δημῶναξ;" ὁ δὲ μειδιάσας, „Χάρων με ἔδακεν", ἔφη. Luck *WdH*, Frgm. 767 [45] (S. 391).
961 *Intumuerant* Gemeint ist, daß sich die Beine des Demonax, wie dies bei älteren Leuten geschieht, verfärbten, z. B. durch dunkle Flecken oder Blutergüsse. Darauf bezieht sich der Witz vom Biss des Charon, nicht, wie Er. meinte, darauf, daß seine Beine geschwollen gewesen wären.
962 *Charon* Eigentlich würde man, da der Witz einen Hundebiss erwähnt, Kerberos, den Höllenhund, erwarten.
965–966 *Ad … ostendere* Fehlübersetzung von Lucian. *Demon*. 46: Καὶ μέντοι καὶ Λακεδαιμόνιόν τινα ἰδὼν τὸν αὑτοῦ οἰκέτην μαστιγοῦντα, „Παῦσαι", ἔφη, „ὁμότιμον σαυτοῦ τὸν δοῦλον ἀποφαίνων". Luck *WdH*, Frgm. 767 [46] (S. 391).
965–966 *te seruo … ostendere* Durch seine grammatisch inkorrekte Übersetzung verkehrte Er. den Sinn des Spruches in sein Gegenteil; dementsprechend falsch ist dann auch seine Auslegung. Demonax will zu dem Spartaner sagen: „Hör auf, deinem Sklaven so harte Peitschenhiebe zu versetzen, denn sonst machst du ihn zu einem echten Spartaner, wie du einer bist (i.e. eine Person, die die ärgsten Schmerzen aushält)". *BAS* ersetzte die irrige Erklärung des Er. durch eine sinnvolle („Laconum enim erat, flagrorum patientia gloriari"), jedoch ohne der unrichtigen Wortlaut des Spruches zu korrigieren (richtig wäre gewesen: „Desine seruum tuum tibi similem facere"): Auf diese Weise entstand eine unverständliche, hybride Kombination von Ausspruch und Erläuterung. *CWE* 38, S. 955 druckt die beiden Erklärungen, die unrichtige des Er. und den Korrekturversuch von *BAS*, nebeneinander mit der Angabe, daß die zweite Erklärung ein Zusatz von *BAS* und *LB* seien. In *BAS* und *LB* wird die frühere, falsche Erklärung des Er. gestrichen: Die neue Erläuterung sollte jene des Er. nicht ergänzen, sondern ersetzen.
967 *Arrogantia* Der Titel, den Er. dem Apophth. verliehen hat, leitet sich aus seinem

Missverständnis des Spruches ab, vgl. Komm. unten:

968–970 *Cynico ... discipulus* Schlampige, z.T. unrichtige, in Bezug auf den Witz missverstandene Übertragung von Lucian. *Demon.* 48: γοῦν ἰδὼν Κυνικὸν τρίβωνα μὲν καὶ πήραν ἔχοντα, ἀντὶ δὲ τῆς βακτηρίας ὕπερον, καὶ κεκραγότα καὶ λέγοντα ὅτι Ἀντισθένους καὶ Κράτητος καὶ Διογένους ἐστὶ ζηλωτής, „Μὴ ψεύδου", ἔφη, „σὺ γὰρ Ὑπερείδου μαθητής ὢν τυγχάνεις". Luck *WdH*, Frgm. 767 [48] (S. 391).

968 *baculum* Er.' Übersetzung liefert einen konträren Sinn: ὕπερον bedeutet „Keule" bzw. „großer Prügel", bezieht sich also auf ein dickes Stück Holz (vgl. Passow II, 2, S. 2090, s.v., Nr. 2), während „baculus" bzw. „baculum" den dünnen Wanderstab/Spazierstock bezeichnet (vgl. *DNG* I, Sp. 599–600, s.v. „baculum"), griech. βακτηρία. Im griech. Originaltext steht, daß der Kyniker eben *keinen Wanderstab*, sondern „statt eines Wanderstabes eine große Keule in der Hand" hielt.

969 *Antisthenis, Cratetis ac Diogenis* Der ostentative Philosoph bezeichnet sich damit als Schüler dreier wichtiger Philosophen, die z.Z. des Demonax alle der weit zurückliegenden Vergangenheit angehörten: die Gründerväter der kynischen Schule Antisthenes (ca. 445–365 v. Chr.) und Diogenes von Sinope (412/403–324/321 v. Chr.) sowie dessen Schüler Krates von Theben (ca. 365–ca. 288). Allen drei Philosophen hatte Er. im siebenten Buch der *Apophthegmata* eigene Sektionen gewidmet.

970 *Hyperidae* In *B* und *C* mit kleinem Anfangsbuchstaben gedruckt, was jedoch nicht adäquat ist, da „hyperidae" kein gängiges griech. Wort, sondern ausschließlich die Genetivform des Namens des Redners Hypereides darstellt. Der Spruch besagt: „Du bist nicht der Schüler eines Philosophen, sondern eines Redners". Gemeint ist der athenische Redner Hypereides (390/89–322 v. Chr.), dem eine ausschweifende Lebensweise nachgesagt wurde, der das Gegenteil der kynischen Askese repräsentierte. Für ihn vgl. M. Weißenberger, *DNP* 5 (1998), Sp. 804–806, s.v. „Hypereides"; E. Alexiou, „Hypereides", in: B. Zimmermann und A. Rengakos (Hrsg.), *Handbuch der griechischen Literatur der Antike*, Bd. 2: *Die Literatur der klassischen und hellenistischen Zeit*, München 2014, S. 846–854.

970 *Hyperidae* D.h. du bist nicht der Schüler eines Philosophen, sondern eines Redners. Gemeint ist der athenische Redner Hypereides (390/89–322 v. Chr.), dem eine ausschweifende Lebensweise nachgesagt wurde, der das Gegenteil der kynischen Askese repräsentierte. Für ihn vgl. M. Weißenberger, *DNP* 5 (1998), Sp. 804–806, s.v. „Hypereides"; E. Alexiou, „Hypereides", in: B. Zimmermann und A. Rengakos (Hrsg.), *Handbuch der griechischen Literatur der Antike*, Bd. 2: *Die Literatur der klassischen und hellenistischen Zeit*, München 2014, S. 846–854.

970–971 *Allusit ad vocem ὑπεριδεῖν* Wie seine Erklärung, zeigt, hat Er. den Witz des Demonax nicht verstanden. Er. behauptet, daß Hypereides sich „von dem Wort ὑπεριδεῖν herleite („allusit ad vocem ὑπεριδεῖν ...") und daß dieses „arrogant auf jemanden oder etwas herabblicken" bedeute. Während es im Griech. kein eigenständiges Wort ὑπεριδεῖν gibt, ist die korrekte Bezeichnung für einen arroganten Menschen nicht ὑπερείδης oder ὑπερίδης, sondern ὑπερόπτης bzw. ὑπεροπτικός (vgl. Passow II, 2, S. 2090 und 2091, s. vv.). Demonax hatte den Witz auch gar nicht darauf gemünzt, sondern auf die seltsame Gestalt des riesigen Holzprügels, hinter dem der verspottete Pseudophilosoph herlief (ὕπερον, vgl. Passow II, 2, S. 2090, s.v., Nr. 2): Aus ὕπερον/„großer Holzprügel" leitete Demonax die Anspielung auf Hypereides ab, indem er den Pseudophilosophen als „Schüler/Nachfolger der Keule" statt des Diogenes verspottete.

VIII, 282   Mollicies   (Demonax Cynicus, 30) [45]

Proconsul Cynicum quendam, a quo publice fuerat proscissus ob vnguenta ac molliciem, ad supplicium abripi iussit. Huic deprecator *aderat Demonax* dicens ignoscendum Cynico, si quid dixisset mordacius: id esse sectae vicium, non hominis. *At quum proconsul* non negaret veniam, *sed, si quid simile denuo* committeret, rogaret, *quas poenas esset daturus*, „Profecto", inquit Demonax, „*tum hominem* totum inungi ac forcipe *velli iubebis*". Plusquam Cynice momordit, qui Cynicae mordacitatis agebat patronum.

VIII, 283   Graviter   (Demonax Cynicus, 31) [46]

Alteri [sc. proconsuli], *cui* Imperator ingentem exercitum commiserat, sciscitanti, *quomodo posset* delegatam prouinciam *quam optime gerere*, „si", inquit, „*ira vacaris et* quam minimum *loquens plurima audieris*". Ira ad omnem functionem inutilis est, et prouerbio quoque *princeps* iubetur, *et aequa et iniqua audire*.

VIII, 284   Facete   (Demonax Cynicus, 32) [47]

Rogatus, an philosophus *etiam placentis vesceretur*, „Quid?", inquit, „Num putas apes stultis tantum mellificare?". Placentae melle condiebantur, saccari vsu nondum reperto.

VIII, 285   Iocose   (Demonax Cynicus, 33) [48]

In Rufinum claudum multo tempore familiarem Peripateticis dixit *nihil esse turpius Peripatetico claudo*. Allusit huc, quod Peripatetici dicuntur ab inambulatione, quae non conuenit claudo.

---

975 abripi *B C*: arripi *LB BAS*.

991 Rufinum *scripsi*: Ruffinum *B C*.

974–979 *Proconsul … iubebis* Paraphrasierende, im einleitenden Teil mangelhafte Übertragung von Lucian. *Demon.* 50: Κυνικοῦ δέ τινος ἐπὶ λίθον ἀναβάντος καὶ αὐτὸ τοῦτο κατηγοροῦντος αὐτοῦ καὶ εἰς κιναιδίαν διαβάλλοντος, ἀγανακτήσας καὶ κατασπασθῆναι τὸν Κυνικὸν κελεύσας ἔμελλεν ἢ ξύλοις συντρίψειν ἢ καὶ φυγῇ ζημιώσειν· ἀλλ᾽ ὅ γε Δημῶναξ παρατυχὼν παρῃτεῖτο συγγνώμην ἔχειν αὐτῷ κατά τινα πάτριον τοῖς Κυνικοῖς παρρησίαν θρασυνομένῳ. εἰπόντος δὲ τοῦ ἀνθυπάτου, „Νῦν μέν σοι ἀφίημι αὐτόν, ἂν δὲ ὕστερον τοιοῦτόν τι τολμήσῃ, τί παθεῖν ἄξιός ἐστιν;" καὶ ὁ Δημῶναξ, „Δρωπακισθῆναι τότε αὐτὸν κέλευσον.". Luck *WdH*, Frgm. 767 [50] (S. 391–392). Er. vergisst im einleitenden Teil zu vermelden, daß der Prokonsul zu jenen Leuten gehörte, die sich epilieren ließen. Diese Information ist notwendig, um die Pointe im abschließenden Spruch des Demonax zu verstehen.

974 *proscissus* Für „proscindere", wörtlich „zerreissen", im Sinn von „beschimpfen, belästern" vgl. *DNG* II, Sp. 3914, s.v., Nr. II.

974–975 *molliciem* Der kynische Philosoph beschuldigte den Statthalter der κιναιδία, also der passiven männlichen Homosexualität; Er. wählt dafür kundig das passende latein. Wort, „mollities". Passive männliche Homosexuelle wurden im antiken Rom als „molles" bezeichnet.

975 *ad supplicium abripi iussit* Er. schreibt, daß der Prokonsul Auftrag gegeben habe („iussit"), den Philosophen zum „supplicium" fortzuschleppen; mit „supplicium" sind die schwersten Strafen gemeint: Hinrichtung, Folterung, Verstümmelung. In der griech. Textvorlage steht jedoch, daß der Prokonsul lediglich anordnete (κελεύσας = „iussit"), den Kyniker von dem Stein herabzureißen; wutenbrannt habe der Prokonsul schlimme Bestrafungen ins Auge gefasst: Stockschläge und Exil. Jedoch steht im griech. Text nicht, daß er diese Strafen bereits angeordnet hatte.

979 *forcipe* „forceps" ist ein kurioser Zusatz des Er., der seiner Phantasie entsprang; „forceps" bezeichnet alle Arten von Zangen (vgl. *DNG* I, Sp. 2167, s.v.). Er. stellte sich vor, daß man zum Epilieren eine Zange benutzte. Freilich wäre es eine sehr schmerzhafte Angelegenheit, wenn man jedes einzelne Haar mit einer Epilierzange oder Pinzette herausziehen müsste. Der röm. Statthalter jedoch ließ sich die Haare an Körper und Beinen mit Pech entfernen. Diese Information findet sich in vorl. Lukian-Stelle, sogar zweimal: Erstens leitete er die Erzählung damit ein, daß der Statthalter zu jenen Leuten gehörte, „die sich den ganzen Körper und die Beine mit Pech bestreichen ließen" (τῶν πιττουμένων τὰ σκέλη καὶ τὸ σῶμα ὅλον; vgl. die Übers. von A.M. Harmon *ad. loc.*: „one of the sort that use pitch to remove hair from their legs and their whole bodies"; für πιττόω vgl. Passow II, 1, S. 928, s.v. πισσόω); im abschließenden Spruchteil, schlägt Demonax ebendies als Strafe vor: Der aufmüpfige Philosoph soll mit Pech epiliert werden (δρωπακισθῆναι; δρωπακίζω = „mit Pech epilieren", vgl. Passow I, 1, S. 726, s.v.). Anscheinend wusste Er. nicht, was das Wort δρωπακίζω genau bedeutet.

982–984 *Alteri … audieris* Größtenteils wörtliche Übers. von Lucian. *Demon.* 51: Ἄλλῳ δέ τινι στρατοπέδων ἅμα καὶ ἔθνους τοῦ μεγίστου τὴν ἀρχὴν ἐμπιστευθέντι ἐκ βασιλέως ἐρομένῳ, πῶς ἄριστα ἄρξει; „Ἀοργήτως", ἔφη, „καὶ ὀλίγα μὲν λαλῶν, πολλὰ δὲ ἀκούων". Luck *WdH*, Frgm. 767 [51] (S. 392).

984–985 *et … audire* Vgl. *Adag.* 1689 „Magistratum gerens audi et iuste et iniuste" (*ASD* II, 4, S. 140–141): „Ἄρχων ἄκουε καὶ δικαίως κἀδίκως, id est, *Princeps iniqua et aequa pariter audias*. Sumptum aiunt hoc adagium ex Solonis elegiis, etiam si hic trimeter est iambicus. Admonet, vt qui in tractandis reipublicae muneribus versatur, patientissimis sit auribus aequoque animo et bene et male audire consuescat neque facile populi vel laudibus vel conuiciis a recto dimoueatur. … Potest et ad hoc accommodari, quod quidam Romanus imperator dixisse legitur, *in ciuitate libera linguas* item *liberas esse oportere*. Neque vero mirum aut magnum, si principes permittant populo, quae velint dicere, cum ipsis liberum sit, quae velint, facere. Praeterea de principum factis vulgus varie pronunciare consueuit; quod alius probat, alius damnat. Majore autem animo oportet esse principem, quam hujusmodi voces captandas aut obseruandas existimet; tantum id spectet, quod ex vsu sit reipublicae. Huc Alexandri dictum pertinet, cui cum quidam renunciasset esse qui de ipso male loqueretur, Regium est, inquit, male audire, cum bene feceris".

987–988 *Rogatus … mellificare* Wörtliche Übertragung von Lucian. *Demon.* 52: Ἐρομένῳ δέ τινι εἰ καὶ αὐτὸς πλακοῦντας ἐσθίοι, „Οἴει οὖν", ἔφη, „τοῖς μωροῖς τὰς μελίσσας τιθέναι τὰ κηρία;". Luck *WdH*, Frgm. 767 [52] (S. 392).

991–992 *In … claudo* Lucian. *Demon.* 54: Καὶ μὴν καὶ Ῥουφῖνον τὸν Κύπριον – λέγω δὴ τὸν χωλὸν τὸν ἐκ τοῦ περιπάτου – ἰδὼν ἐπὶ πολὺ τοῖς περιπάτοις ἐνδιατρίβοντα, „Οὐδέν ἐστιν", ἔφη, „ἀναισχυντότερον χωλοῦ Περιπατητικοῦ". Luck *WdH*, Frgm. 767 [54] (S. 392).

991 *Rufinum* Rufinus aus Cypern, Peripatetiker, wird von seinem Landsmann wegen seiner Gehbehinderung verspottet. Vgl. E. Stein, *RE* I, A1 (1914), Sp. 1185, s.v. „Rufinus".

VIII, 286   MONITOR   (Demonax Cynicus, 34) [49]

Epicteto Cynico *suadenti, vt vxore ducta* daret operam liberis – neque enim id indignum esse *philosopho* –, „*Da mihi*", inquit, „*igitur vnam e filiabus tuis*", notans illum inepte suadere alteri, quod ipse non faceret.

VIII, 287   AMBIGVE   (Demonax Cynicus, 35) [50]

In Herminum Peripateticum, qui semper *in ore habebat decem Aristotelis categorias,* ita lusit: „Equidem arbitror, *Hermine,* te non indignum decem categoriis". Iocus est ex ambiguo vocis: categoriae Graecis vel praedicamenta dicuntur vel accusationes.

VIII, 288   LEGES   (Demonax Cynicus, 36) [51]

Iurisperito dixit, leges prorsus videri *inutiles, vt quibus* boni *non egerent,* mali *nihilo fierent meliores.*

VIII, 289   SEPVLTVRA   (Demonax Cynicus, 37) [52]

Morientem amici *rogabant,* quomodo *vellet sepeliri.* „Ne quid", inquit, „*ista res vos habeat solicitos. Foetor me sepeliet*". Dicentibus indignum facinus, si *talis viri corpus* laceraretur a canibus, „Quid", inquit, „*incommode, si et mortuus* alicui *sim vsui?*".

⟨BION BORYSTHENITES⟩

VIII, 290   ADVLATIO   (Bion Borysthenites, 30) [53]

Bion eos, qui auscultarent adulatoribus, *dicebat esse similes amphoris, quae auribus circumaguntur.*

1000 Hermine *B C*: mi Hermine *BAS LB*.

995–996 *Epicteto … tuis* Gekürzte, paraphrasierende, durch einen Zuschreibungsfehler entstellte Wiedergabe von Lucian. *Demon.* 55: Ἐπεὶ δέ ποτε ὁ Ἐπίκτητος ἐπιτιμῶν ἅμα συνεβούλευεν αὐτῷ ἀγαγέσθαι γυναῖκα καὶ παιδοποιήσασθαι – πρέπειν γὰρ καὶ τοῦτο φιλοσόφῳ ἀνδρὶ ἕτερον ἀντ' αὑτοῦ καταλιπεῖν τῇ φύσει – ἐλεγκτικώτατα πρὸς αὐτὸν ἀπεκρίνατο, „Οὐκοῦν, ὦ Ἐπίκτητε, δός μοι μίαν τῶν σαυτοῦ θυγατέρων". Luck *WdH*, Frgm. 767 [55] (S. 392).
995 *Epicteto Cynico* Ein kurioser, sachlich falscher Zusatz des Er. zur griech. Textvorlage:

Epiktet (um 50–138 n. Chr.) war einer der bedeutendsten neueren Stoiker. Er. hielt ihn jedoch für einen Kyniker, wie oben, im „Buch der Philosophen", wo Er. dem Epiktet eine Sektion widmete (VII, 286–288), und in den Adagien (z. B. *Adag.* 1613 [*ASD* II, 4, S. 96] „Epictetus Cynicae sectae philosophus …"). Vgl. oben Komm. zu VII, 286 und zu VIII, 41.
999–1000 *In … categoriis* Nur oberflächliche, lückenhafte Wiedergabe von Lucian. *Demon.* 56: Καὶ μὴν τὸ πρὸς Ἑρμῖνον τὸν Ἀριστοτελι-

κὸν ἄξιον ἀπομνημονεῦσαι· εἰδὼς γὰρ αὐτὸν παγκάκιστον μὲν ὄντα καὶ μυρία κακὰ ἐργαζόμενον, τὸν Ἀριστοτέλη δ᾽ ἐπαινοῦντα καὶ διὰ στόματος αὐτοῦ τὰς δέκα κατηγορίας ἔχοντα, „Ἑρμῖνε", ἔφη, „ἀληθῶς ἄξιος εἶ δέκα κατηγοριῶν". Luck *WdH*, Frgm. 767 [56] (S. 392). Im einleitenden Teil vergisst Er. zu vermelden, daß Herminos moralisch anrüchig war und sich zahlreiche Missetaten und Verbrechen zu Schulden kommen ließ. Dadurch geht der Wortwitz des Demonax unter: „Du hast dir so viele Missetaten zu Schulden kommen lassen, daß man die 10 Kategorien des Aristoteles braucht, um diese zu ordnen". Vgl. auch Komm. *CWE* 38, S, 957.

999 *Herminum* Herminos (geb. ca. 115/20 n. Chr.), Peripatetiker, Schüler des Aspasios und Lehrer von Alexandros von Aphrodisias. Herminos beschäftigte sich insbesondere mit den logischen Schriften des Aristoteles, den *Topica* und *Categoriae*; er wird in späteren Kommentaren zu den logischen Schriften vermeldet. Erhalten sind lediglich Fragmente (Heinrich Schmidt, *De Hermino Peripatetico*. Dissertation Marburg 1907). Vgl. J.-P. Schneider, „Herminus", in: *Dictionnaire des philosophes antiques* 3 (2000), S. 652–654; H. Gottschalk, *DNP* 5 (1998), Sp. 437, s.v. „Herminos"; I. Kupreeva, „Herminus", in: Ch. Riedweg (Hrsg.), *Philosophie der Kaiserzeit und der Spätantike*, in: *Die Philosophie der Antike*, Bd. 5/1, Basel 2018, S. 343–351.

999 *Aristotelis categorias* Aristoteles' Περὶ τῶν κατηγοριῶν gehört zu dessen logischen Werken und bildet den ersten Teil des *Organon*. Die von Aristoteles erstellten 10 Kategorien verstehen sich als Aussageschemata zur Einordnung des Seienden; es handelt sich um: 1. Ding/Substanz; 2. Quantität; 3. Qualität; 4. Relativität (Bezüglichkeit); 5. Ort; 6. Zeit; 7. Lage/Position; 8. Haben/Besitzen; 9. Tun/Bewirken/Schaffen; 10. Erleiden.

3–4 *Iurisperito … meliores* Gekürzte, teilweise wörtliche Übertragung von Lucian. *Demon.* 59: Ἤκουσα δὲ αὐτοῦ ποτε καὶ πρὸς τὸν † … † τὸν τῶν νόμων ἔμπειρον ταῦτα λέγοντος, ὅτι κινδυνεύουσιν ἄχρηστοι εἶναι οἱ νόμοι, ἄν τε πονηροῖς ἄν τε ἀγαθοῖς γράφωνται· οἱ μὲν γὰρ οὐ δέονται νόμων, οἱ δὲ ὑπὸ νόμων οὐδὲν βελτίους γίγνονται. Luck *WdH*, Frgm. 767 [59] (S. 393).

Apophth. VIII, 289 setzt sich aus zwei Aussprüchen zusammen, die eng zusammengehören und Teil eines Gesprächs des Demonax mit den ihm Teuren kurz vor seinem Ableben sind, worin die von Demonax gewünschte Art des Begräbnisses besprochen wurde. Die Sprüche sind in *C* (S. 855) durch Zählung und Titelei als zusammengehörig markiert: Sie haben ein und denselben Titel („Sepultura") und dieselbe Nummer (52); jedoch wurden die zwei Sprüche durch Absatz getrennt und steht die Zählung mit Titel neben dem zweiten Spruch. In *B* (S. 399) steht die Zählung 52 und der Titel „Sepultura" neben dem ersten der beiden Sprüche, während der zweite durch Absatz abgehoben ist und eine Nummer, jedoch keinen Titel bekommen hat. Insgesamt erscheint die Zusammengehörigkeit der zwei Teilsprüche plausibler; beim Setzen wurden wohl im Layout Fehler gemacht, die zu der Verwirrung führten. *CWE* 38, S. 958 druckt zwei separate Lemmata (VIII, 284 und 285). Folge: ab VIII, 290 unsere *ASD*-Zählung = *CWE* plus 4.

6–8 *Morientem … vsui* Leicht variierende Übertragung von Lucian. *Demon.* 66: ὀλίγον δὲ πρὸ τῆς τελευτῆς ἐρομένου τινός, „Περὶ ταφῆς τί κελεύεις;" „Μὴ πολυπραγμονεῖτε", ἔφη· „ἡ γὰρ ὀδμή με θάψει". φαμένου δὲ ἐκείνου, „Τί οὖν; οὐκ αἰσχρὸν ὀρνέοις καὶ κυσὶ βορὰν προτεθῆναι τηλικούτου ἀνδρὸς σῶμα;" „Καὶ μὴν οὐδὲν ἄτοπον", ἔφη, „τοῦτο, εἰ μέλλω καὶ ἀποθανὼν ζῴοις τισὶ χρήσιμος ἔσεσθαι". Luck *WdH*, Frgm. 767 [66] (S. 394).

9 ⟨*BION BORYSTHENITES*⟩ Derselbe Titel wie jener der Bion-Sektion im siebenten Buch (VII, 188) und im Index personarum von *B* und *C*. Zu dem Wanderphilosophen **Bion von Borysthenes** (ca. 335–ca. 245 v. Chr.) vgl. oben Komm. zu *Apophth.* VII, 135. Er. widmete ihm im siebenten Buch eine Sektion von 29 Sprüchen (VII, 188–219).

11–12 *Bion … circumaguntur* Plut. *De vitioso pudore* 18, *Mor.* 536A, in Er.' eigener latein. Übers.: „Itaque Bion tales similes esse dicebat amphoris, quod auribus facile circumferrentur" (*ASD* IV, 2, S. 321; ed. Cratander, Basel 1530, fol. 202D). Vgl. den griech. Text: διὸ καὶ Βίων ἀπείκαζε τοὺς τοιούτους ἀμφορεῦσιν ἀπὸ (ἀπὸ De Lacy/Einarson: ὑπὸ *Ald. p. 484*) τῶν ὤτων ῥᾳδίως μεταφερομένοις.

⟨PINDARVS⟩

VIII, 291   LAVDATA VIRTVS   (Pindarus, 58) [54]

Pindarus cuidam commemoranti, *quod ipsius laudes vbique praedicaret*, „Ego", inquit, „pro isto officio bonam *repono gratiam, efficiens, vt vera praedices*". Vera virtus nihil moratur hominum laudes. Eas qui praedicant, plus debent iis, quos laudant, quam ipsis debent qui laudantur.

ALPHONSVS ARAGONVM REX

VIII, 292   IVSTE   (Alphonsus Aragonum Rex, 1) [1]

Eques quidam ingens *patrimonium per luxum ac libidinem* absorbuerat atque insuper magnam aeris alieni vim *contraxerat*. Pro hoc intercedentibus quibusdam apud Alphonsum Aragoniae regem, *ne saltem, quae debebat, corpore luere* cogeretur, Alphonsus *respondit*: „Si tantam pecuniam vel *in sui regis* obsequium vel *patriae commodis* vel subleuandis *propinquis* impendisset, audirem. Nunc quoniam tantas opes impendit corpori, par est, vt luat corpore".

VIII, 293   ERVDITIO   (Alphonsus Aragonum Rex, 2) [2]

Commemorantibus quendam *ex Hispaniae regibus dixisse non decere* principes *viros* scire *literas, exclamauit eam vocem bouis esse, non* hominis. Non omnes literae conueniunt principi, sed eae, quae politicen tradunt aut ethicen quaeque recte ac secus gestorum exempla commonstrant, id quod facit historia.

VIII, 294   CAVTE   (Alphonsus Aragonum Rex, 3) [3]

Hunc *quum adissent legati Matricienses*, in quorum *agris* tum agebat *Alphonsus*, consulentes, *vtri* iuberet ipsos *gratificari, Nicolaone Picinino an Francisco Sphortiae*, *respondit ambos* pro *amicis habendos, sed* nihilo secius, *ab* ambobus tanquam *ab inimicis cauendum*. Id temporis *inter* Nicolaum et Franciscum *simultas* intercedebat ac rex nondum statuerat, *vtrum* vellet *in societatem* recipere, quum vtrunque ob dissidium non posset.

Apophth. VIII, 291 ist das einzige Apophthegma, das Er. dem berühmten archaischen Dichter (6./5. Jh. v. Chr.) widmet.

15–16 *Pindarus ... praedices* Variierende Wiedergabe von Er.' früherer Übers. von Plut. *De vitioso pudore* 18, *Mor.* 536C: „Sufficit autem, opinor, illud Pindari, cui, quum quidam dixisset, quod ipsum vbique et apud omnes praedicaret, ‚Et ego', inquit, ‚refero tibi gratiam efficiens, vt vera praedices'" (*ASD* IV, 2, S. 321; ed. Cratander, Basel 1530, fol. 202D–203A). Vgl. den griech. Text: ἀρκεῖ γὰρ οἶμαι τὸ τοῦ Πινδάρου πρὸς τὸν λέγοντα πανταχοῦ καὶ πρὸς πάντας ἐπαινεῖν αὐτὸν εἰπόντος, „κἀγώ σοι χάριν ἀποδίδωμι· ποιῶ γάρ σε ἀληθεύειν".

Apophth. VIII, 292–308 Es folgt nunmehr eine Sektion von Sprüchen, deren Spender nicht aus der Antike stammt: Alfons d.Gr. König von Neapel aus d. 15. Jh. Er. wertet in dem Abschnitt die Spruchsammlung aus, die Antonio Beccadelli zusammengestellt hat (*De dictis et factis Alphonsi Regis Aragonum*). Zu dieser Sammlung vgl. K.A.E. Enenkel, „Kommentare als multivalente Wissenssammlungen: Das ‚Fürstenspiegel'-Kommentarwerk Antonio Beccadellis (*De dictis et factis Alphonsi Regis Aragonum*, 1455), Enea Silvio Piccolominis (1456) und Jakob Spiegels (1537)", in: K.A.E. Enenkel und H. Nellen (Hrsg.), *Commentaries and the Management of Knowledge in the Late Middle Ages and the Early Modern Period (1300–1700)*, Leuven 2013, 79–138. Die meisten Sprüche, die Beccadelli aufgezeichnet hat, datieren aus der Zeit, in der Alfonso König von Neapel war (1443–1555).

Alfonso I. (V.) (1396–1458; reg. als König von Neapel 1443–1558), der Großmütige; seit 1416 König von Aragon und Sizilien; eroberte i.J. 1442 Neapel; seitdem König von Neapel. Unter seiner Herrschaft erreichte das aragonische Reich seine weiteste Ausdehnung. Trat als Kunst- und Kulturmäzen und Förderer von Humanisten wie Lorenzo Valla, Bartolomeo Facio und Antonio Beccadelli auf. Seine Hofhumanisten stellten ihn als neuen Augustus und Ideal eines humanistischen Herrschers dar. Vgl. E. Sáez, R. Manselli und W. Rüegg, *LMA* 1 (1980), Sp. 401–403, s.v. „Alfons", Nr. 17.

19 *ALPHONSVS ARAGONVM REX* So lautet die Überschrift der vorl. Sektion in *B* und *C*.

21–23 *Eques … corpore* Paraphrase von Beccadelli, *Alphonsi Regis dicta et facta* I, 2: „Illud grauiter et iuste dictum in equitem quendam prodigum vel inprimis recenseamus. Quibusdam a rege magnopere petentibus, ne saltem in corpus lueret debita, que ille plurima per luxum libidinemque contraxerat, respondisse aiunt equitem hunc neque sui regis gratia neque patriae commodo neque propinquorum aut amicorum aere alieno suscepto tam grande patrimonium profudisse, quinimmo substantiam suam omnem corpori indulxisse; in corpus igitur luere equius esse" (Florenz, Gregorio de' Gente, 1485, fol. aiir).

28 *ex Hispaniae … non* Paraphrasierende Wiedergabe von Beccadelli, *Alphonsi Regis dicta et facta* I, 6: „Cum audisset vnum aliquem ex Hispanie regibus solitum dicere non decere generosum et nobilem virum esse litteratum, exclamasse fertur vocem hanc non regis, sed bouis esse" (Florenz, Gregorio de' Gente, 1485, fol. aiiv).

33–37 *adissent … societatem* Paraphrase von Beccadelli, *Alphonsi Regis dicta et facta* I, 7: „Erat Alfonsus in agro Matriciensi, nec dum satis deliberauerat, vtrum Franciscum Sfortiam an Nicolaum Picininum in amicitiam et societatem admissurus esset, et erat alterum duntaxat propter illorum inter se simultates admissurus. Cum interim Matricienses legati regem adeuntes petierunt, vt ex ipsius voluntate Nicolaone, an Francisco gratificari deberent. Quibus regem respondisse, qui aderant, perhibent vtrosque tanquam amicos habendos esse, sed ab vtrisque tanquam inimicis cauendum esse" (Florenz, Gregorio de' Gente, 1485, fol. aiiv).

33 *legati Matricienses* Gesandte des Städtchens Matrice in der Provinz Campobasso, wo sich Alfonso damals mit seinem Heer aufhielt. Die Condottieri Niccolò Piccinino und Francesco Sforza waren verfeindet. Piccinino kämpfte für den Herzog von Mailand, Sforza für den Päpstlichen Staat, Florenz und Venedig, und zudem jeder für sich selbst. 1443–1444 führten sie einen erbitterten Kampf um die Marken, in dem Sforza zunächst eine Reihe von Niederlagen erlitt, letzlich aber in der Schlacht bei Montelauro (8.11.1543) obsiegte. Piccinino starb im Oktober 1444.

34 *Nicolaone Picinino* Niccolò Piccinino (ca. 1386–1444) aus Perugia, ital. Condottiere; seine militärische Karriere begann unter dem Condottiere Braccio da Montone (gest. 1424); 1424 übernahm Piccinino die Führung von Braccios Heer. Zunächst stand er im Dienst der Republik Florenz; 1425 wechselte er die Seiten und kämpfte im Dienst von Filippo Maria Visconti, dem Herzog von Mailand, im Krieg, den dieser gegen die päpstliche Allianz führte, die Eugen IV. mit Florenz und Venedig geschmiedet hatte. Vgl. P. Margaroli, *LMA* 6 (1993), Sp. 2130, s.v. „Piccinino"; *DBI* 83 (2015) http://www.treccani.it/enciclopedia/niccolo-piccinino_(Enciclopedia-Italiana)/.

34 *Francisco Sphortiae* Francesco I. Sforza (1401–1466), Condottiere. Nach dem Tod seines Schwiegervaters Filippo Maria Visconti übernahm er 1450 die Nachfolge im Herzogtum Mailand und begründete die Dynastie der Sforza. Vgl. G. Chittolini, *LMA* 7 (1995), Sp. 1821–1824, s.v. „Sforza".

VIII, 295   Conivgivm tranqvillvm   (Alphonsus Aragonum Rex, 4) [4]

Idem dicere solet *ita demum matrimonium tranquille* citraque querimonias *exigi posse, si maritus surdus fiat, vxor caeca*, innuens, opinor, foemineum genus obnoxium esse zelotypiae, atque hinc oriri rixas et querimonias; rursum maritis permolestam esse vxorum garrulitatem, qua molestia cariturus sit, si fiat surdus; nec illa vexabitur adulterii suspitione, si careat oculis.

VIII, 296   Integre   (Alphonsus Aragonum Rex, 5) [5]

Aiebat, si sibi contigisset *nasci temporibus*, quibus *Romana* respublica florebat, *se constructurum fuisse contra curiam templum Ioui Positorio*, in *quo*, priusquam venirent in senatum *patres conscripti, odium*, amorem ac *priuatos affectus* omnes deponerent. Allusit ad priscorum morem, qui Iouem multis cognominibus insigniebant, nunc Statorem, nunc Gamelion, nunc Genethlion, nunc Philium, nunc Xenion appellantes. At si tam multa possit Iupiter, illud in primis praestandum erat, vt in synodis, in iudiciis, in senatibus, in quibus de republica consultatur, nihil haberent momenti *affectus priuati*. Nam hi sunt, qui frequenter et ciuitates et *regna* bellis committunt ac *pessundant* denique.

VIII, 297   Saltatio foeda   (Alphonsus Aragonum Rex, 6) [6]

Quum forte *mulierem* quandam *impudentius saltantem aspexisset*, „Expectate!", inquit, „Mox *Sibylla aedet oraculum*", sentiens saltationem insaniae genus esse. Sibylla autem vates non aedebat oracula nisi furore correpta. Mihi quoque saepenumero qui saltationem tumultuosam agitant, visi sunt afflati furore quodam, praesertim foeminae.

VIII, 298   Lenitas   (Alphonsus Aragonum Rex, 7) [7]

Admonitus, *ne nimia lenitas* exiret in contemptum et ex contemptu nasceretur *pernicies*, „Magis", inquit, „cauendum, ne seueritas conciliet *inuidiam*, vnde maius exitii periculum".

VIII, 299   Postvlator improbvs   (Alphonsus Aragonum Rex, 8) [8]

Quum *eques* quidam ab hostibus captus et ab iisdem *emissus carcere, regem adisset*, in solatium calamitatis *multa postulauit ab eo et impetrauit*. Quo digresso rex dixit ad familiares, „Disperream", inquit, „ni metui, *ne vxorem etiam meam deposceret eques meus*".

41–42 *Ita ... caeca* Weitgehend wörtliche Wiedergabe von Beccadelli, *Alphonsi Regis dicta et facta* III, 7: „Matrimonium ita demum exigi tranquille et sine querela posse dicebat, si mulier ceca fiat et maritus surdus" (Florenz, Gregorio de' Gente, 1485, fol. diiiir).

47–55 *si sibi ... pessundant* Z.T. wörtliche, jedoch mit umfänglichen Erklärungen durchzogene Wiedergabe von Beccadelli, *Alphonsi Regis dicta et facta* III, 2: „Si Romanis temporibus natus esset, se constructurum fuisse dicebat contra curiam Ioui positorio templum, quo patres conscripti sententiam dicturi, antequam curiam ingrederentur, odia atque alias animi labes deponerent. Plerumque etenim fieri, vti regna atque republice priuatorum contentionibus atque affectionibus pessundentur" (Florenz, Gregorio de' Gente, 1485, fol. diiiv).

48 *Ioui Positorio* Der Kult eines „Iuppiter Positorius" ist eine Erfindung des Königs Alfons von Aragon, wobei er den Götternamen aus der beabsichtigten Funktion konstruierte.

51 *Statorem* Der Kult des Iuppiter Stator war bedeutend: In seinem Rahmen wurde Iuppiter als Kriegsgott verehrt, der „die Flucht zum Stillstand bringt". Im antiken Rom gab es zwei Tempel für Iuppiter Stator, einer befand sich auf der Nordseite des Palatin.

51 *Gamelion ... Xenion* Die von Er. genannten Beinamen Iuppiters beziehen sich auf griechische Zeus-Kulte: Zeus Philios wurde als Gott der zwischenmenschlichen Beziehungen verehrt, Zeus Xenios als Gott der Gastfreundschaft (für beide vgl. A. Henrichs, *DNP* 12, 2, Sp. 784, s.v. „Zeus"); Zeus Genethlios als Gott, der über die Geburt, und Zeus Gamelios, der über die Ehe wacht.

58–59 *impudentius ... oraculum* Beccadelli, *Alphonsi Regis dicta et facta* II, 56: „Cum aliquando mulierem (mulierem *om. ed. Basil. 1538*) impudentius saltantem aspexisset, fertur ad circumstantes dixisse: ,Attendite. Sybilla quidem e uestigio prodet (edet *ed. Basil. 1538*) oraculum'" (Florenz, Gregorio de' Gente, 1485, fol. d⟨i⟩ᵛ; Basel, Herwagen-Froben 1538, S. 56).

64–66 *Admonitus ... periculum* Freie Variation des Er. von Beccadelli, *Alphonsi Regis dicta et facta* II, 58: „Cum aliquis regi diceret: ,Caue ne tua hec nimia (nimia *om. ed. Basil. 1538*) misericordia, lenitudo et placabilitas in perniciem cadat (cedat *ed. Basil. 1538*)', ,Immo uero', inquit, ,multa mihi perferenda sunt, ne in inuidiam cadam'" (Florenz, Gregorio de' Gente, 1485, fol. d⟨i⟩ᵛ; Basel, Herwagen-Froben 1538, S. 56–57).

69–72 *ab hostibus ... eques meus* Paraphrase von Beccadelli, *Alphonsi Regis dicta et facta* II, 40: „Ioannes Caltagirduius (Calaguritanus *ed. Basil. 1538*) eques regius, vt primum ab hostibus carcere dimissus est, regem adiit et liberalitate illius nonnihil abusus, innumerabiles (innumeras *ed. Basil. 1538*) prope res simul et poposcit et impetrauit. A quo rex vix tandem diuulsus, ,Mentior', inquit, ,ni inter tam multa et varia, que petebat, timuerim, ne vxorem etiam ipsam a me deposceret eques meus'" (Florenz, Gregorio de' Gente, 1485, fol. c⟨vi⟩ʳ; Basel, Herwagen-Froben 1538, S. 52).

VIII, 300   OCIVM DVLCE   (Alphonsus Aragonum Rex, 9) [9]

75 *Familiares* illi *rusticum quendam velut ignauiae* exemplum ostenderunt, qui porrectus *humi* vescebatur *vuis*. Hic rex: „*Vtinam mihi* sic per *ocium comedere datum esset* a superis!". Simile quiddam narratur de *Ptolemaeo rege*: quum antea se iactaret *reperisse immortalitatem*, tandem *podagra discruciatus, conspiciebat Aegyptios* aliquot plebeios sic temere apud flumen discumbentes: „Vtinam", inquit, „saltem *ex istis vnus* essem".

80 VIII, 301   PROFVSIO FVNDO CARET   (Alphonsus Aragonum Rex, 10) [10]

Equiti subinde *aliquid a rege* flagitanti, sed mox, quod acceperat, profundenti „Si pergam", inquit, „tibi dare, quae petis, *citius me pauperem effecero quam te diuitem*: nam qui tibi donat, nihil aliud quam aquam infert *pertuso dolio*".

85 VIII, 302   CIVIVM CHARITAS   (Alphonsus Aragonum Rex, 11) [11]

Interrogatus, quos e ciuibus *haberet charissimos*, „*Qui magis*", inquit, „*pro* me *metuunt quam me*". Sentit illos esse ex animo amicos, qui principem magis amant quam timent.

90 VIII, 303   AMBITIO PRINCIPVM   (Alphonsus Aragonum Rex, 12) [12]

Aiebat *olim inter Iouem, Neptunum et Plutonem omnium* rerum partitionem trifariam esse factam, et horum vnum*quenque sua sorte contentum esse* nec occupare aliena: at inter *homines* neminem sua portione contentum esse nec vllam partitionem esse 95 stabilem, sed omnes πλεονεκτεῖν.

75–76 *Familiares … datum esset* Paraphrase von Beccadelli, *Alphonsi Regis dicta et facta* II, 32: „Cum familiares nonnulli rusticum quendam humi prostratum vuas edentem, digito velut ignauum demonstrarent regi, ,Vtinam mihi', inquit, ,istoc (istaec ed. Basil. *1538*) ocio comedere dii dedissent'" (Florenz, Gregorio de' Gente, 1485, fol. ciiii^v; Basel, Herwagen-Froben 1538, S. 49).

77 *Ptolemaeo* Er. lässt hier die notwendige Angabe seiner Quelle aus, um welchen „Ptolemaeus" es sich handelt. Die Kurzangabe „Ptolemaeus rex" suggeriert, daß Ptolemaios I. gemeint ist; es geht jedoch um Ptolemaios II.

Philadelphos (308–246 v. Chr.), seit 285 v. Chr. zum Pharao gekrönt und Mitregent des Vaters, seit 282/3 Alleinherscher Ägyptens. Zu seiner Person vgl. oben Komm. zu V, 107.

77–79 *Ptolemaeo … unus* stark gekürzte und im zitierten Spruch verdrehte Übertragung von Athen. 536E: καὶ εἰκοστῇ ὁ αὐτὸς Πτολεμαῖόν φησι [Phylarchos. *FGrH* 81 F 40] τὸν δεύτερον Αἰγύπτου βασιλεύσαντα, πάντων σεμνότατον γενόμενον τῶν δυναστῶν καὶ παιδείας εἴ τινα καὶ ἄλλον καὶ αὐτὸν ἐπιμεληθέντα οὕτως ἐξαπατηθῆναι τὴν διάνοιαν καὶ διαφθαρῆναι ὑπὸ τῆς ἀκαίρου τρυφῆς ὥστε τὸν πάντα χρόνον ὑπολαβεῖν βιώσεσθαι καὶ λέγειν ὅτι μόνος εὕροι τὴν ἀθανασίαν. κατατεινόμενον οὖν ὑπὸ ποδάγρας πλείους ἡμέρας, ὥς ποτ᾽ οὖν ἐρράϊσεν καὶ κατεῖδεν διά τινων ὑπολαμπάδων τοὺς Αἰγυπτίους παρὰ τὸν ποταμὸν ἀριστοποιουμένους καὶ τὰ τυχόντα προσφερομένους ἐπί τε τῆς ἄ μμου χύδην ἐρριμμένους, εἶπεν· „ὦ τάλας ἐγώ, τὸ μηδὲ τούτων ἕνα γενέσθαι" (vgl. ed. Ald. p. 222). Bei Athenaios sagt der König: „Ich armer Teufel, daß ich nicht einer von ihnen sein kann!".

79 *sic temere* Er. läßt die Angabe bei Athenaios aus, daß die Ägypter am Ufer des Nils saßen um dort ein Picknick zu halten und ein Lunch einzunehmen. Dieser Aspekt ist nicht unwichtig, weil er die Eifersucht des Gichtkranken motiviert.

80–81 *Profusio fundo caret* Wie schon der Titel zeigt, ist *Apophth.* VIII, 301 ist ein Gegenstück zu *Adag.* 932 [A] „Largitio non habet fundum" (*ASD* II, 2, S. 438), nach Cic. *Off.* II, 55: „Omnino meminisse debemus (im Fall von Schenkungen) id, quod a nostris hominibus saepissime vsurpatum iam in prouerbii consuetudinem venit, largitionem fundum non habere"; Otto 732 („Schenken hat keinen Boden, d.h. durch thörichte Freigebigkeit erschöpft man auch den größten Schatz"). In *Adag.* 932 erklärt Er. selbst das Sprichwort wie folgt, wobei er es zudem mit dem nächstfolgenden *Adag.* 933 „Inexplebile dolium" (*ASD* II, 2, S. 438) verbindet: „Quo dicto significabant stulta liberalitate quantaslibet opes exhauriri vel effluere potius. Translatum videtur a *pertuso dolio* Danaidum apud inferos". Auf dieselbe Weise verknüpft Er. in seiner Erklärung von *Apophth.* VIII, 301 das Sprichwort „Largitio non habet fundum" mit dem „pertusum dolium" der Danaiden. In dieser Beziehung bildet VIII, 301 auch eine Parallele zu VII, 203 (Bion Borysthenites, 16).

83 *Citius … diuitem* Frei variierende Wiedergabe von Beccadelli, *Alphonsi Regis dicta et facta* II, 26: „Equiti cuidam prodigo, quippe cui nulla pecunia esset satis, et a rege quotidie multa postulanti dixisse tandem fertur: ,Amice, si tibi plura dare indies perrexero, citius me pauperem, quam te diuitem effecero'. Hoc enim perinde esse, ac si piscinam perforatam implere quispiam contendat" (Florenz, Gregorio de' Gente, 1485, fol. ciii^v; Basel, Herwagen-Froben 1538, S. 46).

84 *pertuso dolio* Wie Er. in *Adag.* 932 „Largitio non habet fundum" erklärt, leitete er das Sprichwort von dem löchrigen Faß des Mythos der Danaiden her. Das unendliche Füllen des löchrigen Fasses (eigentlich einer Badewanne) stellt die Bestrafung der Töchter des Danaos (des Bruders des Aigyptos) im Hades dar, dafür, daß sie ihre zukünftigen Ehegatten (Söhne des Aigyptos) in der Brautnacht töteten. Vgl. Er.' Erläuterungen *ad loc.*: „Ἄπληστος πίθος, id est Inexplebile dolium. … Adagium natum a notissima fabula puellarum Danaidum, quae ob sponsos necatos has poenas apud inferos dare dicuntur, vt situlis perstillantibus aquam hauriant atque in dolium item pertusum infundant, graui nimirum, sed inutile labore" (*ASD* II, 2, S. 440). Für den Danaiden-Mythos und ihre Bestrafung in der Unterwelt vgl. E. Keuls, *The Water Carriers in Hades. A Study of Catharsis through Toil in Classical Antiquity*, Amsterdam 1974; J.A. Bernhard, „Danaiden", in: W.H. Roscher, *Ausführliches Lexikon der griechischen und römischen Mythologie* I, 1, Leipzig 1886, Sp. 949–952; O. Waser, *RE* IV, 2 (1901), Sp. 2087–2091, s.v. „Danaiden"; Ch. Auffahrt, *DNP* 3 (1997), Sp. 307–308, s.v. „Danaos, Danaiden". Daß sich das Sprichwort „Largitio non habet fundum" von der Badewanne der Danaiden herleitet, ist jedoch nicht gesichert. Es handelt sich eher um ein ähnliches Sprichwort, das wiederum Parallelen mit dem Proverbium „Cribro aquam haurire" aufweist; vgl. Plaut. *Pseud.* 369: „In pertusum ingerimus dicta dolium, operam lusimus". In *Adag.* 360 „Cribro aquam haurire" (*ASD* II, 1, S. 452) setzt Er. diese sprichwörtliche Redewendung mit „In dolium pertusum aquam hauris" gleich; vgl. Otto 466.

87 *Interrogatus … me* Leicht paraphrasierende Wiedergabe von Beccadelli, *Alphonsi Regis dicta et facta* IV, 40: „Alfonsus cum interrogaretur, quos e popularibus suis percaros haberet, illos inquit, qui non magis eum (eum magis *ed. Florent. 1485*) quam pro eo metuant" (Florenz, Gregorio de' Gente, 1485, fol. f⟨vii⟩^r; Basel, Herwagen-Froben 1538, S. 117).

92–94 *Iouem … homines* Paraphrase von Beccadelli, *Alphonsi Regis dicta et facta* IV, 30: „Ab diis solum (olim *ed. Basil. 1538*) Ioue, Neptuno (Neptimo *ed. Florent. 1485*), Plutone, omnia tripartita (tripertita *ed. Basil. 1538*) fuisse memorabat, et sua quemque sorte (sorte om. *ed. Florent. 1485*) parteque contentum agere. At hominibus hodie neque quod satis neque quod nimis (minus *ed. Basil. Froben 1538*) esset, satis esse" (Florenz, Gregorio de' Gente, 1485, fol. fv^v; Basel, Herwagen-Froben 1538, S. 115).

VIII, 304   ERVDITIO (Alphonsus Aragonum Rex, 13) [13]

Percontantibus, *vtri* rei plus *debere* se fateretur, *libris an armis: „Ex libris"*, inquit, „et *arma et armorum iura didici"*, hac voce profitens se libris debere omnia.

VIII, 305   CLEMENTER   (Alphonsus Aragonum
100   (= Dublette von V, 303)   Rex, 14) [14]

Magnopere laudare solet dictum nescio cuius, *hostibus fugientibus pontem argenteum extruendum* esse, siue quod existimaret multo optabilius esse, hostes in fugam vertere quam occidere, siue quod putaret hostes pecunia solicitandos, vt ab acie discederent.

VIII, 306   FACETE (Alphonsus Aragonum Rex, 15) [15]

105 Dicebat sibi videri *eos maxime insanire, qui vxorem fugitiuam perquirerent,* significans magnae felicitatis esse ab improba muliere liberari.

VIII, 307   GRAVITER   (Alphonsus Aragonum Rex, 16)
                                                                             [16]

Improbo *cuidam* ac vecordi, iactanti *reperisse se virum sapientem,* „Et qui fieri potuit",
110 inquit, „vt *sapientem dignosceret stultus?"*.

VIII, 308   REGVM CVRAE   (Alphonsus Aragonum
                                                                         Rex, 17) [17]

Quum *coenanti senex quidam importunus* et garrulus sine fine obstreperet, exclamasse fertur et dixisse, *asinorum conditionem esse* potiorem *quam regum.* Nam *illis,* dum
115 pascuntur, *dominos parcere, regibus neminem.*

---

101 solet *B C*: solebat *LB, Beccadelli IV, 9.*

97–98 *debere … didici* Leicht variierende Wiedergabe von Beccadelli, *Alphonsi Regis dicta et facta* IV, 19: „Cum aliquando rex interrogaretur, vtrum ne armis an libris maiorem gratiam deberet, respondit ex libris se arma et armorum iura didicisse" (Florenz, Gregorio de' Gente, 1485, fol. fiiii^r; Basel, Herwagen-Froben 1538, S. 112).

VIII, 305 ist eine Dublette von V, 303 und trägt denselben Titel wie dieser Spruch, „Clementer": In diesem Titel spiegelt sich Er.' Missverständnis des Strategema als moralische Vorschrift im Sinn der christlichen Ethik, auf das Töten des Feindes zu verzichten, wenn dieser aufgibt und zur Flucht übergeht. In dieser Sichtweise erscheint Alfons als christlicher Fürst, der den Feind lieber in die Flucht schlägt als ihn tötet oder durch den Einsatz von Geldmitteln versucht, Schlachten zu vermeiden. Er. hat nicht verstanden, daß der Spruch in den antiken Quellen das gerade Gegenteil bedeutete: Er stellt eine Kriegslist dar, die zum Ziel hatte, den Feind durch eine bewusste Öffnung zur Flucht zu verleiten, um ihm in den Rücken zu fallen, ihn niederzumachen und völlig aufzureiben; vgl. Vegetius *De re militari*

III, 21: „Plerique rei militaris ignari pleniorem victoriam credunt, si adversarios aut locorum angustiis aut armatorum multitudine circumdederint, vt aditum non inueniant abscedendi. Sed clausis ex desperatione crescit audacia, et cum spei nihil est, sumit arma formido. Libenter cupit commori, qui sine dubio scit se esse moriturum. Ideoque Scipionis laudata sententia est, qui dixit *viam hostibus, qua fugerent, muniendam*. Nam cum abscedendi aditu patefacto mentes omnium ad praebenda terga consenserint, inulti more pecudum trucidantur. Nec insequentium vllum periculum est, cum victi, quibus defendi potuerant, arma converterint. Hoc genere, quanto maior fuerit, tanto facilius multitudo prosternitur; neque enim ibi requirendus est numerus, vbi animus semel territus non tam tela hostium cupit declinare quam vultum".

101–102 *Magnopere ... extruendum* Gekürzte, im Spruchteil wörtliche Wiedergabe von Beccadelli, *Alphonsi Regis dicta et facta* IV, 9: „Laudare eum magnopere solebat, quicunque fugientibus hostibus argenteum pontem extruendum dixisset" (Florenz, Gregorio de' Gente, 1485, fol. fiii^r; Basel, Herwagen-Froben 1538, S. 109).

101 *dictum nescio cuius* Er. erkennt, daß Alfons hier einen schon bekannten Spruch eines anderen Spruchspenders wiederholt, jedoch fällt ihm nicht ein, um wen es geht. König Alfons zitierte hier einen Spruch des Scipio Africanus d.Ä.; vgl. Frontin. *Strat.* 4, 7, 16: „Scipio Africanus dicere solitus est hosti non solum dandam esse viam ad fugiendum, sed etiam muniendam"; Veg. *Mil.* III, 21: „Ideo que Scipionis laudata sententia est, qui dixit uiam hostibus, qua fugerent, muniendam". Er. hatte diesen Spruch in der Tat bereits gebracht, in *Apophth.* V, 303: „Idem (sc. Scipio Africanus maior) dicere solebat, hosti non solum esse dandam viam fugiendi, verum etiam muniendam, docens moderandam esse victoriam nec saeuiendum in eos, qui contra ferre arma destitissent". *CWE* 38, S.S. 962 gibt an, daß es sich um ein „anonymous saying" handle.

102 *siue quod existimaret* Beide Erklärungen des Er. treffen nicht das richtige: Es geht bei diesem Feldherrnstrategem weder darum *clementia* walten zu lassen noch Feinde durch Korruption unschädlich zu machen: Gemeint ist, daß man einen Feind nicht in die Enge treiben soll, weil er dann mit äußerstem Kräfteaufwand bis zum letzten Blutstropfen kämpfen wird. Statt ihn in die Enge zu treiben, soll man ihm einen Fluchtweg darbieten.

105 *maxime ... perquirerent* Beccadelli, *Alphonsi Regis dicta et facta* IV, 8: „Eos (hos *ed. Basil. 1538*) maxime insanire dicebat, qui vxorem a se digressam fugitiuamque perquirerent" (Florenz, Gregorio de' Gente, 1485, fol. fiii^r; Basel, Herwagen-Froben 1538, S. 109).

109–110 *cuidam ... stultus* Beccadelli, *Alphonsi Regis dicta et facta* III, 10: „Dicenti cuidam sapientem virum se tandem reperisse, ‚Quomodo', inquit, ‚sapientem dignoscere stultus potest?'" (Florenz, Gregorio de' Gente, 1485, fol. diiii^v; Basel, Herwagen-Froben 1538, S. 71–72).

113–115 *coenanti ... neminem* Paraphrase von Beccadelli, *Alphonsi Regis dicta et facta* I, 13: „Cum inter coenandum a difficili et importuno quodam sene usqueadeo interpellaretur, ut vix edendi potestas esset, subclamasse dicitur, Asinorum conditionem longe meliorem quam regum: illis quidem comedentibus dominos parcere, regibus neminem" (Florenz, Gregorio de' Gente, 1485, fol. aiii^v; Basel, Herwagen-Froben 1538, S. 4).

⟨DEMETRIVS CYNICVS⟩

VIII, 309   Fortiter   (Demetrius Cynicus, 4) [18]

Demetrius graui calamitate affectus dixit referente Seneca: „*Hoc vnum, dii immortales, queri possum, quod non antehac mihi voluntatem vestram notam fecistis. Prior enim ad ista venissem, ad quae nunc vocatus assum. Maluissem offerre quam tradere*".

⟨M. ANTONIVS ORATOR⟩

VIII, 310   [*C*] Cavte scribendvm   (M. Antonius orator, 2) [19]

M. Antonius orator, rogatus quam ob causam *nullam vnquam orationem scripto* mandasset, „*vt*", inquit, „inficiari queam *a me dictum esse, si quid* forte *aliquando dixi*, quod *opus non erat*". Labilis est *hominum memoria*, vt aegre reperias duos, qui, quae simul audierunt, eodem modo referant. Hinc parata tergiuersatio, „non dixi", aut „non sic dixi", aut „dixi quidem, sed hoc adieci".

⟨CALANVS INDVS⟩

VIII, 311   Praesensio   (Calanus Indus, 1) [20]

Calanus Indus ad mortem proficiscens, quum con*scenderet rogum ardentem*, „*O praeclarum*", inquit, „*discessum e vita, quum, vt Herculi contigit, mortali corpore cremato animus in lucem excesserit*". Hunc *quum Alexander* admoneret, *diceret, si quid vellet*, „*Optime*", inquit, „*propediem te videbo*". Idque euenit, nam *Alexander paucis post diebus mortuus est*. Refert M. Tullius libro de diuitatione primo.

122–221 Caute scribendum ... FINIS *C*: *desunt in B*.

130 Calanus *C*: Callanus *Cic. Divin. ed. Pease*
134 M. Tullius *scripsi*: M.T. *C*.

116 ⟨*DEMETRIVS CYNICVS*⟩ Dem Demetrius Cynicus widmete Er. in der zweiten Ausgabe (1532, *B*) das abschließende Apophthegma. Das Lemma eignet sich ausgezeichnet als Schlussstein, da es den Spruch eines Philosophen präsentiert, der die Schlusssumme seiner Weisheit zieht und sich darin von allen irdischen Gütern lossagt. In der letzten Ausgabe zu Lebzeiten (1535, *C*) konnte es sich Er. dennoch nicht verkneifen, noch einmal 14 Apophthegmata hinzuzusetzen (VIII, 310–323). Das nunmehrige abschließende Lemma setzt sich aus zwei Sprüchen (des Perikles und des Demosthenes) zusammen, deren Inhalt nicht identisch ist (der eine liefert die Aussage eines Atheners über die Samier, das andere die Aussage eines Redners über das Volk Athens) und eignet sich schon deshalb weniger als Schlussstein als das Apophthegma des Demetrius Cynicus in *B*. Für den mit dem jüngeren Seneca befreundeten kynischen Philosophen **Demetrios aus Korinth** vgl. oben Komm. zu VIII, 194. Demetrios wirkte in Rom unter den Kaisern Caligula, Claudius

und Nero und wurde von Vespasian verbannt. Er. widmete ihm im achten Buch bereits zwei Sprüche, VIII, 194 und 247.

118 *Seneca* Seneca ist für Er. Seneca pater, den Er. für den Verfasser der philosophischen und rhetorischen Schriften hielt. Vgl. oben Komm. zu VIII, 243.

118–120 *Hoc vnum ... tradere* Wörtliche, jedoch stark gekürzte Wiedergabe von Demetrius' Ansprache zu den Göttern, wie sie Seneca in *De prov.* 5, 5 aufzeichnete: „Hanc quoque animosam Demetrii fortissimi viri vocem audisse me memini: ‚Hoc vnum', inquit, ‚de vobis, di inmortales, queri possum, quod non ante mihi notam voluntatem vestram (voluntatem vestram notam *edd. vett., ed. Er. 1529, p. 277*) fecistis; prior enim ad ista venissem, ad quae nunc vocatus adsum. Vultis liberos sumere? Vobis illos sustuli (Illos vobis offero *edd. vett., ed. Venet. 1492, fol. CXXXVII", ed. Er. 1529*). Vultis aliquam partem corporis? Sumite. Non magnam rem promitto: cito totum relinquam. Vultis spiritum? Quidni nullam moram faciam, quominus recipiatis, quod dedistis? A volente feretis, quicquid petieritis. Quid ergo est? Maluissem offerre quam tradere. Quid opus fuit offerre? Accipere potuistis. Sed ne nunc quidem auferetis. Quid? Nihil eripitur nisi retinenti ...'".

119 *voluntatem vestram notam* Wortfolge wie in den älteren Seneca-Ausgaben.

Apophth. VIII, 310–323 stellen einen Zusatz dar, den Er. in der Ausgabe *C* (1535) angebracht hat. Die Hauptquelle dieses Schlussabschnitts stellen diverse Werke des Redners Cicero und der *Commentariolus de petitione consulatus* von dessen Bruder Quintus dar (VIII, 310–316). Auffällig ist an diesen Sprüchen, daß Er. öfter als es sonst in den *Apophthegmata* seine Gewohnheit ist, die Quelle verzeichnet hat. Cicero wird darin einige Male prägnant mit „M.T." (= Marcus Tullius) bezeichnet.

121 *M. ANTONIVS ORATOR* Dem bedeutenden Redner und Politiker **M. Antonius** (geb. 143 v. Chr.) hatte Er. bereits *Apophth.* VI, 345 gewidmet, obwohl der Index personarum von *B* und *C* Sextus Titius als Spruchspender angibt. Zur Person des M. Antonius vgl. oben Komm. zu VI, 345.

121 *M. ANTONIVS ORATOR* In dieser Form auch im Index personarum von *C*, um ihn von dem gleichnamigen Triumvir zu unterscheiden.

123–125 *M. Antonius ... memoria* Im Spruchteil weitgehend wörtliche, im erklärenden Teil frei abgeänderte Wiedergabe von Cic. *Cluent.* 140: „Hominem ingeniosum, M. Antonium, aiunt solitum esse dicere, idcirco se nullam umquam orationem scripsisse, vt, si quid aliquando non opus esset ab se esse dictum, posset negare dixisse; proinde quasi, si quid a nobis dictum aut actum sit, id nisi litteris mandarimus, hominum memoria non comprehendatur". Mit anderem Wortlaut ist das Bonmot bei Val. Max. VII, 3, 5 überliefert; jedoch sind die Unterschiede zwischen den beiden Texten so klar, daß es keinen Zweifel gibt, daß Er. für vorl. *Apophth.* Cic. *Cluent.* 140 als Vorlage benutzt hat.

Kalanos, indischer Weiser, der Alexander d. Gr. 326 v. Chr. von Taxila nach Persien begleitete. Kurz vor Alexanders Tod nahm Kalanos sich durch Verbrennung das Leben, um seinen spirituellen Weg zu vollenden. Vgl. C. Muckensturm-Poulle, *DNP* 6 (1999), Sp. 151, s.v. „Kalanos".

128 *CALANVS INDVS* In dieser Form auch im Index personarum von *C*.

130–134 *Calanus Indus ... mortuus est* Wörtliche Wiedergabe von Cic. *Div.* I, 47: „Est profecto quiddam etiam in barbaris gentibus praesentiens atque diuinans, siquidem ad mortem proficiscens Callanus Indus, cum inscenderet in rogum ardentem, ‚O praeclarum discessum', inquit, ‚e vita, cum, vt Herculi contigit, mortali corpore cremato in lucem animus excesserit!'. Cumque Alexander eum rogaret, si quid vellet, vt diceret, ‚Optime', inquit, ‚propediem te videbo'. Quod ita contigit; nam Babylone paucis post diebus Alexander est mortuus".

⟨QVIDAM⟩

VIII, 312   Comitas sermonis   (Anonymus) [21]

Quidam causam detulit ad oratorem. Is negauit. Detulit ad alterum, qui recepit. At is, qui detulerat, dicere solebat *sibi gratiorem fuisse orationem eius, qui negarat, quam eius, qui recepit,* quod ille comiter recusasset, hic grauato et inamoeno vultu recepisset.

⟨C. COTTA⟩

VIII, 313   Comitas in pollicendo   (C. Aurelius Cotta, 1) [22]

C. Cotta, qui *in ambitione* fuit *artifex, dicebat sese operam suam* in eo, *quod non contra officium* peteretur, *solere polliceri omnibus,* sed *impertire iis, apud* quod *optime poni arbitraretur.* Sensit nulli promittendum, quod esset praeter honestum; nulli tamen negandum, quod non contra officium peteretur. Comitatis est benigne polliceri, sed quoniam omnibus opera praestari non potest, eligendi sunt, quibus eam impertias. Vtrunque refert Quintus Cicero ad fratrem de petitione consulatus.

⟨GALLVS IVRISCONSVLTVS⟩

VIII, 314   Pro sva qvisqve   (Gaius iurisconsultus, 1) [23]
                   professione

Gallus iurisperitus, *si quis* negocium *ad ipsum detulisset,* in quo *de facto quaerebatur,* dicere solebat, „*Nihil hoc ad ius; ad Ciceronem ito*". Sensit Gallus aliud esse officium *iureconsulti,* aliud *oratoris,* nec esse necesse de his, quae ad alienam professionem *pertinent,* respondere. Refert M. Tullius in Topicis ad Trebatium.

⟨C. LVCILIVS⟩

VIII, 315   Exacta ivdicia   (C. Lucilius, 1) [24]

C. Lucilius dicere solet nolle *se* sua scripta *legi nec a doctissimis nec ab indoctissimis,* quod hi *nihil intelligerent,* illi *plus* saperent, *quam* vt posset illorum iudicio satisfacere. Id exprimebat huiusmodi versu trochaico:

138 solebat *LB*: solet *C.*   152 solebat *LB*: solet *C.*
147 Quintus Cicero *C*: Q. Cic. *BAS, LB.* 157 solet *C*: solebat *LB, Cic. De or. II, 25.*

137 *Quidam causam … recepit* Freie, paraphrasierende Wiedergabe von Quintus Cicero *Com. Pet.* 46: „Audiui hoc dicere quendam de quibusdam oratoribus, ad quos causam suam detulisset, gratiorem sibi orationem ⟨eius⟩ fuisse, qui negasset quam illius qui recepisset; sic homines fronte et oratione magis quam ipso beneficio reque capiuntur".

Gaius Aurelius Cotta (124–74/3 v. Chr.), röm. Redner und Politiker der Generation vor Cicero und Caesar; 75 Konsul, 74 Prokonsul der Provinz Gallia Cisalpina. Marcus Cicero, der C. Cotta als einen der größten Redner seiner Zeit schätzte, macht ihn zum Gesprächspartner in seinen Dialogen *De oratore* und *De natura deorum*. Vgl. K.-L. Elvers, *DNP* 2 (1997), Sp. 320, s.v. „Aurelius", Nr. I, 5.

140 *C. COTTA* In dieser Form auch im Index personarum von *C*.

142–144 *C. Cotta … arbitraretur* Im Spruchteil wörtliche Übernahme von Quintus Cicero *Com. Pet.* 47: „C. Cotta, in ambitione artifex, dicere solebat se operam suam, quod non contra officium rogaretur, polliceri solere omnibus, impertire iis, apud quos optime poni arbitraretur".

Gaius Aquilius Gallus (ca. 116-vor 44 v. Chr.), aus dem Ritterstand, röm. Politiker (Prätor d.J. 66) und Rechtsgelehrter; Schüler des Q. Mucius Scaevola; als Jurist befasste er sich besonders mit juristischen Formeln (z.B. *actio doli*, *stipulatio Aquilana*, Erbeinsetzungsformel), und mit sorgfältiger kasuistischer Anwendung der Formeln; fungierte u.a. als juridischer Berater Ciceros. Vgl. P. Jörs, *RE* II, 1 (1895), Sp. 327–339, s.v. „Aquilius", Nr. 23; T. Giaro, *DNP* 1 (1996), Sp. 938, s.v. „Aquilius", Nr. I, 12; F. Wieacker, *Römische Rechtsgeschichte. Quellenkunde, Rechtsbildung, Jurisprudenz und Rechtsliteratur*, München 1988, S. 600–601.

148 *GALLVS IVRISCONSVLTVS* In dieser Form im Index personarum von *C*.

151–154 *Gallus … pertinent* Cic. *Top.* 51: „‚Nihil hoc ad ius; ad Ciceronem', inquiebat Gallus noster, si quis ad eum quid tale rettulerat, vt de facto quaereretur. Tu tamen patiere nullum a me artis institutae locum praeteriri; ne, si nihil, nisi quod ad te pertineat, scribendum putabis, nimium te amare videare. Est igitur magna ex parte locus hic oratorius non modo non iuris consultorum, sed ne philosophorum quidem".

154 *Trebatium* Gaius Trebatius Testa (ca. 84 v. Chr.-ca. 4 n. Chr.), einer der wichtigsten Juristen des 1. Jh. v. Chr.; Autor von Werken über das Bürgerliche Recht und über religionsrechtliche Fragen; Widmungsempfänger von Ciceros *Topica*, die dieser im Juli 44 in der Form eines an Trebatius Testa adressierten Briefes verfasste. Vgl. T. Giaro, *DNP* 12, 1, Sp. 774, s.v. „Trebatius", Nr. 2.

C. Lucilius (148/7–103/2 v. Chr.), wohlhabender Ritter, der „Erfinder" der röm. Gattung Satire mit scharfer Gesellschaftskritik. Von seinen 30 Büchern sind in etwa 1400 Verse überliefert. Lucilius' Satiren, die noch Horaz inspirierten, gerieten in der Kaiserzeit stets mehr in Vergessenheit. Vgl. J. Christes, *DNP* 7 (1999), Sp. 463–465, s.v. „Lucilius", Nr. I 6.

155 *C. LVCILIVS* In dieser Form auch im Index personarum von *C*.

157–160 *C. Lucilius … Persium* Cic. *De or.* II, 25: „Nam vt C. Lucilius homo doctus et perurbanus dicere solebat ea, quae scriberet, neque se ab indoctissimis neque a doctissimis legi velle, quod alteri nihil intellegerent, alteri plus fortasse quam ipse – de (de se *quaedam edd. vett.*) quo etiam scripsit ‚Persium non curo legere' (hic fuit enim, vt noramus, omnium fere nostrorum hominum doctissumus) ‚Laelium Decumum (Decimum *edd. vett.*) volo' (quem cognouimus virum bonum et non illiteratum, sed nihil ad Persium), sic ego, si iam mihi disputandum sit de his nostris studiis, nolim equidem apud rusticos, sed multo minus apud vos; malo enim non intellegi orationem meam quam reprehendi".

„Pérsiúm non cúro légere, Láeliúm Decimúm voló".

Erat Persius illius aetatis omnium doctissimus habitus, Laelius erat *vir bonus, et non illiteratus, sed nihil ad Persium*. Refert M. Tullius quum aliis aliquot locis, tum libro de oratore secundo.

⟨ANTIMACHVS POETA⟩

VIII, 316   Vnvs pro mvltis   (Antimachus poeta, 1) [25]

Antimachus Clarius poeta, quum conuocatis auditoribus recitaret ingens *volumen*, quod conscripserat, *et ab omnibus* esset destitutus excepto *Platone, „Legam", inquit, „nihilo minus. Plato enim mihi instar est omnium"*. Refert M. T⟨ullius⟩ libro De claris oratoribus.

⟨SENECA⟩

VIII, 317   *Ocivm sine literis*   (Seneca) [26]

Seruilius Vacia vir *praetorius* ac *praediues*, odio negotiorum abdiderat se in villam suam, quam habebat non procul a Cumis, nec *alia re notus* fuit quam eius villae *ocio*. Itaque qui negotiis premebantur, *exclamare* solebant, „*O Vacia, solus scis viuere*". Huius tamen ignauum et sine literis ocium damnans Seneca Ep. LV. negat *illum scire viuere*, sed *latere*. Eoque *nonnunquam villam praeteriens* ioco dicere solet: „*Hic situs est Vacia*", subindicans nihil interesse inter mortuum et inerti ocio abditum.

---

166 Clarius *C LB, plures edd. vett. Cic. Brut.*: clarus *Brut. text. recept.*
168 M. Tullius libro *scripsi*: M.T. libro *C*: M. Tullius Lib. *LB*.

174 solebant *LB*: solent *C*.
175 Ep. LV. *scripsi*: Ep. lv. *C*, Ep. 55 *BAS LB*.
176 solet *C*: solebat *LB*.

160 *Persium* C. Persius (2. Jh.), röm. Redner, Politiker und gelehrter Schriftsteller; noch im 1. Jh. v. Chr. wurde ihm eine hohe Gelehrsamkeit zugeschrieben; auch scheint er einer der ersten Rhetorik-Lehrer in Rom gewesen zu sein; Quaestor 146 v. Chr. Vgl. J. Rüpke, *DNP* 9 (2000), Sp. 617–618, s.v. „Persius", Nr 1; Cic. *Brut*. 99: „… Alii a C. Persio litterato homine scriptam esse aiebant, illo, quem significat valde doctum esse Lucilius".
160 *Persium … volo* Lucil. *Sat*. XXVI, *Frgm*. 594 Krenkel, Marx II, 220; ein trochäischer katalektischer Tetrameter.

160 *Laelium Decimum* Decimus Laelius, Zeitgenosse des Lucilius, sonst unbekannt.
162 *aliis aliquot locis* Cic. *Fin*. I, 7–8: „Nec vero, vt noster Lucilius recusabo, quominus omnes mea legant. Vtinam esset ille Persius! Scipio vero et Rutilius multo etiam magis; quorum iudicium ille reformidans, Tarentinis ait se et Consentinis et Siculis scribere. Facete is quidem, sicut alia; sed neque tam docti tum errant, ad quorum iudicium elaboraret, et sunt illius scripta leuiora, vt vrbanitas summa appareat, doctrina mediocris. (8) Ego autem quem timeam lectorem, cum ad te

[sc. M. Iunium Brutum], ne Graecis quidem cedentem in philosophia, audeam scribere?"; *Rep. prooem*.: „Nec doctissimis scribuntur haec neque indoctissimis/ Persium non curo legere, Laelium Decumum volo" (Rekonstruktion von Munro: „Nec doctissimis scribuntur haec neque indoctissimis / Manium [Persium] haec ego legere nolo, Iunium Congum volo"); *Orat.* I, 256: „Nec repugnabo quominus, id quod modo hortatus es, omnia legant …"; Plin. *Nat. praef. 7*: „Preterea est quaedam publica etiam eruditionis reiectio; vtitur illa M. Tullius extra omnem ingenii aleam positus, et, quod miremur, per aduoctum defenditur: ,Nec doctissimis scribuntur haec neque indoctissimis/ Manium Persium non curo legere, Iunium Congum volo'. Quodsi hoc Lucilius, qui primus condidit stili nasum, dicendum sibi putauit, Cicero mutuandum, praesertim cum de republica scriberet, quanto nos causatius ab aliquo iudice defendimus".

Antimachos aus Kolophon (5. Jh. v. Chr.), gelehrter Dichter und Grammatiker. Die Anekdote von VIII, 316 bezieht sich darauf, daß Antimachos zyklische Epen (u. a. eine *Thebais*) verfasste, eine Gattung, die man zu seiner Zeit als überholt betrachtete. Vgl. M. Fantuzzi, *DNP* 1 (1996/99), Sp. 759–760, s.v. „Antimachos", Nr. 3; für Antimachos' Fragmente vgl. B. Wyss (Hrsg.), *Antimachi Colophonii reliquiae*, Berlin 1936.

164 ANTIMACHVS POETA In dieser Form auch im Index personarum von *C*.

166–168 *Antimachus ... instar est* Cic. *Brut*. 191: „Nec enim posset idem Demosthenes dicere, quod dixisse Antimachum clarum (Clarium *edd. vett.*) poetam ferunt: qui cum conuocatis auditoribus legeret eis magnum illud, quod nouistis, volumen suum et eum legentem omnes praeter Platonem reliquissent, ,legam' inquit ,nihilo minus; Plato enim mihi vnus instar est centum milium (centum milium *text. recept.*: omnium millium *pars edd. vett.*, e.g. *ed. Camerarii*: omnium me illum *altera pars edd. vett.*)'".

166 *Clarius* In der Mehrzahl der älteren Ausgaben von Cic. *Brut.* ist „Clarius" überliefert, in anderen „clarus", heute der *text. recept.*; „Clarius" wurde, auch nachdem die Lesart „clarus" bekannt geworden war, nicht abgeschrieben: „Clarius" könnte sich, so meinte man, auf „Klaros" beziehen, einen Ort an der Westküste von Kleinasien (heute ca. 16 km westl. von Selçuk, Türkei), der durch ein Apollo-Orakel Bekanntheit genoss. Klaros war mit der größeren Stadt Kolophon verbunden. Daraus leitete man ab, daß Antimachos in Klaros geboren, jedoch, da Klaros zu Kolophon gehörte, später als „Colophonius" bezeichnet worden sei. Vgl. Komm. ad loc. von Joachim Camerarius d.Ä., übernommen von div. Cic.-Kommentaren, u. a. von Isaak Verburgh (Amsterdam 1724), Bd. II, S. 617.

168 *omnium* Er.' Brutus-Text las „omnium milium", was Er. emendierte, indem er „milium" strich. Dieser Versuch einer Textemendation ist nicht überzeugend: „omnium" repräsentiert den korrupten Teil, „milium" ist beizubehalten.

168–169 *De claris oratoribus* Der ‚zweite' Titel des Werkes *Brutus siue de claris oratoribus*.

170 ⟨SENECA⟩ Seneca ist für Er. Seneca pater, den er für den Verf. der philosophischen und rhetorischen Schriften hielt. Vgl. oben Komm. zu VIII, 243.

171 *Ocium sine literis* Er. hat den Titel des *Apophth*. ebenfalls aus Senecas Briefen bezogen, *Ep*. 82, 3: „Otium sine literis mors est et hominis viui sepultura". A.a.O. finden sich ähnliche Gedanken wie in *Ep*. 55, 3–4.

172 *Seruilius Vacia* Servilius Vatia, Senator aus der Familie der Servilii, älterer Zeitgenosse des Philosophen Seneca; nachdem er das Amt der Prätur bekleidet hatte, zog er sich unter Tiberius ins Privatleben zurück und lebte in seiner Villa im Seebad Baiae bei Neapel. Vgl. W. Eck, *DNP* 11 (2001), Sp. 469, s.v. „Servilius", Nr. II 6.

172–174 *praetorius … Vacia* Paraphrasierende Wiedergabe von Sen. *Epist*. 55, 3–4: „Ex consuetudine tamen mea circumspicere coepi, an aliquid illic inuenirem, quod mihi posset bono esse, et direxi oculos in uillam, quae aliquando Vatiae (Vatiae *ed. Venet. 1492, fol. XX^v et minor pars edd. vett.*: Vaciae *maior pars edd. vett., ed. Er. 1529, p. 128*) fuit. In hac ille praetorius diues, nulla alia re quam otio notus, consenuit, et ob hoc vnum felix habebatur. Nam quotiens aliquos amicitiae (amicitiae *textus recept*., etiam *ed. Er. 1529* amicitia *ed. Venet. 1492*) Asinii (Asinii *ed. Er. 1529*: Asimii *ed. Venet. 1492*) Galli, quotiens Seiani odium, deinde amor merserat, aeque enim offendisse (offendisse *text. recept*.; *ed. Er. 1529*: ostendisse *ed. Venet. 1492*) illum quam amasse periculosum fuit; exclamabant homines, ,O Vatia (*vt supra*), solus scis viuere.' At ille latere sciebat, non viuere; multum autem interest, vtrum vita tua otiosa sit an ignaua. Numquam aliter hanc villam Vatia viuo praeteribam quam vt dicerem: ,Vatia hic situs est'".

⟨QVIDAM ORATOR⟩

180 VIII, 318   CONFIDENTER   (Anonymus orator) [27]

Quintilianus vehementer probat dictum cuiusdam oratoris, qui apud Caesarem, vt opinor, accusabat *Cossutianum Capitonem* hominem *arrogantem* et ipso etiam *vultu* prae se ferentem confidentiam: „*Erubescit*", inquit, „*Caesarem timere*". Caesar erat ea potentia, vt merito fuerit a quouis metuendus. At illi reo tantum aderat arrogantiae,
185 vt sibi turpe duceret, si videretur timere Caesarem. Hoc dictum Fabius adolescens audiuit, vt ipse refert libro sexto, capite de conclusione.

⟨FLAVIVS VIRGINIVS⟩ [i.e. FLAVVS VERGINIVS]

VIII, 319   SALSE   (Flauius Virginius, i.e.
            (= Dublette von VI, 229)   Flauus Verginius) [28]

190 *Vrbane Flauius Virginius* [i.e. Flauus Verginius] *antisophistam quendam suum interrogauit, quot milia passuum declamasset*, taxans eum, quod in declamando discurreret nimiumque crebras, longas ac tumultuarias haberet ambulationes, quum M. Tullius oratori non concedat procursiones nisi raras, moderatas ac breues. Eandem ob causam *Sura Manilius* [i.e. Manlius] Domitio *Afro dictus est non agere, sed satagere.*
195 Vtrunque refert Fabius capite de pronunciatione.

---

190 Flauius Virginius *C ut in Quint. ed. Bas. 1529*: Flauus Verginius Quint. text. recept.

194 Manilius *C ut Quint. ed. Bas. 1529*: Manlius Quint. text. receptus (cf. Apophth. VI, 229).

181 *apud Caesarem* Es bleibt offen, welchen Kaiser Er. (bzw. seine Quelle Quintilian) meint. Cossutianus Capito wurde sowohl unter Claudius als auch unter Nero angeklagt. Jedoch ist keineswegs sicher, daß es sich um einen Prozeß handelte, der in der Tat vor dem Kaiser stattfand. Wenn sich Quintilian auf den Repetundenprozess bezieht, in dem Capito nach seiner Statthalterschaft verurteilt wurde (über diesen berichtet Tac. *Ann.* XIII, 33), so fand dieser vor Kaiser Nero statt: Kilikien fiel zu diesem Zeitpunkt unter die Provinz Syria, die eine der kaiserlichen Provinzen war: Repetundenprozesse, die kaiserliche Provinzen betrafen, wurden vor dem Kaiser abgehandelt.

182 *Cossutianum Capitonem* Cossutianus Capito, Politiker und berüchtigter Ankläger des 1. Jh. n. Chr., fl. unter den Kaisern Claudius und Nero; als Senator i.J. 47 n. Chr. erwähnt; 57 (unter Kaiser Nero) wegen Erpressung aus dem Senat ausgeschlossen, i.J. 66 jedoch wieder aufgenommen. Quintilian (ca. 36–ca. 96 n. Chr.) hat den Prozess, der Capito gemacht wurde, selbst miterlebt, wie er angibt. Es ist unklar, um welchen Prozess es sich handelte. Vgl. W. Eck, *DNP* 3 (1997/99), Sp. 213, s.v. „Cossutianus Capito".

182–183 *Cossutianum Capitonem … timere* Freie, paraphrasierende Wiedergabe von Quint. *Inst.* VI, 1, 14: „Concitare quoque inuidiam, odium, iram, liberius in peroratione contingit: quorum inuidiam gratia, odium turpitudo, iram offensio iudici facit, si contumax, arrogans, securus ⟨reus⟩ sit, quae non ex facto modo dictoue aliquo, sed vultu, habitu, aspectu moueri solet, egregieque nobis adulescentibus dixisse accusator Cossutiani Capitonis videbatur, Graece quidem, sed in hunc sensum: ‚Erubescis Caesarem timere'".

186 *capite de conclusione* i.e. „De peroratione",

vgl. Quint. *Inst.* VI, 1, 1: „Peroratio sequebatur, quam cumulum quidam, conclusionem alii vocant".

Verginius Flavus, berühmter Redner des 1. Jh. n. Chr., der von Nero aus Rom verbannt wurde. Quintilian rühmt sein Werk über die römische Rhetorik. Vgl. C. Walde, *DNP* 12.2 (2002), Sp. 64, s.v. „Verginius", Nr. II 2.

187 *FLAVIVS VIRGINIVS* In dieser Form im Index personarum von *C*. *Apophth.* VIII, 319 ist teilweise ein Gegenstück, teilweise eine Dublette zu VI, 229 „agere satagere": „Domitius Afer Manlium Suram, multum in agendo discursantem, salientem, manus iactantem, togam deiicientem ac reponentem, non ‚agere' dixit, sed ‚satagere'. Actio enim oratoris est. Satagit autem, qui frustra misereque conatur". Vgl. oben Komm. Ad loc.

190–191 *Vrbane … declamasset* Paraphrasierende, im Spruchteil wörtliche Übernahme aus Quint. *Inst.* XI, 3, 126: „Procursio opportuna breuis, moderata, rara. Conueniet etiam ambulatio quaedam propter immodicas laudationum moras, quanquam Cicero rarum incessum neque ita longum probat. Discursare uero et, quod Domitius Afer de Sura Manlio (Manlio *text. recept., annotatio marginalis in ed. Bas. 1529, fol. 180ᵛ*: Manilio *ed. Bas. 1529*) dixit, satagere, ineptissimum, urbaneque Flauus Verginius (Flauius Virginius *ed. Bas. 1529*) interrogauit de quodam suo antisophiste, quot milia passuum declamasset".

192–193 *quum M. Tul⟨lius⟩ … breues* Cic. *Or.* 59, jedoch zitiert Er. vorl. *Apophth.* ausschließlich nach Quint. *Inst.* XI, 3, 126.

194 *Sura* Manlius Sura, Anwalt, den Domitius Afer wegen seiner übertriebenen, von ständigem Hin- und Herrennen charakterisierten Vortragsweise tadelte. Vgl. W. Kroll, *RE* XIV, 1 (1928), Sp. 1191, s.v. „Manlius (Sura)", Nr. 67; nicht in *DNP*. Vgl. oben Komm. zu *Apophth.* VI, 229.

194 *Sura … satagere* Vgl. Quint. *Inst.* VI, 3, 54: „Afer enim venuste Manlium (Manlium *ed. Bas. 1529 et cett. edd. vett.*: Mallium *ed. pr. Campan. 1470*,) Suram, multum in agendo discursantem, salientem, manus iactantem, togam deicientem et reponentem, non ‚agere' dixit, sed ‚satagere'. Est enim dictum (hoc dictum *ed. Bas. 1529, fol. 96ʳ*) per se vrbanum, ‚satagere', etiam si nulla subsit alterius verbi similitudo". Vgl. oben *Apophth.* VI, 229 mit Komm.

194 *Domitio Afro* Für den Redner **Domitius Afer**, den Lehrer Quintilians, vgl. oben Komm. zu VI, 229.

194 *satagere* Zu satagere vgl. oben Komm. zu VI, 229.

195 *Vtrunque … pronunciatione* Vgl. Quint. *Inst.* XI, 3, 1: „Pronuntiatio a plerisque actio dicitur, sed prius nomen a voce, sequens a gestu videtur accipere". Beide Zitate finden sich ebd. XI, 3, 126.

⟨CASSIVS SEVERVS⟩

VIII, 320　　　　　　　　Salse　　　　　(Cassius Seuerus, 8) [29]

Salsum est et illud *Cassii Seueri*, qui aduersus patronos immodice discurrentes, vt interdum se proriperent in aliena *tribunalia* [i.e. subsellia], *poposcit lineam*, alludens ad certamina cursus, in quibus vna linea designabat, vnde cursus inciperet, altera vbi desineret. Idem accommodari potest in eos, qui digressionibus immodicis diuertunt ab instituto.

⟨PROCVLEIVS⟩

VIII, 321　　　　　　　　Argvte　　　　　(Proculeius, 1) [30]

Proculeius querebatur de filio, quod expectaret mortem patris, quumque filius respondisset „Ego *vero non expecto*", „*Imo*", inquit, „*rogo*, vt *expectes*". Detorsit verbum in contrarium sensum. *Expectat mortem patris*, qui inhiat; et expectat, qui non accelerat mortem patris. Refert Fabius libro nono.

⟨ARCHYTAS⟩

VIII, 322　　　　　　　　Refvgivm　　　　　(Archytas, 3) [31]

Archytas dixit iudicem et aram idem esse: pariter *enim ad vtrunque confugiunt, qui iniuria afficiuntur*, sentiens tales oportere iudices esse, vt oppressis sint praesidio. Refert Aristoteles Rhetoricorum libro tertio.

⟨PERICLES ET DEMOSTHENES⟩

VIII, 323　　　　　　　Apte　　(Pericles, 12, Dimosthenes, 28) [32]

Pericles dicebat *Samios esse similes pueris, qui porrectam* offulam reciperent quidem, *sed* interim *plorantes*, eo quod illi parerent imperatis, sed non sine taedio et querimonia. Similiter *Demosthenes* dixit *populum* Atheniensem *esse similem iis, qui in naui nauseant*. Siquidem ii cum magno taedio laborant, tamen eo peruehuntur, quo tendit nauis.

FINIS.

196 ⟨*CASSIVS SEVERVS*⟩ In dieser Form im Index personarum von *B*, „Seuerus Cassius" in jenem vom *C*. Zur Person des bedeutenden augusteischen Redners **Cassius Severus** (40 v.– 32 n. Chr.), der sich jedoch betont kaiserkritisch gab und ca. 12 n. Chr. nach Kreta verbannt wurde, vgl. oben Komm. zu VI, 217. Er. widmete ihm mehrere Sprüche: IV, 153; VI, 217–218; 312; VIII, 244; 254 und 320.

198–199 *Cassii Seuveri … lineam* Verworrene, irrige, missverständliche Wiedergabe von Quint. *Inst*. XI, 3, 133: „Transire in diuersa subsellia parum verecundum est: nam et Cassius Severus vrbane aduersus hoc facientem (facientes *ed. Bas. 1529, fol. 181ʳ*) lineas poposcit". Er. gibt Quintilians Bemerkung sinnentstellt wieder. Quintilian sagte natürlich nicht, daß Anwälte mit einer übertriebenen *actio* zu einem „anderen Tribunal" hinlaufen. Dies ergibt gar keinen Sinn. Quintilian spricht von mangelndem Respekt vor der Gegenpartei, wenn ein Anwalt mit erhöhtem Laufbedürfnis bis zu den Sitzbänken der Gegenpartei hinläuft. Dies wurde als ungehörig und aufdringlich erfahren und darauf bezieht sich die Bemerkung des Cassius Severus: Er fordert eine „Demarkationslinie" zwischen den gegnerischen Parteien, an die sich jeder halten sollte. Er. hat Quintilians „diuersa subsellia" mit „tribunalia" verwechselt. „tribunalia" kommt im nächsten Paragraphen vor, jedoch in ganz anderer Beziehung: Quintilian diskutiert dort die Frage, wie der Redner seine Gestik und Mimik einrichten soll, wenn er vor einer Richterjury spricht, die auf einem *erhöhten* Tribunal Sitzung hat.

199–201 *alludens … desineret* Die Erklärung des Er. ist verfehlt: Es geht keineswegs um eine Start- und Ziellinie, wie bei Laufwettkämpfen. Severus forderte ein Trennungslinie, die die gegnerischen Parteien voneinander scheiden sollte.

Proculeius, röm. Ritter, enger Freund des Augustus, der ihm einmal das Leben rettete; Terentia, die Ehefrau des Maecenas, war Proculeius' Stiefschwester; mit dem Redner Cassius Severus war Proculeius so verfeindet, daß er ihm sein Haus verbot. Vgl. R. Hanslik, *RE* XXIII, 1 (1957), Sp. 72–74, s.v. „Proculeius".

205–206 *Proculeius … expectes* Quint. *Inst*. IX, 3, 68: „Cum Proculeius quereretur de filio, quod is mortem suam ‚expectaret', et ille dixisset se vero non expectare, ‚immo', inquit, ‚rogo expectes' ".

209 *ARCHYTAS* Architas Tarentinus im Index personarum und in VIII, 86; Archyta in VI, 550. Für den Pythagoräer **Archytas von Tarent** (435/10–355/0 v. Chr.) vgl. oben Komm. zu VIII, 86. Er. hatte dem Archytas bereits im sechsten Buch ein *Apophthegma* gewidmet (VI, 550), im achten folgen VIII, 86 und vorl. Spruch.

211–212 *Archytas … afficiuntur* Wörtliche Übers. von Aristot. *Rhet*. III, 11, 5 (1412A): ὥσπερ Ἀρχύτας ἔφη ταὐτὸν εἶναι διαιτητὴν καὶ βωμόν· ἐπ' ἄμφω γὰρ τὸν ἀδικούμενον καταφεύγειν.

216 *Pericles* Er. hatte dem **Perikles** im fünften Buch eine Sektion von Sprüchen gewidmet (V, 174–183). Zur Person des Perikles vgl. oben Komm. zu V, 174.

216–219 *Pericles … nauseant* Aristot. *Rhet*. III, 4, 3 (1407a): καὶ ἡ Περικλέους εἰς Σαμίους, ἐοικέναι αὐτοὺς τοῖς παιδίοις ἃ τὸν ψωμὸν δέχεται μέν, κλαίοντα δέ, … καὶ ὁ Δημοσθένης εἰς τὸν δῆμον, ὅτι ὅμοιός ἐστι τοῖς ἐν τοῖς πλοίοις ναυτιῶσιν.

ABKÜRZUNGSVERZEICHNIS

A. Schriftsteller: Altertum – 16. Jahrhundert

Abaelard.	Petrus Abaelardus	Alex. Neck.	Alexander Neckam
Comm. in Rom.	*Commentaria in Epistolam Pauli ad Romanos*	*Sac.*	*Sacerdos ad altare*
		Ambr.	Ambrosius
		Cain et Ab.	*De Cain et Abel*
Ael.	Claudius Aelianus	*De inst. virg.*	*De institutione virginis*
Epist.	*Epistulae*		
Nat. an.	*De natura animalium*	*Enarr. in Ps.*	*Enarrationes in Psalmos*
Var. hist.	*Varia historia*	*Ep.*	*Epistolae*
Ael. Arist.	Aelius Aristides	*Expos. Lc.*	*Expositio Euangelii secundum Lucam*
Aeschin.	Aeschines		
Aeschyl.	Aeschylus	*Explan. Ps.*	*Explanatio Psalmorum 12*
Ag.	*Agamemnon*		
Choeph.	*Choephori*	*Expos. Ps. 118.*	*Expositio Psalmi 118.*
Eum.	*Eumenides*	*Fid. orth.*	*De fide orthodoxa, contra Arrianos*
Hic.	*Hicetides*		
Pers.	*Persae*	*Hex.*	*Hexaemeron*
Prom.	*Prometheus*	*Off.*	*De officiis ministrorum*
Sept.	*Septem*		
Aesop.	Aesopus	*Paen.*	*De paenitentia*
Agric.	Rodolphus Agricola	*Sacr.*	*De sacramentis*
Anna	*Anna mater*	*Serm.*	*Sermo(nes)*
Alan.	Alanus ab Insulis	*Spir. sanct.*	*De Spiritu sancto*
De planct. nat.	*De planctu naturae*	Ambrosiaster	
Albert. M.	Albertus Magnus	*Comm.*	*Commentarius*
Enarr. in Ioann.	*Enarrationes in Euangelium Ioannis*	*Quaest. V. et N.T.*	*Quaestiones Veteris et Noui Testamenti*
		Amm. Marc.	Ammianus Marcellinus
Enarr. in Lc.	*Enarrationes in Euangelium Lucae*	Ammonio	Andrea Ammonio
		Anacr.	Anacreon
Serm.	*Sermones de sanctis*	Andrel.	Fausto Andrelini
Alciphr.	Alciphro	*Ecl.*	*Eclogae*
Alex. Aphr.	Alexander Aphrodisiensis	*Eleg.*	*Elegiae*
		Liv.	*Liuia*
Fat.	*De fato*	Anth. Lat.	*Anthologia Latina*

Anth. Pal.	*Anthologia Palatina*	*Metaph.*	*Metaphysica*
Anth. Plan.	*Anthològia Planudea*	*Meteor.*	*Meteorologica*
Aphth.	Aphthonius	*Mir.*	*Mirabilia*
Prog.	*Progymnasmata*	*M. mor.*	*Magna moralia*
Apollod.	Apollodorus	*Mot. an.*	*De motu animalium*
Apoll. Rhod.	Apollonius Rhodius	*Mund.*	*De mundo*
Apoll. Sid.	Apollinaris Sidonius	*Oec.*	*Oeconomica*
Epist.	*Epistolae*	*Part. an.*	*De partibus animalium*
Apost.	Apostolius Byzantius		
App.	Appianus	*Phgn.*	*Physiognomonica*
Civ.	*Bella ciuilia*	*Phys.*	*Physica*
Apul.	Apuleius	*Poet.*	*Poetica*
Apol.	*Apologia*	*Pol.*	*Politica*
De deo Socr.	*De deo Socratis*	*Probl.*	*Problemata*
Flor.	*Florida*	*Rhet.*	*Rhetorica*
Met.	*Metamorphoses*	*Rhet. Alex.*	*Rhetorica ad Alexandrum*
Arat.	Aratus		
Archil.	Archilochus	*Sens.*	*De sensu*
Aristaen.	Aristaenetus	*Somn.*	*De somno et vigilia*
Aristid.	Aristides	*Soph. el.*	*Sophistici elenchi*
Aristoph.	Aristophanes	*Spir.*	*De spiritu*
Ach.	*Acharnenses*	*Top.*	*Topica*
Av.	*Aues*	Arnob.	Arnobius maior
Eccl.	*Ecclesiazusae*	*Adv. nat.*	*Aduersus nationes*
Equ.	*Equites*	Arnob.	Arnobius minor
Lys.	*Lysistrata*	*Comm. in Ps.*	*Commentarii in Ps.*
Nub.	*Nubes*	Arr.	Arrianus
Pax	*Pax*	Arsen.	Arsenius
Plut.	*Plutus*	Artemid.	Artemidorus
Ran.	*Ranae*	Ascl.	(Apuleius) Asclepius
Thesm.	*Thesmophoriazusae*	Asconius Q.	Asconius Pedianus
Vesp.	*Vespae*	*Comm. in Cic.*	*Commentarii in Cic.*
Aristoph. Byz.	Aristophanes Byzantinus	Athan.	Athanasius
		Athen.	Athenaeus
Aristot.	Aristoteles	Athenag.	Athenagoras
An.	*De anima*	Aug.	Aurelius Augustinus
An. post.	*Analytica posteriora*	*Adult. coniug.*	*De adulterinis coniugiis*
An. pr.	*Analytica priora*		
Ath. pol.	Ἀθηναίων πολιτεία	*Cat. rud.*	*De catechizandis rudibus*
Aud.	*De audibilibus*		
Cael.	*De caelo*	*Civ.*	*De ciuitate Dei*
Cat.	*Categoriae*	*Cogn. ver. vit.*	*De cognitione verae vitae*
Col.	*De coloribus*		
Div.	*De diuinatione*	*Collatio cum Maximino*	*Collatio cum Maximino Arianorum episcopo*
Eth. Eud.	*Ethica Eudemia*		
Eth. Nic.	*Ethica Nicomachea*		
Gen. an.	*De generatione animalium*		
		Conf.	*Confessiones*
Gen. corr.	*De generatione et corruptione*	*Cons. evang.*	*De consensu euangelistarum*
Hist. an.	*Historia animalium*	*Contra Acad.*	*Contra Academicos*

ABKÜRZUNGSVERZEICHNIS 643

Contra adv. legis et proph.	*Contra adversarium Legis et Prophetarum*	*Haer.*	*De haeresibus, ad Quoduultdeum*
Contra Adim.	*Contra Adimantum*	*Hom.*	*Homiliae*
Contra Cresc.	*Contra Cresconium*	*Locut. in Hept.*	*Locutiones in Heptateuchum*
Contra duas ep. Pelag.	*Contra duas epistulas Pelagianorum*	*Nupt. et concup.*	*De nuptiis et concupiscentia*
Contra Faust.	*Contra Faustum Manichaeum*	*Peccat. merit. et bapt. parv.*	*De peccatorum meritis et remissione, et de baptismo paruulorum*
Contra Iul. op. imp.	*Contra Iulianum opus imperfectum*		
Contra lit. Petil.	*Contra litteras Petiliani*	*Ps. contra part. Donat.*	*Psalmus contra partem Donati*
Contra Maximin.	*Contra Maximinum Arianum*	*Quaest. 83*	*De diuersis quaestionibus 83*
Contra Prisc. et Orig.	*Contra Priscillianistas et Origenistas*	*Quaest. Ev.*	*Quaestiones Euangeliorum*
De adult. coniugiis	*De adulterinis coniugiis*	*Quaest. in Hept.*	*Quaestiones et locutiones in Heptateuchum*
De agone chr.	*De agone christiano*	*Quaest. Simpl.*	*De diuersis quaestionibus ad Simplicianum*
De bapt. contra Donat.	*De baptismo contra Donatistas*		
De Gen. ad litt.	*De Genesi ad litteram*	*Quaest. Vet. et Nov. Test.*	*Quaestiones in Vetus et Nouum Testamentum*
De Gen. contra Man.	*De Genesi contra Manichaeos*		
De gratia et lib. arbitr.	*De gratia et libero arbitrio*	*Retract.*	*Retractationes*
De inst. virg.	*De institutione virginis*	*Serm.*	*Sermones*
		De serm. Dom.	*De sermone Domini in monte*
De nat. boni	*De natura boni liber I*	*Serm. de script.*	*Sermones de scripturis*
De pecc. mer.	*De peccatorum meritis et remissione*	*Serm. de VT*	*Sermones de Vetere Testamento*
		Serm. supp.	*Sermones supposititii*
De praed. sanct.	*De praedestinatione sanctorum*	*Symb.*	*De Symbolo ad catechumenos*
De vera relig.	*De vera religione*	*Tract. in Ioh.*	*Tractatus in Ioh.*
Doctr. chr.	*De doctrina christiana*	*Tract. in 1. Ioh.*	*In epistolam Ioannis ad Parthos tractatus X*
Enarr. in Ps.	*Enarrationes in Psalmos*		
Ench.	*Enchiridion*	*Trin.*	*De trinitate*
Epist.	*Epistulae*	Auien.	Auienus
Expos. Gal.	*Epistolae ad Galatas expositio*	Progn.	Prognostica
		Aur. Vict.	Aurelius Victor
Expos. Rom. inch.	*Epistolae ad Romanos inchoata expositio*	Auson.	Ausonius
		Cent. nupt.	Cento nuptialis
Expos. prop. Rom.	*Expostio quarundam propositionum ex epistula ad Romanos*	Cupid. cruc.	Cupido cruciatus
		De rosis	De rosis nascentibus
		Ecl.	Eclogae

Epigr.	*Epigrammata*	*In Vigil. Apost.*	*Sermo in Vigilia Apostolorum Petri et Pauli*
Epist.	*Epistulae*		
Mos.	*Mosella*		
Precat.	*Precationes variae*	Bocc.	Giovanni Boccaccio
[Auson.]	[Ausonius]	*Ecl.*	*Eclogae*
Septem sap. sent.	*Septem sapientum sententiae*	Boeth.	Boethius
		Consol.	*Consolatio philosophiae*
Babr.	Babrius		
Balbi	Girolamo Balbi	Brant	Sebastian Brant
Basil.	Basilius	Budaeus	Guilelmus Budaeus
Ad adulesc.	*Ad adulescentes (Πρὸς τοὺς νέους)*	*Annot. in Pandectas*	*Annotationes in Pandectas*
		Caes. C.	Iulius Caesar
Adv. Eunom.	*Aduersus Eunomium*	*Civ.*	*De bello ciuili*
De laud. ieiun.	*Duae homiliae de laudibus ienunii*	*Gall.*	*De bello Gallico*
		Callim.	Callimachus
Spir. Sanct.	*De Spiritu Sancto (Περί τοῦ Ἁγίου Πνεύματος)*	Callisth.	Callisthenes
		Calp. Sic.	Calpurnius Siculus
		Carvajal	Luis de Carjaval
Batr.	Batrachomyomachia	*Apologia*	*Apologia monasticae religionis diluens nugas Erasmi*
Bebel	Heinrich Bebel		
Prov.	*Prouerbia Germanica*		
		Carrensis	V. Hugo de Sancto Caro
Beda	Beda Venerabilis	Cass. Dio	Cassius Dio
In Esdr. et Neh. expos.	*In Esdram et Nehemiam allegorica expositio*	Cassian.	Iohannes Cassianus
		Cassiod.	Cassiodorus
		Expos. in Ps.	*Expositio in Ps.*
In Iac. etc.	*In epistolas VII catholicas*	*Inst.*	*Institutiones*
		Cato	Cato
In Ioh. expos.	*In Iohannis Euangelium expositio*	*Agr.*	*De agricultura*
		Dist.	*Disticha*
		Catull.	Catullus
In Lc. expos.	*In Lucae Euangelium expositio*	Cels.	Celsus
		Cens.	Censorinus
In Mc. expos.	*In Marci Euangelium expositio*	Charis.	Charisius *Ars grammatica*
In Mt. expos.	*In Matthaei Euangelium expositio*	Chrys.	Iohannes Chrysostomus
		Adv. Iud.	*Aduersus Iudaeos*
Hom. Ev.	*Homeliae Euangelii*	*Hom.*	*Homiliae*
Vita Cuth.	*Vita Cuthberti*	Cic.	Cicero
Benedictus	Benedictus of Nursia	*Ac. 1*	*Lucullus siue Academicorum priorum libri*
Regula	*Regula monasteriorum*		
		Ac. 2	*Academicorum posteriorum libri*
Bernardus	Bernardus Claraeuallensis		
De considera- tione	*De consideratione ad Eugenium III*	*Ad Brut.*	*Epistulae ad Brutum*
		Ad Q. fr.	*Epist. ad Quintum fratrem*
In laud. Virg.	*In laudibus Virginis Matris*	*Am.*	*De amicitia*
In adv. Dom.	*Sermo in aduentu Domini*	*Arat.*	*Aratea*

Arch.	Pro Archia poeta
Att.	Epistulae ad Atticum
Balb.	Pro L. Balbo
Brut.	Brutus
Caec.	Pro A. Caecina
Cael.	Pro M. Caelio
Carm.	Carminum fragmenta
Catil.	In Catilinam
Cato	Cato maior de senectute
Cluent.	Pro A. Cluentio
Deiot.	Pro rege Deiotaro
De or.	De oratore
Div.	De diuinatione
Div. in Caec.	Diuinatio in Q. Caecilium
Dom.	De domo sua
Fam.	Epistulae ad familiares
Fat.	De fato
Fin.	De finibus
Flacc.	Pro L. Valerio Flacco
Font.	Pro M. Fonteio
Har.	De haruspicum responsis
Inv.	De inuentione
Lael.	Laelius de amicitia
Leg.	De legibus
Leg. agr.	De lege agraria
Lig.	Pro Q. Ligario
Manil.	Pro lege Manilia
Marc.	Pro M. Marcello
Mil.	Pro T. Annio Milone
Mur.	Pro L. Murena
Nat.	De natura deorum
Off.	De officiis
Opt. gen.	De optimo genere oratorum
Or.	Orator
Parad.	Paradoxa Stoicorum
Part.	Partitiones oratoriae
Phil.	In M. Antonium oratio(nes) Philippica(e)
Phil. frg.	Librorum philosophicorum fragmenta
Pis.	In L. Pisonem
Planc.	Pro Cn. Plancio
P. red. ad Quir.	Oratio post reditum ad Quirites
P. red. in sen.	Oratio post reditum in senatu
Prov.	De prouinciis consularibus
Q. Rosc.	Pro Q. Roscio comoedo
Quinct.	Pro Quinctio
Rab. perd.	Pro C. Rabirio perduellionis reo
Rab. Post.	Pro C. Rabirio Postumo
Rep.	De re publica
Scaur.	Pro M. Aemilio Scauro
Sest.	Pro P. Sestio
S. Rosc.	Pro Sexto Roscio Amerino
Sull.	Pro P. Sulla
Tim.	Timaeus
Top.	Topica
Tull.	Pro M. Tullio
Tusc.	Tusculanae disputationes
Vatin.	In P. Vatinium testem interrogatio
Verr. 1, 2	In Verrem actio 1, 2
Claud.	Claudius Claudianus
Bell. Gild.	De bello Gildonico
Carm. min.	Carmina minora
IV. cons. Hon.	De quarto consulatu Honorii
Cons. Stil.	De consulatu Stilichonis
De rapt. Pros.	De raptu Proserpinae
Epith.	Epithalamium de nuptiis Honorii
Fescen.	Fescennina de nuptiis Honorii
In Eutr.	In Eutropium
In Ruf.	In Rufinum
Paneg. M Theod.	Panegyricus Mallii Theodori
Paneg. Prob.	Panegyricus Probini et Olybrii
Clearch.	Clearchus
Clem. Al.	Clemens Alexandrinus
Adumb. in ep. can.	Adumbrationes in epistolas canonicas
Strom.	Stromateis

Clichthov.	Josse Clichtove	Dion. Hal.	Dionysius Halicarnassensis
Propugn.	*Propugnaculum ecclesiae aduersus Lutheranos*	*Ant.*	*Antiquitates Romanae*
Clitarch.	Clitarchus	*Comp.*	*De compositione verborum*
Cod. Iust.	*Codex Iustinianus*	*Rhet.*	*Ars rhetorica*
Colum.	Columella	Dion. Per.	Dionysius Periegetes
Complut.	*Biblia polyglotta Complutensis*	Dion. Thrax	Dionysius Thrax
Cornut.	Cornutus	Diosc.	Dioscurides
Nat. deor.	*De natura deorum*	Don.	Aelius Donatus
Cratin.	Cratinus	*Comm. in Ter.*	*Commentum Terenti*
Curt.	Q. Curtius Rufus	Dracont.	Dracontius
Cypr.	Cyprianus	*Laud.*	*De laudibus Dei*
De hab. virg.	*De habitu virginum*	Durandus	
De zelo	*De zelo et liuore*	*Comm. in sent.*	*Commentarii in Petri Lombardi Sententias*
Dom. orat.	*De dominica oratione*		
Epist.	*Epistulae*	*Eleg. in Maec.*	*Elegiae in Maecenatem*
Fort.	*Ad Fortunatum*	Enn.	Ennius
Quir.	*Ad Quirinum*	*Ann.*	*Annalium fragmenta*
Symb.	*Commentarius in symbolum apostolorum*	*Sat.*	*Saturarum fragmenta*
		Scaen.	*Fragmenta scaenica*
		Eob. Hess.	Helius Eobanus Hessus
Test.	*Testamentum aduersus Iudaeos ad Quirinium*	*Bon. val.*	*Bonae valetudinis conseruandae rationes aliquot*
Test. adv. Iud.	*Testimonia adversus Iudaeos*	*Enc. nupt.*	*Encomium nuptiale*
		Her.	*Heroidum libri tres*
Cyrillus	Cyrillus Alexandrinus	*Her. chr.*	*Heroidum christianarum epistolae*
Comm. in Ioh.	*Commentarius in Euangelium Ioannis*		
		Nor.	*Vrbs Noriberga*
Explan. in Lc.	*Explanatio in Euangelium Lucae*	*Vict. Chr.*	*Victoria Christi ab inferis*
Demetr.	Demetrius	Epic.	Epicurus
De eloc.	*De elocutione*	Epicharm.	Epicharmus
Democr.	Democritus	Epict.	Epictetus
Demosth.	Demosthenes	Eratosth.	Eratosthenes
Dicaearch.	Dicaearchus	*Etym. Gud.*	*Etymologicum Gudianum*
Dig.	*Digesta*		
Dinarch.	Dinarchus	*Etym. mag.*	*Etymologicum magnum*
Dio Chrys.	Dio Chrysostomus	Eudem.	Eudemus, *Dictiones rhetoricae*
Diod.	Diodorus Siculus		
Diogen.	Diogenianus	Eun.	Eunapius
Diogen. Vind.	Diogenianus Vindobonensis	Eur.	Euripides
		Alc.	*Alcestis*
Diog. Laert.	Diogenes Laertius	*Andr.*	*Andromache*
Diom.	Diomedes *Ars grammatica*	*Bacch.*	*Bacchae*
		Cycl.	*Cyclops*
Dion. Antioch.	Dionysius Antiochenus	*El.*	*Electra*

Fragm.	*Fragmenta*	*Œuvres*	*Œuvres complètes*
Hec.	*Hecuba*	*Opera*	*Opera omnia*
Hel.	*Helena*	*Glossa ordinaria*	*Biblia Sacra cum Glossa ordinaria*
Heraclid.	*Heraclidae*		
Herc.	*Hercules*	Grat.	Gratianus
Hipp.	*Hippolytus*	*Decr.*	*Decretum*
Ion	*Ion*	Greg. Cypr.	Gregorius Cyprius
Iph. A.	*Iphigenia Aulidensis*	Greg. M.	Gregorius Magnus
Iph. T.	*Iphigenia Taurica*	*Hom. in Ev.*	*Homiliae in Euangelia*
Med.	*Medea*		
Or.	*Orestes*	*Mor.*	*Moralia in Iob*
Phoen.	*Phoenissae*	Greg. Naz.	Gregorius Nazianzenus
Rhes.	*Rhesus*		
Suppl.	*Supplices*	*Carm.*	*Carmina*
Tro.	*Troades*	*Epist.*	*Epistulae*
Eus.	Eusebius	*Or.*	*Orationes*
Chron.	*Chronicon*	Greg. Nyss.	Gregorius Nyssenus
Comm. in Ps.	*Commentarii in Ps.*	Greg. Tur.	Gregorius Turonensis
H.E.	*Historia Ecclesiastica*	Harpocrat.	Harpocratio
Eust.	Eustathius	Haymo	Haymo Autissiodorensis
Comm. ad Hom. Il.	*Commentarii ad Homeri Iliadem pertinentes*	*Expl. in Ps.*	*Explanatio in Ps.*
		Exp. in epist. Pauli	*In diui Pauli epistolas expositio*
Eutr.	Eutropius	Hdt.	Herodotus
Faber	Iacobus Faber Stapulensis	Hecat.	Hecataeus
		Hegesandr.	Hegesander
Faust. et Marcell.	Faustinus et Marcellinus	Hegesippus	
		Hist.	*Historiae*
Lib. prec.	*Libellus precum ad imperatores*	Hegius	Alexander Hegius
		Heraclit.	Heraclitus
Fest.	Festus	Heracl. Pont.	Heraclides Ponticus
Firm.	Firmicus Maternus	Hermansz	Willem Hermansz
Flor.	Florus	*Hollandia*	*Prosopopoeia Hollandie*
Front.	Fronto		
Frontin.	Frontinus	*Sylv.*	*Sylua odarum*
Strat.	*Strategemata*	Hermipp.	Hermippus
Fulg.	Fulgentius	Hermog.	Hermogenes
Myth.	*Mythologiae*	*Progym.*	*Progymnasmata*
Gal.	Galenus	Herm. Trismeg.	Hermes Trismegistus
De nat. facult.	*De naturalibus facultatibus*	Herodian.	Herodianus
		Hes.	Hesiodus
De temperam.	*De temperamentis*	*Erg.*	*Ἔργα καὶ ἡμέραι*
In Hippocr. Aphor.	*Commentarius in Hippocratis Aphorismos*	*Theog.*	*Theogonia*
		Hesych.	Hesychius
		Hier.	Hieronymus
Protr.	*Protrepticus*	*Adv. Helv.*	*De perpetua virginitate beatae Mariae aduersus Heluidium*
Gell.	Aulus Gellius		
Geop.	Geoponica		
Gerald.	Antonio Geraldini		
Ecl.	*Eclogae*	*Adv. Iov.*	*Aduersus Iouinianum*
Gerson	Gerson		

Apolog. c. Ruf.	*Apologia contra Rufinum*	*Nom. Hebr.*	*De nominibus Hebraicis*
Chron.	*Chronicon*	*Paralip.*	*Paralipomenon liber*
Comm. in Ab.	*Commentarii in Abdiam prophetam*	*Praef. in Iob*	*Praefatio in librum Iob*
Comm. in Eph.	*Commentarii in epostolam ad Ephesios*	*Praef. in Ps.*	*Praefatio in librum Psalmorum*
		Quaest. Hebr.	*Quaestiones Hebraicae*
Comm. in Ez.	*Commentarii in Ezechielem*	*Sit. et nom. loc.*	*De situ et nominibus Hebr. locorum Hebraicorum*
Comm. in Dn.	*Commentarii in Danielem*	*Tract. in Mc.*	*Tractatus in Marci Euangelium*
Comm. in Gal.	*Commentarii in Epistolam ad Galatas*	*Tract. in Ps.*	*Tractatus in librum Psalmorum*
Comm. in Ir.	*Commentarii in Ieremiam*	*Vit. Malch.*	*Vita Malchi Monachi*
		Hil.	Hilarius
Comm. in Is.	*Commentarii in Isaiam*	*In Gen.*	*In Genesin*
		In Mt.	*In Matthaeum*
Comm. in Mt.	*Commentarii in Matthaeum*	*Tract. in Ps.*	*Tractatus in Ps.*
		Trin.	*De trinitate*
Comm. in Tit.	*Commentarii in Epistolam ad Titum*	Hippocr.	Hippocrates
		Hist. Aug.	*Scriptores historiae Augustae*
Comm. in proph. min.	*Commentarii in Prophetas minores*	Hom.	Homerus
		Hymn. Hom.	*Hymni Homerici*
Comm. in Ps.	*Commentarioli in Psalmos*	*Il.*	*Ilias*
		Od.	*Odyssea*
Contra Joh. Hierosol.	*Contra Johannem Hierosolymit- anum*	Honor. Aug.	Honorius Augustodunensis
		Sig.	*Sigillum Beatae Mariae*
De opt. gen. interpr.	*Liber de optimo genere interpretandi*	Hor.	Horatius
		Ars	*Ars poetica*
De sacr.	*De sacramentis Christiane fidei*	*Carm.*	*Carmina*
		Carm. saec.	*Carmen saeculare*
De vir. ill.	*De viris illustribus*	*Epist.*	*Epistulae*
Dialog. adv. Pelag.	*Dialogus aduersus Pelagianos*	*Epod.*	*Epodi*
		Sat.	*Saturae (Sermones)*
Epist.	*Epistulae*	*Serm.*	*Sermones*
Epist. ad Eust.	*Epistola ad Paulam et Eustochium de assumptione beate Virginis*	Hrabanus	Hrabanus Maurus
		Comm. in Mt.	*Commentaria in Mt.*
		Enarr. in epist. Pauli	*Enarrationes in epistolas Pauli*
Epist. adv. Ruf.	*Epistula aduersus Rufinum*	Hugo	Hugo de Sancto Caro (Carrensis)
Hebr. quaest.	*Hebraicae quaestiones in libro Geneseos*	Hugo Vict.	Hugo de Sancto Victore
		Hyg.	Hyginus
Interpret. Hebr. nom.	*Liber interpretationis Hebraicorum nominum*	*Astr.*	*Astronomica*
		Fab.	*Fabulae*

ABKÜRZUNGSVERZEICHNIS

Hyp.	Hyperides	Anach.	Anacharsis
Iambl.	Iamblichus	Apol.	Apologia
Innoc.	Innocentius III	Asin.	Asinus
Miseria	De miseria condicionis humane	Astr.	De astrologia
		Bacch.	Bacchus
Inst.	Institutiones	Bis accus.	Bis accusatus
Ioann. Sec.	Ioannes Secundus	Calumn.	Calumniae non temere credendum
Epigr.	Epigrammata	Catapl.	Cataplus siue Tyrannus
Fun.	Funera		
Od.	Odae	Char.	Charidemus
Iord.	Iordanes	Conuiv.	Conuiuium
Get.	De origine actibusque Getarum	Dear. iud.	Dearum iudicium (= Dial. mort. xx)
Ios.	Iosephus, Flavius	De merc. cond.	De mercede conductis
Ant. Iud.	Antiquitates Iudaicae	Demon.	Demonax
Bell.	Bellum Iudaicum	Demosth. encom.	Demosthenis encomium
Iren.	Irenaeus		
Haer.	Aduersus haereses	Deor. conc.	Deorum concilium
Isid.	Isidorus	Deor. dial.	Deorum dialogi
Orig.	Origines	De sacr.	De sacrificiis
Quaest.	Quaestiones in Vetus Testamentum	Dial. mar.	Dialogi marini
		Dial. mer.	Dialogi meretricii
Isocr.	Isocrates	Dial. mort.	Dialogi mortuorum
Busir.	Busiris	Dips.	Dipsades
Iul.	Iulianus	Electr.	Electrum
Epist.	Epistulae	Epigr.	Epigrammata
Misopog.	Misopogon	Epist. Sat.	Epistulae Saturnales
Or.	Orationes	Eun.	Eunuchus
Iust.	Iustinus	Fug.	Fugitiui
Iustin.	Iustinianus	Gall.	Gallus
Inst.	Institutiones	Halc.	Halcyon
Iuuenc.	Iuuencus	Herc.	Hercules
Iuv.	Iuuenalis	Herm.	Hermotimus
Lact.	Lactantius	Hist. conscr.	Quomodo historia conscribenda sit
Inst.	Institutiones diuinae		
Epit. Inst.	Epitome Diuinarum Institutionum	Icar.	Icaromenippus
		Imag.	Imagines
Vera sap. et rel.	Liber quartus De vera sapientia et religione	Iup. confut.	Iuppiter confutatus
		Iup. trag.	Iuppiter tragoedus
		Lex.	Lexiphanes
Leg. aurea	Iacobus de Voragine, Legenda aurea	Luctu	De luctu
		Menippus	Menippus siue Necyomantia
Leg. XII Tab.	Leges XII Tabularum		
Libanius	Libanius	Nauig.	Nauigium
Progym.	Progymnasmata	Nigr.	Nigrinus
Liv.	Liuius	Paras.	De parasito
Lucan.	Lucanus	Patr. laud.	Patriae laudatio
Lucian.	Lucianus	Peregr.	De morte Peregrini
Adv. indoct.	Aduersus indoctum	Phal. I, II	Phalaris I, II
Alex.	Alexander	Philopatr.	Philopatris
Am.	Amores		

Philops.	*Philopseudes*	Mart. Cap.	Martianus Capella
Pisc.	*Piscator*	Martial.	Martialis
Pro imag.	*Pro imaginibus*	Marull.	Michael Marullus
Prom.	*Prometheus*	*Epigr.*	*Epigrammata*
Prom. es	*Prometheus es in verbis*	*Hymn. nat.*	*Hymni naturales*
		Mar. Vict.	Marius Victorinus
Pseudol.	*Pseudologista*	M. Aur.	Marcus Aurelius
Rhet. praec.	*Rhetorum praeceptor*	Max. Conf.	Maximus Confessor
Salt.	*Saltatio*	*Loci comm.*	*Loci communes*
Sat.	*Saturnalia*	Max. Tyr.	Maximus Tyrius
Somn.	*Somnium siue vita Luciani*	*Diss.*	*Dissertationes XLI*
		Maximian.	Maximianus
Tim.	*Timon*	*Eleg.*	*Elegiae*
Tox.	*Toxaris*	Mela	Pomponius Mela
Tyrann.	*Tyrannicida*	Menandr.	Menander
Ver. hist.	*Verae historiae*	*Citharist.*	*Citharista*
Vit. auct.	*Vitarum auctio*	*Epitr.*	*Epitrepontes*
Lucil.	Lucilius	*Monost.*	*Monosticha*
Lucr.	Lucretius	Mimn.	Mimnermus
Lycophr.	Lycophron	Min. Fel.	Minucius Felix
Lycurg.	Lycurgus	*Mon. Anc.*	*Monumentum Ancyranum*
Lyd.	Ioannes Laurentius Lydus		
Mag.	*De magistratibus*	More	Thomas More
Mens.	*De mensibus*	Mosch.	Moschus
Lyranus	Nicolaus de Lyra	Mutian.	Conradus Mutianus Rufus
Lys.	Lysias		
LXX	*Septuaginta*	*Epist.*	*Epistulae*
Macar.	Macarius	Mutius	Macarius Mutius
Macr.	Macrobius	*Triumph.*	*De triumpho Christi*
Sat.	*Saturnalia*	Nem.	Nemesianus
Somn.	*Commentarius in Ciceronis somnium Scipionis*	Nep.	Cornelius Nepos
		Ages.	*Agesilaus*
		Alc.	*Alcibiades*
Manil.	Manilius	*Phoc.*	*Phocion*
Mantuan.	Baptista Mantuanus	Nicandr.	Nicander
Ad Falc.	*Epigrammata ad Falconem*	*Alex.*	*Alexipharmaca*
		Ther.	*Theriaca*
Calam.	*De calamitatibus temporum*	Nicom.	Nicomachus
		Non.	Nonius Marcellus
Contra poet.	*Contra poetas impudice loquentes*	Nonn.	Nonnus
		Dion.	*Dionysiaca*
		Exp. in Greg. Naz.	*Expositio in Gregorium Nazianzenum*
De cont. morte	*De contemnenda morte*		
		Oppian.	Oppianus
Dion. Areop.	*Dionysius Areopagites*	*Hal.*	*Halieutica*
Ecl.	*Eclogae*	Orib.	Oribasius
Ioann. Bapt.	*In laudem Ioannis Baptistae*	Orig.	Origenes
		Comm.	*Commentarius*
Parthen. Mar.	*Parthenice Mariana*	*Contra Cels.*	*Contra Celsum*
Parthen. sec.	*Parthenice secunda*		

Comm. in Mt.	*Commentarius in Matthaeum*	*Fab. Aes.*	*Fabulae Aesopiae*
Comm. in Rom.	*Commentarius in Rom.*	Philo	
		Leg. alleg.	*Legum allegoriae*
De dupl. mart.	*De duplici martyrio ad Fortunatum*	Philostr.	Philostratus
		Imag.	*Imagines*
De princ.	*De principiis*	*Vit. Apollon.*	*Vita Apollonii*
Hom.	*Homiliae*	*Vit. soph.*	*Vitae sophistarum*
Sel.	*Selecta*	Phot.	Photius
Tract. in Ct.	*Tractatus in Cantica canticorum*	*Bibl.*	*Bibliotheca*
		Lex.	*Lexicon*
Oros.	Orosius	Pind.	Pindarus
Orph.	[Orpheus]	*Isthm.*	*Isthmia*
Arg.	*Argonautica*	*Nem.*	*Nemea*
Hymn.	*Hymni*	*Olymp.*	*Olympia*
Or. Sib.	*Oracula Sibyllina*	*Pyth.*	*Pythia*
Ov.	Ouidius	Pio	Albertus Pius
Am.	*Amores*	*In locos lucubr. Er.*	*Tres et viginti libri in locos lucubrationum variarum D. Erasmi Roterodami*
Ars	*Ars amatoria*		
Epist. Sapph.	*Epistula Sapphus*		
Fast.	*Fasti*		
Her.	*Heroides*		
Ib.	*Ibis*		
Met.	*Metamorphoses*	Plat.	Plato
Pont.	*Ex Ponto*	*Alc. 1, 2*	*Alcibiades 1, 2*
Rem.	*Remedia amoris*	*Apol.*	*Apologia*
Trist.	*Tristia*	*Ax.*	*Axiochus*
Paneg. Lat.	*Panegyrici Latini*	*Charm.*	*Charmides*
Paschasius Radbertus		*Clit.*	*Clitophon*
		Crat.	*Cratylus*
Epist.	*Epistulae*	*Crit.*	*Critias*
Paul.	Paulus Diaconus	*Crito*	*Crito*
Fest.	*Epitoma Festi*	*Def.*	*Definitiones*
Paul. Nol.	Paulinus Nolanus	*Dem.*	*Demodocus*
Paus.	Pausanias	*Epin.*	*Epinomis*
Pelagius	Pelagius	*Epist.*	*Epistulae*
Expos. in Rom.	*Expositio in epistolam ad Romanos*	*Erast.*	*Erastai*
		Eryx.	*Eryxias*
Pers.	Persius	*Euthyd.*	*Euthydemus*
Petrarca	Francesco Petrarca	*Euthyphr.*	*Euthyphro*
Ecl.	*Eclogae*	*Gorg.*	*Gorgias*
Rem.	*De remediis vtriusque fortunae*	*Hipparch.*	*Hipparchus*
		Hipp. mai.	*Hippias maior*
Petron.	Petronius	*Hipp. min.*	*Hippias minor*
Petrus Comestor		*Ion*	*Ion*
Hist. schol., In Ev.	*Historia scholastica, In Euangelia*	*Lach.*	*Laches*
		Leg.	*Leges*
Petr. Lomb.	Petus Lombardus	*Lys.*	*Lysis*
Sent.	*Sententiarum libri IV.*	*Men.*	*Meno*
		Menex.	*Menexenus*
		Min.	*Minos*
Phaedr.	Phaedrus	*Parm.*	*Parmenides*

Phaed.	*Phaedo*	Cat. Mai.	Cato Maior
Phaedr.	*Phaedrus*	Cato min.	Cato minor
Phil.	*Philebus*	Cic.	Cicero
Polit.	*Politicus*	Cleom.	Cleomenes
Prot.	*Protagoras*	Coriol.	Coriolanus
Rep.	*De re publica*	De cur.	De curiositate
Sis.	*Sisyphus*	De lib. educ.	De liberis educandis
Soph.	*Sophistes*	De tranq. an.	De tranquillitate animi
Symp.	*Symposium*	Demetr.	Demetrius
Thg.	*Theages*	Demosth.	Demosthenes
Tht.	*Theaetetus*	Fab. Max.	Fabius Maximus
Tim.	*Timaeus*	Lyc.	Lycurgus
Plaut.	Plautus	Lys.	Lysander
Amph.	*Amphitruo*	Mar.	Marius
Asin.	*Asinaria*	Mor.	Moralia
Aul.	*Aulularia*	Nic.	Nicias
Bacch.	*Bacchides*	Paroem.	Paroemiae
Capt.	*Captiui*	Pel.	Pelopidas
Cas.	*Casina*	Per.	Pericles
Cist.	*Cistellaria*	Pomp.	Pompeius
Curc.	*Curculio*	Praec. ger. reip.	Praecepta gerendae reipublicae
Epid.	*Epidicus*	Prov. Alex.	Prouerbia Alexandrinorum
Men.	*Menaechmi*	Publ.	Publicola
Merc.	*Mercator*	Pyrrh.	Pyrrhus
Mil.	*Miles*	Quaest. conv.	Quaestiones conuiuales
Most.	*Mostellaria*	Reg. et imp. apophth.	Regum et imperatorum apophthegmata
Persa	*Persa*	Rom.	Romulus
Poen.	*Poenulus*	Sert.	Sertorius
Pseud.	*Pseudolus*	Sol.	Solon
Rud.	*Rudens*	Them.	Themistocles
Stich.	*Stichus*	Thes.	Theseus
Trin.	*Trinummus*	Timol.	Timoleon
Truc.	*Truculentus*	Tit.	Titus Quinctius Flamininus
Vid.	*Vidularia*	Vit.	Vitae
Plin.	Plinius maior	Poliz.	Angelo Poliziano
Nat.	*Naturalis historia*	*Amor fug.*	*Moschi Amor fugitiuus*
Plin.	Plinius minor	*Eleg.*	*Elegiae*
Epist.	*Epistulae*	*Epigr.*	*Epigrammata Latina*
Paneg.	*Panegyricus*	*Epist.*	*Epistolae*
Plot.	Plotinus	*Sylv.*	*Syluae*
Plut.	Plutarchus	Poll.	Pollux
Aem.	*Aemilius Paul(l)us*	Polyb.	Polybius
Ages.	*Agesilaus*	Pomp. Trog.	Pompeius Trogus
Agis	*Agis*		
Alcib.	*Alcibiades*		
Alex.	*Alexander*		
Anton.	*Antonius*		
Aristid.	*Aristides*		
Artax.	*Artaxerxes*		
Brut.	*Brutus*		
C. Gracch.	*Caius Gracchus*		

Porph.	Porphyrius	Ps. Diosc.	Pseudo-Dioscurides
Quaest. Hom.	*Quaestiones Homericae*	*Alexiph.*	*Alexipharmaca*
Vit. Pyth.	*Vita Pythagorae*	Ps. Eratosth.	Pseudo-Eratosthenes
Posid.	Posidonius	*Catast.*	*Catasterismi*
Priap.	*Priapea*	Ps. Hier.	Pseudo-Hieronymus
Prisc.	Priscianus	*Brev. in Ps.*	*Breuiarium in Ps.*
Ars gramm.	*Ars grammatica*	*Comm. in Mc.*	*Commentarius in Euangelium secundum Marcum*
Praeexercit.	*Praeexercitamenta*	*Epist.*	*Epistulae*
Prob.	M. Valerius Probus	Ps. Iuuenc.	Pseudo-Iuuencus
Procl.	Proclus	*Triumph.*	*Triumphus Christi heroicus*
Procop.	Procopius		
Prop.	Propertius	Ps. Neckam	Pseudo-Neckam (Roger de Caen)
Prud.	Prudentius		
Amart.	*Amartigenia*	*Vita monach.*	*De vita monachorum (De contemptu mundi)*
Apoth.	*Apotheosis*		
Cath.	*Cathemerinon*	Ps. Ov.	Pseudo-Ouidius
Contra Symm.	*Contra Symmachum*	*Epic. Drusi*	*Epicedion Drusi (Consolatio ad Liuiam)*
Epilog.	*Epilogus*		
Perist.	*Peristephanon*	Ps. Philo	Pseudo-Philo
Praef.	*Praefatio*	Ps. Phocyl.	Pseudo-Phocylides
Psychom.	*Psychomachia*	Ps. Pythag.	Pseudo-Pythagoras
Tit. hist.	*Tituli historiarum*	Ps. Rufinianus	Pseudo-Rufinianus
Ps. Acro	Pseudo-Acro	*Lex.*	*De schematis lexeos*
Scholia in Horatium	*Scholia in Horatium*	Ps. Sall.	Pseudo-Sallustius
		In Cic.	*In Ciceronem*
Ps. Aristot.	Pseudo-Aristoteles	Ps. Sen.	Pseudo-Seneca
Ps. Ascon.	Pseudo-Asconius	*De mor.*	*De moribus*
Ps. Aug.	Pseudo-Augustinus	Ptol.	Claudius Ptolemaeus
Ad fratr. erem.	*Sermones ad fratres in eremo commorantes*	*Cosm.*	*Cosmographia*
		Geogr.	*Geographia*
		Quadr.	*Quadripartitum*
Ps. Auson.	Pseudo-Ausonius	Ptol. Euerg.	Ptolemaeus Euergetes
Sept. sap.	*Ludus septem sapientum*	Publil. Syr.	Publilius Syrus
		Quint.	Quintilianus
Ps. Babr.	Pseudo-Babrius	*Decl.*	*Declamationes*
Tetrast.	*Tetrasticha*	*Inst.*	*Institutio oratoria*
Ps. Beda	Pseudo-Beda Venerabilis	Remigius	
		Expos. in Hebr.	*Expositio in epistolas S. Pauli, In Hebr.*
Ps. Chrys.	Pseudo-Ioannes Chrysostomus		
		Rhet. Her.	Rhetorica ad Herennium
Ps. Clem.	Pseudo-Clemens	Rufin.	Rufinus
Ps. Cypr.	Pseudo-Cyprianus	*Apolog. adv. Hier.*	*Apologia aduersus Hieronymum*
De dupl. mart.	*De duplici martyrio*		
		Hist.	*Historia ecclesiastica*
Ps. Dion. Areop.	Pseudo-Dionysius Areopagita	*In symb.*	*Expositio in symbolum apostolorum*
Epist.	*Epistulae*		
Hier.	*De caelesti hierarchia*		

Sabell.	Marcantonio Sabellico
In natal.	*In natalem diem diuae virginis Mariae*
Sall.	Sallustius
Cat.	*Coniuratio Catilinae*
Epist. ad Caes.	*Epistulae ad Caesarem*
Hist. frg.	*Historiarum fragmenta*
Iug.	*Bellum Iugurthinum*
Sapph.	Sappho
Scaliger	J.C. Scaliger
Oratio I	*Oratio contra Erasmum*
Oratio II	*Aduersus Erasmi dialogum Ciceronianum*
Scol. anon.	*Scolia anonyma*
Sedul.	Caelius Sedulius
Pasch.	*Paschale carmen*
Sen.	Seneca (maior)
Contr.	*Controuersiae*
Suas.	*Suasoriae*
Sen.	Seneca (minor)
Ag.	*Agamemnon*
Apocol.	*Apocolocyntosis*
Benef.	*De beneficiis*
Brev. vit.	*De breuitate vitae*
Clem.	*De clementia*
Dial.	*Dialogi*
Epist.	*Epistulae ad Lucilium*
Herc. f.	*Hercules furens*
Herc. Oet.	*Hercules Oetaeus*
Med.	*Medea*
Nat.	*Naturales quaestiones*
Oed.	*Oedipus*
Phaedr.	*Phaedra*
Phoen.	*Phoenissae*
Thy.	*Thyestes*
Tro.	*Troades*
Serv.	Seruius
Comm. Aen.	*Commentarius in Vergilii Aeneida*
Comm. Ecl.	*Commentarius in Vergilii Eclogas*
Comm. Georg.	*Commentarius in Vergilii Georgica*
Sext. Emp.	Sextus Empiricus
Sidon.	Sidonius Apollinaris
Sil.	Silius Italicus
Socr.	Socrates Scholasticus, *Hist. eccles.*
Sol.	Solon
Solin.	Solinus
Soph.	Sophocles
Ai.	*Aias*
Ant.	*Antigone*
El.	*Electra*
Ichn.	*Ichneutae*
Oed. Col.	*Oedipus Coloneus*
Oed. T.	*Oedipus Tyrannus*
Phil.	*Philoctetes*
Trach.	*Trachiniae*
Spartianus	Spartianus
Vit. Hadr.	*De vita Hadriani*
Stat.	Statius
Ach.	*Achilleis*
Silv.	*Siluae*
Theb.	*Thebais*
Steph. Byz.	Stephanus Byzantius
Stob.	Stobaeus
Strab.	Strabo
Stun.	Iacobus Lopis Stunica
Assertio	*Assertio ecclesiasticae translationis Noui Testamenti*
Conclusiones	*Conclusiones principaliter suspecte et scandalose*
Er. blasph. et imp.	*Erasmi Roterodami blasphemiae et impietates*
Libellus	*Libellus trium illorum voluminum praecursor (= Prodromon)*
Suet.	Suetonius
Aug.	*Augustus*
Caes.	*Caesar*
Cal.	*Caligula*
Claud.	*Claudius*
Dom.	*Domitianus*
Galb.	*Galba*
Gram.	*De grammaticis*
Ner.	*Nero*
Oth.	*Otho*
Tib.	*Tiberius*
Tit.	*Titus*

Vesp.	*Vespasianus*
Vit.	*Vitellius*
Suid.	Suidas or *Suda*
Sutor	Petrus Sutor
Antapologia	*Antapologia*
De tralatione	*De tralatione bibliae, et nouarum reprobatione interpretationum*
Symm.	Symmachus
Synes.	Synesius Cyrenaeus
Calv.	*Caluitii encomium*
Epist.	*Epistulae*
Syrian.	Syrianus
In Hermog.	*In Hermogenem commentaria*
Tac.	Tacitus
Agr.	*Agricola*
Ann.	*Annales*
Dial. or.	*Dialogus de oratoribus*
Germ.	*Germania*
Hist.	*Historiae*
Tat.	Tatianus
Ter.	Terentius
Ad.	*Adelphoe*
Andr.	*Andria*
Eun.	*Eunuchus*
Heaut.	*Heautontimorumenos*
Hec.	*Hecyra*
Phorm.	*Phormio*
Tert.	Tertullianus
Adv. Herm.	*Adversus Hermogenem*
Adv. Iud.	*Aduersus Iudaeos*
Adv. Marcion.	*Aduersus Marcionem*
Adv. Praxean	*Aduersus Praxean*
Adv. Val.	*Aduersus Valentinianos*
Apol.	*Apologeticum*
De bapt.	*De baptismo*
De cor.	*De corona*
De praescr. haer.	*De praescriptione haereticorum*
De pud.	*De pudicitia*
De resurr.	*De resurrectione carnis*
De spect.	*De spectaculis*
Themist.	Themistius
Theocr.	Theocritus
Theodrt.	Theodoretus
Comm. in Ep. ad Hebr.	*Commentarius in sancti Pauli Epistolam ad Hebraeos*
Hist. eccl	*Historia ecclesiastica*
Interpr. Rom.	*Interpretatio epistolae ad Romanos*
Theodor. Mops.	Theodorus Mopsuestenus
Fragm. in rom.	*Fragmenta in epistolam ad Romanos*
Thgn.	Theognis
Theophyl.	Theophylactus
Enarr. in Mt.-Ioh.	*Enarrationes in Mt.-Ioh.*
Expos. in Rom.-Hebr.	*Expositiones in Rom.-Hebr.*
Thomas a Kempis	
Imit.	*De imitatione Christi*
Thomas Aquinas	
Expos. in Rom. etc.	*Expositio in omnes S. Pauli etc. epistolas*
In Ioann.	*In Ioannem Euangelistam expositio*
QD	*Quaestio disputata*
ScG	*Summa contra Gentiles*
STh	*Summa theologiae*
Thphr.	Theophrastus
Caus. plant.	*De causis plantarum*
Char.	*Characteres*
Hist. plant.	*Historia plantarum*
Thuc.	Thucydides
Tib.	Tibullus
Titelmans	Frans Titelmans (Franciscus Titelmannus)
Collat.	*Collationes quinque super epistolam ad Romanos*
Tzetz.	Tzetzes
Anteh.	*Antehomerica*
Chil.	*Chiliades*
Posth.	*Posthomerica*
Val. Fl.	Valerius Flaccus
Val. Max.	Valerius Maximus

Valdés	Alfonso de Valdés	*Georg.*	*Georgica*
Mercurio	*Diálogo de Mercurio y Carón*	*Mor.*	*Moretum*
		Vitr.	Vitruuius
Valla	Laurentius Valla	Vlp.	Vlpianus (*Vlpiani regulae*)
Annot.	*Annotationes in Nouum Testamentum*	Walter	Walter von Chatillon
		Alex.	*Alexandreis*
Dial.	*Dialecticae disputationes*	Xen.	Xenophon
		Ages.	*Agesilaus*
Eleg.	*Elegantiae linguae Latinae*	*An.*	*Anabasis*
		Apol.	*Apologia*
Varro	Varro	*Ath. pol.*	*Atheniensium politeia*
Ling. Lat.	*De lingua Latina*		
Men.	*Menippeae*	*Cyn.*	*Cynegeticus*
Rust.	*Res rusticae*	*Cyr.*	*Cyropaedia*
Varro At.	Varro Atacinus	*Equ.*	*De equitandi ratione*
Fr.	*Fragmenta*	*Hell.*	*Hellenica*
Veg.	Vegetius	*Hier.*	*Hiero(n)*
Mil.	*De re militari*	*Hipp.*	*Hipparchicus*
Vell. Pat.	Velleius Paterculus	*Lac. pol.*	*Lacedaemoniorum politeia*
Ven. Fort.	Venantius Fortunatus		
Verg.	Vergilius	*Mem.*	*Memorabilia*
Aen.	*Aeneis*	*Oec.*	*Oeconomicus*
Aet.	*Aetna*	*Symp.*	*Symposium*
Cat.	*Catalepton*	*Vect.*	*De vectigalibus*
Cir.	*Ciris*	Zenob.	Zenobius
Cul.	*Culex*	Zon.	Zonaras
Ecl.	*Eclogae*	Zos.	Zosimus

B. Bibel

1. Vetus Testamentum

Gn.	Genesis
Ex.	Exodus
Lv.	Leuiticus
Nu.	Numeri
Dt.	Deuteronomium
Ios.	Iosue
Iudic.	Iudices
Rth.	Ruth
1., 2. Sm.	1., 2. Samuel
1., 2. Rg.	1., 2. Reges
1., 2. Chr.	1., 2. Chronici
Esr.	Esra
Neh.	Nehemia
Esth.	Esther
Iob	Iob
Ps.	Psalmi
Prv.	Prouerbia
Eccl.	Ecclesiastes
Ct.	Canticum Canticorum
Is.	Isaias
Ir.	Ieremias
Thr.	Threni Ieremiae
Ez.	Ezechiel
Dn.	Daniel
Hos.	Hoseas
Ioel	Ioel
Am.	Amos
Ob.	Obadia
Ion.	Ionas
Mch.	Michaeas
Nah.	Nahum
Hab.	Habacuc
Zph.	Zephania
Hgg.	Haggaeus
Zch.	Zacharias
Ml.	Malachias
Idth.	Iudith
Sap.	Sapientia Salomonis
Tob.	Tobias
Sir.	Iesus Sirach
Bar.	Baruch
1., 2., 3., 4. Mcc.	1., 2., 3., 4. Macchabaei

2. Nouum Testamentum

Mt.	Matthaeus
Mc.	Marcus
Lc.	Lucas
Ioh.	Iohannes
Act.	Acta Apostolorum
Rom.	Ad Romanos
1., 2. Cor.	1., 2. Ad Corinthios
Gal.	Ad Galatas
Eph.	Ad Ephesios
Phil.	Ad Philippenses
Col.	Ad Colossenses
1., 2. Thess.	1., 2. Ad Thessalonicenses
1., 2. Tim.	1., 2. Ad Timotheum
Tit.	Ad Titum
Phm.	Ad Philemonem
Hebr.	Ad Hebraeos
Iac.	Iacobi Epistola
1., 2. Petr.	Petri Epistola 1., 2.
1., 2., 3. Ioh.	Iohannis Epistola 1., 2., 3.
Iud.	Iudae Epistola
Ap. Ioh.	Apocalypsis Iohannis

C. Werke von Erasmus

Act. Acad. Lov. c. Luth.	Acta Academiae Louaniensis contra Lutherum (Ferguson, pp. 316–328); ASD IX, 10, pp. 95–103
Adag.	Adagiorum Chiliades (LB II; ASD II, 1 [Adag. 1–500], ASD II, 2 [Adag. 501–1000], ASD II, 3 [Adag. 1001–1500], ASD II, 4 [Adag. 1501–2000], II, 5 [Adag. 2001–2500], II, 6 [Adag. 2501–3000], II, 7 [Adag. 3001–3500], II, 8 [Adag. 3501–4151])
Admon. adv. mendac.	Admonitio aduersus mendacium et obtrectationem (LB X, 1683–1692; ASD IX, 9, pp. 401–435)
Annot. in NT	Annotationes in Nouum Testamentum (LB VI; ASD VI, 5 [Annot. in Mt.–Lc.]; ASD VI, 6 [Annot. in Ioh.–Act.]; ASD VI, 7 [Annot. in Rom.]; ASD VI, 8 [Annot. in 1.2. Cor.]; ASD VI, 9 [Annot. in Gal.–2.Thess.]; ASD VI, 10 [Annot. in 1. Tim.–Ap. Ioh.])
Antibarb.	Antibarbari (LB X, 1691–1744; ASD I, 1, pp. 35–138)
Apolog. ad Fabr. Stap.	Apologia ad Iacobum Fabrum Stapulensem (LB IX, 17–66; ASD IX, 3)
Apolog. ad Prodr. Stun.	Apologia ad Prodromon Stunicae (LB IX, 375–381; ASD IX, 8, pp. 171–206)
Apolog. ad Sanct. Caranz.	Apologia ad Sanctium Caranzam (LB IX, 401–432; ASD IX, 8, pp. 7–101)
Apolog. ad Stun. Concl.	Apologia ad Stunicae Conclusiones (LB IX, 383–392; ASD IX, 8, pp. 207–290)
Apolog. adv. debacch. Petr. Sutor.	Apologia aduersus debacchationes Petri Sutoris (LB IX, 737–812; ASD IX, 9, pp. 85–222)
Apolog. adv. monach. hisp.	Apologia aduersus monachos quosdam hispanos (LB IX, 1015–1094; ASD IX, 9, pp. 223–399)
Apolog. adv. rhaps. Alb. Pii	Apologia aduersus rhapsodias Alberti Pii (LB IX, 1123–1196; ASD IX, 6, pp. 237–661)
Apolog. adv. Stun. Blasph. et imp.	Apologia aduersus libellum Stunicae cui titulum fecit Blasphemiae et impietates Erasmi (LB IX, 355–375; ASD IX, 8, pp. 103–169)
Apolog. c. Iac. Latomi dialog.	Apologia contra Iacobi Latomi dialogum de tribus linguis (LB IX, 79–106)
Apolog. de In princip. erat sermo	Apologia de In principio erat sermo (LB IX, 111–122; ASD IX, 9, pp. 1–47)
Apolog. de loco Omn. resurg.	Apologia de loco Omnes quidem resurgemus (LB IX, 433–442; ASD IX, 9, pp. 49–84)
Apolog. pro declam. laud. matrim.	Apologia pro declamatione de laude matrimonii (LB IX, 105–112; ASD IX, 10, pp. 1–23)
Apolog. resp. Iac. Lop. Stun.	Apologia respondens ad ea quae Iac. Lopis Stunica taxauerat in prima duntaxat Noui Testamenti aeditione (LB IX, 283–356; ASD IX, 2)
Apolog. resp. inuect. Ed. Lei	Apologia qua respondet duabus inuectiuis Eduardi Lei (Ferguson, pp. 236–303; ASD IX, 4, pp. 23–70)

Apophth.	*Apophthegmata* (*LB* IV, 85–380; *ASD* IV, 4: Apophth. I–IV; *ASD* IV, 5A: Apophth. V; *ASD* IV, 5B: Apophth. VI; *ASD* IV, 6: Apophth. VII–VIII)
Axiom. pro causa Luth.	*Axiomata pro causa Martini Lutheri* (Ferguson, pp. 336–337; *ASD* IX, 10, pp. 105–107)
Capita	*Capita argumentorum contra morosos quosdam ac indoctos* (*LB* VI, ** 3v°–*** 4r°)
Carm.	*Carmina* (*LB* I, II, III/1, III/2, IV, V, VIII *passim*; *ASD* I, 7)
Carm. de senect.	*Carmen de senectute* (= Carmen alpestre; *LB* IV, 755–758; *ASD* I, 7, Carm. 2)
Cat. lucubr.	*Catalogus lucubrationum omnium* (*LB* I init.; Ep. 1)
Cato	*Catonis disticha* (*ASD* IX, 10, pp. 149–149)
Chonr. Nastad. dial.	*Chonradi Nastadiensis dialogus bilinguium ac trilinguium* (Ferguson, pp. 205–224)
Ciceron.	*Dialogus Ciceronianus* (*LB* I, 969–1026; *ASD* I, 2, pp. 599–710)
De ciuil.	*De ciuilitate morum puerilium* (*LB* I, 1029–1044; *ASD* I, 8, pp. 299–341)
Coll.	*Colloquia* (*LB* I, 625–908; *ASD* I, 3)
Collect.	*Collectanea adagiorum* (*ASD* II, 9)
Comm. in hymn. Prud.	*Commentarius in duos hymnos Prudentii* (*LB* V, 1337–1358; *ASD* V, 7, pp. 299–354)
Comm. in Ov.	*Commentarius in Nucem Ouidii* (*LB* I, 1187–1210; *ASD* I, 1, pp. 145–174)
Comp. rhet.	*Compendium rhetorices* (Allen X, App. 22)
Comp. virg. et mart.	*Comparatio virginis et martyris* (*LB* III, 778–780; V, 589–600; *ASD* V, 7, pp. 99–155)
Conc. de puero Iesu	*Concio de puero Iesu* (*LB* V, 599–610; *ASD* V, 7, pp. 157–188)
Confl. Thal. et Barbar.	*Conflictus Thaliae et Barbariei* (*LB* I, 889–894; *ASD* I, 8, pp. 343–367)
De conscr. ep.	*De conscribendis epistolis* (*LB* I, 341–484; *ASD* I, 2, pp. 205–579)
Consilium	*Consilium cuiusdam ex animo cupientis esse consultum et Romani pontificis dignitati et christianae religionis tranquillitati* (Ferguson, pp. 352–361; *ASD* IX, 10, pp. 109–115)
De construc.	*De constructione octo partium orationis* (*LB* I, 165–180; *ASD* I, 4, pp. 119–143)
Consult. de bell. Turc.	*Consultatio de bello Turcis inferendo et obiter enarratus Psalmus XXVIII* (*LB* V, 345–368; *ASD* V, 3, pp. 31–82)
De contemptu mundi	*De contemptu mundi* (*LB* V, 1239–1262; *ASD* V, 1, pp. 39–86)
De cop. verb.	*De copia verborum ac rerum* (*LB* I, 1–110; *ASD* I, 6)

Declam. de morte	*Declamatio de morte* (*LB* IV, 617–624; = ‚Aliud exemplum consolationis', in De conscr. ep.: *ASD* I, 2, pp. 441–455)
Declamatiuncula	*Declamatiuncula* (*LB* IV, 623–624; *ASD* IV, 7, pp. 1–19)
Declarat. ad cens. Lutet.	*Declarationes ad censuras Lutetiae vulgatas* (*LB* IX, 813–954; *ASD* IX, 7)
Detect. praestig.	*Detectio praestigiarum* (*LB* X, 1557–1572; *ASD* IX, 1, pp. 233–262)
Dilut. Clichthov.	*Dilutio eorum quae Iodocus Clichthoueus scripsit aduersus declamationem suasoriam matrimonii* (ASD IX, 10, pp. 25–73)
Disputatiunc.	*Disputatiuncula de tedio, pauore, tristicia Iesu* (*LB* V, 1263–1294; *ASD* V, 7, pp. 189–278)
De dupl. mart.	*De duplici martyrio* (in *Cypriani Opera*, Basileae, 1530)
Div. ad not. Bedae	*Diuinationes ad notata per Bedam* (*LB* IX, 451–496; *ASD* IX, 5, pp. 41–157)
Eccles.	*Ecclesiastes siue de ratione concionandi* (*LB* V, 767–1100; *ASD* V, 4 [libri I, II], *ASD* V, 5 [libri III, IV])
Enarrat. in Ps.	*Enarrationes in Psalmos* (*LB* V, 171–556; *ASD* V, 2 [Ps. 1–4, 14 (= *De purit. tabernac.*), 22], V, 3 [Ps. 28 (= *Consult. de bell. turc.*), 33, 38, 83 (= *De sarc. eccles. concord.*), 85])
Enchir.	*Enchiridion militis christiani* (*LB* V, 1–66; Holborn, pp. 22–136; *ASD* V, 8, pp. 1–303)
Ex Enchir. notata quaedam	*Ex Enchiridio militis christiani notata quaedam* (*LB* IX, 699–702)
Encom. matrim.	*Encomium matrimonii* (*ASD* I, 5, pp. 385–416; = ‚Exemplum epistolae suasoriae', in *De conscr. ep.*: *LB* I, 414–424; *ASD* I, 2, pp. 400–429)
Encom. medic.	*Encomium medicinae* (*LB* I, 533–544; *ASD* I, 4, pp. 163–186)
Epist. ad fratr. Infer. Germ.	*Epistola ad fratres Inferioris Germaniae* (*LB* X, 1589–1632; *ASD* IX, 1, pp. 329–425)
Epist. apolog. adv. Stun.	*Epistola apologetica aduersus Stunicam* (*LB* IX, 391–400; *ASD* IX, 8, pp. 291–339; Ep. 2172)
Epist. c. pseudeuang.	*Epistola contra quosdam qui se falso iactant euangelicos* (*LB* X, 1573–1590; *ASD* IX, 1, pp. 283–309)
Epist. consolat.	*Epistola consolatoria in aduersis* (*LB* III/2, 1874–1879 = V, 609–614; *ASD* IV, 7, pp. 47–63)
Euripides	*Euripidis Hecuba et Iphigenia in Aulide* (*LB* I, 1129–1210; *ASD* I, 1, pp. 215–359)
Exomolog.	*Exomologesis siue modus confitendi* (*LB* V, 145–170; *ASD* V, 8, pp. 305–419)
Explan. symboli	*Explanatio symboli apostolorum siue catechismus* (*LB* V, 1133–1196; *ASD* V, 1, pp. 203–320)

Expost.	*Expostulatio Iesu cum homine* (*LB* V, 1319–1320; *ASD* I, 7, Carm. 43)
Galenus	*Galeni tractatus tres* (= *Galeni Exhortatio ad bonas arteis, De optimo docendi genere, Quod optimus medicus*; *LB* I, 1047–1064; *ASD* I, 1, pp. 637–669)
Gaza	*Theodori Gazae Thessalonicensis grammaticae institutionis libri duo* (*LB* I, 117–164)
Hyperasp.	*Hyperaspistes* (*LB* X, 1249–1536)
De imm. Dei misericord.	*De immensa Dei misericordia concio* (*LB* V, 557–588; *ASD* V, 7, pp. 1–97)
In elenchum Pii scholia	*In Elenchum Alberti Pii breuissima scholia*, added to *D. Erasmi Roterodami Dilutio eorum quae Judocus Clithoueus scripsit aduersus Declamationem suasoriam matrimonii* (Basel, 1532; *ASD* IX, 6, pp. 663–689)
Inst. christ. matrim.	*Institutio christiani matrimonii* (*LB* V, 613–724; *ASD* V, 6, pp. 57–252)
Inst. hom. christ.	*Institutum hominis christiani* (*LB* V, 1357–1359; *ASD* I, 7, Carm. 49)
Inst. princ. christ.	*Institutio principis christiani* (*LB* IV, 559–612; *ASD* IV, 1, pp. 133–219)
De interdicto esu carn.	*Epistola de interdicto esu carnium* (*LB* IX, 1197–1214; *ASD* IX, 1, pp. 19–50)
In Nat. Bed. cens. elench.	*In Natalis Bedae censuras elenchus* (*LB* IX, 495–514; *ASD* IX, 5, pp. 159–208)
Isocrates	*Isocratis ad Nicoclem regem De institutione principis* (*LB* IV, 611–616; *ASD* IV, 7, pp. 21–46)
Iudic. de apolog. P. Cursii	*Iudicium de apologia Petri Cursii* (Allen XI, pp. XXIII–XXIV; *ASD* IX, 10, pp. 129–131)
Iul. exclus.	*Iulius exclusus e coelis* (Ferguson, pp. 65–124; *ASD* I, 8, pp. 1–297)
De lib. arbitr.	*De libero arbitrio diatribe* (*LB* IX, 1215–1248)
Liban. declam.	*Libanii aliquot declamatiunculae* (*LB* I, 547–556; *ASD* I, 1, pp. 181–192)
Lingua	*Lingua* (*LB* IV, 657–754; *ASD* IV, 1A)
Liturg. Virg. Lauret.	*Virginis matris apud Lauretum cultae liturgia* (*LB* V, 1327–1336; *ASD* V, 1, pp. 95–109)
Loca	*Loca quaedam in aliquot Erasmi lucubrationibus per ipsum emendata, in Apologia aduersus monachos quosdam hispanos*, Basel, June 1529, pp. 226–253.
Lucianus	*Luciani dialogi aliquot* (*LB* I, 183–340; *ASD* I, 1, pp. 381–627)
Manifesta mendacia	*Manifesta mendacia* (*ASD* IX, 4, pp. 338–355)
Mod. orandi Deum	*Modus orandi Deum* (*LB* V, 1099–1132; *ASD* V, 1, pp. 121–176)
Moria	*Moriae encomium* (*LB* IV, 381–504; *ASD* IV, 3)

Nov. Instr.	*Nouum Instrumentum*
Nov. Test.	*Nouum Testamentum*
	(*LB* VI; *ASD* VI, 2 [Ioh.–Act.]; *ASD* VI, 3 [Rom.–2. Thess.]; *ASD* VI, 4 [1. Tim.–Ap. Ioh.])
Obsecratio	*Obsecratio siue oratio ad Virginem Mariam in rebus aduersis*
	(*LB* V, 1233–1240)
Orat. de pace	*Oratio de pace et discordia*
	(*LB* VIII, 545–552; *ASD* IV, 7, pp. 155–162)
Orat. de virt.	*Oratio de virtute amplectenda*
	(*LB* V, 65–72)
Orat. funebr. Bert. de Heyen	*Oratio funebris Bertae de Heyen*
	(*LB* VIII, 551–560; *ASD* IV, 7, pp. 163–178)
Paean Virg.	*Paean Virgini Matri dicendus*
	(*LB* V, 1227–1234)
Panegyr. ad Philipp.	*Panegyricus ad Philippum Austriae ducem*
	(*LB* IV, 505–550; *ASD* IV, 1, pp. 23–93)
Parab.	*Parabolae siue similia*
	(*LB* I, 557–624; *ASD* I, 5, pp. 87–332)
Paracl.	*Paraclesis*
	(*LB* V, 137–144 = VI, f° *3r°–*4v°; *ASD* V, 7, pp. 279–298)
Paraphr. in Eleg. Laur. Vallae	*Paraphrasis in Elegantias Laurentii Vallae*
	(*LB* I, 1065–1126; *ASD* I, 4, pp. 207–332)
Paraphr. in NT	*Paraphrasis in Nouum Testamentum*
	(*LB* VII; *ASD* VII, 2: Lc.; *ASD* VII, 3A: Ioh.; *ASD* VII, 5: Eph.–Phm.; *ASD* VII, 6: Hebr.–3. Ioh.)
Passio Macc.	*Passio Maccabeorum*
Peregrin. apost.	*Peregrinatio apostolorum Petri et Pauli*
	(*LB* VI, 425–432 = VII, 653–659)
Ex Plut. versa	*Ex Plutarcho versa*
	(*LB* IV, 1–84; *ASD*, IV, 2, pp. 119–322)
De praep. ad mort.	*De praeparatione ad mortem*
	(*LB* V, 1293–1318; *ASD* V, 1, pp. 337–392)
Precat. ad Iesum	*Precatio ad Virginis filium Iesum*
	(*LB* V, 1210–1216)
Precat. dominica	*Precatio dominica*
	(*LB* V, 1217–1228)
Precat. nov.	*Precationes aliquot nouae*
	(*LB* V, 1197–1210)
Precat. pro pace eccles.	*Precatio ad Iesum pro pace ecclesiae*
	(*LB* IV, 653–656 = V, 1215–1218)
Prologus supp. error. Bedae	*Prologus in supputationem calumniarum Natalis Bedae*
	(*LB* IX, 441–450; *ASD* IX, 5, pp. 17–40)
De pronunt.	*De recta latini graecique sermonis pronuntiatione*
	(*LB* I, 909–968; *ASD* I, 4, pp. 11–103)
De pueris	*De pueris statim ac liberaliter instituendis*
	(*LB* I, 485–516; *ASD* I, 2, pp. 21–78)
Purgat. adv. ep. Luth.	*Purgatio aduersus epistolam non sobriam Lutheri*
	(*LB* X, 1537–1558; *ASD* IX, 1, pp. 443–483)
De purit. tabernac.	*De puritate tabernaculi*
	(*LB* V, 291–312; *ASD* V, 2, pp. 285–317)

Querela	*Querela pacis* (*LB* IV, 625–642; *ASD* IV, 2, pp. 59–100)
De rat. stud.	*De ratione studii* (*LB* I, 517–530; *ASD* I, 2, pp. 111–151)
Rat. ver. theol.	*Ratio verae theologiae* (*LB* V, 73–138; Holborn, pp. 175–305)
Resp. ad annot. Ed. Lei	*Responsio ad annotationes Eduardi Lei* (*LB* IX, 123–284; *ASD* IX, 4, pp. 75–335)
Resp. ad collat. iuv. geront.	*Responsio ad collationes cuiusdam iuuenis gerontodidascali* (*LB* IX, 967–1016)
Resp. ad disp. Phimost.	*Responsio ad disputationem cuiusdam Phimostomi de diuortio* (*LB* IX, 955–968; *ASD* IX, 4, pp. 375–398)
Resp. ad ep. Alb. Pii	*Responsio ad epistolam paraeneticam Alberti Pii* (*LB* IX, 1093–1122; *ASD* IX, 6, pp. 75–235)
Resp. ad not. Bed.	*Responsio ad notulas Bedaicas* (*LB* IX, 701–720; *ASD* IX, 5, pp. 589–638)
Resp. ad P. Cursii defens.	*Responsio ad Petri Cursii defensionem* (*LB* X, 1747–1758; Ep. 3032; *ASD* IX, 10, pp. 133–147)
Resp. adv. febricit. lib.	*Responsio aduersus febricitantis cuiusdam libellum* (*LB* X, 1673–1684)
De sarc. eccles. concord.	*De sarcienda ecclesiae concordia* (*LB* V, 469–506; *ASD* V, 3, pp. 257–313)
Scholia	*In epistolam de delectu ciborum scholia* (*ASD* IX, 1, pp. 65–89)
Spongia	*Spongia aduersus aspergines Hutteni* (*LB* X, 1631–1672; *ASD* IX, 1, pp. 117–210)
Supputat. error. N. Bedae	*Supputationes errorum in censuris Natalis Bedae* (*LB* IX, 441–720; *ASD* IX, 5, pp. 209–587)
Vidua christ.	*Vidua christiana* (*LB* V, 723–766; *ASD* V, 6, pp. 263–332)
Virg. et mart. comp.	*Virginis et martyris comparatio* (*LB* V, 589–600; *ASD* V, 7, pp. 99–155)
Vita Chrys.	*Vita Chrysostomi* (*LB* III, 2, 1332–1347)
Vita Hier.	*Vita diui Hieronymi Stridonensis* (Ferguson, pp. 134–190)
Vita Orig.	*Vita Origenis* (*LB* VIII, 425–440)
Xenophon	*Xenophontis rhetoris Hieron* (*LB* IV, 643–654; *ASD* IV, 7, pp. 179–208)

D. Andere Werke

Aemilius Probus *ed. Bade 1514*	*vid*. Nep. ed. Bade 1514
Allen	Desiderius Erasmus, *Opus epistolarum*. Denuo recognitum et auctum per P.S. Allen, ed. H.M. Allen and H.W. Garrod. Oxford, 1906–1958. 12 Bde.
Anacharsis Frgm. Kindstrand	J.F. Kindstrand, *Anacharsis. The Legend and The Apophthegmata*. Uppsala, 1981.
Antisthenes Frgm. Giannantoni	Giannantoni *SSR* V A.
Antisthenes Frgm. Prince	S. Prince, *Antisthenes of Athens. Texts, Translations and Commentary*. University of Michigan Press, 2015.
Apost.	Apostolius. In: E.L. Leutsch – F.H. Schneidewin, *Corpus paroemiographorum Graecorum*. Göttingen, 1839–1851. 2 Bde., Bd. II, S. 379–744.
Aristoteles Frgm. Searby	D.M. Searby, *Aristotle and the Greek Gnomological Tradition*. Uppsala, 1998.
Arsen., *Violet.*	Arsenius, *Violetum*, ed. C. Walz. Stuttgart, 1932.
ASD	Desiderius Erasmus, *Opera omnia*. Amsterdam, 1969–.
Athen.	Athenaeus, *The Deipnosophists, Books I–III. 106E* (Loeb, Bd. I [1999]), transl. by Ch.B. Gulick; *Books III. 106E–V* (Loeb, Bd. II [2002]), transl. by Ch.B. Gulick; *Books VI–VII* (Loeb, Bd. III [2008]), transl. by S. Douglas Olson; *Books VIII–X* (Loeb, Bd. IV [1996]), transl. by Ch.B. Gulick; *Books XI–XII* (Loeb, Bd. V [1995]), transl. by Ch.B. Gulick; *Books XIII–XIV* (Loeb, Bd. VI [1999]), transl. by Ch.B. Gulick.
Athen. *ed. Ald.*	Athenaeus, *Deipnosophistes* […]. Venedig, Aldus Manutius, 1514.
Aurelius Victor *ed. Er. 1518*	*Ex Recognitione Desiderii Erasmi Roterodami: C. Suetonius Tranquillus. Dion Cassius Nicaeus. Aelius Spartianus […]. Quibus adiuncti sunt Sextus Aurelius Victor. Eutropius. Paulus Diaconus. Ammianus Marcellinus. Pomponius Laetus. Ioannes Baptista Egnatius Venetus* […]. Basel, Johann Froben, 1518.
Aurelius Victor *ed. Er. 1533*	*Omnia quam antehac emendatiora. Annotationes Desiderii Erasmi et Egnatii dignae. C. Suetonius Tranquillus. Dion Cassius Nicaeus. Aelius Spartianus […] Herodianus Politiano interprete. Sextus Aurelius Victor. Pomponius Laetus* […]. Basel, Officina Frobeniana, 1533.
Bion Frgm. Kindstrand	J.F. Kindstrand, *Bion of Borysthenes. A Collection of the Fragments with Introduction and Commentary*. Uppsala, 1976.
Brusoni	*L. Domitii Brusonii Contursini Lucani Facetiarum exemplorumque libri VII*. Rom, 1518.
CAF	*Comicorum Atticorum fragmenta*, ed. Th. Kock. Leipzig, 1880–1888. 3 Bde.
Caec. Balb.	Caecilius Balbus, *De nugis philosophorum*, ed. E. Woelfflin. Basel, 1855.
CE	*Contemporaries of Erasmus. A biographical register of the Renaissance and Reformation*. Ed. by P.G. Bietenholz and Th.B. Deutscher. Toronto, 1985–1987. 3 Bde.
CSEL	*Corpus scriptorum ecclesiasticorum Latinorum*. Wien, 1866–.

CWE	*Collected Works of Erasmus*
CWE 37	*Apophthegmata*, translated and annotated by Betty I. Knott and Elaine Fantham, edited by Betty I. Knott. Toronto, 2014. Bd. 1.
CWE 38	*Apophthegmata*, translated and annotated by Betty I. Knott and Elaine Fantham, edited by Betty I. Knott. Toronto, 2014. Bd. 2.
Demetrius Phal. Fragm. Wehrli	Wehrli, *SA*, Bd. IV.
Diels *FdV*	*Die Fragmente der Vorsokratiker. Griechisch und Deutsch von H. Diels. Herausgegeben von W. Kranz.* Bd. 1. Mit Nachtrag von W. Kranz. Unver. Neuaufl. Hildesheim, 2004 (= 6. Aufl. 1951); Bd. 2. Mit Nachtrag von W. Kranz. Unver. Neuaufl. ebd. 2005 (= 6. Aufl. 1952); Bd. 3. Wortindex von W. Kranz, Namen- und Stellenregister von H. Diels, ergänzt von W. Kranz. Unveränderte Neuaufl. ebd. 2005 (= 6. Aufl. 1952).
DNG	*Der neue Georges. Ausführliches Lateinisch-deutsches Handwörterbuch* […]. Herausgegeben von Th. Baier, bearbeitet von T. Dänzer. Auf Grundlage der 8., verbesserten und vermehrten Auflage von Heinrich Georges, Hannover-Leipzig 1913, neu bearbeitet 2013. Darmstadt, 2013. 2 Bde.
DNP	*Der neue Pauly. Enzyklopädie der Antike.* Stuttgart 1996–2003. 16 Bde.
Diog. Laert. *ed. Curio*	Diogenes Laertius, *De vita ac moribus philosophorum libri decem, nuper ad vetusti Graeci codicis fidem accuratissime castigati* […]. Basel, Valentin Curio, 1524.
Diog. Laert. *ed. Frob.*	*Diogenis Laertii De vitis, decretis, et responsis celebrium philosophorum libri decem*, Basel, Hieronymus Froben und Nicolaus Episcopius, 1533 (Ausgabe des griechischen Textes).
Diog. Laert. ed. Marcovich	Diogenes Laertius, *Vitae philosophorum*, ed. Miroslav Marcovich. Stuttgart-Leipzig, 1999. 2 Bde.
Diog. Laert. Traversari *ed. Paris. 1509*	Diogenes Laertius, *De philosophorum vita decem perquam fecundi libri ad bene beateque vivendorum commotivi.* Paris, Jean Petit, 1509.
Diog. Laert. Traversari *ed. Ven. 1490*	Diogenes Laertius, *Vitae et sententiae philosophorum.* Venedig, [B. Locatelli für] Ottavio Scoto, 1490.
Diogen.	Diogenianus. In: E.L. Leutsch – F.H. Schneidewin, *Corpus paroemiographorum Graecorum.* Göttingen, 1839–1851. 2 Bde., Bd. II, S. 1–52.
ed. Ald.	editio Aldina
ed. Paris.	editio Parisina
ed. Ven.	editio Veneta
Ep.	Desiderius Erasmus, *Opus epistolarum*. Denuo recognitum et auctum per P.S. Allen. Oxford, 1906–1958. 12 Bde.
Epictetus Frgm.	H. Schenkl, *Die epiktetischen Fragmente*, in: *Sitzungsberichte der philosophisch-historischen Classe der K. u. K. Akademie der Wissenschaften* 115 (1888), S. 443–546.
err.	errata, erratis
Favorinus Frgm. Mensching	E. Mensching (Hrsg.), *Favorin von Arelate: Der erste Teil der Fragmente. Memorabilien und Omnigena historia.* Berlin, 1963.

Filelfo	Francesco Filelfo, *Plutarchi Cheronensis apophthegmata ad Traianum Caesarem*, in: idem, *Orationes*. [Mailand], [Leonard Pachel und Ulrich Scinzenzeler] [1483/4], fol. ⟨k iii⟩ᵛ – (1. latein. Übersetzung von Plut. *Apophthegmata*).
FGH	F. Jacoby (Hrsg.), *Die Fragmente der griechischen Historiker*. Berlin, 1923–1930. Leiden 1940–1958. 14 Bde.
fl.	floruit
Georges	*Ausführliches Lateinisch-deutsches Handwörterbuch* […] ausgearbeitet von K.E. Georges. 11. Aufl. Hannover, 1962.
Georges D-L	*Ausführliches deutsch-lateinisches Handwörterbuch* […] ausgearbeitet von K.E. Georges. Siebente, sehr verbesserte und vermehrte Auflage, Leipzig, 1882. 2 Bde.
Giannantoni	*Socratis et Socraticorum Reliquiae*, coll. G. Giannantoni. Neapel, 1990. 4 Bde.
Gnom. Vat. Sternbach	*Gnomologium Vaticanum e Codice Vaticano Graeco 743*, ed. L. Sternbach. Berlin, 1963.
Hdt. Valla ed. Paris. 1510	*Herodoti Halicarnassei historiarum patris Musae Laurentio Valla interprete* […]. Paris, Josse Bade – Jean Petit, 1510.
Hist. Aug. ed. Egnat. 1516	*Ioannis Baptistae Egnatii de Caesaribus libri III a dictatore Caesare ad Constantium Palaeologum, hinc a Carolo Magno ad Maximilianum Caesarem. Eiusdam in Spartiani Lampridiique vitas et reliquorum annotationes. Nervae et Traiani atque Adriani principum vitae ex Dione, Georgio Merula interprete. Aelius Spartianus, Iulius Capitolinus, Lampridius, Flavius Vopiscus, Trebellius Pollio, Vulcatius Gallicanus ab eodem Egnatio castigati* […]. Venedig, Aldus Manutius, 1516.
Hist. Aug. ed. Er. 1518	*Ex Recognitione Desiderii Erasmi Roterodami: C. Suetonius Tranquillus. Dion Cassius Nicaeus. Aelius Spartianus. Iulius Capitolinus. Aelius Lampridius. Vulcatius Gallicanus. Trebellius Pollio. Flavius Vopiscus Syracusius. Quibus adiuncti sunt* […]. Basel, Johann Froben, 1518.
Hist. Aug. ed. Er. 1533	*Omnia quam antehac emendatiora. Annotationes Desiderii Erasmi et Egnatii dignae. C. Suetonius Tranquillus. Dion Cassius Nicaeus. Aelius Spartianus. Iulius Capitolinus. Aelius Lampridius. Vulcatius Gallicanus. Trebellius Pollio. Flavius Vopiscus. Herodianus Politiano interprete. Sextus Aurelius Victor. Pomponius Laetus* […]. Basel, Officina Frobeniana, 1533.
Hoven	R. Hoven, *Dictionary of Renaissance Latin from Prose Sources*. 2nd revised, and significantly expanded ed. Leiden 2006
Jürß	Diogenes Laertios, *Leben und Lehre der Philosophen*. Aus dem Griechischen übersetzt und herausgegeben von F. Jürß. Stuttgart, 1998.
Kennedy	J.W. Kennedy, *Antisthenes' Literary Fragments*, edited with introduction, translations and commentary. PhD University of Sidney, 2017.
Lang, *Novissima Polyanthea*	Joseph Lang, *Novissima Polyanthea* […]. Frankfurt a.M., Lazarus Zetzners Erben, 1617.
Leopardus, *Emendationes et miscellanea*	Paulus Leopardus, *Emendationum et miscellaneorum libri viginti, tomus primus libros decem continens*. Antwerpen, Christoph Plantin, 1568.

Lewis-Short	*A Latin Dictionary founded on Andrew's Edition of Freund's Latin Dictionary. Revised, Enlarged, and in Great Part Rewritten by. Ch. T. Lewis and Ch. Short*. Oxford, 1975 (1. Ausg. 1879).
Liddell-Scott-Jones	H.G. Liddell, R. Scott, H.S. Jones, *A Greek-English Lexicon*. Rev. and aug. Oxford, 1996.
Liv. ed. Erasmiana 1531	*Titi Livii … quicquid hactenus fuit aeditum …*, Basel, Officina Frobeniana 1531.
Luck, *WdH*	G. Luck (Hrsg.), *Die Weisheit der Hunde. Texte der antiken Kyniker in deutscher Übersetzung mit Erläuterungen*, Stuttgart 1997.
Lycosthenes	Conradus Lycosthenes, *Apophthegmatum ex optimis utriusque linguae scriptoribus per Conradum Lycosthenem Rubeaquensem collectorum LOCI communes, ad ordinem Alphabethicum redacti*. Lyon, Jean Frellon, 1556 (1130 SS.).
Macr. *ed. Ald. 1528*	Macrobius, *In Somnium Scipionis, ex Ciceronis VI De republica eruditissima explanatio. Eiusdem Saturnaliorum libri VI*. Censorinus, *De die natali*. Venedig, Aldus Manutius, 1528.
Maffei, *Commentaria*	Raffaele Maffei (Raphael Volaterranus), *Commentariorum rerum urbanarum li. XXXVIII*. Rom, Ioannes Besicken, 1506 (ed. pr.).
Max. Conf. *Loci comm.*	Maximus Confessor, *Loci communes*, Migne *PG* 91, Sp. 721–1018.
Migne *PG*	*Patrologia Graeca*, ed. J.P. Migne, Paris, 1857–1866, 162 vols.
Nep. *ed. Bade 1514*	Aemilius Probus, in: *Vitae Plutarchi Ceronei […]. Cum Aemilii Probi vitis*. Paris, Josse Bade – Jean Petit, 1514, fol. 398ʳ–413ᵛ.
Nickel *SuS*	*Stoa und Stoiker, Griechisch-Lateinisch-deutsch. Auswahl der Fragmente und Zeugnisse, Übersetzung und Erläuterung von R. Nickel*, Düsseldorf 2008.
Niermeyer	J.F. Niermeyer – C van de Kieft, *Mediae Latinitatis Lexicon minus […]*. Édition remaniée par […] J.W.J. Burgers. 2., überarbeitete Auflage, Leiden 2002. 2 Bde.
OLD	*Oxford Latin Dictionary*, ed. P.G.W. Glare. Oxford, 1982 (Nachdruck Oxford, 2006).
Otto	A. Otto, *Die Sprichwörter und sprichwörtlichen Redensarten der Römer*. Hildesheim – Zürich – New York, 1988 (2. Nachdruck der Ausg. Leipzig, 1890).
Passow	F. Passow, *Handwörterbuch der griechischen Sprache*. Neu bearbeitet und zeitgemäß umgestaltet von V.Ch.F. Rost und F. Palm. Darmstadt, 2004. 4 Bde. (unveränderter reprographischer Nachdruck der 5. Aufl., Leipzig, 1841).
Philostr. *ed. Ald.*	Philostratus, *Icones […] Vitae sophistarum*. Venedig, Aldus Manutius, 1503.
Plato Frgm. XX	K.-H. Stanzel, *Dicta Platonica. Die unter Platons Namen überlieferten Aussprüche*, Diss. Würzburg, Darmstadt 1987.
Plut., *De cohibenda ira*, Er.' eigene Übers.	*Plutarchi Chaeronei Libellus perquam elegans De non irascendo. Eiusdem De curiositate. Uterque Latinus Desiderio Erasmo Roterodamo interprete*, Basel, Johann Froben, 1525.
Plut., *De cupiditate diuitiarum*, Er.' eigene Übers.	*Opuscula Plutarchi nuper traducta Erasmo Roterodamo interprete*, Basel, Johann Froben, 1514, achter Traktat.

Plut., *De curiositate*, Er.' eigene Übers.	*Plutarchi Chaeronei Libellus perquam elegans De non irascendo. Eiusdem De curiositate. Uterque Latinus Des. Erasmo Rot. interprete*, Basel, Johann Froben, 1525.
Plut., *In principe requiri doctrinam*, Er.' eigene Übers.	*Opuscula Plutarchi nuper traducta Erasmo Roterodamo interprete*, Basel, Johann Froben, 1514, vierter Traktat
Plut., *Quomodo adulator ab amico internoscatur*, Er.' eigene Übers.	*Opuscula Plutarchi nuper traducta Erasmo Roterodamo interprete*, Basel, Johann Froben, 1514, erster Traktat, dort unter dem Titel *Quo pacto quis dignoscere possit adulatorem ab amico*
Plut., *De tuenda sanitate praecepta*, Er.' eigene Übers.	*Opuscula Plutarchi nuper traducta Erasmo Roterodamo interprete*, Basel, Johann Froben, 1514, dritter Traktat, dort unter dem Titel *De tuenda bona valetudine praecepta*
Plut., *De vitiosa verecundia*, Er.' eigene Übers.	*Plutarchus Chaeroneus, De vitiosa verecundia, Erasmo Roterodamo interprete*, Basel, Johann Froben, 1526.
Plut. *Mor. ed. Ald.*	*Plutarchi opuscula LXXXXII*. Venedig, Aldus Manutius, 1509.
Plut. *Mor. ed. Bade 1514*	*Plutarchi Cheronei Opuscula argutissima et ingeniosissima hac serie […]*. Paris, Jean Petit – Josse Bade, 1514 (*Politica; De virtute morum; De liberis educandis; De differentia odii et invidiae; De tranquillitate animi; De fortuna Romanorum; De virtute et fortuna Alexandri; Parallela; De claris mulieribus; Apophthegmata Regum et Imperatorum; Apophthegmata Laconica; An brutis insit ratio; Placita philosophorum; De musica; Problemata*).
Plut. *Mor. ed. Cratander 1530*	*Plutarchi Chaeronei philosophi historicique clarissimi Opuscula quae quidem extant omnia, undequaque collecta et diligentissime iampridem recognita […]*. Basel, Andreas Cratander, 1530.
Plut. *Mor.* Übersetzungen des Er. *ed. Froben 1514*	*Opuscula Plutarchi nuper traducta Erasmo Roterodamo interprete*. Basel, Johann Froben, 1514 (*Quo pacto quis dignoscere possit adulatorem ab amico; Quo pacto quis efficere possit ut capiat utilitatem ab inimico; De tuenda bona valetudine praecepta; In principe requiri doctrinam; Cum principibus maxime philosophum debere disputare; Utrum graviores sint animi morbi quam corporis; Num recte dictum sit […] Sic vive ut nemo te sentiat vixisse; De cupiditate divitiarum*).
Plut. *Vit. ed. Ald.*	*Plutarchi quae vocantur parallela hoc est vitae illustrium virorum […]*. Venedig, Aldus Manutius, 1519.
Plut. *Vit. ed. Bade 1514*	*Vitae Plutarchi Cheronei […]. Cum Aemilii Probi vitis*. Paris, Josse Bade – Jean Petit, 1514 (Sammlung der lateinischen Viten von diversen Übersetzern des 15. Jh.).
PPF	*Poetarum philosophorum fragmenta*, ed. H. Diels, Berlin 1901.
Quint. *ed. Campan. 1470*	M. Fabius Quintilianus, *Institutionum oratoriarum […]* ed. Ioannes Antonius Campanus. Rom, [Philippus de Lignamine], 1470.
Quint. *ed. Bas. 1529*	M. Fabius Quintilianus, *Institutionum oratoriarum libri XII, incredibili cum studio tum iudicio ad fidem vetustissimi exemplaris recens iam recogniti. Eiusdem Declamationum liber*, Basel, Ioannes Bebel, August 1529.
RAC	*Reallexikon für Antike und Christentum*. Stuttgart, 1950–.

Ramminger, *Neulateinische Wortliste*	J. Ramminger, *Neulateinische Wortliste. Ein Wörterbuch des Lateinischen von Petrarca bis 1700*, URL: www.neulatein.de/words/3/001999.htm
RE	Pauly-Wissowa-Kroll, *Real-Encyclopädie der classischen Alterthumswissenschaft*. Stuttgart 1894–1980. 84 Bde.
Regio	Raffaele Regio, *Plutarchi Regum et Imperatorum Apophthegmata Raphaele Regio interprete*. Venedig, Gregorius de Rusconibus, 1508 (= 2. latein. Übersetzung von Plut. *Apophthegmata*; auch in: *Plutarchi Cheronei Opuscula argutissima et ingeniosissima hac serie [...]*. Paris, Jean Petit – Josse Bade, 1514).
Roscher	W.H. Roscher (Hrsg.), *Ausführliches Lexikon der griechischen und römischen Mythologie*. Leipzig, 1884–1937. 10 Bde.
SA	*Die Schule des Aristoteles*, ed. F. Wehrli, Basel-Stuttgart, 1967–1978.
sec.	*secundum*
secut.	*secutus, secuti*
SSR	*Socratis et Socraticorum reliquiae*, coll. G. Giannantoni. Neapel, 1990. 4 Bde.
Stob.	Ioannes Stobaeus, *Anthologium. Eclogae* ed. C. Wachsmut – O. Hense. Berlin, 1884–1912 (Nachdruck Zürich 1964).
Stob. Meineke	*Ioannis Stobaei Florilegium*. Leipzig 1857.
Suet. *ed. Egnat. 1516*	*Suetonii Tranquilli Caesares. Sexti Aurelii Victoris a D. Caesare Augusto vsque ad Theodosium excerpta. Eutropii de gestis Romanorum libri X [...]*. Venedig, Aldus Manutius und Andreas Socerus, 1516.
Suet. *ed. Er. 1518*	*Ex Recognitione Desiderii Erasmi Roterodami: C. Suetonius Tranquillus. Dion Cassius Nicaeus. Aelius Spartianus. Iulius Capitolinus. Aelius Lampridius. Vulcatius Gallicanus. Trebellius Pollio. Flavius Vopiscus Syracusius. Quibus adiuncti sunt [...]*. Basel, Johann Froben, 1518.
Suet. *ed. Er. 1533*	*Omnia quam antehac emendatiora. Annotationes Desiderii Erasmi et Egnatii dignae. C. Suetonius Tranquillus. Dion Cassius Nicaeus. Aelius Spartianus. Iulius Capitolinus. Aelius Lampridius. Vulcatius Gallicanus. Trebellius Pollio. Flavius Vopiscus. Herodianus Politiano interprete. Sextus Aurelius Victor. Pomponius Laetus [...]*. Basel, Officina Frobeniana, 1533.
Suppl. Hell.	*Supplementum Hellenisticum*, ed. H. Lloyd-Jones – P. Parsons. Berlin, 1983.
SVF	*Stoicorum veterum fragmenta*, ed. H. von Arnim – A. Adler. 3 Bde., Leipzig, 1903–1924, Nachdruck Stuttgart, 1964.
text. recept.	*textus receptus*
TGF	*Tragicorum Graecorum Fragmenta* Bd. I, ed. B. Snell. Göttingen, 1971, 2. Aufl. 1986; Bd. II, ed. R. Kannicht – B. Snell. Göttingen, 1981; Bd. III, ed. S. Radt, ebd. 1985; Bd. IV, ed. S. Radt, ebd. 1977, 2. Aufl. 1999.
Theophrastus Frgm.	W.W. Fortenbaugh et alii, *Theophrastus of Eresus. Sources for his Life, Writings, Thought and Influence*. Leiden – New York – Köln, 1992.

Tziatzi-Papagianni *SSW*	M. Tziatzi-Papagianni, *Die Sprüche der sieben Weisen: zwei byzantinische Sammlungen; Einleitung, Text, Testimonien und Kommentar* (Beiträge zur Altertumskunde 51). Stuttgart, 1994.
Val. Max. *ed. Bade 1510*	Valerius Maximus cum duplici commentario [...]. Paris, Josse Bade und Jean Petit, 1510.
Vorsokratiker Mansfeld	*Die Vorsokratiker. Auswahl der Fragmente, Übersetzungen und Erläuterungen* von J. Mansfeld. Stuttgart, 1983, 2 Bde.
Walther	Walther, *Proverbia sententiaeque Latinitatis medii aevi. Lateinische Sprichwörter und Sentenzen des Mittelalters in alphabetischer Ordnung*, gesammelt u. hrsg. von H. Walther. Göttingen 1963–1969. 6 Bde.
Wehrli, *SA*	F. Wehrli, *Die Schule des Aristoteles. Texte und Kommentare*, hrsg. von F. Wehrli 10 Bde, 2. Aufl., Basel 1967–1969, Suppl. 1–2, ebd. 1974 und 1978.
Wiener Apophthegmensammlung	C. Wachsmuth, „Die Wiener Apophthegmensammlung", in: *Festschrift zur Begrüssung der in Karlsruhe vom 27.–30. Sept. 1882 tagenden 36. Philologenversammlung*. Freiburg-Tübingen, S. 1–36.
Xenocrates Frgm. Isnardi Parente	M. Isnardi Parente (Hrsg.), *Senocrate – Ermodoro: Frammenti*. Neapel, 1982.
Zenob.	Zenobius. In: E.L. Leutsch – F.H. Schneidewin, *Corpus paroemiographorum Graecorum*. Göttingen, 1839–1851. 2 Bde., Bd. I, S. 1–175.

KONKORDANZ DER *APOPHTHEGMATA V–VIII ASD – CWE*

ASD		CWE
V, 1–262		identisch
	jedoch sind V, 95 sowie 172B und C athetiert wiedergegeben: V, 95, da es nicht dem vermeintlichen Bruder des Ptolemaios I. Soter, sondern dem Philosophen Xenophanes von Kolophon zugehört. V, 172 enthält drei Apophthegmen, wobei 172B u. C nicht dem Staatsmann Aristides Iustus, sondern dem Sophisten Aristeides zugehören (*CWE* V, 95 = *ASD* VII, 367B; *CWE* 172, Sprüche 2 und 3 = *ASD* VIII, 40A und 40B)	
V, 110B–C	Antigonos Gonatas, in *ASD* IV, 4 und *CWE* in der Sektion des Antigonos Monophthalmos gedruckt	IV, 123–124
V, 263–474		identisch
	jedoch sind *CWE* V, 304–305 athetiert wiedergegeben, weil sie nicht in die Sektion des Scipio Africanus d.Ä., sondern in jene Scipios d.J. gehören; ebenso *CWE* V, 377 und 380, weil sie nicht in die Sektion Catos d.Ä., sondern in jene des Cato Uticensis gehören	
V, 384B	Cato Uticensis	V, 377
V, 386B	Cato Uticensis	V, 380
V, 411B	Scipio Africanus d.J. (Aemilianus)	V, 305
V, 415B	Scipio Africanus d.J. (Aemilianus)	V, 304
VI, 1–110		identisch
VI, 111		VI, 112
VI, 112		VI, 111
VI, 113–122		VI, 114–123
VI, 123		VI, 113
VI, 124–284		identisch
–	von Er. nach unten versetzt (*ASD* VI, 438); darf daher an dieser Stelle nicht gedruckt werden; von *CWE* zweimal gedruckt, sowohl als VI, 285 als auch als VI, 441	VI, 285
VI, 285–416		*ASD* plus 1
–	von Er. in C ins siebente Buch versetzt (*ASD* VII, 378); darf daher an dieser Stelle nicht gedruckt werden	VI, 419
VI, 417–429		*ASD* plus 2
VI, 430	ein einziges Apophthegma, in *CWE* jedoch als zwei Apophthegmata wiedergegeben	VI, 432–433
VI, 430–496		*ASD* plus 3
–	von Er. ins siebente Buch versetzt (= *ASD* VII, 379), darf daher an dieser Stelle nicht gedruckt werden	VI, 500

ASD		CWE
VI, 497–531		ASD plus 4
VI, 531 u. 532	CWE V, 535 enthält zwei separate Apophthegmata	V, 235
VI, 532–570		ASD plus 3
VI, 570–571	CWE VI, 573 enthält zwei separate Apophthegmata, die von zwei verschiedenen Spruchspenderinnen stammen (Lais, Leontium); in C Absatztrennung korrekt, jedoch Fehler in der Zählung	VI, 573
VI, 570	(Lais)	VI, 573
VI, 571	(Leontium)	VI, 573
VI, 572–594		ASD plus 2
VII, 1–126		identisch
VII, 127	CWE VII, 127 enthält zwei separate Apophthegmata mit verschiedenen Titeln	VII, 127
VII, 128	wie Anmerkung zu VII, 127	VII, 127
VII, 129–236		ASD minus 1
VII, 236	CWE V, 235 enthält zwei separate Apophthegmata	VII, 235
VII, 237		VII, 235
VII, 238–250		ASD minus 2
–	CWE VII, 249 wird an dieser Stelle athetiert, weil es nicht in die Sektion des Aristoteles, sondern in jene des Aristo Chius gehört	VII, 249
VII, 251–381		ASD minus 1
VII, 330A–B	gehören Zenon Citteus zu, nicht Zeno, dem Eleaten	VII, 381–382
VII, 330C	(Aristo Chius, 1)	VII, 249
VII, 367B	Xenophanes Colophonius	V, 95
–	CWE VII, 381–382 athetiert, weil sie nicht in die Sektion des Zenon von Elea, sondern des Zenon von Kition gehören; in ASD in dessen Sektion gedruckt als VII, 330A und B	VII, 381–382
VII, 382–394		ASD plus 1
VIII, 1–36		identisch
VIII, 37A		VIII, 37
VIII, 37B		VIII, 39
VIII, 38		identisch
VIII, 39		VIII, 40
VIII, 40A u. B	(Aristides Sophista) Einschub zweier zusätzlicher Apophthegmen in B, wo sie irrtümlich Aristides Iustus zugeordnet und einem Spruch des Iustus angehängt wurden, sodass CWE V, 172 drei separate Apophthegmen von zwei verschiedenen Spruchspendern enthält	V, 172
VIII, 41	CWE 41 enthält zwei separate Apophthegmen	VIII, 41
VIII, 42	wie Anmerkung zu VIII, 41	VIII, 41
VIII, 43–105		ASD minus 1

ASD		CWE
VIII, 106	*B*, irrige Transposition in *C* (S. 340)	IV, 131
VIII, 107–201		*ASD* minus 2
VIII, 200	*CWE* VIII, 198 enthält zwei separate Apophthegmen	VIII, 198
VIII, 201	wie Anmerkung zu VIII, 200	VIII, 198
VIII, 201–218		*ASD* minus 3
VIII, 219	(Themistocles) *CWE* VIII, 216 enthält zwei separate Apophthegmen von zwei verschiedenen Spruchspendern (Themistocles; Lepitines)	VIII, 216
VIII, 220	(Lepitines) wie Anmerkung zu VIII, 219	VIII, 216
VIII, 221–227		*ASD* minus 4
VIII, 227	*CWE* 223 enthält zwei separate Apophthegmen; das zweite ist ein Zusatz von C, der dort inkorrekt eingepflegt worden war	VIII, 223
VIII, 228	wie Anmerkung zu VIII, 227	VIII, 223
VIII, 229–289		*ASD* minus 5
VIII, 289	in *CWE* VIII, 284–285 wurde ein zusammengehöriges Lemma als zwei separate Apophthegmen präsentiert	VIII, 284–285
VIII, 290–323		*ASD* minus 4

INDEX DER TITEL (*INDEX SENTENTIARVM*)
DER *APOPHTHEGMATA* V–VIII

A carmine Homeri   VI, 507
A mendacio manifesto   VI, 241
A nomine   VI, 462, 470, 560
Ab altero petitum, alteri datum   V, 87
Ab ambiguo   VI, 440
Ab imitatione personae   VI, 358
Ab impossibili   VI, 366
Ab inexpectato   VI, 232, 246, 363, 435, 436, 449, 553, 559, 566, 580
Abstinentia   V, 171
Abstinentia ducis   V, 350
Absurda   VIII, 240
Absurde   VIII, 269
Accurate potius quam saepe   VIII, 140
Acriter   VII, 116
Acute   VIII, 185
Ad speculum   VII, 303
Adde pusillum pusillo   VII, 329
Admonitio ciuilis   VII, 299, 302
Admonitio commoda   VIII, 2
Admonitio facilis   VII, 9
Admonitio retorta   VIII, 52
Admonitio sera   V, 374
Adulans libertas   VI, 313 VIII, 232
Adulanter   VII, 379
Adulatio   VII, 38, 51, 279; VIII, 63, 206, 248, 290
Adulatio tecta   VIII, 250
Adulatio vtilis   VIII, 249
Adulterium   VI, 270; VII, 50
Adulterium in regis filio   V, 56
Aemulatio   VII, 220
Aenigmata   VII, 3A–F
Aequalitas   V, 154, VI, 323
Aequitas   V, 166
Affabilitas   V, 23, 24; VI, 96, 324
Affectata oratio   VII, 168
Affectatio   VI, 582; VIII, 253
Affectus priuati   V, 144
Agamemnone maior   V, 247
Agere, satagere   VI, 229
Agri modus   V, 263
Agricultura militaris   V, 45
ἄκαπνα   VII, 114
Albus asinus   VI, 185

Aliena a causa   VI, 235
Aliena curare   V, 180
Alius alio praestat   VI, 452
Amator blandus   VI, 578
Ambigue   VIII, 287
Ambigue dictum   VI, 47
Ambiguus morsus   VIII, 272
Ambitio   V, 397; VI, 54
Ambitio principum   VIII, 303
Amice   VI, 305
Amici   V, 401
Amicitia   VII, 14, 176
Amicitia principum   VII, 25
Amicitiae fiducia   VI, 372, 373
Amicitiae regum   V, 113
Amico fido nihil preciosius   V, 6
Amicorum communia omnia   VIII, 58
Amicorum fides   V, 71
Amicus   VII, 239, 314
Amicus in aduersis   VII, 263
Amicus insignis   VII, 118
Amicus rara res   VII, 248
Amor   V, 367 VII, 89
Amor gloriae   VI, 281
Amor insanus   V, 34
Amor ob malum   V, 192
Amor verus   VII, 310
Amoris remedia   VII, 268
Anathemata   V, 75
Animi bona   VI, 97, 541
Animi cultus   VII, 15
Animose   V, 21, 181, 257, 314, 396, 433, 437, 446; VI, 174, 287, 301, 584, 585; VII, 125, 174, 256; VIII, 84, 85
Animus aegrotus   VIII, 4
Animus inexpugnabilis   V, 266
Animus praesens   V, 297
Ante mortem nemo beatus   VII, 22
Antuuerpia   VI, 467
Applausus   VI, 450
Apte   VI, 228; VIII, 323
Apte retortum   V, 90
Aqua pro vino   VI, 131
Aquila in nubibus   V, 125
Arcana nulli committenda   VII, 17

INDEX DER TITEL (*INDEX SENTENTIARVM*) DER *APOPHTHEGMATA* V–VIII 675

Ardelio   VI, 255
Argute   V, 349, 423; VI, 26, 506; VII, 4, 75, 131; VIII, 26, 45, 93, 243, 321
Argute infeliciter   VII, 134
Argutia muliebris   VII, 292
Argutiae sophisticae   VII, 146
Arma indiga viri   V, 240
Arma non audiunt leges   V, 430
Armata timiditas   V, 148
Armatura virtus   VII, 91
Arrogantia   VIII, 268, 281
Arrogantia felix   VI, 294
Ars alit vbique   VI, 40
Ars conuiuii   V, 319
Ars imbellis   V, 120
Arte retortum conuitium   VI, 427
Arte tractata plebs   VI, 377
Artes inutiles   VIII, 218
Artes regiae   V, 47; VIII, 204
Artis exercitatio   VI, 525
Asini umbra   VIII, 144
Assuescendum optimis   VI, 267
Assuescere malis   VII, 154
Assuetudo   VI, 19; VIII, 19
Athletae insani   VII, 108
Attentio   VII, 308, 340
Auare   VI, 77, 80
Auaritia delusa   V, 8
Auaritia in principe   VI, 72
Auarus   VII, 207, 208
Audacter   VIII, 146
Auri contemptus   VI, 320
Auro bene vti   V, 66
Auro pugnare   VI, 277
Aurum in templis   VI, 145
Aurum spretum   V, 264
Aut vincere aut mori   V, 472
Autoritas   V, 170, 183, 388; VI, 125
Autoritas personae   VI, 361
Auxilia mutua   VIII, 68

Balneum sordidum   VI, 464
Banausi magistratus   VII, 141
Barba non facit philosophum   VIII, 259
Barbarice   VI, 370
Barbaries   VI, 447; VII, 121
Barbati medici   V, 74
Belli studium   V, 35
Benefacta pro liberis   V, 249
Beneficentia conciliat amicos   VIII, 125
Beneficii obliuio   VII, 228

Benigne   VI, 148, 519
Benignitas   VI, 85; VII, 245; VIII, 59
Benignitas in hostes   V, 133
Benignitas in quosuis   VII, 224
Benigniter   V, 253
Bibit et fugit   VI, 428
Bona animi   VII, 59
Bona fama   VI, 590
Bona praecipua   VIII, 238
Bonorum paucitas   VI, 273
Bos ad praesaepe   VI, 483
Bos lyrae   VI, 484
Breuiloquentia   VII, 169, 288; VIII, 14
Breuiloquium   VI, 14
Breuis aevi   VI, 108
Breuis potestas   VI, 199

Caeci percontatio   VII, 241
Caesar innocens   VI, 87
Caesaris affabilitas   VI, 84
Calceus qua torqueat   V, 323
Callide   V, 432, 454; VI, 386, 576
Calumnia ex calumnia   VII, 222
Calumniae cicatrix   VIII, 215
Capere fugiendo   VII, 387
Captatio   VII, 230, 231
Care *vid.* Chare
Carpendi morbus   VII, 304
Carptores alienae famae   V, 51
Caste   V, 3, 52; VIII, 153
Catonis testimonium   V, 402
Caute   VIII, 294
Caute scribendum   VIII, 310
Cautio   V, 205
Cautio aduersus omnia   V, 196
Cautio tuta   VI, 543
Celeritas inepta   VI, 522
Certamen argentarium   VI, 562
Certare cum rege   VI, 476
Chare   VI, 142
Cibus   VIII, 21
Citharoedi mali   VI, 448
Citharoedus malus   VI, 456, 482
Cito nata non durant   VI, 528
Ciuilis ultio   VI, 6
Ciuilitas prudens   V, 215
Ciuiliter   V, 89, 182, 213, 214, 393; VI, 10; VII, 251; VIII, 10, 148, 198, 251
Ciuitas lupanar   VI, 465
Ciuium charitas   VIII, 302
Clamosi   VIII, 142

Claudi salaces   VIII, 211
Claudicatio honesta   VI, 207
Clemens victor   V, 309
Clementer   V, 18, 303, 471; VI, 32, 119, 150, 175, 279, 321; VII, 30; VIII, 127, 132, 133, 305
Clementia   VI, 95; VIII, 255
Clodicare   VI, 208
Coacta   VIII, 252
Cognatio virtutis   VII, 94
Colossi fragmenta   VIII, 42
Commiseratio in malis   VI, 554
Commode dicere   VII, 162
Comitas in pollicendo   VIII, 313
Comitas in principe   VIII, 124
Comitas in venatu   V, 17
Comitas sermonis   VIII, 312
Compilari, venire   VI, 350
Concordia   VI, 413; VII, 58; VIII, 13
Concordia fratrum   V, 43
Confessio per ironiam   VI, 236
Confidenter   VIII, 318
Coniugii molestiae   VIII, 213
Coniugium   VII, 44, 87, 191
Coniugium par   VII, 34
Coniugium tranquillum   VIII, 295
Coniunctae vires   V, 150
Consiliarius   VI, 254
Consilium multorum   VI, 118
Consilium optimum   V, 357
Consilium prudens   V, 129
Constanter   VI, 146; VIII, 126
Constantia   VIII, 134
Consuetudo   VII, 97
Consul ridiculus   V, 385
Consulatus maiestas   V, 277
Contatio   V, 273
Continentia   VII, 111, 298; VIII, 64
Contumeliose   VI, 226
Conuenae   VI, 461
Conuicia anicularum   VI, 15
Conuicium mutatum in peius   VI, 215
Conuicium retortum   V, 234; VIII, 3
Conuitia contempta   V, 270
Conuiua ultroneus   VI, 564
Conuiuia pudica   V, 468
Corpus hominis vmbra   VIII, 173
Correctio   VII, 203, 326, 347; VIII, 95
Correctum in peius   VI, 346
Corruptela   VI, 157
Corruptela munerum   V, 137
Crassa iudicia   VIII, 222

Crassa veritas   VI, 265
Crimen retortum   VI, 328
Crudelitas tecta   VI, 9
Crudeliter   VI, 10, 11, 20, 35, 295; VIII, 128
Crudeliter et impie   VI, 19
Cultus Augustarum   VI, 160
Cum diis   VI, 479
Cura militis   V, 436
Curare friuola   V, 373
Curatio morbo grauior   V, 427
Curiositas   VI, 105, 269; VII, 179, 266
Cynice   VII, 137; VIII, 258

Damnata integritas   V, 168
De arte artifex   VI, 521
De re rustica   V, 379A–Q
Debere et mentiri   VIII, 242
Decorum   VI, 434, 451
Decorum personae   VI, 314
Dediscere mala   VII, 65, 70
Deformis ingeniosus   VI, 242
Degenerare   VII, 149
Degeneratio   VIII, 120
Degeneres   V, 219
Dei consilia arcana   V, 395
Delicatus reus   VI, 210
Deliciae   V, 10; VII, 71
Delitiae emolliunt   V, 2
Delitiae versae in amarorem   VI, 51
Deo debetur gratia   VI, 414
Deprauatio nominis   VI, 473
Deprauatum   VI, 221
Destitutus vndique   VI, 49
Deus insepultus   VIII, 183
Deus omniscius   VII, 6
Dexteritas   VI, 86
Dextre   VI, 183
Dialectica   VII, 350; VIII, 103
Dictum retortum   VII, 139
Diffidentia   V, 189; VI, 339
Dignitas   VI, 161
Dignitas industria parta   V, 82
Dii miseri   VI, 517
Dii Vis et Suasio   V, 158
Discendi auiditas   VII, 324, 325, 331
Disciplina militaris   V, 317, 413; VIII, 121
Dissimulanter   VI, 233
Dissimulatio   VI, 240
Diues indoctus   VIII, 111, 202
Diuinatio   VI, 369, 336; VII, 377; VIII, 273
Diuinatio vana   VIII, 239

INDEX DER TITEL (INDEX SENTENTIARVM) DER APOPHTHEGMATA V–VIII

Diuitiae   VI, 399; VII, 28, 195
Diuitiae immodicae   V, 458
Diuitiarum contemptus   VIII, 231
Diuorum cultus   VII, 391
Docilitas   VII, 43, 175, 189
Doctrina quibus paretur   VII, 232
Dolus dolum vincit   V, 283
Domini praesentia   VI, 263
Dos regnum   VI, 117
Duces praecipua victoriae spes   V, 244
Ducis peritia   V, 207
Ducum prudentia   VIII, 60
Dure   VI, 133
Dux aliorum seruator   V, 256
Dux bonus   V, 200
Dux egregius   V, 209, 265
Dux omnia facit   V, 418
Dux vsu rerum callidus   V, 318

E linea iudicare   VI, 527
Ebrietas   VII, 31
Ebrietas loquax   VI, 30
Ebrietati condonatur   V, 63
Electio magistratuum   VII, 68
Eloquentia victrix   V, 202
Eloquentiae certamen   VI, 388
Eloquentiae vis   V, 124
Empta   VI, 486
Error meritis condonatus   V, 274
Eruditio   VII, 235, 237; VIII, 293, 304
Eruditio studio venalis   VII, 290
Ex absurdo   VI, 238
Ex aliis exemplum   VII, 105
Ex ambiguo   VI, 237, 490, 512, 568, 569
Ex ambiguo tecte   VI, 431
Ex iisdem verbis retortum   VI, 364
Ex inuersione   VI, 501
Ex mutata litera   VI, 477
Ex nomine   VI, 503
Ex nomine iocus   VI, 330
Ex verbis aliter exceptis   VI, 355
Ex vocum affinitate   VI, 453
Exacta iudicia   VIII, 315
Exactio moderata   VI, 7
Exaggeratio   VIII, 151
Exceptio iocosa   VI, 249
Excusatio   VI, 239
Excusatum in peius   VI, 227
Exempla sapientum   VII, 142
Exemplum ex aliis   VII, 164

Exemplum reciprocum   VIII, 189
Exercitatio   VII, 166
Exercitus praedae aptus   V, 288
Exilium excusatum   V, 112
Exilium felix   V, 149
Exilium optabile   VI, 454
Extemporalis dictio   VIII, 143
Extra causam   V, 167
Exul in patriam pius   V, 140

Fabulae populi   V, 185
Facere praestantius quam dicere   VI, 256
Faceta rapacitas   V, 73
Facete   V, 272, 275, 406; VI, 444; VII, 274, 355, 383, 389; VIII, 20, 43, 66, 92, 94, 107, 108, 179, 196, 237, 245, 270, 284, 306
Facetum   VII, 275
Facta dictis potiora   VI, 437
Factio vitata   V, 389
Factiones et sodalitates   V, 160
Fames condimentum   V, 26, 93
Famulitium superfluum   VIII, 130
Fastus   VII, 67
Fatuis omnia licent   V, 28
Fauor arte captatus   V, 5
Fauor regum temperarius   V, 31
Felicitas   V, 441
Felicitas intractabilis   VII, 167
Felicitas vera   VII, 13, 52
Ferocia   VII, 163
Festiue   VI, 74
Festiuiter   VI, 331
Fides erga patriam   VI, 368
Fides hostium legatis seruata   VI, 309
Fides in milite   VI, 65
Fides in hostem   V, 268
Fides vxoria   V, 473
Fiducia   V, 15, 139
Fiducia aetatis et orbitatis   VI, 300
Fiducia artis   VI, 400, 401, 409
Fiducia eventus   V, 295, 313
Fiducia meritorum   V, 243, 300–301
Fiducia senectutis   VI, 299
Fiducia sui   V, 11, 267, 443
Fidus amicus   V, 7
Filius improbus   V, 359
Filius patri similis   V, 449
Filius solatium mortis   VI, 120
Finis vitae spectandus   V, 242
Fiscus lien   VIII, 115
Forma   VII, 72, 194, 234

Fortiter   V, 404, 435, 464; VI, 55, 316, 421; VII, 126, 181, 375, 380; VIII, 53, 136–138, 165, 309
Fortiter/ amanter   VI, 394
Fortitudo   VII, 77, 78; VIII, 276
Fortitudo vera   V, 375
Fortuna   VI, 420
Fortuna aduersa prudentes facit   V, 4
Fortuna caeca   VII, 258
Fortunae vicissitudo   V, 103
Forum   VII, 119
Frater marito potior   VI, 591
Frenum receptum   V, 299
Friuola   VIII, 263
Friuolae quaestiones   VIII, 27
Frugalitas   V, 223, 224, 254B, 321, 400, 411; VI, 551; VII, 64; VIII, 167
Frugalitas regia   V, 92
Fucata   VI, 574
Fucus   VII, 286
Fucus vtilis   V, 61
Fuga excusata   V, 108
Fumi venditor   VI, 159
Furax   VI, 206
Furax magistratus   VI, 351
Fures magni   VIII, 236
Furta sententiarum   VIII, 254

Garruli   V, 49
Garrulitas   V, 88; VII, 144, 309, 312, 320
Generose   V, 302, 324; VII, 45
Genus   VII, 47
Genus pudendum   VII, 188
Gesticulatio   VIII, 195
Gestus   VIII, 23
Gladiatorum immanitas   VIII, 229
Gloria   V, 231, 408
Gloria ducis   V, 153
Gloria ex benefactis   VII, 369
Gloria potior pecunia   V, 232
Gloriae amor   VIII, 171
Gloriae stimulus   V, 179
Gloriae studium   V, 135
Graecorum mores   VI, 347
Gratiae est pulchro veniens ex corpore virtus   VII, 316
Graue damnari a probis   V, 392
Grauiter   V, 278, 411B; VI, 135, 292; VII, 7, 26, 61, 127, 129, 215, 311, 359, 361, 370; VIII, 110, 163, 283, 307

Haeredipeta   VI, 362
Harmonia vitae   VII, 330A
Helepolis   V, 97
Hilaritas in conuiuio   VII, 327
Hilaritas in festis   VII, 160
Homeri laus   VIII, 205
Homerus   VIII, 50
Homo   VII, 384 VIII, 83
Honesti labores   VI, 103
Honor detractus   VIII, 9
Honor potior mercede   VI, 289
Honor precio prior   VI, 318
Honos alit virtutem   V, 356
Honos arti habitus   V, 405
Honos artibus   V, 96
Honos artis   VI, 535
Honos eruditioni debitus   VIII, 168
Honos non semper iisdem   V, 345
Honos virtutis   V, 337 VII, 56
Honos virtuti habitus   VII, 133
Hostis aut perdendus aut demerendus   VI, 310
Hostis populi   VI, 21
Hostis pudendus   V, 438
Humane   VI, 115
Humanitas cicurat optime   V, 279
Humanitas fratrum   V, 118
Humanitas plus valet quam vis   V, 9
Humaniter et grate   V, 298
Hydropicus   VI, 195

Iactantia elusa   V, 276
Iactura felix   VII, 294
Ignaui non expectandi   V, 173
Ignauia   V, 415B
Ilio mala   VI, 458
Imitatio   VI, 529, 530; VIII, 41, 203
Imitatio mala   VI, 433
Immortalitas   VII, 155, 193
Immortalitas nominis   VII, 55
Impar principatui   VI, 102
Imperare difficile   VI, 176
Imperator castus   V, 294
Imperator pessimus   V, 333B
Imperitia   VII, 330C
Imperium breue   VI, 172
Imperium humanum   VIII, 178
Imperium in liberos   V, 174
Impie   VI, 138, 171; VIII, 5, 277
Impietas felix   V, 72
Impius adulator   VI, 497
Improba cura   V, 426

Improbitas   VI, 296; VIII, 38
Impudentia   VI, 17
Impudicitia   VI, 337
Impunitas   V, 339
Impunitas mala   V, 329
In deterius omnia   VI, 593
In terrestri praelio apparet virtus   V, 452
Indecora   VII, 63, 143
Indocilis   VII, 206
Indoctus Mercurius   VII, 260
Indoles   VIII, 117
Indoles in puero mira   V, 455
Indoles malefica   VI, 12
Industria   VI, 128, 163; VII, 332; VIII, 25, 47, 96, 99
Industria lucrosa   VI, 306
Inexpectata   V, 130
Infamia non deletur   VI, 29
Ingenia erecta   VII, 261
Ingeniose   VI, 390
Ingeniosi   VIII, 227
Ingenium   VIII, 186
Ingenue   V, 465; VI, 173; VII, 101
Ingratitudo   V, 147; VI, 234, 293
Inhumaniter   V, 193, 194
Inimici vtiles   VI, 382
Initiatio   VII, 46
Initiis obstandum   VII, 362
Initium bellum   VI, 445
Innocentia   VII, 173
Innocentia illibata   VIII, 187
Innocentia tuta   VII, 205
Institutio   V, 123, 152; VI, 374; VIII, 157
Institutio liberorum   VIII, 188
Integre   V, 233; VI, 130; VIII, 296
Integritas   V, 163; VI, 387; VII, 295
Integritas militis   VI, 415
Intempestiua   V, 198
Interpretatio sinistra   VI, 418; VIII, 7
Inuidia   VI, 194; VII, 54, 212
Inuidia elevat   V, 459
Inuidia in alium derivata   V, 64
Inuidia ob benefacta   V, 361
Inuidia quomodo vitetur   V, 342
Iocose   VI, 192; VIII, 88, 285
Iocus ab absurdo   VI, 214
Iocus crudelis   VI, 61
Iocus e fabula   VI, 345
Iocus ex ambiguo   VI, 204
Iocus ex deprauatione   VI, 8
Iocus ex Homero   VI, 75

Iocus ex nomine   VI, 31, 197, 223; VII, 352
Iocus ex specie corporis   VI, 349
Iocus in morbum proprium   VIII, 24
Iocus in morte   VI, 82
Iocus in mortuum   VI, 57
Iocus insanus   VI, 23
Iocus intempestivus   VI, 333, 336, 489
Iocus salubris   VII, 152
Iouis filius   VI, 588
Ira   VIII, 280
Ira breuis   VIII, 226
Ira impotens   VI, 307
Ira sapientis   VII, 381
Iracundia   VIII, 37A; 39
Irae subducenda occasio   V, 37
Ironia   VI, 230
Irrisio   VI, 219, 332
Irrisio retorta   VI, 365
Iudex non accusat   V, 409
Iudicare de arte aliena   VI, 526
Iudices incorrupti   V, 33
Iudicium incorruptum   VIII, 48
Iugulare mortuos   VII, 147
Iuste   V, 115, 143, 384; VI, 98, 352; VII, 90; VIII, 164, 292
Iuste et comiter   V, 19
Iustitia   V, 338
Iuuenum est dialectica   VII, 354

Labor   VII, 335, 336, 339
Lachrymae serae   V, 285
Lamia meretrix   V, 101
Lamia regis   V, 102
Largitio   VI, 276
Larvas insectari   VIII, 175
Latinus Graece   V, 354
Laudando vituperare   VI, 460
Laudata virtus   VIII, 291
Laude incorruptus   VI, 552
Laus a laudatis   VII, 57; VIII, 62
Laus conciliat amicos   VI, 546
Lectio vtilis   V, 217; VII, 264
Lectionis vtilitas   VIII, 79
Leges   VII, 24, 122; VIII, 288
Legum autoritas   VII, 32
Legum multitudo   VII, 186
Legum observatio   VII, 363
Lenitas   V, 161, 162; VIII, 298
Lenitas praua   VI, 27
Lenitas regia   V, 94
Leniter   V, 91, 386; VI, 4, 5, 56, 69, 70, 177

Lepide   V, 84; VI, 73, 76, 88, 90, 100, 169, 187, 334, 381, 429; VII, 138; VIII, 46
Libera admonitio   VI, 383
Libera monitio   VI, 379
Liberalitas   V, 450 VII, 199
Liberalitas regia   V, 57
Liberalitas regum   V, 16
Libere   V, 259, 308, 391, 398, 419, 420, 451; VI, 1, 25, 38, 39, 59, 60, 110, 116, 140, 165, 213, 216, 283, 380, 420, 505; VII, 36, 151, 201, 319, 337, 364, 376; VIII, 18, 31, 34, 56, 89, 118, 123, 131, 145, 155, 158–162, 214, 262
Libertas   V, 258; VII, 140, 388
Libertas adulatrix   VI, 495
Libertas exitiabilis   VI, 168
Libertas immodica   VII, 373–374
Libertas infelix   VI, 518
Libertas intempestiva   VII, 221
Libertas magno emenda   V, 210
Libertas noxia   VIII, 97
Libertas periculosa   VII, 145
Libertas stulta   V, 53
Librorum multitudo   VIII, 114
Licentia principis   VI, 36
Licentia principum   VI, 136
Lingua   VII, 117, 252
Lingua lubrica   VII, 328
Literarum interpretatio   VI, 360
Locus eligendus vrbi   VI, 398
Loquacitas   VI, 488; VII, 79, 204, 301
Lucri auiditas   VI, 272
Lucrum damnosum   VII, 16
Lucrum ex damno   VII, 130
Luctus   VII, 170; VIII, 32, 75, 264, 265
Luctus immodicus   VIII, 30
Ludibrium sacrilegio additum   V, 76
Ludimagister   V, 186
Lurco   V, 346
Lusus in morte   VI, 106
Lux animi   VII, 225
Luxus   V, 327; VI, 403, 426, 455, 487
Luxus damnatus   V, 414
Luxus inopiae parens   VIII, 235
Luxus seditionum parens   VIII, 190

Macedonia   VI, 463
Magnanime   VII, 233
Magniloquentia irrisa   VI, 114
Magno paranda   V, 122
Magnus, non fortis   V, 206
Magnus stultus   VI, 478

Maledicentia   V, 32, 83, 370; VIII, 35, 180
Maledicere regi non tutum   V, 27
Maledicus male audit   VI, 342
Maleolus   VI, 186
Malorum fons   VI, 545
Malum dissimulatum   VI, 549
Matrimonium   VII, 42
Matronae ornamenta   VI, 592
Medicina   VI, 13
Medicina a medico danda   VI, 555
Medicorum turba   VI, 93
Mediocritas   VI, 425
Mediocritas grata   VI, 504
Memoria   V, 155; VII, 53; VIII, 244
Mendacium in contractibus   VII, 109
Mendicus a mendico   VI, 472
Mercedis amor   VI, 384
Miles dicto audiens   V, 296
Miles ditatus   V, 241
Miles diues   V, 201
Miles durus   V, 40
Miles innoxius   VI, 153
Miles malus   V, 333
Miles ociosus   VI, 179
Miles sine gladio   VI, 193
Militaria   V, 462
Militaris ferocia   V, 284
Militariter   V, 445
Militia laboriosa   V, 237
Militum cura   VI, 154
Militum curae   VI, 149
Minaciter   VIII, 182
Minae   V, 236
Minae in principem   VI, 89
Minae inanes   VI, 268
Miser ante tempus   V, 208
Miseria multiloqua   V, 235
Moderate   V, 126, 421; VI, 66, 129, 311; VII, 136, 156, 157, 184, 393; VIII, 86
Moderatio   VII, 66, 216, 322, 341
Modeste   V, 86; VI, 2, 3, 122, 166, 540; VII, 40, 158, 182, 289; VIII, 36, 49, 135, 150
Modestia   VII, 249
Modus   VII, 29
Modus in honoribus   V, 358
Moleste   VI, 443, 457
Moleste loqui   VIII, 55
Mollicies   VII, 187; VIII, 282
Molliores   VII, 296
Monitor   VIII, 286
Monopolia foeda   VI, 42

INDEX DER TITEL (INDEX SENTENTIARVM) DER APOPHTHEGMATA V–VIII 681

Mores pro philtris   VI, 589
Morosa diligentia   VI, 524
Mors destinata   V, 470; VI, 64
Mors facilis   VII, 200
Mors generosa   V, 250, 251
Mors in bello   V, 221
Mors peregrinatio   VI, 121
Mors principis   VI, 111
Mors senilis   VIII, 223
Mors spontanea   V, 453
Morsus tectus   V, 246; VI, 201
Mortis contemptus   V, 260–261
Mortis locus   VII, 128
Mortis memoria   VI, 266
Mortui non mordent   VI, 222
Mos praeposterus   VII, 110
Mulier Cynica   VII, 291
Multiscius   VII, 368
Mundus matronae   VI, 583
Munera   VI, 514
Munus in tempore datum   V, 25, 29
Muscae regum   VI, 498
Muscas abige   VI, 205
Musica contempta   V, 191

Natura varia   VI, 124
Naturae bona   VIII, 149
Nauigatio   VII, 107, 113, 115
Necessitate delatus honor   V, 315
Nemo sine vicio   VII, 273
Nemo sui iudex   VIII, 271
Neronis extremae voces   VI, 52, 53
Nihil agere   VIII, 77
Nihil de vitello   VI, 271
Nihil gratis   V, 269
Nil medium   V, 151
Nimia familiaritas   V, 390
Nobilitas   VII, 81
Nobilitas in talis   VIII, 29
Nobilitas vera   V, 199, 407A
Nomen habet momentum   V, 197
Nominis deprauatio   VI, 441
Non licet bis peccare in bello   V, 195
Non omnia vulgo proferenda   VII, 135
Non semper pugnandum   V, 110B
Notae infamae   VII, 317
Noua sententia   V, 364
Nox apta contemplationi   VIII, 170
Noxia tollenda   V, 175
Nudus non metuit   V, 58
Nugax subtilitas   VIII, 102

Nulli fidendum   VIII, 109
Nuncius fidelis   VI, 542
Nuptiae dotis causa   VIII, 71
Nuptiae intempestiuae   V, 59
Nux pinea   VI, 200

Obesitas   VIII, 172
Obesus   V, 365
Obesus miles   V, 222
Obscuritas   V, 141
Obsequium humile   VI, 253
Obsoleta   VIII, 266
Obsoletorum affectatio   VI, 189
Obtrectatio   VII, 306
Occasio neglecta   V, 142
Ocium   V, 254, 262; VI, 539; VII, 85, 165
Ocium dulce   VIII, 300
Ocium inutile   VI, 335, 438
Ocium molestum   VI, 196
Ocium rege indignum   V, 62
Ocium sapientis   V, 293
Ocium sine literis   VIII, 317
Oculus domini   V, 107
Odium furum   VI, 156
Odium pertinax   V, 289, 291
Officium bene collocandum   VIII, 139
Omen   VI, 496
Omen commode interpretatum   V, 54
Omen exitii   VI, 48, 63
Omnia expertus   VI, 126
Optimi eiiciuntur   V, 159
Opus immortalitate dignum   VI, 520
Oracula a nobis pendent   V, 227
Oratio grauis   VII, 300
Oratio modulatior   VIII, 257
Orationis vis   VII, 259
Ornatus mulierum   VII, 285
Ostentatio inanis   V, 311
Ostentorum interpretatio   VI, 81
Ostentum commode interpretatum   V, 228, 442

Palato sapere   V, 366
Par pari   V, 36, 70; VII, 297
Parricidium exprobratum   VI, 44
Parsimonia   VI, 561
Parsimonia exprobata   VI, 502
Parsimonia sordida   VI, 259, 260
Paruo contentus   VII, 267
Pater iudex   VI, 26
Patienter   V, 386B; VII, 120; VIII, 193

Patientia   V, 172; VII, 11
Patria dulcis   V, 467
Patria perniciosa   VII, 102
Patriae charitas   V, 322; VI, 257
Patriae neglectus   VII, 280
Patronus malus   VI, 252, 302
Pauci boni   VII, 353
Pauciloquium   VII, 1
Pauciloquus   VII, 305
Paucis contentus   VII, 276
Paucitas bonorum   VII, 92
Paupertas   VII, 185
Pax bello parta   V, 245
Pax bello potior   VI, 395
Pax domestica   VI, 417
Peculatus dissimulatus   VI, 28
Pecunia contempta   V, 255, 412
Pecunia pedibus compensatur   V, 382
Pecuniae contemptus   VII, 172, 178
Periculum praeuisum   VI, 188
Periculum uitare satius   V, 188
Perseuerantia   VIII, 141
Personae respectus   V, 226
Persuasio pro vi   VII, 323
Pertinacia vincit   V, 282
Petax   VI, 499, 500
Petax meretrix   VI, 563
Phaselitae   VI, 471
Philosophia   VII, 265
Philosophia ars   VI, 533
Philosophia in aduersis   V, 79
Philosophia potior rhetorica   VII, 202
Philosopho honos habitus   V, 99
Philosophus meretrici similis   VI, 558
Philosophus miles   VIII, 225
Philosophus mundi spectator   VII, 356
Philosophus non eget   VII, 269
Physiognomon   VII, 343
Pie   V, 248; VI, 152
Pietas   V, 44, 229; VI, 290
Pietas in filium   VI, 317
Pietas in fratrem   V, 117
Pietas in matrem   VI, 338
Pietas in parentes   VI, 389; VII, 18
Pietas in patrem   V, 106, 372
Pietas in patriam   VI, 410, 416; VII, 21
Pietas in rempublicam   VIII, 122
Pietas mira in filium   V, 104
Pingere fingere   VI, 198
Piscator ictus sapiet   VIII, 191
Placere bonis   V, 110

Poena ridicula   VI, 170
Poenitenda   V, 368
Poesis fallacia bona   VIII, 28
Poetica fictio   VI, 408
Pollicitatio   VII, 74
Populi iudicia   VI, 405, 534
Populi iudicium   VIII, 199
Populus qualis   V, 355
Postulator improbus   VIII, 299
Potentia innoxia   V, 177
Potentia inuidiosa   VI, 371
Potestas moderata   V, 336
Potestas spreta   VI, 329
Potiora sectanda   VII, 150
Potiri dulce   VII, 10
Praecones poetae   V, 136
Praeconum turba   VI, 481
Praeda contempta   V, 157
Praelongi   VI, 326
Praepostera   VIII, 101
Praeposteri mores   VI, 412
Praescientia   VI, 107
Praesensio   VIII, 311
Praestantia   V, 290
Praeter spem   VIII, 166
Precium expugnat   VI, 575
Prima coitio   VI, 285
Princeps   VI, 94
Princeps auriga   VI, 43
Princeps charus   VIII, 129
Princeps indulgens   VI, 91
Princeps nulli molestus   VI, 104
Princeps, qui virtute praecellit   V, 1
Principatus sollicita res   VI, 274
Principis delectus   VI, 109
Principum institutio   VII, 219
Priuatus affectus   VI, 423
Probrum commune   V, 203
Procliuitas ad deteriora   VII, 183
Prodigiosa   VIII, 8
Proditio   VIII, 233
Profectus   VIII, 78
Profusio   V, 376; VI, 22, 143, 202–203; VII, 196, 240, 284, 330; VIII, 112
Profusio fundo caret   VIII, 301
Proles debetur patriae   VI, 397
Prolis amor   V, 387
Pronunciatio   VIII, 54, 234
Prosperitas perpetua   VIII, 247
Pro sua quisque professione   VIII, 314
Prouidentia   V, 220, 306, 394, 448; VII, 19, 88

INDEX DER TITEL (INDEX SENTENTIARVM) DER APOPHTHEGMATA V–VIII

Prudenter   V, 80, 81, 399; VI, 139, 396; VII, 214
Prudentia senilis   VII, 209
Pudica vxor   VI, 587
Pudice   V, 22, 116, 178; VIII, 70, 72
Pudice, sobrie   VIII, 12
Pudicitia   V, 50; VIII, 69, 73
Pudicitia coniugalis   VI, 282; VIII, 65
Pudicitia matronalis   VI, 586
Pudor   V, 332
Pudor inutilis   V, 474; VII, 282
Pudor liberalis   VIII, 74
Pueri reuerentia   VII, 180
Pugna ludicra   VIII, 274
Pusilla curare cum periculo   V, 363

Quando bellandum   V, 307
Quid optandum a deo   V, 68, 81B

Rapacitas   VI, 24, 34, 71
Ratio reddenda populo   V, 187
Reconciliatio   V, 460; VI, 556
Recriminatio   VI, 411
Reditus e bello   V, 351
Refugium   VIII, 322
Reges non admittendi   V, 127
Reges raro verum audiunt   V, 132
Regnandi dulcedo   V, 55
Regni stabilitas   VI, 158
Regnum servitus   V, 110E
Regum amicitia   VI, 537
Regum curae   VIII, 91, 308
Regum nativitas   VI, 475
Reipublicae neglectus   VI, 167
Reipublicae prima cura   VI, 162
Relaxandus animus   VI, 392
Res verbis contraria   VI, 474
Res verbis efficacior   V, 78
Resupini   VI, 209
Retortum   V, 431; VI, 184, 243, 327
Retortum conuicium   VI, 343
Retortum crimen   V, 138
Retortum dictum   VI, 220
Retortum mire   V, 216
Retortus iocus   VI, 275
Reuerentia   VII, 262
Rex cogitabundus   VI, 432
Rex equum fricans   V, 41
Rex infensus democratiae   V, 360
Rex segnis   V, 410
Rhetores serui populi   VIII, 176

Ridicule   V, 287; VI, 245, 348, 439; VII, 255, 272; VIII, 82
Ridiculis assuescere   V, 343
Risus interimens   VI, 190
Robur corporis   VI, 164
Rumores   VIII, 156

Salse   V, 100, 312, 362, 369; VI, 45, 46, 58, 137, 218, 231, 251, 354, 357, 367; VII, 5, 35, 37, 39, 48, 106, 153, 198, 226, 238, 315, 351, 366–367; VIII, 11, 22, 44, 57, 87, 90, 104, 105, 116, 177, 251, 260, 278, 319, 320
Salse in garrulum   VII, 244
Saltatio foeda   VIII, 297
Saltatio muta   VIII, 194
Salubritas iuncta foecunditati   VI, 291
Sancte   VI, 151, 178
Sanctitas non ficta   V, 164
Sapiens   VII, 84
Sapiens sub stulti persona   V, 128
Sapienter   VII, 8, 12
Sapientes inuisi tyrannis   V, 67
Scelerosis vti   V, 444
Scenicus princeps   VI, 41
Scomma contemptum   V, 204
Scytha ἄμουσος   V, 42
Secreta regum   VI, 407
Secundis moderate gaudendum   V, 230
Securitas   VII, 213
Securitas philosophica   VII, 385
Seditio   VII, 283
Senectus   V, 340; VII, 192, 211; VIII, 208, 209, 279
Senectus audax   VII, 20
Senectus sana   VIII, 174
Senectus vegeta   VII, 345
Senectus virilis   VI, 547
Senectutis alimonia   VIII, 184
Senes neglecti   V, 353
Senex aedificator   V, 461
Senex bellator   V, 463
Sepultura   VIII, 289
Sepultura viui   VI, 50
Sermo incompositus   VIII, 37B
Serui principum elati   VI, 101
Seruitus grata   V, 39
Seruorum cura   V, 457
Seuere   V, 320, 384B; VI, 132, 155, 284, 286
Seuere et pudice   V, 428
Seueritas   V, 347, 352; VI, 297; VII, 49
Seueritas in vxorem   VI, 312

Seueritas patris   VI, 298
Seueritas verbis temperata   V, 30
Seuerus   V, 331
Seuerus in se ipsum   V, 330
Sexus   VII, 95
Sibi quisque testis   V, 334
Silentii fides   VII, 378
Silentium   VII, 253, 338; VIII, 61
Silentium ducis   V, 424
Simultas a rogo deponenda   V, 425
Simultas magistratuum   V, 165
Sitim praevenire   VI, 442
Sitis   V, 429
Sobrietas   VI, 278, 378
Sobrius princeps   V, 225
Solerter   V, 46, 212; VI, 391; VII, 60, 73, 76; VIII, 1, 200
Solitudo   VII, 62, 124, 344, 382
Somniorum obseruatio   VII, 330B
Sordes ambitiosae   VIII, 192, 207
Sordide   VI, 78, 79
Spectator conuiuii   VI, 511
Spes   VII, 229; VIII, 169
Spes boni futuri   VI, 523
Spes fallax   V, 378
Spes in clypeo   V, 415
Spes pertinax   VIII, 217
Splendide   V, 439, 440
Stantem mori   VI, 83
Statuarum gloria   V, 335
Studiose   VIII, 147
Studium   VII, 80, 293, 371
Studium immodicum   VIII, 76
Stupidi   VI, 385
Sua cuique patria chara   V, 38
Sua quisque virtute commendetur   V, 109
Submorosus iocus   VI, 359
Sumptus inanes   VIII, 33
Sumptus inutiles   VII, 23
Sumptus praeposteri   VII, 270
Superciliosi   VII, 257
Superstitio   VIII, 241, 256, 267
Superstitio irrisa   V, 381
Superstitionis contemptus   V, 434
Supervacua   VI, 531
Supervacua officia   VI, 144
Surdus delatori   VI, 14
Συμπάθεια   VII, 27

Taciturnitas   V, 383; VII, 177, 321
Tarditas   VIII, 154

Temeritas   V, 271, 325
Temperantia   VI, 402
Temperate   VII, 41
Tempestive   VIII, 152
Templa vacua   VI, 480
Temporis parsimonia   VII, 254, 313, 372; VIII, 80, 81
Temulentia   VII, 159
Temulentia castigata   V, 60
Testimonium inimici   VI, 424
Tibicen vir improbus   VII, 100
Timiditas laudata   V, 95; VII, 334, 367B
Toleranter   VIII, 261
Tolerantia   VII, 82, 197, 333
Tranquillitas   VI, 308; VII, 132, 190
Tranquillitas tuta   VII, 281
Trophaeum ridiculum   V, 239
Turba inutilis   V, 14
Turba sine duce   VI, 376
Turmales   VI, 225
Tutum consilium   V, 310
Tyranni species   VI, 594
Tyrannica vox   VI, 15
Tyrannidem mitigat liberalitas   V, 65
Tyrannidis osor   V, 456
Tyrannice   VI, 141

Vltio   VI, 356
Vltio deorum   V, 469
Vltra malleum   VI, 459
Vmbra   VI, 515
Vnguenta   VII, 318
Vnguentum olere   VI, 67
Vnum eximium   VII, 2
Vnus eximius   VI, 92
Vnus pro multis   VIII, 316
Vsque ad aras   V, 176
Vsus rectus   VIII, 67
Vtcunque vincere   V, 184
Vti victoria   V, 286
Vtilitas   V, 403
Vtilitas ex hoste   VII, 93
Vtilitas ex inimicis   VII, 390
Vxor casta   V, 69
Vxor molesta   VI, 247; VIII, 212
Vxoris reuerentia   VI, 112
Vxorum imperium   V, 328

Valli fiducia   V, 416
Vanitas   VII, 223
Vehementia in dicendo   VIII, 16

Venia lacessito   VI, 68
Venter et lingua   V, 114
Venter surdus   V, 326
Ventris cura prima   VIII, 221
Ventris studium   VI, 492
Venus   VII, 357
Venus operis   VIII, 196
Venus parabilis   VII, 271
Verborum ampullae   VI, 494
Vere pulchra   VII, 96
Versutia   VI, 16
Vestis   VIII, 275
Vetula amata   VI, 573
Vetulae concubinus   VI, 516
Vetulus dux   V, 466
Vicarii graues   VI, 147
Vicinus bonus   V, 146
Victor benignus   V, 98
Victor et victus   V, 281
Victor ferox   V, 447
Victoria dulcis   VI, 288
Victoria incruenta   VII, 33
Victoria magno empta   V, 121
Vigilantia   V, 238; VII, 161
Vincere sine caede   V, 417
Vindicta   V, 190
Vindictae neglectus   V, 169
Vini parcus vsus   VII, 103
Vini patiens   VI, 181
Vinolentia   VII, 112
Vir magistratum ornat   V, 252

Vir pecunia potior   V, 145
Vires formae praestant   VII, 277
Virtus in actione   VII, 83
Virtus infelix   VI, 322
Virtus legibus non eget   VII, 86
Virtus non cogitur   VII, 242
Virtus per se honesta   VII, 99
Virtus praestanda, non profitenda   VIII, 98
Virtus principis   VI, 127
Virtus sibi praemium est   VIII, 100
Virtus succedit   V, 119
Virtus tuta   VII, 98
Virtutis vsus   VII, 392
Vita a verbis dissentiens   VII, 342
Vita fugax   VII, 386
Vita inanis   VIII, 113
Vita misera   VI, 340
Vita praepostera   VIII, 246
Vita pura   VI, 341
Vitam nemo contemnit   VI, 319
Vitia pensata   VI, 264
Viui docendi, non laudandi   VI, 134
Voluptas   VI, 550; VII, 250
Voluptas emollit indomitos   V, 292
Voluptas temporaria   VI, 419
Voracitas   VI, 513
Vota morientis   VI, 99
Vox in bello   V, 348
Vox modesta   VII, 307
Vox tyrannica   VI, 18; VIII, 119
Vulgi iudicia   VII, 69, 104

INDEX RERVM ET VOCVM SELECTARVM[1]

a cubiculis   V, 19 (*lapsu Er., recte* a cubiculo)
abligurire   VIII, 57 (*lapsu* obligurire)
abnoctare (*pro* ἀπονυκτερεύειν)   V, 274
abstergere   V, 172 (*ex Seneca*), 380, 386 B (faciem, *ex Seneca*); VI, 460
abstinentia   V, 171, 350
absurde   VI, 28; VIII, 240, 269
absurdius   VI, 214; VII, 68
absurdus   V, 55, 65, 279; VI, 214, 238, 380, 495, 560; VII, 110, 202, 211, 341; VIII, 240, 263
acapna ligna   VII, 114; VIII, 107
accentus acutus   VI, 453
accipiter   V, 116, 117; VI, 594; VII, 173 (*ex fratre Ambrosio*)
acclamare   V, 172B; VII, 308 (*lapsu Er.*); VIII, 40A, 49, 158
accusare   V, 69, 208, 301, 409; VI, 307, 332, 354, 360, 361, 362, 410, 547; VII, 73, 380; VIII, 8, 33, 52, 155, 159, 174, 175, 187, 188 (*interpretatio Er.*), 256, 318
accusatio   V, 166 (*ex Fr. Barbaro*); VIII, 14, 155, 175, 287, 361
accusator   V, 301, 409; VI, 210, 244; VIII, 29
acetum   V, 254B, 262; VI, 22; VII, 287
acrimonia   VIII, 51
actio (schauspielerische Darbietung)   V, 110; VI, 430 (mimi); VIII, 160 (histrionis)
actiones (= res gestae)   V, 110, 344; VI, 17; VII, 195
actor (Advokat)   VI, 157, 361; VII, praefatio; VIII, 142
actor (Schauspieler)   VI, 254 (fabulae); VII, 307 (tragoediarum); VIII, 48 et 160 (tragoediarum)
actuariae naves   VII, 113
adagium   VIII, 144, 233
adamantinus   VIII, 194
additamentum   VIII, 29
adnomen   VI, 224 (*i.e.* cognomen)
adulanter   VII, 379
adulantissime   VIII, 206

adulari   VI, 313; VII, 219, 337; VIII, 99, 214, 232, 248
adulatio   VI, 475, 491, 495; VII, 38, 51, 279, 337; VIII, 63, 206, 248, 249, 250, 290
adulator   VI, 313, 481, 490, 491 (*lapsu Er.*), 495, 497–501; VII, 8, 38, 51, 270, 279, 284; VIII, 248–250, 290
adulatrix   VI, 495
adulter   V, 34; VI, 188, 197, 270; VII, 7, 44
adultera   VI, 585
adulterare   V, 56
adulterium   V, 56; VI, 27, 246, 270, 343, 427; VII, 7, 50, 271; VIII, 8, 194, 295
aduncus nasus   V, 1
advocatus (i.e. patronus)   VII, 204
aediculae   VI, 579 (domus Xenocratis)
aedificare   V, 379I, 400; VI, 455; VII, 361
aedificator   V, 461 (senex)
aedilitas   V, 426 (maior, minor); VI, 336 (curulis)
aeditio   VIII, 56
aedituus (Tempelhüter)   VIII, 131
aemulatio   V, 124 (Demosthenis); VII, 220
aemuli (*ex Fr. Barbaro, pro* inimicis);   V, 372; VIII, 198
aenigma   VI, 536; VII, 3A–F
aequalis   V, 154, 455; VI, 308; VII, 34; VIII, 45
aequalitas   V, 154; VI, 323, 432
aequitas   V, 5, 166, 357
aerarium   V, 19, 300, 412; VI, 160
aerarius   VII, 30 (*ex fr. Ambrosio*)
aetatula   VI, 27 (*ex Suet.*)
aeternitas   VI, 528
aether   VI, 519
affabilitas   V, 23, 24; VI, 84, 96, 324
affectare   VI, 150 (tyrannidem), 317 (regnum), 582 (Atticismum); VII, 168, 376; VIII, 245, 246, 249
affectatio   VI, 189 (obsoletorum), 582 (Atticismi); VIII, 253
affectator   VI, 119 (imperii), 189 (priscarum vocum); VIII, 253

---

[1] „et" bedeutet, daß für zwei damit verbundene Einträge derselbe Klammerausdruck Gültigkeit besitzt.

affectatus   VII, 168 (oratio)
affectus, -us   V, 142, 144 et 162 (privati), 213 (materni); VI, 115, 162 (privati), 272 (animi), 402 (affectuum expers), 423 (privatus), 559; VII, 80 (naturae), 287, 291 (Hipparchiae), 298 (amoris), 330B (veri); VIII, 296 (privati)
agaso   VI, 391; VII, 278; VIII, 66, 144
ager   V, 20, 45, 66, 196, 228, 263, 346, 350, 379B–C, E, Q; VI, 153, 250, 291, 322, 389, 421, 436 (agri publici); VII, 19, 343; VIII, 86, 294
agon   VI, 43 (*ex Suet.*)
agricola   V, 279, 379A, G; VI, 250
agricolatio   V, 66; VI, 128; VIII, 210
agricultura   V, 45 (militaris)
ἄκαπνα   VII, 114; VIII, 107
albus   V, 189 (calculus); VI, 185 (asinus), 485 (Cyrenaeus, Maurus), 508 (color); VIII, 30 (radicula)
alea   V, 62; VI, 24, 244; VII, 154, 313
alienigenae   V, 419 (*vs.* Italos)
alimonia   VIII, 116, 184
aliptes   VI, 374, 375
allegoria   VI, 342
alligare   V, 259, 419, 427; VI, 44, 159; VIII, 76 (citharam)
allium   VI, 67
altrix   VII, 185
amaror   VI, 51
amasius   VIII, 2
ambiguus   V, 465; VI, 47, 53, 202, 204, 237, 431, 440, 458, 476, 490, 500, 503, 512, 568–569; VII, 138; VIII, 272, 287
ambire   V, 117 (regnum), 252, 358 (magistratum), 406 (consulatum), 407A (censuram), 426 (aedilitatem plebeiam), 448 (sacerdotium); VI, 230 (magistratum), 237 (praefecturam), 380 (monarchiam); VIII, 183 (divinos honores)
ambitio   V, 397; VI, 54, 545; VII 153; VIII 179, 207, 303, 313
ambitus   V, 357, 371; VI, 357, 360
ambulare   V, 333A, 410; VI 101, 103, 336, 546, 553; VIII, 24, 81, 137, 251
ambulatio (in oratione)   VIII, 319
amictus   V, 28 (regius), 30 (regis); VII, 275 (ὠμόλινον); VIII, 207
amiculum (Mantel)   V, 73 (aureus); VI, 371 (*lapsu Er., recte* fascia)
amphibologia   VI, 245, 365, 453
amphitheatrum   VIII, 133

amphora   VIII, 290
amplificare   VIII, 151
ampullae verborum (*ex Hor.*)   VI, 494
amputare   V, 185; VII, 261; VIII, 217, 233
amputatio   VII, 378 (linguae)
anathema   V, 75; VI, 464
ancilla   V, 473 (*ex Val. Max.*); VI, 334, 585; VII, 215, 271 (*ex fr. Ambrosio*)
ancillaris   VI, 394 (vestis)
angiportum   V, 252 (*ex Sagundino*)
anicula   VI, 443, 516, 519, 527; VIII, 15
animal   VI, 192, 212; VII, 38 (mite = cicur), 68, 158; VIII, 47
animalculum (*neolog.?*)   VIII, 138
animalia domestica   VI, 344
animare   V, 367 (*Latin. medii aevi*); VI, 65, 584; VII, 39, 385; VIII, 200
animatus   V, 260 (bene), 457
animula   VI, 106 (*ex Hadriano imp.*)
ansa   VI, 526; VII, 175 (*ex Curione*); VIII, 254
antidotum   VI, 19
antipodes   VIII, 263
antiquitas   V, 48 (gentis)
antiquus   VI, 150
antisophista   VIII, 319
anulus   V, 61; VI, 273
apertor ostiorum (*cognomen* Cratetis)   VII, 266
aphronitrum   VI, 167 (spuma nitri, *ex Hist. Aug.*)
apologia   VIII, 174
apophthegma   V, 45, 63, 97, 111, 117, 133, 137, 231, 244, 273, 309, 352, 420, 432; VI, 273; VIII, 65, 190, 198–199, 309
apophthegma mutum   VIII, 198, 199
applaudere   V, 128, 172B; VI, 289; VII, 104, 308 (*lapsu Er.*), 341 (*ex fr. Ambrosio*); VIII, 40A, 48 (*lapsu Er.*), 49, 233
applausus   VI, 450
approbatio   VII, 308 (*lapsu Er.*)
aqua   V, 25, 29, 91, 429; VI, 51 (decocta), 131 (Nili), 195 (calefacit), 296, 381, 394 (hauriendam), 468 (Sodasalzlauge), 474 (potabilis), 504, 519 (elementum), 523 (ferens), 574; VII, 120, 203 (in dolium), 327, 331 (e puteo), 390; VIII, 131, 167 (sitim), 190 (frigida), 276 (ferventior), 301 (pertuso dolio)
aquam bibere   VI, 132, 235 (*pro* ὑδροφορεῖν, lapsu Er.); VII, 120
aquam (clepsydrae) intercipere   VIII, 54

aquarum vis   V, 379C (*corruptela in Plinio mai.*)
aquila   V, 1, 2 (regnum in omne auium genus), 125 (in nubibus)
aquilinus   V, 1 (nasus)
ara   VIII, 229, 322 (ad aram confugere)
aranea   VII, 24, 122; VIII, 102
arca   V, 374; VI, 384
arcanum   V, 368; VI, 407 (arcana magnatum), 557; VII, 17; VIII, 41
arcanus   V, 49, 395 (Dei consilia arcana), 557 (expiscari); VI, 407
archiepiscopus   VIII, 154 (Cantuariensis)
arcus (Triumphbogen)   VI, 326
arcus (Bogen)   VI, 392
arcus pluvius   VIII, 245
ardelio   VI, 255
arena (harena)   VI, 50, 169, 200, 212
argenteus   V, 57, 321 (vasculum), 413; VI, 318; VII, 48; VIII, 43, 202, 305
argentum   V, 20, 57, 90, 158, 288, 351 (libra), 400; VI, 145, 271, 569; VIII, 202
argute   V, 349, 423; VI, 26, 506; VII, 4, 75, 131, 134; VIII, 45, 93, 243, 321
argutia   VII, 134 (dialectica), 146 (sophistica), 292 (muliebris); VIII, 102
armati (pro ὁπλιταί)   V, 312; VI, 154, 553; VIII, 118,
armatura   V, 311, 435, 435; VII, 91, 393
armilla   V, 157; VI, 318
aroma   V, 133
arridere   V, 129, 172 B, 180, 461; VI, 315, 332; VII, 132; VIII, 40 A
arrodere   V, 381; VI, 89; VII, 371
arrogans   VI, 565; VIII, 135, 202, 268, 281 318
arrogantia   V, 230; VI, 294; VII, 67, 168, 206, 287; VIII, 268, 281, 318
ars   V, 5, 120 (imbellis, = tibicinis), 155 (memoriae), 319 (convivii); VI, 40 (canendi), 400–401 (poetica), 409 (tibicinis), 442 (musica), 450 (citharoedi), 466 (musica), 521 et 524–525 et 529–530 (pictura), 533–534 (philosophia, statuaria); VIII, 194 (saltatoria)
artes   V, 47 (regiae), 61 (magicae), 156 (Themistoclis), 191 (indecorae), 356 (varia studia); VII, 59 (artes bonae); VIII, 98 (disciplina Academica), 204 (regiae), 218 (inutiles), 221 (liberales)
articularis (morbus)   VIII, 19
articulus (Knöchel)   VIII, 24
articulus (Artikel)   VII, 292; VIII, 146

artifex   VI, 40, 274 et 521 (pictor), 527, 529, 531 et 576 (statuarius); VII, 104 (bildende Künstler), 308 (pro τεχνίται); VIII, 133, 204, 218, 313 (in ambitione)
artificium   V, 46 (= strategema); VI, 535 (insigne, bedeutendes Kunstwerk); VIII, 222 (= Malkunst)
aruspex   VI, 369; VIII, 239
arx (Akropolis)   V, 127 (Athenarum), 276 (Tarenti), 404 (Carthaginis); VI, 355 (Tarenti)
asellus   VI, 190
asinus   VI, 185 (albus, *i.e. nomen ioculare Iunii Bassi*), 190, 226, 391, 484; VII, 68, 278 (habere pro asinis), 333 (*metaphorice*, pro convicio); VIII, 47, 66, 144 (asini umbra), 178, 308 (asinorum conditio)
assentator   VI, 495; VII, 164, 388
assessor   VI, 130, 147; VIII, 154 (in cathedra Cantuariensi)
astrologia   VII, 175 (*lapsu Er., i.e.* astronomia)
astu   V, 150
athleta   V, 222; VI, 541; VII, 106, 108 (athletae insani), 166, 180, 250, 330C; VIII, 208, 261 (victor in Olympiis)
athletice   V, 222 (exercitatum corpus)
atrare   VIII, 30
atrium   VI, 24
attentio   VII, 308, 340
attonitus   V, 228, 266, 311, 348; VIII, 118
attrahere salivam   V, 380, 386 B (*ex Seneca*)
auctio   VI, 23, 303, 426
audacter   VIII, 146
audacia   V, 138, 307, 437; VI, 593; VII, 20, 27; VIII, 149, 160, 201
audax   V, 201, 205, 273, 375; VII, 20, 287; VIII, 106, 146
auditor   V, 354; VI, 232, 418; VII, 218, 251, 308, 341, 392; VIII, 92, 151, 197, 228, 271, 316
aula   V, 78, 132 (in aulis principum); VI, 144; VIII, 214
aulaeum (auleum)   V, 23, 92; VI, 425, 531
aulicus   VI, 42 (aulici Neronis), 146, 590
aulicus   VI, 42 (luctatores), 115 (ministri); VIII, 97 (negocia)
aureus   V, 25 (phiala), 57, 73 (amiculus Iovis), 74 (barba Aesculapi), 75 (mensa), 76 (Victoria), 82, 87 (poculum), 443 (coma); VII, 352 (equus, *i.e.* Chrysippus); VIII, 111 (mancipium), 210 (mensa; ciborum simulacra)

aureus (Münze)   V, 232; VIII, 205 (Philippeus)
auriga   VI, 21, 43 (princeps = Nero), 59 (= Nero), 98, 507; VIII, 154
aurigare   VIII, 218
auris   V, 7, 118, 132, 326, 410; VI, 14, 590; VII, 138, 180, 272 (auris memoriae dedicata), 309 (aures in linguam), 320, 323, 367 (tyranni); VIII, 156, 196, 257, 275, 290 (aures amphorae)
aurum   V, 20, 28, 57, 66, 171, 232, 264, 266, 288, 351, 400; VI, 22, 145, 160, 271, 277 (auro pugnare), 318, 320 (auri contemptus), 337, 351, 521, 531; VII, 285; VIII, 43, 165, 210, 236, 271
auspicatus (dies)   V, 434
autochthones   VII, 39 (Athenienses)
autor (Verfasser)   VI, 254 (fabulae), 305, 400, 414
autoritas   V, 64, 170, 183, 227, 388, 410; VI, 18, 26, 122, 125, 233, 294, 361; VII, 32; VIII, 93, 97, 98, 145, 178
autumnus   V, 89 (*metaphorice*)
avicula   VI, 503, 594

baccatum   VI, 160 (monile)
baculus   V, 139; VII, 291; VIII, 281
baiulare   VIII, 3
baiulus   V, 374; VI, 269
ballistae   VI, 575
balnea   V, 60, 413; VI, 202, 203, 468; VIII, 276
balneator   VI, 161, 468, 471
balneum   VI, 202, 214, 464, 471
banausus   VII, 141
barathrum   V, 165 (*ex Fr. Barbaro*)
barba   V, 74 (Aesculapii, medici), 89 (Agathonis); VI, 31 (aenea); VII, 260 (adolescentis, Mercurii quadrati), 268; VIII, 259 (philosophi)
barbari   V, 135 (Persae), 349 (Celtiberi), 432 (Cimbri); VI, 123, 178, 262 (Thessali); VII, 116; VIII, 219–220 (Persae), 229, 269 (Romani)
barbaricus   V, 35 (immanitas), 288; VI, 370, 394
barbaries   VI, 447, 463 (gentis Macedonicae); VII, 121
barbarior   VI, 447 (Boeoti, Thessali)
barbarismus   V, 98
barbarissimi   VI, 447 (Elaei, *lapsu*, *recte* Elei)
barbarus   V, 22 (= Persae), 140 (= Rex Persarum; Persae), 197; VI, 99 (*lapsu, re vera* miles nomine Barbarus Mastor), 112; VIII, 222 (Teutonum orator)
barbarus   VII, 116 (barbari mores), 121 (nationes barbarae; quicquid est peregrinum atque inusitatum); VIII, 167 (rex), 269
barbatus   V, 74; VII, 260
barriens elephas   V, 266
bellarium   V, 223 (*ex Regio*); VI, praef., 581
bellax   V, 129
bellus   V, 415 (scutum); VI, 445 (initium bellum, belle), 481 (belle valere)
belua   V, 102, 266, 360 (rex), 375; VI, 49, 377; VII, 139
benedicta   VI, 418
benefacere   V, 344
benefacta   V, 249, 344, 361; VII, 369
beneficentia   VIII, 125
beneficium   V, 5, 65, 279, 298, 329; VI, 99, 234, 257, 310, 499; VII, 42, 228; VIII, 29, 110, 125, 232
bestia   V, 36 (pardalis, leo); VI, 362; VII, 139, 390 (bestiae noxiae); VIII, 10, 133, 217
beta (Mangoldspinat)   VI, 528
bifariam   VI, 47; VIII, 157
bilis   VII, 67; VIII, 37A
blandiri   V, 142, 347; VI, 237, 495, 578; VII, 49, 250, 300; VIII, 232, 250
blandulus   VI, 106 (*ex Hadriano*)
blaterare   V, 126 (*lapsu Er.*)
bos   V, 55, 327; VI, 306, 483–484, 536 (*metaphorice*); VIII, 19, 68, 177 (ne bos quidem), 293
botrus   VII, 103;
brachium   V, 102; VI, 431
bracteola   VI, 145
breviloquentia   V, 235; VII, 169, 288
breviloquium   VI, 14
bubulcus   VIII, 178
bulla   VIII, 202 (argentea)
buxus   VI, 528
byssina verba   V, 30
byssus   V, 30

cacare   VI, 349 (durum)
caduceatores   V, 96 (*ex Filelfo*), 110B (*ex Leonardo Aretino*)
cadus (Weinkrug)   VI, 206, 560
caecitas   VIII, 136, 137
caecus   VI, 328, 398, 433; VII, 241, 258 (Plutus, Fortuna); VIII, 136, 295 (vxor)
caesaries   VIII, 54 (attonsa)

calcaria   VIII, 228
calceamentum   VI, 272 (phecassia)
calceus   V, 323; VI, 215 (calcei veteres), 460 (extergere); VIII, 29
calculus   V, 31, 189, 243 (calculi iudicum); VII, 25 (supputatorius)
caliga (Stiefel)   V, 381 (*ex Augustino*)
calix   VI, 483; VII, 377; VIII, 190
callosus   VII, 343 (manus)
calvaria   VIII, 105
calvus   VI, 337; VIII, 105
camelus   V, 297 (*lapsu Er.*); VIII, 68
campestris   V, 2 (regio); 238 (regio, *ex Philelpho*)
cancellarius   VIII, 96 (regis)
cancer (animal)   VI, 470
candelabrum   VI, 248
candidare (dentes)   VIII, 38
candidatus   V, 392, 406, 421; VI, 77, 205, 236, 237, 336; VIII, 96
canere   V, 10 (tibiis), 42, 47 (lyra), 70 (cithara), 90, 128, 143, 156, 191 (lyra); VI, 37, 40, 58, 402, 409, 445, 448 et 452 (cithara), 456, 466, 469 (cithara), 470, 476, 482, 483, 532; 580 (tibiis); VII, 63 (tibiis), 255 (oculis), 330 (cithara); VIII, 76 (cithara), 94 (tibiis), 205, 221 (cithara), 224 (tibiis), 234 (orando, *lapsu Er.*)
canis   V, 7, 185, 279 (venaticus, *ex Guarino*), 360 (*lapsu Fr. Barbari*); VI, 175 (*metaphorice*), 428 (Aegyptii); VII, 384 (invadens); VIII, 11, 289
cantare   V, 128 (tamquam cantaturus), 191; VI, 38 (tragoedias), 45, 359; VIII, 234 (orando, *lapsu Er.*)
cantharis (spanische Fliege)   VIII, 138
cantharus   VIII, 43 (argenteus, testaceus)
canticum   VI, 39, 432 (saltare)
cantio   VI, 402, 470, 476 (modulus cantionis)
cantor   VI, 470, 483; VII, 104; VIII, 221 (= citharoedus)
cantus   V, 70; VI, 462 (citharae); VIII, 94
canus   VI, 570
capillitium (γλυφή)   VI, 100 (nigrum); VII, 187 (arte compositum)
capitalior   VI, 550
capitalis   VI, 95; VII, 152
caprificus   V, 279 (*ex Guarino*)
captatio   VII, 230–231
captiva corpora   V, 352 (*ex Philelpho*)
capus   VI, 170

caput commitigatum (*ex Terentio*)   VII, 341
carbo   VIII, 198
carcer   V, 165 (*lapsu Er.*); VIII, 146 (*lapsu Er.*), 172, 299
carica   V, 11 (Attica, *ex Philelpho*); VII, 137 (*ex fr. Ambrosio*; nux *videtur Erasmo*), 230 et 231 (*ex fr. Ambrosio*)
caritas *vid.* charitas
carmen   V, 469 (*lapsu Er. pro* versu); VI, 4 (carmina famosa, *ex Suet.*), 15 (Homericum), 75 (Homericum), 107 (Vergilianum), 402 (Chorlied), 505 (Dionysii), 507 (Homeri), 532; VII, 1 (versus Thaletis), 150 (Homericum), 220, 221 (Homericum), 341; VIII, 13 (Homericum), 95, 160, 177 (Hesiodi), 205 (Homeri), 245 (recitare), 246, 278
carnes   V, 236 (mina carnium), 311 (carnium copia; suis domesticatae); VI, 374, 504, 567; VII, 283; VIII, 233
carnifex   VI, 17; VIII, 159
casa   V, 93; 132 (pauperum)
caseus   VII, 189 (tenellus)
castigator   V, 37
castra metari   V, 228, 429
castus   V, 3, 52, 69, 294; VII, 187; VIII, 153
catalogus   V, 420
cataphracti   V, 311 et 435 (*transliteratio ex Philelpho et Regio*)
catapulta   V, 205
catellus   V, 316 (Perserkätzchen); VIII, 45
cathedra   VIII, 154 (diphros)
cathedralis   VIII, 154 (ecclesia)
catulus   VIII, 128
cauda   V, 185 (canis)
caupo   VII, 109 (cauponum tabernae, *ex fr. Ambrosio*)
caupona   V, 10, 241; VI, 467; VIII, 176
cava manu   V, 25; VI, 80; VIII, 17
cavea   VI, 170, 432, 518 (mustelae, *lapsu Er.*); VIII, 217
cavillari   V, 73, 75, 148
cavillum   VII, 146 (sophisticum), 153, 250, 330C
celtis (γλυφή)   V, 37
cenotaphium   VII, 394
censitio   VI, 133 (*ex Hist. Aug.*)
censor   V, 347, 408–409; VI, 26–27, 327–328, 333, 354, 357, 367; VIII, 159, 162
censura   V, 347, 407A; VIII, 163, 199
centurio   V, 423 (*ex Regio*); VI, 53 et 55 (*ex Suet.*), 60, 125, 354, 540 (*ex Georgio Merula*)

cepa   VII, 35
cera   VII, 348 (mala punica ex cera confecta)
ceremoniae   VI, 82, 176
certamen   V, 119 (fortitudinis), 122, 138 (sportlicher Wettkampf), 153 (*ex Lapo*), 278, 370, 431; VI, 161, 375, 388 (eloquentiae), 412 (Isthmia), 497, 529 (artis), 562 (coronarium, argentarium); VII, 150, 277 (*versum ab Erasmo pro* γυμναζόμενος), 392; VIII, 23 (in Hadrianeis Olympiis), 100 (in Olympia), 159 (actio), 208 (athletarum), 219 (*pro* libertate), 320 (cursus)
certare (an Wettkampf teilnehmen)   VI, 476; VII, 356
cervicale   VI, 519; VIII, 59, 205
cervus   V, 209 (cervorum exercitus)
charitas (caritas)   V, 322; VI, 42, 257, 398; VIII, 302
charta   VI, 32 (offizielles Schriftstück mit Gerichtsurteil); VII, 53; VIII, 114
chirographum   VI, 86 (*ex Suet.*)
chlamys   V, 174 (*ex Philelpho*), 181; VII, 171; VIII, 131
choenix   VII, 267 (*ex Curione*)
chorda   VI, 485 (chordarum numerus); VIII, 204
chorea   VI, 402
chorus   VI, 456
cibaria   VIII, 210
cibarius panis   V, 93
cicurare   V, 279
cinaedus   VII, 187, 343
cingulum   V, 363 (Ulyssis)
circuitio   V, 451 (*lapsu Er.*)
circumvenire   VI, 186; VII, 291
citare   VI, 233; VII, 351, 372
cithara   V, 442; VI, 58, 448 et 452 (canere), 462 (cantu citharae), 469; VII, 330A; VIII, 76, 204, 205
citharoedus   V, 70, 90, 442; VI, 31, 58 (= Nero), 442, 445, 448, 452, 456, 462, 478, 482, 483, 484, 510; VII, 274; VIII, 204, 221
civilitas   V, 98, 215; VI, 78, 158; VII, 251; VIII, praefatio, 10, 65, 198
civiliter   V, 83, 89, 182, 204, 213, 214, 390, 391; VI, 73; VII, 251; VIII, 10, 18, 148, 181, 198
civitatula   VI, 473
classiarii   V, 150
clamor (Kampfgeschrei)   V, 333A, 348, 435
claudicare   VI, 207, 208
claudicatio   VI, 207

claudus   V, 255; VIII, 211, 285
clausula   VI, 39 (cantici), 69, 432
clava   VIII, 281
clavus (Keil)   V, 135 (clavo clavum excutere)
clavus (Ruder)   VI, 423
clementer   V, 18, 303, 471; VI, 32, 119, 150, 175, 279, 310, 321; VII, 30; VIII, 127, 132, 133, 305
clementia   V, 336, 396 (Caesaris), 471 (Bruti); VI, 32 (dialogus Senecae; Neronis), 95 (Hadriani), 119 (Marci imp.); VII, 30; VIII, 255
clepsammidium (*neolog. Er.*)   VII, praef.
clepsydra   VI, 381; VII, praef.
clodicare   VI, 208
clypeus   V, 222, 241, 251, 304, 415, 415B; VI, 372; VII, 91; VIII, 16, 168 (Wappen)
coccyx   VI, 594 (*ex Plin.*)
cochlea   VII, 39
cocus (*vide etiam* coquus)   V, 55, 224; VI, 161, 567; VII, 270, 330; VIII, 44, 130
codex   VII, 292; VIII, 47
coenaculum   VI, 238, 373
cognomen   V, 125 (Aquila), 161 (Iustus), 459 (Pompei, Magnus); VI, 31 (Aenobarbus), 137, 197 (Pompei, Macula), 355, 441 (Antiochi, Epiphanes, Epimanes, Illustris, Insanus), 503 (Philoxeni, Pternocopis), 566 (Niconis, Capra); VII, 266 (Cratetis, ostiorum apertor), 292 (Theodori, Ἄθεος), 349; VIII, 135, 216, 296
cognomentum   V, 16 (Longimanus, *ex Philelpho*), 23 (Memor, *ex Philelpho*), 117 (Accipiter, *ex Regio*), 160 (Iustus, *ex Philelpho*), 210 (Crobylus, *ex Philelpho*), 422 (Metellus), 441 et 448 (Sylla, Felix); VI, 330, 418 (Theodori, Ἄθεος), 567 (Callistionis, Ptochelena), 583; VII, 134 (Theodori, Ἄθεος)
cognominare   V, 190, 460
coitus   VI, 579; VII, 360; VIII, 69
colaphus   V, 455; VI, 101 (*ex Hist. Aug.*), 245; VIII, 205
colax (= Figur aus Menanders gleichnamiger Komödie; latein. „parasitus")   VIII, 63
collega   V, 162, 178, 224, 243, 254B (collegae duces), 255 (in praefectura rei militaris), 262 (collegae duces), 271, 460 (in consulatu); VI, 254, 317, 327, 328, 437; VIII, 163
colligere (*t.t.* logices)   VIII, 260
color (Farbe)   V 356; VI, 209, 485 (Hautfarbe), 496, 508 (albus), 521 (colores terere), 527,

color (Farbe) (*cont.*)   549 (Hautfarbe); VII, 171, 241 (colorum gratia), 293 (Hautfarbe); VIII, 30 (coloribus atrare, *lapsu Er.*), 74, 156
color (Vorwand)   VI, 431; VIII, 232
colores rhetorici   V, 447
colossus   VIII, 42
columna   V, 243 (*lapsu Er., i.e.* lapis sepulcri sive epitaphium); VI, 45 (*ex Suet., lapsu Er. ‚columis stauarum'*), 116 (porphyretica), 328 (Hymetticae)
comessabundus   V, 128; VI, 373, 483
comicus   V, 52 (poeta); VI, 407; VII, 271 (scortatores comici = scortatores in comoediis)
comitas   V, 17, 65, 336; VIII, 124, 312, 313 (in pollicendo)
comitatior   VIII, 137
comitia   V, 392, 465; VI, 293
commeare ad feminam   V, 3; VI, 563
commentarii publici   VI, 203
commessator   V, 215
commilitones   V, 243 (*lapsu Er., i.e.* duces collegae), 251 (*ex Val. Max.*), 435; VI, 173
commitigatum caput (mürbe geschlagenes Haupt, *ex Ter.*)   VII, 341
commodaticius   VI, 365
commotio animi   VII, 156
comoedia   VII, praef., 174, 258 (Aristophanis), 271 (in comoediis)
compedes   VIII, 236 (in compedibus vitam agere =servus esse)
competitor   V, 347, 393 (*ex Lapo Florentino*), 407A (*ex Philelpho*); VI, 237 (*lapsu Er., re vera* candidati)
computrescere   VII, 287; VIII, 61 (*pro* ἐγκαταςήπομαι)
concio   V, 98, 128, 165, 170, 180, 194, 200, 210, 211, 326; VI, 173, 410, 413; VII, 393; VIII, 37A, 158
conclave   VI, 532 (geschlossene Räumlichkeit)
conclusio (= peroratio)   VIII, 318
concolor   V, 443; VII, 293 (*ex Curione*)
concubinus   VI, 516 (vetulae); VIII, 71
concubitus   VI, 74, 559
condimentum   V, 26, 93; VI, 551
condiscipulus   VII, 40; VIII, 251
conditura   V, 311 (*lapsu Er. pro* condimentis)
conductivus   VIII, 94
conformare se   VII, 72 (ad imaginem, *ex fr. Ambrosio*)
confossus   V, 362 (caput vulneribus confossum, *ex Fr. Barbaro*)

congiarium   V, 280 (*ex Quintiliano*); VI, 276
congius   V, 280; VI, 377
congredi (Geschlechtsverkehr haben)   VII, 291 (*lapsu Er.*)
coniector somni   VI, 271
coniectura   VI, 345
coniugalis   VI, 282; VIII, 65
coniugium   V, 52, 219; VI, 587; VII, 34, 44, 87, 191, 271 (Cratetis); VIII, 71, 211, 213, 295
coniunx   V, 56, 101, 104, 387; VI, 30, 33, 587; VII, 291; VIII, 71
coniurati   V 55, 386 (Catilinae), 471 (in Caesarem dictatorem); VI, 59 (in Neronem); VII, 380 (in Nearchum); VIII, 126 (in Vespasianum)
conscientia   VI, 150, 409; VII, 213 (mala); VIII, 84 (factorum)
consenescere   VIII, 35, 208
conservus   VIII, 68
consideratio   V, 172B; VIII, 40A
consiliarii   VI, 130 (*i.e.* iudices)
consiliarius   VI, 254; VII, 129, 270
consonantes   VIII, 44
constuprare   V, 22, 116; VI, 345
consul   V, 165, 268, 273, 277, 308, 314, 385 (ridiculus), 412, 428; VI, 61, 91, 102, 199, 224, 283, 286, 289, 291, 293, 294, 299, 303, 309, 314, 316, 329, 350, 360, 437; VIII, 125, 158, 159
consul imperator (*ex Philelpho*)   V, 314
consularis   V, 323; VI, 61 (munia), 73, 358; VIII, 123 (dignitatem)
consulatus   V, 277, 315, 406, 421, 460, 465; VI, 177, 292, 293, VIII, 161, 313
contaminare   V, 340 (vita contaminata); VI, 52
contemplari   V, 153, 288, 313; VI, 168, 520, 527; VII, 159, 250, 303, 356 (naturas rerum, mores hominum)
contemplatio   VII, 11; VIII, 170
contermina (benachbarte Liegenschaften)   V, 379C (*ex Plin. mai.*)
continentia   VII, 111, 298; VIII, 64
contractus   VII, 109 (mendacium in contractibus)
controversia   V, 419; VIII, 55, 251
contumacia   VII, 163
convictor   VII, 302
conviva   V, praef., 152, 408; VI, 22, 61, 373, 453, 532, 564; VII, praef.
convivium   V, 47, 60, 87, 89, 193, 254B, 262, 319 (ars convivii), 384 (sortes), 408, 451, 468 (pudica); VI, praef., 22, 61, 92, 142, 181, 228, 240, 248, 343, 373, 453, 483, 486, 508, 511, 513,

convivium (*cont.*)   515, 523, 532, 562, 564, 574, 580; VII, praef., 63, 110, 120, 123,145, 177, 184, 253, 299, 302, 321, 327, 328, 348, 355, 377; VIII, 41, 96, 152, 181, 191, 201, 210
copia verborum   VI, 494; VII, praef.
coquus (*vide etiam* cocus)   V, 55, 224; VI, praef.; VII, 270, 330; VIII, 44, 130
cornea porta   VIII, 156
corona (Kranz)   V, 76 (Opferk.), 117 (Freudenk.), 128 (comessatoris), 180 (Sieges- und Freudenk.), 301 (Opferk.), 428 (milit. Auszeichnung); VI, 160 (Opferk.), 169 (Siegesk.), 228, 496 (e cupressu), 562 (Siegesk.); VIII, 100 (oleagina, Siegesk.)
coronare (mit Siegeskranz bekränzen)   V, 138, 160 428; VI, 169; VII, 23
coronarium certamen   VI, 562
corpus (menschl. Körper)   V, 18 (caedere), 175 (humores corporis), 222 (exercitatum athletice; robustum; expeditum; agile), 224 (inunctum, firmius, patientius, delicatius, segnius), 230 (unctum), 312, 313, 365 (obesum), 367, 410 (obeso corpore), 452 (multis cicatricibus), 459; VI, 102 (nec satis validum), 106, 136 (nudare), 164 (robur; vasti corporis), 165 (vires), 209 (incurvatum), 226 (deformitas), 242 (animi domicilium), 249, 282, 295, 305, 313, 349 (species corporis), 376 (vastum, Polyphemi), 392, 413 (obesum), 432 (proceritas), 478, 481 (vastum), 493, 503, 513, 541, 559 (obesum), 567, 577; VII, 13 (corpore sanus), 82 (imbecillitas corporis), 108 (fieri robustius), 166, 187, 210, 239, 257 (corporis membrum), 277 (corpore deformi), 323, 327, 347, 352 (Chrysippi), 370 (si corpus animum in ius vocaret), 375, 378; VIII, praef., 1 (corpore pusillo), 3, 22, 65 (tremulum), 137, 168, 170–173, 183 (Leichnam), 184 (oleum corpori infundere), 195, 203, 208, 238 (sanitas), 274 (robustum), 278,
corradere   VIII, 93 (corrasa pecunia)
correctio   VII, 203, 326, 347; VIII, 95
correptio (*Latin. eccl.*)   V, 98
corrigere   V, 98, 306; VI, 3, 78, 341, 346, 524; VII, 93, 99, 319, 347; VIII, 50, 95, 255
corruptela   V, 137; VI, 27, 157, 346
corruptus   V 233; VI, 343, 361, 465, 589; VII, 287; VIII 56
corvus   V, 1; VI, 477; VII, 51, 284

corydus (*transliteratio, Lat.* alauda)   VI, 503, 509, 510–515
cothon (*transliteratio, neolog. Er.*)   V, 129; VI, 514 (*lapsu Er.*: ‚cothon est cyathus fictilis')
coturnix   VIII, 45
cotyla   V, 29
coxa   VII, 272
crapula   V, 254B, 262
crassus   VI, 265 (veritas); VIII, 44 (lingua), 222 (iudicia)
cratera (-ae)   VII, 103
crepida   VI, 459, 526
crepitus ventris   VII, 136, 282
cribrum   VIII, 240
criticus   VIII, 41
crocodilus   VI, 428
cruda aqua   VI, 51
crumena   VIII, 59
cubicularius/ a cubiculis   V, 19, 22
cubiculum   V, 473; VI, 49, 64, 343, 537
cubitus   VII, 188 (cubito sese emungere)
cuculus   VI, 594
cucumis (*sive* cucumer)   VII, 371
culex   VI, 103
culleus   VI, 44 (*ex Suet.*)
cultellus tonsorius   V, 473 (*ex Val. Max.*)
cunnilingus   VI, 585
cuppediae   VII, 283
curia   VI, 294 (Hostilia); VII, 21 (Athenis); VIII, 296
curio   VI, 169, 170
curiositas   VI, 105, 269; VII, 179, 266
curiosus   V, 37, 185; VI, 73, 116, 269; VII, 303
currus   V, 20, 23; VI, 43, 507, 535; VIII, 154 (diphros), 218 (Anniceris), 264 (currus et equos iungere)
curulis   VI, 306 (*secundum Erasmum cognomen*), 336
curvatura   V, 1; VI, 326 (arcus)
custodes corporis   VIII, 89
custodiae (= carcer)   VI, 11, 354 (*ex Suet.*)
cyathus   VI, 483, 514; VII, 110 (pusillus)
cyclas   VI, 160 (*ex Hist. Aug.*)
Cynicus   VII, 131 (Cynici conuicium), 137, 138, 266, 291 (mulier Cynica/ Cynicum matrimonium), 297; VIII, 211 (satis Cynice), 257 (Cynicum percontans), 258 (admodum Cynice), 262 (Cynicum vivere), 281, 282, 286

daemones   VIII, 75, 227
damnare   V, 7, 166, 168, 190, 191, 392 (*lapsu*

damnare (cont.)   Lapi et Er.); VI, 10, 307; VII, 106, 125, 126, 198, 277; VIII, 103, 194, 317
damnatio   V, 161, 243, 372; VI, 306, 356; VIII, 10
damnatus   V, 168, 190, 392, 414, 458; VI, 10, 11, 32, 38, 159, 307, 359; VII, 76 (damnatissimae regiones, sic), 125, 292 (lapsu Lapi et Er.); VIII, 10 (lapsu Er.), 133 (lapsu Er.), 194 (Mars)
daricus   V, 19, 25, 233
dea vid. deus
debacchare   VII, 393
debilis   VI, 111; VII, 357 (debilior)
decantatissimum   VII, 29
decernere   V, 300, 398, 399, 459, 460; VI, 45, 49, 80, 314, 257, 380, 419; VII, 23 (lapsu Er.); VIII, 48, 273
declamare   VIII, 243, 252, 271, 319
declamatio   VIII, 26
decocta (aqua Neronis)   VI, 51
decoctus   V, 215 (temulentia)
decorum   V, 74, 135, 294, 468; VI, 253, 289, 314, 434, 451; VII, 63, 164
decretum   V, 211, 354; VI, 28, 58, 299, 476; VII, 98, 141 (lapsu Er.); VIII, 187
dedicatio   VI, 316 (templi)
dediscere   VII, 65, 70
deductores   VIII, 89
deflorescere   VII, 234
deformare   VI, 574
deformatus   VI, 411 et VII, 291 (gibbo)
deformis   V, 340; VI, 184, 198 (filii), 242 (gibbo), 270 (uxor), 332; VII, 42, 44, 123, 191, 277 (corpus); VIII, 46, 222
deformitas   V, 191 (oris); VI, 226 (corporis); VII, 44
defugere   VI, 163
degener   V, 219, 324
degenerare   V, 151, 242, 357; VII, 149
deglubere   VI, 7 (= pellem detrahere, ex Suet.)
delator   VI, 14
delicatus   V, 224; VI, 150 (homo), 210 (reus); VII, 187 (dives), 189 (pueri); VIII, 207, 272 (vestitus)
delirare   VIII, 174
delitiari   V, 223 (Er. interpretatio Christiana pro ὑβρίζειν); VI, 487 (deliciari)
demagogus   V, 137 (Epicydes)
dementia   VIII, 174
democratia   V, 360

demoliri   VI, 390; VII, 256 (statuas); VIII, 171, 229
denarius   VI, 272
dentes   VII, 378, 380; VIII, 38 (dentes candidas), 156 (candor dentium)
deosculari   V, 89
depeculari   V, 253
deperire im meretricem   VII, 271
depravatio   VI, 8 (iocus ex depravatione, sc. nominis), 441 et 473 (nominis)
deridere   V, 239, 343; VI, 192, 241, 490; VII, 277; VIII, 257
describere exercitum   VIII, 219
designatus   V, 362 (legatus), 315 (imperator); VI, 99 (successor); VIII, 75
desperati   V, 379O; VI, 49
desperatio   V, 469; VI, 154
detrimentum   VII, 234 (eburneum)
detritus   VII, 23 (pallium); VIII, 207 (vestis)
dea   V, 158; VI, 587; VII, 134, 222 (lapsu Er.); VIII, 3, 229
dei (dii)   V, 26, 29, 68, 72, 75, 81B, 104, 111, 117, 158 (Vis et Suasio), 169, 179, 227, 258 (diis invisus), 263, 275 (deos iratos Tarentinorum), 359 (deos orare), 385 (dii boni), 405 (statuae), 406 (deos precaturi), 425, 442, 469 (ultio deorum; vindicta a diis); VI, 14, 82, 99 (dii), 122 et 156 (dii immortales), 166 (dii), 265 (patrii dei), 414 et 416 (dii), 419 (dii immortales), 446 (diis sacrificare), 453, 479 (cum diis), 482 (deorum auxilio), 517 (dii miseri), 593; VII, 6, 36, 76 (deorum mater), 77 (a diis optanda, ex Budaeo), 135, 216 (dii), 37 (dei), 341 et 350 (dii), 377 (deus), 379, 391 (deos colere, implorare); VIII, 94, 170, 194, 227 (deorum filii), 255, 256, 379 (diis)
deus   V, 44, 68, 116, 159, 211, 220, 227, 228, 395 (Dei consilia arcana), 406 (deum comprecare), 442; VI, 82, 152, 180, 391, 414, 475, 496 (imperator Severus), 591; VII, 1, 3A, 6 (deus omniscius), 36, 134, 160, 287, 293, 376, 377, 379 (Alexander M.); VIII, 14, 183, 212, 255, 267
dexter   VI, 589 (ingenium)
dexterior   VI, 183 (ingenium)
dexteritas   VI, 86, 350, 353; VII, 101
dextra porrigere   VI, 418
dextram porrigere   V, 447, 460
dextras prehensare   V, 406
diadema   V, 9, 118, 132; VI, 15, 274, 371, 521; VIII, 91

diaeta   V, 254B et 262 (domestica)
dialectica   VI, 103; VII, 134, 325, 350, 354 (iuvenum); VIII, 103
dialectici   VII, 324; VIII, 102, 103, 268
dialecticus   V, 78; VII, 325, 354
dialogus   VI, 408; VIII, 216
dicax   VI, 185, 435
dictatura   VI, 314 (perpetua)
dicterium   V, 270; VIII, 257
dictio   V, 98, 172B; VI, 381; VIII, 37, 40A, 41, 42, 143, 253, 257 (nimium composita)
diem dicere   VI, 245
diffidentia   V, 189; VI, 339
digitus   V, 31 (supputatorum); VI, 191 (digito demonstrare), 481 (digiti pedum), 549 (exulceratus), 590; VII, 107 (Maß); VIII, 17 (summo), 199 (digito ostendere)
digressio   VIII, 320
dii *vid.* dei
dilemma   VI, 239; VIII, 6
diluculum   V, 132; VI, 593
dimetrum   VI, 40 (iambicum)
diphros (Zweisitzer, *neolog. Er.*)   VIII, 154
diphthongus   VI, 73
disciplina   V, 152; VI, 155; VII, praef., 65; VIII, 37A, 168
disciplina militaris   V, 18, 123, 317, 413; VIII, 121
disciplinae   V, 191 (liberales); VII, 47 (Graecorum), 83 (iuris, theologiae), 116 (Graecorum), 121 (liberales), 175, 215 (frivolae), 225 (liberales, mathematicae), 287 (philosophiae), 290 (liberales), 368 (disciplinae ἐγκύκλιοι); VIII, 168 (optimae), 191 (liberales)
discipulus   V, 68, 81; VI, 114, 267, 374, 409, 414, 432, 456, 463, 476, 479; VII, 40, 43, 48, 49, 165, 221, 225, 243, 251, 282, 301, 306, 311, 330A, 331, 348, 349, 358, 387, 389; VIII, 6, 43, 58, 154, 172, 173, 224 (tibicinis), 227, 228, 281
discruciare   VI, 394; VII, 212, 379; VIII, 265, 300
discurrere   VII, 3D (cogitatio); VIII, 319 (declamando), 320 (immodice)
discus   VIII, 43 (argenteus), 196
dispensator   VI, 74, 235
dispositiones (kaiserl. Entscheidungen)   VI, 146 (*ex Hist. Aug.*)
disputare   V, 353 (in senatu de seniculis Graecis); VI, 6, 451; VII, 83; VIII, 96
disputatio   VII, 165
disserere   V, 218; VI, 256, 417, 451, 462; VII, praefatio, 151, 162, 169, 225, 265, 282, 306, 307, 308, 340, 392; VIII, 135, 152, 263
dissimulare   V, 7, 360; VI, 28, 79, 271, 334, 354, 360, 537, 549, 576, 587; VIII, 233, 250
dissimulatio   VI, 240
dissolutior   V, 237 (ocio, ex Philelpho); VIII, 163
distichum   VI, 200 (Martialis)
distorqueri   VII, 190
ditescere   V, 168; VI, 42; VII, 16; VIII, 93
ditio   V, 106; VII, praefatio
dium   VII, 343 (sub dio vivere)
dives   V, 29, 92, 145, 149, 201, 241, 253, 457–458; VI, 70, 266, 318, 399; VII, 178, 187; 207–208 (sordidus); 219, 283–284, 335; VIII, 88, 111, 115, 148, 202, 210, 301
divinare   VII, 2 (*lapsu Er.*); VI, 221
divinatio   VI, 369, 536; VII, 19, 377; VIII, 239 (haruspicis), 273
divinitas   VI, 475; VIII, 170
divinus (Wahrsager)   V, 413
divitiae   V, 66, 201, 232, 458; VI, 399; VII, 28, 81, 96, 195, 258; VIII, 93, 231, 238, 248
divus   VI, 108 (L. Aelius Caesar), 138 (Geta), 138, 431 (divorum imagines); 273 (Aurelianus), 554 (Augustinus); VII, 376, 391 (divorum cultus); VIII, 193 (Hieronymus)
docilitas   VII, 43, 175, 189
docti   V, 77; VI, 104; VII, 232, 235
doctor   VIII, 96, 98, 204, 228
doctrina   V, 305, 411; VI, 418; VII, 232, 337, 342; VIII, 7
doctus   V, 7, 51, 77; VI, 104, 524; VII, 62, 206, 232, 235, 253; VIII, 135, 315
dogma   VII, 96, 384
dolichus (*neologismus*)   VIII, 141
dolium   VII, 203; VIII, 301 (pertusum)
domesticus   V, 72, 254, 262; V, 311 (sus domestica); VI, 135, 344 (animalia), 394, 417; VII, 133, 140
domicilium   VI, 242 (corpus animi); VII, 39, 271 (*lapsu Er.*), 375 (corpus animi)
domina   V, 328 (mulieres rerum dominas); VI, 585
Dominationes   VI, 2 (reverendissimae)
dominus   V, 20, 107, 263, 379D, 379L, 379N, 382, 456 (Iulius Caesar); VI, 2 (Tiberius), 15 (unus rex), 98, 192, 260, 263, 334, 426; VII, 188; VIII, 154, 308
donaria   V, 25 (*lapsu Er.*), 65 (*lapsu Er.*), 179, 442; VI, 431, 591

dos   VI, 33, 117, 270, 590; VII, 291 (*lapsu Er., recte* possessio); VIII, 71
drachma   V, 185, 232, 309, 321 (*lapsu Er., recte* libra]); VI, 445, 519; VII, 270; VIII, 147, 148
ducatus   VI, 163 (*ex Hist. Aug.*)
dux   V, 18, 110C, 120, 121, 153, 157, 171, 173, 174, 195, 196, 197, 200, 203, 204, 205, 206, 207, 209, 220, 227, 228, 242–244, 254B, 256, 262, 265, 287, 296, 312, 318, 350, 351, 355, 400 (duces pro στρατηγοί, *corrigens* imperatores), 407, 412, 417, 418, 424, 425, 428, 432, 446, 466, 469; VI, 46, 113, 125, 134, 173, 255, 319, 376, 432, 493; VII, 68, 258, 278 (duces exercituum *pro* στρατηγοί, *ex fratre Ambrosio*), 394; VIII, 60, 139, 215

ebrietas   V, 63; VI, 30, 181, 497; VII, 31, 103, 157, 160
ebrius   V, 88, 128, 225, 386, 451; VI, 483, 511; VII, 105, 301; VIII, 15
eburneus   VI, 211 (oppida); VII, 234; VIII, 156 (porta)
eburnus   VIII, 29
ecclesia   VIII, 154 (cathedralis)
edentulus   V, 340
edicere   V, 104, 173, 405, 413; VI, 286, 303 (*lapsu Er.*)
ediscere   V, 155; VIII, 20, 205 (*lapsu Er.*), 244 (libros)
edormiscere   VII, 157 (*ex Plaut.*)
effigies   VIII, 203 (Alexandri Magni), 210
effingere   V, 109; VI, 129 (statua ad vivum efficta); 266, 529; VIII, 173
efflare   V, 250 (animam)
effoeminatus   VII, 260, 318, 378 (adolescens); VIII, 272
effrenis   V, 305, 411 B (= V, 305); VII, 111 *et* 252 (lingua); VIII, 226
effutire   V, 49; VI, 407; VII, 17
elanguescere   V, 292, 337; VIII, 174
eleemosyna   VII, 224
elegans   V, 116 *et* 294 (forma), 304 (ornatum), 415B (= V, 304); VI, 559, 579, 590 (forma); VII, praef., 99, 144 (Privatmann), 300 (oratio); VIII, 155 (epiphonema), 192 (cultus), 272 (forma)
elegiae   VIII, 82
elementa   VI, 519 (Empedoclis), 545
elephantus   V, 297; VI, 524
elephas   V, 266; VI, 165; VIII, 206

elinguis   VI, 437
elogium   VII, 22, 30, 201; VIII, 171
elumbis   VIII, 41
emigrare   VI, 454; VIII, 226 (*lapsu Er., scribendum erat* migrare)
emollitus   VII, 295
emolumentum   VI, 78; VII, 62, 267
emungere   VII, 188 (sese cubito)
encalypteria (*neolog.*)   VIII, 46
encomium   VIII, 47
epar   VI, 549
ephebi   VII, 271
ephemeris (Rechnungsbuch)   VII, 270 (*ex fr. Ambrosio*)
epigramma   VI, 89, 129, 258; VIII, 116, 278
epilogus   VI, 221 (= peroratio, *ex Cic.*)
epiphonema   VIII, 155
episcopus   VIII, 154
epotare   VIII, 190
epulum   V, 53, 319 (victoriale); VI, 61, 266, 276
eques   V, 20, 200; VIII, 246, 292, 299, 301
equestria certamina   VIII, 100
equinus   VII, 168 (pullus)
equiso   V, 35; VI, praef., 263
equitare   VI, 284; VII, 219
equites sagitarii   V, 311
equus   V, 7, 20, 41 (fricare), 42 (hinnitus equi), 47 (in convivium inductus), 152, 277, 279, 299, 305, 408 (equum adimere, equo privatus), 411B, 446; VI, 150, 192, 263, 284, 286, 289 (fortitudinis praemium), 367, 370, 500; VII, 67, 68, 78, 158, 202, 219, 252 (effrenis, infrenis *ex fr. Ambrosio*), 352 (aureus, *i.e. nomen* Chrysippi); VIII, 45, 95, 202 (argento circumtectus), 203 (Bucephalus, pictus), 264
eradere   VI, 129
ergastulum   V, 379O (*ex Plin. mai.*)
erratum   V, 274, 364; VII, 12, 93; VIII, 95
error   V, 195, 306; VI, 216, 529; VIII, 162, 233
erubescere   V, 380, 386B, 438; VI, 132, 405, 527; VII, 72; VIII, 143, 176, 194, 318
eruditio   V, 77; VI, 400; VII, praef., 2, 102 (*lapsu Er., recte* gratia *siue* commendatio), 133, 227, 232, 235–237, 247, 287, 290; VIII, 168, 293, 304
eruditus   VII, 13, 292, 321; VIII, 62, 77, 94, 116, 140, 168, 174
ethice   VIII, 102, 293
ethnicus   V, 116; VI, 151; VII, 106 (ethnicae

ethnicus (*cont.*) reliquiae), 178 (philosophus), 192, 271 (Crates); VIII, 72, 122
etymologia   VIII, 154
eunuchus   V, 29; VI, 146 (principum); VIII, 8, 22, 130, 214
eviratus   V, 10; VII, 183 (Galli); VIII, 272
evolvere (libros)   V, 217; VII, 264
exactio   V, 58; VI, 7, 147
exactor   VIII, 55
exarescere   V, 48 (ver)
exautoratio   VI, 155
excaecare   V, 84
execratio   V, 398; VI, 339
excubiae   V, 317 (nocturnae)
exemplum   V, 15, 17, 23, 63, 91, 298, 300, 339, 409, 428; VI, 130, 168, 203, 303, 352, 529, 530; VII, 30, 105, 142, 164, 371; VIII, 5, 139, 189, 229, 255, 293, 300
exercitatio   VI, 525; VII, 166 (*lapsu Er.*), 232; VIII, 20, 170, 174
exhaeredatio   V, 56
exilium   V, 112, 149, 161, 169, 218; VI, 201, 219, 454; VII, 125, 126, 265, 271
experientia   V, 110C, 318 (multarum rerum, *lapsu Er.*)
exoculare   V, 84
exosculari   V, 192; VIII, 67
exosus   VIII, 233
exoticus   VII, 97, 251
experimentum   V, 4, 260; VIII, 130
expilator   V, 168 (civitatis)
expiscari   VI, 557
explodere   V, 202; VII, 104, 147; VIII, 145
explorator   V, 15
expuere (= exspuere)   V, 172, 380, 386B; VII, 378, 380 (linguam)
extabefacere   V, 221 (mors extabefaciens)
extemporalis dictio   VI, 381; VIII, 143
extergere calceos (*scribendum erat detergere*)   VI, 460
externus   V, 342 (bona externa); VIII, 77 (externa actio), 168
exul   V, 140
exulatum   V, 169; VII, 134
exurere   VII, 150, 198, 289 (libri); VIII, 5 *et* 244 (libri)

faba   VIII, 27
fabella   VIII, 194
faber   VI, 250, 341, 459 (*lapsu Er., recte* sutor); VII, 30 (faber aerarius)

fabula   V, 44, 84 (Ulyssis), 185, 191, 202; VI, 48 (Oedipos), 76, 254 (autor et actor fabulae), 345, 400 (tragoedia), 405 (comoedia), 462; VII, 174 (fabularum [sc. tragoediarum] personae), 203, 328, 351 (= Euripidis *Medea*); VIII, 1, 18, 28, 156, 160, 174, 194
fabulari   V, 390; VI, 189; VIII, 12
fabulosus   VII, 38 (Septem sapientium dicta)
facete   V, 272, 275, 406, 442; VI, 81, 121, 444, 555, 579; VII, 274, 355, 383, 389; VIII, 20, 43, 66, 92, 94, 107–108, 179, 196, 207, 237, 245, 270, 284, 306
facetus   V, 72–73; VI, 197, 285, 593; VII, 275, 343; VIII, 77, 107
facilitas   V, 154 (morum); VI, 353; VIII, 140
facultates (bona; Besitzungen)   V, 376, 458; VI, 7; VII, 207–208, 284; VIII, 147
factio   V, 160, 389 (Pompei); VI, 21, 382
faenum *vid*. foenum
fallacia   VIII, 28
falsarius (Fälscher)   VI, 86 (*ex Suet.*)
fama   V, 51, 150, 246; VI, 424, 496, 590; VII, 2, 85, 131, 387; VIII, 93, 181
famelicus   V, praef., 208
familia   V, 104, 322; VI, 150, 260, 306 (*lapsu Brusonii* filia)
familiaris   V, 53, 87, 172B, 191, 225, 361, 366, 401, 457; VI, 29, 91, 159, 278, 282, 305, 343, 353, 394, 407, 428, 490, 537; VII, 132, 216, 317, 332; VIII, 17, 25, 40A, 43, 46, 123, 140, 149, 285, 299–300
familiaritas   V, 87, 279, 390 (nimia); VII, 101, 214, 217
famula   VII, 355, 371
famulitium   VIII, 130
famulus   V, 51, 132, 352 (Catonis), 411; VI, 253, 373 (*lapsu Er., recte* amici); VII, 101, 157; VIII, 86;
fanum *vid*. phanum
farina   VI, 255; VII, 74; VIII, 190
fascia   VI, 271, 371
fasciculum   V, 43 (iaculorum)
fastuosus   VII, 261
fastus   VII, 67, 158; VIII, 192
fatidica   VI, 345
fatuitas   VII, 341
fellator   VI, 585
femina *vid*. foemina
fenestra   VI, 5 (aperire)
fera   V, 102, 132

ferocia   V, 33, 284, 336; VII, 28, 67, 163; VIII, 225
ferocire   V, 419
ferox   V, 102, 152, 279, 305, 360, 411B, 447; VI, 164, 268, 285, 287
ferrarii   VI, 250
ferrarius   VI, 172 (opifex)
ferula   VIII, 27
festivitas   VI, 440
festivus   V, 254B, 262; VI, 74, 193, 328, 331, 358, 360, 439, 442, 458, 490; VII, 274; VIII, 1
festus dies   V, 225
fibula   VI, 209 (ferrea)
fictilis   V, 82 (pocula), 264 (olla fictilia, *pro* χύτραι), 413 (poculum); VI, 514 (cyathus)
fictio   VI, 408 *et* VIII, 82 (poetica), 108
ficus (arbor)   V, 194; VI, 247; VII, 284
ficus (fructus)   V, 26 (aridus); VI, 190
fideiussor   V, 274 (*ex Regio, pro* ἐγγυητής)
fiducia   V, 11 (sui), 15, 127, 139, 243 (meritorum), 267 (sui), 295, 300–301 (meritorum), 313, 416, 443 (sui); VI, 299–300, 372, 373, 400 et 401 et 409 (artis); VII, 53, 213 (*pro* παρρησία, *ex fr. Ambrosio*), 261; VIII, 98, 140
figmentum   VIII, 156
figulus   V, 82, 83; VI, 293, 533
filii deorum   VIII, 227
filii hostium   VII, 71
fingere   VIII, 82 (de poetis)
fiscus   V, 168; VI, 28, 76 (fiscus imperialis [sic]); VIII, 115, 129, 161, 236 (fiscus principis [sic])
fiscus lien   VIII, 115
fistula   V, 191; VII, 255
flagrum   V, 18, 138; VI, 430, 567; VIII, 57, 193, 280
flammeum (Brautschleier)   VI, 33 (*ex Suet.*)
flatus ventris   VII, 282
flosculum   VIII, 41
foculus   VI, 279; VIII, 198
fodere   V, 196; VI, 55, 250, 271, 575; VII, 331, 335, 336 (*lapsu Er., ex fr. Ambrosio*); VIII, 210
foedifragus   V, 258 (tyrannus)
foemina   V, 69, 184, 274, 368, 453; VI, 16, 54, 233, 270, 285, 358, 574, 586, 589, 593; VII, 183, 285, 292 (*coniectura Er.*), 357; VIII, 12, 54, 74, 101, 162, 295, 297
foemor   V, 112 (foemori insutus); VI, 251
foenum   VI, 315; VII, 28
follis   VII, 180 (*pro* ἄμφωτις, Ohrenschutz der Boxer)

forma (Schönheit)   V, 116, 294; VI, 312, 332, 349 (faciei Vespasiani), 523, 574 (naturalis), 589, 590 (elegans); VII, 72, 163 (corporis, *lapsu Er.*), 194, 234, 241, 277, 316 (formam esse vocis florem); VIII, 222, 238
formidolositas   V, 95, 138; VII, 367B (V, 95)
formidolosus   V, 137; VI, 300; VII, 20; VIII, 37A
formosus   V, 34 (uxores), 98 (Agathon), 178 (puer); VI, 90, 312 (uxor), 523 (Lais), 579 (Phryne); VII, 44, 123, 191, 234, 241, 310 (adolescens)
formulam scribere (jem. anklagen)   VI, 245
fornix   VI, 326 (Fabii)
fortuna   V, 4, 69, 79, 80, 81, 82, 103, 170, 209, 230, 271, 305, 322, 324, 342, 411, 418, 422, 436; VI, 126, 322, 379, 420; VII, 59, 258, 281, 294; VIII, 20, 131, 186, 216, 247
forum (urbium et oppidorum)   V, 58, 128 (Tarenti); VI, 374, 480 (Mylassae), 543, 576 (Athenarum); VII, 75, 109, 119 (Athenarum), VIII, 5 (Athenarum), 161, 221
forum (Romae)   V, 316, 380, 386B, 388, 401, 406, 460; VI, 14, 191, 234, 303, 306, 326, 408, 553; VIII, 78, 222
fossor   VI, 250; VIII, 178
fraudulentia   VI, 16
fraus   VII, 16, 119, 234; VIII, 96
fricare   V, 41 (equum), 413 (sese; iumenta); VI, 243
frivolus   V, 373 (frivola curare); VI, 178; VII, 2, 144, 215; VIII, 27
frugalitas   V, 92, 114, 223–224, 254B, 262, 321, 400, 411; VI, 551, 583; VII, praef., 64; VIII, 167
frugaliter   VII, 185
frumentarii   VI, 105 (*ex Hist. Aug.*)
frumentarius   V, 98 (res, *ex Philelpho*)
frumentum   V, 98, 326; VII, 226
frustraneus   VIII, 77 (actiones)
fucatus   VI, 574; VII, 250
fucus   V, 13, 61; VI, 574 (litura fucorum); VII, 286; VIII, 97, 239
fuligo   VI, 570
fullo   VI, 161, 197, 468; VII, 175
fumus   VI, 159 (fumi venditor); VII, 114, 270; VIII, 107
functio   V, 3 (regia), 132 (functiones, sc. regni), 163; VI, 147 (frühneuz. Amt); VII, 185; VIII, 283

fundus   V, 379D, 379I, 379M, 382; VI, 202, 203, 352; VII, 144, 290; VIII, 231, 301
fur   V, 60; VI, 156, 157, 220; VIII, 236 (privatarum rerum, publicarum rerum), 254
furax   VI, 206 (servus), 350, 351 (magistratus)
furcae Caudinae   VI, 310
furor   V, 64; VI, 519; VII, 317; VIII, 297
fustis   V, 444; VI, 153; VIII, 146
fusus, -i (Spindel)   VI, 538 (*i.e.* sagitta)

galla (Gallapfel)   VI, 427
gallus gallinaceus   VI, 250; VIII, 45 und 219 (Kampfhahn)
garrire   VII, 2, 177, 301, 309, 320
garrulitas   V, 88 (tonsoris); VII, 144, 309, 312, 320; VIII, 295
garrulus   V, 49, 88; VII, 244; VIII, 308 (senex)
gemma   VI, 160, 170 (vitrea), 531
generosus   V, 151, 250 (mors Epaminondae), 251 (mors Epaminondae), 302, 324; VII, 45
genesis (*i.e.* genitura)   VI, 109
genethlici (Chaldaei)   VI, 54
genius   V, 61 (anulo inclusus), 225 (indulgere genio); VII, praef.; VIII, 228
gentilitius   VIII, 188
genua   VII, 272 (misericordiae dedicata), 299 (genua pulsare, *lapsu Er.*); VIII, 1
geometria   VII, 175
germanice   VIII, 222 (respondere)
gesticulatio   VI, 324 (Hortensii); VIII, 194 (Tanz des Pantomimen), 195 (*lapsu Er.*)
gesticulator   VIII, 194 (= saltator, Pantomime), 195 (*lapsu Er.*)
gesticulatrix   VI, 324 (Hortensius)
gestor (histrionis; Regisseur?)   VI, 254
gestus   V, 168; VI, 39, 450; VII, 340; VIII, 23, 160, 195 (corporis)
gibbus   VI, 242, 243, 411 (gibbo deformatus); VII, 291
gingiva   VII, 346 (*ex fr. Ambrosio*)
gladiatores   V, 388 (*ex Lapo Florentino*); VI, 23; VII, 106; VIII, 229
gladiatorium munus   VI, 200
gladiolus (piscis, *lapsu interpretum*)   V, 148
gladius   V, 148, 205, 304, 317, 348, 415, 415B; VI, 151, 172, 193, 281, 299, 370; VIII, 2, 126
gladius fortunatus (Zauberschwert)   V, 61
glans   VIII, 116 (*significatione propria et obscoena*)
glecho   VIII, 190 (*neologismus*, = pulegium)
gloria   V, 51, 135, 140, 142, 153, 156, 179, 229, 231–232, 245, 247, 249 (offuscere gloriam), 324, 335 (statuarum gloria), 344, 351, 357, 408, 421, 453 (spontaneae mortis), 464 (publica); VI, 254, 281, 356; VII, 40, 96, 193, 281, 331, 369 (gloria umbra); VIII, 85, 171, 194
gloriari   V, 219, 235, 278, 455; VI, 24, 308, 325, 383, 401, 476, 522, 573, 577; VII, 15, 39, 72, 238; VIII, 29, 62, 187
gloriosus   V, 82, 125; VI, 568 (amator); VIII, 218
grammaticus   V, 94; VI, 6, 243; VIII, 55
grandiloquentia   VIII, 50
granum (Samenkern des Granatapfels)   V, 6; VII, 273 (*ex fr. Ambrosio*)
graphium (γραφεῖον, Griffel)   VI, 29
gratiosa Celsitudo   VI, 2
graveolentia   V, 50 (oris); VIII, 61 (oris), 65 (oris)
gravida (schwanger)   VI, 440
gregalis   VI, 323 (milites), 431
gregarius   VI, 65 (milites)
grypus   V, 1
gutta   VI, 488 (mentis); VIII, 131 (aquae)
guttula   VI, 145 (*ex Hist. Aug.*)
guttur   V, 365
gymnasiarcha   VII, praef. (*neologismus*)
gymnasiarchus   VII, 218, 272; VIII, 107
gymnasium   V, 208; VII, praef. et VII, 272 (gymnasii princeps, *i.e.* gymnasiarchus), 250, 330C
gymneticus (*neologismus, ex Valla*)   VIII, 100

haedus *vid.* hedus
haeredipeta   VI, 362
halitus   V, 50 (oris)
halluncinare   VIII, 96
harmonia   VI, 456, 485; VII, 330A (vitae)
haruspex *vid.* aruspex   VI, 369; VIII, 239
hasta   V, 32, 118, 464; VI, 75, 326
hastati   V, 311 (*ex Philelpho et Regio, i.s.* equites conarii)
hedus   V, 372
helleborum   VI, 20
hemina   V, 280
heminaria   V, 280 (*ex Quintiliano*)
hemistichium   VI, 507 et VII, 339 (Homericum)
hepar *vid.* epar
hera   V, 454
herus   VI, 101 (Adrianus imperator), 195, 259, 260; VIII, 176

hinnire   VII, 202
hinnitus   V, 42; VII, 67
hippocentaurus   VI, 192 (*ex Quintiliano*)
hircus   VI, 89; VIII, 67, 240 (mulgere hircum)
hirudo   VII, praef.
historia (Geschichtswerk)   V, 354 (Graece conscribere); VI, 524
historia (Geschichtsschreibung)   VIII, 84, 293
historiae (Titel eines Geschichtswerkes)   V, 438 (Historiarum commentarii); VIII, 84 (Cluvii), 140
historiographus   VIII, 84 (Cluvius)
histrio   V, 202, VI, 39 (Atellanarum), 59, 254, 324, 432, 434 (incessus histrionis); VII, 104; VIII, 18, 23, 48, 142, 160, 195
homicida   VII, 30 (*ex fr. Ambrosio*)
hordeaceus   V, 26 (panis)
hordeum   VII, 202 (cibus equorum)
hortus   VII, 331, 371, 387; VIII, 12, 212
hospes   V, 37, 48, 61, 85, 311, 440; VI, 106, 252, 257, 289, 360, 441, 454, 461, 471, 527, 582; VII, 101, 184; VIII, 167, 191
hospitium   VI, 49, 257, 592; VII, 101 (ius hospitii)
hostia   V, 114, 133; VIII, 94, 256
hostis   VII, 23 (*lapsu Er.*), 71 (hostium filii), 77, 93 (*lapsu, i.e.* inimici)
humanitas   V, 9, 34 (Graecorum), 118, 215, 279 (cicurat), 338; VI, 11 (officium), 96 (affabilitas); VIII, 139, 162 (Philippi)
humaniter   V, 298
humanitus   VIII, 117
humanus   V, 87, 162 (vita), 243, 298, 305 et 411 et 426 (res humanae); VI, 32, 33 (res), 115, 121 (res), 411; VII, 135 (res), 245, 282, 356, 377, 384 (lapsus), 386 (res); VIII, 178
hydropicus   VI, 195
hymnus   VII, 222
hyperbole   VI, 326
hypostigme   VI, 478

iactus Veneris   V, 384
iaculum   V, 17, 43; VI, 497; VIII, 206, 216
iambicus   VI, 40 (dimetrum); VII, 292 (versus)
iambissare   VIII, 216 (*neologismus Er. ex* ἰαμβίζειν)
idiota   VII, 149, 184, 242, 269; VIII, 90
ieiunium   VII, praef., 346
ignavia   V, 148, 304, 307, 412, 415B, 418; VI, 354; VII, 77, 277; VIII, 100, 177, 300

ignavus   V, 2, 141, 145, 173, 304, 415B, 435, 464; VI, 169, 223, 538, 539, 584; VIII, 247; 317
ignobilitas   VII, 85, 188
ignoscentia   VII, 30
ignoscere   V, 91, 215, 226, 330 (sibi); VII, 30, 330; VIII, 84, 132, 282
illiteratus   V, 161; VIII, 315
illudere   V, 223 (*Er. interpretatio Christiana pro* ὑβρίζειν); VII, 341
imaginatio   V, 254 (morbi); VIII, 169
imago (Bild, Porträt, Statue)   V, 96 (patris imagines, i.e. Porträts von Antigonos I.), 149 (imagines in picturatis stragulis), 239 (Hecates); VI, 431 (divorum imagines), 535 (Porträts von Tyrannen); VII, 71, 81 (maiorum imaginibus nobilitatem metiri), 217 (Statuen von Herrschern); VIII, 29 *et* 168 (imagines, Ahnenbilder), 173 (Porträt von Plotinus), 222 (pastoris, Gemälde mit einem Hirten)
imbecillis   V, 43, 340; VI, 127; VIII, 37, 209
imbecillitas   V, 305, 411; VII, 82 (corporis)
imberbis   V, 74
imbrex   VII, 296 (*lapsu Er., recte* canalis)
imitari   V, 191 (vocem hominis), 199, 364; VI, 86, 130, 134, 315, 485, 570; VII, 131, 168, 385; VIII, 41, 150
imitatio   V, 109; VI, praef., 358 (personae), 433 (mala), 529–530; VIII, 41, 203
immanis   V, 116, 266, 375; VI, 9, 376; VII, 26
immanitas   V, 35 (barbarica); VIII, 229 (gladiatorum)
immedicabilis   V, 104; VIII, 35
immolare   V, 44 (filios Saturno), 53 (amicos), 114 (victimam), 117; VI, 49 (beluam), 89 (hircus); VII, 132 (hecatomben); VIII, 141 (victimas)
immortalitas   VI, 520; VII, 55, 155, 193; VIII, 97, 277, 300
imperator   V, 54, 107, 135, 172B, 203, 237, 256, 273 (*lapsu, pro* consule), 294, 302, 308, 315, 315 (*lapsu, pro* consule), 325, 333B (pessimus), 422, 428, 431, 436, 452, 453, 461, 467 (*ex Leonardo Aret.*); VI, 17, 63, 83, 95, 105, 108, 111, 116, 131, 134, 135, 136, 144, 149, 150, 155, 172–174, 176, 177, 181, 182, 225, 268, 273, 318, 350, 570; VIII, 8, 18, 31, 34, 40A, 54, 88, 96, 97, 98, 115, 117, 123, 124, 130, 131, 166, 283
imperiosus   VII, 34 (mulier)
impietas   V, 72; VI, 168; VII, 134, 213; VIII, 5
impius   V, 117; VI, 5, 19, 112, 123, 138, 171, 497;

impius (*cont.*)   VII, 36, 37, 292 (*cognomen* Theodori); VIII, 5, 188, 215, 233, 277
impostor   VI, 170; VIII, 239
impostura   VI, 170; VIII, 239 (aruspicum)
impotentia   V, 328; VI, 430
imprecari   V, 68, 81, 359, 469; VI, 99, 593
improbus   V, 46, 132, 172, 219, 249, 331, 339, 340, 359, 426; VI, 17, 75, 272, 544; VII, 27, 57, 60, 90, 100, 224, 245, 287, 344, 381; VIII, 234, 252, 299, 306, 307
improbitas   V, 94, 426 (Kühnheit, Wagemut); VI, 296; VIII, 38
impudens   V, 1, 186; VI, 334; VII, 297; VIII, 248, 281, 297
impudentia   VI, 17 (= inverecundia), 31, 564; VII, 297, 302
impudicitia   VI, 69, 337, 345, 435; VII, 312, 317 (*lapsu Er.*)
inaures (Ohrgehänge, *ex. Hist. Aug.*)   VI, 160
inauspicatus   V, 421; 434 (dies), 463 (ostentum)
incandescere   VII, 184, 381; VIII, 11, 210
incendiarius   VI, 59 (*ex Suet.*)
incisiuncula   VIII, 41
incogitantia (*Batavismus Er.?*)   V, 330
incompositus   VII, 252 (verbum, *lapsu fr.* Ambrosii, *i.e.* oratio); VIII, 37B (sermo)
inconstantia   VII, 106, 337
incurvare se   VI, 209, 493
indecorus   V, 180, 191; VI, 213, 434; VII, 63, 66, 75, 105, 143, 164; VIII, 32
indefatigabilis   VII, 371
indifferentia (ἀδιαφορία)   VII, 383
indifferentia (res diversae)   VII, 383
indigenae   VII, 39
indocilis   V, 340; VII, 95, 206
indoctus   VII, 62, 235, 253, 260, 269, 278; VIII, 90, 111, 202, 315
indolatus   VIII, 41
indusium (Unterhemd)   V, 61
inebriare   V, 60; VI, 483 (inebriatus); VII, 160, 355
inedia   VIII, 217
inexpectatum   V, 130; VI, 232, 246, 363, 435, 436, 449, 553, 559, 566, 580
infaustus   V, 227
inferi   V, 265; VII, 46, 128, 200, 203 (apud inferos); VIII, 159 (ab inferis), 265 (ab inferis revocari), 277 (apud inferos)
inflationes   VII, 298 (*corruptela pro* inflammationes)
inflatus   VII, 311 (*lapsu Er., fr. Ambrosii*)

infrenis   (VII, 252, *ex fr. Ambrosio*)
ingeniosus   VI, 242, 390; VII, 79 (nugator, *ex fr. Ambrosio*); VIII, 227
inguen   V, 365
ingurgitare   VI, 483
ingurgitatio   VI, 439
inhumanitas   VI, 91
inhumaniter   V, 193–194
initiatio   VII, 46
iniuria   V, 160, 224, 232, 248, 339, 471; VI, 64, 98; VII, 16, 27, 30, 106, 228, 362; VIII, 30, 132, 225, 232, 322
innocentia   VII, 173, 205; VIII, 139, 187
inquinare   VIII, 131
insalubris   VI, 291
insania   V, 341, 379K; VII, 41, 103, 108, 271, 341; VIII, 297
insanire   VII, 41, 108; VIII, 306
insanus   V, 28, 34 (Amor), 341; VI, 23 (iocus), 351, 441; VII, 105, 108, 271
inscribere (ein Gemälde mit der Signatur des Künstlers versehen)   VII, 274
inscribere (mit einer Inschrift oder Aufschrift versehen)   V, 8, 161, 179, 243; VI, 448; VII, 32, 53, 111; VIII, 216;
inscriptio (Inschrift)   V, 75; VI, 43, 469
insculpere   VIII, 171
insculptus   VIII, 244 (animo)
insectum   VIII, 138
insidiator   V, 61; VII, 279
insignia   VIII, 168 (nobilitatis)
insomnia   VII, 330B
institutio   V, 1, 123, 151–152; VI, 374; VII, 22, 219; VIII, 157, 188
instrumenta animata (= servi)   V, 457
instrumenta rustica   VI, 306
integer   V, 7, 168, 233; VI, 130; VII, 130, 187, 203, 298 (integerrimus = Zeno); VIII, 70, 154, 296
integritas   V, 1, 163, 168; VI, 352, 387, 415; VII, 187, 295
intellectulus (*interpretatio Erasmi pro* νοίδιον; *i.e.* sententiuncula)   VIII, 41
intemperantia   V, 230; VII, 260; VIII, 209
intempestivus   VI, 333, 336, 489; VII, 221; VIII, 217
interpres   V, 149 et 371 (Dolmetscher); VII, 2 et 17 (Traversari), 9; VIII, 341
interpretari   V, 54, 108, 173, 227, 228, 442, 443, 463; VI, 81, 213, 331, 360, 474; VII, 153; VIII, 95

interpretatio   V, 228; VI, 81, 360 (literarum), 418 (sinistra); VIII, 7
intestina   VI, 83; VII, 330A (*ex C. Valgulio*); VIII, 21 (*lapsu Er.*)
inverecundia   VI, 17
inventum (Einfall)   VIII, 41
invidia   V, 64–65, 80, 125, 252, 322, 342, 361, 459; VI, 42, 56, 138, 194, 210, 244, 306, 317, 371; VII, 54, 102, 182, 212, 281; VIII, 97, 159, 161, 298
invidus   VI, 194; VII, 54, 61, 212
invocatus   VII, 263
involucrum   VI, 494; VIII, 156
iocari   V, 52, 128, 376; VI, 57, 137, 206, 224, 381, 384, 468, 473
iocose   VI, 192; VIII, 88, 285
iocosus   VI, 196, 248, 249
iocus   V, 22, 52, 54, 254, 287, 300; VI, 4, 8, 23 (insanus), 31 (ex nomine), 33, 46, 57, 61, 75, 82, 106, 116, 140, 167, 188, 197, 204 (ex ambiguo), 206, 208, 213, 214 (ex absurdo), 219, 222, 223 (ex nomine), 230, 237, 243, 249, 250, 272, 275, 326, 330, 331, 333 et 336 (intempestivus), 345 (e fabula), 349 (ex specie corporis), 355, 359 (submorosus), 403, 436, 439, 453, 466, 476 (ex ambiguo), 479, 489 (intempestivus), 493, 496, 499, 559, 564, 574; VII, 152, 250, 283, 330C, 331, 352; VIII, 24, 37, 43, 107, 108, 154, 287, 317
iota   VI, 453
ira   V, 9, 37, 64 (civium), 117, 341; VI, 183, 290, 307, 356; VII, 157, 184, 378 (os ira patens), 381 (sapientis); VIII, 182 (elatus ira), 193 (patris), 210, 226, 280, 283
iracundia   VII, 378, 380; VIII, 37A, 39, 66, 226
iracundus   VIII, 37A, 39, 193 (pater)
irasci   V, 248 (patriae), 258; VI, 577; VII, 156; VIII, 86, 255
iratus   V, 10, 31, 56, 258, 275, 341; VI, 175, 201, 226, 279, 290, 363, 496, 530; VII, 132, 156–157, 213; VIII, 66
ironia   VI, 230, 236; VIII, 248, 253
irridere   V, 171, 354, 377, 381, 384; VI, 61, 114, 170, 214, 215, 243, 436, 475, 523
irrisio   VI, 108, 134, 219, 332, 358, 365, 383; VII, 272 (nasus irrisioni dedicatus)
iureconsultus   VIII, 96, 97, 314
iuris cognitio   VIII, 99
iurisperitus   VIII, 98, 288, 314
iurisprudentia   VIII, 96, 97

ius   V, 28, 38, 59 (civile; naturae), 188, 295, 309, 372, 395, 430, 471; VI, 76, 138, 151, 153, 203, 218, 245, 293 (civile), 567; VII, 17, 83, 101 (hospitia), 222, 251, 281, 370, 379; VIII, 55, 56, 98 (disciplina Academica), 99, 115, 124, 143, 144, 165, 166, 187, 304, 314
iusiurandum   V, 33, 176; VI, 339; VII, 7
iustitium   VI, 303 (*ex Cic.*)
iuvenari (*ex Hor. Arte poet.*)   VI, 57; VIII, 45

laccus (Weintank, *ex Graeco*)   VI, 560
lachryma   V, 12, 104, 285, 372; VI, 327, 394; VII, 129; VIII, 75, 107, 212
lachrymare   V, 316; VI, 327, 541
lacus (Behälter, *Latine, cf. laccus*)   VI, 560
lactuca   VI, 349 (*ex Mart.*)
lagena   VI, 183, 206
lana   VI, 7, 358; VII, 175 (rudis)
lancea   V, 317; VIII, 225
lanius   VIII, 233
lapidare   V, 331 (*ex corruptela textus Graeci, scribendum erat* iubere); VI, 200, 430, 510
lapidescere   VIII, 24
lapidea vascula   V, 414 (*lapsu Er.*)
lapidicinae   VI, 505 (Syracusae); VIII, 24 (*metaphorice*)
lapodytae (vestium fures)   V, 60
lapsus   VII, 131, 358, 384 (humanus); VIII, 103
larvae   VIII, 175 (larvas insectari)
laterarii   VI, 406
latifundium   V, 379N (*ex Plin. mai.*)
latrare   VI, 220; VII, 131; VIII, 11, 234 (orator)
lavare   VI, 22, 202, 214, 435 (manus), 464, 471; VII, 392; VIII, 30
lectica   VI, 87; VIII, 81 (vehi)
lectio   V, 217; VII, 264, 293 (veterum); VIII, 79
lector (Vorleser bei Gericht)   VI, 203; VIII, praef., 197
lectulus   VI, 579 (*ex fr. Ambrosio*); VIII, 1, 4
lectus cubicularis   VI, 271
lecythus   VI, 513 (vitreus), 566; VII, 297
legatio   V, 34, 65, 162, 362; VI, 83; VIII, 38
legatus   V, 41, 65, 102, 130, 264, 284, 297, 298, 313, 362, 397, 407B, 461; VI, 80, 283, 287, 290, 297, 309, 320; VII, 178, 321, 322; VIII, 165, 182, 270, 294
legere   V, 9, 327, 386; VI, 14, 48, 181, 182, 189,

legere (*cont.*)   278, 346, 353, 453, 493; VII, 129, 292, 341, 345; VIII, 47, 56, 84, 91, 140, 199, 216, 234, 250, 316
legio   V, 397, 458; VI, 155, 163, 303, 310
legumen   VIII, 190
lenitas   V, 94, 161–162; VI, 9, 27, 56; VIII, 52, 132, 298
leniter   V, 91, 386; VI, 4, 5, 56, 69, 70, 177
leno   V, 413; VIII, 214
lenocinium   V, 160
lens   VI, 510
lenticula   VI, 510; VII, 283
leo   V, 36, 102, 184, 209; VI, 165, 170
lepide   V, 84; VI, 73, 76, 88, 90, 100, 169, 187, 334, 381, 429; VII, 138; VIII, 46
lepidus   VI, 88, 90, 100, 169, 187, 195, 232, 334, 358, 381, 427, 429, 447, 499, 501; VII, 138, 251, 327, 353; VIII, 14, 46, 94, 200, 204
letalis   V, 250 (vulnus); VI, 53, 251 (letalior); VIII, 138, 223 (somnus)
libare   VI, 482, 587 (deae Dianae)
libellus   VI, 14, 89, 245, 258, 402; VII, 133, 177; VIII, 47, 66, 93, 95
liberalis   V, 191; VI, 184, 589; VII, praef. (eruditio), 121, 178, 225 (disciplinae), 290; VIII, 74 (pudor), 221 (artes), 245
liberalitas   V, 16, 57, 65, 449–450; VI, 407; VII, 178, 199; VIII, 108
libere   V, 259, 308, 391, 398, 419, 451; VI, 1, 25, 38, 39, 59, 60, 110, 116, 140, 165, 213, 216, 283, 380, 430, 505; VII, 36, 151, 201, 319, 337, 364, 376; VIII, 18, 31, 34, 56, 89, 118, 123, 131, 145, 155, 158–162, 214, 262
libertas   V, 39, 53 (stulta), 106, 112, 127, 128, 210, 243, 258, 309; VI, praef., 72, 98, 168, 283, 289, 313, 416, 430, 485, 491, 495 (adulatrix), 518; VII, 140, 145 (periculosa), 213, 221 (intempestiva), 266 (Cynica), 267, 373 (immodica), 374, 388; VIII, 31, 97 (noxia), 155, 159, 162, 165, 217, 219, 232
libertinus   VIII, 159, 248
libertus   V, 298, 405; VI, 50, 76, 146, 231; VII, 188
libido   V, 55, 225; VII, 50, 111, 260; VIII, 57, 292
libra   V, 351 (argenti), 400 et 413 (*ex Philelpho/Regio*)
libum (*pro* placenta mellita)   V, 408
liburnicae naves   VI, 22; VII, 113
lictor   V, 277, 358, 377, 384B; VI, 329
lien   VIII, 115
lignarii   VI, 250

ligneus   VI, 211 (theca), 266 (cadaver), 502 (scorpius); VII, 32 (tabula); VIII, 274 (hostis)
lignum   VII, 32 (*metaphorice pro* lex), 83
ligo   VI, 250, 306, 575
lilium   VI, 108
linea   V, 433 (virga ducta); VI, 371, 525, 527; VIII, 320
lingua   V, 114 (venter et lingua), 149 et 155 (Persica); VI, 4, 183, 191 (eiecta), 264, 496, 582; VII, 2, 111 (lingua effrenis), 117, 252 (lingua effrenis, *lapsu Er.*), 287, 309 (aures in linguam defluxere), 328 (lubrica), 330A (*lapsu Er., recte* ligna), 378 et 380 (linguae amputatio)
linteum   VI, 529; VII, 275 (*lapsu Er., recte* sindon)
linum   VI, 167
lippitudo   VIII, 3
litare   VIII, 94
litera (Buchstabe)   V, 54; VI, 360, 473, 477 (mutata)
literae   V, 9, 79, 115, 186, 293, 386 (amatoriae), 433; VI, 32, 67, 105, 126, 175, 298, 347, 360, 473, 477; VII, 235; VIII, 96, 168, 264, 277, 293, 317
literula (Buchstabe)   V, 373; VI, 223
litura   VI, 29, 574
lividus   VII, 317
livor (Bluterguß)   VII, 274
logice   VIII, 102
loquacitas   V, 114, 317; VI, 268, 488; VII, 79, 204, 301
loquax   V, 88; VI, 30; VII, 2, 204; VIII, 22
loricatus   VI, 553
lorum   V, 238 (scuti, *ex Regio*); VI, 567; VII, 157 (Peitsche mit Riemen), 233
lotium   VI, 79
lotus (südl. Zürgelbaum)   VI, 203, 328, 464
lucerna   V, 128; VII, 129
lucubratio   VI, 306
ludere   V, 128, 312, 380, 386B; VI, 24, 169, 211, 214, 240, 244, 246, 247, 251, 429, 431 (pila), 458, 477, 500, 501, 503, 553; VII, 335 (pila), 364 (talis), 367B (tesseris); VIII, 33
ludimagister   V, 186
ludus   V, 56, 79, 95, 116, 155, 186 (literarius, *ex Regio*); VI, 417, 479, 570; VIII, 31, 59, 160 (ludi Apollinares)
lugere   V, 177, 413; VI, 393; VIII, 30, 32, 72, 264, 265
lupanar   VI, 465; VII, 188

lupinum (lupinus)   VII, 267, 282, 327
lupus   VI, 565; VII, 279 (vituli inter lupos)
lurco   V, 346, 366; VI, 487
luridus   VI, 474
lusciosus   V, 340; VII, 12
luscus   VI, 435, 489; VII, 389; VIII, 220
lusitare   VI, 429 (pila)
luteus   VI, 569 (sigillum)
lutum   VI, 9 (lutum sanguine maceratum, *ex Suet.*), 533, 569; VII, 296; VIII, 103
luxuries   VI, 328; VII, 330
luxus   V, 114, 327, 346, 376, 413–414; VI, 22, 143, 203, 346, 378, 403, 426, 438, 455, 485, 487; VII, 26, 28, 111, 143, 268, 271, 283, 330; VIII, 190 (seditionum parens), 231, 235–236, 291
lyra   V, 47, 191; VI, 484 (bos lyrae); VII, 342

macellum   VIII, 233 (Fleischmarkt)
macerare   VI, 9 (lutum sanguine maceratum, *ex Suet.*); VII, 175 (lanam; *lapsu Er., i.e.* carminare), 327
machaera   VIII, 233
machina   V, 97 (Helepolis), 105; VI, 527 (Seilwinde); VII, 98 (Belagerungsmaschinen), 113 (Seilwinden)
macies   VII, 293
macilentus   VI, 209, 566
maenides pisces (*lapsu Er., recte* maena)   VIII, 21
magica ars   V, 6
magister epistolarum   VI, 97 (*recte* ab epistolis)
magistratus   V, 54, 165, 172, 252, 277, 331, 338, 345, 355, 356, 358 (magistratus idem, *lapsu Er.*); 363, 460; VI, 230, 237, 299, 322, 351, 456; VII, 68, 141, 275; VIII, 199
magnates   V, 56; VI, 407; VIII, 236
magniloquentia   VI, 114
maiestas   V, 277 (consulatus), 278 (Fabiana); VI, 2 (Sacrae Maiestates), 96 (principis); VIII, 124, 162
maiorum imagines   VII, 81; VIII, 168
maledicentia   V, 32, 83, 370; VIII, 35, 180
maledicere   V, 27, 126, 370; VI, 324, 342; VII, 66, 381; VIII, 105, 159, 180, 216
maledicus   V, 27, 32, 63, 126; VI, 68, 342; VII, 393; VIII, 105
maleficium   V, 329
maleficus   V, 331; VI, 12 (indoles, ingenium Caligulae)
maleolus   VI, 186

malleus   VI, 459 (*lapsu Er., recte* talus)
malum (Granatapfel)   V, 6, 24; VII, 273, 348
malus sylvestris   V, 279 (*lapsu Guarini, revera* pyrus silvestris)
malva   VI, 349
manceps   VI, 191 (*lapsu Quint. ed. 1526*)
mancipium   V, 39 (frugi), 438; VI, 141 (mancipia togata, *ioco pro* senatoribus); VIII, 111 (aureum), 157, 176
mancus   V, 255
manes   VI, 63
manibus loqui   VIII, 194 (pantomimi)
manibus sapere   VIII, 195 (pantomimi)
manubiae   V, 73, 351; VIII, 241
margarita   VI, 22
maritata mulier   VIII, 148
maritus   V, 50, 69, 104, 180, 214, 387, 473; VI, 270, 583, 585, 586, 589, 591; VIII, 65, 71, 72, 73, 134, 210, 211, 295 (caecus)
mastigias   VI, 565
masculus   V, 43, 322; VIII, 134; VIII, 223
mathematica   VII, 225, 368
mathematici   VI, 40 (= Chaldaei)
mathesis (= Wahrsagekunst, *ex Hist. Aug.*)   VI, 107
matrimonium   V, 387, 389; VII, 42, 291 (Cynicum consummatum); VIII, 69, 295
matrona   V, 180; VI, 160, 583, 592; VIII, 69
matronalis   VI, 586
mattya (= cibus)   VI, 511
matula   VII, 87 (habere pro matula)
mausoleum   VI, 81 (Caesarum)
medicamentum   VI, 19
medicari   VII, 346; VIII, 210
medicina   VI, 13, 555; VIII, 98 (akad. Disziplin)
medicus   V, 74 (medici barbati), 104 (Eristratus, Demetrius *lapsu Er.*), 175, 268–269 (Pyrrhi regis), 347 (austerus), 417, 427; VI, 13 (medico porrigere manum), 20, 93 (turba medicorum), 439, 440, 549 (Phylotimus), 555, VII, 41, 49, 60, 186, 270, 298, 346, 390; VIII, 4, 24, 178, 255, 261
medimnus   V, 98
mel   VIII, 17, 184
melleus   VII, 371
mellitus   VII, 371
membra comparia (ἰσόκωλον)   VII, 168
membrum (corporis)   VII, 117 (lingua), 257 (supercilium), 272 (auris, nasus, genua)
membrum genitale   VI, 265
membrum (κῶλον)   VII, 168; VIII, 41

memoria   V, 155, 249 (nostri), 344 (benefactorum); VI, 266 (mortis), 398; VII, 43, 53, 155, 193, 228, 272 (auris memoriae dedicata), 304, 373; VIII, 85, 244, 310

mendacium   VI, 24, 241, 248; VII, 109 (in contractibus); VIII, 156

mensa (missus)   VI, praef.; VII, praef.

mensarius (Bankier)   VI, 543

mentiri   VI, 159; VII, 109; VIII, 56, 159, 242, 281

mentum   VI, 348 (intorquere); VIII, 67

meracius   VII, 123 (infundere)

mercatus piscium   VIII, 221

meretricula   VI, 509, 572

meretrix   V, 101; VI, praef., 523, 558, 559, 560, 561, 562, 563, 564, 565, 566, 569, 571, 572, 580, 581; VII, 271; VIII, praef., 171, 181

merum   V, 20; VI, praef., 190

meticulosus   V, 95, VII, 367B (V, 95); VIII, 274, 276

metallum   VIII, 210

metoecium   VIII, 146 (*lapsu Er.*)

metra (μήτρα, Mutterkuchen)   VI, 403

metra piscis   VI, 403 (*lapsu Er.*)

miles   V, 14, 27 (tribunus militum), 32, 40, 83, 99, 107 (*lapsu Er., scribendum erat* duces), 109, 116 (milites Christiani), 123 (delectus militum), 125, 131, 200, 201 (diues), 203, 205 (*lapsu Er., scribendum erat* dux), 222 (obesus), 226 (*lapsu Er., scribendum erat* dux), 227, 228 (*lapsu Er., scribendum erat* praefecti), 241 (miles scutatus; *lapsu Er., scribendum erat* scutifer *sive* armiger), 251, 257, 261, 263, 265, 274, 287, 288 (imbellis), 294, 296 (dicto audiens), 304, 308, 311, 312, 314, 317, 333A (malus), 348, 351, 352, 379A, 400, 409 (tribunus militum), 412, 413, 414 (tribunus militum), 415B, 416, 418, 422 (quaerens), 424 et 425 (tribunus militum), 428, 429, 436, 444, 446, 466; VI, praef., 59, 65, 102, 125, 131, 149, 150, 153 (milites Christiani), 154, 155, 163, 164, 172, 173, 175, 179 (ociosus), 180, 183, 193 (sine gladio), 265, 284, 286, 301 (Caesaris), 309 (tribunus militum), 311, 318, 319, 323 (milites gregales), 337, 376, 396, 415, 464, 565; VII, 61 (inutilis), 92, 393; VIII, 60, 121, 122, 128, 215 (nauticus), 225 (probus), 230

militaria   V, 462

militaris   V, 18 (disciplina), 45 (agricultura), 113, 123 (disciplinae), 137 (praefectura), 217, 222, 230, 255, 274 (lex), 284 (ferocia), 306, 317 et 413 (disciplina), 426, 445; VI, 8 (iocus), 153 (ius), 155 (sagulium), 179, 496; VII, 264, 394; VIII, 77, 121 (disciplina)

mimus (= actor mimi)   VI, praef., 430 (Laberius), 439 (Ischomachus); VII, 104

mina   V, 236 (carnium); VI, 377, 563; VII, 172 (*lapsu Curionis et Er.*), 270; VIII, 149

mingens ad parietem   VI, 175

minister   VI, 471 (= servus)

mirmillo   VI, 49, 212; VIII, 126

μισάνθρωπος   V, 192; VII, 124

misericordia   VII, 272 (genua misericordiae dedicata)

moderate   V, 126, 174, 218, 230, 342, 421; VI, 66, 129, 311; VII, 136, 156–157, 184, 265, 393; VIII, 32, 86

moderatio   V, 91, 117, 409; VI, 303; VII, 66, 120, 184, 216, 322, 341; VIII, 31

moderatior   V, 271, 305, 411B; VI, 266, 425; VII, praef.; VIII, 30, 35

modeste   V, 86; VI, 2, 3, 122, 166, 540; VII, 40, 158, 182, 289; VIII, 36, 49, 135, 150

modestia   VII, 249

modestus   V, 125, 439; VI, 367; VII, 307 (vox); VIII, 87 (Aufidius)

modulatio   VII, 145

modulatior   VIII, 234 (modulatius orare), 257 (oratio)

modulatus   VI, 402 (cantio); VIII, praef.

modulus   V, 143; VI, 476 (cantionis); VII, 132; VIII, 204

modus (Tonleiter)   VI, 402

moechagria   VIII, 194 (*neolog.*)

moechus   VI, 270, 337 (calvus); VII, 271 (tragicus)

mollicies (männliche Homosexualität)   VI, 338; VII, 187, 347; VIII, 282

molliores   VI, 324; VII, 296

mollis   V, 2 (regio, homines), 20 (viri), 30 (verba); VI, 324 (vox), 349 (malva); VII, 341 (Bacchus), 343 (= pathicus, cinaedus); VIII, 116 (pathicus, cinaedus), 261 (cultu molli), 272 (eviratus), 282 (= pathicus, cinaedus)

monarcha   V, 64; VI, 166; VIII, 119

monarchia   V, 455; VI, 380

monile baccatum   VI, 160 (*ex Hist. Aug.*)

monopolium   VI, 42

montana nubes   V, 272 (copiae Fabii Max.)

montuosus   V, 2 (regio); 270 (*ex Philelpho et Regio*)

monumentum   V, 8, 97, 405 (*lapsu Er., pro donarium*), 453 (sepulchrum regium); VI, 389 (sepulchra); VII, 155 et 394 (maiorum, Grabmal); VIII, 25, 85
moralia   VII, 368
morari   VI, 57 (prima syllaba producta)
morbus   V, 37, 66, 185, 254, 347, 427; VI, 272, 316, 555, 566; VII, 13 (morbi animorum), 103, 186, 268, 277, 304 (carpendi), 347; VIII, 19, 24, 87, 180, 210, 255
mordax   VIII, 282
mordere   V, 184; VI, 70, 222, 489, 498; VIII, 11, 216, 262, 279 (Charon)
mordicus   V, 184
morio   V, 54; VI, praef., 495, 501; VIII, 214
moros   VI, 57
morosus   V, 88; VI, 524; VII, 34; VIII, 4, 39
mortarium   VII, 375
mula   VI, 78
mulgere   VIII, 240 (hircum)
muliebris   V, 28 (dona), 454 (ornamenta); VI, 33 (natura), 155; VII, 95 (sexus), 285, 292 (officia); VIII, 162
muliebriter   V, 256
mulier, mulieres   V, 3, 22 (attigisse, construpasse, adducere), 28, 135, 274, 328 (mulieres rerum dominas), 389; VI, 74, 110, 136, 170, 174 (Zenobia), 215, 282, 337, 506, 584 (Persarum), 589, 593; VII, 42, 74, 78, 95, 222, 285, 291 (Cynica), 292, 318, 360 (munda a viro); VIII, 64, 69, 75, 148, 183, 210, 216, 257, 296, 306
muliercula   V, 274 (*ex Regio, pro* γυναῖον); VII, 371 (*pro* γυναῖον, famula), 383 (*ex fr. Ambrosio, pro* γυναῖον); VIII, 136
mulio   VI, 78
mullus (mulus, Rotbarbe)   V, 327; VIII, 196
mulsum   V, 298; VI, 302; VIII, 184
multiloquus   V, 235; VI, 488
multiscius   VII, 368
mundus   V, 160; VI, 18; VII, 3B, 101, 356 (philosophus mundi spectator)
murena   VI, 241, 327
murices ferrei   V, 404 (*ex Regio*)
musca   VI, 88, 205, 498
musica   V, 143, 191; VI, 442, 451, 459, 462; VIII, 76, 94
musice   VI, 40; VII, 175
musicus   V, 156; VI, 451, 466, 472
mustelae cavea   VI, 518 (*lapsu Er.*)

mustum   VI, 259 (*lapsu Er. pro* multum)
mutilus   VIII, 160 (carmen); 183 (corpus)
mutus   V, 348; VI, 116, 437 (consul); VIII, 194 (saltatio), 198–199 (apophthegma)
mysteria   VII, 46; VII, 225 (philosophiae)

nares   V, 7; VI, 79; VII, 255 (simis); VIII, 217 (amputatae)
nasus   V, 1 (aduncus, aquilinus); VII, 255, 272 (nasus irrisioni dedicatus)
natio   VI, 195 (natione Syrus), 347 (Graeca), 442 (natione Atheniensis); VII, 121 (nationes barbarae); VIII, 210 (natione Lydus), 269 (natione Thrax)
nativitas   V, 1; VI, 475; VII, 4
natrix   VI, 12 (*metaphorice, ex Suet.*)
naturalia   VII, 368
nauseare   VIII, 323
nauticus   VII, 107; VIII, 215
navalis   V, 138 (pugna), 140 (praelium), 170 (statio); VIII, 65 (pugna), 101 (pugna)
navigatio   V, 69, 72, 233; VI, 504; VII, 107, 113, 115; VIII, 206
navigia   VI, 449; VII, 113
necessitas   V, 92, 307, 315; VI, 531; VII, 3E (*sive fatum*), 19, 51, 127, 153, 224, 315, 330, 391; VIII, 69, 140, 241
nefas   V, 28, 248; VI, 132; VII, 96, 119; VIII, 159
nefastus   V, 434 (dies)
negociator   VI, 160, 187, 259; VII, 294; VIII, 93
nepharius   V, 117; VII, 192; VIII, 215
niger   V, 189 (calculus); VI, 100, 209, 485, 508, 515; VIII, 30
nitrum   VI, 167
nix   V, 311 (in Chalcide, *lapsu Er.*); VI, 51 (inmissa in poculum)
nobilis   VI, 252, 274, 394, 532; VII, 81; VIII, 155, 168, 197
nobilitas   V, 141 (urbis), 199 et 407A (vera); VI, 15; VII, 81 (vera); VIII, 29 (in talis), 43 (rapto vivere), 145, 163, 168 (Germanorum, insignia)
nomenclator   V, 407A; VI, 234
nominatim salutare   V, 407A (*ex Philelpho*)
nomisma   VII, 300 (*lapsu Er.*)
norma   VII, 86 (virtutis)
novitas   VIII, 43
nox   V, 473; VI, 64, 570; VII, 5; VIII, 18, 170 (apta contemplationi), 246
nubes   V, 125 (aquila in nubibus), 272 (= copiae Fabii Max.)

nubere   V, 59, 60, 387; VI, 587; VII, 291; VIII, 69, 70, 71, 73, 211
nucem frangere   VI, 348
nudare   V, 387, 410; VI, 136; VII, 291, 292 (pudenda), 347
nudatus   VI, 584; VII, 277
nudulus   VIII, 106
nudus (Körper)   VI, 513, 567; VIII, 258
nugae   V, 62; VII, 144, 244, 289, 313
nugari   V, 63; VI, 456; VII, 244
nugator   VII, 79 (ingeniosus, *ex fr. Ambrosio*)
nugax   VIII, 102
numen   VII, 213 (iratum)
numerus   V, 6, 31, 172B, 241, 269, 287, 311, 423; VI, 108, 139, 273, 481, 485, 496; VII, 43, 92, 115, 330A; VIII, 36, 40A, 43, 265
numina   VI, 156
nummus   V, 70; VI, 22, 272, 328, 425; VII, 178, 269, 300
nuptiae   V, 59; VI, 33, 188, 587; VIII, 71
nutricius   VI, 115
nux   VI, 200 (pinea), 346, 348; VII, 137

obaeratus   VIII, 242
obambulare   V, 58, 126, 185, 225, 413; VI, 394; VII, 274
obesitas   VIII, 172
obesus   V, 222 (miles), 365, 410 (corpore); VI, 413 et 559 (corpus); VIII, 1, 172
obliviosus   V, 340
obolere   VI, 67 (*ex Suet.*)
obolus   VI, 503, 509; VII, 50
obscoenitas   V, 468; VI, praef.; VII, 85
obscuritas   V, 141; VII, 85
observans   VIII, 199, 243 (Romanae linguae)
observatio   V, 166; VII, 330B, 363 (legum)
obses, obsides   V, 106, 308, 389; VI, 299
obsignare (versiegeln)   VI, 206
obsoletus   VI, 189; VIII, 266 (verba)
obsonare   VI, 455
obsonium (*vid.* etiam opsonium)   VI, 22; VII, 330; VIII, 21, 44, 167
occasio   V, 7, 37, 142, 307, 417; VI, 224, 335, 356, 420; VII, 162, 294; VIII, 1, 141
occasus   VIII, 245 *et* 246 (solis)
occipitium   V, 379 L; VI, 263
ociosus   V, 62, 293; VI, 179 (miles); VIII, praef., 77, 237
ocium   V, 35, 45, 62, 102, 129, 187, 237, 245, 254, 262; 293 (sapientis); VI, 5, 103 (inutile, turpe), 110, 128 (in pace), 179, 196 (molestum, podagrici), 262, 335 et 438 (inutile), 539 (vacatio a negotiis); VII, 85, 165; VIII, 88, 236, 237, 300 (dulce), 317 (sine literis, ignavum, iners, mors)
oculus   V, 3, 43, 107 (domini), 153, 164, 178, 469; VI, 263, 292, 312, 341, 376, 394, 411 (oculorum infirmitas), 430, 443, 467, 481, 489, 497, 508, 517, 590; VII, 105, 139, 179, 187, 200, 210, 255, 277, 300, 340, 374, 389; VIII, 3, 12, 107, 153, 156, 210, 211, 295
oeconomus   V, 439 (*Er. significare voluit* dispensatorem domus)
officiarius   VI, 71 (*incertum quid Erasmus significaverit*)
offula   VIII, 323
offuscare   V, 249; VII, 257
olea   VI, 507; VII, 19
oleaginus   VIII, 100 (*neolog. Laur. Vallae, ex versione Herodoti*)
oleaster   V, 279 (*ex Guarino*)
olere   V, 50; VI, 67; VII, 318; VIII, 38, 65
oleum   V, 224; VII, 108, 129, 297; VIII, 184
olitor   VI, 466
olla   V, 264 (fictilia), 413; VII, 371
omen   V, 54, 316; VI, 48, 63, 128, 496
ominari   VI, 482
onerariae (naves)   VII, 113
opifex   VI, 172 (ferrarius), 475, 533; VII, 141 (*lapsu Curionis, scribendum erat* architectus); VIII, 200 (tabernaculorum)
opificium   VI, 128, 250, 533
opitulari   V, 353; VII, 21, 36; VIII, 177
opitulatio   VIII, 146
opsonium   V, 223, 413; VI, 487, 551 (coctum); VII, 302
opsophagi (*neolog. Er.*)   VI, 487
opsophagia (*neolog. Er.*)   VII, 302
optimates   V, 168 (*ex Fr. Barbaro*)
oraculum   V, 227, 379; VI, 391; VII, 293; VIII, 14, 95, 297
oratio   V, 20, 30, 124, 149, 159, 200, 206, 210 (funebris), 277 (publicitus habita), 371 (Graecis ex labiis, Romanis ex corde), 382, 391, 445, 451 (sobria); VI, 47, 203, 221, 256, 304, 337, 339, 358, 408, 413, 417; VII, praef., 26, 162, 168 (affectata, orationis deliciae, ornamenta), 169 (orationis modus), 259, 300 (elegans, gravis), 316 (composita, addit formae), 369 (oratio operis vmbra), 393 (coepta), 394 (funebris); VIII, 10, 41, 42, 54,

oratio (*cont.*)   56, 146, 158, 205, 251, 257 (modulatior), 310 (scripto mandata), 312 (causae)
orator   V, 48 (Atheniensium), 114, 234 (Athenienses), 314; VI, 31, 220, 221, 229, 231, 355, 376, 381, 524, 531; VII, 394; VIII, 36, 142, 176, 187, 222 (Teutonum), 228, 310, 312, 314, 315, 316, 318, 319
orbitas   VI, 300; VIII, 218
orbus   VI, 300
orchestra   V, 238 (belli, *ex R. Regio*); VI, 214
orexis   VI, 142 (*ex Hist. Aug.*); VII, praef. (*ex Iuven.*)
ornamenta muliebria   V, 454
ornatus mulierum   VII, 285
orphanus   V, 433
os   V, 50 (oris graveolentia), 191 (deformitas oris), 380, 386 B, 454, 455; VI, 1, 25, 31, 394, 430, 585; VII, 19, 248, 254, 274, 307 (immodice diducere), 320, 378, 380; VIII, 54 (occludere), 57, 61 et 65 (graveolentia oris), 165 (uno ore), 287
os habere   V, 380, 386 B (*ex Seneca*)
oscitare   V, 172 (*ex Seneca*)
osculari   V, 214
osculum   VI, 166 (pedum, calceorum); VIII, 57
ostentum (Wunderzeichen)   V, 181, 228, 381, 442, 463 (inauspicatum); VI, 81
ostiorum apertor (= *cognomen* Cratetis Cynici)   VII, 266
ostracismus   V, 161
otium *vid.* ocium
ovum   VI, 271

paedagogus   V, 151, 270 (Annibalis)
paedotriba   VI, 563
paenula *vid.* penula
palaestra   V, 122 (*metaphorice*), 184 (*ex Philelpho*); VI, 388
pallescere   V, 332
pallidus   VI, 474
pallium   V, 60, 73 (laneum), 410; VI, 160, 557; VII, 23 (detritum), 64, 138, 286, 291 (detrahere), 292 (sustollere), 294 (pro τρίβων), 323; VIII, 281
pallor   V, 332 (iuvenum); VII, 293 (spiritualium)
palma (manus)   V, 462; VI, 164
paludamentum   VI, 281
palus   VIII, 274

panegyricus   VI, 134
panegyris   VII, 356 (*neologismus Er. pro* ludis publicis)
panis   V, 26, 93, 413; VI, 22, 210 (candidus), 235, 255 (coquere), 508 (ater), 515 (niger), 531; VII, 184, 276 (panes ac vinum); VIII, 167
pannus   VI, 274 (diadema); VII, 171
papae   VIII, 100
paradoxon   V, 385 (paradoxa Stoicorum); VII, 348 (paradoxon)
parasitus   VI, 492, 501, 502, 509, 512, 516, 559, 566; VIII, praef., 215, 237 (*lapsu Er.*)
pardalis   V, 36
parricida   VI, 44, 59; VII, 26
parricidium   VI, 44, 138, 140; VIII, 97, 127
parsimonia   VI, 32, 259 et 260 (sordida), 502, 561, 578; VII, 254 (temporis), 293, 306 (discipulorum), 313 et 372 (temporis); VIII, 80 et 81 (temporis)
particula (versus)   V, 90
partitio   VIII, 75, 303
pascere (Viehzucht betreiben)   V, 379F; VI, 235, 436; VIII, 308
passer   VII, 173
pastor   V, 84, 418; VI, 7; VIII, 222
patera   V, 76; VI, 514
paterfamilias   V, 457 (pro δεσπότης)
pathicus   VIII, 116
patiens   V, 224, 248, 380, 386B; VII, 66, 120; VIII, 193
patientia   V, 172; VII, 11, 82, 341
patina   VI, 507; VII, 283, 302
patria   V, 34, 97, 112, 140, 151, 189, 221, 233, 248, 249, 322 (patriae charitas), 353, 363, 396, 414, 419, 420, 467 (dulcis); VI, 175, 257 (patriae charitas), 281, 290, 298, 368, 397, 403, 410, 416, 491, 503; VII, 21, 23, 35, 39, 76, 87, 101 (ubicunque bene est homini), 102 (perniciosa), 116, 124, 128, 130, 185, 238, 279–281; VIII, 2, 159, 219, 233, 276, 292
patrimonium   VI, 109, 216; VIII, 292
patrocinium   VI, 159; VIII, 16
patrocinor   V, 243; VI, 252; VIII, 146
patronus   V, 202; VI, 232, 234, 251, 252 et 302 (malus), 362; VII, praef.; VIII, 139, 159, 282, 320
pauciloquium   VII, 1
pauciloquus   VII, 305
peccare   V, 195, 330, 352, 444; VI, 261, 524; VII, 131, 262, 334; VIII, 192, 242, 255

peculatus VI, 28; VIII, 236
pecuniola (*neologismus Er., pro* κέρμα) VII, 332
pedetentim VI, 404
pedum (Hirtenstab) VI, 253; VIII, 222
peierare V, 409; VII, 7; VIII, 48
peniculus VI, 527 (Pinsel)
penna V, 125; VIII, 37B
pentathlus VII, 368
penula VI, 53, 238, 239
peplum imperiale VI, 173 (*ex Hist. Aug.*)
pera VII, 291; VIII, 281
percontatiuncula VIII, 54 (*neologismus pro quaestiones breves*)
percontari V, 5, 41, 62, 80, 81, 135, 212, 216, 228, 253, 254B, 262, 275, 296, 406, 424, 447, 465; VI, 56, 60, 283, 356, 396, 428, 439, 440, 449, 454, 465, 478, 481, 594; VII, 5, 8, 13, 20, 32, 37, 38, 101, 113, 134, 135, 146,162, 183, 188, 190, 228, 241, 242, 280, 321, 322; VIII, 2, 12, 18, 31, 100, 150, 175, 181, 184, 196, 223, 257, 259, 266, 277, 304
percontator VI, 331; VII, 5
percussor VIII, 118
peregre V, 411; VI, 121 (profecturus); VII, 128
peregrinatio V, 163, 410, 411; VI, 121; VII, 130; VIII, 18
peregrinus V, 153; VI, 112, 481; VII, 97, 121, 139
pergula VI, 526
perpusillus VI, 204 (*ex Cic.*); VIII, 196
persona V, 128 (stulti), 226; VI, praef., 44, 153, 314, 358 (imitatio personae), 361, 379 (Agamemnonis), 434 (Herculis, deposita); VII, praef., 174 (tragoediarum et comoediarum), 251; VIII, praef., 162
perspicax VII, 12, 225, 328
perturbatio VIII, 226 (= ira)
petax VI, 499–500, 563
phalera VIII, 202
phanum V, 75; VIII, 191
pharmacum VI, 517, 555, 589 (philtrum)
phecassia (calceamentum, *ex Seneca*) VI, 272
phiala V, 25 (aurea), 321 (pondere quinque drachmarum [sic])
philosophari VII, 278, 353
philosophia V, 4, 79, 191, 218, 385 (Stoicorum); VI, praef., 115, 121, 533 (ars); VII, 47, 62, 162, 175, 189, 202 (philosophia potior rhetorica), 215, 216, 225, 242, 265, 267, 278, 287, 288, 293, 294, 330B, 331, 353, 368, 392; VIII, 77, 102, 193, 258, 259

philosophicus V, 170; VII, praef., 101 (animus), 184 (moderatio), 385 (securitas), 390; VIII, praef.
philosophus V, 78, 99, 110, 218, 411; VI, 189, 272, 399, 558; VII, 19, 60, 63, 75, 79, 129, 132, 139, 145, 149, 152, 156, 158, 178 (ethnicus), 184, 202, 242, 265, 269–270, 276, 283, 286, 291, 305, 311, 323, 331, 337, 341, 356 (mundi spectator), 368, 374, 375, 381, 387; VIII, praef., 22, 32, 74, 75, 135, 137, 173, 186, 190, 225, 229, 257, 259, 284, 286
philtrum VI, 589
phrasis VIII, 41, 197
physice VIII, 102
physicus VIII, 263 (= Naturphilosoph)
physiognomon VII, 343 (*ex Cicerone*)
pictor V, 96, VI, 198; VIII, 95, 173, 199
pictura V, 96, 179; VI, 527, 529; VIII, 30
picturatus V, 149 (picturata stragula); VII, 300; VIII, 41, 43
pie V, 248; VI, 152
pietas V, 44, 104 (in filium), 106 (in patrem), 117 (in fratrem), 215, 229 (in parentes), 248 (in patriam, in parentes), 372 (in patrem), VI, 115, 138, 290, 317 (in filium), 338 (in matrem), 389 (in parentes), 410 et 416 (in patriam); VII, 18 (in parentes), 21 (in patriam), 22, 37, 83; VIII, 122 (in rempublicam), 166
pila VI, 214, 237, 429, 431; VII, 335
pila ludere VI, 214, 431; VII, 335
pila lusitare VI, 429
pileatus V, 298, 309
pileum VI, 118 (consulto pileo)
pileus (*sive* pileum) V, 363 (Ulyssis)
pingere V, 96, 204; VI, 198 (pingere fingere), 244 (sipario), 521, 522, 525, 528 (pingendi celeritas), 530; VIII, 95, 197, 199
piscator VI, 161, 241; VIII, 191
pisciculi salsi VI, 446
piscis V, 148 (gladiolus, *lapsu Er.*), 327; VI, 403 (metra, *lapsu Er.*), 478, 486, 487, 504, 507; VII, 302 (ingens); VIII, 12, 21, 43, 196, 221, 270
piscium mercatus VIII, 221
pistillus (*sive* pistillum) VII, 375
pius V, 140, 229, 248; VI, 115
placitum VII, 80–98
plagiarius VIII, 108 (*metaphorice*)
planta V, 2
planus VIII, 198 (= scurra, *ex Plin.*)

plastes (Bildner aus Ton)   VI, 533
platanus   V, 147
plaustra   VI, 73 (*ex Suet.*)
plausus   V, 153, 410; VI, 450; VIII, 62
plebeii   VI, 441; VIII, 300
plebeius   VI, 475
plectrum   V, 191; VI, 451
plostra   VI, 73 (*ex Suet.*)
pluvius arcus   VIII, 245
poculum   V, 57, 63, 82, 87, 92, 321, 413, 414; VI, 51, 421, 483, 514, 568, 587; VIII, 152, 254
podagra (discruciari)   V, 362; VIII, 300
podagricus   VI, 196
poema   VI, 385, 505; VII, 150
poesis   VI, 28
poeta   V, 1 (poetae veteres), 52 (comicus), 136, 143, 178; VI, 57, 258 (malus), 334, 402, 403, 406, 407 (comicus), 408, 412 (tragicus), 505, 532; VII, 104, 174 (poetae tragoediarum), 341; VIII, praef., 12, 28, 82, 205, 230, 231, 245, 278, 316
poetari   VI, 57
poeticus   V, 74; VI, 408 (fictio); VIII, praef., 82
politice (Kunst des Regierens)   VIII, 293
politicus   VII, 121 (leges)
pollicitatio   VII, 74
pomentum   VII, praef. (*neologismus ex Ermolao Barbaro*)
pompa   V, 133; VI, 168; VII, 67
pontifices   VI, 145
popina   VI, 103 (*ex Hist. Aug.*)
popinarii   VI, 152 (*ex Hist. Aug.*)
popularis   V, 88, 154 (potentia), 243; VIII, praef., 187
populus   V, 1, 33, 77, 98, 127, 134, 147, 164, 168, 169, 170, 179, 183, 185, 187, 225, 245, 252, 271, 280, 285, 291, 301, 322, 324, 326, 331, 347, 355–356, 360, 361–362, 392 (*lapsu Er.*), 412, 419, 445, 448, 460; VI, 21, 36, 41, 94, 98, 102, 147, 170, 200–201, 258, 276, 290, 295, 307, 322, 339, 360–361, 377, 387, 400, 405, 413, 419, 430, 432, 437, 438, 509, 534; VII, 97, 99, 104, 106, 141, 278, 341, 364, 394; VIII, 1, 14, 98, 115, 119, 133, 142, 144, 145, 148, 158, 160, 165, 176, 190, 199–200, 221, 236, 239, 323
porcellus   VII, 385
porphyreticus   VI, 116 (*ex Hist. Aug.*)
portendere   V, 228, 381; VI, 81, 536; VII, 56
portentum   VI, praef., 18 (portenta principum titulo), 35, 55; VIII, 119

postcoenium   VII, praef. (*neologismus Er. ex Athenaei* ἐπιδόρπισμα)
posteri   VI, 385; VIII, 173
postulator   V, 87; VII, 297; VIII, 299
praebibere   VI, 564 (*pro* προπίνειν)
praeceptor   V, 385; VI, 9, 222, 390; VII, 43, 129, 176; VIII, 149, 204
praecinctus   V, 448 (puer male praecinctus, *ex. Suet.*)
praeco   V, 68, 81, 114 (bei religiösen Feiern, lingua dabatur praeconi), 136 (Homerus), 146 (Ausrufer bei Verkauf), 405; VI, 23, 153, 159, 224, 302–303, 445, 481 (Abderitum); VIII, 200, 205 (Achillis)
praeconium   V, 182, 309
praecordia   V, 422 (*ex Val. Max.*)
praedives   VIII, 111, 202, 210, 248, 317
praedium (Landgut, Landbaugrundstück)   V, 146, 379B (*ex Plinio*); VII, 196
praefari   V, 284, 326; VI, 293, 488; VII, 150
praefectura   V, 7, 137 (militaris = Amt des στρατηγός), 243 (Boeotica, *pro* Βοιωταρχία), 255 (praefectura rei militaris *pro* συστράτηγος); VI, 67 (*ex Suet.*), 351
praefectus   V, 5 (provinciarum), 58, 237, 313; VI, 32 (cohortium), 129, 138, 147 (urbis), 346, 351 (in Asia), 539 (Adriani), 540; VIII, 18, 33, 97 (praetorii), 100 (exercitus Persarum), 166
praefidere   V, 305, 411B
praefocare   V, 352 (se laqueo); VI, 190
praelongus   VI, 326 (homo), 375 (manus)
praelucere   VII, 210
praemeditatus   VII, 88
praemium   V, 70, 83, 90, 157, 232, 321, 337; VI, 28, 258, 289, 409, 450, 485, 537; VII, 18 (*lapsu Er.*), 23, 271; VIII, 23, 26, 92, 100, 146
praemunitus   VI, praef.
praenomen   VI, 224
praeposterus   VI, 412 (mores); VII, 96, 110 (mos), 270; VIII, 101, 246 (vita)
praepotens   V, 91; VI, 228, 233, 388, 587; VIII, 155
praerogativa   V, 94; VI, 68; VII, 234
praerupta loca   V, 110B, 318 (*pro* τὰ ἄκρα, montes); VII, 284
praesagium   VI, 188
praescientia   VI, 107; VII, 19
praescire   V, 61; VI, 107 (futura); VIII, 273
praesens animus   V, 139, 297; VII, 201
praesensio   VIII, 311

praesentire   V, 171; VI, 102; VII, 146
praesepe   VI, 483
praesides (provinciarum = proconsules et propraetores)   VI, 7
praestigium   VIII, 151
praesul   VIII, 154
praetextatus   VIII, 234
praetor   V, 177, 308, 391; VI, 105, 217, 218 (*lapsu Er.*), 252
praetorius   V, 444; VI, 20 et 23 (vir, *ex Suet.*), 301 (quaestor, *lapsu Er.*); VIII, 98 (viri), 159 (vir), 235 (vir), 317
praetorius quaestor   VI, 301 (*lapsu Er., recte Petro*)
prandium   VIII, 167
pransus   V, 208
primas   V, 426 (Romanae civitatis, *usu mediaevali*)
primarius   VIII, 181 (civitas, *lapsu Er.*)
princeps   V, 1, 4, 7, 13 (Asiae), 16, 20, 33, 35 (bonus), 63, 64, 65, 77, 115, 116 (ethnicus), 132 (in aulis principum), 143, 191, 225 (sobrius), 256 (princeps ac dux, *pro* ἄρχων δὲ καὶ στρατηγός); VI, 2, 14, 18, 34, 36 (malus), 41 (scenicus = Nero), 43 (auriga = Nero), 56, 72, 89 (Domitianus), 91, 94–96, 101 (servi principum), 104–105, 109, 111–112, 127 (Septimii Severi), 136, 146–148, 151 (Christiani), 153, 156, 167, 168, 173–174, 177, 180 (principes nostri seculi), 182–183, 273 (boni), 287, 376 (Alexander M.); VII, praef., 25, 218 (scholae), 219 (principum institutio), 272, 367 (boni); VIII, praef., 63, 97, 99, 103, 115, 120, 122 (ethnicus), 124, 129, 132–133, 135, 162, 168 (Germani), 183, 214–215, 232 (Iulius Caesar), 236 (fiscus principis), 283, 293 (literae), 302–303
princeps vir   VI, 56 (Burrus)
principatus   V, 1, 55 (*usu mediaevali, i.e.* regnum, *spectans ad* Dionysium seniorem), 56, 80, 118 (*usu mediaevali, i.e.* regnum, *spectans ad* Attalum II regem), 119 (principatus successio, *usu mediaevali, i.e.* regnum, *spectans ad* Pyrrhum regem), 154 (Athenis), 174, 443; VI, 9, 15, 88, 94, 102 (impar), 274; VIII, 128, 183 (successio)
priscus   V, 191, 199, 376; VI, 189 (priscae et obsoletae voces); VII, praef.; VIII, 75, 82, 227, 266, 296
privatim   V, 61, 355; VII, 109

privatus   V, 80, 167, 294; VI, 116, 148, 176; VII, 144, 219; VIII, 124, 129
privatus   V, 144 (affectus), 162 (affectus), 458 (privatis facultatibus), 464 (dolor); VI, 94 (res), 95 (offensae), 143 (Heliogabalus), 148, 162 (affectus), 314 (simultatem), 423 (affectus); VII, 22 (homo); VIII, 132, 236 (rerum), 296 (affectus)
proavia   VI, 16
procacia   VII, 312; VIII, 250
proceres   VIII, 183 (Hetairoi Alexanders d.Gr.)
proconsul   VI, 275 (Romanus); VIII, 20, 87, 261, 282
procuratio   VI, 77 (*pro* dispensatione)
procurator   V, 168 (fisci, *ex Fr. Barbaro*), 454 (Cleopatrae, *ex Leonardo Aret.*); VIII, 115
procursio (in oratione)   VIII, 319
procus   V, 145; VII, 215 (proci Penelopes); VIII, 250
prodigiosus   V, 450; VI, praef. (prodigiose mali), 18 (feritas), 22 (luxus), 32 (crudelitas), 182; VII, 106, 282 (*lapsu Curionis*); VIII, 8
proditio   V, 208; VII, 98; VIII, 14, 104, 128, 233
proditor   VI, 175; VIII, 14, 233
professor   V, 155
profusio   V, 376; VI, 22, 143, 202–203; VII, 83 (iuris, theologiae), 196, 240, 284, 330; VIII, 112, 301
prolixus   VII, 83 (prolixa professio), 354 (prolixa sophismata)
pronunciare   V, 34, 98, 110C, 136, 143; VI, 68, 253, 297, 445, 466, 572; VII, 326, 343; VIII, 14, 23, 80, 160
pronunciatio   VIII, 54, 234 (rhetorica; *lapsu Er.*), 319
prooemium   VI, 413, 445; VIII, 1
propediem   VIII, 311
propinare   VI, 421; VII, 377
prorogare   VI, 20 (commeatum)
proscindere   VII, 341; VIII, 216, 282
proseminare   VII, 301
prospectus   V, 238; VI, 341
protervia (sacrificii genus *cuius nomen corruptum*)   V, 376
protervia (*pro* protervitas)   VII, 120
proverbialis   VI, 478 (dictum)
proverbium   V, 241; VI, 93, 172, 446, 458, 466, 470, 525, 526; VII, 153, 258
providentia   V, 220, 306, 394, 448; VII, 19, 88
provincia   V, 5, 134, 351; VI, 7, 45, 144, 167, 230, 297, 337; VIII, 87, 115, 283

provinciales   VI, 144 (homines), 351; VIII, 115
psalteria   V, 10
psaltes (ψάλτης, *i.e.* citharoedus)   VI, 477
psycterium   VI, 561
πτωχοτύραννος   VII, 266 (*neologismus Er.*)
publicitus   V, 194, 277
publicum   V, 156 (in publico canere), 214, 230 (in publicum prodire), 253; VI, 39, 42, 207 (in publicum prodire), 213 (in publico bibere); VII, 75; VIII, 273
publicus   V, 1 (commodus), 162 (utilitas), 165 (commodus), 168, 172B (negocium), 179, 180 (negocium), 182, 210, 345 (potestas), 419 (commodus), 464 (civitas); VI, 42, 49, 80, 82 (ceremonius), 149, 152, 162 (utilitas), 203 (commentarii), 287 (consilium), 421 (servus), 436 (ager); VII, 109 (publice facere); VIII, 40 A (negocium), 56 (usus), 129 (ops), 236, 282
pudenda   V, 222; VII, 111, 260, 292 (nudare)
pudor   V, 87, 332, 474 (inutilis); VI, 17; VII, 262, 282 (inutilis); VIII, 74, 176
puellus   VII, 317
pugiles   VI, 375 (pugilum certamen), 412; VII, 106
pugio   VI, 301
pulchritudo   V, 105, 185; VI, 37, 425; VII, 72, 234
pulegium (sylvestre, Polei-Minze)   VIII, 190
pullus (color)   V, 117, 177, 210, 192
pullus (Jungtier)   V, 152 (Fohlen); VII, 168 (equinus); VIII, 30
puls   V, 413 (*ex Philelpho/ Regio*)
pulsare fores   VIII, 76
punicum malum   V, 6; VII, 273 et 348 (*ex fr. Ambrosio*)
purificare   VIII, 131
purificatio   VIII, 131
purpura   V, 132 (Purpurmantel des Königs), 356; VI, 521; VII, 171, 285
purpurus   V, 117 (vestis); VIII, 236, 275 (*lapsu Er., i.e.* praetexta)
purulentia   V, 380, 386 B
pusillanimis   VII, 282
pusillus   V, 363 (pusilla curare), 378; VI, 204, 478 (arte), 561; VII, 110 (pusilli cyathi), 257, 329, 352 (statua Chrysippi); VIII, 1
puteus   VI, 474, 554; VII, 331; VIII, 263
pyxis   VI, 49 (*ex Suet.*)

quadratus   VII, 260 (Mercurius)
quaestiuncula   VI, 104; VII, 137
quaestor   V, 19, 300, 377, 384B; VI, 204 (*lapsu, recte* quaesitor), 301, 377 (Demades, *ex Sagundino*)
quaestuosus   V, 379E
quinquennium   VIII, 120 (Neronis)
quiritatus   VIII, 159
radiculum (album)   VIII, 30
radix   VII, 227 (eruditionis)
radius (Weberschiffchen)   VII, 292
raphanis   VIII, 30
rapulum   V, 264 (*ex Regio, lapsu pro* rapo)
radere   V, 88; VI, 29
rasura   VI, 29
rationes (Rechnungsbücher)   V, 454; VI, 74
recitare   V, 164 (in theatro), 386 (literas in senatu); VI, 39 (canticum), 47 (in senatu), 48, 134 (panegyricum), 165, 203, 406 (versus), 417, 452 (versiculum Homericum), 505 (sua carmina); VII, 99 (versiculum), 104, 216; VIII, 10, 13, 81, 82 (de poetis), 174, 195 (de histrionibus), 201 (tragoediam, *lapsu Er.*), 206, 245 (carmen), 246, 316
recitatio   VIII, 245
recitator   VIII, 80 (lector)
recrastinare   VI, 32
regalius   V, 16, 20, 47, 92
regia   V, 55, 68, 81
regina   V, 8, 104; VIII, 75, 211
regio   V, 2, 9, 11, 22, 33, 52, 238, 353; VI, 40, 133, 438, 454 (incommoda); VII, 76 (damnatissima), 97 (ex usu regionum); VIII, 181, 236
regula   VII, 86 (virtutis)
religio   V, 33, 116, 160, 176, 376
remedium   V, 347, VI, 56, 537, 555; VII, 268 (remedia amoris), 298, 390; VIII, 210
repandus   VI, 209
repetundarum   V, 168 (*ex Fr. Barbaro*)
res militaris   V, 113, 255, 306; VII, 394
resalutare   V, 433 (*ex Regio*), 447
resecare   V, 473 (ungues); VIII, 233
respublica   V, 4, 62, 151, 160, 170, 179, 198, 263, 271, 293, 301, 359, 361, 365, 369, 389, 395, 399, 407, 426, 465; VI, 12, 35, 44, 65, 109, 114, 124, 127, 135, 144, 147, 150, 162, 167, 176, 207, 230, 255, 264, 297, 304, 313, 314, 322, 361, 378, 387–388, 397, 422–423, 438; VII, 20–21, 23, 27, 56, 61, 68, 125, 129, 167, 259, 364, 380, 394; VIII, 37A, 93, 117, 122, 132, 155, 163, 185, 236, 296
resupinus   VI, 209

rete   V, 204 (*lapsu Er., i.e.* nassa)
retiarius   VI, 212
reticulum (Haarnetz der Frauen am Kaiserhof, *ex Hist. Aug.*)   VI, 160
rhetor   V, 172C, 234; VI, 9, 97, 114 (*lapsu Er., i.e.* philosophus), 381, 403, 413; VII, 149, 202; VIII, praef., 52, 54, 145, 147, 176, 224, 251, 281
rhetorica   VI, 9; VII, 202; VIII, 151
rhetoricus   VII, 202; VIII, 234
rhythmi (= clausulae)   VIII, 41
ridere   V, 28, 58, 83, 128, 243, 266, 343, 362, 385, 406, 454; VI, 114, 167, 267 (*lapsu Er., re vera* vociferare), 402, 413, 434, 490, 502, 519, 521; VII, 39, 124, 184, 336, 371; VIII, 1, 94, 95, 113, 191, 239, 259, 263
ridicule   V, 287; VI, 245, 348, 439; VII, 255, 272; VIII, 82
ridiculum   V, 343, 404; VI, praef., 490, 501; VII, 76; VIII, 259
ridiculus   V, 239, 287, 343, 385 (consul); VI, 13, 170, 185, 205, 244, 245, 348, 439, 495, 501; VII, 146, 255, 272; VIII, 82, 94
rigare   VII, 331
risus   V, 22; VI, 183, 190–191, 204, 363, 413; VII, 277; VIII, 1, 82, 239
rixa   VII, 103; VIII, 295
rogatio (in senatu)   VI, 314
rogationem ferre   VI, 314 (*ex Antonio Pacino*)
rogus   V, 425; VI, 108; VII, 46; VIII, 311
rostra   VI, 294, 361, VIII, 163
rubescere   V, 332
rubeta   VI, 502 (*lapsu Er.*)
rubor   V, 332 (iuvenum)
ruga   VI, 574
rusticanus   VI, 336 (rusticus *ex Val. Max.*)
rusticus   V, 25 (*pro* αὐτουργὸς ἄνθρωπος, *ex Lapo Florentino*), 29, 161; VI, 72, 336, 439, 440, 462; VIII, 300

sacellum   VI, 464
sacerdos   V, 116 (Dianae), 133 (Iudaeorum); VI, 290; VII, 46, 183 (sacerdotes Cybeles, Galli)
sacerdotium   V, 448
sacrificare   V, 53, 223 (sacrificare, non delitiari), 301; VI, 160, 446; VII, 132; VIII, 256
sacrificium   V, 376; VI, 63, 446 (Phaselitarum), 482, 536; VII, 145; VIII, 94
sacrificus   V, 413 (*pro* θύτης)
sacrilegium   V, 72, 76
sacrilegus   V, 72; VIII, 241
sagulum militare   VI, 155
sagum   V, 413 (Scipionis minoris); VI, 167 (trabeatum)
salarium   VI, 130, 147
saliva pinguis   V, 380, 386B (*ex Seneca*)
salsamenta   VII, 74–75
salsamentarius   VII, 188
salse   V, 100, 312, 362, 369; VI, 45, 46, 58, 137, 218, 231, 251, 354, 357, 367; VII, 5, 35, 37, 39, 48, 106, 153, 198, 226, 238, 244, 315, 351, 366; VIII, 11, 22, 44, 57, 87, 90, 104, 105, 116, 177, 251, 260, 278, 319, 320
saltare   VI, 379, 432 (canticum), 433 (Oedipodem), 434 (Herculem furentem), 560; VII, 171; VIII, 194, 297
saltatio   VII, 112; VIII, 194 (muta), 195, 297
saltatorius   VIII, 194 (ars saltatoria)
saltatricula   VI, praef., 324
salubris   V, 164; VI, 291; VII, 152, 167
salubritas   VI, 291
sancte   VI, 135, 151, 178; VII, 46
sanctimonia   VI, 487; VII, 162
sancti   VI, 145; VII, 178
sanctitas   V, 77, 164; VI, 585 (Octaviae)
sanctus   V, 168; VII, 187
sandalium (Frauenschuh)   VII, 341 (*ex Terentio*)
sanitas   V, 254B, 262 (= 254B); VIII, 82, 238 (corporis, animi)
sanguinarius   VI, 9 (ingenium Tiberii)
sannio   V, 7
sanus   VI, 111; VII, 13, 337, 345, 346; VIII, 174
sapiens (σοφός, philosophus)   V, 22, 67, 128 (sub stulti persona), 293; VI, praef., 383, 399, 488; VII, 1, 2, 3F, 8, 12, 38, 73, 84, 86–88, 91, 97–98, 141–142, 149, 184, 253, 310, 348, 366, 381, 385; VIII, 28, 90, 135, 307
satagere   VI, 229 (*ex Quintiliano*); VII, 307; VIII, 77, 319
satellites   V, 118, 132
satellitium   VII, 234
satrapa   V, 159; VII, 374
satrapes   VIII, 214
satureia   VIII, 225 (thymbra *sive* satureia)
saturus   VI, praef., 306, 516; VII, 110
satyra   VIII, praef.
satyrus   VIII, 67
scena   V, 101 (tragica); VI, 400, 432, 529 (vorgetäuschte äussere Erscheinung); VIII, 18
scenicus (= histrio)   VI, 41
scenicus   VI, 42 (res)

schola   V, 78; VI, 592; VII, 175, 218 (scholae princeps), 220 (Aristotelis), 387; VIII, 78, 154
scomma   V, 58, 204; VI, 493, 501; VII, 175, 255; VIII, 87, 246
scorpius   VI, 502 (ligneus); VIII, 138
scortatores comici (= in comoediis)   VII, 271
scortillum   V, 226
scortum   V, 10; VII, 50, 270–271, 284, 347; VIII, 112, 171, 214
scriba   V, 275
scribere   V, 106, 115, 369, 410; VI, 134, 203, 245, 258, 381, 384, 398, 408; VII, 2, 101, 141, 167, 345; VIII, 84, 91, 114, 175, 310
scrinium   V, 171 (*ex. Fr. Barbaro*); VI, 206
scriptura   VI, 29; VII, 188 (amari domini), 300 (Aufschrift/ Umschrift auf Münze, *lapsu Er.*)
sculpere   VI, 273; VII, 72
scurra   VI, praef., 168, 237, 273, 349, 496; VIII, 198 (regius)
scurrilis   VII, 250, 330C
scurrilitas   VI, 435
scutatus   V, 200, 241 (miles, *lapsu Er., recte* scutifer)
scutica   VI, 507; VIII, 145 (Cercyraea)
scutum   V, 238, 304, 415, 415B; VI, 191; VIII, 13
secessus   VII, 387 (hortorum)
secreta regum   VI, 407
secretum horarum   VI, 88
secta   V, 385 (Stoicorum); VII, 183 (philosophorum, Epicureorum); VIII, 259 (philosophiae); 282 (Cynicorum)
sectator   VIII, 281 (Antithenis, Diogenis)
securis (zweischneidiges Beil)   VI, 275; VII, 30
securitas   VII, 213, 385 (philosophica)
sella   V, 20, 154 (Athenis); VIII, 154 (archiepiscopi)
semimuliebris   VIII, 54 (vox)
semiobolus   V, 236
senarius   VI, 466 (Graecus); VII, 181
senator   VI, 25, 68, 101, 150, 156, 329; VIII, 272
senatorius   VI, 101, 119 (vir, sanguis)
senatus   V, 300, 353, 360, 363, 386, 391, 398, 399, 410, 412, 419, 433, 460 (in senatum allectus), 465; VI, 3, 5, 28, 39, 47, 94, 124, 141, 150, 156, 177, 283, 294, 296, 297, 311, 313, 314, 323, 329, 360, 369, 436, 543; VIII, 43, 96, 97, 244, 296
senectus   V, 340, 461, 463; VI, 299, 300, 386, 394, 547; VII, 20, 129, 192, 211, 247, 345; VIII, 159, 174, 184, 208–209, 279
senex aedificator   V, 461
senex bellator   V, 463

seniculus   V, 353 (*ex Philelpho*); VI, 394
senilis   V, 325 (mores); VII, 209; VIII, 223
sententia   V, 143, 184, 188, 363, 364, 390, 398, 473; VI, 113, 120, 123, 157, 165, 184, 222, 283, 306, 314, 333, 388, 400, 499, 536; VII, 52, 99, 127, 230, 305, 326, 343, 347; VIII, 96, 99, 102, 141, 162, 190, 254
septem sapientes   VII, 38; VIII, 90
sepultura   VI, 50 (vivi); VIII, 183, 289
serenitas   V, 147 (heiterer Himmel, gutes Wetter)
serpens   VI, 12; VII, 390
servator   V, 256 (dux); VI, 315 (Iupiter)
servilis   V, 1, 39 (animus); VI, 585 (amor)
servitus   V, 1, 39, 83, 110 E, 245, 309; VI, 306, 335
servulus   VI, 6 (*ex Suet.*)
servus   V, 39, 100, 111, 405, 454, 457 (animatum instrumentum); VI, 46, 98, 101, 161, 195, 206, 259, 260, 261, 421, 426, 565, 567, 576, 577, 586; VII, 75, 156, 213, 315; VIII, 41, 111, 157, 176, 280
servus publicus   VI, 421
setae   V, 462 (*lapsu Guarini et Er.*)
severitas   V, 30, 168, 347, 352; VI, 297–298, 312; VII, 49; VIII, 12, 298
severus   V, 60, 320, 330 (in se ipsum), 331, 377, 384B, 428; VI, 132; 155; 173, 284, 286; VII, 49, 327; VIII, 121, 132
sexus   VII, 95 (muliebris, virilis)
sigillum   VI, 569 (luteum)
signare (versiegeln)   VI, 206, 569
significare   V, 240, 373; VI, 169, 175, 360, 403, 519, 571; VII, 302, 317, 340; VIII, 277
signum (Götterbild)   VI, 431 (*ex. Cic.*)
signum (Siegel)   VI, 206
signum (Zeichen)   V, 1, 205 (indiligentiae), 442 (gaudentis dei); VI, 450 (favoris); VII, 308 (approbationis); VIII, 29 (nobilitatis), 187 (innocentiae)
silentium   V, 194, 383, 424; VI, 258, 340, 536; VII, 143, 253, 321, 338, 378; VIII, 61, 144, 170, 181
silere   V, 88, 128, 161, 447; VI, 92, 309, 412, 521; VII, 36, 37, 177, 234, 253, 343, 365; VIII, 181
simius   VI, praef.; VIII, praef.
simulacrum   V, 76, 275 (= statuae deorum); VI, 188; VIII, 169, 210
simulare   V, 61, 353, 360, 374; VI, 46, 53, 77, 216, 233, 240, 358; VII, 108

simulatio   V, 168; VI, 358
simus   VII, 255 (naribus)
sindon (glattes, subtiles Gewebe aus fein gesponnener Baumwolle)   VII, 275
siparium (*ex Quintiliano*)   VI, 244
sobrietas   V, 254B, 262; VI, 182, 278, 378; VII, 261 (*lapsu Er.*)
sobrius   V, 215, 225, 451; VI, 181, 278; VIII, 152, 162, 174, 185
socius   V, 196, 232, 234, 236; VI, 155, 187, 297, 538; VII, 17
socordia   VIII, 235
socors   V, 225
sodalitas   V, 18, 160 (*ex Regio*)
solea   VI, 566
solitarius   VII, 344
solitudines   VI, 389
solitudo   VII, 62, 124, 163, 262, 344, 382, 387
sollers   V, 46, 212; VI, 391; VII, 60, 73, 76; VIII, 1, 200, 210
soloecismus   VIII, 23 (metaphorisch für Geste eines Schauspielers), 55
solus   V, 22, 23, 49, 95, 99, 133, 150, 168, 192, 222, 225, 228, 252, 303, 308, 334, 343, 356, 402, 413, 428, 439; VI, 28, 77, 92, 156, 157, 166, 206, 255, 297, 394, 397, 403, 420, 496, 532, 590; VII, 62, 124, 135, 162, 171, 177, 202, 219, 254, 258, 302, 333, 355, 356, 367B, 380, 382; VIII, 102, 125, 165, 195, 206, 246, 268, 317
somniare   VI, 271, 572
somniator   VI, 271
somnium   VI, 271, 572; VII, 229 (vigilantis), 289, 330B; VIII, 12, 156, 169 (vigilantium)
somnolentia   VII, 161
somnus   V, 317 (cum somno pugnare), 460; VI, 250; VII, 132, 313, 330B; VIII, 88, 170
somnus letalis   VIII, 223 (senis), 223 (Somnus, Mors)
sophisma   VI, 558 (amatoria); VII, 292, 354 (prolixis sophismatibus); VIII, 193
sophista   VI, 97, 417, 457, 546, 547; VII, 168; VIII, praef.; VIII, 1–53, 170, 175, 216, 258, 264
sophistae   V, 77; VII, 104, 146; VIII, 90
sophisticus   VII, 146 (cavillum); VIII, 260 (quaestio)
sordidus   V, 29, 252; VI, 78, 79, 161, 215, 259, 260, 464, 471; VII, 75, 207–208 (dives), 331; VIII, 43, 62, 192
sorex   V, 381 (*ex Augustino*)
sors (in conviviis)   V, 384

spectaculum   V, 464; VI, 98, 213, 394; VII, 139; VIII, 126, 210, 229
spectator   VI, 250, 388, 412, 511; VII, 356 (philosophus spectator mundi, spectatores in ludis publicis); VIII, 133, 195, 199
speculatio   VIII, 170 (rerum sublimium)
speculum   V, 191; VII, 159, 296, 303
spelunca   V, 363 (Cyclopis)
spes   V, 70, 122, 244, 237, 307, 317, 378, 394, 415, 426, 452; VI, 109, 175, 280, 489, 523, 587; VII, 229, 251, 319; VIII, 70, 126, 166–167, 169, 217
spongia   VI, 29, 71
sponsalia   V, 387 (*ex Lapo Florentino*)
sponsores   V, 392 (*lapsu Er., i.e.* competitores)
stadium   V, 153 (Olympiae); VI, 542 (Philippides); VIII, 141
stadium pugnare   VIII, 141
statua   V, 44 (Saturni), 179, 335 (statuarum gloria, statuas erigere, ponere), 405 (deorum statuae); VI, 43 (Neronis), 44 (altera Neronis), 45 (*lapsu Er., re vera* columnae), 80, 129 (ad vivum efficta), 225 (statuae armatae), 534, 579; VII, 55, 72 (ex aere), 111 (statuis imaginibusque), 134, 235 (pro imagine hominis), 250, 256 (Demetrii Phalerei), 260 (*ex fr. Ambrosio*), 330C (*lapsu Er., re vera* columna), 352 (Chrysippi), 373; VIII, 9, 33, 278
statuarius   VI, 533
statuarum artifex   VI, 531
stella crinita   VI, 81 (*ex Suet.*)
stemma   VIII, 168 (Wappen)
sternutamentum   VII, 343
sternutare   VII, 343
stertere   V, 333A
stilus   VI, 88; VII, 43
stola   VI, 16
stolatus   VI, 16 (Ulysses)
stratagema   V, 5, 8, 45, 133, 231, 432
stragula (-ae)   V, 206, 212
stragulum   V, 149 (picturata stragula, *ex Regio*); VI, 49 (*ex Suet.*); VIII, 202
stuprator   VI, 586
suavium (Saugkuß)   VII, 317 (*lapsu Er.*)
subacidus   VI, 259
subagrestis   VI, 324
subindicare   VI, 39, 444, 491, 505; VII, 124, 135, 143, 154, 306, 319, 392; VIII, 12, 19, 317
sublimitas   VII, 261 (*lapsu Er.*)
submolestus   VII, 276

submorosus   VI, 359
suburbium   V, 96 (*ex Philelpho*)
successio   V, 119; VIII, 183 (principatus)
successor   VI, 99 (designatus imperii); VII, 251 (Aristotelis)
succinere   V, 90; VI, 402
sudarium   VI, 210
suffossio   VII, 98
suffragator   VI, 77 (*ex Suet.*)
suffragia   V, 166, 406
suffragium   V, 166 (*ex Fr. Barbaro*), 211, 301; VI, 176, 224, 306, 307, 350; VIII, 48 (eines Kampfrichters bei den Pythischen Spielen)
suffuro   V, 66
suggestum (Rednertribüne)   V, 287, 419; VIII, 1 (*sive* suggestus), 144, 145, 190
suggestus (Rednertribüne)   VII, 393 et VIII, 1 (*sive* suggestum)
suggillare   VII, 274
summissus   V, 230
summo digito   VIII, 17
sumptuosus   V, 379E, 382, 439; VII, 361
supercilia   V, 427; VII, 257
superciliosi   VII, 257
superi   VI, 153; VIII, 300
superstitio   V, 381, 413, 434; VII, 272; VIII, 241, 256, 267
supervacaneus   V, 373; VI, 531; VII, praef.; VIII, 33, 85
supervacuus   VI, 144, 531; VII, 142
supinus   V, 238 (regio, *ex R. Regio*); VI, 164; VIII, 54 (supina lingua, breite, gedehnte Aussprache)
suppetiae   V, 349
supplex   V, 166 (*ex Fr. Barbaro*), 301, 347; VI, 72, 535; VII, 173 (*ex fratre Ambrosio*); 272
supplicare   V, 396; VII, 272
supplicatio   V, 398 (*ex Guarino*); VI, 419 (*ex Sagundino*)
supplicium   V, 172 (*lapsu Senecae*), 219; VI, 10, 11 (maturare), 61; VII, 30, 203, 271 (capitis), 315, 380 (sumere); VIII, 20, 132 (capitis), 282
suppullulare   VI, 272
supputer/tris/tre   VII, 273 (*neolog. Erasmi*)
supputare   V, 107; VII, 25
supputatores   V, 31
supputatorius   VII, 25 (calculus)
surdaster   VIII, 221, 267
surdus   V, 326 (venter); VI, 14 (surdus delatori), 116; VIII, 140 (surdo loqui), 221, 295 (maritus)

sus domestica   V, 311
sutor   V, 196; VI, 272, 427, 459, 526; VIII, 200
sutorium instrumentum   VI, 427 (galla)
sycophans   VIII, 148
syllaba   VI, 57 (producta); VII, 305; VIII, 44
symbolum   VI, 128 (Losungswort), 486 (Beitrag zu einem Gastgelage); VII, 360 (symbola Pythagorae)
syngrapha   VI, 543
synodus   VIII, 296
syrma   VII, 260

tabella   VI, 98 (offizieller Erlaß); VII, 43 (Schultäfelchen), 274 (*lapsu Er., pro* πιττάκιον, i.e. Lederstreifen zur Wundbehandlung, eine Art Pflaster); VIII, 31 (Schultäfelchen)
taberna   VI, 103, 191 (apud forum), 272 (sutoris); VII, 109 (cauponum tabernae)
tabernaculum   VII, 141 (tentorium, *lapsu Er.*), VIII, 200
tabula   V, 96 (pictura); VI, 464 (Votivtafel in Heiligtum), 520, 522, 524, 526, 527 et 535 (pictura); VII, 32 (lignea qua lex inscibitur); VIII, 95 et 199 et 203 et 222 (pictura)
tabulae (Rechnungsbücher)   VI, 360
tabulae aculeatae   V, 404 (instrumenta militaria)
tabulae nauticae (Bretter eines Schiffes)   VII, 107
taciturnitas   V, 383; VI, 268; VII, 177, 321
talentum   V, 61, 253, 297, 349; VI, 341, 502; VII, 178, 270; VIII, 89, 145, 148, 241
talus (Würfel)   V, 384; VII, 363 (talis ludere)
tantillum   VII, 107
taurus   V, 133 (tauri auratis cornibus); VI, 169
tela, -ae (Spinnennetz)   VII, 24, 122; VIII, 102
tela, -ae (Webstuhl)   VII, 292
telona (*neolog. Erasmi, recte* telonarius)   VIII, 11, 146
temeritas   V, 271, 325; VI, praef.; VIII, 140, 143, 155, 159, 215, 276
temperatus   V, 30; VII, 41
tempestiuus   V, 173, 313; VII, 152; VIII, 152
templum   V, 72 (Proserpinae), 275, 295 (Veneris), 388 (Castoris), 442 (Apollo); VI, 145, 345 (Palladis), 469 (Aesculapii), 480 (templa vacua), 587 (Dianae); VII, 364 (Dianae Ephesiae); VIII, 19, 131, 267 (Aesculapii), 296 (Iovis Positorii)
temulentia   V, 60, 63, 215 (decocta); VI, 183;

temulentia (*cont.*)   VII, 31, 97, 103, 105, 159, 271, 313; VIII, 162, 235 (temulentiae dediti)
temulentus   VI, 30; VII, 341 (Bacchus)
tenebricosus   VIII, 190 (Heraclitus σκοτεινός)
tenellus   VII, 189 (caseus)
tentorium   V, 244
tergiversatio   VIII, 310
terrestris   V, 452 (proelium)
tesserae   V, 95; VI, 244 et VII, 367B (ludere tesseris)
testaceus   VIII, 43
testes (Hoden)   VI, 33 (exsectae); VIII, 258 (ὄρχεις)
testudo   V, 310; VII, 39 (*lapsu Er.*)
testula (*prob. neologismus*)   V, 161
theatrum   V, 110, 156, 164, 238; VI, praef. (*metaphorice*), 41, 165, 213, 214; VII, 99, 104, 195 (*metaphorice*), 330A, 365; VIII, 219
theatrum mundi   VII, 356,
theca   VI, 211 (*ex Quintiliano*), 513; VIII, 173 (mentis)
theologia   V, 74 (theologia poetica); VII, 83; VIII, 98 (disciplina Academica)
thesaurus   VI, 271
thymbra (= satureia)   VIII, 225
thymiama   V, 133
tiara   V, 18
tibia/ tibiae   V, 10, 191 (tibiam, *lapsu Er.*), 240; VI, 63, 371, 580 (tibiis canere); VII, 63, 112; VIII, 94, 194
tibicen   V, 42, 120, 128, 191, 240, 406; VI, 456, 482; VII, 100, 145, VIII, 62, 92, 94, 194, 195, 224
tigris   VI, 165
timiditas   V, 148, 270; VII, 334, 367B (V, 95)
timidus   V, 20, 227, 241, 270, 388; VII, 334, 341; VIII, 100
tinctores   V, 356
tinctura   VI, 100
tintinabulum   VIII, 221
tiro *vid.* tyro
titulus   V, 8, 160 (Name einer Bruderschaft), 243 (Grabinschrift); VI, 18 (Titel des princeps), 44 (Beischrift), 74 (Eintragung in Rechnungsbuch), 176 (Titel des Kaisers), 448 (Inschrift auf Siegesdenkmal), 461 (Grabinschrift); VIII, 47 (Buchtitel), 135, 171 (Ehreninschrift)
toga   V, 60; VI, 141, 229, 287
togatus   VI, 141 (togata mancipia)
tolerantia   VII, 82, 197, 277, 333; VIII, 65

tondere   VI, 7 (pecus, *ex Suet.*); VII, 275
tonsor   V, 88, 473; VI, 258; VIII, 130
tonsorius   V, 473 (cultellus, *ex Val. Max.*)
tonstrina   VII, 30 et 275 (*ex fr. Ambrosio*)
tormina (ventris)   VI, 440
tornus (τορεία)   V, 37
torques   V, 157
toxicum   VI, 587
trabeatus   VI, 167
trabes   V, 374; VI, 453
tragicus   V, 101 (scena); VI, 58 (ornatus), 412 (poeta); VII, 150, 271 (moechi = moechi in tragoediis); VIII, 50
tragoedia   V, 469; VI, 21, 38 (tragoedias cantare), 400, 401 (tragoediarum scriptor), 408, 494, 506 (in tragoediis Philoxeni, *lapsu, recte* Euripidis); VII, 174, 307 (tragoediarum actores), 362 (*metaphorice*); VIII, 18, 23, 28, 48, 50, 153, 160, 201
tragoedus   VI, 58 (= C. Calpurnius Piso)
tranquillitas   VI, 308; VII, 131–132, 190, 213 (animi), 281, 330B; VIII, 7
transfigurare   VI, 33 (*ex Suet.*)
trapezita   VII, 269 (*ex fr. Ambrosio*)
tremulus   VIII, 65
tribunal   V, 227, 298; VI, 125, 155
tribunalia   VIII, 54, 320 (*lapsu Er., i.e.* subsellia)
tribunus   VI, 59, 125, 128, 154, 163, 164, 294, 309, 586 (*ex Alamanno Rinucino*)
tribunus militum (χιλίαρχος)   V, 27, 308 (*lapsu Regii et Er., pro* δήμαρχος), 407B (*ex Regio*), 414 (*ex Philelpho/ Regio*), 424 (*ex Philelpho/ Regio*), 452; VI, 309
tribunus plebis   V, 301, 369 (*pro* δήμαρχος, *ex Fr. Barbaro*); VI, 294, 304, 317, 343
tribus rusticanae   VI, 336 (rusticae *ex Val. Max.*)
tributa   V, 5, 163
triclinium   VI, 343
trifarius   VIII, 303 (partitio)
triobolus   VII, 270
tripudium   VI, 402
triremes auxiliares   VI, 377 (*ex Sagundino*)
triticum   VII, 61, 202, 226
triumphare   V, 298, 301, 309, 419
triumphus   V, 316, 320, 322, 459–460, VI, 211 (C. Caesaris), 337 (Gallicus C. Caesaris) 356; VIII, 65
triumvir   VI, 300
triviae   V, 239

trophaeum   V, 135 (Miltiadis), 239 (Chabriae); VI, 448, 469 (Stratonici); VII, 55
tuba   VIII, 205
tumultuari   V, 147, 419; VI, 400; VII, 99; VIII, 77, 113
tumultus Panicus   V, 220
tumulus   VI, 536; VIII, 205 (Achillis)
tunica   V, 10 (sinuosa), 424 (*ex Philelpho*); VII, 64; VIII, 192
turdus   VI, 503
turmales   VI, 225
tympanizo   VIII, 16
tympanum   VIII, 16
typographus   VII, praef.
tyrannicus   V, 13 (vox), 39 (servitus); VI, 15 et 18 (vox), 141, 314 (potentia); VIII, 119 (vox)
tyrannis   V, 63, 65, 455–456, 470; VI, 46 (Caesaris = Neronis), 150, 535, 594; VII, 20, 28, 32, 151, 234
tyrannus   V, 44, 56, 65, 67–69, 71, 78, 80–81, 212, 236, 258–259, 261, 360, 420; VI, 94, 172–174, 416 et 420–421 (triginta tyranni), 535, 593–594; VII, 25, 38, 145, 151, 153, 367, 373, 374, 378, 380; VIII, 108 (*metaphorice*), 152, 175, 217
tyro (= tiro)   VI, 8

umbra   V, 147 (platanorum), 402; VI, 328, 515, 572; VII, 369; VIII, 12, 144 (asini umbra), 173 (corpus), 263, 265
unctus   V, 208, 230; VII, 108
uncus   V, 1
unguentum   V, 223; VI, 22, 67; VII, 318; VIII, 38, 282
ungere   V, 208, 224, 230, 413; VI, 22, VII, 392
ungues   V, 473 (resecare, *ex. Val. Max.*); VI, 533, 549; VIII, 38 (polire)
ungula   V, 102
unoculus   V, 172; VIII, 40B
urbanitas   VI, 203
urbanus   V, 284; VI, 205; VIII, 18, 319
urbs   V, 20, 66, 83, 97, 98, 124, 133, 141, 185, 190, 204, 247, 275–276; 286, 295, 349, 350. 394, 404, 405, 408, 410, 441, 461, 467; VI, 15, 37, 144, 147, 278, 290, 316, 356, 382, 389, 396, 398, 584; VIII, 32, 118, 165, 210, 229
usura   V, 66
uter/ uterus   V, 29; VI, 440, 443, 571
uvae   VI, 529, 530
uxor   V, 23 (legitima), 34, 44 (Saturni), 50, 52, 69 (casta), 104, 118, 214–216, 246–247, 256 (Pelopidae), 259 (Alexandri tyranni), 306, 323 (Aemylii Pauli), 328 (uxorum Romanorum imperium), 387 (Catonis min.), 473 (Portia); VI, 33 (Sporus), 48, 59, 143, 158, 105, 112 (Lucii Aelii Caesaris), 117 (Marci Aurelii imperatoris), 160, 170 (Galieni), 240 (Gabbae), 247, 265, 270, 290, 312 (Sulpicii Gali, formosa), 327 (Cn. Domitii), 333, 337, 387, 413, 417, 487, 518 (Lysimachi), 584 (Phocionis), 586–588, 590, 591 (Intaphernis); VII, 44, 87, 123 (deformis), 142, 191 (= VI, 44), 201, 360 (Pythagorae); VIII, 1, 4, 30 (Regilla), 65 (Bilia), 115 (Pompeia Plotina), 130, 148, 210 (Pythii), 212–213, 286, 295, 299, 306 (fugitiva)

vafricies   VI, 16
vagulus   VI, 106 (*ex Hadriano imp.*)
valetudinarius   VII, 42
valetudo   VI, 20, 292 (oculorum), 474, 539; VII, 67; VIII, 37, 68 (bona), 238 (bona, corporis, animi)
vallum (Palisade)   V, 429; VI, 286
vallus (Schanzpfahl)   V, 196, 416
vanitas   VII, 223
vas   V, 413; VII, 74 (novum, impletum), 287; VIII, 210
vasculum   V, 37 (fragile), 57 (argentea et aurea), 321 (*lapsu Er.*), 414 (vascula lapidea, *lapsu Er.*); VI, 561, 572; VIII, 43
vasum   V, 449; VI, 153, 373; VII, 203 (pertusum)
vates   V, 443; VI, 536; VII, 2 (de divinatione); VIII, 95, 297
vaticinium   VI, 140, 496; VIII, 273
vecordia   V, 362
vecors   VII, 249; VIII, 307
vectigales   V, 412; VIII, 9
vectigalium redemptores   VI, 269
vegetus   VII, 345 (senectus)
vehementia   VIII, 16, 51 (*rhet. t.t.*), 274
velites   VII, 393
vellere   V, 18 (caput), 147 (platanos)
vellus   VII, 175 (πόκος = lana rudis, *ex fratre Ambrosio*)
velum   VI, 22, 269, 365, 581; VIII, 30
venales (Sklaven)   VI, 347 (Syri)
venarum incisio   VI, 20
venatus   V, 17, 18, 20, 28, 132; VI, 212; VII, 102, 107

veneficium   V, 269, 369; VI, 306, 589
venenum   V, 268, 291; VI, 19, 39, 49, 56, 421, 485, 537, 589; VII, 7, 108; VIII, 138
venter   V, 114, 222, 312, 326 (surdus), 365 (omnia); VI, 55, 346, 349, 439, 440 (ventris tormina), 492, 516; VII, 111 (ventri temperandum), 136, 260 (adolescentis), 282; VIII, 1, 27, 221
versatilis   VII, 79 (ingenium)
versicolor   VI, 22 (*ex Suet.*)
versiculus   V, 180, 469 (Euripidis); VI, 35 (Graecus), 76 (ex fabula quadam), 89 (epigrammatis), 253 (Graecus), 337, 452 (Homericus), 518; VII, 99 (Euripidis), 213, 358 (Pythagorae), 386 (Homericus); VIII, 160
versus   V, 90, 164, 265, 402; VI, 48, 52 (Homericus), 106, 108 (Vergilii), 165 (Graeci), 258 (alterni longiusculi), 339 (Menandricus), 401, 403 (Alexidis), 406 (Philoxeni); VII, 135 et 188 (Homericus), 216 et 222 (Homericus), 292 (iambicus), 351, 376 (Homericus), 377; VIII, 49 (Homericus), 80, 160 (Trochaicus), 205, 246, 315 (Trochaicus)
veru, -us   V, 413
vespillo   V, 353 (*correctio Er. pro* pollinctore)
vestiarius   VII, 175 (*lapsu Er., i.e.* vestificus *sive* vestifex)
vestis   V, 28; 60 (fures); 117 (purpura; pulla), 177 et 210 (pulla); VI, 394, 502, 586; VII, 134, 138, 260, 290; VIII, 192 (pulla), 207, 257, 275
veteres   VI, 73, 185, 208; VII, 293 (lectio veterum); VII, 154
vetula   V, 59, 180; VI, 516, 559, 573
vetulus   V, 466; VIII, 222
viaticum   V, 232; VII, 59, 247; VIII, 258
vicarius   VI, 147
vicinus   V, 146 (bonus, malus); VI, 341; VII, 352; VIII, 177, 212
victima   V, 64, 114, VIII, 94 (= hostia), 141, 256 (= hostia)
victitare   VIII, 116, 221
victor in Olympiis   V, 136
victoria   V, 76, 107, 121, 131, 140, 227, 244, 251, 265, 285–286, 292, 295, 303, 313, 324, 378, 395, 398; VI, 113, 288–289, 321, 419, 542, 579; VII, 33, 92, 277, 394; VIII, 48, 161, 232
victorialis   V, 319 (epulum victoriale)
victoriatus   VI, 241
victoriola   VIII, 141
vigilantia   V, 1, 82, 238; VII, 161; VIII, 93, 96

vigilare   V, 134, 204, 225; VI, 376; VII, 330B; VIII, 96, 169
vigilia   VI, 306; VIII, 235 (vita vigilia)
villa   V, 379M, 382; VI, 51, 150, 344, 389 (Scytharum, *lapsu Er.*); VIII, 317
villicus   V, 379N
villum   VII, 157 (*ex Plauto*)
vindicta   V, 94, 169, 190, 469; VI, 170, 188, 311; VII, 36; VIII, 166
vinolentia   VII, 112
vinolentus   V, 63; VI, 497; VII, 105
vinum   V, 29, 414; VI, 8, 131 (aqua pro vino), 132, 153, 181, 259, 260, 278, 442, 483, 497, 509, 512, 514, 561, 573; VII, 31, 103 (vini usus), 120 (vini usus), 123, 160, 251 (parum commode, exoticum, firmum, iucundum, suavius), 276, 328; VIII, 43, 162, 184
vipera   VII, 178
virga   V, 433; VI, 153, 275 (virgae proconsulis); VII, 48
virgo   V, 116, 214, 294; VI, 281, 394, 523; VIII, 65, 112
virilis   VI, 547; VII, 95, 292 (institutum); VIII, 12
visus (Sehsinn)   VII, 210, 225 (accipere lumen)
vitellum   VI, 271
vitis   VI, 89; VII, 103, 112
vitulinus   VI, 567
vitulus   VI, 567; VII, 279 (vituli inter lupos)
vivarium   VI, 327 (Fischteich)
vocalior   VII, praef.
vociferare   V, 179, 420, 446; VI, 267, 268, 367, 412; VIII, 32, 281
vociferatio castrorum   V, 419 (*ex Regio*)
volubilis   VI, 519 (aether); VII, 187 (oculi)
volumen (Band, Buch)   VII, 79 (multa volumina); VIII, 316 (ingens)
voluptas   V, 10, 26, 70, 105, 111, 135, 191, 201, 229, 292–293; VI, 96, 105, 112, 217, 266, 392, 419, 438, 441, 485, 550; VII, 41–43, 87, 103, 106, 112, 183, 250, 288, 361; VIII, 12, 17, 92, 94, 136, 222, 236
vomitus   VI, 439
vulgaris lingua   VIII, 140 (= Italiana)
vulpes   VI, 72
vultus   V, 25, 230, 348 (truculentia vultus); VI, 168, 570, 574; VII, 212, 231, 303, 341, 393; VIII, 106, 134, 312 (gravatus), 318
vulva   VI, 403, 571

zelotypia   VIII, 295

INDEX NOMINVM

Abderita   VIII, 5 (Protagoras)
Abderitae   VI, 481
Abderites   VII, 374 (Anaxarchus)
Abydeni (incolae Abydi ad Hellesp.)   V, 12
Academia Platonis   VII, 178; VIII, 186, 218
Acarnanii (*lapsu Er., recte* Acarnani)   VI, 536
Accius, L. (poeta tragicus) *vid.* Actius
Achaei   V, 310–312, 353, 363
Achaeus (Acheus) *sive* Cillicon (proditor Mileti)   VIII, 233
Acheus *vid.* Achaeus
Achilles   V, 136; VII, 56; VIII, 205 (persona epica Choerili)
Acidinus Fulvianus, L. Manlius (cos. 179 a. Chr. n.)   VI, 224
Acilius Butas (praefectus praetorii) *vid.* Attilius Butas
Acinaces   V, 42
Aclides Iapson (*lapsu, recte* Euclidas Lacon)   V, 27
Acrocorinthus (arx Corinthi)   VI, 536
Acrocothonae (*lapsu, recte* Acratocothonae)   VI, 514
Actius (*i.e.* L. Accius, poeta tragicus)   VI, 408
Aculeio, C. Visellius (cliens Crassi oratoris)   VI, 332
Adimantus (dux Corinthiorum)   V, 138
Admetus poeta   VIII, 278
Adrianus Caesar (Imperator)   VI, 93–111, 117, 539; VIII, 9, 98
Adrianus Sophista   VIII, 41–43
Aegilia (pro Aegilio) *vid.* Aegilius
Aegilius   VI, 358
Aegina   V, 175; VII, 152
Aeginetae   VII, 152
Aegyptii   V, 33 (Aegyptiorum reges), 452; VI, 265, 266, 269 (omnes ἀχθοφόροι); VIII, 300
Aegyptius   VI, 167, 266
Aegyptius   VI, 167 (linum), 265 (miles), 269 (baiulus)
Aegyptus   V, 93, 433, 451; VI, 222 (rex Aegypti), 392 (rex Aegypti), 428, 572; VII, 21
Aegyptus (provincia Romana)   VI, 131, 167, 311
Aelianus   VIII, 175
Aelii (gens Aelia)   V, 321; VI, 93–111, 117

Aelius Antipater (sophista) *vid.* Antipater Sophista
Aelius Aristides *vid.* Aristides Sophista
Aelius Catus (*i.e.* Aelius Tubero)   V, 321
Aelius Caesar, Lucius (fil. adopt. Hadriani Imp.; pater Lucii Veri)   VI, 102; 107–109; 112
Aelius Lamia, Lucius (aequalis Crassi oratoris)   VI, 332
Aelius Tubero, Q. (gener Aemilii Pauli) *vid.* Aelius Catus
Aelius Verus *vid.* Lucius Verus (filius L. Aelii Caesaris)
Aemilia Tertia *vid.* Aemylia Tertia
Aemilius Lepidus, Marcus (cens. 179 a. Chr. n.)   VI, 367
Aemilius Lepidus, Marcus (*incertum quis sit*)   VI, 366
Aemilius Papinianus (iurisconsultus) *vid.* Aemylius Papinianus
Aemilius Paullus (cos. 216 et 219 a. Chr. n.) *vid.* Aemylius Paulus
Aemilius, Paulus (Paolo Emilio)   VI, 524
Aemilius Scaurus, Marcus (cos. 115 a. Chr. n.)   VI, 346, 360–362
Aemylia Tertia (filia Aemilii Paulli)   V, 316
Aemylius Papinianus   VIII, 97
Aemylius Paulus (cos. 219 et 216 a. Chr. n.)   V, 315–325; VI, 277 (*Paulus Aemilius, i.e.* Plutarchi vita); 322
Aemylius Probus (*i.e.* Cornelius Nepos)   V, 150
Aeschines (rhetor)   VIII, 10, 187
Aeschines Sphetticus, philosophus Socraticus   VII, 162
Aeschylus   V, 103, 164; VI, 412
Aesculapius   V, 74; VI, 469; VIII, 19, 267
Aethiopia   VI, 265
Aethiops   VI, 496 (miles Septimii Severi)
Afer, Gnaeus Domitius (orator, praeceptor Quintiliani)   VI, 184, 229–236; VIII, 319
Afranius (cos. 60 a. Chr. n., amicus Pompei)   V, 421 (*lapsu Er.* Scipio Africanus)
Africa (provincia Romana)   422
Africa (regnum Punicum)   V, 296, 297
Africanus, Sextus Iulius (orator)   VI, 62
Agamemnon   V, 247; VI, 379 et 432 (dramatis persona); VIII, 266

INDEX NOMINVM

Agatharchus (pictor Samius)   VI, 528
Agathocles Peripateticus   VIII, 268
Agathocles tyrannus Syracusarum   V, 82–84
Agathon (poeta tragicus)   V, 89; VIII, 201
Agesistratus Atheniensis (amicus Demosthenis)   VIII, 141
Agis Argivus (adulator)   VI, 495
Agisis (*recte* Vagises) legatus Parthorum   V, 462
Agrigentini   VII, 361
Agrigentinus   VII, 361 (Empedocles)
Agrippina minor, Iulia (mater Neronis)   VI, 30; 39; 54; 55
Ahenobarbus (Aenobarbus), Cn. Domitius (cos. 96 a. Chr. n., pater)   VI, 31, 327, 328
Ahenobarbus (Aenobarbus), Cn. Domitius (filius)   VIII, 159
Ahenobarbus (Aenobarbus), L. Domitius (Nero Imperator)   VI, 31
Aiaces Oilei   VI, 345
Aiacus *vid*. Pelei pater
Aiax   VI, 264 (persona in Sophoclis tragoedia); 345; VIII, 16
Albanum (fundus Albanus)   VI, 203
Albertus II (rex Hungariae et Bohemiae)   VIII, 168
Albidius (aequalis Catonis Maioris, *incertum quis sit*)   V, 376
Albinus, Aulus Posthumius (historicus, cos. 151 a. Chr. n.)   V, 354
Albinus, Aulus Posthumius (cos. 99 a. Chr. n.)   V, 444
Albinus, Sextus Curulis (*lapsu Er., recte* Spurius Postumius Albinus)   VI, 306
Albinus, Spurius Postumius   VI, 306
Albus Asinus (*nomen ioculare* Iunii Bassi)   VI, 185
Alcaeus poeta lyricus   VII, 30
Alcestis (tragoediarum auctor)   VI, 401
Alcibiades   V, 182, 184–192; VI, 373; VII, 201; VIII, 179, 200
Alcyoneus (filius regis Antigoni II)   VIII, 106, 175B
Aldina   VIII, 56
Alexander (*i.e.* Paris)   V, 34
Alexander Magnus   V, 32, 102, 113, 211, 290; VI, 376, 377, 380, 390, 391, 495, 517 (*lapsu Er., recte* Alexander II Rex Molossorum), 521, 588, 589; VII, 172, 178, 221, 280, 374–379; VIII, 31, 63, 64, 171, 183, 203–206, 214, 215, 311

Alexander Pherarum tyrannus   V, 236, 258–261; VI, 492
Alexander I Rex Epiri   VIII, 183
Alexander II Rex Molossorum   VI, 498, 517 (*lapsu Er.* Alexander Magnus)
Alexander Sophista   VIII, 38
Alexandria   V, 410; VIII, 198
Alexandriae rex   V, 410 (*lapsu Er.*)
Alexandrini   V, 410
Alexandrinus   VI, 42 (navis); VII, 300 (pecunia)
Alexinius Eretriensis   VII, 141
Alexinus Elius philosophus   VI, 546, 552; VII, 146
Alexinus quidam   VII, 146 (*i.e.* Alexinus Elius philosophus)
Alexinus Sophista *vid.* Alexinus Elius
Alexis (poeta comicus)   VI, 403–404
Alpes   V, 292
Alphonsus Aragonum Rex   VIII, 292–308
Alyattes II rex Lydiae   VII, 35
Amasis (rex Aegypti)   VI, 392–393
Amazones   VIII, 211
Ambracia   V, 126 (oppidum in regno Pyrrhi)
Amelius (discipulus Plotini)   VIII, 173
Amilcar (Pater Hannibalis)   VI, 309
Ammianus Marcellinus   VIII, 167
Amoebeus citharoedus   VII, 330A
Amphiaraus (vates Argivus)   V, 164; VII, 196
Amphictyones   V, 354; VIII, 48
Amphion   VI, 462
Anacharsis Scytha Sapiens   VII, 24, 101–123
Anagninus (ex oppido Anagnia)   VI, 351 (Septumuleius)
Anaxagoras Clazomenius philosophus   VII, 125–130
Anaxarchus Abderites philosophus   VII, 374–379
Anaximenes (rhetor, Alexandri praeceptor)   VI, 390, 488
Andocides (rhetor Atticus)   VIII, 36
Andocides Sophista (*recte* rhetor)   VIII, 36
Andrus (insula)   V, 158
Anglus   VI, 524 (Thomas Linacrus)
Annales   VI, 351 (opus Fannii)
Annia (mulier pudica Romana)   VII, 36; VIII, 70
Annia Regilla (uxor Herodis Attici)   VIII, 30
Annibal   V, 270, 272, 273, 275, 278, 281–292, 297, 301, 309; VI, 134, 372

721

Anniceris Cyrenaeus   VIII, 218
Anonyma[1]   V, 116 (Dianae sacerdos), 213 (Pisitrati mater), 214 (Pisitrati uxor), 256 (Pelopidae uxor); VI, 443 (anicula Corinthia), 527 (anicula Rhodiensis serva Protogenis pictoris), 582 (anicula Attica); 583 (Phocionis uxor), 584 (Cyperiorum, *recte* Persarum mulieres), 585 (ancilla quaedam Octaviae), 592 (Campana matrona); 593 (anus Syracusana); VIII, 162
Anonymi[2]   V, 120 (filii Pyrrhi regis), 128 (Tarentini), 130 (Lacedaemoniorum legati), 185 et 203 (Athenienses), 204 (invidentes Timotheo), 206 (oratores Athenineses), 212 (amici Pisistrati), 215 (commessatores), 228 (milites Epaminondae, *lapsu Er., recte* duces), 262 (milites Pelopidae), 321 (historici); VI, 8 (milites Tiberii), 46 (Romani assectatores Vindicis), 107, 131, 163 (tribuni militum Maximini Thracis), 168 (scurrae), 185 (Romani), 249 (Galli), 254 (obtrectatores Scipionis Africani maioris), 258, 266 (Aegyptii milites); 277 (Graeci detractores Philippi regis), 278 (Romuli regis familiares), 284 (Romani); VII, 73 (adolescentes Pontici); VIII, 43 (nobiles), 100 (ex Arcadia transfugae ad Persas), 116 (eruditi quidam), 198 (nobiles in arte pingendi aetate Apellis), 199 (quidam Apellis aemuli), 292, 293
Anonymus (quidam, quispiam)[3]   V, 210–211, 261 (*re vera* Pedaritus Lacedaemon); VI, 1, 33, 42, 43, 44, 253, 348 (*lapsu Er., recte* Iulius Caesar Strabo Vopiscus), 371 (*re vera* M. Favonius), 372 (*recte* Possidonius), 276, 554, 571; VII, 37; VIII, 12, 50 (Nicagoras sophista), 61, 66, 88, 104, 137, 188, 189, 265, 266, 267, 270, 279, 291, 307, 312
Anonymus (quidam)[4]:
Anonymus adolescens   V, 213 (amator matris Pisitrati); VI, 564 (*re vera* Chaerephon); 572 (amator Thonidis meretricis), VII, 154 (Platonis aequalis); VIII, 193 (Zenonis discipulus)
Anonymus Adriani praetor   VI, 105
Anonymus Aegineta   VII, 152
Anonymus Aegyptius   VI, 266, 269 (baiulus), 572 (adolescens)
Anonymus Aethiops miles Severi   VI, 496
Anonymus amator meretricis   VI, 567 (Ptochelenae), 568 (Thaidos), 572 (Thonidis), 578 (Phrynes)
Anonymus Antigoni amicus   VIII, 89
Anonymus antisophista Flavi Verginii   VIII, 319
Anonymus Antonii triumviri familiaris   VI, 428
Anonymus Archelai regis tonsor   V, 88
Anonymus Atheniensis   V, 98 (Demetrii Poliorcetis correptor), 154 (aequalis Themistoclis), 156 (aequalis Themistoclis), 161 (rusticus illiteratus), 189 (aequalis Alcibiadis); 195 (dux, aequalis Lamachi), 200 (orator, aequalis Iphicratis); VI, 256 (architectus), 387 (orator, aequalis Lycurgi oratoris), 416 (conscius Thrasybuli); VIII, 66 (agaso)
Anonymus Atticus   VII, 116
Anonymus Aristidis inimicus   V, 172
Anonymus Augusti simillimus   VI, 275
Anonymus baiulus Aegyptius   VI, 269
Anonymus Byzantius maritus   VI, 270
Anonymus calumniator   V, 198
Anonymus candidatus   VI, 236
Anonymus Carthaginensium princeps   VI, 287
Anonymus Chius negotiator   VI, 259
Anonymus choreutes Euripidis   VI, 402
Anonymus citharoedus   V, 70 (hospes Dionysii senioris); VIII, 221

---

[1] In dieser Kategorie werden anonyme Frauen aufgelistet, die als Spruchspenderinnen fungieren oder mit dem Spruchspender interagieren.
[2] Diese Kategorie enthält stets *eine Gruppe* anonymer Personen, die entweder als Spruchspender auftreten oder eine bestimmte Meinung, Ansicht bzw. Haltung vertreten oder die Urheber einer bestimmten Interpretation sind.
[3] Die Kategorie *Anonymus* (*quidam, quispiam*) enthält einzelne Personen ohne irgendwelche näheren Spezifikationen, die entweder als Spruchspender fungieren oder einen von Er. zitierten Spruch- oder Dialogteil liefern.
[4] In dieser Kategorie werden anonyme Einzelpersonen mit näheren nominalen (z. B. Herkunftsnamen), beruflichen, funktionsbedingten und ähnlichen Spezifikationen aufgenommen, die entweder als Spruchspender auftreten, einen von Erasmus zitierten Spruchteil liefern oder auf eine andere Weise mit dem Spruchspender interagieren.

Anonymus coniector somni   VI, 271
Anonymus conuiuii conditor   VI, 561
Anonymus coquus Argiuus   V, 224
Anonymus Cynicus   VII, 297; VIII, 281, 282
Anonymus declamans   VIII, 271
Anonymus Dionysii senioris hospes   V, 61
Anonymus Dolabellae seruus   VI, 426
Anonymus dominus serui fugitiui   VI, 261
Anonymus dux   V, 195 (Atheniensis); VIII, 215 (aequalis Erasmi)
Anonymus Epaminondae familiaris   V, 225
Anonymus Epaminondae nuntians   V, 240
Anonymus eques   VIII, 292, 301
Anonymus eques Romanus   VI, 68, 213 et 216 (aequalis Augusti)
Anonymus equiso   VI, 263
Anonymus Eretriensis (*re vera* Alexinius)   VII, 141
Anonymus Euripidis choreutes   VI, 402
Anonymus familiaris   V, 225 (Epaminondae); VIII, 43 (Adriani Sophistae)
Anonymus Gallus testis   VI, 246
Anonymus gesticulator   VIII, 194
Anonymus Graeculus   VI, 25
Anonymus Hadriani Imp. aequalis   VI, 105; 108
Anonymus Heracleae ciues   VI, 465 (aequalis Stratonici)
Anonymus Hispaniae rex   VIII, 293
Anonymus histrio   VI, 41 (Neronis aequalis)
Anonymus Iassius surdaster   VIII, 221
Anonymus impostor vxoris Galieni   VI, 170
Anonymus iureconsultus, Erasmi aequalis   VIII, 97
Anonymus iurisperitus   VIII, 288
Anonymus Lacedaemonius   VIII, 280
Anonymus Lacon   V, 184 (luctator); VI, 538 (captiuus); VII, 339; VIII, 107 (athleta), 108 (conuiuator), 109
Anonymus legatus Priuernatum   VI, 283
Anonymus libertinus praediues   VIII, 248
Anonymus libertus Claudii Caesaris   VI, 231
Anonymus loricatus in foro Romano   VI, 553
Anonymus ludimagister Atheniensis   V, 186
Anonymus Macedo   VI, 463 (Stratonici discipulus), 590 (aulicus, aequalis Olympiadis)
Anonymus medicus   VI, 555 (*recte* Heluius Vindicianus); VIII, 178
Anonymus mendicus   VI, 472
Anonymus miles   V, 32 (Memnonis Rhodii), 196 (Atheniensis), 274 (Lucanus); VI, 65 (Othonis), 183 (Tarentinus), 265 (Aegyptius), 496 (Aethiops miles Seueri imperatoris)
Anonymus mimus   VI, 165
Anonymus nuncius ex Marathone   VI, 542 (*lapsu Er. sub nomine* Philippidis)
Anonymus Numantinus   V, 418
Anonymus Octauiae minister (*i.e.* Eucaerus)   VI, 585
Anonymus orans modulatius (aequalis C. Caesaris)   VIII, 234
Anonymus orator   V, 200 (Atheniensis); VI, 221 (aequalis Lutatii Catuli); VIII, 318 (saec. I p. Chr. n.)
Anonymus Othonis miles   VI, 65
Anonymus panegyricum recitans   VI, 134
Anonymus patronus   V, 202 (Atheniensis); VI, 232 (imperitus); 251 (Romanus)
Anonymus Periclis amicus   V, 176
Anonymus Persa   V, 6 (aulicus Darii); 25 (rusticus, aequalis Artaxerxis Memoris)
Anonymus Persaei philosophi familiaris   VI, 543
Anonymus philosophus priscus   VIII, 75
Anonymus Phrynae amator   VI, 578
Anonymus physicus   VIII, 263
Anonymus pictor   VIII, 199 (*recte* Apelles)
Anonymus Platonis discipulus   VI, 267
Anonymus poeta comicus Atheniensis   VI, 255
Anonymus Pompei socius   VI, 371 (*re vera* Fauonius)
Anonymus Ponticus adolescens   VII, 43, 73
Anonymus praediues (aequalis Socratis)   VIII, 111–112
Anonymus praedo   VIII, 20
Anonymus proconsul   VIII, 282
Anonymus proconsul alter   VIII, 283
Anonymus proconsul Siciliae   VI, 275
Anonymus psaltes (citharoedus, aequalis Stratonici)   VI, 477
Anonymus Psammentii familiaris   VI, 394
Anonymus puer   VIII, 153
Anonymus purpura indutus   VIII, 275
Anonymus Pyrrhi obtrectator   V, 126
Anonymus Pythagoricus   VI, 272; VIII, 172
Anonymus rex   VI, 274 (*recte* Seleucus I Nicator)
Anonymus rex Hispaniae   VIII, 293
Anonymus Rhodius   VI, 268; VIII, 219 (*recte* Telesphorus)
Anonymus Romanus   V, 459; VI, 28, 29 (Claudii aequalis), 31, 208 (*recte* Seruilius

Anonymus Romanus (*cont.*)   Glaucia), 245–249, 251 (patronus), 276, 283 (senator), 287 (legatus), 364 (malo genere natus, aequalis Laelii minoris), 553 (loricatus); VIII, 272 (senator), 274 (senex)
Anonymus rusticus   V, 25 (Persa), 161 (Atheniensis illiteratus); VI, 72
Anonymus Rutilii amicus   VIII, 164
Anonymus scurra   VI, 273 (aequalis Aureliani imperatoris); 349 (Vespasiani); 495 (Alexandri Magni), 496 (Septimii Seueri)
Anonymus senator Romanus   VI, 283
Anonymus senex   VIII, 308
Anonymus Seriphius   V, 141
Anonymus seruus   VI, 259–261 (fugitiuus); 426 (Dolabellae), 471 (Stratonici); 567 (amator Ptochelenae meretricis); 577 (seruus notus Phrynes meretricis); 585 (Octauiae)
Anonymus Siculus   V, 50 (aequalis Hieronis), 54 et 62 (aequalis Dionysii senioris), 79 et 81 (aequalis Dionysii iunioris); VI, 252; 275 (adolescens, admodum similis proconsuli)
Anonymus somniator   VI, 271
Anonymus somni coniector   VI, 271
Anonymus sophista   VIII, 21
Anonymus Spartaci satelles   VI, 370
Anonymus Stratonici aequalis   VI, 452; 453 (conuiua); 460 (notus Stratonici) 472; 479
Anonymus Stratonici discipulus   VI, 463 (Macedo)
Anonymus sutor   VI, 526
Anonymus Sybarita   VI, 250
Anonymus Syracusanus   V, 66 (aequalis Dionysii senioris)
Anonymus telonarius (Athen.)   VIII, 11
Anonymus testis   VI, 346 (Gallus); 427
Anonymus Thebanus   V, 232; 252
Anonymus Themistoclis paedagogus   V, 151
Anonymus Thessalus   VI, 262
Anonymus Thraseae aduersarius   VI, 424
Anonymus Tiberii adulator   VI, 313
Anonymus Tiberii aequalis   VI, 2
Anonymus tibicen   VI, 482–483
Anonymus tonsor Archelai regis   V, 87
Anonymus tribunus Maximini Thracis   VI, 164
Anonymus tribunus militum   V, 452 (*recte* centurio); VI, 309
Anonymus Vespasiani aequalis   VI, 75 (procerae staturae), 77
Anonymus Vespasiani minister   VI, 77

Antianira Amazonum regina   VIII, 211
Anticyra (oppidum Graecum)   VI, 20
Antigenidas (tibicen)   V, 240; VI, 409
Antigonus I Monophthalmus   V, 196; VI, 489; VII, 133; VIII, 89
Antigonus II Gonatas   V, 106–110, 110B, 110C; VII, 143, 188, 295, 331; VIII, 106, 175B
Antimachus (Clarius) poeta   VIII, 316
Antiochia   VI, 155
Antiochus I (Soter)   V, 104
Antiochus III (Magnus)   V, 115–116, 134, 288, 299, 311
Atiochus IV Epiphanes   V, 433; VI, 441 (Illustris, *lapsu Er.*)
Antiochus VII (Euergetes Sidetes)   V, 132, 133
Antiochus Accipiter (Hierax)   V, 117
Antiochus Epimanes (*ex Polybio*)   VI, 441
Antiochus Illustris (*lapsu Er.*)   VI, 441
Antiochus Insanus (*ex Polybio*)   VI, 441
Antiochus Sophista   VIII, 37A, 37B
Antipater (dux Macedonum)   V, 113, 114; 141
Antipater Cyrenaicus philosophus   VIII, 136
Antipater Sophista Hieropolites   VIII, 46
Antiphates adolescens (amor Themistoclis)   V, 142
Antipho (poeta tragicus)   VII, 373 (*lapsu Er.* Antipho Sophista)
Antipho Sophista   VII, 372
Antisthenes Atheniensis Cynicus   VII, praef., 39–100, 169, 191; VIII, 207, 281, 304
Antistius, Marcus (saec. II a. Chr. n.)   VI, 367
Antonini (*i.e.* Geta et Caracalla)   VI, 127
Antoninus Caracalla, *vid.* Caracalla
Antoninus Geta, *vid.* Geta
Antoninus Heliogabalus *vid.* Heliogabalus
Antoninus, Marcus *vid.* Marcus Antoninus
Antoninus Pius (Imperator)   VI, 113–116; VIII, 18, 38
Antonius, Marcus (orator, cos. 99 a. Chr. n.)   VI, 345, 357; VIII, 310
Antonius, Marcus (triumvir)   V, 449–454, 471; VI, 305; VII, 372; VIII, 230, 232
Antonius Polemon Sophista   VIII, 16, 18–25
Antverpia   VI, 467
Anytus (dux Atheniensium)   VI, 373
Apelles philosophus (Chius)   VI, 519 (*lapsu Er.* Apelles pictor)
Apelles pictor (Colophonius)   VI, 459, 519 (*lapsu Er., recte* Apelles philosophus), 520–527; VII, 274; VIII, 197–199, 203
Apemantus *vid.* Apermantus

INDEX NOMINVM

Apermantus (*recte* Apemantus) V, 192, 193
Aphrodite (Ἀφροδίτη) V, 384
Apollinares (ludi) VIII, 160
Apollo V, 74, 191, 442; VI, 479, 497 (deus Persarum *ex interpr. Senecae*)
Apollonius (amicus Plutarchi) VIII, 75
Apollonius philosophus (praeceptor Marci Imp.) VI, 114
Apollonius rhetor (*lapsu Er., recte* Apollonius philosophus) VI, 114
Aponius (*recte* Apponius) Saturninus, M. (saec. I p. Chr. n.) VI, 23
Appius (*incertum quis sit*) VI, 435
Appius Claudius Caecus (cos. 307 a. Chr. n.) VI, 437–438
Appius Claudius Pulcher (cos. 143 a. Chr. n.) V, 407
Appius maior (*incertum quis sit*) VI, 436
Apponius *vid.* Aponius
Aquila (*cognomen* Pyrrhi regis) V, 125
Aquilius Gallus, C. (iurisconsultus, = Gaius) VIII, 314
Arabianus, Septimius (senator sub Alexandro Severo) *vid.* Arabinus
Arabinus (*lapsu Er., recte* Arabianus) VI, 156
Aragonia VIII, 292
Araspes (aulicus Cyri Magni) *vid.* Araspus
Araspus (*lapsu, recte* Araspes) V, 3
Aratus VI, 535–537, 594
Arcades V, 234; VIII, 116
Arcadia V, 234; VI, 468 (*lapsu Er., recte* Cardia); VIII, 116
Arcadion Macedo (inimicus Philippi II) VI, 491
Arcarnani *vid.* Acarnanii
Acarnanii (*lapsu Er., recte* Arcanani) VI, 536
Arcas VIII, 116
Arcesilaus (Platonicus) VI, 519; VII, 182–187, 337, 388; VIII, 59
Archelaus (dux Mithridatis VI) V, 447
Archelaus I (rex Macedonum) V, 87–91
Archias (poeta) VIII, 205
Archidamus II (rex Lacedaem.) VI, 388
Archidamus III (rex Lacedaem.) V, 219
Archilochus (poeta) V, 180; VIII, 51; 216
Archippus (dux Atheniensium, demagogus) VI, 493
Archytas Tarentinus (philosophus Pythagoricus) VI, 550 (Archyta); VIII, 86 (Architas), 322
Argivi V, 234

Argivus V, 219 (Nicostratus), 234 (Orestes); VI, 495 (Agis); VII, 22 (Cleobis et Biton)
Arimanius (deus Persarum) *vid.* Arimenius
Arimanus (deus Persarum) *vid.* Arimenes
Arimaspi V, 172C = VIII, 40B
Arimenes (*i.e.* Arimanes) V, 9
Arimenius (*i.e.* Arimanius) V, 159
Ariminum (oppidum) V, 394
Ariphron (frater Periclis) V, 182
Aristarchus (Theodectae oratoris pater) VIII, 90
Aristides Iustus V, 160–172
Aristides Sophista VIII, 40A–B (= V, 172B–C)
Aristippus Cyrenaicus Socraticus VII, 59; VIII, 157, 170
Aristo(n) Chius (Stoicus) VI, 557; VII, 301, 330C, 336, 353; VIII, 102; 103
Aristobulus (historicus Alexandri) VIII, 206
Aristogiton (tyrannicida) VII, 373
Aristophanes VII, 258
Aristophon Athen. (orator) V, 202; VIII, 187
Aristoteles V, 1, 457; VII, 220–251; VIII, 74, 96, 178, 186, 220, 287, 322
Aristratus (tyrannus Sicyonis) VI, 535
Arius (*persona inventa a Caelio Rhodigino*) VIII, 212
Armenia V, 434
Arsinoe II (uxor Lysimachi) VI, 518
Artabanus (Persa, patruus Xerxis I) V, 12, 159; VIII, 100
Artaxerxes *vid.* Artoxerxes
Artemisia I (regina Halicarnassi) VIII, 101
Artoxerxes I V, 16–20
Artoxerxes II (Memor, filius Darii II) V, 23–31, 233
Artoxerxes Longimanus (filius Xerxis I) V, 16
Asclepiades Phliasius VII, 145; VIII, 137
Asdrubal Hedus (Hasdrubal Haedus) V, 285; VI, 321, 356
Asia V, 13, 134, 299; VI, 167; VIII, 270
Asia (provincia Romana) V, 134; VI, 167, 351
Asiani VIII, 52
Asina, Cn. Cornelius Scipio VI, 309
Asinius Pollio, C. VI, 354; VIII, 140, 252
Asinus Albus (*nomen ioculare* Iunii Bassi) VI, 185
Aspasia Phocais *vid.* Phocais
Asper, Sulpicius (coniuratus Pisonis) *vid.* Sulpitius
Assius VII, 331 (Cleanthes)
Assyrius VIII, 12 (Isaeus Sophista)

Astu (Athenae)   V, 150
Astyages (rex Medorum)   VI, 584
Ateas (rex Scytharum)   V, 40–42
Atellana   VI, 39
Athena Chalcioeca *vid.* Chalcioeca, Pallas
Athenae   V, 127, 141, 149, 150 (Astu), 154, 180, 190, 441 (urbs Athenarum); VI, 416; VII, 101, 149, 294, 368, 394; VIII, 1, 144, 146, 219, 272
Athenaeus   V, 410; VI, 250, 469; VII, 123
Athenais (Filia Herodis Sophistae) *vid.* Panathenais
Athenienses   V, 38, 48, 98, 127, 141, 144, 147, 161, 165, 169, 170, 173–175, 177, 185, 187–188, 190–192, 194, 205–206, 208, 210, 212, 234, 236, 240, 371, 445; VI, 256, 377, 380, 387, 414, 416, 493, 538, 542, 544; VII, 39, 68, 99, 109, 121, 125, 127, 152, 202, 226, 256, 275, 373; VIII, 1, 9–10, 32, 36, 141, 177, 187, 200, 229, 323
Athenienses (ludi)   VIII, 269
Atheniensis   V 38, 48, 144, 192–194 (Timon); VI, 256 (quidam architectus), 400 (populus), 418 (Theodorus atheos, *lapsu Er.*), 419 (Stratocles), 442 (Stratonicus), 499–501 (Clisophus adulator), 544–545 (Timon); VII, 22 (Telus), 39 (Antisthenes Cynicus), 140 (Simon), 150 (Plato), 226 (Triptolemus); VIII, 7 (Theodorus atheos, *lapsu Er.*), 58 (Epicurus, sic), 66 (agaso)
Athesis (fluvius)   V, 432
Atilius Butas *vid.* Attilius Butas
Atilius Caiatinus, Aulus   VI, 309
Attalus II (Philadelphus, rex Pergami)   V, 118
Atteius Capito, C. (iurisconsultus, cos. 5 p. Chr. n.)   VIII, 56
Attica (pars Graeciae)   V, 169; VIII, 181, 220
Attice   VI, 582
Attici   VII, 121, 134
Atticismus   VI, 582
Atticus   VI, 582; VII, 116 (aequalis Anacharsidis)
Atticus   V, 11 (caricae)
Atticus, Herodes *vid.* Herodes
Attilius (*i.e.* Acilius) Butas (praefectus praetorii)   VIII, 235, 245, 246
Attilius Caiatinus, Aulus (cos. 254 a. Chr. n.)   VI, 309
A(t)tilius Crescens (amicus Plinii minoris)   VIII, 77–78
Attilius Regulus, Marcus (cos. 294 a. Chr. n.)   VI, 286

Attilius Regulus, Marcus (cos. 267 a. Chr. n.)   VI, 291
Aufidius Modestus (grammaticus)   VIII, 87
Augustae (uxores imp.)   VI, 160
Augusti gens   VI, 81
Augustinus, Aurelius   VI, 554, 555
Augustus   VI, 47 (= Nero); 125 (= Caracalla)
Augustus Caesar (Octavianus)   V, 454, 469; VI, 81, 213, 216, 217, 237, 275, 276, 367, 432; VIII, 98, 184, 230, 232
Aurelianus (Imperator)   VI, 174–176, 182, 273 (= Vopisci *Vita Aureliani*)
Aurelius, C. *vid.* Aurelius, Gnaeus
Aurelius Cotta, C.   VIII, 313
Aurelius, Gnaeus (*recte* C., eques R., aequalis Pompei Magni)   V, 460
Aurelius, M. *vid.* Marcus Antoninus
Aurelius Victor   VI, 81, 112, 123
Aureolus (dux Gallieni Imp.)   VI, 174
Aurifex, Lucius (iudex, ca. 100 a. Chr. n.)   VI, 204
Aurunci (gens prisca Italiae)   VI, 189
Ausonius   VI, 570
Avernus *vid.* Limerna
Avidius Cassius, C. (usurpator contra Marcum Imp.)   VI, 119
Avidius Quietus, Titus (amicus Plut.) *vid.* Quintus

Babylon   V, 7
Babylones   V, 7
Babylonii   V, 7, 10
Baccha   VIII, 216 (Iambe)
Bacchus   V, 96, 112; VI, 89, 495; VII, 341
Bactriani   V, 9
Baetis fluvius (Guadalquivir)   V, 349
Bagoas   VIII, 214
Baiae   V, 292
Barbarus (*i.e.* Xerxes)   V, 140
Barbarus   VI, 181 (*recte* Burburus)
Barbarus Mastor (miles)   VI, 99
Barcha Carthaginensis (*incertum quis sit*)   V, 286
Baria *vid.* Bathia
Bartolus (de Saxoferrato)   VIII, 96
Basilica Iulia   VI, 22
Bassianus (*vid.* etiam Caracallus)   VI, 125, 139, 140; VIII, 97
Bassianus (*lapsu Er., recte* Flavius Iuvenalis)   VI, 138
Bassus, Iunius   VI, 185, 215

Bathia (*sive* Baria, *lapsu Er.* „oppidum humili loco situm") V, 295
Beda Venerabilis VI, 360
Bellerophon (tragoedia Euripidis) VII, 181
Benedictini VIII, 195
Berisades (rex Thraciae) VI, 444
Bestia, L. Calpurnius (cos. 111 a. Chr. n.) VI, 362
Bias Prienaeus (Sapiens) VII, 35–38, 44, 191
Bias stupidus (persona ex Menandri comoedia *Colax*) VIII, 63
Biberius Caldius Mero (*nomen ioculare* Tiberii Imp.) VI, 8
Bibulus, M. Calpurnius (gener Catonis Utic.) V, 387; VI, 311, 314
Bilia (uxor Duellii) VIII, 65
Bion Borysthenites VII, 135, 147, 174, 188–216; VIII, 290
Bithynia V, 362
Bithys parasitus VI, 502
Biton *vid.* Bitus
Bitus (*lapsu Er., recte* Biton) VII, 22
Blasius (iurisconsultus, aequalis Er.) VIII, 96
Blessus, Publius (*incertum quis sit*) VI, 209
Bocchoris (rex Aegypti) VI, 572
Boeoti V, 237, VI, 447, 536 (Boeotii)
Boeotia V, 237
Boeoticus V, 243
Boeotii *vid.* Boeoti
Boeotus V, 230
Bonosus (Imperator) VI, 182
Borysthenites VII, 188 (Bion)
Bos (*nomen ioculare* Cleonis citharoedae) VI, 484
Bosporanus VII, 348 (*recte* Borysthenites)
Britanni VI, 103; 127; VIII, 56
Britannia (provincia Romana) VI, 496
Brutus, Decimus Iunius (*lapsu Er.* M. Brutus) VIII, 165
Brutus, M. Iunius (iurisconsultus, pater) VI, 203
Brutus, M. Iunius (filius iurisconsulti Bruti) VI, 202, 203
Brutus, M. Iunius (pater percussoris Caesaris) VIII, 159
Brutus, M. Iunius (percussor Caesaris) V, 469–474; VI, 202, 305
Burburus (vexillarius Firmi Imp.) *vid.* Barbarus
Burrus VI, 32, 56
Butas, Acilius *vid.* Attilius Butas
Byzantii VI, 398, 413; VIII, 1–2

Byzantium VI, 445; VIII, 1, 48
Byzantius VI, 270 (quidam), 410 (Leo), 413 (Pytho rhetor); VIII, 1 (Leo), 48 (Clemens)

Cadmeus VII, 33
Cadmus VI, 456
Caecilius *vid.* Metellus
Caecilius, Lucius (aequalis Caligulae) VI, 429
Caelenae (*lapsu, recte* Celaenae, urbs Phrygiae) VIII, 210
Caelius, Marcus (amicus Ciceronis) *vid.* Celius
Caepio, Q. Servilius (cos. 106 a. Chr. n., *lapsu Er.* Scipio) V, 434
Caesar V, 469 (= Octavianus); VI, 1, 6 et 13 (= Tiberius), 19–20 et 22 (= Caligula); 25 (= Claudius), 41–43, 46 et 62 (= Nero); 65–66 (= Otho); 70, 72, 77–78 et 81 (= Vespasianus); 84 et 87 (= Titus); 88–89 (= Domitianus); 91 (= Nerva); 93, 97, 100–101, 103, 105 et 110 (= Hadrianus); 114 (= Antoninus Pius), 132 (= Pescennius Niger), 150 et 159 (= Alexander Severus), 168–170 (= Galienus), 175 (= Aurelianus), 188 (= Claudius), 211, 213 et 217 (= Augustus), 231 et 233 (= Claudius), 237 et 276 (= Augustus), 313 (= Tiberius), 349 (= Vespasianus), 353 (= Tiberius), 429 (= Caligula), 496 (= Septimius Severus), 539 (= Hadrianus), 540 (= Traianus, *secundum Er.* Hadrianus); VIII, 9 (= Hadrianus), 18 (= Antoninus Pius), 31 et 34 (= Marcus Aurelius), 38 (= Antoninus Pius), 40A (= Marcus Aurelius), 46 et 48 (= Septimius Severus), 56 (= Tiberius), 98 (= Hadrianus), 120 (= Traianus), 166 (= Iulianus Apostata), 234 (= Caligula), 235 (= Tiberius), 318 (Nero *sive* Claudius)
Caesar, C. *vid.* Caligula, C.
Caesar, C. Iulius (dictator) V, 386, 388, 394–396, 398, 422, 448, 452, 455, 471, 473; VI, 111, 211, 300–301, 317, 337, 369, 430; VIII, 161, 185, 232, 234 (*lapsu Er., recte* Caligula)
Caesares VI, 81 (Caesarum Mausoleum), 82
Caesareus VIII, 96
Caesariani V, 422 (milites, *i.e.* dictatoris), 470 (*i.e.* partes Antonii et Octaviani)
Caesellius, C. Aulus (iurisconsultus) VI, 187 *vid.* Cascellius
Caesetius eques Romanus *vid.* Cesetius pater
Caesetius Flavus, L. (tr. pl. 44 a. Chr. n.) *vid.* Cesetius filius
Caeus (*i.e.* Ceus) VIII, 191

Calanus Indus   VIII, 311
Calendae Martiae   VI, 369 (*lapsu Er., recte* Idus)
Caligula, C.   VI, 12, 14–24, 429; VIII, 119, 120, 234
Callimedon (rhetor Atheniensis)   VI, 403
Callipus (discipulus Platonis)   V, 85
Callisthenes Olynthius historicus   VII, 221
Callistion Ptochelena (meretrix)   VI, 567
Callistratus (dux Atheniensium)   V, 208, 234
Calpurnius Bestia, L. (cos. 111 a. Chr. n.)   VI, 362
Calpurnius Bibulus, M. (gener Catonis Utic.)   V, 387; VI, 311, 314
Calpurnius Piso, C. (coniuratus in Neronem)   VI, 58
Calpurnius Piso Caesoninus, L. (fl. 120 a. Chr. n.)   VI, 346, 363
Calvina, Iulia (*lapsu Er.*, *re vera* Iunia Calvina)   VI, 81
Calvinus, C. Sextius (fl. 100 a. Chr. n.) *vid.* Calvinus Glaucia
Calvinus Glaucia (*nomen contaminatum ab Er. ex Sextio Calvino et Servilio Glaucia*)   VI, 208
Calvus, C. (poeta, amicus Catulli) *vid.* Licinius Macer Calvus
Cambyses II (rex Persarum)   VI, 394, 397, 497
Camerini milites (ex oppido Camerino)   V, 430
Camillus, Ovinius   VI, 150
Camma (uxor Sinati ducis Galatarum) *vid.* Canna
Campanus   VI, 592 (matrona)
Campania   V, 292
Campatius (*incertum quis sit*)   VI, 214
Campus Martius   VI, 330, 431
Canna (*lapsu Er., recte* Camma)   VI, 587
Cannae   V, 273, 286, 292; VI, 322
Cannensis pugna   VI, 316
Canidius (amicus Catonis Utic.)   V, 390
Caninius, Caius (*lapsu Er., recte* Canius)   VI, 360
Caninius Rebilus, C. (cos. 45 a. Chr. n., *lapsu* C. Servilius)   VI, 199
Canius, C. eques (saec. II a. Chr. n.) *vid.* Caninius, C.
Cantuarensis Archiepiscopus   VIII, 154
Canus (tibicen Galbae)   VIII, 92
Caphis (Phocensis, assectator Sullae)   V, 442

Caphisias *sive* Caphisius (tibicen) *vid.* Charisius, Scapheus
Capito, Cossutianus *vid.* Cossutianus Capito
Capitolium   V, 292, 301
Cappadox   VIII, 44
Capra (*cognomen* Niconis meretricis)   VI, 566
Capua   V, 292
Caracalla *vid.* Caracallus
Caracallus, Antoninus (Imperator)   VI, 125, 136–140; VIII, 54 (*vid.* Philiscus); VIII, 97
Carbo (tr. pl., *incertum quis sit*)   VI, 339
Carbo, Gnaeus Papirius (cos. 85 a. Chr. n.)   VI, 299; VIII, 159
Carcinus (citharoedus)   VI, 470
Cardia (oppidum Thraciae)   VI, 468 (*lapsu Er.* Arcadia)
Cares   V, 8 (*lapsu Er., recte* Assyrii)
Caria   VI, 93
Carmendius Aegineta (*lapsu Er., recte* Charmander)   VII, 152
Carneades Platonicus   VII, praef., 218–219, 234, 352,
Carnulius *sive* Carvilius (aequalis Tiberii Imp.)   VI, 10
Carolus rex (Carolus V, Imperator)   VIII, 96
Carthaginenses   V, 44, 73, 122, 284, 297, 298, 404; VI, 287, 335
Carthaginensis   V, 286 (Barcha)
Carthago   V, 129, 284, 289, 297, 301, 400, 402, 403, 408; VI, 287
Carthago Nova   V, 295
Carvilii Spurii mater   VI, 207
Carvilius *sive* Carnulius (aequalis Tiberii Imp.)   VI, 10
Carvilius, Spurius (*prob.* Sp. C. Maximus Ruga, cos. 234)   VI, 207
Casander *vid.* Cassander
Cascellius, C. Aulus iurisconsultus (saec. I a. Chr. n., *lapsu* Caesellius, Cesellius et Ceselius)   VI, 187, 200, 300
Cassander, princeps Macedoniae   VII, 255
Cassandra fatidica   VI, 345
Cassandra   VI, 345 (*iocose pro* Sex. Tit., tr. pl. 99 a. Chr. n.)
Cassius, C. (*incertum quis sit*)   VI, 193
Cassius, C. Avidius (usurpator)   VI, 119
Cassius, C. Longinus (percussor Caesaris)   V, 455–456; VI, 305
Cassius Severus (patronus temporibus Augusti)   VI, 217–218, 313; VIII, 55, 244, 254, 320
Castor   V, 388; VI, 532

Castritius (*i.e.* Castricius), M.   VI, 299
Catilina, L. Sergius   V, 386; VI, 296, 298
Cato maior   V, 325–376, 377 (*lapsu Er., recte* C. Utic.), 378–379, 380 (*lapsu Er., recte* C. Utic.), 381–382, 402; VI, 333; VIII, 77, 213 (*recte* Ps.Cato), 236, 239
Cato minor *sive* Uticensis   V, 377, 380, 383–399, 473; VI, 314; VIII, 71, 185;
Catulus *vid.* Lutatius Catulus, Catullus Messalinus
Catulus Luctatius *vid.* Lutatius Catulus
Catullus Messalinus, L. Valerius (cos. 73 p. Chr. n.)   VIII, 123 (Catulus)
Caudinae furcae   VI, 310
Celaenae (urbs Phrygiae) *vid.* Caelenae
Celius, M. (*i.e.* M. Caelius, amicus Ciceronis)   VI, 325
Celsina (femina praepotens)   VI, 233
Celtiberi   V, 349, 407B
Centho, C. Claudius (cos. 240 a. Chr. n.) *vid.* Cento
Cento, C.   VI, 365
Cephalon *vid.* Cephalus Arati amicus
Cephalus Arati amicus   VI, 537 (*lapsu Er., recte* Cephalon)
Cepahlus Atheniensis (figulus)   VIII, 187
Cercopes   VI, 494
Cercyraeus (ex Cercyra insula)   VIII, 145
Ceres   VII, 226
Cervidius Scaevola *vid.* Serbidius Scaevola
Cerylus libertus (temporibus Vespasiani, aliter Laches)   VI, 76
Ceselius (*i.e.* C. Aulus Cascellius iurisconsultus)   VI, 300
Cesellius (*i.e.* C. Aulus Cascellius iurisconsultus)   VI, 187
Cesetius filius (L. Caesetius Flavus, tr. pl. 44 a. Chr. n.)   VI, 317
Cesetius pater (Caesetius, equ. Rom.)   VI, 317
Ceus (ex insula Ceo) *vid.* Caeus
Chabrias (dux Atheniensium)   V, 207–209, 239, 242
Chaeremonidas Atheniensis Stoicus   VII, 298 (*lapsu Er., recte* Chremonidas)
Chaerephon Atheniensis (*lapsu Er.* Xenophon)
Chaerephon parasitus   VI, 512, 513
Chalcedonii   VI, 398
Chalcioeca, Athena   VIII, 191
Chalcis (civitas Euboeae)   V, 311
Chalcis (patria Apollonii philosophi)   VI, 114
Chaldaei   VI, 54 (geneathlici)

Charisius (*lapsu Er., recte* Caphisias *sive* Caphisius) tibicen   V, 120
Charmander Aegineta *vid.* Carmendius
Charon   VIII, 279
Cherilus (poeta malus)   VIII, 205
Chiliades (*i.e.* Adagia)   VI, 63; 240; 478; VII, 29, 34, 35, 360; VIII, 233
Chilon   VIII, 109
Chiomara Ortiagontis vxor *vid.* Chiomatha
Chiomatha (*lapsu Er., recte* Chiomara)   VI, 586
Chirosophus (adulator)   VI, 490
Chius   VI, 259 (negotiator), 382 (Onomademus, *recte* Demus), 412 (Iupiter, *lapsu, recte* Ion), 487 (Theocritus sophista), 519 (Apelles); 557 (Aristo); VII, 330C (Ariston); VIII, 102
Choerilus (poeta malus) *vid.* Cherilus
Chremonidas Atheniensis Stoicus   VII, 298 (*lapsu Er.* Chaeremonidas)
Chresimus libertus, C. Furius   VI, 306
Christianae   VIII, 72
Christiani   V, 116; VI, 152, 153; VII, 106, 192; VIII, 127, 153, 194
Christianus   VI, 151 (principes), 153 (milites)
Christus   VII, 106
Chrysippeus   VII, 350
Chrysippus Solensis (Stoicus)   VII, 350–355
Chrysippus, Vettius (philosophus, amicus Ciceronis)   VI, 211
Ciania (urbs)   VIII, 165
Cianiensis   VIII, 165
Cicero, Marcus Tullius   V, 199, 382, 385; VI, 201, 296, 304, 325, 347, 355, 359, 531; VII, 19, 26; VIII, 41, 205, 228, 239, 311, 314–316, 319
Cicero, Marcus Tullius avus oratoris *vid.* Cicero, Marcus Tullius pater
Cicero, Marcus Tullius pater Marci Tullii oratoris (*lapsu Er., recte* avus M. Tullii oratoris)   VI, 347
Cicero, Quintus   VIII, 313
Cicones (Maronia Ciconum civitas)   VI, 467
Cillicon *sive* Acheus (proditor Mileti)   VIII, 233
Cimbri   V, 430
Cimbricus   V, 432 (bellum); VI, 191 (scutum)
Cimon Atheniensis   V, 180
Cinania (*i.e.* Cinginnia, oppidum Lusitaniae)   VIII, 165
Cinciolus (*i.e.* Cincius Alimentus)   VI, 365
Cincius Alimentus, M. (tr. pl. 204 a. Chr. n.)   VI, 365

Cineas Thessalus (legatus Pyrrhi regis)   V, 124, 129; VI, 320
Cinesias (*lapsu Er., recte* Nicesias)   VI, 517
Cittieus (*i.e.* Citieus)   VII, 293
Clarius *vid.* Antimachus Clarius
Claudius (*nomen gentis* Claudiorum)   VI, 73, 208
Claudius (aequalis Calvini Glauciae, *incertum quis sit*)   VI, 208
Claudius, C. (*lapsu Er.*)   VI, 39
Claudius Claudii Caesaris libertus (*incertum quis sit*)   VI, 231
Claudius, Tib. (Imp.)   VI, 26–30; 39; 48; 57; 188; 231
Claudius Caecus, Appius (cens. 312 a. Chr. n.)   VI, 437–438
Claudius Centho, C. *vid.* Cento
Claudius Hadrianus (Sophista) *vid.* Adrianus Sophista
Claudius Pulcher, Appius (cos. 143 a. Chr. n.)   V, 407
Clazomenius   VII, 125 (Anaxagoras)
Cleanthes Assius Stoicus   VII, 298, 331–347, 332 (*lapsu Er., recte* Zeno), 354
Clearchus (dux Lacedaemoniorum)   V, 21
Clemens Byzantius (tragoediarum actor)   VIII, 48
Cleobis Argivus, frater Bitonis   VII, 22
Cleon Atheniensis   VI, 423
Cleon citharoedus (*cognomine* Bos)   VI, 484
Cleopatra   V, 451, 453; VI, 311
Clisophus Atheniensis (adulator)   VI, 499–501
Clitomachus (philosophus Carthaginiensis, *Punico nomine* Hasdrubal)   V, 410
Clitus (dux Alexandri Magni)   VII, 379
Clivensis dux   VII, *praef.*
Clodius (*pro nomine gentili* Claudiorum)   VI, 73, 208
Clodius Pulcher, P. (inimicus Ciceronis)   VI, 201, 337
Cluvius Rufus historiographus   VIII, 84
Cocceianus, L. Salvius Otho (nepos Othonis Imp.) *vid.* Cocceius
Cocceius (*lapsu Er., recte* Cocceianus, nepos Othonis)   VI, 66
Cocceius Nerva (*i.e.* Nerva Imperator)   VI, 91; VIII, 123
Collatinus, L.   VI, 282
Colonia Agrippina   VIII, 43
Colonia Narbonensis   VI, 203
Colophonius   VII, 366 (Xenophanes)

Commodus (Imperator)   VI, 123
Commodus *vid.* Lucius Verus   VI, 112
Commodus Aelius Verus, *vid.* Aelius Caesar, L.
Constantinopolis   VIII, 133
Constantius Chlorus   VIII, 129
Corinthii   V, 65; VI, 225
Corinthius   VI, 503 (Philoxenus Pternocopis), 568 (Lais maior)
Corinthus   V, 79, 239; VI, 443; VII, 153
Coriolani mater (Veturia)   VI, 290
Coriolani uxor   VI, 290
Coriolanus, Cn. Marcius   VI, 288–290
Cornelia (mater Gracchorum)   VI, 338, 592
Cornelius Dolabella *vid.* Dolobella
Cornelius Lentulus Gaetulicus, Cn. (cos. 26 p. Chr. n.)   VIII, 121
Cornelius Nepos (historicus)   VI, 308
Cornelius Rufinus, P. (cos. 290 et 277 a. Chr. n.)   VI, 350
Cornelius Scipio Asina *vid.* Scipio Asina
Cornelius Sulla, Faustus *vid.* Faustus Syllae Filius
Cornificius, Quintus (poeta)   VIII, 230
Corydus parasitus   VI, 503, 509–515
Cossutianus Capito (accusator saec. I a. Chr. n.)   VIII, 318
Cotta, C. Aurelius (cos. 75 a. Chr. n.)   VIII, 313
Cotys   V, 36, 37, 38; VI, 414
Crannon oppidum Thessaliae (*lapsu Er.* Gramnon)   VI, 532
Crantor Solensis Platonicus   VII, 181
Crassus, Lucius Licinius (orator)   VI, 31, 202–203, 326–329, 330 (*lapsu Er., recte* Iulius Caesar Strabo), 331–332, 363
Crassus, Marcus Licinius (Dives, triumvir)   V, 457–465; VI, 28, 370
Crassus, Publius Licinius (cos. 171 a. Chr. n.)   V, 314
Crassus, Publius Licinius (M. Crassi Divitis filius)   V, 464
Crates (*incertum quis sit*)   VIII, 225
Crates Atheniensis Platonicus   VIII, 62
Crates Thebanus Cynicus   V, 218; VII, 135, 137–138, 230, 265–285, 291, 323; VIII, 225 (*incertum*), 281
Cresinus *vid.* Chresimus
Cretenses   VI, 536
Crinus (*lapsu Er. nomen fluvii, sed recte* legendum „riuus"   VIII, 167
Crispus, Manilius (*incertum quis sit*)   VIII, 155

INDEX NOMINVM

Crispus Passienus *vid.* Sallustius Crispus Passienus
Crispus, Vibius *vid.* Vibius
Critias Atheniensis (avunculus Platonis)   VI, 421
Crobelus *vid.* Hegesippus
Crobylus *vid.* Hegesippus
Croesus (rex Lydorum)   VI, 395–397; VII, 22, 32
Cromnus (apud Megalopolim)   V, 219
Crotoniates   VI, 541; VIII, 208
Crypsippus (Κρύψιππος, *iocose pro* Chrysippo)   VII, 352
Ctesibius Chalcidensis philosophus   VIII, 59
Cumae (oppidum Campaniae)   VIII, 317
Cumae (urbs Aeolidis)   VII, 30;
Cumani (incolae urbis Aeolidis)   VII, 30
Cumanus (ex Cyme urbe Aeolidis)   VIII, 154 (Ephorus)
Cunax (*lapsu Er., recte* Cunaxa apud Babylonem)   V, 21
Cupido (signum Phidiae)   VI, 578
Cupido (signum Praxitelis)   VI, 576
Curia Hostilia   VI, 294
Curiatii fratres tres   VI, 281
Curio pater (*incertum quis sit*)   VI, 337
Curius, Manius (aleae lusor)   VI, 244
Curius, Manius (*correctione Er. infelici, recte* Titius Maximus)   VI, 214
Curius Dentatus, Manius (cos. 290 et 275 a. Chr. n.)   V, 263–264; VI, 189, 323
Curtius Rufus, Quintus (historicus)   VIII, 183
Cybele   VI, 200 (Cybeles poma = nuces pineae); VII, 183
Cyclopes   VI, praef.
Cyclops   VI, 376 (Polyphemus); VII, 389 (*nomen ludicrum* Timonis Nicaei, i.e. Timonis Phliasii)
Cymae *vid.* Cumae urbs Aeolidis
Cymani *vid.* Cumani
Cynica mulier   VII, 291
Cynicus   VI, 38 (Isidorus); VII, 131 (Metrocles), 136 (Crates), 137 (*lapsu Er.* Crates, *sed recte* Stilpon Megarensis), 297 (quispiam); VIII, 35 (Proteus), 104–105 (Diogenes), 116 (Diogenes), 194 (Demetrius), 229 *et* 240 (Demonax), 247–248 (Demetrius), 255–258 *et* 262 (Demonax), 281 (quidam), 282 (quidam), 286 (Epictetus, *lapsu Er.*), 309 (Demetrius).

Cynicus   VII, 138, 266 (libertas), 291 (matrimonium); VIII, 282 (mordacitas)
Cyprii   VI, 485; VII, 378
Cyprus   V, 390; VII, 374–375
Cyrenaei   VI, 485
Cyrenaei albi (*nomen ioculare* Rhodiorum inventum a Stratonico)   VI, 485
Cyrenaeus   VI, 418; VII, 217 (Lacydes); VIII, 7 (Theodorus), 218 (Anniceris)
Cyrenaicus   VIII, 136 (Antipater philosophus)
Cyrenenses   VII, 167
Cyrus (iunior, filius Darii II regis Persarum)   V, 20–23, 30
Cyrus II (Cyrus maior, rex Persarum)   V, 1–3; VI, 394–397, 584; VIII, 167, 214, 209
Cyzicenus (ex Cyzico oppido Mysiae)   V, 233 (Diomedon)

Daiphantus (dux Phocensium)   V, 244
Damon (amicus Phintiae)   V, 71
Danaides puellae   VII, 203
Daricus   V, 19, 25, 233
Darius I (rex Persarum)   V, 4–7; VI, 389, 591; VIII, 21
Darius III (rex Persarum)   V 32, 39; VIII, 64
Datus (Atellanarum histrio)   VI, 39
Decelia (oppidum Atticae)   V, 190
Decelicum bellum   V, 190
Deiotarus (rex Galatum)   V, 461
Delphi   V, 442; VI, 491
Demades (rhetor Atticus)   V, 114; VI, 375–381
Demea (*persona ex Terentii Adelphis*)   V, 168; VII, 154 (Terentianus)
Demetrius Cynicus   VIII, 194, 247, 248, 309
Demetrius Phalareus Peripateticus [V, 217–218]; VII, 256–265, 276
Demetrius Phari tyrannus   VI, 536
Demetrius Poliorcetes   V, 96–103, 104 (*lapsu Er., recte* Seleucus), 105–106; VI, 520, 580; VII, 133
Demo Mania (meretrix)   VI, 580, 581
Demochares (orator Atheniensis)   VIII, 225
Democrates (Atheniensis, amator Alcibiadis)   V, 182
Democritus Milesius (*recte* Abderites)   VII, 368–371
Demonax Cynicus   VIII, 229, 240, 255–289
Demophilus (Ephori pater)   VIII, 154
Demosthenes Atheniensis rhetor   V, 124; VI, 381, 514; VIII, 10, 141–144, 176, 323
Demosthenes Mitylenaeus   VIII, 76

Demosthenicus   VIII, 10
Demus Chius demagogus *vid.* Onomademus
Diadumenus (*lapsu Er., recte* C. Iulius Verus Maximus, filius Maximini Imp.)   VIII, 128
Diales   VI, 199 (Flamines, Consules)
Diana (dea)   V, 116 (Dianae sacerdos); VI, 587 (Dianae templum); VII, 364 (Dianae Ephesiae templum)
Didius Gallus, Aulus (cos. 39 p. Chr. n.)   VI, 230
Diocles (lurco)   VI, 487
Diocletianus (Imperator)   VI, 176
Diodorus Megariensis   VII, 324 (*lapsu Er.* Polemon)
Diogenes Atheniensis (poeta trag.)   VI, 494
Diogenes grammaticus Rhodius (aequalis Tiberii)   VI, 6
Diogenes Laertius   VII, 20, 234; VIII, 62
Diogenes Sinopensis (Cynicus)   V, 374; VII, 64, 67, 230–231, 234, 274, 281; VIII, 104, 105, 116, 176, 177, 192, 202 (*vid.* Socrates), 223, 281
Diomedon Cyzicenus (aequalis Epaminondae)   V, 233
Dion (amicus Platonis)   V, 85, 86; VII, 163
Dionysia (*nomen iocosum* Hortensii)   VI, 324
Dionysia saltatricula (aequalis Ciceronis)   VI, 324
Dionysiacus   VII, 100 (artes)
Dionysiodorus tibicen   VIII, 62
Dionysius iunior (II)   V, 68 (*lapsu Er.* Dionysius senior, =81B), 77–81B, 85; VI, 490; VII, 153, 162, 176
Dionysius Milesius (Sophista, = Tib. Claudius Flavianus Dionysius)   VI, 97; VIII, 17
Dionysius quidam   VII, 319 (*i.e.* filius Clearchi tyranni, discipulus Zenonis)
Dionysius senior (I)   V, 54–67, 68 (*lapsu Er., recte* Dionysius iunior), 76; VI, 505, 593; VII, 151, 171, 373; VIII, 196
Dioscorides Scepticus (discipulus Timonis Phliasii)   VII, 389
Diphilus (tragoediarum actor)   VIII, 160
Dolabella, P. Cornelius (gener Ciceronis) *vid.* Dolobella
Dolobella   VI, 426
Domitia Passieni (amita Neronis)   VI, 215
Domitianus (Imp.)   VI, 88–90; VIII, 123, 127
Domitius Afer, Gnaeus (orator, praeceptor Quintiliani)   VI, 184, 229–236; VIII, 319
Domitius Ahenobarbus, Gnaeus (*sive* C., cos. 192 a. Chr. n.)   V, 313
Domitius Ahenobarbus, Gnaeus (cos. 96 a. Chr. n., atavus Neronis Imp.)   VI, 31, 327, 328
Domitius Ahenobarbus, Gnaeus (filius consulis 96 a. Chr. n.)   VIII, 159
Domitius Ahenobarbus, Lucius (cos. 54 a. Chr. n.)   V, 465
Domitius Ahenobarbus, Lucius *vid.* Nero
Dorienses   V, 38
Dromichaetes (rex Getarum) *vid.* Dromocheta
Dromocheta (*recte* Dromichaetes)   V, 111
Drusus, Iulius (*lapsu, recte* Livius Drusus)   VI, 340
Drusus, M. Livius (tr. pl.)   VI, 294, 304, 340
Duellius (*i.e.* Duilius)   VIII, 65
Duilius, C. (cos. 260 a. Chr. n.) *vid.* Duellius
Durachium (Dyrrhachium)   VI, 201
Duronius, Marcus (tr. pl.)   VI, 357

Elaei (*lapsu Er. pro* Elii, *i.s.* incolae Elidis regionis Peloponnesiacae)   VI, 447
Eleates (incola Eleae, urbis Magnae Graeciae)   VII, 380 (Zeno)
Electra (tragoedia Euripidis, *recte persona ex tragoedia Oreste*)   VII, 338
Eleutherus (fluvius Syriae)   VI, 565
Eliensis (*i.e.* Elidensis *sive* Elius, incola Elidis)   VII, 382 (Pyrrho)
Elii *vid.* Elaei
Elius *vid.* Elaeus
Elpinice (Cimonis soror)   V, 180
Elpinice (Herodis Attici filia)   VIII, 32
Empedocles (philosophus)   VI, 212 (*lapsu Er., recte* Pedo Romanus), 519; VII, 361, 366
Ennius, Quintus   VI, 334
Epaminondas   V, 220–254, 254B, 262 (*lapsu Er.* Pelopidas)
Ephesius   VII, 363 (Heraclitus)
Ephesus   V, 116; VIII, 203
Ephorus Cumanus (historicus)   VIII, 154, 228
Epicharmus (auctor comoediarum)   V, 52, 53
Epicles (Atheniensis)   VIII, 143
Epictetus   VII, 286–288; VIII, 41, 286
Epicurei   VI, 217; VII, 183
Epicureus   VI, 217 (Varus, *recte* Varius)
Epicurus   VII, 85; VIII, 58
Epicydes (orator Atheniensis)   V, 137
Epicles Atheniensis (aequalis Demosthenis)   VIII, 143
Epidaurus   V, 74
Epidius Marullus, C. (tr. pleb. 44 a. Chr. n.)   VI, 317

Epirotae   V, 119, 265, 267, 290; VI, 320
Epirus   VIII, 183
Erasistratus (medicus)   V, 104
Erasmus   VII, praef.; VIII, 91
Eresius   VII, 252 (Theophrastus)
Eretrienses   V, 148
Eretriensis   VI, 552 et VII, 141 (Menedemus)
Esau   V, 9
Ethnici   VII, 192
Euander (rex priscus)   VI, 189
Euandri mater   VI, 189
Euathlus Atheniensis (discipulus Protagorae)   VIII, 6
Euclidas Lacon *vid.* Aclides Iapson
Euclides Megarensis (Socraticus)   VI, 556
Eudemus Rhodius *vid.* Menedemus Rhodius
Eumenes II (Soter)   V, 118, 360
Eumolpus (rex Thraciae)   V, 445; VIII, 269
Euripides   V, 87, 124; VI, 400–402, 506 (*lapsu Er.* Philoxenus); VII, 181, 213, 351; VIII, 4 (*lapsu Er., recte* Ion Sophista), 60, 61
Eurybiades (dux Lacedaemoniorum)   V, 139, 140
Eutropius   VIII, 117 (*lapsu Er., recte* Plutarchus), 118 et 119 (*lapsu Er., recte* Orosius)

Fabianus   V, 278
Fabii fornix (in foro Romano)   VI, 326
Fabii Maximi Vita (opus Plutarchi)   VI, 355
Fabius *vid.* Quintilianus
Fabius Maximus, Paullus (propinquus Augusti, *lapsu Er. confusus* cum Cunctatore)   V, 280
Fabius Maximus, Q. (Cunctatoris filius)   VI, 319
Fabius Maximus, Q. (praefectus Caesaris dictatoris)   VI, 211
Fabius Maximus Allobrogicus, Q. (cos. 121 a. Chr. n.)   VI, 326 (Fabii fornix)
Fabius Maximus Cunctator, Q. (Verrucosus)   V, 270–279, 280 (*lapsu Er., recte* Paullus Fabius Maximus propinquus Augusti); VI, 287, 319 (*lapsu Er.* Fabius Minutius), 355–356, 372
Fabius Minutius (*nomen contaminatum ab Er., recte* Q. Fabius Maximus)   VI, 319
Fabricius (Fabritius) Luscinus, C.   V, 265–269; VI, 189, 320, 350
Fannius, C. (historicus saec. II a. Chr. n.)   VI, 351
Fausta Cornelia (filia Sullae)   VI, 197
Faustina minor (uxor Marci Aurelii)   VI, 117

Faustus Syllae (Sullae) filius *vid.* Sylla, Faustus Cornelius
Favonius, Marcus (aequalis Catonis Uticen.)   VI, 253, 371 (*lapsu Er.* anonymus)
Favorinus (sophista)   VI, 189; VIII, 8, 9, 22, 257
Figulus, C. Marcius (cos. 64 a. Chr. n.)   VI, 293
Filelfo, Francesco *vid.* Philelphus
Fimbria, Cn. Flavius   VI, 295
Firmus (Imperator)   VI, 181
Flaccus, Lucius Valerius (cliens Cic.)   V, 382
Flaccus, Marcus Fulvius (cos. 125 a. Chr. n.)   VI, 227
Flamines Diales   VI, 199
Flamininus, T. Quinctius *vid.* Quintius
Flaurus   VI, 73 (*pro* Floro) *vid.* Florus, L. Mestrius
Flavius Fimbria, C. *vid.* Fimbria
Flavius Hermocrates, Lucius *vid.* Hermocrates
Flavius Iuvenalis (*lapsu Er.* Bassianus)   VI, 138
Flavius, Marcus (saec. IV a. Chr. n.) *vid.* Flavius, Quintus
Flavius, Quintus (*recte* Marcus)   VI, 307
Flavius, Subrius *vid.* Subrius Flavius
Flavius Virginius (*recte* Flavus Verginius)   VIII, 319
Flavius Vopiscus *vid.* Vopiscus
Flavus, Subrius *vid.* Subrius Flavius
Flavus Verginius *vid.* Flavius Virginius
Florentinus   VIII, 140 (Bernardo Rucellai)
Florista (Ludolphus de Luco)   V, 186
Florus, Annaeus/ Annius (historicus)   V, 131, 292
Florus, Annius (poeta)   VI, 103
Florus, L. Mestrius (Menstrius)   VI, 73
Fortuna (dea/ personificatio)   VI, 420; VII, 258; 294; VIII, 131
Frontinus, Sextus Iulius   VIII, 85
Fronto, Tib. Catius Caesius (cos. 96 p. Chr. n.)   VI, 91
Fullo (*lapsu Er., recte* fullo)   VI, 197
Fulvia (uxor Marci Antonii)   V, 449
Fulvius (amator Faustae Corneliae)   VI, 197
Fulvius, Aulus (aequalis Ciceronis)   VI, 298
Fulvius Flaccus, Marcus (cos. 125 a. Chr. n.)   VI, 227
Fulvius Fullonis f. (*lapsu Er., recte* fullonis f.)   VI, 197
Fulvius Nobilior, M. (aequalis Ciceronis, filius Auli Fulvii)   VI, 298

Fundanus, C. Minicius (amicus Plinii minoris) VIII, 77 (*sub nomine* Minutius)
Furia VI, 296
Furnius, C. pater (*lapsu, recte* filius) VIII, 232
Furius Chresimus, C. *vid.* Furius Cresinus
Furius Cresinus, C., libertus VI, 306
Fuscus Salinator, Gnaeus Pedanius (Hadriani Imperatoris nepos) VI, 99

Gabba *vid.* Galba parasitus
Gabiniani milites VI, 311
Gadareus VI, 9 (Theodorus)
Gaius (iurisconsultus) *vid.* Aquilius Gallus
Galata VI, 587 (Sinoritus, *recte* Sinatus)
Galatae V, 117
Galatea (carmen Philoxeni poetae) VIII, 196
Galba (saec. II a. Chr. n., *incertum quis sit*) VI, 241
Galba, C. Sulpicius (pater Imp.) *vid.* Galba orator
Galba orator (pater Imp.) VI, 242, 243
Galba parasitus (*i.e.* Gabba) VI, 237–240; VIII, 237 (*lapsu Er., recte* Galba imperator)
Galba, Servius Sulpicius (cos. 144 a. Chr. n.) VI, 343 (*lapsu Er.* Servilius), 344 (*lapsu Er.*)
Galba, Servius Sulpicius (abavus Imp.) VIII, 161
Galba, Servius Sulpicius *vid.* Galba Imperator
Galba Imperator (Servius Sulpicius) VI, 63; VIII, 121 (*sub nomine* Sergius Galba), 237 (*lapsu Er.* Galba parasitus)
Galerius Trachalus *vid.* Trachalus
Galienus (Imperator) VI, 167–171, 175
Galla Mevia (amor Munatii Planci cos. 42 a. Chr. n.) VI, 427
Galli (veteres; *vid. etiam* Galatae) VI, 45, 285
Galli (aequales *Er.*) VI, 249
Galli (sacerdotes Cybelis) VII, 183
Gallia (provincia Imp. Rom.) VI, 167, 337
Galliae provinciae VI, 45, 62
Gallicus VI, 318 (praeda), 337 (triumphus); VIII, 56 (voces)
Gallienus (Imperator) *vid.* Galienus
Gallus VI, 191 (depictus), 246 (testis quidam); VIII, 8 (Favorinus)
Gallus, A. Didius (cos. 39 p. Chr. n.) VI, 230
Gallus, C. Aquilius (= Gaius iurisconsultus) VIII, 314
Gallus, Sulpitius (*i.e.* Galus, Sulpicius, cos. 166 a. Chr. n.) VI, 312

Gamelios (Iupiter) VIII, 296
Gellius V, 354; VII, 44, 191, 288; VIII, 213
Gelo (Syracus. tyrannus) V, 44–49, 73
Geminius (assectator Marci Antonii) V, 451
Geminus, Servilius (cos. 203 a. Chr. n.) VI, 198
Genethlios (Iupiter) VIII, 296
Germani V, 398; VIII, 168
Germania V, 20
Germanice VIII, 222
Geta, Antoninus (frater Caracallae) VI, 127, 137–140
Geticus Maximus (ioco pro Caracalla) VI, 137
Gisco (praef. militum sub Annibale) V, 287
Gisgo (*sive* Gisco, Carthag. quidam) V, 284
Glaucia, Calvinus (*contaminatus ab Er. ex* Servilio Glaucia *et* Sextio Calvino) VI, 208
Glaucia, C. Servilius (tr. pl. 101 a. Chr. n.) VI, 208 (*sub nomine contaminato* Calvinus Glaucia), 344
Glycera (meretrix) VI, 558 (*lapsu Er. sub nomine* Gnathaena), 571
Gnathaena (meretrix) VI, 558 (*lapsu Er., recte* Glycera), 559–565; VIII, 181
Gnome (meretrix) VI, 509
Gorgias (dialogus Platonis) VIII, 216
Gorgias Leontinus (sophista) VI, 417, 547; VIII, 27, 28, 216, 223
Gracchus, C. Sempronius (tr. pl. 121–122 a. Chr. n.) V, 419–420; VI, 338, 351
Gracchus, Tiberius Sempronius (tr. pl. 133 a. Chr. n.) VI, 338
Graecanicus V, 405 (statuae Graecanicae)
Graece (lingua, sermo, vox, verba) V, 90, 354; VI, 57, 347, 439, 440, 470, 476, 490, 507, 543, 571; VII, 44, 168, 191, 251, 268, 285, 317; VIII, 8, 14, 54, 56, 142, 154, 181, 223, 287
Graeci V, 1, 15, 34, 47, 75, 109, 135, 138, 140, 144, 159, 163, 170, 174, 188, 243, 247, 309, 371, 440, 469; VI, 38; 165; 335, 347, 417, 466, 470, 560; VII, praef., 47, 101, 102, 104, 106, 110, 114, 116, 251, 275, 353; VIII, 49, 100, 141, 154, 197, 223, 287
Graecia V, 13, 48, 129, 137, 140, 149, 153, 170, 247, 311, 444, 451; VI, 277, 417; VII, 102, 121; VIII, 33, 220
Graeculus VI, 25
Graecus VI, 57, 253; VII, 1, 47, 102, 118; VIII, 54, 128

INDEX NOMINVM

Graecus   V, 347 (natio), 353 (seniculi), 469 (versiculus); VI, 35 (versiculus), 40 (iambicum dimetrum), 43 (inscriptio), 93 (proverbium), 165 (versus), 253 (versiculus), 439, 466 (senarius); VIII, 138 (paroemia)
Gramnon (*lapsu Er., recte* Crannon) (oppidum Thessaliae)   VI, 532
Granius Petro (aequalis Caesaris dict.) *vid.* Granius praetorius quaestor
Granius praeco (fl. 80–60 a. Chr. n.)   VI, 302–304
Granius praetorius quaestor (*lapsu Er., recte* Granius Petro)   VI, 301
Gratiae   VI, 520
Guilhelmus Archiepiscopus Cantuarensis VIII, 154
Guilielmus dux Clivensis (Wilhelm von Cleve) VII, praef.
Gynnis (*nomen ioculare pro* Heliogabalo) VIII, 175

Hadrianus (Imperator) *vid.* Adrianus Caesar
Hadrianus Sophista *vid.* Adrianus Sophista
Halcyoneus *vid.* Alcyoneus
Halewijn, Joris van (aequalis Er.)   VIII, 96
Haloinus, Georgius *vid.* Halewijn
Halosis Ilii (poema Neronis)   VI, 37
Hamilcar Barcas (pater Hannibalis) *vid.* Amilcar
Hannibal *vid.* Annibal
Hanno Punicus   VI, 309
Harmodius Atheniensis (abnepos Harmodii tyrannocidae)   V, 199
Harmodius Atheniensis tyrannocida   V, 199; VII, 373
Harmonia   VI, 456
Harpalus Macedo (frater Philippi II regis) VI, 514
Hasdrubal Haedus *vid.* Asdrubal
Hasdrubal philosophus *vid.* Clitomachus
Hebraei   V, 9; VI, 175
Hecataeum   V, 239
Hecate   V, 239
Hegesippus Crobylus (Athen. orator)   V, 210
Helena   V, 34
Helepolis   V, 97
Heliodorus, C. Avidius (rhetor et philosophus)   VI, 97
Heliogabalus, Antoninus (Imp.)   VI, 141–143, 156; VIII, 175 (*sub nomine* Gynnidis)
Hellespontii (*i.e.* Byzantii)   VI, 398
Hellespontus   V, 12, 140; VIII, 181

Helius manceps (*lapsu Er.*) *vid.* Mancia
Helvius Mancia *vid.* Mancia
Helvius Pertinax iunior, Publius   VI, 137
Heraclamon Tyanensis (aequalis Aureliani Imp.)   VI, 175
Heraclea   VI, 465
Heraclea Thraciae   VI, 465 (*lapsu Er.*)
Heraclides Sophista   VIII, 47
Heraclitus Ephesius   VII, 362–365; VIII, 190
Hercules   V, 219; VI, 434 (persona pantomimi), 495; VII, 341; VIII, 311
Herennius Pontius Samnis   VI, 310
Hermia (*lapsu Er.* femina, *recte* Hermias tyrannus Atarnei)   VII, 222
Herminus Peripateticus   VIII, 287
Hermionensis (ex oppido Hermionis Argolidis) *vid.* Hermoneus
Hermippus Smyrnaeus Grammaticus   VII, 101
Hermocrates (Dionysii I pater)   VII, 151
Hermocrates Sophista (L. Flavius Hermocrates) VIII, 46 (*lapsu Er. sub nomine* Antipater Hieropolites)
Hermogenes   VIII, 37B (*lapsu Er., recte* Antiochus Sophista)
Hermoneus (*lapsu Er., recte* Hermionensis) V, 95
Herodes Atticus   VIII, 29–30, 31 (*lapsu, recte* Lucius philosophus), 32 (*recte* Sextus Philosophus), 33–36, 42 (*vid.* Adrianus Sophista), 264
Herodicus medicus (*lapsu*), *vid.* Prodicus
Herodotus   V, 6; VI, 398; VII, 22; VIII, 100, 101
Hesiodus   V, 146; VII, 326; VIII, 177
Hieron (tyrannus Syracus.)   V, 49–53, 73
Hieronymus Peripateticus   VII, 387
Hieronymus Stridonensis   VIII, 192
Hieropolites   VIII, 46 (Antipater Sophista)
Hierosolyma   V, 133
Himera *vid.* Imera
Hipparchia, soror Metroclis Cynici   VII, 291–292
Hipparchus, Tiberius Claudius (praedives temporibus Claudii Imp.)   VI, 70
Hippodromus Sophista   VIII, 48–51
Hippomachus aliptes   VI, 374–375, 563
Hispani   V, 295
Hispania   V, 422; VIII, 293
Histricus pons   V, 39
Homericus   VI, 15 (carmen), 52 (versus), 75 (carmen), 452 (versiculus), 507 (hemisti-

Homericus (*cont.*) chium); VII, 135 (versus), 150 (carmen), 188 et 216 (versus), 221 (carmen), 222 (versus), 339 (hemistichium), 376 (versus); VIII, 13 (carmen), 34 (Iupiter), 49 (versus), 156 (figmentum), 194 (fabula)
Homerus   V, 50, 136, 186, 402; VI, 52, 75, 452, 507; VII, 56, 185, 386; VIII, 13, 34, 37B, 49–51, 78 156, 194, 205, 223
Homullus, M. Valerius *vid.* Omulus
Horatii fratres tres   VI, 281
Horatius Flaccus   VII, 83; VII, 171; VIII, 41, 150, 245
Horatius, Publius (unus trium fratr.)   VI, 281
Horatius Pulvillus, M. (cos. 509 a. Chr. n.)   VI, 316 (*confusus ab Er. cum* P. Valerio Publicola)
Hortensius Hortalus, Q.   V, 387; VI, 324, 325
Hostilia *vid.* Curia Hostilia
Hydaspes (fluvius)   VIII, 206
Hylas (histrio)   VI, 432, 433
Hymettius   VI, 328 (columnae)
Hyperides   VIII, 281

Iabolenus (*recte* Iavolenus) Priscus   VIII, 82
Iacob   V, 9
Ialys id est Bacchus (*lapsu Philelphi et Er., recte* Ialysus)   V, 96
Ialysus *vid.* Ialys
Iambe *vid.* Baccha
Iapson (*lapsu Er., recte* Lacon)   V, 27
Iason Thessalus (tyrannus Pherae)   V, 232; VI, 422
Iassii (incolae insulae Iassi)   VIII, 221
Idathyrsus (rex Scytharum)   V, 39
Ilias Homeri   V, 186
Ilium   VI, 458
Imera (*i.e.* Himera)   V, 44
Impossibilitas (dea)   V, 158
Indica lingua   VIII, 140
Indus   VIII, 311 (Calanus sapiens)
Inopia (dea, *i.e.* Paupertas)   V, 158
Intaphernes (aulicus Darii I)   VI, 591
Intaphernis vxor   VI, 591
Iolaidas (dux Thebanorum) *vid.* Iollydas
Iollydas (*recte* Iolaidas)   V, 244
Ion Chius (poeta tragicus)   VI, 412 (*lapsu Er.* Iupiter Chius); VIII, 4 (*lapsu Er.* Ion Sophista)
Ion Sophista (*lapsu Er., recte* Ion poeta)   VIII, 4
Iones (in Asia)   V, 39

Ionia (in Asia)   V, 22
Iphicrates (dux Athen.)   V, 196–202, 208 (*recte* Callistratus), 242
Isaeus Assyrius Sophista   VIII, 12–14
Isauri (gentes montanae in Asia min.)   VI, 178
Ischomachus mimus   VI, 439, 440
Isidorus Cynicus (aequalis Neronis)   VI, 38
Ismenias (tibicen)   V, 42; VI, 409; VIII, 62, 94, 224
Isocrates   VII, 221; VIII, 41, 149–154, 157, 227, 228
Isthmia certamina   V, 309; VI, 412
Istricus *vid.* Histricus
Itali   V, 419; VI, 347; VII, 121; VIII, 140
Italia   V, 129, 297, 379 N, 412, 419; VI, 189
Ithaca   VII, 185
Ithacenses   V, 84
Ithomatas, Iupiter   VI, 536
Iuba II   VI, 192
Iudaei   V, 133
Iulia Calvina (*lapsu Er., recte* Iunia Calvina)   VI, 81
Iulia Domna   VI, 136 (*lapsu* Caracallae noverca)
Iulia Mammea (Mammaea)   VI, 158
Iuliacensis dux   VII, *praef.*
Iulianus Apostata (Imp.)   VIII, 130, 131. 166
Iulianus, P. Salvius (*lapsu Er., re vera* anonymus laudatus a Pomponio)   VIII, 99
Iulius Africanus, Sex. (orator Gallicus)   VI, 62
Iulius Caesar (dictator) *vid.* Caesar, C. Iulius
Iulius Caesar Strabo Vopiscus, C.   VI, 191 (C. Iulius), 330 (*lapsu Er. sub nomine* L. Crassus), 348 (*lapsu Er.* anonymus quidam)
Iulius Drusus Poblicola (*lapsu Sagundini, recte* Livius Drusus)   VI, 340
Iulius Frontinus, Sextus *vid.* Frontinus
Iulius Montanus (poeta)   VIII, 246
Iulius Pylades *vid.* Pylades
Iulius Verus Maximus *vid.* Diadumenus
Iunia Calvina *vid.* Iulia Calvina
Iunia Prima et Secunda (neptes Catonis Uticen., filiae Serviliae)   V, 389
Iunius (*incertum quis sit*)   VI, 209
Iunius Bassus (orator, *vulgo* Asinus Albus, fl. 50 p. Chr. n.)   VI, 185, 215
Iunius Brutus, M. (iurisconsultus)   VI, 203
Iunius Brutus, M. (filius iurisconsulti)   VI, 203
Iunius Brutus (pater percussoris Caesaris)   VIII, 159

Iunius Brutus (percussor Caesaris)   V, 469–474; VI, 202, 305
Iunius Mauricus (cos. 92 p. Chr. n.)   VIII, 123
Iunius Silanus, Decius (praetor 147 a. Chr. n.) *vid.* Syllanus
Iuno   VI, 588
Iupiter   V, 38, 44, 73 (Olympius), 112, 210, 255, 301 (Opt. Max.), 460, 469; VI, 156, 199, 315 (Servator), 316, 412 (*lapsu Er., recte* Ion), 495, 546, 588; VII, 134 (statua Phidiae); VIII, 23, 34, 75, 296 (Positorius, Stator, Gamelios, Genethlios, Philios, Xenios), 303
Iuvenalis (Satyricus)   VI, 142; VII, 180, 367

Laberius, Decimus (poeta mimorum)   VI, 201 (*lapsu Er.* Valerius), 430
Labienus (*lapsu Er., recte* Laevinus)   V, 265
Labienus, Titus   VI, 318; VIII, 244
Lacaena   V, 219
Lacedaemon (Sparta)   V, 243 (*lapsu Er., recte* Laconica); VI, 542
Lacedaemonii   V, 14, 20, 130, 190, 219, 227, 229, 231, 235, 247, 257; VI, 383, 388; VIII, 13, 177, 192, 220
Lacedaemonius   VI, 415 (Lysander); VIII, 191 (Pausanias), 280 (quidam)
Laches (*pseudon.* Ceryli liberti)   VI, 76
Lacon   V, 27 (*lapsu Er.* Iapson), 184, 538; VII, 339; VIII, 107–109, 177
Laconica (pars Graeciae)   V, 130, 243; VIII, 220
Lacydes Cyrenaeus (Platonicus)   VII, 217
Laelius maior *vid.* Lelius maior
Laelius minor *vid.* Lelius minor
Laelius, Decimus (saec. II a. Chr. n.)   VIII, 315
Laertius *vid.* Diogenes Laertius
Laevinus, Publius Valerius   V, 265 (*lapsu Er.* Labienus)
Lagus (Ptolemaei pater)   V, 92, 94, 95 (*lapsu Er.*)
Lais maior (Corinthia meretrix)   VI, 569, 570
Lais minor (Corinthia meretrix)   VI, 523
Lamachus (dux Atheniensis)   V, 195
Lamia (meretrix)   V, 101, 102; VI, 572, 580, 581
Lamia (oppidum)   VIII, 141
Lampis (negociator)   VIII, 93
Lampsacus   VI, 390
Lars Porsenna *vid.* Porsena
Lasus Hermionensis (poeta) *vid.* Hermoneus
Latini   V, 196; VI, 347, 403; VII, praef.; VIII, 116
Latinus   V, 354 (Latinus Graece); VI, 453 (Latine), 493 (verbis); VIII, 55 (sermo), 56, 140 (Latine, verbum Latinum), 168 (literae), 243 (sermo)
Latro Portius *vid.* Porcius
Lelius maior, C.   VI, 254
Lelius minor, C. (C. Laelius, cos. 140 a. Chr. n.)   V, 406; VI, 364
Lelius, M. (*lapsu Er., recte* Lollius, M.)   VI, 242
Lemnius   VIII, 175 (Philostratus)
Lentulus, Cn. Cornelius (cos. 26 p. Chr. n.)   VIII, 121
Lentulus, P. Cornelius (cos. 71 a. Chr. n.)   V, 380, 386B
Lentulus Marcellinus, Gn. Cornelius (amicus Ciceronis)   V, 465 (*lapsu Er.* Marcellus); VIII, 158
Leo Byzantinus (sophista)   VI, 410, 411; VIII, 1–3
Leon (tyrannus Phliasiorum)   VIII, 135
Leontinus *vid.* Gorgias
Leontium (meretrix)   VI, 571
Leosthenes (dux Atheniensis)   VII, 394
Lepidus, M. (*incertum quis sit*)   VI, 366
Lepidus Censor, M. Aemilius   VI, 367
Lepitines (orator Atheniensis)   VIII, 220
Lesbius   VII, 251 (Theophrastus)
Lesbius lapis   VIII, 30
Lesbonax Mytilenaeus (philosophus)   VIII, 195
Leuctra   V, 230
Leuctrica pugna   V, 229, 249
Leuctricum bellum   V, 254
Liber pater   VII, 341
Libo, Lucius Scribonius (tr. pl.)   VI, 343, 344 (*lapsu Er.*); VIII, 159
Liburnicus   V, 22 (navis)
Libya *vid.* Lybia
Licinius Crassus, L. (orator)   VI, 31, 202–203, 326–329, 330 (*lapsu Er., recte* Iulius Caesar Strabo), 331–332, 363
Licinius Crassus, M. (Dives, triumvir)   V, 457–465; VI, 28, 370
Licinius Crassus, P. (cos. 171 a. Chr. n.)   V, 314
Licinius Crassus, P. (M. Crassi Divitis filius)   V, 464
Licinius Lucullus, Lucius (cos. 74 a. Chr. n.)   V, 434–440
Licinius Lucullus, Marcus (aequalis Iulii Caesaris)   VI, 305
Licinius Macer Calvus, C. (poeta, amicus Catulli)   VI, 210

Licinius Mucianus *vid*. Licinius Mutianus
Licinius Murena, L. *vid*. Murena
Licinius Mutianus (*i.e.* Mucianus), C. (praefectus sub Vespasiano)   VI, 69
Licinius Sacerdos, C. (aequalis Scipionis Afric. min.)   V, 409
Licinius Varus, Publius (praetor urbanus 208 a. Chr. n.)   VI, 228
Limerna   V, 443 (*lapsu pro* Laverna)
Linacrus, Thomas   VI, 425
Livia Drusilla (Augusti uxor)   V, 454; VI, 16 (Ulysses stolatus)
Livius, Titus (historicus)   V, 286, 291; VI, 316; VIII, 182, 183
Livius Drusus, Marcus (trib. pl.)   VI, 294, 304; 340 (*lapsu* Iulius Drusus)
Livius Macatus, M. (defensor Tarenti)   V, 276, VI, 355 (*lapsu sub nomine* Livius Salinator)
Livius Salinator, M.   VI, 321, 355 (*recte* Livius Macatus), 356
Locri   V, 71
Lollius (*lapsu Er.* Lelius), Marcus (cos. 21 a. Chr. n.)   VI, 242
Lucanus (miles)   V, 274
Lucianus   V, 192; VIII, 194
Lucilius (*incertum quis sit*)   VI, 436
Lucilius, C. (Satiricus)   VIII, 315
Lucius Aelius Caesar (filius adoptivus Hadriani Imp.)   VI, 102, 107–109, 112
Lucius philosphus (amicus Herodis Attici) VIII, 30–31
Lucius Verus (filius L. Aelii Caesaris)   VI, 112
Lucretia   VI, 282, 586
Luctatius Catulus *vid*. Lutatius Catulus
Lucullus, Lucius Licinius (cos. 74 a. Chr. n.) V, 434–440
Lucullus, Marcus Licinius (amicus M. Bruti percussoris Caesaris)   VI, 305
Ludolphus de Luco *vid*. Florista
Lusitania   VIII, 165
Lusius, C. (nepos C. Marii)   V, 428
Lutatius Catulus maior, Q. (victor Cimbrorum)   V, 432; VI, 220–221
Lutatius Catulus minor, Q. (cos. 78 a. Chr. n.) V, 384B; VIII, 118
Lybia   V, 129
Lycurgus (orator Att.)   VI, 387; VIII, 145–148
Lycus (fluuius Syriae)   VI, 565
Lydi   VI, 395
Lydiadas Megalopolitanus, *vid*. Lysiadas
Lydius   VI, 402 (Lydii modi)

Lydus   VIII, 210 (Pythius tyrannus)
Lysander (dux Lacedaemoniorum)   VI, 415
Lysiadas (*lapsu Lapi Flor., recte* Lydiadas) VI, 594
Lysimachus (rex Macedoniae)   V, 101, 102, 111, 112; VI, 407, 502, 518; VIII, 138

Macaria (Μακαρία)   VI, 463
Macedo   VI, 463 (quidam), 491 (Philippus II); VIII, 182 (Philippus V), 205 *et* 206 (Alexander Magnus)
Macedones   V, 21 (*lapsu Lapi et Er., recte* milites), 40, 210, 315; VI, 277, 376; VIII, 162
Macedonia (regnum vetus)   V, 129; VI, 463
Macedonia (Romana provincia)   VI, 297
Macedonicus   VI, 463 (gens)
Macrobius   V, 354; VI, 187
Macula, *vid*. Pompeius Macula
Maecenas *vid*. Moecenas
Maecius (*incertum quis sit*) *vid*. Metius
Maenius (poeta) *vid*. Mevius
Magius praefectus   VI, 346
Malissa (*lapsu Er., recte* Mylasa)   VI, 480
Mallius, Lucius (pictor)   VI, 198
Mammea *vid*. Iulia Mammaea
Mancia, Helvius   VI, 191 (*lapsu Er.* Helius manceps), 357; VIII, 159 (Helius)
Manes   VI, 63 (Galbae imperatoris)
Manilius Crispus   VIII, 155
Manlius Sura   VI, 229; VIII, 319
Manlius Torquatus, Lucius (cos. 65 a. Chr. n.) VI, 324
Manlius Torquatus, Titus (cos. 235 et 215 a. Chr. n.)   VI, 292
Manlius Torquatus, Titus (cos. 165 a. Chr. n.) VI, 297
Mantinea   V, 244
Marathon   V, 135; VI, 542
Marathonia victoria   V, 140
Marcellinus, Cn. Cornelius Lentulus *vid*. Marcellus
Marcellus (*lapsu Guarini, recte* Marcellinus, *i.e.* Cn. Cornelius Lentulus M.)   V, 465
Marcellus, M. Claudius (cos. 214 a. Chr. n.) V, 273, 282; VI, 372
Marcia *vid*. Martia
Marcius Coriolanus *vid*. Martius Coriolanus
Marcius Figulus, C. (cos. 64 a. Chr. n.) VI, 293
Marcius Philippus, Lucius (cos. 91 a. Chr. n.) *vid*. Philippus orator

Marcus Antoninus (Imp.)   V, 172B
  (= VIII, 40A); VI, 114, 115, 117–123, 127;
  VIII, 31, 34, 40A (= V, 172B), 96
Marcus Antonius *vid.* Antonius
Marcus Aurelius (Imperator) *vid.* Marcus
  Antoninus
Mardonius (Persa)   VIII, 100
Marhabal (praef. equitum Poenus)   V, 286
Marianus (assectator C. Marii)   VI, 191
Marii   V, 448
Marius (Imperator)   VI, 172
Marius, C.   V, 426–431, 448; VI, 134, 191, 295;
  VIII, 117
Maronia (Ciconum civitas)   VI, 467
Mars (deus)   VIII, 194
Mars (*figurative*)   V, 110B, 282
Marsyas   V, 191
Martia (uxor Catonis Uticensis)   V, 387
Martia Catonis filia minor (*i.e.* Portia Catonis
  Utic. filia minor)   VIII, 71, 72
Martialis   VI, 200, 255, 349
Martius   VI, 369 (Calendae, *lapsu Er., recte*
  Idus)
Martius *vid.* Campus Martius
Martius (*i.e.* Marcius) Coriolanus   VI, 288–
  290
Marullus, C. Epidius (tr. pleb. 44 a. Chr. n.)
  VI, 317
Marullus Cordubensis *vid.* Maxillus
Maso *vid.* Papirius   V, 323
Massilia   VIII, 253
Mauri albi (*nomen ioculare* Rhodiorum)
  VI, 485
Mausoleum, Caesarum   VI, 81
Matricienses legati   VIII, 294
Mauricus *vid.* Iunius Mauricus
Maxillus (*lapsu Er., recte* Marullus Corduben-
  sis)   VIII, 251
Maximilianus I (Imp. Rom.)   V, 61
Maximinus senior *vid.* Maximinus Thrax
Maximinus Thrax (Imp.)   VI, 163–166;
  VIII, 128
Maximus (amicus Plinii min.)   VIII, 78
Maximus, C. Iulius Verus (filius Maximini
  Thracis Imp.) *vid.* Diadumenus
Mechliniensis   VIII, 96 (senatus)
Medea (Euripidis tragoedia)   VII, 351
Medea Chrysippi (opus *incertum* Chry-
  sippi)   VII, 351
Medi   V, 445; VI, 542 (*i.e.* Persae), 584
Medius (amicus Alexandri M.)   VIII, 215

Megabyzes Persa (*lapsu, recte* Megabyzus)   V, 6;
  VI, 398
Megabyzes rex (*lapsu Er., recte* Megabyzus,
  familiaris Alexandri Magni)   VI, 521
Megabyzes (familiaris Alexandri Magni), *vid.*
  Megabyzes rex
Megabyzes Persa *vid.* Megabyzes Persa
Megara (-ae) (urbs Graeciae)   V, 99; VIII, 144
Megara (-orum) (urbs Graeciae)   VI, 456;
  VII, 133
Megarenses   VII, 132
Megarensis   V, 86 (Ptoeodorus); VI, 546 *et* VII,
  131 (Stilpon)
Melanthius parasitus   VI, 492 (Melanthus),
  493–494 (*lapsu Er., re vera* Melanthius poeta)
Melanthius poeta   VI, 493–494 (*lapsu sub
  nomine* Melanthus parasitus); VIII, 226
Melanthus quidam (aequalis Gorgiae sophis-
  tae)   VI, 417
Memmia (uxor Alexandri Severi sec. *Hist. Aug.,
  sed falso*)   VI, 158
Memmius, C. (tr. pl. 111 a. Chr. n.)   VI, 326
  (*lapsu Er.* Menenius), 362
Memmius, C. (tr. mil. Scipionis minoris)
  V, 414
Memnon (dux Macedonum)   V, 32
Menander poeta   VI, 339, 405
Menandricus   VI, 339 (versus)
Meneclides (Thebanus, inimicus Epaminon-
  dae)   V, 245–247
Menedemus Eretriensis philosophus   VI, 552;
  VII, 141–149, 392
Menedemus Rhodius peripateticus (*esse videtur
  Eudemus Rhodius*)   VII, 251
Menenius (*lapsu Er., recte* Memmius, C., tr.
  pl.)   VI, 326
Menstrius Florus *vid.* Mestrius
Mercurius   VII, 260 (quadratus); VIII, 194
Messala Corvinus, M. Valerius   VIII, 243
Messala Valeria *vid.* Valeria Messala
Messalae sorores   VI, 73
Messalina   VI, 188
Messene (Messena)   V, 243
Messenii   VI, 536; VIII, 177
Mestrius Florus   VI, 73
Metamorphoses (Ovidii)   VI, 340
Meton (Tarentinus)   V, 128
Metellus Caprarius, Q. Caecilius (cos. 113, filius
  Macedonici)   VI, 226
Metellus Macedonicus, Q. Caecilius (cos. 143 a.
  Chr. n.)   V, 423–425

Metellus Macedonicus   VIII, 213 (*incertum ne* Metellus Numidicus *sit an* Metellus Macedonicus)
Metellus Nepos, Q. Caecilius (cos. 57 a. Chr. n.)   V, 388
Metellus Numidicus, Q. Caecilius (cos. 109 a. Chr. n.)   VI, 344; VIII, 213 (*incertum ne sit* Metellus Macedonicus)
Metellus Pius, Q. Caecilius (Sullanus, cos. 80 a. Chr. n.)   V, 441, 466–467
Metellus Pius Scipio, Q. Caecilius (socer Cn. Pompei, cos. 52 a. Chr. n.)   V, 422 (*falso putatus* Scipio Africanus minor), VI, 301; 318
Metellus, Scipio Africanus (*contaminatus ab Erasmo ex* Metello Pio *et* Scipione Africano)   VI, 421
Metens (Θερίζων, sermo dialecticus)   VII, 325
Metiochus (Atheniensis)   VI, 255
Metius (*i.e.* Maecius, temporibus Domitiani; *incertum quis sit*)   VI, 90
Metius Pomposianus   VIII, 125
Metoecium   VIII, 146 (*lapsu Er.*)
Meton Tarentinus (aequalis Pyrrhi)   V, 128
Metrocles Cynicus   VII, 131, 282, 289–291
Mettius Pomposianus *vid.* Metius
Mevia Galla (amor Munatii Planci cos. 42 a. Chr. n.)   VI, 427
Mevius (*recte* Maenius)   V, 330
Michael Modista *vid.* Modista
Midas   VI, 340
Milesius   VI, 97 (Dionysius sophista); VII, 1 (Thales), 368 (Democritus, *sed lapsu, recte* Abderites); VIII, 156 (Thales)
Milesius   VII, 19 (ager)
Miletus (urbs)   VI, 461 (*i.e.* Tichiusa); VIII, 233
Milo Crotoniates (athleta)   VI, 541; VIII, 208
Miltiades   V, 135, 140
Minerva (dea)   VII, 134 (statua Phidiae); VIII, 256
Minerva (*figurative*)   VII, 232
Minicius Fundanus, C. (amicus Plinii min.) *vid.* Minutius
Minnacus (sutor)   VI, 459
Minutius (*recte* Minicius) Fundanus   VIII, 77
Minutius (*recte* Minucius) Rufus   V, 271, 272, 278, 281
Misericordia dea (*i.e.* Eleos deus *sive* Clementia dea)   VIII, 229
Mithras   V, 24
Mithridates (rex Ponti)   V, 437, 447; VI, 361, 368

Mixolydius modus   VI, 402
Mnesistratus (aulicus Ptolemaei II)   VII, 349
Modista, Michael   V, 186
Moecenas (Maecenas)   VI, 240
Molon (archon Athen.)   VII, 153
Montanus, Iulius (poeta)   VIII, 246
Moschus rhetor (Volcacius Moschus) *vid.* Oscus
Mucius (*incertum quis sit*) *vid.* Mutius, P.
Mucius Scaevola *vid.* Scaevola, Mucius
Mummius Divisor (*lapsu Er., recte* Nummius)   VI, 330
Mummius, Lucius (cos. 146 a. Chr. n.)   VIII, 163
Mummius, Publius (*incertum quis sit*)   VI, 353
Munatius Plancus, Gaius (*recte* Gnaeus; fl. 90 a. Chr. n.)   VI, 203
Munatius Plancus, Lucius (cos. 42 a. Chr. n.)   VI, 427
Munatius Rufus (amicus Catonis Utic.)   V, 389
Murena, L. Licinius (amicus Ciceronis)   V, 385
Musae (deae)   VI, 409, 479
Musca (Aulus et Marcus Sempronius)   VI, 205
Musonius Rufus, C. (philosophus)   VI, 315
Mutinensis   VI, 428
Mutius, Publius (Publius *lapsu Er.; incertum quis sit*)   VI, 194
Mutius Scaevola *vid.* Scaevola, Mucius
Mylasa (civitas Cariae), *vid.* Malissa
Myron (amator Laidis)   VI, 570
Myronides   V, 173
Myson Sapiens   VII, 124
Mytilenaeus   VII, 29 (Pittacus)

Nacta Pinarius *vid.* Natta
Naevius   VI, 359 (*lapsu, recte* Novius, poeta Atellanarum)
Narbonensis colonia   VI, 203
Narcissus (Claudii libertus)   VI, 28
Nasica, L. *vid.* Portius Nascia, L.
Nasica, P. Cornelius Scipio Serapio   VI, 303
Natta Pinarius (delator Cremutii Cordi)   VIII, 245
Naucratites   VIII, 45 (Proclus Sophista)
Nauplia   V, 110B
Nauplius (Palamedis pater)   VI, 38
Nealces (pictor Sicyonensis)   VI, 535
Nearchus (tyrannus Eleae)   VII, 380
Nemea (certamina)   VII, 23
Nemesis (*figurative*)   VI, 411; VIII, 3

Neoptolemus (filius Achillis)   VI, 330
Nepos, Cornelius   V, 150 (*sub nomine* Aemylius Probus)
Neptunus (deus)   VII, 132; VIII, 303
Nero (Imp.)   VI, 31–62; 424, 425, 585; VIII, 120
Nero quidam (*incertum quis sit*)   VI, 206
Nerva, M. Cocceius (Imp.)   VI, 91; VIII, 123
Nestor (*persona in quadam Sophoclis tragoedia*)   VI, 264
Nevius (*lapsu, recte* Novius)   VI, 359
Nevius quidam   VI, 223 (*incertum quis sit*)
Nicesias (aulicus Alexandri Magni)   VI, 498, 517 (*lapsu Er.* Cinesias)
Nicetes Smyrnaeus (Sophista)   VIII, 11
Nico Capra (meretrix)   VI, 566;
Nicocles (rex Cypriorum)   VI, 485
Nicocreon (tyrannus Salaminis Cypriae)   VII, 145, 374, 375, 377–378; VIII, 152 (*lapsu Er.* tyrannus Samiorum)
Nicodromus citharoedus   VII, 274
Nicolaus Picininus *vid.* Picininus
Nicomedes (Thebanus)   V, 255
Nicostratus (dux Argivorum)   V, 219
Nilus   VI, 131, 428
Nonae (Octobres)   V, 434
Novius (poeta atellanarum)   VI, 359 (*lapsu* Nevius)
Numantia   V, 419; VI, 226
Numantini   V, 412, 417, 418
Numantinus   418 (quidam)
Nummius Divisor *vid.* Mummius Divisor

Ocricularius, Bernardus (*lapsu Er., recte* Oricellarius)   VIII, 140
Octavia (uxor Neronis)   VI, 48; 585
Octavia minor (soror Octaviani, uxor Marci Antonii)   V, 451; 454
Octavius, Marcus (praefectus Pompeianorum)   V, 397
Octobres (Nonae)   V, 434
Odyssea (Homeri carmen)   V, 402; VII, 222
Oedipus   V, 234; VI, 48; 433 (*persona in mimo*)
Oedipus fabula   VI, 48 (*i.e.* Oedipus exul, titulus tragoediae ignotae)
Oilei (Aiaces)   VI, 345
Olympia (certamina)   V, 136; VI, 417; VIII, 23 100, 261
Olympia (locus sacer)   V, 153
Olympia Asiae (Hadrianeia Olympia)   VIII, 18, 23

Olympias (mater Alexandri Magni)   VI, 588–590; VIII, 183
Olympius   V, 73 (Iupiter)
Omphala   VII, 341
Omphale *vid.* Omphala
Omulus (*i.e.* M. Valerius Homullus)   VI, 116
Onomademus Chius (*lapsu Er., recte* Demus Chius)   VI, 382
Opimius, Quintus (cos. 154 a. Chr. n.)   VI, 358
De Oratore (opus Ciceronis)   VI, 355, 531
Orbilius Pupillus, Lucius   VI, 243
Orchomenus (urbs Boeotorum)   V, 446
Orcus   VI, 39
Orestes   V, 234
Oricellarius, Bernardus (Rucellai)   VIII, 140 (*lapsu Er.* Ocricularius)
Orontes (gener Artaxerxis II)   V, 31
Orosius *vid.* Eutropius
Orphicus   VII, 46
Orsines Satrapes   VIII, 214
Orthiagon (*recte* Ortiagon)   VI, 586
Ortiagon (dux Galatarum) *vid.* Orthiagon
Orxines Satrapes *vid.* Orsines
Oscus rhetor (*recte* Volcacius Moschus)   VIII, 253
Ostia   VI, 188
Otacilius Pitholaus, Marcus *vid.* Votacilius
Otho (Imperator)   VI, 63–66; VIII, 122
Otho Cocceianus, L. Salvius   VI, 66
Otho, Sylvius (*recte* Salvius) *vid.* Otho (Imp.)
Ovidius Naso, Publius   VI, 340
Ovinius Camillus   VI, 150

Pacatus rhetor (saec. I p. Chr. n.)   VIII, 253
Pacuvius (*persona inventa a Caelio Rhodigino*)   VIII, 212
Palaestini   VI, 133
Palamedes (filius Nauplii)   VI, 38
Palatium (*i.e.* domus Tiberiana)   VI, 114
Palatium (Caesarum Romae)   VI, 150, 160
Palatium (*i.e.* collis Palatinus)   VI, 344
Pallas (dea)   V, 127 (arx Athenis), 191; VI, 345 (Palladis templum); VIII, 241 (statua Phidiae)
Pallas (Claudii libertus)   VI, 28
Pamphylia   VI, 446
Pan (deus)   V, 220
Panaetius   V, 410, 411
Panathenais (Herodis Attici filia, *recte* Athenais)   VIII, 32

Panicus   V, 220 (tumultus)
Pantaleon (*lapsu Er., recte* Telesphorus)   VI, 518
Panthea (uxor Abradatis)   V, 3
Papinianus *vid.* Aemilius Papinianus
Papiria (uxor C. Papirii Masonis) *vid.* Papyria
Papirius Carbo, Gnaeus (cos. 85 a. Chr. n.)   VI, 299; VIII, 159
Papirius Cursor *vid.* Papyrius Cursor
Papirius Maso, C.   V, 323
Papyria (uxor C. Papirii Masonis)   V, 323
Papyrius Cursor   VI, 284
Parcae   VIII, 273
Paris   V, 34
Parmenion   V, 113
Parrhasius (pictor)   VI, 529
Parthi   V, 132, 461–463; VI, 81
Parthicus   VI, 137
Parthorum rex   VI, 81 (Vologaeses I)
Parysatis (mater Artaxerxis II)   V, 30
Pasiades (Byzantius, aequalis Leonis Sophistae)   VIII, 3
Pasicles Cratetis filius   VII, 271
Passanius (*i.e.* Passienus) *vid.* Sallustius Crispus Passienus
Passennus Paullus (poeta, aequalis Plinii min.) *vid.* Passienus Paulus
Passienus, Crispus *vid.* Sallustius Crispus Passienus
Passienus (*recte* Passennus) Paulus   VIII, 82
Paulus, Aemilus *vid.* Aemylius
Paupertas (dea) *vid.* Inopia
Pausanias Cappadox Sophista (discipulus Herodis Attici)   VIII, 44
Pausanias Laccus Atheniensis (lurco)   VI, 560
Pausanias rex Lacedaemoniorum   VI, 383; VIII, 191
Pausimachus (parasitus)   VI, 516
Pauson (pictor)   VIII, 95
Pedanius Fuscus Salinator, Gnaeus (Hadriani Imperatoris nepos)   VI, 99
Pedo Albinovanus (*lapsu Er.* Empedocles)   VI, 212
Pelasgi   VI, 189
Pelei pater (Aiacus)   V, 94
Peleus   V, 94
Pella   VI, 474
Pelopidae filius   V, 249
Pelopidae uxor   V, 256, 259
Pelopidas   V, 226, 249, 255–261, 262 (*lapsu Er., recte* Epaminondas)

Peloponnesus   V, 232, 240, 310; VI, 536
Penarius, Testius (*lapsu Er., recte* Pinarius testis)   VI, 348
Penelope   V, 101; VII, 215
Peregrinus Proteus (Cynicus)   VIII, 35
Pergamum   V, 118; VIII, 19
Peribarzanes (*recte* Satibarzanes)   V, 29
Pericles   V, 174–183, 187; VI, 388; VII, 129, 140; VIII, 241, 323
Peripatetici   VII, 342; VIII, 285
Peripateticus   VII, 342, 387; VIII, 268 (Agathocles), 285 (Rufinus), 287 (Herminus)
Perpenna (*i.e.* Perperna, M.)   VI, 332; VIII, 159
Perperna Veiento, Marcus (aequalis Crassi oratoris) *vid.* Perpenna
Persae   V, 1, 2, 24, 132 (*lapsu Er., recte* Parthi), 149 (rex, *i.e.* Xerxes I), 159; VI, 81 (*recte* Parthi), 144, 168, 584; VIII, 56, 100, 214, 242, 315
Persaeus philosophus   VI, 543
Persarum mulieres *vid.* Cyperiorum mulieres
Persarum rex   VI, 81 (*lapsu, recte* Parthorum rex), 168 (*re vera* histrio)
Perseus (rex Macedonum)   V, 118, 314, 315, 329, 320, 324
Perseus (*sive* Persa, catellus Aemiliae Tertiae)   V, 316
Persianus (versus Persii satyrici)   VI, 145
Persicus   V, 149 et 155 (lingua)
Persius, C. (vir doctissimus saec. II a. Chr. n.)   VIII, 315
Pertinax, P. Helvius (Imperator)   VI, 128, 137
Pescennius Niger (Imperator)   VI, 129–135
Petilii, Quinti (duo tribuni pl. 187 a. Chr. n.)   V, 301
Petro *vid.* Granius Petronius
Phalereus (ex Phalero portu Athenarum)   VII, 256 et 276 (Demetrius)
Phaeton (orbis terrarum, *i.e.* Caligula)   VI, 12
Phaon (Neronis libertus)   VI, 50
Phaon (tibicen)   VI, 456
Pharius   VI, 536 (Demetrius tyrannus)
Pharsalus   V, 261
Phaselis (oppidum Pamphyliae)   VI, 471
Phaselitae (gens Pamphyliae)   VI, 446, 471
Phaselites   VI, 471
Pheraei   V, 236, 258, 261
Pheraeus   VI, 492
Phidias (sculptor)   VI, 578 (Phidiae Cupido); VII, 134, 274 (*lapsu Er., recte* Polyclitus)
Philager (sophista)   VIII, 39
Philelphus (Francesco Filelfo)   V, 344

Philemon maior (poeta comicus, aequalis Menandri)   VI, 190, 405
Philios (Iupiter)   VIII, 296
Philippeus   VIII, 205
Philippides (poeta comicus)   V, 111; VI, 407
Philippides ἡμεροδρόμος (Atheniensis nuncius)   VI, 542
Philippus II (rex Macedonum)   V, 40–41, 172C, 210; VI, 110, 120, 277, 379, 491, 499–501, 589; VIII, 2, 14, 40B, 162
Philippus V (rex Macedonum)   V, 308–309; VI, 536, 537; VIII, 182
Philippus orator (*i.e.* Marcius Philippus, Lucius)   VI, 186, 204, 220, 294, 329
Philiscus rhetor   VIII, 54
Philista (soror Pyrrhonis Elii)   VII, 383
Philopas (*lapsu Er.*, *recte* Philotas, citharoedus)   VI, 476
Philopoemen   V, 312
Philostratus, Flavius   VIII, 1, 2, 10, 175
Philotas (citharoedus) *vid.* Philopas
Philotas (medicus Marci Aurelii)   V, 449
Philotimus (*i.e.* Phylotimus, medicus)   VI, 549
Philoxenus poeta   VI, 406, 485, 504 (*lapsu Er.* Philoxenus Pternocopis), 505, 506 (*lapsu Er.*, *recte* Euripides), 507–508 (*lapsu Er.*, *recte* Ph. Pternocopis); VIII, 196, 231
Philoxenus Pternocopis (parasitus)   VI, 503, 504 (*lapsu Er.*, *recte* Philoxenus poeta), 507–508 (*lapsu Er.* Philoxenus poeta)
Phintias (amicus Damonis) *vid.* Phytias
Phliasii   VIII, 135
Phlius   VIII, 135
Phocais (ex oppido Phocaia in Ionia)   V, 22 (Aspasia)
Phocenses (incolae Phocidos in Graecia boreali)   VI, 536
Phocion (dux Atheniensis)   V, 114, 171; VI, 378, 583; VII, 393–394
Phocionis uxor   VI, 583
Phoebus quidam (aequalis Martialis)   VI, 349
Phoenices   VII, 324
Phoenicides (poeta comicus Athen.)   VI, 486
Phoenicii   V, 452
Phrygia (mater Antisthenis)   VII, 47, 76
Phrygia (regio Asiae min.)   VIII, 210
Phrygio, Pompeius (aequalis Aemilii Scauri cos. 115 a. Chr. n.)   VI, 362
Phryne (meretrix, amor Praxitelis)   VI, 561, 573–574, 575 (*lapsu*, *recte* Gnathaena), 576–579; VIII, 171

Phyle (oppidum Atticae)   V, 212
Phylotimus medicus *vid.* Philotimus
Phytias (*i.e.* Phintias, amicus Damonis)   V, 71
Picininus, Nicolaus   VIII, 294
Pinarius (testis) *vid.* Testius Penarius
Pinarius, Marcus (fl. 200 a. Chr. n.)   VI, 342
Pinarius Natta (Nacta, delator Cremutii Cordi)   VIII, 245
Pindarus   VIII, 291
Piraeus *vid.* Pireus
Pirene (fons Corinthi)   VI, 523 (*lapsu Er.* Piraeus)
Pireus   V, 175 (Pyreus); VI, 523 (*lapsu Er.*, *recte* Pirene fons Corinthi); VII, 294
Pisistrati mater   V, 213
Pisistrati uxor   V, 214, 215
Pisitrati uxor altera   216
Pisistratus tyrannus Athenarum   V, 212–216; VII, 20–21
Piso, Gaius Calpurnius (coniuratus in Neronem)   VI, 58
Piso, Gnaeus (*incertum quis sit*)   VIII, 155
Piso, Lucius Calpurnius (amicus Tiberii Imp.)   VI, 353
Piso, Lucius Calpurnius P. Caesoninus   VI, 346, 363
Pittacus Mytilenaeus (Sapiens)   VII, 29–34
Placentia   VI, 299
Placentini   VI, 299
Plancius, Gnaeus (cliens Ciceronis)   VI, 304
Plancus (adulator, *incertum quis sit*)   VIII, 250
Plancus, Cn. Munatius (cliens Crassi oratoris)   VI, 203
Plancus, L. Munatius (cos. 42 a. Chr. n.)   VI, 427
Plato   V, 68, 79; VI, 267; VII, praef., 45, 67, 146, 150–171, 176, 234; 389; VIII, 37A, 169, 186, 194, 201, 216, 217, 238 (*lapsu Er.* Pythagoras), 316
Platonicus   VIII, 173 (Plotinus)
Plautius Decianus, C. (cos. 329 a. Chr. n.)   VI, 283
Plinius maior   V, 321; VI, 28, 306, 521; VIII, 79–81, 184
Plinius minor   VIII, 29, 77–78, 83, 139
Plotinus   VIII, 173
Plutarchus V, praef., 9–10, 133, 262, 309, 378; VI, 277, 355, 402, 494, 501, 502, 528 (*lapsu Er.*, *recte* Valerius Maximus), 594; VII, 20, 99, 131, 149, 177, 253, 255, 372; VIII, 1, 7, 28, 66, 68, 75, 76, 87, 93, 94, 95 (*lapsu Er.*,

Plutarchus V, praef., *(cont.)* *recte* Athenaeus), 106, 117, 183
Pluto   VIII, 303
Plutus (personificatio divitiarum)   V, 241; VII, 258 (persona in comoedia Aristophanis)
Poblicola, Iulius Drusus (*lapsu, recte* Livius Drusus)   VI, 341
Poeni   V, 285, 287, 298; VI, 287, 309
Polemon Platonicus   VII, 306, 324 (bis, *lapsu Er., recte* Diodorus Megarensis)
Polemon Sophista   VIII, 18–25, 49
Pollio, *vid.* Asinius Pollio
Pollio Romulus (*recte* Romilius Pollio)   VIII, 184
Pollux (Dioscurus)   VI, 532
Pollux (servus Herodis Attici)   VIII, 264
Poltys (rex Thraciae)   V, 34
Polus sophista (amicus Gorgiae)   VII, 168
Polybius   V, 363, 401, 404; VI, 441
Polycletus (statuarius)   VI, 533, 534; VII, 274 (*lapsu Er.* Phidias)
Polyctor citharoedus (*lapsu* Plyctor)   VI, 510
Polyidas citharoedus (*lapsu Er., recte* Polyidus)   VI, 476
Polyidus citharoedus, *vid.* Polyidas
Polyperchon   V, 120
Polyphemus   V, 84, 363; VI, 376
Polysperches *vid.* Polyperchon
Polyxenus dialecticus (philosophus Platonicus)   V, 78
Polyxenus Syracusanus (maritus Dionysii I sorori)   V, 69
Pompeia Plotina (uxor Traiani Imp.)   VIII, 115
Pompeius Macula (amator Faustae Corneliae)   VI, 197
Pompeius Magnus, Gnaeus   V, 389, 394–396, 421–422, 455, 459–460, 465–467; VI, 222, 253, 314, 371; VIII, 155, 158, 161
Pompeius Phrygio (aequalis Aemilii Scauri cos. 115 a. Chr. n.)   VI, 362
Pompeius Rufus, Quintus (cos. 141 a. Chr. n)   V, 406
Pomponius (praefectus equitum a. 71 a. Chr. n.)   VI, 368
Pomponius Atticus, Titus   VI, 308
Pomponius Flaccus (amicus Tiberii Imp.)   VI, 353
Pomponius Marcellus, Marcus   VIII, 55, 56
Pomposianus, Metius   VIII, 125
Ponticus   VII, 43 (adolescens), 73 (adolescentes)

Pontius, Herennius (Samnis, saec. IV a. Chr. n.)   VI, 310
Pontus   VI, 444
Popedius (*i.e.* Poppaedius) Silo (dux Marsorum)   V, 431
Popillius (Popilius) Laenas, C. (cos. 175 et 158 a. Chr. n.)   V, 433
Poppaea Sabina *vid.* Poppea   VI, 585
Poppaedius Silo *vid.* Popedius
Poppea Sabina   VI, 585
Populus Romanus   V, 134, 271, 291, 301, 324, 355, 356, 360, 362, 445, 448; VI, 27, 276, 290, 339, 360, 361, 368, 437, 438; VIII, 119, 236
Porcia (Catonis filia) *vid.* Portia
Porcius, Lucius *vid.* Portius Nasica, Lucius
Porcius Latro, Marcus (rhetor Hispaniensis)   VIII, 243, 251
Porpis citharoedus Rhodius *vid.* Propis
Porsena, Lars   VI, 279
Portia maior (*i.e.* Porcia maior, Catonis Uticen. filia)   V, 387, 473
Portia minor (*i.e.* Porcia minor, Catonis Uticen. filia)   VIII, 69, 71–72 (*lapsu Er.* Martia)
Portius Latro *vid.* Porcius
Portius Nasica, Lucius (*incertum quis sit*)   VI, 333
Positorius (Iupiter)   VIII, 296
Possidonius (philosophus)   V, 410; VI, 372 (*lapsu* anonymus quidam)
Posthumius Albinus, Aulus (historicus, cos. 151 a. Chr. n.)   V, 354
Posthumius Albinus, Aulus (cos. 99 a. Chr. n.)   V, 444
Praeneste (oppidum)   VI, 257
Praexaspes *vid.* Praxaspes
Prasina (aurigarum factio)   VI, 21
Praxaspes (aulicus Cambysis II)   VI, 497
Praxiteles   VI, 576, 578
Prienaeus   VII, 35–38 (Bias)
Prienenses   VIII, 233
Privernas fundus   VI, 203
Privernates   VI, 283
Probus (Imperator)   VI, 178–180
Probus (*cognomen* Phocionis)   VI, 583
Probus Aemylius (*i.e.* Cornelius Nepos)   V, 150
Proclus Sophista   VIII, 45
Procorum civitas (*nomen ioculare* Rhodi inventum a Stratonico)   VI, 485
Proculeius (amicus Augusti Imp.)   VI, 218; VIII, 321

Prodicus (*recte* Herodicus medicus)   VI, 551
Prometheus   VIII, 67
Propis citharoedus Rhodius (*lapsu, recte* Porpis)   VI, 478
Proserpina   V, 72
Protagoras   VIII, 5, 6
Proteus Cynicus *vid.* Peregrinus
Protogenes (pictor)   V, 96; VI, 520, 524, 527
Proverbia (*i.e.* Adagia)   V, 241; VIII, 145
Psammenitus III (rex Aegypti)   VI, 394
Psammetichus I (rex Aegypti)   VI, 265
Ptochelena (meretrix) *vid.* Callistion
Pteodotus (*lapsu Er., recte* Ptoeodorus)   V, 86
Ptoeodorus Megarensis (aequalis Dionis) *vid.* Pteodotus
Ptolemaeus (aequalis Corydonis parasiti, *incertum quis sit*)   VI, 511
Ptolemaeus rex (*fortasse* secundus, *sed incertum quis sit*)   VII, 321
Ptolemaeus Sophista   VIII, 47
Ptolemaeus I (Soter)   V, 92–94, 217; VI, 451; VII, 264, 321
Ptolemaeus II (Philadelphus)   V, 107; VII, 348–349 (*sive* Ptolemaeus IV Philopator); VIII, 300
Ptolemaeus IV Philopator   VII, 348–349 (*sive* Ptolemaeus II Philadelphus)
Ptolemaeus V (Epiphanes Eucharistus)   V, 433
Ptolemaeus VI (Philometor)   V, 433
Ptolemaeus VII (Euergetes)   V, 433
Ptolemaeus VIII Physcon   V, 410
Ptolemaeus XIII (rex Aegypti)   VI, 222
Publicius, C. (*incertum quis sit*)   VI, 353
Publicola, Marcus Valerius   VI, 316
Publicola, Publius Valerius (*lapsu Er., recte* M. Horatius Pulvillus)   VI, 316
Publilius Syrus *vid.* Publius natione Syrus
Publius (*incertum quis sit*)   VI, 194
Publius natione Syrus (*i.e.* Publilius Syrus)   VI, 195, 196
Punicus   VI, 291 (bellum); VII, 273 et 348 (malum)
Pylades, C. Iulius (histrio)   VI, 432–434
Pyreus *vid.* Pireus
Pyrgensis (ex Etruriae oppido Pyrgis)   VI, 367
Pyrrhi regis filii (Ptolemaeus, Alexander II, Helenus)   V, 120
Pyrrho Eliensis *vid.* Pyrrho Elius scepticus
Pyrrho Elius Scepticus   VII, 382–386
Pyrrhus (rex Macedoniae)   V, 110B, 110C, 119–131, 265–269, 290; VI, 183

Pythagoras   VII, 356–360; VIII, 58, 135, 172, 173, 238 (*lapsu Er., recte* Plato)
Pythagoricus   VI, 272 (philosophus quidam), 550 (Archyta)
Pytheas (Atheniensis)   V, 211
Pythias (*i.e.* Phintias)   V, 71
Pythias (filia Aristotelis)   VIII, 74
Pythii Lydi tyranni uxor   VIII, 210
Pythius Lydus (tyrannus)   VIII, 210
Pytho (aequalis Philoxeni Pternocopis, *incertum quis sit*)   VI, 507
Pytho rhetor Byzantius   VI, 413, 414 (*lapsu Er., recte* Pytho Platonicus); VIII, 14
Pytho Platonicus   VI, 414 (*lapsu Er.* Pytho Byzantius)
Python tibicen (aequalis Pyrrhi regis)   V, 120

Quadratus *vid.* Ummidius
Quietus, Titus Avidius (amicus Plutarchi) *vid.* Quintus
Quinctius Flamininus *vid.* Quintius
Quintilianus, Marcus Fabius   VI, 244; VIII, 20, 151, 185, 224 et 234 (*lapsu Er. sub nomine* Quintus Fabius), 318, 319, 321
Quintilii   V, 172B; VIII, 33, 34, 40A (= V, 172B)
Quintius (*i.e.* Quinctius) Flamininus, Titus   V, 308–312
Quintus (*lapsu Er., recte* Quietus, Titus Avidius)   VIII, 87
Quirinus Sophista   VIII, 52, 53
Quirites   V, 301, 460; VI, 155, 292, 306, 361, 430; VIII, 158

Rebilus, Caninius *vid.* Caninius Rebilus
Remmius Palaemon *vid.* Remnius Palemon
Remnius Palemon   VIII, 57
Respublica (*personificatio*)   VI, 44
Rhenus   VIII, 245
Rhodii   V, 96, 97; VI, 485, 520; VIII, 10
Rhodius   VI, 268 (quidam), 478 (Porpis citharoedus); VII, 251 (Menedemus); VIII, 217 (Telesphorus)
Rhodus   V, 96, 97, 456; VI, 6, 450, 455, 527; VII, 202; VIII, 10, 192
Roffa (Rochester)   VIII, 154
Roma   V, 283, 289, 292, 309, 360, 403, 411, 420, 425, 451, 467; VI, 6, 45, 98, 114, 198, 275, 278, 326, 337, 351, 360, 553; VIII, 18, 31, 65, 222
Romana civitas   V, 398, 425, 426
Romana lingua   VIII, 243
Romana urbs   VI, 278

Romani   V, 121, 122, 129, 131, 263, 265, 269, 273, 283, 285, 287, 291, 299, 309, 314, 349, 371, 410, 412, 430, 438, 452, 464; VI, 284, 322, 350, 368, 372; VIII, 29, 48, 97, 159, 182
Romanum *nomen*   V, 263, 265, 271
Romanus   V, 131 (milites ac duces), 284 (Romanorum legati, *lapsu Er., recte* Carthaginensium); 287, 289 (gens), 415 (vir), 436 (miles), 437 (imperium), 446 (milites), 448, 450 (imperium); VI, 24 (equites), 155 (disciplina), 174 (imperatores), 268 (imperator), 275 (proconsul), 286 (exercitus), 290, 309 (fides), 310 (legiones), 335 (res), 430 (eques), 553 (consuetudo); VIII, 56 (sermo, civitas); 243 (lingua), 272 (senator), 274 (senex), 296 (respublica)
Romanus   V, 298 (Terentius Culleo), 459 (quidam); VI, 287, 586
Romanus eques   VI, 68, 183, 216, 317; VIII, 82, 159, 246
Romanus Populus (P.R.)   V, 134, 271, 291, 301, 324, 355, 356, 360, 362, 445, 448; VI, 27, 276, 290, 339, 360, 361, 368, 437, 438; VIII, 119, 236
Romilius Pollio *vid*. Pollio Romulus
Romulus (conditor Urbis)   VI, 278
Romulus, Pollio *vid*. Pollio Romulus
Roscius Amerinus, Sextus   VII, 26
Rucellai, Bernardo *vid*. Ocricularius
Rufinus Peripateticus   VIII, 285
Rusca, Marcus Pinarius (saec. II a. Chr. n.)   VI, 342
Rutilius Gallicus, Quintus Iulius Cordinus C. (cos. 85 p. Chr. n.)   VI, 315
Rutilius Rufus, Publius (historicus, cos. 105 a. Chr. n.)   VI, 360; VIII, 164

Sabini   VI, 323
Saguntum (oppidum Hispaniae)   VI, 287
Salaminius   VII, 20 (Solon, *recte* Atheniensis)
Salinator, M. Livius   VI, 355 (*recte* Livius Macatus), 356
Salinator, Gnaeus Pedanius Fuscus (Hadriani Imp. nepos)   VI, 99
Sallustius Crispus (historicus) *vid*. Salustius
Sallustius Crispus Passienus, C. (nepos historici)   VI, 215 (Passanius); VIII, 249 (Crispus Passienus)
Salustius (historicus)   VIII, 140
Salvius Iulianus *vid*. Iulianus, Publius Salvius
Salvius Liberalis, C.   VI, 70
Salvius Otho *vid*. Otho (Imperator)

Samii   V, 180; VIII, 152, 323
Samnis   VI, 286
Samnites   V, 264; VI, 286, 310
Samus   V, 205
Sapragoras (*secundum Er*. dives Byzantius)   VI, 270
Saraceni   VI, 132
Satibarzanes (a cubiculo Artaxerxis)   V, 19, 29 (*lapsu Er*. Peribarzanes)
Saturninus (triginta tyrannorum vigesimusprimus)   VI, 173
Saturnus (Deus Punicus, Ba'al Hammon)   V, 44
Satyricus *vid*. Iuvenalis
Satyrus (signum Praxitelis)   VI, 576
Satyrus Sophista   VI, 457–458
Scaevola augur (Q. Mucius scaevola)   VI, 351
Scaevola, C. Mucius (aequalis Porsennae)   VI, 279
Scaevola pontifex (Q. Mucius)   VI, 295; 352
Scaevola, Publius Mucius (cos. 133 a. Chr. n.)   VI, 227
Scaevola, Q. Mucius *vid*. Scaevola augur
Scaevola, Q. Mucius *vid*. Scaevola pontifex
Scaevola, Serbidius (*lapus Er., recte* Cervidius)   VIII, 96
Scapheus (*lapsu Er., recte* Caphisius)   VII, 311
Scaurus, M. Aemilius (cos. 115 a. Chr. n.)   VI, 346; 360–362
Scilurus (rex Scytharum)   V, 43
Scipio (*incertum quis sit*)   VI, 113, 223
Scipio (*recte* Servilius Caepio)   V, 434
Scipio Aemilianus (Aemylianus) *vid*. Scipio minor
Scipio Africanus maior   V, 196, 290, 293–304, 305 (*lapsu Er., recte* Scipio min.), 305–307, 353; VI, 225, 228, 254
Scipio Africanus Metellus (*nomen contaminatum ex* Metello Pio *et* Scipione Africano)   V, 421
Scipio Africanus minor *vid*. Scipio minor
Scipio Asiaticus (Asiagenes), Lucius Cornelius   V, 134, 313; VI, 252 (Scipio praetor)
Scipio Asina, Gn. Cornelius   VI, 309
Scipio, Caecilius Metellus Pius   V, 422; VI, 301, 318
Scipio maior *vid*. Scipio Africanus maior
Scipio Maluginensis, Marcus Cornelius   VI, 224
Scipio Metellus *vid*. Scipio Caecilius Metellus Pius

Scipio minor (Africanus, Aemilianus)   V, 134, 304, 305, 400–420, 421 (*lapsu Er., recte* Afranius amicus Pompei), 422 (*recte* Caecilius Metellus Scipio), 425; VI, 226, 351 (iron), 354 (*recte* Aemilius Paullus); VIII, 117, 163
Scipio Nascia, P. Cornelius (cos. 191 a. Chr. n.)   VI, 334
Scipio Nasica Corculum, P. Cornelius (cos. 162 a. Chr. n.)   V, 318; VI, 335
Scipio Nasica Serapio (cos. 138 a. Chr. n.)   VI, 227, 336
Scipio praetor (*i.e.* Scipio Asiaticus)   VI, 252
Scipiones   VI, 113, 135, 434 (*lapsu Er., recte* Q. Servilius Caepio)
Scopas (nobilis Thessalus)   VI, 531 (*lapsu Er.* Scopas statuarum artifex), 532
Scopas (statuarum artifex, *lapsu Er., recte* Scopas nobilis Thessalus)   VI, 531
Scopelianus Sophista   VIII, 15, 16, 170
Scribonius Libo, Lucius   VI, 343, 344; VIII, 159
Scytha   VI, 43 (Scilurus); VII, 101 et 107 (Anacharsis Sapiens)
Scythae   V, 39 (rex), 40, 43; VI, praef., 167, 389; VII, 101–102, 106–107, 121, 387
Scythia   VII, 103, 112, 116
Scythicus   V, 43 (Scythice); VI, 103 (pruinae)
Secundus Sophista   VIII, 26
Seleucia ad Calycadnum (patria Alexandri sophistae)   VIII, 38
Seleucia ad Tigrim   V, 462
Seleucus I Nicator   V, 104 (*lapsu Er.* Demetrius), 106; VI, 274 (*lapsu Er.* anonymus rex); VIII, 91
Seleucus II Callinicos   V, 117
Seleucus (procurator Augusti Imp.)   V, 454
Semele   V, 112
Semiramis (Assyriorum regina)   V, 8 (*lapsu Er.* Carum regina)
Sempronius Musca, Aulus   VI, 205
Sempronius Musca, Marcus   VI, 205
Seneca pater (*secundum Erasmum* = rhetor et philosophus)   VI, 32, 58, 425; VIII, 235, 243, 248, 251, 309, 317
Septem Sapientes   VII, 1–38
Septimius Arabianus (senator sub Alexandro Severo Imp.) *vid*. Arabinus
Septimius Severus *vid*. Severus Septimius
Septumuleius, Lucius (aequalis C. Gracchi)   VI, 351

Serbidius Scaevola (*lapsu Er., recte* Cervidius Scaevola, iurisconsultus)   VIII, 96
Sergius (*lapsu, recte* Servius) Galba *vid*. Galba Imperator
Seriphii   VI, 454
Seriphius   V, 141
Seriphus (insula)   VI, 454
Sertorius   V, 466–468
Servianus, Lucius Iulius Ursus (consiliarius Traiani) *vid*. Severianus
Servilia Caepionis (uxor M. Bruti maioris)   V, 386
Servilia Catonis soror *vid*. Servilia Caepionis
Servilia lex   VI, 203
Servilius, C. (*lapsu Er., recte* Caninius Rebilus, cos. 45 a. Chr. n.)   VI, 199
Servilius Caepio, Q. (cos. 106 a. Chr. n.)   V, 434
Servilius, M. (Pulex Geminus, cos. 202 a. Chr. n.)   VI, 342
Servilius Galba (*lapsu Er., recte* Servius Galba, cos. 144 a. Chr. n.)   VI, 343
Servilius Geminus (cos. 203 a. Chr. n.) *vid*. Geminus
Servilius Glaucia, C. *vid*. Glaucia
Servilius Pulex Geminus, M.   VI, 342
Servilius Vacia *vid*. Vacia
Severianus (*recte* Servianus, L. Iulius Ursus, consiliarius Traiani)   VI, 92 et 99
Severus, Alexander (Imperator)   VI, 144–162
Severus, Cassius *vid*. Cassius Severus
Severus, Septimius (Imperator)   VI, 124–129, 139, 496; VIII, 46, 48
Sextius, C. (aequalis Caesaris Strabonis, *incertum quis sit*)   VI, 435
Sextus Philosophus   VIII, 31–32
Sforza *vid*. Sphortia
Sibylla   VIII, 297
Sicilia   V, 44, 82, 122, 129, 188, 296, 405; VI, 241, 275, 309; VII, 153, 162; VIII, 231
Siculus   V, 52; VI, 252 et 275 (quidam)
Sicyonii   VI, 469
Sidetae (gens Pamphyliae)   VI, 446
Sigeum (Civitas Hellesponti)   VIII, 181, 205
Sigismundus (Imperator)   VIII, 168
Silanus, Decius Iunius *vid*. Syllanus, Decius
Silenus senex   VI, 340
Sileni   VI, 495
Silius, C. (adulter Claudii Imp.)   VI, 188
Silus (*incertum quis sit*)   VI, 363

Similis, Servius Sulpicius (Traiani praefectus)   VI, 540
Simon Athenienesis   VII, 140
Simonides Ceus (poeta)   V, 143; VI, 383–386, 399, 485, 532; VII, 177; VIII, 191 (Caeus)
Sinatus (dux Galatarum) *vid.* Sinoritus
Sinoritus (*lapsu Er., recte* Sinatus)   VI, 587
Sinorix (dux Galatarum) *vid.* Synorix
Sitalces (rex Thraciae) *vid.* Sitalcus
Sitalcus (*recte* Sitalces)   V, 35
Smyrna   V, 172B =VIII, 40A
Smyrnaeus   VIII, 11 (Nicetes sophista); 18 (Smyrnaei)
Socrates   VI, 548; VII, 40, 82, 150, 162, 234, 329, 368 (*re vera persona in dialogo Platonis*); VIII, 9, 102, 110–114, 134, 179, 200, 202 (*recte* Diogenes Sinopensis), 207, 225
Socrates (*persona in dialogo Platonis*)   VII, 146, 168, 368, 389; VIII, 201
Socrates (*persona in dialogo Xenophontis*)   VII, 95
Socraticus   VII, 82; VIII, 27
Sol   V, 24; VI, 483; VIII, 194
Solensis (ex oppido Solis in Cilicia)   VII, 181 (Crantor), 350 (Chrysippus)
Solon Atheniensis   V, 242; VII, 20–28 (*lapsu* Salaminius, *recte* Atheniensis), 52, 101
Somnus   VIII, 223 (Mortis frater)
Sophocles   V, 178; VI, 264, 506; VII, 304; VIII, 153, 174
Sositheus poeta tragicus   VII, 341
Spartacus   VI, 370
Spartani   V, 130, 235
Sphaerus Bosporanus (*lapsu Er., recte* Borysthenites, Cleanthis discipulus)   VII, 348–349
Sphortia, Franciscus (Sforza)   VIII, 294
Spiculus, Tiberius Claudius (mirmillo)   VI, 49
Sporus   VI, 33
Spurina Aruspex   VI, 369
Spurinna *vid.* Spurina
Stator (Iupiter)   VIII, 296
Stilpon Megarensis   V, 99, 100; VI, 546, 558; VII, 131–139, 323
Stilponis filia   VII, 131
Stoici   V, 385 (paradoxa Stoicorum, philosophia, secta); VI, 217; VII, 342
Stoicus   VII, 96 (dogma)
Strathias (*lapsu, recte* Struthias)   VIII, 63
Stratocles Atheniensis   VI, 419
Strato(n) Lampsacenus Peripateticus   VII, 171, 392

Strato Physicus *vid.* Strato(n) Lampsacenus
Stratonice   V, 104
Stratonicus Atheniensis (citharoedus)   VI, 442–485; VII, 112–113
Struthias colax (*persona ex Menandri comoedia*) *vid.* Strathias
Suasio (dea, *i.e.* Suada)   V, 158
Subrius Flavus (tr. mil. temporibus Neronis) *vid.* Subrius Flauius
Subrius Flauius (*lapsu, recte* Flavus)   VI, 58–59
Sucronensis (ex Sucrone oppido Hispaniensi)   VI, 361 (Varius Severus)
Suellius (*recte* Suillius Rufus)   VI, 219
Suetonius   VI, 337, 349
Suillius Rufus, Publius (accusator temporibus Claudii Imperatoris) *vid.* Suellius
Sulla, Cornelius Felix *vid.* Sylla (dictator)
Sulla, Faustus Cornelius (filius dictatoris) *vid.* Sylla, Faustus Cornelius
Sulla, Publius Cornelius (affinis dictatoris) *vid.* Sylla, Publius Cornelius
Sulpicius, Servius *vid.* Sulpitius, Publius
Sulpicius Asper (centurio, coniuratus Pisonis) *vid.* Sulpitius Asper
Sulpicius Galba, C. *vid.* Galba orator
Sulpicius Galba, Servius (cos. 144 a. Chr. n.)   VI, 343, 344
Sulpicius Galus, C. (cos. 166 a. Chr. n.) *vid.* Sulpitius Gallus
Sulpicius Longus (accusator primi saec. p. Chr. n.) *vid.* Sulpitius Longus
Sulpicius Rufus, Servius (filius iurisconsulti Servii Sulpicii Rufi Lemonia)   VIII, 73
Sulpicius Rufus Lemonia, Servius *vid.* Sulpitius, Publius
Sulpitius Asper (centurio, coniuratus Pisonis)   VI, 60
Sulpitius Gallus (*i.e.* Sulpicius Galus, cos. 166 a. Chr. n.)   VI, 312
Sulpitius Longus (accusator primi saec. p. Chr. n.)   VI, 184
Sulpitius, Publius (*lapsu Er., recte* Sulpitius, Servius)   V, 393
Sura, Manlius (patronus saec. I p. Chr. n.)   VI, 229; VIII 319
Sybarita quidam   VI, 250
Sylla (dictator)   V, 441–448, 455; VI, 257, 258; VIII, 118
Sylla, Faustus Cornelius (filius dictatoris)   VI, 197

INDEX NOMINVM

Sylla, Publius Cornelius (affinis dictatoris)   VI, 324
Syllanus (Syllana crudelitas)   VIII, 118
Syllanus, Decius (*i.e.* Silanus, Decius Iunius)   VI, 297
Sylvagius, Ioannes (Jean Le Sauvage)   VIII, 96
Symposiaca (opus Plutarchi)   V, 254B; VI, 502
Synorix (dux Galatarum)   VI, 587
Syracusana   VI, 593 (anus quaedam)
Syracusana civitas   V, 80
Syracusani   V, 45, 54, 58
Syracusanus   V, 44 (Gelo)
Syracusii   V, 60, 86
Syri   V, 311, 347
Syria (provincia Romana)   VI, 311
Syrus (*persona in mimo Laberii*)   VI, 430
Syrus, Publius (*i.e.* Publilius)   VI, 195–196
Syrus Terentianus (*persona in comoedia Adelphoe*)   VII, 157

Tacitus (Imperator)   VI, 177
Tantalus   VIII, 12
Tarentini   V, 128, 275, 276, 283
Tarentinus   V, 128 (Meton), 131; VI, 183 (milites), 550 (Archytas)
Tarentum   V, 292; VI, 355
Tarquinius Collatinus, Lucius   VI, 282
Tarquinius Sextus   VI, 282
Tarquinius Superbus, Lucius   VI, 280
Taurus mons   V, 134
Telesphorus (dux Lysimachi)   VI, 518 (*lapsu Er.* Pantaleon); VIII, 217 (Rhodius quidam)
Tellen (tibicen) *vid.* Tellis
Tellis (*recte* Tellen)   V, 240
Tellus Atheniensis (vir beatus)   VII, 22
Telones (*secundum Er. nomen* Atheniensis, *sed recte* telonarius)   VIII, 146
Telus Atheniensis *vid.* Tellus
Tencteri   V, 398 (*ex Caes. Gall.*)
Terentianus   VI, 366; VII, 154 (Demea), 157 (Syrus)
Terentius Afer (poeta comicus)   V, 168
Terentius Culleo, Lucius (*recte* Quintus, *lapsu Plut.*, tr. pleb. 189 a. Chr. n.)   V, 298
Terentius Varro, C. (cos. 216 a. Chr. n.)   VI, 322
Terentius Vespa   VI, 431
Teres I (rex Thraciae)   V, 35

Teribazus   V, 28
Tertia *vid.* Aemylia Tertia
Tescha (*recte* Testha, Dionysii soror)   V, 69
Testha (Dionysii soror) *vid.* Tescha
Testius Penarius (*lapsu Er., recte* Pinarius testis)   VI, 348
Teutones   V, 429; VIII, 222
Thais (meretrix)   VI, 568
Thalassius (proximus libellorum Constantii II)   VIII, 166
Thales Milesius   VII, 1–19; VIII, 156
Theagenes (lanius)   VIII, 233
Theano, Pythagorae vxor   VII, 360
Thebae   V, 218, 232; VI, 462; VII, 265
Thebani   V, 191, 227, 233–236, 239, 243, 250, 251, 258, 261; VIII, 171
Thebanus   V, 234 (Oedipus); VI, 409 (Antigenidas)
Thebanus   V, 220 (dux), 252 (populus)
Thebe Alexandri Pheraei uxor   V, 259
Themistocles   V, 135–171; VIII, 219
Theocritus Chius (philosophus)   VI, 487–489; VII, 234
Theodectes (orator Atheniensis)   VIII, 90
Theodorus Gadareus (praeceptor Tiberii Imp.)   VI, 9
Theodorus philosophus (atheos)   V, 112; VI, 418; VII, 134, 292; VIII, 7, 138
Theodosius II (iunior, Imp.)   VIII, 132, 133
Theodotus Chius (Ptolemaei XIII praeceptor rhetorices)   VI, 222
Theonis meretrix (*recte* Thonis)   VI, 572
Theophrastus Eresius   V, 390; VI, 582; VII, 234, 251, 252–255, 275
Theopompus Chius (historicus)   VIII, 228
Theramenes Atheniensis (ex triginta tyrannis unus)   VI, 420, 421
Thericlea pocula (*fabricata a* Thericle figulo Corinthio)   V, 414
Thermopylae   V, 14, 150
Thermus, Q. Minucius (tr. pl. 62 a. Chr. n.)   V, 388
Thersites   VI, 379 (Thersiten agere); VIII, 205
Theseus   V, 445
Thessali   V, 232; VI, 262, 385, 447; VIII, 182
Thessalia   VI, 532
Thessalus   V, 124 (Cineas)261; VI, 262 (quidam), 422 (Iason), 531 (Scopas statuarius, *lapsu Er., recte* Scopas nobilis), 532 (Scopas nobilis)
Thomas Acrensis (Beatus)   VIII, 154

Thonis meretrix *vid.* Theonis
Thracia   V, 34, 111; VI, 465
Thrasea Paetus, Publius   VI, 424; VIII, 83, 139, 184
Thrasybulus (dux Atheniensis)   VI, 416
Thrasybulus (gener Pisistrati tyranni)   V, 214
Thrax   V, 38; VIII, 269 (Eumolpus)
Thucydides Melesiae filius (gener Cimonis)   V, 179; VI, 388
Θυρεπανοίκτης   VII, 266 (cognomen Cratetis Cynici)
Tiberina domus (*lapsu Er., recte* Tiberiana domus)   VI, 114
Tiberius (Imperator)   VI, 2–8, 10–13, 313, 353; VIII, 56, 235
Tibur   VI, 344
Tiburte (*i.e.* villa Tiburtina)   VI, 203
Tigellinus, Onofius (praefectus praetorii) *vid.* Tigillinus
Tigillinus   VI, 585
Tigranes II (rex Armeniae)   V, 434, 438
Timocrates philosophus (aequalis Favorini)   VIII, 22
Timon Atheniensis (misanthropus)   V, 192–194; VI, 544, 545; VII, 124
Timon Nicaeus (*lapsu, recte* Timon Phliasius)   VII, 387–389
Timon Phliasius (discipulus Pyrrhonis)   VII, 79, 387–389
Timotheus citharoedus (aequalis Euripidis)   V, 90, VI, 475, 476
Timotheus dux Athen. (saec. IV a. Chr. n.)   V, 204–206
Timotheus rex (*lapsu Er.* tyrannus Heracleae, *recte* Timotheus citharoedus)   VI, 475, 476
Tiresias   V, 402
Titius, Sextus (tr. pl. 99 a. Chr. n.; *vid.* Cassandra)   VI, 345
Titius Maximus (*incertum quis sit; secundum Erasmum* Manius Curius)   VI, 214
Titus (Imperator)   VI, 84–87; VIII, 126, 127
Topica (opus Ciceronis)   VIII, 314
Torquatus, Lucius *vid.* Manlius Torquatus, L. (cos. 65 a. Chr. n.)
Trachalus, Publius Galerius (cos. 68 p. Chr. n.)   VI, 219
Traianus (Imperator)   VI, 92, 540; VIII, 115, 120, 123
Trebatius Testa, C. (iurisconsultus)   VIII, 314
Trebonius, Publius   V, 428
Triptolemus   VII, 226

Tritantechines (*recte* Tritantaechmes)   VIII, 100
Troia   VI, 37, 330
Troianae urbis excidium (poema Neronis)   VI, 37
Troiani   V, 34
Troianum bellum   V, 27
Tullius, M. *vid.* Cicero, Marcus Tullius
Turbo, Q. Marcius (Hadriani Imp. praefectus)   VI, 539, 540 (*lapsu Er., recte* Similis, Traiani praefectus)
Turinus, Vetronius (*recte* Verconius)   VI, 159
Tyana (oppidum Cappadociae)   VI, 175
Tyanensis   VI, 175 (Heraclamon)
Tyndaridae (Dioscuri)   VI, 532
Tyrrhaeus Pittaci filius   VII, 30

Ulysses   V, 84, 363; VI, 16 (Ulysses stolatus *nomen ioculare pro* Livia); VII, 185
Ummidius Quadratus Sertorius Severus, C. (cos. 118 p. Chr. n., amicus Plinii min.)   VIII, 139
Urbs (Roma)   V, 286; 394; 467; VI, 15, 37, 144, 290, 356
Usipetes   V, 398 (*ex Caesare*)
Utica   V, 397
Uticensis   V, 383 (Cato minor)

Vacia (*i.e.* Vatia, Servilius)   VIII, 317
Vagises (legatus Parthorum) *vid.* Agisis
Valentinianus I., Flavius (Imperator)   VIII, 131
Valeria Messala (Messalarum soror)   VIII, 73
Valerianus (Imperator)   VI, 171
Valerius, C. (saec. IV a. Chr. n., accusator M. Flavii)   VI, 307
Valerius, Decimus (*recte* D. Laberius, poeta mimorum)   VI, 201
Valerius Catullus Messalinus, Lucius *vid.* Catullus Messalinus
Valerius Flaccus *vid.* Flaccus, C.
Valerius Homullus, M. *vid.* Omulus
Valerius Maximus (historicus)   V, 251, 419; VI, 527 (*lapsu Er., recte* Plutarchus), 579; VII, 122; VIII, 155, 159
Valerius Messala Corvinus, Marcus   VIII, 243
Valerius Publicola, Marcus *vid.* Publicola, Marcus
Valerius Publicola, Publius *vid.* Publicola, Publius
Vargula (aequalis A. Sempronii Muscae)   VI, 205

Varius Rufus, L. (philosophus Epicureus et poeta) *vid*. Varus Epicureus
Varius Severus, Quintus (tr. pleb. 90 a. Chr. n.)   VI, 361
Varro Pauli collega (*i.e.* C. Terentius Varro, cos. 216 a. Chr. n.)   VI, 322
Varus Epicureus, Lucius (*lapsu, recte* Varius)   VI, 217
Varus eques (assectator M. Vinicii, temporibus Claudii imp.)   VIII, 246
Vatia, Servilius *vid*. Vacia
Vatinius, Publius (cos. 47 a. Chr. n.)   VI, 200, 210
Vectius Valens (*i.e.* Vettius Valens)   VI, 188
Veiento, A. Didius Gallus Fabricius (cos. saec. I p. Chr. n.)   VIII, 123
Veneris iactus   V, 384
Veneta (aurigarum factio)   VI, 21
Venus (dea)   VIII, 194
Venuscula Praxitelis   VI, 578
Verconius Turinus *vid*. Vetronius Thurinus
Vergilianus   VI, 107 (carmen)
Vergilius   VI, 69, 107, 108, 229; VIII, 169
Verginius Flavus (orator temporibus Neronis) *vid*. Flavius Virginus
Verginius Rufus, Lucius (cos. saec. I p. Chr. n.)   VIII, 84
Veronensis   VI, 524 (Paulus Aemilius)
Verus, *i.e.* Lucius Aelius Caesar   VI, 107–109
Verus, Lucius (filius L. Aelii Caesaris) *vid*. Lucius Verus
Vespa, Terentius   VI, 431
Vespasiani filius *vid*. Titus
Vespasianus pater (Imperator)   VI, 67–83, 349; VIII, 125
Vespasianus filius *vid*. Titus
Vestinus, Marcus Iulius (cos. 65 p. Chr. n.)   VI, 61
Vetronius Turinus (*lapsu Er., recte* Verconius Turinus)   VI, 159
Vettius Valens *vid*. Vectius
Veturia (mater Coriolani)   VI, 290
Vibius Crispus, L. Iunius Quintus (cos. saec. I p. Chr. n.)   VI, 88, 553
Victoriae (statuae)   V, 76
Vindex, C. Iulius   VI, 46, 47
Vindicianus, Helvius *vid*. Anonymus medicus

Vis (dea)   V, 158
Visellius Aculeo, C. (cliens Crassi oratoris)   VI, 332
Volcacius Moschus *vid*. Oscus rhetor
Volsci   VI, 288
Volscus   VI, 289 (quidam, hospes Coroliani)
Volumnius Flamma   VI, 437
Volumnius, Publius (amicus Bruti percussoris Caesaris)   V, 469; VI, 305
Vopiscus, Flavius   VI, 176, 273
Votacilius Pitholaus, Marcus (*lapsu* Votacillus)   VI, 199
Vulcanus (deus)   VI, 495; VII, 150; VIII, 194

Xanthippe (uxor Socratis)   VIII, 134, 179
Xenaenetus (archon Atheniensis)   V, 203
Xenios (Iupiter)   VIII, 296
Xenocrates Chalcedo (Platonicus)   VI, 579; VII, 156, 172–179, 220; VIII, 146
Xenophanes Colophonius   V, 51, 95 (*lapsu Er.* sub patronymico Lagi; = 367B), VII, 366–367B
Xenophanes Lagi (*lapsu Er.* frater Ptolemaei I, *recte* philosophus Colophonius)   V, 95
Xenophon (historicus)   VII, 126, 390–391; VIII, 209
Xenophon alius (*lapsu Er., recte* Chaerephon Atheninesis)   VIII, 27
Xerxes I   V, 4, 9, 10–16, 137, 140 (Barbarus, rex), 149 (Persarum rex), 150, 159 (rex), 169; VIII, 21, 100, 101
Xerxes alter   V, 9 (*lapsu, recte* Xerxes I)

Zacynthii   V, 310
Zeno Eleates   VII, 380–381
Zeno Citieus (philosophus)   V, 110; VII, 293–294, 295 (Zenon), 296–330, 330A *et* 300B (*falso attrib. ab Er.* Zenoni Eleati), 332 (*falso attrib. ab Er.* Cleanthi), 343; VIII, 193
Zenobia   VI, 174
Zethus (citharoedus)   VI, 462
Zethus (frater Amphionis)   VI, 462
Zeuxis (pictor)   VI, 528–530
Zoilus   VIII, 180
Zopyri   V, 6
Zopyrus (Persa)   V, 6–7